VERLAG ÖSTERREICH

Vorwort

Mit Gesetz vom 13. März 1866 hat Kaiser Franz Joseph I – mit Zustimmung des Kärntner Landtages – eine Bauordnung für das Herzogtum Kärnten (unter Ausschluss der Landeshauptstadt Klagenfurt) erlassen. Dies ist die erste selbstständige Bauordnung, die für das Land Kärnten geschaffen wurde. Die Spuren dieses Gesetzes reichen bis in die heutige Zeit. Die geltende Kärntner Bauordnung 1996 wurde durch Wiederverlautbarung am 12. August 1996 kundgemacht. Somit jähren sich im nächsten Jahr die Kundmachung der Kärntner Bauordnung 1866 zum einhundertfünfzigsten Male und die Kundmachung der Kärntner Bauordnung 1996 zum zwanzigsten Male. Am Vorabend dieser Jahrestage darf ich ein Werk zum Kärntner Baurecht der Öffentlichkeit vorstellen. Welch besseren Zeitpunkt kann es dafür geben?

Das Buch soll in erster Linie der Praxis den Zugang zum Kärntner Baurecht erleichtern. Die Kärntner Bauordnung 1996 wird ausführlich kommentiert. Es finden sich Verweise auf rund 1000 Judikate und rund 250 einschlägige Werke der Literatur. Insbesondere durch ein Rechtsprechungsverzeichnis, inklusive Hinweisen zu welchen Landesbauordnungen die Judikate ergangen sind, ein Rechtsquellenverzeichnis und ein Stichwortverzeichnis, soll die Handhabung des Buches erleichtert werden. Zu allen anderen bau- und raumordnungsrechtlichen Gesetzen werden die relevanten Erläuterungen abgedruckt. Einige dieser Erläuterungen wurden bislang nicht publiziert. Das Buch wird darüber hinaus die OIB-Richtlinien 2015 enthalten, die durch eine neue Kärntner Bautechnikverordnung für anwendbar erklärt werden, und wird somit am aktuellen Stand der bautechnischen Durchführungsverordnungen sein. Das Buch soll aber insofern auch wissenschaftlichen Charakter haben, als zu einzelnen bislang nicht gelösten Fragen der Kärntner Bauordnung 1996 Stellung bezogen wird.

Mir bleibt nur zu hoffen, dass Sie – der Leser und Anwender – aus diesem Buch Nutzen für Ihre Arbeit ziehen können. Ich würde mich über Kritik und insbesondere über Verbesserungsvorschläge freuen. Zögern

Sie nicht, mich unter der E-Mail Adresse robert.steinwender@posteo.at zu kontaktieren.

Speyer, im Juli 2015 *Robert A. Steinwender*

Postskriptum:

Da sich der Beschluss der Kärntner Landesregierung über die neue Kärntner Bautechnikverordnung, mit der die OIB-Richtlinien 2015 für anwendbar erklärt werden, verzögert hat, wurde mit der Drucklegung zugewartet. Der Kommentar wurde grundsätzlich auf Stand 1. Mai 2016 gebracht, darüber hinaus wurde selbstverständlich die später erlassene Kärntner Bautechnikverordnung 2016 aufgenommen. Das Buch ist somit am aktuellen Stand der bautechnischen Durchführungsverordnungen.

Klagenfurt am Wörthersee, im Juli 2016 *Robert A. Steinwender*

Inhaltsverzeichnis

Abkürzungsverzeichnis XIII

1. Kärntner Bauordnung 1996 – K-BO 1996 .... **1**

1.1. Kärntner Bauansuchenverordnung – K-BAV 547
1.2. Verordnung über die Ausführungsplakette für Bauvorhaben 557
1.3. Bauarchitekturverordnung 561
1.4. Kärntner Bau-Übertragungsverordnung 565

2. Kärntner Bauvorschriften – K-BV **567**

2.1. Kärntner Bautechnikverordnung 2016 – K-BTV 2016 646
2.1.1. OIB-Richtlinie 1 Mechanische Festigkeit und Standsicherheit 649
2.1.1.1. Leitfaden Festlegung der Tragfähigkeit und Gebrauchstauglichkeit von bestehenden Tragwerken 653
2.1.2. OIB Richtlinie 2 Brandschutz 671
2.1.2.1. OIB Richtlinie 2.1 Brandschutz bei Betriebsbauten 711
2.1.2.2. OIB Richtlinie 2.2 Brandschutz bei Garagen, überdachten Stellplätzen und Parkdecks 732
2.1.2.3. OIB Richtlinie 2.3 Brandschutz bei Gebäuden mit einem Fluchtniveau von mehr als 22 m 748
2.1.2.4. Leitfaden Abweichungen im Brandschutz und Brandschutzkonzepte 768
2.1.3. OIB Richtlinie 3 Hygiene, Gesundheit und Umweltschutz 775
2.1.4. OIB Richtlinie 4 Nutzungssicherheit und Barrierefreiheit 800
2.1.5. OIB Richtlinie 5 Schallschutz 830

2.1.6. OIB Richtlinie 6 Energieeinsparung und
Wärmeschutz.. 840
2.1.6.1. Dokument zur Definition des Niedrigstenergiegebäudes
und zur Festlegung von Zwischenzielen in einem
„Nationalen Plan" gemäß Artikel 9 (3) zu 2010/31/EU... 879
2.1.6.2. Leitfaden Energietechnisches Verhalten von
Gebäuden... 883
2.1.7. OIB Richtlinie Begriffsbestimmungen............................ 895
2.1.8. OIB Richtlinie Zitierte Normen und sonstige technische
Regelwerke 905

3. Kärntner Ortsbildpflegegesetz 1990 – K-OBG 909

3.1. Verordnung über das Sitzungsgeld für Mitglieder der
Ortsbildpflegekommission.. 949

4. Verordnung (EU) Nr 305/2011 für die Vermarktung von Bauprodukten 951

4.1. Verordnung (EU) Nr 157/2014 über die Bedingungen
für die Zurverfügungstellung einer Leistungserklärung
von Bauprodukten auf einer Website............................. 1032
4.2. Durchführungsverordnung (EU) Nr 1062/2013 über das
Format der Europäischen Technischen Bewertung für
Bauprodukte 1035

5. Kärntner Bauproduktegesetz – K-BPG 1039

5.1. Verordnung über das Ausmaß der besonderen Verwaltungsabgaben für Akkreditierungen, Zulassungen,
Ermächtigungen, Sonderverfahren und zu erstellende
Gutachten nach dem Kärntner Akkreditierungs- und
Bauproduktegesetz... 1085

6. Kärntner Aufzugsgesetz – K-AG...................................... 1089

6.1. Kärntner Aufzugsverordnung – K-AV............................ 1140

7. Kärntner Heizungsanlagengesetz – K-HeizG.................. 1147

7.1. Kärntner Heizungsanlagenverordnung – K-HeizVO 1262

8. Kärntner IPPC-Anlagengesetz – K-IPPC-AG 1283

9. Kärntner Raumordnungsgesetz – K-ROG 1317

9.1. Entwicklungsprogramm Kärntner Zentralraum 1350
9.2. Entwicklungsprogramm Raum Villach 1362
9.3. Entwicklungsprogramm Nockberge 1377
9.4. Entwicklungsprogramm Mirnock-Verditz 1386
9.5. Entwicklungsprogramm Raum Klagenfurt 1394
9.6. Entwicklungsprogramm politischer Bezirk St. Veit an der Glan 1415
9.7. Entwicklungsprogramm Raum Weißensee 1430
9.8. Industriestandorträume-Verordnung 1437
9.9. Geschäftsordnung des Raumordnungsbeirates – K-GOROB 1439
9.10. Windkraftstandorträume-Verordnung 1446
9.11. Kärntner Photovoltaikanlagen-Verordnung 1452

10. Kärntner Gemeindeplanungsgesetz 1995 – K-GplG 1995 1457

10.1. Planzeichenverordnung für Flächenwidmungspläne 1609
10.2. Entwicklungsprogramm Versorgungsinfrastruktur 1623
10.3. Richtlinien-Verordnung 1626
10.4. Planzeichenverordnung für Teilbebauungspläne 1632
10.5. Orts- und Stadtkern-Verordnung – K-OSKV 1639

11. Kärntner Umweltplanungsgesetz – K-UPG 1641

12. Kärntner Grundstücksteilungsgesetz – K-GTG 1661

Literaturverzeichnis 1687
Rechtsprechungsverzeichnis 1689
Rechtsquellenverzeichnis 1723
Stichwortverzeichnis zur K-BO 1996 1731

Abkürzungsverzeichnis

aA	andere Ansicht
ABGB	Allgemeines Bürgerliches Gesetzbuch
ABl	Amtsblatt der Europäischen Union
Abs	Absatz
AEUV	Vertrag über die Arbeitsweise der Europäischen Union
AkkG 2012	Akkreditierungsgesetz 2012
ALJ	Austrian Law Journal
Anm	Anmerkung
AnwBl	Österreichisches Anwaltsblatt
ArbIG	Arbeitsinspektionsgesetz 1993
Art	Artikel
ASchG	ArbeitnehmerInnenschutzgesetz
ASV 1996	Aufzüge-Sicherheitsverordnung 1996
ASV 2008	Aufzüge-Sicherheitsverordnung 2008
AVG	Allgemeines Verwaltungsverfahrensgesetz 1991
AWG 2002	Abfallwirtschaftsgesetz 2002
bau aktuell	Zeitschrift für Baurecht, Baubetriebswirtschaft und Baumanagement
BauRG	Baurechtsgesetz
bbl	Baurechtliche Blätter
BGBl	Bundesgesetzblatt
Bgld. BauG	Burgenländisches Baugesetz 1997
Bgld. LHKG 2008	Burgenländisches Luftreinhalte-, Heizungsanlagen- und Klimaanlagengesetz 2008
BStG 1971	Bundesstraßengesetz 1971
BTZ	Bautechnische Zulassung
B-VG	Bundes-Verfassungsgesetz

ca	zirka
derg	dergleichen
ders	derselbe
dh	das heißt
DMSG	Denkmalschutzgesetz
dRGBl	deutsches Reichsgesetzblatt
DVBl	Das Deutsche Verwaltungsblatt
EAVG 2012	Energieausweis-Vorlage-Gesetz 2012
ecolex	ecolex – Fachzeitschrift für Wirtschaftsrecht
EEffG	Bundes-Energieeffizienzgesetz
E-GovG	E-Government-Gesetz
EGMR	Europäischer Gerichtshof für Menschenrechte
EGZPO	Gesetz vom 1. August 1895 betreffend die Einführung des Gesetzes über das gerichtliche Verfahren in bürgerlichen Rechtsstreitigkeiten (Civilprozessordnung)
EisbEG	Eisenbahn-Enteignungsentschädigungsgesetz
EisbG	Eisenbahngesetz 1957
EMRK	Europäische Menschenrechtskonvention
EO	Exekutionsordnung
ETAG	Europäische Technische Zulassungsleitlinie
ETG 1992	Elektrotechnikgesetz 1992
ETZ	Europäische Technische Zulassung
EuGH	Gerichtshof der Europäischen Union
EuZW	Europäische Zeitschrift für Wirtschaftsrecht
FN	Fußnote
FS	Festschrift
GewO 1994	Gewerbeordnung 1994
ggf	gegebenenfalls
GrekoG	Grenzkontrollgesetz
GUG	Grundbuchsumstellungsgesetz
GWG 2011	Gaswirtschaftsgesetz 2011
HBV 2009	Hebeanlagen-Betriebsverordnung
hEN	harmonisierte europäische Normen

IA	Initiativantrag
IBR	Immobilien & Baurecht
idF	in der Fassung
idgF	in der geltenden Fassung
immolex	immolex – neues Miet- und Wohnrecht
iS	im Sinne
JAP	Juristische Ausbildung und Praxisvorbereitung
JBl	Juristische Blätter
JGS	Justizgesetzsammlung
JRP	Journal für Rechtspolitik
K-ABPG	Kärntner Akkreditierungs- und Bauproduktegesetz
K-AG	Kärntner Aufzugsgesetz
K-AGO	Kärntner Allgemeine Gemeindeordnung
K-AWO	Kärntner Abfallwirtschaftsordnung 2004
K-BAV	Kärntner Bauansuchenverordnung
K-BiWG	Kärntner Bienenwirtschaftsgesetz
K-BO 1866	Gesetz vom 13. März 1866, womit eine Bauordnung für das Herzogthum Kärnten mit Ausschluss der Landeshauptstadt Klagenfurt erlassen wird
K-BO 1969	Kärntner Bauordnung
K-BO 1992	Kärntner Bauordnung 1992
K-BO 1996	Kärntner Bauordnung 1996
K-BPG	Kärntner Bauproduktegesetz
K-BPNG	Biosphärenpark-Nockberge-Gesetz
KBPVO	Klagenfurter Bebauungsplanverordnung
K-BQAG	Kärntner Berufsqualifikationen-Anerkennungsgesetz
K-BSFG	Kärntner Berg- und Schiführergesetz
K-BStG	Kärntner Bestattungsgesetz
K-BTV	Kärntner Bautechnikverordnung
K-BuG	Kärntner Buschenschankgesetz
K-BWG	Kärntner Bergwachtgesetz
K-CPG	Kärntner Campingplatzgesetz
K-EG	Kärntner Elektrizitätsgesetz

Abkürzungsverzeichnis

K-EWOG	Kärntner Elektrizitätswirtschafts- und -organisationsgesetz 2011
KflG	Kraftfahrliniengesetz
kg	Kilogramm
K-GBWO 2002	Kärntner Gemeinderats- und Bürgermeisterwahlordnung 2002
K-GFPO	Kärntner Gefahrenpolizei- und Feuerpolizeiordnung
K-GKG	Kärntner Gemeindekanalisationsgesetz
K-GOL	Geschäftsordnung der Kärntner Landesregierung
K-GplG 1995	Kärntner Gemeindeplanungsgesetz 1995
K-GrvG	Kärntner Grundversorgungsgesetz
K-GSLG	Güter- und Seilwege-Landesgesetz
K-GTG	Kärntner Grundstücksteilungsgesetz
K-GVG 1994	Kärntner Grundverkehrsgesetz 1994
K-GVG 2002	Kärntner Grundverkehrsgesetz 2002
K-GWVG	Kärntner Gemeindewasserversorgungsgesetz
K-HeizG	Kärntner Heizungsanlagengesetz
K-IPPC-AG	Kärntner IPPC-Anlagengesetz
K-ISG	Kärntner Informations- und Statistikgesetz
K-JG	Kärntner Jagdgesetz 2000
k.k.	kaiserlich-königlich
K-KAO	Kärntner Krankenanstaltenordnung 1999
K-KMG	Kärntner Kundmachungsgesetz
K-KStR 1998	Klagenfurter Stadtrecht 1998
K-LSiG	Kärntner Landessicherheitsgesetz
K-LTWO	Kärntner Landtagswahlordnung
K-LVG	Kärntner Landesverfassung
K-LvwGG	Kärntner Landesverwaltungsgerichtsgesetz
K-NBG	Kärntner Nationalpark- und Biosphärenparkgesetz
K-NSG 2002	Kärntner Naturschutzgesetz 2002
K-OBG	Kärntner Ortsbildpflegegesetz 1990
K-PRG	Kärntner Prostitutionsgesetz
K-SBG	Kärntner Seveso-Betriebegesetz
K-SGAG	Kärntner Spiel- und Glücksspielautomatengesetz
K-SSchG	Kärntner Schischulgesetz

K-StrG	Kärntner Straßengesetz 1991
K-VAG 2010	Kärntner Veranstaltungsgesetz 2010
K-VStR 1998	Villacher Stadtrecht 1998
kW	Kilowatt
K-WBFG 1997	Kärntner Wohnbauförderungsgesetz 1997
Ldtgs Zl	Landtagszahl
leg cit	legis citatae
LFG	Luftfahrtgesetz
LGBl	Landesgesetzblatt
lit	litera
LVwG	Landesverwaltungsgericht
m	Meter
MietSlg	Mietrechtliche Entscheidungen
MinroG	Mineralrohstoffgesetz
mm	Millimeter
m/s	Meter pro Sekunde
MSV	Maschinen-Sicherheitsverordnung
MSV 2010	Maschinen-Sicherheitsverordnung 2010
MunLG 2003	Munitionslagergesetz 2003
NÖ BO 2014	Niederösterreichische Bauordnung 2014
Nr	Nummer
NVwZ	Neue Zeitschrift für Verwaltungsrecht
ÖBA	Österreichisches Bankarchiv
ÖGZ	Österreichische Gemeindezeitung
OIB	Österreichisches Institut für Bautechnik
OIZ	Österreichische Immobilien-Zeitung
ÖJZ	Österreichische Juristen-Zeitung
Oö. BauO 1994	Oberösterreichische Bauordnung 1994
Oö. BauTG	Oberösterreichisches Bautechnikgesetz
Oö. BauTG 2013	Oberösterreichisches Bautechnikgesetz 2013
Oö. ROG 1994	Oberösterreichisches Raumordnungsgesetz 1994
ÖTZ	Österreichische technische Zulassung
ÖZfV	Österreichische Zeitschrift für Verwaltung
ÖZW	Österreichische Zeitschrift für Wirtschaftsrecht

RdU	Recht der Umwelt
RdU-U&T	Recht der Umwelt – Sonderbeilage Umwelt & Technik
RdW	Recht der Wirtschaft
RGBl	Reichsgesetzblatt
RFG	Recht und Finanzen für Gemeinden
RIS	Rechtsinformationssystem des Bundes
RL	Richtlinie
RS	Rechtssatz
Rz	Randzahl
S	Seite
S-ALG	[Salzburger] Anliegerleistungsgesetz
S-BauPolG	[Salzburger] Baupolizeigesetz 1997
SchFG	Schifffahrtsgesetz
SchleppVO 2004	Schleppliftverordnung 2004
SeilbG 2003	Seilbahngesetz 2003
SPRW	Spektrum der Rechtswissenschaft
S-ROG 1977	Salzburger Raumordnungsgesetz 1977
S-ROG 1998	Salzburger Raumordnungsgesetz 1998
S-ROG 2009	Salzburger Raumordnungsgesetz 2009
StGBl	Staatsgesetzblatt
StGG	Staatsgrundgesetz über die allgemeinen Rechte der Staatsbürger
Stmk. BauG	Steiermärkisches Baugesetz
StVO 1960	Straßenverkehrsordnung 1960
SV	Zeitschrift Sachverständige
TBO 2011	Tiroler Bauordnung 2011
TGHKG 2013	Tiroler Gas-, Heizungs- und Klimaanlagengesetz 2013
TKG 2003	Telekommunikationsgesetz 2003
uä	und ähnliches
udgl	und dergleichen
UVP-G 2000	Umweltverträglichkeitsprüfungsgesetz 2000

V-BauG	[Vorarlberger] Baugesetz
VermG	Vermessungsgesetz
VfGG	Verfassungsgerichtshofgesetz 1953
VfGH	Verfassungsgerichtshof
VfSlg	Sammlung der Erkenntnisse des Verfassungsgerichtshofes
VGemG	Vorläufiges Gemeindegesetz
V-RPG	[Vorarlberger] Raumplanungsgesetz
VStG	Verwaltungsstrafgesetz 1991
VwGG	Verwaltungsgerichtshofgesetz 1985
VwGH	Verwaltungsgerichtshof
VwGVG	Verwaltungsgerichtsverfahrensgesetz
VwSlg	Sammlung der Erkenntnisse des Verwaltungsgerichtshofes
WBFÖ	Wohnbau Forschung in Österreich
W-BO	Bauordnung für Wien
WHKG 2015	Wiener Heizungs- und Klimaanlagengesetz 2015
WRG 1959	Wasserrechtsgesetz 1959
Z	Ziffer
ZAS	Zeitschrift für Arbeits- und Sozialrecht
zB	zum Beispiel
ZfV	Zeitschrift für Verwaltung
ZVB	Zeitschrift für Vergaberecht und Bauvertragsrecht
ZÖR	Zeitschrift für öffentliches Recht
ZP	Zusatzprotokoll
ZTG	Ziviltechnikergesetz 1993

1. Kärntner Bauordnung 1996 – K-BO 1996

LGBl 1996/62, LGBl 1997/52, LGBl 2000/13, LGBl 2001/31, LGBl 2001/134, LGBl 2004/22, LGBl 2005/77, LGBl 2009/16, LGBl 2012/80, LGBl 2012/89, LGBl 2013/46, LGBl 2013/85, LGBl 2015/31, LGBl 2015/45, LGBl 2016/19

Inhaltsverzeichnis

1. Abschnitt – Wirkungsbereich
§ 1 Vollziehung
§ 2 Ausnahmen
§ 3 Behörden
§ 4 Mitwirkung der Bundespolizei
§ 5 Beratung, Auskunftspflicht, Merkblatt

2. Abschnitt – Vorhaben
§ 6 Baubewilligungspflicht
§ 7 Bewilligungsfreie, mitteilungspflichtige Vorhaben, baubehördliche Aufträge
§ 8 Ortsbildschutz

3. Abschnitt – Ansuchen
§ 9 Antrag
§ 10 Belege
§ 11 Sonderbestimmungen
§ 12 Zusatzbelege

4. Abschnitt – Vorprüfungsverfahren
§ 13 Vorprüfung
§ 14 Zulässige Abweichungen vom Flächenwidmungsplan

§ 15 Abschluß

5. Abschnitt – Baubewilligung
§ 16 Mündliche Verhandlung, Augenschein
§ 17 Voraussetzungen
§ 18 Auflagen
§ 19 Versagung
§ 20 Baubeginn
§ 21 Wirksamkeit
§ 22 Abänderung
§ 23 Parteien, Einwendungen
§ 24 Vereinfachtes Verfahren
§ 25 Nichtigkeit

6. Abschnitt – Vorschriften
§ 26 Anforderungen
§ 27 Bauprodukte
§ 28 Baulärm

7. Abschnitt – Ausführung
§ 29 Unternehmer
§ 30 Bauleiter
§ 31 Meldepflicht
§ 32 Ausführungsplakette
§ 33 Überprüfungen
§ 34 Überwachung
§ 35 Einstellung
§ 36 Herstellung des rechtmäßigen Zustandes
§ 37 Ausführungspflicht
§ 38 Aufräumung

8. Abschnitt – Abnahme
§ 39 Meldepflicht
§ 40 Prüfung

9. Abschnitt – Gemeinschaftseinrichtungen
§ 41   Orientierungsnummern
§ 41a Türnummern
§ 42   Duldungspflicht

10. Abschnitt – Sicherheitsvorschriften
§ 43   Erhaltungspflicht
§ 44   Instandsetzung
§ 45   Beseitigung
§ 46   Räumung
§ 47   Einwendungen

11. Abschnitt – Nachbarpflichten
§ 48   Benützung
§ 49   Entschädigung

11a. Abschnitt – Unabhängige Kontrollsysteme für Energieausweise und Klimaanlagenüberprüfungsbefunde
§ 49a Kontrollsystem für Energieausweise
§ 49b Kontrollsystem für Klimaanlagenüberprüfungsbefunde

12. Abschnitt – Strafbestimmung
§ 50   Geldstrafen

13. Abschnitt – Schlußbestimmungen
§ 51   Zutrittsrechte
§ 52   Aufsicht
§ 53   Wirkung der Baubewilligungen
§ 54   Rechtmäßiger Bestand
§ 55   Bauberechtigte
§ 55a Eigentümergemeinschaften
§ 56   Verweise

1. Abschnitt – Wirkungsbereich

§ 1 Vollziehung

(1) Die Vollziehung dieses Gesetzes fällt – unbeschadet des Verordnungsrechtes der Behörden außerhalb der Gemeinde – in den eigenen Wirkungsbereich der Gemeinde.

(2) Von der Regelung des Abs. 1 sind ausgenommen:
  a) die Bestimmungen des 12. Abschnittes;
  b) [Anm: entfallen]
  c) Akte der Vollziehung betreffend Vorhaben, die Interessen der Sicherheit oder der Gesundheit außerhalb des Gemeindegebietes zu gefährden geeignet sind; dies ist jedenfalls gegeben, wenn das Vorhaben die Sicherheit oder Gesundheit gefährdende Immissionen außerhalb des Gemeindegebietes bewirkt;
  d) Akte der Vollziehung betreffend Vorhaben, die sich auf das Gebiet zweier oder mehrerer Gemeinden erstrecken oder bei welchen bei der Durchführung des Ermittlungsverfahrens benachbarte Grundflächen einzubeziehen sind, die in einer oder mehreren anderen Gemeinden gelegen sind.

(3) Umfasst ein Vorhaben sowohl Gebäude als auch sonstige bauliche Anlagen, so erstrecken sich die Ausnahmen des Abs. 2 auf alle eine funktionale Einheit bildenden baulichen Anlagen des Vorhabens.

(4) Die Vollziehung der Bestimmungen des Abschnittes 9 fällt in jedem Fall in den eigenen Wirkungsbereich der Gemeinde.

Literatur: *Aichhorn*, Gedanken über verfassungsrechtliche Probleme im Baurecht, ÖGZ 1968, 110; *ders*, Die Anpassung der oberösterreichischen Bauvorschriften nach der Bundes-Verfassungsgesetznovelle 1962, ÖGZ 1970, 480; *Aichlreiter*, Österreichisches Verordnungsrecht I, II, 1988; Amt der Kärntner Landesregierung/Abteilung 3 (Kompetenzzentrum Landesentwicklung und Gemeinden) (Hrsg), Legistischer Leitfaden für die Erlassung von Verordnungen auf Gemeindeebene, 2009; *Berchtold*, Die Übertragung der Besorgung von Gemeindeaufgaben an staatliche Behörden gemäß Art 118 Abs 7 B-VG, JBl 1970, 25; *Bergthaler*, UVP-Pflicht und -Verfahren für Abfallbehandlungsanlagen, in Bergthaler/Wolfslehner (Hrsg), Das Recht der Abfallwirtschaft[2], 2004; *Bußjäger*, Die Kompetenzen des Bundes zur Regelung der „Umweltverträglichkeitsprüfung" und „Bürgerbeteiligung", JBl 1995, 690; *ders*, Die Übertragung von Aufgaben des eigenen Wirkungsbereichs auf staatliche Behörden als Instrument der Verwaltungsmodernisierung, ÖGZ 2000, Heft 8, 12; *Eilmansberger*, Gemeinde und

1. Abschnitt – Wirkungsbereich § 1

Europarecht, in Rebhahn (Hrsg), Beiträge zum Kärntner Gemeinderecht, 1998; *Ennöckl*, Kompetenzrechtliche Grundlagen des UVP-G, in Ennöckl/Raschauer N, Rechtsfragen des UVP-Verfahrens vor dem Umweltsenat, 2008; *Gallent*, Das ortspolizeiliche Verordnungsrecht, ZfV 1984, 365; *Geuder*, Die Baurechtskompetenz der Gemeinde im Rahmen des eigenen Wirkungsbereiches, ÖGZ 1967, 414; *ders*, Baupolizeiliche Willensäußerung und Amtshaftung, ÖGZ 1978, 577; *Hauer*, Die Bundes-Verfassungsgesetznovelle 1962 und das Baurecht, ÖGZ 1967, 289; *Hundegger*, Die Gemeinde und ihre Wirkungsbereiche, 1971; *Just*, Die Zuständigkeiten der Ortsgemeinde im öffentlich-rechtlichen Baurecht nach der Bundes-Verfassungsgesetznovelle 1962, JBl 1964, 313; *Karisch*, Das selbstständige Verordnungsrecht der Gemeinde in der Bundesverfassung und im Entwurf eines Klagenfurter Stadtrechtes, ÖJZ 1963, 453; Kneihs/Lienbacher (Hrsg), Rill-Schäffer-Kommentar Bundesverfassungsrecht, 15. Lfg, 2015; Korinek/Holoubek (Hrsg), Österreichisches Bundesverfassungsrecht, 11. Lfg, 2013; *Krzizek*, Die Auswirkungen der Bundes-Verfassungsgesetznovelle 1962 auf das Baurecht, ÖGZ 1967, 105; *ders*, Der eigene Wirkungsbereich der Gemeinden in Bausachen, 1972; *Madner*, Umweltverträglichkeitsprüfung, in Holoubek/Potacs, Öffentliches Wirtschaftsrecht II[3], 2013; *Maier*, Die Rechtswirkungen einer Übertragung von Angelegenheiten des eigenen Wirkungsbereiches der Gemeinden gemäß Art 118 Abs 7 B-VG, ÖGZ 1970, 474; *Mayer*, Die Zuständigkeit der Verwaltungsbehörden im Vollstreckungsverfahren, 1974; *Merli*, Zum Verhältnis von Bundes- und Landesrecht bei abfallwirtschaftsrechtlichen Anlagegenehmigungen, ÖZW 1991, 102; *Neuhofer*, Gemeinderecht[2], 1998; *Oberndorfer*, Gemeinderecht und Gemeindewirklichkeit, 1971; *ders*, in Pabel (Hrsg), Das österreichische Gemeinderecht, 1. Teil Allgemeine Bestimmungen des Gemeinderechts, 2008; *Pabel*, Die Frage der Umweltverträglichkeitsprüfung im Baubewilligungsverfahren von Einkaufszentren, RFG 2007/10; *Pflug*, Grenzen des ortspolizeilichen Verordnungsrechts, RFG 2011/8; *Ranacher*, Das ortspolizeiliche Verordnungsrecht im Spiegel der Rechtsprechung, RFG 2004/44; *Raschauer B*, Anlagenrecht und Nachbarschutz aus verfassungsrechtlicher Sicht, ZfV 1999, 506; *Rill*, Gemeindeselbstverwaltung und Bundesverfassung, in Rebhahn (Hrsg), Beiträge zum Kärntner Gemeinderecht, 1998; *Schmid*, Delegation und Mandat im allgemeinen Verwaltungsrecht, ZfV 2010/2; *Steiner* in Pabel (Hrsg), Das österreichische Gemeinderecht, 9. Teil Rechtsstellung und Aufgaben der Gemeindeorgane, 2008; *Steinwender*, Aufgaben- und Finanzreform – Insbesondere zu Fragen der Übertragung von einzelnen Angelegenheiten gemäß Art 118 Abs 7 B-VG und des Entfalls der Grundsteuerbefreiung, in Baumgartner/Sturm (Hrsg), Der Kärntner Gemeindekonvent, 2013; *Strasser*, Überörtliche Baupolizei, ÖGZ 1970, 256; *Sturm/Kemptner*, Kärntner Allgemeine Gemeindeordnung[6], 2015; *Thienel/Zeleny*, Die österreichischen Verwaltungsverfahrensgesetze[18], 2012; *Weber*, Gemeindeaufgaben, in Festschrift 40 Jahre Gemeindeverfassungsnovelle 1962, 2002, 31; *Wessely*, Auswirkungen des Bundesimmobiliengesetzes auf kommunale Zuständigkeiten, bbl 2001, 169; *Wielinger*, Das Verordnungsrecht der Gemeinden, 1974; *Winkler G*, Delegation und Devolution gemeindlicher Angelegenheiten nach Art 118 Abs 7 B-VG, JBl 1973, 13; Stellungnahme des Amtes der Salzburger Landesregierung, Die Auswirkungen der Bundes-Verfassungsgesetznovelle 1962 auf das Baurecht, ÖGZ 1967, 388.

Inhaltsübersicht

	Rz
I. Entwicklung und Rechtsvergleich	1
II. Vollziehung der örtlichen Baupolizei im eigenen Wirkungsbereich der Gemeinde	7
III. Ausnahmen	11
IV. Vollziehung des 9 Abschnittes im eigenen Wirkungsbereich	23

I. Entwicklung und Rechtsvergleich

1 Schon das Gesetz vom 5. März 1862, womit die grundsätzlichen Bestimmungen zur Regelung des Gemeindewesens vorgezeichnet werden, RGBl 1862/18, sah in Art V Abs 2 Z 9 vor, dass die Baupolizei, die Handhabung der Bauordnung und die Erteilung der polizeilichen Baubewilligungen im selbstständigen Wirkungskreis der Gemeinden besorgt und durchgeführt werden.[1] In diesem Sinne bestimmte auch § 1 Abs 1 K-BO 1866, LGBl 1866/12, dass zur Führung von Neu-, Zu- und Umbauten, sowie zur Vornahme wesentlicher Ausbesserungen und Abänderungen an bestehenden Gebäuden in der Regel die Bewilligung des Gemeindevorstehers erforderlich ist. Doch bestanden auch damals Ausnahmen, zB war gemäß § 12 K-BO 1866 bei Baubewilligungen für Betriebsanlagen die Bezirksbehörde zuständig. Nach dem Einmarsch der deutschen Wehrmacht in Österreich im März 1938 und der Eingliederung in das Deutsche Reich wurde durch die Verordnung über die Zuständigkeiten in den Reichsgauen der Ostmark, dRGBl I 1941, 485, die Zuständigkeit an die Landräte übertragen. Nach der Befreiung von der NS-Diktatur wurde durch das Vorläufige Gemeindegesetz – VGemG, StGBl 1945/66, diese Verordnung aufgehoben und lag die Zuständigkeit in Baurechtsangelegenheiten grundsätzlich wieder bei den Gemeinden.[2]

2 Der Wortlaut des § 1 Abs 1 findet sich erstmals in § 1 Abs 1 K-BO 1969, LGBl 1969/48. Dies diente ua der Anpassung an die neuen verfassungsrechtlichen Bestimmungen der Gemeindeselbstverwaltung in Art 118

---

[1] Jedoch bestand keine verfassungsrechtliche Absicherung, dies erfolgte erstmals durch § 8 Abs 5 lit f ÜG, BGBl 1920/2 idF BGBl 1925/269; zum Ganzen *Krzizek*, System I 99 ff; *Weber*, Gemeindeaufgaben 41 ff.

[2] VfGH VfSlg 3078/1956; VfSlg 4388/1963; VfSlg 4389/1963; VfSlg 4390/1963; VwGH VwSlg 97 A/1947; VwSlg 274 A/1948; VwSlg 524 A/1948; VwSlg 2357 A/1951.

1. Abschnitt – Wirkungsbereich § 1

B-VG, BGBl 1962/205.[3] In den Landesgesetzen war der eigene Wirkungsbereich der Gemeinden bis spätestens zum 31. Dezember 1969 ausdrücklich zu bezeichnen.[4] Sowohl in der K-BO 1992, LGBl 1992/64, als auch in die geltende Fassung der K-BO 1996, LGBl 1996/62, wurde die Bestimmung jeweils als § 1 Abs 1 unverändert übernommen.

§ 1 Abs 2 enthielt schon in der K-BO 1969 die Ausnahmen für Verwaltungsstrafen, bundeseigene Gebäude, sowie auf Akte der Vollziehung, die sich auf Vorhaben beziehen, die Interessen der Sicherheit oder der Gesundheit außerhalb des Gemeindegebiets zu gefährden geeignet sind. Für letztere Ausnahme wurde durch LGBl 1981/69 der Satz hinzugefügt, dass dies jedenfalls gegeben ist, wenn das Vorhaben oder seine Verwendung die Sicherheit oder Gesundheit gefährdende Immissionen außerhalb des Gemeindegebietes bewirkt. Die Ausnahme betreffend Vorhaben, die sich auf das Gebiet zweier oder mehrerer Gemeinden erstrecken, wurde durch LGBl 1992/26 in § 1 Abs 2 letzter Satz K-BO 1969 aufgenommen. In dieser Form wurde die Bestimmung in die K-BO 1992 übernommen. Mit LGBl 1996/44 erfolgte im Sinne der Übersichtlichkeit eine Gliederung der Tatbestände in lit und wurde die Ausnahme für bundeseigene Gebäude insofern ausdrücklich eingeschränkt, als die Bestimmung der Baulinie und des Niveaus in die Vollziehung des Landes fällt[5]. Durch BGBl 2012/51 entfiel die Sonderbestimmung des Art 15 Abs 5 B-VG für die Vollziehung in Bausachen, die bundeseigene Gebäude betreffen. Die entsprechende Ausnahme der Vollziehung durch die Gemeinden in § 1 Abs 2 lit b wurde durch LGBl 2013/46 aufgehoben. 3

§ 1 Abs 3 findet sich erstmals in § 1 Abs 2a K-BO 1969, der durch LGBl 1981/69 eingefügt wurde. Diese Ausnahme galt in seiner ursprünglichen Fassung (letzter Halbsatz) auch dann, wenn nicht alle bauliche Anlagen (ausgenommen Gebäude) eines Vorhabens, die nach wasserrechtlichen Vorschriften einer Bewilligung bedurften, der Baubewilligungspflicht unterlagen. Dies entfiel durch LGBl 2012/80. 4

§ 1 Abs 4 beruht auf § 1 Abs 3 K-BO 1969 und sah schon in dieser Stammfassung vor, dass die Bestimmungen über Gemeinschaftseinrich- 5

---

3 ErlRV Verf-133/6/1967, 3; zu den Auswirkungen dieser B-VG Novelle auf das Baurecht *Aichhorn*, ÖGZ 1968, 110 ff; *ders*, ÖGZ 1970, 480 ff; *Geuder*, ÖGZ 1967, 414 ff; *Hauer*, ÖGZ 1967, 289 ff; *Krzizek*, ÖGZ 1967, 105 ff; Stellungnahme des Amtes der Salzburger Landesregierung, ÖGZ 1967, 388 ff.
4 Siehe die Übergangsbestimmung in § 5 Abs 3 der Bundes-Verfassungsgesetznovelle 1962, BGBl 1962/205 idF BGBl 1968/274.
5 Siehe Art 15 Abs 5 B-VG idF BGBl 1983/175; dazu *Wessely*, bbl 2001, 169 ff.

tungen (zB Orientierungsnummern) in jedem Fall in den eigenen Wirkungsbereich der Gemeinde fallen. Die Bestimmung wurde praktisch unverändert in die K-BO 1992 und die K-BO 1996 übernommen.

6 Der Rechtsvergleich mit anderen Bundesländern zeigt, dass auf Grund Art 118 Abs 2 B-VG jeweils eine ausdrückliche Bezeichnung des eigenen Wirkungsbereiches der Gemeinden erfolgt, aber durchaus Unterschiede hinsichtlich der Ausnahmen bestehen. Die entsprechenden Regelungen finden sich in § 30 Abs 3 bis 5 und § 31 Bgld. BauG, § 2 Abs 2 und 3 und § 3 NÖ BO 2014, § 54 Oö. BauO 1994, § 22 Abs 1 S-BauPolG, § 1 Stmk. BauG, § 53 Abs 2 und 3 und § 59 TBO 2011, § 50 Abs 2 und 3 und § 51 V-BauG sowie § 139 W-BO. In den Bundesländern Burgenland, Niederösterreich, Oberösterreich, Salzburg, Steiermark, Tirol und Vorarlberg wurde auch von der Möglichkeit des Art 118 Abs 7 B-VG Gebrauch gemacht, einzelne Angelegenheiten des eigenen Wirkungsbereiches – auf Antrag der Gemeinde – durch Verordnung der Landesregierung auf die Bezirksverwaltungsbehörden zu übertragen.[6] Insbesondere betrifft dies Vorhaben für gewerbliche Betriebsanlagen, die auch einer Genehmigung durch die Gewerbebehörde bedürfen.

II. Vollziehung der örtlichen Baupolizei im eigenen Wirkungsbereich der Gemeinde

7 Die Gemeinde ist Gebietskörperschaft mit dem Recht auf Selbstverwaltung (Art 116 Abs 1 B-VG, Art 3 Abs 1 K-LVG). Es ist zwischen dem eigenen und dem übertragenen Wirkungsbereich der Gemeinde zu unterscheiden (Art 118 Abs 1 B-VG; § 9 K-AGO; § 10 K-KStR 1998; § 10 K-VStR 1998).[7] Der eigene Wirkungsbereich der Gemeinde wird einerseits durch eine Generalklausel bestimmt. Er umfasst alle Angelegenheiten,[8] die im ausschließlichen oder überwiegenden Interesse der in der Gemeinde verkörperten örtlichen Gemeinschaft gelegen und geeignet sind, durch die Gemeinschaft innerhalb ihrer örtlichen Grenzen besorgt

---

6 Siehe § 1 Rz 11 f.

7 Zum Ganzen *Rill*, Gemeindeselbstverwaltung 3 ff; *Weber* in Korinek/Holoubek, Art 118/1-7 B-VG Rz 1 ff; *Stolzlechner* in Kneihs/Lienbacher, Art 118 B-VG Rz 1 ff; *Oberndorfer* in Pabel, Gemeinderecht, Rz 29 ff; *Sturm/Kemptner*, Gemeindeordnung[6] § 9 und § 10 K-AGO jeweils Anm 1 ff.

8 Dazu zählen auch die Angelegenheiten kommunale Privatwirtschaftsverwaltung, kommunales Haushaltswesen und Ausschreibung von Gemeindeabgaben gemäß Art 116 Abs 2 B-VG.

1. Abschnitt – Wirkungsbereich § 1

zu werden (Art 118 Abs 2 B-VG; § 10 Abs 1 K-AGO; § 11 Abs 1 K-KStR 1998; § 11 Abs 1 K-VStR 1998). Andererseits sind bestimmte Angelegenheiten jedenfalls vom eigenen Wirkungsbereich der Gemeinde umfasst (Art 118 Abs 3 B-VG; § 10 Abs 2 K-AGO; § 11 Abs 2 K-KStR 1998; § 11 Abs 2 K-VStR 1998).[9] Gemäß Art 118 Abs 2 B-VG sind Angelegenheiten des eigenen Wirkungsbereiches ausdrücklich als solche zu bezeichnen. § 1 kommt diesem verfassungsrechtlichen Gebot nach.[10]

Zu den Angelegenheiten, die jedenfalls dem eigenen Wirkungsbereich der Gemeinden zugeordnet sind, zählt gemäß Art 118 Abs 3 Z 9 B-VG (§ 10 Abs 2 Z 11 K-AGO; § 11 Abs 2 Z 11 K-KStR 1998; § 11 Abs 2 Z 11 K-VStR 1998) die „örtliche Baupolizei".[11] In einem engeren Sinn sind darunter Verwaltungstätigkeiten zu verstehen, deren Ziel auf die Abwehr von Gefährdungen der öffentlichen Ordnung durch das Mittel der Androhung oder Anwendung von Gewalt gerichtet sind. Dazu zählen insbesondere die Beseitigung[12] und die Räumung von Gebäuden, Gebäudeteilen oder sonstigen baulichen Anlagen im Interesse der Sicherheit und Gesundheit, das Entfernen nichtbewilligter Ankündigungen und Werbeanlagen[13] und der Baueinstellungsauftrag[14]. Umfasst sind in einem weiteren Verständnis aber auch Verwaltungstätigkeiten, die durch ein vorbeugendes Eingreifen eine zweckmäßige und geordnete Entwicklung der Bebauung gewährleisten.[15] So zählen zu den Angelegenheiten der örtlichen Baupolizei auch die Schaffung von Bauplätzen oder Bauplatzteilen,[16] die Abteilungs- oder Parzellierungsbewilligung,[17] die Erteilung der Baubewilligung[18] und der Ortsbild-, Landschafts- und Naturschutz in

8

---

9 Zum Ganzen ausführlich *Oberndorfer*, Gemeinderecht 145 ff.
10 ErlRV Verf-133/6/1967, 3.
11 Aber auch die örtliche Feuerpolizei und die örtliche Raumplanung.
12 VfGH VfSlg 5920/1969; VfSlg 11.307/1987; VfSlg 17.346/2004.
13 VfGH VfSlg 9811/1983.
14 VfGH VfSlg 11.307/1987; VfSlg 17.346/2004.
15 Grundlegend VfGH VfSlg 5823/1968; VfSlg 6060/1969; zum Ganzen auch *Just*, JBl 1964, 313 ff; *Geuder*, ÖGZ 1967 ff, 414; *Hauer*, ÖGZ 1967, 289 ff; *Krzizek*, ÖGZ 1967, 110 ff; *ders*, Eigener Wirkungsbereich 21 ff; *Aichhorn*, ÖGZ 1968, 110 ff; *Strasser*, ÖGZ 1970, 256 ff; *Geuder*, ÖGZ 1978, 577 f; *Neuhofer*, Gemeinderecht² 271 ff; *Hundegger*, Wirkungsbereiche 111 f.
16 VfGH VfSlg 5823/1968; VfSlg 6060/1969; VfSlg 12.891/1991.
17 VfGH VfSlg 5823/1968; VwGH 16.10.1967, 1492/66; VwSlg 7028 A/1966; VwSlg 7432 A/1968.
18 VfGH VfSlg 5410/1966; VwGH 1822/65 = VwSlg 7028 A; VwSlg 7210 A/1967.

Zusammenhang mit baulichen Anlagen[19]. Hingegen sind die Person des Bewilligungswerbers, der Verwendungszweck oder die besondere Bedeutung der baulichen Anlage, auch wenn hinsichtlich dieser überörtliche Interessen berührt sind, nicht wesentlich.[20]

9 Umstritten ist, ob Vorhaben an der Staatsgrenze zu den Angelegenheiten der örtlichen oder der überörtlichen Baupolizei zählen.[21] So nehmen – mit einzelnen Unterschieden – einige Bauordnungen der Länder Vorhaben, die sich auf Grundflächen an der Staatsgrenze beziehen, vom eigenen Wirkungsbereich der Gemeinde aus.[22] Dem folgt mit Hinweis auf ein Judikat des VfGH[23] auch der VwGH[24]. Eine ausdrückliche Aussage findet sich im Judikat des VfGH allerdings nicht. Andere Bundesländer – darunter auch Kärnten – sehen keine entsprechende Ausnahme vom eigenen Wirkungsbereich vor. Die besseren Argumente sprechen meiner Ansicht nach für die Einordnung als Angelegenheit der örtlichen Baupolizei. Dies ergibt sich daraus, dass aus verfassungsrechtlichen Gründen ein subjektives Parteirecht für Eigentümer von ausländischen Grundflächen nicht besteht. Denn nach Art 35 Abs 3 K-LVG[25] erstreckt sich die verbindende Kraft von Landesgesetzen, wenn nicht ausdrücklich anderes bestimmt ist, auf das gesamte Landesgebiet. Die K-BO 1996 enthält für das Baubewilligungsverfahren keine von Art 35 Abs 3 K-LVG abweichenden Bestimmungen. Daraus ergibt sich, dass die erfassten Sachverhalte mit rechtlicher Relevanz nur innerhalb des Landesgebietes verwirklicht werden können.[26] Somit liegt

---

19 VfGH VfSlg 6186/1970; VfSlg 8601/1979; VfSlg 8944/1980; hinsichtlich des Landschafts- und Naturschutzes aA VwGH VwSlg 8440 A/1973; siehe auch VwGH VwSlg 7538 A/1969.

20 VfGH VfSlg 5647/1967; VfSlg 5823/1968; VfSlg 9811/1983; dies gilt auch dann, wenn die Gemeinde Bewilligungswerber ist VwGH VwSlg 7210 A/1967; VwSlg 16.504 A/2004; zu Fragen der Befangenheit siehe § 3 Rz 8; sowie bei Bauten für genehmigungspflichtige gewerbliche Betriebsanlagen VwGH VwSlg 7348 A/1968; hinsichtlich des Verwendungszweckes aA *Krzizek*, ÖGZ 1967, 114; *ders*, System I 107 ff; *Hauer*, ÖGZ 1967, 299 f.

21 Zu Vorhaben, die direkt auf der Staatsgrenze errichtet werden sollen, siehe § 1 Rz 22.

22 § 54 Abs 1 Z 1lit a Oö. BauO 1994; § 53 Abs 3 TBO 2011; § 50 Abs 2 lit c V-BauG; siehe auch eine Stellungnahme der Bundesregierung abgedruckt in *Strasser*, ÖGZ 1970, 256 und in ErlRV Verf-86/32/1981, 2.

23 VfGH VfSlg 6147/1970.

24 VwGH 28.11.1989, 89/05/0077; siehe aber auch VwGH VwSlg 12.965 A/1989.

25 Vgl Art 49 Abs 1 B-VG.

26 So zur Parteistellung im WRG 1959 VwGH VwSlg 13.373 A/1991; VwSlg 14.941 A/1998; 3.2.2000, 99/07/0190; zum V-BauG auch LVwG Vorarlberg 14.10.2015, LVwG-318-010/R1-2015.

1. Abschnitt – Wirkungsbereich § 1

weder ein grenzüberschreitender Sachverhalt vor noch kommt Eigentümern der an das Baugrundstück angrenzenden ausländischen Grundstücke und aller weiteren im Einflussbereich des Vorhabens liegenden ausländischen Grundstücke Parteistellung zu. Dies gilt auch für Vorhaben, für die aufgrund ihrer Lage im unmittelbaren Nahbereich der Staatsgrenze eine Ausnahmebewilligung nach den Staatsverträgen über die Staatsgrenze mit Slowenien[27] und Italien[28] erforderlich ist. Denn für die Auslegung des Begriffes „örtlich" im Art 118 Abs 3 Z 9 B-VG sind nach der Rechtsprechung des VfGH nur baupolizeiliche Gründe maßgeblich.[29] Die staatsvertragliche Ausnahmebewilligung hat aber ihren ausschließlichen Grund im Schutz der Staatsgrenzzeichen und wird kompetenzrechtlich auf Grundlage von Art 10 Abs 1 Z 2 B-VG vom Bund geregelt. Da kein baupolizeilicher Anknüpfungspunkt vorliegt, kann daraus für die Zuordnung zur örtlichen oder überörtlichen Baupolizei auch nichts gewonnen werden. Darüber hinaus ist die Zuordnung einer Angelegenheit zum eigenen Wirkungsbereich weder dadurch ausgeschlossen, dass die Angelegenheit überörtliche Interessen berührt,[30] noch dadurch, dass auch eine andere behördliche Bewilligung notwendig ist.[31] Somit sind meiner Ansicht nach Vorhaben an der Staatsgrenze – soweit nicht eine Ausnahme gemäß Abs 2 vorliegt – im eigenen Wirkungsbereich der Gemeinde zu vollziehen.[32] Diese Überlegungen zu Vorhaben an der Staatsgrenze können auch auf Vorhaben an der Landesgrenze übertragen werden. Da die K-BO 1996 für das Baubewilligungsverfahren auch in diesen Fällen keine von Art 35 Abs 3 K-LVG abweichenden Bestimmungen enthält, liegt weder ein grenzüberschreitender Sachverhalt vor noch kommt Eigentümern der an das Baugrundstück angrenzenden Grundstücke in anderen Bundesländern und aller weiteren im Einflussbereich des Vorhabens liegenden Grundstücke in anderen Bundesländern Parteistellung zu. Anderes gilt jedoch für Vorhaben, die direkt auf der Staats- oder Landesgrenze errichtet werden sollen.[33]

---

27 BGBl 1966/229 idF BGBl III 2011/176; siehe Art 18 des Staatvertrages.
28 BGBl III 2006/150; siehe Art 17 des Staatsvertrages.
29 VfGH VfSlg 9811/1983.
30 VfGH VfSlg 5823/1968; VwGH VwSlg 7348 A/1968.
31 *Neuhofer*, Gemeinderecht[2] 272.
32 Im Ergebnis auch *Strasser*, ÖGZ 1970, 257.
33 Siehe dazu § 1 Rz 22.

10 Aus der Zuordnung der örtlichen Baupolizei zum eigenen Wirkungsbereich der Gemeinden folgt, dass diese Angelegenheiten von den Gemeinden in eigener Verantwortung frei von Weisungen und unter Ausschluss eines Rechtsmittels an Verwaltungsorgane außerhalb der Gemeinde zu besorgen sind (Art 118 Abs 4 B-VG; § 10 Abs 4 K-AGO; § 11 Abs 4 K-KStR 1998; § 11 Abs 4 K-VStR 1998).[34] Dem Land Kärnten kommt in dieser Hinsicht aber ein Aufsichtsrecht gemäß Art 119a B-VG zu.[35] Die Vollziehung der örtlichen Baupolizei hat aber im Rahmen der Gesetze und Verordnungen des Landes Kärntens zu erfolgen, es gilt somit das Legalitätsgebot des Art 18 Abs 1 B-VG.[36] Zu den Gesetzen und Verordnungen zählen auch unmittelbar anwendbare Staatsverträge und unmittelbar anwendbares Unionsrecht.[37] Die Vollziehung im eigenen Wirkungsbereich umfasst sowohl die Erlassung von Bescheiden und Durchführungsverordnungen gemäß Art 18 Abs 2 B-VG,[38] als auch Akte der unmittelbaren verwaltungsbehördlichen Befehls- und Zwangsgewalt.[39] Darüber hinaus sind die Gemeinden im eigenen Wirkungsbereich gemäß Art 118 Abs 6 B-VG (§ 12 Abs 1 K-AGO; § 13 Abs 1 K-KStR 1998;[40] § 13 Abs 1 K-VStR 1998) zur Erlassung von ortspolizeilichen Verordnungen ermächtigt.[41] Es ist aber in der Regel davon auszugehen, dass die bestehenden baurechtlichen Gesetze und Verordnungen ausreichen, um Missstände, die das örtliche Gemeinschaftsleben stören, abzuwehren oder zu beseitigen. Somit bleibt für ortspolizeiliche Verordnungen im Rahmen der örtlichen Baupolizei kaum ein Anwendungsbereich. Zur Erlassung von Durchführungsverordnungen im eigenen Wirkungsbereich ist der Gemeinderat zuständig (§ 14 Abs 1 K-AGO; § 15 Abs 1

---

34 Zum Instanzenzug innerhalb der Gemeinde siehe die Kommentierung des § 3 Rz 3 ff.

35 Siehe § 52 Rz 3 ff.

36 Zum Legalitätsprinzip *Rill* in Kneihs/Lienbacher, Art 118 B-VG Rz 1 ff.

37 *Eilmansberger*, Gemeinde und Europarecht 31 ff; *Weber* in Korinek/Holoubek, Art 118/1-7 B-VG Rz 27; *Stolzlechner* in Kneihs/Lienbacher, Art 118 B-VG Rz 21.

38 *Wielinger*, Verordnungsrecht 40 ff; ausführlich zu den Grundlagen von Durchführungsverordnungen *Aichlreiter*, Verordnungsrecht I 475 ff und II 961 ff.

39 Vgl ErlRV Verf-133/6/1967, 4; *Unkart*, Bauordnung² § 1 Rz 7.

40 *Karisch*, ÖJZ 1963, 453.

41 Zu den Voraussetzungen *Wielinger*, Verordnungsrecht 40 ff; *Hundegger*, Wirkungsbereiche 68 f; *Neuhofer*, Gemeinderecht² 296 ff; *Gallent*, ZfV 1984, 365; *Aichlreiter*, Verordnungsrecht II 936 ff; *Weber* in Korinek/Holoubek, Art 118/1-7 B-VG Rz 34 ff; *Stolzlechner* in Kneihs/Lienbacher, Art 118 B-VG Rz 31 ff; *Ranacher*, RFG 2004/44; *Steiner* in Pabel, Gemeindeorgane, Rz 47 ff; *Pflug*, RFG 2011/8.

K-KStR 1998; § 15 Abs 1 K-VStR 1998).[42] Ortspolizeiliche Verordnungen hat der Bürgermeister zu erlassen, wenn sie der Abwehr einer unmittelbar drohenden Gefahr für die körperliche Sicherheit von Menschen oder für das Eigentum dienen. Sonstige ortspolizeiliche Verordnungen hat der Gemeinderat zu erlassen (§ 12 Abs 2 K-AGO; § 13 Abs 2 K-KStR 1998; § 13 Abs 2 K-VStR 1998).[43] Diese Verordnungsrechte der Gemeinde bedeuten aber nicht, dass der Gemeinde die ausschließliche Zuständigkeit zur Erlassung von Verordnungen im Rahmen der örtlichen Baupolizei zukommt. Da jede Verwaltungsbehörde auf Grund der Gesetze innerhalb ihres Wirkungsbereiches (Art 18 Abs 2 B-VG; Art 38 Abs 2 K-LVG) Verordnungen erlassen kann, kann auch die Landesregierung baurechtliche Durchführungsverordnungen erlassen.[44] Darüber hinaus finden sich in der K-BO 1996 auch ausdrückliche Verordnungsermächtigungen für die Landesregierung.[45] Auf diesen Umstand weist Abs 1 mit der Formulierung „unbeschadet des Verordnungsrechtes der Behörden außerhalb der Gemeinde" ausdrücklich hin.

III. Ausnahmen

A. Kärntner Bau-Übertragungsverordnung

Gemäß Art 118 Abs 7 B-VG und § 10 Abs 5 K-AGO können einzelne Angelegenheiten der örtlichen Baupolizei auf Antrag einer Gemeinde auf staatliche Behörden übertragen werden.[46] Durch die Kärntner Bau-Übertragungsverordnung erfolgte dies für die Gemeinden Dellach, Gitschtal,

11

---

42 *Sturm/Kemptner*, Gemeindeordnung[6] § 14 Anm 1 ff.
43 *Sturm/Kemptner*, Gemeindeordnung[6] § 12 Anm 15 f. Für die Erstellung von Verordnungen siehe: Legistischer Leitfaden für die Erlassung von Verordnungen auf Gemeindeebene, herausgegeben vom Amt der Kärntner Landesregierung/Abteilung 3 (Kompetenzzentrum Landesentwicklung und Gemeinden).
44 Vgl ErlRV Verf-133/6/1967, 4; *Wielinger*, Verordnungsrecht 101 f; ausführlich zu den Grundlagen von Durchführungsverordnungen *Aichlreiter*, Verordnungsrecht I 475 ff und II 961 ff; *Rill* in Kneihs/Lienbacher, Art 18 B-VG Rz 73 ff; Verordnungen der Landesregierung bedürfen gemäß § 3 Z 7 K-GOL der kollegialen Beratung und Beschlussfassung der Landesregierung.
45 ZB § 10 Abs 2.
46 Dazu *Berchtold*, JBl 1970, 25 ff; *Maier*, ÖGZ 1970, 474 ff; *Winkler G*, JBl 1973, 13 ff; *Bußjäger*, ÖGZ 2000, Heft 8, 12 ff; *Weber* in Korinek/Holoubek, Art 118/1-7 B-VG Rz 46 ff; *Stolzlechner* in Kneihs/Lienbacher, Art 118 B-VG Rz 36 ff; *Steiner* in Pabel, Gemeindeorgane, Rz 90 ff; *Schmid*, ZfV 2010, 5 f; *Steinwender*, Aufgaben- und Finanzreform 71 ff.

Hermagor-Presseger See, Kirchbach, Kötschach-Mauthen, Lesachtal und St. Stefan im Gailtal. Gemäß § 1 Abs 1 Kärntner Bau-Übertragungsverordnung wurden die Angelegenheiten der örtlichen Baupolizei betreffend Betriebsanlagen nach der Gewerbeordnung 1994, die auch einer gewerbebehördlichen Genehmigung bedürfen, und betreffend bauliche Anlagen, die auch einer wasserrechtlichen Bewilligung bedürfen,[47] auf die Bezirkshauptmannschaft Hermagor übertragen. Soweit für die wasserrechtliche Bewilligung der baulichen Anlage der Landeshauptmann zuständig ist, erfolgte gemäß § 1 Abs 2 Kärntner Bau-Übertragungsverordnung die Übertragung der Angelegenheiten der örtlichen Baupolizei auf den Kärntner Landeshauptmann. Bei einer Mischnutzung oder Mischverwendung gilt gemäß § 2 Abs 3 Kärntner Bau-Übertragungsverordnung die Übertragung nur, wenn die erfassten baulichen Anlagen überwiegend gewerbe- oder wasserrechtlich zu genehmigenden Zwecken dienen. Die überwiegende Nutzung oder Verwendung ist anhand der Nutzfläche,[48] bei diesbezüglichem Gleichstand anhand des umbauten Raumes (der Kubatur) zu beurteilen.

12 Die Übertragung umfasst gemäß § 2 Kärntner Bau-Übertragungsverordnung alle Aufgaben der Behörde nach der K-BO 1996, ausgenommen die Vollziehung des 9. Abschnittes,[49] den K-BV und dem K-OBG. Durch die Übertragung liegt die Zuständigkeit für diese einzelnen Angelegenheiten ausschließlich bei der Bezirkshauptmannschaft Hermagor bzw dem Kärntner Landeshauptmann.[50] Dies umfasst auch das Weisungsrecht und die Kostentragung.[51]

---

47 Anzumerken ist allerdings, dass nur Gebäude, die einer wasserrechtlichen Bewilligung bedürfen und nicht unmittelbar der Wassernutzung dienen, der K-BO 1996 unterliegen. Sonstige bauliche Anlagen, die nicht Gebäude sind und einer wasserrechtlichen Bewilligung bedürfen sind gemäß § 2 Abs 1 lit c ausgenommen, siehe § 2 Rz 18 f. Insofern ist der Wortlaut missverständlich.

48 Als Nutzfläche gilt bei Gebäuden die Netto-Gesamtgeschoßfläche, im Übrigen aber die tatsächlich für gewerbliche oder sonstige Zwecke genutzte Fläche.

49 Siehe auch § 1 Rz 23.

50 *Maier*, ÖGZ 1970, 478; *Bußjäger*, ÖGZ 2000, Heft 8, 13; zur Frage Delegation oder Devolution *Winkler G*, JBl 1973, 13 f; *Steinwender*, Aufgaben- und Finanzreform 100.

51 *Maier*, ÖGZ 1970, 476 f; *Oberndorfer*, Gemeinderecht und Gemeindewirklichkeit 259 ff; *Neuhofer*, Gemeinderecht[2] 154; *Weber* in Korinek/Holoubek, Art 118/1-7 B-VG Rz 54; *Bußjäger*, ÖGZ 2000, Heft 8, 16; *Steinwender*, Aufgaben- und Finanzreform 100; aA *Berchtold*, JBl 1970, 29 f.

1. Abschnitt – Wirkungsbereich §1

B. Verwaltungsstrafen

In Übereinstimmung mit der Rechtsprechung des VfGH und des VwGH ist gemäß § 1 Abs 2 lit a das Verwaltungsstrafrecht von der Vollziehung im eigenen Wirkungsbereich der Gemeinde ausdrücklich ausgenommen, da diese Angelegenheit nicht im ausschließlichen oder überwiegenden Interesse der in der Gemeinde verkörperten örtlichen Gemeinschaft gelegen ist.[52] Gemäß § 50 Abs 1 ist die Bezirksverwaltungsbehörde zur Bestrafung von Verwaltungsübertretungen zuständig.[53]

13

C. Vorhaben berührt Interessen der Sicherheit oder der Gesundheit außerhalb des Gemeindegebietes

Ausdrücklich von der Vollziehung im eigenen Wirkungsbereich der Gemeinden ausgenommen sind gemäß § 1 Abs 2 lit c Akte der Vollziehung betreffend Vorhaben, die Interessen der Sicherheit oder der Gesundheit außerhalb des Gemeindegebietes[54] zu gefährden geeignet sind. Dies ist jedenfalls gegeben, wenn das Vorhaben die Sicherheit oder Gesundheit gefährdende Immissionen außerhalb des Gemeindegebietes bewirkt. Die Verfassungsmäßigkeit dieser Ausnahme vom eigenen Wirkungsbereich lässt sich aus der Judikatur des VfGH ableiten.[55] In VfSlg 7355/1974 hatte der VfGH keine Bedenken gegen eine Bestimmung der Burgenländischen Bauordnung, die in Fällen, in welchen bei der Durchführung des Ermittlungsverfahrens benachbarte Grundflächen einzubeziehen sind, die in einer oder mehreren anderen Gemeinden gelegen sind, keine Zuständigkeit der Gemeinde im eigenen Wirkungsbereich vorsah. Ausdrücklich hält der VfGH zu dieser Bestimmung fest: „Dies gilt insbesondere für den ... Satz dieser Gesetzesstelle, der auch jene Fälle erfaßt, in denen von der Baubehörde subjektive Rechte der in einer anderen Gemeinde gelegenen Nachbarn zu wahren sind." Es besteht nach der Judikatur des VfGH weiters zwar keine Verfassungsnorm, die Parteirechte in einem Verfahren überhaupt oder in einen bestimmten Umfang garantiert – den Umfang der Par-

14

---

52 Vgl ErlRV Verf-133/6/1967, 4; VfGH VfSlg 5579/1967; VwGH VwSlg 7227 A/1967; *Just*, JBl 1964, 315; *Hauer*, ÖGZ 1967, 294 ff; *Geuder*, ÖGZ 1967, 419 ff; *Pallitsch/Pallitsch/Kleewein*, Baurecht[5] § 1 K-BO 1996 Anm 5; aA *Krzizek*, ÖGZ 1967, 115 ff; *ders*, Eigener Wirkungsbereich 22 f; *ders*, System I 105 ff.
53 Siehe dazu die Kommentierung zu § 51.
54 Zum Gemeindegebiet *Weber* in Korinek/Holoubek, Art 116 B-VG Rz 4 ff; *Stolzlechner* in Kneihs/Lienbacher, Art 116 Abs 1 B-VG Rz 1 ff.
55 AA *Krzizek*, System II 339; *Strasser*, ÖGZ 1970, 257.

teirechte in einem Verwaltungsverfahren bestimmt der einfache Gesetzgeber – das einfache Gesetz muss aber dem Gleichheitssatz entsprechen.[56] Zusammenfassend ist aus diesen Entscheidungen des VfGH abzuleiten, dass keine Zuständigkeit der Gemeinde im eigenen Wirkungsbereich vorliegt, wenn der einfache Gesetzgeber subjektiv-öffentliche Rechte im Bauverfahren, insbesondere aus Gründen des Gleichheitssatzes, auch Anrainern aus anderen Gemeinden einräumt. Gemäß § 23 wird aber nicht nur den Eigentümern der an das Baugrundstück angrenzenden Grundstücke, sondern auch den Eigentümern aller weiteren im Einflussbereich des Vorhabens liegenden Grundstücke Parteistellung eingeräumt.[57] Handelt es sich um ein Vorhaben gemäß § 1 Abs 2 lit c, könnten somit auch subjektiv-öffentliche Rechte von Anrainer aus anderen Gemeinden beeinträchtigt werden. Dieser Zusammenhang zwischen § 1 Abs 2 lit c und den subjektiv-öffentlichen Rechten für Anrainer aus anderen Gemeinden wird auch ausdrücklich in den Materialien[58] hergestellt: „Nicht als eine Angelegenheiten der „örtlichen Baupolizei" sind jene Vollziehungsakte anzusehen, die sich auf Vorhaben beziehen, die die Interessen der Sicherheit oder Gesundheit außerhalb des Gemeindegebietes zu gefährden geeignet sind, also Vorhaben, die im Gebiet einer anderen Gemeinde gelegenen Grundstücken Anrainereigenschaft vermitteln." Daraus ist für die K-BO 1996 zu schließen, dass § 1 Abs 2 lit c – wenn auch aus einem anderen Blickwinkel – § 1 Abs 2 lit d entspricht. Denn könnten gemäß § 23 subjektiv-öffentliche Rechte von Anrainern aus anderen Gemeinden beeinträchtigt werden, sind bei der Durchführung des Ermittlungsverfahrens auch benachbarte Grundflächen einzubeziehen, die in einer oder mehreren anderen Gemeinden gelegen sind. Gegen eine solche Bestimmung hat aber – wie bereits ausgeführt – der VfGH ausdrücklich keine verfassungsrechtlichen Bedenken.

15 Aus dem Zusammenhang zu den eingeräumten subjektiv-öffentlichen Rechten ergibt sich auch, dass immer dann ein Akt der Vollziehung im Sinne von § 1 Abs 2 lit c vorliegt, wenn § 23 Anrainern aus anderen

---

56 VfGH VfSlg 8279/1978; VfSlg 10.844/1986; VfSlg 15.581/1999; VfSlg 16.981/2003; VfSlg 17.593/2005; 19.2.2016, E 2567/2015; *Wagner*, bbl 1999, 132 f; *Giese*, bbl 2003, 59 f; *Pabel*, RFG 2005, 185 ff; *Giese*, Baurecht § 7 Baupolizeigesetz Anm 14; *Hauer*, Nachbar[6] 82 f; kritisch zum gewerblichen Betriebsanlagenrecht *Raschauer B*, ZfV 1999, 510 ff; siehe auch § 23 Rz 3.
57 Siehe § 23 Rz 10 ff.
58 ErlRV Verf-133/6/1967, 5.

Gemeinden Parteistellung einräumt, da subjektiv-öffentliche Rechte[59] beeinträchtigt werden könnten.

D. Vorhaben bezieht sich auf zwei oder mehrere Gemeinden

Ausdrücklich ausgenommen sind gemäß § 1 Abs 2 lit d auch Akte der Vollziehung betreffend Vorhaben, die sich auf das Gebiet zweier oder mehrerer Gemeinden erstrecken oder bei welchen bei der Durchführung des Ermittlungsverfahrens benachbarte Grundflächen einzubeziehen sind, die in einer oder mehreren anderen Gemeinden gelegen sind. Diese Ausnahme entspricht der Judikatur des VfGH.[60] Gemeinden können im Rahmen des eigenen Wirkungsbereiches keine Hoheitsakte bei Vorhaben setzen, die sich örtlich auch auf das Gebiet einer anderen Gemeinde erstrecken.[61] Benachbarte Grundflächen, die in einer oder mehreren anderen Gemeinden gelegen sind, sind jedenfalls dann einzubeziehen, wenn § 23 Anrainern aus anderen Gemeinden subjektiv-öffentliche Rechte[62] einräumt.

16

E. Funktionale Einheit

Die funktionale Einheit von Gebäuden und baulichen Anlagen[63] eines Vorhabens ist in zweifacher Hinsicht von Interesse. Erstens stellt sich die Frage, ob eine Angelegenheit der örtlichen oder überörtlichen Baupolizei vorliegt. Grundlage der Beurteilung ist nur das konkrete Vorhaben, für das eine Baubewilligung beantragt wird.[64] Gebäude und bauliche Anlagen, die nicht Teil des Baubewilligungsantrages sind, sind nicht zu berücksichtigen. Daraus ergibt sich, dass ein beantragtes Vorhaben, auch wenn es eine funktionale Einheit mit einem bereits bewilligten Vorhaben, das der Ausnahme des § 1 Abs 2 unterfällt,[65] bildet, im eigenen Wirkungsbereich der Gemeinde zu vollziehen ist, sofern es nicht

17

---

59 Dazu § 23 Rz 25 ff.
60 VfGH VfSlg 7355/1974; VfSlg 11.307/1987.
61 *Hauer*, ÖGZ 1967, 300; *Aichhorn*, ÖGZ 1968, 111; *Pallitsch/Pallitsch/Kleewein*, Baurecht[5] § 1 K-BO 1996 Anm 7; aA *Strasser*, ÖGZ 1970, 256 f.
62 Siehe dazu die Kommentierung von § 23.
63 Zu den Begriffen Gebäude und sonstige bauliche Anlagen siehe § 6 Rz 3 f.
64 VwGH 17.2.2004, 2002/06/0126.
65 ZB hinsichtlich bereits bewilligter Stellplätze in anderer Gemeinde VwGH VwSlg 17.351 A/2007.

selbst der Ausnahme unterfällt. Im eigenen Wirkungsbereich der Gemeinde sind auch Vorhaben zu vollziehen, bei denen erst zukünftige zusätzliche Bauanträge für Gebäude und bauliche Anlagen, die eine funktionale Einheit mit dem bestehenden Bauantrag bilden, zu einer Ausnahme des § 1 Abs 2 führen würden.[66] Gleiches gilt für Vorhaben, die eine funktionale Einheit mit Gebäuden sowie baulichen Anlagen bilden, die grundsätzlich der Ausnahme des § 1 Abs 2 unterfallen würden, aber gemäß § 2 nicht der K-BO 1996 unterliegen.[67]

18 Zweitens stellt sich die Frage, wie ein Antrag auf Baubewilligung für mehrere Gebäude und bauliche Anlagen, die eine funktionale Einheit bilden, zu beurteilen ist, wenn nur ein Gebäude oder eine bauliche Anlage der überörtlichen Baupolizei unterfällt. Gemäß § 1 Abs 3 erstreckt sich in diesem Fall die Ausnahme vom eigenen Wirkungsbereich der Gemeinde auf alle eine funktionale Einheit bildenden baulichen Anlagen des Vorhabens.[68]

F. Weitere Ausnahmen

19 Vom eigenen Wirkungsbereich ausgenommen sind auch die Bestimmungen über ein Kontrollsystem für Energieausweise und Klimaanlagenüberprüfungsbefunde gemäß §§ 49a und 49b,[69] Vollstreckungen von baupolizeilichen Bescheiden[70] sowie Entscheidungen über die Zulässigkeit von Enteignungen und die Festsetzung von Entschädigungen.[71]

20 Eine Ausnahme ergibt sich durch das konzentrierte Genehmigungsverfahren im Rahmen von Umweltverträglichkeitsprüfungen. So sieht § 3 Abs 3 UVP-G 2000 bei Vorhaben, die einer Umweltverträglichkeitsprüfung zu unterziehen sind, vor, dass die nach den bundes- oder lan-

---

66 ZB hinsichtlich eines möglichen zukünftigen Bauabschnittes einer Wohnhausanlage, wobei die zusätzlichen Wohnungen in anderer Gemeinde liegen würden VwGH 17.2.2004, 2002/06/0126.
67 Siehe ErlRV 01-VD-LG-1369/4-2012, 5; zur Rechtslage vor LGBl 2012/80 ErlRV Verf-86/32/1981, 8.
68 ErlRV Verf-86/32/1981, 7 f.
69 Siehe § 49a Rz 3 f und § 49b Rz 3 f.
70 VwGH VwSlg 7368 A/1968; *Mayer*, Vollstreckungsverfahren 69 ff; *Thienel/Zeleny*, Verwaltungsverfahrensgesetze[18] § 1 VVG Anm 11; aA *Geuder*, ÖGZ 1967, 420 f; *Krzizek*, ÖGZ 1967, 116 f; Akte unmittelbarer Befehls- und Zwangsgewalt zählen aber zum eigenen Wirkungsbereich VfGH VfSlg 9811/1983.
71 VfGH VfSlg 6146/1970; die Grundabtretung im Rahmen des K-GTG zählt aber zum eigenen Wirkungsbereich VfSlg 12.891/1991; siehe auch *Just*, JBl 1964, 314 f; *Hauer*, ÖGZ 1967, 292 ff; aA *Krzizek*, ÖGZ 1967, 115.

1. Abschnitt – Wirkungsbereich   § 1

desrechtlichen Verwaltungsvorschriften für die Ausführung des Vorhabens erforderlichen materiellen Genehmigungsbestimmungen gemäß § 39 UVP-G 2000 von der Landesregierung in einem konzentrierten Verfahren mit anzuwenden sind. Dies gilt auch für Verwaltungsvorschriften, die im eigenen Wirkungsbereich der Gemeinde zu vollziehen sind, und somit auch für die Angelegenheiten der örtlichen Baupolizei.[72] Die entsprechenden Vorhaben finden sich im Anhang 1 des UVP-G 2000. Dazu zählen insbesondere größere Vorhaben der Abfallwirtschaft,[73] der Energiewirtschaft, der Wasserwirtschaft, des Bergbaus, der Land- und Forstwirtschaft sowie Infrastrukturprojekte, zB Einkaufszentren,[74] und Anlagen für radioaktive Stoffe.[75]

Auf Grund der Verfassungsbestimmung des § 38 Abs 2 AWG 2002 sind die bautechnischen Bestimmungen des jeweiligen Bundeslandes im Genehmigungsverfahren und Anzeigeverfahren des AWG 2002 anzuwenden. Zuständige Behörden sind gemäß § 38 Abs 6 bis 7 AWG 2002 der Landeshauptmann oder die Bezirksverwaltungsbehörden. In diesen Fällen entfällt eine baubehördliche Bewilligungspflicht.[76] Dies gilt auch für die Nutzung von baulichen Anlagen zur Unterbringung von hilfs- und schutzbedürftigen Fremden nach dem Bundesverfassungsgesetz über die Unterbringung und Aufteilung von hilfs- und schutzbedürftigen Fremden.[77]

21

Nicht zum eigenen Wirkungsbereich zählen auch Vorhaben, die sich auch auf das Gebiet eines anderen Staatsgebietes oder eines anderen Bundeslandes erstrecken.[78] Zwar erstreckt sich gemäß Art 35 Abs 3 K-LVG[79] die verbindende Kraft von Landesgesetzen, wenn – wie in der K-BO 1996 – nicht ausdrücklich anderes bestimmt ist, nur auf das Landesgebiet und somit nur auf das Gemeindegebiet, aber es werden die Teile des Vorhabens, die sich auch auf das Gebiet eines anderen Staats-

22

---

72 Siehe die Kompetenzgrundlage in Art 11 Abs 1 Z 7 B-VG; *Bußjäger*, JBl 1995, 696; *Ennöckl*, Kompetenzrechtliche Grundlagen 25 f; *Madner*, Umweltverträglichkeitsprüfung 898 ff.
73 *Bergthaler*, UVP für Abfallbehandlungsanlagen 95 ff.
74 Dazu *Pabel*, RFG 2007, 41 ff.
75 Viele dieser Vorhaben sind aber gemäß § 2 Abs 1 ausgenommen, siehe § 2 Rz 8 ff.
76 VwGH 20.10.1994, 94/06/0141; siehe § 2 Rz 20; zur Vorgängerbestimmung des § 29 Abfallwirtschaftsgesetzes, BGBl 1990/325, *Merli*, ÖZW 1991, 102 ff.
77 Siehe dazu § 2 Rz 22.
78 Zu Vorhaben im Nahbereich einer Staats- und Landesgrenze siehe § 1 Rz 9.
79 Vgl Art 49 Abs 1 B-VG.

gebietes oder eines anderen Bundeslandes erstrecken, in das Ermittlungsverfahren einzubeziehen sein.

IV. Vollziehung des 9 Abschnittes im eigenen Wirkungsbereich

23 In § 1 Abs 4 ist ausdrücklich normiert, dass die Vollziehung der Bestimmungen des Abschnittes 9 in jedem Fall in den eigenen Wirkungsbereich der Gemeinde fällt. Der 9 Abschnitt enthält Bestimmungen über die Anbringung von Orientierungsnummern (§ 41), Türnummern (§ 41a) und die Verpflichtung des Eigentümers die Anbringung von Einrichtungen, die der Straßenbeleuchtung oder der Straßenbezeichnung dienen, oder die Kennzeichnung über die Lage von Versorgungseinrichtungen und Kanalisationsanlagen, zu dulden (§ 42). Diese ausdrückliche Bezeichnung als Angelegenheit des eigenen Wirkungsbereiches erfolgt, weil es sich um keine unmittelbare Angelegenheiten der örtlichen Baupolizei im Sinne des Art 118 Abs 3 Z 9 B-VG handelt,[80] sondern um Angelegenheiten des eigenen Wirkungsbereiches gemäß Art 118 Abs 2 B-VG.[81] Somit werden diese Angelegenheiten aber auch nicht durch die Baubehörde im Sinne des § 3[82] vollzogen. Aus diesem Grund wird für die Aufgabenerfüllung im 9 Abschnitt ausdrücklich auf den Bürgermeister und den Gemeinderat abgestellt. Daraus folgt aber ebenso, dass auch bei Vorhaben, die gemäß § 1 Abs 2 von der Besorgung der örtlichen Baupolizei im eigenen Wirkungsbereich der Gemeinden ausgenommen sind, die Angelegenheiten des 9 Abschnittes durch die Gemeinden im eigenen Wirkungsbereich zu besorgen sind.

§ 2 Ausnahmen

(1) **Soweit durch dieses Gesetz der Zuständigkeitsbereich des Bundes berührt wird, ist es so auszulegen, dass sich keine über die**

---

[80] ErlRV Verf-133/6/1967, 5; *Unkart*, Bauordnung² § 1 Rz 11.
[81] *Giese*, Baurecht § 18 Baupolizeigesetz Anm 2; *Pallitsch/Pallitsch/Kleewein*, Baurecht⁵ § 1 K-BO 1996 Anm 8. Auch in VwGH 17.12.2009, 2009/06/0235, zu § 18 S-BauPolG sah sich der VwGH nicht gezwungen, einen Antrag gemäß § Art 140 Abs 1 Z 1 lit a B-VG auf Grund verfassungsrechtlicher Bedenken gegen die Zuordnung der Angelegenheiten der Orientierungsnummern zum eigenen Wirkungsbereich der Gemeinden an den VfGH zu stellen.
[82] Siehe § 3 Rz 3 ff.

1. Abschnitt – Wirkungsbereich § 2

Zuständigkeit des Landes hinausgehende Wirkung ergibt. Insbesondere gilt dieses Gesetz nicht für bauliche Anlagen
 a) des Verkehrswesens bezüglich Bundesstraßen, Eisenbahnen, Seilbahnen, Luftfahrt oder Schifffahrt,
 b) des Bergwesens,
 c) die einer Bewilligung nach wasserrechtlichen Vorschriften bedürfen, ausgenommen Gebäude, die nicht unmittelbar der Wassernutzung dienen,
 d) die einer Bewilligung oder Anzeige nach § 37 AWG 2002 bedürfen.

(2) Dieses Gesetz gilt nicht für:
 a) bauliche Anlagen des Verkehrswesens bezüglich Straßen im Sinne des Kärntner Straßengesetzes 1991 – K-StrG, sowie des Forstgesetzes 1975, BGBl. Nr. 440/1975, zuletzt geändert mit BGBl. I Nr. 189/2013;
 b) Wartehäuschen, Haltestellenüberdachungen und ähnliche Einrichtungen für Verkehrszwecke bis zu 25 m³ Grundfläche und 3,50 m Höhe;
 c) Verkaufseinrichtungen auf öffentlichen Verkehrsflächen bis zu 25 m³ Grundfläche und 3,50 m Höhe;
 d) Leitungsanlagen für Elektrizität, Gas und Erdöl, sowie Fernwärmeleitungen, ausgenommen Gebäude, die nicht unmittelbar der Leitungsnutzung dienen;
 e) bauliche Anlagen, die einer Bewilligung nach dem Kärntner Elektrizitätswirtschafts- und -organisationsgesetz 2011 – K-ElWOG bedürfen, ausgenommen Gebäude, die nicht unmittelbar der Elektrizitätserzeugung dienen;
 f) Transformatorengebäude, die einer Bewilligung nach dem Kärntner Naturschutzgesetz 2002 – K-NSG 2002 bedürfen;
 g) Fernmeldeanlagen, ausgenommen ihre hochbaulichen Teile;
 h) Telefonzellen;
 i) in die Dachfläche integrierte oder unmittelbar parallel dazu montierte Sonnenkollektoren und Photovoltaikanlagen bis zu 40 m³ Fläche;
 j) Blitzschutzanlagen;
 k) vertikale Balkon- und Loggienverglasungen;
 l) Fahnenstangen bis zu 8 m Höhe, Teppichstangen bis zu 2,50 m Höhe, Markisen bis zu 40 m² Fläche uä.;
 m) Springbrunnen, Statuen, Grillkamine uä. bis zu 3,50 m Höhe;

n) bauliche Anlagen für Kinderspielplätze bis zu 3,50 m Höhe;
o) bauliche Anlagen zur Verwertung (Eigenkompostierung) biogener Abfälle im Sinne der Kärntner Abfallwirtschaftsordnung 2004 – K-AWO;
p) Überdachungen für kommunale Müllinseln bis zu 20 m² Grundfläche und 3,50 m Höhe;
q) Werbe- und Ankündigungsanlagen bis zu 2 m² Gesamtfläche;
r) die Errichtung und Änderung von Bildstöcken und ähnlichen kleineren sakralen Bauten bis zu 2 m³ Grundfläche und 3,50 m Höhe;
s) Grabstätten bis zu 3,50 m Höhe, ausgenommen Gebäude;
t) Hochstände, Hochsitze, Futterstellen sowie Wildzäune im Sinne des Kärntner Jagdgesetzes 2000 – K-JG und Weidezäune;
u) Wohnwägen, Mobilheime und andere bauliche Anlagen auf Rädern auf bewilligten Anlagen nach dem Kärntner Campingplatzgesetz – K-CPG;
v) bauliche Anlagen für militärische Übungen oder Befestigungen; militärische Meldeanlagen und Munitionslager.

Literatur: *Anhammer*, Die landwirtschaftlichen Materialseilbahnen in rechtlicher Schau, JBl 1960, 63; *Berger*, Netzwerk Raumplanung – im Spannungsfeld der Kompetenzverteilung, 2008; *Berka*, Starkstromwegeplanung und örtliches Bau- und Raumordnungsrecht, ZfV 2006/554; *Bundschuh-Rieseneder*, Zur Problematik von Rolling Boards am Beispiel der Landeshauptstadt Innsbruck, bbl 2006, 43; *Bußjäger*, Was bedeutet „Luftreinhaltung, unbeschadet der Zuständigkeit der Länder für Heizungsanlagen"?, ZfV 1996, 521; *Bußjäger/Seeberger*, Lichtverschmutzung und Kompetenzverteilung, RdU-U&T 2011/28; *Bußjäger/Sonntag*, Eisenbahnanlagen und Baurechtskompetenz der Länder, ZfV 2014/1042; *Christ*, Das Tiroler Seilbahn- und Schigebietsprogramm 2005 aus kompetenzrechtlicher Sicht, bbl 2005, 114; *Eisenberger G/Eisenberger I*, Die Bewilligung von Wasseranlagen anhand der Steiermärkischen Rechtslage, bbl 2001, 54; *Freylinger/Rogatsch*, Energieanlagenrecht, in Holoubek/Potacs (Hrsg), Öffentliches Wirtschaftsrecht II³, 2013; *Gamper*, Regeln der Verfassungsinterpretation, 2012; *Geuder*, Antennenanlagen und Landesgesetzgebung, ÖIZ 1992, 215; *ders*, Österreichisches öffentliches Baurecht und Raumordnungsrecht, 1996; *Granner/Raschauer N*, Kompetenzrechtliche Überlegungen zur Lichtverschmutzung, SPRW 2012 VuV A, 21; *Gutknecht*, Kompetenzrechtliche Grundlagen für die Umsetzung der Bauproduktenrichtlinie, bbl 2001, 175; *dies*, Das Baurecht – ein Rechtsgebiet und viele Kompetenzen, WBFÖ 2001 Heft 1, 4; *Hattenberger*, Wasserversorgung – Abwasserentsorgung, in Holoubek/Potacs (Hrsg), Öffentliches Wirtschaftsrecht I³, 2013; *dies*, Anlagenrelevante Bestimmungen des Wasserrechtsgesetzes, in Holoubek/Potacs (Hrsg), Öffentliches Wirtschaftsrecht II³, 2013; *Hauer*, Keine Zuständigkeit der Baubehörde

1. Abschnitt – Wirkungsbereich § 2

in Beziehung auf gewerbliche Betriebsanlagen?, ÖJZ 1967, 321; *ders*, Kommt dem Bund auf dem Gebiet des Eisenbahn- und Luftfahrtwesen eine Kompetenz zur Raumordnung zu?, ZfV 1997, 577; *ders*, Eisenbahnwegeplanung, in Hauer/Nußbaumer (Hrsg), Österreichisches Raum- und Fachplanungsrecht, 2006; *Hiesel*, Die neuere Rechtsprechung des VfGH zum Eisenbahngesetz 1957, ZVR 2013/168; *Hofmann*, Die Rechtsstellung der Hochbauten nach dem Eisenbahngesetz, ZVR 1983, 65; *Höhne/Wessely*, Nachbarschutz gegen die GSM-Funkstationen, ecolex 1998, 884; *Jahnel*, „Handymasten" im Baurecht, bbl 2003, 49; *ders*, Handymasten im Baurecht – neueste Entwicklungen, bbl 2009, 89; *Kemptner*, Zur Weiterentwicklung des Kärntner Baurechts, in Rebhahn (Hrsg), Rechtsfragen des Bauens in Kärnten, 1997; *Klecatsky*, Plädoyer für eine legislative und administrative Konzentration des Seilbahnen- und Schleppliftwesens in Österreich, ZVR 1975, 289; Kneihs/Lienbacher (Hrsg), Rill-Schäffer-Kommentar Bundesverfassungsrecht, 15. Lfg, 2015; *Konzett*, Sicherheitstechnisches Recht bei Seilbahnen, ZVR 2003, 40; *Laußermair*, Voraussetzungen für die Errichtung von Photovoltaikanlagen im Baurecht und im Elektrizitätsrecht, RFG 2014/37; *Lehofer*, BVG über die Unterbringung und Aufteilung von hilfs- und schutzbedürftigen Fremden, ÖJZ 2015/107; *Liehr*, Deregulierung im Baurecht, ÖGZ 1997, Heft 4, 4; *Lindner*, Starkstromwege, in Beiträge zum Elektrizitätsrecht, 2009; *Madner/Niederhuber*, Abfallbehandlungsanlagen, in Holoubek/Potacs (Hrsg), Öffentliches Wirtschaftsrecht II³, 2013; *Maschke*, Eisenbahnrechtliche Baugenehmigungsverfahren unter besonderer Berücksichtigung der Rechtsprechung des Verfassungs- und des Verwaltungsgerichtshofes, ÖJZ 1960, 365; *Mayer*, Wasserkraftwerke im Verwaltungsrecht, 1991; *ders*, Baurechtliche Bewilligungen für Wasserkraftwerke, ecolex, 1991, 214; *ders*, Die Kompetenz des Bundes zur Regelung des Eisenbahnwesens, ÖJZ 1996, 292; *ders*, Baurechtskompetenz und Luftfahrtwesen, bbl 1998, 3; *ders*, Die Kompetenzgrundlage des Mineralrohstoffgesetzes, ecolex 1999, 506; *Morscher*, Zu den Grenzen der Bundeskompetenzen „Verkehrswesen bezüglich der Eisenbahnen und der Luftfahrt" (Art 10 Abs 1 Z 9 B-VG), in Hengstschläger/Köck/Korinek ua, Für Staat und Recht – Festschrift für Herbert Schambeck, 1994; *ders*, Raumordnungskompetenz im Verkehrswesen bezüglich der Eisenbahnen und der Luftfahrt, ZfV 1998, 758; *Morscher/Christ*, Das neue Seilbahngesetz 2003, ZVR 2004, 343; *Muzak*, Österreichisches, Europäisches, und Internationales Binnenschifffahrtsrecht, 2004; *Niederhuber*, Abfallbehandlungsanlagen, in Bergthaler/Wolfslehner (Hrsg), Das Recht der Abfallwirtschaft², 2004; *Pabel*, Baurechtliche Anforderungen für die Errichtung von Werbeanlagen im Hinblick auf den Ortsbildschutz, RFG 2006/43; *Pernthaler*, Raumordnung und Verfassung (3), 1990; *Raschauer B*, Landesgesetzgebungsbefugnis im Abfallrecht, ecolex 1991, 356; *ders*, Mobilkommunikation – Rechtsfragen der Sendeanlagen, 1998; *ders*, Handbuch Energierecht, 2006; *Rill*, Betriebe an Bundesautobahnen und Bundesschnellstraßen im Spannungsfeld zwischen Bundesstraßenrecht und Landesraumplanungsrecht, ZfV 1980, 100; *Rill/Madner*, Bergwesen, Angelegenheiten des Gewerbes und der Industrie und die Raumplanungskompetenz der Länder, ZfV 1996, 209; *Röger*, Nachbarrecht im Spannungsfeld zwischen liberalisiertem öffentlichen Baurecht und verschärftem Zivilrecht, ÖJZ 2004/52; *Schäffer*, Das Berggesetz 1975, ZfV

1976, 3; *Schett*, Rechtliche Rahmenbedingungen der Fernwärme und -kälte, in Europäisches Klimaschutzrecht und erneuerbare Energien, 2014; *Schnorr*, Österreichisches Seilbahnrecht, 2013; *Stolzlechner/Stoll*, Zur ersatzweisen Unterbringung und Aufteilung hilfs- und schutzbedürftiger Fremder durch den Bund, bbl 2016, 77; *Vogl*, Das BVG über die Unterbringung und Aufteilung von hilfs- und schutzbedürftigen Fremden, RFG 2016/2; *Wagner*, Nachbarschutz bei Mobilfunkanlagen, RdU 1998, 121; *Weiß*, Kommunales Abfallmanagement, in Bergthaler/Wolfslehner (Hrsg), Das Recht der Abfallwirtschaft[2], 2004; *Wiederin*, Eisenbahnanlagen und Landesbaurecht, ZfV 2013/245; *ders*, Theorien als Methoden der Kompetenzinterpretation, ZfV 2015/34; *ders*, Die Behandlung von Anlagen zur Eisenbahnherstellung im Verwaltungsrecht, RdU 2015/61; *Wieshaider*, Profane Regeln für sakrale Bauten. Religionsrechtliche Aspekte des Raumordnungs- und Baurechts, bbl 2003, 138; *Winkler R*, Die Nutzungsbescheide der BMI nach dem „Durchgriffsrecht" gemäß dem BVG über die Unterbringung und Aufteilung von hilfs- und schutzbedürftigen Fremden, bbl 2016, 94; *Zeißl*, Überlegungen zum Verhältnis zwischen Baurecht und baubezogenem Wehrrecht im Lichte der Versteinerungstheorie, ÖGZ 1974, 323; *Zeleny*, Eisenbahnplanungs- und -Baurecht, 1994; *Zußner*, Ermessen im starkstromwegerechtlichen Bau- und Betriebsbewilligungsverfahren, ALJ 2016, 44.

Inhaltsübersicht   Rz
   I. Entwicklung und Rechtsvergleich 1
  II. Die Baurechtskompetenz der Länder 3
 III. Ausnahmen auf Grund der Kompetenzverteilung 8
 IV. Sonstige Ausnahmen 23

I. Entwicklung und Rechtsvergleich

1 Eine entsprechende Bestimmung findet sich erstmals in § 2 K-BO 1969, LGBl 1969/48. Diese enthielt Ausnahmen für bauliche Anlagen des Verkehrswesen, des Bergwesens, für militärische Anlagen sowie für elektrische Leitungsanlagen und Fernmeldeanlagen. Durch LGBl 1981/69 wurden auch bauliche Anlagen, die nach wasserrechtlichen Vorschriften einer Bewilligung bedürfen, soweit es sich nicht um Gebäude handelt, ausgenommen. Eine Einschränkung der Ausnahme erfolgte für Fernmeldeanlagen durch LGBl 1992/26. Nicht mehr umfasst waren nunmehr die hochbaulichen Teile von Fernmeldeanlagen, insbesondere Parabolantennen und Antennentragmasten. In dieser Form wurde die Bestimmung auch in § 2 K-BO 1992, LGBl 1992/64, übernommen. In der Novelle LGBl 1996/44 wurde in § 2 Abs 1 erstmals eine salvatorische Klausel zur verfassungskonformen Interpretation hinsichtlich der Kompetenzverteilung aufgenommen. Darüber hinaus wurde im nunmehrigen § 2 Abs 2 im Sinne einer Deregulierung eine wesentliche Erweiterung des Ausnahmekatalogs vorgenommen. Unter anderem wurden Ausnahmen für Verkaufseinrichtungen auf Verkehrsflächen, Photovoltaikanlagen, Werbe- und Ankündigungsanlagen, Blitzschutzanlagen, Wartehäuschen und Telefonzellen geschaffen. In dieser Form wurde die Bestimmung in § 2 K-BO 1996, LGBl 1996/62, übernommen. Durch die Novelle LGBl 2012/80 erfolgte eine Trennung zwischen den Ausnahmen in § 2 Abs 1, die sich aus kompetenzrechtlichen Gründen ergeben, und Ausnahmen in § 2 Abs 2, für die zwar eine Landeskompetenz besteht, die aber nicht wahrgenommen wird. Darüber hinaus wurden einzelne Ausnahmen erweitert und präzisiert. Mit LGBl 2013/46 wurde ein Redaktionsversehen in § 2 Abs 2 lit d beseitigt, mit LGBl 2013/85 erfolgte eine redaktionelle Anpassung des § 2 Abs 2 lit e an den geänderten Titel des Elektrizitätswirtschafts- und -organisationsgesetzes 2011. Durch LGBl 2015/45 wurden Ausnahmen für Straßen im Sinne des Forstgesetzes 1975 und für Fernwärmeleitungen eingefügt.

Auch in den anderen Bundesländern bestehen entsprechende Bestimmungen, insbesondere – wenn auch mit einzelnen Unterschieden – Ausnahmen aus kompetenzrechtlichen Gründen. Die Regelungen finden sich in § 1 Abs 2 Bgld. BauG, § 1 Abs 2 und 3 NÖ BO 2014, § 1 Abs 2 und 3 Oö. BauO 1994, § 2 Abs 2 und 3 S-BauPolG, § 3 Stmk. BauG, § 1 Abs 2 bis 4 TBO 2011 sowie § 1 V-BauG. In Wien findet sich für die Ausnahmen aus kompetenzrechtlichen Gründen nur eine salvatorische Klausel in Art I Abs 2 W-BO.

II. Die Baurechtskompetenz der Länder

Das Bauwesen ist gemäß Art 15 Abs 1 B-VG in Gesetzgebung und Vollziehung Landessache.[1] In gewissen Fällen sind aber Vorhaben wegen ihres unlöslichen Zusammenhangs mit einem Sachgebiet, das in der Gesetzgebung und Vollziehung der Zuständigkeit des Bundes unterliegt, Bundessache.[2] § 2 Abs 1 enthält dementsprechend eine salvatori-

---

[1] VfGH VfSlg 2242/1951; VfSlg 2685/1954; VfSlg 13.322/1992; zum Ganzen vgl *Gutknecht*, WBFÖ 2001 Heft 1, 4 ff.
[2] VfGH VfSlg 2685/1954; VfSlg 17.424/2004.

sche Klausel,[3] dass soweit durch die K-BO 1996 der Zuständigkeitsbereich des Bundes berührt wird, die K-BO 1996 so auszulegen ist, dass sich keine über die Zuständigkeit des Landes hinausgehende Wirkung ergibt. Darüber hinaus werden in einer demonstrativen Liste[4] kompetenzrechtliche Ausnahmen vom Geltungsbereich der K-BO 1996 angeführt. Beides dient der Rechtssicherheit und Rechtsklarheit.[5] Ein Sachverhalt ist zunächst nach den kompetenzrechtlichen Gesichtspunkten nach § 2 Abs 1 zu prüfen. Nur dann und nur insoweit der Sachverhalt nicht aus kompetenzrechtlichen Gründen ausgenommen ist, besteht ein Anwendungsbereich für § 2 Abs 2.[6]

4 Im Verhältnis zu anderen Sachgebieten, die in der Gesetzgebung und Vollziehung der Zuständigkeit des Bundes unterliegen, kommt hingegen auf Grundlage der Gesichtspunkttheorie das Kumulationsprinzip zur Anwendung.[7] Dh die Kompetenz des Bundes zur Erlassung von gesetzlichen Regelungen für einen bestimmten Gesichtspunkt schließt nicht aus, dass der Landesgesetzgeber baurechtliche Bestimmungen erlässt. Dies gilt insbesondere im Verhältnis zu den Kompetenztatbeständen Asyl (Art 10 Abs 1 Z 3 B-VG),[8] Elektrizitätswesen (Art 12 Abs 1 Z 5 B-VG),[9] Sprengmittel- und Schießwesen (Art 10 Abs 1 Z 7 B-VG),[10] Gewerberecht (Art 10 Abs 1 Z 8 B-VG),[11] Postwesen (Art 10 Abs 1 Z 9 B-VG),[12] Dampfkessel- und Kraftmaschinenwesen (Art 10 Abs 1 Z 10 B-VG),[13] Gesundheitswesen (Art 10 Abs 1 Z 12 B-VG),[14] Luftreinhaltung (Art 10 Abs 1 Z 12 B-VG),[15] Denkmalschutz (Art 10 Abs 1 Z 13

---

3 VfGH VfSlg 13.234/1992.
4 Siehe den Wortlaut „insbesondere"; ErlRV 01-VD-LG-1369/4-2012, 5; dh es bestehen noch andere kompetenzrechtliche Ausnahmen, siehe § 2 Rz 21 f.
5 *Giese*, Baurecht § 2 Baupolizeigesetz Anm 71.
6 ErlRV 01-VD-LG-1369/4-2012, 5 f.
7 Zur Gesichtspunkttheorie siehe *Gamper*, Verfassungsinterpretation 183 ff mN.
8 VwGH VwSlg 18.479 A/2012.
9 VwGH VwSlg 8001 A/1971; VwSlg 14.303 A/1995; *Krzizek*, System I 191 f.
10 VwGH VwSlg 9823 A/1976; 30.5.1995, 92/05/0198; 31.1.2006, 2004/05/0076.
11 VfGH VfSlg 2977/1956; VfSlg 5024/1965; VwGH VwSlg 4080 A/1956; *Hauer*, ÖJZ 1967, 321 ff; *Krzizek*, System I 134 ff; *Berger*, Raumplanung 75 ff mN.
12 *Giese*, Baurecht § 2 Baupolizeigesetz Anm 73.
13 *Raschauer B* in Kneihs/Lienbacher, Art 10 Abs 1 Z 10 B-VG Rz 159.
14 VfGH VfSlg 7582/1975.
15 *Bußjäger*, ZfV 1996, 528 f.

1. Abschnitt – Wirkungsbereich   § 2

B-VG)[16] und Einrichtung der Bundesbehörden und sonstigen Bundesämter (Art 10 Abs 1 Z 16 B-VG)[17].

Auch im Verhältnis zum Fernmeldewesen (Art 10 Abs 1 Z 9 B-VG) kommt das Kumulationsprinzip zur Anwendung, allerdings sind laut Judikatur des VwGH Aspekte des Schutzes des Lebens und der Gesundheit von der Bundeskompetenz erfasst und somit nicht Teil der baurechtlichen Landeskompetenz.[18] Dh diese Aspekte sind im Bauverfahren nicht zu prüfen.[19] § 2 Abs 2 lit g nimmt Fernmeldeanlagen, ausgenommen ihre hochbaulichen Teile, vom Geltungsbereich der K-BO 1996 aus.[20] **5**

Das Kumulationsprinzip gilt nach der Judikatur des VwGH[21] und einem Teil der Literatur[22] auch für das Starkstromwegerecht, soweit sich die Leitungsanlage auf zwei oder mehrere Länder erstreckt (Art 10 Abs 1 Z 10 B-VG). Andere Literaturstimmen gehen hingegen von einer ausschließlichen Bundeskompetenz aus.[23] Vor dem Hintergrund der entsprechenden Ausnahmen in § 2 Abs 2 lit d bis f[24] kommt aber dieser Frage für die geltende Rechtslage der K-BO 1996 keine wesentliche Bedeutung zu. **6**

Für bauliche Anlagen im Rahmen von militärischen Angelegenheiten (Art 10 Abs 1 Z 15 B-VG) wendet ein Teil der Lehre das Kumulations- **7**

---

16 VfGH VfSlg 7759/1976; VwGH VwSlg 13.056 A/1989; 28.3.2000, 99/05/0269; *Krzizek*, System I 175 f.
17 VwGH VwSlg 18.479 A/2012.
18 Ständige Rechtsprechung zB VwGH 26.2.2009, 2006/05/0283; *Geuder*, OIZ 1992, 215 ff; *Höhne/Wessely*, ecolex 1998, 886; *Wagner*, RdU 1998, 122 f; *Jahnel*, bbl 2003, 50; *ders*, bbl 2009, 89; differenzierend zwischen Fernmeldeanlagen im engeren und weiteren Sinn *Berger*, Raumplanung 47 ff; eingeschränkt auf Gesichtspunkte des Ortsbildschutzes *Raschauer B*, Mobilkommunikation 25 ff; aA hinsichtlich der fernmeldespezifischen Teile *Wallnöfer* in Kneihs/Lienbacher, Art 10 Abs 1 Z 9 B-VG Rz 92.
19 Siehe dazu auch die Kommentierung von § 23.
20 Siehe § 2 Rz 32.
21 VwGH VwSlg 8001 A/1971; VwSlg 14.303 A/1995.
22 *Krzizek*, System I 191 f; *Geuder*, Baurecht 41; *Raschauer B*, Energierecht 56; *ders* in Kneihs/Lienbacher, Art 10 Abs 1 Z 10 B-VG Rz 150; wohl auch *Zußner*, ALJ 2016, 47 f; differenzierend zwischen Leitungsanlagen im engeren und weiteren Sinn *Berger*, Raumplanung 36 ff.
23 *Berka*, ZfV 2006/554 mN; *Lindner* Starkstromwege 222.
24 Siehe § 2 Rz 29 f.

prinzip an.[25] Aus VfGH VfSlg 5669/1968 könnte hingegen Gegenteiliges abgeleitet werden.[26] Von dieser kompetenzrechtlichen Ausnahme wären aber nur bauliche Anlagen umfasst, die unmittelbar militärischen Zwecken dienen,[27] zB militärische Sperren und Befestigungen. Hingegen wären meiner Ansicht nach Heeresverwaltungsgebäude,[28] Gebäude für die Unterbringung von Heeresangehörigen oder Werkstätten[29] nicht umfasst. Insofern kommt vor dem Hintergrund der entsprechenden Ausnahme in § 2 Abs 2 lit v[30] dieser Frage für die geltende Rechtslage der K-BO 1996 keine wesentliche Bedeutung zu.

III. Ausnahmen auf Grund der Kompetenzverteilung

A. Bundesstraßen

8   Gemäß Art 10 Abs 1 Z 9 B-VG sind Angelegenheiten der wegen ihrer Bedeutung für den Durchzugsverkehr durch Bundesgesetz als Bundesstraßen erklärten Straßenzüge – ausgenommen der Straßenpolizei – in Gesetzgebung und Vollziehung Bundessache. Die Kompetenz zur Erlassung von gesetzlichen Bestimmungen über die Herstellung und Erhaltung des Straßenkörpers in allen seinen Bestandteilen liegt somit für Bundesstraßen ausschließlich beim Bund.[31] Dazu zählen neben den unmittelbar dem Verkehr dienenden Flächen wie Fahrbahnen, Parkflächen und Gehsteigen[32] auch Tunnel, Brücken, Durchlässe, Stütz- und Futtermauern, Straßenböschungen, Straßengräben sowie Anlagen zum Schutz vor Beeinträchtigungen

---

25 *Krzizek*, System I 171 f; *Zeißl*, ÖGZ 1974, 330; *Giese*, Baurecht § 2 Baupolizeigesetz Anm 71.

26 *Granner/Raschauer N*, SPRW 2012 VuV A, 41 f; im Ergebnis auch *Truppe* in Kneihs/Lienbacher, Art 10 Abs 1 Z 15 B-VG Rz 4.

27 Siehe die dementsprechende Judikatur zu den kompetenzrechtlichen Ausnahmen gemäß § 2 Abs 1; *Granner/Raschauer N*, SPRW 2012 VuV A, 41 f.

28 *Granner/Raschauer N*, SPRW 2012 VuV A, 42.

29 Vgl unten die dementsprechenden Ausführungen und Nachweise zu den Unterkünften von Arbeitnehmer und Werkstätten bei den kompetenzrechtlichen Ausnahmen gemäß § 2 Abs 1; unter Hinweis auf die Judikatur des VwGH zum Versteinerungszeitpunkt *Zeißl*, ÖGZ 1974, 326 ff; aA wohl *Granner/Raschauer N*, SPRW 2012 VuV A, 41 f, die ganz allgemein Kasernen zur Sonderbaurechtskompetenz des Bundes zählen; aA auch *Truppe* in Kneihs/Lienbacher, Art 10 Abs 1 Z 15 B-VG Rz 4.

30 Siehe § 2 Rz 48.

31 VfGH VfSlg 4349/1963; *Wallnöfer* in Kneihs/Lienbacher, Art 10 Abs 1 Z 9 B-VG Rz 72.

32 VfGH VfSlg 6685/1972; VfSlg 6770/1972; VwGH VwSlg 7792 A/1970.

1. Abschnitt – Wirkungsbereich § 2

durch den Verkehr auf der Bundesstraße, insbesondere gegen Lärmeinwirkung[33]. Umfasst sind auch Straßenbeleuchtung[34] und Verkehrsleiteinrichtungen[35]. Hingegen zählen bauliche Anlagen, die nicht in einem unmittelbaren Zusammenhang mit dem Straßenkörper stehen, nicht zur Sonderbaurechtskompetenz des Bundes. Dazu zählen zB Sanitäranlagen, Betriebe an Bundesstraßen[36] (zB Tankstellen, Raststätten, Motels, Werkstätten und dergleichen), Salzsilos,[37] Werbeanlagen[38] sowie Container, die als Teil einer vorübergehenden Baustelleneinrichtung neben einer Bundesstraße errichtet werden[39]. Zu beachten sind in diesem Zusammenhang auch die Ausnahmen von Straßen im Sinne des K-StrG sowie von Wartehäuschen und Haltestellenüberdachungen gemäß § 2 Abs 2 lit a und b.[40]

B. Eisenbahnen

Gemäß Art 10 Abs 1 Z 9 B-VG sind Angelegenheiten des Verkehrswesens 9 bezüglich der Eisenbahnen in Gesetzgebung und Vollziehung Bundessache. Die Kompetenz zur Erlassung von gesetzlichen Vorschriften über Eisenbahnanlagen liegt ausschließlich beim Bund.[41] Eisenbahnanlagen im Sinne des § 10 EisbG, idF BGBl 1957/60,[42] sind Bauten, ortsfeste eisen-

---

33 VwGH VwSlg 17.375 A/2008; *Pernthaler*, Raumordnung 88; *Giese*, Baurecht § 2 Baupolizeigesetz Anm 71; vgl § 3 BStG 1971.
34 VfGH VfSlg 4349/1963; *Gutknecht*, bbl 2001, 179; *Bußjäger/Seeberger*, RdU-U&T 2011, 78; *Wallnöfer* in Kneihs/Lienbacher, Art 10 Abs 1 Z 9 B-VG Rz 72.
35 *Gutknecht*, bbl 2001, 179; *Wallnöfer* in Kneihs/Lienbacher, Art 10 Abs 1 Z 9 B-VG Rz 72.
36 VwGH 3.7.2000, 2000/10/0002; *Rill*, ZfV 1980, 100 ff; *Berger*, Raumplanung 20 f.
37 VwGH VwSlg 17.375 A/2008.
38 VwGH 17.11.2009, 2009/06/0158.
39 VwGH VwSlg 13.545 A/1991; Baustelleneinrichtungen sind aber gemäß § 7 Abs 1 lit g bewilligungsfrei, siehe § 7 Rz 14.
40 Siehe § 2 Rz 26 f.
41 VfGH VfSlg 5019/1965; VfSlg 5578/1976; VfSlg 17.424/2004; VwGH 17.12.2014, 2012/03/0156 mwN; *Maschke*, ÖJZ 1960, 365; *Krzizek*, System I 157 ff; *Zeleny*, Eisenbahnplanungs- und -Baurecht 82 ff; *Hauer*, ZfV 1997, 579 f; *Wallnöfer* in Kneihs/Lienbacher, Art 10 Abs 1 Z 9 B-VG Rz 22; zum Ganzen ausführlich *Wiederin*, ZfV 2013, 163 ff; aA *Morscher*, FS Schambeck 538 f; *ders*, ZfV 1998, 760; zu methodischen Fragen *Wiederin*, ZfV 2015, 236 ff.
42 Für die Abgrenzung zur Baurechtskompetenz ist die Stammfassung des § 10 EisbG wesentlich; *Wiederin*, ZfV 2013, 164; vgl den durch BGBl I 2006/125 leicht veränderten Wortlaut; für die Judikatur des VwGH tritt dadurch keine Änderung ein VwGH VwSlg 17.864 A/2010.

bahntechnische Einrichtungen und Grundstücke einer Eisenbahn, die ganz oder teilweise, unmittelbar oder mittelbar der Abwicklung oder Sicherung des Eisenbahnbetriebes oder Eisenbahnverkehrs dienen. Laut Judikatur des VwGH müssen die baulichen Anlagen mit dem Eisenbahnbetrieb oder Eisenbahnverkehr in einem solchen Zusammenhang stehen, dass ohne sie ein geordneter Eisenbahnbetrieb oder Eisenbahnverkehr nicht möglich ist.[43] Ein räumlicher Zusammenhang mit der Fahrbahn ist nicht erforderlich. Die primär entscheidende eigentliche Zweckbestimmung kann sich schon aus der technischen Eigenart oder der speziellen Funktion ergeben, letztlich entscheidet aber die Zweckwidmung „zur Abwicklung oder Sicherung des Betriebes einer Eisenbahn, des Betriebes von Schienenfahrzeugen auf einer Eisenbahn oder des Verkehrs auf einer Eisenbahn."[44] Darüber hinaus gelten nach der Rechtsprechung des VwGH auch bauliche Anlagen, die für sich gesehen nicht unverzichtbar für den Eisenbahnbetrieb oder Eisenbahnverkehr sind, dann als (Teil einer) Eisenbahnanlage, wenn sie mit Gebäudeteilen, die nach ihrer Zweckwidmung für den Eisenbahnbetrieb oder Eisenbahnverkehr notwendig sind, in bautechnischem Zusammenhang stehen und nach der Verkehrsauffassung eine bauliche Einheit bilden.[45] Dazu zählen insbesondere Bahnhofsanlagen,[46] inklusive den angeschlossenen Parkhäusern sowie Busbahnhöfen,[47] Lüftungsbauwerken[48] und Lagerräumen[49]. Es schadet auch nicht, dass in der Bahnhofsanlage Gaststätten, Trafiken, Buchhandlungen, transportable Verkaufsstände[50] und dergleichen angesiedelt sind.[51] Umfasst sind auch die Herstellung, Um- und Ausgestaltung der Kreuzungen von Eisenbahnen

---

43 Ständige Rechtsprechung VwGH VwSlg 6123 A/1963; zuletzt 16.3.2012, 2009/05/0237; *Maschke*, ÖJZ 1960, 365; *Hofmann*, ZVR 1983, 67; *Mayer*, ÖJZ 1996, 294; aA *Wiederin*, ZfV 2013, 178 f.

44 Ständige Rechtsprechung VwGH VwSlg 6123 A/1963; zuletzt 31.1.2012, 2009/05/0137; *Berger*, Raumplanung 28 ff.

45 Ständige Rechtsprechung VwGH 29.9.1993, 91/03/0166; zuletzt 16.3.2012, 2009/05/0237; *Hofmann*, ZVR 1983, 67; *Pernthaler*, Raumordnung 90 f; zu Mischverwendungen von baulichen Anlagen ausführlich *Wiederin*, ZfV 2013, 179 ff; aA *Krzizek*, System I 158 f; *Bußjäger/Sonntag*, ZfV 2014, 645.

46 VwGH VwSlg 10.462 A/1981.

47 VwGH 22.11.2005, 2002/03/0185.

48 VwGH VwSlg 17.864 A/2010.

49 VwGH 29.9.1993, 91/03/0166; 28.2.1996, 94/03/0314; VwSlg 14.414 A/1996.

50 VwGH VwSlg 14.218 A/1995.

51 *Wiederin*, ZfV 2013, 181 f.

1. Abschnitt – Wirkungsbereich § 2

und Straßen,[52] Schrankenanlagen,[53] Unterwerke,[54] Schachtkopfgebäude,[55] Servicehallen für die Triebwageninstandhaltung,[56] Lärmschutzwände,[57] Stützmauern,[58] Anschlussbahnen,[59] unmittelbare Belade- sowie Entladestellen[60] und Telekommunikationsanlagen, soweit sie Eisenbahnzwecken dienen.[61] Auch die Belange der Abwasserbeseitigung bei Eisenbahnanlagen zählen zur ausschließlichen Kompetenz des Bundes.[62]

Demgegenüber ist es unerheblich, ob die bauliche Anlage auf Eisenbahngrund, dh auf einem im Eisenbahnbuch eingetragenen Grundstück bzw nach Umschreibung gemäß § 24a bis § 24c GUG auf einem im Grundbuch mit der Bezeichnung Eisenbahnanlage eingetragenen Grundstück, errichtet werden soll.[63] Für bahnfremde bauliche Anlagen auf Eisenbahngrund ist somit die K-BO 1996 anwendbar. So sind, obwohl auf Bahngrund gelegen, Gaststätten, die nicht für Reisende bestimmt sind,[64] sowie Tankstellen,[65] Verkaufskioske,[66] Lade- und Umschlagplätze,[67] Speditions-

10

---

52 VfGH VfSlg 2905/1955.
53 VwGH VwSlg 17.029 A/2006.
54 VfGH VfSlg 17.424/2004; VfSlg 17.493/2005; Unterwerke sind Umspannwerke.
55 VfGH VfSlg 19.940/2014; 12.3.2015, B 1550/2012 Rz 24 f; Schachtkopfgebäude sind Gebäude im Rahmen von Tunnelanlagen, in denen ua Telekommunikationsanlagen, Trafostationen, Ventilatoren oder die Belüftung von Tunnelschleusen für den Notfall sowie sonstige Anlagen und Sicherheitsanlagen untergebracht sind.
56 VfGH 12.3.2015, B 1550/2012.
57 VwGH 29.5.2009, 2008/03/0108.
58 VwGH 16.9.2009, 2006/05/0150.
59 VwGH 13.4.1993, 92/05/0279.
60 VwGH 13.4.1993, 92/05/0279; hingegen nicht Lade- und Umschlagplätze zur weiteren Manipulation VwGH 27.1.1993, 92/03/0185.
61 VwGH 16.3.2012, 2009/05/0237; siehe hingegen für eine Telekommunikationsanlage auf Eisenbahngrund ohne entsprechende Zweckwidmung VwGH 15.5.2012, 2009/05/2012.
62 VfGH VfSlg 17.424/2004; VfSlg 17.493/2005; *Hiesel*, ZVR 2013, 312 f.
63 VfGH VfSlg 5019/1965; VfSlg 5578/1976; VfSlg 17.424/2004; VwGH 17.1.1966, 2175/64; 29.9.1969, 1863/68; *Giese*, Baurecht § 2 Baupolizeigesetz Anm 71; *Berger*, Raumplanung 25; *Bußjäger/Sonntag*, ZfV 2014, 644 f; aA *Wiederin*, ZfV 2013, 172 ff.
64 VwGH 28.10.1963, 1830/60.
65 VfGH VfSlg 5019/1965; VfSlg 5578/1976.
66 VwGH 31.1.2012, 2009/05/0137.
67 VwGH 27.1.1993, 92/03/0185.

gebäude,[68] Verkaufs- und Lagerhallen[69] und Werbeanlagen,[70] die nicht Eisenbahnzwecken dienen und nicht in bautechnischem Zusammenhang mit einer Eisenbahnanlage stehen, nicht von der Sonderbaurechtskompetenz des Bundes umfasst. Ebenso nicht umfasst sind Lagerplätze, Baudurchführungsflächen und Deponien, die zwar für den Bau einer Eisenbahnanlage genutzt werden, aber nach Betriebsaufnahme der Eisenbahnanlage jeglicher Zusammenhang zum Eisenbahnzweck fehlt.[71] Gleiches gilt für eine bauliche Anlage eines Eisenbahnunternehmens, in denen lediglich Verwaltungsabteilungen untergebracht werden.[72]

11 Wenn eine Entscheidung der Baubehörde von der Klärung der Vorfrage abhängig ist, ob eine bauliche Anlage als Eisenbahnanlage zu gelten hat, ist gemäß § 11 lit d EisbG die Entscheidung des Bundesministers für Verkehr, Innovation und Technologie einzuholen. § 11 lit d EisbG ist lex specialis zu § 38 AVG. Eine selbstständige Beurteilung dieser Vorfrage durch die Baubehörde ist unzulässig.[73]

C. Seilbahnen

12 Auch Seilbahnen sind gemäß § 2 SeilbG 2003 Eisenbahnen und unterfallen dem Kompetenztatbestand „Angelegenheiten des Verkehrswesens bezüglich der Eisenbahnen des Art 10 Abs 1 Z 9 B-VG."[74] So waren die Seilbahnen ursprünglich auch im EisbG geregelt, erst durch BGBl I 2003/103 wurde das SeilbG 2003 geschaffen. Im Sinne der Rechtsklarheit wurde durch LGBl 2012/80 der Begriff Seilbahnen in § 2 Abs 1 lit a ausdrücklich aufgenommen.[75] Somit kann für die Seilbahnen grundsätzlich auf die obigen Ausführungen zu den Eisenbahnen verwiesen werden.

---

68 VwGH 19.12.1995, 95/05/0237.
69 VwGH 25.4.1978, 2496/77.
70 *Bundschuh-Rieseneder*, bbl 2006, 47 f.
71 VwGH 17.4.2009, 2006/03/0164; 19.12.2013, 2011/03/0160; aA *Wiederin*, RdU 2015, 99 f.
72 VwGH VwSlg 6123 A/1963.
73 VwGH VwSlg 5858 A/1962; 18.2.2015, 2013/03/0140; *Giese*, Baurecht § 2 Baupolizeigesetz Anm 71.
74 VfGH VfSlg 2556/1953; *Konzett*, ZVR 2003, 42; *Morscher/Christ*, ZVR 2004, 343; *Christ*, bbl 2005, 115; *Berger*, Raumplanung 24 f; *Schnorr*, Seilbahnrecht 66 ff.
75 Das EisbG enthält den Begriff Seilbahn nicht mehr.

1. Abschnitt – Wirkungsbereich § 2

Zu beachten ist allerdings, dass nicht alle im SeilbG 2003 geregelten Seilbahnen auch Eisenbahnen sind. So sind Schlepplifte keine Eisenbahnen und unterfallen auch nicht dem Kompetenztatbestand „Angelegenheiten des Verkehrswesens bezüglich der Eisenbahnen" des Art 10 Abs 1 Z 9 B-VG, sondern dem Kompetenztatbestand „Angelegenheiten des Gewerbes und der Industrie" des Art 10 Abs 1 Z 8 B-VG.[76] Somit besteht für diesen Bereich aber auch keine Sonderbaurechtskompetenz des Bundes. Für Schlepplifte kommt das Kumulationsprinzip[77] zur Anwendung, sie unterfallen der K-BO 1996. Diese Kompetenzrechtslage wird auch von § 2 Abs 1 lit a berücksichtigt, denn es werden nur bauliche Anlagen des „Verkehrswesens" ausgenommen. Nicht vom Seilbahnbegriff umfasst sind Förderbänder zur Beförderung von Schifahrern, da es diesen am Element der Bewegung durch ein Seil mangelt.[78]

13

Nicht unter den Kompetenztatbestand „Angelegenheiten des Verkehrswesens bezüglich der Eisenbahnen" des Art 10 Abs 1 Z 9 B-VG fallen landwirtschaftliche Materialseilbahnen. Während landwirtschaftliche Materialseilbahnen, die nur über zum landwirtschaftlichen Betrieb gehörende Liegenschaften führen, gemäß Art 15 Abs 1 B-VG in die Zuständigkeit der Länder fallen,[79] fallen landwirtschaftliche Materialseilbahnen, die unter Inanspruchnahme fremder Liegenschaften errichtet werden, unter den Kompetenztatbestand „Bodenreform" des Art 12 Abs 1 Z 3 B-VG.[80] Zu beachten ist allerdings, dass sich für forstliche Bringungsanlagen eine Sonderbaurechtskompetenz des Bundes aus dem Kompetenztatbestand Forstwesen gemäß Art 10 Abs 1 Z 10 B-VG ergibt.[81]

14

---

76 *Morscher/Christ*, ZVR 2004, 343; *Christ*, bbl 2005, 115; *Hauer*, Eisenbahnwegeplanung 373 f; *Schnorr*, Seilbahnrecht 120 ff.
77 Siehe § 2 Rz 4.
78 RV 204 BlgNR 22. GP 7.
79 VfGH VfSlg 3504/1959; *Anhammer*, JBl 1960, 64; *Klecatsky*, ZVR 1975, 289; *Granner/Raschauer N*, SPRW 2012 VuV A, 34; *Wallnöfer* in Kneihs/Lienbacher, Art 10 Abs 1 Z 9 B-VG Rz 21.
80 VfGH VfSlg 1390/1931; *Anhammer*, JBl 1960, 64 f; *Wallnöfer* in Kneihs/Lienbacher, Art 10 Abs 1 Z 9 B-VG Rz 22.
81 Siehe § 2 Rz 21; hinzuweisen ist auch auf die Genehmigungspflicht gemäß K-GSLG.

D. Luftfahrt

15 Gemäß Art 10 Abs 1 Z 9 B-VG sind Angelegenheiten des Verkehrswesens bezüglich der Luftfahrt in Gesetzgebung und Vollziehung Bundessache. Aus der Judikatur des VfGH zu Bundesstraßen und Eisenbahnanlagen lässt sich ableiten, dass die Kompetenz zur Erlassung von gesetzlichen Vorschriften über Luftfahrtanlagen – auch militärischen – ausschließlich beim Bund liegt.[82] Eine Luftfahrtanlage im Sinne des Kompetenztatbestandes liegt dann vor, wenn die bauliche Anlage mit dem Luftverkehr in einem solchen Zusammenhang steht, dass ohne diese bauliche Anlage ein geordneter Luftverkehr nicht möglich ist.[83] Dazu zählen insbesondere Flugpisten,[84] Hangars[85] sowie ortsfeste Einrichtungen für die Betankung und Enttankung, Lagerhallen für die Luftfracht, Abfertigungsgebäude[86] und Signaleinrichtungen[87]. Hingegen sind Lagerhallen für Flugzeugsitze, EDV-Einrichtungen und Transportwagen für Verpflegung[88] sowie Flughafenhotels, auch wenn diese überwiegend zur Unterbringung von Piloten und Bordpersonal bestimmt sind,[89] nicht von der Sonderbaurechtskompetenz des Bundes umfasst.

E. Schifffahrt

16 Gemäß Art 10 Abs 1 Z 9 B-VG sind Angelegenheiten des Verkehrswesens bezüglich der Schifffahrt grundsätzlich in Gesetzgebung und Vollziehung Bundessache.[90] Der VwGH unterscheidet zwischen öffentli-

---

82 VwGH VwSlg 14.265 A/1995; *Krzizek*, System I 164 f; *Hofmann*, ZVR 1983, 68; *Pernthaler*, Raumordnung 95; *Hauer*, ZfV 1997, 577; *Mayer*, bbl 1998, 5 f; *Granner/Raschauer N*, SPRW 2012 VuV A, 35; *Wallnöfer* in Kneihs/Lienbacher, Art 10 Abs 1 Z 9 B-VG Rz 27; aA *Morscher*, FS Schambeck 538 f; *ders*, ZfV 1998, 760.

83 VwGH 4.3.1999, 98/06/0214 = bbl 1999/208 (*Giese*).

84 VwGH VwSlg 12.095 A/1986; VwSlg 14.204 A/1995.

85 VwGH 26.5.1993, 92/03/0108; 21.9.1994, 94/03/0238.

86 VwGH 30.5.1995, 94/05/0053.

87 *Wallnöfer* in Kneihs/Lienbacher, Art 10 Abs 1 Z 9 B-VG Rz 27.

88 VwGH 30.5.1995, 94/05/0053.

89 VwGH 4.3.1999, 98/06/0214 = bbl 1999/208 (*Giese*); aA *Mayer*, bbl 1998, 3 ff.

90 Hingegen sind gemäß Art 11 Abs 1 Z 6 B-VG Schifffahrtsanlagen im Rahmen der Binnenschifffahrt, soweit sie sich nicht auf die Donau, den Bodensee, den Neusiedlersee und auf Grenzstrecken sonstiger Grenzgewässer beziehen, in der Vollziehung Landessache.

chen und nichtöffentlichen Schifffahrtsanlagen.[91] Während für öffentliche Schifffahrtsanlagen die Kompetenz zur Erlassung von gesetzlichen Vorschriften ausschließlich beim Bund liegen soll, soll bei nichtöffentlichen Schifffahrtsanlagen das Kumulationsprinzip zur Anwendung kommen und somit eine Gesetzgebungskompetenz der Länder bestehen. Im Gegensatz dazu geht die Lehre[92] davon aus, dass für eine Gesetzgebungskompetenz der Länder auf dem Gebiet der Schifffahrt kein Raum bleibt. *Muzak*[93] weist überzeugend darauf hin, dass der VwGH von einem falschen Versteinerungsmaterial ausging. Ausgehend von der Rechtsprechung für die anderen baulichen Anlagen des Verkehrswesens liegt eine Schifffahrtsanlage im Sinne des Kompetenztatbestandes dann vor, wenn die bauliche Anlage unmittelbar Zwecken der Schifffahrt dient. Dazu zählen zB Häfen, Länden, Bootshütten, Schleusen, Fähranlagen, Schiffumschlagsanlagen, Versorgungsanlagen und Förderungs- und Verladeanlagen.[94] Hingegen sind zB Tanklager, Lagerhäuser und Werkstätten nicht von der Sonderbaurechtskompetenz des Bundes umfasst.[95] Zu beachten gilt in diesem Zusammenhang auch die Ausnahme von bestimmten Wasserbauten gemäß § 2 Abs 1 lit c.[96]

F. Bergwesen

Gemäß Art 10 Abs 1 Z 10 B-VG sind Angelegenheiten des Bergwesens in Gesetzgebung und Vollziehung Bundessache. Die Kompetenz zur Erlassung von gesetzlichen Vorschriften für Bergwerksanlagen liegt ausschließlich beim Bund.[97] Dazu zählen jedoch nur bauliche Anlagen, für deren Errichtung und Betrieb bergbautechnische Kenntnisse, Mittel und Methoden erforderlich sind. Es kommt primär auf die angewendeten Mittel und Methoden und bloß sekundär auf die zu gewinnenden Pro- **17**

---

91 VwGH VwSlg 13.285 A/1990.
92 *Krzizek*, System I 166; *Hofmann*, ZVR 1983, 68; *Pernthaler*, Raumordnung 94; *Muzak*, Binnenschifffahrtsrecht 47 f; *Granner/Raschauer N*, SPRW 2012 VuV A, 36; *Wallnöfer* in Kneihs/Lienbacher, Art 10 Abs 1 Z 9 B-VG Rz 31.
93 *Muzak*, Binnenschifffahrtsrecht 47 f.
94 VwGH VwSlg 13.285 A/1990.
95 *Pernthaler*, Raumordnung 94; siehe die Begriffsbestimmung von Schifffahrtsanlagen in § 2 Z 19 SchFG;
96 Siehe § 2 Rz 18.
97 VfGH VfSlg 2674/1954; VfSlg 2685/1954.

dukte an.[98] Dazu zählen insbesondere Stollen, Schächte, Abbaue bzw überhaupt bauliche Anlagen unter Tage,[99] bergbautechnische Kenntnisse, Mittel und Methoden werden aber auch im Tagbau angewandt. Hingegen sind zB Verwaltungsgebäude, Unterkünfte für Arbeitnehmer, Lagerhäuser und Werkstätten nicht von der Sonderbaurechtskompetenz des Bundes umfasst, da für diese bauliche Anlagen bloß allgemeine technische Kenntnisse, Mittel und Methoden erforderlich sind.

G. Wasserbauten

18 Gemäß Art 10 Abs 1 Z 10 B-VG sind Angelegenheiten des Wasserrechts in Gesetzgebung und Vollziehung Bundessache. Die Kompetenz zur Erlassung von gesetzlichen Vorschriften für bauliche Anlagen, die unmittelbar der Wassernutzung dienen, liegt ausschließlich beim Bund.[100] Dazu zählen zB Wasserkraftanlagen, Staumauern, Krafthäuser, Turbinengebäude, Wehranlagen, Druckrohleitungen, Tagesspeicher und Triebwasserleitungen.[101] Hingegen sind zB Verwaltungsgebäude, Unterkünfte für Arbeitnehmer oder Werkstätten nicht von der Sonderbaurechtskompetenz des Bundes umfasst.[102] Für bauliche Anlagen zur Ableitung von Abwässern (zB Gülle-, Jauche-, Mist-, Dünge-, Klär-, Sicker- und Senkgruben) kommt grundsätzlich (siehe sogleich in § 2 Rz 19 die Ausnahme) das Kumulationsprinzip zur Anwendung.[103]

19 Die Ausnahme des § 2 Abs 1 lit c geht jedoch – im Gegensatz zu den anderen Tatbeständen des § 2 Abs 1 – über die kompetenzrechtlichen Notwendigkeiten hinaus. Denn der Wortlaut nimmt von dieser Aus-

---

98 VfGH VfSlg 13.299/1992; VfSlg 5672/1968; VwGH VwSlg 14.318 A/1995; 20.9.1994, 92/05/0232; *Schäffer*, ZfV 1976, 5; *Pernthaler*, Raumordnung 77 f; *Rill/Madner*, ZfV 1996, 210 ff; *Mayer*, ecolex 1999, 506 f; *Berger*, Raumplanung 101.
99 *Schäffer*, ZfV 1976, 5; *Berger*, Raumplanung 101.
100 VfGH VfSlg 2674/1954; VfSlg 13.234/1992; 1.12.1992, B 1057/91; VwGH 23.3.1999, 98/05/0204; *Krzizek*, System I 145 ff; *Mayer*, Wasserkraftwerke 71 ff; *ders*, ecolex 1991, 214 ff; *Granner/Raschauer N*, SPRW 2012 VuV A, 39; kritisch *Hattenberger*, Anlagenrelevantes Wasserrechtsgesetz 1030 f.
101 VfGH VfSlg 13.234/1992; 1.12.1992, B 1057/91; *Berger*, Raumplanung 64; siehe für bauliche Anlagen des Hochwasserschutzes auch VwGH VwSlg 17.774 A/2009.
102 *Krzizek*, System I 146; *Mayer*, Wasserkraftwerke 71 ff 78; *ders*, ecolex 1991, 216; *Eisenberger G/Eisenberger I*, bbl 2001, 54 f; *Berger*, Raumplanung 64 f.
103 VfGH VfSlg 4387/1963; VfSlg 10.329/1985; *Giese*, Baurecht § 2 Baupolizeigesetz Anm 75; *Hattenberger*, Wasserversorgung – Abwasserentsorgung 1296.

nahme nur Gebäude,[104] die nicht unmittelbar der Wassernutzung dienen, aus. Somit sind dem Wortlaut nach alle sonstigen baulichen Anlagen, die nicht Gebäude sind und einer Bewilligung nach wasserrechtlichen Vorschriften bedürfen, mögen diese der unmittelbaren Wassernutzung dienen oder nicht, vom Geltungsbereich der K-BO 1996 ausgenommen. Diese Wortlautinterpretation findet auch ausdrücklich in den Materialien zu LGBl 1981/69 Deckung.[105] Dagegen spricht auch nicht, dass mit LGBl 2012/80 eine Trennung von Ausnahmen aus kompetenzrechtlichen Gründen in § 2 Abs 1 und Ausnahmen, für die zwar eine Kompetenz besteht, die aber nicht wahrgenommen wird, in § 2 Abs 2 erfolgt ist.[106] Denn der klare Wortlaut und die ausdrücklichen Materialien lassen eine einschränkende Interpretation nicht zu. Somit sind alle baulichen Anlagen, die nicht Gebäude sind und einer Bewilligung nach wasserrechtlichen Vorschriften bedürfen, vom Geltungsbereich der K-BO 1996 ausgenommen. Dazu zählen zB Brücken,[107] Stege, Wasserversorgungs-,[108] Entwässerungs- und Abwasseranlagen[109] sowie Schutz- und Regulierungswasserbauten, soweit sie einer wasserrechtlichen Genehmigung bedürfen[110]. Zu beachten gilt in diesem Zusammenhang auch die Ausnahme von Schifffahrtsanlagen gemäß § 2 Abs 1 lit a.[111]

H. Abfallbehandlungsanlagen

Gemäß der Verfassungsbestimmung in § 38 Abs 2 AWG 2002 entfällt für Abfallbehandlungsanlagen,[112] die einer Genehmigungs- oder Anzeigepflicht gemäß § 37 AWG 2002 unterliegen, die baubehördliche Bewilli-

20

---

104 Zu den Begriffen Gebäude und bauliche Anlage siehe § 6 Rz 3 f.
105 ErlRV Verf-86/32/1981, 3 und 9.
106 ErlRV 01-VD-LG-1369/4-2012, 5 f.
107 Ohne die Ausnahme wäre für wasserrechtlich genehmigungspflichtige Brücken – soweit nicht eine Ausnahme auf Grund § 2 Abs 1 lit a besteht – eine Baubewilligung notwendig, VwGH 23.3.1999, 98/05/0204.
108 ZB Brunnen, Quellfassungen, Leitungen, Behälter, soweit diese nicht sowieso von der Sonderbaurechtskompetenz des Bundes umfasst sind.
109 ZB Gülle-, Jauche-, Mist-, Dünge-, Klär-, Sicker- und Senkgruben.
110 Siehe insbesondere §§ 38, 40 und 41 WRG 1959.
111 Siehe § 2 Rz 16.
112 Das sind gemäß § 2 Abs 7 Z 1 AWG 2002 ortsfeste oder mobile Einrichtungen, in denen Abfälle behandelt werden, einschließlich der damit unmittelbar verbundenen, in einem technischen Zusammenhang stehenden Anlagenteile.

gungspflicht. Es erfolgt eine Verfahrens- und Entscheidungskonzentration. Die bautechnischen Bestimmungen des Kärntner Baurechts, insbesondere der K-BV, sind aber im Genehmigungs- oder Anzeigeverfahren des AWG 2002 anzuwenden.[113] Für alle anderen Abfallbehandlungsanlagen, die nicht einer Genehmigungs- oder Anzeigepflicht gemäß § 37 AWG 2002 unterliegen, kommt das Kumulationsprinzip zur Anwendung. Aus Art 10 Abs 1 Z 12 B-VG ergibt sich keine Sonderbaurechtskompetenz für gefährliche Abfälle.[114] In diesem Zusammenhang ist auch auf die Ausnahme in § 2 Abs 2 lit o für bauliche Anlagen zur Verwertung (Eigenkompostierung) biogener Abfälle im Sinne der K-AWO zu verweisen.

I. Forstwesen

21 § 2 Abs 1 enthält zwar keine ausdrückliche Ausnahme für bauliche Anlagen des Forstwesens, es kommt jedoch die salvatorische Klausel des § 2 Abs 1 Satz 1 zur Anwendung. Denn der VfGH sieht auch zwischen dem Kompetenztatbestand Forstwesen gemäß Art 10 Abs 1 Z 10 und baulichen Anlagen des Forstwesens einen unlöslichen Zusammenhang.[115] Daraus folgt, dass die Kompetenz zur Erlassung von gesetzlichen Vorschriften für bauliche Anlagen, die unmittelbar der Pflege, der Erhaltung, dem Schutz[116] und der forstwirtschaftlichen Nutzung[117] des Waldes dienen, ausschließlich beim Bund liegt. Dazu zählen insbesondere forstliche Bringungsanlagen[118] (zB Seilbahnen, Riesen und Triften). Dies gilt auch für Forststraßen.[119] Ausdrücklich sieht dies, syste-

---

113 *Berger*, Raumplanung 79 ff; *Niederhuber*, Abfallbehandlungsanlagen 112 ff; *Madner/Niederhuber*, Abfallbehandlungsanlagen 971 f.
114 *Berger*, Raumplanung 79 ff; *Madner/Niederhuber*, Abfallbehandlungsanlagen 945 ff; siehe schon *Raschauer B*, ecolex 1991, 358.
115 VfGH VfSlg 2674/1954.
116 *Krzizek*, System I 152 f; *Berger*, Raumplanung 108 f mwN.
117 Der VfGH VfSlg 2192/1951 spricht von der Kompetenz des Gesetzgebers für wirtschaftspolitische Maßnahmen; *Berger*, Raumplanung 109, verweist auf die entsprechenden Bestimmungen des Forstgesetzes 1852.
118 *Gutknecht*, bbl 2001, 179; *Trippl/Schwarzbeck/Freiberger*, Baurecht[5] § 3 Stmk BauG Anm 12; zur Abgrenzung zum Kompetenztatbestand Bodenreform des Art 12 Abs 1 Z 5 B-VG siehe VfGH VfSlg 3649/1959; VfSlg 4206/1962.
119 Der VwGH 27.2.2006, 2005/05/0180, verneinte in diesem Fall das Vorliegen eines Forstweges, da der Weg zur Bringung von Christbäumen, die nicht auf Waldboden gesetzt wurden, errichtet wurde.

matisch verfehlt, auch § 2 Abs 2 lit a vor.[120] Hingegen sind zB Forsthütten nicht von der Sonderbaurechtskompetenz des Bundes umfasst.[121]

J. Unterbringung von hilfs- und schutzbedürftigen Fremden

Mit BGBl I 2015/120 erfolgte durch das Bundesverfassungsgesetz über die Unterbringung und Aufteilung von hilfs- und schutzbedürftigen Fremden ein weiterer Eingriff in die Baurechtskompetenz der Länder.[122] Gemäß Art 3 Abs 1 dieses Bundesverfassungsgesetzes kann der Bundesminister für Inneres die Nutzung und den Umbau von bestehenden Bauwerken oder die Aufstellung beweglicher Wohneinheiten auf Grundstücken, die im Eigentum des Bundes oder diesem zur Verfügung stehen, ohne vorheriges Verfahren mit Bescheid vorläufig anordnen, wenn dem überwiegende Interessen der Sicherheit, der Gesundheit und des Umweltschutzes nicht entgegenstehen. Dieser Bescheid ersetzt die nach bundes- und landesrechtlichen Vorschriften vorgesehenen Bewilligungen, Genehmigungen oder Anzeigen. Erste Voraussetzung für einen solchen Bescheid ist, dass gemäß Art 2 Abs 1 des Bundesverfassungsgesetzes die Bundesregierung das Vorliegen eines Unterbringungsbedarfs durch Verordnung feststellt. Dies erfolgte mit BGBl II 2015/290 durch die Verordnung der Bundesregierung zur Feststellung des Bedarfs an der Bereithaltung von Plätzen zur Unterbringung von hilfs- und schutzbedürftigen Fremden durch die Gemeinden. Weitere Voraussetzungen sind gemäß Art 3 Abs 2 des Bundesverfassungsgesetzes, dass die Unterbringungsquote der Grundversorgungsvereinbarung – Art 15a B-VG durch das Land Kärnten nicht erfüllt ist und im betroffenen politischen Bezirk weniger hilfs- und schutzbedürftige Fremde untergebracht sind, als auf Grund des Bezirksrichtwertes, dh derzeit 1,5% der Wohnbevölkerung, unterzubringen wären. Wurde ein solcher vorläufiger Bescheid durch den Bundesminister für Inneres erlassen, hat gemäß Art 3 Abs 5 des Bundesverfassungsgesetzes die Bezirksverwaltungsbehörde von Amts wegen in einem konzentrierten Verfahren zu prüfen, ob die Nutzung den bundes- und landesrechtlichen Vorschriften – mit Ausnahme des Bau- und Raumordnungsrechts, wohl aber hinsichtlich der Bestimmungen betreffend den Brand-

22

---
120 Siehe § 2 Rz 26.
121 *Krzizek*, System I 153 f; *Berger*, Raumplanung 109.
122 Siehe zum Ganzen *Lehofer*, ÖJZ 2015, 817; *Vogl*, RFG 2016, 4 ff; ausführlich *Stolzlechner/Stoll*, bbl 2016, 77 ff; *Winkler R*, bbl 2016, 94 ff.

schutz – entspricht. Sind Festigkeit, Brandschutz, Hygiene, Nutzungssicherheit und Umweltverträglichkeit nicht im erforderlichen Ausmaß gewährleistet, hat die Bezirksverwaltungsbehörde dies dem Bundesminister für Inneres in einer Stellungnahme mitzuteilen. Dieser hat gemäß Art 3 Abs 6 des Bundesverfassungsgesetzes jene Maßnahmen zu ergreifen, die – im Hinblick auf den Verwendungszweck und die voraussichtliche Nutzungsdauer – Festigkeit, Brandschutz, Hygiene, Nutzungssicherheit und Umweltverträglichkeit im unerlässlichen Ausmaß gewährleisten, und diese Maßnahmen mit einem zweiten Bescheid über die Nutzung des Grundstücks festzulegen. Dieser zweite Bescheid ersetzt den vorläufigen Bescheid sowie die nach bundes- und landesrechtlichen Vorschriften vorgesehenen Bewilligungen, Genehmigungen oder Anzeigen. Insofern besteht somit keine Baurechtskompetenz der Länder. Die landesgesetzlichen baurechtlichen Bestimmungen sind für die Stellungnahme der Bezirksverwaltungsbehörde nur hinsichtlich des Brandschutzes relevant.[123] Dieses Bundesverfassungsgesetz tritt gemäß Art 6 mit Ablauf des 31. Dezember 2018 außer Kraft.

IV. Sonstige Ausnahmen

A. Allgemeines

23 In § 2 Abs 2 erfolgen Ausnahmen für Vorhaben, für die zwar eine Landeskompetenz besteht, die aber nicht wahrgenommen wird. Die Ausnahmen des § 2 Abs 2 erfolgen einerseits für Vorhaben, die umfassenden Bewilligungsverfahren nach anderen Gesichtspunkten bedürfen, sodass eine zusätzliche baurechtliche Genehmigung als nicht notwendig angesehen wird.[124] Anderseits erfolgen Ausnahmen auf Grund der mangelnden Bedeutung und der geringen Auswirkungen dieser Vorhaben auf Anrainer.[125] In diesem Sinne finden sich in § 2 Abs 2 zahlreiche Höhen- und Flächenbegrenzungen. Nur wenn das Vorhaben diese nicht übersteigt, ist es von der K-BO 1996 ausgenommen. Wird eine bestehende bauliche Anlage erweitert (zB eine Photovoltaikanlage auf einer Dachfläche) und werden die Höhen- und Flächenbegrenzungen

---

123 Zu einer denkbaren darüber hinausgehenden Relevanz der K-BO 1996 *Winkler* R, bbl 2016, 98 f; ablehnend *Stolzlechner/Stoll*, bbl 2016, 92.
124 Insbesondere *Kemptner*, Weiterentwicklung 1 ff; *Röger*, ÖJZ 2004, 821 f; siehe auch *Liehr*, ÖGZ 1997, Heft 4, 4 ff.
125 Vgl VfSlg 16.049/2000.

dadurch überschritten, ist das Vorhaben nicht von der K-BO 1996 ausgenommen und ist entweder gemäß § 7 bewilligungsfrei oder bedarf gemäß § 6 einer Baubewilligung.[126]

Eine Ausnahme gemäß § 2 Abs 2 hat aber auch zur Folge, dass grundsätzlich bei diesen baulichen Anlagen Gesichtspunkte des Ortsbildschutzes nicht berücksichtigt werden. Eine erweiterte Verordnungsermächtigung für den Gemeinderat zur Schaffung einer Anzeigepflicht gemäß § 5 K-OBG war zwar in der Regierungsvorlage zu LGBl 1996/44 vorgesehen, wurde aber nicht Gesetz.[127] Eine entsprechende Verordnungsermächtigung besteht aber gemäß § 5 K-OBG für das Aufstellen von Verkaufsständen und das Abstellen von Wohnwägen in Vorgärten. Darüber hinaus besteht eine Bewilligungspflicht für Werbeanlagen gemäß § 6 K-OBG.[128] **24**

Aus dem verfassungsgesetzlich gewährleisteten Recht auf Eigentum gemäß Art 5 StGG iVm Art 6 EMRK[129] folgt, dass die Ausnahmen im Zweifel zugunsten der Baufreiheit auszulegen sind.[130] **25**

B. Straßen im Sinne des K-StrG und des Forstgesetzes 1975

Ausgenommen sind gemäß § 2 Abs 2 lit a bauliche Anlagen des Verkehrswesens bezüglich Straßen im Sinne des K-StrG. Straßen im Sinne des K-StrG sind nur öffentliche Straßen, dazu zählen Landesstraßen, überregionale Radverkehrswege, Bezirks-, Eisenbahnzufahrts-, Gemeinde- und Verbindungsstraßen. Bestandteile der Straßen gemäß § 4 Abs 1 K-StrG sind Fahrbahnen, Gehsteige, Radfahrstreifen, Haltestellenbuchten, Straßenbankette, Straßengräben und andere Straßenentwässerungsanlagen,[131] Damm- und Einschnittböschungen der Straßen, Brücken und andere Straßenbauwerke sowie die im Zuge der öffentlichen Straße gelegenen Anlagen zum Schutz der Nachbarn vor Beeinträchtigung durch den Verkehr auf der öffentlichen Straße, insbesondere gegen Lärmeinwirkung. In der Regel bilden gemäß § 4 Abs 2 **26**

---

126 In diesem Sinne ausdrücklich § 7 Abs 2 für bewilligungsfreie Vorhaben.
127 ErlRV Verf-135/94/1995, 7.
128 *Pabel*, RFG 2006, 180; das K-OBG ist einschließlich der Erläuterungen unter Punkt 3 abgedruckt.
129 Siehe § 3 Rz 53.
130 VwGH 14.11.2006, 2006/05/0141 mN; zur Baufreiheit siehe § 6 Rz 5.
131 ZB Rasenmulden zur Straßenentwässerung VwGH 24.10.2000, 2000/05/0139.

K-StrG – ausgenommen bei überregionalen Radverkehrswegen – neben der Straße angelegte Rad-, Geh- und Reitwege, ferner Plätze einschließlich der Parkplätze, einen Bestandteil der Straße. Umfasst sind meiner Ansicht nach auch Straßenbeleuchtung und Verkehrsleiteinrichtungen.[132] Hingegen sind meiner Ansicht nach bauliche Anlagen, die nicht in einem unmittelbaren Zusammenhang mit dem Straßenkörper stehen, nicht ausgenommen.[133] Zu beachten sind in diesem Zusammenhang auch die Ausnahmen von Bundesstraßen und forstlichen Bringungsanlagen gemäß § 2 Abs 1 sowie Wartehäuschen und Haltestellenüberdachungen gemäß § 2 Abs 2 lit b.[134] Einer ausdrücklichen Ausnahme für Straßen im Sinne des Forstgesetzes 1975 hätte es nicht bedurft, da diese bereits aus kompetenzrechtlichen Gründen ausgenommen sind.[135] Insofern erweist sich dies im Sinne der Trennung der Ausnahmen aus kompetenzrechtlichen Gründen und solchen aus sonstigen Gründen in § 2 Abs 1 und 2 als systematisch verfehlt.

C. Wartehäuschen, Haltestellenüberdachungen

27 Ausgenommen sind gemäß § 2 Abs 2 lit b Wartehäuschen, Haltestellenüberdachungen und ähnliche Einrichtungen für Verkehrszwecke bis zu 25 m² Grundfläche und 3,50 m Höhe. Die K-BO 1996 enthält keine Definition des Begriffes Grundfläche einer baulichen Anlage. Auf Grundlage einer systematisch-logischen und teleologischen Interpretation ist aber davon auszugehen, dass die Bruttogrundfläche gemeint ist. Dies ist die Summe der Grundflächen aller Grundrissebenen einer baulichen Anlage.[136] Bei dieser Bestimmung handelt es sich auf Grund des Zusatzes „und ähnliche" um eine demonstrative Aufzählung von baulichen Anlagen, die vom Anwendungsbereich der K-BO 1996 ausgenommen sind. Durch die Aufzählung wird aber doch der Maßstab fixiert, dem die nicht

---

132 Vgl dazu § 2 Rz 8.
133 Zur Abgrenzung kann meiner Ansicht nach die entsprechende Judikatur zu baulichen Anlagen des Verkehrswesens bezüglich Bundesstraßen herangezogen werden, siehe § 2 Rz 8.
134 Siehe § 2 Rz 8, 21 und 27.
135 Siehe § 2 Rz 21.
136 Die OIB-Richtlinie Begriffsbestimmungen, abgedruckt unter Punkt 2.1.7., verweist auf die Definitionen der ÖNORM B 1800; zu dieser systematischen Interpretation vgl VwGH 23.11.2004, 2002/06/0064; siehe auch *Potacs*, Auslegung 84 f und 90 f mwN; es ist grundsätzlich nicht unzulässig, ÖNORMEN zur ergänzenden Auslegung des Gesetzes heranzuziehen, VwGH 30.1.2014, 2012/05/0045.

konkret aufgezählten baulichen Anlagen entsprechen müssen.[137] Ähnliche Einrichtungen sind zB Sitzgelegenheiten an Haltestellen. Insbesondere sind entsprechende bauliche Anlagen für den Kraftfahrlinienverkehr gemäß § 1 Abs 1 KflG umfasst.[138] Die Bestimmung unterscheidet nicht, ob diese baulichen Anlagen an Bundesstraßen, Straßen im Sinne des K-StrG oder Privatstraßen errichtet werden. Für entsprechende bauliche Anlagen im Rahmen von Eisenbahnen besteht eine Sonderbaurechtskompetenz des Bundes, da diese zur Abwicklung des Verkehrs auf einer Eisenbahn dienen.[139] Zu beachten sind in diesem Zusammenhang auch die Ausnahmen von Bundesstraßen gemäß § 2 Abs 1 lit a und Straßen im Sinne des K-StrG gemäß § 2 Abs 2 lit a.[140]

D. Verkaufseinrichtungen

Ausgenommen sind gemäß § 2 Abs 2 lit c Verkaufseinrichtungen auf öffentlichen Verkehrsflächen bis zu 25 m² Grundfläche und 3,50 m Höhe. Die K-BO 1996 enthält keine Definition des Begriffes Grundfläche einer baulichen Anlage. Auf Grundlage einer systematisch-logischen und teleologischen Interpretation ist aber davon auszugehen, dass die Bruttogrundfläche gemeint ist. Dies ist die Summe der Grundflächen aller Grundrissebenen einer baulichen Anlage.[141] Umfasst sind nur bauliche Anlagen, die einem Verkaufszweck dienen. Dazu zählen insbesondere Trafiken, Zeitungs- und Blumenkioske, Getränke- und Imbissstände.[142]

28

---

137 VwGH 23.7.2009, 2006/05/0167.

138 *Giese*, Baurecht § 2 Baupolizeigesetz Anm 47; eine solche Auslegung anhand einer bundesgesetzlichen Bestimmung findet sich auch in VwGH 9.3.1993, 92/06/0226; siehe auch *Potacs*, Auslegung 84 f und 90 f mwN.

139 Siehe § 2 Rz 9

140 Siehe § 2 Rz 8 und 26.

141 Die OIB-Richtlinie Begriffsbestimmungen, abgedruckt unter Punkt 2.1.7, verweist auf die Definitionen der ÖNORM B 1800; zu dieser systematischen Interpretation vgl VwGH 23.11.2004, 2002/06/0064; siehe auch *Potacs*, Auslegung 84 f und 90 f mwN; es ist grundsätzlich nicht unzulässig, ÖNORMEN zur ergänzenden Auslegung des Gesetzes heranzuziehen, VwGH 30.1.2014, 2012/05/0045.

142 *Giese*, Baurecht § 2 Baupolizeigesetz Anm 45, sieht für das S-BauPolG unter Berufung auf VwGH 24.4.1997, 96/06/0101, Getränke- und Imbissstände nicht umfasst. In dieser Entscheidung ging es aber ausdrücklich um die Bewilligung eines „Verkaufskiosks". Auf Grund des weiteren Wortlautes „Verkaufseinrichtung" des § 2 Abs 2 lit c und dem Sinn und Zweck der Bestimmung einer Verfahrensvereinfachung, siehe ErlRV Verf-135/94/1995, 6 f, sind Getränke- und Imbissstände von dieser Ausnahme der K-BO 1996 umfasst.

Fahrzeuge (zB fahrender Grillhendlbrater), dh Anlagen, die zur leichten und gefahrlosen Fortbewegung objektiv geeignet sind, sind keine baulichen Anlagen und sind überhaupt nicht vom Anwendungsbereich der K-BO 1996 umfasst.[143] Die Ausnahme gilt nur für Verkaufseinrichtungen, die sich auf öffentlichen Verkehrsflächen befinden. Die Erläuterungen verweisen auf den Anwendungsbereich der StVO 1960.[144] Dh umfasst sind Straßen, die von jedermann unter den gleichen Bedingungen benützt werden können. Straßen sind für den Fußgänger- oder Fahrzeugverkehr bestimmte Landflächen – somit auch Plätze[145] – samt den in ihrem Zuge befindlichen und diesem Verkehr dienenden baulichen Anlagen.[146] Zu beachten ist in diesem Zusammenhang die Verordnungsermächtigung für den Gemeinderat zur Schaffung einer Anzeigepflicht für das Aufstellen von Verkaufsständen gemäß § 5 K-OBG.

E. Leitungsanlagen für Elektrizität, Gas, Erdöl und Fernwärme

29 Ausgenommen sind gemäß § 2 Abs 2 lit d Leitungsanlagen für Elektrizität, Gas, Erdöl und Fernwärme, ausgenommen Gebäude, die nicht unmittelbar der Leitungsnutzung dienen. Dazu zählen insbesondere Elektrische Leitungsanlagen – einschließlich Umspann-, Umform- und Schaltanlagen –,[147] die einer Bewilligung nach dem K-EG[148] oder dem Starkstromwegegesetz 1968[149] bedürfen, Erdgasleitungsanlage – einschließlich Verdichterstationen, Molchschleusen, Schieberstationen, Messstationen und Gasdruckregeleinrichtungen –, die einer Bewilligung nach dem GWG 2011 bedürfen, Rohrleitungsanlagen für Gase und Erdöl, die einer Bewilligung nach dem Rohrleitungsgesetz bedür-

---

143 Ständige Rechtsprechung zB VwGH 27.3.2007, 2005/06/0350; siehe auch VwSlg 10.461 A/1981; 26.1.1984, 83/06/0176; *Giese*, Baurecht § 2 Baupolizeigesetz Anm 45; siehe § 6 Rz 3.
144 ErlRV Verf-135/94/1995, 6 f; zu dieser systematischen Interpretation siehe *Potacs*, Auslegung 84 f und 90 f mwN.
145 VwGH 29.9.1969, 0982/69; 19.12.2003, 2003/02/0090.
146 §§ 1 und 2 StVO 1960.
147 *Unkart*, Bauordnung² § 2 Rz 21; siehe auch das Bundesgesetz über elektrische Leitungsanlagen, die sich nicht auf zwei oder mehrere Bundesländer erstrecken.
148 Zu dieser systematischen Interpretation vgl VwGH 23.11.2004, 2002/06/0064; siehe auch *Potacs*, Auslegung 84 f und 90 f mwN.
149 Siehe auch das ETG 1992 und das E-InfrastrukturG.

1. Abschnitt – Wirkungsbereich § 2

fen,[150] sowie bauliche Anlagen für Fernwärmeversorgungsleitungsnetze[151]. Durch LGBl 2012/80 wurde die Wortfolge „ausgenommen Gebäude, die nicht unmittelbar der Leitungsnutzung dienen" aufgenommen. Im Umkehrschluss bedeutet dies meiner Ansicht nach, dass auch bauliche Anlagen, die der Leitungsnutzung dienen, und Teil einer Leitungsanlage sind, zB eine Umspannanlage, ausgenommen sind.[152] Hingegen sind zB Verwaltungsgebäude, Unterkünfte für Arbeitnehmer oder Werkstätten nicht von der Ausnahme umfasst, da diese nicht unmittelbar der Leitungsnutzung dienen.

F. Erzeugungsanlagen für Elektrizität

Ausgenommen sind gemäß § 2 Abs 2 lit e bauliche Anlagen, die einer Bewilligung nach dem K-ElWOG bedürfen, ausgenommen Gebäude, die nicht unmittelbar der Elektrizitätserzeugung dienen. Dazu zählen Erzeugungsanlagen mit einer elektrischen Engpassleistung von mehr als 5 kW, zB entsprechende Kleinwasserkraft-, Photovoltaik-,[153] Windkraft-, Geothermie-, Biomasse- oder Biogasanlagen. Hingegen sind zB Verwaltungsgebäude, Unterkünfte für Arbeitnehmer oder Werkstätten nicht von der Ausnahme umfasst, da diese nicht unmittelbar der Elektrizitätserzeugung dienen. 30

G. Transformatorengebäude

Ausgenommen sind gemäß § 2 Abs 2 lit f Transformatorengebäude, die einer Bewilligung nach dem Kärntner Naturschutzgesetz 2002 – K-NSG 2002 bedürfen. Auf Grund der Aufnahme der Wortfolge „ausgenommen Gebäude, die nicht unmittelbar der Leitungsnutzung dienen" in § 2 Abs 2 lit d durch LGBl 2012/80 sind im Umkehrschluss auch bauliche Anlagen von Leitungsanlagen für Elektrizität ausgenom- 31

---

150 Zu den Anlagenbegriffen *Freylinger/Rogatsch*, Energieanlagenrecht 1103 ff; eine solche Auslegung anhand einer bundesgesetzlichen Bestimmung findet sich auch in VwGH 9.3.1993, 92/06/0226; zu dieser systematischen Interpretation siehe auch *Potacs*, Auslegung 84 f und 90 f mwN.
151 Siehe *Schett*, Fernwärme 255 f.
152 Siehe zur Rechtslage vor LGBl 2012/80 VwGH VwSlg 8001 A/1971; aA *Pallitsch/Pallitsch/Kleewein*, Baurecht[5] § 2 K-BO 1996 Anm 11.
153 Ausgenommen in die Gebäudehülle integrierte und unmittelbar daran befestigte Photovoltaikanlagen, § 6 Abs 2 lit c K-ElWOG; *Laußermair*, RFG 2014, 189 f.

45

men. Insofern ist meiner Ansicht nach seit diesem Zeitpunkt die ausdrückliche Ausnahme von Transformatorengebäuden entbehrlich.[154]

H. Fernmeldeanlagen

32 Ausgenommen sind gemäß § 2 Abs 2 lit g Fernmeldeanlagen, ausgenommen ihre hochbaulichen Teile. Fernmeldeanlagen sind alle Anlagen, die die elektronische Übertragung von Signalen über Kabel, Funk, optische oder andere elektromagnetische Einrichtungen ermöglichen, einschließlich Satellitennetze, feste (leitungs- und paketvermittelte, einschließlich Internet) und mobile terrestrische Netze, Stromleitungssysteme, soweit sie zur Signalübertragung genutzt werden, Netze für Hörfunk und Fernsehen sowie Kabelrundfunknetze (Rundfunknetze), unabhängig von der Art der übertragenen Informationen.[155] Dazu zählen insbesondere die Übertragungswege einschließlich deren Zubehör wie Schalt-, Verstärker- oder Verzweigungseinrichtungen, Stromzuführungen, Leitungsrohre, Leerrohre, Kabelschächte und Einstiegsschächte, sofern diese im Tiefbau errichtet wurden. Hingegen sind die hochbaulichen Teile, zB Masten, Türme, und andere Trägerstrukturen[156] sowie (Parabol-)Antennen,[157] Satellitenanlagen und Container für eine Mobiltelefon-Funkstelle[158] von der Ausnahme nicht umfasst.

I. Telefonzellen

33 Ausgenommen sind gemäß § 2 Abs 2 lit h Telefonzellen. Dies gilt auch für die Errichtung auf Privatgrundstücken.[159]

---

154 Siehe hingegen zur Rechtslage vor LGBl 2012/80 VwGH VwSlg 8001 A/1971.
155 § 2 Z 2 Fernmeldegesetz 1993 definierte „Fernmeldeanlagen" als alle technischen Anlagen zur Aussendung, zur Übertragung oder zum Empfang von Nachrichten, sei es auf dem Leitungs- oder Funkweg, auf optischem Wege oder mittels anderer elektromagnetischer Systeme; vgl nunmehr die Definitionen für „Kommunikationsinfrastruktur", „Kommunikationslinie" und insbesondere „Kommunikationsnetz" in § 3 Z 9a bis 11 TKG 2003; eine solche Auslegung anhand der bundesgesetzlichen Bestimmung findet sich auch in VwGH 9.3.1993, 92/06/0226; siehe auch *Potacs*, Auslegung 84 f und 90 f mwN.
156 VwGH 16.9.1997, 97/05/0194; vgl VwSlg 16.469 A/2004; *Jahnel*, bbl 2003, 51.
157 ErlRV Verf-1035/1/1991, 5 f; VwGH 15.9.1992, 92/05/0055; vgl VwSlg 16.469 A/2004.
158 VwGH 28.3.2006, 2002/06/0165; 26.2.2009, 2006/05/0283.
159 *Giese*, Baurecht § 2 Baupolizeigesetz Anm 49.

J. Sonnenkollektoren und Photovoltaikanlagen

Ausgenommen sind gemäß § 2 Abs 2 lit i in die Dachfläche integrierte oder unmittelbar parallel dazu montierte Sonnenkollektoren und Photovoltaikanlagen bis zu 40 m² Fläche. Hingegen sind Sonnenkollektoren und Photovoltaikanlagen, die nicht auf einer Dachfläche oder aufrecht auf einer Dachfläche angebracht werden, von der Ausnahme nicht umfasst.[160]

34

K. Blitzschutzanlagen

Ausgenommen sind gemäß § 2 Abs 2 lit j auch Blitzschutzanlagen. Zu Blitzschutzanlagen zählen Fangeinrichtungen, Ableitungsanlagen und Erdungsanlagen.

35

L. Vertikale Balkon- und Loggienverglasungen

Ausgenommen sind gemäß § 2 Abs 2 lit k vertikale Balkon- und Loggienverglasungen. „Unter einer Loggia ist ein nach vorne offener, von seitlichen Wänden, einem Fußboden und einer Decke begrenzter Raum zu verstehen, der in der Regel anderen Räumen einer Wohnung vorgelagert und – zum Unterschied von einem Balkon, der immer an der Hausfront eingesetzt ist – meist in das Gebäude eingeschnitten ist."[161] Der Wortlaut spricht ausdrücklich von „Verglasungen", dh von der Ausnahme umfasst sind nur Verglasungen von bestehenden Balkonen oder Loggien.

36

M. Fahnenstangen, Teppichstangen, Markisen uä

Ausgenommen sind gemäß § 2 Abs 2 lit l Fahnenstangen bis zu 8 m Höhe, Teppichstangen bis zu 2,50 m Höhe, Markisen bis zu 40 m² Fläche uä. Fahnenstangen dienen der Befestigung von Fahnen. Auf Grund der Begrenzung der Ausnahme auf bis zu 8 m hohe Fahnenstangen ist davon auszugehen, dass der Gesetzgeber von Fahnenstangen, die grundsätzlich senkrecht aufgestellt und kraftschlüssig mit dem Boden verbunden werden,[162] ausgeht. Markisen sind zumeist aufrollbare, schräge Sonnendächer aus Stoff vor einem Fenster, über einem Balkon

37

---

160 *Laußermair*, RFG 2014, 189 f.
161 VwGH VwSlg 14.995 A/1998.
162 In VwGH 20.10.2009, 2008/05/0020, wird der Begriff Fahnenmast als Synonym verwendet.

oder einer Terrasse.[163] Bei dieser Bestimmung handelt es sich auf Grund des Zusatzes „uä" um eine demonstrative Aufzählung von baulichen Anlagen, die vom Anwendungsbereich der K-BO 1996 ausgenommen sind. Durch die Aufzählung wird aber doch der Maßstab fixiert, dem die nicht konkret aufgezählten baulichen Anlagen entsprechen müssen.[164] So werden zB senkrecht aufgestellt und kraftschlüssig mit dem Boden verbundene Stangen, Außenjalousien oder Sonnensegel, sofern diese im Rahmen der Höhen- und Flächenbegrenzungen bleiben, umfasst sein. Kreuze unterfallen § 2 Abs 2 lit r.[165]

N. Springbrunnen, Statuen, Grillkamine uä

38 Ausgenommen sind gemäß § 2 Abs 2 lit m Springbrunnen, Statuen, Grillkamine uä bis zu 3,50 m Höhe. Bei dieser Bestimmung handelt es sich auf Grund des Zusatzes „uä" um eine demonstrative Aufzählung von baulichen Anlagen, die vom Anwendungsbereich der K-BO 1996 ausgenommen sind. Durch die Aufzählung wird aber doch der Maßstab fixiert, dem die nicht konkret aufgezählten baulichen Anlagen entsprechen müssen.[166] So werden zB entsprechende Blumen- und Wassertröge[167] sowie Stelen umfasst sein.

O. Kinderspielplätze

39 Ausgenommen sind gemäß § 2 Abs 2 lit n bauliche Anlagen für Kinderspielplätze bis zu 3,50 m Höhe. Davon sind zB entsprechende Schaukeln, Rutschen, Karussells, Wipp- und Klettergeräte sowie Sandkisten auf Kinderspielplätzen umfasst.[168] Davon ist die Frage zu unterscheiden, ob auf Grund einer Auflage gemäß § 18 Abs 5[169] ein Kinderspielplatz geschaffen werden muss und ob eine sichere Lage des Kinderspielplatzes vorliegt.

---

163 Vgl *Giese*, Baurecht § 2 Baupolizeigesetz Anm 62; zur Abgrenzung zu einem Flugdach VwGH 30.4.2009, 2006/05/0264.
164 VwGH 23.7.2009, 2006/05/0167.
165 Siehe § 2 Rz 43.
166 VwGH 23.7.2009, 2006/05/0167.
167 Soweit für die Errichtung aber kein wesentliches Maß an bautechnischen Kenntnissen erforderlich ist, liegt überhaupt keine bauliche Anlage vor VwGH 27.10.1998, 98/05/0179; siehe zum Begriff bauliche Anlage § 6 Rz 3.
168 Vgl VwGH 10.10.2006, 2005/05/0254.
169 Siehe § 18 Rz 16.

P. Eigenkompostieranlagen

Ausgenommen sind gemäß § 2 Abs 2 lit o bauliche Anlagen zur Verwertung (Eigenkompostierung) biogener Abfälle im Sinne der K-AWO. Eigenkompostierung ist gemäß § 18 Abs 1 K-AWO die Verwertung von Bioabfällen aus nicht mehr als zehn Haushalten oder von der Menge oder Zusammensetzung vergleichbar aus Betrieben im unmittelbaren Bereich der Haushalte oder der Betriebstätte der Inhaber der Abfälle. Bioabfälle sind gemäß § 28 Abs 2 K-AWO Abfälle, die aufgrund ihres hohen organischen, biologisch-chemisch abbaubaren Anteils für die aerobe und anaerobe Verwertung besonders geeignet sind und als Altstoffe getrennt von den sonstigen Abfällen gesammelt werden. Dies sind insbesondere biologisch abbaubare Garten- und Parkabfälle, Nahrungs- und Küchenabfälle aus Haushalten, aus dem Gaststätten- und Cateringgewerbe und aus dem Einzelhandel sowie vergleichbare Abfälle aus Nahrungsmittelverarbeitungsbetrieben. Zu den entsprechende baulichen Anlagen zählen zB offene Kammersystem sowie Schnell- und Thermokomposter.

40

Q. Überdachungen für kommunale Müllinseln

Ausgenommen sind gemäß § 2 Abs 2 lit p Überdachungen für kommunale Müllinseln bis zu 20 m² Grundfläche und 3,50 m Höhe. Die K-BO 1996 enthält keine Definition des Begriffes Grundfläche einer baulichen Anlage. Auf Grundlage einer systematisch-logischen und teleologischen Interpretation ist aber davon auszugehen, dass die Bruttogrundfläche gemeint ist. Dies ist die Summe der Grundflächen aller Grundrissebenen einer baulichen Anlage.[170] Umfasst sind nur Müllinseln im Rahmen des kommunalen Sammelsystems der Gemeinden und Gemeindeverbände,[171] insbesondere die dezentralen Sammelstellen zB für Bunt- und Weißglas gemäß § 16 Abs 1 K-AWO.[172]

41

---

170 Die OIB-Richtlinie Begriffsbestimmungen, abgedruckt unter Punkt 2.1.7., verweist auf die Definitionen der ÖNORM B 1800; zu dieser systematischen Interpretation vgl VwGH 23.11.2004, 2002/06/0064; siehe auch *Potacs*, Auslegung 84 f und 90 f mwN; es ist grundsätzlich nicht unzulässig, ÖNORMEN zur ergänzenden Auslegung des Gesetzes heranzuziehen, VwGH 30.1.2014, 2012/05/0045.
171 Dazu *Weiß*, Kommunales Abfallmanagement 231 ff.
172 Zu dieser systematischen Interpretation vgl VwGH 23.11.2004, 2002/06/0064; siehe auch *Potacs*, Auslegung 84 f und 90 f mwN.

R. Werbe- und Ankündigungsanlagen

42 Ausgenommen sind gemäß § 2 Abs 2 lit q Werbe- und Ankündigungsanlagen bis zu 2 m² Gesamtfläche. Dazu zählen insbesondere Tafeln, Schaukästen, Anschlagsäulen und sonstige Vorrichtungen, an denen Werbungen und Ankündigungen angebracht werden können, Bezeichnungen, Beschriftungen, Hinweise uä.[173] Die Flächenbegrenzung bis zu 2 m² bezieht sich auf Grund des Wortlautes der Bestimmung auf die gesamte Werbe- und Ankündigungsanlage und nicht nur auf die Werbe- und Ankündigungsfläche. Zu beachten ist in diesem Zusammenhang die Bewilligungspflicht für Werbe- und Ankündigungsanlagen gemäß § 6 K-OBG.[174]

S. Bildstöcke und ähnliche sakrale Bauten

43 Ausgenommen sind gemäß § 2 Abs 2 lit r die Errichtung und Änderung von Bildstöcken und ähnlichen kleineren sakralen Bauten bis zu 2 m² Grundfläche und 3,50 m Höhe. Die K-BO 1996 enthält keine Definition des Begriffes Grundfläche einer baulichen Anlage. Auf Grundlage einer systematisch-logischen und teleologischen Interpretation ist aber davon auszugehen, dass die Bruttogrundfläche gemeint ist. Dies ist die Summe der Grundflächen aller Grundrissebenen einer baulichen Anlage.[175] Der Bildstock ist auf Grund des Zusatzes „und ähnlichen sakralen Bauten" eine demonstrative bauliche Anlage, die vom Anwendungsbereich der K-BO 1996 ausgenommen ist. Dadurch wird aber doch der Maßstab fixiert, dem die nicht konkret aufgezählten baulichen Anlagen entsprechen müssen.[176] Dazu zählen zB Marterln sowie Gipfel- und Wegkreuze. Die Ausnahme besteht für entsprechende bauliche Anlagen aller gesetzlich anerkannten Kirchen und Religionsgesellschaften.[177]

---

173 So die beispielhafte Aufzählung in § 20 Z 3 lit a Stmk. BauG und § 27 Abs 1 Oö. BauO 1994.
174 Das K-OBG ist einschließlich der Erläuterungen unter Punkt 3 abgedruckt.
175 Die OIB-Richtlinie Begriffsbestimmungen, abgedruckt unter Punkt 2.1.7., verweist auf die Definitionen der ÖNORM B 1800; zu dieser systematischen Interpretation vgl VwGH 23.11.2004, 2002/06/0064; siehe auch *Potacs*, Auslegung 84 f und 90 f mwN; es ist grundsätzlich nicht unzulässig, ÖNORMEN zur ergänzenden Auslegung des Gesetzes heranzuziehen, VwGH 30.1.2014, 2012/05/0045.
176 VwGH 23.7.2009, 2006/05/0167.
177 *Wieshaider*, bbl 2003, 138 ff.

T. Grabstätten

Ausgenommen sind gemäß § 2 Abs 2 lit s Grabstätten bis zu 3,50 m **44**
Höhe, ausgenommen Gebäude.[178] Zu den Grabstätten zählen zB Grabsteine, Grabplatten, Grüfte sowie Urnenstelen.

U. Hochstände, Hochsitze, Futterstellen, Wildzäune und Weidezäune

Ausgenommen sind gemäß § 2 Abs 2 lit t Hochstände, Hochsitze, Futterstellen sowie Wildzäune im Sinne des K-JG und Weidezäune. Hochstände, Hochsitze, Futterstellen sowie Wildzäune sind nur ausgenommen, wenn sie unmittelbar dem Jagdbetrieb dienen. Hochstände und Hochsitze sind auf mehreren Meter hohen Holzgerüsten (Hochständen) oder auf Holzgerüsten mit geringerer Bauhöhe (Ansitze) bzw auf Bäumen montierte, kleinflächige, gegebenenfalls mit Sitzgelegenheit und Überdachung ausgestattete Plattformen, die der Jagdausübung dienen.[179] Wildzäune dienen dazu, das Wild von Kulturen abzuhalten.[180] Es sind baurechtliche Gesichtspunkte zur Auslegung der Begriffe ausschlaggebend, nicht jagdfachliche Erwägungen.[181] Es handelt sich um eine abschließende Aufzählung, dh andere Jagdeinrichtungen im Sinne des § 63 Abs 1 K-JG, wie zB Jagdhütten, sind nicht von der Ausnahme umfasst. **45**

Ausdrücklich ausgenommen sind auch Weidezäune. Durch Weidezäune werden landwirtschaftliche Nutztiere, zB Rinder, Schafe, Ziegen oder Pferde auf Weiden eingezäunt. **46**

V. Wohnwägen und Mobilheime

Ausgenommen sind gemäß § 2 Abs 2 lit u Wohnwägen, Mobilheime **47**
und andere bauliche Anlagen auf Rädern auf bewilligten Anlagen nach dem K-CPG. Sofern es sich bei Wohnwägen, Mobilheimen und anderen Anlagen auf Rädern nicht um bauliche Anlagen[182] handelt, sind diese selbstverständlich überhaupt nicht im Anwendungsbe-

---

178 Zum Begriff Gebäude siehe § 6 Rz 4.
179 VwGH 14.12.2007, 2006/10/0238.
180 Siehe § 71 Abs 1 K-JG.
181 VwGH 14.12.2007, 2006/10/0238.
182 Zum Begriff bauliche Anlage siehe § 6 Rz 3.

reich der K-BO 1996. Ein Mobilheim ist gemäß § 1 Abs 3 K-CPG ein freistehendes im Ganzen oder in Teilen transportables Wohnobjekt samt Zubehör (Türvorbauten, Schutzdächer, Freitreppen, Veranden und dergleichen). Das Zubehör, zB Vorzelte, Überdachungen von Wohnwägen, Vorrichtungen für die Wetterfestmachung und dergleichen, ist auch bei Wohnwägen und anderen baulichen Anlagen auf Rädern ausgenommen.[183] Voraussetzung der Ausnahme ist, dass sich diese baulichen Anlagen auf einem bewilligten Campingplatz nach dem K-CPG befinden. Wohnwägen, Mobilheime und andere bauliche Anlagen auf Rädern außerhalb von bewilligten Campingplätzen unterfallen der K-BO 1996. Bei dieser Bestimmung handelt es sich auf Grund des Zusatzes „und andere bauliche Anlagen auf Rädern" um eine demonstrative Aufzählung von baulichen Anlagen, die vom Anwendungsbereich der K-BO 1996 ausgenommen sind. Durch die Aufzählung wird aber doch der Maßstab fixiert, dem die nicht konkret aufgezählten baulichen Anlagen entsprechen müssen.[184] So sind zB entsprechende Wohnmobile, Wohnanhänger sowie Spezialkraftwagen und -anhänger[185] umfasst.

W. Militärische Anlagen

48 Ausgenommen sind gemäß § 2 Abs 2 lit v bauliche Anlagen für militärische Übungen oder Befestigungen sowie militärische Meldeanlagen und Munitionslager. Zu den baulichen Anlagen für militärische Übungen oder Befestigungen zählen zB Schießanlagen, Häuser- und Grabenkampfanlagen, Sprungtürme, Unterstände, Sperranlagen, Pionierbrücken, Check-Points und feste Anlagen. Für den Begriff Meldeanlagen wird auf die Ausführungen zu den Fernmeldeanlagen verwiesen.[186] Von der Ausnahme umfasst sind bei militärischen Meldeanlagen aber auch die hochbaulichen Teile. Munitionslager sind gemäß § 2 Abs 1 MunLG 2003 militärische Baulichkeiten und Anlagen, die zur Lagerung militärischer Muniti-

---

183 Siehe § 1 Abs 4 K-CPG und ErlRV -2V-LG-724/27-2011, 3.
184 VwGH 23.7.2009, 2006/05/0167.
185 VwGH 11.12.2001, 2001/05/0919.
186 Siehe § 2 Rz 31.

on bestimmt sind.[187] Für militärische Luftfahrtanlagen besteht eine kompetenzrechtliche Ausnahme nach § 2 Abs 1.[188] Hingegen sind zB Heeresverwaltungsgebäude, Gebäude für die Unterbringung von Heeresangehörigen oder Werkstätten nicht von der Ausnahme umfasst.[189]

§ 3 Behörden

(1) **Behörde erster Instanz in Angelegenheiten, die zum eigenen Wirkungsbereich der Gemeinde gehören, ist der Bürgermeister.**

(2) **Behörde in Angelegenheiten, die nicht zum eigenen Wirkungsbereich der Gemeinde gehören, ist die Bezirksverwaltungsbehörde.**

Literatur: *Ammer/Buchinger*, Die Moscheen- und Minarettdebatte aus grundrechtlicher Sicht, migralex 2008, 78; *Bundschuh-Rieseneder*, Rechtliche Rahmenbedingungen für die Errichtung von Moscheen oder Gebetsstürmen in Tirol, bbl 2007, 75; *Doleschal*, Die Verfahrensänderungen im Bereich des Baurechts aufgrund der Verwaltungsgerichtsbarkeits-Novelle, RFG 2013/24; *Dünser*, Beschwerde und Vorverfahren bei der Behörde, ZUV 2013, 12; *Eberhard*, Verwaltungsgerichte und Gemeinden, in Fischer/Pabel/Raschauer N, Handbuch Verwaltungsgerichtsbarkeit, 2014; *Eilmansberger*, Gemeinde und Europarecht, in Rebhahn (Hrsg), Beiträge zum Kärntner Gemeinderecht, 1998; *Eisenberger/Brenneis/Bayer*, Neue Verfahrensabläufe im Baurecht Erster Teil – Die Reformverweigerer, bbl 2014, 135; *dies*, Neue Verfahrensabläufe im Baurecht Zweiter Teil – Die Mutigen, bbl 2014, 183; *dies*, Neue Verfahrensabläufe im Baurecht Dritter Teil – Die Konfusen, bbl 2014, 235; *Ennöckl/Wessely*, Das Administrativverfahren der VwG, ecolex 2013, 584; *Ennöckl*, Organisation, Besetzung und Zuständigkeiten des VwGH, in Fischer/Pabel/Raschauer N, Handbuch Verwaltungsgerichtsbarkeit, 2014; *Fischer/Zeinhofer*, Organisation, Besetzung und Zuständigkeit der Landesverwaltungsgerichte, in Fischer/Pabel/Raschauer N, Handbuch Verwaltungsgerichtsbarkeit, 2014; *Fuchs C*, Die Prüf- und Entscheidungsbefugnis der Verwaltungsgerichte erster Instanz, ÖJZ 2013/110; *Gamper*, Wer ist Partei vor dem Verfassungsgerichtshof?, ZfV 2015/49;

---

[187] Eine solche Auslegung anhand einer bundesgesetzlichen Bestimmung findet sich auch in VwGH 9.3.1993, 92/06/0226; siehe auch *Potacs*, Auslegung 84 f und 90 f mwN.
[188] Siehe § 2 Rz 15.
[189] Siehe allerdings zu einer allfälligen Ausnahme aus kompetenzrechtlichen Gründen § 2 Rz 8 ff.

Gerhartl, Reichweite der Befangenheit im Verwaltungsverfahren, ecolex 2013, 477; *Geuder*, Baurecht und Civil Rights, ÖJZ 1990, 265; *Giese*, Baurechtliche Maßnahmen zum Schutz des Baubestandes vor Hochwassergefahren, bbl 2011, 203; *Grabenwarter/Fister*, Die neue Verwaltungsgerichtsbarkeit, NZ 2013/148; *Grabenwarter/Pabel*, Europäische Menschenrechtskonvention[6], 2016; *Gruber*, Einige Problempunkte des VwGG nach seiner Anpassung an die zweistufige Verwaltungsgerichtsbarkeit, ZVG 2014, 18; *Hattenberger*, Die Rechtsstellung des Bürgermeisters, in Rebhahn (Hrsg), Beiträge zum Kärntner Gemeinderecht, 1998; *Hauer*, Zur Frage der Entscheidungsbefugnis der Berufungsbehörde im nachbarrechtlichen Verfahren, ZfV 1980, 1; *ders*, Der Fristsetzungsantrag nach der Verwaltungsgerichtsbarkeitsreform 2012, in FS Stolzlechner, 2013; *ders*, Der Beschwerdegegenstand im Verfahren vor den Landesverwaltungsgerichten, dem Bundesverwaltungsgericht und dem VwGH, in Fischer/Pabel/Raschauer N, Handbuch Verwaltungsgerichtsbarkeit, 2014; *Hochhold/Neudorfer*, Das verwaltungsgerichtliche Vorverfahren nach dem VwGVG, ÖJZ 2013/105; *Holzinger*, Verfassungsgerichtshof und Verwaltungsgerichtsbarkeit, ZVG 2014, 209; *Janko*, Zur Befangenheit von Gemeinderatsmitgliedern, ÖGZ 1999, Heft 12, 12; *Kahl*, Rechtsschutz gegen Entscheidungen der Verwaltungsgerichte erster Instanz beim VwGH, in Fischer/Pabel/Raschauer N, Handbuch Verwaltungsgerichtsbarkeit, 2014; *Kleiser*, Die neue Rolle des Verwaltungsgerichtshofes, ZVG 2014, 40; Kneihs/Lienbacher (Hrsg), Rill-Schäffer-Kommentar Bundesverfassungsgesetz, 15. Lfg, 2015; *Köhler*, Der Zugang zum VwGH in der zweistufigen Verwaltungsgerichtsbarkeit, ecolex 2013, 589; *Kolar*, Der Verwaltungsgerichtshof als Revisionsgericht, ÖJZ 2014/31; Korinek/Holoubek (Hrsg), Österreichisches Bundesverfassungsrecht, 11. Lfg, 2013; *Kröll*, Kruzifixe, Minarette, Sonntagsruhe, in Lienbacher/Wielinger, Jahrbuch Öffentliches Recht, 2010; *Lachmayer*, Sachverstand und Interessenvertretung? (Teil I), ZTR 2012, 74; *Larcher*, Das Verfahren vor dem LVG, ZUV 2013, 8; *Lehner/Müller*, Revision und Entscheidungsbeschwerde: Das neue Rechtsschutzgefüge zwischen den Höchstgerichten des öffentlichen Rechts, JRP 2013, 349; *Lehofer*, Die aufschiebende Wirkung im verwaltungsgerichtlichen Verfahren, ÖJZ 2014/2; *Leitl-Staudinger*, Die Beschwerdelegitimation vor den Landesverwaltungsgerichten, dem Bundesverwaltungsgericht und dem VwGH, in Fischer/Pabel/Raschauer N, Handbuch Verwaltungsgerichtsbarkeit, 2014; Mayer/Stöger (Hrsg), Kommentar zu EUV und AEUV, 175. Lfg, 2014; *Mayrhofer/Metzler*, Das Verfahrensrecht des VwGH, in Fischer/Pabel/Raschauer N, Handbuch Verwaltungsgerichtsbarkeit, 2014; *Morscher*, Immer wieder: Art 6 MRK, JBl 2009, 469; *Müllner*, Beschwerdevorentscheidung und Vorlageantrag, ZfV 2013/1388; *Neger*, Tatort Gemeindeamt, RFG 2015/2; *Neuhofer*, Gemeindeselbstverwaltung und die neue Verwaltungsgerichtsbarkeit, in FS Stolzlechner, 2013; *Paar*, Das neue Rechtsmittel der Revision in der Verwaltungsgerichtsbarkeit im Vergleich mit der Revision in der Zivilgerichtsbarkeit und der noch geltenden Ablehnungsbefugnis des VwGH, ZfV 2013/1389; *Pabel*, Der Umfang der Entscheidungsbefugnis der

Berufungsbehörde, RFG 2011, 39; *dies*, Die Rolle der Verwaltungsgerichte in verfahrensrechtlicher Hinsicht, ZVG 2014, 45; *dies*, Das Verfahren vor den Verwaltungsgerichten, in Fischer/Pabel/Raschauer N, Handbuch Verwaltungsgerichtsbarkeit, 2014; *Pavlidis*, Der prozessuale Status von Verwaltungsgerichten vor dem Verfassungsgerichtshof – „Audi alteram partem"?, ZfV 2015/50; *Rosenkranz*, Rechtsschutz gegen Entscheidungen der Verwaltungsgerichte, ZUV 2013, 19; *Schmid*, Delegation und Mandat im allgemeinen Verwaltungsrecht, ZfV 2010/2; *Schulev-Steindl*, Einstweiliger Rechtsschutz, in Fischer/Pabel/Raschauer N, Handbuch Verwaltungsgerichtsbarkeit, 2014; *Seiler*, Die strafrechtliche Haftung von Gemeindefunktionären, in Rebhahn (Hrsg), Beiträge zum Kärntner Gemeinderecht, 1998; *Storr*, Verfahren und Verfahrensbeschleunigung der neuen Verwaltungsgerichte, ZUV 2013, 55; *ders*, Die österreichische Verwaltungsgerichtsbarkeit im europäischen Kontext, in Fischer/Pabel/Raschauer N, Handbuch Verwaltungsgerichtsbarkeit, 2014; *Sturm/Kemptner*, Kärntner Allgemeine Gemeindeordnung[6], 2015; *Wiederin*, Die öffentliche Hand als Partei und Behörde, in FS Stolzlechner, 2013; *ders*, Der Umfang der Bescheidprüfung durch das Verwaltungsgericht im Parteibeschwerdeverfahren, ÖJZ 2014/25; *Wieshaider*, Profane Regeln für sakrale Bauten. Religionsrechtliche Aspekte des Raumordnungs- und Baurechts, bbl 2003, 138; *Wolny/Kliba* in Pabel (Hrsg), Das österreichische Gemeinderecht, 10. Teil Gemeindeamt/Magistrat, 2008; *Zeißl*, Die Stellung des Nachbarn im baubehördlichen Bewilligungsverfahren im Lichte des Art. 6 der Europäischen Menschenrechtskonvention, ÖGZ 1978, 442; *ders*, Nachbarschutzbezogene Einflüsse des Art. 6 Menschenrechtskonvention auf Baurecht und verwandte Rechtsbereiche in vergleichender Betrachtung, ÖGZ 1979, 170.

Inhaltsübersicht

	Rz
I. Entwicklung und Rechtsvergleich	1
II. Baubehörden im eigenen Wirkungsbereich der Gemeinde	3
III. Bezirksverwaltungsbehörde als Baubehörde	24
IV. Kärntner Landeshauptmann als Baubehörde	28
V. Landesverwaltungsgericht Kärnten	29
VI. Verwaltungsgerichtshof	39
VII. Verfassungsgerichtshof	45
VIII. Gerichtshof der Europäischen Union	50
IX. Europäischer Gerichtshof für Menschenrechte	53

I. Entwicklung und Rechtsvergleich

1 Schon gemäß § 91 K-BO 1866, LGBl 1866/12, war der Gemeindevorsteher, mit Ausnahme der Zuständigkeit der Bezirksbehörden, ausdrücklich Baubehörde erster Instanz. Der Instanzenzug ging gemäß § 92 K-BO 1866 zu den Bezirksbehörden und in weiterer Folge zu der k.k. Landestelle. Gemäß § 93 K-BO 1866 ging in jenen Fällen, in denen die Bezirksbehörde erste Instanz war, der Instanzenzug zu der k.k. Landestelle und in weiterer Folge an das k.k. Staatsministerium. Durch LGBl 1911/20 erfolgte eine Anpassung der Instanzenzüge in den §§ 92 und 93 K-BO 1866. Der Instanzenzug ging nunmehr zu den Bezirkshauptmannschaften und in weiterer Folge zur Landesregierung. In jenen Fällen, in denen die Bezirkshauptmannschaft erste Instanz war, ging der Instanzenzug zur Landesregierung und in weiterer Folge zum Ministerium für öffentliche Arbeiten. Eine erneute Umgestaltung der Instanzenzüge in den §§ 92 und 93 K-BO 1866 erfolgte durch LGBl 1922/17. Auch der Instanzenzug in jenen Fällen, in denen die Bezirkshauptmannschaft erste Instanz war, endete nunmehr bei der Landesregierung. Nach dem Einmarsch der deutschen Wehrmacht in Österreich im März 1938 und der Eingliederung in das Deutsche Reich wurde durch die Verordnung über die Zuständigkeiten in den Reichsgauen der Ostmark, dRGBl I 1941, 485, die Zuständigkeit an die Landräte übertragen. Durch das Vorläufige Gemeindegesetz – VGemG, StGBl 1945/66, wurde diese Verordnung aufgehoben und in Angelegenheiten des eigenen Wirkungsbereiches wiederum eine Zuständigkeit – allerdings auf Grundlage der Kärntner Gemeindeordnung, LGBl 1931/46, – des Bürgermeisters mit einem Instanzenzug an den Gemeinderat geschaffen.[1] LGBl 1951/38 veränderte den Instanzenzug erneut. Dieser ging gemäß § 92 K-BO 1866 zu den Bezirksverwaltungsbehörden und in weiterer Folge zur Landesregierung. Indes ging der Instanzenzug gegen Bescheide eines Magistrats in Städten mit eigenem Statut direkt zur Landesregierung. Weitgehend in Ihrer heutigen Form findet sich die Bestimmung zum ersten Mal in § 3 K-BO 1969, LGBl 1969/48. Sowohl in der K-BO 1992, LGBl 1992/64, als auch in der K-BO 1996, LGBl 1996/62, wurde die Bestimmung jeweils als § 3 unverändert übernommen. Mit LGBl 2013/85 erfolgte durch Entfall der Wortfolge

---

[1] *Krzizek*, System I 36 ff; VwSlg 1750 A/1950.

„erster Instanz" in § 3 Abs 2 die notwendige Anpassung an die Einführung der zweistufigen Verwaltungsgerichtsbarkeit.[2]

Auch in den meisten anderen Bundesländern bestehen – mit einzelnen Unterschieden – entsprechende Bestimmungen. Die Regelungen finden sich in § 30 Abs 1 Bgld. BauG, § 2 Abs 1und 2 NÖ BO 2014, § 55 Oö. BauO 1994, § 22 S-BauPolG, § 53 Abs 1 und § 54 Abs 1 TBO 2011, § 50 V-BauG sowie § 132 W-BO. In der Steiermark entfiel mit der Anpassung an die zweistufige Verwaltungsgerichtsbarkeit die entsprechende Bestimmung in § 2 Stmk. BauG. In Salzburg und Tirol sowie in der Steiermark für die Landeshauptstadt Graz wurde von der Möglichkeit des Entfalles des innergemeindlichen Instanzenzuges in den Angelegenheiten des eigenen Wirkungsbereiches der Gemeinden gemäß Art 118 Abs 4 B-VG Gebrauch gemacht.[3]

II. Baubehörden im eigenen Wirkungsbereich der Gemeinde

A. Bürgermeister

Baubehörde erster Instanz in Angelegenheiten, die zum eigenen Wirkungsbereich der Gemeinde gehören,[4] ist gemäß § 3 Abs 1 der Bürgermeister.[5] Es besteht somit im eigenen Wirkungsbereich der Gemeinde eine sachliche Zuständigkeit des Bürgermeisters zur Vollziehung der baurechtlichen Bestimmungen als Behörde erster Instanz.[6] Die örtliche Zuständigkeit ergibt sich gemäß § 3 lit a AVG aus der Lage des Vorhabens.[7] Dh es ist jener Bürgermeister örtlich zuständig, in dessen Ge-

---

2 ErlRV 01-VD-LG-1561/21-2013, 1.
3 Siehe zum Ganzen *Eisenberger/Brenneis/Bayer*, bbl 2014, 135 ff, 183 ff und 235 ff.
4 Siehe zum eigenen Wirkungsbereich § 1 Rz 7; zur Ausnahme der Kärntner Bau-Übertragungsverordnung für die Gemeinden Dellach, Gitschtal, Hermagor-Presseger See, Kirchbach, Kötschach-Mauthen, Lesachtal und St. Stefan im Gailtal siehe § 1 Rz 11 f.
5 Vgl 69 Abs 2 K-AGO.
6 Er ist aber an die Weisungen des Gemeinderates gemäß Art 118 Abs 5 B-VG gebunden; VfGH VfSlg 13.304/1992.
7 Zu den verfassungsrechtlichen Bedenken bei der Anwendung in jenen Angelegenheiten, die in die Gesetzgebungskompetenz der Länder fallen *Hengstschläger/Leeb*, AVG[2] § 3 Rz 1 mN.

§ 3

meindegebiet das Vorhaben gelegen ist.[8] Bei Vorhaben, die im Nahbereich oder auf einer Gemeindegrenze liegen, entstehen keine Probleme der örtlichen Zuständigkeit zwischen Bürgermeistern, da gemäß § 1 Abs 2 lit c und d in diesen Fällen keine Vollziehung im eigenen Wirkungsbereich vorliegt und somit gemäß § 3 Abs 2 eine sachliche Zuständigkeit der Bezirksverwaltungsbehörden besteht. Gleiches gilt für Vorhaben, die auf einer Staats- oder Landesgrenze liegen.[9] Aus diesem Gesichtspunkt ebenso unproblematisch sind Vorhaben im Nahbereich der Staats- oder Landesgrenze, da die erfassten Sachverhalte mit rechtlicher Relevanz nur innerhalb des Landesgebietes verwirklicht werden können.[10]

4 Der Bürgermeister hat als zuständige Behörde entsprechend dem Legalitätsprinzip des Art 18 Abs 1 B-VG den Antrag auf Baubewilligung ausschließlich auf Grund des Gesetzes zu erledigen.[11] Entspricht das Vorhaben den gesetzlichen Bestimmungen, ist es zu bewilligen. Entspricht es nicht den gesetzlichen Bestimmungen, ist es nicht zu bewilligen. Politische Überlegungen sowie die Meinung einer Minder- oder Mehrheit der Bevölkerung haben für die rechtliche Beurteilung keine Bedeutung.[12] Es ist ausdrücklich auf den Straftatbestand des Missbrauches der Amtsgewalt gemäß § 302 StGB und die entsprechenden strafrechtlichen Verurteilungen von Bürgermeistern im Zusammenhang mit Bauverfahren hinzuweisen.[13]

5 Der Gemeinderat kann[14] bzw hat – abhängig von der Größe des Gemeinderates – gemäß § 69 Abs 4 bis 6 K-AGO mit Verordnung des Gemeinderates die Aufgaben des eigenen Wirkungsbereiches, also auch

---

8 *Hengstschläger/Leeb*, AVG² § 3 Rz 3; zum Gemeindegebiet *Weber* in Korinek/Holoubek, Art 116 B-VG Rz 4 ff; *Stolzlechner* in Kneihs/Lienbacher, Art 116 Abs 1 B-VG Rz 1 ff.
9 Siehe dazu § 1 Rz 22.
10 So zur Parteistellung im WRG 1959 VwGH VwSlg 13.373 A/1991; VwSlg 14.941 A/1998; 3.2.2000, 99/07/0190; siehe dazu ausführlich § 1 Rz 9.
11 Zum Legalitätsprinzip *Rill* in Kneihs/Lienbacher, Art 118 B-VG Rz 1 ff.
12 *Hauer/Pallitsch*, Baurecht⁴ § 3 K-BO 1996 Anm 3.
13 ZB OGH 23.04.1996, 14 Os 27/96; 14.12.1999, 14 Os 149/99; 27.5.2013, 17 Os 1/13w; 14.9.2015, 17 Os 11/15v; *Seiler*, Strafrechtliche Haftung 227 ff; *Neger*, RFG 2015, 4 ff.
14 Die Übertragung bedarf in Gemeinden mit bis zu 19 Mitgliedern des Gemeinderates zu ihrer Rechtswirksamkeit der Genehmigung der Landesregierung.

die Angelegenheiten der örtlichen Baupolizei, auf den Bürgermeister, die Vizebürgermeister und die sonstigen Mitglieder des Gemeindevorstandes (Stadtrat) aufteilen bzw aufzuteilen.[15] In der Landeshauptstadt Klagenfurt am Wörthersee und in der Stadt Villach kann der Bürgermeister einzelne Gruppen von Aufgaben den nach der Geschäftsverteilung in Betracht kommenden Mitgliedern des Stadtsenates zur Erledigung übertragen, wenn es der Umfang der Aufgaben erfordert (§ 69 Abs 3 K-KStR 1998, § 70 Abs 3 K-VStR 1998). Hinsichtlich dieser aufgeteilten Aufgaben handeln die Mitglieder des Gemeindevorstandes (Stadtrat) gemäß § 69 Abs 8 K-AGO bzw des Stadtsenates in Klagenfurt am Wörthersee und Villach gemäß § 69 Abs 3 K-KStR 1998 und § 70 Abs 3 K-VStR 1998 im Namen[16] des Bürgermeisters und sind an seine Weisungen gebunden.

Der Bürgermeister wird gemäß § 75 Abs 1 K-AGO (§ 75 Abs 1 K-KStR 1998; § 76 Abs 1 K-VStR 1998) im Fall seiner Verhinderung oder seines vorzeitigen Ausscheidens vom Vizebürgermeister vertreten. Ein Verhinderungsfall liegt außer in den Fällen des Ruhens des Amtes und der Befangenheit[17] jedenfalls dann vor, wenn der Bürgermeister länger als zwei Wochen wegen Krankheit, Urlaubs oder aus sonstigen Gründen seine Geschäfte nicht vom Gemeindeamt bzw Magistrat aus führt. **6**

Der Bürgermeister kann gemäß 79 Abs 1 K-AGO Bediensteten der Gemeinde die Befugnis, Entscheidungen, Verfügungen oder sonstigen Amtshandlungen in Angelegenheiten der örtlichen Baupolizei in seinem Namen[18] zu treffen, übertragen.[19] Die Übertragung hat schriftlich zu erfolgen. In Gemeinden mit mehr als 10.000 Einwohnern hat diese Übertragung gemäß § 79 Abs 2 K-AGO durch eine vom Bürgermeister zu erlassende Geschäftsordnung des Gemeindeamtes zu erfolgen. In den Städten Klagenfurt am Wörthersee und Villach hat diese Übertragung an den Magistratsdirektor, die Abteilungsvorstände und bei **7**

---

15 VwGH 9.11.2004, 2002/05/1032; zum Ganzen *Hattenberger*, Rechtsstellung des Bürgermeisters 102 f, 112 und 114.
16 Fertigung „Für den Bürgermeister"; *Schmid*, ZfV 2010, 8 ff.
17 Siehe dazu § 3 Rz 8.
18 Fertigung „Für den Bürgermeister"; *Schmid*, ZfV 2010, 8 ff.
19 *Sturm/Kemptner*, Gemeindeordnung[6] § 79 Anm 1 und 2.

Gruppen von in gleicher Art ständig wiederkehrenden Geschäften an andere Bedienstete durch eine Geschäftsordnung des Magistrates zu erfolgen (§ 81 Abs 1 K-KStR 1998; § 83 Abs 1 K-VStR 1998). Die Geschäftsordnungen bedürfen hinsichtlich der örtlichen Baupolizei der Zustimmung des Gemeindevorstandes (Stadtrat) bzw des Stadtsenates, da es sich dabei um eine Angelegenheit des eigenen Wirkungsbereiches handelt.[20] Durch diese Mandate tritt keine Änderung der Zuständigkeit ein, es handelt sich lediglich um eine Frage der inneren Gliederung der Behörde.[21]

8 Eine Befangenheit gemäß § 7 AVG ist jederzeit von Amts wegen wahrzunehmen. Die Befangenheit richtet sich nicht an das Organ Bürgermeister, sondern an die konkrete natürliche Person, die die Amtshandlung[22] vorzunehmen hätte, dh den Organwalter.[23] Eine Änderung der Zuständigkeit erfolgt durch eine Befangenheit nicht.[24] Insofern schadet es grundsätzlich nicht, wenn zwar der Organwalter des Organs Bürgermeister befangen ist, aber die konkrete Amtshandlung zB auf Grund eines Mandats[25] durch den Vizebürgermeister bzw einen Bediensteten der Gemeinde oder des Magistrates erfolgt.[26] Befangenheit liegt gemäß § 7 Abs 1 Z 1 bis 3 AVG vor, wenn der Organwalter Amtshandlungen in Sachen, (i) an denen er selbst, einer seiner Angehörigen im Sinne des § 36a AVG (insbesondere Ehegatten, Eltern, Kinder etc) oder einer seiner Pflegebefohlenen beteiligt sind, (ii) in denen er als Bevollmächtigte einer Partei bestellt war oder noch bestellt ist, vorzunehmen hätte, (iii) oder wenn sonstige wichtige Gründe vorliegen, die geeignet sind,

---

20 Siehe § 1 Rz 7 f.
21 VwGH 16.10.1986, 86/06/0165; *Schmid*, ZfV 2010, 8 ff.
22 Dazu zählen die Mitwirkung an der Erlassung eines Bescheides und die Setzung anderer Verfahrensakte auf Grund des AVG, wie etwa die Leitung einer mündlichen Verhandlung oder die Vernehmung eines Zeugen, *Hengstschläger/Leeb*, AVG² § 7 Rz 18 f mN.
23 *Hengstschläger/Leeb*, AVG² § 7 Rz 3 f mN.
24 VwGH 13.12.1988, 88/05/0140; 12.11.1991, 91/05/0083.
25 Siehe § 3 Rz 7.
26 VwGH 23.3.1999, 95/05/0001; 9.11.2004, 2002/05/1032; im Einzelfall könnte allerdings auf Grund des Einflusses des Bürgermeisters auf den Hilfsorganwalter eine Befangenheit nach § 7 Abs 1 Z 3 AVG vorliegen, *Hengstschläger/Leeb*, AVG² § 7 Rz 4 mN.

seine volle Unbefangenheit in Zweifel zu ziehen.[27] Befangenheit des Bürgermeisters – nicht aber zB des Bürgermeisters bzw des Vizebürgermeister, der den Antrag nicht unterzeichnet hat, oder der Bediensteten der Behörde –[28] liegt auch vor, wenn der Bürgermeister für ein Vorhaben der Gemeinde einen Antrag auf Erteilung einer Baubewilligung stellt.[29] Ist der Organwalter befangen, hat er sich für befangen zu erklären, der Ausübung seines Amtes zu enthalten und ist eine Vertretung zu veranlassen.[30] Liegt zB eine Befangenheit des Organwalters des Organs Bürgermeister vor und hätte dieser die Amtshandlung vorzunehmen, ist er vom Vizebürgermeister gemäß § 75 Abs 1 K-AGO zu vertreten.[31]

Der Bürgermeister hat die Sach- und Rechtslage im Zeitpunkt der Erlassung des Bescheides anzuwenden.[32] Er hat gemäß § 73 Abs 1 AVG über Anträge auf Erteilung der Baubewilligung ohne unnötigen Aufschub, spätestens aber sechs Monate nach deren Einlangen den Bescheid zu erlassen. Ist der Antrag mangelhaft, so beginnt die Frist erst mit dem Einbringen des verbesserten Antrages zu laufen.[33] Ausdrücklich zu betonen ist, dass die Entscheidung ohne unnötigen Aufschub zu erfolgen hat, die Frist von sechs Monaten ist lediglich eine Höchstfrist.[34] Gemäß § 24 lit e ist im vereinfachten Verfahren über den Antrag unverzüglich, spätestens aber – in Abweichung zu § 73 Abs 1 AVG – binnen vier Monaten ab Einlangen des vollständigen Antrages zu entscheiden.[35] Kommt der Bürgermeister dieser Entscheidungspflicht innerhalb der Frist nicht nach, hat der Bewilligungswerber gemäß § 73 Abs 2 AVG die Möglichkeit eines schriftlichen Devolutionsantrages an

9

---

27 Zu den Befangenheitsgründen ausführlich *Hengstschläger/Leeb*, AVG² § 7 Rz 6 ff mN; siehe auch *Gerhartl*, ecolex 2013, 477 ff.
28 VwGH 12.11.1991, 91/05/0083; 19.12.1995, 94/05/0346; kritisch *Lachmayer*, ZTR 2012, 80.
29 VwGH 13.12.1988, 88/05/0140; 23.3.1999, 95/05/0001; ein gewisses Interesse der Gemeinde an einem Vorhaben eines Dritten führt nicht zwangsläufig zur Befangenheit VwGH VwSlg 16.504 A/2004. Siehe aber zur Gemeinde als Partei und Behörde im Bauverfahren aus verfassungsrechtlicher Sicht VfGH VfSlg 19.636/2012, dazu kritisch *Wiederin*, Partei und Behörde 741 ff.
30 *Hengstschläger/Leeb*, AVG² § 7 Rz 16 f mN.
31 *Hengstschläger/Leeb*, AVG² § 7 Rz 19 mN.
32 VwSlg 9315 A/1977 (verstärkter Senat); 10.12.1991, 91/05/0062.
33 VwGH 29.4.2015, 2013/06/0140.
34 *Hengstschläger/Leeb*, AVG² § 73 Rz 46 ff mN.
35 Siehe § 24 Rz 5.

die Berufungsbehörde, dh an den Gemeindevorstand (Stadtrat), an die Bauberufungskommission in der Landeshauptstadt Klagenfurt am Wörthersee sowie an den Stadtsenat in der Stadt Villach. Wenn die Verzögerung auf ein überwiegendes Verschulden des Bürgermeisters zurückzuführen ist, geht damit die Zuständigkeit auf den Gemeindevorstand (Stadtrat), die Bauberufungskommission in der Landeshauptstadt Klagenfurt am Wörthersee sowie den Stadtsenat in der Stadt Villach über.[36]

10 Gegen Baubewilligungsbescheide des Bürgermeisters können die Parteien gemäß § 63 Abs 1 AVG iVm § 94 Abs 1 K-AGO Berufung an den Gemeindevorstand (Stadtrat) erheben.[37] Gegen Baubewilligungsbescheide des Bürgermeisters der Landeshauptstadt Klagenfurt am Wörthersee kann gemäß § 63 Abs 1 AVG iVm § 91 Abs 3 K-KStR 1998 Berufung an die Bauberufungskommission, gegen Baubewilligungsbescheide des Bürgermeisters der Stadt Villach gemäß § 63 Abs 1 AVG iVm § 94 Abs 1 K-VStR Berufung an den Stadtsenat erhoben werden. Die Berufung ist binnen zwei Wochen schriftlich[38] beim Bürgermeister einzubringen.[39] Die Berufung hat den Bescheid zu bezeichnen, gegen den sie sich richtet, und einen begründeten Berufungsantrag zu enthalten.[40] In der Berufung können nur insoweit Einwendungen erhoben werden, als durch den bekämpften Bescheid Rechtsansprüche oder rechtlichen Interessen der Parteien beeinträchtigt werden können.[41] Insofern können zB die Anrainer hinsichtlich der Errichtung oder Änderung von Gebäuden und sonstigen baulichen Anlagen nur die Verletzung der subjektiv-öffentlichen Rechte des § 23 Abs 3 bis 6 einwenden.[42] Werden in einer Berufung erhebliche neue Tatsachen oder Beweise vorgebracht, so hat gemäß § 65 AVG der Bürgermeister hievon unverzüglich den etwaigen Berufungsgegnern Mitteilung zu machen und ihnen Gelegenheit zu geben, binnen angemessener, zwei Wochen nicht übersteigender Frist vom Inhalt der Berufung Kenntnis zu neh-

---

36 *Hengstschläger/Leeb*, AVG² § 73 Rz 94 ff mN.
37 *Hengstschläger/Leeb*, AVG² § 63 Rz 31 ff mN.
38 § 13 Abs 1 AVG; *Hengstschläger/Leeb*, AVG² § 13 Rz 12 ff mN und § 63 Rz 95 f mN.
39 *Hengstschläger/Leeb*, AVG² § 63 Rz 100 ff mN.
40 *Hengstschläger/Leeb*, AVG² § 63 Rz 77 ff mN.
41 *Hengstschläger/Leeb*, AVG² § 63 Rz 71 mN.
42 VwGH 3.9.1999, 98/05/0063.

men und sich dazu zu äußern.⁴³ Rechtzeitig eingebrachte Berufungen haben gemäß § 64 AVG aufschiebende Wirkung.⁴⁴ Der Bürgermeister kann die aufschiebende Wirkung ausschließen, wenn nach Abwägung der berührten öffentlichen Interessen und Interessen der anderen Parteien der vorzeitige Vollzug des angefochtenen Bescheides wegen Gefahr im Verzug dringend geboten ist. Davon abweichend kommt gemäß § 35 Abs 3 der Berufung im Verfahren über Baueinstellungen keine aufschiebende Wirkung zu.⁴⁵

Für den Bürgermeister besteht gemäß § 64a AVG die Möglichkeit der Berufungsvorentscheidung. Dh der Bürgermeister kann die Berufung binnen zwei Monaten nach Einlangen – auch nach Vornahme notwendiger Ergänzungen des Ermittlungsverfahrens – als unzulässig oder verspätet zurückweisen, den Bescheid aufheben oder nach jeder Richtung abändern.⁴⁶ Gegen diese Berufungsvorentscheidung können die Parteien binnen zwei Wochen nach Zustellung beim Bürgermeister einen schriftlichen⁴⁷ Vorlageantrag stellen, dh einen Antrag, dass der Bürgermeister die Berufung der Berufungsbehörde zur Entscheidung vorlegt.⁴⁸ Im Vorlageantrag kann nur die Vorlage an den Gemeindevorstand (Stadtrat), an die Bauberufungskommission in der Landeshauptstadt Klagenfurt am Wörthersee sowie an den Stadtsenat in der Stadt Villach begehrt werden. Eine Begründung ist nicht notwendig, ein ergänzendes Berufungsvorbringen nicht zulässig.⁴⁹ Mit Einlangen des Vorlageantrages tritt die Berufungsvorentscheidung außer Kraft. Der Bürgermeister hat die Parteien vom Außerkrafttreten der Berufungsvorentscheidung zu verständigen.⁵⁰

11

---

43 *Hengstschläger/Leeb*, AVG² III § 65 Rz 1 ff mN.
44 *Hengstschläger/Leeb*, AVG² § 64 Rz 1 ff mN.
45 Siehe § 35 Rz 5.
46 *Hengstschläger/Leeb*, AVG² § 64a Rz 3 ff mN.
47 § 13 Abs 1 AVG; *Hengstschläger/Leeb*, AVG² § 13 Rz 12 ff mN und § 64a Rz 34 mN.
48 *Hengstschläger/Leeb*, AVG² § 64a Rz 29 ff mN.
49 *Hengstschläger/Leeb*, AVG² § 64a Rz 33 mN.
50 *Hengstschläger/Leeb*, AVG² § 64a Rz 35 f mN.

B. Gemeindevorstand (in Stadtgemeinden Stadtrat)[51], Bauberufungskommission in Klagenfurt am Wörthersee und Stadtsenat in Villach

12 Der Kärntner Landesgesetzgeber hat von der Möglichkeit des Entfalles des innergemeindlichen Instanzenzuges in den Angelegenheiten des eigenen Wirkungsbereiches der Gemeinden gemäß Art 118 Abs 4 B-VG keinen Gebrauch gemacht.[52] Daraus folgt, dass gemäß § 63 Abs 1 AVG iVm § 94 Abs 1 K-AGO Baubehörde zweiter Instanz in Angelegenheiten, die zum eigenen Wirkungsbereich der Gemeinde gehören,[53] der Gemeindevorstand (Stadtrat) ist. In der Landeshauptstadt Klagenfurt am Wörthersee ist gemäß § 63 Abs 1 AVG iVm § 91 Abs 3 K-KStR 1998 Baubehörde zweiter Instanz die Bauberufungskommission, in der Stadt Villach gemäß § 63 Abs 1 AVG iVm § 94 Abs 1 K-VStR 1998 der Stadtsenat. Der Gemeindevorstand (Stadtrat, Bauberufungskommission, Stadtsenat) entscheidet als Baubehörde erster Instanz, wenn der Bürgermeister seiner Entscheidungspflicht nicht nachkommt und auf Grund eines Devolutionsantrages die Zuständigkeit erster Instanz auf den Gemeindevorstand (Stadtrat, Bauberufungskommission, Stadtsenat) übergeht.[54]

13 Erneut ist ausdrücklich auf das Legalitätsprinzip des Art 18 Abs 1 B-VG hinzuweisen.[55] Entspricht das Vorhaben den gesetzlichen Bestimmungen, ist es zu bewilligen. Entspricht es nicht den gesetzlichen Bestimmungen, ist es nicht zu bewilligen. Politische Überlegungen sowie die Meinung einer Minder- oder Mehrheit der Bevölkerung haben für die rechtliche Beurteilung keine Bedeutung.[56] Es ist ausdrücklich

---

51 Gemäß § 22 Abs 2 K-AGO trägt der Gemeindevorstand in Stadtgemeinden die Bezeichnung Stadtrat.

52 Siehe die Materialien zum Kärntner Verwaltungsgerichtsbarkeits-Anpassungsgesetz ErlRV 01-VD-LG-1569/48-2013, 2; *Doleschal*, RFG 2013, 111 f; *Eisenberger/Brenneis/Bayer*, bbl 2014, 135 f; zum Ganzen ausführlich *Neuhofer*, Gemeindeselbstverwaltung und Verwaltungsgerichtsbarkeit 461 ff; *Eberhard*, Verwaltungsgerichte und Gemeinden 601 ff mN.

53 Siehe zum eigenen Wirkungsbereich § 1 Rz 7.

54 *Hengstschläger/Leeb*, AVG² § 73 Rz 143 mN; *Grabenwarter/Fister*, NZ 2013, 355.

55 Zum Legalitätsprinzip *Rill* in Kneihs/Lienbacher, Art 118 B-VG Rz 1 ff.

56 *Hauer/Pallitsch*, Baurecht⁴ § 3 K-BO 1996 Anm 3.

auf den Straftatbestand des Missbrauches der Amtsgewalt gemäß § 302 StGB hinzuweisen.[57]

Eine Befangenheit gemäß § 7 AVG eines Mitgliedes des Gemeindevorstandes (des Stadtrates, der Bauberufungskommission, des Stadtsenates) ist jederzeit von Amts wegen wahrzunehmen. Befangenheit liegt gemäß § 7 Abs 1 Z 1 bis 3 AVG vor, wenn das Mitglied Amtshandlungen in Sachen, (i) an denen es selbst, eines seiner Angehörigen im Sinne des § 36a AVG (insbesondere Ehegatten, Eltern, Kinder etc) oder eines seiner Pflegebefohlenen beteiligt sind, (ii) in denen es als Bevollmächtigte einer Partei bestellt war oder noch bestellt ist, vorzunehmen hätte, (iii) wenn sonstige wichtige Gründe vorliegen, die geeignet sind, seine volle Unbefangenheit in Zweifel zu ziehen,[58] oder (iv) im Berufungsverfahren, wenn es an der Erlassung des angefochtenen Bescheides oder der Berufungsvorentscheidung mitgewirkt hat.[59] Letzterer Befangenheitsgrund betrifft insbesondere Bürgermeister, da diese einerseits Baubehörde erster Instanz sind, andererseits aber auch Mitglied des Gemeindevorstandes (Stadtrat, Stadtsenat), dh der Berufungsbehörde sind. Eine entsprechende Befangenheit liegt aber nur vor, wenn der Organwalter des Organes Bürgermeister persönlich an der Erlassung der betreffenden erstinstanzlichen Baubewilligung mitgewirkt hat, dh wenn der Bescheid ganz oder teilweise auf einem Willensakt des betreffenden Organwalters basiert, wenn der betreffende Organwalter also die (interne) Erledigung genehmigt hat.[60] Insofern schadet es nicht, wenn die konkrete erstinstanzliche Amtshandlung zB auf Grund eines Mandats[61] durch einen Vizebürgermeister bzw einen Bediensteten der Gemeinde oder des Magistrates erfolgt.[62] Daraus folgt auch, dass keine Befangenheit vorliegt, wenn ein Bediensteter im zweitinstanzlichen

---

57 Siehe zB ein entsprechendes Verfahren gegen die Mitglieder eines Gemeinderates OGH 6.3.2014, 17 Os 19/13t; *Seiler*, Strafrechtliche Haftung 227 ff; *Neger*, RFG 2015, 4 ff.

58 Keine Befangenheit liegt vor, wenn Mitglieder des Gemeindevorstandes Mitarbeiter derjenigen Bank sind, welche Kredite vergeben hat, für welche die Baugrundstücke Sicherheit bieten VwGH 28.4.2006, 2005/05/0296.

59 Zu den Befangenheitsgründen ausführlich *Hengstschläger/Leeb*, AVG² § 7 Rz 6 ff mN; siehe auch *Gerhartl*, ecolex 2013, 477 ff.

60 *Hengstschläger/Leeb*, AVG² § 7 Rz 12 f mN.

61 Siehe § 3 Rz 7.

62 VwGH 9.11.2004, 2002/05/1032; ist allerdings der Bürgermeister für ein Bauvorhaben der Gemeinde Antragsteller, liegt Befangenheit auch als Mitglied des Gemeindevorstandes (Stadtrat) vor VwGH 23.3.1999, 95/05/0001.

Verfahren mitwirkt, der lediglich konzeptiv am erstinstanzlichen Bescheid mitgearbeitet hat.[63] Gemäß § 64 Abs 3 K-AGO iVm § 40 K-AGO hat ein befangenes Mitglied des Gemeindevorstandes (Stadtrat) den Sitzungssaal zu verlassen. Nur für die Zeit einer allfälligen Auskunftserteilung ist auf Beschluss des Gemeindevorstandes eine Anwesenheit zulässig.[64] Dies gilt gemäß § 40 K-VStR 1998 auch für befangene Mitglieder des Villacher Stadtsenates. Verursacht die Befangenheit in einem Verhandlungsgegenstand die Beschlussunfähigkeit des Gemeindevorstandes, so geht gemäß § 64 Abs 6 K-AGO die Zuständigkeit auf den Gemeinderat über.

15 Sofern die Berufung nicht als unzulässig oder verspätet zurückzuweisen[65] ist oder auf Grund eines mangelhaften Sachverhaltes an den Bürgermeister zurückverwiesen wird,[66] hat der Gemeindevorstand (Stadtrat, Bauberufungskommission, Stadtsenat) gemäß § 66 Abs 4 AVG immer in der Sache selbst zu entscheiden. Er ist berechtigt, sowohl im Spruch als auch hinsichtlich der Begründung seine Anschauung an die Stelle jener des Bürgermeisters zu setzen und demgemäß den angefochtenen Bescheid nach jeder Richtung abzuändern.[67] Die Prüfungsbefugnis der Berufungsbehörde ist zwar grundsätzlich nicht auf die geltend gemachten Berufungsgründe beschränkt, Grenzen sind aber nach der ständigen Judikatur des VwGH durch die eingeschränkt subjektiv-öffentlichen Mitspracherechte der Parteien und deren rechtzeitige Geltendmachung, dh insofern Präklusion[68] gemäß § 42 AVG eingetreten ist, gesetzt.[69] So erstreckt sich zB die Prüfungsbefugnis des Gemeindevorstandes (Stadtrat, Bauberufungskommission, Stadtsenat) hinsichtlich der Einwendungen von Anrainern gegen die Errichtung oder Änderung von Gebäuden und sonstigen baulichen Anlagen nur auf eine Verletzung der subjektiv-öffentlichen Rechte des § 23 Abs 3 bis 6, die

---

[63] VwGH 15.5.2012, 2009/05/0083.
[64] *Janko*, ÖGZ 1999, Heft 12, 14; *Sturm/Kemptner*, Gemeindeordnung[6] § 40 Anm 20.
[65] *Hengstschläger/Leeb*, AVG[2] § 66 Rz 31 ff mN.
[66] *Hengstschläger/Leeb*, AVG[2] § 66 Rz 9 ff mN.
[67] *Hengstschläger/Leeb*, AVG[2] § 66 Rz 58 ff mN.
[68] Siehe § 23 Rz 58 f.
[69] VwGH VwSlg 10.317 A/1980; VwSlg 11.795 A/1985; *Hauer*, ZfV 1980, 1 ff; *Hengstschläger/Leeb*, AVG[2] § 66 Rz 68 mwN.

spätestens in der mündlichen Verhandlung geltend gemacht wurden.[70] Der Gemeindevorstand (Stadtrat, Bauberufungskommission, Stadtsenat) hat seiner Entscheidung jenen Sachverhalt und jene Rechtslage zugrunde zu legen, der im Zeitpunkt der Erlassung des Berufungsbescheides vorliegt.[71]

Der Gemeindevorstand (Stadtrat, Bauberufungskommission, Stadtsenat) hat gemäß § 73 Abs 1 AVG über Berufungen ohne unnötigen Aufschub, spätestens aber sechs Monate nach deren Einlangen beim Bürgermeister zu entscheiden. Ist der Antrag mangelhaft, so beginnt die Frist erst mit dem Einbringen des verbesserten Antrages zu laufen.[72] Ausdrücklich zu betonen ist, dass die Entscheidung ohne unnötigen Aufschub zu erfolgen hat, die Frist von sechs Monaten ist lediglich eine Höchstfrist.[73] Gemäß § 24 lit e ist im vereinfachten Verfahren über den Antrag unverzüglich, spätestens aber – in Abweichung zu § 73 Abs 1 AVG – binnen vier Monaten ab Einlangen des vollständigen Antrages zu entscheiden.[74] Kommt der Gemeindevorstand (Stadtrat, Bauberufungskommission, Stadtsenat) dieser Entscheidungspflicht nicht nach, hat der Bewilligungswerber gemäß Art 130 Abs 1 Z 3 B-VG iVm § 8 und § 36 Abs 2 VwGVG die Möglichkeit einer schriftlichen Säumnisbeschwerde an das LVwG Kärnten.[75] Die Säumnisbeschwerde ist gemäß § 12 VwGVG beim Gemeindevorstand (Stadtrat, Bauberufungskommission, Stadtsenat) einzubringen. Innerhalb einer Frist von bis zu drei Monaten kann gemäß § 16 VwGVG der Gemeindevorstand (Stadtrat, Bauberufungskommission, Stadtsenat) den Bescheid nachholen. Erfolgt dies nicht, hat der Gemeindevorstand (Stadtrat, Bauberufungskommission, Stadtsenat) dem LVwG Kärnten die Beschwerde unter Anschluss der Akten des Verwaltungsverfahrens vorzulegen. Wenn die Verzögerung auf ein überwiegendes Verschulden des Gemeindevor-

---

70 VwGH 15.12.1987, 84/05/0043; 31.1.1995, 92/05/0230; 4.9.2001, 2000/05/0045; aA *Pabel*, RFG 2011, 40 f mN.
71 VwGH 26.4.1988, 88/05/0063; 29.4.2005, 2005/05/0106; *Hengstschläger/Leeb*, AVG² § 66 Rz 80 ff mN.
72 VwGH 29.4.2015, 2013/06/0140.
73 *Hengstschläger/Leeb*, AVG² § 73 Rz 46 ff mN.
74 Siehe § 24 Rz 5.
75 *Dünser*, ZUV 2013, 15 f; *Grabenwarter/Fister*, NZ 2013, 357 f; *Hochhold/Neudorfer*, ÖJZ 2013, 904 f; *Pabel*, ZVG 2014, 51 f; zur Beschwerdelegitimation *Leitl-Staudinger*, Beschwerdelegitimation 334 f mN; zum Verfahren *Pabel*, Verfahrensrecht 419 ff mN.

standes (Stadtrat, Bauberufungskommission, Stadtsenat) zurückzuführen ist, geht damit die Zuständigkeit auf das LVwG Kärnten über.

17 Gegen den Bescheid des Gemeindevorstandes (Stadtrat, Bauberufungskommission, Stadtsenat) als Baubehörde zweiter Instanz können die Parteien gemäß Art 130 Abs 1 Z 1 B-VG iVm Art 132 Abs 6 B-VG Beschwerde an das LVwG Kärnten erheben.[76] Die Beschwerde ist gemäß § 7 Abs 4 Z 1 VwGVG iVm § 12 VwGVG binnen vier Wochen ab Zustellung des Bescheides schriftlich beim Gemeindevorstand (Stadtrat, Bauberufungskommission, Stadtsenat) einzubringen.[77] Die Beschwerde hat gemäß § 9 Abs 1 VwGVG die belangte Behörde und den Bescheid, gegen den sie sich richtet, zu bezeichnen sowie die Gründe, auf die sich die Behauptung der Rechtswidrigkeit stützt, das Begehren[78] und die Angaben, die erforderlich sind, um zu beurteilen, ob die Beschwerde rechtzeitig eingebracht ist, zu enthalten.[79] Werden in einer Beschwerde erhebliche neue Tatsachen oder Beweise vorgebracht, so hat gemäß § 10 VwGVG der Gemeindevorstand (Stadtrat, Bauberufungskommission, Stadtsenat) hievon unverzüglich den sonstigen Parteien Mitteilung zu machen und ihnen Gelegenheit zu geben, binnen angemessener, zwei Wochen nicht übersteigender Frist vom Inhalt der Beschwerde Kenntnis zu nehmen und sich dazu zu äußern.

18 Auch gegen den Bescheid des Gemeindevorstandes (Stadtrat) als Baubehörde erster Instanz[80] können auf Grund Erschöpfung des Instanzenzuges die Parteien gemäß Art 130 Abs 1 Z 1 B-VG iVm Art 132 Abs 6 B-VG Beschwerde an das LVwG Kärnten erheben.[81] Anderes gilt für Bescheide der Bauberufungskommission in der Landeshauptstadt Klagenfurt am Wörthersee und des Stadtsenates in der Stadt Villach als Baubehörde erster Instanz. Auf Grund der ausdrücklichen Bestimmung des § 91 Abs 2 K-KStR 1998 bzw des § 94 Abs 2 K-VStR 1998 kann gegen Bescheide der Bauberufungskommission bzw des

---

76 Zur Beschwerdelegitimation ausführlich *Leitl-Staudinger*, Beschwerdelegitimation 324 ff mN.
77 *Dünser*, ZUV 2013, 13; *Ennöckel/Wessely*, ecolex 2013, 585 f; *Grabenwarter/Fister*, NZ 2013, 355 ff; *Larcher*, ZUV 2013, 8 f; *Pabel*, Verfahrensrecht 391 f mN.
78 *Hauer*, Beschwerdegegenstand 355 f mN; zu den unterschiedlichen Ansichten über den Umfang der Beschwerdelegitimation *Wiederin*, ÖJZ 2014, 149 ff; siehe auch VwGH 9.9.2015, Ro 2015/03/0032.
79 *Pabel*, Verfahrensrecht 387 f mN.
80 Siehe § 3 Rz 12.
81 VwGH VwSlg 14.684 A/1997; 31.8.1999, 99/05/0071.

Stadtsenates, die diese als Baubehörde erster Instanz erlassen haben, Berufung an den Gemeinderat erhoben werden.[82] Eine unmittelbare Beschwerde an das LVwG Kärnten ist gemäß Art 132 Abs 6 B-VG nicht möglich.

Im Vorverfahren des VwGVG hat der Gemeindevorstand (Stadtrat, Bauberufungskommission, Stadtsenat), soweit in den §§ 7 bis 16 VwGVG nicht anderes bestimmt ist, das AVG und die verfahrensrechtlichen Bestimmungen der K-BO 1996 anzuwenden. **19**

Rechtzeitig eingebrachte und zulässige Beschwerden gemäß Art 130 Abs 1 Z 1 B-VG haben gemäß § 13 VwGVG aufschiebende Wirkung.[83] Der Gemeindevorstand (Stadtrat, Bauberufungskommission, Stadtsenat) kann im Vorverfahren die aufschiebende Wirkung ausschließen, wenn nach Abwägung der berührten öffentlichen Interessen und Interessen der anderen Parteien der vorzeitige Vollzug des angefochtenen Bescheides wegen Gefahr im Verzug dringend geboten ist. Davon abweichend kommt gemäß § 35 Abs 3 der Beschwerde im Verfahren über Baueinstellungen keine aufschiebende Wirkung zu.[84] **20**

Für den Gemeindevorstand (Stadtrat, Bauberufungskommission, Stadtsenat) besteht gemäß § 14 VwGVG iVm § 36 Abs 2 VwGVG in Verfahren über Beschwerden gemäß Art 130 Abs 1 Z 1 B-VG die Möglichkeit der Beschwerdevorentscheidung.[85] Dh der Gemeindevorstand (Stadtrat, Bauberufungskommission, Stadtsenat) kann den angefochtenen Bescheid binnen zwei Monaten nach Einlangen aufheben, abändern oder die Beschwerde zurückweisen oder abweisen. Will der Gemeindevorstand (Stadtrat, Bauberufungskommission, Stadtsenat) keine Beschwerdevorentscheidung erlassen, hat er dem LVwG Kärnten die Beschwerde unter Anschluss der Akten des Verfahrens vorzulegen. Wurde eine Beschwerdevorentscheidung erlassen, können gemäß § 15 VwGVG die Parteien binnen zwei Wochen nach Zustellung beim Gemeindevorstand (Stadtrat, Bauberufungskommission, Stadtsenat) einen **21**

---

82 Siehe § 3 Rz 22.
83 *Dünser*, ZUV 2013, 13 f; *Storr*, ZUV 2013, 55 f; *Lehofer*, ÖJZ 2014, 5 f; *Schulev-Steindl*, Rechtsschutz 581 ff mN.
84 Siehe § 35 Rz 5.
85 *Dünser*, ZUV 2013, 17 f; *Grabenwarter/Fister*, NZ 2013, 358; *Hochhold/Neudorfer*, ÖJZ 2013, 901 f; *Müllner*, ZfV 2013, 881 ff; *Pabel*, ZVG 2014, 47 f; *dies*, Verfahrensrecht 394 f mN.

schriftlichen Vorlageantrag stellen,[86] dh einen Antrag, dass der Gemeindevorstand (Stadtrat, Bauberufungskommission, Stadtsenat) die Beschwerde dem LVwG Kärnten zur Entscheidung vorlegt. Der Gemeindevorstand (Stadtrat, Bauberufungskommission, Stadtsenat) hat dem LVwG Kärnten den Vorlageantrag und die Beschwerde unter Anschluss der Akten des Verfahrens vorzulegen und den Parteien die Vorlage des Antrages mitzuteilen.

C. Gemeinderat

22 Eine Zuständigkeit des Gemeinderates in Angelegenheiten der örtlichen Baupolizei kann sich ausnahmsweise dadurch ergeben, dass gemäß § 64 Abs 6 K-AGO bei Beschlussunfähigkeit des Gemeindevorstandes (Stadtrat) durch Befangenheit der Mitglieder des Gemeindevorstandes (Stadtrat) die Zuständigkeit auf den Gemeinderat übergeht. In der Landeshauptstadt Klagenfurt am Wörthersee und in der Stadt Villach ergibt sich auf Grund der ausdrücklichen Bestimmung des § 91 Abs 2 K-KStR 1998 bzw des § 94 Abs 2 K-VStR 1998 eine Zuständigkeit des Gemeinderates auch dadurch, dass über Berufungen gegen Bescheide der Bauberufungskommission bzw des Stadtsenates, die diese als Baubehörde erster Instanz erlassen haben, der Gemeinderat zu entscheiden hat. Die Bauberufungskommission der Landeshauptstadt Klagenfurt am Wörthersee und der Villacher Stadtsenat entscheiden als Baubehörde erster Instanz, wenn der Bürgermeister seiner Entscheidungspflicht nicht nachkommt und auf Grund eines Devolutionsantrages die Zuständigkeit erster Instanz auf die Bauberufungskommission bzw den Stadtsenat übergeht.[87] Mangels ausdrücklicher Bestimmung in der K-AGO gilt dies nicht für alle anderen Gemeinden.[88]

23 Zu Fragen der Befangenheit,[89] der Entscheidungspflicht, der Beschwerde an das LVwG Kärnten und der Beschwerdevorentscheidung wird sinngemäß auf die Ausführungen zum Gemeindevorstand (Stadtrat, Bauberufungskommission, Stadtsenat) verwiesen.[90]

---

86 *Grabenwarter/Fister*, NZ 2013, 358; *Hochhold/Neudorfer*, ÖJZ 2013, 902 f; *Müllner*, ZfV 2013, 885 ff; *Pabel*, Verfahrensrecht 387 f mN.
87 Siehe § 3 Rz 9.
88 VwGH VwSlg 14.684 A/1997; 31.8.1999, 99/05/0071.
89 Siehe auch *Janko*, ÖGZ 1999, Heft 12, 12 ff.
90 Siehe § 3 Rz 14 ff.

1. Abschnitt – Wirkungsbereich § 3

III. Bezirksverwaltungsbehörde als Baubehörde

Baubehörde in Angelegenheiten, die nicht zum eigenen Wirkungsbereich der Gemeinde gehören,[91] ist gemäß § 3 Abs 2 die Bezirksverwaltungsbehörde. Es besteht insofern eine sachliche Zuständigkeit der Bezirksverwaltungsbehörde zur Vollziehung der baurechtlichen Bestimmungen als Behörde. Bezirksverwaltungsbehörden sind gemäß § 2 Abs 1 des Gesetzes über die Organisation der Bezirkshauptmannschaften die Bezirkshauptmannschaften. In Klagenfurt am Wörthersee und Villach sind dies gemäß Art 116 Abs 3 B-VG und Art 119 Abs 2 B-VG iVm § 12 K-KStR 1998 sowie § 74 Abs 1 K-KStR 1998 bzw § 12 K-VStR 1998 und § 75 Abs 1 K-VStR 1998 die Bürgermeister im übertragenen Wirkungsbereich.[92] Die örtliche Zuständigkeit ergibt sich gemäß § 3 lit a AVG aus der Lage des Vorhabens.[93] Dh es ist jene Bezirksverwaltungsbehörde örtlich zuständig, in dessen Sprengel das Vorhaben gelegen ist.[94] Liegt das Vorhaben in mehreren Sprengeln, so haben gemäß § 4 AVG die zuständigen Bezirksverwaltungsbehörden einvernehmlich vorzugehen.[95] Gelangen die Bezirksverwaltungsbehörden in der Sache zu keinem Einvernehmen, so geht die Zuständigkeit auf die Landesregierung über.[96] Diese Aufgabe wird gemäß § 4 Abs 2 K-GOL von dem nach der Referatseinteilung zuständigen Mitglied der Landesregierung (Referent) selbständig erledigt. Erstreckt sich das Vorhaben allerdings auf mehrere Landesgebiete, ist ein einvernehmliches Vorgehen auf Grundlage von § 4 AVG mangels gemeinsamer Oberbehörde nicht möglich.[97] In diesem Fall hat die Kärntner Bezirkshauptmannschaft auf Grundlage der K-BO 1996 für den Teil des Vorhabens, der auf Kärntner Landesgebiet liegt, zu entscheiden. Die zuständige Behörde im angrenzenden Bundesland hat auf Grundlage der dortigen bau-

24

---

91 Siehe § 1 Rz 7 ff.
92 *Weber* in Korinek/Holoubek, Art 116 B-VG Rz 27 und Art 119 B-VG Rz 3 ff; *Stolzlechner* in Kneihs/Lienbacher, Art 116 Abs 3 B-VG Rz 3; *Kahl* in Kneihs/Lienbacher, Art 119 B-VG Rz 1 ff.
93 Zu den verfassungsrechtlichen Bedenken bei der Anwendung in jenen Angelegenheiten, die in die Gesetzgebungskompetenz der Länder fallen *Hengstschläger/Leeb*, AVG² § 3 Rz 1 mN.
94 *Hengstschläger/Leeb*, AVG² § 3 Rz 3.
95 *Hengstschläger/Leeb*, AVG² § 4 Rz 6 mN.
96 *Hengstschläger/Leeb*, AVG² § 4 Rz 7 ff mN.
97 *Giese*, Baurecht § 22 Baupolizeigesetz Anm 10; *Hengstschläger/Leeb*, AVG² § 4 Rz 7 ff mN; aA wohl *Krzizek*, System II 341.

rechtliche Bestimmungen für den anderen Teil zu entscheiden.[98] Dies gilt sinngemäß auch für Vorhaben, die sich auf mehrere Staatsgebiete erstrecken. Bei Gefahr im Verzug hat gemäß § 4 Abs 3 AVG jede örtlich zuständige Baubehörde in ihrem Amtsbereich die notwendigen Amtshandlungen unter gleichzeitiger Verständigung der anderen Behörden vorzunehmen.[99]

25 In der Landeshauptstadt Klagenfurt am Wörthersee und in der Stadt Villach kann der Bürgermeister gemäß § 74 Abs 2 K-KStR 1998 bzw § 75 Abs 2 K-VStR 1998 die Angelegenheiten der Bezirksverwaltungsbehörde als Baubehörde – unbeschadet seiner Verantwortlichkeit – wegen ihres sachlichen Zusammenhanges mit den Angelegenheiten der örtlichen Baupolizei Mitgliedern des Stadtsenates zur Erledigung in seinem Namen übertragen. In diesen Angelegenheiten sind die Mitglieder des Stadtsenates an die Weisungen des Bürgermeisters gebunden.

26 Durch die Kärntner Bau-Übertragungsverordnung erfolgte gemäß Art 118 Abs 7 B-VG und § 10 Abs 5 K-AGO für die Gemeinden Dellach, Gitschtal, Hermagor-Presseger See, Kirchbach, Kötschach-Mauthen, Lesachtal und St. Stefan im Gailtal eine Übertragung einzelner Angelegenheiten der örtlichen Baupolizei auf die Bezirkshauptmannschaft Hermagor. Umfasst sind Vorhaben betreffend Betriebsanlagen nach der Gewerbeordnung 1994, die auch einer gewerbebehördlichen Genehmigung bedürfen, und betreffend bauliche Anlagen, die auch einer wasserrechtlichen Bewilligung bedürfen. Die Übertragung umfasst gemäß § 2 Kärntner Bau-Übertragungsverordnung alle Aufgaben der Behörde nach der K-BO 1996, ausgenommen die Vollziehung des 9. Abschnittes, den K-BV und dem K-OBG. Durch die Übertragung liegt die Zuständigkeit für diese einzelnen Angelegenheiten ausschließlich bei der Bezirkshauptmannschaft Hermagor. Dies umfasst auch das Weisungsrecht und die Kostentragung.[100]

27 Zu Fragen der Befangenheit, der Entscheidungspflicht, der Beschwerde an das LVwG Kärnten und der Beschwerdevorentscheidung wird sinn-

---

98 *Krzizek*, System II 341; *Giese*, Baurecht § 22 Baupolizeigesetz Anm 10; in diesem Sinne wäre es keine Entscheidung in *einer* Sache vgl *Hengstschläger/Leeb*, AVG² § 4 Rz 5 mN.
99 *Hengstschläger/Leeb*, AVG² § 4 Rz 12 f mN.
100 Zum Ganzen siehe § 1 Rz 11 f.

gemäß auf die Ausführungen zu den Baubehörden der Gemeinden verwiesen.[101]

IV. Landeshauptmann von Kärnten als Baubehörde

Durch die Kärntner Bau-Übertragungsverordnung erfolgte gemäß Art 118 Abs 7 B-VG und § 10 Abs 5 K-AGO für die Gemeinden Dellach, Gitschtal, Hermagor-Presseger See, Kirchbach, Kötschach-Mauthen, Lesachtal und St. Stefan im Gailtal, soweit für ein Vorhaben eine wasserrechtliche Bewilligung erforderlich ist und der Kärntner Landeshauptmann für die wasserrechtliche Bewilligung zuständig ist, eine Übertragung der Angelegenheiten der örtlichen Baupolizei auf den Landeshauptmann von Kärnten.[102] Dieser Übertragung kommt aber keine wesentliche Bedeutung zu. Denn erstens unterliegen nur Gebäude, die einer wasserrechtlichen Bewilligung bedürfen und nicht unmittelbar der Wassernutzung dienen, der K-BO 1996. Sonstige bauliche Anlagen, die nicht Gebäude sind und einer wasserrechtlichen Bewilligung bedürfen, sind gemäß § 2 Abs 1 lit c ausgenommen.[103] Zweitens werden Vorhaben, für die eine wasserrechtliche Bewilligung des Landeshauptmannes von Kärnten erforderlich ist,[104] vielfach nicht zum eigenen Wirkungsbereich der Gemeinden zählen. 28

V. Landesverwaltungsgericht Kärnten

Sachlich zuständig für Beschwerden gemäß Art 130 Abs 1 Z 1 B-VG gegen baubehördliche Bescheide von Gemeindeorganen nach Erschöpfung des Instanzenzuges[105] und gegen baubehördliche Bescheide von Bezirksverwaltungsbehörden sind gemäß Art 131 B-VG die LVwG.[106] Örtlich zuständig ist gemäß § 3 Abs 1 und 2 VwGVG das LVwG Kärnten.[107] Das LVwG Kärnten entscheidet – mangels ausdrücklicher Regelung in der K-BO 1996 – in baurechtlichen Verfahren gemäß § 11 Abs 1 K-LvwGG durch Einzelrichter. 29

---

101 Siehe § 3 Rz 8 ff und 14 ff.
102 Siehe § 1 Rz 11 f.
103 Siehe § 2 Rz 18 f.
104 § 99 WRG 1959.
105 Art 132 Abs 6 B-VG.
106 *Fischer/Zeinhofer*, LVwG Zuständigkeit 194 ff mN.
107 *Grabenwarter/Fister*, NZ 2013, 364.

30 Soweit im VwGVG nicht anderes bestimmt ist, hat gemäß § 17 VwGVG das LVwG Kärnten auf das Verfahren über Beschwerden gemäß Art 130 Abs 1 B-VG gegen baubehördliche Bescheide die Bestimmungen des AVG, ausgenommen §§ 1 bis 5 AVG sowie des IV. Teiles des AVG, und die verfahrensrechtlichen Bestimmungen der K-BO 1996 sinngemäß anzuwenden.[108]

31 Werden in einer Beschwerde erhebliche neue Tatsachen oder Beweise vorgebracht, so hat gemäß § 10 VwGVG das LVwG Kärnten[109] hievon unverzüglich den sonstigen Parteien Mitteilung zu machen und ihnen Gelegenheit zu geben, binnen angemessener, zwei Wochen nicht übersteigender Frist vom Inhalt der Beschwerde Kenntnis zu nehmen und sich dazu zu äußern. Partei sind gemäß § 18 VwGVG auch der Gemeindevorstand (Stadtrat, Bauberufungskommission, Stadtsenat bzw Gemeinderat) oder die Bezirksverwaltungsbehörde.

32 Rechtzeitig eingebrachte und zulässige Beschwerden gemäß Art 130 Abs 1 Z 1 B-VG haben gemäß § 13 VwGVG aufschiebende Wirkung.[110] Das LVwG Kärnten kann gemäß § 22 Abs 2 VwGVG die aufschiebende Wirkung durch Beschluss ausschließen, wenn nach Abwägung der berührten öffentlichen Interessen und Interessen anderer Parteien der vorzeitige Vollzug des angefochtenen Bescheides oder die Ausübung der durch den angefochtenen Bescheid eingeräumten Berechtigung wegen Gefahr im Verzug dringend geboten ist. Diesen Beschluss und Bescheide gemäß § 13 VwGVG,[111] mit denen die aufschiebende Wirkung im Vorverfahren durch die Baubehörde ausgeschlossen wurde, kann das LVwG Kärnten gemäß § 22 Abs 3 VwGVG auf Antrag einer Partei aufheben oder abändern, wenn es die Voraussetzungen der Zuerkennung bzw des Ausschlusses der aufschiebenden Wirkung anders beurteilt oder wenn sich die Voraussetzungen, die für die Entscheidung über den Ausschluss bzw die Zuerkennung der aufschiebenden Wirkung der

---

108 *Grabenwarter/Fister*, NZ 2013, 358; die Bestimmungen sind mit der nach dem Kontext erforderlichen Anpassung anzuwenden, VwGH 30.6.2015, Ro 2015/03/0021.

109 Diese Verpflichtung trifft auch den Gemeindevorstand (Stadtrat, Bauberufungskommission, Stadtsenat) bzw Gemeinderat sowie die Bezirksverwaltungsbehörde im Vorverfahren, siehe § 3 Rz 17.

110 Siehe Nachweise in § 3 Rz 20.

111 Zum Ausschluss der aufschiebenden Wirkung durch den Gemeindevorstand (Stadtrat, Bauberufungskommission, Stadtsenat) und die Bezirksverwaltungsbehörde im Vorverfahren gemäß § 13 VwGVG siehe § 3 Rz 20.

Beschwerde maßgebend waren, wesentlich geändert haben.[112] Davon abweichend kommt gemäß § 35 Abs 3 der Beschwerde im Verfahren über Baueinstellungen keine aufschiebende Wirkung zu.[113]

33 Das LVwG Kärnten hat gemäß § 24 VwGVG auf Antrag oder, wenn es dies für erforderlich hält, von Amts wegen eine öffentliche mündliche Verhandlung durchzuführen.[114] Der Beschwerdeführer hat die Durchführung einer Verhandlung in der Beschwerde oder im Vorlageantrag zu beantragen. Das LVwG Kärnten ist verpflichtet gemäß § 34 Abs 1 VwGVG über die Beschwerde ohne unnötigen Aufschub, spätestens aber sechs Monate nach deren Einlangen zu entscheiden. Für Beschwerden gemäß Art 130 Abs 1 B-VG beginnt die Entscheidungsfrist mit Vorlage der Beschwerde. Kommt das LVwG Kärnten dieser Entscheidungspflicht nicht nach, hat der Beschwerdeführer gemäß Art 133 Abs 1 Z 2 B-VG iVm § 38 und § 42a VwGG die Möglichkeit eines Fristsetzungsantrages an den VwGH.[115] Der Fristsetzungsantrag ist gemäß § 24 Abs 1 und 2 VwGG beim LVwG Kärnten durch einen bevollmächtigten Rechtsanwalt einzubringen.

34 Über Beschwerden gemäß Art 130 Abs 1 Z 1 B-VG hat das LVwG Kärnten gemäß Art 130 Abs 4 B-VG iVm § 28 Abs 2 VwGVG dann in der Sache selbst zu entscheiden, wenn der maßgebliche Sachverhalt feststeht oder die Feststellung des maßgeblichen Sachverhalts durch das LVwG Kärnten selbst im Interesse der Raschheit gelegen oder mit einer erheblichen Kostenersparnis verbunden ist. Liegen diese Voraussetzungen nicht vor, hat das LVwG Kärnten gemäß § 28 Abs 3 VwGVG im Verfahren über Beschwerden gemäß Art 130 Abs 1 Z 1 B-VG in der Sache selbst zu entscheiden, wenn die Baubehörde dem nicht bei der Vorlage der Beschwerde unter Bedachtnahme auf die wesentliche Vereinfachung oder Beschleunigung des Verfahrens widerspricht. Hat die Baubehörde notwendige Ermittlungen des Sachverhalts unterlassen, so

---

112 Zum Ganzen *Schulev-Steindl*, Rechtsschutz 586 f mN ; die Bestimmungen sind mit der nach dem Kontext erforderlichen Anpassung anzuwenden, VwGH 30.6.2015, Ro 2015/03/0021.

113 Siehe § 35 Rz 5.

114 *Ennöckel/Wessely*, ecolex 2013, 586 f; *Storr*, ZUV 2013, 57 ff; *Pabel*, ZVG 2014, 48 f; *dies*, Verfahrensrecht 402 ff mN.

115 *Grabenwarter/Fister*, NZ 2013, 359; *Köhler*, ecolex 2013, 594 f; *Rosenkranz*, ZUV 2013, 25 f; *Hauer*, Fristsetzungsantrag 223 ff; *Pabel*, ZVG 2014, 52; *Ennöckel*, VwGH Zuständigkeit 254 f mN; *Kahl*, Revision 448 f mN; zur Legitimation *Leitl-Staudinger*, Beschwerdelegitimation 347 f mN.

kann das LVwG Kärnten den angefochtenen Bescheid mit Beschluss aufheben und die Angelegenheit zur Erlassung eines neuen Bescheides zurückverweisen. Die Baubehörde ist hiebei an die rechtliche Beurteilung, von welcher das LVwG Kärnten bei seinem Beschluss ausgegangen ist, gebunden. Hat die Baubehörde bei ihrer Entscheidung Ermessen zu üben, hat das LVwG Kärnten, wenn es nicht gemäß Art 130 Abs 4 B-VG iVm § 28 Abs 2 VwGVG in der Sache selbst zu entscheiden hat und wenn die Beschwerde nicht zurückzuweisen oder abzuweisen ist, den angefochtenen Bescheid mit Beschluss aufzuheben und die Angelegenheit zur Erlassung eines neuen Bescheides an die Baubehörde zurückzuverweisen. Die Baubehörde ist hiebei gemäß § 28 Abs 4 VwGVG wiederum an die rechtliche Beurteilung gebunden, von welcher das LVwG Kärnten bei seinem Beschluss ausgegangen ist. Hebt das LVwG Kärnten den angefochtenen Bescheid auf, ist die Baubehörde gemäß § 28 Abs 5 VwGVG verpflichtet, in der betreffenden Rechtssache mit den ihr zu Gebote stehenden rechtlichen Mitteln unverzüglich den der Rechtsanschauung des LVwG Kärnten entsprechenden Rechtszustand herzustellen.[116] Das LVwG Kärnten hat seine Entscheidung an der zum Zeitpunkt seiner Entscheidung maßgeblichen Sach- und Rechtslage auszurichten.[117]

35 Das LVwG Kärnten hat im Spruch des Erkenntnisses gemäß § 25a Abs 1 VwGG auch auszusprechen, ob die Revision gemäß Art 133 Abs 4 B-VG zulässig ist.[118] Erkenntnisse auf Grundlage der K-BO 1996 sind gemäß § 16 K-LvwGG auch der Kärntner Landesregierung zuzustellen.

36 Gegen das Erkenntnis des LVwG Kärnten können die Parteien[119] gemäß Art 133 Abs 1 Z 1 und Abs 6 B-VG und die Kärntner Landesregie-

---

116 Zum Ganzen *Ennöckel/Wessely*, ecolex 2013, 587 f; *Fuchs*, ÖJZ 2013, 951 f; *Grabenwarter/Fister*, NZ 2013, 358 f; *Larcher*, ZUV 2013, 10; *Pabel*, ZVG 2014, 50 f; *dies*, Verfahrensrecht 420 ff mN.
117 VwGH 21.10.2014, Ro 2014/03/0076.
118 *Paar*, ZfV 2013, 893; *Rosenkranz*, ZUV 2013, 20 f; *Gruber*, ZVG 2014, 23 f.
119 Partei ist gemäß § 18 VwGVG auch der Gemeindevorstand (Stadtrat, Bauberufungskommission, Stadtsenat bzw Gemeinderat) oder die Bezirksverwaltungsbehörde.

rung gemäß § 16 K-LvwGG[120] Revision an den VwGH erheben.[121] Die Revision ist gemäß § 24 Abs 1 und 2, § 25a Abs 5 und § 26 VwGG binnen sechs Wochen beim LVwG Kärnten durch einen bevollmächtigten Rechtsanwalt schriftlich einzubringen.[122] Die Revision hat gemäß § 30 VwGG keine aufschiebende Wirkung. Bis zur Vorlage der Revision hat das LVwG Kärnten jedoch auf Antrag des Revisionswerbers die aufschiebende Wirkung mit Beschluss zuzuerkennen, wenn dem nicht zwingende öffentliche Interessen entgegenstehen und nach Abwägung der berührten öffentlichen Interessen und Interessen anderer Parteien mit dem Vollzug des angefochtenen Erkenntnisses oder mit der Ausübung der durch das angefochtene Erkenntnis eingeräumten Berechtigung für den Revisionswerber ein unverhältnismäßiger Nachteil verbunden wäre.[123] Ordentliche Revisionen,[124] die sich wegen Versäumung der Einbringungsfrist oder wegen Unzuständigkeit des VwGH nicht zur Behandlung eignen oder denen die Einwendung der entschiedenen Sache oder der Mangel der Berechtigung zu ihrer Erhebung entgegensteht, sind gemäß § 30a VwGG vom LVwG Kärnten ohne weiteres Verfahren mit Beschluss zurückzuweisen. Gegen diese Zurückweisung kann gemäß § 30b Abs 1 VwGG jede Partei binnen zwei Wochen nach Zustellung des Beschlusses beim LVwG Kärnten den Antrag stellen, dass die Revision dem VwGH zur Entscheidung vorgelegt wird (Vorlageantrag).[125] Hat hingegen das LVwG Kärnten in seinem Erkenntnis ausgesprochen, dass die Revision gemäß Art 133 Abs 4 B-VG iVm § 25a Abs 1 VwGG nicht zulässig ist, hat es gemäß § 30a Abs 6 VwGG den anderen Parteien eine Ausfertigung dieser außerordentlichen Revision samt Beilagen zuzustellen und dem VwGH die außeror-

---

120 Die Revision der Kärntner Landesregierung ist gemäß § 3 Z 6 K-GOL der kollegialen Beratung und Beschlussfassung vorbehalten.
121 *Grabenwarter/Fister*, NZ 2013, 359 f; *Köhler*, ecolex 2013, 590 ff; *Pabel*, ZVG 2014, 52; *Rosenkranz*, ZUV 2013, 21 f; *Kolar*, ÖJZ 2014, 199; *Leitl-Staudinger*, Beschwerdelegitimation 340 ff mN; *Hauer*, Beschwerdegegenstand 373 f mN.
122 *Paar*, ZfV 2013, 893 f; *Gruber*, ZVG 2014, 18 f und 21 f; zur Revisionstauglichkeit von Erkenntnissen gemäß § 25a Abs 2 bis 4 VwGG *Kolar*, ÖJZ 2014, 198 f; *Kahl*, Revision 441 ff mN.
123 *Köhler*, ecolex 2013, 593 f; *Rosenkranz*, ZUV 2013, 22 f; *Lehofer*, ÖJZ 2014, 8 f; *Schulev-Steindl*, Rechtsschutz 587 f mN.
124 Revisionen gegen Erkenntnisse, in denen das LVwG Kärnten ausgesprochen hat, dass die Revision gemäß Art 133 Abs 4 B-VG iVm § 25a Abs 1 VwGG zulässig ist.
125 *Paar*, ZfV 2013, 894.

dentliche Revision samt Beilagen unter Anschluss der Akten des Verfahrens vorzulegen.[126]

37 Ist auf Grund des eigenen Wirkungsbereiches der Gemeinden in Angelegenheiten der örtlichen Baupolizei die Kärntner Landesregierung gemäß § 21 VwGG nicht Partei des Verfahrens,[127] ist ihr gemäß § 30a Abs 5 und 7 VwGG vom LVwG Kärnten eine Ausfertigung der (außerordentlichen) Revision zuzustellen. Es besteht für die Kärntner Landesregierung gemäß § 30a Abs 5 und § 36 Abs 2 VwGG auch in diesen Fällen die Möglichkeit einer Revisionsbeantwortung binnen 8 Wochen. Diese Revisionsbeantwortung ist gemäß § 3 Z 5 lit b K-GOL der kollegialen Beratung und Beschlussfassung durch die Kärntner Landesregierung vorbehalten.

38 Gegen das Erkenntnis des LVwG Kärnten kann gemäß Art 144 B-VG auch Beschwerde an den VfGH erhoben werden. Zur Erhebung ist nur eine Person legitimiert, die durch das Erkenntnis des LVwG Kärnten in ihrer subjektiven Rechtssphäre berührt ist.[128] Aus diesem Grund können weder die belangte Baubehörde noch die Kärntner Landesregierung, in Angelegenheiten, die nicht zum eigenen Wirkungsbereich der Gemeinde gehören, eine Beschwerde erheben.[129] Die Beschwerde ist gemäß § 14a Abs 1 und 4, § 17 Abs 2 und § 82 Abs 1 VfGG binnen sechs Wochen beim VfGH durch einen bevollmächtigten Rechtsanwalt elektronisch einzubringen. Die Beschwerde hat gemäß § 85 Abs 1 VfGG keine aufschiebende Wirkung.[130]

VI. Verwaltungsgerichtshof

39 Der VwGH erkennt gemäß Art 133 Abs 1 Z 1 B-VG über Revisionen gegen Erkenntnisse des LVwG Kärnten wegen Rechtswidrigkeit.[131] Die Revision ist gemäß Art 133 Abs 4 B-VG nur zulässig, wenn sie von der

---

126 *Paar*, ZfV 2013, 894 f.
127 *Köhler*, ecolex 2013, 594; *Rosenkranz*, ZUV 2013, 21.
128 *Kneihs/Rohregger* in Korinek/Holoubek, Art 144 B-VG Rz 36 ff; *Potacs/Hattenberger* in Kneihs/Lienbacher, Art 144 B-VG Rz 24 ff.
129 *Potacs/Hattenberger* in Kneihs/Lienbacher, Art 144 B-VG Rz 27; *Wildpanner*, JRP 2013, 364 f.
130 Zum Antrag auf Zuerkennung der aufschiebenden Wirkung an den VfGH gemäß § 85 Abs 2 VfGG siehe § 3 Rz 47.
131 Zum Ganzen Verfahren vor dem VwGH ausführlich *Mayrhofer/Metzler*, VwGH Verfahrensrecht 453 ff mN.

Lösung einer Rechtsfrage abhängt, der grundsätzliche Bedeutung zukommt, insbesondere weil das Erkenntnis von der Rechtsprechung des VwGH abweicht, eine solche Rechtsprechung fehlt oder die zu lösende Rechtsfrage in der bisherigen Rechtsprechung des VwGH nicht einheitlich beantwortet wird.[132] Bei der Beurteilung der Zulässigkeit der Revision ist der VwGH gemäß § 34 Abs 1 a VwGG an den Ausspruch des LVwG Kärnten im Sinne des § 25a Abs 1 VwGG[133] nicht gebunden.

Parteien im Verfahren sind gemäß § 21 Abs 1 VwGG der Revisionswerber, die belangte Baubehörde, in Angelegenheiten des eigenen Wirkungsbereiches der Gemeinden auch die Kärntner Landesregierung und Mitbeteiligte. Wird die Revision von der Bezirksverwaltungsbehörde erhoben oder ist diese Partei, so kann gemäß § 22 Abs 1 VwGG die Kärntner Landesregierung an deren Stelle jederzeit in das Verfahren eintreten. Das LVwG Kärnten ist nicht Partei des Verfahrens.[134]

Die Revision hat gemäß § 30 VwGG keine aufschiebende Wirkung. Ab der Vorlage[135] der Revision hat der VwGH jedoch auf Antrag des Revisionswerbers die aufschiebende Wirkung mit Beschluss zuzuerkennen, wenn dem nicht zwingende öffentliche Interessen entgegenstehen und nach Abwägung der berührten öffentlichen Interessen und Interessen anderer Parteien mit dem Vollzug des angefochtenen Erkenntnisses oder mit der Ausübung der durch das angefochtene Erkenntnis eingeräumten Berechtigung für den Revisionswerber ein unverhältnismäßiger Nachteil verbunden wäre. Regelmäßig werden Anträge aber abgewiesen, da die bloße Ausübung der mit einer Baubewilligung eingeräumten Berechtigung während des verwaltungsgerichtlichen Verfahrens nach der ständigen Rechtsprechung des VwGH für sich allein nicht als unverhältnismäßiger Nachteil angesehen werden kann und die massiven Interessen des Bewilligungswerbers an der Umsetzung des Vorhabens überwiegen.[136] Auch der Umstand, dass Bauausführungen typischerweise geeignet sind, Lärm- und Staubbelästigungen auf Anrainergrundstücken herbeizuführen, kann nicht zur Gewäh-

---

132 *Köhler*, ecolex 2013, 595 f; *Paar*, ZfV 2013, 892 f; *Rosenkranz*, ZUV 2013, 20 f; *Kolar*, ÖJZ 2014, 199; *Kleiser*, ZVG 2014, 43 f; *Ennöckel*, VwGH Zuständigkeit 251 f; ausführlich *Lehner/Müller*, JRP 2013, 351 ff; *Kahl*, Revision 437 ff mN.
133 Siehe § 3 Rz 35.
134 *Holoubek/Fuchs C*, ecolex 2013, 599; *Köhler*, ecolex 2013, 594.
135 Zur Zuständigkeit des LVwG Kärnten bis zur Vorlage der Revision siehe § 3 Rz 36 f.
136 VwGH 2.5.1990, AW 90/05/0005; 15.10.2012, AW 2012/06/0064 mwN.

rung der aufschiebenden Wirkung führen.[137] Ab Vorlage der Revision kann der VwGH Beschlüsse über die aufschiebende Wirkung von Amts wegen oder auf Antrag einer Partei aufheben oder abändern, wenn er die Voraussetzungen der Zuerkennung der aufschiebenden Wirkung anders beurteilt oder wenn sich die Voraussetzungen, die für die Entscheidung über die aufschiebende Wirkung der Revision maßgebend waren, wesentlich geändert haben.

42 Der VwGH ist gemäß § 41 VwGG bei der Prüfung des angefochtenen Erkenntnisses – ausgenommen Rechtswidrigkeit infolge Unzuständigkeit des LVwG Kärnten oder infolge Verletzung von Verfahrensvorschriften – an den vom LVwG Kärnten angenommen Sachverhalt und an die durch den Revisionswerber geltend gemachten Revisionspunkte gebunden. Soweit das LVwG Kärnten Ermessen im Sinne des Gesetzes geübt hat, liegt gemäß Art 133 Abs 3 B-VG keine Rechtswidrigkeit vor.[138]

43 Das Erkenntnis des LVwG Kärnten ist gemäß § 42 Abs 2 VwGG vom VwGH aufzuheben, wenn es wegen seines Inhaltes, infolge Unzuständigkeit des Verwaltungsgerichtes oder infolge Verletzung von Verfahrensvorschriften rechtswidrig ist. Durch die Aufhebung tritt gemäß § 42 Abs 3 VwGG die Rechtssache in die Lage zurück, in der sie sich vor Erlassung des angefochtenen Erkenntnisses befunden hat, dh das LVwG Kärnten hat neuerlich zu entscheiden. Das LVwG Kärnten ist gemäß § 63 Abs 1 VwGG verpflichtet, in der betreffenden Rechtssache mit den ihm zu Gebote stehenden rechtlichen Mitteln unverzüglich den der Rechtsanschauung des VwGH entsprechenden Rechtszustand herzustellen.[139]

44 Der VwGH kann – ausgenommen Rechtswidrigkeit infolge Unzuständigkeit des LVwG Kärnten – gemäß § 42 Abs 4 VwGG in der Sache selbst entscheiden, wenn sie entscheidungsreif ist und die Entscheidung in der Sache selbst im Interesse der Einfachheit, Zweckmäßigkeit und Kostenersparnis liegt. In diesem Fall hat er den maßgeblichen Sachverhalt festzustellen und kann zu diesem Zweck auch das LVwG Kärnten mit der Ergänzung des Ermittlungsverfahrens beauftragen.[140] Entscheidet der VwGH in der Sache selbst, hat er das LVwG Kärnten oder eine Baubehörde zur Vollstreckung des Erkenntnisses zu bestimmen.

---

137 VwGH 19.7.2004, AW 2004/05/0062.
138 *Kolar*, ÖJZ 2014, 200 f.
139 *Paar*, ZfV 2013, 895; *Kolar*, ÖJZ 2014, 201 f.
140 *Paar*, ZfV 2013, 895; *Kolar*, ÖJZ 2014, 201.

VII. Verfassungsgerichtshof

Der VfGH erkennt gemäß Art 144 B-VG über Beschwerden gegen Erkenntnisse des LVwG Kärnten, soweit der Beschwerdeführer durch das Erkenntnis in einem verfassungsgesetzlich gewährleisteten Recht oder wegen Anwendung einer gesetzwidrigen Verordnung bzw eines verfassungswidrigen Gesetzes in seinen Rechten verletzt zu sein behauptet.[141] Erfolgt das Erkenntnis des LVwG Kärnten in Durchführung des Rechts der Europäischen Union, zB im Rahmen der RL 2010/31/EU über die Gesamtenergieeffizienz von Gebäuden, können auch die von der Grundrechte-Charta der Europäischen Union garantierten Rechte vor dem VfGH als verfassungsgesetzlich gewährleistete Rechte gemäß Art 144 B-VG geltend gemacht werden.[142] Die Beschwerde kann abgelehnt werden, wenn sie keine hinreichende Aussicht auf Erfolg hat oder von der Entscheidung die Klärung einer verfassungsrechtlichen Frage nicht zu erwarten ist.[143]

45

Wer im Verfahren Partei ist, ist weder im B-VG noch im VfGG ausdrücklich geregelt. Parteien sind aber jedenfalls der Beschwerdeführer und die belangte Baubehörde. Aus verfassungsrechtlichen Gründen ist aber nach Ansicht des VfGH auch das LVwG Kärnten am Verfahren zu beteiligen.[144]

46

Die Beschwerde hat gemäß § 85 VfGG keine aufschiebende Wirkung. Der VfGH hat der Beschwerde aber auf Antrag des Beschwerdeführers die aufschiebende Wirkung zuzuerkennen, wenn dem nicht zwingende öffentliche Interessen entgegenstehen und nach Abwägung der berührten öffentlichen Interessen und Interessen anderer Parteien mit dem Vollzug des angefochtenen Erkenntnisses oder mit der Ausübung der durch das angefochtene Erkenntnis eingeräumten Berechtigung für den Beschwerdeführer ein unverhältnismäßiger Nachteil verbunden wäre. Wenn sich die Voraussetzungen, die für die Entscheidung über die aufschiebende Wirkung der Beschwerde maß-

47

---

141 *Kneihs/Rohregger* in Korinek/Holoubek, Art 144 B-VG Rz 22 ff; *Potacs/Hattenberger* in Kneihs/Lienbacher, Art 144 B-VG Rz 29 ff; *Holzinger*, ZVG 2014, 210 ff.
142 VfGH VfSlg 19.632/2012; 12.3.2014, B166/2013.
143 *Kneihs/Rohregger* in Korinek/Holoubek, Art 144 B-VG Rz 128 ff; *Potacs/Hattenberger* in Kneihs/Lienbacher, Art 144 B-VG Rz 39 ff.
144 § 83 Abs 1 VfGG wurde durch VfGH VfSlg 19.917/2014 als verfassungswidrig aufgehoben; zur Diskussion siehe *Wildpanner*, JRP 2013, 364 ff; *Holzinger*, ZVG 2014, 212; *Holoubek/Fuchs C*, ecolex 2013, 599; *Gamper*, ZfV 2015, 360 ff; *Pavlidis*, ZfV 2015, 367 ff.

gebend waren, wesentlich geändert haben, ist von Amts wegen oder auf Antrag einer Partei neu zu entscheiden.

48 Der VfGH ist bei der Prüfung des angefochtenen Erkenntnisses nicht an die vorgebrachten Verletzungen eines verfassungsgesetzlich gewährleisteten Rechtes gebunden. Nur wenn der Beschwerdeführer ausschließlich vorbringt, wegen Anwendung einer gesetzwidrigen Verordnung bzw eines verfassungswidrigen Gesetzes in seinen Rechten verletzt zu sein, ist der VfGH an das Beschwerdevorbringen gebunden.[145]

49 Das Erkenntnis ist gemäß § 87 Abs 1 VfGG vom VfGH aufzuheben, wenn es den Beschwerdeführer in einem verfassungsgesetzlich gewährleisteten Recht oder wegen Anwendung einer gesetzwidrigen Verordnung bzw eines verfassungswidrigen Gesetzes in seinen Rechten verletzt. Durch die Aufhebung tritt die Rechtssache in die Lage zurück, in der sie sich vor Erlassung des angefochtenen Erkenntnisses befunden hat, dh das LVwG Kärnten hat neuerlich zu entscheiden.[146] Das LVwG Kärnten und die Baubehörden sind gemäß § 87 Abs 2 VfGG verpflichtet, in der betreffenden Rechtssache mit den ihnen zu Gebote stehenden rechtlichen Mitteln unverzüglich den der Rechtsanschauung des Verfassungsgerichtshofes entsprechenden Rechtszustand herzustellen.[147]

VIII. Gerichtshof der Europäischen Union

50 Auch im Bauverfahren ist mittelbar und unmittelbar Unionsrecht anzuwenden.[148] Als Beispiele seien hier nur die RL 2010/31/EU über die Gesamtenergieeffizienz von Gebäuden[149] und die VO (EU) Nr 305/2011 zur Festlegung harmonisierter Bedingungen für die Vermarktung von Bauprodukten angeführt.[150]

51 Ist im Bauverfahren Unionsrecht auszulegen und hält das LVwG Kärnten eine Entscheidung über die Auslegung des Unionsrechts zum Er-

---

145 *Kneihs/Rohregger* in Korinek/Holoubek, Art 144 B-VG Rz 21; *Potacs/Hattenberger* in Kneihs/Lienbacher, Art 144 B-VG Rz 33 mN.
146 VfSlg 17.045/2003 mN.
147 *Kneihs/Rohregger* in Korinek/Holoubek, Art 144 B-VG Rz 152 ff; *Potacs/Hattenberger* in Kneihs/Lienbacher, Art 144 B-VG Rz 28 mN.
148 *Eilmansberger*, Gemeinde und Europarecht 31 ff; *Weber* in Korinek/Holoubek, Art 118/1-7 B-VG Rz 27; *Stolzlechner* in Kneihs/Lienbacher, Art 118 B-VG Rz 21.
149 Siehe zB die Umsetzung in § 43 K-BV.
150 Siehe § 27; die VO (EU) Nr 305/2011 ist unter Punkt 4 abgedruckt.

lass seines Erkenntnisses für erforderlich, so kann es gemäß Art 267 Abs 2 AEUV diese Frage dem EuGH zur Entscheidung vorlegen.[151] Die Beschwerdeführer können solche Vorlagen anregen.[152] Stellt sich eine solche Auslegungsfrage dem VwGH[153] oder dem VfGH[154] und war diese Frage nicht bereits Gegenstand eines Vorabentscheidungsverfahrens, liegt dazu keine gesicherte Rechtsprechung des EuGH vor oder ist die richtige Anwendung nicht derart offenkundig, dass keinerlei Zweifel an der Entscheidung der gestellten Frage bleibt, so muss gemäß Art 267 Abs 3 AEUV eine Vorlage an den EuGH erfolgen.[155] Der EuGH ist ausschließlich dazu berufen, das Unionsrecht auszulegen, nicht das nationale Recht. Das Urteil des EuGH über die Auslegung des Unionsrechtes ist für das vorlegende Gericht im Anlassfall jedenfalls bindend. Doch hat das Urteil im Sinne einer einheitlichen Anwendung des Unionsrechts auch Bindungswirkung über den konkreten Anlassfall hinaus.[156]

Wird Unionsrecht im Bauverfahren verletzt, kann die Europäische Kommission gemäß Art 258 AEUV ein Vertragsverletzungsverfahren gegen die Republik Österreich[157] einleiten. Vielfach sind entsprechende Hinweise und Beschwerden von Bürgern an die Europäische Kommission Ausgangspunkt solcher Verfahren. Stellt ein Urteil des EuGH die Vertragsverletzung fest, hat die Republik Österreich entsprechende Maßnahmen zur Herstellung der Unionsrechtskonformität zu setzen.[158] Erfolgt dies nicht, können in einem Sanktionsverfahren gemäß Art 260 AEUV Zwangsgelder und/oder Pauschalbeträge gegen die Republik Österreich verhängt werden.[159]

52

---

151 Siehe § 17 VwGVG iVm § 38a AVG.
152 *Grabenwarter/Fister*, NZ 2013, 357.
153 Siehe § 38b VwGG.
154 Siehe § 19a VfGG.
155 *Storr*, Europäischer Kontext 96 ff mN.
156 Zum Ganzen ausführlich *Schima* in Mayer/Stöger Art 267 AEUV Rz 1 ff mN.
157 Nicht gegen das Land Kärnten oder die Gemeinde.
158 Zum Ganzen ausführlich *Eberhard/Riedl* in Mayer/Stöger Art 258 AEUV Rz 1 ff mN.
159 Die Kosten auf Grund eines unionsrechtswidrigen Verhaltens des Landes Kärnten hat aber gemäß Art 12 Abs 2 der Vereinbarung zwischen dem Bund und den Ländern gemäß Art 15a B-VG über die Mitwirkungsrechte der Länder und Gemeinden in den Angelegenheiten der europäischen Integration das Land Kärnten zu tragen. Gleiches gilt für die Gemeinden gemäß § 3 Abs 3 FAG 2008; zum Ganzen ausführlich *Posch/Riedl* in Mayer/Stöger Art 260 AEUV Rz 1 ff mN.

IX. Europäischer Gerichtshof für Menschenrechte

53 Auf völkerrechtlicher Ebene kann gemäß Art 34 EMRK bei Verletzung von Rechten, die durch die EMRK garantiert sind, eine Individualbeschwerde gegen die Republik Österreich beim EGMR erhoben werden. So ist das Recht, auf einem Grundstück ein Gebäude zu errichten, ein zivilrechtlicher Anspruch („Civil right") im Sinne von Art 6 EMRK.[160] Zu denken ist zB auch an die Gewährleistungspflichten zum Schutz des Lebens gemäß Art 2 EMRK[161] und zum Schutz der Person gemäß Art 8 EMRK,[162] an die Religionsfreiheit gemäß Art 9 EMRK[163] und an die Eigentumsgarantie gemäß Art 1 1. ZP EMRK.[164] Voraussetzung ist, dass der Beschwerdeführer partei- und prozessfähig ist, ein substantiiertes Vorbringen Opfer einer Konventionsverletzung zu sein, die Erschöpfung des innerstaatlichen Instanzenzuges, einschließlich der Verfassungsgerichtsbarkeit, und die Einbringung der Beschwerde binnen 6 Monaten ab Zustellung der endgültigen innerstaatlichen Entscheidung.[165] Das Urteil des EGMR stellt die Konventionsverletzung fest, die Republik Österreich hat entsprechende Maßnahmen zur Beendigung der Konventionsverletzung und zur Wiedergutmachung zu setzen.[166]

---

160 EGMR 25.11.1994, *Ortenberg*, 12.884/87; *Morscher*, JBl 2009, 469 ff; siehe zum Ganzen auch *Geuder*, ÖJZ 1990, 265 ff; nunmehr auch VfGH 7.3.2012, V 32/09; hinsichtlich Anrainer siehe *Zeißl*, ÖGZ 1978, 442 ff; *ders*, ÖGZ 1979, 170 ff.

161 *Grabenwarter/Pabel*, Menschenrechtskonvention[6] 163 ff mN; *Giese*, bbl 2011, 218.

162 ZB hinsichtlich Lärmimmissionen *Grabenwarter/Pabel*, Menschenrechtskonvention[6] 324 f mN oder dem Grundrecht auf Achtung der Wohnung EGMR 25.9.1996, *Buckley*, 23/1995/529/615.

163 *Grabenwarter/Pabel*, Menschenrechtskonvention[6] 359 ff mN; *Wieshaider*, bbl 2003, 138 ff; *Bundschuh-Rieseneder*, bbl 2007, 75 ff; *Ammer/Buchinger*, migralex 2008, 78 ff; *Kröll*, Minarette 233 ff.

164 *Grabenwarter/Pabel*, Menschenrechtskonvention[6] 596 ff mN.

165 *Grabenwarter/Pabel*, Menschenrechtskonvention[6] 48 ff mN.

166 *Grabenwarter/Pabel*, Menschenrechtskonvention[6] 115 ff mN.

§ 4 Mitwirkung der Bundespolizei

Die Organe des Wachkörpers Bundespolizei haben der Behörde über ihr Ersuchen zur Sicherung der Ausübung der Überwachungsbefugnisse nach den §§ 34, 35, 46 und 51 im Rahmen ihres gesetzmäßigen Wirkungsbereiches Hilfe zu leisten.

Literatur: *Jabloner*, Die Mitwirkung der Bundesregierung an der Landesgesetzgebung, 1989; *Keplinger/Zirnsack*, Die Polizeireform 2012, SIAK-Journal 2012 H 4, 4; Kneihs/Lienbacher (Hrsg), Rill-Schäffer-Kommentar Bundesverfassungsrecht, 15. Lfg, 2015; Korinek/Holoubek (Hrsg), Österreichisches Bundesverfassungsrecht, 11. Lfg, 2013; *Lachmayer*, Die Neustrukturierung der Sicherheitsbehörden. Zwischen Effizienz und Rechtsstaatlichkeit, Jahrbuch Öffentliches Recht 2013, 181; *Pürgy*, Die Mitwirkung von Beliehenen des Bundes an der Landesvollziehung, ZfV 2011/1172; *Vogl*, Die neue Organisation der Sicherheitsbehörden, JAP 2012/2013/11.

Inhaltsübersicht

	Rz
I. Entwicklung und Rechtsvergleich	1
II. Allgemeines	3
III. Organe des Wachkörpers Bundespolizei	4
IV. Hilfeleistung	5

I. Entwicklung und Rechtsvergleich

Eine entsprechende Bestimmung wurde erstmals mit § 3a K-BO 1992, LGBl 1996/44, aufgenommen. Diese wurde vorerst unverändert als § 4 in die K-BO 1996, LGBl 1996/62, übernommen. Durch LGBl 2005/77 und LGBl 2012/89 erfolgten Anpassungen an die Zusammenlegung der Wachkörper und die Neuorganisation der Sicherheitsbehörden.[1] **1**

Nur in einzelnen anderen Bundesländern bestehen entsprechende Bestimmungen. Die Regelungen finden sich in § 32 Bgld. BauG, § 58 TBO 2011 sowie in § 54 V-BauG. **2**

---

[1] ErlRV 01-VD-LG-1506/3-2012, 1 f; zur Neuorganisation *Keplinger/Zirnsack*, SIAK-Journal 2012 H 4, 4 ff; *Vogl*, JAP 2012/2013/11, 93 ff; *Lachmayer*, Neustrukturierung 181 ff.

II. Allgemeines

3 Die Bestimmung dient der Durchsetzung der Ausübung der Überwachungsbefugnisse gemäß §§ 34, 35, 46 und 51, dh der Durchsetzung der Überwachung und Einstellung der Bauausführung, der Räumung und des Zutrittsrechtes.[2] Verfassungsrechtliche Grundlage der Mitwirkung der Organe des Wachkörpers Bundespolizei – also von Bundesorganen – an der Vollziehung der K-BO 1996 – einem Landesgesetz – ist Art 22 B-VG iVm Art 97 Abs 2 B-VG. Sieht ein Landesgesetz bei der Vollziehung die Mitwirkung von Bundesorganen vor, muss die Zustimmung der Bundesregierung eingeholt werden.[3] Dies gilt auch für den in § 4 vorliegenden Fall der Konkretisierung der Amtshilfe des Art 22 B-VG[4] in einem Landesgesetz.[5] Amtshilfe ist in diesem Zusammenhang ein Fall der Mitwirkung.[6]

III. Organe des Wachkörpers Bundespolizei

4 Der Wachkörper Bundespolizei besteht gemäß § 5 Abs 6 SPG aus den Bediensteten der Besoldungsgruppen Exekutivdienst und Wachebeamte sowie allen in vertraglicher Verwendung stehenden Exekutivbediensteten, unbeschadet der Zugehörigkeit zu einer bestimmten Dienststelle. Dazu zählen insbesondere die Exekutivbediensteten der Landespolizeidirektionen.[7] Die Organe des Wachkörpers Bundespolizei sind Organe des öffentlichen Sicherheitsdienstes und versehen gemäß § 5 Abs 1 SPG für die Sicherheitsbehörden den Exekutivdienst. Der sicherheitspolizeiliche Exekutivdienst besteht gemäß § 5 Abs 3 SPG aus dem Streifen- und Überwachungsdienst, der Ausübung der ersten allgemei-

---

2 ErlRV Verf-135/94/1995, 8.
3 Zum Verfahren *Jabloner/Muzak* in Korinek/Holoubek, Art 97 Abs 2 B-VG Rz 5 ff; ausführlich *Jabloner*, Mitwirkung 149 ff; siehe auch *Pürgy*, ZfV 2011, 745 ff.
4 § 4 trägt zwar die Überschrift „Mitwirkung" normiert aber wie Art 22 B-VG ausdrücklich „Hilfeleistung" und schränkt diese auch auf den gesetzmäßigen Wirkungsbereich ein; zur einfachgesetzlichen Ausgestaltung der Amtshilfe *Wiederin* in Korinek/Holoubek, Art 22 B-VG Rz 50; *Hiesel* in Kneihs/Lienbacher, Art 22 B-VG Rz 53 f.
5 VfGH VfSlg 2598/1953; VfSlg 10.715/1985; *Jabloner*, Mitwirkung 154 f; aA *Wiederin* in Korinek/Holoubek, Art 22 B-VG Rz 58; *Hiesel* in Kneihs/Lienbacher, Art 22 B-VG Rz 61.
6 *Jabloner/Muzak* in Korinek/Holoubek, Art 97 Abs 2 B-VG Rz 10.
7 *Keplinger/Zirnsack*, SIAK-Journal 2012 H 4, 5.

nen Hilfeleistungspflicht und der Gefahrenabwehr mit den Befugnissen nach dem 3. Teil des SPG sowie aus dem Ermittlungs- und dem Erkennungsdienst.

IV. Hilfeleistung

Voraussetzung der Hilfeleistung ist ein Ersuchen der Baubehörde an die Organe des Wachkörpers Bundespolizei.[8] Eine Pflicht um Hilfeleistung zu ersuchen, besteht grundsätzlich nicht.[9] Ist jedoch nur durch die Hilfeleistung der Organe des Wachkörpers Bundespolizei die Vollziehung der §§ 34, 35, 46 und 51 gewährleistet, so hat die Baubehörde zur Durchsetzung ein entsprechendes Ersuchen zu stellen. Anderseits darf ein Ersuchen nur gestellt werden, wenn eine Hilfeleistung tatsächlich erforderlich ist.[10]

5

Eine Hilfeleistung kann nur im Rahmen des gesetzmäßigen Wirkungsbereiches[11] der Organe des Wachkörpers Bundespolizei erfolgen. Zu den Befugnissen der Organe des Wachkörpers Bundespolizei zählt gemäß § 5 Abs 3 SPG unter anderem der 3. Teil des SPG, insbesondere das Auskunftsverlangen gemäß § 34 SPG, die Identitätsfeststellung gemäß § 35 SPG, die Wegweisung gemäß § 38 SPG und das Betreten und Durchsuchen von Grundstücken sowie Räumen gemäß § 39 SPG. § 4 bildet die Grundlage, dass die Organe des Wachkörpers Bundespolizei auf Ersuchen der Baubehörde – zur Sicherung der Ausübung der Überwachungsbefugnisse nach den §§ 34, 35, 46 und 51 – zur Hilfeleistung im Rahmen dieser Befugnisse ermächtigt sind.[12]

6

§ 5 Beratung, Auskunftspflicht, Merkblatt

Die Behörde hat Bauinteressenten auf ihr Verlangen Auskünfte in Bauangelegenheiten zu erteilen sowie nach Bedarf Bausprechtage zur Beratung von Bauinteressenten in Bauangelegenheiten abzu-

---

8 *Hiesel* in Kneihs/Lienbacher, Art 22 B-VG Rz 32 und 42.
9 *Wiederin* in Korinek/Holoubek, Art 22 B-VG Rz 45.
10 *Wiederin* in Korinek/Holoubek, Art 22 B-VG Rz 37; *Hiesel* in Kneihs/Lienbacher, Art 22 B-VG Rz 28.
11 Zum Meinungsstand ausführlich *Wiederin* in Korinek/Holoubek, Art 22 B-VG Rz 28 ff mN.
12 Zur Verantwortung im Amtshilfeverhältnis *Hiesel* in Kneihs/Lienbacher, Art 22 B-VG Rz 46.

halten. Anläßlich einer Auskunftserteilung oder einer Beratung ist den Bauinteressenten unentgeltlich ein Merkblatt über die nach den §§ 10 bis 12 beizubringenden Belege auszuhändigen. Bauinteressenten sind insbesondere darauf hinzuweisen, welche weiteren behördlichen Verfahren für das Vorhaben voraussichtlich notwendig sein werden.

Literatur: *Geuder,* Entschädigungsfragen im Spannungsfeld Bundesstraßenrecht – Baurecht (Teil 1, 2 und 3), OIZ 1989, 151, 175 und 199; *Held,* Auskunftserteilung, Baubewilligung, Flächenwidmungsplan: Haftung der Gemeinde als Behörde, RFG 2008/26; *Helmberg,* Amtshaftung im Baurecht, bbl 1998, 151; *Hutter,* Haftungsrisiken der Gemeinde bei Hochwasser, RFG 2013/37; Kneihs/Lienbacher (Hrsg), Rill-Schäffer-Kommentar Bundesverfassungsrecht, 15. Lfg, 2015; *Kleewein,* Amtshaftung in der Raumplanung, bbl 2008, 1; Korinek/Holoubek (Hrsg), Österreichisches Bundesverfassungsrecht, 11. Lfg, 2013; *Liehr,* Deregulierung im Baurecht, ÖGZ 1997, Heft 4, 4; *Mader,* Zur Amtshaftung der Gemeinde, in Rebhahn (Hrsg), Beiträge zum Kärntner Gemeinderecht, 1998; *Puck,* Haftung des Staates für informelle Zusagen und Auskünfte, in Aicher, Die Haftung für staatliche Fehlleistungen im Wirtschaftsleben, 1988.

Inhaltsübersicht	Rz
I. Entwicklung und Rechtsvergleich	1
II. Auskunftspflicht und Beratung	3
III. Hinweis auf weitere behördliche Verfahren	6
IV. Amtshaftung	7

I. Entwicklung und Rechtsvergleich

1 Eine entsprechende Bestimmung wurde erstmals mit § 3b K-BO 1992, LGBl 1996/44, aufgenommen Diese wurde grundsätzlich unverändert in die K-BO 1996 als § 5 übernommen. Es erfolgte lediglich eine redaktionelle Anpassung der Verweisung an die neue Paragraphennummerierung der K-BO 1996.

2 Eine ausdrückliche Regelung über Beratungs- und Auskunftspflichten in Bauangelegenheiten besteht in den anderen Bundesländern nur vereinzelt. In § 14 Abs 2 Bgld. BauG findet sich eine Auskunftspflicht über die Bebauungsgrundlagen, in § 55 Abs 6 Oö. BauO 1994 ein Verweis auf das Oö. Auskunftspflicht- und Datenschutzgesetz[1] und in § 17 Stmk. BauG eine Auskunftspflicht über die Bebauungsgrundlagen und eine Beratungspflicht.

II. Auskunftspflicht und Beratung

Eine Auskunftspflicht ergibt sich für die Behörden schon aus Art 20 Abs 4 B-VG. Sie haben über Angelegenheiten ihres Wirkungsbereiches Auskünfte zu erteilen, soweit eine gesetzliche Verschwiegenheitspflicht dem nicht entgegensteht.[2] Eine gesetzliche Verschwiegenheitspflicht (Amtsverschwiegenheit) besteht insbesondere gemäß Art 20 Abs 3 B-VG für aus der amtlichen Tätigkeit bekannt gewordenen Tatsachen, deren Geheimhaltung im Interesse der Aufrechterhaltung der öffentlichen Ruhe, Ordnung und Sicherheit, der umfassenden Landesverteidigung, der auswärtigen Beziehungen, im wirtschaftlichen Interesse einer Körperschaft des öffentlichen Rechts, zur Vorbereitung einer Entscheidung oder im überwiegenden Interesse der Parteien geboten ist.[3] Weitere gesetzliche Verschwiegenheitspflichten ergeben sich aus dem verfassungsgesetzlich gewährleisteten Recht auf Datenschutz gemäß § 1 DSG 2000.[4]

3

Nähere Regelungen zur Auskunftspflicht finden sich im K-ISG. Jedermann hat gemäß § 2 K-ISG das Recht, Auskünfte mündlich, telefonisch oder schriftlich zu verlangen. Auskünfte sind gemäß § 1 Abs 2 K-ISG einerseits nur zu erteilen, insofern sie zum Zeitpunkt der Einbringung des Auskunftsbegehrens aufgrund der amtlichen Tätigkeit bekannt sind und nicht erst zum Zweck der Erfüllung der Auskunftspflicht beschafft oder erarbeitet werden müssen. Anderseits ist gemäß § 1 Abs 3 K-ISG Auskunft nur in einem solchen Umfang zu erteilen, der die Besorgung der übrigen Aufgaben der Organe nicht wesentlich beeinträchtigt. Auskunft ist nicht zu erteilen, wenn sie offenkundig mutwillig verlangt wird, wenn die Auskunftserteilung umfangreiche Ausarbeitungen erfordern würde oder wenn die gewünschten Informationen dem Auskunftswerber auf andere Weise unmittelbar zugänglich sind. Auskunft

4

---

[1] Seit LGBl 2006/86 Oö. Auskunftspflicht-, Datenschutz- und Informationsweiterverwendungsgesetz.
[2] Zum Ganzen *Wieser* in Korinek/Holoubek, Art 20 Abs 4 B-VG.
[3] Zum Ganzen *Wieser* in Korinek/Holoubek, Art 20 Abs 3 B-VG; *Feik* in Kneihs/Lienbacher, Art 20 Abs 3 B-VG.
[4] *Wieser* in Korinek/Holoubek, Art 20 Abs 4 B-VG Rz 41.

ist gemäß § 3 Abs 2 K-ISG ohne unnötigen Aufschub, spätestens aber innerhalb von acht Wochen nach dem Einlangen des Auskunftsbegehrens zu erteilen. Wird eine Auskunft verweigert, so ist dies gemäß § 4 K-ISG dem Auskunftswerber unter Angabe des Grundes mitzuteilen. Auf Antrag des Auskunftswerbers ist die Verweigerung der Auskunft mit schriftlichem Bescheid auszusprechen.

5 Zusätzlich zu diesen verfassungs- und landesgesetzlich vorgegeben allgemeinen Auskunftspflichten sieht § 5 eine spezielle Auskunfts- und Beratungspflicht der Behörden für Bauinteressierte vor. Ziel ist durch eine möglichst frühzeitige – schon vor oder während der Planerstellung und der sonstigen Bauvorbereitung – Beseitigung von Unklarheiten unnötige Kosten zu vermeiden. Dies soll nicht nur dem Bauinteressierten dienen, sondern durch Vermeidung von Zurückweisungen und Verbesserungsaufträgen auch zu einer Verwaltungsvereinfachung führen.[5] Dieses Ziel wird dadurch erreicht, dass nicht nur eine Auskunftspflicht über die allgemeinen gesetzlichen Grundlagen besteht, sondern eine Beratung der rechtlichen Rahmenbedingungen, sowohl hinsichtlich des Verfahrens als auch der Bautechnik, für das konkrete Vorhaben zu erfolgen hat.[6] Dazu sind bei Bedarf Bausprechtage abzuhalten. Diese erscheinen vor allem in größeren Gemeinden mit einer entsprechenden Anzahl von Bauinteressierten zweckmäßig. Dem Bauinteressenten ist im Rahmen einer Auskunft und Beratung ein Merkblatt über die nach den §§ 10 bis 12 beizubringenden Belege – siehe dazu auch die näheren Bestimmungen für Belege in der K-BAV – auszuhändigen.[7] Eine Kostentragung des Bauinteressierten für die Beratung oder das Merkblatt ist nicht vorgesehen.[8]

---

[5] ErlRV Verf-135/94/1995, 8; *Liehr*, ÖGZ 1997, Heft 4, 5.
[6] Beratung bedeutet aber nicht, dass die Baubehörde zB verpflichtet wäre Pläne für den Bauinteressierten zu erstellen.
[7] In ErlRV Verf-135/94/1995, 8 f wird ausgeführt, dass das Merkblatt auch Hinweise auf nach anderen Bundes- oder Landesgesetzen erforderliche Genehmigungen enthalten soll. Vom Wortlaut der Bestimmung ist dies aber nicht ausdrücklich vorgegeben.
[8] So auch *Trippl/Schwarzbeck/Freiberger*, Baurecht[5] § 17 Stmk BauG Anm 5.

III. Hinweis auf weitere behördliche Verfahren

Teil der Beratung ist auch der Hinweis, welche weiteren behördlichen Verfahren für das konkrete[9] Vorhaben voraussichtlich notwendig sein werden. Dies können sowohl Verfahren nach anderen Landes- als auch Bundesgesetzen sein. Umfasst sind aber nur weitere behördliche Verfahren, die „voraussichtlich" notwendig sind. Es ist der Behörde nicht möglich für alle Vorhaben abschließend zu beurteilen, ob und inwieweit diese auch in den Anwendungsbereich anderer behördlicher Verfahren fallen.[10] So zählen zu den voraussichtlich weiteren behördlichen Verfahren der Kärntner Landesrechtsordnung insbesondere:[11]

6

– Ortsbildschutzrechtliche Bewilligungs- und Anzeigepflicht gemäß K-OBG[12]

– Naturschutzrechtliche Bewilligung gemäß K-NSG 2002, K-NBG und K-BPNG

– Bewilligung für die Errichtung einer Bringungsanlage gemäß K-GSLG

– Bewilligung der Errichtung einer IPPC-Anlage gemäß K-IPPC-AG[13]

– Anschlusspflicht an eine Kanalisationsanlage gemäß K-GKG

– Meldepflicht für Heizungsanlagen gemäß K-HeizG[14]

– Vor- und Abnahmeprüfung von überwachungspflichtigen Hebeanlagen gemäß K-AG[15]

– Straßenrechtliche Bewilligung gemäß K-StrG

– Elektrizitätsrechtliche Bewilligung gemäß K-EG

– Genehmigung der Teilung von Grundstücken gemäß K-GTG[16]

---

9 Dies ergibt sich aus dem Wortlaut „für das Vorhaben" (nicht „für ein Vorhaben"). Dies entspricht auch der Vorgabe nicht nur Auskunft zu erteilen, sondern auch Beratung anzubieten.

10 *Pallitsch/Pallitsch/Kleewein*, Baurecht[5] § 5 K-BO 1996 Anm 2.

11 Die Aufzählungen der voraussichtlich weiteren Verfahren haben keinen Anspruch auf Vollständigkeit.

12 Das K-OBG ist einschließlich der Erläuterungen unter Punkt 3 abgedruckt.

13 Das K-IPPC-AG ist einschließlich der Erläuterungen unter Punkt 6 abgedruckt.

14 Das K-HeizG ist einschließlich der Erläuterungen unter Punkt 7. abgedruckt.

15 Das K-AG ist einschließlich der Erläuterungen unter Punkt 8. abgedruckt.

16 Das K-GTG ist einschließlich der Erläuterungen unter Punkt 12. abgedruckt.

- Veranstaltungsstättengenehmigung gemäß K-VAG 2010
- Bewilligung der Errichtung eines Campingplatzes gemäß K-CPG
- Standortbewilligung für Automatensalons gemäß K-SGAG
- Bordellbewilligung gemäß K-PRG
- Bewilligung der Errichtung einer Krankenanstalt gemäß K-KAO
- Betriebsbewilligung eines Heimes gemäß K-HG
- Bewilligung der Errichtung einer Bestattungsanlage gemäß K-BstG
- Anzeigepflicht für Jugenderholungsheime gemäß K-KJHG
- Errichtungs- und Betriebsbewilligung für Kinderbetreuungseinrichtungen gemäß K-KBG
- Bewilligungspflicht für Schischulen gemäß K-SSchG
- Bewilligung der Errichtung einer Bergsteigerschule gemäß K-BSFG
- Bewilligung für Bienenzucht gemäß K-BiWG
- Anmeldung der Ausübung des Buschenschankrechtes gemäß K-BuG
- Durchführung einer Umweltverträglichkeitsprüfung

Zu den wichtigsten weiteren behördlichen Verfahren[17] der Bundesrechtsordnung zählen insbesondere:

- Betriebsanlagengenehmigung gemäß GewO 1994
- Wasserrechtliche Bewilligung gemäß WRG 1959
- Arbeitsstättenbewilligung gemäß ASchG
- Denkmalschutzrechtliche Bewilligung gemäß DMSG
- Forstrechtliche Bewilligung gemäß Forstgesetz 1975
- Straßenrechtliche Bewilligung gemäß BStG
- Eisenbahnrechtliche Ausnahmebewilligung gemäß EisbG
- Seilbahnrechtliche Ausnahmebewilligung gemäß SeilbG 2003

---

17 Zum Kumulationsprinzip siehe § 2 Rz 4. Bauliche Anlagen, für die eine Sonderbaurechtskompetenz des Bundes besteht, unterliegen nicht der K-BO 1996. Bauliche Anlagen, die der K-BO 1996 unterliegen und zB im Nahbereich einer Bundesstraße bzw Bauverbotsbereich einer Eisenbahn errichtet werden sollen, bedürfen aber zB einer straßenrechtlichen Bewilligung gemäß § 21 BStG oder einer eisenbahnrechtlichen Ausnahmebewilligung gemäß § 42 EisbG; vgl *Geuder*, OIZ 1989, 151 f, 175 f und 199 f.

- Bewilligung eines Schleppliftes gemäß SeilbG 2003 iVm SchleppVO 2004
- Luftfahrtrechtliche Ausnahmebewilligung gemäß LFG
- Schifffahrtsrechtliche Bewilligung gemäß SchFG
- Bergbaurechtliche Ausnahmebewilligung gemäß MinroG
- Munitionslagerrechtliche Ausnahmebewilligung gemäß MunLG 2003
- Ausnahmebewilligung gemäß den Staatsverträgen über die Staatsgrenze mit Slowenien[18] und Italien[19]
- Durchführung einer Umweltverträglichkeitsprüfung

IV. Amtshaftung

Auskünfte der Behörden bezwecken den Dispositionsschutz. Danach sollen Auskünfte wirtschaftliche Dispositionen erleichtern oder überhaupt erst sinnvoll ermöglichen und deren beabsichtigte Verwirklichung sichern. Das ist nur erreichbar, wenn die nach dem Auskunftsbegehren erteilte Information richtig ist.[20] Somit besteht ein subjektiv-öffentliches Recht auf eine richtige Auskunft.[21] Werden unrichtige Auskünfte erteilt, können auf Grundlage des Amtshaftungsgesetzes Amtshaftungsansprüche entstehen.[22] Vom Schutzzweck ist nicht nur der Auskunftswerber umfasst, sondern unter Umtänden auch der Kreditgeber für das beabsichtigte Vorhaben.[23]

7

---

18 BGBl 1966/229 idF BGBl III 2011/176; siehe Art 18 des Staatvertrages.
19 BGBl III 2006/150; siehe Art 17 des Staatsvertrages.
20 OGH RIS-Justiz RS0113363; *Puck*, Haftung für Auskünfte, 173 f.
21 OGH 22.2.2000, 1 Ob 14/00s; dazu Glosse *Konecny/Augenhofer*, JAP 2000/2001, 165; OGH RIS-Justiz RS0113364; *Held*, RFG 2008, 101; *Kleewein*, bbl 2008, 12 ff.
22 OGH RIS-Justiz RS0113716; *Helmberg*, bbl 1998 151 ff; *Mader*, Amtshaftung der Gemeinde 157 ff; *Hutter*, RFG 2013, 177 f.
23 OGH SZ 73/90.

2. Abschnitt – Vorhaben

§ 6 Baubewilligungspflicht

Sofern es sich nicht um ein bewilligungsfreies Vorhaben nach § 7 handelt, bedarf einer Baubewilligung:
- a) die Errichtung von Gebäuden und sonstigen baulichen Anlagen;
- b) die Änderung von Gebäuden und sonstigen baulichen Anlagen;
- c) die Änderung der Verwendung von Gebäuden oder Gebäudeteilen, sofern für die neue Verwendung andere öffentlich-rechtliche, insbesondere raumordnungsrechtliche Anforderungen gelten als für die bisherige Verwendung;
- d) der Abbruch von Gebäuden, Gebäudeteilen, sonstigen baulichen Anlagen oder Teilen von solchen;
- e) die Errichtung und die Änderung von zentralen Feuerungsanlagen mit einer Nennwärmeleistung über 50 kW, hinsichtlich der Etagenheizungen jedoch nur dann, wenn sie mit flüssigen oder gasförmigen Brennstoffen betrieben werden.

Literatur: *Bernegger/Mesecke*, Voraussetzungen zur Genehmigung und zum Betrieb von „Elektro-Tankstellen" (Teil 2), RdU 2012/114; *Eisenberger/Hödl*, Grazer Altstadt – Kompassnadel auf Häuserdach: Werbeanlage, Skulptur, kleinere bauliche Anlage oder Zubau?, bbl 2007, 7; *Glassl*, Die freiwillige Demolierung von Gebäuden in öffentlich-rechtlicher Sicht, OIZ 1960, 5 und 23; *Jahnel*, „Handymasten" im Baurecht, bbl 2003, 4; *ders*, Handymasten im Baurecht – neuste Entwicklungen, bbl 2009, 89; *Laußermair*, Voraussetzungen für die Errichtung von Photovoltaikanlagen im Baurecht und im Elektrizitätsrecht, RFG 2014/37; *Neisser*, Die verfassungsrechtliche Garantie der Kunstfreiheit, ÖJZ 1983, 1; *Pabel*, Wann sind Carports baubewilligungspflichtig?, RFG 2008/20; *dies*, Die baurechtliche Genehmigungspflicht von Schwimmbecken, RFG 2009/21; *dies*, Gerätehütten und Gartenhäuser – bedarf es einer Baubewilligung?, RFG 2012/31; *Schwaighofer*, Die Bauanzeige nach der Tiroler Bauordnung 2001, bbl 2004, 1; *Urbantschitsch*, Rechtsgrundlagen der Elektromobilität, ZVR 2010/155; *ders*, Richtlinie über den Aufbau der Infrastruktur für alternative Kraftstoffe – Anmerkungen zur Auslegung und Umsetzung, ZTR 2014, 152.

Inhaltsübersicht	**Rz**
I. Entwicklung und Rechtsvergleich	1
II. Bauliche Anlagen und Gebäude	3

2. Abschnitt – Vorhaben § 6

III. Baufreiheit und Ausnahmen der Baubewilligungspflicht.......	5
IV. Errichtung..	7
V. Änderung..	8
VI. Änderung der Verwendung...	9
VII. Abbruch..	11
VIII. Feuerungsanlagen	12
IX. Anschüttungen, Abgrabungen und Geländeveränderungen	13
X. Verwaltungsstrafen...	14

I. Entwicklung und Rechtsvergleich

Welche Vorhaben einer Baubewilligungspflicht unterliegen, zählt zu **1** den wichtigsten Regelungsinhalten einer Bauordnung. Dementsprechend normierte schon § 1 der K-BO 1866, LGBl 1866/12, dass zur Führung von Neu-, Zu und Umbauten, sowie zur Vornahme wesentlicher Ausbesserungen und Abänderungen an bestehenden Gebäuden in der Regel eine Baubewilligung erforderlich ist. Bestimmte Vorhaben bedurften nur der Anzeige. Die geltende Rechtslage findet sich im Großen und Ganzen erstmals in § 4 K-BO 1969, LGBl 1969/48. Ausdrücklich der Baubewilligung bedurften darüber hinaus auch die Änderungen von Gebäuden, sofern sich die Änderung nur auf das Innere bezog, die Instandsetzung von Gebäuden und baulichen Anlagen und das Aufstellen von Maschinen in Gebäuden, wenn durch sie die Sicherheit oder Gesundheit von Menschen beeinträchtigt werden könnte. Durch LGBl 1979/79 erfolgte hinsichtlich der zentralen Feuerungsanlagen die Ergänzung, dass Etagenheizungen dann der Baubewilligungspflicht unterliegen, wenn sie mit flüssigen oder gasförmigen Brennstoffen betrieben werden. Durch LGBl 1992/26 wurde auch für die Änderung der Verwendung von Gebäudeteilen ausdrücklich eine Bewilligungspflicht vorgesehen. In dieser Fassung wurde die Bestimmung auch als § 4 in die K-BO 1992, LGBl 1992/64, übernommen. Durch LGBl 1996/44 erhielt die Bestimmung ihren bis heute geltenden Wortlaut. Eine Baubewilligungspflicht liegt nunmehr nur vor, sofern es sich nicht um ein bewilligungsfreies Vorhaben nach § 7 handelt. Hinsichtlich der Änderung der Verwendung von Gebäuden oder Gebäudeteilen wurde klargestellt, dass eine Bewilligungspflicht nur besteht, sofern für die neue Verwendung andere öffentlich-rechtliche, insbesondere raumordnungsrechtliche Anforderungen gelten als für die bisherige Verwendung. Für zentrale Feuerungsanlagen erfolgte eine Einschränkung der

Baubewilligungspflicht auf solche mit einer Nennwärmleistung über 50 kW. Die Baubewilligungspflicht für Änderungen im Inneren, die Instandsetzung und das Aufstellen von Maschinen in Gebäuden entfiel. In dieser Fassung wurde die Bestimmung auch als § 6 in die K-BO 1996, LGBl 1996/62, übernommen.

2 Der Rechtsvergleich mit anderen Bundesländern zeigt, dass – wie in der K-BO 1996 – zumeist ein ausdrücklicher Katalog von baubewilligungspflichtigen Vorhaben besteht. Nur im Burgenland wird allgemein auf nicht geringfügige Bauvorhaben abgestellt. Die entsprechenden Regelungen finden sich in § 18 Abs 1 Bgld. BauG, § 14 NÖ BO 2014, § 24 Oö. BauO 1994, § 2 Abs 1 S-BauPolG, § 19 Stmk. BauG, § 21 Abs 1 TBO 2011, § 18 V-BauG sowie § 60 W-BO.

II. Bauliche Anlagen und Gebäude

3 Die K-BO 1996 enthält keine Definition des Begriffes bauliche Anlage. Nach der ständigen Rechtsprechung des VwGH ist darunter eine Anlage zu verstehen, „zu deren Herstellung ein wesentliches Maß bautechnischer Kenntnisse erforderlich ist, die mit dem Boden in eine gewisse Verbindung gebracht und wegen ihrer Beschaffenheit geeignet ist, die öffentlichen Interessen zu berühren."[1] Eine Verbindung mit dem Boden ist dann anzunehmen, wenn eine solche bei ordnungsgemäßer Ausführung nach den Regeln der technischen Wissenschaft vorliegen müsste. Ein Fundament ist nicht notwendig, es genügt eine mittelbare Verbindung mit dem Boden oder das die Anlage auf Grund ihres Eigengewichtes nicht ohne weiteres bewegt werden kann.[2] Für die Abgrenzung einer baulichen Anlage von Fahrzeugen bzw fahrzeugähnlichen Objekten ist maßgeblich, „ob eine Fortbewegung des Objektes über eine nennenswerte Strecke gefahrlos und/oder ohne unverhältnismäßigen Aufwand (beispielsweise ohne Zuhilfenahme eines Kranes) möglich ist, oder, anders ausgedrückt, ob die Anlage zur leichten und

---

1 VwGH 26.4.1994, 94/05/0017; zuletzt 19.3.2015, 2013/06/0019; vgl schon zur K-BO 1866 VwGH 22.5.1967, 0137/67; siehe auch ErlRV Verf-133/6/1967, 6; ErlRV Verf-86/32/1981, 10; dazu *Krzizek*, System II 16 ff.
2 VwGH VwSlg 9657 A/1978; 17.1.1979, 2695/78; zB eine kraftschlüssige Verbindung durch Pfähle, VwGH 30.9.2015, 2013/06/0251; *Giese*, Baurecht § 1 Baupolizeigesetz Anm 6 mN; *Krzizek*, System II 17 f.

gefahrlosen Fortbewegung objektiv geeignet ist oder nicht."[3] Kein gefahrloses Fortbewegen liegt zB vor, wenn es infolge zu geringer Bodenfreiheit zu einem Aufsitzen kommen kann.[4] Die ordnungsgemäße Ausführung ist auch Maßstab für die Beurteilung, ob bautechnische Kenntnisse erforderlich sind.[5] Es kommt nicht darauf an, ob bautechnische Kenntnisse am Ort der Aufstellung oder am Ort der Herstellung vorgefertigter Teile notwendig sind.[6] Für bauliche Anlagen, die von Menschen betreten werden können, sind stets gewisse bautechnische Kenntnisse erforderlich.[7] In diesem Sinne wurden auf Grundlage der Kärntner baurechtlichen Bestimmungen vom VwGH unter anderem als bauliche Anlagen beurteilt: Beleuchtungstürme zum Anstrahlen eines Gebäudes,[8] Silos,[9] Anschlagtafeln[10] oder größere mobile Plakatständer[11], die wegen der Gefahr des Umstürzens einer festen Verankerung im Boden bedürfen, große Werbeanlagen,[12] Tanks und Druckbehälter, zu deren Aufstellung es der Errichtung eines Betonfundaments bedarf,[13] Einfriedungs- und Stützmauern,[14] Steinschlichtungsmauern,[15] Fundamentschallungen[16], Abwasserbeseitigungsanlage,[17] sowie Ten-

---

3 VwGH 23.11.2010, 2008/06/0135; 21.5.2012, 2011/10/0119; *Krzizek*, System II 17 f; vgl auch VwGH VwSlg 10.461 A/1981; 26.1.1984, 83/06/0176; 26.1.1984, 83/06/0206.
4 VwGH 26.1.1984, 83/06/0176.
5 VwGH VwSlg 9657 A/1978; 29.6.2000, 2000/06/0043; 22.11.2005, 2005/05/0255; 19.9.2006, 2003/06/0098.
6 VwGH 30.9.2015, 2013/06/0251.
7 VwGH 30.9.2015, 2013/06/0251.
8 VwGH 27.5.2009, 2007/05/0069.
9 VwGH 15.12.2009, 2008/05/0046; *Unkart*, Bauordnung² § 4 Rz 32.
10 VwGH VwSlg 9657 A/1978; auch wenn an der Außenwand eines Gebäudes angebracht VwGH 28.10.1968, 0157/68; 5.2.1991, 90/05/0125.
11 VwGH 9.5.1979, 0576/78; 6.11.1990, 90/05/0127.
12 VwGH 6.3.1990, 89/05/0059; 3.5.2012, 2010/06/0185.
13 VwGH 11.9.1986, 85/06/0120.
14 VwGH 26.4.1994, 94/05/0017.
15 VwGH 19.3.2015, 2013/06/0019.
16 VwGH 13.10.2004, 2001/10/0200.
17 VwGH 19.11.1996, 95/05/0330.

§ 6   1. Kärntner Bauordnung 1996 – K-BO 1996

nisplätze[18]. Bauliche Anlagen sind aber zB auch: Sportplätze,[19] Schwimmbecken,[20] Schwimmteiche,[21] Teichanlagen,[22] Bretterwände,[23] fundierte Einfriedungen,[24] betonierte Fundamente[25] und Platten[26], asphaltierte[27] oder mit Rasensteinen befestigte[28] Parkplätze, überdachte Stellplatzanlage,[29] Carports,[30] Elektrotankstellen,[31] Wegeanlagen,[32] Verkehrsübungsplätze,[33] Kranbahnen,[34] Turmdrehkräne,[35] Stahlmas-

---

18 VwGH 17.12.1996, 96/05/0237.

19 VwGH 22.6.1993, 92/05/0261; 29.11.1994, 94/05/0320; 23.6.2008, 2007/05/0295; hingegen ist das Nutzen einer Wiese als Fußballplatz, für den keinerlei Oberflächenpräparierung stattgefunden hat, keine bauliche Anlage VwGH 26.6.2008, 2006/06/0296.

20 VwGH 30.5.2006, 2004/06/0210; ausführlich ErlRV Verf-34/5/1979, 2 f; *Pabel*, RFG 2009, 92 f.

21 *Pabel*, RFG 2009, 93 f.

22 VwGH 25.3.2010, 20008/05/0113.

23 VwGH VwSlg 13.059/1899.

24 VwGH 21.1.1997, 96/05/0211.

25 VwGH VwSlg 6580 A/1965; 18.3.2013, 2012/05/0044; siehe aber VwGH 17.5.1999, 98/05/0242.

26 VwGH 9.6.1994, 94/06/0105.

27 VwGH 19.12.2012, 2012/10/0001; eine auf einer bestehenden Weg- oder Straßenanlage hergestellte Asphaltdecke stellt allerdings keine eigenständige bauliche Anlage dar VwGH 22.2.2012, 2010/06/0068; hinsichtlich des Einschotterns einer Fläche unklar VwGH 18.12.2008, 2007/06/0118.

28 VwGH 20.6.2002, 2000/06/0211; 27.9.2005, 2005/06/0079.

29 VwGH 14.12.2007, 2006/05/0152.

30 VwGH 23.11.2010, 2007/06/0163; *Pabel*, RFG 2008, 77 f; wird ein Carport allerdings verschalt und ein Garagentor eingebaut, handelt es sich um ein Gebäude VwGH 23.7.2013, 2013/05/0500.

31 *Urbantschitsch*, ZVR 2010, 318; *Bernegger/Mesecke*, RdU 2012, 195 f; *Urbantschitsch*, ZTR 2014, 157.

32 VwGH 27.6.1996, 96/06/0027; 21.12.2010, 2007/05/0248.

33 VwGH 11.2.1993, 92/06/0232.

34 VwGH VwSlg 4125 A/1954; kritisch *Krzizek*, System II 19 f.

35 VwGH 2.7.1998, 98/06/0050.

2. Abschnitt – Vorhaben § 6

ten,[36] Drainageleitungen,[37] Transportleitungen,[38] Mauern aller Art,[39] Flugdächer,[40] Pergolen,[41] Terrassenüberdachungen,[42] Baumhäuser,[43], Baugerüste,[44] Stege,[45] Aufgänge mit Stiegen und Stegen auf Terrassen,[46] Funkanlagen[47] und Kreuze[48], die wegen der Gefahr des Umstürzens einer Sicherung bedürfen, große Schirmbars,[49] Füllschächte,[50] Senkgruben,[51] Sicherungsnetze,[52] mit Bewehrungsmatten und Schalungselementen bewehrte Böschungen mit einer geländestützenden Funktion,[53] Sonnenkollektoren und Photovoltaikanlagen,[54] Luftwärmepumpen[55], entsprechende Kälteanlagen[56] sowie gemauerte Gerinne, Brücken, Aussichtstürme und -warten, Tribünen und Denkmäler[57]. Hingegen handelt es sich bei Anlagen, die jedermann ohne bautechnische Kenntnisse errichten kann, zB das Verschließen von Fensteröffnungen durch

---

36 VwGH 10.5.1994, 94/05/0074.
37 VwGH VwSlg 7265 A/1968; 20.4.2001, 99/05/0047.
38 VwGH 15.2.1994, 93/05/0234.
39 VwGH 24.4.1990, 89/05/0233; 29.8.2000, 2000/05/0053; 20.9.2005, 2003/05/0193; 19.5.2009, 2004/10/0187; 6.7.2010, 2009/05/0016; 24.4.2014, 2012/06/0233; *Unkart*, Bauordnung² § 4 Rz 32; auch in Form einer Steinschlichtung VwGH 15.6.2004, 2003/05/0239.
40 VwGH 26.11.1992, 92/06/0152; 10.12.2013, 2011/05/0130; *Unkart*, Bauordnung² § 4 Rz 32.
41 VwGH 11.10.1990, 90/06/0147; 19.12.1995, 93/05/0143.
42 VwGH 15.5.2012, 2012/05/0003.
43 VwGH 27.8.2013, 2013/06/0095; wenn raumbildend handelt es sich um ein Gebäude.
44 VwGH 15.5.2014, Ro 2014/05/0022.
45 Auch wenn umgekippt, VwGH 27.2.2015, 2013/06/0116.
46 VwGH 23.7.2013, 2010/05/0089; *Unkart*, Bauordnung² § 4 Rz 32.
47 VwGH VwSlg 17.179 A/2007; *Jahnel*, bbl 2003, 51; *ders*, bbl 2009, 92.
48 VwGH 20.7.2004, 2004/05/0111.
49 VwGH 23.12.1999, 99/06/0179.
50 VwGH 19.9.1995, 93/05/0105.
51 VwGH 22.1.1991, 90/05/0152.
52 VwGH 21.10.1993, 91/06/0066.
53 VwGH 29.9.2015, Ra 2015/05/0039.
54 VwGH 12.12.1991, 88/06/0113; *Laußermair*, RFG 2014, 185 f.
55 Dies ergibt sich auch im Umkehrschluss aus der Bewilligungsfreiheit des Abbruches von Luftwärmepumpen gemäß § 7 Abs 1 lit s, siehe § 7 Rz 26.
56 VwGH 8.4.2014, 2011/05/0016.
57 *Unkart*, Bauordnung² § 4 Rz 32.

Holzbretter,[58] das lose Anbringen von Platten,[59] kleinere Blumentröge,[60] einfache Reithindernisse,[61] Kleinzelte,[62] Wasserableitungen mit Plastikschläuchen,[63] die Errichtung eines umklappbaren Metallstehers zur Zufahrtsblockierung[64] oder das bloße Einschlagen von Holzpflöcken,[65] um keine baulichen Anlagen.[66] Ebenso sind Motoren, Maschinen, Apparate und Ähnliches, soweit zu deren Errichtung keine bautechnischen Kenntnisse erforderlich sind, sowie Mobil-WC[67] keine baulichen Anlagen.[68] Gleiches gilt für natürliche Gebilde, wie Pflanzen und Bäume[69] sowie Höhlen und Felsen[70].

4 Auch für den Begriff Gebäude enthält die K-BO 1996 keine Definition. Nach der ständigen Rechtsprechung des VwGH zur Kärntner Rechtslage sind Gebäude bauliche Anlagen, „durch die ein allseits umschlossener Raum gebildet wird."[71] Somit ist der Begriff bauliche Anlage der Oberbegriff und Gebäude der Unterbegriff.[72] Gebäude sind in diesem Sinne bauliche Anlage mit der speziellen Eigenschaft, dass durch sie ein allseits umschlossener Raum gebildet wird.[73] Dh für die Beurteilung als Gebäude muss auch die Definition der baulichen Anlage erfüllt

---

58 VwGH 29.8.2000, 97/05/0082.
59 VwGH 26.4.2013, 2011/07/0204.
60 VwGH 27.10.1998, 98/05/0179.
61 VwGH 17.11.1987, 87/05/0143.
62 VwGH 11.6.1992, 92/06/0060; hingegen sind Großzelte zB Stahlrohr-Zelthallen bauliche Anlagen VwGH 20.9.1990, 89/06/0165; VwSlg 14.086 A/1994; und Gebäude VwGH 12.8.2002, 97/17/0332.
63 VwGH 23.1.1996, 95/05/0210.
64 VwGH 31.3.2004, 2003/06/0060.
65 VwGH 27.8.1996, 96/05/0187.
66 *Krzizek*, System II 17.
67 VwGH 25.2.2005, 2003/05/0095; siehe auch VwGH 19.8.2000, 97/05/0046.
68 VwGH 17.12.2009, 2008/06/0097.
69 VwGH 27.10.1998, 97/05/0235.
70 VwGH 26.6.2008, 2006/06/0296.
71 VwGH VwSlg 17.251 A/2007; zuletzt 29.4.2015, 2012/06/0085; siehe auch ErlRV Verf-133/6/1967, 6.
72 VwGH 18.3.1980, 193/79; 20.1.1994, 90/06/0203.
73 VwGH VwSlg 5951 A/1963; ErlRV Verf-86/32/1981, 10; missverständlich 19.3.2015, 2013/06/0019.

sein.⁷⁴ Im Gegensatz zu Legaldefinitionen in den Bauordnungen einzelner anderer Bundesländer,⁷⁵ ist die Betretbarkeit für Menschen oder ein bestimmter Schutzzweck keine Voraussetzung. Ein Raum liegt auch dann vor, wenn eine raumbildende bauliche Anlage nach ihrer Fertigstellung mit Material aufgefüllt wird, das jederzeit entfernt werden kann, ohne dass in die Bausubstanz eingegriffen wird.⁷⁶ Mehr oder weniger große Öffnungen schaden dem Vorliegen eines allseits umschlossenen Raums nicht.⁷⁷ Ein Gebäude kann auch unterirdisch angelegt sein.⁷⁸ Ein Gebäude verliert seine Qualifikation nicht, wenn es an ein bestehendes Gebäude angebaut ist.⁷⁹ Die Materialien stellen auch auf das äußere Erscheinungsbild ab. So ist ein Aussichtsturm, der auch einen Aufenthaltsraum enthält, kein Gebäude sondern eine bauliche Anlage.⁸⁰ Vom VwGH wurden ua als Gebäude beurteilt: Schuppen,⁸¹ Heustadel,⁸² Hütten aller Art,⁸³ Container,⁸⁴ Großzelte,⁸⁵ Schwimmbecken mit raumbildender Überdachung,⁸⁶ Gewächshäuser,⁸⁷ betretbare Folientunnel,⁸⁸ Fertigteilgaragen,⁸⁹ Parkhäuser⁹⁰ und

---

74 Siehe § 6 Rz 3; vgl den entsprechenden Hinweis auf die Regeln der Baukunst und die Verbindung mit dem Boden VwGH 29.8.2000, 97/05/0046; 19.12.2000, 2000/05/0270; 2.4.2009, 2007/05/0158.
75 ZB § 2 Abs 2 TBO 2011; § 2 Abs 1 lit i V-BauG.
76 VwGH 10.12.2013, 2011/05/0130 mwN.
77 VwGH 28.5.2013, 2012/05/0208 mwN; 29.4.2015, 2012/06/0085.
78 VwSlg 17.251 A/2007.
79 VwGH 11.9.1997, 97/06/0043.
80 ErlRV Verf-86/32/1981, 10.
81 VwGH 23.2.1999, 97/05/0267.
82 VwGH 29.6.2000, 2000/06/0043.
83 VwGH 21.10.1982, 81/06/0045; 19.12.2000, 2000/05/0270; 6.9.2003, 2003/05/0034; 26.6.2008, 2006/06/0304; 21.12.2010, 2007/05/0247; 5.3.2014, 2013/05/0210; vgl schon zur K-BO 1866 VwGH 22.5.1967, 0137/67; siehe auch ErlRV Verf-86/32/1981, 10; *Pabel*, RFG 2012, 127 ff.
84 VwGH 31.1.2008, 2007/06/0243; 16.5.2013, 2013/06/0007; 12.12.2013, 2013/06/0152; auch zur Unterbringung von Hunden VwGH 27.11.2007, 2007/06/0229; ErlRV Verf-34/5/1979, 3.
85 VwGH 12.8.2002, 97/17/0332 mwN.
86 VwGH 17.5.1991, 90/06/0016; 10.12.2013, 2011/05/0130.
87 VwGH 30.5.1995, 95/05/0042; 30.4.1998, 97/06/0111.
88 VwGH 27.2.2006, 2005/05/0068; 6.9.2011, 2011/05/0046.
89 VwGH 17.1.1979, 2695/78.
90 VwGH 20.3.2007, 2004/17/0098.

Tiefgaragen[91]. Hingegen wurden Flugdächer,[92] Pergolen,[93] offene Stellplatzanlagen,[94] Zugangsüberdachungen,[95] Freitreppen[96] und Beleuchtungstürme zum Anstrahlen eines Gebäudes[97] nicht als Gebäude beurteilt.

III. Baufreiheit und Ausnahmen der Baubewilligungspflicht

5   Gemäß § 354, § 362 iVm § 364 Abs 1 ABGB kann der Eigentümer einer Liegenschaft im Rahmen der Gesetze mit der Substanz und den Nutzungen einer Sache nach Willkür schalten, jeden anderen davon ausschließen und in der Regel seine Sache nach Willkür benützen oder unbenützt lassen. Daraus hat der VwGH den Grundsatz der Baufreiheit abgeleitet. Jeder Eigentümer bzw mit Zustimmung des Eigentümers auch ein Dritter kann ein Bauvorhaben realisieren, soweit es mit dem Gesetz im Einklang steht.[98] Gesetzliche Beschränkungen im Sinne des Gesetzesvorbehaltes ergeben sich für Vorhaben vor allem aus der K-BO 1996 und den K-BV. Ein Eingriff in die Baufreiheit stellt aber einen Eingriff in das Eigentumsrecht im Sinne des Art 5 StGG dar.[99] Vor diesem verfassungsrechtlichen Hintergrund wird die – dem Wortlaut des § 6 nach – weitreichende Bewilligungspflicht[100] durch die Ausnahmen des § 2 Abs 2 und die Bewilligungsfreiheit des § 7 auf die im öffentlichen Interesse gelegenen Vorhaben eingeschränkt.[101] In diesem Sinne sind gesetzliche Beschränkungen im Zweifel zugunsten der Bau-

---

91 VwGH 8.9.2005, 2005/17/0005.
92 VwGH 20.1.1994, 90/06/0203; 13.11.2012, 2010/05/0044.
93 VwGH 19.12.1995, 93/05/0143; ein Pflanzenbewuchs ist nicht raumbildend VwGH 5.12.2000, 99/06/0204.
94 VwGH 17.6.2003, 2002/05/0752; zB Carports VwGH 22.11.2005, 2005/05/0255; 19.9.2006, 2005/06/0066; *Pabel*, RFG 2008, 77 f.
95 VwGH 28.1.1993, 90/06/0202.
96 VwGH 2.12.1991, 88/05/0230.
97 VwGH 27.5.2009, 2007/05/0069.
98 VwGH 14.11.2006, 2006/05/0141 mN; VfGH VfSlg 4543/1963; *Krzizek*, System II 15 f; *Schwaighofer*, bbl 2004, 1.
99 VfSlg 16.113/2001.
100 *Krzizek*, System II 15 f; *Schwaighofer*, bbl 2004, 1.
101 ErlRV Verf-135/94/1995, 1 ff.

freiheit auszulegen sind.[102] Hingegen stellt die Baubewilligungspflicht keinen Eingriff in die Kunstfreiheit im Sinne des Art 17a StGG dar.[103] Ausdrücklich hält § 6 Satz 1 fest, dass Vorhaben nur einer Baubewilligung bedürfen, sofern es sich nicht um ein bewilligungsfreies Vorhaben nach § 7 handelt. Vorhaben können aber auch aus kompetenzrechtlichen Gründen im Sinne des § 2 Abs 1 oder auf Grund der ausdrücklichen Ausnahme des § 2 Abs 2 nicht baubewilligungspflichtig sein.[104] Insofern ergibt sich folgendes Prüfungsschema:

6

– Ist das Vorhaben aus kompetenzrechtlichen Gründen im Sinne des § 2 Abs 1 vom Geltungsbereich ausgenommen?
– Ist das Vorhaben gemäß § 2 Abs 2 vom Geltungsbereich ausgenommen?
– Ist das Vorhaben gemäß § 7 Abs 1 bewilligungsfrei?
– Ist das Vorhaben gemäß § 6 baubewilligungspflichtig?

Nur insofern ein Vorhaben nicht ausgenommen oder bewilligungsfrei ist, kann eine Baubewilligungspflicht gemäß § 6 bestehen.[105]

IV. Errichtung

Die Errichtung von Gebäuden und sonstigen baulichen Anlagen ist gleichbedeutend mit einem Neubau von Gebäuden und sonstigen baulichen Anlagen.[106] Dies ist nach der Rechtsprechung des VwGH auch dann anzunehmen, wenn nach Abtragung bestehender baulicher Anlagen alte Fundamente oder Kellermauern ganz oder teilweise wieder verwendet werden.[107] Von einer Errichtung kann nur dann nicht mehr gesprochen werden, „wenn noch aufgehendes Mauerwerk so weit vorhanden ist, dass ohne weitere Baumaßnahmen dieses für den Wiederaufbau verwendet werden kann, ohne dass zur Gewährleistung der Standfestigkeit substanzielle Eingriffe in das Mauerwerk vorgenommen werden

7

---

102 VwGH 14.11.2006, 2006/05/0141 mN.
103 *Eisenberger/Hödl*, bbl 2007, 8 f; siehe auch *Neisser*, ÖJZ 1983, 8 f.
104 Siehe dazu die Kommentierung zu § 2.
105 *Pallitsch/Pallitsch/Kleewein*, Baurecht[5] § 6 K-BO 1996 Anm 1.
106 ErlRV Verf-133/6/1967, 6 f; *Unkart*, Bauordnung[2] § 4 Rz 33; so auch zum Bgld. BauG *Pallitsch/Pallitsch*, Bgld Baurecht[2] § 2 Bgld. BauG Anm 7.
107 ErlRV Verf-133/6/1967, 6 f; *Unkart*, Bauordnung[2] § 4 Rz 33.

müssen".[108] Eine Errichtung liegt auch bei einer gänzlichen Substanzerneuerung,[109] einer Wiedererrichtung nach Zerstörung, unabhängig davon, ob die Zerstörung des Gebäudes durch ein aktives Handeln einer Person oder nur durch ein passives Verhalten herbeigeführt wurde,[110] einer etappenweisen Abtragung und Neuerrichtung[111] oder einem Versetzen einer baulichen Anlage an einen neuen Standort[112] vor. Wurde eine Baubewilligung zur Errichtung einer baulichen Anlage bereits erteilt, soll aber nunmehr die Lage der baulichen Anlage verändert werden, ist eine neuerliche Baubewilligung notwendig.[113] Dies gilt auch bei geringfügigen Verschiebungen im Zentimeterbereich, sofern diese als wesentliche Änderung anzusehen sind, da es dadurch zB zu einer Nichteinhaltung der Abstandsvorschriften kommen kann.[114] Eine zeitliche Komponente, dh ein länger andauernder, gleichbleibender Zustand der baulichen Anlage, ist mit dem Begriff „Errichtung" nicht verbunden.[115]

V. Änderung

8   Die Änderung von Gebäuden und sonstigen baulichen Anlagen umfasst jedenfalls Umbauten von und Zubauten an Gebäuden.[116] Nach der Rechtsprechung des VwGH wird von einem Umbau dann gesprochen, wenn solche Änderungen vorgenommen werden, dass nach deren Ausführung das Gebäude im Vergleich zu dem früheren Zustand als ein wesentlich anderes Objekt erscheint.[117] Ein solcher Umbau kann auch vorliegen, wenn der Umfang (Fläche und Kubatur) nicht verändert wird.[118] Unter Zubau wird jede Vergrößerung eines Gebäudes in

---

108 VwGH VwSlg 12.183 A/1986; 4.3.2008, 2006/05/0139; aA *Krzizek*, System II 31 f.
109 VwGH 20.9.2012, 2011/06/0046; auch eine Wiedererrichtung VwGH 5.2.1991, 90/05/0139.
110 VwGH 30.1.2014, 2013/05/0223; zur Zerstörung durch Elementarereignisse siehe § 14 Rz 5.
111 VwGH 22.12.1987, 87/05/0174; 11.9.1997, 97/06/0042.
112 VwGH 17.3.1994, 92/06/0159.
113 VwGH 29.4.2015, 2013/05/0025; zum Baubewilligungsverfahren als Projektgenehmigungsverfahren siehe § 17 Rz 6.
114 VwGH 29.4.2015, 2013/05/0025.
115 VwGH 25.11.2015, Ra 2015/06/0047.
116 VwGH VwSlg 17.418 A/2008; siehe auch VwGH 28.9.1999, 95/05/0269; ErlRV Verf-133/6/1967, 7; *Unkart*, Bauordnung² § 4 Rz 34.
117 VwGH VwSlg 17.418 A/2008; 18.5.2010, 2008/06/0205.
118 VwGH 24.3.1998, 96/05/0153.

waagrechter oder lotrechter Richtung verstanden.[119] Es muss eine Verbindung eines Gebäudes mit dem Zubau vorliegen, sei es durch eine Verbindungstüre, sei es in Form einer baulichen Integration, zB im Fall eines abgeschleppten Daches, das über den Zubau reicht, sodass zumindest optisch der Eindruck eines Gesamtbauwerkes entsteht.[120] Auf den Umfang der Erweiterung kommt es nicht an.[121] Darüber hinaus sind aber generell alle Änderungen an baulichen Anlagen, für deren Ausführung ein wesentliches Maß an bautechnischen Kenntnissen erforderlich ist, und die nach ihrer Art geeignet sind, öffentliche Interessen zu berühren, umfasst.[122] Dazu zählen grundsätzlich auch Instandsetzungen.[123]

VI. Änderung der Verwendung

Voraussetzung einer Baubewilligung ist gemäß § 17 Abs 1 auch, dass die Verwendung eines Gebäudes öffentlichen Interessen nicht entgegensteht. In diesem Sinne unterliegt auch eine spätere Änderung der Verwendung eines bestehenden Gebäudes der Bewilligungspflicht, sofern andere öffentlich-rechtliche Anforderungen gelten als für die bisherige Verwendung.[124] § 6 lit c ist eigenständiger Tatbestand der Baubewilligungspflicht, es muss keine (zusätzliche) bauliche Änderung im Sinne von § 6 lit a und b sowie lit d und e vorliegen.[125] Umfasst sind ausdrücklich nur die Änderungen der Verwendung von Gebäuden[126] und Gebäudeteilen,[127] Änderungen der Verwendung von sonstigen baulichen Anlagen bedürfen somit keiner Baubewilligung. Insbeson-

9

---

119 VwGH VwSlg 17.418 A/2008; 18.5.2010, 2008/06/0205.
120 VwGH 19.9.2006, 2005/05/0147.
121 VwGH VwSlg 7710 A/1970; 24.3.1998, 96/05/0153.
122 *Unkart*, Bauordnung² § 4 Rz 34.
123 ErlRV Verf-135/94/1995, 10; *Pallitsch/Pallitsch/Kleewein*, Baurecht⁵ § 6 K-BO 1996 Anm 4; siehe für bewilligungsfreie Instandsetzungen § 7 Rz 22.
124 ErlRV Verf-133/6/1967, 7; ErlRV Verf-135/94/1995, 9; *Unkart*, Bauordnung² § 4 Rz 35; *Krzizek*, System II 37.
125 VwGH 10.5.1994, 93/05/0268.
126 Siehe § 6 Rz 4.
127 ZB Änderung der Verwendung von einzelnen Räumen eines Wohngebäudes für Zwecke eines Gewerbebetriebes VwGH 18.6.1991, 90/05/0193; oder für Zwecke der Prostitution VwGH 12.5.1987, 87/05/0044; 26.4.2000, 99/05/0271; siehe auch VwGH 21.2.1995, 92/05/0245.

re aus Gründen des Raumordnungsrechts,[128] aber zB auch aus Gründen der Sicherheit,[129] der Gesundheit,[130] der Hygiene,[131] des Brandschutzes,[132] der Energieersparnis, des Verkehrs,[133] des Fremdenverkehrs, der Wasserversorgung, der Abwasserbeseitigung,[134] sowie bei einer „heranrückenden Wohnbebauung"[135] können andere öffentlichrechtliche Anforderungen gelten als für die bisherige Verwendung. Keine anderen öffentlichrechtlichen Anforderungen liegen zB bei einer Änderung der Verwendung von Rinderstall in Pferdestall oder einer Änderung der Haltung der Tiere im Freien vor,[136] sowie bei Unterbringung von Asylwerbern in Gebäuden, die zur Beherbergung von Fremden baurechtlich bewilligt wurden.[137]

10 Die Bestimmung unterscheidet nicht, ob die Errichtung oder die Änderung des bestehenden Gebäudes, dessen Verwendung geändert werden soll, einer Baubewilligung bedarf oder gemäß § 2 ausgenommen bzw gemäß § 7 bewilligungsfrei ist. Dh auch die Änderung der Verwendung von gemäß § 2 ausgenommen oder gemäß § 7 bewilligungsfreien Gebäuden bzw Gebäudeteilen kann zu einer Baubewilligungspflicht gemäß § 6 lit c führen.[138] So ist zB ein Gebäude, das unmittelbar der Wassernutzung oder Elektrizitätserzeugung dient, gemäß § 2 Abs 1 lit c bzw Abs 2 lit e vom Geltungsbereich der K-BO 1996 ausgenommen,

---

128 VwGH 10.5.1994, 93/05/0268; 30.11.1999, 97/05/0330; VwSlg 16.751 A/2005; *Unkart*, Bauordnung² § 4 Rz 35; *Pallitsch/Pallitsch/Kleewein*, Baurecht⁵ § 6 K-BO 1996 Anm 5 und 6 ; zB die Verwendung eines Gartenhauses für Zwecke der Taubenhaltung -zucht VwGH 23.6.2015, 2013/05/0056, oder bei einer Benützung einer Garage durch andere Personen als Eigentümer oder sonst rechtlich befugte Benützer eines Wohnhauses VwGH 11.3.2016, Ra 2015/06/0013.

129 VwGH 18.2.1997, 97/05/0021; 4.9.2001, 2000/05/0022.

130 VwGH VwSlg 12.970 A/1989; 18.2.1997, 97/05/0021; 4.9.2001, 2000/05/0022.

131 Verwendungsänderung von Bankbetrieb zu Gaststätte VwGH 23.1.2007, 2005/06/0248.

132 VwGH VwSlg 10.815 A/1982; Verwendungsänderung von Bankbetrieb zu Gaststätte VwGH 23.1.2007, 2005/06/0248; oder von Lebensmittelgeschäft zu einer Gaststätte VwGH 21.2.2014, 2012/06/0059.

133 ZB hinsichtlich der Erforderlichkeit von Stellplätzen VwGH VwSlg 11.442 A/1984; 12.5.1987, 87/05/0044; *Unkart*, Bauordnung² § 4 Rz 35.

134 *Unkart*, Bauordnung² § 4 Rz 35.

135 VfGH 18.9.2014, B 917/2012 Rz 15 f; zur „heranrückenden Wohnbebauung" siehe § 23 Rz 17 f.

136 VwGH 23.11.2009, 2008/05/0011.

137 VwGH 16.3.2016, 2013/05/0095; siehe dazu auch § 7 Rz 31.

138 So zur Salzburger Rechtslage auch *Giese*, Baurecht § 2 Baupolizeigesetz Anm 20.

eine Baubewilligungspflicht gemäß § 6 lit a und b besteht somit nicht. Soll aber eine Änderung der Verwendung dieses Gebäudes erfolgen, zB dieses Gebäude nunmehr als Betriebsanlage eines Handelsgewerbes verwendet werden, unterliegt dies der Baubewilligungspflicht gemäß § 6 lit c, sofern andere öffentliche-rechtliche Anforderungen gelten als für die bisherige Verwendung. Keine Baubewilligungspflicht besteht nur, wenn auch die geänderte Verwendung gemäß § 2 ausgenommen oder gemäß § 7 bewilligungsfrei ist. Insofern ist auch bei einer Änderung der Verwendung von Gebäuden oder Gebäudeteilen, die gemäß § 2 ausgenommen oder gemäß § 7 bewilligungsfrei ist, das in § 6 Rz 6 dargestellte Prüfungsschema heranzuziehen.

VII. Abbruch

Einer Baubewilligung bedarf gemäß § 6 lit d auch der Abbruch von Gebäuden, Gebäudeteilen, sonstigen baulichen Anlagen oder Teilen von solchen.[139] Der Abbruch von Gebäudeteilen oder Teilen von sonstigen bauliche Anlagen ist begrifflich auch eine Änderung im Sinne des § 6 lit b, als speziellere Norm ist bei diesen Vorhaben aber § 6 lit d anzuwenden.[140] Ein Abbruch liegt auch vor, wenn der Abbruch zur unmittelbaren Neuerrichtung einer baulichen Anlage dient.[141]

11

VIII. Feuerungsanlagen

Auch die Errichtung und die Änderung von zentralen Feuerungsanlagen mit einer Nennwärmeleistung über 50 kW, hinsichtlich der Etagenheizungen jedoch nur dann, wenn sie mit flüssigen oder gasförmigen Brennstoffen betrieben werden, bedarf gemäß § 6 lit e einer Baubewilligung. Nicht umfasst ist der Abbruch dieser Feuerungsanlagen. Auch eine Bewilligungspflicht gemäß § 6 lit d besteht nicht, da es sich bei § 6 lit e um die speziellere Norm handelt. Feuerungsanlage sind Feuerstätten, in denen zum Zweck der Gewinnung von Nutzwärme für die Raumheizung oder zur Warmwasserbereitung Brennstoffe verbrannt und deren Abgase ins Freie abgeleitet werden, einschließlich allfälliger Verbindungsstücke

12

---

139 *Glassl*, OIZ 1960, 5 f.
140 *Pallitsch/Pallitsch/Kleewein*, Baurecht[5] § 6 K-BO 1996 Anm 7.
141 *Giese*, Baurecht § 2 Baupolizeigesetz Anm 24.

und angeschlossener oder nachgeschalteter Abgasreinigungsanlagen.[142] Zentral sind Feuerungsanlagen, wenn diese zumindest mehrere Räume versorgen.[143] Die Nennwärmeleistung ist die höchste für den Betrieb der Feuerungsanlage (Nennlast) vorgesehene Wärmeleistung (Höchstleistung des Wärmeerzeugers bei Dauerbetrieb).[144] Etagenheizungen sind Feuerungsanlagen, bei der die Nutzwärme für die Raumheizung oder zur Warmwasserbereitung für eine Etage bzw für mehrere Räume einer Etage stattfindet.[145] Einer Bewilligung bedürfen Etagenheizungen nur dann, wenn sie mit flüssigen oder gasförmigen Brennstoffen betrieben werden. Gasförmige Brennstoffe sind ua Erdgas, Flüssiggas, Kokereigas, Stadtgas, Grubengas, Klärgas, Deponiegas und Biogas. Flüssige Brennstoffe sind ua Erdöl, Heizöl, Ethanol, Methanol und Biodiesel. Etagenheizungen, die mit festen Brennstoffen oder mit elektrischem Strom betrieben werden, bedürfen keiner Baubewilligung.[146]

IX. Anschüttungen, Abgrabungen und Geländeveränderungen

13 Anschüttungen, Abgrabungen und Geländeveränderungen sind in der Definition bewilligungspflichtiger Vorhaben im § 6 BO nicht aufgezählt[147] und bedürfen aus diesem Grund keiner Baubewilligung. Aus der Strafbestimmung des § 50 Abs 1 lit d Z 5[148] ergibt sich jedoch, dass solche Veränderungen an im Bauland gelegenen Grundstücken, die von Einfluss auf die bestehende oder künftige bauliche Nutzbarkeit dieser Flächen sind, durch eine Baubewilligung für Vorhaben auf dem Grundstück gedeckt oder erforderlich erscheinen müssen.[149] Für die Wieder-

---

142 Siehe § 3 Z 22 K-HeizG; zu dieser systematischen Interpretation vgl VwGH 23.11.2004, 2002/06/0064; siehe auch *Potacs*, Auslegung 84 f und 90 f mwN.

143 VwGH 26.3.1996, 95/05/0258; das K-HeizG ist einschließlich der Erläuterungen unter Punkt 7 abgedruckt.

144 Siehe § 3 Z 40 K-HeizG; zu dieser systematischen Interpretation vgl VwGH 23.11.2004, 2002/06/0064; siehe auch *Potacs*, Auslegung 84 f und 90 f mwN.

145 VwGH 10.5.1994, 94/05/0103.

146 ErlRV Verf-34/5/1979, 6.

147 VwGH 15.6.1999, 95/05/0236; VwSlg 16.271 A/2004; Geländeaufschüttungen sind keine baulichen Anlage VwGH 27.11.2003, 2002/06/0062; hingegen beurteilte der VwGH 8.5.2008, 2006/06/0285, in einer Entscheidung zur Stmk. BauG Geländeaufschüttungen unter gewissen Voraussetzungen als bauliche Anlagen.

148 Siehe § 50 Rz 21.

149 VwGH 15.6.1999, 95/05/0236; VwSlg 16.271 A/2004; 19.12.2012, 2012/06/0103.

herstellung und Beseitigung solcher strafbaren Niveauveränderungen sind die Bestimmungen der §§ 34 bis 36, dh der Überwachung durch die Behörde, der Einstellung der Bauarbeiten und der Herstellung des rechtmäßigen Zustandes,[150] sinngemäß anzuwenden.

X. Verwaltungsstrafen

Abgesichert wird die Durchsetzung von § 6 durch entsprechende Verwaltungsstrafen. Wer bewilligungspflichtige Gebäude ohne Baubewilligung ausführt oder ausführen lässt, begeht eine Verwaltungsübertretung und ist gemäß § 50 Abs 1 lit a Z 1 zu bestrafen. Die Ausführung oder das Ausführen lassen von baulichen Anlagen, die nicht Gebäude sind, ist gemäß § 50 Abs 1 lit c Z 1 zu bestrafen. Wer Vorhaben nach § 6 lit b bis e ohne Baubewilligung ausführt oder ausführen lässt bzw Gebäude oder sonstige bauliche Anlagen ohne die erforderliche Baubewilligung oder abweichend von dieser benützt, ist gemäß § 50 Abs 1 lit d Z 6 und 8 zu bestrafen.[151]

14

§ 7 Bewilligungsfreie, mitteilungspflichtige Vorhaben, baubehördliche Aufträge

(1) Keiner Baubewilligung bedürfen folgende Vorhaben:
a) die Errichtung, die Änderung und der Abbruch von Gebäuden bis zu 25 m² Grundfläche und 3,50 m Höhe;
b) die Errichtung, die Änderung und der Abbruch von zentralen Feuerungsanlagen mit einer Nennwärmeleistung bis zu 50 kW;
c) die Änderung von Gebäuden, soweit
  1. sie sich nur auf das Innere bezieht und keine tragenden Bauteile betrifft, sofern keine Erhöhung der Wohnnutzfläche erfolgt, oder
  2. es sich um die Anbringung eines Vollwärmeschutzes ohne Änderung der äußeren Gestaltung handelt, oder
  3. es sich um den Austausch oder die Erneuerung von Fenstern handelt, wenn deren Größe und äußere Gestaltung unverändert bleibt, oder

---

150 Siehe die Kommentierungen der §§ 34 bis 36.
151 Siehe zum Ganzen § 50 Rz 3 ff.

4. es sich um den Einbau von Treppenschrägaufzügen in nicht allgemein zugänglichen Bereichen von Gebäuden handelt;
d) die Änderung der Verwendung von Gebäuden oder Gebäudeteilen in Freizeitwohnsitz im Sinn des § 6 des Kärntner Grundverkehrsgesetzes 1994 und von Freizeitwohnsitz in Hauptwohnsitz;
e) die Errichtung, die Änderung und der Abbruch von Parabolantennen;
f) die Errichtung, die Änderung und der Abbruch von Sonnenkollektoren und Photovoltaikanlagen bis zu 40 m² Fläche, sofern nicht § 2 Abs. 2 lit. i zur Anwendung kommt;
g) die Errichtung, die Änderung und der Abbruch von für die Dauer der Bauausführung erforderlichen Baustelleneinrichtungen;
h) die Errichtung, die Änderung und der Abbruch von baulichen Anlagen, die der Gartengestaltung dienen, wie etwa Pergolen, in Leichtbauweise, bis zu 40 m² Grundfläche und 3,50 m Höhe
i) die Errichtung, die Änderung und der Abbruch von Wasserbecken bis zu 80 m³ Rauminhalt, sofern sich diese nicht innerhalb von Gebäuden befinden;
j) die Errichtung, die Änderung und der Abbruch von Einfriedungen in Leichtbauweise bis zu 1,50 m Höhe; gemeinsam mit einer Sockelmauer im Sinne der lit. k bis zu 2 m Gesamthöhe; gemeinsam mit einer Stützmauer im Sinne der lit. l bis zu 2,50 m Gesamthöhe;
k) die Errichtung, die Änderung und der Abbruch von Sockelmauerwerken bis zu 0,50 m Höhe;
l) die Errichtung, die Änderung und der Abbruch von Stützmauern bis zu 1 m Höhe;
m) die Errichtung, die Änderung und der Abbruch eines überdachten Stellplatzes pro Wohngebäude bis zu 40 m² Grundfläche und 3,50 m Höhe, auch wenn dieser als Zubau zu einem Gebäude ausgeführt wird;
n) die Errichtung, die Änderung und der Abbruch von baulichen Anlagen für den vorübergehenden Bedarf von höchstens vier Wochen im Rahmen von Märkten, Kirchtagen,

Ausstellungen, Messen und ähnlichen Veranstaltungen (zB Festzelte, Tribünen, Tanzböden, Kioske, Stände, Buden);
o) die Instandsetzung von Gebäuden und sonstigen baulichen Anlagen, die keine tragenden Bauteile betrifft und keine Auswirkungen auf die Sicherheit, die Gesundheit oder auf die äußere Gestaltung hat;
p) die Errichtung, die Änderung und der Abbruch von Folientunneln im Rahmen der Land- und Forstwirtschaft oder des Gartenbaues bis zu 50 m Länge, 3 m Breite und 3,50 m Höhe;
q) die Errichtung, die Änderung und der Abbruch von Terrassenüberdachungen bis zu 40 m² Grundfläche und 3,50 m Höhe, auch wenn dieser als Zubau zu einem Gebäude ausgeführt wird;
r) die Errichtung, die Änderung und der Abbruch von Werbe- und Ankündigungsanlagen bis zu 16 m² Gesamtfläche;
s) der Abbruch von Luftwärmepumpen;
t) die Errichtung, die Änderung und der Abbruch von Gebäuden, Gebäudeteilen, sonstigen baulichen Anlagen oder Teilen von solchen, sofern das Vorhaben mit den in lit. a bis s angeführten Vorhaben im Hinblick auf seine Größe und die Auswirkungen auf Anrainer vergleichbar ist;
u) Vorhaben, die in Entsprechung eines behördlichen Auftrages, ausgenommen eines baubehördlichen Auftrages, ausgeführt werden;
v) Vorhaben, die in Entsprechung eines baubehördlichen Auftrages ausgeführt werden;
w) die Errichtung, die Änderung und der Abbruch von baulichen Anlagen im Nahbereich von bestehenden Grenzübergangsstellen zur Regelung, Lenkung und Überwachung des Eintrittes in das Bundesgebiet sowie die Änderung der Verwendung in eine solche Anlage;
x) die Änderung der Verwendung von Gebäuden oder Gebäudeteilen in ein Gebäude oder einen Gebäudeteil zur Unterbringung von Personen im Sinne des § 2 des Kärntner Grundversorgungsgesetzes – K-GrvG.

(2) Vorhaben nach Abs. 1 lit. a bis t, die in der Änderung eines Gebäudes oder einer sonstigen baulichen Anlage bestehen, sind nicht mehr bewilligungsfrei, wenn durch die Änderung die in Abs. 1 vorgegebenen Flächen-, Kubatur-, Höhen-, Längen- und Breitenausmaße oder Nennwärmeleistungen überschritten werden.

(3) Vorhaben nach Abs. 1 lit. a bis u sowie w und x müssen den Anforderungen der § 13 Abs. 2 lit. a bis c, § 17 Abs. 2, §§ 26 und 27 entsprechen, sofern § 14 nicht anderes bestimmt.

(4) Vorhaben nach Abs. 1 lit. a bis u sowie w und x sind vor dem Beginn ihrer Ausführung der Behörde schriftlich mitzuteilen. Die Mitteilung hat den Ausführungsort einschließlich der Katastralgemeinde, der Grundstücksnummer und eine kurze Beschreibung des Vorhabens zu enthalten.

Literatur: *Baumgartner/Fister,* Die spätere Verwendung von Wohnobjekten als Freizeitwohnsitz nach der Novelle LGBl 31/2015 zur Kärntner Bauordnung (K-BO), bbl 2016, 1; *Feßler,* Die Grenzen der Deregulierung im Baurecht, 2003; *Giese,* Verfassungsrechtliche Grenzen für das Bauanzeigeverfahren nach dem Sbg BauPolG 1997, ZfV 2004/2; *ders,* Verfassungsrechtliche Fragen zur steiermärkischen Baugesetznovelle 2003, bbl 2004, 89; *Haas,* Genehmigungsfreie Errichtung von Wohnhäusern? Zum uneinheitlichen Gebrauch de Begriffes „Bauanzeige", bbl 2001, 41; *Kemptner,* Zur Weiterentwicklung des Kärntner Baurechts, in Rebhahn (Hrsg), Rechtsfragen des Bauens in Kärnten, 1997; *Laußermair,* Voraussetzungen für die Errichtung von Photovoltaikanlagen im Baurecht und im Elektrizitätsrecht, RFG 2014/37; *Liehr,* Deregulierung im Baurecht, ÖGZ 1997, Heft 4, 4; *Pabel,* Baurechtliche Anforderungen für die Errichtung von Werbeanlagen im Hinblick auf den Ortsbildschutz, RFG 2006/43; *dies,* Wann sind Carports baubewilligungspflichtig, RFG 2008/20; *dies,* Die baurechtliche Genehmigungspflicht von Schwimmbecken, RFG 2009/21; *Raschauer B,* Anlagenrecht und Nachbarschutz aus verfassungsrechtlicher Sicht, ZfV 1999, 506; *Röger,* Nachbarrecht im Spannungsfeld zwischen liberalisiertem öffentlichen Baurecht und verschärftem Zivilrecht, ÖJZ 2004/52; *Sander,* Mobile Abfallbehandlungsanlagen, RdU 2013, 244; *Wagner,* Deregulierung im Baurecht und ziviler Rechtsschutz (Teil 1), bbl 1999, 131; *Wolny,* Verwaltungsreform auf Gemeindeebene, in Rebhahn (Hrsg), Beiträge zum Kärntner Gemeinderecht, 1998.

Inhaltsübersicht	**Rz**
I. Entwicklung und Rechtsvergleich	1
II. Allgemeines	3
III. Bewilligungsfreie Vorhaben	5
IV. Änderung einer bestehenden baulichen Anlage durch ein bewilligungsfreies Vorhaben	32
V. Anforderungen an bewilligungsfreie Vorhaben	33
VI. Mitteilungspflicht	35

I. Entwicklung und Rechtsvergleich

Schon § 2 der K-BO 1866, LGBl 1866/12, sah grundsätzlich für Ausbesserungen und Abänderungen geringerer Art lediglich eine Verpflichtung zur Anzeige vor. Gleiches galt für bestimmte isoliert stehende bauliche Anlagen in ländlichen Gebieten gemäß § 77 K-BO 1866. § 5 K-BO 1969, LGBl 1969/48, enthielt eine Verordnungsermächtigung des Gemeinderates für anzeigepflichtige Vorhaben. So hatte der Gemeinderat, sofern es der Schutz des Ortsbildes erforderte, mit Verordnung zu bestimmen, inwieweit die Errichtung von bestimmten Einfriedungen, der Anstrich von Außenwänden von Gebäuden, sowie das Anbringen von bestimmten Werbeanlagen der Anzeige bedurften. Gleiches galt für die Errichtung von Etagenheizungen, sofern es das Interesse der Sicherheit erforderte. Es ist aber darauf hinzuweisen, dass diese anzeigepflichtigen Vorhaben nicht der Baubewilligungspflicht unterlagen[1] und somit die Bestimmung einen anderen Regelungsinhalt als die geltende Rechtslage hatte. Erst durch die Novelle LGBl 1979/79 entfiel diese Verordnungsermächtigung und wurde in § 5 K-BO 1969 eine Anzeigepflicht für bestimmte Änderungen von Gebäuden und bauliche Anlagen, die grundsätzlich einer Baubewilligung bedurften, geschaffen, sofern durch das Vorhaben weder Interessen der Sicherheit, der Gesundheit, der Erhaltung des Landschaftsbildes oder des Schutzes des Ortsbildes noch sonstige öffentliche Interessen oder öffentlich-rechtliche Interessen der Anrainer beeinträchtig werden konnten. Mit LGBl 1992/26 bedurften auch die Errichtung von baulichen Anlagen, ausgenommen Gebäude, und der Abbruch von Gebäuden, Gebäudeteilen, sonstigen baulichen Anlagen oder Teilen von solchen nur mehr einer Anzeige, wenn obige Voraussetzungen erfüllt waren. In dieser Fassung wurde die Bestimmung auch als § 5 in die K-BO 1992, LGBl 1992/64, übernommen. Durch LGBl 1996/44 entfiel das Anzeigeverfahren und es wurde der Tatbestand der bewilligungsfreien Vorhaben geschaffen. Die ausdrücklich angeführten Vorhaben entsprechen weitgehend der geltenden Rechtslage. In dieser Fassung wurde die Bestimmung auch als § 7 in die K-BO 1996, LGBl 1996/62, übernommen. Mit LGBl 2001/134 entfiel in § 7 Abs 1 lit e die Bewilligungsfreiheit für Antennentragmasten. Durch LGBl 2012/80 erfolgte eine wesentliche Erweiterung bzw Präzisierung der bewilligungsfreien Vorhaben. In der

1

---

1 ErlRV Verf-133/6/1967, 9; *Unkart*, Bauordnung[2] § 5 Rz 42; *Krzizek*, System II 42 f beurteilt diese Anzeigepflicht ihrem Inhalt nach als Baubewilligungspflicht.

Überschrift wurde ein Hinweis aufgenommen, dass diese Vorhaben zwar bewilligungsfrei aber mitteilungspflichtig sind. Darüber hinaus erfolgte eine Erweiterung des Anwendungsbereiches unter anderem für die Errichtung, die Änderung und den Abbruch von Gebäuden, für den Einbau von Treppenschrägaufzügen, die Errichtung, die Änderung und den Abbruch von Werbe- und Ankündigungsanlagen und den Abbruch von Luftwärmepumpen.

2 In den anderen Bundesländern finden sich verschiedene Arten von bewilligungsfreien Vorhaben, Mitteilungsverpflichtungen und Anzeigeverfahren. Ein einheitliches System besteht nicht.[2] Die entsprechenden Bestimmungen finden sich in § 16 und § 17 Bgld. BauG, § 15 bis § 17 NÖ BO 2014, § 25 bis § 26 Oö. BauO 1994, § 3 S-BauPolG, § 20 und § 21 Stmk. BauG, § 21 Abs 2 und 3 sowie § 23 TBO 2011, § 19 und § 20 V-BauG, § 62 und § 62a W-BO.

II. Allgemeines

3 Im Sinne der Baufreiheit[3] und aus Gründen der Deregulierung[4] enthält § 7 Abs 1 Vorhaben, die keiner Baubewilligung bedürfen, da bei diesen Vorhaben regelmäßig nur mit geringen Auswirkungen auf Anrainer zu rechnen ist.[5] Diese müssen aber den Anforderungen gemäß § 13 Abs 2 lit a bis c, § 17 Abs 2, §§ 26 und 27 entsprechen[6], sofern § 14 nicht anderes bestimmt, und sie sind gemäß § 7 Abs 4 der Behörde schriftlich mitzuteilen. Dh es wird kein Baubewilligungsverfahren eingeleitet, mit der Ausführung des Vorhabens kann sofort nach Mitteilung an die Behörde begonnen werden. Durch die Behörde erfolgt lediglich eine Kontrolle der Ausführung gemäß § 34 bis § 38 sowie der Sicherheitsvorschriften gemäß § 43 bis § 47. Dies ist ein wesentlicher Unterschied zu den Anzeigeverfahren anderer Bundesländer.[7]

---

2 *Haas*, bbl 2001, 41 ff.
3 Siehe § 6 Rz 5.
4 So ErlRV Verf-135/94/1995, 2 und 10 ff; insbesondere *Kemptner*, Weiterentwicklung 1 ff; *Röger*, ÖJZ 2004, 822; siehe auch *Liehr*, ÖGZ 1997, Heft 4, 4 ff; *Wolny*, Verwaltungsreform auf Gemeindeebene 52 f; *Feßler*, Die Grenzen der Deregulierung im Baurecht, 2003.
5 Vgl VfSlg 16.049/2000.
6 Vorhaben nach § 7 lit v müssen nur den §§ 26 und 27 entsprechen, siehe § 7 Rz 34.
7 *Haas*, bbl 2001, 41 ff.

Da kein Baubewilligungsverfahren durchgeführt wird, haben Anrainer **4** auch keine Möglichkeit im Rahmen dieses Baubewilligungsverfahrens Einwendungen gegen diese Vorhaben zu erheben. Wird durch dieses Vorhaben aber ein subjektiv-öffentliches Recht eines Anrainers im Sinne des § 23 Abs 3 lit a bis g, des § 23 Abs 4 bis 6 oder des § 24 lit h und i verletzt, so hat dieser gemäß § 34 Abs 4 innerhalb eines Monates ab dem Zeitpunkt, in dem er bei gehöriger Sorgfalt Kenntnis von der Ausführung haben musste, das Recht der Antragstellung auf behördliche Maßnahmen nach den §§ 35 und 36 und anschließend Parteistellung in diesen behördlichen Verfahren.[8] Dies ist auch vor dem verfassungsrechtlichen Hintergrund zu beachten. Zwar besteht keine Verfassungsnorm, die Parteirechte in einem Verfahren überhaupt oder in einen bestimmten Umfang garantiert, den Umfang der Parteirechte in einem Verwaltungsverfahren bestimmt der einfache Gesetzgeber. Das einfache Gesetz muss allerdings dem Gleichheitssatz entsprechen.[9] Dies gilt auch für die Abgrenzung zwischen bewilligungspflichtigen und bewilligungsfreien Verfahren.[10] Dem kommt der Kärntner Landesgesetzgeber erstens dadurch nach, dass nur Vorhaben bewilligungsfrei sind, bei denen öffentlich Interessen und subjektiv-öffentlich Rechte von Anrainern auf Grund Art und Größe des Vorhabens regelmäßig unberührt bleiben. Zweitens müssen bewilligungsfreie Vorhaben den Anforderungen gemäß § 13 Abs 2 lit a bis c, § 17 Abs 2, §§ 26 und 27 entsprechen, sofern § 14 nicht anderes bestimmt. Drittens gibt es sowohl für die Behörden im Rahmen der Überwachung der Ausführung gemäß § 34 bis § 38 sowie der Sicherheitsvorschriften gemäß § 43 bis § 47 als auch für die Anrainer mit entsprechendem Antragsrecht und Parteistellung gemäß § 34 Abs 4 Instrumente, die öffentlichen und subjektiv-öffentlichen Interessen zu wahren.[11] Abgesichert wird § 7 auch

---

8 VwGH 24.8.2011, 2011/06/0066; *Hauer*, Nachbar[6] 238; siehe § 34 Rz 5 f.
9 VfGH VfSlg 8279/1978; VfSlg 10.844/1986; VfSlg 15.581/1999; VfSlg 16.981/2003; VfSlg 17.593/2005; 19.2.2016, E 2567/2015; *Wagner*, bbl 1999, 132 f; *Giese*, bbl 2003, 59 f; *Pabel*, RFG 2005, 185 ff; *Giese*, Baurecht § 7 Baupolizeigesetz Anm 14; *Hauer*, Nachbar[6] 82 f; kritisch zum gewerblichen Betriebsanlagenrecht *Raschauer B*, ZfV 1999, 510 ff.
10 So der VfGH zum Salzburger Bauanzeigeverfahren VfSlg 16.982/2003; VfSlg 16.983/2003; dazu *Giese*, ZfV 2004, 8 ff mN; *ders*, bbl 2004, 96 ff; siehe auch *Wagner*, bbl 1999, 132.
11 Der VfGH 26.9.2000, B 740/98, sah sich bei Anwendung von § 7 nicht gezwungen, einen Prüfungsbeschluss gemäß Art 140 Abs 1 B-VG zu fassen.

durch die Verwaltungsstrafbestimmung in § 50 Abs 1 lit d Z 7.[12] Wer Vorhaben nach § 7 entgegen § 7 Abs 3 ausführt oder ausführen lässt oder entgegen § 7 Abs 4 nicht mitteilt, begeht einer Verwaltungsübertretung und ist gemäß § 50 Abs 1 lit d Z 7 zu bestrafen.[13]

III. Bewilligungsfreie Vorhaben

A. Errichtung, Änderung und Abbruch von Gebäuden bis zu 25 m² Grundfläche und 3,50 m Höhe

5   Zu den Begriffen Errichtung, Änderung, Abbruch und Gebäude wird auf die entsprechenden Ausführungen zu § 6 verwiesen.[14] Die K-BO 1996 enthält keine Definition des Begriffes Grundfläche einer baulichen Anlage. Auf Grundlage einer systematisch-logischen und teleologischen Interpretation ist aber davon auszugehen, dass die Bruttogrundfläche gemeint ist. Dies ist die Summe der Grundflächen aller Grundrissebenen einer baulichen Anlage.[15] Umfasst sind in erster Linie entsprechende Gartenhäuschen, kleine Hütten und Schuppen.[16]

B. Errichtung, Änderung und Abbruch von zentralen Feuerungsanlage mit einer Nennwärmleistung bis zu 50 kW

6   Zu den Begriffen Errichtung, Änderung, Abbruch, zentrale Feuerungsanlage und Nennwärmleistung wird auf die entsprechenden Ausführungen zu § 6 verwiesen.[17]

---

12 Siehe zB VwGH 16.9.2003, 2002/05/0773.
13 Siehe § 50 Rz 23.
14 § 6 Rz 4 ff.
15 Die OIB-Richtlinie Begriffsbestimmungen, abgedruckt unter Punkt 2.1.7, verweist auf die Definitionen der ÖNORM B 1800; zu dieser systematischen Interpretation vgl VwGH 23.11.2004, 2002/06/0064; siehe auch *Potacs*, Auslegung 84 f und 90 f mwN; es ist grundsätzlich nicht unzulässig, ÖNORMEN zur ergänzenden Auslegung des Gesetzes heranzuziehen, VwGH 30.1.2014, 2012/05/0045.
16 VwGH 19.12.2000, 2000/05/0270; 20.12.2002, 2001/05/0348; 16.9.2003, 2002/05/0773.
17 § 6 Rz 7 ff.

C. Bestimmte Änderungen von Gebäuden

Bewilligungsfrei sind gemäß § 7 Abs 1 lit c Z 1 Vorhaben, die sich nur auf das Innere von Gebäuden beziehen und keine tragenden Bauteile betreffen, sofern keine Erhöhung der Wohnnutzfläche erfolgt. Zum Begriff Gebäude wird auf die entsprechenden Ausführungen zu § 6 verwiesen.[18] Die K-BO 1996 enthält keine Definitionen der Begriffe tragende Bauteile und Wohnnutzfläche. Tragende Bauteile sind Bauteile, die für das Gebäude auch statische Funktion haben (zB Stützen, aussteifende Wände, Stützwände). Die Wohnnutzfläche ist die gesamte Bodenfläche einer Wohnung[19] einschließlich Loggien und Wintergärten abzüglich der Wandstärken und der im Verlauf der Wände befindlichen Durchbrechungen. Keller- und Dachbodenräume, soweit sie ihrer Lage, baulichen Ausgestaltung, Raumhöhe und Ausbaumöglichkeit nach für Wohnzwecke nicht geeignet sind, sowie Treppen sind nicht zu berücksichtigen.[20] Es wird ausdrücklich auf die Wohnnutzfläche abgestellt. Vorhaben, die sich nur auf das Innere von Gebäuden beziehen, keine tragenden Bauteile betreffen und zu einer Erhöhung von Nutzfläche, die nicht Wohnnutzfläche ist, führen, sind bewilligungsfrei. 7

Bewilligungsfrei ist gemäß § 7 Abs 1 lit c Z 2 auch die Anbringung eines Vollwärmeschutzes an ein Gebäude, sofern die äußere Gestaltung unverändert bleibt.[21] Dabei handelt es sich in erster Linie um Wärmedämmverbundsysteme. Dabei werden Dämmplatten an die Außenwand eines Gebäudes geklebt und/oder mit Dübeln befestigt. Aus Gründen des Schutzes des Ortsbildes sind diese Vorhaben nur bewilligungsfrei, sofern die äußere Gestaltung des Gebäudes unverändert bleibt. 8

---

18 § 6 Rz 4.
19 Auch ein Einfamilienhaus ist in diesem Sinne eine Wohnung; siehe auch OIB-Richtlinie Begriffsbestimmungen, abgedruckt unter Punkt 2.1.7; zu dieser systematischen Interpretation vgl VwGH 23.11.2004, 2002/06/0064; siehe auch *Potacs*, Auslegung 84 f und 90 f mwN.
20 Vgl § 2 Z 5 K-WBFG 1997; zu dieser systematischen Interpretation vgl VwGH 23.11.2004, 2002/06/0064; siehe auch *Potacs*, Auslegung 84 f und 90 f mwN; das Einziehen einer Zwischendecke zur Schaffung von Wohnraum ist nicht bewilligungsfrei VwGH 23.2.2010, 2007/05/0260.
21 Siehe für die Anbringung eines Vollwärmeschutzes auch die Übergangsbestimmung zu LGBl 2012/80 betreffend der Baulinie und der Abstandsfläche in Art IV Abs 11.

9 Ebenso ist gemäß § 7 Abs 1 lit c Z 3 bei Gebäuden auch der Austausch oder die Erneuerung von Fenstern bewilligungsfrei. Wiederum aus Gründen des Schutzes des Ortsbildes sind diese Vorhaben nur bewilligungsfrei, sofern die Größe und äußere Gestaltung der Fenster unverändert bleibt.

10 Schlussendlich ist gemäß § 7 Abs 1 lit c Z 4 auch der Einbau von Treppenschrägaufzügen bewilligungsfrei. Ein Treppenschrägaufzug ist gemäß § 2 lit c K-AG[22] ein Hebezeug für Personen mit Sessel, Stehplattform oder Rollstuhlplattform, das in einer geneigten Ebene entlang einer Treppe (Stiege) oder einer zugänglichen geneigten Oberfläche fährt und vorwiegend für die Verwendung durch Personen mit Behinderungen oder mit eingeschränkter Mobilität bestimmt ist.[23] Dies gilt aber nur für Treppenschrägaufzüge in nicht allgemein zugänglichen Bereichen von Gebäuden (innerhalb von Wohnungen, Einfamilienhäuser etc). Treppenschrägaufzüge, die sich zB in einem Stiegenhaus eines mehrstöckigen Miethauses befinden und somit allgemein zugänglich sind, sind von der Ausnahme nicht umfasst.[24] Allerdings kann in diesen Fällen – auf Grundlage einer Auslegung im Sinne der Baufreiheit[25] – ein bewilligungsfreies Vorhaben nach § 7 Abs 1 lit c Z 1 vorliegen, sofern keine tragenden Bauteile betroffen sind.

D. Freizeitwohnsitz

11 Ausdrücklich umfasst ist nur die Änderung der Verwendung von Gebäuden oder Gebäudeteilen in Freizeitwohnsitz und von Freizeitwohnsitz in Hauptwohnsitz.[26] Dh ist mit dieser Änderung der Verwendung nach § 6 lit c[27] auch eine Änderung von Gebäuden und sonstigen baulichen Anlagen nach § 6 lit b[28] verbunden, ist das Vorhaben nicht bewilligungsfrei. Für den Begriff Freizeitwohnsitz wird auf § 6 K-GVG

---

22 Das K-AG ist einschließlich der Erläuterungen unter Punkt 6 abgedruckt.
23 Zu dieser systematischen Interpretation vgl VwGH 23.11.2004, 2002/06/0064; siehe auch *Potacs*, Auslegung 84 f und 90 f mwN.
24 Vgl ErlRV -2V-LG-1358/20-2010, 2 zu § 1 Abs 4 K-AG; zu dieser systematischen Interpretation vgl VwGH 23.11.2004, 2002/06/0064; siehe auch *Potacs*, Auslegung 84 f und 90 f mwN.
25 Siehe § 6 Rz 5.
26 Zum Ganzen *Baumgartner/Fister*, bbl 2016, 1 ff.
27 Siehe § 6 Rz 9.
28 Siehe § 6 Rz 8.

1994 verwiesen. Es handelt sich hiebei gemäß § 56 Abs 1[29] um eine dynamische Verweisung. Eine gleichlautende Bestimmung findet sich nunmehr in § 4 K-GVG 2002. Demnach ist ein Freizeitwohnsitz jener Wohnsitz, der zum Aufenthalt während des Wochenendes, des Urlaubes, der Ferien oder sonst nur zeitweilig zu Freizeit- oder Erholungszwecken dient. Kein Freizeitwohnsitz ist hingegen der Hauptwohnsitz sowie jener „Wohnsitz, an dem sich eine Person in der nachweislichen oder aus den Umständen hervorgehenden Absicht niedergelassen hat, dort bis auf weiteres einen Anknüpfungspunkt von Lebensbeziehungen – beschränkt auf die Berufsausbildung und die Berufsausübung – zu haben." Wenn ein solcher (Haupt-)Wohnsitz nicht vorliegt oder wenn keine unbedingte Notwendigkeit an einer Wohnnutzung besteht, ist jedenfalls die Nutzung als Freizeitwohnsitz anzunehmen. „Die Begründung eines Freizeitwohnsitzes liegt jedenfalls nicht vor bei der Wohnsitznahme in Gastgewerbebetrieben oder in Wohnräumen, die im Rahmen der Privatzimmervermietung vermietet werden."

E. Errichtung, Änderung und Abbruch von Parabolantennen

Zu den Begriffen Errichtung, Änderung und Abbruch wird auf die entsprechenden Ausführungen zu § 6 verwiesen.[30] Umfasst sind ausdrücklich nur Parabolantennen.[31] Parabolantennen bündeln Ultrakurzwellen im Brennpunkt eines metallischen Parabolspiegels. Die Wellen werden von einem Detektor erfasst und weitergeleitet.

12

F. Errichtung, Änderung und Abbruch von Sonnenkollektoren und Photovoltaikanlagen bis zu 40 m²

Zu den Begriffen Errichtung, Änderung und Abbruch wird auf die entsprechenden Ausführungen zu § 6 verwiesen.[32] Zu beachten ist, dass gemäß § 2 Abs 2 lit i in die Dachfläche integrierte oder unmittelbar parallel dazu montierte Sonnenkollektoren und Photovoltaikanlagen bis zu 40 m² Fläche überhaupt vom Anwendungsbereich der K-BO 1996

13

---

29 Siehe § 56 Rz 3.
30 Siehe § 6 Rz 7 ff.
31 ErlRV Verf-135/94/1995, 12 f.
32 Siehe § 6 Rz 7 ff.

ausgenommen sind.[33] Nur Sonnenkollektoren und Photovoltaikanlagen bis zu 40 m², die nicht in die Dachfläche integriert sind – weil zB eigenständig errichtet – oder nicht unmittelbar parallel dazu montiert sind – weil aufgerichtet auf der Dachfläche angebracht –, sind bewilligungsfrei.[34]

G. Errichtung, Änderung und Abbruch von Baustelleneinrichtungen

14 Zu den Begriffen Errichtung, Änderung und Abbruch wird auf die entsprechenden Ausführungen zu § 6 verwiesen.[35] Die K-BO 1996 enthält keine Definitionen des Begriffes Baustelleneinrichtung. Entsprechend den Materialien ist darunter die Gesamtheit des Baumaterials zu verstehen, deren Bereithalten am Ort eines konkreten Bauvorhabens während der Dauer der Bauausführung bei deren ordnungsgemäßen Ablauf erforderlich ist.[36] Dazu zählen zB Bau- und Wohncontainer, Bau- und Gerätehütten, Gerüste, Kräne und Bauproduktlagerungen,[37] Heißasphaltmischanlagen[38] sowie Abfallbehandlungsanlagen[39]. Bewilligungsfrei sind nur Baustelleneinrichtungen, die unmittelbar vor Baubeginn und während der Bauausführung errichtet werden.[40] Sofern eine Baubewilligung für das Vorhaben, dem die Baustelleinrichtung dienen soll, erforderlich ist, muss diese rechtskräftig erteilt worden sein.[41] Bewilligungsfrei sind aber auch Baustelleinrichtungen für Vorhaben, die gemäß § 2 oder § 7 keiner Baubewilligung bedürfen.[42]

---

33 Siehe § 2 Rz 34; siehe auch gemäß § 2 Abs 2 lit e die Ausnahmen für Erzeugungsanlagen mit einer elektrischen Engpassleistung von mehr als 5 kW, § 2 Rz 30.
34 ErlRV Verf-135/94/1995, 12 f; *Laußermair*, RFG 2014, 189 f.
35 Siehe § 6 Rz 7 ff.
36 ErlRV Verf-135/94/1995, 12 mit Hinweis auf VwGH 27.3.1995, 90/10/0143.
37 *Giese*, Baurecht § 1 Baupolizeigesetz Anm 15.
38 VwGH VwSlg 13.081 A/1989.
39 *Sander*, RdU 2013, 249.
40 Siehe auch § 38 Abs 1.
41 VwGH VwSlg 12.106 A/1986; 27.10.1993, 93/05/0153; 15.5.2014, Ro 2014/05/0022.
42 VwGH VwSlg 13.081 A/1989.

H. Errichtung, Änderung und Abbruch von baulichen Anlagen, die der Gartengestaltung dienen in Leichtbauweise bis zu 40 m² Grundfläche und 3,50 m Höhe

Zu den Begriffen Errichtung, Änderung, Abbruch und bauliche Anlage wird auf die entsprechenden Ausführungen zu § 6 verwiesen.[43] Die K-BO 1996 enthält keine Definition des Begriffes Grundfläche einer baulichen Anlage. Auf Grundlage einer systematisch-logischen und teleologischen Interpretation ist aber davon auszugehen, dass die Bruttogrundfläche gemeint ist. Dies ist die Summe der Grundflächen aller Grundrissebenen einer baulichen Anlage.[44] Eine Leichtbauweise zeichnet sich durch spezielle Konstruktion und Verwendung besonders leichten Materials, insbesondere Holz, aus. Im Gegensatz dazu werden Massivbauten aus massiven Bauprodukten, zB Beton, Ziegel oder Stein, errichtet.[45] Demonstrativ wird als entsprechende bauliche Anlage die Pergola genannt. Durch dieses demonstrative Beispiel wird auch der Maßstab fixiert, dem die nicht konkret aufgezählten baulichen Anlagen entsprechen müssen.[46] Eine Pergola ist nach der Judikatur des VwGH im Allgemeinen ein nicht überdeckter Laubengang in einer Gartenanlage, wobei die auf Stützen liegenden Unterzüge ein Gebälk tragen, das von Pflanzen umrankt ist. Weiters wird Pergola als offener, meist überrankter Laubengang, bei dem in der Regel lange, beiderseitig auf Pfeilern oder Holzstützen liegende Kanthölzer, die in regelmäßigen Abständen angeordneten Querhölzer tragen, definiert.[47] Nur ein Gerüst, das für das „Ranken" von Pflanzen erforderlich ist, kann somit als Pergola angesehen werden. Eine Pergola ist nach oben offen und nicht raumbildend.[48] Wird eine entsprechende bauliche Anlage durch eine Bretterwand entlang der Grundgrenze vollflächig verbaut, handelt es sich um eine Einfriedung und nicht um eine Pergola.[49]

15

---

43 Siehe § 6 Rz 3 ff.
44 Die OIB-Richtlinie Begriffsbestimmungen, abgedruckt unter Punkt 2.1.7, verweist auf die Definitionen der ÖNORM B 1800; zu dieser systematischen Interpretation vgl VwGH 23.11.2004, 2002/06/0064; siehe auch *Potacs*, Auslegung 84 f und 90 f mwN; es grundsätzlich nicht unzulässig, ÖNORMEN zur ergänzenden Auslegung des Gesetzes heranzuziehen, VwGH 30.1.2014, 2012/05/0045.
45 Vgl Duden Deutsches Universalwörterbuch⁶.
46 VwGH 23.7.2009, 2006/05/0167.
47 VwGH 20.11.2007, 2005/05/0161 mN.
48 VwGH 23.8.2012, 2010/05/0170 mN.
49 VwGH 20.11.2007, 2005/05/0161; 14.12.2007, 2006/05/0135.

I. Errichtung, Änderung und Abbruch von Wasserbecken bis zu 80 m³ Rauminhalt

16 Zu den Begriffen Errichtung, Änderung, Abbruch und Gebäude wird auf die entsprechenden Ausführungen zu § 6 verwiesen.[50] Bewilligungsfrei sind nur Wasserbecken, die sich nicht innerhalb von Gebäuden befinden. Wasserbecken können zB entsprechende Schwimmbecken, Teiche oder auch Viehtränken sein.[51]

J. Errichtung, Änderung und Abbruch von Einfriedungen in Leichtbauweise bis zu 1,50 m Höhe, Sockelmauerwerken bis zu 0,5 m Höhe, Stützmauern bis 1 m Höhe

17 Zu den Begriffen Errichtung, Änderung und Abbruch wird auf die entsprechenden Ausführungen zu § 6 verwiesen.[52] Die K-BO 1996 unterscheidet zwischen Einfriedungen, Sockelmauerwerken und Stützmauern. Durch die Novelle LGBl 80/2012 wurde in § 7 Abs 1 lit j klargestellt, dass Einfriedungen gemeinsam mit einer Sockelmauer nur bis zu einer Gesamthöhe von 2 m bzw gemeinsam mit einer Stützmauer nur bis zu einer Gesamthöhe von 2, 50 m bewilligungsfrei sind.[53] Allenfalls höhere Zaunsteher sind in die Beurteilung der Höhe der baulichen Anlage einzubeziehen.[54]

18 Die K-BO 1996 enthält keine Definition des Begriffes Einfriedung in Leichtbauweis. Nach der ständigen Rechtsprechung des VwGH „ist unter einer Einfriedung eine Einrichtung zu verstehen, die ein Grundstück einfriedet, das heißt schützend umgibt. Daraus folgt, dass bei einer Einfriedung die grundsätzliche Eignung gegeben sein muss, die Liegenschaft nach außen abzuschließen. Entscheidend ist nicht, ob sich die Einfriedung auf die gesamte Grundgrenze erstreckt, und auch nicht, ob sie unmittelbar an der Grundgrenze errichtet wird."[55] Es genügt, wenn sie im Nahebereich der Grundgrenze liegt und die Liegenschaft

---

50 Siehe § 6 Rz 4 ff.
51 VwGH 13.11.2001, 2001/05/0036; 25.3.2010, 2008/05/0113; *Pabel*, RFG 2009, 92 f.
52 Siehe § 6 Rz 7 ff.
53 ErlRV 01-VD-LG-1369/4-2012, 7.
54 VwGH 5.11.2015, 2013/06/0063.
55 ZB VwGH 30.1.2014, 2013/05/0185; siehe auch VwGH 20.11.2007, 2005/05/0161.

schützend umgibt.[56] Unerheblich ist, ob der Einfriedung auch eine zusätzliche Funktion zukommt, zB Lärmschutz, Sichtschutz, Plakatwand, Stützmauer etc.[57] Da allerdings nur Einfriedungen in Leichtbauweise bewilligungsfrei sind, sind zusätzliche Funktionen nur eingeschränkt denkbar. Die Leichtbauweise zeichnet sich durch spezielle Konstruktion und Verwendung besonders leichten Materials, insbesondere Holz, aus. Im Gegensatz dazu werden Massivbauten aus massiven Bauprodukten, zB Beton, Ziegel oder Stein, errichtet.[58] So werden zB Stützmauern funktionsbedingt massiv ausgeführt werden müssen und nicht gleichzeitig Einfriedungen in Leichtbauweise sein können.[59] Hecken und Sträucher sind keine baulichen Anlagen.[60]

Die K-BO 1996 enthält keine Definition der Begriffe Sockelmauerwerke und Stützmauern. Sockelmauerwerke sind der untere (abgesetzte) Teil einer baulichen Anlage. Stützmauern sind Mauern, die einen von der Seite einwirkenden Druck von Erdmassen aufnehmen sollen.[61]

K. Errichtung, Änderung und Abbruch eines überdachten Stellplatzes pro Wohngebäude bis zu 40 m² Grundfläche und 3,50 Höhe

Zu den Begriffen Errichtung, Änderung, Abbruch, Gebäude und Zubau wird auf die entsprechenden Ausführungen zu § 6 verwiesen.[62] Die Bestimmung enthält keine Einschränkung auf Stellplätze, die Kraftfahrzeugen dienen. Somit sind auch Stellplätze, die zB Fahrrädern dienen, bewilligungsfrei. Der Stellplatz darf lediglich überdacht sein, dies sind insbesondere Carports.[63] Wird ein allseits umschlossener Raum gebildet – mehr oder weniger große Öffnungen schaden nicht –, liegt ein Gebäude vor, das bei einer Grundfläche über 25 m² einer Bau-

---

56 VwGH 28.4.2015, Ra 2015/05/0026.
57 VwGH 15.3.2012, 2010/06/0098; *Giese*, Baurecht § 2 Baupolizeigesetz Anm 27 mN.
58 Vgl Duden Deutsches Universalwörterbuch⁶.
59 Auch ein Löwengehege ist auf Grund seiner Höhe und Ausgestaltung kein bewilligungsfreies Vorhaben VwGH 20.1.1998, 97/05/0259.
60 VwGH 27.10.1998, 97/05/0235; *Trippl/Schwarzbeck/Freiberger*, Baurecht⁵ § 11 Stmk BauG Anm 2; siehe aber die Anzeigepflicht gemäß § 9 K-OBG.
61 Vgl Duden Deutsches Universalwörterbuch⁶.
62 Siehe § 6 Rz 4 ff.
63 *Pabel*, RFG 2008, 77 f.

bewilligung bedarf.[64] Wohngebäude sind Gebäude, die ausschließlich oder zumindest vorwiegend Wohnzwecken dienen.[65] Wird der Stellplatz als Zubau zu einem Gebäude ausgeführt, liegt ausdrücklich keine bewilligungspflichtige Änderung eines Gebäudes gemäß § 6 lit b vor, sondern ein bewilligungsfreies Vorhaben. Die K-BO 1996 enthält keine Definition des Begriffes Grundfläche. Auf Grundlage einer systematisch-logischen und teleologischen Interpretation ist aber davon auszugehen, dass die Bruttogrundfläche gemeint ist. Dies ist die Summe der Grundflächen aller Grundrissebenen einer baulichen Anlage.[66]

L. Errichtung, Änderung und Abbruch von baulichen Anlagen für den vorübergehenden Bedarf

21 Zu den Begriffen Errichtung, Änderung, Abbruch und bauliche Anlage wird auf die entsprechenden Ausführungen zu § 6 verwiesen.[67] Bewilligungsfrei sind nur bauliche Anlagen im Rahmen von Märkten, Kirchtagen, Ausstellungen, Messen und ähnliche Veranstaltungen. Der vorübergehende Bedarf ist mit einer zeitlichen Höchstgrenze von vier Wochen definiert. Bei der Aufzählung von Veranstaltungen handelt es sich auf Grund des Zusatzes „und ähnliche" um eine demonstrative Aufzählung. Durch die Aufzählung wird aber doch der Maßstab fixiert, dem die nicht konkret aufgezählten Veranstaltungen entsprechen müssen.[68] Bei der Aufzählung der baulichen Anlagen – Festzelte, Tribünen, Tanzböden, Kioske, Stände, Buden – handelt es sich auf Grund des Zusatzes „zB" ebenfalls um eine demonstrative Aufzählung. Auch hier

---

64 VwGH 29.4.2015, 2012/06/0085.
65 VwGH 17.9.1996, 95/05/0243; 30.9.1997, 97/05/0128; VwSlg 16.824 A/2006; siehe auch OIB-Richtlinie Begriffsbestimmungen, abgedruckt unter Punkt 2.1.7; vgl zu einer ähnlichen Auslegung des Begriffes „Fremdenverkehrsgebäude" VwGH 15.5.2012, 2009/05/0077; hingegen auf ausschließlich zu Wohnzwecken dienende Gebäude eingeschränkt VwGH VwSlg 16.016 A/2003.
66 Die OIB-Richtlinie Begriffsbestimmungen, abgedruckt unter Punkt 2.1.7, verweist auf die Definitionen der ÖNORM B 1800; zu dieser systematischen Interpretation vgl VwGH 23.11.2004, 2002/06/0064; siehe auch *Potacs*, Auslegung 84 f und 90 f mwN; es ist grundsätzlich nicht unzulässig, ÖNORMEN zur ergänzenden Auslegung des Gesetzes heranzuziehen, VwGH 30.1.2014, 2012/05/0045.
67 Siehe § 6 Rz 3 ff.
68 VwGH 23.7.2009, 2006/05/0167.

wird aber durch die Aufzählung doch der Maßstab fixiert, dem die nicht konkret aufgezählten baulichen Anlagen entsprechen müssen.[69]

M. Instandsetzung von Gebäuden und sonstigen baulichen Anlagen

Zu den Begriffen Gebäude und bauliche Anlage wird auf die entsprechenden Ausführungen zu § 6 verwiesen.[70] Instandsetzungen sind insbesondere Vorhaben, die der Erhaltungspflicht gemäß § 43 dienen.[71] Nur Vorhaben, die keine tragenden Bauteile betreffen, sind bewilligungsfrei. Die K-BO 1996 enthält keine Definitionen des Begriffes tragender Bauteil. Dies sind Bauteile, die für das Gebäude auch statische Funktion haben (zB Stützen, aussteifende Wände, Stützwände). Die Instandsetzung ist darüber hinaus nur bewilligungsfrei, sofern sie keine Auswirkungen auf die Sicherheit, die Gesundheit oder auf die äußere Gestaltung hat.[72]

22

N. Errichtung, Änderung und Abbruch von Folientunnel bis zu 50 m Länge, 3 m Breite und 3,50 m Höhe

Zu den Begriffen Errichtung, Änderung und Abbruch wird auf die entsprechenden Ausführungen zu § 6 verwiesen.[73] Folientunnel bestehen aus einem Gerüst und einer Folienbespannung. Bewilligungsfrei sind Folientunnel aber nur, sofern sie im Rahmen der Land- und Forstwirtschaft oder des Gartenbaus genutzt werden. Die K-BO 1996 enthält keine Definition dieser Begriffe. Unter land- und forstwirtschaftlicher Nutzung ist nach der Rechtsprechung des VwGH nicht schon jede land- und forstwirtschaftliche Tätigkeit im technischen Sinne zu verstehen. Es ist das Vorliegen betrieblicher Merkmale, dh eine planvolle, grundsätzlich auf die Erzielung von Einnahmen gerichtete nachhaltige Tätigkeit wesentlich, die zumindest die Annahme eines nebenberuflichen land- und forstwirtschaftlichen Betriebes rechtfertigt. Ob zumindest ein land- und forstwirtschaftlicher Nebenbetrieb vorliegt, hängt

23

---

69 VwGH 23.7.2009, 2006/05/0167.
70 Siehe § 6 Rz 3 f.
71 Vgl *Unkart*, Bauordnung[2] § 4 Rz 38; siehe § 43 Rz 3 f.
72 Dazu § 17 Rz 8 ff.
73 Siehe § 6 Rz 7 ff.

einerseits von der Betriebsgröße, aber auch von dem erzielbaren Bewirtschaftungserfolg ab. Dieser kann ein Indiz dafür sein, ob eine über einen bloßen Zeitvertreib hinausgehende land- und forstwirtschaftliche Nutzung vorliegt.[74] Ein wesentlicher Bestandteil der land- und forstwirtschaftlichen Nutzung ist die Bodennutzung im Bereich der landwirtschaftlichen und forstwirtschaftlichen Urproduktion.[75] Dazu zählen zB auch Pferdezucht,[76] Fischzucht,[77] Obstverwertung,[78] Waldbewirtschaftung[79] und Imkerei[80]. Da der Gartenbau grundsätzlich zur Landwirtschaft zählt,[81] gilt entsprechendes auch für diesen. Wie der Folientunnel im Rahmen der Land- und Forstwirtschaft oder des Gartenbaus genutzt wird – zB zum Anbau oder zur Heulagerung –, ist unerheblich.

O. Errichtung, Änderung und Abbruch von Terrassenüberdachungen bis zu 40 m² Grundfläche und 3,50 m Höhe

24 Zu den Begriffen Errichtung, Änderung, Abbruch und Zubau wird auf die entsprechenden Ausführungen zu § 6 verwiesen.[82] Die Terrasse darf lediglich überdacht sein. Wird ein allseits umschlossener Raum – zB ein Wintergarten – gebildet, liegt ein Gebäude vor, das bei einer Grundfläche über 25 m² einer Baubewilligung bedarf. Wird die Terrassenüberdachung als Zubau zu einem Gebäude ausgeführt, liegt ausdrücklich keine bewilligungspflichtige Änderung eines Gebäudes gemäß § 6 lit b vor, sondern ein bewilligungsfreies Vorhaben. Die K-BO 1996 enthält keine Definition des Begriffes Grundfläche. Auf Grundlage einer systematisch-logischen und teleologischen Interpretation ist aber davon auszugehen, dass die Bruttogrundfläche gemeint ist. Dies ist

---

74 ZB VwGH 7.7.1986, 84/10/0290; 10.1988, 87/10/0133; 22.6.1993, 90/05/0228; 28.4.1997, 94/10/0148; 31.3.2008, 2007/05/0024; 29.1.2010, 2007/10/0107 mwN.
75 VwGH 21.9.2000, 99/06/0057.
76 VwGH 16.12.2003, 2002/05/0687.
77 VwGH 29.1.2010, 2007/10/0107.
78 VwGH 5.11.2015, 2013/06/0119; auch Obstveredelung und Edelbranderzeugung VwGH 27.2.2015, 2012/06/0063.
79 Zur Brennholzgewinnung VwGH 5.11.2015, 2013/06/0119.
80 VwGH 22.6.1993, 90/05/0228.
81 VwGH 26.1.1998, 96/10/0121; 23.2.2004, 2000/10/0173.
82 Siehe § 6 Rz 7 ff.

die Summe der Grundflächen aller Grundrissebenen einer baulichen Anlage.[83]

P. Errichtung, Änderung und Abbruch von Werbe- und Ankündigungsanlagen bis 16 m² Gesamtfläche

Zu den Begriffen Errichtung, Änderung, Abbruch und Zubau wird auf die entsprechenden Ausführungen zu § 6 verwiesen.[84] Werbe- und Ankündigungsanlagen sind insbesondere Tafeln, Schaukästen, Anschlagsäulen und sonstige Vorrichtungen, an denen Werbungen und Ankündigungen angebracht werden können, Bezeichnungen, Beschriftungen, Hinweise uä.[85] Die Flächenbegrenzung bis zu 16 m² bezieht sich auf Grund des Wortlautes der Bestimmung auf die gesamte Werbe- und Ankündigungsanlage und nicht nur auf die Werbe- und Ankündigungsfläche. Es ist darauf hinzuweisen, dass gemäß § 2 Abs 2 lit q Werbe- und Ankündigungsanlagen bis zu 2 m² Gesamtfläche nicht der K-BO 1996 unterliegen.[86] Zu beachten ist in diesem Zusammenhang die Bewilligungspflicht für Werbe- und Ankündigungsanlagen gemäß § 6 K-OBG.[87]

25

Q. Abbruch von Luftwärmepumpen

Luftwärmepumpen sind Maschinen, Geräte oder Anlagen, die die Wärmeenergie der Luft auf Gebäude oder industrielle Anlagen überträgt, indem sie den natürlichen Wärmestrom so umkehrt, dass dieser von einem Ort tieferer Temperatur zu einem Ort höherer Temperatur fließt. Bei reversiblen Wärmepumpen kann auch die Wärme von dem Gebäude an die natürliche Umgebung abgegeben werden.[88] Nur der Ab-

26

---

83 Die OIB-Richtlinie Begriffsbestimmungen, abgedruckt unter Punkt 2.1.7, verweist auf die Definitionen der ÖNORM B 1800; zu dieser systematischen Interpretation vgl VwGH 23.11.2004, 2002/06/0064; siehe auch *Potacs*, Auslegung 84 f und 90 f mwN; es ist grundsätzlich nicht unzulässig, ÖNORMEN zur ergänzenden Auslegung des Gesetzes heranzuziehen, VwGH 30.1.2014, 2012/05/0045.

84 Siehe § 6 Rz 7 ff.

85 So die beispielhafte Aufzählung in § 20 Z 3 lit a Stmk. BauG und § 27 Abs 1 Oö. BauO 1994.

86 Siehe § 2 Rz 42.

87 *Pabel*, RFG 2006, 180.

88 Vgl § 43 Abs 3 lit d K-BV; zu dieser systematischen Interpretation vgl VwGH 23.11.2004, 2002/06/0064; siehe auch *Potacs*, Auslegung 84 f und 90 f mwN.

bruch von Luftwärmepumpen ist bewilligungsfrei. Die Errichtung und Änderung bedarf gemäß § 6 lit a und b einer Baubewilligung.[89] Zum Begriff Abbruch wird auf die entsprechenden Ausführungen zu § 6 verwiesen.[90]

R. Vorhaben, die mit Vorhaben gemäß § 7 Abs 1 lit a bis s vergleichbar sind

27 Die Errichtung, die Änderung und der Abbruch von Gebäuden, Gebäudeteilen, sonstigen baulichen Anlagen oder Teilen von solchen, sofern das Vorhaben mit den in § 7 Abs 1 lit a bis s angeführten Vorhaben im Hinblick auf seine Größe und die Auswirkungen auf Anrainer vergleichbar ist, ist gemäß § 7 Abs 1 lit t bewilligungsfrei. Zu den Begriffen Errichtung, Änderung, Abbruch, Gebäuden und baulichen Anlagen wird auf die entsprechenden Ausführungen zu § 6 verwiesen.[91]

28 Durch § 7 Abs 1 lit t wird die Aufzählung der Vorhaben in § 7 Abs 1 lit a bis s zu einer demonstrativen Aufzählung von Vorhaben, die bewilligungsfrei sind.[92] Denn § 7 Abs 1 lit t umfasst alle nicht konkret angeführten Vorhaben, sofern diese hinsichtlich Größe und Auswirkungen auf Anrainer vergleichbar sind. Durch die Aufzählung in § 7 Abs 1 lit a bis s wird aber der Maßstab fixiert, dem die nicht konkret aufgezählten Vorhaben hinsichtlich Größe und Auswirkungen auf Anrainer vergleichbar sein müssen.[93] Insofern ist dem VwGH zuzustimmen, dass für ein behördliches Ermessen kein Raum bleibt.[94] Die geforderte Vergleichbarkeit bezieht sich auf die Vorhaben des § 7 Abs 1 lit a bis s und nicht nur auf die in diesen Tatbeständen angeführten Flächen-, Kubatur-, Höhen-, Längen- und Breiteausmaßen oder Nennwärmleistungen solcher Vorhaben.[95] So wird zB ein nicht überdachter Stellplatz bis zu 40 m² Grundfläche einem überdachten Stellplätzen gemäß § 7 Abs 1

---

89 Siehe § 6 Rz 7 f.
90 Siehe § 6 Rz 11.
91 Siehe § 6 Rz 3 ff.
92 Hingegen spricht der VwGH 16.9.2003, 2002/05/0040; VwSlg 17.251 A/2007 von einer erschöpfenden Aufzählung in § 7.
93 VwGH 23.7.2009, 2006/05/0167.
94 VwGH VwSlg 17.251 A/2007.
95 VwGH VwSlg 17.251 A/2007; siehe auch VwGH 29.4.2015, 2012/06/0085.

lit m vergleichbar sein.[96] Im Einzelfall ist die Abgrenzung zu bewilligungspflichtigen Vorhaben allerdings schwierig. In diesem Sinne ist vor Bauausführung eine Beratung gemäß § 5 zu empfehlen.[97]

S. Vorhaben, die in Entsprechung eines behördlichen bzw baubehördlichen Auftrages ausgeführt werden

Einerseits sind gemäß § 7 Abs 1 lit u Vorhaben, die in Entsprechung eines behördlichen – nicht baubehördlichen – Auftrages ausgeführt werden, bewilligungsfrei. Mit dieser Regelung soll die Vollziehung von behördlichen Aufträgen aus anderen Verfahren, zB aus einem abfallwirtschaftsrechtlichen Verfahren, erleichtert werden.[98] Anderseits sind gemäß § 7 Abs 1 lit v Vorhaben, die in Entsprechung eines baubehördlichen Auftrages[99] – zB ein Abbruchauftrag – ausgeführt werden, bewilligungsfrei.[100] Die legistische Trennung zwischen behördlichen und baubehördlichen Anforderungen erfolgt auf Grund der unterschiedlichen Behandlung in § 7 Abs 3 und 4.

29

T. Errichtung, Änderung und Abbruch von baulichen Anlagen im Rahmen des Eintrittes in das Bundesgebiet sowie die Änderung der Verwendung in eine solche Anlage

Zu den Begriffen Errichtung, Änderung, Änderung der Verwendung, Abbruch und bauliche Anlagen wird auf die entsprechenden Ausführungen zu § 6 verwiesen.[101] Hintergrund dieser Bestimmung ist die große Anzahl von Flüchtlingen und Migranten, die beginnend mit Jahr 2015 unter anderem im Bereich des Kärntner Landesgebietes in das Bundesgebiet eingereist sind. Um durch eine Verfahrensbeschleunigung möglichst rasch die notwendigen baulichen Anlagen errichten bzw bereits bestehende bauliche Anlagen nutzen zu können, sind diese bewilligungsfrei.[102] Umfasst sind nur bauliche Anlagen, die zur Regelung, Lenkung und

30

---

96 Siehe zB auch eine dreiseitig geschlossene Überdachung einer Sitzgruppe in VwGH 7.8.2013, 2013/06/0076.
97 *Hauer/Pallitsch*, Baurecht⁴ § 7 K-BO 1996 Anm 7.
98 ErlRV 01-VD-LG-1369/4-2012, 7.
99 Siehe § 56 Rz 3 ff.
100 ErlRV Verf-135/94/1995, 12.
101 Siehe § 6 Rz 3 ff.
102 IA Ldtgs Zl 52-7/31.

Überwachung des Eintrittes in das Bundesgebiet dienen. Diese Formulierung lehnt sich an den Kompetenztatbestand des Art 10 Abs 1 Z 3 B-VG an, ergänzt um den Begriff „Lenkung".[103] Dies können unter anderem Zäune und Sperren oder auch Container und Großzelte, zB zur Kontrolle und Registrierung bzw zum Aufenthalt während auftretender Wartezeiten, sein. Hingegen sind zB Gebäude zur längeren Unterbringung von Asylwerbern nicht umfasst, da solche Gebäude nicht der Regelung, Lenkung und Überwachung des Eintrittes in das Bundesgebiet dienen.[104] Umfasst sind weiters nur solche baulichen Anlagen, die sich im Nahbereich von bestehenden Grenzübergangsstellen befinden, es erfolgt somit eine örtliche Einschränkung. Es kommt darauf an, welche baulichen Anlagen zur Regelung, Lenkung und Überwachung des Eintrittes tatsächlich, insbesondere in topographischer und technischer Hinsicht, notwendig sind.[105] Nicht zuletzt kommt es daher meiner Ansicht nach auch auf die Umstände des Einzelfalles an, eine Grenzübergangsstelle in einem Taleinschnitt ist anders zu bewerten, als eine Grenzübergangsstelle im offenen Gelände. Es wurde aber bewusst nicht auf den Begriff „Grenzkontrollbereich" des GrekoG abgestellt.[106] Somit sind bauliche Anlagen, die nicht mehr diesem Nahbereich einer Grenzübergangsstelle zugeordnet werden können, zB ein durchgehender Grenzzaun entlang der Landesgrenze, jedenfalls nicht umfasst. Für den Begriff „Grenzübergangsstelle" wurde hingegen bewusst am GrekoG angeknüpft.[107] Gemäß § 1 Abs 3 GrekoG ist eine Grenzübergangsstelle „eine an der Außengrenze oder an der Binnengrenze im Falle der Wiedereinführung von Grenzkontrollen im Sinne der Artikel 23 ff der Verordnung (EG) Nr. 562/2006 über einen Gemeinschaftskodex für das Überschreiten der Grenzen durch Personen (Schengener Grenzkodex), ABl. Nr. L 105 vom 13.04.2006, S. 1, in der geltenden Fassung, von den zuständigen Behörden zum Grenzübertritt bestimmte Stelle oder bestimmtes Gebiet während der Verkehrszeiten und im Umfang der Zweckbestimmung." Da die Bestimmung auf „bestehende" Grenzübergangsstellen abstellt, sind nur solche Grenzübergangsstellen umfasst, die zum Zeitpunkt des Inkrafttretens der Bestimmung, dh am 12. März 2016, bestanden haben.[108]

---

103 IA Ldtgs Zl 52-7/31.
104 Siehe aber § 7 Rz 31.
105 IA Ldtgs Zl 52-7/31.
106 IA Ldtgs Zl 52-7/31.
107 IA Ldtgs Zl 52-7/31.
108 IA Ldtgs Zl 52-7/31.

U. Änderung der Verwendung zur Unterbringung von Personen im Sinne des § 2 K-GrvG

Zu den Begriffen Gebäude und Gebäudeteil wird auf die entsprechenden Ausführungen zu § 6 verwiesen.[109] § 7 dient der Baufreiheit und Deregulierung.[110] Vor diesem Hintergrund sind meiner Ansicht nach von § 7 Abs 1 lit x nur jene Änderungen der Verwendung umfasst, die sonst einer Baubewilligungspflicht nach § 6 lit c unterliegen würden. Dem kommt im Hinblick auf ein Erkenntnis des VwGH Bedeutung zu, das bei Unterbringung von Asylwerbern in Gebäuden, die zur Beherbergung von Fremden baurechtlich bewilligt wurden, keine Baubewilligungspflicht annimmt.[111] Eine andere Auslegung würde dazu führen, dass solche Vorhaben zwar nicht baubewilligungspflichtig nach § 6 lit c wären, aber mitteilungspflichtig nach § 7. Dies würde Sinn und Zweck des § 7 aber diametral entgegenstehen. Dafür spricht auch, dass das Entscheidungsdatum des Erkenntnisses des VwGH nach dem Inkrafttreten der Bestimmung des § 7 Abs 1 lit x liegt, der Gesetzgeber somit augenscheinlich davon ausgegangen ist, eine Flexibilisierung der K-BO 1996 zur Bewältigung der Flüchtlingsströme zu erreichen und keine zusätzliche Regulierung.[112] Es sind nur Verwendungsänderungen zur Unterbringung von Personen im Sinne des § 2 K-GrvG, dh hilfs- und schutzbedürftige Fremde, die unterstützungswürdig sind und die ihren Hauptwohnsitz in Kärnten haben oder sich in Kärnten aufhalten, umfasst. Daraus folgt, dass eine Verwendungsänderung zur Unterbringung von Personen, die trotz Hauptwohnsitz oder Aufenthalt in Kärnten keinen Anspruch auf Grundversorgung nach dem K-GrvG haben, zB weil sie in einer Betreuungseinrichtung des Bundes untergebracht werden,[113] nicht bewilligungsfrei nach § 7 Abs 1 lit x ist.

31

---

109 Siehe § 6 Rz 4 ff.
110 Siehe § 7 Rz 3.
111 VwGH 16.3.2016, 2013/05/0095; siehe schon § 6 Rz 9.
112 Die Begründung der Flexibilisierung zu IA Ldtgs Zl 52-7/31 nimmt zwar nur auf Vorhaben gemäß § 7 Abs 1 lit w Bezug, doch ist auch § 7 Abs 1 lit x in diesem Kontext zu sehen.
113 Siehe aber das Bundesverfassungsgesetz über die Unterbringung und Aufteilung von hilfs- und schutzbedürftigen Fremden, vgl § 2 Rz 22.

IV. Änderung einer bestehenden baulichen Anlage durch ein bewilligungsfreies Vorhaben

32 Vorhaben nach § 7 Abs 1 lit a bis t, die in der Änderung eines Gebäudes oder einer sonstigen baulichen Anlage bestehen, sind gemäß § 7 Abs 2 nicht mehr bewilligungsfrei, wenn durch die Änderung die in § 7 Abs 1 vorgegebenen Flächen-, Kubatur-, Höhen-, Längen- und Breitenausmaße oder Nennwärmeleistungen überschritten werden. Es finden sich in § 7 Abs 1 zahlreiche Flächen-, Kubatur-, Höhen-, Längen- und Breitenausmaße oder Nennwärmeleistungen. Nur wenn das Vorhaben diese nicht übersteigt, ist es bewilligungsfrei. Wird ein bestehendes Gebäude oder eine bestehende bauliche Anlage erweitert und werden diese Grenzen dadurch überschritten (zB eine bestehende Photovoltaikanlage mit einer Grundfläche von 30 m² soll um 20 m² erweitert werden und überschreitet somit die Flächenbegrenzung von 40 m² des § 7 Abs 1 lit f), ist das Vorhaben nicht bewilligungsfrei und bedarf gemäß § 6 einer Baubewilligung. Dies kann aber nur für Vorhaben gemäß § 7 Abs 1 Anwendung finden, die Grenzen der Flächen-, Kubatur-, Höhen-, Längen- und Breitenausmaße oder Nennwärmeleistungen vorsehen. Ausdrücklich ausgenommen sind Vorhaben gemäß § 7 Abs 1 lit u und v, die in Entsprechung eines behördlichen bzw baubehördlichen Auftrages ausgeführt werden.

V. Anforderungen an bewilligungsfreie Vorhaben

33 Vorhaben gemäß § 7 Abs 1 lit a bis u sind zwar bewilligungsfrei, müssen aber den Anforderungen gemäß § 13 Abs 2 lit a bis c, § 17 Abs 2, § 26 und § 27 entsprechen, sofern § 14 nicht anderes bestimmt.[114] Dh diesen bewilligungsfreien Vorhaben dürfen erstens gemäß § 13 Abs 2 lit a bis c der Flächenwidmungsplan, der Bebauungsplan und die Interessen der Erhaltung des Landschaftsbildes oder des Schutzes des Ortsbildes nicht entgegenstehen.[115] Das Vorhaben muss dem Flächenwidmungsplan aber nur insofern entsprechen, als § 14 nicht eine zulässige Abweichung ermöglicht.[116] Zweitens muss gemäß § 17 Abs 2 eine der Art, Lage und Verwendung des Vorhabens entsprechende Verbindung zu einer öffentlichen Fahrstraße, Wasserversorgung und Abwasserbe-

---

114 Siehe schon § 7 Rz 3.
115 VwGH 16.9.2003, 2002/05/0040; siehe § 13 Rz 3 ff.
116 Siehe die Kommentierung zu § 14.

seitigung sichergestellt sein.[117] § 17 Abs 2 normiert aber auch, dass kein Grund nach § 13 Abs 2 entgegenstehen darf und verweist somit nicht nur auf die Gründe des § 13 Abs 2 lit a bis c, sondern auch auf die Gründe des § 13 Abs 2 lit d bis f. Vor dem Hintergrund der ausdrücklichen und spezielleren Verweisung in § 7 Abs 3 wird dies in dem Sinne einschränkend zu interpretieren sein, dass bewilligungsfreie Vorhaben nur den Anforderungen gemäß § 13 Abs 2 lit a bis c entsprechen müssen. Einen wesentlichen Unterschied macht dies nur für die Interessen der Sicherheit im Hinblick auf die Lage des Vorhabens gemäß § 13 Abs 2 lit d. Denn § 13 Abs 2 lit e und f zielt im Rahmen des Vorverfahrens wie § 17 Abs 2 lit a bis c auf die Sicherstellung einer entsprechenden Verbindung zu einer öffentlichen Fahrstraße, der Wasserversorgung und der Abwasserbeseitigung. Schlussendlich müssen bewilligungsfreie Vorhaben gemäß § 26 und § 27 den Anforderungen der K-BV und den Anforderungen der VO (EU) Nr 305/2011 zur Festlegung harmonisierter Bedingungen für die Vermarktung von Bauprodukten sowie des K-BPG entsprechen.[118] Wer Vorhaben nach § 7 entgegen § 7 Abs 3 ausführt oder ausführen lässt, begeht eine Verwaltungsübertretung und ist gemäß § 50 Abs 1 lit d Z 7 zu bestrafen.[119]

Von § 7 Abs 3 nicht umfasst sind Vorhaben gemäß § 7 Abs 1 lit v, die in Entsprechung eines baubehördlichen Auftrages ausgeführt werden. Dies ist dadurch zu erklären, dass diese baubehördlichen Aufträge gerade der Durchsetzung der Anforderungen der K-BO 1996 dienen. Sehr wohl müssen Vorhaben gemäß § 7 Abs 1 lit v aber den Anforderungen gemäß § 26 und § 27 entsprechen. Denn während § 13 Abs 2 lit a bis c und § 17 Abs 2 ausdrücklich nur auf Vorhaben gemäß § 6 lit a bis c anzuwenden sind, richten sich § 26 und § 27 an alle Vorhaben im Anwendungsbereich der K-BO 1996, ohne zwischen bewilligungspflichtigen und bewilligungsfreien Vorhaben zu unterscheiden.[120]

34

---

117 § 17 Rz 17 ff.
118 Siehe die Kommentierungen zu § 26 und § 27; das K-BPG ist einschließlich der Erläuterungen unter Punkt 5 abgedruckt, die VO (EU) Nr 305/2011 unter Punkt 4.
119 Siehe § 50 Rz 23.
120 Siehe § 26 Rz 3 und § 27 Rz 3.

VI. Mitteilungspflicht

35 Vorhaben nach § 7 Abs 1 lit a bis u sind vor dem Beginn ihrer Ausführung der Behörde schriftlich mitzuteilen. Nicht umfasst sind Vorhaben gemäß § 7 Abs 1 lit v, die in Entsprechung eines baubehördlichen Auftrages ausgeführt werden, da die Behörde von diesen Vorhaben bereits Kenntnis hat. Die Mitteilung ist kein Antrag, der einen Rechtsanspruch auf ein Tätigwerden der Behörde auslöst.[121] Es wird kein Baubewilligungsverfahren eingeleitet, mit der Ausführung des Vorhabens kann sofort nach Einlangen der Mitteilung an die Behörde begonnen werden. Die Mitteilungspflicht obliegt demjenigen, in dessen Auftrag das Vorhaben ausgeführt werden soll. Wer Vorhaben nach § 7 entgegen § 7 Abs 4 nicht mitteilt, begeht eine Verwaltungsübertretung und ist gemäß § 50 Abs 1 lit d Z 7 zu bestrafen.[122]

36 Die Mitteilungspflicht hat den Sinn und Zweck, dass die Behörde Kenntnis über Vorhaben erlangt, um die Aufgaben der Kontrolle der Ausführung gemäß § 34 bis § 38 sowie der Durchsetzung der Sicherheitsvorschriften gemäß § 43 bis § 47 erfüllen zu können. Denn erfolgt eine Mitteilung eines Vorhabens auf Grundlage von § 7, obwohl es sich um ein Vorhaben handelt, dass einer Baubewilligung nach § 6 bedarf, und wird dieses Vorhaben bereits ausgeführt, hat die Behörde gemäß § 35 Abs 1 lit a die Einstellung der Bauarbeiten zu verfügen und die Herstellung des rechtmäßigen Zustandes gemäß § 36 aufzutragen.[123] Denn ein an sich bewilligungspflichtiges Vorhaben wird durch die Mitteilung nicht zu einem bewilligungsfreien Vorhaben.[124] Wird das Vorhaben noch nicht ausgeführt, kann dem Bauinteressenten zumindest mitgeteilt werden, dass dieses Vorhaben nicht bewilligungsfrei ist, sondern einer Baubewilligung bedarf. Da die Behörde durch die Mitteilung Kenntnis über bewilligungsfreie Vorhaben hat, können auch die Aufgaben der Überwachung gemäß § 34 – insbesondere hinsichtlich der Ausführung gemäß § 7 Abs 3 – erfüllt werden. Gleiches gilt für die Ausführungspflicht gemäß § 37, die Durchführung der Aufräumungsarbeiten gemäß § 38 und die Durchsetzung der Sicherheitsvorschriften gemäß § 43 bis § 47.[125]

---

121 *Hengstschläger/Leeb*, AVG² § 13 Rz 1.
122 Siehe § 50 Rz 23.
123 Siehe zB VwGH VwSlg 17.251 A/2007.
124 Vgl VwGH 15.5.2014, 2012/05/0089.
125 Siehe die Kommentierungen zu § 34 bis § 38 und § 43 bis § 47.

Die Mitteilung ist schriftlich bei der zuständigen Behörde[126] einzubringen.[127] Das Erfordernis der Schriftlichkeit stellt eine Abweichung zur Formfreiheit des § 13 Abs 1 AVG dar. Vor dem Hintergrund des Sinn und Zweckes der Mitteilung,[128] ist dies sachlich gerechtfertigt. Die schriftliche Mitteilung kann gemäß § 13 Abs 2 AVG in jeder technisch möglichen Form erfolgen. Die Pflicht zur Entgegennahme bzw das Recht auf Einbringung in einer technischen Form besteht aber nur insoweit, als die technischen Möglichkeiten bei der Behörde tatsächlich zur Verfügung stehen. Für die Einbringung per E-Mail gilt besonderes. Durch E-Mail kann die Mitteilung nur insoweit erfolgen, als für den elektronischen Verkehr zwischen der Behörde und den Beteiligten nicht besondere Übermittlungsformen vorgesehen sind. Etwaige technische Voraussetzungen oder organisatorische Beschränkungen des elektronischen Verkehrs zwischen der Behörde und den Beteiligten sind im Internet bekanntzumachen.[129] Die Behörde ist gemäß § 13 Abs 5 AVG auch nur während der Amtsstunden verpflichtet, schriftliche Anbringen entgegenzunehmen oder Empfangsgeräte empfangsbereit zu halten. Die Amtsstunden sind im Internet und an der Amtstafel bekanntzumachen.[130] Dh es ist vor einer Mitteilung in einer technischen Form zu prüfen, ob diese technische Form bei der Behörde tatsächlich zur Verfügung steht. Bei einer Mitteilung per E-Mail ist darüber hinaus zu prüfen, ob etwaige technische Voraussetzungen oder organisatorische Beschränkungen (zB Mitteilung darf nur an eine bestimmte E-Mail Adresse gesendet werden) bestehen. Darüber hinaus müssen auch die Amtsstunden der Behörde beachtet werden. Denn es darf mit der Ausführung des Bauvorhabens erst begonnen werden, wenn die Mitteilung bei der Behörde eingelangt ist.[131]

37

Die Mitteilung hat den Ausführungsort einschließlich der Katastralgemeinde, der Grundstücksnummer und eine kurze Beschreibung des Vorhabens zu enthalten. Als Beschreibung können insbesondere entsprechende Skizzen und Pläne dienen. Bei Vorhaben im Grünland ist nach der Judikatur des VwGH auch ein Betriebskonzept vorzulegen.[132]

38

---

126 Siehe § 3 Rz 3 ff.
127 Siehe zB VwGH 16.9.2003, 2002/05/0773.
128 Siehe § 7 Rz 36.
129 *Hengstschläger/Leeb*, AVG² § 13 Rz 10 f mN.
130 *Hengstschläger/Leeb*, AVG² § 13 Rz 35 mN; siehe zum Ganzen auch VfGH VfSlg 19.849/2014.
131 *Hengstschläger/Leeb*, AVG² § 13 Rz 33 ff mN.
132 VwGH 16.9.2003, 2002/05/0773.

§ 8 Ortsbildschutz

(1) Ergeben sich in einem durch dieses Gesetz geregelten Verfahren Auffassungsunterschiede, ob durch das Vorhaben Interessen des Schutzes des Ortsbildes verletzt werden, so haben sowohl der Bewilligungswerber als auch die Behörde – unter gleichzeitiger Verständigung des anderen Antragsberechtigten – das Recht, an die Ortsbildpflegekommission (§ 11 des Kärntner Ortsbildpflegegesetzes 1990) mit dem Antrag auf Erstattung eines Gutachtens heranzutreten.

(2) Der Bewilligungswerber und die Behörde sind auf ihr Verlangen zur Sitzung der Ortsbildpflegekommission einzuladen und zu hören.

(3) Die Ortsbildpflegekommission hat das Gutachten zum ehestmöglichen Zeitpunkt, längstens aber binnen sechs Wochen ab Einlangen des Antrages, zu erstellen und dem Bewilligungswerber und der Behörde zu übermitteln.

Literatur: *Adamovich/Funk/Holzinger/Frank*, Österreichisches Staatsrecht IV, 2009; *Attlmayr/Walzel von Wiesentreu* (Hrsg), Handbuch des Sachverständigenrechts[2], 2015; *Grabenwarter/Holoubek*, Verfassungsrecht – Allgemeines Verwaltungsrecht[2], 2014; *Lachmayer*, Sachverstand oder Interessenvertretung? (Teil II), ZTR 2012, 134; *Pürgy*, Das Sachverständigengutachten im Verwaltungsverfahren, ZTR 2012, 4.

Inhaltsübersicht	Rz
I. Entwicklung und Rechtsvergleich	1
II. Antrags- und Anhörungsrecht	3
III. Ortsbildpflegekommission	7
IV. Gutachten	9

I. Entwicklung und Rechtsvergleich

1 Eine entsprechende Bestimmung wurde erstmals durch § 5a K-BO 1969, LGBl 1979/79, aufgenommen, § 8 Abs 3 idgF findet sich dort als Abs 2. In dieser Stammfassung stand auch dem – damals noch gesetzlich vorgesehenen – Bauanwalt ein Antragsrecht zu. Weiters stand der Behörde das Antragsrecht auch bei Zweckmäßigkeit zu. In dieser Fassung wurde die Bestimmung auch als § 6 in die K-BO 1992, LGBl 1992/64, übernommen. Durch LGBl 1996/44 entfielen der nicht mehr

vorgesehene Bauanwalt und das Antragsrecht der Behörde auch bei Zweckmäßigkeit. Hingegen müssen entsprechend der Einfügung eines neuen Abs 2 nunmehr sowohl der Bewilligungswerber als auch die Behörde auf ihr Verlangen zur Sitzung der Ortsbildpflegekommission geladen werden und sind anzuhören. Der ursprüngliche Abs 2 wurde zu Abs 3. In dieser Fassung wurde die Bestimmung auch als § 8 in die K-BO 1996, LGBl 1996/62, übernommen.

Dieses Antragsrecht des Bewilligungswerbers als auch der Behörde an die Ortsbildpflegekommission im Rahmen des Bauverfahrens ist in dieser Form ein Kärntner Spezifikum. In den Bauordnungen der anderen Bundesländer finden sich vergleichbare Bestimmungen in § 30 Abs 7 Oö. BauO 1994, § 8b S-BauPolG und § 67 Abs 2 W-BO.

II. Antrags- und Anhörungsrecht

Das Antragsrecht besteht gemäß § 8 Abs 1 im Rahmen eines „durch dieses Gesetz geregelten Verfahrens". In erster Linie ist damit das antragsbedürftige Baubewilligungsverfahren – inklusive Vorprüfungsverfahren – gemeint. So dürfen einem Vorhaben gemäß § 13 Abs 2 lit c und § 17 Abs 1[1] Interessen des Ortsbildschutzes nicht entgegenstehen. Umfasst sind ebenso Verfahren, die in Vollziehung der § 34 bis § 38 von Amts wegen[2] eingeleitet werden. Auch in diesen sind die Interessen des Ortsbildschutzes zu wahren. Grundsätzlich nicht umfasst sind bewilligungsfreie Vorhaben gemäß § 7.[3] Diese Vorhaben müssen zwar gemäß § 7 Abs 3 auch den Anforderungen des Ortsbildschutzes entsprechen, es wird aber kein Verfahren eingeleitet. Diese Vorhaben sind der Behörde nur mitzuteilen.[4] Wird aber von Amts wegen[5] ein Verfahren gemäß § 34 bis § 38 eingeleitet, da ein bewilligungsfreies Vorhaben insbesondere den Anforderungen gemäß § 7 Abs 3 nicht entspricht, besteht sehr wohl ein Antragsrecht an die Ortsbildpflegekommission. § 8 Abs 1 und 2 stellt zwar ausschließlich auf Bewilligungswerber ab, doch steht in diesen Fällen auch dem Bauherrn eines bewilligungsfreien Vorhabens

---

1 Siehe § 13 Rz 6 und § 17 Rz 8.
2 Siehe aber auch das Antragsrecht der Anrainer gemäß § 34 Abs 3 und 4.
3 *Pallitsch/Pallitsch/Kleewein*, Baurecht⁵ § 8 K-BO 1996 Anm 1.
4 Siehe § 7 Rz 35 f.
5 Siehe aber auch das Antragsrecht der Anrainer gemäß § 34 Abs 3 und 4.

das Antragsrecht zu.[6] Diese Auslegung entspricht auch dem Sinn und Zweck der Bestimmung, den Sachverstand der Ortsbildpflegekommissionen in den Verfahren der K-BO 1996 zu nutzen.[7] Gleiches gilt für die Frage, ob auch das LVwG Kärnten antragsberechtigt ist bzw bei Auffassungsunterschieden mit dem LVwG Kärnten der Bewilligungswerber. § 8 Abs 1 und 2 stellt auf die Behörde ab. Behörden sind jene Organe der Vollziehung, denen hoheitliche Aufgaben zukommen, dh auch Organe der Gerichtsbarkeit sind Behörden.[8] Aus diesen Gründen besteht in einem Verfahren der K-BO 1996 auch für das LVwG Kärnten bzw bei Auffassungsunterschieden mit dem LVwG Kärnten auch für den Bewilligungswerber ein Antragsrecht an die Ortsbildpflegekommissionen. Hingegen sind Anrainer in keinem Fall antragsberechtigt.[9]

4 Ein Antragsrecht besteht nur, sofern sich im Verfahren Auffassungsunterschiede, ob durch das Vorhaben Interessen des Schutzes des Ortbildes verletzt werden, ergeben. Auffassungsunterschiede werden vor allem dann vorliegen, wenn die Behörde im Rahmen des Vorprüfungsverfahrens feststellt, dass dem Vorhaben Interessen des Schutzes des Ortsbildes entgegenstehen.[10] Das Ortsbild umfasst gemäß § 2 K-OBG „das Bild eines Ortes oder von Teilen davon, das vorwiegend durch Gebäude, sonstige bauliche Anlagen, Grünanlagen, Gewässer, Schlossberge uä geprägt wird, und zwar unabhängig davon, ob die Betrachtung von innen oder von einem Standpunkt außerhalb des Ortes erfolgt. Das Ortsbild umfasst auch den charakteristischen Ausblick auf Ausschnitte der umgebenden Landschaft."[11]

5 Eine bestimmte Form des Antrages ist in § 8 nicht bestimmt, der Antrag kann somit gemäß § 13 AVG bei der Ortsbildpflegekommission schriftlich, mündlich oder telefonisch eingebracht werden.[12] Der Antragsteller hat gleichzeitig mit Antragstellung auch den anderen Antragsberechtigten über den Antrag zu verständigen.

---

6 So VwGH 16.9.2003, 2002/05/0040.
7 ErlRV Verf-34/5/1979, 7.
8 *Adamovich/Funk/Holzinger/Frank*, Staatsrecht IV Rz 46.013; *Grabenwarter/Holoubek*, Verfassungsrecht[2] Rz 835.
9 ErlRV Verf-34/5/1979, 7.
10 ErlRV Verf-34/5/1979, 8.
11 Zu dieser systematischen Interpretation vgl VwGH 23.11.2004, 2002/06/0064; siehe auch *Potacs*, Auslegung 84 f und 90 f mwN.
12 *Hengstschläger/Leeb*, AVG[2] § 13 Rz 6 ff mN.

Der Bewilligungswerber und die Behörde sind gemäß § 8 Abs 2 auf ihr 6
Verlangen zur Sitzung der Ortsbildpflegekommission einzuladen und
zu hören. Die Ladung und Anhörung kann durch den Antragsteller
schon im Antrag verlangt werden. Der andere Antragsberechtigte ist
durch den Antragsteller über den Antrag gemäß § 8 an die Ortsbildpflegekommission zu verständigen und erhält damit die Möglichkeit ein
entsprechendes Verlangen an die Ortsbildpflegekommission zu stellen.
Aus diesem Grund ist der Ortsbildpflegekommission anzuraten, vom
Antragsteller einen Nachweis der Verständigung des anderen Antragsberechtigten erbringen zu lassen. Denn nur so ist sichergestellt, dass der
andere Antragsberechtigte die Möglichkeit hat, ein entsprechendes Verlangen der Ortsbildpflegekommission mitzuteilen. Das Anhörungsrecht gibt dem Bewilligungswerber und der Behörde das Recht, alles
vorzubringen, was das Vorhaben im Hinblick auf die Interessen des
Schutzes des Ortbildes betrifft. Die Unterlassung der Ladung oder der
Anhörung stellt einen Verfahrensmangel dar. Ist hinsichtlich der Interessen des Schutzes des Ortsbildes ein Gutachten der Ortsbildpflegekommission, das mit einem Verfahrensmangel behaftet ist, Grundlage
einer Baubewilligung, so kann dies den Bescheid mit Rechtswidrigkeit
belasten, sofern die Behörde bei Vermeidung dieses Verfahrensmangels
zu einem anderen Bescheid hätte kommen können.[13]

III. Ortsbildpflegekommission

Zur Beratung der Gemeinden in den Fragen der Ortsbildpflege ist ge- 7
mäß § 11 Abs 1 K-OBG bei jeder Bezirkshauptmannschaft eine Ortsbildpflegekommission einzurichten. Auch für die Landeshauptstadt
Klagenfurt am Wörthersee und die Stadt Villach sind gemäß § 11 Abs 6
K-OBG entsprechende Ortsbildpflegekommissionen einzurichten. Zu
Mitgliedern der Ortsbildpflegekommission dürfen nur Personen bestellt werden, die über besondere Sachkenntnisse auf dem Gebiet der
Ortsbildpflege verfügen. Die Ortsbildpflegekommission ist ein Sachverständigengremium.[14] Sachverständige im Sinne des § 52 AVG können nur Menschen und nicht etwa juristische Personen oder Behörden
sein.[15] Dem widerspricht nicht, dass ein Gutachten – wie durch die

---

13 VwGH VwSlg 14.191 A/1994; 26.4.1995, 94/07/0134; 16.9.2003, 2002/05/0040.
14 ErlRV Verf-34/5/1979, 8; VwGH 16.9.2003, 2002/05/0040; *Lachmayer*, ZTR
2012, 135.
15 *Hengstschläger/Leeb*, AVG² § 52 Rz 18 mN.

Ortsbildpflegekommission als Sachverständigengremium – von mehreren bestimmten Menschen gemeinsam erstellt wird.[16] Da die Ortsbildpflegekommission gemäß der ausdrücklichen gesetzlichen Anordnungen des § 8 den Behörden in Verfahren der K-BO 1996 zur Erstattung von Gutachten zur Verfügung steht, sind deren Mitglieder gemäß § 52 Abs 1 AVG Amtssachverständige.[17]

8 Eine Befangenheit gemäß § 7 AVG eines Mitgliedes der Ortsbildpflegekommission ist jederzeit von Amts wegen wahrzunehmen. Befangenheit liegt gemäß § 7 Abs 1 Z 1 bis 3 AVG vor, wenn der Organwalter Amtshandlungen in Sachen, (i) an denen er selbst, einer seiner Angehörigen im Sinne des § 36a AVG (insbesondere Ehegatten, Eltern, Kinder etc) oder einer seiner Pflegebefohlenen beteiligt sind, (ii) in denen er als Bevollmächtigte einer Partei bestellt war oder noch bestellt ist, vorzunehmen hätte, (iii) oder wenn sonstige wichtige Gründe vorliegen, die geeignet sind, seine volle Unbefangenheit in Zweifel zu ziehen.[18] Ist ein Mitglied der Ortsbildpflegekommission befangen, hat es sich für befangen zu erklären, der Ausübung des Amtes zu enthalten und eine Vertretung zu veranlassen.[19] Auch die Behörde hat eine Befangenheit von Mitgliedern der Ortsbildpflegekommission aufzugreifen.[20] Da es sich bei den Mitgliedern der Ortsbildpflegekommission um Amtssachverständige handelt,[21] können diese vom Bewilligungswerber hingegen nicht gemäß § 53 Abs 1 AVG abgelehnt werden.[22]

IV. Gutachten

9 Das Gutachten der Ortsbildpflegekommission soll der Behörde Fachkenntnisse, ob durch das Vorhaben Interessen des Schutzes des Ortsbil-

---

16 VwGH 15.5.2012, 2009/05/0235; *Hengstschläger/Leeb*, AVG² § 52 Rz 19 mN.
17 ErlRV Verf-33/3/1979, 12; Verf-34/5/1979, 8; *Zellenberg* in Attlmayr/Walzel von Wiesentreu, Sachverständigenrecht² Rz 3.016 f mN; nicht eindeutig hinsichtlich des Sachverständigenbeirats gemäß § 30 Abs 7 Oö. BauO 1994 VwGH 15.5.2012, 2009/05/0235. Dieser steht der Behörde allerdings nur zur „Beratung" zur Verfügung.
18 Zu den Befangenheitsgründen ausführlich *Hengstschläger/Leeb*, AVG² § 7 Rz 6 ff mN; siehe auch *Attlmayr* in Attlmayr/Walzel von Wiesentreu, Sachverständigenrecht² Rz 5.089 ff; *Lachmayer*, ZTR 2012, 136; *Gerhartl*, ecolex 2013, 477 ff.
19 *Hengstschläger/Leeb*, AVG² § 7 Rz 16 f mN.
20 *Hengstschläger/Leeb*, AVG² § 53 Rz 12 mN.
21 Siehe § 8 Rz 7.
22 *Hengstschläger/Leeb*, AVG² § 53 Rz 12 mN; *Attlmayr* in Attlmayr/Walzel von Wiesentreu, Sachverständigenrecht² Rz 5.089.

des verletzt werden, verschaffen. Es ist nach denselben Grundsätzen zu erstellen, die der VwGH ganz allgemein für Gutachten im Verwaltungsverfahren herausgearbeitet hat.[23] Daraus folgt, dass das Gutachten entsprechend den maßgebenden Fachkenntnissen abgefasst sein muss. Ausgehend von diesen Fachkenntnissen hat es ein hohes fachliches – aber nicht zwingend in jedem Fall wissenschaftliches – Niveau aufzuweisen, ist methodisch korrekt zu verfassen, sorgfältig zu begründen und muss den aktuellen Stand der Wissenschaft bzw Technik wiedergeben. Um die Schlüssigkeit, Widerspruchsfreiheit und Vollständigkeit des Gutachtens überprüfen zu können, müssen die – insbesondere fachlichen – Grundlagen, auf die sich das Gutachten stützt, und ihre konkrete Anwendung im Einzelfall in einer für den nicht Sachkundigen einsichtigen Weise offengelegt werden. Jedes Gutachten hat aus diesem Grund einen Befund zu enthalten, aus dem sich die Tatsachen, auf die sich das Gutachten stützt, ersichtlich sind, wie auch die Art, wie diese Tatsachen ermittelt wurden. Das Gutachten hat nur die nur die Tatfrage – nicht die Rechtsfrage – zu beantworten.[24]

Aus diesen allgemeinen Anforderungen an Gutachten folgt für das Gutachten der Ortsbildpflegekommission, dass „der Befund eine detaillierte Beschreibung der örtlichen Situation, möglichst untermauert durch Planskizzen oder Fotos, enthalten muss. Die charakteristischen Merkmale der für die Beurteilung einer allfälligen Störung in Betracht kommenden Teile des Ortsbildes müssen durch das Gutachten erkennbar sein.[25] Nur ein konkret unter architektonischen Gesichtspunkten und Fakten näher begründetes Gutachten ist geeignet darzutun, dass und warum ein Vorhaben dem Ortsbild widerspricht.[26] Ein Gutachten ohne Befund und Begründung genügt demnach nicht als Grundlage für einen dem Gesetz entsprechenden Bescheid.[27] Die Frage der Berücksichtigung von Ortsbild und Baubestand ist zwar eine Rechtsfrage, die für die Beurteilung dieser Rechtsfrage erforderlichen Sachverhalts-

---

23 VwGH 16.9.2003, 2002/05/0040; *Pallitsch/Pallitsch/Kleewein*, Baurecht[5] § 8 K-BO 1996 Anm 4.
24 Zum Ganzen ausführlich *Hengstschläger/Leeb*, AVG[2] § 52 Rz 56 ff mN; *Attlmayr* in Attlmayr/Walzel von Wiesentreu, Sachverständigenrecht[2] Rz 8.001 ff; zu den Schwierigkeiten der Abgrenzung zwischen Tatfrage und Rechtsfrage *Pürgy*, ZTR 2012, 13 f.
25 ZB VwGH 23.7.2013, 2010/05/0119.
26 ZB VwGH 10.12.2013, 2010/05/0184.
27 VwGH 16.9.2003, 2002/05/0040.

grundlagen aber, wie sich die projektierte Baulichkeit im öffentlichen Raum (Ortsbild) sowie im Verhältnis zu den schon bestehenden Baulichkeiten (Baubestand), gesehen von diesen, darstellt und in diese Gegebenheiten einfügt, ist jedenfalls von einem Sachverständigen zu beurteilen, der die konkrete örtliche Situation zu beschreiben hat."[28]

11 Die Ortsbildpflegekommission hat gemäß § 8 Abs 3 das Gutachten zum ehestmöglichen Zeitpunkt, längstens aber binnen sechs Wochen ab Einlangen des Antrages, zu erstellen und dem Bewilligungswerber und der Behörde zu übermitteln.

12 Die Behörde hat das Gutachten auf Schlüssigkeit, Widerspruchsfreiheit und Vollständigkeit zu prüfen und bei Mängeln ergänzende oder neuerliche gutachterliche Äußerungen einzuholen. Sie wird ihrer Pflicht zur Erhebung und Feststellung des Sachverhaltes nicht gerecht, wenn sie ihrer Entscheidung ein „Gutachten" zugrunde legt, das sich in der Wiedergabe eines Urteils erschöpft, ohne die Tatsachen erkennen zu lassen, auf die sich das Urteil gründet.[29] Eine Verlängerung der Entscheidungspflicht des § 73 Abs 1 AVG, dass über Anträge auf Erteilung der Baubewilligung ohne unnötigen Aufschub, spätestens aber sechs Monate nach deren Einlangen der Bescheid zu erlassen ist, ist in § 8 nicht vorgesehen. Entscheidet die Behörde über den Antrag auf Baubewilligung ohne das Gutachten der Ortsbildpflegekommission abzuwarten, obwohl ein Antrag auf Erstattung eines Gutachten gestellt wurde, liegt ein Verfahrensmangel vor, der den Bescheid mit Rechtswidrigkeit belastet, sofern die Behörde bei Vermeidung dieses Verfahrensmangels zu einem anderen Bescheid hätte kommen können.[30]

---

28 ZB VwGH 16.5.2013, 2010/06/0194.
29 VwGH 4.9.2001, 99/05/0019; 16.9.2003, 2002/05/0040; *Attlmayr* in Attlmayr/Walzel von Wiesentreu, Sachverständigenrecht[2] Rz 8.221 ff; *Pallitsch/Pallitsch/Kleewein*, Baurecht[5] § 8 K-BO 1996 Anm 4; zu widersprechenden Gutachten siehe § 17 Rz 5.
30 ErlRV Verf-34/5/1979, 8; VwGH VwSlg 14.191 A/1994; 26.4.1995, 94/07/0134; 16.9.2003, 2002/05/0040.

3. Abschnitt – Ansuchen

§ 9 Antrag

(1) Die Erteilung der Baubewilligung ist schriftlich bei der Behörde zu beantragen.

(2) Der Antrag hat Art, Lage und Umfang – bei Vorhaben nach § 6 lit. a bis c auch die Verwendung – des Vorhabens anzugeben.

(3) Die Behörde ist verpflichtet, bei Anträgen auf Erteilung einer Baubewilligung nach § 6 lit. a bis d den Namen des Bewilligungswerbers sowie Art und Ort des beantragten Vorhabens während einer Woche – ist eine Bauverhandlung an Ort und Stelle vorgesehen, während einer Woche vor der Bauverhandlung – an der Amtstafel kundzumachen.

Literatur: *Gaier*, Kommentar zum Gebührengesetz 1957⁵, 2010; *Ranacher*, Amtswegige Aufhebung und Abänderung von Bescheiden neben und nach dem verwaltungsgerichtlichen Beschwerdeverfahren, ZfV 2015/3; Rummel (Hrsg), Kommentar zum Allgemeinen bürgerlichen Gesetzbuch I³, 2000; Schwimann/Kodek (Hrsg), ABGB-Praxiskommentar I⁴, 2012.

Inhaltsübersicht	**Rz**
I. Entwicklung und Rechtsvergleich	1
II. Antrag	3
III. Prüfung der Zuständigkeit, der Rechts- und Handlungsfähigkeit und der Vollmacht	10
IV. Zurückweisung wegen entschiedener Sache	13
V. Kundmachung	14

I. Entwicklung und Rechtsvergleich

Schon § 4 der K-BO 1866, LGBl 1866/12, sah zur Erteilung einer Baubewilligung ein Gesuch des Bewilligungswerbers an die Behörde vor. § 9 Abs 1 und 2 finden sich erstmals als § 6 Abs 1 und 2 K-BO 1969, LGBl 1969/48. § 9 Abs 3 wurde durch LGBl 1981/69 angefügt. In dieser Fassung wurde die Bestimmung auch als § 7 in die K-BO 1992, LGBl 1992/64, übernommen. Durch LGBl 1996/44 erfolgten lediglich redaktionelle Anpassungen an die Novellierung der Baubewilligungspflicht, ansonsten unverändert wurde die Bestimmung als § 9 in die K-BO 1996, LGBl 1996/62, übernommen.

2 Auch in den anderen Bundesländern bedarf die Erteilung der Baubewilligung eines Antrages. Die entsprechenden Bestimmungen finden sich in § 18 Bgld. BauG, § 18 Abs 1 NÖ BO 2014, § 28 Abs 1 Oö. BauO 1994, § 4 S-BauPolG, § 22 Stmk. BauG, § 22 TBO 2011, § 24 V-BauG, § 60 W-BO.

II. Antrag

3 Die Baubewilligung ist ein antragsbedürftiger Verwaltungsakt.[1] Demnach ist eine Einleitung eines Baubewilligungsverfahrens von Amts wegen nicht vorgesehen,[2] eine Baubewilligung darf – bei sonstiger Rechtswidrigkeit des Bescheides – ohne einen darauf gerichteten Antrag nicht erteilt werden.[3] Der Antrag ist gemäß § 9 Abs 1 schriftlich bei der zuständigen Behörde[4] einzubringen. Bei Vorhaben nach § 6 lit a bis c ist gemäß § 11 Abs 3 iVm § 1 Abs 5 K-BAV[5] der Antrag in zweifacher Ausfertigung einzureichen, wenn als Behörde erster Instanz der Bürgermeister einzuschreiten hat. Das Erfordernis der Schriftlichkeit stellt eine Abweichung zur Formfreiheit des § 13 Abs 1 AVG dar. Vor dem Hintergrund, dass insbesondere auch Pläne zur Beurteilung des Antrages durch die Behörde notwendig sind, ist diese Abweichung aus verfahrensökonomischen Gründen sachlich gerechtfertigt.[6] Die schriftliche Antragstellung kann gemäß § 13 Abs 2 AVG in jeder technisch möglichen Form erfolgen (zB Fax). Die Pflicht zur Entgegennahme bzw das Recht auf Einbringung in einer technischen Form besteht aber nur insoweit, als die technischen Möglichkeiten bei der Behörde tatsächlich zur Verfügung stehen. Für die Einbringung per E-Mail gilt besonderes. Durch E-Mail kann die Mitteilung nur insoweit erfolgen, als für den elektronischen Verkehr zwischen der Behörde und den Beteiligten nicht besondere Übermittlungsformen vorgesehen sind. Etwaige technische Voraussetzungen oder organisatorische Beschränkungen

---

1 VwGH 19.11.1996, 96/05/0169; 19.9.2006, 2005/05/0147; 28.9.2010, 2009/05/0316; 21.5.2015, 2013/06/0176; 30.9.2015, 2013/06/0245; *Unkart*, Bauordnung² § 6 Rz 48; *Pallitsch/Pallitsch/Kleewein*, Baurecht⁵ § 9 K-BO 1996 Anm 1.
2 *Krzizek*, System II 83.
3 VwGH 9.10.1972, 1669/71; VwSlg 9425 A/1977.
4 Siehe § 3 Rz 3 ff.
5 Die K-BAV ist unter Punkt 1.1 abgedruckt.
6 ErlRV Verf-133/6/1967, 9 f; *Krzizek*, System II 83; *Unkart*, Bauordnung² § 6 Rz 49.

des elektronischen Verkehrs zwischen der Behörde und den Beteiligten sind im Internet bekanntzumachen.[7] Die Behörde ist gemäß § 13 Abs 5 AVG auch nur während der Amtsstunden verpflichtet, schriftliche Anbringen entgegenzunehmen oder Empfangsgeräte empfangsbereit zu halten. Die Amtsstunden sind im Internet und an der Amtstafel bekanntzumachen.[8] Dh es ist vor einem Antrag in einer bestimmten technischen Form zu prüfen, ob diese technische Form bei der Behörde tatsächlich zur Verfügung steht. Bei einer Mitteilung per E-Mail ist darüber hinaus zu prüfen, ob etwaige technische Voraussetzungen oder organisatorische Beschränkungen (zB Mitteilung darf nur an eine bestimmte E-Mail Adresse gesendet werden) bestehen. Weiters müssen auch die Amtsstunden der Behörde beachtet werden.

Der Antrag hat gemäß § 9 Abs 2 Art, Lage und Umfang des Vorhabens anzugeben. Die Art des Vorhabens folgt den Tatbeständen des § 6 (zB Errichtung eines Gebäudes; Änderung einer baulichen Anlage etc). Die Lage ergibt sich insbesondere durch die Katastralgemeinde, die Grundstücksnummer sowie die Adresse, der Umfang sich insbesondere aus der Größe der überbauten Fläche, der Bruttogeschoßflächenzahl[9] oder zB bei Änderung der Verwendung durch die Angabe der Anzahl und Größe der betroffenen Räume.[10] Bei Vorhaben nach § 6 lit a bis c ist auch die Verwendung des Vorhabens anzugeben. Sinn und Zweck sind, dass durch diese Angabe eine Prüfung der Übereinstimmung mit dem Flächenwidmungsplan ermöglicht wird. In diesem Sinne ist zB anzugeben, dass die bauliche Anlage als Wohngebäude, Betriebsanlage für einen bestimmten Gewerbebetrieb, Industrieanlage oder für land- und forstwirtschaftliche Zwecke verwendet werden soll.[11] Für alle diese Angaben erfolgen in der K-BAV[12] detaillierte Vorgaben. Der Bewilligungswerber hat die Angaben gemäß § 9 Abs 2 aber auch der K-BAV ausdrücklich zu erbringen. So

4

---

7 *Hengstschläger/Leeb*, AVG² § 13 Rz 10 f mN.
8 *Hengstschläger/Leeb*, AVG² § 13 Rz 35 mN; siehe zum Ganzen auch VfGH VfSlg 19.849/2014.
9 Das Verhältnis der Summe der Brutto-Grundrissflächen oder der nach dem Bebauungsplan maßgeblichen Flächen zu der angegebenen Größe des Grundstückes oder nach dem Bebauungsplan maßgeblichen Quadratmeterzahl, siehe die Definition in § 6 Abs 4 K-BAV.
10 Zum Ganzen ErlRV Verf-133/6/1967, 10.
11 ErlRV Verf-133/6/1967, 10.
12 Die K-BAV ist unter 1.1 abgedruckt.

ist zB die Größe der überbauten Fläche anzuführen. Es genügt nicht, dass sich diese aus den Plänen berechnen lässt.

5 Da der normative Gehalt eines Baubewilligungsbescheides sich in der Aussage erschöpft, dass der Verwirklichung des im Antrag umschriebenen Bauwillens öffentlich-rechtliche Hindernisse nicht entgegenstehen,[13] steht es dem Antragsteller auch bei einer bereits erteilten Baubewilligung frei, für ein anderes Vorhaben eine neuerliche Baubewilligung zu beantragen.[14] Es kann im Fall einer Änderung der Rechtslage auch ein inhaltlich gleich lautender Antrag durch eine neue Einreichung dem neuen Rechtsregime unterstellen werden, ohne dass dadurch das erste Gesuch als zurückgezogen anzusehen ist. Es können überhaupt mehrere Baubewilligungen erworben werden.[15] Indes dürfen für nicht trennbare Teile eines einheitlichen Vorhabens keine getrennten Anträge gestellt werden.[16] Ist das Vorhaben teilbar, kann die Bewilligung nur für einen Teil des Vorhabens beantragt werden.[17]

6 Der Antrag kann gemäß § 13 Abs 7 AVG in jeder Lage des Verfahrens zurückgezogen werden.[18] Eine bedingte Zurückziehung ist allerdings unzulässig.[19] Für die Zurückziehung des Antrages ist in der K-BO 1996 – im Gegensatz zum Antrag auf Erteilung der Baubewilligung – eine bestimmte Form des Anbringens nicht bestimmt, die Zurückziehung kann somit gemäß § 13 Abs 1 AVG schriftlich, mündlich oder telefonisch eingebracht werden.[20]

7 Der Antrag kann aber gemäß § 13 Abs 8 AVG auch in jeder Lage des Verfahrens geändert werden, dh es kann eine Projektmodifikation bzw Planänderung erfolgen.[21] Allerdings darf dadurch das Vorhaben seinem Wesen nach nicht geändert und die sachliche und örtliche Zustän-

---

13 VwGH VwSlg 13.233 A/1990; siehe auch § 17 Rz 22 ff.
14 VwGH 26.3.1996, 95/05/0165; zur Zurückweisung wegen entschiedener Sache siehe § 9 Rz 13.
15 VwGH 19.9.2006, 2005/05/0147; 4.8.2015, 2012/06/0126; 14.4.2016, Ra 2014/06/0039 Rz 23.
16 *Hauer*, Nachbar[6] 146.
17 VwGH 21.5.2015, 2013/06/0176; zur Teilbarkeit vgl § 17 Rz 23.
18 VwGH 19.9.2006, 2005/05/0147.
19 VwGH 8.3.1994, 93/05/0117.
20 *Hengstschläger/Leeb*, AVG[2] § 13 Rz 6 ff und Rz 41 mN.
21 Zur Abänderung einer erteilten Bewilligung siehe die Kommentierung zu § 22.

digkeit[22] nicht berührt werden. Eine Veränderung des Wesens eines Vorhabens liegt mit Sicherheit vor, wenn nunmehr ein neues (anderes) Vorhaben beantragt wird.[23] Das AVG geht aber gemäß § 37 selbst davon aus, dass die Notwendigkeit das Ermittlungsverfahren zu ergänzen, nicht grundsätzlich zu einer Wesensveränderung führt. So ist es durchaus zulässig, dass durch die Änderung des Antrages subjektiv-öffentliche Rechte von – auch neu hinzukommenden – Parteien berührt werden.[24] Eine Änderung des Antrages kann auch im Berufungsverfahren erfolgen, die Grenzen sind aber enger zu ziehen.[25] Zu Änderungen von Anträgen im Berufungsverfahren hielt der VwGH zusammenfassend fest:[26] „Auch im Zuge des Berufungsverfahrens sind Modifikationen des Projektes zulässig, jedenfalls solche, die – nach Art und Ausmaß geringfügig – dem Zweck dienen, das Projekt (zur Gänze) dem Gesetz anzupassen. Einschränkungen des ursprünglichen Bauvorhabens sind zulässig; aber es sind auch Änderungen des ursprünglichen Bauvorhabens im Berufungsverfahrens zulässig, die insgesamt betrachtet kein Ausmaß erreichen, dass das Bauvorhaben als ein anderes zu beurteilen wäre bzw. das Wesen (den Charakter) des Bauverfahrens nicht betreffen [...]. Eine Erweiterung des Bauvorhabens gerichtet auf eine Vergrößerung der Bausubstanz ist im Berufungsverfahren – grundsätzlich – unzulässig [...]. Unter Umständen kann aber auch eine Projektmodifikation im Berufungsverfahren, die erfolgt, um das Vorhaben genehmigungsfähig zu machen, zulässig sein, obwohl dadurch die Bausubstanz geringfügig erweitert wird [...]. Nicht zuletzt kommt es daher auch auf die Umstände des Einzelfalles an. Die Beurteilung der Frage, ob Projektmodifikationen im Berufungsverfahren im konkreten Einzelfall zulässig sind oder nicht, ist eine Rechtsfrage, die von der Behörde und nicht von einem Sachverständigen zu lösen ist (Tatfrage hingegen ist, welche Modifikationen erfolgten)." Auf dieser Grundlage wurden vom VwGH vor allem Verringerungen von Vorhaben – zB der

---

22 Siehe § 3 Rz 3 ff.
23 VwGH 28.9.2010, 2009/05/0316; zum Ganzen ausführlich *Hengstschläger/Leeb*, AVG² § 13 Rz 43 ff mN.
24 Zur Präklusion siehe § 23 Rz 58 f.
25 VwGH 28.9.2010, 2009/05/0316; *Hengstschläger/Leeb*, AVG² § 13 Rz 47.
26 VwGH 8.6.2011, 2011/06/0019; mit Hinweis auf *Hauer*, Nachbar⁶ 144 f.

Anzahl der Stockwerke,[27] der Gebäudehöhe,[28] des Bauvolumens,[29] der Anzahl der Kfz-Stellplätze[30] oder der Wegfall von Teilen der baulichen Anlage[31] – als zulässig erachtet. Auch die Änderung des geplanten Verwendungszeckes von Schweinestall zu Abstellräumen[32] oder nicht wesentliche Änderungen in Bezug auf das Erscheinungsbild und die Außenabmessungen[33] wurden als zulässig angesehen. Hingegen wurden im Berufungsverfahren Erweiterungen des Vorhabens – zB um ein Drittel der Grundfläche der geplanten baulichen Anlage[34] – als unzulässig angesehen. Auf Grund einer Änderung des Antrages ist gegebenenfalls eine Ergänzung des Ermittlungsverfahrens gemäß § 37 AVG notwendig. Dies kann bei Verletzung der sechsmonatigen Entscheidungsfrist des § 73 AVG dazu führen, dass ein Devolutionsantrag abzuweisen ist, da die Verzögerung nicht auf ein überwiegendes Verschulden der Behörde zurückzuführen ist.[35] Entsprechende Projektmodifikation bzw Planänderung können auch im Verfahren vor dem LVwG Kärnten erfolgen.[36]

8 Wurde das Vorhaben durch die Änderung des Antrages seinem Wesen nach geändert oder die sachliche und örtliche Zuständigkeit[37] berührt, handelt es sich um einen neuen Antrag, durch den ein neues Verfahren eingeleitet wird. Dies ist auch als (konkludente) Zurückziehung des ursprünglichen Antrages zu werten. Erfolgt dieser neue Antrag im Berufungsverfahren hat die zweite Instanz den angefochtenen Bescheid ersatzlos aufzuheben.[38] Der neue Antrag ist von der Berufungsbehörde gemäß § 6 Abs 1 AVG an die erste Instanz weiterzuleiten.[39]

---

27 VwGH 22.10.1992, 92/06/0096.
28 VwGH 21.5.2007, 2005/05/0088.
29 VwGH 16.11.1993, 93/05/0083.
30 VwGH 21.5.2007, 2005/05/0088.
31 VwGH 23.7.2009, 2008/05/0031.
32 VwGH 18.12.2008, 2008/06/0112.
33 VwGH 28.9.2010, 2009/05/0316.
34 VwGH 8.6.2011, 2011/06/0019.
35 VwGH 28.9.2010, 2009/05/0316; *Hengstschläger/Leeb*, AVG² § 73 Rz 128 mN.
36 VwGH 27.8.2014, Ro 2014/05/0062.
37 Siehe die Kommentierung zu § 3.
38 VwGH 29.10.1996, 95/07/0227.
39 *Giese*, Baurecht § 4 Baupolizeigesetz Anm 13.

Eingaben und Beilagen zur Erteilung einer Baubewilligung unterliegen der Gebührenpflicht gemäß § 14 TP 5 und 6 Gebührengesetz 1957.[40] Die Zurückziehung des Antrages ist gemäß § 14 TP 6 Abs 5 Z 17 Gebührengesetz 1957 gebührenfrei.

III. Prüfung der Zuständigkeit, der Rechts- und Handlungsfähigkeit und der Vollmacht

Wird ein Antrag bei der Behörde eingebracht, hat diese gemäß § 6 Abs 1 AVG die Zuständigkeit[41] zu prüfen.[42] Ist die Behörde nicht zuständig, so hat sie den Antrag durch formlose Verfügung ohne unnötigen Aufschub auf Gefahr des Bewilligungswerbers an die zuständige Stelle weiterzuleiten oder den Bewilligungswerber an diese zu weisen.[43] Sofern der Bewilligungswerber auf eine Zuständigkeitsentscheidung beharrt, die Unzuständigkeit fraglich ist oder für diesen Antrag keine andere Behörde zuständig ist, ist der Antrag mit Bescheid zurückzuweisen.[44]

Die Behörde hat gemäß § 9 AVG auch die Rechts- und Handlungsfähigkeit des Antragsstellers zu prüfen. Die Rechtsfähigkeit begründet die Parteifähigkeit, dh die Fähigkeit, Träger von prozessualen Rechten und Pflichten zu sein, und die Handlungsfähigkeit die Prozessfähigkeit, dh die Fähigkeit, durch eigenes Handeln oder durch Handeln eines selbst gewählten Vertreters rechtswirksame Verfahrenshandlungen vor- oder entgegenzunehmen.[45] Da die K-BO 1996 keine Bestimmungen zur Rechts- und Handlungsfähigkeit enthält, sind diese nach den Vorschriften des bürgerlichen Rechts zu beurteilen.[46] Rechtsfähig sind natürliche Personen[47] und juristische Personen, zB Vereine, OG, KG,[48] GmbH, AG, Genossenschaften, EWIV, Europäische Aktienge-

---

40 *Gaier*, GebG[5] § 14 TP 5 und 6.
41 Siehe die Kommentierung zu § 3.
42 *Hengstschläger/Leeb*, AVG[2] § 6 Rz 7 f mN.
43 *Hengstschläger/Leeb*, AVG[2] § 6 Rz 10 f mN.
44 *Hengstschläger/Leeb*, AVG[2] § 6 Rz 14 f mN.
45 *Hengstschläger/Leeb*, AVG[2] § 9 Rz 1 f mN.
46 VwGH 31.3.2005, 2003/05/0178.
47 *Aicher* in Rummel, ABGB I[3] § 16 Rz 4 ff mN; *Posch* in Schwimann/Kodek, ABGB I[4] § 16 Rz 9 f.
48 Es ist zwar strittig ob OG und KG juristische Personen sind, sie sind aber gemäß § 105 UGB iVm § 161 Abs 2 UGB jedenfalls rechtsfähig.

sellschaft, Europäische Genossenschaften, Gemeinnützige Stiftungen und Fonds, Privatstiftungen, Gebietskörperschaften, Kammern und gesetzlich anerkannte Kirchen und Religionsgesellschaften. Hingegen sind zB Konzerne oder Gesellschaften bürgerlichen Rechts nicht rechtsfähig.[49] Die Prozessfähigkeit ergibt sich für natürliche Personen aus ihrer Geschäftsfähigkeit.[50] Mit Vollendung des 18. Lebensjahres ist grundsätzlich die Geschäftsfähigkeit und somit die Prozessfähigkeit gegeben. Hingegen kommt Minderjährigen für einen Antrag auf Erteilung einer Baubewilligung keine Geschäftsfähigkeit zu, es bedarf der Einwilligung des gesetzlichen Vertreters.[51] Auch volljährige Personen, die an einem Geistesgebrechen leiden oder sich im Zustand einer vorübergehenden Sinnesverwirrung befinden, kann es an der vollen Geschäftsfähigkeit mangeln. Ist für diese Person kein Sachwalter bestellt, hat die Behörde von Amts wegen zu prüfen, ob der Bewilligungswerber im Zeitpunkt der betreffenden Verfahrenshandlung in der Lage ist, Bedeutung und Tragweite des Verfahrens und der sich in diesem ereignenden prozessualen Vorgänge zu erkennen, zu verstehen und sich den Anforderungen eines derartigen Verfahrens entsprechend zu verhalten. Wurde ein Sachwalter bereits bestellt und umfasst die Bestellung rechtswirksame Verfahrenshandlungen für diese Person vor- oder entgegenzunehmen, ist ein Antrag auf Erteilung der Baubewilligung vom Sachwalter zu genehmigen.[52] Auch juristische Personen sind selbst nicht geschäftsfähig. Anträge auf Erteilung der Baubewilligung sind aus diesem Grund durch die Organe der juristischen Person einzubringen.[53] Liegt keine Parteifähigkeit vor, kommt dem Antrag auf Erteilung einer Baubewilligung auch keine Rechtswirkung zu. Ist die Parteifähigkeit fraglich, so ist der Bewilligungswerber zumindest zur Klärung dieser Frage parteifähig und ist somit der Antrag mit Bescheid zurückzuweisen. Liegt ein Mangel der Prozessfähigkeit bei Antragstellung vor, ist

---

49 *Aicher* in Rummel, ABGB I³ § 26 Rz 1 ff mN; *Posch* in Schwimann/Kodek, ABGB I⁴ § 26 Rz 1 ff; vgl VwGH 16.9.2009, 2007/05/0188.
50 *Hengstschläger/Leeb*, AVG² § 9 Rz 13 mN.
51 *Hengstschläger/Leeb*, AVG² § 9 Rz 14 mN; siehe zur Heilung einer pflegschafts- oder verlassenschaftsbehördlichen Genehmigung VwGH 31.3.2005, 2003/05/0178.
52 Zum Ganzen *Hengstschläger/Leeb*, AVG² § 9 Rz 15 mN.
53 *Hengstschläger/Leeb*, AVG² § 9 Rz 16 ff mN, auch zu Fragen der Prozessfähigkeit bei Eröffnung eines Insolvenzverfahrens.

dieser im Rahmen eines Mängelbehebungsverfahrens gemäß § 13 Abs 3 AVG zu beheben.[54]

Jeder Bewilligungswerber kann sich gemäß § 10 AVG – auch bei Antragstellung – durch eigenberechtigte natürliche Personen, juristische Personen oder eingetragene Personengesellschaften vertreten lassen.[55] Bevollmächtigte haben sich durch eine schriftliche, auf Namen oder Firma lautende Vollmacht auszuweisen. Vor der Behörde kann eine Vollmacht auch mündlich erteilt werden, zu ihrer Beurkundung genügt ein Aktenvermerk. Bei berufsmäßigen Parteienvertretern genügt die Berufung auf die ihnen erteilte Vollmacht, es bedarf keiner ausdrücklichen Erklärung des Bevollmächtigten. Zu diesen berufsmäßigen Parteienvertretern zählen nicht nur Rechtsanwälte und Notare, sondern zB auch Patentanwälte, Wirtschaftsprüfer, Steuerberater, Unternehmensberater, Ziviltechniker, Baumeister,[56] Immobilientreuhänder,[57] beratende Ingenieure,[58] und Holzbau-Meister[59]. Darüber hinaus kann die Behörde von einer ausdrücklichen Vollmacht absehen, wenn es sich um die Vertretung durch amtsbekannte Angehörige, Haushaltsangehörige, Angestellte oder durch amtsbekannte Funktionäre von beruflichen oder anderen Organisationen handelt und Zweifel über Bestand und Umfang der Vertretungsbefugnis nicht bestehen. Inhalt und Umfang der Vollmacht richten sich nach der Erklärung des Bevollmächtigten. Beruft sich ein berufsmäßiger Parteienvertreter auf die ihm erteilte Vollmacht, so ist für den Umfang der Vertretungsbefugnis seine Behauptung maßgebend. Ab der Wirksamkeit der Vollmacht sind alle Verfahrensakte dem Bevollmächtigten gegenüber zu setzen. So ist, entsprechende Vollmacht vorausgesetzt, zB dem Bevollmächtigten Gelegenheit zur Stellungnahme zu den Ergebnissen des Beweisverfahrens zu geben und es sind ihm alle Schriftstücke zuzustellen. Die Bestellung eines Bevollmächtigten schließt nicht aus, dass der Vollmachtgeber im eigenen Namen Erklärungen abgibt.

12

---

54 *Hengstschläger/Leeb*, AVG² § 9 Rz 5 f mN und § 13 Rz 25 ff; VwGH 31.3.2005, 2003/05/0178; siehe auch § 10 Rz 14.
55 Zum Ganzen ausführlich *Hengstschläger/Leeb*, AVG² § 10 Rz 1 ff mN.
56 Siehe § 99 Abs 1 Z 6 GewO.
57 Siehe § 117 Abs 5 GewO.
58 Siehe § 134 Abs 4 GewO.
59 Siehe § 149 Abs 6 GewO.

IV. Zurückweisung wegen entschiedener Sache

13 Wenn sich ein neuer Antrag auf Erteilung der Baubewilligung im Wesentlichen mit einem früheren deckt und sich am erheblichen Sachverhalt sowie an der maßgeblichen Rechtslage nichts geändert hat, ist der Antrag gemäß § 68 Abs 1 AVG wegen entschiedener Sache zurückzuweisen, sofern der frühere Antrag mit Bescheid erledigt wurde und dieser nicht mehr mit einem ordentlichen Rechtsmittel bekämpft werden kann.[60] Ob und inwieweit durch die Einführung der Verwaltungsgerichtsbarkeit Änderungen im Verständnis von § 68 AVG eingetreten sind, wird durch die Judikatur zu klären sein.[61] Die Wesentlichkeit einer Sachverhaltsänderung ist nicht nach der objektiven Rechtslage, sondern nach der Wertung zu beurteilen, die das geänderte Sachverhaltselement in der seinerzeitigen, rechtskräftigen Entscheidung erfahren hat.[62] „Die für die Beachtung der Rechtskraft im Sinne des § 68 Abs 1 AVG maßgebende Identität der Sache liegt auch dann vor, wenn sich das neue Parteibegehren von dem mit rechtskräftigem Bescheid bereits abgewiesenen nur dadurch unterscheidet, daß eine bisher von der Partei nicht ins Treffen geführte Rechtsfrage aufgegriffen wird oder die Behörde in dem bereits rechtskräftig abgeschlossenen Verfahren die Rechtsfrage aufgrund eines mangelhaften Ermittlungsverfahrens oder einer unvollständigen oder unrichtigen rechtlichen Beurteilung entschieden hat."[63] Von einer geänderten Rechtslage kann nur dann gesprochen werden, wenn sich nach Abweisung des ersten Antrags die gesetzlichen Vorschriften, die tragend für diese Entscheidung gewesen waren, so geändert haben, dass sie, hätten sie bereits früher bestanden, eine anders lautende Entscheidung ermöglicht hätten.[64] Auch das Recht einer Abänderung der Baubewilligung gemäß § 22 Abs 1[65] ermöglicht nicht die neuerliche Aufrollung einer rechtskräftig entschiedenen Bausache, es ist unzulässig das ursprüngliche Vorhaben – auch wenn nur in einigen Punkten – neuerlich zum Gegenstand eines Baubewilligungsverfahrens zu machen.[66] Wird zB der Verwendungszweck des Vorha-

---

60 Dazu ausführlich *Hengstschläger/Leeb*, AVG² § 68 Rz 1 ff mN.
61 Ausführlich *Ranacher*, ZfV 2015, 15 ff.
62 VwGH 22.5.2001, 2001/05/0075.
63 VwGH 22.5.2001, 2001/05/0075.
64 VwGH 20.4.2001, 98/05/0057.
65 Siehe § 22 Rz 3 f.
66 VwGH VwSlg 12.845 A/1989.

bens im neuen Antrag auf Erteilung der Baubewilligung geändert,[67] erfolgt eine Änderung des Bebauungsplanes[68] oder die Zurückweisung eines früheren Antrages wegen fehlender Prozessvoraussetzungen[69] liegt keine entschiedene Sache vor. Wird hingegen zB dasselbe Vorhaben durch einen anderen Bewilligungswerber eingebracht, liegt eine entschiedene Sache vor.[70]

V. Kundmachung

Die Behörde hat gemäß § 9 Abs 3 bei Anträgen auf Erteilung einer Baubewilligung für Vorhaben gemäß § 6 lit a bis d[71] den Namen des Bewilligungswerbers sowie Art und Ort des beantragten Vorhabens während einer Woche an der Amtstafel kundzumachen. Ist eine Bauverhandlung an Ort und Stelle vorgesehen, hat die Kundmachung während einer Woche vor der Bauverhandlung zu erfolgen. Diese Bestimmung steht im Zusammenhang mit § 10 Abs 1 lit d, § 16 Abs 2 lit d und § 23 Abs 2 lit a.[72] Anrainer sind gemäß § 23 Abs 2 lit a die Eigentümer (Miteigentümer) der an das Baugrundstück angrenzenden Grundstücke und aller weiteren im Einflussbereich des Vorhabens liegenden Grundstücke. Der Bewilligungswerber hat aber gemäß § 10 Abs 1 lit d lediglich ein Verzeichnis jener Anrainer nach § 23 Abs 2 lit a als Beleg beizubringen, die Eigentümer der angrenzenden Grundstücke und jener Grundstücke sind, die vom Baugrundstück höchstens 15 m entfernt sind. Dh der Kreis der Anrainer im Verzeichnis ist uU kleiner als der Kreis der Anrainer denen Parteistellung zukommt. Durch die Kundmachung werden somit jene Anrainer über den Antrag der Erteilung einer Baubewilligung informiert, die nicht im Anrainerverzeichnis aufscheinen, und diese haben die Möglichkeit Anbringen bei der Behörde einzubringen. Denn gemäß § 16 Abs 2 lit d sind nur jene Anrainer zur mündlichen Bauverhandlung zu laden, die im Anrainerverzeichnis aufscheinen oder durch Eingaben oder Vorsprachen bekannt geworden sind.

14

---

67 VwGH 25.4.1989, 88/05/0248.
68 VwGH 20.4.2001, 98/05/0057.
69 VwGH VwSlg 6491 A/1964.
70 VwGH VwSlg 12.172 A/1986; 16.6.1992, 92/05/0040.
71 § 6 Rz 7 ff.
72 ErlRV Verf-86/32/1981, 5 und 10 f.

15 § 9 Abs 3 normiert keine Kundmachung einer mündlichen Verhandlung im Sinne von § 41 und § 42 AVG. Erstens wird keine mündliche Verhandlung kundgemacht sondern nur der Name des Bewilligungswerbers sowie Art und Ort des beantragten Vorhabens, zweitens handelt es sich auch um keine besondere oder geeignete Form der Kundmachung im Sinne des § 42 AVG. Somit besteht kein Zusammenhang zu einer allfälligen Präklusion einer Partei.[73]

16 Die Bestimmung gibt für den Zeitpunkt der Kundmachung nur vor, dass, sofern eine Bauverhandlung an Ort und Stelle vorgesehen ist, diese während einer Woche vor der Bauverhandlung zu erfolgen hat. Aus dem oben dargestellten Sinn und Zweck[74] ergibt sich aber, dass eine Kundmachung immer spätestens eine Woche vor einer mündlichen Verhandlung[75] zu erfolgen hat. Wird keine mündliche Verhandlung durchgeführt, hat die Kundmachung spätestens eine Woche vor der Entscheidung zu erfolgen.[76]

§ 10 Belege

(1) An Belegen sind beizubringen:
a) ein Beleg über das Grundeigentum;
b) ein Beleg über die Zustimmung des Grundeigentümers oder der Miteigentümer, wenn der Antragsteller nicht Eigentümer oder Alleineigentümer ist; die Zustimmung der Miteigentümer ist nicht erforderlich, wenn es sich um Vorhaben innerhalb eines Wohnungseigentums- oder Zubehörobjektes gemäß § 2 Abs. 2 und 3 WEG 2002 handelt; im Fall der Eigentümerpartnerschaft gemäß § 2 Abs. 10 WEG 2002 ist jedoch die Zustimmung des anderen Partners erforderlich;
c) ein Beleg über die Zustimmung des Eigentümers eines Superädifikates zu Bauführungen an diesem, wenn der Antragsteller nicht selbst Eigentümer des Superädifikates ist;
d) ein Verzeichnis der Anrainer nach § 23 Abs. 2 lit. a, bezogen auf die angrenzenden Grundstücke und jene Grundstücke,

---

73 So auch *Pallitsch/Pallitsch/Kleewein*, Baurecht[5] § 9 K-BO 1996 Anm 7; zur Präklusion siehe § 23 Rz 58 f.
74 Siehe § 9 Rz 4.
75 Siehe dazu die Kommentierung zu § 16.
76 ErlRV Verf-86/32/1981, 11.

die vom Baugrundstück höchstens 15 m entfernt sind, mit Angabe der Wohnanschrift;
e) ein Verzeichnis der Anrainer nach § 23 Abs. 2 lit. b mit Angabe der Wohnanschrift;
f) die Pläne und Beschreibungen nach Abs. 2.

(2) Die Landesregierung hat Form und Inhalt der zur Beurteilung von Vorhaben erforderlichen Pläne und Beschreibungen durch Verordnung zu bestimmen.

(3) Sind zur Beurteilung des Vorhabens im Hinblick auf Interessen der Sicherheit und Gesundheit Detailpläne oder Berechnungen erforderlich, sind auch diese Belege beizubringen. Diese Verpflichtung erstreckt sich nicht auf Eigenschaften des Vorhabens, die bei der Behörde amtsbekannt sind.

(4) Pläne, Berechnungen und Beschreibungen müssen in zweifacher Ausfertigung beigebracht werden und von einem zur Erstellung solcher Unterlagen Berechtigten erstellt und unterfertigt und vom Bewilligungswerber unterfertigt sein. Die Haftung des Planverfassers für die richtige und fachgerechte Erstellung der Unterlagen wird weder durch behördliche Überprüfungen noch durch die Erteilung einer Bewilligung nach diesem Gesetz berührt.

(5) Werden die Belege nicht oder nicht vollständig beigebracht, ist nach § 13 Abs. 3 AVG vorzugehen.

Literatur: *Funk/Marx*, Ziviltechnikerurkunden im Verwaltungsverfahren, ÖJZ 2002, 532; *Gamper*, Verfassungsfragen der Zustimmung des Eigentümers im Baubewilligungsverfahren – am Beispiel von § 21 Abs 2 lit a TBO 2001, bbl 2004, 49; *Kind*, Darf die Mauer weg?, immolex 2005, 326; *Moritz*, Wohnungseigentum und Bauordnungen der Länder, immolex 2000, 144; *Hausmann/Vonkilch*, Österreichisches Wohnrecht, 2007; Rummel (Hrsg), Kommentar zum Allgemeinen bürgerlichen Gesetzbuch I³, 2000; *Schwaighofer*, Die Bauanzeige nach der Tiroler Bauordnung 2001, bbl 2004, 1; Schwimann/Kodek (Hrsg), ABGB-Praxiskommentar II⁴, 2012; *Wiederin*, Der Umfang der Bescheidprüfung durch das Verwaltungsgericht im Parteibeschwerdeverfahren, ÖJZ 2014/25; *Wiesinger*, Die Grenzen des Generalunternehmerrechts, ZVB 2013/3.

Inhaltsübersicht	**Rz**
I. Entwicklung und Rechtsvergleich	1
II. Belege über Grundeigentum	3
III. Belege über Zustimmung	5
IV. Verzeichnisse	10

§ 10   1. Kärntner Bauordnung 1996 – K-BO 1996

V. Pläne und Beschreibungen 12
VI. Mängelbehebung 14

I. Entwicklung und Rechtsvergleich

1   Schon § 4 der K-BO 1866, LGBl 1866/12, sah vor, dass das Eigentum oder das Benützungsrecht am Baugrund nachzuweisen und Baupläne vorzulegen waren. In § 5 bis § 7 K-BO 1866 wurden Form und Inhalt der Baupläne bestimmt. Durch LGBl 1876/6 wurden in § 6 K-BO 1866 die vorgegebenen Maßstäbe für die Erstellung der Baupläne auf das metrische Maß umgestellt. In der heutigen Form findet sich die Bestimmung erstmals als § 7 K-BO 1969, LGBl 1969/48. Ursprünglich war auch ein Verzeichnis der Servitutsberechtigten vorzulegen. Durch LGBl 1979/79 wurde in Abs 4 eingefügt, dass auch der Bewilligungswerber die eingereichten Pläne, Berechnungen und Beschreibungen zu unterfertigen hat. In LGBl 1981/69 erfolgte eine Einschränkung des beizubringenden Anrainerverzeichnisses, bezogen auf die angrenzenden oder durch eine Verkehrsfläche getrennten Grundstücke. Mit LGBl 1992/26 wurde in Abs 4 eingefügt, dass die eingereichten Pläne, Berechnungen und Beschreibungen von einem zur Erstellung solcher Unterlagen Berechtigten nicht nur zu unterfertigen sondern auch zu erstellen sind. Darüber hinaus wurde in Abs 4 auch klargestellt, dass die Haftung des Planverfassers durch die behördliche Überprüfung und die Erteilung der Baubewilligung unberührt bleibt. In dieser Fassung wurde die Bestimmung auch als § 8 in die K-BO 1992, LGBl 1992/64, übernommen. Durch LGBl 1996/44 wurden Abs 1, 2, 3 und 5 angepasst. Abs 1 Z 1, 3, 4 und 5 entsprechen § 10 Abs 1 lit a, c, d und f idgF, Z 2 entspricht weitgehend § 10 Abs 1 lit b idgF. Abs 2, 3 und 5 entsprechen § 10 Abs 2, 3 und 5 idgF. In dieser Fassung wurde die Bestimmung auch als § 10 in die K-BO 1996, LGBl 1996/62, übernommen. Durch LGBl 2012/80 wurde § 10 Abs 1 lit b redaktionell an das WEG 2002 angepasst und § 10 Abs 1 lit e eingefügt.

2   Auch in den anderen Bundesländern sind zur Beurteilung von Vorhaben – im Einzelnen unterschiedliche – Unterlagen vorzulegen. Die entsprechenden Bestimmungen finden sich in § 18 Bgld. BauG, § 18 und § 19 NÖ BO 2014, § 28 und § 29 Oö. BauO 1994, § 4 und § 5 S-BauPolG, § 22 und § 23 Stmk. BauG, § 22 und § 24 TBO 2011, § 21 und § 22 V-BauG, § 63 bis § 65 W-BO.

II. Belege über Grundeigentum

Gemäß § 354, § 362 iVm § 364 Abs 1 ABGB kann der Eigentümer einer Liegenschaft im Rahmen der Gesetze mit der Substanz und den Nutzungen einer Sache nach Willkür schalten, jeden anderen davon ausschließen und in der Regel seine Sache nach Willkür benützen oder unbenützt lassen. Daraus hat der VwGH den Grundsatz der Baufreiheit abgeleitet. Jeder Eigentümer kann ein Bauvorhaben realisieren, soweit es mit dem Gesetz im Einklang steht.[1] Die Behörde hat als Vorfrage gemäß § 38 AVG zu beurteilen, wer Eigentümer des Grundstückes ist.[2]

§ 10 Abs 1 lit a spricht nur von einem Beleg des Grundeigentums, ohne näher zu bestimmen, welche konkreten Belege beizubringen sind. Eine Konkretisierung findet sich in § 2 Abs 2 K-BAV.[3] Da auf Grund des Eintragungsgrundsatzes gemäß § 431 ABGB eine Übertragung von Eigentum an unbeweglichen Sachen grundsätzlich nur durch gültigen Titel (zB Kaufvertrag) und Eintragung ins Grundbuch erfolgen kann,[4] dient als Beleg des Grundeigentums in erster Linie eine Grundbuchsabschrift[5] gemäß § 5 GUG.[6] Diese darf gemäß § 2 Abs 2 lit a K-BAV nicht älter als drei Monate sein. Gemäß § 2 Abs 2 lit b K-BAV genügt als Beleg des Grundeigentums aber auch eine Urkunde (zB Kaufvertrag), auf Grund derer das Eigentum im Grundbuch einverleibt werden kann, sofern der Antrag auf grundbücherliche Einverleibung des Eigentumsrechtes beim zuständigen Grundbuchgericht bereits eingebracht wur-

---

[1] VwGH 14.11.2006, 2006/05/0141 mN; VfGH VfSlg 4543/1963; *Krzizek*, System II 15 f; *Schwaighofer*, bbl 2004, 1.

[2] *Krzizek*, System II 85 f; *Hengstschläger/Leeb*, AVG² § 38 Rz 4 mwN; *Pallitsch/Pallitsch/Kleewein*, Baurecht⁵ § 10 K-BO 1996 Anm 1.

[3] Dies erfolgt unmittelbar auf Grundlage des Art 18 Abs 2 B-VG, es bedarf zur Erlassung von Verordnungen keiner ausdrücklichen Ermächtigung; vgl VfGH VfSlg 17.941/2006. Die ausdrückliche Ermächtigung gemäß § 10 Abs 2 umfasst nur Pläne und Beschreibungen. Die K-BAV ist unter Punkt 1.1 abgedruckt.

[4] *Spielbüchler* in Rummel, ABGB I³ § 431 Rz 1 ff mN; *Hinteregger* in Schwimann/Kodek, ABGB II⁴ § 431 Rz 1 f mN; VwGH VwSlg 12.426 A/1987.

[5] § 2 Abs 2 lit a K-BAV verwendet noch den historischen Begriff Grundbuchsauszug.

[6] *Pallitsch/Pallitsch/Kleewein*, Baurecht⁵ § 10 K-BO 1996 Anm 1.

de.[7] Zum Eintragungsgrundsatz bestehen allerdings zahlreiche Ausnahmen, eine Eintragung ins Grundbuch hat in diesen Fällen des außerbücherlichen Eigentums nur eine deklaratorische Bedeutung.[8] So erwirbt der Erbe bereits mit Rechtskraft der Einantwortung Eigentum.[9] Zu außerbücherlichen Eigentumserwerb kommt es auch bei Fällen der umgründungsrechtlichen Gesamtrechtsnachfolge zB bei der Umwandlung, Verschmelzung oder Spaltung von Gesellschaften. Weiters wird mit Rechtskraft des Bescheides, mit dem eine vorläufige Übernahme im Rahmen einer Zusammenlegung von land- und forstwirtschaftlichen Grundstücken gemäß § 31 Abs 2 K-FLG angeordnet wird, Eigentum – wenn auch auflösend bedingt – erworben.[10] Bei Zwangsversteigerungen und freiwilligen Versteigerung erwirbt der Ersteher mit Zuschlag Eigentum. Bei Enteignung richtet sich der Eigentumserwerb nach den Bestimmungen des jeweiligen Enteignungsgesetzes. Bei Ersitzung wird mit Ablauf der Ersitzungszeit originär Eigentum erworben. Der redliche Bauführer erwirbt mit der Errichtung des Gebäudes Eigentum. In diesen Fällen sind gemäß § 2 Abs 2 lit c K-BAV als Belege für diesen außerbücherlichen Eigentumserwerb Nachweise zB Einantwortungs- und Zuschlagungsbeschlüsse, zivilrechtliche Urteile, Bescheide über die vorläufige Übernahme im Rahmen einer Zusammenlegung von land- und forstwirtschaftlichen Grundstücken oder Firmenbuchauszüge über Umgründungen beizubringen.

III. Belege über Zustimmung

5   Aus dem Grundsatz der Baufreiheit[11] hat der VwGH abgeleitet, dass mit Zustimmung des Eigentümers auch ein Dritter ein Bauvorhaben realisieren kann, soweit es mit dem Gesetz im Einklang steht.[12] Um spätere zivilrechtliche Auseinandersetzungen zu vermeiden, ist in die-

---

7 Es geht auch das Eigentum an einer veräußerten Liegenschaft grundsätzlich schon im Zeitpunkt des Einlangens des (vom Grundbuchsgericht erst später bewilligten und vollzogenen) Grundbuchsgesuches auf den Erwerber über, RIS-Justiz RS0011256; kritisch *Krzizek*, System II 86; *Moritz*, immolex 2000, FN 5.
8 Zum Ganzen *Spielbüchler* in Rummel, ABGB I³ § 431 Rz 2 mN; *Hinteregger* in Schwimann/Kodek, ABGB II⁴ § 431 Rz 4 ff mN.
9 VwGH 31.1.1995, 94/05/0197.
10 Vgl zur Tiroler Rechtslage VwGH 17.5.1991, 91/06/0045.
11 Zur Baufreiheit siehe § 6 Rz 5.
12 VwGH 14.11.2006, 2006/05/0141 mN; VfGH VfSlg 4543/1963; *Krzizek*, System II 15 f und 87 f.

sen Fällen ein Beleg über die Zustimmung des Grundeigentümers beizubringen.[13] Besteht ein Baurecht gemäß BauRG genügt als Beleg über die Zustimmung eine Grundbuchsabschrift gemäß § 5 GUG, da das Baurecht auf Grundlage eines Baurechtsvertrages durch die bücherliche Eintragung als Last des Grundstückes entsteht.[14] Die Zustimmung eines Fruchtgenussberechtigten ersetzt die Zustimmung des Grundeigentümers nicht.[15] Eine Zustimmung eines Nacherben im Rahmen einer fideikommissarischen Substitution gemäß § 608 ABGB ist nicht erforderlich, es genügt die Zustimmung des Vorerben.[16]

Ebenso ist ein Beleg über die Zustimmung der Miteigentümer beizubringen, wenn der Antragsteller nicht Alleineigentümer des Grundstückes ist. Aus Gründen der Verwaltungsökonomie[17] gilt dies jedoch nicht, wenn es sich um Vorhaben innerhalb eines Wohnungseigentums- oder Zubehörobjektes gemäß § 2 Abs 2 und 3 WEG 2002 handelt. Wohnungseigentumsobjekte sind Wohnungen, sonstige selbständige Räumlichkeiten und Abstellplätze für Kraftfahrzeuge (wohnungseigentumstaugliche Objekte), an denen Wohnungseigentum begründet wurde. Zubehör-Wohnungseigentum ist das mit dem Wohnungseigentum verbundene Recht, andere, mit dem Wohnungseigentumsobjekt baulich nicht verbundene Teile der Liegenschaft, wie etwa Keller- oder Dachbodenräume, Hausgärten oder Lagerplätze, ausschließlich zu nutzen. Diese rechtliche Verbindung setzt voraus, dass das Zubehörobjekt ohne Inanspruchnahme anderer Wohnungseigentums- oder Zubehörobjekte zugänglich und deutlich abgegrenzt ist.[18] Die Ausnahme besteht nur, soweit es sich um ein Vorhaben innerhalb eines Wohnungseigentums- oder Zubehörobjektes handelt, zB bei einer Änderung der Verwendung, die sich nur auf das Innere des Objektes bezieht.[19] Die Errichtung neuer Fenster in einer Außenwand des Wohnungseigentums- oder Zubehörobjektes – auch wenn sich die Außenwand inner-

6

---

13 ErlRV Verf-133/6/1967, 11; VwGH 4.9.2001, 2000/05/022; *Moritz*, immolex 2000, 145 f; dagegen bestehen auch keine verfassungsrechtlichen Bedenken VfGH VfSlg 14.783/1997; 26.9.2000, B 713/00; *Gamper*, bbl 2004, 49 ff.
14 Im Ergebnis auch *Pallitsch/Pallitsch/Kleewein*, Baurecht[5] § 10 K-BO 1996 Anm 1.
15 VwGH 24.6.2014, 2013/05/0199.
16 VwGH 12.8.2014, Ra 2014/06/0006.
17 ErlRV Verf-135/94/1995, 14; VwGH 29.8.2000, 2000/05/0061.
18 Zu den Begriffsbestimmungen des § 2 Abs 2 und 3 WEG 2002 ausführlich *Hausmann/Vonkilch*, Wohnrecht § 2 WEG 2002 Rz 9 ff mN.
19 VwGH 29.8.2000, 2000/05/0061.

halb der Liegenschaft befindet – erfolgt hingegen nicht nur in innerhalb des Objektes.[20] Ohne Bedeutung ist, aus welchen Gründen das Vorhaben erforderlich ist. Gleiches gilt für die Frage, ob durch dieses Vorhaben Auswirkungen auf andere Miteigentümer eintreten können.[21] Dagegen bestehen auch keine verfassungsrechtlichen Bedenken.[22] So können die Miteigentümer nicht nur ihre Ansprüche mit den Mitteln des Privatrechts durchsetzen, sondern es sind Wohnungseigentümer, deren Zustimmung nicht erforderlich ist, gemäß § 23 Parteien des Baubewilligungsverfahrens, sofern ihr Wohnungseigentums- oder Zubehörobjekt an jenes Wohnungseigentums- oder Zubehörobjekt angrenzt, in dem das Vorhaben ausgeführt werden soll, und subjektiv-öffentliche Rechte beeinträchtigt werden könnten.[23] Regelmäßig werden Vorhaben innerhalb eines Wohnungseigentums- oder Zubehörobjektes auch nur Auswirkungen – sofern überhaupt vorhanden – auf die Wohnungseigentümer der angrenzenden Wohnungseigentums- oder Zubehörobjekte haben. So ist gemäß § 7 Abs 1 lit c Z 1 eine Änderung von Gebäuden, soweit sie sich nur auf das Innere bezieht und keine tragende Bauteile betrifft, sofern keine Erhöhung der Wohnnutzfläche erfolgt, auch bewilligungsfrei[24] und es bedarf in diesen Fällen überhaupt keiner Baubewilligung. Liegt eine Eigentümerpartnerschaft gemäß § 2 Abs 10 WEG 2002 vor, ist bei Vorhaben, die einer Baubewilligung bedürfen, jedoch die Zustimmung des anderen Partners erforderlich. Die Eigentümerpartnerschaft ist die Rechtsgemeinschaft zweier natürlicher Personen, die gemeinsam Wohnungseigentümer eines Wohnungseigentumsobjekts sind.[25]

7 Es ist gemäß § 10 Abs 1 lit c auch ein Beleg über die Zustimmung des Eigentümers eines Superädifikates zu Bauführung an diesem beizubringen, wenn der Antragsteller nicht selbst Eigentümer des Superädifikates ist. Superädifikate sind bauliche Anlagen, die mit Zustimmung des Grundeigentümers auf fremdem Grund in der Absicht errichtet werden, dass sie nicht stets darauf bleiben sollen.[26]

---

20 VwGH 29.4.2015, 2013/06/0151.
21 VwGH 29.4.2015, 2013/06/0151.
22 VfGH VfSlg 14.783/1997; VwGH 29.8.2000, 2000/05/0061; *Gamper*, bbl 2004, 54 f.
23 Siehe dazu § 23 Rz 14 f.
24 Siehe § 7 Rz 7.
25 Zur Begriffsbestimmungen des § 2 Abs 10 WEG 2002 *Hausmann/Vonkilch*, Wohnrecht § 2 WEG 2002 Rz 70.
26 Zum Ganzen *Hinteregger* in Schwimann/Kodek, ABGB II[4] § 435 Rz 1 ff mN.

§ 10

Für die Beurteilung, ob die notwendigen Zustimmungen des Grundei- **8**
gentümers, des Miteigentümers oder des Eigentümers eines Superädifikates vorliegen, kommt es auf die Eigentumsverhältnisse zum Zeitpunkt der Einbringung des Baubewilligungsantrages an, spätere Änderungen in den Eigentumsverhältnissen sind insofern unbeachtlich.[27]
Die Zustimmung muss sich auf ein konkretes Vorhaben beziehen[28] und muss liquid, dh sie muss unzweifelhaft, vorliegen.[29] Müsste die Zustimmung erst durch ein Beweisverfahren von der Behörde erhoben werden, ist dies keinesfalls erfüllt.[30] Ob die bauliche Anlage konsenslos bereits besteht oder erst errichtet werden soll, ist ohne Bedeutung.[31] Es steht der Erteilung der Baubewilligung aber nicht nur eine fehlende Zustimmung zum Zeitpunkt der Einbringung des Baubewilligungsantrages entgegen, sondern auch der Wegfall auf Grund Zurückziehung – auch durch den Rechtsnachfolger[32] – einer ursprünglich erteilten Zustimmung während des Bewilligungsverfahrens.[33] Somit muss die Zustimmung auch im Zeitpunkt der Entscheidung über den Antrag der Erteilung der Baubewilligung liquid vorliegen.[34] Dies gilt auch im Verfahren zur Verlängerung der Baubewilligung gemäß § 21,[35] im Berufungsverfahren[36] sowie – meiner Ansicht nach – mangels strikter Bindung an die Beschwerde im Beschwerdeverfahren[37] vor dem LVwG Kärnten.[38] Die Zustimmung kann auch mündlich zurückgezogen wer-

---

27 VwGH VwSlg 15.951 A/2002; 24.2.2015, Ra 2015/05/0003; es ist somit unzulässig, Zustimmungserklärungen auch jener Personen zu verlangen, die erst nach Einbringung des Baubewilligungsantrages Eigentum an der Liegenschaft erworben haben; dem Rechtsnachfolger kommt aber sehr wohl Parteistellung gemäß § 23 Abs 1 lit b zu; zur Zurückziehung der Zustimmung während des Bewilligungsverfahrens – auch des Rechtsnachfolgers – siehe aber sogleich.
28 VwGH 11.12.2012, 2011/05/0019.
29 VwGH VwSlg 17.175 A/2007.
30 VwGH 24.2.2015, Ra 2015/05/0003.
31 VwGH 11.9.1986, 85/06/0120; 29.4.2015, 2013/06/0151.
32 VwGH VwSlg 15.951 A/2002.
33 VwGH 11.9.1986, 85/06/0120; VwSlg 17.175 A/2007; *Moritz*, immolex 2000, 147 f.
34 VwGH VwSlg 17.175 A/2007.
35 VwGH VwSlg 10.275 A/1980.
36 *Pallitsch/Pallitsch/Kleewein*, Baurecht[5] § 10 K-BO 1996 Anm 2.
37 Vgl VwGH 17.12.2014, Ro 2014/03/0066.
38 So auch LVwG Wien 24.2.2015, VGW-111/026/30127/2014; aA *Pallitsch/Pallitsch/Kleewein*, Baurecht[5] § 10 K-BO 1996 Anm 2; siehe zum unterschiedlichen Meinungsstand über die Auslegung von § 27 VwGVG *Wiederin*, ÖJZ 2014, 149 ff; vgl VwGH 9.9.2015, Ro 2015/03/0032.

den.[39] Es ist baurechtlich ohne Bedeutung, ob der Eigentümer zur Verweigerung oder zur Zurückziehung seiner Zustimmungserklärung berechtigt ist.[40] Der Wegfall einer ursprünglich erteilten Zustimmung nach rechtskräftiger Erteilung der Baubewilligung hat hingegen keine Auswirkung.[41] Als Beleg der Zustimmung genügt grundsätzlich die Unterfertigung der Baupläne durch den Grundeigentümer, den Miteigentümer oder den Eigentümers des Superädifikates.[42] Die Zustimmung des Grundeigentümers kann auch durch eine Entscheidung eines ordentlichen Gerichtes ersetzt werden,[43] sofern diese die Feststellung der Verpflichtung zur Zustimmung in einem der Rechtskraft fähigen Sinn und in einer Weise einschließt, die die Anwendung des § 367 EO ermöglicht.[44] Gleiches gilt für gerichtliche Vergleiche.[45] Eine liquide Zustimmung liegt auch vor, sofern eine Eigentümergemeinschaften gemäß § 24 WEG 2002 mehrheitlich die Zustimmung zum Bauvorhaben im Rahmen der ordentlichen oder außerordentlichen Verwaltung beschließt, ein Anschlag des Beschlusses im Haus unter Angabe des Zeitpunktes dieses Anschlages sowie eine Verständigung der überstimmten Miteigentümer über den Beschluss erfolgt ist und die Überstimmten diesen Beschluss innerhalb der vorgesehenen Fristen bei Gericht nicht angefochten haben.[46] Hingegen genügt eine zivilrechtliche Regelung, zB in einem Vertrag, die eine Zustimmungsverpflichtung der Miteigentümer vorsieht bzw eine solche Zustimmungsverpflichtung enthält, nicht.[47] Gleiches gilt sofern ein Rechtsvorgänger als Verkäufer im diesbezüglichen Kaufvertrag für sich und seine Rechtsnachfolger unwiderruflich erklärt, der Bauführung zuzustimmen.[48] § 442 ABGB ist inso-

---

39 VwGH 19.12.1995, 95/05/0292.
40 VwGH 24.2.2015, Ra 2015/05/0003.
41 VwGH 19.12.1995, 95/05/0292; *Pallitsch/Pallitsch/Kleewein*, Baurecht[5] § 10 K-BO 1996 Anm 2.
42 VwGH 19.12.1996, 96/06/0002; *Moritz*, immolex 2000, 147.
43 VwGH 11.9.1986, 85/06/0120; VwSlg 14.863 A/1998 mwN; 13.12.2011, 2011/05/0160; *Krzizek*, System II 88; *Moritz*, immolex 2000, 147.
44 VwGH 20.7.2004, 2003/05/0150; 18.3.2013, 2011/05/0178.
45 VwGH 29.1.2008, 2007/05/0146.
46 VwGH VwSlg 14.863 A/1998; VwSlg 17.175 A/2007; 6.10.2011, 2010/06/0008; OGH 31.3.2003, 5 Ob 42/03t; *Moritz*, immolex 2000, 147; dies gilt allerdings nicht für Vorhaben, die § 16 WEG 2002 unterliegen VwGH VwSlg 17.003 A/2006; kritisch *Kind*, immolex 2005, 326 ff.
47 VwGH 29.4.2015, 2013/06/0151.
48 VwGH 3.5.2011, 2008/05/0175.

weit baurechtlich nicht von Bedeutung.[49] Es handelt sich auch um keine von der Behörde zu prüfende Vorfrage, ob die Zustimmung der Miteigentümer allenfalls in einem gerichtlichen Verfahren erzwungen werden kann.[50]

Zu beachten ist, dass gemäß § 7 K-BAV[51] ein Nachweis über die Sicherstellung der Zufahrt durch ein im Grundbuch einverleibtes dingliches Recht beizubringen ist, sofern die im Lageplan darzustellende, der Art, Lage und Verwendung des Vorhabens entsprechende Verbindung zu einer öffentlichen Fahrstraße[52] über nicht im Eigentum des Bewilligungswerbers stehende Grundstücke führt. Der Nachweis kann auch durch eine Urkunde (zB Servitutsvertrag), auf Grund derer das Eigentum im Grundbuch einverleibt werden kann, erbracht werden, sofern der Antrag auf grundbücherliche Einverleibung des Eigentumsrechtes beim zuständigen Grundbuchgericht bereits eingebracht wurde.

9

IV. Verzeichnisse

Beizubringen ist ein Verzeichnis der Anrainer nach § 23 Abs 2 lit a mit Angabe der jeweiligen Wohnanschrift.[53] Der Kreis der Anrainer, die im Verzeichnis aufzunehmen sind, ist zu § 23 Abs 2 lit a allerdings eingeschränkt. So sind nur die Eigentümer (Miteigentümer) der an das Baugrundstück angrenzenden Grundstücke und aller weiteren im Einflussbereich des Vorhabens liegenden Grundstücke, die vom Baugrundstück höchstens 15 m entfernt sind, dh zumindest in einem Punkt innerhalb eines 15 m-Bereiches gemessen von der Baugrundstücksgrenze liegen, in das Verzeichnis aufzunehmen.[54] Die K-BO 1996 enthält keine Definition des Begriffes „Baugrundstück". Darunter ist das gesamte Grundstück zu verstehen, nicht nur der Teil auf dem auch tatsächlich eine bauliche Anlage errichtet werden darf. Es wird am grundbuchsrechtlichen Begriff angeknüpft, dh „Grundstücke sind demnach durch Grenzpunkte festgelegte Flächen, anhand deren der Grenzverlauf ermittelt werden kann. Durch die einzelnen Grenzpunkte wird die Lage eines Grundstückes zu einem

10

---

49 VwGH 24.2.2015, Ra 2015/05/0003.
50 VwGH 29.4.2015, 2013/06/0151.
51 Die K-BAV ist unter Punkt 1.1 abgedruckt.
52 Siehe § 13 Rz 8 und § 17 Rz 21.
53 Siehe auch § 3 K-BAV; die K-BAV ist unter Punkt 1.1 abgedruckt.
54 Zu den Begriffen (angrenzende) Grundstück und Baugrundstück siehe § 23 Rz 11.

anderen Grundstück festgelegt."⁵⁵ Durch den Verweis auf § 23 Abs 2 lit a ergibt sich, dass die Eigentümer (Miteigentümer) der an das Baugrundstück angrenzenden Grundstücke jedenfalls anzuführen sind, die Eigentümer (Miteigentümer) aller anderen Grundstücke allerdings nur dann, sofern diese Grundstücke im Einflussbereich des Vorhabens liegen⁵⁶ und höchstens 15 m vom Baugrundstück entfernt sind. Diese Einschränkung erfolgte, da es für den Antragsteller vor allem bei großen Vorhaben auf Grund des weitreichenden Anrainerbegriffes der K-BO unzumutbar ist, ein Verzeichnis aller Eigentümer, der im Einflussbereich des Vorhabens liegenden Grundstücke, beizubringen. Darüber hinaus hat die Behörde dieses auf seine Vollständigkeit und Richtigkeit zu prüfen (zB durch entsprechende Abfragen des Grundbuches und Melderegister)⁵⁷ und von Amts wegen dafür zu sorgen hat, dass sämtliche Anrainer dem Bauverfahren beigezogen werden.⁵⁸

11 Beizubringen ist auch ein Verzeichnis der Anrainer nach § 23 Abs 2 lit b mit Angabe der jeweiligen Wohnanschrift.⁵⁹ Dies sind die Wohnungseigentümer gemäß § 2 Abs 5 WEG 2002, deren Zustimmung gemäß § 10 Abs 1 lit b nicht erforderlich ist,⁶⁰ sofern ihr Wohnungseigentums- oder Zubehörobjekt gemäß § 2 Abs 2 und 3 WEG 2002 an jenes Wohnungseigentums- oder Zubehörobjekt gemäß § 2 Abs 2 und 3 WEG 2002 angrenzt, in dem das Vorhaben ausgeführt werden soll.⁶¹ Dieses Verzeichnis ist nur beizubringen, sofern Anrainer nach § 23 Abs 2 lit b überhaupt vorhanden sind.

V. Pläne und Beschreibungen

12 Wesentliche Grundlage zur Konkretisierung und Beurteilung des Vorhabens – insbesondere vor dem Hintergrund, dass es sich beim Baubewilligungsverfahren um ein Projektgenehmigungsverfahren handelt – sind die beizubringende Pläne und Beschreibungen.⁶² Beschreibungen

---

55 VwGH 16.5.2013, 2011/06/0116; vgl *Pallitsch/Pallitsch/Kleewein*, Baurecht⁵ § 3 K-BV Anm 1.
56 Siehe dazu § 23 Rz 12.
57 *Giese*, Baurecht § 8 Baupolizeigesetz Anm 18.
58 ErlRV Verf-86/32/1981, 4 und 12; siehe auch § 16 Rz 13.
59 Siehe auch § 3 K-BAV; die K-BAV ist unter Punkt 1.1 abgedruckt.
60 Siehe dazu § 10 Rz 6.
61 Siehe dazu § 23 Rz 14.
62 VwGH 24.1.1991, 89/06/0197; 15.6.1999, 95/05/0304; siehe auch § 17 Rz 6.

ergänzen die Pläne um jene Angaben, die zeichnerisch nicht darzustellen sind.[63] Gemäß § 10 Abs 2 hat die Kärntner Landesregierung Form und Inhalt der erforderlichen Pläne und Beschreibungen durch Verordnung zu bestimmen. Dies erfolgt in der K-BAV.[64] Gemäß § 5 K-BAV sind Lagepläne, Baupläne, Beschreibungen und technische Berichte nach Maßgabe § 6 bis § 12 K-BAV beizubringen. Für die Errichtung von Gebäuden und sonstigen baulichen Anlagen (§ 6 K-BAV), die Änderungen von Gebäuden und sonstigen baulichen Anlagen (§ 8 K-BAV), die Änderung der Verwendung von Gebäuden oder Gebäudeteilen (§ 9 K-BAV), den Abbruch von Gebäuden, Gebäudeteilen, sonstigen baulichen Anlagen oder Teilen (§ 10 K-BAV) und die Errichtung und Änderung von zentralen Feuerungsanlagen (§ 11 K-BAV) sind jeweils unterschiedliche Vorgaben an die Ausgestaltung der Lagepläne, Baupläne, Beschreibungen und technische Berichte normiert. Pläne müssen aus haltbarem Papier oder einem gleichwertigen Stoff hergestellt sein. Die Vorlage von digital erstellten Plänen ist zulässig, wenn die technischen Einrichtungen bei der Behörde vorhanden sind. Sind zur Beurteilung des Vorhabens im Hinblick auf Interessen der Sicherheit und Gesundheit Detailpläne oder Berechnungen erforderlich, sind gemäß § 10 Abs 3 auch diese Belege beizubringen, der Bewilligungswerber hat jene Einreichunterlagen beizubringen, die zur Prüfung der Erteilung der Baubewilligung für das Vorhaben erforderlich sind.[65] Grundeigentümer haben gemäß § 48 Abs 1 das Betreten ihrer Grundstücke zu gestatten, wenn dies zur Erstellung der erforderlichen Pläne notwendig ist.[66] Diese Verpflichtung erstreckt sich nicht auf Eigenschaften des Vorhabens, die bei der Behörde amtsbekannt sind. Pläne, Berechnungen und Beschreibungen müssen in zweifacher Ausfertigung beigebracht werden und sowohl vom Planersteller[67] als auch dem Bewilligungswerber[68] unterfertigt sein.

---

63 *Krzizek*, System II 84.
64 Die K-BAV ist unter Punkt 1.1 abgedruckt.
65 ZB bei Errichtung einer nicht typengeprüften Reinigungsanlage, VwGH 19.9.2000, 2000/05/0099.
66 Siehe dazu § 48 Rz 3 f.
67 Die Unterfertigung durch den Generalunternehmer genügt nicht *Wiesinger*, ZVB 2013, 8.
68 Die Materialien ErlRV Verf-34/5/1979, 8 sprechen davon, dass ausgeschlossen werden soll, dass der Bewilligungswerber „sich im nachhinein von den Unterlagen seines Planverfassers distanziert".

13 Die Pläne, Berechnungen und Beschreibungen müssen gemäß § 10 Abs 4 von einem zur Erstellung solcher Unterlagen Berechtigten erstellt werden. Die Berechtigung ergibt sich aus den berufs- und gewerberechtlichen Bestimmungen. Abhängig vom jeweiligen Vorhaben sind dies vor allem Ziviltechniker nach den Bestimmungen des ZTG sowie Baumeister, Brunnenmeister, Steinmetzmeister, Holzbau-Meister, Ingenieurbüros und – wenn auch eingeschränkt auf Arbeiten, die nur einfache statische Berechnungen erfordern, die Metalltechniker für Metall- und Maschinenbau nach den jeweiligen Bestimmungen der GewO 1994.[69] Der Gesetzestext weist ausdrücklich darauf hin, dass die Haftung des Planverfassers für die richtige und fachgerechte Erstellung der Unterlagen weder durch behördliche Überprüfungen noch durch die Erteilung der Baubewilligung berührt wird.[70] Wer als ein zur Erstellung von Plänen, Berechnungen und Beschreibungen Berechtigter solche Unterlagen unterfertigt, ohne sie erstellt zu haben, begeht eine Verwaltungsübertretung und ist gemäß § 50 Abs 1 lit b Z 1 zu bestrafen.[71]

VI. Mängelbehebung

14 Für den Fall, dass die Belege nicht oder nicht vollständig beigebracht werden, verweist § 10 Abs 5 ausdrücklich auf die Mängelbehebung nach § 13 Abs 3 AVG. Die Behörde hat von Amts wegen unverzüglich die Behebung des Mangels zu veranlassen und kann dem Bewilligungswerber die Behebung des Mangels innerhalb einer angemessenen Frist mit der Wirkung auftragen, dass der Antrag nach fruchtlosem Ablauf dieser Frist zurückgewiesen wird. Die Angemessenheit der Frist hängt von der Art des Mangels ab. Es bedarf aber grundsätzlich lediglich einer Frist, um bereits vorhandene Belege beizubringen, sie muss hingegen nicht für die Beschaffung noch fehlender Belege ausreichen. Anderes gilt meiner Ansicht nach für die Belege nach § 10 Abs 3. Da für den Bewilligungswerber die Erforderlichkeit der Beibringung der Detail-

---

69 *Giese*, Baurecht § 5 Baupolizeigesetz Anm 50; siehe auch *Funk/Marx*, ÖJZ 2002, 532 ff.

70 Vgl zB für die zivilrechtliche Haftung gegenüber dem Auftraggeber OGH 15.10.2009, 2 Ob 277/08m, siehe dazu auch die Glosse von *Michl*, ZVB 2010/38 und die Anmerkung von *Kerschner*, SV 2010,123; zu denken ist aber auch an disziplinarrechtliche Sanktionen des allfälligen Berufsrechts und an strafrechtliche Sanktionen, *Giese*, Baurecht § 5 Baupolizeigesetz Anm 55.

71 Siehe § 50 Rz 9.

pläne oder Berechnungen nicht zweifelsfrei eindeutig erkennbar ist, muss die gesetzte Frist so gestaltet sein, dass sie für die Beschaffung ausreicht.[72] Bei Aussichtslosigkeit der Erbringung der Belege, zB der Grundeigentümer verweigert seine Zustimmung ausdrücklich, ist kein Verbesserungsauftrag notwendig.[73] Der Verbesserungsauftrag ist eine nicht selbstständig anfechtbare Verfahrensordnung. Wird der Mangel rechtzeitig behoben, so gilt der Antrag als ursprünglich richtig eingebracht.[74] Wird der Mangel nicht behoben, so ist der Antrag zurückzuweisen.[75]

§ 11 Sonderbestimmungen

(1) Bei Vorhaben nach § 6 lit. a bis c sind dem Antrag nur die Belege nach § 10 Abs. 1 lit. a bis c anzuschließen.

(2) Bei Vorhaben nach § 6 lit. a und b sind dem Antrag als Belege auch skizzenhafte zeichnerische Darstellungen und eine Beschreibung anzuschließen, die hinsichtlich Lage, Größe und Form eine Beurteilung des Vorhabens ermöglichen.

(3) Bei Vorhaben nach § 6 lit. a bis c sind der Antrag, die Beschreibung und die zeichnerischen Darstellungen in zweifacher Ausfertigung einzureichen, wenn als Behörde erster Instanz der Bürgermeister einzuschreiten hat.

(4) Werden die Belege nicht oder nicht vollständig beigebracht, ist nach § 13 Abs. 3 AVG vorzugehen.

Inhaltsübersicht	Rz
I. Entwicklung und Rechtsvergleich	1
II. Anzuschließende Belege	3
III. Mängelbehebung	4

---

72 Vgl VwGH 27.3.2008, 2005/07/0070; 16.10.2014, 2011/06/0181.
73 VwGH 23.8.2012, 2011/05/0069.
74 Ist ein Antrag mangelhaft, so beginnt die Entscheidungspflicht des § 73 AVG aber erst mit dem Einbringen des verbesserten Antrages zu laufen, VwGH 29.4.2015, 2013/06/0140; siehe auch § 3 Rz 9 und 16.
75 Siehe auch ErlRV Verf-133/6/1967, 11 f; zum Ganzen ausführlich *Hengstschläger/Leeb*, AVG² § 13 Rz 25 ff mN.

I. Entwicklung und Rechtsvergleich

1 Der Wortlaut der Bestimmung findet sich – von redaktionellen Anpassungen abgesehen – im Wesentlichen schon in § 8 K-BO 1969, LGBl 1969/48. Seit LGBl 1992/26 ist bei Vorhaben nach § 6 lit a und b auch eine Beschreibung anzuschließen. In dieser Fassung wurde die Bestimmung als § 9 in die K-BO 1992, LGBl 1992/64, übernommen. Durch LGBl 1996/44 erfolgten lediglich redaktionelle Anpassungen. In dieser Fassung wurde die Bestimmung als § 11 in die K-BO 1996, LGBl 1996/62, übernommen.

2 Auch in den anderen Bundesländern sind zur Beurteilung von Vorhaben – im Einzelnen unterschiedliche – Unterlagen vorzulegen. Die entsprechenden Bestimmungen finden sich in § 18 Bgld. BauG, § 18 und § 19 NÖ BO 2014, § 28 und § 29 Oö. BauO 1994, § 4 und § 5 S-BauPolG, § 22 und § 23 Stmk. BauG, § 22 und § 24 TBO 2011, § 21 und § 22 V-BauG, § 63 bis § 65 W-BO.

II. Anzuschließende Belege

3 § 11 berücksichtig, dass gemäß § 13[1] bei Vorhaben nach § 6 lit a bis c[2] eine Vorprüfung stattzufinden hat.[3] Für das Vorprüfungsverfahrens sind noch nicht alle Belege notwendig, da lediglich eine Prüfung der öffentlichen Interessen nach § 13 Abs 2[4] erfolgt und noch nicht der subjektiv-öffentlichen Interessen der Anrainer. In diesem Sinne sind bei Antragstellung für Vorhaben nach § 6 lit a bis c vorerst nur die Belege nach § 10 Abs 1 lit a bis c[5] anzuschließen. Dh es müssen insbesondere keine Anrainerverzeichnisse gemäß § 10 Abs 1 lit d und e angeschlossen werden. Zwar gilt dies auch für Pläne und Beschreibungen gemäß § 10 Abs 1 lit f, jedoch müssen gemäß § 11 Abs 2 dem Antrag auf Errichtung oder Änderung von Gebäuden und baulichen Anlagen nach § 6 lit a und b skizzenhafte zeichnerische Darstellungen und eine Beschreibung angeschlossen werden, die hinsichtlich Lage, Größe und Form eine Beurteilung des Vorhabens ermöglichen. Beurteilungsmaßstab für die Anforderungen an die skizzenhafte zeichnerische Darstel-

---

1 Siehe § 13 Rz 3 ff.
2 Siehe § 6 Rz 7 f.
3 *Pallitsch/Pallitsch/Kleewein*, Baurecht[5] § 11 K-BO 1996 Anm 1 und 3.
4 Siehe § 13 Rz 4 ff.
5 Siehe § 10 Rz 3 ff.

lung und die Beschreibung ist somit die Möglichkeit der Behörde auf Grundlage dieser Belege im Vorprüfungsverfahren festzustellen, ob dem Vorhaben Gründe des § 13 Abs 2[6] entgegenstehen. Dies führt aber dazu, dass auch an die skizzenhafte zeichnerische Darstellung und die Beschreibung hohe Anforderungen zu stellen sind.[7] Aus diesem Grund ist davon auszugehen, dass diese auch die Anforderungen von der § 6 und § 8 K-BAV erfüllen müssen, dh ein Lageplan, ein Bauplan und eine Beschreibung vorliegen müssen. In diesem Sinne unterscheiden § 6 und § 8 K-BAV auch nicht zwischen Belegen nach § 10 Abs 1 lit f und § 11 Abs 2. Es liegt auch im Interesse des Bewilligungswerbers bereits bei Antragstellung entsprechende Belege vorzulegen, da sollte der Antrag im Vorprüfungsverfahren nicht abgewiesen werden, gemäß § 15 Abs 2[8] auch Belege nach § 10 Abs 1 lit f vorzulegen sind. Gleiches gilt für § 11 Abs 3. Zwar wird im Gegensatz zu § 10 Abs 4 nicht ausdrücklich verlangt, dass die skizzenhafte zeichnerische Darstellung und die Beschreibung von einem zur Erstellung solcher Unterlagen Berechtigten erstellt und unterfertigt und vom Bewilligungswerber unterfertigt sein müssen, jedoch liegt es auch im Interesse des Bewilligungswerbers, bereits bei Antragstellung entsprechende Belege vorzulegen. Die skizzenhafte zeichnerische Darstellung und die Beschreibung sind in zweifacher Ausfertigung einzureichen, sofern als Behörde erster Instanz der Bürgermeister einzuschreiten hat. Zusammenfassend wird der Bewilligungswerber regelmäßig, um eine möglichst effiziente und rasche Durchführung des Baubewilligungsverfahrens zu gewährleisten, von der Sonderbestimmung des § 11 keinen Gebrauch machen, sondern auch bei Anträgen für Vorhaben nach § 6 lit a bis c bei Antragstellung die Belege nach § 10 Abs 1 lit a bis f anschließen.

III. Mängelbehebung

Für den Fall, dass die Belege nicht oder nicht vollständig beigebracht werden, verweist § 11 Abs 4 ausdrücklich auf die Mängelbehebung nach § 13 Abs 3 AVG. Die Behörde hat von Amts wegen unverzüglich die Behebung des Mangels zu veranlassen und kann dem Bewilligungswerber die Behebung des Mangels innerhalb einer angemessenen Frist

---

6 Siehe § 13 Rz 4 ff.
7 Vgl ErlRV Verf-133/6/1967, 12; ErlRV Verf-1035/1/1991, 9.
8 Siehe § 15 Rz 3 f.

mit der Wirkung auftragen, dass der Antrag nach fruchtlosem Ablauf dieser Frist zurückgewiesen wird. Die Angemessenheit der Frist hängt von der Art des Mangels ab. Es bedarf aber lediglich einer Frist, um bereits vorhandene Belege beizubringen, sie muss hingegen nicht für die Beschaffung noch fehlender Belege ausreichen. Bei Aussichtslosigkeit der Erbringung der Belege, zB der Grundeigentümer verweigert seine Zustimmung ausdrücklich, ist kein Verbesserungsauftrag notwendig.[9] Der Verbesserungsauftrag ist eine nicht selbstständig anfechtbare Verfahrensordnung. Wird der Mangel rechtzeitig behoben, so gilt der Antrag als ursprünglich richtig eingebracht. Wird der Mangel nicht behoben, so ist der Antrag zurückzuweisen.[10]

§ 12 Zusatzbelege

(1) Die Behörde hat für den Fall, dass ein Vorhaben nach § 6 lit. a bis c auf einer Fläche ausgeführt werden soll, für die eine gemäß § 12 Z 2 K-GplG 1995 ersichtlich zu machende Nutzungsbeschränkung besteht, und dass das diese Nutzungsbeschränkung enthaltende Gesetz (zB Kärntner Naturschutzgesetz 2002, Kärntner Nationalpark- und Biosphärenparkgesetz, Wasserrechtsgesetz 1959, Bundesstraßengesetz 1971, Kärntner Straßengesetz 1991, Denkmalschutzgesetz) eine Bewilligung für Vorhaben nach § 6 lit. a bis c vorsieht, dem Bewilligungswerber aufzutragen, dem Antrag auf Erteilung der Baubewilligung auch diese Bewilligung anzuschließen.

(2) Die Behörde hat für den Fall, daß ein Vorhaben nach § 6 lit. a bis c auf Waldboden im Sinn des Forstgesetzes 1975 errichtet werden soll, dem Bewilligungswerber aufzutragen, dem Antrag auf Erteilung der Baubewilligung die Rodungsbewilligung anzuschließen.

(3) Aufträge nach Abs. 1 und 2 dürfen nur erteilt werden, wenn ein Vorhaben nach § 6 lit. a bis c nicht schon deshalb abzuweisen ist (§ 15 Abs. 1), weil ihm der Flächenwidmungsplan entgegensteht.

(4) Die Behörde hat für den Fall, dass ein Vorhaben nach § 6 lit. a gemäß § 5 Abs. 1 oder gemäß § 10 des Kärntner Naturschutzgesetzes 2002 oder gemäß § 12 des Kärntner Nationalpark- und Biosphärenparkgesetzes einer Bewilligung bedarf, dem Bewilligungswerber

---

9 VwGH 23.8.2012, 2011/05/0069.
10 Zum Ganzen ausführlich *Hengstschläger/Leeb*, AVG² § 13 Rz 25 ff mN.

aufzutragen, dem Antrag auf Erteilung der Baubewilligung die in Betracht kommende Bewilligung anzuschließen.

(5) Werden Belege nach Abs. 1, 2 und 4 nicht oder nicht vollständig beigebracht, so ist nach § 13 Abs. 3 AVG vorzugehen.

Literatur: *Jäger*, Forstrecht[3], 2003.

Inhaltsübersicht Rz

   I. Entwicklung und Rechtsvergleich 1
   II. Allgemeines 3
   III. Anzuschließende Bewilligungen nach § 12 Abs 1 und 2 6
   IV. Anzuschließende Bewilligungen nach § 12 Abs 4 9
   V. Mängelbehebung 10

I. Entwicklung und Rechtsvergleich

Diese Bestimmung wurde erstmals durch LGBl 1979/79 als § 8a in die K-BO 1969 aufgenommen. Mit LGBl 1992/26 erfolgten redaktionelle Anpassungen an Novellierungen der angeführten Gesetze. In dieser Fassung wurde die Bestimmung als § 10 in die K-BO 1992, LGBl 1992/64, übernommen. Auch durch LGBl 1996/44 erfolgten lediglich redaktionelle Anpassungen. In dieser Fassung wurde die Bestimmung als § 12 in die K-BO 1996, LGBl 1996/62, übernommen. Weitere redaktionelle Anpassungen erfolgten durch LGBl 2012/80. 1

In den anderen Bundesländern besteht vereinzelt die Vorgabe, dass Bewilligungen auf Grund anderer Rechtsgrundlagen einem Antrag auf Erteilung der Baubewilligung anzuschließen sind. Zum Teil genügt der Nachweis, dass der Bewilligungswerber das in Betracht kommende behördliche Verfahren anhängig gemacht hat. Die entsprechenden Bestimmungen finden sich in § 18 Abs 3 Bgld. BauG, § 4 Abs 3 S-BauPolG, § 22 Abs 2 lit d TBO 2011 sowie § 63 Abs 1 lit f W-BO. 2

II. Allgemeines

Die Bestimmung hat ausweislich der Materialien den Sinn und Zweck, dass im Interesse der Verwaltungsvereinfachung, der Kostenersparnis und damit auch im Interesse des Bewilligungswebers nur Verfahren nach der K-BO 1996 durchgeführt werden, sofern bestimmte für das 3

Vorhaben notwendige andere Bewilligungen als Zusatzbelege dem Antrag auf Erteilung der Baubewilligung angeschlossen werden.[1] Dh es wird kein Verfahren nach der K-BO 1996 durchgeführt, sofern die in der Bestimmung angeführten Bewilligungen nicht bereits vorliegen. Jedenfalls für die anzuschließenden Bewilligungen aus dem Bereich der Vollziehung von Landesgesetzen bestehen dagegen nach der Judikatur des VfGH keine verfassungsrechtlichen Bedenken.[2] Der VwGH sah sich auch bei anzuschließenden Bewilligungen aus dem Bereich der Vollziehung von Bundesgesetzen nicht gezwungen, einen Antrag auf Grund verfassungsrechtlicher Bedenken gemäß Art 140 Abs 1 Z 1 lit a B-VG an den VfGH zu stellen.[3]

4   Im Gegensatz zu den Belegen nach § 10 iVm § 11 müssen die Zusatzbelege nach § 12 nicht bereits dem Antrag auf Erteilung der Baubewilligung angeschlossen werden. Nach dem klaren Wortlaut der Bestimmung hat die Behörde dem Bewilligungswerber „aufzutragen", die entsprechenden Bewilligungen anzuschließen. Dh die Behörde hat die Vorfrage zu beantworten, ob und welche Zusatzbelege nach § 12 anzuschließen sind.[4] Dies ist auch zu begrüßen, denn es ist dem Bewilligungswerber nicht zumutbar, diese regelmäßig schwierige Vorfrage selbstständig zu beurteilen. Die Behörde ist bei ihrer rechtlichen Beurteilung an bereits rechtskräftige Entscheidungen anderer Behörden über die anzuschließenden Bewilligungen gebunden.[5] Liegt zB eine rechtskräftige Entscheidung der Naturschutzbehörde bereits vor, dass keine Bewilligungspflicht besteht, dann ist die Baubehörde daran gebunden und es ist dem Bewilligungswerber nicht aufzutragen, eine naturschutzrechtliche Bewilligung anzuschließen. Die Behörde hat dem Bewilligungswerber eine angemessene Frist zu setzen. Da dem Gesetz die Notwendigkeit der Beibringung der Zusatzbelege nicht unmittelbar zu entnehmen ist, sondern von der Behörde dem Bewilligungswerber aufzutragen ist, muss diese Frist so gestaltet sein, dass sie nicht nur für

---

1 ErlRV Verf-34/5/1979, 9 f.
2 Der VfGH 27.9.1994, B 2089/93, und 23.2.1999, B 2256/98, sah sich nicht gezwungen, einen Prüfungsbeschluss gemäß Art 140 Abs 1 B-VG zu fassen; siehe auch *Pallitsch/Pallitsch/Kleewein*, Baurecht[5] § 12 K-BO 1996 Anm 1.
3 VwGH 19.9.1985, 84/06/0072.
4 VwGH 14.11.2006, 2005/05/0289.
5 VwGH 10.10.1995, 94/05/0295.

die Beibringung, sondern für die Beschaffung der Zusatzbelege ausreicht.[6]

Der Wortlaut des § 12 bestimmt nicht ausdrücklich, ob die anzuschließenden Bewilligungen rechtskräftig sein müssen. Unter Berücksichtigung von Sinn und Zweck der Bestimmungen[7] ist aber davon auszugehen, dass rechtskräftige Bewilligungen anzuschließen sind. Nur so können die Interessen der Verwaltungsvereinfachung, der Kostenersparnis und damit auch die Interesse des Bewilligungswebers gewahrt werden. Diese Auslegung wird von den Materialien gestützt.[8] In diesen wird ausdrücklich auf rechtskräftige Bewilligungen abgestellt. Auch der VwGH geht bei der Berechnung einer angemessenen Frist für die Beibringung von Zusatzbelegen von einer rechtskräftigen Bewilligung aus.[9]

III. Anzuschließende Bewilligungen nach § 12 Abs 1 und 2

Von § 12 Abs 1 sind nur Vorhaben nach § 6 lit a bis c[10] umfasst. Voraussetzung ist, dass das Vorhaben auf einer Fläche ausgeführt werden soll, für die eine gemäß § 12 K-GplG 1995[11] ersichtlich zu machende Nutzungsbeschränkung besteht. Durch LGBl 2002/71 erfolgte eine Änderung des § 12 K-GplG 1995, Nutzungsbeschränkungen enthaltende Gesetze finden sich nunmehr nicht mehr in § 12 Z 2 K-GplG 1995 sondern in § 12 Abs 1 Z 2 K-GplG 1995 und § 12 Abs 2 K-GplG 1995. Dies wurde in der K-BO 1996 bislang nicht berücksichtigt, dennoch sind meiner Ansicht nach weiterhin alle Nutzungsbeschränkungen des § 12 K-GplG 1995 umfast. Ob die Nutzungsbeschränkung tatsächlich ersichtlich gemacht wurde, ist nicht relevant.[12] Zu diesen Flächen zählen:

- Nationalparkgebiete,
- Naturschutzgebiete,

---

6 VwGH 14.11.2006, 2005/05/0289; siehe im Unterschied dazu die Frist im Mängelbehebungsverfahren § 12 Rz 10; *Hengstschläger/Leeb*, AVG² § 13 Rz 29 mN.
7 Siehe § 12 Rz 3.
8 ErlRV Verf-34/5/1979, 9 f.
9 VwGH 14.11.2006, 2005/05/0289.
10 Siehe § 6 Rz 7 f.
11 Das K-GplG 1995 ist einschließlich der Erläuterungen unter Punkt 10 abgedruckt.
12 VwGH 7.11.1995, 94/05/0343.

- Landschaftsschutzgebiete,
- wasserrechtlich besonders geschützte Gebiete und sonstige wasserwirtschaftliche Planungsgebiete (insbesondere Gebiete nach den §§ 34, 35, 37 WRG 1959), Hochwasserabflussgebiete,
- Gefahrenzonen nach dem Forstgesetz 1975,
- Gefährdungsbereiche nach schieß- und sprengmittelrechtlichen Vorschriften, Standorte und Gefahrenbereiche von Betrieben im Sinne der RL 96/82/EG des Rates vom 9. Dezember 1996 zur Beherrschung der Gefahren bei schweren Unfällen mit gefährlichen Stoffen,
- Verdachtsflächen und Altlasten nach dem Altlastensanierungsgesetz,
- Bergbaugebiete und militärische Sperrgebiete,
- Bann- und Schutzwälder,
- Gefahrenzonen nach den Richtlinien der Bundeswasserbauverwaltung,
- Schutzbereiche entlang der Bundes- und Landesstraßen, in der Umgebung von Eisenbahnanlagen und um die Flugplätze,
- Sicherheitsstreifen entlang elektrischer Starkstromleitungen,
- Naturdenkmale und
- Objekte unter Denkmalschutz.

Darüber hinaus muss das diese Nutzungsbeschränkung enthaltene Gesetz, wie zB K-NSG 2002,[13] K-NBG und WRG 1959, eine Bewilligung für Vorhaben nach § 6 lit a bis c vorsehen.

7 Auch von § 12 Abs 2 sind nur Vorhaben gemäß § 6 lit a bis c[14] umfasst. Sofern das Vorhaben auf Waldboden im Sinne des Forstgesetzes 1975 errichtet werden soll, hat die Behörde dem Bewilligungswerber aufzutragen, dem Antrag auf Erteilung der Baubewilligung die Rodungsbewilligung anzuschließen. Waldboden ist eine Grundfläche, die nach den Bestimmungen des Forstgesetzes 1975 als Wald anzusehen ist.[15] Wald ist gemäß § 1a Abs 1 bis 3 Forstgesetzes 1975[16] eine mit bestimmten Holzgewächsen[17] (forstlicher Bewuchs) bestockte Grundfläche, so-

---

13 VwGH 14.11.2006, 2005/05/0289.
14 Siehe § 6 Rz 7 f.
15 VwGH 23.10.1995, 95/10/0005.
16 Zu den Ausnahmen siehe § 1a Abs 4 und 5 Forstgesetz 1975.
17 Siehe Anhang zum Forstgesetz 1975.

weit die Bestockung mindestens eine Fläche von 1000 m² und eine durchschnittliche Breite von 10 m erreicht. Wald sind auch Grundflächen, deren forstlicher Bewuchs infolge Nutzung oder aus sonstigem Anlass vorübergehend vermindert oder beseitigt ist. Unbeschadet ihrer besonderen Nutzung gelten als Wald auch dauernd unbestockte Grundflächen, insoweit sie in einem unmittelbaren räumlichen und forstbetrieblichen Zusammenhang mit Wald stehen und unmittelbar dessen Bewirtschaftung dienen (wie forstliche Bringungsanlagen, Holzlagerplätze, Waldschneisen und Rückewege). Ist eine Grundfläche (Grundstück oder Grundstücksteil) im Grenzkataster oder im Grundsteuerkataster der Benützungsart Wald zugeordnet und wurde (i) für diese Grundfläche eine dauernde Rodungsbewilligung nicht erteilt oder (ii) eine angemeldete dauernde Rodung dieser Grundfläche nicht gemäß § 17a Forstgesetzes 1975 durchgeführt, so gilt sie gemäß § 3 Abs 1 Forstgesetzes 1975 als Wald, solange die Behörde nicht festgestellt hat, dass es sich nicht um Wald handelt.[18]

Aufträge die Zusatzbelege nach § 12 Abs 1 und 2 anzuschließen, sind aber gemäß § 12 Abs 3 aus Gründen der Verwaltungsvereinfachung[19] nur zu erteilen, sofern das Vorhaben nach § 6 lit a bis c nicht schon deshalb abzuweisen ist, weil ihm der Flächenwidmungsplan entgegensteht. Somit empfiehlt es sich für die Behörde schon in einem ersten Schritt zu prüfen, ob dem Vorhaben der Flächenwidmungsplan entgegensteht. Denn sollte dies der Fall sein, ist der Antrag gemäß § 15 Abs 1 abzuweisen und kann eine Beurteilung des Vorhabens nach § 12 Abs 1 und 2 entfallen.

IV. Anzuschließende Bewilligungen nach § 12 Abs 4

Von § 12 Abs 4 sind nur Vorhaben nach § 6 lit a[20] umfasst. Bedarf also die Errichtung von Gebäuden und baulichen Anlagen auch einer Bewilligung zum Schutz der freien Landschaft nach § 5 Abs 1 K-NSG 2002,[21] einer Ausnahmebewilligung nach § 10 K-NSG 2002[22] oder einer Bewil-

---

18 Siehe auch ErlRV Verf-34/5/1979, 10; zum Ganzen *Jäger*, Forstrecht³ § 1a und § 3.
19 ErlRV Verf-34/5/1979, 10.
20 Siehe § 6 Rz 7.
21 In den ErlRV Verf-34/5/1979, 10 wird insbesondere auf die Bewilligungstatbestände nach § 5 Abs 1 lit i und k K-NSG 2002 verwiesen; VwGH 10.10.1995, 94/05/0295.
22 VwGH 14.11.2006, 2005/05/0289.

ligung nach § 12 K-NBG hat die Behörde dem Bewilligungswerber aufzutragen, dem Antrag auf Erteilung der Baubewilligung die in Betracht kommende Bewilligung anzuschließen. Da § 12 Abs 4 auf konkrete einzelne Bewilligungstatbestände verweist, handelt es sich hiebei im Verhältnis zu § 12 Abs 1 um die speziellere Norm. Eine Einschränkung im Sinne des § 12 Abs 3 erfolgt für § 12 Abs 4 nicht.

V. Mängelbehebung

10 Für den Fall, dass die Zusatzbelege nicht oder nicht vollständig beigebracht werden, verweist § 12 Abs 5 ausdrücklich auf die Mängelbehebung nach § 13 Abs 3 AVG. Da die Zusatzbelege vom Bewilligungswerber nicht bereits dem Antrag auf Erteilung einer Baubewilligung beigelegt werden müssen, sondern die Behörde den Bewilligungswerber unter Setzung einer angemessenen Frist aufzutragen hat, diese Zusatzbelege anzuschließen,[23] liegt ein Mangel aber erst nach Ablauf dieser Frist vor. Dafür spricht auch der Wortlaut. So verweist § 12 Abs 5 ausdrücklich auf die Belege nach § 12 Abs 1, 2 und 4, die aber nur auf Grund eines behördlichen Auftrages anzuschließen sind.[24] Nur sofern der Bewilligungswerber diesem Auftrag nicht nachkommt, hat die Behörde von Amts wegen gemäß § 13 Abs 3 AVG unverzüglich die Behebung des Mangels zu veranlassen und kann dem Bewilligungswerber die Behebung des Mangels innerhalb einer angemessenen Frist mit der Wirkung auftragen, dass der Antrag nach fruchtlosem Ablauf dieser Frist zurückgewiesen wird. Die Angemessenheit der Frist hängt von der Art des Mangels ab. Es bedarf aber lediglich einer Frist, um bereits vorhandene Zusatzbelege beizubringen, sie muss hingegen nicht für die Beschaffung noch fehlender Zusatzbelege ausreichen. Bei Aussichtslosigkeit der Erbringungen der Belege ist kein Verbesserungsauftrag notwendig.[25] Der Verbesserungsauftrag ist eine nicht selbstständig anfechtbare Verfahrensordnung. Wird der Mangel rechtzeitig behoben, so gilt der Antrag als ursprünglich richtig eingebracht. Wird der Mangel nicht behoben, so ist der Antrag zurückzuweisen.[26]

---

23 Siehe § 12 Rz 4.
24 Aus diesen Gründen ist nicht zu folgen VwGH 9.11.1999, 99/05/0099; 25.1.2000, 99/05/0267; hingegen spricht für die hier vertretene Anschauung VwGH 14.11.2006, 2005/05/0289.
25 VwGH 23.8.2012, 2011/05/0069.
26 Zum Ganzen ausführlich *Hengstschläger/Leeb*, AVG² § 13 Rz 25 ff mN.

4. Abschnitt – Vorprüfungsverfahren
§ 13 Vorprüfung

(1) Bei Vorhaben nach § 6 lit. a bis c hat eine Vorprüfung stattzufinden.

(2) Bei der Vorprüfung hat die Behörde festzustellen, ob dem Vorhaben
a) der Flächenwidmungsplan,
b) der Bebauungsplan,
c) Interessen der Erhaltung des Landschaftsbildes oder des Schutzes des Ortsbildes,
d) Interessen der Sicherheit im Hinblick auf seine Lage, die auch im Falle der Erteilung von technisch möglichen und der Art des Vorhabens angemessenen Auflagen (§ 18 Abs. 3) offensichtlich nicht gewahrt werden können,
e) bis zur Erteilung der Baubewilligung nicht behebbare Hindernisse einer Verbindung mit einer öffentlichen Fahrstraße,
f) bis zur Erteilung der Baubewilligung nicht behebbare Hindernisse der Wasserversorgung oder der Abwasserbeseitigung entgegenstehen.

(3) Bei Vorhaben nach § 6 lit. a bis c, die wegen ihrer außergewöhnlichen Architektur oder Größe (Höhe) von der örtlichen Bautradition wesentlich abweichen, hat die Behörde im Rahmen der Vorprüfung ein Gutachten der Ortsbildpflegekommission (§ 11 Kärntner Ortsbildpflegegesetzes 1990) einzuholen. § 8 Abs. 2 und 3 gelten sinngemäß.

(4) [Anm: entfallen]

(5) Die Landesregierung hat durch Verordnung zu bestimmen, unter welchen Voraussetzungen Vorhaben den Regelungen des Abs. 3 unterliegen.

Literatur: *Ammer/Buchinger*, Die Moscheen- und Minarettdebatte aus grundrechtlicher Sicht, migralex 2008, 78; *Bundschuh-Rieseneder*, Rechtliche Rahmenbedingungen für die Errichtung von Moscheen oder Gebetstürmen in Tirol, bbl 2007, 75; *Grabenwarter/Pabel*, Europäische Menschenrechtskonvention[6], 2016; *Kröll*, Kruzifixe, Minarette, Sonntagsruhe, in Lienbacher/Wielinger, Jahrbuch Öffentliches Recht, 2010; *Proschko*, Wahrung der Pflege des heimatlichen Baustiles, der Pflege landesüblicher Bauweise durch den Bezirkshauptmann, ÖZfV 1909, 175; *Wieshaider*, Profane Regeln für sakrale Bauten. Religionsrechtliche Aspekte des Raumordnungs- und Baurechts, bbl 2003, 138; *ders*, Das harmonische Minarett, bbl 2007, 209.

§ 13   1. Kärntner Bauordnung 1996 – K-BO 1996

Inhaltsübersicht   **Rz**

I. Entwicklung und Rechtsvergleich 1
II. Allgemeines 3
III. Vorprüfungsgegenstände 4
IV. Gutachten der Ortsbildpflegekommission 9

I. Entwicklung und Rechtsvergleich

1 Diese Bestimmung wurde erstmals durch LGBl 1969/48 als § 9 K-BO 1969 aufgenommen. Abs 1 blieb bis auf eine redaktionelle Änderung des Verweises durch LGBl 1992/64 unverändert. Abs 2 lit d idgF wurde durch LGBl 1992/26 dahingehend konkretisiert, dass zu prüfen ist, ob durch Erteilung von technisch möglichen und der Art des Vorhabens angemessenen Auflagen, die Interessen der Sicherheit gewahrt werden können. In dieser Fassung wurde die Bestimmung als § 11 in die K-BO 1992, LGBl 1992/64, übernommen. Durch LGBl 1996/44 entfiel die ursprünglich in Abs 2 lit a vorgesehene Verpflichtung, zu prüfen, ob dem Vorhaben überörtliche Interessen entgegenstehen. Darüber hinaus wurde in Abs 2 lit e und f dgF die Wortfolge „offensichtlich unbehebbar" durch die Wortfolge „bis zur Erteilung der Baubewilligung nicht behebbar" ersetzt. In dieser Fassung wurde die Bestimmung als § 13 in die K-BO 1996, LGBl 1996/62, übernommen. Mit LGBl 2009/16 wurden die Bestimmungen für Vorhaben, die wegen ihrer außergewöhnlichen Architektur oder Größe (Höhe) von der örtlichen Bautradition wesentlich abweichen, in § 13 Abs 3 bis 5 geschaffen. Eine Ergänzung erfolgte durch LGBl 2012/80 mit § 13 Abs 4a. Durch LGBl 2015/31 entfiel § 13 Abs 4 und 4a wieder.

2 Die meisten anderen Bundesländer sehen ebenso – regelmäßig auch ausdrücklich als solche bezeichnete – Vorprüfungen vor. Die entsprechenden Bestimmungen finden sich in § 20 NÖ BO 2014, § 30 Oö. BauO 1994, § 8 S-BauPolG, § 27 Abs 3 TBO 2011 und § 23 V-BauG. Im Burgenland ist gemäß § 18 Abs 4 Bgld. BauG das Bauansuchen abzuweisen, wenn sich schon aus dem Ansuchen ergibt, dass das Vorhaben unzulässig ist und die Gründe der Unzulässigkeit sich nicht beheben lassen. § 64 Abs 3 W-BO sieht eine Vorprüfung auf Antrag des Bewilligungswerbers vor. Nur in der Steiermark finden sich keine vergleichbaren Bestimmungen.

II. Allgemeines

Liegt ein mängelfreier Antrag auf Erteilung der Baubewilligung vor, so ist bei Vorhaben nach § 6 lit a bis c[1] ein Vorprüfungsverfahren durchzuführen. Sinn und Zweck des Vorprüfungsverfahrens ist, unnötigen Verwaltungsaufwand zu vermeiden. Denn wird schon im Rahmen der Vorprüfung festgestellt, dass der Antrag gemäß § 15 Abs 1 abzuweisen ist, da dem Vorhaben einer der Gründe des § 13 Abs 2 entgegensteht, muss kein aufwendiges Verfahren unter Beteiligung der Anrainer durchgeführt werden.[2] Es handelt sich aber um keine bloße Grobprüfung der Voraussetzungen, die Behörde hat – gegebenenfalls auch unter Heranziehung von Sachverständigen[3] – das Vorhaben eingehend zu prüfen.[4] Dem Bewilligungswerber ist im Rahmen des Vorprüfungsverfahrens, insbesondere bei voraussichtlicher Abweisung des Antrages, Parteiengehör zu geben.[5] Da § 17 Abs 2 als Voraussetzung der Bewilligung ua auf § 13 Abs 2 abstellt, entbindet ein für den Bewilligungswerber positiver Ausgang des Vorprüfungsverfahrens die Behörde nicht von der Verpflichtung, im weiteren Baubewilligungsverfahren auch die Übereinstimmung des Vorhabens mit § 13 Abs 2 neu zu prüfen.[6] Der Anrainer hat kein subjektiv-öffentliches Recht hinsichtlich der Frage, ob ein Vorprüfungsverfahren durchgeführt wird bzw hat er auch kein Mitspracherecht im Vorprüfungsverfahren, er kann seine Rechte im Baubewilligungsverfahren geltend machen.[7]

3

---

1 Siehe § 6 Rz 7 f.
2 VwGH VwSlg 9634 A/1978; *Pallitsch/Pallitsch/Kleewein*, Baurecht[5] § 13 K-BO 1996 Anm 1.
3 Vgl ErlRV Verf-133/6/1967, 15; siehe zu den Sachverständigen § 17 Rz 3 ff.
4 *Giese*, Baurecht § 8 Baupolizeigesetz Anm 6.
5 ErlRV Verf-133/6/1967, 15; zum Vorprüfungsverfahren siehe auch *Hauer*, Nachbar[6] 97.
6 VwGH VwSlg 9634 A/1978; 3.4.1986, 84/06/0136; VwSlg 12.213 A/1986; 21.2.1995, 92/05/0245; 30.5.1995, 94/05/0126; VwSlg 14.994 A/1998; 2.4.2009, 2007/05/0158.
7 VwGH 24.10.1979, 0637/79; 30.10.1980, 3424/78; 26.5.1983, 2538/80; VwSlg 12.422 A/1987; 30.1.1990, 89/05/0128; 18.9.1990, 90/05/0041; 17.9.1991, 91/05/0151; 15.9.1992, 92/05/0056; 24.2.1998, 97/05/0307; 19.12.2000, 98/05/0220.

III. Vorprüfungsgegenstände

4 Ob dem Vorhaben gemäß § 13 Abs 2 lit a der Flächenwidmungsplan entgegensteht, ergibt sich in erster Linie aus den Bestimmungen des K-GplG 1995 zu den einzelnen Widmungskategorien.[8] Der Gemeinderat hat gemäß § 1 Abs 1 K-GplG 1995 durch Verordnung einen Flächenwidmungsplan zu erlassen, durch den das Gemeindegebiet in Bauland, Grünland und in Verkehrsflächen gegliedert wird. Bei dieser Gliederung sind unter Bedachtnahme auf das örtliche Entwicklungskonzept die voraussehbaren wirtschaftlichen, sozialen, ökologischen und kulturellen Erfordernisse in der Gemeinde, die Auswirkungen auf das Landschaftsbild und das Ortsbild sowie die Erfordernisse einer zeitgemäßen landwirtschaftlichen Betriebsführung zu beachten. Flächenwidmungspläne dürfen gemäß § 1 Abs 2 K-GplG 1995 nur im Einklang mit den Zielen und Grundsätzen des § 2 des K-ROG[9] und den überörtlichen Entwicklungsprogrammen erlassen werden und dürfen auch sonstigen raumbedeutsamen Maßnahmen und Planungen des Landes nicht widersprechen. Zu beachten ist allerdings, dass § 14 zulässige Abweichungen vom Flächenwidmungsplan vorsieht.

5 Gemäß § 13 Abs 2 lit b ist zu prüfen, ob dem Vorhaben der Bebauungsplan entgegensteht. Der Gemeinderat hat gemäß § 24 Abs 1 K-GplG 1995[10] für die als Bauland gewidmeten Flächen mit Verordnung Bebauungspläne zu erlassen. In diesen Bebauungsplänen ist gemäß § 25 Abs 1 lit c K-GplG 1995 auch die Bebauungsweise festzulegen. Zumeist bedeutete dies, dass in der offenen Bebauungsweise ein Seitenabstand zu den Grenzen des Baugrundstückes einzuhalten ist,[11] in der geschlossenen Bebauungsweise bauliche Anlagen an einer oder mehreren Grenzen des Baugrundstückes unmittelbar anzubauen sind.[12]

---

8 VwGH VwSlg 9775 A/1979; VwSlg 13.006 A/1989; 29.4.1997, 96/05/0125; 26.4.2000, 99/05/0271; 7.9.2004, 2002/05/0044; 29.4.2005, 2005/05/0106; 21.12.2010, 2009/05/0143; siehe zB zur Betriebstypenprüfung § 23 Rz 29. Das K-GplG 1995 ist einschließlich der Erläuterungen unter Punkt 10 abgedruckt.
9 Das K-ROG ist einschließlich der Erläuterungen unter Punkt 9 abgedruckt.
10 Das K-GplG 1995 ist einschließlich der Erläuterungen unter Punkt 10 abgedruckt.
11 VwGH 24.1.2013, 2011/06/0098.
12 Siehe zB die Begriffsbestimmung in § 1 Abs 2 lit b und c Klagenfurter Bebauungsplanverordnung – KBPVO; siehe aber auch den Begriff „halboffene Bauweise" VwGH 12.12.2013, 2013/06/0064.

Die Behörde hat gemäß § 13 Abs 2 lit c zu prüfen, ob dem Vorhaben 6
Interessen des Landschaftsbildes oder des Schutzes des Ortsbildes entgegenstehen.[13] Dies ergibt sich in erster Linie aus den Bestimmungen des K-OBG.[14] So hat die Gemeinde im eigenen Wirkungsbereiches gemäß § 1 Abs 1 K-OBG bei allen ihnen nach Landesgesetzen obliegenden Aufgaben, insbesondere solchen nach der K-BO 1996, für die Pflege des erhaltenswerten Ortsbildes zu sorgen, es unter Bedachtnahme auf die technische und ökonomische Entwicklung sowie auf die örtliche Bautradition zu bewahren und für die Schaffung eines erhaltenswerten Ortsbildes zu sorgen. Das Ortsbild umfasst gemäß § 2 K-OBG das Bild eines Ortes oder von Teilen davon, das vorwiegend durch Gebäude, sonstige bauliche Anlagen, Grünanlagen, Gewässer, Schlossberge uä geprägt wird, und zwar unabhängig davon, ob die Betrachtung von innen oder von einem Standpunkt außerhalb des Ortes erfolgt. Das Ortsbild umfasst auch den charakteristischen Ausblick auf Ausschnitte der umgebenden Landschaft. Die Bestimmungen des K-OBG gelten aber gemäß § 3 K-OBG nur für den Ortsbereich, das ist der Bereich der geschlossenen Siedlungen und der zum Siedlungsbereich gehörigen besonders gestalteten Flächen, wie Vorgärten, Haus- und Obstgärten. Es sind nicht nur wesentliche Störungen des Ortsbildes beachtlich,[15] aber nicht jegliche von der optimalen ästhetischen Lösung abweichende Gestaltung einer baulichen Anlage bedeutet, dass dem Vorhaben Interessen der Erhaltung des Landschaftsbildes entgegenstehen.[16] Da der Schutz der freien Landschaft im Sinne des § 5 Abs 1 K-NSG nicht zum eigenen Wirkungsbereich der Gemeinden zählt, ist auf Grundlage einer verfassungskonformen Interpretation davon auszugehen, dass die Erhaltung des Landschaftsbildes nur insofern Prüfungsmaßstab ist, als es sich um den örtlichen Landschaftsschutz handelt, weil es zu einer Wechselwirkung zwischen dem Ortsbild und dem Landschaftsbild kommt.[17] Insofern hat auch der VfGH keine verfassungsrechtlichen

---

13 VwGH 6.7.2010, 2008/05/0023.
14 VwGH 24.3.1987, 87/05/0048; das K-OBG ist einschließlich der Erläuterungen unter Punkt 3 abgedruckt.
15 VwGH 11.6.1981, 1737/79; 24.3.1987, 87/05/0048.
16 VwGH 11.6.1981, 1737/79.
17 VfGH VfSlg 6186/1970; VfSlg 8944/1980.

Bedenken gegen diese Bestimmungen.[18] Gemäß § 13 Abs 3 ist bei Vorhaben nach § 6 lit a bis c, die wegen ihrer außergewöhnlichen Architektur oder Größe (Höhe) von der örtlichen Bautradition abweichen, ein Gutachten der Ortsbildpflegekommission einzuholen. Dies kann auch sakrale Bauten betreffen.[19] Die Frage der Beeinträchtigung von Ortsbild und Landschaftsbild ist eine Rechtsfrage.[20] Die Behörde hat daher bei sakralen Bauten das verfassungsgesetzlich gewährleistete Grundrecht auf Religionsfreiheit gemäß Art 14 StGG und Art 9 EMRK zu beachten.[21]

7 Gemäß § 13 Abs 2 lit d ist zu prüfen, ob dem Vorhaben Interessen der Sicherheit im Hinblick auf seine Lage, die auch im Falle der Erteilung von technisch möglichen und der Art des Vorhabens angemessenen Auflagen gemäß § 18 Abs 3 offensichtlich nicht gewahrt werden können, entgegenstehen. Hiebei handelt es sich insbesondere um mögliche Gefährdungen durch Lawinen, Hochwasser oder Steinschlag in Gefahrenzonen.[22] So dürfen gemäß § 3 K-BV Gebäude und sonstige bauliche Anlagen grundsätzlich nicht auf Grundstücken errichtet werden, die sich im Hinblick auf die Bodenbeschaffenheit, die Grundwasserverhältnisse oder wegen einer Gefährdung durch Hochwässer, Lawinen, Steinschlag oder wegen ähnlicher Gefahren für eine Bebauung nicht eignen.

8 Die Behörde hat gemäß § 13 Abs 2 lit e und f zu prüfen, ob bis zur Erteilung der Baubewilligung nicht behebbare Hindernisse einer Verbindung mit einer öffentlichen Fahrstraße, der Wasserversorgung oder der Abwasserbeseitigung entgegenstehen. Straßen des öffentlichen Verkehrs sind gemäß § 1 StVO 1960 Straßen, die von jedermann unter den

---

18 VfGH VfSlg 9943/1984; so sah sich auch der VwGH 11.6.1981, 1737/79, und 3.5.2012, 2010/06/0185, bei Anwendung von § 13 Abs 2 lit c bzw § 9 Abs 2 lit d K-BO 1969 nicht gezwungen, einen Antrag auf Grund verfassungsrechtlicher Bedenken gemäß Art 140 Abs 1 Z 1 lit a B-VG an den VfGH zu stellen; *Pallitsch/Pallitsch/Kleewein*, Baurecht[5] § 13 K-BO 1996 Anm 4.
19 Siehe § 13 Rz 9.
20 VwGH 24.3.1987, 87/05/0048; 31.1.2012, 2009/05/0023; 16.5.2013, 2010/06/0194; *Pabel*, RFG 2006, 182; siehe auch § 8 Rz 8 und 12.
21 ErlRV 2V-1211/8-2008, 1 ff; *Grabenwarter/Pabel*, Menschenrechtskonvention[6] 359 ff mN; *Wieshaider*, bbl 2003, 138 ff; *ders*, bbl 2007, 209 ff; *Bundschuh-Rieseneder*, bbl 2007, 75 ff; *Ammer/Buchinger*, migralex 2008, 78 ff; *Kröll*, Minarette 233 ff.
22 ErlRV Verf-1035/1/1991, 9 f; siehe zum Ganzen auch § 18 Rz 12 f.

gleichen Bedingungen benützt werden können.[23] Dazu zählen die Bundesstraßen im Sinne des BStG 1971, dh Bundesautobahnen und Bundesschnellstraßen, und Straßen im Sinne des K-StrG, dies sind Landesstraßen, Bezirks-, Eisenbahnzufahrts-, Gemeinde- und Verbindungsstraßen.[24] Eine Verbindung zB lediglich mit einem Radweg genügt nicht, da erstens Sinn und Zweck der Bestimmung auch die Möglichkeit der Zufahrt von Einsatzfahrzeugen ist[25] und zweitens durch die Verwendung des Begriffes „Fahrstraße", dh eine „breite, gut ausgebaute, vorwiegend dem Fernverkehr dienende Straße",[26] auf Straßen abgestellt wird, die jedenfalls durch Kraftfahrzeuge befahren werden können. Die Nutzung der Verbindung zur öffentlichen Fahrstraße muss auch rechtlich möglich sein.[27] Führt die Verbindung zu einer öffentlichen Fahrstraße über nicht im Eigentum des Bewilligungswerbers stehende Grundstücke, so ist gemäß § 7 K-BAV[28] ein Nachweis über die Sicherstellung der Zufahrt durch ein im Grundbuch einverleibtes dingliches Recht beizubringen. Der Nachweis kann auch durch eine Urkunde (zB Servitutsvertrag), auf Grund derer das Eigentum im Grundbuch einverleibt werden kann, erbracht werden, sofern der Antrag auf grundbücherliche Einverleibung des Eigentumsrechtes beim zuständigen Grundbuchgericht bereits eingebracht wurde. Für Wasserversorgungsanlagen, das sind zB auch Brunnen[29] und Quellfassungen, sind in bautechnischer Hinsicht die § 25 und § 26 K-BV zu beachten,[30] die Anschluss- und Benützungspflicht und die Ausnahmen von dieser sowie das Anschlussrecht an Gemeindewasserversorgungsanlagen richten sich indes nach den Bestimmungen des K-GWVG.[31] Für Abwasserbeseitigungsanlagen sind in bautechnischer Hinsicht die § 20 und § 21

---

23 Zu dieser systematischen Interpretation siehe *Potacs*, Auslegung 84 f und 90 f mwN.
24 Vgl *Pallitsch/Pallitsch/Kleewein*, Baurecht[5] § 17 K-BO 1996 Anm 19.
25 VwGH 20.2.1990, 89/05/0190.
26 Vgl Duden Deutsches Universalwörterbuch[6].
27 So VwGH 22.12.1987, 85/05/0080, zur insofern vergleichbaren Bestimmung des § 3 Z 2 der Burgenländischen Bauordnung 1969 idF LGBl 1986/52; vgl VwSlg 16.954 A/2006; siehe auch *Pallitsch/Pallitsch*, Bgld Baurecht[2] § 3 Bgld BauG Anm 31.
28 Die K-BAV ist unter Punkt 1.1 abgedruckt.
29 *Pallitsch/Pallitsch/Kleewein*, Baurecht[5] § 17 K-BO 1996 Anm 20.
30 Vgl VwGH 25.2.2005, 2003/05/0088.
31 Siehe VwGH 25.2.2005, 2003/05/0088.

K-BV[32] zu beachten, die Anschlusspflicht und die Ausnahme von dieser sowie das Anschlussrecht an Kanalisationsanlage der Gemeinde richten sich nach den Bestimmungen des K-GKG.[33]

IV. Gutachten der Ortsbildpflegekommission

9 Die Behörde hat gemäß § 13 Abs 2 lit c zu prüfen, ob dem Vorhaben Interessen des Landschaftsbildes oder des Schutzes des Ortsbildes entgegenstehen.[34] Die Frage der Beeinträchtigung von Ortsbild und Landschaftsbild ist eine Rechtsfrage. Die für die Beurteilung dieser Rechtsfrage erforderlichen Sachverhaltsgrundlagen bedürfen aber nach der Judikatur des VwGH eines Sachverständigen.[35] Da durch Vorhaben nach § 6 lit a bis c, die wegen ihrer außergewöhnlichen Architektur oder Größe (Höhe) von der örtlichen Bautradition abweichen, regelmäßig Interessen des Schutzes des Ortsbildes verletzt werden könnten, kommt § 13 Abs 3 nur insofern eine Bedeutung zu, als das Gutachten ausschließlich von der Ortsbildpflegekommission nach § 11 K-OBG zu erstellen ist.[36] § 8 Abs 2 und 3 gilt sinngemäß,[37] dh der Bewilligungswerber und die Behörde sind auf ihr Verlangen zur Sitzung der Ortsbildpflegekommission einzuladen und zu hören.[38] „Die Ortsbildpflegekommission hat das Gutachten zum ehestmöglichen Zeitpunkt, längstens aber binnen sechs Wochen ab Einlangen des Antrages, zu erstellen und dem Bewilligungswerber und der Behörde zu übermitteln."[39]

10 Umfasst sind nur Vorhaben nach § 6 lit a bis c,[40] die wegen ihrer außergewöhnlichen Architektur oder Größe (Höhe) von der örtlichen Bautradition abweichen.[41] Unter welchen Voraussetzungen Vorhaben die-

---

32 Vgl VwGH 31.3.2005, 2004/05/0325; 15.5.2012, 2009/05/0055.
33 Siehe VwGH 31.3.2005, 2004/05/0325; VwSlg 17.235 A/2007.
34 Siehe § 13 Rz 6.
35 VwGH 24.3.1987, 87/05/0048; 31.1.2012, 2009/05/0023; 16.5.2013, 2010/06/0194; *Pabel*, RFG 2006, 182; siehe auch § 8 Rz 8 und 12.
36 Siehe § 8 Rz 7 ff.
37 Die Bestimmung ist mit der nach dem Kontext erforderlichen Anpassung anzuwenden, vgl zu sinngemäßen Anwendungen VwGH 30.6.2015, Ro 2015/03/0021.
38 Siehe § 8 Rz 6.
39 Siehe § 8 Rz 9 ff.
40 Siehe § 6 Rz 7 ff.
41 Schon zu Beginn des 20 Jahrhunderts wurden entsprechende Maßnahmen gefordert, siehe *Proschko*, ÖZfV 1909, 175 f.

sen Regelungen unterliegen, hat die Landesregierung gemäß § 13 Abs 5 durch Verordnung zu bestimmen. Dies erfolgt durch die Bauarchitekturverordnung.[42] So unterfallen der Bestimmung bestimmte Veranstaltungszentren, Gebäude und sonstige bauliche Anlagen, die dem Fremdenverkehr oder der Freizeitgestaltung dienen (wie etwa größere Gast- und Beherbergungsbetriebe, Hotelanlagen, Aussichtstürme, Freizeitparks, Vergnügungs- und Erholungseinrichtungen, Thermalbäder), Versammlungsstätten, Gebäude und sonstige baulichen Anlagen mit einem Fluchtniveau von mehr als 15 Meter, Kirchen, Klöster, Burgen, Schlösser, Moscheen, größere sakrale Bauten sowie Schwerpunkt- und Zentralkrankenanstalten. Dies aber nur insofern, als

– die Bauführung von der örtlichen Bautradition und Baukultur so wesentlich abweicht, dass es zu einer Veränderung des traditionell gewachsenen Ortsbildes kommen kann

– das Vorhaben eine nicht der traditionellen Baukultur entsprechende Bauwerksart und Formensprache aufweist oder

– das Vorhaben – einschließlich der Elemente sowie deren den Dachbereich überragende Bauteile – das Verhältnis von dessen kürzesten linearen Abbildung der Basis zur Höhe 1:3 überschreitet oder

– das Vorhaben bezogen auf die durchschnittliche umgebende für das Bauvorhaben und das Ortsbild relevante Bebauung in ihrer Höhenentwicklung oder Kubatur wesentlich überschreitet.

Darüber hinaus muss das Vorhaben in den Widmungskategorien Bauland – Dorfgebiet, Bauland – (reines) Wohngebiet, Bauland – (reines) Kurgebiet, Bauland – gemischtes Baugebiet, Bauland – Geschäftsgebiet, Bauland – Sondergebiet sowie Grünland ausgeführt werden. Ausdrücklich ausgenommen sind „Maßnahmen, Vorhaben oder Einrichtungen, die der Telekommunikation, wie insbesondere Antennentragmasten oder Sendeeinrichtungen, dienen und Maßnahmen, Vorhaben oder Einrichtungen die der Infrastruktur dienen, wie insbesondere der Wasserversorgung, der Abwasserentsorgung, der Energieerzeugung, der Energieversorgung, der Abfallbehandlung, der Abfallverwertung, der Straßen-, oder Schienenverkehr oder sonstige dem Verkehr dienende Einrichtungen."

---

42 Die Bauarchitekturverordnung ist unter Punkt 1.3 abgedruckt.

§ 14 Zulässige Abweichungen vom Flächenwidmungsplan

(1) Abweichend von § 19 Abs. 1 des Gemeindeplanungsgesetzes 1995 sowie von den §§ 7 Abs. 3, 13 Abs. 2 lit. a, 15 Abs. 1 und 17 Abs. 1 dieses Gesetzes ist die Änderung von Gebäuden und sonstigen baulichen Anlagen bei Vorliegen der übrigen Voraussetzungen auch entgegen dem Flächenwidmungsplan zulässig, wenn
  a) es sich um Gebäude oder sonstige bauliche Anlagen handelt,
   1. [Anm: entfallen]
   2. die sich auf Grundstücken befinden, die im Flächenwidmungsplan als Bauland ausgewiesen sind, sofern die Grenzen der Widmung mit den Grenzen der tatsächlich bebauten Grundfläche übereinstimmen oder nur geringfügig davon abweichen ("Punktwidmungen"), oder
   3. die im Zeitpunkt des Wirksamwerdens des Flächenwidmungsplanes oder seiner Änderung aufgrund einer rechtskräftig erteilten baubehördlichen Bewilligung bestanden, der neu festgelegten Widmung aber nicht entsprechen, oder
   4. für die das Vorliegen einer Baubewilligung nach § 54 vermutet wird oder für die eine Baubewilligung im Zeitpunkt der Errichtung nicht erforderlich war;
  und
  b) die im Zeitpunkt des Wirksamwerdens der Flächenwidmung bestehende Kubatur um höchstens 20 Prozent vergrößert wird.

(2) Unter den Voraussetzungen des Abs. 1 ist auch die gänzliche oder teilweise Wiedererrichtung von Gebäuden und sonstigen baulichen Anlagen nach ihrer Zerstörung durch ein Elementarereignis zulässig, sofern ein erforderlicher Antrag auf Erteilung der Baubewilligung spätestens innerhalb von fünf Jahren nach Zerstörung des Gebäudes oder der sonstigen baulichen Anlage gestellt wird und das Baugrundstück die Bedingungen für eine Festlegung als Bauland im Sinn des § 3 Abs. 1 des Gemeindeplanungsgesetzes 1995 erfüllt; letzteres ist auf Antrag des Bauwerbers mit Bescheid festzustellen.

(3) Vorhaben nach § 7 müssen dem Flächenwidmungsplan nicht entsprechen, wenn sie im Zusammenhang mit Gebäuden oder sonstigen baulichen Anlagen nach Abs. 1 oder 2 ausgeführt werden und für deren Nutzung erforderlich sind.

(4) Vorhaben nach § 7 Abs. 1 lit. n dürfen für höchstens vier Wochen pro Jahr auch entgegen dem Flächenwidmungsplan ausgeführt werden.

(5) Der Gemeinderat darf auf Antrag des Grundeigentümers die Wirkung des Flächenwidmungsplanes im Sinn des § 19 des Gemeindeplanungsgesetzes 1995 für bestimmte Grundflächen durch Bescheid ausschließen und ein genau bezeichnetes Vorhaben raumordnungsmäßig bewilligen, wenn dieses dem örtlichen Entwicklungskonzept, sofern ein solches noch nicht erstellt wurde, den erkennbaren grundsätzlichen Planungsabsichten der Gemeinde nicht entgegensteht. Eine solche Einzelbewilligung darf nicht für Vorhaben erteilt werden, für die eine Sonderwidmung gemäß § 8 des Gemeindeplanungsgesetzes 1995 erforderlich ist. Vor Erteilung der im behördlichen Ermessen gelegenen Einzelbewilligung sind die Anrainer zu hören. Der Antrag auf Erteilung einer Einzelbewilligung ist vier Wochen lang ortsüblich kundzumachen. Die in § 13 Abs. 1 des Gemeindeplanungsgesetzes 1995 genannten Personen und Einrichtungen sind berechtigt, Anregungen vorzubringen. Anregungen und sonstige Vorbringen zum Antrag auf Erteilung einer Einzelbewilligung sind in die Beratungen zur bescheidmäßigen Erledigung einzubeziehen. Die Bewilligung bedarf der Genehmigung der Landesregierung, die unter sinngemäßer Anwendung des § 13 Abs. 7 lit. b bis d des Gemeindeplanungsgesetzes 1995 zu versagen ist. Eine erteilte Einzelbewilligung ist in der Kärntner Landeszeitung kundzumachen. Sie wird unwirksam, wenn nicht binnen sechs Monaten ab Rechtskraft ein erforderlicher Antrag auf Erteilung der Baubewilligung für das Vorhaben, für das die Einzelbewilligung erteilt wurde, gestellt wird oder die beantragte Baubewilligung aufgrund der sonstigen Vorschriften dieses Gesetzes rechtskräftig nicht erteilt wurde.

(6) Vorhaben nach § 7 Abs. 1 lit. d dürfen auch entgegen dem Flächenwidmungsplan ausgeführt werden, wenn bei bestehenden Gebäuden oder ihren Teilen, die Wohnzwecken dienen, dem Eigentümer oder einem Erben auf Grund persönlicher Lebensumstände, wie beispielsweise auf Grund beruflicher oder familiärer Veränderung, eine Verwendung zur Deckung eines ganzjährig gegebenen Wohnbedarfs nicht möglich oder nicht zumutbar ist; diese Gründe sind in der schriftlichen Mitteilung gemäß § 7 Abs. 4 darzulegen.

Der erste Satz gilt nicht, wenn durch das Vorhaben die Verwendung des Gebäudes als Apartmenthaus bewirkt wird.
(7) Vorhaben nach § 7 Abs. 1 lit. w und x dürfen auch entgegen dem Flächenwidmungsplan ausgeführt werden.

Literatur: *Baumgartner/Fister*, Die spätere Verwendung von Wohnobjekten als Freizeitwohnsitz nach der Novelle LGBl 31/2015 zur Kärntner Bauordnung (K-BO), bbl 2016, 1; *Rummel* (Hrsg), Kommentar zum Allgemeinen bürgerlichen Gesetzbuch I[3], 2000; Schwimann/Kodek (Hrsg), ABGB-Praxiskommentar II[4], 2012; *Steinwender*, Aufgaben- und Finanzreform – Insbesondere zu Fragen der Übertragung von einzelnen Angelegenheiten gemäß Art 118 Abs 7 B-VG und des Entfalls der Grundsteuerbefreiung, in Baumgartner/Sturm (Hrsg), Der Kärntner Gemeindekonvent, 2013; *Sturm/Kemptner*, Kärntner Allgemeine Gemeindeordnung[6], 2015.

Inhaltsübersicht	Rz
I. Entwicklung und Rechtsvergleich	1
II. Gesetzlich zulässige Abweichungen vom Flächenwidmungsplan	3
III. Antragsbedürftige Abweichung vom Flächenwidmungsplan	8
IV. Freizeitwohnsitze	15

I. Entwicklung und Rechtsvergleich

1 Diese Bestimmung wurde erstmals durch LGBl 1996/44 als § 12 in die K-BO 1992 aufgenommen und einschließlich redaktioneller Anpassung der Verweisungen als § 14 in die K-BO 1996, LGBl 1996/62, übernommen. Mit LGBl 2012/80 entfiel die Ausnahme des § 14 Abs 1 lit a Z 1 für Gebäude und sonstige bauliche Anlagen, die in den Freizeitwohnsitzkataster aufgenommen wurden, da das K-GVG 2002 einen solchen Kataster nicht mehr vorsieht. In § 14 Abs 1 lit a Z 4 erfolgte eine Erweiterung auch auf Gebäude und sonstige bauliche Anlagen, für die eine Baubewilligung im Zeitpunkt der Errichtung nicht erforderlich war. In § 14 Abs 1 lit b wird nur mehr auf das Tatbestandsmerkmal der Vergrößerung der Kubatur abgestellt. Durch LGBl 2015/31 wurde § 14 Abs 6 idgF geschaffen.

2 Ausdrückliche Bestimmungen über zulässige Abweichungen von Flächenwidmungsplänen finden sich in den jeweiligen Bauordnungen nur vereinzelt. § 36 Oö. BauO 1994 und 69 W-BO enthalten Bestimmun-

gen über geringfügige Abweichungen von Bebauungsplänen. Gemäß § 30 Abs 2 Stmk. BauG sind bei befristeten Baubewilligungen Abweichungen von den Festlegungen im Flächenwidmungsplan zulässig, sofern Nachbarrechte nicht berührt werden. Vergleichbare Bestimmungen finden sich aber auch in den Raumordnungsbestimmungen, zB § 30 Abs 8a Oö. ROG 1994, § 46 S-ROG 2009 sowie § 22 Abs 2 V-RPG.

II. Gesetzlich zulässige Abweichungen vom Flächenwidmungsplan

Vorhaben müssen gemäß § 19 Abs 1 K-GplG 1995,[1] § 7 Abs 3, § 13 Abs 2 lit a, § 15 Abs 1 und § 17 Abs 1 dem Flächenwidmungsplan entsprechen. § 14 Abs 1 bis 4 und 6 sieht gesetzlich zulässige Abweichungen davon vor. Sinn und Zweck von § 14 Abs 1 und 3 ist, Härtefälle zu vermeiden. Denn zB für „Punktwidmungen" oder für bestehende bauliche Anlagen, denen zwar Baubewilligungen erteilt wurden, die aber einem später erlassenen Flächenwidmungsplan nicht entsprechen, bestünden ohne entsprechende Ausnahme Schwierigkeiten bei der Bewilligung von Änderungen.[2] Gleiches gilt für die Ausnahme gemäß § 14 Abs 2 auf Grund von Zerstörung durch ein Elementarereignis.

3

Die Ausnahme nach § 14 Abs 1 umfasst lediglich die Änderung von Gebäuden und sonstigen baulichen Anlagen gemäß § 6 lit b[3], dh zB nicht die Errichtung oder die Änderung der Verwendung eines Gebäudes. Die Ausnahme besteht auch nur hinsichtlich des Flächenwidmungsplanes, alle anderen Voraussetzungen der K-BO 1996 müssen erfüllt sein. Weiters darf gemäß § 14 Abs 1 lit b die im Zeitpunkt des Wirksamwerdens der Flächenwidmung bestehende Kubatur um höchstens 20 Prozent vergrößert werden. Ein Flächenwidmungsplan wird gemäß § 14 Abs 1 K-GplG 1995 mit dem Ablauf des Tages der Kundmachung wirksam.[4] Da die Bestimmung ausdrücklich auch auf sonstige bauliche Anlagen anzuwenden ist, dh auch nicht raumbildende bau-

4

---

[1] Das K-GplG 1995 ist einschließlich der Erläuterungen unter Punkt 10 abgedruckt; siehe auch *Pallitsch/Pallitsch/Kleewein*, Baurecht[5] § 14 Anm 2.
[2] ErlRV Verf-135/94/1995, 15; VwGH 19.9.2006, 2005/05/0357.
[3] Siehe zur Änderung von Gebäuden und baulichen Anlagen § 6 Rz 8, zu den Begriffen Gebäude und bauliche Anlage siehe § 6 Rz 3 f.
[4] Zu dieser systematischen Interpretation vgl VwGH 23.11.2004, 2002/06/0064; siehe auch *Potacs*, Auslegung 84 f und 90 f mwN; das K-GplG 1995 ist einschließlich der Erläuterungen unter Punkt 10 abgedruckt.

liche Anlagen umfasst sind, ist unter dem Begriff Kubatur das Volumen der baulichen Anlage zu verstehen und nicht der Brutto-Rauminhalt. Sind diese Voraussetzungen erfüllt, erfolgt eine zulässige Abweichung vom Flächenwidmungsplan in drei Fällen: Erstens gemäß § 14 Abs 1 lit a Z 2 bei Gebäuden oder sonstigen baulichen Anlagen, die sich auf Grundstücken befinden, die im Flächenwidmungsplan als Bauland ausgewiesen sind, sofern die Grenzen der Widmung mit den Grenzen der tatsächlich bebauten Grundfläche übereinstimmen oder nur geringfügig davon abweichen („Punktwidmungen"). Diese Ausnahme besteht somit nur für Gebäude oder sonstige bauliche Anlagen im Bauland.[5] An das Tatbestandsmerkmal der nur geringfügigen Abweichung der Grenzen der tatsächlich bebauten Grundfläche von den Grenzen der Widmung ist ein strenger Maßstab anzulegen, da die Ausnahmebestimmung des § 14 restriktiv zu interpretieren ist.[6] Punktwidmungen sind Baulandwidmungen, deren Grenzen mit den Umrissen bestehender baulicher Anlagen gänzlich oder doch nahezu übereinstimmen.[7] Zweitens erfolgt gemäß § 14 Abs 1 lit a Z 3 eine zulässige Abweichung vom Flächenwidmungsplan bei Gebäuden oder sonstigen baulichen Anlagen, die im Zeitpunkt des Wirksamwerdens des Flächenwidmungsplanes oder seiner Änderung aufgrund einer rechtskräftig erteilten baubehördlichen Bewilligung bestanden, der neu festgelegten Widmung aber nicht entsprechen. Das Gebäude oder die sonstige bauliche Anlage müssen somit zum Zeitpunkt des Wirksamwerdens des Flächenwidmungsplanes oder seiner Änderung auch schon bestanden haben, eine lediglich zu diesem Zeitpunkt bereits rechtskräftig erteilte Baubewilligung genügt nicht. Es ist hiebei aber auf die Bestandsgarantie von Baulandwidmungen gemäß § 17 K-GplG 1995 und die Entschädigung bei Rückwidmung von Bauland in Grünland gemäß § 21 K-GplG 1995 hinzuweisen.[8] Umfasst sind auch nur Gebäude oder sonstige bauliche Anlagen, für die nachweislich eine rechtskräftige Baubewilligung erteilt wurde, die somit bei Erteilung der Baubewilligung der

---

5 VwGH 23.2.2010, 2007/05/0260; dagegen bestehen keine verfassungsrechtlichen Bedenken, VfGH 24.9.2007, B 1199/07.

6 VwGH 15.12.2009, 2008/05/0046; 20.9.2012, 2011/06/0021; 7.8.2013, 2013/06/0076.

7 ErlRV Verf-135/94/1995, 15; VwGH 19.9.2006, 2005/05/0357; *Pallitsch/Pallitsch/Kleewein*, Baurecht[5] § 14 Anm 4.

8 Das K-GplG 1995 ist einschließlich der Erläuterungen unter Punkt 10 abgedruckt.

Widmung entsprochen haben. Der Widerspruch zum Flächenwidmungsplan darf somit erst durch eine Änderung oder durch einen neuen Flächenwidmungsplan entstehen. Ein Flächenwidmungsplan wird gemäß § 14 Abs 1 K-GplG 1995 mit dem Ablauf des Tages der Kundmachung wirksam.[9] Drittens erfolgt gemäß § 14 Abs 1 lit a Z 4 eine zulässige Abweichung vom Flächenwidmungsplan bei Gebäuden oder sonstigen baulichen Anlagen, für die das Vorliegen einer Baubewilligung nach § 54 vermutet wird oder für die eine Baubewilligung im Zeitpunkt der Errichtung nicht erforderlich war.[10] Umfasst sind somit einerseits Gebäude und sonstige bauliche Anlagen, die seit mindestens 30 Jahren bestehen und für die eine Baubewilligung im Zeitpunkt ihrer Errichtung erforderlich war, welche jedoch nicht nachgewiesen werden kann, sofern das Fehlen der Baubewilligung innerhalb dieser Frist baubehördlich unbeanstandet geblieben ist.[11] Andererseits sind auch Gebäude und sonstige bauliche Anlagen umfasst, für die eine Baubewilligung im Zeitpunkt der Errichtung gar nicht erforderlich war, zB weil diese vor Jahrhunderten errichtet wurden.[12]

Die Ausnahme nach § 14 Abs 2 umfasst die gänzliche oder teilweise Wiedererrichtung von Gebäuden und sonstigen baulichen Anlagen,[13] die durch ein Elementarereignis zerstört wurden, trotz Widerspruchs zum Flächenwidmungsplan. Ein Antrag auf Erteilung der Baubewilligung zur Wiedererrichtung muss binnen fünf Jahren nach der Zerstörung des Gebäudes oder der sonstigen baulichen Anlage gestellt werden.[14] Die Voraussetzungen gemäß § 14 Abs 1 müssen erfüllt sein.[15] § 14 Abs 2 ist restriktiv zu interpretieren.[16] Die Zerstörung muss durch ein Elementarereignis erfolgt sein. Entscheidend für das Vorliegen eines Elementarereignisses ist, ob der Schaden durch ein von außen einwirkendes, außergewöhnliches und nicht regelmäßig auftretendes

5

---

9 Zu dieser systematischen Interpretation vgl VwGH 23.11.2004, 2002/06/0064; siehe auch *Potacs*, Auslegung 84 f und 90 f mwN; das K-GplG 1995 ist einschließlich der Erläuterungen unter Punkt 10 abgedruckt.
10 VwGH 20.9.2012, 2011/06/0021.
11 VwGH 23.2.2010, 2007/05/0260; siehe § 54 Rz 3 ff.
12 ErlRV 01-VD-LG-1369/4-2012, 8.
13 Zu den Begriffen Gebäude und bauliche Anlage siehe § 6 Rz 3 f.
14 Es handelt sich hiebei aber um keinen Antrag auf Abweichung vom Flächenwidmungsplan, siehe dazu § 14 Rz 8 f.
15 Siehe § 14 Rz 3 f.
16 VwGH 15.12.2009, 2008/05/0046; VwGH 20.9.2012, 2011/06/0021.

Ereignis verursacht wurde.[17] Dazu zählen insbesondere Hochwasser, Lawinen, Schneedruck, Steinschlag, Muren, Feuer,[18] Sturm oder Erdbeben. „Aus dem Begriff Wiedererrichtung folgt, dass es sich dabei um die neuerliche Errichtung einer bereits vorher bestandenen Anlage handelt, und zwar im Wesentlichen an derselben Stelle, im gleichen Ausmaß und in der gleichen Ausführung."[19] Dabei kann es sich auch um eine gänzliche Wiedererrichtung handeln.[20] Darüber hinaus muss das betreffende Baugrundstück die Bedingungen für eine Festlegung als Bauland im Sinne des § 3 Abs 1 K-GplG 1995[21] erfüllen. Wird zB ein Gebäude durch eine Lawine zerstört und führt gerade dieses Ereignis zur Erkenntnis, dass gemäß § 3 Abs 1 lit b K-GplG 1995 die Grundfläche des Baugrundstückes nicht als Bauland festgelegt werden darf, da dieses Gebiet im Gefährdungsbereich von Lawinen gelegen ist und für jegliche Bebauung ungeeignet ist, ist eine Baubewilligung nicht zu erteilen.[22] Ob das betreffende Baugrundstück die Bedingungen für eine Festlegung als Bauland im Sinne des § 3 Abs 1 K-GplG 1995 erfüllt, ist auf Antrag des Bewilligungswerbers[23] mit Bescheid festzustellen.[24] Die K-BO 1996 enthält keine Definition des Begriffes „Baugrundstück". Darunter ist das gesamte Grundstück zu verstehen, nicht nur der Teil auf dem auch tatsächlich eine bauliche Anlage errichtet werden darf. Es wird am grundbuchsrechtlichen Begriff angeknüpft, dh „Grundstücke sind demnach durch Grenzpunkte festgelegte Flächen, anhand deren der Grenzverlauf ermittelt werden kann. Durch die einzelnen Grenzpunkte wird die Lage eines Grundstückes zu einem anderen Grundstück festgelegt."[25]

---

17 Vgl VwGH VwSlg 17.702 A/2009; hingegen nicht der Einsturz eines Hauses bei dem Versuch es zu sanieren, VwGH 1.4.1993, 93/06/0033.
18 Vgl VwGH 26.6.2012, 2010/07/0222.
19 VwGH 15.12.2009, 2008/05/0046.
20 VwGH 20.9.2012, 2011/06/0021.
21 Das K-GplG 1995 ist einschließlich der Erläuterungen unter Punkt 10 abgedruckt.
22 Vgl auf Grund eines Widerspruchs zum örtlichen Entwicklungskonzept gemäß 3 Abs 1 lit c K-GplG 1995, VwGH 20.9.2012, 2011/06/0021.
23 Es wird in § 14 Abs 2 der Begriff „Bauwerber" verwendet, dieser ist aber gleichbedeutend dem Begriff „Bewilligungswerber", VwGH 16.9.2009, 2007/05/0188.
24 Zu Feststellungsbescheiden *Hengstschläger/Leeb*, AVG² § 56 Rz 68 ff mN.
25 VwGH 16.5.2013, 2011/06/0116; vgl *Pallitsch/Pallitsch/Kleewein*, Baurecht[5] § 3 K-BV Anm 1.

Auch Vorhaben nach § 7 müssen gemäß § 7 Abs 3 dem Flächenwidmungsplan entsprechen.[26] Gemäß § 14 Abs 3 müssen diese aber dem Flächenwidmungsplan nicht entsprechen, wenn sie im Zusammenhang mit Gebäuden oder sonstigen baulichen Anlagen[27] nach § 14 Abs 1 oder 2[28] ausgeführt werden und für deren Nutzung erforderlich sind. Wiederum ist ein restriktiver Maßstab anzulegen. So muss sich die Erforderlichkeit des Vorhabens zur Nutzung des Gebäudes oder der sonstigen baulichen Anlage im jeweiligen Einzelfall nach objektiven Gesichtspunkten ergeben. Die Zweckmäßigkeit des Vorhabens alleine genügt nicht.[29]

6

Vorhaben nach § 7 Abs 1 lit n, dh die Errichtung, die Änderung und der Abbruch von baulichen Anlagen für den vorübergehenden Bedarf im Rahmen von Märkten, Kirchtagen, Ausstellungen, Messen und ähnlichen Veranstaltungen (zB Festzelte, Tribünen, Tanzböden, Kioske, Stände, Buden),[30] dürfen gemäß § 14 Abs 4 für höchstens vier Wochen pro Jahr auch entgegen dem Flächenwidmungsplan ausgeführt werden.[31]

7

III. Antragsbedürftige Abweichung vom Flächenwidmungsplan

§ 14 Abs 5 sieht im Rahmen einer Einzelbewilligung auf Antrag des Grundeigentümers eine zulässige Abweichung vom Flächenwidmungsplan durch Bescheid des Gemeinderates vor. Der VwGH geht davon aus, dass Vorbild für diese Regelung § 24 Abs 3 S-ROG 1998 war und somit auch für § 14 Abs 5 der Rechtsprechung gefolgt werden kann, wonach es sich bei dieser Ausnahmebewilligung um einen Dispens mit Bescheidcharakter handelt.[32] Dagegen bestehen keine verfassungsrechtlichen Bedenken.[33]

8

---

26 Siehe § 7 Rz 3 ff und Rz 33 f.
27 Zu den Begriffen Gebäude und bauliche Anlage siehe § 6 Rz 3 f.
28 Siehe § 14 Rz 3 f.
29 VwGH 7.8.2013, 2013/06/0076.
30 Siehe § 7 Rz 21.
31 ErlRV Verf-135/94/1995, 16.
32 Bzw § 19 Abs 3 S-ROG 1977; VwGH 15.6.2010, 2008/05/0061; siehe zum Ganzen auch *Pallitsch/Pallitsch/Kleewein*, Baurecht[5] § 14 K-BO 1996 Anm 12.
33 Vgl VfGH VfSlg 6550/1971; VfSlg 10.288/1984.

9 Die Einzelbewilligung gemäß § 14 Abs 5 bedarf eines Antrages und ist vom Gemeinderat zu erteilen, nicht von der Baubehörde.[34] Auch ein Antrag, das betreffende Grundstück „mit einer Baulandwidmung zu versehen", ist als ein solcher zu qualifizieren.[35] Grundsätzlich wird zuerst der Antrag gemäß § 14 Abs 5 an den Gemeinderat zustellen sein und nach der Erteilung der Einzelbewilligung der Antrag gemäß § 9 auf Erteilung der Baubewilligung an die Baubehörde. Die Anträge können aber auch gleichzeitig gestellt werden. Wurde auch der Antrag gemäß § 14 bei der Baubehörde eingebracht, ist dieser gemäß § 6 Abs 1 AVG an den Gemeinderat weiterzuleiten.[36] Aus der Sicht der Baubehörde liegt hinsichtlich der Erfüllung der Voraussetzungen des § 14 Abs 5 eine Vorfrage gemäß § 38 AVG vor. Sie kann somit diese Vorfrage selbst beurteilen oder das Bauverfahren bis zur Entscheidung über diesen Antrag durch den Gemeinderat aussetzen.[37]

10 Auch wer antragsberechtigter Grundeigentümer ist, hat der Gemeinderat als Vorfrage gemäß § 38 AVG zu klären. Da auf Grund des Eintragungsgrundsatzes gemäß § 431 ABGB eine Übertragung von Eigentum an unbeweglichen Sachen grundsätzlich nur durch gültigen Titel (zB Kaufvertrag) und Eintragung ins Grundbuch erfolgen kann,[38] ist dies in erster Linie der im Grundbuch eingetragene Eigentümer. Zum Eintragungsgrundsatz bestehen allerdings zahlreiche Ausnahmen, eine Eintragung ins Grundbuch hat in diesen Fällen des außerbücherlichen Eigentums nur eine deklaratorische Bedeutung.[39] So erwirbt der Erbe bereits mit Rechtskraft der Einantwortung Eigentum.[40] Zu außerbücherlichen Eigentumserwerb kommt es auch bei Fällen der umgründungsrechtlichen Gesamtrechtsnachfolge zB bei der Umwandlung, Verschmelzung oder Spaltung von Gesellschaften. Weiters wird mit Rechtskraft des Bescheides, mit dem eine vorläufige Übernahme im Rahmen einer Zusammenlegung von land- und forstwirtschaftlichen

---

34 Zu den Behörden siehe § 3.
35 VwGH 15.6.2010, 2008/05/0061.
36 Siehe § 9 Rz 10.
37 Zum Ganzen, auch im Verhältnis zu einer nachträglichen Baubewilligung, siehe VwGH 15.6.2010, 2008/05/0061.
38 *Spielbüchler* in Rummel, ABGB I³ § 431 Rz 1 ff mN; *Hinteregger* in Schwimann/Kodek, ABGB II⁴ § 431 Rz 1 f mN; VwGH VwSlg 12.426 A/1987.
39 Zum Ganzen *Spielbüchler* in Rummel, ABGB I³ § 431 Rz 2 mN; *Hinteregger* in Schwimann/Kodek, ABGB II⁴ § 431 Rz 4 ff mN.
40 VwGH 31.1.1995, 94/05/0197.

Grundstücken gemäß § 31 Abs 2 K-FLG angeordnet wird, Eigentum – wenn auch auflösend bedingt – erworben.[41] Bei Zwangsversteigerungen und freiwilligen Versteigerung erwirbt der Ersteher mit Zuschlag Eigentum. Bei Enteignung richtet sich der Eigentumserwerb nach den Bestimmungen des jeweiligen Enteignungsgesetzes. Bei Ersitzung wird mit Ablauf der Ersitzungszeit originär Eigentum erworben. Der redliche Bauführer erwirbt mit der Errichtung des Gebäudes Eigentum. Bauberechtigte sind gemäß § 55 Grundeigentümern gleichgestellt.[42]

Eine Einzelbewilligung ist nur für ein konkretes Vorhaben zu erteilen.[43] Das Vorhaben muss im Antrag genau bezeichnet werden, dh es müssen sich Art, Lage und Umfang des Vorhabens aus dem Antrag ergeben.[44] Der Antrag ist vier Wochen lang ortsüblich kundzumachen. Als ortsübliche Kundmachungen ist in erster Linie der Anschlag an der Amtstafel anzusehen, zusätzlich kann ab 1.1.2017 eine Kundmachung im elektronisch geführten Amtsblatt gemäß § 80a Abs 1 K-AGO (§ 82a Abs 1 K-KStR 1998, § 84a Abs 1 K-VStR 1998)[45] erfolgen. Die Anrainer sind zu hören, dh sie sind zu einer allfälligen Stellungnahme aufzufordern, es wird ihnen aber keine Parteistellung eingeräumt.[46] Die Anrainer können aber die Unzulässigkeit der Ausnahme im Baubewilligungsverfahren geltend machen.[47] Wer Anrainer ist ergibt sich aus § 23 Abs 2.[48] Die in § 13 Abs 1 K-GplG 1995[49] genannten Personen und Einrichtungen, dh die Kärntner Landesregierung, die sonst berührten Landes- und Bundesdienststellen, die angrenzenden Gemeinden und die in Betracht kommenden gesetzlichen Interessenvertretungen, sind berechtigt, Anregungen vorzubringen. Diese Anregungen und die Vorbringen der Anrainer sind in die Beratung zur bescheidmäßigen Erledigung einzubeziehen.

11

---

41 Vgl zur Tiroler Rechtslage VwGH 17.5.1991, 91/06/0045.
42 Siehe § 55 Rz 3 f.
43 VwGH 15.6.2010, 2008/05/0061; vgl auch VwGH 12.10.1995, 93/06/0182.
44 Siehe § 9 Rz 4.
45 *Sturm/Kemptner*, Gemeindeordnung⁶ § 80a Anm 1 f.
46 Vgl VwGH 7.11.1991, 91/06/0082.
47 Vgl VwGH 16.12.2002, 2000/06/0191 mwN.
48 Siehe § 23 Rz 10 ff; zu diesem Verständnis des Begriffes Anrainers vgl VwGH 14.9.1995, 92/06/0052.
49 Das K-GplG 1995 ist einschließlich der Erläuterungen unter Punkt 10 abgedruckt.

12 Nach ständiger Rechtsprechung des VwGH zum Vorbild § 24 Abs 3 S-ROG 1998 stellt die Erteilung der Einzelbewilligung einen Dispens mit Bescheidcharakter dar.[50] Die Behörde hat „zunächst (in rechtlicher Gebundenheit) zu beurteilen, ob die beantragte Ausnahmegenehmigung einem räumlichen Entwicklungskonzept bzw der erkennbaren grundsätzlichen Planungsabsicht entgegen steht und – falls dies zutrifft – schon deshalb die beantragte Bewilligung zu versagen. Der Widerspruch des Bauvorhabens mit der nach dem bestehenden Flächenwidmungsplan gültigen Widmung reicht allein noch nicht aus, das Bauvorhaben nicht zu genehmigen, setzt doch die Erteilung einer Ausnahmebewilligung gedanklich eine Widmungswidrigkeit voraus. Vielmehr ist maßgebend, ob nach den konkreten Verhältnissen des Einzelfalles die raumrelevanten Planungsabsichten durch das Bauvorhaben nicht beeinträchtigt werden. Die Beurteilung dieser Rechtsfrage setzt auf Tatsachenebene zweierlei voraus, nämlich die Feststellung der für das betreffende Grundstück bestehenden – allenfalls in ein Entwicklungskonzept eingebetteten – „erkennbaren grundsätzlichen Planungsabsicht" und des vorhandenen baulichen oder sonst raumplanerisch bedeutsamen bereits bewilligten Bestandes (ein Bauvorhaben steht nämlich der Planungsabsicht auch dann nicht entgegen, wenn diese schon auf Grund des rechtmäßig vorhandenen Baubestandes im maßgebenden Bereich entweder nicht mehr oder nur mit Modifikationen verwirklicht werden kann, in welche sich auch das Projekt, für das die Ausnahmebewilligung beantragt wird, störungsfrei einfügt; ...)."[51] Die Einzelbewilligung bezieht sich auf die vorgesehenen Flächenwidmungen und nicht auf das einzelne Vorhaben. Es ist deshalb zu prüfen, ob die angestrebte Einzelbewilligung dem räumlichen Entwicklungskonzept bzw der erkennbaren grundsätzlichen Planungsabsicht widerspricht.[52] Auf die Umstände des Antragstellers, zB die wirtschaftliche Lage, kommt es dabei nicht an.[53] Für Vorhaben, die einer Sonderwidmung gemäß § 8 K-GplG 1995[54] bedürfen, dh für Apartmenthäuser,

---

50 Bzw § 19 Abs 3 S-ROG 1977; VwGH 15.6.2010, 2008/05/0061; siehe zum Ganzen auch *Pallitsch/Pallitsch/Kleewein*, Baurecht[5] § 14 Anm 12.
51 Vgl VwGH 26.6.2008, 2008/06/0025 mwN.
52 Vgl VwGH 14.9.1995, 94/06/0206 mwN.
53 Vgl VwGH 14.9.1995, 92/06/0052; 26.6.2008, 2008/06/0025.
54 Das K-GplG 1995 ist einschließlich der Erläuterungen unter Punkt 10 abgedruckt.

Einkaufszentren und Veranstaltungszentren, darf keine Einzelbewilligung erteilt werden.

Die Einzelbewilligung bedarf einer aufsichtsbehördlichen Genehmigung der Kärntner Landesregierung. Obwohl nicht ausdrücklich normiert, ist analog der Genehmigung des Flächenwidmungsplanes gemäß § 13 Abs 5 K-GplG 1995[55] davon auszugehen, dass die Einzelbewilligung erst mit der Genehmigung rechtswirksam wird. In der Zeit zwischen Beschlussfassung des Gemeinderates und der aufsichtsbehördlichen Genehmigung ist Einzelbewilligung „schwebend unwirksam".[56] Die Genehmigung ist unter sinngemäßer Anwendung des § 13 Abs 7 lit b bis d K-GplG 1995[57] zu verweigern, sofern die Einzelbewilligung die wirtschaftlichen, sozialen, ökologischen und kulturellen Erfordernisse der Gemeinde nicht beachtet oder auf die im örtlichen Entwicklungskonzept festgelegten Ziele der örtlichen Raumplanung nicht Bedacht nimmt, auf die wirtschaftlichen, sozialen, ökologischen und kulturellen Erfordernisse der angrenzenden Gemeinden nicht Bedacht nimmt oder raumbedeutsame Maßnahmen und Planungen des Bundes sowie Planungen anderer Planungsträger, deren Planungen im öffentlichen Interesse liegen, nicht berücksichtigt. Im aufsichtsbehördlichen Genehmigungsverfahren hat nur die Gemeinde, nicht jedoch der Antragsteller Parteistellung. Aus diesem Grund ist dem Antragsteller ein Versagungsbescheid der Landesregierung auch nicht zuzustellen.[58] Wird die aufsichtsbehördliche Genehmigung verweigert, ist der Antrag des Grundeigentümers vom Gemeinderat durch Bescheid abzuweisen.[59] Wird die Einzelbewilligung erteilt, ist diese in der Kärntner Landeszeitung kundzumachen.

Eine erteilte Einzelbewilligung wird unwirksam, wenn nicht binnen sechs Monaten ab Rechtskraft ein erforderlicher Antrag auf Erteilung der Baubewilligung für das Vorhaben, für das die Einzelbewilligung erteilt wurde, gestellt wird oder die beantragte Baubewilligung aufgrund der sonstigen Vorschriften dieses Gesetzes rechtskräftig nicht erteilt

---

55 Das K-GplG 1995 ist einschließlich der Erläuterungen unter Punkt 10 abgedruckt.
56 Vgl VwGH VwSlg 14.790 A/1997 mN.
57 Das K-GplG 1995 ist einschließlich der Erläuterungen unter Punkt 10 abgedruckt; die Bestimmung ist mit der nach dem Kontext erforderlichen Anpassung anzuwenden, vgl zu sinngemäßen Anwendungen VwGH 30.6.2015, Ro 2015/03/0021.
58 Vgl VwGH VwSlg 10.175 A/1980; VwSlg 10.698 A/1982; 29.4.1986, 85/06/0020.
59 Vgl VwGH VwSlg 10.175 A/1980.

wurde. Sinn und Zweck dieser Bestimmung sind, dass Einzelbewilligungen auf Vorrat verhindert werden sollen. Der Antragsteller soll rasch nach der erteilten Einzelbewilligung die Erteilung der Baubewilligung für das konkrete Vorhaben beantragen.[60]

IV. Freizeitwohnsitze

15 Gemäß § 7 Abs 1 lit d bedürfen die Änderung der Verwendung von Gebäuden oder Gebäudeteilen in Freizeitwohnsitz im Sinn des § 6 K-GVG 1994 und von Freizeitwohnsitz in Hauptwohnsitz keiner Baubewilligung.[61] Solche Vorhaben sind aber gemäß § 7 Abs 4 vor dem Beginn ihrer Ausführung der Behörde schriftlich mitzuteilen und müssen gemäß § 7 Abs 3 iVm § 13 Abs 2 lit a dem Flächenwidmungsplan entsprechen.[62] Gemäß § 8 Abs 1 K-GplG 1995[63] müssen Flächen für Apartmenthäuser und für sonstige Freizeitwohnsitze als Sonderwidmung festgelegt werden. Sonderwidmungen für Apartmenthäuser und für sonstige Freizeitwohnsitze dürfen gemäß § 8 Abs 4 K-GplG 1995 nur in Dorfgebieten, Wohngebieten, Geschäftsgebieten und in Kurgebieten, ausgenommen in reinen Kurgebieten, festgelegt werden.

16 Ursprünglich durften alle Vorhaben nach § 7 Abs 1 lit d entgegen dem Flächenwidmungsplan, also entgegen § 8 Abs 1 K-GplG 1995, ausgeführt werden.[64] Durch die Novelle LGBl 2015/31 erfolgte eine Einschränkung. Eine Abweichung vom Flächenwidmungsplan ist nunmehr nur unter gewissen Voraussetzungen möglich. So muss erstens das bestehende Gebäude oder der Gebäudeteil Wohnzwecken dienen. Wohnzwecken dienen Gebäude oder Gebäudeteile, wenn sie dazu bestimmt sind, privates Leben zu ermöglichen, wenn sie Menschen somit grundsätzlich auf Dauer Aufenthalt und Unterkunft gewähren.[65] Umfasst sind nur Gebäude, keine anderen baulichen Anlagen.[66] Zweitens bedarf es persönlicher Lebensumstände des Eigentümers oder seines Erben, durch die das Gebäude oder der Gebäudeteil nicht mehr zur De-

---

60 Vgl VwGH 21.2.2007, 2005/06/0128.
61 Siehe § 7 Rz 11; zum Ganzen *Baumgartner/Fister*, bbl 2016, 1 ff.
62 Siehe § 7 Rz 33 ff.
63 Das K-GplG 1995 ist einschließlich der Erläuterungen unter Punkt 10 abgedruckt.
64 Kritisch *Steinwender*, Aufgaben- und Finanzreform 65.
65 Vgl die Definitionen in VwGH 25.6.2014, 2010/13/0119 und OGH 19.3.1992, 7 Ob 542/92.
66 Zu den Begriffen Gebäude und bauliche Anlagen siehe § 6 Rz 3 f.

4. Abschnitt – Vorprüfungsverfahren § 14

ckung eines ganzjährig gegebenen Wohnbedarfes im Mittelpunkt der Lebensbeziehungen herangezogen werden kann oder dies nicht zumutbar ist. Beispielhaft führt die Bestimmung berufliche oder familiäre Veränderung an. So können diese den Eigentümer zwingen seinen Hauptwohnsitz zu ändern, zB weil altersbedingt eine Übersiedlung in eine barrierefreie Wohnung notwendig ist[67] oder eine Arbeitsstelle in einem anderen Bundesland angenommen wird. Bei Erben sind Fälle, in denen die Erbfolge durch Rechtsgeschäft unter Lebenden vorweggenommen wird, sowie der Erbanfall umfasst.[68] Diese Gründe sind in der schriftlichen Mitteilung gemäß § 7 Abs 4 darzulegen. Die Inanspruchnahme der Ausnahme des § 14 Abs 6 bewirkt aber meiner Ansicht nach nicht, dass das Gebäude oder der Gebäudeteil zukünftig generell entgegen dem Flächenwidmungsplan als Freizeitwohnsitz genutzt werden kann. Wird zB das Gebäude in der Folge an einen Dritten verkauft, der das Gebäude als Freizeitwohnsitz nutzen will, ohne die persönlichen Voraussetzungen des § 14 Abs 6 zu erfüllen, tritt insofern eine Verwendungsänderung ein, als die für die Ausnahme vom Flächenwidmungsplan notwendigen Gründe der persönlichen Lebensumstände weggefallen sind.[69] Dies gilt meiner Ansicht nach auch, sofern die ursprünglich bestehenden persönlichen Lebensumstände beim Eigentümer wegfallen. Es handelt sich dann nicht mehr um einen Freizeitwohnsitz aus Gründen der persönlichen Lebensumstände im Sinne des § 14 Abs 6, sondern um einen anderen Freizeitwohnsitz. Der Wortlaut der Bestimmung kann so verstanden werden, dass die persönlichen Lebensumstände beim Eigentümer weiterhin gegeben sein müssen.[70] Eine andere Auslegung würde die Ausnahme vom Flächenwidmungsplan lediglich davon abhängig machen, ob irgendwann – unter Umständen auch bei einem Voreigentümer – entsprechende persönliche Lebensumstände vorgelegen sind und seit diesem Zeitpunkt ein Freizeitwohnsitz besteht. Dies würde aber dem ausweislich der Materialien bestehenden Zweck einer Vermeidung von Umgehungen widersprechen.[71] Systematisch stellt § 16 Abs 4 durchaus vergleichbar auf eine zeitliche Komponente ab, § 16 Abs 6 eben auf das Vorliegen persönlicher Lebensumstände. Dagegen spricht auch nicht § 53, denn dieser regelt nur die dingliche Wirkung von Baubewilli-

---

67 ErlRV 01-VD-LG-1641/12-2015, 3.
68 ErlRV 01-VD-LG-1641/12-2015, 3.
69 Vgl ErlRV 01-VD-LG-1641/12-2015, 3.
70 Kritisch *Baumgartner/Fister*, bbl 2016, 4.
71 ErlRV 01-VD-LG-1641/12-2015, 3.

gungsbescheiden bzw entsprechender Erkenntnisse, dh Bescheiden, die derart auf eine bestimmte Sache bezogen sind, dass es lediglich auf die Eigenschaft der Sache, nicht auf eine solche der Person ankommt.[72] Bei gegenständlichen Fällen handelt es sich aber um keine Baubewilligungsbescheide und es sind gerade die persönlichen Lebensumstände entscheidend. Die Ausnahme des § 14 Abs 6 besteht auch nicht, sofern durch das Vorhaben die Verwendung des Gebäudes als Apartmenthaus bewirkt wird. Ein Apartmenthaus ist gemäß § 8 Abs 2 K-GplG 1995[73] „ein Gebäude mit mehr als drei selbständigen Wohnungen, von denen auf Grund ihrer Lage, Größe, Ausgestaltung, Einrichtung oder auf Grund der vorgesehenen Eigentums- oder Bestandsverhältnisse anzunehmen ist, dass sie zur Deckung eines lediglich zeitweilig gegebenen Wohnbedarfes als Freizeitwohnsitz bestimmt sind."[74] Damit sollen entsprechende Umgehungen des K-GplG 1995 verhindert werden.[75]

§ 15 Abschluß

(1) Steht dem Vorhaben einer der Gründe des § 13 Abs. 2 entgegen, hat die Behörde den Antrag abzuweisen.

(2) Wird der Antrag nicht abgewiesen, hat die Behörde den Antragsteller aufzufordern, innerhalb einer angemessen festzusetzenden Frist, die nicht kürzer als ein Jahr sein darf, die Belege nach § 10 Abs. 1 lit. d bis f beizubringen, sofern diese nicht bereits vorliegen. Auf § 10 Abs. 3 bis 5 ist Bedacht zu nehmen.

(3) Stehen die Belege mit dem der Vorprüfung unterzogenen Vorhaben nicht im Einklang, ist nach § 13 Abs. 3 AVG vorzugehen.

Inhaltsübersicht	Rz
I. Entwicklung und Rechtsvergleich	1
II. Abschluss des Vorprüfungsverfahrens	3
III. Mängelbehebung	4

---

72 VwGH 29.3.2004, 2003/17/0303; siehe § 53 Rz 3 f.
73 Das K-GplG 1995 ist einschließlich der Erläuterungen unter Punkt 10 abgedruckt.
74 ErlRV 01-VD-LG-1641/12-2015, 3; zu dieser systematischen Interpretation vgl VwGH 23.11.2004, 2002/06/0064; siehe auch *Potacs*, Auslegung 84 f und 90 f mwN.
75 ErlRV 01-VD-LG-1641/12-2015, 3; das K-GplG 1995 ist einschließlich der Erläuterungen unter Punkt 10 abgedruckt.

I. Entwicklung und Rechtsvergleich

Diese Bestimmung findet sich erstmals als § 11 K-BO 1969, LGBl 1969/48. § 15 Abs 1 idgF entspricht § 11 Abs 1 K-BO 1996, § 15 Abs 2 und 3 idgF entspricht § 11 Abs 4 und 5 K-BO 1996. Die ursprünglich vorhandenen Bestimmungen in § 11 Abs 2, 3 und 4 K-BO 1996, über einen Feststellungsbescheid des Gemeindevorstandes, ob dem Vorhaben ein Abweisungsgrund entgegensteht, entfielen durch LGBl 1972/56. In dieser Fassung wurde die Bestimmung als § 13 in die K-BO 1992, LGBl 1992/64, übernommen. Mit LGBl 1996/44 wurde § 13 Abs 4 K-BO 1992 aus systematischen Gründen zu § 15 Abs 5 K-BO 1992 bzw § 17 Abs 5 idgF. In dieser Fassung wurde die Bestimmung als § 15 in die K-BO 1996, LGBl 1996/62, übernommen. Durch LGBl 2012/80 erfolgte eine redaktionelle Anpassung.

Die meisten anderen Bundesländer sehen ebenso – regelmäßig auch ausdrücklich als solche bezeichnete – Vorprüfungen vor. Die entsprechenden Bestimmungen finden sich in § 20 NÖ BO 2014, § 30 Oö. BauO 1994, § 8 S-BauPolG, § 27 Abs 3 TBO 2011 und § 23 V-BauG. Im Burgenland ist gemäß § 18 Abs 4 Bgld. BauG das Bauansuchen abzuweisen, wenn sich schon aus dem Ansuchen ergibt, daß das Vorhaben unzulässig ist und die Gründe der Unzulässigkeit sich nicht beheben lassen. § 64 Abs 3 W-BO sieht eine Vorprüfung auf Antrag des Bewilligungswerbers vor. Nur in der Steiermark finden sich keine vergleichbaren Bestimmungen.

II. Abschluss des Vorprüfungsverfahrens

Bei der Vorprüfung hat die Behörde festzustellen, ob dem Vorhaben einer der Gründe des § 13 Abs 2[1] entgegensteht. Die Behörde hat dem Antragsteller im Ermittlungs- und Beweisverfahren gemäß § 37 AVG iVm § 45 Abs 3 AVG Parteiengehör zu gewähren.[2] Steht dem Vorhaben einer der Gründe des § 13 Abs 2 entgegen, ist der Antrag durch Bescheid[3] abzuweisen. Wird der Antrag nicht abgewiesen, hat die Behörde gemäß § 16 Abs 1 eine mit einem Augenschein verbundene

---
1 Siehe § 13 Rz 4 ff.
2 ErlRV Verf-133/6/1967, 15; *Hengstschläger/Leeb*, AVG² § 37 Rz 11 ff und § 45 Rz 23 ff.
3 *Pallitsch/Pallitsch/Kleewein*, Baurecht⁵ § 15 K-BO 1996 Anm 1.

mündliche Verhandlung vorzunehmen.[4] Da ein Vorprüfungsverfahren nur bei Vorhaben nach § 6 lit a bis c[5] stattfindet und gemäß § 11[6] bei diesen Vorhaben nur die Belege nach § 10 Abs 1 lit a bis c[7] dem Antrag anzuschließen sind, ist der Antragsteller nunmehr aufzufordern, innerhalb einer angemessen festzusetzenden Frist, die nicht kürzer als ein Jahr sein darf, auch die Belege nach § 10 Abs 1 lit d bis f[8] beizubringen. Sind zur Beurteilung des Vorhabens im Hinblick auf Interessen der Sicherheit und Gesundheit Detailpläne erforderlich, sind gemäß § 10 Abs 3 auch diese Belege beizubringen.[9] Dies ist selbstverständlich nicht notwendig, sofern diese Belege der Behörde bereits vorliegen. Die Pläne, Berechnungen und Beschreibungen müssen gemäß § 10 Abs 4 in zweifacher Ausfertigung beigebracht werden und von einem zur Erstellung solcher Unterlagen Berechtigten erstellt und unterfertigt sowie vom Bewilligungswerber unterfertigt sein.[10]

III. Mängelbehebung

4   Für den Fall, dass die Belege nicht mit dem der Vorprüfung unterzogenen Vorhaben im Einklang stehen, verweisen § 15 Abs 2 iVm § 10 Abs 5 und § 15 Abs 3 ausdrücklich auf die Mängelbehebung nach § 13 Abs 3 AVG. Die Behörde hat von Amts wegen unverzüglich die Behebung des Mangels zu veranlassen und kann dem Bewilligungswerber die Behebung des Mangels innerhalb einer angemessenen Frist mit der Wirkung auftragen, dass der Antrag nach fruchtlosem Ablauf dieser Frist zurückgewiesen wird. Die Angemessenheit der Frist hängt von der Art des Mangels ab. Es bedarf aber lediglich einer Frist, um bereits vorhandene Belege beizubringen, sie muss hingegen nicht für die Beschaffung noch fehlender Belege ausreichen. Bei Aussichtslosigkeit der Erbringung der Belege, zB der Grundeigentümer verweigert seine Zustimmung ausdrücklich, ist kein Verbesserungsauftrag notwendig.[11] Der Verbesserungsauftrag ist eine nicht selbstständig anfechtbare Ver-

---

4 Siehe § 16 Rz 3 f.
5 Siehe § 6 Rz 7 f.
6 Siehe § 11 Rz 3 f.
7 Siehe § 10 Rz 3 f.
8 Siehe § 10 Rz 10 f.
9 Siehe § 10 Rz 12.
10 Siehe § 10 Rz 13.
11 VwGH 23.8.2012, 2011/05/0069.

fahrensordnung. Wird der Mangel rechtzeitig behoben, so gilt der Antrag als ursprünglich richtig eingebracht. Wird der Mangel nicht behoben, so ist der Antrag zurückzuweisen.[12]

5. Abschnitt – Baubewilligung

§ 16 Mündliche Verhandlung, Augenschein

(1) Wird der Antrag auf Erteilung einer Baubewilligung nach § 6 lit. a oder b weder zurückgewiesen noch gemäß § 15 Abs. 1 abgewiesen, hat die Behörde – ausgenommen in den Fällen des § 24 lit. d – eine mit einem Augenschein verbundene mündliche Verhandlung vorzunehmen.

(2) Zur mündlichen Verhandlung sind persönlich zu laden:
a) der Antragsteller;
b) der Grundeigentümer (Miteigentümer), sofern seine Zustimmung nach § 10 Abs. 1 lit. b erforderlich ist;
c) der Eigentümer eines Superädifikates bei Bauführungen an diesem;
d) die Anrainer (§ 23 Abs. 2), die der Behörde durch die auf ihre Vollständigkeit und Richtigkeit hin überprüften Verzeichnisse nach § 10 Abs. 1 lit. d und e oder durch Eingaben oder Vorsprachen bekannt geworden sind;
e) der Planverfasser (§ 10 Abs. 4);
f) der Bauleiter (§ 30), sofern er bereits bestimmt ist.

(3) Wenn es zur leichteren Beurteilung des Vorhabens erforderlich ist, hat die Behörde die Auspflockung des Standortes des Vorhabens anzuordnen. Bei Vorliegen dieser Voraussetzungen und wenn es zur Beurteilung des Abstandes des Vorhabens von der Grundstücksgrenze oder zu anderen baulichen Anlagen erforderlich ist, darf die Behörde anordnen, daß die Höhe des Vorhabens in geeigneter Weise ersichtlich gemacht wird.

Literatur: *Bergthaler*, UVP-Pflicht und -Verfahren für Abfallbehandlungsanlagen, in Bergthaler/Wolfslehner (Hrsg), Das Recht der Abfallwirtschaft², 2004; *Bußjäger*, Die Kompetenzen des Bundes zur Regelung der „Umweltverträglichkeitsprüfung" und „Bürgerbeteiligung", JBl 1995, 690; *Ennöckl*, Kompetenzrechtliche Grundlagen des UVP-G, in Ennöckl/Raschauer N, Rechtsfragen

---

12 Zum Ganzen ausführlich *Hengstschläger/Leeb*, AVG² § 13 Rz 25 ff mN.

des UVP-Verfahrens vor dem Umweltsenat, 2008; *Janko*, Zur Neuordnung der Rechtsstellung übergangener Nachbarn durch die AVG-Novelle 1998 und die oö Bauordnungs-Novelle 1998, bbl 2000, 133; *Madner*, Umweltverträglichkeitsprüfung, in Holoubek/Potacs, Öffentliches Wirtschaftsrecht II³, 2013; *Pabel*, Baurechtliche Anforderungen für die Errichtung von Werbeanlagen im Hinblick auf den Ortsbildschutz, RFG 2006/43; *dies*, Die Frage der Umweltverträglichkeitsprüfung im Baubewilligungsverfahren von Einkaufszentren, RFG 2007/10; *dies*, Die Kundmachung der Bauverhandlung, RFG 2009/8; *dies*, Die Durchführung von Großverfahren, RFG 2009/38; *Sturm/Kemptner*, Kärntner Allgemeine Gemeindeordnung⁶, 2015.

Inhaltsübersicht Rz

    I. Entwicklung und Rechtsvergleich 1

    II. Mündliche Verhandlung mit Augenschein 3

    III. Ladung 13

    IV. Auspflockung und Ersichtlichmachung der Höhe 16

I. Entwicklung und Rechtsvergleich

1 Schon § 9 der K-BO 1866, LGBl 1866/12, sah einen Lokalaugenschein unter Zuziehung des Antragstellers, des Grundeigentümers, der Anrainer, des Bauleiters und eines Bausachverständigen vor. Auch § 12 Abs 1 der K-BO 1969, LGBl 1969/48, verpflichtete vor der Entscheidung über die Erteilung der Baubewilligung zu einem Augenschein. In § 12 Abs 2 K-BO 1969 findet sich erstmals eine Bestimmung zur Auspflockung, diese entspricht § 16 Abs 3 Satz 1 idgF. Hingegen fehlten ausdrückliche Bestimmungen, wer zum Augenschein zu laden ist. Durch LGBl 1992/26 wurde § 12 K-BO 1969 neu gefasst. Gemäß § 12 Abs 1 K-BO 1969 war erstmals bei Errichtung bzw Änderung von Gebäuden und sonstigen baulichen Anlagen eine mit einem Augenschein verbundene mündliche Verhandlung vorzunehmen. Bei allen übrigen Vorhaben musste jedenfalls ein Augenschein erfolgen. § 12 Abs 2 K-BO 1969 verwies für die zu ladenden Personen allgemein auf das AVG, darüber hinaus wurde ausdrücklich die Ladung der Ersteller und Unterfertiger der Pläne, Berechnungen und Beschreibungen normiert. § 12 Abs 3 K-BO 1969 entspricht § 16 Abs 3 idgF. In dieser Fassung wurde die Bestimmung als § 14 in die K-BO 1992, LGBl 1992/64, übernommen. In seiner heutigen Fassung – abgesehen von redaktionellen Anpassungen – wurde § 16 Abs 1 und 2 durch LGBl 1996/44 geschaffen und als

§ 16 in die K-BO 1996, LGBl 1996/62, übernommen. Durch LGBl 2012/80 wurde § 16 Abs 1 textlich unverändert neuerlich beschlossen[1] und es erfolgten redaktionelle Anpassungen in § 16 Abs 2.

Eine verpflichtende mündliche Bauverhandlung sehen nur Burgenland, Niederösterreich und Oberösterreich vor. Die entsprechenden Bestimmungen finden sich in § 18 Abs 5 Bgld. BauG, § 21 NÖ BO 2014 und § 32 Oö. BauO 1994. Darüber hinaus ist in Niederösterreich und Oberösterreich die mündliche Bauverhandlung wie in Kärnten mit einem Augenschein zu verbinden. In den Bundesländern Salzburg gemäß § 8 S-BauPolG, Steiermark gemäß § 24 und § 25 Stmk. BauG, Tirol gemäß § 25 TBO 2011, Vorarlberg gemäß § 25 V-BauG und in Wien gemäß § 70 Abs 1 W-BO liegt die Durchführung einer mündlichen Bauverhandlung im Ermessen der Behörde. In der Steiermark ist, sofern eine mündliche Bauverhandlung durchgeführt wird, ein Ortsaugenschein vorzunehmen. Eine ausdrückliche Regelung der zu ladenden Personen sehen mit Ausnahme Vorarlbergs alle Bundesländer vor. Bestimmungen zur Auspflockung finden sich in Niederösterreich, Tirol und Vorarlberg.

II. Mündliche Verhandlung mit Augenschein

Der Erlassung des Baubewilligungsbescheides hat gemäß § 56 AVG die Feststellung des maßgebenden Sachverhaltes voranzugehen.[2] Zweck des Ermittlungsverfahrens ist gemäß § 37 AVG, den für die Erledigung einer Verwaltungssache maßgebenden Sachverhalt festzustellen und den Parteien Gelegenheit zur Geltendmachung ihrer Rechte und rechtlichen Interessen zu geben. Auf die Gewährung des Parteiengehörs ist größte Sorgfalt zu legen. Der maßgebliche Sachverhalt ist vollständig zu ermitteln.[3] Als Beweismittel kommt gemäß § 46 AVG alles in Betracht, was zur Feststellung des maßgebenden Sachverhaltes geeignet und nach Lage des einzelnen Falles zweckdienlich ist.[4]

---

1 Siehe § 16 Rz 4.
2 Ausführlich *Hengstschläger/Leeb*, AVG² § 56 Rz 89 ff mN.
3 Ausführlich *Hengstschläger/Leeb*, AVG² § 37 Rz 1 ff mN; auch zum Folgenden vgl *Hauer*, Nachbar[6] 112 ff; *Pallitsch/Pallitsch/Kleewein*, Baurecht[5] § 16 K-BO 1996 Anm 3.
4 *Hengstschläger/Leeb*, AVG² § 46 Rz 1 ff mN.

4 Gemäß § 16 Abs 1 hat die Behörde bei Vorhaben nach § 6 lit a oder b, dh bei der Errichtung oder Änderung von Gebäuden und sonstigen baulichen Anlagen,[5] eine mit einem Augenschein verbundene mündliche Verhandlung vorzunehmen, sofern der Antrag auf Erteilung einer Baubewilligung weder zurückgewiesen noch gemäß § 15 Abs 1[6] abgewiesen wird. Davon ausgenommen sind Fälle des vereinfachten Verfahrens gemäß § 24 lit d, wenn eine Beurteilung des Vorhabens ausschließlich aufgrund der eingereichten Pläne, Berechnungen und Beschreibungen möglich ist und von den Anrainern Einwendungen nicht oder nicht fristgerecht erhoben wurden.[7] Die verpflichtende Durchführung einer mit einem Augenschein verbundenen mündlichen Verhandlung gemäß § 16 Abs 1 ist eine abweichende Regelung zu § 39 Abs 2 AVG, § 40 Abs 1 AVG und § 54 AVG, die die Durchführung einer mündlichen Verhandlung und einen Augenschein in das Ermessen der Behörde legen. Die Regelungen des § 16 Abs 1 sind zwar gemäß § 82 Abs 7 AVG, insoweit sie von der Regelung betreffend die Abhaltung einer mündlichen Verhandlung gemäß § 39 Abs 2 AVG abweichen, mit Ablauf des 31.12.1998 außer Kraft getreten,[8] durch die neuerliche textlich unveränderte Beschlussfassung in LGBl 2012/80 wurde der ursprüngliche – vom AVG abweichende – Rechtsbestand aber wieder hergestellt.[9] Die Bestimmung ist inhaltlich zu begrüßen, denn es gibt dem Verhandlungsleiter und den Parteien Gelegenheit, Missverständnisse, insbesondere über das geplante Vorhaben oder die Rechtslage, auszuräumen und dient somit einer raschen rechtskräftigen Erledigung des Antrages auf Erteilung der Baubewilligung.[10] Zumeist wurden auch ohne gesetzliche Verpflichtung entsprechende mündliche Verhandlungen durchgeführt.[11] Da bei Durchführung des Ermittlungsverfahrens der Bundesgesetzgeber kein Bedürfnis nach Erlassung einheitlicher Vorschriften

---

5 Siehe § 6 Rz 7 f.
6 Siehe § 15 Rz 3 f.
7 Siehe § 24 Rz 5.
8 Vgl VwGH 25.10.2000, 2000/06/0116 zur Stmk. BauG; *Janko*, bbl 2000, 137 f; *Hauer/Pallitsch*, Baurecht[4] § 16 K-BO 1996 Anm 1.
9 ErlRV 01-VD-LG-1369/4-2012, 9; *Janko*, bbl 2000, 137 f; *Pallitsch/Pallitsch/Kleewein*, Baurecht[5] § 16 K-BO 1996 Anm 1.
10 Vgl *Hauer*, Nachbar[6] 101 f und 112.
11 ErlRV Verf-1035/1/1991, 11; ErlRV 01-VD-LG-1369/4-2012, 9.

im Sinne des Art 11 Abs 2 B-VG hat, bestehen gegen diese vom AVG abweichenden Regelungen keine verfassungsrechtlichen Bedenken.[12]

Die Verpflichtung des § 16 Abs 1 einen Augenschein vorzunehmen, bedeutet nicht, dass die gesamte mündliche Verhandlung an Ort und Stelle abgehalten werden muss. Vielfach wird es zweckmäßig sein, die mündliche Verhandlung in einem Amtsgebäude oder auch in anderen geeigneten Räumlichkeiten durchzuführen. Der Verfügungsberechtigte der betreffenden Liegenschaft des Vorhabens muss gemäß § 51 auch nur den Organen der Behörde und den Mitgliedern des LVwG Kärnten sowie den Sachverständigen den Zutritt gestatten, nicht jedoch den Anrainern und deren Vertretern.[13]

Abgesehen von den abweichenden Regelungen gemäß § 16 Abs 1 sind die Bestimmungen des AVG anzuwenden. Bei sonstigen Vorhaben, die nicht in den Anwendungsbereich von § 16 Abs 1 fallen, liegt es somit gemäß § 39 Abs 2 AVG, § 40 Abs 1 AVG und § 54 AVG im Ermessen der Behörde, von Amts wegen oder auf Antrag eine mündliche Verhandlung durchzuführen und diese mit einem Augenschein zu verbinden.[14]

Für alle Ermittlungsverfahren gilt, dass die Behörde gemäß § 39 Abs 2 AVG bei allen Verfahrensanordnungen auf möglichste Zweckmäßigkeit, Raschheit, Einfachheit und Kostenersparnis zu achten hat.[15] Sind gemäß § 39 Abs 2a AVG nach den Verwaltungsvorschriften für ein Vorhaben mehrere Bewilligungen, Genehmigungen oder bescheidmäßige Feststellungen erforderlich und werden diese unter einem beantragt, so hat die Behörde die Verfahren zur gemeinsamen Verhandlung und Entscheidung zu verbinden und mit den von anderen Behörden geführten Verfahren zu koordinieren. Eine getrennte Verfahrensführung ist zulässig, wenn diese im Interesse der Zweckmäßigkeit, Raschheit, Einfachheit und Kostenersparnis gelegen ist.[16] In verbundenen Verfahren sind gemäß § 40 Abs 1 AVG die mündlichen Verhandlungen

---

12 VfGH VfSlg 16.285/2001; *Janko*, bbl 2000, 137 f; *Hengstschläger/Leeb*, AVG² § 39 Rz 2 mN; *Giese*, Baurecht § 8 Baupolizeigesetz Anm 2; missverständlich *Pallitsch/Pallitsch/Kleewein*, Baurecht⁵ § 16 K-BO 1996 Anm 1.
13 *Pallitsch/Pallitsch/Kleewein*, Baurecht⁵ § 16 K-BO 1996 Anm 3; siehe § 51 Rz 3 f.
14 ErlRV Verf-135//94/1995, 16; zum Ganzen *Hengstschläger/Leeb*, AVG² § 39 Rz 25 ff, § 40 Rz 15 und § 54 Rz 1 ff jeweils mN.
15 *Hengstschläger/Leeb*, AVG II § 39 Rz 39 f mN.
16 Zum Ganzen *Hengstschläger/Leeb*, AVG² § 39 Rz 32 ff mN.

§ 16

von der Behörde tunlichst gemeinsam durchzuführen.[17] Dies wird vor allem für die Bezirksverwaltungsbehörden als Baubehörden von Bedeutung sein,[18] insbesondere im Anwendungsbereich der Kärntner Bau-Übertragungsverordnung.[19]

8 Sind an einer Verwaltungssache oder an verbundenen Verwaltungssachen voraussichtlich insgesamt mehr als 100 Personen beteiligt, besteht gemäß § 44c AVG die Möglichkeit eine öffentliche Erörterung des Vorhabens durchzuführen bzw gemäß § 44d AVG iVm § 44e AVG eine öffentliche mündliche Verhandlung durchzuführen.[20] Im Rahmen von Umweltverträglichkeitsprüfungen besteht ein konzentriertes Genehmigungsverfahren. So sieht § 3 Abs 3 UVP-G 2000 bei Vorhaben, die einer Umweltverträglichkeitsprüfung zu unterziehen sind, vor, dass die nach den bundes- oder landesrechtlichen Verwaltungsvorschriften für die Ausführung des Vorhabens erforderlichen materiellen Genehmigungsbestimmungen gemäß § 39 UVP-G 2000 von der Landesregierung in einem konzentrierten Verfahren mit anzuwenden sind. Dies gilt auch für Verwaltungsvorschriften, die im eigenen Wirkungsbereich der Gemeinde zu vollziehen sind, und somit auch für die Angelegenheiten der örtlichen Baupolizei.[21] Die entsprechenden Vorhaben finden sich im Anhang 1 des UVP-G 2000. Dazu zählen insbesondere größere Vorhaben der Abfallwirtschaft,[22] der Energiewirtschaft, der Wasserwirtschaft, des Bergbaus, der Land- und Forstwirtschaft sowie Infrastrukturprojekte, zB Einkaufszentren,[23] und Anlagen für radioaktive Stoffe.[24]

9 Zweck des Ermittlungsverfahrens – und somit auch Zweck der mit einem Augenschein verbundenen mündlichen Verhandlung – ist gemäß

---

17 Zum Ganzen *Hengstschläger/Leeb*, AVG² § 40 Rz 19 ff mN; siehe auch § 58a AVG.
18 Siehe § 3 Rz 24 f; *Hauer*, Nachbar⁶ 102; *Pallitsch/Pallitsch/Kleewein*, Baurecht⁵ § 16 K-BO 1996 Anm 1.
19 Siehe § 1 Rz 11 f.
20 Zu Großverfahren siehe die Kommentierung in *Hengstschläger/Leeb*, AVG² § 44a ff; *Pabel*, RFG 2009, 166 ff.
21 Vgl *Hauer*, Nachbar⁶ 110 f; siehe die Kompetenzgrundlage in Art 11 Abs 1 Z 7 B-VG; *Bußjäger*, JBl 1995, 696; *Ennöckl*, Kompetenzrechtliche Grundlagen 25 f; *Madner*, Umweltverträglichkeitsprüfung 898 ff.
22 *Bergthaler*, UVP für Abfallbehandlungsanlagen 95 ff.
23 Dazu *Pabel*, RFG 2007, 41 ff.
24 Viele dieser Vorhaben sind aber gemäß § 2 Abs 1 ausgenommen, siehe § 2 Rz 8 f.

5. Abschnitt – Baubewilligung § 16

§ 37 AVG, den für die Erledigung einer Verwaltungssache maßgebenden Sachverhalt festzustellen und den Parteien Gelegenheit zur Geltendmachung ihrer Rechte und rechtlichen Interessen zu geben.[25] Die mündliche Verhandlung steht nur den Beteiligten offen, unbefugte Personen sind auszuschließen.[26] Der Ablauf der mündlichen Verhandlung ergibt sich aus § 43 AVG:[27] „Der Verhandlungsleiter hat sich von der Identität der Erschienenen zu überzeugen und ihre Stellung als Parteien oder sonst Beteiligte und die etwaige Vertretungsbefugnis zu prüfen. Der Verhandlungsleiter eröffnet die Verhandlung und legt ihren Gegenstand dar. Er kann die Verhandlung in Abschnitte gliedern und einen Zeitplan erstellen. Er bestimmt die Reihenfolge, in der die Beteiligten zu hören, die Beweise aufzunehmen und die Ergebnisse früher aufgenommener Beweise oder Erhebungen vorzutragen und zu erörtern sind. Er entscheidet über die Beweisanträge und hat offenbar unerhebliche Anträge zurückzuweisen. Ihm steht auch die Befugnis zu, die Verhandlung nach Bedarf zu unterbrechen oder zu vertagen und den Zeitpunkt für die Fortsetzung der Verhandlung mündlich zu bestimmen. Der Verhandlungsleiter hat die Verhandlung unter steter Bedachtnahme auf ihren Zweck zügig so zu führen, daß den Parteien das Recht auf Gehör gewahrt, anderen Beteiligten aber Gelegenheit geboten wird, bei der Feststellung des Sachverhalts mitzuwirken. An der Sache nicht beteiligte Personen dürfen in der Verhandlung nicht das Wort ergreifen. Jeder Partei muß insbesondere Gelegenheit geboten werden, alle zur Sache gehörenden Gesichtspunkte vorzubringen und unter Beweis zu stellen, Fragen an die anwesenden Zeugen und Sachverständigen zu stellen, sich über die von anderen Beteiligten, den Zeugen und Sachverständigen vorgebrachten oder die als offenkundig behandelten Tatsachen sowie über die von anderen gestellten Anträge und über das Ergebnis amtlicher Erhebungen zu äußern. Stehen einander zwei oder mehrere Parteien mit einander widersprechenden Ansprüchen gegenüber, so hat der Verhandlungsleiter auf das Zustandekommen eines Ausgleichs dieser Ansprüche mit den öffentlichen und den von anderen

---

25 Ausführlich *Hengstschläger/Leeb*, AVG² § 37 Rz 2 ff mN; auch zum Folgenden vgl *Hauer*, Nachbar⁶ 112 ff; *Pallitsch/Pallitsch/Kleewein*, Baurecht⁵ § 16 K-BO 1996 Anm 3.

26 *Hengstschläger/Leeb*, AVG² § 40 Rz 4 und § 43 Rz 2 jeweils mN; *Giese*, Baurecht § 8 Baupolizeigesetz Anm 12; zu Großverfahren und Umweltverträglichkeitsprüfungen siehe § 16 Rz 8.

27 Ausführlich *Hengstschläger/Leeb*, AVG² § 43 Rz 1 ff mN.

Beteiligten geltend gemachten Interessen hinzuwirken." Der Verhandlungsleiter hat gemäß § 13a AVG „Personen, die nicht durch berufsmäßige Parteienvertreter vertreten sind, die zur Vornahme ihrer Verfahrenshandlungen nötigen Anleitungen in der Regel mündlich zu geben und sie über die mit diesen Handlungen oder Unterlassungen unmittelbar verbundenen Rechtsfolgen zu belehren."[28] Wurden die Parteien unter Hinweis auf die Präklusionsfolgen zu einer mündlichen Verhandlung geladen, muss der Verhandlungsleiter diese allerdings nicht ausdrücklich zur Erhebung von Einwendungen und deren inhaltlicher Ausgestaltung anleiten.[29] Der Verhandlungsleiter hat gemäß § 34 AVG auch für die Aufrechterhaltung der Ordnung und für die Wahrung des Anstandes zu sorgen:[30] „Personen, die die Amtshandlung stören oder durch ungeziemendes Benehmen den Anstand verletzen, sind zu ermahnen; bleibt die Ermahnung erfolglos, so kann ihnen nach vorausgegangener Androhung das Wort entzogen, ihre Entfernung verfügt und ihnen die Bestellung eines Bevollmächtigten aufgetragen werden oder gegen sie eine Ordnungsstrafe bis 726 Euro verhängt werden." Darüber hinaus ist gemäß § 40 Abs 2 AVG darauf zu achten, dass die Vornahme eines Augenscheins nicht zur Verletzung eines Kunst-, Betriebs- oder Geschäftsgeheimnisses missbraucht wird.[31]

10 Gemäß § 44 AVG ist über jede mündliche Verhandlung eine Verhandlungsschrift nach § 14 und § 15 AVG[32] aufzunehmen. „Schriftliche Äußerungen und Mitteilungen von Beteiligten, Niederschriften über Beweise, die bis zum Schluss der mündlichen Verhandlung, aber außerhalb dieser aufgenommen wurden, Berichte und schriftliche Sachverständigengutachten sind der Verhandlungsschrift anzuschließen. Dies ist in der Verhandlungsschrift zu vermerken. Teilnehmer an der mündlichen Verhandlung dürfen ihre Erklärungen jedoch nicht schriftlich abgeben."[33] Verhandlungsschriften sind gemäß § 14 Abs 1 AVG derart abzufassen, „daß bei Weglassung alles nicht zur Sache Gehörigen der Verlauf und Inhalt der Verhandlung richtig und verständlich wiedergegeben wird."

---

28 Ausführlich *Hengstschläger/Leeb*, AVG² § 13a Rz 1 ff mN.
29 VwGH 13.9.1984, 84/06/0143; 24.3.1992, 88/05/0135.
30 Ausführlich *Hengstschläger/Leeb*, AVG² § 34 Rz 1 ff mN.
31 Zum Ganzen *Hengstschläger/Leeb*, AVG² § 40 Rz 22 ff mN.
32 Ausführlich *Hengstschläger/Leeb*, AVG² § 14 und § 15 jeweils Rz 1 ff mN.
33 Ausführlich *Hengstschläger/Leeb*, AVG² § 44 Rz 1 ff mN.

5. Abschnitt – Baubewilligung　　　　　　　　　　　　　　　　　§ 16

Sobald die zulässigen Vorbringen aller Beteiligten aufgenommen sind **11**
und die Beweisaufnahme beendet ist, hat der Verhandlungsleiter gemäß
§ 44 Abs 3 AVG die Verhandlung, gegebenenfalls nach Wiedergabe der
Verhandlungsschrift, für geschlossen zu erklären.[34]
Grundsätzlich ist gemäß § 44 Abs 1 VwGVG auch im Verfahren vor **12**
dem LVwG Kärnten eine öffentliche mündliche Verhandlung durchzuführen. Gemäß § 14 K-LvwGG kann nach Maßgabe der Verfahrensvorschriften die öffentliche mündliche Verhandlung in verschiedenen Verfahren gemeinsam durchgeführt werden. Die Entscheidung über die gemeinsame Durchführung der öffentlichen mündlichen Verhandlung ist von den Einzelrichtern einvernehmlich zu treffen.

III. Ladung

Zeitpunkt, Inhalt und Form der Ladungen richten sich nach § 19 und **13**
§ 40 bis § 42 AVG.[35] § 16 Abs 2 konkretisiert, welche Personen jedenfalls persönlich zu laden sind. Dies sind der Antragsteller,[36] der Grundeigentümer (Miteigentümer), sofern seine Zustimmung nach § 10 Abs 1 lit b erforderlich ist,[37] der Eigentümer eines Superädifikates bei Bauführung an diesem,[38] der Planverfasser gemäß § 10 Abs 4,[39] und der Bauleiter gemäß § 30, sofern er bereits bestimmt ist[40]. Persönlich zu laden sind selbstverständlich auch die Anrainer gemäß § 23 Abs 2.[41] Allerdings sind nur jene Anrainer umfasst, die der Behörde durch die auf ihre Vollständigkeit und Richtigkeit hin überprüften Verzeichnisse nach § 10 Abs 1 lit d und e[42] oder durch Eingaben oder durch Vorsprachen bekannt geworden sind. Der Kreis, der nach § 16 Abs 2 lit e jedenfalls persönlich zu ladenden Anrainer, kann somit kleiner sein, als der Anrainerkreis des § 23 Abs 2. Indes ist die Aufzählung des § 16 Abs 2 nicht abschließend, § 40 AVG bleibt unberührt.[43] So sind gemäß § 40

---

34 Ausführlich *Hengstschläger/Leeb*, AVG[2] § 44 Rz 6 mN.
35 Vgl *Giese*, Baurecht § 8 Baupolizeigesetz Anm 17; *Pabel*, RFG 2009, 34 ff.
36 Siehe § 23 Rz 6.
37 Siehe § 10 Rz 6.
38 Siehe § 23 Rz 9.
39 Siehe § 10 Rz 13.
40 Siehe § 30 Rz 3 f.
41 Siehe § 23 Rz 10 ff.
42 Siehe § 10 Rz 10 f.
43 ErlRV Verf-135/94/1995, 17.

Abs 1 AVG mündliche Verhandlungen unter Zuziehung aller bekannten Beteiligten sowie der erforderlichen Zeugen und Sachverständigen[44] vorzunehmen.[45] Somit hat die Behörde die Verzeichnisse nach § 10 Abs 1 lit d und e auf ihre Vollständigkeit und Richtigkeit zu prüfen (zB durch entsprechende Abfragen des Grundbuches und Melderegister)[46] und hat von Amts wegen dafür zu sorgen, dass sämtliche Anrainer dem Bauverfahren beigezogen werden.[47] Die Anberaumung einer mündlichen Verhandlung hat gemäß § 41 Abs 1 AVG „durch persönliche Verständigung der bekannten Beteiligten zu erfolgen. Wenn noch andere Personen als Beteiligte in Betracht kommen, ist die Verhandlung überdies an der Amtstafel der Gemeinde, durch Verlautbarung in der für amtliche Kundmachungen der Behörde bestimmten Zeitung oder durch Verlautbarung im elektronischen Amtsblatt der Behörde kundzumachen."[48] Ab 1.1.2017 kann eine Kundmachung im elektronisch geführten Amtsblatt nach § 80a Abs 1 K-AGO erfolgen.[49] Zeugen und Sachverständige sind nicht durch persönliche Verständigung gemäß § 41 Abs 1 AVG zu laden, sondern durch Ladungsbescheid gemäß § 19 AVG.[50]

14 Die Verhandlung ist gemäß § 41 Abs 2 AVG so anzuberaumen, dass die Teilnehmer rechtzeitig und vorbereitet erscheinen können. Dies hängt wesentlich von den Umständen des Einzelfalles ab,[51] regelmäßig werden zwei Wochen vor der Verhandlung ausreichen.[52] Die Verständigung bzw Kundmachung über die Anberaumung der Verhandlung hat die für Ladungen vorgeschriebenen Angaben zu enthalten. Dh in der Ladung ist im Sinne von § 19 Abs 2 AVG „außer Ort und Zeit der Amtshandlung auch anzugeben, was den Gegenstand der Amtshandlung bildet, in welcher Eigenschaft der Geladene vor der Behörde erscheinen soll (als Beteiligter, Zeuge usw) und welche Behelfe und Be-

---

44 Siehe § 17 Rz 3 f.
45 Ausführlich *Hengstschläger/Leeb*, AVG² § 40 Rz 6 ff mN.
46 *Giese*, Baurecht § 8 Baupolizeigesetz Anm 18.
47 ErlRV Verf-86/32/1981, 4 und 12; *Pabel*, RFG 2009, 35; siehe auch § 10 Rz 10 f.
48 Ausführlich *Hengstschläger/Leeb*, AVG² § 41 Rz 1 ff mN; zur Präklusion bei doppelter Kundmachung gemäß § 42 AVG siehe § 23 Rz 58 f.
49 *Sturm/Kemptner*, Gemeindeordnung⁶ § 80a Anm 1 f.
50 *Hengstschläger/Leeb*, AVG² § 41 Rz 14; zum Ladungsbescheid ausführlich *Hengstschläger/Leeb*, AVG² § 19 Rz 1 ff mN.
51 VwGH 3.4.1986, 85/06/0150; 20.10.1988, 86/06/0169.
52 *Pabel*, RFG 2009, 36.

weismittel mitzubringen sind. In der Ladung ist ferner bekanntzugeben, ob der Geladene persönlich zu erscheinen hat oder ob die Entsendung eines Vertreters genügt und welche Folgen an ein Ausbleiben geknüpft sind." Die Verständigung bzw Kundmachung über die Anberaumung der Verhandlung hat darüber hinaus auch einen Hinweis auf die gemäß § 42 AVG eintretenden Folgen zu enthalten. Falls für Zwecke der Verhandlung Pläne oder sonstige Behelfe zur Einsicht der Beteiligten aufzulegen sind, ist dies bei der Anberaumung der Verhandlung unter Angabe von Zeit und Ort der Einsichtnahme bekanntzugeben.[53]

Da ordnungsgemäße persönliche Ladungen bzw ordnungsgemäße doppelte Kundmachungen Voraussetzungen des Verlustes der Parteistellung gemäß § 42 Abs 1 und 2 AVG sind, kommt diesen erhebliche Bedeutung zu.[54]

IV. Auspflockung und Ersichtlichmachung der Höhe

Die Behörde hat die Auspflockung des Standortes des Vorhabens anzuordnen, sofern es zur leichteren Beurteilung des Vorhabens erforderlich ist. Diese Frage wird sich in erster Linie bei Vorhaben nach § 6 lit a und b, dh bei Errichtung und Änderung von Gebäuden und sonstigen baulichen Anlagen,[55] stellen. Ein Ermessen wird der Behörde nicht eingeräumt, indes kommt dem Anrainer kein subjektiv-öffentliches Recht zu, dass eine Auspflockung gemäß § 16 Abs 3 erfolgt ist.[56] Hingegen liegt es im Ermessen der Behörde, sofern es zur leichteren Beurteilung des Vorhabens und zur Beurteilung des Abstandes des Vorhabens von der Grundstücksgrenze oder zu anderen baulichen Anlagen erforderlich ist, ob die Höhe des Vorhabens in geeigneter Weise ersichtlich gemacht werden muss. Die Behörde darf dies aber nicht immer anordnen, sondern hat ihr Ermessen auf Grundlage von § 16 Abs 3 Satz 2 auszuüben.[57] Die Ersichtlichmachung der Höhe kann einerseits am Bau-

---

53 Zum Ganzen ausführlich *Hengstschläger/Leeb*, AVG[2] § 41 Rz 1 ff mN und AVG[2] § 19 Rz 12 ff mN.
54 Zur Präklusion siehe § 23 Rz 58 f; zu übergangenen Parteien siehe § 23 Rz 61 f.
55 Siehe § 6 Rz 3 f.
56 VwGH 23.11.2009, 2008/05/0173; missverständlich *Pallitsch/Pallitsch/Kleewein*, Baurecht[5] § 16 K-BO 1996 Anm 10.
57 ErlRV Verf-1035/1/1991, 12.

grundstück zB durch Konturgerüste oder Ballone erfolgen,[58] anderseits ist es aber auch denkbar, die Höhe zB durch entsprechende Modelle oder photogrammetrische Darstellung ersichtlich zu machen.[59] Die Form, in der die Höhe ersichtlich gemacht wird, liegt im Rahmen von § 16 Abs 3 Satz 2 im Ermessen der Behörde.

§ 17 Voraussetzungen

(1) **Die Behörde hat die Baubewilligung zu erteilen, wenn dem Vorhaben nach Art, Lage, Umfang, Form und Verwendung öffentliche Interessen, insbesondere solche der Sicherheit, der Gesundheit, der Energieersparnis, des Verkehrs, des Fremdenverkehrs sowie der Erhaltung des Landschaftsbildes oder des Schutzes des Ortsbildes nicht entgegenstehen. Die Baubewilligung darf durch die Behörden des § 3 nur mit schriftlichem Bescheid erteilt werden.**

(2) **Bei Vorhaben nach § 6 lit. a bis c darf die Baubewilligung darüber hinaus nur erteilt werden, wenn kein Grund nach § 13 Abs. 2 entgegensteht und eine der Art, Lage und Verwendung des Vorhabens entsprechende**
   a) Verbindung zu einer öffentlichen Fahrstraße,
   b) Wasserversorgung und
   c) Abwasserbeseitigung
sichergestellt ist.

(3) **Die Baubewilligung hat das Vorhaben nach Art und Lage – bei Vorhaben nach § 6 lit. a bis c auch nach der Verwendung – unter Anführung jener Pläne, Berechnungen und Beschreibungen, die ihr zugrundeliegen, zu bezeichnen.**

(4) **Wird der Standort nicht schon durch die Art des Vorhabens bestimmt, ist er in der Baubewilligung festzulegen.**

(5) **Bis zur Erteilung der Baubewilligung hat derjenige, der den Nachweis der privatrechtlichen Berechtigung zur Durchführung des Vorhabens erbringt, das Recht, in das Verfahren als Partei einzutreten.**

Literatur: *Attlmayr,* Der amtliche Sachverständige und seine Beziehung zur Behörde, SV 2001, 54; *Attlmayr/Walzel von Wiesentreu* (Hrsg), Handbuch des Sachverständigenrechts[2], 2015; *Geuder,* Baupolizeiliche Willensäußerung und

---

[58] *Pallitsch/Pallitsch/Kleewein,* Baurecht[5] § 16 K-BO 1996 Anm 10.
[59] ErlRV Verf-1035/1/1991, 11.

Amtshaftung, ÖGZ 1978, 577; *Hauer*, Der Bausachverständige im Verwaltungsverfahren, SV 1995, Heft 1, 6; *Hecht*, Amtshaftung für rechtswidrig erteilte Genehmigungen gegenüber Bewilligungswerber, RdU 2001, 123; *Held*, Auskunftserteilung, Baubewilligung, Flächenwidmungsplan: Haftung der Gemeinde als Behörde, RFG 2008/26; *Helmberg*, Amtshaftung im Baurecht, bbl 1998, 151; *Hinterwirth*, Verfahrens- und Gutachtensmängel und ihre Auswirkungen auf die Rechtmäßigkeit von Bescheiden, SV 2011, 185; *Khakzadeh*, Lawinenschutz und Recht, ZfV 2003/308; *Kerschner*, Amtshaftung bei rechtswidriger Erlaubnis, RdU 2001, 128; *ders*, Amtshaftung der Gemeinden bei Baugenehmigungen in hochwassergefährdeten Gebieten, RFG 2008/22; *Krammer*, Beweis durch Sachverständige im Verwaltungsgerichtsverfahren, SV 2013, 127; *Lachmayer*, Sachverstand oder Interessenvertretung? (Teil I und II), ZTR 2012, 74 und 134; *Lau*, Der Störfallschutz im Baugenehmigungsverfahren und in der Bauleitplanung nach dem Urteil des EuGH vom 15.09.2011, Rs. C-53/10, DVBl 2012, 678; *Mader*, Zur Amtshaftung der Gemeinde, in Rebhahn (Hrsg), Beiträge zum Kärntner Gemeinderecht, 1998; *Merli*, Unabhängiges Gericht und abhängiger Sachverstand, ZfV 2015/4; *Pabel*, Baurechtliche Anforderungen für die Errichtung von Werbeanlagen im Hinblick auf den Ortsbildschutz, RFG 2006/43; *Pirker/Kleewein*, Amtshaftung wegen unterbliebener Gefahrenabwehr, ÖJZ 1995, 521; *Pürgy*, Das Sachverständigengutachten im Verwaltungsverfahren, ZTR 2012, 4; *ders*, Die Mitwirkung von Sachverständigen im Verfahren vor den Verwaltungsgerichten, ÖJZ 2014/62; *Schiffkorn*, Zur Beteiligung von Amtssachverständigen am Verfahren vor den Verwaltungsgerichten, ZVG 2014, 216; *Schmitt/Kreutz*, Die Bedeutung des Abstandsgebots der Seveso-II-Richtlinie im nationalen Recht, NVwZ 2012, 483; *Seebacher/Sorger*, Amtshaftung gegenüber dem Bauwerber trotz Baubewilligung?, bbl 2006, 89; *Thoma*, Der Sachverständigenbeweis in Verwaltungs- und verwaltungsgerichtlichen Verfahren, SV 2015, 4; *Thunhart*, Amtshaftungsansprüche des Bauwerbers wegen Bewilligungen fehlerhafter Bauvorhaben, bbl 2000, 112.

Inhaltsübersicht

	Rz
I. Entwicklung und Rechtsvergleich	1
II. Ermittlungsverfahren, Sachverständige und Beweiswürdigung	3
III. Erteilung der Baubewilligung	6
IV. Amtshaftung	30

I. Entwicklung und Rechtsvergleich

Die Bestimmung findet sich – im Wesentlichen gleichlautend – bereits **1** als § 13 der K-BO 1969, LGBl 1969/48. Durch LGBl 1979/79 wurde in Abs 1 die Energieersparnis als Voraussetzung der Baubewilligung aufgenommen und ausdrücklich geregelt, dass die Baubewilligung nur mit schriftlichem Bescheid erteilt werden darf. In dieser Fassung wurde die Bestimmung als § 15 in die K-BO 1992, LGBl 1992/64, übernommen. Durch LGBl 1996/44 wurde Abs 5 angefügt, dieser entspricht der geltenden Fassung. Darüber hinaus erfolgten lediglich redaktionelle Anpassungen. In dieser Fassung wurde die Bestimmung als § 17 in die K-BO 1996, LGBl 1996/62, übernommen. Durch LGBl 2013/85 erfolgte eine redaktionelle Anpassung an die Verwaltungsgerichtsbarkeit.

2 In den anderen Bundesländern finden sich ähnliche Bestimmungen in § 18 Abs 9 und 10 Bgld. BauG, § 23 Abs 1 und 2 NÖ BO 2014, § 35 Abs 1 bis 2 Oö. BauO 1994, § 9 Abs 1 S-BauPolG, § 29 Abs 1 bis 3 Stmk. BauG, § 27 Abs 1 und 6 TBO 2011, § 28 Abs 2 V-BauG sowie § 70 Abs 2 W-BO.

II. Ermittlungsverfahren, Sachverständige und Beweiswürdigung

3 Der Erlassung des Baubewilligungsbescheides hat gemäß § 56 AVG die Feststellung des maßgebenden Sachverhaltes voranzugehen.[1] Die Behörde hat gemäß § 39 Abs 2 AVG bei allen Verfahrensanordnungen auf möglichste Zweckmäßigkeit, Raschheit, Einfachheit und Kostenersparnis zu achten.[2] Zweck des Ermittlungsverfahrens ist gemäß § 37 AVG, den für die Erledigung einer Verwaltungssache maßgebenden Sachverhalt festzustellen und den Parteien Gelegenheit zur Geltendmachung ihrer Rechte und rechtlichen Interessen zu geben. Auf die Gewährung des Parteiengehörs ist größte Sorgfalt zu legen. Der maßgebliche Sachverhalt ist vollständig zu ermitteln.[3] Es ist gemäß § 16 eine mit einem Augenschein verbundene mündliche Verhandlung vorzunehmen.[4] Als Beweismittel kommt gemäß § 46 AVG alles in Betracht, was zur Feststellung des maßgebenden Sachverhaltes geeignet und nach Lage des einzelnen Falles zweckdienlich ist.[5] Tatsachen, die bei der Behörde of-

---

1 Ausführlich *Hengstschläger/Leeb*, AVG[2] § 56 Rz 89 ff mN.
2 *Hengstschläger/Leeb*, AVG[2] § 39 Rz 39 f mN; zu verbundenen Rechtssachen, Großverfahren und Umweltverträglichkeitsprüfungen siehe § 16 Rz 8.
3 Ausführlich *Hengstschläger/Leeb*, AVG[2] § 37 Rz 1 ff mN; auch zum Folgenden vgl *Hauer*, Nachbar[6] 112 ff; *Pallitsch/Pallitsch/Kleewein*, Baurecht[5] § 16 K-BO 1996 Anm 3.
4 Siehe § 16 Rz 3 ff.
5 *Hengstschläger/Leeb*, AVG[2] § 46 Rz 1 ff mN.

fenkundig sind, und solche, für deren Vorhandensein das Gesetz eine Vermutung aufstellt, bedürfen gemäß § 45 Abs 1 AVG keines Beweises.[6] Die Beweisaufnahme des LVwG Kärntens richtet sich nach § 46 VwGVG.

Die Aufnahme eines Beweises durch Sachverständige im Sinne von § 52 AVG ist notwendig, sofern zur Ermittlung des maßgebenden Sachverhaltes besondere Fachkenntnisse und Erfahrungen notwendig sind.[7] Dies wird in erster Linie von der Art des Vorhabens abhängen.[8] So wurde vom VwGH die Notwendigkeit eines Sachverständigen zB hinsichtlich der Fragen angenommen, ob ein tragfähiger Boden vorliegt,[9] eine landwirtschaftliche Intensivtierhaltung gemäß § 5 Abs 3 K-GplG 1995 vorliegt,[10] das Ortsbild nachteilig beeinflusst wird,[11] eine Hochwassergefahr durch Auflagen beseitigt werden kann[12], ob Schimmelbildung vorliegt und diese gesundheitsgefährdend ist[13] oder Emissionswerte eine örtlich unzumutbare Umweltbelastung mit sich bringen.[14] Auch „zur Klärung der Fragen der Immissionsbelastung durch Lärm hat sich die Behörde im Allgemeinen der Mithilfe von Sachverständigen, und zwar im Wesentlichen eines (lärm)technischen und eines medizinischen Sachverständigen, zu bedienen. Sache des lärmtechnischen Sachverständigen ist es, über das Ausmaß der zu erwartenden Lärmimmissionen Auskunft zu geben,[15] während es dem medizinischen Sachverständigen obliegt, sein Fachwissen hinsichtlich der Wirkungen dieser Immissionen auf den menschlichen Organismus darzu-

4

---

6 *Hengstschläger/Leeb*, AVG² § 45 Rz 2 ff mN.
7 Zum Ganzen ausführlich *Hengstschläger/Leeb*, AVG² § 52 Rz 1 ff mN; siehe insbesondere *Attlmayr/Walzel von Wiesentreu* (Hrsg), Handbuch des Sachverständigenrechts², 2015; siehe auch *Hauer*, SV 1995, Heft 1, 6 ff; *Lachmayer*, ZTR 2012, 74 ff und 134 ff; *Pürgy*, ZTR 2012, 5 ff; *Thoma*, SV 2015, 4 ff.
8 *Pallitsch/Pallitsch/Kleewein*, Baurecht⁵ § 16 K-BO 1996 Anm 4.
9 VwGH 29.8.1995, 94/05/0336.
10 VwGH VwSlg 18.280 A/2011; 24.4.2014, 2011/06/0137.
11 VwGH 24.3.1987, 87/05/0048; 6.3.1990, 89/05/0191; 31.1.2012, 2009/05/0023; 16.5.2013, 2010/06/0194; *Pabel*, RFG 2006, 182; siehe auch zu den Voraussetzungen des Gutachtens § 8 Rz 9 f.
12 VwGH 26.1.1995, 94/06/0228.
13 VwGH 20.1.1998, 97/05/0064.
14 VwGH 30.11.1999, 97/05/0330.
15 Siehe für ein Muster eines schalltechnischen Gutachtens *Wachter* in Attlmayr/Walzel von Wiesentreu (Hrsg), Sachverständigenrecht², 505 f, zu Gutachten über Immissionen bei Tiefgaragenrampen siehe VwGH 27.8.2014, 2012/05/0183.

legen."[16] Grundsätzlich kann ein hochbautechnischer Sachverständiger auch brandtechnische Fragen beurteilen.[17] Hingegen kann zB ohne Zuziehung eines Sachverständigen beurteilt werden, ob für die Errichtung einer Einfassungsmauer[18] oder eines überdachten Abstellplatzes[19] spezifische bautechnische Kenntnisse erforderlich sind und somit eine Baubewilligungspflicht besteht. In erster Linie sind gemäß 52 Abs 1 AVG die der Behörde beigegebenen oder zur Verfügung stehenden Amtssachverständige beizuziehen.[20] Sofern diese nicht zur Verfügung stehen oder es mit Rücksicht auf die Besonderheit des Falles geboten ist, kann die Behörde gemäß 52 Abs 2 AVG aber ausnahmsweise andere geeignete Personen als nichtamtliche Sachverständige heranziehen. Darüber hinaus können gemäß § 52 Abs 3 AVG nichtamtliche Sachverständige herangezogen werden, wenn davon eine wesentliche Beschleunigung des Verfahrens zu erwarten ist, die Beiziehung von demjenigen, über dessen Ansuchen das Verfahren eingeleitet wurde, angeregt wird und die daraus entstehenden Kosten einen von dieser Partei bestimmten Betrag voraussichtlich nicht überschreiten.[21] Erfolgt keine Heranziehung von Sachverständigen nach Maßgabe von § 52 AVG, sondern werden Privatgutachten anderer Sachverständiger von einer Partei vorgelegt, „so sind diese einer Überprüfung durch Sachverständige im Sinne des § 52 AVG zu unterziehen, wobei gegebenenfalls dann aber nicht noch ein (zusätzliches) Gutachten eines Sachverständigen im Sinne des § 52 AVG notwendig ist."[22] Aufgabe des Sachverständigen ist die Erstellung eines Gutachtens. Das Gutachten muss entsprechend den maßgebenden Fachkenntnissen abgefasst sein. Ausgehend von diesen Fachkenntnissen hat es ein hohes fachliches – aber nicht zwingend in jedem Fall wissenschaftliches – Niveau aufzuweisen, ist methodisch korrekt zu verfassen, sorgfältig zu begründen und muss den aktuellen Stand der Wissenschaft bzw Technik wiedergeben. Um die Schlüssigkeit, Widerspruchsfreiheit und Vollständigkeit des Gutachtens überprüfen zu können, müssen die – insbesondere fachlichen – Grundlagen, auf die sich

---

16 VwGH VwSlg 17.113 A/2007.
17 VwGH 26.9.2002, 2000/06/0075.
18 VwGH 18.10.1988, 88/05/0184.
19 VwGH 3.8.1995, 94/10/0001; 22.11.2005, 2005/05/0255.
20 *Attlmayr*, SV 2001, 54 ff; zum Ganzen *Hengstschläger/Leeb*, AVG² § 52 Rz 18 ff mN.
21 *Pürgy*, ZTR 2012, 8 ff.
22 VwGH 24.2.2015, 2013/05/0020.

das Gutachten stützt, und ihre konkrete Anwendung im Einzelfall in einer für den nicht Sachkundigen einsichtigen Weise offengelegt werden. Jedes Gutachten hat aus diesem Grund einen Befund zu enthalten, aus dem sich die Tatsachen, auf die sich das Gutachten stützt, ersichtlich sind, wie auch die Art, wie diese Tatsachen ermittelt wurden. Ausgehend von diesem Befund, hat der Sachverständige die fachliche Beurteilung schlüssig vorzunehmen.[23] Das Gutachten hat nur die Tatfrage – nicht die Rechtsfrage – zu beantworten.[24] In diesem Sinne hat auch die Behörde darauf zu achten, an den Sachverständigen nur Tatfragen und keine Rechtsfragen zu stellen. Den Parteien ist gemäß § 45 Abs 3 AVG Gelegenheit zu geben, vom Inhalt des Gutachtens Kenntnis und dazu binnen – auch zur Einholung eines Gegengutachtens – angemessener Frist Stellung zu nehmen.[25] Dies umfasst auch die Bekanntgabe des Namens und des Fachgebiets des Sachverständigen.[26] Die soeben dargestellten Regelungen des AVG für Sachverständige gelten gemäß § 17 VwGVG auch für das Verfahren vor dem LVwG Kärnten.[27] Dem LVwG Kärnten stehen gemäß § 15 K-LvwGG die bei den Dienststellen des Landes Kärntens tätigen Amtssachverständigen zur Verfügung.[28] Dagegen bestehen keine verfassungsrechtlichen Bedenken.[29]

Die Behörde hat gemäß § 45 Abs 2 AVG nach dem Grundsatz der freien **5** Beweiswürdigung unter sorgfältiger Berücksichtigung der Ergebnisse des Ermittlungsverfahrens nach freier Überzeugung zu beurteilen, ob eine Tatsache als erwiesen anzunehmen ist oder nicht.[30] Alle Beweismit-

---

23 VwGH 22.9.1992, 92/05/0047; siehe auch VwGH 18.9.1990, 90/05/0086.
24 Zum Ganzen ausführlich *Hengstschläger/Leeb*, AVG² § 52 Rz 56 ff mN; *Attlmayr* in Attlmayr/Walzel von Wiesentreu, Sachverständigenrecht² Rz 7.001 ff; zu den Schwierigkeiten der Abgrenzung zwischen Tatfrage und Rechtsfrage *Pürgy*, ZTR 2012, 13 f.
25 VwGH 18.12.1986, 84/06/0109; 22.12.2015, 2013/06/0147; *Hengstschläger/Leeb*, AVG² § 45 Rz 23 ff mN; zu den Auswirkungen von Verfahrens- und Gutachtensmängel *Hinterwirth*, SV 2011, 185 ff.
26 VwGH 30.6.2015, 2012/06/0097.
27 Zum Ganzen ausführlich *Attlmayr/Primosch* in Attlmayr/Walzel von Wiesentreu, Sachverständigenrecht² Rz 7.001 ff; siehe auch *Pürgy*, ÖJZ 2014, 389 ff; *Schiffkorn*, ZVG 2014, 216 ff; *Thoma*, SV 2015, 8 f; kritisch *Krammer*, SV 2013, 127 ff.
28 *Pürgy*, ÖJZ 2014, 391 f.
29 VfGH VfSlg 19.902/2014 = SV 2015, 31 *(Attlmayr)*; siehe auch *Merli*, ZfV 2015, 28 ff.
30 Zum Ganzen *Hengstschläger/Leeb*, AVG² § 45 Rz 8 ff mN; siehe auch *Hauer*, SV 1995, Heft 1, 6 ff.

tel sind gleichwertig, eine Rangordnung besteht nicht. Dies gilt auch für Sachverständigengutachten, nicht nur im Verhältnis zu anderen Beweismitteln, sondern auch für das Verhältnis zwischen einem Gutachten eines Amtssachverständigen und einem Privatgutachten.[31] Einem Gutachten muss auf gleicher fachlicher Ebene entgegengetreten werden, dh ein von einem befugten Sachverständigen erstelltes, mit den Erfahrungen des täglichen Lebens und den Denkgesetzen nicht in Widerspruch stehendes Gutachten kann in seiner Beweiskraft nur durch ein gleichwertiges Gutachten bekämpft werden.[32] Es ist nicht ausreichend, wenn sich die Partei lediglich selbst auf Angaben eines Sachverständigen stützt.[33] „Widersprüche zu den Erfahrungen des Lebens und zu den Denkgesetzen können aber auch ohne sachverständige Untermauerung aufgezeigt werden. Auch Hinweisen auf die Ergänzungsbedürftigkeit des Gutachtens muss nachgegangen werden."[34] Die Behörde hat ein Gutachten auf Richtigkeit, Vollständigkeit und Schlüssigkeit zu prüfen.[35] Insbesondere bei widersprechenden Gutachten, ist von der Behörde schlüssig darzulegen, warum sie einem Gutachten folgt.[36] „Der bloße Umstand, dass Sachverständige zu verschiedenen Ergebnissen kommen, macht an sich weder das eine noch das andere Sachverständigengutachten unglaubwürdig."[37] Kann die Behörde nicht darlegen, warum sie einem Gutachten folgt, so kann sie den von ihr bestellten Sachverständigen auffordern, sich mit den Aussagen des anderen Gutachtens im Detail auseinanderzusetzen, um zu einer schlüssigen Beurteilung zu kommen.[38] Diese Vorgaben gelten gemäß § 17 VwGVG auch für das Verfahren vor dem LVwG Kärnten.[39]

---

31 VwGH 22.9.1992, 92/05/0047; 20.2.2014, Ro 2014/09/0004; 4.8.2015, 2012/06/0139.
32 Ständige Rechtsprechung, siehe zuletzt VwGH 14.5.2014, Ro 2014/06/0011; 12.8.2014, 2011/06/0063; 22.12.2015, 2013/06/0147; 14.4.2016, 2013/06/0008 Rz 30.
33 VwGH 27.8.2014, 2012/05/0183.
34 VwGH 12.8.2014, 2011/06/0063; 22.12.2015, 2013/06/0147; 14.4.2016, 2013/06/0008 Rz 31.
35 VwGH 27.4.1999, 98/05/0239; 4.8.2015, 2012/06/0126; 6.3.1990, 89/05/0191.
36 VwGH 16.9.2003, 2002/05/0040; 3.5.2012, 2010/06/0185; 4.8.2015, 2012/06/0139; zum Ganzen *Hengstschläger/Leeb*, AVG[2] § 45 Rz 8 ff mN und § 52 Rz 56 ff mN; *Pallitsch/Pallitsch/Kleewein*, Baurecht[5] § 17 K-BO 1996 Anm 3.
37 VwGH 4.8.2015, 2012/06/0139.
38 Gegebenenfalls ist neuerlich Parteiengehör zu gewähren, VwGH 4.8.2015, 2012/06/0139.
39 VwGH 10.12.2014, Ro 2014/09/0056.

III. Erteilung der Baubewilligung

A. Allgemeines

Das Baubewilligungsverfahren ist ein Projektgenehmigungsverfahren.[40] Dh im Baubewilligungsverfahren ist der im Antrag zur Erteilung der Baubewilligung[41] zum Ausdruck gebrachte Bauwille des Bewilligungswerbers entscheidend.[42] Gegenstand des Verfahrens ist somit das im Antrag dargestellte Vorhaben.[43] Dies gilt auch für einen nachträglichen Antrag zur Erteilung der Baubewilligung für eine konsenslos errichtete bauliche Anlage.[44] Die Art des Vorhabens folgt den Tatbeständen des § 6 (zB Errichtung eines Gebäudes; Änderung einer baulichen Anlage etc).[45] Die Lage ergibt sich insbesondere aus dem Lageplan,[46] dh durch die Katastralgemeinde, die Grundstücksnummer, die Adresse sowie den Abständen zu den Grundstücksgrenzen. Der Umfang bestimmt sich aus der Beschreibung,[47] dh insbesondere aus der Größe der überbauten Fläche, der Bruttogeschoßflächenzahl oder zB bei Änderung der Verwendung durch die Angabe der Anzahl und Größe der betroffenen Räume. Die Form wird durch den Bauplan festgelegt.[48] Durch die Angabe der Verwendung in der Beschreibung[49] wird eine Prüfung der Übereinstimmung mit dem Flächenwidmungsplan ermöglicht. Dabei darf sich die Behörde allerdings, wenn die Situierung oder die geplante Ausstattung eine andere Verwendung erkennen lassen,

6

---

40 VwGH VwSlg 12.422 A/1987; 18.6.1991, 90/05/0193; 23.2.1999, 97/05/0269; 26.4.2000, 99/05/0289; 3.4.2003, 2001/05/0024; 20.7.2004, 2001/05/1083; 9.11.2004, 2002/05/0009; 31.3.2005, 2003/05/0178; 28.4.2006, 2005/05/0296; 19.9.2006, 2005/05/0147; 28.10.2008, 2008/05/0073; 16.9.2009, 2007/05/0033; 28.9.2010, 2009/05/0316; 23.11.2009, 2008/05/0111; 23.11.2009, 2008/05/0173; 19.3.2015, 2013/06/0019; *Hauer*, Nachbar[6] 91 f.
41 Siehe § 9 Rz 3 ff.
42 VwGH 28.4.2006, 2005/05/0296; 28.10.2008, 2008/05/0073; 23.11.2009, 2008/05/0173; VwSlg 17.837 A/2010; 21.5.2015, 2013/06/0176; 30.9.2015, 2013/06/0245.
43 VwGH 26.4.2000, 99/05/0289; 3.4.2003, 2001/05/0024; 9.11.2004, 2002/05/0009; 28.4.2006, 2005/05/0296; 28.10.2008, 2008/05/0073; 23.11.2009, 2008/05/0111; 12.12.2013, 2013/06/0064.
44 VwGH 23.11.2009, 2008/05/0111; 30.9.2015, 2013/06/0245.
45 Vgl *Pallitsch/Pallitsch/Kleewein*, Baurecht[5] § 17 K-BO 1996 Anm 4.
46 Vgl § 6 Abs 2 K-BAV; die K-BAV ist unter 1.1 abgedruckt.
47 Vgl § 6 Abs 4 K-BAV; die K-BAV ist unter 1.1 abgedruckt.
48 Vgl § 6 Abs 3 K-BAV; die K-BAV ist unter 1.1 abgedruckt.
49 Vgl § 6 Abs 4 lit a K-BAV; die K-BAV ist unter 1.1 abgedruckt.

nicht nur auf die Bezeichnung der Verwendung im Einreichplan stützen. In diesem Fall hat die Behörde, gegebenenfalls nach Vornahme weiterer Ermittlungen, in der Begründung des Bescheides darzulegen, aus welchen Gründen sie von einer bestimmten Verwendung ausgeht.[50] Da es sich um ein Projektgenehmigungsverfahren handelt, ist indes zB ohne Bedeutung, ob andere konsenslos errichtete bauliche Anlagen bestehen,[51] die bereits in der Natur hergestellten Ausführungen[52] bzw die Bauausführung im Allgemeinen,[53] wer den Antrag stellt,[54] in wessen Eigentum die bauliche Anlage in Hinkunft stehen wird,[55] die Zahl der Bewilligungswerber und deren Rechtsverhältnisse untereinander,[56] ob dem Vorhaben Fördermittel zur Verfügung stehen,[57] ob das Vorhaben eventuell nicht verwirklicht werden kann,[58] ob die Absicht zu vermuten ist, dass das Projekt anders errichtet oder verwendet werden soll als eingereicht,[59] oder ob ein Bedarf für das Vorhaben besteht[60].

7 Die Parteistellung im Baubewilligungsverfahren stellt ihrer Rechtsnatur nach nicht auf die persönlichen Eigenschaften der natürlichen oder juristischen Person ab, sondern auf die Eigenschaft der unbeweglichen Sachen, dh auf die Eigenschaft als Baugrundstück, angrenzendes Grundstück, im Einflussbereich des Vorhabens liegendes Grundstück, angrenzendes Wohnungseigentums- oder Zubehörobjekt etc.[61] Ausdrücklich ist gemäß § 17 Abs 5 bis zur Erteilung der Baubewilligung ein Wechsel des Antragstellers möglich, sofern der Nachweis der privatrechtlichen Berechtigung zur Durchführung des Vorhabens erbracht wird. Dieser Nachweis wird in erster Linie durch einen Beleg über das

---

50 VwGH 19.11.1996, 96/05/0169; 29.1.2008, 2006/05/0282; 28.10.2008, 2008/05/0073.
51 VwGH VwSlg 12.422 A/1987; 3.4.2003, 2001/05/0024; 23.11.2009, 2008/05/0173.
52 VwGH 26.4.2000, 99/05/0289; 9.11.2004, 2002/05/0009; 19.3.2015, 2013/06/0019.
53 VwGH 28.9.1999, 99/05/0177; 31.3.2005, 2003/05/0178.
54 VwGH 27.6.1979, 0932/77; 31.3.2005, 2003/05/0178.
55 VwGH 28.4.2006, 2005/05/0296.
56 VwGH 24.11.1981, 81/05/0106.
57 VwGH 20.6.2013, 2012/06/0050.
58 VwGH 27.2.2015, 2012/06/0049.
59 VwGH 27.2.2015, 2012/06/0049; davon ist zu unterscheiden, ob die Situierung oder die geplante Ausstattung eine andere Verwendung als die Bezeichnung im Einreichplan erkennen lassen, siehe zuvor.
60 VwGH 15.1.1985, 84/05/0185.
61 Zu einem Wechsel in der Anrainerstellung siehe § 23 Rz 4.

Grundeigentum im Sinne des § 10 Abs 1 lit a oder einen Beleg über die Zustimmung der Eigentümer im Sinne des § 10 Abs 1 lit b und c erfolgen.[62] Es ist allerdings zu beachten, dass ausdrücklich auf die privatrechtliche Berechtigung abgestellt wird und somit die Ausnahme für Vorhaben innerhalb eines Wohnungseigentums- oder Zubehörobjektes gemäß § 2 Abs 2 und 3 WEG 2002 nicht besteht. Indes bedarf es meiner Ansicht nach keiner Zustimmung des bisherigen Antragstellers, wiederum weil in § 17 Abs 5 – im Gegensatz zu den einschlägigen Entscheidungen des VwGH –[63] ausdrücklich nur der Nachweis der privatrechtlichen Berechtigung zur Durchführung des Vorhabens verlangt wird.[64] Für eine Rechtsnachfolge in die Parteistellung des Antragstellers bedarf es aber einer entsprechenden Prozesserklärung.[65] Ein automatischer Eintritt in das Verfahren erfolgt – auch bei Rechtsnachfolge im Grundeigentum[66] – nicht, da ausdrücklich nur ein Recht, in das Verfahren als Partei einzutreten, normiert ist. Der Rechtsnachfolger muss bei Eintritt in das Verfahren alle Verfahrenshandlungen und -unterlassungen des Rechtsvorgängers gegen sich gelten lassen.[67]

B. Voraussetzungen nach § 17 Abs 1

Für alle Vorhaben ist gemäß § 17 Abs 1 Voraussetzung der Bewilligung, dass öffentliche Interessen, insbesondere solche der Sicherheit, der Gesundheit, der Energieersparnis, des Verkehrs, des Fremdenverkehrs sowie der Erhaltung des Landschaftsbildes oder des Schutzes des Ortsbildes nicht entgegenstehen.[68] Die Formulierung bedeutet aber nicht, dass die Behörde zu prüfen hätte, ob das Vorhaben allen öffentlichen Interessen entspricht. Die Prüfungsbefugnis umfasst nur die Wahrung von öffentlichen Interessen, die sich aus baurechtlichen Bestimmungen ergeben.[69] Dies sind in erster Linie die K-BO 1996 und die K-BV in-

8

---

62 Siehe § 10 Rz 3 ff.
63 ZB VwGH 10.6.1999, 96/07/0209.
64 AA *Pallitsch/Pallitsch/Kleewein*, Baurecht[5] § 17 K-BO 1996 Anm 24.
65 VwGH 24.4.1997, 96/06/0284; 23.1.2007, 2003/06/0039; *Giese*, Baurecht § 7 Baupolizeigesetz Anm 9.
66 Vgl VwGH 19.5.2015, 2013/05/0128.
67 VwGH 29.8.1995, 94/05/0222; 24.4.1997, 96/06/0284.
68 Kritisch zur Formulierung *Krzizek*, System II 174 f.
69 VwGH 24.2.1998, 97/05/0307; 25.2.2005, 2003/05/0088; VwSlg 17.837 A/2010; *Pallitsch/Pallitsch/Kleewein*, Baurecht[5] § 17 K-BO 1996 Anm 3.

klusive der Durchführungsverordnungen.[70] Es handelt sich um keine Ermessensentscheidung.[71] Bei der Beantwortung der Frage, ob dem Vorhaben öffentliche Interessen entgegenstehen, sind privatrechtliche Vereinbarungen nicht zu berücksichtigen.[72]

9 Die Behörde hat zu prüfen, ob dem Vorhaben öffentliche Interessen der Sicherheit entgegenstehen. So ist zB die Standsicherheit gemäß § 26[73] iVm § 1 Abs 2 lit a K-BV eine bautechnische Anforderungen an bauliche Anlagen.[74] Gleiches gilt gemäß § 27[75] iVm Art 3 VO (EU) Nr 305/2011[76] auch für die wesentlichen Merkmale von Bauprodukten. Gebäude und sonstige bauliche Anlagen dürfen gemäß § 3 K-BV grundsätzlich nicht auf Grundstücken errichtet werden, die sich im Hinblick auf die Bodenbeschaffenheit, die Grundwasserverhältnisse oder wegen einer Gefährdung durch Hochwässer, Lawinen, Steinschlag oder wegen ähnlicher Gefahren für eine Bebauung nicht eignen. Weiters ist der Abstand oberirdischer Gebäude und baulicher Anlagen voneinander und von der Grundstücksgrenze gemäß § 4 K-BV so festzulegen, dass Interessen der Sicherheit nicht verletzt werden. Bauliche Anlagen sind gemäß § 17 Abs 1 K-BV auch so zu planen und auszuführen, dass bei der Brandbekämpfung die Sicherheit der Lösch- und der Rettungskräfte weitestgehend gewährleistet ist und wirksame Löscharbeiten möglich sind. Gemäß § 23 Abs 1 K-BV sind Abgase von Feuerstätten unter Berücksichtigung der Art der Feuerstätte und des Brennstoffes so ins Freie abzuführen, dass die Sicherheit von Personen nicht gefährdet wird. Schlussendlich sind im Interesse der Sicherheit gemäß § 18 Abs 3, 7 und 9 durch entsprechende Auflagen Gefährdungen durch Lawinen, Hochwasser oder Steinschlag in Gefahrenzonen hintanzuhalten sowie Auflagen zur Überprüfung von Anlagen festzule-

---

70 VwGH VwSlg 17.837 A/2010.
71 VwGH 24.3.1987, 87/05/0048.
72 VwGH 31.3.2005, 2004/05/0325.
73 Siehe § 26 Rz 3 f.
74 Vgl *Pallitsch/Pallitsch/Kleewein*, Baurecht[5] § 17 K-BO 1996 Anm 10.
75 Siehe § 27 Rz 3 f.
76 Die VO (EU) Nr 305/2011 ist unter Punkt 4 abgedruckt.

gen.[77] Kinderspielplätze haben gemäß § 18 Abs 5 nach ihrer Lage der Sicherheit der Kinder Rechnung zu tragen.[78]

Die Behörde hat zu prüfen, ob dem Vorhaben öffentliche Interessen der Gesundheit entgegenstehen. So ist die Gesundheit zB gemäß § 26[79] iVm § 1 Abs 2 lit c K-BV und § 18 K-BV eine bautechnische Anforderungen an bauliche Anlagen.[80] Gleiches gilt gemäß § 27[81] iVm Art 3 VO (EU) Nr 305/2011[82] auch für die wesentlichen Merkmale von Bauprodukten. Die Abstände zwischen baulichen Anlagen sind nach § 6, § 8, § 9 und § 10 K-BV so festzulegen, dass Interessen der Gesundheit nicht entgegenstehen. Bauliche Anlagen sind gemäß § 12 K-BV so zu planen und auszuführen, dass sie den Anforderungen des Brandschutzes entsprechen und der Gefährdung der Gesundheit durch Brand vorgebeugt wird. Abflüsse sind gemäß § 21 K-BV so zu sammeln, Abgase von Feuerstätten sind gemäß § 23 Abs 1 K-BV so ins Freie abzuführen, bauliche Anlagen sind gemäß § 27 Abs 1 und 3 K-BV hinsichtlich Immissionen und Emissionen aus dem Untergrund so zu planen, Aufenthaltsräume sind gemäß § 28 Abs 1 K-BV so zu belichten, das Fußbodenniveau der Räume gegenüber dem Gelände und die Raumhöhe sind gemäß § 30 K-BV so zu planen, dass keine Interessen der Gesundheit verletzt werden. Auch durch Trinkwasser nach § 26 Abs 2 und 3 K-BV oder Lüftungsanlagen nach § 29 K-BV darf die Gesundheit nicht gefährdet werden. Bauliche Anlagen, in denen gefährliche Stoffe gelagert werden, müssen gemäß § 31 K-BV so ausgeführt sein, dass eine Gefährdung der Gesundheit verhindert wird, und bauliche Anlagen sind gemäß § 32 K-BV iVm § 33 bis § 38 K-BV so zu planen und auszuführen, dass bei ihrer Nutzung Unfälle vermieden werden, durch die die Gesundheit gefährdet wird. Ebenso sind bauliche Anlagen gemäß § 40 Abs 1 K-BV so zu planen und auszuführen, dass gesunde, normal empfindende Personen, die sich in der baulichen Anlage aufhalten oder sich in einer unmittelbar anschließenden baulichen Anlage aufhalten, weder durch bei bestimmungsgemäßer Verwendung auftretenden Schall und Erschütte-

---

77 Siehe § 18 Rz 12 ff; insofern reicht es nicht aus, das Vorhaben, nur weil es in einer Roten Gefahrenzone eines Gefahrenzonenplanes liegt, zu versagen; *Khakzadeh*, ZfV 2003, 152; vgl im Zusammenhang mit Baulandwidmungen VfGH VfSlg 19.907/2014.
78 Siehe § 18 Rz 16.
79 Siehe § 26 Rz 3 f.
80 Vgl *Pallitsch/Pallitsch/Kleewein*, Baurecht⁵ § 17 K-BO 1996 Anm 11.
81 Siehe § 27 Rz 3 f.
82 Die VO (EU) Nr 305/2011 ist unter Punkt 4 abgedruckt.

rungen noch durch Schallimmissionen von außen in ihrer Gesundheit gefährdet werden. Schlussendlich sind im Interesse der Gesundheit gemäß § 18 Abs 7 bis 9 entsprechende Auflagen zur Überprüfung von Anlagen, zum Zeitpunkt der Durchführung des Vorhabens und zur Abwasserbeseitigung festzulegen.[83]

11 Die Behörde hat zu prüfen, ob dem Vorhaben öffentliche Interessen der Energieersparnis entgegenstehen. So ist die Energieeinsparung zB gemäß § 26[84] iVm § 1 Abs 2 lit f K-BV eine bautechnische Anforderung an bauliche Anlagen.[85] Gleiches gilt gemäß § 27[86] iVm Art 3 VO (EU) Nr 305/2011[87] auch für die wesentlichen Merkmale von Bauprodukten. Bauliche Anlagen sind gemäß § 43 K-BV so zu planen und auszuführen, dass die bei der Verwendung benötigte Energiemenge nach dem Stand der Technik begrenzt wird. Vor Baubeginn ist die technische, ökologische und wirtschaftliche Realisierbarkeit des Einsatzes von hocheffizienten alternativen Systemen, zB Wärmepumpen, sofern verfügbar, zu prüfen. Insbesondere bei Errichtung von Gebäuden ist ein Energieausweis zu erstellen. Gemäß § 50b K-BV sind mit 1.1.2021 alle neuen Gebäude, die nach ihrem Verwendungszweck beheizt und gekühlt werden, als Niedrigstenergiegebäude auszuführen. Neue Gebäude für öffentliche Zwecke (zB Behörden, Ämter, Heime, Krankenanstalten) sowie neue Gebäude für Heime, Kindergärten, Sozial- und Bildungseinrichtungen sind bereits nach dem 31.12.2018 als Niedrigstenergiegebäude auszuführen, wenn sie mit Mitteln einer Gebietskörperschaft oder mit Unterstützung aus Fördermitteln einer Gebietskörperschaft errichtet werden. Schlussendlich ist im Interesse der Energieersparnis gemäß § 18 Abs 2 durch entsprechende Auflagen sicherzustellen, dass in Gebäuden, die nicht industriellen Zwecken dienen, eine wirtschaftlich vertretbare Wärmeisolierung des Verteiler- und Speichersystems sowohl für den Wärmeträger als auch für das Warmwasser gewährleistet ist.[88] Hinzuweisen ist auch auf die landesverfassungsrechtliche Staatszielbestimmung des § 7c K-LVG,[89] in der sich das

---

83 Siehe § 18 Rz 17 f.
84 Siehe § 26 Rz 3 f.
85 Vgl *Pallitsch/Pallitsch/Kleewein*, Baurecht⁵ § 17 K-BO 1996 Anm 12.
86 Siehe § 27 Rz 3 f.
87 Die VO (EU) Nr 305/2011 ist unter Punkt 4 abgedruckt.
88 Siehe § 18 Rz 11.
89 Siehe dazu ErlRV -2V-LG-1437/12-2011, 1 f.

5. Abschnitt – Baubewilligung § 17

Land Kärnten zum Klimaschutz, zur verstärkten Deckung des Energiebedarfs aus erneuerbaren Energiequellen und zu deren nachhaltiger Nutzung, sowie zur Steigerung der Energieeffizienz bekennt.

Die Behörde hat zu prüfen, ob dem Vorhaben öffentliche Interessen des Verkehrs und des Fremdenverkehrs entgegenstehen. Der Begriff Fremdenverkehr umfasst die Gesamtheit aller Erscheinungen und Beziehungen, die mit dem Verlassen des üblichen Lebensmittelpunktes und dem Aufenthalt an einer anderen Destination bzw dem Bereisen einer anderen Region verbunden sind.[90] Für den Begriff Verkehr ist erstens an den öffentlichen Verkehr auf Straßen zu denken. Dh den Verkehr auf Straßen, die von jedermann unter den gleichen Bedingungen benützt werden können.[91] Umfasst ist aber zB auch der Eisenbahnverkehr, der Luftverkehr oder der Schiffsverkehr. So sind im Interesse des Verkehrs und des Fremdenverkehrs gemäß § 18 Abs 8 Auflagen zum Zeitpunkt der Durchführung des Vorhabens festzulegen.[92] Im Interesse des Verkehrs sind gemäß § 18 Abs 5 durch Auflagen auch entsprechende Garagen, Stellplätze und Elektrotankstellen für Kraftfahrzeuge anzuordnen.[93] Bei Gebäuden mit mehr als vier Wohnungen müssen gemäß § 45 Abs 5 K-BV entsprechend der Zahl der Wohnungen leicht zugängliche, geeignete Abstellplätze für Fahrräder vorgesehen werden. **12**

Die Behörde hat zu prüfen, ob dem Vorhaben Interessen des Landschaftsbildes oder des Schutzes des Ortsbildes entgegenstehen. Dies ergibt sich in erster Linie aus den Bestimmungen des K-OBG.[94] So hat die Gemeinde im eigenen Wirkungsbereiches gemäß § 1 Abs 1 K-OBG bei allen ihnen nach Landesgesetzen obliegenden Aufgaben, insbesondere solchen nach der K-BO 1996, für die Pflege des erhaltenswerten Ortsbildes zu sorgen, es unter Bedachtnahme auf die technische und ökonomische Entwicklung sowie auf die örtliche Bautradition zu bewahren und für die Schaffung eines erhaltenswerten Ortsbildes zu sorgen. Das Ortsbild umfasst gemäß § 2 K-OBG das Bild eines Ortes oder von Tei- **13**

---

90 Vgl Gabler Wirtschaftslexikon[18].
91 Vgl § 1 StVO; eine solche Auslegung anhand einer bundesgesetzlichen Bestimmung findet sich auch in VwGH 9.3.1993, 92/06/0226; siehe auch *Potacs*, Auslegung 84 f und 90 f mwN.
92 *Pallitsch/Pallitsch/Kleewein*, Baurecht[5] § 17 K-BO 1996 Anm 13 und 14; siehe § 18 Rz 20 f.
93 Siehe § 18 Rz 16.
94 VwGH 24.3.1987, 87/05/0048; das K-OBG ist einschließlich der Erläuterungen unter Punkt 3 abgedruckt.

len davon, das vorwiegend durch Gebäude, sonstige bauliche Anlagen, Grünanlagen, Gewässer, Schlossberge uä geprägt wird, und zwar unabhängig davon, ob die Betrachtung von innen oder von einem Standpunkt außerhalb des Ortes erfolgt. Das Ortsbild umfasst auch den charakteristischen Ausblick auf Ausschnitte der umgebenden Landschaft. Die Bestimmungen des K-OBG gelten aber gemäß § 3 K-OBG nur für den Ortsbereich, das ist der Bereich der geschlossenen Siedlungen und der zum Siedlungsbereich gehörigen besonders gestalteten Flächen, wie Vorgärten, Haus- und Obstgärten. Es sind nicht nur wesentliche Störungen des Ortsbildes beachtlich,[95] aber nicht jegliche von der optimalen ästhetischen Lösung abweichende Gestaltung einer baulichen Anlage bedeutet, dass dem Vorhaben Interessen der Erhaltung des Landschaftsbildes entgegenstehen.[96] Da der Schutz der freien Landschaft im Sinne des § 5 Abs 1 K-NSG nicht zum eigenen Wirkungsbereich der Gemeinden zählt, ist auf Grundlage einer verfassungskonformen Interpretation davon auszugehen, dass die Erhaltung des Landschaftsbildes nur insofern Prüfungsmaßstab ist, als es sich um den örtlichen Landschaftsschutz handelt, weil es zu einer Wechselwirkung zwischen dem Ortsbild und dem Landschaftsbild kommt.[97] Insofern hat auch der VfGH keine verfassungsrechtlichen Bedenken gegen diese Bestimmungen.[98] Darüber hinaus sind die Abstände zwischen baulichen Anlagen nach § 6, § 8, § 9 und § 10 K-BV so festzulegen, dass Interessen des Ortsbildschutzes nicht entgegenstehen. Schlussendlich sind im Interesse des Ortsbildschutzes gemäß § 18 Abs 8 entsprechende Auflagen zum Zeitpunkt der Durchführung des Vorhabens festzulegen.[99] Ebenso zu beachten sind die Bestimmungen zur Ortsbildpflegekommission gemäß § 8.[100] Hinzuweisen ist auch auf die landesverfassungsrechtliche Staatszielbestimmung des § 7a Abs Z 4 K-LVG,[101] nach der das Land Kärnten

---

95 VwGH 11.6.1981, 1737/79; 24.3.1987, 87/05/0048.
96 VwGH 11.6.1981, 1737/79.
97 VfGH VfSlg 6186/1970; VfSlg 8944/1980.
98 VfGH VfSlg 9943/1984; so sah sich auch der VwGH 11.6.1981, 1737/79, und 3.5.2012, 2010/06/0185, bei Anwendung von § 13 Abs 2 lit c bzw § 9 Abs 2 lit d K-BO 1969 nicht gezwungen, einen Antrag auf Grund verfassungsrechtlicher Bedenken gemäß Art 140 Abs 1 Z 1 lit a B-VG an den VfGH zu stellen; *Pallitsch/Pallitsch/Kleewein*, Baurecht[5] § 13 K-BO 1996 Anm 4.
99 Siehe § 18 Rz 20 f.
100 Vgl *Pallitsch/Pallitsch/Kleewein*, Baurecht[5] § 17 K-BO 1996 Anm 16.
101 Diese Bestimmung entspricht dem Kärntner Umwelt-Verfassungsgesetz, LGBl 1986/42; dazu siehe ErlRV Verf-73/5/1986.

und die Gemeinden im Rahmen ihres Wirkungsbereiches das umweltpolitische Ziel einzuhalten haben, dass die Eigenart und die Schönheit der Kärntner Landschaft sowie die charakteristischen Landschafts- und Ortsbilder Kärntens bewahrt werden.

Indes zählt § 17 Abs 1 die öffentlichen Interessen, die Voraussetzung der Erteilung der Baubewilligung sind, nur beispielhaft auf. So zählen zu den öffentlichen Interessen insbesondere auch die weiteren bautechnische Anforderungen an bauliche Anlagen gemäß § 1 Abs 2 K-BV. Dies sind – jeweils iVm § 26[102] – die mechanische Festigkeit gemäß § 1 Abs 2 lit a K-BV iVm § 11 K-BV, der Brandschutz gemäß § 1 Abs 2 lit b iVm §§ 12 bis 17 K-BV, die Hygiene und der Umweltschutz gemäß § 1 Abs 2 lit c K-BV iVm § 18 bis § 31 K-BV, die Nutzungssicherheit und die Barrierefreiheit gemäß § 1 Abs 2 lit d K-BV iVm § 32 bis § 39 K-BV, der Schallschutz gemäß § 1 Abs 2 lit e K-BV iVm § 40 bis § 42 K-BV und der Wärmeschutz gemäß § 1 Abs 2 lit f K-BV iVm § 43 K-BV. Gleiches gilt gemäß § 27[103] iVm Art 3 VO (EU) Nr 305/2011[104] auch für die wesentlichen Merkmale von Bauprodukten. Selbstverständlich zählt zu den öffentlichen Interessen auch der Schutz des Lebens, so sind zB bauliche Anlagen so zu planen und auszuführen, dass gemäß § 12 K-BV sie unter Berücksichtigung ihres Verwendungszweckes den Anforderungen des Brandschutzes entsprechen und der Gefährdung von Leben von Personen durch Brand vorgebeugt wird und dass gemäß § 32 K-BV bei ihrer Nutzung Unfälle vermieden werden, durch die das Leben von Personen gefährdet werden. Hinzuweisen ist auch auf die landesverfassungsrechtliche Staatszielbestimmung für Umweltschutz nach § 7a K-LVG. Das Land Kärnten und die Gemeinden haben ua gemäß § 7a Abs 2 Z 7 K-LVG im Rahmen ihres Wirkungsbereiches das umweltpolitische Ziel einzuhalten, dass schädlicher und störender Lärm eingedämmt wird.

Ein weiteres zu prüfendes öffentliches Interesse ergibt sich aus der RL 2012/18/EU zur Beherrschung der Gefahren schwerer Unfälle mit gefährlichen Stoffen (Seveso-III-RL). Gemäß Art 13 Abs 2 lit a RL 2012/18/EU sorgen die Mitgliedstaaten dafür, „dass in ihrer Politik der Flächenausweisung oder Flächennutzung oder anderen einschlägigen Politiken sowie den Verfahren für die Durchführung dieser Politiken

---
102 Siehe § 26 Rz 3 f.
103 Siehe § 27 Rz 3 f.
104 Die VO (EU) Nr 305/2011 ist unter Punkt 4 abgedruckt.

langfristig dem Erfordernis Rechnung getragen wird, dass zwischen den unter diese Richtlinie fallenden Betrieben einerseits und Wohngebieten, öffentlich genutzten Gebäuden und Gebieten, Erholungsgebieten und – soweit möglich – Hauptverkehrswegen andererseits ein angemessener Sicherheitsabstand gewahrt bleibt." Nach der Rechtsprechung des EuGH[105] sind die Voraussetzungen des Art 13 Abs 2 lit a RL 2012/18/EU nicht nur auf der raumordnungsrechtlichen Planungsebene zu berücksichtigen, sondern auch im Rahmen des baurechtlichen Genehmigungsverfahrens. Auf Grundlage einer richtlinienkonformen Interpretation bedeutet dies, dass die Behörde die Baubewilligung gemäß § 17 Abs 1 nur zu erteilen hat, wenn dem Vorhaben keine öffentlichen Interessen der Beherrschung der Gefahren schwerer Unfälle mit gefährlichen Stoffen, dh ein angemessener Sicherheitsabstand zwischen entsprechenden Betrieben einerseits und Wohngebieten, öffentlich genutzten Gebäuden und Gebieten, Erholungsgebieten und – soweit möglich – Hauptverkehrswegen andererseits gewahrt bleibt. Umfasst sind sowohl die Errichtung eines entsprechenden Betriebes als auch das Heranrücken baulicher Anlagen an solche Betriebe.[106]

16 Entspricht das Vorhaben den Voraussetzungen des § 17 Abs 1 nicht, sind diese gemäß § 18 Abs 1 durch Auflagen herzustellen. Allerdings darf das Vorhaben durch solche Auflagen in seinem Wesen nicht verändert werden.[107]

C. Voraussetzungen nach § 17 Abs 2

17 Die Voraussetzungen des § 17 Abs 2 sind nur bei Vorhaben gemäß § 6 lit a bis c[108] zu prüfen, also auch bei einer Änderung der Verwendung von Gebäuden und Gebäudeteilen[109]. Da § 17 Abs 2 als Voraussetzung der Bewilligung ua auf § 13 Abs 2 abstellt, entbindet ein für den Bewilligungswerber positiver Ausgang des Vorprüfungsverfahrens die Behörde nicht von der Verpflichtung, im weiteren Baubewilligungsver-

---

105 EuGH 15.9.2011, C-53/10; das Urteil erging zwar noch zu Art 12 Abs 1 RL 96/82/EG, die Bestimmung wurde aber insofern unverändert in die RL 2012/18/EU übernommen.
106 Zum Ganzen siehe die Urteilsanmerkungen *Hellriegel*, EuZW 2011, 873; *Klepper*, IBR 2011, 666; *Schmitt/Kreutz*, NVwZ 2012, 483 ff; *Lau*, DVBl 2012, 678 ff.
107 Siehe § 18 Rz 3 ff.
108 Siehe § 6 Rz 7 f.
109 Dazu ErlRV Verf-133/6/1967, 17 f.

fahren auch die Übereinstimmung des Vorhabens mit § 13 Abs 2 neu zu prüfen.[110] Die Prüfungsbefugnis umfasst auch im Anwendungsbereich des § 17 Abs 2 nur die Wahrung von öffentlichen Interessen, die sich aus baurechtlichen Bestimmungen ergeben.[111] Bei der Beantwortung der Frage, ob dem Vorhaben öffentliche Interessen entgegenstehen, sind privatrechtliche Vereinbarungen nicht zu berücksichtigen.[112]

Ob dem Vorhaben gemäß § 17 Abs 2 iVm § 13 Abs 2 lit a der Flächenwidmungsplan entgegensteht, ergibt sich in erster Linie aus den Bestimmungen des K-GplG 1995 zu den einzelnen Widmungskategorien.[113] Der Gemeinderat hat gemäß § 1 Abs 1 K-GplG 1995 durch Verordnung einen Flächenwidmungsplan zu erlassen, durch den das Gemeindegebiet in Bauland, Grünland und in Verkehrsflächen gegliedert wird. Bei dieser Gliederung sind unter Bedachtnahme auf das örtliche Entwicklungskonzept die voraussehbaren wirtschaftlichen, sozialen, ökologischen und kulturellen Erfordernisse in der Gemeinde, die Auswirkungen auf das Landschaftsbild und das Ortsbild sowie die Erfordernisse einer zeitgemäßen landwirtschaftlichen Betriebsführung zu beachten. Flächenwidmungspläne dürfen gemäß § 1 Abs 2 K-GplG 1995 nur im Einklang mit den Zielen und Grundsätzen des § 2 des K-ROG[114] und den überörtlichen Entwicklungsprogrammen erlassen werden und dürfen auch sonstigen raumbedeutsamen Maßnahmen und Planungen des Landes nicht widersprechen. Zu beachten ist allerdings, dass § 14 zulässige Abweichungen vom Flächenwidmungsplan vorsieht.

18

Gemäß § 17 Abs 2 iVm § 13 Abs 2 lit b ist zu prüfen, ob dem Vorhaben der Bebauungsplan entgegensteht. Der Gemeinderat hat gemäß § 24 Abs 1 K-GplG 1995[115] für die als Bauland gewidmeten Flächen mit Verordnung Bebauungspläne zu erlassen. In diesen Bebauungsplänen

19

---

110 VwGH VwSlg 9634 A/1978; 3.4.1986, 84/06/0136; VwSlg 12.213 A/1986; 21.2.1995, 92/05/0245; 30.5.1995, 94/05/0126; VwSlg 14.994 A/1998; 2.4.2009, 2007/05/0158.
111 VwGH 15.5.2012, 2009/05/0055.
112 VwGH 31.3.2005, 2004/05/0325.
113 VwGH VwSlg 9775 A/1979; VwSlg 13.006 A/1989; 29.4.1997, 96/05/0125; 22.6.1993, 90/05/0228; 23.2.1999, 97/05/0269; 21.12.2010, 2009/05/0143; siehe zB zur Betriebstypenprüfung § 23 Rz 29. Das K-GplG 1995 ist einschließlich der Erläuterungen unter Punkt 10 abgedruckt.
114 Das K-ROG ist einschließlich der Erläuterungen unter Punkt 9 abgedruckt.
115 Das K-GplG 1995 ist einschließlich der Erläuterungen unter Punkt 10 abgedruckt.

ist gemäß § 25 Abs 1 lit c K-GplG 1995 auch die Bebauungsweise festzulegen. Zumeist bedeutete dies, dass in der offenen Bebauungsweise ein Seitenabstand zu den Grenzen des Baugrundstückes einzuhalten ist,[116] in der geschlossenen Bebauungsweise bauliche Anlagen an einer oder mehreren Grenzen des Baugrundstückes unmittelbar anzubauen sind.[117]

20 Eine Prüfung gemäß § 17 Abs 2 iVm § 13 Abs 2 lit c und d hinsichtlich der Interessen der Erhaltung des Landschaftsbildes oder des Schutzes des Ortsbildes sowie hinsichtlich der Interessen der Sicherheit im Hinblick auf seine Lage erfolgt schon im Rahmen der Prüfung der Voraussetzungen nach § 17 Abs 1.[118]

21 Die Behörde hat gemäß § 17 Abs 2 lit a bis c zu prüfen, ob eine der Art, Lage und Verwendung des Vorhabens entsprechende Verbindung mit einer öffentlichen Fahrstraße,[119] Wasserversorgung und Abwasserbeseitigung sichergestellt ist. Im Unterschied zu § 13 Abs 2 lit e bis f müssen diese Voraussetzungen nun tatsächlich erfüllt sein, es genügt nicht, dass mögliche Mängel behebbar sind bzw geplant ist, diese Voraussetzungen durch entsprechende Maßnahmen zu erfüllen. Straßen des öffentlichen Verkehrs sind gemäß § 1 StVO 1960 Straßen, die von jedermann unter den gleichen Bedingungen benützt werden können.[120] Dazu zählen die Bundesstraßen im Sinne des BStG 1971, dh Bundesautobahnen und Bundesschnellstraßen, und Straßen im Sinne des K-StrG, dies sind Landesstraßen, Bezirks-, Eisenbahnzufahrts-, Gemeinde- und Verbindungsstraßen.[121] Eine Verbindung zB lediglich mit einem Radweg genügt nicht, da erstens Sinn und Zweck der Bestimmung auch die Möglichkeit der Zufahrt von Einsatzfahrzeugen ist[122] und zweitens

---

116 VwGH 24.1.2013, 2011/06/0098. siehe aber auch den Begriff „halboffene Bauweise" VwGH 12.12.2013, 2013/06/0064.
117 Siehe zB die Begriffsbestimmung in § 1 Abs 2 lit b und c Klagenfurter Bebauungsplanverordnung – KBPVO; siehe aber auch den Begriff „halboffene Bauweise" VwGH 12.12.2013, 2013/06/0064.
118 Siehe § 17 Rz 9 und 13.
119 Das Bauverfahren bezieht sich aber nicht auf die öffentliche Fahrstraße, VwGH 10.10.1995, 93/05/0081.
120 Eine solche Auslegung anhand einer bundesgesetzlichen Bestimmung findet sich auch in VwGH 9.3.1993, 92/06/0226; zu dieser systematischen Interpretation siehe *Potacs*, Auslegung 84 f und 90 f mwN.
121 Vgl *Pallitsch/Pallitsch/Kleewein*, Baurecht[5] § 17 K-BO 1996 Anm 19.
122 VwGH 20.2.1990, 89/05/0190.

durch die Verwendung des Begriffes „Fahrstraße", dh eine „breite, gut ausgebaute, vorwiegend dem Fernverkehr dienende Straße",[123] auf Straßen abgestellt wird, die jedenfalls durch Kraftfahrzeuge befahren werden können. Die Nutzung der Verbindung zur öffentlichen Fahrstraße muss auch rechtlich möglich sein.[124] Führt die Verbindung zu einer öffentlichen Fahrstraße über nicht im Eigentum des Bewilligungswerbers stehende Grundstücke, so ist gemäß § 7 K-BAV[125] ein Nachweis über die Sicherstellung der Zufahrt durch ein im Grundbuch einverleibtes dingliches Recht beizubringen. Der Nachweis kann auch durch eine Urkunde (zB Servitutsvertrag), auf Grund derer das Eigentum im Grundbuch einverleibt werden kann, erbracht werden, sofern der Antrag auf grundbücherliche Einverleibung des Eigentumsrechtes beim zuständigen Grundbuchgericht bereits eingebracht wurde. Für Wasserversorgungsanlagen, das sind zB auch Brunnen[126] und Quellfassungen, sind in bautechnischer Hinsicht § 25 und § 26 K-BV zu beachten,[127] die Anschluss- und Benützungspflicht und die Ausnahmen von dieser sowie das Anschlussrecht an Gemeindewasserversorgungsanlagen richten sich indes nach den Bestimmungen des K-GWVG.[128] Für Abwasserbeseitigungsanlagen sind in bautechnischer Hinsicht § 20 und § 21 K-BV[129] zu beachten, die Anschlusspflicht und die Ausnahme von dieser sowie das Anschlussrecht an Kanalisationsanlage der Gemeinde richten sich nach den Bestimmungen des K-GKG.[130] Hinzuweisen ist auch auf die landesverfassungsrechtliche Staatszielbestimmung des § 7a Abs Z 4 K-LVG, nach der das Land Kärnten und die Gemeinden im Rahmen ihres Wirkungsbereiches das umweltpolitische Ziel einzuhalten haben, dass Abwässer umweltschonend beseitigt werden.

---

123 Vgl Duden Deutsches Universalwörterbuch[6].
124 So VwGH 22.12.1987, 85/05/0080, zur insofern vergleichbaren Bestimmung des § 3 Z 2 der Burgenländischen Bauordnung 1969 idF LGBl 1986/52; vgl VwSlg 16.954 A/2006; siehe auch *Pallitsch/Pallitsch*, Bgld Baurecht[2] § 3 Bgld BauG Anm 31.
125 Die K-BAV ist unter Punkt 1.1 abgedruckt; das LVwG Kärnten hat am 11.5.2016 gemäß Art 139 Abs 1 Z 1 B-VG den Antrag an den VfGH gestellt, § 7 K-BAV wegen Gesetzwidrigkeit aufzuheben, siehe VfGH V 26/2016.
126 *Pallitsch/Pallitsch/Kleewein*, Baurecht[5] § 17 K-BO 1996 Anm 20.
127 Vgl VwGH 25.2.2005, 2003/05/0088.
128 Siehe VwGH 25.2.2005, 2003/05/0088.
129 Vgl 31.3.2005, 2004/05/0325; 15.5.2012, 2009/05/0055.
130 Siehe VwGH 31.3.2005, 2004/05/0325; VwSlg 17.235 A/2007.

D. Baubewilligung

22 Sind die Voraussetzungen des § 17 Abs 1 – bei Vorhaben nach § 6 lit a bis c[131] auch die Voraussetzungen des § 17 Abs 2 – gegeben, hat die Behörde die Baubewilligung zu erteilen. Der Antragsteller hat bei Erfüllung der Voraussetzungen einen Rechtsanspruch auf Erteilung der Baubewilligung.[132] Die Erteilung der Baubewilligung ist eine Polizeierlaubnis, mit welcher eine Ausnahme von dem allgemeinen Verbot, ein bewilligungspflichtiges Vorhaben ohne baubehördliche Bewilligung auszuführen, gewährt wird. Der normative Gehalt eines Baubewilligungsbescheides erschöpft sich in der Aussage, dass der Verwirklichung des im Antrag umschriebenen Bauwillens öffentlich-rechtliche Hindernisse nicht entgegenstehen. Der Bescheid gibt insbesondere keine Auskunft darüber, ob dem bewilligten Vorhaben privatrechtliche Einwendungen entgegenstehen.[133] Ebenso ist der Grenzverlauf nicht Gegenstand der Baubewilligung.[134] Es besteht auch keine Verpflichtung überhaupt zu bauen oder nur auf die im Bescheid festgelegte Weise zu bauen.[135] Dem Bewilligungswerber steht es somit frei, für ein anderes Vorhaben eine neuerliche Baubewilligung zu beantragen.[136]

23 Da die Baubewilligung ein antragsbedürftiger Verwaltungsakt ist,[137] ist nur der im Antrag zur Erteilung der Baubewilligung zum Ausdruck gebrachte Bauwille des Bewilligungswerbers entscheidend.[138] Nur das beantragte Vorhaben kann – wenn auch unter Umständen mit projektsändernden Auflagen – bewilligt werden.[139] Die Behörde hat grundsätzlich nicht zu untersuchen, ob der Inhalt des Antrages mit der wahren

---

131 Siehe § 6 Rz 7 f.
132 *Pallitsch/Pallitsch/Kleewein*, Baurecht[5] § 17 K-BO 1996 Anm 2.
133 VwGH VwSlg 13.233 A/1990; zum Ganzen *Hauer*, Nachbar[6] 147; *Pallitsch/Pallitsch/Kleewein*, Baurecht[5] § 17 K-BO 1996 Anm 3.
134 Allenfalls ist der Grenzverlauf aber als Vorfrage zu beurteilen, VwGH 18.11.2014, 2013/05/0178; siehe § 23 Rz 48.
135 VwGH VwSlg 8227 A/1972.
136 VwGH 26.3.1996, 95/05/0165.
137 VwGH 19.11.1996, 96/05/0169; 19.9.2006, 2005/05/0147; 28.9.2010, 2009/05/0316; 30.9.2015, 2013/06/0245; *Unkart*, Bauordnung[2] § 6 Rz 48; *Pallitsch/Pallitsch/Kleewein*, Baurecht[5] § 9 K-BO 1996 Anm 1; siehe § 9 Rz 3 f.
138 VwGH 28.4.2006, 2005/05/0296; 28.10.2008, 2008/05/0073; 23.11.2009, 2008/05/0173; VwSlg 17.837 A/2010; 21.5.2015, 2013/06/0176; 30.9.2015, 2013/06/0245.
139 VwGH 19.11.1996, 96/05/0169; 20.4.2001, 99/05/0070; 21.5.2015, 2013/06/0176.

Absicht des Bewilligungswerbers in Einklang steht. Anderes gilt, wenn die Situierung oder die geplante Ausstattung eine andere Verwendung erkennen lassen. In diesem Fall hat die Behörde, gegebenenfalls nach Vornahme weiterer Ermittlungen, in der Begründung des Bescheides darzulegen, aus welchen Gründen sie von einer bestimmten Verwendung ausgeht.[140] Das beantragte Vorhaben ist grundsätzlich ein unteilbares Ganzes, das nur als solches bewilligt oder versagt werden kann.[141] Sofern aber die Voraussetzungen zur Erteilung der Bewilligung nur für einen Teil vorliegen und dieser Teil vom übrigen Vorhaben trennbar ist, ist im Zweifel davon auszugehen, dass eine Teilbewilligung vom Bauwillen des Antragstellers umfasst ist.[142] Die Behörde hat insofern zu prüfen, ob nicht Teile des Bauvorhabens bewilligungsfähig sind.[143] Eine Trennbarkeit in mehrere Teile ist aber jedenfalls dann nicht gegeben, wenn eine Teilbewilligung nur durch eine Einflussnahme auf den Bauwillen möglich ist.[144] So dürfen gemäß § 18 Abs 1 auch Vorhaben durch Auflagen nicht in ihrem Wesen verändert werden.[145] Keine Teilbarkeit liegt nach der Rechtsprechung des VwGH zB vor, bei einem Wirtschaftsgebäude inklusive baulicher Anlagen zur Entsorgung des anfallenden Mistes und der Gülle,[146] bei einem Nahversorgungsmarkt inklusive einer Zentralölfeuerungsanlage mit Öllagerung und einer Senkgrube,[147] bei einem Golf-, Lern- und Trainingszentrum inklusive Abschlaghalle und Abschlagplätzen,[148] bei Errichtung einer baulichen Anlage inklusive Abwasserbeseitigungsanlage,[149] bei „miteinander gekuppelten" Gebäuden inklusive gemeinsamen Müllplatz und gemeinsamen Zugang für den Rauchfangkehrer zu den Abgasanlagen,[150] bei

---

140 VwGH 19.11.1996, 96/05/0169; 29.1.2008, 2006/05/0282; 28.10.2008, 2008/05/0073.
141 VwGH 23.2.1999, 97/05/0269; 30.11.1999, 97/05/0330.
142 VwGH 23.2.1999, 96/05/0141.
143 VwGH 27.11.1990, 90/05/0212.
144 VwGH 19.11.1996, 96/05/0169; 30.11.1999, 97/05/0330; zum Ganzen *Krzizek*, System II 165 f; *Giese*, Baurecht § 9 Baupolizeigesetz Anm 6; *Hauer*, Nachbar[6] 146; *Pallitsch/Pallitsch/Kleewein*, Baurecht[5] § 17 K-BO 1996 Anm 3.
145 Siehe § 18 Rz 9 f.
146 VwGH 19.11.1996, 96/05/0169.
147 VwGH 23.2.1999, 97/05/0269.
148 VwGH 23.4.1996, 95/05/0104.
149 VwGH 10.12.1991, 91/05/0149; 25.3.1997, 96/05/0250.
150 VwGH 19.5.1998, 97/05/0290.

einer Verwendungsänderung inklusive baulichen Maßnahmen[151] sowie hinsichtlich der Höhe einer baulichen Anlage[152]. Eine Unteilbarkeit liegt somit in erster Linie aus technischen Gründen vor, kann sich aber auch aus rechtlichen Gründen ergeben.[153] Hingegen liegt zB bei einer Wohnhausanlage mit getrennten Objekten Teilbarkeit vor.[154]

24 Die Behörde hat die Sach- und Rechtslage im Zeitpunkt der Erlassung der Baubewilligung anzuwenden,[155] dies gilt auch für die Berufungsbehörde[156] und das LVwG Kärnten.[157] Zur geltenden Rechtslage gehören auch die zum Zeitpunkt der Erlassung rechtswirksamen Flächenwidmungs- oder Bebauungspläne.[158] Dies gilt ebenso für die Erteilung der Baubewilligung einer ohne Baubewilligung errichteten baulichen Anlage, selbstverständlich ausgenommen die Frage der Bewilligungspflicht.[159] Zu beachten sind allerdings die Übergangsbestimmungen der jeweiligen Novellen, denn es wird zB regelmäßig ausdrücklich normiert, dass im Zeitpunkt des Inkrafttretens der Novelle anhängige Verfahren nach den bisher geltenden Bestimmungen weiterzuführen sind.[160]

25 Die Behörde hat gemäß § 17 Abs 1 letzter Satz – abweichend von § 62 Abs 1 AVG – die Baubewilligung mit schriftlichem Bescheid zu erlassen, mündliche Bescheide sind rechtsunwirksam.[161] Dies dient ua dazu, eindeutig feststellen zu können, ob überhaupt eine Baubewilli-

---

151 VwGH 30.11.1999, 97/05/0330.
152 VwGH 18.5.2004, 2003/05/0138.
153 ZB VwGH 8.4.2014, 2012/05/0057; vgl VwGH 29.4.2015, 2013/05/0025.
154 VwGH 23.2.1999, 96/05/0141.
155 VwSlg 9315 A/1977 (verstärkter Senat); 10.12.1991, 91/05/0062.
156 VwGH 26.4.1988, 88/05/0063; 29.4.2005, 2005/05/0106.
157 VwGH 21.10.2014, Ro 2014/03/0076.
158 VwGH 29.4.2005, 2005/05/0106; 19.9.2006, 2005/05/0147; 13.12.2011, 2009/05/0272.
159 VwGH VwSlg 7941 A/1971; 31.8.1999, 99/05/0054.
160 VwGH 22.6.1993, 90/05/0228; 29.4.2005, 2005/05/0106; siehe zB Art IV Abs 3 LGBl 2012/80; hingegen ohne entsprechender Übergangsbestimmung Art VI LGBl 2015/31, zu beachten aber Art VI Abs 3; *Hauer*, Nachbar⁶ 149; *Pallitsch/Pallitsch/Kleewein*, Baurecht⁵ § 17 K-BO 1996 Anm 3.
161 VwGH 29.8.1996, 96/06/0085; *Hauer*, Nachbar⁶ 149; *Pallitsch/Pallitsch/Kleewein*, Baurecht⁵ § 17 K-BO 1996 Anm 17; auch durch „eine Art konkludenten Verhaltens" der Baubehörde kann somit keine Baubewilligung erteilt werden VwGH 29.11.1994, 94/05/0118.

gung erteilt wurde und was bewilligt wurde.[162] Der Bescheid ist gemäß § 58 AVG ausdrücklich als solcher zu bezeichnen, hat den Spruch sowie die Rechtsmittelbelehrung zu enthalten und ist zu begründen, wenn dem Standpunkt der Partei nicht vollinhaltlich Rechnung getragen oder über Einwendungen oder Anträge von Beteiligten abgesprochen wird.[163] Darüber hinaus hat der Bescheid gemäß § 58 Abs 3 AVG iVm § 18 Abs 4 AVG „die Bezeichnung der Behörde, das Datum der Genehmigung und den Namen des Genehmigenden zu enthalten. Ausfertigungen in Form von elektronischen Dokumenten müssen mit einer Amtssignatur (§ 19 E-GovG) versehen sein; Ausfertigungen in Form von Ausdrucken von mit einer Amtssignatur versehenen elektronischen Dokumenten oder von Kopien solcher Ausdrucke brauchen keine weiteren Voraussetzungen zu erfüllen. Sonstige Ausfertigungen haben die Unterschrift des Genehmigenden zu enthalten." An die Stelle dieser Unterschrift kann die Beglaubigung der Kanzlei treten, dass die Ausfertigung mit der Erledigung übereinstimmt und die Erledigung vom Genehmigungsberechtigten mit seiner Unterschrift genehmigt worden ist. Bei elektronisch erstellten Genehmigungen ist zu beglaubigen, dass die Erledigung durch ein Verfahren zum Nachweis der Identität (§ 2 Z 1 E-GovG) des Genehmigenden und der Authentizität (§ 2 Z 5 E-GovG) genehmigt wurde.[164] Die Beifügung des Amtssiegels der Gemeinde nach § 5 Abs 4 K-AGO ist nicht notwendig.[165]

Die Behörde hat gemäß § 58a AVG in verbundenen Verfahren nach § 39 Abs 2a AVG[166] „über die nach den Verwaltungsvorschriften erforderlichen Bewilligungen oder Genehmigungen in einem Bescheid zu entscheiden. Der Spruch des Bescheides ist nach den jeweils angewendeten Verwaltungsvorschriften in Spruchpunkte zu gliedern. Die Behörde kann über einzelne oder mehrere Bewilligungen oder Genehmigungen gesondert absprechen, wenn dies zweckmäßig erscheint." Dies wird vor allem für die Bezirksverwaltungsbehörden als Baubehörden

26

---

162 ErlRV Verf-34/5/1979, 12.
163 Zum Ganzen *Hengstschläger/Leeb*, AVG² § 58 Rz 1 ff mN.
164 Ausführlich zu den Erledigungen *Hengstschläger/Leeb*, AVG² § 18 Rz 1 ff mN.
165 VwGH VwSlg 1718 A/1950.
166 Siehe § 16 Rz 7.

von Bedeutung sein,[167] insbesondere im Anwendungsbereich der Kärntner Bau-Übertragungsverordnung.[168]

27 Der Spruch hat gemäß § 59 Abs 1 AVG „die in Verhandlung stehende Angelegenheit und alle die Hauptfrage betreffenden Parteianträge, ferner die allfällige Kostenfrage in möglichst gedrängter, deutlicher Fassung und unter Anführung der angewendeten Gesetzesbestimmungen, und zwar in der Regel zur Gänze, zu erledigen. Mit Erledigung des verfahrenseinleitenden Antrages gelten Einwendungen als miterledigt. Läßt der Gegenstand der Verhandlung eine Trennung nach mehreren Punkten zu, so kann, wenn dies zweckmäßig erscheint, über jeden dieser Punkte, sobald er spruchreif ist, gesondert abgesprochen werden."[169] Der Bescheid kann auch Auflagen gemäß § 18 und Bedingungen enthalten.[170] In der Begründung sind gemäß § 60 AVG „die Ergebnisse des Ermittlungsverfahrens, die bei der Beweiswürdigung maßgebenden Erwägungen und die darauf gestützte Beurteilung der Rechtsfrage klar und übersichtlich zusammenzufassen."[171] Ausdrücklich normiert § 17 Abs 3 ergänzend, dass die Baubewilligung das Vorhaben nach Art und Lage – bei Vorhaben nach § 6 lit a bis c auch nach der Verwendung – unter Anführung jener Pläne, Berechnungen und Beschreibungen, die ihr zugrunde liegen, zu bezeichnen hat. Damit soll der Bewilligungsgegenstand eindeutig festgelegt werden.[172] Zur Deutung des normativen Gehaltes des Spruches ist auch die Begründung heranzuziehen, der Bescheid ist als Ganzes nach den Grundsätzen von § 6 und § 7 ABGB auszulegen.[173] Die Begründung eines Bescheides kann also nur insofern normative Wirkung haben, als sie zur Auslegung des Spruches herangezogen werden muss oder insoweit sich aus ihr der angenommene maßgebliche Sachverhalt ergibt.[174] Der Bescheid darf

---

167 Siehe § 3 Rz 24 f; *Hauer*, Nachbar[6] 102; *Pallitsch/Pallitsch/Kleewein*, Baurecht[5] § 16 K-BO 1996 Anm 1.
168 Siehe § 1 Rz 11 f.
169 Zum Ganzen ausführlich *Hengstschläger/Leeb*, AVG[2] § 59 Rz 1 ff mN.
170 Siehe § 18 Rz 3 ff; *Pallitsch/Pallitsch/Kleewein*, Baurecht[5] § 17 K-BO 1996 Anm 3.
171 Zum Ganzen ausführlich *Hengstschläger/Leeb*, AVG[2] § 60 Rz 1 ff mN.
172 VwGH 19.11.1996, 96/05/0169; *Pallitsch/Pallitsch/Kleewein*, Baurecht[5] § 17 K-BO 1996 Anm 22.
173 VwGH 9.10.2001, 2001/05/0123; auch die Erledigung der Kosten ist in die Auslegung des Spruches einzubeziehen VwGH 17.3.1987, 87/05/0040.
174 VwGH 20.6.1995, 95/05/0152.

aber nicht so ausgelegt werden, dass durch die ihm vorgeschriebenen Auflagen die Ausführung des Vorhabens rechtlich unmöglich gemacht wird.[175] Besteht eine Diskrepanz zwischen verbaler Beschreibung im Bescheid und der zeichnerischen Darstellung in den genehmigten Bauplänen ist im Zweifel die verbale Umschreibung des Bescheides maßgeblich.[176] Bei zeichnerischen Differenzen betreffend Grenzabstände in den Bauplänen kommt es ausschließlich auf die in den Plänen eingezeichneten Koten und Maße der Grenzabstände an.[177] Der eingezeichnete Bestand in einem Bauplan wird nicht Teil der Baubewilligung.[178] Im Spruch muss nicht formell über die Einwendungen der Anrainer abgesprochen werden, da dies durch die Erteilung der Baubewilligung miterledigt wird. Sehr wohl muss aber in der Begründung schlüssig dargelegt werden, warum den Einwendungen keine Berechtigung zukommt.[179] Auch über Einwendungen der Anrainer, deren Austragung dem ordentlichen Rechtsweg vorbehalten ist, muss nicht abgesprochen werden.[180] Wird der Standort nicht schon durch die Art des Vorhabens bestimmt, ist er gemäß § 14 Abs 4 in der Baubewilligung festzulegen. Der Regelungsinhalt dieser Bestimmung bleibt allerdings unklar, denn gemäß § 9 Abs 2[181] ist die Lage des Vorhabens im Antrag anzugeben und ist diese auch gemäß § 13 Abs 2 lit d[182] Teil der Vorprüfung.[183]

Die Rechtsmittelbelehrung hat gemäß § 61 Abs 1 AVG anzugeben, „ob **28** gegen den Bescheid ein Rechtsmittel erhoben werden kann, bejahendenfalls welchen Inhalt und welche Form dieses Rechtsmittel haben muss und bei welcher Behörde und innerhalb welcher Frist es einzubringen ist."[184] Dh ist zB der Baubewilligungsbescheid vom Bürgermeister zu erlassen, hat die Rechtsmittelbelehrung zu enthalten, dass eine Berufung binnen zwei Wochen an den Gemeindevorstand erhoben

---

175 VwGH 15.10.1987, 84/06/0001.
176 VwGH 27.8.2014, 2013/05/0191.
177 VwGH 15.12.2009, 2008/05/0143.
178 VwGH 26.4.1994, 94/05/0017.
179 *Hauer*, Nachbar[6] 154 f; *Pallitsch/Pallitsch/Kleewein*, Baurecht[5] § 17 K-BO 1996 Anm 3.
180 VwGH VwSlg 6945 A/1966; 31.3.2005, 2004/05/0325; *Hauer*, Nachbar[6] 155; *Pallitsch/Pallitsch/Kleewein*, Baurecht[5] § 17 K-BO 1996 Anm 3.
181 Siehe § 9 Rz 4.
182 Siehe § 13 Rz 7.
183 Vgl *Pallitsch/Pallitsch/Kleewein*, Baurecht[5] § 17 K-BO 1996 Anm 23.
184 Zum Ganzen ausführlich *Hengstschläger/Leeb*, AVG[2] § 61 Rz 1 ff mN.

werden kann, die Berufung den Bescheid zu bezeichnen hat, gegen den sie sich richtet, sowie einen begründeten Berufungsantrag zu enthalten hat und die Berufung beim Bürgermeister einzubringen ist.[185] Wird der Baubewilligungsbescheid vom Gemeindevorstand erlassen, hat die Rechtsmittelbelehrung zu enthalten, dass eine Beschwerde binnen vier Wochen an das LVwG Kärnten erhoben werden kann, dass die Beschwerde den Bescheid und die belangte Behörde zu bezeichnen hat, dass die Beschwerde die Gründe, auf die sich die Behauptung der Rechtswidrigkeit stützt, das Begehren und die Angaben, die erforderlich sind, um zu beurteilen, ob die Beschwerde rechtzeitig eingebracht ist zu enthalten hat und dass die Beschwerde beim Gemeindevorstand einzubringen ist.[186]

29 Da, sofern die Voraussetzungen des Art 130 Abs 4 B-VG iVm § 28 Abs 2 VwGVG erfüllt sind, das LVwG Kärnten in der Sache selbst zu entscheiden hat, kann die Erteilung der Baubewilligung auch durch Erkenntnis des LVwG Kärnten erfolgen. Die Verpflichtung zur schriftlichen Erteilung der Baubewilligung durch Bescheid des § 17 Abs 1 letzter Satz bezieht sich ausdrücklich nur auf die Bescheide der Behörden nach § 3. Für die Erkenntnisse des LVwG Kärnten ergibt sich eine Verpflichtung zur schriftlichen Ausfertigung aus § 29 Abs 1 VwGVG.[187] Die soeben für die Behörden nach § 3 dargestellten Grundsätze der Begründung eines Bescheides, sind gemäß § 17 VwGVG iVm § 58 und § 60 AVG auch vom LVwG Kärnten zu beachten. In diesem Sinne müssen sich die die Entscheidung tragenden Überlegungen zum maßgebenden Sachverhalt, zur Beweiswürdigung sowie zur rechtlichen Beurteilung aus den verwaltungsgerichtlichen Entscheidungen selbst ergeben.[188]

IV. Amtshaftung

30 Das Baubewilligungsverfahren dient, soweit Schadenersatzansprüche nach dem Amtshaftungsgesetz in Betracht kommen, vor allem dem Zweck, die Allgemeinheit vor Gefahren zu bewahren, die mit der Aufführung von Bauten, die mit der bestehenden Bauordnung nicht im

---

185 Siehe § 3 Rz 10.
186 Siehe § 3 Rz 17.
187 *Pallitsch/Pallitsch/Kleewein*, Baurecht[5] § 17 K-BO 1996 Anm 3.
188 Mit ausführlicher Begründungsanleitung VwGH 21.10.2014, Ro 2014/03/0076.

Einklang stehen, verbunden sind.[189] Es soll durch bauliche Anlagen möglicherweise hervorgerufene Gefahren für das Leben, die Gesundheit und das Eigentum abwenden.[190] Erfolgt eine gesetzwidrige Erteilung einer Baubewilligung, können somit auf Grundlage des Amtshaftungsgesetzes Amtshaftungsansprüche entstehen.[191] Vom Schutzzweck können Benützer der baulichen Anlage, zB der Mieter, sowie ganz allgemein alle, denen typischerweise Gefahren für Leben Gesundheit und Eigentum aus einer gesetzwidrigen Erteilung der Baubewilligung drohen, zB Anrainer und Passanten, umfasst sein.[192] Das Baubewilligungsverfahren dient aber auch dazu, den Bewilligungswerber selbst vor den durch die baurechtlichen Bestimmungen hintanzuhaltenden Schäden zu bewahren. Ein Amtshaftungsanspruch des Bewilligungswerbers kann insofern nicht schon deshalb von vornherein ausgeschlossen werden, weil die Baubewilligung antragsgemäß erteilt wurde.[193] So kann eine rechtswidrige Erteilung der Baubewilligung dann einen Amtshaftungsanspruch rechtfertigen, wenn dabei öffentliche Interessen nicht berücksichtigt wurden, sodass der Baubewilligungsbescheid als nichtig aufgehoben wird.[194] Wusste hingegen der Baubewilligungswerber, dass die Bewilligung seines Antrages rechtswidrig sein wird, steht kein Amtshaftungsanspruch zu.[195]

§ 18 Auflagen

(1) Entspricht das Vorhaben den Voraussetzungen des § 17 Abs. 1 nicht, sind diese durch Auflagen herzustellen. Durch solche Auflagen darf das Vorhaben in seinem Wesen nicht verändert werden.

(2) Durch Auflagen ist sicherzustellen, daß in Gebäuden, die nicht industriellen Zwecken dienen, eine wirtschaftlich vertretbare

---

189 OGH RIS-Justiz RS0023011; siehe auch *Pirker/Kleewein*, ÖJZ 1995, 521.
190 OGH RIS-Justiz RS0087627; RS0050033.
191 *Geuder*, ÖGZ 1978, 579 ff; *Helmberg*, bbl 1998 151 ff; *Mader*, Amtshaftung der Gemeinde 157 ff.
192 *Helmberg*, bbl 1998 155 ff; *Held*, RFG 2008, 100 f.
193 OGH RIS-Justiz RS0111784; *Helmberg*, bbl 1998 155 ff; *Thunhart*, bbl 2000, 112 ff; *Seebacher/Sorger*, bbl 2006, 89 ff; kritisch *Kerschner*, RFG 2008, 85 ff.
194 OGH RIS-Justiz RS005003; zur Aufhebung wegen Nichtigkeit siehe § 25 Rz 3 ff und § 52 Rz 9 ff, zu den Ansprüchen des Bewilligungswerbers bei gesetzwidrigen, rechtskräftig erteilten Baubewilligungen, die später aufgehoben werden, *Hecht*, RdU 2001, 123 ff; siehe auch *Kerschner*, RdU 2001, 128 f.
195 OGH RIS-Justiz RS0050052.

§ 18 1. Kärntner Bauordnung 1996 – K-BO 1996

Wärmeisolierung des Verteiler- und Speichersystems sowohl für den Wärmeträger als auch für das Warmwasser gewährleistet ist.

(3) Stehen einem Vorhaben nach § 6 lit. a Interessen der Sicherheit im Hinblick auf seine Lage, wie in den Fällen einer möglichen Gefährdung durch Lawinen, Hochwasser oder Steinschlag, entgegen, so hat die Behörde unter besonderer Bedachtnahme auf den Verwendungszweck des Vorhabens durch technisch mögliche und der Art des Vorhabens angemessene Auflagen Abhilfe zu schaffen; diese Auflagen dürfen auch zweckdienliche Maßnahmen beinhalten, die nicht das Vorhaben unmittelbar betreffen, jedoch mindestens gleichzeitig mit dem Vorhaben ausgeführt werden müssen. Beziehen sich Vorhaben gemäß § 6 lit. b und c auf bestehende Gebäude oder sonstige bauliche Anlagen in einer Roten Gefahrenzone eines Gefahrenzonenplanes (§ 11 des Forstgesetzes 1975), dürfen sich Auflagen zur Verminderung der Gefahren sowohl auf das Vorhaben als auch auf das bestehende Gebäude oder sonstige bauliche Anlagen und auf zweckdienliche Maßnahmen erstrecken, die nicht das Vorhaben unmittelbar betreffen, jedoch mindestens gleichzeitig mit dem Vorhaben ausgeführt werden müssen.

(4) Die Behörde hat durch Auflagen die Schaffung von Grünanlagen oder das Pflanzen von Bäumen oder Sträuchern oder beides oder Maßnahmen zur Erhaltung eines Bestandes an Bäumen oder Sträuchern anzuordnen, wenn dies zur Erhaltung des Landschaftsbildes oder zum Schutz des Ortsbildes erforderlich ist.

(5) Bei Vorhaben nach § 6 lit. a bis c hat die Behörde die Schaffung der nach Art, Lage, Größe und Verwendung des Gebäudes oder der baulichen Anlagen notwendigen Kinderspielplätze, Garagen, Stellplätze und Elektrotankstellen für Kraftfahrzeuge sowie die für Behinderte erforderlichen baulichen Vorkehrungen und die Voraussetzungen für Vorkehrungen für den Grundschutz durch Auflagen anzuordnen. Die Lage und Ausführung dieser Einrichtungen hat sich nach den örtlichen Erfordernissen zu richten. Kinderspielplätze haben nach ihrer Lage der Sicherheit der Kinder Rechnung zu tragen.

(6) [Anm: entfallen]

(7) Erfordern es Interessen der Sicherheit oder der Gesundheit, hat die Behörde durch Auflagen die Überprüfung von Anlagen oder Anlageteilen im jeweils geeigneten Zeitpunkt der Ausführung zu verlangen.

(8) Erfordern es öffentliche Interessen, wie Interessen der Gesundheit, des Verkehrs, des Fremdenverkehrs oder des Ortsbildes, hat die Behörde durch Auflagen Art und Zeit der Durchführung festzulegen.

(9) Erfordern es Interessen der Gesundheit oder des Umweltschutzes, hat die Behörde unter Bedachtnahme auf wasserrechtliche Vorschriften durch Auflagen sicherzustellen, daß durch die Entleerung von Schwimmbecken und ähnlichen baulichen Anlagen sowie durch eine Überfüllung von Senkgruben und ähnlichen baulichen Anlagen keine Mißstände entstehen können.

(10) Umfaßt ein Vorhaben mehr als eine bauliche Anlage und besteht nur hinsichtlich der Gesamtheit der baulichen Anlagen kein Widerspruch zum Flächenwidmungsplan, so hat die Behörde festzulegen, in welcher Reihenfolge die baulichen Anlagen ausgeführt werden müssen, wenn keine gleichzeitige Ausführung erfolgt.

(11) Sind zur Gewährleistung der Aufrechterhaltung der Übereinstimmung des Vorhabens und seiner Verwendung mit dem Flächenwidmungsplan Auflagen erforderlich, so hat die Behörde diese Auflagen vorzuschreiben.

(12) Erfordern es sicherheitspolizeiliche Interessen, hat die Behörde bei Vorhaben nach § 6 lit. a bis c die im Hinblick auf die Art, Lage und Verwendung des Gebäudes erforderlichen baulichen Vorkehrungen sowie die Verwendung von besonderen Bauprodukten durch Auflagen anzuordnen.

Literatur: *Giese*, Die nachträgliche Vorschreibung von Auflagen im Baurecht, bbl 2009, 47; *ders*, Baurechtliche Maßnahmen zum Schutz des Baubestandes vor Hochwassergefahren, bbl 2011, 203; *Hinterwirth*, Auflagen im Verwaltungsverfahren in Theorie und Praxis (Teil 1 und 2), SV 2008, 79 und 119; *Hutter*, Haftungsrisiken der Gemeinde bei Hochwasser, RFG 2013/37; *Khakzadeh*, Lawinenschutz und Recht, ZfV 2003/308; *Kleewein*, Anrainerschutz bei Massentierhaltung im öffentlichen Recht, RdU 1994, 83; *ders*, Naturgefahren im Bau- und Raumordnungsrecht, RdU 2013/79; *Moritz*, Die Wahrung und Durchsetzung öffentlicher Interessen im Baurecht, in Rebhahn (Hrsg), Rechtsfragen des Bauens in Kärnten, 1997; *Schweditsch*, Das Elektroauto – Die gesetzliche Steuerung der Revolution der Massenmobilität, RdU 2016/35; *Stöger*, Neues zu den gesetzlosen Auflagen, ecolex 2000, 248; *Storr*, Der rechtliche Rahmen für Elektroautos, in Stöger/Storr (Hrsg), Schwerpunkte Energieeffizienz und Verfahrensrecht, 2013, 40 ff; *Walzel von Wiesentreu*, Behördliche Parkraumvorgaben und deren Rechtswirkungen für den privaten Wohnbau, immolex 2016, 180.

Inhaltsübersicht   Rz
   I. Entwicklung und Rechtsvergleich 1
  II. Allgemeines 3
 III. Auflagen 9

I. Entwicklung und Rechtsvergleich

1 Die K-BO 1866, LGBl 1866/12, kannte noch keine ausdrückliche Bestimmung über Auflagen, dennoch bestand bereits eine entsprechende Praxis.[1] Ein Großteil der Regelungen finden sich bereits als § 14 der K-BO 1969, LGBl 1969/48. So entsprechen im Wesentlichen die Bestimmungen des § 14 Abs 1 K-BO 1969 dem § 18 Abs 1 idgF, des § 14 Abs 2 K-BO 1969 dem § 18 Abs 4 idgF, des § 14 Abs 3 K-BO 1969 dem § 18 Abs 5 idgF sowie des § 14 Abs 4 und 5 K-BO 1969 dem § 18 Abs 7 und 8 idgF. Durch LGBl 1979/79 wurden in § 14 Abs 2 K-BO 1969 auch die Anordnung von Auflagen zur Erhaltung eines Bestandes von Bäumen und Sträuchern aufgenommen sowie in § 14 Abs 3 K-BO 1969 die Anordnung von Auflagen von erforderlichen baulichen Anlagen für Behinderte. Weiters wurde § 14 Abs 6 bis 8 K-BO 1969 angefügt, dieser entspricht im Wesentlichen § 18 Abs 9, 10 und 12 idgF. Eine Bestimmung über Abstandsflächen, die durch LGBl 1981/69 als § 14 Abs 9 K-BO 1969 angefügt wurde, wurde durch LGBl 1985/56 wieder aufgehoben. Durch LGBl 1992/26 wurde mit § 14 Abs 1a und 7a K-BO 1969 im Wesentlichen § 18 Abs 3 und 11 idgF geschaffen. Weiters wurde in § 14 Abs 3a K-BO 1969 eine ausdrückliche Regelung über die Anordnung von Auflagen von erforderlichen baulichen Anlagen für Behinderte eingefügt. In dieser Fassung wurde die Bestimmung als § 16 in die K-BO 1992, LGBl 1992/64, übernommen. Durch LGBl 1994/25 wurde mit § 16 Abs 1a K-BO 1992 im Wesentlichen § 18 Abs 2 idgF geschaffen. In LGBl 1996/44 erfolgten lediglich Klarstellungen und redaktionelle Anpassungen. In dieser Fassung wurde die Bestimmung als § 18 in die K-BO 1996, LGBl 1996/62, übernommen. Durch LGBl 2012/80 wurden in § 18 Abs 5 auch Regelungen über die Anordnung von Auflagen zur Schaffung von Elektrotankstellen für Kraftfahrzeuge aufgenommen. Hingegen entfiel die Bestimmung über die Anordnung

---

1 ErlRV Verf-133/6/1967, 19.

von Auflagen von erforderlichen baulichen Anlagen für Behinderte in § 18 Abs 6.[2]

Auch in den anderen Bundesländern bestehen – wenn auch im Einzelnen unterschiedliche – rechtliche Grundlagen für die Anordnung von Auflagen. Die Regelungen finden sich in § 18 Abs 10 Bgld. BauG, § 23 Abs 2 NÖ BO 2014, § 35 Abs 1a bis 4 Oö. BauO 1994, § 9 Abs 2 und 2a S-BauPolG, § 8 Abs 2, § 29 Abs 5 und § 95 Abs 2 Stmk. BauG, § 29 V-BauG sowie § 61 Abs 1 W-BO. In Tirol finden sich zahlreiche gesetzliche Grundlagen für Auflagen, siehe insbesondere § 27 Abs 7, 8 und 12 TBO 2011. Einige Bundesländer sehen auch die Möglichkeit der Anordnung von nachträglichen Auflagen für bereits erteilte Baubewilligungen vor, so § 29 Bgld. BauG, § 32 NÖ-BO 1996, § 46 Oö. BauO 1994, § 20 Abs 10 S-BauPolG, § 29 Abs 6 bis 8 Stmk. BauG, § 27 Abs 11 und 12 TBO 2011 sowie § 49 V-BauG.

II. Allgemeines

Auflagen sind wie Bedingungen, Befristungen und Widerrufsvorbehalte[3] Nebenbestimmungen, die zum Hauptinhalt des Bescheides gehören.[4] Die Anordnung von Auflagen hat grundsätzlich im Spruch zu erfolgen, es kann aber auch auf die angeschlossene Verhandlungsschrift oder ein Sachverständigengutachten verwiesen werden. Der Inhalt der Auflage muss aber jedenfalls eindeutig erkennbar sein.[5] Die Behörde nimmt in den Baubewilligungsbescheid belastende Gebote oder Verbote als Nebenbestimmungen auf, mit denen der Inhaber der Baubewilligung bei Ausführung der Baubewilligung zu einem bestimmten Tun, Dulden oder Unterlassen verpflichtet wird.[6] Dh lediglich bei Erteilung der Baubewilligung kommen Auflagen in Betracht, nicht bei einer Versagung. Die Verpflichtung der Auflage besteht auch nur insofern, als von der Baubewilligung Gebrauch gemacht wird.[7] Sie verpflichtet nur den Inhaber der Baubewilligung, nicht Dritte.[8] Die Baubewilli-

---

2 Diese findet sich nunmehr in § 39 K-BV.
3 Zu diesen ausführlich *Hengstschläger/Leeb*, AVG² § 59 Rz 43 ff mN.
4 Zum Ganzen *Krzizek*, System II 185 ff.
5 VwGH 15.10.1996, 95/05/0284; *Giese*, Baurecht § 9 Baupolizeigesetz Anm 52.
6 VwGH 29.4.1997, 96/05/0158.
7 VwGH 24.3.1992, 88/05/0061.
8 VwGH 19.11.1981, 0640/80; VwSlg 12.889 A/1989.

gung bleibt auch bei Nichtbeachtung der Auflage bestehen, diese kann aber duch ein Vollstreckungsverfahren gegenüber dem Inhaber der Baubewilligung erzwungen werden.[9] Von einem Dritten kann aber gegen die Exekution gemäß § 37 EO Widerspruch erhoben werden, wenn dieser Rechte behauptet, welche die Vornahme der Exekution unzulässig machen würde.[10] Auflagen unterliegen dem Legalitätsgebot und sind somit nur zulässig, wenn dies das Gesetz bestimmt.[11] § 18 enthält einen ausführlichen Katalog von Auflagen, die die Behörde anzuordnen hat. Maßnahmen, zu denen bereits das Gesetz unmittelbar verpflichtet, bedürfen keiner Auflage im Bescheid.[12] Auflagen, die im Rahmen der Baubewilligung erteilt werden, sind wie die Bestimmungen K-BO 1996 als Schutzgesetze iSd § 1311 ABGB anzusehen und können somit gegebenenfalls Anspruchsgrundlage für einen zivilrechtlichen Schadenersatz sein.[13] Wer Arbeiten entgegen den Auflagen nach § 18 durchführt oder durchführen lässt, begeht eine Verwaltungsübertretung und ist gemäß § 50 Abs 1 lit d Z 2 zu bestrafen.[14]

4 Auflagen müssen nach § 59 Abs 1 AVG hinreichend bestimmt sein, dh es muss dem Inhaber der Baubewilligung die überprüfbare Möglichkeit gegeben werden, der Auflage zu entsprechen, und die Auflage muss überprüft und vollstreckt werden können[15] bzw bei projektsändernden Auflagen[16] Gegenstand eines baupolizeilichen Auftrages sein können.[17] Eine Präzisierung kann auch durch einen Verweis auf technische Normen erfolgen, dadurch werden diese in dem betreffenden Einzelfall ver-

---

9 VwGH 7.3.2000, 99/05/0266; zur Vollstreckung von projektsändernden Auflagen § 18 Rz 10; zum Ganzen *Hinterwirth*, SV 2008, 82 und 123.

10 VwGH 19.11.1981, 0640/80.

11 Zum Ganzen ErlRV Verf-133/6/1967, 18 f; VwGH 31.3.2005, 2004/05/0325; *Giese*, Baurecht § 9 Baupolizeigesetz Anm 49; *Hinterwirth*, SV 2008, 79 ff; *Pallitsch/Pallitsch/Kleewein*, Baurecht[5] § 18 K-BO 1996 Anm 1; ausführlich *Hengstschläger/Leeb*, AVG[2] § 59 Rz 16 ff mN.

12 VwGH 3.6.1997, 97/06/0055.

13 OGH RIS-Justiz RS0118358.

14 Siehe § 50 Rz 18.

15 VwGH 13.6.2012, 2011/06/0018; zum Ganzen *Hengstschläger/Leeb*, AVG[2] § 59 Rz 37 f mN; *Giese*, Baurecht § 9 Baupolizeigesetz Anm 54; *Hinterwirth*, SV 2008, 83 f; *Pallitsch/Pallitsch/Kleewein*, Baurecht[5] § 18 K-BO 1996 Anm 1.

16 Siehe § 18 Rz 9.

17 VwGH VwSlg 12.422 A/1987; 19.11.1996, 96/05/0169; zum Ganzen VwGH 10.10.2014, 2012/06/0020.

bindlich.[18] Ob eine Auflage ausreichend bestimmt ist, richtet sich nach den Umständen des Einzelfalles. Die Anforderungen an die Umschreibung von Auflagen dürfen nicht überspannt werden.[19] So ist eine Auflage auch dann ausreichend bestimmt, wenn genau erkennbar ist, welcher Zweck erreicht werden soll, zB eine eindeutige Benützungsbeschränkung.[20] Es genügt, wenn der Inhalt von Fachkundigen verlässlich ermittelt werden kann.[21] Es müssen nicht alle Details vorgeschrieben werden, insofern kann die Wahl der Mittel, um den Zweck der Auflage zu erfüllen, dem Fachkundigen überlassen werden.[22] Sind aber zur Gefahrenabwehr besondere Maßnahmen erforderlich, muss der Fachkundige ohne neuerliche eigene Nachforschungen in der Lage sein, die erforderlichen Maßnahmen zu erkennen.[23] „Ob eine Auflage gesetzlich ausreichend bestimmt ist, stellt daher nicht bloß eine Rechtsfrage, sondern auch eine gegebenenfalls fachlich zu lösende Tatsachenfrage dar."[24] ZB entsprechen Formulierung, ein bestimmtes Ergebnis sei durch „geeignete Maßnahmen" sicherzustellen und es sei „sachgemäß und fachgemäß" zu arbeiten,[25] es sei ein gewisser Wert „anzustreben"[26] sowie es sei eine „ausreichend dimensionierte Lüftung"[27] einzubauen, dem Bestimmtheitsgebot nicht.[28] An einer rechtswidrigen Unbestimmtheit und mangelnden Vollstreckungstauglichkeit leidet eine Auflage auch dann, „wenn Ermittlungen und Entscheidungen, die von Gesetzes wegen im Verfahren vor Erlassung des Titelbescheides zu tätigen waren, durch die Art der Formulierung der Auflage in das Vollstreckungsverfahren verschoben werden."[29] Diese Anforderungen an die Bestimmtheit gelten nicht nur für den Inhaber der Baubewilligung, sondern auch für den Anrainer, deren Rechte durch die Auflage geschützt werden sollen.[30]

---

18 VwGH 24.3.1998, 97/05/0003.
19 VwGH 10.10.2014, 2012/06/0020.
20 VwGH 15.5.2014, 2012/05/0148.
21 VwGH 12.10.2007, 2005/05/0141.
22 VwGH 25.1.2000, 99/05/0154.
23 VwGH 15.12.1994, 94/06/0022.
24 VwGH 20.11.2014, 2011/07/0244.
25 VwGH 25.1.2000, 99/05/0154.
26 VwGH 24.1.1989, 88/04/0152.
27 VwGH VwSlg 12.422 A/1987.
28 Für weitere Beispiele siehe *Hinterwirth*, SV 2008, 84.
29 VwGH 11.12.2012, 2010/05/0097.
30 VwGH 20.11.2014, 2011/07/0244.

5 Es dürfen nur Auflagen vorgeschrieben werden, die aus baurechtlichen Gründen erforderlich sind.[31] Auflagen zur Vollziehung anderer Gesetze, zB der Anschlusspflicht nach dem K-GKG, sind nicht zulässig.[32] Ebenso dürfen, sofern nicht in § 18 vorgesehen, keine Auflagen vorgeschrieben werden, um allfällige Mängel bei der Bauausführung zu verhindern,[33] denn die Bauausführung ist gemäß § 34 von der Behörde zu überwachen.[34] Gleiches gilt meiner Ansicht nach für Auflagen hinsichtlich einer Erhaltungs- und Instandsetzungspflicht, zB der Auflage eine Blitzschutzanlage regelmäßig durch einen Sachverständigen überprüfen zu lassen. Auflagen sind auch nur dann vorzuschreiben, wenn solche Maßnahmen nach den Ergebnissen des Ermittlungsverfahrens zu rechtfertigen sind. Denn der Baubewilligungswerber hat einen Rechtsanspruch, dass sein Vorhaben als solches bewilligt wird, wenn nicht ein Versagungsgrund vorliegt.[35] Insgesamt müssen Auflagen also dem Verhältnismäßigkeitsgebot entsprechen, so ist zB beim Vorliegen mehrerer möglicher Maßnahmen jene Maßnahme vorzuschreiben, die am wenigsten in die Rechte des Baubewilligungswerber eingreift.[36] Dies ist vor allem vor dem Hintergrund zu beachten, dass grundsätzlich die wirtschaftliche Zumutbarkeit kein zu beachtendes Kriterium ist.[37] Die Vorschreibung alternativer Auflagen ist unter der Voraussetzung zulässig, dass jede Alternative zum gleichen, mit der vorgeschriebenen Maßnahme angestrebten Ergebnis führt.[38]

6 Eine Auflage muss gleich generellen Normen ausgelegt werden.[39] Dh bestehen trotz Wortinterpretation und grammatikalischer Interpretation Zweifel über den normativen Sinn der Auflage, ist auch der Zweck

---

31 VwGH 29.4.1997, 96/05/0158.
32 VwGH 31.3.2005, 2004/05/0325.
33 VwGH 23.2.1993, 92/05/0278.
34 Siehe § 34 Rz 3 ff.
35 VwGH 13.6.2012, 2011/06/0018.
36 Zum Ganzen *Hengstschläger/Leeb*, AVG² § 59 Rz 34 f mN; *Giese*, Baurecht § 9 Baupolizeigesetz Anm 55 f; *Hinterwirth*, SV 2008, 81 ff.
37 *Giese*, Baurecht § 9 Baupolizeigesetz Anm 57; *Hinterwirth*, SV 2008, 85; siehe aber § 18 Rz 11.
38 VwGH VwSlg 11.752 A/1985; *Hinterwirth*, SV 2008, 85; *Kleewein*, RdU 2013, 142.
39 VwGH VwSlg 11.196 A/1983.

der Regelung in die Betrachtung miteinzubeziehen ist. Es muss also auch nach dem Grund und dem Zweck der Auflage geforscht werden.[40] Grundsätzlich sind der Hauptinhalt der Baubewilligung und die Auflage eine untrennbare Einheit.[41] Dh gegen Auflagen kann daher grundsätzlich nicht gesondert Berufung oder Beschwerde erhoben werden. Anderes gilt nur, sofern der Hauptinhalt der Baubewilligung auch ohne die Auflage rechtmäßig bestehen könnte. Dies ist zB der Fall, wenn rechtswidrig in einer Baubewilligung eine Auflage aufgenommen wird, die nicht der baurechtlichen Vollziehung dient, sondern der Vollziehung anderer Gesetze.[42]

Die K-BO 1996 sieht eine ausdrückliche Bestimmung über die Anordnung von nachträglichen Auflagen für bereits erteilte Baubewilligungen nur in § 18 Abs 3 vor.[43] Darüber hinaus kann gemäß § 68 Abs 3 AVG die Behörde, die den Bescheid in letzter Instanz erlassen hat, oder die sachlich in Betracht kommende Oberbehörde im öffentlichen Interesse insoweit abändern, als dies zur Beseitigung von das Leben oder die Gesundheit von Menschen gefährdenden Missständen oder zur Abwehr schwerer volkswirtschaftlicher Schädigungen notwendig und unvermeidlich ist.[44] Bei Beseitigung von das Leben oder die Gesundheit gefährdenden Missständen muss nicht bis zum Eintritt der formellen Rechtskraft des den Missstand bewirkenden Bescheides zugewartet werden.[45] In allen Fällen hat die Behörde mit möglichster Schonung erworbener Rechte vorzugehen.[46] Sachlich in Betracht kommende Oberbehörde bei Bescheiden des Bürgermeisters in Angelegenheiten des eigenen Wirkungsbereiches[47] ist gemäß § 94 Abs 1 K-AGO der

---

40 VwGH 29.4.1997, 96/05/0158; siehe auch *Potacs*, Auslegung 124 f.
41 VwGH 22.10.1981, 3129/79; VwSlg 12.422 A/1987; 24.3.1987, 87/05/0045; 30.1.1995, 94/10/0162; *Pallitsch/Pallitsch/Kleewein*, Baurecht[5] § 18 K-BO 1996 Anm 1.
42 Zum Ganzen *Stöger*, ecolex 2000, 248 f; *Hengstschläger/Leeb*, AVG[2] § 59 Rz 21 f mN; *Hinterwirth*, SV 2008, 119.
43 Siehe § 18 Rz 12.
44 VwGH VwSlg 16.216 A/2003; dazu ausführlich *Hengstschläger/Leeb*, AVG[2] § 68 Rz 53 ff mN; *Giese*, bbl 2009, 57 ff, *ders*, bbl 2011, 224 ff.
45 VwGH 7.8.2013, 2011/06/0164 mN.
46 VwGH VwSlg 16.216 A/2003; zum Ganzen ausführlich *Hengstschläger/Leeb*, AVG[2] § 68 Rz 53 ff mN; *Giese*, bbl 2009, 57 ff; *ders*, bbl 2011, 224 ff; siehe auch § 25 Rz 12; *Hutter*, RFG 2013, 179; *Kleewein*, RdU 2013, 142 f.
47 Siehe § 1 Rz 7 ff.

Gemeindevorstand. In der Landeshauptstadt Klagenfurt am Wörthersee ist dies gemäß § 91 Abs 3 K-KStR 1998 die Bauberufungskommission, in der Stadt Villach gemäß § 94 Abs 1 K-VStR 1998 der Stadtsenat.

III. Auflagen

A. Nach Abs 1

9 Entspricht das Vorhaben den Voraussetzungen des § 17 Abs 1[48] nicht, sind diese durch Auflagen herzustellen.[49] Dh es sind in diesen Fällen von der Behörde auch projektsändernde Auflagen anzuordnen.[50] Dies darf allerdings nicht dazu führen, dass das Wesen des Vorhabens verändert wird. Ob eine Wesensänderung vorliegt, richtet sich nach den Umständen des Einzelfalles. So wurde zB vom VwGH ausgeführt, dass ein Satteldach an Stelle eines Pultdaches grundsätzlich das Wesen eines Vorhabens nicht verändert. Da aber das konkrete Vorhaben die Nutzung als Atelier vorsah und in diesem Fall die Belichtung von wesentlicher Bedeutung war, wurde eine solche projektsändernde Auflage als unzulässig beurteilt.[51] Darüber hinaus ergibt sich dadurch auch, dass ein typenmäßig unzulässiges Vorhaben nicht durch Vorschreibung von Auflagen zulässig gemacht werden kann.[52] Dh für die grundsätzliche Zulässigkeit oder Unzulässigkeit einer Betriebsanlage dürfen Auflagen keine Rolle spielen. Steht aber die Zulässigkeit der Betriebstype fest, können Auflagen im Sinne des § 18 angeordnet werden.[53] Projektsändernde Auflagen sind auch ohne planlicher Darstellung der Projektsänderung, dh ohne Austauschpläne zulässig.[54] Ist die projektsändernde Auflage notwendig, ist es nach einer entsprechenden Änderung des

---

48 Siehe § 17 Rz 6 ff.
49 VwGH 15.12.1988, 85/06/0068; 25.2.2005, 2003/05/0088; 6.7.2010, 2008/05/0023; zum Ganzen *Giese*, Baurecht § 9 Baupolizeigesetz Anm 58; *Hinterwirth*, SV 2008, 81 f; *Hauer*, Nachbar[6] 151 ff; *Pallitsch/Pallitsch/Kleewein*, Baurecht[5] § 18 K-BO 1996 Anm 1.
50 VwGH 29.3.1977, 2745/76; vgl im Zusammenhang mit Baulandwidmungen VfGH VfSlg 19.907/2014; kritisch *Moritz*, Baurecht 35.
51 VwGH 4.9.2001, 99/05/0019.
52 VwGH 23.2.1999, 97/05/0269; 30.11.1999, 97/05/0330; *Kleewein*, RdU 1994, 89; *Pallitsch/Pallitsch/Kleewein*, Baurecht[5] § 18 K-BO 1996 Anm 17.
53 VwGH 15.12.2009, 2009/05/0213.
54 VwGH 17.6.1982, 82/06/0045.

Vorhabens nicht erforderlich, darüber neu zu verhandeln.[55] Von § 18 Abs 1 nicht umfasst sind die Voraussetzungen nach § 17 Abs 2, die eingeräumte Möglichkeit der Erteilung von Auflagen, um ein Vorhaben bewilligungsfähig zu machen, erstreckt sich daher nicht auf die Voraussetzungen des § 17 Abs 2.[56]

Eine von solchen projektsändernden Auflagen abweichende Bauausführung ist als konsenswidrig anzusehen. Daraus folgt, dass in diesen Fällen ein baupolizeiliches Auftragsverfahren durchzuführen ist. Erst der in einem solchen Verfahren rechtskräftig ergangene baupolizeiliche Auftrag ist im Wege der Verwaltungsvollstreckung durchsetzbar.[57] Im Zweifel darf die Behörde nicht vom Vorliegen einer projektsändernden Auflage ausgehen.[58]

10

B. Nach Abs 2

Durch Auflagen ist sicherzustellen, dass in Gebäuden eine wirtschaftlich vertretbare Wärmeisolierung des Verteiler- und Speichersystems sowohl für den Wärmeträger als auch für das Warmwasser gewährleistet wird. Umfasst sind nur Gebäude, hingegen keine anderen baulichen Anlagen.[59] Sinn und Zweck der Bestimmung war die Umsetzung der RL 78/170/EWG betreffend die Leistung von Wärmeerzeugern zur Raumheizung und Warmwasserbereitung in neuen oder bestehenden nichtindustriellen Gebäuden sowie die Isolierung des Verteilungsnetzes für Wärme und Warmwasser in nichtindustriellen Neubauten.[60] Diese wurde durch die RL 2010/31/EU über die Gesamtenergieeffizienz von Gebäuden ersetzt. Die Umsetzung der RL 2010/31/EU hinsichtlich der Wärmeisolierung entsprechender Verteiler- und Speichersystems erfolgte durch § 43 K-BV iVm OIB-Richtlinie 6 Energieeinsparung und Wärmeschutz.[61] Insofern kommt § 18 Abs 2 keine Bedeutung mehr zu.

11

---

55 VwGH 24.3.1987, 87/05/0045.
56 VwGH 20.2.1990, 89/05/0190; 31.3.2005, 2004/05/0325.
57 VwGH VwSlg 10.614 A/1981; VwSlg 12.422 A/1987; *Kleewein*, RdU 2013, 142.
58 VwGH 17.6.1982, 82/06/0045.
59 Zu den Begriffen Gebäude und bauliche Anlage siehe § 6 Rz 3 f.
60 ErlRV Verf-291/11/1993, 1 f.
61 Die K-BV ist einschließlich der Erläuterungen unter Punkt 2 abgedruckt, die OIB-Richtlinie 6 Energieeinsparung und Wärmeschutz ist einschließlich Erläuterungen unter Punkt 2.1.6 abgedruckt.

C. Nach Abs 3

12 Gemäß § 3 K-BV dürfen Gebäude und sonstige bauliche Anlagen grundsätzlich nicht auf Grundstücken errichtet werden, die sich im Hinblick auf die Bodenbeschaffenheit, die Grundwasserverhältnisse oder wegen einer Gefährdung durch Hochwässer, Lawinen, Steinschlag oder wegen ähnlicher Gefahren für eine Bebauung nicht eignen. Sinn und Zweck von § 18 Abs 3 ist es, durch die Vorschreibung von Auflagen die Gefährdung zu beseitigen bzw zu minimieren, sodass eine Erteilung der Baubewilligung möglich ist.[62]

13 In diesem Sinne hat die Behörde bei einem Vorhaben nach § 6 lit a[63] dem Interessen der Sicherheit im Hinblick auf seine Lage – zB in Fällen einer möglichen Gefährdung durch Lawinen, Hochwasser oder Steinschlag – entgegenstehen, Auflagen vorzuschreiben.[64] Der Begriff Gefährdung durch Hochwasser setzt nach der Judikatur des VwGH ein bestimmtes Ausmaß der Gefahr und der Häufigkeit des Auftretens von Hochwasser voraus. Ob eine solche Bedrohung gegeben ist, muss im Ermittlungsverfahren geklärt werden. Eine Auslegung des Begriffes der Hochwassergefährdung in einer baurechtlichen Norm kann sich an den wasserrechtlichen Regelungen in Bezug auf relevante Hochwässer orientieren. Wenn der Wasserrechtsgesetzgeber in § 38 Abs 3 WRG 1959 keine Regelungen für ein fünfzigjähriges Hochwasser, das sich stets als ein Katastrophenhochwasser darstellen wird, trifft und eine solches Hochwasser somit nicht berücksichtigt, dann kann daraus auch für baurechtliche Normen, für die das Kriterium der Hochwassergefährdung von Bedeutung ist, geschlossen werden, dass die Gefahr eines derartigen Hochwassers nicht als Hochwassergefährdung qualifiziert werden kann.[65] Auch für die Gefährdung durch Lawinen gilt nach der Judikatur des VwGH, dass nicht jede auch nur theoretische Möglichkeit eines Lawinenabganges – etwa im Falle ganz außergewöhnlicher Verhältnisse – schon zur Annahme führt, dass eine Gefährdung vorliegt. Vielmehr muss eine Gefährdung durch Lawinen so sehr im Bereiche praktischer Möglichkeit liegen, dass vernünftig denkende Menschen

---

62 ErlRV Verf-1035/1/1991, 12; vgl im Zusammenhang mit Baulandwidmungen VfGH VfSlg 19.907/2014.
63 Siehe § 6 Rz 7.
64 VwGH 25.2.2005, 2003/05/0088.
65 VwGH VwSlg 9237 A/1977; VwSlg 17.041 A/2006; zum Ganzen ausführlich *Giese*, bbl 2011, 203 ff.

von einer Bebauung dieses Grundstückes Abstand nehmen.[66] Es ist also nach diesen Grundsätzen – auch für Gefährdungen durch Steinschlag und andere Gefährdungen im Hinblick auf die Lage, zB Muren, – auf die konkrete Möglichkeit einer Gefährdung abzustellen.[67] Auf den Verwendungszweck des Vorhabens ist besonders Bedacht zu nehmen. Die Auflagen müssen technisch mögliche und der Art des Vorhabens angemessen sein. So könnte zB vorgeschrieben werden, dass im Gefährdungsbereich keine Aufenthaltsräume oder keine Fenster und Türen vorgesehen werden dürfen.[68] Gegen eine Gefährdung durch Hochwasser könnte die Abdichtung des Untergrundes, dh eine wasserdichte Ausführung des Kellers, Vorkehrungen gegen den Wassereintritt durch Gebäudeöffnungen, die auftriebssichere Ausführung, die Verwendung von wasserbeständigen Bauprodukten oder das Anheben des Fußbodenniveaus vorgeschrieben werden.[69] Die Auflagen dürfen auch zweckdienliche Maßnahmen beinhalten, die nicht das Vorhaben unmittelbar betreffen, zB die Errichtung von Sicherungsanlagen (Lawinenverbauung, Mauern, Drahtnetze etc). In der Auflage ist vorzuschreiben, dass diese Maßnahmen jedoch mindestens gleichzeitig mit dem Vorhaben ausgeführt werden. Nur so ist eine Beseitigung der Gefährdung möglich. Eine Erteilung der Baubewilligung darf nur erfolgen, wenn durch diese Auflagen nach § 18 Abs 3 die Voraussetzungen des § 17 Abs 1 und 2[70] erfüllt werden. Andernfalls ist die Baubewilligung gemäß § 19 Abs 1[71] zu versagen.

Bei Vorhaben nach § 6 lit b und c,[72] die sich auf bereits bestehende Gebäude oder sonstige bauliche Anlagen in einer Roten Gefahrenzone eines Gefahrenzonenplanes nach § 11 des Forstgesetzes 1975 beziehen, sind durch die Behörde Auflagen zur Verminderung der Gefahren vorzuschreiben. Die Rote Gefahrenzone umfasst gemäß § 6 lit a der Verordnung über die Gefahrenzonenpläne „jene Flächen, die durch Wildbäche oder Lawinen derart gefährdet sind, daß ihre ständige Benützung für Siedlungs- und Verkehrszwecke wegen der voraussichtlichen Scha-

14

---

66 VwGH 22.5.1980, 3064/78.
67 VwGH 18.12.1997, 95/06/0237; 19.12.2000, 98/05/0147.
68 ErlRV Verf-1035/1/1991, 12.
69 Vgl § 47 Oö. BauTG 2013; ausführlich *Giese*, bbl 2011, 211 ff.
70 Siehe § 17 Rz 6 ff.
71 Siehe § 19 Rz 3 f.
72 Siehe § 6 Rz 8 f.

denswirkungen des Bemessungsereignisses oder der Häufigkeit der Gefährdung nicht oder nur mit unverhältnismäßig hohem Aufwand möglich ist."[73] Es reicht nicht aus, das Vorhaben, nur weil es in einer Roten Gefahrenzone eines Gefahrenzonenplanes liegt, zu versagen.[74] Diese Auflagen zur Verminderung der Gefahren dürfen sich sowohl auf das Vorhaben als auch auf das bestehende Gebäude oder sonstige bauliche Anlagen und auf zweckdienliche Maßnahmen erstrecken, die nicht das Vorhaben unmittelbar betreffen.[75] Für bestehende Gebäude oder sonstige bauliche Anlagen bedeutet dies, dass auch nachträgliche Auflagen vorgeschrieben werden können, allerdings nur im Zuge eines Vorhabens nach § 6 lit b und c und nicht amtswegig.[76] Es ist in diesen Fällen vorzuschreiben, dass diese Maßnahmen jedoch mindestens gleichzeitig mit dem Vorhaben ausgeführt werden. Im Gegensatz zu den Auflagen bei Vorhaben nach § 6 lit a dienen diese Auflagen bei Vorhaben nach § 6 lit b und c der Verminderung einer bereits bestehenden Gefahr bei Gebäuden und sonstigen Anlagen des Bestandes. Wird jedoch durch das Vorhaben eine Gefährdung erst geschaffen oder eine Gefährdung verstärkt und können die Voraussetzungen des § 17 Abs 1 und 2[77] durch die Auflagen nicht hergestellt werden, ist die Baubewilligung gemäß § 19 Abs 1[78] zu versagen.

D. Nach Abs 4

15 Wenn dies zur Erhaltung des Landschaftsbildes oder zum Schutz des Ortsbildes erforderlich ist, hat die Behörde durch Auflagen die Schaffung von Grünanlagen oder das Pflanzen von Bäumen oder Sträuchern oder beides oder Maßnahmen zur Erhaltung eines Bestandes an Bäumen oder Sträuchern anzuordnen.[79] Ob dies erforderlich ist, ergibt sich in erster Linie aus den Bestimmungen des K-OBG.[80] So hat die

---

73 Zu dieser systematischen Interpretation siehe *Potacs*, Auslegung 84 f und 90 f mwN.
74 *Khakzadeh*, ZfV 2003, 152.
75 Siehe die Beispiele in § 18 Rz 13.
76 Zu nachträglichen Auflagen im Baurecht ausführlich *Giese*, bbl 2009, 47 ff.
77 Siehe § 17 Rz 6 ff.
78 Siehe § 19 Rz 3 f.
79 ErlRV Verf-133/6/1967, 19.
80 VwGH 24.3.1987, 87/05/0048; das K-OBG ist einschließlich der Erläuterungen unter Punkt 3 abgedruckt.

5. Abschnitt – Baubewilligung §18

Gemeinde im eigenen Wirkungsbereiches gemäß § 1 Abs 1 K-OBG bei allen ihnen nach Landesgesetzen obliegenden Aufgaben, insbesondere solchen nach der K-BO 1996, für die Pflege des erhaltenswerten Ortsbildes zu sorgen, es unter Bedachtnahme auf die technische und ökonomische Entwicklung sowie auf die örtliche Bautradition zu bewahren und für die Schaffung eines erhaltenswerten Ortsbildes zu sorgen. Das Ortsbild umfasst gemäß § 2 K-OBG das Bild eines Ortes oder von Teilen davon, das vorwiegend durch Gebäude, sonstige bauliche Anlagen, Grünanlagen, Gewässer, Schlossberge uä geprägt wird, und zwar unabhängig davon, ob die Betrachtung von innen oder von einem Standpunkt außerhalb des Ortes erfolgt. Das Ortsbild umfasst auch den charakteristischen Ausblick auf Ausschnitte der umgebenden Landschaft. Die Bestimmungen des K-OBG gelten aber gemäß § 3 K-OBG nur für den Ortsbereich, das ist der Bereich der geschlossenen Siedlungen und der zum Siedlungsbereich gehörigen besonders gestalteten Flächen, wie Vorgärten, Haus- und Obstgärten. Es sind nicht nur wesentliche Störungen des Ortsbildes beachtlich,[81] aber nicht jegliche von der optimalen ästhetischen Lösung abweichende Gestaltung einer baulichen Anlage bedeutet, dass dem Vorhaben Interessen der Erhaltung des Landschaftsbildes entgegenstehen.[82] Da der Schutz der freien Landschaft im Sinne des § 5 Abs 1 K-NSG nicht zum eigenen Wirkungsbereich der Gemeinden zählt, ist auf Grundlage einer verfassungskonformen Interpretation davon auszugehen, dass die Erhaltung des Landschaftsbildes nur insofern Prüfungsmaßstab ist, als es sich um den örtlichen Landschaftsschutz handelt, weil es zu einer Wechselwirkung zwischen dem Ortsbild und dem Landschaftsbild kommt.[83] Hinzuweisen ist auch auf die landesverfassungsrechtliche Staatszielbestimmung des § 7a Abs Z 4 K-LVG,[84] nach der das Land Kärnten und die Gemeinden im Rahmen ihres Wirkungsbereiches das umweltpolitische Ziel einzuhalten haben, dass die Eigenart und die Schönheit der Kärnt-

---

81 VwGH 11.6.1981, 1737/79; 24.3.1987, 87/05/0048.
82 VwGH 11.6.1981, 1737/79.
83 VfGH VfSlg 6186/1970; VfSlg 8944/1980; so sah sich auch der VwGH 11.6.1981, 1737/79, und 3.5.2012, 2010/06/0185, bei Anwendung von § 13 Abs 2 lit c bzw § 9 Abs 2 lit d K-BO 1969 nicht gezwungen, einen Antrag auf Grund verfassungsrechtlicher Bedenken gemäß Art 140 Abs 1 Z 1 lit a B-VG an den VfGH zu stellen; *Pallistsch/Pallitsch/Kleewein*, Baurecht[5] § 13 K-BO 1996 Anm 4.
84 Diese Bestimmung entspricht dem Kärntner Umwelt-Verfassungsgesetz, LGBl 1986/42; dazu siehe ErlRV Verf-73/5/1986.

ner Landschaft sowie die charakteristischen Landschafts- und Ortsbilder Kärntens bewahrt werden.

E. Nach Abs 5

16 Bei Vorhaben nach § 6 lit a bis c[85] hat die Behörde die Schaffung der nach Art, Lage, Größe und Verwendung des Gebäudes oder der baulichen Anlagen notwendigen Kinderspielplätze, Garagen, Stellplätze und Elektrotankstellen für Kraftfahrzeuge sowie die für Behinderte erforderlichen baulichen Vorkehrungen und die Voraussetzungen für Vorkehrungen für den Grundschutz durch Auflagen anzuordnen. Die Art des Vorhabens folgt den Tatbeständen des § 6 (zB Errichtung eines Gebäudes; Änderung einer baulichen Anlage etc).[86] Die Lage ergibt sich insbesondere aus dem Lageplan,[87] dh durch die Katastralgemeinde, die Grundstücksnummer, die Adresse sowie vor allem durch die Abstände zu den Grundstücksgrenzen. Die Größe bestimmt sich aus der Beschreibung,[88] dh insbesondere aus der Größe der überbauten Fläche, der Bruttogeschoßflächenzahl oder zB bei Änderung der Verwendung durch die Angabe der Anzahl und Größe der betroffenen Räume. Auch die Verwendung ergibt sich aus der Beschreibung.[89] Kinderspielplätze werden in erster Linie bei Gebäuden, die mehrere Wohnungen enthalten, vorzuschreiben sein.[90] Es bedarf einer näheren Prüfung, mit welcher – durchschnittlichen – Anzahl von Kindern typischerweise zu rechnen ist, die altersmäßig zeitgleich einen Kinderspielplatz benützen. Dies ist durch Erfahrungswerte bzw auch durch statistische oder demografische Grundlagen zu ermitteln. Dabei kommt es nicht auf das konkrete Vorhaben an, sondern auf Wohnanlagen des gegebenen Typs. Auf Basis solcher Feststellungen (allenfalls auch zur anzunehmenden Altersstruktur der Kinder im Hinblick auf verschiedene Platzanforderungen) ist sodann auch näher zu beurteilen, welche Größe daher im Ergebnis notwendig ist.[91] Eine Auflage zur Schaffung von Garagen, Stellplätzen und Elektrotankstellen für Kraftfahrzeuge ist für unter-

---

85 Siehe § 6 Rz 7 ff.
86 Vgl *Pallitsch/Pallitsch/Kleewein*, Baurecht[5] § 17 K-BO 1996 Anm 4.
87 Vgl § 6 Abs 2 K-BAV; die K-BAV ist unter Punkt 1.1 abgedruckt.
88 Vgl § 6 Abs 4 K-BAV.
89 Vgl § 6 Abs 4 lit a K-BAV.
90 ErlRV Verf-133/6/1967, 20.
91 Zum Ganzen VwGH 11.3.2016, Ra 2015/06/0043 Rz 44.

5. Abschnitt – Baubewilligung § 18

schiedlich genutzte, zB für Zwecke des Gewerbes oder der Industrie, Gebäude und baulichen Anlagen denkbar.[92] Durch Auflagen zur Schaffung von Garagen und Stellplätzen für Kraftfahrzeuge soll den Anforderungen des Individualverkehrs begegnet werden.[93] In diesem Zusammenhang ist aber auch darauf hinzuweisen, dass gemäß § 45 Abs 5 K-BV[94] bei Gebäuden mit mehr als vier Wohnungen entsprechend der Zahl der Wohnungen leicht zugängliche, geeignete Abstellplätze für Fahrräder vorgesehen werden müssen. Auflagen zur Schaffung von Elektrotankstellen für Kraftfahrzeuge sind auch im Rahmen der RL 2014/94/EU über den Aufbau der Infrastruktur für alternative Kraftstoffe, die bis 18.11.2016 umzusetzen ist, zu beachten.[95] Welche Gebäude und baulichen Anlagen barrierefrei zu errichten sind und was unter Barrierefreiheit zu verstehen ist, ergibt sich aus § 39 K-BV iVm OIB-Richtlinie 4 Nutzungssicherheit und Barrierefreiheit.[96] Insofern kommt der Bestimmung keine Bedeutung mehr zu.[97] Auflagen sind auch für den Grundschutz vorzuschreiben, dh für den baulichen Zivilschutz.[98] Dies wird in erster Linie bei größeren öffentlichen Gebäuden eine Rolle spielen. In der Auflage sind auch Lage und Ausführung dieser Einrichtungen vorzuschreiben, diese hat sich nach den örtlichen Erfordernissen zu richten. Kinderspielplätze haben nach ihrer Lage der Sicherheit der Kinder Rechnung zu tragen, insbesondere im Hinblick auf die Gefahren des Straßenverkehrs.[99] Gegen diese Bestimmung bestehen keine verfassungsrechtlichen Bedenken hinsichtlich des Bestimmtheitsgebots.[100]

---

92 ErlRV Verf-133/6/1967, 20.
93 ErlRV Verf-133/6/1967, 19; *Walzel von Wiesentreu*, immolex 2016, 180 ff.
94 Die K-BV ist einschließlich der Erläuterungen unter Punkt 2 abgedruckt.
95 *Storr*, Elektroautos 40 ff; *Schweditsch*, RdU 2016, 49 ff.
96 Die K-BV ist einschließlich der Erläuterungen unter Punkt 2 abgedruckt, die OIB-Richtlinie 4 Nutzungssicherheit und Barrierefreiheit ist einschließlich Erläuterungen unter Punkt 2.1.4 abgedruckt.
97 ErlRV 01-VD-LG-1369/4-2012, 9.
98 Vgl § 83 Stmk. BauG.
99 ErlRV Verf-133/6/1967, 20.
100 VfGH VfSlg 9468/1982.

F. Nach Abs 7

17 Erfordern es Interessen der Sicherheit oder der Gesundheit, hat die Behörde durch Auflagen die Überprüfung von Anlagen oder Anlageteilen im jeweils geeigneten Zeitpunkt der Ausführung zu verlangen. Es sind in diesem Fall also auch Auflagen hinsichtlich der Bauausführung vorzuschreiben. Die Bestimmung bietet aber keine Grundlage für Auflagen hinsichtlich einer Erhaltungs- oder Instandsetzungspflicht.[101] Es ist nicht notwendig, dass die Behörde die Überprüfung selbst vornimmt, sie kann auch die Überprüfung durch einen Sachverständigen anordnen. In diesem Fall hat sie aber dafür zu sorgen, dass dies auch tatsächlich erfolgt.[102]

18 Die Interessen der Sicherheit ergeben sich in erster Linie aus den K-BV. So ist zB die Standsicherheit gemäß § 26[103] iVm § 1 Abs 2 lit a K-BV eine bautechnische Anforderungen an bauliche Anlagen.[104] Gleiches gilt gemäß § 27[105] iVm Art 3 VO (EU) Nr 305/2011[106] auch für die wesentlichen Merkmale von Bauprodukten. Gebäude und sonstige bauliche Anlagen dürfen gemäß § 3 K-BV grundsätzlich nicht auf Grundstücken errichtet werden, die sich im Hinblick auf die Bodenbeschaffenheit, die Grundwasserverhältnisse oder wegen einer Gefährdung durch Hochwässer, Lawinen, Steinschlag oder wegen ähnlicher Gefahren für eine Bebauung nicht eignen. Weiters ist der Abstand oberirdischer Gebäude und baulicher Anlagen voneinander und von der Grundstücksgrenze gemäß § 4 K-BV so festzulegen, dass Interessen der Sicherheit nicht verletzt werden. Bauliche Anlagen sind gemäß § 17 Abs 1 K-BV auch so zu planen und auszuführen, dass bei der Brandbekämpfung die Sicherheit der Lösch- und der Rettungskräfte weitestgehend gewährleistet ist und wirksame Löscharbeiten möglich sind. Gemäß § 23 Abs 1 K-BV sind Abgase von Feuerstätten unter Berücksichtigung der Art der Feuerstätte und des Brennstoffes so ins Freie abzuführen, dass die Sicherheit von Personen nicht gefährdet werden.

---

101 Siehe schon § 18 Rz 5.
102 *Kleewein*, RdU 2013, 142.
103 Siehe § 26 Rz 3 f.
104 Vgl *Pallitsch/Pallitsch/Kleewein*, Baurecht[5] § 17 K-BO 1996 Anm 10.
105 Siehe § 27 Rz 3 f.
106 Die VO (EU) Nr 305/2011 ist unter Punkt 4 abgedruckt.

Auch die Interessen der Gesundheit ergeben sich in erster Linie aus den **19**
K-BV. So ist die Gesundheit zB gemäß § 26[107] iVm § 1 Abs 2 lit c K-BV
und § 18 K-BV eine bautechnische Anforderungen an bauliche Anlagen.[108] Gleiches gilt gemäß § 27[109] iVm Art 3 VO (EU) Nr 305/2011[110]
auch für die wesentlichen Merkmale von Bauprodukten. Die Abstände
zwischen baulichen Anlagen sind nach § 6, § 8, § 9 und § 10 K-BV so
festzulegen, dass Interessen der Gesundheit nicht entgegenstehen. Bauliche Anlagen sind gemäß § 12 K-BV so zu planen und auszuführen,
dass sie den Anforderungen des Brandschutzes entsprechen und der
Gefährdung der Gesundheit durch Brand vorgebeugt wird. Abflüsse
sind gemäß § 21 K-BV so zu sammeln, Abgase von Feuerstätten sind
gemäß § 23 Abs 1 K-BV so ins Freie abzuführen, bauliche Anlagen sind
gemäß § 27 Abs 1 und 3 K-BV hinsichtlich Immissionen und Emissionen aus dem Untergrund so zu planen, Aufenthaltsräume sind gemäß
§ 28 Abs 1 K-BV so zu belichten, das Fußbodenniveau der Räume gegenüber dem Gelände und die Raumhöhe sind gemäß § 30 K-BV so zu
planen, dass keine Interessen der Gesundheit verletzt werden. Auch
durch Trinkwasser nach § 26 Abs 2 und 3 K-BV oder Lüftungsanlagen
nach § 29 K-BV darf die Gesundheit nicht gefährdet werden. Bauliche
Anlagen, in denen gefährliche Stoffe gelagert werden, müssen gemäß
§ 31 K-BV so ausgeführt sein, dass eine Gefährdung der Gesundheit
verhindert wird, und bauliche Anlagen sind gemäß § 32 K-BV iVm § 33
bis § 38 K-BV so zu planen und auszuführen, dass bei ihrer Nutzung
Unfälle vermieden werden, durch die die Gesundheit gefährdet wird.
Ebenso sind bauliche Anlagen gemäß § 40 Abs 1 K-BV so zu planen
und auszuführen, dass gesunde, normal empfindende Personen, die
sich in der baulichen Anlage aufhalten oder sich in einer unmittelbar
anschließenden baulichen Anlage aufhalten, weder durch bei bestimmungsgemäßer Verwendung auftretenden Schall und Erschütterungen
noch durch Schallimmissionen von außen in ihrer Gesundheit gefährdet werden.

---

107 Siehe § 26 Rz 3 f.
108 Vgl *Pallitsch/Pallitsch/Kleewein*, Baurecht[5] § 17 K-BO 1996 Anm 11.
109 Siehe § 27 Rz 3 f.
110 Die VO (EU) Nr 305/2011 ist unter Punkt 4 abgedruckt.

G. Nach Abs 8

20 Erfordern es öffentliche Interessen, wie Interessen der Gesundheit, des Verkehrs, des Fremdenverkehrs oder des Ortsbildes, hat die Behörde durch Auflagen Art und Zeit der Durchführung festzulegen. Es sind in diesem Fall also auch Auflagen hinsichtlich der Art und Zeit der Bauausführung vorzuschreiben. So wäre es zB möglich zur Verminderung der Staubbelastung Auflagen hinsichtlich der bautechnischen Methode der Bauausführung vorzuschreiben. Auflage in zeitlicher Hinsicht wäre zB, dass die Bauausführung nur zu bestimmten Uhrzeiten erfolgen darf.

21 Der Begriff Fremdenverkehr umfasst die Gesamtheit aller Erscheinungen und Beziehungen, die mit dem Verlassen des üblichen Lebensmittelpunktes und dem Aufenthalt an einer anderen Destination bzw dem Bereisen einer anderen Region verbunden sind.[111] So wäre es im Interesse des Fremdenverkehrs möglich, vorzuschreiben, dass die Bauausführung auf Grund des zu erwartenden Baulärmes[112] nicht während einer bestimmten Zeit, zB nicht während der Hauptsaison, erfolgen darf.[113] Für den Begriff Verkehr ist erstens an den öffentlichen Verkehr auf Straßen zu denken. Dh den Verkehr auf Straßen, die von jedermann unter den gleichen Bedingungen benützt werden können.[114] Umfasst ist aber auch zB der Eisenbahnverkehr, der Luftverkehr oder der Schiffsverkehr. Auflagen werden in erster Linie im Interesse der Sicherheit der Verkehrsteilnehmer vorzuschreiben sein oder im Interesse der Flüssigkeit des Verkehrs. Denkbar sind zB entsprechende Auflagen hinsichtlich der Zu- und Abfahrt.[115]

22 Für die öffentlichen Interessen der Gesundheit und des Ortsbildes wird auf § 18 Rz 15 und 19 verwiesen. Indes zählt § 18 Abs 8 die öffentlichen Interessen, die Voraussetzung der Erteilung der Baubewilligung sind, nur beispielhaft auf. Somit können Auflagen über die Art und Zeit der Bauausführung auch auf andere öffentliche Interessen gestützt werden.[116]

---

111 Vgl Gabler Wirtschaftslexikon[18].
112 Siehe auch die Kommentierung zu § 28.
113 Siehe aber zum Verhältnismäßigkeitsgrundsatz § 18 Rz 5; *Pallitsch/Pallitsch/Kleewein*, Baurecht[5] § 18 K-BO 1996 Anm 14.
114 Vgl § 1 StVO; eine solche Auslegung anhand einer bundesgesetzlichen Bestimmung findet sich auch in VwGH 9.3.1993, 92/06/0226; siehe auch *Potacs*, Auslegung 84 f und 90 f mwN.
115 *Pallitsch/Pallitsch/Kleewein*, Baurecht[5] § 17 K-BO 1996 Anm 13.
116 Siehe zu den anderen öffentlichen Interessen § 17 Rz 8 ff.

H. Nach Abs 9

Erfordern es Interessen der Gesundheit oder des Umweltschutzes, hat die Behörde unter Bedachtnahme auf wasserrechtliche Vorschriften durch Auflagen sicherzustellen, dass durch die Entleerung von Schwimmbecken und ähnlichen baulichen Anlagen sowie durch eine Überfüllung von Senkgruben und ähnlichen baulichen Anlagen keine Missstände entstehen können. Die Möglichkeit zur Erteilung einer Auflage im Zusammenhang mit der Abwasserentsorgung setzt eine bewilligte Abwasserentsorgungsanlage voraus. Mit der Auflage sollen nur drohende Missstände bei der Entleerung entsprechender bewilligter Anlagen verhindert werden.[117] Die Interessen des Umweltschutzes ergeben sich in erster Linie aus der K-BV. So sind bauliche Anlagen gemäß § 1 Abs 2 lit c K-BV iVm § 18 K-BV[118] in allen ihren Teilen so zu planen und auszuführen, dass sie unter Berücksichtigung ihres Verwendungszweckes den Anforderungen an den Umweltschutz entsprechen. Für die öffentlichen Interessen der Gesundheit wird auf § 18 Rz 15 verwiesen. Die Anordnung, dass auf wasserrechtliche Vorschriften Bedacht zu nehmen ist, beutet, dass im Sinne von § 38 AVG die wasserrechtliche Vorfrage zu beachten ist.[119] Sinn und Zweck dieser Bestimmung ist, dass keine Auflagen vorgeschrieben werden, die das Wasserrecht verletzen. Es wird dadurch aber nicht in das Wasserrecht eingegriffen.

23

I. Nach Abs 10

Umfasst ein Vorhaben mehr als eine bauliche Anlage und besteht nur hinsichtlich der Gesamtheit der baulichen Anlagen kein Widerspruch zum Flächenwidmungsplan, so hat die Behörde festzulegen, in welcher Reihenfolge die baulichen Anlagen ausgeführt werden müssen, wenn keine gleichzeitige Ausführung erfolgt. Sinn und Zweck dieser Bestimmung ist, Umgehungen des Flächenwidmungsplanes zu verhindern.[120] In den Erläuterungen wird folgendes Beispiel angeführt: „Der Bauwerber sucht auf einem als Grünland-Landwirtschaft gewidmeten Grundstück um die Bewilligung zur Errichtung eines Wohngebäudes und eines Wirtschaftsgebäudes für landwirtschaftliche Zwecke an. Durch die Anordnung, daß

24

---

117 ErlRV Verf-34/5/1979, 13; VwGH 31.3.2005, 2004/05/0325.
118 Die K-BV ist einschließlich der Erläuterungen unter Punkt 2 abgedruckt.
119 Auch zum Folgenden ErlRV Verf-34/5/1979, 14.
120 Auch zum Folgenden ErlRV Verf-34/5/1979, 14.

das Wohnhaus erst nach der Errichtung des Wirtschaftsgebäudes errichtet werden darf, wenn nicht gleichzeitig mit dem Wohnhaus das Wirtschaftsgebäude errichtet wird, wird sichergestellt, daß nicht nur das Wohnhaus errichtet wird, das Wirtschaftsgebäude aber nie mehr und so der Flächenwidmungsplan wirksam umgangen wird." Darüber hinaus ergibt sich aus dieser Bestimmung, dass ein typenmäßig unzulässiges Vorhaben nicht durch Vorschreibung von Auflagen zulässig gemacht werden kann.[121] Dh für die grundsätzliche Zulässigkeit oder Unzulässigkeit einer Betriebsanlage dürfen Auflagen keine Rolle spielen. Steht aber die Zulässigkeit der Betriebstype fest, können Auflagen im Sinne des § 18 angeordnet werden.[122] § 52 Abs 3 K-NSG 2002 enthält eine gleichlautende Bestimmung.

J. Nach Abs 11

25 Sind zur Gewährleistung der Aufrechterhaltung der Übereinstimmung des Vorhabens und seiner Verwendung mit dem Flächenwidmungsplan Auflagen erforderlich, so hat die Behörde diese Auflagen vorzuschreiben. Sinn und Zweck dieser Bestimmung ist, Umgehungen des Flächenwidmungsplanes zu verhindern.[123] In den Erläuterungen wird folgendes Beispiel angeführt: „Auf zwei benachbarten Grundstücken wird jeweils ein Verkaufslokal des Handels geschaffen und bewilligt (kein Einkaufszentrum). Zwischen den beiden Grundstücken verhindern jedoch keine baulichen Vorkehrungen die Schaffung gemeinsamer Einrichtungen wie Parkplätze, gemeinsame Lagerräume u.ä., und damit die nachträgliche Schaffung eines Einkaufszentrums, ohne Sonderwidmung und allenfalls ohne zusätzliche baubewilligungspflichtige Maßnahmen." Darüber hinaus ergibt sich aus dieser Bestimmung, dass ein typenmäßig unzulässiges Vorhaben nicht durch Vorschreibung von Auflagen zulässig gemacht werden kann.[124] Dh für die grundsätzliche Zulässigkeit oder Unzulässigkeit einer Betriebsanlage dürfen Auflagen keine Rolle spielen. Steht aber die Zulässigkeit der Betriebstype fest, können Auflagen im Sinne des § 18 angeordnet werden.[125]

---

121 VwGH 23.2.1999, 97/05/0269; 30.11.1999, 97/05/0330; *Kleewein*, RdU 1994, 89; *Pallitsch/Pallitsch/Kleewein*, Baurecht[5] § 18 K-BO 1996 Anm 17.
122 VwGH 15.12.2009, 2009/05/0213.
123 Auch zum Folgenden ErlRV Verf-1035/1/1991, 14.
124 VwGH 23.2.1999, 97/05/0269; 30.11.1999, 97/05/0330; *Kleewein*, RdU 1994, 89; *Pallitsch/Pallitsch/Kleewein*, Baurecht[5] § 18 K-BO 1996 Anm 17.
125 VwGH 15.12.2009, 2009/05/0213.

K. Nach Abs 12

Erfordern es sicherheitspolizeiliche Interessen, hat die Behörde bei **26** Vorhaben nach § 6 lit a bis c die im Hinblick auf die Art, Lage und Verwendung des Gebäudes erforderlichen baulichen Vorkehrungen sowie die Verwendung von besonderen Bauprodukten durch Auflagen anzuordnen. Es sind somit nur Vorhaben nach § 6 lit a bis c[126] umfasst. Die Art des Vorhabens folgt den Tatbeständen des § 6 (zB Errichtung eines Gebäudes; Änderung einer baulichen Anlage etc).[127] Die Lage ergibt sich insbesondere aus dem Lageplan,[128] dh durch die Katastralgemeinde, die Grundstücksnummer, die Adresse sowie vor allem durch die Abstände zu den Grundstücksgrenzen. Die Verwendung ergibt sich aus der Beschreibung.[129] Die Bestimmung stellt auf sicherheitspolizeiliche Interessen ab. Vom Wortlaut eingeschlossen ist einerseits die örtliche Sicherheitspolizei, das ist gemäß Art 15 Abs 2 B-VG der Teil der Sicherheitspolizei, der im ausschließlichen oder überwiegenden Interesse der in der Gemeinde verkörperten örtlichen Gemeinschaft gelegen und geeignet ist, durch die Gemeinschaft innerhalb ihrer örtlichen Grenzen besorgt zu werden, wie die Wahrung des öffentlichen Anstandes und die Abwehr ungebührlicherweise hervorgerufenen störenden Lärmes. Anderseits auch die überörtliche Sicherheitspolizei, dh die Aufrechterhaltung der öffentlichen Ruhe, Ordnung und Sicherheit und die erste allgemeine Hilfeleistungspflicht gemäß Art 10 Abs 1 Z 7 B-VG iVm § 3 SPG. Die Interessen der Sicherheitspolizei ergeben sich somit in erster Linie aus dem K-LSiG und dem SPG, aber auch aus dem K-VAG 2010. In den Erläuterungen werden als Beispiele Auflagen für schußsicheres Glas im Kundenbereich einer Bankfiliale und für Panzerglas bei Schaufenstern von Juwelieren angeführt.[130] Zu denken ist aber auch an entsprechende Auflagen für bauliche Anlage, die für Veranstaltungen genutzt werden.[131]

---

126 Siehe § 6 Rz 7 ff.
127 Vgl *Pallitsch/Pallitsch/Kleewein*, Baurecht⁵ § 17 K-BO 1996 Anm 4.
128 Vgl § 6 Abs 2 K-BAV; die K-BAV ist unter Punkt 1.1 abgedruckt.
129 Vgl § 6 Abs 4 lit a K-BAV.
130 ErlRV Verf-34/5/1979, 14 f.
131 *Pallitsch/Pallitsch/Kleewein*, Baurecht⁵ § 18 K-BO 1996 Anm 18.

§ 19 Versagung

(1) Sind die Voraussetzungen für die Erteilung der Baubewilligung nicht gegeben und können sie durch Auflagen nach § 18 Abs. 1 nicht hergestellt oder können die Auflagen nach § 18 Abs. 3, 5 und 6 nicht erfüllt werden, ist die Baubewilligung zu versagen.

(2) Öffentlichrechtliche Einwendungen der Parteien (§ 23 Abs. 1 bis 6) stehen der Erteilung der Baubewilligung entgegen, wenn sie sachlich gerechtfertigt sind.

Literatur: *Khakzadeh*, Lawinenschutz und Recht, ZfV 2003/308.

Inhaltsübersicht	Rz
I. Entwicklung und Rechtsvergleich	1
II. Versagung der Baubewilligung	3

I. Entwicklung und Rechtsvergleich

1   Schon § 20 der K-BO 1866, LGBl 1866/12, sah die Versagung von Wohngebäuden aus öffentlichen Rücksichten, zB aus Interessen des Brandschutzes, vor. Durch LGBl 1948/11 wurde die beispielhafte Aufzählung durch Interessen des Orts- und Landschaftsbildes und des Fremdenverkehrs erweitert. § 19 Abs 1 idgF findet sich im Wesentlichen erstmals in § 15 K-BO 1969, LGBl 1969/48. Durch LGBl 1992/26 erfolgten redaktionelle Anpassungen und es wurde § 15 Abs 2 hinzugefügt. In dieser Fassung wurde die Bestimmung als § 17 in die K-BO 1992, LGBl 1992/64, übernommen. Durch LGBl 1996/44 erfolgten lediglich sprachliche Verbesserungen und redaktionelle Anpassungen. In dieser Fassung wurde die Bestimmung als § 19 in die K-BO 1996, LGBl 1996/62, übernommen. Mit LGBl 2012/80 wurde § 19 Abs 2 sprachlich vereinfacht, materiell derogierte Teile („andernfalls sind sie abzuweisen") entfielen.[1] Durch LGBl 2015/31 wurde ein Redaktionsversehen beseitigt.

2   Ausdrückliche Bestimmungen über die Versagung der Baubewilligung finden sich – mit einzelnen Unterschieden – auch in den Bauordnungen der anderen Bundesländer, siehe § 21 Abs 4 Bgld. BauG, § 23 Abs 1

---

1 ErlRV 01-VD-LG-1369/4-2012, 9.

und 3 NÖ BO 2014, § 35 Abs 1 Oö. BauO 1994, § 9 Abs 1 S-BauPolG, § 28 Abs 3 V-BauG sowie § 61 Abs 1, § 70a Abs 9 und § 123 Abs 2 W-BO. § 29 Abs 4 Stmk. BauG und § 27 Abs 2 bis 5 TBO 2011 sehen Gründe für die Zurück- oder Abweisung eines Bauansuchens vor.

II. Versagung der Baubewilligung

Eine Versagung der Baubewilligung stellt einen Eingriff in die Baufreiheit dar und somit auch in das Eigentumsrecht im Sinne des Art 5 StGG.[2] Der Antragsteller hat bei Erfüllung der rechtlichen Voraussetzungen einen Rechtsanspruch auf Erteilung der Baubewilligung.[3] Die Voraussetzungen für die Erteilungen der Baubewilligung ergeben sich aus § 17.[4] Dies beinhaltet nur die Wahrung von öffentlichen Interessen, die sich aus baurechtlichen Bestimmungen ergeben.[5] Umfasst sind in erster Linie die K-BO 1996 und die K-BV inklusive der Durchführungsverordnungen.[6] Es handelt sich um keine Ermessensentscheidung.[7] Bei der Beantwortung der Frage, ob dem Vorhaben öffentliche Interessen entgegenstehen, sind privatrechtliche Vereinbarungen nicht zu berücksichtigen.[8] Widerspricht ein Vorhaben aber den baurechtlichen Bestimmungen und können diese Voraussetzungen nicht durch Auflagen nach § 18 Abs 1[9] hergestellt oder können die Auflagen nach § 18 Abs 3 und 5[10] nicht erfüllt werden, ist die Baubewilligung zu versagen.[11] Insofern reicht es aber zB nicht aus, das Vorhaben, nur weil es in einer Roten Gefahrenzone eines Gefahrenzonenplanes liegt, zu versagen.[12] Ist ein Miteigentümer einer Liegenschaft nicht zugleich Baubewilligungswerber, kann er durch die Versagung der Baubewilligung in kei-

3

---

2 Siehe § 6 Rz 5; *Giese*, Baurecht § 9 Baupolizeigesetz Anm 2.
3 *Pallitsch/Pallitsch/Kleewein*, Baurecht[5] § 17 K-BO 1996 Anm 2.
4 Siehe § 17 Rz 6 ff.
5 VwGH 24.2.1998, 97/05/0307; 27.2.2002, 2001/05/0369; 25.2.2005, 2003/05/0088; VwSlg 17.837 A/2010; *Pallitsch/Pallitsch/Kleewein*, Baurecht[5] § 17 K-BO 1996 Anm 3.
6 VwGH VwSlg 17.837 A/2010.
7 VwGH 24.3.1987, 87/05/0048.
8 VwGH 31.3.2005, 2004/05/0325.
9 VwGH 6.7.2010, 2008/05/0023; siehe § 18 Rz 9 f.
10 Siehe § 18 Rz 12 f und 16.
11 VwGH 29.4.2005, 2005/05/0106; 11.1.2012, 2011/06/0167.
12 *Khakzadeh*, ZfV 2003, 152.

nem Recht verletzt werden.[13] Auflagen nach § 18 Abs 3 und 5 können zB dann nicht erfüllt werden, wenn diese zwar technisch möglich wären,[14] aber wirtschaftlich nicht umsetzbar sind.[15] Bei der Verweisung auf § 18 Abs 6 handelt es sich um ein Redaktionsversehen.[16]

4 Nach der Judikatur des VwGH zu anderen Bauordnungen hat die Behörde, bevor sie die Baubewilligung versagt, den Bewilligungswerber zu einer Abänderung seines Vorhabens aufzufordern, wenn ein Versagungsgrund durch eine Abänderung des Antrages beseitigt werden kann. Nur sofern der Bewilligungsweber keine Abänderung vornimmt, hat die Behörde die Baubewilligung zu versagen.[17] Für die K-BO 1996 gilt dies meiner Ansicht nach nur eingeschränkt. Denn die Behörde hat gemäß § 18 Abs 1 projektsändernde Auflagen vorzuschreiben, sofern das Vorhaben den Voraussetzungen des § 17 Abs 1 nicht entspricht. Dies darf allerdings nicht dazu führen, dass das Wesen des Vorhabens verändert wird.[18] Auch durch eine Abänderung des Antrages gemäß § 13 Abs 8 AVG durch den Bewilligungswerber wäre eine Wesensänderung des Vorhabens nicht möglich.[19] Die notwendigen Abänderungen sind also schon von Amts wegen durch Auflagen vorzunehmen. Daran knüpft auch § 19 Abs 1 ausdrücklich an. Die projektsändernden Auflagen nach § 18 Abs 1 sind allerdings nur für die Voraussetzungen des § 17 Abs 1 vorzuschreiben, nicht für die Voraussetzungen des § 17 Abs 2.[20] Dh die Behörde hat, bevor sie die Baubewilligung versagt, den Bewilligungswerber zu einer Abänderung seines Vorhabens dann aufzufordern, sofern ein Versagungsgrund des § 17 Abs 2 durch eine Abänderung des Antrages beseitigt werden kann. Dies gilt auch für die Berufungsbehörde und das LVwG Kärnten, eine Änderung des Wesens des Vorhabens darf aber auch in diesen Fällen nicht erfolgen.[21]

---

13 VwGH 11.2.1988, 85/06/0138.
14 Andernfalls dürften diese Auflage gar nicht erteilt werden, siehe § 18 Rz 13.
15 *Pallitsch/Pallitsch/Kleewein*, Baurecht[5] § 19 K-BO 1996 Anm 5.
16 *Pallitsch/Pallitsch/Kleewein*, Baurecht[5] § 19 K-BO 1996 Anm 4.
17 VwGH VwSlg 6449 A/1964; 21.9.2000, 95/06/0230; 25.3.2010, 2007/05/0025; *Hauer*, Nachbar[6] 153 f; *Pallitsch/Pallitsch/Kleewein*, Baurecht[5] § 19 K-BO 1996 Anm 1.
18 Siehe § 18 Rz 9.
19 Siehe § 9 Rz 7.
20 VwGH 20.2.1990, 89/05/0190; siehe § 18 Rz 9.
21 VwGH 19.11.1996, 96/05/0207; 27.8.2014, Ro 2014/05/0062; *Hauer*, Nachbar[6] 153 f; zum Wesen eines Vorhabens siehe § 9 Rz 7 und § 18 Rz 9.

Das beantragte Vorhaben ist grundsätzlich ein unteilbares Ganzes, das 5
nur als solches bewilligt oder versagt werden kann.[22] Sofern aber die
Voraussetzungen zur Erteilung der Bewilligung nur für einen Teil vorliegen und dieser Teil vom übrigen Vorhaben trennbar ist, ist im Zweifel davon auszugehen, dass eine Teilbewilligung vom Bauwillen des Antragstellers umfasst ist.[23] Die Behörde hat insofern zu prüfen, ob nicht Teile des Bauvorhabens bewilligungsfähig sind.[24] Eine Trennbarkeit in mehrere Teile ist aber jedenfalls dann nicht gegeben, wenn eine Teilbewilligung nur durch eine Einflussnahme auf den Bauwillen möglich ist.[25]

§ 19 Abs 2 wurde anlässlich der erstmaligen ausdrücklichen Anführung 6
von subjektiv-öffentlichen Rechten[26] durch LGBl 1992/26 aufgenommen und stellt lediglich klar, dass gerechtfertigte Einwendungen der Parteien der Erteilung der Baubewilligung entgegenstehen.[27] Eine darüber hinaus gehende Bedeutung besteht nicht.

§ 20 Baubeginn

Mit der Ausführung eines Vorhabens nach § 6 darf erst mit dem Eintritt der Rechtskraft der Baubewilligung (Abänderung der Baubewilligung) begonnen werden. Die Behörde hat auf Antrag des Bauwerbers die Baubewilligung nach Eintritt der Rechtskraft mit einer Rechtskraftbestätigung zu versehen.

Literatur: *Adamovich/Funk/Holzinger/Frank*, Österreichisches Staatsrecht IV, 2009; *Ennöckl*, Was bedeutet Rechtskraft nach der Verwaltungsgerichtsbarkeits-Novelle – am Beispiel des gewerblichen Betriebsanlagenrechts, ZfV 2014/1298; *Kneihs*, Rechtskraft, ZfV 2015/28.

---

22 VwGH 23.2.1999, 97/05/0269; 30.11.1999, 97/05/0330.
23 VwGH 23.2.1999, 96/05/0141.
24 VwGH 27.11.1990, 90/05/0212.
25 VwGH 19.11.1996, 96/05/0169; 30.11.1999, 97/05/0330; zum Ganzen *Giese*, Baurecht § 9 Baupolizeigesetz Anm 6; *Hauer*, Nachbar[6] 146; *Pallitsch/Pallitsch/Kleewein*, Baurecht[5] § 17 K-BO 1996 Anm 3; für Beispiele siehe § 17 Rz 23.
26 Siehe § 23 Rz 27 ff.
27 ErlRV Verf-1035/1/1991, 15; kritisch *Pallitsch/Pallitsch/Kleewein*, Baurecht[5] § 19 K-BO 1996 Anm 7.

Inhaltsübersicht   **Rz**

I. Entwicklung und Rechtsvergleich 1
II. Allgemeines 3
III. Baubeginn 4
IV. Rechtskraft 5

I. Entwicklung und Rechtsvergleich

1 Schon § 14 der K-BO 1866, LGBl 1866/12, sah ein Verbot des Baubeginnes ohne Baubewilligung vor. Allerdings konnten unter Umständen gewisse Vorarbeiten ohne Baubewilligung durchgeführt werden. In die K-BO 1969 wurde eine solche Bestimmung erst wieder durch LGBl 1992/26 als § 15a K-BO 1969 aufgenommen. In dieser Fassung wurde die Bestimmung als § 18 in die K-BO 1992, LGBl 1992/64, übernommen. Durch LGBl 1996/44 entstand die Norm grundsätzlich in seiner heutigen Form. In dieser Fassung wurde die Bestimmung als § 20 in die K-BO 1996, LGBl 1996/62, übernommen. Mit LGBl 2013/85 erfolgten die notwendigen Anpassungen an die Einführung der Verwaltungsgerichtsbarkeit, es wurden die Passagen über die Vorstellung gestrichen.

2 Auch in den meisten anderen Bundesländern finden sich ähnliche Bestimmungen, siehe § 18 Abs 11 Bgld. BauG, § 39 Abs 1 Oö. BauO 1994, § 12 Abs 1 S-BauPolG, § 30 Abs 1 TBO 2011 sowie § 72 W-BO. In Salzburg und Tirol darf gemäß § 12 Abs 2 S-BauPolG bzw § 30 Abs 1 TBO 2011 mit gewissen Vorarbeiten unter Umständen schon vor der Rechtskraft der Baubewilligung begonnen werden, in der Steiermark gemäß § 29 Abs 10 Stmk. BauG sogar mit dem Vorhaben, sofern nur der Antragsteller gegen die Baubewilligung ein Rechtsmittel ergriffen hat und die Auflagen der Bewilligung eingehalten werden. In Niederösterreich und Vorarlberg bestehen keine ausdrücklichen Regelungen.

II. Allgemeines

3 Die Bestimmung dient ausweislich der Materialen den Interessen der Klarheit.[1] Die Ausführung eines Vorhabens nach § 6[2], dh der Baubeginn, darf erst mit dem Eintritt der Rechtskraft der Baubewilligung

---
1 ErlRV Verf-1035/1/1991, 16.
2 Siehe § 6 Rz 3 ff.

erfolgen. Es besteht somit ein Verbot ohne rechtskräftiger Baubewilligung das Vorhaben auszuführen. Gleiches gilt für die Ausführung eines Vorhabens auf Grund einer Abänderung der Baubewilligung nach § 22[3]. Erfolgt eine Ausführung des Vorhabens vor Rechtskraft der Baubewilligung, hat die Behörde gemäß § 35 die Einstellung der Bauarbeiten zu verfügen.[4]

III. Baubeginn

Die K-BO 1996 definiert nicht, ab wann eine Ausführung des Vorhabens vorliegt. Nach der Judikatur des VwGH zu anderen Bauordnungen ist unter Beginn der Bauausführung jede auf die Errichtung eines bewilligten Vorhabens gerichtete bautechnische Maßnahme anzusehen.[5] Der Baubeginn ist stets ein faktisches Geschehen und nicht ein rechtlicher Akt der Behörde.[6] Der Baubeginn ist anhand von objektiven Kriterien zu ermitteln.[7] Ohne Bedeutung ist, in welchem Größenverhältnis die durchgeführten Arbeiten zum geplanten Vorhaben stehen[8] oder ob diese von einem befugten Unternehmer durchgeführt werden.[9] Soweit die bautechnische Maßnahme der Herstellung des Vorhabens dient, ist auch schon die Errichtung eines kleinen Teiles des Fundamentes,[10] die Aushebung (auch nur teilweise)[11] der Baugrube[12] oder bei Schaffung zweier neuer Wohnungen auf einem Dachboden der Einbau von Sanitäreinrichtungen[13] als Baubeginn anzusehen. Auch eine bloße Änderung der Verwendung nach § 6 lit c ist eine Ausführung des Vorhabens.[14] Eine Maßnahme dient der Herstellung des Vorhabens nicht, sofern von vornherein feststeht, dass eine Fortführung dieser Ar-

4

---

3 Siehe § 22 Rz 3 ff.
4 *Pallitsch/Pallitsch/Kleewein*, Baurecht[5] § 20 K-BO 1996 Anm 3; siehe § 35 Rz 3 ff.
5 VwGH 17.4.2012, 2009/05/0313; zum Ganzen *Giese*, Baurecht § 12 Baupolizeigesetz Anm 2.
6 VwGH VwSlg 6726 A/1965.
7 VwGH VwSlg 11.796 A/1985; 23.1.1996, 95/05/0194; 17.4.2012, 2009/05/0313.
8 VwGH 23.1.1996, 95/05/0194; 25.9.2007, 2006/06/0001; 17.4.2012, 2009/05/0313.
9 VwGH VwSlg 11.796 A/1985.
10 VwGH 23.1.1996, 95/05/0194; 25.9.2007, 2006/06/0001.
11 VwGH 17.12.1998, 97/06/0113.
12 VwGH 23.1.1996, 95/05/0194; 29.8.2000, 97/05/0101; 17.4.2012, 2009/05/0313.
13 VwGH 29.8.2000, 97/05/0101.
14 VwGH 19.12.1996, 96/05/0014.

beiten in absehbarer Zeit nicht möglich ist.[15] Die Planierung eines Bauplatzes[16] oder die Errichtung einer Betonplatte an einem Ort, wo gemäß dem bewilligten Vorhaben keine vorgesehen ist,[17] kann nicht als Baubeginn beurteilt werden, insofern diese Arbeiten nicht der Herstellung der baulichen Anlage dienen. Ebenso sind reine Vorbereitungshandlungen nicht als Ausführung eines Vorhabens zu bewerten, zB die Öffnung einer Betondecke zur Überprüfung der Statik,[18] Trassierung durch Kennzeichnung in der Natur und die Vermessung der Wasserführung durch Aufstellung einer Maßanlage[19] sowie das Freimachen des Baugrundes durch Abreißen.[20] Solche Vorbereitungshandlungen können aber selbst mitteilungs- oder baubewilligungspflichtig sein.[21]

IV. Rechtskraft

5   Unter Rechtskraft in der K-BO 1996 wurde bislang die formelle Rechtskraft verstanden, dh die Parteien können die Baubewilligung nicht mehr mit einem ordentlichen Rechtsmittel bekämpfen. Dies tritt mit dem ausdrücklichen Verzicht auf die Berufung nach Zustellung des Bescheides, mit Ablauf der Frist für die Erhebung der Berufung oder mit dem Zurückziehen der Berufung ein.[22] Diese formelle Rechtskraft muss gegenüber allen Parteien vorliegen. Liegt eine übergangene Partei vor[23] und erhebt diese Berufung, ist die weitere Ausführung des Vorhabens nicht mehr zulässig.[24] Solange aber weder die Behörde noch der Inhaber der Baubewilligung Kenntnis von einer übergangenen Partei haben, ist von der formellen Rechtskraft der Baubewilligung auszugehen.[25] Dieses Verständnis der formellen Rechtskraft gilt jedenfalls unver-

---

15 VwGH 16.10.1997, 96/06/0185; 17.4.2012, 2009/05/0313.
16 VwGH 23.1.1996, 95/05/0194; 29.8.2000, 97/05/0101; 17.4.2012, 2009/05/0313.
17 VwGH 17.12.1998, 97/06/0113.
18 VwGH 17.4.2012, 2009/05/0313.
19 VwGH 3.6.1987, 87/10/0006.
20 VwGH VwSlg 9754 A/1979.
21 *Giese*, Baurecht § 12 Baupolizeigesetz Anm 2.
22 So zu § 21 ErlRV Verf-133/6/1967, 21; zum Ganzen *Hengstschläger/Leeb*, AVG² § 68 Rz 5 ff mN.
23 Siehe § 23 Rz 61 f.
24 *Giese*, Baurecht § 12 Baupolizeigesetz Anm 4.
25 *Pallitsch/Pallitsch/Kleewein*, Baurecht⁵ § 20 K-BO 1996 Anm 2.

ändert für die Bescheide der Baubehörden erster Instanz in Angelegenheiten, die zum eigenen Wirkungsbereich der Gemeinde gehören[26].

Hingegen ist in der Literatur umstritten, ob und welche Konsequenzen sich durch die Einführung der Verwaltungsgerichtsbarkeit für die Beurteilung der Rechtskraft von Bescheiden, gegen die Beschwerde beim LVwG Kärnten erhoben werden kann, ergeben. Während für manche die formelle Rechtskraft erst mit Erkenntnis des LVwG Kärnten eintritt, dh die Beschwerde an das LVwG Kärnten ein ordentliches Rechtsmittel ist, gehen andere davon aus, dass die Beschwerde an das LVwG Kärnten kein ordentliches Rechtsmittel ist und somit der Bescheid, gegen den Beschwerde erhoben werden kann, bereits formell rechtskräftig ist.[27] Es wird aber auch ein neues Verständnis der Rechtskraft, im Sinne einer Unabänderlichkeit, die auch nicht vorliegen soll, sofern eine Beschwerde an den VfGH oder den VwGH erhoben wird, vertreten.[28] Doch auch wenn man den letztgenannten Ansichten folgt, bleibt es dem Materiengesetzgeber unbenommen, anderes vorzusehen, dh die Beschwerde an das LVwG Kärnten als ein ordentliches Rechtsmittel anzusehen.[29] Genau dies erfolgt in der K-BO 1996. Denn im Rahmen der Anpassung der K-BO 1996 an die Verwaltungsgerichtsbarkeit durch LGBl 2013/85 wurde berücksichtigt, dass Baubewilligungen auch durch Erkenntnisse des LVwG Kärnten erteilt werden können. Aus diesem Grund wird zB in § 17 Abs 1 letzter Satz nunmehr ausdrücklich normiert, dass die „Behörden nach § 3" die Baubewilligungen nur mit „schriftlichem Bescheid" erteilen dürfen. In den Materialien wird ausdrücklich darauf hingewiesen, dass sofern auf den Baubewilligungsbescheid Bezug genommen wird, auch nur Bescheide der Baubehörden gemeint sind.[30] Im Umkehrschluss bedeutet dies aber, sofern nur der Begriff „Baubewilligung" verwendet wird, sind damit auch die Erkenntnisse des LVwG Kärnten umfasst. § 20 verlangt ausdrücklich die Rechtskraft der „Baubewilligung", geht somit meiner Ansicht nach eindeutig davon aus, dass es sich bei der Beschwerde an das LVwG Kärnten um ein ordentliches Rechtsmittel handelt und formelle Rechtskraft erst mit Erkenntnis des LVwG Kärnten eintritt. Daraus folgt

---

26 Siehe § 3 Rz 3 ff.
27 Zum Ganzen mit zahlreichen Nachweisen zum Meinungsstand in der Literatur *Ennöckl*, ZfV 2014, 795 ff.
28 *Kneihs*, ZfV 2015, 171 ff.
29 *Ennöckl*, ZfV 2014, 797; vgl die ausdrückliche Regelung in § 6b Oö. Landesverwaltungsgerichts-Vorbereitungsgesetz.
30 ErlRV 01-VD-LG-1569/48-2013, 16.

aber auch, dass formelle Rechtskraft für Bescheide, gegen die Beschwerde erhoben werden kann, insbesondere Berufungsbescheide, mit dem ausdrücklichen Verzicht auf die Beschwerde nach Zustellung des Bescheides, mit Ablauf der Frist für die Erhebung der Beschwerde oder mit dem Zurückziehen der Beschwerde eintritt.[31] Die Beschwerde an den VfGH und die Revision an den VwGH sind außerordentliche Rechtsmittel, der Eintritt der formellen Rechtskraft wird durch die Erhebung dieser nicht gehindert.[32] Der Beschwerde oder der Revision kann aber aufschiebende Wirkung zuerkannt werden.[33]

7 Auf Antrag des Bewilligungswerbers[34] hat die Behörde die Baubewilligung nach Eintritt der formellen Rechtskraft mit einer Rechtskraftbestätigung zu versehen, eine inhaltlich unrichtige Rechtskraftbestätigung ist aber für den Eintritt der Rechtskraft rechtlich irrelevant.[35] Eine bestimmte Form des Antrages ist in § 20 nicht bestimmt, der Antrag kann somit grundsätzlich gemäß § 13 AVG schriftlich, mündlich oder telefonisch eingebracht werden.[36] Umfasst sind erstens alle Baubewilligungsbescheide der Verwaltungsbehörden nach § 3[37]. Die jeweils bescheiderlassende Behörde hat den Eintritt der formellen Rechtskraft auf dem Baubewilligungsbescheid zu bestätigen. Es wird aber wiederum der Begriff „Baubewilligung" verwendet, dh auch formell rechtskräftige Erkenntnisse des LVwG Kärnten sind auf Antrag mit einer Rechtskraftbestätigung zu versehen. Diese Rechtskraftbestätigung hat meiner Ansicht nach das LVwG Kärnten vorzunehmen.[38] Denn § 20 stellt auf „Behörden" ab, nicht nur auf „Behörden des § 3" wie zB § 17 Abs 1 letzter Satz. Behörden sind aber alle Organe der Vollziehung, in deren Zuständigkeit die Verfügung von hoheitlichen Maßnahmen fällt, umfasst sind sowohl die Gerichtsbarkeit als auch die Verwaltung.[39]

---

31 Vgl zum Ganzen *Pallitsch/Pallitsch/Kleewein*, Baurecht[5] § 20 K-BO 1996 Anm 2.
32 *Pallitsch/Pallitsch/Kleewein*, Baurecht[5] § 20 K-BO 1996 Anm 2.
33 Siehe § 3 Rz 41 und 47.
34 Es wird in § 20 der Begriff „Bauwerber" verwendet, dieser ist aber gleichbedeutend dem Begriff „Bewilligungswerber", VwGH 16.9.2009, 2007/05/0188.
35 VwGH 9.11.2004, 2004/05/0013; VwSlg 17.797 A/2009; 6.10.2011, 2010/06/0008.
36 *Hengstschläger/Leeb*, AVG[2] § 13 Rz 6 ff mN.
37 Siehe § 3 Rz 3 ff.
38 AA *Pallitsch/Pallitsch/Kleewein*, Baurecht[5] § 20 K-BO 1996 Anm 4.
39 *Adamovich/Funk/Holzinger/Frank*, Staatsrecht IV Rz 46.013.

§ 21 Wirksamkeit

(1) Die Baubewilligung erlischt, wenn nicht binnen zwei Jahren nach ihrer Rechtskraft mit der Ausführung des Vorhabens begonnen worden ist.

(2) Die Wirksamkeit der Baubewilligung ist auf schriftlichen Antrag jeweils, jedoch höchstens dreimal, um zwei Jahre zu verlängern, wenn in der Zwischenzeit kein Versagungsgrund eingetreten ist. Anlässlich der Verlängerung darf die Baubewilligung hinsichtlich der Auflagen nach § 18 Abs. 8 in jeder Richtung abgeändert werden.

Inhaltsübersicht   **Rz**

I. Entwicklung und Rechtsvergleich 1
II. Erlöschen der Baubewilligung 3
III. Fristverlängerung 4

I. Entwicklung und Rechtsvergleich

Schon § 27 der K-BO 1866, LGBl 1866/12, sah vor, dass die Baubewilligung unwirksam wird, wenn nicht binnen zwei Jahre ab Rechtskraft mit dem Bau begonnen wird. Durch LGBl 1963/193 wurde § 27 Abs 2 eingefügt, der eine Verlängerung der Frist für den Bau vorsah, allerdings nur sofern der Bau aus öffentlichen Mitteln gefördert werden sollte und die Zuweisung dieser Mittel nicht erfolgte. In seiner heutigen Fassung findet sich die Bestimmung im Wesentlichen erstmals als § 16 K-BO 1969, LGBl 1969/48. In dieser Fassung wurde die Bestimmung – abgesehen von redaktionellen Anpassungen – als § 19 in die K-BO 1992, LGBl 1992/64, übernommen. Durch LGBl 1996/44 erfolgten Klarstellungen zur Rechtskraft im Rahmen des Vorstellungsverfahrens. In dieser Fassung wurde die Bestimmung als § 20 in die K-BO 1996, LGBl 1996/62, übernommen. Durch LGBl 2012/80 erfolgte die Begrenzung der Anzahl der Verlängerungen. Mit LGBl 2013/85 erfolgten die notwendigen Anpassungen an die Einführung der Verwaltungsgerichtsbarkeit, es wurden die Passagen über die Vorstellung gestrichen. 1

Auch in den anderen Bundesländern bestehen ähnliche Bestimmungen. Diese finden sich in § 19 Bgld. BauG, § 24 NÖ BO 2014, § 38 Oö. BauO 1994, § 9 Abs 7 S-BauPolG, § 31 Stmk. BauG, § 28 TBO 2011, 2

§ 34 Abs 5 V-BauG sowie § 74 W-BO. Zumeist bestehen auch Bauausführungsfristen. In der Steiermark ist keine Verlängerung vorgesehen.

II. Erlöschen der Baubewilligung

3   Gemäß § 21 Abs 1 erlischt die Baubewilligung, wenn nicht binnen zwei Jahren nach ihrer Rechtskraft[1] mit der Ausführung des Vorhabens begonnen worden ist[2]. Die zeitliche Geltungsdauer der Baubewilligung ist somit beschränkt, sofern die Ausführung des Vorhabens nicht binnen dieser Frist begonnen wird. Erlischt das Recht aus der Baubewilligung, wird die Baubewilligung unwirksam,[3] sie tritt ex lege außer Kraft.[4] Ausweislich der Materialien ist Sinn und Zweck der Bestimmung, dass ohne eine solche Frist die Gefahr besteht, dass nicht ausgeführte bewilligte Vorhaben Veränderungen des Flächenwidmungsplanes oder des Bebauungsplanes erschweren.[5] Darüber hinaus soll dadurch Rechnung getragen werden, dass sich Verhältnisse nach einem gewissen Zeitablauf verändern.[6] Ist das bewilligte Vorhaben teilbar,[7] kann die Baubewilligung auch nur zum Teil erlöschen.[8] Bestehen Zweifel über das Erlöschen einer Baubewilligung, kann der Inhaber der Baubewilligung einen Feststellungsbescheid beantragen.[9] Sollte beabsichtigt sein, das Vorhaben dennoch auszuführen, muss ein neuer Antrag auf Erteilung der Baubewilligung nach § 9[10] gestellt werden und muss ein neues Baubewilligungsverfahren durchgeführt werden.[11] Eine Baubewilligung kann auch durch Verzicht erlöschen.[12] Gleiches gilt für die Zerstörung oder Abtragung der baulichen Anlage, für die die Bau-

---

1 Siehe § 20 Rz 5.
2 Siehe § 20 Rz 4; zum Ganzen *Pallitsch/Pallitsch/Kleewein*, Baurecht[5] § 21 K-BO 1996 Anm 2.
3 VwGH 15.7.2003, 2002/05/0772.
4 VwGH 13.658 A/1992.
5 So auch VwSlg 8134 A/1971.
6 ErlRV Verf-133/6/1967, 21.
7 Zur Teilbarkeit siehe § 17 Rz 23.
8 VwGH 23.2.1999, 96/05/0141; *Giese*, Baurecht § 9 Baupolizeigesetz Anm 80.
9 VwGH 13.658 A/1992.
10 Siehe § 9 Rz 3 ff.
11 VwGH 23.2.1999, 96/05/0141; 15.7.2003, 2002/05/0772.
12 VwGH 25.9.1990, 88/05/0220; *Giese*, Baurecht § 9 Baupolizeigesetz Anm 81.

bewilligung besteht.[13] Hingegen findet sich in der K-BO 1996 keine Bestimmung, wonach die Baubewilligung erlischt, wenn das Vorhaben nicht binnen einer gewissen Zeit nach Baubeginn fertig gestellt wurde.[14] Die Behörde hat in diesen Fällen nach § 37 vorzugehen.[15]

III. Fristverlängerung

Gemäß § 21 Abs 2 ist auf schriftlichen Antrag[16] die Wirksamkeit der Baubewilligung jeweils, jedoch höchstens dreimal, um zwei Jahre zu verlängern, sofern in der Zwischenzeit kein Versagungsgrund eingetreten ist. Antragsberechtigt ist der Inhaber der Baubewilligung, dieser hat einen Rechtsanspruch auf Verlängerung, sofern sich die maßgeblichen Umstände, die zur Erteilung der Baubewilligung geführt haben, nicht geändert haben.[17] Es handelt sich um keine Ermessensentscheidung.[18] Das Vorliegen eines Grundes für die Verlängerung ist mangels gegenteiliger Regelung nicht Voraussetzung. Der Antrag muss vor Ablauf der zweijährigen Frist nach § 21 Abs 1[19], dh vor dem Erlöschen der Baubewilligung, eingebracht werden.[20] Es handelt sich hiebei um eine materiell-rechtliche Frist, nicht um eine verfahrensrechtliche Frist.[21] Aus diesem Grund ist bei Fristversäumung eine Wiedereinsetzung in den vorigen Stand nach § 71 Abs 1 AVG nicht zulässig.[22] Die rechtzeitige Einbringung des Antrages hemmt den Ablauf der Frist.[23] Zu den Versagungsründen, die eine Verlängerung der Wirksamkeit ausschließen, zählen Änderungen der Sach- und Rechtslage,[24] insbesondere Änderungen von Flächenwidmungsplänen und Bebauungsplä-

4

---

13 VwGH 19.12.2006, 2003/06/0005; 23.6.2015, Ra 2015/05/0041.
14 VwGH 28.9.1999, 95/05/0269.
15 Siehe § 37 Rz 3 ff.
16 Siehe § 9 Rz 3.
17 VwGH 20.6.2013, 2012/06/0050; zum Ganzen *Giese*, Baurecht § 9 Baupolizeigesetz Anm 89; *Pallitsch/Pallitsch/Kleewein*, Baurecht[5] § 21 K-BO 1996 Anm 5.
18 VwGH 20.6.2013, 2012/06/0050.
19 Siehe § 21 Rz 3.
20 ErlRV Verf-133/6/1967, 22.
21 VwGH 3.6.1997, 97/06/0038.
22 VwGH 3.6.1997, 97/06/0038.
23 VwGH VwSlg 8134 A/1971; *Giese*, Baurecht § 9 Baupolizeigesetz Anm 89.
24 VwGH 20.6.2013, 2012/06/0050.

nen.[25] Anlässlich der Verlängerung darf die Baubewilligung hinsichtlich der Auflagen nach § 18 Abs 8, dh hinsichtlich Auflagen aus öffentlichen Interessen für die Art und Zeit der Durchführung des Vorhabens,[26] in jeder Richtung abgeändert werden. Auch hiebei handelt es sich meiner Ansicht nach um keine Ermessensentscheidung. Ist das bewilligte Vorhaben teilbar,[27] ist es möglich die Wirksamkeit der Baubewilligung auch nur für einen Teil zu verlängern. Eine Verlängerung ist höchstens dreimal, jeweils um zwei Jahre, möglich. Hinzuweisen ist auf die Übergangsbestimmung in Art IV Abs 14[28], LGBl 2012/80. Da vor dieser Novelle die Anzahl der Verlängerungen nicht begrenzt war, wird normiert, dass für Baubewilligungen, deren Wirksamkeit zum Zeitpunkt des Inkrafttretens von LGBl 2012/80, dh zum 1.10.2012, bereits verlängert wurde, nach Inkrafttreten von LGBl 2012/80 eine erneute Verlängerung höchstens dreimal erfolgen kann. Den Parteien des Baubewilligungsverfahrens kommt auch im Rahmen des Verfahrens über die Verlängerung Parteistellung zu, somit können Anrainer einen in der Zwischenzeit eingetretenen Versagungsgrund geltend machen.[29] Dies umfasst auch die Frage, ob der Antrag vor dem Erlöschen der Baubewilligung eingebracht wurde.[30] Das Mitspracherecht geht aber nicht weiter als nach § 23.[31] Hingegen können die Anrainer jene Fragen nicht neu aufrollen, die im Baubewilligungsverfahren rechtskräftig entschieden wurden.[32] Die Erledigung des Verfahrens zur Verlängerung der Baubewilligung hat durch Bescheid zu erfolgen.[33]

§ 22 Abänderung

(1) **Die Abänderung der Baubewilligung ist auf Antrag zulässig.**
(2) **Dem Antrag sind anzuschließen:**

---

25 *Pallitsch/Pallitsch/Kleewein*, Baurecht[5] § 21 K-BO 1996 Anm 7; siehe auch den Sinn und Zweck der Bestimmung; vgl VwSlg 8134 A/1971.
26 Siehe § 18 Rz 20 f.
27 Zur Teilbarkeit siehe § 17 Rz 23.
28 Siehe unten.
29 VwGH 20.6.2013, 2012/06/0050; *Hauer*, Nachbar[6] 497 ff.
30 VwGH VwSlg 8134 A/1971; 28.3.2006, 2005/06/0279.
31 VwGH 28.3.2006, 2005/06/0279; siehe § 23 Rz 27 ff.
32 VwGH 20.6.2013, 2012/06/0050.
33 *Pallitsch/Pallitsch/Kleewein*, Baurecht[5] § 21 K-BO 1996 Anm 7.

a) die zur Beurteilung der Änderung des Vorhabens notwendigen Pläne und Beschreibungen in zweifacher Ausfertigung;
b) ein Beleg über die Zustimmung des Grundeigentümers (der Miteigentümer), wenn der Antragsteller nicht Alleineigentümer ist; § 10 Abs 1 lit b gilt in gleicher Weise;
c) ein Beleg über die Zustimmung des Eigentümers eines Superädifikates zu Bauführungen an diesem, wenn der Antragsteller nicht selbst Eigentümer des Superädifikates ist.

Im übrigen gelten die Bestimmungen der §§ 9, 16 bis 19, 23 und 24 sinngemäß.

(3) Bezieht sich bei Vorhaben nach § 6 lit a bis c die Änderung auf Größe, Form oder Verwendung des Gebäudes oder der baulichen Anlage, sind auch die Bestimmungen der §§ 13 bis 15 sinngemäß anzuwenden.

(4) Werden die Belege nicht oder nicht vollständig beigebracht, ist nach § 13 Abs 3 AVG vorzugehen.

Inhaltsübersicht	Rz
I. Entwicklung und Rechtsvergleich	1
II. Abänderung der Baubewilligung	3
III. Mängelbehebung	7

I. Entwicklung und Rechtsvergleich

In seiner heutigen Form findet sich die Bestimmung im Wesentlichen erstmals als § 17 K-BO 1969, LGBl 1969/48. In dieser Fassung wurde die Bestimmung – abgesehen von redaktionellen Anpassungen – als § 20 in die K-BO 1992, LGBl 1992/64, übernommen. Durch LGBl 1996/44 wurde § 22 Abs 2 in seiner heutigen Form geschaffen. In dieser Fassung wurde die Bestimmung – abgesehen von redaktionellen Anpassungen – als § 22 in die K-BO 1996, LGBl 1996/62, übernommen.

Nur in einzelnen Bundesländern finden sich ausdrückliche Bestimmungen über die Abänderung von erteilten Baubewilligungen, siehe § 39 Abs 2 Oö. BauO 1994, § 35 V-BauG sowie § 73 W-BO.

1

2

II. Abänderung der Baubewilligung

3 § 22 ermöglicht die Abänderung von erteilten Baubewilligungen.[1] Einer Abänderung sind nur rechtskräftige Baubewilligungen[2] zugänglich. Denn von der Abänderung gemäß § 22 ist zu unterscheiden, dass gemäß § 13 Abs 8 AVG der Antrag auf Erteilung der Baubewilligung in jeder Lage des Verfahrens geändert werden kann, also die Projektmodifikation bzw Planänderung während des Bewilligungsverfahrens.[3] Sinn und Zweck dieser Bestimmung ist, dass der Inhaber der Baubewilligung – insbesondere während der Ausführung des Vorhabens – Änderungen am bewilligten Vorhaben vornehmen kann, ohne für das ganze Vorhaben erneut eine Erteilung der Baubewilligung beantragen zu müssen.[4] Dies ist zu begrüßen, denn vielfach ergeben sich erst bei der Ausführung notwendige Änderungen.[5] Durch die Bewilligung einer Abänderung kann gegebenenfalls auch eine vorgeschriebene Auflage hinfällig werden.[6] Die Änderung der Baubewilligung ist ein antragsbedürftiger Verwaltungsakt. Demnach ist eine Einleitung eines Verfahrens von Amts wegen nicht vorgesehen, eine Änderung der Baubewilligung darf – bei sonstiger Rechtswidrigkeit des Bescheides – ohne einen darauf gerichteten Antrag nicht erteilt werden. Gemäß § 22 Abs 2 gilt § 9 sinngemäß,[7] somit ist der Antrag schriftlich einzubringen, hat Art, Lage und Umfang – bei Vorhaben nach § 6 lit a bis c auch die Verwendung – des Vorhabens anzugeben und ist an der Amtstafel kundzumachen.[8] Dem Antrag sind die zur Beurteilung der Änderung des Vorhabens notwendigen Pläne und Beschreibungen in zweifacher Ausfertigung anzuschließen. Diese müssen – mangels ausdrücklicher Regelung – nicht in jedem Fall die Voraussetzungen des § 10 Abs 2 bis 4 erfüllen. Werden allerdings wesentliche Änderungen des Vorhabens beabsichtigt, wird es zur Beurteilung des Vorhabens notwendig sein, dass

---

1 VwGH 20.7.2004, 2002/05/0745; 7.9.2004, 2001/05/1176.
2 Siehe zur Rechtskraft § 20 Rz 5.
3 Siehe dazu § 9 Rz 7 f.
4 ErlRV Verf-133/6/1967, 22.
5 *Krzizek*, System II 47 f.
6 VwGH 29.3.1977, 2745/76; 22.10.1981, 3129/79.
7 Die Bestimmung ist mit der nach dem Kontext erforderlichen Anpassung anzuwenden, vgl zu sinngemäßen Anwendungen VwGH 30.6.2015, Ro 2015/03/0021.
8 ErlRV Verf-133/6/1967, 22; dazu siehe § 9 Rz 3 ff.

5. Abschnitt – Baubewilligung   § 22

Form und Inhalt der Pläne und Beschreibungen § 10 Abs 2 bis 4[9] entsprechen. Anzuschließen ist auch ein Beleg über die Zustimmung des Grundeigentümers bzw der Miteigentümer, wenn der Antragsteller nicht Alleineigentümer ist, § 10 Abs 1 lit b und somit die Ausnahme für bestimmte Vorhaben innerhalb eines Wohnungseigentums- oder Zubehörobjektes gilt.[10] Ebenso ist ein Beleg über die Zustimmung des Eigentümers eines Superädifikates zur Bauführung an diesem anzuschließen, wenn der Antragsteller nicht selbst Eigentümer des Superädifikates ist.[11]

§ 16 gilt sinngemäß,[12] somit ist jedenfalls eine mit einem Augenschein verbundene mündliche Verhandlung vorzunehmen.[13] Auch die Voraussetzungen zur Erteilung der Baubewilligung nach § 17[14], zur Vorschreibung von Auflagen nach § 18[15] und zur Versagung der Baubewilligung nach § 19[16] sind sinngemäß anzuwenden. Gleiches gilt auch für § 23 und § 24, somit sind insbesondere die Anrainer Parteien des Verfahrens zur Abänderung der Baubewilligung. Bezieht sich bei Vorhaben nach § 6 lit a bis c[17] die Änderung auf Größe, Form oder Verwendung des Gebäudes oder der baulichen Anlage[18], ist gemäß § 22 Abs 3 ein Vorprüfungsverfahren gemäß § 13 bis § 15[19] durchzuführen. Die Größe bestimmt sich aus der Beschreibung,[20] dh insbesondere aus der Größe der überbauten Fläche, der Bruttogeschoßflächenzahl oder zB bei Änderung der Verwendung durch die Angabe der Anzahl und Größe der

4

---

9 Siehe § 10 Rz 12 f.
10 Siehe § 10 Rz 5 ff.
11 Siehe § 10 Rz 7 f.
12 Die Bestimmung ist mit der nach dem Kontext erforderlichen Anpassung anzuwenden, vgl zu sinngemäßen Anwendungen VwGH 30.6.2015, Ro 2015/03/0021.
13 VwGH 22.9.1998, 97/05/0104; *Pallitsch/Pallitsch/Kleewein*, Baurecht⁵ § 22 K-BO 1996 Anm 1; siehe § 16 Rz 3 ff.
14 Siehe § 17 Rz 3 ff.
15 Siehe § 18 Rz 3 ff; ErlRV Verf-133/6/1967, 22.
16 Siehe § 19 Rz 3 ff.
17 Siehe § 6 Rz 7 ff.
18 Zu den Begriffen bauliche Anlage und Gebäude siehe § 6 Rz 3 f.
19 Siehe die Kommentierungen zu § 13 bis § 15; ErlRV Verf-133/6/1967, 22.
20 Vgl § 6 Abs 4 K-BAV; die K-BAV ist unter 1.1 abgedruckt.

betroffenen Räume. Auch die Verwendung ergibt sich aus der Beschreibung.[21] Die Form wird durch den Bauplan festgelegt.[22]

5 § 22 ermöglicht kein neuerliches Verfahren über eine bereits entschiedene Sache.[23] Die Abänderung der erteilten Baubewilligung setzt voraus, dass das Vorhaben durch den Antrag verändert wird.[24] Sollen lediglich unwesentliche Nebenumstände des Vorhabens geändert werden, steht einer Abänderung der Baubewilligung die Rechtskraft der erteilten Baubewilligung entgegen.[25] Andererseits darf die Abänderung aber nicht dazu führen, dass ein neues (anderes) Vorhaben zur Ausführung gelangt. Dies würde zB bei einem Umbau[26], dh bei solchen Änderungen vorliegen, bei denen nach Ausführung das Gebäude im Vergleich als ein wesentlich anderes Objekt erscheint.[27] In diesem Fall ist ein Antrag zur Erteilung der Baubewilligung nach § 9 zu stellen.[28] Dies darf aber nicht so verstanden werden, dass eine Abänderung nur im Fall einer geringfügigen Veränderung des bewilligten Vorhabens zulässig ist.[29] Mit anderen Worten muss die beantragte Abänderung einerseits eine Veränderung des Vorhabens beabsichtigen, die über unwesentliche Nebenumstände hinausgeht, sie darf aber andererseits nicht zu einem neuen (anderen) Vorhaben führen.[30] So ist zB auch eine gewisse Vergrößerung und andere Ausführung der baulichen Anlage, sofern der Charakter erhalten bleibt,[31] oder die Änderung der Dachkonstruktion[32] zulässig.

6 Den Anrainer kommt im Verfahren zur Abänderung einer erteilten Baubewilligung Parteistellung zu.[33] Es besteht ein beschränktes Mit-

---

21 Vgl § 6 Abs 4 lit a K-BAV.
22 Vgl § 6 Abs 3 K-BAV.
23 VwGH 29.3.1977, 2745/76; VwSlg 12.845 A/1989.
24 VwGH 5.3.1981, 0840/80.
25 VwGH VwSlg 12.845 A/1989.
26 Siehe § 6 Rz 8.
27 VwGH VwSlg 17.418 A/2008.
28 VwGH VwSlg 17.418 A/2008.
29 VwGH 3.9.1999, 98/05/0063; VwSlg 17.418 A/2008.
30 Zum Wesen eines Vorhabens vgl § 9 Rz 7 und § 18 Rz 9.
31 VwGH VwSlg 17.418 A/2008.
32 VwGH 7.9.2004, 2001/05/1176.
33 Siehe § 22 Rz 4.

spracherecht nach § 23.³⁴ Einwendungen sind nur dann zu berücksichtigen, wenn die Anrainer gerade durch die Änderung der Baubewilligung in ihren subjektiv-öffentlichen Rechten betroffen sind.³⁵ Hingegen können Einwendungen hinsichtlich bereits rechtskräftig bewilligter Teile des Vorhabens nicht mehr erhoben werden.³⁶

III. Mängelbehebung

Für den Fall, dass die Belege nicht oder nicht vollständig beigebracht werden, verweist § 22 Abs 4 ausdrücklich auf die Mängelbehebung nach § 13 Abs 3 AVG. Die Behörde hat von Amts wegen unverzüglich die Behebung des Mangels zu veranlassen und kann dem Bewilligungswerber die Behebung des Mangels innerhalb einer angemessenen Frist mit der Wirkung auftragen, dass der Antrag nach fruchtlosem Ablauf dieser Frist zurückgewiesen wird. Die Angemessenheit der Frist hängt von der Art des Mangels ab. Es bedarf aber lediglich einer Frist, um bereits vorhandene Belege beizubringen, sie muss hingegen nicht für die Beschaffung noch fehlender Belege ausreichen. Bei Aussichtslosigkeit der Erbringung der Belege, zB der Grundeigentümer verweigert seine Zustimmung ausdrücklich, ist kein Verbesserungsauftrag notwendig.³⁷ Der Verbesserungsauftrag ist eine nicht selbstständig anfechtbare Verfahrensordnung. Wird der Mangel rechtzeitig behoben, so gilt der Antrag als ursprünglich richtig eingebracht. Wird der Mangel nicht behoben, so ist der Antrag zurückzuweisen.³⁸

7

§ 23 Parteien, Einwendungen

(1) Parteien des Baubewilligungsverfahrens sind:
a) der Antragsteller;
b) der Grundeigentümer;

---

34 VwGH 20.7.2004, 2002/05/0745; 7.9.2004, 2001/05/1176; siehe § 23 Rz 25 ff; missverständlich VwGH 3.9.1999, 98/05/0063, gemeint ist wohl nur, dass dem Inhaber der Baubewilligung das Antragsrecht nach § 22 zusteht, nicht dem Anrainer, so in einer Anmerkung *Pallitsch/Pallitsch/Kleewein*, Baurecht⁵ § 22 K-BO 1996 Judikatur 4.
35 VwGH 20.7.2004, 2002/05/0745; 7.9.2004, 2001/05/1176.
36 VwGH 20.7.2004, 2002/05/0745; 29.4.2015, 2013/06/0232.
37 VwGH 23.8.2012, 2011/05/0069.
38 Siehe auch ErlRV Verf-133/6/1967, 11 f; zum Ganzen ausführlich *Hengstschläger/Leeb*, AVG² § 13 Rz 25 ff mN.

c) die Miteigentümer des Baugrundstückes, deren Zustimmung nach § 10 Abs. 1 lit. b erforderlich ist;
d) der Eigentümer eines Superädifikates bei Bauführungen an diesem;
e) die Anrainer (Abs. 2).

(2) Anrainer sind:
a) die Eigentümer (Miteigentümer) der an das Baugrundstück angrenzenden Grundstücke und aller weiteren im Einflussbereich des Vorhabens liegenden Grundstücke;
b) die Wohnungseigentümer gemäß § 2 Abs. 5 WEG 2002, deren Zustimmung gemäß § 10 Abs. 1 lit. b nicht erforderlich ist, sofern ihr Wohnungseigentums- oder Zubehörobjekt gemäß § 2 Abs. 2 und 3 WEG 2002 an jenes Wohnungseigentums- oder Zubehörobjekt gemäß § 2 Abs. 2 und 3 WEG 2002 angrenzt, in dem das Vorhaben ausgeführt werden soll;
c) die Eigentümer (Miteigentümer) von Grundstücken, auf denen sich eine gewerbliche Betriebsanlage, ein Rohstoffabbau, eine Bergbauanlage oder ein land- und forstwirtschaftlicher Betrieb befindet, sofern das Grundstück, auf dem sich die gewerbliche Betriebsanlage, der Rohstoffabbau, die Bergbauanlage oder der land- und forstwirtschaftliche Betrieb befindet, vom Vorhaben höchstens 100 m entfernt ist, jedoch nur unter der Voraussetzung, dass sich das Vorhaben im Einflussbereich der gewerblichen Betriebsanlage, des Rohstoffabbaus, der Bergbauanlage oder des land- und forstwirtschaftlichen Betriebs befindet;
d) die Inhaber von gewerblichen Betriebsanlagen, Rohstoffabbauen, Bergbauanlagen oder land- und forstwirtschaftlichen Betrieben gemäß lit. c.

(3) Anrainer gemäß Abs. 2 lit. a und b sind berechtigt, gegen die Erteilung der Baubewilligung nur begründete Einwendungen dahingehend zu erheben, dass sie durch das Vorhaben in subjektiv-öffentlichen Rechten verletzt werden, die ihnen durch die Bestimmungen dieses Gesetzes, der Kärntner Bauvorschriften, des Flächenwidmungsplanes oder des Bebauungsplanes eingeräumt werden, welche nicht nur dem öffentlichen Interesse, sondern auch dem Schutz der Anrainer dienen. Einwendungen der Anrainer im Sinn des ersten Satzes können – vorbehaltlich des Abs. 3a – insbesondere gestützt werden auf Bestimmungen über

a) die widmungsgemäße Verwendung des Baugrundstückes;
b) die Bebauungsweise;
c) die Ausnutzbarkeit des Baugrundstückes;
d) die Lage des Vorhabens;
e) die Abstände von den Grundstücksgrenzen und von Gebäuden oder sonstigen baulichen Anlagen auf Nachbargrundstücken;
f) die Bebauungshöhe;
g) die Brandsicherheit;
h) den Schutz der Gesundheit der Anrainer;
i) den Immissionsschutz der Anrainer.

(3a) Zu den unzumutbaren oder das ortsübliche Ausmaß übersteigenden Belästigungen oder Gesundheitsgefährdungen zählen insbesondere nicht Geräuscheinwirkungen von Kinderspielplätzen, Kinderbetreuungseinrichtungen und Schulen für Schulpflichtige.

(4) Anrainer gemäß Abs. 2 lit. a und b sind bei einem Vorhaben nach § 6 lit. a, b, d und e, das sich auf ein Gebäude bezieht, welches ausschließlich Wohn-, Büro- oder Ordinationszwecken dient, einschließlich der zu seiner Nutzung erforderlichen baulichen Anlagen, nur berechtigt, Einwendungen gemäß Abs. 3 lit. b bis g zu erheben.

(5) Bei einem Vorhaben, das auch einer gewerbebehördlichen Genehmigung bedarf, sind Einwendungen der Anrainer gemäß Abs. 2 lit. a und b, mit denen der Schutz der Gesundheit gemäß Abs. 3 lit. h oder der Immissionsschutz gemäß Abs. 3 lit. i geltend gemacht wird, nur soweit berechtigt, als diese Einwendungen die Frage der Zulässigkeit der Betriebstype in der gegebenen Flächenwidmungskategorie betreffen.

(6) Anrainer gemäß Abs. 2 lit. c und d sind nur bei einem Vorhaben nach § 6 lit. a und c zu Wohnzwecken auf bisher unbebauten Grundstücken berechtigt, begründete Einwendungen über die widmungsgemäße Verwendung des Baugrundstückes zu erheben. Die Rechte als Anrainer gemäß Abs. 2 lit. a bleiben unberührt.

(7) Anrainer, denen ein Baubewilligungsbescheid nicht zugestellt wurde, verlieren ihre Stellung als Partei, wenn die Ausführung des Vorhabens begonnen wurde und seit Meldung des Beginns der Ausführung des Vorhabens mehr als ein Jahr vergangen ist.

(8) Einwendungen der Parteien, deren Austragung dem ordentlichen Rechtsweg vorbehalten ist, hat die Behörde niederschriftlich

§ 23

festzuhalten. **Auf die Entscheidung über den Antrag haben solche Einwendungen keinen Einfluss.**

Literatur: *Baumgartner*, Parteien und Parteienrechte im neuen Salzburger Baurecht, bbl 1998 (Teil 2), 161; *Berl*, Präkludiert oder doch nicht?, RdU 2012/113; *Ferz*, Tierhaltungsbetriebe in der Steiermark – Die „neuen" raumordnungsrechtlichen und baugesetzlichen Maßnahmen, bbl 2010, 211; *Giese*, Nachbarliche Abwehrrechte hinsichtlich der Fundierung baulicher Anlagen im Salzburger Baurecht, bbl 2003, 56; *ders*, Verfassungsrechtliche Fragen zur steiermärkischen Baugesetznovelle 2003, bbl 2004, 89; *Grabler/Stolzlechner/Wendl*, Kommentar GewO[3], 2011; *Granner*, Dingliche Wirkung öffentlicher Rechte und Pflichten, 2014; *Hauer*, Baubehördliches Bewilligungsverfahren, ÖGZ 1968, 128; *ders*, Zur Frage der subjektiv-öffentlichen Nachbarrechte im Baubewilligungsverfahren, ÖGZ 1976, 576; *ders*, Zur Rechtsstellung des Mieters im baubehördlichen Auftragsverfahren, ÖGZ 1970, 113; *ders*, Grenzstreitigkeiten der Nachbarn im Baubewilligungsverfahren, OIZ 1982, 71; *ders*, Rechtsfragen der „heranrückenden Wohnbebauung", RdU 1995, 116; *ders*, Kann sich der Inhaber eines immissionsträchtigen Betriebs im Baubewilligungsverfahren gegen eine heranrückende Wohnbevölkerung wehren?, ÖJZ 1995, 361; *Hausmann/Vonkilch*, Österreichisches Wohnrecht, 2007; *Illedits/Illedits-Lohr*, Handbuch zum Nachbarrecht[3], 2013; *Janko*, Zur Neuordnung der Rechtsstellung übergangener Nachbarn durch die AVG-Novelle 1998 und die oö Bauordnungs-Novelle 1998, bbl 2000, 133; *Kastner*, Maßgebliche Rechtslage und übergangene Partei, 2001; *Khakzadeh*, Lawinenschutz durch Recht, ZfV 2003/308; *Klaushofer*, Parteistellung der Nachbarn im Zwielicht von Grundstücksnutzung und -widmung, bbl 2003, 95; *Kleewein*, Anrainerschutz bei Massentierhaltung im öffentlichen Recht, RdU 1994, 83; *ders*, Anrainerschutz bei Massentierhaltung im Privatrecht, RdU 1995, 55; *ders*, Die Rechtsstellung der Nachbarn beim Bauen, in Rebhahn (Hrsg), Rechtsfragen des Bauens in Kärnten, 1997; *ders*, Naturgefahren im Bau- und Raumordnungsrecht, RdU 2013, 137; *Lang*, Abwehrmöglichkeit störender Lärm- und Geruchsimmissionen – Nachbarrechtliche Unterlassungsklage nach § 364 Abs 2 ABGB, RFG 2013/31; *Lebesmühlbacher/Weismann*, Entstehung und Stellung der übergangenen Partei am Beispiel des Baurechts: Ein schwieriges Zusammenspiel zwischen AVG und den Bauordnungen der Länder, ZÖR 2013, 767; *Leeb*, Die Bescheidbeschwerdelegitimation „übergangener Parteien", ÖJZ 2015/129; *Mayer*, Verfassungsrechtliche Probleme der Arbeitsinspektorate, ZAS 1995, 1; *Moritz*, Wohnungseigentum und Bauordnungen der Länder, immolex 2000, 144; *Neisser/Schantl/Welan*, Betrachtungen zur Judikatur des Verfassungsgerichtshofes (Slg. 1966), ÖJZ 1968, 533; *Pabel*, Verfassungsrechtliche Anforderungen an die Regelung der Nachbarstellung im Baurecht, RFG 2005/58; *dies*, Die Frage der Umweltverträglichkeitsprüfung im Baubewilligungsverfahren von Einkaufszentren, RFG 2007/10; *dies*, Die Durchführung von Großverfahren, RFG 2009/38; *Raschauer B*, Anlagenrecht und Nachbarschutz aus verfassungsrechtlicher Sicht, ZfV 1999, 506; *Rudolf-Miklau*, Informationswirkung von Gefahrenzonenplanung, RdU 2014/109; Rummel (Hrsg), Kommentar zum Allgemeinen bürgerlichen Gesetzbuch I³, 2000; *Schwaighofer*, Arbeitnehmerschutz und Bauverfahren, bbl 2006, 185; Schwimann/Kodek (Hrsg), ABGB-Praxiskommentar II⁴, 2012; *Wagner*, Nachbarschutz bei Mobilfunkanlagen, RdU 1998, 121; *dies*, Deregulierung im Baurecht und ziviler Rechtsschutz (Teil 1 und 2), bbl 1999, 131 und 171; *dies*, Sind Kindergeräusche wirklich Lärm? (Teil I), RFG 2016/8; *Weber*, Heranrückende Wohnbebauung zu Ende gedacht, ZfV 2011/898; *Wessely*, Emissionen aus landwirtschaftlichen Kompostieranlagen und ihre Beurteilung am Beispiel NÖ, bbl 1999, 217; *Zauner/Doppler*, Heranrückende Wohnbebauung – rechtliche Grundlagen, Praxisfälle und Lösungsansätze, RdU-U&T 2012/9; *Zauner/Edtstadler/Doppler*, Lichtimmissionen im Nachbarschaftsbereich und in der Natur, RdU-U&T 2013/11.

Inhaltsübersicht   **Rz**

I. Entwicklung und Rechtsvergleich 1
II. Allgemeines zur Parteistellung.. 3
III. Antragsteller, Grundeigentümer, Miteigentümer, Eigentümer eines Superädifikates.................................. 6
IV. Anrainer.. 10
V. Einwendungen der Anrainer gestützt auf subjektiv-öffentliche Rechte.. 25
VI. Präklusion.. 58
VII. Übergangene Parteien 61
VIII. Zivilrechtliche Einwendungen 64

I. Entwicklung und Rechtsvergleich

Zum wichtigsten Regelungsinhalt einer Bauordnung zählt, wer Partei 1 des Baubewilligungsverfahrens ist und welche Einwendungen die Parteien erheben können. Dementsprechend enthielten schon § 9 und § 10 der K-BO 1866, LGBl 1866/12, Bestimmungen über die Beteiligung von Anrainern am Baubewilligungsverfahren und über deren Einwendungen. Der Anrainerkreis war schon in der K-BO 1866 weit gezogen. Dies wurde auch in § 18 der K-BO 1969, LGBl 1969/48, fortgeführt. Anrainer waren die Eigentümer der im Einflussbereich des Vorhabens liegenden Grundstücke. Mit LGBl 1981/69 wurde in § 18 Abs 2a eine Regelung zur Notwendigkeit der Erhebung von Einwendungen in der mündlichen Verhandlung aufgenommen, die mit LGBl 1981/92 berichtigt wurde. Durch LGBl 1992/26 wurden in § 18 Abs 2b und 2c K-BO 1969 erstmals nähere Bestimmungen zu den subjektiv-öffentlichen Rechten aufgenommen. Einzelne subjektiv-öffentlichen Rechte wurden erstmals auch demonstrativ angeführt. In dieser Fassung wurde die Bestimmung als § 21 in die K-BO 1992, LGBl 1992/64, übernommen. In der heutigen Form wurde die Bestimmung durch LGBl 1996/44 geschaffen. In § 21 Abs 1 K-BO 1992 wurde die Parteistellung abgegrenzt und entspricht inhaltlich der geltenden Fassung, in § 21 Abs 2 K-BO wurden die Anrainer – inklusive von Anlageninhabern zum Schutz vor heranrückenden Wohnbebauungen – abgegrenzt, § 21 Abs 3 K-BO 1992 enthielt die Einwendungen der Anrainer und entspricht inhaltlich der geltenden Fassung, § 21 Abs 4 K-BO 1992 enthielt die Einwendungen der Anlageninhaber, § 21 Abs 6 K-BO 1992 regelte das Vorgehen bei übergangenen Parteien, § 21 Abs 7 K-BO 1992 enthielt die Verweisung auf den ordentlichen Rechtsweg und entspricht inhaltlich der geltenden Fassung des § 23 Abs 8. In dieser Fassung wurde die Bestimmung als § 23 in die K-BO 1996, LGBl 1996/62, übernommen. Durch den VfGH, VfSlg 17.143/2004, kundgemacht durch LGBl 2004/22, wurde § 23 Abs 2 lit b und Abs 4, also die Bestimmungen zum Schutz von Anlageninhabern vor heranrückenden Wohnbebauungen, als verfassungswidrig aufgehoben. In seiner heutigen Fassung wurde die Bestimmung durch LGBl 2012/80 geschaffen. Anrainer sind nunmehr auch bestimmte Wohnungseigentümer, es wurden wiederum Bestimmungen zum Schutz von Anlageninhabern vor heranrückenden Wohnbebauungen aufgenommen, es wurde ein differenzierteres System der Einwendungen geschaffen und es erfolgte eine Neugestaltung der Bestimmung für übergangene Parteien. Durch LGBl 2013/85 erfolgte in § 23 Abs 8 eine redaktionelle Anpassung an die Verwaltungsgerichtsbarkeit. § 23 Abs 3a wurde mit LGBl 2015/31 eingefügt.

2 Selbstverständlich enthalten – mit im Einzelnen bestehenden Unterschieden, zB Einschränkungen – auch die Bauordnungen der anderen Bundesländer Bestimmungen über die Parteien und deren Einwendungen. Die entsprechenden Bestimmungen finden sich in § 21 Bgld. BauG, § 6 NÖ BO 2014, § 31 und § 33 Oö. BauO 1994, § 7 und § 8a sowie § 9 Abs 5 S-BauPolG, § 4 Z 4 und § 26 bis § 27 Stmk. BauG, § 26 TBO 2011, § 2 Abs 1 lit k, § 26 und § 28 Abs 8 V-BauG sowie § 134 und § 134a W-BO.

II. Allgemeines zur Parteistellung

3 Wem Parteistellung zukommt, ist eine der wichtigsten Fragen in einem Baubewilligungsverfahren. Denn nur den Parteien kommen wesentli-

che Verfahrensrechte zu. Dazu zählen insbesondere das Recht auf Akteneinsicht gemäß § 17 AVG,[1] auf Parteiengehör zB gemäß § 37, § 43, § 45 und § 65 AVG, auf Verständigung von der mündlichen Verhandlung gemäß § 41 AVG, auf Stellungnahme zum Ergebnis der Beweisaufnahme gemäß § 45 AVG, auf Ablehnung eines nichtamtlichen Dolmetschers oder Sachverständigen gemäß § 39a und § 53 AVG, auf Bescheidzustellung oder Bescheidverkündung gemäß § 62 AVG, auf Erhebung von ordentlichen und außerordentlichen Rechtsmitteln gemäß § 57, § 63, § 64a, § 69 AVG sowie auf Geltendmachung der Entscheidungspflicht gemäß § 73 AVG.[2] Die K-BO 1996 regelt in § 23 Abs 1 ausdrücklich, wer Partei des Baubewilligungsverfahrens ist.[3] Der Gesetzgeber ist grundsätzlich frei in seiner Entscheidung, wem er Parteistellung zuerkennt. Er ist aber hiebei insbesondere an den Gleichheitsgrundsatz gebunden.[4] Dem entspricht, dass nach der Judikatur des VwGH zu den vergleichbaren Bestimmungen der Bauordnungen anderer Bundesländern grundsätzlich lediglich dinglich Berechtigten keine Parteistellung zukommt.[5] Dazu zählen zB Bestandnehmer,[6] Fruchtgenussberechtigte,[7] Dienstbarkeitsberechtigte,[8] Weideberechtigte,[9] Jagd-

---

[1] Dem Anrainer steht ein Recht auf Akteneinsicht aber jedenfalls auch insoweit zu, als es sich um die Wahrung seiner Rechte im Bewilligungsverfahren handelt, und zwar auch bezüglich bereits abgeschlossener Verfahren, vgl VwSlg 18.150 A/2011; dies gilt auch für die Wahrung der Rechte in einem Bauauftragsverfahren gemäß § 34 Abs 3, VwGH VwSlg 15.480 A/2000, und einem Rechtsnachfolger, VwGH 30.1.2014, 2012/05/0011.

[2] Siehe schon ErlRV Verf-133/6/1967, 23; vgl *Hauer*, ÖGZ 1976, 577; zum Ganzen *Hengstschläger/Leeb*, AVG² § 8 Rz 1 mN.

[3] Aus kompetenzrechtlichen Gründen kommt dem Arbeitsinspektorat keine Parteistellung zu, *Schwaighofer*, bbl 2006, 185 ff; siehe auch kritisch *Mayer*, ZAS 1995, 1 ff; aA *Krzizek*, System II 73 f; *Giese*, Baurecht § 7 Baupolizeigesetz Anm 13.

[4] VfGH VfSlg 8279/1978; VfSlg 10.844/1986; VfSlg 15.581/1999; VfSlg 16.981/2003; VfSlg 17.593/2005; *Wagner*, bbl 1999, 132 f; *Giese*, bbl 2003, 59 f; *Pabel*, RFG 2005, 185 ff; *Giese*, Baurecht § 7 Baupolizeigesetz Anm 14; *Hauer*, Nachbar⁶ 82 f; kritisch zum gewerblichen Betriebsanlagenrecht *Raschauer B*, ZfV 1999, 510 ff.

[5] Siehe aber § 23 Rz 18.

[6] VwGH 21.10.1982, 82/06/0108; 28.4.1988, 88/06/0078; 16.10.1990, 90/05/0060; 27.8.2013, 2013/06/0126; *Hauer*, ÖGZ 1970, 113 ff; *Moritz*, immolex 2000, 148; kritisch *Neisser/Schantl/Welan*, ÖJZ 1968, 535 ff.

[7] VwGH VwSlg 12.533 A/1987; 13.12.1990, 90/06/0177; 20.4.2004, 2003/06/0073.

[8] VwGH 4.7.1989, 89/05/0061; 27.8.2013, 2013/06/0126.

[9] VwGH 27.9.2005, 2002/06/0054.

ausübungsberechtigte,[10] Flugplatzhalter,[11] Eigentümer eines benachbarten Superädifikates,[12] Eigentümer einer Rohrleitungsanlage,[13] Nacherben im Rahmen einer fideikommissarischen Substitution gemäß § 608 ABGB,[14] Inhaber eines Vorkaufsrechtes[15] sowie bloße Bauherren mit rechtskräftigen Baubewilligungen.[16] Hingegen sind Eigentümer eines Superädifikates bei Bauführung an diesem gemäß § 23 Abs 1 lit d,[17] Inhaber von gewerblichen Betriebsanlagen, Rohstoffabbauen, Bergbauanlagen oder land- und forstwirtschaftlichen Betrieben im Sinne des § 23 Abs 2 lit d[18] sowie Bauberechtigte gemäß § 55[19] auf Grund ausdrücklicher gesetzlicher Einräumung Parteien im Baubewilligungsverfahren.

4 Die Parteistellung im Baubewilligungsverfahren stellt ihrer Rechtsnatur nach nicht auf die persönlichen Eigenschaften der natürlichen oder juristischen Person ab, sondern auf die Eigenschaft der unbeweglichen Sachen, dh auf die Eigenschaft als Baugrundstück, angrenzendes Grundstück, im Einflussbereich des Vorhabens liegendes Grundstück, angrenzendes Wohnungseigentums- oder Zubehörobjekt etc. In diesem Sinne ist für die Baubewilligung in § 53 ausdrücklich vorgesehen, dass sich nach der K-BO 1996 ergebende Rechte und Pflichten auf dem Grundstück haften und auf den Rechtsnachfolger übergehen.[20] Dies gilt aber generell für die Rechte und Pflichten der Parteien. So tritt – zB bei einer Eigentumsübertragung eines angrenzenden Grundstückes auf Grund eines Kaufvertrages während eines Baubewilligungsverfahrens – der Rechtsnachfolger in die Rechtsstellung des Rechtsvorgängers ein.[21] Der Rechtsnachfolger muss alle Verfahrenshandlungen und -unterlassungen des Rechtsvorgängers – zB die Unterlassung von Ein-

---

10 VwGH 28.11.1989, 89/05/0028.
11 VwGH 27.8.2013, 2011/06/0089.
12 VwGH 27.8.2013, 2013/06/0126.
13 VwGH 23.1.1986, 85/06/0226.
14 VwGH 12.8.2014, Ra 2014/06/0006.
15 VwGH 28.4.1988, 88/06/0078.
16 VwGH VwSlg 12.531 A/1987; siehe auch VwSlg 12.426 A/1987.
17 Siehe § 23 Rz 9.
18 Siehe auch zu den verfassungsrechtlichen Hintergründen § 23 Rz 16 f.
19 Siehe § 55 Rz 3 f.
20 Siehe § 53 Rz 3 f.
21 Zum Ganzen ausführlich *Granner*, Dingliche Wirkung 266 ff.

wendungen – gegen sich gelten lassen.²² Das Eigentum an einer veräußerten Liegenschaft geht grundsätzlich schon im Zeitpunkt des Einlangens des – vom Grundbuchsgericht erst später bewilligten und vollzogenen – Grundbuchsgesuches auf den Erwerber über,²³ dh die spätere Bewilligung und Vollziehung des Grundbuchsgesuches, führt zu einem zeitlich früheren Eigentumsübergang. Trotzdem muss der Rechtsnachfolger auch alle Verfahrenshandlungen und -unterlassungen, die der Rechtsvorgänger zwischen dem Einlagen des Grundbuchsgesuches und der Bewilligung und Vollziehung setzt, gegen sich gelten lassen.²⁴ Es folgt aber auch, dass dem Rechtsnachfolger, sofern der Rechtsvorgänger übergangene Partei ist, die Rechtsstellung als übergangene Partei zukommt.²⁵ Für eine Rechtsnachfolge in die Parteistellung des Anrainers bedarf es keiner Prozesserklärung.²⁶

Werden ohne Partei zu sein, Verfahrensrechte geltend gemacht, ist der Antrag – zB die Erhebung von Einwendungen – als unzulässig zurückzuweisen. Ist allerdings die Parteistellung strittig, so besteht zur Klärung dieser Frage Parteistellung und Entscheidungspflicht, es ist diesbezüglich Akteneinsicht zu gewähren.²⁷ Die Parteistellung einer vom Antragsteller verschiedenen Person kann auch in einem eigenen Feststellungsverfahren geklärt werden. Wird die Parteistellung verneint, kann Berufung und in der Folge Beschwerde an das LVwG Kärnten erhoben werden. Eine rechtswidrige Verneinung der Parteistellung stellt auch eine Verletzung des verfassungsgesetzlich gewährleisteten Rechts auf ein Verfahren vor dem gesetzlichen Richter dar.²⁸

III. Antragsteller, Grundeigentümer, Miteigentümer, Eigentümer eines Superädifikates

Selbstverständlich ist der Antragsteller Partei des Baubewilligungsverfahrens. Der Antragsteller ist die natürliche oder juristische Person, die

---

22 VwGH 29.8.1995, 94/05/0222; 24.4.1997, 96/06/0284.
23 RIS-Justiz RS0011256; so auch der VwGH 21.10.2008, 2007/05/0010.
24 VwGH VwSlg 10.565 A/1981; *Baumgartner*, bbl 1998, 163 f.
25 *Hauer*, Nachbar⁶ 465 f; zum Ganzen *Hengstschläger/Leeb*, AVG² § 8 Rz 35 f mN.
26 VwGH VwSlg 7638 A/1969; *Giese*, Baurecht § 7 Baupolizeigesetz Anm 18.
27 VwGH 21.5.2015, 2013/06/0176.
28 VfGH VfSlg 16.253/2001; *Hengstschläger/Leeb*, AVG² § 8 Rz 23 mN.

gemäß § 9 die Erteilung der Baubewilligung beantragt hat.[29] Der Antragsteller ist Hauptpartei, ihm kommt ein umfassendes Mitspracherecht in der Sache zu.[30]

7 Aus dem Grundsatz der Baufreiheit[31] hat der VwGH abgeleitet, dass mit Zustimmung des Eigentümers auch ein Dritter ein Bauvorhaben realisieren kann, soweit es mit dem Gesetz im Einklang steht.[32] Dh der Antragsteller und der Grundeigentümer können verschiedene Personen sein. Um spätere zivilrechtliche Auseinandersetzungen zu vermeiden, ist in diesen Fällen nicht nur ein Beleg über die Zustimmung des Grundeigentümers beizubringen,[33] sondern ist der Grundeigentümer auch Partei des Baubewilligungsverfahrens. Im Baubewilligungsverfahren nimmt der vom Bewilligungswerber verschiedene Grundeigentümer regelmäßig nur für die Frage teil, ob die anzuschließende Zustimmung liquid[34] vorliegt oder nicht. Darüber hinaus wird der Grundeigentümer hinsichtlich Auflagen, die sein Grundeigentum unmittelbar betreffen, Partei.[35] Dem Grundeigentümer kommt somit nur eine sehr eingeschränkte Parteistellung zu, er ist mitbeteiligte Partei.[36]

8 Ebenso kommt den Miteigentümern des Baugrundstückes Parteistellung zu, deren Zustimmung nach § 10 Abs 1 lit b erforderlich ist.[37] Auch diese nehmen regelmäßig nur für die Frage teil, ob die anzuschließende Zustimmung liquid[38] vorliegt oder nicht, sowie hinsichtlich Auflagen, die ihr Grundeigentum unmittelbar betreffen.[39] Auf Grund der sehr eingeschränkten Parteistellung sind die Miteigentümer mitbeteiligte Partei.[40]

---

29 Siehe § 9 Rz 3 ff.
30 *Hengstschläger/Leeb*, AVG² § 8 Rz 15 f mN.
31 Zur Baufreiheit siehe § 6 Rz 5.
32 VwGH 14.11.2006, 2006/05/0141 mN; VfGH VfSlg 4543/1963; *Krzizek*, System II 15 f.
33 Siehe – auch zur Frage, wer Grundeigentümer ist – § 10 Rz 3 f.
34 Siehe § 10 Rz 8.
35 VwGH 4.9.2001, 2000/05/0045 mN.
36 *Hengstschläger/Leeb*, AVG² § 8 Rz 15 f mN.
37 Siehe § 10 Rz 6.
38 Siehe § 10 Rz 8.
39 VwGH 4.9.2001, 2000/05/0045 mN.
40 *Hengstschläger/Leeb*, AVG² § 8 Rz 15 f mN.

Gleiches gilt auch für die Eigentümer eines Superädifikates bei Bauführung an diesem. Superädifikate sind bauliche Anlagen, die mit Zustimmung des Grundeigentümers auf fremdem Grund in der Absicht errichtet werden, dass sie nicht stets darauf bleiben sollen.[41] Auch diese Eigentümer von Superädifikaten nehmen regelmäßig nur für die Frage teil, ob die anzuschließende Zustimmung liquid[42] vorliegt oder nicht, sowie hinsichtlich Auflagen, die ihr Superädifikat unmittelbar betreffen. Auf Grund der sehr eingeschränkten Parteistellung sind diese Eigentümer ebenso mitbeteiligte Partei.[43]

9

IV. Anrainer

A. Gemäß § 23 Abs 2 lit a

Anrainer[44] sind die Eigentümer (Miteigentümer) der an das Baugrundstück angrenzenden Grundstücke und aller weiteren im Einflussbereich des Vorhabens liegenden Grundstücke. Die Möglichkeit einer Berührung der subjektiv-öffentlichen Rechte setzt Eigentum (Miteigentum) am Grundstück voraus.[45] Wer Eigentümer (Miteigentümer) dieser Grundstücke ist, hat die Behörde als Vorfrage gemäß § 38 AVG zu klären.[46] Da auf Grund des Eintragungsgrundsatzes gemäß § 431 ABGB eine Übertragung von Eigentum an unbeweglichen Sachen grundsätzlich nur durch gültigen Titel (zB Kaufvertrag) und Eintragung ins Grundbuch erfolgen kann,[47] ist dies in erster Linie der im Grundbuch eingetragene Eigentümer (Miteigentümer). Allerdings kommt auch einem außerbücherlichen Eigentümer (Miteigentümer) Parteistellung zu.[48] Denn zum Eintragungsgrundsatz bestehen zahlreiche Ausnahmen, eine Eintragung ins Grundbuch hat in diesen Fällen

10

---

41 Zum Ganzen *Hinteregger* in Schwimann/Kodek, ABGB II⁴ § 435 Rz 1 ff mN.
42 Siehe § 10 Rz 8.
43 *Hengstschläger/Leeb*, AVG² § 8 Rz 15 f mN.
44 Die K-BO 1996 hält somit am früher gebräuchlichen Begriff „Anrainer" fest und nicht am Begriff „Nachbar", vgl *Krzizek*, System II 115.
45 VwGH 10.10.1995, 94/05/0289; dagegen bestehen auch keine verfassungsrechtlichen Bedenken, VfGH 29.11.2010, B 1507/10.
46 VwGH 2.7.1998, 98/06/0061 mN; *Giese*, Baurecht § 7 Baupolizeigesetz Anm 18.
47 *Spielbüchler* in Rummel, ABGB I³ § 431 Rz 1 ff mN; *Hinteregger* in Schwimann/Kodek, ABGB II⁴ § 431 Rz 1 f mN; VwGH VwSlg 12.426 A/1987.
48 VwGH 2.7.1998, 98/06/0061 mN; *Baumgartner*, bbl 1998, 163; *Giese*, Baurecht § 7 Baupolizeigesetz Anm 18.

§ 23   1. Kärntner Bauordnung 1996 – K-BO 1996

des außerbücherlichen Eigentums nur eine deklaratorische Bedeutung.[49] So erwirbt der Erbe bereits mit Rechtskraft der Einantwortung Eigentum.[50] Zu außerbücherlichen Eigentumserwerb kommt es auch bei Fällen der umgründungsrechtlichen Gesamtrechtsnachfolge zB bei der Umwandlung, Verschmelzung oder Spaltung von Gesellschaften. Weiters wird mit Rechtskraft des Bescheides, mit dem eine vorläufige Übernahme im Rahmen einer Zusammenlegung von land- und forstwirtschaftlichen Grundstücken gemäß § 31 Abs 2 K-FLG angeordnet wird, Eigentum – wenn auch auflösend bedingt – erworben.[51] Bei Zwangsversteigerungen und freiwilligen Versteigerung erwirbt der Ersteher mit Zuschlag Eigentum. Bei Enteignung richtet sich der Eigentumserwerb nach den Bestimmungen des jeweiligen Enteignungsgesetzes. Bei Ersitzung wird mit Ablauf der Ersitzungszeit originär Eigentum erworben. Der redliche Bauführer erwirbt mit der Errichtung des Gebäudes Eigentum. Bauberechtigte sind gemäß § 55 Grundeigentümern gleichgestellt.[52]

11   Umfasst sind erstens die Eigentümer (Miteigentümer) der an das Baugrundstück angrenzenden Grundstücke. Es wird auf das Baugrundstück Bezug genommen, dh auf das Grundstück auf dem das Vorhaben ausgeführt werden soll. Die K-BO 1996 enthält keine Definition des Begriffes „Baugrundstück". Darunter ist das gesamte Grundstück zu verstehen, nicht nur der Teil auf dem auch tatsächlich eine bauliche Anlage errichtet werden darf. Es wird am grundbuchsrechtlichen Begriff angeknüpft, dh „Grundstücke sind demnach durch Grenzpunkte festgelegte Flächen, anhand deren der Grenzverlauf ermittelt werden kann. Durch die einzelnen Grenzpunkte wird die Lage eines Grundstückes zu einem anderen Grundstück festgelegt."[53] Wie weit das Vorhaben von der Grundstücksgrenze entfernt ist, ist für die Beurteilung dieser Frage nicht wesentlich.[54] Angrenzend sind alle Grundstücke, die mit dem Baugrundstück eine gemeinsame Grenze haben.[55] Es genügt,

---

49 Zum Ganzen *Spielbüchler* in Rummel, ABGB I[3] § 431 Rz 2 mN; *Hinteregger* in Schwimann/Kodek, ABGB II[4] § 431 Rz 4 ff mN.
50 VwGH 31.1.1995, 94/05/0197.
51 Vgl zur Tiroler Rechtslage VwGH 17.5.1991, 91/06/0045.
52 Siehe § 55 Rz 3.
53 VwGH 16.5.2013, 2011/06/0116; vgl *Pallitsch/Pallitsch/Kleewein*, Baurecht[5] § 3 K-BV Anm 1.
54 Siehe aber sogleich § 23 Rz 12.
55 VwGH 9.11.2004, 2002/05/1032.

dass die gemeinsame Grenze nur in einem Punkt besteht.[56] Umfasst sind zweitens aber auch alle Eigentümer (Miteigentümer) von Grundstücken, die im Einflussbereich des Vorhabens liegen. Es wird also darauf abgestellt, ob mit Einwirkungen des Vorhabens auf das Grundstück gerechnet werden muss,[57] dh die Möglichkeit der Beeinträchtigung reicht aus.[58] Bedeutungslos ist die Lage von baulichen Anlagen auf dem Grundstück.[59] Daraus folgt auch, dass für die Beurteilung dieser Frage nicht zwischen der konkreten Lage eines Wohnungseigentumsobjektes zu unterscheiden ist.[60] Der Kreis der möglichen Anrainer ist somit gerade bei größeren Vorhaben, die zB eine entsprechende Höhe oder Immissionen aufweisen,[61] weit gezogen.[62] Insbesondere bei einer größeren Entfernung zum Baugrundstück bedarf es aber einer nachvollziehbaren Begründung, gegebenenfalls unter zu Hilfe nahme eines Sachverständigengutachtens.[63]

12 Voraussetzung der Parteistellung der Eigentümer (Miteigentümer) der an das Baugrundstück angrenzenden Grundstücke und aller weiteren im Einflussbereich des Vorhabens liegenden Grundstücke ist aber auch, dass diese in ihren subjektiv-öffentlichen Rechten beeinträchtigt werden könnten, dh dass die K-BO 1996 den Eigentümern (Miteigentümern) subjektiv-öffentliche Rechte zur Abwehr der möglichen Einwirkungen gewährt.[64] Es besteht somit ein Zusammenhang zwischen den subjektiv-öffentlichen Rechten und der Parteistellung.[65] Gewährt die K-BO 1996 keine entsprechenden subjektiv-öffentlichen Rechte, ist eine Verletzung dieser nicht möglich und es kommt somit dem Eigentümer (Miteigentümer) keine Parteistellung zu. So haben nach der Rechtsprechung des VwGH zu den vergleichbaren Bauordnungen an-

---

56 VwGH 28.10.2008, 2008/05/0073.
57 So schon zur K-BO 1866 VwGH VwSlg 6670 A/1965.
58 VwGH 27.4.1999, 98/05/0239; 27.1.2004, 2003/05/0214; vgl zu den verfassungsrechtlichen Anforderungen an die Anrainerstellung im Baurecht *Pabel*, RFG 2005, 185 ff.
59 VwGH 15.6.2004, 2003/05/0103.
60 *Moritz*, immolex 2000, 148 f; siehe aber sogleich § 23 Rz 12.
61 VwGH 12.3.1992, 91/06/0075.
62 Vgl *Wagner*, bbl 1999, 133.
63 VwGH 27.4.1999, 98/05/0239.
64 VwGH VwSlg 6670 A/1965; 17.12.1996, 96/05/0206; 9.11.2004, 2002/05/1032; 10.4.2012, 2011/06/0005.
65 *Klaushofer*, bbl 2003, 96 ff.

derer Bundesländer Eigentümer von öffentlichen Verkehrsflächen, zB Gemeinden, mangels privatrechtlicher Nutzungsmöglichkeiten keine Parteistellung.[66] Dieser Zusammenhang kann zB auch zur Folge haben, dass sogar dem Eigentümer (Miteigentümer) eines angrenzenden Grundstückes keine Parteistellung zukommt, da sich das Vorhaben so weit entfernt von der Grundstücksgrenze befindet, dass keine Beeinträchtigung der subjektiv-öffentlichen Rechte möglich ist.[67] Es ist ausdrücklich darauf hinzuweisen, dass bei der Beurteilung ohne Bedeutung ist, ob die subjektiv-öffentlichen Rechte tatsächlich verletzt werden, denn um ua diese Frage zu klären, dient die Parteistellung im Baubewilligungsverfahren.[68]

13 Durch eine Grundstücksteilung kann eine Parteistellung wegfallen. Ist zB ein Eigentümer eines angrenzendes Grundstück, der durch das Vorhaben in seinen subjektiv-öffentlichen Rechten beeinträchtigt werden könnte, nach der Teilung nur mehr Eigentümer eines Grundstücksteils, das nicht an das Baugrundstück des Vorhabens angrenzt und auch nicht im Einflussbereich des Vorhabens liegt, so verliert er die Parteistellung.[69]

B. Gemäß § 23 Abs 2 lit b

14 Die K-BO 1996 zählt zu den Anrainer auch Wohnungseigentümer gemäß § 2 Abs 5 WEG 2002, deren Zustimmung gemäß § 10 Abs 1 lit b nicht erforderlich ist,[70] sofern ihr Wohnungseigentums- oder Zubehörobjekt gemäß § 2 Abs 2 und 3 WEG 2002 an jenes Wohnungseigentums- oder Zubehörobjekt gemäß § 2 Abs 2 und 3 WEG 2002 angrenzt, in dem das Vorhaben ausgeführt werden soll. Wohnungseigentümer gemäß § 2 Abs 5 WEG 2002 ist ein Miteigentümer einer Liegenschaft,

---

66 VwGH 17.6.1992, 87/06/0069; 22.2.1996, 96/06/0015; 25.6.1996, 96/05/0053; 20.9.2001, 99/06/0033; VwSlg 15.822 A/2002; ausführlich *Klaushofer*, bbl 2003, 95 ff; siehe auch *Giese*, Baurecht § 7 Baupolizeigesetz Anm 19.

67 Hingegen ist die Lage von baulichen Anlagen auf dem angrenzenden Grundstück bedeutungslos, weil auch der Eigentümer einer unbebauten Liegenschaft gegen das Vorhaben Einwendungen erheben kann, wenn durch dasselbe seine in der Bauordnung begründeten subjektiven-öffentlichen Rechte verletzt werden können, VwGH 15.6.2004, 2003/05/0103.

68 VwGH 17.12.1996, 96/05/0206.

69 VwGH 8.5.2008, 2007/06/0306.

70 Siehe § 10 Rz 6.

dem Wohnungseigentum an einem darauf befindlichen Wohnungseigentumsobjekt zukommt.[71] Wohnungseigentumsobjekte gemäß § 2 Abs 2 und 3 WEG 2002 sind Wohnungen, sonstige selbständige Räumlichkeiten und Abstellplätze für Kraftfahrzeuge (wohnungseigentumstaugliche Objekte), an denen Wohnungseigentum begründet wurde. Zubehör-Wohnungseigentum ist das mit dem Wohnungseigentum verbundene Recht, andere, mit dem Wohnungseigentumsobjekt baulich nicht verbundene Teile der Liegenschaft, wie etwa Keller- oder Dachbodenräume, Hausgärten oder Lagerplätze, ausschließlich zu nutzen. Diese rechtliche Verbindung setzt voraus, dass das Zubehörobjekt ohne Inanspruchnahme anderer Wohnungseigentums- oder Zubehörobjekte zugänglich und deutlich abgegrenzt ist.[72] Angrenzend sind alle Wohnungseigentums- oder Zubehörobjekte, die mit dem Wohnungseigentums- oder Zubehörobjekte, in dem das Vorhaben ausgeführt werden soll, durch eine gemeinsame Wand verbunden sind. Unter Berücksichtigung der Judikatur zu angrenzenden Grundstücken[73] ist davon auszugehen, dass es genügt, dass die Verbindung durch eine gemeinsame Wand nur in einem Punkt besteht.

Große Bedeutung wird dieser Bestimmung allerdings nicht zukommen. Denn umfasst sind nur Wohnungseigentümer, deren Zustimmung nach § 10 Abs 1 lit b nicht erforderlich ist. Eine Zustimmung ist – mit Ausnahme einer Eigentümerpartnerschaft gemäß § 2 Abs 10 WEG 2002 – nicht erforderlich, wenn es sich um ein Vorhaben innerhalb eines Wohnungseigentums- oder Zubehörobjektes handelt. Gemäß § 7 Abs 1 lit c Z 1 ist aber eine Änderung von Gebäuden, soweit sie sich nur auf das Innere bezieht und keine tragende Bauteile betrifft, sofern keine Erhöhung der Wohnnutzfläche erfolgt, bewilligungsfrei und es bedarf in diesen Fällen überhaupt keiner Baubewilligung.[74] Dh auch die Anzahl von Vorhaben, die innerhalb eines Wohnungs- oder Zubehörobjektes ausgeführt werden und einer Baubewilligung bedürfen, ist begrenzt. Weiters ist zu beachten, dass Voraussetzung der Parteistellung die mögliche Beeinträchtigung von subjektiv-öffentlichen Rechten ist, dh dass die K-BO 1996 dem Wohnungseigentümer subjektiv-öffentli-

15

---

71 Zur Begriffsbestimmungen des § 2 Abs 5 WEG 2002 *Hausmann/Vonkilch*, Wohnrecht § 2 WEG Rz 46 ff mN.
72 Zu den Begriffsbestimmungen des § 2 Abs 2 und 3 WEG 2002 ausführlich *Hausmann/Vonkilch*, Wohnrecht § 2 WEG Rz 9 ff mN.
73 VwGH 28.10.2008, 2008/05/0073.
74 Siehe § 7 Rz 7.

che Rechte zur Abwehr der möglichen Einwirkungen gewährt.[75] Es besteht ein Zusammenhang zwischen den subjektiv-öffentlichen Rechten und der Parteistellung.[76] Gewährt die K-BO 1996 keine entsprechenden subjektiv-öffentlichen Rechte, ist eine Verletzung dieser nicht möglich und es kommt somit dem Wohnungseigentümer keine Parteistellung zu. Bei Vorhaben, die innerhalb eines Wohnungs- oder Zubehörobjektes ausgeführt werden und einer Baubewilligung bedürfen, ist eine mögliche Beeinträchtigung von subjektiv-öffentlichen Rechten allerdings zumeist anzunehmen. Auf Grund dieser Fälle ist die Bestimmung – trotz eingeschränkten Anwendungsbereichs – aus gleichheitsrechtlicher Sicht zu begrüßen.

C. Gemäß § 23 Abs 2 lit c und d

16 Anrainer sind gemäß § 23 Abs 2 lit c und d die Eigentümer (Miteigentümer) von Grundstücken, auf denen sich eine gewerbliche Betriebsanlage, ein Rohstoffabbau, eine Bergbauanlage oder ein land- und forstwirtschaftlicher Betrieb befindet, sofern das Grundstück, auf dem sich die gewerbliche Betriebsanlage, der Rohstoffabbau, die Bergbauanlage oder der land- und forstwirtschaftliche Betrieb befindet, vom Vorhaben höchstens 100 m entfernt ist, jedoch nur unter der Voraussetzung, dass sich das Vorhaben im Einflussbereich der gewerblichen Betriebsanlage, des Rohstoffabbaus, der Bergbauanlage oder des land- und forstwirtschaftlichen Betriebs befindet. Anrainer sind auch die Inhaber von solchen Anlagen.

17 Die Anrainerstellung gemäß § 23 Abs 2 lit c und d hat ihre Grundlage in der Rechtsprechung des VfGH zur Rechtsfrage der „heranrückenden Wohnbebauung".[77] So führte der VfGH aus: Es „ist einer Vorschrift, die die Errichtung von Betrieben in Wohngebieten beschränkt, ein allgemeiner Grundsatz zu entnehmen, der insbesondere die Quali-

---

75 VwGH VwSlg 6670 A/1965; 17.12.1996, 96/05/0206; 9.11.2004, 2002/05/1032; 10.4.2012, 2011/06/0005.
76 *Klaushofer*, bbl 2003, 96 ff.
77 VfGH VfSlg 12.468/1990; VfSlg 13.210/1992; VfSlg 14.943/1997; VfSlg 15.188/1998; VfSlg 15.475/1999; VfSlg 15.691/1999; VfSlg 15.792/2000; VfSlg 15.891/2000; VfSlg 16.250/2001; VfSlg 16.934/2003; VfSlg 17.143/2004; VfSlg 18.161/2007; 27.2.2014, G 18/2013; VfSlg 19.846/2014; kritisch *Hauer*, RdU 1995, 116 ff; *ders*, ÖJZ 1995, 361 ff; *ders*, Nachbar[6] 41 ff; auch *Weber*, ZfV 2011, 573 f; zu den Auswirkungen für die Erstellung von Raumordnungsplänen *Zauner/Doppler*, RdU-U&T 2012, 22 ff.

tät der Wohnverhältnisse sicherstellen will. Erfaßt man die Regelung nach dem evidenten Zweck, so fehlte es an einer sachlichen Rechtfertigung für die Annahme, daß eine vom Gesetz verpönte schwerwiegende Beeinträchtigung ausschließlich dann zu unterbinden ist, wenn die Quelle der Emissionen geschaffen werden soll, nicht hingegen in dem bloß durch die zeitliche Abfolge verschiedenen Fall, daß sie bereits besteht und erst durch die Errichtung von Wohnhäusern ihre beeinträchtigende Wirkung entfalten kann."[78] In diesem Sinne bestimmt § 3 K-GplG 1995, dass die Lage der einzelnen Baugebiete im Bauland sowie die zulässigen Nutzungen innerhalb eines Baugebietes so aufeinander abzustimmen sind, daß unter Bedachtnahme auf die örtlichen Gegebenheiten und den Charakter der jeweiligen Art des Baulandes gegenseitige Beeinträchtigungen und örtlich unzumutbare Umweltbelastungen, insbesondere durch Lärm-, Staub- und Geruchsbelästigung, sonstige Luftverunreinigung oder Erschütterung möglichst vermieden werden. Nach dieser Rechtsprechung gebietet der Gleichheitssatz, „die Situation der Schaffung einer Emissionsquelle – im Hinblick auf die Unterbindung der von ihr ausgehenden schädlichen Emissionen – mit dem nachträglichen Hinzutreten eines Objekts, auf das sich eine solche Emissionsquelle auswirken kann, gleich zu behandeln." Daraus folgerte der VfGH, dass eine in diese Richtung zielende Einwendung auch vom Inhaber einer Anlage als Anrainer erhoben werden kann, weil er mit Auflagen – zB der Gewerbebehörde gemäß § 79 Abs 2 GewO 1994 – zum Schutz der Anrainer gegen Immissionen rechnen muss.[79] Dh es ist gleichheitsrechtlich Geboten, dass auch den Eigentümern (Miteigentümern) einer bestehenden Anlage sowie den Inhabern einer solchen Anlage Parteistellung zukommt, sofern nachträgliche Auflagen zum Schutz der Anrainer vor rechtmäßigen Immissionen der Anlage drohen. Auf Grundlage eines Größenschlusses muss dies auch für eine mögliche Stilllegung gelten.[80] Der VwGH ist dieser Meinung nicht gefolgt. Seiner Ansicht nach hat die Aufzählung der Anrainerrechte in den jeweiligen Bauordnungen vorgegeben, dass subjektive-öffentliche Rechte nur dahingehend eingeräumt wurden, dass sich Anrainer gegen Immissionen, die vom beantragten Vorhaben ausgehen, wenden konnten. Dass auch den Eigentümern (Miteigentümern) einer bestehenden

---

78 VfGH VfSlg 12.468/1990.
79 VfGH VfSlg 19.846/2014.
80 Weber, ZfV 2011, 574 f.

Anlage sowie den Inhabern einer solchen Anlage Parteistellung zukommt, sofern nachträgliche Auflagen zum Schutz der Anrainer vor rechtmäßigen Immissionen der Anlage drohen, habe der Gesetzgeber ausdrücklich zu normieren.[81] In einer Entscheidung, in der der VwGH gemäß § 87 Abs 2 VfGG an die Rechtsanschauung des VfGH gebunden war, lehnt der VwGH ebenso ab, dass die Judikatur des VfGH auch auf Fälle anzuwenden ist, in der die Stilllegung der Anlage droht.[82] Die für den Bewilligungswerber und die Vollziehung unbefriedigende Rechtsunsicherheit durch diese Judikaturdivergenz soll in der K-BO 1996 durch eine ausdrückliche Regelung beseitigt werden.[83]

18 Erstens sind gemäß § 23 Abs 2 lit c die Eigentümer (Miteigentümer) der gegenständlichen Grundstücke umfasst.[84] Zweitens sind gemäß § 23 Abs 2 lit d aber auch die Inhaber eines gegenständlichen Betriebes umfasst. Dh auf Grund ausdrücklicher gesetzlicher Einräumung kommt auch lediglich dinglich berechtigten Inhabern eines Betriebes (zB Bestandnehmern), die nicht Eigentümer (Miteigentümer) des Grundstückes sind, Parteistellung zu.[85] So stellt auch der VfGH in seiner Rechtsprechung auf den Inhaber der Betriebsanlage ab.[86] Dies ist aus gleichheitsrechtlichen Gründen zu begrüßen.[87]

19 Die K-BO 1996 enthält keine Definition der Begriffe gewerbliche Betriebsanlage, Bergbauanlage und Rohstoffabbau. Eine gewerbliche Betriebsanlage ist gemäß § 74 Abs 1 GewO 1994 jede örtlich gebundene Einrichtung, die der Entfaltung einer gewerblichen Tätigkeit regelmäßig zu dienen bestimmt ist.[88] Dieser drohen zum Schutz der Anrainer vor rechtmäßigen Immissionen nachträgliche Auflagen gemäß § 79

---

81 Siehe zB VwGH 24.2.2009, 2008/06/0134 mwN; für die K-BO 1996 idF vor LGBl 2012/80 ging der VwGH 12.8.2014, 2011/06/0063, aber offenbar auch ohne ausdrückliche Regelung von einer Parteistellung aus.
82 VwGH 21.10.2004, 2001/06/0088
83 ErlRV Verf-135/94/1995, 19 ff; siehe auch ErlRV 01-VD-LG-1369/4-2012, 10.
84 Siehe zur Frage wer Grundeigentümer ist § 10 Rz 3 f.
85 *Giese*, bbl 2004, 99; schon § 23 Abs 2 lit b idF LGBl 1996/44 stellte auf den Inhaber ab.
86 VfGH VfSlg 12.468/1990; VfSlg 14.943/1997; VfSlg 15.188/1998; VfSlg 15.475/1999; VfSlg 15.691/1999; VfSlg 15.792/2000; VfSlg 16.250/2001; VfSlg 16.934/2003; VfSlg 17.143/2004; VfSlg 19.846/2014.
87 *Giese*, bbl 2004, 99; *ders*, Baurecht § 7 Baupolizeigesetz Anm 14.
88 Dazu *Grabler/Stolzlechner/Wendl*, GewO³ § 74 Rz 1 ff; eine solche Auslegung anhand einer bundesgesetzlichen Bestimmung findet sich auch in VwGH 9.3.1993, 92/06/0226; siehe auch *Potacs*, Auslegung 84 f und 90 f mwN.

Abs 2 GewO 1994[89] oder die Stilllegung gemäß § 360 Abs 4 GewO 1994[90]. Eine Bergbauanlage ist gemäß § 118 MinroG jedes für sich bestehende, örtlich gebundene und künstlich geschaffene Objekt, das den im § 2 Abs 1 MinroG angeführten Tätigkeiten zu dienen bestimmt ist.[91] Davon zu unterscheiden ist der reine Rohstoffabbau. Während die Bergbauanlage gemäß § 119 MinroG genehmigt wird, wird der Abbau gemäß § 116 MinroG genehmigt. Beiden drohen nachträgliche Auflagen zum Schutz der Anrainer vor rechtmäßigen Immissionen, der Bergbauanlage zB gemäß § 119 Abs 11 MinroG, dem Rohstoffabbau gemäß § 109 Abs 1 MinroG.

Es stellt sich die Frage, ob § 23 Abs 2 lit c und d eine abschließende Aufzählung von Anlagen, deren Eigentümern (Miteigentümern) von Grundstücken und Inhabern Parteistellung zukommen soll, enthält. Denn die Judikatur des VfGH geht über diese aufgezählten Anlagen hinaus. So kommt auch einem Eisenbahnunternehmer Parteistellung zu, sofern durch eine „heranrückende Wohnbebauung" Auflagen drohen.[92] Eine abschließende Aufzählung in § 23 Abs 2 lit c und d würde somit aus gleichheitsrechtlichen Überlegungen auf verfassungsrechtliche Bedenken stoßen. Aus diesem Grund ist zu prüfen, ob eine verfassungskonforme Interpretation durch Analogie geboten ist. Voraussetzung einer Analogie ist das Vorliegen einer planwidrigen Lücke. Dies richtet sich nach der Judikatur des VfGH in erster Linie nach dem Zweck der Vorschrift, der nicht ohne Beachtung des Gleichheitssatzes ermittelt werden kann.[93] Ähnlich geht der VwGH davon aus, dass eine Lücke nur dort anzunehmen ist, „wo das Gesetz, gemessen an der mit seiner Erlassung verfolgten Absicht und seiner immanenten Teleologie unvollständig, also ergänzungsbedürftig ist und wo seine Ergänzung nicht etwa einer vom Gesetz gewollten Beschränkung widerspricht."[94] Wesentlicher Ausgangspunkt ist somit der Sinn und Zweck

---

89 Dazu *Grabler/Stolzlechner/Wendl*, GewO³ § 79 Rz 20 ff.
90 Dazu *Grabler/Stolzlechner/Wendl*, GewO³ § 360 Rz 35 ff.
91 Eine solche Auslegung anhand einer bundesgesetzlichen Bestimmung findet sich auch in VwGH 9.3.1993, 92/06/0226; siehe auch die Bezugnahme auf das MinroG in ErlRV 01-VD-LG-1369/4-2012, 10; siehe auch *Potacs*, Auslegung 84 f und 90 f mwN.
92 VfGH VfSlg 18.161/2007.
93 Siehe VfGH VfSlg 8112/1977; VfSlg 12.473/1990; VfSlg 19.647/2012; siehe auch *Potacs*, Auslegung 175 ff mwN.
94 VwGH 11.12.2013, 2012/08/0079 mN; siehe auch *Potacs*, Auslegung 190 ff mwN.

der Bestimmung. Ausweislich der Materialien ist dies, die für den Bewilligungswerber und die Vollziehung unbefriedigende Rechtsunsicherheit durch die Judikaturdivergenz zwischen VfGH und VwGH durch eine ausdrückliche Regelung in der K-BO 1996 zu beseitigen.[95] Sieht man in § 23 Abs 2 lit c und d eine abschließende Liste, würde dieser Sinn und Zweck vor dem Hintergrund der Judikatur des VfGH, insbesondere zu Eisenbahnanlagen, nicht erreicht werden. Darüber hinaus hat der Gesetzgeber – im Gegensatz zu den Bauordnungen anderer Bundesländer – unter Beachtung des Gleichheitssatzes, obwohl zu diesen Anlagen keine entsprechende Judikatur des VfGH vorliegt, auch Bergbauanlagen und Rohstoffabbauen aufgenommen, da sich – so die Materialien – das Problem der „heranrückende Wohnbebauung" auch für Eigentümer (Miteigentümer) und Inhaber dieser Anlagen stellt.[96] Aus diesen Gründen ist davon auszugehen, dass eine planwidrige Lücke vorliegt, die durch Analogie zu schließen ist. In diesem Sinne sind vor dem Hintergrund der Judikatur des VfGH alle Anlagen, denen im Rahmen einer „heranrückende Wohnbebauung" nachträgliche Auflagen oder die Stilllegung zum Schutz der Anrainer vor rechtmäßigen Immissionen der Anlage drohen, umfasst, somit auch Eisenbahnanlagen.[97]

21 Von § 23 Abs 2 lit c und d sind auch land- und forstwirtschaftliche Betriebe umfasst. Dies überrascht, denn land- und forstwirtschaftlichen Betrieben drohen keine nachträglichen Auflagen im Rahmen einer „heranrückende Wohnbebauung".[98] Insofern ist die Aufnahme von land- und forstwirtschaftlichen Betrieben aus systematischen Überlegungen abzulehnen. Die K-BO 1996 enthält keine Definition des Begriffes land- und forstwirtschaftlicher Betrieb. Darunter ist nach der Rechtsprechung des VwGH nicht schon jede land- und forstwirtschaftliche Tätigkeit im technischen Sinne zu verstehen. Es ist das Vorliegen betrieblicher Merkmale, dh eine planvolle, grundsätzlich auf die Erzielung von Einnahmen gerichtete nachhaltige Tätigkeit wesentlich, die zumindest die Annahme eines nebenberuflichen land- und forstwirtschaftlichen Betriebes rechtfertigt. Ob zumindest ein land- und forst-

---

95 ErlRV Verf-135/94/1995, 19 ff; siehe auch ErlRV 01-VD-LG-1369/4-2012, 10.
96 ErlRV 01-VD-LG-1369/4-2012, 10.
97 Zum Begriff Eisenbahnanlage siehe § 2 Rz 9 f.
98 VfGH VfSlg 14.777/1997; VfSlg 15.112/1998; 29.4.2005, 2003/05/0128; vgl im Gegensatz dazu § 29 Abs 6 Stmk. BauG, *Ferz*, bbl 2010, 228 ff; vgl für das Heranrücken an eine Bienenhütte VwGH 30.5.1985, 85/06/0009.

5. Abschnitt – Baubewilligung § 23

wirtschaftlicher Nebenbetrieb vorliegt, hängt einerseits von der Betriebsgröße, aber auch von dem erzielbaren Bewirtschaftungserfolg ab. Dieser kann ein Indiz dafür sein, ob eine über einen bloßen Zeitvertreib hinausgehende land- und forstwirtschaftliche Nutzung vorliegt.[99] Ein wesentlicher Bestandteil der land- und forstwirtschaftlichen Nutzung ist die Bodennutzung im Bereich der landwirtschaftlichen und forstwirtschaftlichen Urproduktion.[100] Dazu zählen zB auch Pferdezucht,[101] Fischzucht,[102] Obstverwertung,[103] Waldbewirtschaftung[104] und Imkerei[105]. Da der Gartenbau grundsätzlich zur Landwirtschaft zählt,[106] gilt entsprechendes auch für diesen.

Voraussetzung der Parteistellung ist weiters, dass sich das Grundstück auf dem sich die Anlage befindet, vom Vorhaben höchstens 100 m entfernt ist. Der VfGH hatte die Regelungen der § 23 Abs 2 lit b und § 23 Abs 4 K-BO 1996 idF LGBl 2001/134 betreffend „heranrückender Wohnbauten" auf Grund Verstoßes gegen den Gleichheitssatz aufgehoben, da diese die Parteistellung nur einräumten, sofern das Grundstück, auf dem sich die Anlage befand, an das Baugrundstück angrenzte oder von diesem nur durch eine Verkehrsfläche getrennt war.[107] Da bei einer Entfernung des Grundstückes, auf der sich die Anlage befindet, vom Vorhaben von nunmehr über 100 m typischerweise nicht mehr mit beschränkenden Auflagen zu rechnen ist, bestehen dagegen meiner Ansicht nach keine verfassungsrechtlichen Bedenken.[108] So wird auch in VfGH VfSlg 17.143/2004 darauf abgestellt, dass Betriebe in „geringer Entfernung" und nicht in beliebiger Entfernung die Einwendungsmög-

22

---

99 ZB VwGH 7.7.1986, 84/10/0290; 10.1988, 87/10/0133; 22.6.1993, 90/05/0228; 28.4.1997, 94/10/0148; 31.3.2008, 2007/05/0024; 29.1.2010, 2007/10/0107 mwN.
100 VwGH 21.9.2000, 99/06/0057.
101 VwGH 16.12.2003, 2002/05/0687.
102 VwGH 29.1.2010, 2007/10/0107.
103 VwGH 5.11.2015, 2013/06/0119; auch Obstveredelung und Edelbranderzeugung VwGH 27.2.2015, 2012/06/0063.
104 Zur Brennholzgewinnung VwGH 5.11.2015, 2013/06/0119.
105 VwGH 22.6.1993, 90/05/0228.
106 VwGH 26.1.1998, 96/10/0121; 23.2.2004, 2000/10/0173.
107 VfGH VfSlg 17.143/2004.
108 Vgl die Ausführungen in VfGH VfSlg 17.593/2005 zur Bestimmung des § 31 Abs 1 Z 2 Oö. BauO 1994, die eine entsprechende Anrainerstellung von Eigentümern von Grundstücken, die vom zu bebauenden Grundstück höchstens 50 Meter entfernt sind, gewährt; vgl auch VfGH 3.3.2008, B 2412/07; siehe ErlRV 01-VD-LG-1369/4-2012, 10.

lichkeit gegen heranrückende Wohnbebauung haben müssten.[109] Das Vorhaben muss sich darüber hinaus aber auch im Einflussbereich der Anlage befinden. Es wird also darauf abgestellt, ob mit Einwirkungen der Anlage auf das Vorhaben gerechnet werden muss, dh die Möglichkeit der Beeinträchtigung reicht aus. Der VwGH geht für die Bestimmungen des § 31 Abs 5 Oö. BauO[110] und § 26 Abs 4 Stmk. BauG[111] iVm § 79 Abs 2 GewO 1994 davon aus, dass die auf das Baugrundstück einwirkende Immissionsbelastung schon an der Grundstücksgrenze zu ermitteln ist. Daraus folgt, dass – in einem weiten Verständnis des Begriffes „Vorhabens" – der Bezugspunkt der Beurteilung einer möglichen Beeinträchtigung die Grenze des Baugrundstücks des Vorhabens und nicht das Vorhaben selbst ist. Dem ist meiner Ansicht nach für die K-BO 1996 auf Grundlage einer verfassungskonformen Interpretation insofern für die Beurteilung, ob sich das Vorhaben im Einflussbereich der Anlage befindet, zuzustimmen, als nachträgliche Auflagen möglich sind.

23 Voraussetzung der Parteistellung der Eigentümer (Miteigentümer) von Grundstücken, auf denen sich eine entsprechende Anlage befindet, und der Inhaber solcher Anlagen ist auch, dass diese in einem subjektiv-öffentlichen Rechten beeinträchtigt werden könnten, dh dass die K-BO 1996 subjektiv-öffentliche Rechte zur Abwehr der möglichen Einwirkungen gewährt.[112] Es besteht somit ein Zusammenhang zwischen den subjektiv-öffentlichen Rechten des § 23 Abs 6 und der Parteistellung. Gewährt die K-BO 1996 keine entsprechenden subjektiv-öffentlichen Rechte, ist eine Verletzung dieser nicht möglich und es kommt somit keine Parteistellung zu. Es ist ausdrücklich darauf hinzuweisen, dass bei der Beurteilung ohne Bedeutung ist, ob die subjektiv-öffentlichen Rechte tatsächlich verletzt werden, denn um ua diese Frage zu klären, dient die Parteistellung im Baubewilligungsverfahren.[113]

24 Durch eine Grundstücksteilung kann eine Parteistellung wegfallen. Ist zB ein Eigentümer eines angrenzendes Grundstück, der durch das Vorhaben in seinen subjektiv-öffentlichen Rechten beeinträchtigt werden könnte, nach der Teilung nur mehr Eigentümer eines Grundstücksteils,

---

109 VfGH 3.3.2008, B 2412/07.
110 VwGH 15.5.2012, 2009/05/0048.
111 VwGH VwSlg 17.769 A/2009; VwSlg 18.151 A/2011.
112 VwGH 15.5.2012, 2009/05/0048.
113 VwGH 17.12.1996, 96/05/0206.

das mehr als 100 m vom Baugrundstück entfernt ist, so verliert er die Parteistellung.[114]

V. Einwendungen der Anrainer gestützt auf subjektiv-öffentliche Rechte

A. Allgemeines

Die K-BO 1996 enthält keine Definition des Begriffes „Einwendung". 25 Nach der Rechtsprechung des VwGH ist „eine Einwendung ihrer begrifflichen Bestimmung nach ein Vorbringen einer Partei (des Nachbarn) des Verfahrens, welches seinem Inhalt nach behauptet, das Vorhaben des Antragstellers (Bauwerbers) entspreche entweder zur Gänze oder hinsichtlich eines Teiles (einzelner Punkte) nicht den Bestimmungen der Rechtsordnung."[115] Ein Spezifikum der K-BO 1996 ist, dass nur „begründete" Einwendungen erhoben werden können.[116] Meiner Ansicht nach wird damit lediglich im Sinne der Judikatur des VwGH[117] zum Ausdruck gebracht, dass ein Vorbringen, das keine Behauptung der Verletzung eines subjektiv-öffentlichen Rechtes zum Gegenstand hat, keine dem Gesetz entsprechende Einwendung ist.[118] So wurde schon in § 18 Abs 2b K-BO 1992 idF 1992/26 darauf abgestellt, dass Parteien gegen die Erteilung der Baubewilligung „mit der Begründung Einwendungen erheben" können, dass sie durch das Bauvorhaben in subjektiven Rechten verletzt werden, die im öffentlichen Recht begründet sind. Es sind in den Materialien keine Hinweise darauf zu finden, dass durch die – in dieser Hinsicht allerdings unklare – Neuformulierung eine inhaltliche Änderung erfolgen sollte. Dagegen spricht auch nicht, dass in § 23 Abs 4 und 5 nicht unmittelbar auf „begründete" Einwendungen Bezug genommen wird, denn dies erfolgt durch die Verweisung auf § 23 Abs 3 mittelbar. Im Ergebnis wird diese Rechtsanschauung auch durch die Judikatur des VwGH zur K-BO 1996

---

114 VwGH 8.5.2008, 2007/06/0306.
115 VwGH 12.8.2014, Ro 2014/06/0049; vgl *Krzizek*, System II 122 ff; *Hauer*, ÖGZ 1968, 128 ff; *ders*, Nachbar⁶ 70; *Pallitsch/Pallitsch/Kleewein*, Baurecht⁵ § 23 Anm 2.
116 Insofern missverständlich VwGH 17.4.2012, 2009/05/0054.
117 VwGH VwSlg 8700 A/1974; 14.6.1983, 83/05/0035; 13.9.1983, 83/05/0052; 16.9.2009, 2008/05/0250; 17.4.2012, 2009/05/0054; *Krzizek*, System II, 122 ff.
118 *Hauer*, Nachbar⁶ 118 und 123, empfiehlt zur Sicherheit dennoch eine Begründung, diese müsse aber nicht stichhaltig sein.

§ 23

gestützt.[119] Einwendungen, insbesondere von rechtsunkundig nicht vertretenen Parteien, sind vielfach auslegungsbedürftig und daher nicht nur nach ihrem Wortlaut, sondern auch nach ihrem Sinn zu beurteilen, es kommt auf die Umstände des Einzelfalles an.[120] So muss aus dem Vorbringen des Anrainers erkennbar sein, in welchem vom Gesetz geschützten Recht er sich durch die beabsichtigte Bauführung verletzt erachtet. Einwendungen müssen konkretisiert werden. Das Recht, in dem sich der Anrainer verletzt erachtet, muss aber nicht ausdrücklich bezeichnet werden und es muss auch nicht angeben werden, auf welche Gesetzesstelle sich die Einwendung stützt. Es muss aus dem Vorbringen nur erkennbar sein, welche Rechtsverletzung behauptet wird. Der Einwendung muss aber jedenfalls entnommen werden können, dass überhaupt eine Verletzung eines subjektiven Rechts geltend gemacht wird und ferner welche Art dieses Recht ist. Es muss also zu erkennen sein, in welchem vom Gesetz geschützten Recht der Anrainer sich durch die beabsichtigte Bauführung verletzt zu sein erachtet. Die Einwendung muss sich daher auf ein öffentliches Recht beziehen, das dem Einwender gemäß materiell-rechtlicher Vorschriften auch tatsächlich zusteht, dh aus welchem er seine Parteistellung ableitet. Öffentlich-rechtliche Einwendungen sind solche, die eine Verletzung eines subjektiv-öffentlichen Rechtes geltend machen. Enthält eine Einwendung keinen Hinweis darauf, ob die Verletzung eines Privatrechtes geltend machen wird, so ist die Einwendung als öffentlich-rechtliche Einwendung zu qualifizieren.[121] Allgemein erhobene Proteste, Erklärungen, dagegen zu sein, mit dem Bauvorhaben nicht einverstanden zu sein,[122] ohne Konkretisierung eingebrachte Vorbringen, dass die baurechtlichen Bestimmungen nicht eingehalten werden[123] oder Vorbringen keinen Einwand zu erheben, wenn den Bestimmungen der Bauord-

---

119 Siehe auch zum Folgenden VwGH 16.9.2009, 2008/05/0250; 17.4.2012, 2009/05/0054.
120 VwGH 11.3.2016, 2013/06/0154 Rz 17.
121 VwGH VwSlg 7295 A/1968; *Hauer*, Nachbar⁶ 124 und 127; kritisch *Krzizek*, System II 124 f.
122 VwGH VwSlg 7179 A/1967; 15.2.1977, 2091/76; 7.11.1996, 95/06/0244.
123 VwGH 13.9.1983, 83/05/0052; 24.3.1992, 88/05/0135; 28.4.2006, 2005/05/0296; 17.4.2012, 2009/05/0054.

nung Rechnung getragen wird,[124] sind keine Einwendungen.[125] Einwendungen müssen sich auf die Bewilligungsfähigkeit des Vorhabens beziehen und nicht auf die Ausführung des Vorhabens.[126] Erklärungen, die vor der Abgrenzung des Verhandlungsgegenstandes, dh vor Anberaumung der mündlichen Bauverhandlung, abgegeben werden, sind ebenfalls keine Einwendungen.[127] Solche Erklärungen sind also nach Anberaumung der mündlichen Bauverhandlung nochmals zu tätigen, um Einwendungen zu sein. Soweit ein Anrainer nicht spätesten während der Bauverhandlung zulässige Einwendungen erhebt, verliert er die Parteistellung. Die rechtzeitige Erhebung von zulässigen Einwendungen ist von größter Bedeutung, da widrigenfalls Präklusion eintritt, dh die Parteistellung und die damit verbundenen Rechte verloren gehen.[128]

Die K-BO 1996 enthält ein differenzierteres System der Einwendungen[129] und gibt den Anrainern nur ein beschränktes Mitspracherecht, sie sind mitbeteiligte Partei.[130] Es besteht keine Verfassungsnorm, die Parteirechte in einem Verfahren überhaupt oder in einen bestimmten Umfang garantiert, – den Umfang der Parteirechte in einem Verwaltungsverfahren bestimmt der einfache Gesetzgeber – das einfache Gesetz muss aber dem Gleichheitssatz entsprechen.[131] Nach ständiger Rechtsprechung des VwGH ist das Mitspracherecht des Anrainers im Baubewilligungsverfahren in zweifacher Hinsicht beschränkt: „Es besteht einerseits nur insoweit, als dem Nachbarn nach den in Betracht kommen baurechtlichen Vorschriften subjektiv-öffentliche Rechte

26

---

124 VwGH 18.4.1966, 157/66.
125 Zu allfälligen Schadenersatzpflichten bei rechtsmissbräuchlichen Einwendungen siehe *Wagner*, bbl 1999, 139 ff.
126 VwGH 19.9.1995, 95/05/0133; 24.2.1998, 97/05/0307; 28.9.1999, 99/05/0177; 7.9.2004, 2004/05/0139.
127 VwGH VwSlg 11.763 A/1985; 29.8.1995, 94/05/0222; zum Ganzen *Hauer*, Nachbar[6] 124; auch *Hengstschläger/Leeb*, AVG[2] § 42 Rz 32 ff mwN.
128 Siehe § 23 Rz 58 f.
129 ErlRV 01-VD-LG-1369/4-2012, 11; *Kleewein*, Rechtstellung der Nachbarn 52 f.
130 *Hengstschläger/Leeb*, AVG[2] § 8 Rz 15 f mN.
131 VfGH VfSlg 8279/1978; VfSlg 10.844/1986; VfSlg 15.581/1999; VfSlg 16.981/2003; VfSlg 17.593/2005; 19.2.2016, E 2567/2015; *Wagner*, bbl 1999, 132 f; *Giese*, bbl 2003, 59 f; *Pabel*, RFG 2005, 185 ff; *Giese*, Baurecht § 7 Baupolizeigesetz Anm 14; *Hauer*, Nachbar[6] 82 f; kritisch zum gewerblichen Betriebsanlagenrecht *Raschauer B*, ZfV 1999, 510 ff.

zukommen,[132] und andererseits nur in jenem Umfang, in dem der Nachbar solche Rechte im Verfahren durch die rechtzeitige Erhebung entsprechender Einwendungen wirksam geltend gemacht hat."[133] Ein Mitspracherecht steht auch nicht zu, sofern für eine bauliche Anlage ein Baubewilligungsverfahren durchgeführt wird, obwohl dies nicht erforderlich ist.[134] Ferner gehen die Verfahrensrechte einer Partei nicht weiter als ihre materiellen Rechte, sodass formelle Verfahrensfehler nur insoweit geltend gemacht werden können, als damit eine Verletzung ihrer materiellen subjektiv-öffentlichen Anrainerrechte gegeben wäre.[135] Dem Anrainer stehen Einwendungen auch nur hinsichtlich seiner subjektiv-öffentlichen Rechte zu, hingegen nicht zur Wahrung fremder Rechte zB anderer Anrainer, der Bewilligungswerber oder der Benützer des zu errichtenden Vorhabens.[136]

B. Einwendungen der Anrainer gemäß § 23 Abs 2 lit a und b

1. Allgemeines

27 § 23 Abs 3 enthält eine demonstrative Aufzählung der Einwendungen, die den Anrainern zustehen.[137] Gegen die Erteilung der Baubewilligung können nur begründete Einwendungen dahingehend erhoben werden, dass durch das Vorhaben subjektiv-öffentliche Rechte verletzt werden, die durch die Bestimmungen der K-BO 1996, der K-BV, des Flächenwidmungsplanes oder des Bebauungsplanes eingeräumt werden, welche nicht nur dem öffentlichen Interesse, sondern auch dem Schutz der Anrainer dienen. Einwendungen der Anrainer in diesem Sinne können insbesondere gestützt werden auf Bestimmungen über die widmungsgemäße Verwendung des Baugrundstückes, die Bebauungsweise, die Ausnutzbarkeit des Baugrundstückes, die Lage des Vorhabens, die Abstände von den Grundstücksgrenzen und von Gebäuden oder sonstigen baulichen Anlagen auf Nachbargrundstücken, die Be-

---

132 Siehe § 23 Rz 12.
133 VwGH VwSlg 10.317 A/1980; 19.9.1995, 95/05/0140; zuletzt VwGH 11.3.2016, 2013/06/0154 Rz 15; *Hauer*, Nachbar⁶ 129 ff; zur Präklusion siehe § 23 Rz 58 f.
134 VwGH 5.3.2014, 2010/05/0169.
135 VwGH 31.3.2005, 2003/05/0178.
136 VwGH 15.11.2011, 2008/05/0227.
137 VwGH 15.3.2012, 2010/06/0098; missverständlich VwGH 11.3.2016, 2013/06/0154 Rz 18.

bauungshöhe, die Brandsicherheit, den Schutz der Gesundheit der Anrainer sowie den Immissionsschutz der Anrainer. Auch für weitere mögliche Einwendungen ist erforderliche Grundlage, dass es sich um subjektiv-öffentliche Einwendungen handelt, die durch die Bestimmungen der K-BO 1996, der K-BV, des Flächenwidmungsplanes oder des Bebauungsplanes eingeräumt werden, welche nicht nur dem öffentlichen Interesse, sondern auch dem Schutz der Anrainer dienen.[138] Daneben stehen dem Anrainer aber auch Parteienrechte zu, die sich allgemein aus dem AVG ergeben.[139] In diesem Sinne hat die Judikatur weitere Einwendungsmöglichkeiten konkretisiert.[140] Es ist ausdrücklich darauf hinzuweisen, dass auch wenn kein subjektiv-öffentliches Recht gemäß § 23 Abs 3 besteht oder keine subjektiv-öffentlichen Einwendungen erhoben werden, die Behörde von Amts wegen das Vorhaben auf die Erfüllung der Voraussetzungen des § 17[141] zu prüfen hat.[142]

2. Widmungsgemäße Verwendung des Baugrundstückes

Gemäß § 23 Abs 3 lit a können Einwendungen gestützt auf Bestimmungen über die widmungsgemäße Verwendung des Baugrundstückes erhoben werden.[143] Die Einhaltung der Widmungskategorie bezieht sich auf das zu bebauende Grundstück, und nicht auf die Widmung der Anrainergrundstücke.[144] Da die Bestimmung keine entsprechende Einschränkung vorsieht, besteht nach der ständigen Judikatur des VwGH dieses Mitspracherecht unabhängig davon, ob die betreffende Widmung einen Immissionsschutz einräumt oder nicht.[145] Davon ist zu

28

---

138 VwGH 15.6.1999, 99/05/0048; 22.12.2015, 2013/06/0147.
139 VwGH 30.1.2014, 2010/05/0154.
140 Siehe § 23 Rz 43 f.
141 Siehe § 17 Rz 3 ff.
142 VwGH VwSlg 15.211 A/1999; *Hauer*, Nachbar[6] 367.
143 VwGH 11.3.2016, Ra 2015/06/0013.
144 VwGH 26.4.2000, 99/05/0289; 19.12.2012, 2011/06/0008; 19.12.2012, 2011/06/0009.
145 VwGH VwSlg 15.950 A/2002; 18.3.2004, 2001/05/1102; 31.3.2008, 2007/05/0024; VwSlg 17.559 A/2008; 30.4.2009, 2007/05/0225; 16.9.2009, 2008/05/0204; 21.12.2010, 2009/05/0143; VwSlg 18.280 A/2011; 31.1.2012, 2009/05/0114; 16.3.2012, 2009/05/0163; 21.3.2013, 2013/06/0024; 24.4.2014, 2011/06/0137; *Kleewein*, Rechtstellung der Nachbarn 61.

§ 23

unterscheiden, ob Einwände gegen die Immissionen eines widmungskonformen Vorhabens erhoben werden.[146]

29 Inwieweit ein Baugrundstück widmungskonform verwendet wird, ergibt sich in erster Linie aus den Bestimmungen des K-GplG 1995 zu den einzelnen Widmungskategorien.[147] Zu beachten ist allerdings, dass § 14 zulässige Abweichungen vom Flächenwidmungsplan vorsieht.[148] Soll ein einheitliches Vorhaben auf Flächen mit verschiedenen Widmungen verwirklicht werden, ist jene Widmungskategorie für das gesamte Vorhaben Prüfungsmaßstab, die für den Anrainer weniger Belastungen hinsichtlich der Immissionen vorsieht.[149] Regelmäßig stellen sich Fragen der Widmungskonformität bei gewerberechtlichen Betrieben. Der VwGH geht in ständiger Rechtsprechung davon aus,[150] dass als Maßstab – im Gegensatz zum Maßstab des konkreten Betriebs im Rahmen der gewerberechtlichen Betriebsanlagengenehmigung – die Betriebstype zu dienen hat. Diese ergibt sich aus der Art der in einem solchen Betrieb üblicherweise und aus dem jeweiligen Stand der Technik verwendeten Anlagen und Einrichtungen einschließlich der zum Schutz vor Belästigungen typisch getroffenen Maßnahmen sowie aus Art der dort entsprechend diesen Merkmalen herkömmlicherweise entfalteten Tätigkeit auf das Ausmaß und die Intensität der dadurch verursachten Immissionen. ZB ist gemäß § 3 Abs 8 K-GplG 1995 im Geschäftsgebiet nur ein Betriebsgebäude zulässig, das keine örtlich unzumutbaren Umweltbelastungen mit sich bringt. Ob eine konkrete Kfz-Werkstätte mit Lackierungsanlage, Waschanlage, Spenglerei, Ausstellungsraum und Verkaufsraum im Geschäftsgebiet zulässig, dh keine örtlich unzumutbaren Umweltbelastungen mit sich bringt, ist – im Zweifelsfall auch unter Berücksichtigung entsprechender Messungen bei Vergleichsbetrieben im Rahmen eines betriebstypologischen Gut-

---

146 VwGH VwSlg 15.950 A/2002; aus diesem Grund ergibt sich aus VwGH VwSlg 15.211 A/1999 nichts Gegenteiliges; siehe zu diesen Einwendungen § 23 Rz 37 f.
147 Das K-GplG 1995 ist einschließlich der Erläuterungen unter Punkt 10 abgedruckt.
148 Dazu *Hauer*, Nachbar[6] 414 ff.
149 VwGH 31.1.2012, 2009/05/0114; 16.3.2012, 2009/05/0163.
150 VwGH 10.12.1991, 91/05/0062; 30.11.1999, 97/05/0330; 26.4.2000, 99/05/0289; 18.3.2004, 2001/05/1102; 20.7.2004, 2001/05/1083; 15.12.2009, 2009/05/0213; 21.12.2010, 2009/05/0143; 31.1.2012, 2009/05/0114; *Kleewein*, Rechtstellung der Nachbarn 61; *Hauer*, Nachbar[6] 337 ff; *Grabler/Stolzlechner/Wendl*, GewO[3] § 77 Rz 2 und 37 ff.

achtens – anhand der Betriebstype solcher Betriebe festzustellen. Weicht ein konkreter Betrieb auf Grund seiner Art, seiner Verwendung, seiner Ausstattung oder seiner Immissionen erheblich von Vergleichsbetrieben ab, so ist dies im Gutachten besonders zu berücksichtigen. Ein in einer Widmungskategorie unzulässiger Betrieb, darf nicht durch Auflagen in einen (noch) zulässigen Betrieb umqualifiziert werden.[151] Immer wieder stellen sich Fragen der Widmungskonformität auch bei baulichen Anlagen für landwirtschaftliche Betriebe.[152] Bei baulichen Anlagen zur Intensivtierhaltung oder zur sonstigen landwirtschaftlichen Produktion industrieller Prägung ist in einem erstem Schritt anhand der konkreten geplanten Anlage zu prüfen, ob überhaupt eine entsprechende Anlage gemäß § 5 Abs 3 K-GplG 1995 vorliegt.[153] Trifft dies zu, erfolgt – wie soeben dargestellt – eine Prüfung der Widmungskonformität anhand der Betriebstype.[154] Judikatur auf Grundlage von Einwendungen gemäß § 23 Abs 3 lit a findet sich auch zur Widmungskonformität der Errichtung eines Saunagebäudes mit Zugangs- und Badesteg in der Widmungskategorie Grünland – Liegewiese,[155] der Errichtung von Garagen und Kfz-Abstellplätzen in der Widmungskategorie Verkehrsfläche,[156] der Errichtung einer Wohnhausanlage samt Flüssiggasheizung in der Widmungskategorie Bauland – Kurgebiet, Sonderwidmung Freizeitwohnsitz,[157] eines Sport- und Erlebnisbades mit Gastronomie- und Geschäftszone in der Widmungskategorie Grünland – Bad, Freizeit, Sport[158] sowie die Errichtung von Privatgärten in den Widmungskategorie Grünland – Erholungsfläche Park[159].

---

151 VwGH 15.12.2009, 2009/05/0213; dennoch dürfen Auflagen nach § 18 erteilt werden, nur nicht zur Herstellung der Widmungskonformität.
152 VwGH 31.3.2008, 2007/05/0024; VwSlg 18.150 A/2011; in VwGH 3.4.1986, 84/06/0136, wurde ein Schweinestall in der Widmungskategorie Dorfgebiet nach § 2 Abs 3 Gemeindeplanungsgesetz 1982 als unzulässig beurteilt, da die Abstände nicht ausreichen; vgl *Kleewein*, RdU 1994, 85 ff; *Wessely*, bbl 1999, 217; *Ferz*, bbl 2010, 225 ff.
153 VwGH 24.4.2014, 2011/06/0137.
154 VwGH VwSlg 18.280 A/2011.
155 VwGH 16.3.2012, 2009/05/0163.
156 VwGH VwSlg 15.950 A/2002.
157 VwGH 16.9.2009, 2008/05/0204.
158 VwGH 30.4.2009, 2007/05/0225.
159 VwGH 21.3.2013, 2013/06/0024.

3. Bebauungsweise

30 Gemäß § 23 Abs 3 lit b können Einwendungen gestützt auf Bestimmungen über die Einhaltung der Bebauungsweise erhoben werden.[160] Der Gemeinderat hat gemäß § 24 Abs 1 K-GplG 1995[161] für die als Bauland gewidmeten Flächen mit Verordnung Bebauungspläne zu erlassen. In diesen Bebauungsplänen ist gemäß § 25 Abs 1 lit c K-GplG 1995 auch die Bebauungsweise festzulegen. Zumeist bedeutete dies, dass in der offenen Bebauungsweise ein Seitenabstand zu den Grenzen des Baugrundstückes einzuhalten ist,[162] in der geschlossenen Bebauungsweise bauliche Anlagen an einer oder mehreren Grenzen des Baugrundstückes unmittelbar anzubauen sind.[163]

4. Ausnutzbarkeit des Baugrundstückes

31 Gemäß § 23 Abs 3 lit c können Einwendungen gestützt auf Bestimmungen über die Ausnutzbarkeit des Baugrundstückes erhoben werden.[164] Der Gemeinderat hat gemäß § 24 Abs 1 K-GplG 1995[165] für die als Bauland gewidmeten Flächen mit Verordnung Bebauungspläne zu erlassen. In diesen Bebauungsplänen ist gemäß § 25 Abs 1 lit b K-GplG 1995 auch die Ausnutzung der Baugrundstücke festzulegen. Die bauliche Ausnutzung der Baugrundstücke ist gemäß § 25 Abs 4 K-GplG 1995 durch die Geschoßflächenzahl oder die Baumassenzahl auszudrücken. „Die Geschoßflächenzahl ist das Verhältnis der Bruttogesamtgeschoßflächen zur Fläche des Baugrundstückes. Die Baumas-

---

160 VwGH VwGH 4.9.2001, 2000/05/0045; VwSlg 17.418 A/2008; 12.12.2013, 2013/06/0064; *Kleewein*, Rechtstellung der Nachbarn 65; *Hauer*, Nachbar[6] 308 f.

161 Das K-GplG 1995 ist einschließlich der Erläuterungen unter Punkt 10 abgedruckt.

162 VwGH 24.1.2013, 2011/06/0098; siehe aber auch den Begriff „halboffene Bauweise" VwGH 12.12.2013, 2013/06/0064.

163 Siehe zB die Begriffsbestimmung in § 1 Abs 2 lit b und c Klagenfurter Bebauungsplanverordnung – KBPVO; siehe aber auch den Begriff „halboffene Bauweise" VwGH 12.12.2013, 2013/06/0064.

164 VwGH 29.11.1994, 94/05/0205; 6.3.2001, 98/05/0121; 3.4.2003, 2001/05/0024; 24.4.2007, 2004/05/0219; 20.11.2007, 2005/05/0251; 16.9.2009, 2007/05/0033; 22.12.2010, 2010/06/0210; 27.4.2011, 2011/06/0020; 16.5.2013, 2011/06/0116; 29.4.2015, 2013/06/0232; 30.6.2015, Ro 2014/06/0054; *Kleewein*, Rechtstellung der Nachbarn 65; *Hauer*, Nachbar[6] 303 f.

165 Das K-GplG 1995 ist einschließlich der Erläuterungen unter Punkt 10 abgedruckt.

senzahl ist das Verhältnis der Baumasse zur Fläche des Baugrundstückes, wobei als Baumasse der oberirdisch umbaute Raum bis zu den äußeren Begrenzungen des Baukörpers gilt. Die bauliche Ausnutzung der Baugrundstücke ist so festzulegen, daß für die Aufenthaltsräume in Gebäuden ein ausreichendes Maß von Licht, Luft und Sonne gewährleistet ist." Unterirdische Gebäude oder Gebäudeteile haben bei der Berechnung der bebauten Flächen außer Betracht zu bleiben.[166] Ebenso untergeordnete Bauteile, zB Dachvorsprünge, Sonnenblenden, Erker, Balkone, Wetterdächer uä.[167] Im Hinblick auf den bei der Ermittlung der Geschoßflächenzahl zu berücksichtigenden Bestand auf dem Grundstück kommt es auf den rechtmäßigen Bestand in dem Sinne an, dass für diesen eine Bewilligung erteilt wurde bzw ein rechtmäßiger Bestand nach § 54[168] vermutet wird.[169]

5. Lage des Vorhabens

Gemäß § 23 Abs 3 lit d können Einwendungen gestützt auf Bestimmungen über die Lage des Vorhabens erhoben werden.[170] Diese kann sich aus den gemäß § 24 Abs 1 K-GplG 1995[171] erlassenen Bebauungsplan oder den gemäß § 24 Abs 3 K-GplG 1995 erlassenen Teilbebauungsplan ergeben.[172] So dürfen gemäß § 25 Abs 2 lit c und e K-GplG 1995 die Baulinien, das sind die Grenzlinien auf einem Baugrundstück, innerhalb derer Gebäude errichtet werden dürfen, sowie die Lage von Spielplätzen und anderen Gemeinschaftseinrichtungen in den Teilbebauungsplänen festgelegt werden.

32

6. Abstände

Gemäß § 23 Abs 3 lit e können Einwendungen gestützt auf Bestimmungen über die Abstände von den Grundstücksgrenzen und von Ge-

33

---

166 VwGH 29.11.1994, 94/05/0205.
167 VwGH VwSlg 16.821 A/2006.
168 Siehe § 54 Rz 3 f.
169 VwGH 3.5.2012, 2010/06/0156.
170 VwGH 12.12.2013, 2013/06/0064; *Kleewein*, Rechtstellung der Nachbarn 65; *Hauer*, Nachbar[6] 311 f.
171 Das K-GplG 1995 ist einschließlich der Erläuterungen unter Punkt 10 abgedruckt.
172 ErlRV Verf-1035/1/1991, 17.

bäuden oder sonstigen baulichen Anlagen auf Nachbargrundstücken erhoben werden.[173] Die entsprechenden Bestimmungen, die auch den Interessen der Anrainer dienen, finden sich entweder in § 4 bis § 10 K-BV oder im Bebauungsplan,[174] hingegen nicht in straßenrechtlichen Gesetzen, da diese nur öffentlichen Interessen dienen.[175] Gemäß § 4 K-BV können somit auch nur Einwendungen gegen oberirdische Gebäude erhoben werden. Sofern eine Ausnahme von den Abstandsbestimmungen normiert ist, insbesondere nach § 9 K-BV,[176] besteht das subjektiv-öffentliche Recht lediglich darin, dass nur bei Vorliegen der gesetzlichen Voraussetzungen die Ausnahme gewährt wird.[177] Insofern kommt dem Anrainer auch ein subjektiv-öffentliches Recht zu, dass die Verringerung der Tiefe von Abstandsflächen nur dann vorgenommen wird, wenn ein den öffentlichen Interessen am Lichteinfall, auch bei benachbarten Gebäuden, an der angemessenen Nutzung von Grundstücken und Gebäuden oder am Schutz des Ortsbildes zumindest in gleicher Weise wie bisher entsprechender Zustand beibehalten wird.[178]

7. Bebauungshöhe

34 Gemäß § 23 Abs 3 lit f können Einwendungen gestützt auf Bestimmungen über die Bebauungshöhe erhoben werden.[179] Der Gemeinde-

---

173 VwGH 15.9.1992, 89/05/0201; 2.9.1998, 97/05/0144; 4.9.2001, 2000/05/0155; 22.11.2005, 2004/05/0212; VwSlg 17.198 A/2007; 12.10.2010, 2009/05/0229; 27.4.2011, 2011/06/0020; 15.3.2012, 2010/06/0098; 12.12.2013, 2013/06/0064; *Kleewein*, Rechtstellung der Nachbarn 65; *Hauer*, Nachbar[6] 380 ff.
174 VwGH 27.8.1996, 96/05/0069; 22.9.1998, 94/05/0371; VwSlg 14.838 A/1998; 7.3.2000, 99/05/0266; 30.5.2000, 96/05/0212; 4.9.2001, 2000/05/0155; 3.4.2003, 2001/05/0024; VwSlg 17.198 A/2007; 12.10.2010, 2009/05/0229.
175 VwGH 29.4.1975, 1339/73; siehe zB § 47 K-StrG.
176 Siehe aber auch Art IV Abs 11, LGBl 2012/80, der normiert, dass bei mit 1. Oktober 2012 bestehenden Gebäuden der Vollwärmeschutz höchstens 20 cm über die Baulinie oder in die Abstandsfläche ragen darf.
177 VwGH 15.9.1992, 89/05/0201; 27.8.1996, 96/05/0069; VwSlg 14.838 A/1998; 7.3.2000, 99/05/0266; 30.5.2000, 96/05/0212; 3.4.2003, 2001/05/0024; 19.9.2006, 2005/05/0147; VwSlg 17.198 A/2007.
178 VwGH VwSlg 17.198 A/2007; 23.11.2009, 2008/05/0111; 19.3.2015, 2013/06/0019.
179 VwGH 15.9.1992, 89/05/0248; 3.4.2003, 2001/05/0024; 20.7.2004, 2002/05/0745; 28.10.2008, 2008/05/0032; 6.9.2011, 2009/05/0291; 21.2.2014, 2012/06/0193; 30.9.2015, 2013/06/0245; *Kleewein*, Rechtstellung der Nachbarn 65; *Hauer*, Nachbar[6] 294 ff.

rat hat gemäß § 24 Abs 1 K-GplG 1995[180] für die als Bauland gewidmeten Flächen mit Verordnung Bebauungspläne zu erlassen. In diesen Bebauungsplänen ist gemäß § 25 Abs 1 lit d K-GplG 1995 auch die Geschoßanzahl oder die Bauhöhe festzulegen. Die Einwendungen können nur hinsichtlich der zugewandten Gebäudefront erhoben werden.[181] Der VwGH hat aus den Bestimmungen, die die Gebäudehöhe beschränken, subjektiv-öffentliche Anrainerrechte auf Grund einer möglichen Verletzung des Bezuges von Licht und Luft abgeleitet.[182] In diesem Sinne kann aus den Bestimmungen über die Anzahl der Geschoße ein subjektiv-öffentliches Anrainerrecht auf Einhaltung einer bestimmten Bebauungshöhe nur dann abgeleitet werden, „wenn die Gebäudehöhe durch die Bestimmungen über die zulässige Geschoßzahl bestimmt wurde, nicht jedoch dann, wenn der Umriss des Gebäudes und damit die zulässige Beeinträchtigung der Nachbarn durch Entzug von Licht und Luft durch die Gebäudehöhe bereits festgelegt ist".[183] Wird eine bestimmte Gebäudehöhe nicht ausdrücklich normiert, ist das Mitspracherecht hinsichtlich der Bebauungshöhe aus den erforderlichen Abstandsflächen abzuleiten.[184] Die Gebäudehöhe ist grundsätzlich vom angrenzenden projektierten Gelände zu messen ist.[185] Die Einwendungen können auch darauf gestützt werden, dass gemäß § 4 Abs 3 lit a K-BV[186] jener Freiraum gewahrt bleibt, der zur angemessenen Nutzung von Grundstücken und Gebäuden auf dem zu bebauenden Grundstück und auf den Nachbargrundstücken erforderlich ist. In diesem Sinne kann durch eine unzulässige Anschüttung die Ausnutzbarkeit des Nachbargrundstückes beeinflusst werden.[187]

---

180 Das K-GplG 1995 ist einschließlich der Erläuterungen unter Punkt 10 abgedruckt.
181 VwGH 20.7.2004, 2002/05/0745; 18.12.2006, 2005/05/0301; 28.10.2008, 2008/05/0032; 6.9.2011, 2009/05/0291; 30.9.2015, 2013/06/0245.
182 VwGH 15.9.1992, 89/05/0248; 20.7.2004, 2002/05/0745 mN; 28.10.2008, 2008/05/0032; 23.11.2009, 2008/05/0173; 22.2.2012, 2010/06/0092.
183 VwGH 20.7.2004, 2002/05/0745; 28.10.2008, 2008/05/0032; 23.11.2009, 2008/05/0173; 22.2.2012, 2010/06/0092; 29.4.2015, 2013/06/0232.
184 VwGH 22.2.2012, 2010/06/0092; 28.10.2008, 2008/05/0032; 23.11.2009, 2008/05/0173; 29.4.2015, 2013/06/0232.
185 VwGH 31.1.2006, 2004/05/0103; 28.10.2008, 2008/05/0073; 19.12.2012, 2012/06/0103.
186 Die K-BV ist einschließlich der Erläuterungen unter Punkt 2 abgedruckt.
187 VwGH VwSlg 16.271 A/2004.

8. Brandsicherheit

35 Gemäß § 23 Abs 3 lit g können Einwendungen gestützt auf Bestimmungen über die Brandsicherheit erhoben werden.[188] Zu diesen Bestimmungen zählen § 12 K-BV, § 13 Abs 2 K-BV, § 15 K-BV sowie § 23 K-BV, einschließlich der entsprechenden Bestimmungen der Durchführungsverordnungen.[189] Eine Verletzung von subjektiv-öffentlichen Anrainerrechten besteht nur, soweit wegen der Ausgestaltung des Vorhabens selbst eine Brandbelastung anzunehmen ist,[190] beispielsweise in Bezug auf die Wandstärke.[191] Für die Zufahrts- oder Einsatzmöglichkeit der Feuerwehr auf ein Baugrundstück oder das Ausmaß der vorhandenen Löschwassermenge besteht kein subjektiv-öffentliches Anrainerrecht.[192]

9. Schutz der Gesundheit

36 Gemäß § 23 Abs 3 lit h können Einwendungen gestützt auf Bestimmungen über den Schutz der Gesundheit der Anrainer erhoben werden.[193] Zu diesen Bestimmungen zählen § 26 K-BO iVm § 1 Abs 2 lit c K-BV[194] sowie § 20 Abs 2 K-BV[195] in Bezug auf die Anforderung Gesundheit. Meiner Ansicht nach sind auch § 6 bis § 10 K-BV, soweit die Abstandsbestimmungen der Vermeidung der Gefährdung der Gesund-

---

188 VwGH 19.12.2000, 98/05/0220; 16.9.2009, 2007/05/0033; *Kleewein*, Rechtstellung der Nachbarn 64; *Hauer*, Nachbar[6] 318 ff.

189 Vgl ErlRV Verf-1035/1/1991, 17; VwGH 16.9.2009, 2007/05/0033; siehe insbesondere OIB-Richtlinie 2 Brandschutz, abgedruckt unter Punkt 2.1.2.

190 VwGH 21.2.2014, 2012/06/0193.

191 VwGH 19.9.1995, 95/05/0240; 15.6.1999, 98/05/0052; 19.12.2000, 98/05/0220; 3.7.2001, 99/05/0283; 20.11.2007, 2005/05/0251; zB auch beim Durchbrechen einer Wand, die unmittelbar an der Grundstücksgrenze errichtet wurde VwGH 30.5.1995, 95/05/0049.

192 VwGH 15.6.1999, 98/05/0052; 19.12.2000, 98/05/0220; 3.7.2001, 99/05/0283; 20.11.2007, 2005/05/0251.

193 VwGH 8.6.2011, 2011/06/0019; 15.3.2012, 2010/06/0098; 16.3.2012, 2009/05/0163; *Hauer*, Nachbar[6] 408 ff; siehe aber zur kompetenzrechtlichen Ausnahme hinsichtlich Fernmeldeanlagen § 2 Rz 5; dazu *Wagner*, RdU 1998, 121 ff.

194 VwGH VwSlg 16.216 A/2003; VwSlg 16.362 A/2004; 18.12.2006, 2005/05/0301; 8.6.2011, 2011/06/0019; 15.3.2012, 2010/06/0098; 16.3.2012, 2009/05/0163; dass § 26 K-BO seit der Novelle LGBl 2012/80 nur mehr allgemein auf die K-BV verweist, ändert daran nichts, da in § 1 Abs 2 lit c K-BV weiterhin die Anforderung Gesundheit normiert ist.

195 VwGH 24.10.1979, 0637/79; 19.9.1995, 95/05/0140; 20.11.2007, 2005/05/0251.

heit dienen,[196] § 21 K-BV, § 23 Abs 1 K-BV, § 31 K-BV und § 40 Abs 1 lit b K-BV als die Anrainer schützende Anordnungen anzusehen. Dies gilt auf Grund des Verweises auf § 1 K-BV auch für § 11 Abs 2 lit b K-BV.[197] Das subjektiv-öffentliche Recht der Anrainer, eine mögliche Gesundheitsgefährdung geltend zu machen, besteht auch dann, wenn die Widmung keinen Immissionsschutz vorsieht.[198] Hingegen besteht gemäß § 23 Abs 3a für die Anrainer kein subjektiv-öffentliches Recht, sofern es sich um Geräuscheinwirkungen von Kinderspielplätzen, Kinderbetreuungseinrichtungen und Schulen für Schulpflichtige handelt.[199] Auszugehen ist von den Auswirkungen des verfahrensgegenständlichen Vorhabens – nicht von möglichen anderen Verwendungen – auf den Bereich der Grundstücksgrenze.[200] Die Verletzung muss durch das Vorhaben selbst und nicht durch die Bauausführung drohen.[201]

10. Immissionsschutz

Gemäß § 23 Abs 3 lit i können Einwendungen gestützt auf Bestimmungen über den Immissionsschutz der Anrainer erhoben werden.[202] Die K-BO 1996 kennt keinen allgemeinen Immissionsschutz, dh diesem kommt allenfalls in Verbindung mit speziellen gesetzlichen Vorschriften Bedeutung zu. Aus diesem Grund besteht gemäß § 23 Abs 3 lit i für den Anrainer in erster Linie dann ein subjektiv-öffentliches Recht, wenn sich die Immissionen aus der widmungsgemäßen Benutzung einer baulichen Anlage ergeben können, dh die Widmungskategorie mit einem Immissionsschutz verbunden ist.[203] So gebietet § 3 Abs 3 K-GplG 1995, dass örtlich unzumutbare Umweltbelastungen, insbe-

37

---

196 Vgl *Kleewein*, Rechtstellung der Nachbarn 64; *Hauer*, Nachbar[6] 409.
197 Vgl *Kleewein*, Rechtstellung der Nachbarn 64.
198 VwGH VwSlg 16.216 A/2003; VwSlg 16.362 A/2004; 18.12.2006; 2005/05/0301; 8.6.2011, 2011/06/0019; 15.3.2012, 2010/06/0098, 16.3.2012, 2009/05/0163; hingegen unklar VwGH 19.9.2006, 2005/05/0107.
199 Siehe dazu § 23 Rz 41.
200 VwGH 8.6.2011, 2011/06/0019.
201 VwGH 7.9.2004, 2004/05/0139.
202 *Kleewein*, Rechtstellung der Nachbarn 63 f; *Hauer*, Nachbar[6] 361 ff.
203 VwGH 18.5.1993, 92/05/0289; VwSlg 15.211 A/1999; 26.4.2000, 99/05/0289; VwSlg 16.216 A/2003; 18.3.2004, 2001/05/1102; 20.7.2004, 2001/05/1083; 19.9.2006, 2005/05/0107; 18.12.2006, 2005/05/0301; siehe aber zu Lärmimmissionen und Erschütterungen § 23 Rz 38.

sondere durch Lärm-, Staub- und Geruchsbelästigung,[204] sonstige Luftverunreinigung oder Erschütterung möglichst vermieden werden.[205] Unzumutbare Umweltbelastungen können auch von Lichtreflexionen ausgehen.[206] Davon ausgehend sind nach der Rechtsprechung des VwGH die Widmungskategorien Kurgebiet,[207] Geschäftsgebiet,[208] Wohngebiet,[209] Gewerbegebiet,[210] Dorfgebiet[211] mit einem Immissionsschutz verbunden, hingegen die Widmungskategorien Grünland,[212] Bauland-Sondergebiet-Krankenhaus[213] und Verkehrsfläche[214] nicht. Während sich in der Widmungskategorie Dorfgebiet aus § 3 Abs 4 lit c K-GplG 1995 für Gebäude und dazugehörige sonstige bauliche Anlagen für landwirtschaftliche Betriebe mit Intensivtierhaltung im Sinne des § 5 Abs 3 K-GplG 1995 sowie für sonstige landwirtschaftliche Produktionsstätten industrieller Prägung ein subjektiv-öffentliches Recht gemäß § 23 Abs 3 lit i ergibt,[215] besteht in der Widmungskategorie Dorfgebiet für bauliche Anlagen normaler land- und forstwirtschaftlicher Betriebe kein Immissionsschutz.[216]

38 Ein subjektiv-öffentliches Recht gemäß § 23 Abs 3 lit i ergibt sich hinsichtlich Lärmimmissionen[217] und Erschütterungen auch dadurch, dass gemäß § 26 K-BO iVm § 1 Abs 2 lit e K-BV sowie § 40 Abs 1 lit b

---

204 Zu den Beurteilungskriterien und Messverfahren für Geruchsbeeinträchtigung *Illedits/Illedits-Lohr*, Nachbarrecht[3] 453 ff.
205 VwGH 15.2.1994, 93/05/0294.
206 VwGH VwSlg 16.166 A/2003; 15.5.2012, 2009/05/0083 mN; *Zauner/Edtstadler/Doppler*, RdU-U&T 2013, 24.
207 VwGH 29.11.1994, 94/05/0205; 19.12.2000, 98/05/0220; 18.12.2006, 2005/05/0301; 16.5.2013, 2011/06/0116.
208 VwGH 30.11.1999, 97/05/0330.
209 VwGH 23.2.1999, 97/05/0269; 9.11.1999, 95/05/0268; 18.12.2006, 2005/05/0301.
210 VwGH 18.12.2006, 2005/05/0301.
211 VwGH 18.12.2006, 2005/05/0301; 29.4.2008, 2007/05/0313; 23.11.2009, 2008/05/0111; einschränkend VwGH VwSlg 16.362 A/2004.
212 VwGH 15.2.1994, 93/05/0294; VwSlg 16.216 A/2003; 8.6.2011, 2011/06/0019; 19.12.2012, 2011/06/0008; 19.12.2012, 2011/06/0009.
213 VwGH 18.12.2006, 2005/05/0301.
214 VwGH VwSlg 15.950 A/2002.
215 VwGH VwSlg 18.280 A/2011; 24.4.2014, 2011/06/0137; vgl *Kleewein*, RdU 1994 85 ff.
216 VwGH VwSlg 15.211 A/1999; 29.4.2008, 2007/05/0313; *Hauer*, Nachbar[6] 374 f; vgl zu landwirtschaftlichen Kompostieranlagen *Wessely*, bbl 1999, 223 f.
217 VwGH 11.1.2012, 2010/06/0071.

K-BV iVm § 41 K-BV die Anforderung eines Schallschutzes ua für Anrainer vorsieht. Aus diesem Grund muss für Einwendungen von Lärmimmissionen und Erschütterungen die Widmungskategorie nicht mit einem Immissionsschutz verbunden sein.[218] Die Lärmimmission kann sich auch aus einer Reflexion ergeben, dh der Lärm geht nicht originär vom geplanten Vorhaben aus, aber wird von diesem reflektiert.[219] Bei der Beurteilung der Zumutbarkeit einer Lärmbelästigung ist auf jenen der Lärmquelle am nächsten liegenden Teil des Anrainergrundstückes abzustellen, der dem regelmäßigen Aufenthalt des Anrainers – unabhängig ob innerhalb einer baulichen Anlage oder außerhalb – dienen kann und der die größtmögliche Belästigung des Anrainers erwarten lässt. Die Wahl des Messpunktes fällt in den fachlichen Verantwortungsbereich des Sachverständigen.[220]

Ebenso ergeben sich, da das Tatbestandsmerkmal „belästigungsfrei" in den entsprechenden Bestimmungen der K-BV auch die Anrainer umfasst,[221] gemäß § 23 Abs 3 lit i subjektiv-öffentliche Rechte hinsichtlich der Ableitung von Abwässern und Niederschlagswässern dadurch, dass diese gemäß § 26 K-BO 1996 iVm § 20 Abs 2 K-BV auf belästigungsfreie Art gesammelt und beseitigt werden müssen,[222] hinsichtlich Müllplätzen dadurch, dass gemäß § 26 K-BO 1996 iVm § 22 K-BV Abfälle belästigungsfrei gesammelt und entsorgt werden müssen,[223] und hinsichtlich Abgasen von Feuerstätten dadurch, dass gemäß § 26 K-BO 1996 iVm § 23 Abs 1 K-BV diese so ins Freie abzuführen sind, dass Personen nicht unzumutbar belästigt werden.

39

---

218 VwGH VwSlg 16.362 A/2004; 29.4.2008, 2007/05/0313; 23.11.2009, 2008/05/0111; 15.3.2012, 2010/06/0098; 24.1.2013, 2011/06/0070; dass § 26 K-BO seit der Novelle LGBl 2012/80 nur mehr allgemein auf die K-BV verweist, ändert daran nichts, da in § 1 Abs 2 lit e K-BV weiterhin die Anforderung des Schallschutzes normiert ist.
219 VwGH 15.5.2012, 2009/05/0083; 23.8.2012, 2011/05/0083.
220 VwGH 24.1.2013, 2011/06/0070; zu den schalltechnischen Grundlagen *Illedits/ Illedits-Lohr*, Nachbarrecht³ 433 ff; zu den Sachverständigen siehe § 17 Rz 3 ff.
221 VwGH 3.7.2001, 99/05/0283.
222 VwGH 24.10.1979, 0637/79; 24.10.1985, 85/06/0100; 19.9.1995, 95/05/0140; VwSlg 15.211 A/1999; 3.7.2001, 99/05/0283; 27.1.2004, 2001/05/1125; 12.10.2007, 2005/05/0141; 20.11.2007, 2005/05/0251; 15.3.2012, 2010/06/0098; 16.5.2013, 2011/06/0116; hingegen besteht kein subjektiv-öffentliches Recht, dass die Wasserversorgung und die Abwasserbeseitigung gemäß § 17 Abs 2 sichergestellt ist, siehe § 23 Rz 49.
223 VwGH 20.7.2004, 2001/05/1083.

40 Beurteilungsmaßstab sind die Immissionen an der Grundstücksgrenze.[224] Der Anrainer hat aber Immissionen, die sich im Rahmen des in einer Widmungskategorie üblichen Ausmaßes halten, hinzunehmen.[225] So sind insbesondere die von Wohnhausanlagen[226] typischerweise ausgehenden Immissionen, zB von Pflichtstellplätzen,[227] Aufzugsanlagen,[228] Heizungsanlagen[229] oder Abfallplätzen,[230] grundsätzlich als im Rahmen der Widmung Wohngebiet zulässig anzusehen, sofern nicht besondere Umstände vorliegen, die eine andere Beurteilung geboten erscheinen lassen. Gleiches gilt für ein gewisses Maß an Geruchsbelästigung zB durch eine Lagerstätte in der Widmungskategorie Dorfgebiet[231] oder für Immissionen einer Bäckereiverkaufsstelle inklusive Cafe mit Öffnungszeiten von 6 Uhr morgens bis 2 Uhr früh in der Widmungskategorie Geschäftsgebiet.[232] Der Anrainer muss hingegen keine Belästigungen hinnehmen, welche über dem Rahmen des sonst üblichen Ausmaßes, welches je nach der Umgebung der Örtlichkeit verschieden sein kann,[233] liegen. Maßstab ist die Gesamtimmissionsbelastung, das ist die Summe aus Ist-Maß (Summe der vorhandenen Grundbelastung) und Prognosemaß (aus dem Vorhaben hervorgehende Zusatzbelastung). „Belästigungen übersteigen aber jedenfalls nicht das örtliche Ausmaß, wenn die Überschreitung des Ist-Maßes geringfügig ist, der Charakter des Gebietes durch diese Überschreitung nicht verändert wird und das medizinisch vertretbare Beurteilungsmaß eingehalten wird."[234] Wird zB das Ist-Maß von Lärmimmissionen durch das Vorhaben nicht erhöht, bedarf es auch keiner Auseinandersetzung mit der Frage einer Lärmdämmung.[235] Einwendungen können nur gegen

---

224 VwGH VwSlg 16.362 A/2004; 24.1.2013, 2011/06/0070.
225 VwGH 23.2.1999, 97/05/0269; 9.11.1999, 95/05/0268; 26.4.2000, 99/05/0289; VwSlg 16.216 A/2003; 18.3.2004, 2001/05/1102; 20.7.2004, 2001/05/1083; 28.10.2008, 2008/05/0032; 15.12.2009, 2009/05/0213; 21.12.2010, 2009/05/0143; vgl zu landwirtschaftlichen Kompostieranlagen *Wessely*, bbl 1999, 222 ff.
226 VwGH 15.6.1999, 99/05/0048.
227 VwGH 1.4.2008, 2008/06/0009; 20.9.2012, 2012/06/0084; *Hauer*, Nachbar[6] 376 f.
228 VwGH 24.6.2014, 2013/05/0168.
229 VwGH 28.2.2008, 2007/06/0265.
230 VwGH 10.9.2008, 2007/05/0302.
231 VwGH 23.11.2009, 2008/05/0111.
232 VwGH 20.7.2004, 2001/05/1083.
233 VwGH 20.4.2001, 98/05/0198.
234 VwGH 17.6.2003, 2002/05/1073; 19.9.2006, 2005/05/0107.
235 VwGH 11.1.2012, 2010/06/0071.

Immissionen, die vom geplanten Vorhaben ausgehen, erhoben werden, nicht gegen Immissionen der Bauausführung.[236]

Gemäß § 23 Abs 3a zählen zu den unzumutbaren oder das ortsübliche **41** Ausmaß übersteigenden Belästigungen insbesondere nicht Geräuscheinwirkungen von Kinderspielplätzen, Kinderbetreuungseinrichtungen und Schulen für Schulpflichtige.[237] Dh hinsichtlich Lärmimmission besteht für die Anrainer in diesen Fällen kein subjektiv-öffentliches Recht. Der Gesetzgeber will durch die Verwendung des Wortes „insbesondere" auch andere bauliche Anlagen priviligieren.[238] Welche dies sein könnten, bleibt allerdings unklar. Aus den Materialien kann aber abgeleitet werden, dass dies nur bauliche Anlagen sein können, die in erster Linie von Kindern genutzt werden.[239] Schon vor dieser ausdrücklichen Normierung wurde vom VwGH für Kindergärten und -spielplätzen festgehalten, dass insbesondere von entsprechenden Einrichtungen in Wohnhausanlagen typischerweise ausgehenden Immissionen, als im Rahmen der Widmung Wohngebiet zulässig anzusehen sind, sofern nicht besondere Umstände vorliegen, die eine andere Beurteilung geboten erscheinen lassen.[240] § 23 Abs 3a geht aber darüber hinaus, indem diese Immissionen als jedenfalls zumutbar und ortsüblich angesehen werden. Die konkreten Auswirkungen sind allerdings gering. Denn soweit ersichtlich gibt es keine Beispiele in der Judikatur des VwGH, in der solch besondere Umstände vorlagen, dass von Kindergärten und -spielplätzen ausgehende Immissionen als unzulässig anzusehen waren. Dies verwundert nicht, werden diese Immissionen doch nur zu eingeschränkten Zeiten und zB kaum in den Nachtstunden auftreten.[241] Letzteres ist auch vor dem verfassungsrechtlichen Hintergrund von Bedeutung. Es besteht zwar keine Verfassungsnorm, die Parteirechte in einem Verfahren überhaupt oder in einen bestimmten Umfang garantiert, – den Umfang der Parteirechte in einem Verwaltungsverfahren bestimmt der einfache Gesetzgeber – das einfache Ge-

---

236 VwGH 7.9.2004, 2004/05/0139.
237 Vgl § 13 Abs 12 Stmk. BauG.
238 Dass sich das Wort „insbesondere" auf die baulichen Anlagen bezieht und nicht auf die Art der Einwirkungen, kann aus dem Materialien abgeleitet werden ErlRV 01-VD-LG-1641/12-2015, 3; im Ergebnis auch *Wagner*, RFG 2016, 44.
239 ErlRV 01-VD-LG-1641/12-2015, 3.
240 VwGH 27.4.1999, 99/05/0006; 15.6.1999, 99/05/0048; VwSlg 18.262 A/2011.
241 Dies zum Unterschied zu Lärmbelästigungen zB von Gastgärten, vgl VfGH VfSlg 19.875/2014.

setz muss aber dem Gleichheitssatz entsprechen.[242] Sollte – im Gegensatz zur bisherigen Erfahrung und der daraus resultierenden Durchschnittsbetrachtung des Gesetzgebers – dennoch ein Fall mit solch besonderen Umständen vorliegen, wäre dies meiner Ansicht nach aber ein hinzunehmender „Härtefälle",[243] der zu keiner Verfassungswidrigkeit der Bestimmung führt. Denn dem Gesetzgeber ist es nicht verwehrt, seine politische Zielvorstellung einer „kinderfreundlichen Gesellschaft"[244] auf die ihm geeignet erscheinende Art zu verfolgen.[245]

42 Für den Anrainer besteht kein subjektiv-öffentliches Recht, dass sich die Verkehrsverhältnisse auf öffentlichen Verkehrsflächen nicht ändern.[246] Handelt es sich aber um einen Privatweg, können gegen die daraus resultierenden Immissionen sehr wohl Einwendungen erhoben werden, sofern der Privatweg als Teil des Vorhabens gilt. Es sind in solchen Fällen zB bei der Beurteilung der Auswirkungen eines Parkplatzes auch jene Lärmimmissionen, die von der Zu- und Abfahrt zwischen dem Parkplatz und der öffentlichen Verkehrsfläche herrühren, zu berücksichtigen.[247]

11. Weitere subjektiv-öffentlichen Einwendungen

43 § 23 Abs 3 enthält eine demonstrative Aufzählung der Einwendungen, die den Anrainern zustehen.[248] Grundlage für weitere mögliche Einwendungen ist, dass es sich um subjektiv-öffentliche Einwendungen handelt, die durch die Bestimmungen der K-BO 1996, der K-BV, des Flächenwidmungsplanes oder des Bebauungsplanes eingeräumt werden, welche nicht nur dem öffentlichen Interesse, sondern auch dem Schutz der Anrainer dienen.[249] Daneben stehen dem Anrainer aber auch Parteienrechte zu, die

---

242 VfGH VfSlg 8279/1978; VfSlg 10.844/1986; VfSlg 15.581/1999; VfSlg 16.981/2003; VfSlg 17.593/2005; 19.2.2016, E 2567/2015; *Wagner*, bbl 1999, 132 f; *Giese*, bbl 2003, 59 f; *Pabel*, RFG 2005, 185 ff; *Giese*, Baurecht § 7 Baupolizeigesetz Anm 14; *Hauer*, Nachbar[6] 82 f; kritisch zum gewerblichen Betriebsanlagenrecht *Raschauer B*, ZfV 1999, 510 ff.
243 Siehe VfGH VfSlg 19.031/2010.
244 ErlRV 01-VD-LG-1641/12-2015, 3.
245 Vgl VfGH VfSlg 16.176/2001; VfSlg 16.504/2002; aA *Wagner*. RFG 2016, 46.
246 Siehe § 23 Rz 49.
247 VwGH 27.8.2013, 2012/06/0148; dies gilt nicht, wenn der Privatweg nicht als Teil des Vorhabens gilt, VwGH 17.12.2009, 2009/06/0094.
248 VwGH 15.3.2012, 2010/06/0098.
249 VwGH 15.6.1999, 99/05/0048.

sich allgemein aus dem AVG ergeben.[250] In diesem Sinne hat insbesondere die Judikatur weitere Einwendungsmöglichkeiten konkretisiert.

Kein subjektiv-öffentliches Recht besteht grundsätzlich hinsichtlich der Frage, ob die mechanische Festigkeit und Standsicherheit des Vorhabens gegeben ist.[251] Allerdings kann meiner Ansicht nach der Anrainer insofern subjektiv-öffentliche Einwendungen erheben, als § 11 Abs 2 lit b K-BV durch den Verweis auf § 1 K-BV auch seine Interessen schützt.[252] Sofern durch eine Auflage gemäß § 18 subjektiv-öffentliche Rechte der Anrainer geschützt werden sollen, verletzt die mangelnde Bestimmtheit der Auflagen und die daraus resultierende Unmöglichkeit einer genauen Prüfung der Einhaltung subjektiv-öffentliche Rechte der Anrainer.[253] Weiters kann der Anrainer im Rahmen seines Mitspracherechtes die Frage der Zuständigkeit der vollziehenden Behörden aufwerfen,[254] zB ob eine Umweltverträglichkeitsprüfung durch die Landesregierung im Rahmen eines konzentrierten Verfahrens nach den Bestimmungen des UVP-G 2000 durchzuführen ist.[255] Es besteht auch ein subjektiv-öffentliches Recht, dass die Baubewilligung nur auf Grund geltender baurechtlicher Bestimmungen erteilt wird[256] sowie zur Frage, ob eine Baubewilligung, die die Grundlage für eine beantragte Änderung der Baubewilligung ist, überhaupt noch aufrecht ist.[257]

44

Der Anrainer hat ein subjektiv-öffentliches Recht, dass ein bereits rechtskräftig versagtes Vorhaben nicht neuerlich zum Gegenstand eines Verfahrens zur Erteilung der Baubewilligung gemacht wird, dh wegen

45

---

250 VwGH 30.1.2014, 2010/05/0154.
251 Vgl VwGH 30.1.2014, 2012/05/0177.
252 Siehe zu den Einwendungen der Gesundheit und des Schallschutzes auf Grundlage von § 1 Abs 2 K-BV § 23 Rz 36 und 38; siehe auch *Giese*, bbl 2003, 56 ff; *Hauer*, Nachbar[6] 450 f.
253 VwGH VwSlg 12.422 A/1987.
254 VwGH VwSlg 16.654 A/2005.
255 VwGH VwSlg 16.654 A/2005; 27.9.2005, 2004/06/0030; VwSlg 17.520 A/2008; *Pabel*, RFG 2007, 42 f; bislang hingegen nicht ob ein Feststellungsbescheid nach § 3 Abs 7 UVP-G 2000 rechtmäßig erteilt wurde oder eine Einzelfallprüfung nach § 3 Abs 2 UVP-G 2000 durchzuführen ist; siehe aber nunmehr in Abweichung davon EuGH 16.5.2015, C-570/13; VwGH 22.6.2015, 2015/04/0002 = RdU 2015/133 (*Goby*); 4.8.2015, Ro 2014/06/0058.
256 VwGH 1.10.1974, 0639/74.
257 VwGH 30.1.2014, 2010/05/0154.

entschiedener Sache gemäß § 68 Abs 1 AVG zurückgewiesen wird.[258] Auf die Unteilbarkeit von einheitlichen Vorhaben[259] besitzt der Anrainer insoweit einen Rechtsanspruch, als damit eine Beeinträchtigung seiner subjektiv-öffentlichen Rechte in Betracht kommt.[260] Für den Anrainer besteht zwar grundsätzlich kein subjektiv-öffentliches Recht, dass dem Antrag auf Baubewilligung alle Belege im Sinne von § 10 bis § 12 beigefügt wurden, er hat aber sehr wohl ein subjektiv-öffentliches Recht, dass die Belege jene Informationen bieten, die er zur Wahrung seiner Rechte benötigt.[261]

46 Der Anrainer hat ein subjektiv-öffentliches Recht auf Beachtung der Rechtsanschauung der Aufsichtsbehörde.[262] Der VwGH ging im Rahmen des Vorstellungsverfahrens davon aus, dass sofern der Baubewilligungsbescheid der obersten Gemeindebehörde durch die Aufsichtsbehörde aufgehoben wird, die Gemeinde, aber auch die anderen Parteien des Verfahrens, an die die Aufhebung tragenden Gründe des in Rechtskraft erwachsenen Vorstellungsbescheides gebunden sind, gleichbleibende Sach- und Rechtslage vorausgesetzt.[263] Mit Einführung der Verwaltungsgerichtsbarkeit entfiel zwar das Aufsichtsmittel der Vorstellung, doch obliegt gemäß § 52 Abs 2 den Bezirkshauptmannschaften weiterhin die Aufhebung der nach der K-BO 1996 mit Nichtigkeit bedrohten Bescheide aus dem eigenen Wirkungsbereich der Gemeinde.[264] Auch in diesen Fällen hat meiner Ansicht nach der Anrainer ein subjektiv-öffentliches Recht auf Beachtung der Rechtsanschauung der Aufsichtsbehörde.

47 Der Anrainer hat ein subjektiv-öffentliches Recht auf Beachtung der Rechtsanschauung des VwGH gemäß § 63 Abs 1 VwGG.[265] Tritt allerdings nach einem aufhebenden Erkenntnis des VwGH eine für den betreffenden Fall maßgebliche Änderung der Rechtslage ein, „so hat die Behörde, sofern für sie die Sach- und Rechtslage im Zeitpunkt ihrer Entscheidung maßgeblich ist, auf der Grundlage der nunmehr für ihre

---

258 VwGH VwSlg 9775 A/1979; 25.4.1989, 88/05/0248; 30.5.1995, 95/05/0049; 22.5.2001, 2001/05/0075; *Hauer*, Nachbar[6] 434 f; siehe auch § 9 Rz 13.
259 Siehe § 17 Rz 23.
260 VwGH 10.12.1991, 91/05/0149.
261 VwGH 29.11.1994, 94/05/0205; 15.6.1999, 95/05/0304; 30.9.2015, 2013/06/0245.
262 VwGH 10.9.1974, 0737/74; *Hauer*, Nachbar[6] 439 f.
263 Siehe zuletzt VwGH 15.5.2014, 2011/05/0125.
264 Siehe § 52 Rz 9 f.
265 VwGH 30.1.2014, 2010/05/0154; *Hauer*, Nachbar[6] 440 f.

Entscheidung maßgeblichen Normen zu entscheiden."[266] Auch auf die Beachtung der Rechtsanschauung des VfGH hat der Anrainer gemäß § 87 Abs 2 VfGG ein subjektiv-öffentliches Recht.[267] Gleiches gilt für die Rechtsanschauung des LVwG Kärnten gemäß § 28 Abs 5 VwGVG gelten.[268]

12. Strittiger Grenzverlauf

Regelmäßig wird von Anrainern vorgebracht, dass das Vorhaben auch Grundstücke des Anrainers beanspruche. Insofern der Grenzverlauf für die Entscheidung über den Antrag auf Erteilung der Baubewilligung rechtlich erheblich ist[269] (so ist zB gemäß § 10 Abs 1 lit b[270] ein Beleg über die Zustimmung des Grundeigentümers beizubringen), handelt es sich bei der Frage eines strittigen Grenzverlaufes um eine Vorfrage gemäß § 38 AVG, die die Behörde zu klären hat.[271] Ein Rechtsanspruch auf Aussetzung des Baubewilligungsverfahrens zur Klärung der Frage hinsichtlich einer strittigen Grundstücksgrenze besteht aber nicht.[272]

48

13. Keine subjektiv-öffentlichen Rechte

Der Anrainer hat kein subjektiv-öffentliches Recht[273] hinsichtlich der Fragen, ob

49

– ein Baubewilligungsverfahren eingeleitet wird,[274]

---

266 VwGH 20.1.1998, 96/05/0272.
267 VwGH 30.1.2014, 2010/05/0154; *Hauer*, Nachbar[6] 440.
268 Vgl VwGH 29.7.2015, Ra 2015/07/0034; 17.11.2015, Ra 2015/22/0076.
269 Ein abstraktes Recht auf Feststellung des Grenzverlaufes besteht nicht VwGH 22.12.2010, 2010/06/0208.
270 Siehe § 10 Rz 5.
271 VwGH 25.4.1995, 94/05/0241; 15.12.2009, 2008/05/0143; 27.1.2004, 2002/05/0769; 10.12.2013, 2010/05/0207; siehe auch *Hauer*, ÖGZ 1976, 578; *ders*, OIZ 1982, 71 ff; *Hengstschläger/Leeb*, AVG[2] § 38 Rz 4 mwN; sofern ein Grundstück im Grenzkataster enthalten ist, ist gemäß § 8 Z 1 VermG ein verbindlicher Nachweis für die darin enthaltenen Grundstücksgrenzen gegeben, VwGH 15.5.2014, 2012/05/0164.
272 VwGH 15.12.2009, 2008/05/0143.
273 Zum Ganzen auch *Hauer*, Nachbar[6] 442 ff.
274 VwGH 20.9.1988, 88/05/0182; 25.10.1988, 88/05/0131.

– ein Vorprüfungsverfahren durchgeführt wird bzw im Vorprüfungsverfahren,[275]

– der Bewilligungswerber Eigentümer des Baugrundstückes ist,[276]

– sämtliche Eigentümer (Miteigentümer) eines von der Bauführung betroffenen Grundstückes ihre Zustimmung zur Stellung des Bauansuchens erteilt haben,[277]

– die Eigentumsverhältnisse am Baugrundstück geklärt sind,[278]

– die Planunterlagen vom Ersteller und dem Bewilligungswerber unterfertigt sind,[279]

– dem Antrag auf Baubewilligung alle Belege im Sinne der §§ 10 bis 12 beigefügt wurden, vorausgesetzt die Belege bieten jene Informationen, die der Anrainer zur Verfolgung seiner Rechte benötigt,[280]

– das Vorhaben den Voraussetzungen des § 17 Abs 1 entspricht,[281]

– sich die Verkehrsverhältnisse – einschließlich Immissionen – auf öffentlichen Verkehrsflächen ändern,[282]

---

[275] VwGH 24.10.1979, 0637/79; 30.10.1980, 3424/78; 26.5.1983, 2538/80; VwSlg 12.422 A/1987; 30.1.1990, 89/05/0128; 18.9.1990, 90/05/0041; 17.9.1991, 91/05/0151; 15.9.1992, 92/05/0056; 24.2.1998, 97/05/0307; 19.12.2000, 98/05/0220.

[276] VwGH 12.6.2012, 2009/05/0101; *Hauer*, Nachbar[6] 445 f.

[277] VwGH 19.12.2000, 98/05/0220; *Hauer*, Nachbar[6] 445 f.

[278] VwGH 14.4.2016, 2013/06/0008 Rz 27; siehe zum strittigen Grenzverlauf § 23 Rz 48.

[279] VwGH 27.2.2006, 2004/05/0006; *Hauer*, Nachbar[6] 446 f.

[280] VwGH VwSlg 8579 A/1974; 26.5.1983, 83/06/0055; 17.3.1987, 87/05/0041; 29.11.1994, 94/05/0205; 28.9.1999, 99/05/0177; 19.3.2002, 2001/05/0210; 10.9.2008, 2006/05/0126; 12.10.2010, 2009/05/0229; *Hauer*, Nachbar[6] 446 f; dies gilt auch für die Anforderungen an Planunterlagen, vgl VwGH 14.9.1976, 1299/76.

[281] VwGH VwSlg 12.448 A/1987; 19.5.1998, 98/05/0031.

[282] VwGH 14.4.1987, 87/05/0049; 18.6.1991, 90/05/0193; 17.9.1991, 91/05/0151; 14.12.1993, 93/05/0224; 15.2.1994, 93/05/0225; 23.3.1999, 95/05/0001; 19.9.2006, 2005/05/0107; 21.3.2013, 2013/06/0024; 16.5.2013, 2011/06/0116; 30.6.2015, Ro 2014/06/0054; 11.3.2016, 2013/06/0154 Rz 18; 14.4.2016, 2013/06/0008 Rz 31; *Hauer*, Nachbar[6] 444 f; siehe für Privatwege § 23 Rz 42.

- das Vorhaben den Bestimmungen des Orts- und Landschaftsbildschutzes entspricht,[283]
- eine Verbindung zu einer öffentlichen Fahrstraße bzw einer Zufahrt,[284] die Wasserversorgung[285] und die Abwasserbeseitigung[286] gemäß § 17 Abs 2 sichergestellt sind,
- ein Wechsel des Bewilligungswerbers gemäß § 17 Abs 5 möglich ist,[287]
- eine Auspflockung gemäß § 16 Abs 3 erfolgt ist,[288]
- das Grundstück im Hinblick auf die Bodenbeschaffenheit, die Grundwasserverhältnisse oder wegen der Gefährdung durch Hoch-

---

[283] VwGH 21.1.1975, 1187/74; 26.5.1983, 83/06/0055; 14.4.1987, 87/05/0049; VwSlg 12.448 A/1987; 18.6.1991, 90/05/0193; 17.9.1991, 91/05/0151; 10.12.1991, 91/05/0062; 3.9.1999, 98/05/0063; 24.4.2007, 2004/05/0219; VwSlg 17.198 A/2007; 27.5.2009, 2008/05/0007; 23.11.2009, 2008/05/0111; VwSlg 18.280 A/2011; 15.5 2012, 2009/05/0039; 19.3.2015, 2013/06/0192; 14.4.2016, 2013/06/0008 Rz 31; daran ändert meiner Ansicht nach auch VfGH 18.6.2014, B 683/2012, nichts, da Einwendungen ausdrücklich nur auf die Bestimmungen der K-BO 1996, der K-BV, des Flächenwidmungsplanes oder des Bebauungsplanes gestützt werden können, also nicht auf Bestimmungen des K-OBG; siehe aber das subjektiv-öffentliche Recht, dass eine Verringerung der Tiefe von Abstandsflächen nur dann vorgenommen wird, wenn ein den öffentlichen Interessen am Schutz des Ortsbildes zumindest in gleicher Weise wie bisher entsprechender Zustand beibehalten wird, siehe § 23 Rz 33; *Hauer*, Nachbar[6] 443 f.

[284] VwGH 19.11.1981, 0640/80; 26.5.1983, 83/06/0055; 16.9.1997, 94/05/0230; 24.11.1998, 98/05/0203; 23.2.1999, 96/05/0141; 19.9.2006, 2005/05/0147; 22.2.2012, 2010/06/0092; 15.3.2012, 2010/06/0098; 31.5.2012, 2012/06/0081; 20.6.2013, 2012/06/0138; 30.6.2015, Ro 2014/06/0054; 11.3.2016, Ra 2015/06/0013.

[285] VwGH VwSlg 9007 A/1976; 26.5.1983, 83/06/0055; 15.9.1983, 2367/80; 23.2.1989, 83/06/0260; VwSlg 13.199 A/1990; 24.11.1998, 98/05/0203; 18.3.2004, 2001/05/1102; 16.9.2009, 2008/05/0204; 3.5.2012, 2010/06/0156; 7.11.2013, 2013/06/0162; 14.4.2016, 2013/06/0008 Rz 31; *Hauer*, Nachbar[6] 449 f.

[286] VwGH VwSlg 8481 A/1973; VwSlg 9007 A/1976; 24.10.1979, 0637/79; 15.4.1982, 82/06/0021; 26.5.1983, 83/06/0055; 26.5.1983, 83/06/0055; 24.10.1985, 85/06/0100; 23.2.1989, 83/06/0260; VwSlg 13.199 A/1990; 10.12.1991, 91/05/0062; 29.11.1994, 94/05/0205; 24.11.1998, 98/05/0203; 18.3.2004, 2001/05/1102; 16.9.2009, 2008/05/0204; 3.5.2012, 2010/06/0156; 14.4.2016, 2013/06/0008 Rz 31; auch in Bezug auf eine Verunreinigung des Grundwassers VwGH 24.11.1987, 87/05/0111; siehe aber das subjektiv-öffentliche Recht gemäß § 26 K-BO 1996 iVm § 20 Abs 2 K-BV auf belästigungsfreie Art der Abwasserbeseitigung § 23 Rz 39; *Hauer*, Nachbar[6] 449 f.

[287] VwGH 21.2.2014, 2012/06/0193.

[288] VwGH 23.11.2009, 2008/05/0173; missverständlich *Pallitsch/Pallitsch/Kleewein*, Baurecht[5] § 16 Anm 10.

wässer, Lawinen, Steinschlag, oder wegen ähnlicher Gefahren für eine Bebauung gemäß § 3 K-BV geeignet ist,[289]
- Stellplätze und Garagen geschaffen werden müssen und in welcher Anzahl,[290]
- die Auflagen nach § 18 Abs 5 eingehalten werden, zB betreffend Kinderspielplätzen[291] oder Wasserableitungen,[292]
- Auflagen nach § 18 Abs 7 erteilt werden,[293]
- eine Baueinstellung gemäß § 35 von Amts wegen erfolgt,[294]
- eine Verfügung zur Ausführung gemäß § 37 erfolgt,[295]
- Abstellplätze für Kinderwagen, Fahrräder usw vorgesehen sind,[296]
- das Vorhaben den Bestimmungen zum Schutz der Benutzer des Vorhabens entspricht,[297]
- das Vorhaben ausreichend Erholungsraum für Sommergäste bietet,[298]
- eine Zufahrts- oder Einsatzmöglichkeit der Feuerwehr gegeben und ausreichend Löschwasser vorhandenen ist,[299] durch Anschüttungen Immissionen ausgehen,[300]
- das Vorhaben wirtschaftlich oder unwirtschaftlich ist,[301]

---

[289] VwGH 30.10.1980, 3424/78; 26.5.1983, 83/06/0055; 28.9.1999, 99/05/0177; 16.9.2003, 2002/05/0729; 9.11.2004, 2002/05/1032; 19.12.2012, 2011/06/0009; 14.5.2014, Ro 2014/06/0011; 22.12.2015, 2013/06/0147; *Hauer*, Nachbar⁶ 448 f.

[290] VwGH 26.5.1983, 83/06/0055; 17.12.1987, 84/06/0102; 18.6.1991, 90/05/0193; 15.9.1992, 92/05/0056; 27.1.2004, 2001/05/1125; VwSlg 17.520 A/2008; 21.2.2014, 2012/06/0193; 30.6.2015, Ro 2014/06/0054; *Hauer*, Nachbar⁶ 447 f.

[291] VwGH 27.4.1999, 99/05/0006.

[292] VwGH 25.3.1997, 96/05/0278.

[293] VwGH 19.5.1998, 98/05/0031.

[294] VwGH 24.8.2011, 2011/06/0115; vgl auch VwGH 28.2.1985, 85/06/0001; siehe aber das Antragsrecht auf behördliche Maßnahmen gemäß § 34 Abs 3 und 4, § 34 Rz 5 f.

[295] VwGH 19.6.1986, 86/06/0053; VwSlg 14.772 A/1997.

[296] VwGH 29.11.1994, 94/05/0205.

[297] VwGH 23.2.1999, 98/05/0192.

[298] VwGH VwSlg 8481 A/1973.

[299] VwGH 15.6.1999, 98/05/0052; 19.12.2000, 98/05/0220; 3.7.2001, 99/05/0283; 20.11.2007, 2005/05/0251.

[300] VwGH 15.6.1999, 95/05/0236.

[301] VwGH 25.3.1997, 96/05/0278.

5. Abschnitt – Baubewilligung **§ 23**

- für die Verwirklichung des Vorhabens Förderungsmittel zur Verfügung stehen,[302]
- das Vorhaben realisierbar ist,[303]
- die Aussicht für den Anrainer gewahrt bleibt,[304]
- eine optische Beeinträchtigung des Anrainers durch das Vorhaben entritt,[305]
- Beschattungsverhältnisse sich für den Anrainer verschlechtern,[306]
- ein ungehinderter Wasserbezug für den Anrainer möglich sein wird,[307]
- eine Wertminderung der Liegenschaft des Anrainers durch das Vorhaben entsteht[308] oder andere wirtschaftliche Nachteile drohen,[309]
- eine Gefährdung des Anrainergrundstückes in Folge von Naturgewalten zu erwarten ist,[310]
- die Sicherstellung von subjektiv-öffentlichen Rechten durch das eingereichte Vorhaben selbst oder erst durch den Baubewilligungsbescheid im Wege der Erteilung von Auflagen erzielt wird,[311]
- das Grundstück des Anrainers nicht betreten wird,[312]

---

302 VwGH 20.6.2013, 2012/06/0050.
303 VwGH 9.10.2014, 2011/05/0159.
304 VwGH 21.1.1975, 1187/74; 15.2.1977, 2091/76; 17.5.1984, 84/06/0101; 15.6.1999, 99/05/0048; 9.10.2001, 2001/05/0314; 22.12.2015, 2013/06/0147.
305 VwGH 27.1.2016, 2012/05/0210.
306 VwGH 15.2.1977, 2091/76; 12.9.1979, 0575/79; 26.5.1983, 2538/80; 21.11.1985, 85/06/0042; 13.12.1988, 88/05/0140; 26.11.1991, 91/05/0122; 22.12.2015, 2013/06/0147; vgl hinsichtlich nachteiliger Auswirkungen für Photovoltaikanlagen VwGH 25.9.2012, 2010/05/0158; siehe aber hinsichtlich der Wahrung der Abstände von der Grundstücksgrenze § 23 Rz 33.
307 VwGH 4.7.2000, 2000/05/0058.
308 VwGH 9.10.2001, 2001/05/0314; 6.7.2010, 2008/05/0023; 14.5.2014, Ro 2014/06/0011; 14.4.2016, 2013/06/0008 Rz 32.
309 ZB durch eine Beeinträchtigung der Privatzimmervermietung, VwGH 24.11.1988, 85/06/0160.
310 VwGH 30.9.2015, 2014/06/0001.
311 VwGH 20.11.2007, 2005/05/0251.
312 VwGH 27.5.2009, 2007/05/0069.

– das Vorhaben Bestimmungen aus anderen Rechtsgebieten, zB dem Forstrecht,[313] dem Straßenrecht,[314] dem Wasserecht (zB Beeinträchtigung des Grund- oder Quellwassers[315] oder Schutz vor Hochwasser[316]), dem Naturschutzrecht,[317] dem Viehwirtschaftsrecht,[318] dem Abfallwirtschaftsrecht,[319] dem Arbeitnehmerschutzrecht[320] sowie dem Denkmalschutz[321] entspricht.[322]

Auch ein Anspruch auf bescheidmäßige Feststellung der Baubewilligungspflicht kommt dem Anrainer nicht zu.[323]

50 Kein subjektiv-öffentliches Recht besteht grundsätzlich auch hinsichtlich der Frage, ob die mechanische Festigkeit und Standsicherheit des Vorhabens gegeben ist.[324] Allerdings kann meiner Ansicht nach der Anrainer insofern subjektiv-öffentliche Einwendungen erheben, als § 11 Abs 2 lit b K-BV durch den Verweis auf § 1 K-BV auch seine Interessen schützt.[325] Der Anrainer kann nur seine subjektiv-öffentlichen Rechte geltend machen, nicht die Verletzung subjektiv-öffentlicher Rechte eines anderen Anrainers.[326] Einwendungen können auch nur

---

313 VwGH 21.5.1996, 93/05/0252; auch nicht hinsichtlich Gefahrenzonenpläne betreffend wildbach- und lawinengefährdete Bereiche VwGH 30.10.1980, 3424/78; 9.11.2004, 2002/05/1032; *Khakzadeh*, ZfV 2003, 152; *Rudolf-Miklau*, RdU 2014, 184.
314 VwGH 29.4.1975, 1339/73; 31.1.1995, 92/05/0230.
315 VwGH 24.10.1985, 85/06/0100; 23.1.1986, 84/06/0117; 9.11.2004, 2002/05/1032; 28.4.2006, 2005/05/0296; 12.10.2007, 2005/05/0141; 15.3.2012, 2010/06/0098; siehe aber das subjektiv-öffentliche Recht gemäß § 26 K-BO 1996 iVm § 20 Abs 2 K-BV auf belästigungsfreie Art der Abwasserbeseitigung § 23 Rz 39; *Hauer*, Nachbar⁶ 450.
316 VwGH 9.11.2004, 2002/05/1032; *Kleewein*, RdU 2013, 141.
317 VwGH 7.9.2004, 2004/05/0139; 28.4.2006, 2005/05/0296.
318 VwGH VwSlg 12.422 A/1987.
319 VwGH 23.3.1999, 95/05/0001.
320 *Schwaighofer*, bbl 2006, 185 ff.
321 VwGH 24.2.1998, 97/05/0307.
322 *Kleewein*, Rechtstellung der Nachbarn 59 f.
323 VwGH 25.4.2002, 2000/05/0267; dagegen bestehen auch keine verfassungsrechtlichen Bedenken VfGH VfSlg 9774/1983.
324 Vgl VwGH 30.1.2014, 2012/05/0177.
325 Siehe zu den Einwendungen der Gesundheit und des Schallschutzes auf Grundlage von § 1 Abs 2 K-BV § 23 Rz 36 und 38; siehe auch *Giese*, bbl 2003, 56 ff; *Hauer*, Nachbar⁶ 450 f.
326 VwGH 24.4.2007, 2004/05/0219.

gegen das Vorhaben selbst erhoben werden, nicht gegen die Bauausführung des Vorhabens.[327]

14. Gebäude, die ausschließlich Wohn-, Büro-, und Ordinationszwecken dienen

Die K-BO 1996 enthält ein differenziertes System der Einwendungen[328] **51**
und gibt den Anrainern nur ein beschränktes Mitspracherecht. Gemäß
§ 23 Abs 4 hängt der Umfang des Mitsprachrechts des Anrainers auch
vom Zweck eines Gebäudes[329] ab. So sind Anrainer gemäß § 23 Abs 2 lit a
und b[330] bei einem Vorhaben nach § 6 lit a, b, d und e[331], das sich auf ein
Gebäude bezieht, welches ausschließlich Wohn-, Büro- und Ordinationszwecken dient, nur berechtigt, Einwendungen gemäß § 23 Abs 3 lit b bis
g zu erheben. Einwendungen gestützt auf Bestimmungen über die widmungsgemäße Verwendung des Baugrundstückes, dem Schutz der Gesundheit der Anrainer, dem Immissionsschutz der Anrainer können somit
bei diesen Vorhaben nicht berechtigt erhoben werden. Die K-BO 1996
enthält keine Definitionen der Begriffe „Wohn-, Büro- und Ordinationszwecken". Wohnzwecken dienen Vorhaben, wenn sie dazu bestimmt
sind, privates Leben zu ermöglichen, wenn sie Menschen somit grundsätzlich auf Dauer Aufenthalt und Unterkunft gewähren.[332] Bürozwecken dienen Vorhaben, wenn in ihnen schriftliche oder verwaltungstechnische Arbeiten (zB Verfassen, Lesen von bzw Umgang mit Schriftgut,
Abhaltung von Besprechungen) eines Unternehmens (auch eines Rechtsanwaltes, Steuerberaters, Immobilienmaklers etc), eines Amtes sowie einer sonstigen Organisation erledigt werden. Dazu zählt auch der entsprechende Kundenverkehr, hingegen sind zB Abendveranstaltungen, Sprachkurse, Seminare, Nachhilfe oder Veranstaltungen nicht umfasst.[333]
Ordinationszwecken dienen Vorhaben, wenn sie der ärztlichen (auch

---

327 VwGH 19.9.1995, 95/05/0133; 24.2.1998, 97/05/0307; 28.9.1999, 99/05/0177; 7.9.2004, 2004/05/0139; *Hauer*, Nachbar[6] 451.
328 ErlRV 01-VD-LG-1369/4-2012, 11.
329 Siehe § 6 Rz 4.
330 Siehe § 23 Rz 10 ff.
331 Siehe § 6 Rz 7 ff.
332 Vgl die Definitionen in VwGH 25.6.2014, 2010/13/0119 und OGH 19.3.1992, 7 Ob 542/92.
333 VwGH VwSlg 17.753 A/2009; 22.2.2012, 2011/06/0210.

tierärztlichen) Berufsausübung dienen,[334] dh dem Gespräch, der Untersuchung sowie der Therapie eines Patienten, inklusive der notwendigen Büroinfrastruktur. Meiner Ansicht nach sind – auf Grund vergleichbar geringer Auswirkungen auf Anrainer – in einem weiteren Begriffsverständnis auch Praxen anderer Heilberufe umfasst, zB ergotherapeutische, krankengymnastische oder logotherapeutische Praxen. Zu betonen ist, dass nur Vorhaben, die ausschließlich diesen Zwecken dienen, einschließlich der zur Nutzung des Gebäudes erforderlichen baulichen Anlagen, zB Kinderspielplätze, Garagen oder Abfallsammelstellen, von § 23 Abs 4 umfasst sind. Dient das Vorhaben auch anderen Zwecken, erfolgt keine Einschränkung auf Einwendungen gemäß § 23 Abs 3 lit b bis g. Diese Einschränkung der Mitspracherechte der Anrainer begegnet meiner Ansicht nach keinen verfassungsrechtlichen Bedenken, denn es besteht keine Verfassungsnorm, die Parteirechte in einem Verfahren überhaupt oder in einen bestimmten Umfang garantiert, den Umfang der Parteirechte in einem Verwaltungsverfahren bestimmt der einfache Gesetzgeber.[335] Da bei Gebäuden, die Wohn-, Büro- oder Ordinationszwecken dienen, Immissionen und eine Gesundheitsgefährdung der Anrainer regelmäßig nicht zu fürchten sind,[336] entspricht die Bestimmung auch dem Gleichheitssatz. So hat der Anrainer generell Immissionen, die sich im Rahmen des in einer Widmungskategorie üblichen Ausmaßes halten, hinzunehmen.[337]

15. Vorhaben, die auch einer gewerbebehördlichen Genehmigung bedürfen

52 Der VwGH geht in ständiger Rechtsprechung davon aus,[338] dass als Maßstab des Baubewilligungsverfahrens die Betriebstype zu dienen

---

334 Vgl Duden Deutsches Universalwörterbuch[6].
335 VfGH VfSlg 8279/1978; VfSlg 10.844/1986; VfSlg 15.581/1999; VfSlg 16.981/2003; VfSlg 17.593/2005; 19.2.2016, E 2567/2015; *Wagner*, bbl 1999, 132 f; *Giese*, bbl 2003, 59 f; *Pabel*, RFG 2005, 185 ff; *Giese*, Baurecht § 7 Baupolizeigesetz Anm 14; *Hauer*, Nachbar[6] 82 f; kritisch zum gewerblichen Betriebsanlagenrecht *Raschauer B*, ZfV 1999, 510 ff.
336 ErlRV 01-VD-LG-1369/4-2012, 11.
337 VwGH 23.2.1999, 97/05/0269; 9.11.1999, 95/05/0268; VwSlg 16.216 A/2003; 18.3.2004, 2001/05/1102; 20.7.2004, 2001/05/1083; 28.10.2008, 2008/05/0032; 15.12.2009, 2009/05/0213; 21.12.2010, 2009/05/0143; siehe § 23 Rz 40.
338 VwGH 18.3.2004, 2001/05/1102; 20.7.2004, 2001/05/1083; 15.12.2009, 2009/05/0213; 21.12.2010, 2009/05/0143; 31.1.2012, 2009/05/0114; *Hauer*, Nachbar[6] 389; *Grabler/Stolzlechner/Wendl*, GewO[3] § 77 Rz 2 und 37 ff; siehe auch § 23 Rz 29.

hat. Diese ergibt sich aus der Art der in einem solchen Betrieb üblicherweise und aus dem jeweiligen Stand der Technik verwendeten Anlagen und Einrichtungen einschließlich der zum Schutz vor Belästigungen typisch getroffenen Maßnahmen sowie aus Art der dort entsprechend diesen Merkmalen herkömmlicherweise entfalteten Tätigkeit auf das Ausmaß und die Intensität der dadurch verursachten Immissionen. Im Gegensatz dazu sind Maßstab der gewerberechtlichen Betriebsanlagengenehmigung die von einem konkreten Betrieb ausgehenden Emissionen. Nachdem somit bei Vorhaben, die einer gewerbebehördlichen Genehmigung bedürfen, auch im gewerberechtlichen Verfahren Interessen der Anrainer im Rahmen des Immissionsschutzes – wenn auch aus einem anderen Blickwinkel – zu wahren sind, sind nach Vorbild von § 31 Abs 6 Oö. BauO 1994[339] die Mitspracherechte der Anrainer durch § 23 Abs 5 beschränkt. Einwendungen der Anrainer gemäß § 23 Abs 2 lit a und b, mit denen der Schutz der Gesundheit gemäß § 23 Abs 3 lit h oder der Immissionsschutz gemäß § 23 Abs 3 lit i geltend gemacht werden, sind nur soweit berechtigt, als diese Einwendungen die Frage der Zulässigkeit der Betriebstype in der gegebenen Flächenwidmungskatgeorie betreffen.[340] Einwendungen im Hinblick auf die zu erwartenden Immissionsbelastungen sind im Bauverfahren somit nur in einem eingeschränkten Umfang zulässig. Insoweit sie nicht die Frage der Zulässigkeit der Betriebstype in der jeweiligen Flächenwidmungskategorie betreffen, sind sie unzulässig und daher zurückzuweisen. Der darüber hinausgehende Emissionsschutz ist dem gewerberechtlichen Bewilligungsverfahren zugeordnet.[341] Da § 23 Abs 5 nur darauf abstellt, dass das Vorhaben auch einer gewerbebehördlichen Genehmigung „bedarf", ist es nicht notwendig, dass zum Zeitpunkt der Erteilung der Baubewilligung ein (rechtskräftiger) Bewilligungsbescheid der Gewerbebehörde vorliegt oder Identität des Verfahrensgegenstandes im Baubewilligungsverfahren mit einem gleichzeitig durchgeführten gewerberechtlichen Bewilligungsverfahren besteht. Auch inwieweit der Anrainer im gewerbebehördlichen Verfahren Einwendungen erfolgreich erheben kann, ist für das Baubewilligungsverfahren unerheb-

---

339 ErlRV 01-VD-LG-1369/4-2012, 11.
340 Siehe zur Widmungskonformität § 23 Rz 28 f.
341 Vgl die Judikatur zu § 31 Abs 6 Oö. BauO 1994 VwGH 15.12.2009, 2007/05/0192; 12.6.2012, 2009/05/0105; 6.11.2013, 2013/05/0100; 27.8.2014, Ro 2014/05/0037.

lich.[342] Diese Einschränkung der Mitspracherechte der Anrainer begegnet keinen verfassungsrechtlichen Bedenken, denn es besteht keine Verfassungsnorm, die Parteirechte in einem Verfahren überhaupt oder in einen bestimmten Umfang garantiert, den Umfang der Parteirechte in einem Verwaltungsverfahren bestimmt der einfache Gesetzgeber.[343] Da der Anrainer Einwendungen gegen die Immissionen im gewerbebehördlichen Verfahren erheben kann, entspricht die Bestimmung auch dem Gleichheitssatz.[344]

C. Einwendungen der Anrainer gemäß § 23 Abs 2 lit c und d

53 Gemäß § 23 Abs 6 sind Anrainer gemäß § 23 Abs 2 Abs 2 lit c und d nur bei einem Vorhaben nach § 6 lit a und c zu Wohnzwecken auf bisher unbebauten Grundstücken berechtigt, begründete Einwendungen über die widmungsgemäße Verwendung des Baugrundstückes zu erheben. Wie bereits ausgeführt,[345] hat diese Bestimmung ihre Grundlage in der Rechtsprechung des VfGH zur Rechtsfrage der „heranrückenden Wohnbebauung".

54 Umfasst sind nur Vorhaben nach § 6 lit a und c[346] zu Wohnzwecken. Die K-BO 1996 enthält keine Definition des Begriffes „zu Wohnzwecken". Der Gesetzgeber stellt nicht wie in § 7 Abs 1 lit m auf Wohngebäude ab, dh auf Gebäude, die ausschließlich oder zumindest vorwiegend Wohnzwecken dienen,[347] und verwendet auch nicht die nähere Bezeichnung „ausschließlich" des § 23 Abs 4 und des § 24 Satz 1. Da-

---

342 Vgl die Judikatur zu § 31 Abs 6 Oö. BauO 1994 VwGH VwSlg 16.504 A/2004; 12.6.2012, 2009/05/0105; 11.12.2012, 2009/05/0269.
343 VfGH VfSlg 8279/1978; VfSlg 10.844/1986; VfSlg 15.581/1999; VfSlg 16.981/2003; VfSlg 17.593/2005; 19.2.2016, E 2567/2015; *Wagner*, bbl 1999, 132 f; *Giese*, bbl 2003, 59 f; *Pabel*, RFG 2005, 185 ff; *Giese*, Baurecht § 7 Baupolizeigesetz Anm 14; *Hauer*, Nachbar[6] 82 f; kritisch zum gewerblichen Betriebsanlagenrecht *Raschauer B*, ZfV 1999, 510 ff.
344 Der VfGH 18.9.2014, B 1311/2012 Rz 43 f, sah sich bei Anwendung von § 31 Abs 6 Oö. BauO 1994 nicht gezwungen, einen Prüfungsbeschluss gemäß Art 140 Abs 1 B-VG zu fassen.
345 Siehe § 23 Rz 16 f.
346 Siehe dazu § 6 Rz 7 f.
347 VwGH 17.9.1996, 95/05/0243; 30.9.1997, 97/05/0128; VwSlg 16.824 A/2006; siehe auch OIB-Richtlinie Begriffsbestimmungen, abgedruckt unter Punkt 2.1.7; vgl zu einer ähnlichen Auslegung des Begriffes „Fremdenverkehrsgebäude" VwGH 15.5.2012, 2009/05/0077; hingegen auf ausschließlich zu Wohnzwecken dienende Gebäude eingeschränkt VwGH VwSlg 16.016 A/2003.

raus folgt meiner Ansicht nach, dass auch Vorhaben umfasst sind, in denen der Wohnzweck gegenüber anderen Zwecken des Vorhabens eine untergeordnete Rolle spielt. Wohnzwecken dienen Vorhaben, wenn sie dazu bestimmt sind, privates Leben zu ermöglichen, wenn sie Menschen somit grundsätzlich auf Dauer Aufenthalt und Unterkunft gewähren.[348] Die Einschränkung auf Vorhaben zu Wohnzwecken begegnet nach der jüngsten Judikatur des VfGH keinen verfassungsrechtlichen Bedenken. Zwar hat der VfGH auch die geplante Errichtung eines Hotel- und Bürogebäudes[349] und eines Gesundheitspflegeheimes[350] als Probleme einer „heranrückende Wohnbebauung" angesehen. Bei Anwendung der insofern vergleichbaren und sogar engeren Einschränkung des § 31 Abs 5 Oö. BauO auf „Wohngebäude" sah sich der VfGH aber nicht gezwungen, einen Prüfungsbeschluss gemäß Art 140 Abs 1 B-VG zu fassen.[351]

Weiteres Tatbestandsmerkmal ist, dass das Vorhaben auf bisher unbebauten Grundstücken errichtet werden soll. Dies kann sich allerdings grundsätzlich nur auf Vorhaben gemäß § 6 lit a beziehen. Denn bei Vorhaben nach § 6 lit c, dh der Änderung der Verwendung von bestehenden Gebäuden und Gebäudeteilen, könnte dieses Merkmal nicht herangezogen werden, da sonst eine Anwendung dieser Bestimmung auf Vorhaben nach § 6 lit c stets ausgeschlossen wäre.[352] Diese Bestimmung ist aber vor dem Hintergrund zu sehen, dass der Begriff des unbebauten Grundstückes nach der Judikatur des VfGH einer verfassungskonformen Interpretation bedarf. Denn zu der insofern vergleichbaren Bestimmung des § 31 Abs 5 Oö. BauO geht der VfGH davon aus, dass ein unbebautes Grundstück auch dann vorliegt, wenn ein Grundstück bislang mit einem Betriebsgebäude bebaut war und nunmehr ein Vorhaben zu Wohnzwecken auf diesem Grundstück errichtet werden soll. Dh ein Grundstück gilt dann als bisher unbebaut, „wenn es bisher keine in Bezug auf die jeweils relevante Immission empfindliche Bebauung

55

---

348 Vgl die Definitionen in VwGH 25.6.2014, 2010/13/0119 und OGH 19.3.1992, 7 Ob 542/92.
349 VfGH VfSlg 16.934/2003.
350 VfGH VfSlg 17.143/2004.
351 VfGH 18.9.2014, B 917/2012 Rz 15 f, Errichtung eines Ordinations- und Bürohauses.
352 Vgl zur Änderung der Verwendung bei heranrückender Wohnbebauung VfGH 18.9.2014, B 917/2012 Rz 15 f.

aufweist."[353] Dieser Rechtsanschauung folgt auch der VwGH.[354] Daraus folgt, dass die Bestimmung für Vorhaben nach § 6 lit c gilt, sofern ein bisher anders genutztes Gebäude nunmehr zu Wohnzwecken genutzt werden soll.[355]

56 Die Judikatur des VfGH zur „heranrückenden Wohnbebauung" ist zwar Hintergrund des § 23 Abs 6, mögliche Auflagen oder die mögliche Stilllegung sind indes nicht Tatbestandsmerkmal. Dh die Behörde muss im Rahmen der Einwendungen nicht die – zumeist materiell gewerberechtliche – Frage klären, ob der Anlage Auflagen oder die Stilllegung zum Schutz der Anrainer drohen.[356] Auch die tatsächlichen Immissionen der Anlage sind nicht Verfahrensgegenstand.[357] Es wird kein Schutz vor „heranrückender Wohnbebauung" schlechthin gewährt.[358] Der Gesetzgeber hat den Anrainern gemäß § 23 Abs 2 lit c und d vielmehr ein subjektiv-öffentliches Recht auf widmungsgemäße Verwendung des Baugrundstückes eingeräumt. Durch die Einräumung der Parteistellung wird diesen Anrainern letztlich ermöglicht, im Rahmen einer Erkenntnisbeschwerde gemäß Art 144 B-VG[359] die Prüfung der Gesetzmäßigkeit der für das Vorhaben zu Wohnzwecken präjudiziellen Flächenwidmungspläne an den VfGH heranzutragen.[360] Dies steht in einem engen Zusammenhang mit den raumordnungsrechtlichen Vorgaben des K-ROG und des K-GplG 1995.[361] Denn es ist Aufgabe des Raumordnungsrechts, Nutzungskonflikte einer „heranrückenden Wohnbebauung" hintanzuhalten. Ziel der Raumordnung ist gemäß § 2 Abs 1 Z 7 K-ROG ua die Siedlungsstruktur unter Bedachtnahme auf die historisch gewachsene zentralörtliche Gliederung des Landes derart zu entwickeln, dass eine bestmögliche Abstimmung der Standortpla-

---

353 VfGH VfSlg 15.891/2000.
354 VwGH VwSlg 16.653 A/2005; VwSlg 16.655 A/2005.
355 Nicht hingegen die Änderung von Gebäuden und sonstigen baulichen Anlagen nach § 6 lit b, die bereits zu Wohnzwecken genutzt werden, VwGH VwSlg 17.196 A/2007.
356 Vgl ErlRV Verf-135/94/1995, 20.
357 Siehe hingegen § 31 Abs 5 Oö. BauO und § 26 Abs 4 Stmk. BauG.
358 So zur insofern vergleichbaren Rechtslage des § 26 Abs 4 Stmk. BauG VwGH 5.7.2007, 2006/06/0094.
359 Siehe § 3 Rz 45 f.
360 Vgl ErlRV Verf-135/94/1995, 20.
361 Das K-ROG ist einschließlich der Erläuterungen unter Punkt 9 abgedruckt, die K-GplG 1995 einschließlich der Erläuterungen unter Punkt 10.

nung für Wohnen, wirtschaftliche Unternehmen, Dienstleistungs- und Erholungseinrichtungen unter weitestgehender Vermeidung gegenseitiger Beeinträchtigungen erreicht wird. Flächenwidmungspläne dürfen gemäß § 1 Abs 2 K-GplG 1995 nur im Einklang mit ua diesem Ziel und Grundsatz erlassen werden. Die Lage der einzelnen Baugebiete im Bauland sowie die zulässigen Nutzungen innerhalb eines Baugebietes sind gemäß § 3 Abs 3 K-GplG 1995 so aufeinander abzustimmen, dass unter Bedachtnahme auf die örtlichen Gegebenheiten und den Charakter der jeweiligen Art des Baulandes gegenseitige Beeinträchtigungen und örtlich unzumutbare Umweltbelastungen, insbesondere durch Lärm-, Staub- und Geruchsbelästigung, sonstige Luftverunreinigung oder Erschütterung möglichst vermieden werden. Hervorzuheben ist, dass dies auch durch eine entsprechende Gestaltung der Bebauungspläne und Teilbebauungspläne gemäß § 24 und § 25 K-GplG 1995 umzusetzen ist. Zur Sicherstellung eines wirksamen Umweltschutzes sowie der künftigen Entwicklungsmöglichkeiten von gewerblichen, industriellen und landwirtschaftlichen Betrieben dürfen zwischen verschiedenen Baugebieten Schutzstreifen als Immissionsschutz festgelegt werden.[362] Eine Flächenwidmung, die diesen Vorgaben nicht entspricht und aus diesem Grund zu Nutzungskonflikten einer „heranrückenden Wohnbebauung" führt, ist gesetzwidrig.[363] § 23 Abs 6 ermöglicht den Anrainern gemäß § 23 Abs 2 lit c und d dies in einer Erkenntnisbeschwerde gemäß Art 144 B-VG an den VfGH heranzutragen.[364]

Es ist klar zwischen den Einwendungen der Anrainer gemäß § 23 Abs 2 lit a und b und den Einwendungen der Anrainer gemäß § 23 Abs 2 lit c und d zu unterscheiden. Für Rechtsfragen der „heranrückenden Wohnbebauung" enthalten § 23 Abs 2 lit c und d iVm § 23 Abs 6 abschließende Regelungen.[365] Anrainer gemäß § 23 Abs 2 lit c und d können aber – auch wenn es nicht immer der Fall sein wird – gleichzeitig Anrainer gemäß § 23 Abs 2 lit a sein. § 23 Abs 6 stellt klar, dass die Rechte als Anrainer gemäß § 23 Abs 2 lit a unberührt bleiben. Dh eine Person

57

---

362 Siehe zum Ganzen *Pallitsch/Pallitsch/Kleewein*, Baurecht[5] 782 ff.
363 Zu den Auswirkungen für die Erstellung von Raumordnungsplänen *Zauner/Doppler*, RdU-U&T 2012, 22 ff.
364 Zum Ganzen vgl ErlRV Verf-135/94/1995, 20 f.
365 Vgl VfGH VfSlg 17.143/2004.

kann sowohl Anrainer gemäß § 23 Abs 2 lit a als auch Anrainer gemäß § 23 Abs 2 lit c oder d sein und die jeweiligen Einwendungen erheben.[366]

VI. Präklusion

58 Parteien, die rechtzeitig eine gemäß § 41 AVG iVm § 16[367] ordnungsgemäße persönliche Verständigung[368] von der Anberaumung einer mündlichen Bauverhandlung erhalten haben, verlieren ihre Parteistellung gemäß § 42 Abs 1 und 2 AVG, soweit sie nicht spätestens am Tag vor Beginn der Bauverhandlung während der Amtsstunden bei der Behörde oder während der Bauverhandlung zulässige Einwendungen erheben.[369] Der Verfahrensgegenstand muss in der Verständigung mit dem tatsächlich verhandelten Projekt übereinstimmen und die Beteiligten auf Grund der Umschreibung des Verfahrensgegenstandes erkennen können, dass bzw inwieweit ihre Interessen tangiert sein können.[370] Auf die Präklusionsfolgen gemäß § 42 Abs 1 AVG ist in der Verständigung ausdrücklich hinzuweisen.[371] Wurden die Parteien unter Hinweis auf die Präklusionsfolgen zu einer mündlichen Verhandlung geladen, muss der Verhandlungsleiter diese nicht ausdrücklich zur Erhebung von Einwendungen und deren inhaltlicher Ausgestaltung anleiten.[372] Aus welchen Gründen Einwendungen nicht erhoben wurden, ist ohne Bedeutung.[373] Die Präklusion wird auch nicht dadurch ausgeschlossen, dass eine Partei die Erhebung von Einwendungen unter dem Eindruck eines Sachverständigengutachtens unterlässt.[374] Der Verlust der Parteistellung tritt gemäß § 42 Abs 1 AVG bei doppelter Kundmachung der mündlichen Bauverhandlung auch gegenüber nicht persönlich verständigten Parteien ein. Eine doppelte Kundmachung liegt gemäß § 42 Abs 1 AVG vor, sofern erstens die mündliche Bauverhand-

---

366 Zum Ganzen ErlRV 01-VD-LG-1369/4-2012, 11.
367 Siehe § 16 Rz 13 f.
368 VwGH VwSlg 15.950 A/2002; dazu ausführlich *Hengstschläger/Leeb*, AVG² § 41 Rz 1 ff mN.
369 VwGH 20.6.2013, 2012/06/0138; dazu ausführlich *Hengstschläger/Leeb*, AVG² § 42 Rz 22 ff mN; *Berl*, RdU 2012, 185 ff.
370 VwGH 10.9.2008, 2006/05/0126.
371 VwGH 27.4.2011, 2011/06/0020.
372 VwGH 13.9.1984, 84/06/0143; 24.3.1992, 88/05/0135; *Hauer*, Nachbar⁶ 113.
373 VwGH 13.9.1984, 84/06/0143; 24.3.1992, 88/05/0135.
374 VwGH VwSlg 10.621 A/1981.

lung an der Amtstafel der Gemeinde, durch Verlautbarung in der für amtliche Kundmachungen der Behörde bestimmten Zeitung oder durch Verlautbarung im elektronischen Amtsblatt der Behörde kundgemacht wurde, und zweitens zusätzlich die mündliche Bauverhandlung in einer weiteren geeigneten Form kundgemacht wurde. Die Kundmachung im Internet unter der Adresse der Behörde gilt gemäß § 41 Abs 1a AVG als geeignet, wenn sich aus einer dauerhaften Kundmachung an der Amtstafel der Behörde ergibt, dass solche Kundmachungen im Internet erfolgen können und unter welcher Adresse sie erfolgen. Sonstige Formen der Kundmachung sind geeignet, wenn sie sicherstellen, dass die Parteien von der mündlichen Bauverhandlung voraussichtlich Kenntnis erlangen. Da der Kreis der möglichen Anrainer gerade bei größeren Vorhaben, die zB eine entsprechende Höhe oder Immissionen aufweisen, weit gezogen ist,[375] ist eine ordnungsgemäß durchgeführte doppelte Kundmachung der mündlichen Bauverhandlung ein wirksames Instrument übergangene Parteien zu vermeiden. Denn Einwendung können weder nach der mündlichen Bauverhandlung erhoben werden, noch besteht eine Möglichkeit, sich das Recht, Einwendungen zu erheben, vorzubehalten.[376] Sind am Bauverfahren voraussichtlich insgesamt mehr als 100 Personen beteiligt, so kann die Behörde gemäß § 44a AVG den Antrag auf Erteilung der Baubewilligung durch Edikt kundmachen. Dies hat gemäß § 44b AVG zur Folge, dass Parteien ihre Stellung als Partei verlieren, soweit sie nicht rechtzeitig, dh innerhalb der im Edikt kundgemachten Frist, bei der Behörde schriftlich Einwendungen erheben.[377]

Nach ständiger Rechtsprechung des VwGH ist das Mitspracherecht des Anrainers im Baubewilligungsverfahren in zweifacher Hinsicht beschränkt: "Es besteht einerseits nur insoweit, als dem Nachbarn nach den in Betracht kommenden baurechtlichen Vorschriften subjektiv-öffentliche Rechte zukommen,[378] und andererseits nur in jenem Umfang, in dem der Nachbar solche Rechte im Verfahren durch die rechtzeitige Erhebung entsprechender Einwendungen wirksam geltend ge- **59**

---

375 Siehe § 23 Rz 10 f.
376 VwGH 29.8.1995, 94/05/0222.
377 Zu Großverfahren siehe die Kommentierung in *Hengstschläger/Leeb*, AVG² § 44a ff; *Pabel*, RFG 2009, 166 ff.
378 Siehe § 23 Rz 12.

macht hat."³⁷⁹ Dh hat der Anrainer zB nur ein subjektiv-öffentliches Recht gestützt auf die Bebauungsweise vorgebracht, so besteht auch nur insofern eine Parteistellung. Hinsichtlich der nicht vorgebrachten subjektiv-öffentlichen Rechte ist eine Parteistellung nicht mehr gegeben, insoweit tritt Präklusion ein. So ist zB der Anrainer, wenn er nur eine bestimmte Immissionsart vorgebracht hat, für andere Immissionsarten präkludiert.³⁸⁰ Auch hinsichtlich durch den Anrainer zurückgezogener Einwendungen, tritt Präklusion ein.³⁸¹ Hingegen führt die unterlassene Wiederholung von rechtzeitig erhobenen Einwendungen in der Berufung im weiteren Verfahren zu keiner Präklusion.³⁸² Zum Verlust der Parteistellung kommt es, wenn nur unzulässige Einwendungen erhoben werden, insbesondere solche Einwendungen, für welche der Partei im Gesetz kein subjektiv-öffentliches Recht zuerkannt worden ist.³⁸³

60 Wenn das ursprünglich im Antrag zur Erteilung der Baubewilligung durch Pläne und Beschreibungen dargestellte Vorhaben abgeändert wird, tritt unter gewissen Umständen keine Präklusion ein. Daran ändert auch die Anwesenheit des Anrainers bei der mündlichen Bauverhandlung über das abgeänderte Vorhaben nichts, da sich die Rechtsfolge der Präklusion nur auf jenes Vorhaben bezieht, welches Gegenstand der Kundmachung bzw der Verständigung zur mündlichen Bauverhandlung war.³⁸⁴ Einwendungen gegen das abgeänderte Vorhaben können aber nur in jenen Bereichen erhoben werden, die geändert wurden. Wird allerdings das ursprüngliche Vorhaben eingeschränkt, erfolgt die Änderung ausschließlich im Interesse des Anrainers oder ist eine Berührung der subjektiv-öffentlichen Rechte des Anrainers ausgeschlossen bzw tritt offenkundig eine Verbesserung für den Anrainer ein, ist eine bereits früher eingetretene Präklusion weiter als gegeben

---

379 VwGH VwSlg 10.317 A/1980; 19.9.1995, 95/05/0140; zuletzt VwGH 14.5.2014, Ro 2014/06/0011; *Hauer*, Nachbar⁶ 129 ff; *Pallitsch/Pallitsch/Kleewein*, Baurecht⁵ § 23 Anm 2.
380 VwGH 16.5.2013, 2011/06/0217.
381 VwGH 27.3.1984, 05/1222/80.
382 VwGH 15.5.2014, 2011/05/0020.
383 VwGH 27.8.2014, 2012/05/0027.
384 Ist das Vorhaben in der Kundmachung bzw der Verständigung zur mündlichen Bauverhandlung eindeutig umrissen, tritt trotz Fehlen der Bezeichnung eines Grundstückes Präklusion ein, VwGH 11.2.1988, 87/06/0124.

anzunehmen.[385] Das Ganze gilt auch für Abänderungen des ursprünglichen Vorhabens, die aus Auflagen der Behörde gemäß § 18 resultieren.[386] Im Falle einer projektsändernden Auflage gemäß § 18[387] ist der Anrainer durch die wegen Unterlassung von Einwendungen eingetretene Präklusion nicht daran gehindert, eine durch diese projektsändernde Auflage bewirkte Verletzung seiner Rechte geltend zu machen.[388] Eine Abänderung der Zahl der Antragsteller verhindert nicht, dass Präklusion eintritt, da sich die Einwendungen gegen ein Vorhaben richten und nicht gegen Personen.[389]

VII. Übergangene Parteien

Übergangene Parteien liegen insbesondere dann vor, wenn ein Anrainer keine ordnungsgemäße persönliche Verständigung[390] von der Anberaumung einer mündlichen Bauverhandlung gemäß § 41 AVG iVm § 16[391] erhalten hat und keine doppelte Kundmachung der mündlichen Bauverhandlung gemäß § 41 Abs 1 AVG erfolgt ist.[392] In diesen Fällen ist gegenüber dem Anrainer keine Präklusion[393] eingetreten. Wurde ihm aber – obwohl er ja nicht präkludiert ist – der Baubewilligungsbescheid nicht zugestellt, ist er übergangene Partei. Es folgt aus § 42 Abs 2 AVG, dass gegenüber diesem Anrainer der Baubewilligungsbescheid keine Rechtswirkungen entfalten kann. Dieser Anrainer hat somit Ak-

61

---

385 VwGH 19.11.1996, 96/05/0169; 29.4.2008, 2007/05/0313; 23.11.2009, 2008/05/0111.
386 VwGH VwSlg 10.621 A/1981; *Hauer*, Nachbar[6] 136.
387 Siehe § 18 Rz 9 f.
388 VwGH VwSlg 10.621 A/1981.
389 VwGH 18.10.1979, 0709/79.
390 VwGH VwSlg 15.950 A/2002; dazu ausführlich *Hengstschläger/Leeb*, AVG[2] § 41 Rz 1 ff mN.
391 Siehe § 16 Rz 13 f.
392 Da der Kreis der möglichen Anrainer gerade bei größeren Vorhaben, die zB eine entsprechende Höhe oder Immissionen aufweisen, weit gezogen ist, ist eine ordnungsgemäß durchgeführte doppelte Kundmachung der mündlichen Bauverhandlung ein wirksames Instrument übergangene Parteien zu vermeiden; zum Ganzen *Lebesmühlbacher/Weismann*, ZÖR 2013, 767 ff.
393 Siehe dazu § 23 Rz 58 f.

teneinsicht,[394] er kann einen Antrag auf Zustellung des Bescheides stellen[395] und weiterhin – jeweils nach Verfahrensstand durch Berufung oder Beschwerde –[396] Einwendungen gegen das Vorhaben erheben.[397] Auch für diese Anrainer gilt, dass das Mitspracherecht in zweifacher Weise beschränkt ist.[398] Das durchgeführte Baubewilligungsverfahren ist nicht schon deshalb rechtswidrig, weil eine übergangene Partei besteht, sondern die übergangene Partei hat konkrete Einwendungen gegen das bewilligte Vorhaben zu erheben und hat kein grundsätzliches Recht auf Durchführung einer neuen mündlichen Bauverhandlung.[399] Maßgebliche Rechtslage für die Frage, ob dem Anrainer die K-BO 1996 überhaupt Parteistellung einräumt, ist der Erlassungszeitpunkt des letzten an andere Parteien ergangenen Bescheides.[400] Hingegen ist für die Zulässigkeit der Einwendungen – ausgenommen im Verfahren vor dem VfGH und VwGH – die Rechtslage zum Zeitpunkt der nunmehr zu treffenden Entscheidung maßgeblich.[401] Da der Rechtsnachfolger in die Rechtsstellung des Rechtsvorgängers eintritt,[402] kann dieser auch in die Rechtsstellung der übergangenen Partei eintreten.[403] Weil der Baubewilligungsbescheid gegenüber der übergangenen Partei keine Rechtswirkungen entfalten kann, liegt bei zulässigen Einwendungen insofern auch keine rechtskräftige Baubewilligung vor. Daraus folgt aber, dass

---

394 Bereits vor der Erhebung von Einwendungen VwGH 7.6.1971, 2005/70; 31.1.1995, 94/05/0197; VwSlg 15.029 A/1998; dies gilt auch für einen Rechtsnachfolger, VwGH 30.1.2014, 2012/05/0011.

395 VwGH 23.5.2002, 2002/05/0025; dieser Antrag ist auch als Antrag auf Feststellung der Parteistellung zu verstehen VfGH VfSlg 16.537/2002.

396 Zur Berufungs- und Beschwerdelegitimation von übergangenen Parteien Leeb, ÖJZ 2015, 875 ff.

397 Vgl *Giese*, Baurecht § 8a Baupolizeigesetz Anm 15 ff;

398 Siehe dazu § 23 Rz 26; VwGH VwSlg 16.362 A/2004; 13.12.2011, 2008/05/0155; 12.12.2013, 2013/06/0064; 11.3.2016, 2013/06/0154 Rz 15.

399 VwGH 30.1.1990, 89/05/0128; 31.1.1995, 94/05/0197; 27.8.1996, 96/05/0204; 28.4.2006, 2005/05/0296; dies gilt auch nach Einführung der Verwaltungsgerichtsbarkeit VwGH 14.4.2016, Ra 2014/06/0017.

400 VwGH 23.2.1999, 99/05/0004; 23.5.2002, 2002/05/0025; 23.6.2008, 2007/05/0177; bei einem Kollegialorgan Zeitpunkt der Beschlussfassung VwGH 18.11.2015, Ra 2014/05/0011; *Kastner*, Übergangene Partei, 31 ff; *Giese*, Baurecht § 8a Baupolizeigesetz Anm 4.

401 *Kastner*, Übergangene Partei, 34 ff; *Giese*, Baurecht § 8a Baupolizeigesetz Anm 14 und 18.

402 Siehe § 23 Rz 4.

403 VwGH 3.7.1986, 85/06/0054; *Giese*, Baurecht § 8a Baupolizeigesetz Anm 4.

gemäß § 20 mit Ausführung des Vorhabens nicht begonnen werden darf bzw bei bereits begonnener Ausführung durch die Behörde die Baueinstellung zu verfügen ist.[404] Daran ändert auch eine bereits ausgestellte Rechtskraftbestätigung nichts, denn eine inhaltlich unrichtige Rechtskraftbestätigung ist für den Eintritt der Rechtskraft des Bescheides rechtlich irrelevant.[405]

Dies führt selbstverständlich zu erheblicher Rechtsunsicherheit für den Bewilligungswerber. Im Interesse der Rechtssicherheit begrenzt § 23 Abs 7 die Parteistellung von übergangenen Parteien in zeitlicher Hinsicht.[406] Umfasst sind nur Anrainer, denen ein Baubewilligungsbescheid nicht zugestellt wurde und die nicht präkludiert sind, denn nur diesen kommt noch eine Parteistellung zu.[407] Diese verlieren diese Stellung als Partei, wenn die Ausführung des Vorhabens begonnen wurde[408] und seit Meldung des Beginns der Ausführung des Vorhabens mehr als ein Jahr vergangen ist.[409] Für den Anrainer besteht durch das erste Tatbestandsmerkmal der Bauausführung die aus verfassungsrechtlichen Gründen notwendige Möglichkeit, von diesem Vorhaben tatsächlich Kenntnis zu erlangen, da die Tätigkeiten der Bauausführung, erkennbar sind.[410] Dies gilt auch für Vorhaben, die nur in einer Verwendungsänderung bestehen, weil dem Anrainer zumindest ein Jahr Zeit bleibt, diese Verwendungsänderung zu erkennen.[411] Anderseits wird durch das zweite Tatbestandsmerkmal der Meldung des Beginns der Bauausführung die Fristberechnung erleichtert, da hier ein konkreter Zeitpunkt leicht zu ermitteln ist. Darüber hinaus liegt es somit im Interesse des Inhabers der Baubewilligung, die Meldung des Be-

62

---

404 *Giese*, Baurecht § 8a Baupolizeigesetz Anm 20.
405 VwGH 9.11.2004, 2004/05/0013; VwSlg 17.797 A/2009; 6.10.2011, 2010/06/0008.
406 VwGH 11.10.2011, 2008/05/0154; kritisch *Lebesmühlbacher/Weismann*, ZÖR 2013, 782 f.
407 Der Verlust der Parteistellung richtet sich grundsätzlich nach § 41 AVG und § 42 AVG, ErlRV 01-VD-LG-1369/4-2012, 12; siehe § 23 Rz 58 f.
408 Siehe dazu § 20 Rz 4.
409 Siehe aber die Übergangsbestimmung in Art IV Abs 6, LGBl 2012/80, in der Fassung Art IV Z 2, LGBl 2013/85, für die übergangenen Parteien zum 1.10.2012.
410 VfGH VfSlg 16.049/2000; VfSlg 18.234/2007.
411 So zu § 33 Abs 4 Oö. BauO 1994 auch *Janko*, bbl 2000, 149 f; aA zu § 27 Abs 4 Stmk. BauG *Giese*, bbl 2004, 100.

ginns der Ausführung von Vorhaben nach § 31 Abs 1 rasch durchzuführen.[412]

63 Kein Verlust der Parteistellung nach § 23 Abs 7 tritt ein, sofern ein Anrainer im Rahmen eines nachträglichen Baubewilligungsverfahrens eines bereits bei Antragstellung ausgeführten Vorhabens übergangen worden ist. Denn eine analoge Anwendung scheitert schon an einem vergleichbaren fristauslösenden Ereignis.[413] Da § 23 Abs 7 ausdrücklich nur auf Anrainer Bezug nimmt, besteht dieser Verlust der Parteistellung auch nicht für die Parteien gemäß § 23 Abs 1 lit b bis d.

VIII. Zivilrechtliche Einwendungen

64 Von den im Rahmen des Baubewilligungsverfahrens vom Anrainer vorzubringenden subjektiv-öffentlichen Einwendungen sind subjektive Rechte auf Grundlage des Zivilrechts, deren Austragung dem ordentlichen Rechtsweg vorbehalten sind, zu unterscheiden. Da der Anrainer nicht angeben muss, auf welche Gesetzesstelle sich die Einwendung stützt,[414] muss gegebenenfalls die Behörde beurteilen, ob es sich bei der Einwendung um eine subjektiv-öffentliche handelt, oder um eine subjektive Einwendung auf Grundlage des Zivilrechts. Im Zweifel ist eine subjektiv-öffentliche Einwendung anzunehmen.[415] Denn eine Einwendung kann durchaus sowohl einen öffentlich-rechtlichen als auch einen zivilrechtlichen Aspekt haben, zB bei einer Einwendung gegen Immissionen eines Vorhabens, die einerseits auf § 23 Abs 3 lit i gestützt werden können, aber anderseits auch auf § 364 Abs 2 ABGB.[416] Zu beachten ist auch, dass die Behörde regelmäßig zivilrechtliche Vorfragen des Eigentums an einem Grundstück oder des Grenzverlaufes gemäß § 38 AVG zu beantworten hat.[417] Hingegen zählen zu den subjektiven Rechten auf Grundlage des Zivilrechts, deren Austragung dem

---

412 ErlRV 01-VD-LG-1369/4-2012, 12.
413 *Giese*, Baurecht § 8a Baupolizeigesetz Anm 12.
414 Siehe § 23 Rz 25.
415 VwGH VwSlg 7295 A/1968; 5.7.1984, 83/06/0111.
416 VwGH 5.7.1984, 83/06/0111; *Kleewein*, Rechtstellung der Nachbarn 59 und 66 ff; *Giese*, Baurecht § 9 Baupolizeigesetz Anm 75; *Hauer*, Nachbar[6] 124 ff; zu § 364 Abs 2 ABGB siehe *Wagner*, bbl 1999, 171 ff; *Spielbüchler* in Rummel, ABGB I[3] § 354 Rz 1 ff mN; *Oberhammer* in Schwimann/Kodek, ABGB II[4] § 364 Rz 3 ff mN; *Lang*, RFG 2013, 150 ff.
417 Siehe § 10 Rz 3 f sowie § 23 Rz 10 und 48.

5. Abschnitt – Baubewilligung **§ 23**

ordentlichen Rechtsweg vorbehalten sind, zB Fragen der Beeinträchtigung der Zufahrtsmöglichkeit zur Liegenschaft des Anrainers,[418] der Verletzung oder Überschreitung eines Servitutsrechts des Anrainers,[419] der Wertminderung des Anrainergrundstückes und dessen mangelhafter Nutzbarkeit,[420] des Betretens des Anrainergrundstückes,[421] der Verletzung privatrechtlicher Vereinbarungen,[422] der Notwendigkeit privatrechtliche Vereinbarungen zu schließen,[423] des Schadenersatzrechtes,[424] der Verletzung des Rechts auf Licht im Sinne des § 364 Abs 3 ABGB[425] sowie der Verletzung eines grundbücherlich gesicherten Fensterrechtes[426]. Diese Fragen sind vor den ordentlichen Gerichten auszutragen, die Behörde hat diese Einwendungen lediglich niederschriftlich festzuhalten. Auf zivilrechtliche Einwendungen dieser Art ist mangels Zuständigkeit bei Erlassung der Baubewilligung gemäß § 23 Abs 8 nicht Bedacht zunehmen.[427] Das Fehlen einer Niederschrift über die zivilrechtlichen Einwendungen stellt keine Rechtswidrigkeit des Baubewilligungsbescheides dar, da der Anrainer dadurch nicht gehindert ist, den ordentlichen Rechtsweg zu beschreiten.[428] Für den Anrainer kann es aber dennoch von Bedeutung sein, zivilrechtliche Einwendungen im Baubewilligungsverfahren zu erheben, denn gemäß

---

418 VwGH 18.3.2004, 2001/05/1102; 16.9.2009, 2008/05/0204.
419 VwGH 19.11.1981, 0640/80; 6.11.1990, 90/05/0062; 16.9.1997, 94/05/0230; 18.3.2004, 2001/05/1102; 27.8.2013, 2012/06/0148.
420 VwGH VwSlg 7873 A/1970; 9.10.2001, 2001/05/0314; 14.5.2014, Ro 2014/06/0011.
421 VwGH VwSlg 7873 A/1970; 27.5.2009, 2007/05/0069.
422 VwGH 12.11.1991, 91/05/0171; 4.9.2001, 2000/05/0045.
423 VwGH VwSlg 13.365 A/1991.
424 VwGH VwSlg 17.387 A/2008.
425 VwGH 16.11.2010, 2009/05/0342.
426 VwGH 28.2.2008, 2004/06/0027.
427 VfGH VfSlg 5288/1966; VwGH 4.9.2001, 2000/05/0045; 18.3.2004, 2001/05/1102; OGH RIS-Justiz RS0045664; *Kleewein*, RdU 1995, 55 f; *ders*, Rechtsstellung der Nachbarn 59; *Giese*, Baurecht § 9 Baupolizeigesetz Anm 76; *Hauer*, Nachbar[6] 125 und 456; *Pallitsch/Pallitsch/Kleewein*, Baurecht[5] § 23 K-BO 1996 Anm 29.
428 Vgl die Judikatur zu anderen Bauordnungen; zum Fehlen eines Ausspruches über zivilrechtliche Einwendungen VwGH 15.11.2011, 2008/05/0146; oder zum Fehlen des Hinwirkens auf Einigung, des Verweises auf den ordentlichen Rechtsweg oder der Anführung im Baubewilligungsbescheid VwGH 18.12.2007, 2007/06/0062; so auch *Pallitsch/Pallitsch/Kleewein*, Baurecht[5] § 23 K-BO 1996 Anm 28.

Art XXXVII EGZPO kann die Bauverbotsklage gemäß § 340 bis § 342 ABGB nur unter dieser Voraussetzung geltend gemacht werden.[429]

§ 24 Vereinfachtes Verfahren

Für Anträge auf Erteilung einer Baubewilligung nach § 6 lit. a, b, d und e gelten die folgenden Abweichungen von den Bestimmungen dieses und des 8. Abschnittes, sofern sie sich auf Gebäude, die ausschließlich Wohnzwecken dienen, höchstens zwei Vollgeschoße und höchstens vier Wohnungen haben, einschließlich der zu ihrer Nutzung erforderlichen baulichen Anlagen, beziehen:
   a) den Parteien gemäß § 23 Abs. 1 ist binnen zwei Wochen ab Einlangen des vollständigen Antrages (§§ 9 bis 12) Gelegenheit zur schriftlichen Stellungnahme binnen einer Frist von zwei Wochen ab Zustellung der Aufforderung zu geben;
   b) zur mündlichen Verhandlung sind nur jene Anrainer (lit g) persönlich zu laden, die Einwendungen im Sinn der lit. h innerhalb einer Frist nach lit. a erhoben haben;
   c) wurde den Anrainern gemäß lit. a Gelegenheit zur Stellungnahme gegeben, so bleiben im weiteren Verfahren nur jene Anrainer Parteien, die Einwendungen im Sinn der lit. h innerhalb der Frist nach lit. a erhoben und in einer allfälligen mündlichen Verhandlung aufrechterhalten haben;
   d) die Behörde darf von der Durchführung einer mündlichen Verhandlung gemäß § 16 Abs. 1 absehen, wenn eine Beurteilung des Vorhabens ausschließlich aufgrund der eingereichten Pläne, Berechnungen und Beschreibungen möglich ist und aufgrund der Aufforderung nach lit. a von den Anrainern (lit g) Einwendungen im Sinn der lit. h nicht oder nicht fristgerecht erhoben wurden;
   e) über den Antrag ist unverzüglich, spätestens aber binnen vier Monaten ab Einlangen des vollständigen Antrages (§§ 9 bis 12) zu entscheiden;
   f) die Behörde hat nur zu prüfen:
      1. die Übereinstimmung des Vorhabens mit dem Flächenwidmungs- und Bebauungsplan;

---

429 VwGH VwSlg 7873 A/1970; *Giese*, Baurecht § 9 Baupolizeigesetz Anm 77; *Hauer*, Nachbar[6] 125 und 465; *Spielbüchler* in Rummel, ABGB I[3] § 340 Rz 4 f; *Grüblinger* in Schwimann/Kodek, ABGB II[4] § 340 Rz 6.

2. die Einhaltung der Abstandsvorschriften der §§ 4 bis 10 der Kärntner Bauvorschriften;
3. die Sicherstellung der Verbindung mit einer öffentlichen Fahrstraße;
4. die Sicherstellung der Wasserversorgung und der Abwasserbeseitigung;
5. die Wahrung der Interessen der Erhaltung des Landschaftsbildes und des Schutzes des Ortsbildes;
6. die Wahrung der subjektiven Rechte der Anrainer (lit g) im Sinn der lit. h;

g) Anrainer sind
   1. die Eigentümer (Miteigentümer) der an das Baugrundstück angrenzenden Grundstücke und jener Grundstücke, die vom Baugrundstück höchstens 15 m entfernt sind;
   2. die Anrainer gemäß § 23 Abs. 2 lit. c und d;

h) die Anrainer gemäß lit. g Z 1 sind nur berechtigt, Einwendungen gemäß § 23 Abs. 3 lit. b bis g zu erheben;

i) die Anrainer gemäß lit. g Z 2 sind nur berechtigt, Einwendungen gemäß § 23 Abs. 6 zu erheben; die Rechte als Anrainer gemäß lit. g Z 1 bleiben unberührt;

j) eine Prüfung der Behörde gemäß § 40 findet nicht statt; die Belege nach § 39 Abs. 2 sind vom Bauwerber zur allfälligen Überprüfung durch die Behörde aufzubewahren.

Literatur: *Haas*, Genehmigungsfreie Errichtung von Wohnhäusern?, bbl 2001, 41; *Lau*, Der Störfallschutz im Baugenehmigungsverfahren und in der Bauleitplanung nach dem Urteil des EuGH vom 15.09.2011, Rs. C-53/10, DVBl 2012, 678; *Schmitt/Kreutz*, Die Bedeutung des Abstandsgebots der Seveso-II-Richtlinie im nationalen Recht, NVwZ 2012, 483.

Inhaltsübersicht	**Rz**
I. Entwicklung und Rechtsvergleich	1
II. Anwendungsbereich	3
III. Verfahrensbeschleunigung	5
IV. Parteien und Anrainer	6
V. Prüfungsumfang	10

I. Entwicklung und Rechtsvergleich

1 Die Bestimmung wurde erstmals durch LGBl 1996/44 als § 21a in die K-BO 1992 aufgenommen. In dieser Fassung wurde diese – abgesehen von redaktionellen Anpassungen – als § 24 in die K-BO 1996, LGBl 1996/62, übernommen. Durch LGBl 2012/80 wurde einerseits der Anwendungsbereich der betreffenden baulichen Anlagen erweitert, andererseits aber auch der Kreis der Personen, denen Anrainerstellung zukommt.

2 Die Bauordnungen der anderen Bundesländer sehen verschiedene Formen der Vereinfachung, zB Anzeigepflichten, für Gebäude geringen Umfangs, insbesondere solchen die Wohnzwecken dienen, vor.[1] Mit dem vereinfachten Verfahren der K-BO 1996 – trotz wesentlicher Unterschiede – grundsätzlich vergleichbare Bestimmungen finden sich in § 10 S-BauPolG sowie § 70a W-BO.

II. Anwendungsbereich

3 Sinn und Zweck der Bestimmung ist durch die Vereinfachung des Verfahrens für „Häuslbauer", ein rasches und somit auch kostengünstiges Verwaltungsverfahren zu ermöglichen.[2] Die Abweichungen des vereinfachten Verfahrens beziehen sich nur auf den 5. und 8. Abschnitt der K-BO 1996. Alle anderen Bestimmungen gelten auch im vereinfachten Verfahren. Vom Anwendungsbereich umfasst sind Vorhaben nach § 6 lit a, b, d und e, hingegen nicht Änderungen der Verwendung nach § 6 lit c.[3] Das vereinfachte Verfahren kommt nur für Gebäude in Betracht, die ausschließlich Wohnzwecken dienen. Wohnzwecken dienen Gebäude[4], wenn sie dazu bestimmt sind, privates Leben zu ermöglichen, wenn sie Menschen somit grundsätzlich auf Dauer Aufenthalt und Unterkunft gewähren.[5] Dient das Gebäude auch anderen Zwecken, zB gewerblichen Zwecken, ist ein vereinfachtes Verfahren ausgeschlossen. Dies gilt auch für Fälle des betreuten Wohnens, da eine über die Benützung eines Gebäudes zu Wohnzwecken hinausgehende Betreuung von

---

1 Siehe *Haas*, bbl 2001, 41 ff.
2 ErlRV Verf-135/94/1995, 22
3 Siehe § 6 Rz 7 ff; *Pallitsch/Pallitsch/Kleewein*, Baurecht[5] § 24 K-BO 1996 Anm 2.
4 Zum Begriff Gebäude siehe § 6 Rz 4.
5 Vgl die Definitionen in VwGH 25.6.2014, 2010/13/0119 und OGH 19.3.1992, 7 Ob 542/92.

5. Abschnitt – Baubewilligung § 24

Menschen erfolgt.[6] Das Gebäude darf höchstens zwei Vollgeschoße und höchstens vier Wohnungen haben. Die K-BO 1996 enthält keine Definition der Begriffe Vollgeschoß und Wohnung. Ein rechtsvergleichender Blick zeigt, dass ein Vollgeschoß als jedes zur Gänze und in voller lichter Raumhöhe vom aufgehenden Außenmauerwerk oder von Außenwänden umschlossenes Geschoß beschrieben werden kann.[7] Vollgeschoße, die zueinander bis einschließlich der halben Geschoßhöhe versetzt sind, gelten als ein Geschoß.[8] Vor LGBl 2012/80 bestand auch eine Begrenzung der Höhe von höchstens 9,50 m. Vor diesem rechtshistorischen Hintergrund und weil es sich um Gebäude zu Wohnzwecken handelt, ist meiner Ansicht nach davon auszugehen, dass oberirdische Vollgeschoße, dh Geschoße, deren äußere Begrenzungsflächen in Summe zu mehr als der Hälfte über dem anschließenden Gelände nach Fertigstellung liegen,[9] gemeint sind. Da es seit LGBl 2012/80 an einer Höhenbeschränkung fehlt und ausdrücklich nur auf höchstens zwei Vollgeschoße abgestellt wird,[10] schadet – mangels gegenteiliger Regelung – ein zusätzliches Dachgeschoß, dh ein ganz oder teilweise von der Dachhaut umschlossenes Geschoß bzw ein Geschoß innerhalb des Daches,[11] nicht. Eine Wohnung ist die „Gesamtheit von einzelnen oder zusammen liegenden Räumen, die baulich in sich abgeschlossen und zu Wohnzwecken bestimmt sind und die Führung eines eigenen Haushalts ermöglichen."[12] Sie müssen gemäß § 45 Abs 1 K-BV[13] mindestens eine Nutzfläche von 25 m² haben. Umfasst sind

---

6 VwGH 15.5.2014, 2011/05/0125.
7 Siehe zB § 2 Z 25 lit d Oö. BauTG; zu dieser Auslegung anhand einer Bestimmung eines anderen Gesetzgebers siehe *Potacs*, Auslegung 84 f und 90 f mwN.
8 Siehe die OIB-Richtlinie Begriffsbestimmungen, abgedruckt unter Punkt 2.1.7; siehe auch die Erläuternde Bemerkungen zu OIB-Richtlinie 4 Nutzungssicherheit und Barrierefreiheit, abgedruckt unter Punkt 2.1.4.
9 Siehe die OIB-Richtlinie Begriffsbestimmungen, abgedruckt unter Punkt 2.1.7; siehe auch die Erläuternde Bemerkungen zu OIB-Richtlinie 4 Nutzungssicherheit und Barrierefreiheit, abgedruckt unter Punkt 2.1.4.
10 Vgl VwGH 24.3.1998, 97/05/0003.
11 Vgl VwGH 22.12.2010, 2010/06/0210; zu dieser systematischen Interpretation vgl VwGH 23.11.2004, 2002/06/0064; siehe auch *Potacs*, Auslegung 84 f und 90 f mwN.
12 Siehe die OIB-Richtlinie Begriffsbestimmungen, abgedruckt unter Punkt 2.1.7; zu dieser systematischen Interpretation vgl VwGH 23.11.2004, 2002/06/0064; siehe auch *Potacs*, Auslegung 84 f und 90 f mwN.
13 Die K-BV sind inklusive der Erläuterungen unter Punkt 2 abgedruckt.

auch baulichen Anlagen[14], die zur Nutzung des entsprechenden Gebäudes dienen. Dies sind zB Stellplätze, Kinderspielplätze oder Abfallplätze. Eine Begrenzung der Höhe des Gebäudes oder der Gesamtwohnnutzfläche besteht nicht.[15] Ob ein vereinfachtes Verfahren nach § 24 durchzuführen ist, kann nur anhand eines konkret vorliegenden Vorhabens beurteilt werden.[16] Vorhaben, die unteilbar sind, zB weil für die Genehmigung die Errichtung von gemeinsamen Anlagen notwendig ist, können nicht geteilt werden, um in den Anwendungsbereich des § 24 zu fallen.[17] Eine solche Stückelung des Vorhabens, um ein vereinfachtes Verfahren zu erreichen, ist somit unzulässig.

4 Grundsätzlich bestehen gegen die Vereinfachung und Beschleunigung des Baubewilligungsverfahrens keine verfassungsrechtlichen Bedenken. Die Art der Vorhaben, die vom vereinfachten Verfahren umfasst sind, muss aber sachlich gerechtfertigt sein.[18] § 24 umfasst nur Gebäude beschränkten Umfangs, die Wohnzwecken dienen. Zwar erfolgte durch den Entfall der Beschränkung der Höhe und der Gesamtwohnnutzfläche des Gebäudes durch LGBl 2012/80 eine Erweiterung des Anwendungsbereiches, jedoch sind durch die bestehende Beschränkung auf höchstens zwei Vollgeschoße und vier Wohnungen weiterhin nur Gebäude umfasst, bei denen unter Berücksichtigung des Verwendungszeckes Immissionen und eine Gesundheitsgefährdung der Anrainer regelmäßig nicht zu fürchten sind. Zu beachten ist auch, dass – wenn auch eingeschränkt – den Anrainern Parteistellung zukommt und die Behörde das Vorhaben zu prüfen hat.[19] Insofern bestehen meiner Ansicht nach keine verfassungsrechtlichen Bedenken gegen den Anwendungsbereich.

III. Verfahrensbeschleunigung

5 Die Beschleunigung des Verfahrens erfolgt in erster Linie durch – im Vergleich zum sonstigen Baubewilligungsverfahren – verkürzte Fristen. So ist gemäß § 24 lit a den Parteien binnen zwei Wochen ab Einla-

---

14 Zum Begriff bauliche Anlage siehe § 6 Rz 3.
15 Siehe hingegen die Rechtslage vor LGBl 2012/80.
16 VfGH VfSlg 15.774/2000.
17 VwGH 21.5.2015, 2013/06/0176; zur Teilbarkeit vgl § 17 Rz 23.
18 VfGH VfSlg 16.049/2000.
19 Vgl *Giese*, bbl 2005, 184 f.

5. Abschnitt – Baubewilligung § 24

gen des vollständigen Antrages Gelegenheit zur schriftlichen Stellungnahme zu geben. Die Parteien haben diese Stellungnahme binnen einer Frist von zwei Wochen ab Zustellung der Aufforderung einzubringen. Somit wird einerseits das Handeln der Behörde beschleunigt, da binnen zwei Wochen ab Einlagen des vollständigen Antrages den Parteien Gelegenheit zur schriftlichen Stellungnahme zu geben ist. Die Vollständigkeit des Antrages richtet sich nach § 9 bis § 12.[20] Andererseits erfolgt eine Verfahrensbeschleunigung aber auch dadurch, dass die Parteien ihre Stellungnahmen binnen zwei Wochen ab Zustellung der Aufforderung einzubringen haben. Eine weiter Verfahrensbeschleunigung erfolgt dadurch, dass die Behörde gemäß § 24 lit d von der Durchführung einer mündlichen Verhandlung gemäß § 16 Abs 1[21] absehen darf, wenn eine Beurteilung des Vorhabens ausschließlich aufgrund der eingereichten Pläne, Berechnungen und Beschreibungen[22] möglich ist und von den Anrainern Einwendungen im Sinn des § 24 lit h und i nicht oder nicht fristgerecht erhoben wurden[23]. In § 24 lit d wird ausdrücklich nur auf Einwendungen nach § 24 lit h verwiesen, dabei handelt es sich um Redaktionsversehen. Selbstverständlich sind auch die Einwendungen der Anrainer gemäß § 24 lit g Z 2 nach § 24 lit i umfasst, denn es wird auf alle Anrainer gemäß § 24 lit g abgestellt. Gleiches gilt für § 24 lit c und d. Eine Beurteilung des Vorhabens ausschließlich aufgrund der eingereichten Pläne, Berechnungen und Beschreibungen ist nur dann möglich, wenn § 37 AVG, insbesondere dem Grundsatz der materiellen Wahrheit, entsprochen wird, dh der wahre Sachverhalt ermittelt werden kann.[24] Schlussendlich ist gemäß § 24 lit e über den Antrag unverzüglich, spätestens aber – in Abweichung zu § 73 Abs 1 AVG – binnen vier Monaten ab Einlagen des vollständigen Antrages zu entscheiden.[25] Ausdrücklich zu betonen ist, dass die Erteilung „unverzüglich" zu erfolgen hat, die Frist von vier Monaten ist lediglich eine Höchstfrist. Grundloses Zuwarten, zB damit sich die Sache anders erledigt, oder unnötige Verwaltungshandlungen sind nicht zulässig, nur ein triftiger

---

20 Siehe die Kommentierungen zu § 9 bis § 12.
21 Siehe § 16 Rz 3 ff.
22 Siehe § 10 Rz 12 f.
23 Siehe § 24 Rz 8 f.
24 Zum Grundsatz der materiellen Wahrheit siehe *Hengstschläger/Leeb*, AVG² § 37 Rz 5 f mN.
25 Vgl § 3 Rz 9.

Grund rechtfertigt eine Verzögerung.[26] Dies gilt unabhängig davon, ob eine mündliche Verhandlung gemäß § 24 lit d iVm § 16 Abs 1 durchzuführen ist. Die Vollständigkeit des Antrages richtet sich wiederum nach § 9 bis § 12.[27] Die verkürzte Entscheidungspflicht gilt auch für die Berufungsbehörde[28] und somit auch für die Erhebung der Säumnisbeschwerde an das LVwG Kärnten gemäß Art 130 Abs 1 Z 3 B-VG iVm § 8 und § 36 Abs 2 VwGVG.[29]

IV. Parteien und Anrainer

6 Parteien des vereinfachten Verfahrens sind gemäß § 24 lit a die Parteien des § 23 Abs 1, dh der Antragsteller, der Grundeigentümer, die Miteigentümer des Baugrundstückes, deren Zustimmung nach § 10 Abs 1 lit b erforderlich ist, sowie der Eigentümer eines Superädifikates bei Bauführungen an diesem.[30] Parteien sind auch die Anrainer, das sind gemäß § 24 lit g Z 1 erstens die Eigentümer (Miteigentümer) der an das Baugrundstück angrenzenden Grundstücke.[31] Zweitens sind dies die Eigentümer (Miteigentümer) jener Grundstücke, die vom Baugrundstück höchstens 15 m entfernt sind, dh zumindest in einem Punkt innerhalb eines 15 m-Bereiches gemessen von der Baugrundstücksgrenze liegen. Die K-BO 1996 enthält keine Definition des Begriffes „Baugrundstück". Darunter ist das gesamte Grundstück zu verstehen, nicht nur der Teil auf dem auch tatsächlich eine bauliche Anlage errichtet werden darf. Es wird am grundbuchsrechtlichen Begriff angeknüpft, dh „Grundstücke sind demnach durch Grenzpunkte festgelegte Flächen, anhand deren der Grenzverlauf ermittelt werden kann. Durch die einzelnen Grenzpunkte wird die Lage eines Grundstückes zu einem anderen Grundstück festgelegt."[32] Anrainer sind gemäß § 24 lit g Z 2 auch die Anrainer gemäß § 23 Abs 2 lit c und d, dh die Eigentümer (Mitei-

---

26 So zum Tatbestandsmerkmal „ohne unnötigen Aufschub" des § 73 Abs 1 *Hengstschläger/Leeb*, AVG² § 73 Rz 46 ff mN.
27 Siehe die Kommentierungen zu den §§ 9 bis 12.
28 VwGH VwSlg 17.010 A/2006.
29 Vgl § 3 Rz 16; *Pallitsch/Pallitsch/Kleewein*, Baurecht⁵ § 24 K-BO 1996 Anm 10.
30 Siehe zu diesen und der Parteistellung im Allgemeinen § 23 Rz 3 ff.
31 Siehe dazu § 23 Rz 10 f.
32 VwGH 16.5.2013, 2011/06/0116; vgl *Pallitsch/Pallitsch/Kleewein*, Baurecht⁵ § 3 K-BV Anm 1.

gentümer) und die Inhaber bestimmter Betriebsanlagen.[33] Der Anrainerkreis wird also – im Vergleich zum sonstigen Baubewilligungsverfahren – durch § 24 lit g insofern beschränkt, als nicht alle Eigentümer von Grundstücken, die im Einflussbereich des Vorhabens liegen, umfasst sind. Darüber hinaus kommt auch Anrainern gemäß § 23 Abs 2 lit b keine Parteistellung zu. Ist allerdings die Parteistellung strittig, so besteht zur Klärung dieser Frage Parteistellung und Entscheidungspflicht, es ist diesbezüglich Akteneinsicht zu gewähren.[34] Da § 24 nur Gebäude beschränkten Umfangs, die Wohnzwecken dienen, umfasst, und der Anrainerstellung gemäß § 23 Abs 2 lit b nur geringe Bedeutung zukommt,[35] bestehen meiner Ansicht nach keine verfassungsrechtlichen Bedenken gegen die Einschränkung des Anrainerkreises. In vielen Bauordnungen anderer Bundesländer ist der Anrainerkreis sogar im normalen Baubewilligungsverfahren eingeschränkter.[36] Zu beachten ist auch, dass gemäß § 34 Abs 3 allen Anrainern das Recht der Antragstellung auf behördliche Maßnahmen nach § 35 und § 36 und anschließend Parteistellung in diesen behördlichen Verfahren zusteht, sofern durch eine bewilligungswidrige oder nicht bewilligte Ausführung eines bewilligungspflichtigen Vorhabens ein subjektiv-öffentliches Recht eines Anrainers im Sinn des § 23 Abs 3 lit a bis g, des § 23 Abs 4 bis 6 oder des § 24 lit h und i verletzt wird.[37] Insofern besteht auch ein Mitwirkungsrecht nach Abschluss des Baubewilligungsverfahrens.[38]

Voraussetzung der Parteistellung der betreffenden Eigentümer (Miteigentümer) bzw des Inhabers einer Betriebsanlage ist – wie im sonstigen Bewilligungsverfahren – aber auch, dass diese in ihren subjektiv-öffentlichen Rechten beeinträchtigt werden könnten, dh dass die K-BO 1996 den Eigentümern (Miteigentümern) bzw dem Inhaber subjektiv-öffentliche Rechte zur Abwehr der möglichen Einwirkungen gewährt.[39] Es besteht somit ein Zusammenhang zwischen den subjektiv-öffentlichen Rechten und der Parteistellung.[40] Gewährt die K-BO 1996 keine

7

---

33 Siehe § 23 Rz 16 ff.
34 VwGH 21.5.2015, 2013/06/0176.
35 Siehe § 23 Rz 15.
36 Siehe zB § 21 Bgld. BauG, § 6 NÖ BO 2014 sowie § 31 Oö. BauO 1994.
37 Siehe § 34 Rz 5.
38 Vgl *Giese*, bbl 2005, 185.
39 VwGH VwSlg 6670 A/1965; 17.12.1996, 96/05/0206; 9.11.2004, 2002/05/1032; 10.4.2012, 2011/06/0005; vgl zum Ganzen § 23 Rz 12 und 23.
40 *Klaushofer*, bbl 2003, 96 ff.

entsprechenden subjektiv-öffentlichen Rechte, ist eine Verletzung dieser nicht möglich und es kommt somit dem Eigentümer (Miteigentümer) bzw dem Inhaber keine Parteistellung zu. So haben nach der Rechtsprechung des VwGH zu den vergleichbaren Bauordnungen anderer Bundesländer Eigentümer von öffentlichen Verkehrsflächen, zB Gemeinden, mangels privatrechtlicher Nutzungsmöglichkeiten keine Parteistellung.[41] Dieser Zusammenhang kann zB auch zur Folge haben, dass sogar dem Eigentümer (Miteigentümer) eines angrenzenden Grundstückes keine Parteistellung zukommt, da sich das Vorhaben soweit entfernt von der Grundstücksgrenze befindet, dass keine Beeinträchtigung der subjektiv-öffentlichen Rechte möglich ist.[42] Es ist ausdrücklich darauf hinzuweisen, dass bei der Beurteilung ohne Bedeutung ist, ob die subjektiv-öffentlichen Rechte tatsächlich verletzt werden, denn um ua diese Frage zu klären, dient die Parteistellung auch im vereinfachten Verfahren.[43]

8 Anrainer gemäß § 24 lit g Z 1 sind gemäß § 24 lit h nur berechtigt, Einwendungen gemäß § 23 Abs 3 lit b bis g zu erheben, dh Einwendungen über die Bebauungsweise, die Ausnutzbarkeit des Baugrundstückes, die Lage des Vorhabens, die Abstände von den Grundstücksgrenzen und von Gebäuden oder sonstigen baulichen Anlagen auf Nachbargrundstücken, die Bebauungshöhe und die Brandsicherheit.[44] Das bedeutet aber, dass im Vergleich zum sonstigen Baubewilligungsverfahren hinsichtlich der Möglichkeit Einwendungen zu erheben, kein Unterschied besteht. Denn bei Gebäuden, die ausschließlich Wohnzwecken dienen, können auch nach § 23 Abs 4 nur Einwendungen gemäß § 23 Abs 3 lit b bis g erhoben werden.[45] Gleiches gilt für die Anrainer gemäß § 24 lit g Z 2, denn § 24 lit i verweist ausdrücklich auf die Einwendungen gemäß § 23 Abs 6.[46] Da Anrainer gemäß § 24 lit g Z 2 –

---

41 VwGH 17.6.1992, 87/06/0069; 22.2.1996, 96/06/0015; 25.6.1996, 96/05/0053; 20.9.2001, 99/06/0033; VwSlg 15.822 A/2002; ausführlich *Klaushofer*, bbl 2003, 95 ff; siehe auch *Giese*, Baurecht § 7 Baupolizeigesetz Anm 19.

42 Hingegen ist die Lage von baulichen Anlagen auf dem angrenzenden Grundstück bedeutungslos, weil auch der Eigentümer einer unbebauten Liegenschaft gegen das Vorhaben Einwendungen erheben kann, wenn durch dasselbe seine in der Bauordnung begründeten subjektiven-öffentlichen Rechte verletzt werden können, VwGH 15.6.2004, 2003/05/0103.

43 VwGH 17.12.1996, 96/05/0206.

44 Siehe zu diesen Einwendungen § 23 Rz 30 ff.

45 Siehe § 23 Rz 51.

46 Siehe zu diesen Einwendungen § 23 Rz 53 ff.

auch wenn es nicht immer der Fall sein wird – gleichzeitig Anrainer gemäß § 24 lit g Z 1 sein können, stellt § 24 lit i klar, dass die Rechte als Anrainer gemäß § 24 lit g Z 1 unberührt bleiben. Dh eine Person kann sowohl Anrainer gemäß § 24 lit g Z 1 als auch Anrainer gemäß § 24 lit g Z 2 sein und die jeweiligen Einwendungen erheben.[47]

Den Parteien ist gemäß § 24 lit a binnen zwei Wochen ab Einlangen des vollständigen Antrages Gelegenheit zur schriftlichen Stellungnahme binnen einer Frist von zwei Wochen ab Zustellung der Aufforderung zu geben.[48] Die Einwendungen müssen schriftlich eingebracht werden. Dies stellt eine Abweichung zur Formfreiheit des § 13 Abs 1 AVG dar. Vor dem Hintergrund der Vereinfachung des Verfahrens für „Häuslbauer"[49] ist diese Abweichung aus verfahrensökonomischen Gründen sachlich gerechtfertigt.[50] Findet eine mündliche Verhandlung statt, sind die Parteien zu laden.[51] Dies gilt für Anrainer aber gemäß § 24 lit b nur insofern, als Einwendungen nach § 24 lit h oder i innerhalb der Frist von zwei Wochen ab Zustellung der Aufforderung erhoben wurden. In § 24 lit b wird ausdrücklich nur auf Einwendungen nach § 24 lit h verwiesen, dabei handelt es sich um Redaktionsversehen. Selbstverständlich sind auch die Einwendungen der Anrainer gemäß § 24 lit g Z 2 nach § 24 lit i umfasst, denn es wird auf alle Anrainer gemäß § 24 lit g abgestellt. Wurde den Anrainern gemäß § 24 lit a Gelegenheit zur Stellungnahme gegeben,[52] so bleiben im weiteren Verfahren nur jene Anrainer Parteien, die Einwendungen im Sinn der § 24 lit h und i innerhalb der Frist von zwei Wochen ab Zustellung der Aufforderung erhoben und in einer allfälligen mündlichen Verhandlung aufrechterhalten haben. Somit verlieren Anrainer ihre Parteistellung, wenn innerhalb der Frist von zwei Wochen ab Zustellung der Aufforderung nach § 24 lit a keine Einwendungen erhoben werden. Insofern liegt im Verhältnis zu § 42 AVG eine speziellere Bestimmung zum Eintritt der Präklusion vor. Auf diese Präklusionsfolgen ist in der Aufforderung ausdrücklich hinzuweisen.[53] Wurden Einwendungen erhoben und wird

9

---

47 ErlRV 01-VD-LG-1369/4-2012, 11 f.
48 Siehe § 24 Rz 5.
49 ErlRV Verf-135/94/1995, 22
50 ErlRV 01-VD-LG-1369/4-2012, 12; zu den Formen eines schriftlichen Einbringens siehe § 6 Rz 3.
51 Siehe § 16 Rz 13 f.
52 Siehe Siehe § 24 Rz 5.
53 *Pallitsch/Pallitsch/Kleewein*, Baurecht[5] § 24 K-BO 1996 Anm 9.

eine mündliche Verhandlung durchgeführt, verlieren die Anrainer ihre Parteistellung, wenn sie die Einwendungen in der mündlichen Verhandlung nicht aufrechterhalten.[54] Wurde von der Behörde ein vereinfachtes Verfahren durchgeführt, obwohl die Voraussetzungen für ein solches nicht erfüllt waren, und wurde dadurch einem Anrainer nach § 23 Abs 2 die Parteistellung verwährt oder konnte dieser nicht alle Einwendungen nach § 23 Abs 3 erheben, so ist dieser Anrainer übergangene Partei, da keine Präklusion eingetreten ist.[55]

V. Prüfungsumfang

10 Durch § 24 lit f wird der Prüfungsumfang eingeschränkt. Die Behörde hat nur zu prüfen, ob dem Vorhaben der Flächenwidmungsplan,[56] der Bebauungsplan,[57] die Abstandsvorschriften nach § 4 bis § 10 K-BV[58] sowie Interessen der Erhaltung des Landschaftsbildes und des Schutzes des Ortsbildes[59] entgegenstehen und ob eine Verbindung zu einer öffentlichen Fahrstraße,[60] Wasserversorgung[61] und Abwasserbeseitigung[62] sichergestellt sind. Die Behörde hat auch zu prüfen, ob dem Vorhaben subjektiv-öffentliche Rechte der Anrainer im Sinn von § 24 lit h und i entgegenstehen. In § 24 lit f Z 6 wird ausdrücklich nur auf Einwendungen nach § 24 lit h verwiesen, dabei handelt es sich um Redaktionsversehen. Selbstverständlich sind auch die Einwendungen der Anrainer gemäß § 24 lit g Z 2 nach § 24 lit i umfasst, denn es wird auf alle Anrainer gemäß § 24 lit g abgestellt.

11 Ein weiteres zu prüfendes öffentliches Interesse ergibt sich aus der RL 2012/18/EU zur Beherrschung der Gefahren schwerer Unfälle mit gefährlichen Stoffen (Seveso-III-RL). Gemäß Art 13 Abs 2 lit a RL

---

54 Zum Eintritt der Präklusion gemäß § 42 AVG siehe § 23 Rz 58 f.
55 Zu den übergangenen Parteien § 23 Rz 61 f; im Ergebnis auch *Pallitsch/Pallitsch/Kleewein*, Baurecht[5] § 24 K-BO 1996 Anm 1.
56 Siehe § 13 Rz 4 und § 17 Rz 18.
57 Siehe § 13 Rz 5 und § 17 Rz 19.
58 Die Abstände zwischen baulichen Anlage sind nach § 6, § 8, § 9 und § 10 K-BV so festzulegen, dass Interessen der Gesundheit nicht entgegenstehen; die K-BV sind einschließlich der Erläuterungen unter Punkt 2 abgedruckt.
59 Siehe § 13 Rz 6 und § 17 Rz 13.
60 Siehe § 17 Rz 21.
61 Siehe § 17 Rz 21.
62 Siehe § 17 Rz 21.

2012/18/EU sorgen die Mitgliedstaaten dafür, „dass in ihrer Politik der Flächenausweisung oder Flächennutzung oder anderen einschlägigen Politiken sowie den Verfahren für die Durchführung dieser Politiken langfristig dem Erfordernis Rechnung getragen wird, dass zwischen den unter diese Richtlinie fallenden Betrieben einerseits und Wohngebieten, öffentlich genutzten Gebäuden und Gebieten, Erholungsgebieten und – soweit möglich – Hauptverkehrswegen andererseits ein angemessener Sicherheitsabstand gewahrt bleibt." Nach der Rechtsprechung des EuGH[63] sind die Voraussetzungen des Art 13 Abs 2 lit a RL 2012/18/EU nicht nur auf der raumordnungsrechtlichen Planungsebene zu berücksichtigen, sondern auch im Rahmen des baurechtlichen Genehmigungsverfahrens. Insofern ist § 24 lit f Z 2, dh die Prüfung der Einhaltung der Abstandsvorschriften nach § 4 bis § 10 K-BV,[64] richtlinienkonform auszulegen. Die Abstände zwischen baulichen Anlagen sind nach § 6, § 8, § 9 und § 10 K-BV so festzulegen, dass Interessen der Gesundheit nicht entgegenstehen. Dies bedeutet, dass die Behörde die Baubewilligung nur zu erteilen hat, wenn dem Vorhaben keine öffentlichen Interessen der Beherrschung der Gefahren schwerer Unfälle mit gefährlichen Stoffen, dh ein angemessener Sicherheitsabstand zwischen entsprechenden Betrieben einerseits und Wohngebieten, öffentlich genutzten Gebäuden und Gebieten, Erholungsgebieten und – soweit möglich – Hauptverkehrswegen andererseits gewahrt bleibt. Da das vereinfachte Verfahren des § 24 nur Gebäude umfasst, die Wohnzwecken dienen, beschränkt sich diese Prüfung auf das Heranrücken baulicher Anlagen an solche Betriebe.[65]

12 Der Prüfungsumfang des § 24 lit f umfasst insbesondere nicht die Einhaltung der bautechnischen Voraussetzungen. Es findet gemäß § 24 lit j auch keine Prüfung nach § 40[66] statt. Dies bedeutet allerdings nicht, dass die Einhaltung dieser öffentlichen Interessen nicht der behördlichen Kontrolle unterliegen würde.[67] So müssen zB gemäß § 26 und § 27

---

63 EuGH 15.9.2011, C-53/10; das Urteil erging zwar noch zu Art 12 Abs 1 RL 96/82/EG, die Bestimmung wurde aber insofern unverändert in die RL 2012/18/EU übernommen.
64 Die K-BV sind einschließlich der Erläuterungen unter Punkt 2 abgedruckt.
65 Zum Ganzen siehe die Urteilsanmerkungen *Hellriegel*, EuZW 2011, 873; *Klepper*, IBR 2011, 666; *Schmitt/Kreutz*, NVwZ 2012, 483 ff; *Lau*, DVBl 2012, 678 ff; siehe auch § 17 Rz 15.
66 Siehe § 40 Rz 3 ff.
67 Vgl *Pallitsch/Pallitsch/Kleewein*, Baurecht[5] § 24 K-BO 1996 Anm 11.

alle Vorhaben den Anforderungen der K-BV sowie alle verwendeten Bauprodukte den Anforderungen der VO (EU) Nr 305/2011[68] zur Festlegung harmonisierter Bedingungen für die Vermarktung von Bauprodukten und des K-BPG[69] entsprechen. Gemäß § 34[70] darf sich die Behörde jederzeit während der Bauausführung und nach Vollendung des Vorhabens von der Einhaltung der K-BO 1996, der K-BV und der Baubewilligung, einschließlich der ihr zugrundeliegenden Pläne, Berechnungen und Beschreibungen, überzeugen. § 24 lit j sieht in diesem Sinne auch ausdrücklich vor, dass die Belege des § 39 Abs 2 vom Bewilligungswerber[71] zur allfälligen Überprüfung durch die Behörde aufzubewahren sind.

§ 25 Nichtigkeit

(1) Baubewilligungsbescheide sind mit Nichtigkeit bedroht, wenn § 19 nicht eingehalten wurde durch
  a) eine Verletzung des § 13 Abs. 2 lit. a bis d;
  b) den Mangel einer entsprechenden Verbindung zu einer öffentlichen Fahrstraße (§ 17 Abs. 2 lit. a);
  c) den Mangel einer entsprechenden Wasserversorgung oder Abwasserbeseitigung (§ 17 Abs. 2 lit. b und c);
  d) die Festlegung von Abstandsflächen, die den Kärntner Bauvorschriften nicht entsprechen;
  e) eine sonstige Außerachtlassung eines Versagungsgrundes, wenn dadurch eine Gefahr für das Leben oder die Gesundheit von Menschen eintreten würde.

(2) Die Aufhebung von Baubewilligungsbescheiden, die gemäß Abs. 1 lit. a bis d mit Nichtigkeit bedroht sind, ist nur innerhalb von fünf Jahren ab deren Rechtskraft zulässig. Die Zeit eines Verfahrens vor dem Verfassungsgerichtshof oder vor dem Verwaltungsgerichtshof ist in diese Frist nicht einzurechnen. Wurde der Baubewilligungsbescheid gemäß § 52 der Bezirkshauptmannschaft nachweislich übermittelt, ist die Aufhebung nur innerhalb von zwei Jahren ab dem Einlangen bei der Bezirkshauptmannschaft zulässig.

---

68 Die VO (EU) Nr 305/2011 ist unter Punkt 4 abgedruckt.
69 Das K-BPG ist einschließlich der Erläuterungen unter Punkt 5 abgedruckt
70 Siehe § 34 Rz 3 f.
71 Es wird in § 24 der Begriff „Bauwerber" verwendet, dieser ist aber gleichbedeutend dem Begriff „Bewilligungswerber", VwGH 16.9.2009, 2007/05/0188.

5. Abschnitt – Baubewilligung § 25

Literatur: *Berchtold*, Gemeindeaufsicht, 1972; *Geuder*, Baupolizeiliche Willensäußerung und Amtshaftung, ÖGZ 1978, 577; *Giese*, Baurechtliche Maßnahmen zum Schutz des Baubestandes vor Hochwassergefahren, bbl 2011, 203; *Hauer*, in Pabel (Hrsg), Das österreichische Gemeinderecht, 17. Teil Gemeindeaufsicht, 2014; *ders*, Die neue Funktion der Gemeindeaufsicht, in Kommunalwissenschaftliche Gesellschaft (Hrsg), Verwaltungsreform – Verwaltungsgerichtsbarkeit, 2014; *Hecht*, Amtshaftung für rechtswidrig erteilte Genehmigungen gegenüber Bewilligungswerber, RdU 2001, 123; *Kerschner*, Amtshaftung bei rechtswidriger Erlaubnis, RdU 2001, 128; *Mendel/Kraemmer*, Die Nichtigerklärung von Baubewilligungen im Spannungsfeld von Rechtstaatlichkeit, Rechtssicherheit und Eigentumsschutz, bbl 2013, 1; *Potacs*, Aufsicht über Gemeinden, in Rebhahn (Hrsg), Beiträge zum Kärntner Gemeinderecht, 1998; *Ranacher*, Amtswegige Aufhebung und Abänderung von Bescheiden neben und nach dem verwaltungsgerichtlichen Beschwerdeverfahren, ZfV 2015/3; *Sturm/Kemptner*, Kärntner Allgemeine Gemeindeordnung⁶, 2015.

Inhaltsübersicht   Rz
  I. Entwicklung und Rechtsvergleich 1
  II. Allgemeines 3
  III. Nichtigkeitsgründe 7
  IV. Aufhebung... 12
  V. Amtshaftung... 14

I. Entwicklung und Rechtsvergleich

Eine ausdrückliche Bestimmungen über die Nichtigkeit von Baubewilligungsbescheiden findet sich erstmals in § 19 K-BO 1969, LGBl 1969/48. Schon damals war ein Bescheid bei Außerachtlassung eines Versagungsgrundes, sofern dadurch eine Gefahr für das Laben oder die Gesundheit von Menschen eintreten würde, mit Nichtigkeit bedroht. Dies galt aber auch beim Eintritt von schweren volkswirtschaftlichen Schäden oder einen grobe Verunstaltung des Landschaftsbildes oder des Ortsbildes. Der Bescheid war darüber hinaus dann mit Nichtigkeit bedroht, sofern kein Vorprüfungsverfahren durchgeführt wurde. Durch LGBl 1972/56 entfiel die ausdrückliche Anknüpfung an schwere volkswirtschaftliche Schäden oder eine grobe Verunstaltung des Landschaftsbildes oder des Ortsbildes, anderseits wurde nunmehr ausdrücklich auf die im Rahmen des Vorprüfungsverfahren zu wahrenden öffentlichen Interessen, zB Erhaltung des Landschaftsbildes und Schutz des Ortsbildes, abgestellt. Mit LGBl 1992/26 wurde ausdrücklich ein

1

Nichtigkeitsgrund aufgenommen, dass der Mangel einer entsprechenden Verbindung zu einer Fahrstraße und der Mangel einer entsprechenden Wasserversorgung oder Abwasserbeseitigung, den Bescheid mit Nichtigkeit bedroht. Weiters wurde der Nichtigkeitsgrund des Außerachtlassens der Abstandsbestimmungen der K-BV aufgenommen. In dieser Fassung wurde die Bestimmung als § 22 in die K-BO 1992, LGBl 1992/64, übernommen. Mit LGBl 1992/83 erfolgte eine Druckfehlerberichtigung. In der heutigen Fassung – abgesehen von redaktionellen Anpassungen – wurde die Bestimmung im Wesentlichen durch LGBl 1996/44 geschaffen. In dieser Fassung wurde die Bestimmung als § 25 in die K-BO 1996, LGBl 1996/62, übernommen. Durch LGBl 2013/85 efolgte lediglich eine Anpassung an die Verwaltungsgerichtsbarkeit.

2 Nur einige andere Bundesländer sehen in den Bauordnungen – wenn auch zum Teil sehr eingeschränkt – Regelungen zur Nichtigerklärung von Baubewilligungsbescheiden vor. Die entsprechenden Bestimmungen finden sich in § 33 Bgld. BauG, § 23 Abs 9 NÖ BO 2014, § 56 TBO 2011 sowie § 137 W-BO. In Oberösterreich, Salzburg, Steiermark und Vorarlberg bestehen keine ausdrücklichen Regelungen.[1]

II. Allgemeines

3 Gemäß § 68 Abs 4 AVG können Bescheide von Amts wegen in Ausübung des Aufsichtsrechtes nur von der sachlich in Betracht kommenden Oberbehörde als nichtig erklärt werden.[2] Soweit die Gemeinden im eigenen Wirkungsbereich[3] handeln, ist die Aufsichtsbehörde aber nicht sachlich in Betracht kommende Oberbehörde.[4] Gemäß § 68 Abs 6 AVG können Befugnisse zur Zurücknahme oder Einschränkung einer Berechtigung außerhalb eines Berufungsverfahrens im Materiengesetz normiert werden.[5] Sinn und Zweck des § 25 iVm § 52 Abs 2[6] ist es, auch der Aufsichtsbehörde die Aufhebung nichtiger, insbesondere

---

1 Hingegen sehr wohl in den Raumordnungsgesetzen, siehe *Mendel/Kraemmer*, bbl 2013, 1 f.
2 Siehe § 25 Rz 6.
3 Siehe § 1 Rz 7 ff.
4 *Hengstschläger/Leeb*, AVG² § 68 Rz 71 f mN.
5 *Hengstschläger/Leeb*, AVG² § 68 Rz 134 ff mN.
6 Siehe § 52 Rz 9 f.

rechtskräftiger,[7] Baubewilligungsbescheide zu ermöglichen.[8] Selbstverständlich nicht umfasst sind Baubewilligungen auf Grundlage eines Erkenntnisses des LVwG Kärnten, da ausdrücklich auf Baubewilligungsbescheide abgestellt wird.[9] Die Nichtigkeitsgründe des § 25 stellen Aufsichtsmittel dar, die von der Aufsichtsbehörde von Amts wegen wahrzunehmen sind.[10] Aufsichtsbehörde ist in diesen Angelegenheiten gemäß § 52 Abs 2 die örtlich zuständige Bezirkshauptmannschaft.[11] Gegen dieses Aufsichtsrecht der Bezirkshauptmannschaft bestehen auch keine verfassungsrechtlichen Bedenken.[12] § 25 iVm § 52 Abs 2 ist nicht auf die Landeshauptstadt Klagenfurt am Wörthersee und die Stadt Villach anzuwenden, da ausdrücklich den Bezirkshauptmannschaften die Aufhebung obliegt. Die Landeshauptstadt Klagenfurt am Wörthersee gemäß Art 116 Abs 3 B-VG iVm § 1 Abs 3 K-KStR 1998 und die Stadt Villach gemäß Art 116 Abs 3 B-VG iVm § 1 Abs 3 K-VStR 1998 haben hingegen selbst die Aufgaben der Bezirksverwaltung zu besorgen, die Aufsicht übt gemäß § 93 ff K-KStR 1998 und § 96 ff K-VStR 1998 die Kärntner Landesregierung aus.[13]

Darüber hinaus kann die Kärntner Landesregierung gemäß § 100 Abs 1 K-AGO rechtskräftige Bescheide sowie Beschlüsse oder sonstige Maßnahmen der Gemeindeorgane, die den Wirkungsbereich der Gemeinde überschreiten oder Gesetze oder Verordnungen verletzen, von Amts wegen oder über Antrag aufheben. Somit kann jede Rechtswidrigkeit eines Bescheides Grundlage einer Aufhebung durch die Kärntner Landesregierung sein.[14] Nach Ablauf von drei Jahren können gemäß § 100 Abs 2 K-AGO jedoch Bescheide aus den Gründen der Erlassung durch eine unzuständige Behörde oder durch eine nicht richtig zusammengesetzte Kollegialbehörde nicht mehr aufgehoben werden. Diese Frist beginnt mit der Zustellung der schriftlichen Ausfertigung des

4

---

7 Rechtskraft des Bescheides ist allerdings nach der Judikatur des VwGH zur K-BO 1996 nicht in allen Fällen notwendig VwGH VwSlg 12.213 A/1986; siehe auch VwSlg 17.808 A/2009; zur Rechtskraft im Baubewilligungsverfahren siehe § 20 Rz 5 f.
8 Vgl ErlRV Verf-133/6/1967, 25.
9 ErlRV 01-VD-LG-1569/48-2013, 16.
10 VwGH 11.6.1981, 1737/79; VwSlg 12.213 A/1986.
11 Siehe § 25 Rz 12 und § 52 Rz 9 f.
12 VfGH VfSlg 7978/1977; VfSlg 9943/1984; VwGH 11.6.1981, 1737/79.
13 Siehe zu den Aufsichtsmitteln hinsichtlich der Landeshauptstadt Klagenfurt am Wörthersee und der Stadt Villach § 25 Rz 5.
14 *Sturm/Kemptner*, Gemeindeordnung[6] § 100 K-AGO Anm 5 ff.

Bescheides. Gegen diese weitreichende Ermächtigung der Kärntner Landesregierung bestehen keine verfassungsrechtlichen Bedenken.[15] § 100 Abs 3 K-AGO ist hingegen auf Baubewilligungsbescheide nicht anzuwenden, da insofern § 25 die speziellere Norm ist.[16]

5 Weiters hat die Kärntner Landesregierung gemäß § 96 Abs 1 K-KStR 1998 bzw § 99 Abs 1 K-VStR 1998 das Recht, rechtskräftige, gesetzwidrige Bescheide der Landeshauptstadt Klagenfurt am Wörthersee bzw der Stadt Villach, die in Angelegenheiten des eigenen Wirkungsbereiches aus dem Bereich der Landesvollziehung durch den Magistrat, den Bürgermeister, den Stadtsenat oder den Gemeinderat erlassen wurden, von Amts wegen aufzuheben, wenn der Bescheid, (i) von einem unzuständigen Organ oder von einem nicht richtig zusammengesetzten Kollegialorgan erlassen wurde, (ii) einen strafgesetzwidrigen Erfolg herbeiführen würde, (iii) tatsächlich undurchführbar ist oder (iv) an einem durch gesetzliche Vorschrift ausdrücklich mit Nichtigkeit bedrohten Fehler leidet. Eine Nichterklärung wegen Erlassung eines Bescheides von einer unzuständigen Behörde oder von einer nicht richtig zusammengesetzten Kollegialbehörde darf gemäß § 96 Abs 2 K-KStR 1998 bzw § 99 Abs 2 K-VStR 1998 nur binnen drei Jahren ab Erlassung des Bescheides erfolgen. Da § 25 iVm § 52 Abs 2 nicht auf die Landeshauptstadt Klagenfurt am Wörthersee und die Stadt Villach anzuwenden ist, obliegt der Kärntner Landesregierung diesbezüglich gemäß § 96 Abs 4 K-KStR 1998 bzw § 99 Abs 4 K-VStR 1998 auch die Nichtigerklärung von Bescheiden und sonstigen Beschlüssen. Nach Ablauf von drei Jahren darf eine Nichtigerklärung aber nicht mehr erfolgen.

6 Durch § 25 bleibt die Anwendung von § 68 AVG unbenommen.[17] Sachlich in Betracht kommende Oberbehörde bei Bescheiden des Bürgermeisters in Angelegenheiten des eigenen Wirkungsbereiches[18] ist gemäß § 94 Abs 1 K-AGO der Gemeindevorstand. In der Landeshauptstadt Klagenfurt am Wörthersee ist dies gemäß § 91 Abs 3 K-KStR 1998 die Bauberufungskommission, in der Stadt Villach gemäß § 94

---

15 VfGH VfSlg 9665/1983; VwGH 15.3.1995, 94/01/0189; zum Ganzen *Potacs*, Aufsicht 143 f.
16 *Pallitsch/Pallitsch/Kleewein*, Baurecht⁵ § 52 K-BO 1996 Anm 2; nach Ansicht von *Mendel/Kraemmer*, bbl 2013, 2, ist § 25 auch speziellere Norm zu § 100 Abs 1 K-AGO.
17 *Potacs*, Aufsicht 144; *Hauer* in Pabel, Gemeindeaufsicht, Rz 104; *Pallitsch/Pallitsch/Kleewein*, Baurecht⁵ § 25 K-BO 1996 Anm 2.
18 Siehe § 1 Rz 7 ff.

Abs 1 K-VStR 1998 der Stadtsenat. Die sachlich in Betracht kommende Oberbehörde kann gemäß § 68 Abs 3 AVG rechtskräftige Bescheide im öffentlichen Interesse insoweit abändern, als dies zur Beseitigung von das Leben oder die Gesundheit von Menschen gefährdenden Missständen oder zur Abwehr schwerer volkswirtschaftlicher Schädigungen notwendig und unvermeidlich ist.[19] Bei Beseitigung von das Leben oder die Gesundheit gefährdenden Missständen muss nicht bis zum Eintritt der formellen Rechtskraft des den Missstand bewirkenden Bescheides zugewartet werden.[20] Dies hat mit möglichster Schonung erworbener Rechte zu erfolgen.[21] Die sachlich in Betracht kommende Oberbehörde kann gemäß § 68 Abs 4 AVG aber einen rechtskräftigen Bescheid auch für nichtig erklären, wenn dieser von einer unzuständigen Behörde oder von einer nicht richtig zusammengesetzten Kollegialbehörde erlassen wurde, einen strafgesetzwidrigen Erfolg herbeiführen würde, tatsächlich undurchführbar ist oder an einem durch gesetzliche Vorschrift ausdrücklich mit Nichtigkeit bedrohten Fehler leidet. Eine Nichterklärung wegen Erlassung eines Bescheides von einer unzuständigen Behörde oder von einer nicht richtig zusammengesetzten Kollegialbehörde darf gemäß § 68 Abs 5 AVG nur binnen drei Jahren ab Zustellung des Bescheides erfolgen.[22] Ob und inwieweit durch die Einführung der Verwaltungsgerichtsbarkeit Änderungen im Verständnis von § 68 AVG eingetreten sind, wird durch Judikatur zu klären sein.[23]

III. Nichtigkeitsgründe

Die Nichtigkeitsgründe knüpfen an die Versagung der Erteilung der Baubewilligung gemäß § 19[24] an, dh ein Nichtigkeitsgrund kann nur vorliegen, sofern die Baubewilligung gemäß § 19 zu versagen gewesen wäre. Allerdings sind nicht alle Fälle des Außerachtlassens eines Versagungsgrundes relevant. Nur in den Fälle des § 25 Abs 1 lit a bis e droht dem Baubewilligungsbescheid die Nichtigkeit. Insbesondere ist das

7

---

19 VwGH VwSlg 16.216 A/2003; dazu ausführlich *Hengstschläger/Leeb*, AVG² § 68 Rz 53 ff mN; *Giese*, bbl 2009, 57 ff, *ders*, bbl 2011, 224 ff.
20 VwGH 7.8.2013, 2011/06/0164 mN.
21 Vgl § 25 Rz 12.
22 Zum Ganzen ausführlich *Hengstschläger/Leeb*, AVG² § 68 Rz 53 ff mN.
23 Ausführlich *Ranacher*, ZfV 2015, 15 ff.
24 Siehe § 19 Rz 3 ff.

Außerachtlassen des Versagungsgrundes nach § 19 Abs 2, dh gerechtfertigter subjektiv-öffentlicher Einwendungen der Parteien gemäß § 23 Abs 1 bis 6,[25] kein Nichtigkeitsgrund. Von den Nichtigkeitsgründen sind nur öffentliche Interessen umfasst. Verfahrensmängel des Verfahrens sind kein Nichtigkeitsgrund.[26]

8 Mit Nichtigkeit bedroht sind gemäß § 25 Abs 1 lit a Baubewilligungen, die trotz einer Verletzung des § 13 Abs 2 lit a bis d erteilt wurden.[27] Bei der Vorprüfung gemäß § 13 hat die Behörde ua festzustellen, ob dem Vorhaben der Flächenwidmungsplan, der Bebauungsplan, Interessen der Erhaltung des Landschaftsbildes oder des Schutzes des Ortsbildes sowie Interessen der Sicherheit im Hinblick auf seine Lage, die auch im Falle der Erteilung von technisch möglichen und der Art des Vorhabens angemessenen Auflagen offensichtlich nicht gewahrt werden können, entgegenstehen.[28]

9 Mit Nichtigkeit bedroht sind gemäß § 25 Abs 1 lit b und c Baubewilligungen, die trotz eines Mangels[29] einer entsprechenden Verbindung zu einer öffentlichen Fahrstraße, einer entsprechenden Wasserversorgung oder Abwasserbeseitigung nach § 17 Abs 2 lit a bis c[30] erteilt wurden. Da ausdrücklich auf § 17 Abs 2 verwiesen wird, kommen diese Nichtigkeitsgründe nur für Vorhaben gemäß § 6 lit a bis c[31] in Betracht.

10 Mit Nichtigkeit bedroht sind gemäß § 25 Abs 1 lit d Baubewilligungen, die auf Grundlage einer Festlegung von Abstandsflächen, die den K-BV nicht entsprechen, erteilt wurden. Dies soll auch der Aufsichtsbehörde ermöglichen, entsprechend rechtswidrige Bescheide aufzuheben, da die Bestimmungen über Abstandsflächen in erster Linie öffentlichen Interessen dienen.[32] Die Abstandsflächen ergeben sich aus § 5 bis § 10 K-BV. Soweit allerdings in einem Bebauungsplan Abstände festgelegt sind, sind diese Bestimmungen gemäß § 4 Abs 2 K-BV nicht anzuwen-

---

25 Siehe § 23 Rz 3 ff.
26 VwGH 18.2.1982, 1549/80; 13.12.1988, 88/05/0140; ErlRV Verf-135/94/1995, 23; *Mendel/Kraemmer*, bbl 2013, 6; auch nicht unrichtige Beweiswürdigungen, VwGH 15.5.2014, 2012/05/0098.
27 ZB VwGH VwSlg 9107 A/1976.
28 Siehe § 13 Rz 3 ff.
29 Es wird also ausdrücklich nicht auf die nicht behebbaren Hindernisse des § 13 Abs 2 lit e und f abgestellt, siehe ErlRV Verf-1035/1/1991, 19 f.
30 Siehe § 17 Rz 17 f.
31 Siehe § 6 Rz 7 f.
32 ErlRV Verf-1035/1/1991, 10.

den. Für den Nichtigkeitsgrund der Außerachtlassung der Abstandsflächen ändert dies aber nichts, da bei der Vorprüfung die Behörde gemäß § 13 Abs lit b festzustellen hat, ob dem Vorhaben der Bebauungsplan entgegensteht,[33] und somit ein Nichtigkeitsgrund nach § 25 Abs 1 lit a[34] vorliegen würde.

Schlussendlich sind Baubewilligungen gemäß § 25 Abs 1 lit e mit Nichtigkeit bedroht, sofern durch das Außerachtlassen eines Versagungsgrundes eine Gefahr für das Leben und die Gesundheit von Menschen eintreten würde. Diese Bestimmung ist § 68 Abs 3 AVG nachgebildet.[35] Insofern kann zur Auslegung auch auf die entsprechende Judikatur und Literatur zurückgegriffen werden.[36] Voraussetzung der Nichtigkeit ist, dass eine konkrete Gefährdung von Menschen besteht. Hingegen muss Gefahr im Verzug nicht vorliegen. Ausreichend ist, dass Gefahr für das Leben und die Gesundheit eines einzigen Menschen besteht. Es ist ein objektiver, an Durchschnittswerten ausgerichteter Maßstab an die Gefährdung des Lebens und der Gesundheit anzulegen. Individuelle Verträglichkeit und subjektive Befindlichkeiten sind nicht relevant.

IV. Aufhebung

Die Aufhebung obliegt gemäß § 52 Abs 2 der örtlich zuständigen Bezirkshauptmannschaft.[37] Die örtliche Zuständigkeit ergibt sich gemäß § 3 lit a AVG aus der Lage des Vorhabens.[38] Dh es ist jene Bezirkshauptmannschaft örtlich zuständig, in dessen Sprengel das Vorhaben gelegen ist.[39] Die Aufhebung hat von Amts wegen zu erfolgen.[40] Den Anrainern kommt diesbezüglich kein Rechtsanspruch zu.[41] Durch § 25 iVm § 52 Abs 2 können rechtskräftige Bescheide aufgeho-

---

33 Siehe § 13 Rz 5.
34 Siehe § 25 Rz 8.
35 ErlRV Verf-133/6/1967, 25; *Pallitsch/Pallitsch/Kleewein*, Baurecht[5] § 25 K-BO 1996 Anm 3.
36 Zum Ganzen *Hengstschläger/Leeb*, AVG[2] § 68 Rz 93 f mN.
37 Siehe § 52 Rz 9 f.
38 Zu den verfassungsrechtlichen Bedenken bei der Anwendung in jenen Angelegenheiten, die in die Gesetzgebungskompetenz der Länder fallen *Hengstschläger/Leeb*, AVG[2] § 3 Rz 1 mN.
39 *Hengstschläger/Leeb*, AVG[2] § 3 Rz 3; siehe auch § 3 Rz 24.
40 VwGH VwSlg 12.213 A/1986; 31.1.1995, 92/05/0230.
41 VwGH 31.1.1995, 92/05/0230; *Hauer* in Pabel, Gemeindeaufsicht, Rz 38 f.

ben werden, Rechtskraft ist nach der Judikatur des VwGH zur K-BO 1969 aber nicht in allen Fällen notwendige Voraussetzung.[42] Wer zur Ausnützung der rechtskräftigen und noch rechtswirksamen Baubewilligung berechtigt ist, hat Parteistellung im Verfahren über die Nichtigerklärung.[43] Ist der Grundeigentümer nicht der Berechtigte, kommt ihm keine Parteistellung zu.[44] Auch die Gemeinde ist gemäß Art 119a Abs 9 B-VG iVm § 106 Abs 1 K-AGO Partei des aufsichtsbehördlichen Verfahrens. Beschwerdelegitimiert im verwaltungsgerichtlichen Verfahren ist nur die Gemeinde als Trägerin des Rechts auf Selbstverwaltung. Einzelnen Organen der Gemeinde, auch wenn ihnen – wie zB dem Bürgermeister – durch die K-BO 1996 behördliche Zuständigkeiten eingeräumt sind, kommt ein solches Recht nicht zu.[45] Hingegen hat gemäß § 106 Abs 2 K-AGO die Parteienrechte für die Gemeinde jenes Gemeindeorgan geltend zu machen, die den Baubewilligungsbescheid erlassen hat. Durch Maßnahmen der Aufsicht darf auf Grundlage des Verhältnismäßigkeitsgrundsatzes lediglich in einem möglichst geringen Umfang in den Bereich der durch Art 116 Abs 1 B-VG und Art 3 Abs 1 K-LVG gewährleisteten Selbstverwaltung der Gemeinden eingegriffen werden.[46] Weiters ergibt sich schon aus der Verfassung, dass gemäß Art 119a Abs 7 B-VG Aufsichtsmittel auch nur unter möglichster Schonung erworbener Rechte Dritter auszuüben sind. Gleiches normiert § 96 Abs 3 K-AGO. Dies bildet eine wesentliche Schranke bei der Ausübung des Ermessens durch die Aufsichtsbehörde,[47] es ist eine Interessenabwägung vorzunehmen[48] und diese in die Begründung des Bescheides aufzunehmen.[49] Nur jene Maßnahmen dürfen getroffen werden, die den geringsten Eingriff mit sich bringen.[50] Das Ermessen darf daher nicht in der Weise geübt werden, dass wegen jeder auch noch

---

42 VwGH VwSlg 12.213 A/1986; siehe auch VwSlg 17.808 A/2009; *Hauer*, Gemeindeaufsicht 69 f mN, zur Diskussion, ob durch das LVwG Kärnten bestätigte oder reformierte Bescheide auch aufgehoben werden können.

43 VwGH 23.8.2012, 2012/05/0006.

44 VwGH 23.8.2012, 2012/05/0006.

45 VwGH VwSlg 12.213 A/1986; 25.4.2006, 2002/06/0210; ausführlich *Potacs*, Aufsicht 152 f; *Hauer* in Pabel, Gemeindeaufsicht, Rz 196 ff.

46 *Berchtold*, Gemeindeaufsicht 38 ff; *Potacs*, Aufsicht 132 f; *Sturm/Kemptner*, Gemeindeordnung[6] § 96 K-AGO Anm 22 f.

47 VfGH VfSlg 9665/1983; ErlRV Verf-135/94/1995, 23.

48 VfGH VfSlg 7978/1977; zum Ganzen *Mendel/Kraemmer*, bbl 2013, 4 ff.

49 VwGH 30.6.1998, 98/05/0042.

50 Vgl *Hengstschläger/Leeb*, AVG[2] § 68 Rz 99 f mN zu § 68 Abs 3 AVG.

so geringfügigen Rechtswidrigkeit in rechtskräftige Bescheide eingegriffen wird. Dies bedeutet aber keinen Vorrang privater Interessen vor öffentlichen Interessen, sondern statuiert vielmehr ein Gebot der Verhältnismäßigkeit des Eingriffes in erworbene Rechte. Im Rahmen der Ermessensübung sind „die nachteiligen Wirkungen des Bescheides in Bezug auf das durch die verletzte Norm geschützte öffentliche Interesse gegen jene Nachteile abzuwägen, welche die Aufhebung des Bescheides in Bezug auf die durch das (im Institut der Rechtskraft verkörperte) Prinzip der Rechtssicherheit geschützten Interessen des Dritten nach den konkret zu beurteilenden Umständen des Einzelfalles mit sich brächte."[51] So ist zB zu prüfen, ob der Bescheid zur Gänze für nichtig erklärt werden muss oder lediglich eine Teilnichtigkeit vorliegt.[52] Können die Voraussetzungen durch entsprechende Auflagen nach § 18[53] hergestellt werden, ist eine Aufhebung nach § 25 Abs 1 lit e unzulässig.[54] Hingegen ist unerheblich, ob ein Vorprüfungsverfahren stattgefunden hat oder sich in diesem das Fehlen von Voraussetzungen nach § 13 Abs 2 ergeben hat.[55] Ob ein Bescheid an einem mit Nichtigkeit bedrohten Fehler leidet, ist nach der Rechtslage zum Zeitpunkt seiner Erlassung und nicht nach der Rechtslage zum Zeitpunkt der Nichtigerklärung zu beurteilen,[56] es sei denn, dass sich aus der in der Folge geänderten Rechtslage ergibt, dass der Gesetzgeber die in Rede stehende Rechtswidrigkeit nun nicht mehr mit Nichtigkeitssanktion bedroht wissen will.[57]

Eine Aufhebung kann vor dem Hintergrund möglichster Schonung erworbener Rechte Dritter grundsätzlich nur innerhalb bestimmter Fristen erfolgen.[58] Bei Bescheiden, die gemäß § 25 Abs 1 lit a bis d[59] mit Nichtigkeit bedroht sind, ist dies nur innerhalb von fünf Jahren ab de-   **13**

---

51 Zum Ganzen VwGH 20.11.2007, 2005/05/0161.
52 *Pallitsch/Pallitsch/Kleewein*, Baurecht⁵ § 25 K-BO 1996 Anm 2.
53 Siehe § 18 Rz 3 ff.
54 VwGH 18.12.1986, 84/06/0109; siehe auch VwGH 11.6.1981, 1737/79; *Giese*, bbl 2011, 223.
55 VwGH VwSlg 12.213 A/1986.
56 VwGH 18.2.1982, 1549/80.
57 VwGH 9.12.1975, 1025/73; vgl VwGH 15.5.2014, 2012/05/0098, zu § 68 Abs 4 AVG.
58 ErlRV Verf-135/94/1995, 23.
59 Siehe § 25 Rz 8 f.

ren Rechtskraft[60] zulässig. Die Zeit eines Verfahrens vor dem Verfassungsgerichtshof oder vor dem Verwaltungsgerichtshof ist in diese Frist nicht einzurechnen. Wurde der Baubewilligungsbescheid gemäß § 52 der Bezirkshauptmannschaft nachweislich übermittelt, verkürzt sich die Frist auf zwei Jahren ab dem Einlangen bei der Bezirkshauptmannschaft. Hingegen ist die Aufhebung eines Bescheides, der gemäß § 25 Abs 1 lit e[61] mit Nichtigkeit bedroht ist, unbefristet möglich.

V. Amtshaftung

14 Rechtswidrige Aufhebungen von erteilten Baubewilligungen können auf Grundlage des Amtshaftungsgesetzes zu Amtshaftungsansprüchen gegen die Gemeindeaufsichtsbehörde führen.[62] Wenn zB die Aufhebung aus rein formellen Gründen erfolgt, Erwägungen für diesen weitreichenden Eingriff in die Rechtskraft im Aufhebungsbescheid nicht dargetan werden und die Ermessensübung demnach als grob sachwidrig und unvertretbar erachtet werden muss, so ist ein Amtshaftungsanspruch für den daraus entstandenen Schaden, der auch durch Anrufung des VwGH nicht beseitigt werden konnte, gerechtfertigt.[63] Wird die Erteilung der Baubewilligung deswegen aufgehoben, weil bei Erteilung öffentliche Interessen nicht berücksichtigt wurden, können Amtshaftungsansprüche gegen die Baubehörde bestehen.[64] Wusste hingegen der Baubewilligungswerber, dass die Bewilligung seines Antrages rechtswidrig sein wird, steht kein Amtshaftungsanspruch zu.[65] Auch dem Hypothekargläubiger, der im Vertrauen auf den Bestand der Baubewilligung Kredit gewährte, stehen mangels Rechtswidrigkeitszusammenhanges zwischen einer rechtswidrig und schuldhaft erteilten Baubewilligung, die im Aufsichtsweg beseitigt wurde, und dem daraus entstandenen Schaden eines Hypothekargläubigers, keine Amtshaftungsansprüche zu.[66]

---

60 Siehe § 20 Rz 5.
61 Siehe § 25 Rz 11.
62 *Geuder*, ÖGZ 1978, 579 ff.
63 OGH RIS-Justiz RS0049980; siehe zur notwendigen Interessenabwägung § 25 Rz 12.
64 OGH RIS-Justiz RS0050031; zur Aufhebung wegen Nichtigkeit siehe § 25 Rz 3 ff und § 52 Rz 9 f; *Hecht*, RdU 2001, 123 ff; siehe auch *Kerschner*, RdU 2001, 128 f.
65 OGH RIS-Justiz RS0050052.
66 OGH RIS-Justiz RS0023144.

6. Abschnitt – Vorschriften

§ 26 Anforderungen

Vorhaben müssen den Kärntner Bauvorschriften entsprechen.

Inhaltsübersicht **Rz**
  I. Entwicklung und Rechtsvergleich 1
  II. Bautechnische Anforderungen an Vorhaben 3

I. Entwicklung und Rechtsvergleich

Die K-BO 1866, LGBl 1866/12, enthielt auch die bautechnischen Bestimmungen. Durch LGBl 1948/11 wurde erstmals eine Verordnungsermächtigung für die Kärntner Landesregierung in § 36 K-BO 1866 eingefügt, für Gebäudegattungen, die nicht bereits in der K-BO 1866 geregelt waren, besondere Planungs- und Bauvorschriften zu erlassen. Mit der K-BO 1969, LGBl 1969/48, erfolgte die legistische Trennung des Bauverfahrens und der Bautechnik. § 22 K-BO 1969 sah ganz allgemein vor, dass Vorhaben den Anforderungen der Sicherheit, der Gesundheit, der Verkehrs, der Zivilisation, des Landschaftsbildes und des Ortsbildes nach den Erkenntnissen der Wissenschaft, insbesondere der technischen Wissenschaft, entsprechen müssen. Gemäß § 23 K-BO 1969 hatte die Kärntner Landesregierung durch Verordnung zu bestimmen, wie dies bautechnisch umzusetzen war. Mit LGBl 1979/79 wurde in § 22 K-BO 1969 auch die Anforderung der Energieersparnis aufgenommen. § 23 K-BO 1969 wurde auf Grund Vorliegens einer formalgesetzlichen Delegation und somit wegen Verletzung von § 18 Abs 2 B-VG vom VfGH, kundgemacht durch LGBl 1985/13, als verfassungswidrig aufgehoben.[1] Dies führte dazu, dass die K-BV, LGBl 1985/56, als Gesetz erlassen wurde. In dieser Fassung wurde § 22 K-BO 1969 als § 25 in die K-BO 1992, LGBl 1992/64, und als § 26 in die K-BO 1996, LGBl 1996/72, übernommen. Durch LGBl 2001/31 erfolgte eine Anpassung an die Anforderungen der RL 89/106/EWG über Bauprodukte. Seit LGBl 2012/80 wird nur mehr allgemein auf die Anforderungen der K-BV verwiesen.

1

---

1 VfGH VfSlg 10.296/1984.

2 Auch in den meisten anderen Bundesländern wird in den Bauordnungen auf bautechnische Anforderungen abgestellt, siehe § 3 Z 3 Bgld. BauG, § 43 Abs 1 NÖ BO 2014, § 9 Abs 1 Z 4 S-BauPolG, § 43 Stmk. BauG, § 17 Abs 1 TBO 2011, § 15 Abs 1 V-BauG und § 88 W-BO. In Oberösterreich findet sich keine entsprechende Bestimmung in der Bauordnung.

II. Bautechnische Anforderungen an Vorhaben

3 § 26 bestimmt ganz allgemein, dass Vorhaben den K-BV entsprechen müssen. Vorhaben sind sowohl die bewilligungspflichtigen Vorhaben nach § 6[2], als auch die bewilligungsfreien Vorhaben nach § 7.[3] Für letztere Vorhaben nach § 7 Abs 1 lit a bis u ergibt sich dies zusätzlich ausdrücklich aus § 7 Abs 3. Für Vorhaben nach § 7 Abs 1 lit v ergibt sich dies aus § 26, da diese Bestimmung nicht zwischen den bewilligungspflichtigen und bewilligungsfreien Vorhaben unterscheidet.[4] Die Bestimmung trägt die Überschrift „Anforderungen". Gemäß § 1 Abs 1 K-BV[5] sind bauliche Anlagen und alle ihre Teile „so zu planen und auszuführen, dass sie unter Berücksichtigung der Wirtschaftlichkeit gebrauchstauglich sind und die in Folge angeführten bautechnischen Anforderungen erfüllen." Gemäß § 1 Abs 2 K-BV ergeben sich folgende bautechnische Anforderungen:[6]

– Mechanische Festigkeit und Standsicherheit

– Brandschutz

– Hygiene, Gesundheit und Umweltschutz

– Nutzungssicherheit und Barrierefreiheit

– Schallschutz

– Energieeinsparung und Wärmeschutz

Diese Anforderungen müssen gemäß § 1 Abs 1 K-BV entsprechend dem Stand der Technik „bei vorhersehbaren Einwirkungen und bei normaler Instandhaltung über einen wirtschaftlich angemessenen Zeit-

---

2 Siehe § 6 Rz 7 ff.
3 Siehe § 7 Rz 33.
4 Siehe § 7 Rz 34.
5 Die K-BV sind einschließlich der Erläuternden Bemerkungen unter Punkt 2 abgedruckt.
6 Vgl § 27 Rz 3.

raum erfüllt werden. Dabei sind Unterschiede hinsichtlich der Lage, der Größe und der Verwendung der baulichen Anlagen zu berücksichtigen." Stand der Technik ist gemäß § 2 K-BV „der auf den einschlägigen wissenschaftlichen Erkenntnissen beruhende Entwicklungsstand fortschrittlicher bautechnischer Verfahren, Einrichtungen und Bauweisen, deren Funktionstüchtigkeit erprobt oder sonst erwiesen ist." Nähere Bestimmungen zu diesen bautechnischen Anforderungen finden sich in § 11 bis § 50 K-BV. Gemäß § 51 K-BV hat die Kärntner Landesregierung durch Verordnung zu bestimmen, unter welchen Voraussetzungen diesen Anforderungen entsprochen wird. Dies erfolgt durch die K-BTV[7], nach der den Anforderungen entsprochen wird, wenn die Richtlinien und technische Regelwerke des Österreichischen Instituts für Bautechnik (OIB-Richtlinien)[8] eingehalten werden. Gemäß § 52 hat die Behörde auf Antrag des Bewilligungswerbers Abweichungen von den Anforderungen der K-BTV zuzulassen, wenn dieser nachweist, „dass das gleiche Schutzniveau wie bei Einhaltung der Anforderungen der Verordnung erreicht wird." Darüber hinaus ist zu beachten, dass die Behörde gemäß Art IV Abs 10, LGBl 2012/80, iVm Art IV Abs 3, LGBl 2015/31, auf Antrag des Bewilligungswerbers im Einzelfall Ausnahmen von den bautechnischen Anforderungen zulassen kann. Dies gilt aber nur für Änderungen von im Zeitpunkt des Inkrafttretens von LGBl 2012/80, dh am 1.10.2012, bereits bestehenden Gebäuden und sonstigen baulichen Anlagen. Voraussetzung ist, dass die Einhaltung der bautechnischen Anforderungen

– technisch unmöglich ist oder

– einen unverhältnismäßig hohen wirtschaftlichen Aufwand erfordern würde oder

– wegen der besonderen geschichtlichen, künstlerischen oder kulturellen Bedeutung des Gebäudes oder der sonstigen baulichen Anlage nicht gerechtfertigt wäre.

Den in § 1 K-BV „festgelegten Anforderungen muss jedoch im Wesentlichen entsprochen werden und Interessen der Sicherheit und der Gesundheit dürfen nicht entgegenstehen."

---

7 Die K-BTV ist unter Punkt 2.1 abgedruckt.
8 Die OIB-Richtlinien sind einschließlich der Erläuternden Bemerkungen unter den Punkten 2.1.1 bis 2.1.8 abgedruckt.

4 § 26 idgF stellt – im Gegensatz zur Rechtslage vor LGBl 2012/80 – in erster Linie auf die bautechnischen Anforderungen ab.[9] Der VwGH hat zur alten Rechtslage festgestellt,[10] dass § 26 zu den Bestimmungen zählt, auf die Einwendungen gemäß § 23 Abs 3 lit h über den Schutz der Gesundheit der Anrainer erhoben werden können.[11] Gleiches ergibt sich für Einwendungen gemäß § 23 Abs 3 lit i hinsichtlich Lärmimmissionen und Erschütterungen. Aus diesem Grund muss für Einwendungen von Lärmimmissionen und Erschütterungen die Widmungskategorie nicht mit einem Immissionsschutz verbunden sein.[12] Dass § 26 K-BO seit der Novelle LGBl 2012/80 nur mehr allgemein auf die K-BV verweist, ändert meiner Ansicht nach daran aber nichts, da in § 1 Abs 2 lit c K-BV die Anforderung der Gesundheit und in § 1 Abs 2 lit e K-BV die Anforderung des Schallschutzes normiert sind. Insofern ist diese Judikatur weiterhin relevant.

§ 27 Bauprodukte

(1) Für Vorhaben dürfen nur Bauprodukte verwendet werden, die den Anforderungen der Verordnung (EU) Nr. 305/2011 und des Kärntner Bauproduktegesetzes – K-BPG entsprechen.

(2) Auf Verlangen der Behörde hat der Bauwerber den Nachweis zu erbringen, dass die verwendeten Bauprodukte den Anforderungen des Abs. 1 entsprechen.

Inhaltsübersicht Rz
   I. Entwicklung und Rechtsvergleich 1
   II. Anforderungen an Bauprodukte 3

I. Entwicklung und Rechtsvergleich

1 Schon § 36 der K-BO 1866, LGBl 1866/12, sah vor, dass nur gute dauerhafte Materialien, und diese in angemessener Weise zu verwenden

---
9 Vgl LVwG Kärnten 20.11.2014, KLVwG-1638/9/2014.
10 VwGH VwSlg 16.216 A/2003; VwSlg 16.362 A/2004; 18.12.2006, 2005/05/0301; 8.6.2011, 2011/06/0019; 15.3.2012, 2010/06/0098; 16.3.2012, 2009/05/0163.
11 Siehe § 23 Rz 36.
12 VwGH VwSlg 16.362 A/2004; 29.4.2008, 2007/05/0313; 23.11.2009, 2008/05/0111; 15.3.2012, 2010/06/0098; 24.1.2013, 2011/06/0070; siehe § 36 Rz 38.

waren. Durch LGBl 1948/11 wurde dies insofern konkretisiert, dass die entsprechenden ÖNORMEN als Fachregeln galten. Überdies konnten Baustoffe durch die Kärntner Landesregierung als zulässig erklärt werden. Gemäß § 24 Abs 2 K-BO 1969, LGBl 1969/48, durften nur Baustoffe und Bauteile verwendet werden, die den bautechnischen Anforderungen des § 22 K-BO 1969 entsprachen. Mit LGBL 1994/25 wurde zur Umsetzung der RL 89/106/EWG über Bauprodukte ein § 25a in die K-BO 1992 eingefügt, der die Anforderungen an Bauprodukte bestimmte. Darüber hinaus wurde das Kärntner Akkreditierungs- und Baustoffzulassungsgesetz, LGBl 1994/24, erlassen. In dieser Fassung wurde die Bestimmung als § 27 in die K-BO 1996, LGBl 1996/62, übernommen. Durch LGBl 2001/31 erfolgten notwendige Anpassungen an eine Änderung der RL 89/106/EWG über Bauprodukte. § 27 Abs 5, LGBl 2001/31, entspricht § 27 Abs 2 idgF. In seiner heutigen Fassung wurde die Bestimmung durch LGBl 2013/46 geschaffen, mit LGBl 2013/85 wurde ein Redaktionsversehen beseitigt und die Überschrift „Bauprodukte" eingefügt.

Auch in manchen anderen Bundesländern finden sich entsprechende Bestimmungen in den Bauordnungen, siehe § 7 Bgld. BauG, § 20 Abs 1 Z 7 iVm § 23 Abs 1 NÖ BO 2014, § 44 Stmk. BauG, § 18 TBO 2011, § 16 V-BauG und § 88 W-BO. In Oberösterreich und Salzburg finden sich keine entsprechenden ausdrücklichen Bestimmungen in den Bauordnungen.

II. Anforderungen an Bauprodukte

§ 27 Abs 1 bestimmt ganz allgemein, dass Vorhaben den Anforderungen der VO (EU) Nr 305/2011[1] und des K-BPG[2] entsprechen müssen. Vorhaben sind sowohl die bewilligungspflichtigen Vorhaben nach § 6[3], als auch die bewilligungsfreien Vorhaben nach § 7.[4] Für letztere Vorhaben nach § 7 Abs 1 lit a bis u ergibt sich dies zusätzlich ausdrücklich aus § 7 Abs 3. Für Vorhaben nach § 7 Abs 1 lit v ergibt sich dies aus § 27, da diese Bestimmung nicht zwischen den bewilligungs-

---

[1] Die VO Nr 305/2011 ist unter Punkt 4 abgedruckt.
[2] Das K-BPG ist einschließlich der Erläuternden Bemerkungen unter Punkt 5 abgedruckt.
[3] Siehe § 6 Rz 7 ff.
[4] Siehe § 7 Rz 33.

pflichtigen und bewilligungsfreien Vorhaben unterscheidet.[5] Gemäß dem Anhang 1 der VO (EU) Nr 305/2011 ergeben sich folgende Anforderungen:[6]

- Mechanische Festigkeit und Standsicherheit
- Brandschutz
- Hygiene, Gesundheit und Umweltschutz[7]
- Nutzungssicherheit und Barrierefreiheit
- Schallschutz
- Energieeinsparung und Wärmeschutz
- Nachhaltige Nutzung der natürlichen Ressourcen

Das K-BPG enthält ergänzende Bestimmungen zur VO (EU) Nr 305/2011. Wer Bauprodukte verwendet oder verwenden lässt, die den Anforderungen des § 27 Abs 1 nicht entsprechen, begeht eine Verwaltungsübertretung und ist gemäß § 50 Abs 1 lit c Z 4 zu bestrafen.[8]

4 Gemäß § 27 Abs 2 hat der Bewilligungswerber[9] auf Verlangen der Behörde den Nachweis, zB durch ein Sachverständigengutachten, zu erbringen, dass die verwendeten Bauprodukte diesen Anforderungen entsprechen.

§ 28 Baulärm

Die zur Vermeidung unnötigen störenden Lärms am Ausführungsort des Vorhabens und in seiner Umgebung im Einzelfall erforderlichen Vorkehrungen hat die Behörde mit Bescheid rechtzeitig, möglichst schon im Baubewilligungsbescheid, anzuordnen.

Literatur: *Helmreich/Moser*, Lärmschutz aus rechtlicher Sicht am Beispiel Wiens, ÖGZ 1979, 337.

---

5 Siehe § 7 Rz 34.
6 Vgl § 26 Rz 3.
7 Für die abfallrechtliche Beurteilung der Verwendung von mit Kreosot behandelten Eisenbahnholzschwellen siehe VwGH VwSlg 16.280 A/2004; 20.10.2005, 2005/07/0045.
8 Siehe § 50 Rz 16.
9 Es wird in § 27 der Begriff „Bauwerber" verwendet, dieser ist aber gleichbedeutend dem Begriff „Bewilligungswerber", VwGH 16.9.2009, 2007/05/0188.

Inhaltsübersicht

	Rz
I. Entwicklung und Rechtsvergleich	1
II. Vermeidung von Baulärm	3

I. Entwicklung und Rechtsvergleich

Die Bestimmung wurde in seiner heutigen Form als § 25b der K-BO 1992, LGBl 1996/44, geschaffen. In dieser Fassung wurde sie als § 28 in die K-BO 1996, LGBl 1996/62, übernommen. **1**

Eine ausdrückliche Bestimmung, dass Vorkehrungen zur Lärmvermeidung bei der Ausführung des Vorhabens von der Behörde durch Bescheid anzuordnen sind, findet sich nur vereinzelt, siehe § 13 S-BauPolG und § 31 Abs 1 TBO 2011. In der Steiermark sind gemäß § 35 Abs 1 Stmk. BauG Belästigungen bei der Bauausführung zu vermeiden und es besteht gemäß § 35 Abs 3 Stmk. BauG eine Verodnungsermächtigung hinsichtlich des Lärmes bei der Bauausführung. Gleiches gilt gemäß § 36 Abs 3 und 4 V-BauG in Vorarlberg. In Wien muss gemäß § 123 Abs 1 W-BO Lärm bei der Bauausführung vermieden werden. **2**

II. Vermeidung von Baulärm

Schon gemäß § 18 Abs 8 hat die Behörde durch Auflagen Art und Zeit der Durchführung festzulegen, sofern es öffentliche Interessen, wie Interessen der Gesundheit, des Verkehrs, des Fremdenverkehrs oder des Ortsbildes erfordern. So wäre es im Interesse des Fremdenverkehrs möglich, vorzuschreiben, dass die Bauausführung auf Grund des zu erwartenden Baulärmes nicht während einer bestimmten Zeit, zB nicht während der Hauptsaison, erfolgen darf.[1] § 28 sieht darüber hinaus ausdrücklich vor, dass die Behörde mit Bescheid, die zur Vermeidung unnötigen störenden Lärms am Ausführungsort des Vorhabens und in seiner Umgebung im Einzelfall erforderlichen Vorkehrungen, anzuordnen hat. Diese Vorkehrungen werden insbesondere lärmarme Baumaschinen oder Bauverfahren sowie Abschirmungen sein. Die Anordnung hat rechtzeitig möglichst schon im Baubewilligungsbescheid zu erfolgen. Es kann eine Anordnung aber auch nachträglich durch eigenständigen Bescheid erfolgen. Gemäß § 29 Abs 3 haben die Unterneh- **3**

---

[1] Siehe aber zum Verhältnismäßigkeitsgrundsatz § 18 Rz 5; *Pallitsch/Pallitsch/Kleewein*, Baurecht[5] § 18 K-BO 1996 Anm 14; siehe § 18 Rz 20 f.

mer dafür zu sorgen, dass jeder unnötige störende Lärm am Ausführungsort des Vorhabens und in seiner Umgebung vermieden wird und nach § 28 getroffene Anordnungen eingehalten werden.[2] § 2 Abs 4 K-LSiG kommt hingegen nicht zur Anwendung, da es sich hiebei nur um einen Auffangtatbestand handelt, der nur zur Anwendung kommt, sofern nicht andere Vorschriften, zB die K-BO 1996, anderes regeln.[3]

7. Abschnitt – Ausführung

§ 29 Unternehmer

(1) Vorhaben nach § 6 lit. a, b, d und e dürfen nur von befugten Unternehmern ausgeführt werden. Von dieser Regelung ausgenommen sind Tätigkeiten, die ihrer Art nach bei einem bestehenden Gebäude oder einer bestehenden baulichen Anlage nicht von der Baubewilligungspflicht nach § 6 erfaßt sind.

(2) [Anm: entfallen]

(3) Die Unternehmer haben – unbeschadet der Vorschriften über den Dienstnehmerschutz – alle Maßnahmen zu treffen, die notwendig sind, um die Sicherheit und Gesundheit von Menschen am Ausführungsort des Vorhabens und seiner Umgebung zu gewährleisten. Insbesondere haben die Unternehmer dafür zu sorgen, daß jeder unnötige störende Lärm am Ausführungsort des Vorhabens und in seiner Umgebung vermieden wird und nach § 28 getroffene Anordnungen eingehalten werden.

(4) Die Unternehmer sind der Behörde gegenüber für die bewilligungsgemäße und dem Stand der Technik entsprechende Ausführung des Vorhabens sowie für die Einhaltung der Kärntner Bauvorschriften und aller Vorschriften über die Bauausführung verantwortlich. Diese Verantwortlichkeit wird weder durch die Baubewilligung noch durch die behördliche Aufsicht eingeschränkt. Die zivilrechtliche Haftung bleibt unberührt.

(5) Die Unternehmer sind verpflichtet, die Auflagen nach § 18 Abs. 1, 5, 8, 10 und 12 einzuhalten, die nach § 18 Abs. 7 verlangten

---

[2] Siehe § 29 Rz 6.
[3] VfGH VfSlg 10.614/1985; vgl VwGH VwSlg 17.932 A/2010; *Helmreich/Moser*, ÖGZ 1979, 337 ff.

Überprüfungen durchzuführen und hierüber einen schriftlichen Befund auszustellen.

(6) Die Unternehmer sind verpflichtet, Bestätigungen gemäß § 39 Abs. 2 auszustellen.

(7) Besteht das ausführende Unternehmen nicht mehr, hat der Bauleiter die Bestätigung nach Abs. 6 von einem Sachverständigen einzuholen.

Literatur: *Wenusch*, Die zivilrechtliche Haftung für Bestätigungen, die im Zuge „(teil-) privatisierter" Bewilligungsverfahren ausgestellt werden, bbl 2010, 1; *Wiesinger*, Die Grenzen des Generalunternehmerrechts, ZVB 2013/3.

Inhaltsübersicht	**Rz**
I. Entwicklung und Rechtsvergleich	1
II. Bauausführung durch befugte Unternehmer	3
III. Öffentlich-rechtliche Pflichten der Unternehmer	5

I. Entwicklung und Rechtsvergleich

Schon § 34 der K-BO 1866, LGBl 1866/12, sah vor, dass sich der Bauwerber bei der Ausführung des Vorhabens nur hiezu berechtigten Personen bedienen durfte. Durch § 24 K-BO 1969, LGBl 1969/48, wurde die Bestimmung in ihren heutigen Grundzügen geschaffen. § 24 Abs 1 Satz 1 K-BO 1969 entspricht § 29 Abs 1 Satz 1 idgF, § 24 Abs 3 Satz 1 K-BO 1969 entspricht § 29 Abs 3 Satz 1 idgF, und § 24 Abs 5 K-BO 1969 entspricht § 29 Abs 5 idgF. § 24 Abs 2 K-BO 1969 sah vor, dass nur Bauprodukte verwendet werden durften, die den Anforderungen für diese entsprachen, § 24 Abs 4 K-BO 1969, dass die Unternehmer verpflichtet waren, die Baubewilligung einschließlich der ihr zugrundeliegenden Pläne, Berechnungen und Beschreibungen einzuhalten. Durch LGBl 1979/79 erfolgte eine redaktionelle Anpassung. Mit LGBl 1981/69 wurde § 24 Abs 6 K-BO 1969 geschaffen, dieser entspricht § 29 Abs 6 idgF. Durch LGBl 1992/26 wurde § 24 Abs 1 K-BO 1969 ein Satz 2 angefügt, dieser entspricht § 29 Abs 1 Satz 2 idgF. In § 24 Abs 2 K-BO 1969 wurde eine Verordnungsermächtigung für die Kärntner Landesregierung zur Untersagung von Bauprodukten angefügt. In dieser Fassung wurde die Bestimmung – mit redaktionellen Anpassungen – als § 26 in die K-BO 1992, LGBl 1992/64, übernommen. Durch

1

LGBl 1994/25 erfolgten lediglich redaktionelle Anpassungen. Mit LGBl 1996/44 wurde § 26 Abs 3 K-BO 1992 ein zweiter Satz angefügt, dieser entspricht § 29 Abs 3 Satz 1 idgF. Darüber hinaus wurde § 26 Abs 4 neu gestaltet, dieser entspricht § 29 Abs 4 idgF. In dieser Fassung wurde die Bestimmung – mit redaktionellen Anpassungen – als § 29 in die K-BO 1996, LGBl 1996/62, übernommen. Durch LGBl 2012/80 entfiel die Verordnungsermächtigung hinsichtlich der Untersagung von unzulässigen Bauprodukten in § 29 Abs 2. Darüber hinaus wurde § 29 Abs 7 idgF geschaffen. Mit LGBl 2013/46 entfiel § 29 Abs 2 gänzlich.

2 Auch in den anderen Bundesländern ist die Ausführung von Vorhaben befugten Unternehmern vorbehalten. Die entsprechenden Bestimmungen finden sich in § 24 Abs 1 Bgld. BauG, § 25 Abs 1 NÖ BO 2014, § 40 Abs 1 Oö. BauO 1994, § 11 Abs 1 S-BauPolG, § 34 Abs 1 Stmk. BauG, § 36 Abs 1 V-BauG sowie § 124 Abs 1 W-BO. In Tirol müssen gemäß § 31 TBO 2011 Bestätigungen von befugten Personen vorgelegt werden. Zum Teil obliegen die Aufgaben des § 29 dem Bauleiter, siehe zB § 24a Bgld. BauG.

II. Bauausführung durch befugte Unternehmer

3 Vorhaben nach § 6 lit a, b, d und e[1] dürfen nur von befugten Unternehmern ausgeführt werden. Nicht umfasst sind somit Vorhaben nach § 6 lit c[2] sowie bewilligungsfreie Vorhaben nach § 7. Dies gilt aber selbstverständlich nur für das Baurecht, die gewerberechtlichen Bestimmungen sind trotzdem einzuhalten.[3] Die Ausführung dieser Vorhaben bedarf besonderer fachtechnischer Kenntnisse, um insbesondere Gefahren für Leben und Gesundheit von Menschen hintanzuhalten.[4] Unter Ausführung eines Vorhabens ist die der Planung und Berechnung folgende Herstellung der baulichen Anlage und die Erbringung der damit verbundenen Bauarbeiten zu verstehen.[5] Wer zur Ausführung von Vorhaben befugter Unternehmer ist, ergibt sich in erster Linie aus den gewerberechtlichen Bestimmungen.[6] Abhängig vom jeweiligen Vorhaben

---

1 Siehe § 6 Rz 7 f und Rz 11 f.
2 Siehe § 6 Rz 9 f.
3 ErlRV Verf-1035/1/1991, 21.
4 ErlRV Verf-133/6/1967, 29 f; VwGH 7.9.2004, 2004/05/0139.
5 Vgl VwGH 28.11.1995, 94/04/0154; *Giese*, Baurecht § 11 Baupolizeigesetz Anm 6.
6 ErlRV Verf-133/6/1967, 30.

7. Abschnitt – Ausführung § 29

sind dies vor allem Baumeister, Brunnenmeister, Steinmetzmeister, Holzbau-Meister, Metalltechniker (im Rahmen einer von einem Baumeister geleiteten Bauführung), Tischler, Wärme-, Kälte-, Schall- und Branddämmer, Platten- und Fliesenleger, Maler und Anstreicher, Kälte- und Klimatechniker, Elektrotechniker, Hafner, Bodenleger, Dachdecker, Gas- und Sanitärtechniker, Glaser, Heizungs- und Lüftungstechniker, Keramiker; Platten- und Fliesenleger, Pflasterer, Rauchfangkehrer, Stuckateure und Trockenausbauer sowie Tapezierer und Dekorateure nach den jeweiligen Bestimmungen der GewO 1994.[7] Hingegen sind dies nicht Ziviltechniker, da diese gemäß § 4 Abs 4 ZTG im Rahmen ihrer Fachgebiete zu keiner ausführenden Tätigkeit berechtigt sind.[8] Mangels gegenteiliger Regelung kann auch der Inhaber der Baubewilligung das Vorhaben ausführen, sofern er befugter Unternehmer ist. Meiner Ansicht nach gilt dies, da Sinn und Zweck von § 29 ist, dass das Vorhaben von Personen mit fachtechnischen Kenntnissen ausgeführt wird, um insbesondere Gefahren für Leben und Gesundheit von Menschen hintanzuhalten,[9] auch für juristische Personen, insbesondere Gebietskörperschaften, die entsprechende Mitarbeiter beschäftigen.[10] Stellt die Behörde fest, dass Vorhaben entgegen § 29 Abs 1 von unbefugten Unternehmern ausgeführt werden, so hat die Behörde gemäß § 35 Abs 1 lit d die Einstellung der Bauarbeiten zu verfügen.[11] Es handelt sich bei § 29 auch um ein Schutzgesetz im Sinne von § 1311 ABGB. Die Ausführung eines Vorhabens durch unbefugte Unternehmer kann somit gegebenenfalls Anspruchsgrundlage für einen zivilrechtlichen Schadenersatz sein.[12] Wer Vorhaben nach § 6 lit a und b[13] unbefugt ausführt oder durch Unbefugte ausführen lässt, begeht eine Verwaltungsübertretung und ist gemäß § 50 Abs 1 lit d Z 3 zu bestrafen.[14]

Tätigkeiten, die ihrer Art nach bei einem bestehenden Gebäude oder einer bestehenden baulichen Anlage nicht von der Baubewilligungs- **4**

---

7 Zum Generalunternehmer siehe *Wiesinger*, ZVB 2013, 5 ff.
8 *Giese*, Baurecht § 11 Baupolizeigesetz Anm 7; missverständlich *Pallitsch/Pallitsch/Kleewein*, Baurecht[5] § 29 K-BO 1996 Anm 1.
9 ErlRV Verf-133/6/1967, 29 f; VwGH 7.9.2004, 2004/05/0139.
10 Vgl *Giese*, Baurecht § 11 Baupolizeigesetz Anm 1.
11 Siehe § 35 Rz 3 f.
12 OGH RIS-Justiz RS0117106; *Giese*, Baurecht § 11 Baupolizeigesetz Anm 3.
13 Siehe § 6 Rz 7 f.
14 Siehe § 50 Rz 19.

pflicht nach § 6 erfasst sind, müssen nicht von einem befugten Unternehmer ausgeführt werden. Dies soll Eigenleistungen des Inhabers der Baubewilligung sowie Nachbarschaftshilfe ermöglichen. In den Erläuterungen werden als Beispiele das Tapezieren und Ausmalen eines Raumes oder das Verlegen eines Teppichs bei Errichtung eines Gebäudes genannt. Dies gilt aber selbstverständlich wiederum nur für das Baurecht, die gewerberechtlichen Bestimmungen sind trotzdem einzuhalten.[15]

III. Öffentlich-rechtliche Pflichten der Unternehmer

5 Unabhängig von der zivilrechtlichen Beauftragung des Unternehmers durch den Inhaber der Baubewilligung bestehen gemäß § 29 Abs 3 bis 6 öffentlich-rechtliche Pflichten für die ausführenden Unternehmen.[16] Werden mehrere Unternehmer zur Ausführung beauftragt, bestehen diese öffentlich-rechtlichen Pflichten meiner Ansicht nach in erster Linie für jene Ausführungen, die der Unternehmer übernommen hat. Darüber hinaus hat er aber durch entsprechende Maßnahmen in der Zusammenarbeit mit den anderen Unternehmern, insbesondere im Bereich der Schnittstellen seiner Ausführungen zu den Ausführungen der anderen Unternehmer, ebenso diese öffentlich-rechtlichen Pflichten einzuhalten.

6 Die Unternehmer haben gemäß § 29 Abs 3 alle Maßnahmen zu treffen, die notwendig sind, um die Sicherheit und Gesundheit von Menschen am Ausführungsort des Vorhabens und seiner Umgebung zu gewährleisten. Dh auch aus baurechtlicher Sicht sind Maßnahmen zum Schutz der Arbeitnehmer zu treffen. Die entsprechenden bundesrechtlichen Arbeitnehmerschutzbestimmungen, insbesondere des ASchG, bleiben davon ausdrücklich unberührt und sind somit einzuhalten. Umfasst ist aber auch der Schutz von Menschen in der Umgebung des Vorhabens, dh zB von Anrainern,[17] Passanten und Arbeitnehmern in anderen Arbeitsstätten. Insbesondere haben die Unternehmer auch dafür zu sorgen, dass jeder unnötige störende Lärm am Ausführungsort des Vorhabens und in seiner Umgebung vermieden wird und nach § 28[18] getrof-

---

15 ErlRV Verf-1035/1/1991, 21.
16 ErlRV Verf-133/6/1967, 30.
17 VwGH 25.3.1997, 96/05/0278.
18 Siehe § 28 Rz 3.

fene Anordnungen eingehalten werden. Die notwendigen Vorkehrungen werden zB lärmarme Baumaschinen oder Bauverfahren sowie Abschirmungen sein. Auch eine entsprechende zeitliche Einschränkung von lärmreichen Ausführungen ist in Betracht zu ziehen. So hat die Behörde schon gemäß § 18 Abs 8 durch Auflagen Art und Zeit der Durchführung festzulegen, sofern es öffentliche Interessen, wie Interessen der Gesundheit, des Verkehrs, des Fremdenverkehrs oder des Ortsbildes erfordern.[19] § 2 Abs 4 K-LSiG kommt hingegen nicht zur Anwendung, da es sich hiebei nur um einen Auffangtatbestand handelt, der nur zur Anwendung kommt, sofern nicht andere Vorschriften, zB die K-BO 1996, anderes regeln.[20] Kommt der Unternehmer § 29 Abs 3 nicht nach, begeht er eine Verwaltungsübertretung und ist gemäß § 50 Abs 1 lit d Z 1 zu bestrafen.[21]

Die Unternehmer sind gemäß § 29 Abs 4 der Behörde gegenüber für die bewilligungsgemäße und dem Stand der Technik entsprechende Ausführung des Vorhabens sowie für die Einhaltung der Kärntner Bauvorschriften und aller Vorschriften über die Bauausführung verantwortlich. Die Unternehmer sind somit auch dafür verantwortlich, dass ihre Ausführung des Vorhabens der erteilten Baubewilligung entspricht. Sie müssen sich davon überzeugen, ob überhaupt eine rechtskräftige Baubewilligung vorliegt und welches Vorhaben bewilligt wurde.[22] Bei der Ausführung sind die Bestimmungen der K-BV[23] und alle weiteren Vorschriften für die Bauausführung einzuhalten. Die weiteren Vorschriften finden sich einerseits in der K-BO 1996, zB § 33, andererseits handelt es sich hiebei um die K-BTV[24] und die OIB-Richtlinien[25]. Die Ausführung muss auch dem Stand der Technik entsprechen. Die K-BO 1996 enthält keine Definition des Begriffes „Stand der Technik". Gemäß § 2 K-BV ist dies „der auf den einschlägigen wissenschaftlichen Erkenntnissen beruhende Entwicklungsstand fortschrittlicher bautechnischer Verfahren, Einrichtungen und Bauweisen, deren Funkti- 7

---

19 Siehe § 18 Rz 20 f.
20 VfGH VfSlg 10.614/1985; vgl VwGH VwSlg 17.932 A/2010; *Helmreich/Moser*, ÖGZ 1979, 337 ff.
21 Siehe § 50 Rz 17.
22 VwGH 24.11.1987, 87/05/0126; vgl *Giese*, Baurecht § 11 Baupolizeigesetz Anm 9.
23 Die K-BV ist einschließlich der Erläuterungen unter Punkt 2 abgedruckt.
24 Die K-BTV ist unter Punkt 2.1 abgedruckt.
25 Die OIB-Richtlinien sind einschließlich der Erläuterungen unter Punkt 2.1.1 bis Punkt 2.1.8 abgedruckt.

onstüchtigkeit erprobt oder sonst erwiesen ist."[26] Diese öffentlich-rechtliche Verantwortlichkeit wird weder durch die Baubewilligung noch durch die behördliche Aufsicht eingeschränkt. Ebenso bleibt die zivilrechtliche Haftung unberührt. Wer als Unternehmer die Bestimmung des § 29 Abs 4 übertritt, begeht eine Verwaltungsübertretung und ist gemäß § 50 Abs 1 lit b Z 2 zu bestrafen.[27]

8 Schlussendlich sind die Unternehmer gemäß § 29 Abs 5 auch dazu verpflichtet, die Auflagen nach § 18 Abs 1, 5, 8, 10 und 12[28] einzuhalten, die nach § 18 Abs 7[29] verlangten Überprüfungen durchzuführen und hierüber einen schriftlichen Befund auszustellen. Weiters sind nach § 29 Abs 6 Bestätigungen gemäß § 39 Abs 2[30] auszustellen.[31] Wer als Unternehmer die Bestimmung des § 29 Abs 4 übertritt, begeht eine Verwaltungsübertretung und ist gemäß § 50 Abs 1 lit b Z 2 zu bestrafen.[32] Besteht das Unternehmen nicht mehr, hat der Bauleiter gemäß § 29 Abs 7 diese Bestätigung von einem Sachverständigen einzuholen. Sachverständig ist eine Person, die über jene besondere Sachkunde verfügt, welche für die Bestätigung gemäß § 39 Abs 2 notwendig ist.[33] Damit wird klargestellt, wie vorzugehen ist, wenn das ausführende Unternehmen nicht mehr besteht, aber noch keine Bestätigung ausgestellt wurde.[34] Wer als Sachverständiger unrichtige Bestätigungen nach § 29 Abs 7 ausstellt, begeht eine Verwaltungsübertretung und ist gemäß § 50 Abs 1 lit b Z 4 zu bestrafen.[35]

§ 30 Bauleiter

(1) Der Bewilligungswerber hat zur Koordination und Leitung der Ausführung von bewilligungspflichtigen Vorhaben einen Bau-

---

26 Zu dieser systematischen Interpretation vgl VwGH 23.11.2004, 2002/06/0064; siehe auch *Potacs*, Auslegung 84 f und 90 f mwN.
27 Siehe § 50 Rz 10.
28 Siehe § 18 Rz 3 ff.
29 Siehe § 18 Rz 17 f.
30 Siehe § 39 Rz 6 f.
31 Zu zivilrechtlichen Haftungen für Bestätigungen im Baubewilligungsverfahren siehe *Wenusch*, bbl 2010, 1 ff.
32 Siehe § 50 Rz 10.
33 Vgl ErlRV 01-VD-LG-1369/4-2012, 14; siehe § 30 Rz 5.
34 ErlRV 01-VD-LG-1369/4-2012, 13.
35 Siehe § 50 Rz 12.

leiter zu bestellen und diesen der Behörde vor Beginn der Ausführung des Vorhabens bekanntzugeben. Der Bauleiter muss gleichzeitig befugter Unternehmer im Sinne des § 29 Abs. 1 oder Sachverständiger sein.

(2) Der Bauleiter ist der Behörde gegenüber für die Einhaltung der Vorschriften des § 29 Abs. 1 und dafür verantwortlich, daß sämtliche Bestätigungen nach § 39 Abs. 2 vorgelegt werden. Er hat dafür zu sorgen, daß auf der Baustelle die Namen der ausführenden Unternehmer an wahrnehmbarer Stelle gut sichtbar angebracht werden.

Inhaltsübersicht Rz
  I. Entwicklung und Rechtsvergleich 1
  II. Der Bauleiter und seine öffentlich-rechtlichen Pflichten 3

I. Entwicklung und Rechtsvergleich

Diese Bestimmung wurde durch LGBl 1996/44 als § 26a in K-BO 1992 eingefügt. In dieser Fassung wurde diese – mit redaktionellen Anpassungen – als § 30 in die K-BO 1996, LGBl 1996/62, übernommen. Durch LGBl 2012/80 wurde vorgesehen, dass der Bauleiter gleichzeitig befugter Unternehmer im Sinne des § 29 Abs 1 oder Sachverständiger sein muss. **1**

Auch in den Bauordnungen anderer Bundesländer finden sich – mit durchaus unterschiedlichen Aufgaben für die Bauleiter und unterschiedlichen Bezeichnungen – ähnliche Bestimmungen, siehe § 24a Bgld. BauG, § 25 Abs 2 NÖ BO 2014, § 40 Abs 2 bis 7 Oö. BauO 1994, § 11 Abs 2, 4 und 5 S-BauPolG, § 34 Stmk. BauG, § 32 TBO 2011 sowie § 124 W-BO. In Vorarlberg besteht keine ausdrückliche Bestimmung für einen koordinierenden Bauleiter in der Bauordnung. **2**

II. Der Bauleiter und seine öffentlich-rechtlichen Pflichten

Gemäß § 30 Abs 1 hat der Bewilligungswerber einen Bauleiter zu bestellen. Das Abstellen auf den „Bewilligungswerber" ist eine unglückliche Wortwahl, da der (ehemalige) Bewilligungswerber nicht mit demjenigen, in dessen Auftrag das Vorhaben ausgeführt wird, übereinstim- **3** men muss.[1] In diesem Sinne ist davon auszugehen, dass damit gemeint ist, dass der Inhaber der Baubewilligung den Bauleiter zu bestellen hat.[2] Eine Bestellung eines Bauleiters ist auch nur bei Vorhaben nach § 6 lit a, b, d und e[3] erforderlich. Dies ergibt sich aus den Verweisungen auf § 29 Abs 1 und § 39 Abs 2, die jeweils nur auf diese Vorhaben abstellen. Kommt der Bewilligungswerber der Verpflichtung des § 31 Abs 1 nicht nach, begeht er eine Verwaltungsübertretung und ist gemäß § 50 Abs 1 lit d Z 1 zu bestrafen.[4]

4 Der Bauleiter ist vom Inhaber der Baubewilligung vor Beginn der Ausführung des Vorhabens der Behörde bekanntzugeben. Die K-BO 1996 definiert nicht, ab wann eine Ausführung des Vorhabens vorliegt. Nach der Judikatur des VwGH zu anderen Bauordnungen ist unter Beginn der Bauausführung jede auf die Errichtung eines bewilligten Vorhabens gerichtete bautechnische Maßnahme anzusehen.[5] Der Baubeginn ist stets ein faktisches Geschehen und nicht ein rechtlicher Akt der Behörde.[6] Der Baubeginn ist anhand von objektiven Kriterien zu ermitteln.[7] Ohne Bedeutung ist, in welchem Größenverhältnis die durchgeführten Arbeiten zum geplanten Vorhaben stehen[8] oder ob diese von einem befugten Unternehmer durchgeführt werden.[9] Soweit die bautechnische Maßnahme der Herstellung des Vorhabens dient, ist auch schon die Errichtung eines kleinen Teiles des Fundamentes,[10] die Aushebung (auch nur teilweise)[11] der Baugrube[12] oder bei Schaffung zweier neuer Wohnungen auf einem Dachboden der Einbau von Sanitäreinrichtungen[13] als Baubeginn anzusehen. Eine Maßnahme dient der Herstellung des Vorhabens

---

1 Siehe § 53 Rz 3 f.
2 Vgl *Pallitsch/Pallitsch/Kleewein*, Baurecht[5] § 30 K-BO 1996 Anm 1.
3 Siehe § 6 Rz 7 f und Rz 11 f.
4 Siehe § 50 Rz 17.
5 VwGH 17.4.2012, 2009/05/0313; zum Ganzen *Giese*, Baurecht § 12 Baupolizeigesetz Anm 2.
6 VwGH VwSlg 6726 A/1965.
7 VwGH VwSlg 11.796 A/1985; 23.1.1996, 95/05/0194; 17.4.2012, 2009/05/0313.
8 VwGH 23.1.1996, 95/05/0194; 25.9.2007, 2006/06/0001; 17.4.2012, 2009/05/0313.
9 VwGH VwSlg 11.796 A/1985.
10 VwGH 23.1.1996, 95/05/0194; 25.9.2007, 2006/06/0001.
11 VwGH 17.12.1998, 97/06/0113.
12 VwGH 23.1.1996, 95/05/0194; 29.8.2000, 97/05/0101; 17.4.2012, 2009/05/0313.
13 VwGH 29.8.2000, 97/05/0101.

nicht, sofern von vornherein feststeht, dass eine Fortführung dieser Arbeiten in absehbarer Zeit nicht möglich ist.[14] Die Planierung eines Bauplatzes[15] oder die Errichtung einer Betonplatte an einem Ort, wo gemäß dem bewilligten Vorhaben keine vorgesehen ist,[16] kann nicht als Baubeginn beurteilt werden, insoferne diese Arbeiten nicht der Herstellung der baulichen Anlage dienen. Ebenso sind reine Vorbereitungshandlungen nicht als Ausführung eines Vorhabens zu bewerten, zB die Öffnung einer Betondecke zur Überprüfung der Statik,[17] Trassierung durch Kennzeichnung in der Natur und die Vermessung der Wasserführung durch Aufstellung einer Maßanlage[18] sowie das Freimachen des Baugrundes durch Abreißen.[19] Solche Vorbereitungshandlungen können aber selbst mitteilungs- oder baubewilligungspflichtig sein.[20]

Der Bauleiter muss entweder gleichzeitig befugter Unternehmer im Sinne des § 29 Abs 1 sein,[21] also einer der Unternehmer, die das Vorhaben ausführen. Oder er muss Sachverständiger sein, dh eine Person, die über jene besondere Sachkunde verfügt, welche für die Bauleitung über das konkrete Vorhaben notwendig ist.[22] Letzteres ermöglicht dem Inhaber der Baubewilligung auch einer dritten – von den ausführenden Unternehmen unabhängigen – Person mit entsprechender Sachkunde, die unter Umständen zugleich die private Bauaufsicht für den Inhaber der Baubewilligung durchführt, die Bauleitung zu übertragen. Dies können insbesondere auch Ziviltechniker sein, aber ebenso Ingenieurbüros im Rahmen ihrer Gewerbeberechtigung.[23] Auch der Inhaber der Baubewilligung kann Bauleiter sein, sofern er gleichzeitig befugter Unternehmer im Sinne des § 29 Abs 1 oder Sachverständiger ist.[24] Meiner Ansicht nach gilt

5

---

14 VwGH 16.10.1997, 96/06/0185; 17.4.2012, 2009/05/0313.
15 VwGH 23.1.1996, 95/05/0194; 29.8.2000, 97/05/0101; 17.4.2012, 2009/05/0313.
16 VwGH 17.12.1998, 97/06/0113.
17 VwGH 17.4.2012, 2009/05/0313.
18 VwGH 3.6.1987, 87/10/0006.
19 VwGH VwSlg 9754 A/1979.
20 *Giese*, Baurecht § 12 Baupolizeigesetz Anm 2.
21 Siehe § 29 Rz 3.
22 ErlRV 01-VD-LG-1369/4-2012, 14.
23 Siehe die Einschränkung in § 134 Abs 3 GewO 1994.
24 ErlRV Verf-135/94/1995, 25. Allerdings waren für den Bauleiter in LGBl 1996/44 noch keine Qualifikationen vorgesehen.

dies, da Sinn und Zweck von § 30 iVm § 29 ist, dass das Vorhaben von Personen mit fachtechnischen Kenntnissen ausgeführt wird, um insbesondere Gefahren für Leben und Gesundheit von Menschen hintanzuhalten,[25] auch für juristische Personen, die entsprechende Mitarbeiter beschäftigt haben.[26]

6 Unabhängig von der zivilrechtlichen Beauftragung des Bauleiters durch den Inhaber der Baubewilligung bestehen öffentlich-rechtliche Pflichten für die ausführenden Unternehmen. Der Bauleiter hat die Ausführung des Vorhabens zu koordinieren und zu leiten. In diesem Sinne ist er der Behörde gegenüber für die Einhaltung der Vorschriften des § 29 Abs 1 verantwortlich,[27] dh für die Ausführung des Vorhabens nur durch befugte Unternehmer. Der Bauleiter ist dafür verantwortlich, dass sämtliche Bestätigungen nach § 39 Abs 2 vorgelegt werden.[28] Schlussendlich hat er dafür zu sorgen, dass auf der Baustelle die Namen der ausführenden Unternehmer an wahrnehmbarer Stelle gut sichtbar angebracht werden. Wer als Bauleiter die Bestimmung des § 30 Abs 2 übertritt, begeht eine Verwaltungsübertretung und ist gemäß § 50 Abs 1 lit b Z 3 zu bestrafen.[29]

---

25 ErlRVerf-133/6/1967, 29 f; VwGH 7.9.2004, 2004/05/0139.
26 Vgl *Giese*, Baurecht § 11 Baupolizeigesetz Anm 1.
27 Siehe § 29 Rz 3 f.
28 Siehe § 39 Rz 6 f.
29 Siehe § 50 Rz 11.

§ 31 Meldepflicht

(1) Der Beginn der Ausführung von Vorhaben nach § 6 ist längstens binnen einer Woche der Behörde schriftlich zu melden.

(2) Zur Meldung ist derjenige verpflichtet, in dessen Auftrag das Vorhaben ausgeführt wird.

(3) Bei Vorhaben nach § 6 lit a, b, d und e ist gleichzeitig der Bauleiter anzugeben.

Inhaltsübersicht   Rz

  I. Entwicklung und Rechtsvergleich 1
 II. Meldepflicht 3

I. Entwicklung und Rechtsvergleich

Schon § 35 der K-BO 1866, LGBl 1866/12, sah vor, dass der Beginn der Bauführung anzuzeigen war. In seinen wesentlichen Teilen wurde die Bestimmung erstmals als § 25 der K-BO 1969, LGBl 1969/48, geschaffen. Gemäß § 25 Abs 3 K-BO 1969 waren die ausführenden Unternehmer anzugeben. Durch LGBl 1979/79 wurde eine Meldepflicht für den „beabsichtigten" Beginn eines baubewilligungspflichtigen Vorhabens eingeführt, dies wurde mit LGBl 1981/69 wieder zurückgenommen. In dieser Fassung wurde die Bestimmung – mit redaktionellen Anpassungen – als § 27 in die K-BO 1992, LGBl 1992/64, übernommen. Durch LGBl 1996/44 wurde die Meldepflicht auf baubewilligungspflichtige Vorhaben eingeschränkt und es war nunmehr der Bauleiter anzugeben. In dieser Fassung wurde die Bestimmung – mit redaktionellen Anpassungen – als § 31 in die K-BO 1996, LGBl 1996/62, übernommen.   **1**

Auch nach den Bauordnungen in den meisten anderen Bundesländern ist die Ausführung des Vorhabens zu melden. Die entsprechenden Bestimmungen finden sich in § 24 Abs 2 Bgld. BauG, § 26 Abs 1 NÖ BO 2014, § 40 Abs 4 Oö. BauO 1994, § 12 Abs 3 S-BauPolG, § 34 Abs 2 Stmk. BauG, § 30 Abs 3 TBO 2011 sowie § 124 Abs 2 W-BO. In Vorarlberg findet sich keine ausdrückliche Bestimmung in der Bauordnung.   **2**

II. Meldepflicht

3 Sinn und Zweck der Bestimmung ist einerseits festzustellen, ob das Vorhaben noch innerhalb der Wirksamkeit der Baubewilligung gemäß § 21[1] begonnen wird, andererseits ermöglicht es der Behörde, ihren Überwachungspflichten nach § 34[2] nachzukommen.[3] Von wesentlicher Bedeutung ist auch, dass gemäß § 23 Abs 7 Anrainer, denen ein Baubewilligungsbescheid nicht zugestellt wurde, ihre Stellung als Partei nur dann verlieren, wenn die Ausführung des Vorhabens begonnen wurde und seit Meldung des Beginns der Ausführung des Vorhabens mehr als ein Jahr vergangen ist. Ohne Meldung der Ausführung gemäß § 31 kann somit kein Verlust der Parteistellung nach § 23 Abs 7 eintreten.[4] Somit ist es im Interesse des Inhabers der Baubewilligung, die Meldung des Beginns der Ausführung von Vorhaben nach § 31 Abs 1 rasch durchzuführen.[5] Umfasst sind nur bewilligungspflichtige Vorhaben nach § 6[6], hingegen nicht bewilligungsfreie Vorhaben nach § 7. Zur Meldung verpflichtet ist gemäß § 31 Abs 2 derjenige, in dessen Auftrag das Vorhaben ausgeführt wird, dh der Inhaber der Baubewilligung.[7]

4 Der Beginn der Ausführung des Vorhabens ist längstens binnen einer Woche der Behörde zu melden. Die K-BO 1996 definiert nicht, ab wann eine Ausführung des Vorhabens vorliegt. Nach der Judikatur des VwGH zu anderen Bauordnungen ist unter Beginn der Bauausführung jede auf die Errichtung eines bewilligten Vorhabens gerichtete bautechnische

---

1 Siehe § 21 Rz 3 ff.
2 Siehe § 34 Rz 3 ff.
3 ErlRV Verf-133/6/1967, 30 f; ErlRV Verf-86/32/1981, 18; vgl *Krzizek*, System II 252.
4 Siehe § 23 Rz 62.
5 ErlRV 01-VD-LG-1369/4-2012, 12.
6 Siehe § 6 Rz 7 ff.
7 Vgl *Pallitsch/Pallitsch/Kleewein*, Baurecht[5] § 30 K-BO 1996 Anm 1 und § 31 K-BO 1996 Anm 4. Diese verwenden den Begriff „Bauherr". Allerdings ist dieser Begriff der K-BO 1996 unbekannt. Der Begriff „Bauherr" findet sich nur in der Anlage zur Verordnung über die Ausführungsplakette für Bauvorhaben, diese ist unter Punkt 1.2 abgedruckt. Hingegen findet die Umschreibung „derjenige, in dessen Auftrag das Vorhaben ausgeführt wird", zB in § 39 Abs 1, und der Begriff „Inhaber der Baubewilligung", zB in § 36 Abs 1, Verwendung. „Derjenige, in dessen Auftrag das Vorhaben ausgeführt wird", ist in erster Linie der „Inhaber der Baubewilligung". Es kann aber gegebenenfalls auch jemand umfasst sein, der ohne Baubewilligung ein Vorhaben ausführen lässt.

Maßnahme anzusehen.[8] Der Baubeginn ist stets ein faktisches Geschehen und nicht ein rechtlicher Akt der Behörde.[9] Der Baubeginn ist anhand von objektiven Kriterien zu ermitteln.[10] Ohne Bedeutung ist, in welchem Größenverhältnis die durchgeführten Arbeiten zum geplanten Vorhaben stehen[11] oder ob diese von einem befugten Unternehmer durchgeführt werden.[12] Soweit die bautechnische Maßnahme der Herstellung des Vorhabens dient, ist auch schon die Errichtung eines kleinen Teiles des Fundamentes,[13] die Aushebung (auch nur teilweise)[14] der Baugrube[15] oder bei Schaffung zweier neuer Wohnungen auf einem Dachboden der Einbau von Sanitäreinrichtungen[16] als Baubeginn anzusehen. Eine Maßnahme dient der Herstellung des Vorhabens nicht, sofern von vornherein feststeht, dass eine Fortführung dieser Arbeiten in absehbarer Zeit nicht möglich ist.[17] Die Planierung eines Bauplatzes[18] oder die Errichtung einer Betonplatte an einem Ort, wo gemäß dem bewilligten Vorhaben keine vorgesehen ist,[19] kann nicht als Baubeginn beurteilt werden, insofern diese Arbeiten nicht der Herstellung der baulichen Anlage dienen. Ebenso sind reine Vorbereitungshandlungen nicht als Ausführung eines Vorhabens zu bewerten, zB die Öffnung einer Betondecke zur Überprüfung der Statik,[20] Trassierung durch Kennzeichnung in der Natur und die Vermessung der Wasserführung durch Aufstellung einer Maßanlage[21] sowie das Freimachen des Baugrundes durch Abreißen.[22]

---

8 VwGH 17.4.2012, 2009/05/0313; zum Ganzen *Giese*, Baurecht § 12 Baupolizeigesetz Anm 2.
9 VwGH VwSlg 6726 A/1965.
10 VwGH VwSlg 11.796 A/1985; 23.1.1996, 95/05/0194; 17.4.2012, 2009/05/0313.
11 VwGH 23.1.1996, 95/05/0194; 25.9.2007, 2006/06/0001; 17.4.2012, 2009/05/0313.
12 VwGH VwSlg 11.796 A/1985.
13 VwGH 23.1.1996, 95/05/0194; 25.9.2007, 2006/06/0001.
14 VwGH 17.12.1998, 97/06/0113.
15 VwGH 23.1.1996, 95/05/0194; 29.8.2000, 97/05/0101; 17.4.2012, 2009/05/0313.
16 VwGH 29.8.2000, 97/05/0101.
17 VwGH 16.10.1997, 96/06/0185; 17.4.2012, 2009/05/0313.
18 VwGH 23.1.1996, 95/05/0194; 29.8.2000, 97/05/0101; 17.4.2012, 2009/05/0313.
19 VwGH 17.12.1998, 97/06/0113.
20 VwGH 17.4.2012, 2009/05/0313.
21 VwGH 3.6.1987, 87/10/0006.
22 VwGH VwSlg 9754 A/1979.

Solche Vorbereitungshandlungen können aber selbst mitteilungs- oder baubewilligungspflichtig sein.[23]

5 Bei Vorhaben nach § 6 lit a, b, d und e[24] ist gemäß § 31 Abs 3 gleichzeitig mit der Meldung des Beginns der Ausführung des Vorhabens der Bauleiter nach § 30[25] anzugeben. Es genügt die Bekanntgabe von Name und Adresse des Bauleiters, ein zivilrechtlicher Vertrag muss nicht übermittelt werden.[26] Es besteht kein Widerspruch dazu, dass § 30 Abs 1 vorsieht, dass der Bauleiter bereits vor Beginn der Ausführung des Vorhabens bekanntzugeben ist, da bereits vor Baubeginn der Bauleiter dafür zu sorgen hat, dass nur befugte Unternehmer beauftragt werden, und zwischenzeitlich eine Änderung in der Person des Bauleiters eingetreten sein könnte. Auch ein Wechsel des Bauleiters während der Ausführung des Vorhabens ist der Behörde mitzuteilen.[27]

6 Die Meldung hat schriftlich an die Behörde zu erfolgen. Das Erfordernis der Schriftlichkeit stellt eine Abweichung zur Formfreiheit des § 13 Abs 1 AVG dar. Die schriftliche Antragstellung kann gemäß § 13 Abs 2 AVG in jeder technisch möglichen Form erfolgen (zB Fax). Die Pflicht zur Entgegennahme bzw das Recht auf Einbringung in einer technischen Form besteht aber nur insoweit, als die technischen Möglichkeiten bei der Behörde tatsächlich zur Verfügung stehen. Für die Einbringung per E-Mail gilt besonderes. Durch E-Mail kann die Mitteilung nur insoweit erfolgen, als für den elektronischen Verkehr zwischen der Behörde und den Beteiligten nicht besondere Übermittlungsformen vorgesehen sind. Etwaige technische Voraussetzungen oder organisatorische Beschränkungen des elektronischen Verkehrs zwischen der Behörde und den Beteiligten sind im Internet bekanntzumachen.[28] Die Behörde ist gemäß § 13 Abs 5 AVG auch nur während der Amtsstunden verpflichtet, schriftliche Anbringen entgegenzunehmen oder Empfangsgeräte empfangsbereit zu halten. Die Amtsstunden sind im Internet und an der Amtstafel bekanntzumachen.[29] Dh es ist vor einem

---

23 *Giese*, Baurecht § 12 Baupolizeigesetz Anm 2.
24 Siehe § 6 Rz 7 f und Rz 11 f.
25 Siehe § 30 Rz 3 f.
26 Vgl VwGH 20.7.2004, 2001/05/0499; *Giese*, Baurecht § 12 Baupolizeigesetz Anm 13.
27 *Giese*, Baurecht § 12 Baupolizeigesetz Anm 14.
28 *Hengstschläger/Leeb*, AVG² § 13 Rz 10 f mN.
29 *Hengstschläger/Leeb*, AVG² § 13 Rz 35 mN; siehe zum Ganzen auch VfGH VfSlg 19.849/2014.

Antrag in einer bestimmten technischen Form zu prüfen, ob diese technische Form bei der Behörde tatsächlich zur Verfügung steht. Bei einer Mitteilung per E-Mail ist darüber hinaus zu prüfen, ob etwaige technische Voraussetzungen oder organisatorische Beschränkungen (zB Mitteilung darf nur an eine bestimmte E-Mail Adresse gesendet werden) bestehen. Darüber hinaus müssen auch die Amtsstunden der Behörde beachtet werden. Erfolgt durch den Inhaber der Baubewilligung keine Meldung nach § 31, begeht er eine Verwaltungsübertretung und ist gemäß § 50 Abs 1 lit d Z 1 zu bestrafen.[30]

§ 32 Ausführungsplakette

(1) Zugleich mit der Zustellung der Baubewilligung (§ 17 Abs. 1) hat die Behörde demjenigen, dem die Baubewilligung erteilt wurde, eine Plakette zu übermitteln, aus der die Zahl und das Datum der Baubewilligung, die Art des bewilligten Vorhabens, der Name desjenigen, in dessen Auftrag das Vorhaben ausgeführt wird, sowie bei Vorhaben nach § 6 lit. a, b, d und e auch der Name des Bauleiters (§ 31 Abs. 3) hervorgehen. Wurden Auflagen gemäß § 18 Abs. 8 oder 10 erteilt, so sind auch diese auf der Plakette anzuführen. Ist der Name des Bauleiters der Behörde im Zeitpunkt der Zustellung der Baubewilligung nicht bekannt, so hat ihn der zur Meldung gemäß § 31 Abs. 1 Verpflichtete gleichzeitig mit der Meldung in die übermittelte Ausführungsplakette einzutragen.

(2) Der Bauleiter und derjenige, in dessen Auftrag das Vorhaben ausgeführt wird, sind verpflichtet, die Ausführungsplakette an der Baustelle an wahrnehmbarer Stelle gut sichtbar anzubringen. Die Plakette darf vor der Rechtskraft der Baubewilligung (Abänderung der Baubewilligung) nicht angebracht werden.

(3) Die Landesregierung hat unter Bedachtnahme auf den Zweck und den Inhalt der Ausführungsplakette ihre Gestaltung und Form mit Verordnung festzulegen.

Inhaltsübersicht	Rz
I. Entwicklung und Rechtsvergleich	1
II. Ausführungsplakette	3

---

30 Siehe § 50 Rz 17.

I. Entwicklung und Rechtsvergleich

1 Diese Bestimmung wurde in ihren Grundzügen durch LGBl 1979/79 als § 25a in die K-BO 1969 eingefügt. In dieser Fassung erfolgte die Übermittlung der Ausführungsplakette mit Meldung des Beginnes der Bauausführung. Mit LGBl 1981/69 wurde normiert, dass die Ausführungsplakette bereits mit Zustellung der Erteilung der Baubewilligung übermittelt wird. Durch LGBl 1992/26 erfolgte die Ergänzung, dass die Plakette erst ab Rechtkraft der Baubewilligung angebracht werden darf. In dieser Fassung wurde die Bestimmung – mit redaktionellen Anpassungen – als § 28 in die K-BO 1992, LGBl 1992/64, übernommen. Durch LGBl 1996/44 wurde § 28 Abs 1 Satz 3 angefügt, dieser entspricht § 32 Abs 1 Satz 3 idgF. Darüber hinaus wurde an Stelle der Unternehmer der Bauleiter verpflichtet, die Plakette anzubringen. In dieser Fassung wurde die Bestimmung – mit redaktionellen Anpassungen – als § 32 in die K-BO 1996, LGBl 1996/62, übernommen. Mit LGBl 2013/85 erfolgten in § 32 Abs 1 die notwendigen Anpassungen an die Einführung der Verwaltungsgerichtsbarkeit.

2 Auch in einzelnen anderen Bundesländern bestehen Bestimmungen zu Ausführungsplaketten, siehe § 24 Abs 2 und § 24a Abs 2 Bgld. BauG. sowie § 34 Abs 2 Stmk. BauG. Vergleichbares findet sich auch in § 124 Abs 2a W-BO.

II. Ausführungsplakette

3 Sinn und Zweck der Bestimmung ist, der Behörde die Überprüfung der Einhaltung der K-BO 1996 zu erleichtern.[1] Darüber hinaus zählt es gemäß § 19 Abs 1 K-BWG zu den Aufgaben der Bergwacht, die zuständige Bezirksverwaltungsbehörde und die Gemeinde zu verständigen, wenn in der freien Landschaft baubewilligungspflichtige Vorhaben ausgeführt werden, ohne dass die erforderliche Ausführungsplakette angebracht ist. Die Ausführungsplakette ist durch die Behörde zugleich mit der Zustellung der Baubewilligung demjenigen zu übermitteln, dem die Baubewilligung erteilt wurde. Die Plakette hat folgende Informationen zu enthalten:

– die Zahl und das Datum der Baubewilligung,

– die Art des bewilligten Vorhabens,

---

[1] ErlRV Verf-34/5/1979, 16; ErlRV Verf-1035/1/1991, 22.

7. Abschnitt – Ausführung § 32

- den Name desjenigen, in dessen Auftrag das Vorhaben ausgeführt wird,
- bei Vorhaben nach § 6 lit a, b, d und e[2] den Name des Bauleiters,
- allfällige Auflagen gemäß § 18 Abs 8 oder 10.[3]

Der Bauleiter wird zum Zeitpunkt der Zustellung der Baubewilligung regelmäßig der Behörde nicht bekannt sein. In diesen Fällen ist dieses Feld von der Behörde vorerst freizuhalten und es hat der Inhaber der Baubewilligung den Bauleiter mit der Meldung gemäß § 31 selbstständig in die übermittelte Plakette einzutragen. In die Plakette ist auch der Name desjenigen, in dessen Auftrag das Vorhaben ausgeführt wird, dh der Inhaber der Baubewilligung, einzutragen. Dieser muss aber nicht mit demjenigen, dem die Baubewilligung erteilt wurde und dem die Plakette übermittelt wurde übereinstimmen. Zwischen Erteilung der Baubewilligung und der Bauausführung kann ein Wechsel eingetreten sein.[4] Mangels Regelung, dass die Plakette selbstständig zu berichtigen ist, muss eine neue Plakette durch die Behörde übermittelt werden. Die Landesregierung hat gemäß § 23 Abs 3 unter Bedachtnahme auf den Zweck und den Inhalt der Ausführungsplakette ihre Gestaltung und Form mit Verordnung festzulegen. Dies erfolgt durch die Verordnung über die Ausführungsplakette für Bauvorhaben.[5]

Die Plakette ist gemäß § 32 Abs 2 an der Baustelle an wahrnehmbarer **4** Stelle gut sichtbar anzubringen. Dies darf nicht vor Rechtskraft[6] der Baubewilligung erfolgen. Damit soll die Überprüfung der Einhaltung der Bestimmungen der K-BO 1996 erleichtert werden.[7] Zur Anbringung sind der Bauleiter und derjenige, indessen Auftrag das Vorhaben ausgeführt wird, dh der Inhaber der Baubewilligung, verpflichtet. Erfolgt keine Anbringung, begehen diese eine Verwaltungsübertretung und sind gemäß § 50 Abs 1 lit d Z 1 zu bestrafen.[8]

---

2 Siehe § 6 Rz 7 f und Rz 11 f.
3 Siehe § 18 Rz 20 f und Rz 24.
4 Siehe § 53 Rz 3 f.
5 Die Verordnung über die Ausführungsplakette für Bauvorhaben ist unter Punkt 1.2 abgedruckt.
6 Siehe § 20 Rz 5 f.
7 ErlRV Verf-1035/1/1991, 22.
8 Siehe § 50 Rz 17.

§ 33 Überprüfungen

(1) Die Unternehmer sind verpflichtet, Abgasanlagen durch einen Rauchfangkehrer zum jeweils geeigneten Zeitpunkt der Ausführung auf die Erfüllung der Anforderungen gemäß §§ 26 und 27 überprüfen zu lassen.

(2) Der Rauchfangkehrer ist verpflichtet, die Arbeiten durchzuführen und hierüber einen schriftlichen Befund auszustellen.

Literatur: *Wenusch*, Die zivilrechtliche Haftung für Bestätigungen, die im Zuge „(teil-) privatisierter" Bewilligungsverfahren ausgestellt werden, bbl 2010, 1.

Inhaltsübersicht	Rz
I. Entwicklung und Rechtsvergleich	1
II. Überprüfungen von Abgasanlagen	3

I. Entwicklung und Rechtsvergleich

1 Diese Bestimmung findet sich erstmals als § 26 in der K-BO 1969, LGBl 1969/48. Schon in dieser Fassung waren die Rauch- und Abgasfänge durch den Rauchfangkehrer im jeweils geeigneten Zeitpunkt der Ausführung auf die Betriebsdichtheit und die fachgemäße Anordnung der Einmündung zu überprüfen und waren die Rauchfangkehrer verpflichtet diese Arbeiten durchzuführen. In dieser Fassung wurde die Bestimmung als § 29 in die K-BO 1992, LGBl 1992/64, und als § 33 in die K-BO 1996, LGBl 1996/62, übernommen. Seit LGBl 2012/80 wird für den Prüfungsumfang allgemein auf die Erfüllung der Anforderungen nach § 26 und § 27 verwiesen. Darüber hinaus entfiel die Anknüpfung an die Beschränkung der Dienstleistungserbringung der Rauchfangkehrer auf ein bestimmtes Kehrgebiet.

2 Zumeist bestehen auch in den anderen Bundesländern – durchaus unterschiedliche Bestimmungen – über die Überprüfung von Abgasanlagen, siehe § 27 Abs 2 Bgld. BauG, § 17 Abs 2 Z 2 lit a S-BauPolG, § 38 Abs 2 Z 2 Stmk. BauG sowie § 127 Abs 5 W-BO. § 31 Abs 4 TBO 2011 und insbesondere § 37 V-BauG enthalten der K-BO 1996 sehr ähnliche Bestimmungen. In Niederösterreich besteht gemäß § 27 Abs 1 NÖ BO 2014 ein ausdrückliches Recht auf Überprüfung durch die Behörde. In

Oberösterreich findet sich keine entsprechende ausdrückliche Bestimmung in der Bauordnung.

II. Überprüfungen von Abgasanlagen

Schon § 18 Abs 7 sieht vor, dass die Behörde, sofern es Interessen der Sicherheit oder der Gesundheit erfordern, durch Auflagen die Überprüfung von Anlagen oder Anlageteilen im jeweils geeigneten Zeitpunkt der Ausführung zu verlangen hat. § 33 Abs 1 bestimmt für Abgasanlagen ausdrücklich, dass die Unternehmer verpflichtet sind, diese durch einen Rauchfangkehrer zum jeweils geeigneten Zeitpunkt der Ausführung auf die Erfüllung der Anforderungen gemäß § 26 und § 27 überprüfen zu lassen. Die K-BO 1996 enthält keine Definition des Begriffes „Abgasanlage". Eine Abgasanlage ist eine „Anlage für die Ableitung der Abgase von Feuerstätten für feste, flüssige oder gasförmige Brennstoffe ins Freie."[1] Die Verpflichtung, die Überprüfung vornehmen zu lassen, besteht für die Unternehmer, dh für die befugten Unternehmer nach § 29 Abs 1,[2] die das Vorhaben ausführen. Es handelt sich um eine öffentlich-rechtliche Pflicht.[3] In erster Linie besteht diese Verpflichtung für den Unternehmer, der die Abgasanlage ausführt.[4] Wird das Vorhaben durch mehrere Unternehmen ausgeführt, hat meiner Ansicht nach dieser Unternehmer durch entsprechende Maßnahmen in der Zusammenarbeit mit den anderen Unternehmern, insbesondere im Bereich der Schnittstellen zur Ausführungen der Abgasanlage, diese öffentlich-rechtliche Pflicht einzuhalten. Insofern obliegt es diesem Unternehmer auch, den geeigneten Zeitpunkt der Überprüfung festzulegen.[5] Von der Überprüfungspflicht des § 33 nicht umfasst sind die bewilligungsfreien Vorhaben nach § 7[6]. Dies ergibt sich erstens dadurch, dass § 7 Abs 3[7] dies nicht ausdrücklich vorsieht. Zweitens obliegt die Pflicht, die Überprüfung vornehmen zu las-

3

---

1 Siehe die OIB-Richtlinie Begriffsbestimmungen, abgedruckt unter Punkt 2.1.7; zu dieser systematischen Interpretation vgl VwGH 23.11.2004, 2002/06/0064; siehe auch *Potacs*, Auslegung 84 f und 90 f mwN.
2 Siehe § 29 Rz 3 f.
3 Siehe § 29 Rz 5 f.
4 Vgl *Pallitsch/Pallitsch/Kleewein*, Baurecht[5] § 33 K-BO 1996 Anm 3.
5 *Pallitsch/Pallitsch/Kleewein*, Baurecht[5] § 33 K-BO 1996 Anm 3.
6 Siehe § 7 Rz 3 ff.
7 Siehe § 7 Rz 33 f.

§ 33 1. Kärntner Bauordnung 1996 – K-BO 1996

sen, den Unternehmern nach § 29 Abs 1. § 29 umfasst aber nur Vorhaben nach § 6 lit a, b, d und e[8]. Sehr wohl unterliegen aber Vorhaben nach § 7 der behördlichen Überwachung gemäß § 34 f. Zu beachten sind auch die Bestimmungen der §§ 17 ff K-GFPO. Die Tarife für die Überprüfung ergeben sich aus § 2 TP lit g der Verordnung betreffend die Festsetzung von Höchsttarifen für das Rauchfangkehrergewerbe.

4 Zu überprüfen ist, ob die Abgasanlage die Anforderungen gemäß § 26 und § 27 erfüllt. Es bestehen somit folgende bautechnische und bauproduktrechtliche Anforderungen:[9]

– Mechanische Festigkeit und Standsicherheit

– Brandschutz

– Hygiene, Gesundheit und Umweltschutz

– Nutzungssicherheit und Barrierefreiheit

– Schallschutz

– Energieeinsparung und Wärmeschutz

– Nachhaltige Nutzung der natürlichen Ressourcen

In erster Linie ist die Anforderung des Brandschutzes von Bedeutung. Die K-BV[10] führen dazu näher aus,[11] dass gemäß § 12 K-BV bauliche Anlagen in allen ihren Teilen so zu planen und auszuführen sind, „dass sie unter Berücksichtigung ihres Verwendungszweckes den Anforderungen des Brandschutzes entsprechen und der Gefährdung von Leben und Gesundheit von Personen durch Brand vorgebeugt sowie die Brandausbreitung wirksam eingeschränkt wird." Gemäß § 14 Abs 1 K-BV sind bauliche Anlagen „so zu planen und auszuführen, dass bei einem Brand die Ausbreitung von Feuer und Rauch innerhalb der baulichen Anlage begrenzt wird." Abgase von Feuerstätten sind gemäß § 23 Abs 1 K-BV „unter Berücksichtigung der Art der Feuerstätte und des Brennstoffes so ins Freie abzuführen, dass die Sicherheit und die Gesundheit von Personen nicht gefährdet werden und diese nicht unzumutbar belästigt werden." Um die Einhaltung dieser Anforderungen zu gewährleisten, ist die Abgasanlage auf ihre Funktions-, Betriebs- und Brandsicherheit zu überprüfen.

---
8 Siehe § 6 Rz 7 f und Rz 11 f.
9 Siehe § 26 Rz 3 und § 17 Rz 3.
10 Die K-BV ist einschließlich der Erläuterungen unter Punkt 2 abgedruckt.
11 Vgl zum Ganzen ErlRV 01-VD-LG-1369/4-2012, 14.

Bei der Auswahl des Rauchfangkehrers sind die gewerberechtlichen 5
Bestimmungen der §§ 120 ff GewO 1994 zu beachten.[12] Für den
Rauchfangkehrer besteht gemäß § 33 Abs 2 die öffentliche-rechtliche
Pflicht,[13] die Überprüfung vorzunehmen und darüber einen schriftlichen Befund auszustellen.[14] Die Grenzen der Überprüfungspflicht
der Abgasanlagen liegen für den Rauchfangkehrer in seiner Gewerbeberechtigung nach § 120 GewO 1994.[15] Kommen der Unternehmer
oder der Rauchfangkehrer den Verpflichtungen des § 33 nicht nach,
begehen sie eine Verwaltungsübertretung und sind gemäß § 50 Abs 1
lit d Z 1 zu bestrafen.[16]

§ 34 Überwachung

**(1) Die Behörde darf sich jederzeit während der Bauausführung
und nach Vollendung des Vorhabens von der Einhaltung der Bestimmungen dieses Gesetzes, der Kärntner Bauvorschriften und der
Baubewilligung, einschließlich der ihr zugrundeliegenden Pläne, Berechnungen und Beschreibungen, überzeugen.**

**(2) Die Behörde hat bei Vorliegen eines konkreten, begründeten
Verdachtes zu prüfen, ob**

**a) Vorhaben nach § 6 ohne Baubewilligung oder abweichend
von der Baubewilligung und den ihr zugrundeliegenden Plänen, Berechnungen und Beschreibungen;**

**b) Vorhaben nach § 7 entgegen § 7 Abs. 3, ausgeführt werden
oder vollendet wurden.**

**(3) Wird durch eine bewilligungswidrige oder nicht bewilligte
Ausführung eines bewilligungspflichtigen Vorhabens ein subjektiv-öffentliches Recht eines Anrainers im Sinn des § 23 Abs. 3 lit. a
bis g, des § 23 Abs. 4 bis 6 oder des § 24 lit. h und i verletzt, so hat
dieser innerhalb eines Monates ab dem Zeitpunkt, in dem er bei gehöriger Sorgfalt Kenntnis von der Ausführung haben musste, das
Recht der Antragstellung auf behördliche Maßnahmen nach den**

---

12 ErlRV 01-VD-LG-1369/4-2012, 14.
13 Vgl § 120 Abs 1 GewO 1994; *Pallitsch/Pallitsch/Kleewein*, Baurecht[5] § 33 K-BO 1996 Anm 4.
14 Zu zivilrechtlichen Haftungen für Bestätigungen im Baubewilligungsverfahren siehe *Wenusch*, bbl 2010, 1 ff.
15 ErlRV 01-VD-LG-1369/4-2012, 14.
16 Siehe § 50 Rz 17.

§§ 35 und 36 und anschließend Parteistellung in diesen behördlichen Verfahren.

(4) Abs. 3 gilt sinngemäß für Anrainer von Vorhaben nach § 7, die entgegen § 7 Abs. 3 ausgeführt werden oder vollendet wurden, ausgenommen Vorhaben nach § 7 Abs. 1 lit. d.

Inhaltsübersicht	Rz
I. Entwicklung und Rechtsvergleich	1
II. Überwachungsrecht der Behörde	3
III. Überprüfungspflicht der Behörde	4
IV. Anrainerrechte	5

I. Entwicklung und Rechtsvergleich

1 Schon § 67 der K-BO 1866, LGBl 1866/12, sah vor, dass der Gemeindevorsteher die Bauausführung zu überwachen hatte. Auch § 27 K-BO 1969, LGBl 1969/48, enthielt eine entsprechende Überwachungspflicht der Behörde. Durch LGBl 1981/69 erfolgte insofern eine Einschränkung, dass keine Überwachungspflicht vorlag, insoweit die Unternehmer die Übereinstimmung der Ausführung mit der Baubewilligung bestätigten. Mit LGBl 1992/26 wurde in § 27 Abs 3 erstmals ein Antragsrecht der Anrainer vorgesehen, die Bestimmung entspricht in ihren Grundzügen § 34 Abs 3 idgF. In dieser Fassung wurde die Bestimmung als § 30 in die K-BO 1992, LGBl 1992/64, übernommen. In seiner heutigen Form wurde die Bestimmung durch LGBl 1996/44 geschaffen. In dieser Fassung wurde die Bestimmung – mit redaktionellen Anpassungen – als § 34 in die K-BO 1996, LGBl 1996/62, übernommen. Mit LGBl 2013/85 erfolgten in § 34 Abs 3 die notwendigen Anpassungen an die Einführung der Verwaltungsgerichtsbarkeit und es wurden redaktionelle Anpassungen vorgenommen.

2 Auch den Behörden in den anderen Bundesländern kommen entsprechende Prüfungsbefugnisse zu, siehe § 25 Bgld. BauG, § 27 Abs 1 NÖ BO 2014, § 41 Abs 1 Oö. BauO 1994, § 15 S-BauPolG, § 37 Stmk. BauG, § 34 TBO 2011, § 38 V-BauG sowie § 127 W-BO. Hingegen besteht ein vergleichbares Antragsrecht der Anrainer nur in Niederösterreich gemäß § 6 Abs 1 NÖ BO 2014, in Salzburg gemäß § 16 Abs 6 S-BauPolG und in der Steiermark gemäß § 41 Abs 6 Stmk. BauG.

II. Überwachungsrecht der Behörde

Für die ausführenden Unternehmer besteht gemäß § 29 Abs 4 die öffentlich-rechtliche Pflicht der bewilligungsgemäßen und dem Stand der Technik entsprechenden Ausführung des Vorhabens sowie der Einhaltung der K-BV und aller Vorschriften über die Bauausführung.[1] Die Behörde kann diese Verpflichtung der ausführenden Unternehmer auch überwachen, denn sie darf sich gemäß § 34 Abs 1 jederzeit von der Einhaltung der Bestimmungen der K-BO 1996, der K-BV[2] und der Baubewilligung[3], einschließlich der ihr zugrundeliegenden Pläne, Berechnungen und Beschreibungen,[4] überzeugen. Dies dient der Gewährleistung der Einhaltung der baurechtlichen Bestimmungen.[5] Eine Überwachung kann sowohl während der Bauausführung erfolgen, als auch nach Vollendung des Vorhabens. Eine zeitliche Beschränkung der Überwachungsrechte der Behörde besteht nicht.[6] Zur Durchsetzung des Überwachungsrechtes besteht auch ein Zutritts- und Auskunftsrecht gemäß § 51.[7] Umfasst sind meiner Ansicht nach auch bewilligungsfreie Vorhaben nach § 7[8], denn § 34 Abs 1 stellt ganz allgemein auf Vorhaben ab und unterscheidet – im Gegensatz zB zu § 29, § 30, § 31, § 32 oder § 36 Abs 1 – nicht zwischen bewilligungspflichtigen Vorhaben nach § 6[9] und bewilligungsfreien Vorhaben nach § 7. Diese Auslegung wird auch durch die Materialen und die historische Entwicklung gedeckt. Denn auch in den Materialien[10] und in der Vorgängerbestimmung des § 30 K-BO 1992, LGBl 1992/64, wird immer klar zwischen den bewilligungsfreien und den bewilligungspflichtigen Vorhaben unterschieden. Dagegen spricht nicht, dass die Behörde auch die Einhaltung der Baubewilligung überwachen darf. Bei Vorhaben nach § 7 beschränken sich eben die Überwachungsrechte auf die Einhaltung der Bestimmungen der K-BO 1996 und der K-BV. § 34 Abs 1 enthält

---

1 Siehe § 29 Rz 5 f.
2 Die K-BV ist einschließlich der Erläuterungen unter Punkt 2 abgedruckt.
3 Siehe § 17 Rz 22 f.
4 Siehe § 10 Rz 12 f.
5 VwGH 27.6.2007, 2004/05/0099.
6 Vgl *Pallitsch/Pallitsch/Kleewein*, Baurecht[5] § 34 K-BO 1996 Anm 1.
7 Siehe § 51 Rz 3 f.
8 Siehe § 7 Rz 3 ff.
9 Siehe § 6 Rz 7 ff.
10 ErlRV Verf-135/94/1995, 26; vgl auch VwGH 16.9.2003, 2002/05/0040.

keine Verpflichtung der Behörde jedes Vorhaben zu überwachen,[11] sondern lediglich eine Ermächtigung zur Überwachung. Es liegt somit im Ermessen der Behörde, ob und inwieweit eine Überprüfung stattfindet.[12] Ein Verdacht einer gesetzwidrigen Bauausführung oder Vollendung des Vorhabens muss für ein Tätigwerden der Behörde nicht vorliegen.[13] Zur Durchsetzung der Überprüfungspflicht besteht auch ein Zutritts- und Auskunftsrecht gemäß § 51.[14] Die Organe des Wachkörpers Bundespolizei haben gemäß § 4 der Behörde über ihr Ersuchen zur Sicherung der Ausübung der Überwachungsbefugnis im Rahmen ihres gesetzmäßigen Wirkungsbereiches Hilfe zu leisten.[15]

III. Überprüfungspflicht der Behörde

4   Im Gegensatz zu § 34 Abs 1 enthält § 34 Abs 2 nicht nur eine Ermächtigung zur Überwachung, sondern eine Verpflichtung der Behörde zur Vornahme einer Überprüfung.[16] Voraussetzung ist, dass ein konkreter und begründeter Verdacht besteht, dass ein Vorhaben nach § 6 ohne Baubewilligung oder abweichend von der rechtskräftigen[17] Baubewilligung[18] und den ihr zugrundeliegenden Plänen, Berechnungen und Beschreibungen[19] ausgeführt wird oder vollendet wurde. Gleiches gilt für den konkreten und begründeten Verdacht, dass ein Vorhaben nach § 7 entgegen § 7 Abs 3 ausgeführt wird oder vollendet wurde. Grundlage eines konkreten und begründeten Verdachtes der Behörde ist ein Wissen über bestimmte Tatsachen. Gerüchte oder Vermutungen genügen nicht. Ein begründeter Verdacht kann sich aber auch auf Grund einer Anzeige oder einer nicht von vornherein als mutwillig zu

---

11 Ausweislich der Materialien wären die Behörden, mit einer Verpflichtung jedes Vorhaben überwachen zu müssen, überfordert, ErlRV Verf-135/94/1995, 26.

12 Vgl *Giese*, Baurecht § 15 Baupolizeigesetz Anm 3.

13 VwGH 16.9.2003, 2002/05/0040; *Pallitsch/Pallitsch/Kleewein*, Baurecht[5] § 34 K-BO 1996 Anm 2.

14 Siehe § 51 Rz 3 f.

15 Siehe § 4 Rz 3 f.

16 VwGH 16.9.2003, 2002/05/0040.

17 *Pallitsch/Pallitsch/Kleewein*, Baurecht[5] § 34 K-BO 1996 Anm 3; zur Rechtskraft siehe § 20 Rz 5 f.

18 Siehe § 17 Rz 22 f.

19 Siehe § 10 Rz 12 f.

erkennenden Mitteilung eines Dritten ergeben.[20] Eine Überprüfung hat gegebenenfalls sowohl während der Bauausführung zu erfolgen, als auch nach Vollendung des Vorhabens. Eine zeitliche Beschränkung der Überprüfungspflicht der Behörde besteht nicht.[21] Zur Durchsetzung der Überprüfungspflicht besteht auch ein Zutritts- und Auskunftsrecht gemäß § 51.[22] Die Organe des Wachkörpers Bundespolizei haben gemäß § 4 der Behörde über ihr Ersuchen zur Sicherung der Ausübung der Überwachungsbefugnis im Rahmen ihres gesetzmäßigen Wirkungsbereiches Hilfe zu leisten.[23]

IV. Anrainerrechte

§ 34 Abs 3 und 4 gewährt den Anrainern auch außerhalb des Baubewilligungsverfahrens subjektiv-öffentliche Rechte.[24] Dem Anrainer steht insofern auch ein Recht auf Akteneinsicht zu, als es sich um die Wahrung seiner Rechte handelt, und zwar auch bezüglich bereits abgeschlossener Verfahren. Dies dient der Wahrung der Interessen der Anrainer bei der Bauausführung.[25] Wird durch eine bewilligungswidrige oder nicht bewilligte Ausführung eines bewilligungspflichtigen Vorhabens ein subjektiv-öffentliches Recht eines Anrainers verletzt, so hat dieser ein Antragsrecht auf behördliche Maßnahmen nach § 35 und § 36, dh auf Einstellung der Bauarbeiten oder die Herstellung des rechtmäßigen Zustandes,[26] und anschließend Parteistellung[27] in diesen behördlichen Verfahren. Beide Kriterien, dh bewilligungswidrige oder nicht bewilligte Ausführung eines bewilligungspflichtigen Vorhabens sowie Verletzung eines subjektiv-öffentlichen Rechts, müssen erfüllt

---

20 VwGH 27.6.2007, 2004/05/0099; siehe in diesem Erkenntnis auch zu einer allfälligen Kostentragungspflicht des Anzeigers; siehe auch VwGH 24.8.2011, 2011/06/0066.
21 Vgl *Pallitsch/Pallitsch/Kleewein*, Baurecht⁵ § 34 K-BO 1996 Anm 1.
22 Siehe § 51 Rz 3 f.
23 Siehe § 4 Rz 3 f.
24 VwGH 22.9.1998, 97/05/0104; *Pallitsch/Pallitsch/Kleewein*, Baurecht⁵ § 34 K-BO 1996 Anm 6.
25 VwGH VwSlg 15.480 A/2000; vgl auch VwSlg 18.150 A/2011.
26 Siehe die Kommentierungen zu den §§ 35 und 36.
27 Zur Parteistellung siehe § 23 Rz 3 f.

sein.[28] Die Anrainer ergeben sich aus § 23 Abs 2[29], für die anderen Parteien des Baubewilligungsverfahrens, zB Grundeigentümer oder Miteigentümer des Baugrundstückes, besteht kein entsprechendes subjektiv-öffentliches Recht[30]. Das Antragsrecht besteht nur insofern, als ein subjektiv-öffentliches Recht eines Anrainers im Sinn des § 23 Abs 3 lit a bis g, des § 23 Abs 4 bis 6 oder des § 24 lit h und i verletzt wird.[31] Dh ein über eine Verletzung dieser subjektiv-öffentlichen Rechte hinausgehendes Antragsrecht besteht nicht.[32] So haben zB Anrainer nach § 23 Abs 2 lit c und d[33] auch nur bei einer Verletzung von subjektiv-öffentlichen Rechten gemäß § 23 Abs 6[34] ein Antragsrecht.[35] Für Anrainer nach § 23 Abs 2 lit a und b[36] ist darüber hinaus das Antragsrecht auf eine Verletzung von subjektiv-öffentlichen Rechten gemäß § 23 Abs 3 lit a bis g beschränkt, dh eine Verletzung von subjektiv-öffentlichen Rechten gemäß § 23 Abs 3 lit h und i[37] ist nicht umfasst. Für eine zulässige Antragstellung genügt es aber, dass die behauptete Verletzung dieser subjektiv-öffentlichen Rechte möglich ist.[38] Im Antrag sind diese darzulegen, dies steckt auch den Prüfungsumfang der Behörde ab, die Behörde hat nicht von sich aus sämtliche in Frage kommenden subjektiv-öffentliche Rechte, die verletzt sein könnten, in diesem Verfahren zu prüfen.[39] Die Verletzung der subjektiv-öffentlichen Rechte muss durch eine bewilligungswidrige oder nicht bewilligte Ausführung eines bewilligungspflichtigen Vorhabens erfolgen. Ein Antrag, der sich gegen ein Vorhaben richtet, das nicht bewilligungspflichtig ist, weil es sich zB um keine bauliche Anlage[40] handelt, ist – abgesehen von den Fällen des § 34 Abs 4 – unzulässig.[41] Es besteht kein abstraktes subjektiv-öffentli-

---

28 VwGH 8.9.2014, 2011/06/0185.
29 Siehe § 23 Rz 10 ff.
30 VwGH 9.9.2008, 2005/06/0341.
31 Siehe § 23 Rz 27 ff und § 24 Rz 8.
32 Vgl VwGH 24.8.2011, 2011/06/0066.
33 Siehe § 23 Rz 16 f.
34 Siehe § 23 Rz 53 f.
35 Vgl *Pallitsch/Pallitsch/Kleewein*, Baurecht[5] § 34 K-BO 1996 Anm 7.
36 Siehe § 23 Rz 10 f.
37 Siehe § 23 Rz 36 f.
38 VwGH 8.9.2014, 2011/06/0185.
39 VwGH 8.9.2014, 2011/06/0185.
40 Siehe § 6 Rz 3.
41 VwGH 29.8.2000, 97/05/0082.

ches Recht hinsichtlich baulicher Anlagen, zB kein abstrakter Immissionsschutz.[42] Bei einem Antrag gemäß § 34 Abs 3 handelt es sich nicht um dieselbe Sache, über die im Baubewilligungsverfahren abgesprochen wurde, eine Zurückweisung gemäß § 68 Abs 1 ist somit unzulässig.[43] Ein Antrag gemäß § 34 Abs 3 ist mit Bescheid zu erledigen.[44] Im Interesse der Rechtssicherheit muss der Antrag innerhalb eines Monats ab dem Zeitpunkt, in dem der Anrainer bei gehöriger Sorgfalt Kenntnis von der Ausführung des rechtswidrigen Vorhabens haben musste, gestellt werden.[45] Der VwGH[46] führt dazu aus, dass für den Beginn der Monatsfrist nicht nur auf die rein subjektive Kenntnis durch den Nachbarn abgestellt wird, sondern § 34 Abs 3 „normiert auch einen objektiven Maßstab, weil nämlich der Zeitpunkt maßgeblich ist, zu dem der Nachbar „bei gehöriger Sorgfalt Kenntnis von der Ausführung haben musste". Abgestellt wird daher auf die juristische Maßstabfigur eines gehörig sorgfältigen Nachbarn, der sich – eben mit gehöriger Sorgfalt – um sein Gebäude kümmert, so etwa bei einer langen oder längeren Abwesenheit entsprechende Vorsorge in Bezug auf sein Eigentum trifft. Welches Maß an Sorgfalt als „gehörig" zu qualifizieren ist, hängt freilich von den Umständen des Einzelfalles ab. Die Monatsfrist beginnt jedenfalls nicht erst dann, wenn ein sorgloser Eigentümer irgendwann und sei es Jahre nach einer bescheidwidrigen oder nicht bewilligten Ausführung eines bewilligungspflichtigen Vorhabens aus welchem Anlass auch immer sorgfältig nachzuforschen beginnt und dadurch eine solche rechtswidrige Ausführung entdeckt (obwohl die zuvor umschriebene juristische Maßstabfigur des mit gehöriger Sorgfalt agierenden Eigentümers hievon schon früher hätte erfahren müssen)."

Das Antragsrecht der Anrainer besteht gemäß § 34 Abs 4 sinngemäß auch,[47] wenn Vorhaben nach § 7[48], entgegen § 7 Abs 3[49] ausgeführt werden oder vollendet wurden. Die Anrainer ergeben sich – mangels

6

---

42 VwGH 29.8.2000, 97/05/0333.
43 VwGH 30.7.2002, 2002/05/0083.
44 VwGH 30.7.2002, 2002/05/0083.
45 VwGH 11.10.2011, 2008/05/0154; 11.3.2016, 2013/06/0071.
46 VwGH 24.8.2011, 2011/06/0115; 11.3.2016, 2013/06/0071; *Pallitsch/Pallitsch/Kleewein*, Baurecht[5] § 34 K-BO 1996 Anm 8.
47 Die Bestimmung ist mit der nach dem Kontext erforderlichen Anpassung anzuwenden, vgl zu sinngemäßen Anwendungen VwGH 30.6.2015, Ro 2015/03/0021.
48 Siehe § 7 Rz 3 ff.
49 Siehe § 7 Rz 33 f.

anderer Regelung – wiederum aus § 23 Abs 2[50]. Auch in diesen Fällen besteht das Antragsrecht auf Grund der sinngemäßen Anwendung des § 34 Abs 3 nur dann, sofern subjektiv-öffentlichen Rechten im Sinn des § 23 Abs 3 lit a bis g, des § 23 Abs 4 bis 6 oder des § 24 lit h und i verletzt werden.[51] Während also bei einem Vorhaben nach § 7 grundsätzlich keine subjektiv-öffentlichen Rechte der Anrainer bestehen, da kein Bewilligungsverfahren durchgeführt wird, wird den Anrainer dann ein subjektiv-öffentliches Recht auf behördliche Maßnahmen nach § 35 und § 36 eingeräumt, wenn das Vorhaben nach § 7 entgegen § 7 Abs 3 ausgeführt wird oder vollendet wurde und dadurch die genannten subjektiv-öffentlichen Rechte verletzt werden. Insofern bestehen in diesen Fällen auch subjektiv-öffentliche Rechte der Anrainer bei Vorhaben nach § 7. Davon ausgenommen sind ausdrücklich Vorhaben nach § 7 Abs 1 lit d, dh die Änderung der Verwendung von Gebäuden oder Gebäudeteilen in Freizeitwohnsitz im Sinn des § 6 K-GVG 1994 und von Freizeitwohnsitz in Hauptwohnsitz.[52]

§ 35 Einstellung

(1) **Stellt die Behörde fest, daß**
a) **Vorhaben nach § 6 lit. a, b, d oder e ohne Baubewilligung oder abweichend von der Baubewilligung und den ihr zugrundeliegenden Plänen, Berechnungen und Beschreibungen ausgeführt werden;**
b) **Vorhaben nach § 7 entgegen § 7 Abs. 3 ausgeführt werden;**
c) **Bauprodukte verwendet werden, die den Anforderungen des § 27 Abs. 1 nicht entsprechen;**
d) **Vorhaben nach § 6 lit. a, b, d oder e nicht von befugten Unternehmern ausgeführt werden;**
so hat die Behörde die Einstellung der Bauarbeiten zu verfügen.

(2) **Haben von der Behörde besonders ermächtigte Organe Grund zur Annahme, daß Sofortmaßnahmen an Ort und Stelle erforderlich sind, so haben sie die Bauarbeiten ohne weiteres Verfahren einzustellen. Von der Baueinstellung hat die Baubehörde den Bauleiter und seinen Auftraggeber zum frühestmöglichen Zeit-**

---

50 Siehe § 23 Rz 10 ff.
51 *Pallitsch/Pallitsch/Kleewein*, Baurecht[5] § 34 K-BO 1996 Anm 10; siehe § 23 Rz 27 ff und § 24 Rz 8.
52 Siehe § 7 Rz 11.

punkt zu verständigen. Die Maßnahme gilt als aufgehoben, wenn die Behörde nicht innerhalb von zwei Wochen nach ihrer Erlassung die getroffenen Anordnungen mit Bescheid gemäß Abs. 1 verfügt.

(3) Berufungen und Beschwerden gegen Einstellungen gemäß Abs. 1 haben keine aufschiebende Wirkung.

(4) Einstellungen der Bauarbeiten gemäß Abs. 1 sind aufzuheben, sobald der Grund für ihre Erlassung weggefallen ist.

(5) Wenn es die Sicherheit oder Gesundheit von Menschen erfordert, hat die Behörde die zur Abwehr oder Beseitigung der Gefahren notwendigen Maßnahmen zu treffen.

(6) Ist der Adressat eines baubehördlichen Auftrages eine vom Grundeigentümer verschiedene Person, so hat der Grundeigentümer die aufgetragenen Maßnahmen zu dulden.

(7) Werden Bauarbeiten trotz verfügter Einstellung fortgesetzt, darf die Behörde die Baustelle versiegeln oder absperren.

Literatur: *Adamovich/Funk/Holzinger/Frank*, Österreichisches Staatsrecht IV, 2009; *Maier*, Baupolizeiliche Maßnahmen im Bundesländervergleich, bbl 2004, 182.

Inhaltsübersicht   **Rz**

I. Entwicklung und Rechtsvergleich 1
II. Einstellungen der Bauarbeiten 3
III. Akte unmittelbarer verwaltungsbehördlicher Befehls- und Zwangsgewalt 8
IV. Maßnahmen im Interesse der Sicherheit und Gesundheit 11
V. Verwaltungsstrafen 12

I. Entwicklung und Rechtsvergleich

Schon § 67 der K-BO 1866, LGBl 1866/12, sah vor, dass der Gemeinde- 1
vorsteher die Fortsetzung der Bauausführung unter gewissen Umständen, zB bei einer Bauausführung ohne rechtskräftiger Bewilligung, zu untersagen hatte. Auch § 28 K-BO 1969, LGBl 1969/48, enthielt eine entsprechende Bestimmung. § 28 Abs 4 K-BO 1969 entspricht § 35 Abs 5 idgF. Durch LGBl 1979/79 wurde die Bestimmung neu gestaltet. § 28 Abs 1 K-BO 1969 entspricht im Wesentlichen § 35 Abs 2 idgF, § 28 Abs 2 Satz 1 K-BO 1969 in seinen Grundzügen § 35 Abs 1 idgF. In

§ 28 Abs 2 K-BO 1969 wurde darüber hinaus normiert, dass Berufungen gegen Einstellungen keine aufschiebende Wirkung zukommt, dies entspricht somit § 35 Abs 3 idgF. Mit LGBl 1992/26 wurden die Tatbestände des § 28 Abs 1 und 2 K-BO 1969 auch auf eine von der Baubewilligung abweichende Verwendung erweitert. Gleichzeitig wurde § 28 K-BO 1969 ein Abs 5 angefügt, dieser entspricht § 35 Abs 6 idgF. In dieser Fassung wurde die Bestimmung – mit redaktionellen Anpassungen – als § 32 in die K-BO 1992, LGBl 1992/64, übernommen. In seiner heutigen Form wurde die Bestimmung im Wesentlichen durch LGBl 1996/44 geschaffen. In dieser Fassung wurde die Bestimmung – mit redaktionellen Anpassungen – als § 35 in die K-BO 1996, LGBl 1996/62, übernommen. In LGBl 2000/13 erfolgte eine Druckfehlerberichtigung. Durch LGBl 2013/85 erfolgten die notwendigen Anpassungen an die Einführung der Verwaltungsgerichtsbarkeit. Mit LGBl 2015/31 wurde ein Redaktionsversehen beseitigt.

2 Auch in den Bauordnungen der anderen Bundesländer finden sich entsprechende Bestimmungen, siehe § 26 Abs 1 und 2 Bgld. BauG, § 29 Abs 1 NÖ BO 2014, § 49 Oö. BauO 1994, § 16 Abs 3 und 4 S-BauPolG, § 41 Abs 3 und 4 Stmk. BauG, § 35 Abs 3 bis 5 TBO 2011, § 40 V-BauG sowie § 129 Abs 10 W-BO.

II. Einstellungen der Bauarbeiten

3 § 35 verpflichtet die Behörden, gegen rechtswidrige Ausführungen von Vorhaben vorzugehen.[1] So hat die Behörde gemäß § 35 Abs 1 die Einstellung der Bauarbeiten zu verfügen, wenn

– Vorhaben nach § 6 lit a, b, d oder e[2] ohne rechtskräftige[3] Baubewilligung[4] oder abweichend von der Baubewilligung und den ihr zugrundeliegenden Plänen, Berechnungen und Beschreibungen[5] ausgeführt werden. Nicht umfasst sind somit Vorhaben nach § 6 lit c[6].

---

1 VfGH VfSlg 17.346/2004; *Pallitsch/Pallitsch/Kleewein*, Baurecht[5] § 35 K-BO 1996 Anm 1.
2 Siehe § 6 Rz 7 f und Rz 11 f.
3 Vgl VwGH 9.6.1994, 91/06/0012; *Pallitsch/Pallitsch/Kleewein*, Baurecht[5] § 35 K-BO 1996 Anm 2; zur Rechtskraft siehe § 20 Rz 5 f.
4 VwGH 22.12.1987, 87/05/0174; siehe zur Baubewilligung § 17 Rz 22 f.
5 Siehe § 10 Rz 12 f.
6 Siehe § 6 Rz 9 f.

7. Abschnitt – Ausführung § 35

- Vorhaben nach § 7 entgegen § 7 Abs 3 ausgeführt werden.[7]
- Bauprodukte verwendet werden, die den Anforderungen des § 27 Abs 1 nicht entsprechen.[8]
- Vorhaben nach § 6 lit a, b, d oder e[9] nicht von befugten Unternehmern[10] ausgeführt werden.

Da § 35 gegen die rechtswidrige Ausführung von Vorhaben gerichtet ist, ist Voraussetzung einer Einstellung, dass die Bauarbeiten noch nicht abgeschlossen sind.[11] Es kommt allerdings nicht darauf an, ob zum Zeitpunkt der Einstellung Bauarbeiten im Gange sind. Es wird nach der Judikatur des VwGH vermutet, dass die Fortsetzung dieser Bauarbeiten bis zur Vollendung der bewilligungspflichtigen baulichen Maßnahmen erfolgen werde, wenn und insoweit nicht mit der Verfügung einer Einstellung vorgegangen wird. Es kommt daher nur darauf an, dass im Zeitpunkt der Einstellung der Bauarbeiten baubewilligungspflichtige Tätigkeiten bereits vorgenommen wurden und das Vorhaben noch nicht abgeschlossen ist.[12] Eine allfällige Bewilligungsfähigkeit des Vorhabens oder der Ausführung ist im Rahmen der Einstellung ohne Bedeutung.[13] Auch bei Nichterfüllung von projektsändernden Auflagen[14] eines Baubewilligungsbescheides ist die Einstellung zu verfügen.[15] Hingegen sind nicht projektsändernde Auflagen dann, wenn von der Bewilligung Gebrauch gemacht wurde, zu vollstrecken[16] bzw ist gemäß § 50 Abs 1 lit d Z 2 eine Verwaltungsstrafe zu verhängen.[17]

---

7 Siehe § 7 Rz 3 ff.
8 Siehe § 27 Rz 3 f.
9 Siehe § 6 Rz 9 f.
10 Siehe § 29 Rz 3 f.
11 VwGH 31.1.2012, 2009/05/0072; *Pallitsch/Pallitsch/Kleewein*, Baurecht[5] § 35 K-BO 1996 Anm 1.
12 VwGH 17.2.1994, 93/06/0141.
13 VwGH 9.6.1994, 91/06/0012; *Pallitsch/Pallitsch/Kleewein*, Baurecht[5] § 35 K-BO 1996 Anm 2.
14 Siehe § 18 Rz 9.
15 VwGH 29.6.2000, 2000/06/0059.
16 VwGH 29.6.2000, 2000/06/0059.
17 VwGH 18.6.1991, 91/05/0010.

4 Der Behörde kommt hinsichtlich der Verfügung einer Einstellung kein Ermessen zu.[18] Sie hat grundsätzlich von Amts wegen und möglichst rasch vorzugehen.[19] Es besteht aber gemäß § 34 Abs 3 und 4 auch ein Antragsrecht der Anrainer[20]. Die Einstellung der Bauarbeiten gemäß § 35 Abs 1 hat durch Bescheid zu erfolgen, Schriftlichkeit ist allerdings nicht ausdrücklich verlangt.[21] Dieser muss nach § 59 Abs 1 AVG hinreichend bestimmt sein, dh es muss dem Adressaten der Einstellung die überprüfbare Möglichkeit gegeben werden, der Einstellung zu entsprechen, und die Einstellung muss überprüft und vollstreckt werden können.[22] In diesem Sinne müssen die einzustellenden Bauarbeiten konkret umschrieben werden.[23] Von der Einstellung können auch bewilligte Ausführungen erfasst sein, sofern diese in einem untrennbaren Zusammenhang stehen.[24] Nicht umfasste Bauarbeiten können weitergeführt werden.[25] Wer Adressat des Bescheides ist, wird nicht ausdrücklich bestimmt. Der Bescheid ist an denjenigen zu richten, von dem die Einstellung der rechtswidrigen Ausführung erwartet werden kann und demgegenüber sie auch durchgesetzt werden kann.[26] Dies sind grundsätzlich der Grundeigentümer[27], der ausführende Unternehmer[28] sowie der Bauleiter[29], insofern das Vorhaben durch nicht befugte Unternehmer ausgeführt wird. In erster Linie ist dies aber derjenige, in dessen Auftrag das Vorhaben ausgeführt wird,[30] sowie – bei Bauausfüh-

---

18 VfGH VfSlg 17.346/2004; VwGH 13.11.2012, 2010/05/0151; *Giese*, Baurecht § 16 Baupolizeigesetz Anm 3; *Pallitsch/Pallitsch/Kleewein*, Baurecht[5] § 35 K-BO 1996 Anm 1.

19 VwGH 22.12.1987, 87/05/0174; *Pallitsch/Pallitsch/Kleewein*, Baurecht[5] § 35 K-BO 1996 Anm 1.

20 Siehe § 34 Rz 5 f.

21 *Pallitsch/Pallitsch/Kleewein*, Baurecht[5] § 35 K-BO 1996 Anm 6; siehe hingegen zur Rechtslage vor LGBl 1979/79 VwGH VwSlg 9836 A/1979.

22 VwGH 23.2.2010, 2009/05/0250; *Pallitsch/Pallitsch/Kleewein*, Baurecht[5] § 35 K-BO 1996 Anm 1.

23 VwGH VwSlg 17.429 A/2008.

24 VwGH 4.4.2003, 2001/06/0108.

25 VwGH 25.6.1999, 98/06/0071.

26 VwGH 17.2.1994, 93/06/0141; 17.11.1994, 93/06/0262; *Pallitsch/Pallitsch/Kleewein*, Baurecht[5] § 35 K-BO 1996 Anm 1.

27 Siehe § 10 Rz 4.

28 Siehe § 29 Rz 3 f.

29 Siehe § 30 Rz 3 f.

30 VwGH VwSlg 17.429 A/2008; *Maier*, bbl 2004, 184.

rung abweichend von der Baubewilligung – der Inhaber der Baubewilligung. Hingegen trifft dies auf einen Bestandnehmer nicht zu.[31] Zu beachten ist auch, dass gemäß § 55 der Bauberechtigte dem Grundeigentümer gleichgestellt ist.[32] Partei des Verfahrens ist der Adressat des Bescheides und, sofern ein Antrag auf behördliche Maßnahmen gemäß § 34 Abs 3 und 4 gestellt wurde,[33] der antragstellende Anrainer. Ist der ausführende Unternehmer nicht der Adressat des Bescheides, ist er dennoch Partei des Verfahrens, wenn die Einstellung der Bauarbeiten auf Grund einer rechtswidrigen Ausführung erfolgte, für die er gemäß § 29 verantwortlich ist.[34] Gleiches gilt für den Bauleiter in seinem Verantwortungsbereich. Ist der Adressat des Bescheides eine vom Grundeigentümer verschiedene Person, so hat gemäß § 35 Abs 6 der Grundeigentümer[35] die Einstellung zu dulden. Parteistellung erlangt er dadurch aber grundsätzlich nicht.[36] Zu beachten ist auch, dass gemäß § 55 der Bauberechtigte dem Grundeigentümer gleichgestellt ist.[37] Wenn es sich bei Gefahr im Verzug um unaufschiebbare Einstellung der Bauarbeiten handelt, ist gemäß 57 Abs 1 AVG die Behörde berechtigt, einen Bescheid auch ohne vorausgegangenes Ermittlungsverfahren zu erlassen, dh einen Mandatsbescheid zu erlassen.[38]

Berufungen und Beschwerden gegen Einstellungen der Bauarbeiten nach § 35 Abs 1 kommt gemäß § 35 Abs 3 keine aufschiebende Wirkung zu. Dies weicht von den in § 64 Abs 1 AVG sowie § 13 und § 15 VwGVG getroffenen Regelungen ab, die grundsätzlich die aufschiebende Wirkung von Berufungen und Beschwerden vorsehen.[39] Gemäß Art 11 Abs 2 und Art 136 Abs 2 B-VG können abweichende Regelungen getroffen werden, wenn sie zur Regelung des Gegenstandes erforderlich sind. Der Ausschluss der aufschiebenden Wirkung ist hinsichtlich der Einstellung der Bauarbeiten gemäß § 35 Abs 1 erforder- 5

---

31 VwGH 19.11.1996, 94/05/0015.
32 Siehe § 55 Rz 3 f.
33 Siehe § 34 Rz 5 f.
34 VwGH 27.8.2013, 2013/06/0128.
35 Siehe § 10 Rz 4.
36 *Pallitsch/Pallitsch/Kleewein*, Baurecht[5] § 35 K-BO 1996 Anm 14.
37 Siehe § 55 Rz 3 f.
38 VwGH 31.1.2012, 2009/05/0072; ErlRV Verf-133/6/1967, 32; ErlRV Verf-34/5/1979, 17; siehe dazu ausführlich *Hengstschläger/Leeb*, AVG[2] § 57 Rz 4 f mN.
39 Missverständlich *Pallitsch/Pallitsch/Kleewein*, Baurecht[5] § 35 K-BO 1996 Anm 11.

lich, ua weil regelmäßig das rechtswidrige Vorhaben zum Zeitpunkt der Berufungs- oder Beschwerdeentscheidung bereits abgeschlossen wäre. Insofern bestehen dagegen keine verfassungsrechtlichen Bedenken.[40] Im Rahmen einer gegen eine Baueinstellung eingebrachten Berufung oder Beschwerde ist nicht auf allfällige, nach Erlassung des erstinstanzlichen Baueinstellungsbescheides erfolgte Änderungen des Sachverhaltes Bedacht zu nehmen. Es ist allein zu prüfen, „ob die Behörde erster Instanz unter Zugrundelegung des damals vorgelegenen Sachverhaltes zu Recht die Voraussetzungen für eine Baueinstellung als gegeben angesehen hat.[41] Es kommt somit auf die Sach- und Rechtslage im Zeitpunkt der Erlassung des erstinstanzlichen Bescheides.[42]

6 Die Einstellung der Bauarbeiten nach § 35 Abs 1 ist gemäß § 35 Abs 4 mit Bescheid[43] aufzuheben, sobald der Grund für die Erlassung weggefallen ist. Es wird damit aber nicht zugleich darüber abgesprochen, ob die ursprünglich verhängte Einstellung rechtmäßig war. Gegenstand des Aufhebungsverfahrens ist nur, ob im Zeitpunkt der Entscheidung über die Aufhebung der Grund für die Erlassung der Einstellung nicht mehr gegeben ist.[44] Der Grund für die Erlassung fällt zB dann weg, wenn der bewilligungswidrige Zustand behoben oder eine entsprechende Baubewilligung erteilt worden ist.[45]

7 Gemäß § 36 Abs 7 darf die Behörde die Baustelle versiegeln oder absperren, wenn die Bauarbeiten trotz verfügter Einstellung – unabhängig ob die Einstellung nach § 35 Abs 1 oder 2 erfolgte – fortgesetzt werden. Hiebei handelt es sich um einen Akt unmittelbarer verwaltungsbehördlicher Befehls- und Zwangsgewalt.[46] Zur Durchsetzung besteht auch ein Zutritts- und Auskunftsrecht gemäß § 51.[47] Die Organe des Wachkörpers Bundespolizei haben gemäß § 4 der Behörde über ihr Er-

---

40 VfGH VfSlg 17.346/2004; vgl auch ErlRV Verf-34/5/1979, 18.
41 VwGH 13.11.2012, 2010/05/0151.
42 VwGH 30.8.1994, 94/05/0067; 8.6.2011, 2009/06/0208.
43 *Pallitsch/Pallitsch/Kleewein*, Baurecht[5] § 35 K-BO 1996 Anm 12.
44 VwGH 15.4.2010, 2006/06/0305.
45 VwGH 12.10.1995, 94/06/0155.
46 *Pallitsch/Pallitsch/Kleewein*, Baurecht[5] § 35 K-BO 1996 Anm 15; siehe § 35 Rz 8 f.
47 Siehe § 51 Rz 3 f.

suchen zur Sicherung der Ausübung der Überwachungsbefugnis im Rahmen ihres gesetzmäßigen Wirkungsbereiches Hilfe zu leisten.[48]

III. Akte unmittelbarer verwaltungsbehördlicher Befehls- und Zwangsgewalt

§ 35 Abs 2 ermächtigt zu Akten unmittelbarer verwaltungsbehördlicher Befehls- und Zwangsgewalt. Ein entsprechendes Handeln liegt nach der Judikatur des VwGH dann vor, „wenn Verwaltungsorgane im Rahmen der Hoheitsverwaltung einseitig gegen individuell bestimmte Adressaten einen Befehl erteilen oder Zwang ausüben und damit unmittelbar – dh ohne vorangegangenen Bescheid – in subjektive Rechte des Betroffenen eingreifen."[49] Dies ermöglicht ohne aufwendiges Verfahren, die Baueinstellung zu verfügen.[50] Diese Akte dürfen nur von der Behörde besonders ermächtigte Organe setzen. Dies werden in erster Linie Bedienstete der Behörde sein, es können aber zB auch Sachverständige ermächtigt werden, die nicht Bedienstete sind,[51] oder auch der Bürgermeister selbst.[52] Voraussetzung ist, dass Grund zur Annahme besteht, dass die Sofortmaßnahmen an Ort und Stelle erforderlich sind. Dies ist nur dann der Fall, wenn bei einer Einstellung nach § 35 Abs 1 das rechtswidrige Vorhaben zum Zeitpunkt der Bescheiderlassung bereits abgeschlossen wäre. Die Einstellung der Bauarbeiten ist gegenüber den mit der Ausführung beschäftigten Personen an Ort und Stelle zu verfügen, wirkt aber gegenüber jedermann,[53] also zB auch gegenüber dem nicht anwesenden Inhaber der Baubewilligung oder dem Grundeigentümer.[54] So hat gemäß § 35 Abs 6 der Grundeigentümer[55] die Einstellung zu dulden, wenn er nicht der Adressat der Ein-

8

---

48 Siehe § 4 Rz 3 f.
49 Siehe zB VwGH 15.12.2014, 2011/17/0333; dazu ausführlich *Adamovich/Funk/Holzinger/Frank*, Staatsrecht IV Rz 50.051 ff mN.
50 ErlRV Verf-34/5/1979, 17; *Pallitsch/Pallitsch/Kleewein*, Baurecht[5] § 35 K-BO 1996 Anm 8.
51 *Pallitsch/Pallitsch/Kleewein*, Baurecht[5] § 35 K-BO 1996 Anm 7.
52 ErlRV Verf-34/5/1979, 17; *Maier*, bbl 2004, 186, geht hingegen davon aus, dass es sich bei den besonders geschulten Organen nicht um das Tätigwerden durch die Behörde selbst handelt, sondern um ermächtigte Organe.
53 ErlRV Verf-34/5/1979, 17.
54 *Giese*, Baurecht § 16 Baupolizeigesetz Anm 7.
55 Siehe § 10 Rz 4.

stellung ist. Zu beachten ist, dass gemäß § 55 der Bauberechtigte dem Grundeigentümer gleichgestellt ist.[56] Von der Baueinstellung sind aber der Bauleiter und sein Auftraggeber zum frühestmöglichen Zeitpunkt durch die Behörde zu verständigen. Die Baueinstellung nach § 34 Abs 2 gilt lediglich zeitlich befristet.[57] Wird nicht binnen zwei Wochen ab Erlassung die Baueinstellung mit Bescheid gemäß § 35 Abs 1 verfügt, gilt die Einstellung als aufgehoben, sie tritt ex lege außer Kraft.[58] Auf Grund dieser gesetzlichen Frist ist in diesen Fällen ein Mandatsbescheid gemäß § 35 Abs 1 iVm § 57 Abs 1 AVG[59] nicht zulässig, da die Frist ansonsten ins Leere laufen würde.[60]

9 Gemäß § 36 Abs 7 darf die Behörde die Baustelle versiegeln oder absperren, wenn die Bauarbeiten trotz verfügter Einstellung – unabhängig ob die Einstellung nach § 35 Abs 1 oder 2 erfolgte – fortgesetzt werden. Auch hiebei handelt es sich um einen Akt unmittelbarer verwaltungsbehördlicher Befehls- und Zwangsgewalt.[61] Zur Durchsetzung besteht auch ein Zutritts- und Auskunftsrecht gemäß § 51.[62] Die Organe des Wachkörpers Bundespolizei haben gemäß § 4 der Behörde über ihr Ersuchen zur Sicherung der Ausübung der Überwachungsbefugnis im Rahmen ihres gesetzmäßigen Wirkungsbereiches Hilfe zu leisten.[63]

10 Gegen Akte unmittelbarer verwaltungsbehördlicher Befehls- und Zwangsgewalt kann gemäß Art 130 Abs 1 Z 2 B-VG Beschwerde an das LVwG Kärnten erhoben werden.[64] Die Beschwerde ist gemäß § 7 Abs 4 Z 3 VwGVG iVm § 20 VwGVG grundsätzlich binnen sechs Wochen ab dem Zeitpunkt, in dem der Betroffene Kenntnis von der Ausübung unmittelbarer verwaltungsbehördlicher Befehls- und Zwangsgewalt erlangt hat, beim LVwG Kärnten einzubringen. Die Beschwerde hat gemäß § 9 Abs 1 und 4 VwGVG das Organ, dass die Maßnahme gesetzt hat, und die angefochtenen Ausübung unmittelbarer verwal-

---

56 Siehe § 55 Rz 3 f.
57 *Pallitsch/Pallitsch/Kleewein*, Baurecht[5] § 35 K-BO 1996 Anm 10.
58 *Giese*, Baurecht § 16 Baupolizeigesetz Anm 9.
59 Siehe § 35 Rz 4.
60 *Giese*, Baurecht § 16 Baupolizeigesetz Anm 9.
61 *Pallitsch/Pallitsch/Kleewein*, Baurecht[5] § 35 K-BO 1996 Anm 15.
62 Siehe § 51 Rz 3 f.
63 Siehe § 4 Rz 3 f.
64 *Pallitsch/Pallitsch/Kleewein*, Baurecht[5] § 35 K-BO 1996 Anm 8.

tungsbehördlicher Befehls- und Zwangsgewalt, gegen den sie sich richtet, zu bezeichnen sowie die Gründe, auf die sich die Behauptung der Rechtswidrigkeit stützt, das Begehren und die Angaben, die erforderlich sind, um zu beurteilen, ob die Beschwerde rechtzeitig eingebracht ist, zu enthalten. Die Beschwerde hat gemäß § 22 Abs 1 VwGVG keine aufschiebende Wirkung. „Das Verwaltungsgericht hat jedoch auf Antrag des Beschwerdeführers die aufschiebende Wirkung mit Beschluss zuzuerkennen, wenn dem nicht zwingende öffentliche Interessen entgegenstehen und nach Abwägung der berührten öffentlichen Interessen mit dem Andauern der Ausübung unmittelbarer verwaltungsbehördlicher Befehls- und Zwangsgewalt für den Beschwerdeführer ein unverhältnismäßiger Nachteil verbunden wäre." Gegen das Erkenntnis des LVwG Kärnten kann Revision beim VwGH und Beschwerde beim VfGH eingebracht werden.[65] Wird ein Akt unmittelbarer verwaltungsbehördlicher Befehls- und Zwangsgewalt nicht bekämpft, ist rechtlich davon auszugehen, dass kein rechtswidriger Eingriff erfolgt ist. Die Frage der Notwendigkeit und Zweckmäßigkeit kann aus diesem Grund in einem allfälligen Kostenersatzverfahren nicht mehr aufgerollt werden.[66]

IV. Maßnahmen im Interesse der Sicherheit und Gesundheit

Gemäß § 35 Abs 5 hat die Behörde die zur Abwehr oder Beseitigung der Gefahren notwendigen Maßnahmen zu treffen, wenn es die Sicherheit oder Gesundheit von Menschen erfordert. Der Behörde kommt hinsichtlich der Setzung dieser Maßnahmen kein Ermessen zu. Die Gefahren für die Sicherheit oder Gesundheit von Menschen werden sich in erster Linie aus der Ausführung des Vorhabens ergeben, zB eine nicht gesicherte Baugrube,[67] statische Auswirkungen auf angrenzende bauliche Anlagen oder Gefahren für Anrainer und Passanten. Es können aber auch Gefahren durch eine bewilligungswidrige oder nicht bewilligte Ausführung entstehen, zB indem Vorhaben ausgeführt werden bzw Ausführung von Vorhaben erfolgen, denen die Interessen der

11

---

65 Siehe § 3 Rz 39 ff und Rz 45 f.
66 VwGH 24.2.2004, 2002/05/0658.
67 VwGH 24.2.2004, 2002/05/0658.

Sicherheit und Gesundheit im Sinne des § 17 Abs 1[68] entgegenstehen. Zumeist wird es sich bei diesen Maßnahmen um Akte unmittelbarer verwaltungsbehördlicher Befehls- und Zwangsgewalt handeln.[69] Denkbar ist aber auch die Erlassung eines Bescheides, insbesondere eines Mandatsbescheides gemäß 57 Abs 1 AVG.[70] Die Maßnahme ist an denjenigen zu richten, von dem die Umsetzung der Maßnahme erwartet werden kann und demgegenüber sie auch durchgesetzt werden kann. Ist der Adressat der Maßnahme eine vom Grundeigentümer verschiedene Person, so hat gemäß § 35 Abs 6 der Grundeigentümer die aufgetragene Maßnahme zu dulden. Zu beachten ist auch, dass gemäß § 55 der Bauberechtigte dem Grundeigentümer gleichgestellt ist.[71] Zur Durchsetzung besteht ein Zutritts- und Auskunftsrecht gemäß § 51.[72] Die Organe des Wachkörpers Bundespolizei haben gemäß § 4 der Behörde über ihr Ersuchen zur Sicherung der Ausübung der Überwachungsbefugnis im Rahmen ihres gesetzmäßigen Wirkungsbereiches Hilfe zu leisten.[73]

V. Verwaltungsstrafen

12 Abgesichert wird die Durchsetzung von § 35 Abs 1 und 2 durch entsprechende Verwaltungsstrafen. Wer gemäß § 35 Abs 1 und 2 eingestellte Arbeiten fortsetzt oder fortsetzen lässt, sofern sich die Einstellungsverfügung auf die Errichtung von bewilligungspflichtigen Gebäude ohne Baubewilligung bezieht, begeht eine Verwaltungsübertretung und ist gemäß § 50 Abs 1 lit a Z 2 zu bestrafen. Bezieht sich die Einstellungsverfügung auf die Errichtung von sonstigen baulichen Anlagen ohne Baubewilligung, ist gemäß § 50 Abs 1 lit c Z 3 zu bestrafen. Bezieht sich hingegen die Einstellungsverfügung auf Vorhaben nach § 6 lit b bis e, die ohne Baubewilligung ausgeführt werden oder auf bewilligungsfreie Vorhaben gemäß § 7, die entgegen § 7 Abs 3 ausgeführt werden, so ist gemäß § 50 Abs 1 lit d Z 9 zu bestrafen.[74]

---

68 Siehe § 17 Rz 9 f.
69 VwGH 24.2.2004, 2002/05/0658.
70 Siehe § 35 Rz 4; *Pallitsch/Pallitsch/Kleewein*, Baurecht[5] § 35 K-BO 1996 Anm 13.
71 Siehe § 55 Rz 3 f.
72 Siehe § 51 Rz 3 f.
73 Siehe § 4 Rz 3 f.
74 Siehe zum Ganzen § 50 Rz 3 ff.

§ 36 Herstellung des rechtmäßigen Zustandes

(1) Stellt die Behörde fest, daß Vorhaben nach § 6 ohne Baubewilligung oder abweichend von der Baubewilligung ausgeführt werden oder vollendet wurden, so hat sie – unbeschadet des § 35 – dem Inhaber der Baubewilligung, bei Bauführungen ohne Baubewilligung dem Grundeigentümer, aufzutragen, entweder nachträglich innerhalb einer angemessen festzusetzenden Frist die Baubewilligung zu beantragen oder innerhalb einer weiters festzusetzenden angemessenen Frist den rechtmäßigen Zustand herzustellen. Die Möglichkeit, nachträglich die Baubewilligung zu beantragen, darf nicht eingeräumt werden, wenn der Flächenwidmungsplan – ausgenommen in den Fällen des § 14 – oder der Bebauungsplan der Erteilung einer Baubewilligung entgegensteht.

(2) Wird fristgerecht die nachträgliche Erteilung der Baubewilligung beantragt und wird dieser Antrag entweder zurückgewiesen oder abgewiesen oder zieht der Antragsteller den Antrag zurück, so wird der Auftrag zur Herstellung des rechtmäßigen Zustandes (Abs. 1) rechtswirksam. Die im Bescheid nach Abs. 1 festgesetzte Frist zur Herstellung des rechtmäßigen Zustandes beginnt in diesem Fall mit der Rechtswirksamkeit der Zurückweisung oder Abweisung oder der Zurückziehung des nachträglichen Baubewilligungsantrages.

(3) Stellt die Behörde fest, daß Vorhaben nach § 7 entgegen § 7 Abs. 3 ausgeführt werden oder vollendet wurden, so hat sie dem Grundeigentümer die Herstellung des rechtmäßigen Zustandes innerhalb einer angemessen festzusetzenden Frist aufzutragen.

(4) § 35 Abs. 6 gilt in gleicher Weise.

Literatur: *Granner*, Vollstreckungsrechtliche Aspekte der dinglichen Wirkung öffentlicher Pflichten, ZfV 2014/500; *Hauer*, Zur Rechtsstellung des Mieters im baubehördlichen Auftragsverfahren, ÖJZ 1970, 133; *ders*, Unbefugter Bau – Beseitigungsauftrag, OIZ 1983, 443; *Maier*, Baupolizeiliche Maßnahmen im Bundesländervergleich, bbl 2004, 182 und 213; *Moritz*, Wohnungseigentum und Bauordnungen der Länder, immolex 2000, 144; *Neisser/Schantl/Welan*, Betrachtungen zur Judikatur des Verfassungsgerichtshofes (Slg. 1966), ÖJZ 1968, 533.

Inhaltsübersicht Rz
  I. Entwicklung und Rechtsvergleich 1
 II. Herstellung des rechtmäßigen Zustandes bei Vorhaben
     nach § 6 3
III. Herstellung des rechtmäßigen Zustandes bei Vorhaben
     nach § 7 10

I. Entwicklung und Rechtsvergleich

1 Eine ausdrückliche Bestimmung über die Wiederherstellung findet sich erstmals als § 29 der K-BO 1969, LGBl 1969/48. Durch LGBl 1979/79 erfolgte eine Neufassung und Vereinfachung der Bestimmung. In seinen heutigen Grundzügen wurde die Bestimmung mit LGBl 1992/26 geschaffen. In dieser Fassung wurde die Bestimmung – mit redaktionellen Anpassungen – als § 32 in die K-BO 1992, LGBl 1992/64, übernommen. In seiner heutigen Form wurde die Bestimmung im Wesentlichen durch LGBl 1996/44 geschaffen. In dieser Fassung wurde die Bestimmung – mit redaktionellen Anpassungen – als § 36 in die K-BO 1996, LGBl 1996/62, übernommen. Mit LGBl 2013/85 erfolgten die notwendigen Anpassungen an die Einführung der Verwaltungsgerichtsbarkeit.

2 Auch in den Bauordnungen der anderen Bundesländer finden sich entsprechende Bestimmungen, siehe § 26 Abs 2 und 3 Bgld. BauG, § 29 Abs 2 NÖ BO 2014, § 41 Abs 3 und 4 Oö. BauO 1994, § 16 Abs 1 und 2 S-BauPolG, § 41 Stmk. BauG, § 35 TBO 2011, § 39 V-BauG sowie § 127 Abs 8 bis 9 W-BO.

II. Herstellung des rechtmäßigen Zustandes bei Vorhaben nach § 6

3 § 36 dient der Herstellung des rechtmäßigen Zustandes, dh der Durchsetzung der baurechtlichen Bestimmungen.[1] Vom Regelungsbereich des § 36 Abs 1 umfasst sind Vorhaben, die nach § 6[2] ohne rechtskräftige[3] Baubewilligung oder abweichend von der Baubewilligung aus-

---

[1] ErlRV Verf-1035/1/1991, 25; zum Ganzen vgl *Krzizek*, System III 107 ff.
[2] Siehe § 6 Rz 7 ff.
[3] Zur Rechtskraft siehe § 20 Rz 5 f.

geführt werden oder vollendet wurden.⁴ Somit ist grundsätzlich ohne Bedeutung, ob das Vorhaben bereits beendet ist oder nicht.⁵ Es sind auch Änderungen der Verwendung gemäß § 6 lit c⁶ umfasst.⁷ Ob überhaupt eine Bewilligungspflicht für das Vorhaben nach § 6 besteht, ist von der Behörde als Vorfrage im Sinne von § 38 AVG zu beantworten.⁸ Die Bewilligungspflicht muss sowohl im Zeitpunkt der Ausführung des Vorhabens als auch im Zeitpunkt der Erlassung des Bescheides über die Herstellung des rechtmäßigen Zustandes vorliegen.⁹ Hingegen kommt es auf einen allfälligen Entfall der Bewilligungspflicht in einem dazwischenliegenden Zeitraum nicht an.¹⁰ Dies gilt auch bei Novellierungen, wenn auf Grund von Übergangsbestimmungen bereits anhängige Verfahren nach der bisherigen Rechtslage fortzuführen sind. Dh auch in diesen Fällen ist die Bewilligungspflicht nach der neuen Rechtslage zu beurteilen. Gegenteiliges müsste ausdrücklich in den Übergangsbestimmungen normiert werden.¹¹

Die Behörde hat von Amts wegen zu ermitteln, ob eine Baubewilligung **4** erteilt wurde.¹² Da aber regelmäßig auch der Eigentümer der baulichen Anlage Hinweise auf eine erteilte Baubewilligung hat, besteht für diesen eine Mitwirkungspflicht.¹³ Informelle oder mündliche behördliche Zusagen, konkludentes Verhalten der Behörde,¹⁴ eine Mitteilung

---

4 Zu konsenslosen und konsenswidrigen baulichen Anlagen *Krzizek*, System III 25 ff; *Maier*, bbl 2004 189 f und 213 f.
5 *Pallitsch/Pallitsch/Kleewein*, Baurecht⁵ § 36 K-BO 1996 Anm 4.
6 Siehe § 6 Rz 9 f.
7 VwGH 9.10.2001, 2001/05/0123; *Maier*, bbl 2004, 213.
8 VwGH VwSlg 18.037 A/2011; *Pallitsch/Pallitsch/Kleewein*, Baurecht⁵ § 36 K-BO 1996 Anm 2.
9 VwGH 26.4.1994, 94/05/0017; 10.5.1994, 93/05/0267; 17.5.1999, 95/05/0156; 16.5.2013, 2012/06/0079; *Hauer*, OIZ 1983, 443 f; *Giese*, Baurecht § 16 Baupolizeigesetz Anm 21; *Pallitsch/Pallitsch/Kleewein*, Baurecht⁵ § 36 K-BO 1996 Anm 2; dies gilt sinngemäß auch für in der Vergangenheit gemäß § 5 K-BO 1992 anzeigepflichtige Vorhaben, VwGH 22.12.2015, 2013/06/0034.
10 VwGH 10.5.1994, 94/05/0103.
11 VwGH 20.4.2001, 99/05/0225.
12 VwGH VwSlg 12.195 A/1986; zum Ganzen *Giese*, Baurecht § 16 Baupolizeigesetz Anm 22.
13 VwGH 31.8.1999, 99/05/0088; *Pallitsch/Pallitsch/Kleewein*, Baurecht⁵ § 36 K-BO 1996 Anm 2.
14 VwGH 20.1.1994, 92/06/0249; 18.11.2014, 2013/05/0176.

nach § 7[15] oder ein Grundsteuerbescheid können die erforderliche Baubewilligung nicht ersetzen.[16] Dies gilt grundsätzlich auch für ein langjähriges Bestehen der baulichen Anlage, denn eine Verjährung oder Ersitzung findet nicht statt.[17] Allerdings ist gemäß § 54 die Rechtsvermutung des rechtmäßigen Bestandes für Gebäude und sonstige baulichen Anlagen, die seit mindestens 30 Jahren bestehen, zu beachten.[18] Die Behörde ist gemäß § 38 AVG in diesen Fällen an die Entscheidung, die sie in einem Verfahren zum Bestehen einer Rechtsvermutung nach § 54 getroffen hat, gebunden.[19] Kann aber weder in den Unterlagen der Behörde eine Baubewilligung gefunden werden, Vollständigkeit der Archive vorausgesetzt, noch die Partei eine Baubewilligung vorlegen und liegt auch kein Fall der Rechtsvermutung des rechtmäßigen Bestandes nach § 54 vor[20], so ist davon auszugehen, dass keine Baubewilligung erteilt wurde. Es muss also kein Negativbeweis durch die Behörde erbracht werden.[21] Eine Baubewilligung liegt auch dann nicht vor, wenn eine ursprünglich bewilligte bauliche Anlage ohne Baubewilligung abgebrochen wurde und an seiner Stelle eine neue bauliche Anlage errichtet wurde.[22] Einschlägig ist aber nicht nur das gänzliche Fehlen einer Baubewilligung. So liegt eine solche auch dann nicht vor, wenn diese zB auf Grund der Erhebung einer Beschwerde noch nicht rechtskräftig ist.[23] Gleiches gilt im Fall einer aufschiebenden Bedingung bis zu deren Erfüllung.[24]

5 Stellt die Behörde eine Rechtsverletzung nach § 36 Abs 1 fest, so hat sie aufzutragen, entweder nachträglich die Baubewilligung zu beantragen oder den rechtmäßigen Zustand wiederherzustellen.[25] Der Behörde

---

15 Vgl VwGH 15.5.2014, 2012/05/0089; siehe § 7 Rz 35 f.
16 *Giese*, Baurecht § 16 Baupolizeigesetz Anm 22 mN.
17 VwGH 31.1.2012, 2009/05/0123; *Hauer*, OIZ 1983, 444 f.
18 Siehe § 54 Rz 3 f.
19 VwGH 20.4.2001, 99/05/0225.
20 VwGH 2.4.2009, 2007/05/0158; 11.10.2011, 2008/05/0154.
21 VwGH 1.9.1998, 98/05/0088.
22 VwGH 5.2.1991, 90/05/0139.
23 VwGH 30.3.2005, 2001/06/0015.
24 VwGH 17.5.2004, 2002/06/0003; *Pallitsch/Pallitsch/Kleewein*, Baurecht[5] § 36 K-BO 1996 Anm 2.
25 VwGH 19.9.2006, 2005/05/0250.

7. Abschnitt – Ausführung   § 36

kommt kein Ermessen zu.[26] Sie hat von Amts wegen vorzugehen.[27] Es besteht aber gemäß § 34 Abs 3 und 4 auch ein Antragsrecht der Anrainer.[28] Bei Nichterfüllung von projektsändernden Auflagen[29] eines Baubewilligungsbescheides ist ebenso nach § 36 Abs 1 vorzugehen.[30] Hingegen sind nicht projektsändernde Auflagen dann, wenn von der Bewilligung Gebrauch gemacht wurde, zu vollstrecken[31] bzw sind gemäß § 50 Abs 1 lit d Z 2 Verwaltungsstrafen zu verhängen.[32] Ausdrücklich ohne Bedeutung ist eine allfällige Einstellung der Bauarbeiten nach § 35.[33] Gleiches gilt für die Frage, ob eine allenfalls erteilte Baubewilligung rechtmäßig erteilt wurde. In diesen Fällen ist allein zu prüfen, ob das bewilligungspflichtige Vorhaben entsprechend der Baubewilligung ausgeführt wurde.[34] Auch eine konkrete Gefahr für die Sicherheit von Personen muss nicht gegeben sein, es genügt die Ausführung ohne Baubewilligung oder abweichend davon.[35] Die Gründe, warum eine Ausführung ohne Baubewilligung oder abweichend davon erfolgte, oder die Frage eines Verschuldens haben keine Bedeutung.[36] Auch ob Anrainer mit dem unrechtmäßigen Zustand einverstanden sind oder ein unrechtmäßiger Zustand bei Dritten rechtswidrig geduldet wird, ist unerheblich.[37] Wirtschaftliche Gesichtspunkte sind ebenso nicht zu berücksichtigen.[38] Das verfassungsgesetzlich gewährleistete Recht auf Freiheit der Kunst gemäß Art 17a StG steht einem Auftrag nach § 36 Abs 1 nicht schlechthin entgegen.[39] Der Auftrag nach § 36 Abs 1 hat durch

---

26 VwGH 31.1.2012, 2009/05/0096; *Giese*, Baurecht § 16 Baupolizeigesetz Anm 24.
27 VwGH 11.10.2011, 2008/05/0154; *Pallitsch/Pallitsch/Kleewein*, Baurecht[5] § 36 K-BO 1996 Anm 8.
28 Siehe § 34 Rz 5 f.
29 Siehe § 18 Rz 9.
30 VwGH 29.6.2000, 2000/06/0059.
31 VwGH 29.6.2000, 2000/06/0059.
32 VwGH 18.6.1991, 91/05/0010.
33 Siehe § 35 Rz 3 ff.
34 VwGH 18.2.2003, 2002/05/0446; 31.1.2006, 2004/05/0103.
35 VwGH VwSlg 7086 A/1967.
36 VwGH 15.6.2011, 2009/05/0050; dies gilt auch für zivilrechtliche Hindernisse VwGH 30.1.2014, 2013/05/0204.
37 VwGH 27.8.2014, 2013/05/0065.
38 VwGH VwSlg 17.251 A/2007; 30.1.2014, 2013/05/0204.
39 VfGH VfSlg 10.401/1985.

Bescheid zu erfolgen,[40] Schriftlichkeit ist allerdings nicht ausdrücklich verlangt. Bei Gefahr im Verzug ist gemäß 57 Abs 1 AVG die Behörde berechtigt, einen Bescheid auch ohne vorausgegangenes Ermittlungsverfahren zu erlassen, dh einen Mandatsbescheid zu erlassen.[41] Wird ein Vorhaben nicht fertiggestellt ist nach § 37 vorzugehen,[42] dies ist kein Anwendungsfall des § 36.[43]

6 Adressat dieses Bescheides ist bei Ausführung eines Vorhabens ohne Baubewilligung der Grundeigentümer[44]. Dies gilt auch, wenn der Eigentümer des Vorhabens nicht gleichzeitig Grundeigentümer ist.[45] Bei von der Baubewilligung abweichender Ausführung ist der Inhaber der Baubewilligung Adressat. In diesen Fällen hat der Grundeigentümer gemäß § 36 Abs 4 iVm § 35 Abs 6 die Herstellung des rechtmäßigen Zustandes zu dulden. Wer das betreffende Vorhaben ausgeführt hat, ist ohne Bedeutung, der jeweilige Adressat ist auch für den durch seinen Rechtsvorgänger geschaffenen Bauzustand verantwortlich.[46] Der Bestandnehmer kann kein Adressat sein, ihm kommt auch keine Parteistellung im Verfahren zu.[47] Im Falle des Miteigentums ist der Bescheid grundsätzlich an alle Miteigentümer zu richten.[48] Besteht Wohnungseigentum gemäß § 2 Abs 1 WEG 2002, ist dies insofern verfassungskonform auszulegen, dass Aufträge und Verfügungen, sofern diese Maßnahmen vorsehen, die lediglich ein Wohnungseigentumsobjekt betreffen, nur an den jeweiligen Wohnungseigentümer zu richten sind.[49] Zu beachten ist, dass sofern gemäß § 55a an Gebäuden und

---

40 ErlRV Verf-1035/1/1991, 25; ErlRV 01-VD-LG-1569/48-2013, 16; *Giese*, Baurecht § 16 Baupolizeigesetz Anm 25.

41 *Giese*, Baurecht § 16 Baupolizeigesetz Anm 25; siehe dazu ausführlich *Hengstschläger/Leeb*, AVG² § 57 Rz 4 f mN.

42 Siehe § 37 Rz 3 f.

43 VwGH 25.3.2010, 2009/05/0047.

44 Siehe zum Grundeigentümer § 10 Rz 4; gemeint ist der Grundeigentümer zum Zeitpunkt der Erlassung des Bescheides VwGH 26.4.1994, 93/05/0284; aber nicht derjenige, dessen Eigentumsrecht im Grundbuch vorgemerkt ist VwGH VwSlg 15.360 A/2000.

45 VwGH 30.8.1994, 94/05/0110; 28.9.1999, 99/05/0122.

46 VwGH 15.11.2011, 2011/05/0015; *Hauer*, OIZ 1983, 446.

47 VfGH VfSlg 5358/1966; VwGH 18.2.1997, 97/05/0021; 27.6.1997, 97/05/0141; *Hauer*, ÖJZ 1970, 113 ff; aA *Neisser/Schantl/Welan*, ÖJZ 1968, 533 ff.

48 *Giese*, Baurecht § 16 Baupolizeigesetz Anm 27; *Pallitsch/Pallitsch/Kleewein*, Baurecht⁵ § 36 K-BO 1996 Anm 7.

49 VfGH VfSlg 15.047/1997; *Moritz*, immolex 2000, 150.

baulichen Anlagen Wohnungseigentum gemäß § 2 Abs 1 WEG 2002 besteht, an Stelle der Miteigentümer die Eigentümergemeinschaften gemäß § 2 Abs 5 WEG 2002 Verpflichtete des § 36 sind. Dies gilt aber nur insofern, als die Eigentümergemeinschaften rechtsfähig sind[50] und widerspricht, da Rechtsfähigkeit nur für die Liegenschaftsverwaltung in allgemeinen Teilen besteht, nicht der soeben dargestellten verfassungskonformen Auslegung.[51] Weiters ist gemäß § 55 der Bauberechtigte dem Grundeigentümer gleichgestellt.[52] Dem Bescheid kommt dingliche Wirkung zu, dh ein Rechtsnachfolger muss diesen gegen sich gelten lassen, eine Erlassung eines neuen Bescheides wäre auf Grund entschiedener Sache unzulässig.[53] Daran anknüpfend tritt ein Rechtsnachfolger auch in ein entsprechendes laufendes Verfahren ein.[54]

Die Behörde hat dem Adressaten aufzutragen, entweder nachträglich die Baubewilligung zu beantragen oder den rechtmäßigen Zustand herzustellen. Es ist für beide Möglichkeiten eine jeweils angemessene Frist zu setzen, dh die erforderlichen Arbeiten müssen in dieser Frist technisch durchführbar sein.[55] ZB wurde eine Frist von acht Wochen zur Beseitigung eines Dachgeschoßes,[56] eine Frist von 21 Tagen zur Beseitigung eines Stahlcontainers[57], eine Frist von sechs Wochen für die Beseitigung der Überdachung eines Schwimmbeckens[58] oder eine Frist von acht Monaten für den Abbruch von Hütten[59] als angemessen beurteilt. Nur unter Berücksichtigung der Wahrung von öffentlichen Interessen, zB die Sicherheit und Gesundheit von Menschen, ist auf wirtschaftliche Umstände Bedacht zu nehmen, soweit dies die Um- 7

---

50 Siehe zum Ganzen § 55a Rz 3 f.
51 Siehe § 55a Rz 4.
52 Siehe § 55 Rz 3 f.
53 Siehe § 53 Rz 3 f; *Giese*, Baurecht § 16 Baupolizeigesetz Anm 28; *Pallitsch/Pallitsch/Kleewein*, Baurecht[5] § 36 K-BO 1996 Anm 8; siehe auch *Granner*, ZfV 2014, 323 ff.
54 VwGH 28.5.2013, 2013/05/0048.
55 *Giese*, Baurecht § 16 Baupolizeigesetz Anm 32; *Pallitsch/Pallitsch/Kleewein*, Baurecht[5] § 36 K-BO 1996 Anm 9.
56 VwGH 20.8.1992, 92/06/0149.
57 VwGH 19.9.1991, 90/06/0115.
58 VwGH 20.9.2012, 2011/06/0208.
59 VwGH 30.1.2014, 2013/05/0204.

stände des Einzelfalles zulassen.[60] Sonstige persönliche Umstände – zB die Möglichkeit vorübergehend anderweitig Unterkunft zu finden – sind nicht zu berücksichtigen.[61] Die Angemessenheit der Frist ist ein vom übrigen Bescheidinhalt trennbarer und daher isoliert bekämpfbarer Bescheidbestandteil.[62] Eine Erstreckung der Frist eines rechtskräftigen Auftrages ist allerdings wegen entschiedener Sache gemäß § 68 Abs 1 AVG nicht zulässig.[63] Der Bescheid muss beide Varianten, also nachträglich die Baubewilligung zu beantragen oder den rechtmäßigen Zustand herzustellen, beinhalten, sodass für den Adressaten eine Wahlmöglichkeit besteht.[64] Grundsätzlich ist eine allfällige Bewilligungsfähigkeit des Vorhabens ohne Bedeutung.[65] Sollte allerdings der Flächenwidmungsplan[66] – ausgenommen in den Fällen des § 14[67] – oder der Bebauungsplan[68] der Erteilung einer Baubewilligung entgegenstehen, darf die Möglichkeit, nachträglich die Baubewilligung zu beantragen, nicht eingeräumt werden.[69] Ob dies der Fall ist, ist ausschließlich nach der Rechtslage im Zeitpunkt der Erlassung des Auftrages zu prüfen.[70] Wenn zum Zeitpunkt der Bescheiderlassung bereits ein nachträglicher Antrag auf Erteilung der Baubewilligung für dieses Vorhaben eingebracht wurde, ist ein nochmaliger entsprechender Auftrag im Bescheid nicht notwendig.[71] Der Bescheid muss gemäß § 59 Abs 1 AVG hinreichend bestimmt sein, dh es muss dem Adressaten die überprüfbare Möglichkeit gegeben werden, dem Bescheid zu entsprechen, und der

---

60 VwGH 19.9.1991, 90/06/0115; zur Angemessenheit der Frist *Giese*, Baurecht § 16 Baupolizeigesetz Anm 32; *Hengstschläger/Leeb*, AVG² § 59 Rz 63 mN.

61 VwGH 30.1.2014, 2011/05/0060.

62 VwGH 30.1.2007, 2006/05/0247.

63 VwGH 12.10.2010, 2009/05/0317; daran ändert auch die Beantragung der Baubewilligung nichts, VwGH 15.5.2014, 2012/05/0144.

64 VwGH 9.10.2001, 2001/05/0123; *Pallitsch/Pallitsch/Kleewein*, Baurecht⁵ § 36 K-BO 1996 Anm 9.

65 VwGH 10.5.1994, 93/05/0267; 10.5.1994, 94/05/0103.

66 Siehe § 13 Rz 4.

67 Siehe § 14 Rz 3 ff.

68 VwGH 30.9.2015, Ro 2014/06/0086; siehe § 13 Rz 5.

69 VwGH 20.1.1998, 97/05/0259; 4.7.2000, 96/05/0293; VwSlg 17.251 A/2007; 28.11.2014, Ra 2014/06/0040.

70 Vgl VwGH 20.10.2015, 2013/05/0125.

71 Es schadet aber auch nicht, insofern geht der Auftrag ins Leere VwGH 18.2.2003, 2002/05/0446.

Bescheid muss überprüft und vollstreckt werden können.⁷² In diesem Sinne muss der herzustellende rechtmäßige Zustand konkret umschrieben werden. Es muss hinreichend bestimmt hervorgehen, was beseitigt werden soll, dh welche baubewilligungslose Ausführung rückabzuwickeln, zB Abbruch von Gebäuden oder Gebäudeteilen,⁷³ ist bzw bei bewilligungsloser Änderung der Verwendung, welcher Zustand wiederherzustellen ist. Es genügt allerdings, dass für einen Fachmann die zu ergreifenden Maßnahmen erkennbar sind.⁷⁴ Der Auftrag eine bauliche Anlage abzubrechen, umfasst auch die Vorgabe die Reste der abzutragenden baulichen Anlage zu entsorgen.⁷⁵ Mit dem Auftrag der Beseitigung ist nicht nur die Schaffung einer geänderten örtlichen Lage der baulichen Anlage gemeint.⁷⁶ Grundsätzlich ist der Bescheid auf jene Teile zu beschränken, die bewilligungslos ausgeführt wurden. Besteht allerdings ein untrennbarer Zusammenhang mit bewilligten Teilen, hat der Bescheid auch diese zu umfassen.⁷⁷ „Die Trennbarkeit richtet sich hiebei – abgesehen von einer rechtlichen Untrennbarkeit – nach der technischen Durchführbarkeit des auf den konsenslos errichteten Bauteil beschränkten Beseitigungsauftrages."⁷⁸ Vorhaben, die in Entsprechung dieses Bescheides ausgeführt werden, sind gemäß § 7 Abs 1 lit v bewilligungsfrei.⁷⁹

Solange ein Verfahren zur Erteilung der Baubewilligung für das gegenständliche Vorhaben nicht abgeschlossen ist – unabhängig ob dieses Verfahren auf Grund eines fristgerechten Antrages im Sinne von § 36 Abs 1 eingeleitet wurde oder bereits zuvor⁸⁰ – wird der Bescheid zur Herstellung des rechtmäßigen Zustandes nicht rechtswirksam,⁸¹ und

8

---

72 VwGH 6.11.1990, 90/05/0127; 20.1.1998, 97/05/0231; 18.2.2003, 2002/05/0446; *Giese*, Baurecht § 16 Baupolizeigesetz Anm 31; *Pallitsch/Pallitsch/Kleewein*, Baurecht⁵ § 36 K-BO 1996 Anm 8.
73 ErlRV Verf-1035/1/1991, 25.
74 VwGH 18.2.2003, 2002/05/0446.
75 VwGH 6.10.1983, 81/06/0119.
76 VwGH 27.2.2015, 2013/06/0116.
77 VwGH VwSlg 17.251 A/2007; *Giese*, Baurecht § 16 Baupolizeigesetz Anm 30.
78 VwGH 29.4.2015, 2013/05/0025; zur Teilbarkeit vgl § 17 Rz 23.
79 Siehe § 7 Rz 29.
80 VwGH 18.2.2003, 2002/05/0446.
81 VwGH 4.7.2000, 2000/05/0007; 9.10.2001, 2001/05/0123.

kann somit auch nicht vollstreckt werden.[82] Wird allerdings die nachträgliche Erteilung der Baubewilligung fristgerecht beantragt und wird dieser Antrag entweder zurückgewiesen oder abgewiesen[83] oder zieht der Antragsteller den Antrag zurück, so wird der Bescheid zur Herstellung des rechtmäßigen Zustandes gemäß § 36 Abs 2 rechtswirksam. Die im Bescheid gemäß § 36 Abs 1 festgesetzte angemessene Frist zur Herstellung des rechtmäßigen Zustandes beginnt in diesem Fall mit der Rechtswirksamkeit der Zurückweisung oder Abweisung oder der Zurückziehung des nachträglichen Baubewilligungsantrages. Wird die nachträgliche Erteilung der Baubewilligung nicht fristgerecht beantragt, beginnt mit Ablauf dieser Frist die Frist für die Herstellung des rechtmäßigen Zustandes zu laufen.[84]

9 Nur der Adressat kann Berufung gegen den Bescheid erheben, nicht Dritte.[85] Die Berufungsbehörde[86] hat seiner Entscheidung jenen Sachverhalt und jene Rechtslage zugrunde zu legen, der im Zeitpunkt der Erlassung des Berufungsbescheides vorliegt.[87] Ausgenommen davon ist lediglich die Erfüllung eines derartigen Auftrages,[88] dh der Bescheid muss von der Berufungsbehörde nicht behoben werden, wenn während des Berufungsverfahrens der Auftrag erfüllt worden ist. Dies gilt auch für das Beschwerdeverfahren vor dem LVwG Kärnten.[89]

III. Herstellung des rechtmäßigen Zustandes bei Vorhaben nach § 7

10 Vom Regelungsbereich des § 36 Abs 3 umfasst sind Vorhaben nach § 7[90], die entgegen § 7 Abs 3[91] ausgeführt werden oder vollendet wurden. Somit ist ohne Bedeutung, ob das Vorhaben bereits beendet ist oder nicht. Umfasst sind nur bewilligungsfreie Vorhaben, für die keine

---

82 VwGH 19.9.2006, 2005/05/0147; 24.6.2014, Ro 2014/05/0059; *Hauer*, ÖIZ 1983, 445 f.
83 VwGH 9.10.2001, 2001/05/0123.
84 VwGH 18.2.2003, 2002/05/0446.
85 VwGH 20.6.1995, 93/05/0029.
86 Siehe § 3 Rz 12 ff.
87 VwGH 26.5.2008, 2005/06/0137.
88 VwGH 7.8.2013, 2013/06/0075.
89 VwGH 21.10.2014, Ro 2014/03/0076.
90 Siehe § 7 Rz 3 ff.
91 Siehe § 7 Rz 33 f.

Baubewilligung erteilt wird.[92] Die Behörde hat festzustellen, in welcher Form die Ausführung der baulichen Anlage tatsächlich erfolgte.[93] Relevant ist nur der Zeitpunkt der Ausführung und der Zeitpunkt der Vollendung des Vorhabens, spätere Änderungen der Voraussetzungen nach § 7 Abs 3 können dagegen einen Bescheid nach § 36 Abs 3 nicht rechtfertigen.[94] Stellt die Behörde eine solche Rechtsverletzung fest, so hat sie mit Bescheid[95] aufzutragen, den rechtmäßigen Zustand wiederherzustellen.[96] Adressat dieses Bescheides ist der Grundeigentümer. Dies gilt auch, wenn der Eigentümer des Vorhabens nicht gleichzeitig Grundeigentümer ist.[97] Für die Herstellung des rechtmäßigen Zustandes ist eine angemessene Frist zu setzen, dh die erforderlichen Arbeiten müssen in dieser Frist technisch durchführbar sein.[98]

Der Behörde kommt kein Ermessen zu. Sie hat von Amts wegen vorzugehen. Es besteht aber gemäß § 34 Abs 3 und 4 auch ein Antragsrecht der Anrainer.[99] Die Herstellung des rechtmäßigen Zustandes hat durch Bescheid zu erfolgen, Schriftlichkeit ist allerdings nicht ausdrücklich verlangt. Dieser muss nach § 59 Abs 1 AVG hinreichend bestimmt sein, dh es muss dem Adressaten die überprüfbare Möglichkeit gegeben werden, dem Bescheid zu entsprechen, und der Bescheid muss überprüft und vollstreckt werden können.[100] In diesem Sinne muss der herzustellende rechtmäßige Zustand konkret umschrieben werden.

§ 37 Ausführungspflicht

(1) Werden Vorhaben nicht binnen angemessener Frist nach Beginn der Ausführung vollendet, hat die Behörde gegenüber dem Inhaber der Baubewilligung, bei Vorhaben nach § 7 gegenüber dem Grundeigentümer, die weitere Ausführung zu verfügen, soweit dies

---
92 VwGH 16.9.2003, 2002/05/0040; 30.9.2015, Ro 2014/06/0086.
93 VwGH 20.12.2002, 2001/05/0348.
94 VwGH 16.9.2003, 2002/05/0040.
95 ErlRV 01-VD-LG-1569/48-2013, 16.
96 VwGH 19.12.2000, 2000/05/0270; 14.12.2007, 2006/05/0135.
97 VwGH 28.9.1999, 99/05/0122.
98 Siehe § 36 Rz 7.
99 Siehe § 34 Rz 5 f.
100 VwGH 23.2.2010, 2009/05/0250; *Pallitsch/Pallitsch/Kleewein*, Baurecht[5] § 35 K-BO 1996 Anm 1.

Interessen der Sicherheit, der Gesundheit, des Verkehrs, der Zivilisation, der Erhaltung des Landschaftsbildes oder des Schutzes des Ortbildes erfordern.
(2) Die Bestimmungen des § 35 Abs 5 und 6 gelten sinngemäß.

Literatur: *Moritz*, Wohnungseigentum und Bauordnungen der Länder, immolex 2000, 144.

Inhaltsübersicht Rz
I. Entwicklung und Rechtsvergleich 1
II. Ausführungspflicht 3

I. Entwicklung und Rechtsvergleich

1 Die Bestimmung wurde im Wesentlichen durch LGBl 1969/48 als § 30 K-BO 1969 geschaffen. Die Verfügung war gemäß § 30 Abs 3 K-BO 1969 ursprünglich an den Eigentümer zu richten. Durch LGBl 1992/26 entfiel § 30 Abs 3 K-BO 1969, die Verfügung erfolgte nunmehr an den Inhaber der Baubewilligung. In dieser Fassung wurde die Bestimmung – mit redaktionellen Anpassungen – als § 33 in die K-BO 1992, LGBl 1992/64, übernommen. Durch LGBl 1996/44 erfolgten die notwendigen Anpassungen an die Einführung von bewilligungsfreien Vorhaben. In dieser Fassung wurde die Bestimmung – mit redaktionellen Anpassungen – als § 37 in die K-BO 1996, LGBl 1996/62, übernommen.

2 Durchaus unterschiedliche Bestimmungen über Verpflichtungen zur Ausführung – so erlischt zuweilen die Baubewilligung, sofern nicht binnen bestimmter Frist das Vorhaben vollendet wird – bestehen in den Bauordnungen der meisten anderen Bundesländer, siehe § 24 NÖ BO 2014, § 38 Abs 2 Oö. BauO 1994, § 17 Abs 7 S-BauPolG, § 37 Abs 3 TBO 2011, § 41 V-BauG sowie § 74 Abs 1 W-BO. Im Burgenland und Steiermark finden sich keine entsprechenden Regelungen.

II. Ausführungspflicht

3 § 37 setzt voraus, dass ein Vorhaben zwar begonnen wurde, aber nicht binnen angemessener Frist vollendet wurde. Es handelt sich also um keine Bauvollendungsfrist, dh um keine Verpflichtung, ein bewilligtes

Vorhaben auch tatsächlich ausführen zu müssen.[1] Die Baubewilligung erlischt auch nicht, wenn das Vorhaben binnen einer gewissen Zeit nach Baubeginn nicht fertig gestellt wurde.[2] Nur wenn mit der Ausführung begonnen wurde und diese nicht binnen angemessener Frist vollendet wurde, hat die Behörde die weitere Ausführung aus öffentlichen Interessen zu verfügen. Sinn und Zweck der Bestimmung ist also, aus öffentlichen Interessen Bauruinen zu verhindern.[3] Ist zur Vollendung des Vorhabens eine weitere Baubewilligung notwendig, weil zB ursprünglich die Sanierung des Dachstuhles bewilligt wurde, inzwischen aber ein Teil der Außenmauern eingestürzt ist, kommt § 37 nicht zur Anwendung.[4] Von § 37 umfasst sind sowohl bewilligungspflichtige Vorhaben nach § 6[5] als auch bewilligungsfreie Vorhaben nach § 7[6].

Die K-BO 1996 definiert nicht, ab wann eine Ausführung des Vorhabens vorliegt. Nach der Judikatur des VwGH zu anderen Bauordnungen ist unter Beginn der Ausführung jede auf die Errichtung eines bewilligten Vorhabens gerichtete bautechnische Maßnahme anzusehen.[7] Der Baubeginn ist stets ein faktisches Geschehen und nicht ein rechtlicher Akt der Behörde.[8] Der Baubeginn ist anhand von objektiven Kriterien zu ermitteln.[9] Ohne Bedeutung ist, in welchem Größenverhältnis die durchgeführten Arbeiten zum geplanten Vorhaben stehen[10] oder ob diese von einem befugten Unternehmer durchgeführt werden.[11] Soweit die bautechnische Maßnahme der Herstellung des Vorhabens dient, ist auch schon die Errichtung eines kleinen Teiles des Fundamentes,[12] die Aushebung (auch nur teilweise)[13] der Bau-

4

---

1 VwGH 2.12.1997, 94/05/0165.
2 VwGH 28.9.1999, 95/05/0269.
3 VwGH VwSlg 14.772 A/1997; *Pallitsch/Pallitsch/Kleewein*, Baurecht[5] § 37 K-BO 1996 Anm 1.
4 VwGH 2.12.1997, 94/05/0165.
5 Siehe § 6 Rz 7 ff.
6 Siehe § 7 Rz 3 ff.
7 VwGH 17.4.2012, 2009/05/0313; zum Ganzen *Giese*, Baurecht § 12 Baupolizeigesetz Anm 2.
8 VwGH VwSlg 6726 A/1965.
9 VwGH VwSlg 11.796 A/1985; 23.1.1996, 95/05/0194; 17.4.2012, 2009/05/0313.
10 VwGH 23.1.1996, 95/05/0194; 25.9.2007, 2006/06/0001; 17.4.2012, 2009/05/0313.
11 VwGH VwSlg 11.796 A/1985.
12 VwGH 23.1.1996, 95/05/0194; 25.9.2007, 2006/06/0001.
13 VwGH 17.12.1998, 97/06/0113.

grube[14] oder bei Schaffung zweier neuer Wohnungen auf einem Dachboden der Einbau von Sanitäreinrichtungen[15] als Baubeginn anzusehen. Auch eine bloße Änderung der Verwendung nach § 6 lit c ist eine Ausführung des Vorhabens.[16] Eine Maßnahme dient der Herstellung des Vorhabens nicht, sofern von vornherein feststeht, dass eine Fortführung dieser Arbeiten in absehbarer Zeit nicht möglich ist.[17] Die Planierung eines Bauplatzes[18] oder die Errichtung einer Betonplatte an einem Ort, wo gemäß dem bewilligten Vorhaben keine vorgesehen ist,[19] kann nicht als Baubeginn beurteilt werden, insofern diese Arbeiten nicht der Herstellung der baulichen Anlage dienen. Ebenso sind reine Vorbereitungshandlungen nicht als Ausführung eines Vorhabens zu bewerten, zB die Öffnung einer Betondecke zur Überprüfung der Statik,[20] Trassierung durch Kennzeichnung in der Natur und die Vermessung der Wasserführung durch Aufstellung einer Maßanlage[21] sowie das Freimachen des Baugrundes durch Abreißen.[22] Solche Vorbereitungshandlungen können aber selbst mitteilungs- oder baubewilligungspflichtig sein.[23]

5   Auch ab wann eine Ausführung des Vorhabens vollendet ist, definiert die K-BO 1996 nicht. Nach der Judikatur des VwGH zu anderen Bauordnungen ist ein Vorhaben im Allgemeinen schon dann als vollendet zu beurteilen, wenn das Gebäude nach außen abgeschlossen ist und alle bauplanmäßigen konstruktiven Merkmale verwirklicht worden sind.[24] Die „schlüsselfertige" Herstellung des Vorhabens ist nicht Voraussetzung der Vollendung, es müssen somit nicht sämtliche Arbeiten ausgeführt worden sein.[25] So schadet das Fehlen des Fassadenaußenputzes, des Innenverputzes und des Estrichs nicht der Vollendung.[26]

---

14 VwGH 23.1.1996, 95/05/0194; 29.8.2000, 97/05/0101; 17.4.2012, 2009/05/0313.
15 VwGH 29.8.2000, 97/05/0101.
16 VwGH 19.12.1996, 96/06/0014.
17 VwGH 16.10.1997, 96/06/0185; 17.4.2012, 2009/05/0313.
18 VwGH 23.1.1996, 95/05/0194; 29.8.2000, 97/05/0101; 17.4.2012, 2009/05/0313.
19 VwGH 17.12.1998, 97/06/0113.
20 VwGH 17.4.2012, 2009/05/0313.
21 VwGH 3.6.1987, 87/10/0006.
22 VwGH VwSlg 9754 A/1979.
23 *Giese*, Baurecht § 12 Baupolizeigesetz Anm 2.
24 VwGH 20.4.2004, 2003/06/0067.
25 VwGH VwSlg 17.725 A/2009; 24.6.2014, 2012/05/0173.
26 VwGH 29.8.2000, 99/05/0169.

Fehlen aber zB Stiegen, welche vom Erdgeschoß ins Obergeschoß führen sollen, sowie Fenster, Türe und Tore ist von keiner Vollendung auszugehen.[27] Diese Judikatur beruht allerdings auf Bestimmungen, die das Erlöschen der Baubewilligung vorsehen, sofern nicht binnen bestimmter Frist das Vorhaben vollendet wird. Insofern kann diese nicht uneingeschränkt auf § 37 übertragen werden.[28] Die Vollendung des Vorhabens ist vielmehr vor dem Hintergrund der öffentlichen Interessen auszulegen. So steht zB das Fehlen des Fassadenaußenputzes der Vollendung des Vorhabens entgegen, da dies Auswirkungen auf die Erhaltung des Landschaftsbildes oder des Schutzes des Ortbildes haben kann.[29]

Eine Verfügung hat nur dann zu erfolgen, wenn das Vorhaben nicht binnen angemessener Frist vollendet wurde. Die Bauordnungen anderer Bundesländer sehen eine Vollendungsfrist zwischen zwei und fünf Jahren für das Erlöschen der Baubewilligung vor.[30] Eine rechtsvergleichende Betrachtung spricht also für einen großzügigeren Maßstab.[31] Allerdings sind auch für die Angemessenheit dieser Frist die öffentlichen Interessen zu berücksichtigen. So wird dies zB im Interesse der Sicherheit und der Gesundheit strenger zu beurteilen sein. Ausdrücklich wird in diesem Sinne durch § 37 Abs 2 auch auf § 35 Abs 5 verwiesen. Nach dieser Bestimmung hat die Behörde die zur Abwehr oder Beseitigung der Gefahren notwendigen Maßnahmen zu treffen, wenn es die Sicherheit oder die Gesundheit von Menschen erfordert.[32]

Voraussetzung der Verfügung ist, dass die weitere Ausführung im Interesse der Sicherheit,[33] der Gesundheit,[34] des Verkehrs,[35] der Erhaltung des Landschaftsbildes oder des Schutzes des Ortsbildes[36] erforderlich ist. Gleiches gilt für die Interessen der Zivilisation, das sind „die durch den Fortschritt der Wissenschaft und Technik geschaffenen ver-

---

27 VwGH 24.6.2014, 2012/05/0173.
28 *Pallitsch/Pallitsch/Kleewein*, Baurecht[5] § 37 K-BO 1996 Anm 4.
29 VwGH 25.3.2010, 2009/05/0047.
30 Siehe zB § 24 NÖ BO 2014, § 38 Abs 2 Oö. BauO 1994; § 37 Abs 3 TBO 2011.
31 *Pallitsch/Pallitsch/Kleewein*, Baurecht[5] § 37 K-BO 1996 Anm 2.
32 Siehe § 35 Rz 11.
33 Siehe § 13 Rz 7 und § 17 Rz 9.
34 Siehe § 17 Rz 10.
35 Siehe § 17 Rz 12.
36 Siehe § 13 Rz 6 und § 17 Rz 13.

besserten Lebensbedingungen." Dadurch soll „ein Durschnittsstandard in bezug auf sanitäre Einrichtungen, Lifte und Vorkehrungen, die eine Belästigung insbesondere durch Lärm und Geruch hintanhalten sollen, gewährleistet werden."[37] Diese öffentlichen Interessen müssen durch die nicht vollendete Ausführung verletzt sein.

8 Der Behörde[38] kommt hinsichtlich der Setzung dieser Maßnahmen kein Ermessen zu, sie hat von Amts wegen vorzugehen.[39] Grundsätzlich hat die Verfügung durch Bescheid zu erfolgen,[40] Schriftlichkeit ist nicht ausdrücklich vorgesehen. § 37 dient ausschließlich öffentlichen Interessen, es bestehen keine subjektiv-öffentlichen Interessen der Anrainer, es kommt diesen auch keine Parteistellung zu.[41] Auch dem Grundeigentümer kommt keine Parteistellung zu, wenn der Adressat des Bescheides der Inhaber der Baubewilligung ist.[42] Es besteht auch keine Verpflichtung der Behörde, auf die im Privatrecht begründete Rechtsstellung des vom Inhaber der Baubewilligung verschiedenen Grundeigentümers Bedacht zu nehmen.[43] Der Bescheid muss gemäß § 59 Abs 1 AVG hinreichend bestimmt sein, dh es muss dem Adressaten die überprüfbare Möglichkeit gegeben werden, dem Bescheid zu entsprechen, und der Bescheid muss überprüft und vollstreckt werden können. In diesem Sinne muss die Vollendung der Ausführung konkret umschrieben werden. Der Bescheid ist auf jene Ausführungen zu beschränken, deren Vollendung im öffentlichen Interesse[44] erforderlich ist.[45] Es ist gemäß § 59 Abs 2 eine angemessen Frist zur Vollendung der Ausführungen zu setzen, dh die erforderlichen Arbeiten müssen in dieser Frist technisch durchführbar sein.[46] Die Angemessenheit der Frist ist ein vom übrigen Bescheidinhalt trennbarer und daher isoliert

---

37 Siehe ErlRV Verf-13376/1967, 28.
38 Siehe § 3 Rz 3 ff.
39 *Giese*, Baurecht § 17 Baupolizeigesetz Anm 44.
40 *Pallitsch/Pallitsch/Kleewein*, Baurecht[5] § 37 K-BO 1996 Anm 6.
41 VwGH 19.6.1986, 86/06/0053; VwSlg 14.772 A/1997; kritisch *Pallitsch/Pallitsch/Kleewein*, Baurecht[5] § 37 K-BO 1996 Anm 2.
42 VwGH VwSlg 14.772 A/1997.
43 VwGH VwSlg 14.772 A/1997.
44 Siehe § 37 Rz 7.
45 *Pallitsch/Pallitsch/Kleewein*, Baurecht[5] § 37 K-BO 1996 Anm 6.
46 *Giese*, Baurecht § 17 Baupolizeigesetz Anm 44; *Hengstschläger/Leeb*, AVG[2] § 59 Rz 63 mN.

7. Abschnitt – Ausführung § 37

bekämpfbarer Bescheidbestandteil.[47] In § 37 Abs 2 wird aber sinngemäß auch auf § 35 Abs 5 verwiesen.[48] Zumeist wird es sich bei diesen Maßnahmen aber um Akte unmittelbarer verwaltungsbehördlicher Befehls- und Zwangsgewalt handeln.[49] Bei Gefahr im Verzug ist die Behörde gemäß 57 Abs 1 AVG berechtigt, einen Bescheid auch ohne vorausgegangenes Ermittlungsverfahren zu erlassen, dh einen Mandatsbescheid zu erlassen.[50]

Adressat der Verfügung ist bei bewilligungspflichtigen Vorhaben nach § 6 der Inhaber der Baubewilligung. In diesen Fällen hat der Grundeigentümer auf Grund sinngemäßer Anwendung des § 35 Abs 6 die aufgetragenen Maßnahmen zu dulden.[51] Bei bewilligungsfreien Vorhaben nach § 7 ist der Grundeigentümer der Adressat. Im Falle des Miteigentums ist der Bescheid grundsätzlich an alle Miteigentümer zu richten.[52] Besteht Wohnungseigentum gemäß § 2 Abs 1 WEG 2002, ist dies insofern verfassungskonform auszulegen, dass Aufträge und Verfügungen, sofern diese Maßnahmen vorsehen, die lediglich ein Wohnungseigentumsobjekt betreffen, nur an den jeweiligen Wohnungseigentümer zu richten sind.[53] Zu beachten ist, dass sofern gemäß § 55a an Gebäuden und baulichen Anlagen Wohnungseigentum gemäß § 2 Abs 1 WEG 2002 besteht, an Stelle der Miteigentümer die Eigentümergemeinschaften gemäß § 2 Abs 5 WEG 2002 Verpflichtete des § 36 sind. Dies gilt aber nur insofern, als die Eigentümergemeinschaften rechtsfähig sind[54] und widerspricht, da Rechtsfähigkeit nur für die Liegenschaftsverwaltung in allgemeinen Teilen besteht, nicht der soeben dargestellten ver-

9

---

47 Vgl VwGH 30.1.2007, 2006/05/0247.
48 Siehe § 35 Rz 11; *Pallitsch/Pallitsch/Kleewein*, Baurecht⁵ § 37 K-BO 1996 Anm 6; die Bestimmung ist mit der nach dem Kontext erforderlichen Anpassung anzuwenden, vgl zu sinngemäßen Anwendungen VwGH 30.6.2015, Ro 2015/03/0021.
49 VwGH 24.2.2004, 2002/05/0658.
50 Siehe dazu ausführlich *Hengstschläger/Leeb*, AVG² § 57 Rz 4 f mN.
51 Die Bestimmung ist mit der nach dem Kontext erforderlichen Anpassung anzuwenden, vgl zu sinngemäßen Anwendungen VwGH 30.6.2015, Ro 2015/03/0021.
52 *Giese*, Baurecht § 16 Baupolizeigesetz Anm 27; *Pallitsch/Pallitsch/Kleewein*, Baurecht⁵ § 36 K-BO 1996 Anm 7.
53 VfGH VfSlg 15.047/1997; *Moritz*, immolex 2000, 150.
54 Siehe zum Ganzen § 55a Rz 3 f.

fassungskonformen Auslegung.[55] Weiters ist gemäß § 55 der Bauberechtigte dem Grundeigentümer gleichgestellt.[56]

§ 38 Aufräumung

(1) Sofort nach Vollendung sind die im Interesse der Sicherheit, des Verkehrs sowie der Erhaltung des Landschaftsbildes oder des Schutzes des Ortsbildes notwendigen Aufräumungs- und sonstigen Arbeiten durchzuführen. Insbesondere sind Baustelleneinrichtungen unverzüglich nach Vollendung des Vorhabens zu entfernen.

(2) Im Falle der Säumigkeit ist gegenüber dem Inhaber der Baubewilligung, bei Vorhaben nach § 7 gegenüber dem Grundeigentümer, die Durchführung der Arbeiten nach Abs 1 binnen angemessener Frist aufzutragen. § 35 Abs 6 gilt in gleicher Weise.

Literatur: *Moritz*, Wohnungseigentum und Bauordnungen der Länder, immolex 2000, 144.

Inhaltsübersicht   **Rz**
I. Entwicklung und Rechtsvergleich 1
II. Aufräumung 3

I. Entwicklung und Rechtsvergleich

1   Schon § 82 der K-BO 1866, LGBl 1866/12, sah vor, dass nach Vollendung der Bauausführung die alten Materialien aufzuräumen waren. Die Bestimmung wurde im Wesentlichen durch LGBl 1969/48 als § 31 K-BO 1969 geschaffen. Die Verfügung war gemäß § 31 Abs 2 K-BO 1969 ursprünglich an den Eigentümer zu richten. Seit LGBl 1992/26 ist die Verfügung an den Inhaber der Baubewilligung zu richten. Darüber hinaus wurde die Duldungspflicht des Grundeigentümers normiert, dies entspricht § 38 Abs 2 letzter Satz idgF. In dieser Fassung wurde die Bestimmung – mit redaktionellen Anpassungen – als § 34 in die K-BO 1992, LGBl 1992/64, übernommen. Durch LGBl 1996/44 erfolgten die notwendigen Anpassungen an die Einführung von bewilligungsfreien

---

55 Siehe § 55a Rz 4.
56 Siehe § 55 Rz 3 f.

Vorhaben. In dieser Fassung wurde die Bestimmung – mit redaktionellen Anpassungen – als § 38 in die K-BO 1996, LGBl 1996/62, übernommen.

Bestimmungen über eine Aufräumungspflicht bestehen nur in einigen 2
Bauordnungen der anderen Bundesländern, siehe § 17 Abs 6 S-BauPolG, § 35 Abs 4 Stmk. BauG; § 31 Abs 6 TBO 2011 sowie § 42 V-BauG. Im Burgenland, Niederösterreich, Oberösterreich und Wien finden sich keine entsprechenden Regelungen.

II. Aufräumung

Sofort nach Vollendung des Vorhabens sind aus öffentlichen Interessen 3
die notwendigen Aufräumungs- und sonstigen Arbeiten durchzuführen. Von § 38 umfasst sind sowohl bewilligungspflichtige Vorhaben nach § 6[1] als auch bewilligungsfreie Vorhaben nach § 7[2]. Ab wann eine Ausführung des Vorhabens vollendet ist, definiert die K-BO 1996 nicht. Nach der Judikatur des VwGH zu anderen Bauordnungen ist ein Vorhaben im Allgemeinen schon dann als vollendet zu beurteilen, wenn das Gebäude nach außen abgeschlossen ist und alle bauplanmäßigen konstruktiven Merkmale verwirklicht worden sind.[3] Die „schlüsselfertige" Herstellung des Vorhabens ist nicht Voraussetzung der Vollendung, es müssen somit nicht sämtliche Arbeiten ausgeführt worden sein.[4] So schadet das Fehlen des Fassadenaußenputzes, des Innenverputzes und des Estrichs nicht der Vollendung.[5] Fehlen aber zB Stiegen, welche vom Erdgeschoß ins Obergeschoß führen sollen, sowie Fenster, Türe und Tore ist von keiner Vollendung auszugehen.[6] Diese Judikatur beruht allerdings auf Bestimmungen, die das Erlöschen der Baubewilligung vorsehen, sofern nicht binnen bestimmter Frist das Vorhaben vollendet wird. Insofern kann diese nicht uneingeschränkt

---

1 Siehe § 6 Rz 7 ff.
2 Siehe § 7 Rz 3 ff.
3 VwGH 20.4.2004, 2003/06/0067.
4 VwGH VwSlg 17.725 A/2009; 24.6.2014, 2012/05/0173.
5 VwGH 29.8.2000, 99/05/0169.
6 VwGH 24.6.2014, 2012/05/0173.

auf § 38 übertragen werden.[7] Die Vollendung des Vorhabens ist vielmehr vor dem Hintergrund der öffentlichen Interessen auszulegen.[8]

4 Die Aufräumungs- und sonstigen Arbeiten sind im Interesse der Sicherheit,[9] des Verkehrs[10] sowie der Erhaltung des Landschaftsbildes oder des Schutzes des Ortsbildes[11] durchzuführen. Auf Grund dieser öffentlichen Interessen muss eine Aufräumung erfolgen. Insbesondere sind Baustelleinrichtungen unverzüglich nach Vollendung des Vorhabens zu entfernen. Die K-BO 1996 enthält keine Definitionen des Begriffes Baustelleneinrichtung. Entsprechend den Materialien ist darunter die Gesamtheit des Baumaterials zu verstehen, deren Bereithalten am Ort eines konkreten Bauvorhabens während der Dauer der Bauausführung bei deren ordnungsgemäßen Ablauf erforderlich ist.[12] Dazu zählen zB Bau- und Wohncontainer, Bau- und Gerätehütten, Gerüste, Kräne und Bauproduktlagerungen[13], Heißasphaltmischanlagen[14] sowie Abfallbehandlungsanlagen[15]. Zu den notwendigen Aufräumungs- und sonstigen Arbeiten zählt zB die Reste des abzutragenden Gebäudes[16], Bauschutt, Baugerüste oder Kalkgruben zu entfernen.[17] Wer Baustelleneinrichtungen entgegen § 38 Abs 1 letzter Satz nicht unverzüglich nach Vollendung des Vorhabens entfernt, begeht eine Verwaltungsübertretung und ist gemäß § 50 Abs 1 lit d Z 10 zu bestrafen.[18]

5 Wird der Verpflichtung zur Aufräumung nach § 38 Abs 1 nicht nachgekommen, so hat die Behörde im Falle der Säumigkeit die Durchführung der Aufräumungs- und sonstigen Arbeiten aufzutragen. Voraussetzung ist, dass eine der öffentlichen Interessen des § 38 Abs 1 verletzt ist. Säumigkeit liegt bereits vor, wenn nicht „sofort nach der Vollendung" die notwendigen Aufräumungs- und sonstigen Arbeiten durchgeführt

---

7 *Pallitsch/Pallitsch/Kleewein*, Baurecht[5] § 37 K-BO 1996 Anm 4.
8 Siehe § 37 Rz 5.
9 Siehe § 13 Rz 7 und § 17 Rz 9.
10 Siehe § 17 Rz 12.
11 Siehe § 13 Rz 6 und § 17 Rz 13.
12 ErlRV Verf-135/94/1995, 12, mit Hinweis auf VwGH 27.3.1995, 90/10/0143.
13 *Giese*, Baurecht § 1 Baupolizeigesetz Anm 15.
14 VwGH VwSlg 13.081 A/1989.
15 Siehe § 7 Rz 14.
16 VwGH 6.10.1983, 81/06/0119.
17 ErlRV Verf-133//6/1967, 35.
18 Siehe § 50 Rz 26.

werden. Der Behörde[19] kommt hinsichtlich der Erteilung des Auftrages kein Ermessen zu, sie hat von Amts wegen vorzugehen. Der Auftrag hat durch Bescheid zu erfolgen,[20] Schriftlichkeit ist nicht ausdrücklich vorgesehen. Adressat des Auftrages ist bei bewilligungspflichtigen Vorhaben nach § 6 der Inhaber der Baubewilligung. In diesen Fällen hat der Grundeigentümer gemäß § 35 Abs 6 die aufgetragenen Maßnahmen zu dulden. Bei bewilligungsfreien Vorhaben nach § 7 ist der Grundeigentümer der Adressat. Im Falle des Miteigentums ist der Bescheid grundsätzlich an alle Miteigentümer zu richten. Besteht Wohnungseigentum gemäß § 2 Abs 1 WEG 2002, ist dies insofern verfassungskonform auszulegen, dass Aufträge und Verfügungen, sofern diese Maßnahmen vorsehen, die lediglich ein Wohnungseigentumsobjekt betreffen, nur an den jeweiligen Wohnungseigentümer zu richten sind.[21] Zu beachten ist, dass sofern gemäß § 55a an Gebäuden und baulichen Anlagen Wohnungseigentum gemäß § 2 Abs 1 WEG 2002 besteht, an Stelle der Miteigentümer die Eigentümergemeinschaften gemäß § 2 Abs 5 WEG 2002 Verpflichtete des § 36 sind. Dies gilt aber nur insofern, als die Eigentümergemeinschaften rechtsfähig sind[22] und widerspricht, da Rechtsfähigkeit nur für die Liegenschaftsverwaltung in allgemeinen Teilen besteht, nicht der soeben dargestellten verfassungskonformen Auslegung.[23] Weiters ist gemäß § 55 der Bauberechtigte dem Grundeigentümer gleichgestellt.[24]

§ 38 dient ausschließlich öffentlichen Interessen, es bestehen keine subjektiv-öffentlichen Interessen der Anrainer, es kommt diesen auch keine Parteistellung zu. Auch dem Grundeigentümer kommt keine Parteistellung zu, wenn der Adressat des Bescheides der Inhaber der Baubewilligung ist. Der Bescheid muss gemäß § 59 Abs 1 AVG hinreichend bestimmt sein, dh es muss dem Adressaten die überprüfbare Möglichkeit gegeben werden, dem Bescheid zu entsprechen, und der Bescheid muss überprüft und vollstreckt werden können. In diesem Sinne müssen die Aufräumungs- und sonstigen Arbeiten konkret umschrieben werden. Der Bescheid ist auf jene Aufräumungs- und sonsti-

6

---

19 Siehe § 3 Rz 3 ff.
20 *Pallitsch/Pallitsch/Kleewein*, Baurecht[5] § 38 K-BO 1996 Anm 7.
21 VfGH VfSlg 15.047/1997; *Moritz*, immolex 2000, 150.
22 Siehe zum Ganzen § 55a Rz 3 f.
23 Siehe § 55a Rz 4.
24 Siehe § 55 Rz 3 f.

gen Arbeiten zu beschränken, deren Vollendung im öffentlichen Interesse[25] erforderlich ist. Es ist eine angemessen Frist zur Durchführung der Aufräumung zu setzen, dh die erforderlichen Arbeiten müssen in dieser Frist technisch durchführbar sein. Die Angemessenheit der Frist ist ein vom übrigen Bescheidinhalt trennbarer und daher isoliert bekämpfbarer Bescheidbestandteil.[26] Bei Gefahr im Verzug ist die Behörde gemäß 57 Abs 1 AVG berechtigt, einen Bescheid auch ohne vorausgegangenes Ermittlungsverfahren zu erlassen, dh einen Mandatsbescheid zu erlassen.[27]

8. Abschnitt – Abnahme
§ 39 Meldepflicht

(1) Die Vollendung von Vorhaben nach § 6 lit. a, b, d und e ist der Behörde binnen einer Woche schriftlich zu melden. Zur Meldung ist derjenige verpflichtet, in dessen Auftrag das Vorhaben ausgeführt wurde.

(2) Gleichzeitig mit der Meldung der Vollendung des Vorhabens (Abs. 1) sind vom Bauleiter Bestätigungen aller mit der Ausführung des Vorhabens betrauten Unternehmer (§ 29 Abs. 1) vorzulegen, aus denen jeweils hervorgeht, daß die Ausführung des Vorhabens entsprechend
   a) der Baubewilligung einschließlich der ihr zugrunde liegenden Pläne, Berechnungen und Beschreibungen,
   b) den Bestimmungen des § 29 Abs. 1 und 2 sowie
   c) den Bestimmungen der Kärntner Bauvorschriften erfolgte.

(3) Besteht das Unternehmen, welches die Bauleitung übernommen hat, nicht mehr, hat der Bauwerber die Bestätigung nach Abs. 2 von einem Sachverständigen einzuholen und vorzulegen.

Literatur: *Wenusch*, Die zivilrechtliche Haftung für Bestätigungen, die im Zuge „(teil-) privatisierter" Bewilligungsverfahren ausgestellt werden, bbl 2010, 1.

---

25 Siehe § 38 Rz 4.
26 Vgl VwGH 30.1.2007, 2006/05/0247.
27 Siehe dazu ausführlich *Hengstschläger/Leeb*, AVG² § 57 Rz 4 f mN.

Inhaltsübersicht Rz

I. Entwicklung und Rechtsvergleich 1
II. Meldung der Vollendung des Vorhabens 3
III. Vorzulegende Bestätigungen 6

I. Entwicklung und Rechtsvergleich

Die Bestimmung findet sich erstmals in § 32 der K-BO 1969, LGBl 1969/48. § 32 Abs 1 K-BO 1969 entspricht im Wesentlichen § 39 Abs 1 idgF. Ursprünglich enthielt § 32 Abs 2 und 3 K-BO 1969 Regelungen über eine Benützungsbewilligung. Durch LGBl 1981/69 wurde § 32 Abs 4 K-BO 1969 angefügt, der erstmals die Vorlage einer Bestätigung der ausführenden Unternehmer, dass die Baubewilligung eingehalten wurde, vorsah. In dieser Fassung wurde die Bestimmung als § 35 in die K-BO 1992, LGBl 1992/64, übernommen. Durch LGBl 1996/44 wurde die Bestimmung neu gefasst, dies entspricht § 39 Abs 1 und 2 idgF. Darüber hinaus entfielen die Regelungen über die Benützungsbewilligung. In dieser Fassung wurde die Bestimmung – mit redaktionellen Anpassungen – als § 39 in die K-BO 1996, LGBl 1996/62, übernommen. Mit LGBl 2012/80 wurde § 39 Abs 3 angefügt. 1

Auch nach den Bauordnungen der anderen Bundesländer muss die Vollendung des Vorhabens der Behörde mitgeteilt werden und sind zumeist – durchaus unterschiedliche – Belege vorzulegen, siehe § 27 Bgld. BauG, § 30 NÖ BO 2014, § 42 und § 43 Oö. BauO 1994, § 17 Abs 1 und 2 S-BauPolG, § 38 Abs 1 und 2 Stmk. BauG, § 37 Abs 1 TBO 2011, § 43 Abs 1 V-BauG sowie § 128 Abs 1 und 2 W-BO. 2

II. Meldung der Vollendung des Vorhabens

Die Vollendung von Vorhaben nach § 6 lit a, b, d und e[1] ist der Behörde[2] binnen einer Woche schriftlich zu melden. Damit erlangt die Behörde Kenntnis über die Vollendung und hat eine Prüfung nach § 40, der die Einhaltung von § 39 gewährleistet,[3] vorzunehmen. Aus Gründen der Verwaltungsvereinfachung und Kostenersparnis sind Vorhaben nach 3

---

1 Siehe § 6 Rz 7 f und Rz 11 f.
2 Siehe § 3 Rz 3 ff.
3 VwGH 16.9.2009, 2007/05/0033.

§ 6 lit c[4] nicht umfasst.[5] Auch eine Meldung der Vollendung von bewilligungsfreien Vorhaben nach § 7[6] muss nicht erfolgen. Zur Meldung ist derjenige verpflichtet, in dessen Auftrag das Vorhaben ausgeführt wurde, dh der Inhaber der Baubewilligung.

4   Ab wann eine Vollendung des Vorhabens vorliegt, definiert die K-BO 1996 nicht. Nach der Judikatur des VwGH zu anderen Bauordnungen ist ein Vorhaben im Allgemeinen schon dann als vollendet zu beurteilen, wenn das Gebäude nach außen abgeschlossen ist und alle bauplanmäßigen konstruktiven Merkmale verwirklicht worden sind.[7] Die „schlüsselfertige" Herstellung des Vorhabens ist nicht Voraussetzung der Vollendung, es müssen somit nicht sämtliche Arbeiten ausgeführt worden sein.[8] So schadet das Fehlen des Fassadenaußenputzes, des Innenverputzes und des Estrichs nicht der Vollendung.[9] Fehlen aber zB Stiegen, welche vom Erdgeschoß ins Obergeschoß führen sollen, sowie Fenster, Türe und Tore ist von keiner Vollendung auszugehen.[10] Diese Judikatur kann meiner Ansicht nach im Gegensatz zu § 37 und § 38[11] auch auf § 39 übertragen werden.[12] Denn auch bei dieser Auslegung kann eine Prüfung nach § 40 durchgeführt werden. Dies ändert aber nichts an der Ausführungs- und Aufräumungspflicht nach § 37 und § 38.

5   Die Meldung hat schriftlich an die Behörde zu erfolgen. Das Erfordernis der Schriftlichkeit stellt eine Abweichung zur Formfreiheit des § 13 Abs 1 AVG dar. Vor dem Hintergrund, dass gemäß § 39 Abs 2 auch die Bestätigungen der ausführenden Unternehmer gleichzeitig vorzulegen sind, ist diese Abweichung aus verfahrensökonomischen Gründen sachlich gerechtfertigt. Die schriftliche Antragstellung kann gemäß § 13 Abs 2 AVG in jeder technisch möglichen Form erfolgen (zB Fax). Die Pflicht zur Entgegennahme bzw das Recht auf Einbringung in einer

---

4 Siehe § 6 Rz 9 f.
5 ErlRV Verf-135/94/1995, 27; *Pallitsch/Pallitsch/Kleewein*, Baurecht[5] § 39 K-BO 1996 Anm 2.
6 Siehe § 7 Rz 3 ff.
7 VwGH 20.4.2004, 2003/06/0067.
8 VwGH VwSlg 17.725 A/2009; 24.6.2014, 2012/05/0173.
9 VwGH 29.8.2000, 99/05/0169.
10 VwGH 24.6.2014, 2012/05/0173.
11 Siehe § 37 Rz 5 und § 38 Rz 3.
12 So wohl auch *Pallitsch/Pallitsch/Kleewein*, Baurecht[5] § 39 K-BO 1996 Anm 1.

technischen Form besteht aber nur insoweit, als die technischen Möglichkeiten bei der Behörde tatsächlich zur Verfügung stehen. Für die Einbringung per E-Mail gilt besonderes. Durch E-Mail kann die Mitteilung nur insoweit erfolgen, als für den elektronischen Verkehr zwischen der Behörde und den Beteiligten nicht besondere Übermittlungsformen vorgesehen sind. Etwaige technische Voraussetzungen oder organisatorische Beschränkungen des elektronischen Verkehrs zwischen der Behörde und den Beteiligten sind im Internet bekanntzumachen.[13] Die Behörde ist gemäß § 13 Abs 5 AVG auch nur während der Amtsstunden verpflichtet, schriftliche Anbringen entgegenzunehmen oder Empfangsgeräte empfangsbereit zu halten. Die Amtsstunden sind im Internet und an der Amtstafel bekanntzumachen.[14] Dh es ist vor einem Antrag in einer bestimmten technischen Form zu prüfen, ob diese technische Form bei der Behörde tatsächlich zur Verfügung steht. Bei einer Mitteilung per E-Mail ist darüber hinaus zu prüfen, ob etwaige technische Voraussetzungen oder organisatorische Beschränkungen (zB Mitteilung darf nur an eine bestimmte E-Mail Adresse gesendet werden) bestehen. Darüber hinaus müssen auch die Amtsstunden der Behörde beachtet werden. Kommt der Inhaber der Verpflichtung nach § 39 Abs 1 nicht nach, begeht er eine Verwaltungsübertretung und ist gemäß § 50 Abs 1 lit d Z 1 zu bestrafen.[15]

III. Vorzulegende Bestätigungen

Der Bauleiter hat gemäß § 30 Abs 2 iVm § 39 Abs 2 gleichzeitig mit der **6** Meldung der Vollendung des Vorhabens Bestätigungen aller mit der Ausführung des Vorhabens betrauten Unternehmer[16] vorzulegen.[17] Wer als Bauleiter die Bestimmung des § 39 Abs 2 übertritt, begeht eine Verwaltungsübertretung und ist gemäß § 50 Abs 1 lit b Z 3 zu bestrafen.[18] Die ausführenden Unternehmer sind gemäß § 29 Abs 6 zur

---

13 *Hengstschläger/Leeb*, AVG² § 13 Rz 10 f mN.
14 *Hengstschläger/Leeb*, AVG² § 13 Rz 35 mN; siehe zum Ganzen auch VfGH VfSlg 19.849/2014.
15 Siehe § 50 Rz 17.
16 Siehe § 29 Rz 3 f.
17 Zu zivilrechtlichen Haftungen für Bestätigungen im Baubewilligungsverfahren siehe *Wenusch*, bbl 2010, 1 ff.
18 Siehe § 50 Rz 11.

Ausstellung dieser Bestätigungen verpflichtet.[19] Aus den Bestätigungen muss jeweils hervorgehen, dass der Unternehmer die Ausführung des Vorhabens entsprechend der Baubewilligung einschließlich der ihr zugrunde liegenden Pläne, Berechnungen und Beschreibungen sowie den Bestimmungen der Kärntner Bauvorschriften vorgenommen hat und der Unternehmer zu dieser Ausführung gemäß § 29 Abs 1 befugt war. Darüber hinaus muss aus den Bestätigungen auch hervorgehen, dass die Bestimmungen des § 27 Abs 1 eingehalten wurden. Bei dem Verweis auf § 29 Abs 2 handelt es sich um ein Redaktionsversehen, da diese Bestimmung durch LGBl 2013/46 entfiel.[20] Werden mehrere Unternehmer zur Ausführung beauftragt, hat dies meiner Ansicht nach der jeweilige Unternehmer in erster Linie für jene Ausführungen, die er übernommen hat, zu bestätigen. Darüber hinaus hat er aber auch zu bestätigen, dass bei seiner Zusammenarbeit mit den anderen Unternehmern, insbesondere im Bereich der Schnittstellen seiner Ausführungen zu den Ausführungen der anderen Unternehmer, diese öffentlich-rechtlichen Pflichten eingehalten wurden.[21]

7 Besteht das Unternehmen, welches die Bauleitung übernommen hat, nicht mehr, hat der Inhaber der Baubewilligung[22] gemäß § 39 Abs 3 diese Bestätigung von einem Sachverständigen, einholen und vorlegen zu lassen. Sachverständig ist eine Person, die über jene besondere Sachkunde verfügt, welche für die Bauleitung über das konkrete Vorhaben notwendig ist.[23] Damit wird klargestellt, wie vorzugehen ist, wenn das bauleitende Unternehmen nicht mehr besteht, aber noch keine Bestätigungen eingeholt und vorgelegt wurden.[24] Dies muss analog auch für jene Fälle gelten, in denen die Bauleitung durch eine natürliche Person erfolgt, diese aber zB durch Todesfall nicht mehr in der Lage ist, die Bestätigungen einzuholen und vorzulegen. Wer als Sachverständiger unrichtige Bestätigungen nach § 39 Abs 3 ausstellt, begeht eine Verwaltungsübertretung und ist gemäß § 50 Abs 1 lit b Z 4 zu bestrafen.[25]

---

19 Siehe § 29 Rz 8.
20 *Pallitsch/Pallitsch/Kleewein*, Baurecht[5] § 39 K-BO 1996 Anm 8.
21 Siehe § 29 Rz 5.
22 § 39 Abs 3 stellt zwar auf den „Bauwerber" ab, gemeint muss aber der „Inhaber der Baubewilligung" sein, dh derjenige in dessen Auftrag das Vorhaben ausgeführt wird; vgl § 31 Fn 7.
23 ErlRV 01-VD-LG-1369/4-2012, 14; siehe § 30 Rz 5.
24 ErlRV 01-VD-LG-1369/4-2012, 13.
25 Siehe § 50 Rz 12.

§ 40 Prüfung

(1) Die Behörde hat zu prüfen, ob
a) bei Abgasanlagen die Erfüllung der Anforderungen gemäß §§ 26 und 27 durch Befunde nach § 33 Abs. 2 nachgewiesen ist;
b) bei Anlagen oder Anlagenteilen, deren Überprüfung nach § 18 Abs. 7 angeordnet wurde, die Eignung durch Befunde nach § 29 Abs. 5 nachgewiesen ist;
c) alle Bestätigungen der Unternehmer nach § 39 Abs. 2 vorliegen.

(2) Werden die Belege nach Abs. 1 lit. a bis c vollständig beigebracht, darf das Gebäude oder die sonstige bauliche Anlage – vorbehaltlich des Abs. 4 – nach Ablauf von einer Woche ab Einlangen der Meldung nach § 39 Abs. 1 benützt werden, sofern den Bestätigungen nach § 39 Abs. 2 die Qualität öffentlicher Urkunden zukommt. Ist dies nicht der Fall, beträgt die Frist nach dem ersten Satz vier Wochen. Die vollständige Beibringung der Belege nach Abs. 1 lit. a bis c ist auf Antrag des nach § 39 Abs. 1 zur Meldung Verpflichteten durch die Behörde zu bestätigen.

(3) Werden die Belege nach Abs. 1 lit. a bis c nicht oder nicht vollständig beigebracht, hat die Behörde denjenigen, in dessen Auftrag das Vorhaben ausgeführt wurde, aufzufordern, die vollständigen Belege binnen einer angemessen festzusetzenden Frist nachzureichen.

(4) Werden die vollständigen Belege nach Abs. 1 lit. a bis c innerhalb der gemäß Abs. 3 festgesetzten Frist nicht nachgereicht, so hat die Behörde die Benützung des Gebäudes oder der sonstigen baulichen Anlage zu untersagen. Dies gilt auch, wenn trotz Beibringung der Belege nach Abs. 1 lit. a bis c der Benützung unbehebbare Mängel im Hinblick auf die Sicherheit oder Gesundheit entgegenstehen. Stellt die Behörde sonstige Mängel fest, so hat sie deren Behebung binnen einer angemessen festzusetzenden Frist zu verfügen.

Literatur: *Funk/Kettenbach*, Ziviltechniker als Quasi-Beliehene, ZfV 1997, 569; *Funk/Marx*, Ziviltechnikerurkunden im Verwaltungsverfahren, ÖJZ 2002, 532; *Wenusch*, Die zivilrechtliche Haftung für Bestätigungen, die im Zuge „(teil-) privatisierter" Bewilligungsverfahren ausgestellt werden, bbl 2010, 1.

§ 40   1. Kärntner Bauordnung 1996 – K-BO 1996

Inhaltsübersicht   **Rz**
   I. Entwicklung und Rechtsvergleich 1
  II. Prüfpflicht der Behörde.. 3
 III. Benützung von Gebäuden oder baulichen Anlagen 4

I. Entwicklung und Rechtsvergleich

1   Schon § 83 der K-BO 1866, LGBl 1866/12, sah die Prüfung des Vorhabens – unter Einbeziehung eines unabhängigen Sachverständigen – durch die Behörde vor. Auf Grundlage dieser Prüfung war eine Benützungsbewilligung zu erteilen. Auch § 33 bis § 35 der K-BO 1969, LGBl 1969/48, sahen die Prüfung durch die Behörde und eine Benützungsbewilligung vor. Zum Teil waren Befunde der ausführenden Unternehmer vorzulegen. Mit LGBl 1981/69 wurde ein solcher Befund auch hinsichtlich der Verwendung von Bauprodukten verlangt. Erstmals musste die Behörde nur überprüfen, ob diese Belege vorgelegt wurden, eine allgemeine Prüfpflicht bestand insofern nicht mehr. In dieser Fassung wurden die Bestimmungen – mit redaktionellen Anpassungen – als §§ 36 bis 38 in die K-BO 1992, LGBl 1992/64, übernommen. In seiner heutigen Form wurde die Bestimmung im Wesentlichen als § 36 K-BO 1992 durch LGBl 1996/44 geschaffen. In dieser Fassung wurde die Bestimmung – mit redaktionellen Anpassungen – als § 40 in die K-BO 1996, LGBl 1996/62, übernommen. Durch LGBl 2012/80 wurde § 40 Abs 1 lit a idgF geschaffen. Mit LGBl 2013/85 erfolgten die notwendigen Anpassungen an die Einführung der Verwaltungsgerichtsbarkeit.

2   Nach den Bauordnungen einiger anderer Bundesländer genügt zur Benützung – ähnlich wie in der K-BO 1996 – grundsätzlich die Vorlage bestimmter Belege, siehe § 23 Abs 1 NÖ BO 2014 iVm § 30 Abs 2 und 3 NÖ BO 2014, § 44 Oö. BauO 1994, § 38 Abs 1 bis 3 Stmk. BauG, § 43 Abs 4 V-BauG sowie § 128 Abs 4 W-BO. Im Burgenland gemäß § 27 Abs 6 Bgld. BauG sowie in Tirol gemäß § 38 TBO 2011 muss eine Benützungsbewilligung erteilt werden. In Salzburg ist gemäß § 17 Abs 4 S-BauPolG binnen Jahresfrist ab Meldung der Vollendung eine geeignete Prüfung vorzunehmen.

II. Prüfpflicht der Behörde

3   Die Behöre hat gemäß § 40 Abs 1 zu prüfen, ob

/ 8. Abschnitt – Abnahme **§ 40**

- bei Abgasanlagen die Erfüllung der Anforderungen gemäß § 26 und § 27[1] durch Befunde eines Rauchfangkehrers nach § 33 Abs 2[2] nachgewiesen ist;
- bei Anlagen oder Anlagenteilen, deren Überprüfung aus Gründen der Sicherheit und Gesundheit nach § 18 Abs 7[3] angeordnet wurde, die Eignung durch Befunde des ausführenden Unternehmers nach § 29 Abs 5[4] nachgewiesen ist;
- alle Bestätigungen der ausführenden Unternehmer nach § 39 Abs 2[5] vorliegen.

Der Behörde[6] kommt hinsichtlich der Prüfung kein Ermessen zu, sie hat von Amts wegen vorzugehen.[7] Umfasst sind nur Vorhaben nach § 6 lit a, b, d und e[8], da ua nur bei diesen eine Meldung der Vollendung gemäß § 39 Abs 1 zu erfolgen hat und nur für diese Bestätigungen der ausführenden Unternehmer nach § 39 Abs 2 vorzulegen sind.[9] Somit sind Vorhaben nach § 6 lit c[10] nicht umfasst. Gleiches gilt für bewilligungsfreie Vorhabe nach § 7[11]. Es handelt sich nur um eine formale Prüfung, dh es ist nur zu prüfen, ob die Belege des § 40 Abs 1 vollständig vorgelegt wurden.[12] Vor dem verfassungsgesetzlichen Hintergrund[13] ist ausdrücklich darauf hinzuweisen, dass für die Behörde gemäß § 34, auch bei bereits vollendeten Vorhaben, umfassende Überwachungsbefugnisse und Überwachungspflichten bestehen. Ist ein Vorhaben ohne Baubewilligung oder abweichend davon ausgeführt worden, so ist gemäß § 36 der rechtmäßige Zustand herzustellen. Darüber hinaus bestehen bei bewilligungswidriger oder nicht bewilligter Ausführung

---

1 Siehe § 26 Rz 3 f und § 27 Rz 3 f.
2 Siehe § 33 Rz 3 f.
3 Siehe § 18 Rz 17 f.
4 Siehe § 29 Rz 8.
5 Siehe § 39 Rz 6 f.
6 Siehe § 3 Rz 3 ff.
7 *Pallitsch/Pallitsch/Kleewein*, Baurecht[5] § 40 K-BO 1996 Anm 1.
8 Siehe § 6 Rz 7 f und Rz 11 f.
9 Siehe § 39 Rz 3.
10 Siehe § 6 Rz 9 f.
11 Siehe § 7 Rz 3 ff.
12 Vgl ErlRV Verf-86/32/1981, 17; ErlRV Verf-135/94/1995, 28; *Pallitsch/Pallitsch/Kleewein*, Baurecht[5] § 40 K-BO 1996 Anm 2.
13 Siehe *Funk/Kettenbach*, ZfV 1997, 576.

auch Anrainerrechte zur Herstellung des rechtmäßigen Zustandes.[14] Hinzuweisen ist ebenso auf die Verpflichtung zur Beseitigung gemäß § 45[15] und Räumung gemäß § 46[16] von Gebäuden und Gebäudeteilen im Interesse der Sicherheit und Gesundheit. Schlussendlich sieht auch § 40 Abs 4[17] vor, dass eine Benützung des Gebäudes oder der sonstigen baulichen Anlagen zu untersagen ist, sofern unbehebbare Mängel im Hinblick auf die Sicherheit und Gesundheit entgegenstehen, und aufzutragen ist, Mängel binnen angemessener Frist zu beseitigen. Es bestehen somit insgesamt umfassende Überwachungsbefugnisse und Überwachungspflichten der Behörde.[18]

III. Benützung von Gebäuden oder baulichen Anlagen

4   Voraussetzung der Benützung, dh der ihrem Zweck entsprechenden Verwendung,[19] von Gebäuden oder sonstigen baulichen Anlagen ist gemäß § 40 Abs 2 und 4, dass die Belege nach § 40 Abs 1[20] vollständig beigebracht wurden und der Benützung keine unbehebbaren Mängel im Hinblick auf die Sicherheit und Gesundheit[21] entgegenstehen. Ohne Beibringung der Belege bzw ohne vollständige Beibringung der Belege ist jegliche Benützung – auch vorübergehend[22] oder ob ihrem Zweck entsprechend oder nicht – unzulässig.[23] Ohne Bedeutung ist auch, ob das Vorhaben schon vollendet ist.[24] Eine eigene Benützungsbewilligung ist hingegen nicht erforderlich.[25] Die vollständige Beibringung der Belege ist gemäß § 40 Abs 2 auf Antrag des Inhabers der Baubewilligung[26] durch die Behörde zu bestätigen. Dieser Antrag kann gemäß

---

14 Zum Ganzen siehe § 34 Rz 3 ff und § 36 RZ 3 ff.
15 Siehe § 45 Rz 3 f.
16 Siehe § 46 Rz 3 f.
17 Siehe § 40 Rz 8.
18 Vgl ErlRV Verf-135/94/1995, 28.
19 Vgl *Giese*, Baurecht § 17 Baupolizeigesetz Anm 3.
20 Siehe § 40 Rz 3.
21 Siehe § 40 Rz 8.
22 VwGH 27.2.1996, 96/05/0022.
23 VwGH VwSlg 17.420 A/2008; *Pallitsch/Pallitsch/Kleewein*, Baurecht[5] § 40 K-BO 1996 Anm 8.
24 VwGH VwSlg 17.420 A/2008.
25 *Pallitsch/Pallitsch/Kleewein*, Baurecht[5] § 40 K-BO 1996 Anm 3.
26 Siehe § 39 Rz 3.

8. Abschnitt – Abnahme § 40

§ 13 Abs 1 AVG schriftlich, mündlich oder telefonisch eingebracht werden.[27] Umfasst sind nur Vorhaben nach § 6 lit a, b, d und e[28], da ua nur bei diesen eine Meldung der Vollendung gemäß § 39 Abs 1 zu erfolgen hat und nur für diese Bestätigungen der ausführenden Unternehmer nach § 39 Abs 2 vorzulegen sind.[29] Somit sind Vorhaben nach § 6 lit c[30] nicht umfasst. Gleiches gilt für bewilligungsfreie Vorhabe nach § 7[31]. Diese dürfen nach Vollendung sofort benützt werden.

Werden die Belege nach § 40 Abs 1[32] vollständig beigebracht und kommt den Bestätigungen der Unternehmer nach § 39 Abs 2 die Qualität öffentlicher Urkunden zu, darf das Gebäude oder die sonstige bauliche Anlage nach Ablauf einer Woche ab Einlagen der Meldung der Vollendung des Vorhabens gemäß § 39 Abs 1[33] benützt werden. Zu betonen ist, dass nur den Bestätigungen der Unternehmer nach § 39 Abs 2 die Qualität öffentlicher Urkunden zukommen muss. Urkunden sind verschriftlichte Vergegenständlichungen von Gedanken.[34] Dazu zählen nicht nur schriftliche Ausführungen, dh Schriftstücke, sondern auch Pläne und Zeichnungen. Öffentliche Urkunden sind erstens jene Urkunden, die von einer öffentlichen Behörde innerhalb der Grenzen ihrer Amtsbefugnisse in der vorgeschriebenen Form auf Papier oder elektronisch errichtet sind. Ein auf Papier ausgedrucktes elektronisches Dokument einer Behörde hat gemäß § 20 E-GovG die Beweiskraft einer öffentlichen Urkunde, wenn das elektronische Dokument mit einer Amtssignatur versehen wurde. Dies wird insbesondere dann von Bedeutung sein, wenn eine Gebietskörperschaft befugter Unternehmer ist, da entsprechende Mitarbeiter beschäftigt werden, und die Ausführung des Vorhabens selbst übernimmt.[35] Zweitens sind dies aber auch Urkunden, die von einer mit öffentlichem Glauben versehenen Person innerhalb des ihr zugewiesenen Geschäftskreises in der vorgeschriebenen Form auf Papier oder elektronisch errichtet sind. Dies gilt aus-

---

27 *Hengstschläger/Leeb*, AVG² § 13 Rz 6 ff und Rz 41 mN.
28 Siehe § 6 Rz 7 f und Rz 11 f.
29 Siehe § 39 Rz 3.
30 Siehe § 6 Rz 9 f.
31 Siehe § 7 Rz 3 ff.
32 Siehe § 40 Rz 3.
33 Siehe § 39 Rz 3 f.
34 Zum Ganzen *Hengstschläger/Leeb*, AVG² § 47 Rz 2 ff mN.
35 Siehe § 29 Rz 3.

drücklich gemäß § 4 Abs 3 ZTG für Ziviltechniker.[36] Diese Urkunden sind in derselben Weise anzusehen, als wenn diese Urkunden von Behörden ausgefertigt wären. „Von solchen Urkunden können im Falle ihrer elektronischen Errichtung auch Ausfertigungen auf Papier, im Falle ihrer Errichtung auf Papier auch elektronische Ausfertigungen hergestellt werden."[37] Ziviltechniker sind allerdings gemäß § 4 Abs 4 ZTG im Rahmen ihrer Fachgebiete zu keiner ausführenden Tätigkeit berechtigt.[38] Ziviltechniker sind aber gemäß § 4 Abs 1 ZTG auf dem gesamten, von ihrer Befugnis umfassten Fachgebiet zur Erbringung ua von prüfenden Leistungen berechtigt. Der Ziviltechniker muss somit eine Prüfung der Bestätigungen der ausführenden Unternehmer durchführen und bestätigen, dass diese entsprechend § 39 Abs 2 erfolgten, dh die Ausführung des Vorhabens entsprechend § 39 Abs 2 erfolgte.[39]

6 Werden die Belege nach § 40 Abs 1[40] vollständig beigebracht aber kommt den Bestätigungen der Unternehmer nach § 39 Abs 2 die Qualität öffentlicher Urkunden nicht zu, darf das Gebäude oder die sonstige bauliche Anlage erst nach Ablauf von vier Wochen ab Einlagen der Meldung der Vollendung des Vorhabens gemäß § 39 Abs 1[41] benützt werden. Dies soll der Behörde ausreichend Zeit für eine allfällige Überprüfung gemäß § 34 geben.[42] Wer Gebäude oder sonstige bauliche Anlagen oder Teile von solchen vor Ablauf der Frist nach § 40 Abs 2 benützt oder benützen lässt, begeht eine Verwaltungsübertretung und ist gemäß § 50 Abs 1 lit d Z 4 zu bestrafen.[43]

7 Werden gemäß § 40 Abs 3 die Belege nach § 40 Abs 1[44] nicht oder nicht vollständig beigebracht, hat die Behörde den Inhaber der Baubewilligung aufzufordern, die vollständigen Belege binnen einer angemessen festzusetzenden Frist nachzureichen. Diese Bestimmung ähnelt

---

36 *Funk/Marx*, ÖJZ 2002, 532 ff.
37 Zur elektronischen Einbringung siehe § 39 Rz 5.
38 *Giese*, Baurecht § 11 Baupolizeigesetz Anm 7; missverständlich *Pallitsch/Pallitsch/Kleewein*, Baurecht[5] § 29 K-BO 1996 Anm 1; siehe § 29 Rz 3.
39 Zu zivilrechtlichen Haftungen für Bestätigungen im Baubewilligungsverfahren siehe *Wenusch*, bbl 2010, 1 ff.
40 Siehe § 40 Rz 3.
41 Siehe § 39 Rz 3 f.
42 ErlRV Verf-135/94/1995, 28.
43 Siehe § 50 Rz 20.
44 Siehe § 40 Rz 3.

8. Abschnitt – Abnahme § 40

§ 13 Abs 3 AVG.[45] Insofern hat die Behörde von Amts wegen die Behebung des Mangels zu veranlassen und kann die Behebung des Mangels innerhalb einer angemessenen Frist mit der Wirkung auftragen, dass die Benützung des Gebäudes oder sonstigen baulichen Anlage nach fruchtlosem Ablauf dieser Frist gemäß § 40 Abs 4 untersagt wird. Die Angemessenheit der Frist hängt von der Art des Mangels ab. Es bedarf aber lediglich einer Frist, um bereits vorhandene Belege beizubringen, sie muss hingegen nicht für die Beschaffung noch fehlender Belege ausreichen. Die Angemessenheit der Frist ist ein vom übrigen Bescheidinhalt trennbarer und daher isoliert bekämpfbarer Bescheidbestandteil.[46] Erfolgt keine Nachreichung der Belege, so hat die Behörde gemäß § 40 Abs 4 die Benützung des Gebäudes mit Bescheid[47] zu untersagen.

Schlussendlich ist gemäß § 40 Abs 4 die Benützung trotz Beibringung aller Belege nach § 40 Abs 1[48] mit Bescheid[49] gegenüber dem Inhaber der Baubewilligung zu untersagen, sofern dem Vorhaben unbehebbare Mängel im Hinblick auf die Sicherheit[50] oder Gesundheit[51] entgegenstehen. Denkbar ist auch die Erlassung eines Mandatsbescheides gemäß 57 Abs 1 AVG. Sind Mängel – auch Mängel denen andere öffentliche Interessen entgegenstehen – hingegen behebbar, so hat die Behörde mit Bescheid[52] deren Behebung gegenüber dem Inhaber der Baubewilligung zu verfügen. Für die Behebung der Mängel ist eine angemessene Frist zu setzen, dh die erforderlichen Arbeiten müssen in dieser Frist technisch durchführbar sein.[53] Die Angemessenheit der Frist ist ein vom übrigen Bescheidinhalt trennbarer und daher isoliert bekämpfbarer Bescheidbestandteil.[54] Der Bescheid muss gemäß § 59 Abs 1 AVG hinreichend bestimmt sein, dh es muss dem Adressaten die überprüfbare Möglichkeit gegeben werden, dem Bescheid zu entspre-

8

---

45 *Pallitsch/Pallitsch/Kleewein*, Baurecht[5] § 40 K-BO 1996 Anm 6.
46 Vgl VwGH 30.1.2007, 2006/05/0247.
47 ErlRV 01-VD-LG-1569/48-2013, 16.
48 Siehe § 40 Rz 3.
49 ErlRV 01-VD-LG-1569/48-2013, 16.
50 Siehe § 13 Rz 7 und § 17 Rz 9.
51 Siehe § 17 Rz 10.
52 ErlRV 01-VD-LG-1569/48-2013, 16.
53 Vgl *Giese*, Baurecht § 16 Baupolizeigesetz Anm 32; *Pallitsch/Pallitsch/Kleewein*, Baurecht[5] § 36 K-BO 1996 Anm 9.
54 Vgl VwGH 30.1.2007, 2006/05/0247.

chen, und der Bescheid muss überprüft und vollstreckt werden können. In diesem Sinne muss die Behebung der Mängel konkret umschrieben werden. Erfolgt keine Behebung der Mängel, so hat die Behörde die Benützung des Gebäudes mit Bescheid[55] zu untersagen.[56] Wer Gebäude oder sonstige bauliche Anlagen oder Teile von solchen entgegen einer behördlichen Untersagung nach § 40 Abs 4 benützt oder benützen lässt, begeht eine Verwaltungsübertretung und ist gemäß § 50 Abs 1 lit d Z 4 zu bestrafen.[57]

9. Abschnitt – Gemeinschaftseinrichtungen

§ 41 Orientierungsnummern

(1) Der Bürgermeister hat für Gebäude, die bewohnt werden oder deren Kennzeichnung im öffentlichen Interesse liegt, Orientierungsnummern mit Bescheid festzusetzen.

(2) Der Gemeinderat hat mit Verordnung das System der Orientierungsnummerierung sowie die Ausführung und die Anbringung der Kennzeichen entsprechend den örtlichen Erfordernissen zu bestimmen. Hiebei kann auch festgelegt werden, dass auf dem Kennzeichen der Name der öffentlichen Verkehrsfläche anzubringen ist. Wenn dies zur besseren Orientierung erforderlich ist, hat der Gemeinderat darüber hinaus vorzusehen, dass mehrere Eingänge (Stiegen) eines Gebäudes gesondert zu kennzeichnen sind. Auf vorläufig unbebaute Grundstücke oder Baulücken ist bei der Orientierungsnummerierung Bedacht zu nehmen.

(3) Die Eigentümer sind verpflichtet, ihre Gebäude mit den vom Bürgermeister festgesetzten Orientierungsnummern entsprechend den gemäß Abs. 2 erlassenen Verordnungen zu versehen.

Literatur: *Moritz*, Die Wahrung und Durchsetzung öffentlicher Interessen im Baurecht, in Rebhahn (Hrsg), Rechtsfragen des Bauens in Kärnten, 1997; *Schürmann/Schwind*, Die Pflicht zur Anbringung und Beleuchtung von Hausnummern, DVBl 2001, 1479 ff.

---

55 ErlRV 01-VD-LG-1569/48-2013, 16.
56 Vgl VwGH VwSlg 17.420 A/2008.
57 Siehe § 50 Rz 20.

9. Abschnitt – Gemeinschaftseinrichtungen § 41

Inhaltsübersicht Rz
I. Entwicklung und Rechtsvergleich 1
II. Orientierungsnummern 3

I. Entwicklung und Rechtsvergleich

Eine entsprechende Regelung wurde erstmals durch LGBl 1951/38 als § 84a in die K-BO 1866 eingefügt. Die Bestimmung wurde in seiner heutigen Form im Wesentlichen als § 36 K-BO 1969, LGBl 1969/48, geschaffen. § 36 Abs 1, Abs 2 Satz 1 und Abs 3 K-BO 1969 entsprechen im Wesentlichen § 41 Abs 1, Abs 2 Satz 1 und Abs 3 idgF. Mit LGBl 1979/79 wurde § 36 Abs 2 und 3 K-BO 1969 neu gefasst, diese entsprechen § 41 Abs 2 Satz 1 und 2 sowie Abs 3 idgF. Durch LGBl 1992/26 wurde § 36 Abs 2 K-BO 1969 ein dritter Satz angefügt, dieser entspricht § 41 Abs 2 Satz 3 idgF. In dieser Fassung wurde die Bestimmung als § 39 in die K-BO 1992, LGBl 1992/64, und als § 41 in die K-BO 1996, LGBl 1996/62, übernommen. Durch LGBl 2012/80 wurde die Überschrift auf „Orientierungsnummern" verändert und in § 41 Abs 1 klargestellt, dass die Festsetzung der Orientierungsnummern mit Bescheid zu erfolgen hat. Weiters wurde § 41 Abs 2 Satz 4 angefügt. 1

Auch in den meisten Bauordnungen der anderen Bundesländer finden sich Bestimmungen über Orientierungsnummern, siehe § 11 Abs 5 Bgld. BauG, § 31 Abs 1 bis 4 NÖ BO 2014, § 18 Abs 1 bis 7 S-BauPolG, § 7 Abs 3 und 4 Stmk. BauG sowie § 49 Abs 1 W-BO. In Oberösterreich enthält § 10 Oö. Straßengesetz 1991 eine entsprechende Regelung, in Tirol findet sich ein eigenes Gesetz über die Bezeichnung von Verkehrsflächen und die Nummerierung von Gebäuden. Im V-BauG besteht keine entsprechende Bestimmung. 2

II. Orientierungsnummern

Gemäß § 1 Abs 4 fällt die Vollziehung von § 41 in den eigenen Wirkungsbereich der Gemeinden.[1] Dies erfolgt, weil es sich bei den Angelegenheiten des § 41 um keine unmittelbare Angelegenheiten der örtlichen Baupolizei im Sinne des Art 118 Abs 3 Z 9 B-VG handelt,[2] 3

---

1 Siehe § 1 Rz 23.

2 ErlRV Verf-133/6/1967, 5; *Unkart*, Bauordnung² § 1 Rz 11.

sondern um Angelegenheiten des eigenen Wirkungsbereiches gemäß Art 118 Abs 2 B-VG.[3] Somit werden diese Angelegenheiten aber auch nicht durch die Baubehörde im Sinne des § 3[4] vollzogen. Aus diesem Grund wird für diese Aufgabenerfüllung ausdrücklich auf den Bürgermeister und den Gemeinderat abgestellt. Daraus folgt aber ebenso, dass auch bei Vorhaben, die gemäß § 1 Abs 2 von der Besorgung der örtlichen Baupolizei im eigenen Wirkungsbereich der Gemeinden ausgenommen sind, § 41 durch die Gemeinden im eigenen Wirkungsbereich zu vollziehen ist.

4 Der Gemeinderat hat gemäß § 41 Abs 2 mit Verordnung das System der Orientierungsnummerierung sowie die Ausführung und die Anbringung der Kennzeichen entsprechend den örtlichen Erfordernissen zu bestimmen. Dies dient einer einheitlichen Ausführung der Kennzeichen.[5] In dieser Verordnung hat der Gemeinderat also erstens ein System der Orientierungsnummerierung festzulegen. So könnte zB festgelegt werden, dass die Nummerierung getrennt nach Verkehrsflächen, dh Straßen, Gassen und Plätzen, oder nach Ortschaften jeweils fortlaufend in arabischen Ziffern vorzunehmen ist.[6] Es kann gemäß § 41 Abs 2 auch festgelegt werden, dass auf dem Kennzeichen der Name der öffentlichen Verkehrsfläche anzubringen ist. Ist es zur besseren Orientierung erforderlich, ist darüber hinaus vorzusehen, dass mehrere Eingänge (Stiegen) eines Gebäudes gesondert zu kennzeichnen sind, zB durch Anfügen einer fortlaufenden römischen Ziffer. Dies wird vor allem bei größeren Gebäuden zur Wohn- oder Bürozwecken erforderlich sein.[7] Bei der Orientierungsnummerierung ist auf vorläufig unbebaute Grundstücke oder Baulücken Bedacht zu nehmen.[8] Zweitens ist die Ausgestaltung der Kennzeichen, zB Material, Schriftart, Schriftgröße, Farbe, Größe, Umfang, festzulegen. Schlussendlich ist in

---

3 *Giese*, Baurecht § 18 Baupolizeigesetz Anm 2; *Pallitsch/Pallitsch/Kleewein*, Baurecht[5] § 1 K-BO 1996 Anm 8. Auch in VwGH 17.12.2009, 2009/06/0235, zu § 18 S-BauPolG sah sich der VwGH nicht gezwungen, einen Antrag gemäß § Art 140 Abs 1 Z 1 lit a B-VG auf Grund verfassungsrechtlicher Bedenken gegen die Zuordnung der Angelegenheiten der Orientierungsnummern zum eigenen Wirkungsbereich der Gemeinden an den VfGH zu stellen.

4 Siehe § 3 Rz 3 ff.

5 ErlRV Verf-133/6/1967, 35.

6 Vgl § 18 Abs 2 S-BauPolG.

7 ErlRV Verf-1035/1/1991, 26.

8 Dies dient dem Adressregister gemäß § 9a des Vermessungsgesetzes, ErlRV 01-VD-LG-1369/4-2012, 15.

9. Abschnitt – Gemeinschaftseinrichtungen § 41

der Verordnung die Anbringung der Kennzeichen zu bestimmen, insbesondere bezüglich der Sichtbarkeit, einschließlich der Erhaltung der Sichtbarkeit zB durch Gebüsch- und Baumschnitt. Zu denken ist zB aber auch an eine Beleuchtungspflicht der Kennzeichen.[9] Das System der Orientierungsnummerierung sowie die Ausführung und die Anbringung der Kennzeichen sind aber entsprechend der örtlichen Erfordernisse auszugestalten. Diese Erfordernisse werden zB im ländlichen Raum andere sein als in Städten. Da auf die örtlichen Erfordernisse abgestellt wird, sind unter Umständen unterschiedliche Bestimmungen für unterschiedliche Ortschaften notwendig. Dies ist auch vor dem verfassungsgesetzlich gewährleisteten Recht auf Unversehrtheit des Eigentums gemäß Art 5 StGG und Art 1 1. ZP EMRK zu beachten.[10]

Der Bürgermeister hat gemäß § 41 Abs 1 auf Grundlage des Systems der Orientierungsnummerierung mit Bescheid[11] eine Orientierungsnummer festzusetzen. Dies hat nur für Gebäude, die bewohnt werden oder deren Kennzeichnung im öffentlichen Interesse liegt, zu erfolgen. Bewohnt werden Gebäude, wenn sie dazu bestimmt sind, privates Leben zu ermöglichen, wenn sie Menschen somit grundsätzlich auf Dauer Aufenthalt und Unterkunft gewähren.[12] Gebäude deren Kennzeichnung im öffentlichen Interesse liegt, sind zB Geschäfts- und Betriebsgebäude[13] oder öffentliche Gebäude jeder Art, der Kreis ist weit zu ziehen. Hingegen ist zB für Gartenhütten oder Scheunen keine Orientierungsnummer festzusetzen. Umfasst sind nur Gebäude, keine anderen baulichen Anlagen.[14] Der Bescheid hat nur die Orientierungsnummer, dh die individuelle Zahl, festzusetzen. Das System der Orientierungsnummerierung sowie die Ausführung und Anbringung des Kennzeichen ergeben sich aus den Verordnungen nach § 41 Abs 2.[15] § 41 enthält keine Regelung, wann die Orientierungsnummer mit Bescheid festzusetzen ist, doch ist davon auszugehen, dass dies bei neu errichteten Gebäuden nach der Meldung der Vollendung des Vorha-

---

9 Vgl zur deutschen Rechtslage *Schürmann/Schwind*, DVBl 2001, 1479 ff.
10 *Giese*, Baurecht § 18 Baupolizeigesetz Anm 10.
11 Vgl VwGH 20.11.2007, 2005/05/0064.
12 Vgl die Definitionen in VwGH 25.6.2014, 2010/13/0119 und OGH 19.3.1992, 7 Ob 542/92.
13 ErlRV Verf-133/6/1967, 35.
14 Zu den Begriffen Gebäude und bauliche Anlagen siehe § 6 Rz 3 f.
15 VwGH 20.11.2007, 2005/05/0064; siehe § 41 Rz 4.

bens gemäß § 39 zu erfolgen hat.[16] Aus § 41 Abs 3 ergibt sich, dass Adressat des Bescheides der Gebäudeeigentümer ist.[17] Zu beachten ist, dass sofern gemäß § 55a an Gebäuden und baulichen Anlagen Wohnungseigentum gemäß § 2 Abs 1 WEG 2002 besteht, an Stelle der Miteigentümer die Eigentümergemeinschaften gemäß § 2 Abs 5 WEG 2002 Verpflichtete des § 41 sind. Dies gilt aber nur insofern, als die Eigentümergemeinschaften rechtsfähig sind.[18] Weiters ist gemäß § 55 der Bauberechtigte dem Grundeigentümer gleichgestellt.[19]

6 Der Gebäudeeigentümer hat sein Gebäude mit den vom Bürgermeister festgesetzten Orientierungsnummern zu versehen. Die Ausführung und Anbringung ergibt sich aus der Verordnung gemäß § 41 Abs 2. Es besteht kein subjektiv-öffentliches Recht auf die Zuweisung oder das Behalten einer bestimmten Orientierungsnummer.[20] Der Gebäudeeigentümer hat die Kosten der Orientierungsnummer und der Anbringung zu tragen.[21] Es handelt sich um einen Eigentumsbeschränkung im öffentlichen Interesse.[22] Die Verpflichtung zur Anbringung besteht auch dann, wenn zB auf Grund einer Umstellung des Systems der Orientierungsnummerierung oder in Fällen, in denen auch der Name der öffentlichen Verkehrsfläche anzubringen ist, auf Grund einer Namensänderung neue Orientierungsnummern durch den Bürgermeister festgesetzt werden.[23] Dem Gebäudeeigentümer steht es mangels abweichender Regelung frei, neben der Orientierungsnummer gemäß § 41 eine eigens gestaltete Nummer anzubringen.[24] Kommt der Gebäudeeigentümer der Verpflichtung nach § 41 nicht nach, begeht er eine Verwaltungsübertretung und ist gemäß § 50 Abs 1 lit d Z 1 zu bestrafen.[25]

---

16 Vgl *Giese*, Baurecht § 18 Baupolizeigesetz Anm 10.
17 Zur Frage, wer Eigentümer ist, siehe § 44 Rz 6.
18 Siehe zum Ganzen § 55a Rz 3 f.
19 Siehe § 55 Rz 3 f.
20 VwGH 25.2.2005, 2004/05/0263; 28.4.2006, 2005/05/0188; 17.12.2009, 2009/06/0235; 15.5.2012, 2009/05/0305.
21 ErlRV Verf-34/5/1979, 20.
22 ErlRV Verf-133/6/1967, 35; *Moritz*, Baurecht 38.
23 ErlRV Verf-34/5/1979, 20; vgl VwGH 20.11.2007, 2005/05/0064.
24 ErlRV Verf-34/5/1979, 19.
25 Siehe § 50 Rz 17.

§ 41a Türnummern

(1) Enthalten Gebäude, unabhängig vom Zeitpunkt ihrer Errichtung, mehr als eine Wohnung oder Geschäftsräumlichkeit, sind die Wohnungen und Geschäftsräumlichkeiten von den Gebäudeeigentümern fortlaufend in arabischen Ziffern, beginnend mit der Nummer Eins im untersten Geschoß, zu nummerieren und in gut lesbarer Weise an den Eingangstüren der Wohnungen und Geschäftsräumlichkeiten zu kennzeichnen. Erforderlichenfalls hat eine zusätzliche Unterteilung durch Anfügen eines Kleinbuchstabens an die Ziffern zu erfolgen.

(2) Kommt ein Gebäudeeigentümer der Verpflichtung nach Abs. 1 nicht nach, hat der Bürgermeister eine Türnummerierung mit Bescheid festzusetzen. Der Gebäudeeigentümer ist verpflichtet, die Eingangstüren der Wohnungen und Geschäftsräumlichkeiten mit den vom Bürgermeister festgesetzten Türnummern zu kennzeichnen.

Inhaltsübersicht   **Rz**

I. Entwicklung und Rechtsvergleich 1
II. Türnummern 3

I. Entwicklung und Rechtsvergleich

Eine entsprechende Bestimmung wurde erstmals durch LGBl 1951/38 als § 84a Abs 3 in die K-BO 1866 eingefügt. In der K-BO 1969, LGBl 1969/48, und in der K-BO 1992, LGBl 1992/64, bestanden hingegen keine Regelungen für Türnummerierungen. Erst durch LGBl 2012/80 erfolgte die Einfügung von § 41a idgF.   1

Auch in den meisten Bauordnungen der anderen Bundesländer finden sich Bestimmungen über Türnummern, siehe § 11 Abs 5 Bgld. BauG, § 31 Abs 6 NÖ BO 2014, § 18 Abs 9a S-BauPolG, § 7 Abs 5 Stmk. BauG, § 37 Abs 1 TBO 2011 sowie § 49 Abs 3 W-BO. Die Oö. BauO 1994 und das V-BauG enthalten keine entsprechende Regelung.   2

II. Türnummern

3 Gemäß § 1 Abs 4 fällt die Vollziehung von § 41a in den eigenen Wirkungsbereich der Gemeinden.[1] Dies erfolgt, weil es sich bei den Angelegenheiten des § 41a um keine unmittelbare Angelegenheiten der örtlichen Baupolizei im Sinne des Art 118 Abs 3 Z 9 B-VG handelt,[2] sondern um Angelegenheiten des eigenen Wirkungsbereiches gemäß Art 118 Abs 2 B-VG.[3] Somit werden diese Angelegenheiten aber auch nicht durch die Baubehörde im Sinne des § 3[4] vollzogen. Aus diesem Grund wird für diese Aufgabenerfüllung ausdrücklich auf den Bürgermeister abgestellt. Daraus folgt aber ebenso, dass auch bei Vorhaben, die gemäß § 1 Abs 2 von der Besorgung der örtlichen Baupolizei im eigenen Wirkungsbereich der Gemeinden ausgenommen sind, § 41a durch die Gemeinden im eigenen Wirkungsbereich zu vollziehen ist.

4 Die Bestimmung dient verschiedenen öffentlichen Interessen.[5] Auf Grund Art 12 der RL 2010/31/EU über die Gesamtenergieeffizienz von Gebäuden iVm § 4 Abs 2 EAVG 2012 können Energieausweise nicht nur für Gebäude sondern auch für Wohnungen oder Einheiten, die für eine gesonderte Nutzung ausgelegt sind, ausgestellt werden. Um eine eindeutige Zuordnung zu einer Wohnung oder einer Geschäftsräumlichkeit zu gewährleisten, müssen diese mit einer Türnummer versehen sein. Diese Energieausweise sind der Kärntner Landesregierung gemäß § 43 Abs 7 K-BV[6] zu übermitteln. Zu beachten ist ebenso die Volks-, Arbeitsstätten-, Gebäude- und Wohnungszählung gemäß dem Registerzählungsgesetz. Schlussendlich stellt auch die Kärntner Landesrechtsordnung vereinzelt – zB in § 25 Abs 1 K-LTWO oder § 23 K-GBWO – auf Türnummer ab.

---

1 Siehe § 1 Rz 23.
2 ErlRV Verf-133/6/1967, 5; *Unkart*, Bauordnung² § 1 Rz 11.
3 *Giese*, Baurecht § 18 Baupolizeigesetz Anm 2; *Pallitsch/Pallitsch/Kleewein*, Baurecht[5] § 1 K-BO 1996 Anm 8. Auch in VwGH 17.12.2009, 2009/06/0235, zu § 18 S-BauPolG sah sich der VwGH nicht gezwungen, einen Antrag gemäß § Art 140 Abs 1 Z 1 lit a B-VG auf Grund verfassungsrechtlicher Bedenken gegen die Zuordnung der Angelegenheiten der Orientierungsnummern zum eigenen Wirkungsbereich der Gemeinden an den VfGH zu stellen.
4 Siehe § 3 Rz 3 ff.
5 Zum Ganzen ErlRV 01-VD-LG-1369/4-2012, 3 f.
6 Die K-BV ist einschließlich der Erläuterungen unter Punkt 2 abgedruckt.

Befinden sich in einem Gebäude mehr als eine Wohnung oder Geschäftsräumlichkeit, sind diese fortlaufend in arabischen Ziffern, beginnend mit der Nummer Eins im untersten Geschoß, zu nummerieren. Die K-BO 1996 enthält keine Definition der Begriffe Wohnung und Geschäftsraum. Eine Wohnung ist die „Gesamtheit von einzelnen oder zusammen liegenden Räumen, die baulich in sich abgeschlossen und zu Wohnzwecken bestimmt sind und die Führung eines eigenen Haushalts ermöglichen."[7] Sie müssen gemäß § 45 Abs 1 K-BV[8] mindestens eine Nutzfläche von 25 m² haben. Geschäftsräumlichkeiten sind die Gesamtheit von einzelnen oder zusammen liegenden Räumen, die baulich in sich abgeschlossen sind und geschäftlichen Zwecken dienen.[9] Die Türnummer ist in gut lesbarer Weise an der Eingangstür der Wohnung oder der Geschäftsräumlichkeit anzubringen. Die jeweilige Anbringung, zB Schriftart, Farbe, auf der Tür, über der Tür, bleibt, sofern die Türnummer gut lesbar ist und eine eindeutige Zuordnung erfolgt, dem Gebäudeeigentümer überlassen.[10] Erforderlichenfalls, zB bei einer Wohnungstrennung, hat eine zusätzliche Unterteilung durch Anfügen eines Kleinbuchstabens an die Ziffern zu erfolgen.[11] Hingegen sind bei Wohnungszusammenlegungen keine neuen Türnummern zu vergeben.[12] Die Bestimmung gilt nicht nur für neu errichtete Gebäude, sondern auch für den Gebäudebestand. Die Übergangsbestimmung in Art IV Abs 7, LGBl 2012/80 sieht vor, dass eine von § 41a abweichende Türnummerierung in Gebäuden, die zum Zeitpunkt 1.10.2012 bestand, dann weiterhin verwendet werden kann, wenn eine eindeutige Zuordenbarkeit und Kennzeichnung der Wohnungen und Geschäftsräumlichkeiten gegeben ist. War dies nicht der Fall, musste eine Türnummerierung und Kennzeichnung gemäß § 41a spätestens bis zum Ablauf des 30.6.2013 erfolgen. Aus § 41a Abs 2 ergibt sich, dass sich die Verpflichtung der Türnummerierung und Kennzeichnung an den Gebäudeeigentümer[13] richtet. Zu beachten ist, dass sofern gemäß § 55a an Gebäu-

---

7 Siehe die OIB-Richtlinie Begriffsbestimmungen, abgedruckt unter Punkt 2.1.7; zu dieser systematischen Interpretation vgl VwGH 23.11.2004, 2002/06/0064; siehe auch *Potacs*, Auslegung 84 f und 90 f mwN.
8 Die K-BV sind inklusive der Erläuterungen unter Punkt 2 abgedruckt.
9 Siehe zB eine ähnliche Definition in OGH 17.11.2004, 9 Ob 47/04h.
10 ErlRV 01-VD-LG-1369/4-2012, 15.
11 ErlRV 01-VD-LG-1369/4-2012, 15.
12 ErlRV 01-VD-LG-1369/4-2012, 15.
13 Zur Frage, wer Eigentümer ist, siehe § 44 Rz 6.

den und baulichen Anlagen Wohnungseigentum gemäß § 2 Abs 1 WEG 2002 besteht, an Stelle der Miteigentümer die Eigentümergemeinschaften gemäß § 2 Abs 5 WEG 2002 Verpflichtete des § 41a sind. Dies gilt aber nur insofern, als die Eigentümergemeinschaften rechtsfähig sind.[14] Weiters ist gemäß § 55 der Bauberechtigte dem Grundeigentümer gleichgestellt.[15]

6 Nur wenn der Gebäudeeigentümer der Verpflichtung nach § 41a Abs 1 nicht nachkommt, hat der Bürgermeister eine Türnummerierung mit Bescheid festzusetzen.[16] Zu beachten ist,[17] „dass gemäß § 51 Abs 1 den Organen der Behörde zur Einhaltung der Verpflichtung zur Türnummerierung im erforderlichen Ausmaß Zutritt zum Gebäude zu gestatten ist. Eine Auskunftspflicht über die Türnummerierung und Kennzeichnung besteht gemäß § 51 Abs 2."[18] Der Gebäudeeigentümer ist verpflichtet, die Eingangstüren der Wohnungen und Geschäftsräumlichkeiten mit den vom Bürgermeister festgesetzten Türnummern zu kennzeichnen. Der Gebäudeeigentümer hat die Kosten der Nummerierung und der Kennzeichnung zu tragen. Kommt der Unternehmer der Verpflichtung nach § 41a nicht nach, begeht er eine Verwaltungsübertretung und ist gemäß § 50 Abs 1 lit d Z 1 zu bestrafen.[19]

§ 42 Duldungspflicht

(1) Die Eigentümer von Gebäuden und baulichen Anlagen sind verpflichtet, die Anbringung von Einrichtungen, die der Straßenbeleuchtung oder der Straßenbezeichnung dienen, zu dulden.

(2) Die Bestimmungen des Abs 1 gelten sinngemäß für Kennzeichen über die Lage von Versorgungseinrichtungen und Kanalisationsanlagen.

Inhaltsübersicht **Rz**

I. Entwicklung und Rechtsvergleich 1
II. Duldungspflicht... 3

---

14 Siehe zum Ganzen § 55a Rz 3 f.
15 Siehe § 55 Rz 3 f.
16 *Pallitsch/Pallitsch/Kleewein*, Baurecht[5] § 41a K-BO 1996 Anm 4.
17 Siehe § 51 Rz 3 f.
18 ErlRV 01-VD-LG-1369/4-2012, 15.
19 Siehe § 50 Rz 17.

9. Abschnitt – Gemeinschaftseinrichtungen § 42

I. Entwicklung und Rechtsvergleich

Diese Bestimmung wurde als § 37 der K-BO 1969, LGBl 1969/48, geschaffen. In dieser Fassung wurde die Bestimmung unverändert als § 40 in die K-BO 1992, LGBl 1992/64, und als § 42 in die K-BO 1996, LGBl 1996/62, übernommen. **1**

Auch in den Bauordnungen der anderen Bundesländer finden sich Bestimmungen über die Duldung von öffentlichen Einrichtungen, siehe § 11 Abs 1 bis 4 Bgld. BauG, § 31 Abs 7 NÖ BO 2014, § 15 Abs 3 Oö. BauO 1994, § 7 Abs 1 Stmk. BauG, § 37 Abs 1 TBO 2011 sowie § 48 W-BO. In Salzburg bestehen entsprechende Regelungen in § 17 Abs 8 S-BauPolG und in § 2 Abs 3 S-ALG. In Tirol findet sich § 52 T-BO 2011 und es besteht ein eigenes Gesetz über die Bezeichnung von Verkehrsflächen und die Nummerierung von Gebäuden. Im V-BauG findet sich keine entsprechende Bestimmung. **2**

II. Duldungspflicht

Gemäß § 1 Abs 4 fällt die Vollziehung von § 42 in den eigenen Wirkungsbereich der Gemeinden.[1] Dies erfolgt, weil es sich bei den Angelegenheiten des § 42 um keine unmittelbare Angelegenheiten der örtlichen Baupolizei im Sinne des Art 118 Abs 3 Z 9 B-VG handelt,[2] sondern um Angelegenheiten des eigenen Wirkungsbereiches gemäß Art 118 Abs 2 B-VG.[3] Somit werden diese Angelegenheiten aber auch nicht durch die Baubehörde im Sinne des § 3[4] vollzogen. Daraus folgt, dass auch bei Vorhaben, die gemäß § 1 Abs 2 von der Besorgung der örtlichen Baupolizei im eigenen Wirkungsbereich der Gemeinden ausgenommen sind, § 42 durch die Gemeinden im eigenen Wirkungsbereich zu vollziehen ist. **3**

---

[1] Siehe § 1 Rz 23.
[2] ErlRV Verf-133/6/1967, 5; *Unkart*, Bauordnung² § 1 Rz 11.
[3] *Giese*, Baurecht § 18 Baupolizeigesetz Anm 2; *Pallitsch/Pallitsch/Kleewein*, Baurecht⁵ § 1 K-BO 1996 Anm 8. Auch in VwGH 17.12.2009, 2009/06/0235, zu § 18 S-BauPolG sah sich der VwGH nicht gezwungen, einen Antrag gemäß § Art 140 Abs 1 Z 1 lit a B-VG auf Grund verfassungsrechtlicher Bedenken gegen die Zuordnung der Angelegenheiten der Orientierungsnummern zum eigenen Wirkungsbereich der Gemeinden an den VfGH zu stellen.
[4] Siehe § 3 Rz 3 ff.

4 Die Eigentümer[5] von Gebäuden und baulichen Anlagen[6] sind verpflichtet, die Anbringung von Einrichtungen, die der Straßenbeleuchtung oder der Straßenbezeichnung dienen, sowie von Kennzeichen über die Lage von Versorgungseinrichtungen – zB Gasleitungen, Fernwärmeleitungen, Wasserleitungen – und Kanalisation zu dulden. Es handelt sich hiebei um eine entschädigungslose Eigentumsbeschränkung im öffentlichen Interesse.[7] Vor dem Hintergrund des verfassungsgesetzlich gewährleisteten Rechts auf Unversehrtheit des Eigentums gemäß Art 5 StGG und Art 1 1. ZP EMRK darf dieser Eingriff aber nicht unverhältnismäßig sein. So ist eine Anbringung nur zulässig, wenn auf öffentlichem Grund kein geeigneter Platz zur Anbringung dieser Einrichtungen vorhanden ist. Die Einrichtungen sind so anzubringen, dass die Benützung des betroffenen Grundstückes oder der betroffenen baulichen Anlage nicht wesentlich erschwert wird. Die Maßnahmen sind so durchzuführen, dass die Interessen der Eigentümer der betroffenen Grundstücke oder baulichen Anlagen oder der sonst hierüber Verfügungsberechtigten so gering wie möglich beeinträchtigt werden.[8] Die Duldungspflicht richtet sich an die Eigentümer von Gebäuden und baulichen Anlagen. Zu beachten ist, dass sofern gemäß § 55a an Gebäuden und baulichen Anlagen Wohnungseigentum gemäß § 2 Abs 1 WEG 2002 besteht, an Stelle der Miteigentümer die Eigentümergemeinschaften gemäß § 2 Abs 5 WEG 2002 Verpflichtete des § 41a sind. Dies gilt aber nur insofern, als die Eigentümergemeinschaften rechtsfähig sind.[9] Weiters ist gemäß § 55 der Bauberechtigte dem Grundeigentümer gleichgestellt.[10] Wer den Verpflichtungen des § 42 nicht nachkommt, begeht er eine Verwaltungsübertretung und ist gemäß § 50 Abs 1 lit d Z 1 zu bestrafen.[11]

---

5 Zur Frage, wer Eigentümer ist, siehe § 44 Rz 6.
6 Siehe zu den Begriffen Gebäude und bauliche Anlagen § 6 Rz 3 f.
7 ErlRV Verf-133/6/1967, 36; VwGH 19.3.1998, 97/06/0193.
8 Vgl § 52 Abs 1 und 2 T-BO 2011.
9 Siehe zum Ganzen § 55a Rz 3 f.
10 Siehe § 55 Rz 3 f.
11 Siehe § 50 Rz 17.

10. Abschnitt – Sicherheitsvorschriften

§ 43 Erhaltungspflicht

(1) Die Eigentümer von Anlagen, für deren Herstellung eine Baubewilligung notwendig ist, oder die auf Grund von Auflagen (§ 18 Abs 4 und 5) hergestellt worden sind, müssen diese in einem Zustand erhalten, der den Anforderungen des § 26 unter Bedachtnahme auf ihre Verwendung entspricht.

(2) Abs 1 gilt sinngemäß für Vorhaben nach § 7.

Inhaltsübersicht	**Rz**
I. Entwicklung und Rechtsvergleich	1
II. Erhaltungspflicht	3

I. Entwicklung und Rechtsvergleich

Schon § 84 der K-BO 1866, LGBl 1866/12, sah vor, dass der Gemeindevorsteher über den baulichen Zustand der Gebäude zu wachen hatte und nötigenfalls die Beseitigung von Baugebrechen, die Räumung und die Demolierung zu verfügen hatte. Im Wesentlichen wurde die Bestimmung erstmals als § 38 der K-BO 1969, LGBl 1969/48, geschaffen. § 38 Abs 3 K-BO 1969 sah eine Überwachungspflicht der Behörde vor. In dieser Fassung wurde die Bestimmung – mit redaktionellen Anpassungen – als § 41 in die K-BO 1992, LGBl 1992/64, übernommen. Durch LGBl 1996/44 entfiel die Überwachungspflicht in § 41 Abs 3 K-BO 1992. In dieser Fassung wurde die Bestimmung – mit redaktionellen Anpassungen – als § 43 in die K-BO 1996, LGBl 1996/62, übernommen. 1

Auch nach den Bauordnungen der anderen Bundesländer bestehen Erhaltungspflichten, siehe § 28 Abs 1 Bgld. BauG, § 34 Abs 1 NÖ BO 2014, § 47 Abs 1 Oö. BauO 1994, § 19 Abs 1 S-BauPolG, § 39 Abs 1 Stmk. BauG, § 40 Abs 1 TBO 2011, § 45 V-BauG sowie § 129 Abs 2 W-BO. 2

II. Erhaltungspflicht

3 Einer Erhaltungspflicht unterliegen gemäß § 43 bewilligungspflichtige bauliche Anlagen nach § 6[1] und bewilligungsfreie bauliche Anlagen nach § 7[2]. Dies gilt ebenso für Anlagen, die auf Grund von Auflagen nach § 18 Abs 4 und 5[3] errichtet wurden, dh umfasst sind auch Anlagen, die keine baulichen Anlagen sind, zB Grünanlagen, die auf Grund von Auflagen hergestellt wurden.[4] Meiner Ansicht nach besteht auch für bewilligungspflichtige Anlagen, die ohne Baubewilligung errichtet wurden, die Erhaltungspflicht.[5] So stellt der Wortlaut des § 43 Abs 1 auf Anlagen, für deren Herstellung eine Baubewilligung „notwendig ist" ab, also ausdrücklich nicht auf Anlagen, für die eine Baubewilligung „erteilt wurde". Darüber hinaus ist systematisch zu beachten, dass § 43 im Gegensatz zu anderen Bauordnungen[6] für den zu erhaltenden Zustand allgemein auf die Anforderungen des § 26 verweist und nicht auf die konkrete Baubewilligung. Das Vorhaben muss aber vollendet sein.[7] Ob eine Anlage bewohnt wird oder nicht, ist unerheblich.[8] Dies gilt auch für das Alter der Anlage.[9] Von der Erhaltungspflicht umfasst sind auch Bauteile und technische Einrichtungen.[10] Die Erhaltungspflicht obliegt dem Eigentümer der Anlage.[11]

4 Die Anlagen müssen in einem Zustand erhalten werden, der den Anforderungen des § 26,[12] dh der K-BV,[13] unter Bedachtnahme auf ihre Verwendung entspricht. Aus § 1 Abs 2 K-BV ergeben sich folgende Grundanforderungen:

---

1 Siehe § 6 Rz 7 ff.
2 Siehe § 7 Rz 3 ff.
3 Siehe § 18 Rz 15 f.
4 ErlRV Verf-133/6/1967, 36 f.
5 AA *Pallitsch/Pallitsch/Kleewein*, Baurecht[5] § 44 K-BO 1996 Anm 2; selbstverständlich hat die Behörde aber in diesen Fällen auch nach § 36 vorzugehen.
6 Siehe zB § 28 Abs 1 Bgld. BauG.
7 *Pallitsch/Pallitsch/Kleewein*, Baurecht[5] § 43 K-BO 1996 Anm 1; zur Vollendung von Vorhaben siehe § 39 Rz 4.
8 VwGH VwSlg 8857 A/1975.
9 VwGH 18.11.2014, 2013/05/0138.
10 Vgl *Giese*, Baurecht § 19 Baupolizeigesetz Anm 4.
11 Wer Eigentümer der Anlagen ist, siehe § 44 Rz 6; zum Ganzen vgl *Krzizek*, System III 57 ff.
12 Siehe § 26 Rz 3 f.
13 Die K-BV ist einschließlich der Erläuterungen unter Punkt 2 abgedruckt.

10. Abschnitt – Sicherheitsvorschriften § 43

- Mechanische Festigkeit und Standsicherheit
- Brandschutz
- Hygiene, Gesundheit und Umweltschutz
- Nutzungssicherheit und Barrierefreiheit
- Schallschutz
- Energieeinsparung und Wärmeschutz

Nicht jede Verschlechterung verletzt die Erhaltungspflicht. Nur Verschlechterungen, die diese Grundanforderungen beeinträchtigen, dh öffentliche Interessen berühren,[14] sind umfasst.[15] Bei der Beurteilung ist auf die Verwendung der Anlage, zB ob diese Wohn-, Geschäfts- oder Lagerzwecken dient, Bedacht zu nehmen.[16] Es besteht aber keine Anpassungspflicht an neue bautechnische Standards.[17] Dies ergibt sich schon daraus, dass § 43 nur von einem „Erhalten" des Zustandes, dh eines bestimmten bestehenden bautechnischen Standards, ausgeht. Vereinzelt wird aber ausdrücklich eine Anpassungspflicht für den Bestand vorgesehen, zB der Einbau von Rauchwarnmeldern gemäß § 14 Abs 9 K-BV. Die Erhaltungspflicht ergibt sich ex lege und bedarf keines zusätzlichen Verwaltungshandelns der Behörde.[18] Somit hat sich der Eigentümer laufend vom Zustand der Anlage zu überzeugen.[19] Es ist aber meiner Ansicht nach baurechtlich keine regelmäßige Überprüfung durch Sachverständige, zB auf Grundlage der ÖNORM B 1300 „Objektsicherheitsprüfung für Wohngebäude – Regelmäßige Prüfroutinen im Rahmen von Sichtkontrollen und zerstörungsfreien Begutachtungen", notwendig.[20] Werden entsprechende Verschlechterungen festgestellt, sind diese zu beseitigen. Durch lediglich mildernde Maßnahmen oder Vereinbarungen mit Dritten, zB der einer Vereinbarung Verbesserungen durchzuführen, wird der Erhaltungspflicht nicht genüge getan.[21] Worauf die Verschlechterung des Zustandes der baulichen Anlage

---

14 VwGH 15.3.2011, 2008/05/0095.
15 Vgl ErlRV Verf-133/6/1967, 36; *Pallitsch/Pallitsch/Kleewein*, Baurecht[5] § 43 K-BO 1996 Anm 4.
16 Vgl VwGH 24.11.1992, 92/05/0168.
17 Vgl *Pallitsch/Pallitsch/Kleewein*, Baurecht[5] § 43 K-BO 1996 Anm 4.
18 ErlRV Verf-133/6/1967, 36; vgl VwGH 28.4.2015, Ra 2014/05/0013; *Giese*, Baurecht § 19 Baupolizeigesetz Anm 8.
19 VwGH 24.2.2004, 2003/05/0195.
20 Vgl *Giese*, Baurecht § 19 Baupolizeigesetz Anm 7.
21 VwGH 15.3.2011, 2008/05/0095.

zurückzuführen ist,[22] wer diese verursacht hat[23] sowie ob ein Verschulden vorliegt,[24] ist ohne Bedeutung.

§ 44 Instandsetzung

(1) Stellt die Behörde fest, daß der Eigentümer der Erhaltungspflicht nach § 43 nicht nachkommt, so hat sie die Herstellung des rechtmäßigen Zustandes binnen einer angemessen festzusetzenden Frist zu verfügen.

(2) Die Behörde kann vor einer Verfügung nach Abs. 1 die Beibringung von Plänen, Berechnungen, Beschreibungen oder sonstigen Darstellungen verlangen. Für die Beibringung der Belege ist eine angemessene Frist festzusetzen.

(3) Die Bestimmungen der §§ 18 Abs. 8, 26 bis 36 und 38 bis 40 gelten sinngemäß.

Literatur: *Moritz,* Die Wahrung und Durchsetzung öffentlicher Interessen im Baurecht, in Rebhahn (Hrsg), Rechtsfragen des Bauens in Kärnten, 1997; *ders,* Wohnungseigentum und Bauordnungen der Länder, immolex 2000, 144; Rummel (Hrsg), Kommentar zum Allgemeinen bürgerlichen Gesetzbuch I³, 2000; Schwimann/Kodek (Hrsg), ABGB-Praxiskommentar II⁴, 2012.

Inhaltsübersicht Rz
I. Entwicklung und Rechtsvergleich 1
II. Instandsetzung 3

I. Entwicklung und Rechtsvergleich

1   Schon § 84 der K-BO 1866, LGBl 1866/12, sah vor, dass der Gemeindevorsteher über den baulichen Zustand der Gebäude zu wachen hatte und nötigenfalls die Beseitigung von Baugebrechen, die Räumung und die Demolierung zu verfügen hatte. Im Wesentlichen wurde die Bestimmung erstmals als § 39 der K-BO 1969, LGBl 1969/48, geschaffen. Mit LGBl 1979/79 erfolgten redaktionelle Anpassungen. In dieser Fassung wurde die Bestimmung – wiederum mit redaktionellen Anpassun-

---

22 VwGH 15.5.2014, 2011/05/0039.
23 VwGH 15.3.2011, 2008/05/0095.
24 VwGH 20.1.1998, 97/05/0064.

gen – als § 42 in die K-BO 1992, LGBl 1992/64, übernommen. Durch LGBl 1996/44 wurde § 42 Abs 1 K-BO 1992 neu gefasst, dieser entspricht – mit Ausnahme von redaktionellen Anpassungen – § 44 Abs 1 idgF. Auch in § 42 Abs 2 und 3 erfolgten K-BO 1992 erfolgten redaktionelle Anpassungen. In dieser Fassung wurde die Bestimmung als § 44 in die K-BO 1996, LGBl 1996/62, übernommen. Durch LGBl 2013/85 erfolgten die notwendigen Anpassungen an die Einführung der Verwaltungsgerichtsbarkeit.

Auch nach den Bauordnungen der anderen Bundesländer bestehen Instandsetzungspflichten, siehe § 28 Abs 2 Bgld. BauG, § 34 Abs 2 NÖ BO 2014, § 47 Abs 2 Oö. BauO 1994, § 20 Abs 4 S-BauPolG, § 39 Abs 3 Stmk. BauG, § 40 Abs 3 TBO 2011, § 46 1 V-BauG sowie § 129 Abs 4 W-BO. 2

II. Instandsetzung

Voraussetzung einer Instandsetzungsverfügung ist die Verletzung der Erhaltungspflicht nach § 43.[1] So können zB ein undichtes Dach[2], Feuchtigkeitseintritt in Kellermauern[3] oder schadhafter Verputz sowie undichte Dachrinnen[4] die mechanische Festigkeit und Standsicherheit, Maueröffnungen den Brandschutz,[5] fehlende WC-Türen in einer Gaststätte[6] oder Schimmelbildung in Wohnungen[7] die Hygiene, Gesundheit und den Umweltschutz, Öffnungen im Fußboden die Nutzungssicherheit und Barrierefreiheit,[8] ein fehlender Fußboden den Schallschutz,[9] sowie fehlende Wohnungstüren die Energieeinsparung und den Wärmeschutz[10] gefährden. Worauf die Verschlechterung des 3

---

1 *Pallitsch/Pallitsch/Kleewein*, Baurecht⁵ § 44 K-BO 1996 Anm 1; siehe § 43 Rz 3 f; zu Baugebrechen siehe *Krzizek*, System III 35 ff.
2 VwGH VwSlg 8857 A/1975.
3 VwGH 15.5.2014, 2011/05/0039.
4 VwGH 18.11.2014, 2013/05/0138.
5 VwGH 20.4.2001, 99/05/0211.
6 VwGH 1.9.1998, 98/05/0106.
7 VwGH 15.3.2011, 2008/05/0095.
8 VwGH 20.4.2001, 99/05/0211.
9 VwGH 20.4.2001, 99/05/0211.
10 VwGH 20.4.2001, 99/05/0211.

Zustandes der Anlage zurückzuführen ist,[11] wer diese verursacht hat[12] sowie ob Verschulden[13] oder Gefahr im Verzug[14] vorliegen, ist ohne Bedeutung.

4 Wird eine Verletzung der Erhaltungspflicht nach § 43 festgestellt, so hat die Behörde die Herstellung des rechtmäßigen Zustandes, dh des Zustandes der Anlage, der den Anforderungen des § 26 unter Bedachtnahme auf ihre Verwendung entspricht, zu verfügen.[15] Dass für eine bauliche Anlage bereits eine Instandsetzung verfügt wurde, bedeutet nicht, dass hinsichtlich weiterer Mängel an der Anlage keine Instandsetzung mehr verfügt werden kann.[16] Vor einer solchen Verfügung kann gemäß § 44 Abs 2 die Behörde mit Bescheid[17] vom Eigentümer der Anlage die Beibringung von Plänen, Berechnungen, Beschreibungen oder sonstigen Darstellungen verlangen. Dies dient zweierlei. Erstens kann, sofern eine Verletzung der Erhaltungspflicht nicht offensichtlich ist aber eine entsprechende Vermutung besteht[18], durch die Belege festgestellt werden, ob überhaupt eine Instandsetzung zu verfügen ist. So wird regelmäßig die Einholung eines Sachverständigengutachtens notwendig sein.[19] Das Vorliegen einer Verletzung der Erhaltungspflicht ist aber Rechtsfrage.[20] Zweitens kann die Behörde auch die Vorlage von Belegen verlangen, die darstellen, wie die Behebung der Verletzung der Erhaltungspflicht erfolgen soll. Letzteres ergibt sich meiner Ansicht nach daraus, dass diese Belege genau jenen bautechnischen Belegen entsprechen, die gemäß § 10[21] für einen Antrag auf Erteilung der Baubewilligung notwendig sind. Es handelt sich als nicht nur um Belege, die einen Zustand einer Anlage feststellen, sondern auch um Belege, die auf eine

---

11 VwGH 15.5.2014, 2011/05/0039.
12 VwGH 15.3.2011, 2008/05/0095.
13 VwGH 20.1.1998, 97/05/0064.
14 VwGH 11.10.2011, 2010/05/0152.
15 Siehe § 43 Rz 3 f.
16 Vgl VwGH 24.2.2015, 2013/05/0020; hinsichtlich desselben Mangels steht einer Sachentscheidung eine schon rechtskräftig entschiedene Sache aber entgegen, VwGH 27.6.2006, 2004/05/0170.
17 ErlRV Verf-133/6/1967, 37.
18 Vgl *Giese*, Baurecht § 20 Baupolizeigesetz Anm 8.
19 *Pallitsch/Pallitsch/Kleewein*, Baurecht[5] § 44 K-BO 1996 Anm 2.
20 VwGH 20.1.1998, 97/05/0064; siehe § 17 Rz 4.
21 Siehe § 10 Rz 12 f.

10. Abschnitt – Sicherheitsvorschriften §44

Ausführung eines Vorhabens gerichtet sind.[22] Dieser Ansicht entsprechen auch ausdrücklich die Materialien.[23] Für die Erstellung der Belege ist eine angemessene Frist zu setzen, dh die erforderlichen Arbeiten der Belegerstellung müssen in dieser Frist technisch durchführbar sein.[24] Die Angemessenheit der Frist ist ein vom übrigen Bescheidinhalt trennbarer und daher isoliert bekämpfbarer Bescheidbestandteil.[25]

Der Behörde[26] kommt hinsichtlich der Verfügung kein Ermessen zu, sie hat von Amts wegen vorzugehen.[27] Die Verfügung hat durch Bescheid zu erfolgen,[28] Schriftlichkeit ist nicht ausdrücklich vorgesehen. Gemäß § 47 ist den Anrainern und dem Eigentümer Gelegenheit zur Stellungnahme zu geben.[29] Der Bescheid muss gemäß § 59 Abs 1 AVG hinreichend bestimmt sein, dh es muss dem Adressaten die überprüfbare Möglichkeit gegeben werden, dem Bescheid zu entsprechen, und der Bescheid muss überprüft und vollstreckt werden können. In diesem Sinne muss die Instandsetzung konkret umschrieben werden, dh wie der bestehende bewilligte Zustand auszusehen hat,[30] es muss aber nicht die konkrete bautechnische Art der Behebung vorgeschrieben werden.[31] Eine Wahlmöglichkeit zwischen mehreren Methoden der Instandsetzung ist zulässig.[32] Der Bescheid ist auf jene Instandsetzungsmaßnahmen zu beschränken, die für die Herstellung des rechtmäßigen Zustandes erforderlich sind. Es darf auch nicht zu einer Abänderung des bisher bewilligten Baubestandes kommen.[33] Es ist eine angemessen Frist zur Instandsetzung zu setzen, dh die erforderlichen Arbeiten müssen in dieser Frist technisch durchführbar sein.[34] Nur unter Berücksichtigung der Wahrung von öffentlichen Interessen, zB die Sicherheit und Gesundheit von Menschen, ist auf wirtschaftliche Um-

---

22 AA *Pallitsch/Pallitsch/Kleewein*, Baurecht[5] § 44 K-BO 1996 Anm 8.
23 ErlRV Verf-133/6/1967, 37.
24 *Hengstschläger/Leeb*, AVG[2] § 59 Rz 63 mN.
25 Vgl VwGH 30.1.2007, 2006/05/0247.
26 Siehe § 3 Rz 3 ff.
27 *Pallitsch/Pallitsch/Kleewein*, Baurecht[5] § 44 K-BO 1996 Anm 5.
28 *Pallitsch/Pallitsch/Kleewein*, Baurecht[5] § 44 K-BO 1996 Anm 5.
29 Siehe § 47 Rz 3 f.
30 VwGH VwSlg 17.091 A/2006.
31 VwGH 11.10.2011, 2010/05/0152.
32 VwGH 9.10.2001, 2001/05/0123.
33 VwGH 12.5.1992, 91/05/0233.
34 *Hengstschläger/Leeb*, AVG[2] § 59 Rz 63 mN.

stände Bedacht zu nehmen, soweit dies die Umstände des Einzelfalles zulassen.[35] Die Angemessenheit der Frist ist ein vom übrigen Bescheidinhalt trennbarer und daher isoliert bekämpfbarer Bescheidbestandteil.[36] Bei Gefahr im Verzug ist die Behörde gemäß 57 Abs 1 AVG berechtigt, einen Bescheid auch ohne vorausgegangenes Ermittlungsverfahren zu erlassen, dh einen Mandatsbescheid zu erlassen.[37]

6 Adressat der Instandsetzungsverfügung ist der Eigentümer der Anlage, dem gemäß § 43 Abs 1 die Erhaltungspflicht obliegt.[38] Wer dies ist, hat die Behörde als Vorfrage gemäß § 38 AVG zu prüfen.[39] Der Eigentümer der Anlage wird entsprechend des Grundsatzes superficies solo cedit zumeist auch der Grundeigentümer sein.[40] Da auf Grund des Eintragungsgrundsatzes gemäß § 431 ABGB eine Übertragung von Eigentum an unbeweglichen Sachen grundsätzlich nur durch gültigen Titel (zB Kaufvertrag) und Eintragung ins Grundbuch erfolgen kann,[41] ist dies in erster Linie der im Grundbuch eingetragene Eigentümer. Zum Eintragungsgrundsatz bestehen allerdings zahlreiche Ausnahmen, eine Eintragung ins Grundbuch hat in diesen Fällen des außerbücherlichen Eigentums nur eine deklaratorische Bedeutung.[42] So erwirbt der Erbe bereits mit Rechtskraft der Einantwortung Eigentum.[43] Zu außerbücherlichen Eigentumserwerb kommt es auch bei Fällen der umgründungsrechtlichen Gesamtrechtsnachfolge zB bei der Umwandlung, Verschmelzung oder Spaltung von Gesellschaften. Weiters wird mit Rechtskraft des Bescheides, mit dem eine vorläufige Übernahme im Rahmen einer Zusammenlegung von land- und forstwirtschaftlichen Grundstücken gemäß § 31 Abs 2 K-FLG angeordnet wird, Eigentum – wenn auch auflösend bedingt – erworben.[44] Bei Zwangsversteigerun-

---

35 VwGH 26.2.2009, 2008/05/0249.
36 Vgl VwGH 30.1.2007, 2006/05/0247.
37 Siehe dazu ausführlich *Hengstschläger/Leeb*, AVG² § 57 Rz 4 f mN.
38 Siehe § 43 Rz 3 f.
39 VwGH 10.9.2008, 2007/05/0206; zum Ganzen *Pallitsch/Pallitsch/Kleewein*, Baurecht⁵ § 43 K-BO 1996 Anm 3 und § 44 K-BO 1996 Anm 6.
40 ErlRV Verf-133/6/1967, 36.
41 *Spielbüchler* in Rummel, ABGB I³ § 431 Rz 1 ff mN; *Hinteregger* in Schwimann/Kodek, ABGB II⁴ § 431 Rz 1 f mN; VwGH VwSlg 12.426 A/ 1987.
42 Zum Ganzen *Spielbüchler* in Rummel, ABGB I³ § 431 Rz 2 mN; *Hinteregger* in Schwimann/Kodek, ABGB II⁴ § 431 Rz 4 ff mN.
43 VwGH 31.1.1995, 94/05/0197.
44 Vgl zur Tiroler Rechtslage VwGH 17.5.1991, 91/06/0045.

gen und freiwilligen Versteigerung erwirbt der Ersteher mit Zuschlag Eigentum. Bei Enteignung richtet sich der Eigentumserwerb nach den Bestimmungen des jeweiligen Enteignungsgesetzes. Bei Ersitzung wird mit Ablauf der Ersitzungszeit originär Eigentum erworben. Der redliche Bauführer erwirbt mit der Errichtung des Gebäudes Eigentum. Hingegen sind Grundeigentümer und Eigentümer der Anlage bei Superädifikaten nicht ident. In diesen Fällen trifft die Erhaltungspflicht den Eigentümer des Superädifikates. Dies gilt auch für Bauberechtigte, diese sind schon gemäß § 55 Grundeigentümern gleichgestellt.[45] Zwar wird in § 44 nicht ausdrücklich das Miteigentum angeführt,[46] doch ist in diesen Fällen auf die Miteigentümer abzustellen,[47] diese haften solidarisch.[48] Besteht Wohnungseigentum gemäß § 2 Abs 1 WEG 2002, ist dies insofern verfassungskonform auszulegen, dass Aufträge und Verfügungen, sofern diese Maßnahmen vorsehen, die lediglich ein Wohnungseigentumsobjekt betreffen, nur an den jeweiligen Wohnungseigentümer zu richten sind.[49] Zu beachten ist, dass sofern gemäß § 55a an Gebäuden und baulichen Anlagen Wohnungseigentum gemäß § 2 Abs 1 WEG 2002 besteht, an Stelle der Miteigentümer die Eigentümergemeinschaften gemäß § 2 Abs 5 WEG 2002 Verpflichtete des § 36 sind. Dies gilt aber nur insofern, als die Eigentümergemeinschaften rechtsfähig sind[50] und widerspricht, da Rechtsfähigkeit nur für die Liegenschaftsverwaltung in allgemeinen Teilen besteht, nicht der soeben dargestellten verfassungskonformen Auslegung.[51] Dem Bescheid kommt dingliche Wirkung zu, dh ein Rechtsnachfolger muss diesen gegen sich gelten lassen.[52] Wer die Instandsetzungspflicht verletzt, begeht keine Verwaltungsübertretung.[53]

Erfordern es öffentliche Interessen, wie Interessen der Gesundheit, des Verkehrs, des Fremdenverkehrs oder des Ortsbildes, hat die Behörde 7

---

45 Siehe § 55 Rz 3 f.
46 Siehe hingegen zB § 10 Abs 1 lit b.
47 VwGH VwSlg 14.847 A/1998.
48 VwGH 10.9.2008, 2007/05/0206.
49 VfGH VfSlg 15.047/1997; *Moritz*, immolex 2000, 150.
50 Siehe zum Ganzen § 55a Rz 3 f.
51 Siehe § 55a Rz 4.
52 VwGH VwSlg 16.053 A/2003; *Giese*, Baurecht § 20 Baupolizeigesetz Anm 12.
53 Dagegen bestehen keine verfassungsrechtliche Bedenken *Hauer*, ZfV 1999, 688 ff; aA *Moritz*, Baurecht 39.

gemäß § 44 Abs 3 iVm § 18 Abs 8[54] durch Auflagen Art und Zeit der Durchführung der Instandsetzung festzulegen. Für die Durchführung der Instandsetzungsvorhabens gelten gemäß § 44 Abs 3 auch die Bestimmungen über die Anforderungen an Vorhaben und Bauprodukte sowie über den Baulärm gemäß § 26 bis § 28, über die Ausführung des Vorhabens gemäß § 29 bis § 36 und § 38 sowie über die Abnahme des Vorhabens gemäß § 39 und § 40 sinngemäß.[55] Dh für die Behörde bestehen auch bei Instandsetzungsvorhaben, die entgegen der bescheidmäßigen Instandsetzungsverfügung ausgeführt werden, die entsprechenden Befugnisse und Verpflichtungen.[56] Daraus ergibt sich, sofern im Sinn von § 34 Abs 3 und 4[57] durch eine Verletzung der Erhaltungspflicht ein subjektiv-öffentliches Recht eines Anrainers verletzt wird, auch ein Antragsrecht der Anrainer auf behördliche Maßnahmen gemäß § 44.[58] Instandsetzungsvorhaben bedürfen aber gemäß § 7 Abs 1 lit v keiner Baubewilligung, es handelt sich um bewilligungsfreie Vorhaben.

§ 45 Beseitigung

(1) Erfordern es Interessen der Sicherheit oder der Gesundheit, hat die Behörde gegenüber dem Eigentümer die Beseitigung von Gebäuden, Gebäudeteilen, sonstigen baulichen Anlagen oder Teilen von solchen oder den Austausch von verbotenen Bauprodukten (§ 29 Abs 2) zu verfügen.

(2) Die Bestimmungen der §§ 18 Abs 8, 29 bis 31, 34, 36, 38 bis 40 und 44 Abs 2 gelten sinngemäß.

Literatur: *Mayer*, Baupolizeiliche Maßnahmen im Bundesländervergleich, bbl 2004, 182; *Raschauer/Wessely*, Die Durchsetzung von Untersuchungs- und Überwachungsaufgaben – explizite und implizite Ermächtigungen?, bbl 2012, 153.

---

54 Siehe § 18 Rz 20 f.

55 Siehe die jeweiligen Kommentierungen; die Bestimmungen sind mit der nach dem Kontext erforderlichen Anpassung anzuwenden, vgl zu sinngemäßen Anwendungen VwGH 30.6.2015, Ro 2015/03/0021.

56 ErlRV Verf-133/6/1967, 37 f; *Pallitsch/Pallitsch/Kleewein*, Baurecht[5] § 44 K-BO 1996 Anm 9; missverständlich *Moritz*, Baurecht 38 FN 34.

57 Siehe § 34 Rz 5 f.

58 LVwG Kärnten 12.11.2015, KLVwG-1168/2/2015; *Pallitsch/Pallitsch/Kleewein*, Baurecht[5] § 44 K-BO 1996 Anm 6.

Inhaltsübersicht

                                               Rz

I. Entwicklung und Rechtsvergleich 1
II. Beseitigung 3

I. Entwicklung und Rechtsvergleich

Schon § 84 der K-BO 1866, LGBl 1866/12, sah vor, dass der Gemeindevorsteher über den baulichen Zustand der Gebäude zu wachen hatte und nötigenfalls die Beseitigung von Baugebrechen, die Räumung und die Demolierung zu verfügen hatte. Im Wesentlichen wurde die Bestimmung erstmals als § 40 der K-BO 1969, LGBl 1969/48, geschaffen. Mit LGBl 1979/79 erfolgten redaktionelle Anpassungen. Durch LGBl 1992/26 wurde in § 40 Abs 1 K-BO 1969 eingefügt, dass auch der Austausch von verbotenen Bauprodukte zu verfügen war. In dieser Fassung wurde die Bestimmung – mit redaktionellen Anpassungen – als § 43 in die K-BO 1992, LGBl 1992/64, übernommen. Durch LGBl 1996/44 erfolgten lediglich redaktionelle Anpassungen. In dieser Fassung wurde die Bestimmung – wiederum mit redaktionellen Anpassungen – als § 45 in die K-BO 1996, LGBl 1996/62, übernommen. 1

Auch nach den Bauordnungen der anderen Bundesländer kann die Beseitigung von Baugebrechen verfügt werden, siehe § 28 Abs 3 und 4 Bgld. BauG, § 35 Abs 1 und 2 NÖ BO 2014, § 48 Abs 2 Oö. BauO 1994, § 20 Abs 5 S-BauPolG, § 39 Abs 4 Stmk. BauG, § 40 Abs 2 TBO 2011, § 47 V-BauG sowie § 129 Abs 4 W-BO. 2

II. Beseitigung

Voraussetzung einer Beseitigungsverfügung für bauliche Anlagen ist, dass dies die Interessen der Sicherheit[1] oder Gesundheit[2] erfordern. Es genügt, dass durch den bestehenden Zustand der baulichen Anlage eine Gefahr der Sicherheit oder der Gesundheit auch nur gegenüber einer Person herbeigeführt oder vergrößert werden kann.[3] Die Bestimmung umfasst alle baulichen Anlagen, dh Gebäude,[4] Gebäudeteile, 3

---

1 Siehe § 13 Rz 7 und § 17 Rz 9.
2 Siehe § 17 Rz 10.
3 VwGH 2.12.1997, 94/05/0165.
4 Siehe § 6 Rz 4.

sonstige bauliche Anlagen[5] oder Teile von solchen, sofern sie der K-BO 1996 unterliegen, also nicht gemäß § 2 ausgenommen sind. Dies gilt auch für nicht bewilligte bauliche Anlagen.[6] Ebenso ist der Austausch von Bauprodukten zu verfügen, wenn dies die Interessen der Sicherheit oder Gesundheit erfordern. § 45 Abs 1 verweist dazu auf § 29 Abs 2. Dabei handelt sich um ein Redaktionsversehen, da diese Bestimmung durch LGBl 2013/46 entfiel. Der Verweis muss sich auf § 27 Abs 1[7] beziehen.[8] Vor dem Hintergrund des verfassungsgesetzlich gewährleisteten Rechts auf Unversehrtheit des Eigentums gemäß Art 5 StGG und Art 1 1. ZP EMRK darf dieser Eingriff aber nicht unverhältnismäßig sein. So ist bei behebbaren Baugebrechen von Gebäuden oder Gebäudeteilen,[9] die Räumung gemäß § 46[10] anzuordnen[11] und gegebenenfalls die Instandsetzung gemäß § 44[12] zu verfügen[13], sofern dadurch den Interessen der Sicherheit und der Gesundheit entsprochen wird.

4 Der Behörde[14] kommt hinsichtlich der Verfügung kein Ermessen zu, sie hat von Amts wegen vorzugehen. Die Verfügung hat grundsätzlich durch Bescheid zu erfolgen, Schriftlichkeit ist nicht ausdrücklich vorgesehen. Adressat des Bescheides ist grundsätzlich der Eigentümer[15] der baulichen Anlage. Dies gilt aus verfassungsrechtlichen Gründen[16] allerdings nicht, wenn dieser der Bauführung nicht zugestimmt hat, diese auch nicht geduldet hat und auch keinen wirtschaftlichen Nutzen aus dieser zieht.[17] Gemäß § 47 ist den Anrainern und dem Eigentümer Gelegenheit zur Stellungnahme zu geben.[18] Der Bescheid muss gemäß § 59 Abs 1 AVG hinreichend bestimmt sein, dh es muss dem Ad-

---

5 Siehe § 6 Rz 3.
6 Vgl *Pallitsch/Pallitsch/Kleewein*, Baurecht[5] § 45 K-BO 1996 Anm 1.
7 Siehe § 27 Rz 3 f.
8 *Pallitsch/Pallitsch/Kleewein*, Baurecht[5] § 45 K-BO 1996 Anm 4.
9 Vgl *Giese*, Baurecht § 20 Baupolizeigesetz Anm 20.
10 Siehe § 46 Rz 3 f.
11 *Pallitsch/Pallitsch/Kleewein*, Baurecht[5] § 45 K-BO 1996 Anm 5.
12 Siehe § 44 Rz 3 f.
13 VwGH 2.12.1997, 94/05/0165.
14 Siehe § 3 Rz 3 ff.
15 Zur Frage, wer Eigentümer ist, siehe § 44 Rz 6.
16 Vgl VfGH VfSlg 14.263/1995.
17 Vgl *Maier*, bbl 2014, 185.
18 Siehe § 47 Rz 3 f.

ressaten die überprüfbare Möglichkeit gegeben werden, dem Bescheid zu entsprechen, und der Bescheid muss überprüft und vollstreckt werden können. In diesem Sinne müssen die Beseitigungsmaßnahmen konkret umschrieben werden. Der Bescheid ist auf jene Beseitigungsmaßnahmen zu beschränken, die im Interesse der Sicherheit und Gesundheit erforderlich sind. Es ist gemäß § 59 Abs 2 eine angemessen Frist zur Beseitigung zu setzen, dh die erforderlichen Arbeiten müssen in dieser Frist technisch durchführbar sein.[19] Die Angemessenheit der Frist ist ein vom übrigen Bescheidinhalt trennbarer und daher isoliert bekämpfbarer Bescheidbestandteil.[20] Bei Gefahr im Verzug ist die Behörde gemäß 57 Abs 1 AVG berechtigt, einen Bescheid auch ohne vorausgegangenes Ermittlungsverfahren zu erlassen, dh einen Mandatsbescheid zu erlassen.[21] Meiner Ansicht nach können iVm § 35 Abs 5[22] bei Gefahr in Verzug auch Akte unmittelbarer verwaltungsbehördlicher Befehls- und Zwangsgewalt gesetzt werden.[23]

Erfordern es öffentliche Interessen, wie Interessen der Gesundheit, des 5 Verkehrs, des Fremdenverkehrs oder des Ortsbildes, hat die Behörde gemäß § 45 Abs 2 iVm § 18 Abs 8[24] durch Auflagen Art und Zeit der Durchführung der Beseitigung festzulegen. Für die Durchführung der Beseitigung gelten gemäß § 45 Abs 2 auch die Bestimmungen über die ausführenden Unternehmer gemäß § 29, den Bauleiter gemäß § 30, der Meldepflicht über die Vollendung gemäß § 31, der Überwachung durch die Behörde gemäß § 34, der Herstellung des rechtmäßigen Zustandes gemäß § 36, der Aufräumung gemäß § 38, der Abnahme des Vorhabens gemäß § 39 und § 40 sowie der Beibringung von Belegen gemäß § 44 Abs 2 sinngemäß.[25] Dh für die Behörde bestehen auch bei Beseitigungsvorhaben, die entgegen der bescheidmäßigen Beseitigungsverfügung ausgeführt werden, die entsprechenden Befugnisse und Verpflich-

---

19 *Hengstschläger/Leeb*, AVG² § 59 Rz 63 mN.
20 Vgl VwGH 30.1.2007, 2006/05/0247.
21 Siehe dazu ausführlich *Hengstschläger/Leeb*, AVG² § 57 Rz 4 f mN.
22 Siehe § 35 Rz 11.
23 VwGH 24.2.2004, 2002/05/0658; vgl *Raschauer/Wessely*, bbl 2012, 153 ff.
24 Siehe § 18 Rz 20 f.
25 Siehe die jeweiligen Kommentierungen; die Bestimmungen sind mit der nach dem Kontext erforderlichen Anpassung anzuwenden, vgl zu sinngemäßen Anwendungen VwGH 30.6.2015, Ro 2015/03/0021.

tungen.[26] Daraus ergibt sich, sofern im Sinn von § 34 Abs 3 und 4[27] durch den Grund der Beseitigung ein subjektiv-öffentliches Recht eines Anrainers verletzt wird, auch ein Antragsrecht der Anrainer auf behördliche Maßnahmen gemäß § 45.[28] Beseitigungsvorhaben bedürfen aber gemäß § 7 Abs 1 lit v keiner Baubewilligung, es handelt sich um bewilligungsfreie Vorhaben.

§ 46 Räumung

(1) Erfordern es Interessen der Sicherheit oder der Gesundheit, hat die Behörde die Räumung von Gebäuden oder Gebäudeteilen anzuordnen.

(2) Die Anordnung der Räumung ist aufzuheben, sobald der Grund hiefür weggefallen ist.

Literatur: *Raschauer/Wessely*, Die Durchsetzung von Untersuchungs- und Überwachungsaufgaben – explizite und implizite Ermächtigungen?, bbl 2012, 153.

Inhaltsübersicht   **Rz**
I. Entwicklung und Rechtsvergleich 1
II. Räumung... 3

I. Entwicklung und Rechtsvergleich

1 Schon § 84 der K-BO 1866, LGBl 1866/12, sah vor, dass der Gemeindevorsteher über den baulichen Zustand der Gebäude zu wachen hatte und nötigenfalls die Beseitigung von Baugebrechen, die Räumung und die Demolierung zu verfügen hatte. Im Wesentlichen wurde die Bestimmung erstmals als § 41 der K-BO 1969, LGBl 1969/48, geschaffen. In dieser Fassung wurde die Bestimmung als § 44 in die K-BO 1992, LGBl 1992/64, übernommen. Durch LGBl 1992/103 erfolgte eine

---

26 ErlRV Verf-133/6/1967, 38; *Pallitsch/Pallitsch/Kleewein*, Baurecht[5] § 44 K-BO 1996 Anm 9.
27 Siehe § 34 Rz 5 f.
28 Vgl zu § 44 LVwG Kärnten 12.11.2015, KLVwG-1168/2/2015; *Pallitsch/Pallitsch/Kleewein*, Baurecht[5] § 44 K-BO 1996 Anm 6; siehe § 44 Rz 7.

Druckfehlerberichtigung. In dieser Fassung wurde die Bestimmung als § 46 in die K-BO 1996, LGBl 1996/62, übernommen.

Auch nach den Bauordnungen der anderen Bundesländer kann die Räumung verfügt werden, siehe § 28 Abs 3 Bgld. BauG, § 35 Abs 1 NÖ BO 2014, § 48 Abs 6 und 7 Oö. BauO 1994, § 20 Abs 4 S-BauPolG, § 39 Abs 4 Stmk. BauG, § 43 TBO 2011, § 48 V-BauG sowie § 129 Abs 4 W-BO.

II. Räumung

Voraussetzung einer Räumung ist, dass dies die Interessen der Sicherheit[1] oder Gesundheit[2] erfordern. Es genügt, dass durch den bestehenden Zustand des Gebäudes oder des Gebäudeteiles eine Gefahr der Sicherheit oder der Gesundheit auch nur gegenüber einer Person herbeigeführt oder vergrößert werden kann. Die Bestimmung umfasst alle Gebäude[3], sofern sie der K-BO 1996 unterliegen, also nicht gemäß § 2 ausgenommen sind. Dies gilt auch für nicht bewilligte Gebäude.[4] Der Wortlaut der Bestimmung ermöglicht auch die Anordnung der Räumung für Gebäude und Gebäudeteile, die nicht Ursache der Gefährdung sind, aber im Gefährdungsbereich liegen.[5]

Der Behörde[6] kommt hinsichtlich der Anordnung kein Ermessen zu, sie hat von Amts wegen vorzugehen. Die Anordnung hat grundsätzlich durch Bescheid zu erfolgen,[7] Schriftlichkeit ist nicht ausdrücklich vorgesehen. Wer Adressat des Bescheides ist, bestimmt § 46 – im Gegensatz zu § 43 bis § 45 – nicht ausdrücklich. Aus diesem Grund ist der Bescheid meiner Ansicht nach an denjenigen zu richten, von dem die Umsetzung der Maßnahme erwartet werden kann und demgegenüber sie auch durchgesetzt werden kann, dies muss nicht immer der Eigentümer des Gebäudes sein.[8] Der Bescheid muss gemäß § 59 Abs 1 AVG hinreichend bestimmt sein, dh es muss dem Adressaten die überprüfba-

---

1 Siehe § 13 Rz 7 und § 17 Rz 9.
2 Siehe § 17 Rz 10.
3 Siehe § 6 Rz 4.
4 Vgl *Pallitsch/Pallitsch/Kleewein*, Baurecht[5] § 46 K-BO 1996 Anm 1.
5 ErlRV Verf-133/6/1967, 39.
6 Siehe § 3 Rz 3 ff.
7 *Pallitsch/Pallitsch/Kleewein*, Baurecht[5] § 46 K-BO 1996 Anm 3.
8 Vgl § 35, siehe § 35 Rz 4 und 11.

re Möglichkeit gegeben werden, dem Bescheid zu entsprechen, und der Bescheid muss überprüft und vollstreckt werden können. In diesem Sinne müssen die zu räumenden Gebäude oder Gebäudeteile konkret umschrieben werden. Der Bescheid ist auf jene Räumungsmaßnahmen, insbesondere hinsichtlich der Gebäudeteile, zu beschränken, die im Interesse der Sicherheit und Gesundheit erforderlich sind. Es ist gemäß § 59 Abs 2 eine angemessen Frist zur Räumung zu setzen, dh diese muss innerhalb dieser Frist durchführbar sein. Die Angemessenheit der Frist ist ein vom übrigen Bescheidinhalt trennbarer und daher isoliert bekämpfbarer Bescheidbestandteil.[9] Bei Gefahr im Verzug ist die Behörde gemäß 57 Abs 1 AVG berechtigt, einen Bescheid auch ohne vorausgegangenes Ermittlungsverfahren zu erlassen, dh einen Mandatsbescheid zu erlassen.[10] Meiner Ansicht nach können iVm § 35 Abs 5[11] auch Akte unmittelbarer verwaltungsbehördlicher Befehls- und Zwangsgewalt gesetzt werden.[12] Die Organe des Wachkörpers Bundespolizei haben gemäß § 4 der Behörde über ihr Ersuchen zur Sicherung der Ausübung der Überwachungsbefugnis im Rahmen ihres gesetzmäßigen Wirkungsbereiches Hilfe zu leisten.[13]

5 Fällt der Grund für die Räumung weg, zB weil einem Instandsetzungsauftrag nach § 44 entsprochen wurde und keine Gefahr für die Sicherheit und die Gesundheit mehr besteht,[14] so ist die Räumungsanordnung aufzuheben. Wurde die Räumung mit Bescheid angeordnet, hat die Aufhebung mit Bescheid zu erfolgen.[15]

§ 47 Einwendungen

(1) **Im Verfahren nach §§ 44 und 45 ist den Eigentümern und den Anrainern Gelegenheit zur Stellungnahme zu geben.**

(2) **Die Parteien haben das Recht, gegen eine Anordnung der Behörde die Berufung nach den gemeinderechtlichen Vorschriften und die Beschwerde an das Landesverwaltungsgericht zu erheben.**

---

9 Vgl VwGH 30.1.2007, 2006/05/0247.
10 Siehe dazu ausführlich *Hengstschläger/Leeb*, AVG² § 57 Rz 4 f mN.
11 Siehe § 35 Rz 11.
12 VwGH 24.2.2004, 2002/05/0658; vgl *Raschauer/Wessely*, bbl 2012, 153 ff; *Pallitsch/Pallitsch/Kleewein*, Baurecht⁵ § 46 K-BO 1996 Anm 3.
13 Siehe § 4 Rz 3 f.
14 ErlRV Verf-133/6/1967, 39.
15 *Pallitsch/Pallitsch/Kleewein*, Baurecht⁵ § 46 K-BO 1996 Anm 4.

(3) Einwendungen der Parteien, deren Austragung dem ordentlichen Rechtsweg vorbehalten ist, haben auf die Entscheidung der Behörde keinen Einfluss.

Literatur: *Kleewein*, Die Rechtstellung der Nachbarn beim Bauen, in Rebhahn (Hrsg), Rechtsfragen des Bauens in Kärnten, 1997; *Lang*, Abwehrmöglichkeit störender Lärm- und Geruchsimmissionen – Nachbarrechtliche Unterlassungsklage nach § 364 Abs 2 ABGB, RFG 2013/31; Rummel (Hrsg), Kommentar zum Allgemeinen bürgerlichen Gesetzbuch I³, 2000; Schwimann/Kodek (Hrsg), ABGB-Praxiskommentar II⁴, 2012; *Wagner*, Deregulierung im Baurecht und ziviler Rechtsschutz (Teil 1 und 2), bbl 1999, 131 und 171.

Inhaltsübersicht   **Rz**
  I. Entwicklung und Rechtsvergleich 1
  II. Einwendungen 3
  III. Zivilrechtliche Einwendungen 4

I. Entwicklung und Rechtsvergleich

Im Wesentlichen wurde die Bestimmung erstmals als § 42 der K-BO 1969, LGBl 1969/48, geschaffen. Ursprünglich war auch Servitutsberechtigten Gelegenheit zur Stellungnahme zu geben. In dieser Fassung wurde die Bestimmung als § 45 in die K-BO 1992, LGBl 1992/64, übernommen. Mit LGBl 1996/44 entfielen die Servitutsberechtigten und es erfolgten redaktionelle Anpassungen. In dieser Fassung wurde die Bestimmung – wiederum mit redaktionellen Anpassungen – als § 47 in die K-BO 1996, LGBl 1996/62, übernommen. Durch LGBl 2013/85 erfolgten die notwendigen Anpassungen an die Einführung der Verwaltungsgerichtsbarkeit. **1**

Nur in Niederösterreich genießen gemäß § 6 Abs 1 iVm § 35 NÖ BO 2014 die Anrainer eine vergleichbare Parteistellung. **2**

II. Einwendungen

Gemäß § 47 Abs 1 ist im Verfahren nach § 44 und § 45 den Eigentümern und den Anrainern Gelegenheit zur Stellungnahme zu geben. Fraglich ist, ob den Anrainern durch diese Bestimmung Parteistellung eingeräumt wird und ob diese Einwendungen im Sinne des § 23 Abs 3 **3** bis 6 erheben können.[1] Ausweislich der Materialien ist dies ausdrücklich Sinn und Zweck der Bestimmung.[2] Die Anrainer sollen bei Vorhaben, die auf Grund eines Verfahrens Instandsetzungs- oder Beseitigungsverfügung durchgeführt werden, nicht schlechter gestellt als bei bewilligungspflichtigen Vorhaben nach § 6. Dies ist auch durch den Wortlaut der Bestimmung gedeckt. § 47 Abs 2 und 3 sprechen ausdrücklich von Parteien. In der Überschrift und in § 47 Abs 3 wird ausdrücklich auf Einwendungen abgestellt. Darüber hinaus ist § 47 Abs 3 systematisch sichtlich § 23 Abs 8 nachgebildet.[3] Aus diesen Gründen sind meiner Ansicht mit den Anrainer des § 47 die Anrainer im Sinne des § 23 Abs 2 gemeint, diesen kommt in den Verfahren nach § 44 und § 45 Parteistellung zu und sie können subjektiv-öffentliche Einwendungen gemäß § 23 Abs 3 bis 6 erheben. Insofern normiert § 47 Abs 2 nur Selbstverständliches.[4]

III. Zivilrechtliche Einwendungen

4 Von den im Rahmen der Verfahren nach § 44 und § 45 vom Anrainer vorzubringenden subjektiv-öffentlichen Einwendungen sind subjektive Rechte auf Grundlage des Zivilrechts, deren Austragung dem ordentlichen Rechtsweg vorbehalten sind, zu unterscheiden. Da der Anrainer nicht angeben muss, auf welche Gesetzesstelle sich die Einwendung stützt,[5] muss gegebenenfalls die Behörde beurteilen, ob es sich bei der Einwendung um eine subjektiv-öffentliche handelt, oder um eine subjektive Einwendung auf Grundlage des Zivilrechts. Im Zweifel ist eine subjektiv-öffentliche Einwendung anzunehmen.[6] Denn eine Einwendung kann durchaus sowohl einen öffentlich-rechtlichen als auch einen zivilrechtlichen Aspekt haben, zB bei einer Einwendung gegen Immissionen eines Vorhabens, die einerseits auf § 23 Abs 3 lit i gestützt

---

1 Siehe kritisch *Pallitsch/Pallitsch/Kleewein*, Baurecht⁵ § 47 K-BO 1996 Anm 1 und 3 sowie § 44 K-BO 1996 Anm 6.
2 ErlRV Verf-133/6/1967, 39; siehe auch *Unkart*, Bauordnung² § 42 Rz 185.
3 *Pallitsch/Pallitsch/Kleewein*, Baurecht⁵ § 47 K-BO 1996 Anm 5.
4 *Pallitsch/Pallitsch/Kleewein*, Baurecht⁵ § 47 K-BO 1996 Anm 4.
5 Siehe § 23 Rz 25.
6 VwGH VwSlg 7295 A/1968; 5.7.1984, 83/06/0111.

werden können, aber anderseits auch auf § 364 Abs 2 ABGB.[7] Zu beachten ist auch, dass die Behörde regelmäßig zivilrechtliche Vorfragen des Eigentums an einem Grundstück oder des Grenzverlaufes gemäß § 38 AVG zu beantworten hat.[8] Hingegen zählen zu den subjektiven Rechten auf Grundlage des Zivilrechts, deren Austragung dem ordentlichen Rechtsweg vorbehalten sind, zB Fragen der Beeinträchtigung der Zufahrtsmöglichkeit zur Liegenschaft des Anrainers,[9] der Verletzung oder Überschreitung eines Servitutsrechts des Anrainers,[10] der Wertminderung des Anrainergrundstückes und dessen mangelhafter Nutzbarkeit,[11] des Betretens des Anrainergrundstückes,[12] der Verletzung privatrechtlicher Vereinbarungen,[13] der Notwendigkeit privatrechtliche Vereinbarungen zu schließen,[14] des Schadenersatzrechtes,[15] der Verletzung des Rechts auf Licht im Sinne des § 364 Abs 3 ABGB[16] sowie der Verletzung eines grundbücherlich gesicherten Fensterrechtes[17]. Diese Fragen sind vor den ordentlichen Gerichten auszutragen. Auf zivilrechtliche Einwendungen dieser Art ist mangels Zuständigkeit im Verfahren nach § 44 und § 45 gemäß § 47 Abs 3 nicht Bedacht zu nehmen. Für den Anrainer kann es aber dennoch von Bedeutung sein, zivilrechtliche Einwendungen im Verfahren zu erheben, denn gemäß Art XXXVII EGZPO kann die Bauverbotsklage gemäß § 340 bis § 342 ABGB nur unter dieser Voraussetzung geltend gemacht werden.[18]

---

7 VwGH 5.7.1984, 83/06/0111; *Kleewein*, Rechtstellung der Nachbarn 59 und 66 ff; *Giese*, Baurecht § 9 Baupolizeigesetz Anm 75; *Hauer*, Nachbar[6] 124 ff; zu § 364 Abs 2 ABGB siehe *Wagner*, bbl 1999, 171 ff; *Spielbüchler* in Rummel, ABGB I[3] § 354 Rz 1 ff mN; *Oberhammer* in Schwimann/Kodek, ABGB II[4] § 364 Rz 3 ff mN; *Lang*, RFG 2013, 150 ff;

8 Siehe § 10 Rz 3 sowie § 23 Rz 10 und 48.

9 VwGH 18.3.2004, 2001/05/1102; 16.9.2009, 2008/05/0204.

10 VwGH 19.11.1981, 0640/80; 6.11.1990, 90/05/0062; 16.9.1997, 94/05/0230; 18.3.2004, 2001/05/1102; 27.8.2013, 2012/06/0148.

11 VwGH VwSlg 7873 A/1970; 9.10.2001, 2001/05/0314; 14.5.2014, Ro 2014/06/0011.

12 VwGH VwSlg 7873 A/1970; 27.5.2009, 2007/05/0069.

13 VwGH 12.11.1991, 91/05/0171; 4.9.2001, 2000/05/0045.

14 VwGH VwSlg 13.365 A/1991.

15 VwGH VwSlg 17.387 A/2008.

16 VwGH 16.11.2010, 2009/05/0342.

17 VwGH 28.2.2008, 2004/06/0027.

18 VwGH VwSlg 7873 A/1970; *Giese*, Baurecht § 9 Baupolizeigesetz Anm 77; *Hauer*, Nachbar[6] 125 und 465; *Spielbüchler* in Rummel, ABGB I[3] § 340 Rz 4 f; *Grüblinger* in Schwimann/Kodek, ABGB II[4] § 340 Rz 6.

11. Abschnitt – Nachbarpflichten

§ 48 Benützung

(1) Die Grundeigentümer haben das Betreten ihrer Grundstücke zu gestatten, wenn dies zur Erstellung der nach diesem Gesetz erforderlichen Pläne notwendig ist.

(2) Die Grundeigentümer haben die Benützung ihrer Grundstücke zu gestatten, wenn ein Vorhaben, eine Instandsetzung oder eine Beseitigung anders nicht oder nur unter unverhältnismäßigen Kosten ausgeführt werden kann.

(3) Die Behörde hat auf Antrag Art, Umfang und Dauer der Benützung festzusetzen; dabei sind die Interessen der Grundeigentümer möglichst zu schonen.

Literatur: *Triendl*, Praktische Aspekte der baurechtlichen Fremdgrundbenützung anhand des § 36 tir BauO 2011, bbl 2016, 31.

Inhaltsübersicht	Rz
I. Entwicklung und Rechtsvergleich	1
II. Benützung von Grundstücken	3

I. Entwicklung und Rechtsvergleich

1 Diese Bestimmung findet sich erstmals als § 43 der K-BO 1969, LGBl 1969/48. In dieser Fassung wurde die Bestimmung unverändert als § 46 in die K-BO 1992, LGBl 1992/64, und als § 49 in die K-BO 1996, LGBl 1996/62, übernommen.

2 Entsprechende Bestimmungen über die Duldung des Betretens des Grundstückes finden sich auch in den Bauordnungen der anderen Bundesländer, siehe § 12 Abs 1 bis 3 Bgld. BauG, § 7 NÖ BO 2014, § 15 Abs 1 und 2 sowie Abs 6 Oö. BauO 1994, § 6 und § 14 S-BauPolG, § 36 Stmk. BauG, § 36 Abs 1 bis 4 TBO 2011,[1] § 14 Abs 1 und 2 V-BauG sowie § 47 Abs 1, § 126 und § 129 Abs 7 W-BO.

---

1 Vgl auch zum Folgenden *Triendl*, bbl 2016, 31 ff.

II. Benützung von Grundstücken

Für die Erstellung von Plänen, insbesondere nach § 10, ist es unter Umständen notwendig auch andere Grundstücke zu betreten. Dies hat der Grundeigentümer gemäß § 48 Abs 1 zu gestatten. Ebenso kann unter Umständen ein Vorhaben – es sind sowohl bewilligungspflichtige Vorhaben nach § 6 als auch bewilligungsfreie Vorhaben nach § 7 umfasst –,[2] eine Instandsetzung nach § 44 oder eine Beseitigung nach § 45 nur ausgeführt werden, sofern ein anderes Grundstück benützt wird. Auch diese Benützung hat der Grundeigentümer gemäß § 48 Abs 2 zu gestatten, wenn das Vorhaben, die Instandsetzung oder die Beseitigung nicht oder nur unter unverhältnismäßigen Kosten ausgeführt werden kann. Die Duldungspflichten bestehen nach dem Wortlaut der Bestimmung nur für die Grundeigentümer, hingegen nicht für allfällige Bestandnehmer.[3] Umfasst sind nicht nur angrenzende Grundstücke.[4] Die Benützung bezieht sich auch auf eine Nutzung des Luftraumes über dem Grundstück.[5] Diese Eigentumsbeschränkungen berühren das verfassungsgesetzlich gewährleistete Recht auf Unversehrtheit des Eigentums gemäß Art 5 StGG und Art 1 1. ZP EMRK. Da aber die Erstellung von Plänen Grundlage für eine Prüfung der Voraussetzungen nach § 17 ist, dass die Erteilung der Baubewilligung nur zu erfolgen hat, wenn dem Vorhaben keine öffentlichen Interessen entgegenstehen, dient das Betreten des Grundstückes öffentlichen Interessen und ist somit zulässig.[6] Dies ist auch verhältnismäßig, da das Betreten nur insoweit zu gestatten ist, als dies zur Erstellung von Plänen notwendig ist. Umfasst sind nur Pläne, die nach den Bestimmungen der K-BO 1996 erforderlich sind. Eine Notwendigkeit ist gegeben, wenn die Pläne auf keine andere Weise erstellt werden können. Dies umfasst meiner Ansicht nach auch, dass Pläne nur mit unverhältnismäßigen Kosten erstellt werden könnten, und dies somit aus wirtschaftlichen Gründen unterbleiben würde.[7] Auch die Ausführung des Vorhabens entsprechend der erteilten Baubewilligung, insbesondere unter Berücksichtigung der

3

---

2 Vgl VwGH VwSlg 17.487 A/2008; hingegen nicht Vorhaben, die vom Geltungsbereich der K-BO 1996 ausgenommen sind, vgl *Triendl*, bbl 2016, 33.
3 *Pallitsch/Pallitsch/Kleewein*, Baurecht[5] § 48 K-BO 1996 Anm 2.
4 VwGH 28.10.1999, 99/06/0137.
5 VwGH VwSlg 13.546 A/1991.
6 Vgl *Pallitsch/Pallitsch/Kleewein*, Baurecht[5] § 48 K-BO 1996 Anm 1.
7 Vgl *Giese*, Baurecht § 6 Baupolizeigesetz Anm 6.

Sicherheit und Gesundheit von Menschen nach § 35, und die Instandsetzung sowie die Beseitigung von Baugebrechen dient öffentlichen Interessen.[8] Die Verhältnismäßigkeit wird dadurch gewahrt, dass eine Benützung nur dann zu gestatten ist, wenn die Ausführung nicht, dh auf keine andere Weise, oder nur unter unverhältnismäßigen Kosten erfolgen kann. Für die Prüfung, ob die Ausführung nur unter unverhältnismäßigen Kosten erfolgen kann, müssen die Ausführungsvariante ohne Nutzung des Grundstückes und mit Nutzung des Grundstückes einander gegenüber gestellt werden.[9] Unverhältnismäßige Kosten sind jedenfalls solche, die gegenüber der Ausführungsvariante mit Nutzung des Grundstückes inklusive der verwendeten Materialien eine Überschreitung von annähernd 50 % ausmachen.[10] Es können im Rahmen der Verhältnismäßigkeitsprüfung zB aber auch Mehrkosten für eine andere Ausführungsvariante unverhältnismäßig sein, wenn durch eine Beanspruchung des Luftraumes über den Grundstücken durch Kräne keine nachteiligen Auswirkungen zu erwarten sind.[11] Auch wenn es keine Ausführungsvariante ohne Nutzung des Grundstückes gibt, sind die möglichen Ausführungsvarianten mit Nutzung des Grundstückes dahingehend zu prüfen, welche dieser Varianten zur Erreichung des Zieles unter Einbeziehung der gelinderen Mittel am geeignetsten ist.[12] Die Duldungspflicht des Betretens und der Benützung ergibt sich ex lege und bedarf keines zusätzlichen Verwaltungshandelns der Behörde.

4 Nur sofern zwischen dem Betretens- bzw Benützungsberechtigten und dem Duldungspflichtigen kein Einvernehmen hergestellt werden kann, ob und inwieweit ein Betretens- und Benützungsrecht besteht, und ein Antrag gestellt wird, hat gemäß § 48 Abs 3 die Behörde Art, Umfang und Dauer der Benützung durch Bescheid festzusetzen.[13] § 48 Abs 3 stellt nur auf die Benützung ab, gemeint ist aber auch das Betreten gemäß § 43 Abs 1. Dies ergibt sich erstens dadurch, dass § 48 in seiner Überschrift die Benützung als Überbegriff für das Betreten gemäß § 48 Abs 1 und die Benützung gemäß § 48 Abs 2 verwendet. Zweitens können auch nur so die öffentlichen Interessen des § 48 Abs 1, die Sinn und

---

8 ErlRV Verf-133/6/1967, 40; vgl *Pallitsch/Pallitsch/Kleewein*, Baurecht[5] § 48 K-BO 1996 Anm 1.
9 VwGH 30.6.2015, Ra 2015/06/0058.
10 VwGH 20.9.1994, 94/05/0188; 20.12.2005, 2003/05/0131.
11 VwGH VwSlg 13.546 A/1991.
12 VwGH 12.12.2013, 2013/06/0064.
13 ErlRV Verf-133/6/1967, 40.

Zweck der Bestimmung sind,[14] gewährleistet werden. Antragsberechtigt sind – mangels gegenteiliger Regelung – sowohl die Betretens- bzw Benützungsberechtigten als auch die Duldungspflichtigen. Eine bestimmte Form des Antrages ist in § 48 nicht bestimmt, der Antrag kann somit gemäß § 13 AVG schriftlich, mündlich oder telefonisch eingebracht werden.[15] Der Antrag kann auch vor der Erteilung der Baubewilligung gestellt werden.[16] Die Behörde hat vor dem Hintergrund des verfassungsgesetzlich gewährleisteten Rechts auf Unversehrtheit des Eigentums gemäß Art 5 StGG und Art 1 1. ZP EMRK unter Berücksichtigung der Verhältnismäßigkeit[17] Art, zB Errichtung von Baustelleinrichtungen oder Nutzung des Luftraumes über dem Grundstück[18], Umfang, zB welche Grundstücksteile, sowie Dauer, zB binnen bestimmter Frist, der Benützung festzusetzen. Für eine unbefristete Benützung besteht keine Rechtsgrundlage, da § 48 Abs 1 und 2 ausdrücklich nur eine Benützung zur „Erstellung"[19] von Plänen bzw zur „Ausführung" von Vorhaben, Instandsetzung oder Beseitigung vorsieht.

§ 49 Entschädigung

(1) Nach Beendigung der Benützung ist der frühere Zustand wiederherzustellen. Schäden, die durch die Wiederherstellung des früheren Zustandes nicht abgegolten werden können, sind zu ersetzen.

(2) Die Behörde hat auf Antrag die Wiederherstellung zu verfügen und die Höhe einer allfälligen Entschädigung festzusetzen.

(3) Eine Beschwerde gegen die im Verwaltungsweg zuerkannte Entschädigung an das Landesverwaltungsgericht ist nicht zulässig, doch kann binnen einem Jahr nach Zustellung die Feststellung des Betrages der Entschädigung beim Landesgericht begehrt werden.

Literatur: *Korinek/Pauger/Rummel*, Handbuch des Enteignungsrechts, 1994; *Koziol*, Österreichisches Haftpflichtrecht I³, 1997; Rummel (Hrsg), Kommentar zum Allgemeinen bürgerlichen Gesetzbuch II/2b³, 2004; Schwimann (Hrsg),

---

14 Siehe § 48 Rz 3.
15 *Hengstschläger/Leeb*, AVG I² § 13 Rz 6 ff mN.
16 Vgl VwGH VwSlg 17.487 A/2008; *Triendl*, bbl 2016, 34 f.
17 VwGH 12.12.2013, 2013/06/0064; siehe schon § 48 Rz 3.
18 VwGH VwSlg 13.546 A/1991.
19 *Pallitsch/Pallitsch/Kleewein*, Baurecht⁵ § 48 K-BO 1996 Anm 3.

ABGB-Praxiskommentar VI³, 2006; *Wimmer*, Die Entschädigung im öffentlichen Recht, 2009.

Inhaltsübersicht Rz

I. Entwicklung und Rechtsvergleich 1
II. Entschädigung 3

I. Entwicklung und Rechtsvergleich

1 Diese Bestimmung findet sich erstmals als § 44 der K-BO 1969, LGBl 1969/48. In dieser Fassung wurde die Bestimmung unverändert als § 47 in die K-BO 1992, LGBl 1992/64, und als § 48 in die K-BO 1996, LGBl 1996/62, übernommen. Durch LGBl 2013/85 erfolgten die notwendigen Anpassungen an die Einführung der Verwaltungsgerichtsbarkeit.

2 Entsprechende Bestimmungen über die Entschädigung für die Benützung des Grundstückes finden sich – mit einzelnen Unterschieden – auch in den Bauordnungen der anderen Bundesländer, siehe § 12 Abs 4 Bgld. BauG, § 8 NÖ BO 2014, § 15 Abs 6 Oö. BauO 1994, § 6 und § 14 S-BauPolG, § 36 Stmk. BauG, § 36 Abs 5 und 6 TBO 2011, § 14 Abs 3 V-BauG sowie § 126 W-BO.

II. Entschädigung

3 § 49 Abs 1 sieht nach der Beendigung der Benützung des Grundstückes primär die Wiederherstellung des früheren Zustandes vor.[1] Es sind also zB Baustelleneinrichtungen zu entfernen, Schutt ist abzuführen, bauliche Anlagen, zB Zäune, sind wieder zu errichten oder Flurschäden sind zu beseitigen. Dies ist dem Vorrang der Naturalherstellung des § 1323 ABGB nachgebildet.[2] Nur sofern die Schäden durch Wiederherstellung nicht abgegolten werden können, sind diese durch Geld zu ersetzen. Einerseits sind dies Fälle, in denen eine Wiederherstellung des früheren Zustandes technisch unmöglich oder nur zum Teil möglich ist. So ist zB die Wiederherstellung alter Bäume durch die Pflanzung neuer Bäume nur zum Teil möglich. Andererseits sind aber auch Schäden umfasst, die trotz Wieder-

---
[1] *Pallitsch/Pallitsch/Kleewein*, Baurecht⁵ § 49 K-BO 1996 Anm 1.
[2] Siehe dazu *Reischauer* in Rummel, ABGB II/2b³ § 1323 Rz 1 ff mN; *Harrer* in Schwimann, ABGB VI³ § 1323 Rz 1 ff mN.

herstellung des früheren Zustandes nicht abgegolten werden können. So sind zB Schäden denkbar, die dem Duldungspflichtigen dadurch entstehen können, dass er während der Dauer der Benützung das Grundstück nicht selbst benützen kann. Diese Schäden können nur durch eine Wiederherstellung des früheren Zustandes nicht abgegolten werden. § 49 Abs 1 stellt lediglich auf die Benützung ab, gemeint ist aber auch das Betreten gemäß § 48 Abs 1. Dies ergibt sich dadurch, dass § 48 in seiner Überschrift die Benützung als Überbegriff für das Betreten gemäß § 48 Abs 1 und die Benützung gemäß § 48 Abs 2 verwendet.[3] Auch durch das Betreten können Schäden entstehen, die zu ersetzen sind, zB durch das Niedertreten von Futtergras oder Ackerpflanzen. Da die Duldungspflichten nach dem Wortlaut von § 48 nur für die Grundeigentümer bestehen,[4] sind auch nur diese anspruchsberechtigt.

Da der Zweck der Entschädigung und des Schadenersatzrechtes jeweils im Nachteilsausgleich gelegen ist,[5] kann auf die im allgemeinen Schadenersatzrecht entwickelten Grundsätze analog zurückgegriffen werden.[6] Der konkrete Schaden ist Ausgangspunkt und Grenze der Entschädigung.[7] Daraus folgt, dass vermögensrechtlicher Nachteil grundsätzlich alles ist, was Schaden gemäß § 1293 ABGB ist, somit jeder Nachteil im Vermögen.[8] Nicht umfasst sind hingegen der entgangene Gewinn[9] und der Wert der besonderen Vorliebe.[10] Die Feststellung der durch die Eigentumsbeschränkung bedingten Nachteile hat konkret unter Berücksichtigung der individuellen Verhältnisse des Entschädigungswerbers unter Heranziehung eines objektiven Maßstabes bei der Wertermittlung, also objektiv – konkret zu erfolgen.[11]

4

---

3 Siehe § 48 Rz 4.
4 Siehe § 48 Rz 3; *Pallitsch/Pallitsch/Kleewein*, Baurecht[5] § 48 K-BO 1996 Anm 2.
5 VfGH VfSlg 11.760/1988; OGH RIS-Justiz RS0030513; *Wimmer*, Entschädigung 31 f.
6 *Korinek/Pauger/Rummel*, Enteignungsrecht 195 ff; zu den trotzdem bestehenden Unterschieden *Wimmer*, Entschädigung 9 ff.
7 *Korinek/Pauger/Rummel*, Enteignungsrecht 198.
8 In diesem Sinne gegen eine Sozialbindung der Entschädigung *Korinek/Pauger/Rummel*, Enteignungsrecht 199 ff; ausführlich zum positiven Schaden *Koziol*, Haftpflichtrecht I[3] Rz 2/34 ff.
9 *Wimmer*, Entschädigung 162; aA *Korinek/Pauger/Rummel*, Enteignungsrecht 228 ff.
10 Zum Begriff *Koziol*, Haftpflichtrecht I[3] Rz 2/105.
11 OGH RIS-Justiz RS0053657; ausführlich *Korinek/Pauger/Rummel*, Enteignungsrecht 216 ff; *Wimmer*, Entschädigung 158 ff.

5 Nur sofern zwischen dem Betretens- bzw Benützungsberechtigten und dem Duldungspflichtigen kein Einvernehmen hergestellt werden kann, ob bzw in welcher Form eine Wiederherstellung des früheren Zustandes zu erfolgen hat oder ob bzw in welcher Höhe eine Entschädigung zu leisten ist, hat gemäß § 49 Abs 2 die Behörde mit Bescheid die Wiederherstellung des früheren Zustandes zu verfügen und die Höhe einer allfälligen Entschädigung festzusetzen. Antragsberechtigt sind – mangels gegenteiliger Regelung – sowohl die Betretens- bzw Benützungsberechtigten als auch die Duldungspflichtigen. Eine bestimmte Form des Antrages ist in § 49 nicht bestimmt, der Antrag kann somit gemäß § 13 AVG schriftlich, mündlich oder telefonisch eingebracht werden.[12]

6 Eine Beschwerde an das LVwG Kärnten ist nicht zulässig. Binnen einem Jahr nach Zustellung des Entschädigungsbescheides kann aber die Feststellung des Betrages der Entschädigung beim Landesgericht Klagenfurt beantragt werden. Es liegt somit eine sukzessive Gerichtszuständigkeit gemäß Art 94 Abs 2 B-VG vor. Mit Einlagen des Antrages beim Landesgericht Klagenfurt tritt der Bescheid der Gemeindebehörde außer Kraft.[13] Ursprünglich bestimmte Art 13 Verwaltungsentlastungsgesetz, dass sofern Gesetze nicht anderes vorsehen, bei der Festsetzung der Entschädigung sinngemäß die Bestimmungen des EisbEG anzuwenden sind. Diese Bestimmung trat aber mit 31.12.2006 außer Kraft.[14] Ob dennoch eine analoge Anwendung des EisbEG zu erfolgen hat, ist unklar.

---

12 *Hengstschläger/Leeb*, AVG² § 13 Rz 6 ff mN.
13 ErlRV Verf-133/6/1967, 40 f; *Pallitsch/Pallitsch/Kleewein*, Baurecht⁵ § 49 K-BO 1996 Anm 2 und 3.
14 BGBl I 2001/137; vgl VwGH 23.1.2013, 2011/10/0047.

11a. Abschnitt – Unabhängige Kontrollsysteme für Energieausweise und Klimaanlagenüberprüfungsbefunde

§ 49a Kontrollsystem für Energieausweise

(1) Die Landesregierung hat eine Stichprobe mindestens eines statistisch signifikanten Prozentanteils aller jährlich ausgestellten Energieausweise zu nehmen und diese zu überprüfen. Die Vorgaben nach Anhang II der Richtlinie 2010/31/EU über die Gesamtenergieeffizienz von Gebäuden, ABl. Nr. L 153 vom 18. Juni 2010, S. 13, sind zu beachten.

(2) Die Landesregierung ist ermächtigt, Daten von Energieausweisen (Identifikationsdaten der Nutzer, bewilligungs- und bauwerksbezogene Daten) automationsunterstützt zu verwenden, soweit sie zur Überprüfung von Energieausweisen benötigt werden.

(3) Die Landesregierung kann mit Verordnung eine unabhängige Stelle mit den Aufgaben gemäß Abs. 1 betrauen. Der unabhängigen Stelle ist ein Online-Zugriff auf die gemäß § 43 Abs. 7 K-BV übermittelten Daten des Energieausweises und die Daten des Ausstellers einzuräumen. Die unabhängige Stelle unterliegt bei der Erfüllung der ihr nach der Verordnung übertragenen Aufgaben der Aufsicht der Landesregierung. In Ausübung ihres Aufsichtsrechtes kann die Landesregierung der unabhängigen Stelle Weisungen erteilen. Der Landesregierung sind auf Verlangen unverzüglich, längstens aber binnen zwei Wochen, alle zur Erfüllung ihrer Aufgaben erforderlichen Auskünfte zu erteilen und die entsprechenden Unterlagen zu übermitteln.

(4) Der Aussteller des Energieausweises, der Eigentümer und andere Benützer sind verpflichtet, der Behörde und deren Beauftragten alle Auskünfte zu erteilen, die zur Überprüfung des Energieausweises erforderlich sind.

Literatur: *Holoubek*, Verfassungs- und verwaltungsrechtliche Konsequenzen der Ausgliederung, Privatisierung und Beleihung, ÖZW 2000, 33; *Korinek*, Staatsrechtliche Bedingungen und Grenzen der Ausgliederung und Beleihung, ÖZW 2000, 46; *Lachmayer*, Ausgliederungen und Beleihungen im Spannungsfeld der Verfassung, JBl 2007, 750; *Pabel*, Verfassungsrechtliche Grenzen der Ausgliederung, JRP 2005, 221; *Rill*, Grenzen der Ausgliederung behördlicher Aufgaben aus der unmittelbaren Staatsverwaltung, ÖBA 1996, 748; *Winner*,

Öffentlich-rechtliche Anforderungen und gesellschaftsrechtliche Probleme bei Ausgliederungen, ZfV 1998, 104.

Inhaltsübersicht Rz

I. Entwicklung und Rechtsvergleich 1

II. Kontrollsystem für Energieausweise 3

I. Entwicklung und Rechtsvergleich

1 Diese Bestimmung wurde durch LGBl 2015/31 eingefügt.

2 Entsprechende Bestimmungen über Kontrollsystem für Energieausweise finden sich auch in den meisten anderen Bundesländern, siehe § 4 Abs 1 Bgld. BauG, § 33 Abs 1 NÖ BO 2014, § 17a Abs 4 S-BauPolG, § 81a Stmk. BauG, § 19f TBO 2011, § 49b V-BauG sowie § 118b W-BO.

II. Kontrollsystem für Energieausweise

3 Die Bestimmung dient der Umsetzung von Art 18 RL 2010/31/EU über die Gesamtenergieeffizienz von Gebäuden, der eine Kontrolle der erstellten Energieausweise vorsieht. Es handelt sich hiebei um keine Aufgabe des eigenen Wirkungsbereiches der Gemeinden,[1] die Aufgaben sind von der Kärntner Landesregierung zu vollziehen. Die Notwendigkeit einer Erstellung von Energieausweisen, dh eines gemäß der OIB-Richtlinie 6[2] erstellten Ausweises über die Gesamtenergieeffizienz eines Gebäudes in Umsetzung der Richtlinie 2010/31/EU und des EAVG 2012,[3] ergibt sich aus § 43 Abs 5 K-BV[4] iVm § 6 Abs 4 lit i K-BAV[5], § 27 Abs 1 lit f Z 2 K-WBFG 1997, § 4 EAVG 2012 und § 16 Abs 11 EEffG. Die Daten von Energieausweisen, die für ein Gebäude oder eine Nutzungseinheit erstellt wurden, das der Baurechtskompe-

---

[1] Siehe § 1 Rz 7 ff und 19.
[2] Die OIB-Richtlinie 6 Energieeinsparung und Wärmeschutz ist einschließlich der Erläuternden Bemerkungen unter Punkt 2.1.6 abgedruckt.
[3] Siehe OIB-Richtlinie Begriffsbestimmungen abgedruckt unter Punkt 2.1.7
[4] Die K-BV ist einschließlich der Erläuterungen unter Punkt 2 abgedruckt.
[5] Die K-BAV ist unter Punkt 1.1 abgedruckt.

tenz der Länder unterliegt,[6] sind gemäß § 43 Abs 7 und 7a K-BV der Kärntner Landesregierung in elektronischer Form zu übermitteln.[7] Gemäß § 49a Abs 1 hat die Kärntner Landesregierung eine Stichprobe mindestens eines statistisch signifikanten Prozentanteils aller jährlich ausgestellten Energieausweise zu nehmen und diese zu überprüfen. In einem Entwurf zur RL 2010/31/EU über die Gesamtenergieeffizienz von Gebäuden,[8] findet sich für einen statistisch signifikanten Prozentanteil die Kennzahl von mindestens 0,1% der jährlich erstellten Energieausweise. Dies wurde allerdings nicht ausdrücklich in die gültige Fassung übernommen. Die Kärntner Landesregierung ist zur Erfüllung dieser Aufgabe gemäß § 49a Abs 2 ermächtigt, Daten von Energieausweisen, nämlich die Identifikationsdaten der Nutzer und bewilligungs- und bauwerksbezogene Daten, automationsunterstützt zu verwenden, soweit sie zur Überprüfung von Energieausweisen benötigt werden.[9] Gemäß § 49a Abs 4 sind der Aussteller des Energieausweises, der Eigentümer des Gebäudes, für den der Energieausweis erstellt wurde, und andere Benützer, zB der Bestandnehmer, verpflichtet, der Behörde und deren Beauftragten nach § 49a Abs 3 alle Auskünfte zu erteilen, die zur Überprüfung des Energieausweises erforderlich sind. Eine entsprechende Auskunftspflicht besteht – ausgenommen für den Aussteller des Energieausweises – schon nach § 51 Abs 2.[10] Den Organen der Behörde sowie den beauftragten Sachverständigen ist gemäß § 51 Abs 1 auch im erforderlichen Ausmaß Zutritt zu allen Teilen des Gebäudes zu gestatten.[11] Bei der Überprüfung sind die Vorgaben nach Anhang II der Richtlinie 2010/31/EU über die Gesamtenergieeffizienz von Gebäuden zu beachten. Diese lauten:

4

„1. Die zuständigen Behörden oder die Stellen, denen die zuständigen Behörden die Verantwortung für die Anwendung des unabhängigen Kontrollsystems übertragen haben, nehmen eine Stichprobe mindestens eines statistisch signifikanten Prozentanteils aller jährlich ausge-

---

6 Siehe § 2 Rz 3 ff.
7 Vgl ErlRV 01-VD-LG-1641/12-2015, 3 f.
8 KOM (2008) 780 endgültig.
9 Vgl die Nutzung von nicht personenbezogenen Daten des Energieausweises für statistische und energiepolitische Ziele gemäß § 43 Abs 7 K-BV.
10 Siehe § 51 Rz 4.
11 Siehe § 51 Rz 3.

stellten Ausweise über die Gesamtenergieeffizienz und unterziehen diese Ausweise einer Überprüfung.

Die Überprüfung erfolgt auf der Grundlage der nachstehend angegebenen Optionen oder gleichwertiger Maßnahmen:

a) Validitätsprüfung der Eingabe-Gebäudedaten, die zur Ausstellung des Ausweises der Gesamtenergieeffizienz verwendet wurden, und der im Ausweis angegebenen Ergebnisse;

b) Prüfung der Eingabe-Daten und Überprüfung der Ergebnisse des Ausweises über die Gesamtenergieeffizienz, einschließlich der abgegebenen Empfehlungen;

c) vollständige Prüfung der Eingabe-Gebäudedaten, die zur Ausstellung des Ausweises über die Gesamtenergieeffizienz verwendet wurden, vollständige Überprüfung der im Ausweis angegebenen Ergebnisse, einschließlich der abgegebenen Empfehlungen, und — falls möglich — Inaugenscheinnahme des Gebäudes zur Prüfung der Übereinstimmung zwischen den im Ausweis über die Gesamtenergieeffizienz angegebenen Spezifikationen mit dem Gebäude, für das der Ausweis erstellt wurde.

2. Die zuständigen Behörden oder die Stellen, denen die zuständigen Behörden die Verantwortung für die Anwendung des unabhängigen Kontrollsystems übertragen haben, nehmen eine Stichprobe mindestens eines statistisch signifikanten Prozentanteils aller jährlich ausgestellten Inspektionsberichte und unterziehen diese Berichte einer Überprüfung."

5 Gemäß § 49a Abs 3 kann die Kärntner Landesregierung durch Verordnung eine unabhängige Stelle mit den Aufgaben des § 49a Abs 1 betrauen. Voraussetzung ist, dass es sich um eine unabhängige Stelle handelt, also insbesondere durch diese Stelle keine Energieausweise ausgestellt werden bzw keine Abhängigkeiten zu Stellen bestehen, die Energieausweise ausstellen.[12] Um die Aufgabe des § 49a Abs 1 erfüllen zu können, ist der betrauten Stelle ein Online-Zugriff auf die gemäß § 43 Abs 7 K-BV übermittelten Daten des Energieausweises und die Daten des Ausstellers einzuräumen. Es handelt sich um eine Betrauung mit hoheitlichen Aufgaben, dh eine Beleihung. Nach der Rechtsprechung des VfGH[13] muss der Beliehene der Kärntner Landesregierung,

---
12 Vgl ErlRV 01-VD-LG-1641/12-2015, 4.
13 VfGH VfSlg 14.473/1996; VfSlg 16.400/2001.

die gemäß Art 105 Abs 2 B-VG dem Kärntner Landtag und gemäß Art 142 B-VG dem VfGH verantwortlich ist, unterstellt sein. Insbesondere muss der Kärntner Landesregierung die weisungsmäßige Führung der Geschäfte, wie sie Art 20 Abs 1 B-VG verlangt, möglich sein. Art 20 Abs 1 B-VG wirkt in einem solchen Fall nicht unmittelbar, sondern „verpflichtet den Gesetzgeber, Rechtsvorschriften zu erlassen, die einem obersten Organ eine effektive Leitungs- und Steuerungsfunktion einräumen, und dabei insbesondere ein umfassendes Weisungsrecht einzurichten".[14] Aus diesen Gründen wird der Kärntner Landesregierung im Falle der Betrauung einer unabhängigen Stelle durch § 49a Abs 3 ein umfassendes Aufsichts-, Auskunfts- und Weisungsrecht eingeräumt.[15]

§ 49b Kontrollsystem für Klimaanlagenüberprüfungsbefunde

(1) Die Landesregierung hat eine Stichprobe mindestens eines statistisch signifikanten Prozentanteils aller jährlich ausgestellten Überprüfungsbefunde zu nehmen und diese zu überprüfen. Die Vorgaben nach Anhang II der Richtlinie 2010/31/EU sind zu beachten.

(2) Der Aussteller des Überprüfungsbefunde, der Eigentümer und andere Benützer sind verpflichtet, der Behörde alle Auskünfte zu erteilen, die zur Überprüfung des Überprüfungsbefundes erforderlich sind.

Inhaltsübersicht Rz
I. Entwicklung und Rechtsvergleich 1
II. Kontrollsystem für Klimaanlagenüberprüfungsbefunde 3

---

14 VfSlg 16.400/2001.
15 Vgl zur ähnlichen Bestimmung des § 24 K-BPG, ErlRV -2V-LG-1175/16-2011, 6. Das K-BPG ist einschließlich der Erläuterungen unter Punkt 5 abgedruckt. Siehe zum Ganzen auch *Rill*, ÖBA 1996, 748 ff; *Winner*, ZfV 1998, 104 ff; *Holoubek*, ÖZW 2000, 33 ff; *Korinek*, ÖZW 2000, 46 ff; *Pabel*, JRP 2005, 221 ff; *Lachmayer*, JBl 2007, 750 ff.

I. Entwicklung und Rechtsvergleich

1 Diese Bestimmung wurde durch LGBl 2015/31 eingefügt.

2 Entsprechende Bestimmungen über Kontrollsystem für Klimaanlagenüberprüfungsbefunde finden sich auch in den meisten anderen Bundesländern, siehe § 21a Bgld. LHKG 2008, § 33 Abs 2 NÖ BO 2014, § 19b Abs 3 S-BauPolG, § 93a Stmk. BauG, § 35 TGHKG 2013, § 49b V-BauG sowie § 30 Abs 5 WHKG 2015.

II. Kontrollsystem für Klimaanlagenüberprüfungsbefunde

3 Die Bestimmung dient der Umsetzung von Art 18 RL 2010/31/EU über die Gesamtenergieeffizienz von Gebäuden, der eine Kontrolle der erstellten Klimaanlagenüberprüfungsbefunde vorsieht. Es handelt sich hiebei um keine Aufgabe des eigenen Wirkungsbereiches der Gemeinden,[1] die Aufgaben sind von der Kärntner Landesregierung zu vollziehen. Klimaanlagenüberprüfungsbefunde sind gemäß § 50 Abs 4 K-BV[2] von einem Sachverständigen im Rahmen der wiederkehrenden Überprüfung von Klimaanlagen auszustellen. Der Betreiber der Klimaanlage ist gemäß § 50 Abs 1 K-BV verpflichtet, die Überprüfungsbefunde aufzubewahren und der Behörde auf Verlangen vorzulegen.

4 Gemäß § 49b Abs 1 hat die Kärntner Landesregierung eine Stichprobe mindestens eines statistisch signifikanten Prozentanteils aller jährlich ausgestellten Energieausweise zu nehmen und diese zu überprüfen. Der burgenländische Gesetzgeber geht gemäß § 21a Abs 2 Bgld. LHKG 2008 davon aus, dass eine Überprüfung von mindestens 0,1% der jährlichen Klimaanlagenüberprüfungsbefunde ein statistisch signifikanter Prozentanteil ist. Dies entspricht der Kennzahl in einem Entwurf zur RL 2010/31/EU über die Gesamtenergieeffizienz von Gebäuden,[3] die allerdings nicht ausdrücklich in die gültige Fassung übernommen wurde. Gemäß § 49b Abs 2 sind der Aussteller des Überprüfungsbefundes, der Eigentümer des Gebäudes, in der sich die Klimaanlage befindet, für die der Überprüfungsbefund erstellt wurde, und andere Benützer, zB der Bestandnehmer, verpflichtet, der Behörde alle Auskünfte zu erteilen, die zur Überprüfung des Klimaanlagenüberprüfungsbefun-

---

[1] Siehe § 1 Rz 7 ff und 19.
[2] Die K-BV ist einschließlich der Erläuterungen unter Punkt 2 abgedruckt.
[3] KOM (2008) 780 endgültig.

des erforderlich sind. Eine entsprechende Auskunftspflicht besteht – ausgenommen für den Aussteller des Überprüfungsbefundes – schon nach § 51 Abs 2.[4] Den Organen der Behörde ist gemäß § 51 Abs 1 auch im erforderlichen Ausmaß Zutritt zu allen Teilen des Gebäudes, in der sich die Klimaanlage befindet, zu gestatten.[5] Bei der Überprüfung sind die Vorgaben nach Anhang II der Richtlinie 2010/31/EU über die Gesamtenergieeffizienz von Gebäuden zu beachten. Diese lauten:

„1. Die zuständigen Behörden oder die Stellen, denen die zuständigen Behörden die Verantwortung für die Anwendung des unabhängigen Kontrollsystems übertragen haben, nehmen eine Stichprobe mindestens eines statistisch signifikanten Prozentanteils aller jährlich ausgestellten Ausweise über die Gesamtenergieeffizienz und unterziehen diese Ausweise einer Überprüfung.

Die Überprüfung erfolgt auf der Grundlage der nachstehend angegebenen Optionen oder gleichwertiger Maßnahmen:

a) Validitätsprüfung der Eingabe-Gebäudedaten, die zur Ausstellung des Ausweises der Gesamtenergieeffizienz verwendet wurden, und der im Ausweis angegebenen Ergebnisse;

b) Prüfung der Eingabe-Daten und Überprüfung der Ergebnisse des Ausweises über die Gesamtenergieeffizienz, einschließlich der abgegebenen Empfehlungen;

c) vollständige Prüfung der Eingabe-Gebäudedaten, die zur Ausstellung des Ausweises über die Gesamtenergieeffizienz verwendet wurden, vollständige Überprüfung der im Ausweis angegebenen Ergebnisse, einschließlich der abgegebenen Empfehlungen, und — falls möglich — Inaugenscheinnahme des Gebäudes zur Prüfung der Übereinstimmung zwischen den im Ausweis über die Gesamtenergieeffizienz angegebenen Spezifikationen mit dem Gebäude, für das der Ausweis erstellt wurde.

2. Die zuständigen Behörden oder die Stellen, denen die zuständigen Behörden die Verantwortung für die Anwendung des unabhängigen Kontrollsystems übertragen haben, nehmen eine Stichprobe mindestens eines statistisch signifikanten Prozentanteils aller jährlich ausgestellten Inspektionsberichte und unterziehen diese Berichte einer Überprüfung."

---

4 Siehe § 51 Rz 4.
5 Siehe § 51 Rz 3.

12. Abschnitt – Strafbestimmung
§ 50 Geldstrafen

(1) Eine Verwaltungsübertretung begeht und ist von der Bezirksverwaltungsbehörde zu bestrafen,
   a) mit Geldstrafe von 500 Euro bis zu 20.000 Euro, wer
      1. bewilligungspflichtige Gebäude ohne Baubewilligung ausführt oder ausführen lässt oder
      2. gemäß § 35 Abs. 1 und 2 eingestellte Arbeiten fortsetzt oder fortsetzen lässt, sofern sich die Einstellungsverfügung auf Maßnahmen nach Z 1 bezieht;
   b) mit Geldstrafe von 1.000 Euro bis zu 20.000 Euro, wer
      1. als ein zur Erstellung von Plänen, Berechnungen und Beschreibungen Berechtigter solche Unterlagen unterfertigt, ohne sie erstellt zu haben;
      2. als Unternehmer die Bestimmungen des § 29 Abs. 4 oder 5 übertritt oder unrichtige Bestätigungen nach § 29 Abs. 6 ausstellt;
      3. als Bauleiter die Bestimmungen des § 30 Abs. 2 oder des § 39 Abs. 2 übertritt;
      4. als Sachverständiger unrichtige Bestätigungen nach § 29 Abs. 7 oder § 39 Abs. 3 ausstellt;
   c) mit Geldstrafe bis zu 20.000 Euro, wer
      1. bewilligungspflichtige bauliche Anlagen – ausgenommen Gebäude – ohne Baubewilligung ausführt oder ausführen lässt; oder
      2. Vorhaben abweichend von der Baubewilligung ausführt oder ausführen lässt;
      3. gemäß § 35 Abs. 1 und 2 eingestellte Arbeiten fortsetzt oder fortsetzen lässt, soweit sich die Einstellungsverfügung auf Maßnahmen nach Z 1 bezieht;
      4. Bauprodukte verwendet oder verwenden lässt, die den Anforderungen des § 27 Abs. 1 nicht entsprechen.
   d) mit Geldstrafe bis zu 3.000 Euro, wer
      1. die Bestimmungen der § 29 Abs. 3, § 30 Abs. 1, §§ 31, 32 Abs. 2, §§ 33, 39 Abs. 1, § 41 Abs. 3, §§ 41a, 42 und 51 übertritt;
      2. Arbeiten entgegen den Auflagen nach § 18 durchführt oder durchführen lässt;

3. Vorhaben nach § 6 lit. a und b unbefugt ausführt oder durch Unbefugte ausführen lässt;
4. Gebäude oder sonstige bauliche Anlagen oder Teile von solchen vor Ablauf der Frist nach § 40 Abs. 2 oder entgegen einer behördlichen Untersagung nach § 40 Abs. 4 benützt oder benützen lässt;
5. das Niveau von im Bauland gelegenen Grundstücken durch Anschüttungen oder Abgrabungen, die von Einfluss auf die bestehende oder künftige bauliche Nutzbarkeit dieser Flächen sind, ändert oder sonstige, der Bauvorbereitung dienende Veränderungen an solchen Grundstücken vornimmt, sofern diese Veränderungen nicht auf Grund einer Baubewilligung für Vorhaben auf diesem Grundstück gedeckt oder erforderlich erscheinen; für die Wiederherstellung und Beseitigung von strafbaren Niveauveränderungen sind die Bestimmungen der §§ 34 bis 36 sinngemäß anzuwenden;
6. Vorhaben nach § 6 lit. b bis e ohne Baubewilligung ausführt oder ausführen lässt;
7. Vorhaben nach § 7 entgegen § 7 Abs. 3 ausführt oder ausführen lässt oder entgegen § 7 Abs. 4 nicht mitteilt;
8. Gebäude oder sonstige bauliche Anlagen ohne die erforderliche Baubewilligung oder abweichend von dieser benützt;
9. gemäß § 35 Abs. 1 und 2 eingestellte Arbeiten fortsetzt oder fortsetzen lässt, soweit sich die Einstellungsverfügung auf Maßnahmen nach Z 6, 7 oder 8 bezieht;
10. Baustelleneinrichtungen entgegen § 38 Abs. 1 letzter Satz nicht unverzüglich nach Vollendung des Vorhabens entfernt.

(2) Eine Ersatzfreiheitsstrafe für den Fall der Uneinbringlichkeit der verhängten Geldstrafe ist nicht festzusetzen.

(3) Bildet die unzulässige Errichtung eines Gebäudes oder einer sonstigen baulichen Anlage oder die unzulässige Durchführung einer sonstigen Maßnahme den Gegenstand einer Verwaltungsübertretung, so endet das strafbare Verhalten erst mit der Wiederherstellung des rechtmäßigen Zustandes oder mit der Rechtskraft der nachträglich erteilten Bewilligung.

(4) Die Geldstrafen fließen zur Hälfte der Gemeinde zu, in deren Gebiet die Verwaltungsübertretung begangen worden ist.

Literatur: *Geuder*, Die Baurechtskompetenz der Gemeinde im Rahmen des eigenen Wirkungsbereiches, ÖGZ 1967, 414; *Hauer*, Die Bundes-Verfassungsgesetznovelle 1962 und das Baurecht, ÖGZ 1967, 289; *Helmreich/Moser*, Lärmschutz aus rechtlicher Sicht am Beispiel Wiens, ÖGZ 1979, 337; *Just*, Die Zuständigkeiten der Ortsgemeinde im öffentlich-rechtlichen Baurecht nach der Bundes-Verfassungsgesetznovelle 1962, JBl 1964, 313; *Kolonovits/Muzak/Stöger*, Grundriss des österreichischen Verwaltungsverfahrensrechts[10], 2014; *Krzizek*, Die Auswirkungen der Bundes-Verfassungsgesetznovelle 1962 auf das Baurecht, ÖGZ 1967, 105; *Moritz*, Die Wahrung und Durchsetzung öffentlicher Interessen im Baurecht, in Rebhahn (Hrsg), Rechtsfragen des Bauens in Kärnten, 1997; *Raschauer/Wessely*, Kommentar zum Verwaltungsstrafgesetz, 2009.

Inhaltsübersicht Rz

	Rz
I. Entwicklung und Rechtsvergleich	1
II. Allgemeines	3
III. Straftatbestände	7

I. Entwicklung und Rechtsvergleich

1 Schon § 86 der K-BO 1866, LGBl 1866/12, sah Verwaltungsstrafen bei Übertretungen der K-BO 1866 vor. Allerdings fehlten klare Formulierungen der Straftatbestände. Die Zuständigkeit lag gemäß § 87 K-BO 1866 im übertragenen Wirkungsbereich der Gemeinde. Durch LGBl 1948/11 wurde die Bestimmung neu gefasst und auf Schillingbeträge umgestellt. In seinen Grundzügen wurde die Bestimmung als § 45 der K-BO 1969, LGBl 1969/48, geschaffen. Es wurden einzelne Straftatbestände geschaffen, die Zuständigkeit lag nunmehr bei den Bezirksverwaltungsbehörden. § 45 Abs 3 K-BO 1969 entspricht § 50 Abs 4 idgF. Mit LGBl 1979/79 wurde die Bestimmung einerseits an die entsprechenden Veränderungen der K-BO 1969 angepasst, andererseits aber auch der Katalog der Straftatbestände erweitert. Durch LGBl 1981/69 erfolgte eine redaktionelle Anpassung. Mit LGBl 1992/26 wurde die Bestimmung neu gefasst, § 45 Abs 2 bis 4 K-BO 1969 entsprechen § 50 Abs 2 bis 4 idgF, § 45 Abs 1 K-BO 1969 entspricht in seinen Grundzügen § 50 Abs 1. In dieser Fassung wurde die Bestimmung – mit redaktionellen Anpassungen – als § 48 in die K-BO 1992, LGBl 1992/64, übernommen. Mit LGBl 1992/88 und LGBl 1994/25 erfolgten Erweiterungen der Straftatbestände. Durch LGBl 1996/44 wurde § 48 Abs 1 K-BO 1992 neu gefasst, die Bestimmung wurde an die entsprechenden Veränderungen der K-BO 1992 angepasst. In dieser Fassung wurde die Bestimmung – mit redaktionellen Anpassungen – als § 50 in die K-BO 1996, LGBl 1996/62, übernommen. Durch LGBl 2001/134 erfolgte die Umstellung auf Eurobeträge. Mit LGBl 2012/80 wurde die Bestimmung wiederum neu gefasst, die Strafhöhenobergrenzen an die Inflation angepasst und Straftatbestände erweitert. Mit LGBl 2013/46 wurde die Bestimmung an entsprechende Veränderungen der K-BO 1996 angepasst.

Selbstverständlich finden sich auch in den Bauordnungen der anderen Bundesländer Strafbestimmungen, siehe § 34 Bgld. BauG, § 37 NÖ BO 2014, § 57 Oö. BauO 1994, § 23 S-BauPolG, § 118 Stmk. BauG, § 57 TBO 2011, § 55 V-BauG sowie § 135 W-BO.

II. Allgemeines

Abgesichert wird die Einhaltung vieler Bestimmungen der K-BO 1996 durch einen taxativen Katalog von Straftatbeständen, der in vier Deliktsgruppen[1] mit unterschiedlichen Strafrahmen gegliedert ist.[2] Eine Verwaltungsübertretung ist im Sinne des § 1 ff VStG eine von einem Menschen gesetzte, grundsätzlich verbotene Tat, dh Handlung oder Unterlassung, die im Zustand der Zurechnungsfähigkeit mit Verschulden begangen wurde, nicht ausnahmsweise vom Gesetz geboten oder erlaubt ist und mit Strafe bedroht ist.[3]

Zur Strafbarkeit gemäß § 5 Abs 1 VStG genügt fahrlässiges Verhalten.[4] Die Unkenntnis der Bestimmungen der K-BO 1996 entschuldigt gemäß § 5 Abs 2 VStG den Täter grundsätzlich nicht, dies gilt insbesondere auch für die befugten Unternehmer.[5] Eine Befreiung erfolgt nur, wenn die Unkenntnis erwiesenermaßen unverschuldet ist und

---

[1] Siehe § 50 Rz 7 ff.
[2] Zum Ganzen vgl *Krzizek*, System III 223 ff.
[3] So *Kolonovits/Muzak/Stöger*, Verwaltungsverfahrensrecht[10] Rz 987; *Pallitsch/Pallitsch/Kleewein*, Baurecht[5] § 50 K-BO 1996 Anm 1; vgl VwGH 10.12.2013, 2013/05/0162.
[4] VwGH 15.6.2010, 2009/05/0262; zum Ganzen *Raschauer/Wessely*, § 5 VStG Rz 4 ff mN.
[5] VwGH 24.11.1987, 87/05/0126.

der Täter das Unerlaubte seines Verhaltens ohne Kenntnis der Bestimmungen der K-BO 1996 nicht einsehen konnte. Es ist zumutbar und es besteht die Pflicht, sich über die baurechtlichen Bestimmungen zu informieren.[6] Dies gilt insbesondere, wenn die Rechtslage für einen Rechtsunkundigen schwer feststellbar ist. „Auch die irrige Gesetzesauslegung ist ein Rechtsirrtum, der den Beschuldigten nicht zu entschuldigen vermag, wenn nach seinem ganzen Verhalten nicht angenommen werden kann, dass die irrige Gesetzesauslegung unverschuldet war, und er daher das Unerlaubte seines Verhaltens nicht einsehen konnte."[7] Ebenso wird der Inhaber der Baubewilligung nicht dadurch von seiner Pflicht, sich zu informieren, befreit, dass er das Vorhaben durch einen befugten Unternehmer ausführen lässt.[8] Doch auch nicht jede erhaltene Information befreit. So entschuldigt eine falsche Auskunft zB eines Architekten über die Rechtslage nicht, hingegen die falsche Auskunft einer Behörde sehr wohl.[9]

5 Die Tat ist gemäß § 22 Abs 1 VStG als Verwaltungsübertretung nur dann strafbar, wenn sie nicht den Tatbestand einer in die Zuständigkeit der Gerichte fallenden strafbaren Handlung bildet, dh das Verwaltungsstrafrecht ist gegenüber dem gerichtlichen Strafrecht subsidiär.[10] Weiters ist § 50 so auszulegen, dass rechtmäßig errichtete bauliche Anlagen und dem Gesetz entsprechend ausgeführte baurechtlich relevante Maßnahmen durch eine spätere Änderung der Rechtslage nicht unrechtmäßig werden.[11] In Abweichung zu § 16 Abs 1 VStG ist gemäß § 50 Abs 2 eine Ersatzfreiheitsstrafe für den Fall der Uneinbringlichkeit einer verhängten Geldstrafe nicht festzusetzen. Es sind also bei Verwaltungsübertretungen der K-BO 1996 nur Geldstrafen zu verhängen.[12] Grundlage für die Bemessung der Strafe sind gemäß § 19 Abs 1 VStG die Bedeutung des strafrechtlich geschützten Rechtsgutes und die Intensität seiner Beeinträchtigung durch die Tat.[13] Die Erschwerungs- und Milderungsgründe sind gemäß § 19 Abs 2 VStG gegeneinander

---

6 VwGH 25.4.1996, 92/06/0038.
7 VwGH 15.7.2003, 2002/05/0107; 12.10.2007, 2006/05/0279.
8 VwGH 15.7.2003, 2002/05/0107.
9 VwGH 28.2.2012, 2011/05/0022.
10 Zum Ganzen *Raschauer/Wessely*, § 22 VStG Rz 1 ff mN.
11 VwGH 24.2.2004, 2003/05/0234.
12 Kritisch *Moritz*, Baurecht 42 f.
13 Zum Ganzen *Raschauer/Wessely*, § 19 VStG Rz 1 ff mN.

abzuwägen. Auf das Ausmaß des Verschuldens ist besonders Bedacht zu nehmen.[14] Bei der Bemessung von Geldstrafen sind die Einkommens- und Vermögensverhältnisse und allfällige Sorgepflichten des Beschuldigten zu berücksichtigen. Die Geldstrafen fließen gemäß § 50 Abs 4 zur Hälfte der Gemeinde zu, in deren Gebiet die Verwaltungsübertretung begangen wurde. Dies soll ausweislich der Materialien ein gewisser Ausgleich für die Überwachungspflichten der K-BO 1996, die der Gemeinde obliegen, sein.[15]

In Übereinstimmung mit der Rechtsprechung des VfGH und des VwGH ist gemäß § 1 Abs 2 lit a[16] das Verwaltungsstrafrecht von der Vollziehung im eigenen Wirkungsbereich der Gemeinde ausdrücklich ausgenommen, da diese Angelegenheit nicht im ausschließlichen oder überwiegenden Interesse der in der Gemeinde verkörperten örtlichen Gemeinschaft gelegen ist.[17] Gemäß § 50 Abs 1 ist die Bezirksverwaltungsbehörde zur Bestrafung von Verwaltungsübertretungen zuständig. Diese hat gemäß § 25 Abs 1 VStG bei Verstößen gegen § 50 von Amts wegen vorzugehen, ein subjektiv-öffentliches Recht des Anrainers auf Strafverfolgung besteht nicht.[18] Gegen den Bescheid der Bezirksverwaltungsbehörde können die Parteien gemäß Art 130 Abs 1 Z 1 B-VG Beschwerde an das LVwG Kärnten erheben. Für das Verfahren in Verwaltungsstrafsachen bestehen zum allgemeinen Verfahren[19] abweichende Bestimmungen in den §§ 37 ff VwGVG. Gegen das Erkenntnis des LVwG Kärnten kann Revision beim VwGH und Beschwerde beim VfGH eingebracht werden.[20]

6

---

14 Vgl VwGH VwSlg 16.821 A/2006.
15 ErlRV Verf-133/6/1967, 41.
16 Siehe § 1 Rz 13.
17 Vgl ErlRV Verf-133/6/1967, 4; VfGH VfSlg 5579/1967; VwGH VwSlg 7227 A/1967; *Just*, JBl 1964, 315; *Hauer*, ÖGZ 1967, 294 ff; *Geuder*, ÖGZ 1967, 419 ff; *Pallitsch/Pallitsch/Kleewein*, Baurecht⁵ § 1 K-BO 1996 Anm 5; aA *Krzizek*, ÖGZ 1967, 115 ff; *ders*, System I 105 ff.
18 *Giese*, Baurecht § 23 Baupolizeigesetz Anm 1; zum Ganzen *Raschauer/Wessely*, § 25 VStG Rz 1 ff mN.
19 Siehe § 3 Rz 17 und 29 f.
20 Siehe § 3 Rz 39 ff und Rz 45 f.

III. Straftatbestände

A. Deliktsgruppe gemäß § 50 Abs 1 lit a

7 Der Strafrahmen für die Deliktsgruppe gemäß § 50 Abs 1 lit a beträgt Euro 500,– bis zu Euro 20.000,–. Zu bestrafen ist gemäß § 50 Abs 1 lit a Z 1 erstens, wer bewilligungspflichtige Gebäude ohne Baubewilligung ausführt oder ausführen lässt. Umfasst ist nur die Ausführung, dh die Errichtung, eines Gebäudes[21] nach § 6 lit a[22]. Auch die Materialien sprechen von einer „Errichtung".[23] Nicht umfasst sind somit die Errichtung von anderen baulichen Anlage[24], siehe dazu den Straftatbestand in § 50 Abs 1 lit c Z 1,[25] die Ausführung von Vorhaben nach § 6 lit b bis e, siehe dazu den Straftatbestand in § 50 Abs 1 lit d Z 6,[26] sowie die Ausführung von bewilligungsfreien Vorhaben nach § 7, siehe dazu den Straftatbestand in § 50 Abs 1 lit d Z 7[27]. Die K-BO 1996 definiert nicht, ab wann eine Ausführung des Gebäudes vorliegt. Nach der Judikatur des VwGH zu anderen Bauordnungen ist unter Beginn der Bauausführung jede auf die Errichtung eines bewilligten Vorhabens gerichtete bautechnische Maßnahme anzusehen.[28] Voraussetzung der Bestrafung ist, dass die Ausführung ohne rechtskräftige[29] Baubewilligung[30] erfolgt.[31] Dies ergibt sich auch dadurch, dass das strafbare Verhalten gemäß § 50 Abs 3 erst mit der Wiederherstellung des rechtmäßigen Zustandes oder mit der Rechtskraft der nachträglich erteilten Baubewilligung endet. Es handelt sich somit um ein Dauerdelikt.[32] Auch geringfügige Abweichungen sind vom Tatbestand umfasst.[33] Täter ist nicht nur derjenige, der ohne Baubewilligung das Gebäude ausführt, dh ins-

---

21 Zum Begriff Gebäude siehe § 6 Rz 4.
22 Siehe § 6 Rz 7 f.
23 ErlRV Verf-1035/1/1991, 27.
24 Zum Begriff bauliche Anlage siehe § 6 Rz 3.
25 Siehe § 50 Rz 13.
26 Siehe § 50 Rz 22.
27 Siehe § 50 Rz 23.
28 VwGH 17.4.2012, 2009/05/0313; siehe ausführlich § 20 Rz 4.
29 Zur Rechtskraft siehe § 20 Rz 5 f.
30 Zur Baubewilligung siehe § 17 Rz 22 f.
31 Vgl *Giese*, Baurecht § 23 Baupolizeigesetz Anm 8.
32 VwGH VwSlg 17.516 A/2008; *Pallitsch/Pallitsch/Kleewein*, Baurecht[5] § 50 K-BO 1996 Anm 24.
33 VwGH VwSlg 16.821 A/2006.

besondere der Unternehmer, sondern auch derjenige, der das Gebäude ausführen lässt, dh derjenige in dessen Auftrag das Vorhaben ausgeführt wird.[34] Täter sind gemäß § 7 VStG auch Anstifter und Gehilfen, zB das Verrichten von Hilfstätigkeiten[35] sowie die Beistellung von Unternehmenstafeln ohne Bauausführung[36], obwohl bekannt ist, dass keine Baubewilligung vorliegt. Soweit das Anstiften und die Beihilfe aber eigenen Straftatbeständen des § 50 unterliegen, darf eine Bestrafung nur nach diesen erfolgen.[37] Zu § 50 Abs 1 lit d Z 3 besteht Realkonkurrenz, dh die Strafen sind nebeneinander zu verhängen.[38] Hingegen ist, da dasselbe Rechtsgut verletzt wird, gegebenenfalls nur nach § 50 Abs 1 lit a Z 2 zu bestrafen, es besteht Konsumtion.[39]

Mit einer Geldstrafe von Euro 500,- bis zu Euro 20.000,- ist gemäß § 50 Abs 1 lit a Z 2 zu bestrafen, wer Arbeiten, die gemäß § 35 Abs 1 und 2[40] eingestellt wurden, fortsetzt oder fortsetzen lässt, sofern sich die Einstellungsverfügung auf bewilligungspflichtige Gebäude im Sinne von § 50 Abs 1 lit a Z 1 bezieht, die ohne Baubewilligung ausgeführt werden. Zu bestrafen ist auch, wenn die Einstellungsverfügung noch nicht rechtskräftig ist.[41] Unmittelbarer Täter ist nicht nur derjenige, der die eingestellten Arbeiten fortsetzt, dh insbesondere der Unternehmer, sondern auch derjenige, in dessen Auftrag die Arbeiten fortgesetzt werden. Da dasselbe Rechtsgut verletzt wird, geht die Bestimmung dem Straftatbestand des § 50 Abs 1 lit a Z 1 vor, es besteht Konsumtion.[42] Für die Missachtung von Einstellungsverfügungen, die sich nicht auf § 50 Abs 1 lit a Z 1 beziehen, siehe § 50 Abs 1 lit c Z 3[43] und § 50 Abs 1 lit d Z 9.[44]

8

---

34 *Pallitsch/Pallitsch/Kleewein*, Baurecht[5] § 50 K-BO 1996 Anm 4.
35 VwGH 13.2.1991, 91/06/0209.
36 VwGH 30.9.1982, 81/06/0071.
37 VwGH 24.10.2000, 97/05/0189.
38 VwGH 9.10.2001, 99/05/0050.
39 Vgl VwGH 12.6.1990, 90/05/0007; *Pallitsch/Pallitsch/Kleewein*, Baurecht[5] § 50 K-BO 1996 Anm 6.
40 Siehe § 35 Rz 3 ff.
41 VwGH VwSlg 16.578 A/2005; einer Berufung oder einer Beschwerde kommt gemäß § 35 Abs 3 auch keine aufschiebende Wirkung zu.
42 Vgl VwGH 12.6.1990, 90/05/0007; *Pallitsch/Pallitsch/Kleewein*, Baurecht[5] § 50 K-BO 1996 Anm 6.
43 Siehe § 50 Rz 15.
44 Siehe § 50 Rz 25.

B. Deliktsgruppe gemäß § 50 Abs 1 lit b

9 Der Strafrahmen für die Deliktsgruppe gemäß § 50 Abs 1 lit b beträgt Euro 1000,– bis zu Euro 20.000,–. Erstens ist gemäß § 50 Abs 1 lit b Z 1 zu bestrafen, wer als ein zur Erstellung von Plänen, Berechnungen und Beschreibungen Berechtigter[45] solche Unterlagen unterfertigt, ohne sie erstellt zu haben. Dieser Straftatbestand sichert die Einhaltung von § 10 Abs 4 ab.

10 Zu bestrafen ist gemäß § 50 Abs 1 lit b Z 2, wer als Unternehmer die Bestimmungen des § 29 Abs 4 oder 5 übertritt, dh ein Vorhaben bewilligungswidrig, entgegen dem Stand der Technik oder entgegen baurechtlicher Bestimmungen ausführt sowie Auflagen nach § 18 Abs 1, 5, 7, 8, 10 und 12[46] nicht einhält,[47] oder unrichtige Bestätigungen nach § 29 Abs 6 ausstellt[48]. Unrichtig ist eine Bestätigung, wenn sie unwahre bzw falsche Tatsachen über die Ausführung des Vorhabens im Sinne des § 39 Abs 2 enthält.[49] Unmittelbarer Täter dieses Straftatbestandes ist somit nur der befugte Unternehmer nach § 29 Abs 1. Für entsprechende Taten, die nicht von befugten Unternehmern gesetzt werden, siehe die Straftatbestände des § 50 Abs 1 lit c Z 2[50] und des § 50 Abs 1 lit d Z 2[51]. Zu denken ist auch an eine Anstiftung oder Beihilfe gemäß § 7 VStG, zB eine Anstiftung des Inhabers der Baubewilligung.[52] Soweit das Anstiften des Inhabers der Baubewilligung aber eine von der Baubewilligung abweichende Ausführung betrifft, darf eine Bestrafung nur als unmittelbarer Täter nach § 50 Abs 1 lit c Z 2[53] erfolgen.[54] Sofern der Unternehmer zu bestrafen ist, wenn er Auflagen nach § 18 Abs 1, 5, 7, 8, 10 und 12[55] nicht einhält und somit § 29 Abs 5 übertritt,[56] ist § 50

---

45 Siehe § 10 Rz 13.
46 Siehe § 18 Rz 3 ff.
47 Siehe § 29 Rz 7.
48 Siehe § 29 Rz 8.
49 Vgl *Giese*, Baurecht § 23 Baupolizeigesetz Anm 21.
50 Siehe § 50 Rz 14.
51 Siehe § 50 Rz 18.
52 Vgl *Giese*, Baurecht § 23 Baupolizeigesetz Anm 21.
53 Siehe § 50 Rz 14.
54 Vgl VwGH 24.10.2000, 97/05/0189.
55 Siehe § 18 Rz 3 ff.
56 Siehe § 29 Rz 7.

Abs 1 lit b Z 2 meiner Ansicht nach die speziellere Norm und hat aus diesem Grund Vorrang zu § 50 Abs 1 lit d Z 2.[57]

Zu bestrafen ist gemäß § 50 Abs 1 lit b Z 3, wer als Bauleiter[58] die Bestimmungen des § 30 Abs 2, also die Verantwortung, dass nur befugte Unternehmer das Vorhaben ausführen und die Namen dieser auf der Baustelle angebracht sind,[59] oder des § 39 Abs 2, dh die Verpflichtung, dass alle Bestätigungen der ausführenden Unternehme vorgelegt werden,[60] übertritt. Unmittelbarer Täter ist nur der Bauleiter. Zu denken ist auch an eine Anstiftung oder Beihilfe gemäß § 7 VStG.

11

Zu bestrafen ist gemäß § 50 Abs 1 lit b Z 4, wer als Sachverständiger unrichtige Bestätigungen nach § 29 Abs 7, dh sofern das ausführende Unternehmen nicht mehr besteht,[61] oder § 39 Abs 3, dh sofern das bauleitende Unternehmen nicht mehr besteht,[62] ausstellt. Unmittelbarer Täter ist nur der Sachverständige. Zu denken ist auch an eine Anstiftung oder Beihilfe gemäß § 7 VStG.

12

C. Deliktsgruppe gemäß § 50 Abs 1 lit c

Der Strafrahmen für die Deliktsgruppe gemäß § 50 Abs 1 lit c beträgt bis zu Euro 20.000,–. Erstens ist gemäß § 50 Abs 1 lit c Z 1 zu bestrafen, wer bewilligungspflichtige bauliche Anlagen – ausgenommen Gebäude – ohne Baubewilligung ausführt oder ausführen lässt. Umfasst ist nur die Ausführung, dh die Errichtung, einer baulichen Anlage[63] nach § 6 lit a[64]. Auch die Materialien sprechen von einer „Errichtung".[65] Nicht umfasst sind die Errichtung von Gebäuden[66], siehe dazu den Straftatbestand in § 50 Abs 1 lit a Z 1,[67] die Ausführung von Vorhaben nach § 6 lit b bis e, siehe dazu den Straftatbestand in § 50 Abs 1 lit d

13

---

57 Siehe § 50 Rz 18.
58 Siehe § 30 Rz 3 f.
59 Siehe § 30 Rz 6.
60 Siehe § 39 Rz 6.
61 Siehe § 27 Rz 8.
62 Siehe § 39 Rz 7.
63 Zum Begriff bauliche Anlage siehe § 6 Rz 3.
64 Siehe § 6 Rz 7 f.
65 So zur vergleichbaren Bestimmung des § 50 Abs 1 lit a Z 1 ErlRV Verf-1035/1/1991, 27.
66 Zum Begriff Gebäude siehe § 6 Rz 4.
67 Siehe § 50 Rz 7.

Z 6,[68] sowie die Ausführung von bewilligungsfreien Vorhaben nach § 7, siehe dazu den Straftatbestand in § 50 Abs 1 lit d Z 7[69]. Die K-BO 1996 definiert nicht, ab wann eine Ausführung des Gebäudes vorliegt. Nach der Judikatur des VwGH zu anderen Bauordnungen ist unter Beginn der Bauausführung jede auf die Errichtung eines bewilligten Vorhabens gerichtete bautechnische Maßnahme anzusehen.[70] Voraussetzung der Bestrafung ist, dass die Ausführung ohne rechtskräftige[71] Baubewilligung[72] erfolgt.[73] Dies ergibt sich auch dadurch, dass das strafbare Verhalten gemäß § 50 Abs 3 erst mit der Wiederherstellung des rechtmäßigen Zustandes oder mit der Rechtskraft der nachträglich erteilten Baubewilligung endet. Es handelt sich somit um ein Dauerdelikt.[74] Auch geringfügige Abweichungen sind vom Tatbestand umfasst.[75] Täter ist nicht nur derjenige, der ohne Baubewilligung die bauliche Anlage ausführt, dh insbesondere der Unternehmer, sondern auch derjenige, der die bauliche Anlage ausführen lässt, dh derjenige in dessen Auftrag das Vorhaben ausgeführt wird. Täter sind gemäß § 7 VStG auch Anstifter und Gehilfen, zB das Verrichten von Hilfstätigkeiten[76] sowie die Beistellung von Unternehmenstafeln ohne Bauausführung[77], obwohl bekannt ist, dass keine Baubewilligung vorliegt. Soweit das Anstiften und die Beihilfe aber eigenen Straftatbeständen des § 50 unterliegen, darf eine Bestrafung nur nach diesen erfolgen.[78] Zu § 50 Abs 1 lit d Z 3 besteht Realkonkurrenz, dh die Strafen sind nebeneinander zu verhängen.[79] Hingegen ist, da dasselbe Rechtsgut verletzt

---

68 Siehe § 50 Rz 22.
69 Siehe § 50 Rz 23.
70 VwGH 17.4.2012, 2009/05/0313; siehe ausführlich § 20 Rz 4.
71 Zur Rechtskraft siehe § 20 Rz 5 f.
72 Zur Baubewilligung siehe § 17 Rz 22 f.
73 Vgl *Giese*, Baurecht § 23 Baupolizeigesetz Anm 8.
74 VwGH VwSlg 17.516 A/2008; *Pallitsch/Pallitsch/Kleewein*, Baurecht⁵ § 50 K-BO 1996 Anm 24.
75 VwGH VwSlg 16.821 A/2006.
76 VwGH 13.2.1991, 91/06/0209.
77 VwGH 30.9.1982, 81/06/0071.
78 VwGH 24.10.2000, 97/05/0189.
79 Vgl VwGH 9.10.2001, 99/05/0050.

wird, gegebenenfalls nur nach § 50 Abs 1 lit d Z 3 zu bestrafen, es besteht Konsumtion.[80]

Zu bestrafen ist gemäß § 50 Abs 1 lit c Z 2, wer Vorhaben abweichend von der Baubewilligung ausführt oder ausführen lässt. Schon eine Wortinterpretation ergibt meiner Ansicht nach, da ausdrücklich auf das „Ausführen" eines Vorhabens abgestellt wird, dass nur Vorhaben nach § 6 lit a, b, d und e umfasst sind,[81] nicht Vorhaben nach § 6 lit c. Darüber hinaus besteht für die Verwendung einer baulichen Anlage abweichend von der Baubewilligung ein besonderer Straftatbestand in § 50 Abs 1 lit d Z 8.[82] Die Bestimmung ist also restriktiv zu interpretieren.[83] Die K-BO 1996 definiert nicht, ab wann eine Ausführung eines Vorhabens vorliegt. Nach der Judikatur des VwGH zu anderen Bauordnungen ist unter Beginn der Bauausführung jede auf die Errichtung eines bewilligten Vorhabens gerichtete bautechnische Maßnahme anzusehen.[84] Voraussetzung der Bestrafung ist, dass die Ausführung abweichend von einer rechtskräftigen[85] Baubewilligung[86] erfolgt.[87] Dies ergibt sich auch dadurch, dass das strafbare Verhalten gemäß § 50 Abs 3 erst mit der Wiederherstellung des rechtmäßigen Zustandes oder mit der Rechtskraft der nachträglich erteilten Baubewilligung endet. Es handelt sich somit um ein Dauerdelikt.[88] Unmittelbarer Täter ist nicht nur derjenige, der abweichend von der Baubewilligung die bauliche Anlage ausführt, sondern auch derjenige, der die bauliche Anlage abweichend ausführen lässt, dh der Inhaber der Baubewilligung. Für Letzteren besteht auch bei Ausführung des Vorhabens durch einen befugten Unternehmer eine – wenn auch nicht zu überspannende – Kontrollpflicht.[89] Ebenso befreit eine Aufteilung der Zuständigkeiten im Innenverhältnis, sofern mehrere Personen das Vorhaben ausführen las-

---

80 Vgl VwGH 12.6.1990, 90/05/0007; *Pallitsch/Pallitsch/Kleewein*, Baurecht⁵ § 50 K-BO 1996 Anm 6.
81 Siehe § 6 Rz 7 f und Rz 11 f.
82 Siehe § 50 Rz 24.
83 VwGH 23.5.2001, 99/06/0181; *Giese*, Baurecht § 23 Baupolizeigesetz Anm 16.
84 VwGH 17.4.2012, 2009/05/0313; siehe ausführlich § 20 Rz 4.
85 Zur Rechtskraft siehe § 20 Rz 5 f.
86 Zur Baubewilligung siehe § 17 Rz 22 f.
87 Vgl *Giese*, Baurecht § 23 Baupolizeigesetz Anm 8.
88 VwGH VwSlg 17.516 A/2008; *Pallitsch/Pallitsch/Kleewein*, Baurecht⁵ § 50 K-BO 1996 Anm 24.
89 VwGH 2.7.1998, 97/06/0206.

§ 50   1. Kärntner Bauordnung 1996 – K-BO 1996

sen, nicht.[90] Nicht umfasst ist meiner Ansicht nach die abweichende Ausführung durch einen befugten Unternehmer, da für diesen gemäß § 50 Abs 1 lit b Z 2[91] iVm § 29 Abs 4[92] ein besonderer Straftatbestand besteht. Insofern ist die Bestimmung restriktiv zu interpretieren.

15   Zu bestrafen ist gemäß § 50 Abs 1 lit c Z 3, wer Arbeiten, die gemäß § 35 Abs 1 und 2[93] eingestellt wurden, fortsetzt oder fortsetzen lässt, soweit sich die Einstellungsverfügung auf bewilligungspflichtige bauliche Anlagen im Sinne von § 50 Abs 1 lit c Z 1 bezieht, die ohne Baubewilligung ausgeführt werden. Zu bestrafen ist auch, wenn die Einstellungsverfügung noch nicht rechtskräftig ist.[94] Unmittelbarer Täter ist nicht nur derjenige, der die eingestellten Arbeiten fortsetzt, dh insbesondere der Unternehmer, sondern auch derjenige, in dessen Auftrag die Arbeiten fortgesetzt werden. Da dasselbe Rechtsgut verletzt wird, geht die Bestimmung dem Straftatbestand des § 50 Abs 1 lit c Z 1 vor, es besteht Konsumtion.[95] Für die Missachtung von Einstellungsverfügungen, die sich nicht auf § 50 Abs 1 lit c Z 1 beziehen, siehe § 50 Abs 1 lit a Z 2[96] und § 50 Abs 1 lit d Z 9.[97]

16   Zu bestrafen ist gemäß § 50 Abs 1 lit c Z 4, wer Bauprodukte verwendet oder verwenden lässt, die den Anforderungen des § 27 Abs 1[98] nicht entsprechen. § 27 Abs 1 verweist für die Anforderungen, die Bauprodukte entsprechen müssen auf die Bestimmungen der VO (EU) Nr 305/2011[99] und des K-BPG[100]. Zu denken ist auch an eine Anstiftung oder Beihilfe gemäß § 7 VStG.

---

90 VwGH 24.4.1997, 96/06/0038.
91 Siehe § 50 Rz 10.
92 Siehe § 29 Rz 7.
93 Siehe § 35 Rz 3 ff.
94 VwGH VwSlg 16.578 A/2005; einer Berufung oder einer Beschwerde kommt gemäß § 35 Abs 3 auch keine aufschiebende Wirkung zu.
95 Vgl VwGH 12.6.1990, 90/05/0007; *Pallitsch/Pallitsch/Kleewein*, Baurecht[5] § 50 K-BO 1996 Anm 6.
96 Siehe § 50 Rz 8.
97 Siehe § 50 Rz 25.
98 Siehe § 27 Rz 3 f.
99 Die VO Nr 305/2011 ist unter Punkt 4 abgedruckt.
100 Das K-BPG ist einschließlich der Erläuternden Bemerkungen unter Punkt 5 abgedruckt.

12. Abschnitt – Strafbestimmung § 50

D. Deliktsgruppe gemäß § 50 Abs 1 lit d

Der Strafrahmen für die Deliktsgruppe gemäß § 50 Abs 1 lit d beträgt **17** bis zu Euro 3.000,–. Erstens ist gemäß § 50 Abs 1 lit d Z 1 zu bestrafen, wer die Bestimmungen der § 29 Abs 3, dh die Gewährleistung der Unternehmer für die Sicherheit und Gesundheit von Menschen und den Lärmschutz bei der Ausführung des Vorhabens,[101] § 30 Abs 1, dh der Bestellung eines Bauleiters,[102] § 31, dh der Meldepflicht des Beginns der Ausführung des Vorhabens,[103] § 32 Abs 2, dh der Anbringung der Ausführungsplakette,[104] § 33, dh der Überprüfung der Abgasanlagen durch einen Rauchfangkehrer,[105] § 39 Abs 1, dh der Meldepflicht der Vollendung des Vorhabens,[106] § 41 Abs 3, dh der Anbringung von Orientierungsnummern,[107] § 41a, dh der Kennzeichnung mit Türnummern,[108] § 42, dh der Duldungspflicht zur Anbringung für Straßenbeleuchtungen, Straßenbezeichnungen sowie Kennzeichen über die Lage von Versorgungseinrichtungen und Kanalisationsanlagen,[109] sowie § 51, dh des Zutrittsrechtes und der Auskunftspflicht,[110] übertritt. Eine Bestrafung wegen Baulärms auf Grundlage von § 2 Abs 4 K-LSiG kommt hingegen nicht in Betracht, da es sich hiebei um einen Auffangtatbestand handelt, der nur zur Anwendung kommt, sofern nicht andere Vorschriften, zB die K-BO 1996, anderes regeln.[111]

Zu bestrafen ist gemäß § 50 Abs 1 lit d Z 2, wer Arbeiten entgegen den **18** Auflagen nach § 18 durchführt oder durchführen lässt. Unmittelbarer

---

101 Siehe § 29 Rz 6; der Unternehmer ist unmittelbarer Täter.
102 Siehe § 30 Rz 3 f; der Bewilligungswerber ist unmittelbarer Täter.
103 Siehe § 31 Rz 3 f; der Inhaber der Baubewilligung ist unmittelbarer Täter.
104 Siehe § 32 Rz 3 f; der Bauleiter und der Inhaber der Baubewilligung sind unmittelbarer Täter.
105 Siehe § 33 Rz 3 f; der Unternehmer und der Rauchfangkehrer sind unmittelbarer Täter.
106 Siehe § 39 Rz 3 f; der Inhaber der Baubewilligung ist unmittelbarer Täter.
107 Siehe § 41 Rz 6; der Gebäudeeigentümer ist unmittelbarer Täter.
108 Siehe § 41a Rz 3 f; der Gebäudeeigentümer ist unmittelbarer Täter.
109 Siehe § 42 Rz 3 f; die Eigentümer von Gebäuden und baulichen Anlagen sind unmittelbare Täter.
110 Siehe § 51 Rz 3 f; es kommen verschiedene unmittelbare Täter in Betracht, Eigentümer von Gebäuden und baulichen Anlagen, Bauleiter, Unternehmer, Hausverwalter, Hausbesorger oder andere Benützer der baulichen Anlage, zB Bestandnehmer.
111 VfGH VfSlg 10.614/1985; vgl VwGH VwSlg 17.932 A/2010; *Helmreich/Moser*, ÖGZ 1979, 337 ff.

Täter ist nicht nur derjenige, der die Arbeiten entgegen den Auflagen durchführt, sondern auch derjenige, der dies durchführen lässt, dh der Inhaber der Baubewilligung. Meiner Ansicht nach, ist die Bestimmung allgemeiner Tatbestand zu § 50 Abs 1 lit b Z 2, da nach dieser Bestimmung der Unternehmer zu bestrafen ist, wenn er Auflagen nach § 18 Abs 1, 5, 7, 8, 10 und 12[112] nicht einhält und somit § 29 Abs 5 übertritt.[113] Dafür spricht auch, dass unterschiedliche Strafen angedroht sind. Insofern geht die speziellere Norm des § 50 Abs 1 lit b Z 2 vor.[114]

19 Zu bestrafen ist gemäß § 50 Abs 1 lit d Z 3, wer Vorhaben nach § 6 lit a und b, dh die Errichtung und die Änderung von Gebäuden und sonstigen baulichen Anlagen,[115] unbefugt ausführt oder durch Unbefugte ausführen lässt. Zu beachten ist, dass gemäß § 29 Abs 1 Tätigkeiten, die ihrer Art nach bei einem bestehenden Gebäude oder einer bestehenden baulichen Anlage nicht von der Baubewilligungspflicht nach § 6 erfasst sind, nicht von einem befugten Unternehmer ausgeführt werden müssen.[116] Die K-BO 1996 definiert nicht, ab wann eine Ausführung des Gebäudes vorliegt. Nach der Judikatur des VwGH zu anderen Bauordnungen ist unter Beginn der Bauausführung jede auf die Errichtung eines bewilligten Vorhabens gerichtete bautechnische Maßnahme anzusehen.[117] Täter ist nicht nur derjenige, der ohne Befugnis das Vorhaben ausführt, sondern auch derjenige, der das Vorhaben von einem Unbefugten ausführen lässt, dh derjenige in dessen Auftrag das Vorhaben ausgeführt wird. Täter sind gemäß § 7 VStG auch Anstifter und Gehilfen, zB das Verrichten von Hilfstätigkeiten[118] sowie die Beistellung von Unternehmenstafeln ohne Bauausführung[119] können einschlägig sein. Zu § 50 Abs 1 lit a Z 1 besteht Realkonkurrenz, dh die Strafen sind nebeneinander zu verhängen.[120]

20 Zu bestrafen ist gemäß § 50 Abs 1 lit d Z 4, wer Gebäude oder sonstige bauliche Anlagen oder Teile von solchen vor Ablauf der Frist nach § 40

---

112 Siehe § 18 Rz 3 ff.
113 Siehe § 29 Rz 7.
114 Siehe § 50 Rz 10.
115 Siehe § 6 Rz 7 f.
116 Siehe § 29 Rz 4.
117 VwGH 17.4.2012, 2009/05/0313; siehe ausführlich § 20 Rz 4.
118 VwGH 13.2.1991, 91/06/0209.
119 VwGH 30.9.1982, 81/06/0071.
120 VwGH 9.10.2001, 99/05/0050; siehe § 50 Rz 7.

Abs 2 oder entgegen einer behördlichen Untersagung nach § 40 Abs 4 benützt oder benützen lässt. Umfasst ist nicht nur, dass die vollständigen Belege des § 40 Abs 1 beigebracht wurden und die Frist nach § 40 Abs 2 nicht eingehalten wurde, sondern auch, dass überhaupt keine oder nur unvollständige Belege beigebracht wurden.[121] Es besteht aber keine Verpflichtung, sich von der inhaltlichen Richtigkeit der beigebrachten Belege zu vergewissern.[122] Täter ist nicht nur derjenige, der die bauliche Anlage entgegen § 40 Abs 2 und 4 benützt, dh zB der Bestandnehmer,[123] sondern auch derjenige, der diese benützen lässt, dh der Eigentümer. Es handelt sich um ein Ungehorsamsdelikt, dh der Eintritt eines Schadens oder einer Gefahr ist nicht erforderlich.[124] Handelt es sich bei der benützten bauliche Anlage um eine, die ohne Baubewilligung oder abweichend von dieser errichtet wurde, besteht im Verhältnis zu § 50 Abs 1 lit a Z 1[125] sowie § 50 Abs 1 lit c Z 1 und 2[126] Konsumtion. Eine Bestrafung desjenigen, der eine bauliche Anlage ohne Baubewilligung oder abweichend davon errichtet und diese auch entgegen § 50 Abs 1 lit d Z 4 benützt, hat also nur wegen gesetzwidriger Ausführung zu erfolgen.[127]

Aus der Strafbestimmung des § 50 Abs 1 lit d Z 5 ergibt sich, dass Anschüttungen oder Abgrabungen an im Bauland[128] gelegenen Grundstücken, die von Einfluss auf die bestehende oder künftige bauliche Nutzbarkeit dieser Flächen sind, durch eine Baubewilligung für Vorhaben auf dem Grundstück gedeckt oder erforderlich erscheinen müssen.[129] Unter diesen Voraussetzungen ist es unerheblich in welchem Ausmaß Anschüttungen oder Abgrabungen vorgenommen werden.[130]

21

---

121 VwGH VwSlg 17.420 A/2008.
122 VwGH VwSlg 15.482 A/2000.
123 VwGH 11.2.1993, 92/06/0230; der Bestandnehmer von entsprechende Informationen einholen VwGH VwSlg 17.153 A/2007.
124 VwGH VwSlg 17.153 A/2007.
125 Siehe § 50 Rz 7.
126 Siehe § 50 Rz 13 f.
127 VwGH VwSlg 7791 A/1970; 11.12.2001, 99/05/0132.
128 Siehe § 3 K-GplG 1995; das K-GplG ist einschließlich der Erläuterungen unter Punkt 10 abgedruckt; siehe aber für Anschüttungen und Abgrabungen auch die Bestimmungen des K-NSG 2002.
129 VwGH 15.6.1999, 95/05/0236; VwSlg 16.271 A/2004; 19.12.2012, 2012/06/0103; siehe § 6 Rz 13.
130 ErlRV Verf-34/5/1979, 21.

Gleiches gilt für die Vornahme sonstiger der Bauvorbereitung dienenden Veränderungen an solchen Grundstücken. Diese Maßnahmen unterliegen somit zwar nicht der Bewilligungspflicht nach § 6, da ausweislich der Materialien eine entsprechende Bewilligungspflicht kaum zu vollziehen wäre,[131] dürfen aber nur in Zusammenhang mit einer Baubewilligung durchgeführt werden, widrigenfalls eine Verwaltungsübertretung begangen wird. Systematisch fragwürdig[132] wird in der Strafbestimmung vorgesehen, dass für die Wiederherstellung und Beseitigung solcher strafbaren Niveauveränderungen die Bestimmungen gemäß § 34 bis § 36, dh der Überwachung durch die Behörde, der Einstellung der Bauarbeiten und der Herstellung des rechtmäßigen Zustandes,[133] sinngemäß anzuwenden sind.

22 Zu bestrafen ist gemäß § 50 Abs 1 lit d Z 6, wer Vorhaben nach § 6 lit b bis e ohne Baubewilligung ausführt oder ausführen lässt. Nicht umfasst sind somit Vorhaben nach § 6 lit a, siehe dazu die Straftatbestände in § 50 Abs 1 lit a Z 1[134] und § 50 Abs 1 lit c Z 1[135]. Darüber hinaus ergibt meiner Ansicht nach schon eine Wortinterpretation, da ausdrücklich auf das „Ausführen" eines Vorhabens abgestellt wird, dass nur Vorhaben nach § 6 lit b, d und e umfasst sind,[136] nicht Vorhaben nach § 6 lit c. Es besteht für die Verwendung einer baulichen Anlage abweichend von der Baubewilligung auch ein besonderer Straftatbestand in § 50 Abs 1 lit d Z 8.[137] Die Bestimmung ist also restriktiv zu interpretieren.[138] Die K-BO 1996 definiert nicht, ab wann eine Ausführung eines Vorhabens vorliegt. Nach der Judikatur des VwGH zu anderen Bauordnungen ist unter Beginn der Bauausführung jede auf die Errichtung eines bewilligten Vorhabens gerichtete bautechnische Maßnahme anzusehen.[139] Voraussetzung der Bestrafung ist, dass die Ausführung ohne rechtskräfti-

---

131 ErlRV Verf-34/5/1979, 21.
132 *Pallitsch/Pallitsch/Kleewein*, Baurecht[5] § 50 K-BO 1996 Anm 21.
133 Siehe die Kommentierungen zu § 34 bis § 36; die Bestimmungen sind mit der nach dem Kontext erforderlichen Anpassung anzuwenden, vgl zu sinngemäßen Anwendungen VwGH 30.6.2015, Ro 2015/03/0021.
134 Siehe § 50 Rz 7.
135 Siehe § 50 Rz 13.
136 Siehe § 6 Rz 8 f und Rz 11 f.
137 Siehe § 50 Rz 24.
138 Vgl § 50 Rz 14.
139 VwGH 17.4.2012, 2009/05/0313; siehe ausführlich § 20 Rz 4.

ge[140] Baubewilligung[141] erfolgt.[142] Dies ergibt sich auch dadurch, dass das strafbare Verhalten gemäß § 50 Abs 3 erst mit der Wiederherstellung des rechtmäßigen Zustandes oder mit der Rechtskraft der nachträglich erteilten Baubewilligung endet. Es handelt sich somit um ein Dauerdelikt.[143] Auch geringfügige Abweichungen sind vom Tatbestand umfasst.[144] Täter ist nicht nur derjenige, der ohne Baubewilligung das Vorhaben ausführt, dh insbesondere der Unternehmer, sondern auch derjenige, der das Gebäude ausführen lässt, dh derjenige in dessen Auftrag das Vorhaben ausgeführt wird. Täter sind gemäß § 7 VStG auch Anstifter und Gehilfen, zB das Verrichten von Hilfstätigkeiten[145] sowie die Beistellung von Unternehmenstafeln ohne Bauausführung[146], obwohl bekannt ist, dass keine Baubewilligung vorliegt. Soweit das Anstiften und die Beihilfe aber eigenen Straftatbeständen des § 50 unterliegen, darf eine Bestrafung nur nach diesen erfolgen.[147] Da dasselbe Rechtsgut verletzt wird, ist gegebenenfalls nur nach § 50 Abs 1 lit d Z 8 zu bestrafen, es besteht Konsumtion.[148]

Zu bestrafen ist gemäß § 50 Abs 1 lit d Z 7, wer erstens bewilligungsfreie Vorhaben nach § 7[149] entgegen § 7 Abs 3[150] ausführt oder ausführen lässt. Die K-BO 1996 definiert nicht, ab wann eine Ausführung vorliegt. Nach der Judikatur des VwGH zu anderen Bauordnungen ist unter Beginn der Bauausführung jede auf die Errichtung eines Vorhabens gerichtete bautechnische Maßnahme anzusehen.[151] Täter ist nicht nur derjenige, der das Vorhaben entgegen § 7 Abs 3 ausführt, dh insbesondere der Unternehmer, sondern auch derjenige, der das Vorhaben ausführen lässt, dh derjenige in dessen Auftrag das Vorhaben ausge-

23

---

140 Zur Rechtskraft siehe § 20 Rz 5 f.
141 Zur Baubewilligung siehe § 17 Rz 22 f.
142 Vgl *Giese*, Baurecht § 23 Baupolizeigesetz Anm 8.
143 VwGH VwSlg 17.516 A/2008; *Pallitsch/Pallitsch/Kleewein*, Baurecht[5] § 50 K-BO 1996 Anm 24.
144 VwGH VwSlg 16.821 A/2006.
145 VwGH 13.2.1991, 91/06/0209.
146 VwGH 30.9.1982, 81/06/0071.
147 VwGH 24.10.2000, 97/05/0189.
148 Vgl VwGH 12.6.1990, 90/05/0007; *Pallitsch/Pallitsch/Kleewein*, Baurecht[5] § 50 K-BO 1996 Anm 6.
149 Siehe § 7 Rz 3 ff.
150 Siehe § 7 Rz 33 f.
151 Vgl VwGH 17.4.2012, 2009/05/0313; siehe auch § 20 Rz 4.

führt wird. Täter sind gemäß § 7 VStG auch Anstifter und Gehilfen, zB das Verrichten von Hilfstätigkeiten[152] obwohl bekannt ist, dass eine Ausführung entgegen § 7 Abs 3 erfolgt. Soweit das Anstiften und die Beihilfe aber eigenen Straftatbeständen des § 50 unterliegen, darf eine Bestrafung nur nach diesen erfolgen.[153] Zu bestrafen ist gemäß § 50 Abs 1 lit d Z 7 auch, wer ein Vorhaben nach § 7 entgegen § 7 Abs 4[154] nicht mitteilt. Unmittelbarer Täter ist derjenige, in dessen Auftrag das Vorhaben ausgeführt wird. Für die Strafbarkeit gemäß § 50 Abs 1 lit d Z 7 spielt die Erlassung eines Bauauftrages keine Rolle.[155]

24 Zu bestrafen ist gemäß § 50 Abs 1 lit d Z 8, wer Gebäude oder sonstige bauliche Anlagen ohne die erforderliche Baubewilligung oder abweichend von dieser benützt. Umfasst ist erstens die Benützung von Gebäuden und Gebäudeteilen, durch die eine Änderung der Verwendung nach § 6 lit c erfolgt und die somit einer Baubewilligung bedürfte. Zweitens ist die Benützung von Gebäuden und sonstigen baulichen Anlagen, die ohne Baubewilligung oder abweichend davon errichtet wurden, betroffen. Unmittelbarer Täter ist nur derjenige, der die bauliche Anlage ohne Baubewilligung oder abweichend davon benützt, dh zB der Eigentümer, der die bauliche Anlage selbst nutzt, aber auch der Bestandnehmer.[156] Der Bestandnehmer muss entsprechende Informationen einholen.[157] Es handelt sich um ein Ungehorsamsdelikt, dh der Eintritt eines Schadens oder einer Gefahr ist nicht erforderlich.[158] Handelt es sich bei der benützten bauliche Anlage um eine, die ohne Baubewilligung oder abweichend von dieser errichtet wurde, besteht im Verhältnis zu § 50 Abs 1 lit a Z 1[159] sowie § 50 Abs 1 lit c Z 1 und 2[160] Konsumtion. Eine Bestrafung desjenigen, der eine bauliche Anlage ohne Baubewilligung oder abweichend davon errichtet und diese auch entgegen § 50 Abs 1 lit d Z 8 benützt, hat also nur wegen gesetzwidriger Ausführung zu erfolgen.[161]

---

152 Vgl VwGH 13.2.1991, 91/06/0209.
153 VwGH 24.10.2000, 97/05/0189.
154 Siehe § 7 Rz 35 f.
155 VwGH 16.9.2003, 2002/05/0773.
156 VwGH 11.2.1993, 92/06/0230.
157 VwGH VwSlg 17.153 A/2007.
158 Vgl VwGH VwSlg 17.153 A/2007.
159 Siehe § 50 Rz 7.
160 Siehe § 50 Rz 13 f.
161 Vgl VwGH 11.12.2001, 99/05/0132.

Zu bestrafen ist gemäß § 50 Abs 1 lit d Z 9, wer gemäß § 35 Abs 1 und 2[162] eingestellte Arbeiten fortsetzt oder fortsetzen lässt, soweit sich die Einstellungsverfügung auf Maßnahmen nach § 50 Abs 1 lit d Z 6, 7 oder 8 bezieht. Zu bestrafen ist auch, wenn die Einstellungsverfügung noch nicht rechtskräftig ist.[163] Unmittelbarer Täter ist nicht nur derjenige, der die eingestellten Arbeiten fortsetzt, dh insbesondere der Unternehmer, sondern auch derjenige, in dessen Auftrag die Arbeiten fortgesetzt werden. Für die Missachtung anderer Einstellungsverfügungen, siehe § 50 Abs 1 lit a Z 2[164] und § 50 Abs 1 lit c Z 3[165].

25

Schlussendlich ist gemäß § 50 Abs 1 lit d Z 10 zu bestrafen, wer Baustelleneinrichtungen entgegen § 38 Abs 1 letzter Satz[166] nicht unverzüglich nach Vollendung des Vorhabens entfernt. Unmittelbarer Täter ist insbesondere der ausführende Unternehmer.

26

13. Abschnitt – Schlußbestimmungen

§ 51 Zutrittsrechte

(1) Den Organen der Behörde und den Mitgliedern des Landesverwaltungsgerichts im Rahmen ihrer Zuständigkeit sowie den beauftragten Sachverständigen ist zur Beurteilung des Vorhabens, zur Überwachung des Bauzustandes und der Einhaltung anderer Verpflichtungen nach diesem Gesetz im erforderlichen Ausmaß der Zutritt zu allen Teilen der baulichen Anlage und der Baustelle nach entsprechender Terminbekanntgabe zu gestatten.

(2) Der Eigentümer, der Bauleiter, der Unternehmer, der Hausverwalter, der Hausbesorger oder andere Benützer sind verpflichtet, der Behörde alle Auskünfte zu erteilen, die zur Vollziehung dieses Gesetzes durch die Behörde erforderlich sind.

Literatur: *Adamovich/Funk/Holzinger/Frank*, Österreichisches Staatsrecht IV, 2009.

---

162 Siehe § 35 Rz 3 ff.
163 VwGH VwSlg 16.578 A/2005; einer Berufung oder einer Beschwerde kommt gemäß § 35 Abs 3 auch keine aufschiebende Wirkung zu.
164 Siehe § 50 Rz 8.
165 Siehe § 50 Rz 15.
166 Siehe § 38 Rz 3 f.

Inhaltsübersicht   **Rz**
   I. Entwicklung und Rechtsvergleich 1
   II. Zutrittsrecht 3
   III. Auskunftsrecht 4

I. Entwicklung und Rechtsvergleich

1 Diese Bestimmung wurde erstmals durch LGBl 1992/26 als § 45a in die K-BO 1969 eingefügt. In dieser Fassung wurde die Bestimmung unverändert als § 49 in die K-BO 1992, LGBl 1992/64, übernommen. Seit LGBl 1996/44 wurde für das Zutritts- und Auskunftsrecht nicht mehr auf die „Baubehörde" abgestellt, sondern allgemein auf die „Behörde". Die Auskunftspflicht wurde auf Bauleiter, Unternehmer und Hausverwalter erweitert. In dieser Fassung wurde die Bestimmung als § 51 in die K-BO 1996, LGBl 1996/62, übernommen. Durch LGBl 2013/85 erfolgten die notwendigen Anpassungen an die Einführung der Verwaltungsgerichtsbarkeit.

2 Auch in den Bauordnungen der anderen Bundesländer finden sich – mit Unterschieden – entsprechende Bestimmungen, siehe § 25 Abs 2 Bgld. BauG, § 27 Abs 2 und § 34 Abs 3 NÖ BO 2014, § 41 Abs 1 und 2 sowie § 47 Abs 3 Oö. BauO 1994, § 20 Abs 2 S-BauPolG, § 37 Abs 1 und § 39 Abs 5 Stmk. BauG, § 41 Abs 2 TBO 2011, § 38 Abs 5 V-BauG sowie § 127 Abs 1 und § 129 Abs 3 W-BO.

II. Zutrittsrecht

3 Um die K-BO 1996 vollziehen und den entsprechenden Pflichten nachkommen zu können, ist es regelmäßig erforderlich, bauliche Anlagen zu betreten.[1] § 51 Abs 1 gibt dieses Zutrittsrecht den Organen der Behörde und den Mitgliedern des LVwG Kärnten sowie den – durch die Behörde oder dem LVwG Kärnten – beauftragten Sachverständigen. Demnach muss der Zutritt zB dem Anrainer oder dessen Vertreter nicht gestattet werden.[2] Als Gründe für den Zutritt werden einerseits die Beurteilung des Vorhabens und die Überwachung des Bauzustandes, also baubehördliche Aufgaben, genannt. Anderseits wird ganz all-

---

1 ErlRV Verf-1035/1/1991, 27.
2 *Pallitsch/Pallitsch/Kleewein*, Baurecht[5] § 16 K-BO 1996 Anm 3.

gemein ein Zutrittsrecht zur Einhaltung der Verpflichtungen der K-BO 1996 gewährt. Daraus ergibt sich, dass nicht nur für die Organe der Behörden des § 3 ein Zutrittsrecht besteht, sondern auch allen anderen Organen von Behörden, denen die Einhaltung von Verpflichtungen der K-BO 1996 obliegen. Dies sind der Bürgermeister hinsichtlich der Anbringung von Orientierungsnummern und Türnummern gemäß § 41 und § 41a,[3] die Kärntner Landesregierung hinsichtlich der Kontrollsysteme für Energieausweise und Klimaanlagenüberprüfungsbefunde gemäß § 49a und § 49b,[4] die Bezirksverwaltungsbehörde hinsichtlich der Verwaltungsübertretungen gemäß § 50[5] sowie die Bezirksverwaltungsbehörde und die Kärntner Landesregierung hinsichtlich der Aufsichtsmittel gemäß § 52[6]. Für diese Ansicht spricht auch, dass das Zutritts- und Auskunftsrecht in der Stammfassung, LGBl 1992/26, ausdrücklich auf die Organe der „Baubehörde" beschränkt war, seit LGBl 1996/44 wird aber allgemein auf die Organe der „Behörde" abgestellt. Ein Zutrittsrecht besteht zu allen Teilen der baulichen Anlage und der Baustelle. Vor dem verfassungsgesetzlich gewährleisteten Recht auf Achtung der Wohnung gemäß Art 8 EMRK besteht das Zutrittsrecht aber nur im erforderlichen Ausmaß, zB in räumlicher oder zeitlicher Hinsicht. Es ist darüber hinaus dem Duldungspflichtige vor dem Zutritt der Zutrittstermin bekanntzugeben. Dies hat grundsätzlich zeitlich so zu erfolgen, dass es dem Duldungspflichtigen möglich ist, persönlich anwesend zu sein. Es ist aber auf den Einzelfall, insbesondere den Grund des Zutrittes und dessen Dringlichkeit, Bedacht zu nehmen. § 51 Abs 1 bestimmt nicht, wer duldungspflichtig ist. Aus Sinn und Zweck der Bestimmung ergibt sich, dass der Kreis der Normadressaten weit zu verstehen ist. So sind insbesondere Grundeigentümer, Eigentümer der baulichen Anlage, Inhaber der Baubewilligung, Bestandnehmer sowie ausführende Unternehmer umfasst. Dies gilt aber auch für Anrainer, sofern ein Zutritt zu ihren baulichen Anlagen für die Vollziehung der K-BO 1996 notwendig ist. Wer entgegen § 50 Abs 1 keinen Zutritt gestattet, begeht eine Verwaltungsübertretung und ist gemäß § 50 Abs 1 lit d Z 1 zu bestrafen.[7]

---

3 Siehe die Kommentierungen zu § 41 und § 41a.
4 Siehe die Kommentierungen zu § 49a und § 49b.
5 Siehe die Kommentierung zu § 50.
6 Siehe die Kommentierung zu § 52.
7 Siehe § 50 Rz 17.

III. Auskunftsrecht

4 Es besteht gemäß § 51 Abs 2 für die Behörden ein umfassendes Auskunftsrecht, sofern dies für die Vollziehung der K-BO 1996 erforderlich ist. Wiederum sind alle Behörden umfasst, denen die Einhaltung von Verpflichtungen der K-BO 1996 obliegen.[8] Behörden sind jene Organe der Vollziehung, denen hoheitliche Aufgaben zukommen, dh auch Organe der Gerichtsbarkeit sind Behörden.[9] Aus diesem Grund besteht auch für das LVwG Kärnten das Auskunftsrecht gemäß § 51 Abs 2. Auskunftspflichtig sind der Eigentümer, dh der Grundeigentümer und der Eigentümer der baulichen Anlage, der Bauleiter, der Unternehmer, der Hausverwalter, der Hausbesorger sowie andere Benützer, dh insbesondere die Bestandnehmer. Wer entgegen § 50 Abs 2 keine Auskunft erteilt, begeht eine Verwaltungsübertretung und ist gemäß § 50 Abs 1 lit d Z 1 zu bestrafen.[10] Zu beachten ist allerdings das verfassungsgesetzliche Verbot des Zwanges zur Selbstbezichtigung gemäß Art 90 Abs 2 B-VG. Es ist also keine Verwaltungsstrafe zu verhängen, wenn von jemand Auskünfte nicht erteilt werden, die im Rahmen eines Verwaltungsstrafverfahrens, das gegen ihn geführt wird, begehrt werden.[11]

§ 52 Aufsicht

(1) Das Auskunftsrecht nach der Kärntner Allgemeinen Gemeindeordnung – K-AGO steht neben der Landesregierung auch der örtlich zuständigen Bezirkshauptmannschaft zu. Der Bürgermeister hat Bescheide nach § 17 und § 22, mit denen die Baubewilligung für die Errichtung eines Gebäudes oder einer sonstigen baulichen Anlage, die für die Benutzung durch die Allgemeinheit bestimmt ist (zB Tribüne, Stadion, Aussichtsturm), erteilt wurde, gleichzeitig mit der Zustellung an die Parteien der örtlich zuständigen Bezirkshauptmannschaft zu übermitteln.

(2) Der örtlich zuständigen Bezirkshauptmannschaft obliegen die Aufhebung der nach diesem Gesetz mit Nichtigkeit bedrohten

---
8 Siehe § 51 Rz 3.
9 *Adamovich/Funk/Holzinger/Frank*, Staatsrecht IV Rz 46.013; *Grabenwarter/Holoubek*, Verfassungsrecht[2] Rz 835.
10 Siehe § 50 Rz 17.
11 Siehe zB VfGH VfSlg 18.164/2007.

Bescheide aus dem eigenen Wirkungsbereich der Gemeinde sowie sonstige Entscheidungen im Zusammenhang mit Nichtigerklärungen.

(3) [Anm: entfallen]

(4) Erfüllt eine Gemeinde eine ihr nach diesem Gesetz obliegende Aufgabe nicht, so hat ihr die örtlich zuständige Bezirkshauptmannschaft – bei den Städten Klagenfurt und Villach die Landesregierung – die Erfüllung mit Bescheid aufzutragen. Hiefür ist eine angemessene Frist zu setzen. Nach fruchtlosem Ablauf dieser Frist hat die örtlich zuständige Bezirkshauptmannschaft – bei den Städten Klagenfurt und Villach die Landesregierung – in den Fällen unbedingter Notwendigkeit anstelle und im Namen der Gemeinde sowie auf deren Kosten und Gefahr die erforderlichen Maßnahmen zu treffen.

(5) Die Bestimmung des Abs. 4 gilt sinngemäß, wenn eine Gemeinde die zur Vollstreckung ihrer Bescheide erforderlichen Maßnahmen nicht setzt.

(6) Eine unbedingte Notwendigkeit im Sinn des Abs. 4 liegt dann vor, wenn

a) es sich um die Erfüllung einer öffentlich-rechtlichen Verpflichtung handelt, die sich aus den §§ 34 bis 36, 45 und 46 dieses Gesetzes ergibt oder wenn es sich um die Vollstreckung eines Bescheides auf Grund der angeführten Bestimmungen handelt; oder

b) die Maßnahme zur Beseitigung von Menschen gefährdenden Mißständen oder zur Abwehr von volkswirtschaftlichen Schäden notwendig ist.

Literatur: *Berchtold*, Gemeindeaufsicht, 1972; *Giese*, Die nachträgliche Vorschreibung von Auflagen im Baurecht, bbl 2009, 47; *ders*, Baurechtliche Maßnahmen zum Schutz des Baubestandes vor Hochwassergefahren, bbl 2011, 203; *Hauer*, in Pabel (Hrsg), Das österreichische Gemeinderecht, 17. Teil Gemeindeaufsicht, 2014; *ders*, Die neue Funktion der Gemeindeaufsicht, in Kommunalwissenschaftliche Gesellschaft (Hrsg), Verwaltungsreform – Verwaltungsgerichtsbarkeit, 2014; *Mendel/Kraemmer*, Die Nichtigerklärung von Baubewilligungen im Spannungsfeld von Rechtstaatlichkeit, Rechtssicherheit und Eigentumsschutz, bbl 2013, 1; *Neuhofer*, Gemeinderecht[2], 1998; *Potacs*, Aufsicht über Gemeinden, in Rebhahn (Hrsg), Beiträge zum Kärntner Gemeinderecht, 1998; *Ranacher*, Amtswegige Aufhebung und Abänderung von Bescheiden neben und nach dem verwaltungsgerichtlichen Beschwerdeverfahren, ZfV 2015/3; *Sturm/Kemptner*, Kärntner Allgemeine Gemeindeordnung[6], 2015.

§ 52 1. Kärntner Bauordnung 1996 – K-BO 1996

Inhaltsübersicht	Rz
I. Entwicklung und Rechtsvergleich	1
II. Allgemeines	3
III. Auskunftsrecht und Übermittlungspflicht	6
IV. Aufhebung	9
V. Ersatzvornahme	15

I. Entwicklung und Rechtsvergleich

1   Schon gemäß § 95 K-BO 1866, LGBl 1866/12, stand den politischen Behörden[1] ein Aufsichtsrecht gegenüber den Gemeinden zu, sie hatten die genaue Handhabung und Befolgung der Bauordnung zu überwachen. Ausdrücklich werden auch schon die Aufsichtsmittel der Aufhebung und der Ersatzvornahme angeführt. In § 46 K-BO 1969, LGBl 1969/48, wird erstmals normiert, dass das Auskunftsrecht neben der Landesregierung auch der örtlich zuständigen Bezirkshauptmannschaft zusteht und dieser die Aufhebung der nach diesem Gesetz mit Nichtigkeit bedrohten Bescheide aus dem eigenen Wirkungsbereich der Gemeinde obliegt, auf weitere Aufsichtsmittel wird nicht ausdrücklich Bezug genommen. Durch LGBl 1972/56 wurde vorgesehen, dass der Bürgermeister, sofern der damals bestehende Bauanwalt einen Versagungsgrund geltend gemacht hat, die Bescheide der örtlich zuständigen Bezirkshauptmannschaft zu übermitteln hatte. Diese hatte binnen zweier Wochen die Absicht der Nichtigerklärung den Parteien und der Gemeinde bekanntzugeben. § 52 Abs 4 bis 6 idgF findet sich – abgesehen von redaktionellen Anpassungen – erstmals als § 46 Abs 3 bis 5 K-BO 1969, LGBl 1979/79. Mit LGBl 1992/26 wurde durch Einfügung des § 46 Abs 2a K-BO 1969 eine Zuständigkeit des Unabhängigen Verwaltungssenates für Berufungen gegen Aufhebungsbescheide der örtlich zuständigen Bezirkshauptmannschaft geschaffen. In dieser Fassung wurde die Bestimmung als § 50 in die K-BO 1992, LGBl 1992/64, übernommen. Durch LGBl 1996/44 entfielen einerseits die durch LGBl 1972/56 eingefügten Bestimmungen. Anderseits wurde – abgesehen von redaktionellen Anpassungen – § 52 Abs 1 zweiter Satz idgF als § 50 Abs 1 zweiter Satz K-BO 1992 eingefügt. Weiters wurde in § 50 Abs 2 K-BO 1992 hinzugefügt, dass auch sonstige Entscheidungen im Zu-

---

[1] Siehe das Gesetz vom 19. Mai 1868, über die Errichtung der politischen Verwaltungsbehörden, RGBl 1868/44.

sammenhang mit Nichtigerklärungen der örtlich zuständigen Bezirkshauptmannschaft obliegen. In dieser Fassung wurde die Bestimmung als § 52 in die K-BO 1996, LGBl 1996/62, übernommen. Neben einer lediglich redaktionellen Anpassung in § 52 Abs 1 entfiel durch LGBl 2013/85 – in Anpassung an die Einführung der Verwaltungsgerichtsbarkeit – die Zuständigkeit des Unabhängigen Verwaltungssenates in § 52 Abs 3.

In den Bauordnungen der anderen Bundesländer finden sich, sieht man von der datenschutzrechtlichen Bestimmung des § 60 Abs 6 TBO 2011 ab, keine spezielle Bestimmungen über die Gemeindeaufsicht.

II. Allgemeines

Die Gemeinde ist Gebietskörperschaft mit dem Recht auf Selbstverwaltung (Art 116 Abs 1 B-VG, Art 3 Abs 1 K-LVG). Es ist zwischen dem eigenen und dem übertragenen Wirkungsbereich der Gemeinde zu unterscheiden (Art 118 Abs 1 B-VG; § 9 K-AGO; § 10 K-KStR 1998; § 10 K-VStR 1998). Aus der Zuordnung der örtlichen Baupolizei zum eigenen Wirkungsbereich der Gemeinden folgt, dass diese Angelegenheiten von den Gemeinden in eigener Verantwortung frei von Weisungen und unter Ausschluss eines Rechtsmittels an Verwaltungsorgane außerhalb der Gemeinde zu besorgen sind (Art 118 Abs 4 B-VG; § 10 Abs 4 K-AGO; § 11 Abs 4 K-KStR 1998; § 11 Abs 4 K-VStR 1998).[2] Dem Land Kärnten kommt in dieser Hinsicht aber ein Aufsichtsrecht gemäß Art 119a B-VG zu.[3] Ausgeübt wird dieses Aufsichtsrecht gemäß § 96 ff K-AGO grundsätzlich durch die Kärntner Landesregierung. Dies gilt gemäß § 93 ff K-KStR 1998 und § 96 ff K-VStR 1998 auch für die Landeshauptstadt Klagenfurt am Wörthersee und die Stadt Villach.[4] Der Kärntner Landesregierung stehen folgende Aufsichtsmittel zur Verfügung:[5]

– Auskunftsrecht (Art 119a Abs 4 B-VG iVm § 97 K-AGO; § 94 K-KStR 1998; § 97 K-VStR 1998)

---

2 Dazu siehe § 1 Rz 7 ff.
3 *Hauer* in Pabel, Gemeindeaufsicht, Rz 3 und 29 ff.
4 *Neuhofer*, Gemeinderecht[2] 330 f; *Hauer* in Pabel, Gemeindeaufsicht, Rz 24 f.
5 Zum Ganzen ausführlich *Berchtold*, Gemeindeaufsicht 44 ff; *Potacs*, Aufsicht 129 ff; *Neuhofer*, Gemeinderecht[2] 333 ff; *Hauer* in Pabel, Gemeindeaufsicht, Rz 55 ff.

§ 52

- Verlangen der Einberufung von Sitzungen der Kollegialorgane der Gemeinde (§ 98 K-AGO)
- Aufhebung von Verordnungen (Art 119a Abs 6 B-VG iVm § 99 K-AGO; § 95 K-KStR 1998; § 98 K-VStR 1998)
- Aufhebung von Bescheiden, Beschlüssen und sonstigen Maßnahmen von Gemeindeorganen (§ 100 Abs 1 und 2 K-AGO)
- Aufhebung von Verwaltungsakten der Landeshauptstadt Klagenfurt am Wörthersee und der Stadt Villach (§ 96 Abs 1 und 2 K-KStR 1998; § 99 Abs 1 und 2 K-VStR 1998)
- Nichtigerklärung von Bescheiden und sonstigen Beschlüssen (§ 100 Abs 3 K-AGO;[6] § 96 Abs 4 K-KStR 1998; § 99 Abs 4 K-VStR 1998)
- Ersatzvornahme (§ 101 K-AGO)[7]
- Maßnahmen bei Nichterfüllung von Aufgaben (§ 97 K-KStR 1998)
- Überprüfung der Gebarung (Art 119a Abs 2 B-VG iVm § 102 K-AGO; § 98 K-KStR 1998; § 100 K-VStR 1998)
- Auflösung des Gemeinderates (Art 119a Abs 7 B-VG iVm § 103 K-AGO, § 99 K-KStR 1998, § 101 K-VStR 1998)
- Genehmigungsvorbehalte (Art 119a Abs 8 B-VG iVm § 104 K-AGO; § 99a K-KStR 1998; § 101a K-VStR 1998)
- Informationspflicht bei Empfehlungen und Berichte der Volksanwaltschaft (§ 105 K-AGO; § 100 K-KStR 1998; § 102 K-VStR 1998)

4 Durch Maßnahmen der Aufsicht darf auf Grundlage des Verhältnismäßigkeitsgrundsatzes lediglich in einem möglichst geringen Umfang in den Bereich der durch Art 116 Abs 1 B-VG und Art 3 Abs 1 K-LVG gewährleisteten Selbstverwaltung der Gemeinden eingegriffen werden.[8] Weiters ergibt sich schon aus der Verfassung, dass gemäß Art 119a Abs 7 B-VG die Aufsichtsmittel auch nur unter möglichster Schonung erworbener Rechte Dritter auszuüben sind. Gleiches normieren § 96 Abs 3 K-AGO, § 93 Abs 2 K-KStR 1998 und § 96 Abs 2

---

6 Im Rahmen der K-BO 1996 kommen aber gemäß § 101 Abs 3 K-AGO die spezielleren Bestimmungen des § 25 iVm § 52 Abs 2 zur Anwendung, siehe § 52 Rz 12.

7 Im Rahmen der K-BO 1996 kommen aber gemäß § 101 Abs 5 K-AGO die spezielleren Bestimmungen des § 52 Abs 4 bis 6 zur Anwendung, siehe § 52 Rz 15.

8 *Potacs*, Aufsicht 132 f; *Hauer* in Pabel, Gemeindeaufsicht, Rz 34 ff; *Sturm/Kemptner*, Gemeindeordnung[6] § 96 K-AGO Anm 22 f.

K-VStR 1998.⁹ Die Gemeinde ist gemäß Art 119a Abs 9 B-VG iVm § 106 Abs 1 K-AGO Partei des aufsichtsbehördlichen Verfahrens. Beschwerdelegitimiert im verwaltungsgerichtlichen Verfahren ist also nur die Gemeinde als Trägerin des Rechts auf Selbstverwaltung. Einzelnen Organen der Gemeinde, auch wenn ihnen – wie zB dem Bürgermeister – durch die K-BO 1996 behördliche Zuständigkeiten eingeräumt sind, kommt ein solches Recht nicht zu.¹⁰ Hingegen hat gemäß § 106 Abs 2 K-AGO die Parteienrechte für die Gemeinde jenes Gemeindeorgan geltend zu machen, die den Baubewilligungsbescheid erlassen hat. Gleiches gilt für die Landeshauptstadt Klagenfurt am Wörthersee gemäß § 101 K-KStR 1998 und für die Stadt Villach gemäß § 103 K-VStR 1998. Den Anrainern kommt kein subjektiv-öffentliches Recht auf Gemeindeaufsicht zu.¹¹

Durch § 52 werden diese allgemeinen Aufsichtsrechte der Kärntner Landesregierung ergänzt und modifiziert, insofern handelt es sich bei § 52 im Bereich der Vollziehung der örtlichen Baupolizei¹² auch um eine speziellere aufsichtsrechtliche Norm. So kommen zB gemäß § 101 Abs 5 K-AGO für die Ersatzvornahme nur die spezielleren Bestimmungen des § 52 Abs 4 bis 6 zur Anwendung.¹³ 5

III. Auskunftsrecht und Übermittlungspflicht

Die Kärntner Landesregierung ist gemäß Art 119a Abs 4 B-VG iVm § 97 K-AGO berechtigt, sich im Weg des Bürgermeisters über jedwede Angelegenheit der Gemeinde zu unterrichten. Die Gemeindeorgane sind verpflichtet, der Kärntner Landesregierung im Rahmen der ihnen obliegenden Aufgaben die im Einzelfall verlangten Auskünfte zu erteilen und Prüfungen an Ort und Stelle vornehmen zu lassen. Es besteht somit ein umfassendes Auskunfts- und Informationsrecht.¹⁴ Das 6

---

9 Vgl § 52 Rz 10.
10 VwGH VwSlg 12.213 A/1986; 25.4.2006, 2002/06/0210; ausführlich *Potacs*, Aufsicht 152 f; *Hauer* in Pabel, Gemeindeaufsicht, Rz 196 ff.
11 VwGH 31.1.1995, 92/05/0230; *Hauer* in Pabel, Gemeindeaufsicht, Rz 38 f; siehe aber zum subjektiv-öffentlichen Recht auf Beachtung der Rechtsanschauung der Aufsichtsbehörde § 23 Rz 46.
12 Siehe § 1 Rz 7 ff.
13 Siehe § 52 Rz 15 f.
14 Zum Ganzen *Potacs*, Aufsicht 133 f; *Sturm/Kemptner*, Gemeindeordnung⁶ § 97 K-AGO Anm 1 ff; ausführlich *Hauer* in Pabel, Gemeindeaufsicht, Rz 62 ff.

Auskunftsbegehren ist an keine bestimmte Form gebunden, ist an den Bürgermeister zu richten und vom sachlich zuständigen Gemeindeorgan zu beantworten.[15] Durch § 52 Abs 1 steht dieses Auskunftsrecht der K-AGO im Bereich der Vollziehung der örtlichen Baupolizei[16] durch die Gemeinden auch der örtlich zuständigen Bezirkshauptmannschaft zu.[17] Die örtliche Zuständigkeit ergibt sich gemäß § 3 lit a AVG aus der Lage des Vorhabens.[18] Dh es ist jene Bezirkshauptmannschaft örtlich zuständig, in dessen Sprengel die Gemeinde liegt.[19] Das Auskunftsrecht der Kärntner Landesregierung bleibt unberührt.

7 Darüber hinaus hat der Bürgermeister gemäß § 52 Abs 1 Bescheide nach § 17 und § 22, mit denen die Errichtung eines Gebäudes oder einer sonstigen baulichen Anlage, die für die Benutzung durch die Allgemeinheit bestimmt sind, bewilligt wurden, gleichzeitig mit der Zustellung an die Parteien der örtlich zuständigen Bezirkshauptmannschaft zu übermitteln. Sinn und Zweck der Bestimmung ist ausweislich der Materialien, dass bei diesen baulichen Anlagen, die im Hinblick auf eine mögliche Verletzung subjektiv-öffentlicher Rechte von Anrainern besonders „sensibel" sind, ein Einschreiten der Aufsichtsbehörde ermöglicht wird.[20] Die Bestimmung dient aber meiner Ansicht nach aber in erster Linie öffentlichen Interessen,[21] zB der Gewährleistung der Sicherheit und der Gesundheit. Erste Voraussetzung ist, dass es sich um Baubewilligungsbescheide[22] oder Bescheide über die Abänderung der Baubewilligung[23] handelt. Zweitens ist nur die Errichtung eines Gebäudes oder einer sonstigen baulichen Anlage[24] umfasst. Drittens muss es sich um ein Gebäude oder eine bauliche Anlage handeln, die für die Benutzung durch die Allgemeinheit bestimmt sind. Demonstrativ zählt das Gesetz Tribünen, Stadien und Aussichtstürme auf. Durch die Auf-

---

15 *Sturm/Kemptner*, Gemeindeordnung⁶ § 97 K-AGO Anm 6, 8 und 10.
16 Siehe § 1 Rz 7 ff.
17 Vgl ErlRV Verf-133/6/1967, 41 f.
18 Zu den verfassungsrechtlichen Bedenken bei der Anwendung in jenen Angelegenheiten, die in die Gesetzgebungskompetenz der Länder fallen *Hengstschläger/Leeb*, AVG² § 3 Rz 1 mN.
19 *Hengstschläger/Leeb*, AVG² § 3 Rz 3; siehe auch § 3 Rz 24.
20 ErlRV Verf-135/94/1995, 29.
21 Siehe § 17 Rz 8 ff.
22 Siehe § 17 Rz 1 ff.
23 Siehe § 22 Rz 1 ff.
24 Siehe § 6 Rz 3 f und 7.

13. Abschnitt – Schlußbestimmungen § 52

zählung wird aber auch der Maßstab fixiert, dem die nicht konkret aufgezählten baulichen Anlagen entsprechen müssen.[25] Weiters ist zu berücksichtigen, dass die Bestimmung vor dem Hintergrund der durch Art 116 Abs 1 B-VG und Art 3 Abs 1 K-LVG gewährleisteten Selbstverwaltung der Gemeinden restriktiv auszulegen ist.[26] In diesem Sinne sind nur Vorhaben mit einem entsprechenden Bauvolumen umfasst. So werden zB auch Hallenbäder umfasst sein.

§ 52 Abs 1 ist nicht auf die Landeshauptstadt Klagenfurt am Wörthersee und die Stadt Villach anzuwenden, da ausdrücklich auf die örtlich zuständigen Bezirkshauptmannschaften abgestellt wird. Die Landeshauptstadt Klagenfurt am Wörthersee gemäß Art 116 Abs 3 B-VG iVm § 1 Abs 3 K-KStR 1998 und die Stadt Villach gemäß Art 116 Abs 3 B-VG iVm § 1 Abs 3 K-VStR 1998 haben hingegen selbst die Aufgaben der Bezirksverwaltung zu besorgen, die Aufsicht übt gemäß § 93 ff K-KStR 1998 und § 96 ff K-VStR 1998 die Kärntner Landesregierung aus.[27]   8

IV. Aufhebung

Gemäß § 68 Abs 4 AVG können rechtskräftige Bescheide von Amts wegen in Ausübung des Aufsichtsrechtes nur von der sachlich in Betracht kommenden Oberbehörde als nichtig erklärt werden.[28] Soweit die Gemeinden im eigenen Wirkungsbereich[29] handeln, ist die Aufsichtsbehörde aber nicht sachlich in Betracht kommende Oberbehörde.[30] Gemäß § 68 Abs 6 AVG können Befugnisse zur Zurücknahme oder Einschränkung einer Berechtigung außerhalb eines Berufungsverfahrens im Materiengesetz normiert werden.[31] Sinn und Zweck des § 25[32] iVm § 52 Abs 2 ist es, auch der Aufsichtsbehörde die Aufhe-   9

---

25 VwGH 23.7.2009, 2006/05/0167.
26 Vgl ErlRV Verf-135/94/1995, 29.
27 Siehe § 52 Rz 3; *Neuhofer*, Gemeinderecht² 331 f.
28 Siehe § 25 Rz 6.
29 Siehe § 1 Rz 7 ff.
30 *Hengstschläger/Leeb*, AVG² § 68 Rz 71 f mN; *Hauer*, Gemeindeaufsicht 67.
31 *Hengstschläger/Leeb*, AVG² § 68 Rz 134 ff mN.
32 Siehe § 25 Rz 3 ff.

bung nichtiger, insbesondere rechtskräftiger,[33] Baubewilligungsbescheide zu ermöglichen.[34] Selbstverständlich nicht umfasst sind Baubewilligungen auf Grundlage eines Erkenntnisses des LVwG Kärnten, da ausdrücklich auf Baubewilligungsbescheide abgestellt wird.[35] Die Nichtigkeitsgründe des § 25 stellen Aufsichtsmittel dar, die von der Aufsichtsbehörde von Amts wegen wahrzunehmen sind.[36] Aufsichtsbehörde ist in diesen Angelegenheiten gemäß § 52 Abs 2 die örtlich zuständige Bezirkshauptmannschaft.[37] Gegen dieses Aufsichtsrecht der Bezirkshauptmannschaft bestehen auch keine verfassungsrechtlichen Bedenken.[38] § 25 iVm § 52 Abs 2 ist nicht auf die Landeshauptstadt Klagenfurt am Wörthersee und die Stadt Villach anzuwenden, da ausdrücklich den Bezirkshauptmannschaften die Aufhebung obliegt. Die Landeshauptstadt Klagenfurt am Wörthersee gemäß Art 116 Abs 3 B-VG iVm § 1 Abs 3 K-KStR 1998 und die Stadt Villach gemäß Art 116 Abs 3 B-VG iVm § 1 Abs 3 K-VStR 1998 haben hingegen selbst die Aufgaben der Bezirksverwaltung zu besorgen, die Aufsicht übt gemäß § 93 ff K-KStR 1998 und § 96 ff K-VStR 1998 die Kärntner Landesregierung aus.[39]

10   Die Aufhebung der nach § 25 mit Nichtigkeit bedrohten Baubewilligungsbescheide aus dem eigenen Wirkungsbereich der Gemeinde obliegt gemäß § 52 Abs 2 der örtlich zuständigen Bezirkshauptmannschaft. Dies gilt auch für sonstige Entscheidungen im Zusammenhang mit der Nichtigerklärung, dies sind insbesondere Entscheidungen verfahrensrechtlicher Art.[40] Die örtliche Zuständigkeit ergibt sich gemäß

---

33 Rechtskraft des Bescheides ist allerdings nach der Judikatur des VwGH zur K-BO 1996 nicht in allen Fällen notwendig VwGH VwSlg 12.213 A/1986; siehe auch VwSlg 17.808 A/2009; zur Rechtskraft im Baubewilligungsverfahren siehe § 20 Rz 5 f.
34 Vgl ErlRV Verf-133/6/1967, 25.
35 ErlRV 01-VD-LG-1569/48-2013, 16; siehe *Hauer*, Gemeindeaufsicht 69 f mN, zur Diskussion, ob durch das LVwG Kärnten bestätigte oder reformierte Bescheide aufgehoben werden können.
36 VwGH 11.6.1981, 1737/79; VwSlg 12.213 A/1986.
37 Siehe § 52 Rz 10.
38 VfGH VfSlg 7978/1977; VfSlg 9943/1984; VwGH 11.6.1981, 1737/79.
39 Siehe zu den Aufsichtsmitteln hinsichtlich der Landeshauptstadt Klagenfurt am Wörthersee und der Stadt Villach § 52 Rz 13.
40 ErlRV Verf-135/94/1995, 29.

§ 3 lit a AVG aus der Lage des Vorhabens.[41] Dh es ist jene Bezirkshauptmannschaft örtlich zuständig, in dessen Sprengel die Gemeinde gelegen ist.[42] Die Aufhebung hat von Amts wegen zu erfolgen.[43] Den Anrainern kommt diesbezüglich kein Rechtsanspruch zu.[44] Durch § 25 iVm § 52 Abs 2 können rechtskräftige Bescheide aufgehoben werden, Rechtskraft ist nach der Judikatur des VwGH zur K-BO 1969 aber nicht in allen Fällen notwendige Voraussetzung.[45] Wer zur Ausnützung der rechtskräftigen und noch rechtswirksamen Baubewilligung berechtigt ist, hat Parteistellung im Verfahren über die Nichtigerklärung.[46] Ist der Grundeigentümer nicht der Berechtigte, kommt ihm keine Parteistellung zu.[47] Auch die Gemeinde ist gemäß Art 119a Abs 4 B-VG iVm § 106 K-AGO Partei des aufsichtsbehördlichen Verfahrens. Die Parteienrechte hat jenes Gemeindeorgan geltend zu machen, die den Baubewilligungsbescheid erlassen hat. Durch Maßnahmen der Aufsicht darf auf Grundlage des Verhältnismäßigkeitsgrundsatzes lediglich in einem möglichst geringen Umfang in den Bereich der durch Art 116 Abs 1 B-VG und Art 3 Abs 1 K-LVG gewährleisteten Selbstverwaltung der Gemeinden eingegriffen werden.[48] Weiters ergibt sich schon aus der Verfassung, dass gemäß Art 119a Abs 7 B-VG Aufsichtsmittel auch nur unter möglichster Schonung erworbener Rechte Dritter auszuüben sind. Gleiches normiert § 96 Abs 3 K-AGO. Dies bildet eine wesentliche Schranke bei der Ausübung des Ermessens durch die Aufsichtsbehörde,[49] es ist eine Interessenabwägung vorzunehmen[50] und diese in die Begründung des Bescheides aufzunehmen.[51] Nur jene Maßnahmen dürfen getroffen werden, die den ge-

---

41 Zu den verfassungsrechtlichen Bedenken bei der Anwendung in jenen Angelegenheiten, die in die Gesetzgebungskompetenz der Länder fallen *Hengstschläger/Leeb*, AVG² § 3 Rz 1 mN.
42 *Hengstschläger/Leeb*, AVG² § 3 Rz 3; siehe auch § 3 Rz 24.
43 VwGH VwSlg 12.213 A/1986; 31.1.1995, 92/05/0230.
44 VwGH 31.1.1995, 92/05/0230; *Hauer* in Pabel, Gemeindeaufsicht, Rz 38 f.
45 VwGH VwSlg 12.213 A/1986; siehe auch VwSlg 17.808 A/2009.
46 VwGH 23.8.2012, 2012/05/0006.
47 VwGH 23.8.2012, 2012/05/0006.
48 *Berchtold*, Gemeindeaufsicht 38 ff; *Potacs*, Aufsicht 132 f; *Sturm/Kemptner*, Gemeindeordnung⁶ § 96 K-AGO Anm 22 f.
49 VfGH VfSlg 9665/1983; ErlRV Verf-135/94/1995, 23.
50 VfGH VfSlg 7978/1977; zum Ganzen *Mendel/Kraemmer*, bbl 2013, 4 ff.
51 VwGH 30.6.1998, 98/05/0042.

ringsten Eingriff mit sich bringen.[52] Das Ermessen darf daher nicht in der Weise ausgeübt werden, dass wegen jeder auch noch so geringfügigen Rechtswidrigkeit in rechtskräftige Bescheide eingegriffen wird. Dies bedeutet aber keinen Vorrang privater Interessen vor öffentlichen Interessen, sondern statuiert vielmehr ein Gebot der Verhältnismäßigkeit des Eingriffes in erworbene Rechte. Im Rahmen der Ermessensübung sind „die nachteiligen Wirkungen des Bescheides in Bezug auf das durch die verletzte Norm geschützte öffentliche Interesse gegen jene Nachteile abzuwägen, welche die Aufhebung des Bescheides in Bezug auf die durch das (im Institut der Rechtskraft verkörperte) Prinzip der Rechtssicherheit geschützten Interessen des Dritten nach den konkret zu beurteilenden Umständen des Einzelfalles mit sich brächte."[53] So ist zB zu prüfen, ob der Bescheid zur Gänze für nichtig erklärt werden muss oder lediglich eine Teilnichtigkeit vorliegt.[54] Können die Voraussetzungen durch entsprechende Auflagen nach § 18[55] hergestellt werden, ist eine Aufhebung nach § 25 Abs 1 lit e unzulässig.[56] Hingegen ist unerheblich, ob ein Vorprüfungsverfahren stattgefunden hat oder sich in diesem das Fehlen von Voraussetzungen nach § 13 Abs 2 ergeben hat.[57] Ob ein Bescheid an einem mit Nichtigkeit bedrohten Fehler leidet, ist nach der Rechtslage zum Zeitpunkt seiner Erlassung und nicht nach der Rechtslage zum Zeitpunkt der Nichtigerklärung zu beurteilen,[58] es sei denn, dass sich aus der in der Folge geänderten Rechtslage ergibt, dass der Gesetzgeber die in Rede stehende Rechtswidrigkeit nun nicht mehr mit Nichtigkeitssanktion bedroht wissen will.[59]

11 Eine Aufhebung kann vor dem Hintergrund möglichster Schonung erworbener Rechte Dritter grundsätzlich nur innerhalb bestimmter Fris-

---

52 Vgl *Hengstschläger/Leeb*, AVG² § 68 Rz 99 f mN zu § 68 Abs 3 AVG.
53 Zum Ganzen VwGH 20.11.2007, 2005/05/0161.
54 *Pallitsch/Pallitsch/Kleewein*, Baurecht⁵ § 25 K-BO 1996 Anm 2.
55 Siehe § 18 Rz 3 ff.
56 VwGH 18.12.1986, 84/06/0109; siehe auch VwGH 11.6.1981, 1737/79; *Giese*, bbl 2011, 223.
57 VwGH VwSlg 12.213 A/1986.
58 VwGH 18.2.1982, 1549/80.
59 VwGH 9.12.1975, 1025/73; vgl VwGH 15.5.2014, 2012/05/0098 zu § 68 Abs 4 AVG.

ten erfolgen.[60] Bei Bescheiden, die gemäß § 25 Abs 1 lit a bis d[61] mit Nichtigkeit bedroht sind, ist dies nur innerhalb von fünf Jahren ab deren Rechtskraft[62] zulässig. Die Zeit eines Verfahrens vor dem Verfassungsgerichtshof oder vor dem Verwaltungsgerichtshof ist in diese Frist nicht einzurechnen. Wurde der Baubewilligungsbescheid gemäß § 52 der Bezirkshauptmannschaft nachweislich übermittelt, verkürzt sich die Frist auf zwei Jahren ab dem Einlangen bei der Bezirkshauptmannschaft. Hingegen ist die Aufhebung eines Bescheides, der gemäß § 25 Abs 1 lit e[63] mit Nichtigkeit bedroht ist, unbefristet möglich.

Darüber hinaus kann die Kärntner Landesregierung gemäß § 100 Abs 1 K-AGO rechtskräftige Bescheide sowie Beschlüsse oder sonstige Maßnahmen der Gemeindeorgane, die den Wirkungsbereich der Gemeinde überschreiten oder Gesetze oder Verordnungen verletzen, von Amts wegen oder über Antrag aufheben. Somit kann jede Rechtswidrigkeit eines Bescheides Grundlage einer Aufhebung durch die Kärntner Landesregierung sein.[64] Nach Ablauf von drei Jahren können gemäß § 100 Abs 2 K-AGO jedoch Bescheide aus den Gründen der Erlassung durch eine unzuständige Behörde oder durch eine nicht richtig zusammengesetzte Kollegialbehörde nicht mehr aufgehoben werden. Diese Frist beginnt mit der Zustellung der schriftlichen Ausfertigung des Bescheides. Gegen diese weitreichende Ermächtigung der Kärntner Landesregierung bestehen keine verfassungsrechtlichen Bedenken.[65] § 100 Abs 3 K-AGO ist hingegen auf Baubewilligungsbescheide nicht anzuwenden, da insofern § 25 iVm § 52 Abs 2 die spezielleren Normen sind.[66]

12

Weiters hat die Kärntner Landesregierung gemäß § 96 Abs 1 K-KStR 1998 bzw § 99 Abs 1 K-VStR 1998 das Recht, rechtskräftige, gesetzwidrige Bescheide der Landeshauptstadt Klagenfurt am Wörthersee bzw der Stadt Villach, die in Angelegenheiten des eigenen Wirkungsbe-

13

---

60 ErlRV Verf-135/94/1995, 23.
61 Siehe § 25 Rz 8 f.
62 Siehe § 20 Rz 5 f.
63 Siehe § 25 Rz 11.
64 *Sturm/Kemptner*, Gemeindeordnung[6] § 100 K-AGO Anm 5 ff.
65 VfGH VfSlg 9665/1983; VwGH 15.3.1995, 94/01/0189; zum Ganzen *Potacs*, Aufsicht 143 f.
66 *Pallitsch/Pallitsch/Kleewein*, Baurecht[5] § 52 K-BO 1996 Anm 2; nach Ansicht von *Mendel/Kraemmer*, bbl 2013, 2, ist § 25 auch speziellere Norm zu § 100 Abs 1 K-AGO.

reiches aus dem Bereich der Landesvollziehung durch den Magistrat, den Bürgermeister, den Stadtsenat oder den Gemeinderat erlassen wurden, von Amts wegen aufzuheben, wenn der Bescheid, von einem unzuständigen Organ oder von einem nicht richtig zusammengesetzten Kollegialorgan erlassen wurde, einen strafgesetzwidrigen Erfolg herbeiführen würde, tatsächlich undurchführbar ist oder an einem durch gesetzliche Vorschrift ausdrücklich mit Nichtigkeit bedrohten Fehler leidet. Eine Nichterklärung wegen Erlassung eines Bescheides von einer unzuständigen Behörde oder von einer nicht richtig zusammengesetzten Kollegialbehörde darf gemäß § 96 Abs 2 K-KStR 1998 bzw § 99 Abs 2 K-VStR 1998 nur binnen drei Jahren ab Erlassung des Bescheides erfolgen. Da § 25 iVm § 52 Abs 2 nicht auf die Landeshauptstadt Klagenfurt am Wörthersee und die Stadt Villach anzuwenden ist, obliegt der Kärntner Landesregierung diesbezüglich gemäß § 96 Abs 4 K-KStR 1998 bzw § 99 Abs 4 K-VStR 1998 auch die Nichtigerklärung von Bescheiden und sonstigen Beschlüssen. Nach Ablauf von drei Jahren darf eine Nichtigerklärung aber nicht mehr erfolgen.

14 Durch § 25 iVm § 52 Abs 2 bleibt die Anwendung von § 68 AVG unbenommen.[67] Sachlich in Betracht kommende Oberbehörde bei Bescheiden des Bürgermeisters in Angelegenheiten des eigenen Wirkungsbereiches[68] ist gemäß § 94 Abs 1 K-AGO der Gemeindevorstand. In der Landeshauptstadt Klagenfurt am Wörthersee ist dies gemäß § 91 Abs 3 K-KStR 1998 die Bauberufungskommission, in der Stadt Villach gemäß § 94 Abs 1 K-VStR 1998 der Stadtsenat. Die sachlich in Betracht kommende Oberbehörde kann gemäß § 68 Abs 3 AVG rechtskräftige Bescheide im öffentlichen Interesse insoweit abändern, als dies zur Beseitigung von das Leben oder die Gesundheit von Menschen gefährdenden Missständen oder zur Abwehr schwerer volkswirtschaftlicher Schädigungen notwendig und unvermeidlich ist.[69] Bei Beseitigung von das Leben oder die Gesundheit gefährdenden Mißständen muss nicht bis zum Eintritt der formellen Rechtskraft des den Missstand bewirkenden Bescheides zugewartet werden.[70] Dies hat mit möglichster

---

[67] *Potacs*, Aufsicht 144; *Hauer* in Pabel, Gemeindeaufsicht, Rz 104; *Pallitsch/Pallitsch/Kleewein*, Baurecht[5] § 25 K-BO 1996 Anm 2.
[68] Siehe § 1 Rz 7 ff.
[69] VwGH VwSlg 16.216 A/2003; dazu ausführlich *Hengstschläger/Leeb*, AVG[2] § 68 Rz 53 ff mN; *Giese*, bbl 2009, 57 ff; *ders*, 2011, 224 ff.
[70] VwGH 7.8.2013, 2011/06/0164 mN.

Schonung erworbener Rechte zu erfolgen.[71] Die sachlich in Betracht kommende Oberbehörde kann gemäß § 68 Abs 4 AVG aber einen rechtskräftigen Bescheid auch für nichtig erklären, wenn dieser von einer unzuständigen Behörde oder von einer nicht richtig zusammengesetzten Kollegialbehörde erlassen wurde, einen strafgesetzwidrigen Erfolg herbeiführen würde, tatsächlich undurchführbar ist oder an einem durch gesetzliche Vorschrift ausdrücklich mit Nichtigkeit bedrohten Fehler leidet. Eine Nichterklärung wegen Erlassung eines Bescheides von einer unzuständigen Behörde oder von einer nicht richtig zusammengesetzten Kollegialbehörde darf gemäß § 68 Abs 5 AVG nur binnen drei Jahren ab Zustellung des Bescheides erfolgen.[72] Ob und inwieweit durch die Einführung der Verwaltungsgerichtsbarkeit Änderungen im Verständnis von § 68 AVG eingetreten sind, wird durch Judikatur zu klären sein.[73]

V. Ersatzvornahme

Durch eine Ersatzvornahme erfolgt nicht nur eine Kontrolle des Handelns der Gemeindeorgane, sondern die Aufsichtsbehörde setzt selbst unmittelbar Maßnahmen, die dem eigenen Wirkungsbereich der Gemeinde[74] zuzurechnen sind.[75] Grundsätzlich richten sich Ersatzvornahmen nach den Bestimmungen des Art 119a Abs 7 B-VG iVm § 101 K-AGO. Gemäß § 101 Abs 5 K-AGO kommen im Rahmen der K-BO 1996 aber die spezielleren Bestimmungen des § 52 Abs 4 bis 6 zur Anwendung. Indes wurde § 52 Abs 4 bis 6 der Ersatzvornahme der K-AGO nachgebildet[76], die Bestimmungen decken sich grundsätzlich.[77] Insofern kann im Rahmen einer rechtsvergleichenden Auslegung auch auf Judikatur und Literatur zu § 101 K-AGO zurückgegriffen werden. Ausdrücklich von der baurechtlichen Ersatzvornahme umfasst sind auch die Landeshauptstadt Klagenfurt am Wörthersee und die Stadt Villach. Für die Landeshauptstadt Klagenfurt am Wörthersee

15

---

71 Vgl § 25 Rz 12.
72 Zum Ganzen ausführlich *Hengstschläger/Leeb*, AVG² § 68 Rz 53 ff mN.
73 Ausführlich *Ranacher*, ZfV 2015, 15 ff.
74 Siehe § 1 Rz 7 ff.
75 *Berchtold*, Gemeindeaufsicht 176 ff; *Hauer* in Pabel, Gemeindeaufsicht, Rz 121 ff; *Sturm/Kemptner*, Gemeindeordnung⁶ § 101 K-AGO Anm 2.
76 *Pallitsch/Pallitsch/Kleewein*, Baurecht⁵ § 52 K-BO 1996 Anm 5.
77 *Sturm/Kemptner*, Gemeindeordnung⁶ § 101 K-AGO Anm 19.

§ 52 1. Kärntner Bauordnung 1996 – K-BO 1996

finden sich in § 97 Abs 2 K-KStR 1998 Bestimmungen über Ersatzvornahmen. Auch ohne ausdrückliche Regelung ist aber davon auszugehen, dass im Anwendungsbereich der K-BO 1996 § 52 Abs 4 bis 6 als speziellere Norm zur Anwendung kommt. Für die Stadt Villach wurde im K-VStR 1998 keine gesetzliche Grundlage einer Ersatzvornahme geschaffen. Im Anwendungsbereich der K-BO 1996 kommt jedoch § 52 Abs 4 bis 6 zur Anwendung. Die Ersatzvornahme hinsichtlich der Gemeinden obliegt gemäß § 52 Abs 2 der örtlich zuständigen Bezirkshauptmannschaft. Die örtliche Zuständigkeit ergibt sich gemäß § 3 lit a AVG aus der Lage des Vorhabens.[78] Dh es ist jene Bezirkshauptmannschaft örtlich zuständig, in dessen Sprengel die Gemeinde gelegen ist.[79] Die Ersatzvornahme hinsichtlich der Landeshauptstadt Klagenfurt am Wörthersee und der Stadt Villach obliegt der Kärntner Landesregierung.

16 Erfüllt eine Gemeinde eine ihr nach der K-BO 1996 obliegende Aufgabe nicht, so ist in einem ersten Schritt gemäß § 52 Abs 4 die Erfüllung mit Bescheid aufzutragen. Grundlage eines solchen Bescheides kann somit jede Verletzung der Aufgaben nach der K-BO 1996 sein.[80] Voraussetzung eines solchen Auftrages ist, dass die Gemeinde mit der Erfüllung der Aufgabe säumig ist.[81] Für die Erfüllung der Aufgabe ist eine angemessene Frist zu setzen, dh der Gemeinde muss ermöglicht werden, unter der Voraussetzung unverzüglichen Tätigwerdens die gesetzlich obliegende Aufgabe selbst zu erfüllen.[82]

17 Erst nach fruchtlosem Ablauf der gesetzten Frist und nur in den Fällen unbedingter Notwendigkeit hat eine Ersatzvornahme zu erfolgen. Unbedingte Notwendigkeit liegt erstens gemäß § 52 Abs 6 lit a vor, wenn es sich um die Erfüllung einer öffentlich-rechtlichen Verpflichtung handelt, die sich aus § 34 bis § 36, § 45 und § 46 ergibt oder wenn es sich um die Vollstreckung eines Bescheides auf Grund der angeführten Bestimmungen handelt. Somit sind nur die öffentlich-rechtlichen Verpflich-

---

[78] Zu den verfassungsrechtlichen Bedenken bei der Anwendung in jenen Angelegenheiten, die in die Gesetzgebungskompetenz der Länder fallen *Hengstschläger/Leeb*, AVG² § 3 Rz 1 mN.
[79] *Hengstschläger/Leeb*, AVG² § 3 Rz 3; siehe auch § 3 Rz 24.
[80] *Sturm/Kemptner*, Gemeindeordnung⁶ § 101 K-AGO Anm 4.
[81] *Sturm/Kemptner*, Gemeindeordnung⁶ § 101 K-AGO Anm 5.
[82] *Sturm/Kemptner*, Gemeindeordnung⁶ § 101 K-AGO Anm 7.

tungen der Überwachung der Bauausführung nach § 34,[83] der Einstellung von Bauarbeiten nach § 35,[84] der Herstellung des rechtmäßigen Zustandes nach § 36,[85] der Beseitigung nach § 45[86] und der Räumung nach § 46[87] umfasst. Zweitens liegt Unbedingte Notwendigkeit gemäß § 52 Abs 6 lit b vor, wenn die Maßnahme zur Beseitigung von Menschen gefährdenden Missständen oder zur Abwehr von volkswirtschaftlichen Schäden notwendig ist. Diese Bestimmung ist § 68 Abs 3 AVG nachgebildet,[88] insofern kann im Rahmen einer rechtsvergleichenden Auslegung auch auf die entsprechende Judikatur und Literatur zurückgegriffen werden.[89] So muss eine konkrete Gefährdung von Menschen bestehen. Hingegen muss Gefahr im Verzug nicht vorliegen. Ausreichend ist, dass Gefahr für das Leben und die Gesundheit eines einzigen Menschen besteht. Es ist ein objektiver, an Durchschnittswerten ausgerichteter Maßstab an die Gefährdung des Lebens und der Gesundheit anzulegen. Individuelle Verträglichkeit und subjektive Befindlichkeiten sind nicht relevant. Ebenso muss es sich um eine konkrete Gefährdung der Volkswirtschaft handeln. Private bzw betriebswirtschaftliche Belange sind hingegen nicht relevant. Aus diesem Grund wird dem Tatbestandsmerkmal der Abwehr von volkswirtschaftlichen Schäden keine große Bedeutung zukommen.

18 Sofern eine Gemeinde die zur Vollstreckung ihrer Bescheide erforderlichen Maßnahmen nicht setzt, hat durch die Aufsichtsbehörde auch in diesen Fällen gemäß § 52 Abs 5 und § 52 Abs 6 lit a letzter Halbsatz eine Ersatzvornahme zu erfolgen. Somit sind von der Aufsichtsbehörde auch dann die erforderlichen Maßnahmen zu treffen, wenn die Gemeinde ihren gesetzlichen Aufgaben zwar insofern nachkommt, als sie einen Bescheid erlässt, aber diesen in der Folge nicht vollstreckt.[90]

---

83 Siehe § 34 Rz 3 ff.
84 Siehe § 35 Rz 3 ff.
85 Siehe § 36 Rz 3 ff; insbesondere bei baulichen Anlagen, die ohne Baubewilligung errichtet wurden, ErlRV Verf-34/5/1979, 22.
86 Siehe § 45 Rz 3 ff.
87 Siehe § 56 Rz 3 ff.
88 ErlRV Verf-34/5/1979, 22; *Pallitsch/Pallitsch/Kleewein*, Baurecht[5] § 52 K-BO 1996 Anm 6.
89 Zum Ganzen ausführlich *Hengstschläger/Leeb*, AVG[2] § 68 Rz 93 f mN; *Giese*, bbl 2009, 57 ff; *ders*, bbl 2011, 224 ff.
90 ErlRV Verf-34/5/1979, 22; *Sturm/Kemptner*, Gemeindeordnung[6] § 101 K-AGO Anm 12.

19 Die im Rahmen der Ersatzvornahme erforderlichen Maßnahmen sind somit in erster Linie die ersatzweise Erlassung eines Bescheides und notstandspolizeiliche Maßnahmen, zB bei Einstellung der Bauarbeiten und der Räumung. Diese sind anstelle und im Namen der Gemeinde zu treffen. Die Aufsichtsbehörde setzt selbst unmittelbar Maßnahmen, die dem eigenen Wirkungsbereich der Gemeinde[91] zuzurechnen sind.[92] Die Ersatzvornahme erfolgt auf Kosten und Gefahr der Gemeinde.[93] Die Kosten sind von der Aufsichtsbehörde der Gemeinde durch Bescheid vorzuschreiben, die Gemeinde hat die Kosten zu ersetzen. Da die Gemeinde auch die Gefahr zu tragen hat, treffen die Gemeinde auch die Folgen der Ersatzvornahme.

§ 53 Wirkung der Baubewilligungen

Die sich aus Baubewilligungen nach diesem Gesetz ergebenden Rechte und Pflichten haften auf dem Grundstück und gehen auf den Rechtsnachfolger über.

Literatur: *Granner*, Dingliche Wirkung öffentlicher Rechte und Pflicht, 2014; *Pauger*, Der dingliche Bescheid, ZfV 1984, 93 und 250.

Inhaltsübersicht	**Rz**
I. Entwicklung und Rechtsvergleich	1
II. Dingliche Wirkung	3

I. Entwicklung und Rechtsvergleich

1 Diese Bestimmung findet sich erstmals als § 47 K-BO 1969, LGBl 1969/48. In dieser Fassung wurde die Bestimmung unverändert als § 51 in die K-BO 1992, LGBl 1992/64, und als § 53 in die K-BO 1996, LGBl 1996/62, übernommen. Durch LGBl 2013/85 erfolgten die notwendigen Anpassungen an die Einführung der Verwaltungsgerichtsbarkeit, es

---

[91] Siehe § 1 Rz 7 ff.
[92] *Hauer* in Pabel, Gemeindeaufsicht, Rz 121 ff; *Sturm/Kemptner*, Gemeindeordnung[6] § 101 K-AGO Anm 2.
[93] *Hauer* in Pabel, Gemeindeaufsicht, Rz 133 f; *Sturm/Kemptner*, Gemeindeordnung[6] § 101 K-AGO Anm 9 f.

wird nunmehr auf „Baubewilligungen" und nicht mehr auf „Bescheide" abgestellt.

Auch in den Bauordnungen der meisten anderen Bundesländer finden sich – mit einzelnen Unterschieden – entsprechende Bestimmungen, siehe § 22 Abs 1 Bgld. BauG, § 9 Abs 1 und 2 NÖ BO 2014, § 53 Abs 1 Oö. BauO 1994, § 55 TBO 2011, § 52 V-BauG sowie § 129b W-BO. In Salzburg und in der Steiermark fehlen ausdrückliche Regelungen.

II. Dingliche Wirkung

„Bei Bescheiden mit dinglicher Wirkung handelt es sich um solche, die zwar an Personen ergehen, ihrer Rechtsnatur nach aber – ungeachtet der persönlichen Eigenschaften des Bescheidadressaten – nur auf Eigenschaften der Sache abstellen; die Entscheidung bezieht sich derart auf eine bestimmte Sache, dass es lediglich auf die Eigenschaft der Sache, nicht auf eine solche der Person ankommt; dingliche Bescheide wirken gegenüber jedem, der entsprechende Rechte an der betroffenen Sache hat."[1] Für Baubewilligungen, unabhängig davon, ob diese auf einen Bescheid beruhen oder auf einem Erkenntnis des LVwG Kärnten,[2] normiert dies § 53 ausdrücklich. Daraus ergibt sich, dass die Berechtigung zur Ausnutzung einer rechtskräftigen Baubewilligung nicht an die Person des Bewilligungswerbers gebunden ist. Es kann auch ein Dritter, der nicht Partei des Baubewilligungsverfahrens gewesen ist, zur Ausnutzung der Baubewilligung berechtigt sein.[3] Dies kann sich einerseits durch Eigentumsübergang des Grundstückes ergeben,[4] anderseits kann aber auch eine Rechtsnachfolge durch eine Person erfolgen, die nicht Grundeigentümer ist, zB durch Einräumung eines Superädifikates oder eines Baurechts im Sinn des Baurechtsgesetzes. Gleiches gilt für den Rechtsnachfolger hinsichtlich Verpflichtungen, die sich aus der Baubewilligung ergeben, zB zur Verpflichtung der Herstellung des rechtmäßigen Zustandes gemäß § 36,[5] weil das Vorhaben abweichend von der Baubewilligung errichtet wurde. Die Verpflich-

---
1 VwGH 6.9.2011, 2008/05/0088; zum Ganzen ausführlich *Pauger*, ZfV 1984, 93 ff und 250 ff; *Granner*, Dingliche Wirkung öffentlicher Rechte und Pflicht, 2014; siehe auch *Pallitsch/Pallitsch/Kleewein*, Baurecht[5] § 53 K-BO 1996 Anm 1.
2 ErlRV 01-VD-LG-1569/48 2013, 16.
3 VwGH 23.8.2012, 2012/05/0006.
4 VwGH 24.3.1992, 88/05/0061.
5 Siehe § 36 Rz 3 f.

tung ist unabhängig von der Kenntnis des Rechtsnachfolgers. Es besteht keine gesetzliche Verpflichtung, solche öffentlich-rechtliche Belastungen von Grundstücken im Grundbuch einzutragen.[6] Anknüpfend an § 53 tritt der Rechtsnachfolger auch in entsprechende laufende Verfahren ein, zB einem Baubewilligungsverfahren[7] oder einem Verfahren zur Herstellung des rechtmäßigen Zustandes[8]. Dies gilt auch für Rechtsnachfolge in die Anrainerstellung.[9] Hingegen kann ein rechtsnachfolgender Anrainer auf Grund der dinglichen Wirkung der rechtskräftigen Baubewilligung keine subjektiv-öffentlichen Einwendungen mehr erheben.[10]

4 § 53 normiert diese dingliche Wirkung nur für Rechte und Pflichten, die sich aus einer „Baubewilligung" ergeben. Daraus darf aber meiner Ansicht nach aber nicht der Schluss gezogen werden, dass Rechte und Pflichten, die sich aus anderen Bescheiden bzw Erkenntnissen des LVwG Kärntens auf Grundlage der K-BO 1996 ergeben, generell keine dingliche Wirkung zukommt. § 53 beschäftigt sich entsprechend seiner Überschrift und seines Wortlautes nur mit der Wirkung von Baubewilligungen, nicht mit der dinglichen Wirkung im Allgemeinen. Sinn und Zweck der Einschränkung des Wortlautes durch LGBl 2013/85 war ausweislich der Materialien nur die notwendige Anpassung an die Einführung der Verwaltungsgerichtsbarkeit,[11] jedoch nicht die Einschränkung der dinglichen Wirkung sonstiger Bescheide bzw Erkenntnisse des LVwG Kärnten. Denn Bescheiden kann subsidiär auch ohne ausdrückliche gesetzliche Anordnung dingliche Wirkung zukommen.[12] Voraussetzung ist, dass „der Bescheid zwar an eine bestimmte Person ergeht, sich jedoch derart auf eine Sache bezieht, dass es lediglich auf die Eigenschaften der Sache und nicht die der Person ankommt, der gegenüber der Bescheid erlassen wurde."[13] So kommt meiner An-

---

6 VwGH 6.9.2011, 2008/05/0088.
7 Siehe § 17 Rz 7.
8 Siehe § 36 Rz 6.
9 Siehe § 23 Rz 4; dazu ausführlich *Granner*, Dingliche Wirkung 266 ff.
10 VwGH 27.10.1992, 90/05/0110; für Fälle der übergangenen Nachbarn siehe § 23 Rz 61.
11 ErlRV 01-VD-LG-1569/48 2013, 16.
12 *Granner*, Dingliche Wirkung 113 ff; *Pallitsch/Pallitsch/Kleewein*, Baurecht[5] § 53 K-BO 1996 Anm 1.
13 VwGH VwSlg 18.204 A/2011.

sicht nach zB auch Bescheiden gemäß § 44 Abs 1[14] zur Instandsetzung dingliche Wirkung zu.[15]

Anderseits muss in gewissen Fällen eine restriktive Interpretation erfolgen, denn nicht alle Rechte und Pflichten, die sich aus einer Baubewilligung ergeben, sind derart auf eine bestimmte Sache bezogen, dass es lediglich auf die Eigenschaft der Sache, nicht auf eine solche der Person ankommt. Dies gilt für Bescheide, mit denen Verwaltungsübertretung nach § 50[16] bestraft werden.[17] Aus § 53 ergibt sich darüber hinaus auch keine dingliche Wirkung einer Abgabenschuld nach § 13 K-PStG.[18]

§ 54 Rechtmäßiger Bestand

(1) Für Gebäude und sonstige bauliche Anlagen, die seit mindestens 30 Jahren bestehen und für die eine Baubewilligung im Zeitpunkt ihrer Errichtung erforderlich war, welche jedoch nicht nachgewiesen werden kann, wird das Vorliegen der Baubewilligung vermutet, sofern ihr Fehlen innerhalb dieser Frist baubehördlich unbeanstandet geblieben ist.

(2) Das Vorliegen des rechtmäßigen Bestandes eines Gebäudes oder einer sonstigen baulichen Anlage gemäß Abs. 1 ist auf Antrag des Eigentümers (der Miteigentümer) mit Bescheid festzustellen.

Literatur: *Eisenberger/Hödl*, Einführung in das Steiermärkische Bau- und Raumplanungsrecht², 2008; *Moritz*, Die Wahrung und Durchsetzung öffentlicher Interessen im Baurecht, in Rebhahn (Hrsg), Rechtsfragen des Bauens in Kärnten, 1997, 23; *Oberndorfer*, Der Rechtsstaat auf der Probe oder der Versuch der Legalisierung von Unrecht, in Festschrift Winkler, 1997, 707; *Walzel von Wiesentreu*, Nachträgliche Genehmigung illegaler Bauten im Freiland, bbl 1998, 55.

Inhaltsübersicht	**Rz**
I. Entwicklung und Rechtsvergleich	1
II. Rechtmäßiger Bestand	3

---

14 Siehe § 44 Rz 3 f.
15 Vgl zur Rechtslage vor LGBl 2013/85 VwGH 12.6.1972, 0681/72; 24.3.1992, 88/05/0061.
16 Siehe § 50 Rz 3 ff.
17 *Granner*, Dingliche Wirkung 170; *Pallitsch/Pallitsch/Kleewein*, Baurecht⁵ § 53 K-BO 1996 Anm 2.
18 VwGH 29.3.2004, 2003/17/0303.

I. Entwicklung und Rechtsvergleich

1 Diese Bestimmung wurde als § 51a K-BO 1992, LGBl 1996/44, geschaffen und in dieser Fassung unverändert als § 54 in die K-BO 1996, LGBl 1996/62, übernommen. § 54 Abs 2 wurde durch LGBl 2012/80 angefügt.

2 Vergleichbare Bestimmungen in den Bauordnungen der anderen Bundesländer finden sich in § 40 Stmk. BauG und in § 25 TBO 2011.

II. Rechtmäßiger Bestand

3 In § 54 Abs 1 wird für Gebäude und sonstige bauliche Anlagen[1], die seit mindestens 30 Jahre bestehen und für die zum Zeitpunkt ihrer Errichtung eine Baubewilligung erforderlich war, welche jedoch nicht mehr nachgewiesen werden kann, eine Rechtmäßigkeitsfiktion normiert, sofern das Fehlen der Baubewilligung innerhalb dieser Frist baubehördlich unbeanstandet geblieben ist. Dh es besteht aus Gründen der Rechtssicherheit[2] für diese Gebäude und baulichen Anlagen unter den Voraussetzungen des § 54 die Rechtsvermutung, dass eine Bewilligung vorliegt.[3] Dies bewirkt gemäß § 45 Abs 1 AVG, dass – sofern die Voraussetzungen des § 54 vorliegen – die Vermutung des rechtmäßigen Bestandes keines Beweises bedarf und sie vorerst für wahr zu halten ist.[4] Die Rechtsvermutung besteht, bis ein Gegenbeweis gelingt,[5] dh trotz Vorliegens der Rechtsvermutung im konkreten Fall der vermutete Rechtszustand – also die erteilte Baubewilligung – nicht eingetreten ist.[6] Notwendige Voraussetzung dieser Rechtsvermutung ist erstens, dass das Gebäude und die bauliche Anlage nach den Bestimmungen der K-BO 1996 einer Baubewilligung bedarf. Zweitens muss eine Baubewilligung aber auch im Zeitpunkt der Errichtung erforderlich gewesen sein. Somit ist das Vorliegen einer Bewilligungspflicht sowohl zum geltenden Recht zu prüfen, als auch zur Rechtslage zum

---

1 Zu den Begriffen Gebäude und bauliche Anlagen siehe § 6 Rz 3 f.
2 ErlRV Verf-135/94/1995, 30.
3 *Pallitsch/Pallitsch/Kleewein*, Baurecht[5] § 54 K-BO 1996 Anm 1.
4 *Hengstschläger/Leeb*, AVG[2] § 45 Rz 7 mN; *Pallitsch/Pallitsch/Kleewein*, Baurecht[5] § 54 K-BO 1996 Anm 1.
5 ErlRV Verf-135/94/1995, 31; *Pallitsch/Pallitsch/Kleewein*, Baurecht[5] § 54 K-BO 1996 Anm 1.
6 *Hengstschläger/Leeb*, AVG[2] § 45 Rz 7 mN.

Zeitpunkt der Errichtung. Nur bei Vorliegen dieser „doppelten" Bewilligungspflicht sind die Voraussetzungen erfüllt.[7] Weiters muss das Gebäude und die bauliche Anlage seit mindestens 30 Jahren bestehen. Wurde das Gebäude und die bauliche Anlage zwar vor mehr als 30 Jahren errichtet, aber durch Zubau, Anbau etc in den letzten 30 Jahren wesentlich verändert, liegt kein mindestens 30-jähriger Bestand vor.[8] Sowohl für das Tatbestandsmerkmal der Bewilligungspflicht zum Zeitpunkt der Errichtung als auch für das Tatbestandsmerkmal des Bestehens seit mindestens 30 Jahren, ist das Alter der Anlage von wesentlicher Bedeutung. Dieses ist im Rahmen eines Ermittlungsverfahrens – allenfalls mit Hilfe eines Sachverständigen – festzustellen.[9] Schlussendlich darf das Fehlen der Baubewilligung innerhalb der 30-jährigen Frist von der Baubehörde nicht beanstandet worden sein. Anbringen der Anrainer an die Behörde sind nicht als baubehördliche Beanstandungen zu beurteilen.[10] Der VwGH erweitert die Anwendung des § 54 über den Wortlaut hinaus auch auf solche Fälle, bei denen die Baubewilligung zwar nachgewiesen werden kann, aber die sonstigen Voraussetzungen des § 54 gegeben sind. Umfasst sind somit auch Fälle der rechtswidrigen Bauausführung.[11] Aus gleichheitsrechtlichen Gründen geht der VwGH zur vergleichbaren Rechtslage des § 40 Stmk. BauG davon aus, dass die Bestimmung auch auf den rechtmäßigen Bestand einer bewilligungspflichtigen Änderung einer bauliche Anlage sowie auf den rechtmäßigen Bestand einer bewilligungspflichtigen Verwendungsänderung anzuwenden ist.[12] Folge der Rechtsvermutung ist, dass kein Auftrag zur Herstellung des rechtmäßigen Zustandes gemäß § 36[13] erteilt werden kann[14] und es besteht die Möglichkeit, bestimmte

---

7 So auch VwGH 14.7.2011, 2009/10/0192, zur vergleichbaren Bestimmung des § 66b K-NSG 2002.
8 So VwGH 14.7.2011, 2009/10/0192, zur vergleichbaren Bestimmung des § 66b K-NSG 2002.
9 ErlRV Verf-135/94/1995, 31; VwGH 11.10.2011, 2008/05/0154.
10 VwGH 11.10.2011, 2008/05/0154.
11 VwGH 11.10.2011, 2008/05/0154; aA *Giese*, bbl 2012, 27 in einer Anmerkung zu dieser Entscheidung.
12 VwGH 7.8.2013, 2013/06/0036; 21.3.2014, 2012/06/0008; 21.3.2014, 2012/06/0011.
13 Siehe § 36 Rz 3 ff.
14 ErlRV Verf-135/94/1995, 31; VwGH 11.10.2011, 2008/05/0154.

Änderungen der baulichen Anlage nach § 14 Abs 1 lit a Z 4[15] entgegen dem Flächenwidmungsplan vorzunehmen.[16]

4 Ob auch gesetzwidrig errichtete bauliche Anlagen dieser Bestimmung unterfallen, somit eine Sanierung unbefugt errichteter baulicher Anlagen stattfindet, ist – auch zur vergleichbaren Rechtslage des § 40 Stmk. BauG –, insbesondere vor dem Hintergrund verfassungsrechtlicher Bedenken umstritten. Nach einer Ansicht sind bauliche Anlagen, unabhängig ob sie nach der damaligen Rechtslage gesetzwidrig errichtet worden sind, umfasst. Da es sich lediglich um eine Rechtsvermutung des rechtmäßigen Bestands handelt, die in einem Feststellungsverfahren widerlegbar ist, sollen keine verfassungsrechtlichen Bedenken bestehen.[17] Es sei unerheblich, ob und inwieweit die Anlage seinerzeit rechtmäßig errichtet worden ist oder ob die Anlage schon damals ein unzulässiger Schwarzbau war.[18] In diesem Sinne führen auch die Erläuterungen zu § 54 K-BO 1996 aus, dass „ein 30jähriger Bestand ... im Fall der fehlenden baubehördlichen Beanstandung „jedenfalls"[19] hinreichend für die Vermutung der Konsensmäßigkeit sein soll".[20] Dieser Rechtsmeinung folgt auch ausdrücklich der VwGH in seiner Judikatur zu § 54.[21] Nach anderer Ansicht würde eine solche Legalisierung von gesetzwidrig errichteten Anlagen den Gleichheitssatz und auch das Rechtsstaatsprinzip verletzen und somit verfassungswidrig sein.[22] Aus diesem Grund sei eine einschränkende verfassungskonforme Interpretation in dem Sinne vorzunehmen, dass nur rechtmäßig errichtete bauliche Anlagen umfasst sind.[23] Der VfGH sah sich jedenfalls weder

---

15 Siehe § 14 Rz 3 f.
16 ErlRV Verf-135/94/1995, 31; VwGH 20.9.2012, 2011/06/0021.
17 *Moritz*, Baurecht 39 ff; *Pallitsch/Pallitsch/Kleewein*, Baurecht[5] § 54 K-BO 1996 Anm 1.
18 *Eisenberger/Hödl*, Steiermärkisches Baurecht[2] 107; so zu § 40 Stmk. BauG auch VwGH 20.10.2005, 2002/06/0032; 8.5.2008, 2004/06/0123; 21.3.2014, 2012/06/0008.
19 Hervorhebung durch Autor.
20 ErlRV Verf-135/94/1995, 30.
21 VwGH 11.10.2011, 2008/05/0154.
22 Dazu vgl VfGH VfSlg 14.681/1996; VfSlg 16.901/2003; *Oberndorfer*, Legalisierung von Unrecht 707 ff.
23 *Oberndorfer*, Legalisierung von Unrecht 721; *Walzel von Wiesentreu*, bbl 1998, 59; *Giese*, bbl 2012, 27 in einer Anmerkung zu VwGH 11.10.2011, 2008/05/0154.

zu § 54[24] noch zu § 40 Stmk. BauG[25] gezwungen, einen Prüfungsbeschluss gemäß Art 140 Abs 1 B-VG zu fassen.[26]

Gemäß § 54 Abs 2 ist das Vorliegen des rechtmäßigen Bestandes gemäß Abs 1, dh der Rechtsvermutung des Vorliegens einer Baubewilligung, eines Gebäudes oder einer sonstigen baulichen Anlage auf Antrag des Eigentümers (der Miteigentümer) mit Bescheid festzustellen. Es besteht somit die Möglichkeit einen Feststellungsbescheid zu erlangen.[27] Die Anrainer sind nicht antragsberechtigt. Da die Feststellung, wonach das Vorliegen der Baubewilligung zu vermuten ist, dem Bestehen einer Baubewilligung gleichzuhalten ist,[28] kommt meiner Ansicht nach den Anrainern aber Parteistellung zu.[29] Eine bestimmte Form des Antrages ist nicht bestimmt, der Antrag kann somit gemäß § 13 schriftlich, mündlich oder telefonisch bei der Behörde eingebracht werden.[30] Den Antragsteller trifft eine Mitwirkungspflicht, der Antrag setzt ein entsprechendes Vorbringen zum Errichtungszeitpunkt der betreffenden baulichen Anlage voraus.[31] In einem Verfahren zur Herstellung des rechtmäßigen Zustandes gemäß § 36, ist ein entsprechendes Feststellungsverfahren nach § 54 Abs 2 zu beachten.[32]

§ 55 Bauberechtigte

Personen, denen ein Baurecht im Sinn des Baurechtsgesetzes zusteht, sind Grundeigentümern gleichgestellt.

---

24 VfGH 25.6.2008, B 345/08.
25 VfGH 26.2.2007, B 3618/05.
26 Kritisch *Giese*, bbl 2012, 27 in einer Anmerkung zu VwGH 11.10.2011, 2008/05/0154.
27 *Pallitsch/Pallitsch/Kleewein*, Baurecht[5] § 54 K-BO 1996 Anm 3.
28 Dies wird zwar nicht ausdrücklich normiert, ergibt sich aber unter anderem dadurch, dass bei Vorliegen der Rechtsvermutung kein Auftrag zur Herstellung des rechtmäßigen Zustandes gemäß § 36 erteilt werden kann, VwGH 11.10.2011, 2008/05/0154.
29 Vgl zu § 40 Stmk. BauG VwGH 22.11.2001, 2001/06/0133; und zu § 29 TBO 2011 VwGH 26.6.2014, 2013/06/0196.
30 *Hengstschläger/Leeb*, AVG[2] § 13 Rz 6 ff mN.
31 So zu § 40 Stmk. BauG VwGH 23.11.2010, 2009/06/0093; 30.6.2015, Ra 2015/06/0056.
32 VwGH 20.4.2001, 99/05/0225, auch zur Bindungswirkung.

Inhaltsübersicht Rz
  I. Entwicklung und Rechtsvergleich 1
  II. Bauberechtigte 3

I. Entwicklung und Rechtsvergleich

1 Diese Bestimmung wurde erstmals durch LGBl 1992/26 als § 18 Abs 1 letzter Satz in die K-BO 1969 eingefügt. In dieser Fassung wurde sie als § 21 Abs 1 letzter Satz in die K-BO 1992, LGBl 1992/64, übernommen. Durch LGBl 1996/44 wurde eine eigenständige Bestimmung in § 51b K-BO 1992 geschaffen und in dieser Fassung unverändert als § 55 in die K-BO 1996, LGBl 1996/62, übernommen.

2 Ähnliche Bestimmungen finden sich nur in manchen Bauordnungen der anderen Bundesländer, siehe § 4 Z 44 Stmk. BauG sowie § 2 Abs 1 lit k V-BauG. Im Burgenland tritt gemäß § 22 Abs 2 Bgld. BauG der Bauberechtigte an die Stelle des Grundeigentümers. In Salzburg findet sich in § 7 Abs 7 S-BauPolG eine ausdrückliche Bestimmung über die Gleichstellung als Partei im Verfahren. In Tirol findet sich in § 22 TBO 2011 eine Gleichstellung im Rahmen der notwendigen Zustimmungserklärungen. In Niederösterreich, Oberösterreich und Wien bestehen in den jeweiligen Bauordnungen keine ausdrücklichen Regelungen.

II. Bauberechtigte

3 Bauberechtigt ist, wem ein Baurecht im Sinne des Baurechtsgesetzes eingeräumt wurde. Gemäß § 1 Abs 1 Baurechtsgesetz kann ein Grundstück mit dem dinglichen, veräußerlichen und vererblichen Rechte, auf oder unter der Bodenfläche ein Bauwerk zu haben, belastet werden. Dem Bauberechtigten stehen gemäß § 6 Abs 2 Baurechtsgesetz am Bauwerk die Rechte des Eigentümers und an dem Grundstücke, soweit im Baurechtsvertrag nichts anderes bestimmt ist, die Rechte des Nutznießers zu. Auf Grund dieser – aus baurechtlicher Sicht dem Grundeigentümer ähnlichen – Stellung ist es aus gleichheitsrechtlichen Gründen geboten, den Bauberechtigten und den Grundeigentümer gleichzustellen.[1] Dies erfolgt ausdrücklich durch § 55.[2] Der Bauberechtigte

---

[1] Vgl VwGH 27.9.2005, 2005/06/0151.
[2] ErlRV Verf-1035/1/1991, 16.

ist dem Grundeigentümer gleichgestellt, dh er tritt hinzu, nicht an seine Stelle. Die Rechte und Pflichten kommen somit dem Grundeigentümer und dem Bauberechtigten kumulativ zu.[3] Eine Gleichstellung erfolgt somit insbesondere hinsichtlich der beizubringenden Belege über das Baurecht und die Zustimmung gemäß § 10 Abs 1 lit a und b, des Antragsrecht auf Abweichung vom Flächenwidmungsplan gemäß § 14 Abs 5, der Ladung zur mündlichen Verhandlung gemäß § 16 Abs 2 lit b, der Zustimmung zur Abänderung der Baubewilligung gemäß § 22 Abs 2 lit b, der Parteistellung gemäß § 23 Abs 1 und 2, der Duldung eines baubehördlichen Auftrages gemäß § 35 Abs 6, des Auftrages zur Herstellung des rechtmäßigen Zustandes gemäß § 36, der Ausführungspflicht gemäß § 37 Abs 1, des Auftrages zur Aufräumung gemäß § 38 Abs 2 sowie der Duldung der Benützung gemäß § 48.[4] Wem ein Baurecht eingeräumt ist, hat die Behörde als Vorfrage gemäß § 38 AVG zu beantworten. Das Baurecht entsteht gemäß § 5 Abs 1 Baurechtsgesetz durch die bücherliche Eintragung als Last des Grundstückes.

§ 55a Eigentümergemeinschaften

Besteht an Gebäuden und baulichen Anlagen Wohnungseigentum gemäß § 2 Abs. 1 WEG 2002, sind an Stelle der Miteigentümer die Eigentümergemeinschaften gemäß § 2 Abs. 5 WEG 2002 Berechtigte und Verpflichtete der §§ 36 bis 38 und 41 bis 47. Dies gilt nur insofern, als die Eigentümergemeinschaften rechtsfähig sind.

Literatur: *Hausmann/Vonkilch*, Österreichisches Wohnrecht, 2007; *Illedits*, Abgrenzung zwischen gesetzlichen Instandhaltungs- und Wartungspflichten von Wohnungseigentümern und der Eigentümergemeinschaft, wobl 2012, 396; *Moritz*, Wohnungseigentum und Bauordnungen der Länder, immolex 2000, 144.

Inhaltsübersicht	**Rz**
I. Entwicklung und Rechtsvergleich	1
II. Eigentümergemeinschaften	3

---

3 Siehe im Gegensatz dazu § 55a zur Eigentümergemeinschaft; aA *Krzizek*, System II 68.
4 Siehe die jeweiligen Kommentierungen.

I. Entwicklung und Rechtsvergleich

1 Diese Bestimmung wurde durch LGBl 2012/80 eingefügt.
2 Die Regelung ist ein Kärntner Spezifikum.

II. Eigentümergemeinschaften

3 Wohnungseigentum ist gemäß § 2 Abs 1 WEG 2002 das dem Miteigentümer einer Liegenschaft oder einer Eigentümerpartnerschaft eingeräumte dingliche Recht, ein Wohnungseigentumsobjekt ausschließlich zu nutzen und allein darüber zu verfügen.[1] Alle Wohnungseigentümer bilden gemäß § 2 Abs 5 WEG 2002 zur Verwaltung der Liegenschaft die Eigentümergemeinschaft.[2] Die Eigentümergemeinschaft ist eine juristische Person mit Teilrechtsfähigkeit. Diese kann gemäß § 18 Abs 1 WEG 2002 in Angelegenheiten der Verwaltung der Liegenschaft Rechte erwerben und Verbindlichkeiten eingehen sowie klagen und geklagt werden, ist somit in diesen Angelegenheiten rechtsfähig.[3] Nach den Bestimmungen des WEG 2002 obliegt somit der Eigentümergemeinschaft die Liegenschaftsverwaltung, hingegen nicht den Miteigentümern. Im Gegensatz dazu sind in den Bauordnungen zumeist die Eigentümer, dh Miteigentümer, die Adressaten von baurechtlichen Aufträgen und Verfügungen. Daraus folgt nach der Judikatur des VwGH, dass diese baurechtlichen Aufträge und Verfügungen nicht der Eigentümergemeinschaft erteilt werden dürfen, weil diese nicht Eigentümerin des Grundstückes und der baulichen Anlagen ist.[4] Da Aufträge und Verfügungen nach § 36 bis § 38 und § 41 bis § 47 aber auch Angelegenheiten der Liegenschaftsverwaltung betreffen können, bestimmt § 55a aus systematischen Überlegungen,[5] dh dem Zusammenspiel zwischen K-BO 1996 und WEG 2002, dass in diesen Angelegenheiten, sofern Wohnungseigentum im Sinn von § 2 Abs 1 WEG 2002 besteht, an Stelle der Miteigentümer die Eigentümergemeinschaften berechtigt und verpflichtet sind.

---

1 *Hausmann/Vonkilch*, Wohnrecht § 2 WEG 2002 Rz 3 f mN.
2 *Hausmann/Vonkilch*, Wohnrecht § 2 WEG 2002 Rz 46 f mN.
3 *Hausmann/Vonkilch*, Wohnrecht § 2 WEG 2002 Rz 24 ff mN.
4 Siehe zB VwGH 22.10.2008, 2008/06/0065; 24.8.2011, 2009/06/0273.
5 ErlRV 01-VD-LG-1369/4-2012, 16.

Dies gilt aber nur insofern, als die Eigentümergemeinschaften rechtsfähig sind. Somit hat die Behörde als Vorfrage gemäß § 38 AVG zu beurteilen, ob der Auftrag und die Verfügung, die nach § 36 bis § 38 und § 41 bis § 47 erteilt werden sollen, von der Teilrechtsfähigkeit der Eigentümergemeinschaft nach § 2 Abs 1 WEG 2002 iVm § 18 Abs 1 WEG 2002 umfasst sind. Der Begriff der Liegenschaftsverwaltung umfasst grundsätzlich nur die Verwaltung der allgemeinen Teile, die räumlich von den Wohnungseigentumsobjekten getrennt sind. Maßnahmen, die innerhalb eines Wohnungseigentumsobjektes zu setzen sind, sind nur umfasst, wenn sie die Haussubstanz betreffen oder die Behebung eines ernsten Schadens beinhalten.[6] Dies stimmt mit der verfassungskonformen Auslegung überein, dass Aufträge und Verfügungen, sofern diese Maßnahmen vorsehen, die lediglich ein Wohnungseigentumsobjekt betreffen, nur an den jeweiligen Wohnungseigentümer zu richten sind.[7] Im Zusammenhang mit den baurechtlichen Aufträgen und Verfügungen ist insbesondere die Rechtsfähigkeit der Eigentümergemeinschaft im Rahmen der ordentlichen Verwaltung der Liegenschaft gemäß § 28 Abs 1 Z 1 WEG 2002 von Interesse. Zu diesen Angelegenheiten gehören die ordnungsgemäße Erhaltung der allgemeinen Teile der Liegenschaft im Sinne des § 3 MRG, einschließlich der baulichen Veränderungen, die über den Erhaltungszweck nicht hinausgehen, und der Behebung ernster Schäden des Hauses in einem Wohnungseigentumsobjekt.[8] Die Rechtsfähigkeit der Eigentümergemeinschaft kann aber auch im Bereich der außerordentlichen Verwaltung gemäß § 29 Abs 1 WEG 2002, das sind Angelegenheiten die über die in § 28 WEG 2002 genannten hinausgehen, wie etwa nützliche Verbesserungen oder sonstige über die Erhaltung hinausgehende bauliche Veränderungen.[9]

Zu beachten sind die Vertretungsbestimmungen des § 18 Abs 3 WEG 2002.[10] Ist ein Verwalter oder ein vorläufiger Verwalter bestellt, wird die Eigentümergemeinschaft durch diese vertreten. Ist kein Verwalter bestellt, wird die Eigentümergemeinschaft durch die nach Miteigen-

---

6 *Hausmann/Vonkilch*, Wohnrecht § 28 WEG 2002 Rz 24 ff mN; siehe auch *Illedits*, wobl 2012, 396 ff.
7 VfGH VfSlg 15.047/1997; *Moritz*, immolex 2000, 150; siehe § 36 Rz 6.
8 Dazu ausführlich mit zahlreichen Judikaturnachweisen *Hausmann/Vonkilch*, Wohnrecht § 28 WEG 2002 Rz 44 ff mN.
9 *Hausmann/Vonkilch*, Wohnrecht § 29 WEG 2002 Rz 14 f mN.
10 *Hausmann/Vonkilch*, Wohnrecht § 18 WEG 2002 Rz 65 ff mN.

tumsanteilen zu berechnende Mehrheit der Wohnungseigentümer vertreten. Wird gemäß § 23 WEG 2002 die Bestellung eines Verwalters bei Gericht beantragt, ist bis zur Entscheidung des Gerichtes der im Grundbuch erstgenannte Wohnungseigentümer Zustellbevollmächtigter.[11] Sollte also ein Verwalter bestellt sein, genügt es den Auftrags- oder Verfügungsbescheid diesem zuzustellen. Name und Anschrift des Verwalters sind gemäß § 19 WEG 2002 im Grundbuch ersichtlich zu machen.[12] Sollte kein Verwalter bestellt sein, genügt immerhin die Zustellung an die Mehrheit der Wohnungseigentümer. Liegt der Sonderfall nach § 23 WEG 2002 vor, genügt sogar die Zustellung an den im Grundbuch erstgenannte Wohnungseigentümer. Zwar kann, sofern – außerhalb des Anwendungsbereiches des § 55a – der Adressat der Grundstückseigentümer ist, auch gegen einzelne Miteigentümer ein Auftrags- oder Verfügungsbescheid ergehen. Vollstreckt werden kann dieser aber erst, wenn er gegenüber allen Miteigentümern rechtskräftig geworden ist.[13] Im Anwendungsbereich des § 55a wird dies erleichtert, da Verpflichtete die Eigentümergemeinschaft ist und nur den Vertretungs- bzw Zustellungsbevollmächtigten zugestellt werden muss.

§ 56 Verweise

(1) Soweit in diesem Gesetz auf andere Landesgesetze verwiesen wird, sind diese in ihrer jeweils geltenden Fassung anzuwenden.

(2) Eine Verweisung in diesem Gesetz auf eines der nachstehend angeführten Bundesgesetze ist als Verweisung auf die nachstehend angeführte Fassung zu verstehen:
  a) **Abfallwirtschaftsgesetz 2002 – AWG 2002**, BGBl. I Nr. 102/2002, zuletzt in der Fassung des Bundesgesetzes BGBl. I Nr. 193/2013;
  b) **Baurechtsgesetz – BauRG**, RGBl. Nr. 86/1912, zuletzt in der Fassung des Bundesgesetzes BGBl. I Nr. 30/2012;
  c) **Bundesstraßengesetz 1971 – BStG 1971**, BGBl. Nr. 286/1971, zuletzt in der Fassung des Bundesgesetzes BGBl. I Nr. 96/2013;

---

11 *Hausmann/Vonkilch*, Wohnrecht § 23 WEG 2002 Rz 17 f mN.
12 *Hausmann/Vonkilch*, Wohnrecht § 19 WEG 2002 Rz 32 f mN.
13 VwGH 16.12.1993, 93/06/0211; VwSlg 14.847 A/1998.

d) Denkmalschutzgesetz – DMSG, BGBl. Nr. 533/1923, zuletzt in der Fassung des Bundesgesetzes BGBl. I Nr. 92/2013;
e) Forstgesetz 1975, BGBl. Nr. 440/1975, zuletzt in der Fassung des Bundesgesetzes BGBl. I Nr. 189/2013;
f) Wasserrechtsgesetz 1959 – WRG 1959, BGBl. Nr. 215/1959, zuletzt in der Fassung des Bundesgesetzes BGBl. I Nr. 54/2014;
g) Wohnungseigentumsgesetz 2002 – WEG 2002, BGBl. I Nr. 70/2002, zuletzt in der Fassung des Bundesgesetzes BGBl. I Nr. 100/2014.

Literatur: *Attlmayr*, Zur verfassungsrechtlichen Zulässigkeit des „Bezugnehmens" auf Normen anderer Rechtssetzungsautoritäten, ÖJZ 2000, 96; *Bezemek*, Verweisungen in der Rechtsprechung des Verfassungsgerichtshofes, JRP 2014, 26; *Eisenberger/Urbantschitsch*, Die Verweisung als Instrument zur Umsetzung von Gemeinschaftsrecht, ÖZW 1999, 74; *Irresberger*, Verweisungen im Landesrecht unter besonderer Berücksichtigung Kärntens, in Festschrift Havranek 2007, 85; *Koja*, Zur Frage der verfassungsrechtlichen Zulässigkeit statischer und dynamischer Verweisungen, JBl 1979, 30.

Inhaltsübersicht   **Rz**
  I. Entwicklung und Rechtsvergleich 1
  II. Verweise 3

I. Entwicklung und Rechtsvergleich

Diese Bestimmung wurde als § 52 K-BO 1992, LGBl 1996/44, geschaffen und in dieser Fassung unverändert als § 56 in die K-BO 1996, LGBl 1996/62, übernommen. Durch LGBl 2012/80 und LGBl 2015/31 erfolgten jeweils Anpassungen der statischen Verweisungen an entsprechende Novellen des Bundesgesetzgebers.   **1**

Eine zentrale Verweisungsnorm findet sich auch in § 60 Abs 3 bis 3b Oö. BauO 1994.   **2**

II. Verweise

Die K-BO 1996 nimmt an verschiedenen Stellen Bezug auf Rechtsvorschriften in anderen Gesetzen. Eine Verweisung liegt nach der Judikatur des VfGH dann vor, wenn „sich der Inhalt einer Norm nicht ab-   **3** schließend aus der Rechtsnorm erschließt, sondern sich erst unter Heranziehung einer oder mehrerer anderer Rechtsvorschriften ergibt."[1] Zu unterscheiden ist, ob diese Bezugnahme auf Rechtsvorschriften des gleichen Normsetzers erfolgt, dh auf ein Kärntner Landesgesetz, oder auf Rechtsvorschriften eines anderen Normsetzers, dh auf ein Bundesgesetz oder eine Unionsbestimmung. Weiters ist zu unterscheiden, ob bloß auf geltende Rechtsvorschriften Bezug genommen wird, dh statisch verwiesen wird, oder auch auf künftige Rechtvorschriften, dh dynamisch verwiesen wird. Denn dynamische Verweisungen auf Normen eines anderen Rechtserzeugungsorgans werden durch den VfGH als verfassungswidrig erachtet, dynamische Verweisungen auf Normen desselben Rechtserzeugungsorgans jedoch als grundsätzlich verfassungsrechtlich zulässig angesehen.[2] Typisch für den Kärntner Landesgesetzgeber wird dieser Judikatur durch eine eigene Bestimmung über Verweisungen nachgekommen.[3] So bestimmt § 56 Abs 1, dass sofern auf andere Landesgesetze verwiesen wird, diese in ihrer jeweils geltenden Fassung anzuwenden sind. Es handelt sich somit um dynamische Verweisungen. Hingegen sind gemäß § 56 Abs 2 die Verweisungen auf eines der angeführten Bundesgesetze als Verweisungen auf die ausdrücklich angeführten Fassungen zu verstehen. Diese Verweisungen sind somit statisch. Hingegen bestehen bei dynamischen Verweisungen auf unmittelbar anzuwendendes Unionsrecht keine verfassungsrechtlichen Bedenken.[4]

Artikel IV [Anm: zu LGBl 2001/31]

(1) Dieses Gesetz tritt an dem der Kundmachung folgenden Tag in Kraft.
(2) [...]
(3) Im Zeitpunkt des Inkrafttretens dieses Gesetzes anhängige Verwaltungsstrafverfahren nach dem Kärntner Akkreditierungs- und Baustoffzulassungsgesetz und nach der Kärntner Bauord-

---

1 VfGH VfSlg 15.267/1998.
2 VfGH VfSlg 6290/1970; VfSlg 14.606/1996; zum Ganzen *Koja*, JBl 1979, 30 ff; *Attlmayr*, ÖJZ 2000, 96 ff; *Irresberger*, Verweisungen im Landesrecht 85 ff mN; kritisch *Bezemek*, JRP 2014, 26 ff mwN.
3 *Irresberger*, Verweisungen im Landesrecht 87 f.
4 VfGH VfSlg 16.999/2003; VwGH 15.11.2007, 2007/03/0127; *Irresberger*, Verweisungen im Landesrecht 86; aA *Eisenberger/Urbantschitsch*, ÖZW 1999, 77 f.

nung 1996 sind nach den bisher geltenden Bestimmungen weiterzuführen, sofern diese für den Beschuldigten günstiger sind.

Artikel II [Anm: zu LGBl 2001/134]

(1) Dieses Gesetz tritt an dem der Kundmachung im Landesgesetzblatt folgenden Monatsersten in Kraft.

(2) Wurde die Errichtung, die Änderung oder der Abbruch eines Antennentragmastens vor dem Inkrafttreten dieses Gesetzes der Behörde gemäß § 7 Abs. 4 K-BO 1996 mitgeteilt, sind auf das Vorhaben die bis zum Inkrafttreten dieses Gesetzes geltenden Bestimmungen anzuwenden.

(3) Bis zum Ablauf des 31. Dezember 2001 treten in § 50 Abs. 1 lit. a, b, c und d K-BO 1996 in der Fassung dieses Gesetzes an die Stelle des Betrages „218 Euro" der Betrag „S 3000,–", an die Stelle des Betrages „14.530 Euro" der Betrag „S 200.000,–", an die Stelle des Betrages „720 Euro" der Betrag „S 10.000,–" und an die Stelle des Betrages „2180 Euro" der Betrag „S 30.000,–".

Artikel III Übergangsbestimmungen [Anm: zu LGBl 2009/16]

Dieses Gesetz tritt an dem der Kundmachung folgenden Monatsersten in Kraft.

Artikel IV [Anm: zu LGBl 2012/80 idF LGBl 2013/85]

(1) Dieses Gesetz tritt mit 1. Oktober 2012 in Kraft.

(2) Verordnungen aufgrund dieses Gesetzes können ab dem auf seine Kundmachung folgenden Tag erlassen werden, sie dürfen jedoch frühestens mit dessen Inkrafttreten in Kraft gesetzt werden.

(3) Im Zeitpunkt des Inkrafttretens dieses Gesetzes anhängige Verfahren sind nach den bisher geltenden Bestimmungen weiterzuführen, sofern in Abs. 4 bis 6 nicht anderes angeordnet ist.

(4) Im Zeitpunkt des Inkrafttretens dieses Gesetzes anhängige Baubewilligungsverfahren sind einzustellen, sofern das Vorhaben nach den Bestimmungen dieses Gesetzes nicht der Baubewilligungspflicht unterliegt.

(5) Im Zeitpunkt des Inkrafttretens dieses Gesetzes anhängige Strafverfahren nach § 50 Abs. 1 lit. a K-BO 1996 sowie nach § 50 Abs. 1 lit. c Z 1 bis 3 K-BO 1996 sind einzustellen, sofern das Vorhaben nach den Bestimmungen dieses Gesetzes nicht der Baubewilligungspflicht unterliegt.

(6) Anrainer, auf die die Voraussetzungen des § 23 Abs. 6 K-BO 1996, LBGl. Nr. 62/1996, zuletzt in der Fassung des Gesetzes LGBl. Nr. 16/2009, im Zeitpunkt des Inkrafttretens dieses Gesetzes zutreffen, sind nur berechtigt, bis zum Ablauf von drei Jahren ab Rechtskraft des Bescheides dessen Zustellung zu beantragen oder Beschwerde an das Landesverwaltungsgericht zu erheben.

(7) Eine von § 41a Abs. 1 K-BO 1996 in der Fassung dieses Gesetzes abweichende Türnummerierung in Gebäuden, die im Zeitpunkt des Inkrafttretens dieses Gesetzes bestehen, kann weiterhin verwendet werden, wenn eine eindeutige Zuordenbarkeit und Kennzeichnung der Wohnungen und Geschäftsräumlichkeiten gegeben ist. Ist eine eindeutige Zuordenbarkeit und Kennzeichnung nicht gegeben oder wurden keine Türnummern vergeben, hat eine Türnummerierung und Kennzeichnung nach § 41a Abs. 1 K-BO 1996 in der Fassung dieses Gesetzes spätestens bis zum Ablauf des 30. Juni 2013 zu erfolgen.

(8) In Wohnungen, die im Zeitpunkt des Inkrafttretens dieses Gesetzes bestehen, sind die Rauchwarnmelder gemäß § 14 Abs. 9 K-BV in der Fassung dieses Gesetzes spätestens bis zum Ablauf des 30. Juni 2013 einzubauen.

(9) Nach bisher geltenden Rechtsvorschriften ausgestellte Energieausweise gelten bis höchstens zehn Jahre nach dem Datum der Ausstellung als Energieausweise im Sinne dieses Gesetzes.

(10) Außer in den Fällen des § 52 K-BV in der Fassung dieses Gesetzes kann die Behörde bei Änderungen von im Zeitpunkt des Inkrafttretens dieses Gesetzes bereits bestehenden Gebäuden und sonstigen baulichen Anlagen im Einzelfall auf Antrag Ausnahmen von den Anforderungen des Art. II dieses Gesetzes und dazu ergangener Durchführungsverordnungen zulassen, sofern die Einhaltung der jeweils in Betracht kommenden Bestimmung
    a)   technisch unmöglich ist oder
    b)   einen unverhältnismäßig hohen wirtschaftlichen Aufwand erfordern würde oder

c) wegen der besonderen geschichtlichen, künstlerischen oder kulturellen Bedeutung des Gebäudes oder der sonstigen baulichen Anlage nicht gerechtfertigt wäre.

Den in § 1 K-BV in der Fassung dieses Gesetzes festgelegten Anforderungen muss jedoch im Wesentlichen entsprochen werden und Interessen der Sicherheit und der Gesundheit dürfen nicht entgegenstehen.

(11) Wird an ein im Zeitpunkt des Inkrafttretens dieses Gesetzes bereits bestehendes Gebäude ein Vollwärmeschutz angebracht, so darf dieser höchstens 20 cm über die Baulinie oder in die Abstandsfläche ragen.

(12) [...]

(13) Mit diesem Gesetz werden umgesetzt:
a) Richtlinie 2006/123/EG des Europäischen Parlaments und des Rates vom 12. Dezember 2006 über Dienstleistungen im Binnen-markt, ABl. Nr. L 376 vom 21.12.2006, S 36;
b) Richtlinie 2009/28/EG des Europäischen Parlaments und des Rates vom 23. April 2009 zur Förderung der Nutzung von Energie aus erneuerbaren Quellen und zur Änderung und anschließenden Aufhebung der Richtlinie 2001/77/EG und 2003/30/EG, ABl. Nr. L 140 vom 5.6.2009, S 16;
c) Richtlinie 2010/31/EU des europäischen Parlaments und des Rates vom 19. Mai 2010 über die Gesamtenergieeffizienz von Ge-bäuden (Neufassung), ABl. Nr. L 153 vom 18. 6. 2010, S 13.

(14) Für Baubewilligungen, deren Wirksamkeit gemäß § 21 Abs. 2 K-BO 1996, LBGl. Nr. 62, zuletzt in der Fassung des Gesetzes LGBl. Nr. 16/2009, im Zeitpunkt des Inkrafttretens dieses Gesetzes bereits verlängert wurde, hat nach Inkrafttreten dieses Gesetzes eine erneute Verlängerung der Wirksamkeit höchstens dreimal zu erfolgen.

Artikel XX Inkrafttreten [Anm: zu LGBl 2012/89]

Dieses Gesetz tritt am 1. September 2012 in Kraft.

Artikel III [Anm: zu LGBl 2013/46]

(1) Dieses Gesetz tritt mit 1. Juli 2013 in Kraft.

(2) [...]

(5) Im Zeitpunkt des Inkrafttretens dieses Gesetzes anhängige Bauverfahren sind nach den bisher geltenden Bestimmungen weiterzuführen.

(6) [...]

(7) Dieses Gesetz wurde einem Informationsverfahren im Sinne der Richtlinie 98/34/EG des Europäischen Parlaments und des Rates vom 22. Juni 1998 über ein Informationsverfahren auf dem Gebiet der Normen und technischen Vorschriften und der Vorschriften für die Dienste der Informationsgesellschaft, ABl. Nr. L 204 vom 21.7.1998, S 37, idF der Richtlinie 98/48/EG des Europäischen Parlaments und des Rates vom 20. Juli 1998, ABl. Nr. L 217 vom 5.8.1998, S 18, und der Richtlinie 2006/96/EG des Rates vom 20. November 2006, ABl. Nr. L 363 vom 20.12.2006, S 81, unterzogen (Notifikationsnummer 2012/601/A).

Artikel IV [Anm: zu LGBl 2015/31]

(1) Dieses Gesetz tritt an dem der Kundmachung folgenden Tag in Kraft.

(2) Mit diesem Gesetz werden umgesetzt:
a) Richtlinie 2009/28/EG des Europäischen Parlaments und des Rates vom 23. April 2009 zur Förderung der Nutzung von Energie aus erneuerbaren Quellen und zur Änderung und anschließenden Aufhebung der Richtlinie 2001/77/EG und 2003/30/EG, ABl. Nr. L 140 vom 5.6.2009, S. 16;
b) Richtlinie 2010/31/EU des Europäischen Parlaments und des Rates vom 19. Mai 2010 über die Gesamtenergieeffizienz von Gebäuden (Neufassung), ABl. Nr. L 153 vom 18. 6. 2010, S. 13.

(3) Art. IV Abs. 10 des Landesgesetzes LGBl. Nr. 80/2012 gilt auch für die Anforderungen nach Art. I dieses Gesetzes.

1.1. Kärntner Bauansuchenverordnung – K-BAV

LGBl 2012/98 und LGBl 2012/102

Inhaltsverzeichnis

§ 1   Antrag
§ 2   Eigentumsnachweis
§ 3   Anrainerverzeichnis
§ 4   Zusatzbelege
§ 5   Technische Belege
§ 6   Errichtung von Gebäuden und sonstigen baulichen Anlagen
§ 7   Verbindung zu einer öffentlichen Fahrstraße
§ 8   Änderungen von Gebäuden und sonstigen baulichen Anlagen
§ 9   Änderung der Verwendung von Gebäuden oder Gebäudeteilen
§ 10 Abbruch
§ 11 Feuerungsanlagen
§ 12 Schlussbestimmungen

Gemäß §§ 9 bis 12 und 15 Abs. 2 der Kärntner Bauordnung 1996 – K-BO 1996, LGBl. Nr. 62/1996, zuletzt in der Fassung des Gesetzes LGBl. Nr. 89/2012, wird verordnet:

§ 1 Antrag

(1) Sofern es sich nicht um ein bewilligungsfreies Vorhaben nach § 7 der Kärntner Bauordnung 1996 handelt, bedarf einer Baubewilligung:
  a) die Errichtung von Gebäuden und sonstigen baulichen Anlagen;
  b) die Änderung von Gebäuden und sonstigen baulichen Anlagen;
  c) die Änderung der Verwendung von Gebäuden oder Gebäudeteilen, sofern für die neue Verwendung andere öffent-

lich-rechtliche, insbesondere raumordnungsrechtliche Anforderungen gelten als für die bisherige Verwendung;
d) der Abbruch von Gebäuden, Gebäudeteilen, sonstigen baulichen Anlagen oder Teilen von solchen;
e) die Errichtung und die Änderung von zentralen Feuerungsanlagen mit einer Nennwärmeleistung über 50 kW, hinsichtlich der Etagenheizung jedoch nur dann, wenn sie mit flüssigen oder gasförmigen Brennstoffen betrieben werden.

(2) Die Erteilung der Baubewilligung ist schriftlich bei der Behörde zu beantragen. Behörde erster Instanz ist in Angelegenheiten, die zum eigenen Wirkungsbereich der Gemeinde gehören, der Bürgermeister und in Angelegenheiten, die nicht zum eigenen Wirkungsbereich der Gemeinde gehören, die Bezirksverwaltungsbehörde.

(3) Der Antrag auf Erteilung der Baubewilligung hat Art, Lage und Umfang des Vorhabens anzugeben.

(4) Bezieht sich der Antrag auf Erteilung der Baubewilligung auf Vorhaben nach Abs. 1 lit. a bis c, hat der Antrag neben den in Abs. 3 geforderten Angaben auch noch die Verwendung des Vorhabens anzugeben.

(5) Bei Vorhaben nach Abs. 1 lit. a bis c ist der Antrag in zweifacher Ausfertigung einzureichen, wenn als Behörde erster Instanz der Bürgermeister einzuschreiten hat.

§ 2 Eigentumsnachweis

(1) Allen Anträgen auf Erteilung einer Baubewilligung sind anzuschließen:
a) ein Beleg über das Grundeigentum;
b) Ein Beleg über die Zustimmung des Grundeigentümers oder der Miteigentümer, wenn der Antragsteller nicht Eigentümer oder Alleineigentümer ist; die Zustimmung der Miteigentümer ist nicht erforderlich, wenn es sich um Vorhaben innerhalb eines Wohnungseigentums- oder Zubehörobjektes gemäß § 2 Abs. 2 und 3 WEG 2002 handelt; im Fall der Eigentümerpartnerschaft gemäß § 2 Abs. 10 WEG 2002 ist jedoch die Zustimmung des anderen Partners erforderlich;

c) ein Beleg über die Zustimmung des Eigentümers eines Superädifikates zu Bauführungen an diesem, wenn der Antragsteller nicht selbst Eigentümer des Superädifikates ist.

(2) Als Belege über das Eigentum gelten:
a) ein Grundbuchsauszug, der nicht älter als drei Monate sein darf, oder
b) eine Urkunde, auf Grund derer das Eigentum im Grundbuch einverleibt werden kann und der Antrag auf grundbücherliche Einverleibung des Eigentumsrechtes beim zuständigen Grundbuchgericht bereits eingebracht wurde, oder
c) ein Nachweis über einen außerbücherlichen Eigentumserwerb, etwa durch Zuschlag bei einer Zwangsversteigerung, durch Einantwortung im Erbwege, Ersitzung oder Enteignung.

§ 3 Anrainerverzeichnis

Allen Anträgen auf Erteilung einer Baubewilligung ist, bezogen auf die angrenzenden oder jene Grundstücke, die vom Baugrundstück höchstens 15 m entfernt sind, ein Verzeichnis der Eigentümer (Miteigentümer) mit Angabe der Wohnadresse und erforderlichenfalls ein Verzeichnis der Wohnungseigentümer gemäß § 23 Abs. 2 lit. b Kärntner Bauordnung 1996 mit Angabe der Wohnadresse anzuschließen.

§ 4 Zusatzbelege

(1) Die Behörde hat für den Fall, dass ein Vorhaben nach § 1 Abs. 1 lit. a bis c auf einer Fläche ausgeführt werden soll, für die eine gemäß § 12 Z 2 des Kärntner Gemeindeplanungsgesetzes 1995 ersichtlich zu machende Nutzungsbeschränkung besteht, und dass das diese Nutzungsbeschränkung enthaltende Gesetz (z.B. Kärntner Naturschutzgesetz 2002, Kärntner Nationalpark- und Biosphärenparkgesetz, Wasserrechtsgesetz 1959, Bundesstraßengesetz 1971, Kärntner Straßengesetz 1991, Denkmalschutzgesetz) eine Bewilligung für Vorhaben nach § 1 Abs. 1 lit. a bis c vorsieht, dem Bewilli-

gungswerber aufzutragen, dem Antrag auf Erteilung der Baubewilligung auch diese Bewilligung anzuschließen.

(2) Die Behörde hat für den Fall, dass ein Vorhaben nach § 1 Abs. 1 lit. a bis c auf Waldboden im Sinne des Forstgesetzes 1975 errichtet werden soll, dem Bewilligungswerber aufzutragen, dem Antrag auf Erteilung der Baubewilligung die Rodungsbewilligung anzuschließen.

(3) Aufträge nach Abs. 1 und 2 dürfen nur erteilt werden, wenn ein Vorhaben nach § 1 Abs. 1 lit. a bis c nicht schon deshalb abzuweisen ist (§ 15 Abs. 1 der Kärntner Bauordnung 1996), weil ihm der Flächenwidmungsplan entgegensteht.

(4) Die Behörde hat für den Fall, dass ein Vorhaben nach § 1 Abs. 1 lit. a gemäß § 5 Abs. 1 oder gemäß § 10 des Kärntner Naturschutzgesetzes 2002 oder gemäß § 12 des Kärntner Nationalpark- und Bisophärengesetzes einer Bewilligung bedarf, dem Bewilligungswerber aufzutragen, dem Antrag auf Erteilung der Baubewilligung die in Betracht kommende Bewilligung anzuschließen.

§ 5 Technische Belege

(1) Einem Antrag auf Erteilung einer Baubewilligung sind nach Maßgabe der §§ 6 bis 12 Lagepläne, Baupläne, Beschreibungen und technische Berichte anzuschließen. Sind zur Beurteilung des Vorhabens Detailpläne, Berechnungen oder Detailangaben erforderlich, sind auch solche Belege beizubringen.

(2) Sind zur Beurteilung des Vorhabens im Hinblick auf Interessen der Sicherheit und Gesundheit Detailpläne, Berechnungen oder Detailangaben erforderlich, sind auch diese Belege beizubringen. Diese Verpflichtung erstreckt sich nicht auf Eigenschaften des Vorhabens, die der Behörde amtsbekannt sind.

(3) Pläne müssen aus haltbarem Papier oder einem gleichwertigen Stoff hergestellt sein.

(4) Die Vorlage von digital erstellten Plänen ist zulässig, wenn die technischen Einrichtungen bei der Behörde vorhanden sind.

(5) Pläne, Berechnungen und Beschreibungen müssen in zweifacher Ausfertigung beigebracht werden.

(6) Pläne, Berechnungen und Beschreibungen müssen von einem zur Erstellung solcher Unterlagen Berechtigten erstellt und unterfertigt und vom Bewilligungswerber unterfertigt sein.

§ 6 Errichtung von Gebäuden und sonstigen baulichen Anlagen

(1) Dem Antrag auf Errichtung von Gebäuden und sonstigen baulichen Anlagen sind der Lageplan (Abs. 2), der Bauplan (Abs. 3) und die Beschreibung (Abs. 4) anzuschließen.

(2) Der Lageplan ist im Maßstab 1:500 – lässt dieser Maßstab eine Beurteilung auf Grund zu vieler Eintragungen nicht oder nur schwer zu, im Maßstab 1:200 – auszuführen und hat folgende Angaben – diejenigen nach lit. g bis j nur, wenn dies Art und Verwendungszweck des Vorhabens erfordern, und diejenigen nach lit. k nur bei Gebäuden und gebäudeähnlichen baulichen Anlagen – zu enthalten:

a) die Nordrichtung;
b) den Maßstab;
c) die Grenzen des Grundstückes, auf dem das Vorhaben ausgeführt werden soll, und die Ansätze der Grenzen der unmittelbar angrenzenden Grundstücke;
d) die Nummern der Grundstücke nach lit. c samt Angaben der Katastralgemeinde; bei Straßen ist neben der Grundstücksnummer auch deren Bezeichnung anzuführen;
e) vorhandene bauliche Anlagen auf den Grundstücken nach lit. c, wobei bei bestehenden Gebäuden, die auf demselben Grundstück liegen, auch die Abstandsflächen (§ 5 der Kärntner Bauvorschriften) dieser bestehenden Gebäude darzustellen sind;
f) die Lage des Vorhabens mit Maßangaben insbesondere den Abständen zu den Grundstücksgrenzen;
g) die Angabe der Höhe des Erdgeschossfußbodens bezogen auf die absolute Höhe oder auf einen angegebenen Fixpunkt;
h) die Darstellung der Anlagen für die Wasserversorgung und Abwasserbeseitigung;
i) eine der Art, Lage und Verwendung des Vorhabens entsprechende Verbindung zu einer öffentlichen Fahrstraße;

j) die Anordnung vorgesehener Grünanlagen, Kinderspielplätze und Stellplätze für Kraftfahrzeuge;
k) die Darstellung der Abstandsflächen gemäß § 5 der Kärntner Bauvorschriften;
l) im Falle der Errichtung einer Luftwärmepumpe ihren Standort.

(3) Der Bauplan ist im Maßstab 1:100 – lässt dieser Maßstab eine Beurteilung des Vorhabens nicht oder nur schwer zu, im Maßstab von 1:50 – auszuführen und hat die Beurteilung des Vorhabens erforderlichen Grundrisse, Schnitte und Ansichten zu enthalten. Die Schnittführung ist so zu wählen, dass die Höhenentwicklung des Vorhabens ablesbar ist.

a) Der Grundriss hat zu enthalten:
   1. den Maßstab;
   2. nach Art und Verwendungszweck des Vorhabens die Angabe der Türnummern iSd § 41a Kärntner Bauordnung 1996, die Geschosse mit Angabe des Verwendungszweckes der Räume, die Stiegen und Rampen, die Abgasanlagen, die Rohrleitungen und Schächte sowie die ortsfesten Lagerbehälter für Brennstoffe, die Maße aller im Grundriss angegebenen Darstellungen;
   3. die Höhenlage des angrenzenden Geländes – bei beabsichtigten Veränderungen auch die Höhenlage des projektierten Geländes.
b) Der Schnitt hat zu enthalten:
   1. den Maßstab;
   2. die Höhenmaße aller im Schnitt angegebenen Darstellungen des Vorhabens;
   3. den Verlauf des angrenzenden Geländes und dessen Höhenlage bezogen auf die Höhe des Erdgeschossfußbodens oder den angegebenen Fixpunkt iSd Abs. 2 lit. g – bei beabsichtigten Veränderungen auch den Verlauf des angrenzenden projektierten Geländes;
   4. nach Art und Verwendungszweck des Vorhabens das Steigungsverhältnis der Stiegen und Rampen.
c) Die Ansicht hat zu enthalten:
   1. den Maßstab;
   2. die Darstellung des Vorhabens, den Verlauf des angrenzenden Geländes – bei beabsichtigten Veränderungen

auch den Verlauf des angrenzenden projektierten Geländes – und die angrenzenden baulichen Anlagen;
3. die für die Ermittlung der Abstandsflächen gemäß § 5 der Kärntner Bauvorschriften maßgeblichen Höhenkoten.

(4) Die Beschreibung hat zu enthalten:
a) die Erläuterung des Vorhabens;
b) die Größe des Grundstückes, auf dem das Vorhaben errichtet werden soll;
c) die Größe der überbauten Fläche;
d) die Größe des Brutto-Rauminhaltes;
e) die Bruttogeschoßflächenzahl (das Verhältnis der Summe der Brutto-Grundrissflächen oder der nach dem Bebauungsplan maßgeblichen Flächen zu der gemäß lit. b angegebenen oder nach dem Bebauungsplan maßgeblichen Quadratmeterzahl) samt deren Ermittlung;
f) die Angabe des Fluchtniveaus;
g) die Angabe der Gebäudeklasse;
h) die Angabe der Wärmedurchgangskoeffizienten – U-Werte – der außenliegenden Bauteile, der erdberührenden Bauteile und der Bauteile zu unkonditionierten Gebäudeteilen;
i) den Energieausweis im Sinne des § 43 der Kärntner Bauvorschriften. Dieser ist sowohl in Schriftform als auch in elektronischer Form zu übermitteln;
j) die Prüfung der technischen, ökologischen und wirtschaftlichen Realisierbarkeit des Einsatzes von hocheffizienten alternativen Systemen iSd § 43 Abs. 3 lit. a bis d Kärntner Bauvorschriften;
k) die Art der Wasserversorgung, Abwasserbeseitigung, Stromversorgung und Energiebereitstellung (insbesondere Heizung, Warmwasser und Kühlung);
l) im Falle der Errichtung einer Luftwärmepumpe ihren Standort und die vom Hersteller für diesen Gerätetyp gemessene Schallemission als Schallleistungspegel.

(5) Finden die Bestimmungen der §§ 5 bis 10 der Kärntner Bauvorschriften keine Anwendung, weil in einem Bebauungsplan andere Abstände festgelegt sind (§ 4 Abs. 2 der Kärntner Bauvorschriften), so tritt an die Stelle der in den Abs. 2 lit. e und k und Abs. 3 lit. c vorgesehene Darstellungen der Abstandsflächen nach § 5 der

Kärntner Bauvorschriften die Darstellung der nach dem Bebauungsplan erforderlichen Abstände.

§ 7 Verbindung zu einer öffentlichen Fahrstraße

Führt die im Lageplan gemäß § 6 Abs. 2 lit. i darzustellende, der Art, Lage und Verwendung des Vorhabens entsprechende Verbindung zu einer öffentlichen Fahrstraße über nicht im Eigentum des Bewilligungswerbers stehende Grundstücke, so ist ein Nachweis über die Sicherstellung der Zufahrt durch ein im Grundbuch einverleibtes dingliches Recht beizubringen, wobei § 2 Abs. 2 lit. b sinngemäß gilt.

§ 8 Änderungen von Gebäuden und sonstigen baulichen Anlagen

(1) Auf Anträge auf Änderung von Gebäuden oder sonstigen baulichen Anlagen finden die Bestimmungen des § 6 Abs. 2, Abs. 3 und Abs. 4 lit. a bis h und k mit der Maßgabe Anwendung, dass in den Bauplänen außer der geplanten baulichen Maßnahme auch der bestehende Zustand ersichtlich zu machen ist. Auf Anträge auf größere Renovierung von Gebäuden findet darüber hinaus § 6 Abs. 4 lit. i und j Anwendung.

(2) Auf Anträge auf Änderung von Gebäuden, sofern sich die Änderung nur auf das Innere bezieht, finden die Bestimmungen des § 6 Abs. 3 lit. a und b und Abs. 4 lit. a mit der Maßgabe Anwendung, dass in den Bauplänen und der Beschreibung außer der geplanten baulichen Maßnahme auch der bestehende Zustand ersichtlich zu machen ist.

§ 9 Änderung der Verwendung von Gebäuden oder Gebäudeteilen

Auf Anträge auf Änderung der Verwendung von Gebäuden oder Gebäudeteilen finden die Bestimmungen des § 6 Abs. 3 lit. a und b und Abs. 4 lit. a mit der Maßgabe Anwendung, dass in den Bauplänen außer der beabsichtigten Änderung der Verwendung auch die bisherige Verwendung ersichtlich zu machen ist.

§ 10 Abbruch

Auf Anträge auf Abbruch von Gebäuden, Gebäudeteilen, sonstigen baulichen Anlagen oder Teilen von solchen finden die Bestimmungen des § 6 Abs. 2 lit. a, b, f, h und i, des § 6 Abs. 3 lit. a und des § 6 Abs. 3 lit. b Z 1 bis 3 Anwendung.

§ 11 Feuerungsanlagen

Auf Anträge auf Errichtung und Änderung von zentralen Feuerungsanlagen nach § 1 Abs. 1 lit. e finden die Bestimmungen des § 6 Abs. 3 lit. a mit der Maßgabe, dass anstelle der Stiegen und Rampen der Aufstellungsort der zentralen Feuerungsanlage anzugeben ist und die Angabe der Türnummern zu entfallen hat, des § 6 Abs. 3 lit. b Z 1 und 2 und des § 6 Abs. 4 lit. a (technischer Bericht) Anwendung. Dem technischen Bericht muss insbesondere zu entnehmen sein die Art des Heizungssystems, die Art der Befeuerung, die Nennwärmeleistung, die Kesseltype unter Angabe des Leistungsbereiches und die Art des Brennstoffes, die Art der Brennstofflagerung und -versorgung. Bei zentralen Feuerungsanlagen mit einer Nennwärmeleistung über 50 kW müssen im technischen Bericht überdies Angaben über die Abgasverluste, die Emissionsdaten und eine Wärmebedarfsberechnung enthalten sein. Bei Anträgen auf Änderungen von zentralen Feuerungsanlagen nach § 1 Abs. 1 lit. e ist neben der beabsichtigten Änderung auch der bisherige Zustand anzugeben.

§ 12 Schlussbestimmungen

(1) Diese Verordnung tritt mit 1. Oktober 2012 in Kraft.

(2) Mit dem Inkrafttreten dieser Verordnung tritt die Bauansuchenverordnung, LGBl. Nr. 42/2002, in der Fassung des Gesetzes LGBl. Nr. 14/2008, außer Kraft.

(3) Mit dem Inkrafttreten dieser Verordnung tritt die Verordnung des Landeshauptmannes vom 17. Juli 2002 über Bauansuchen für bundeseigene Gebäude, LGBl. Nr. 49/2002, außer Kraft.

(4) Für im Zeitpunkt des Inkrafttretens dieser Verordnung bereits anhängige Verfahren gelten die bisherigen Bestimmungen.

1.2. Verordnung über die Ausführungsplakette für Bauvorhaben

LGBl 1998/14

Inhaltsverzeichnis

§ 1 Gestalt und Form
§ 2 Verpflichtung zur Anbringung
§ 3 Inkrafttreten
Anlage

Gemäß § 32 der Kärntner Bauordnung 1996 (K-BO 1996), LGBl. Nr. 62/1996, in der Fassung der Kundmachung LGBl. Nr. 52/1997, wird verordnet:

§ 1 Gestalt und Form

(1) Die Ausführungsplakette hat als schriftliche Bestätigung über die erteilte Baubewilligung die aus dem Muster der Anlage ersichtlichen Angaben zu enthalten. Die Ausführungsplakette ist in oranger Farbgebung mit schwarzer beständiger Schrift zumindest in der Größe des Formates A4 zu gestalten.

(2) Die Ausführungsplakette ist von der Behörde, die die Baubewilligung erteilt, demjenigen, dem die Baubewilligung erteilt wird, zugleich mit der Zustellung der Baubewilligung in einer witterungsbeständigen durchsichtigen Hülle, sofern nicht das Material der Ausführungsplakette und die darauf angebrachte Schrift selbst witterungsbeständig sind, zu übermitteln.

§ 2 Verpflichtung zur Anbringung

Der Bauleiter und derjenige, in dessen Auftrag das Vorhaben ausgeführt wird, sind verpflichtet, die Ausführungsplakette an der Baustelle an wahrnehmbarer Stelle gut sichtbar anzubringen. Die Plakette darf vor der Rechtskraft der Baubewilligung (Abänderung der Baubewilligung) nicht angebracht werden (§ 32 Abs. 2 K-BO 1996).

§ 3 Inkrafttreten

Diese Verordnung tritt mit 1. Mai 1998 in Kraft.
Gleichzeitig tritt die Verordnung der Kärntner Landesregierung über die Ausführungsplakette für Bauvorhaben, LGBl Nr 59/1980, außer Kraft.

Anlage (§ 1 Abs. 1)

Farbgebung orange

Bestätigung der Baubewilligung

Ausführungsplakette nach § 32 der Kärntner Bauordnung 1996

Baubehörde:_____

_____

Art des bewilligten Vorhabens: _____

_____

_____

Ausführungsort: _____

Grundstück Nr.:_____, KG:_____

Bescheid vom _____, Zahl:_____

Das Bauvorhaben wird ausgeführt über Auftrag des Herrn/der Frau/Firma:

_____

Name des Bauleiters*/**:_____

_____

Auflagen betreffend die Art und Zeit der Baudurchführung (§ 18 Abs. 8 K-BO 1996): _____

_____

_____

_____

1.2. Verordnung über die Ausführungsplakette für Bauvorhaben **Anlage**

Auflagen betreffend die Reihenfolge der Ausführung der baulichen Anlagen, wenn keine gleichzeitige Ausführung erfolgt (§ 18 Abs. 10 K-BO 1996): _____

_____

Anordnungen zur Vermeidung unnötig störenden Lärms am Ausführungsort des Vorhabens (§ 28 K-BO 1996): _____

_____

Für die Baubehörde:

* Nur bei Vorhaben nach § 6 lit. a, b, d und e K-BO 1996
** Ist der Name des Bauleiters der Behörde im Zeitpunkt der Zustellung der Baubewilligung nicht bekannt, so hat ihn der Bauherr gleichzeitig mit der Baubeginnsmeldung in die Ausführungsplakette einzutragen.

1.3. Bauarchitekturverordnung

LGBl 2011/20

Inhaltsverzeichnis

§ 1 Allgemeine Bestimmungen
§ 2 Geltungsbereich
§ 3 Schlussbestimmungen

Gemäß § 13 Abs. 5 der Kärntner Bauordnung 1996 – K-BO 1996, LGBl. Nr. 62/1996, in der Fassung des Gesetzes LGBl. Nr. 16/2009 sowie der Kundmachungen LGBl. Nr. 52/1997, 13/2000, 31/2001, 134/2001, 22/2004 und 77/2005, wird verordnet:

§ 1 Allgemeine Bestimmungen

(1) Bei folgenden Vorhaben hat die Behörde im Rahmen der Vorprüfung gemäß § 13 der Kärntner Bauordnung 1996, LGBl. Nr. 62/1996, in der Fassung des Gesetzes LGBl. Nr. 16/2009, nach Maßgabe der Bestimmungen dieser Verordnung ein Gutachten der Ortsbildpflege-Sonderkommission einzuholen, wenn diese Vorhaben wegen ihrer außergewöhnlichen Architektur oder Größe (Höhe) von der örtlichen Bautradition abweichen:
a) die Errichtung von Gebäuden und sonstigen baulichen Anlagen gemäß § 6 lit. a der Kärntner Bauordnung 1996;
b) die Änderung von Gebäuden und sonstigen baulichen Anlagen gemäß § 6 lit. b der Kärntner Bauordnung 1996;
c) die Änderung der Verwendung von Gebäuden oder Gebäudeteilen gemäß § 6 lit. c der Kärntner Bauordnung 1996, sofern für die neue Verwendung andere öffentlich-rechtliche, insbesondere raumordnungsrechtliche Anforderungen gelten als für die bisherige Verwendung.

(2) Ausgenommen vom Abs. 1 sind:
a) Baumaßnahmen bei bestehenden Gebäuden und sonstigen baulichen Anlagen, die auf das äußere Erscheinungsbild keinen wesentlichen Einfluss haben sowie

b) die Änderung der Verwendung von Gebäuden oder Gebäudeteilen, soweit diese Änderung der Verwendung keine wesentliche Auswirkung auf das Ortsbild hat
c) Maßnahmen, Vorhaben oder Einrichtungen, die der Telekommunikation, wie insbesondere Antennentragmasten oder Sendeeinrichtungen, dienen und Maßnahmen, Vorhaben oder Einrichtungen die der Infrastruktur dienen, wie insbesondere der Wasserversorgung, der Abwasserentsorgung, der Energieerzeugung, der Energieversorgung, der Abfallbehandlung, der Abfallverwertung, der Straßen-, oder Schienenverkehr oder sonstige dem Verkehr dienende Einrichtungen.

§ 2 Geltungsbereich

Vorhaben unterliegen den Regelungen des § 1, wenn sie die nachstehenden Voraussetzungen erfüllen:
a) bei den Vorhaben muss es sich um eines der folgenden Vorhaben handeln:
  1. Veranstaltungszentren, die nicht nur dem vorübergehenden Bedarf im Rahmen von Märkten, Ausstellungen, Messen und ähnlichem dienen, sondern dauerhaft für die Durchführung von Veranstaltungen bestimmt sind, an denen jeweils mehr als 300 Besucher teilnehmen können, wie insbesondere Stadien, Sportstätten und Hallen für sportliche, kulturelle und religiöse Zwecke, sowie Großdiskotheken und Großkinos und andere bauliche Anlagen mit vergleichbarer Nutzung;
  2. Gebäude und sonstige bauliche Anlagen, die dem Fremdenverkehr oder der Freizeitgestaltung dienen (wie etwa größere Gast- und Beherbergungsbetriebe, Hotelanlagen, Aussichtstürme, Freizeitparks, Vergnügungs- und Erholungseinrichtungen, Thermalbäder, udgl.);
  3. Versammlungsstätten und andere bauliche Anlagen mit vergleichbarer Nutzung;
  4. Gebäude und sonstige baulichen Anlagen mit einem Fluchtniveau von mehr als 15 Meter;

5. Kirchen, Klöster, Burgen, Schlösser, Moscheen, größere sakrale Bauten, udgl.;
6. Schwerpunkt- und Zentralkrankenanstalten;
b) und es muss sich bei diesen Vorhaben um ein Gebäude oder eine sonstige bauliche Anlage handeln,
   1. dessen/deren Bauführung von der örtlichen Bautradition und Baukultur so wesentlich abweicht, dass es zu einer Veränderung des traditionell gewachsenen Ortsbildes kommen kann oder
   2. das/die eine nicht der traditionellen Baukultur entsprechende Bauwerksart und Formensprache aufweist oder
   3. das/die – einschließlich der Elemente sowie deren den Dachbereich überragende Bauteile – das Verhältnis von deren kürzesten linearen Abbildung der Basis zur Höhe 1:3 überschreitet oder
   4. das/die bezogen auf die durchschnittliche umgebende für das Bauvorhaben und das Ortsbild relevante Bebauung in ihrer Höhenentwicklung oder Kubatur wesentlich überschreitet,
c) und diese Vorhaben müssen auf Grundflächen, die eine der folgenden Widmungskategorien ausweisen, ausgeführt werden:
   1. Bauland – Dorfgebiet
   2. Bauland – (reines) Wohngebiet
   3. Bauland – (reines) Kurgebiet
   4. Bauland – gemischtes Baugebiet
   5. Bauland – Geschäftsgebiet
   6. Bauland – Sondergebiet
   7. Grünland

§ 3 Schlussbestimmungen

Diese Verordnung tritt am 25. März 2011 in Kraft.

1.4. Kärntner Bau-Übertragungsverordnung

LGBl 2012/97

Inhaltsverzeichnis

§ 1
§ 2
§ 3   Schlussbestimmungen

Gemäß Art. 118 Abs. 7 B-VG und § 10 Abs. 5 K-AGO, LGBl. Nr. 66/1998, zuletzt geändert mit LGBl. Nr. 85/2013 wird auf Antrag der in § 1 Abs. 1 angeführten Gemeinden verordnet:

§ 1

(1) Die Besorgung der im § 2 dieser Verordnung genannten Angelegenheiten der örtlichen Baupolizei betreffend
a) Betriebsanlagen nach der Gewerbeordnung 1994, die einer gewerbebehördlichen Genehmigung bedürfen,
b) bauliche Anlagen, die neben der Baubewilligung auch einer wasserrechtlichen Bewilligung bedürfen,wird von folgenden Gemeinden auf die Bezirkshauptmannschaft Hermagor übertragen:
Gemeinde
1 Dellach
2 Gitschtal
3 Hermagor-Pressegger See
4 Kirchbach
5 Kötschach-Mauthen
6 Lesachtal
7 St. Stefan im Gailtal

(2) Die Übertragung gemäß Abs. 1 lit. b erfolgt auf den Landeshauptmann, wenn für die bauliche Anlage eine wasserrechtliche Bewilligung des Landeshauptmannes in erster Instanz erforderlich ist.

§ 2

(1) Die Übertragung gemäß § 1 umfasst alle Aufgaben der Behörde nach der Kärntner Bauordnung 1996, den Kärntner Bauvorschriften und dem Kärntner Ortsbildpflegegesetz 1990, ausgenommen die in § 2 Abs. 2 dieser Verordnung angeführten Angelegenheiten.

(2) Von der Übertragung gemäß § 1 dieser Verordnung ist die Vollziehung des 9. Abschnittes der Kärntner Bauordnung 1996 ausgenommen.

(3) Bei einer Mischnutzung oder Mischverwendung gilt die Übertragung gemäß § 1 dieser Verordnung nur wenn die erfassten baulichen Anlagen überwiegend den in § 1 Abs. 1 lit. a und b genannten Zwecken dienen. Die überwiegende Nutzung oder Verwendung ist anhand der Nutzfläche, bei diesbezüglichem Gleichstand anhand des umbauten Raumes (der Kubatur) zu beurteilen. Im Sinn dieser Bestimmung gilt als Nutzfläche bei Gebäuden die Netto-Gesamtgeschoßfläche, im Übrigen aber die tatsächlich für gewerbliche oder sonstige Zwecke genutzte Fläche.

(4) Der Gemeinde gemeldete oder von ihr wahrgenommene Missstände sind vom Bürgermeister unverzüglich der Bezirkshauptmannschaft mitzuteilen, wenn sie von der Übertragung erfasste bauliche Anlagen betreffen.

§ 3 Schlussbestimmungen

(1) Diese Verordnung tritt mit dem der Kundmachung folgenden Monatsersten in Kraft.

(2) Im Zeitpunkt des Inkrafttretens dieser Verordnung anhängige Verfahren sind nach den bisher geltenden Bestimmungen weiterzuführen.

2. Kärntner Bauvorschriften – K-BV

LGBl 1985/56, LGBl 1986/32, LGBl 1990/37, LGBl 1993/91, LGBl 1993/103, LGBl 1994/26, LGBl 1997/55, LGBl 2001/31, LGBl 2003/36, LGBl 2005/101, LGBl 2008/10, LGBl 2012/80 und LGBl 2015/31

Inhaltsverzeichnis

1. Abschnitt – Allgemeines
§ 1   Anforderungen
§ 2   Stand der Technik
§ 2a   [Anm: entfallen]
§ 2b   [Anm: entfallen]

2. Abschnitt – Grundstücke und Anordnung von Gebäuden
§ 3   Grundstück
§ 4   Abstände
§ 5   Abstandsflächen
§ 6   Wirkung von Abstandsflächen
§ 7   Gebäudeanordnung und Abstandsflächen
§ 8   Vergrößerung der Tiefe von Abstandsflächen
§ 9   Verringerung der Tiefe von Abstandsflächen
§ 10   Abstand bei baulichen Anlagen

3. Abschnitt – Bautechnische Anforderungen
§ 11   Mechanische Festigkeit und Standsicherheit
§ 12   Brandschutz
§ 13   Tragfähigkeit der baulichen Anlagen im Brandfall
§ 14   Ausbreitung von Feuer und Rauch innerhalb der baulichen Anlage

§ 15 Ausbreitung von Feuer auf andere bauliche Anlagen
§ 16 Fluchtwege
§ 17 Erfordernisse für Rettung und Löscharbeiten im Brandfall
§ 18 Hygiene, Gesundheit und Umweltschutz
§ 19 Sanitäreinrichtungen
§ 20 Abwässer und Niederschlagswässer
§ 21 Sonstige Abflüsse
§ 22 Abfälle
§ 23 Abgase von Feuerstätten
§ 24 Schutz vor Feuchtigkeit
§ 25 Nutzwasser
§ 26 Trinkwasser
§ 27 Schutz vor gefährlichen Immissionen
§ 28 Belichtung und Beleuchtung
§ 29 Belüftung und Beheizung
§ 30 Niveau und Höhe der Räume
§ 31 Lagerung gefährlicher Stoffe
§ 32 Nutzungssicherheit
§ 33 Erschließung
§ 34 Schutz vor Rutsch- und Stolperunfällen
§ 35 Schutz vor Absturzunfällen
§ 36 Schutz vor Aufprallunfällen und herabstürzenden Gegenständen
§ 37 Schutz vor Verbrennungen
§ 38 Blitzschutz
§ 39 Barrierefreie Gestaltung von baulichen Anlagen
§ 40 Schallschutz
§ 41 Bauteile
§ 42 Haustechnische Anlagen
§ 43 Energieeinsparung und Wärmeschutz

4. Abschnitt – Sonderbestimmungen
§ 44 [Anm: entfallen]
§ 45 Wohnungen
§ 46 Schulen, Kindergärten und Horte
§ 47 Krankenanstalten
§ 48 Wohnheime für alte Menschen, Pflegeeinrichtungen

5. Abschnitt – Klimaanlagen
§ 49 Begriff
§ 50 Wiederkehrende Überprüfung

5a. Abschnitt – Niedrigstenergiegebäude
§ 50a Begriff
§ 50b Zu errichtende Niedrigstenergiegebäude

6. Abschnitt – Durchführungsverordnung; Ausnahmen
§ 51 Durchführungsverordnung
§ 52 Ausnahmen

7. Abschnitt – Schlussbestimmungen
§ 53 Vollziehung

ErlRV Verf-236/41/1985, 1 ff (zu LGBl 1985/56):

„1. Die Kärntner Bauvorschriften 1980, LGBl. Nr. 61, stellen Rechtsvorschriften im Rang einer Verordnung dar; ihre gesetzliche Grundlage haben sie – wie auch die vorhergehenden Bauvorschriften – in den §§ 22 und 23 der Kärntner Bauordnung, LGBl. Nr. 48/1969.

Nach nunmehr ca. 15 Jahren hat der Verfassungsgerichtshof mit seinem Erkenntnis vom 4. Dezember 1984, Z l. G 82/83-11, G 139/84-7, G 148/84-8, V 61/83-11, V 25 / 84-7, V 28/84-8, § 23 der Kärntner Bauordnung, LGBl. Nr. 48/1969, als verfassungswidrig aufgehoben. Der Schwerpunkt der Begründung liegt darin, daß § 23 der Kärntner Bauordnung die Verordnungsermächtigung zur Erlassung der technischen Bauvorschriften durch eine Anzahl unbestimmter Begriffe, wie „Sicherheit", „Gesundheit", „Energieersparnis", „Landschaftsbild" oder „Ortsbild" umschreibt, die aneinander gereiht werden, ohne daß eine Rangordnung oder Gewichtung erkennbar wäre, welchem Begriff nun bei der einzelnen konkreten Anordnung der Vorzug zu geben ist, und keinerlei Anleitung zur Interessensabwägung gibt.

Mit der Aufhebung der Grundlage für die technischen Bauvorschriften war zwangsläufig die Aufhebung der Kärntner Bauvorschriften 1980 verbunden, da diese ja nunmehr in der Kärntner Bauordnung keine gesetzliche Deckung mehr haben.

Als Termin für das Außerkrafttreten des § 23 der Kärntner Bauordnung und der Kärntner Bauvorschriften 1980 hat der Verfassungsgerichtshof den Ablauf des 1. Dezember 1985 festgelegt. Das bedeutet, daß bis zu diesem Zeitpunkt § 23 der Kärntner Bauordnung und die Kärntner Bauvorschriften 1980 jedenfalls unangreifbar in Geltung stehen und daß die Kärntner Bauvorschriften auch anzuwenden sind.

Zu betonen ist auch, daß der Verfassungsgerichtshof keine einzige Regelung der Kärntner Bauvorschriften als solche als verfassungswidrig angesehen hat, sondern ihre Aufhebung nur deshalb ausgesprochen hat, weil eben mit der gleichzeitigen Aufhebung des § 23 der Kärntner Bauordnung die gesetzliche Grundlage weggefallen ist.

2. Die Zweiteilung der baurechtlichen Normen in Vorschriften, die das Bauverfahren regeln (Kärntner Bauordnung) und in technische – Vorschriften (bisher Kärntner Bauvorschriften 1980), die das „Wie" des Bauens regeln, hat sich in Kärnten – sowie auch in einzelnen anderen Bundesländern – bewährt.

Die Zweiteilung in eine das Bauverfahren regelnden Norm (Kärntner Bauordnung) und in eine Norm, die die technischen Bestimmungen enthält, soll daher beibehalten werden.

Das Erkenntnis des Verfassungsgerichtshofes macht eine Änderung der Kärntner Bauordnung zum derzeitigen Zeitpunkt in keiner Weise erforderlich.

Da im Hinblick auf die Begründung im vorher angeführten Erkenntnis eine ausreichende Verordnungsermächtigung für technische Bauvorschriften nicht mehr gefunden werden kann, ist es erforderlich, die Kärntner Bauvorschriften im Gesetzesrang neu zu erlassen.

Der vorliegende Gesetzentwurf enthält daher inhaltlich weitestgehend diejenigen Normen, die bisher bereits in den Kärntner Bauvorschriften 1980, LGBl. Nr. 61, enthalten sind und verändert lediglich die Vorschriften, deren Änderung bereits bisher beabsichtigt war.

Der vorliegende Gesetzentwurf stellt daher im wesentlichen nichts anderes dar, als eine Wiedergabe der Kärntner Bauvorschriften 1980 mit Abänderungen in einigen Punkten (vor allem eine Vereinfachung der Abstandsregelungen; s. Z. 3).

3. Die bedeutungsvollste Änderung stellt die Vereinfachung der Regelungen über die Abstände dar, die bei der Errichtung von Gebäuden und baulichen Anlagen von der Grundstücksgrenze und von anderen Gebäuden und baulichen Anlagen einzuhalten sind.

Es ist allerdings zu betonen, daß von den Grundsätzen der bisherigen Regelung des § 4 der Kärntner Bauvorschriften 1980 nicht abgegangen werden soll, da sie sich in der Praxis bewährt haben; die Regelungen des § 4 sollen lediglich vereinfacht und durch eine Gliederung in mehrere Bestimmungen klarer gefaßt werden.

Eine Umfrage bei allen Gemeinden hat gezeigt, daß lediglich eine Gemeinde auf Abstandsregelungen verzichten möchte und daß nur sechs Gemeinden negative Erfahrungen mit den Abstandsregelungen gemacht haben.

Ein Abgehen von den Grundprinzipien zur Ermittlung der Abstandsflächen wird zum einen auf Grund der durchwegs positiven Erfahrungen einerseits und auf Grund des Umstandes, daß dieses System in Vorarlberg bereits seit 1972 mit guten Erfahrungen angewendet wird, nicht erfolgen.

4. Die sonstigen Änderungen, die im vorliegenden Entwurf gegenüber den Kärntner Bauvorschriften 1980 vorgenommen wurden, sind auf Grund von Wünschen erfolgt, die auf Grund praktischer Erfahrungen in den letzten Jahren und im Begutachtungsverfahren herangetragen wurden.

Die Erläuternden Bemerkungen im Besonderen Teil werden auf diese materiellen Änderungen im einzelnen eingehen.

5. Grundsätzlich ist jedoch zum vorliegenden Entwurf ebenso wie zu den bisher geltenden Kärntner Bauvorschriften 1980 festzuhalten, daß er vom Grundgedanken getragen ist, dem Sachverständigen für das Bauen Hilfe zu leisten, den Sachverstand aber nicht völlig durch Normen zu ersetzen und ihm damit im Einzelfall unpraktikable, unflexible und an die tatsächlichen Gegebenheiten nicht angleichbare Lösungen aufzuzwingen. Der vorliegende Entwurf stellt – so wie die bisherigen technischen Bauvorschriften – Anforderungen an den Sachverständi-

gen und soll ihn nicht überflüssig machen. Die Bauvorschriften legen somit auch den Baubehörden kein enges Korsett an, sondern ermöglichen im Rahmen der öffentlichen Interessen ein Eingehen auf die Besonderheiten des Einzelfalls."

ErlRV 01-VD-LG-1369/4-2012, 1 f (zu LGBl 2012/80):

„1. Auf Grund wiederkehrender Forderungen der am Baugeschehen Beteiligten, eine Harmonisierung der bautechnischen Vorschriften vorzunehmen, wurde mit Beschluss der Landesamtsdirektorenkonferenz vom 22. März. 2000 eine zu diesem Zweck eingerichtete Länderexpertengruppe beauftragt, gemeinsam mit dem Österreichischen Institut für Bautechnik (OIB) einen Vorschlag zur Vereinheitlichung der technischen Bauvorschriften in Österreich auszuarbeiten. Die daraus resultierende Vereinbarung gemäß Art 15a B-VG über die Harmonisierung bautechnischer Vorschriften wurde am 6. Dezember 2004 von allen Landeshauptleuten unterzeichnet. Der Kärntner Landtag hat dieser Vereinbarung in seiner Sitzung am 17. März 2005 gemäß Art. 66 Abs. 1 K-LVG die Zustimmung erteilt. Zwei Bundesländer haben jedoch bisher die genannte Vereinbarung nicht ratifiziert, weshalb die Voraussetzungen für ihr Inkrafttreten nicht vorliegen. Dennoch setzte das OIB die Arbeit an den in der Vereinbarung vorgesehen 6 OIB-Richtlinien fort. Diese wurden von der Generalversammlung des OIB am 25. April 2007 beschlossen und auf der Homepage des OIB veröffentlicht (www.oib.or.at). Am 6. Oktober 2011 wurden von der Generalversammlung des OIB die OIB-Richtlinien – Ausgabe Oktober 2011 – beschlossen und veröffentlicht.

Die Landesamtsdirektorenkonferenz empfahl mit Beschluss vom 5. Oktober 2006 im Sinne einer möglichst weitreichenden Harmonisierung der bautechnischen Vorschriften in Österreich, den Inhalt der Art. 3 bis 36 der Vereinbarung in die Landesrechtsordnung zu übernehmen. Dieser Empfehlung wurde bisher in den Ländern Burgenland, Tirol,

Steiermark, Vorarlberg und Wien entsprochen. In Kärnten (§ 11 Kärntner Bauvorschriften – K-BV, LGBl. Nr. 56/1985, zuletzt in der Fassung des Gesetzes LGBl. Nr. 10/2008), Niederösterreich und Oberösterreich wurde zum Zwecke der Umsetzung der EU-Gebäuderichtlinie

(2002/91/EG) nur die OIB-Richtlinie 6 „Energieeinsparung und Wärmeschutz" übernommen.

In der vorliegenden Novellierung der K-BV werden die Art. 3 bis 36 der Vereinbarung gemäß Art 15a B-VG über die Harmonisierung bautechnischer Vorschriften nunmehr auch (mit geringfügigen Abweichungen) in das Kärntner Baurecht aufgenommen. Es wird eine Verordnungsermächtigung für die Landesregierung zur Verbindlicherklärung der Richtlinien und technischen Regelwerke des Österreichischen Instituts für Bautechnik geschaffen. In den K-BV werden lediglich zielorientierte Anforderungen festgelegt. Dabei werden folgende Schutzziele näher definiert und präzisiert:

1. Mechanische Festigkeit und Standsicherheit

2. Brandschutz

3. Hygiene, Gesundheit und Umweltschutz

4. Nutzungssicherheit

5. Schallschutz

6. Energieeinsparung und Wärmeschutz

Die technischen Detailanforderungen werden jeweils in den OIB-Richtlinien 1 bis 6, die strukturell den sechs Schutzzielen folgen, festgelegt.

Die Novelle übernimmt weitgehend Art. 3 bis 36 der Vereinbarung gemäß Art 15a B-VG über die Harmonisierung bautechnischer Vorschriften. Dies gilt, um eine größtmögliche Harmonisierung zu erreichen, auch für die ausgearbeiteten Erläuternden Bemerkungen der Vereinbarung. Bei den einzelnen Bestimmungen werden aber jeweils die Abweichungen der K-BV aufgezeigt und erläutert.

2. Das nach dem GWR-Gesetz seit dem 26. November 2004 eingerichtete Gebäude- und Wohnungsregister (GWR) ist ein Objektregister mit Grundstücken, Gebäuden, Wohnungen, sonstigen Bauwerken und Nutzungseinheiten, wobei die Eigentümer bzw. Nutzungsberechtigten im GWR nicht geführt werden. Es hat derzeit bereits dahingehend eine Doppelfunktion, dass es einerseits der Bundesanstalt Statistik Austria als Register für statistische Zwecke und andererseits – soweit es Daten der Objekte, die in einem Gemeindebereich situiert sind, beinhaltet – den betreffenden Gemeinden als Verwaltungsregister zur Wahrnehmung der ihnen obliegenden Aufgaben dient.

Im Interesse der Verwaltungsökonomie ist durch die Novelle des GWR-Gesetzes, BGBl. I Nr. 125/2009, nunmehr vorgesehen, auch den Ländern die Nutzung des GWR für Verwaltungszwecke zu ermöglichen (§ 7 Abs. 2 Z 1 GWR-Gesetz).

Weiters zeigte sich für einige Länder ein Ergänzungsbedarf des GWR mit den Daten der Energieausweise, um den Meldeverpflichtungen aufgrund der Richtlinie 2010/31/EU über die Gesamtenergieeffizienz von Gebäuden nachkommen und bundes- bzw. länderspezifische energiepolitische Fragestellungen (Kalibrierung der Anforderung an die Energiekennzahlen; Schaffung von umwelt- und energiepolitischen Grundlagendaten, wie Energieeffizienz von Gebäuden, CO_2-Ausstoß, Art der Wärmebereitstellung und des Energieträgers) beantworten zu können. Kärnten hat gemeinsam mit Salzburg und der Steiermark, die Zentrale-Energieausweis-Datenbank „ZEUS" entwickelt und sieht bereits in der geltenden Rechtslage die elektronische Übermittlung des Energieausweises an die Landesregierung vor (§ 11 der Kärntner Bauvorschriften – K-BV). Die Novelle des GWR-Gesetzes berücksichtigt die bereits bestehenden Landesdatenbanken (§ 1 Abs. 4 Z 3 und 4 GWR-Gesetz), in Kärnten wird somit für die Energieausweisaussteller weiterhin die ausschließliche Nutzung der Landesdatenbank möglich sein.

Darüber hinaus soll das GWR aber auch als technische Plattform für die nach den landesrechtlichen Vorschriften auszustellenden Energieausweise zur Verfügung stehen. Form und Inhalt des Energieausweises sind durch landesrechtliche Bestimmungen gegeben und beinhalten auch die GWR-Zahl (Energieausweisnummer), die den Grundsätzen der Eindeutigkeit zu entsprechen hat (siehe Kärntner Energieeinsparungs- und Wärmeschutzverordnung mit dem Verweis auf die Richtlinie 6 des Österreichischen Instituts für Bautechnik). Im Zuge der Registrierung der Energieausweises wird unter Verwendung des zu den Daten des Nutzungsobjektes (siehe § 7 Abs. 2 Z 7 GWR-Gesetz), für die der Energieausweis ausgestellt wurde, enthaltenen Schlüssels die GWR-Zahl (Energieausweisnummer) erzeugt und zusammen mit den zugehörigen Ergebnisdaten des Energieausweises in der Energieausweisdatenbank abgelegt. Durch die Verspeicherung der GWR-Zahl samt den zugehörigen Daten des Energieausweises wird die Eindeutigkeit sichergestellt. Die im Zuge des Verfahrens erzeugte GWR-Zahl wird über die Landesdatenbank dem Ausweisaussteller für die Eintragung in den Energieausweis zur Verfügung gestellt.

[…]

Um dem Land Kärnten die Nutzung des GWR für Verwaltungszwecke zu ermöglichen, das GWR als technische Plattform für die nach den landesrechtlichen Vorschriften auszustellenden Energieausweise zur Verfügung zu stellen und eine eindeutig zuordenbare GWR-Zahl (auch für Wohnung und Geschäftsräumlichkeit) zu erstellen, bedarf es einer Änderung der Kärntner Bauordnung 1996 – K-BO 1996, LBGl. Nr. 62, zuletzt in der Fassung des Gesetzes LGBl. Nr. 16/2009, und der K-BV (siehe dazu die §§ 1 Abs. 4 Z 2 bis 5, 4 Abs. 1 Z 7, 7 Abs. 2 Z 1 und 7, 11 Abs. 6, Abschnitt C Z 2 GWR-Gesetz).

3. […]

4. Die Novellierung der K-BV inklusive der notwendigen Anpassungen der K-BO 1996 hinsichtlich der Energieausweise wurde im Juni 2010 einem Begutachtungsverfahren unterzogen (siehe Zl.: -2V-LG-1252/14-2010). Schon zuvor wurde auch die Überarbeitung der OIB-Richtlinien 1 bis 6 durch das OIB begonnen. Die Fertigstellung dieser Überarbeitung wurde ursprünglich für den Herbst 2010 erwartet, konnte allerdings erst im Herbst 2011 beendet werden. Inzwischen erfolgte auch eine Ausarbeitung und Begutachtung (Zl.: -2V-LG-1396/4-2011) einer grundlegenden Novelle zur K-BO 1996. Auf Grund der engen Verzahnung der K-BV und der K-BO 1996 werden die Novellierungen zu einer Regierungsvorlage verschmolzen.

Da durch die Übernahme der OIB-Richtlinien nunmehr auch spezielle baurechtliche Bestimmungen für Wohnheime für alte Menschen und Pflegeeinrichtungen bestehen bzw. in den K-BV geschaffen werden (Brandschutz, Aufzugspflicht), können die entsprechenden Regelungen im Kärntner Heimgesetz – K-HG, LBGl. Nr. 7/1996, zuletzt in der Fassung des Gesetzes LGBl. Nr. 81/2005, entfallen. Auf Grund dieses thematischen Zusammenhangs wird auch das K-HG im Rahmen dieses Gesetzes novelliert."

1. Abschnitt – Allgemeines

§ 1 Anforderungen

(1) **Bauliche Anlagen und alle ihre Teile sind so zu planen und auszuführen, dass sie unter Berücksichtigung der Wirtschaftlichkeit gebrauchstauglich sind und die in Folge angeführten bautechni-**

schen Anforderungen erfüllen. Diese Anforderungen müssen entsprechend dem Stand der Technik (§ 2) bei vorhersehbaren Einwirkungen und bei normaler Instandhaltung über einen wirtschaftlich angemessenen Zeitraum erfüllt werden. Dabei sind Unterschiede hinsichtlich der Lage, der Größe und der Verwendung der baulichen Anlagen zu berücksichtigen.

(2) Bautechnische Anforderungen an bauliche Anlagen im Sinne dieses Gesetzes sind:
a) Mechanische Festigkeit und Standsicherheit;
b) Brandschutz;
c) Hygiene, Gesundheit und Umweltschutz;
d) Nutzungssicherheit und Barrierefreiheit;
e) Schallschutz;
f) Energieeinsparung und Wärmeschutz.

(3) Bauteile müssen aus entsprechend widerstandsfähigen Bauprodukten hergestellt oder gegen schädigende Einwirkungen geschützt sein, wenn sie solchen Einwirkungen ausgesetzt sind. Schädigende Einwirkungen sind zB Umweltschadstoffe, Witterungseinflüsse, Erschütterungen oder korrosive Einwirkungen.

ErlRV 01-VD-LG-1369/4-2012, 16 f (zu LGBl 2012/80):

„In Abweichung zu Art. 2 Z 2 und Art 3 Abs. 1 der Vereinbarung gemäß Art 15a B-VG über die Harmonisierung bautechnischer Vorschriften wird der Begriff „Bauwerk" nicht übernommen, sondern am Begriff der „baulichen Anlage" festgehalten, da dieser auch in anderen Gesetzen des Kärntner Baurechts verwendet wird. Inhaltlich ist aber dasselbe gemeint. Für das Vorliegen einer baulichen Anlage ist wesentlich, dass diese mit dem Boden in Verbindung steht und zu deren fachgerechten Herstellung bautechnische Kenntnisse erforderlich sind.

Es werden die 6 wesentlichen Anforderungen der Bauproduktenrichtlinie (89/106/EWG) angeführt. Die grundsätzlichen Anforderungen dieses Absatzes folgen sinngemäß dem Anhang 1 der Bauproduktenrichtlinie. Die als „wesentliche Anforderungen" nachfolgend angeführten bautechnischen Anforderungen müssen von der baulichen Anlage als Ganzes und in ihren Teilen erfüllt werden, worauf sowohl bei der Planung als auch bei der Ausführung Bedacht zu nehmen ist. Hierbei muss auch die Gebrauchstauglichkeit gewährleistet bleiben, das heißt, normalerweise vorhersehbare Einwirkungen dürfen weder die Sicherheitsaspekte der wesentlichen Anforderungen noch die Gebrauchstauglichkeit beeinträchtigen. Diese Anforderungen müssen bei normaler Instandhaltung über einen wirtschaftlich angemessenen Zeitraum erfüllt werden. Als Kriterien für die Formulierung technischer Detailanforderungen zum Zweck der Erfüllung dieser Zielvorgaben werden Lage, Größe und Verwendung der baulichen Anlage genannt.

Abs. 3 weist darauf hin, dass zum Zweck der Erfüllung der allgemeinen Anforderungen des Abs. 1 und 2 neben einer normalen Instandhaltung dann noch zusätzliche Maßnahmen getroffen werden müssen, wenn Bauteile schädigenden Einflüssen ausgesetzt sind, die die Erfüllung der wesentlichen Anforderungen beeinträchtigen könnten.

Abs. 4 entspricht der geltenden Rechtslage in § 1 Abs. 2."

§ 2 Stand der Technik

Stand der Technik im Sinne dieses Gesetzes ist der auf den einschlägigen wissenschaftlichen Erkenntnissen beruhende Entwicklungsstand fortschrittlicher bautechnischer Verfahren, Einrichtungen und Bauweisen, deren Funktionstüchtigkeit erprobt oder sonst erwiesen ist.

ErlRV 01-VD-LG-1369/4-2012, 17 (zu LGBl 2012/80):

„§ 2 Entspricht der Begriffsbestimmung in Art. 2 der Vereinbarung gemäß Art 15a B-VG über die Harmonisierung bautechnischer Vorschriften."

§ 2a [Anm: entfallen]

§ 2b [Anm: entfallen]

2. Abschnitt – Grundstücke und Anordnung von Gebäuden

§ 3 Grundstück

Gebäude und sonstige bauliche Anlagen dürfen nicht auf Grundstücken errichtet werden, die sich im Hinblick auf die Bodenbeschaffenheit, die Grundwasserverhältnisse oder wegen einer Gefährdung durch Hochwässer, Lawinen, Steinschlag oder wegen ähnlicher Gefahren für eine Bebauung nicht eignen; dies gilt insofern nicht, als diese Gefahren durch geeignete Maßnahmen abgewendet werden oder keine Gefährdung von Menschen eintritt oder wenn es sich um bauliche Anlagen zur Abwehr oder Verringerung von Gefahren handelt.

ErlRV Verf-236/41/1985, 6 (zu LGBl 1985/56):

„Zu §§ 2 und 3 (Geltung, Grundstück):

Entsprechen §§ 2 und 3 der Kärntner Bauvorschriften 1980."

§ 4 Abstände

(1) Oberirdische Gebäude und sonstige bauliche Anlagen sind entweder unmittelbar aneinander zu bauen oder so anzuordnen, daß sie voneinander und von der Grundstücksgrenze einen ausreichenden Abstand haben. Der Abstand ist in Abstandsflächen (§ 5) auszudrücken.

(2) Wenn und soweit in einem Bebauungsplan Abstände festgelegt sind, sind die Bestimmungen des Abs. 1 letzter Satz und der §§ 5 bis 10 nicht anzuwenden.

(3) Der Abstand oberirdischer Gebäude und baulicher Anlagen voneinander und von der Grundstücksgrenze ist nach den Bestimmungen der §§ 5 bis 10 so festzulegen, daß

a) jener Freiraum gewahrt bleibt, der zur angemessenen Nutzung von Grundstücken und Gebäuden auf dem zu bebauenden Grundstück und auf den Nachbargrundstücken erforderlich ist;

b) eine nach Art des Vorhabens ausreichende Belichtung möglich ist und
c) Interessen der Sicherheit und des Schutzes des Ortsbildes nicht verletzt werden.

ErlRV Verf-236/41/1985, 4 f und 6 f (zu LGBl 1985/56):

„3. Die bedeutungsvollste Änderung stellt die Vereinfachung der Regelungen über die Abstände dar, die bei der Errichtung von Gebäuden und baulichen Anlagen von der Grundstücksgrenze und von anderen Gebäuden und baulichen Anlagen einzuhalten sind.

Es ist allerdings zu betonen, daß von den Grundsätzen der bisherigen Regelung des § 4 der Kärntner Bauvorschriften 1980 nicht abgegangen werden soll, da sie sich in der Praxis bewährt haben; die Regelungen des § 4 sollen lediglich vereinfacht und durch eine Gliederung in mehrere Bestimmungen klarer gefaßt werden.

Eine Umfrage bei allen Gemeinden hat gezeigt, daß lediglich eine Gemeinde auf Abstandsregelungen verzichten möchte und daß nur sechs Gemeinden negative Erfahrungen mit den Abstandsregelungen gemacht haben.

Ein Abgehen von den Grundprinzipien zur Ermittlung der Abstandsflächen wird zum einen auf Grund der durchwegs positiven Erfahrungen einerseits und auf Grund des Umstandes, daß dieses System in Vorarlberg bereits seit 1972 mit guten Erfahrungen angewendet wird, nicht erfolgen.

[...]

Zu §§ 4 bis 10:

Diese Regelungen sollen in übersichtlicher Form und Gliederung die bisherigen Bestimmungen des § 4 der Kärntner Bauvorschriften über die Ermittlung des Abstandes von Gebäuden und baulichen Anlagen zueinander und zur Grundstücksgrenze ablösen. Die bessere Gliederung trägt wesentlich zur leichteren Lesbarkeit und zum besseren Verständnis der Abstandsregelungen bei. Inhaltlich wird – trotz einiger Vereinfachungen – die Kontinuität im Hinblick auf die derzeit geltenden Bestimmungen des § 4 der Kärntner Bauvorschriften 1980 gewahrt.

Zu § 4 (Abstände):

Diese Regelung normiert in klarer Weise, daß ausreichende Abstände vorzusehen sind und umschreibt in eindeutiger Weise auch die Zielsetzungen, die für die Normierung dieser Abstände maßgebend sind. Durch die Regelung des Abs. 1 wird eindeutig klargestellt, daß oberirdische Gebäude und bauliche Anlagen voneinander und zur Grundstücksgrenze einen ausreichenden Abstand haben müssen, sofern sie nicht unmittelbar aneinander gebaut werden. Es wird gleichzeitig der Hinweis darauf gegeben, daß die Abstände eben in Abstandsflächen nach § 5 auszudrücken sind.

Die Bestimmung des § 4 Abs. 2 entspricht inhaltlich dem zweiten Halbsatz des § 4 Abs. 1 der Kärntner Bauvorschriften 1980. Es ist jedoch in diesem Zusammenhang erforderlich, auf die Bestimmungen des § 14 Abs. 5 des Gemeindeplanungsgesetzes 1982, LGBl. Nr. 51, [Anm: § 25 Abs 7 K-GplG 1995 idgF] zu verweisen, da nicht jede in einem Bebauungsplan enthaltene Anordnung, etwa über die Baulinien oder die Geschoßanzahl und die Traufenhöhe, die Festlegung von Abständen nach den Bestimmungen der §§ 5 bis 10 dieses Gesetzes entbehrlich macht. Nicht jede „Abstandsregelung" in Bebauungsplänen kann die Anordnungen der §§ 4 bis 10 ersetzen. Es müssen „qualifizierte" Abstandsregelungen sein. Wird etwa in einem Bebauungsplan nicht hinsichtlich aller vier Seiten eines Grundstückes ein qualifizierter Abstand festgelegt (vgl. § 14 Abs. 5 Gemeindeplanungsgesetz 1982 [Anm: § 25 Abs 7 K-GplG 1995 idgF]), sondern nur für zwei Seiten, so gelten hinsichtlich der anderen zwei Seiten die Abstandsregelungen dieses Gesetzes.

Abs. 3 umschreibt die Interessen, die für die Festlegung von Abständen maßgebend sind. Die Regelung des Abs. 3 wird auch zur Auslegung dann heranzuziehen sein, wenn sich die Frage ergibt, ob gemäß § 8 die Tiefe von Abstandsflächen zu vergrößern oder gemäß § 9 die Tiefe von Abstandsflächen zu verringern ist."

§ 5 Abstandsflächen

(1) **Die Abstandsfläche ist für jede Außenwand eines oberirdischen Gebäudes zu ermitteln. Die Abstandsfläche muß so tief sein wie sechs Zehntel des Abstandes zwischen der Außenwand und den durch eine Linie verbundenen Schattenpunkten, die sich auf einer in Höhe des jeweiligen Fußpunktes der Außenwand gelegten**

2. Abschnitt – Grundstücke und Anordnung von Gebäuden § 5

Waagrechten ergeben, wenn über das Gebäude Licht in einem Winkel von 45 Grad einfällt. Zur Ermittlung der Abstandsfläche sind so viele Schattenpunkte heranzuziehen, daß durch ihre Verbindung eine entsprechende Darstellung der Abstandsfläche ermöglicht ist. Bei der Ermittlung der Schattenpunkte sind untergeordnete Vorbauten und Bauteile (§ 6 Abs. 2 lit. a bis d) nicht zu berücksichtigen. Übersteigen Vorbauten und Bauteile das im § 6 Abs. 2 lit. c angeführte Ausmaß von 1,30 m, so ist anstelle der Außenwand eine lotrechte Ebene heranzuziehen, die parallel zur Außenwand, jedoch um 1,30 m von der äußersten Begrenzung des Gebäudes in Richtung zur Außenwand, gezogen wird.

(2) Ergibt sich aus Abs. 1 eine Tiefe der Abstandsfläche von weniger als 3,00 m, so ist als Tiefe der Abstandsfläche 3,00 m anzunehmen.

ErlRV Verf-236/41/1985, 8 f (zu LGBl 1985/56):

„Die Regelungen des § 5 entspricht im wesentlichen der Bestimmung des § 4 Abs. 3 der Kärntner Bauvorschriften 1980. Sie ist lediglich klarer gefaßt. Es kommt überdies zum Ausdruck, daß eben für jede Außenwand eines oberirdischen Gebäudes eine Abstandsfläche zu ermitteln ist. In weiterer Folge wird umschrieben, wie nun die Ermittlung dieser Abstandsfläche vorzunehmen ist.

Eine wesentliche Änderung gegenüber der bisherigen Rechtslage ergibt sich daraus, daß die Abstandsflächen auch dann nach § 5 zu ermitteln sind, wenn in dieser Außenwand, für die die Abstandsfläche zu ermitteln ist, Fenster von Aufenthaltsräumen angeordnet sind. Die Regelung, daß die Abstandsflächen vor Fenstern von Außenwänden anders zu ermitteln sind als bei Außenwänden, die keine Fenster von Aufenthaltsräumen enthalten, ist ersatzlos weggefallen. Dieser Wegfall führt zu einer wesentlichen Vereinfachung auch aus dem Grund, weil grundsätzlich von einem einheitlichen Ausmaß der Abstandsfläche auszugehen ist.

Die Bestimmung des § 5 Abs. 1 bringt besser als bisher zum Ausdruck, wie die Abstandsfläche zu ermitteln ist. Aus der Bestimmung des Abs. 1 ergibt sich auch, daß so viele Schattenpunkte für die Ermittlung der Abstandsflächen heranzuziehen sind, daß durch die Verbindung der Schattenpunkte eine genaue Silhouette der Außenwand, für die diese Abstandsfläche ermittelt wird, wiedergegeben wird.

Eine gesonderte Regelung für den Fall, ob das Gebäude nun auf einer Ebene oder im geneigten Gelände errichtet wird, ist jedenfalls entbehrlich. Die Regelung des § 5 Abs. 1 ist unabhängig davon anzuwenden, ob das Gebäude nun in Hanglage oder auf einer Waagrechten errichtet werden soll.

a) Die Abstandsfläche liegt jeweils in einer Waagrechten, die beim Fußpunkt der Außenwand ansetzt, also beim Schnittpunkt der Außenwand mit dem projektierten Gelände. Das projektierte Gelände ist das Gelände, wie es sich nach Fertigstellung des Bauvorhabens darstellen wird. Es ist auch im Bauansuchen nach den Bestimmungen der Bauansuchenverordnung darzustellen. Eine Identität zwischen dem projektierten und dem gewachsenen Gelände kann daher nur dann angenommen werden, wenn keine Anschüttungen oder Abgrabungen erfolgen.

b) Als Außenwand ist die äußerste Begrenzungsfläche des Baukörpers anzunehmen; soferne untergeordnete Vorbauten und Bauteile nach § 6 lit. a bis d das Ausmaß von 1,30 m Tiefe nicht überschreiten, können sie unberücksichtigt bleiben. Überschreiten diese Vorbauten und Bauteile jedoch das Ausmaß von 1,30 m, so ist anstelle der tatsächlichen Außenwand eine lotrechte Ebene heranzuziehen, die parallel zur Außenwand, jedoch um l,30 m von der äußersten Begrenzung des Gebäudes in Richtung der tatsächlichen Außenwand anzunehmen ist; es handelt sich hiebei um eine gedachte (gezeichnete) Begrenzungsebene.

Der bisherige Mindestabstand von 3 m, der in § 4 Abs. 4 der Kärntner Bauvorschriften 1980 enthalten war, wurde durch Abs. 2 aufrecht erhalten. Es darf in diesem Zusammenhang auf die Anlage zu den Erläuternden Bemerkungen verwiesen werden; diese Anlage wird in einzelnen Skizzen – so wie bisher – die verschiedenen Möglichkeiten zur Ermittlung der Schattenpunkte aufzeigen."

2. Abschnitt – Grundstücke und Anordnung von Gebäuden §5

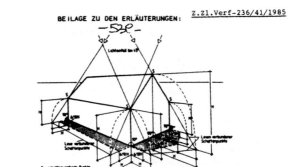

Abb 1: Ermittlung der Linien verbundener Schattenpunkte und Abstandsflächen nach § 5 Abs. 1

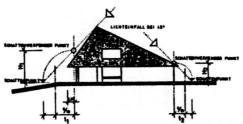

Abb. 2: Tiefe t der Abstandsflächen (§ 4 Abs. 3) bei einem auskragenden Steildachhaus

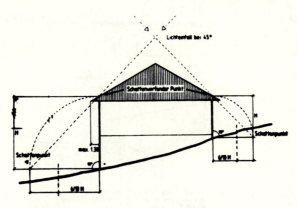

Abb. 3: Tiefe der Abstandsflächen nach § 5 Abs 1 in Hanglage

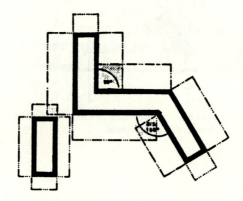

Abb. 4: Bei nicht gegenüberliegenden Außenwänden ist die Überdeckung der Abstandsflächen zulässig (§ 5 Abs. 1)

2. Abschnitt – Grundstücke und Anordnung von Gebäuden § 5

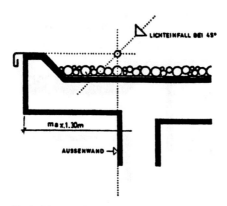

Abb. 5: Schattenwerfender Punkt (§ 5 Abs.1) bei ein Flachdach mit Vordach (Vordachausladung bis 1.30 m)

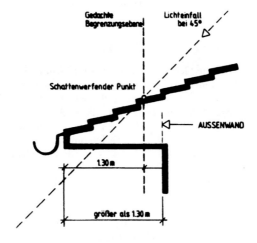

Abb 6: Schattenwerfender Punkt (§ 5 Abs 1) bei einem geneigten Dach mit Vordach. (Vordachausladung größer als 1,30 m)

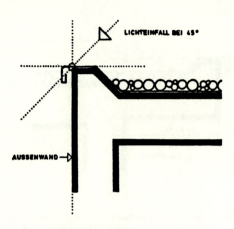

Abb. 7: **Schattenwerfender Punkt** (§ 5 Abs. 1) bei eii
Flachdach ohne Vordach

§ 6 Wirkung von Abstandsflächen

(1) Oberirdische Gebäude sind so anzuordnen, daß sich in den Abstandsflächen ihrer Außenwände nur die in Abs. 2 lit. a bis d angeführten Gebäude oder sonstigen baulichen Anlagen befinden.

(2) In Abstandsflächen dürfen nur die nachstehend angeführten Gebäude oder sonstige bauliche Anlagen errichtet werden, und zwar unabhängig davon, ob sie in Verbindung mit einem Gebäude oder einer sonstigen baulichen Anlage oder für sich allein errichtet werden:

a) bauliche Anlagen, die an keiner Stelle mehr als 1,50 m hoch sind;

b) ein Gebäude oder eine sonstige bauliche Anlage, das keine Aufenthaltsräume und Feuerstätten enthält, wie eine Einzelgarage oder ein Nebengebäude von ähnlicher Form und Größe oder eine überdeckte, mindestens an zwei Seiten offene Terrasse von höchstens 25 m² Grundfläche, wenn

   aa) es nicht höher als 2,50 m über dem angrenzenden projektierten Gelände liegt,

2. Abschnitt – Grundstücke und Anordnung von Gebäuden § 6

bb) ein Lichteinfall im Sinne des § 28 Abs. 1 hinsichtlich des zu errichtenden Vorhabens nicht verhindert und hinsichtlich bestehender Gebäude nicht verschlechtert wird und

cc) Interessen der Sicherheit, der Gesundheit und des Schutzes des Ortsbildes nicht verletzt werden;

c) Dachvorsprünge, Sonnenblenden, Erker, Balkone, Wetterdächer u. ä. bis zu einer Ausladung von 1,30 m;

d) überdeckte, seitlich offene oder an einer Längsseite geschlossene und höchstens 2,00 m breite und 2,50 m hohe Zugänge.

ErlRV Verf-236/41/1985, 11 f (zu LGBl 1985/56):

„Aus dem Einleitungssatz zu § 4 Abs. 2 der Kärntner Bauvorschriften 1980 war herauszulesen, daß – von einigen Ausnahmen abgesehen – die Abstandsfläche eine „Bauverbotszone" war, in der nur die ausdrücklich angeführten Gebäude und baulichen Anlagen errichtet werden durften; die Gebäude mußten so angeordnet werden, daß auch – von den angeführten Ausnahmen abgesehen – keine bestehenden Gebäude und baulichen Anlagen in diesen Abstandsflächen zu liegen kamen. Sinn der Abstandsflächen ist ja, daß sie eben nicht verbaut werden sollen. Diese sich aus § 4 Abs. 2 der Kärntner Bauvorschriften ergebenden Konsequenzen wurden nun durch § 6 in eindeutiger Weise gefaßt.

Die in Abs. 2 lit. a bis d enthaltene Aufzählung von Gebäuden und baulichen Anlagen, die in den Abstandsflächen errichtet werden dürfen bzw. die sich dort befinden dürfen, entsprechen den Regelungen des § 2 lit. a bis e. Es erfolgte jedoch auch hier eine klarere Fassung.

Bauliche Anlagen, die an keiner Stelle mehr als 1 m hoch sind, dürfen ohne weitere Prüfung in den Abstandsflächen errichtet werden (sich dort befinden).

Bauliche Anlagen, die höher als 1 m, jedoch nicht höher als 2,50 m über dem angrenzenden projektierten Gelände liegen, dürfen nur dann in den Abstandsflächen errichtet werden, wenn die Voraussetzungen nach Abs. 2 lit. b aa) bis cc) erfüllt sind. Wesentlich ist jedoch der Hinweis, daß die Gebäudegröße annähernd der Größe einer Garage für einen Stellplatz entsprechen muß. Größere Gebäude sind jedenfalls unzulässig und zwar auch dann, wenn die Höhe von 2,50 m nicht überschritten wird. Maßgebend für die Ermittlung der Höhe von Gebäuden und sonstigen baulichen Anlagen, die in den Abstandsflächen errichtet werden dürfen, ist jedenfalls das angrenzende projektierte Gelände. Dieses ist nach der Bauansuchenverordnung in den Plänen darzustellen. Diesbezüglich erfolgte eine Klarstellung gegenüber der Regelung des § 4 Abs. 2 lit. b (bisher „verglichenes Gelände"). Auslegungsschwierigkeiten werden durch diese Neufassung jedenfalls vermieden.

Die Regelung des § 4 Abs. 2 lit. e der Kärntner Bauvorschriften 1980 wurde in die Regelung des § 6 Abs. 2 lit. b dieses Entwurfes eingebaut. Hiefür waren sachliche Erwägungen maßgebend, da nicht ersichtlich ist, weshalb über überdachte Terrassen, die an zwei Seiten geschlossen sein dürfen, andere Kriterien maßgebend sein sollen, als für Gebäude, die keine Aufenthaltsräume und Feuerstätten enthalten.

Die Neufassung des § 6 Abs. 2 lit. b gibt auch bei Gebäuden, die in den Abstandsflächen errichtet werden dürfen, eine Richtlinie für ihre Größe (Länge und Breite) dahingehend vor, daß das Ausmaß etwa, das herkömmlicherweise für eine Einzelgarage erforderlich ist, nicht überschritten werden darf."

§ 7 Gebäudeanordnung und Abstandsflächen

(1) Oberirdische Gebäude sind so anzuordnen, daß die Abstandsflächen gegenüberliegender Außenwände einander nicht überdecken. Als gegenüberliegende Außenwände gelten solche, deren Flächen zueinander parallel verlaufen oder die einen kleineren Winkel als 90 Grad einschließen. Soweit es sich um die Abstandsflächen innerhalb desselben Baugrundstückes handelt, darf eine Abstandsfläche bis zu ihrer halben Tiefe die andere überdecken.

(2) Oberirdische Gebäude sind so anzuordnen, daß die Abstandsflächen auf dem Baugrundstück selbst liegen, soweit durch Abs. 3 nicht anderes bestimmt ist.

(3) Angrenzende öffentliche Verkehrsflächen dürfen bis zu ihrer halben Tiefe in die Abstandsfläche einbezogen werden.

ErlRV Verf-236/41/1985, 13 f (zu LGBl 1985/56):

„Diese Regelung entspricht weitegehend den Bestimmungen des § 4 Abs. 5 bis 7 der Kärntner Bauvorschriften 1980. Eine Änderung gegenüber der geltenden Rechtslage ergibt sich jedoch aus § 7 Abs. 1 letzter Satz, wonach die Abstandsflächen innerhalb desselben Baugrundstückes einander bis zu ihrer halben Tiefe überdecken dürfen. Die geltende Bestimmung des § 4 Abs. 5 der Kärntner Bauvorschriften hat diese Anordnung relativiert. Der vorliegende Entwurf geht davon aus, daß in den Fällen, in denen durch die Anordnung des § 7 Abs. 1 letzter Satz ein zu geringer Abstand entsteht, eben allgemein die Regelungen des § 8 zum Tragen kommen soll (Vergrößerung der Tiefe von Abstandsflächen).

Eine Überdeckung von Abstandsflächen gegenüberliegender Außenwände ist – so wie bisher – nur zulässig, wenn es sich um Abstandsflächen innerhalb desselben Baugrundstückes handelt. Im übrigen dürfen sich Abstandsflächen nicht gegenüberliegender Außenwände, also solche, die in einem rechten oder stumpfen Winkel zueinander stehen, immer überdecken.

Die Anordnung, daß sich die Abstandsflächen gegenüberliegender Außenwände im Normalfall nicht überdecken dürfen, kann sich nur auf Gebäude beziehen, die nach dem Inkrafttreten der Kärntner Bauvorschriften 1980, also nach dem 1. Oktober 1980, bewilligt worden sind. Gebäude und bauliche Anlagen, die vor dem Inkrafttreten der Bauvorschriften 1980 bewilligt worden sind, haben keine Abstandsflächen, sodaß die Bestimmungen über die Überdeckung von Abstandsflächen begrifflich nicht zum Tragen kommen können. Diese Regelung wird insbesondere dann Bedeutung haben, wenn Altbauten auf Grund der vor dem Inkrafttreten der Kärntner Bauvorschriften 1980 geltenden Regelungen nicht den entsprechenden Abstand zur Grundstücksgrenze oder von anderen Gebäuden haben.

Eine vergleichbare Situation ergibt sich auch dann, wenn von der Behörde die Abstandsfläche auf Null reduziert wird, sodaß sie überhaupt wegfällt. In diesen Fällen kann eine Überdeckung von Abstandsflächen begrifflich ebenfalls nicht mehr eintreten.

Im Falle einer teilweisen Verringerung der Abstandsflächen sind die Regelungen des § 7 hinsichtlich der noch verbleibenden Abstandsfläche jedenfalls anzuwenden.

Ergibt sich aus dem Umstand, daß Altbauten keine Abstandsflächen haben, die Situation, daß zwischen einem Neubau und einem Altbau ein zu geringer Abstand entstünde, so hat die Behörde nach § 8 die Tiefe der Abstandsfläche im Einzelfall im Baubewilligungsbescheid größer festzulegen."

§ 8 Vergrößerung der Tiefe von Abstandsflächen

(1) Die sich aus §§ 4 bis 7 ergebende Tiefe von Abstandsflächen ist zu vergrößern, wenn und soweit dies im Hinblick auf die Lage und Form des Grundstückes und auf den Verwendungszweck des zu errichtenden Gebäudes oder bestehender Gebäude im Interesse der Sicherheit oder der Gesundheit oder im Interesse des Schutzes des Ortsbildes sowie zur Gewährleistung eines Lichteinfalles nach § 28 Abs. 1 erforderlich ist.

(2) Ist die Einhaltung der sich aus §§ 4 bis 7 ergebenden Abstände nur möglich, wenn gegenüber dem ursprünglichen Geländeverlauf Anschüttungen durchgeführt werden, so ist die Tiefe der Abstandsfläche um sechs Zehntel der Höhe der Anschüttung zu vergrößern.

ErlRV Verf-236/41/1985, 15 f (zu LGBl 1985/56):

„Die Bestimmung des § 8 Abs. 1 entspricht der Regelung des § 4 Abs. 8 der Kärntner Bauvorschriften. Im Zweifelsfall sind jedoch zur Frage, ob Abstandsflächen zu vergrößern sind oder nicht, die Regelungen des § 4 Abs. 3 dieses Entwurfes heranzuziehen.

Die Bestimmungen des § 5 sind Mindestabstandsflächen. Durch die Regelung des § 8 wird daher die Möglichkeit geboten, im Einzelfall im Baubewilligungsverfahren die sich aus §§ 4 bis 7 ergebende Tiefe von Abstandsflächen zu vergrößern. Durch diese Regelung wird im Einzelfall auch die erforderliche Flexibilität der Baubehörde gewahrt.

Eine Vergrößerung der Tiefe der Abstandsflächen (zumindest an einer Seite des Gebäudes) kann etwa dann erforderlich sein, wenn sich das Grundstück in Hanglage befindet und daher die Einhaltung der Mindestabstände eine ausreichende Besonnung von Aufenthaltsräumen nicht gewährleistet. Eine Vergrößerung des Abstandes im Interesse der Sicherheit kann etwa erforderlich sein, wenn das Gebäude in unmittelbarer Nähe von Wald errichtet werden soll. Im Interesse der Gesundheit wäre eine Vergrößerung der Abstände auch dann vorstellbar, wenn sich im Hinblick auf den Verwendungszweck des Gebäudes Bedenken im Zusammenhang mit einem gesundheitsstörenden Lärm ergeben.

Da in Hinkunft bei der Vergrößerung der Tiefe von Abstandsflächen auch auf den Verwendungszweck bestehender Gebäude im Interesse der Sicherheit oder der Gesundheit oder im Interesse des Schutzes des Ortsbildes sowie zur Gewährleistung eines Lichteinfalles nach § 48 Abs. 1 erster und zweiter Satz möglich ist, gewährt diese Regelung jedenfalls im Hinblick auf die Gewährleistung des Lichteinfalles auch den Nachbarn ein subjektiv-öffentliches Recht.

Die Bestimmung des § 8 Abs. 2 ist erforderlich geworden, um Umgehungen der Zielsetzungen der Abstandsregelungen zu verhindern. Die Erfahrungen der Praxis haben nämlich gezeigt, daß in vielen Fällen durch die Vornahme von Anschüttungen, die durchaus nicht dem Geländeverlauf entsprachen, eine Verringerung von Abstandsflächen herbeigeführt wurden. Auf die Skizze in der Anlage zu den Erläuternden Bemerkungen wird verwiesen."

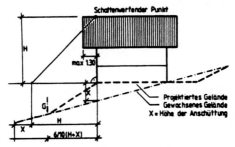

Abb. 8: **Vergrößerung der Tiefe von Abstandsflächen nach § 8 Abs. 2**

§ 9 Verringerung der Tiefe von Abstandsflächen

(1) Die sich aus §§ 4 bis 7 ergebende Tiefe von Abstandsflächen ist zu verringern, wenn in einem vorhandenen Baubestand bereits Abstände verwirklicht sind, die von den Bestimmungen der §§ 4 bis 7 abweichen, Interessen der Sicherheit nicht entgegenstehen und insgesamt ein den öffentlichen Interessen zumindest in gleicher Weise wie bisher entsprechender Zustand beibehalten wird.

(2) Die Tiefe der Abstandsflächen ist überdies zu verringern, wenn das Vorhaben, obwohl es der Größe und Form des Grundstückes angepaßt ist, ohne Verringerung der Tiefe der Abstandsflächen nicht errichtet werden könnte und wenn

a) im Hinblick auf die Lage und Form des Grundstückes sowie eine zweckmäßige Bebauung und den Verwendungszweck des Gebäudes keine Interessen der Gesundheit oder der Sicherheit oder des Schutzes des Ortsbildes verletzt werden,

b) bei auf dem eigenen oder auf benachbarten Grundstücken bestehenden sowie auf dem eigenen Grundstück zu errichtenden Gebäuden, die Aufenthaltsräume enthalten, ein Lichteinfall im Sinne des § 28 Abs. 1 nicht verhindert wird,

c) eine der Größe und Form von unbebauten benachbarten Grundstücken entsprechende Errichtung von Gebäuden bei Einhaltung der sich aus §§ 4 bis 7 ergebenden Abstände nicht verhindert wird und

d) eine nach einem Bebauungsplan mögliche Verbauung von unbebauten Nachbargrundstücken bei Einhaltung der sich aus §§ 4 bis 7 ergebenden Abstände nicht verhindert wird.

ErlRV Verf-236/41/1985, 17 f (zu LGBl 1985/56):

„Die Bestimmung des Abs. 1 war in den geltenden Kärntner Bauvorschriften 1980 nicht ausdrücklich enthalten. Auf Grund dieser Regelung wird es jedenfalls möglich sein, in Gebieten, in denen beim vorhandenen Baubestand die Abstandsflächen nicht den Normen der Kärntner Bauvorschriften 1980 oder diesem Gesetz entsprechen, unter den angeführten Voraussetzungen etwa auch Altbestand wieder erneuern zu können. Bisher war diese Möglichkeit nur auf Grund der allgemein gefaßten Regelung des § 4 Abs. 9 der Kärntner Bauvorschriften 1980 gegeben.

Die Bestimmung des § 9 Abs. 2 des vorliegenden Entwurfes entspricht weitgehend § 4 Abs. 9 der Kärntner Bauvorschriften 1980. Es wurde jedoch eine bessere Gliederung vorgenommen und Nachbarrechte besser gewahrt.

Es wurde auch klargestellt, daß es der Baubehörde nicht freigestellt ist, nach freiem Ermessen Abstände zu verringern oder nicht; die Abstände sind zu verringern, wenn die angeführten Voraussetzungen hiefür vorliegen.

In Abs. 2 wurde jedoch gegenüber der bisher geltenden Rechtslage als zusätzliches Kriterium für die Verringerung von Abstandsflächen der Umstand aufgenommen, daß eine Bauführung ohne Verringerung der Abstandsflächen überhaupt unmöglich sein muß. Die Regelung des Abs. 2 geht eben davon aus, daß die Verringerung der Tiefe von Abstandsflächen nicht die Regel, sondern die Ausnahme sein soll und vor erst Lösungen gesucht werden sollen, die eine Bauführung bei Einhaltung der Abstandsflächen ermöglichen.

Abs. 2 lit. c und d nehmen insbesondere auf mögliche Bauführungen auf Nachbargrundstücken Bedacht. Der Grundsatz „Wer zuerst kommt, mahlt zuerst" soll weitestgehend ausgeschaltet werden. Spätere Bauführungen auf Nachbargrundstücken unter Einhaltung der Abstandsregelungen sollen gewährleistet werden.

Absprachen von Anrainern über einen geringeren Abstand sind für die Baubehörde nach wie vor ohne jegliche Bedeutung. Eine Berücksichtigung derartiger Absprachen wäre auch geradezu sinnstörend, da durch die Normierung von Mindestabständen· nicht nur den Interessen der Nachbarn gedient wird, sondern auch öffentlichen Interessen. Überdies führt erfahrungsgemäß eine Berücksichtigung derartiger Absprachen im Falle von Eigentümerwechseln oder späteren Streitigkeiten zu einer Flut von endlosen, allenfalls auch gerichtlichen, Auseinandersetzungen."

§ 10 Abstand bei baulichen Anlagen

(1) Der Abstand zwischen baulichen Anlagen sowie zwischen baulichen Anlagen und Gebäuden zueinander und zur Grundstücksgrenze ist – soweit sich aus §§ 4 bis 7 und Abs. 2 nicht anderes ergibt – unter Bedachtnahme auf ihren Verwendungszweck so festzulegen, daß Interessen der Sicherheit, der Gesundheit und des Schutzes des Ortsbildes nicht verletzt werden.

(2) Für die Ermittlung von Abständen bei baulichen Anlagen, deren äußeres Erscheinungsbild dem eines Gebäudes ähnlich ist, gelten die §§ 4 bis 9 sinngemäß.

ErlRV Verf-236/41/1985, 19 f (zu LGBl 1985/56):

„Die Bestimmung des Abs. 1 entspricht der Regelung des § 4 Abs. 10 der Kärntner Bauvorschriften. Es ist nämlich durchaus vorstellbar, daß auch durch bauliche Anlagen Interessen beeinträchtigt werden können, die durch die Vorschreibung von Mindestabständen geschützt werden sollen. Derartige Beeinträchtigungen sind z. B. vorstellbar, wenn an die Grundstücksgrenze Tribünen angebaut werden sollen.

Die Bestimmungen des Abs. 1 finden jedoch nur insofern Anwendung, als sich nicht im Hinblick auf die Regelungen der §§ 4 bis 7 konkrete Abstände für diese baulichen Anlagen ergeben. Ein derartiger Abstand ergibt sich jedenfalls dann, wenn es sich um die Ausnahmen nach § 6 Abs. 2 handelt.

Die Bestimmung des § 10 Abs. 2 stellt eine Konkretisierung des bisherigen § 4 Abs. 10 der Kärntner Bauvorschriften dar. Es ist nun ohne weiters vorstellbar, daß bauliche Anlagen im äußeren Erscheinungsbild einem Gebäude ähneln, daß sie aber dennoch nicht unter den Gebäudebegriff fallen, wie ihn etwa der Verwaltungsgerichtshof geprägt hat und wie ihn auch die Kärntner Bauordnung übernommen hat. Es ist nun nicht einsehbar, weshalb derartige bauliche Anlagen nicht gleich zu behandeln sein sollen, wie Gebäude. Es wird also hinsichtlich dieser Anlagen normiert, daß dieselben Regelungen für sie gelten wie für Gebäude. Eine bauliche Anlage, deren äußeres Erscheinungsbild dem eines Gebäudes ähnlich ist, wäre etwa ein Aussichtsturm oder ein Silo."

3. Abschnitt – Bautechnische Anforderungen

§ 11 Mechanische Festigkeit und Standsicherheit

(1) Bauliche Anlagen und alle ihre Teile sind entsprechend dem Stand der Technik so zu planen und auszuführen, dass sie bei Errichtung und Verwendung tragfähig sind; dabei sind ständige, veränderliche, seismische und außergewöhnliche Einwirkungen zu berücksichtigen. Die Gebrauchstauglichkeit darf unter Berücksichtigung der ständigen und veränderlichen Einwirkungen nicht durch Verformungen oder Schwingungen beeinträchtigt werden.

(2) Insbesondere sind folgende Ereignisse zu vermeiden:
a) Einsturz der gesamten baulichen Anlage oder eines Teiles,

3. Abschnitt – Bautechnische Anforderungen § 11

b) Verformungen, durch die die Gebrauchstauglichkeit oder sonst die Erfüllung der bautechnischen Anforderungen gemäß § 1 beeinträchtigt werden,
c) Beschädigungen von Bauteilen, Einrichtungen oder Ausstattungen infolge zu großer Verformungen der tragenden Baukonstruktion oder
d) Beschädigungen, die in Beziehung zu dem verursachenden Ereignis unverhältnismäßig groß sind.

ErlRV 01-VD-LG-1369/4-2012, 17 f (zu LGBl 2012/80):

„In § 11 wird die wesentliche Anforderung 1 gemäß Anhang 1 der Bauproduktenrichtlinie wiederholt. In Abs. 2 wird ergänzend eingeführt, dass der Stand der Technik berücksichtigt werden muss, weiters wird präzisiert, dass es sich bei den Einwirkungen sowohl um ständige, als auch um veränderliche, seismische und außergewöhnliche Einwirkungen handelt, sofern die Tragfähigkeit betroffen ist. Mit der

Aufnahme des Begriffs „seismisch" (im Gegensatz zu Art. 4 der Vereinbarung gemäß Art 15a B-VG über die Harmonisierung bautechnischer Vorschriften) wird eine Übereinstimmung mit Punkt 2.2 der OIB-Richtlinie 1 erreicht. Bei der Beurteilung der Erhaltung der Gebrauchstauglichkeit können außergewöhnliche Einwirkungen (z. B. Erdbeben) jedoch außer Betracht gelassen werden. Eine bauliche Anlage muss also seine Tragfähigkeit auch im Falle solcher außergewöhnlichen Einwirkungen aufrecht erhalten, Verformungen oder Beschädigungen, die zu einer Beeinträchtigung der Gebrauchstauglichkeit führen, würden in diesem Fall jedoch in Kauf genommen. Die Anforderung muss nicht nur während der Verwendung der baulichen Anlage, sondern auch während der Errichtung erfüllt werden. Die Einbeziehung der Errichtungsphase ist spezifisch für die wesentliche Anforderung „Mechanische Festigkeit und Standsicherheit", da der Ausschluss einer Gefährdung Dritter, nicht am Bauprozess Beteiligter, durch ein mechanisches Versagen (z. B. Einsturz) von baulichen Anlagen oder deren Teilen während der Errichtung als vom Baurecht umfasst betrachtet werden kann."

§ 12 Brandschutz

Bauliche Anlagen sind in allen ihren Teilen so zu planen und auszuführen, dass sie unter Berücksichtigung ihres Verwendungszweckes den Anforderungen des Brandschutzes entsprechen und der Gefährdung von Leben und Gesundheit von Personen durch Brand vorgebeugt sowie die Brandausbreitung wirksam eingeschränkt wird.

ErlRV 01-VD-LG-1369/4-2012, 18 (zu LGBl 2012/80):

„Dieser Paragraph ist eine allgemeine Anforderung an den Brandschutz, die in den folgenden §§ 13 bis 17 entsprechend der im Anhang 1 der Bauproduktenrichtlinie für die wesentlichen Anforderung 2 angeführten Aufzählung in Teilaspekte aufgegliedert wird. Als allgemeines Tatbestandsmerkmal wird, im Gegensatz zu Art. 5 der Vereinbarung gemäß Art 15a B-VG über die Harmonisierung bautechnischer Vorschriften, ausdrücklich auch die Berücksichtigung des Verwendungszweckes normiert. Die allgemeine Anforderung dieses Paragraphen kann insbesondere erreicht werden durch:

– Maßnahmen zum Erhalt der Tragfähigkeit der baulichen Anlage im Brandfall (§ 13),

– Maßnahmen gegen die Ausbreitung von Feuer und Rauch innerhalb der baulichen Anlage (§ 14),

– Maßnahmen gegen die Ausbreitung von Feuer auf andere bauliche Anlagen (§ 15),

– eine geeignete Konzeption der Fluchtwege (§ 16) und

– eine geeignete Konzeption der Vorkehrungen für Rettung und Löscharbeiten im Brandfall (§ 17)."

§ 13 Tragfähigkeit der baulichen Anlagen im Brandfall

(1) Bauliche Anlagen sind so zu planen und auszuführen, dass bei einem Brand die Tragfähigkeit mindestens für den Zeitraum erhalten bleibt, der für die sichere Fluchtmöglichkeit oder Rettung der Benutzer der baulichen Anlage erforderlich ist. Dabei sind alle für die sichere Flucht oder Rettung maßgeblichen Umstände zu be-

3. Abschnitt – Bautechnische Anforderungen § 14

rücksichtigen, insbesondere die Größe und der Verwendungszweck der baulichen Anlage sowie die Zugangsmöglichkeiten für die Rettungskräfte.

(2) Wenn dies aufgrund der Lage oder Größe der baulichen Anlage erforderlich ist, muss darüber hinaus gewährleistet sein, dass nicht durch Einsturz der baulichen Anlage oder von Teilen davon größere Schäden an der auf Nachbargrundstücken zulässigen Bebauung entstehen können.

ErlRV 01-VD-LG-1369/4-2012, 18 (zu LGBl 2012/80):

„Hierbei handelt es sich um die Anforderung, dass während eines Brandes die Tragfähigkeit der baulichen Anlage soweit und solange erhalten bleiben muss, dass eine sichere Flucht oder Rettung der Benutzer der baulichen Anlage möglich ist (Abs. 1), aber auch größere Schäden an baulichen Anlagen auf Nachbargrundstücken vermieden werden (Abs. 2). Die Kriterien, nach denen dies zu beurteilen ist, sind in den beiden Absätzen ebenfalls angeführt (Größe und Verwendungszweck der baulichen Anlage bei Abs. 1 und Lage und Größe in Abs. 2)."

§ 14 Ausbreitung von Feuer und Rauch innerhalb der baulichen Anlage

(1) Bauliche Anlagen sind so zu planen und auszuführen, dass bei einem Brand die Ausbreitung von Feuer und Rauch innerhalb der baulichen Anlage begrenzt wird.

(2) Bauteile zur Abgrenzung von Nutzungseinheiten, zB Decken oder Wände zwischen Wohnungen, müssen einen Feuerwiderstand aufweisen, der
 a) die unmittelbare Gefährdung von Personen in anderen Nutzungseinheiten ausschließt und
 b) die Brandausbreitung wirksam einschränkt.
Dabei ist der Verwendungszweck und die Größe der baulichen Anlage zu berücksichtigen.

(3) Bauliche Anlagen sind in Brandabschnitte zu unterteilen, wenn dies aufgrund ihres Verwendungszweckes oder ihrer Größe zur Sicherung der Fluchtwege und einer wirksamen Brandbekämpfung erforderlich ist. Insbesondere ist eine zweckentsprechende

§ 14 2. Kärntner Bauvorschriften – K-BV

Größe und Anordnung der Brandabschnitte erforderlich. Die den einzelnen Brandabschnitt begrenzenden Bauteile müssen die Brandausbreitung wirksam einschränken.

(4) Als eigene Brandabschnitte müssen jedenfalls eingerichtet werden:
a) Räume, von denen aufgrund ihres Verwendungszweckes eine erhöhte Brandgefahr ausgeht, wie zB Heizräume oder Abfallsammelräume;
b) Räume mit besonderen sicherheitsrelevanten Einrichtungen, wie zB Notstromanlagen.

Die in diesen Räumen verwendeten Bauprodukte, wie zB Fußbodenbeläge, Wand- und Deckenverkleidungen einschließlich der Dämmstoffe, dürfen die Brandentstehung und -ausbreitung nicht begünstigen.

(5) Fassaden, einschließlich der Dämmstoffe, Unterkonstruktion und Verankerungen, müssen so ausgeführt sein, dass bei einem Brand ein Übergreifen auf andere Nutzungseinheiten und eine Gefährdung der Rettungskräfte weitestgehend verhindert werden. Dabei ist die Höhe der baulichen Anlage zu berücksichtigen.

(6) Hohlräume in Wänden, Decken, Böden, Fassaden oder sonstigen Bauteilen dürfen nicht zur Ausbreitung von Feuer und Rauch beitragen. Haustechnische Anlagen, zB Lüftungsanlagen, dürfen nicht zur Entstehung und Ausbreitung von Feuer und Rauch beitragen.

(7) Feuerungsanlagen sind in allen Teilen so anzuordnen und auszuführen, dass keine Brandgefahr, insbesondere durch eine Erwärmung von Bauteilen, entsteht.

(8) Um die Ausbreitung eines Brandes im Entstehungsstadium bekämpfen zu können, müssen ausreichende und geeignete Einrichtungen für die erste und erweiterte Löschhilfe vorhanden sein; dabei müssen Lage, Größe und Verwendungszweck der baulichen Anlage oder ihrer Teile berücksichtigt werden. Überdies müssen geeignete Brandschutzeinrichtungen, wie zB automatische Brandmeldeanlagen, ortsfeste Löschanlagen, Rauch- und Wärmeabzugsanlagen, vorhanden sein, wenn dies aufgrund der Brandaktivierungsgefahr, der Brandabschnittsgröße oder der Brandlast erforderlich ist.

(9) In Wohnungen muss, unabhängig vom Zeitpunkt ihrer Errichtung, in Aufenthaltsräumen – ausgenommen in Küchen – sowie in Gängen, über die Fluchtwege von Aufenthaltsräumen führen,

jeweils mindestens ein Rauchwarnmelder angeordnet werden. Die Rauchwarnmelder müssen so eingebaut werden, dass Brandrauch frühzeitig erkannt und gemeldet wird.

ErlRV 01-VD-LG-1369/4-2012, 18 f (zu LGBl 2012/80):

„Tritt in einer baulichen Anlage ein Brand auf, so muss zur Begrenzung der Gefährdung von Leben und Gesundheit von Personen und von Sachschäden getrachtet werden, die Ausbreitung von Feuer und Rauch zu begrenzen. Dies kann durch einen angemessenen Feuerwiderstand von raumabgrenzenden Bauteilen wie Wänden oder Decken erfolgen (Abs. 2), wenn dies nicht ausreicht, sind bauliche Anlagen in Brandabschnitte zu unterteilen (Abs. 3). Unter Feuerwiderstand ist entsprechend der europäischen Klassifizierung je nach Bauteil und Verwendungszweck auch Rauchdichtheit und Wärmedämmung zu verstehen. Hinsichtlich der in Abs. 3 genannten Fluchtwege wird auf die Bestimmungen des § 9 verwiesen.

Die Abs. 4 bis 7 nehmen Bezug auf bestimmte Teile der baulichen Anlage, auf die hinsichtlich der Ausbreitung von Feuer und Rauch innerhalb der baulichen Anlage besonders Bedacht zu nehmen ist (Räume mit erhöhter Brandgefahr, Fassaden, Hohlräume und Feuerungsanlagen).

Abs. 8 sieht vor, dass ausreichende und geeignete Einrichtungen für die erste und erweiterte Löschhilfe vorhanden sein müssen, wobei auf die Lage, Größe und den Verwendungszweck des der baulichen Anlage Rücksicht zu nehmen ist. Darüber hinaus kann es erforderlich sein, Brandschutzeinrichtungen, wie z. B. automatische Brandmeldeanlagen, ortsfeste Löschanlagen oder Rauch- und Wärmeabzugsanlagen vorzusehen.

Unter „erster Löschhilfe" sind gemäß ÖNORM F 1000 T. 1 Löschmaßnahmen zu verstehen, die vor Eintreffen der Feuerwehr mit in der Nähe des Gefahrenbereiches vorhandenen Kleinlöschgeräten (z. B. Handfeuerlöschern, Löschdecken, Wandhydranten) durchgeführt werden. Bei der „erweiterten Löschhilfe" handelt es sich um organisierte Löschmaßnahmen, die vor Eintreffen der Feuerwehr mit in der Nähe des Gefahrenbereiches vorhandenen Löschgeräten durchgeführt werden.

Auf Vorschlag des brandschutztechnischen Amtssachverständigen müssen geeignete Brandschutzeinrichtungen vorhanden sein, auch wenn die „Brandabschnittsgröße" es erfordert (Art. 7 der Vereinbarung gemäß Art 15a B-VG über die Harmonisierung bautechnischer Vorschriften enthält diese Anforderung nicht).

Tote und Verletzte bei Bränden innerhalb von Gebäuden sind überwiegend im zivilen Bereich zu beklagen, wofür hauptsächlich die giftigen Bestandteile von Brandrauch und nur selten die unmittelbare Einwirkung von Feuer verantwortlich sind. Da das Risiko, bei Bränden in Wohnungen ums Leben zu kommen, durch die Installation von Rauchwarnmeldern erheblich verringert wird, müssen gemäß Abs. 9 – entsprechend Punkt 3.11 der OIB-Richtlinie 2 – Rauchwarnmelder in Wohnungen eingebaut werden. Mit einer Übergangsfrist bis zum 30. Juni 2013 besteht eine ausreichend lange Frist zur Umsetzung für Wohnungen des Bestands (siehe die Übergangsbestimmung in Art IV Abs. 8)."

§ 15 Ausbreitung von Feuer auf andere bauliche Anlagen

(1) Bauliche Anlagen sind so zu planen und auszuführen, dass der Ausbreitung von Feuer auf andere baulichen Anlagen vorgebeugt wird.

(2) Die Außenwände von baulichen Anlagen sind so auszuführen, dass das Übergreifen eines Brandes auf andere bauliche Anlagen verhindert wird oder, sofern dies aufgrund der Größe und des Verwendungszweckes der baulichen Anlagen genügt, ausreichend verzögert wird. Eine solche Ausführung der Außenwände ist nicht erforderlich, wenn die baulichen Anlagen in einem entsprechenden Abstand voneinander errichtet werden. Dabei ist auch die zulässige Bebauung auf Nachbargrundstücken zu berücksichtigen.

(3) Dacheindeckungen, Dachaufbauten und lichtdurchlässige Elemente in Dächern (zB Dachflächenfenster, Lichtkuppeln, Lichtbänder) müssen so ausgeführt und angeordnet sein, dass eine Brandentstehung durch Flugfeuer oder Wärmestrahlung vermieden wird. Für Dachaufbauten und lichtdurchlässige Elemente in Dächern gilt Abs. 2 sinngemäß.

ErlRV 01-VD-LG-1369/4-2012, 19 (zu LGBl 2012/80):

„Um der Gefährdung von Leben und Gesundheit von Personen und größeren Sachschäden auf Nachbargrundstücken vorzubeugen, müssen bauliche Anlagen so geplant und ausgeführt sein, dass ein Übergreifen des Brandes auf andere bauliche Anlagen verhindert oder ausreichend verzögert wird. Hierbei ist insbesondere auf die Außenwände (Abs. 2) und auf Dächer mit all ihren Elementen (inklusive Aufbauten, Fenster etc.) Bedacht zu nehmen.

Abs. 2 sieht vor, dass dieses Schutzziel auch durch einen entsprechenden Abstand zu anderen baulichen Anlagen erreicht werden kann. Hierbei handelt es sich nicht um eine Abstandsvorschrift im Sinne der §§ 4 bis 10 K-BV, sondern lediglich um eine konkrete technische Anforderung zur Vermeidung einer Ausbreitung von Feuer."

§ 16 Fluchtwege

(1) Bauliche Anlagen sind so zu planen und auszuführen, dass bei einem Brand den Benutzern ein rasches und sicheres Verlassen der baulichen Anlage möglich ist oder sie durch andere Maßnahmen gerettet werden können.

(2) Bauliche Anlagen müssen Fluchtwege im Sinne des Abs. 3 aufweisen, soweit dies unter Berücksichtigung des Verwendungszweckes, der Größe und der Anwendbarkeit von Rettungsgeräten für ein rasches und sicheres Verlassen der baulichen Anlage erforderlich ist.

(3) Die in Fluchtwegen verwendeten Bauprodukte, wie zB Fußbodenbeläge, Wand- und Deckenverkleidungen, müssen so ausgeführt sein, dass bei einem Brand das sichere Verlassen der baulichen Anlage nicht durch Feuer, Rauch oder brennendes Abtropfen beeinträchtigt wird. Wenn dies aufgrund der Größe oder des Verwendungszweckes der baulichen Anlage erforderlich ist, sind zusätzliche Maßnahmen vorzusehen, wie zB Brandabschnittsbildung, Rauch- und Wärmeabzugsanlagen oder Fluchtweg-Orientierungsbeleuchtung.

ErlRV 01-VD-LG-1369/4-2012, 20 (zu LGBl 2012/80):

„Eine wesentliche Maßnahme zur Erreichung der allgemeinen Schutzziele des § 12 ist, sicher zu stellen, dass Benützer einer baulichen Anlage dieses im Brandfall sicher verlassen können oder gerettet werden können. § 16 regelt hierzu „Fluchtwege". Diese sind jedoch nicht die einzige Möglichkeit, die bauliche Anlage zu verlassen, vielmehr muss § 16 in Verbindung mit § 33 gesehen werden. Unter Berücksichtigung der Forderung des § 33, dass bauliche Anlagen ausreichend durch Türen, Tore, Treppen, Gänge etc. erschlossen sein müssen, steht auch grundsätzlich der Erschließungsweg zum Verlassen der baulichen Anlage zur Verfügung, jedoch nur solange dies durch das Brandgeschehen nicht verhindert wird. § 16 Abs. 2 regelt nun, dass je nach Größe und Verwendungszweck einer baulichen Anlage auch qualifizierte Fluchtwege vorgesehen werden müssen, an die höhere Anforderungen hinsichtlich des Brandverhaltens der Wand- und Deckenverkleidungen gestellt werden und die nötigenfalls auch durch Brandabschnittsbildung und technische Maßnahmen zusätzlich abgesichert werden können, um eine Flucht ausreichend lange zu ermöglichen. Gegebenenfalls kann auch bereits der Erschließungsweg als Fluchtweg ausgeführt werden. Für die Beurteilung, ob ein Fluchtweg vorgesehen werden muss oder der normale Erschließungsweg ausreicht, ist neben Größe und Verwendungszweck auch die Möglichkeit einer Rettung von Benützern mittels Rettungsgeräten der Feuerwehr zu berücksichtigen."

§ 17 Erfordernisse für Rettung und Löscharbeiten im Brandfall

(1) Bauliche Anlagen sind so zu planen und auszuführen, dass bei der Brandbekämpfung die Sicherheit der Lösch- und der Rettungskräfte weitestgehend gewährleistet ist und wirksame Löscharbeiten möglich sind.

(2) Unter Berücksichtigung von Größe, Lage und Verwendungszweck der baulichen Anlage müssen die für die Rettungs- und Löscharbeiten erforderlichen Zugänge, Aufstellflächen und Bewegungsflächen sowie sonstige technische Einrichtungen (zB Löschwasserleitungen, Feuerwehraufzüge) vorhanden sein.

ErlRV 01-VD-LG-1369/4-2012, 20 (zu LGBl 2012/80):

„Da in den §§ 12 bis 16 davon ausgegangen wird, dass eine Brandbekämpfung auch durch Feuerwehr und sonstige Löschkräfte erfolgt, sind die Voraussetzungen für deren Wirkmöglichkeiten und Sicherheit bereits bei der Planung und Ausführung von baulichen Anlagen zu berücksichtigen. Erfordernisse und Kriterien werden in Abs. 2 angeführt. Bei den beispielhaft angeführten Löschwasserleitungen handelt es sich um solche innerhalb der baulichen Anlage. Die Bereitstellung von ausreichenden Mengen Löschwassers durch kommunale Wasserleitungen, Löschwasserteiche etc. ist durch die technischen Bauvorschriften nicht erfasst, sondern in der Regel durch die Gemeinde zu gewährleisten. Bei besonderen Nutzungen mit hohem Löschwasserbedarf kann es jedoch im Einzelfall erforderlich sein, dass zusätzliche Einrichtungen zur Gewährleistung einer ausreichenden Löschwassermenge geschaffen und im Bauprojekt berücksichtigt werden müssen."

§ 18 Hygiene, Gesundheit und Umweltschutz

Bauliche Anlagen sind in allen ihren Teilen so zu planen und auszuführen, dass sie unter Berücksichtigung ihres Verwendungszweckes den Anforderungen an Hygiene, Gesundheit und Umweltschutz entsprechen.

ErlRV 01-VD-LG-1369/4-2012, 20 (zu LGBl 2012/80):

„Hierbei handelt es sich um die allgemeine Anforderung an Hygiene, Gesundheit und Umweltschutz entsprechend der Bauproduktenrichtlinie."

§ 19 Sanitäreinrichtungen

Gebäude mit Aufenthaltsräumen müssen mit einer ausreichenden Anzahl von Sanitäreinrichtungen, wie zB Toiletten und Wasserentnahmestellen, ausgestattet sein. Diese müssen im Hinblick auf die Größe und den Verwendungszweck des Gebäudes den Erfordernissen der Hygiene entsprechen. Sonstige bauliche Anlagen müssen diese Anforderungen auch erfüllen, wenn sie zur Ansammlung einer größeren Anzahl von Personen bestimmt sind.

ErlRV 01-VD-LG-1369/4-2012, 20 f (zu LGBl 2012/80):

„Hinsichtlich Sanitäreinrichtungen wird unterschieden zwischen baulichen Anlagen mit Aufenthaltsräumen, die immer mit einer ausreichenden Anzahl von Sanitäreinrichtungen ausgestattet sein müssen, und sonstigen baulichen Anlagen, wo Sanitäreinrichtungen nur dann vorgesehen werden müssen, wenn diese baulichen Anlagen zur Ansammlung von einer größeren Anzahl von Personen bestimmt sind. Anzahl und Art der vorzusehenden Sanitäreinrichtungen richtet sich nach Größe und Verwendungszweck der baulichen Anlage."

§ 20 Abwässer und Niederschlagswässer

(1) Bauliche Anlagen sind so zu planen und auszuführen, dass sie unter Berücksichtigung ihres Verwendungszweckes mit Anlagen für das Sammeln und Beseitigen der Abwässer und Niederschlagswässer ausgestattet sind.

(2) Die Anlagen zur Sammlung und Beseitigung von Abwässern und Niederschlagswässern sind so auszuführen, dass Abwässer und Niederschlagswässer auf hygienisch einwandfreie, gesundheitlich unbedenkliche und belästigungsfreie Art gesammelt und beseitigt werden.

(3) Die Tragfähigkeit des Untergrundes und die Trockenheit von baulichen Anlagen darf durch Anlagen zum Sammeln und Beseitigen der Abwässer und Niederschlagswässer nicht beeinträchtigt werden.

(4) Die Anlagen zur Sammlung und Beseitigung von Abwässern und Niederschlagswässern müssen ohne großen Aufwand überprüft und gereinigt werden können.

ErlRV 01-VD-LG-1369/4-2012, 21 (zu LGBl 2012/80):

„§ 20 stellt Anforderungen an die Sammlung und Beseitigung von Abwässern und Niederschlagswässern. Vorschriften über den Anschluss an Kanalisationsanlagen, die Versickerung (einschließlich allfälliger Retentionsbecken) sowie über die Ausführung von Anschlusskanälen und über Anlagen zur Vorbehandlung sind jedoch durch die technischen Bauvorschriften nicht erfasst.

Neben dem eigentlichen Schutzziel „Hygiene, Gesundheit und Umweltschutz" enthält § 20 mit Abs. 3 auch die Anforderung, dass durch die Anlagen zum Sammeln und Beseitigen der Abwässer und Niederschlagswässer weder die Tragfähigkeit des Untergrundes noch die Trockenheit von baulichen Anlagen beeinträchtigt werden dürfen."

§ 21 Sonstige Abflüsse

Sonstige Abflüsse, insbesondere solche aus landwirtschaftlichen Anlagen, wie zB aus Stallungen, Düngersammelanlagen oder Silos, sind so zu sammeln, dass die Hygiene und die Gesundheit von Personen nicht gefährdet werden.

ErlRV 01-VD-LG-1369/4-2012, 21 (zu LGBl 2012/80):

„Gemäß gängiger Terminologie (vgl. Normenserie ÖNORM EN 12056) werden landwirtschaftliche Abflüsse wie Gülle oder Jauche nicht als „Abwasser" bezeichnet, weshalb hierfür ein eigener Artikel mit der Bezeichnung „sonstige Abflüsse" vorgesehen wurde."

§ 22 Abfälle

Bei baulichen Anlagen sind unter Berücksichtigung ihres Verwendungszweckes Einrichtungen für die hygienisch einwandfreie, gesundheitlich unbedenkliche und belästigungsfreie Sammlung und Entsorgung von Abfällen vorzusehen.

ErlRV 01-VD-LG-1369/4-2012, 21 (zu LGBl 2012/80):

„Auch Abfälle müssen in einer Art und Weise gesammelt und entsorgt werden können, dass die Einhaltung der wesentlichen Anforderung „Hygiene, Gesundheit, Umweltschutz" gewährleistet bleibt."

§ 23 Abgase von Feuerstätten

(1) Abgase von Feuerstätten sind unter Berücksichtigung der Art der Feuerstätte und des Brennstoffes so ins Freie abzuführen, dass

die Sicherheit und die Gesundheit von Personen nicht gefährdet werden und diese nicht unzumutbar belästigt werden.

(2) Abgasanlagen einschließlich der Verbindungsstücke müssen ohne großen Aufwand überprüft und gereinigt werden können.

ErlRV 01-VD-LG-1369/4-2012, 21 f (zu LGBl 2012/80):

„Dieser Paragraph behandelt Abgase von Feuerstätten nur insofern, als durch diese Sicherheit und Gesundheit von Personen im Sinne der wesentlichen Anforderung 3 Gesundheit, Hygiene und Umweltschutz betroffen sind. Das bedeutet, dass die Abgase unter Berücksichtigung der Art der Feuerstätte und des Brennstoffes derart ins Freie abzuführen sind, dass die wesentliche Anforderung 3 erfüllt wird. Andere Aspekte wie Brandschutz (Feuerungsanlagen dürfen keine Brandgefahr herbeiführen) oder Nutzungssicherheit (Feuerungsanlagen dürfen an ihren zugänglichen Oberflächen nicht Temperaturen erreichen, die zu Verbrennungen führen können) sind durch Bestimmungen unter anderen wesentlichen Anforderungen erfasst (vgl. insbesondere § 14 Abs. 7 und § 37). Unter „Feuerungsanlagen" ist hierbei die Gesamtheit von Feuerstätte und Abgasanlage samt allfälliger Verbindungsstücke zu verstehen. Der Begriff „Abgasanlage" umfasst alle Arten von Abgasanlagen, unabhängig vom verwendeten Brennstoff, also auch rußbrandbeständige Rauchfänge. Im Unterschied zu Art. 16 Abs. 2 der Vereinbarung gemäß Art 15a B-VG über die Harmonisierung bautechnischer Vorschriften sind auch die „Verbindungsstücke" umfasst. Nach den Bestimmungen der Kärntner Gefahren- und Feuerpolizeiordnung – K-GFPO besteht nämlich auch für Verbindungsstücke, welche nach den Begriffsbestimmungen der OIB-Richtlinie 2 nicht als Teil der Abgasanlage zu qualifizieren sind, eine Reinigungsverpflichtung."

§ 24 Schutz vor Feuchtigkeit

(1) Bauliche Anlagen müssen entsprechend ihrem Verwendungszweck gegen das Eindringen und Aufsteigen von Wasser und Feuchtigkeit aus dem Boden dauerhaft abgedichtet werden. Dabei ist insbesondere auch auf vorhersehbare Hochwasserereignisse Bedacht zu nehmen.

(2) Dacheindeckungen, Außenwände, Außenfenster und -türen sowie sonstige Außenbauteile müssen Schutz gegen Niederschlagswässer bieten.

(3) Bauliche Anlagen sind in allen ihren Teilen entsprechend ihrem Verwendungszweck so auszuführen, dass bei üblicher Nutzung eine schädigende Feuchtigkeitsansammlung durch Wasserdampfkondensation in Bauteilen und auf Oberflächen von Bauteilen vermieden wird.

ErlRV 01-VD-LG-1369/4-2012, 22 (zu LGBl 2012/80):

„Der Schutz vor Feuchtigkeit umfasst im Wesentlichen drei Aspekte, nach denen auch die Absätze diese Paragraphen gegliedert sind: Schutz vor Wasser und Feuchtigkeit aus dem Boden, Schutz gegen Niederschlagswässer sowie Vermeidung schädigender Feuchtigkeit, die durch Wasserdampfkondensation in Bauteilen oder auf Oberflächen entsteht. Der Schutz vor Feuchtigkeit ist der wesentlichen Anforderung Hygiene, Gesundheit und Umweltschutz zugeordnet, da durch Feuchtigkeit ein den Benutzern abträgliches Raumklima herbeigeführt werden kann oder Schimmelbildungen auftreten können. Darüber hinaus sind die Anforderungen des § 18 jedoch auch für die dauerhafte Erfüllung aller anderen wesentlichen Anforderungen von Bedeutung (z.B. Vermeidung von Korrosion der Betonbewehrung, Vermeidung von Feuchtigkeitsschäden in der Wärmedämmung).

Der Hinweis auf Hochwasserereignisse in Abs. 1 zielt darauf ab, dass gegebenenfalls auch mit einer bestimmten Wahrscheinlichkeit auftretende Hochwasserereignisse bei der Planung und Bemessung der Abdichtungsmaßnahmen zu berücksichtigen sind. Solche Abdichtungsmaßnahmen können auch Gebäudeöffnungen und Hausinstallationen in tiefer gelegenen Gebäudeteilen betreffen. Auch auf Wassergefahren durch Wildbäche ist nach der vorliegenden Bestimmung Bedacht zu nehmen. Weitere Maßnahmen im Zusammenhang mit Hochwasserereignissen ergeben sich aus § 30.

In Abs. 3 wird zum Unterschied von Art. 17 Abs. 3 der Vereinbarung gemäß Art 15a B-VG über die Harmonisierung bautechnischer Vorschriften klargestellt, dass der Schutz vor schädigenden Feuchtigkeitsansammlungen durch Wasserdampfkondensationen in Bauteilen sich auf eine übliche Nutzung der baulichen Anlagen (z. B.: richtiges Lüften etc.) bezieht."

§ 25 Nutzwasser

(1) Eine eigene Nutzwasserversorgung darf nur so geplant und ausgeführt sein, dass diese nicht mit der Trinkwasserversorgung in Verbindung steht.

(2) Eine Verwechslung von Nutz- und Trinkwasser ist durch geeignete Maßnahmen zu verhindern.

ErlRV 01-VD-LG-1369/4-2012, 22 (zu LGBl 2012/80):

„Bei den in diesem Paragraph aufgestellten Anforderungen an die Nutzwasserversorgung handelt es sich um Vorkehrungen, die letztlich wieder dem Schutz einer hygienisch einwandfreien Trinkwasserversorgung (vgl. § 26) dienen."

§ 26 Trinkwasser

(1) Gebäude mit Aufenthaltsräumen müssen über eine Versorgung mit gesundheitlich einwandfreiem Trinkwasser verfügen.

(2) Vorratsbehälter, Rohrleitungen, Armaturen, Bauteile zur Wasserbehandlung (zB Erwärmung, Enthärtung) und andere Bauteile, die mit Trinkwasser in Berührung kommen (zB Drucksteigerungsanlagen), dürfen die Wassereigenschaften nicht in hygienisch bedenklicher oder die Gesundheit beeinträchtigender Weise verändern.

(3) Es ist sicherzustellen, dass das Trinkwasser nicht durch äußere Einwirkungen in hygienisch bedenklicher oder die Gesundheit beeinträchtigender Weise verunreinigt wird, zB durch schadhafte Dichtungen, durch unbeabsichtigten Rückfluss oder Migration, durch mineralische bzw. organische Schadstoffe oder in mikrobiologischer Hinsicht.

ErlRV 01-VD-LG-1369/4-2012, 22 f (zu LGBl 2012/80):

„Die Anforderung des § 26 dienen dazu, zu gewährleisten, dass Trinkwasser, das in eine bauliche Anlage gelangt, hygienisch einwandfrei bleibt. Auf welche Weise hygienisch einwandfreies Trinkwasser zur Verfügung gestellt wird (z. B. durch Anschluss an eine kommunale Wasserversorgungsanlage) wird nicht durch die technischen Baubestimmungen geregelt. Abs. 1 stellt weiters die Forderung auf, dass bauliche Anlagen mit Aufenthaltsräumen jedenfalls über eine hygienisch einwandfreie Trinkwasserversorgung verfügen müssen. Die Absätze 2 und 3 konkretisieren die Forderung nach der Aufrechterhaltung der hygienisch unbedenklichen Qualität des Trinkwassers in der baulichen Anlage."

§ 27 Schutz vor gefährlichen Immissionen

(1) Bauliche Anlagen sind in allen Teilen so zu planen und auszuführen, dass durch sie keine die Gesundheit der Benutzer der baulichen Anlage gefährdenden Immissionen, wie zB gefährliche Gase, Partikel oder Strahlen, verursacht werden.

(2) Wenn aufgrund des Verwendungszweckes der baulichen Anlage Emissionen in gefährlichen Konzentrationen nicht ausgeschlossen sind (zB in Garagen), müssen zur Vermeidung von Gesundheitsbeeinträchtigungen bauliche oder sonstige Maßnahmen getroffen werden. Als Maßnahmen können zB besondere Be- und Entlüftungseinrichtungen oder die Einrichtung von Warngeräten erforderlich sein.

(3) Im Falle gefährlicher Emissionen aus dem Untergrund sind bauliche Anlagen in allen Teilen so zu planen und auszuführen, dass die Gesundheit der Benutzer nicht gefährdet wird.

ErlRV 01-VD-LG-1369/4-2012, 23 (zu LGBl 2012/80):

„§ 27 unterscheidet zwischen 3 Arten von Immissionen: Immissionen, die von der baulichen Anlage und seinen Bauteilen ausgehen (z. B. Freisetzung von chlorierten Kohlenwasserstoffen, gefährlichen Partikeln, radioaktiver Strahlung oder sonstigen Schadstoffe durch Bauprodukte) und zu unzulässigen Schadstoffkonzentrationen in der Innenraumluft führen können (Abs. 1), Emissionen von Geräten, Maschinen, Fahrzeugen, Prozessen etc., die aufgrund des Verwendungszwecks in der baulichen Anlage zu erwarten sind (Abs. 2) sowie gegebenenfalls bekannte Emissionen aus dem Untergrund (z.B. Radon), gegen die die Benutzer der baulichen Anlage abgeschirmt werden müssen (Abs. 3). Schall und Erschütterungen sind gesondert geregelt (§§ 40 und 41). Die Anforderung des Abs. 1 kann insbesondere durch die Verwendung von Bauprodukten erreicht werden, von denen keine die Gesundheit gefährdenden Emissionen ausgehen."

§ 28 Belichtung und Beleuchtung

(1) Aufenthaltsräume müssen über eine im Hinblick auf Gesundheit und Wohlbefinden ausreichende natürliche Belichtung verfügen, es sei denn, aufgrund des Verwendungszweckes ist eine ausschließlich künstliche Beleuchtung ausreichend. Dabei sind insbesondere die Raumgeometrie und die Belichtungsverhältnisse zu berücksichtigen.

(2) Alle Räume und allgemein zugänglichen Bereiche in baulichen Anlagen müssen ihrem Verwendungszweck entsprechend beleuchtbar sein.

ErlRV 01-VD-LG-1369/4-2012, 23 (zu LGBl 2012/80):

„Abs. 1 stellt die Forderung nach ausreichender natürlicher Belichtung für alle Aufenthaltsräume einer baulichen Anlage auf. Ziel ist die Sicherstellung von Belichtungsverhältnissen, die für Gesundheit und Wohlbefinden der Benutzer erforderlich sind. Auf Vorschlag des bautechnischen Amtssachverständigen wird nicht auf eine „erfahrungsgemäße" ausreichende natürliche Belichtung abgestellt (so Art. 21 Abs. 1 der Vereinbarung gemäß Art 15a B-VG über die Harmonisierung bautechnischer Vorschriften). Lediglich für spezifische Verwendungszwecke, für die auch künstliche Beleuchtung unter den oben angeführten Kriterien als ausreichend betrachtet werden kann, kann auf eine natürliche Belichtung verzichtet werden (z.B. Laborräume). Bei der Beurteilung ist auch auf die Raumgeometrie und auf die Belichtungsverhältnisse Rücksicht zu nehmen.

Abs. 2 umfasst sowohl die Aufenthaltsräume wie auch alle sonstigen allgemein zugänglichen Bereiche von baulichen Anlagen und stellt das grundsätzliche Erfordernis einer dem Verwendungszweck entsprechenden (künstlichen) Beleuchtung auf."

§ 29 Belüftung und Beheizung

Räume müssen ihrem Verwendungszweck entsprechend lüftbar und beheizbar sein. Durch Lüftungsanlagen dürfen die Gesundheit von Personen nicht gefährdet und die ordnungsgemäße Ableitung der Abgase von Feuerstätten nicht beeinträchtigt werden.

ErlRV 01-VD-LG-1369/4-2012, 23 (zu LGBl 2012/80):

„In dieser Bestimmung wird das grundsätzliche Erfordernis der Lüftbarkeit und Beheizbarkeit aller Räume in baulichen Anlagen normiert, wobei freilich der Verwendungszweck berücksichtigt werden muss. Durch Lüftungsanlagen darf jedoch die Gesundheit von Personen nicht gefährdet und die ordnungsgemäße Ableitung der Abgase von Feuerstätten nicht beeinträchtigt werden (vgl. auch § 23)."

§ 30 Niveau und Höhe der Räume

(1) Das Fußbodenniveau der Räume gegenüber dem Gelände muss so geplant und ausgeführt sein, dass entsprechend dem Verwendungszweck Gesundheit und Wohlbefinden der Benutzer nicht beeinträchtigt werden. Dabei ist insbesondere auch auf vorsehbare Hochwasserereignisse Bedacht zu nehmen.

(2) Die Raumhöhe muss dem Verwendungszweck entsprechend und im Hinblick auf Gesundheit und Wohlbefinden der Benutzer ein ausreichendes Luftvolumen gewährleisten.

ErlRV 01-VD-LG-1369/4-2012, 23 f (zu LGBl 2012/80):

„Die Anforderung des Abs. 1 ist in Verbindung mit der Forderung nach ausreichender Belichtung (§ 28), Belüftung (§ 29) und mit dem Schutz vor Feuchtigkeit (§ 24) zu sehen. Gegebenenfalls sind auch mit einer bestimmten Wahrscheinlichkeit auftretende Hochwasserereignisse bei der Planung der baulichen Anlage zu berücksichtigen. Auch auf

Wassergefahren durch Wildbäche ist nach der vorliegenden Bestimmung Bedacht zu nehmen.

Abs. 2 stellt die Raumhöhe mit dem für Gesundheit und Wohlbefinden der Benützer erforderlichen Luftvolumen in Verbindung."

§ 31 Lagerung gefährlicher Stoffe

Bauliche Anlagen oder Teile davon, in denen gefährliche Stoffe gelagert werden, müssen so ausgeführt sein, dass eine Gefährdung der Gesundheit von Personen und der Umwelt durch ein Entweichen der gefährlichen Stoffe und ein Eindringen in den Boden verhindert werden.

ErlRV 01-VD-LG-1369/4-2012, 24 (zu LGBl 2012/80):

„Die Bestimmungen des § 31 bezüglich der Lagerung gefährlicher Stoffe betrifft die bauliche Gestaltung jener Räume, in denen diese gefährlichen Stoffe gelagert werden. Zusätzlich sind noch § 14 Abs. 4 und § 27 Abs. 2 zu berücksichtigen."

§ 32 Nutzungssicherheit

Bauliche Anlagen sind so zu planen und auszuführen, dass bei ihrer Nutzung Unfälle vermieden werden, durch die das Leben oder die Gesundheit von Personen gefährdet werden, wie zB Rutsch-, Stolper-, Absturz- oder Aufprallunfälle. Dabei ist entsprechend dem Verwendungszweck besonders auch auf Kinder, ältere Personen und Personen mit Behinderungen Rücksicht zu nehmen.

ErlRV 01-VD-LG-1369/4-2012, 24 (zu LGBl 2012/80):

„Hierbei handelt es sich um eine sinngemäße Übernahme der wesentlichen Anforderung 4 Nutzungssicherheit des Anhang 1 der Bauproduktenrichtlinie. Abweichend zum Text der Bauproduktenrichtlinie wird jedoch explizit gefordert, entsprechend dem Verwendungszweck auch besonders auf Kinder, ältere Personen und Personen mit Behinderungen Bedacht zu nehmen."

§ 33 Erschließung

(1) Alle Teile von baulichen Anlagen sind so zu erschließen, dass sie entsprechend dem Verwendungszweck sicher zugänglich und benützbar sind. Die Durchgangshöhen bei Türen, Toren, Treppen sind so zu bemessen, dass eine gefahrlose Benützung möglich ist.

(2) Die vertikale Erschließung hat durch Treppen oder Rampen zu erfolgen. Wenn es aufgrund des Verwendungszwecks unter Bedachtnahme auf die Höhe der baulichen Anlage erforderlich ist, sind die Treppen in Treppenhäusern anzuordnen und zusätzlich Aufzüge zu errichten.

(3) Jedenfalls muss
a) in Gebäuden mit Aufenthaltsräumen und drei oder mehr oberirdischen Geschoßen sowie
b) in Garagen mit drei oder mehr oberirdischen Geschoßen sowie zwei oder mehr unterirdischen Geschoßen
ein Aufzug errichtet werden. Dies gilt nicht für Gebäude mit höchstens drei Wohnungen sowie Reihenhäuser.

ErlRV 01-VD-LG-1369/4-2012, 24 (zu LGBl 2012/80):

„In diesem Paragraph wird das grundsätzliche Erfordernis aufgestellt, dass alle Teile von baulichen Anlagen sicher zugänglich und benützbar sein müssen. Zu diesem Zweck sind diese durch ausreichend bemessene Türen, Tore, Stiegen, Gänge etc. zu erschließen. Hinsichtlich der vertikalen Erschließung weist Abs. 2 darauf hin, dass neben Treppen und Rampen erforderlichenfalls auch Aufzüge vorzusehen sind. Ob Aufzüge errichtet werden müssen, und ob Treppen in Treppenhäusern anzuordnen sind, hängt vom Verwendungszweck und von der Höhe der baulichen Anlage ab. Art. 26 Abs. 2 dritter Satz der Vereinbarung gemäß Art 15a B-VG über die Harmonisierung bautechnischer Vorschriften ermöglicht eine strengere Regelung für die Verpflichtung zur Errichtung eines Aufzuges als die Vereinbarung es vorsieht. Davon wird Gebrauch gemacht. Vor dem Hintergrund der demographischen Entwicklung sollte bei Gebäuden mit Aufenthaltsräumen und drei oder mehr als drei oberirdischen Geschoßen die Verpflichtung zur Errichtung eines Aufzuges gegeben sein. Dies gilt nicht für Gebäude mit höchstens drei Wohnungen sowie Reihenhäusern. Zudem erweist sich auch im Falle der Errichtung von Garagen mit drei oder mehr als drei oberirdischen Geschoßen sowie zwei oder mehr unterirdischen Geschoßen die Errichtung eines Aufzuges als erforderlich."

§ 34 Schutz vor Rutsch- und Stolperunfällen

(1) Begehbare Teile von baulichen Anlagen dürfen keine Rutsch- und Stolperstellen, etwa durch zu geringe oder unvermutet wechselnde Rutschhemmung, gefährliche Hindernisse oder Unebenheiten, aufweisen. Dabei sind der Verwendungszweck und das mögliche Auftreten von Nässe zu berücksichtigen.

(2) Treppen und Rampen sind entsprechend dem Verwendungszweck, insbesondere hinsichtlich ihrer Abmessungen, so auszuführen, dass sie sicher und bequem benutzt werden können.

ErlRV 01-VD-LG-1369/4-2012, 24 (zu LGBl 2012/80):

„Dieser Paragraph behandelt im Wesentlichen zwei Aspekte: Zum einen dürfen horizontale Flächen keine Rutsch- und Stolperstellen aufweisen, wobei auf die Möglichkeit des Auftretens von Nässe Bedacht zu nehmen ist, zum anderen sind die Abmessungen (Steigung bzw. Stufenhöhe, Stufenauftritt sowie Breite von Treppen und Rampen so zu wählen, dass diese sicher und bequem benutzt werden können."

§ 35 Schutz vor Absturzunfällen

(1) An zugänglichen Stellen von baulichen Anlagen, an denen eine Absturzgefahr besteht, müssen entsprechend dem Verwendungszweck Schutzvorrichtungen gegen ein Abstürzen von Personen (zB Geländer, Brüstungen, absturzsichernde Verglasungen) angebracht sein. Dies gilt nicht, wenn die Anbringung einer Absicherung dem Verwendungszweck widersprechen würde (zB bei Laderampen, Schwimmbecken udgl.).

(2) Wenn absturzgefährliche Stellen von baulichen Anlagen dem Verwendungszweck entsprechend auch für Kinder zugänglich sind, müssen Schutzvorrichtungen im Sinne des Abs. 1 so ausgeführt sein, dass Kindern das Durchschlüpfen oder Durchrutschen nicht möglich ist und das Hochklettern erschwert wird.

(3) Schächte, Einbringöffnungen und dergleichen müssen trag- und verkehrssicher abgedeckt werden.

ErlRV 01-VD-LG-1369/4-2012, 25 (zu LGBl 2012/80):

„Stellen von baulichen Anlagen an denen Absturzgefahr besteht, sind durch geeignete Schutzvorrichtungen abzusichern. Abs. 1 weicht zwecks besserer Verständlichkeit sprachlich von Art. 28 Abs. 1 der Vereinbarung gemäß Art 15a B-VG über die Harmonisierung bautechnischer Vorschriften ab, inhaltlich besteht aber kein Unterschied. Die Abs. 2 und 3 enthalten spezielle Anforderungen für solche Stellen, die Kindern zugänglich sind, sowie für Schächte und sonstige Öffnungen. In Abs. 2 wird im Gegensatz zu Art. 28 Abs. 2 der Vereinbarung gemäß Art 15a B-VG über die Harmonisierung bautechnischer Vorschriften zusätzlich aufgenommen, dass das „Durchrutschen" für Kinder erschwert wird."

§ 36 Schutz vor Aufprallunfällen und herabstürzenden Gegenständen

(1) Verglasungen müssen unter Berücksichtigung der Einbausituation gegen das Anprallen von Personen gesichert oder so ausgeführt sein, dass sie nicht gefahrbringend zersplittern.

(2) Bauliche Anlagen sind so zu planen und auszuführen, dass Personen vor herabstürzenden Gegenständen geschützt sind. Dies schließt zB auch die sichere Befestigung von Bauteilen wie Fassaden und Glasteile, Maßnahmen gegen das Herabfallen von gefahrbringenden Glasstücken bei Überkopfverglasungen sowie Maßnahmen gegen das Abrutschen von Schnee und Eis von Dächern ein.

ErlRV 01-VD-LG-1369/4-2012, 25 (zu LGBl 2012/80):

„Während Abs. 1 das Anprallen von Personen an Verglasungen regelt, zielt Abs. 2 auf den Schutz vor herabstürzenden Gegenständen ab. Dies umfasst nicht nur Überkopfverglasungen oder sonstige Glasteile, sondern auch alle anderen Bauteile, die herabfallen können (z.B. Fassaden oder Teile davon), sowie Schnee und Eis von Dächern. In Abs. 2 wird im Gegensatz zu Art. 28 Abs. 2 der Vereinbarung gemäß Art 15a B-VG über die Harmonisierung bautechnischer Vorschriften auf „Personen" und nicht auf „Benutzer" abgestellt. Nicht nur die Benutzer einer baulichen Anlage müssen vor herabstürzenden Gegenständen geschützt werden, sondern u.a. auch Personen außerhalb der betreffenden baulichen Anlage, wie z. B.: an der baulichen Anlage vorbeigehende Personen."

§ 37 Schutz vor Verbrennungen

Einrichtungen und Anlagen für die Beheizung von baulichen Anlagen sowie für die Bereitung, Speicherung und Verteilung von Warmwasser sind erforderlichenfalls gegen gefahrbringende Berührungen abzusichern.

ErlRV 01-VD-LG-1369/4-2012, 25 (zu LGBl 2012/80):

„Dieser Paragraph fordert, dass Einrichtungen und Anlagen zur Beheizung oder Warmwasseraufbereitung so abzusichern sind, dass es zu keinen Verbrennungsverletzungen kommen kann. Die Formulierung „erforderlichenfalls" ermöglicht es, auf eine derartige Absicherung dann zu verzichten, wenn die Oberflächen der betroffenen Bauteile nie eine Temperatur erreichen können, die bei ungeschützter Berührung zu Verletzungen führen kann. In Art. 30 der Vereinbarung gemäß Art 15a B-VG über die Harmonisierung bautechnischer Vorschriften wird der Begriff „soweit erforderlich" verwendet, inhaltliche Unterschiede bestehen aber nicht."

§ 38 Blitzschutz

Bauliche Anlagen sind mit Blitzschutzanlagen auszustatten, wenn sie wegen ihrer Lage, Größe oder Bauweise durch Blitzschlag gefährdet sind oder wenn der Verwendungszweck oder die kulturhistorische Bedeutung der baulichen Anlage dies erfordern.

ErlRV 01-VD-LG-1369/4-2012, 25 (zu LGBl 2012/80):

„Bauliche Anlagen sind dann mit Blitzschutzanlagen auszustatten, wenn aufgrund auf ihrer Lage, Größe oder Bauweise eine Gefährdung durch Blitzschlag zu erwarten ist. Da es sich hierbei um eine Gefahrenabschätzung unter Zugrundelegung einer gewissen Wahrscheinlichkeit des Auftretens von Blitzschlag handelt, weist der zweite Satzteil darauf hin, dass bei baulichen Anlagen mit bestimmten Verwendungszwecken (z.B. Spital) oder mit besonderer kulturhistorischer Bedeutung eine Blitzschutzanlage jedenfalls, also unabhängig von der Auftrittswahrscheinlichkeit eines Blitzschlages, vorzusehen ist."

§ 39 Barrierefreie Gestaltung von baulichen Anlagen

(1) Folgende bauliche Anlagen sind so barrierefrei zu planen und auszuführen, dass die für Besucher und Kunden bestimmten Teile auch für Kinder, ältere Personen und Personen mit Behinderungen gefahrlos und tunlichst ohne fremde Hilfe zugänglich sind:
 a) Gebäude für öffentliche Zwecke (zB Behörden und Ämter);
 b) Gebäude für Bildungszwecke (zB Kindergärten, Schulen, Hochschulen, Volksbildungseinrichtungen);
 c) Handelsbetriebe mit Waren des täglichen Bedarfs;
 d) Banken;
 e) Gesundheits- und Sozialeinrichtungen, Alters- und Pflegeheime;
 f) Arztpraxen und Apotheken;
 g) öffentliche Toiletten;
 h) sonstige bauliche Anlagen, die allgemein zugänglich und für mindestens 50 Besucher oder Kunden ausgelegt sind.

(2) Zur Erfüllung der Anforderungen gemäß Abs. 1 müssen insbesondere
 a) mindestens ein Eingang, und zwar der Haupteingang oder ein Eingang in dessen unmittelbarer Nähe, stufenlos erreichbar sein;
 b) in Verbindungswegen Stufen, Schwellen und ähnliche Hindernisse grundsätzlich vermieden werden; unvermeidbare Niveauunterschiede sind durch entsprechende Rampen, Aufzüge oder andere Aufstiegshilfen zu überwinden oder auszugleichen;

c) notwendige Mindestbreiten für Türen und Gänge eingehalten werden;
d) eine dem Verwendungszweck entsprechende Anzahl von behindertengerechten Sanitärräumen errichtet werden.

(3) Für Gebäude mit mehr als vier Wohneinheiten – mit Ausnahme von Reihenhäusern – gilt Abs. 2 lit. a; ein gemäß § 33 Abs. 3 zu errichtender Personenaufzug muss stufenlos erreichbar sein.

(4) Für Gebäude mit mehr als zehn Wohneinheiten gilt Abs 2 lit. a, b und c; ein gemäß § 33 Abs. 3 zu errichtender Personenaufzug muss stufenlos erreichbar sein. Wohnungen in solchen Gebäuden müssen nach den Grundsätzen des anpassbaren Wohnbaus geplant und ausgeführt werden.

(5) Ab 10 PKW-Stellplätzen ist für je 50 PKW-Stellplätze, die gemäß § 18 Abs 5 der Kärntner Bauordnung 1996 in der jeweils geltenden Fassung vorgeschrieben werden, ein leicht zugänglicher PKW-Stellplatz für Personen mit Behinderungen vorzusehen.

(6) PKW-Stellplätze für Personen mit Behinderungen sind in der Nähe des Eingangs zum Gebäude anzuordnen. PKW-Stellplätze in Garagen für Personen mit Behinderungen müssen stufenlos erreichbar sein.

ErlRV 01-VD-LG-1369/4-2012, 26 (zu LGBl 2012/80):

„Abs. 1 regelt, welche baulichen Anlagen jedenfalls barrierefrei zu gestalten sind. Abs. 1 definiert weiters, was grundsätzlich unter barrierefreier Gestaltung zu verstehen ist, nämlich dass die für Besucher und Kunden bestimmten Teile auch für Kinder, ältere Personen und Personen mit Behinderungen gefahrlos und tunlichst ohne fremde Hilfe zugänglich sind. Unter Personen mit Behinderungen sind hierbei insbesondere Rollstuhlbenützer, Blinde und hochgradig Sehbehinderte zu verstehen, aber auch Personen mit Kinderwagen und Personen mit zeitweiliger Behinderung. Bei der Aufzählung der barrierefrei zu gestaltenden baulichen Anlagen ist zu berücksichtigen, dass es sich auch dann um eine bauliche Anlage im Sinne des § 39 Abs. 1 handelt, wenn nur ein Teil für die genannten Zwecke verwendet wird. In § 39 Abs. 1 lit. e werden in Abweichung zu Art. 32 Abs. 1 Z 5 der Vereinbarung gemäß Art 15a B-VG über die Harmonisierung bautechnischer Vorschriften auch „Pensionisten- und Pflegeheime" ausdrücklich erwähnt.

Abs. 2 legt Maßnahmen fest, die jedenfalls erforderlich sind, um die Anforderung der barrierefreien Gestaltung des Abs. 1 als erfüllt betrachten zu können.

Art. 32 Abs. 3 und 4 der Vereinbarung gemäß Art 15a B-VG über die Harmonisierung bautechnischer Vorschriften überlässt es den Vertragsparteien, Regelungen, über die Anzahl der behindertengerechten Stellplätze für Personenkraftwagen und ob bzw. in welchem Ausmaß auch andere bauliche Anlagen barrierefrei gestaltet werden müssen, zu schaffen. Im Hinblick auf § 18 Abs. 5 der Kärntner Bauordnung 1996, welcher Bestimmungen betreffend baulicher Vorkehrungen für Gehbehinderte vorsieht, sowie das Erfordernis, Regelungen über die Anzahl der behindertengerechten Stellplätze für Personkraftwe[a]gen zu treffen, erfolgt dies in den Abs. 3 bis 6."

ErlRV 01-VD-LG-1641/12-2015, 1 (zu LGBl 2015/31):

„Es erfolgen legistische Anpassungen."

§ 40 Schallschutz

(1) Bauliche Anlagen sind so zu planen und auszuführen, dass
a) gesunde, normal empfindende Personen, die sich in der baulichen Anlage aufhalten, weder durch bei bestimmungsgemäßer Verwendung auftretenden Schall und Erschütterungen noch durch Schallimmissionen von außen in ihrer Gesundheit gefährdet oder unzumutbar belästigt werden und
b) gesunde, normal empfindende Personen, die sich in einer unmittelbar anschließenden baulichen Anlage aufhalten, durch bei bestimmungsgemäßer Verwendung auftretenden Schall und Erschütterungen nicht in ihrer Gesundheit gefährdet oder unzumutbar belästigt werden.
Dabei sind der Verwendungszweck sowie die Lage der baulichen Anlage und ihrer Räume zu berücksichtigen.

(2) Wenn der besondere Verwendungszweck der baulichen Anlage oder eines Teiles derselben es erfordert, ist eine entsprechende Raumakustik sicherzustellen.

ErlRV 01-VD-LG-1369/4-2012, 26 f (zu LGBl 2012/80):

„Abs. 1 regelt die Weiterleitung von Schall und Erschütterungen in baulichen Anlagen und definiert das Schutzziel, dass gesunde, normal empfindende Benutzer nicht in ihrer Gesundheit gefährdet oder in einer den Verwendungszweck beeinträchtigenden Weise unzumutbar belästigt werden.

Im Gegensatz zu Art. 33 Abs. 1 der Vereinbarung gemäß Art 15a B-VG über die Harmonisierung bautechnischer Vorschriften sind über Vorschlag des lärmtechnischen Amtssachverständigen ausdrücklich nur „unzumutbare" Belästigungen umfasst. Durch diese Formulierung wäre klargestellt, dass dem gesunden, normal empfindenden Benutzer der geplanten baulichen Anlage bzw. einer unmittelbar anschließenden baulichen Anlage nicht generell ein Schutz vor Belästigungen durch Schall oder Erschütterungen, sondern nur ein Schutz vor unzumutbaren Belästigungen zukommt. Darüber hinaus muss bei der Planung und Ausführung von baulichen Anlagen auch auf Schallimmissionen von Außen Rücksicht genommen werden.

Miteinbezogen sind hier auch unmittelbar anschließende (also angebaute) bauliche Anlagen. Bei der Bemessung des Schall- bzw. Erschütterungsschutzes sind nur Schall und Erschütterungen zu berücksichtigen, die bei bestimmungsgemäßer Verwendung normalerweise auftreten können. Abs. 2 stellt die Forderung nach einer dem Verwendungszweck entsprechenden Raumakustik auf. Dies betrifft lediglich Räume für besondere Nutzungen, wie Schulklassen, Speisesäle, Veranstaltungsräume etc."

§ 41 Bauteile

Alle Bauteile, insbesondere Außen- und Trennbauteile sowie begehbare Flächen in baulichen Anlagen, sind so zu planen und auszuführen, dass die Weiterleitung von Luft-, Tritt- und Körperschall so weit gedämmt wird, wie dies zur Erfüllung der Anforderungen des § 40 Abs. 1 erforderlich ist.

ErlRV 01-VD-LG-1369/4-2012, 27 (zu LGBl 2012/80):

„Dieser Paragraph regelt die aus den grundsätzlichen Anforderungen des § 40 ableitbaren spezifischen Anforderungen an Bauteile. Trennbauteile umfassen auch alle Anschlüsse von Bauteilen an Räume, die gegen Schall zu schützen sind."

§ 42 Haustechnische Anlagen

Haustechnische Anlagen, ortsfeste Maschinen und technische Einrichtungen, bei deren Betrieb Schall entsteht oder übertragen wird oder Erschütterungen oder Schwingungen auftreten können, sind so einzubauen und aufzustellen, dass die Erfüllung der Anforderungen des § 40 Abs. 1 gewährleistet ist. § 1 Abs. 1 gilt.

ErlRV 01-VD-LG-1369/4-2012, 27 (zu LGBl 2012/80):

„Dieser Paragraph regelt die aus § 36 ableitbaren Anforderungen an haustechnische Anlagen und andere ortsfeste Maschinen und technische Einrichtungen. Er wird im Vergleich zu Art. 35 der Vereinbarung gemäß Art 15a B-VG über die Harmonisierung bautechnischer Vorschriften insoweit ergänzt, dass haustechnische Anlagen, ortsfeste Maschinen und technische Einrichtungen, bei deren Betrieb Schall „entsteht oder übertragen wird" oder Erschütterungen oder „Schwingungen" auftreten können, so einzubauen und aufzustellen sind, dass die Erfüllung der Anforderungen des § 40 Abs. 1 gewährleistet sind. Des Weiteren wird durch den Verweis aus § 1 Abs. 1 klargestellt, dass der Einbau und das Aufstellen der genannten haustechnischen Anlagen entsprechen dem Stand der Technik zu erfolgen hat."

§ 43 Energieeinsparung und Wärmeschutz

(1) Bauliche Anlagen sind in allen Teilen so zu planen und auszuführen, dass die bei der Verwendung benötigte Energiemenge nach dem Stand der Technik begrenzt wird. Auszugehen ist von der bestimmungsgemäßen Verwendung der baulichen Anlage; die damit verbundenen Bedürfnisse (insbesondere Heizung, Warmwasserbereitung, Kühlung, Lüftung, Beleuchtung) sind zu berücksichtigen.

(2) Bei der Beurteilung, ob die Energiemenge gemäß Abs. 1 nach dem Stand der Technik begrenzt wird, ist insbesondere Bedacht zu nehmen auf
  a) Art und Verwendungszweck der baulichen Anlage;
  b) Gewährleistung eines dem Verwendungszweck entsprechen den Raumklimas, wobei insbesondere ungünstige Auswirkungen, wie unzureichende Belüftung oder sommerliche Überwärmung, zu vermeiden sind;
  c) die Verhältnismäßigkeit von Aufwand und Nutzen hinsichtlich der Energieeinsparung.

(3) Bei
  1. Errichtung von Gebäuden,
  2. größeren Renovierungen von bestehenden Gebäuden und
  3. den nach der Kärntner Bauordnung 1996 bewilligungspflichtigen Zubauten, Umbauten, sonstigen Änderungen und Änderungen des Verwendungszweckes von bestehenden Gebäuden, sofern dabei mindestens ein für die selbständige Nutzung bestimmter Gebäudeteil, ein solches Geschoß oder eine Wohnung geschaffen wird, muss vor Baubeginn die technische, ökologische und wirtschaftliche Realisierbarkeit des Einsatzes von hocheffizienten alternativen Systemen, sofern verfügbar, in Betracht gezogen, berücksichtigt und dokumentiert werden. Hocheffiziente alternative Systeme sind insbesondere

  a) dezentrale Energieversorgungssysteme auf der Grundlage von Energie aus erneuerbaren Quellen;
  b) Kraft-Wärme-Kopplung: die gleichzeitige Erzeugung thermischer Energie und elektrischer und/oder mechanischer Energie in einem Prozess;
  c) Fern-/Nahwärme oder Fern-/Nahkälte, insbesondere, wenn sie ganz oder teilweise auf Energie aus erneuerbaren Quellen beruht oder aus hocheffizienten Kraft-Wärme-Kopplungsanlage stammt;
  d) Wärmepumpen: Maschinen, Geräte oder Anlagen, die die Wärmeenergie der natürlichen Umgebung (Luft, Wasser oder Boden) auf Gebäude oder industrielle Anlagen überträgt, indem sie den natürlichen Wärmestrom so umkehrt, dass dieser von einem Ort tieferer Temperatur zu einem Ort höherer Temperatur fließt. Bei reversiblen Wärme-

pumpen kann auch die Wärme von dem Gebäude an die natürliche Umgebung abgegeben werden. Energie aus erneuerbaren Quellen umfasst Energie aus erneuerbaren, nichtfossilen Energiequellen (Wind, Sonne, aerothermische, geothermische, hydrothermische Energie, Meeresenergie, Wasserkraft, Biomasse, Deponiegas, Klärgas und Biogas).

(4) Bei einer größeren Renovierung von bestehenden Gebäuden gelten Abs. 1 und 2 nicht nur für die Gebäudeteile, die Gegenstand der Renovierung sind, sondern für das gesamte bereits rechtmäßig bestehende Gebäude.

(4a) Eine größere Renovierung im Sinne dieses Gesetzes ist die Renovierung eines Gebäudes, bei der mehr als 25% der Oberfläche der Gebäudehülle einer Renovierung unterzogen werden. Die Gebäudehülle umfasst die integrierten Komponenten eines Gebäudes, die dessen Innenbereich von der Außenumgebung trennen.

(5) Ein Ausweis über die Gesamtenergieeffizienz des Gebäudes (Energieausweis) mit einer Gültigkeitsdauer von maximal zehn Jahren ist von einer nach den für die Berufsausübung maßgeblichen Vorschriften dazu befugten Person oder einer akkreditierten Prüfstelle auszustellen:

a) bei Errichtung von Gebäuden, bei größeren Renovierungen von bestehenden Gebäuden und für Gebäude, in denen mehr als 500 m² Gesamtnutzfläche von Behörden genutzt werden und die starken Publikumsverkehr aufweisen;

b) ab 9. Juli 2015 für Gebäude, in denen mehr als 250 m² Gesamtnutzfläche von Behörden genutzt werden und die starken Publikumsverkehr aufweisen.

Die Gültigkeitsdauer des Energieausweises kann nach Prüfung durch den Aussteller oder eine andere zur Ausstellung befugte Person um jeweils zehn Jahre verlängert werden, wenn keine Änderungen am Gebäude vorgenommen wurden, die die Gesamtenergieeffizienz beeinflussen und die gesetzlichen Voraussetzungen für die Ausstellung unverändert sind. Die Gesamtenergieeffizienz eines Gebäudes umfasst die berechnete oder gemessene Energiemenge, die benötigt wird, um den Energiebedarf im Rahmen der üblichen Nutzung des Gebäudes (insbesondere Heizung, Kühlung, Lüftung, Warmwasser und Beleuchtung) zu decken.

(6) Zur Ausstellung von Energieausweisen befugten Personen ist, soweit dies zur Ausstellung von Energieausweisen erforderlich

ist, ein Online-Zugriff auf die die Gemeinden des Landes Kärnten betreffenden Daten der lokalen Gebäude- und Wohnungsregister gemäß Abschnitt B Z 1, 3 und 7 und Abschnitt C der Anlage des Gebäude- und Wohnungsregister-Gesetzes – GWR-Gesetz, BGBl. I Nr. 9/2004, zuletzt in der Fassung des Bundesgesetzes BGBl. I Nr. 125/2009, einzuräumen.

(7) Der Aussteller hat die Daten des Energieausweises der Landesregierung in elektronischer Form zu übermitteln. Die Landesregierung darf die nicht personenbezogenen Daten des Energieausweises und die Daten des Ausstellers automationsunterstützt verwenden, soweit dies zur Verfolgung statistischer oder energiepolitischer Ziele notwendig ist. Dem Aussteller ist ein Online-Zugriff auf die Daten der von ihm ausgestellten und übermittelten Energieausweise einzuräumen. Die Landesregierung hat durch Verordnung den Inhalt und die Form der Datenübermittlung näher zu bestimmen.

(7a) § 43 Abs. 6 und 7 gilt auch für Aussteller eines nach dem Energieausweis-Vorlage-Gesetz 2012, BGBl. I Nr. 27/2012, erforderlichen Energieausweises.

(8) Vom Eigentümer oder dem Nutzungsberechtigten ist der Energieausweis (Seite 1 und 2) an einer für die Öffentlichkeit gut sichtbaren Stelle anzubringen:

a) bei Gebäuden, in denen mehr als 500 m² Gesamtnutzfläche starken Publikumsverkehr aufweisen, sofern ein Energieausweis ausgestellt wurde;

b) bei Gebäuden, in denen mehr als 500 m² Gesamtnutzfläche von Behörden genutzt werden und die starken Publikumsverkehr aufweisen;

c) ab 9. Juli 2015 bei Gebäuden, in denen mehr als 250 m² Gesamtnutzfläche von Behörden genutzt werden und die starken Publikumsverkehr aufweisen.

(9) Abs. 1 bis 4 gelten nicht für Gebäude, die als Teil eines ausgewiesenen Umfeldes oder aufgrund ihres besonderen architektonischen oder historischen Werts offiziell geschützt sind, soweit die Einhaltung der Anforderungen eine unannehmbare Veränderung ihrer Eigenart oder ihrer äußeren Erscheinung bedeuten würde.

(10) Abs. 1 bis 5 gelten nicht für

a) Gebäude, die nur frostfrei gehalten werden, dh. mit einer Raumtemperatur von nicht mehr als +5° C, sowie nicht konditionierte Gebäude;

b) provisorische Gebäude mit einer Nutzungsdauer bis einschließlich zwei Jahren;
c) Wohngebäude, die nach ihrer Art nur für die Benutzung während eines begrenzten Zeitraums je Kalenderjahr bestimmt sind und deren voraussichtlicher Energiebedarf wegen dieser eingeschränkten Nutzungszeit unter einem Viertel des Energiebedarfs bei ganzjähriger Benutzung liegt. Dies gilt jedenfalls als erfüllt für Wohngebäude, die zwischen 1. November und 31. März an nicht mehr als 31 Tagen genutzt werden;
d) Gebäude für Industrieanlagen und Werkstätten sowie landwirtschaftliche Nutzgebäude, bei denen jeweils der überwiegende Anteil der Energie für die Raumheizung und Raumkühlung jeweils durch Abwärme abgedeckt wird, die unmittelbar im Gebäude entsteht;
e) Gebäude, die für Gottesdienst und religiöse Zwecke genutzt werden.

(11) Abs. 5 gilt nicht für Gebäude mit einer Gesamtnutzfläche bis 50 m2. Diese Gebäude müssen den Anforderung der Energieeinsparung und des Wärmeschutzes nur hinsichtlich ihrer Bauteile entsprechen.

(12) Die Landesregierung hat – soweit nicht von Bund, gesetzlichen beruflichen Interessenvertretungen oder sonstigen Dritten Vorsorge getroffen wird – dafür zu sorgen, dass
a) Eigentümer oder Mieter von Gebäuden oder Gebäudeteilen auf geeignete Weise über die verschiedenen Methoden und praktischen Verfahren zur Verbesserung der Gesamtenergieeffizienz eines Gebäudes informiert werden; dabei ist auch über Energieausweise und Überprüfungsbefunde und die zur Verbesserung der Gesamtenergieeffizienz von Gebäuden zur Verfügung stehenden Finanzinstrumente zu informieren;
b) Informationen über die Nettovorteile, die Kosten und die Energieeffizienz von Anlagen und Systemen für die Nutzung von Wärme, Kälte und Elektrizität aus erneuerbaren Energiequellen bereit gestellt werden;
c) zur Ausstellung von Energieausweisen befugte Personen entsprechende Anleitungen und Schulungen zur Verfügung stehen; auf die Bedeutung der Verbesserung der Gesamtenergieeffizienz, die Berücksichtigung einer optimalen Kombination

von Verbesserungen der Energieeffizienz, der Verwendung erneuerbarer Energien und des Einsatzes von Fernwärme und Fernkühlung bei der Planung, dem Entwurf, dem Bau und der Renovierung ist dabei besonders zu achten;
d) den mit der Planung, Errichtung und Renovierung von Gebäuden befassten Berufsgruppen erforderlichenfalls Leitlinien zur Verfügung stehen, damit diese bei ihrer Tätigkeit die optimale Kombination von erneuerbaren Energien, hocheffizienten Technologien und Fernwärme und -kühlung sachgerecht in Erwägung ziehen können;
e) der Öffentlichkeit auf der Homepage des Landes Kärnten im Internet regelmäßig aktualisierte Listen von zur Ausstellung von Energieausweisen befugten Stellen oder einer akkreditierten Prüfstelle (§ 43 Abs. 5) sowie für die wiederkehrenden Überprüfungen von Klimaanlagen berechtigten Sachverständigen (§ 50 Abs. 6) zur Verfügung stehen.

(13) Land und Gemeinden haben nach Möglichkeit sicherzustellen, dass sie bei Gebäuden, deren Eigentümer sie sind,
1. innerhalb der Geltungsdauer eines Energieausweises den im Energieausweis enthaltenen Empfehlungen nachkommen und
2. die Dächer von Gebäuden, die für öffentliche Zwecke oder gemischt für öffentliche und private Zwecke verwendet werden, für Anlagen zur Erzeugung von Energie aus erneuerbaren Quellen nutzen.

ErlRV -2V-LG-1170/13-2007, 1 f (zu § 11 LGBl 2008/10):

„Die Richtlinie 2002/91/EG des Europäischen Parlamentes und des Rates vom 16. Dezember 2002 über die Gesamtenergieeffizienz von Gebäuden, ABl. Nr. L 001 vom 04.01.2003, S 65 (im Folgenden: Gesamtenergieeffizienzrichtlinie), ist in innerstaatliches Recht (Landesrecht) umzusetzen (vgl. auch den Entwurf eines Gesetzes, mit dem das Kärntner Heizungsanlagengesetz geändert wird, Zl. 2V-LG-618/18-2007, sowie das Bundesgesetz über die Pflicht zur Vorlage eines Energieausweises beim Verkauf und bei der In-Bestand-Gabe von Gebäuden und Nutzungsobjekten [Energieausweis-Vorlage-Gesetz – EAVG], BGBl. I Nr. 137/2006).

3. Abschnitt – Bautechnische Anforderungen § 43

Die Richtlinie 2002/91/EG hätte bis zum 04.01.2006 in innerstaatliches Recht umgesetzt werden müssen. Ein Vertragsverletzungsverfahren ist bereits anhängig, sodass dringender Handlungsbedarf gegeben ist.

Für die Verzögerung bei der Umsetzung der Gebäudeenergieeffizienzrichtlinie ist insbesondere der Umstand ausschlaggebend, dass im Rahmen der beabsichtigten Harmonisierung der bautechnischen Bestimmungen der neun Baugesetzgebungen der Bundesländer ein einheitliches Verfahren zur Berechnung der für den Energieausweis notwendigen Kennzahlen sowie harmonisierte Grundlagen sowohl zu den Anforderungen an die Gebäudehülle wie auch hinsichtlich der Heizungs-, Lüftungs- und Kühlsysteme in einer sehr komplexen Form entwickelt wurden. Dies deshalb, um transparente und umfassende Regelungen und damit ein hohes Maß an Rechts- und Planungssicherheit zu schaffen, Als Ergebnis liegt nunmehr der „Leitfaden Energietechnisches Verhalten von Gebäuden" (Ausgabe April 2007), auf welchen in der Richtlinie 6 des Österreichischen Instituts für Bautechnik betreffend „Energieeinsparung und Wärmeschutz" (Ausgabe April 2007) verwiesen wird, vor, sodass im Wesentlichen eine österreichweit einheitliche Umsetzung der Gebäudeenergieeffizienzrichtlinie möglich ist.

Wesentlicher Inhalt des vorliegenden Gesetzentwurfes ist:

- Die Festlegung der Mindestanforderungen an die Energieeinsparung und den Wärmeschutz von baulichen Anlagen;
- die Erfüllung des Energieausweises für Neubauten von Gebäuden und umfassende Sanierungen von Gebäuden mit einer Gesamtnutzfläche über 1000 m²;

[...]

Der Entwurf sieht ausschließlich Maßnahmen vor, zu denen das Land auf Grund zwingender Vorschriften des Gemeinschaftsrechts verpflichtet ist (vgl. Art. 6 Abs. 1 Z 1 der Vereinbarung zwischen dem Bund, den Ländern und den Gemeinden über einen Konsultationsmechanismus und einen künftigen Stabilitätspakt der Gebietskörperschaften, BGBl. I Nr. 35/1999, LGBl. Nr. 1/1999).

Der Begutachtungsentwurf wurde einem Informationsverfahren entsprechend der Richtlinie 98/34/EG unterzogen (Notifikationsnummer 2007/446/A). Die in Art. 9 Abs. 1 der Richtlinie 98/34/EG festgesetzte Stillhaltefrist ist am 2. November 2007 abgelaufen; Stellungnahmen sind bis zu diesem Zeitpunkt nicht eingelangt.

[…]

Die generellen Anforderungen an die Energieeinsparung und den Wärmeschutz in Abs. 1 bis 3 wurden aus der Vereinbarung gemäß Art. 15a B-VG über die Harmonisierung bautechnischer Vorschriften (Art. 36) übernommen. Damit wird die Gebäudeenergieeffizienzrichtlinie im Allgemeinen und durch Abs. 3 Art. 5 Satz 2 der Gebäudeenergieeffizienzrichtlinie im Besonderen umgesetzt.

[…]

Unter „nach den für die Berufsausübung maßgeblichen Vorschriften zur Ausstellung von Energieausweisen Befugten" sind jedenfalls ZiviltechnikerInnen einschlägiger Befugnis, Technische Büros – Ingenieurbüros einschlägiger Fachrichtungen und Gewerbetreibende einschlägiger Fachrichtungen im Rahmen ihrer Gewerbeberechtigung zu verstehen.

Abs. 6 [Anm: § 43 Abs 10 idgF] enthält Ausnahmen im Sinne des Art. 4 Abs. 3 und des Art. 7 Abs. 1 der Gebäudeenergieeffizienzrichtlinie.

[…]."

ErlRV 01-VD-LG-1369/4-2012, 27 f (zu LGBl 2012/80):

„Abs. 1 und 2 entsprechen der geltenden Rechtslage.

In Abs. 3 und 5 erfolgen die Anpassungen an die Richtlinie 2010/31/EU des europäischen Parlaments und des Rates über die Gesamtenergieeffizienz von Gebäuden (Neufassung). Nunmehr ist jede Errichtung des Gebäudes und jede größere Renovierung (siehe dazu die Begriffsbestimmung in den OIB-Richtlinien) einschlägig. Die Beschränkung auf Errichtung und Renovierung über 1000 m² Gesamtnutzfläche entfällt. Weiters muss die Prüfung der Realisierbarkeit des Einsatzes von hocheffiziente alternative Systemen auch dokumentiert werden (Abs. 3). Für Gebäude, in denen mehr als 500 m² Gesamtnutzfläche von Behörden genutzt werden und die starken Publikumsverkehr aufweisen, muss ein Energieausweis erstellt werden. Der Schwellenwert wird ab 9. Juli 2015 auf 250 m² gesenkt (Abs. 5). Die Bestimmungen zur Nutzung von hocheffiziente alternative Systeme setzen auch die Vorgaben für Bauvorschriften des Art. 13 der Richtlinie 2009/28/EG des Europäischen Parlaments und des Rates zur Förderung der Nutzung von Energie aus erneuerbaren Quellen, um.

3. Abschnitt – Bautechnische Anforderungen § 43

Aus kompetenzrechtlichen Gründen sieht § 7 Abs. 1 Z GWR-Gesetz vor, dass den zur Ausstellung von Energieausweisen Berechtigten ein Zugriff auf die Daten gemäß Abschnitt B Z 1, 3 und 7 und Abschnitt C der Anlage, soweit diese Daten für die Ausstellung von Energieausweisen erforderlich sind, nur dann einzuräumen ist, wenn ein derartiger Online-Zugriff nach landesrechtlichen Vorschriften vorgesehen ist. Ebenso sieht § 1 Abs. 4 Z 5 GWR-Gesetz vor, dass die Aussteller Zugriff auf die Daten der von ihnen ausgestellten Energieausweise haben, soweit dies nach landesrechtlichen Vorschriften vorgesehen ist. Diese Zugriffe werden nunmehr durch Abs. 6 und Abs. 7 Satz 3 landesgesetzlich vorgesehen. Die Zugriffsmöglichkeit besteht über die Landesdatenbank.

In der geltenden Rechtslage hat die Behörde den Energieausweis der Landesregierung in elektronischer Form zu übermitteln. Um die notwendige GWR-Zahl zu erhalten, muss der Energieausweisaussteller aber jedenfalls den Energieausweis über die Landesdatenbank registrieren. Somit kann die Verpflichtung zur elektronischen Übermittlung dem Energieausweisaussteller übertragen werden, ohne dass für diesen ein zusätzlicher Aufwand entsteht. Die Registrierung und die Übermittlung der Daten erfolgen in einem Schritt. Den Inhalt und die Form der Datenübermittlung hat die Landesregierung durch Verordnung näher zu bestimmen.

Hinsichtlich der Aushangpflicht für Energieausweise erfolgt in Abs. 8 eine Anpassung an die RL 2010/31/EU. Diese gilt nunmehr für alle Gebäude, in denen mehr als 500 m^2 Gesamtnutzfläche starken Publikumsverkehr aufweisen, sofern ein Energieausweis ausgestellt wurde. Dies gilt auch für Gebäude, in denen mehr als 500 m^2 Gesamtnutzfläche von Behörden genutzt werden und die starken Publikumsverkehr aufweisen. Für letztere wird der Schwellenwert ab 9. Juli 2015 auf 250 m^2 gesenkt.

Auch die Ausnahmen in den Abs. 9 bis 11 werden an die RL 2010/31/EU angepasst und entsprechen den Ausnahmen in der OIB-Richtlinie 6 Punkt 1.2.

Die Verordnungsermächtigung des § 11 Abs. 8 idgF findet sich nunmehr in § 50, die Möglichkeit des Abweichens von der Verordnung bei gleichem Schutzniveau des § 11 Abs. 10 idgF in § 51."

ErlRV 01-VD-LG-1641/12-2015, 1 f (zu LGBl 2015/31):

„Der vorliegende Gesetzentwurf erfolgt in Ergänzung der bereits erfolgten Umsetzung von Bestimmungen der Richtlinie 2010/31/EU über die Gesamtenergieeffizienz von Gebäuden und der Richtlinie 2009/28/EG zur Förderung der Nutzung von Energie aus erneuerbaren Quellen. Gemäß Art. 7a Abs. 2 Z 8 K-LVG haben das Land und die Gemeinden im Rahmen ihres Wirkungsbereiches das Umweltbewusstsein der Bewohner und Besucher Kärntens und den sparsamen Umgang mit Rohstoffen und Energie zu fördern. Das Land Kärnten bekennt sich gemäß Art. 7c K-LVG zum Klimaschutz, zur verstärkten Deckung des Energiebedarfs aus erneuerbaren Energiequellen und zu deren nachhaltiger Nutzung, sowie zur Steigerung der Energieeffizienz. Des Weiteren werden im Energiemasterplan des Landes Kärnten entsprechende Ziele für die Energieeffizienz und die Erhöhung des Anteils erneuerbarer Energie gesetzt. Der vorliegende Gesetzesentwurf stützt sich auf die Gesetzgebungskompetenz des Landes nach Art. 15 Abs. 1 B-VG.

[...]

Zu Art I Z 2 (§ 43 Abs. 3 erster Satz K-BV):

Der Anwendungsbereich für die Prüfung und Dokumentation der Realisierbarkeit des Einsatzes von hocheffizienten alternativen System wird entsprechend erweitert.

Zu Art. I Z 3, 4, 5, 6, 7 und 8 (§ 43 Abs. 3 lit. b und d K-BV; § 43 Abs. 3, 4a, 5 und 7a K-BV):

Begriffsbestimmungen in Richtlinien dienen primär dem Verständnis des Textes, der von den Mitgliedstaaten umzusetzen ist. Eine wortwörtliche Umsetzung dieser Bestimmungen erscheint grundsätzlich entbehrlich, da es darauf ankommt, den Regelungsgehalt der Richtlinie entsprechend im innerstaatlichen Recht abzubilden.

Soweit im Zuge der Umsetzung der Richtlinie 2010/31/EU auf Begriffe abgestellt wird, die in Art. 2 der genannten Richtlinie angeführt sind, sind diese jedenfalls im Sinn dieser Begriffsbestimmungen zu verstehen. Im Hinblick auf das derzeit beim Gerichtshof der Europäischen Union gegen Österreich anhängige Vertragsverletzungsverfahren werden die Begriffsbestimmungen nunmehr im erforderlichen Ausmaß in den Gesetzestext aufgenommen.

3. Abschnitt – Bautechnische Anforderungen § 43

Zu Art. I Z 9 (§ 43 Abs. 12 und 13 K-BV):

In Art. 14 Abs. 2 der Richtlinie 2009/28/EG sowie Art. 20 Abs. 1 und 2 der Richtlinie 2010/31/EU sind gewisse Informationspflichten vorgesehen. Diese werden nunmehr in § 43 Abs. 12 entsprechend gesetzlich verankert.

Das Land Kärnten stellt bereits derzeit den betroffenen Berufsgruppen und Konsumenten entsprechende Informationen zur Verfügung.

In diesem Zusammenhang ist beispielsweise auf den Verein energie:bewusst Kärnten (www.energiebewusst.at) hinzuweisen, der vom Land Kärnten gegründet wurde. Sein Ziel war die nachhaltige (andauernde) Reduktion des Energiebedarfs in Kärnten sowie die möglichst umweltschonende Zurverfügungstellung von Energie (etwa durch erneuerbare Energieträger).

Die Aufgaben werden in Zukunft durch verschiedene Abteilungen der Kärntner Landesregierung umgesetzt. Dabei wird der Energiemasterplan Kärnten die Grundlage bilden. Dazu steht auch die neu eingerichtete Landeshomepage www.energie.ktn.gv.at der Abteilung 8 des Amtes der Kärntner Landesregierung zur Verfügung. Durch das Amt der Kärntner Landesregierung werden BürgerInnen über energieeffizientes Bauen und Sanieren im Rahmen der Wohnbauförderung informiert. Es wird einschlägiges Informationsmaterial zur Verfügung gestellt, insbesondere Broschüren, aber auch digitale Informationen über die Homepage der Abteilung 2.

Informationen nach Art. 20 Abs. 2 der RL 2010/31/EU wurde bislang beispielsweise über den Verein energie:bewusst Kärnten und die Abteilungen 2 und 8 des Amtes der Kärntner Landesregierung (Informationsmaterial, Broschüren, Homepage) zur Verfügung gestellt, dies soll in weiterer Folge durch die Abteilungen 2, 3, 7 und 8 des Amtes der Kärntner Landesregierung erfolgen.

Für die mit dem Vollzug des Baurechts betrauten Bediensteten der Gemeinden und des Landes werden permanent Lehrgänge und Seminare im Rahmen des Bautechnikrechts über die Kärntner Verwaltungsakademie zur Verfügung gestellt, die auch über die Gesamtenergieeffizienz-Richtlinie informieren.

Weitere Schulungen erfolgten über den Verein energie:bewusst Kärnten: Der Schwerpunkt im Jahr 2013 war beispielsweise die Ausbildung zum Energieausweisberechner nach der RL 2010/31/EU in Kombination mit der Ausbildung zum Energieberater. Die angebotene Ausbildung wird als e-learning- Kurs über das Internet kombiniert mit mehrtägigen Seminarteilen angeboten.

Zudem bot der Verein energie:bewusst Kärnten in Kooperation mit der Bauakademie Lehrbauhof Kärnten spezifische Ausbildungsmöglichkeiten im Zusammenhang mit der Energieberatung und der Energieausweisberechnung an (www.energiebewusst.at). Diese Ausbildungen werden intensiviert und der Energieberaterpool ausgebaut (vgl. dazu Energiemasterplan 2014-2025).

Nach Art. 11 Abs. 5 der Richtlinie 2010/31/EU hat die öffentliche Hand eine gewisse Vorbildfunktion. Diese Vorbildfunktion wird in § 43 Abs. 13 für Land und Gemeinden nunmehr ausdrücklich gesetzlich verankert.

Dieser Vorbildfunktion soll etwa mit gebäudebezogenen Maßnahmen von Land und Gemeinden entsprochen werden. Dies dient auch der Umsetzung des Energiemasterplans Kärnten."

4. Abschnitt – Sonderbestimmungen

§ 44 [Anm: entfallen]

§ 45 Wohnungen

(1) Wohnungen müssen mindestens eine Nutzfläche von 25 m^3 haben.

(2) Wohnungen bis zu 30 m^3 dürfen nur einen Wohnraum enthalten.

(3) Wohnräume, ausgenommen Küchen, müssen eine Nutzfläche von mindestens 10 m^3 haben.

(4) In Wohnungen mit mehr als zwei Wohnräumen ist ein entsprechender Abstellraum – in sonstigen Wohnungen eine entsprechende Abstellfläche – vorzusehen.

(5) Für Gebäude mit mehr als vier Wohnungen müssen entsprechend der Zahl der Wohnungen leicht zugängliche, geeignete Abstellplätze für Kinderwagen, Gehhilfen und Fahrräder sowie Einrichtungen zum Waschen und Trocknen von Wäsche vorgesehen werden.

ErlRV -2V-LG-1170/13-2007, 26 (zu § 49 LGBl 2008/10):

„Die Bestimmungen der Abs. 1 bis 3 entsprechen § 43 Abs. 1 bis 3 der Kärntner Bauvorschriften 1980. Abs. 4 wurde dahingehend modifiziert, daß auch die Stiegenfläche nicht zur Nutzfläche einer Wohnung oder eines Wohnraumes zählt."

ErlRV 01-VD-LG-1369/4-2012, 28 (zu LGBl 2012/80):

„Dieser Paragraph entspricht §§ 49, 50 und 58 K-BV in der geltenden Fassung."

§ 46 Schulen, Kindergärten und Horte

(1) Verzogene oder gewendelte Stiegen dürfen in Schulen nicht vorgesehen werden.

(2) Ist die Mehrzahl der Räume eines Gebäudes für Kindergarten- oder Hortzwecke bestimmt, dürfen gewendelte Stiegen nicht als Hauptstiegen vorgesehen werden.

(3) Zwischen den Geschoßen sowie vor Außenstiegen mit mehr als fünf Stufen sind Podeste anzuordnen. Diese Außenstiegen sind zu überdachen.

(4) Nach Eingangstüren ist ein Windfang anzuordnen.

(5) Werden Turnräume in Schulen oder Bewegungs- und Gruppenräume in Kindergärten einschließlich der ihnen zugeordneten Nebenräume in einem freistehenden Gebäude angeordnet, so sind sie mit dem Schulgebäude bzw. dem Kindergartengebäude durch einen gedeckten Gang oder Ähnliches zu verbinden.

ErlRV 01-VD-LG-1369/4-2012, 29 (zu LGBl 2012/80):

„Dieser Paragraph entspricht im Wesentlichen §§ 78, 83, 89, 98 und 101 K-BV in der geltenden Fassung."

§ 47 Krankenanstalten

(1) Dieser Paragraph gilt für Krankenanstalten im Sinne der Krankenanstaltenordnung 1999 – K-KAO in der jeweils gelten-

den Fassung und für Einrichtungen gemäß § 1 Abs. 3 lit. a und d K-KAO in der jeweils geltenden Fassung.

(2) Zu- und Abfahrtswege sind so anzuordnen, dass die Eingänge für Besucher und Kranke von den Zufahrten für die Rettung und für Wirtschaftszwecke getrennt sind.

(3) Die Anlieferung von Kranken muss so erfolgen können, dass diese keinen Witterungseinflüssen ausgesetzt sind.

(4) Außenstiegen, welche auch von Besuchern und Kranken benutzt werden, sind zu überdachen.

ErlRV 01-VD-LG-1369/4-2012, 29 (zu LGBl 2012/80):

„Dieser Paragraph entspricht im Wesentlichen §§ 158, und 163 Abs. 4 K-BV in der geltenden Fassung."

§ 48 Wohnheime für alte Menschen, Pflegeeinrichtungen

(1) Dieser Paragraph gilt für Wohnheime für alte Menschen und Pflegeeinrichtungen im Sinne der Kärntner Heimverordnung – K-HeimVO, LGBl. Nr. 40/2005, zuletzt in der Fassung LGBl. Nr. 63/2011.

(2) Wohnheime für alte Menschen und Pflegeeinrichtungen mit mehr als einem oberirdischen Geschoß müssen mit einem Personenaufzug ausgestattet sein. Dieser Personenaufzug ist so zu bemessen, dass er zur Beförderung von Krankenliegen geeignet ist. Weitere zur Beförderung von Krankenliegen geeignete Personenaufzüge sind dann vorzusehen, wenn dies auf Grund der Anzahl der Bewohner oder der räumlichen Gliederung des Wohnheimes für alte Menschen oder der Pflegeeinrichtung erforderlich ist.

ErlRV 01-VD-LG-1369/4-2012, 29 (zu LGBl 2012/80):

„Aus systematischen Überlegungen wird die Bestimmung zum Einbau von Aufzügen in Wohnheimen für alte Menschen und Pflegeeinrichtungen mit mehr als einem oberirdischen Geschoß vom Kärntner Heimgesetz bzw. der Kärntner Heimverordnung in die K-BV transferiert."

5. Abschnitt – Klimaanlagen

ErlRV -2V-LG-1170/13-2007, 3 f (zu § 143 und § 144 LGBl 2008/10):

„Zur Umsetzung des Art. 9 der Gebäudeenergieeffizienzrichtlinie sollen § 143 und § 144 [Anm: § 49 und § 50 idgF] eingefügt werden. Diese Bestimmungen sehen – neben einer Definition des Begriffes „Klimaanlage" im Sinn des Art. 2 Z 5 der Gebäudeenergieeffizienzrichtlinie – zum Zweck der Senkung des Energieverbrauches und zur Begrenzung der Kohlendioxidemissionen alle drei Jahre [...] durchzuführende Überprüfungen von Klimaanlagen mit einer Nennleistung über 12 kW vor.

Obwohl die Gebäudeenergieeffizienzrichtlinie lediglich von einer „regelmäßigen" durchzuführenden Inspektion spricht, sieht doch das CEN einen Dreijahresrhythmus vor. Die alle drei Jahre durchzuführenden Überprüfungen sind in § 144 Abs. 2 [Anm: § 50 Abs 2 idgF] geregelt.

[...]

Durch § 144 Abs. 6 [Anm: § 50 Abs 6 idgF] wird Art. 10 der Gebäudeenergieeffizienzrichtlinie umgesetzt (unabhängiges Fachpersonal für die Durchführung der Überprüfung)."

§ 49 Begriff

Klimaanlage im Sinne dieses Gesetzes ist die Kombination der Bauteile, die für eine Form der Raumluftbehandlung erforderlich sind, durch die die Temperatur geregelt wird oder gesenkt werden kann.

ErlRV 01-VD-LG-1369/4-2012, 29 (zu LGBl 2012/80):

„Die Begriffsbestimmung für Klimaanlagen wird an die Begriffsbestimmung von Art. 2 Z 15 RL 2010/31/EU angepasst."

§ 50 Wiederkehrende Überprüfung

(1) Der Betreiber einer Klimaanlage mit einer Kälteleistung über 12 kW ist verpflichtet, diese alle drei Jahre gemäß Abs. 2 und alle

fünf Jahre gemäß Abs. 3 auf eigene Kosten durch Sachverständige (Abs. 6) überprüfen zu lassen. Der Betreiber der Klimaanlage ist ferner verpflichtet, die Überprüfungsbefunde aufzubewahren und dem Sachverständigen und der Behörde auf Verlangen vorzulegen.

(2) Die alle drei Jahre durchzuführende Überprüfung hat folgende Leistungen zu umfassen:
a) Sichtprüfung;
b) Funktionsprüfung und Einstellung der verschiedenen Regeleinrichtungen, insbesondere Einstellung der Regelthermostate;
c) Reinigung der Filtersysteme und der Wärmetauscher wie Verdampfer und Kondensatoren;
d) Erhebung grundlegender Anlagedaten, zB Kältemittel, Baujahr, Kälteleistung, direktes oder indirektes System, Systemintegration in einer Lüftungsanlage;
e) Untersuchung der Übereinstimmung der Anlage mit ihrem Zustand zum Zeitpunkt der Inbetriebnahme und Dokumentation späterer Änderungen, Untersuchung der tatsächlichen Anforderungen hinsichtlich des Kühlbedarfes und des aktuellen Gebäudezustandes;
f) Prüfung des ordnungsgemäßen Funktionierens der Anlage durch:
1. Prüfung der Bestandsunterlagen und Dokumentationen;
2. Prüfung der Kälteverdichter auf Funktion, Verschleiß und Dichtheit;
3. Inspektion der Wirksamkeit der Wärmeabführung im Freien (zB luftgekühlte Kondensatoren);
4. Inspektion der Wirksamkeit der Wärmeaustauscher (Verdampfer bzw. analog dazu Kaltwasser-Kälteträger/Luftkühler) in der Kälteanlage;
5. Inspektion der Systeme für gekühlte Luft und Luft aus unabhängiger Lüftung in behandelten Räumen;
6. Inspektion der Systeme für gekühlte Luft und Luft aus unabhängiger Lüftung an Lüftungsgeräten und zugehörigen Luftleitungen;
7. Inspektion der Systeme für gekühlte Luft und Luft aus unabhängiger Lüftung an Lüftungsgeräten an Außenlufteinlässen.

g) Funktionsprüfung und Einstellung der verschiedenen Regeleinrichtungen, insbesondere die Einstellung der Regelthermostate sowie der Druckschalter für die Kondensatoren(Optimierung der Regelung des Kondensationsdruckes);
h) Funktions- und Anschlussprüfung der verschiedenen Bauteile;
i) Überprüfung der erforderlichen Kältemittelfüllmenge in einem bedungenen Betriebspunkt und zusätzliche Prüfung der Kälteanlagen auf Undichtheit.

(3) Die alle fünf Jahre durchzuführende Überprüfung hat zusätzlich zu den Überprüfungen nach Abs. 2 folgende Leistungen zu umfassen:
a) Messung der Stromaufnahme;
b) Wirkungsgradermittlung der installierten Anlage unter Berücksichtigung des eingesetzten Systems;
c) Dimensionierung der Anlage im Verhältnis zum Kühlbedarf des Gebäudes; wenn seit der letzten Überprüfung an der Klimaanlage keine Änderungen vorgenommen wurden oder in Bezug auf den Kühlbedarf des Gebäudes keine Änderungen eingetreten sind, muss keine Untersuchung der Dimensionierung erfolgen;
d) Ausarbeitung von Vorschlägen zur Verringerung des Kühlbedarfs des Gebäudes bzw. des räumlich zusammenhängenden Verantwortungsbereiches;
e) Ausarbeitung von Vorschlägen zur Verbesserung der Anlageneffizienz in den einzelnen Stufen:
 1. Bereitstellung der Energie;
 2. Verteilung;
 3. Abgabe (direkt oder indirekt);
 4. Emissionsbetrachtung (CO_2).

(4) Der Sachverständige hat über die Ergebnisse der wiederkehrenden Überprüfung einen schriftlichen Überprüfungsbefund auszustellen. Dieser hat hinsichtlich der Überprüfung
a) nach Abs. 2 Angaben zum überprüften Gebäude und zum Prüfer, die Liste der bereitgestellten Unterlagen, Angaben zu den überprüften Anlagen, Angaben zu den Messergebnissen, zum Gesamtenergieverbrauch, zur Energieeffizienz der Anlage, zu der zum Erreichen des gewünschten Innenraumklimas erforderlichen Luftmenge der Anlage bei integrier-

ter Lüftung, festgestellte Mängel, empfohlene Maßnahmen, durchgeführte Wartungen der Geräte, Eignung der installierten Regeleinrichtungen, deren Einstellungen und unterbreitete Verbesserungsvorschläge, Alternativlösungen sowie eine Zusammenfassung der Ergebnisse und Empfehlungen der Überprüfung zu enthalten,

b) nach Abs. 3 zusätzlich zu den Angaben des Überprüfungsbefundes für die Überprüfung nach Abs. 2 Angaben zu den Messergebnissen, zum Gesamtenergieverbrauch, zur Energieeffizienz der Anlage, zu Alternativlösungen sowie eine Zusammenfassung der Ergebnisse und der Empfehlungen der Überprüfung zu enthalten.

(5) Werden vom Sachverständigen Mängel festgestellt, hat er ein Gleichstück des Überprüfungsbefundes der Behörde zu übermitteln.

(6) Sachverständige für die wiederkehrenden Überprüfungen von Klimaanlagen sind:
a) akkreditierte Prüfstellen;
b) Anstalten des Bundes oder eines Bundeslandes;
c) Ziviltechniker und technische Büros – Ingenieurbüros mit entsprechender Befugnis;
d) jene Personen, die nach den gewerberechtlichen Vorschriften zur Planung, Errichtung, Änderung, Instandhaltung oder Überprüfung von Klimaanlagen mit einer Kälteleistung über 12 kW befugt sind und somit über die Grundbegriffe der Kältetechnik verfügen, jeweils im Rahmen ihrer Befugnisse.

ErlRV 01-VD-LG-1369/4-2012, 29 (zu LGBl 2012/80):

„Um die Anforderung einer „regelmäßigen" Überprüfung von Klimaanlagen in Art. 15 Abs. 1 RL 2010/31/EU zu erfüllen, wird die Überprüfungsfrist gemäß Abs. 3 auf 5 Jahre gesenkt. Weiters wird die Überprüfung der Dimensionierung der Anlage im Verhältnis zum Kühlbedarf des Gebäudes nunmehr ausdrücklich aufgenommen. Der Rest der Bestimmung entspricht im Wesentlichen § 144 K-BV in der geltenden Fassung."

5a. Abschnitt – Niedrigstenergiegebäude

ErlRV 01-VD-LG-1641/12-2015, 2 (zu LGBl 2015/31):

„Um zu gewährleisten, dass – in Umsetzung des Art. 9 der Richtlinie 2010/31/EU – bis 31. Dezember 2020 alle neuen Gebäude und nach dem 31. Dezember 2018 neue Gebäude, die von der öffentlichen Hand als Eigentümer genutzt werden, Niedrigstenergiegebäude sind, wurde im Dezember 2012 vom Österreichischen Institut für Bautechnik grundsätzlich ein Nationaler Plan zur Definition von Niedrigstenergiegebäuden und zur Festlegung von Zwischenzielen erstellt.

Im Hinblick auf das anhängige Vertragsverletzungsverfahren soll Art. 9 Abs. 1 der Richtlinie 2010/31/EU nunmehr auch ausdrücklich in den Kärntner Bauvorschriften Eingang finden; es wird darüber hinaus festgelegt, dass mit 1. Jänner 2019 zudem auch neue Gebäude für Heime, Kindergärten, Sozial- und Bildungseinrichtungen als Niedrigstenergiegebäude auszuführen sind.

§ 51 Abs. 1 erster Satz ist unter einem entsprechend anzupassen.

Die Definition der „Niedrigstenergiegebäude" entsprechend der Richtlinie 2010/31/EU wird durch eine OIB-Richtlinie erfolgen, die in der Folge im Landesbereich durch Verordnung der Landesregierung für verbindlich erklärt wird."

§ 50a Begriff

Niedrigstenergiegebäude sind Gebäude, die eine sehr hohe Gesamtenergieeffizienz aufweisen. Der fast bei null liegende oder sehr geringe Energiebedarf ist nach Möglichkeit durch Energie aus erneuerbaren Quellen zu decken.

§ 50b Zu errichtende Niedrigstenergiegebäude

(1) Unbeschadet des Abs. 2 sind mit 1. Jänner 2021 alle neuen Gebäude, die nach ihrem Verwendungszweck beheizt und gekühlt werden, als Niedrigstenergiegebäude auszuführen.

(2) Neue Gebäude für öffentliche Zwecke (z. B. Behörden, Ämter, Heime, Krankenanstalten) sowie neue Gebäude für Heime, Kindergärten, Sozial- und Bildungseinrichtungen sind bereits nach dem

31. Dezember 2018 als Niedrigstenergiegebäude auszuführen, wenn sie mit Mitteln einer Gebietskörperschaft oder mit Unterstützung aus Fördermitteln einer Gebietskörperschaft errichtet werden.

6. Abschnitt – Durchführungsverordnung; Ausnahmen

§ 51 Durchführungsverordnung

Die Landesregierung hat durch Verordnung unter Berücksichtigung der Erfordernisse des Rechtes der Europäischen Union jene Anforderungen näher zu bestimmen, unter welchen den §§ 1, 2 und 11 bis 50b entsprochen wird. Die Landesregierung kann in dieser Verordnung auch technische Richtlinien und Regelwerke, die vom Österreichischen Institut für Bautechnik herausgegeben werden, oder Teile davon, für verbindlich erklären (§ 2a Abs. 4 bis 6 des Kärntner Kundmachungsgesetzes in der jeweils geltenden Fassung).

ErlRV 01-VD-LG-1369/4-2012, 29 (zu LGBl 2012/80):

„Diese Paragraphen entsprechen im Wesentlichen § 11 Abs. 8 und 10 K-BV in der geltenden Fassung.

[…]

Gemäß der in diesem Gesetz enthaltenen Verordnungsermächtigung werden durch die Kärntner Landesregierung in der Folge mit Verordnung die OIB-Richtlinien 1 bis 6 für verbindlich erklärt. In den K-BV werden lediglich zielorientierte Anforderungen festgelegt."

§ 52 Ausnahmen

Die Behörde hat auf Antrag Abweichungen von den Anforderungen der Verordnung gemäß § 51 zuzulassen, wenn der Bauwerber nachweist, dass das gleiche Schutzniveau wie bei Einhaltung der Anforderungen der Verordnung erreicht wird.

ErlRV 01-VD-LG-1369/4-2012, 29 (zu LGBl 2012/80):

„Diese Paragraphen entsprechen im Wesentlichen § 11 Abs. 8 und 10 K-BV in der geltenden Fassung."

7. Abschnitt – Schlussbestimmungen

§ 53 Vollziehung

(1) Die Vollziehung dieses Gesetzes obliegt – sofern nicht ausdrücklich anderes bestimmt ist – den nach der Kärntner Bauordnung 1996 in der jeweils geltenden Fassung zuständigen Behörden.

(2) Soweit die Gemeinde Baubehörde ist, sind die in diesem Gesetz getroffenen Regelungen im eigenen Wirkungsbereich der Gemeinde zu vollziehen.

ErlRV 01-VD-LG-1369/4-2012, 29 (zu LGBl 2012/80):

„Diese Paragraph entspricht im Wesentlichen § 209 K-BV in der geltenden Fassung."

ErlRV 01-VD-LG-1641/12-2015, 1 (zu LGBl 2015/31):

„Es erfolgen legistische Anpassungen."

Artikel II [Anm: zu LGBl 2008/10]

(1) Dieses Gesetz wurde einem Informationsverfahren im Sinne der Richtlinie 98/34/EG des Europäischen Parlaments und des Rates vom 22. Juni 1998 über ein Informationsverfahren auf dem Gebiet der Normen und technischen Vorschriften und der Vorschriften für die Dienste der Informationsgesellschaft, ABl. Nr. L 204 vom 21. 7. 1998, S 37, idF der Richtlinie 98/48/EG des Europäischen Parlaments und des Rates vom 20. Juli 1998, ABl. Nr. L 217 vom 5. 8. 1998, S 18, unterzogen.

(2) Durch dieses Gesetz wird die Richtlinie 2002/91/EG des Europäischen Parlaments und des Rates vom 16. Dezember 2002 über die

Gesamtenergieeffizienz von Gebäuden, ABl. Nr. L 1 vom 4. 1. 2003, S 65, umgesetzt.

(3) Die durch dieses Gesetz festgesetzten Mindestanforderungen an die Gesamtenergieeffizienz von Gebäuden sind spätestens fünf Jahre nach seinem In-Kraft-Treten und sodann im Abstand von höchstens fünf Jahren zu überprüfen und im Falle einer Änderung des Standes der technischen Wissenschaften anzupassen.

(4) Für im Zeitpunkt des In-Kraft-Tretens dieses Gesetzes bereits anhängige Verfahren gelten die bisherigen gesetzlichen Bestimmungen.

(5) Im Zeitpunkt des In-Kraft-Tretens dieses Gesetzes bestehende Klimaanlagen mit einer Kälteleistung über 12kW sind erstmals innerhalb von zwei Jahren ab dem In-Kraft-Treten dieses Gesetzes einer Überprüfung gemäß § 144 Abs. 2 K-BV in der Fassung dieses Gesetzes zu unterziehen.

ErlRV -2V-LG-1170/13-2007, 4 (zu LGBl 2008/10):

„Abs. 1 enthält den nach Art. 12 der Richtlinie 98/34/EG des Europäischen Parlaments und des Rates vom 22. Juni 1998 über ein Informationsverfahren auf dem Gebiet der Normen und technischen Vorschriften und der Vorschriften für die Dienste der Informationsgesellschaft erforderlichen Notifikationshinweis („Referenzklausel").

Ab. 2 enthält den Umsetzungshinweis im Sinne des Art. 15 Abs. 1 der Gebäudeenergieeffizienzrichtlinie.

Abs. 3 dient der Umsetzung des Art. 4 Abs. 1 letzter Satz der Gebäudeenergieeffizienzrichtlinie.

Abs. 4 und 5 enthalten die erforderlichen Übergangsregelungen für im Zeitpunkt des In-Kraft-Tretens des Gesetzes bereits anhängige Verfahren und für die erstmalige Überprüfung von Klimaanlagen."

Artikel IV [Anm: zu LGBl 2012/80]

(1) Dieses Gesetz tritt mit 1. Oktober 2012 in Kraft.

(2) Verordnungen aufgrund dieses Gesetzes können ab dem auf seine Kundmachung folgenden Tag erlassen werden, sie dürfen jedoch frühestens mit dessen Inkrafttreten in Kraft gesetzt werden.

(3) Im Zeitpunkt des Inkrafttretens dieses Gesetzes anhängige Verfahren sind nach den bisher geltenden Bestimmungen weiterzuführen, sofern in Abs. 4 bis 6 nicht anderes angeordnet ist.

(4) Im Zeitpunkt des Inkrafttretens dieses Gesetzes anhängige Baubewilligungsverfahren sind einzustellen, sofern das Vorhaben nach den Bestimmungen dieses Gesetzes nicht der Baubewilligungspflicht unterliegt.

(5) Im Zeitpunkt des Inkrafttretens dieses Gesetzes anhängige Strafverfahren nach § 50 Abs. 1 lit. a K-BO 1996 sowie nach § 50 Abs. 1 lit. c Z 1 bis 3 K-BO 1996 sind einzustellen, sofern das Vorhaben nach den Bestimmungen dieses Gesetzes nicht der Baubewilligungspflicht unterliegt.

(6) Anrainer, auf die die Voraussetzungen des § 23 Abs. 6 K-BO 1996, LBGl. Nr. 62, zuletzt in der Fassung des Gesetzes LGBl. Nr. 16/2009, im Zeitpunkt des Inkrafttretens dieses Gesetzes zutreffen, sind nur berechtigt, bis zum Ablauf von drei Jahren ab Rechtskraft des Bescheides dessen Zustellung zu beantragen oder Berufung zu erheben.

(7) Eine von § 41a Abs. 1 K-BO 1996 in der Fassung dieses Gesetzes abweichende Türnummerierung in Gebäuden, die im Zeitpunkt des Inkrafttretens dieses Gesetzes bestehen, kann weiterhin verwendet werden, wenn eine eindeutige Zuordenbarkeit und Kennzeichnung der Wohnungen und Geschäftsräumlichkeiten gegeben ist. Ist eine eindeutige Zuordenbarkeit und Kennzeichnung nicht gegeben oder wurden keine Türnummern vergeben, hat eine Türnummerierung und Kennzeichnung nach § 41a Abs. 1 K-BO 1996 in der Fassung dieses Gesetzes spätestens bis zum Ablauf des 30. Juni 2013 zu erfolgen.

(8) In Wohnungen, die im Zeitpunkt des Inkrafttretens dieses Gesetzes bestehen, sind die Rauchwarnmelder gemäß § 14 Abs. 9 K-BV in der Fassung dieses Gesetzes spätestens bis zum Ablauf des 30. Juni 2013 einzubauen.

(9) Nach bisher geltenden Rechtsvorschriften ausgestellte Energieausweise gelten bis höchstens zehn Jahre nach dem Datum der Ausstellung als Energieausweise im Sinne dieses Gesetzes.

(10) Außer in den Fällen des § 52 K-BV in der Fassung dieses Gesetzes kann die Behörde bei Änderungen von im Zeitpunkt des Inkrafttretens dieses Gesetzes bereits bestehenden Gebäuden und sonstigen baulichen Anlagen im Einzelfall auf Antrag Ausnahmen

von den Anforderungen des Art. II dieses Gesetzes und dazu ergangener Durchführungsverordnungen zulassen, sofern die Einhaltung der jeweils in Betracht kommenden Bestimmung
  a) technisch unmöglich ist oder
  b) einen unverhältnismäßig hohen wirtschaftlichen Aufwand erfordern würde oder
  c) wegen der besonderen geschichtlichen, künstlerischen oder kulturellen Bedeutung des Gebäudes oder der sonstigen baulichen Anlage nicht gerechtfertigt wäre.

Den in § 1 K-BV in der Fassung dieses Gesetzes festgelegten Anforderungen muss jedoch im Wesentlichen entsprochen werden und Interessen der Sicherheit und der Gesundheit dürfen nicht entgegenstehen.

(11) Wird an ein im Zeitpunkt des Inkrafttretens dieses Gesetzes bereits bestehendes Gebäude ein Vollwärmeschutz angebracht, so darf dieser höchstens 20 cm über die Baulinie oder in die Abstandsfläche ragen.

(12) Art. II dieses Gesetzes wurde einem Informationsverfahren im Sinne der Richtlinie 98/34/EG des Europäischen Parlaments und des Rates vom 22. Juni 1998 über ein Informationsverfahren auf dem Gebiet der Normen und technischen Vorschriften und der Vorschriften für die Dienste der Informationsgesellschaft, ABl. Nr. L 204 vom 21.7.1998, S 37, idF der Richtlinie 98/48/EG des Europäischen Parlaments und des Rates vom 20. Juli 1998, ABl. Nr. L 217 vom 5.8.1998, S 18, und der Richtlinie 2006/96/EG des Rates vom 20. November 2006, ABl. Nr. L 363 vom 20.12.2006, S 81, unterzogen (Notifikationsnummer: 2010/0591/A).

(13) Mit diesem Gesetz werden umgesetzt:
  a) Richtlinie 2006/123/EG des Europäischen Parlaments und des Rates vom 12. Dezember 2006 über Dienstleistungen im Binnenmarkt, ABl. Nr. L 376 vom 21.12.2006, S 36;
  b) Richtlinie 2009/28/EG des Europäischen Parlaments und des Rates vom 23. April 2009 zur Förderung der Nutzung von Energie aus erneuerbaren Quellen und zur Änderung und anschließenden Aufhebung der Richtlinie 2001/77/EG und 2003/30/EG, ABl. Nr. L 140 vom 5.6.2009, S 16;
  c) Richtlinie 2010/31/EU des europäischen Parlaments und des Rates vom 19. Mai 2010 über die Gesamtenergieeffizienz von Gebäuden (Neufassung), ABl. Nr. L 153 vom 18. 6. 2010, S 13.

(14) Für Baubewilligungen, deren Wirksamkeit gemäß § 21 Abs. 2 K-BO 1996, LBGl. Nr. 62, zuletzt in der Fassung des Gesetzes LGBl. Nr. 16/2009, im Zeitpunkt des Inkrafttretens dieses Gesetzes bereits verlängert wurde, hat nach Inkrafttreten dieses Gesetzes eine erneute Verlängerung der Wirksamkeit höchstens dreimal zu erfolgen.

Artikel IV [Anm: zu LGBl 2015/31]

(1) Dieses Gesetz tritt an dem der Kundmachung folgenden Tag in Kraft.

(2) Mit diesem Gesetz werden umgesetzt:
 a) Richtlinie 2009/28/EG des Europäischen Parlaments und des Rates vom 23. April 2009 zur Förderung der Nutzung von Energie aus erneuerbaren Quellen und zur Änderung und anschließenden Aufhebung der Richtlinie 2001/77/EG und 2003/30/EG, ABl. Nr. L 140 vom 5.6.2009, S. 16;
 b) Richtlinie 2010/31/EU des Europäischen Parlaments und des Rates vom 19. Mai 2010 über die Gesamtenergieeffizienz von Gebäuden (Neufassung), ABl. Nr. L 153 vom 18. 6. 2010, S. 13.

(3) Art. IV Abs. 10 des Landesgesetzes LGBl. Nr. 80/2012 gilt auch für die Anforderungen nach Art. I dieses Gesetzes.

2.1. Kärntner Bautechnikverordnung 2016 – K-BTV 2016

LGBl 2016/59

Inhaltsverzeichnis
§ 1 Technische Regelwerke
§ 2 Kundmachung
§ 3 Schlussbestimmungen
ANLAGE

Gemäß § 51 der Kärntner Bauvorschriften, LGBl. Nr. 56/1985, zuletzt in der Fassung des Gesetzes LGBl. Nr. 31/2015, und § 2a Abs. 5 und 6 des Kärntner Kundmachungsgesetzes, LGBl. 25/1986, zuletzt in der Fassung des Gesetzes LGBl. Nr. 40/2016, wird verordnet:

§ 1 Technische Regelwerke

(1) Den in §§ 1, 2 und 11 bis 50b der Kärntner Bauvorschriften festgelegten Anforderungen wird entsprochen, wenn folgende Richtlinien und technischen Regelwerke des Österreichischen Instituts für Bautechnik (OIB) eingehalten werden:

1. OIB-Richtlinie 1, Mechanische Festigkeit und Standsicherheit, Ausgabe: März 2015; OIB-330.1-003/15,

2. Leitfaden zur OIB-RL 1 Festlegung der Tragfähigkeit und Gebrauchstauglichkeit von bestehen-den Tragwerken, Ausgabe: März 2015; OIB-330.1-005/15,

3. OIB-Richtlinie 2, Brandschutz, Ausgabe: März 2015; OIB-330.2-011/15,

4. OIB-Richtlinie 2.1, Brandschutz bei Betriebsbauten, Ausgabe: März 2015; OIB-330.2-012/15,

5. OIB-Richtlinie 2.2, Brandschutz bei Garagen, überdachten Stellplätzen und Parkdecks, Ausgabe: März 2015; OIB-330.2-013/15,

6. OIB-Richtlinie 2.3, Brandschutz bei Gebäuden mit einem Fluchtniveau von mehr als 22 m, Aus-gabe: März 2015; OIB-330.2-014/15,

7. Leitfaden Abweichungen im Brandschutz und Brandschutzkonzepte, Ausgabe: März 2015; OIB-330.2-019/15,

8. OIB-Richtlinie 3, Hygiene, Gesundheit und Umweltschutz, Ausgabe: März 2015; OIB-330.3-009/15,

9. OIB-Richtlinie 4, Nutzungssicherheit und Barrierefreiheit, Ausgabe: März 2015; OIB-330.4-020/15,

10. OIB-Richtlinie 5, Schallschutz, Ausgabe: März 2015; OIB-330.5-002/15,

11. OIB-Richtlinie 6, Energieeinsparung und Wärmeschutz, Ausgabe: März 2015; OIB-330.6-009/15,

12. OIB-Dokument zur Definition des Niedrigstenergiegebäudes und zur Festlegung von Zwischen-zielen in einem „Nationalen Plan" gemäß Artikel 9 (3) zu 2010/31/EU, 28. März 2014; OIB-330.6-014/14-012,

13. Leitfaden Energietechnisches Verhalten von Gebäuden, Ausgabe: März 2015; OIB-330.6-011/15,

14. OIB-Richtlinien Begriffsbestimmungen, Ausgabe: März 2015; OIB-330-014/15, soweit auf diese in den OIB-Richtlinien 1–6, im Leitfaden Festlegung der Tragfähigkeit und Gebrauchstauglichkeit von bestehenden Tragwerken, im Leitfaden Abweichungen im Brandschutz und Brandschutzkonzepte und im Leitfaden Energietechnisches Verhalten von Gebäuden Bezug genommen wird,

15. OIB-Richtlinien Zitierte Normen und sonstige technische Regelwerke, Ausgabe: März 2015; OIB-330-015/15, soweit auf diese in den OIB-Richtlinien 1–6, im Leitfaden Festlegung der Tragfähigkeit und Gebrauchstauglichkeit von bestehenden Tragwerken, im Leitfaden Abweichungen im Brandschutz und Brandschutzkonzepte und im Leitfaden Energietechnisches Verhalten von Gebäuden Bezug genommen wird (Anlage).

(2) Von den unter Abs. 1 genannten Richtlinien kann abgewichen werden, wenn vom Bauwerber nachgewiesen wird, dass das gleiche Schutzniveau wie bei Anwendung der Richtlinie erreicht wird.

§ 2 Kundmachung

Die in § 1 angeführten Richtlinien und technischen Regelwerke werden durch Auflage zur öffentlichen Einsicht im Amt der Kärntner Landesregierung während der für den Parteienverkehr bestimmten

Amtsstunden kundgemacht. Jedermann hat das Recht, gegen Ersatz der Herstellungskosten Kopien zu erhalten. Weiters kann in diese Richtlinien und technischen Regelwerke im Internet unter der Homepage http://www.oib.or.at eingesehen werden.

§ 3 Schlussbestimmungen

(1) Diese Verordnung tritt an dem der Kundmachung der Verordnung folgenden Tag in Kraft.

(2) Mit dem Zeitpunkt des Inkrafttretens dieser Verordnung tritt die Verordnung der Landesregierung vom 25. September 2012, mit der bautechnische Anforderungen an Gebäude und sonstige bauliche Anlagen festgelegt werden (Kärntner Bautechnikverordnung – K-BTV), LGBl. Nr. 97/2012 geändert durch die Verordnung LGBl. Nr. 37/2015, außer Kraft.

(3) Im Zeitpunkt des Inkrafttretens dieser Verordnung anhängige Verfahren sind nach den bisher geltenden Bestimmungen weiterzuführen.

(4) Diese Verordnung wurde einem Informationsverfahren im Sinne der Richtlinie (EU) 2015/1535 des Europäischen Parlaments und des Rates vom 9. September 2015 über ein Informationsverfahren auf dem Gebiet der technischen Vorschriften und der Vorschriften für die Dienste der Informationsgesellschaft, unterzogen (Notifikationsnummer: 2016/0146/A).

(5) Mit dieser Verordnung wird umgesetzt:
Richtlinie 2010/31/EU des Europäischen Parlaments und des Rates vom 19. Mai 2010 über die Gesamtenergieeffizienz von Gebäuden (Neufassung), ABl. Nr. L 153 vom 18.6.2010, S. 13.

Anlage (zu § 1 Abs. 1 Z 15)

Anm: Die Anlage ist unter Punkt 2.1.8. abgedruckt.

OIB-Richtlinie 1

Mechanische Festigkeit und Standsicherheit

Ausgabe: März 2015

0	Vorbemerkungen	2
1	Begriffsbestimmungen	2
2	Festlegungen zur Tragfähigkeit und Gebrauchstauglichkeit	2
2.1	Tragwerk	2
2.2	Einwirkungen	2

0 Vorbemerkungen

Die zitierten Normen und sonstigen technischen Regelwerke gelten in der im Dokument „OIB-Richtlinien – Zitierte Normen und sonstige technische Regelwerke" angeführten Fassung.

Bei Änderungen an bestehenden Bauwerken mit Auswirkungen auf bestehende Tragwerke ist zur Festlegung der Tragfähigkeit und Gebrauchstauglichkeit von bestehenden Tragwerken der Leitfaden zur OIB-Richtlinie 1 „Festlegung der Tragfähigkeit und Gebrauchstauglichkeit von bestehenden Tragwerken" anzuwenden.

1 Begriffsbestimmungen

Es gelten die Begriffsbestimmungen des Dokumentes „OIB-Richtlinien – Begriffsbestimmungen".

2 Festlegungen zur Tragfähigkeit und Gebrauchstauglichkeit

2.1 Tragwerk

2.1.1 Tragwerke sind so zu planen und herzustellen, dass sie eine ausreichende Tragfähigkeit, Gebrauchstauglichkeit und Dauerhaftigkeit aufweisen, um die Einwirkungen, denen das Bauwerk ausgesetzt ist, aufzunehmen und in den Boden abzutragen.

2.1.2 Für die Neuerrichtung von Tragwerken oder Tragwerksteilen ist dies jedenfalls erfüllt, wenn der Stand der Technik eingehalten wird. Die Zuverlässigkeit der Tragwerke hat den Anforderungen gemäß ÖNORM EN 1990 in Verbindung mit ÖNORM B 1990-1 zu genügen.

Zur Sicherstellung der Zuverlässigkeit ist es ausreichend, nur für Bauwerke, die im Schadensfall hohe Folgen für Menschenleben oder sehr große soziale oder umweltbeeinträchtigende Folgen verursachen, bei der Planung, Berechnung und Bemessung tragwerksspezifische Überwachungsmaßnahmen durch unabhängige und befugte Dritte durchzuführen.

Jedenfalls sind dies:

- Bauwerke (oder eigenständige Bauwerksteile) mit einem widmungsgemäßen Fassungsvermögen für mehr als 1 000 Personen (wie z.B. Krankenanstalten, Einkaufszentren, Stadien, Bildungseinrichtungen),
- Bauwerke für lebenswichtige Infrastrukturfunktionen,
- Bauwerke und Einrichtungen, die dem Katastrophenschutz dienen,
- Bauwerke, die unter die Richtlinie 2012/18/EU („Seveso-III-Richtlinie") fallen,
- Bauwerke, mit mehr als 16 oberirdischen Geschoßen.

2.1.3 Bei Änderungen an bestehenden Bauwerken mit Auswirkungen auf bestehende Tragwerke sind für die bestehenden Tragwerksteile Abweichungen vom aktuellen Stand der Technik zulässig, sofern das erforderliche Sicherheitsniveau des rechtmäßigen Bestandes nicht verschlechtert wird.

2.2 Einwirkungen

Bei der Planung von Tragwerken sind ständige, veränderliche, seismische und außergewöhnliche Einwirkungen zu berücksichtigen.

2.1.1. OIB-Richtlinie 1

Erläuternde Bemerkungen
zu OIB-Richtlinie 1
„Mechanische Festigkeit und Standsicherheit"

Ausgabe: März 2015

Änderungen gegenüber der Letztausgabe der OIB-Richtlinie 1 vom Oktober 2011

- Zur der Erfüllung der Zuverlässigkeit von Tragwerken wurde zur ÖNORM EN 1990, Ausgabe 2013-03-15 noch die ÖNORM B 1990-1, Ausgabe 2013-01-01 hinzugefügt.
- Die unter Punkt 2.3 angeführten Überwachungsmaßnahmen wurden angepasst und nach Punkt 2.1.2 verschoben.
- Für Änderungen an bestehenden Bauwerken mit Auswirkungen auf bestehende Tragwerke wurde ein Leitfaden erstellt, auf welchen in den Vorbemerkungen verwiesen wird.

Zu Punkt 2: Festlegungen zur Tragfähigkeit und Gebrauchstauglichkeit

Zu Punkt 2.1: Tragwerk

Grundsätzlich ist bei der Planung und Errichtung von Tragwerken oder Tragwerksteilen der Stand der Technik einzuhalten.

Die Möglichkeit der Abweichung bei bestehenden, unveränderten Tragwerken wurde vorgesehen, um unverhältnismäßig hohen Anpassungsaufwand am Bestand zu vermeiden.

Unter *rechtmäßigem Bestand* ist zu verstehen, dass das bestehende Bauwerk dem von den Bauordnungen geforderten Erhaltungszustand (unter Berücksichtigung der Instandhaltung) entspricht. Das erforderliche Sicherheitsniveau des rechtmäßigen Bestands ist jenes, das zum Zeitpunkt der Baubewilligung unter Berücksichtigung des damaligen Standes der Technik maßgebend war.

Bei Änderungen an bestehenden Bauwerken mit Auswirkungen auf bestehende Tragwerke ist zur Festlegung der Tragfähigkeit und Gebrauchstauglichkeit von bestehenden Tragwerken der Leitfaden zur OIB-Richtlinie 1 „Festlegung der Tragfähigkeit und Gebrauchstauglichkeit von bestehenden Tragwerken" anzuwenden.

Ob ein rechtmäßiger Bestand, eine Änderung an einem bestehenden Bauwerk oder eine Neuerrichtung vorliegt, regeln die Länder im jeweiligen Baurecht.

Zu Punkt 2.1.2

Die Überwachungsmaßnahmen haben entsprechend dem jeweiligen Bauwerk jedenfalls auf der Ebene der Berechnung und der Bemessung des Tragwerks anzusetzen (Ausführungsstatik, Detailstatik und Ausführungsplanung). Die Überwachungsmaßnahmen beschränken sich auf die Anforderungen der OIB-Richtlinie 1 (Tragwerksplanung) und beinhalten jedenfalls folgende Schwerpunkte:

- Kontrolle durch unabhängige, nachvollziehbare Gegenrechnung der prüffähigen Statik
- Überprüfung aller Ausführungspläne wie Bewehrungs-, Holzbau-, Stahlbaupläne etc.

Zum Aufwand für die Fremdüberwachung der Tragwerksplanung wird davon ausgegangen, dass dieser der Größe und der Komplexität des gegenständlichen Bauwerkes angemessen sein wird. D.h., dass kleinere, einfachere Bauwerke einen deutlich geringeren Aufwand für die Fremdüberwachung verursachen als größere und komplexere Bauwerke.

Bewusst wurde vermieden, Unterschiede zwischen Baustoffen und Bauarten einfließen zu lassen. Die beispielhaft in Klammern aufgezählten Bauwerke sind zum einen nicht als taxativ anzusehen und zum anderen nur im Zusammenhang mit der vorangestellten Definition anzuwenden. Die in ÖNORM B 1990-1, Ausgabe 2013-01-01 auch erwähnten wirtschaftlichen Folgen sind kein Schutzziel des Baurechts, und können daher nicht als alleinige Begründung für eine verpflichtende Fremdüberwachung herangezogen werden. Im Zweifelsfall entscheidet die Behörde, ob ein Bauwerk den Kriterien für die Notwendigkeit der Durchführung von Überwachungsmaßnahmen unterliegt oder nicht.

Für Bauwerke, die zwar Infrastrukturfunktionen erfüllen aber keinen wesentlichen Beitrag zur Versorgung liefern, ist die Notwendigkeit von Überwachungsmaßnahmen grundsätzlich nicht gegeben bzw. sind diese im Einzelfall von der Behörde festzulegen.

Dienen Bildungseinrichtungen wie Schulen Kindergärten etc. auch dem Katastrophenschutz, sind für diese auch bei einem widmungsgemäßen Fassungsvermögen von weniger als 1.000 Personen Überwachungsmaßnahmen durchzuführen.

Ein Bauwerk, das gemäß ÖNORM B 1990-1, Ausgabe 2013-01-01 in die Schadensfolgeklasse CC3 fällt unterliegt der Überwachungsmaßnahme bei der Planung DSL3 und der Überwachungsstufe IL3.

In der Richtlinie wurde auf die Erwähnung der Überwachungsmaßnahmen DSL1 und DSL2 für die Schadensfolgeklassen CC1 und CC2 verzichtet, da diese in der eigenen Organisation des Tragwerkplaners liegen.

Leitfaden

Festlegung der Tragfähigkeit und Gebrauchstauglichkeit von bestehenden Tragwerken

Ausgabe: März 2015

0	Vorbemerkungen	2
1	Vorwort	2
2	Bestandserhebung	2
2.1	Niveaus der Bestandserhebung	2
2.2	Wesentliche Bestandteile einer vollständigen Bestandserhebung (Stufe 3)	3
3	Tragfähigkeit und Gebrauchstauglichkeit – Umgang mit bestehenden Hochbauten	3
3.1	Rechtmäßiger Bestand	3
3.2	Abweichungen vom aktuellen Stand der Technik	4
3.3	Mindestanforderungen und geringfügige Auswirkung	5
4	Erläuterungen für häufig auftretende Baumaßnahmen	6
4.1	Balkonzubauten	6
4.1.1	Allgemeines	6
4.1.2	Statische Berechnungen	6
4.2	Türdurchbrüche	6
4.2.1	Allgemeines	6
4.2.2	Statische Berechnungen	6
Anhang		7

0 Vorbemerkungen

Die zitierten Normen und sonstigen technischen Regelwerke gelten in der im Dokument „OIB-Richtlinien – Zitierte Normen und sonstige technische Regelwerke", Ausgabe März 2015 angeführten Fassung. Dies gilt nicht für den Anhang, der als eigenständiges Dokument in den Leitfaden aufgenommen wurde.

1 Vorwort

Dieser Leitfaden soll eine einheitliche und praxisnahe Handhabung der Richtlinie 1 des Österreichischen Institutes für Bautechnik (OIB-RL 1) mit den dort zitierten Normen unterstützen.

Die Anwendung dieses Leitfadens wird durch jeweilige landesrechtliche Vorschriften oder andere Bestimmungen geregelt.

Grundsätzlich gelten die Begriffsbestimmungen des Dokumentes „OIB-Richtlinien – Begriffsbestimmungen", wobei unter dem Begriff Bauwerk (Gebäude) eine eigenständige Tragwerksstruktur gemäß ÖNORM EN 1990, Punkt 1.5, verstanden wird.

2 Bestandserhebung

Eine Bestandserhebung ist eine dokumentierte Erhebung des „IST-Gebäudezustandes", unter Berücksichtigung aller für die Standsicherheit relevanten Bauteile. Sie hat jedenfalls eine schematisch-konstruktive Darstellung des Bestandes (insbesondere in Bezug auf die verwendeten Materialien) sowie eine zusammenfassende gutachterliche Feststellung zu beinhalten, ob das Gebäude in einem gebrauchstauglichen Zustand ist, und ob die maßgeblichen Bauteile tragsicher sind.

In der vollständigen Bestandserhebung ist grundsätzlich auf folgende Bauteile einzugehen bzw. sind deren Zustände zu beschreiben (Abweichungen siehe unten, Stufe 1 und Stufe 2). Es ist zumindest Kenntnisstand KL 2 gemäß ÖNORM EN 1998-3 zu erreichen.

2.1 Niveaus der Bestandserhebung

Für die Befundung des Bestandes gibt es folgende drei Niveaus, wobei der jeweilige Untersuchungsaufwand vom Umfang der geplanten Bauführung abhängt.

Stufe 1

Anwendungsbeispiele	Türdurchbrüche oder ähnliche geringfügige Baumaßnahmen, sofern sie statisch relevante Auswirkungen haben (z.B. bei Veränderung von Tragwerken und Tragwerksteilen), Aufzugseinbauten in Treppenaugen.
Befundung	Die lokale Befundung der unmittelbar von der Bauführung betroffenen lasteinleitenden und lastaufnehmenden Bauteile, inklusive augenscheinlicher Überprüfung des Bestandes von allgemein zugänglichen Bereichen.

Stufe 2

Anwendungsbeispiele	Baumaßnahmen in mehreren Geschoßen, wie Aufzugs-, Treppenhaus- und/oder Nassgruppeneinbau, die keine oder keine wesentliche Lasterhöhung für den Bestand darstellen.
Befundung	Die Befundung auf Basis einer <u>augenscheinlichen</u> Überprüfung des gesamten Bauwerkes bzw. Tragwerkes (z.B. einfache Kontrollen auf Durchfeuchtungen besonders im Bereich von Nassräumen, Setzungen, Risse und sonstige augenscheinliche Schäden), des Kellers und des Dachraumes. Zusätzlich eine Bestandserhebung aller durch die Bauführung unmittelbar und mittelbar betroffenen Bestandseinheiten.

2.1.1.1. OIB-Richtlinie 1 – Leitfaden

Stufe 3

Anwendungsbeispiele	Änderungen des bestehenden Tragwerkes und der bestehenden Tragwerksteile mit wesentlicher Lasterhöhung bei Neu-, Zu- und Umbauten.
Befundung	Die Erstellung einer Bestandserhebung im gesamten Umfang nach Punkt 2.2.

Keine Bestandserhebung ist erforderlich, wenn ein Gutachten vorliegt, dass aufgrund der Geringfügigkeit des Bauvorhabens (keine statisch relevanten Veränderungen; z.B. bei Gipskartonwänden, Gipsdielen, Schlackewänden, Holzständerwänden) aus statischen Belangen keine Gefährdung des Lebens oder der Gesundheit von Menschen gegeben ist.

2.2 Wesentliche Bestandteile einer vollständigen Bestandserhebung (Stufe 3)

- Fundierung
- Wände und Stützen
- Mittelmauer – Abgasanlagen (früher: Rauchfang, Abgasfang, Kamin) und umschließendes Mauerwerk (v. a. im Hinblick auf die vertikale Lastableitung)
- Aussteifungssituation (Zwischenwände, Auswechslungen, Verschließungen)
- Querschnittsschwächungen (z.B. infolge Leitungsführungen, Installationen etc.)
- Decken und Träger (Zustand, Konstruktion)
- Dachstuhl und Gesimse (nur soweit diese erhalten bleiben sollen)
- Haupttreppen

3 Tragfähigkeit und Gebrauchstauglichkeit – Umgang mit bestehenden Hochbauten

Gemäß OIB-Richtlinie 1 (Ausgabe März 2015).

3.1 Rechtmäßiger Bestand

Der rechtmäßige Bestand, auch „Konsens" genannt, setzt eine der Baubewilligung (Pläne und Bescheid) entsprechende Ausführung und einen der Baubewilligung entsprechenden Zustand des Bestandsgebäudes voraus. Darüber hinaus beinhaltet der rechtmäßige Bestand eine Summe von genehmigten und erfüllten Sicherheitsniveaus, insbesondere im Hinblick auf die Zuverlässigkeit des Tragwerkes aber auch hinsichtlich anderer sicherheitsrelevanter Standards wie z.B. des Brandschutzes und auch der Erschließung. Landesrechtliche Vorschriften können andere oder ergänzende Bestimmungen für die Erlangung eines rechtmäßigen Bestandes enthalten.

Das erforderliche Sicherheitsniveau des rechtmäßigen Bestandes ist jenes, das zum Zeitpunkt der jeweiligen Baubewilligung unter Berücksichtigung des damaligen Standes der Technik maßgebend war, sofern nicht landesrechtliche Vorschriften andere oder ergänzende Bestimmungen für die Erlangung eines rechtmäßigen Bestandes enthalten. Bei bewilligungsfreien Bauvorhaben gilt jenes Sicherheitsniveau, welches zum Zeitpunkt der Errichtung maßgeblich war.

Das bedeutet, dass Abweichungen von der für Neubauten (aktueller Stand der Technik) festgelegten Zuverlässigkeit für Tragwerke unter der Voraussetzung zulässig sind, dass das vorhandene Sicherheitsniveau nicht unter dem erforderlichen Sicherheitsniveau zum Zeitpunkt der Bewilligung bzw. Errichtung liegt. Dies gilt allerdings nur bei den Lastfällen, die außergewöhnliche Einwirkungen und Erdbeben beinhalten, nicht aber bei den Grundkombinationen. Die Grundkombinationen müssen jedenfalls die Lastfälle Eigengewicht, Nutzlasten, Wind und Schnee (sofern erforderlich) behandeln.

Weiters ist die Formulierung auch so zu verstehen, dass ein Bestand, der das erforderliche Sicherheitsniveau zum Zeitpunkt seiner Bewilligung nicht oder nicht mehr aufweist, jedenfalls wieder auf dieses Sicherheitsniveau zu bringen ist.

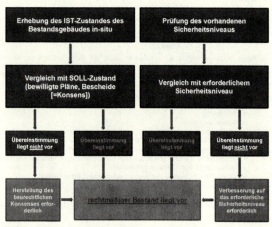

Abbildung 1: Ablaufschema zur Feststellung des rechtmäßigen Bestandes

Bestehende Bauwerke, die ein Sicherheitsniveau, das zum Zeitpunkt der Baubewilligung vorgeschrieben war oder auch ein höheres Sicherheitsniveau aufweisen, dürfen grundsätzlich nicht verschlechtert werden. Ausgenommen davon sind Bauwerke, deren Sicherheitsniveau bereits höher ist, als es dem aktuellen Stand der Technik entspricht.

3.2 Abweichungen vom aktuellen Stand der Technik

Für die Bewertung der Tragfähigkeit und der Gebrauchstauglichkeit bestehender Hochbauten wird auf die ON-Regel ONR 24009 verwiesen. Diese regelt die möglichst wirklichkeitsnahe Bewertung der Tragfähigkeit und der Gebrauchstauglichkeit bestehender Hochbauten. Damit soll einerseits eine mögliche Beeinträchtigung der Zuverlässigkeit rechtzeitig erkannt und andererseits ein unnötiger Mitteleinsatz vermieden werden. Zweck ist, eine sinnvolle Weiternutzung und Erweiterung bestehender Gebäude zu ermöglichen (Sanierung und Verdichtung).

Als bestehende Hochbauten im Sinne der ONR 24009 gelten Bauten laut Punkt 3.1, die rechtmäßig bestehen, die also entweder eine behördliche Benützungsbewilligung erhalten haben oder für die eine vollständig belegte Fertigstellungsanzeige vorgelegt wurde (d.h. konsensgemäß errichtet wurden).

Voraussetzungen zur Anwendung des Punktes 5.4 der ONR 24009:

- Bestandserhebung (Punkt 2)
- Verbesserung des Gebäudes auf Erdbeben (Heranführung an den Stand der Technik, ohne ihn vollständig zu erfüllen)
- Berechnung der Grundkombinationen lt. Eurocode ohne jede Erleichterung (Eigengewicht, Nutzlasten, Schneelast, Windlasten)
- Berechnung der zu erreichenden Redundanzen laut Risikoanalyse gemäß ÖNORM B 1998-3. Berechnung, dass die Zunahme der rechnerisch ermittelten Personenanzahl gemäß ÖNORM B 1990-1 (Ermittlung ohne Zeitfaktoren) nach Änderungen am Bestand bezogen auf die Personenanzahl des rechtmäßigen Bestandes 50 % nicht übersteigt.

2.1.1.1. OIB-Richtlinie 1 – Leitfaden

3.3 Mindestanforderungen und geringfügige Auswirkung

Für die Beurteilung der Mindestanforderungen gemäß ÖNORM B 1998-3, Punkt A.3.2 und der darin geregelten „3%-Regel" (geringfügige Auswirkung) kann das nachfolgende Ablaufschema (Abbildung 2) herangezogen werden. Angemerkt wird, dass auch bei mehrfachen Änderungen nur eine Verschlechterung von *insgesamt* höchstens 3 % zulässig ist. Bei der Anwendung dieser Regel sind keine weiterführenden statischen Berechnungen zu führen, es ist jedoch die höchstens 3%-ige Verschlechterung in der Einreichung bzw. Bauanzeige entsprechend zu dokumentieren.

Wurden die Erleichterungen für „geringfügige Auswirkungen" vollständig ausgenutzt (3%-ige Verschlechterung erreicht), so sind für jede weitere Änderung am bestehenden Bauwerk die erforderlichen statischen Berechnungen zu erstellen.

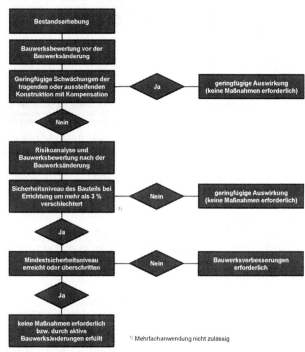

Abbildung 2: Ablaufschema zur Feststellung, ob Maßnahmen zur Ertüchtigung notwendig sind

[1] Mehrfachanwendung nicht zulässig

4 Erläuterungen für häufig auftretende Baumaßnahmen

4.1 Balkonzubauten

4.1.1 Allgemeines

Die Konstruktion von neu zu errichtenden Balkonen muss jedenfalls nach dem Stand der Technik dimensioniert werden. Auch neu zu errichtende Fundamente sowie etwaige Befestigungen am bestehenden Gebäude, wie beispielsweise Abstützungen via Konsolen oder Abhängungen mittels Seilen, müssen auf die entsprechenden Grundkombinationen der einwirkenden Lasten gemäß ÖNORM EN 1990 bemessen werden. Die Lasteinleitung in das Bestandsmauerwerk muss lokal berechnet werden.

Werden bestehende Fundamente zur Lastableitung herangezogen, so ist bei einer Mehrbelastung von mehr als 3 % des ursprünglichen Belastungsniveaus eine entsprechende Berechnung der Fundierung nach dem Stand der Technik für den betroffenen Bereich zu erstellen. Zur Ermittlung des ursprünglichen Belastungsniveaus ist die Grundkombination der Einwirkungen heranzuziehen. Abgebrochene Parapete und sonstige entfallende Lasten dürfen in vollem Umfang in Abzug gebracht werden.

Die Lastansätze für Nutzlasten werden in der zugehörigen ÖNORM B 1991-1-1 in den Tabellen 1 und 2 geregelt. Demnach sind zumindest 4,0 kN/m^2 anzusetzen.

4.1.2 Statische Berechnungen

Die nachfolgenden Kapitel sollen einen Überblick über die notwendigen statischen Berechnungen geben.

4.1.2.1 Selbsttragende Balkontürme im Bereich von Bestandsbauten

Selbsttragende Balkontürme dürfen am Bestand fixiert werden. In diesem Fall sind lokale Berechnungen der Lasteinleitungspunkte zu führen. Das Mauerwerk, welches die horizontalen Aussteifungslasten aufnehmen soll, muss im Sinne der Bestandsaufnahme der Stufe 1 (Punkt 2.1) befundet werden.

4.1.2.2 Abgehängte bzw. über Konsolen abgestützte Balkone (ohne eigenständige Fundierung)

Das Bestandsmauerwerk, an der die Balkonkonstruktion befestigt werden soll, ist im Sinne der Bestandsaufnahme der Stufe 2 (Punkt 2.1) zu befunden.

Auch die horizontale Lasteinleitung ist zu berechnen. Dies betrifft insbesondere die Befestigung der Druckstreben einer etwaig vorhandenen Konsole bzw. die Verankerungspunkte einer vorgesehenen Abhängung.

4.2 Türdurchbrüche

4.2.1 Allgemeines

Türdurchbrüche können nicht ohne ingenieurmäßige Überlegungen als unwesentliche Wandöffnungen definiert werden. Eine einfache Methode zur Kategorisierung ist die Überprüfung, ob ein geplanter Durchbruch den Weg der Druckdiagonale bei der vertikalen oder horizontalen Lastaufnahme in der Wandscheibe nachhaltig stört oder nicht. Diesbezüglich sei auf die Erläuterung 02/2013 „Über die Kompensation von Schubwänden in Wiener Gründerzeithäusern – Allgemeine Grundlagen" der Kammer der Architekten und Ingenieurkonsulenten für Wien, NÖ und Burgenland hingewiesen (siehe Anhang).

4.2.2 Statische Berechnungen

4.2.2.1 Türdurchbruch in einer Wand mit statischer Funktion (Aussteifung, Lastableitung etc.)

Für Türdurchbrüche in Wänden mit statischer Funktion ist die Erstellung einer Bestandserhebung der Stufe 1 (Punkt 2.1) erforderlich. Stört ein solcher geplanter Durchbruch die Druckdiagonale wie in Punkt 4.2.1 beschrieben, so ist eine entsprechende Kompensation der Schwächung des Gebäudes vorzunehmen.

4.2.2.2 Türdurchbruch in einer Wand ohne statische Funktion

Dies betrifft beispielsweise Türdurchbrüche in Gipskartonständerwänden, Schlackewänden oder ähnlichen Konstruktionen. Hier ist keine statische Berechnung erforderlich, eine fachgemäße Ausführung wird jedoch vorausgesetzt.

2.1.1.1. OIB-Richtlinie 1 – Leitfaden

ERLÄUTERUNG 02/2013
Fassung vom 17.08.2013

Über die Kompensation von Schubwänden in Wiener Gründerzeithäusern
-Allgemeine Grundlagen

Wien, am 17.08.2013

Herausgeber: Fachgruppe Bauwesen der LK W/Nö/Bgld
Seiten 1 bis 11

Verfasser: Peter Bauer

Coautoren: Erich Kern

Anmerkung
Erläuterungen geben, mangels anderer Normenwerke und kompakter Literatur, einen Hinweis auf Verfahren die dem jeweiligen, zusammengefassten Stand der Technik entsprechen. Sie ersetzen eigene Überlegungen und die Prüfung des Anwenders, ob sie für seinen Anwendungsfall geeignet sind, nicht. Sie beschränken auch nicht die Methodenvielfalt des Ingenieurwesens, sondern ergänzen sie, bzw. weisen auf jeweils einzuhaltende Rahmenbedingungen hin.

2. Kärntner Bauvorschriften – K-BV

Inhaltsverzeichnis

1.0 Hinweise zu Öffnungen in aussteifenden Zwischenwänden und ihre Kompensation 3

1.1 Allgemeines 3

1.2 Kompensation einer Zwischenwand 6

1.3 Wesentliche und unwesentliche Wandöffnungen 8

2.0 Hinweise zur Modellierung von Wandscheiben 9

3.0 Hinweise zur Materialprüfung bei einfachen Kompensationsmaßnahmen (Türdurchbrüche, einzelne Wandscheiben) 11

4.0 Literatur 12

2.1.1.1. OIB-Richtlinie 1 – Leitfaden

1.0 Hinweise zu Öffnungen in aussteifenden Zwischenwänden und ihre Kompensation

1.1 Allgemeines

Horizontales Tragverhalten in Längsrichtung

Beschreibungen zur Ermittlung des Tragverhaltes einer Einzelwandscheibe unter horizontalen Einwirkungen finden sich zahlreichen Veröffentlichungen (z.B. [5],[9], [10] aber auch [6]).

Zur sicheren Ermittlung der erforderlichen Kompensation einer Wandöffnung muss die Tragfähigkeit der zu beurteilenden Wand an der oberen Grenze ermittelt werden.

Im Wesentlichen wird die horizontale, elastische Grenzlast einer Mauerwerksscheibe durch Umkippen oder Gleiten begrenzt. Dies drücken auch die Formeln C.1 und C.2 in EN 1998-3 aus, die durch vergleichende Untersuchungen in [5] im Wesentlichen bestätigt werden. In [5] werden weiters Hinweise zur Mitwirkung von Pfeileranteilen der anschließenden Querwände gegeben.

Der erforderliche Widerstand in Bestandsgebäuden darf nach ÖNORM B 1998-3 im Grenzzustand der wesentlichen Schädigung ermittelt werden.

EN 1998-3 gibt im Anhang C für den Grenzzustand der wesentlichen Schädigung zwei Gleichungen an:

Biegung/ Kippen

$V_f = \frac{DN}{2H_0}(1 - 1.15 v_d)$ Gleichung C.1 aus EN 1998-3

mit v_d = N/(D t f_d)

Schub/ Gleiten

$V_f = f_{vd} D' t$ Gleichung C.2 aus EN 1998-3

mit $f_{vd} = f_{mv0} + 0.4$ N/(D' t) =< 0.065 f_m

ANMERKUNG: f_{mv0} und f_m sind durch die Teilsicherheitsbeiwerte für Mauerwerk gemäß EN 1998-1 zu dividieren!

2. Kärntner Bauvorschriften – K-BV

Die Bedeutung der Faktoren ist Abschnitt C in EN 1998-3 zu entnehmen.

Geometrie

D.. Länge der Wandscheibe; D`.. Länge der überdrückten Wandscheibe
Ho.. Höhe der Einwirkung der Horizontalkraft bis zur Einspannstelle
N.. wirksame Normalkraft (üblicherweise: Wandgewicht und anteilige Deckenauflasten, wenn vorhanden)
t.. Wanddicke

Material

f_m (eigentlich: f_d!) in f_{vd}.. Mittelwert (!) der Druckfestigkeit, reduziert um den Konfidenzbeiwert CF_m und γ_M, $f_d = f_m/(\gamma_M \, CF_m)$

f_{vm0} (eigentlich: f_{vm0d}!) in f_{vd}.. Mittelwert (!) der Schubfestigkeit ohne Auflast –Anfangsscherfestigkeit, reduziert um den Konfidenzbeiwert CF_m und γ_M, $f_{vm0d} = f_{vm0}/(\gamma_M \, CF_m)$

f_d.. Mittelwert (!) der Mauerwerksfestigkeit reduziert um den Konfidenzbeiwert CF_m, $f_d = f_m/CF_m$

Grundsätzlich ist zu unterscheiden ob der Nachweis nach EC6 (z.B. Antwortspektrenmethode nach EN 1998-1) oder nach Verschiebungsverfahren (Push-over, En 1998-3/Anhang C) geführt wird. Das ist der Grund warum sich die Formeln für die Ermittlung von fvd in EN 1996-1-1 und EN 1998-3 unterscheiden.

In Gleichung C.1 drückt der Faktor v_d den „Platzbedarf" der Druckstrebe aus. Nachdem V_f erreicht ist, ist die Fähigkeit der Wand Energie aufzunehmen, noch nicht erschöpft. Die Mauer kann bis zu einer (plastischen) Grenzverschiebung von ca. 4 Promille ihrer Höhe[1] weiter beansprucht werden. Gemäß [5] ist beim Gleiten entlang der Lagerfugen (erster Teil von f_{vd} in Formel C.2) ein großes Verformungsvermögen möglich. Sprödes Verhalten hingegen ist bei Schubversagen der Steine (zweiter Teil von f_{vd} in Formel C.2) zu erwarten.

In der Praxis wird in der Mehrzahl der Fälle (solange die horizontale Einwirkung kleiner als 0.4*N und Versagen auf Schub Maßgebend ist) die Begrenzung von f_{vd} auf Schub zufolge Steinzugversagen (f_{vd} < 0.065*f_m, bei NF-Verbandsmauerwerk mit vermörtelten Stoßfugen) wirksam. Die resultierende Normalkraft (aus H und N) in der Wand steht dann auf der Wandlänge D` im Eckbereich der Wand und gleitet bis zur maximalen Verschiebung von 4 Promille.

In Abbildung 1.1 wird dieser Sachverhalt dargestellt.

---

[1] siehe aber auch die Einschränkung in C.4.2.1 (2) der EN 1998-3 und des Vorschlages in [5] –Pkt. 6.3.2

2.1.1.1. OIB-Richtlinie 1 – Leitfaden

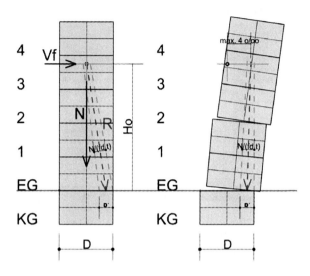

Abbildung 1.1 – Umkippen und Gleiten einer Mauerwerksscheibe

Damit ist als obere Grenze, also auf der sicheren Seite für eine etwaige Kompensationsmaßnahme, für die Beurteilung der horizontalen Tragkraft einer Mauerwerksscheibe das Gewicht der Wandscheibe selbst und der *ungestörte Lastpfad der Druckstrebe im Grenzzustand des Kippens* maßgebend.

Horizontales Tragverhalten in Querrichtung – Querwandbeschleunigung

Zu Nachweisen für Schubwandschlankheiten, die größer sind, als sie EN 1998-1 in Tabelle 9.2 vorsieht, siehe [7], erläutert auch in [5] und [6]. Grundsätzliche Aussagen zu „*typischen Wiener Gründerzeitzwischenwänden*" siehe auch Erläuterungen 01/2013.

1.2 Kompensation einer Zwischenwand

Herleitung der Ersatzkraft

Aus dem vorher gesagtem ergibt sich, dass sich die maximal mögliche Horizontalkraft in einer Mauerwerkswand unter Vernachlässigung der Mauerwerksfestigkeit selbst (die kaum einen Einfluss auf diese Betrachtung hat –siehe auch Bandbreite der üblichen Druckdiagonale) aus rein geometrischen Überlegungen, bzw. bei genaueren Ermittlungen aus dem Schubversagen zufolge Erreichen der Steinzugfestigkeit, ermitteln lässt.

Die Größenordnung für V_f ermittelt sich damit für das „typische Wiener Gründerzeithaus" mit einer Wandhöhe H von H ~ 19.2 m, D~ 5.9 m (Lichte zwischen Wandquerachsen) und der Ersatzhöhe[2] Ho ~ 0.75 H~ 14.4 m ca.:

N ~ 19.2*5.9*3.1 = 351 kN (Gewicht vorsichtig nur mit Mauerlichte ermittelt)

und f_d für $f_{b,k}$ = 21,25 N/mm^2 und $f_{m,k}$ = 1 n/mm^2, Verbandsmauerwerk f_k ~ 3.5 N/mm^2 (siehe auch Annahmen Musterhaus) und daraus f_d ~ 4.90 N/mm^2

„Geometrische" Ermittlung der Horizontalkraft

$V_{f,kippen,max}$ ~ D*N/(2 Ho)= 5.9*351/(2*14.4) = 71.9 kN

für die Zwischenwandachse ohne Pfeileranteil, unter Vernachlässigung von v_d (für die Kompensationsmaßnahme auf der sicheren Seite). Mit Berücksichtigung des Pfeileranteils bei etwa dem Doppelten.

Ermittlung gemäß EN 1998-3/ Anhang C

Die Bandbreite der Druckdiagonale (hellroter Bereich der Abbildung 1.1) in einer Gründerzeitzwischenwand ergibt sich hier mit ca.

$D´_{kippen}$= 351/(4900*0.15)= 0.48 m (für CF_m= 1.0)

$D´_{schub}$= 71.9/(0.065*4900*0.15)= 1.51 m (für CF_m= 1.0 und γ_m = 1.0) bzw.
$D´_{schub}$= 71.9/(0.065/1.67 *4900*0.15)= 2.51 m (für CF_m= 1.0 und γ_m = 1.67)

ANMERKUNG: Für die Ermittlung der Tragwirkung von Kompensationsmaßnahmen sollten die Sicherheitsbeiwerte auf der vorsichtigen Seite zu 1.0 gesetzt werden!

---

[2] Berechnet aus: Ho Vf= Σ H$_i$ (V$_f$ m$_i$Φ$_i$/Σm$_j$Φ$_j$) und Φ$_i$= H$_i$

2.1.1.1. OIB-Richtlinie 1 – Leitfaden

Damit ist Steinzugversagen maßgebend und $V_{f,max}$ lässt sich durch Iteration ermitteln:

Hier ergibt sich $V_{f,max} = V_{f,schub} \sim 56.02$ kN (für $\gamma_M = 1.67$) bzw. 61.48 kN (für $\gamma_M = 1.00$)

Wiederum ohne Berücksichtigung der Pfeileranteile und mit etwa dem Doppelten bei Berücksichtigung derselben. V_f gemäß C.1 bzw. C.2 ermittelt liegt also nahe bei dem durch rein geometrische Überlegungen gewonnenen horizontalen Widerstand der Wand.

Eine Parameterstudie (siehe auch Tabelle 1.2) bestätigt diesen Zusammenhang. Sie zeigt auch auf, dass die Größenordnung von V_f relativ unabhängig von der tatsächlichen Werkstoffeigenschaft f_d (und damit von f_b und f_m) ist.

Parameterstudie Vf
Einfache Schubwand, ohne Flanschanteil, t = 15 cm

					$f_d = 4.9$ N/mm²				$f_d = 3.0$ N/mm²			
					$\gamma_M = 1.67$		$\gamma_M = 1.00$		$\gamma_M = 1.67$		$\gamma_M = 1.00$	
H_{tot} [m]	$h_{tot} \sim 0.75\, h_{tot}$	D [m]	$N_{Aprogewicht}$ [kN]	$V_{f,Geometrie}$ [kN]	$V_{f,C.1}$ [kN]	$V_{f,C.2}$ [kN]	$V_{f,C.1}$ [kN]	$V_{f,C.2}$ [kN]	$V_{f,C.1}$ [kN]	$V_{f,C.2}$ [kN]	$V_{f,C.1}$ [kN]	$V_{f,C.2}$ [kN]	$V_{f,C}$
19,20	14.40	5,90	351,17	71,94	65,24	56,20	65,24	61,48	63,54	53,04	63,54	
18,00	13,50	5,40	301,32	60,26	55,06	47,62	55,06	52,14	53,67	45,44	53,67	
17,00	12,75	5,10	268,77	51,75	46,32	43,15	49,32	46,86	48,19	41,09	48,19	

Tabelle 1.2 –Vergleich V_f aus Geometrie, bzw. EN 1998-3/C.1 bzw. C.2 ermittelt

Beanspruchung Wandersatz (Ersatzrahmen)

Für die Kompensation einer Wand ist, nach Meinung des Verfassers, der oberste Wert der **horizontalen Tragkraft** der bestehenden Wand anzusetzen, die **bei einer ungestörten „typischen Gründerzeitzwischenwand" mindestens bei $V_f \sim 55..75$ kN** liegt, bzw. beim Doppelten bei Berücksichtigung von Flanschanteilen der angrenzenden Querwände (siehe auch Kapitel vor). Sie kann durch geometrische Überlegungen im Grenzzustand des Kippens gewonnen werden.

Diese Grenzkraft kann auch für die Rahmenberechnung oder jede andere Kompensation angesetzt werden, wobei auf eine entsprechende Ein.- und Ausleitung der Schubkräfte in die angrenzenden Mauerwerkswände zu achten ist. Zu beachten ist, dass nicht nur V_f, sondern auch die damit verbundene Druckdiagonale R selbst (also auch der konzentrierte Normalkraftanteil) auf den Rahmen wirkt!

Damit aber der Rahmen mit den angrenzenden Mauerwerksscheiben mitwirken kann, ist darauf zu achten, dass der Rahmen eine entsprechende Grenzverschiebung einhält. Das sind bei erreichen der Grenzkraft V_f die in C.4.2.1(2) der EN 1998-3 angegebenen **4 Promille** (also ein h/250) der Rahmenhöhe. Diese Verformungswerte gelten für Ziegelwände aus NF-Format, die voll verfugt sind[3].

---

[3] Hinweis: DIN EN 1998-1 begrenzt die max. Schiefstellung für Schubwände für mittlere Wandspannungen größer als 15% von f_k auf 3 Promille. In der Literatur wird der Verformungswert für Hochlochziegeln ohne vermörtelte Stoßfugen oft ebenfalls mit 3 Promille begrenzt.

1.3 Wesentliche und unwesentliche Wandöffnungen

Die in der Praxis oft diskutierte Frage des „unwesentlichen" Türdurchbruchs lässt sich mit dem vorgestellten Modell einfach und elegant beantworten. Hier ist zu beurteilen, ob eine Wandöffnung den „Weg der Druckdiagonale" stört oder nicht. Näheres dazu in den Abbildungen 1.3A bis 1.3C. Damit lässt sich in eine grobe Abschätzung in einer guten Ingenieurnäherung geben.

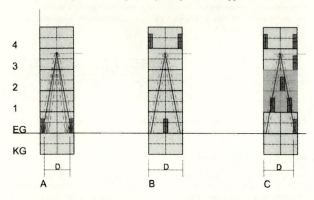

Abbildung 1.3 –Öffnungen in Mauerwerksscheiben

Während durch Öffnungen im Erdgeschoss (auch einseitig!) die Einschränkung der Länge D auf 60% der ungestörten Wand zu einer Abnahme von $V_{f,max}$ auf ~45% der ungestörten Wand führt, spielen Öffnungen in den obersten Geschossen für die Ermittlung von V_f kaum eine Rolle. Abbildung C schließlich zeigt, wie mit wenigen Öffnungen (auch jeder einzelnen, in Rot dargestellten Öffnung) in einer Schubwand die Tragwirkung nachhaltig zerstört wird. Hier ist keine wesentliche horizontale Tragwirkung ohne geeignete Ersatzmaßnahmen (Durchleitung der Druckdiagonale) möglich. Ähnliche Auswirkungen können unüberlegt gestemmte Leitungsschlitze haben!

2.1.1.1. OIB-Richtlinie 1 – Leitfaden

2.0 Hinweise zur Modellierung von Wandscheiben

Dem Verfasser ist bewusst, dass das vorgestellte Tragmodell einer Einzelwandscheibe, sehr vereinfachend ist. Es ist aber Eurocodekonform.

Bei der Anwendung von FE-Programmen ist in der Praxis jedoch sehr oft zu beobachten, dass vollkommen ungeeignete Materialmodelle verwendet werden. Während komplexe, mehrdimensionale Versagensmodelle (z.B. in [11], [12] oder [13]) das Tragverhalten sehr befriedigend abbilden, führen einfache Modelle, die lediglich die Zugspannungen in die Hauptspannungsrichtung ausschalten können, ohne sachverständige Beurteilung ins Leere! Hier sind (unmögliche) Druckspannungswinkeln (wegen der Nichtbeachtung des Kriteriums Schubversagen) gegen die Horizontale die wesentlich kleiner als 60° sind, oder kaum reale Rückhängungen von Druckdiagonalen ohne entsprechende Stahlbetondecken oder Zuganker zu finden. In diesem Zusammenhang ist auch festzustellen, dass solche Modelle in Gebäudegesamtmodellierungen Situationen eher verunklären als Tragverhalten befriedigend abbilden.

Abbildung 4 demonstriert solche Effekte. Die Wand wurde mit einem einfachen Materialmodell, das nur den Ausfall von Zugspannungen berücksichtigt, gerechnet. Die Horizontalkraft wird hier am oberen Rand nach rechts wirkend eingeleitet, die Vertikalkraft ist durch das Eigengewicht der Wand gegeben. Iterativ wird die Horizontalkraft dann soweit gesteigert, bis kein Gleichgewicht mehr erreicht wird.

2. Kärntner Bauvorschriften – K-BV

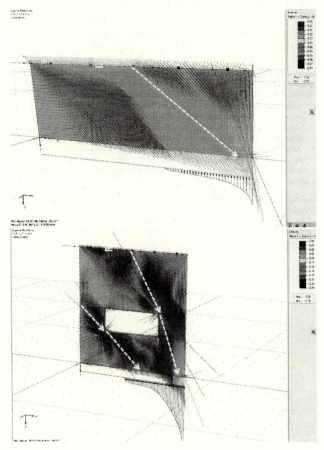

Abbildungen 2.0 – unrealistisch flache Druckstrebenneigungen und „Rückhängungen" von H-Kräften bzw. fragwürdigen Spannungsverteilungen bei einfachen (=falschen) FE-Materialmodellen

2.1.1.1. OIB-Richtlinie 1 – Leitfaden

ANMERKUNG

Fachwerkmodelle können unter folgenden Voraussetzungen das Tragverhalten im Allgemeinen ausreichend abbilden:

- Sie bilden hauptsächlich Druckkräfte aus

- Sie weisen realistische Druckstrebenneigungen (in der Regel steiler als 60° gegen die Lagerfuge) auf

- Zugkräfte müssen konstruktiv aufgenommen werden (Roste, Schliessen,..)

3.0 Hinweise zur Materialprüfung bei einfachen Kompensationsmaßnahmen (Türdurchbrüche, einzelne Wandscheiben)

Für Nachweise, die einen Bauteil unmittelbar betreffen, wird, aus verständlichen Gründen in ONR 24009 [14] und ÖNORM B 1998-3 [1] Kenntnisstand KL3 verlangt. Diese Forderung gilt immer in Hinblick auf die zu untersuchende Eigenschaft[4].

Aus den vorher ausgeführten Kapiteln kann man ableiten, dass für die horizontale Tragkraft einer gründerzeitlichen Zwischenwand die geometrischen Verhältnisse maßgebend für die Ermittlung sind und für die Beurteilung von Kompensationsmaßnahmen auf der sicheren Seite liegen.

Damit sind Mauerwerksgutachten zur Erlangung eines Kenntnisstandes KL3 für solche Betrachtungen in der Regel entbehrlich, weil durch die „genaue" Kenntnis der Stein- und Mörteldruckfestigkeit nichts für die Kompensation gewonnen wird, wenn Annahmen auf der sicheren (geometrischen) Seite getroffen werden.

Es ist auch darauf hinzuweisen, dass diese Tatsachen nicht die verantwortlichen Tragwerksplaner und Bauführer davon befreien, einen augenscheinlichen, dokumentierten Befund des Zustandes der jeweiligen Wandsituation, vor allem in den Bereichen, wo die Kompensationsmaßnahme in den Bestand einbindet (Ein- und Ausleitung der Kräfte), durchzuführen.

---

[4] siehe auch ÖNORM B 1998-3/B.1: *Es sind jene Bauteileigenschaften zu erheben, die für den untersuchten und beurteilenden Sachverhalt von Relevanz sind. Die Tiefe der Untersuchungen richtet sich daher nach der gestellten Aufgabe.*

4.0 Literatur

[1] ÖNORM B 1998-3: 2013 05 01, Auslegung von Bauwerken gegen Erdbeben, Beurteilung und Ertüchtigung von Gebäuden

[2] Leitfaden für Wien zur OIB-Richtlinie 1 vom 07.01.2013

[3] EN 1998-1: 2011 06 05, Auslegung von Bauwerken gegen Erdbeben, Grundlagen, Erdbebeneinwirkungen und Regeln für Hochbauten

[4] Arch+Ing, Erdbebenbeanspruchung eines Gründerzeithauses mit Dachgeschoßausbau „Leicht", Ausgabe Juli 2008, E03-18072008

[5] Dokumentation D 0237 der SIA, Beurteilung von Mauerwerksgebäuden bezüglich Erdbeben, Zürich 2010

[6] ..und wenn die ganze Erde bebt..; Peter Bauer, Erich Kern, Peter Resch; Wien im April 2010

[7] Seismic design of reinforced concrete and masonry buildings; T. Pauley, M.J.N. Priestley; Wiley & Sons 1992

[8] Seismische Mikrozonierung des Stadtgebietes von Wien, G. Duma, ZAMG, Endbericht 1988

[9] Zur Erdbebensicherung von Mauerwerksbauten, Hugo Bachmann, Kerstin Lang, ETH Zürich 2002

[10] EN 1998-3: 2005 12 01, Auslegung von Bauwerken gegen Erdbeben, Beurteilung und Ertüchtigung von Gebäuden

[11] Mauerwerksscheiben unter Normalkraft und Schub, H.R. Ganz, ETH Zürich 1985

[12] Modellierung unbewehrter Mauerwerkswände auf Basis der mehrflächigen Plastizität, M. Mistler, RWTH Aachen

[13] Computational Strategies for Masonry Structures, P.B. Laurenco, Delft 1996

[14] ONR 24009: 2013 05 01, Bewertung der Tragfähigkeit bestehender Hochbauten

OIB-Richtlinie 2

Brandschutz

Ausgabe: März 2015

0	Vorbemerkungen	2
1	Begriffsbestimmungen	2
2	Allgemeine Anforderungen und Tragfähigkeit im Brandfall	2
3	Ausbreitung von Feuer und Rauch innerhalb des Bauwerkes	3
4	Ausbreitung von Feuer auf andere Bauwerke	7
5	Flucht- und Rettungswege	8
6	Brandbekämpfung	10
7	Besondere Bestimmungen	10
8	Betriebsbauten	13
9	Garagen, überdachte Stellplätze und Parkdecks	13
10	Gebäude mit einem Fluchtniveau von mehr als 22 m	13
11	Sondergebäude	13

2. Kärntner Bauvorschriften – K-BV

0 Vorbemerkungen

Die zitierten Normen und sonstigen technischen Regelwerke gelten in der im Dokument „OIB-Richtlinien – Zitierte Normen und sonstige technische Regelwerke" angeführten Fassung.

Diese Richtlinie gilt für Gebäude. Für sonstige Bauwerke sind die Bestimmungen der Richtlinie sinngemäß anzuwenden.

Werden in dieser Richtlinie Anforderungen an die Feuerwiderstandsklasse in Verbindung mit Anforderungen an Baustoffe der Klasse A2 gestellt, gilt dies auch als erfüllt, wenn
- die für die Tragfähigkeit wesentlichen Bestandteile der Bauteile der Klasse A2 entsprechen und
- die sonstigen Bestandteile aus Baustoffen der Klasse B bestehen.

Raumabschließende Bauteile müssen zusätzlich – wenn ein Durchbrand nicht ausgeschlossen werden kann – beidseitig mit Baustoffen der Klasse A2 dicht abgedeckt sein.

Für Gebäude mit höchstens 15 m² Brutto-Grundfläche, die auf eigenem Grund oder von Verkehrsflächen für die Brandbekämpfung zugänglich sind, werden keine Anforderungen hinsichtlich des Brandschutzes gestellt.

Für Gebäude mit gemischter Nutzung gelten die Anforderungen hinsichtlich des Brandschutzes für die einzelnen Nutzungsbereiche als erfüllt, wenn die für die jeweiligen Nutzungen anzuwendenden Bestimmungen der Richtlinien eingehalten werden.

Von den Anforderungen dieser OIB-Richtlinie kann entsprechend den jeweiligen landesrechtlichen Bestimmungen abgewichen werden, wenn vom Bauwerber nachgewiesen wird, dass das gleiche Schutzniveau wie bei Anwendung der Richtlinie erreicht wird. Hierbei ist der OIB-Leitfaden „Abweichungen im Brandschutz und Brandschutzkonzepte" anzuwenden.

Bei Änderungen an bestehenden Bauwerken sind im Einzelfall gegebenenfalls Erleichterungen entsprechend den jeweiligen landesrechtlichen Bestimmungen zulässig.

1 Begriffsbestimmungen

Es gelten die Begriffsbestimmungen des Dokumentes „OIB-Richtlinien – Begriffsbestimmungen".

2 Allgemeine Anforderungen und Tragfähigkeit im Brandfall

Werden in dieser Richtlinie Anforderungen an den Feuerwiderstand von Bauteilen mit Anforderungen an das Brandverhalten von Baustoffen verknüpft, beziehen sich die Anforderungen an das Brandverhalten nur auf jenen Teil der Konstruktion, der zur Erreichung der Feuerwiderstandsklasse erforderlich ist. Für allenfalls zusätzlich angebrachte Bekleidungen, Beläge u. dgl. gelten hinsichtlich des Brandverhaltens von Baustoffen die Anforderungen der Tabelle 1a.

2.1 Brandverhalten von Bauprodukten (Baustoffen)

Es gelten – wenn im Folgenden nichts anderes bestimmt ist – die Anforderungen der Tabelle 1a.

2.2 Feuerwiderstand von Bauteilen

2.2.1 Es gelten – wenn im Folgenden nichts anderes bestimmt ist – die Anforderungen der Tabelle 1b.

2.2.2 Die für die Standsicherheit von Wänden und Decken erforderlichen aussteifenden und unterstützenden Bauteile müssen im Brandfall über jenen Zeitraum hindurch wirksam sein, welcher der für diese Wände und Decken geforderten Feuerwiderstandsdauer entspricht.

2.1.2. OIB-Richtlinie 2

3 Ausbreitung von Feuer und Rauch innerhalb des Bauwerkes

3.1 Brandabschnitte

3.1.1 Für Brandabschnitte in oberirdischen Geschoßen gilt:

Nutzung	Maximale Netto-Grundfläche	Maximale Längsausdehnung	Maximale Anzahl von oberirdischen Geschoßen je Brandabschnitt
Wohngebäude	-	60 m	-
Büronutzung oder büroähnliche Nutzung	1.600 m²	60 m	4
andere Nutzung	1.200 m²	60 m	4

3.1.2 Brandabschnitte in unterirdischen Geschoßen dürfen eine maximale Netto-Grundfläche von 800 m² nicht überschreiten.

3.1.3 Brandabschnitte sind durch brandabschnittsbildende Bauteile (z.B. Wände, Decken) gegeneinander abzutrennen. Bei Wänden von Treppenhäusern, die Brandabschnitte begrenzen, gelten abweichend davon die Anforderungen an Trennwände gemäß Tabelle 2a, 2b bzw. 3 einschließlich der zugehörigen Türen.

3.1.4 Ist im Brandfall mit einer mechanischen Beanspruchung von brandabschnittsbildenden Wänden zu rechnen (z.B. durch im Brandfall umstürzende Lagerungen), muss zusätzlich zu den Anforderungen der Tabelle 1b auch das „Leistungskriterium M" erfüllt sein.

3.1.5 Brandabschnittsbildende Wände müssen mindestens 15 cm über Dach geführt werden. Sie brauchen nur bis zur Dacheindeckung geführt werden, wenn eine Brandübertragung durch andere Maßnahmen wirksam eingeschränkt wird.

3.1.6 Öffnungen in brandabschnittsbildenden Wänden bzw. Decken müssen Abschlüsse erhalten, die dieselbe Feuerwiderstandsdauer aufweisen, wie die jeweilige brandabschnittsbildende Wand bzw. Decke. Diese sind selbstschließend auszuführen, wenn nicht durch andere Maßnahmen ein Schließen im Brandfall bewirkt wird. Eine Ausführung in EI_2 30-C bzw. EI 30 ist zulässig, wenn folgende Gesamtflächen aller Öffnungen nicht überschritten werden:
(a) 5,00 m² je gemeinsamen Wandanteiles zwischen zwei Brandabschnitten, wenn dieser Wandanteil nicht mehr als 50 m² beträgt,
(b) 10 m² je gemeinsamen Wandanteiles zwischen zwei Brandabschnitten, wenn dieser Wandanteil mehr als 50 m² beträgt.

3.1.7 Begrenzen Decken übereinander liegende Brandabschnitte, so muss
(a) ein deckenübergreifender Außenwandstreifen von mindestens 1,20 m Höhe in EI 90 vorhanden sein, oder
(b) die brandabschnittsbildende Decke muss mit einem mindestens 0,80 m horizontal auskragenden Bauteil gleicher Feuerwiderstandsklasse verlängert werden.
Bei Gebäuden der Gebäudeklasse 5 mit mehr als sechs oberirdischen Geschoßen sind Baustoffe der Klasse A2 zu verwenden.

3.1.8 Türen, Tore, Fenster und sonstige Öffnungen in Außenwänden, die an brandabschnittsbildende Wände anschließen, müssen von der Mitte der brandabschnittsbildenden Wand – falls die horizontale Brandübertragung nicht durch gleichwertige Maßnahmen begrenzt werden kann – einen Abstand von mindestens 0,50 m haben. Der Abstand solcher Öffnungen voneinander muss bei Gebäuden, deren Außenwände an der brandabschnittsbildenden Wand einen Winkel von weniger als 135 Grad bilden, mindestens 3,00 m betragen. Diese Abstände gelten nicht für den Bereich seitlicher Wandabschlüsse bei Arkaden, Einfahrten, Durchfahrten, Garagentoren, Loggien u. dgl.

3.1.9 Dachöffnungen sowie Öffnungen in Dachgauben und ähnlichen Dachaufbauten müssen – horizontal gemessen – mindestens 1,00 m von der Mitte der brandabschnittsbildenden Wand entfernt sein.

3.1.10 Grenzen Dachöffnungen und Glasdächer an einen höheren Gebäudeteil eines anderen Brandabschnittes, müssen diese innerhalb eines Abstandes von 4,00 m so beschaffen sein, dass ein Brandüberschlag wirksam eingeschränkt wird.

3.2 Trennwände und Trenndecken

3.2.1 Wohnungen und Betriebseinheiten sind – ausgenommen Gebäude der Gebäudeklasse 1 – untereinander sowie zu anderen Gebäudeteilen (z.B. Gänge) entsprechend den Anforderungen der Tabelle 1b durch Trennwände und Trenndecken zu trennen.
Mehrere Betriebseinheiten mit Büronutzung bzw. büroähnlicher Nutzung und Verkaufsstätten können hierbei bis zur maximal zulässigen Brandabschnittsfläche als eine Betriebseinheit betrachtet werden. Für Wände von Treppenhäusern gelten abweichend davon die Anforderungen gemäß den Tabellen 2a, 2b bzw. 3.

3.2.2 Für Türen in Trennwänden und Trenndecken gilt:
(a) Tabelle 2a, 2b bzw. 3 für Türen in Wänden von Treppenhäusern,
(b) EI_2 30 für Türen in Trennwänden von Gängen zu Wohnungen oder von Gängen zu Betriebseinheiten mit Büronutzung oder büroähnlicher Nutzung sowie EI 30 für diese Türen umgebende Glasflächen mit einer Fläche von nicht mehr als der Türblattfläche; ausgenommen davon sind Gebäude der Gebäudeklasse 2 mit nicht mehr als zwei Wohnungen,
(c) EI_2 30-C für sonstige Türen in Trennwänden,
(d) EI_2 30 für Türen bzw. Abschlüsse in Decken zu nicht ausgebauten Dachräumen.

3.2.3 Sonstige Öffnungen in Trennwänden bzw. Trenndecken müssen selbstschließende Abschlüsse erhalten, die dieselbe Feuerwiderstandsdauer aufweisen wie die jeweilige Trennwand bzw. Trenndecke.

3.3 Deckenübergreifender Außenwandstreifen

Für Gebäude der Gebäudeklasse 5 mit mehr als sechs oberirdischen Geschoßen – ausgenommen Wohngebäude – muss in jedem Geschoß ein deckenübergreifender Außenwandstreifen von mindestens 1,20 m Höhe in EI 30-ef und A2 bzw. EW 30-ef und A2 vorhanden sein. Diese Anforderung gilt nicht, wenn
(a) ein mindestens 0,80 m horizontal auskragender Bauteil in REI 30 und A2 bzw. EI 30 und A2, oder
(b) eine geeignete technische Brandschutzeinrichtung (z.B. Löschanlage)
vorhanden ist.

3.4 Schächte, Kanäle, Leitungen und sonstige Einbauten

Liegen Schächte, Kanäle, Leitungen und sonstige Einbauten in Wänden bzw. Decken oder durchdringen diese, ist durch geeignete Maßnahmen (z.B. Abschottung, Ummantelung) sicherzustellen, dass eine Übertragung von Feuer und Rauch über die erforderliche Feuerwiderstandsdauer wirksam eingeschränkt wird.

3.5 Fassaden

3.5.1 Bei Gebäuden der Gebäudeklassen 4 und 5 sind Außenwand-Wärmedämmverbundsysteme so auszuführen, dass
(a) eine Brandweiterleitung über die Fassade auf das zweite über dem Brandherd liegende Geschoß und
(b) das Herabfallen großer Fassadenteile wirksam eingeschränkt wird.

3.5.2 Für Außenwand-Wärmedämmverbundsysteme mit einer Wärmedämmung von nicht mehr als 10 cm aus expandiertem Polystyrol (EPS) oder aus Baustoffen der Klasse A2 gelten die Anforderungen gemäß Punkt 3.5.1 als erfüllt.

3.5.3 Für Außenwand-Wärmedämmverbundsysteme mit einer Wärmedämmung aus expandiertem Polystyrol (EPS) von mehr als 10 cm gelten die Anforderungen gemäß Punkt 3.5.1 als erfüllt, wenn
(a) in jedem Geschoß im Bereich der Decke ein umlaufendes Brandschutzschott aus Mineralwolle mit einer Höhe von 20 cm, oder
(b) im Sturzbereich von Fenstern und Fenstertüren ein Brandschutzschott aus Mineralwolle mit einem seitlichen Übergriff von 30 cm und einer Höhe von 20 cm
verklebt und verdübelt ausgeführt wird.

2.1.2. OIB-Richtlinie 2

3.5.4 Für Außenwand-Wärmedämmverbundsysteme bei Gebäuden der Gebäudeklasse 5 sind bei Deckenuntersichten von vor- oder einspringenden Gebäudeteilen (z.B. Erker, Balkone oder Loggien im Freien) nur Dämmschichten bzw. Wärmedämmungen der Klasse A2 zulässig. Ausgenommen davon sind vor- oder einspringende Gebäudeteile mit einer Tiefe von nicht mehr als 2,00 m.

3.5.5 Für Außenwand-Wärmedämmverbundsysteme bei Gebäuden der Gebäudeklassen 4 und 5 gelten folgende Anforderungen:
(a) In offenen Durchfahrten bzw. Durchgängen, durch die der einzige Fluchtweg oder der einzige Angriffsweg der Feuerwehr führt, sind an Wänden und Decken nur Dämmschichten bzw. Wärmedämmungen der Klasse A2 zulässig.
(b) Bei Wänden zu offenen Laubengängen sind – wenn die Fluchtmöglichkeit nur in eine Richtung gegeben ist – Dämmschichten bzw. Wärmedämmungen von mehr als 10 cm Dicke nur in der Klasse A2 zulässig.

3.5.6 Bei Gebäuden der Gebäudeklasse 4 und 5 sind vorgehängte hinterlüftete, belüftete oder nicht hinterlüftete Fassaden so auszuführen, dass
(a) eine Brandweiterleitung über die Fassade auf das zweite über dem Brandherd liegende Geschoß, und
(b) das Herabfallen großer Fassadenteile wirksam eingeschränkt wird.

3.5.7 Bei freistehenden, an mindestens drei Seiten auf eigenem Grund oder von Verkehrsflächen für die Brandbekämpfung von außen zugänglichen Gebäuden der Gebäudeklasse 4 gelten die Anforderungen gemäß Punkt 3.5.6 als erfüllt, wenn
(a) die Dämmschicht bzw. Wärmedämmung in A2 ausgeführt ist, und
(b) die Befestigungsmittel und Verbindungselemente einen Schmelzpunkt von mindestens 1.000 Grad Celsius (z.B. Stahl, Edelstahl) aufweisen, und
(c) die Außenschicht in A2, B oder aus Holz und Holzwerkstoffen in D ausgeführt ist, und
(d) ein allfälliger Hinterlüftungsspalt eine Breite von nicht mehr als 6 cm aufweist.

3.5.8 Bei Gebäuden der Gebäudeklasse 4 und 5 sind Doppelfassaden so auszuführen, dass
(a) eine Brandweiterleitung über die Fassade auf das zweite über dem Brandherd liegende Geschoß,
(b) das Herabfallen großer Fassadenteile und
(c) eine Brandausbreitung über die Zwischenräume im Bereich von Trenndecken bzw. brandabschnittsbildenden Decken
wirksam eingeschränkt werden.

3.5.9 Bei Gebäuden der Gebäudeklasse 4 und 5 sind Vorhangfassaden so auszuführen, dass
(a) eine Brandweiterleitung über die Fassade auf das zweite über dem Brandherd liegende Geschoß,
(b) das Herabfallen großer Fassadenteile und
(c) eine Brandausbreitung über Anschlussfugen und Hohlräume innerhalb der Vorhangfassade im Bereich von Trenndecken bzw. brandabschnittsbildenden Decken
wirksam eingeschränkt werden.

3.5.10 In Sockelbereichen ist die Verwendung von Dämmstoffen der Klasse E zulässig.

3.6 Aufzüge

3.6.1 Aufzüge, die Brandabschnitte miteinander verbinden, sind in eigenen Schächten zu führen, die von brandabschnittsbildenden Wänden und Decken begrenzt werden müssen. In Abhängigkeit der Nutzung der durch die Ladestellen der Aufzüge erschlossenen Räume ist durch geeignete brandschutztechnische Maßnahmen sicherzustellen, dass eine Übertragung von Feuer und Rauch wirksam eingeschränkt wird.

3.6.2 Bei Gebäuden der Gebäudeklasse 3 und 4 ist bei Aufzugschächten an der Schachtinnenseite eine Bekleidung in A2 erforderlich. Bei Gebäuden der Gebäudeklasse 5 müssen die Schachtumwehrungen von Aufzügen in A2 ausgeführt werden.

3.7 Feuerstätten und Verbindungsstücke

3.7.1 Feuerstätten und Verbindungsstücke dürfen in solchen Räumen nicht angeordnet werden, in denen nach Lage, Größe, Beschaffenheit oder Verwendungszweck Gefahren für Personen entstehen können (z.B. im Verlauf von Fluchtwegen außerhalb von Wohnungen bzw. Betriebseinheiten, in nicht ausgebauten Dachräumen).

3.7.2 Feuerstätten und Verbindungsstücke müssen von brennbaren Bauteilen, Bekleidungen und festen Einbauten einen solchen Abstand aufweisen oder so abgeschirmt sein, dass diese unter allen beim Betrieb auftretenden Temperaturen nicht entzündet werden können.

3.7.3 Verbindungsstücke dürfen nicht durch Decken, in Wänden oder in unzugänglichen bzw. unbelüfteten Hohlräumen geführt werden.

3.8 Abgasanlagen

3.8.1 Abgasanlagen müssen rußbrandbeständig sein, wenn nicht aufgrund der anzuschließenden Feuerstätten (z.B. Ölfeuerstätten mit Gebläsebrennern bzw. Brennwerttechnik, Gasfeuerstätten) ein Rußbrand ausgeschlossen werden kann.

3.8.2 Liegen Abgasanlagen in Wänden bzw. Decken oder durchdringen diese, ist durch geeignete Maßnahmen (z.B. Abschottung, Ummantelung) sicherzustellen, dass eine Übertragung von Feuer und Rauch über die erforderliche Feuerwiderstandsdauer wirksam eingeschränkt wird.

3.8.3 Abgasanlagen müssen von Bauteilen mit brennbaren Baustoffen einen solchen Abstand aufweisen, dass diese unter allen beim Betrieb auftretenden Temperaturen nicht entzündet werden können.

3.9 Räume mit erhöhter Brandgefahr

3.9.1 Heiz-, Brennstofflager- und Abfallsammelräume gelten jedenfalls als Räume mit erhöhter Brandgefahr.

3.9.2 Wände und Decken von Räumen mit erhöhter Brandgefahr müssen in REI 90 bzw. EI 90 ausgeführt und raumseitig in A2 bekleidet sein. Türen und Tore oder sonstige Verschlüsse müssen in EI_2 30-C ausgeführt werden. Bei Außenbauteilen gelten diese Anforderungen nur, wenn die Gefahr einer Brandübertragung auf andere Gebäudeteile besteht.

3.9.3 Bodenbeläge in Heizräumen müssen $A2_{fl}$, in Abfallsammelräumen B_{fl} entsprechen.

3.9.4 Ein Heizraum ist erforderlich für
(a) Feuerstätten zur Erzeugung von Nutzwärme für die Raumheizung bzw. Warmwasserbereitung mit einer Nennwärmeleistung von mehr als 50 kW, oder
(b) Feuerstätten für feste Brennstoffe mit automatischer Beschickung.

3.9.5 Abweichend von Punkt 3.9.4 ist ein Heizraum nicht erforderlich
(a) für Warmlufterzeuger und Heizstrahler, wenn diese lediglich der Beheizung des Aufstellungsraumes dienen, oder
(b) für Feuerstätten für feste Brennstoffe mit automatischer Beschickung mit einer Nennwärmeleistung von nicht mehr als 50 kW, die einen Vorratsbehälter mit einem Fassungsvermögen von nicht mehr als 1,50 m³ aufweisen, oder
(c) in Gebäuden der Gebäudeklasse 1 bzw. Reihenhäusern der Gebäudeklasse 2 mit einer Feuerstätte für Pellets mit automatischer Beschickung und technischen Maßnahmen gegen Rückbrand, mit einer Nennwärmeleistung von nicht mehr als 50 kW und einem Fassungsvermögen des Lagerbehälters von nicht mehr als 15 m³, der durch geeignete Maßnahmen gegen gefahrbringende Erwärmung geschützt ist.

3.9.6 Räume, in denen feste Brennstoffe gelagert werden, sind innerhalb von Gebäudeteilen mit Aufenthaltsräumen als Brennstofflagerraum auszuführen, wenn
(a) die Netto-Grundfläche eines solchen Raumes mehr als 15 m² oder die Raumhöhe mehr als 3,00 m beträgt, oder
(b) mehr als 1,50 m³ feste Brennstoffe zur automatischen Beschickung der zugehörigen Feuerstätte gelagert werden, oder

2.1.2. OIB-Richtlinie 2

(c) mehr als 15 m³ Pellets zur automatischen Beschickung von Feuerstätten in Gebäuden der Gebäudeklasse 1 bzw. Reihenhäusern der Gebäudeklasse 2 gelagert werden.

3.9.7 Eine gemeinsame Aufstellung von Behältern für feste Brennstoffe in Form von Pellets und der zugehörigen Feuerstätte mit einer Nennwärmeleistung von mehr als 50 kW und automatischer Beschickung in einem Heizraum ist zulässig, falls nicht mehr als 15 m³ gelagert werden und die Lagerbehälter durch geeignete Maßnahmen gegen gefahrbringende Erwärmung geschützt sind.

3.9.8 Die Lagerung von flüssigen Brennstoffen mit einem Flammpunkt von mehr als 55 °C in Mengen von mehr als 500 Liter innerhalb von Gebäudeteilen mit Aufenthaltsräumen hat in einem Brennstofflagerraum zu erfolgen, der höchstens im zweiten oberirdischen Geschoß liegen darf. Abweichend davon ist bei Gebäuden der Gebäudeklasse 1 bzw. Reihenhäusern der Gebäudeklasse 2 eine Lagermenge von nicht mehr als 1.000 Liter zulässig.

3.9.9 Eine gemeinsame Aufstellung von Lagerbehältern für flüssige Brennstoffe mit einem Flammpunkt von mehr als 55 °C und zugehöriger Feuerstätte in einem Heizraum ist zulässig, falls nicht mehr als 5.000 Liter gelagert werden und die Lagerbehälter durch geeignete Maßnahmen (z.B. Abstand, Abschirmung, Ummantelung) gegen gefahrbringende Erwärmung geschützt sind.

3.10 Erste und erweiterte Löschhilfe

3.10.1 Wenn es der Verwendungszweck erfordert, jedenfalls aber in Gebäuden mit Wohnungen bzw. Betriebseinheiten sind ausreichende und geeignete Mittel der ersten Löschhilfe (z.B. tragbare Feuerlöscher) bereitzuhalten.

3.10.2 In Gebäuden der Gebäudeklasse 5 mit mehr als sechs oberirdischen Geschoßen müssen in jedem Geschoß Wandhydranten mit formbeständigem D-Schlauch und geeigneter Anschlussmöglichkeit für die Feuerwehr zur Brandbekämpfung vorhanden sein. Abweichend davon genügt bei Gebäuden, die in allen Geschoßen oder oberhalb des ersten oberirdischen Geschoßes gelegenen Geschoßen überwiegend Wohnzwecken dienen, eine trockene Löschleitung mit geeigneter Anschlussmöglichkeit für die Feuerwehr zur Brandbekämpfung in jedem Geschoß.

3.11 Rauchwarnmelder

In Wohnungen muss in allen Aufenthaltsräumen – ausgenommen in Küchen – sowie in Gängen, über die Fluchtwege von Aufenthaltsräumen führen, jeweils mindestens ein unvernetzter Rauchwarnmelder angeordnet werden.

3.12 Rauchableitung aus unterirdischen Geschoßen

3.12.1 Es müssen geeignete Vorkehrungen getroffen werden, die eine Rauchableitung ins Freie ermöglichen, wobei die Rauchableitung aus einzelnen Räumen innerhalb eines Brandabschnittes über gemeinsame Öffnungen erfolgen darf. Für Gebäude der Gebäudeklasse 1 und für Reihenhäuser der Gebäudeklasse 2 gelten diese Anforderungen nicht.

3.12.2 Punkt 3.12.1 gilt als erfüllt, wenn
(a) bei einer Netto-Grundfläche von nicht mehr als 400 m² Öffnungen ins Freie mit einer Fläche von mindestens 0,50 m² bzw.
(b) bei einer Netto-Grundfläche von mehr als 400 m² Öffnungen ins Freie mit einer Fläche von mindestens 1,00 m² vorhanden sind
und die erforderlichen Abschlüsse der Wand- oder Deckenöffnungen mit Mitteln der Feuerwehr geöffnet werden können.

4 Ausbreitung von Feuer auf andere Bauwerke

4.1 Beträgt der Abstand eines Bauwerkes von der Nachbargrundstücks- bzw. Bauplatzgrenze weniger als 2,00 m, so ist die zur Nachbargrundstücks- bzw. Bauplatzgrenze gerichtete Seite des Bauwerkes mit einer brandabschnittsbildenden Wand gemäß Tabelle 1b abzuschließen.
In diesen Abstand dürfen Bauwerksteile (z.B. Dachvorsprünge, Vordächer, Erker, Balkone) nur dann hineinragen, wenn für diese zusätzliche brandschutztechnische Maßnahmen getroffen werden.

4.2 Eine brandabschnittsbildende Wand gemäß Punkt 4.1 ist nicht erforderlich,
(a) wenn das angrenzende Nachbargrundstück bzw. der Bauplatz aufgrund tatsächlicher oder rechtlicher Umstände von einer künftigen Bebauung ausgeschlossen ist (z.B. Verkehrsflächen im Sinne der raumordnungsrechtlichen Bestimmungen, öffentliche Parkanlagen oder Gewässer), oder
(b) bei untergeordneten eingeschoßigen Bauwerken (z.B. Schutzdächer, Geräteschuppen, Bootshütten) mit insgesamt nicht mehr als 50 m² überbaute Fläche, wenn aufgrund der baulichen Umgebung eine Brandübertragung auf Bauwerke der Nachbargrundstücke nicht zu erwarten ist, oder wenn eine der jeweiligen Nachbargrundstücks- bzw. Bauplatzgrenze zugekehrte Wand über die gesamte Länge und bis zur Dacheindeckung in REI 30 bzw. EI 30 errichtet wird; bei der Berechnung der überbauten Fläche sind allfällige überdachte Stellplätze einzubeziehen, oder
(c) bei Schutzhütten in Extremlagen.

4.3 Öffnungen in brandabschnittsbildenden Wänden gemäß Punkt 4.1 müssen selbstschließende Abschlüsse erhalten, die dieselbe Feuerwiderstandsdauer wie die brandabschnittsbildende Wand aufzuweisen haben.
Bei gemeinsamer Nutzung einzelner Räume oder Raumgruppen benachbarter Gebäude sind Verbindungsöffnungen zulässig, wenn der Brandschutz dadurch nicht beeinträchtigt wird.

4.4 Bei brandabschnittsbildenden Wänden gemäß Punkt 4.1 müssen Wandbeläge und Wandbekleidungen (z.B. Außenwand-Wärmedämmverbundsysteme) in A2 ausgeführt werden. Diese Anforderung gilt nicht:
(a) für Gebäude der Gebäudeklassen 1, 2 und 3, oder
(b) wenn an diese Wand nicht angebaut werden darf.

4.5 Die Anforderungen der Punkte 3.1.5, 3.1.8, 3.1.9 und 3.1.10 gelten bei brandabschnittsbildenden Wänden gemäß Punkt 4.1 bezogen auf die Nachbargrundstücks- bzw. Bauplatzgrenze.

4.6 Beträgt der Abstand zwischen Gebäuden auf demselben Grundstück bzw. Bauplatz nicht mindestens 4,00 m, sind erforderlichenfalls zusätzliche brandschutztechnische Maßnahmen zu treffen, die auf die baulichen Gegebenheiten der Außenwände abzustimmen sind. Dies gilt nicht für den Abstand von untergeordneten eingeschoßigen Bauwerken gemäß Punkt 4.2 (b) zu Gebäuden der Gebäudeklasse 1 bzw. Reihenhäuser der Gebäudeklasse 2.

5 Flucht- und Rettungswege

5.1 Fluchtwege

5.1.1 Von jeder Stelle jedes Raumes – ausgenommen nicht ausgebaute Dachräume – muss in höchstens 40 m Gehweglänge erreichbar sein:
(a) ein direkter Ausgang zu einem sicheren Ort des angrenzenden Geländes im Freien, oder
(b) ein Treppenhaus oder eine Außentreppe gemäß Tabelle 2a bzw. 2b mit jeweils einem Ausgang zu einem sicheren Ort des angrenzenden Geländes im Freien, oder
(c) ein Treppenhaus oder eine Außentreppe gemäß Tabelle 3 mit jeweils einem Ausgang zu einem sicheren Ort des angrenzenden Geländes im Freien, wobei zusätzlich Punkt 5.1.4 gilt.

5.1.2 Bei Wohnungen wird abweichend von Punkt 5.1.1 in den Fällen (b) und (c) die Gehweglänge ab der Wohnungseingangstüre gemessen. Dabei dürfen sich die Wohnungen über höchstens zwei Geschoße erstrecken.

5.1.3 Zwischen Treppenhäusern und Gängen sind Türen gemäß Tabelle 2a, 2b bzw. 3 anzuordnen.

5.1.4 Im Falle von Punkt 5.1.1 (c) muss zusätzlich
(a) ein Rettungsweg gemäß Punkt 5.2 vorhanden sein, oder
(b) in jedem Geschoß mit mindestens einem Aufenthaltsraum ein unabhängiger Fluchtweg zu einem weiteren Treppenhaus oder einer weiteren Außentreppe jeweils gemäß Tabelle 3 erreichbar sein, wobei die Gehweglänge nicht begrenzt ist, oder
(c) ein unabhängiger Fluchtweg zu einem benachbarten Brandabschnitt erreichbar sein, der über einen direkten Ausgang zu einem sicheren Ort des angrenzenden Geländes im Freien oder ein Treppenhaus bzw. eine Außentreppe verfügt, wobei die Gehweglänge zum benachbarten Brandabschnitt nicht begrenzt ist.

2.1.2. OIB-Richtlinie 2

5.1.5 Die Fluchtwege gemäß Punkt 5.1.4 (b) bzw. (c) dürfen bei Wohnungen auf eine Länge von höchstens 15 m bzw. bei Betriebseinheiten auf eine Länge von höchstens 25 m gemeinsam mit dem Fluchtweg gemäß Punkt 5.1.1 (c) verlaufen (z.B. Stichgang).

5.1.6 Werden Treppenhäuser atrien- oder hallenähnlich ausgeführt, sind gegebenenfalls von den Anforderungen der Tabelle 2a, 2b bzw. 3 abweichende bzw. ergänzende Brandschutzmaßnahmen zu treffen.

5.2 Rettungswege

5.2.1 Ein Rettungsweg mit Geräten der Feuerwehr ist nur zulässig, wenn folgende Anforderungen erfüllt werden:
(a) Erreichbarkeit jeder Wohnung bzw. Betriebseinheit in jedem Geschoß über die Fassade, wobei bei Wohnungen, die sich über nicht mehr als zwei Geschoße erstrecken, die Erreichbarkeit einer Ebene genügt,
(b) Vorhandensein geeigneter Gebäudeöffnungen,
(c) Anfahrtsweg der Feuerwehr bis zum Gebäude von höchstens 10 km,
(d) Errichtung geeigneter Zugänge, Zufahrten, Aufstell- und Bewegungsflächen für die erforderlichen Rettungsgeräte der Feuerwehr.

5.2.2 Ein fest verlegtes Rettungswegesystem an der Gebäudeaußenwand ist nur zulässig, wenn folgende Anforderungen erfüllt werden:
(a) Erreichbarkeit jeder Wohnung bzw. Betriebseinheit in jedem Geschoß über die Fassade, wobei bei Wohnungen, die sich über nicht mehr als zwei Geschoße erstrecken, die Erreichbarkeit einer Ebene genügt,
(b) Vorhandensein geeigneter Gebäudeöffnungen,
(c) Erreichbarkeit eines sicheren Ortes des angrenzenden Geländes im Freien.

5.3 Gänge, Treppen und Türen im Verlauf von Fluchtwegen außerhalb von Wohnungen bzw. Betriebseinheiten

5.3.1 Führen Fluchtwege über Gänge zu Treppenhäusern gemäß Tabelle 2a, 2b bzw. 3, so sind die Decken zwischen übereinanderliegenden Gängen
(a) in Gebäuden der Gebäudeklasse 2 in REI 30,
(b) in Gebäuden der Gebäudeklasse 3 und 4 in REI 60,
(c) in Gebäuden der Gebäudeklasse 5 mit nicht mehr als sechs oberirdischen Geschoßen in REI 90 und
(d) in Gebäuden der Gebäudeklasse 5 mit mehr als sechs oberirdischen Geschoßen in REI 90 und A2
auszuführen.

5.3.2 Gänge – ausgenommen offene Laubengänge – sind mindestens alle 40 m durch Türen in E 30-C zu unterteilen.

5.3.3 Läufe und Podeste von Treppen innerhalb von Gebäuden müssen
(a) in Gebäuden der Gebäudeklasse 2 in R 30 oder A2,
(b) in Gebäuden der Gebäudeklasse 3 und 4 in R 60,
(c) in Gebäuden der Gebäudeklasse 5 mit nicht mehr als sechs oberirdischen Geschoßen in R 90, und
(d) in Gebäuden der Gebäudeklasse 5 mit mehr als sechs oberirdischen Geschoßen in R 90 und A2
ausgeführt werden.

5.3.4 Für Treppenläufe und Podeste in Treppenhäusern gelten abweichend von Punkt 5.3.3 die Bestimmungen der Tabellen 2a, 2b bzw. 3.

5.3.5 Für geschlossene Laubengänge gelten die Anforderungen an Gänge.

5.3.6 Wände und Decken von offenen Laubengängen müssen den Anforderungen an Trennwänden und Trenndecken gemäß Tabelle 1b entsprechen. Abweichend davon genügt bei Gebäuden bis einschließlich der Gebäudeklasse 4 bei offenen Laubengängen eine Ausführung in A2, wenn Fluchtwege zu zwei verschiedenen Treppenhäusern bzw. Außentreppen bestehen und die Standfestigkeit des Laubenganges unter Brandeinwirkung sichergestellt ist.

5.3.7 Die auf offene Laubengänge mündenden Fenster müssen in EI 30 entweder als Fixverglasung oder selbstschließend ausgeführt werden. Alternativ können vor die Fenster Abschlüsse in EI 30 vorgesetzt werden, die im Brandfall selbsttätig schließen. Die auf offene Laubengänge mündenden Türen sind in EI$_2$ 30 auszuführen. Die Anforderungen gelten nicht, wenn
(a) die Gehweglänge gemäß Punkt 5.1.1 zu einem sicheren Ort des angrenzenden Geländes im Freien nicht mehr als 40 m beträgt, oder
(b) Fluchtwege zu zwei verschiedenen Treppenhäusern bzw. Außentreppen bestehen, oder
(c) Fluchtwege zu einem Treppenhaus bzw. einer Außentreppe und zu einem fest verlegten Rettungswegesystem bestehen, oder
(d) die Verglasungen in der Außenwand erst oberhalb einer Parapethöhe von 1,50 m angeordnet sind sowie die Brüstung des Laubenganges – ausgenommen konstruktionsbedingte Öffnungen von höchstens 3 cm im Sockelbereich – geschlossen ist, oder
(e) bei Gebäuden der Gebäudeklassen 2 und 3 ein Rettungsweg für jede Wohnung bzw. jede Betriebseinheit durch Geräte der Feuerwehr an einer anderen Gebäudeseite als jener mit der Laubengangseite möglich ist.

5.4 Fluchtweg-Orientierungsbeleuchtung

Bei Wohngebäuden der Gebäudeklasse 5 sowie bei sonstigen Gebäuden der Gebäudeklassen 4 und 5 ist eine Fluchtweg-Orientierungsbeleuchtung in Treppenhäusern, Außentreppen und in Gängen außerhalb von Wohnungen bzw. Betriebseinheiten im Verlauf von Fluchtwegen sowie im Verlauf des fest verlegten Rettungswegesystems an der Gebäudeaußenwand zu installieren.

6 Brandbekämpfung

Gebäude müssen grundsätzlich zur Brandbekämpfung zugänglich sein. Die erforderlichen Zufahrten, Aufstell- und Bewegungsflächen für Feuerwehrfahrzeuge müssen ausreichend befestigt und tragfähig sein. Bei Gebäuden der Gebäudeklasse 1, 2 und 3 ist eine ausreichende Zugänglichkeit jedenfalls dann gegeben, wenn der am weitesten entfernte Gebäudezugang, der für die Erschließung notwendig ist, in einer Entfernung von höchstens 80 m Gehweglänge von der Aufstellfläche für die Feuerwehrfahrzeuge liegt. Bei Gebäuden der Gebäudeklasse 4 und 5 sind hinsichtlich der Entfernung der Aufstellfläche vom Gebäude die Einsatzmöglichkeiten der Feuerwehr zu berücksichtigen. Bei Gebäuden, bei denen die Zugänglichkeit für die Feuerwehr zur Brandbekämpfung nicht ausreichend gegeben ist, können zusätzliche brandschutztechnische Maßnahmen erforderlich werden.

7 Besondere Bestimmungen

Dieser Punkt enthält ergänzende bzw. abweichende Bestimmungen zu den Anforderungen gemäß den Punkten 2 bis 6.

7.1 Land- und forstwirtschaftliche Wohn- und Wirtschaftsgebäude

7.1.1 Für nebeneinander liegende Gebäude oder Gebäudeteile, die voneinander brandabschnittsmäßig getrennt sind, ist die Einstufung in eine Gebäudeklasse jeweils gesondert vorzunehmen.

7.1.2 Der Wirtschaftstrakt ist vom Wohnbereich durch durchgehende brandabschnittsbildende Wände bzw. Decken in REI 90 und A2 bzw. EI 90 und A2 zu trennen. Abweichend davon genügt bei nicht ganzjährig genutzten landwirtschaftlichen Gebäuden mit einer Netto-Grundfläche von nicht mehr als 1.200 m² (z.B. Almhütten) eine Ausführung in REI 60 bzw. EI 60.

7.1.3 In oberirdischen Geschoßen von Wirtschaftsgebäuden kann
(a) von der erforderlichen Feuerwiderstandsdauer tragender Bauteile gemäß Tabelle 1b, sowie
(b) von der zulässigen Größe eines Brandabschnittes gemäß Punkt 3.1.1
jeweils nach Lage und Nutzung abgewichen werden.

2.1.2. OIB-Richtlinie 2

7.1.4 Für Brandabschnitte von Ställen, bei denen Nutzungen wie Futterlager, Melkbereich, Fressplatz, Laufhof im gleichen Brandabschnitt zusammengefasst werden können, gilt

Nutzung	Maximale Netto-Grundfläche des Brandabschnittes	Maximale Längsausdehnung	Feuerwiderstand tragende Bauteile
eingeschoßiger Stall [1]	2.000 m²	-	-
eingeschoßiger Stall mit deckenlastigem Bergeraum	2.000 m²	-	R 30 für Decke über Stall einschließlich Tragkonstruktion
eingeschoßiger Stall [1]	3.000 m²	-	R 30

(1) Offene Arbeitsbühnen mit einer Netto-Grundfläche von nicht mehr als 10 % der Netto-Grundfläche des Stalles bleiben unberücksichtigt.

7.1.5 Ställe sind gegen darüber liegende Gebäudeteile durch Decken in R 30 zu trennen.

7.1.6 Werkstätten sowie Einstellräume für kraftstoffbetriebene Fahrzeuge bzw. Maschinen sind gegen angrenzende Gebäudeteile des Wirtschaftstraktes durch Wände bzw. Decken in REI 90 und A2 bzw. EI 90 und A2 zu trennen.

7.1.7 Wirtschaftsgebäude müssen von der Nachbargrundstücks- bzw. Bauplatzgrenze so weit entfernt sein, dass unter Berücksichtigung des Feuerwehreinsatzes eine Brandübertragung auf Nachbargebäude weitgehend verhindert wird. Abweichend von den Punkten 4.1 muss bei Außenwänden von Wirtschaftsgebäuden der Abstand zur Nachbargrundstücks- bzw. Bauplatzgrenze gleich 6/10 der Höhe der zugekehrten Außenwand, mindestens jedoch 3,00 m betragen, falls die Außenwand keinen definierten Feuerwiderstand aufweist.

7.1.8 Für land- und forstwirtschaftliche Wirtschaftsgebäude darf die OIB-Richtlinie 2.1 „Brandschutz bei Betriebsbauten" herangezogen werden.

7.2 Schul- und Kindergartengebäude sowie andere Gebäude mit vergleichbarer Nutzung

7.2.1 Gebäude der Gebäudeklassen 1 und 2 – ausgenommen solche mit nur einem oberirdischen Geschoß – sind als Gebäude der Gebäudeklasse 3 einzustufen.

7.2.2 Wände und Decken, die Treppenhäuser, Zentralgarderoben, Physik-, Chemie-, Werkräume samt zugehöriger Lehrmittelräume, Lehrküchen u. dgl. begrenzen, sind als Trennwände bzw. Trenndecken auszuführen.

7.2.3 Abweichend zu Punkt 5 darf bei Geschoßen mit Unterrichtsräumen oder Gruppenräumen Punkt 5.2 nicht angewendet werden. Punkt 5.1.1 (b) darf nur in Gebäuden mit nicht mehr als zwei oberirdischen Geschoßen angewendet werden, in denen sich im zweiten oberirdischen Geschoß widmungsgemäß nicht mehr als 120 Personen aufhalten können.

7.2.4 Physik- und Chemieräume müssen jeweils über zwei getrennte Ausgänge verfügen. Türen zu Zentralgarderoben, Physik-, Chemie- und Werkräumen samt zugehörigen Lehrmittelräumen, Lehrküchen u. dgl. müssen in EI_2 30-C ausgeführt werden. Ist eine Beeinträchtigung durch Strahlungswärme nicht zu erwarten, genügt die Ausführung in E 30-C.

7.2.5 Bei oberirdischen Geschoßen darf ein Brandabschnitt eine Netto-Grundfläche von 1.600 m² nicht überschreiten.

7.2.6 Feuerstätten für eine zentrale Wärmebereitstellung müssen jedenfalls in einem Heizraum aufgestellt werden, der den Anforderungen der Punkte 3.9.2 bis 3.9.4 zu entsprechen hat. Ausgenommen davon sind Gasthermen mit einer Nennwärmeleistung von nicht mehr als 50 kW, wenn diese in einem Raum aufgestellt sind, der gegen unbefugten Zutritt gesichert ist.

7.2.7 Beträgt die Brutto-Grundfläche nicht mehr als 3.200 m², muss in Treppenhäusern, Außentreppen und Gängen im Verlauf von Fluchtwegen eine Fluchtweg-Orientierungsbeleuchtung vorhanden sein. Bei einer Brutto-Grundfläche von mehr als 3.200 m² ist eine Sicherheitsbeleuchtung erforderlich.

7.2.8 Es müssen geeignete Alarmierungseinrichtungen vorhanden sein, durch die im Gefahrenfall eine Warnung der im Gebäude anwesenden Personen ermöglicht wird.

2. Kärntner Bauvorschriften – K-BV

7.2.9 In Gebäuden oder Gebäudeteilen, in denen Kindergärten bzw. vergleichbare Nutzungen untergebracht sind, müssen in allen Aufenthaltsräumen sowie in Gängen, über die Fluchtwege von Aufenthaltsräumen führen, vernetzte Rauchwarnmelder angeordnet werden.

7.3 Beherbergungsstätten, Studentenheime sowie andere Gebäude mit vergleichbarer Nutzung

7.3.1 Gebäude der Gebäudeklassen 1 und 2 – ausgenommen solche mit nur einem oberirdischen Geschoß – sind als Gebäude der Gebäudeklasse 3 einzustufen.

7.3.2 Bei oberirdischen Geschoßen darf ein Brandabschnitt eine Netto-Grundfläche von 1.600 m² nicht überschreiten.

7.3.3 Wände von Bettenbereichen zu Räumen anderer Nutzung (z.B. Küchen einschließlich zugehöriger Lagerräume, Speiseräume, Wellnessbereiche) sind als Trennwände auszuführen. Decken zwischen oberirdischen Geschoßen sind als Trenndecken auszuführen. Bei Beherbergungsstätten mit nicht mehr als sechs oberirdischen Geschoßen gelten die Anforderungen hinsichtlich des Brandverhaltens an Geländerfüllungen von Balkonen und Loggien gemäß Tabelle 1a und hinsichtlich des Feuerwiderstands an Balkonplatten gemäß Tabelle 1b nicht.

7.3.4 Ein einziger Fluchtweg über ein Treppenhaus bzw. eine Außentreppe gemäß Punkt 5.1.1 (b) ist nur zulässig in Beherbergungsstätten mit nicht mehr als 100 Gästebetten, wenn die Wände zwischen Gängen und Gästezimmern bzw. Gängen und sonstigen Räumen in REI 30 bzw. EI 30 ausgeführt werden. Türen in diesen Wänden müssen EI$_2$ 30-C entsprechen.

7.3.5 Abweichend von Punkt 5.1.4 (a) darf der zweite Fluchtweg durch einen Rettungsweg mit Geräten der Feuerwehr nur ersetzt werden, wenn in der Beherbergungsstätte insgesamt nicht mehr als 100 Gästebetten und in jedem nicht zu ebener Erde gelegenen Geschoß nicht mehr als 30 Gästebetten vorhanden sind und in der gesamten Beherbergungsstätte eine automatische Brandmeldeanlage mit automatischer Alarmweiterleitung zu einer Empfangszentrale einer ständig besetzten öffentlichen Alarmannahmestelle vorhanden ist.

7.3.6 Abweichend von Punkt 5.1.4 (a) darf der zweite Fluchtweg durch ein fest verlegtes Rettungswegesystem an der Gebäudeaußenwand nur ersetzt werden, wenn die Anforderungen gemäß Punkt 5.2.2 für jedes Gästezimmer erfüllt sind.

7.3.7 Bodenbeläge in Aufenthaltsräumen (z.B. Restaurant, Bar) müssen C$_{fl}$-s2 entsprechen, wobei Holz und Holzwerkstoffe in D$_{fl}$ zulässig sind. Wand- und Deckenbeläge müssen C-s2, d0 entsprechen, wobei Holz und Holzwerkstoffe in D zulässig sind.

7.3.8 Feuerstätten für eine zentrale Wärmebereitstellung müssen jedenfalls in einem Heizraum aufgestellt werden, der den Anforderungen der Punkte 3.9.2 bis 3.9.4 zu entsprechen hat. Ausgenommen davon sind Gasthermen mit einer Nennwärmeleistung von nicht mehr als 50 kW, wenn diese in einem Raum aufgestellt sind, der gegen unbefugten Zutritt gesichert ist.

7.3.9 In Beherbergungsstätten mit nicht mehr als 60 Gästebetten muss in Treppenhäusern, Außentreppen und Gängen im Verlauf von Fluchtwegen sowie im Verlauf des fest verlegten Rettungswege-Systems an der Gebäudeaußenwand eine Fluchtweg-Orientierungsbeleuchtung vorhanden sein. In Beherbergungsstätten mit mehr als 60 Gästebetten ist eine Sicherheitsbeleuchtung erforderlich.

7.3.10 Hinsichtlich Maßnahmen zur Brandfrüherkennung und Alarmierung haben Beherbergungsstätten in Abhängigkeit von der Anzahl der Gästebetten folgende Anforderungen zu erfüllen:
(a) für nicht mehr als 30 Gästebetten sind in den Gästezimmern sowie in Gängen, über die Fluchtwege führen, vernetzte Rauchwarnmelder zu installieren. Die Rauchwarnmelder müssen so eingebaut und betrieben werden, dass Brandrauch frühzeitig erkannt wird und gemeldet wird,
(b) für 31 bis 100 Gästebetten ist für die gesamte Beherbergungsstätte eine automatische Brandmeldeanlage zu installieren,
(c) für mehr als 100 Gästebetten ist für die gesamte Beherbergungsstätte eine automatische Brandmeldeanlage mit automatischer Alarmweiterleitung zu einer Empfangszentrale einer ständig besetzten öffentlichen Alarmannahmestelle zu installieren.
Wird der Bereich mit Personalbetten nicht vom Bereich mit Gästebetten durch Trennwände bzw. Trenndecken getrennt, sind die Personalbetten den Gästebetten zuzurechnen.

7.3.11 In Beherbergungsstätten mit mehr als 100 Gästebetten müssen in jedem Geschoß Wandhydranten mit formbeständigem D-Schlauch und geeigneter Anschlussmöglichkeit für die Feuerwehr zur Brandbekämpfung vorhanden sein.

7.3.12 Für Studentenheime sowie andere Gebäude mit vergleichbarer Nutzung gelten die Bestimmungen gemäß Punkt 7.3.1 bis 7.3.11 sinngemäß.

7.3.13 Für Schutzhütten in Extremlage gelangen die Punkte 7.3.1 und 7.3.6 nicht zur Anwendung. Abweichend zu Punkt 7.3.10 (b) und (c) darf zur Brandfrüherkennung und Alarmierung eine Gefahrenmeldeanlage installiert werden.

7.4 Verkaufsstätten

7.4.1 Abweichend von Tabelle 1b dürfen tragende Bauteile von freistehenden Verkaufsstätten mit nur einem oberirdischen Geschoß in R 30 oder A2 hergestellt sein.

7.4.2 Verkaufsstätten mit einer Verkaufsfläche von mehr als 600 m² und nicht mehr als 3.000 m² und mit nicht mehr als drei in offener Verbindung stehenden Geschoßen müssen folgende Anforderungen erfüllen:
(a) Räume, die nicht zur Verkaufsstätte gehören, sind durch brandabschnittsbildende Wände bzw. Decken zu trennen.
(b) Hinsichtlich der Anforderungen an Brandabschnitte von Verkaufsflächen gilt Tabelle 4.
(c) Abweichend zu Punkt 5 dürfen bei Geschoßen mit Verkaufsflächen die Punkte 5.1.1 (b) und 5.2 nicht angewendet werden.
(d) In Verkaufsstätten mit einer Verkaufsfläche von insgesamt nicht mehr als 2.000 m² ist im Verlauf der Fluchtwege eine Fluchtweg-Orientierungsbeleuchtung zu installieren. In Verkaufsstätten mit einer Verkaufsfläche von insgesamt mehr als 2.000 m² ist eine Sicherheitsbeleuchtung erforderlich.

7.4.3 Für Verkaufsstätten mit einer Verkaufsfläche von mehr als 3.000 m² oder für Verkaufsstätten mit mehr als drei in offener Verbindung stehenden Geschoßen ist ein Brandschutzkonzept erforderlich, das dem OIB-Leitfaden „Abweichungen im Brandschutz und Brandschutzkonzepte" zu entsprechen hat.

8 Betriebsbauten

Es gelten die Bestimmungen der OIB-Richtlinie 2.1 „Brandschutz bei Betriebsbauten".

9 Garagen, überdachte Stellplätze und Parkdecks

Es gelten die Bestimmungen der OIB-Richtlinie 2.2 „Brandschutz bei Garagen, überdachten Stellplätzen und Parkdecks".

10 Gebäude mit einem Fluchtniveau von mehr als 22 m

Es gelten die Bestimmungen der OIB-Richtlinie 2.3 „Brandschutz bei Gebäuden mit einem Fluchtniveau von mehr als 22 m".

11 Sondergebäude

Für folgende Sondergebäude ist ein Brandschutzkonzept erforderlich, das dem OIB-Leitfaden „Abweichungen im Brandschutz und Brandschutzkonzepte" zu entsprechen hat:
(a) Versammlungsstätten für mehr als 1.000 Personen,
(b) Krankenhäuser,
(c) Alters- und Pflegeheime,
(d) Justizanstalten,
(e) Sonstige Sondergebäude und Bauwerke, auf die die Anforderungen dieser Richtlinie aufgrund des Verwendungszwecks oder der Bauweise nicht anwendbar sind.

2. Kärntner Bauvorschriften – K-BV

Tabelle 1a: Allgemeine Anforderungen an das Brandverhalten

Gebäudeklassen (GK)	GK 1	GK 2	GK 3	GK 4	GK 5 ≤ 6 oberirdische Geschoße	GK 5 > 6 oberirdische Geschoße
1 Fassaden						
1.1 Außenwand-Wärmedämmverbundsysteme	E	D	D	C-d1	C-d1	C-d1
1.2 Fassadensysteme, vorgehängte hinterlüftete, belüftete oder nicht hinterlüftete						
1.2.1 Gesamtsystem oder	E	D-d1	D-d1	B-d1 [1]	B-d1 [1]	B-d1
1.2.2 Einzelkomponenten						
- Außenschicht	E	D	D	A2-d1 [2]	A2-d1 [2]	A2-d1 [3]
- Unterkonstruktion stabförmig / punktförmig	E / E	D / D	D / A2	D / A2	D / A2	C / A2
- Dämmschicht bzw. Wärmedämmung	E	D	D	B [2]	B [2]	B [3]
1.3 sonstige Außenwandbekleidungen oder -beläge	E	D-d1	D-d1	B-d1 [4]	B-d1 [4]	B-d1
1.4 Gebäudetrennfugenmaterial	E	E	E	A2	A2	A2
1.5 Geländerfüllungen bei Balkonen, Loggien u. dgl.	-	-	-	B [4]	B [4]	B
2 Gänge und Treppen jeweils außerhalb von Wohnungen: Bekleidungen und Beläge sowie abgehängte Decken						
2.1 Wandbekleidungen [5]						
2.1.1 Gesamtsystem oder	-	D	D	C	B	B
2.1.2 Einzelkomponenten						
- Außenschicht	-	D	D	C [4]	B	B
- Unterkonstruktion	-	D	D	A2 [4]	A2 [4]	A2 [4]
- Dämmschicht bzw. Wärmedämmung	-	C	C	C	A2	A2
2.2 abgehängte Decken	-	D-d0	D-d0	C-s1, d0	B-s1, d0	B-s1, d0
2.3 Wand- und Deckenbeläge	-	D-d0	D-d0	C-s1, d0	B-s1, d0	B-s1, d0
2.4 Bodenbeläge	-	D_{fl}	D_{fl}	C_{fl}-s1 [6]	C_{fl}-s1	C_{fl}-s1
3 Treppenhäuser: Bekleidungen und Beläge sowie abgehängte Decken						
3.1 Wandbekleidungen [5]						
3.1.1 Gesamtsystem oder	-	D	C	B	A2	A2
3.1.2 Einzelkomponenten						
- Außenschicht	-	D	C [4]	B	A2	A2
- Unterkonstruktion	-	D	A2 [4]	A2 [4]	A2 [4]	A2 [4]
- Dämmschicht bzw. Wärmedämmung	-	C	C	A2	A2	A2
3.2 abgehängte Decken	-	D-s1, d0	C-s1, d0	B-s1, d0	A2-s1, d0	A2-s1, d0
3.3 Wand- und Deckenbeläge	-	D-s1, d0	C-s1, d0	B-s1,d0	A2-s1, d0	A2-s1, d0
3.4 Bodenbeläge						
3.4.1 in Treppenhäusern gemäß Tabelle 2a, 2b	-	D_{fl}-s1	C_{fl}-s1	B_{fl}-s1	$A2_{fl}$-s1	$A2_{fl}$-s1
3.4.2 in Treppenhäusern gemäß Tabelle 3	-	D_{fl}-s1	C_{fl}-s1 [6]	C_{fl}-s1	B_{fl}-s1	$A2_{fl}$-s1
4 Dächer mit einer Neigung ≤ 60°						
4.1 Dacheindeckung bzw. Bedachung [7]	B_{ROOF} (t1)	B_{ROOF} (t1)	B_{ROOF} (t1)	B_{ROOF} (t1)	B_{ROOF} (t1) [8]	B_{ROOF} (t1) [8]
4.2 Dämmschicht bzw. Wärmedämmung in der Dachkonstruktion	E	E	E	B [9]	B [10]	B [10]
5 nicht ausgebaute Dachräume						
5.1 Bekleidungen (Fußbodenkonstruktionen)						
5.1.1 Gesamtsystem oder	-	D	D	D	B	B
5.1.2 Einzelkomponenten						
- Außenschicht	-	C	C	B	B	B
- Dämmschicht bzw. Wärmedämmung	-	C	C	B [9]	B [10]	B [10]
5.2 Bodenbeläge	-	E_{fl}	D_{fl}	C_{fl}-s1 [11]	B_{fl}-s1 [11]	B_{fl}-s1 [11]

(1) Es sind auch Holz und Holzwerkstoffe in D zulässig, wenn das Gesamtsystem die Klasse D-d0 erfüllt;
(2) Bei einer Dämmschicht/Wärmedämmung in A2 ist eine Außenschicht in B-d1 oder aus Holz und Holzwerkstoffen in D zulässig;
(3) Bei einer Dämmschicht/Wärmedämmung in A2 ist eine Außenschicht in B-d1 zulässig;
(4) Es sind auch Holz und Holzwerkstoffe in D zulässig;
(5) Fehlen in Gängen und Treppenhäusern Wand- bzw. Deckenbeläge, gelten für die Bekleidung (als Gesamtsystem) bzw. die Außenschicht der Bekleidung die Anforderungen für Wand- bzw. Deckenbeläge gemäß Zeile 2.3 bzw. 3.3;
(6) Laubhölzer (z. B. Eiche, Rotbuche, Esche) mit einer Mindestdicke von 15 mm sind zulässig;
(7) Bei Dächern mit einer Neigung < 20° genügt als oberste Schicht auch 5 cm Kies oder Gleichwertiges;
(8) Bei Dächern mit einer Neigung ≥ 20° müssen Dacheindeckung, Lattung, Konterlattung und Schalung der Klasse A2 entsprechen; abweichend davon sind für Lattung, Konterlattung und Schalung auch Holz und Holzwerkstoffe in D zulässig;
(9) In folgenden Fällen sind auch EPS, XPS und PUR der Klasse E zulässig:
 - auf Dächern mit einer Neigung < 20°, auf der obersten Geschoßdecke oder
 - auf Dächern mit einer Neigung ≥ 20°, die in A2 hergestellt sind und die gemäß Tabelle 1b erforderliche Feuerwiderstandsdauer auch hinsichtlich der Leistungseigenschaften E und I erfüllen;
(10) Es sind auch EPS, XPS und PUR der Klasse E bei Dächern mit einer Neigung < 20° bzw. auf der obersten Geschoßdecke zulässig, wenn diese in A2 hergestellt sind und die gemäß Tabelle 1b erforderliche Feuerwiderstandsdauer auch hinsichtlich der Leistungseigenschaften E und I erfüllt wird;
(11) Es sind auch Bodenbeläge in D_{fl} zulässig, wenn die Wärmedämmung bzw. Dämmschicht in B ausgeführt wird.

2.1.2. OIB-Richtlinie 2

Tabelle 1b: Allgemeine Anforderungen an den Feuerwiderstand von Bauteilen

Gebäudeklassen (GK)	GK 1	GK 2	GK 3	GK 4	GK 5 ≤ 6 oberirdische Geschoße	GK 5 > 6 oberirdische Geschoße
1 tragende Bauteile (ausgenommen Decken und brandabschnittsbildende Wände)						
1.1 im obersten Geschoß	-	R 30	R 30	R 30	R 60	R 60
1.2 in sonstigen oberirdischen Geschoßen	R 30 [1]	R 30	R 60	R 60	R 90	R 90 und A2
1.3 in unterirdischen Geschoßen	R 60	R 60	R 90 und A2	R 90 und A2	R 90 und A2	R 90 und A2
2 Trennwände (ausgenommen Wände von Treppenhäusern)						
2.1 im obersten Geschoß	-	REI 30 EI 30	REI 30 EI 30	REI 60 EI 60	REI 60 EI 60	REI 60 EI 60
2.2 in oberirdischen Geschoßen	-	REI 30 EI 30	REI 60 EI 60	REI 60 EI 60	REI 90 EI 90	REI 90 und A2 EI 90 und A2
2.3 in unterirdischen Geschoßen	-	REI 60 EI 60	REI 90 und A2 EI 90 und A2	REI 90 und A2 EI 90 und A2	REI 90 und A2 EI 90 und A2	REI 90 und A2 EI 90 und A2
2.4 zwischen Wohnungen bzw. Betriebseinheiten in Reihenhäusern	nicht zutreffend	REI 60 EI 60	nicht zutreffend	REI 60 EI 60	nicht zutreffend	nicht zutreffend
3 brandabschnittsbildende Wände und Decken						
3.1 brandabschnittsbildende Wände an der Nachbargrundstücks- bzw. Bauplatzgrenze	REI 60 EI 60	REI 90 [2] EI 90 [2]	REI 90 und A2 EI 90 und A2	REI 90 und A2 EI 90 und A2	REI 90 und A2 EI 90 und A2	REI 90 und A2 EI 90 und A2
3.2 sonstige brandabschnittsbildende Wände oder Decken	nicht zutreffend	REI 90 EI 90	REI 90 EI 90	REI 90 EI 90	REI 90 EI 90	REI 90 und A2 EI 90 und A2
4 Decken und Dachschrägen mit einer Neigung ≤ 60°						
4.1 Decken über dem obersten Geschoß	-	R 30	R 30	R 30	R 60	R 60
4.2 Trenndecken über dem obersten Geschoß	-	REI 30	REI 30	REI 60	REI 60	REI 60
4.3 Trenndecken über sonstigen oberirdischen Geschoßen	-	REI 30	REI 60	REI 60	REI 90	REI 90 und A2
4.4 Decken innerhalb von Wohnungen bzw. Betriebseinheiten in oberirdischen Geschoßen	R 30 [1]	R 30	R 30	R 30	R 60	R 90 und A2
4.5 Decken über unterirdischen Geschoßen	R 60	REI 60 [3]	REI 90 und A2	REI 90 und A2	REI 90 und A2	REI 90 und A2
5 Balkonplatten	-	-	-	R 30 oder A2	R 30 oder A2	R 30 und A2 [4]

(1) Nicht erforderlich bei Gebäuden, die nur Wohnzwecken oder der Büronutzung bzw. büroähnlichen Nutzung dienen;
(2) Bei Reihenhäusern genügt für die Wände zwischen den Wohnungen bzw. Betriebseinheiten auch an der Nachbargrundstücks- bzw. Bauplatzgrenze eine Ausführung in REI 60 bzw. EI 60;
(3) Für Reihenhäuser sowie Gebäude mit nicht mehr als zwei Betriebseinheiten mit Büronutzung bzw. büroähnlicher Nutzung genügt die Anforderung R 60;
(4) Bei Einzelbalkonen genügt eine Ausführung in R 30 oder A2, wenn die Fläche nicht mehr als 10 m², die Auskragung nicht mehr als 2,50 m und der Abstand zwischen den Einzelbalkonen mindestens 2,00 m beträgt.

Tabelle 2a: Anforderungen an Treppenhäuser bzw. Außentreppen im Verlauf des einzigen Fluchtweges gemäß Punkt 5.1.1 (b) in Gebäuden der Gebäudeklassen 2, 3 und 4

Gegenstand		GK 2 [1]	GK 3	GK 4
1	**Wände von Treppenhäusern**			
1.1	in oberirdischen Geschoßen [2]	REI 30 EI 30	REI 60 EI 60	REI 60 [3] EI 60 [3]
1.2	in unterirdischen Geschoßen	REI 60 EI 60	REI 90 und A2 EI 90 und A2	REI 90 und A2 EI 90 und A2
2	**Decke über dem Treppenhaus** [4]	REI 30 EI 30	REI 60 EI 60	REI 60 [3] EI 60 [3]
3	**Türen in Wänden von Treppenhäusern**			
3.1	zu Wohnungen, Betriebseinheiten sowie sonstigen Räumen	EI$_2$ 30	EI$_2$ 30-C	EI$_2$ 30-C-S$_m$
3.2	zu Gängen in oberirdischen Geschoßen [5]	-	E 30-C	E 30-C
3.3	zu Gängen und Räumen in unterirdischen Geschoßen	EI$_2$ 30	EI$_2$ 30-C	EI$_2$ 30-C
4	**Treppenläufe und Podeste in Treppenhäusern**	R 30	R 60	R 60 und A2
5	**Geländerfüllungen in Treppenhäusern**	-	-	B [6]
6	**Rauchabzugseinrichtung**			
6.1	Lage	an der obersten Stelle des Treppenhauses [7]	an der obersten Stelle des Treppenhauses	an der obersten Stelle des Treppenhauses
6.2	Größe	geometrisch freier Querschnitt von 1,00 m² [7]	geometrisch freier Querschnitt von 1,00 m²	geometrisch freier Querschnitt von 1,00 m²
6.3	Auslöseeinrichtung	in der Angriffsebene der Feuerwehr sowie beim obersten Podest des Treppenhauses mit Zugängen zu Aufenthaltsräumen; unabhängig vom öffentlichen Stromnetz [7]	in der Angriffsebene der Feuerwehr sowie beim obersten Podest des Treppenhauses mit Zugängen zu Aufenthaltsräumen; unabhängig vom öffentlichen Stromnetz und über ein rauchempfindliches Element an der Decke	in der Angriffsebene der Feuerwehr sowie beim obersten Podest des Treppenhauses mit Zugängen zu Aufenthaltsräumen; unabhängig vom öffentlichen Stromnetz und über ein rauchempfindliches Element an der Decke
7	**Außentreppen**	A2 und im Brandfall keine Beeinträchtigung durch Flammeneinwirkung und gefahrbringende Strahlungswärme	A2 und im Brandfall keine Beeinträchtigung durch Flammeneinwirkung und gefahrbringende Strahlungswärme	A2 und im Brandfall keine Beeinträchtigung durch Flammeneinwirkung und gefahrbringende Strahlungswärme

(1) Gilt nicht für Reihenhäuser sowie Gebäude mit nicht mehr als zwei Wohnungen.
(2) Anforderungen an den Feuerwiderstand sind nicht erforderlich für Außenwände von Treppenhäusern, die aus Baustoffen A2 bestehen und die durch andere an diese Außenwände anschließende Gebäudeteile im Brandfall nicht gefährdet werden können;
(3) Die Bauteile müssen treppenhausseitig aus Baustoffen A2 bestehen.
(4) Von den Anforderungen kann abgewichen werden, wenn eine Brandübertragung von den angrenzenden Bauwerksteilen auf das Treppenhaus durch geeignete Maßnahmen verhindert wird;
(5) Für die Türen umgebende Glasflächen mit einer Fläche von nicht mehr als dem Dreifachen der Türblattfläche genügt E 30;
(6) Laubhölzer (z. B. Eiche, Rotbuche, Esche) mit einer Mindestdicke von 15 mm sind zulässig;
(7) Die Rauchabzugseinrichtung kann entfallen, wenn in jedem Geschoß unmittelbar ins Freie führende Fenster mit einem freien Querschnitt von jeweils mindestens 0,50 m² angeordnet sind, die von Stand aus ohne fremde Hilfsmittel geöffnet werden können.

2.1.2. OIB-Richtlinie 2

Tabelle 2b: Anforderungen an Treppenhäuser bzw. Außentreppen im Verlauf des einzigen Fluchtweges gemäß Punkt 5.1.1 (b) in Gebäuden der Gebäudeklasse 5

Gegenstand	GK 5 Mit mechanischer Belüftungsanlage	GK 5 Mit automatischer Brandmeldeanlage und Rauchabzugseinrichtung	GK 5 Mit Schleuse und Rauchabzugseinrichtung
1 Wände von Treppenhäusern und Schleusen			
1.1 in oberirdischen Geschoßen [1]	REI 90 und A2	REI 90 und A2	REI 90 und A2
1.2 in unterirdischen Geschoßen	REI 90 und A2	REI 90 und A2	REI 90 und A2
2 Decke über dem Treppenhaus [2]	REI 90 und A2	REI 90 und A2	REI 90 und A2
3 Türen in Wänden von Treppenhäusern			
3.1 zu Gängen in oberirdischen Geschoßen [3]	E 30-C	E 30-C-S_m	nicht zutreffend
3.2 zu Wohnungen, Betriebseinheiten sowie sonstigen Räumen	EI_2 30-C	EI_2 30-C-S_m	unzulässig
3.3 zu Gängen und Räumen in unterirdischen Geschoßen	EI_2 30-C	EI_2 30-C-S_m	nicht zutreffend
4 Türen in Wänden von Schleusen			
4.1 zu Gängen und Treppenhäusern [3]	nicht zutreffend	nicht zutreffend	E 30-C
4.2 zu Wohnungen, Betriebseinheiten sowie sonstigen Räumen	nicht zutreffend	nicht zutreffend	EI_2 30-C
5 Treppenläufe und Podeste in Treppenhäusern	R 90 und A2	R 90 und A2	R 60 und A2
6 Geländerfüllungen in Treppenhäusern	B	B	B
7 mechanische Belüftungsanlage	Eignung für Eigenrettung von Personen aus dem Brandraum, Verhinderung des Eindringens von Rauch ins Treppenhaus bei geschlossenen Türen zum Brandraum sowie Verdünnung und Abführen des bei kurzzeitigem Öffnen der Türe zum Brandraum ins Treppenhaus eindringenden Rauches	nicht zutreffend	nicht zutreffend
8 automatische Brandmeldeanlage	nicht zutreffend	im Treppenhaus einschließlich allgemein zugänglichen Bereichen, wie Gängen und Kellerräumen im Schutzumfang „Einrichtungsschutz" mit interner Alarmierung	nicht zutreffend
9 Rauchabzugseinrichtung			
9.1 Lage	nicht zutreffend	an der obersten Stelle des Treppenhauses	an der obersten Stelle des Treppenhauses
9.2 Größe	nicht zutreffend	geometrisch freier Querschnitt von 1,00 m²	geometrisch freier Querschnitt von 1,00 m²
9.3 Auslöseeinrichtung	nicht zutreffend	in der Angriffsebene der Feuerwehr sowie beim obersten Podest des Treppenhauses mit Zugängen zu Aufenthaltsräumen; unabhängig vom öffentlichen Stromnetz und über die automatische Brandmeldeanlage sowie zusätzlich in der Angriffsebene der Feuerwehr eine manuelle Bedienungsmöglichkeit mit Stellungsanzeige	in der Angriffsebene der Feuerwehr sowie beim obersten Podest des Treppenhauses mit Zugängen zu Aufenthaltsräumen; unabhängig vom öffentlichen Stromnetz und über ein rauchempfindliches Element an der Decke des Treppenhauses sowie zusätzlich in der Angriffsebene der Feuerwehr eine manuelle Bedienungsmöglichkeit mit Stellungsanzeige
10 Außentreppen	A2 und im Brandfall keine Beeinträchtigung durch Flammeneinwirkung, gefahrbringende Strahlungswärme und/oder Verrauchung		

(1) Anforderungen an den Feuerwiderstand sind nicht erforderlich für Außenwände von Treppenhäusern, die aus Baustoffen A2 bestehen und durch andere an diese Außenwände anschließende Gebäudeteile im Brandfall nicht gefährdet werden können;
(2) Von den Anforderungen kann abgewichen werden, wenn eine Brandübertragung von den angrenzenden Bauwerksteilen auf das Treppenhaus durch geeignete Maßnahmen verhindert wird;
(3) Für die Türen umgebende Glasflächen mit einer Fläche von nicht mehr als dem Doppelten der Türblattfläche genügt E 30.

Tabelle 3: Anforderungen an Treppenhäuser bzw. Außentreppen im Verlauf von Fluchtwegen gemäß Punkt 5.1.1 (c)

Gegenstand	GK 2 [1]	GK 3	GK 4	GK 5
1 Wände von Treppenhäusern				
1.1 in oberirdischen Geschoßen [2]	REI 30 / EI 30	REI 60 / EI 60	REI 60 / EI 60	REI 90 und A2 / EI 90 und A2
1.2 in unterirdischen Geschoßen	REI 60 / EI 60	REI 90 und A2 / EI 90 und A2	REI 90 und A2 / EI 90 und A2	REI 90 und A2 / EI 90 und A2
2 Decke über dem Treppenhaus [3]	REI 30	REI 60	REI 60	REI 90 und A2
3 Türen in Wänden von Treppenhäusern				
3.1 zu Wohnungen	-	EI$_2$ 30	EI$_2$ 30	EI$_2$ 30
3.2 zu Betriebseinheiten	EI$_2$ 30	EI$_2$ 30-C	EI$_2$ 30-C	EI$_2$ 30-C
3.3 zu Gängen in oberirdischen Geschoßen [4]	-	E 30-C	E 30-C	E 30-C
3.4 zu Gängen und Räumen in unterirdischen Geschoßen	EI$_2$ 30	EI$_2$ 30-C	EI$_2$ 30-C	EI$_2$ 30-C
4 Treppenläufe und Podeste				
4.1 in Treppenhäusern	R 30	R 60	R 60	R 90 und A2
4.2 in Treppenhäusern, in die ausschließlich Türen in E 30-C bzw. EI$_2$ 30-C führen	-	R 30 oder A2	A2	R 30 und A2
5 Rauchabzugseinrichtung				
5.1 Lage	-	an der obersten Stelle des Treppenhauses [5]	an der obersten Stelle des Treppenhauses	an der obersten Stelle des Treppenhauses
5.2 Größe	-	geometrisch freier Querschnitt von 1,00 m² [5]	geometrisch freier Querschnitt von 1,00 m²	geometrisch freier Querschnitt von 1,00 m²
5.3 Auslöseeinrichtung	-	in der Angriffsebene der Feuerwehr sowie beim obersten Podest des Treppenhauses mit Zugängen zu Aufenthaltsräumen; unabhängig vom öffentlichen Stromnetz [5]	in der Angriffsebene der Feuerwehr sowie beim obersten Podest des Treppenhauses mit Zugängen zu Aufenthaltsräumen; unabhängig vom öffentlichen Stromnetz	in der Angriffsebene der Feuerwehr sowie beim obersten Podest des Treppenhauses mit Zugängen zu Aufenthaltsräumen; unabhängig vom öffentlichen Stromnetz und über ein rauchempfindliches Element an der Decke
6 Außentreppen	-	R 30 oder A2 und im Brandfall keine Beeinträchtigung durch Flammeneinwirkung und gefahrbringende Strahlungswärme	A2 und im Brandfall keine Beeinträchtigung durch Flammeneinwirkung und gefahrbringende Strahlungswärme	A2 und im Brandfall keine Beeinträchtigung durch Flammeneinwirkung und gefahrbringende Strahlungswärme

(1) Gilt nicht für Reihenhäuser sowie Gebäude mit nicht mehr als zwei Wohnungen;
(2) Anforderungen an den Feuerwiderstand sind nicht erforderlich für Außenwände von Treppenhäusern, die aus Baustoffen A2 bestehen und die durch andere an diese Außenwände anschließende Gebäudeteile im Brandfall nicht gefährdet werden können;
(3) Von den Anforderungen kann abgewichen werden, wenn eine Brandübertragung von den angrenzenden Bauwerksteilen auf das Treppenhaus durch geeignete Maßnahmen verhindert wird;
(4) Für die Türen umgebende Glasflächen mit einer Fläche von nicht mehr als dem Dreifachen der Türblattfläche genügt E 30;
(5) Die Rauchabzugseinrichtung kann entfallen, wenn in jedem Geschoß unmittelbar ins Freie führende Fenster mit einem freien Querschnitt von jeweils mindestens 0,50 m² angeordnet sind, die von Stand aus ohne fremde Hilfsmittel geöffnet werden können.

2.1.2. OIB-Richtlinie 2

Tabelle 4: Anforderungen an Brandabschnitte von Verkaufsflächen

	Brandabschnittsfläche in m²	Anzahl der in offener Verbindung stehenden Geschoße	Decken zwischen den Geschoßen innerhalb des Brandabschnittes	Brandschutztechnische Einrichtungen
1	> 600 und ≤ 1.200	1	nicht zutreffend	**Rauchableitung** durch Wand- und/oder Deckenöffnungen mit einer geometrischen Fläche von 0,5 % der Verkaufsfläche
		2	REI 60	
		3	REI 60	
2	> 1.200 und ≤ 1.800	1	nicht zutreffend	**Rauch- und Wärmeabzugsanlage** mit automatischer Auslösung sowie zentraler manueller Auslösungsmöglichkeit durch die Feuerwehr von einer im Brandfall sicheren Stelle
		2	REI 60	automatische **Brandmeldeanlage** sowie **Rauch- und Wärmeabzugsanlage** mit Ansteuerung durch automatische Brandmeldeanlage
		3	REI 90	
3	> 1.800 und ≤ 3.000	1	nicht zutreffend	automatische **Brandmeldeanlage** mit automatischer Alarmweiterleitung zu einer Empfangszentrale einer ständig besetzten öffentlichen Alarmannahmestelle sowie **Rauch- und Wärmeabzugsanlage** mit Ansteuerung durch automatische Brandmeldeanlage
		2	REI 90 und A2	
		3	REI 90 und A2	erweiterte automatische **Löschhilfeanlage** (EAL) sowie **Rauch- und Wärmeabzugsanlage** mit Auslösung zumindest durch rauchempfindliche Auslöseelemente je 200 m² Deckenfläche Bei einer **Brandabschnittsfläche von nicht mehr als 2.400 m²** genügt eine automatische Brandmeldeanlage mit automatischer Alarmweiterleitung zu einer Empfangszentrale einer ständig besetzten öffentlichen Alarmannahmestelle in Verbindung mit einer Rauch- und Wärmeabzugsanlage mit Ansteuerung über die automatische Brandmeldeanlage

Erläuternde Bemerkungen
zu OIB-Richtlinie 2
„Brandschutz"

Ausgabe: März 2015

I. Allgemeines

Bei der Evaluierung der OIB-Richtlinie 2 „Brandschutz", Ausgabe 2011 wurde die Grundstruktur der Richtlinie beibehalten. Die wesentlichsten Änderungen können wie folgt zusammengefasst werden:

- Erweiterung der Definitionen der Gebäudeklassen 1 und 2;
- Änderung der Definitionen des Fluchtniveaus;
- Teilung der Gebäudeklasse 5 in Tabelle 1a in Gebäude mit nicht mehr als sechs oberirdischen Geschoßen und Gebäude mit mehr als sechs oberirdischen Geschoßen;
- Teilweiser Entfall der zusätzlichen Anforderung A2 bei Gebäuden mit höchstens sechs oberirdischen Geschoßen;
- Entfall der Flächenbegrenzung für Brandabschnitte bei Wohngebäuden sowie tabellenartige Darstellung der Anforderungen an Brandabschnitte;
- Entfall des deckenübergreifenden Außenwandstreifens bei Wohngebäuden;
- Aufnahme einer nachweisfreien Fassadenausführung für freistehende Wohngebäude der Gebäudeklasse 4;
- Präzisierung durch Neuformulierung der Rauchableitung aus unterirdischen Geschoßen;
- Präzisierung, unter welchen Voraussetzungen untergeordnete eingeschoßige Bauwerke in den seitlichen Abstandsstreifen von 2,00 m Breite hineinragen dürfen;
- Bei Wohnungen Bemessung der Fluchtweglänge zu einem Treppenhaus bzw. einer Außentreppe ab der Wohnungseingangstüre;
- Erfordernis einer Fluchtweg-Orientierungsbeleuchtung für Wohngebäude erst ab der Gebäudeklasse 5;
- Erleichterungen für offene Laubengänge für Gebäude der Gebäudeklassen 2 und 3 bei Vorhandensein eines Rettungsweges;
- Entfall von Anforderungen hinsichtlich der Löschwasserversorgung;
- Erhöhung der zulässigen Brandabschnittsfläche bei Tierställen mit tabellenartiger Darstellung der Anforderungen.

Die Punkte 2 bis 6 der Richtlinie wurden so konzipiert, dass diese unmittelbar bei Wohn- und Bürogebäuden angewendet werden können. Für andere Nutzungen werden in Abhängigkeiten bestimmter Nutzungsart bzw. Größenordnung unter Punkt 7 ergänzende bzw. abweichende Bestimmungen angeführt, in den Punkten 8 bis 10 auf andere Richtlinien verwiesen sowie unter Punkt 11 jene Gebäude angeführt, für die jedenfalls ein Brandschutzkonzept erforderlich ist.

Bei den in den OIB-Richtlinien zum Brandschutz festgelegten Klassen des Brandverhaltens und Feuerwiderstandes handelt es sich um Mindestanforderungen.

II. Zu den einzelnen Bestimmungen

Zu Punkt 0: Vorbemerkungen

Wird in der Richtlinie auf ÖNORMEN oder andere Regelwerke verwiesen, erfolgt – um gleitende Verweise zu vermeiden – die Angabe des genauen Ausgabedatums. Damit sich bei einer Änderung der zitierten Regelwerke erforderlichenfalls eine Aktualisierung leichter durchführen lässt, werden die zitierten Normen und sonstigen technischen Regelwerke in einer eigenen OIB-Richtlinie „Zitierte Normen und sonstige technische Regelwerke" zusammengefasst.

Aufgrund der europäischen Normung werden die europäischen Begriffe und Klassen im Bereich des Brandschutzes verwendet. Dabei wird den Klassifizierungen die ÖNORMEN-Serie EN 13501 „Klassifizierung von Bauprodukten und Bauarten zu ihrem Brandverhalten" zugrunde gelegt.

2.1.2. OIB-Richtlinie 2

In bestimmten Fällen werden in der Richtlinie Anforderungen an die Feuerwiderstandsklasse mit Anforderungen an das Brandverhalten der Baustoffe verknüpft. Für den in der Richtlinie am häufigsten vorkommenden Fall, nämlich dass Baustoffe der Klasse A2 zu entsprechen haben, wird dies bereits in den Vorbemerkungen festgelegt, um den Textfluss zu vereinfachen.

Für Gebäude mit gemischter Nutzung sind die Bestimmungen der OIB-Richtlinien für die jeweilige Nutzung heranzuziehen. Das bedeutet, dass z.B. für Gebäude mit zwei unterirdischen Garagengeschoßen, einer dreigeschoßigen Verkaufsstätte, darüber drei Geschoße Büros und im obersten Geschoß Wohnungen folgende Punkte der OIB-Richtlinien zur Anwendung gelangen können:

- für die beiden unterirdischen Garagengeschoße sind die Bestimmungen der OIB-Richtlinie 2.2 „Brandschutz bei Garagen, überdachten Stellplätzen und Parkdecks" einzuhalten,
- für die dreigeschoßige Verkaufsstätte sind, falls die Verkaufsfläche nicht mehr als 3.000 m² beträgt, die Bestimmungen des Punktes 7.4.2 einschließlich Tabelle 4 der OIB-Richtlinie 2 einzuhalten, ansonsten ist gemäß Punkt 7.4.3 der OIB-Richtlinie 2 ein Brandschutzkonzept vorzulegen,
- für die Büros und die Wohnungen gelten die Bestimmungen der Punkte 2 bis 6 der OIB-Richtlinie 2.

Zu Punkt 1: Begriffsbestimmungen

Die Begriffsbestimmungen aller OIB-Richtlinien sind in einem eigenen Dokument „Begriffsbestimmungen" zusammengefasst. In der Folge werden die wichtigsten für die Richtlinie 2 relevanten Begriffe erläutert.

Die Begriffe **Abgasanlage, Verbindungsstücke** und **Feuerstätten** wurden grundsätzlich entsprechend der *ÖNORM EN 1443, Ausgabe 2003-05-01* unter Berücksichtigung der *ÖNORM B 8200, Ausgabe 2013-03-01* formuliert.

Für **Beherbergungsstätten** beginnt der Anwendungsbereich erst für Gebäude bzw. Gebäudeteile, die der Beherbergung von Personen dienen und mehr als zehn Gästebetten aufweisen. Für kleinere Gasthöfe oder Pensionen besteht kein eigenes Regelungsbedürfnis, da bei dieser Größenordnung eine ähnliche Situation wie bei der Wohnnutzung anzunehmen ist.

Der Begriff der **Betriebsbauten** umfasst alle Bauwerke oder Teile eines Bauwerkes, die der Produktion bzw. Lagerung von Produkten und Gütern dienen. Unmittelbar zugehörige Verwaltungs- und Sozialräume sowie sonstige, betrieblich notwendige Räume werden mit einbezogen. Unter Betriebsbauten werden insbesondere solche verstanden, in denen eine Fertigung von Produkten und Gütern stattfindet und in denen kein erhöhter Kundenverkehr gegeben ist. Zu Betriebsbauten zählen auch Lager ohne regelmäßigen Kundenverkehr. Als Betriebsbauten können auch Bauhöfe, Autobahnmeistereien und Bauwerke mit ähnlicher Nutzung betrachtet werden. Nicht als Betriebsbauten zu betrachten sind jedenfalls Verkaufsstätten, Gastgewerbebetriebe und Bürogebäude.

Auf die Definition **Betriebseinheit** wurde bewusst verzichtet, da eine eindeutige Definition für alle brandschutztechnischen Anwendungsfälle in der Praxis nahezu unmöglich erscheint. Der Begriff „Betriebseinheit" kann daher analog dem Begriff „Wohneinheit" ausgelegt werden, und zwar in technisch-funktionaler Hinsicht. So bedürfen z.B. gemeinsam genutzte Räume und Anlagen bzw. Anlagenteile zumeist keiner gesonderten brandschutztechnischen Trennung. Auch unterschiedliche Miet-, Pacht- oder Eigentumsverhältnisse können vielfach außer Betracht bleiben. Es können daher sowohl ein einziger Raum als auch mehrere Räume eine Betriebseinheit darstellen, andererseits können mehrere von verschiedenen Betreibern genutzte Einheiten, die über gemeinsam genutzte Räumlichkeiten verfügen, auch eine einzige Betriebseinheit im Sinne des Brandschutzes darstellen. Letzteres kann beispielsweise zutreffen bei:

- Shop-in-Shop-Systemen bei Verkaufsstätten,
- Bürogemeinschaften,
- Gewerbeparks,
- Kooperationen zur Planung, Konstruktion und Entwicklung von Projekten,
- Formen der Zusammenarbeit von Rechtsträgern des öffentlichen und privaten Rechts.

Der Begriff des **Fluchtniveaus** besteht insbesondere deshalb, da sicherheitstechnisch vor allem die Höhe, in der sich Personen bestimmungsgemäß in Räumen aufhalten können (Fußbodenoberkante), relevant ist. Die Heranziehung des Fluchtniveaus als wichtiges Kriterium für die Einteilung in Gebäudeklassen erfolgt hauptsächlich im Hinblick auf die Erfordernisse der Personenrettung sowie die Möglichkeiten der Brandbekämpfung.

Als **Fluchtweg** wird jener Gehweg definiert, der den Benutzern eines Bauwerkes im Gefahrenfall ohne fremde Hilfe das Erreichen eines sicheren Ortes des angrenzenden Geländes im Freien ermöglichen soll. Ein Ort im Freien ist insbesondere dann sicher, wenn das problemlose Verlassen des Bauwerksareals unmittelbar durch direkte Anbindung an ein öffentliches Straßennetz oder zumindest mittelbar über einen Privatweg sichergestellt ist. Ein nur über ein Bauwerk zugänglicher, auch unversperrter, innen liegender Hof kommt demnach als sicherer Ort im Freien in der Regel nicht in Betracht. Unter „Grundsätzlich" meint man hier, dass in manchen Fällen nicht auszuschließen ist, dass Menschen sich nicht in jedem Fall tatsächlich immer selbst retten können, wie dies etwa bei kranken Personen, Kindern, älteren Menschen oder Personen mit Behinderung denkbar ist.

Durch die Einteilung der Gebäude in **Gebäudeklassen** werden gewisse, in der Praxis häufig anzutreffende Gebäudetypen definiert, sodass konkrete Voraussetzungen und Randbedingungen vorliegen und somit eindeutige brandschutztechnische Regelungen festgelegt werden können. Die Kriterien für die Einteilung in Gebäudeklassen umfassen die Anzahl der oberirdischen Geschoße, das Fluchtniveau, die Brutto-Grundfläche der oberirdischen Geschoße sowie die Anzahl von Wohnungen bzw. Betriebseinheiten. Gebäude mit Nutzungseinheiten, die eine deutlich kleinere Fläche als übliche Brandabschnitte aufweisen und die gegeneinander durch Wände bzw. Decken mit einer bestimmten Brandschutzqualifikation abgetrennt sind, stellen für die Brandausbreitung und die Brandbekämpfung durch die Feuerwehr ein geringeres Risiko dar, als Gebäude mit flächenmäßig ausgedehnten Nutzungseinheiten. Der mehrfach für die Einstufung eines Gebäudes in eine Gebäudeklasse maßgebende Wert von 400 m² Nutzfläche je Wohnung oder je Betriebseinheit stellt auf die üblicherweise von der Feuerwehr noch zu beherrschende Brandfläche ab. Für Gebäude mit einer derartigen zellenartigen Bauweise sind daher geringere Brandschutzanforderungen vertretbar. Durch Kombination der einzelnen Kriterien gelangt man zur Einteilung in fünf Gebäudeklassen. Im Zusammenhang mit der Einstufung von Gebäuden in Gebäudeklassen bleiben die Grundflächen in unterirdischen Geschoßen außer Betracht. Für Räume in unterirdischen Geschoßen gelten nämlich meistens eigene Regelungen insbesondere hinsichtlich des Brandverhaltens von Baustoffen, der Feuerwiderstandsklasse von Bauteilen, der Größe von Brandabschnitten und der Rauchableitung, die weitgehend von den Kriterien zur Einstufung in eine Gebäudeklasse unabhängig sind.

Zwecks Beseitigung von Unklarheiten hinsichtlich unterschiedlicher Auslegung von Keller-, Erd- und Dachgeschoß werden in dieser Richtlinie ausschließlich die Begriffe **oberirdisches** und **unterirdisches Geschoß** verwendet. Daher entspricht das unterste oberirdische Geschoß dem bisher gebräuchlichen Begriff des Erdgeschoßes und das oberste unterirdische Geschoß jenem des ersten Kellergeschoßes. Außerdem werden Dachgeschoße den oberirdischen Geschoßen begrifflich gleichgestellt. Bei der Ermittlung der Zahl der oberirdischen Geschoße, die ein wesentliches Kriterium für die Einstufung in die entsprechende Gebäudeklasse darstellt, müssen beispielsweise nicht ausgebaute Dachräume, Triebwerksräume oder Räume für haustechnische Anlagen, aus denen üblicherweise keine Personen zu retten sind, nicht angerechnet werden.

Der Begriff des **Reihenhauses** wurde nur unter Berücksichtigung brandschutztechnischer Kriterien festgelegt und umfasst keine raumplanerischen bzw. bauordnungsrechtlichen Belange. Da sich die Definition des Reihenhauses nicht an der Zahl der oberirdischen Geschoße, sondern vor allem an der Brutto-Grundfläche der jeweiligen Wohnung bzw. Betriebseinheit mit jeweils nicht mehr als 400 m² Brutto-Grundfläche der oberirdischen Geschoße orientiert, gibt es Reihenhäuser nur in den Gebäudeklassen 2 und 4. Aufgrund der raumplanerischen bzw. bauordnungsrechtlichen Definition von Reihenhäusern in den einzelnen Bundesländern kann einerseits ein Reihenhaus aus mehreren nebeneinander angeordneten Wohnungen auf einem Grundstück bestehen, wobei die Eckwohnungen sogar bis an die Grundgrenze heranreichen können. Andererseits liegt auch dann ein Reihenhaus vor, wenn sich jede Wohnung auf einer eigenen Liegenschaft befindet, sodass brandschutztechnisch gesehen sogenannte „fiktive Grundgrenzen" entstehen. Für die brandschutztechnische Beurteilung ist es allerdings unerheblich, ob sich das Reihenhaus auf einem Grundstück bzw. Bauplatz befindet oder die einzelnen Wohnungen des Reihenhauses jeweils auf unterschiedlichen Grundstücken bzw. Bauplätzen.

2.1.2. OIB-Richtlinie 2

Die Begriffe **Trenndecke** und **Trennwand** wurden eingeführt, um die brandschutztechnischen Anforderungen in Abhängigkeit der Gebäudeklassen differenzierter festlegen zu können.

Bei **Verkaufsstätten**, in denen bestimmungsgemäß der Verkauf von Waren stattfindet, handelt es sich hauptsächlich um Betriebe des Einzel- oder Großhandels. Es ist dabei unerheblich, ob es sich um Einzelgeschäfte oder um Kauf-, Waren- und Möbelhäuser, Super- oder Selbstbedienungsmärkte handelt. Auf die Festlegung einer Mindestverkaufsfläche wurde verzichtet, damit für kleine Geschäfte die allgemeinen Bestimmungen der Richtlinie, nämlich jene der Punkte 2 bis 6 herangezogen werden können. Erst für Verkaufsstätten mit einer Verkaufsfläche von mehr als 600 m² werden darüber hinausgehende Anforderungen notwendig (siehe Erläuterungen zu Punkt 7.4).

Zu Punkt 2: Allgemeine Anforderungen und Tragfähigkeit im Brandfall

Wenn der geforderte Feuerwiderstand bereits durch eine „rohe" Wand bzw. Decke allein erbracht wird, so müssen die zusätzlich angebrachten Bekleidungen bezüglich der Feuerwiderstandsklasse keine Anforderungen erfüllen.

Zu Punkt 2.1: Brandverhalten von Bauprodukten (Baustoffen)

Die Anforderungen werden in der Tabelle 1a festgelegt.

In Zeile 1.3 sind Anforderungen für sonstige Außenwandbekleidungen und -beläge (z.B. Holzschindelfassaden) geregelt, die nicht durch die Zeilen 1.1 oder 1.2 (Fassadensysteme) abgedeckt sind.

Die Anforderungen gemäß Zeile 1.4 (Gebäudetrennfugenmaterial) beziehen sich auf die Fugen innerhalb eines Gebäudekomplexes (Trennung von Gebäudekörpern), wo hingegen die Anforderungen an das zu verwendende Material an der Nachbargrundstücks- bzw. Bauplatzgrenze in Punkt 4.4 der OIB-Richtlinie 2 geregelt werden.

Die Anforderungen in Zeile 2 (Gänge) wurden unter der Voraussetzung gewählt, dass zwischen Gängen und Treppenhäusern zumindest ein brandschutztechnischer Abschluss in Form einer E 30-C-Türe vorhanden ist. In Zeile 4 wurde hinsichtlich der Neigung von Dächern die Grenze bei nicht mehr als 60° festgelegt, weshalb steilere Dächer wie Wände zu behandeln sind.

Im Hinblick auf das durch jahrelange Erfahrung bekannte brandschutztechnische Verhalten der Baustoffe EPS/XPS/PUR und Holz kann von den Anforderungen der Klasse B Abstand genommen werden. Im Folgenden werden zum besseren Verständnis die möglichen Ausführungen der Zeilen 4 und 5 in Verbindung mit den Fußnoten 7 bis 10 der Tabelle 1a für die Gebäudeklassen 4 und 5 dargestellt.

Zunächst ist zu unterscheiden, ob die Wärmedämmung in der Dachkonstruktion oder auf der Tragkonstruktion des Daches liegt. Liegt die Wärmedämmung auf der Tragkonstruktion ist zu unterscheiden, ob die Neigung des Daches mehr (Steildach) oder weniger als 20° (Flachdach) beträgt.

Für die Klassifizierung B_{ROOF} (t1) ist die ÖNORM EN 13501-5 maßgebend, wobei das Brandverhalten der Dämmschicht bzw. Wärmedämmung zu berücksichtigen ist. Nachweisfreie Ausführungen für die Bedachung/Dacheindeckung sind z.B. in der Entscheidung der Kommission vom 6. September 2000 (2000/553/EG), vom 25. Mai 2005 (2005/403/EG), vom 4. September 2006 (2006/600/EG), enthalten.

- Dächer mit einer Neigung ≤ 60° mit Bauteil/Tragkonstruktion in R 30/60/90, wobei die Dämmschicht bzw. Wärmedämmung **in der** Dachkonstruktion liegt:

	Gebäudeklasse 4	Gebäudeklasse 5
Dacheindeckung bzw. Bedachung Bei Dächern mit einer Neigung < 20° genügt als oberste Schicht auch 5 cm Kies oder Gleichwertiges;	B_{ROOF} (t1)	B_{ROOF} (t1) Bei Dächern mit einer Neigung ≥ 20° müssen Dacheindeckung, Lattung, Konterlattung und Schalung der Klasse A2 entsprechen; abweichend davon sind für Lattung, Konterlattung und Schalung auch Holz und Holzwerkstoffe in D zulässig;
Dämmschicht bzw. Wärmedämmung in der Dachkonstruktion	B	B

2. Kärntner Bauvorschriften – K-BV

- Dächer mit einer Neigung < 20° mit Bauteil/Tragkonstruktion in REI 30/60/90, wobei die Dämmschicht bzw. Wärmedämmung **auf der** Tragkonstruktion liegt:

	Gebäudeklasse 4	Gebäudeklasse 5
Dacheindeckung bzw. Bedachung Es genügt als oberste Schicht auch 5 cm Kies oder Gleichwertiges;	B_{ROOF} (t1)	B_{ROOF} (t1)
Dämmschicht bzw. Wärmedämmung	B oder EPS/XPS/PUR der Klasse E	B oder EPS/XPS/PUR der Klasse E und Bauteil in A2

- Dächer mit einer Neigung ≥ 20° mit Bauteil/Tragkonstruktion in REI 30/60/90, wobei die Dämmschicht bzw. Wärmedämmung **auf der** Tragkonstruktion liegt:

	Gebäudeklasse 4	Gebäudeklasse 5
Dacheindeckung bzw. Bedachung	B_{ROOF} (t1)	B_{ROOF} (t1) Dacheindeckung, Lattung, Konterlattung und Schalung müssen der Klasse A2 entsprechen; abweichend davon sind für Lattung, Konterlattung und Schalung auch Holz und Holzwerkstoffe in D zulässig;
Dämmschicht bzw. Wärmedämmung	B oder EPS/XPS/PUR der Klasse E und Bauteil in A2	B

- nicht ausgebaute Dachräume: Bekleidungen (Fußbodenkonstruktion) und Beläge:
Da Decken zu nicht ausgebauten Dachräumen als Trenndecken ausgeführt werden müssen, liegt ein Bauteil in REI 30/60/90 vor.

	Gebäudeklasse 4	Gebäudeklasse 5
Außenschicht	B	B
Dämmschicht bzw. Wärmedämmung	B oder EPS/XPS/PUR der Klasse E	B oder EPS/XPS/PUR der Klasse E und Bauteil in A2
Bodenbeläge	C_{fl}-s1 oder D_{fl}, wenn die Wärmedämmung bzw. Dämmschicht in B ausgeführt wird	B_{fl}-s1 D_{fl}, wenn die Wärmedämmung bzw. Dämmschicht in B ausgeführt wird

Zu Punkt 2.2: Feuerwiderstand von Bauteilen

Punkt 2.2.1 regelt die grundsätzlichen Anforderungen an den Feuerwiderstand von Bauteilen, die in der Richtlinie zwecks leichterer Lesbarkeit anstelle von verbalen Festlegungen in Tabellenform dargestellt werden. Den gebäudeklassenabhängigen Anforderungen hinsichtlich Feuerwiderstand von Bauteilen und Brandverhalten von Baustoffen liegt die Sicherheitsphilosophie zugrunde, dass mit steigender Geschoßanzahl, größerer Brandabschnittsfläche, höherer Personenbelegung sowie mit Zunahme der Nutzungsmöglichkeiten auch das Gefährdungspotenzial generell zunimmt und damit auch der Löscheinsatz durch die Feuerwehr schwieriger wird. Deshalb werden mit steigender Gebäudeklasse zunehmende Anforderungen an die brandschutztechnischen Eigenschaften von Baustoffen bzw. Bauteilen gestellt.

Die festgelegten Anforderungen an Gebäude der **Gebäudeklasse 1** beruhen auf der Erkenntnis, dass dem Nachbarschaftsschutz und der Möglichkeit der Brandbekämpfung bei solchen Gebäuden grundsätzlich ausreichend Rechnung getragen wird. Die Sicherheit der Gebäudebenutzer, welche sich aufgrund der Gebäudeart üblicherweise in wenigen Minuten in Sicherheit bringen können, wird durch eine allfällige Erhöhung der Feuerwiderstandsfähigkeit der Bauteile kaum erhöht. Durch die verpflichtende Installation von „Rauchwarnmeldern" in Wohnungen dürfte nunmehr auch sichergestellt werden, dass Personen infolge der Alarmierung eine frühzeitige Flucht antreten können. Gemäß Zeile 3.1 der Tabelle 1b könnten somit bei Erfüllung der Voraussetzungen an brandabschnittsbildende Wände an der Nachbargrundstücks- bzw. Bauplatzgrenze zwei getrennte und jeweils der Gebäudeklasse 1 zuordnenbare Gebäude verwirklicht werden. Die beiden Gebäude der Gebäudeklasse 1, die somit ein Doppelhaus ergeben, benötigen jedoch an der Nachbargrundstücks- bzw. Bauplatzgrenze jeweils eine brandabschnittsbildende Wand in REI 60 bzw. EI 60.

2.1.2. OIB-Richtlinie 2

Aufgrund der Definition von Gebäuden der Gebäudeklassen 3 und 4 ergeben sich insbesondere hinsichtlich Anzahl der Wohnungen bzw. Betriebseinheiten in Verbindung mit der zulässigen Fläche unterschiedliche Risikosituationen. Während in der Gebäudeklasse 3 hinsichtlich Brutto-Grundfläche sowie Zahl der Wohnungen bzw. Betriebseinheiten keine Begrenzung vorliegt, gibt es für die Gebäudeklasse 4 Einschränkungen für die Anzahl der Wohnungen bzw. Betriebseinheiten sowie deren Nutzfläche. Ähnlichkeiten bei den Bauteilanforderungen gemäß Tabelle 1b müssen somit unter den genannten Rahmenbedingungen beurteilt werden. In Bezug auf die brandschutztechnischen Anforderungen an Gänge, Treppen und Treppenhäuser im Verlauf von Fluchtwegen ergeben sich dagegen wesentliche Unterschiede (siehe Erläuterungen zu Punkt 5).

Bei tragenden Bauteilen im obersten Geschoß von Gebäuden der Gebäudeklassen 3 bis 5 wird gemäß Zeile 1.1 der Tabelle 1b in Anlehnung an ähnliche Regelungen im Ausland die Anforderung an die Feuerwiderstandsfähigkeit im Vergleich zu den sonstigen oberirdischen Geschoßen um eine Klasse herabgesetzt. Dies wird damit begründet, dass bei einem allfälligen Brandereignis die im obersten Geschoß betroffenen Personen frühzeitig in Sicherheit sein müssten und notwendige Löschaktionen durch die Feuerwehr auch von außen durchgeführt werden könnten.

In Gebäuden der Gebäudeklasse 2 sind gemäß Tabelle 1b Zeile 2.4 bzw. Zeile 3.1 in Verbindung mit Fußnote 2 die (Trenn)wände zwischen den Wohnungen in Reihenhäusern, unabhängig davon, ob sich an der Stelle der Trennwände eine Nachbargrundstücks- bzw. Bauplatzgrenze befindet oder nicht, grundsätzlich in REI 60 bzw. EI 60 ausreichend. Dies deshalb, da davon ausgegangen werden kann, dass (aus schallschutztechnischen Gründen) in der Regel zwei aneinandergrenzende Wände hergestellt werden. Wird eine Doppelwand zur Erfüllung des Feuerwiderstandes von 60 Minuten bei Reihenhaustrennwänden gemäß Zeile 2.4 innerhalb eines Gebäudes errichtet, kann die gesamte Wandkonstruktion als eine Wand angesehen werden. Befindet sich diese Doppelwand jedoch an einer Nachbargrundstücks- bzw. Bauplatzgrenze, so muss jeder Wandteil für sich auf dem jeweiligen Grundstück bzw. Bauplatz den Feuerwiderstand erfüllen.

In Gebäuden der Gebäudeklasse 4 sind die Erleichterungen für die Trennwände zwischen den einzelnen Wohnungen im Reihenhaus noch zulässig. An der Nachbargrundstücks- bzw. Bauplatzgrenze sind jedoch gemäß Tabelle 1b Zeile 3.1 die brandabschnittsbildenden Wände und Decken in REI 90 und A2 bzw. EI 90 und A2 herzustellen.

In Tabelle 1b werden unter Zeile 5 an Balkonplatten von Gebäuden der Gebäudeklassen 1, 2 und 3 keine Anforderungen an die Feuerwiderstandsfähigkeit gestellt. Dies aus der Erkenntnis heraus, dass im Brandfall üblicherweise die volle rechnerische Nutzlast nur zu einem geringen Bruchteil vorhanden ist. Weiters ist davon auszugehen, dass bei derartigen Größenordnungen die Gebäude der Feuerwehreinsatz nicht nachteilig beeinflusst wird. Bei Gebäuden der Gebäudeklasse 4 sowie der Gebäudeklasse 5 mit höchstens sechs oberirdischen Geschoßen kann der Löschangriff erschwert sein, weshalb eine Feuerwiderstandsfähigkeit von 30 Minuten oder eine Ausführung in A2 verlangt wird. Bei Gebäuden der Gebäudeklasse 5 mit mehr als sechs oberirdischen Geschoßen werden sowohl Anforderungen an die Feuerwiderstandsfähigkeit als auch an das Brandverhalten der Baustoffe gestellt, wobei es für Einzelbalkone unter definierten Voraussetzungen Erleichterungen gibt.

Zu Punkt 3: Ausbreitung von Feuer und Rauch innerhalb des Bauwerkes

Zu Punkt 3.1: Brandabschnitte

Punkt 3.1.1 regelt die Größe von Brandabschnitten in oberirdischen Geschoßen. Infolge der kleinzelligen Bauweise von Wohngebäuden (Begrenzung der Wohnungen durch Trennbauteile) wurde für die Brandabschnittsbildung eine maximale Längsausdehnung von 60 m als ausreichend erachtet. Darüber hinaus gibt es bei Wohngebäuden keine weiteren Anforderungen für Brandabschnitte (Flächenbegrenzung, Anzahl der Geschoße).

Bei unterirdischen Geschoßen (Punkt 3.1.2) liegt – zumal dort die Einsatzverhältnisse für die Feuerwehr im Brandfall ungünstiger sind – die zulässige Brandabschnittsfläche grundsätzlich bei 800 m².

Wie aus Brandereignissen bekannt, können beispielsweise umstürzende Lagerungen brandabschnittsbildende Wände derart beschädigen, dass eine Brandübertragung in benachbarte Brandabschnitte erfolgt. Dem soll gemäß Punkt 3.1.4 durch das Leistungskriterium M – zusätzliche mechanische Festigkeit – begegnet werden.

Entsprechend Punkt 3.1.5 sind brandabschnittsbildende Wände grundsätzlich 15 cm über Dach zu führen, wenn die Brandübertragung nicht durch andere Maßnahmen wirksam eingeschränkt wird. Da die Alternativmaßnahmen zur Überdachführung vielfältig sein können, wurde keine Konkretisierung vorgenommen. Vorstellbar wäre grundsätzlich aber eine Ausführung, bei der in Höhe der Dachhaut an die Wand eine beiderseits 0,50 m breite Platte in EI 90 und A2 anschließt, über die keine Teile des Daches, die nicht der Klasse A2 entsprechen, hinweggeführt werden dürfen. Bei Gebäuden der Gebäudeklassen 1 und 2 wäre als Alternativmaßnahme vorstellbar, dass die brandabschnittsbildende Wand nur bis unter die Dachhaut geführt und die verbleibenden Hohlräume vollständig mit Baustoffen der Klasse A2 ausgefüllt werden.

Gemäß Punkt 3.1.6 wird für Abschlüsse von Öffnungen, Leitungsdurchführungen u.Ä. grundsätzlich dieselbe Feuerwiderstandsdauer wie für den Bauteil selbst verlangt, da deren Kontrolle im Brandfall durch die Feuerwehr kaum möglich ist. Abschlüsse müssen zudem mit Hilfe von Selbstschließeinrichtungen stets geschlossen sein, falls nicht durch andere Maßnahmen im Brandfall ein Schließen bewirkt wird. Letzteres kann beispielsweise durch Feststelleinrichtungen sichergestellt werden, die im Brandfall unwirksam werden und den Schließvorgang mittels türeigenem Auslösesystem oder durch ein zentrales Brandmeldesystem auslösen. Für Türen und Tore sind nur bis zu einer bestimmten Gesamtfläche Erleichterungen zulässig. Dies vor allem im Hinblick auf den Umstand, dass Abschlüsse der angegebenen Größenordnungen im Brandfalle von der Feuerwehr noch gehalten werden können.

Es wird davon ausgegangen, dass die in den Punkten 3.1.7 bzw. 3.1.8 angegeben baulichen Maßnahmen unter Berücksichtigung der Brandbekämpfung durch die Feuerwehr eine vertikale bzw. horizontale Brandübertragung über Außenwände weitgehend hintanhalten können. Für Trennwände bzw. Trenndecken treffen diese Forderungen nur dann zu, wenn diese aufgrund der Größe der Brandabschnitte gemäß Punkt 3.1.1 als brandabschnittsbildende Wände bzw. Decken auszubilden sind.

In Punkt 3.1.9 wird ein Abstand von 1,00 m von Dachöffnungen und Dachaufbauten zu den brandabschnittsbildenden Wänden gefordert. Aufgrund der vielen unterschiedlichen Varianten hinsichtlich der baulichen Ausgestaltung in Verbindung mit der Anordnung von wirksamen Maßnahmen wurden keine Patentlösungen angegeben. Bei unterschiedlich hoch geneigten Dachflächen von Brandabschnitten können diese Anforderungen im Einzelfall für die höher liegenden Öffnungen, falls über diese Öffnungen eine Brandausbreitung nicht zu erwarten ist, gegebenenfalls nicht zutreffen.

Wenn Dachöffnungen und Glasdächer an einen höheren Gebäudeteil eines anderen Brandabschnittes angrenzen, so wird in Punkt 3.1.10 nur der Abstand festgelegt, innerhalb dessen brandschutztechnische Maßnahmen zur wirksamen Einschränkung eines Brandüberschlages notwendig sind. Aufgrund der vielen unterschiedlichen Varianten hinsichtlich der baulichen Ausgestaltung in Verbindung mit der Anordnung von wirksamen Maßnahmen wurden keine Patentlösungen angegeben.

Zu Punkt 3.3: Deckenübergreifender Außenwandstreifen

Um die vertikale Brandausbreitung über die Fassade zu begrenzen, wurde erst für Gebäude ab der Gebäudeklasse 5 mit mehr als sechs oberirdischen Geschoßen – ausgenommen Wohngebäude – ein deckenübergreifender Außenwandstreifen mit einer Feuerwiderstandsdauer von 30 Minuten aus Baustoffen der Klasse A2 gefordert. Anstelle des deckenübergreifenden Außenwandstreifens werden auch bauliche bzw. anlagentechnische Alternativen ermöglicht.

Zu Punkt 3.4: Schächte, Kanäle, Leitungen und sonstige Einbauten

Diese brandschutztechnischen Anforderungen sind zielorientiert formuliert und sollen das Augenmerk der Planer und Ausführenden auf die notwendigen Maßnahmen lenken. Vertikal geführte Schächte und horizontal verlaufende Kanäle bzw. die in ihnen geführten Leitungen dienen hauptsächlich zur Ver- und Entsorgung von Gebäuden, was auch für Lüftungsleitungen gilt. Da derartige haustechnische Installationen zumeist Wände bzw. Decken durchstoßen und im Allgemeinen zwischen Wohnungen bzw. Betriebseinheiten angeordnet werden, können diese eine Gefahr hinsichtlich der Ausbreitung von Feuer und Rauch in angrenzende Wohnungen bzw. Betriebseinheiten darstellen.

2.1.2. OIB-Richtlinie 2

Die Gefahr der Brandentstehung innerhalb von Schächten bzw. Kanälen ergibt sich im Wesentlichen durch energieführende Leitungen bzw. durch Feuer- und Heißarbeiten im Zuge von Reparatur- und Nachinstallationsarbeiten innerhalb des Schachtes bzw. Kanals sowie im Bereich der Schacht- und Kanalwände. Erfahrungsgemäß ist dann mit einer raschen Ausbreitung von Feuer und Rauch zu rechnen. Bei einer Brandentstehung außerhalb von Schächten bzw. Kanälen besteht im Wesentlichen die Gefahr einer Brandausbreitung beispielsweise über Leitungen in den Schacht bzw. Kanal und in weiterer Folge vor allem eine Verrauchung angrenzender Bereiche. Deshalb werden auch an die Abschottungsmaßnahmen grundsätzlich dieselben Anforderungen hinsichtlich der Feuerwiderstandsdauer wie an die Wände bzw. Decken gestellt. Betroffen davon sind sowohl brandabschnittsbildende Bauteile wie Trennbauteile.

Zu Punkt 3.5: Fassaden

Dieser Punkt wurde insofern neu strukturiert als die am häufigsten vorkommenden Fassadentypen (Außenwand-Wärmedämmverbundsysteme, vorgehängte hinterlüftete Fassaden, Doppelfassaden, Vorhangfassaden) getrennt betrachtet werden. Dabei werden infolge der umfassend vorhandenen Prüfergebnisse die Außenwand-Wärmedämmverbundsysteme mit einer Wärmedämmung aus EPS detailliert behandelt; dadurch wird es ermöglicht, diese Systeme auf Basis von Rahmenbedingungen ohne weitere Nachweise einbauen zu können.

Generell soll der erhöhten Brand- und Rauchausbreitungsgefahr sowie den allfälligen Erschwernissen bei der Brandbekämpfung bzw. beim Einsatz von Rettungsgeräten der Feuerwehr in Abhängigkeit der Gebäudeklasse, verbunden mit der Anzahl der oberirdischen Geschoße, Rechnung getragen werden. Besonders Außenwandkonstruktionen mit geschoßübergreifenden Hohl- oder Lufträumen finden in der Praxis zunehmend Verwendung und bedürfen einer besonderen Risikobetrachtung.

Es wurde festgelegt, dass erst bei Gebäuden der Gebäudeklassen 4 und 5 Fassaden so auszuführen sind, dass eine Brandweiterleitung über die Fassade auf das zweite über dem Brandherd liegende Geschoß und das Herabfallen großer Fassadenteile wirksam eingeschränkt wird. Diese zielorientierte Anforderung wird jedenfalls erfüllt, wenn ein positiver Prüfbericht einer hierfür akkreditierten Prüfstelle gemäß ÖNORM B 3800-5, Ausgabe 2013-04-15 vorliegt. Für Gebäude der Gebäudeklassen 1 bis 3 müssen für Fassaden somit nur die Anforderungen an das Brandverhalten gemäß Tabelle 1a der OIB-Richtlinie 2 eingehalten werden.

Für den am häufigsten vorkommenden Fassadentyp, nämlich das Außenwand-Wärmedämmverbundsystem mit einer Wärmedämmung in der Klasse E (in der Regel expandiertes Polystyrol – EPS) gibt es nachweisfreie Ausführungen (siehe Punkt 3.5.2 und 3.5.3), die einerseits als Ergebnis allgemein akzeptierter Erfahrungswerte aus langjähriger Prüferfahrung von akkreditierten Prüfstellen in Österreich entstanden sind und andererseits aus in den letzten Jahren vielfach durchgeführten Prüfungen abgeleitet werden können.

Bei Vorliegen eines entsprechenden Prüfberichtes gemäß ÖNORM B 3800-5, Ausgabe 2013-04-15 sind für das Brandschutzschott nach Punkt 3.5.3 auch andere Ausführungen (z.B. Polyurethan) möglich.

Durch die Anforderungen an Außenwand-Wärmedämmverbundsysteme entsprechend den Punkten 3.5.4 und 3.5.5 soll den allfälligen Erschwernissen bei der Brandbekämpfung sowie bei besonderen Fluchtwegverhältnissen Rechnung getragen werden. Im Falle von Punkt 3.5.5 a) kann bei Wänden von der Anforderung A2 abgesehen werden, wenn durch einen Prüfbericht einer akkreditierten Prüfstelle nachgewiesen wird, dass durch die verwendeten Baustoffe kein wesentlicher Beitrag zum Brand geleistet wird.

Für vorgehängte hinterlüftete, belüftete oder nicht hinterlüftete Fassaden (Punkt 3.5.6) gelten dieselben zielorientierten Anforderungen wie für die Außenwand-Wärmedämmverbundsysteme. Für freistehende Gebäude der Gebäudeklasse 4 konnte eine nachweisfreie Ausführungsvariante aufgenommen werden. Darüber hinaus gelten die Anforderungen gemäß Punkt 3.5.1 auch als erfüllt, wenn zwischen den Geschoßen eine Brandschutzabschottung aus einem durchgehenden Profil aus Stahlblech (Mindestdicke 1 mm) oder brandschutztechnisch Gleichwertigem, das mindestens 20 cm auskragt, ausgeführt wird.

Doppelfassaden wirken sich in brandschutztechnischer Sicht gegenüber konventionellen Fassaden vor allem in folgender Hinsicht nachteilig aus:

- „Kanalisierung" von Feuer und Rauch im Zwischenraum und daher schnellere Brandausbreitung über den Zwischenraum in oberhalb gelegene Geschoße.
- Gefährdete Personen können sich infolge des verrauchten Zwischenraumes für die Feuerwehr nur schwer bemerkbar machen.
- Für die Feuerwehr ist ein Löschangriff von außen praktisch nicht durchführbar, da eine mechanische Zerstörung der Verkleidung mit Mitteln der Feuerwehr in der Regel nicht möglich ist und eine Zerstörung durch Brandeinwirkung – wenn überhaupt – erst sehr spät eintreten wird.

Auch Vorhangfassaden stellen brandschutztechnisch ein besonderes Risiko dar, wenn keine vorbeugenden Maßnahmen getroffen werden. Dies betrifft vor allem eine Brandausbreitung über Anschlussfugen und Hohlräume im Bereich der anschließenden Decke innerhalb der Vorhangfassade.

Da die einzelnen Maßnahmen aber vielfältig und vom Gebäudetyp bzw. der Ausgestaltung der Fassaden abhängig sind, wurden nur zielorientierte Anforderungen für Doppelfassaden und Vorhangfassaden in den Punkten 3.5.8 und 3.5.9 festgehalten, wobei lit. a und lit. b auf die Inhalte der ÖNORM B 3800-5, Ausgabe 2013-04-15 abzielt und lit. c technische Ausführungsdetails intendiert.

Für Kasten-Doppelfassaden (2-schalige Fassade) gelten die zielorientierten Anforderungen gemäß Punkt 3.5.8 jedenfalls als erfüllt, wenn ein positiver Prüfbericht gemäß ÖNORM B 3800-6, Ausgabe 2013-04-15 vorliegt.

Durch Punkt 3.5.10 wurde einem Wunsch der Praxis Rechnung getragen und die Möglichkeit geschaffen, in Sockelbereichen von Außenwänden auch Dämmstoffe der Klasse E verwenden zu können.

Zu Punkt 3.6: Aufzüge

Punkt 3.6.1 regelt die erforderlichen Maßnahmen, um bei Aufzügen, die Brandabschnitte verbinden, eine Brandübertragung zu vermeiden. Aufgrund der unterschiedlichen Ausführungen bzw. Maßnahmen wurde auf konkrete Anforderungen verzichtet, sodass flexible Ausführungen (z.B. Anforderungen an die Aufzugsschachttüren oder besondere bauliche Maßnahmen) möglich sind. Diese zielorientierten Anforderungen gelten jedenfalls als erfüllt, wenn die brandschutztechnischen Maßnahmen gemäß ÖNORM B 2473, Ausgabe 2008-05-01 eingehalten werden.

Mit der Forderung gemäß Punkt 3.6.2 soll bei Aufzügen der Gefahr einer allfälligen Brandausbreitung begegnet werden. Dabei werden für Aufzugsumwehrungen in Abhängigkeit der Gebäudeklasse einerseits Ausnahmen angeführt, bzw. andererseits spezifische Anforderungen an das Brandverhalten festgelegt. So werden für Gebäude der Gebäudeklassen 1 und 2 keine Anforderungen an das Brandverhalten der Schachtumwehrungen gestellt. Für Gebäude der Gebäudeklassen 3 und 4 genügt an der Schachtinnenseite eine Bekleidung in A2, wobei für die Schachtaußenseite die Anforderungen an die Bekleidung bzw. Beläge gemäß Tabelle 1a einzuhalten sind.

Zu Punkt 3.7: Feuerstätten und Verbindungsstücke

In Punkt 3.7.1 wurden hinsichtlich der allgemeinen Anforderungen an die Lage von Feuerstätten auf bisher bestehende gesetzliche Regelungen, Normen sowie einschlägige technische Richtlinien und Erfahrungen aus Brandereignissen zurückgegriffen.

Bewusst wurden in Punkt 3.7.2 keine konkreten Abstände von Feuerstätten bzw. Verbindungsstücken zu brennbaren Bauteilen festgelegt, zumal sich die Abstände aus den jeweiligen Aufstellungs- bzw. Montagehinweisen der Hersteller ergeben müssen. Diese brandschutztechnisch notwendigen Abstände sollen sicherstellen, dass an Bauteilen aus brennbaren Baustoffen in Abhängigkeit der Nennwärmeleistung der Feuerstätte keine höheren Temperaturen als 85 °C auftreten können. Wenn Herstellerangaben fehlen, kann dies bei einem Mindestabstand von 40 cm als erfüllt angesehen werden. Dieser Abstand wird für Feuerstätten beispielsweise auch in der ÖNORM B 2331, Ausgabe 2007-05-01 genannt.

2.1.2. OIB-Richtlinie 2

Zu Punkt 3.8: Abgasanlagen

Entsprechend Punkt 3.8.1 wird eine Rußbrandbeständigkeit der Abgasanlage bei jenen Feuerstätten gefordert, bei denen aufgrund der angeschlossenen Feuerstätten ein Rußbrand nicht ausgeschlossen werden kann. Letzteres trifft erfahrungsgemäß bei mit festen Brennstoffen betriebenen Feuerstätten zu, bei denen beispielsweise zu feuchtes Holz verwendet wird, zu wenig Verbrennungsluft vorhanden ist oder ungeeigneter Brennstoff eingesetzt wird. Bei Gasfeuerstätten sowie bei modernen Ölfeuerstätten mit Gebläsebrennern bzw. mit Brennwerttechnik wird dagegen das Auftreten eines Rußbrandes bei ordnungsgemäßem Betrieb als äußerst gering angesehen, weshalb derartige Feuerstätten beispielhaft angeführt sind.

In Punkt 3.8.2 wird festgelegt, dass bei einem außerhalb der Abgasanlage entstandenen Brand keine Übertragung von Feuer und Rauch über die Abgasanlage in andere Wohnungen bzw. Betriebseinheiten stattfinden darf. Damit soll zum Ausdruck gebracht werden, dass Abgasanlagen in Wänden, oder wenn sie Decken durchstoßen, analog der Funktion der Wand bzw. Decke die Übertragung von Feuer und Rauch in angrenzende Wohnungen bzw. Nutzungseinheiten oder in sonstige Gebäudeteile (z.B. Treppenhaus, nicht ausgebaute Dachräume) mit entsprechend der für den Bauteil geforderten Feuerwiderstandsdauer verhindern müssen. Wenn Herstellerangaben fehlen, kann dies bei einem Mindestabstand von 40 cm als erfüllt angesehen werden.

Gemäß Punkt 3.8.3 hängt der Abstand zu Bauteilen mit brennbaren Baustoffen von der Art der Abgasanlage sowie von den Angaben in der Leistungserklärung der Hersteller ab. Die brandschutztechnisch notwendigen Abstände von Abgasanlagen sollen sicherstellen, dass an Bauteilen aus brennbaren Baustoffen in Abhängigkeit der Nennwärmeleistung der Feuerstätte keine höheren Temperaturen als 85 °C und bei Abgasanlagen, in denen Rußbrände möglich sind, keine höheren Temperaturen als 100 °C auftreten können.

Zu Punkt 3.9: Räume mit erhöhter Brandgefahr

In Punkt 3.9.1 wird festgelegt, dass Heiz-, Brennstoff- und Abfallsammelräume jedenfalls als Räume mit erhöhter Brandgefahr gelten, zumal dort das Entstehungs- bzw. Ausbreitungsrisiko eines Brandes erfahrungsgemäß beträchtlich ist.

In Punkt 3.9.4 wurde die Grenze für die Notwendigkeit eines Heizraumes bei Feuerstätten zunächst unabhängig vom Brennstoff grundsätzlich mit 50 kW festgelegt. Dabei wurde aufgrund der bisherigen Erfahrungen der in den derzeit gültigen Regelungen enthaltene höchste Grenzwert als vertretbar angesehen. Bei Feuerstätten für feste Brennstoffe mit automatischer Beschickung kann im Gegensatz zu solchen mit flüssigen bzw. gasförmigen Brennstoffen durch Abschaltung der Brennstoffzufuhr der Verbrennungsvorgang nicht sofort unterbrochen werden. Vielmehr besteht die Gefahr eines Rückbrandes in den Vorratsbehälter bzw. Lagerraum, weshalb – unabhängig von der Nennwärmeleistung der Feuerstätte – ein eigener Heizraum erforderlich ist.

In Punkt 3.9.6 werden die Eckdaten hinsichtlich des Erfordernisses eines eigenen Brennstofflagerraumes für feste Brennstoffe angeführt, während durch Punkt 3.9.7 die Möglichkeit eröffnet wird, bei automatischen Pelletsheizungen eine gemeinsame Lagerung der Behälter bis zu einem beschränkten Lagervolumen im Aufstellungsraum der Feuerstätte vornehmen zu können.

Traditionellerweise wird bei flüssigen Brennstoffen die Lagerung im Aufstellungsraum der Feuerstätte untersagt. Aufgrund bewährter sicherheitstechnischer Einrichtungen bei Feuerstätten mit flüssigen Brennstoffen und den bisherigen Erfahrungen in einigen österreichischen Bundesländern sowie im benachbarten Ausland, in denen eine beschränkte Brennstofflagerung im Aufstellungsraum der Feuerstätte zulässig ist, wird nun gemäß Punkt 3.9.9 eine gemeinsame Unterbringung unter bestimmten Voraussetzungen gestattet.

Zu Punkt 3.10: Erste und erweiterte Löschhilfe

Da die Festlegung von Anforderungen an Bauprodukte (wie z.B. in Tabelle 1a und 1b) auch in Zusammenhang mit den Möglichkeiten einer Brandbekämpfung zu verstehen ist, sind auch Anforderungen hinsichtlich Mittel der ersten und erweiterten Löschhilfe erforderlich. Derartige Löscheinrichtungen müssen so beschaffen sein, dass sie wirksam und jederzeit betriebsbereit sind.

2. Kärntner Bauvorschriften – K-BV

Als Mittel der ersten Löschhilfe werden hauptsächlich tragbare Feuerlöscher eingesetzt, mit denen Löschmaßnahmen vor Eintreffen der Feuerwehr üblicherweise von jedermann durchgeführt werden können. Dabei richten sich Zahl, Art und Anordnung der erforderlichen Mittel der ersten Löschhilfe insbesondere nach Personenbelegung, Bauart, Lage, Ausdehnung und Nutzung der Gebäude.

Zu Punkt 3.11: Rauchwarnmelder

Tote und Verletzte bei Bränden innerhalb von Gebäuden sind überwiegend im zivilen Bereich zu beklagen, wofür hauptsächlich die giftigen Bestandteile von Brandrauch und nur selten die unmittelbare Einwirkung von Feuer verantwortlich sind. Bevor ein Brand auf Teile des Gebäudes übergreift, sind – vor allem nachts – die Bewohner längst im Rauch erstickt. Die stromnetzunabhängig arbeitenden Rauchwarnmelder besitzen eine Batterie und zielen grundsätzlich nur darauf ab, die sich in der Wohnung aufhaltenden Personen frühzeitig zu alarmieren und dadurch die Personensicherheit zu erhöhen. Das kommt auch dadurch zum Ausdruck, dass in allen Aufenthaltsräumen – ausgenommen Küchen – sowie in Gängen, über die Fluchtwege von Aufenthaltsräumen führen, mindestens ein unvernetzter Rauchwarnmelder vorhanden sein muss. Bei den vielfach vorkommenden Wohnküchen hat die Anbringung des Rauchwarnmelders im Wohnbereich und nicht unmittelbar im Bereich der Küchenreinrichtung zu erfolgen. Weiters kann abgeleitet werden, dass etwa in Abstell-, Sanitär- und Lagerräumen oder in Heizräumen keine Rauchwarnmelder vorhanden sein müssen. Da die ÖNORM EN 14604, Ausgabe 2009-03-01 europäisch festgelegte Geräteanforderungen enthält, sollte diese zur Beurteilung der Qualität herangezogen werden. Da keine konkreten technischen Lösungen genannt werden, sind weitergehende Lösungen wie z.B. Verkabelung von einzelnen Rauchwarnmelder oder Anschluss an das Stromnetz möglich. In diesem Zusammenhang wird ausdrücklich festgehalten, dass es sich bei den Rauchwarnmeldern nicht um eine automatische Brandmeldeanlage handelt. Weiters ist zu erwähnen, dass keine automatische Alarmweiterleitung zu einer Empfangszentrale einer ständig besetzten öffentlichen Alarmannahmestelle zu installieren ist.

Zu Punkt 3.12: Rauchableitung aus unterirdischen Geschoßen

Praktische Einsatzerfahrungen der Feuerwehr haben deutlich gemacht, dass vor allem Kellerbrände ohne entsprechende Vorkehrungen für die Rauchableitung ins Freie problematisch sein können. Deshalb benötigen unterirdische Geschoße Wand- und/oder Deckenöffnungen, die sich im Einsatzfall auch mit Mitteln der Feuerwehr öffnen lassen müssen, damit insbesondere mit den mobilen Belüftungsgeräten der Feuerwehr in diesen Räumen ein Luftwechsel herbeigeführt werden kann. Ergänzend wird angemerkt, dass – falls der gesamte Brandabschnitt in verschiedene Räume bzw. Bereiche unterteilt wird – nicht jeder Raum innerhalb des Brandabschnittes derartige Öffnungen besitzen muss.

Bei Gebäuden der Gebäudeklasse 1 und bei Reihenhäusern der Gebäudeklasse 2 sind keine gesonderten Lüftungsöffnungen erforderlich. In diesem Fall erfolgt nach einem Brandfall die Abfuhr des Brandrauches ins Freie über andere Räume.

Es wird darauf hingewiesen, dass es sich bei der geforderten Rauchableitung nicht um Rauch- und Wärmeabzugsanlagen (Bildung einer rauchfreien Schicht) handelt, sondern um Unterstützungsvorkehrungen für den Feuerwehreinsatz.

Zu Punkt 4: Ausbreitung von Feuer auf andere Bauwerke

Damit eine Ausbreitung von Feuer auf andere Bauwerke wirksam eingeschränkt wird, wird in Punkt 4.1 ein Mindestabstand von 2,00 m festgelegt. Bei der Festlegung des Mindestabstandes wurde das Eingreifen der Feuerwehr vorausgesetzt. Das Problem der Brandübertragung durch Funkenflug wird – wie bisher üblich – nicht berücksichtigt, da die erforderlichen größeren Abstände nicht realisiert werden können. Der angegebene Abstand berücksichtigt nicht raumplanerische Belange. Wird dieser Mindestabstand zur Nachbargrundstücks- bzw. Bauplatzgrenze unterschritten, ist die zugekehrte Wand als brandabschnittsbildende Wand gemäß Tabelle 1b auszuführen. Dies gilt auch, wenn das Gebäude unmittelbar an der Grundgrenze steht. Ragen Bauwerksteile (z.B. Dachvorsprünge, Vordächer, Erker, Balkone) in diesen Mindestabstand von 2,00 m hinein, so ist dies nur zulässig, wenn zusätzliche – auf die eigene Liegenschaft bezogene – brandschutztechnische Maßnahmen getroffen werden.

2.1.2. OIB-Richtlinie 2

Handelt es sich bei den angrenzenden Grundstücken um solche, auf denen keine Bebauung möglich ist, ist eine Beeinträchtigung infolge einer Brandausbreitung nicht zu erwarten und daher gemäß Punkt 4.2 (a) eine brandabschnittsbildende Wand nicht erforderlich. Unter „rechtlichen" Umständen sind Widmungen wie die erwähnten Verkehrsflächen oder öffentliche Parkanlagen zu verstehen, „tatsächliche" Umstände können topographische Gegebenheiten wie Gewässer oder unbebaubare Geländeformen (z.B. Felshang) sein.

In Übereinstimmung mit der OIB-Richtlinie 2.2 sollen gemäß Punkt 4.2 (b) untergeordnete eingeschoßige Bauwerke mit insgesamt nicht mehr als 50 m² überbaute Fläche in den seitlichen Abstand von 2,00 m hineinragen dürfen, wenn aufgrund der baulichen Umgebung mit einer Brandübertragung auf die Bauwerke der Nachbargrundstücke nicht zu erwarten ist. Dies wird z.B. dann erfüllt, wenn die Gebäude auf der Nachbarliegenschaft mindestens 4,00 m entfernt angeordnet werden und mit einer Bebauung nicht zu rechnen ist. Als Bootshütten werden Bauwerke zum Einstellen von Booten in Form einer Bootsgarage angesehen. Bei Schutzdächern sind nicht nur die eigentliche Fläche des Schutzdaches maßgebend, sondern auch noch allfällig darüber hinausragende Dachvorsprünge. Es wird daher für die Begrenzung der 50 m² die überbaute Fläche als vertikale Projektion herangezogen.

Schutzhütten in Extremlage werden durch Punkt 4.2. (c) ebenfalls von der Anwendbarkeit des Punktes 4.1 ausgenommen, da das Umfeld von solchen Schutzhütten immer alpines Gelände darstellt, wo eine weitere Bebauung in der Regel nicht zu erwarten ist.

Die Bestimmung des Punktes 4.3 über die ausnahmsweise Zulässigkeit von Öffnungen in brandabschnittsbildenden Außenwänden an der Nachbargrundstücks- bzw. Bauplatzgrenze soll ermöglichen, dass gemeinsam genutzte Räume bzw. Raumgruppen, wie z.B. Gemeinschaftsanlagen, Geschäfts- und Betriebsräume, Garagen oder land- und forstwirtschaftlich genutzte Gebäude, aber auch Arkaden, Durchgänge oder Durchfahrten nach Maßgabe der baurechtlichen Bestimmungen auch über Nachbargrundstücks- bzw. Bauplatzgrenzen hinweg zusammengefasst werden können. Bautechnische Voraussetzung aus Sicht des Brandschutzes ist dabei, dass diese Räume bzw. Raumgruppen als eigener Brandabschnitt ausgebildet werden.

Werden auf einem Grundstück bzw. Bauplatz mehrere Gebäude errichtet, sind zur wirksamen Einschränkung der Ausbreitung von Feuer auf andere Gebäude grundsätzlich dieselben Maßnahmen zu treffen, wie bei zur Nachbargrundstücks- bzw. Bauplatzgrenze gerichtete Außenwände von Gebäuden. Daher wurde in Punkt 4.6 in Analogie zu Punkt 4.1 ein Mindestabstand von 4,00 m festgelegt, bei dem keine zusätzlichen brandschutztechnischen Anforderungen an die Außenwände erforderlich sind. Rücken diese Gebäude näher zusammen, sind erforderlichenfalls zusätzliche brandschutztechnische Maßnahmen zu treffen, wobei dies nicht für untergeordnete eingeschoßige Bauwerke gemäß Punkt 4.2 (b) zu Gebäuden der Gebäudeklasse 1 bzw. Reihenhäuser der Gebäudeklasse 2 gilt. Es wird darauf hingewiesen, dass die brandschutztechnische Beurteilung derartiger Gebäudesituationen allenfalls auch unter dem Gesichtspunkt der zulässigen Brandabschnittsfläche erfolgen kann.

Zu Punkt 5: Flucht- und Rettungswege

Zu Punkt 5.1: Fluchtwege

Grundsätzlich wird das Zurücklegen der ersten 40 m Gehweglänge eines Fluchtweges entsprechend den meisten bisherigen Regelungen der Bundesländer und in Übereinstimmung mit der Arbeitsstättenverordnung für Personen als akzeptierbares Risiko angenommen. Es wird nämlich davon ausgegangen, dass bei einem rechtzeitig erkannten Brandereignis diese Wegstrecke unter Berücksichtigung einer normalen Gehgeschwindigkeit noch zu bewältigen ist, bevor die Eigenrettung infolge kritischer Sichtbehinderungen und toxischer Rauchgaskonzentrationen unmöglich wird. Nach Überschreitung dieser Gehweglänge ist es deshalb gemäß Punkt 5.1.1 erforderlich,

- sich entweder im Freien an einem sicheren Ort des angrenzenden Geländes zu befinden, oder
- innerhalb des Gebäudes an einem Ort zu sein, der mit einem sicheren Ort des angrenzenden Geländes im Freien vergleichbar ist, d.h. in einem Treppenhaus bzw. einer Außentreppe gemäß Tabelle 2a oder 2b, oder

2. Kärntner Bauvorschriften – K-BV

- ein Treppenhaus bzw. eine Außentreppe gemäß Tabelle 3 zu erreichen, wobei zusätzlich die Anforderungen gemäß Punkt 5.1.4 einzuhalten sind; folgende Kombinationen sind möglich:
  o ein Treppenhaus gemäß Tabelle 3 und ein Rettungsweg (Geräte der Feuerwehr oder festverlegtes Rettungswegesystem),
  o zwei Treppenhäuser bzw. Außentreppen gemäß Tabelle 3,
  o ein Treppenhaus gemäß Tabelle 3 und ein unabhängiger Fluchtweg zu einem benachbarten Brandabschnitt, der über einen Ausgang zu einem sicheren Ort des angrenzenden Geländes im Freien oder ein Treppenhaus bzw. eine Außentreppe verfügt.

Als Ausgangspunkt für die Berechnung der Gehweglänge wird die ungünstigste Stelle jedes Raumes zugrunde gelegt. Nicht ausgebaute Dachräume bleiben von dieser Regelung deshalb ausgenommen, da dort die Wahrscheinlichkeit eines Brandausbruches bei gleichzeitigem Aufenthalt von Personen äußerst gering ist.

Bei Wohnungen darf nur in den Fällen von Punkt 5.1.1 (b) und (c) die Gehweglänge von der Wohnungseingangstüre bemessen werden. Diese Regelung ist erforderlich, da ansonsten bei Gebäuden mit Anordnung der Wohnungseingänge unmittelbar im Bereich der Treppenanlage innerhalb von 40 m Fluchtweglänge von der Wohnungseingangstüre das Freie erreicht werden würde. Dadurch könnten fünf- oder sechsgeschoßige Wohngebäude ohne Treppenhaus (z.B. keine Rauchabzugseinrichtung) bzw. ohne Rettungswege (z.B. Erreichbarkeit jeder Wohnung) entstehen.

Die Bemessung der Gehweglänge von der Wohnungseingangstüre darf auf Bürogebäude nicht angewendet werden, da dort keine kleinzellige Struktur wie bei Wohngebäuden vorliegen kann und zudem die arbeitnehmerschutzrechtlichen Vorschriften für Fluchtwege einzuhalten sind.

Punkt 5.1.3 soll präzisieren, dass Treppenhäuser grundsätzlich nur aus Treppenläufen, Podesten und kurzen Gangfortsätzen bestehen und somit längere Gänge gegenüber dem Treppenhaus brandschutztechnisch abzuschließen sind.

Die genauere Festlegung zur Ausgestaltung eines Treppenhauses bzw. einer Außentreppe gemäß **Tabelle 2a oder Tabelle 2b** ist auf die jeweilige Gebäudeklasse bezogen, wobei davon ausgegangen wird, dass ein derartiger einziger Fluchtweg im Brandfall voraussichtlich ausreichend sicher benutzbar bleibt. Zwecks leichterer Lesbarkeit und besserer Übersichtlichkeit werden die brandschutztechnischen Anforderungen im Verlauf von Fluchtwegen in Tabellenform anstelle von verbalen Festlegungen dargestellt. Dabei kommt Tabelle 2a für Gebäude der Gebäudeklassen 2 bis 4 zur Anwendung, während Tabelle 2b zwar nur für Gebäude der Gebäudeklasse 5 gilt, jedoch drei verschiedene Alternativmöglichkeiten vorsieht. Zu den beiden Tabellen wird grundsätzlich bemerkt, dass – falls der Fluchtweg nur über ein einziges Treppenhaus führt – dieses zumindest während der Fluchtphase analog einem im Brandfall sicheren Ort im Freien raucharm gehalten werden muss. Vorübergehend auftretende Rauchschwaden auch bei im Freien liegenden Fluchtzielen nicht vollständig zu vermeiden und als akzeptierbares Risiko in Kauf genommen.

Bei Gebäuden der Gebäudeklasse 1 wird davon ausgegangen, dass die Gehweglänge von 40 m bis zu einem direkten Ausgang zu einem sicheren Ort des angrenzenden Geländes im Freien nicht überschritten wird. Da in diesen Fällen somit Punkt 5.1.1 (a) als erfüllt angesehen werden dürfte, scheint die Gebäudeklasse 1 in der Tabelle 2a nicht auf. Eine ähnliche Situation ist in der Gebäudeklasse 2 auch bei Reihenhäusern sowie bei Gebäuden mit nicht mehr als zwei Wohnungen gegeben, sodass gemäß Fußnote 1 auch diese vom Geltungsbereich der Tabelle 2a ausgenommen sind.

Bei den nicht vom Geltungsbereich der Tabelle 2a ausgenommenen Gebäuden der Gebäudeklasse 2 werden in den Fällen des einzigen Fluchtweges sowohl Anforderungen an den Feuerwiderstand von Türen zu Treppenhäusern gestellt als auch Rauchabzugseinrichtungen für notwendig erachtet.

Bei Gebäuden der Gebäudeklassen 3 und 4 sind gegebenenfalls mehrere Personen auf längere Fluchtwege angewiesen, weshalb nur kurzzeitig auftretende, sofort wieder verdünnte Rauchschwaden innerhalb des Treppenhauses sicherheitstechnisch akzeptiert werden können. Deshalb werden abgestuft mit steigendem Risiko auch steigende Sicherheitsanforderungen an Türen (Rauchdichtheit) und Rauchabzugseinrichtungen gestellt. Durch die selbstschließenden Türen wird ein nur schwadenhaftes Auftreten von Rauch im Treppenhaus bewirkt. Die erforderliche

2.1.2. OIB-Richtlinie 2

Verdünnung dieser Rauchschwaden wird durch risikoangepasste Anforderungen an Rauchabzugseinrichtungen berücksichtigt. Wegen der größeren Wegdistanz vom Zugang zum Treppenhaus bis zur Rauchabzugsöffnung an der obersten Stelle des Treppenhauses ist eine möglichst unverzügliche Rauchentfernung und Rauchverdünnung durch nachströmende Frischluft erforderlich, weshalb zusätzlich eine automatische Auslösung der Rauchabzugseinrichtungen über rauchempfindliche Elemente gefordert wird.

Bei Gebäuden der Gebäudeklasse 5 sind gegebenenfalls mehrere Personen auf noch längere Fluchtwege angewiesen, weshalb ebenfalls nur kurzzeitig auftretende, sofort wieder verdünnte Rauchschwaden innerhalb des Treppenhauses sicherheitstechnisch akzeptiert werden können.
Gemäß Tabelle 2b erfolgt eine spaltenmäßige Darstellung der Anforderungen in Abhängigkeit der gewählten Varianten „GK5 mit mechanischer Belüftungsanlage", „GK5 mit automatischer Brandmeldeanlage und Rauchabzugseinrichtung" sowie „GK5 mit Schleuse und Rauchabzugseinrichtung". Bei den Fällen mit der mechanischen Belüftungsanlage, die grundsätzlich auf demselben Prinzip wie die Rauchverdrängung mittels mobiler Belüftungsgeräte der Feuerwehr beruht, wird bereits vor dem Eintreffen der Feuerwehr automatisch eine Rauchverdrängung eingeleitet. Die ins Treppenhaus mündenden Türen müssen jedenfalls einen definierten Feuerwiderstand haben und selbstschließend eingerichtet werden. Die Rauchabzugseinrichtung kann dagegen entfallen. Bei der mechanischen Belüftungsanlage handelt es sich um eine Druckbelüftungsanlage gemäß *TRVB S112, Ausgabe 2004*.
Bei der Variante mit automatischer Brandmeldeanlage und Rauchabzugseinrichtung müssen die ins Treppenhaus mündenden Türen erhöhte Anforderungen hinsichtlich der Rauchdichtheit erfüllen. Die automatische Brandmeldeanlage mit inneren Alarmierung hat dem Schutzumfang „Einrichtungsschutz" zu entsprechen und die Rauchabzugseinrichtung ist risikoangepasst auszuführen. Bei der wegen der vielfach noch größeren Wegdistanz vom Zugang zum Treppenhaus bis zur Rauchabzugsöffnung hat die Auslösung der Rauchabzugseinrichtung über die automatische Brandmeldeanlage zu erfolgen. Weiters muss zusätzlich in der Angriffsebene der Feuerwehr eine manuelle Bedienungsmöglichkeit für die Auslöseeinrichtung angeordnet werden.
Bei der Variante mit Schleuse und Rauchabzugseinrichtung soll das angestrebte Schutzziel insbesondere durch bauliche Brandschutzmaßnahmen erreicht werden, da durch die Schleusenwirkung vor Vornherein weniger Rauch ins Treppenhaus eintreten kann.

Rauchabzugseinrichtungen in Treppenhäusern sind sowohl für die Erleichterung der Fluchtmöglichkeit der Gebäudebenutzer als auch zur Ermöglichung bzw. Unterstützung eines Feuerwehreinsatzes erforderlich. Die hauptsächliche Gefährdung im Brandfall geht von den Brandprodukten Rauch und Wärme aus, weshalb diese möglichst rasch und wirkungsvoll abzuführen sind. Die Unterstützung des Feuerwehreinsatzes durch Rauchabzugseinrichtungen beruht hauptsächlich darauf, dass an oberster Stelle des Treppenhauses mit Zugängen zu Aufenthaltsräumen eine Öffnung für den Rauchabzug freigegeben wird und der Feuerwehr beim Zugang zum Treppenhaus mittels mobiler Belüftungsgeräte durch Einbringen von Außenluft einen Überdruck erzeugt, der Rauch und Wärme aus dem Treppenhaus verdrängt. Wird Rauch und Wärme nicht ausreichend abgeführt, kann das Treppenhaus wegen eines allfälligen Wärmestaus auch für Feuerwehrkräfte unbenutzbar werden. Als Öffnungen an der obersten Stelle des Treppenhauses gelten Öffnungen in der Decke bzw. in den Wänden des höchstgelegenen Geschoßes mit Wohnungen bzw. Betriebseinheiten. Nähere Ausführungen hinsichtlich der Ausführung von Rauchabzugseinrichtungen sind in der *TRVB S111, Ausgabe 2008* enthalten.

Punkt 5.1.1 (c) ist zunächst in Verbindung mit Punkt 5.1.4 zu betrachten, wonach für Wohnungen bzw. Betriebseinheiten innerhalb von 40 m Fluchtweglänge im Treppenhaus bzw. eine Außentreppe gemäß Tabelle 3 erreicht werden muss. Erfahrungen bei Bränden haben gezeigt, dass Fluchtwege innerhalb von Gebäuden unbenutzbar werden können, sodass zusätzlich die Anforderungen gemäß Punkt 5.1.4 einzuhalten sind.

Bei Inanspruchnahme des Rettungsweges durch Geräte der Feuerwehr muss jedenfalls auf das Vorhandensein und die Einsetzbarkeit dieser Rettungsgeräte Bedacht genommen werden.

Die Anforderungen an Treppenhäuser bzw. Außentreppen gemäß Tabelle 3 werden ebenfalls auf die Gebäudeklassen bezogen, allerdings ist das Anforderungsprofil niedriger angesetzt als in den Fällen des einzigen Fluchtweges gemäß Tabelle 2a bzw. 2b. Dies bezieht sich insbesondere auf die Anforderungen an Türen in Wänden von Treppenhäusern bzw. von Läufen und Podesten sowie an Rauchabzugseinrichtungen. So sind bei Gebäuden der Gebäudeklasse 2 – wenn nicht vom Geltungsbereich der Tabelle ohnehin ausgenommen – keine besonderen Rauchabzugseinrichtungen vorgesehen, da die vorhandenen Fenster und Türen in der Regel zur Abfuhr von Rauch und Wärme für den Feuerwehreinsatz ausreichen. Bei Gebäuden der Gebäudeklasse 3 kann eine Rauchabzugseinrichtung gemäß Fußnote 5 ebenfalls entfallen, wenn in jedem Geschoß unmittelbar ins Freie führende Fenster mit einem bestimmten freien Mindestquerschnitt angeordnet sind. Der Unterschied hinsichtlich der Rauchabzugseinrichtungen in den Gebäudeklassen 4 und 5 besteht lediglich darin, dass deren Auslösung in Gebäuden der Gebäudeklasse 5 über ein rauchempfindliches Element zu erfolgen hat.

Wenn Treppenhäuser atrien- oder hallenähnlich ausgeführt werden, können gemäß Punkt 5.1.6 von den Anforderungen der Tabelle 2a, 2b bzw. 3 abweichende bzw. ergänzende Brandschutzmaßnahmen notwendig werden. So können beispielsweise die in den genannten Tabellen festgelegten Anforderungen an Rauchabzugseinrichtungen nicht herangezogen werden, zumal in Atrien bzw. Hallen ein wesentlich größeres Raumvolumen als bei üblichen Treppenhäusern vorliegt. Vielfach ist bei derartigen architektonischen Gegebenheiten eine Kombination von baulichen und anlagentechnischen Brandschutzmaßnahmen notwendig.

Zu Punkt 5.2: Rettungswege

Um einheitliche Auslegungen hinsichtlich der Anrechenbarkeit des Rettungsweges mit Geräten der Feuerwehr zu erreichen, werden in Punkt 5.2.1 konkrete Anforderungen festgelegt. Demnach muss jede Wohnung bzw. Betriebseinheit in jedem Geschoß über die Fassade erreichbar sein und geeignete Gebäudeöffnungen besitzen, über die eine Rettung von Personen durchgeführt werden kann. Geeignete Gebäudeöffnungen liegen dann vor, wenn diese mindestens 0,80 m × 1,20 m groß sind und nicht höher als 1,20 m über der Fußbodenoberkante liegen. Liegen diese Fenster in Dachschrägen oder Dachaufbauten, so darf ihre Unterkante oder ein davor liegender Auftritt von der Traufenkante nur so weit entfernt sein, dass Personen von der Feuerwehr gesehen und gerettet werden können (i.d.R. ist dies bei einem Rücksprung von höchstens 1,00 m noch sichergestellt). Andernfalls sind zusätzliche bauliche Maßnahmen erforderlich (z.B. fix vorgesehenes Podest). Um eine objektive Maßzahl ermitteln zu können, wurde als Kriterium die Entfernung des Anfahrtsweges der Feuerwehr bis zum Gebäude anstelle einer konkreten Zeitangabe bis zum Eintreffen der Feuerwehr am Gebäude gewählt. Die Festlegung der Distanz mit höchstens 10 km ergab sich als Kompromiss aus eingehenden Diskussionen und berücksichtigt die auch in ländlichen Gegenden üblichen Entfernungen zu Feuerwehrgerätehäusern.

Sinngemäße Überlegungen erfolgten in Punkt 5.2.2 bezüglich des festverlegten Rettungswegesystems. Hinsichtlich der Ausführung können die Arbeitsstättenverordnung, die Arbeitsmittelverordnung sowie die ÖNORM Z 1600, Ausgabe 2008-02-01 herangezogen werden.

Zu Punkt 5.3: Gänge, Treppen und Türen im Verlauf von Fluchtwegen außerhalb von Wohnungen bzw. Betriebseinheiten

Punkt 5.3.2 regelt, dass Gänge – ausgenommen offene Laubengänge – alle 40 m durch Türen der Feuerwiderstandsklasse E 30-C zu unterteilen sind, um im Brandfalle eine etwaige Verrauchung auf eine akzeptierbare Länge zu beschränken.

Gemäß Punkt 5.3.3 entspricht die Feuerwiderstandsklasse der Läufe und Podeste von Treppen außerhalb von Treppenhäusern grundsätzlich jener der tragenden Bauteile in sonstigen oberirdischen Geschoßen. Diese Bestimmung kommt vor allem in jenen Fällen zur Anwendung, in denen in höchstens 40 m Gehweglänge ein direkter Ausgang zu einem sicheren Ort des angrenzenden Geländes im Freien erreicht wird.

Da offene Laubengänge als Fluchtwege gelten bzw. als solche im Brandfalle angesehen werden, müssen diese gemäß Punkt 5.3.6 in Bezug auf ihre Feuerwiderstandsfähigkeit grundsätzlich die Anforderungen an tragende Bauteile und Decken der Tabelle 1b erfüllen. Bis einschließlich der Gebäudeklasse 4 ist bei offenen Laubengängen eine Ausführung in Stahl zulässig, wenn Fluchtwege zu zwei verschiedenen Treppen bzw. Treppenhäusern bestehen, wobei die Standfestigkeit des Laubenganges unter Brandeinwirkung sicherzustellen ist.

Die in Punkt 5.3.7 gestellten Anforderungen bzw. Erleichterungen an die auf offene Laubengänge mündenden Türen und Fenster entsprechen der gängigen Praxis.

2.1.2. OIB-Richtlinie 2

Zu Punkt 5.4: Fluchtweg-Orientierungsbeleuchtung

Die Fluchtweg-Orientierungsbeleuchtung soll das Schutzziel erfüllen, die Fluchtwege bei Ausfall der Hauptbeleuchtung derart zu beleuchten, dass flüchtende Personen sicher zum vorgesehenen Ausgang bzw. ins Freie gelangen können. Für Gebäude der Gebäudeklassen 1 bis 3 sowie Wohngebäude bis Gebäudeklasse 4 erscheint eine Fluchtweg-Orientierungsbeleuchtung noch nicht erforderlich.

Zu Punkt 6: Brandbekämpfung

Da die Festlegung von Anforderungen an Bauprodukte (wie z.B. in Tabelle 1a und 1b) auch im Zusammenhang mit den Möglichkeiten einer Brandbekämpfung zu verstehen ist, wurde der Hinweis aufgenommen, dass bei ungenügender Erreichbarkeit eines Gebäudes zusätzliche brandschutztechnische Maßnahmen erforderlich werden können. Dies trifft z.B. für Schutzhütten in Extremlage zu, weshalb etwa eine erhöhte Anzahl von Mitteln der ersten Löschhilfe erforderlich werden kann. Hinsichtlich der ausreichenden Erreichbarkeit wird zwischen Gebäuden der Gebäudeklassen 1, 2 und 3 einerseits und Gebäuden der Gebäudeklassen 4 und 5 andererseits unterschieden, da die Art des Löscheinsatzes auch von der Höhe der Gebäude abhängt.

Für die Durchführung einer Brandbekämpfung ist nicht nur die Zugänglichkeit zum Gebäude, sondern auch eine ausreichende Menge an Löschwasser erforderlich. Grundsätzlich obliegt es den Gemeinden auf Basis von landesgesetzlichen Bestimmungen ausreichend Löschwasser zur Verfügung zu stellen. Aus diesem Grund wurde in der OIB-Richtlinie 2 von konkreten Anforderungen Abstand genommen. Als Orientierung kann jedoch für Bürogebäude, Gebäude mit büroähnlicher Nutzung sowie Gebäude gemäß Punkt 7 eine ausreichende Löschwasserversorgung als gegeben angesehen werden, wenn eine Mindestlöschwasserrate von 1 l/ (m².min) bezogen auf die größte Brandabschnittsfläche verfügbar ist. Da für Wohngebäude eine Brandabschnittsbildung nicht mehr erforderlich ist, kann infolge der kleinzelligen Bauweise mit 800 l/min das Auslangen gefunden werden.

Zu Punkt 7: Besondere Bestimmungen

In den Punkten 2 bis 6 wurden die Anforderungen im Wesentlichen für Gebäude mit Wohn- und/oder Büronutzung festgelegt. Für andere übliche Nutzungen, wie land- und forstwirtschaftliche Wohn- und Wirtschaftsgebäude, Schul- und Kindergartengebäude, Beherbergungsstätten und Studentenheime sowie Verkaufsstätten wurden besondere Bestimmungen getroffen. Für diese in Punkt 7 angeführten Gebäudetypen sind daher grundsätzlich die Anforderungen gemäß der Punkte 2 bis 6 zu erfüllen, falls in Punkt 7 nichts anderes bestimmt wird. In Punkt 7 werden nämlich konkrete zusätzliche bzw. abweichende Forderungen gestellt. Durch diese Vorgangsweise soll sichergestellt werden, dass für die angeführten Gebäudetypen gebrauchstaugliche und allgemein gültige Regelungen gelten.

Zu Punkt 7.1: Land- und forstwirtschaftliche Wohn- und Wirtschaftsgebäude

Um die dzt. übliche Praxis zu berücksichtigen, können – wie im Punkt 7.1.1 festgehalten – Gebäude oder Gebäudeteile, die mittels brandabschnittsbildender Wände bzw. Decken getrennt sind, jeweils gesondert betrachtet werden. Dadurch ist es möglich, dass z.B. der Wohntrakt nur in die Gebäudeklasse 1, während der angrenzende Wirtschaftstrakt in die Gebäudeklasse 3 fällt.

Entsprechend Punkt 7.1.2 wurde die klassische Brandabschnittsbildung zwischen Wohn- und Wirtschaftstrakt beibehalten. Bedingt durch die Anhäufung leicht brennbarer Materialien bzw. Ernteerzeugnisse, vorhandene potenzielle Zündquellen sowie zumeist große Raumvolumina ist – wie Brandfälle in landwirtschaftlich genutzten Gebäudebereichen immer wieder zeigen – mit einer raschen Brandausbreitungsgeschwindigkeit zu rechnen, wodurch sich auch für die Brandbekämpfung durch die Feuerwehr ungünstige Voraussetzungen ergeben können. Bei nicht ganzjährig genützten landwirtschaftlichen Gebäuden wurde bis zur festgelegten Netto-Grundfläche von 1.200 m² eine reduzierte Feuerwiderstandsklasse für vertretbar angesehen.

Die Forderung unter Punkt 7.1.5 zielt darauf ab, Stallungen von Tieren gegen darüber liegende Gebäudeteile zu schützen, um die möglicherweise im Brandfall notwendige Tierevakuierung durchführen zu können.

Eine brandschutztechnische Trennung gegenüber angrenzenden Gebäudeteilen des Wirtschaftstraktes wird gemäß Punkt 7.1.6 für Werkstätten sowie Einstellräume für kraftstoffbetriebene Fahrzeuge bzw. Maschinen (nicht darunter fallen Kleinmaschinen wie Rasenmäher und Kettensägen) gefordert, um das Risiko einer Brandausbreitung einzuschränken. Die geforderte Feuerwiderstandsklasse REI 90/EI 90 muss aber nur bei den trennenden Wänden bzw. Decken, nicht aber innerhalb der Werkstätten bzw. Einstellräume erreicht werden.

Landwirtschaftliche Gebäude sind zwar grundsätzlich in die jeweilige Gebäudeklasse einzuordnen, wobei ein Abweichen von den daraus resultierenden Anforderungen an die Feuerwiderstandsklasse von tragenden Bauteilen gemäß Punkt 7.1.3 durchaus möglich ist. Außerdem wird die Möglichkeit eröffnet, von der zulässigen Größe eines Brandabschnittes, der auch bei landwirtschaftlicher Nutzung durch eine Netto-Grundfläche von 1.200 m² begrenzt wäre, abzuweichen. Damit kann den unterschiedlichen Größen und Strukturen von landwirtschaftlichen Betrieben Rechnung getragen werden. Es besteht gemäß Punkt 7.1.8 auch die Möglichkeit, die OIB-Richtlinie 2.1 „Brandschutz bei Betriebsbauten" sinngemäß anzuwenden.

In Punkt 7.1.7 wird angeführt, dass eine Brandübertragung von Wirtschaftsgebäuden auf Nachbarobjekte nicht nur durch Außenwandbauteile mit entsprechender Feuerwiderstandsfähigkeit, sondern auch durch Schutzabstände weitgehend verhindert werden kann. Bei der Beurteilung von Schutzabständen ist auch die Möglichkeit des wirksamen Feuerwehreinsatzes zu berücksichtigen. Der abweichend von Punkt 4.1 geforderte Mindestabstand zu Nachbargrundstücks- bzw. Bauplatzgrenzen im Ausmaß von 6/10 der Höhe der zugekehrten Außenwand, mindestens jedoch 3,00 m, entspricht den vielfach üblichen Werten. Sollte im Einzelfall aufgrund der örtlichen Verhältnisse und der Infrastruktur für die Brandbekämpfung ein ausreichend rascher Löscheinsatz nicht ohne Weiters vorausgesetzt werden, so können – insbesondere bei Wirtschaftsgebäuden mit der Lagerung von brennbaren Erntegütern – auch größere Abstände erforderlich werden.

Zu Punkt 7 2: Schul- und Kindergartengebäude sowie andere Gebäude mit vergleichbarer Nutzung

Bei Schul- und Kindergartengebäuden sowie anderen Gebäuden mit vergleichbarer Nutzung (z.B. Horte, Tagesheime), die nach dieser Richtlinie als eine Betriebseinheit anzusehen sind, tritt aufgrund der größeren Personenbelegung im Vergleich zu Wohn- oder Büronutzung sowie wegen der Nutzungsvielfalt (z.B. Klassen- und Büroräume, Physik- und Chemiesäle, Werkstätten) ein erhöhtes Risiko im Brandfall auch schon in den Gebäudeklassen 1 und 2 auf. Insbesondere ist zu berücksichtigen, dass Kinder in ihrem Urteilsvermögen bei der Gefahreneinschätzung noch nicht voll entwickelt sind und Jugendliche im Allgemeinen zu einer höheren Risikobereitschaft tendieren, was zu Fehlverhalten im Brandfall führen kann. Es wurde deshalb unter Punkt 7.2.1 festgelegt, dass auch in kleineren Schulen oder Kindergärten (Gebäudeklasse 1 und 2) jedenfalls die Anforderungen für die Gebäudeklasse 3 erfüllen müssen. Ausgenommen davon sind lediglich Gebäude mit nur einem oberirdischen Geschoß.

Unter Gebäuden mit vergleichbarer Nutzung sind auch Universitäten/Hochschulen, Fachhochschulen, Volkshochschulen, sonstige Bildungsstätten u. dgl. zu verstehen.

Die Fluchtwege werden gemäß Punkt 7.2.3 grundsätzlich gleich behandelt wie in Bürogebäuden. Aufgrund der möglichen Konfiguration der Schul- und Kindergartengebäude sowie anderen Gebäuden mit vergleichbarer Nutzung darf der zweite Fluchtweg nicht durch einen Rettungsweg gemäß Punkt 5.2 ersetzt werden. Ein einziger Fluchtweg über ein Treppenhaus bzw. eine Außentreppe nach Tabelle 2a bzw. 2b darf nur unter definierten Voraussetzungen zur Ausführung gelangen. Die grundsätzliche Notwendigkeit nach einem zweiten baulichen Fluchtweg wird damit begründet, dass in Schulen und Kindergärten im Gefahrenfall eine größere Anzahl von Personen (Kinder, Jugendliche und Lehrkräfte) in Sicherheit gebracht werden muss. Bei kleineren Schul- und Kindergartengebäuden trifft das Erfordernis des zweiten Fluchtweges dann nicht zu, wenn innerhalb von 40 m Gehweglänge vom entferntesten Punkt eines Unterrichtsraumes oder Gruppenraumes ein sicherer Ort des angrenzenden Geländes im Freien erreicht wird.

Besonderes Augenmerk wurde – wie in Punkt 7.2.2 bzw. 7.2.4 angeführt – auf jene Räume einer Schule gelegt (z.B. Garderoben, Werkräume, Chemie- und Physikräume), in denen ein Brand ein größeres Risiko für Schüler und Lehrer darstellen kann und zudem eine Beeinträchtigung von Fluchtwegen zu erwarten wäre.

2.1.2. OIB-Richtlinie 2

Gemäß Punkt 7.2.5 wurde die größtmögliche Brandabschnittsfläche – ohne zusätzliche Brandschutzmaßnahmen mit 1.600 m² festgelegt – als vertretbar angesehen. Hinsichtlich der Brandabschnittsfläche wird demnach eine Gleichbehandlung wie für die Büronutzung unter Punkt 3.1.1 vorgenommen.

Feuerstätten in Schulen müssen – wie unter Punkt 7.2.6 festgelegt – unabhängig von ihrer Nennwärmeleistung in einem eigenen Heizraum untergebracht werden, da sonst die Gefahr von Manipulationen an der Feuerungsanlage durch Schüler besteht. Eine Ausnahme wird unter festgelegten Rahmenbedingungen lediglich für Gasthermen gewährt.

Bei Schulen, Kindergärten und anderen Gebäuden mit vergleichbarer Nutzung mit einer Brutto-Grundfläche von nicht mehr als 3.200 m² wird gemäß Punkt 7.2.7 eine Fluchtwegs-Orientierungsbeleuchtung als ausreichend angesehen. Bei Brandereignissen ist mit dem Ausfall der Raumbeleuchtung zu rechnen, weshalb für die Selbstrettung von Personen auch bei Gebäuden dieser Größenordnung zumindest der Verlauf der Fluchtwege erkennbar sein muss. Bei einer Brutto-Grundfläche von mehr als 3.200 m² verbunden mit einer gleichzeitig anwesenden größeren Anzahl von Personen wird dagegen eine Sicherheitsbeleuchtung für erforderlich erachtet. Diesbezüglich wird auf die Bestimmungen der Elektrotechnikverordnung 2002-ETV 2002 BGBl. II Nr. 222/2002 in der Fassung BGBl. II Nr. 229/2014 hingewiesen, in der hinsichtlich Starkstromanlagen und Sicherheitsstromversorgung in baulichen Anlagen für Menschenansammlungen auf die ÖVE/ÖNORM E 8002-1, Ausgabe 2007-10-01 und -9, Ausgabe 2002-11-01 verwiesen wird.

Gemäß Punkt 7.2.9 werden nur in Kindergartengebäuden sowie in anderen Gebäuden mit vergleichbarer Nutzung (z.B. Tagesheime, Horte) vernetzte Rauchwarnmelder gefordert, da dort aufgrund eines möglichen Schlafrisikos und der schwierigeren Lenkbarkeit von Kleinkindern bzw. Kindern im Vorschulalter die Flucht einen längeren Zeitraum in Anspruch nehmen kann, sodass eine möglichst frühzeitige Brandentdeckung mit Einleitung der Flucht erforderlich ist.

Zu Punkt 7 3: Beherbergungsstätten, Studentenheime und andere Gebäude mit vergleichbarer Nutzung

Bei Beherbergungsstätten – die nach dieser Richtlinie als eine Betriebseinheit anzusehen sind – tritt aufgrund der größeren Personenbelegung im Vergleich zu Wohn- oder Büronutzung sowie wegen der Nutzungsvielfalt (z.B. Sauna, Küche) ein erhöhtes Risiko im Brandfall auch schon in der Gebäudeklasse 1 und 2 auf. Insbesondere ist zu berücksichtigen, dass es sich bei den Gästen hauptsächlich um Personen handelt, welche in einer für sie ungewohnten Umgebung zudem noch nächtigen. Es wurde daher unter Punkt 7.3.1 festgelegt, dass auch in kleineren Beherbergungsstätten (Gebäudeklasse 1 und 2) – ausgenommen Gebäude mit nur einem oberirdischen Geschoß – jedenfalls die Anforderungen für die Gebäudeklasse 3 erfüllt werden müssen.

Gemäß Punkt 7.3.2 wurde die größtmögliche Brandabschnittsfläche – ohne zusätzliche Brandschutzmaßnahmen – mit 1.600 m² als vertretbar angesehen. Hinsichtlich der Brandabschnittsfläche wird demnach eine Gleichbehandlung wie für die Büronutzung unter Punkt 3.1.1 vorgenommen.

Da eine Beherbergungsstätte als eine Betriebseinheit betrachtet wird, müssen Bauteile zwischen Bereichen unterschiedlicher Nutzung (z.B. Bettentrakt, Küche, Lagerräume) als Trennwände bzw. Trenndecken gemäß Tabelle 1b ausgebildet werden. Um die bisher insbesondere in ländlichen Touristikgegenden üblichen Holzbalkone für Beherbergungsstätten in Gebäuden mit nicht mehr als sechs oberirdischen Geschoßen weiterhin zu ermöglichen, wurde eine diesbezügliche Regelung unter Punkt 7.3.3 aufgenommen.

Die Fluchtwege werden grundsätzlich gleich behandelt wie in Bürogebäuden. Ein einziger Fluchtweg über ein Treppenhaus bzw. eine Außentreppe gemäß Tabelle 2a bzw. 2b ist entsprechend Punkt 7.3.4 allerdings nur für Beherbergungsstätten mit nicht mehr als 100 Gästebetten zulässig, wenn die Wände zwischen Gästezimmern und Gängen bzw. Gängen und sonstigen Räumen in REI 30 bzw. EI 30 und die Türen in diesen Wänden in EI_2 30-C ausgeführt werden. Diese Einschränkung bezogen auf die Zahl der Gästebetten bzw. die geforderten Feuerwiderstandsklassen ist deshalb erforderlich, da insbesondere aufgrund der gegenüber Wohngebäuden größeren Personendichte und der Ortsunkundigkeit der Gäste und daraus resultierenden höheren Gefährdungspotenzial sowie den dadurch erschwerten Einsatzbedingungen der Feuerwehr Rechnung zu tragen ist.

Bei den Anforderungen an Boden-, Wand- und Deckenbeläge in Aufenthaltsräumen wurden unter Punkt 7.3.7 auch die bisher in Beherbergungsstätten vielfach verwendeten Hölzer bzw. Holzwerkstoffe berücksichtigt.

Feuerstätten in Beherbergungsstätten müssen – wie unter Punkt 7.3.8 festgelegt – unabhängig von ihrer Nennwärmeleistung in einem eigenen Heizraum untergebracht werden, da sonst die Gefahr von Manipulationen an der Feuerungsanlage durch unbefugte Personen besteht. Eine Ausnahme wird unter festgelegten Rahmenbedingungen lediglich für Gasthermen gewährt.

Bei Beherbergungsstätten mit nicht mehr als 60 Gästebetten wird gemäß Punkt 7.3.9 eine Fluchtweg-Orientierungsbeleuchtung als ausreichend angesehen. Bei Brandereignissen ist mit dem Ausfall der Raumbeleuchtung zu rechnen, weshalb für die Selbstrettung von Personen auch bei Gebäuden dieser Größenordnung zumindest der Verlauf der Fluchtwege erkennbar sein muss. Bei mehr als 60 Gästebetten wird eine Sicherheitsbeleuchtung für erforderlich erachtet. Diesbezüglich wird auf die Bestimmungen der Elektrotechnikverordnung 2002-ETV 2002 BGBl. II Nr. 222/2002 in der Fassung BGBl. II Nr. 229/2014 hingewiesen, in der hinsichtlich Starkstromanlagen und Sicherheitsstromversorgung in baulichen Anlagen für Menschenansammlungen auf die *ÖVE/ÖNORM E 8002-1, Ausgabe 2007-10-01 und -5, Ausgabe 2002-11-01* verwiesen wird.

Unter Punkt 7.3.10 wurde hinsichtlich einer Brandfrüherkennung eine Einstufung der Beherbergungsstätten in Abhängigkeit von der Zahl der Gästebetten vorgenommen, um einerseits dem unterschiedlichen Risiko aufgrund der jeweiligen Personenanzahl gerecht zu werden und andererseits die bereits bisher in den meisten Bundesländern geübte Praxis beibehalten zu können. Bei Beherbergungsstätten mit nicht mehr als 30 Gästebetten wurde das Anforderungsprofil der Rauchwarnmelder gegenüber der Wohnnutzung insofern erweitert, als vernetzte Rauchwarnmelder gefordert werden. Bei Beherbergungsstätten mit mehr als 30 Gästebetten muss eine automatische Brandmeldeanlage vorhanden sein, die einen höheren Sicherheitsstandard als Rauchwarnmelder liefert; dabei sind Alarmierungseinrichtungen (z.B. Sirenen), die zur Warnung der Personen innerhalb der Beherbergungsstätte dienen, inkludiert. Brandmeldeanlagen in Beherbergungsstätten mit mehr als 100 Gästebetten müssen zudem eine direkte Alarmierung der Feuerwehr herbeiführen.

Gemäß Punkt 7.3.13 werden für Schutzhütten in Extremlage insofern Erleichterungen gewährt, als Schutzhütten in die zutreffende Gebäudeklasse eingestuft werden können. Daher fallen Schutzhütten mit nicht mehr als drei oberirdischen Geschoßen sowie einer Brutto-Grundfläche von nicht mehr als 400 m² in die Gebäudeklasse 1. Außerdem wird zur Brandfrüherkennung und Alarmierung eine Gefahrenanlage als ausreichend erachtet, da aufgrund der langen Anmarschwege der Feuerwehr die Wirkung der frühzeitigen Alarmierung im Hinblick auf ein rasches Eintreffen der Feuerwehr wieder aufgehoben wird. Als Regelwerk kann die *DIN VDE 0833* herangezogen werden.

Zu Punkt 7.4: Verkaufsstätten

Für eingeschoßige freistehende Verkaufsstätten soll es – vor allem der bisherigen Praxis entsprechend – gewisse Erleichterungen geben. So ist es gemäß Punkt 7.4.1 möglich, dass die Tragkonstruktion entweder in R 30 oder nur aus Baustoffen der Klasse A2 ausgeführt wird. Dies ist deshalb möglich, da bei freistehenden Verkaufsstätten nur Fluchtwege in einer Ebene vorhanden sind, sodass Personen – ohne ein Treppenhaus benützen zu müssen – rasch einen sicheren Ort im Freien erreichen, ausreichende Fensterflächen bzw. Rauch- und Wärmeabzugseinrichtungen zur thermischen Entlastung der Tragkonstruktion gegeben sind, und ein Löschangriff durch die Feuerwehr als eher unproblematisch angesehen wird.

In Punkt 7.4.2 werden Anforderungen nur für Verkaufsstätten mit einer Verkaufsfläche von mehr als 600 m² und nicht mehr als 3.000 m² oder für Verkaufsstätten mit nicht mehr als drei in offener Verbindung stehenden Geschoßen formuliert. Dies deshalb, da damit einerseits Verkaufsstätten mit einer Verkaufsfläche von nicht mehr als 600 m² (z.B. kleinere Einzelhandelsgeschäfte) unter den Anwendungsbereich der Punkte 2 bis 6 fallen und andererseits diese Typen von Verkaufsstätten in der Praxis sehr häufig vorkommen. Für derartige Größenordnungen können noch allgemein gültige Regelungen aufgestellt werden. Die traditionelle Brandabschnittsbildung zu Räumen, die zur Verkaufsstätte gehören, wird gemäß Punkt 7.4.2 (a) beibehalten. Unter Punkt 7.4.2 (b) wird festgehalten, dass die Anforderungen der Tabelle 4 gelten. Diese tabellarische Darstellungsform wurde zwecks leichterer Lesbarkeit gewählt. Dabei erfolgt die Unterteilung nach der Größe der Brandabschnittsflächen einerseits nach dem Prinzip eines Vielfachen der Mindestanwendungsgröße von 600 m² und andererseits nach den in der Praxis üblicherweise vorkommenden Größen. Die Anforderungen an Decken zwischen den Geschoßen innerhalb der Verkaufsstätte sind in

2.1.2. OIB-Richtlinie 2

Abhängigkeit der Verkaufsbrandabschnittsfläche und der Anzahl der in offener Verbindung stehenden Geschoße festgelegt. Mit zunehmender Brandabschnittsfläche und Geschoßzahl wird die frühzeitige Alarmierung bzw. das Einsetzen von selbsttätigen Löschmaßnahmen für erforderlich erachtet. Die Fluchtwege werden gemäß Punkt 7.4.2 (c) grundsätzlich gleich behandelt wie in Bürogebäuden. Aufgrund der möglichen Konfiguration der Verkaufsstätten darf der zweite Fluchtweg weder durch einen Rettungsweg gemäß Punkt 5.2 ersetzt werden, noch darf ein einziger Fluchtweg über ein Treppenhaus bzw. eine Außentreppe gemäß Tabelle 2a bzw. 2b zur Ausführung gelangen. Dies wurde deshalb nicht zugelassen, da insbesondere einerseits aufgrund der zu erwartenden erhöhten Personenanzahl und der Ausgestaltung der Fassade (schwere Zugänglichkeit infolge von „Schaufenstern" bzw. durchgehenden Glasfassaden ohne eine ausreichende Anzahl von öffenbaren Fenstern) mit den üblichen Rettungsgeräten der Feuerwehr eine rasche Bergung kaum möglich ist und andererseits aufgrund der in der Regel unübersichtlichen Raumgestaltung (hohe Stellagen, von der Decke herabhängende Dekoration) die Fluchtmöglichkeit zu nur einem Treppenhaus im Brandfall eine nicht zumutbare Gefährdung darstellen würde. Bei Verkaufsstätten mit einer Verkaufsfläche von nicht mehr als 2.000 m² wird gemäß Punkt 7.4.2 (d) eine Fluchtweg-Orientierungsbeleuchtung als ausreichend angesehen. Bei einer Verkaufsfläche von mehr als 2.000 m² wird eine Sicherheitsbeleuchtung für erforderlich erachtet. Diesbezüglich wird auf die Bestimmungen der Elektrotechnikverordnung 2002-ETV 2002 BGBl. II Nr. 222/2002 in der Fassung BGBl. II Nr. 229/2014 hingewiesen, in der hinsichtlich Starkstromanlagen und Sicherheitsstromversorgung in baulichen Anlagen für Menschenansammlungen auf die ÖVE/ÖNORM E 8002-1, Ausgabe 2007-10-01 und -3, Ausgabe 2002-11-01 verwiesen wird.

In Punkt 7.4.3 wird festgehalten, dass für Verkaufsstätten mit einer Verkaufsfläche von mehr als 3.000 m² oder Verkaufsstätten mit mehr als drei in offener Verbindung stehenden Geschoßen ein Brandschutzkonzept vorzulegen ist. In diesem Fall ist jedes Bauvorhaben gesondert zu betrachten. Als Orientierungshilfe kann die TRVB 138 N, Ausgabe 2010 herangezogen werden.

Zu Punkt 8: Betriebsbauten

Da Betriebsbauten unabhängig von deren Größe in der Regel gesondert betrachtet werden können, sind die Anforderungen in der OIB-Richtlinie 2.1 „Brandschutz bei Betriebsbauten" zusammengefasst, die grundsätzlich als eigenständiges Regelwerk zur Anwendung kommen kann. Es ist allerdings zu beachten, dass zusätzlich auch einige Bestimmungen der Richtlinie 2 relevant sein können (z.B. Punkt 3.4 Schächte, Kanäle, Leitungen und sonstige Einbauten, Punkt 3.6 Aufzüge, Punkt 3.7 Feuerstätten und Verbindungsstücke, Punkt 3.8 Abgasanlagen, Punkt 3.9 Räume mit erhöhter Brandgefahr).

Zu Punkt 9: Garagen, überdachte Stellplätze und Parkdecks

Da Garagen, überdachte Stellplätze und Parkdecks unabhängig von deren Größe in der Regel gesondert betrachtet werden, werden die Anforderungen für alle Typen in der OIB-Richtlinie 2.2 „Brandschutz bei Garagen, überdachten Stellplätzen und Parkdecks" zusammengefasst. Es ist zu beachten, dass gegebenenfalls zusätzlich auch einige Bestimmungen der Richtlinie 2 relevant sein können (z.B. Punkt 3.4 Schächte, Kanäle, Leitungen und sonstige Einbauten, Punkt 3.9 Räume mit erhöhter Brandgefahr, Tabelle 3 Anforderungen an Treppenhäuser bzw. Außentreppen im Verlauf von Fluchtwegen).

Zu Punkt 10: Gebäude mit einem Fluchtniveau von mehr als 22 m

In diesem Punkt wird auf die OIB-Richtlinie 2.3 „Brandschutz bei Gebäuden mit einem Fluchtniveau von mehr als 22 m" verwiesen. Es ist zu beachten, dass gegebenenfalls zusätzlich auch einige Bestimmungen der Richtlinie 2 relevant sein können (z.B. Punkt 3.4 Schächte, Kanäle, Leitungen und sonstige Einbauten).

Zu Punkt 11: Sondergebäude

In diesem Punkt werden all jene Gebäudetypen zusammengefasst, für die ein Brandschutzkonzept vorzulegen ist. Da für diese Gebäudetypen aufgrund ihrer Besonderheiten keine allgemein gültigen Anforderungen gestellt werden können, ist für jedes Bauvorhaben ein Brandschutzkonzept auszuarbeiten. Darin ist der Nachweis zu erbringen, dass nach dem Stand der Technik bzw. Wissenschaft der Gefährdung von Leben und Gesundheit von Personen durch Brand vorgebeugt sowie die Brandausbreitung eingeschränkt wird.

Dabei handelt es sich um Gebäude mit erhöhter Personenanzahl, bei denen unvorhersehbare Reaktionen der Besucher nicht ausgeschlossen werden können. Namentlich werden jene Versammlungsstätten angeführt, in denen sich mehr als 1.000 Personen aufhalten können. Auf den den Bundesländern zur probeweisen Anwendung übermittelten OIB-Leitfaden „Harmonisierte Anforderungen an Bauwerke und sonstige Einrichtungen für größere Menschenansammlungen", Ausgabe 2013-07-09 wird hingewiesen.

Ebenso werden jene Gebäude angeführt, die bedingt durch ihre Nutzungsart (z.B. Krankenhäuser, Alters- und Pflegeheime) besondere Maßnahmen zur Hintanhaltung der Personengefährdung bzw. zur Rettung und/oder Evakuierung von Personen mit eingeschränkter bzw. nicht vorhandener Mobilität fordern.

Bei den genannten Justizanstalten ist die Problematik der grundsätzlich versperrt zu haltenden Türen zu beachten, die im Normalfall ein Flüchten verhindern sollen, im Brandfall aber ein enormes Risiko für die eingeschlossenen Personen darstellen.

Schließlich fallen noch all jene Gebäudetypen darunter, auf die die Anforderungen der OIB-Richtlinie 2 aufgrund des Verwendungszweckes oder der Bauweise nicht zur Gänze anwendbar sind, wie z.B. Messehallen, Sportstadien.

OiB-Richtlinie 2.1

Brandschutz bei Betriebsbauten

Ausgabe: März 2015

0	Vorbemerkungen	2
1	Begriffsbestimmungen	2
2	Zulässige Netto-Grundfläche in oberirdischen Geschoßen innerhalb von Hauptbrandabschnitten	2
3	Allgemeine Anforderungen	3
4	Anforderungen an Lagergebäude und Gebäude mit Lagerbereichen in Produktionsräumen	7
5	Erfordernis eines Brandschutzkonzeptes	7
Anhang A	Einstufung der Lagergüter in Kategorien	11

2. Kärntner Bauvorschriften – K-BV

0 Vorbemerkungen

Die zitierten Normen und sonstigen technischen Regelwerke gelten in der im Dokument „OIB-Richtlinien – Zitierte Normen und sonstige technische Regelwerke" angeführten Fassung.

Werden in dieser Richtlinie Anforderungen an die Feuerwiderstandsklasse in Verbindung mit Anforderungen an Baustoffe der Klasse A2 gestellt, gilt dies auch als erfüllt, wenn
- die für die Tragfähigkeit wesentlichen Bestandteile der Bauteile der Klasse A2 entsprechen und
- die sonstigen Bestandteile aus Baustoffen der Klasse B bestehen.

Raumabschließende Bauteile müssen zusätzlich – wenn ein Durchbrand nicht ausgeschlossen werden kann – beidseitig mit Baustoffen der Klasse A2 dicht abgedeckt sein.

Es wird darauf hingewiesen, dass parallel zu den Bestimmungen dieser Richtlinie gegebenenfalls einzelne Bestimmungen der OIB-Richtlinie 2 „Brandschutz" zu berücksichtigen sind.

Bei Betriebsbauten können in Abhängigkeit des jeweiligen Gefahrenpotenzials, wie Brandbelastung, Aktivierungsgefahr und Umgebungssituation, höhere Anforderungen notwendig werden, wie z.B. für Chemiebetriebe.

Für folgende Betriebsbauten sind aufgrund eines geringeren Risikos im Brandfall Erleichterungen von den Anforderungen dieser Richtlinie zulässig:
- Betriebsbauten, die lediglich der Aufstellung technischer Anlagen dienen und von Personen nur vorübergehend zu Wartungs- und Kontrollzwecken begangen werden (Einhausung z.B. aus Gründen des Witterungs- oder Immissionsschutzes),
- Betriebsbauten, die überwiegend offen sind, wie überdachte Freianlagen oder Freilager, oder die aufgrund ihres Verhaltens im Brandfall diesen gleichgestellt werden können.

Von den Anforderungen dieser OIB-Richtlinie kann entsprechend den jeweiligen landesrechtlichen Bestimmungen abgewichen werden, wenn vom Bauwerber nachgewiesen wird, dass das gleiche Schutzniveau wie bei Anwendung der Richtlinie erreicht wird. Hierbei ist der OIB-Leitfaden „Abweichungen im Brandschutz und Brandschutzkonzepte" anzuwenden.

Bei Änderungen an bestehenden Bauwerken sind im Einzelfall gegebenenfalls Erleichterungen entsprechend den jeweiligen landesrechtlichen Bestimmungen zulässig.

1 Begriffsbestimmungen

Es gelten die Begriffsbestimmungen des Dokumentes „OIB-Richtlinien – Begriffsbestimmungen".

2 Zulässige Netto-Grundfläche in oberirdischen Geschoßen innerhalb von Hauptbrandabschnitten

2.1 Hauptbrandabschnitte sind durch Brandwände gemäß Punkt 3.8 zu trennen. Hinsichtlich der zulässigen Netto-Grundfläche je oberirdisches Geschoß innerhalb von Hauptbrandabschnitten gelten die Anforderungen gemäß Tabelle 1.

2.2 Bei Betriebsbauten mit mehr als einem oberirdischen Geschoß müssen die Decken zwischen den Geschoßen die nach Tabelle 1 erforderliche Feuerwiderstandsdauer nicht nur hinsichtlich des Kriteriums der Tragfähigkeit (R), sondern auch hinsichtlich der Kriterien des Raumabschlusses (E) und der Wärmedämmung (I) erfüllen.

2.3 Bei Betriebsbauten mit nicht mehr als zwei oberirdischen Geschoßen und einer Netto-Grundfläche von insgesamt nicht mehr als 3.000 m² sind offene Deckendurchbrüche (z.B. Treppen, Schächte, Arbeitsöffnungen) ohne Feuerschutzabschlüsse zulässig.

2.4 Bei Betriebsbauten mit nicht mehr als zwei oberirdischen Geschoßen sind offene Deckendurchbrüche ohne Feuerschutzabschlüsse bis zu einer Netto-Grundfläche von insgesamt nicht mehr als 7.500 m² zulässig, wenn eine erweiterte automatische Löschhilfeanlage in der Sicherheitskategorie K 4.1 vorhanden ist.

2.5 Bei Betriebsbauten mit mehr als zwei oberirdischen Geschoßen sind offene Deckendurchbrüche ohne Feuerschutzabschlüsse bis zu einer Netto-Grundfläche von insgesamt nicht mehr als 10.000 m² zulässig, wenn eine Sprinkleranlage in der Sicherheitskategorie K 4.2 vorhanden ist.

2.1.2.1. OIB-Richtlinie 2.1

3 Allgemeine Anforderungen

3.1 Löschwasserbedarf

Für Betriebsbauten ist der Löschwasserbedarf in Abstimmung mit der Feuerwehr unter Berücksichtigung der Netto-Grundflächen der Hauptbrandabschnitte bzw. Brandabschnitte, der Brandlasten sowie der technischen Brandschutzeinrichtungen festzulegen und bereitzustellen.

3.2 Schutzabstände

3.2.1 Betriebsbauten müssen von der Nachbargrundstücks- bzw. Bauplatzgrenze so weit entfernt sein, dass unter Berücksichtigung des Feuerwehreinsatzes eine Brandübertragung auf Nachbargebäude weitgehend verhindert wird. Dabei sind jeweils Bauweise, Lage, Ausdehnung, Nutzung und vorhandene Sicherheitskategorie zu berücksichtigen.

3.2.2 Bei Betriebsbauten mit Außenwänden ohne definierten Feuerwiderstand ist ohne näheren Nachweis ein Abstand zur Nachbargrundstücks- bzw. Bauplatzgrenze von 6/10 der Höhe der zugekehrten Außenwand, mindestens jedoch 3,00 m, ausreichend.

3.2.3 Beträgt der Abstand der Außenwand zur Nachbargrundstücks- bzw. Bauplatzgrenze weniger als 6/10 der Höhe der zugekehrten Außenwand bzw. weniger als 3,00 m, so müssen erforderlichenfalls brandschutztechnische Maßnahmen getroffen werden, die auf die baulichen Gegebenheiten der Außenwände und deren Abstand von der Nachbargrundstücks- bzw. Bauplatzgrenze abzustimmen sind. Bei Betriebsbauten mit einer Brutto-Grundfläche von nicht mehr als 400 m² genügt ein Abstand von 2,00 m. Außenwände, deren Abstand weniger als 1,00 m beträgt, sind jedenfalls als Brandwände gemäß Punkt 3.8 auszubilden.

3.2.4 Die Anforderungen gemäß Punkt 3.2.3 gelten nicht, wenn das angrenzende Nachbargrundstück bzw. der Bauplatz aufgrund tatsächlicher oder rechtlicher Umstände auf Dauer von einer künftigen Bebauung ausgeschlossen ist (z.B. Verkehrsflächen im Sinne der raumordnungsrechtlichen Bestimmungen, öffentliche Parkanlagen oder Gewässer).

3.2.5 Betriebsbauten auf demselben Grundstück bzw. Bauplatz können dann als getrennte Hauptbrandabschnitte bzw. Brandabschnitte angesehen werden, wenn diese voneinander so weit entfernt sind, dass unter Berücksichtigung des Feuerwehreinsatzes eine Brandübertragung weitgehend verhindert wird. Dabei sind jeweils Bauweise, Lage, Ausdehnung, Nutzung und vorhandene Sicherheitskategorie zu berücksichtigen. Bei Betriebsbauten mit Außenwänden ohne definierten Feuerwiderstand ist ohne näheren Nachweis ein Abstand von 6/10 der Summe der Höhen der zugekehrten Außenwände, mindestens jedoch 6,00 m, ausreichend.

3.3 Lage und Zugänglichkeit

3.3.1 Jeder Hauptbrandabschnitt muss mit mindestens einer Seite an einer Außenwand liegen und von dort für die Feuerwehr zugänglich sein. Dies gilt nicht für Hauptbrandabschnitte, die eine erweiterte automatische Löschhilfeanlage oder eine automatische Feuerlöschanlage aufweisen.

3.3.2 Freistehende bzw. aneinander gebaute Betriebsbauten mit einer zusammenhängenden überbauten Grundfläche von mehr als 5.000 m² müssen für die zur Brandbekämpfung erforderlichen Feuerwehrfahrzeuge umfahrbar sein.

3.3.3 Für die Feuerwehr sind die erforderlichen Zufahrten, Durchfahrten sowie Aufstell- und Bewegungsflächen zu schaffen und ständig freizuhalten.

3.4 Zweigeschoßige Betriebsbauten

Wird bei einem zweigeschoßigen Betriebsbau das untere Geschoß einschließlich der Decken mit Bauteilen in REI 90 und A2 bzw. EI 90 und A2 hergestellt und werden für beide Geschoße Zufahrten für die Feuerwehr auf Geschoßniveau auf jeweils mindestens einer Seite angeordnet, dann kann das obere Geschoß wie ein Betriebsbau mit einem oberirdischen Geschoß angesehen werden.

3.5 Unterirdische Geschoße

3.5.1 Unterirdische Geschoße sind durch brandabschnittsbildende Wände und Decken in A2 zu begrenzen. Bei Betriebsbauten mit nur einem unterirdischen Geschoß darf der Brandabschnitt eine Netto-Grundfläche von 1.200 m^2 nicht überschreiten. Bei Betriebsbauten mit mehreren unterirdischen Geschoßen darf der Brandabschnitt des ersten unterirdischen Geschoßes eine Netto-Grundfläche von 1.200 m² und der Brandabschnitt jedes weiteren unterirdischen Geschoßes eine Netto-Grundfläche von je 600 m² nicht überschreiten.

3.5.2 Abweichend von Punkt 3.5.1 kann ein unterirdisches Geschoß mit einer Netto-Grundfläche von nicht mehr als 600 m² mit dem ersten oberirdischen Geschoß in offener Verbindung stehen, wenn die gesamte zusammenhängende Netto-Grundfläche der beiden Geschoße nicht mehr als 1.800 m² beträgt und eine allenfalls vorhandene Decke des unterirdischen Geschoßes R 90 und A2 entspricht.

3.5.3 Die im Punkt 3.5.1 bzw. 3.5.2 festgelegten Netto-Grundflächen für Brandabschnitte können bei Vorhandensein
(a) einer erweiterten automatischen Löschhilfeanlage auf das Doppelte, oder
(b) einer Sprinkleranlage auf das Dreieinhalbfache
erhöht werden.

3.5.4 Für Öffnungen in Brandabschnitten von unterirdischen Geschoßen gelten die Bestimmungen des Punktes 3.8.4 sinngemäß.

3.6 Fluchtwege

3.6.1 Von jeder Stelle jedes Raumes muss vorhanden ist, in höchstens 40 m Gehweglänge erreichbar sein:
(a) ein direkter Ausgang zu einem sicheren Ort des angrenzenden Geländes im Freien, oder
(b) ein gesicherter Fluchtbereich (z.B. Treppenhaus, Außentreppe).

3.6.2 Liegen keine anderen Gefährdungen als durch Brandeinwirkung vor, kann die in Punkt 3.6.1 angeführte Gehweglänge von 40 m verlängert werden auf
(a) höchstens 50 m bei Räumen mit einer mittleren lichten Raumhöhe von mindestens 10 m,
(b) höchstens 50 m bei Räumen mit einer mittleren lichten Raumhöhe von mindestens 5,00 m bei Vorhandensein einer automatischen Brandmeldeanlage mindestens im Schutzumfang „Brandabschnittsschutz" mit Rauchmeldern,
(c) höchstens 70 m bei Räumen mit einer mittleren lichten Raumhöhe von mindestens 10 m bei Vorhandensein einer automatischen Brandmeldeanlage mindestens im Schutzumfang „Brandabschnittsschutz", mit Rauchmeldern,
(d) höchstens 70 m bei Vorhandensein einer Rauch- und Wärmeabzugsanlage, welche durch eine automatische Brandmeldeanlage mindestens im Schutzumfang „Brandabschnittsschutz" mit Rauchmeldern angesteuert wird,
wenn in jedem Geschoß – ohne Begrenzung der Gehweglänge – mindestens ein weiterer und möglichst entgegengesetzt liegender Ausgang direkt ins Freie oder in ein Treppenhaus bzw. eine Außentreppe mit jeweils einem Ausgang zu einem sicheren Ort des angrenzenden Geländes im Freien oder in einen anderen Hauptbrandabschnitt bzw. Brandabschnitt vorhanden ist.
Bei der Ermittlung der mittleren lichten Raumhöhe bleiben untergeordnete Räume oder Ebenen mit einer Netto-Grundfläche von nicht mehr als 400 m² unberücksichtigt.

3.6.3 Bei Betriebsbauten mit mehr als zwei oberirdischen Geschoßen müssen die Geschoße durch ein durchgehendes Treppenhaus gemäß Tabelle 2 verbunden sein, das einen Ausgang zu einem sicheren Ort des angrenzenden Geländes im Freien aufzuweisen hat.

3.6.4 Führen Fluchtwege gemäß Punkt 3.6.1 über Außentreppen, müssen folgende Anforderungen erfüllt sein:
(a) Außentreppen müssen aus A2 bestehen und so geschützt sein, dass im Brandfall keine Beeinträchtigung durch Flammeneinwirkung, gefahrbringende Strahlungswärme und/oder Verrauchung besteht.
(b) Bei Betriebsbauten mit mehr als zwei oberirdischen Geschoßen müssen die vom Gebäude auf Außentreppen führenden Türen EI$_2$ 30-C entsprechen. Abweichend davon genügt bei Türen aus Räumen mit geringer Brandlast eine Ausführung in E 30-C.

2.1.2.1. OIB-Richtlinie 2.1

3.7 Rauch- und Wärmeabzug

3.7.1 Produktions- und Lagerräume, die jeweils eine Netto-Grundfläche je Geschoß von mehr als 200 m² und nicht mehr als 1.200 m² aufweisen, müssen Wand- und/oder Deckenöffnungen erhalten, die im Brandfall eine Rauchableitung ins Freie ermöglichen. Dies gilt jedenfalls als erfüllt, wenn die Räume Öffnungen von mindestens 2 % der jeweiligen Netto-Grundfläche aufweisen.

3.7.2 Für Produktions- und Lagerräume, die jeweils eine Netto-Grundfläche je Geschoß von mehr als 1.200 m² und nicht mehr als 1.800 m² aufweisen, muss eine ausreichende Rauch- und Wärmeableitung zur Unterstützung eines Feuerwehreinsatzes vorhanden sein. Die Einrichtungen zur Rauch- und Wärmeabfuhr müssen die technischen Anforderungen an Rauch- und Wärmeabzugsanlagen (RWA) erfüllen und entsprechend einer anerkannten Richtlinie ausgeführt werden. Die Rauch- und Wärmeabzugsanlagen müssen über eine automatische Auslösung (z.B. thermische Einzelauslösung) verfügen sowie von einer im Brandfall sicheren Stelle eine zentrale manuelle Auslösung durch die Feuerwehr ermöglichen.

3.7.3 Für Produktions- und Lagerräume, die jeweils eine Netto-Grundfläche je Geschoß von mehr als 1.800 m² haben, muss eine ausreichende Rauch- und Wärmeableitung zur Reduzierung der Brandauswirkungen vorhanden sein. Die Einrichtungen zur Rauch- und Wärmeabfuhr müssen die technischen Anforderungen an Rauch- und Wärmeabzugsanlagen (RWA) erfüllen und entsprechend einer anerkannten Richtlinie ausgeführt werden.

3.8 Brandwände

3.8.1 Anstelle von Brandwänden gemäß den Punkten 3.8.2 bis 3.8.4 genügen auch brandabschnittsbildende Wände in REI 90 und A2 bzw. EI 90 und A2, wenn in oberirdischen Geschoßen ausschließlich Brandabschnitte mit einer Netto-Grundfläche von jeweils nicht mehr als 1.200 m² vorhanden sind. Die brandabschnittsbildenden Wände müssen mindestens 15 cm über Dach geführt werden. Sie brauchen nur bis zur Dacheindeckung geführt werden, wenn eine Brandübertragung durch andere Maßnahmen wirksam eingeschränkt wird.

3.8.2 Brandwände müssen in REI 90 und A2 bzw. EI 90 und A2 ausgeführt werden. Ist im Brandfall mit einer mechanischen Beanspruchung (z.B. durch im Brandfall umstürzende Lagerungen) zu rechnen, müssen Brandwände auch das Leistungskriterium „M" erfüllen.

3.8.3 Brandwände müssen grundsätzlich vertikal vom Fundament bis mindestens 0,50 m über Dach geführt werden. Sie brauchen nur bis zur Dacheindeckung geführt werden, wenn eine Brandübertragung durch andere Maßnahmen gleichwertig behindert wird. Verlaufen Brandwände versetzt, ist durch geeignete Maßnahmen eine Brandübertragung zu behindern.

3.8.4 Öffnungen in Brandwänden sind zulässig, wenn die Abschlüsse die gleiche Feuerwiderstandsdauer wie die Wände aufweisen. Abweichend davon sind in Betriebsbauten, in denen es das Gefährdungspotenzial zulässt, und in Betriebsbauten, die mit einer automatischen Brandmeldeanlage oder einer erweiterten automatischen Löschhilfeanlage oder einer automatischen Feuerlöschanlage ausgestattet sind, Türen und Tore in EI$_2$ 30-C ausreichend, wenn eine Summe aller Öffnungsflächen 20 m² nicht überschreitet. Abschlüsse, die aus betrieblichen Gründen offen gehalten werden, müssen mit Feststellanlagen ausgestattet sein, die bei Raucheinwirkung ein selbsttätiges Schließen bewirken.

3.8.5 Im Bereich der Außenwände ist durch geeignete Maßnahmen eine Brandübertragung auf andere Hauptbrandabschnitte zu behindern. Geeignete Maßnahmen sind z.B.:
- ein mindestens 0,50 m vor der Außenwand vorstehender Teil der Brandwand, der einschließlich seiner Bekleidung aus A2 besteht,
- ein im Bereich der Brandwand angeordneter Außenwandabschnitt in REI 90 bzw. EI 90 mit einer Breite von mindestens 2,00 m, der einschließlich seiner Bekleidung aus A2 besteht.

3.8.6 Wenn Gebäude oder Gebäudeteile in einem Winkel von weniger als 135 Grad über Eck zusammenstoßen und in diesem Bereich durch eine Brandwand abgeschlossen oder unterteilt werden, so muss die Wand über die innere Ecke mindestens 5,00 m fortgeführt werden. Von diesen Anforderungen kann abgewichen werden, wenn eine Brandübertragung durch andere Maßnahmen gleichwertig behindert wird.

2. Kärntner Bauvorschriften – K-BV

3.9 Außenwände und Außenwandbekleidungen

3.9.1 Bei Betriebsbauten mit einer Außenwandhöhe von nicht mehr als 14 m müssen Außenwandbekleidungen sowie die Komponenten bzw. das Gesamtsystem von nichttragenden Außenwänden der Klasse C entsprechen. Es können auch Baustoffe aus Holz und Holzwerkstoffen der Klasse D verwendet werden, wobei gegebenenfalls verwendete Dämmstoffe der Klasse A2 entsprechen müssen.

3.9.2 Bei Betriebsbauten mit nicht mehr als einem oberirdischen Geschoß und einer Außenwandhöhe von mehr als 14 m müssen die Komponenten bzw. das Gesamtsystem von nichttragenden Außenwänden aus B bestehen.

3.9.3 Bei Betriebsbauten mit mehr als einem oberirdischen Geschoß und einer Außenwandhöhe von mehr als 14 m müssen die Komponenten bzw. das Gesamtsystem von nichttragenden Außenwänden aus A2 bestehen.

3.9.4 Bei Betriebsbauten mit mehr als einem oberirdischen Geschoß sind bei hinterlüfteten Außenwänden sowie bei Doppel- und Vorhangfassaden Maßnahmen zu treffen, die eine Brandausbreitung über deren Zwischenräume in andere Geschoße wirksam einschränken.

3.9.5 Für tragende Außenwände gelten – wenn in Tabelle 1 keine höheren Anforderungen an das Brandverhalten gestellt werden – die Punkte 3.9.1 bis 3.9.4 sinngemäß.

3.9.6 In Sockelbereichen ist die Verwendung von Dämmstoffen der Klasse E zulässig.

3.10 Bedachungen

3.10.1 Die Dacheindeckung bzw. Bedachung muss in B_{ROOF} (t1) ausgeführt werden.

3.10.2 Bei Hauptbrandabschnitten mit einer Dachfläche von mehr als 1.800 m² ist
(a) die Dachkonstruktion unter Berücksichtigung des Brandverhaltens der verwendeten Wärmedämmung so auszubilden, dass eine Brandausbreitung innerhalb eines Hauptbrandabschnittes über das Dach eingeschränkt wird,
(b) im Bereich von Dachdurchdringungen durch konstruktive Maßnahmen eine Brandweiterleitung einzuschränken.

3.11 Sonstige Brandschutzmaßnahmen

3.11.1 Abhängig von der Art bzw. Nutzung des Betriebes müssen in Betriebsbauten geeignete Mittel der ersten Löschhilfe und in Produktions- oder Lagerräumen mit einer Netto-Grundfläche je Geschoß von mehr als 1.800 m² Wandhydranten in ausreichender Zahl vorhanden sowie gut sichtbar und leicht zugänglich angeordnet sein.

3.11.2 Für Betriebsbauten mit einer Netto-Grundfläche von insgesamt mehr als 3.000 m² ist mindestens ein geeigneter und nachweislich ausgebildeter Brandschutzbeauftragter (BSB) zu bestellen und sind im Einvernehmen mit der örtlich zuständigen Feuerwehr Brandschutzpläne anzufertigen sowie der Feuerwehr zur Verfügung zu stellen. Bei Betriebsbauten mit unübersichtlicher Gebäudestruktur, bei Vorliegen eines besonderen Gefährdungspotenzials sowie bei Vorhandensein von Sonderlöschmittelvorräten oder besonderen technischen Brandschutzeinrichtungen (z.B. automatische Brandmeldeanlagen, erweiterte automatische Löschhilfeanlagen, automatische Löschanlagen) kann auch bei Unterschreitung der Netto-Grundfläche von 3.000 m² ein Brandschutzbeauftragter bzw. Brandschutzplan erforderlich sein.

3.11.3 Automatische Brandmeldeanlagen (BMA) müssen nach einer anerkannten Richtlinie ausgeführt werden. Die automatische Alarmweiterleitung zu einer Empfangszentrale einer ständig besetzten öffentlichen Alarmannahmestelle ist – ausgenommen bei Vorhandensein der Sicherheitskategorie K 3.2 – sicherzustellen.

3.11.4 Erweiterte automatische Löschhilfeanlagen (EAL) müssen nach einer anerkannten Richtlinie ausgeführt werden. Die automatische Alarmweiterleitung zu einer Empfangszentrale einer ständig besetzten öffentlichen Alarmannahmestelle ist sicherzustellen.

2.1.2.1. OIB-Richtlinie 2.1

3.11.5 Automatische Löschanlagen (z.B. Sprinkleranlage SPA) müssen nach einer anerkannten Richtlinie ausgeführt werden. Die automatische Alarmweiterleitung zu einer Empfangszentrale einer ständig besetzten öffentlichen Alarmannahmestelle ist sicherzustellen.

4 Anforderungen an Lagergebäude und Gebäude mit Lagerbereichen in Produktionsräumen

Dieser Punkt enthält ergänzende bzw. abweichende Bestimmungen zu den Anforderungen gemäß den Punkten 2 und 3, wobei für die Ermittlung der Lagerguthöhe jeweils von der Oberkante des höchst gelagerten Lagergutes auszugehen ist.

4.1 Lagergebäude können gemäß den Anforderungen der Punkte 2 und 3 ausgeführt werden, wenn
  (a) die Lagerguthöhe nicht mehr als 4,00 m beträgt, oder
  (b) die Lagerguthöhe nicht mehr als 9,00 m und die Lagerabschnittsfläche je Geschoß nicht mehr als 400 m² beträgt.

4.2 Gebäude mit Lagerbereichen in Produktionsräumen können gemäß den Anforderungen der Punkte 2 und 3 ausgeführt werden, wenn
  (a) die Lagerguthöhe nicht mehr als 4,00 m beträgt, oder
  (b) die Lagerguthöhe nicht mehr als 6,00 m beträgt, die zusammenhängenden Lagerbereiche jeweils nicht mehr als 400 m² betragen und die Summe aller Lagerbereiche innerhalb eines Hauptbrandabschnittes bzw. Brandabschnittes 1.200 m² nicht überschreitet, wobei Lagerbereiche als nicht zusammenhängend gelten, wenn sie einen Abstand untereinander von mindestens 10 m aufweisen, oder
  (c) Einzel- oder Doppelregale mit Lagerguthöhen von mehr als 4,00 m und nicht mehr als 7,50 m und zu anderen Einzel- oder Doppelregalen einen Abstand von mindestens 10 m aufweisen.

4.3 Für Lagergebäude und Gebäude mit Lagerbereichen in Produktionsräumen, die nicht Punkt 4.1 bzw. Punkt 4.2 entsprechen, gelten abweichend zu Tabelle 1 folgende Anforderungen:
  (a) Bei Gebäuden mit nicht mehr als einem oberirdischen Geschoß muss die Tragkonstruktion des Lagergebäudes aus A2 bestehen oder in R 30 ausgeführt werden.
  (b) Bei mehrgeschoßigen Lagergebäuden müssen die tragenden Bauteile und Decken REI 90 entsprechen und aus A2 bestehen. Abweichend von diesen Anforderungen genügt bei Lagergebäuden mit nicht mehr als zwei oberirdischen Geschoßen für die Primärkonstruktion des Daches R 60.
  (c) Es gilt die Tabelle 3. Die Einstufung der Lagergüter in die einzelnen Kategorien hat nach Anhang A zu erfolgen. Alternativ dazu können z.B. in langjähriger, weit verbreiteter Anwendungspraxis akzeptierte Erfahrungswerte herangezogen werden.

4.4 Lagergebäude mit einer Netto-Grundfläche je Geschoß von mehr als 200 m² und nicht mehr als 600 m² müssen Wand- und/oder Deckenöffnungen aufweisen, die im Brandfall eine Rauchableitung ins Freie ermöglichen. Dies gilt jedenfalls erfüllt, wenn Öffnungen von 2 % der Netto-Grundfläche des jeweiligen Geschoßes vorhanden sind.

5 Erfordernis eines Brandschutzkonzeptes

Für folgende Betriebsbauten ist jedenfalls ein Brandschutzkonzept erforderlich, das dem OIB-Leitfaden „Abweichungen im Brandschutz und Brandschutzkonzepte" zu entsprechen hat:
  (a) Regallager mit Lagerguthöhen von mehr als 9,00 m (Oberkante Lagergut),
  (b) Betriebsbauten, deren höchster Punkt des Daches mehr als 25 m über dem tiefsten Punkt des an das Gebäude angrenzenden Geländes nach Fertigstellung liegt,
  (c) Lagergebäude bzw. Gebäude mit Lagerbereichen in Produktionsräumen mit jeweils wechselnder Kategorie der Lagergüter, wenn die brandschutztechnischen Einrichtungen gemäß Tabelle 3 nicht auf die höchste zu erwartende Kategorie der Lagergüter ausgelegt werden,
  (d) Betriebsbauten mit Hauptbrandabschnitten, die die in Tabelle 1 angeführten Flächen überschreiten.

Tabelle 1: Zulässige Netto-Grundfläche je oberirdisches Geschoß innerhalb von Hauptbrandabschnitten in m²

Bei der Berechnung der zulässigen Netto-Grundfläche je oberirdisches Geschoß gilt Folgendes:
(a) Flächen von Räumen im Gesamtausmaß von nicht mehr als 50 % der zulässigen Netto-Grundfläche und nicht mehr als 1.200 m² bleiben unberücksichtigt, wenn diese von brandabschnittsbildenden Bauteilen gemäß Punkt 3.8.1 begrenzt sind,
(b) Büro- und Verwaltungsräumlichkeiten sowie Sozialräume bleiben bis zu einer Netto-Grundfläche von insgesamt nicht mehr als 400 m² bei der Berechnung außer Betracht und müssen nicht durch brandabschnittsbildende Bauteile begrenzt werden,
(c) Netto-Grundflächen allfälliger Galerien, Emporen und Bühnen sind in die Berechnung einzubeziehen. Davon ausgenommen sind ausschließlich dem Personenverkehr dienende Flächen (z.B. Laufstege) und brandlastfreie Galerien.

Sicherheitskategorie	Gesamtanzahl der oberirdischen Geschoße des Betriebsbaues						
	1		2	3		4	> 4
	Feuerwiderstandsdauer der tragenden und aussteifenden Bauteile						
	Ohne Anforderungen	R 30	R 30	R 60 [1]	R 90 und A2 [2]	R 90 und A2 [2]	R 90 und A2 [2]	R 90 und A2
K 1	1.800 [3]	3.000	800	1.600	2.400	1.800	1.500	1.200
K 2	2.700 [3]	4.500	1.000	2.000	3.600	2.700	2.300	1.800
K 3.1	3.200 [3]	5.400	1.200	2.400	4.200	3.200	2.700	2.200
K 3.2	3.600 [3]	6.000	1.600	3.200	4.800	3.600	3.000	2.400
K 4.1	5.000	7.500	2.000	4.000	6.000	4.500	3.800	3.000
K 4.2	7.500	10.000	5.000	7.500	10.000	6.500	5.000	4.000

[1] Für die Primärtragkonstruktion des Daches genügt R 30;
[2] Für die Primärtragkonstruktion des Daches genügt R 60, ohne A2;
[3] Die Breite des Betriebsbaues darf höchstens 40 m betragen; bei Betriebsbauten mit einer Netto-Grundfläche von mehr als 1.200 m² können – falls die Konstruktion des Daches erfahrungsgemäß eine rasche Brandausbreitung und gleichzeitig ein gänzliches Versagen des gesamten Dachtragwerkes erwarten lässt – zusätzliche Brandschutzmaßnahmen erforderlich werden.

2.1.2.1. OIB-Richtlinie 2.1

Tabelle 2: Anforderungen an Treppenhäuser

Gegenstand		Gesamtanzahl der oberirdischen Geschoße des Betriebsbaues			
		2	3	4	> 4
1	**Wände und Decken** [1]				
1.1	in oberirdischen Geschoßen [2]	REI 60 EI 60	REI 60 und A2 EI 60 und A2	REI 60 und A2 EI 60 und A2	REI 90 und A2 EI 90 und A2
1.2	in unterirdischen Geschoßen	REI 90 und A2 EI 90 und A2	REI 90 und A2 EI 90 und A2	REI 90 und A2 EI 90 und A2	REI 90 und A2 EI 90 und A2
2	**Treppenläufe und Podeste**	R 60 oder A2	R 60 oder A2	R 60 oder A2	R 90 und A2
3	**Türen zu angrenzenden Räumen**	EI$_2$ 30-C [3]	EI$_2$ 30-C [3]	EI$_2$ 30-C [3]	EI$_2$ 30-C
4	**Bodenbeläge**	C$_{fl}$-s1	C$_{fl}$-s1	C$_{fl}$-s1	A2$_{fl}$
5	**Wand- und Deckenbeläge**	C-s1, d0	C-s1, d0	C-s1, d0	A2-s1, d0
6	**Rauchabzugseinrichtung**				
6.1	Lage	an der obersten Stelle des Treppenhauses [4]	an der obersten Stelle des Treppenhauses	an der obersten Stelle des Treppenhauses	an der obersten Stelle des Treppenhauses
6.2	Größe	geometrisch freier Querschnitt von mindestens 1,00 m² [4]	geometrisch freier Querschnitt von mindestens 1,00 m²	geometrisch freier Querschnitt von mindestens 1,00 m²	geometrisch freier Querschnitt von mindestens 1,00 m²
6.3	Auslöseeinrichtung	in der Angriffsebene der Feuerwehr sowie beim obersten Podest des Treppenhauses; unabhängig vom öffentlichen Stromnetz [4]	in der Angriffsebene der Feuerwehr sowie beim obersten Podest des Treppenhauses; unabhängig vom öffentlichen Stromnetz	in der Angriffsebene der Feuerwehr sowie beim obersten Podest des Treppenhauses; unabhängig vom öffentlichen Stromnetz	in der Angriffsebene der Feuerwehr sowie beim obersten Podest des Treppenhauses; unabhängig vom öffentlichen Stromnetz und über ein rauchempfindliches Element an der Decke

(1) Bei Decken über Treppenhäusern kann von den Anforderungen abgewichen werden, wenn eine Brandübertragung von den angrenzenden Bauwerksteilen auf das Treppenhaus durch geeignete Maßnahmen verhindert wird;
(2) Anforderungen an den Feuerwiderstand sind nicht erforderlich für Außenwände von Treppenhäusern, die aus A2 bestehen und die durch andere an diese Außenwände anschließende Gebäudeteile im Brandfall nicht gefährdet werden können;
(3) Zu Räumen mit geringer Brandlast genügt in oberirdischen Geschoßen eine Ausführung in E 30-C;
(4) Die Rauchabzugseinrichtung kann entfallen, wenn in jedem Geschoß unmittelbar ins Freie führende Fenster mit einem freien Querschnitt von jeweils mindestens 0,50 m² angeordnet sind, die vom Stand aus ohne fremde Hilfsmittel geöffnet werden können.

Tabelle 3: Lagerabschnittsflächen in Abhängigkeit von der Kategorie der Lagergüter, der Lagerguthöhe h_L und der brandschutztechnischen Einrichtungen

Lagerguthöhe h_L in m	Lagerabschnittsfläche bei Kategorie I in m²			
	> 600 und ≤ 1.200	> 1.200 und ≤ 1.800	> 1.800 und ≤ 3.000	> 3.000 und ≤ 6.000
4 < h_L ≤ 7,5	Rauchableitung [1]	RWA [2]	RWA [2]	RWA [3] BMA
7,5 < h_L ≤ 9	Rauchableitung [1]	RWA [3]	RWA [3] BMA	RWA [3] BMA
	Lagerabschnittsfläche bei Kategorie II in m²			
	> 600 und ≤ 1.200	> 1.200 und ≤ 1.800	> 1.800 und ≤ 3.000	> 3.000 und ≤ 6.000
4 < h_L ≤ 7,5	Rauchableitung [1]	RWA [3]	RWA [3] BMA	RWA [2] EAL
7,5 < h_L ≤ 9	Rauchableitung [1]	RWA [2] BMA	RWA [2] EAL	RWA [2] EAL
	Lagerabschnittsfläche bei Kategorie III in m²			
	> 600 und ≤ 1.200	> 1.200 und ≤ 1.800	> 1.800 und ≤ 3.000	> 3.000 und ≤ 6.000
4 < h_L ≤ 7,5	Rauchableitung [1]	RWA [2] BMA	RWA [2] EAL	RWA [2] EAL
7,5 < h_L ≤ 9	RWA [2]	RWA [2] EAL	RWA [2] SPA	RWA [2] SPA
	Lagerabschnittsfläche bei Kategorie IV in m²			
	> 600 und ≤ 1.200	> 1.200 und ≤ 1.800	> 1.800 und ≤ 3.000	> 3.000 und ≤ 6.000
4 < h_L ≤ 7,5	RWA [2]	RWA [3] BMA	RWA [2] EAL	RWA [2] SPA
7,5 < h_L ≤ 9	RWA [3] BMA	RWA [2] EAL	RWA [2] SPA	RWA [2] SPA

(1) Die Rauchableitung muss gemäß Punkt 3.7.1 ausgeführt werden;
(2) Die Rauch- und Wärmeabzugsanlage muss gemäß Punkt 3.7.2 ausgeführt werden;
(3) Die Rauch- und Wärmeabzugsanlage muss gemäß Punkt 3.7.3 ausgeführt werden.

2.1.2.1. OIB-Richtlinie 2.1

Anhang A Einstufung der Lagergüter in Kategorien

Bei der Einstufung der Lagergüter in die Kategorien sind gegebenenfalls die Verpackungsmaterialien zu berücksichtigen.

Produkte	Kategorie	Kommentar
Alkohol	III	> 20 % Alkoholgehalt, nur in Flaschen
Alkohol	I	< 20 % Alkoholgehalt
Asphaltpapier	II	liegende Rollen
Asphaltpapier	III	stehende Rollen
Bänder und Seile, Naturfasern	II	
Batterien, nasse Zellen	II	
Batterien, trockene Zellen	II	
Baumwolle, in Ballen	II	besondere Maßnahmen
Bier	I	
Bier	II	Behälter in Holzkisten
Bücher	II	
Büromaterial	III	
Dachpappe auf Rollen	II	liegend gelagert
Dachpappe auf Rollen	III	stehend gelagert
Dünger, trocken	II	erfordert gegebenenfalls besondere Maßnahmen
elektrische Geräte	I	Aufbau vorwiegend aus Metall mit Massenanteil an Kunststoffen von < 5 %
elektrische Geräte	III	sonstige
elektrische Kabel und Leitungen	III	
Espartozellstoff	III	lose oder in Ballen
Farben	I	wasserlöslich
Faserplatten	II	
Felle	II	liegend in Kisten
Flachs	II	
Fleisch	II	gekühlt oder tiefgefroren
Geschirr	I	
Getreide	II	in Kisten
Getreidekörner	I	in Säcken
Glasfasern	II	unverarbeitet
Glaswaren	I	leer
Grillanzünder	III	
Hanf	II	
Holz		siehe Naturholz
Holz-Spanplatten, Sperrholz	II	liegend gelagert, außer luftdurchlässige Stapel ohne Zwischenräume
Holz, Furnierblätter	III	
Holzkohle	II	außer imprägnierte Holzkohle
Holzmasse	II	in Ballen
Holzwolle	IV	in Ballen
Jute	II	
Keramik	I	
Kerzen	III	
Kissen	II	Federn und Daunen
Klebstoffe	III	mit brennbaren Lösungsmitteln besonderer Schutz erforderlich
Klebstoffe	I	ohne Lösungsmittel
Kokosmatten	II	
Korbwaren	III	
Kork	II	
Kunstharze	III	außer brennbare Flüssigkeiten
Lebensmittel	II	in Säcken
Lebensmittel, in Dosen	I	in Kartonkisten und Halbkartons
Lederwaren	II	
Leinen	II	
Linoleum	III	
Lumpen	II	lose oder in Ballen
Matratzen	IV	mit hohem Kunststoffanteil
Matratzen	II	sonstige
Mehl	II	in Säcken oder Papiertüten
Metallwaren	I	
Milchpulver	II	in Säcken oder Tüten
Möbel, Holzmöbel	II	
Möbel, Polstermöbel	II	mit Naturfasern und -materialien, jedoch ohne Kunststoff
Naturholz, gesägt	III	luftdurchlässig gestapelt
Naturholz, gesägt	II	nicht luftdurchlässig gestapelt

2. Kärntner Bauvorschriften – K-BV

Produkte	Kategorie	Kommentar
Naturholz, ungesägt	II	
Papier	II	Blätter liegend gelagert
Papier	III	Gewicht < 5 kg/100 m² (z.B. Hygienepapier), Rollen liegend gelagert
Papier	IV	Gewicht < 5 kg/100 m² (z.B. Hygienepapier), Rollen stehend gelagert
Papier	II	Gewicht > 5 kg/100 m² (z.B. Zeitungspapier), Rollen liegend gelagert
Papier	III	Gewicht > 5 kg/100 m² (z.B. Zeitungspapier), Rollen stehend gelagert
Papier – Altpapier	III	besondere Maßnahmen sind gegebenenfalls erforderlich
Papier – Papiermasse	II	in Rollen oder Ballen
Papier, bitumenbeschichtet	III	
Pappe (alle Sorten)	II	flach gestapelt
Pappe (außer Wellpappe)	II	liegend gelagerte Rollen
Pappe (außer Wellpappe)	III	stehend gelagerte Rollen
Pappe (Wellpappe)	III	liegend gelagerte Rollen
Pappe (Wellpappe)	IV	stehend gelagerte Rollen
Pappkartons	III	leer, schwer, fertige Kisten
Pappkartons	II	leer, leicht, fertige Kisten
Pappkarton, gewachst, flach gestapelt	II	
Pappkarton, gewachst, fertige Kisten	III	
Pflanzenfasern	II	besondere Maßnahmen sind gegebenenfalls erforderlich
Reifen, liegend gelagert	IV	
Ruß	III	
Schuhe	II	< 5 % Massenanteil an Kunststoff
Schuhe	III	mit einem Kunststoffanteil von > 5 %
Seife, wasserlöslich	II	
Seile, synthetisch	II	
Steingut	I	
Stoffe	II	
Stoffe aus synthetischen Materialien	III	flach gestapelt
Stoffe aus Wolle oder Baumwolle	II	
Streichhölzer	III	
Strickwaren	II	
Süßwaren	II	
Tabak	II	Tabakblätter und fertige Produkte
Teppiche, ohne Schaumrücken	II	
Teppichfliesen	III	
Tierhäute	II	
Tuch, teerimprägniert	III	
Wachs (Paraffin)	IV	
Zellulose	II	in Ballen, ohne Nitrit und Acetat
Zellulosemasse	II	
Zucker	II	in Säcken oder Tüten

2.1.2.1. OIB-Richtlinie 2.1

**Erläuternde Bemerkungen
zu OIB-Richtlinie 2.1
„Brandschutz bei Betriebsbauten"**

Ausgabe: März 2015

I. Allgemeines

Bei der Evaluierung der OIB-Richtlinie 2.1 „Brandschutz bei Betriebsbauten", Ausgabe Oktober 2011 wurden kaum Änderungen vorgenommen, zumal sich die bisherigen Regelungen gut bewährt haben. Lediglich in einzelnen Punkten ergaben sich Änderungen, die wie folgt zusammengefasst werden können:

- Änderung bei der Abstandsermittlung von Betriebsbauten auf demselben Grundstück bzw. Bauplatz,
- Übersichtlichere Aufteilung der Berechnungsgrundlagen zur Ermittlung der zulässigen Netto-Grundflächen innerhalb von Hauptbrandabschnitten,
- Gliederung bei den Bestimmungen betreffend Hauptbrandabschnitten mit Dachflächen von mehr als 1.800 m²,
- Möglichkeit der Führung eines Ausganges in einen anderen Hauptbrandabschnitt bzw. Brandabschnitt im Zusammenhang mit der Fluchtweg-Verlängerung,
- Erleichterung bei den Anforderungen an den Rauch- und Wärmeabzug für Lagergebäude mit einer erweiterten automatischen Löschhilfeanlage bzw. Sprinkleranlage,
- Notwendigkeit eines Brandschutzkonzeptes bei Betriebsbauten mit Hauptbrandabschnitten von mehr als den zulässigen Netto-Grundflächen je Sicherheitskategorie.

Diese Richtlinie soll Bauherren, Planverfassern und Fachplanern die Planung sowie Sachverständigen von Behörden die Beurteilung im Hinblick auf die Genehmigung von Betriebsbauten erleichtern.

Insbesondere wurde ein Verfahren festgelegt, das ohne ingenieurmäßige Detailuntersuchungen sowie aufwändige Berechnungen auskommt und in der Vielzahl der praktischen Fälle für die Beurteilung von Betriebsbauten ausreicht. Dieses vereinfachte Verfahren soll eine rechtssichere Planung unterstützen und die Genehmigungspraxis durch die zuständigen Behörden, insbesondere unter dem Aspekt einer Verkürzung der Verfahrensdauer, erleichtern. Dem vereinfachten Verfahren liegen hauptsächlich verschiedene Sicherheitskategorien in Abhängigkeit der vorhandenen brandschutztechnischen Infrastruktur zugrunde.

II. Zu den einzelnen Bestimmungen

Zu Punkt 0: Vorbemerkungen

Im Gegensatz zu Gebäuden, die nur Wohnzwecken oder Büronutzung bzw. büroähnlicher Nutzung dienen, ist bei Betriebsbauten sowohl die Geschoßhöhe und damit auch die Gebäudehöhe bei gleicher Geschoßanzahl als auch die Personenbelegung, das durchschnittliche Verhaltensmuster und die generelle Aufmerksamkeit auf Umgebungseinflüsse sowie die durchschnittliche körperliche Fitness der Benutzer von Betriebsbauten zumeist anders gegeben. Außerdem weicht das Brandentstehungsrisiko in Betriebsbauten von jenem in Wohn- und Bürogebäuden stark ab. Der in der OIB-Richtlinie 2 „Brandschutz" eingeführte Begriff der Gebäudeklassen ist deshalb bei Betriebsbauten wegen der zumeist anders gelagerten Voraussetzungen und Randbedingungen nicht zielführend anwendbar.

Wird in der Richtlinie auf ÖNORMEN oder andere Regelwerke verwiesen, erfolgt – um gleitende Verweise zu vermeiden – die Angabe des genauen Ausgabedatums. Damit sich bei einer Änderung der zitierten Regelwerke erforderlichenfalls eine Aktualisierung leichter durchführen lässt, werden die zitierten Normen und sonstigen technischen Regelwerke in einer eigenen OIB-Richtlinie „Zitierte Normen und sonstige technische Regelwerke" zusammengefasst.

In bestimmten Fällen werden in der Richtlinie Anforderungen an die Feuerwiderstandsklasse mit Anforderungen an das Brandverhalten der Baustoffe verknüpft. Für den in der Richtlinie am häufigsten vorkommenden Fall, nämlich dass Baustoffe der Klasse A2 zu entsprechen haben, wird dies bereits in den Vorbemerkungen festgelegt, um den Textfluss zu vereinfachen.

In den Punkten 2 bis 6 der OIB-Richtlinie 2 „Brandschutz" werden die Anforderungen im Wesentlichen für Gebäude mit Wohn- und/oder Büronutzung festgelegt. Es ist zu beachten, dass gegebenenfalls zusätzlich zu den Bestimmungen dieser Richtlinie auch einige Bestimmungen der Richtlinie 2 relevant sein können (z.B. Punkt 3.4 Schächte, Kanäle, Leitungen und sonstige Einbauten, Punkt 3.6 Aufzüge, Punkt 3.7 Feuerstätten und Verbindungsstücke, Punkt 3.8 Abgasanlagen, Punkt 3.9 Räume mit erhöhter Brandgefahr).

Für Betriebsbauten mit besonderen Nutzungen können auch Maßnahmen notwendig werden, die über das Anforderungsprofil dieser Richtlinie hinausgehen. Es muss – unter Heranziehung der Kriterien von Brandbelastung, Aktivierungsgefahr und Umgebungssituation – allerdings ein hohes Brandrisiko gegeben sein, wobei beispielhaft „Chemiebetriebe angeführt sind. Bei derartigen Fällen könnten etwa die Verringerung der zulässigen Fläche eines Hauptbrandabschnittes bzw. Brandabschnittes, höhere Feuerwiderstandsklassen von Bauteilen oder spezielle technische Brandschutzeinrichtungen gefordert werden.

Für Betriebsbauten mit einem im Brandfall geringen Risiko können sich dagegen Erleichterungen gegenüber dieser Richtlinie ergeben. Für die beispielhaft aufgezählten Typen von Betriebsbauten wären die Anforderungen aufgrund des vorherrschenden Gefahrenpotenzials teilweise überzogen. In diesen Fällen könnten beispielsweise Erleichterungen hinsichtlich Rauch- und Wärmeabzug, Bedachungen, Außenwänden oder sonstigen Brandschutzmaßnahmen in Anspruch genommen werden.

Der OIB-Leitfaden „Abweichungen im Brandschutz und Brandschutzkonzepte" enthält inhaltliche und formale Anforderungen hinsichtlich des Umganges mit Abweichungen von einzelnen Bestimmungen der OIB-Richtlinie 2.1 „Brandschutz bei Betriebsbauten" sowie für die Erstellung von Brandschutzkonzepten.

Zu Punkt 1: Begriffsbestimmungen

Die Begriffsbestimmungen aller OIB-Richtlinien sind in einem eigenen Dokument „Begriffsbestimmungen zu den OIB-Richtlinien" zusammengefasst. In der Folge werden die wichtigsten für die Richtlinie 2.1 relevanten Begriffe erläutert.

Der Begriff der Betriebsbauten umfasst alle Bauwerke oder Teile eines Bauwerkes, die der Produktion bzw. Lagerung von Produkten und Gütern dienen. Unmittelbar zugehörige Verwaltungs- und Sozialräume sowie sonstige, betrieblich notwendige Räume werden mit einbezogen. Unter Betriebsbauten werden insbesondere solche verstanden, in denen eine Fertigung von Produkten und Gütern stattfindet und in denen kein erhöhter Kundenverkehr gegeben ist. Zu Betriebsbauten zählen auch Lager ohne regelmäßigen Kundenverkehr. Als Betriebsbauten können auch Bauhöfe, Autobahnmeistereien und Bauwerke mit ähnlicher Nutzung betrachtet werden. Nicht als Betriebsbauten zu betrachten sind jedenfalls Verkaufsstätten, Gastgewerbebetriebe und Bürogebäude.

Der Begriff des Brandabschnittes wird in gleicher Weise wie in der OIB-Richtlinie 2 „Brandschutz" verwendet und soll eine Abgrenzung zum Begriff des „Hauptbrandabschnittes" herbeiführen.

Der Begriff der Brandwand wird nur in dieser Richtlinie verwendet und umfasst eine brandabschnittsbildende Wand, an die im Vergleich zur OIB-Richtlinie 2 „Brandschutz" erhöhte Anforderungen gestellt werden.

Die Definition des Begriffes „Geschoß" in dieser Richtlinie weicht aufgrund der speziellen Bezugnahme auf Betriebsbauten von jener in anderen OIB-Richtlinien ab. Anhand der aufgelisteten Abgrenzungskriterien sollte die Anzahl der Geschoße eindeutig ermittelt werden können. Hinsichtlich der betriebstypisch oft vorkommenden Galerien und Emporen wurde eine praxisnahe Regelung mit einer Flächenbegrenzung getroffen. Wenn in der Höhe versetzte Raumteile weniger als die halbe Netto-Grundfläche des Raumes in Anspruch nehmen, werden diese nicht als eigenes Geschoß gewertet. Dadurch soll verhindert werden, dass Betriebsbauten bereits durch eine mögliche Zählweise der Geschoße sofort in eine Klasse mit höheren Brandschutzanforderungen fallen. Gleiches gilt für jene konkret aufgezählten Räume, die durch ihre spezielle Situierung ebenfalls Auslegungsprobleme

2.1.2.1. OIB-Richtlinie 2.1

bezüglich der Geschoßanzahl liefern könnten. Ohne diese nutzungsspezifischen Kriterien, wie Heizungs-, Lüftungs-, Klima- und Sanitärzwecke könnte etwa ein eingeschoßiger Betriebsbau mit einer aufgesetzten Lüftungszentrale auf der Dachfläche als mehrgeschoßiger Betriebsbau eingestuft werden. Gleiches gilt für Verkehrswege in Lagerbereichen zur Erreichung der einzelnen Lagerebenen.

Um brandschutztechnische Anforderungen an Betriebsbauten übersichtlich in Tabellenform darstellen zu können, wird unter Berücksichtigung der räumlichen Besonderheiten der Begriff der Netto-Grundfläche je oberirdischen Geschoßes verwendet, wobei Flächen von Galerien, Emporen und Bühnen grundsätzlich in die Berechnung einzubeziehen sind. Ausgenommen bleiben ausschließlich dem Personenverkehr dienenden Flächen (z.B. Laufstege) und brandlastfreie Galerien.

Als Hauptbrandabschnitt wird jener Bereich bezeichnet, der durch Brandwände von anderen Teilen des Gebäudes getrennt ist. Da bei Betriebsbauten entsprechend dieser Richtlinie größere Brandabschnitte möglich sind, wird zwecks Begrenzung des Gesamtrisikos eine qualitativ höherwertige Brandabschnittsbegrenzung durch Brandwände festgelegt.

Um Anforderungen an Lagergebäude bzw. Lagerbereiche in Abhängigkeit von vorhandenen brandschutztechnischen Einrichtungen ebenfalls übersichtlich in Tabellenform darstellen zu können, wird der Begriff der Lagerabschnittsfläche verwendet.

Die Sicherheitskategorien beziehen sich auf die brandschutztechnische Infrastruktur und dienen insbesondere als Kriterium für unterschiedliche Anforderungen an die zulässige Größe der Netto-Grundfläche je oberirdischen Geschoßes innerhalb von Hauptbrandabschnitten. Während die Sicherheitskategorie K 1 keine besonderen Maßnahmen vorsieht, erfordert die Sicherheitskategorie K 2 eine automatische Brandmeldeanlage. Die Sicherheitskategorien K 3.1 und K 3.2 zielen auf Betriebe mit automatischer Brandmeldeanlage und verschiedenen Typen der Betriebsfeuerwehr ab. Da für Betriebsfeuerwehren in den einzelnen Bundesländern teilweise unterschiedliche Rechtsstrukturen vorhanden sind und das Feuerwehrwesen in Gesetzgebung sowie Vollziehung Ländersache ist, wurde festgelegt, dass die Anerkennung einer Betriebsfeuerwehr aufgrund des jeweiligen Landesrechts zustande kommen muss. Durch die Sicherheitskategorien K 4.1 bzw. K 4.2 werden automatische Löschanlagen erfasst.

Zu Punkt 2: Zulässige Netto-Grundfläche in oberirdischen Geschoßen innerhalb von Hauptbrandabschnitten

Der Festlegung von Anforderungen an den Feuerwiderstand von Bauteilen und das Brandverhalten von Baustoffen in Abhängigkeit von Hauptbrandabschnitts- bzw. Brandabschnittsfläche und Gebäudehöhe bzw. Geschoßanzahl liegt die Erfahrung zugrunde, dass mit steigender Hauptbrandabschnitts- bzw. Brandabschnittsfläche, Gebäudehöhe, Nutzungsvielfalt und Personenbelegung üblicherweise das Gefährdungspotenzial für Personen und Sachwerte generell zunimmt und ein Löscheinsatz schwieriger wird. Deshalb werden auch in dieser Richtlinie mit ansteigender Hauptbrandabschnitts- bzw. Netto-Grundfläche je oberirdischen Geschoßes und/oder Geschoßanzahl bzw. Gebäudehöhe zunehmende Anforderungen an die Eigenschaften von Bauteilen bzw. Baustoffen gestellt. Dadurch soll die Brandentstehung bzw. Brandausbreitung erschwert (Brandverhalten) und die Dauer des Funktionserhaltes der Bauteile unter Brandeinwirkung erhöht (Feuerwiderstand) werden.

Anforderungen an den Feuerwiderstand von Bauteilen bzw. Konstruktionselementen (z.B. Paneele, Sandwichplatten) sind brandschutztechnisch nur sinnvoll, wenn durch sie die Brandausbreitung begrenzt wird und ein Feuerwehreinsatz unter vertretbaren Risiken noch möglich ist. Es muss also die Möglichkeit eines wirkungsvollen Feuerwehreinsatzes gegeben sein, da durch bauliche Maßnahmen allein die Brandausbreitung ohne aktive Brandbekämpfung nicht gänzlich verhindert werden kann. Dies gilt umso mehr für Betriebsbauten, deren Bauteile infolge der Netto-Grundfläche je oberirdischen Geschoßes eine Feuerwiderstandsdauer von weniger als 90 Minuten aufweisen. Damit der akzeptierte Schaden etwa in der gleichen Größenordnung wie bei eingeschoßigen Gebäuden ohne Anforderungen an den Feuerwiderstand bleibt, muss deshalb bei größeren zulässigen Netto-Grundflächen je oberirdischen Geschoßes jedenfalls eine wirkungsvolle Brandbekämpfung in möglichst kurzer Zeit sichergestellt werden. Letzteres wird durch Brandschutzmaßnahmen wie eine „automatische Brandmeldeanlage" ohne bzw. in Verbindung mit einer Betriebsfeuerwehr, eine maschinelle erweiterte Löschhilfeanlage oder eine automatische Feuerlöschanlage berücksichtigt. Da Löschanlagen in der Regel geeignet sind, einen Brand zu begrenzen, nicht jedoch in jedem Falle einen Brand zu löschen, ist auch trotz Löschanlage ein Feuerwehreinsatz (z.B. Kontrolle und allfällige Nachlösch-

725

arbeiten) erforderlich. Aus diesem Grund wird auch bei Löschanlagen der Feuerwiderstand von Bauteilen bewertet. Die zulässigen Netto-Grundflächen je oberirdischen Geschoßes bei den Sicherheitskategorien K 4.1 und K 4.2 tragen den unterschiedlichen Zuverlässigkeiten (z.B. Redundanzen, Wasserbevorratung, Wirkflächen) der beiden Systeme bei der Festlegung des akzeptierten Risikos Rechnung. Durch Tabelle 1 kommt auch zum Ausdruck, dass generell je Sicherheitskategorie bei höheren Bauteilanforderungen auch größere Netto-Grundflächen je oberirdischen Geschoßes realisierbar werden.

Hinsichtlich der Möglichkeit, eingeschoßige Betriebsbauten auch ohne Anforderungen an die Feuerwiderstandsdauer (Tabelle 1 in der 1. Spalte) zu errichten, ist zu berücksichtigen, dass aufgrund der Begrenzung der Breite des Betriebsbaues mit 40 m durch Fußnote 3 dieser Tabelle ein Feuerwehreinsatz in der Regel auch nur im Außenangriff über die Zugänge zum Betriebsbau durchgeführt werden kann. Gleichzeitig wird durch den zweiten Satz der Fußnote 3 die Möglichkeit geschaffen, bei eingeschoßigen Betriebsbauten mit einer Netto-Grundfläche von mehr als 1.200 m² dann zusätzliche Brandschutzmaßnahmen zu fordern, wenn die Konstruktion des Daches erfahrungsgemäß eine rasche Brandausbreitung und gleichzeitig ein gänzliches Versagen des gesamten Dachtragwerkes erwarten lässt. Derartige Situationen können bei einer Dachkonstruktion aus einfachen hölzernen Nagelbindern auftreten, bei denen eine hohe statische Auslastung des Holzes und der Nagelplatte gegeben und die Dachlattung statisch notwendig ist. Beim Versagen eines derartigen Nagelbinders kann es bei fortgeschrittenem Brandverlauf innerhalb weniger Minuten zum Totalversagen der gesamten Dachkonstruktion kommen.

In Punkt 2.1 wird festgehalten, dass Hauptbrandabschnitte durch Brandwände zu trennen sind und weiters die Anforderungen gemäß Tabelle 1 zur Anwendung gelangen. Dabei gilt es zu beachten, dass das Tragwerk von Galerien, Emporen oder Bühnen in der Feuerwiderstandsklasse der Decken ausgeführt werden muss.

Punkt 2.2 legt bei Betriebsbauten mit mehr als einem oberirdischen Geschoß fest, dass die Decken zwischen den Geschoßen hinsichtlich des Feuerwiderstandes neben dem Kriterium der Tragfähigkeit auch die Kriterien des Raumabschlusses und der Wärmedämmung erfüllen müssen. Damit soll einerseits die Ausbreitung von Feuer und Rauch erschwert und andererseits die Voraussetzungen für einen wirkungsvollen Feuerwehreinsatz geschaffen werden.

Durch Punkt 2.3 werden praxisgerechte Ausnahmen für offene Deckendurchbrüche unter Berücksichtigung verschiedener Kriterien gewährt. Die häufig vorkommenden Betriebsbauten mit nicht mehr als zwei oberirdischen Geschoßen erfahren insofern eine Erleichterung, als bis zu einer Netto-Grundfläche von insgesamt nicht mehr als 3.000 m² offene Deckendurchbrüche ohne Feuerschutzabschlüsse möglich sind. Als Randbedingungen sind jedoch die jeweilige Sicherheitskategorie sowie die zulässige Netto-Grundfläche je oberirdischen Geschoßes gemäß Tabelle 1 zu berücksichtigen.

In Punkt 2.4 wird eine zusätzliche Erleichterung gewährt, als bei Vorhandensein einer erweiterten automatischen Löschhilfeanlage offene Deckendurchbrüche ohne Feuerschutzabschlüsse bis zu einer Netto-Grundfläche von insgesamt nicht mehr als 7.500 m² möglich sind.

Während die Erleichterungen gemäß den Punkten 2.3 und 2.4 nur für Betriebsbauten mit nicht mehr als zwei oberirdischen Geschoßen gelten, unterbleibt gemäß Punkt 2.5 diese Geschoßbegrenzung bei Vorhandensein einer Sprinkleranlage. Derartige Anlagen besitzen eine besonders hohe Zuverlässigkeit, zumal die für Sprinkleranlagen herangezogene Installationsrichtlinie *TRVB 127 S, Ausgabe 2011* spezielle Anforderungen hinsichtlich Wasser- und Energieversorgung festlegt und somit anzunehmen ist, dass ein allfälliger Brand auch ohne sofortigen Feuerwehreinsatz durch die Löschanlage begrenzt wird. Somit sind offene Deckendurchbrüche ohne Feuerschutzabschlüsse unabhängig von der Anzahl der oberirdischen Geschoße zulässig, wenn die Netto-Grundfläche insgesamt nicht mehr als 10.000 m² beträgt.

Zu Punkt 3: Allgemeine Anforderungen

Zu Punkt 3.1: Löschwasserbedarf

Um die länderspezifischen Besonderheiten und die örtlichen Gegebenheiten zu berücksichtigen sowie die Einbindung der zuständigen Feuerwehr sicherstellen zu können, wurde diese Regelung nach eingehender Diskussion getroffen.

2.1.2.1. OIB-Richtlinie 2.1

Zu Punkt 3.2: Schutzabstände

Eine Brandübertragung auf Nachbargebäude kann nicht nur durch Außenwandbauteile mit entsprechender Feuerwiderstandsfähigkeit, sondern auch durch Schutzabstände weitgehend verhindert werden. Bei der Beurteilung von Schutzabständen ist gemäß Punkt 3.2.1 nicht nur die Bauart, Nutzung, Fläche und Höhe des Bauwerkes, sondern auch die Möglichkeit des wirksamen Feuerwehreinsatzes zu berücksichtigen. Damit soll der Gefährdung gegenüberliegender Gebäude im Brandfall Rechnung getragen werden. Bei der Wahl des ausreichenden Abstandes ist insbesondere auch die Energieübertragung durch Wärmestrahlung zu berücksichtigen, was vor allem bei Sichtverbindungen in den Außenwänden zum Tragen kommen kann. Das Problem der Brandübertragung durch Funkenflug wird – wie bisher üblich – nicht berücksichtigt, da die erforderlichen größeren Abstände nicht realisiert werden können.

Der geforderte Mindestabstand gemäß Punkt 3.2.2 zu Nachbargrundstück- bzw. Bauplatzgrenzen im Ausmaß von 6/10 der Höhe der zugekehrten Außenwand, mindestens jedoch von 3,00 m, entspricht den in den landesrechtlichen Bestimmungen vielfach üblichen Werten.

In Punkt 3.2.3 wird festgelegt, dass nur in jenen Fällen, bei denen ein Betriebsbau nicht mehr als 6/10 der Höhe der zugekehrten Außenwand, mindestens jedoch 3,00 m, von einer Nachbargrundstücks- bzw. Bauplatzgrenze entfernt ist, gegebenenfalls brandschutztechnische Maßnahmen zu treffen sind. So können etwa Vordächer in diesen Mindestabstand hineinragen, wenn diese brandschutztechnisch derart ausgeführt werden, dass eine Brandausbreitung wirksam eingeschränkt wird. Außerdem bestünde die Möglichkeit, an den betreffenden Außenwänden Fassadensprinkler anzubringen, die eine Brandausbreitung begrenzen können. Für kleine Betriebsbauten mit einer Brutto-Grundfläche von nicht mehr als 400 m² werden die Regelungen analog Punkt 4 der OIB-Richtlinie 2 als ausreichend erachtet.

Wenn es sich bei den angrenzenden Nachbargrundstücken um Verkehrsflächen im Sinne raumordnungsrechtlicher Bestimmungen, öffentliche Parkanlagen oder Gewässer handelt, ist eine Brandausbreitung nicht zu erwarten. In derartigen Fällen muss die Außenwand des Betriebsbaues gemäß Punkt 3.2.4 nicht als Brandwand entsprechend Punkt 3.8 ausgeführt werden.

Um Betriebsbauten auf demselben Grundstück bzw. Bauplatz als getrennte Hauptbrandabschnitte bzw. Brandabschnitte betrachten zu können, erfolgt unter Punkt 3.2.5 in Analogie zu Punkt 3.2.1 nur ein grundsätzlicher Hinweis bezüglich des erforderlichen Abstandes. Bei Außenwänden ohne definierten Feuerwiderstand wird ein Mindestabstand von 6/10 der Summe der Höhen der zugekehrten Außenwände, mindestens jedoch von 6,00 m, als ausreichend angesehen. Weisen diese Außenwände einen geringeren Abstand auf, sind erforderlichenfalls zusätzliche brandschutztechnische Maßnahmen zu treffen.

Zu Punkt 3.3: Lage und Zugänglichkeit

Punkt 3.3.1 verlangt, dass Hauptbrandabschnitte mit mindestens einer Seite an einer Außenwand liegen müssen, um die Zugänglichkeit für die Feuerwehr zu ermöglichen. Einem Wunsch der Praxis Rechnung tragend, gilt diese Forderung jedoch nicht für Hauptbrandabschnitte, die mit einer automatischen Löschanlage ausgestattet sind.

Gemäß Punkt 3.3.2 müssen freistehende sowie aneinander gebaute Betriebsbauten mit einer zusammenhängenden überbauten Fläche von mehr als 5.000 m² für die zur Brandbekämpfung erforderlichen Feuerwehrfahrzeuge umfahrbar sein. Diese Forderung trägt aus den sich für die Feuerwehr bei großen Objekten ergebenden Problemen bei der Brandbekämpfung. Bei zwei nebeneinander liegenden Betriebsbauten könnte die Umfahrt auch gemeinsam erfolgen, wenn dies rechtlich sichergestellt ist.

Die von der Feuerwehr im Zuge der Brandbekämpfung zu benützenden Bereiche müssen gemäß Punkt 3.3.3 hiefür geeignet sein und entsprechend freigehalten werden.

Zu Punkt 3.4: Zweigeschoßige Betriebsbauten

Dieser Punkt regelt Erleichterungen für das obere Geschoß eines zweigeschoßigen Betriebsbaues. Geprägt durch die Logistik und Ablauforganisation werden nicht selten zweigeschoßige Betriebsbauten errichtet. Sofern das untere Geschoß mit Bauteilen in REI 90 und A2 bzw. EI 90 und A2 ausge-

2. Kärntner Bauvorschriften – K-BV

führt wird – und damit im Brandfalle während mindestens 90 Minuten gegenüber dem oberen Geschoß abgetrennt ist – sowie beide Geschoße von außen für Feuerwehrfahrzeuge anfahrbar sind, kann das obere Geschoß wie ein eingeschoßiger Betriebsbau behandelt werden. Diese Erleichterung bedeutet u.a. einen Vorteil bei Betriebsbauten in Hanglage.

Zu Punkt 3.5: Unterirdische Geschoße

Der Punkt 3.5.1 verlangt, dass unterirdische Geschoße als eigene Brandabschnitte auszuführen sind, und regelt deren Brandabschnittsgrößen. Die Größe von Brandabschnitten im ersten unterirdischen Geschoß wird mit 1.200 m² begrenzt, da dort zumeist eine Brandbekämpfung nicht nur über Treppenhäuser, sondern auch noch über Fenster und Zufahrten möglich ist. Da dies beim zweiten sowie den weiteren unterirdischen Geschoßen nicht zutrifft, wurde in diesen Geschoßen die maximal zulässige Brandabschnittsfläche mit 600 m² begrenzt.

Entsprechend einem in der Praxis häufig vorkommenden Fall wurde abweichend von Punkt 3.5.1 in Punkt 3.5.2 unter bestimmten Voraussetzungen eine offene Verbindung zwischen dem ersten unterirdischen und dem ersten oberirdischen Geschoß akzeptiert.

Der Punkt 3.5.3 gestattet bei Vorhandensein einer automatischen Löschanlage eine Erhöhung der Größe der Brandabschnitte in unterirdischen Geschoßen im Vergleich zu den Punkten 3.5.1 und 3.5.2. Damit findet eine sinnvolle Bewertung der Löschanlage in allen Teilen dieser Richtlinie statt.

Im Punkt 3.5.4 erfolgt lediglich der Hinweis zur sinngemäßen Anwendung des Punktes 3.8.4, damit für Öffnungen in Brandabschnitten von unterirdischen Geschoßen die gleichen Anforderungen gelten wie für solche in Brandwänden.

Zu Punkt 3.6: Fluchtwege

Grundsätzlich wird das Zurücklegen der ersten 40 m Gehwglänge eines Fluchtweges entsprechend den meisten bisherigen Regelungen der Bundesländer und in grundsätzlicher Übereinstimmung mit der Arbeitsstättenverordnung auch für Personen als akzeptierbares Risiko angenommen. Es wird nämlich davon ausgegangen, dass bei einem rechtzeitig erkannten Brandereignis diese Wegstrecke unter Berücksichtigung der normalen Gehgeschwindigkeit noch zu bewältigen ist, bevor die Eigenrettung infolge kritischer Sichtbehinderungen und toxischer Rauchgaskonzentrationen unmöglich wird. Dies kommt im Punkt 3.6.1 insofern zum Ausdruck, als nach der angeführten Gehweglänge entweder ein direkter Ausgang zu einem sicheren Ort des angrenzenden Geländes im Freien oder ein gesicherter Fluchtbereich erreichbar sein muss. Als Ausgangspunkt für die Berechnung der Gehweglänge wird die ungünstigste Stelle jedes Raumes festgelegt.

Bei Betriebsbauten tritt – anders als im Wohnbereich – in der Regel kein „Schlafrisiko" auf und es kann den anwesenden Personen erhöhte Aufmerksamkeit sowie in den überwiegenden Fällen zumindest durchschnittliche körperliche und geistige Fitness unterstellt werden. Dadurch werden Personen in die Lage versetzt, einen Entstehungsbrand rasch zu erkennen, aus eigener Kraft die Flucht anzutreten und den Brandraum bei noch guten Sichtverhältnissen und geringer – für die kurze Aufenthaltsdauer während der Flucht relativ ungefährlichen – Rauchgaskonzentrationen zügig zu verlassen. Bei langsamem Gehen kann eine gesunde Person ohne weiteres 1 Meter pro Sekunde zurücklegen. Dies entspricht 40 Sekunden für eine Gehweglänge von 40 m. In der Praxis wird diese Zeit mit Sicherheit in den meisten Fällen erheblich unterschritten. Im Punkt 3.6.2 wird – wenn keine anderen Gefährdungen als jene durch Brandeinwirkung vorliegen – unter gewissen Voraussetzungen eine Verlängerung des Fluchtweges ermöglicht. Eine Verlängerung der zulässigen Fluchtweges um 10 m entspricht also einer Verlängerung der Fluchtzeit um ca. 10 Sekunden. Die meiste Zeit verstreicht erfahrungsgemäß zwischen der Branderkennung und dem Entschluss zum Antreten der Flucht, wobei Schwankungen von 10 Sekunden um einen Durchschnittswert (gebildet aus dem Verhalten vieler Personen) durchaus realistisch sind. Die zusätzlichen 10 Sekunden bei 10 m längerem Fluchtweg liegen also innerhalb der Unschärfe des Verhaltensmusters von Personen. Durch die größere Raumhöhe tritt aber ohnehin ein Zeitgewinn bis zum Absinken der Rauchgase in Bodennähe auf. Dieser Zeitgewinn liegt beispielsweise für Entstehungsbrände mit einer Brandfläche von ca. 1,50 m × 1,50 m in einem Raum mit einer Grundfläche von über 1.000 m² und einer Raumhöhe von 10 m je nach Lüftungsverhältnissen normalerweise im Minutenbereich, und selbst bei ungünstigsten Verhältnissen mit der Ausbildung von Rauchwalzen jedenfalls weit über 10 Sekunden.

2.1.2.1. OIB-Richtlinie 2.1

Gleiches gilt – wenn auch mit weniger Zeitgewinn – ebenfalls für Raumhöhen bis 5,00 m. Der geringere Zeitgewinn wird durch automatische Alarmierung mittels einer Brandmeldeanlage kompensiert, da dadurch die Zeit bis zum Antreten der Flucht verkürzt wird. Dies trifft in verstärktem Maß dann zu, wenn durch eine Rauch- und Wärmeabzugsanlage die Ausbildung einer Rauchwalze verhindert und eine rauchfreie Schicht in Boden- bis Überkopfhöhe erzielt wird. Die Nichtberücksichtigung von Ebenen mit einer Netto-Grundfläche von nicht mehr als 400 m² oder von untergeordneten Räumen bei der Ermittlung der mittleren lichten Raumhöhe sind vertretbar, da der zusätzliche Zeitaufwand zum Verlassen dieser kleinen Bereiche mit sehr kurzen Fluchtwegstreckenabschnitten innerhalb der gesamten zulässigen Fluchtweglänge in der Regel vernachlässigbar ist.

In Punkt 3.6.3 wird gefordert, dass bei Betriebsbauten mit mehr als zwei oberirdischen Geschoßen ein durchgehendes Treppenhaus vorhanden sein muss. Zwecks leichterer Lesbarkeit werden die brandschutztechnischen Anforderungen an Treppenhäuser in Abhängigkeit von der Anzahl der oberirdischen Geschoße in Tabellenform (Tabelle 2) anstelle von verbalen Festlegungen dargestellt. In Zeile 6 dieser Tabelle werden die Anforderungen an Rauchabzugseinrichtungen präzisiert. Die Unterstützung des Feuerwehreinsatzes durch Rauchabzugseinrichtungen beruht hauptsächlich darauf, dass an oberster Stelle des Treppenhauses eine Öffnung für den Rauchabzug freigegeben wird und die Feuerwehr beim Zugang zum Treppenhaus mittels mobiler Belüftungsgeräte durch Einbringen von Außenluft einen Überdruck erzeugt, durch den Rauch und Wärme aus dem Treppenhaus verdrängt wird. Wird Rauch und Wärme nicht ausreichend abgeführt, kann das Treppenhaus wegen eines allfälligen Wärmestaus auch für Feuerwehrkräfte unbenutzbar werden. Weisen Betriebsbauten nicht mehr als zwei oberirdische Geschoße auf, kann die Rauchabzugseinrichtung bei Vorhandensein von ins Freie mündenden Fenstern im Treppenhaus entfallen. Bei Betriebsbauten mit mehr als vier oberirdischen Geschoßen ist wegen der noch größeren Wegdistanz vom Zugang zum Treppenhaus bis zur Rauchabzugsöffnung an der obersten Stelle des Treppenhauses eine möglichst unverzügliche Rauchentfernung und Rauchverdünnung durch nachströmende Frischluft erforderlich, weshalb zusätzlich eine automatische Auslösung der Rauchabzugseinrichtungen über rauchempfindliche Elemente gefordert wird.

Zu Punkt 3.7: Rauch- und Wärmeabzug

Bei Netto-Grundfläche je Geschoß von mehr als 200 m² und nicht mehr als 1.200 m² ist gemäß Punkt 3.7.1 zur Aufrechterhaltung eines vergleichbaren Luftwechsels wie bei kleineren Räumen eine Rauchableitung notwendig, da der Druck im Raum nicht beliebig gesteigert werden kann und wegen der größeren Gesamtleckage bei größeren Räumen in der Regel auch weniger Überdruck zur Bewegung der Luft durch die Abströmöffnungen aus dem Raum heraus zur Verfügung steht. Die Abzugsflächen lassen sich mit dem angegebenen Prozentsatz von mindestens 2 % der Netto-Grundfläche des jeweiligen Raumes einfach berechnen. Bei dieser Größenordnung von Produktions- und Lagerräumen gibt es keine Anforderungen bezüglich Anordnung der Öffnungen in Außenwänden. In diesen Fällen wird davon ausgegangen, dass die Feuerwehr Hochleistungslüfter zur Rauchableitung einsetzt. Deren Funktion wird durch Anordnung und Lage der Wandöffnungen nur unwesentlich beeinflusst.

Für größere Räume wird eine Rauch- und Wärmeabzugsanlage (RWA) gefordert, die eine rauchfreie Schicht in Bodennähe bewirken soll. Da bei größeren Räumen auch das Auffinden des Brandherdes in einem völlig verrauchten Raum nur erschwert möglich ist, hat die RWA vor allem die Durchführung eines wirkungsvollen Feuerwehreinsatzes unter vertretbaren Risiken sicherzustellen. Bei Raumgrößen nach Punkt 3.7.2 wird eine zumeist durch thermische Einzelauslösung erfolgte automatische Auslösung zusammen mit der zentralen manuellen Auslösung durch die Feuerwehr als ausreichend angesehen, zumal beim Eintreffen der Feuerwehr der zwar bereits teilweise verrauchte Raum aufgrund seines begrenzten Volumens nach Öffnung ausreichend dimensionierter Rauchabzugs- und Zuluftöffnungen noch in einer einsatztechnisch vertretbaren Zeit in Bodennähe wieder rauchfrei sein wird, sodass der Brandherd relativ rasch lokalisiert und bekämpft werden kann. Ein allenfalls auftretender gefährlicher Wärmestau unterhalb der Decke bzw. des Daches wird durch thermische Auslöseelemente, die Bestandteil der RWA sind und diese ab einer Grenztemperatur zwischen 70 °C und 80 °C automatisch öffnen, auch ohne Intervention von Personen abgebaut.

Bei den unter Punkt 3.7.3 angegebenen Raumgrößen ist eine automatische Auslösung der RWA bereits vor dem Eintreffen der Feuerwehr erforderlich, da ansonsten die Halle bzw. der Raum total verraucht ist. Bei dieser Raumgröße kann bei einer erst durch die Feuerwehr ausgelösten RWA eine rauchfreie Schicht in Bodennähe in der Regel nicht mehr in jener Zeitspanne hergestellt werden, die unter vertretbaren Risiken für einen wirkungsvollen Feuerwehreinsatz notwendig wäre.

2. Kärntner Bauvorschriften – K-BV

Zu Punkt 3.8: Brandwände

Betriebsbauten mit Brandabschnitten von jeweils nicht mehr als 1.200 m² Netto-Grundfläche benötigen gemäß Punkt 3.8.1 anstelle von Brandwänden nur brandabschnittsbildende Wände in REI 90 und A2 bzw. EI 90 und A2. Dadurch sollen Erleichterungen für häufig vorkommende kleinere Betriebsbauten geschaffen werden.

Brandwände müssen die Brandausbreitung auf andere Hauptbrandabschnitte behindern, was durch die Forderungen in den Punkten 3.8.2 bis 3.8.6 zum Ausdruck kommen soll. Die Anforderungen an die Brandwände bei Betriebsbauten (z.B. Höhe über Dach, Feuerüberschlagsweg im Bereich der Fassade) sind höher als die in der OIB-Richtlinie 2 „Brandschutz" an brandabschnittsbildende Wände bei anderen Gebäuden gestellten Anforderungen. Dies ist vor allem durch die größeren Flächen der Hauptbrandabschnitte und die zu erwartende stärkere Brandintensität begründet. Die Größe der Abschlüsse von Öffnungen mit einer geringeren Feuerwiderstandsdauer als für die Brandwand selbst wurde flächenmäßig begrenzt.

Zu Punkt 3.9: Außenwände und Außenwandbekleidungen

Eine besondere Bedeutung hinsichtlich der Brandausbreitung kommt bei ausgedehnten Betriebsbauten mit großflächigen Wänden bzw. Wandteilen zu. Die erhobenen Forderungen bilden die Voraussetzungen für einen wirkungsvollen Feuerwehreinsatz. Es müssen daher laut Punkt 3.9.1 bei Betriebsbauten mit einer Außenwandhöhe von nicht mehr als 14 m die Komponenten bzw. das Gesamtsystem von nichttragenden Außenwänden aus Baustoffen der Klasse C bestehen. Es werden auch Baustoffe aus Holz und Holzwerkstoffen der Klasse D als ausreichend erachtet, wenn allfällige Dämmstoffe der Klasse A2 entsprechen.

Im Hinblick auf zunehmende Probleme der Feuerwehr bei der Brandbekämpfung müssen gemäß Punkt 3.9.2 bei höheren – jedoch noch eingeschoßigen – Betriebsbauten die Baustoffe der Klasse B, bei mehrgeschoßigen Betriebsbauten gemäß Punkt 3.9.3 der Klasse A2 bestehen.

Um bei Betriebsbauten mit mehr als einem oberirdischen Geschoß und hinterlüfteten Außenwänden sowie mit Doppelfassade im Brandfalle einen „Kamineffekt" zu vermeiden, werden gemäß Punkt 3.9.4 entsprechende Maßnahmen verlangt. Dadurch soll eine Brandausbreitung über die Zwischenräume wirksam eingeschränkt werden.

Um dasselbe brandschutztechnische Niveau wie bei nichttragenden Außenwänden zu erreichen, müssen tragende Außenwände gemäß Punkt 3.9.5 ebenfalls die Anforderungen der Punkte 3.9.1 bis 3.9.4 erfüllen, wenn sie gemäß Tabelle 1 nicht aus Baustoffen der Klasse A2 bestehen müssen.

Durch Punkt 3.9.6 wurde einem Wunsch der Praxis Rechnung getragen und die Möglichkeit geschaffen, in Sockelbereichen von Außenwänden auch Dämmstoffe der Klasse E verwenden zu können.

Zu Punkt 3.11: Sonstige Brandschutzmaßnahmen

Die Mittel der ersten Löschhilfe gemäß Punkt 3.11.1 stellen einen wesentlichen Teil des Brandschutzes dar. Derartige Löscheinrichtungen müssen so beschaffen sein, dass sie wirksam und jederzeit betriebsbereit sind. Als Mittel der ersten Löschhilfe werden hauptsächlich tragbare Feuerlöscher eingesetzt, mit denen Löschmaßnahmen vor Eintreffen der Feuerwehr üblicherweise von jedermann durchgeführt werden können. Dabei richten sich Zahl, Art und Anordnung der erforderlichen Mittel der ersten Löschhilfe insbesondere nach Bauart, Lage, Ausdehnung und Nutzung der Gebäude. Die Notwendigkeit von Wandhydranten, die ebenfalls durch Betriebsangehörige bedienbar sind, ergibt sich bei Netto-Grundflächen von Produktions- oder Lagerräumen je Geschoß von jeweils mehr als 1.800m².

Entsprechend Punkt 3.11.2 wird bei einer Netto-Grundfläche von mehr als 3.000 m² zunächst die Bestellung eines geeigneten und nachweislich ausgebildeten Brandschutzbeauftragten (BSB) gefordert, dessen Aufgaben umfassen:

- Ausarbeitung und Umsetzung der Brandschutzordnung,
- Durchführung von Brandschutz-Eigenkontrollen,
- Veranlassung der Ausarbeitung von Brandschutzplänen,
- Ausbildung und regelmäßige Brandschutzunterweisung der sich im Gebäude ständig aufhaltenden Personen,

2.1.2.1. OIB-Richtlinie 2.1

- Führung eines Brandschutzbuches,
- Veranlassung der periodischen Wartungen, Überprüfungen und Revisionen sämtlicher vorhandener brandschutzrelevanten Sicherheitseinrichtungen,
- Durchführung von Brandalarm- und Räumungsübungen.

Bei Überschreitung der angegebenen Netto-Grundfläche werden zudem Brandschutzpläne gefordert, die als Orientierungshilfe für die Feuerwehr dienen. Der Einsatzleiter benötigt diese Unterlagen besonders bei größeren oder unübersichtlichen Objekten zur Beurteilung der Lage und zum Erkennen von besonderen Gefahren. Sie beinhalten u.a. Informationen über Hauptbrandabschnitte bzw. Brandabschnitte, Fluchtwege, technische Brandschutzeinrichtungen und spezielle Gefahrensituationen.

In den Punkten 3.11.3 bis 3.11.5 wird festgelegt, dass automatische Brandmeldeanlagen, erweiterte automatische Löschhilfeanlagen bzw. automatische Feuerlöschanlagen entsprechend einer anerkannten Richtlinie ausgeführt werden müssen, was den bisherigen Gepflogenheiten entspricht.

Zu Punkt 4: Anforderungen an Lagergebäude und Gebäude mit Lagerbereichen in Produktionsräumen

In Punkt 4.1 wird festgelegt, dass Lagergebäude wie Betriebsbauten ausgeführt werden können, wenn die Lagerungen gewisse Randparameter erfüllen. Diese sind so gewählt, dass durch die Lagerungen kein wesentlich größeres Brandrisiko verursacht wird als durch die Produktion. Gleiches gilt gemäß Punkt 4.2 auch für Lagerbereiche in Produktionsräumen, vorausgesetzt diese erfüllen die festgelegten Einschränkungen.

Erfüllen Lagerungen in Lagergebäuden bzw. in Gebäuden mit Lagerbereichen in Produktionsräumen die Bedingungen gemäß Punkt 4.1 bzw. 4.2 nicht, sind im Punkt 4.3 abweichend zu den Anforderungen gemäß Tabelle 1 die Anforderungen an die Brennbarkeit bzw. Feuerwiderstandsklasse der Tragkonstruktion formuliert, welche aufgrund der hier im Regelfall zu erwartenden höheren Brandlasten von jenen der Produktionsräume abweichen.

In Tabelle 3 sind die technischen Brandschutzmaßnahmen in Abhängigkeit der Lagerabschnittsflächen, Kategorie und Lagerguthöhe festgeschrieben. Die Lagerguthöhe ist deshalb ein wichtiger Parameter, da diese mit der Brandausbreitungsgeschwindigkeit und mit der Bekämpfbarkeit von Bränden durch Einsatzkräfte unmittelbar in Zusammenhang steht. Die Größe der Lagerabschnittsflächen stellt die geübte Praxis dar. Dabei wurde im Anhang A die Einstufung der Lagergüter entsprechend ÖNORM EN 12845, Ausgabe 2009-10-01 vorgenommen.

Da gemäß Tabelle 3 Anforderungen an eine wirksame Rauchableitung erst ab einer Lagerabschnittsfläche von mehr als 600 m² enthalten sind, war es notwendig, in Punkt 4.4 analoge Anforderungen wie in Punkt 3.7.1 festzulegen.

Zu Punkt 5: Erfordernis eines Brandschutzkonzeptes

Hier werden jene Betriebsbauten angeführt, für die jedenfalls ein Brandschutzkonzept erforderlich ist, das dem OIB-Leitfaden „Abweichungen im Brandschutz und Brandschutzkonzepte" zu entsprechen hat. Danach handelt es sich unter Punkt 5.2 (a) um Regallager mit Lagerguthöhen von mehr als 9,00 m (Oberkante Lagergut), die üblicherweise auch als Hochregallager bezeichnet werden. Wie Erfahrungen im Zusammenhang mit Hochregallagerbränden zeigen, sind dort – vor allem auch für die Einsatzkräfte der Feuerwehr – besondere Risiken gegeben. Um zielorientierte und auf den Einzelfall angepasste Lösungen für derartige Lager verwirklichen zu können, bedarf es der Ausarbeitung eines Brandschutzkonzeptes. Weiters benötigen jene Betriebsbauten unter Punkt 5.2 (b) ein Brandschutzkonzept, deren höchster Punkt des Daches mehr als 25 m über dem tiefsten Punkt des an das Gebäude angrenzenden Geländes nach Fertigstellung liegt. Betriebsbauten mit derartigen Höhen weisen Eigenarten wie lange Fluchtwege für Personen und schwierige Einsatzverhältnisse für die Feuerwehr einschließlich spezieller Rettungsvorkehrungen auf. Brandbekämpfungseinrichtungen auf, denen im Einzelfall durch besondere Brandschutzmaßnahmen gegebenenfalls Rechnung getragen werden muss. Daneben soll unter Punkt 5.2 (c) für jene Lagergebäude bzw. Gebäude mit Lagerbereichen mit jeweils wechselnder Kategorie der Lagergüter und ungewünschter Zuordnung der brandschutztechnischen Einrichtungen in die höchste zu erwartende Kategorie eine Einzelbeurteilung ermöglicht werden. Gleiches gilt gemäß Punkt 5.2 (d) auch für Betriebsbauten mit Hauptbrandabschnitten von mehr als den zulässigen Netto-Grundflächen je Sicherheitskategorie.

OIB-Richtlinie 2.2

Brandschutz bei Garagen, überdachten Stellplätzen und Parkdecks

Ausgabe: März 2015

0	Vorbemerkungen	2
1	Begriffsbestimmungen	2
2	Überdachte Stellplätze und Garagen mit einer Nutzfläche von jeweils nicht mehr als 50 m²	2
3	Überdachte Stellplätze und Garagen mit einer Nutzfläche von jeweils mehr als 50 m² und nicht mehr als 250 m²	3
4	Überdachte Stellplätze mit einer Nutzfläche von mehr als 250 m²	3
5	Garagen mit einer Nutzfläche von mehr als 250 m²	4
6	Parkdecks mit einer obersten Stellplatzebene von nicht mehr als 22 m über dem tiefsten Punkt des an das Bauwerk angrenzenden Geländes im Freien nach Fertigstellung	5
7	Zusätzliche Anforderungen an Garagen für erdgasbetriebene Kraftfahrzeuge	6
8	Zusätzliche Anforderungen an Garagen und Parkdecks für flüssiggasbetriebene Kraftfahrzeuge	6
9	Erfordernis eines Brandschutzkonzeptes	6

2.1.2.2. OIB-Richtlinie 2.2

0 Vorbemerkungen

Die zitierten Normen und sonstigen technischen Regelwerke gelten in der im Dokument „OIB-Richtlinien – Zitierte Normen und sonstige technische Regelwerke" angeführten Fassung.

Werden in dieser Richtlinie Anforderungen an die Feuerwiderstandsklasse in Verbindung mit Anforderungen an Baustoffe der Klasse A2 gestellt, gilt dies auch als erfüllt, wenn
- die für die Tragfähigkeit wesentlichen Bestandteile der Bauteile der Klasse A2 und
- die sonstigen Bestandteile aus Baustoffen der Klasse B bestehen.

Raumabschließende Bauteile müssen zusätzlich – wenn ein Durchbrand nicht ausgeschlossen werden kann – beidseitig mit Baustoffen der Klasse A2 dicht abgedeckt sein.

Für überdachte Stellplätze und Garagen mit jeweils höchstens 15 m² Nutzfläche, die auf eigenem Grund oder von Verkehrsflächen für die Brandbekämpfung zugänglich sind, werden keine Anforderungen hinsichtlich des Brandschutzes gestellt.

Es wird darauf hingewiesen, dass parallel zu den Bestimmungen dieser Richtlinie gegebenenfalls einzelne Bestimmungen der OIB-Richtlinie 2 „Brandschutz" zu berücksichtigen sind.

Von den Anforderungen dieser OIB-Richtlinie kann entsprechend den jeweiligen landesrechtlichen Bestimmungen abgewichen werden, wenn vom Bauwerber nachgewiesen wird, dass das gleiche Schutzniveau wie bei Anwendung der Richtlinie erreicht wird. Hierbei ist der OIB-Leitfaden „Abweichungen im Brandschutz und Brandschutzkonzepte" anzuwenden.

Bei Änderungen an bestehenden überdachten Stellplätzen, Garagen und Parkdecks sind im Einzelfall gegebenenfalls Erleichterungen entsprechend den jeweiligen landesrechtlichen Bestimmungen zulässig.

1 Begriffsbestimmungen

Es gelten die Begriffsbestimmungen des Dokumentes „OIB-Richtlinien – Begriffsbestimmungen".

2 Überdachte Stellplätze und Garagen mit einer Nutzfläche von jeweils nicht mehr als 50 m²

2.1 Überdachte Stellplätze

2.1.1 Sind überdachte Stellplätze nicht mindestens 2,00 m von der Nachbargrundstücks- bzw. Bauplatzgrenze entfernt, muss eine der jeweiligen Nachbargrundstücks- bzw. Bauplatzgrenze zugekehrte Wand über die gesamte Länge und bis zur Dacheindeckung in REI 30 bzw. EI 30 errichtet werden. Dies ist nicht erforderlich,
   (a) wenn das angrenzende Nachbargrundstück bzw. der Bauplatz aufgrund tatsächlicher oder rechtlicher Umstände von einer künftigen Bebauung ausgeschlossen ist (z.B. Verkehrsflächen im Sinne der raumordnungsrechtlichen Bestimmungen, öffentliche Parkanlagen oder Gewässer), oder
   (b) wenn aufgrund der baulichen Umgebung eine Brandübertragung auf Bauwerke der Nachbargrundstücke nicht zu erwarten ist.

2.1.2 Überdachte Stellplätze, die an mehr als zwei Seiten durch Wände bzw. sonstige Bauteile umschlossen sind, fallen nicht unter Punkt 2.2, sondern unter Punkt 2.1.1, wenn sie zumindest an einer Seite nicht durch eine Wand bzw. sonstige Bauteile (z.B. Tor, Gitter) umschlossen sind.

2.2 Garagen

2.2.1 Wände, Decken bzw. Dachkonstruktionen müssen aus Baustoffen D bestehen.

2.2.2 Sind Garagen nicht mindestens 2,00 m von der Nachbargrundstücks- bzw. Bauplatzgrenze entfernt, muss eine der jeweiligen Nachbargrundstücks- bzw. Bauplatzgrenze zugekehrte Wand über die gesamte Länge und bis zur Dacheindeckung in REI 30 bzw. EI 30 errichtet werden.

2.2.3 Sind Garagen nicht mindestens 4,00 m von Gebäuden auf demselben Grundstück bzw. Bauplatz entfernt, muss eine dem jeweiligen Gebäude zugekehrte Wand über die gesamte Länge und bis zur Dacheindeckung der Garage in REI 30 bzw. EI 30 errichtet werden. Sind Garagen an ein Gebäude auf demselben Grundstück bzw. Bauplatz angebaut und weisen keine eigene Wand zum Gebäude auf, gilt diese Anforderung sinngemäß auch für den gemeinsamen Wandanteil.

2.2.4 Werden Garagen in Gebäude der Gebäudeklasse 1 bzw. in Reihenhäusern der Gebäudeklasse 2 eingebaut, müssen angrenzende Wände und Decken REI 30 bzw. EI 30 entsprechen.

2.2.5 Werden Garagen in Gebäude der Gebäudeklasse 2 bis 5 – ausgenommen Reihenhäuser der Gebäudeklasse 2 – eingebaut, müssen angrenzende Wände und Decken die Anforderungen an „Trennwände" bzw. an „Trenndecken" gemäß Tabelle 1b der OIB-Richtlinie 2 erfüllen.

2.2.6 Die Türen von Garagen ins Gebäudeinnere müssen EI_2 30-C entsprechen. Bei Gebäuden der Gebäudeklasse 1 und bei Reihenhäusern der Gebäudeklasse 2 genügt EI_2 30.

2.2.7 Wandbekleidungen und Deckenbeläge müssen aus Baustoffen C bestehen, wobei Holz und Holzwerkstoffe D zulässig sind. Bodenbeläge müssen aus Baustoffen D_{fl} bestehen.

2.2.8 Die Aufstellung von Feuerstätten und die Anordnung von Reinigungsöffnungen von Abgasanlagen sind unzulässig. Ausgenommen sind Feuerstätten und Reinigungsöffnungen, die nach einschlägigen Richtlinien für die Aufstellung in Garagen geeignet sind.

3 Überdachte Stellplätze und Garagen mit einer Nutzfläche von jeweils mehr als 50 m² und nicht mehr als 250 m²

Es gelten die Anforderungen gemäß Tabelle 1.

4 Überdachte Stellplätze mit einer Nutzfläche von mehr als 250 m²

4.1 Überdachte Stellplätze ohne überdachte Fahrgassen

Es gelten die Anforderungen der Tabelle 1 für „überdachte Stellplätze > 50 m² und ≤ 250 m²" sinngemäß, wobei eine Längsausdehnung von 60 m nicht überschritten werden darf.

4.2 Überdachte Stellplätze mit überdachten Fahrgassen

4.2.1 Alle Bauteile, einschließlich Ausfachungen und Überdachungen, müssen A2 entsprechen.

4.2.2 Ist die Überdachung nicht mindestens 2,00 m von Nachbargrundstücks- bzw. Bauplatzgrenzen entfernt, muss eine der jeweiligen Nachbargrundstücks- bzw. Bauplatzgrenze zugekehrte Wand über die gesamte Länge und bis zur Dacheindeckung in REI 90 bzw. EI 90 errichtet werden. In jenem Bereich, in dem die jeweiligen Mindestabstände unterschritten werden, ist die Überdachung in REI 90 auszuführen.

4.2.3 Ist die Überdachung nicht mindestens 4,00 m von Gebäuden auf demselben Grundstück bzw. Bauplatz entfernt, muss eine dem jeweiligen Gebäude zugekehrte Wand über die gesamte Länge und bis zur Dacheindeckung in REI 90 bzw. EI 90 errichtet werden. Sofern keine eigene Wand zum Gebäude vorhanden ist, gilt diese Anforderung sinngemäß auch für den gemeinsamen Wandanteil. In jenem Bereich, in dem die jeweiligen Mindestabstände unterschritten werden, ist die Überdachung in REI 90 auszuführen.

4.2.4 Ragen Stellplätze gänzlich oder teilweise unter Gebäudeteile hinein, darf eine Nutzfläche von 1.600 m² nicht überschritten werden und müssen die angrenzenden Wände bzw. Decken REI 90 und A2 bzw. EI 90 und A2 entsprechen. Sofern Türen und Fenster in das Gebäudeinnere führen, müssen Türen EI_2 30-C und Fenster EI 30 entsprechen.

4.2.5 Bodenbeläge müssen B_{fl} entsprechen.

4.2.6 Für die erste Löschhilfe sind geeignete tragbare Feuerlöscher bereitzuhalten.

2.1.2.2. OIB-Richtlinie 2.2

5 Garagen mit einer Nutzfläche von mehr als 250 m²

5.1 Wände, Stützen, Decken und Dächer

5.1.1 Tragende Wände und Stützen von Garagen sowie brandabschnittsbildende Wände innerhalb von Garagen bzw. zwischen Garagen und anderen Räumen müssen REI 90 und A2 bzw. R 90 und A2 bzw. EI 90 und A2 entsprechen.

5.1.2 Nichttragende Wände bzw. Wandteile von Garagen sind in A2 herzustellen.

5.1.3 Decken zwischen Garagengeschoßen, von befahrbaren Flachdächern und als Abschluss zu darüber liegenden Aufenthaltsräumen müssen REI 90 und A2 entsprechen. Bei nicht befahrbaren Dächern genügt für die Tragkonstruktion R 60 und A2.

5.1.4 Bei nicht überbauten, eingeschoßigen oberirdischen Garagen mit einer Nutzfläche von nicht mehr als 1.600 m² dürfen tragende Wände, Stützen und Decken in R 30 und nichttragende Wände in C oder aus Holz- und Holzwerkstoffen in D hergestellt werden, wenn der Abstand der Garagen zur Nachbargrundstücks- bzw. Bauplatzgrenze mindestens 4,00 m und zu Gebäuden auf demselben Grundstück bzw. Bauplatz mindestens 6,00 m beträgt.
Werden diese Abstände unterschritten, müssen die der Nachbargrundstücks- bzw. Bauplatzgrenze oder dem Gebäude auf demselben Grundstück bzw. Bauplatz zugekehrten Wände über die gesamte Länge und Höhe der Garage sowie die Decke bis zum Abstand von 4,00 m bzw. 6,00 m REI 90 und A2 bzw. EI 90 und A2 entsprechen.

5.2 Wandbekleidungen, Bodenbeläge und Konstruktionen unter der Rohdecke

5.2.1 Wandbekleidungen müssen B-s1 entsprechen.

5.2.2 Bodenbeläge müssen B_{fl} entsprechen.

5.2.3 Konstruktionen unter der Rohdecke müssen B-s1, d0 entsprechen.

5.3 Türen und Tore

5.3.1 Türen und Tore in brandabschnittsbildenden Wänden müssen EI_2 30-C und A2 entsprechen. Diese dürfen nicht größer sein als für den Verschluss der Wandöffnung zur Durchführung der Fahrgassen erforderlich ist, wobei Türen im Verlauf von Fluchtwegen unberücksichtigt bleiben.

5.3.2 Türen zwischen Garagen und Gängen bzw. Treppenhäusern müssen EI_2 30-C entsprechen.

5.4 Verbindung zwischen Garagengeschoßen bzw. zwischen Garage und anderen Räumen

5.4.1 Aufzüge und Treppen, die Garagengeschoße miteinander verbinden, müssen in eigenen Fahrschächten bzw. Treppenhäusern mit Wänden REI 90 und A2 bzw. EI 90 und A2 liegen.

5.4.2 Ladestellen von Personenaufzügen, die zu Garagen führen, müssen direkt mit einem Gang verbunden sein, der – ohne durch die Garage zu führen – einen direkten Ausgang zu einem sicheren Ort des angrenzenden Geländes im Freien oder in ein Treppenhaus bzw. eine Außentreppe mit jeweils einem Ausgang zu einem sicheren Ort des angrenzenden Geländes im Freien aufweist.

5.4.3 Garagen mit einer Nutzfläche von insgesamt mehr als 600 m² dürfen mit Gängen bzw. Treppenhäusern nur über Schleusen verbunden sein, die folgende Anforderungen zu erfüllen haben:
(a) Wände und Decken müssen REI 90 und A2 bzw. EI 90 und A2 entsprechen.
(b) Türen zwischen Garagen und Schleusen müssen EI_2 30-C entsprechen.
(c) Türen zwischen Schleusen und Treppenhaus müssen E 30-C oder S_m-C entsprechen.
(d) Eine wirksame Lüftung muss vorhanden sein.

5.4.4 Bei Außentreppen kann die Anordnung einer Schleuse gemäß Punkt 5.4.3 entfallen, wenn im Brandfall keine Beeinträchtigung durch Flammeneinwirkung, Strahlungswärme und/oder Verrauchung zu erwarten ist.

5.5 Fluchtwege

5.5.1 Von jeder Stelle einer Garage müssen in höchstens 40 m Gehweglänge erreichbar sein:
(a) ein direkter Ausgang zu einem sicheren Ort des angrenzenden Geländes im Freien oder
(b) ein Treppenhaus oder eine Außentreppe.

5.5.2 Im Falle von Punkt 5.5.1 (b) muss in jedem Geschoß ein zusätzlicher unabhängiger Fluchtweg vorhanden sein, der
(a) zu einem weiteren Treppenhaus oder einer weiteren Außentreppe oder
(b) in einen benachbarten Brandabschnitt oder
(c) im ersten unterirdischen sowie im ersten und zweiten oberirdischen Geschoß über die Fahrverbindung der Ein- bzw. Ausfahrtsrampe, wobei diese eine Neigung von mehr als 10 % aufweisen darf,
führt. Die beiden Fluchtwege dürfen über höchstens 25 m Gehweglänge gemeinsam verlaufen.

5.5.3 In Garagen mit einer Nutzfläche von mehr als 1.000 m² ist eine Sicherheitsbeleuchtung erforderlich. In eingeschoßigen Garagen mit festem Benutzerkreis sowie in Garagen mit einer Nutzfläche von nicht mehr als 1.000 m² ist eine Fluchtweg-Orientierungsbeleuchtung zu installieren.

5.6 Brandabschnitte, Rauch- und Wärmeabzugseinrichtungen sowie Brandschutzeinrichtungen

5.6.1 Für die maximal zulässigen Brandabschnittsflächen gelten die Anforderungen gemäß Tabelle 2 in Abhängigkeit von den vorhandenen Rauch- und Wärmeabzugseinrichtungen sowie den Brandschutzeinrichtungen.

5.6.2 Unabhängig von der Größe des Brandabschnitts darf eine Längsausdehnung von 80 m nicht überschritten werden. Dies gilt nicht bei Vorhandensein einer erweiterten automatischen Löschhilfeanlage oder einer Sprinkleranlage.

5.6.3 Bei mehrgeschoßigen Garagen mit einer Nutzfläche von insgesamt mehr als 600 m² ist jedes Geschoß als eigener Brandabschnitt auszubilden.

5.7 Feuerstätten und Abgasanlagen

Die Aufstellung von Feuerstätten und die Anordnung von Reinigungsöffnungen von Abgasanlagen sind unzulässig.

5.8 Erste und erweiterte Löschhilfe

5.8.1 Für die erste Löschhilfe ist je angefangene 200 m² Nutzfläche an leicht erreichbarer Stelle ein geeigneter tragbarer Feuerlöscher bereitzuhalten.

5.8.2 Für die erweiterte Löschhilfe müssen
(a) in Garagen mit einer Nutzfläche von mehr als 1.600 m², oder
(b) in Garagen mit mehr als zwei unterirdischen, oder
(c) in Garagen mit mehr als drei oberirdischen Geschoßen
Wandhydranten mit formbeständigem D-Schlauch und geeigneter Anschlussmöglichkeit für die Feuerwehr zur Brandbekämpfung vorhanden sein und so verteilt werden, dass jede Stelle der Garage mit Löschwasser erreicht wird.

5.8.3 Abweichend von Punkt 5.8.2 (a) genügt für eingeschoßige Garagen eine trockene Steigleitung, wobei die Schlauchanschlüsse in der Garage anzuordnen sind.

6 Parkdecks mit einer obersten Stellplatzebene von nicht mehr als 22 m über dem tiefsten Punkt des an das Bauwerk angrenzenden Geländes im Freien nach Fertigstellung

Es gelten die Anforderungen gemäß Tabelle 3.

2.1.2.2. OIB-Richtlinie 2.2

7 Zusätzliche Anforderungen an Garagen für erdgasbetriebene Kraftfahrzeuge

In Garagen, in denen erdgasbetriebene Kraftfahrzeuge (CNG) abgestellt werden, sind bei Ausstattung mit einer entsprechenden Lüftung gemäß Punkt 8.3 der OIB-Richtlinie 3 grundsätzlich keine darüber hinausgehenden lüftungstechnischen Maßnahmen erforderlich. Für Garagen mit einer Nutzfläche von nicht mehr als 250 m² ist die Hälfte der ständig freien Querschnittsfläche unmittelbar unter der Decke anzuordnen.

8 Zusätzliche Anforderungen an Garagen und Parkdecks für flüssiggasbetriebene Kraftfahrzeuge

8.1 Für Garagen und Parkdecks, in denen flüssiggasbetriebene Kraftfahrzeuge (LPG) abgestellt werden gelten folgende zusätzliche Anforderungen:
  (a) Über diesen Garagen und Parkdecks dürfen sich keine Aufenthaltsräume befinden.
  (b) Die tiefste Abstell- und Fahrfläche darf nicht unter dem angrenzenden Gelände nach Fertigstellung liegen.
  (c) Für Garagen mit einer Nutzfläche von mehr als 50 m² und für Parkdecks ist überdies ein Brandschutzkonzept gemäß Punkt 9 zu erstellen.

8.2 An den Einfahrten von Garagen und Parkdecks, die den Anforderungen gemäß Punkt 8.1 nicht entsprechen, ist die Bezeichnung „keine Autogasfahrzeuge – no LPG-vehicles!" anzubringen.

9 Erfordernis eines Brandschutzkonzeptes

Für folgende Garagen, Parkdecks und Garagensonderformen ist jedenfalls ein Brandschutzkonzept erforderlich, das dem OIB-Leitfaden „Abweichungen im Brandschutz und Brandschutzkonzepte" zu entsprechen hat:
  (a) Garagen mit Brandabschnitten von mehr als 10.000 m²,
  (b) Parkdecks, bei denen die oberste Stellplatzebene mehr als 22 m über dem tiefsten Punkt des an das Parkdeck angrenzenden Geländes nach Fertigstellung liegt,
  (c) Garagen mit einer Nutzfläche von mehr als 50 m² und Parkdecks, in denen jeweils flüssiggasbetriebene Kraftfahrzeuge (LPG, Autogas) abgestellt werden,
  (d) Garagensonderformen, wie Rampengaragen, befahrbare Parkwendel oder Garagen mit zwei oder mehreren horizontalen Fußbodenniveaus innerhalb eines Brandabschnittes mit Nutzflächen von jeweils mehr als 250 m² sowie für Garagen mit automatischen Parksystemen.

2. Kärntner Bauvorschriften – K-BV

Tabelle 1: Anforderungen an überdachte Stellplätze und Garagen mit einer Nutzfläche von jeweils mehr als 50 m² und nicht mehr als 250 m²

Gegenstand		Überdachte Stellplätze > 50 m² und ≤ 250 m²	Garagen > 50 m² und ≤ 250 m²
1	**Mindestabstände**		
1.1	zu Nachbargrundstücks- bzw. Bauplatzgrenzen	2,00 m	2,00 m
1.2	zu Gebäuden auf demselben Grundstück bzw. Bauplatz	2,00 m	4,00 m
2	**Wände, Stützen, Decken bzw. Überdachung**		
2.1	allgemein	D	R 30 oder A2
2.2	bei Unterschreitung der Mindestabstände zu Nachbargrundstücks- bzw. Bauplatzgrenzen	• Wand in REI 60 bzw. EI 60 erforderlich, die der Nachbargrundstücks- bzw. Bauplatzgrenze zugekehrt ist, über die gesamte Länge und bis zur Dacheindeckung Wenn aufgrund der baulichen Umgebung eine Brandübertragung auf Bauwerke der Nachbargrundstücke nicht zu erwarten ist, werden keine Anforderungen gestellt	• Decke REI 90 und A2 und • der Nachbargrundstücks- bzw. Bauplatzgrenze zugekehrte Wand über die gesamte Länge und bis zur Dacheindeckung REI 90 und A2 bzw. EI 90 und A2 erforderlich
2.3	bei Unterschreitung der Mindestabstände zu Gebäuden auf demselben Grundstück bzw. Bauplatz	zu GK 1 und GK 2: D zu GK 3 bis GK 5: • Überdachung in REI 30 oder A2 und • Wand in REI 30 bzw. EI 30 erforderlich, die dem Gebäude zugekehrt ist, über die gesamte Länge und bis zur Dacheindeckung oder gemeinsamer Wandanteil mit dem Gebäude bis zur Dacheindeckung des überdachten Stellplatzes in EI 30, bei GK 5 zusätzlich A2	• Decke REI 90 und dem Gebäude zugekehrte Wand oder der gemeinsame Wandanteil über die gesamte Länge und bis zur Dacheindeckung REI 90 bzw. EI 90 und bei GK 5 jeweils zusätzlich A2 erforderlich
2.4	bei Stellplätzen, die in ein Gebäude hineinragen, und bei eingebauten Stellplätzen	angrenzende Wände und Decken als Trennwände bzw. Trenndecken gemäß Tabelle 1b der OIB-Richtlinie 2, mindestens jedoch REI 30 bzw. EI 30	angrenzende Wände und Decken als sonstige brandabschnittsbildende Wände oder Decken gemäß Tabelle 1b der OIB-Richtlinie 2, mindestens jedoch REI 60 bzw. EI 60
2.5	Einbauten zur Unterteilung der Stellplätze	-	A2
3	**Türen ins Gebäudeinnere**	bei GK 1 und GK 2: keine Anforderungen bei GK 3 bis GK 5: EI$_2$ 30-C	EI$_2$ 30-C
4	**Wandbekleidungen, Bodenbeläge und Konstruktionen unter der Rohdecke**		
4.1	Wandbekleidungen	D	B -s1
4.2	Bodenbeläge	-	B$_{fl}$
4.3	Konstruktionen unter der Rohdecke einschließlich Deckenbeläge	D; bei Stellplätzen gemäß Zeile 2.4: B -s1, d0	B -s1,d0
5	**Fluchtweg**	-	Von jeder Stelle höchstens 40 m Gehweglänge zu einem sicheren Ort des angrenzenden Geländes im Freien oder zu einem Treppenhaus mit Ausgang zu einem sicheren Ort des angrenzenden Geländes im Freien
6	**Erste Löschhilfe**	-	geeigneter tragbarer Feuerlöscher
7	**Feuerstätten und Abgasanlagen**		Die Aufstellung von Feuerstätten und die Anordnung von Reinigungsöffnungen von Abgasanlagen sind unzulässig. Davon ausgenommen sind Feuerstätten und Reinigungsöffnungen, die nach einschlägigen Richtlinien für die Aufstellung in Garagen geeignet sind.

2.1.2.2. OIB-Richtlinie 2.2

Tabelle 2: Rauch- und Wärmeabzugseinrichtungen sowie Brandschutzeinrichtungen bei Garagen mit Brandabschnitten von mehr als 250 m² und nicht mehr als 10.000 m²

	Gegenstand	Anforderungen	
	Brandabschnittsfläche	Rauch- und Wärmeabzugseinrichtung (RWE)	Brandschutzeinrichtung
1	> 250 m² und ≤ 1.600 m²	**Natürliche** Rauch- und Wärmeabzugseinrichtung Zuluftöffnungen in Bodennähe (Summe der ständig freien Querschnittsflächen ≥ 0,5 % der Brandabschnittsfläche) Abluftöffnungen in Deckennähe (Summe der ständig freien Querschnittsflächen ≥ 0,5 % der Brandabschnittsfläche) Die Öffnungen mit einer Mindestgröße je Öffnung von 1,00 m² sind so anzuordnen, dass eine Querdurchlüftung gewährleistet ist Ein- und Ausfahrten (ständig freie Querschnitte) können herangezogen werden **oder**	nicht erforderlich [1]
		Mechanische Rauch- und Wärmeabzugseinrichtung 12-facher stündlicher Luftwechsel, mindestens jedoch Volumenstrom ≥ 36.000 m³/h Abluftventilator, Leitungen, Aufhängungen müssen 400 °C über 90 Minuten standhalten pro 200 m² Deckenfläche ein rauchempfindliches Auslöseelement mit Ein- und Ausschalter an zentraler Stelle im Feuerwehrangriffsweg Anspeisung von der Niederspannungshauptverteilung in jeweils eigenen Stromkreisen oder von Notstromversorgung	nicht erforderlich [1]
2	> 1.600 m² und ≤ 4.800 m²	**Natürliche** Rauch- und Wärmeabzugseinrichtung Zuluftöffnungen in Bodennähe (Summe der ständig freien Querschnittsflächen ≥ 0,5 % der Brandabschnittsfläche) Abluftöffnungen in Deckennähe (Summe der ständig freien Querschnittsflächen ≥ 0,5 % der Brandabschnittsfläche) Die Öffnungen mit einer Mindestgröße je Öffnung von 1,00 m² sind so anzuordnen, dass eine Querdurchlüftung gewährleistet ist Ein- und Ausfahrten (ständig freie Querschnitte) können herangezogen werden **oder**	Automatische **Brandmeldeanlage** (BMA) mit automatischer Alarmweiterleitung **oder** **Erweiterte automatische Löschhilfeanlage** (EAL) mit automatischer Alarmweiterleitung
		Mechanische Rauch- und Wärmeabzugseinrichtung 12-facher stündlicher Luftwechsel, Abluftventilator, Leitungen, Aufhängungen müssen 400 °C über 90 Minuten standhalten Ansteuerung über BMA sowie durch Ein- und Ausschalter an zentraler Stelle im Feuerwehrangriffsweg Anspeisung von der Niederspannungshauptverteilung in jeweils eigenen Stromkreisen oder von Notstromversorgung **oder**	Automatische **Brandmeldeanlage** (BMA) mit automatischer Alarmweiterleitung
		Mechanische Rauch- und Wärmeabzugseinrichtung 3-facher stündlicher Luftwechsel, Abluftventilator, Leitungen, Aufhängungen müssen 400 °C über 90 Minuten standhalten pro 200 m² Deckenfläche ein rauchempfindliches Auslöseelement mit Ein- und Ausschalter an zentraler Stelle im Feuerwehrangriffsweg Anspeisung von der Niederspannungshauptverteilung in jeweils eigenen Stromkreisen oder von Notstromversorgung	**Erweiterte automatische Löschhilfeanlage** (EAL) mit automatischer Alarmweiterleitung
3	> 4.800 m² und ≤ 10.000 m²	**Natürliche** Rauch- und Wärmeabzugseinrichtung Zuluftöffnungen in Bodennähe (Summe der ständig freien Querschnittsflächen ≥ 0,5 % der Brandabschnittsfläche) Abluftöffnungen in Deckennähe (Summe der ständig freien Querschnittsflächen ≥ 0,5 % der Brandabschnittsfläche) Die Öffnungen mit einer Mindestgröße je Öffnung von 1,00 m² sind so anzuordnen, dass eine Querdurchlüftung gewährleistet ist Ein- und Ausfahrten (ständig freie Querschnitte) können herangezogen werden **oder**	**Sprinkleranlage** (SPA) mit automatischer Alarmweiterleitung
		Mechanische Rauch- und Wärmeabzugseinrichtung 3-facher stündlicher Luftwechsel, Abluftventilator, Leitungen, Aufhängungen müssen 400 °C über 90 Minuten standhalten pro 200 m² Deckenfläche ein rauchempfindliches Auslöseelement mit Ein- und Ausschalter an zentraler Stelle im Feuerwehrangriffsweg Anspeisung von der Niederspannungshauptverteilung in jeweils eigenen Stromkreisen oder von Notstromversorgung	**Sprinkleranlage** (SPA) mit automatischer Alarmweiterleitung

(1) Bei Garagen mit mehreren Brandabschnitten, deren Flächen in Summe mehr als 10.000 m² betragen, oder bei Garagen mit mehr als zwei unterirdischen Geschoßen ist eine automatische Brandmeldeanlage (BMA) mit automatischer Alarmweiterleitung erforderlich.

Tabelle 3: Anforderungen an Parkdecks mit einer obersten Stellplatzebene von nicht mehr als 22 m über dem tiefsten Punkt des an das Bauwerk angrenzenden Geländes im Freien nach Fertigstellung

Gegenstand		Anforderungen
1	**Mindestabstände**	
1.1	Mindestabstände zu Nachbargrundstücks- bzw. Bauplatzgrenzen	4,00 m
1.2	Mindestabstände zu Gebäuden auf demselben Grundstück bzw. Bauplatz	6,00 m
2	**Anforderungen bei Unterschreitung der Mindestabstände gemäß Punkt 1**	
2.1	zu Nachbargrundstücks- bzw. Bauplatzgrenzen	den Nachbargrundstücks- bzw. Bauplatzgrenzen zugekehrten Wände über die gesamte Länge und Höhe sowie die Decke bis zum Abstand von 4,00 m jeweils in REI 90 und A2 bzw. EI 90 und A2 erforderlich
2.2	zu Gebäuden auf demselben Grundstück bzw. Bauplatz	den Gebäuden auf demselben Grundstück- bzw. Bauplatz zugekehrten Wände über die gesamte Länge und Höhe sowie die Decke bis zum Abstand von 6,00 m jeweils in REI 90 und A2 bzw. EI 90 und A2 erforderlich
3	**Tragwerk**	R 30 und A2 oder Stahlkonstruktion mit Decken als Verbundtragwerk aus Stahl und Beton, wenn nachgewiesen werden kann, dass es beim zu erwartenden Realbrand innerhalb des Zeitraumes von 30 Minuten zu keinem Einsturz einer Stellplatzebene oder von Teilen einer Stellplatzebene kommt
4	**nichttragende Wände**	A2
5	**Wandbekleidungen, Bodenbeläge und Konstruktionen unter der Rohdecke**	
5.1	Wandbekleidungen	B -s1
5.2	Bodenbeläge	B_{fl}
5.3	Konstruktionen unter der Rohdecke einschließlich Deckenbeläge	B -s1, d0
6	**Türen zwischen Parkdecks und Gängen oder Parkdecks und Treppenhäusern**	EI_2 30-C
7	**Verbindung zwischen Parkdeckebenen bzw. zwischen Parkdeck und anderen Räumen**	
7.1	zu Aufzugschächten, Treppenhäusern	Wände und Decken in REI 90 bzw. EI 90 und A2
7.2	zu Ladestellen von Personenaufzügen	direkt mit dem Treppenhaus oder einem Gang, der – ohne durch die Parkdeckebene zu führen – ins Freie oder in ein Treppenhaus mit Ausgang ins Freie führt, verbunden
8	**Fluchtwege**	
8.1	Fluchtweglänge	nicht mehr als 40 m von jeder Stelle zu einem direktem Ausgang ins Freie oder ein Treppenhaus oder eine Außentreppe, wobei in jedem Geschoß ein zusätzlicher unabhängiger Fluchtweg vorhanden sein muss, der - zu einem weiteren Treppenhaus oder einer weiteren Außentreppe oder - in einen benachbarten Brandabschnitt oder - im ersten unterirdischen sowie im ersten und zweiten oberirdischen Geschoß über die Fahrverbindung der Ein- bzw. Ausfahrtsrampe, wobei diese eine Neigung von mehr als 10 % aufweisen darf, führt; die beiden Fluchtwege dürfen über höchstens 25 m Gehweglänge gemeinsam verlaufen
8.2	Beleuchtung im Verlauf der Fluchtwege	
8.2.1	Nutzfläche von nicht mehr als 1.000 m²	Fluchtweg-Orientierungsbeleuchtung
8.2.2	Nutzfläche von mehr als 1.000 m²	Sicherheitsbeleuchtung; Bei eingeschoßigen Parkdecks mit festem Benutzerkreis sowie in der obersten Ebene eines Parkdecks ohne Überdachung genügt eine Fluchtweg-Orientierungsbeleuchtung.
9	**Lüftungsöffnungen**	in jeder Parkebene in mindestens zwei Umfassungswandflächen auf die Länge verteilt, 50 % der Lüftungsöffnungsflächen in der oberen Umfassungswandfläche, Lüftungsöffnungen müssen ständig offen sein und ins Freie führen. Abstand zu Lüftungsöffnungen nicht mehr als 40 m
10	**Erste und erweiterte Löschhilfe**	ausreichende und geeignete Mittel der ersten Löschhilfe mehr als 3 Stellplatzebenen: trockene Steigleitungen im Bereich der Zugänge zu den Stellplatzebenen

Erläuternde Bemerkungen zu OIB-Richtlinie 2.2
„Brandschutz bei Garagen, überdachten Stellplätzen und Parkdecks"

Ausgabe: März 2015

I. Allgemeines

Bei der Evaluierung der OIB-Richtlinie 2.2 „Brandschutz bei Garagen, überdachten Stellplätzen und Parkdecks", Ausgabe 2011 wurde die Grundstruktur der Richtlinie beibehalten. Die wesentlichsten Änderungen können wie folgt zusammengefasst werden:

- Erleichterungen bei überdachten Stellplätzen und Garagen mit einer Nutzfläche von nicht mehr als 50 m²,
- Zulässigkeit von Bodenbelägen in Garagen mit einer Nutzfläche von mehr als 50 m² und in Parkdecks in B_{fl},
- Ausführung einer trockenen Steigleitung anstelle einer nassen Steigleitung bei eingeschoßigen Garagen,
- Entfall der Mindestanzahl von Zu- und Abluftöffnungen für Rauch- und Wärmeabzugseinrichtungen bei Garagen mit einer Nutzfläche von mehr als 250 m²,
- Entfall von Anforderungen hinsichtlich der Löschwasserversorgung.

Die brandschutztechnische Beurteilung von Garagen, überdachten Stellplätzen und Parkdecks ist im Vergleich zu anderen Nutzungen unterschiedlich durchzuführen, da die Brandentwicklung innerhalb von überdachten Stellplätzen bzw. Parkdecks sowie eines Brandabschnittes einer Garage nicht bis zur Erfassung der gesamten Brandbelastung in progressivem Maße zunimmt. Vielmehr erfolgt die Brandausbreitung nur eingeschränkt, weil sich der Brand zumeist nur von einem brennenden Kraftfahrzeug auf unmittelbar benachbarte Kraftfahrzeuge ausbreitet. In der Regel werden nur wenige Kraftfahrzeuge vom Brand erfasst.

Hinsichtlich der Schutzziele wurde in dieser Richtlinie insbesondere die Vermeidung einer Gefährdung des Lebens und der Gesundheit von Menschen berücksichtigt. Bei der Beurteilung des Gefährdungspotenzials bzw. der zu treffenden Sicherheitsvorkehrungen wurde auf Lage, Bauart, Umfang und Art der Benützung von Garagen, überdachten Stellplätzen bzw. Parkdecks Bedacht genommen.

Im Brandfall ist das Gefährdungspotenzial im Wesentlichen von der Größe des Raumes, in dem Rauch und Wärme freigesetzt wird, und von der Möglichkeit der Abfuhr von Rauch bzw. Wärme abhängig. Der Brandverlauf in einer geschlossenen Garage bzw. einem Brandabschnitt und die davon ausgehende Gefährdung innerhalb des Brandraumes sind gleich, unabhängig davon, ob sich die Garage unterhalb oder oberhalb des angrenzenden Geländes befindet.

II. Zu den einzelnen Bestimmungen

Zu Punkt 0: Vorbemerkungen

Wird in der Richtlinie auf ÖNORMEN oder andere Regelwerke verwiesen, erfolgt – um gleitende Verweise zu vermeiden – die Angabe des genauen Ausgabedatums. Damit sich bei einer Änderung der zitierten Regelwerke erforderlichenfalls eine Aktualisierung leichter durchführen lässt, werden die zitierten Normen und sonstigen technischen Regelwerke in einer eigenen OIB-Richtlinie „Zitierte Normen und sonstige technische Regelwerke" zusammengefasst.

Aufgrund der europäischen Normung werden die europäischen Begriffe und Klassen im Bereich des Brandschutzes verwendet. Dabei wird den Klassifizierungen die ÖNORMEN-Serie EN 13501 „Klassifizierung von Bauprodukten und Bauarten zu ihrem Brandverhalten" zugrunde gelegt.

In bestimmten Fällen werden in der Richtlinie Anforderungen an die Feuerwiderstandsklasse mit Anforderungen an das Brandverhalten der Baustoffe verknüpft. Für den in der Richtlinie am häufigsten vorkommenden Fall, nämlich dass Baustoffe der Klasse A2 zu entsprechen haben, wird dies bereits in den Vorbemerkungen festgelegt, um den Textfluss zu vereinfachen.

In Analogie zur OIB-Richtlinie 2 werden auch für freistehende Garagen und überdachte Stellplätze mit einer Nutzfläche von jeweils nicht mehr als 15 m² keine Brandschutzanforderungen gestellt.

In den Punkten 2 bis 6 der OIB-Richtlinie 2 „Brandschutz" werden die Anforderungen im Wesentlichen für Gebäude mit Wohn- und/oder Büronutzung festgelegt. Es ist zu beachten, dass zusätzlich zu den Bestimmungen der Richtlinie 2.2 „Brandschutz bei Garagen, überdachten Stellplätzen und Parkdecks" auch einige Bestimmungen der Richtlinie 2 relevant sein können. Beispiele dafür können Punkt 3.4 „Schächte; Kanäle, Leitungen und sonstige Einbauten"; Punkt 3.9 „Räume mit erhöhter Brandgefahr" und Tabelle 3 „Anforderungen an Treppenhäuser bzw. Außentreppen" sein. Hingegen ist die Einteilung von Garagen und Parkdecks in Gebäudeklassen wegen des besonderen Verwendungszweckes nicht relevant.

Zu Punkt 1: Begriffsbestimmungen

Die Begriffsbestimmungen aller OIB-Richtlinien sind in einem eigenen Dokument „Begriffsbestimmungen" zusammengefasst. In der Folge werden die wichtigsten für die Richtlinie 2.2 relevanten Begriffe erläutert.

Gemäß den Begriffsbestimmungen werden Garagen als Gebäude oder Teile eines Gebäudes zum Einstellen von Kraftfahrzeugen definiert. Dies schließt jedenfalls nicht aus, dass auch Fahrräder darin abgestellt werden dürfen.

Garagen können ober- und unterirdische Gebäude oder Gebäudeteile sein.

Die Nutzfläche von Garagen bezieht sich auf Stell- und Fahrflächen, da nur deren Größe brandschutztechnisch relevant ist; eine etwa geforderte Einbeziehung von Zu- und Abfahrten im Freien würde eine unverhältnismäßige Härte darstellen.

Um eine Abgrenzung zum klassischen Begriff der Garage vorzunehmen und aufgrund der brandschutztechnisch anderen Betrachtungsweise wurde der Begriff des **Parkdecks** eingeführt. Ein Parkdeck ist eine ein- oder mehrgeschoßige Garage, die für den Rauch- und Wärmeabzug ein Mindestmaß an geeigneten Öffnungen in den Umfassungswänden aufweist. Dieser besondere Umstand rechtfertigt die gesonderte Regelung dieses Garagentyps. Das angegebene Mindestausmaß der Öffnungen von einem Drittel der gesamten gedachten Umfassungswandfläche ist ein im Ausland und auch in einigen österreichischen Ländern verwendeter gängiger Wert.

Im Gegensatz dazu stellt der Begriff **überdachter Stellplatz** insofern die Überleitung von der (geschlossenen) Garage zum Parkdeck dar, als davon ausgegangen wird, dass einerseits nur eine Ebene für Stellplätze vorhanden ist, und andererseits die Umfassungsbauteile sich an höchstens zwei Seiten befinden.

Zu Punkt 2: Überdachte Stellplätze und Garagen mit einer Nutzfläche von jeweils nicht mehr als 50 m²

Zu Punkt 2.1: Überdachte Stellplätze

Nach eingehender Diskussion sowie aufgrund der Tatsache, dass auf einer Nutzfläche von nicht mehr als 50 m² in der Regel nicht mehr als drei Stellplätze untergebracht werden können, wurde diese Größenordnung als akzeptiertes Risiko angesehen. Die durch das Dach zusätzlich vorhandene Brandlast wird im Vergleich zu den abgestellten PKW's und den möglichen Inhalt oder sonstigen möglichen brennbaren Lagerungen in diesem Bereich nicht als eine wesentliche zusätzliche Gefährdung angesehen; zudem dürfte auch ein erfolgreicher Löschangriff in kurzer Zeit mit relativ geringem Aufwand erfolgen. Derartige Verhältnisse sind hauptsächlich bei Gebäuden der Gebäudeklassen 1 und 2 anzutreffen.

Entsprechend Punkt 2.1.2 werden Erleichterungen gewährt, da ähnliche Verhältnisse wie bei überdachten Stellplätzen dieser Größenordnung vorliegen.

2.1.2.2. OIB-Richtlinie 2.2

Zu Punkt 2.2: Garagen

Die Flächenbegrenzung zielt auf praktische Gegebenheiten ab, um brandschutztechnische Erfordernisse bei kleineren Garagen anwenderfreundlich ableiten zu können. Bis zu einer Nutzfläche von höchstens 50 m² umfassen die Regelungen jene Garagen, die hauptsächlich bei Gebäuden der Gebäudeklassen 1 und 2 vorkommen. Bei Garagen dieser Größenordnung sind sowohl Mindestabstände zu Nachbargrundstücks- bzw. Bauplatzgrenzen als auch zu Gebäuden auf demselben Grundstück bzw. Bauplatz einzuhalten bzw. sind bei Unterschreitung der geforderten Abstände entsprechende Brandschutzmaßnahmen insbesondere hinsichtlich des Feuerwiderstandes von Bauteilen zu treffen.

Zu Punkt 3: Überdachte Stellplätze und Garagen mit einer Nutzfläche von jeweils mehr als 50 m² und nicht mehr als 250 m²

Die Flächenbegrenzung zielt auf praktische Gegebenheiten ab, um brandschutztechnische Erfordernisse bei mittleren überdachten Stellplätzen und Garagen anhand einer tabellenartigen Darstellung anwenderfreundlich ableiten zu können. Dabei wurden die gleichen Überlegungen hinsichtlich der Abstände zur Nachbargrundstücks- bzw. Bauplatzgrenze und zu Gebäuden auf demselben Grundstück bzw. Bauplatz wie in der OIB-Richtlinie 2 „Brandschutz" vorgenommen.
Die Anforderungen an das Brandverhalten von Baustoffen bzw. an die Feuerwiderstandsklasse von Bauteilen zielen auf die in der Praxis häufig vorkommenden baulichen Gegebenheiten ab und berücksichtigen hinsichtlich der zugehörigen Gebäude auch deren jeweilige Gebäudeklasse.

Zu Punkt 4: Überdachte Stellplätze mit einer Nutzfläche von mehr als 250 m²

Zu Punkt 4.1: Überdachte Stellplätze ohne überdachte Fahrgassen

In den Fällen ohne überdachte Fahrgassen wird brandschutztechnisch eine vergleichbare Situation wie bei überdachten Stellplätzen von mehr als 50 m² und nicht mehr als 250 m² angenommen, weshalb die zutreffenden Anforderungen gemäß Tabelle 1 zu erfüllen sind. Um allerdings eine allfällige Brandausbreitung entlang der überdachten Stellplätze einzugrenzen, wurde die Längsausdehnung unter Heranziehung des Maßes für die Längsausdehnung eines Brandabschnittes gemäß OIB-Richtlinie 2 „Brandschutz" mit höchstens 60 m begrenzt.

Zu Punkt 4.2: Überdachte Stellplätze mit überdachten Fahrgassen

Bei Stellplätzen mit überdachten Fahrgassen sind aufgrund des komplexeren Löschangriffes der Feuerwehr sowie der eingeschränkten thermischen Entlastung größere zusammenhängende Brandflächen zu erwarten. Deshalb werden generell höhere Anforderungen an die Bauteile sowohl im Hinblick auf das Brandverhalten als auch bei Unterschreitung der Mindestabstände zur Nachbargrundstücks- bzw. Bauplatzgrenze und zu Gebäuden auf demselben Grundstück bzw. Bauplatz an den Feuerwiderstand gestellt.
Die Anforderungen gemäß Punkt 4.2.4 entsprechen aufgrund der ähnlichen baulichen Gegebenheiten im Wesentlichen jenen an Garagen mit einer Nutzfläche von nicht mehr als 1.600 m².

Zu Punkt 5: Garagen mit einer Nutzfläche von mehr als 250 m²

Zu Punkt 5.1: Wände, Stützen, Decken und Dächer

Da im Brandfall eine Gefahr für unter-, ober- bzw. außerhalb einer Garage bzw. eines Garagenbrandabschnittes gelegenen Bereiches ausgeht und der Feuerwehreinsatz durchaus einen längeren Zeitraum beanspruchen kann, wird für die zitierten Bauteile in Punkt 5.1.1 grundsätzlich – ungeachtet an späterer Stelle gewährter Erleichterungen – REI 90 bzw. EI 90 unter Verwendung von Baustoffen der Klasse A2 gefordert.

Bei nicht befahrbaren Decken von Garagen, die gleichzeitig das Dach bilden, wird gemäß Punkt 5.1.3 R 60 als ausreichend angesehen, jedoch bleibt die Forderung nach Verwendung von Baustoffen der Klasse A2 aufrecht. Dies wird damit begründet, dass im Brandfall die betroffenen Personen rechtzeitig in Sicherheit sind und ein erfolgreicher Löschangriff durch die Feuerwehr innerhalb dieser Feuerwiderstandsdauer zu erwarten ist.

Gemäß Punkt 5.1.4 wird akzeptiert, dass unter gewissen Bedingungen tragende Wände, Stützen und Decken von nicht überbauten eingeschoßigen oberirdischen Garagen nur in R 30 und nichttragende Außenwände aus Baustoffen der Klasse C bzw. Holz- und Holzwerkstoffe in D ausgeführt werden. Dabei wird vorausgesetzt, dass die entsprechenden Abstände zu Nachbargebäuden und Nachbargrenzen eingehalten werden oder eine brandabschnittsbildende Wand sowie Deckenbereich gebildet wird. Dies wird damit begründet, dass im Brandfall die betroffenen Personen rechtzeitig in Sicherheit sind und notwendige Löschaktionen durch die Feuerwehr gegebenenfalls auch von außen durchgeführt werden können.

Zu Punkt 5.3: Türen und Tore

In diesem Punkt wird der Praxis entsprechend festgelegt, dass Türen und Tore in brandabschnittsbildenden Wänden nur EI$_2$30-C entsprechen müssen. Allerdings wird deren Größe auf die Breite der Fahrgassen und der Türen im Verlauf von Fluchtwegen begrenzt. Dadurch soll vermieden werden, dass brandabschnittsbildende Wände weitgehend durch großflächige Feuerschutzabschlüsse mit einer geringeren Feuerwiderstandsdauer ersetzt werden.

Zu Punkt 5.4: Verbindung zwischen Garagengeschoßen bzw. zwischen Garage und anderen Räumen

In Punkt 5.4.2 wird sichergestellt, dass Ladestellen von Personenaufzügen an einen gesicherten Fluchtweg angebunden sein müssen und nicht unmittelbar bzw. nur durch eine Schleuse getrennt in die Garage münden.

Im Brandfall können sowohl durch ausgelöste Türbewegungen der flüchtenden Personen als auch im Rahmen des Feuerwehreinsatzes nicht unerhebliche Mengen von Brandrauch von der Garage in angrenzende Gänge und Treppenhäuser gelangen. Dies soll bei Garagen mit einer Nutzfläche von insgesamt mehr als 600 m² durch Schleusen gemäß Punkt 5.4.3 weitgehend verhindert werden.

Bei Außentreppen wird bei geeigneter Ausbildung infolge der Rauchabfuhr ins Freie mit einer wesentlich geringeren Beeinträchtigung gerechnet, sodass gemäß Punkt 5.4.4 die Schleuse entfallen kann.

Zu Punkt 5.5: Fluchtwege

Wird nicht innerhalb von 40 m tatsächlicher Fluchtweglänge ein sicherer Ort des angrenzenden Geländes im Freien erreicht, werden gemäß Punkt 5.5.1 (b) in Verbindung mit Punkt 5.5.2 jedenfalls zwei voneinander unabhängige Fluchtwege gefordert. Dies soll sicherstellen, dass einerseits die tatsächlich vorhandenen Fluchtwege zu den Ausgängen nicht zu lange werden und andererseits ausreichend Zeit bleibt, um erforderlichenfalls einen anderen sicheren Ausgang zu erreichen, bevor man von Rauch und Feuer eingeschlossen wird. Führt der Fluchtweg über die Ein- bzw. Ausfahrtsrampe, stellt diese einen Erschließungsweg für Personen dar. Daher sind die Bestimmungen gemäß OIB-Richtlinie 4 „Nutzungssicherheit und Barrierefreiheit" anzuwenden, wonach u.a. die Neigung einer Rampe mit höchstens 10 % begrenzt ist. Die Neigung der Ein- bzw. Ausfahrtsrampe für die zweite Fluchtrichtung darf mehr als 10 % betragen, wobei die Bestimmungen der OIB-Richtlinie 4 „Nutzungssicherheit und Barrierefreiheit" zu beachten sind. Dabei darf die maximale Neigung von nicht überdeckten Rampen 15 %, von überdeckten oder beheizten Rampen 18 % nicht überschreiten. Dies soll insbesondere für kleinere und mittelgroße Garagen eine wirtschaftliche Ausgestaltung ermöglichen, ohne das Schutzziel des Personenschutzes zu vernachlässigen.

Bei Garagen mit einer Nutzfläche von mehr als 1.000 m² wird eine Sicherheitsbeleuchtung für erforderlich erachtet. Bei eingeschoßigen Garagen mit festem Benutzerkreis (z.B. Wohnhausgaragen) sowie bei Garagen mit einer Nutzfläche von nicht mehr als 1.000 m² wird gemäß Punkt 5.5.3 eine Fluchtweg-Orientierungsbeleuchtung als ausreichend angesehen. Bei Brandereignissen ist mit dem Ausfall der Raumbeleuchtung zu rechnen, weshalb für die Selbstrettung von Personen auch bei Garagen dieser Größenordnung zumindest der Verlauf der Fluchtwege erkennbar sein muss.

2.1.2.2. OIB-Richtlinie 2.2

Zu Punkt 5.6: Brandabschnitte, Rauch- und Wärmeabzugseinrichtungen sowie Brandschutzeinrichtungen

Zwecks Übersichtlichkeit werden gemäß Punkt 5.6.1 in Abhängigkeit der Brandabschnittsflächen die Anforderungen an Rauch- und Wärmeabzugseinrichtungen sowie die anlagentechnischen Brandschutzeinrichtungen in der Tabelle 2 zusammengefasst.

Der Rauch- und Wärmeabzug in Garagen kann prinzipiell durch natürliche oder mechanische Rauch- und Wärmeabzugseinrichtungen erfolgen. Diese Maßnahmen gegen eine Verrauchung sind erforderlich, da wegen der größeren Ausdehnung der Garage bzw. des Brandabschnittes das Erkennen des Brandes – insbesondere aber die realistische Einschätzung der Gefährdung – durch Garagenbenützer erschwert wird. Die Maßnahmen gegen die Verrauchung dienen vorwiegend dem Erhalt der Übersichtlichkeit in der Fluchtphase ohne Intervention einer Feuerwehr. Das Schutzziel Personenschutz wird so durch Eigenrettung weitgehend erreicht. Eine Fremdrettung ist nur bei rechtzeitiger Alarmierung von Hilfskräften möglich, wobei Maßnahmen gegen die Verrauchung unterstützend wirken. Bei einer natürlichen Rauch- und Wärmeabzugseinrichtung kann mit mobilen Feuerwehrventilatoren ein Löschangriff der Feuerwehr unterstützt werden.

Die erforderlichen brandschutztechnischen Maßnahmen sind von der Größe und den Lüftungsverhältnissen der Garage bzw. des Brandabschnittes abhängig. Es wurden Maßnahmen für verschiedene Garagen- bzw. Brandabschnittsgrößen und Ventilationsverhältnisse aufgrund der dort möglichen Rauch- und Wärmeausbreitung festgelegt. Dabei werden vor allem physikalische Tatsachen und feuerwehrtaktische Überlegungen berücksichtigt.

Für Garagen bzw. Brandabschnitte mit einer Nutzfläche von nicht mehr als 1.600 m² sind gemäß Zeile 1 der Tabelle 2 grundsätzlich keine automatischen Brandmelde- bzw. Löschanlagen erforderlich. Diese Begrenzung wurde gewählt, da bei dieser Größenordnung i.d.R. in Verbindung mit den vorgesehenen Rauch- und Wärmeabzugseinrichtungen eine ausreichende Übersichtlichkeit für die Flucht von Personen noch gegeben ist. Zudem ist das Auffinden von brennenden Kraftfahrzeugen bzw. verunglückten Personen für die Einsatzkräfte der Feuerwehr bei dieser Größenordnung normalerweise weniger problematisch als bei größeren Nutzflächen. Die im Brandfall auftretende Rauchgasmenge ist unabhängig von der Brandabschnittsfläche der Garage. Daher tritt in kleineren Raumvolumina bei Freisetzung der Rauchmenge eines Pkw-Brandes eine gefährliche Rauchkonzentration früher auf als in größeren. Deshalb wird unabhängig von der Fläche des Brandabschnittes ein abzusaugender Volumenstrom von mindestens 36.000 m³/h gefordert. Bei Garagen mit mehreren Brandabschnitten, deren Flächen in Summe mehr als 10.000 m² betragen, sowie bei Garagen mit mehr als zwei unterirdischen Geschossen sind dagegen erschwerte Verhältnisse insbesondere auch für den Feuerwehreinsatz gegeben, weshalb in diesen Fällen eine frühzeitige Alarmierung durch eine automatische Brandmeldeanlage gefordert wird.

Wegen der fehlenden Übersichtlichkeit ist für Brandabschnitte mit einer Fläche von mehr als 1.600 m², aber nicht mehr als 4.800 m² der Personenschutz (Selbstrettung, Flucht) nur durch die in Zeile 2 der Tabelle 2 vorgesehenen Brandschutzmaßnahmen – insbesondere durch die automatische Brandfrüherkennung – gegeben. Durch diese und die für diese Garagen- bzw. Brandabschnittsgrößen vorgesehenen natürlichen oder mechanischen Rauch- und Wärmeabzugseinrichtungen wird ein effektiver Feuerwehreinsatz massiv unterstützt. Dadurch soll die Entrauchung bereits ab der Anfangsphase eines Brandes eintreten, was die Fluchtmöglichkeit der Personen erleichtert. Durch eine automatische Löscheinrichtung wird die freigesetzte Rauchgasmenge begrenzt, weshalb für die Rauchverdünnung durch eine mechanische Rauch- und Wärmeabzugseinrichtung ein geringerer Luftwechsel ausreichend ist.

Durch den Einsatz von Sprinkleranlagen wird davon ausgegangen, dass ein Brand praktisch auf ein bis zwei Kraftfahrzeuge beschränkt wird. Dadurch soll aufgrund der in Zeile 3 der Tabelle 2 vorgesehenen Maßnahmen in Verbindung mit den für diese Größenordnung vorgesehenen Entrauchungsmaßnahmen der Personenschutz und ein effektiver Feuerwehreinsatz sichergestellt werden.

Die Längsausdehnung eines Brandabschnittes wurde gemäß Punkt 5.6.2 mit 80 m begrenzt, da Simulationsberechnungen ergaben, dass bei größerer Längsausdehnung infolge Abkühlung der Rauchgase an der Decke ein Absinken der Rauchschicht wahrscheinlich wird. Dadurch kann durch Ansaugen von Verbrennungsluft auch Rauch zum Brandherd rückgesaugt werden, was eine frühzeitige Totalverrauchung des Raumes zur Folge haben kann, wodurch die Brandbekämpfung erheblich erschwert wird. Bei Vorhandensein einer Löschanlage wird die Rauchentwicklung eingeschränkt und somit die Totalverrauchung des Raumes hintan gehalten, sodass eine Begrenzung der Längsausdehnung eines Brandabschnittes nicht erforderlich ist.

Zu Punkt 5.7: Feuerstätten und Abgasanlagen

Aufgrund der häufig gestellten Fragen wird festgelegt, dass die Aufstellung von Feuerstätten und die Anordnung von Reinigungsöffnungen von Abgasanlagen im Hinblick auf eine mögliche Entstehung eines zündfähigen Gemisches unzulässig sind.

Zu Punkt 5.8: Erste und erweiterte Löschhilfe

Gemäß Punkt 5.8.2 sind in Abhängigkeit der Größe der Garage und der Lage der Geschoße für die erweiterte Löschhilfe Wandhydranten erforderlich, da sonst die Angriffswege für einen Löschangriff zu lang werden (Länge der erforderlichen Löschleitungen).

Zu Punkt 6: Parkdecks mit einer obersten Stellplatzebene von nicht mehr als 22 m über dem tiefsten Punkt des an das Bauwerk angrenzenden Geländes nach Fertigstellung

Zwecks Übersichtlichkeit werden die Anforderungen an Parkdecks mit einer obersten Stellplatzebene von nicht mehr als 22 m über dem tiefsten Punkt des an das Bauwerk angrenzenden Geländes nach Fertigstellung in der Tabelle 3 zusammengefasst.

Hinsichtlich der Anforderungen an Türen zwischen Parkdecks und Gängen oder Treppenhäusern, an die Verbindung zwischen Parkdeckebenen bzw. Parkdeck und anderen Räumen sowie der Fluchtwege wurden die allgemeinen Anforderungen für Garagen mit einer Nutzfläche von mehr als 250 m² sinngemäß herangezogen. Der definitionsgemäß hohe Öffnungsanteil der Umfassungswände begünstigt im Brandfall außerordentlich den Abzug von Rauch und Wärme und das hiefür erforderliche Nachströmen von Umgebungsluft. Aufgrund dieses Umstandes wurde – wie vielfach im Ausland bereits praktiziert – auch auf eine Begrenzung der Größe bzw. der Längsausdehnung der Brandabschnitte und auf technische Einrichtungen wie z.B. Brandmeldeanlagen verzichtet.

Hinsichtlich des Abstandes von Parkdecks zur Grundstücks- bzw. Bauplatzgrenze und zu Gebäuden auf demselben Grundstück bzw. Bauplatz werden in den Zeilen 1 und 2 der Tabelle 3 die Regelungen des Punktes 4.2 (Überdachte Stellplätze mit einer Nutzfläche von mehr als 250 m²) sinngemäß übernommen.

Wie bereits im Punkt I „Allgemeines" der Erläuternden Bemerkungen festgestellt wurde, sind bei Bränden in Garagen bzw. Parkdecks in der Regel nur wenige Kraftfahrzeuge beteiligt. Aufgrund dieses Umstandes wird in Zeile 3 der Tabelle 3 für das Tragwerk nur R 30 und A2 verlangt. Die Ausführung von Stahlkonstruktionen mit Decken als Verbundtragwerk aus Stahl und Beton wird aufgrund ihres häufigen Vorkommens explizit genannt.

Um die Rauchabfuhr im Brandfall im gewünschten Umfang sicherzustellen, wird in Zeile 9 der Tabelle 3 verlangt, dass die erforderlichen Öffnungen mindestens zur Hälfte in der oberen Umfassungswandfläche gleichmäßig verteilt sein müssen. Simulationen haben ergeben, dass für die Wirksamkeit der Entrauchung kein Punkt eines Parkdecks mehr als etwa 40 m von einer Rauchabzugsöffnung entfernt sein soll.

Da Parkdecks üblicherweise nicht beheizt sind und die Wandhydranten durch Frostgefahr im Bedarfsfall unbenutzbar werden können, wird in Zeile 10 der Tabelle 3 für Parkdecks mit mehr als drei Stellplatzebenen zur Unterstützung der Brandbekämpfung im Bereich der Zugänge zu den Stellplatzebenen nur eine trockene Steigleitung gefordert.

Zu Punkt 7: Zusätzliche Anforderungen an Garagen für erdgasbetriebene Kraftfahrzeuge

Die Anforderungen der Punkte 2 bis 6 dieser Richtlinie beziehen sich auf das Einstellen von benzin- und dieselbetriebenen Kraftfahrzeugen. Das sicherheitstechnische Risiko für das Einstellen von erdgasbetriebenen Kraftfahrzeugen erscheint mit dem Risiko von benzin- und dieselbetriebenen Kraftfahrzeugen grundsätzlich vergleichbar. Bei Garagen mit einer Nutzfläche

2.1.2.2. OIB-Richtlinie 2.2

von mehr als 250 m² kann davon ausgegangen werden, dass aufgrund der vorhandenen Lüftungsöffnungen bzw. der mechanischen Lüftungsanlage gemäß Punkt 8.3 der OIB-Richtlinie 3 für das Einstellen von erdgasbetriebenen Kraftfahrzeugen keine zusätzlichen Anforderungen notwendig sind. Lediglich für Garagen mit einer Nutzfläche von nicht mehr als 250 m² wird infolge der fehlenden Konvektion zumindest eine der Lüftungsöffnungen in Deckennähe gefordert.

Zu Punkt 8: Zusätzliche Anforderungen an Garagen und Parkdecks für flüssiggasbetriebene Kraftfahrzeuge

Die Anforderungen der Punkte 2 bis 6 dieser Richtlinie beziehen sich auf das Einstellen von benzin- und dieselbetriebenen Kraftfahrzeugen. Aufgrund des spezifischen Gefährdungspotenzials von flüssiggasbetriebenen Kraftfahrzeugen wurden ergänzende Festlegungen bzw. Einschränkungen getroffen, die in Punkt 8.1 zusammengefasst sind. In Garagen mit einer Nutzfläche von nicht mehr als 50 m², die die Anforderungen gemäß lit. (a) und (b) erfüllen, ist das Einstellen von flüssiggasbetriebenen Kraftfahrzeugen auch ohne Brandschutzkonzept zulässig. Für Garagen mit einer Nutzfläche von mehr als 50 m² und für Parkdecks ist überdies ein Brandschutzkonzept notwendig.

Zu Punkt 9: Erfordernis eines Brandschutzkonzeptes

Um eine einheitliche Vorgangsweise zur Erstellung von Brandschutzkonzepten sicherzustellen, ist der OIB-Leitfaden „Abweichungen im Brandfall und Brandschutzkonzepte" heranzuziehen.

Da entsprechend Tabelle 2 die Brandabschnittsfläche mit 10.000 m² begrenzt wird, ist bei Überschreitung dieser Fläche aufgrund des erhöhten Gefährdungspotenziales gemäß Punkt (a) ein Brandschutzkonzept erforderlich.

Für Parkdecks, deren oberste Stellplatzebene mehr als 22 m über dem tiefsten Punkt des an das Parkdeck anschließenden Geländes liegt, wird gemäß Punkt (b) ebenfalls ein Brandschutzkonzept verlangt. Der gewählte Wert von 22 m stellt – ähnlich wie bei Gebäuden mit einem Fluchtniveau von mehr als 22 m – jenes Maß dar, ab dem sich das Gefährdungsbild sowie die Einsatzmöglichkeiten und Einsatzschwierigkeiten für die Feuerwehr qualitativ ändern.

In einem Brandschutzkonzept gemäß Punkt (c) ist auf das spezifische Gefährdungspotenzial von flüssiggasbetriebenen Kraftfahrzeugen einzugehen, wobei insbesondere jene Maßnahmen aufgelistet werden sollten, die erforderlich sind, damit durch austretendes Gas eine Gefährdung für das Leben oder die Gesundheit von Personen, einschließlich Einsatzkräfte, wirksam eingeschränkt wird. Dies umfasst z.B.:

- Maßnahmen, die sicherstellen, dass durch die natürliche oder mechanische Lüftung ein zündfähiges Flüssiggas-Luft-Gemisch ab einer bestimmten Entfernung von der Flüssiggasaustrittsstelle nicht auftritt,
- Maßnahmen hinsichtlich der Ausgestaltung von Verbindungen zu allseits unter dem Niveau des angrenzenden Geländes liegenden Räumen, zu Öffnungen von Lüftungsanlagen, zu Heizeinrichtungen oder Klimaanlagen, um eine Ausbreitung des Gases wirksam einzuschränken,
- Ausgestaltung der natürlichen bzw. mechanischen Lüftung, insbesondere im Hinblick auf Größe, Anordnung, Wirksamkeit und Explosionsschutz,
- Ausgestaltung der Abläufe der Abstell- und Fahrflächen.

Weiters wird gemäß Punkt (d) für Garagensonderformen ein Brandschutzkonzept gefordert, da aufgrund der Raumgeometrie und allenfalls vorhandener technischer Einrichtungen zum Einstellen der Kraftfahrzeuge gegenüber der nicht unter den Begriff „Garagensonderform" fallenden Garagen andere Rauch- und Brandausbreitungsverhältnisse herrschen; insbesondere bei Rampengaragen und Garagen mit automatischen Parksystemen ist eine wirkungsvolle Brandbekämpfung durch die Feuerwehr ohne zusätzliche Maßnahmen in der Regel nicht möglich.

# OiB-Richtlinie 2.3

Brandschutz bei Gebäuden mit einem Fluchtniveau von mehr als 22 m

Ausgabe: März 2015

0	Vorbemerkungen	2
1	Begriffsbestimmungen	2
2	Allgemeine Anforderungen	2
3	Gebäude mit einem Fluchtniveau von nicht mehr als 32 m	6
4	Gebäude mit einem Fluchtniveau von mehr als 32 m und nicht mehr als 90 m	7
5	Gebäude mit einem Fluchtniveau von mehr als 90 m	9

2.1.2.3. OIB-Richtlinie 2.3

0 Vorbemerkungen

Die zitierten Normen und sonstigen technischen Regelwerke gelten in der im Dokument „OIB-Richtlinien – Zitierte Normen und sonstige technische Regelwerke" angeführten Fassung.

Werden in dieser Richtlinie Anforderungen an die Feuerwiderstandsklasse in Verbindung mit Anforderungen an Baustoffe der Klasse A2 gestellt, gilt dies auch als erfüllt, wenn
- die für die Tragfähigkeit wesentlichen Bestandteile der Bauteile der Klasse A2 entsprechen und
- die sonstigen Bestandteile aus Baustoffen der Klasse B bestehen.

Raumabschließende Bauteile müssen zusätzlich – wenn ein Durchbrand nicht ausgeschlossen werden kann – beidseitig mit Baustoffen der Klasse A2 dicht abgedeckt sein.

Es wird darauf hingewiesen, dass parallel zu den Bestimmungen dieser Richtlinie gegebenenfalls einzelne Bestimmungen der OIB-Richtlinie 2 „Brandschutz" zu berücksichtigen sind.

Von den Anforderungen dieser OIB-Richtlinie kann entsprechend den jeweiligen landesrechtlichen Bestimmungen abgewichen werden, wenn vom Bauwerber nachgewiesen wird, dass das gleiche Schutzniveau wie bei Anwendung der Richtlinie erreicht wird. Hierbei ist der OIB-Leitfaden „Abweichungen im Brandschutz und Brandschutzkonzepte" anzuwenden.

Bei Änderungen an bestehenden Bauwerken sind im Einzelfall gegebenenfalls Erleichterungen entsprechend den jeweiligen landesrechtlichen Bestimmungen zulässig.

1 Begriffsbestimmungen

Es gelten die Begriffsbestimmungen des Dokumentes „OIB-Richtlinien – Begriffsbestimmungen".

2 Allgemeine Anforderungen

2.1 Brandverhalten von Bauprodukten (Baustoffen)

2.1.1 Es gelten – sofern im Folgenden nichts anderes bestimmt ist – die Anforderungen der Tabelle 1.

2.1.2 Werden in Gängen außerhalb von Wohnungen oberhalb von abgehängten Decken Leitungen bzw. Kabel nicht unter Putz verlegt oder nicht mit einer Bekleidung gleichwertig geschützt, müssen die abgehängten Decken dicht schließen und bei einer aus den Leitungen und Kabel resultierenden Brandbelastung von mehr als 25 MJ/m² überdies EI 30 (a→b) entsprechen. Dies gilt nicht bei Vorhandensein einer geeigneten Löschanlage.

2.2 Feuerwiderstand von Bauteilen

2.2.1 Tragende und aussteifende Bauteile sowie Läufe und Podeste von Sicherheitstreppenhäusern müssen R 90 und A2 entsprechen.

2.2.2 Folgende Bauteile müssen REI 90 und A2 entsprechen:
(a) tragende Trennwände,
(b) brandabschnittsbildende Wände und Decken,
(c) Decken von Loggien und Balkonen,
(d) Decken und Dachschrägen mit einer Neigung zur Horizontalen von nicht mehr als 60 Grad,
(e) Wände von Sicherheitstreppenhäusern; die Anforderungen an den Feuerwiderstand sind nicht erforderlich für Außenwände von Sicherheitstreppenhäusern, die aus Baustoffen A2 bestehen und die durch andere an diese Außenwände anschließende Gebäudeteile im Brandfall nicht gefährdet werden können,
(f) Decken über Sicherheitstreppenhäusern; von den Anforderungen an den Feuerwiderstand kann abgewichen werden, wenn eine Brandübertragung von den angrenzenden Bauwerksteilen auf das Sicherheitstreppenhaus durch geeignete Maßnahmen verhindert wird,
(g) tragende Wände und Decken von Schleusen sowie von offenen Gängen gemäß Punkt 4.2.2.

2.2.3 Nichttragende Trennwände sowie nichttragende Wände von Schleusen und von offenen Gängen gemäß Punkt 4.2.2 müssen EI 90 und A2 entsprechen.

2. Kärntner Bauvorschriften – K-BV

2.2.4 Wenn Loggien und Balkone mindestens 1,50 m tief sind sowie eine entsprechende Brüstung in EI 30 und A2 mit einer Mindesthöhe von 1,10 m aufweisen, sind in den hinter Loggien und Balkonen gelegenen Teilen der Außenwand keine Fensterbrüstungen erforderlich.

2.3 Fassaden

2.3.1 Fassaden (z.B. Außenwand-Wärmedämmverbundsysteme, vorgehängte hinterlüftete, belüftete oder nicht hinterlüftete Fassaden) sind so auszuführen, dass eine Brandweiterleitung über die Fassade auf das zweite über dem Brandherd liegende Geschoß und das Herabfallen großer Fassadenteile wirksam eingeschränkt wird.

2.3.2 Doppelfassaden sind so auszuführen, dass
(a) eine Brandweiterleitung über die Fassade auf das zweite über dem Brandherd liegende Geschoß, das Herabfallen großer Fassadenteile und
(b) eine Brandausbreitung über die Zwischenräume im Bereich von Trenndecken bzw. brandabschnittsbildenden Decken
wirksam eingeschränkt werden.

2.3.3 Vorhangfassaden sind so auszuführen, dass
(a) eine Brandweiterleitung über die Fassade auf das zweite über dem Brandherd liegende Geschoß, das Herabfallen großer Fassadenteile und
(b) eine Brandausbreitung über Anschlussfugen und Hohlräume innerhalb der Vorhangfassade im Bereich von Trenndecken bzw. brandabschnittsbildenden Decken
wirksam eingeschränkt werden.

2.3.4 In Sockelbereichen ist die Verwendung von Dämmstoffen der Klasse E zulässig.

2.4 Brandabschnitte

2.4.1 In den untersten vier oberirdischen Geschoßen darf ein Brandabschnitt eine Netto-Grundfläche von 1.200 m², in sonstigen Geschoßen eine Netto-Grundfläche von 800 m² nicht überschreiten. In Gebäuden mit einem Fluchtniveau von nicht mehr als 32 m ist bei Vorhandensein einer Sprinkleranlage in oberirdischen Geschoßen eine Brandabschnittsfläche von 1.200 m² zulässig. Brandabschnitte sind durch brandabschnittsbildende Bauteile (z.B. Wände, Decken) gegeneinander abzugrenzen.

2.4.2 In jedem oberirdischen Geschoß muss ein deckenübergreifender Außenwandstreifen mit mindestens 1,20 m Höhe in EI 90 und A2 vorhanden sein oder die brandabschnittsbildende Decke muss mit einem mindestens 0,80 m horizontal auskragenden Bauteil gleicher Feuerwiderstandsklasse verlängert werden. Die Anforderung an den Feuerwiderstand gilt nicht, wenn eine geeignete Löschanlage zur Verhinderung der vertikalen Brandausbreitung oder eine automatische Sprinkleranlage vorhanden ist.

2.5 Sicherheitstreppenhäuser

Für Sicherheitstreppenhäuser gelten – unbeschadet der Punkte 3 und 4 – folgende Anforderungen:
(a) Sicherheitstreppenhäuser müssen jedenfalls einen unmittelbaren Ausgang zu einem sicheren Ort des angrenzenden Geländes im Freien haben. Führt dieser Ausgang nicht unmittelbar ins Freie, so gelten für den Bereich zwischen Treppenhaus und Ausgang ins Freie, der möglichst kurz sein muss, dieselben brandschutztechnischen Anforderungen wie für dieses Treppenhaus.
(b) Sind die Ausgänge von Sicherheitstreppenhäusern nicht unmittelbar an einer öffentlichen Verkehrsfläche situiert, ist zu ihnen eine Feuerwehrzufahrt herzustellen.
(c) Treppenläufe von Sicherheitstreppenhäusern sind baulich so zu gestalten, dass aus den Geschoßen flüchtende Personen nicht versehentlich in die Geschoße unterhalb des Ausgangsgeschoßes gelangen können.

2.6 Interne Treppen

Für interne Treppen gelten folgende Anforderungen:
(a) Interne Treppen, die mehrere Geschoße miteinander verbinden, sind nur innerhalb einer Wohnung bzw. Betriebseinheit zulässig und dürfen sich über nicht mehr als drei Geschoße erstrecken.

2.1.2.3. OIB-Richtlinie 2.3

(b) In jedem Geschoß muss unabhängig von internen Treppen der Zugang zu den Sicherheitstreppenhäusern und im Brandfall der Zugang von den Sicherheitstreppenhäusern in Wohnungen bzw. Betriebseinheiten sichergestellt sein.

2.7 Personenaufzüge

2.7.1 Für Schächte von Personenaufzügen gelten folgende Anforderungen:
(a) Personenaufzüge müssen in Schächten mit Wänden in REI 90 und A2 bzw. EI 90 und A2 geführt werden. Es dürfen höchstens drei Personenaufzüge in einem gemeinsamen Schacht eingebaut werden.
(b) Bei Personenaufzügen, die an der Außenseite des Gebäudes angeordnet sind, müssen jedenfalls die dem Gebäude zugewandten Schachtwände REI 90 bzw. EI 90 und A2 entsprechen.
(c) Jeder Feuerwehraufzug ist in einem eigenen Schacht mit Wänden in REI 90 und A2 zu führen.

2.7.2 Falls die Ladestellen von Personenaufzügen nicht in Treppenhäuser oder Schleusen münden, muss vor ihnen ein Vorraum geschaffen werden, der als Rauchabschnitt auszubilden ist.

2.7.3 Schachttüren von Personenaufzügen müssen derart ausgestaltet sein, dass eine Übertragung von Feuer und Rauch wirksam eingeschränkt wird.

2.7.4 Personenaufzüge – ausgenommen Feuerwehraufzüge – sind mit einer Brandfallsteuerung auszustatten, die nach dem Gebäudeevakuierungskonzept bei Anliegen eines Branderkennungssignals den Fahrkorb in die jeweilige Bestimmungshaltestelle (Evakuierungsebene) bewegt, die Türen öffnet und den Antrieb stillsetzt.

2.7.5 Bei Personenaufzügen, die über mehrere Geschoße hindurch keine Haltestellen haben, müssen in entsprechenden Abständen Nottüren für die Notbefreiung von im Fahrkorb eingeschlossenen Personen angeordnet werden.

2.7.6 Die Wände und Decken von Triebwerksräumen müssen REI 90 und A2 bzw. EI 90 und A2 entsprechen. Die Decke zwischen Schacht und darüber liegendem Triebwerksraum muss R 90 und A2 entsprechen. Der Zugang muss innerhalb der Baulichkeit liegen und darf nur über Treppen erfolgen.

2.7.7 Bei Personenaufzügen ohne gesonderten Triebwerksraum sind die Notbefreiungseinrichtungen (Tableau für den Notbetrieb) in Schleusen oder in als Rauchabschnitt ausgebildeten Räumen anzuordnen.

2.7.8 Für jeden Brandabschnitt ist mindestens ein Feuerwehraufzug vorzusehen. Ein Feuerwehraufzug darf mehreren Brandabschnitten zugeordnet werden, falls der Zugang unmittelbar aus den angrenzenden Brandabschnitten erfolgt. Für die Beurteilung des Erfordernisses eines Feuerwehraufzuges ist die Höhendifferenz zwischen der Fußbodenoberkante des höchstgelegenen oberirdischen Geschoßes und der Feuerwehrangriffsebene maßgebend.

2.8 Abfallsammelräume, Transformatorenräume, Niederspannungs-Hauptverteilungsräume

Zwischen dem Gebäudeinneren und den Abfallsammelräumen, Transformatorenräumen oder Niederspannungs-Hauptverteilungsräumen müssen ausreichend be- und entlüftete Schleusen mit Türen in EI_2 30-C vorgesehen werden.

2.9 Installationen

Installationsschächte sind im Abstand von zwölf Geschoßen durch eine horizontale Abschottung zu teilen, die einen Feuerwiderstand von 90 Minuten sicherstellt.

2.10 Erste und erweiterte Löschhilfe

2.10.1 Es sind ausreichende und geeignete Mittel der ersten Löschhilfe (z.B. tragbare Feuerlöscher) bereitzuhalten.

2.10.2 Es müssen in jedem Geschoß Wandhydranten mit formbeständigem D-Schlauch und zusätzlicher geeigneter Anschlussmöglichkeit für die Feuerwehr zur Brandbekämpfung vorhanden sein. Die Anzahl und Anordnung der Wandhydranten ist so festzulegen, dass mit dem formbeständigem D-Schlauch jeder Punkt eines Brandabschnittes erreicht werden kann, wobei jedenfalls in unmittelbarer Nähe jedes Sicherheitstreppenhauses ein Wandhydrant vorhanden sein muss.

2.10.3 Abweichend von Punkt 2.10.2 ist in Gebäuden mit einem Fluchtniveau von nicht mehr als 32 m mit ausschließlicher Wohnnutzung die Errichtung einer trockenen Steigleitung ausreichend.

2.11 Anlagentechnische Brandschutzeinrichtungen

2.11.1 Automatische Brandmeldeanlagen (BMA) müssen nach einer anerkannten Richtlinie ausgeführt werden.

2.11.2 Automatische Löschanlagen (z.B. Sprinkleranlage SPA) müssen nach einer anerkannten Richtlinie ausgeführt werden.

2.11.3 Automatische Löschanlagen mit dem Schutzziel „Verhinderung der vertikalen Flammenübertragung" müssen hinsichtlich der anlagentechnischen Anforderungen sinngemäß einer automatischen Löschanlage gemäß Punkt 2.11.2 entsprechen.

2.12 Lüftungstechnische Anlagen und Klimaanlagen

2.12.1 Die lüftungstechnischen Anlagen für Sicherheitstreppenhäuser einschließlich der zugehörigen Schleusen sowie die raumlufttechnischen Anlagen sind von den sonstigen lüftungstechnischen Anlagen getrennt auszuführen.

2.12.2 Das Gebäude ist – mit Ausnahme der Lüftung der Sicherheitstreppenhäuser samt Schleusen – lüftungstechnisch in Abschnitte von höchstens 12 Geschoßen zu unterteilen, wobei jeder Abschnitt eine eigene lüftungstechnische Anlage erhalten muss, wobei ein gemeinsames Lüftungszentralgerät für zwei Abschnitte zulässig ist.

2.12.3 Die unterirdischen Geschoße müssen eine eigene lüftungstechnische Anlage erhalten.

2.12.4 Die lüftungstechnischen Anlagen müssen an zentraler Stelle ein- und ausgeschaltet werden können.

2.12.5 Bei Gebäuden mit einem Fluchtniveau von mehr als 32 m sind motorgesteuerte Brandschutzklappen zu verwenden. Bei Gebäuden mit einem Fluchtniveau von nicht mehr als 32 m dürfen auch thermisch gesteuerte Brandschutzklappen verwendet werden.

2.12.6 Für Klimaanlagen gelten die Anforderungen gemäß den Punkten 2.12.1 bis 2.12.5 sinngemäß.

2.13 Sicherheitsstromversorgung

2.13.1 Es ist eine vom allgemeinen Stromnetz unabhängige Stromquelle vorzusehen. Diese Stromquelle muss sich bei Netzausfall selbsttätig einschalten und an gesicherter Stelle von Hand aus einschaltbar sein.

2.13.2 Abweichend von Punkt 2.13.1 genügt bei Gebäuden mit einem Fluchtniveau von nicht mehr als 32 m für die Feuerwehraufzüge, die Drucksteigerungsanlage, für die Wandhydranten und die Anlagen zur Rauchfreihaltung (DBA) ein direkter Anschluss an den Niederspannungs-Hauptverteiler des jeweiligen Objektes, wobei zusätzlich folgende Anforderungen einzuhalten sind:
(a) Wände und Decken des Niederspannungs-Hauptverteilers werden als brandabschnittsbildende Wände und Decken ausgeführt, Türen in EI$_2$ 30-C.
(b) Die zur Stromversorgung dienenden elektrischen Leitungen werden mit Funktionserhalt E 90 ausgeführt.
(c) Zur Sicherstellung der elektrischen Versorgungssicherheit müssen die zugehörigen Leitungsschutzeinrichtungen kurzschluss-selektiv ausgeführt werden.

2.13.3 Im Bereich jedes Wandhydranten oder in den Stockwerksverteilern ist eine an die Anlage der Sicherheitsstromversorgung angeschlossene CEE-Drehstrom-Steckdose mit 16 A anzubringen. Bei Installation in einem Stockwerksverteiler ist dieser mit dem Feuerwehr-Einheitsschlüssel sperrbar einzurichten. Für Gebäude mit einem Fluchtniveau von nicht mehr als 32 m gilt Punkt 2.13.2 sinngemäß.

2.14 Alarmeinrichtungen

Es ist eine Alarmeinrichtung zu installieren, durch die Personen im Gebäude durch Licht- und/oder Schallzeichen bzw. Rundspruch-Durchsagen gewarnt werden können.

2.1.2.3. OIB-Richtlinie 2.3

2.15 Funkeinrichtungen

Im Gebäude ist eine gesicherte Funkkommunikation für die Feuerwehr sicherzustellen; gegebenenfalls ist eine Objektfunkanlage zu installieren.

2.16 Verantwortliche Personen

2.16.1 Für das Gebäude ist ein geeigneter und nachweislich ausgebildeter Brandschutzbeauftragter (BSB) zu bestellen und sind im Einvernehmen mit der örtlich zuständigen Feuerwehr Brandschutzpläne anzufertigen sowie der Feuerwehr zur Verfügung zu stellen.

2.16.2 Für Gebäude mit einem Fluchtniveau von mehr als 32 m ist eine Person zu bestellen, die folgende Aufgaben zu übernehmen hat:
- Veranlassung von Störungsbehebungen,
- Hilfestellung bei erforderlichen Eingriffen in die Haustechnik im Zuge von Feuerwehreinsätzen,
- Hilfestellung bei der Wiederinbetriebnahme von brandfallgesteuert abgeschalteten Einrichtungen.

3 Gebäude mit einem Fluchtniveau von nicht mehr als 32 m

Für Gebäude mit einem Fluchtniveau von nicht mehr als 32 m gelten ergänzend zu Punkt 2 folgende Anforderungen.

3.1 Fluchtwege

3.1.1 Von jeder Stelle jedes Raumes muss in höchstens 40 m Gehweglänge ein Sicherheitstreppenhaus der Stufe 1 gemäß Punkt 3.2 erreichbar sein. Bei Wohnungen wird die Gehweglänge ab der Wohnungseingangstüre gemessen. Dabei dürfen sich die Wohnungen über höchstens zwei Geschoße erstrecken.

3.1.2 Jeder Brandabschnitt in den oberirdischen Geschoßen ist mindestens an ein Sicherheitstreppenhaus der Stufe 1 anzuschließen.

3.2 Sicherheitstreppenhäuser der Stufe 1

3.2.1 Bei Gebäuden mit Wohnungen und jenen, bei denen durch eine kleinräumige Brandabschnittsbildung nur wenige Personen durch einen Brand betroffen sind, ist das Treppenhaus mit einer Druckbelüftungsanlage derart auszustatten, dass während der Fluchtphase einzelner Personen das Treppenhaus möglichst rauchfrei gehalten wird.

3.2.2 Bei Gebäuden mit Büros und jenen, bei denen durch eine größere Brandabschnittsbildung mehrere Personen durch einen Brand betroffen sind, ist das Treppenhaus mit einer Druckbelüftungsanlage derart auszustatten, dass während der Fluchtphase mehrerer Personen das Treppenhaus möglichst rauchfrei gehalten wird.

3.2.3 Wohnungen bzw. Betriebseinheiten dürfen nur über einen Gang oder einen Vorraum an das Treppenhaus angebunden werden. Dieser ist in die Druckbelüftungsanlage derart einzubeziehen, dass eine Durchspülung mit einem 30-fachen stündlichen Luftwechsel erfolgt, wenn alle in diesen Gang oder Vorraum mündenden Türen geschlossen sind.

3.3 Brandmeldeanlagen (BMA)

3.3.1 Das Gebäude ist mit einer automatischen Brandmeldeanlage im Schutzumfang Vollschutz auszustatten, die über das jeweils hochwertigste zur Verfügung stehende Übertragungssystem an die Brandmelde-Auswertezentrale einer öffentlichen Feuerwehr anzuschließen ist. Im Fall einer Auslösung ist der Zutritt zu allen überwachten Bereichen sicherzustellen.

3.3.2 Abweichend von Punkt 3.3.1 können Wohnungen vom Schutzumfang der automatischen Brandmeldeanlage ausgenommen werden, wenn
(a) in allen Aufenthaltsräumen – ausgenommen in Küchen – sowie in Gängen, über die Fluchtwege von Aufenthaltsräumen führen, jeweils mindestens ein unvernetzter Rauchwarnmelder angeordnet wird; die Rauchwarnmelder müssen so eingebaut werden, dass Brandrauch frühzeitig erkannt und gemeldet wird, und

(b) die überwiegende Anzahl der Fenster jeder Wohnung so angeordnet ist, dass eine Identifizierung der vom Brand betroffenen Wohnung durch die Einsatzkräfte der Feuerwehr von außen möglich ist.

3.4 Maßnahmen zur wirksamen Einschränkung einer vertikalen Brandübertragung

Ist ein Löschangriff von außen nicht möglich, ist abweichend zu Punkt 2.4.2 eine der folgenden Maßnahmen erforderlich:
(a) eine geeignete Löschanlage, die mindestens das Schutzziel „Verhinderung der vertikalen Flammenübertragung" sicherstellt, oder
(b) alle Öffnungen in der betreffenden Außenwand sind mit nicht öffenbaren Abschlüssen in E 90 und A2 herzustellen, oder
(c) es müssen Fensterstürze in REI 90 und A2 bzw. EI 90 und A2 vorhanden sein, die mindestens 20 cm von der fertigen Deckenunterschicht herabreichen müssen. Der Abstand zwischen dieser Sturzunterkante und der Parapetoberkante des nächsten darüber liegenden Fensters muss mindestens 4,40 m betragen; der dazwischen liegende Bereich muss in REI 90 und A2 bzw. EI 90 und A2 hergestellt werden. Dieser Abstand reduziert sich auf maximal 1,50 m, wenn der Abstand eines Fensters zu darüber liegenden Fenstern – horizontal von Laibung zu Laibung gemessen – mindestens 2,00 m beträgt.

Die Anforderungen gemäß (b) und (c) gelten nicht für Loggien und Balkone, die gemäß Punkt 2.2.4 ausgeführt werden.

4 Gebäude mit einem Fluchtniveau von mehr als 32 m und nicht mehr als 90 m

Für Gebäude mit einem Fluchtniveau von mehr als 32 m und nicht mehr als 90 m gelten ergänzend zu Punkt 2 folgende Anforderungen:

4.1 Fluchtwege

4.1.1 Von jeder Stelle jedes Raumes muss in höchstens 40 m Gehweglänge ein Sicherheitstreppenhaus der Stufe 2 gemäß Punkt 4.2 mit jeweils einem Ausgang zu einem sicheren Ort des angrenzenden Geländes im Freien erreichbar sein, wobei ohne Begrenzung der Gehweglänge zusätzlich
(a) in jedem Geschoß mit mindestens einem Aufenthaltsraum ein unabhängiger Fluchtweg zu einem weiteren Sicherheitstreppenhaus der Stufe 2 gemäß Punkt 4.2, oder
(b) ein unabhängiger Fluchtweg zu einem benachbarten Brandabschnitt mit Zugang zu einem Sicherheitstreppenhaus der Stufe 2 gemäß Punkt 4.2
erreichbar sein muss.

4.1.2 Bei Wohnungen wird abweichend von Punkt 4.1.1 die Gehweglänge ab der Wohnungseingangstüre gemessen. Dabei dürfen sich die Wohnungen über höchstens zwei Geschoße erstrecken.

4.1.3 Die Fluchtwege gemäß Punkt 4.1.1 (a) bzw. (b) dürfen bei Wohnungen auf eine Länge von höchstens 15 m bzw. bei Betriebseinheiten auf eine Länge von höchstens 25 m gemeinsam verlaufen (z.B. Stichgang).

4.1.4 Jeder Brandabschnitt ist mindestens an ein Sicherheitstreppenhaus der Stufe 2 anzuschließen.

4.1.5 Bei Gebäuden mit einem Fluchtniveau von mehr als 60 m muss für flüchtende Personen zumindest alle sechs Geschoße innerhalb bzw. im unmittelbar angrenzenden Bereich des Sicherheitstreppenhauses eine Fläche geschaffen werden, die ein Ausweichen vom Fluchtstrom ermöglicht.

4.1.6 Für die Feuerwehr müssen im Brandfall sämtliche Geschoße vom Sicherheitstreppenhaus aus zugänglich sein.

4.2 Sicherheitstreppenhäuser der Stufe 2

4.2.1 Für innenliegende Sicherheitstreppenhäuser der Stufe 2 gelten folgende Anforderungen:
(a) Die Treppenhäuser müssen in jedem Geschoß über eine unmittelbar davor liegende Schleuse erreichbar sein.
(b) Das Treppenhaus einschließlich der zugehörigen Schleusen ist mit einer Druckbelüftungsanlage (DBA) derart auszustatten, dass das Treppenhaus während der Fluchtphase und der Brandbekämpfungsphase rauchfrei gehalten wird.

2.1.2.3. OIB-Richtlinie 2.3

      (c) Wohnungen bzw. Betriebseinheiten dürfen nur über eine Schleuse an das Treppenhaus angebunden werden.
      (d) Die Türen der Schleuse sind in EI_2 30-C auszuführen; für die Türe zwischen Schleuse und Treppenhaus genügt eine Ausführung in Sm-C, sofern die Länge der Schleuse mehr als 3,00 m beträgt.
      (e) In der nutzungsseitigen Schleusentüre ist eine Sichtverbindung vorzusehen.

4.2.2 Für außenliegende Sicherheitstreppenhäuser der Stufe 2 gelten folgende Anforderungen:
      (a) Die Treppenhäuser dürfen in jedem Geschoß nur über einen unmittelbar davor liegenden offenen Gang erreichbar sein.
      (b) Dieser offene Gang ist so anzuordnen, dass eindringender Rauch ungehindert – und ohne in das Treppenhaus zu gelangen – ins Freie entweichen kann. Der offene Gang muss mindestens so breit wie die erforderliche Treppenbreite des Treppenhauses, mindestens so lang wie die doppelte erforderliche Treppenbreite und mindestens auf einer Längsseite offen sein. Er darf an seinen/seiner offenen Seite(n) nur durch eine geschlossene, 1,10 m hohe Brüstung in EI 90 und A2 sowie durch einen Sturz eingeschränkt sein. Die Unterkante des Sturzes darf höchstens 20 cm unter der Unterkante der anschließenden Decke und muss mindestens 30 cm über der Oberkante der Treppenhaustür liegen.
      (c) Wände, die den offenen Gang begrenzen, dürfen außer den erforderlichen Türen und den geforderten Rauchabzugsöffnungen keine Öffnungen haben.
      (d) Die Türen des offenen Ganges müssen EI_2 30-C entsprechen. Für die Türe zwischen dem offenen Gang und dem Treppenhaus genügt eine Ausführung in S_m-C. Die Türen, die in das Treppenhaus münden, müssen von Türen zwischen dem offenen Gang und dem Gebäudeinneren mindestens 3,00 m entfernt sein; bei dreiseitig offenen Gängen ist ein Abstand von mindestens 1,50 m ausreichend. Der seitliche Abstand zwischen Fenstern bzw. Öffnungen anderer Räume und den Türen und Fenstern des Treppenhauses sowie den Türen des offenen Ganges muss mindestens 5,00 m betragen, falls diese Fenster bzw. Öffnungen nicht in EI 90 ausgeführt werden.
      (e) An der obersten Stelle des Treppenhauses ist eine Rauchabzugsöffnung mit einem geometrisch freien Querschnitt von 1,00 m² zu errichten, die in der Angriffsebene der Feuerwehr von Stand aus ohne fremde Hilfe geöffnet werden kann. Eine automatische Ansteuerung durch die Brandmeldeanlage ist unzulässig.
      (f) Eine Ausgangstüre des Treppenhauses ist mit einer Türfeststelleinrichtung zu versehen.

4.3 Brandmeldeanlagen (BMA)

4.3.1 Das Gebäude ist mit einer automatischen Brandmeldeanlage im Schutzumfang Vollschutz auszustatten, die über das jeweils hochwertigste zur Verfügung stehende Übertragungssystem an die Brandmelde-Auswertezentrale einer öffentlichen Feuerwehr anzuschließen ist. Im Fall einer Auslösung ist der Zutritt zu allen überwachten Bereichen sicherzustellen.

4.3.2 Abweichend von Punkt 4.3.1 ist die Anordnung von Brandmeldern innerhalb von Wohnungen dann nicht erforderlich, wenn sichergestellt wird, dass
      (a) in allen Aufenthaltsräumen in Küchen – ausgenommen in Küchen – sowie in Gängen, über die Fluchtwege von Aufenthaltsräumen führen, jeweils mindestens ein unvernetzter Rauchwarnmelder angeordnet wird; die Rauchwarnmelder müssen so eingebaut werden, dass Brandrauch frühzeitig erkannt und gemeldet wird, und
      (b) entweder bei Auslösung einer automatischen Löschanlage mit dem Schutzziel „Verhinderung der vertikalen Flammenübertragung" die betroffene Wohnung eindeutig identifiziert werden kann, oder
      (c) bei Auslösung einer automatischen Löschanlage im Schutzumfang Vollschutz der betroffene Brandabschnitt eindeutig identifiziert werden kann.

4.4 Maßnahmen zur wirksamen Einschränkung einer vertikalen Brandübertragung

4.4.1 Es ist eine automatische Löschanlage im Schutzumfang Vollschutz zu errichten.

4.4.2 Bei Wohnungen ist abweichend von Punkt 4.4.1 die Errichtung einer automatischen Löschanlage mit dem Schutzziel „Verhinderung der vertikalen Flammenübertragung" ausreichend.

5 Gebäude mit einem Fluchtniveau von mehr als 90 m

Für Gebäude mit einem Fluchtniveau von mehr als 90 m ist ein Brandschutzkonzept erforderlich, das dem OIB-Leitfaden „Abweichungen im Brandschutz und Brandschutzkonzepte" zu entsprechen hat. Dabei ist ergänzend zu den Punkten 2 und 3 insbesondere zu berücksichtigen:
- Personenanzahl bei der Flucht
- Evakuierungszeiten
- Angriffsbedingungen der Feuerwehr
- Art der Nutzung
- Umgebungssituation

2.1.2.3. OIB-Richtlinie 2.3

Tabelle 1: Allgemeine Anforderungen an das Brandverhalten

1 Fassaden		
1.1	Außenwand-Wärmedämmverbundsysteme	A2-d1
1.2	Fassadensysteme, vorgehängte hinterlüftete, belüftete oder nicht hinterlüftete	
1.2.1	Gesamtsystem *oder*	A2-d1
1.2.2	Einzelkomponenten	
	- Außenschicht	A2-d1
	- Unterkonstruktion stabförmig / punktförmig	A2 / A2
	- Dämmschicht bzw. Wärmedämmung	A2
1.3	sonstige Außenwandbekleidungen oder -beläge	A2-d1
1.4	nichttragende Außenwandbauteile	A2-d1
1.5	Gebäudetrennfugenmaterial	A2
1.6	Geländerfüllungen bei Balkonen, Loggien u. dgl.	A2
2 Treppenhäuser und Gänge außerhalb von Wohnungen: Bekleidungen und Beläge sowie abgehängte Decken		
2.1	Wandbekleidungen [1]	
2.1.1	Gesamtsystem *oder*	A2; die Oberflächen müssen geschlossen sein, wenn kein Belag vorhanden ist
2.1.2	Einzelkomponenten	
	- Außenschicht	A2
	- Unterkonstruktion	A2
	- Dämmschicht bzw. Wärmedämmung	A2; bei Mantelbeton sind Dämmschichten der Klasse B zulässig
2.2	abgehängte Decken	A2-s1, d0
2.3	Wand- und Deckenbeläge	A2-s1, d0
2.4	Bodenbeläge	$A2_{fl}$; Bei Gebäuden mit einem Fluchtniveau von nicht mehr als 32 m genügt bei Gängen B_{fl}.
2.5	Geländerfüllungen	A2
3 Dächer mit einer Neigung ≤ 60°		
3.1	Dacheindeckung bzw. Bedachung	B_{ROOF} (t1); Dacheindeckung, Lattung, Konterlattung und Schalung müssen der Klasse A2 entsprechen; abweichend davon sind für Lattung, Konterlattung und Schalung auch Holz und Holzwerkstoffe der Klasse D zulässig; Bei Dächern mit einer Neigung < 20° genügt als oberste Schicht auch 5 cm Kies oder Gleichwertiges;
3.2	Dämmschicht bzw. Wärmedämmung in der Dachkonstruktion	A2; Auf allen in REI 90 und A2 hergestellten Dächern mit einer Neigung < 20° sind auch EPS, XPS und PUR der Klasse E zulässig.
4 nicht ausgebaute Dachräume		
4.1	Bekleidung (Fußbodenkonstruktion)	
4.1.1	Gesamtsystem *oder*	B
4.1.2	Einzelkomponenten	
	- Außenschicht	A2
	- Dämmschicht bzw. Wärmedämmung	A2; auf allen in REI 90 und A2 hergestellten Dächern mit einer Neigung < 20° sind auch EPS, XPS und PUR der Klasse E zulässig.
4.2	Bodenbeläge	$A2_{fl}$; Bei Gebäuden mit einem Fluchtniveau von nicht mehr als 32 m genügt B_{fl}-s1; es sind auch Bodenbeläge in D_{fl} zulässig, wenn die Wärmedämmung bzw. Dämmschicht in A2 ausgeführt wird.

(1) Fehlen in Gängen und Treppenhäusern Wand- bzw. Deckenbeläge, gelten für die Bekleidung (als Gesamtsystem) bzw. die Außenschicht der Bekleidung die Anforderungen für Wand- bzw. Deckenbeläge gemäß Zeile 2.3.

Erläuternde Bemerkungen zu OIB-Richtlinie 2.3
„Brandschutz bei Gebäuden mit einem Fluchtniveau von mehr als 22 m"

Ausgabe: März 2015

I. Allgemeines

Bei der Evaluierung der OIB-Richtlinie 2 „Brandschutz", Ausgabe 2011 wurde die Grundstruktur der Richtlinie beibehalten. Die wesentlichsten Änderungen können wie folgt zusammengefasst werden:

- Anpassung der Fluchtweg-Bestimmungen an den modifizierten Punkt 5.1.2 der OIB-Richtlinien 2,
- Anpassung der Tabelle 1 an die modifizierte Tabelle 1a der OIB-Richtlinie 2.

Es wird darauf hingewiesen, dass diese Richtlinie für Betriebsbauten gemäß OIB-Richtlinie 2.1 mit einem Fluchtniveau von mehr als 22 m (z.B. große Kesselhäuser, Hochregallager) nicht anwendbar ist.

II. Zu den einzelnen Bestimmungen

Zu Punkt 0: Vorbemerkungen

Falls in der Richtlinie auf ÖNORMEN oder andere Regelwerke verwiesen wird, erfolgt – um gleitende Verweise zu vermeiden – die Angabe des genauen Ausgabedatums. Damit sich bei einer Änderung der zitierten Regelwerke erforderlichenfalls eine Aktualisierung leichter durchführen lässt, werden die zitierten Normen und sonstigen technischen Regelwerke in einer eigenen OIB-Richtlinie „Zitierte Normen und sonstige technischen Regelwerke" zusammengefasst.

In den meisten Fällen werden in dieser Richtlinie Anforderungen an die Feuerwiderstandsklasse mit Anforderungen an das Brandverhalten der Baustoffe verknüpft. Für den in der Richtlinie am häufigsten vorkommenden Fall, nämlich dass Baustoffe der Klasse A2 zu entsprechen haben, wird dies bereits in den Vorbemerkungen festgelegt, um den Textfluss zu vereinfachen.

Zu Punkt 1: Begriffsbestimmungen

Die Begriffsbestimmungen aller OIB-Richtlinien sind in einem eigenen Dokument „Begriffsbestimmungen" zusammengefasst.

Zu Punkt 2: Allgemeine Anforderungen

In diesem Punkt sind alle jene baulichen Maßnahmen zusammengefasst, die für alle Gebäude mit einem Fluchtniveau von mehr als 22 m gelten.

Zu Punkt 2.1: Brandverhalten von Bauprodukten (Baustoffen)

Der Aufbau der Tabelle 1 in Punkt 2.1.1 orientiert sich an jenem der Tabelle 1a der OIB-Richtlinie 2 „Brandschutz".

Da insbesondere in Nicht-Wohngebäuden (Büros, Beherbergungsstätten etc.) immer wieder Leitungen und Kabel oberhalb von abgehängten Decken in Gängen verlaufen, war es notwendig, Anforderungen gemäß Punkt 2.1.2 zu formulieren.

2.1.2.3. OIB-Richtlinie 2.3

Zu Punkt 2.2: Feuerwiderstand von Bauteilen

> Es werden die Anforderungen des Feuerwiderstandes der einzelnen Bauteile zusammengefasst, wobei grundsätzlich eine Feuerwiderstandsdauer von 90 Minuten unter Verwendung von Baustoffen der Klasse A als ausreichend erachtet werden. Falls das Gebäude ein Fluchtniveau von mehr als 90 m aufweist, kann gegebenenfalls eine höhere Feuerwiderstandsdauer erforderlich werden (siehe hiezu Punkt 6 dieser Richtlinie).

Zu Punkt 2.3: Fassaden

> Zwecks Übersichtlichkeit und besserer Lesbarkeit wurden die relevanten Anforderungen an Fassaden gemäß Punkt 3.5 der OIB-Richtlinie 2 „Brandschutz" in diese Richtlinie übernommen.

Zu Punkt 2.4: Brandabschnitte

> Punkt 2.4.1 regelt die Größen der Brandabschnittsflächen unter Bedachtnahme auf das akzeptierte Risiko sowie die für die Feuerwehr zu bewältigenden Einsatzverhältnisse.
>
> In Punkt 2.4.2 wird gefordert, dass in allen Geschoßen ein 1,20 m hoher deckenübergreifender Außenwandstreifen in REI 90 und A2 bzw. EI 90 und A2 vorhanden sein muss; im Hinblick auf das erhöhte Gefährdungspotenzial darf daher im Gegensatz zu Punkt 3.1 der OIB-Richtlinie 2 „Brandschutz" ein Brandabschnitt nicht über mehrere Geschoße führen.

Zu Punkt 2.5: Sicherheitstreppenhäuser

> In diesem Punkt sind all jene Anforderungen zusammengefasst, die allgemeine Regelungen für die Sicherheitstreppenhäuser der Stufe 1 und der Stufe 2 darstellen.
>
> Die Anforderungen über Feuerwehrzufahrten bzw. Aufstellflächen für die Feuerwehr können der *TRVB F 134, Ausgabe 1987* entnommen werden. Zu beachten ist, dass die Bestimmungen gemäß Punkt 6.1 (Zugänglichkeit für die Feuerwehr) der OIB-Richtlinie 2 „Brandschutz" einzuhalten sind, wonach die Aufstellfläche für Fahrzeuge der Feuerwehr nicht mehr als 80 m vom Gebäudeeingang entfernt sein darf.

Zu Punkt 2.6: Interne Treppen

> Im Gegensatz zu Punkt 3 (Brandabschnitte) der OIB-Richtlinie 2 „Brandschutz" wird davon ausgegangen, dass sich in Gebäuden mit einem Fluchtniveau von mehr als 22 m Brandabschnitte nur horizontal, nicht aber über mehrere Geschoße, erstrecken. Lediglich Treppen innerhalb von Wohnungen oder innerhalb von Betriebseinheiten zur internen Erschließung sind möglich. Dies soll eine begrenzte Brandausbreitung in vertikaler Richtung innerhalb des Gebäudes sicherstellen. Zur Sicherung der flüchtenden Personen im Brandfall sowie zur Durchführung eines wirksamen Löscheinsatzes ist eine Zugangsmöglichkeit in allen Ebenen (Geschoßen) erforderlich.

Zu Punkt 2.7: Personenaufzüge

> In diesem Punkt werden die für Gebäude mit einem Fluchtniveau von mehr als 22 m wesentlichen Anforderungen an Personenaufzüge zusammengefasst.
>
> Neben den brandschutztechnischen Anforderungen an die Schachtwände der Personenaufzüge wird in Punkt 2.7.1 festgehalten, dass Feuerwehraufzüge jedenfalls in einem eigenen Schacht mit Wänden in REI 90 und A2 bzw. EI 90 und A2 zu führen sind. Unter gewissen Voraussetzungen ist es jedoch zulässig, dass mehrere Feuerwehraufzüge in einem gemeinsamen Schacht geführt werden dürfen; die entsprechenden Bestimmungen sind in *TRVB A 150, Ausgabe 2011* enthalten.
>
> Aus betrieblichen Gründen werden oftmals mehrere Personenaufzüge zu einer Gruppe zusammengefasst, sodass eine Anordnung unmittelbar im Treppenhaus bzw. der an das Treppenhaus anschließenden Schleuse nicht sinnvoll bzw. möglich ist. Deshalb wird in Punkt 2.7.2 festgelegt, dass in diesen Fällen vor den Ladestellen der Aufzüge ein Vorraum als Rauchabschnitt auszubilden ist. Ein Rauchabschnitt liegt dann vor, wenn die Wände in EI 90 und A2 und die Türen in E 30-C ausgeführt werden.

Für die Erfüllung der Anforderungen gemäß Punkt 2.7.3 kann die ÖNORM B 2473, Ausgabe 2008-05-01 herangezogen werden.

Durch die Anforderung gemäß Punkt 2.7.4 wird sichergestellt, dass bei Auslösen der automatischen Brandmeldeanlage die Personenaufzüge durch eine Brandfallsteuerung gemäß ÖNORM EN 81-73, Ausgabe 2005-08-01 in ihre Bestimmungshaltestelle fahren; bei Eintreffen der Feuerwehr ist für diese sichtbar, dass alle Personenaufzüge die Bestimmungshaltestelle erreicht haben und durch sonstige Personen nicht mehr benützt werden können.

Insbesondere bei Gebäuden mit einem Fluchtniveau von mehr als 32 m gibt es in der Regel sogenannte „low rise" und „high rise" Aufzüge; bei Letzteren werden mehrere Geschoße ohne Haltestelle durchfahren. Um jedoch eine Notbefreiung im Gefahrenfall durchführen zu können, bedarf es Nottüren (siehe Punkt 2.7.5); die Anzahl und Ausgestaltung dieser Türen ergibt sich aus der ÖNORM EN 81-1 bzw. -2, Ausgaben 2010-08-15.

Da insbesondere bei Gebäuden mit einem Fluchtniveau von nicht mehr als 32 m triebwerksraumlose Personenaufzüge (auch Feuerwehraufzüge) zum Einsatz kommen, sind in Punkt 2.7.7 konkrete Anforderungen an die Lage der Notbefreiungseinrichtungen, die bei Vorhandensein eines Triebwerksraumes in diesem angeordnet sind, festgelegt.

Damit bei Gebäuden mit größeren Höhen die Feuerwehr im Brandfall die oberen Ebenen (Geschoße) rasch erreichen kann, bedarf es Personenaufzüge, die auch im Brandfall benützt werden können, nämlich Feuerwehraufzüge (Punkt 2.7.8). Die Anforderungen für Feuerwehraufzüge aus maschinentechnischer Sicht sind in der ÖNORM EN 81-72, Ausgabe 2003-11-01 enthalten, die ergänzenden baulichen Anforderungen, die durch die Mitgliedstaaten zu regeln sind, insbesondere die Ausgestaltung der brandgeschützten Vorräume im Hinblick auf die erforderliche Rauchfreihaltung (z.B. durch eine Druckbelüftungsanlage) in der TRVB A 150, Ausgabe 2012. Aufgrund einer Hanglage eines Gebäudes oder unterschiedlicher Niveaus zwischen der Feuerwehrangriffsebene und dem tiefsten Punkt des an das Gebäude angrenzenden Geländes wird präzisiert, dass für das Erfordernis eines Feuerwehraufzuges die Höhendifferenz zwischen der Fußbodenoberkante des höchstgelegenen oberirdischen Geschoßes und Feuerwehrangriffsebene maßgebend ist.

Zu Punkt 2.8: Abfallsammelräume, Transformatorenräume, Niederspannungs-Hauptverteilungsräume

Da Abfallsammelräume, Transformatorenräume und Niederspannungs-Hauptverteilungsräume einerseits ein erhöhtes Gefährdungspotenzial darstellen, und andererseits für die anlagentechnischen Brandschutzeinrichtungen des Gebäudes von erhöhter Bedeutung sind, ist die Errichtung einer Schleuse zwischen diesen Räumen und dem Gebäudeinneren erforderlich.

Zu Punkt 2.9: Installationen

Da ein Brandereignis in einem Installationsschacht, der über mehrere Geschoße führt, grundsätzlich für die Feuerwehr nur erschwert beherrschbar ist, ist eine horizontale brandschutztechnische Abschottung längstens alle 12 Geschoße erforderlich.

Zu Punkt 2.10: Erste und erweiterte Löschhilfe

Da die Zahl, Art und Anordnung der erforderlichen Mittel der ersten und erweiterten Löschhilfe insbesondere von der Lage, Ausdehnung und Nutzung der Gebäude abhängig sind, wurden in Punkt 2.10.1 und Punkt 2.10.2 lediglich zielorientierte Anforderungen festgelegt.

Als Erfüllung der Anforderungen gemäß Punkt 2.10.1 kann die TRVB F 124, Ausgabe 1997 herangezogen werden.

Als Wandhydranten mit formbeständigen D-Schlauch und zusätzlicher geeigneter Anschlussmöglichkeit für die Feuerwehr zur Brandbekämpfung gemäß Punkt 2.10.2 gelten nasse Steigleitungen gemäß TRVB 128 S, Ausgabe 2012 in der auch die Lage der Wandhydranten enthalten ist.

2.1.2.3. OIB-Richtlinie 2.3

Im Hinblick auf die zellenartige Bauweise von Wohngebäuden wird gemäß Punkt 2.10.3 für Gebäude mit einem Fluchtniveau von nicht mehr als 32 m die Errichtung einer trockenen Steigleitung als ausreichend erachtet. Regelungen betreffend der Ausführung und Anordnung sind in *TRVB 128 S, Ausgabe 2012* enthalten.

Zu Punkt 2.11: Anlagentechnische Brandschutzeinrichtungen

In Punkt 2.11 wird festgelegt, dass die anlagentechnischen Brandschutzeinrichtungen, wie Brandmeldeanlage und automatische Löschanlage nach einer anerkannten Richtlinie ausgeführt werden müssen.

Für automatische Brandmeldeanlagen (Punkt 2.11.1) ist als Regelwerk die *TRVB 123 S, Ausgabe 2011 Stand 20.04.2013* heranzuziehen, wobei in dieser die Anforderungen hinsichtlich der Brandfallsteuerungen enthalten sind. Folgende Steuerungen können dabei betroffen sein:

(a) Aktivierung der Alarmeinrichtungen,
(b) Aktivierung von Druckbelüftungsanlagen,
(c) Schließen der motorgesteuerten Brandschutzklappen und Abschaltung von Lüftungen des der Melderauslösung zugeordneten Brandabschnittes,
(d) Umschaltung auf Dauerbetrieb der Lüftungen bei thermisch gesteuerten Brandschutzklappen des der Melderauslösung zugeordneten Brandabschnittes,
(e) Schließen von brandabschnittsbildenden Abschlüssen ausgenommen thermisch gesteuerte Brandschutzklappen von Lüftungen,
(f) Bewegen von Aufzügen (ausgenommen Feuerwehraufzüge), in die Bestimmungshaltestelle (Brandfall-Haltestelle),
(g) Schaltung von Feuerwehraufzügen in den Brandfall-Modus,
(h) Entriegelung von Sperren im Zuge von Fluchtwegen und/oder Feuerwehrzugängen,
(i) Aktivierung des Objektfunks.

Für automatische Löschanlagen (Punkt 2.11.2) ist als Regelwerk die *TRVB 127 S, Ausgabe 2011* heranzuziehen.

Da für automatische Löschanlagen mit dem Schutzziel „Verhinderung der vertikalen Flammenübertragung" (Punkt 2.11.3) kein eigenes Regelwerk vorliegt, ist hinsichtlich der anlagentechnischen Anforderungen sinngemäß die *TRVB 127 S, Ausgabe 2011* einzuhalten.

Zu Punkt 2.12: Lüftungstechnische Anlagen und Klimaanlagen

In Punkt 2.12.1 wird festgelegt, dass für Sicherheitstreppenhäuser einschließlich der zugehörenden Schleusen jedenfalls eine gesonderte Lüftungsanlage erforderlich ist. Dazu gehört je nach Ausführung auch die Lüftungsanlage für den Feuerwehraufzug; dies wird jedoch gesondert in der *TRVB A 150, Ausgabe 2011* geregelt.

Zwecks Unterbindung einer eventuellen Rauchverschleppung über eine große Geschoßanzahl, sind gemäß Punkt 2.12.2 Gebäude in entsprechende Lüftungsabschnitte zu unterteilen.

Da die unterirdischen Geschoße von Gebäuden mit einem Fluchtniveau von mehr als 22 m in der Regel Garagen enthalten oder entsprechend größere Lagerräume vorhanden sein können, ist in Punkt 2.12.3 festgehalten, dass für die unterirdischen Geschoße gesonderte Lüftungsanlagen vorhanden sein müssen.

Aus einsatztaktischen Gründen kann es erforderlich sein, die Lüftungsanlage an zentraler Stelle ein- oder auszuschalten (siehe Punkt 2.12.4).

Um eine Kaltrauchausbreitung noch vor Auslösung der thermisch gesteuerten Brandschutzklappen in lüftungstechnischen Anlagen wirksam einzuschränken, ist bei Gebäuden mit einem Fluchtniveau von mehr als 32 m der Einsatz von motorgesteuerten Brandschutzklappen gemäß Punkt 2.12.5 erforderlich.

Zu Punkt 2.13: Sicherheitsstromversorgung

Bei einem Stromausfall, aus welcher Ursache auch immer, müssen die sicherheitstechnischen Einrichtungen des Gebäudes, insbesondere die anlagentechnischen Brandschutzeinrichtungen (z.B. BMA, DBA, SPA, FWA) weiter funktionieren, sodass eine Sicherheitsstromversorgung erforderlich ist (siehe Punkt 2.13.1). Hinsichtlich der allgemeinen Anforderungen wird auf die ÖVE/ÖNORM E 8002, Ausgabe 2002-11-01, die in der ÖNORM EN 1838, Ausgabe 1999-07-01 angeführten Anforderungen an die lichttechnische Auslegung (z.B. Werte für die Mindestbeleuchtungsstärke) und Positionierung der Leuchten sowie für die Feuerwehraufzüge auf die Ergänzungen zu Punkt 3.9.1 der TRVB A 150, Ausgabe 2012 Stand 01/2015 hingewiesen.

Bei Gebäuden mit einem Fluchtniveau von nicht mehr als 32 m wird es in Punkt 2.13.2 als ausreichend erachtet, wenn für die Feuerwehraufzüge, die Drucksteigerungsanlage, die Wandhydranten und die Anlagen zur Rauchfreihaltung (DBA) ein direkter Anschluss an den Niederspannungs-Hauptverteiler des jeweiligen Objektes vorhanden ist, wobei zusätzliche Anforderungen einzuhalten sind.

Im Zuge der Brandbekämpfung kann es notwendig sein, für Geräte rasch einem Stromanschluss zu Verfügung zu haben; so wird in Punkt 2.13.3 festgelegt, dass dieser in Form einer CEE-Drehstrom-Steckdose mit 16 A zu erfolgen hat.

Zu Punkt 2.14: Alarmeinrichtungen

Aufgrund der Komplexität von Gebäuden mit einem Fluchtniveau von mehr als 22 m müssen Personen über ein Brandereignis oder einen sonstigen Vorfall im Gebäude rasch gewarnt werden können; dies kann durch Licht- und/oder Schallzeichen bzw. Rundspruch-Durchsagen erfolgen, wobei als technische Regelwerke die ÖNORM EN ISO 7731, Ausgabe 2009-01-01 bzw. ÖNORM EN 842, Ausgabe 2009-02-01 herangezogen werden können.

Zu Punkt 2.15: Funkeinrichtungen

Da die Funkkommunikation der Feuerwehr bei komplexen und ausgedehnten Gebäudestrukturen nicht immer sichergestellt ist, muss dies gegebenenfalls mit entsprechenden technischen Anlagen (z.B. durch eine Objektfunkanlage) kompensiert werden.

Zu Punkt 2.16: Verantwortliche Personen

Da Gebäude mit einem Fluchtniveau von mehr als 22 m durch eine bauliche und anlagentechnische Komplexität, unterschiedliche Nutzungsarten und eine große Anzahl von Personen gekennzeichnet ist, ist gemäß Punkt 2.16.1 einerseits die Bestellung eines Brandschutzbeauftragten erforderlich, und andererseits die Anfertigung von Brandschutzplänen.

Ergänzend wird in Punkt 2.16.2 festgehalten, dass bei Gebäuden mit einem Fluchtniveau von mehr als 32 m diese Person jedenfalls zusätzliche Aufgaben zu übernehmen hat.

Zu Punkt 3: Gebäude mit einem Fluchtniveau von nicht mehr als 32 m

Zwecks Vermeidung von Wiederholungen wurden all jene Bestimmungen, die für alle Gebäude mit einem Fluchtniveau von mehr als 22 m und nicht mehr als 90 m gelten, in Punkt 2 zusammengefasst. Die in Punkt 3 enthaltenen Anforderungen sind daher zusätzlich einzuhalten.

Grundsätzlich wurde bei der Festlegung der Anforderungen gemäß der Punkte 3.1 bis 3.4 davon ausgegangen, dass für Gebäude mit einem Fluchtniveau von mehr als 22 m und nicht mehr als 32 m zwar ein Rettungsweg über die Drehleiter in der Regel nicht mehr sichergestellt werden kann, jedoch der Löschangriff von außen bei entsprechender Zugänglichkeit für die Feuerwehr noch möglich ist.

2.1.2.3. OIB-Richtlinie 2.3

Zu Punkt 3.1: Fluchtwege

Grundsätzlich wird auch bei Gebäuden mit einem Fluchtniveau von mehr als 22 m und nicht mehr als 32 m das Zurücklegen der ersten 40 m Gehweglänge eines Fluchtweges entsprechend der meisten bisherigen Regelungen der Bundesländer in Übereinstimmung mit der Arbeitsstättenverordnung für Personen als akzeptierbares Risiko angenommen. Nach Überschreitung dieser Gehweglänge ist es jedoch gemäß Punkt 3.1.1 zwingend erforderlich, ein Sicherheitstreppenhaus der Stufe 1 zu erreichen.

Infolge der abschätzbaren Personenanzahl in Wohngebäuden sowie der in der Regel geschoßweise erfolgenden Evakuierung bei Nicht-Wohngebäuden kann mit einem Sicherheitstreppenhaus der Stufe 1 das Auslangen gefunden werden. Jedoch ist es gemäß Punkt 3.1.2 erforderlich, dass unabhängig von der Einhaltung der tatsächlichen Fluchtweglänge von nicht mehr als 40 m, jeder Brandabschnitt (bezogen auf eine Brandabschnittsfläche von 800 m² bzw. 1200 m²) an ein Sicherheitstreppenhaus der Stufe 1 angebunden ist.

Zu Punkt 3.2: Sicherheitstreppenhäuser der Stufe 1

Im Hinblick auf das Vorhandensein lediglich eines Treppenhauses muss dieses derart ausgestaltet sein, dass im Brandfall sowohl für die flüchtenden Personen als auch für die Feuerwehr im Zuge des Löschangriffs mit einem möglichst rauchfreien Treppenhaus gerechnet werden kann. Dies wird nach dem Stand der Technik dann als sichergestellt angesehen, wenn das Treppenhaus mit einer Druckbelüftungsanlage gemäß *TRVB S 112, Ausgabe 2004* ausgestattet ist. Bemerkt wird, dass auch ein außenliegendes Sicherheitstreppenhaus gemäß Punkt 4.2.2 dieser Richtlinie die Anforderungen an ein möglichst rauchfreies Treppenhaus erfüllt.

Aufgrund der in der *TRVB S 112, Ausgabe 2004* beschriebenen unterschiedlichen Konzepten entspricht der in Punkt 3.2.1 formulierten Anforderung das „Aufenthaltskonzept"; dieses wurde insbesondere für Wohngebäude als ausreichend erachtet, da definierte Abströmöffnungen in den Wohnungen nicht oder nur mit unverhältnismäßig großem Aufwand sichergestellt werden können.

Der in Punkt 3.2.2 formulierten Anforderung entspricht das „Räumungsalarmkonzept" gemäß *TRVB S 112 , Ausgabe 2004*, da bei Gebäuden mit Büros und sonstigen Nicht-Wohngebäuden (z.B. Beherbergungsstätten) damit gerechnet werden muss, dass im Brandfall eine größere Anzahl von Personen gleichzeitig das Treppenhaus benützt und damit die Türen zum Treppenhaus länger und häufiger offen sind.

In Punkt 3.2.3 wird präzisiert, dass Wohnungen bzw. Betriebseinheiten nur über einen Vorraum bzw. Gang an das Sicherheitstreppenhaus angeschlossen sein dürfen, d.h. Türen von Wohnungen bzw. Betriebseinheiten dürfen nicht unmittelbar in das Sicherheitstreppenhaus münden. Diese zusätzliche Sicherheitsmaßnahme ist erforderlich, damit für Gebäude mit einem Fluchtniveau von mehr als 22 m und nicht mehr als 32 m mit einem Sicherheitstreppenhaus das Auslangen gefunden werden kann.

Zu Punkt 3.3: Brandmeldeanlagen (BMA)

Im Hinblick auf die Höhe des Gebäudes in Verbindung mit einer erhöhten Personenanzahl, längeren vertikalen Fluchtweglängen und damit erschwerten Bedingungen für einen Löschangriff durch die Feuerwehr ist eine Brandfrüherkennung in Form einer automatischen Brandmeldeanlage, deren Schutzumfang sich auf das ganze Gebäude erstreckt, gemäß Punkt 3.3.1 unbedingt erforderlich. Um ein rasches Eintreffen der Feuerwehr sicherzustellen, ist eine Alarmweiterleitung zu einer Empfangszentrale einer ständig besetzten öffentlichen Alarmannahmestelle notwendig. Außerdem wird extra darauf hingewiesen, dass im Falle einer Auslösung durch die Brandmeldeanlage der Feuerwehr zu allen überwachten Bereichen der Zutritt zu ermöglichen ist, z.B. in Form eines Schlüsselsafes oder eines Multi-Schlüsselsafes.

2. Kärntner Bauvorschriften – K-BV

Da in letzter Zeit in vermehrtem Ausmaß Wohngebäude mit einem Fluchtniveau von nicht mehr als 32 m errichtet wurden, wurden insofern Abweichungen in Punkt 3.3.2 festgelegt, als unter gewissen Voraussetzungen Wohnungen vom Schutzumfang der Brandmeldeanlage ausgenommen werden. Dies kann u.a. damit gerechtfertigt werden, dass in der Regel eine zellenartige Bauweise (Wohnungen sind von Trennwänden und Trenndecken jeweils in REI 90 und A2 bzw. EI 90 und A2 umgeben) vorliegt sowie die durchschnittliche Wohnungsgröße in der Regel mit 80 m² bis 150 m² begrenzt ist.

Zu Punkt 3.4: Maßnahmen zur wirksamen Einschränkung einer vertikalen Brandübertragung

In der Regel wird bei Gebäuden mit einem Fluchtniveau von nicht mehr als 32 m ein Löschangriff von außen möglich sein, sodass neben den in Punkt 2.4.2 festgelegten Anforderungen keine zusätzlichen Maßnahmen notwendig sind.

Sofern jedoch ein Löschangriff von außen nicht möglich ist und auch keine automatische Löschanlage vorhanden ist, sind bauliche Maßnahmen erforderlich, die eine wirksame Einschränkung einer vertikalen Brandübertragung sicherstellen. Die Abbildung im Anhang I soll die unter a) und b) angeführten Maßnahmen erläutern:

Zu Punkt 4: Gebäude mit einem Fluchtniveau von mehr als 32 m und nicht mehr als 90 m

Zwecks Vermeidung von Wiederholungen wurden all jene Bestimmungen, die für alle Gebäude mit einem Fluchtniveau von mehr als 22 m und nicht mehr als 90 m gelten, in Punkt 2 zusammengefasst. Die in Punkt 4 enthaltenen Anforderungen sind daher zusätzlich einzuhalten.

Grundsätzlich wurde bei der Festlegung der Anforderungen gemäß der Punkte 4.1 bis 4.4 davon ausgegangen, dass für Gebäude mit einem Fluchtniveau von mehr als 32 m weder ein Rettungsweg über die Drehleiter noch ein Löschangriff von außen möglich ist.

Zu Punkt 4.1: Fluchtwege

Grundsätzlich wird auch bei Gebäuden mit einem Fluchtniveau von mehr als 32 m das Zurücklegen der ersten 40 m Gehwglänge eines Fluchtweges entsprechend der meisten bisherigen Regelungen der Bundesländer in Übereinstimmung mit der Arbeitsstättenverordnung für Personen als akzeptierbares Risiko angenommen. Nach Überschreitung dieser Gehweglänge ist es jedoch gemäß Punkt 4.1.1 zwingend erforderlich, zwei Sicherheitstreppenhäuser der Stufe 2 zu erreichen, wobei in Punkt 4.1.2 und Punkt 4.1.3 ergänzende Regelungen wie in Punkt 5.1 der OIB-Richtlinie 2 „Brandschutz" enthalten sind. Insbesondere soll dadurch sichergestellt werden, dass einerseits Fluchtmöglichkeiten in unterschiedliche Richtungen zu zwei unterschiedlichen Sicherheitstreppenhäusern der Stufe 2 vorhanden sind (Punkt 4.1.2), und andererseits der gemeinsame Fluchtweg nicht mehr als 25 m betragen darf (Punkt 4.1.3).

Unabhängig von der Einhaltung der tatsächlichen Fluchtweglänge von nicht mehr als 40 m ist es gemäß Punkt 4.1.4 erforderlich, dass jeder Brandabschnitt (bezogen auf eine Brandabschnittsfläche von 800 m² bzw. 1200 m²) an ein Sicherheitstreppenhaus der Stufe 2 angebunden ist.

Im Hinblick darauf, dass die Sicherheitstreppenhäuser sowohl den flüchtenden Personen als auch der Feuerwehr als Angriffsweg dienen, wurde in Punkt 4.1.5 festgelegt, dass bei Gebäuden mit einem Fluchtniveau von mehr 60 m alle sechs Geschoße ein „Ausweichen" vom Fluchtstrom möglich sein muss. Dies kann in Form einer Erweiterung des Sicherheitstreppenhauses oder eines unmittelbar an dieses anschließenden Raumes, der als „Verweilbereich" gekennzeichnet ist, erfolgen. Außerdem ermöglichen diese Bereiche ein Innehalten bzw. kurzzeitiges Ausruhen von flüchtenden Personen.

In Punkt 4.1.6 wird festgehalten, dass unabhängig von betriebsinternen Zugangsregelungen (z.B. Betriebseinheit über Sicherheitstreppenhaus nicht zugänglich) im Brandfall für die Feuerwehr alle Geschoße vom Sicherheitstreppenhaus aus zugänglich sein müssen.

2.1.2.3. OIB-Richtlinie 2.3

Zu Punkt 4.2: Sicherheitstreppenhäuser der Stufe 2

Im Hinblick auf das Nichtvorhandensein von Rettungswegen sowie der großen Gebäudehöhe müssen die Treppenhäuser derart ausgestaltet sein, dass im Brandfall sowohl für die flüchtenden Personen als auch für die Feuerwehr im Zuge des Löschangriffs mit einem möglichst rauchfreien Treppenhaus gerechnet werden kann. Dies kann dann als erfüllt angesehen werden, wenn die Treppenhäuser als Sicherheitstreppenhäuser der Stufe 2 ausgeführt werden, wobei zwei Typen unterschieden werden.

In Punkt 4.2.1 werden die Anforderungen an das innenliegende Sicherheitstreppenhaus zusammengefasst, wobei dieser Typ durch das Vorhandensein einer dem Sicherheitstreppenhaus vorgelagerten Schleuse charakterisiert ist. Der in lit b) formulierten Anforderung entspricht das „Brandbekämpfungskonzept" gemäß *TRVB S 112, Ausgabe 2004*. Infolge der Höhe des Gebäudes ist mit einer größeren Personenanzahl zu rechnen, sodass einerseits die Evakuierungszeit einen längeren Zeitraum in Anspruch nimmt, und andererseits bereits die Brandbekämpfungsphase eingesetzt hat.

In Punkt 4.2.2 werden die Anforderungen an das in der Regel seltener vorkommende außenliegende Sicherheitstreppenhaus zusammengefasst. Bei diesem Typ wird die Schleuse durch einen offenen Gang oder eine offene Loggia ersetzt, die im Freien unmittelbar vor dem Sicherheitstreppenhaus liegt. Die eigentliche Lage des Treppenhauses (im Gebäudeinneren oder an der Gebäudeaußenseite) ist dabei nicht relevant.

Zu Punkt 4.3: Brandmeldeanlagen (BMA)

Im Hinblick auf die Höhe des Gebäudes in Verbindung mit einer erhöhten Personenanzahl, längeren vertikalen Fluchtweglängen und damit erschwerten Bedingungen für einen Löschangriff durch die Feuerwehr ist eine Brandfrüherkennung in Form einer automatischen Brandmeldeanlage, deren Schutzumfang sich auf das ganze Gebäude erstreckt, gemäß Punkt 4.3.1 unbedingt erforderlich. Um ein rasches Eintreffen der Feuerwehr sicherzustellen, ist eine Alarmweiterleitung zu einer Empfangszentrale einer ständig besetzten öffentlichen Alarmannahmestelle notwendig. Außerdem wird extra darauf hingewiesen, dass im Falle einer Auslösung durch die Brandmeldeanlage der Feuerwehr zu allen überwachten Bereichen der Zutritt zu ermöglichen ist, z.B. in Form eines Schlüsselsafes oder eines Multi-Schlüsselsafes.

In Analogie zu Punkt 3.3.2 wurden in Punkt 4.3.2 insofern Abweichungen festgelegt, als unter gewissen Voraussetzungen Wohnungen vom Schutzumfang der Brandmeldeanlage ausgenommen werden. Dies kann u.a. damit gerechtfertigt werden, dass in der Regel eine zellenartige Bauweise (Wohnungen sind von Trennwänden und Trenndecken jeweils in REI 90 und A2 bzw. EI 90 und A2 umgeben) vorliegt sowie die durchschnittliche Wohnungsgröße in der Regel mit 80 m² bis 150 m² begrenzt ist.

Zu Punkt 4.4: Maßnahmen zur wirksamen Einschränkung einer vertikalen Brandübertragung

Da bei Gebäuden mit einem Fluchtniveau von mehr als 32 m ein Löschangriff von außen zur wirksamen Einschränkung einer vertikalen Brandübertragung nicht mehr durchgeführt werden kann, sind Maßnahmen innerhalb des Gebäudes erforderlich. In der Regel (Punkt 4.4.1) erfolgt dies durch eine automatische Löschanlage, z.B. eine Sprinkleranlage. Bei Wohnungen (Punkt 4.4.2) wird infolge der zellenartigen Bauweise eine Ausführung in Form einer automatischen Löschanlage mit dem Schutzziel „Verhinderung der vertikalen Flammenübertragung" als ausreichend erachtet.

Zu Punkt 6: Gebäude mit einem Fluchtniveau von mehr als 90 m

Nach eingehender Diskussion wurde festgestellt, dass durch die in den Punkten 2 bis 5 dieser Richtlinie angeführten Anforderungen bei sehr hohen Gebäuden die in der Bauproduktenverordnung enthaltenen Schutzziele nicht ausreichend berücksichtigt werden. Es sind daher aufgrund der zu erwartenden Personenanzahl, der Art der Nutzung und der Umgebungssituation verbunden mit längeren Evakuierungszeiten und erschwerten Angriffsbedingungen für die Feuerwehr gegebenenfalls zusätzliche Maßnahmen erforderlich. Infolge der Komplexität derartiger Gebäude können keine allgemein gültigen Anforderungen mehr festgelegt werden, sodass die Erstellung eines Brandschutzkonzeptes unter Berücksichtigung der in Punkt 6 angeführten Kriterien erforderlich ist. Diese können beispielsweise durch folgende Maßnahmen erreicht werden:

- Erhöhung des Feuerwiderstandes der Bauteile,
- eigenes Sicherheitstreppenhaus für die Einsatzkräfte,
- zusätzlicher Feuerwehraufzug,
- zusätzliche Redundanzen der anlagentechnischen Brandschutzeinrichtungen,
- organisatorische Brandschutzmaßnahmen,
- Fluchtwegekonzept auf Basis von Personenstromanalysen.

Die Grenze von 90 m wurde auf Basis einer Einteilung der Gebäude gemäß dem „Neuen Wiener Hochhauskonzept" festgelegt.

2.1.2.3. OIB-Richtlinie 2.3

Anhang I

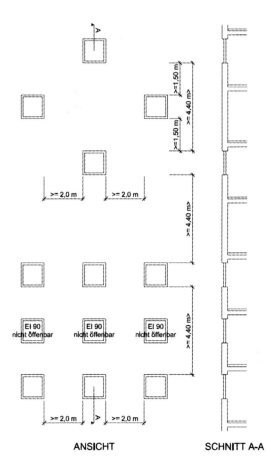

Leitfaden

Abweichungen im Brandschutz und Brandschutzkonzepte

Ausgabe: März 2015

0	Vorbemerkungen	2
1	Anwendungsbereich des Leitfadens	2
2	Schutzziele	2
3	Abweichungen	2
3.1	Unwesentliche Abweichungsfälle	2
3.2	Wesentliche Abweichungsfälle	2
4	Brandschutzkonzepte	3
4.1	Erfordernis	3
4.2	Grundsätze	3
4.3	Arten	4
4.3.1	Standard-Brandschutzkonzept	4
4.3.2	Brandschutzkonzept mit Methoden des Brandschutzingenieurwesens	4
4.4	Inhalt	5
4.4.1	Allgemeine Angaben	5
4.4.2	Gebäude- und Grundstücksinformationen	5
4.4.3	Baulicher Brandschutz	5
4.4.4	Anlagentechnischer Brandschutz	5
4.4.5	Organisatorischer Brandschutz	6
4.4.6	Abwehrender Brandschutz	6
4.4.7	Zusatzangaben bei Methoden des Brandschutzingenieurwesens	6
4.4.8	Zusammenfassung	6
4.5	Beurteilung von Brandschutzkonzepten	6
4.5.1	Beurteilung von Standard-Brandschutzkonzepten	6
4.5.2	Beurteilung von Brandschutzkonzepten mit Methoden des Brandschutzingenieurwesens	6

2.1.2.4. OIB-Richtlinie 2 – Leitfaden

0 Vorbemerkungen

Gebäude und Bauwerke – insbesondere Sondergebäude – haben immer komplexere und größere Dimensionen und können teilweise entsprechend den gültigen Regelwerken nicht oder nur mit erheblicher Beeinträchtigung ihres Widmungszweckes verwirklicht werden. Außerdem kommen immer häufiger Abweichungen von den materiellen Anforderungen der bautechnischen Vorschriften vor, die entsprechend begründet werden müssen. In der Folge sind einzelne brandschutztechnische Maßnahmen der Vorschriften nicht ohne Weiteres anwendbar. Es bedarf daher nicht selten der Einzelfallbetrachtung konkreter Bauvorhaben im Hinblick auf die definierten Schutzziele.

1 Anwendungsbereich des Leitfadens

Dieser Leitfaden dient für Nachweise bei Abweichungen von Anforderungen der OIB-Richtlinie 2 „Brandschutz", der OIB-Richtlinie 2.1 „Brandschutz bei Betriebsbauten", der OIB-Richtlinie 2.2 „Brandschutz bei Garagen, überdachten Stellplätzen und Parkdecks", der OIB-Richtlinie 2.3 „Brandschutz bei Gebäuden mit einem Fluchtniveau von mehr als 22 m" sowie für gemäß diesen Richtlinien verpflichtend geforderten Brandschutzkonzepte.

Außerdem kann dieser Leitfaden auch Hilfestellung in jenen Fällen leisten, bei denen ein Bauherr bzw. Nutzer eines Gebäudes freiwillig ein Brandschutzkonzept erstellen lässt.

Eine brandschutztechnische Beschreibung, aus der lediglich in Form eines Befundes die bauliche Ausführung sowie gegebenenfalls anlagentechnischen oder organisatorischen Brandschutzmaßnahmen hervorgehen, stellt kein Brandschutzkonzept im Sinne dieses Leitfadens dar.

2 Schutzziele

Die OIB-Richtlinien orientieren sich hinsichtlich der brandschutztechnischen Schutzziele an der Definition der Grundanforderungen an Bauwerke „Brandschutz" im Anhang I der Bauproduktenverordnung 305/2011, die in Teilaspekte aufgegliedert wird. Danach muss ein Bauwerk derart entworfen und ausgeführt sein, dass bei einem Brand

- die Tragfähigkeit des Bauwerkes während eines bestimmten Zeitraumes erhalten bleibt,
- die Entstehung und Ausbreitung von Feuer und Rauch innerhalb des Bauwerkes begrenzt wird,
- die Ausbreitung von Feuer auf benachbarte Bauwerke begrenzt wird,
- die Bewohner des Gebäude unverletzt verlassen oder durch andere Maßnahmen gerettet werden können,
- die Sicherheit der Rettungsmannschaften berücksichtigt wird.

3 Abweichungen

3.1 Unwesentliche Abweichungsfälle

Eine Abweichung von den Anforderungen der OIB-Richtlinien 2, 2.1, 2.2 und 2.3 ist dann unwesentlich, wenn damit keine Auswirkungen hinsichtlich der Gefährdung von Leben und Gesundheit von Personen sowie hinsichtlich Brandausbreitung verbunden sind. Es ist schlüssig zu begründen, weshalb keine zusätzlichen Brandschutzmaßnahmen erforderlich werden.

3.2 Wesentliche Abweichungsfälle

Eine Abweichung von den Anforderungen der OIB-Richtlinien 2, 2.1, 2.2 und 2.3 ist dann wesentlich, wenn damit Auswirkungen hinsichtlich der Gefährdung von Leben und Gesundheit von Personen sowie hinsichtlich Brandausbreitung verbunden sind.

Dabei sind Aussagen zu treffen, welche Brandschutzmaßnahmen getroffen werden müssen, damit die jeweils betroffenen Bestimmungen der OIB-Richtlinien trotz Abweichung als gleichwertig erfüllt angesehen werden können.

Die gleichwertige Einhaltung des Schutzniveaus wie bei Erfüllung der Richtlinien ist schlüssig nachzuweisen, wobei folgende Aussagen getroffen werden müssen:

- Punkte der Richtlinien, von denen abgewichen wird,
- Ersatzmaßnahmen, die getroffen werden,
- Begründung der Gleichwertigkeit.

In Einzelfällen kann für die Begründung der Gleichwertigkeit von Ersatzmaßnahmen auch der Nachweis durch ein Brandschutzkonzept gemäß Punkt 4 dieses Leitfadens notwendig werden. Dies betrifft insbesondere jene Abweichungsfälle bei Betriebsbauten gemäß Punkt 5 der OIB-Richtlinie 2.1, bei denen durch das Ausmaß der Abweichungen das Erreichen des Schutzniveaus nicht mehr zweifelsfrei gewährleistet ist. Dabei gilt zu beachten, dass die Zulässigkeit von Abweichungen hinsichtlich der Feuerwiderstandsklasse der Bauteile, des Brandverhaltens der Baustoffe, der Größe der Hauptbrandabschnitte bzw. Brandabschnitte und der Lagerabschnittsflächen im Rahmen des Brandschutzkonzeptes erforderlichenfalls aufgrund anerkannter Methoden des Brandschutzingenieurwesens nachzuweisen sind.

Das Erfordernis eines Brandschutzkonzeptes gemäß Punkt 4 dieses Leitfadens kann sich auch bei jenen Abweichungsfällen ergeben, bei denen durch das Ausmaß und die Art der Abweichungen eine wesentliche nachteilige Beeinflussung im Gesamtzusammenspiel der brandschutztechnischen Maßnahmen stattfindet.

4 Brandschutzkonzepte

4.1 Erfordernis

In den folgenden Fällen sind Brandschutzkonzepte, die sämtliche brandschutztechnischen Schutzziele der OIB-Richtlinien zu berücksichtigen haben, verpflichtend erforderlich:

- Verkaufsstätten gemäß Punkt 7.4.3 der OIB-Richtlinie 2
- Sondergebäude gemäß Punkt 11 der OIB-Richtlinie 2
- Betriebsbauten gemäß Punkt 5 der OIB-Richtlinie 2.1
- Garagen mit Brandabschnitten von mehr als 10.000 m² sowie Parkdecks gemäß Punkt 9 der OIB-Richtlinie 2.2
- Parkdecks, bei denen die oberste Stellplatzebene mehr als 22 m über dem tiefsten Punkt des an das Parkdeck angrenzenden Geländes nach Fertigstellung liegt, Punkt 9 der OIB-Richtlinie 2.2
- Garagen mit einer Nutzfläche von mehr als 50 m² und Parkdecks, in denen flüssiggasbetriebene Kraftfahrzeuge (LPG, Autogas) abgestellt werden, Punkt 9 der OIB-Richtlinie 2.2
- Garagensonderformen gemäß Punkt 9 der OIB-Richtlinie 2.2
- Gebäude mit einem Fluchtniveau von mehr als 90 m gemäß Punkt 5 der OIB-Richtlinie 2.3

Bei wesentlichen Abweichungsfällen gemäß Punkt 3.2 kann ein Brandschutzkonzept erforderlich werden, das gegebenenfalls nur einzelne oder sämtliche brandschutztechnische Schutzziele zu berücksichtigen hat.

Es wird darauf hingewiesen, dass neben den verpflichtend erforderlichen Brandschutzkonzepten bei behördlichen Genehmigungsverfahren ein Brandschutzkonzept auch z.B. aufgrund der Komplexität, der besonderen Art der Nutzung und der großen Dimension eines Bauvorhabens in Einzelfällen gefordert werden kann.

4.2 Grundsätze

Das Brandschutzkonzept dient als Nachweis einer gleichwertigen Erreichung der Schutzziele auf gleichem Niveau wie bei Anwendung der jeweiligen OIB-Richtlinie. Abweichungen gemäß Punkt 3.2 sind darzustellen und die Folgen sowie die Kompensation zur Erreichung des Schutzniveaus schlüssig und nachvollziehbar zu begründen.

2.1.2.4. OIB-Richtlinie 2 – Leitfaden

Im Brandschutzkonzept werden die einzelnen Brandschutzmaßnahmen und ihre Verknüpfung im Hinblick auf die geforderten Schutzziele dargestellt. Es beinhaltet daher die ganzheitlich aufeinander abgestimmten baulichen, anlagentechnischen, organisatorischen und abwehrenden Brandschutzmaßnahmen.

Das Brandschutzkonzept muss auf den Einzelfall und auf die Nutzung des Bauwerkes abgestimmt sein und soll zweckmäßigerweise bereits in einem frühen Planungsstadium erstellt werden. Die Erstellung des individuellen Brandschutzkonzeptes enthält in der Regel eine Risikoanalyse, die Festlegung der relevanten Schutzziele und eine Brandgefahrenermittlung, woraus gezielte vorbeugende und abwehrende Brandschutzmaßnahmen abgeleitet werden. Die Wirksamkeit der erforderlichen Brandschutzmaßnahmen kann u.a. nachgewiesen werden durch:

- Analogieschlüsse zu existierenden Regelwerken (z.B. Gesetze, Verordnungen, Normen und Richtlinien),
- Gutachten,
- Methoden des Brandschutzingenieurwesens.

Die Methoden des Brandschutzingenieurwesen werden entsprechend dem EU-Grundlagendokument „Brandschutz" als geeignete Verfahren zur Sicherstellung des erforderlichen Brandsicherheitsniveaus und zur Bemessung und Berechnung der notwendigen Schutzmaßnahmen bezeichnet. Dabei soll durch wissenschaftlich anerkannte rechnerische Verfahren (z.B. Wärmebilanzrechnungen) vor allem nachgewiesen werden, dass für sicherheitstechnisch erforderliche Zeiträume die vorhandenen Fluchtwege benutzbar, eine wirksame Brandbekämpfung möglich und die Standsicherheit der Bauteile gewährleistet sind. Die in den sicherheitstechnisch erforderlichen Zeiträumen einzuhaltenden Sicherheitskriterien müssen aufgrund anerkannter Kriterien des Brandschutzes oder anhand bestehender Vorschriften objekt- und schutzzielbezogen festgelegt werden. So kann beispielsweise mit Methoden des Brandschutzingenieurwesens die Einhaltung einer im Brandschutzkonzept vorgegebenen raucharmen Schicht mit Einhaltung der Tragfähigkeit unter den ermittelten Temperaturbelastungen für einzelne Bauteile und die Tragkonstruktion nachgewiesen werden.

4.3 Arten

4.3.1 Standard-Brandschutzkonzept

Beim Standard-Brandschutzkonzept wird ein Bauvorhaben ohne Verwendung von Methoden des Brandschutzingenieurwesens anhand der baurechtlichen Anforderungen auf Basis gesetzlicher Regelwerke, Normen und Richtlinien abgehandelt. Auf Grundlage dieser Vorgaben soll ein gesetzlich vorgeschriebenes Mindestniveau im Hinblick auf die Sicherheit erreicht werden, wobei die Schutzziele die Anforderungsebene darstellen. Das Standard-Brandschutzkonzept besteht im Wesentlichen in der zusammenfassenden und vollständigen Beschreibung der zur Anwendung gelangenden Brandschutzmaßnahmen und soll der Genehmigungsbehörde eine übersichtliche und klare Darstellung liefern.

Sofern ein Standard-Brandschutzkonzept bei Abweichungen als Nachweis der gleichwertigen Erreichung des Niveaus der Schutzziele verwendet wird, müssen die Kompensationsmaßnahmen zumindest mittels verbaler Argumentation dargestellt und schlüssig begründet werden, weshalb diese Lösung brandschutztechnisch gleichwertig ist.

4.3.2 Brandschutzkonzept mit Methoden des Brandschutzingenieurwesens

Ein Bauvorhaben unter Verwendung von Methoden des Brandschutzingenieurwesens wird derart abgehandelt, dass Schutzziele durch die Festlegung von quantitativen Schutzzielkriterien konkretisiert werden. Für den betrachteten Bereich müssen entsprechend der vorgesehenen Nutzung die Brandszenarien festgelegt werden. Als Methoden des Brandschutzingenieurwesens kommen u.a. in Betracht:

- Brandsimulationen (z.B. nach Handformeln, Wärmebilanzberechnungen mit Zonenmodellen, CFD-Modellrechnungen) sowie physikalische Modelle (Brand- und Rauchversuche im verkleinerten Gebäudemodell),
- Brand- und Rauchversuche (Realversuche),
- Beurteilung des Brandverhaltens von Bauteilen und Tragwerken,
- Personenstromanalysen.

4.4 Inhalt

Aus dem nachstehend angeführten Katalog von Inhalten muss das Brandschutzkonzept für ein konkretes Bauvorhaben nur die Angaben enthalten, die für seine Beurteilung erforderlich sind. Über den Katalog hinausgehende Angaben können im Einzelfall verlangt werden. Das Brandschutzkonzept muss jedoch mindestens jene Angaben enthalten, die für die Gesamtbewertung der brandschutztechnischen Maßnahmen erforderlich sind. Die technische Dokumentation der baulichen Situation und der brandschutztechnischen Einrichtungen muss derart gestaltet sein, dass sich auch nicht unmittelbar mit dem Projekt befasste Fachleute einen zuverlässigen Einblick in die vorliegenden Gegebenheiten verschaffen können.

4.4.1 Allgemeine Angaben

- Verfasser
- Auftraggeber
- Zweck
  Dabei muss unter Angabe der entsprechenden Bestimmungen der jeweiligen OIB-Richtlinie jedenfalls bekannt gegeben werden, ob es sich um ein verpflichtendes Brandschutzkonzept oder um ein Brandschutzkonzept aufgrund wesentlicher Abweichungen handelt.
- Beurteilungsgrundlagen
  Die zur Erstellung des Brandschutzkonzeptes herangezogenen Planungsgrundlagen sowie die zugrunde gelegten gesetzlichen Vorschriften, Normen und sonstigen technischen Regelwerke sind anzuführen.

4.4.2 Gebäude- und Grundstücksinformationen

- Beschreibung des Gebäudes bzw. Bauwerkes und der örtlichen Situation im Hinblick auf den Brandschutz
- Nutzungsspezifische Angaben bezüglich Anzahl und Art der das Gebäude bzw. Bauwerk nutzenden Personen, hinsichtlich der relevanten Brandbelastung von Nutz- und Lagerflächen sowie der relevanten Brandgefahren und besonderen Zündquellen
- Darstellung der Schutzziele

4.4.3 Baulicher Brandschutz

- Zugänglichkeit der Gebäude bzw. Bauwerke unter Einbeziehung von Zu- und Durchfahrten
- Anordnung von Brandabschnitten sowie anderer brandschutztechnischer Unterteilungen unter Berücksichtigung von Räumen mit erhöhter Brandgefahr einschließlich Angaben zum Abschluss von Öffnungen in brandabschnittsbildenden Bauteilen bzw. Trennbauteilen
- Anordnung und Ausführung von Rauchabschnitten
- Brandverhalten der Baustoffe
- Feuerwiderstand der Bauteile (Standsicherheit, Raumabschluss, Isolierung etc.)
- Lage und Anordnung haustechnischer Anlagen, soweit der Brandschutz berührt wird
- Flucht- bzw. Rettungswege sowie deren Ausführung

4.4.4 Anlagentechnischer Brandschutz

- Brandmeldeanlage mit Beschreibung der überwachten Bereiche und Angabe der alarmannehmenden Stelle
- Alarmierungseinrichtungen mit Beschreibung der Auslösung und Funktionsweise
- Löschanlagen mit Beschreibung der Art der Anlage und der geschützten Bereiche
- Maßnahmen für den Rauch- und Wärmeabzug mit Darstellung der Art der Anlage
- Einrichtungen zur Rauchfreihaltung mit Darstellung der Schutzbereiche
- Brandschutztechnische Einrichtungen wie Steigleitungen, Wandhydranten, Feuerlöschgeräte, Drucksteigerungsanlagen und Einspeisestellen für die Feuerwehr
- Lage und Anordnung der Lüftungsanlagen mit Angaben zur brandschutztechnischen Ausbildung
- Angaben zum Funktionserhalt von sicherheitstechnisch relevanten Anlagen einschließlich der Netzersatzversorgung
- Fluchtweg-Orientierungsbeleuchtung, Sicherheits- und Notbeleuchtung

2.1.2.4. OIB-Richtlinie 2 – Leitfaden

- Blitzschutz- und Überspannungsschutzanlage
- Aufzugsanlagen, soweit der Brandschutz berührt ist (z.B. Brandfallsteuerung, Feuerwehraufzüge)
- Einrichtungen zur Sicherstellung des Feuerwehrfunks

4.4.5 Organisatorischer Brandschutz

- Bereitstellung von Mitteln der ersten und erweiterten Löschhilfe (z.b. tragbare Feuerlöscher)
- Angaben über das Erfordernis von Brandschutzorganen (z.B. Brandschutzbeauftragter, Brandschutzwart, Brandschutzgruppe), Brandschutzplänen, Brandschutzordnung, Eigenkontrolle
- Hinweise über Ausbildung der Mitarbeiter in der Handhabung von Kleinlöschgeräten und über die periodische Unterweisung der Mitarbeiter in die Brandschutzordnung
- Kennzeichnung der Flucht- und Rettungswege sowie der Sicherheitseinrichtungen
- Alarmorganisation und gegebenenfalls Räumungsplanung
- Einrichtung einer Betriebsfeuerwehr

4.4.6 Abwehrender Brandschutz

- Löschwasserversorgung und gegebenenfalls Löschwasserrückhaltung
- Aufstell- und Bewegungsflächen für die Feuerwehr

4.4.7 Zusatzangaben bei Methoden des Brandschutzingenieurwesens

- Angaben für die Festlegung der Brandszenarien (z.B. Verwendung von Ergebnissen aus Brandexperimenten, Verwendung sogenannter „Designfires", Ableitung von Brandszenarien unmittelbar aus der konkreten Brandbelastung)
- Bezeichnung der anerkannten Verfahren bei Verwendung von Rechenmodellen und von physikalischen Modellen
- Nennung der herangezogenen Veröffentlichungen (z.B. Normen, Eurocodes, Leitfaden über Ingenieurmethoden im Brandschutz, international gebräuchliche Lehrbücher)

4.4.8 Zusammenfassung

- Schlüssige Begründung, dass die unter Punkt 4.4.3 bis 4.4.7 angegebenen Maßnahmen bei Abweichungen von einzelnen Punkten einer Richtlinie ein gleichwertiges Erreichen des Niveaus der Schutzziele wie bei Einhaltung dieser Punkte bewirken, oder dass bei einem Gesamtbrandschutzkonzept die Schutzziele gemäß Punkt 2 erreicht werden.

4.5 Beurteilung von Brandschutzkonzepten

Brandschutzkonzepte gemäß diesem Leitfaden dienen zur Vorlage an die Genehmigungsbehörde. Ziel ist die Feststellung eines ausreichenden Brandschutzes entsprechend den öffentlich-rechtlichen Brandschutzvorschriften.

4.5.1 Beurteilung von Standard-Brandschutzkonzepten

Bei Standard-Brandschutzkonzepten muss es der Genehmigungsbehörde möglich sein, unter Berücksichtigung der spezifischen Aufgabenstellung des jeweiligen Brandschutzkonzeptes dieses auf Vollständigkeit, Nachvollziehbarkeit und Schlüssigkeit zu überprüfen und daraus abzuleiten, dass die zielorientierten bautechnischen Anforderungen des Brandschutzes erfüllt sind.

4.5.2 Beurteilung von Brandschutzkonzepten mit Methoden des Brandschutzingenieurwesens

Bei Brandschutzkonzepten, die mit Methoden des Brandschutzingenieurwesens erstellt sind, wird sich die Überprüfung des Brandschutzkonzeptes durch die Genehmigungsbehörde in der Regel auf die Schlüssigkeit beschränken. In begründeten Zweifelsfällen kann jedoch eine weitergehende Prüfung erforderlich sein, wobei es im Ermessen der prüfenden Stelle liegt, zu entscheiden, ob und inwieweit die einzelnen Rechengänge eines rechnerischen Nachweises geprüft werden müssen.

2. Kärntner Bauvorschriften – K-BV

Die nachfolgend dargestellte Vorgehensweise mit entsprechenden Fragestellungen kann Hinweise für die Durchführung von Prüfungen der Schlüssigkeit im Rahmen des behördlichen Genehmigungsverfahren liefern:

- Ist die Aufgabenstellung inklusive des Schutzzieles formuliert?
- Wird die Lösungsstrategie schlüssig und nachvollziehbar beschrieben und erscheint sie danach für die vorliegende Aufgabenstellung als geeignet?
- Liegt ein Beleg für die Verwendbarkeit und Eignung des gewählten Nachweisverfahrens vor?
- Sind die Eingabedaten für das Gebäude, seine Nutzung und die spezielle Aufgabenstellung in sich schlüssig und dokumentiert?
- Liegt eine verständliche und nachvollziehbare Dokumentation darüber vor, dass die Anfangs- und Randbedingungen in das Modell übertragen und bei den Berechnungen berücksichtigt wurden?
- Lässt die Darstellung der Ergebnisse einen klaren Bezug auf die wesentlichen Aufgabenstellungen zu?
- Beinhaltet die vorgelegte Interpretation der Ergebnisse nachvollziehbare Schlussfolgerungen/Konsequenzen aus den Ergebnissen der Berechnungen in Bezug auf die vorher festgelegten Schutzziele?
- Liegt eine Erklärung des Verfassers des Brandschutzkonzeptes über die Einhaltung der „Grundsätze für die Aufstellung von Nachweisen mit Methoden des Brandschutzingenieurwesens" vor?

# OIB-Richtlinie 3

Hygiene, Gesundheit und Umweltschutz

Ausgabe: März 2015

0	Vorbemerkungen	2
1	Begriffsbestimmungen	2
2	Sanitäreinrichtungen	2
3	Niederschlagswässer, Abwässer und sonstige Abflüsse	2
4	Abfälle	3
5	Abgase von Feuerstätten	3
6	Schutz vor Feuchtigkeit	5
7	Trinkwasser und Nutzwasser	5
8	Schutz vor gefährlichen Immissionen	6
9	Belichtung und Beleuchtung	6
10	Lüftung und Beheizung	7
11	Niveau und Höhe der Räume	8
12	Lagerung gefährlicher Stoffe	8
13	Sondergebäude	8

0 Vorbemerkungen

Die zitierten Normen und sonstigen technischen Regelwerke gelten in der im Dokument „OIB-Richtlinien – Zitierte Normen und sonstige technische Regelwerke" angeführten Fassung.

Alle in dieser Richtlinie angeführten Maße verstehen sich als Fertigmaße nach Vollendung der Bauführung. Können entsprechend dem Stand der Technik gemäß den einschlägigen Regelwerken Toleranzen angewendet werden, so ist deren Berücksichtigung nur für die Ausführung, nicht jedoch für die Planung zulässig.

Von den Anforderungen dieser OIB-Richtlinie kann entsprechend den jeweiligen landesrechtlichen Bestimmungen abgewichen werden, wenn vom Bauwerber nachgewiesen wird, dass das gleiche Schutzniveau wie bei Anwendung der Richtlinie erreicht wird.

Bei Änderungen an bestehenden Bauwerken sind im Einzelfall gegebenenfalls Erleichterungen entsprechend den jeweiligen landesrechtlichen Bestimmungen zulässig.

1 Begriffsbestimmungen

Es gelten die Begriffsbestimmungen des Dokumentes „OIB-Richtlinien – Begriffsbestimmungen".

2 Sanitäreinrichtungen

2.1 Allgemeine Anforderungen

Fußböden und Wände von Sanitärräumen (Toiletten, Bäder und sonstige Nassräume) müssen entsprechend den hygienischen Erfordernissen leicht zu reinigen sein. Toiletten müssen in der Regel über eine Wasserspülung verfügen.

2.2 Sanitäreinrichtungen in Wohnungen

Jede Wohnung muss im Wohnungsverband über eine Toilette, ein Waschbecken und eine Dusche oder Badewanne in zumindest einem Sanitärraum verfügen.

2.3 Sanitäreinrichtungen in Bauwerken, die nicht Wohnzwecken dienen

Für Bauwerke, die nicht Wohnzwecken dienen, ist, sofern der Verwendungszweck dies erfordert, eine ausreichende Anzahl von nach Geschlechtern getrennten Toiletten zu errichten. Dabei sind zu berücksichtigen:
- der Verwendungszweck,
- die geschlechtsbezogene Aufteilung der Benutzer,
- die zu erwartende Gleichzeitigkeit der Toilettenbenützung.

Toilettenräume in Gastronomiebetrieben dürfen nicht direkt von Galsträumen zugänglich sein. Ausgenommen von der Verpflichtung zur Errichtung von Toiletten sind Gastronomiebetriebe mit nicht mehr als acht Verabreichungsplätzen.

3 Niederschlagswässer, Abwässer und sonstige Abflüsse

3.1 Sammlung und Ableitung von Niederschlagswässern

3.1.1 Niederschlagswässer, die nicht als Nutzwasser verwendet werden, sind technisch einwandfrei zu versickern, abzuleiten oder zu entsorgen.

3.1.2 Einrichtungen zur technisch einwandfreien Sammlung und Ableitung von Niederschlagswässern bei Bauwerken sind dann erforderlich, wenn
- die beim Bauwerk anfallenden Niederschlagswässer auf Verkehrsflächen oder Nachbargrundstücke gelangen können oder
- eine gesammelte Ableitung zur Vermeidung von Beeinträchtigungen (z.B. Durchfeuchtung von Mauerwerk, Rutschungen) erforderlich ist.

2.1.3. OIB-Richtlinie 3

Dabei können Flächen geringen Ausmaßes (z.B. Gesimse, Vorsprünge, Balkone) außer Betracht gelassen werden.

3.2 Sammlung und Entsorgung von Abwässern und sonstigen Abflüssen

3.2.1 Alle Bauwerke,
- die über eine Versorgung mit Trink- oder Nutzwasser verfügen,
- die Anlagen aufweisen, bei denen sich Kondensate bilden oder
- bei denen sonst Abwässer anfallen,

sind mit Anlagen zur Sammlung von Abwässern auszustatten. Die gesammelten Abwässer sind ordnungsgemäß zu entsorgen.

3.2.2 Anlagen zur Sammlung und Entsorgung von Abwässern sind so zu planen und auszuführen, dass weder die Gesundheit von Menschen noch die Umwelt beeinträchtigt werden, wie insbesondere durch:
- Rückstau von Abwasser ins Bauwerk,
- Austreten von Kanalgasen ins Bauwerk,
- Verunreinigung der Trinkwasseranlage.

3.2.3 Die Böden und Wände von Senkgruben sind dauerhaft flüssigkeitsdicht, sulfat- und chloridbeständig auszuführen. Die Gruben sind tagwasserdicht abzudecken, zu entlüften und mit im Freien liegenden Einstiegsöffnungen zu versehen.

3.2.4 Düngersammelanlagen, Silos für Nass-Silagen, Stallböden und sonstige Bauteile, in deren Bereich Stalldünger oder Jauche anfällt oder abgeleitet wird, müssen flüssigkeitsdicht sein. Die Abflüsse sind in flüssigkeitsdichte Sammelgruben zu leiten, die keinen Überlauf aufweisen.

4 Abfälle

4.1 Bauwerke müssen über Abfallsammelstellen oder Abfallsammelräume verfügen, die dem Verwendungszweck entsprechen. Diese müssen so situiert und ausgestaltet sein, dass durch die Benützung der Abfallsammelbehälter keine unzumutbare Belästigung durch Staub, Geruch oder Lärm entsteht, und dass die jeweils vorgesehene Art der Sammlung und Abholung leicht durchführbar ist.

4.2 Abfallsammelräume müssen be- und entlüftet sein. Die Lüftungsöffnungen sind so zu situieren, dass es zu keiner unzumutbaren Geruchsbelästigung kommt. Die Fußböden und Wände von Abfallsammelräumen müssen leicht zu reinigen sein. Die Abholung der Abfälle muss auf kurzen, möglichst stufenlosen Wegen möglich sein.

4.3 Abfallabwurfschächte sind unzulässig.

5 Abgase von Feuerstätten

5.1 Allgemeine Anforderungen an Abgasanlagen

5.1.1 Alle Feuerstätten sind an Abgasanlagen anzuschließen, die über Dach führen.

5.1.2 Die Mündungen von Abgasanlagen sind so zu situieren, dass eine Beeinträchtigung von Personen durch Abgase vermieden wird und einwandfreie Zugverhältnisse gewährleistet sind.

5.1.3 Beträgt der horizontale Abstand zwischen Mündungen von Abgasanlagen und Lüftungsöffnungen von Aufenthaltsräumen (z.B. Fenster, Türen, Zuluftöffnungen von Lüftungsanlagen) weniger als 10 m, sind die folgenden vertikalen Abstände einzuhalten:
- 3,00 m, wenn die Mündung vor Fenstern, Türen oder Zuluftöffnungen liegt,
- ansonsten 1,00 m.

Dabei muss sich die Mündung der Abgasanlagen oberhalb der Fenster, Türen oder Zuluftöffnungen befinden. Es ist der vertikale Abstand zwischen Oberkante der Mündung und Sturzunterkante bzw. Oberkante der Lüftungsöffnung zu messen.

5.1.4 Die Mündung muss den First um mindestens 40 cm überragen, oder es müssen folgende Mindestabstände von der Dachfläche, normal zu dieser gemessen, eingehalten werden:
- 60 cm bei mit Gas oder Öl betriebenen Feuerstätten, bei denen die Temperatur der Abgase unter den Taupunkt abgesenkt wird (Brennwertkessel),
- ansonsten 1,00 m.

Bei Flachdächern ist die Mündung 40 cm über die Oberkante der Attika und zumindest 1,00 m über die Dachfläche zu führen.

5.1.5 Abweichend zu diesen Bestimmungen sind Mündungen von Abgasanlagen für raumluftunabhängige mit Gas betriebene Feuerstätten, bei denen die Temperatur der Abgase unter den Taupunkt abgesenkt wird (Brennwertkessel), in Außenwänden bestehender Bauwerke zulässig, wenn der Anschluss an eine bestehende Abgasanlage oder die nachträgliche Errichtung einer über Dach führenden Abgasanlage nur mit unverhältnismäßigem Aufwand möglich ist.

5.2 Widerstandsfähige Ausbildung und wirksame Ableitung

5.2.1 Abgasanlagen sind aus Baustoffen herzustellen, die gegenüber den Einwirkungen der Wärme und der chemischen Beschaffenheit der Abgase und etwaiger Kondensate ausreichend widerstandsfähig sind.

5.2.2 Abgasanlagen müssen betriebsdicht sein und sind so anzulegen, dass eine wirksame Ableitung der Abgase gewährleistet ist und dabei keine Gefährdung der Sicherheit und Gesundheit von Personen und keine unzumutbare Belästigung eintritt.

5.2.3 Für Verbindungsstücke, die nicht Teil der Feuerstätte sind, gelten die Anforderungen der Punkte 5.2.1 und 5.2.2 sinngemäß.

5.3 Reinigungsöffnungen

5.3.1 Jede Abgasanlage muss zur leichten Reinigung und Überprüfung über Reinigungsöffnungen verfügen, die zumindest am unteren (Putzöffnung) und am oberen Ende (Kehröffnung) der Abgasanlage angeordnet sind. Eine Kehröffnung ist nicht erforderlich, wenn die Abgasanlage über einen gesicherten Zugang von der Mündung aus gekehrt und überprüft werden kann. Eine Putzöffnung ist nicht erforderlich, wenn Abgasanlage und Feuerstätte samt allfälligem Verbindungsstück nachweislich so konstruiert sind, dass die Rußentnahme ohne Demontagearbeiten leicht über die Feuerstätte erfolgen kann.

5.3.2 Die Größe der Reinigungsöffnungen muss jeweils der Querschnittsfläche der Abgasanlage angepasst sein.

5.3.3 Reinigungsöffnungen dürfen nicht in anderen Wohn- oder Betriebseinheiten liegen. Der Zugang zu Reinigungsöffnungen darf nicht über andere Wohn- oder Betriebseinheiten erfolgen. Reinigungsöffnungen sind so zu kennzeichnen, dass die Wohn- und Betriebseinheit eindeutig zuordenbar ist.

5.4 Abzughemmende Vorrichtungen

5.4.1 Vorrichtungen, die den Abzug der Abgase hemmen oder hindern, dürfen nicht eingebaut werden. Drosselklappen vor der Einmündung in die Abgasanlage sind jedoch zulässig, wenn im oberen Teil der Klappe eine Öffnung von einem Viertel des Querschnittes, mindestens aber eine Öffnung von 25 cm² offen verbleibt und nur Feuerstätten für feste Brennstoffe angeschlossen sind.

5.4.2 Die Bestimmungen von Punkt 5.4.1 gelten nicht für automatisch gesteuerte Drosselklappen mit ausreichender Sicherheitseinrichtung.

5.5 Bemessung

5.5.1 Die lichte Querschnittsfläche des abgasführenden Teils der Abgasanlage ist so zu bemessen und auszubilden, dass geeignete Strömungsverhältnisse gewährleistet sind. Dabei sind insbesondere die Art der Abgasanlage, die technische Einrichtung und jeweilige Brennstoffwärmeleistung der vorgesehenen Feuerstätte, die Temperatur der Abgase und die wirksame Höhe der Abgasanlage einschließlich der örtlichen Verhältnisse zu beachten.

2.1.3. OIB-Richtlinie 3

5.5.2 Der lichte Querschnitt des abgasführenden Teils der Abgasanlage oberhalb der untersten Reinigungsöffnung ist bis zur Mündung konstant zu halten. Ein Wechsel der Querschnittsform und -fläche in strömungstechnisch gleichwertiger Form ist zulässig.

5.5.3 Werden Abgase bei bestimmungsgemäßem Betrieb der Feuerstätte unter Überdruck abgeleitet, so sind die Abgase in einem hinterlüfteten Innenrohr zu führen.

5.6 Einleitung in dasselbe Innenrohr einer Abgasanlage

5.6.1 In denselben abgasführenden Teil einer Abgasanlage dürfen nur die Abgase aus Feuerstätten desselben Geschoßes und derselben Wohn- oder Betriebseinheit eingeleitet werden.

5.6.2 Wenn mehrere Feuerstätten für feste, flüssige oder gasförmige Brennstoffe an denselben abgasführenden Teil einer Abgasanlage angeschlossen werden, müssen die Oberkante der unteren und die Unterkante der oberen Einmündung einen Abstand von mindestens 30 cm aufweisen, wobei Abgase von festen Brennstoffen in die unterste Einmündung einzuleiten sind.

5.6.3 Abweichend zu Punkt 5.6.1 sind Einleitungen von Abgasen, die aus mehreren Wohn- oder Betriebseinheiten desselben oder verschiedener Geschoße in dieselbe Abgasanlage (z.B. Luft-Abgas-Systeme) einmünden, zulässig, wenn nur raumluftunabhängige Feuerstätten daran angeschlossen werden und ein Nachweis über die Eignung der Abgasanlage und der Feuerstätten vorliegt.

6 Schutz vor Feuchtigkeit

6.1 Schutz vor Feuchtigkeit aus dem Boden

Bauwerke mit Aufenthaltsräumen sowie sonstige Bauwerke, deren Verwendungszweck dies erfordert, müssen in all ihren Teilen gegen das Eindringen und Aufsteigen von Wasser und Feuchtigkeit aus dem Boden geschützt werden.

6.2 Schutz gegen Niederschlagswässer

Die Hülle von Bauwerken mit Aufenthaltsräumen sowie von sonstigen Bauwerken, deren Verwendungszweck dies erfordert, muss so ausgeführt sein, dass das Eindringen von Niederschlagswässern in die Konstruktion der Außenbauteile und ins Innere des Bauwerkes verhindert wird.

6.3 Vorsorge vor Überflutungen

Falls das Fußbodenniveau von Aufenthaltsräumen nicht über dem Niveau des hundertjährlichen Hochwasserereignisses liegt, muss Vorsorge für einen gleichwertigen Schutz gegen Überflutung getroffen werden.

6.4 Vermeidung von Schäden durch Wasserdampfkondensation

Raumbegrenzende Bauteile von Bauwerken mit Aufenthaltsräumen sowie von sonstigen Bauwerken, deren Verwendungszweck dies erfordert, müssen so aufgebaut sein, dass Schäden durch Wasserdampfkondensation weder in den Bauteilen noch an deren Oberflächen bei üblicher Nutzung entstehen. Bei Außenbauteilen mit geringer Speicherfähigkeit (wie Fenster- und Türelemente) ist durch geeignete Maßnahmen sicherzustellen, dass angrenzende Bauteile nicht durchfeuchtet werden.

7 Trinkwasser und Nutzwasser

7.1 Alle Bauwerke mit Aufenthaltsräumen müssen über eine Trinkwasserversorgung aus dem öffentlichen Trinkwassernetz oder aus geeigneten Eigenwasserversorgungsanlagen (z.B. Quellfassung oder Brunnen) verfügen.

7.2 Eine Verbindung zwischen Trinkwasserleitungen und Nutzwasserleitungen ist unzulässig.

7.3 Bei Verwechslungsgefahr von Trinkwasser und Nutzwasser sind die Entnahmestellen zu kennzeichnen.

8 Schutz vor gefährlichen Immissionen

8.1 Schadstoffkonzentration

Aufenthaltsräume sind so auszuführen, dass gefährliche Emissionen aus Baumaterialien und aus dem Untergrund bei einem dem Verwendungszweck entsprechenden Luftwechsel nicht zu Konzentrationen führen, die die Gesundheit der Benützer beeinträchtigen können. Dies gilt für Baumaterialien jedenfalls als erfüllt, wenn Bauprodukte bestimmungsgemäß verwendet werden, die die landesrechtlichen Vorschriften über Bauprodukte erfüllen.

8.2 Strahlung

Aufenthaltsräume sind so auszuführen, dass keine die Gesundheit der Benützer beeinträchtigende ionisierende Strahlung aus Baumaterialien und Radonemission aus dem Untergrund auftritt. Hinsichtlich der ionisierenden Strahlung aus Baumaterialien gilt dies jedenfalls als erfüllt, wenn Bauprodukte bestimmungsgemäß verwendet werden, die die landesrechtlichen Vorschriften über Bauprodukte erfüllen.

8.3 Lüftung von Garagen

8.3.1 Garagen sind natürlich oder mechanisch so zu lüften, dass im Regelbetrieb ein Halbstundenmittelwert für Kohlenstoffmonoxid (CO) von 50 ppm nicht überschritten wird.

8.3.2 Für Garagen mit nicht mehr als 50 m² Nutzfläche gilt die Anforderung gemäß Punkt 8.3.1 als erfüllt, wenn eine Lüftungsöffnung von mindestens 200 cm² Querschnittsfläche pro Stellplatz vorhanden ist.

8.3.3 Für Garagen mit mehr als 50 m² und nicht mehr als 250 m² Nutzfläche gilt die Anforderung gemäß 8.3.1 als erfüllt, wenn
- eine natürliche Querdurchlüftung über Zu- und Abluftöffnungen von insgesamt mindestens 1000 cm² Querschnittsfläche pro Stellplatz vorhanden ist oder
- eine mechanische Lüftung mit einem mindestens 0,5-fachen stündlichen Luftwechsel sichergestellt ist oder
- jeder Stellplatz direkt aus dem Freien ohne Fahrgasse anfahrbar ist und Lüftungsöffnungen von mindestens 200 cm² Querschnittsfläche pro Stellplatz vorhanden sind.

8.3.4 Garagen mit mehr als 250 m² Nutzfläche sind mit adäquaten Messeinrichtungen auszustatten, die bei Überschreiten einer CO-Konzentration von 250 ppm über einen Zeitraum von mehr als einer Minute Alarmsignale auslösen und Maßnahmen zur Reduktion der CO-Konzentration (wie z.B. Aktivierung einer mechanischen Lüftungsanlage) einleiten.

8.3.5 Die Anforderung gemäß Punkt 8.3.1 ist für Garagen mit mehr als 250 m² Nutzfläche für oberirdische Geschoße und das erste unterirdische Geschoß erfüllt, wenn die Geschoße mit natürlichen Rauch- und Wärmeabzugseinrichtungen gemäß Tabelle 2 der OIB-Richtlinie 2.2 „Brandschutz bei Garagen, überdachten Stellplätzen und Parkdecks" ausgestattet sind. In diesem Fall sind Einrichtungen gemäß Punkt 8.3.4 nicht erforderlich. Diese Öffnungen müssen so situiert sein, dass eine Querdurchlüftung gewährleistet ist.

8.3.6 Abluftöffnungen von mechanischen Lüftungen aus Garagen mit mehr als 250 m² Nutzfläche müssen zu öffenbaren Fenstern und Türen von Aufenthaltsräumen sowie von Zuluftöffnungen von Lüftungsanlagen so situiert sein, dass es zu keiner Beeinträchtigung von Personen kommt.

9 Belichtung und Beleuchtung

9.1 Anforderungen an die Belichtung

9.1.1 Bei Aufenthaltsräumen muss die gesamte Lichteintrittsfläche (Architekturlichte von Fenstern, Lichtkuppeln, Oberlichtbändern usw.) mindestens 12 % der Bodenfläche dieses Raumes betragen. Dieses Maß vergrößert sich bei einer Raumtiefe von mehr als 5,00 m um jeweils 1 % der gesamten Bodenfläche des Raumes pro angefangenen Meter zusätzlicher Raumtiefe.

2.1.3. OIB-Richtlinie 3

9.1.2 Es muss für die gemäß 9.1.1 notwendigen Lichteintrittsflächen ein zur Belichtung ausreichender freier Lichteinfall gewährleistet sein. Dies gilt für die notwendigen Lichteintrittsflächen als erfüllt, wenn ein freier Lichteinfallswinkel von 45 Grad zur Horizontalen, gemessen von der Fassadenflucht bzw. von der Ebene der Dachhaut, eingehalten wird. Dieser freie Lichteinfall darf dabei seitlich um nicht mehr als 30 Grad verschwenkt werden.

9.1.3 Ragen Bauteile wie Balkone, Dachvorsprünge etc. desselben Bauwerkes mehr als 50 cm horizontal gemessen in den erforderlichen freien Lichteinfall hinein, so muss die Lichteintrittsfläche pro angefangenem Meter, gemessen vom Eintritt des vorspringenden Bauteils in den freien Lichteinfall bis zur Vorderkante des Bauteils, um jeweils 2 % der Bodenfläche des Raumes erhöht werden.

9.1.4 Die Anforderungen der Punkte 9.1.1 bis 9.1.3 gelten nicht für Räume, bei denen die spezielle Nutzung eine geringere oder keine natürliche Belichtung erfordert.

9.2 Anforderungen bezüglich der Sichtverbindung nach außen

In Aufenthaltsräumen von Wohnungen müssen alle zur Belichtung notwendigen Lichteintrittsflächen eine freie Sicht von nicht weniger als 2,00 m, gemessen von der Fassadenflucht und normal auf die Lichteintrittsfläche, aufweisen. Zumindest in einem Aufenthaltsraum jeder Wohnung muss mindestens eine notwendige Lichteintrittsfläche eine freie waagrechte Sicht in 1,20 m Höhe von nicht weniger als 6,00 m, gemessen von der Fassadenflucht und normal auf die Lichteintrittsfläche, gewährleisten. Für Lichteintrittsflächen in geneigten Bauteilen (z.B. Dachflächenfenster) gelten diese Bestimmungen sinngemäß.

9.3 Beleuchtung

Alle Räume und allgemein zugänglichen Bereiche in Bauwerken müssen ihrem Verwendungszweck entsprechend beleuchtbar sein.

10 Lüftung und Beheizung

10.1 Lüftung

10.1.1 Aufenthaltsräume und Sanitärräume müssen durch unmittelbar ins Freie führende Fenster, Türen und dergleichen ausreichend gelüftet werden können. Davon kann ganz oder teilweise abgesehen werden, wenn eine mechanische Lüftung vorhanden ist, die eine für den Verwendungszweck ausreichende Luftwechselrate zulässt. Bei sonstigen innen liegenden Räumen, ausgenommen Gänge, ist für eine Lüftungsmöglichkeit zu sorgen.

10.1.2 Ist bei Aufenthaltsräumen eine natürliche Lüftung zur Gewährleistung eines gesunden Raumklimas nicht ausreichend oder nicht möglich, muss eine für den Verwendungszweck bemessene mechanische Lüftung errichtet werden. In Räumen, deren Verwendungszweck eine erhebliche Erhöhung der Luftfeuchtigkeit erwarten lässt (insbesondere in Küchen, Bädern, Nassräumen etc.), ist eine natürliche oder mechanische Be- oder Entlüftung einzurichten.

10.1.3 Bei der Aufstellung von Feuerstätten ist darauf zu achten, dass die entsprechend der Auslegung benötigte Luftmenge zuströmen kann. Heizräume für raumluftabhängige Feuerungsanlagen müssen über eine Zuluftführung aus dem Freien verfügen, wobei eine Mindestquerschnittsfläche von 400 cm² netto nicht unterschritten werden darf:
- bei Feuerstätten für gasförmige Brennstoffe mit atmosphärischem Brenner sowie Feuerstätten für feste Brennstoffe: 4 cm² pro kW Nennwärmeleistung,
- bei sonstigen Feuerstätten: 2 cm² pro kW Nennwärmeleistung.

Bei sonstigen Aufstellungsräumen kann die Verbrennungsluftzufuhr auch aus anderen Räumen erfolgen, wenn nachweislich beim Betrieb aller mechanischen und natürlichen Be- und Entlüftungsanlagen ausreichende Verbrennungsluft nachströmen kann.

10.2 Beheizung

Aufenthaltsräume und Bäder müssen derart beheizbar sein, dass eine für den Verwendungszweck ausreichende Raumtemperatur erreicht werden kann. Ausgenommen davon sind Aufenthaltsräume, deren Verwendungszweck eine Beheizung ausschließt, oder die nicht für eine Benutzung in der Heizperiode gedacht sind.

11 Niveau und Höhe der Räume

11.1 Fußbodenniveau von Räumen

Das Fußbodenniveau von Aufenthaltsräumen von Wohnungen muss wenigstens an einer Fensterseite über dem an den Aufenthaltsraum angrenzenden Gelände nach der Bauführung liegen.

11.2 Raumhöhe von Aufenthaltsräumen

11.2.1 Die lichte Raumhöhe muss entsprechend dem Verwendungszweck, der Raumfläche sowie der Anzahl der aufzunehmenden Personen so festgelegt werden, dass ein ausreichend großes Luftvolumen gewährleistet ist.

11.2.2 Für Aufenthaltsräume von Wohnungen sowie Arbeitsräume, in denen nur Arbeiten mit geringer körperlicher Belastung durchgeführt werden und keine erschwerenden Bedingungen vorliegen, gilt diese Anforderung als erfüllt, wenn die lichte Raumhöhe mindestens 2,50 m beträgt.

11.2.3 Für Aufenthaltsräume von Wohnungen bei Gebäuden oder Gebäudeteilen mit nicht mehr als drei Wohnungen und bei Reihenhäusern gilt diese Anforderung als erfüllt, wenn die lichte Raumhöhe mindestens 2,40 m beträgt.

11.2.4 Bei Aufenthaltsräumen, die zumindest teilweise von Dachflächen begrenzt werden, müssen diese Mindestraumhöhen zumindest über der Hälfte der Fußbodenfläche eingehalten werden, wobei bei der Berechnung dieser Fläche Fußbodenflächen mit einer Raumhöhe von weniger als 1,50 m unberücksichtigt bleiben.

11.2.5 Örtlich begrenzte Unterschreitungen (z.B. Unterzüge, Treppenläufe) bleiben bei der Bemessung der Mindestraumhöhe unberücksichtigt.

11.3 Raumhöhe von anderen Räumen als Aufenthaltsräumen

11.3.1 Die lichte Raumhöhe muss mindestens 2,10 m betragen. Dies gilt nicht für Technikräume, die nur zu Servicezwecken betreten werden.

11.3.2 In Räumen, die zumindest teilweise von Dachflächen begrenzt werden, muss die Mindestraumhöhe von 2,10 m zumindest über der Hälfte der Fußbodenfläche eingehalten werden, wobei bei der Berechnung dieser Fläche Fußbodenflächen mit einer Raumhöhe von weniger als 1,50 m unberücksichtigt bleiben.

12 Lagerung gefährlicher Stoffe

12.1 Verunreinigungen von Wasser oder Boden durch Austreten gelagerter gefährlicher Stoffe sind durch technische Maßnahmen, wie Auffangwannen oder doppelwandige Ausführung von Behältern und Leitungen zu vermeiden, sodass keine Gefährdungen von Menschen oder Umweltbelastungen verursacht werden.

12.2 Bei Lagerung gefährlicher Stoffe in Bereichen, die bei hundertjährlichen Hochwässern überflutet werden, ist sicherzustellen, dass bei Überflutung ein Austritt dieser Stoffe verhindert wird (z.B. Schutz der Lagerräume gegen eindringendes und drückendes Wasser, Sicherung der Lagerbehälter gegen Aufschwimmen, Außendruck und Wassereintritt).

12.3 Zur Verhinderung der Ansammlung flüchtiger Stoffe in der Raumluft ist eine ausreichende Be- und Entlüftung zu gewährleisten.

13 Sondergebäude

Die Bestimmungen der Punkte 2, 7, 9 und 11 gelten nicht für Schutzhütten in Extremlage.

2.1.3. OIB-Richtlinie 3

Erläuternde Bemerkungen zu OIB-Richtlinie 3 „Hygiene, Gesundheit, Umweltschutz"

Ausgabe: März 2015

Zu Punkt 0: Vorbemerkungen

In einschlägigen Regelwerken sind dem Stand der Technik entsprechende Toleranzen für die Ausführung beschrieben. Wird in der Ausführung im Rahmen dieser Toleranzen von den in der OIB-Richtlinie 3 festgelegten Maßen abgewichen, wird das in der OIB-Richtlinie 3 festgelegte Schutzniveau trotzdem erfüllt.

Toleranzen betreffen immer nur die zulässigen Abweichungen bei der Ausführung. Für das Planmaß gibt es keine Toleranzen, d.h. Planungsfehler können nicht mit Toleranzen aufgefangen werden. Planmaße sind Fertigmaße der Bauteile, d.h. alle Bauteilschichten sind darin zu berücksichtigen. Spachtelungen, Beläge, etc. können nicht in die Toleranzen eingerechnet werden.

Bei Einhaltung der in der OIB-Richtlinie 3 festgelegten Anforderungen wird das jeweilige Schutzziel ohne weiteren Nachweis erreicht. Um Raum für die Planungs- und Baufreiheit zu schaffen, und um innovative Lösungen zu fördern, wird jedoch auf die jeweiligen landesrechtlichen Möglichkeiten des „gleichwertigen Abweichens" hingewiesen. Die Nachweisführung über die Einhaltung des gleichen Schutzniveaus liegt in solchen Fällen beim Bauwerber.

Davon unabhängig sind im Einzelfall aufgrund der jeweiligen landesrechtlichen Bestimmungen Erleichterungen bei Änderungen an bestehenden Bauwerken zulässig. In diesen Fällen ist der Nachweis des „gleichwertigen Abweichens" nicht erforderlich.

Es wird darauf hingewiesen, dass bei der Planung von Bauvorhaben im Einzelfall auch Anforderungen, die in anderen Rechtsmaterien begründet sind, beachtet werden müssen (z.B. Arbeitsstättenverordnung, Gewerbeordnung).

Zu Punkt 1: Begriffsbestimmungen

Die Begriffsbestimmungen aller OIB-Richtlinien sind in einem eigenen Dokument „OIB-Richtlinien – Begriffsbestimmungen" zusammengefasst.

Zu Punkt 2: Sanitäreinrichtungen

Zu Punkt 2.1: Allgemeine Anforderungen

Als leicht zu reinigen können jedenfalls Oberflächen betrachtet werden, die abwaschbar und nicht saugfähig sind. Bezüglich der hygienischen Erfordernisse ist von der Nutzung des Bauwerkes und von der Frequenz der Benutzung auszugehen. Bei speziellen Nutzungen wie Krankenhäuser u. dgl., können diese Anforderungen strenger sein als bei anderen Nutzungen.

Die Forderung, dass Toiletten über eine Wasserspülung verfügen müssen, kann durch andere hygienisch gleichwertige Maßnahmen ersetzt werden.

Zu Punkt 2.3: Sanitäreinrichtungen in Bauwerken, die nicht Wohnzwecken dienen

Die nach Art der Nutzung des Bauwerkes notwendige Anzahl an Toiletten divergiert in der Literatur, in anderen gesetzlichen Bestimmungen wie z.B. ArbeitnehmerInnenschutz und insbesondere in der Baupraxis stark. Daher wurden in der OIB-Richtlinie 3 keine konkreten Anzahlen von Toiletten festgelegt, sondern zielorientiert formuliert.

Aufgrund des Verwendungszweckes sind Toiletten jedenfalls herzustellen, wenn mit einem länger dauernden Aufenthalt von Besuchern und Kunden zu rechnen ist, wie z.B. Einkaufszentren, Veranstaltungszentren, Verkaufsstätten größer 1.000 m².

2. Kärntner Bauvorschriften – K-BV

Als Richtschnur kann die folgende Tabelle dienen, wobei davon ausgegangen wird, dass gleich viele Männer und Frauen gleichzeitig im Bauwerk anwesend sind und die Toiletten kontinuierlich benutzt werden:

Gesamtpersonenzahl	Sitzstellen weiblich	Sitzstellen männlich	Urinalstände
bis 10	1,0		1,0
bis 30	1,0	1,0	1,0
bis 50	2,0	1,0	1,0
bis 100	4,0	2,0	2,0
je weitere 100	2,0	1,0	1,0

Für Veranstaltungen, bei denen mit einer Toilettenbenützung hauptsächlich in den Pausen zu rechnen ist, sollte die Aufteilung zugunsten der Sitzstellen weiblich entsprechend vorgenommen werden.

Als Richtschnur für Bauwerke und sonstige Einrichtungen für größere Menschenansammlungen kann die nachstehende Tabelle A des *OIB-Leitfadens "Harmonisierte Anforderungen an Bauwerke und sonstige Einrichtungen für größere Menschenansammlungen"* herangezogen werden (*Entwurf Stand 2013-07-09*, verfügbar unter www.wien.gv.at/wohnen/baupolizei/pdf/oib-leitfaden-menschenansammlung.pdf).

Tabelle A: Anzahl und Art von Sanitäreinrichtungen in Abhängigkeit von der Gesamtpersonenanzahl

Gesamtpersonenzahl	Sitzstellen weiblich	Sitzstellen männlich	Urinalstände
bis 1.000 je 100	2,0	0,8	1,2
über 1.000 je weitere 100	1,0	0,4	0,6
über 20.000 je weitere 100	0,9	0,3	0,6

Die Ausnahme von der Verpflichtung zur Errichtung von Toiletten für Gastronomiebetriebe mit nicht mehr als acht Verabreichungsplätzen wurde in Abstimmung mit der *Gewerbeordnung 1994* festgelegt.

Zu Punkt 3: Niederschlagswässer, Abwässer und sonstige Abflüsse

Für die Entscheidung, ob eine Vesickerung, Ableitung oder Entsorgung möglich ist, sind gegebenenfalls auch Bestimmungen anderer Rechtsvorschriften (z.B. Wasserecht, Kanalgesetz) maßgeblich.

Zu Punkt 3.2: Sammlung und Entsorgung von Abwässern und sonstigen Abflüssen

Zu Punkt 3.2.3

Die Zulässigkeit von Senkgruben ergibt sich aus den landesrechtlichen Bestimmungen.

Tagwasserdicht ist ein Begriff aus dem Bauwesen. Er bezeichnet die Undurchlässigkeit von Abdeckungen und Baumaterialien (z.B. Beton), die verhindert, dass Tagwasser beispielsweise in einen Schacht oder einen Baukörper eindringen kann.

Mit Tagwasser wird dabei das unmittelbar von den atmosphärischen Niederschlägen herrührende und an der Oberfläche stehenbleibende, versickernde oder frei abfließende Oberflächenwasser bezeichnet. Das heißt, die Tagwasserdichte bezieht sich auf diese natürlichen Wassereinflüsse, nicht aber auf die Dichtheit gegen gezieltes Besprühen, gegen Einfluss von Druckwasser oder künstlicher Sogeinwirkung.

Die geforderte Entlüftung kann in der Regel über die Strangentlüftung gewährleistet werden.

2.1.3. OIB-Richtlinie 3

Zu Punkt 5: Abgase von Feuerstätten

Zu Punkt 5.1 Allgemeine Anforderungen an Abgasanlagen

Zu den Punkten 5.1.2 bis 5.1.5

Für Gasfeuerstätten gibt es in der ÖVGW TR-Gas, G 1, Teil 4 „Technische Richtlinien für Einrichtung, Änderung, Betrieb und Instandhaltung von Niederdruck-Gasanlagen – Abgasabführung von Gasfeuerstätten", Ausgabe 2009-11 detaillierte Einzelregelungen für Mündungen im Bereich von Fenstern.

Zu Punkt 5.1.3

Dieser Punkt regelt das Überragen der Fangmündung im Bezug auf die Unterkante des Sturzes öffenbarer Fenster und Türen von Aufenthaltsräumen sowie die Oberkante von Zuluftöffnungen von Lüftungsanlagen im Bezug auf die Lage der Fangmündung (vor oder hinter dem Fenster, der Türe bzw. der Zuluftöffnung). Dabei ist zu beachten, dass sowohl der horizontale Abstand von 10 m als auch der vertikale von 1,00 m bzw. 3,00 m zwischen der Oberkante der Fangmündung einerseits und der Unterkante des Sturzes öffenbarer Fenster und Türen von Aufenthaltsräumen bzw. der Oberkante von Zuluftöffnungen von Lüftungsanlagen andererseits gilt.

Siehe dazu Anhang A, Abbildung 1.

Bei Dachflächenfenstern ist für die Bestimmung des horizontalen Abstandes entweder von der Oberkante oder von der Unterkante der Fensteröffnung auszugehen, je nachdem, welche der betrachteten Fangmündung näher liegt. Für die Bestimmung des vertikalen Abstandes ist immer die Oberkante maßgebend.

Siehe dazu Anhang A, Abbildung 2.

Zu Punkt 5.1.5

Die Möglichkeit der Abgasableitung durch die Außenwand ist auf raumluftunabhängige Gas-Feuerstätten bei denen die Temperatur der Abgase unter den Taupunkt abgesenkt wird (Brennwertkessel) begrenzt, da für die bauliche Ausführung technische Regelungen zum Schutz der Umgebung und der Bewohner vorliegen. Auf folgende ÖVGW Regelwerke wird für die Ausführung hingewiesen:

- G 1, Teil 4 „Technische Richtlinien für Einrichtung, Änderung, Betrieb und Instandhaltung von Niederdruck-Gasanlagen – Abgasabführung von Gasfeuerstätten", Ausgabe 2009-11,
- G 41 „Gas- Brennwertgeräte – Abgasführung und Kondensatableitung", Ausgabe 2005-10,
- G 45 „Mechanische Abführung der Abgase von Gasfeuerstätten", Ausgabe 1999-06.

Bei Einzelgeräten mit Abgasabfuhr durch die Außenwand tritt an Ort und Stelle und auch vor öffenbaren Fenstern und Zuluftöffnungen eine Emission von Stickoxiden und Kohlenstoffmonoxid (CO) auf. Daher ist diese Lösung auf bestehende Bauwerke, bei denen ein Anschluss an eine bestehende Abgasanlage oder die nachträgliche Errichtung einer über Dach führenden Abgasanlage nur mit unverhältnismäßigem Aufwand möglich ist, eingeschränkt. Die Einschränkung auf Brennwertgeräte ist damit zu begründen, dass Brennwertgeräte einen höheren Wirkungsgrad und schadstoffärmere Abgase aufweisen.

Zu Punkt 5.3: Reinigungsöffnungen

Zu Punkt 5.3.1

Leitern und Stege für die Durchführung der Reinigung und Überprüfung von Fängen werden beispielsweise in der ÖNORM B 8207, Ausgabe 1996-06-01 geregelt. Da es in einem Abgasfang unabhängig von der Beheizungsart zu Verlegungen durch Laub, Tiere etc. kommen kann, muss die Kehrung auch bei Gasheizungen möglich sein.

Zu Punkt 5.5: Bemessung

Zu Punkt 5.5.1

Einschlägige Berechnungsverfahren finden sich beispielsweise in der ÖNORM EN 13384, Teil 1 – Ausgabe 2008-08-01, Teil 2 – Ausgabe 2009-05-15, Teil 3 – Ausgabe 2006-03-01.

Zu Punkt 5.6: Einleitung in dasselbe Innenrohr einer Abgasanlage

Zu Punkt 5.6.2

Berechnungsverfahren für das Einleiten mehrerer Abgase aus Feuerstätten gibt es beispielsweise in der ÖNORM EN 13384, Teil 2 – Ausgabe 2009-05-15.

Zu Punkt 5.6.3

Die Abgasführung aus Feuerstätten verschiedener Wohn- oder Betriebseinheiten aus demselben oder anderen Geschoßen im selben Fang ist bei Luft-Abgas-Systemen deshalb zulässig, weil die Zufuhr der erforderlichen Verbrennungsluft durch den raumluftunabhängigen Betrieb der Feuerstätten immer gewährleistet ist.

Zu Punkt 6: Schutz vor Feuchtigkeit

Zu Punkt 6.1: Schutz vor Feuchtigkeit aus dem Boden

Durch die Begriffe „Eindringen" und „Aufsteigen" ist eine zielorientierte Anforderung definiert, die sowohl kapillare Prozesse als auch die Lage des Gebäudes im Grundwasser an sich berücksichtigt.

Zu Punkt 6.2: Schutz gegen Niederschlagswässer

Unter Niederschlagswässer ist auch oberflächlich abfließendes Niederschlagswasser, z.B. von Hängen oder versiegelten Flächen, zu verstehen. Das Eindringen und Aufsteigen von Wasser und Feuchtigkeit muss hierbei über die Bestandsdauer des Bauwerkes verhindert werden, erforderliche Instandhaltungs- und Instandsetzungsarbeiten müssen im Sinne der Erhaltungspflicht durchgeführt werden.

Zu Punkt 6.3: Vorsorge vor Überflutungen

Das Niveau des hundertjährlichen Hochwassers ist beim zuständigen Hydrographischen Dienst des jeweiligen Bundeslandes zu erfragen.

Ein gleichwertiger Schutz wird beispielsweise erreicht, wenn die vom Hochwasser gefährdeten Räume in einer wasserdichten Wanne liegen und allfällige Öffnungen ins Freie über dem Hochwasserniveau liegen. Das Eindringen von Wasser und Feuchtigkeit muss hierbei über die Bestandsdauer des Bauwerkes verhindert werden, erforderliche Instandhaltungs- und Instandsetzungsarbeiten müssen im Sinne der Erhaltungspflicht durchgeführt werden.

Zu Punkt 6.4: Vermeidung von Schäden durch Wasserdampfkondensation

Ein entsprechendes Regelwerk zur Verhinderung von Schäden durch Wasserdampfkondensation ist beispielsweise die ÖNORM B 8110 Teil 2 Beiblatt 4, Ausgabe 2003-09-01. Dazu wird klargestellt, dass es nur um Schäden am Bauwerk geht, nicht aber um Schäden an gelagerten Gütern.

Zu Punkt 7: Trinkwasser und Nutzwasser

Zu Punkt 7.2

Solche Verbindungen sind unzulässig, da mikrobielle Verunreinigungen auch durch geschlossene Absperrvorrichtung übertragen werden können und weiters die potenzielle Gefahr des Öffnens der Verbindung besteht. Eine „Trinkwasser-Nachspeisung" in eine Nutzwasserleitung mittels eines „freien Auslaufs" gem. ÖNORM B 2572, Ausgabe 2005-11-01, Punkt 5.4 ist nicht als „Verbindung zwischen Trinkwasserleitung und Nutzwasserleitung" anzusehen und daher zulässig.

2.1.3. OIB-Richtlinie 3

Zu Punkt 8: Schutz vor gefährlichen Immissionen

Zu Punkt 8.1: Schadstoffkonzentration

Immissionen können prinzipiell auf zweierlei Art auf ein vertretbares Maß reduziert werden: Durch Reduktion der Quellstärke oder durch Erhöhung der Frischluftzufuhr.

Eine ausreichend hohe Luftwechselrate widerspricht allerdings dem Ziel eines möglichst niedrigen Luftwechsels im Sinne der Energieeffizienz. Als Richtwert für die Frischluftzufuhr zu Wohnräumen gilt 25 m³ pro Person und Stunde, was ausreicht, wenn nicht geraucht wird, offene Flammen (z.B. Durchlauferhitzer) einen eigenen Abzug besitzen, keine flüchtigen Lösungsmittel von Bauprodukten abgegeben werden und auch auf geruchsintensive Haushalts- und Hobbychemikalien verzichtet wird.

Wegen der Unsicherheit hinsichtlich der Vorausberechnung der CO_2-Konzentrationen in der Planungsphase wurde auf die Angabe eines Richtwertes verzichtet. Eine differenzierte Beurteilung der CO_2-Konzentration in der Raumluft kann auf Basis der *„Richtlinie zur Bewertung der Innenraumluft"*, Ausgabe 2011 herausgegeben vom Bundesministerium für Land- und Forstwirtschaft, Umwelt und Wasserwirtschaft und der Österreichischen Akademie der Wissenschaften erfolgen.

Hinsichtlich zulässiger Schadstoffkonzentrationen wurde wegen der Schwierigkeit der Festlegung von Grenzwerten verzichtet. Es wird daher lediglich auf die landesrechtlichen Vorschriften über Bauprodukte verwiesen. Zur Bewertung von Immissionskonzentrationen kann die *„Richtlinie zur Bewertung der Innenraumluft"*, Ausgabe 2011, herausgegeben vom Bundesministerium für Land- und Forstwirtschaft, Umwelt und Wasserwirtschaft und der Österreichischen Akademie der Wissenschaften herangezogen werden.

Zu Punkt 8.2: Strahlung

Im Hinblick auf Emissionen aus dem Untergrund durch Radon sind zur Begrenzung der Radonkonzentration in Aufenthaltsräumen in den Empfehlungen der Strahlenschutzkommission (1992) Richtwerte mit 200 Bq/m³ für Neubauten (Planungsrichtwert) und 400 Bq/m³ für bestehende Gebäude (Eingreifrichtwert) festgelegt. Bei Neubauten kann auf die ÖNORM S 5280-2, Ausgabe 2012-07-15 Bezug genommen werden. Vorsorgemaßnahmen sind wesentlich einfacher, effektiver und langfristig kostengünstiger als eine nachträgliche Radonsanierung. Grundsätzlich gilt: Je dichter die Gebäudehülle gegen das Erdreich ausgeführt ist, desto geringer das Radonrisiko.

Bei bestehenden Gebäuden kann bei Überschreitung des Eingreifrichtwertes zur Reduktion der Radonkonzentration auf die ÖNORM S 5280-3, Ausgabe 2005-06-01 Bezug genommen werden.

Weitere Informationen dazu finden sich auf der Radon-Informationsseite des Bundesministeriums für Land- und Forstwirtschaft, Umwelt und Wasserwirtschaft:
http://www.bmlfuw.gv.at/umwelt/strahlen-atom/strahlenschutz/radon.html

Im Hinblick auf die Begrenzung ionisierender Strahlung und Emission von Radon aus Baumaterialien wird auf die ÖNORM S 5200, Ausgabe 2009-04-01 verwiesen.

Zu Punkt 8.3: Lüftung von Garagen

Die Lüftung von Garagen bezieht sich ausschließlich auf die Kohlenstoffmonoxid-Konzentration. Das Abführen von Gas aus lecken gasbetriebenen Kraftfahrzeugen (Erdgas bzw. Flüssiggas) wird in den Punkten 7 und 8 der *OIB-Richtlinie 2.2 „Brandschutz bei überdachten Stellplätzen, Garagen und Parkdecks"* geregelt, da es hierbei um Explosionsschutz geht.

Zu Punkt 8.3.1

Der geforderte Halbstundenmittelwert für Kohlenstoffmonoxid von 50 ppm ergibt sich aus der ÖNORM H 6003, Ausgabe 2012-11-01. Hierbei handelt es sich um die Basisanforderung.

2. Kärntner Bauvorschriften – K-BV

Zu Punkt 8.3.3

Im Punkt 8.3.3 werden die Bedingungen aufgezählt, unter welchen bei Garagen mit mehr als 50 m² und nicht mehr als 250 m² Nutzfläche die Anforderung gemäß 8.3.1 als erfüllt gelten. Im Anhang B findet sich die Abbildung 3, welche erläutert, was unter „direkt aus dem Freien ohne Fahrgasse anfahrbar" zu verstehen ist.

Zu Punkt 8.3.4

Der Wert von 250 ppm für mehr als eine Minute ergibt sich aus der ÖNORM M 9419, Ausgabe 2001-06-01.

Zu Punkt 8.3.5

Werden Öffnungen für den natürlichen Rauch- und Wärmeabzug gemäß der OIB-Richtlinie 2.2 „Brandschutz bei Garagen, überdachten Stellplätzen und Parkdecks" angeordnet, gilt für Garagen über 250 m² die Basisanforderung ohne weiteren Nachweis als erfüllt und sind keine Messeinrichtungen und mechanische Einrichtungen gemäß Punkt 8.3.4 der OIB-Richtlinie 3 erforderlich.

Bei ausschließlicher Anordnung entsprechend dimensionierter natürlicher Abzugseinrichtungen (Öffnungen) können diese sowohl für den Rauchabzug im Brandfall als auch zur Sicherstellung hygienischer Luftverhältnisse betreffend Kohlenstoffmonoxid (CO) angerechnet werden, sofern sichergestellt ist, dass keine nicht luftdurchströmten Bereiche vorhanden sind.

Zu Punkt 8.3.6

Der ursprünglich geforderte Mindestabstand von 5,00 m wurde gestrichen, da die planerischen Aufgabestellungen zu vielfältig sind, um konkrete und allseits anwendbare Mindestanforderungen an den Abstand zu formulieren. Daher wurde eine zielorientierte Anforderung gewählt.

Zu Punkt 9: Belichtung und Beleuchtung

Zu Punkt 9.1: Anforderungen an die Belichtung

Zu Punkt 9.1.1

Die erforderliche Größe der Lichteintrittsfläche von Fenstern, Lichtkuppeln, Oberlichtbändern etc. wird als Prozentsatz der Fußbodenfläche festgelegt.

Unter „Lichteintrittsfläche" ist hierbei die Architekturlichte zu verstehen. Der Begriff Architekturlichte wurde aus den Begriffsbestimmungen der ÖNORM A 6240 „Technische Zeichnungen für das Bauwesen – Teil 2: Kennzeichnung, Bemaßung und Darstellung", Ausgabe 2009-08-01 übernommen und in die Begriffsbestimmungen zu den OIB-Richtlinien aufgenommen. Als gleichwertig hierzu kann ein Nachweis der Nettoglasfläche erbracht werden, wobei in diesem Fall die gesamte notwendige Nettoglasfläche mindestens 10 % der Bodenfläche des Raumes betragen muss. Dies entspricht auch der Arbeitsstättenverordnung (vgl. Erlass GZ: BMASK-461.304/0006-III/2/2009 vom 08.04.2009).

Zu Punkt 9.1.2

Als Nachweis für den ausreichend freien Lichteinfall ist unter 45 Grad zur Horizontalen auf die notwendige Lichteintrittsfläche ein Lichtprisma zu konstruieren. Dieses Lichtprisma darf um maximal 30 Grad seitlich nach beiden Seiten verschwenkt werden. Inwiefern hierbei der Lichteinfall als „frei" zu betrachten ist, ist entsprechend den landesrechtlichen Vorschriften (Raumordungsrecht, Baurecht) zu beurteilen.

Siehe dazu Anhang C, Abbildung 4.

2.1.3. OIB-Richtlinie 3

Zu Punkt 9.1.3

Da Bauteile (z.B. Balkone, Loggien, Dachvorsprünge), die in das Lichtprisma hineinragen, den freien Lichteinfall durch Abschattung beeinträchtigen, muss in solchen Fällen die Lichteintrittsfläche vergrößert werden, allerdings nur, wenn der Bauteil um mehr als 50 cm in das Lichtprisma hineinragt. Die Vergrößerung der Lichteintrittsfläche hängt vom Maß ab Eintritt in das Lichtprisma bis zum äußeren Ende der Auskragung ab.

Siehe dazu Anhang C, Abbildung 5.

Bei verglasten Loggien ist der Nachweis über die Einhaltung der notwendigen Lichteintrittsfläche und den freien Lichteinfall für die Verglasung, die den Raumabschluss bildet, in Abhängigkeit von der Fußbodenfläche des Raumes und der Auskragung der Loggia zu erbringen. Durch die Verglasung der Loggia müssen jedoch die Mindestanforderungen für den hinter der Loggia liegenden Aufenthaltsraum erfüllt bleiben.

Zu Punkt 9.1.4

Räume, bei denen der Verwendungszweck eine natürliche Belichtung ausschließt, sind beispielsweise Dunkelkammern von Fotolaboratorien.

Siehe hierzu auch § 25 Abs. 2 der *Arbeitsstättenverordnung (BGBl. II Nr. 368/1998, zuletzt geändert durch BGBl. II Nr. 324/2014)*:

1. Räume, deren Nutzungsart der Eintritt von Tageslicht entgegensteht;
2. Räume, die ausschließlich zwischen 18.00 und 6.00 Uhr als Arbeitsräume genutzt werden;
3. Räume in Untergeschoßen, sofern es sich handelt um
    (a) Tiefgaragen oder ähnliche Einrichtungen,
    (b) kulturelle Einrichtungen,
    (c) Verkaufsstellen in dicht verbauten Ortskernen oder
    (d) Gastgewerbebetriebe (Kellerlokale).

Zu Punkt 9.2: Anforderungen bezüglich der Sichtverbindung nach außen

Die Anforderung, dass alle für die Belichtung notwendigen Lichteintrittsflächen eine freie Sicht von mindestens 2,00 m aufweisen müssen, soll verhindern, dass bei Aufenthaltsräumen in Wohnungen die Sicht nach Außen durch direkt vor die Lichteintrittsfläche gesetzte Bauteile beeinträchtigt wird. Die freie Sicht von 2,00 m wird von der Fassadenflucht und normal auf die Lichteintrittsfläche gemessen und stellt ein Prisma dar, das eine Reichweite von 2,00 m aufweist. Ein Verschwenken des Prismas ist dabei nicht zulässig.

Siehe dazu Anhang D, Abbildung 6 und Abbildung 7.

Mit der Bestimmung hinsichtlich 6,00 m waagrechter Sicht nach Außen in 1,20 m Höhe für mindestens ein Fenster eines Aufenthaltsraumes einer Wohnung soll insbesondere vermieden werden, dass in Wohnräumen durch ausschließlich hoch angebrachte Dachflächenfenster nur ein Blick zum Himmel möglich ist. Der Abstand von 6,00 m ist generell von der Fassenflucht zu messen. Bei Dachflächenfenstern ist in Analogie zur Fassadenflucht die Flucht der Dachhaut als Bezugsebene für die Bemessung des Abstandes von 6,00 m zu wählen. Die Bestimmung, dass der Abstand normal auf die Lichteintrittsfläche zu gewährleisten ist, soll verhindern, dass der Abstand von 6,00 m in einem frei gewählten Winkel „verschwenkt" gemessen wird.

Siehe dazu Anhang D, Abbildung 6 und Abbildung 7.

Zu Punkt 10: Lüftung und Beheizung

Zu Punkt 10.1: Lüftung

Zu Punkt 10.1.1

Immer „dichtere" Gebäude reduzieren den Luftaustausch durch „undichte" Fenster und Türen. Die Folge ist ein Ansteigen der Luftfeuchtigkeit, des Kohlenstoffdioxidgehaltes und der Konzentration von leichtflüchtigen Schadstoffen. Wenn in Innenräumen die Luft als „verbraucht" empfunden wird, liegt dies in erster Linie neben Tabakrauch und Gerüchen an von Menschen abgegebenen flüchtigen Stoffen, dargestellt durch den Kohlenstoffdioxidgehalt. Eine regelmäßige Belüftung solcher Räume ist somit eine wichtige Voraussetzung für ein gutes Wohn- und Arbeitsklima.

Die Lüftung von Aufenthaltsräumen und Sanitärräumen durch unmittelbar ins Freie führende Fenster und Türen ist ebenfalls gewährleistet, wenn vor diese verglaste Loggien oder Wintergärten vorgesetzt sind, die ihrerseits wiederum über öffenbare Fenster und Türen verfügen.

Der Begriff „mechanische Lüftung" umfasst nicht nur die kontrollierte Be- und Entfüftung, sondern z.B. auch Abluftöffnungen mit Zuströmöffnungen, sofern diese ausreichend dimensioniert sind. In kleinen Räumen können auch Lüftungsschlitze oder gegebenenfalls Türschlitze als Zuströmöffnung ausreichend sein.

Zu Punkt 10.1.2

Ein Beispiel bei dem eine natürliche Lüftung gegebenenfalls nicht ausreicht, ist ein Veranstaltungssaal, mit einer hohen Anzahl gleichzeitig anwesender Personen.

Ein Beispiel für eine nicht mögliche natürliche Lüftung von Aufenthaltsräumen wäre ein Schlafraum, bei dem ein maßgeblicher Außenlärmpegel von mehr als 45 dB in der Nacht vor dem Fenster des Schlafraumes gegeben ist, sodass das Fenster zu Lüftungszwecken nicht geöffnet werden kann. Im geschlossenen Zustand ist jedoch eine ausreichende Belüftung zu gewährleisten. Diese kann beispielsweise über andere mit geringerem Außenlärmpegel belastete Fenster, eine mechanische Lüftungsanlage oder schallgedämmte Fensterlüfter u. dgl. erfolgen.

Für die Beurteilung der Raumluftqualität können beispielsweise die *Richtlinie zur Bewertung der Innenraumluft: CO_2 als Lüftungsparameter*, Ausgabe 2011, herausgegeben vom Bundesministerium für Land- und Forstwirtschaft, Umwelt und Wasserwirtschaft und der Österreichischen Akademie der Wissenschaften sowie ÖNORM H 6038, Ausgabe 2014-02-15 oder die ÖNORM EN 13779, Ausgabe 2008-01-01 herangezogen werden.

Zu Punkt 11: Niveau und Höhe der Räume

Zu Punkt 11.2: Raumhöhe von Aufenthaltsräumen

Zu Punkt 11.2.1

Aus der Literatur wird vom Mindest-Luftvolumen für Schlafräume von 6,00 m³ pro anwesender Person angegeben. Dieses Volumen muss auf 10 m³ pro anwesender Person erweitert werden, wenn eine körperliche Tätigkeit oder eine manuelle Arbeit durchgeführt wird. Je nach Nutzungen eines Aufenthaltsraumes kann sich daher das benötigte Luftvolumen pro Person erhöhen. Zur Gewährleistung des benötigten Luftvolumens ist dann entweder eine größere Raumfläche oder eine größere Raumhöhe zu realisieren.

Die *Arbeitsstättenverordnung (AStV)* sieht differenzierte Raumhöhen bzw. einen Mindestluftraum von 12 m³ pro Person bei geringer körperlicher Arbeit, bis zu 18 m³ bei hoher körperlicher Arbeit vor.

Zur Bestimmung des „ausreichend großen Luftvolumens" sind z.B. ÖNORM EN 13465, Ausgabe 2004-05-01 und ÖNORM EN 13779, Ausgabe 2008-01-01 heranzuziehen.

Zu den Punkten 11.2.2 und 11.2.3

Die Notwendigkeit zur Festlegung einer Mindestraumhöhe für Aufenthaltsräume von Wohnungen und Arbeitsräumen auch für Arbeiten mit nur geringer körperlicher Belastung ergibt sich nicht zur Gewährleistung des benötigten Mindest-Luftvolumens, sondern auch aus psychohygienischen Gründen. Daher kann fehlende Raumhöhe nicht durch mechanische Lüftungsanlagen kompensiert werden.

In Teilbereichen eines Aufenthaltsraumes darf die geforderte Mindesraumhöhe unterschritten werden, wenn dafür zum Ausgleich im restlichen Raum eine höhere Raumhöhe beaufschlagt wird und dabei das Luftvolumen, welches sich aufgrund der geforderten Mindestraumhöhe ergibt, nicht unterschritten wird.

2.1.3. OIB-Richtlinie 3

Zu Punkt 11.2.4

> Da es beim Ausbau von Dachgeschoßen in der Regel nicht möglich ist, die Mindestraumhöhe über die gesamte Fläche der Aufenthaltsräume zu gewährleisten, wird, um den Ausbau von Dachgeschoßen zu ermöglichen, bei Aufenthaltsräumen die Mindestraumhöhe nur über die Hälfte der Fußbodenfläche gefordert.
>
> Siehe dazu Anhang E, Abbildung 8.

Zu Punkt 11.2.5

> Bei örtlich begrenzten Unterschreitungen (z.B. Unterzüge, Treppenläufe) ist es nicht notwendig, das eingeschränkte Luftvolumen durch Teile mit einer höheren Raumhöhe zu kompensieren.

Zu Punkt 11.3: Raumhöhe von anderen Räumen als Aufenthaltsräumen

Zu Punkt 11.3.2

> In Analogie zu Punkt 11.2.4 der OIB-Richtlinie 3, der die Raumhöhe von Aufenthaltsräumen in Dachgeschoßen regelt, ist hier eine Regelung für andere Räume als Aufenthaltsräume getroffen.

Zu Punkt 12: Lagerung gefährlicher Stoffe

Zu Punkt 12.1

> Gefährliche Stoffe sind Stoffe mit gefährlichen Eigenschaften im Sinne des § 3 Abs 1 des *Chemikaliengesetzes 1996 (BGBl. I Nr. 53/1997, zuletzt geändert durch BGBl. I Nr. 14/2015)*.

Zu Punkt 12.3

> Eine Lagerung flüchtiger Stoffe ist nur in Räumen zulässig, die ausreichend be- und entlüftet werden, um beispielsweise eine Explosionsgefahr oder gesundheitliche Schäden von Personen zu verhindern. Als Stand der Technik sind beispielsweise die Inhalte der *Verordnung über brennbare Flüssigkeiten (VbF)* oder der *Flüssiggasverordnung (FGV)* sowie die einschlägigen technischen Regelwerke anzusehen. Als Lagerung gilt hierbei im Sinne der FGV auch das Einstellen von Fahrzeugen, bei denen Flüssiggasversandbehälter zum Betrieb von Heizung, Herd, Kühlschrank etc. dienen (wie beispielsweise bei Campingbussen).

2. Kärntner Bauvorschriften – K-BV

ANHANG A

MÜNDUNG VON ABGASANLAGEN

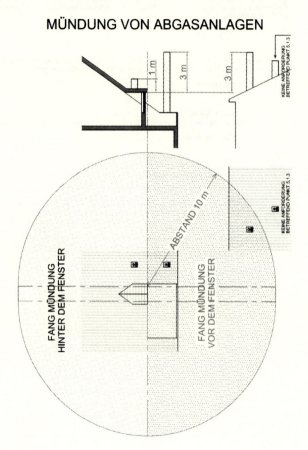

Abbildung 1

2.1.3. OIB-Richtlinie 3

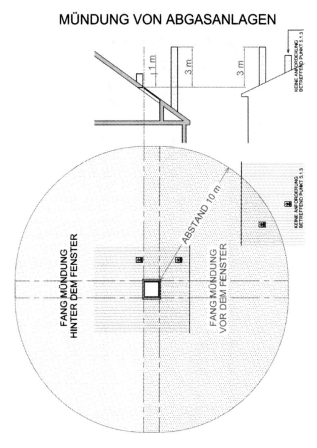

Abbildung 2

2. Kärntner Bauvorschriften – K-BV

ANHANG B

STELLPLÄTZE, DIE DIREKT AUS DEM FREIEN OHNE FAHRGASSEN ANFAHRBAR SIND

Abbildung 3

2.1.3. OIB-Richtlinie 3

ANHANG C

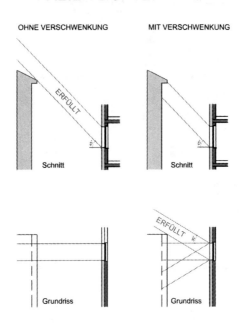

Abbildung 4

EINSCHRÄNKUNG DES LICHTEINFALLS DURCH VORSPRINGENDE BAUTEILE

bis 50 cm des Hineinragens
kein Zuschlag

Für jeden angefangenen
Meter des Hineinragens plus 2 %
der Bodenfläche
Beispiel: 0,6 m daher 2% Zuschlag

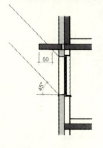
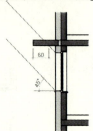

Für jeden angefangenen
Meter des Hineinragens plus 2 %
der Bodenfläche
Beispiel: 1,21 m daher 4% Zuschlag

Für jeden angefangenen
Meter des Hineinragens plus 2 %
der Bodenfläche
Beispiel: 2,67 m daher 6% Zuschlag

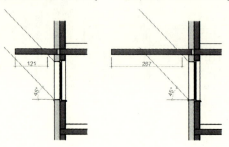

Abbildung 5

2.1.3. OIB-Richtlinie 3

ANHANG D

ANFORDERUNGEN BEZÜGLICH DER SICHTVERBINDUNG NACH AUSSEN

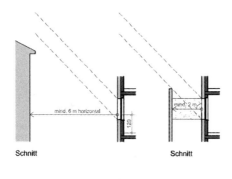

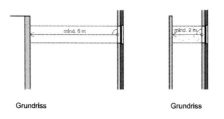

Abbildung 6

ANFORDERUNGEN BEZÜGLICH DER SICHTVERBINDUNG NACH AUSSEN

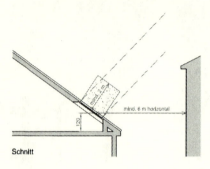

Schnitt

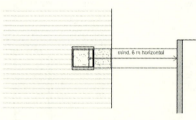

Grundriss

Abbildung 7

2.1.3. OIB-Richtlinie 3

ANHANG E

MINDESTRAUMHÖHE BEI AUFENTHALTSRAUM MIT DACHSCHRÄGE

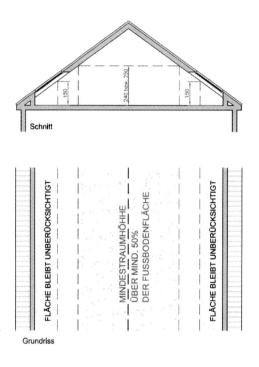

Abbildung 8

OiB-Richtlinie 4

Nutzungssicherheit und Barrierefreiheit

Ausgabe: März 2015

0	Vorbemerkungen	2
1	Begriffsbestimmungen	2
2	Erschließung und Fluchtwege	2
3	Schutz vor Rutsch- und Stolperunfällen	6
4	Schutz vor Absturzunfällen	7
5	Schutz vor Aufprallunfällen und herabstürzenden Gegenständen	8
6	Blitzschutz	9
7	Zusätzliche Anforderungen an die barrierefreie Gestaltung von Gebäuden	9
8	Sondergebäude	11

2.1.4. OIB-Richtlinie 4

0 Vorbemerkungen

Die zitierten Normen und sonstigen technischen Regelwerke gelten in der im Dokument „OIB-Richtlinien – Zitierte Normen und sonstige technische Regelwerke" angeführten Fassung.

Diese Richtlinie gilt für Gebäude. Für sonstige Bauwerke sind die Bestimmungen der Richtlinie sinngemäß anzuwenden.

Alle in dieser Richtlinie angeführten Maße verstehen sich als Fertigmaße nach Vollendung der Bauführung. Können entsprechend dem Stand der Technik gemäß den einschlägigen Regelwerken Toleranzen angewendet werden, so ist deren Berücksichtigung nur für die Ausführung, nicht jedoch für die Planung zulässig.

Die Personenzahlen bei Gängen, Treppen und Türen beziehen sich auf die höchstmöglich zu erwartende Anzahl gleichzeitig anwesender Personen, die im Gefahrenfall auf den jeweiligen Gang, die jeweilige Treppe oder die jeweilige Türe angewiesen sind. Verbindet der Fluchtweg mehr als drei Geschoße, bezieht sich diese Anzahl auf jeweils drei unmittelbar übereinanderliegende Geschoße.

Von den Anforderungen dieser OIB-Richtlinie kann entsprechend den jeweiligen landesrechtlichen Bestimmungen abgewichen werden, wenn vom Bauwerber nachgewiesen wird, dass das gleiche Schutzniveau wie bei Anwendung der Richtlinie erreicht wird.

Bei Änderungen an bestehenden Bauwerken sind im Einzelfall gegebenenfalls Erleichterungen entsprechend den jeweiligen landesrechtlichen Bestimmungen zulässig.

Welche Gebäude oder Gebäudeteile barrierefrei zu gestalten sind, wird in den jeweiligen landesrechtlichen Bestimmungen geregelt.

1 Begriffsbestimmungen

Es gelten die Begriffsbestimmungen des Dokumentes „OIB-Richtlinien – Begriffsbestimmungen".

2 Erschließung und Fluchtwege

2.1 Allgemeines

2.1.1 Bei Gebäuden oder Gebäudeteilen, die barrierefrei zu gestalten sind, muss mindestens ein Eingang, und zwar der Haupteingang oder ein Eingang in dessen unmittelbarer Nähe, stufenlos erreichbar sein.

2.1.2 Zur vertikalen Erschließung sind Treppen oder Rampen herzustellen. Für den Zugang zu nicht ausgebauten Dachräumen sind auch einschiebbare Treppen oder Leitern zulässig.

2.1.3 Treppen und Gänge im Verlauf von Fluchtwegen müssen die gleichen Anforderungen dieser Richtlinie erfüllen, wie die zur Erschließung erforderlichen Treppen und Gänge.

2.1.4 Treppen im Verlauf von Fluchtwegen, ausgenommen Wohnungstreppen, sind bis zum Ausgangsniveau durchgehend auszubilden.

2.1.5 In Gebäuden oder Gebäudeteilen, die barrierefrei zu gestalten sind, müssen zur Überwindung von Niveauunterschieden Rampen oder zusätzlich zu Treppen Personenaufzüge errichtet werden. Wenn nicht mehr als ein Geschoß überwunden werden muss, sind anstelle von Personenaufzügen auch vertikale Hebeeinrichtungen zulässig.

2.2 Rampen

2.2.1 Das Längsgefälle darf höchstens 10 % betragen.

2.2.2 In Gebäuden oder Gebäudeteilen, die barrierefrei zu gestalten sind, gelten folgende Anforderungen:
- Das Längsgefälle darf höchstens 6 % betragen;
- Ein Quergefälle ist nicht zulässig;
- Rampen müssen beidseits über Handläufe und Radabweiser verfügen;
- Handläufe sind am Anfang und am Ende der Rampe um 30 cm, ggf. auch seitlich um die Ecke, weiterzuführen;
- Am Anfang und am Ende der Rampe sind horizontale Bewegungsflächen mit einer Länge von mindestens 1,20 m anzuordnen;
- Rampen sind in Abständen von höchstens 10 m sowie bei Richtungsänderungen um mehr als 45 Grad mit Zwischenpodesten mit einer Länge von mindestens 1,20 m und einem Längsgefälle von höchstens 2 % zu unterbrechen;
- Rampen müssen an allen Knickpunkten des Gefälles kontrastierend gekennzeichnet werden;
- Die lichte Durchgangsbreite muss mindestens 1,20 m betragen, wobei Einengungen durch Handläufe um nicht mehr als 10 cm je Seite zulässig sind.

2.3 Personenaufzüge und vertikale Hebeeinrichtungen

2.3.1 Sind Personenaufzüge erforderlich, müssen
- alle Geschoße, einschließlich Eingangsniveau, Keller- und Garagengeschoße, miteinander verbunden werden. Bei Wohnungen, die sich über mehrere Ebenen erstrecken, muss zumindest die Eingangsebene angefahren werden,
- die Abmessungen der Grundfläche des Fahrkorbes mindestens 1,10 m breit und mindestens 1,40 m tief sein, wobei die Tür an der Schmalseite anzuordnen ist (für Aufzüge mit Übereckbeladung ist eine Mindestgröße von 1,50 m × 1,50 m erforderlich),
- die Fahrkorb- und Schachttüren als waagrecht bewegte selbsttätig kraftbetätigte Schiebetüren mit einer lichten Durchgangsbreite von mindestens 90 cm ausgeführt werden.

2.3.2 Bei Gebäuden mit einem Fluchtniveau von mehr als 22 m ist zumindest ein Personenaufzug erforderlich, der eine Fahrkorbgrundfläche von mindestens 1,10 m Breite × 2,10 m Tiefe aufweist.

2.3.3 Bei Gebäuden mit einem Fluchtniveau von mehr als 32 m sind zumindest zwei Personenaufzüge erforderlich, wobei einer davon eine Fahrkorbgrundfläche von mindestens 1,10 m Breite × 2,10 m Tiefe aufweisen muss.

2.3.4 Werden vertikale Hebeeinrichtungen für Personen errichtet, müssen
- die Abmessungen der Grundfläche des Lastträgers mindestens 1,10 m breit und mindestens 1,40 m tief sein, wobei die Tür an der Schmalseite anzuordnen ist. Bei Übereckbeladung ist eine Mindestgröße von 1,50 m × 1,50 m erforderlich,
- die Lastträger- und Schachttüren als waagrecht bewegte selbsttätig kraftbetätigte Schiebetüren mit einer lichten Durchgangsbreite von mindestens 90 cm ausgeführt werden.

2.4 Durchgangsbreiten von Gängen und Treppen

2.4.1 Hauptgänge müssen eine lichte Durchgangsbreite von mindestens 1,20 m aufweisen. Eine lichte Durchgangsbreite von 1,00 m genügt
- bei Gebäuden oder Gebäudeteilen mit nicht mehr als zwei Wohnungen,
- bei Reihenhäusern,
- in Wohnungen von nicht barrierefrei zu gestaltenden Gebäuden oder Gebäudeteilen,
- in anpassbaren Wohnungen gemäß Punkt 7.4.2, wenn sichergestellt ist, dass bei Bedarf eine lichte Durchgangsbreite von 1,20 m herstellbar ist,
- in anpassbaren Wohnungen gemäß Punkt 7.4.2, die sich über mehr als eine Ebene erstrecken, für jenen Teil, der gemäß Punkt 2.4.2 nicht barrierefrei erreichbar sein muss,
- bei Schutzhütten in Extremlage sowie
- bei Nebengängen.

2.4.2 Bei Treppen darf die lichte Treppenlaufbreite die Mindestmaße der folgenden Tabelle 1 nicht unterschreiten. Diese Anforderungen gelten sinngemäß auch für Podeste und Rampen.

2.1.4. OIB-Richtlinie 4

Tabelle 1: Lichte Treppenlaufbreite

Treppenarten	Lichte Treppenlaufbreite in m
Haupttreppen	
Haupttreppen, ausgenommen Wohnungstreppen	1,20
Wohnungstreppen	0,90
Nebentreppen	0,60

Abweichend zu Tabelle 1 müssen Wohnungstreppen in anpassbaren Wohnungen gemäß Punkt 7.4.2, die sich über mehr als eine Ebene erstrecken und bei denen die Funktionen Wohnen, Schlafen, Kochen und die Sanitäreinrichtungen nicht in der barrierefrei zugänglichen Wohnungsebene vorhanden sind, eine lichte Treppenlaufbreite aufweisen, die eine Nachrüstung eines Treppenschrägaufzuges mit Rollstuhlplattform ermöglicht. Hierbei müssen auch die erforderlichen Anfahr- und Bewegungsflächen berücksichtigt werden.

2.4.3 Bei Gängen und Treppen im Verlauf von Fluchtwegen für mehr als 120 Personen muss die lichte Breite für jeweils weitere angefangene zehn Personen um jeweils 10 cm erhöht werden.

2.4.4 Die Mindestbreite von Gängen und Treppen darf durch Einbauten oder vorstehende Bauteile nicht eingeengt werden. Zulässig sind jedoch:
- Einengungen durch Treppenschrägaufzüge in nicht betriebsbereitem Zustand (Parkstellung) um nicht mehr als 30 cm,
- stellenweise Einengungen in Gängen um nicht mehr als 10 cm auf eine Länge von maximal 1,20 m (z.B. Pfeiler, Verzierungen, Beschläge von Türen, Türen in geöffnetem Zustand),
- Einengungen durch Handläufe um nicht mehr als 10 cm je Seite bei Haupttreppen, ausgenommen Wohnungstreppen.

2.4.5 In Treppenhäusern ist im Verlauf von Fluchtwegen eine lichte Treppenlaufbreite von höchstens 2,40 m zulässig. Bei sonstigen Treppen im Verlauf von Fluchtwegen sind zusätzliche Handläufe zur Unterteilung der Treppenlaufbreite erforderlich, wenn diese 2,40 m überschreitet.

2.5 Durchgangshöhe von Treppen, Rampen und Gängen

Die lichte Durchgangshöhe von Treppen, gemessen an der Stufenvorderkante, sowie von Rampen und Gängen muss mindestens 2,10 m betragen.

2.6 Vermeidung des Unterlaufens von Podesten, Treppenläufen und Rampen

In allgemein zugänglichen Bereichen sind Flächen vor und unter Podesten, Treppenläufen, Rampen, schrägen Bauteilen und dergleichen mit einer Durchgangshöhe von weniger als 2,10 m so zu sichern, dass eine Verletzungsgefahr durch unbeabsichtigtes Unterlaufen vermieden wird.

2.7 Allgemeine Anforderungen an Türen

2.7.1 Die Breite der nutzbaren Durchgangslichte von Türen hat mindestens 80 cm zu betragen, bei zweiflügeligen Türen gilt dies für den Gehflügel. In barrierefreien Wohngebäuden gemäß Punkt 7.4 müssen Türen im Verlauf vom Haupteingang bis einschließlich der Wohnungseingangstüren eine Breite der nutzbaren Durchgangslichte von mindestens 90 cm aufweisen.

2.7.2 Die Höhe der nutzbaren Durchgangslichte von Türen hat mindestens 2,00 m zu betragen.

2.7.3 Türen von Toiletten mit einer Raumgröße unter 1,80 m² dürfen nicht nach innen öffnend ausgeführt sein.

2.8 Türen im Verlauf von Fluchtwegen

2.8.1 Türen im Verlauf von Fluchtwegen müssen mindestens folgende nutzbare Breite der Durchgangslichte aufweisen:
- für höchstens 40 Personen: 80 cm,
- für höchstens 80 Personen: 90 cm,
- für höchstens 120 Personen: 1,00 m.

Liegen zwei Türen im Abstand von maximal 20 cm nebeneinander, gelten sie als eine Tür. Bei Türen im Verlauf von Fluchtwegen für mehr als 120 Personen muss die nutzbare Breite der Durchgangslichte für jeweils weitere angefangene zehn Personen um jeweils 10 cm erhöht werden.

2.8.2 Türen im Verlauf von Fluchtwegen müssen als Drehflügeltüren oder sicherheitstechnisch gleichwertig ausgeführt werden. Davon ausgenommen sind Türen innerhalb von Wohnungen sowie Türen von Räumen, in denen nicht mehr als 15 Personen gleichzeitig anwesend sind.

2.8.3 Aus einem Raum, der zum Aufenthalt für mehr als 120 Personen bestimmt ist, müssen mindestens zwei ausreichend weit voneinander entfernte Ausgänge direkt auf einen Fluchtweg führen.

2.8.4 Türen aus allgemein zugänglichen Bereichen sowie Türen, auf die im Fluchtfall mehr als 15 Personen angewiesen sind, müssen in Fluchtrichtung öffnend ausgeführt werden und jederzeit leicht und ohne fremde Hilfsmittel geöffnet werden können. Davon ausgenommen sind Wohnungseingangstüren.

2.8.5 In Gebäuden oder Gebäudeteilen, bei denen die Benutzer in der Regel ortsunkundig sind (z.B. in Versammlungsstätten, Ausstellungshallen, Verkaufsstätten, Einkaufszentren, Behörden und sonstigen öffentliche Einrichtungen mit starkem Publikumsverkehr), müssen Türen im Verlauf von Fluchtwegen mit einem Paniktürverschluss ausgestattet sein, wenn sie aus allgemein zugänglichen Bereichen führen und 120 oder mehr Personen auf diese Türen angewiesen sind.

2.9 Zusätzliche Anforderungen an barrierefreie Türen

2.9.1 In Gebäuden oder Gebäudeteilen, die barrierefrei zu gestalten sind, müssen an beiden Seiten von Türen Anfahrbereiche vorhanden sein, die es insbesondere Rollstuhlbenutzern ermöglichen, den Türdrücker leicht zu erreichen und die Türe zu öffnen bzw. zu schließen. Bei Wohnungen sind die Anfahrbereiche nur bei der Wohnungseingangstüre sowie innerhalb der Wohnung bei den Türen zu Sanitärräumen sowie zu einem Aufenthaltsraum erforderlich.

Für Anfahrbereiche gelten folgende Anforderungen:
- Der Anfahrbereich muss an der Seite des Türdrückers bzw. Türgriffs um mindestens 50 cm über die Durchgangslichte hinausragen;
- Mindestgröße bei Drehflügeltüren, ausgenommen innerhalb von Wohnungen, an der Seite des Türbandes 3,00 m² und an der dem Türband abgewandten Seite 1,80 m²;
- Mindestgröße in allen anderen Fällen beidseits der Tür 1,80 m².

2.9.2 Türen müssen im Regelbetrieb auch für Menschen mit Behinderungen leicht bedienbar sein (z.B. Bügelgriffe, Einhaltung der nach dem Stand der Technik zulässigen Bedienkräfte, motorische Unterstützung, Freilaufschließer oder Brandfallsteuerung).

2.9.3 Karusselltüren und Drehkreuze müssen barrierefrei umgehbar und umfahrbar sein. Automatische Türen müssen frühzeitig öffnen und verzögert schließen. Vor dem Schwenkbereich automatischer Türen ist ein taktiles Aufmerksamkeitsfeld anzuordnen.

2.10 Stellplätze für Kraftfahrzeuge in Gebäuden und im Freien

2.10.1 Garagen, überdachte Stellplätze und Parkdecks müssen so angelegt sein, dass eine sichere Zu- und Abfahrt gewährleistet ist, wobei die Fahrbahnbreite mindestens 3,00 m betragen muss. Im Bereich von Garagentoren oder technischen Einrichtungen (z.B. Schrankenanlagen, Kartengeber) ist eine Einschränkung zulässig, wobei eine lichte Breite von mindestens 2,50 m verbleiben muss.

2.10.2 Größere Fahrbahnbreiten oder Schrammborde sind anzuordnen, wenn dies im Interesse der Sicherheit und Leichtigkeit der Zu- und Abfahrt erforderlich ist. Schrammborde zählen mit einer Breite bis zu insgesamt 30 cm zur Fahrbahnbreite. Ab einer Nutzfläche von mehr als 1.600 m² sind jedenfalls getrennte Erschließungsflächen für Fußgänger und eigene Fahrspuren für Zu- und Abfahrten zu errichten und zu kennzeichnen.

2.10.3 Die maximale Neigung von nicht überdeckten Rampen darf 15 %, von überdeckten oder beheizten Rampen 18 % nicht überschreiten. Im Bereich von 5,00 m ab der öffentlichen Verkehrsfläche darf die Neigung der Rampen nicht mehr als 5 % betragen.

2.1.4. OIB-Richtlinie 4

2.10.4 Die Fläche von Stellplätzen für Kraftfahrzeuge und die Breite der Fahrgassen sind nach der Art und Anordnung der abzustellenden Kraftfahrzeuge zu bemessen. Für Stellplätze für Personenkraftwagen gelten die Mindestwerte von Tabelle 2.

Tabelle 2: Mindestwerte für Stellplätze

	Senkrechtaufstellung	Schräg-aufstellung		Längs-aufstellung
Winkel des Stellplatzes zur Fahrgasse	90°	60°	45°	0°
Stellplatzgröße für Personenkraftwagen	2,50 m × 5,00 m	2,50 m × 5,00 m		2,30 m × 6,00 m
Barrierefreie Stellplatzgröße für Personenkraftwagen	3,50 m × 5,00 m	3,50 m × 5,00 m		3,50 m × 6,50 m
Fahrgassenbreite	6,00 m	4,50 m	3,50 m	3,00 m

Die Breite barrierefreier Stellplätze setzt sich aus einem 2,30 m breiten Bereich für den Stellplatz und einem 1,20 m breiten Bereich zum Ein- und Aussteigen zusammen. Bei zwei nebeneinander angeordneten barrierefreien Stellplätzen genügt ein gemeinsamer Bereich zum Ein- und Aussteigen. Barrierefreie Stellplätze sind möglichst horizontal anzuordnen sowie zu kennzeichnen.

2.10.5 Bei Nutzflächen von mehr als 250 m^2 sind die Stellplätze für Kraftfahrzeuge dauerhaft zu kennzeichnen.

2.10.6 Die lichte Höhe muss über die gesamte Fläche der Fahrgassen und Rampen sowie der Stellplätze für Kraftfahrzeuge nach der Art der Fahrzeuge bemessen werden, jedoch mindestens 2,10 m betragen. Entlang der Rückwand von senkrechten oder schrägen Stellplätzen ist bis zu einer Tiefe von 70 cm eine Einschränkung der lichten Höhe auf 1,80 m durch Einbauten zulässig, sofern diese so gesichert oder gekennzeichnet sind, dass eine Verletzungsgefahr vermieden wird.

3 Schutz vor Rutsch- und Stolperunfällen

3.1 Allgemeine Anforderungen

3.1.1 Bauwerkszugänge sowie Gänge, Treppen und Rampen in allgemein zugänglichen Bereichen müssen eben, befestigt und trittsicher sein und über eine dem Verwendungszweck entsprechend ausreichend rutschhemmende Oberfläche verfügen.

3.1.2 Im Verlauf von Gängen in allgemein zugänglichen Bereichen sowie bei Treppenpodesten sind Einzelstufen und sonstige einzelne Niveausprünge unzulässig.

3.1.3 Schwellen und Türanschläge sind zu vermeiden. Erforderliche Schwellen und Türanschläge dürfen 2 cm nicht übersteigen. Bei Türen, an die Anforderungen an den Schall- bzw. Wärmeschutz gestellt werden, dürfen Schwellen und Türanschläge 3 cm nicht übersteigen. Abweichend davon dürfen folgende Türen höhere Schwellen und Türanschläge aufweisen:
- Türen zu Freibereichen wie Balkone, Terrassen, Loggien etc., wenn keine Anforderungen an die barrierefreie Gestaltung gestellt werden;
- Türen zu Technikräumen (z.B. Öllagerräume).

3.2 Treppen

3.2.1 In einem Treppenlauf müssen die Stufen in dessen gesamten Verlauf gleich hoch und in der Auflinie gleich tief sein. Die Stufenhöhe und der Stufenauftritt von Treppen müssen der Tabelle 3 entsprechen.

Tabelle 3: Stufenhöhe und Stufenauftritt

Treppenarten	Stufenhöhe in cm Höchstmaß	Stufenauftritt in cm Mindestmaß
Haupttreppen		
Haupttreppen, ausgenommen Wohnungstreppen	18	27
Wohnungstreppen	20	24
Nebentreppen	21	21

3.2.2　Bei Haupttreppen ist nach maximal 20 Stufen ein Podest zu errichten. Bei Podesten mit Richtungsänderung muss die Podesttiefe zumindest der lichten Treppenlaufbreite entsprechen.

3.2.3　Haupttreppen mit gekrümmter Lauflinie müssen im Abstand von 20 cm von der inneren Begrenzung des Treppenlaufes (Absturzsicherung oder Wand ohne Berücksichtigung der Handläufe) einen Stufenauftritt von mindestens 15 cm aufweisen, bei Wohnungstreppen genügen 12 cm. In Gebäuden oder Gebäudeteilen, die barrierefrei zu gestalten sind, müssen Haupttreppen (ausgenommen Wohnungstreppen) geradläufig sein.

3.2.4　In Gebäuden oder Gebäudeteilen, die barrierefrei zu gestalten sind, müssen zumindest die An- und die Austrittstufe eines Treppenlaufes in der ganzen Treppenbreite an der Vorderkante auf der Trittstufe kontrastierend gekennzeichnet werden. Vor abwärtsführenden Treppen, ausgenommen in Treppenhäusern, muss ein taktiles Aufmerksamkeitsfeld angeordnet werden.

3.2.5　Bei Treppen mit zwei oder mehr Stufen müssen in einer Höhe von 85 cm bis 1,10 m auf beiden Seiten formstabile, durchgängig gut greifbare Handläufe angebracht werden. Bei folgenden Treppen genügt ein Handlauf auf einer Seite:
- Treppen in Gebäuden oder Gebäudeteilen mit nicht mehr als zwei Wohnungen,
- Treppen in Reihenhäusern,
- Nebentreppen sowie
- Wohnungstreppen, wenn diese nicht barrierefrei zu gestalten sind.

In Gebäuden oder Gebäudeteilen, die barrierefrei zu gestalten sind, sind die Handläufe bei Treppenantritt und -austritt um 30 cm über die Stufenkante, ggf. auch seitlich um die Ecke, weiterzuführen. Ist der Handlauf in mehr als 1,00 m Höhe angebracht, ist ein zweiter Handlauf in einer Höhe von 75 cm anzuordnen.

3.2.6　Für Außentreppen, die der Erschließung des Gebäudes oder anderer allgemein zugänglicher Bereiche dienen, gelten die Bestimmungen der Punkte 3.2.1 bis 3.2.5 sinngemäß.

4　Schutz vor Absturzunfällen

4.1　Erfordernis von Absturzsicherungen

4.1.1　Alle im gewöhnlichen Gebrauch zugänglichen Stellen eines Gebäudes mit einer Fallhöhe von 60 cm oder mehr, bei denen die Gefahr eines Absturzes besteht, jedenfalls aber ab einer Fallhöhe von 1,00 m, sind mit einer Absturzsicherung zu sichern. Eine Absturzsicherung ist nicht notwendig, wenn diese dem Verwendungszweck (z.B. bei Laderampen, Schwimmbecken) widerspricht.

4.1.2　In Kindergärten, Schulen und ähnlichen Einrichtungen für Kinder bis zehn Jahren sind Fenster bei einer Absturzhöhe von mehr als 2,00 m mit einer Kindersicherung auszustatten.

4.1.3　Schächte, Ausstiege, Einbringöffnungen und dergleichen müssen trag- und verkehrssicher abgedeckt werden. Abdeckungen in allgemein zugänglichen Bereichen sind, sofern ein unbefugtes Öffnen nicht schon durch bloßes Eigengewicht der Abdeckung ausgeschlossen werden kann, durch andere Maßnahmen (z.B. Absperreinrichtungen) zu sichern.

4.2　Anforderungen an Absturzsicherungen

4.2.1　Die Höhe der Absturzsicherung hat mindestens 1,00 m, ab einer Absturzhöhe von mehr als 12 m, gemessen von der Standfläche, mindestens 1,10 m zu betragen. Abweichend davon genügt bei Wohnungstreppen eine Höhe der Absturzsicherung von 90 cm. Bei Absturzsicherungen mit einer oberen Tiefe von mindestens 20 cm (z.B. Brüstungen, Fensterparapete) darf die erforderliche Höhe um die halbe Brüstungstiefe abgemindert, jedoch ein Mindestmaß von 85 cm nicht unterschritten werden.

4.2.2　Öffnungen in Absturzsicherungen dürfen zumindest in einer Richtung nicht größer als 12 cm sein. Im Bereich von 15 cm bis 60 cm über fertiger Stufenvorderkante oder Standfläche dürfen keine horizontalen oder schrägen Umwehrungsteile angeordnet sein, es sei denn, die Öffnungen sind in der Vertikalen nicht größer als 2 cm oder ein Hochklettern wird auf andere Weise erschwert.

2.1.4. OIB-Richtlinie 4

4.2.3 Bei Geländern über einem Treppenlauf ist der untere Abschluss so auszubilden, dass zwischen Geländerunterkante und den Stufen ein Würfel mit einer Kantenlänge von höchstens 12 cm durchgeschoben werden kann. Bei Geländern neben einem Treppenlauf ist der untere Abschluss so auszubilden, dass zwischen der Geländerunterkante und den Stufen ein Würfel mit einer Kantenlänge von höchstens 7,5 cm durchgeschoben werden kann. Dabei darf der lichte Horizontalabstand zwischen Umwehrung und Treppenlauf nicht mehr als 3 cm betragen. Bei Setzstufen darf der offene lichte Abstand höchstens 12 cm betragen. Für Absturzsicherungen in horizontalen Bereichen gelten diese Anforderungen sinngemäß.

4.2.4 Die Anforderungen der Punkte 4.2.2 und 4.2.3 gelten nicht, wenn aufgrund des Verwendungszweckes des Gebäudes die Anwesenheit von Kindern nicht zu erwarten ist (z.B. in Bereichen von Gebäuden, die ausschließlich Arbeitnehmern oder Betriebsangehörigen zugänglich sind). In diesem Fall ist zumindest eine Absturzsicherung mit Brust- und Mittelwehr zu errichten.

4.2.5 Verglasungen, die als Absturzsicherungen dienen, müssen unbeschadet der Bestimmungen gemäß Punkt 5.1 aus geeignetem Verbund-Sicherheitsglas bestehen. Bei Mehrscheiben-Isolierglas und Verglasungen mit mehreren Scheiben (z.B. Verbundverglasungen) gilt dies zumindest für eine Scheibe.

5 Schutz vor Aufprallunfällen und herabstürzenden Gegenständen

5.1 Glastüren und Verglasungen ohne absturzsichernde Funktion

5.1.1 Folgende Glaselemente müssen aus Sicherheitsglas (Einscheibensicherheitsglas oder Verbund-Sicherheitsglas) hergestellt sein:
- Ganzglastüren, Verglasungen in Türen und in Fenstertüren bis 1,50 m Höhe über der Standfläche,
- vertikale Verglasungen (wie z.B. Glaswände, Fixverglasungen) entlang begehbarer Flächen bis 85 cm Höhe über der Standfläche,
- vertikale Verglasungen (wie z.B. Glaswände, Fixverglasungen) entlang begehbarer Flächen in Gebäuden mit möglichem Menschengedränge bis 1,50 m Höhe über der Standfläche.

5.1.2 Anstelle der Verwendung von Sicherheitsglas gemäß Punkt 5.1.1 können auch Schutzvorrichtungen angebracht werden, die den Anprall von Personen verhindern.

Wenn bei Mehrscheiben-Isolierglas die Scheiben an der Seite oder den Seiten der Einwirkung aus Verbund-Sicherheitsglas bestehen, sind weitere, durch Abstandhalter getrennte Scheiben von den Anforderungen gemäß Punkt 5.1.1 ausgenommen. Gleiches gilt, wenn die Scheiben an der Seite oder den Seiten der Einwirkung aus Einscheibensicherheitsglas bestehen und so bemessen sind, dass ein Durchstoßen beim Anprall von Personen verhindert wird.

5.1.3 In allgemein zugänglichen Bereichen sind transparente Flächen, bei denen Aufprallunfälle zu erwarten sind, kontrastierend zu kennzeichnen. Dabei sind die unterschiedlichen Licht- bzw. Beleuchtungsverhältnisse (z.B. Tag und Nacht, beidseitige Betrachtung) zu berücksichtigen.

Eine Kennzeichnung ist nicht erforderlich bei:
- Glastüren mit einer Rahmenbreite des Türflügels von mindestens 10 cm oder
- Glasflächen mit kontrastierenden Sockelbereichen mit mindestens 30 cm Höhe.

5.1.4 Werden vertikale Verglasungen aus Einscheibensicherheitsglas mit einer Splitterfallhöhe von mehr als 4,00 m hergestellt, müssen sie über Schutzvorrichtungen verfügen oder konstruktive Maßnahmen aufweisen, sodass bei Bruch der Verglasung durch Herabfallen von Glasstücken eine Gefährdung von darunter befindlichen Personen vermieden wird.

Dies gilt nicht für heißgelagertes thermisch vorgespanntes Kalknatron-Einscheibensicherheitsglas nach ÖNORM EN 14179-2 und folgenden konstruktiven Ausführungen:
- 4-seitig linienförmige Lagerung nach ÖNORM B 3716-2,
- 4-seitig geklebte Lagerung nach ÖNORM EN 13022-1,
- 4-seitig gelagerte Verglasung mit entsprechender Bautechnischer Zulassung oder Europäischer Technischer Bewertung oder
- 2-seitig linienförmige Lagerung nach ÖNORM B 3716-2, wenn die Verglasungen im Inneren von Verkaufsstätten bis zu einer Splitterfallhöhe von 6,00 m oder bei Balkon- und Loggiaverglasungen von Wohngebäuden verwendet werden.

2. Kärntner Bauvorschriften – K-BV

5.2 Abrutschen von Schnee und Eis

Bei geneigten Dächern sind bauliche Maßnahmen gegen das Abrutschen von Schnee und Eis auf Nachbargrundstücke und allgemein zugängliche Bereiche zu treffen.

5.3 Horizontalverglasungen

5.3.1 Einfachverglasungen und untere Scheiben von Isolierverglasungen müssen bei Horizontalverglasungen mit einer Neigung zur Vertikalen von mehr als 15 Grad, wie z.B. bei Glasdächern, Oberlichten und Dachflächenfenstern, aus geeignetem Verbund-Sicherheitsglas bestehen oder mit Schutzvorrichtungen gegen das Herabfallen von Glasteilen ausgestattet sein. Davon ausgenommen sind Glashäuser bis zu 20 m² Nutzfläche, die keine Aufenthaltsräume sind.

5.3.2 Bei Glashäusern, die gärtnerischen oder landwirtschaftlichen Zwecken dienen, gelten die Anforderungen gemäß Punkt 5.3.1 zumindest über Verkehrswegen und über Kundenbereichen.

5.4 Vor- und abgehängte Bau- und Fassadenteile

Vor- und abgehängte Bauteile und Fassadensysteme sind gegen Herabfallen zu sichern. Dies gilt jedenfalls als erfüllt, wenn diese Bauteile und Fassadensysteme entsprechend einer Bautechnischen Zulassung, einer Europäischen Technischen Bewertung oder einer harmonisierten Europäischen Norm ausgeführt sind.

6 Blitzschutz

Gebäude sind mit Blitzschutzanlagen auszustatten, wenn sie wegen ihrer Lage, Größe oder Bauweise durch Blitzschlag gefährdet sind, oder wenn der Verwendungszweck oder die kulturhistorische Bedeutung des Bauwerks dies erfordern. Von der Verpflichtung zur Errichtung einer Blitzschutzanlage sind Gebäude ausgenommen, bei denen sich aufgrund einer Risikoanalyse ergibt, dass ein Blitzschutz nicht erforderlich ist, sowie Gebäude mit nicht mehr als 400 m² Brutto-Grundfläche der oberirdischen Geschoße.

7 Zusätzliche Anforderungen an die barrierefreie Gestaltung von Gebäuden

7.1 Barrierefreie Toilettenräume

7.1.1 Die Mindestgröße von barrierefreien Toilettenräumen beträgt 2,15 m × 1,65 m. Türen dürfen nicht nach innen öffnend ausgeführt werden und müssen im Notfall von außen entriegelbar sein.

7.1.2 Es ist ein unterfahrbares Handwaschbecken mit einer Tiefe von 35 cm bis 45 cm anzuordnen, das höchstens 20 cm in die Bewegungsfläche (Wendekreis) ragen darf.

7.1.3 Im Bereich der WC-Schale muss eine Bewegungsfläche (Wendekreis) mit einem Durchmesser von mindestens 1,50 m vorhanden sein. Der Abstand zwischen der WC-Schale und einer der seitlich dazu angeordneten Wände muss mindestens 90 cm betragen. Der Toilettensitz muss so angeordnet sein, dass die Benützung für Rollstuhlbenutzer möglichst einfach ist. Die erforderlichen Halte- und Stützgriffe sind anzuordnen.

7.1.4 In öffentlich zugänglichen Gebäuden müssen barrierefreie Toilettenräume mit einer Notrufanlage ausgestattet sein.

7.2 Sonstige barrierefreie Sanitärräume

7.2.1 Sonstige barrierefreie Sanitärräume sind hinsichtlich Raumgröße und Ausstattung (z.B. Dusche, Badewanne, Waschtisch) so zu gestalten, dass die Benützung für Rollstuhlbenutzer möglichst einfach ist. Für die Benützung der Funktionen des Sanitärraums muss die erforderliche Bewegungsfläche (Wendekreis) mit einem Durchmesser von mindestens 1,50 m vorhanden sein. Waschtische müssen unterfahrbar sein und dürfen höchstens 20 cm in die Bewegungsfläche (Wendekreis) ragen. Die erforderlichen Halte- und Stützgriffe sind anzuordnen. Türen dürfen nicht nach innen öffnend ausgeführt werden und müssen im Notfall von außen entriegelbar sein.

2.1.4. OIB-Richtlinie 4

7.2.2 Wird in einem sonstigen barrierefreien Sanitärraum auch ein Toilettensitz angeordnet, sind dafür die Anforderungen gemäß Punkt 7.1.3 einzuhalten. Die Mindestgröße eines kombinierten barrierefreien Sanitärraums mit Toilette, Waschbecken und Dusche beträgt 5,00 m².

7.3 Barrierefreie Freibereiche (Balkon, Terrasse, Loggia u. dgl.)

Bei Freibereichen wie Balkonen, Terrassen oder Loggien muss eine Bewegungsfläche (Wendekreis) mit einem Durchmesser von mindestens 1,50 m vorhanden sein. Bei zumindest einer Tür zu jedem Freibereich darf die Schwelle bzw. der Türanschlag beidseits 3 cm nicht übersteigen.

7.4 Barrierefreie Wohngebäude

7.4.1 Allgemein zugängliche Bereiche von barrierefreien Wohngebäuden oder Teilen davon müssen barrierefrei und die Wohnungen anpassbar ausgeführt werden.

7.4.2 Anpassbare Wohnungen müssen so errichtet werden, dass die Anforderungen an die Barrierefreiheit (z.B. Raumeinteilung und Ausstattung der Sanitärräume, Breite der Gänge, Anfahrbereiche, Errichtung eines Treppenschrägaufzuges mit Rollstuhlplattform in mehrgeschoßigen Wohnungen, Zugang zu Freibereichen) bei Bedarf durch bauliche Änderungen leicht erfüllt werden können. Tragende Bauteile sowie Absturzsicherungen bei Freibereichen sind so auszuführen, dass diese bei einer Anpassung nicht verändert werden müssen. Eine Änderung der Elektro- und Sanitärinstallationen darf nur in einem geringfügigen Ausmaß erforderlich sein.

7.5 Barrierefreie Nicht-Wohngebäude

7.5.1 Nach Maßgabe der Größe und des Verwendungszweckes des Gebäudes sind bei Toiletten-Gruppen barrierefreie Toiletten anzuordnen. Wird jeweils nur eine Damen- und eine Herren-Toilette errichtet, muss mindestens eine Toilette (vorzugsweise die Damen-Toilette) barrierefrei ausgeführt werden. Ist nur eine geschlechtsneutrale Toilette vorhanden, ist diese barrierefrei auszugestalten.

7.5.2 Nach Maßgabe der Größe und des Verwendungszweckes des Gebäudes müssen Erschließungsflächen im Gebäude und die dem Gebäude zugeordneten Außenerschließungsflächen zusätzlich zu einem visuellen auch mit einem taktilen oder akustischen Leitsystem ausgestattet werden, das wesentliche Informationen und Orientierungshilfen für Besucher und Kunden anbietet.

7.5.3 Bei Kultur-, Freizeit-, Sport- und Versammlungsstätten u. dgl. muss nach Maßgabe der Größe eine ausreichende Anzahl an Rollstuhlplätzen vorhanden sein.

7.6 Kontrastierende Kennzeichnung

In Gebäuden und Gebäudeteilen, die barrierefrei zu gestalten sind, ausgenommen in Wohnungen, müssen die für die Orientierung im Gebäude erforderlichen Bauteile sowie sicherheitsrelevante Elemente wie Handläufe, Türdrücker, Niveauunterschiede, Hindernisse etc. durch kontrastierende Farbgebung gut erkennbar sein.

7.7 Erleichterungen bei bestehenden Gebäuden

Bei baulichen Veränderungen an bestehenden Gebäuden wie Zu- und Umbauten sind Erleichterungen gemäß der Punkte 7.7.1 bis 7.7.3 zulässig.

7.7.1 Sind aus technischen Gründen Rampen mit 6 % Längsgefälle nicht ausführbar, dürfen diese mit einem Längsgefälle bis maximal 10 % ausgeführt werden. Die Gesamtlänge dieser Rampe darf jedoch 10 m nicht überschreiten. Das Weiterführen der Handläufe darf entfallen.

7.7.2 Bei bestehenden Gebäuden, deren barrierefreie Erschließung des Haupteinganges nur mit unverhältnismäßigem Aufwand möglich ist, darf alternativ ein barrierefreier Nebeneingang geschaffen werden. Eine entsprechende Kennzeichnung ist erforderlich. Bei Doppelflügeltüren in Gebäuden mit kulturhistorischer Bedeutung, deren Gehflügel schmäler als 80 cm breit sind, muss zumindest die Verriegelung des Stehflügels beidseitig mit einem Türgriff bedienbar sein.

7.7.3 Bei Personenaufzügen, bei denen die Grundfläche des Fahrkorbes nicht 1,10 m × 1,40 m erreicht, darf die Grundfläche des Fahrkorbes abweichend auf 1,00 m × 1,25 m reduziert werden. Bei dieser Lösung muss der Zugang auf der Kabinenschmalseite mindestens 80 cm bzw. auf der Kabinenlängsseite mindestens 1,10 m aufweisen. Bei Aufzugsgruppen muss mindestens ein Personenaufzug diesen Anforderungen entsprechen.

8 Sondergebäude

Die Bestimmungen der Punkte 2.8.4, 2.8.5 sowie die Anforderungen an die Barrierefreiheit gelten nicht für Schutzhütten in Extremlage.

2.1.4. OIB-Richtlinie 4

Erläuternde Bemerkungen
zu OIB-Richtlinie 4
„Nutzungssicherheit und Barrierefreiheit"

Ausgabe: März 2015

Die OIB-Richtlinie 4 wurde in ihrer Struktur verändert und Normenverweise gestrichen. Die Anforderungen zur Erfüllung der Schutzziele wurden im unbedingt notwendigen Ausmaß durch Zahlenwerte festgelegt. Um Raum für die Planungs- und Baufreiheit zu lassen und innovative Lösungen zu ermöglichen, wurden fallweise die Anforderungen verbal beschrieben. Für konkrete Lösungsmöglichkeiten können dem Stand der Technik entsprechende Regelwerke herangezogen werden.

Zu Punkt 0: Vorbemerkungen

In einschlägigen Regelwerken sind dem Stand der Technik entsprechende Toleranzen für die Ausführung beschrieben. Wird in der Ausführung im Rahmen dieser Toleranzen von den in der OIB-Richtlinie 4 festgelegten Maßen abgewichen, wird das in der OIB-Richtlinie 4 festgelegte Schutzniveau trotzdem erfüllt.

Toleranzen betreffen immer nur die zulässigen Abweichungen bei der Ausführung. Für das Planmaß gibt es keine Toleranzen, d.h. Planungsfehler können nicht mit Toleranzen aufgefangen werden. Planmaße sind Fertigmaße der Bauteile, d.h. alle Bauteilschichten sind darin zu berücksichtigen. Spachtelungen, Beläge, etc. können nicht in die Toleranzen eingerechnet werden.

Bei Einhaltung der in der OIB-Richtlinie 4 festgelegten Anforderungen wird das jeweilige Schutzziel ohne weiteren Nachweis erreicht. Um Raum für die Planungs- und Baufreiheit zu schaffen und um innovative Lösungen zu fördern, wird jedoch auf die jeweiligen landesrechtlichen Möglichkeiten des „gleichwertigen Abweichens" hingewiesen. Die Nachweisführung über die Einhaltung des gleichen Schutzniveaus liegt in solchen Fällen beim Bauwerber.

Davon unabhängig sind im Einzelfall aufgrund der jeweiligen landesrechtlichen Bestimmungen Erleichterungen bei Änderungen an bestehenden Gebäuden zulässig. In diesen Fällen ist der Nachweis des „gleichwertigen Abweichens" nicht erforderlich.

Es wird darauf hingewiesen, dass bei der Planung von Bauvorhaben im Einzelfall auch Anforderungen, die in anderen Rechtsmaterien begründet sind, beachtet werden müssen (z.B. Arbeitsstättenverordnung, Gewerbeordnung).

Die Ermittlung der gleichzeitig anwesenden Personen, die auf einen gemeinsamen Fluchtweg angewiesen sind, erfolgt bei mehr als drei Geschoßen in Abstimmung mit dem *Erlass des Zentral-Arbeitsinspektorats BMASK-461.304/0002-VII/2/2013 vom 20.03.2013*.

1. Für die Bemessung der Fluchtwege in Stiegenhäusern in oberirdischen Geschoßen werden alle Geschoße oberhalb des EGs betrachtet, und jene drei unmittelbar übereinander liegenden Geschoße herangezogen, deren Gesamtanzahl gleichzeitig anwesender Personen das höchste Ergebnis liefert.

2. Für die Bemessung der Fluchtwege in Stiegenhäusern in unterirdischen Geschoßen werden alle Geschoße unterhalb des EGs betrachtet, und jene drei unmittelbar übereinander liegenden Geschoße herangezogen, deren Gesamtanzahl gleichzeitig anwesender Personen das höchste Ergebnis liefert.

3. Für die Bemessung der Fluchtwege und Türen (inkl. Endausgang) in der Ebene mit dem Endausgang (im Regelfall das Erdgeschoß), die zur Flucht der Personen aus den OG und UG und des Geschoßes mit dem Endausgang dient, werden alle Geschoße (vom obersten OG bis zum untersten UG einschließlich des EG) betrachtet, und jene drei unmittelbar übereinander liegenden Geschoße herangezogen, deren Gesamtanzahl gleichzeitig anwesender Personen das höchste Ergebnis liefert.

2. Kärntner Bauvorschriften – K-BV

Beispiele:

Geschoß	Personenanzahl
4. OG	150
3. OG	100
2. OG	80
1. OG	90
EG	180
1. UG	40
2. UG	20
3. UG	10
4. UG	15

- 330 → Bemessung Stiegenhaus der Obergeschoße
- 350 → Bemessung Fluchtwege, Notausgänge und Endausgang im Erdgeschoß
- 70 → Bemessung Stiegenhaus der Untergeschoße

Geschoß	Personenanzahl
4. OG	150
3. OG	100
2. OG	120
1. OG	100
EG	40
1. UG	10
2. UG	20
3. UG	10
4. UG	50

- 370 → Bemessung Stiegenhaus der Obergeschoße und Bemessung Fluchtwege, Notausgänge und Endausgang im Erdgeschoß
- 80 → Bemessung Stiegenhaus der Untergeschoße

Abbildung 1

Im Zusammenhang mit der „höchstmöglich zu erwartenden Anzahl gleichzeitig anwesender Personen" findet sich auf der Informationsseite der „Statistik Austria" unter dem Themenbereich „Bevölkerung" beispielsweise für Haushalte folgende Information:
„Im Jahresdurchschnitt 2013 gibt es 3,705 Mio. Privathaushalte. Die durchschnittliche Haushaltsgröße liegt bei 2,26 Personen.".

Zu Punkt 1: Begriffsbestimmungen

Die Begriffsbestimmungen aller OIB-Richtlinien sind in einem eigenen Dokument *„OIB-Richtlinien Begriffsbestimmungen"* zusammengefasst. Dazu wird ergänzend angemerkt:

Geschoß

Von dem hier verwendeten Begriff **Geschoß** werden die in den Ländern im Zusammenhang mit raumordnungsrechtlichen Bestimmungen oder baurechtlichen Abstandsregelungen enthaltenen, abweichenden Definitionen nicht berührt.

Im Sinne der *ÖNORM B 1800, Ausgabe 2013-08-01, Punkt 6.5.1* gelten im Zusammenhang mit der Bemessung des Brutto-Rauminhaltes von Geschoßen jene Höhen als relevant, die den lotrechten Abstand zwischen den Oberflächen der Fußbodenkonstruktionen der jeweiligen Geschoße bzw. bei Dächern den lotrechten Abstand zwischen den Oberflächen der Fußbodenkonstruktionen bis zur Oberfläche der jeweiligen Dachhaut bilden.

Da es hier jedoch nicht um die Ermittlung der Kubatur, sondern bei der Zählung der Geschoße um solche geht, die eine geforderte Raumhöhe zumindest erreichen, wird abweichend von der *ÖNORM B 1800, Ausgabe 2013-08-01* für das oberste Geschoß der lichte Abstand von der Oberkante des Fußbodens und der Unterfläche des Daches in der Geschoßdefinition berücksichtigt.

2.1.4. OIB-Richtlinie 4

BEISPIELE FÜR DIE GESCHOSSANZAHL BEI VERSETZTEN GESCHOSSEN

Abbildung 2

Geschoß, oberirdisch und Geschoß, unterirdisch

Als anschließendes Gelände nach Fertigstellung gilt hier nicht das gewachsene, sondern jenes, das nach Baufertigstellung an der Schnittlinie mit den Außenwandflächen vorhanden sein wird.

Vergleiche dazu beispielsweise auch das hier eingeflossene *VwGH Erkenntnis vom 19. Februar 1991, Zl. 90/05/0096 zur Wiener Bauordnung: „dies ist nicht das gewachsene Gelände, sondern jenes Gelände, wie es nach dem Bauvorhaben zum Zeitpunkt der Bauführung vorhanden sein wird."*.

Zu Punkt 2: Erschließung und Fluchtwege

Zu Punkt 2.1: Allgemeines

Zu Punkt 2.1.3

Fluchtwege können unabhängig von der zur Erschließung eines Gebäudes erforderlichen Treppen und Gänge geführt werden. Die Anforderungen an Treppen und Gänge (z.B. hinsichtlich der Breite der Treppen und des Steigungsverhältnisses der Treppen) sind jedoch für beide Anwendungsfälle gleich.

Zu Punkt 2.1.4

„Durchgehend" heißt, dass im Regelfall die Treppe alle Geschoße miteinander verbindet und nicht zwischen den einzelnen Treppenläufen Gänge dazwischen geschalten sind.

Zu Punkt 2.1.5

Die Anforderung zur Errichtung von Personenaufzügen bzw. vertikalen Hebeeinrichtungen in Gebäuden oder Gebäudeteilen ergibt sich aus der Verpflichtung zur barrierefreien Gestaltung des Gebäudes bzw. Gebäudeteils. Da Gebäude unterschiedliche Nutzungen beinhalten können, kann es durchaus sein, dass die Anforderung nach Barrierefreiheit sich nicht auf das ganze Gebäude, sondern nur auf einen bestimmten Gebäudeteil erstreckt. Zum Beispiel könnten in einem Betriebsgebäude die Kundenbereiche barrierefrei zu gestalten sein, während der für die Produktion genutzte Gebäudeteil von der Verpflichtung zur Barrierefreiheit ausgenommen sein könnte. Ob ein Gebäude oder ein Gebäudeteil barrierefrei zu gestalten ist, ist den jeweiligen landesrechtlichen Bestimmungen zu entnehmen.

Generell sind im Falle von Barrierefreiheit zur Überwindung von Niveauunterschieden Personenaufzüge zu errichten, sofern der Niveauunterschied nicht über Rampen überwunden werden kann. Ist maximal ein Geschoß zu überwinden, dürfen anstelle von Personenaufzügen auch vertikale Hebeeinrichtungen im Sinne der *„Leitlinien für ‚Vertikale Hebeeinrichtungen für Personen' mit einer Nenngeschwindigkeit von bis zu 0,15 m/s – Errichtungs- und Verwendungsbestimmungen in Österreich", Ausgabe April 2014* errichtet werden.

Wird diese vertikale Hebeeinrichtung in allgemein zugänglichen Bereichen errichtet, darf der Nutzerkreis nicht eingeschränkt werden (z.B. nur Rollstuhlbenutzer). Es ist daher in diesem Fall ein Lastträger vom Typ d) (Plattform mit Plattformwänden und -decke und Lastträgertüre(n) an allen Zugangsseiten) gemäß Tabelle 1 dieser Leitlinie in einem Schacht gemäß Tabelle 2 dieser Leitlinie auszuführen.

Die Leitlinien sind unter
http://www.bmwfw.gv.at/Unternehmen/gewerbetechnik/Documents/Hebeeinrichtungen2.pdf
verfügbar.

Zu Punkt 2.2: Rampen

Zu Punkt 2.2.2

Ein Quergefälle ist bei Rampen nicht zulässig, da Rollatoren und Rollstühle infolge des Quergefälles auslenken. Dadurch wird die Benützung der Rampen für Menschen mit Rollatoren und für Rollstuhlbenutzer wesentlich erschwert und das Unfallrisiko erhöht.

Zu Punkt 2.3: Personenaufzüge und vertikale Hebeeinrichtungen

Zu Punkt 2.3.1

Die Forderung, dass alle Geschoße miteinander verbunden werden müssen, bedeutet nicht, dass bei Vorhandensein mehrerer Aufzüge, alle Geschoße durch ein- und denselben Aufzug verbunden werden müssen, ein Umsteigen ist zulässig und zumutbar.

Zu Punkt 2.3.2 und 2.3.3

Bei Hochhäusern sind Maßnahmen zur Personenbergung mit besonderem Aufwand verbunden. Mit der Festlegung einer Fahrkorbgrundfläche von mindestens 1,10 m Breite × 2,10 m Tiefe ist gewährleistet, dass in diesen Aufzügen auch Personen auf Tragen transportiert werden können.

Zu Punkt 2.3.4

Siehe Erläuterung zu Punkt 2.1.5.

Zu Punkt 2.4: Durchgangsbreiten von Gängen und Treppen

Zu Punkt 2.4.1

Generell ist eine lichte Durchgangsbreite der Hauptgänge von mindestens 1,20 m in allen Gebäuden und Gebäudeteilen erforderlich, ausgenommen Gebäude oder Gebäudeteile mit bis zu zwei Wohnungen sowie Reihenhäuser.

In Wohnungen genügt eine lichte Durchgangsbreite der Gänge von 1,00 m, wenn sich diese Wohnung in Gebäuden oder Gebäudeteilen befindet, für die keine Anforderung für die Barrierefreiheit besteht. Ebenso genügt 1,00 m in anpassbaren Wohnungen gemäß Punkt 7.4.2, wenn die Gänge bei Bedarf auf 1,20 m verbreitert werden können.

Eine lichte Durchgangsbreite von 1,00 m genügt auch für jene Ebene von mehrgeschoßigen anpassbaren Wohnungen gemäß Punkt 7.4.2, für die eine spätere barrierefreie Adaptierung (Anpassbarkeit) an den Bedarf von Menschen mit Behinderung nicht vorgesehen ist, da die Funktionen Wohnen, Schlafen, Kochen und die Sanitäreinrichtungen ohnehin in der barrierefrei zugänglichen Wohnungsebene vorhanden sein müssen.

Zu Punkt 2.4.2

Zu beachten ist, dass bei mehrgeschoßigen anpassbaren Wohnungen gemäß Punkt 7.4.2, bei denen die Funktionen Wohnen, Schlafen, Kochen und die Sanitäreinrichtungen nicht in der barrierefrei zugänglichen Wohnungsebene vorhanden sind, die lichte Treppenlaufbreite so zu wählen ist, dass der nachträgliche Einbau eines Treppenschrägaufzuges mit Rollstuhlplattform zur barrierefreien Ebene möglich ist. Dies ist gegeben, wenn die lichte Treppenlaufbreite bei geradläufigen Treppen 1,00 m oder bei Treppen mit gekrümmter Lauflinie 1,10 m beträgt.

2.1.4. OIB-Richtlinie 4

Zu Punkt 2.4.3

Diese Bestimmung wurde in dieser Ausgabe der OIB-Richtlinie 4 gewählt, da ein im europäischen Raum durchgeführter Vergleich ergab, dass die bisher geforderten Breiten deutlich über dem für die Erfüllung des Schutzzieles „gesicherte Flucht" notwendigen Breiten lagen. Eine Reduktion der Fluchtwegsbreiten erscheint somit als gerechtfertigt.

Zu Punkt 2.4.4

Die in diesem Punkt maximal zulässige Einengung durch Treppenschrägaufzüge in nicht betriebsbereiten Zustand (Parkstellung) schließt auch die systembedingten Trag- und Führungsschienen im unbedingt erforderlichen Ausmaß ein.

Neu aufgenommen wurde die Zulässigkeit von Einengungen bei der Treppenart „Haupttreppen", ausgenommen Wohnungstreppen", durch Handläufe um nicht mehr als 10 cm je Seite. Da Wohnungstreppen und Nebentreppen bereits eine geringe lichte Treppenlaufbreite aufweisen, ist eine weitere Einschränkung durch Handläufe daher nicht vertretbar.

Da Handläufe in einer Höhe von 85 cm bis 1,10 m über der Standfläche anzuordnen sind, kann davon ausgegangen werden, dass diese den Fluchtstrom nicht negativ beeinflussen. Die für die Festlegung der Fluchtwegsbreite relevante Breite eines Menschen befindet sich nicht in Hüfthöhe, sondern in Schulterhöhe. Zwei nebeneinander fliehende Personen benötigen in der Regel in Schulterhöhe ca. 1,20 m, während in Hüfthöhe 1,00 m ausreichend sind.

Zu Punkt 2.6: Vermeidung des Unterlaufens von Podesten, Treppenläufen und Rampen

Da sich die Anforderung, Bereiche unter Podesten und Treppenläufen abzusichern, auf allgemein zugängliche Bereiche bezieht, wird klargestellt, dass Bereiche innerhalb von Wohnungen, Ein- und Zweifamilienhäusern sowie Reihenhäusern und Bereiche in betrieblich genutzten Räumen, in denen nicht mehr als 15 Personen gleichzeitig anwesend sind, davon nicht betroffen sind.

Zu Punkt 2.7: Allgemeine Anforderungen an Türen

Zu Punkt 2.7.1

Hinsichtlich der Bemessung der Breite der nutzbaren Durchgangslichte ist die Begriffsbestimmung „Durchgangslichte, nutzbare Breite" zu beachten.

Zu Punkt 2.8: Türen im Verlauf von Fluchtwegen

Zu Punkt 2.8.1

Bei Personenzahlen über 120 Personen sind die erforderlichen Durchgangsbreiten in Analogie zu jenen der Gänge und Treppen zu ermitteln.

Ein im europäischen Raum durchgeführter Vergleich ergab, dass die bisher geforderten Breiten deutlich über dem für die Erfüllung des Schutzzieles „gesicherte Flucht" notwendigen Breiten lagen. Eine Reduktion der Mindestbreiten von Türen im Verlauf von Fluchtwegen erscheint somit als gerechtfertigt.

Da nunmehr für 120 Personen eine nutzbare Breite der Durchgangslichte der Türen im Verlauf von Fluchtwegen von 1,00 m genügt, können Gänge und Treppen mit 1,20 m Breite leichter realisiert werden.

Im Hinblick auf die Zuteilung der Personenzahlen zu den Türen gilt beispielsweise:

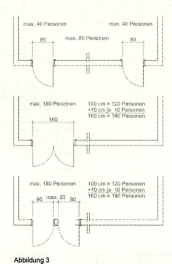

Abbildung 3

Zu Punkt 2.8.2

Grundsätzlich sind in Fluchtwegen nur Drehflügeltüren zulässig. Die Ausnahme bezieht sich auf andere Türen, die jedoch durch besondere Maßnahmen dennoch eine gleiche Funktionssicherheit im Fluchtfall gewährleisten. Bei automatischen Schiebetüren wäre dies beispielsweise dann der Fall, wenn die einzelnen Flügel bei entsprechender Druckausübung wie Drehflügel in Fluchtrichtung ausschwenken, oder durch redundante Antriebstechnik mit entsprechender Eigensicherheit. Dabei wird Eigensicherheit durch folgende Merkmale sichergestellt:

- Einfehlersicherheit durch 2-Motorentechnik und redundanter Steuerung bzw. mechanischem Kraftspeicher.
- Programmschalter abschließbar. Der Programmschalter darf nur von berechtigten Personen bedient werden. Die gewählte Betriebsart muss eindeutig erkennbar sein.
- Selbstüberwachender Bewegungsmelder in Fluchtrichtung. Die Ansteuerung hat min. 1,50 m vor den Türflügeln zu erfolgen.
- Die Funktionsfähigkeit muss ständig überwacht werden. Wird ein Defekt diagnostiziert, fährt die Tür in Offenstellung und gibt den Fluchtweg frei.
- Hinweis zum Verriegeln von Flucht- und Rettungswegtüren:
  Automatische Schiebetüren für den Einsatz in Fluchtwegen dürfen verriegelt werden, sofern für diesen bestimmten Zeitraum an diese Schiebetür keine Anforderungen als Flucht- und Rettungsweg bestehen. Dies ist üblicherweise der Fall, wenn sich keine Personen mehr im Gebäude aufhalten, oder wenn für diese Personen ein anderer Fluchtweg ausgewiesen ist.

2.1.4. OIB-Richtlinie 4

Türen innerhalb von Wohnungen und Türen von Räumen, in denen nicht mehr als 15 Personen gleichzeitig anwesend sind, sind von der Anforderung ausgenommen. Es wird davon ausgegangen, dass in Wohnungen in der Regel nicht mehr als 15 Personen gleichzeitig anwesend sind und dabei unkontrolliertes Fluchtverhalten nicht zu erwarten ist. Die Ausnahme für 15 Personen ist in Übereinstimmung mit der *Arbeitsstättenverordnung (AStV)* getroffen worden.

Zu Punkt 2.8.4

Die Bestimmung, wonach bei mehr als 15 Personen, Türen im Verlauf von Fluchtwegen in Fluchtrichtung aufzugehen haben, wurde in Übereinstimmung mit der *Arbeitsstättenverordnung (AStV)* definiert, da davon ausgegangen wird, dass es sich hierbei um eine in der Praxis erprobte Regelung handelt.

Der Anforderung, dass solche Türen jederzeit leicht und ohne fremde Hilfsmittel geöffnet werden können müssen, wird jedenfalls durch einen Notausgangsverschluss gemäß *ÖNORM EN 179, Ausgabe 2008-04-01* entsprochen.

Zu Punkt 2.8.5

Der Anforderung, dass solche Türen mit einem Paniktürverschluss auszustatten sind, wird durch einen Paniktürverschluss gemäß *ÖNORM EN 1125, Ausgabe 2008-04-01* entsprochen.

Zu Punkt 2.9: Zusätzliche Anforderungen an barrierefreie Türen

Da in dieser Ausgabe der OIB-Richtlinie 4 auf einen Verweis auf die ÖNORM B 1600 verzichtet wurde, war es notwendig, die Anforderungen an barrierefreie Türen aufzunehmen.

Zu Punkt 2.9.1

Da innerhalb einer barrierefreien Wohnung Türen nicht zu allen Räumen notwendig sind, beschränkt sich der Anfahrbereich nur auf die Wohnungseingangstüre, Türen zu Sanitärräumen sowie die Tür zu einem Aufenthaltsraum. Der Platzbedarf für die Anfahrbereiche wurde durch Quadratmeterangaben geregelt, um den jeweiligen nutzerspezifischen Anforderungen gerecht werden zu können.

Zu Punkt 2.9.2

Sofern Türen von Menschen mit Behinderungen nicht leicht geöffnet werden können, ist eine motorische Unterstützung, ein Freilauftürschließer oder eine Brandfallsteuerung als Kompensationsmaßnahme zu installieren.

Zu Punkt 2.9.3

Im Sinne der Barrierefreiheit ist vor Schwenkbereichen automatischer Türen ein taktiles Aufmerksamkeitsfeld anzuordnen, da blinde Menschen ansonsten von den ausschwenkenden automatischen Türen erfasst werden und somit eine Verletzungsgefahr besteht.

Zu Punkt 2.10: Stellplätze für Kraftfahrzeuge in Gebäuden und im Freien

Die Mindestanzahl der Stellplätze für Personenkraftwagen bei einem Bauvorhaben sowie die Mindestanzahl an barrierefrei zu errichtenden Stellplätzen für Personenkraftwagen wird in den jeweiligen landesrechtlichen Bestimmungen geregelt. Die OIB-Richtlinie 4 legt lediglich fest, wie Stellplätze sowie barrierefreie Stellplätze ausgeführt werden müssen.

Zu Punkt 2.10.3

In der *EWG-Richtlinie 71/320/EWG idF 2002/78/EG Anhang II Bremsprüfungen und Bremswirkungen* wird für Fahrzeuge der Klassen M und N unter Punkt 2.1.3.1 normiert, dass die Feststellbremsanlage, auch wenn sie mit einer anderen Bremsanlage kombiniert ist, das beladene Fahrzeug auf einer Steigung oder einem Gefälle von 18 % im Stillstand halten können muss.

Im Sinne der *EWG Richtlinie 70/156/EWG* bedeutet
- Klasse M: für die Personenbeförderung ausgelegte und gebaute Kraftfahrzeuge mit mindestens vier Rädern,
- Klasse N: für die Güterbeförderung ausgelegte und gebaute Kraftfahrzeuge mit mindestens vier Rädern.

Entsprechende Regelungen sind in der ECE-Regelung Nr. 13, Anhang 4.2.3.1 enthalten. Insofern entspricht die maximale Rampenneigung von 18 % auch der einschlägigen Prüfvorschrift für zugelassene Feststellbremsen.

Werden Rampen als Erschließungsweg für Fußgänger oder als einziger Fluchtweg verwendet, dürfen diese gemäß Punkt 2.2.1 und Punkt 2.2.2 der OIB-Richtlinie 4 nur eine Neigung von höchstens 10 % bzw. bei barrierefreier Gestaltung 6 % aufweisen. Zu beachten ist jedoch Punkt 5.5.2 (c) der *OIB-Richtlinie 2.2 „Brandschutz bei Garagen, überdachten Stellplätzen und Parkdecks"*; demgemäß darf bei Rampen, die als zweiter Fluchtweg benützt werden können, die Neigung 10 % übersteigen.

Zu Punkt 2.10.4

Die in Tabelle 2 geforderten Mindestwerte gelten ausschließlich für Personenkraftwagen. Der Platzbedarf für andere Kraftfahrzeuge (z.B. einspurige Kraftfahrzeuge, Lastkraftwagen und Omnibusse) sowie für Fahrräder wird in der OIB-Richtlinie 4 nicht geregelt.

Die in Tabelle 2 geforderten Mindestwerte sind als lichtes Maß anzusehen und dürfen nicht durch Einbauten wie z.B. Säulen, Wandscheiben und Installationen eingeschränkt werden. Bei Anordnung von zwei nebeneinander liegenden barrierefreien Stellplätzen kann der geforderte Bereich zum Ein- und Austeigen von 1,20 m gemeinsam genutzt werden.

Siehe dazu Anhang A, Abbildung 5.

Zu Punkt 2.10.6

Mit der Bestimmung, dass die lichte Höhe über die gesamte Fläche von Fahrgassen und Rampen einen bestimmten Mindestwert erreichen muss, wird klargestellt, dass Unterschreitungen, beispielsweise durch haustechnische Anlagen, unzulässig sind. Um eine sichere Benützung gewährleisten zu können, ist die lichte Raumhöhe bei notwendigen Installationen im Deckenbereich oder abgehängten Deckenkonstruktionen von vornherein mit der erforderlichen Konstruktionshöhe zu beaufschlagen.

Die Grundanforderung einer Raumhöhe von 2,10 m für Räume, die keine Aufenthaltsräume sind, geht konform mit den Anforderungen der *OIB-Richtlinie 3 „Hygiene, Gesundheit und Umweltschutz"*. Erleichterungen bestehen allerdings im Bereich der Stellplätze für Kraftfahrzeuge selbst.

Zu Punkt 3: Schutz vor Rutsch- und Stolperunfällen

Zu 3.1: Allgemeine Anforderungen

Zu Punkt 3.1.1

Die Rutschhemmung eines Bodenbelages hängt insbesondere von dessen Material und Oberflächenstruktur sowie von der Feuchtigkeit und meteorologischen Einflüssen ab.

Bodenbeläge, die von einer harmonisierten Europäischen Norm erfasst sind, tragen eine CE-Kennzeichnung und enthalten in der beigefügten Leistungserklärung – je nach Produktnorm – Angaben zur Rutschhemmung, zum Gleitverhalten, zum Rutschverhalten oder zur Reibung. Diese Kennwerte (wesentliche Merkmale) können zur Beurteilung herangezogen werden, ob der betreffende Bodenbelag die zielorientierte Anforderung des Punktes 3.1.1 erfüllt. In den harmonisierten Produktnormen, die als Basis für die CE-Kennzeichnung dienen, werden für unterschiedliche Bodenbeläge verschiedene Prüfnormen bzw. Technische Spezifikationen angewendet, wie z.B.:

2.1.4. OIB-Richtlinie 4

- ÖNORM EN 14231, Ausgabe 2003-07-01 „Prüfverfahren für Naturstein – Bestimmung des Gleitwiderstandes mit Hilfe des Pendelprüfgerätes",
- ÖNORM EN 13893, Ausgabe 2003-03-01 „Elastische, laminierte und textile Bodenbeläge – Messung des Gleitreibungskoeffizienten von trockenen Bodenbelagsoberflächen",
- ÖNORM CEN/TS 15676, Ausgabe 2008-01-01 „Holzfußböden – Gleitwiderstand – Pendelprüfung",
- ÖNORM EN 13036-4, Ausgabe 2011-11-15 „Oberflächeneigenschaften von Straßen und Flugplätzen – Prüfverfahren – Teil 4: Verfahren zur Messung der Griffigkeit von Oberflächen: Der Pendeltest",
- ONR CEN/TS 16165, Ausgabe 2012-11-15 „Bestimmung der Rutschhemmung von Fußböden – Ermittlungsverfahren (CEN/TS 16165:2012)".

Aufgrund der unterschiedlichen Prüfnormen ist es derzeit nicht möglich, einheitliche, für alle Bodenbeläge gültige quantitative Anforderungen an die Rutschhemmung bzw. Gleitreibungskoeffizienten von Bodenbelägen festzulegen, als Orientierungshilfe für Böden aus keramischem Material (glasiert und unglasiert), Glas, Natursteinprodukte, Beton und Kunststein (zement- und reaktionsharzgebunden) kann jedoch z.b. folgende Studie dienen:

- Hirm, G. und Hirm, T.: Messungen des Gleitreib-Koeffizienten zur Beurteilung des µ-Wertes von begehbaren Oberflächen, Version C, Klagenfurt 2014 (www.gleitreibung.eu).

Zu Punkt 3.2: Treppen

Zu Punkt 3.2.1

Verschiedene Geschoßhöhen innerhalb eines Gebäudes bewirken verschiedene Steigungsverhältnisse bei den jeweiligen Treppenläufen zwischen den einzelnen Geschoßen. Innerhalb eines einzelnen Treppenlaufes darf das Steigungsverhältnis nicht gewechselt werden.

Da in Gebäuden oder Gebäudeteilen, die barrierefrei zu gestalten sind, gemäß Punkt 2.1.5 der OIB-Richtlinie 4, zur Überwindung von Niveauunterschieden Rampen oder zusätzlich zu Treppen Personenaufzüge bzw. vertikale Hebeeinrichtungen (z.B. Treppenschrägaufzüge) errichtet werden müssen, entfällt in der Tabelle 3 der OIB-Richtlinie 4 das Steigungsverhältnis 16 cm / 30 cm.

Treppen mit gekrümmter Lauflinie können in jenen Fällen als gleichwertig betrachtet werden, wenn innerhalb eines Abstandes von jeweils 40 cm von beiden seitlichen Begrenzungen des Treppenlaufes (Absturzsicherung oder Wand, ohne Berücksichtigung der Handläufe) die Steigungsverhältnisse der Schrittmaßregel (2 × Stufenhöhe + Stufenauftritt = 62 cm ± 3 cm) entsprechen.

Zur Vereinfachung wurde auf die Begriffe „Allgemeine Gebäudetreppen" und „Treppen im Freien" verzichtet. Es gibt nur noch die Treppenarten „Haupttreppe" und „Nebentreppe", wobei bei Haupttreppen eine Untergliederung in „Haupttreppen, ausgenommen Wohnungstreppen" und „Wohnungstreppen" vorgenommen wurde.

Eine Haupttreppe führt zu Aufenthaltsräumen, allgemein zugänglichen Bereichen sowie Räumen der täglichen Nutzung. Die Wohnungstreppe ist somit eine Haupttreppe.

Wohnungstreppen sind Treppen in Wohnungen sowie Treppen von Gebäuden oder Gebäudeteilen mit nicht mehr als zwei Wohnungen und innerhalb von Reihenhäusern.

Daher dürfen gemäß Tabelle 3 der OIB-Richtlinie 4 Haupttreppen, ausgenommen Wohnungstreppen mit einem maximalen Steigungsverhältnis von 18 cm / 27 cm und Wohnungstreppen mit einem maximalen Steigungsverhältnis von 20 cm / 24 cm errichtet werden.

Es ergeben sich dabei folgende grundsätzliche Anwendungsbeispiele:
- Wohngebäude mit drei oder mehr Wohnungen
  - allgemeine Treppen innerhalb und außerhalb des Gebäudes: 18 cm / 27 cm
  - Treppen innerhalb der Wohnungen: 20 cm / 24 cm
- Einfamilienhaus und Doppelhaus
  - allgemeine Treppen innerhalb und außerhalb des Gebäudes: 20 cm / 24 cm
  - Treppen innerhalb der Wohnungen: 20 cm / 24 cm

- Reihenhaus
  - allgemeine Treppen außerhalb des Gebäudes: 18 cm / 27 cm
  - innerhalb des Reihenhauses: 20 cm / 24 cm
- Alle anderen Gebäude
  - allgemeine Treppen innerhalb und außerhalb des Gebäudes: 18 cm / 27 cm

Zu Punkt 3.2.2

Die Regelung, dass die Podesttiefe zumindest der lichten Treppenlaufbreite entsprechen muss gilt nunmehr auch für Gebäude oder Gebäudeteile, die barrierefrei zu errichten sind. Die Forderung, dass die Podesttiefe mindestens 1,50 m betragen muss, wurde aufgehoben, da diese in der Praxis, speziell bei Richtungsänderungen um 90 Grad, schwer zu realisieren war.

Zu Punkt 3.2.3

Da eine Bergung von Personen mittels Tragen über herkömmliche Spindeltreppen (Wendeltreppen) oder stark gerundete Treppen in der Praxis oft nur unter schwierigen Bedingungen oder überhaupt nicht möglich ist (in solchen Fällen kommt manchmal nur noch eine Bergung durch die Feuerwehr über die Fassade in Betracht), sollen jedenfalls die hier genannten Mindestkriterien beachtet werden.

Haupttreppen mit gekrümmter Gehlinie können demnach bedeuten:

HAUPTTREPPEN MIT GEKRÜMMTER GEHLINIE

GEWENDELTE TREPPE   GERUNDETE TREPPE   SPINDELTREPPE

Abbildung 4

Im Gegensatz zum verwendeten Begriff der „lichten Treppenlaufbreite", der für die Flucht relevant ist, wird bei der Ermittlung der gekrümmten Laufinie aus ergonomischen Gründen von der „nutzbaren Treppenlaufbreite" und somit von der Absturzsicherung oder Wand (jedoch ohne Berücksichtigung des Handlaufs) ausgegangen.

In der ÖNORM B 5371, Ausgabe 2011-08-15, Punkt 7, Bilder 6 und 7 werden weiters die relativ komplexen Zusammenhänge zwischen „nutzbarer Treppenlaufbreite" und Lage des Gehbereiches in Abhängigkeit von der Anordnung der Handläufe bei gewendelten Laufteilen dargestellt.

Die Anforderung, dass in Gebäuden oder Gebäudeteilen, die barrierefrei zu gestalten sind, Haupttreppen geradläufig sein müssen, leitet sich davon ab, dass diese Treppen auch für Menschen mit Behinderungen über die gesamte Treppenlaufbreite in beiden Richtungen sicher und bequem begehbar sind.

Zu Punkt 3.2.4

Hinsichtlich der Kennzeichnung von An- und Austrittsstufen eines Treppenlaufes ist ein Kontrast zwischen der Kennzeichnung zu der umgebenden Oberfläche von mindestens 50 % zu gewährleisten (Differenz des Lichtreflexionsgrades LRV der beiden Oberflächen). Die Kennzeichnung muss über die gesamte Treppenbreite führen und mindestens 5 cm breit sein.

2.1.4. OIB-Richtlinie 4

Zu Punkt 3.2.5

Die Forderung, dass bereits bei zwei Stufen ein Handlauf zu errichten ist, dient der Nutzungssicherheit. Handläufe sind auf beiden Seiten anzubringen, damit die Treppenläufe gleichzeitig aus beiden Gehrichtungen und in jeder Richtung gleich sicher benutzt werden können.

Zu Punkt 3.2.6

Dieser Punkt dient der Klarstellung, dass Außentreppen denselben Anforderungen unterliegen wie Treppen innerhalb von Gebäuden.

Zu Punkt 4: Schutz vor Absturzunfällen

Zu Punkt 4.1: Erfordernis von Absturzsicherungen

Zu Punkt 4.1.1

Ab einer Fallhöhe von 1,00 m ist jedenfalls eine Absturzsicherung erforderlich. Bei Fallhöhen von 60 cm bis 1,00 m ist im Einzelfall zu beurteilen, ob eine Absturzsicherung vorgesehen werden muss. Bei Fallhöhen von weniger als 60 cm kann von einer Absturzsicherung abgesehen werden („akzeptiertes Risiko").

Bei der Ermittlung der Gefahr eines Absturzes (im Bereich zwischen 60 cm und 1,00 m) wird beispielsweise auf die Absturzhöhe unter Berücksichtigung der seitlichen Neigung der absturzgefährlichen Stelle, auf die Art des Untergrundes im Sturzbereich und auf das zu erwartende spezifische Benutzerverhalten Bedacht zu nehmen sein.

So kann beispielsweise im Zusammenhang mit flach geneigten Böschungen trotz größerer Niveauunterschiede (= Absturzhöhe) eine Absturzgefahr nur in geringen Ausmaßen bestehen. Bei Bauten jedoch, die auch von Kindern, Personen mit Behinderung oder älteren Personen benützt werden, kann eine Absturzhöhe unter einem Meter bereits eine Gefahr darstellen, die erhebliche Auswirkungen nach sich ziehen kann.

Als Beispiel für besonders geringe Absturzhöhen mit gefährlichen Begleitumständen im Falle eines „Abstürzens", können Gastgartenpodeste, die auf oder neben Fahrbahnen angeordnet sind, genannt werden.

Zu Punkt 4.2: Anforderungen an Absturzsicherungen

Zu den Punkten 4.2.1 und 4.2.2

Siehe dazu Anhang B, Abbildung 6 und Abbildung 7.

Zu den Punkten 4.2.2 und 4.2.3

Die Bestimmungen gelten für Gebäude, die nach ihrem Verwendungszweck auch Kindern zugänglich sind. Zu solchen Gebäuden zählen beispielsweise neben Kindergärten, Schulen und Wohngebäuden auch öffentliche Gebäude, Tourismusbetriebe, Banken, Büros, Arztpraxen u.Ä.

Gebäude oder Gebäudeteile, die typischerweise nur für Betriebsangehörige zugänglich sind, sind von den Regelungen der Punkte 4.2.2 und 4.2.3 der OIB-Richtlinie 4 ausgenommen (vgl. dazu auch Punkt 4.2.4 der OIB-Richtlinie 4).

Die Bestimmungen zielen darauf ab, dass Geländer, Brüstungen und Treppen in Gebäuden, die nach ihrem Verwendungszweck auch Kindern zugänglich sind, so ausgeführt werden, dass sie ein Hochklettern erschweren, bzw. dass ein Durchschlüpfen oder Durchrutschen an absturzgefährdeten Stellen vermieden wird.

Zu Punkt 4.2.3

Siehe dazu Anhang B, Abbildung 8.

Zu Punkt 4.2.5

Bei der Beurteilung, ob ein Verbund-Sicherheitsglas im Sinne dieser Bestimmung geeignet ist, ist der ÖNORM B 3716-3, Ausgabe 2015-01-01 zu entnehmen, wobei insbesondere auf Folgendes Bedacht zu nehmen ist:

- Lagerung des Glases (z.B. punkt- oder linienförmig, ein- oder mehrseitig)
- Dicke der Glasscheibe(n) und der Folien
- Fläche der Glasscheibe
- Glasart
- Verankerung der Tragkonstruktion

Zu Punkt 5: Schutz vor Aufprallunfällen und herabstürzenden Gegenständen

Zu Punkt 5.1: Glastüren und Verglasungen ohne absturzsichernde Funktion

Zu Punkt 5.1.1

Grundsätzlich ist in Verkehrsbereichen bis zur geforderten Höhe Einscheibensicherheitsglas (ESG) am zweckmäßigsten, da ESG eine höhere Zugfestigkeit aufweist und ohne scharfe Kantenbildung bricht. Dabei wird davon ausgegangen, dass das Schutzziel unabhängig von deren Anzahl für alle Benutzer gilt, somit auch in Wohnungen und Einfamilienhäusern. Unter Verglasungen entlang begehbarer Flächen sind Verglasungen im Inneren von Gebäuden, aber auch zu Terrassen, Loggien und Balkonen zu verstehen.

Besondere Anforderungen gelten jedoch zusätzlich für Flächen mit möglichem Menschengedränge. Diese werden insbesondere in der ÖNORM EN 1991-1-1, Ausgabe 2011-09-01 mit der Nutzungskategorie C5 definiert, wonach beispielsweise Gebäude mit öffentlichen Veranstaltungen, wie Konzertsäle, Sporthallen mit Tribünen, Terrassen und Zugangsbereiche sowie Bahnsteige darunter fallen.

Zu Punkt 5.1.2

Bei Mehrscheiben-Isolierglas gelten die Anforderungen gem. Punkt 5.1.1 lediglich an die Scheiben an der Seite oder den Seiten der Einwirkung, sofern sichergestellt ist, dass ein Durchstoßen nicht möglich ist. Dies kann bei Verbund-Sicherheitsglas (VSG) jedenfalls als gegeben betrachtet werden, bei Einscheibensicherheitsglas (ESG) muss dieses jedoch so bemessen sein, dass ein Durchstoßen verhindert wird. Ein Nachweis kann auch mittels Pendelschlagversuchs nach ÖNORM EN 12600, Ausgabe 2003-05-01 mit einer Fallhöhe von 450 mm geführt werden. Die weiteren Scheiben, an die somit keine Anforderungen gelten, müssen durch Abstandhalter von der oder den der Einwirkung ausgesetzten Scheibe(n) getrennt werden.

Zu Punkt 5.1.3

Es wird davon ausgegangen, dass ein ausreichender Schutz vor Aufprallunfällen gegeben ist, wenn Glastüren über eine Rahmenbreite von mindestens 10 cm bzw. beidseitig zugängliche Glasflächen über einen kontrastierenden Sockelbereich von mindestens 30 cm Höhe verfügen. Ist eine Kennzeichnung erforderlich, so ist diese entsprechend dem Stand der Technik mit einem hellen und einem dunklen, möglichst gleich großen Flächenanteil auszuführen, wobei ein Kontrast zwischen diesen Flächen von mindestens 50 % zu gewährleisten ist (Differenz des Lichtreflexionsgrades LRV der beiden Oberflächen).

Zu Punkt 5.1.4

Dieser Punkt berücksichtigt, dass berstende ESG-Scheiben (im Gegensatz zu gewöhnlichem Floatglas oder VSG, wobei bei Letzterem bei Bruch des Glases sogar eine Resttragfähigkeit angenommen werden kann) ab einer größeren Splitterfallhöhe problematisch sein können, da durch splitternde und spontan abstürzende Glasteile Menschen verletzt werden können. Da bei heißgelagertem thermisch vorgespanntem Kalknatron-Einscheibensicherheitsglas nach ÖNORM EN 14179-2, Ausgabe 2005-08-01, der Heißlagerungsprozess (Heat-Soak-Prozess), welcher nach der ÖNORM EN 14179-1, Ausgabe 2005-08-01 durchzuführen ist, ist die Wahrscheinlichkeit von Spontanbrüchen vernachlässigbar klein. Mögliche Schadensfolgen durch das verbleibende Restrisiko sollen durch die Ausführungsarten der Lagerungen minimiert werden. Aufgrund der EU-

2.1.4. OIB-Richtlinie 4

Bauproduktenverordnung (305/2011) können Europäische Technische Bewertungen in den Mitgliedstaaten nicht mehr für verbindlich erklärt werden, nationale Zulassungen jedoch schon. Aus diesem Grunde wurde zusätzlich auch die Möglichkeit einer Bautechnischen Zulassung für diese Systeme vorgesehen.

Zu Punkt 5.2: Abrutschen von Schnee und Eis

Das Abrutschen von Schnee und Eis bei geneigten Dächern hängt von den klimatischen und örtlichen Gegebenheiten sowie der Oberflächenbeschaffenheit und der Neigung der Dachflächen ab. Aus diesem Grund wurde eine zielorientierte Formulierung gewählt.

Zu Punkt 5.3: Horizontalverglasungen

Zu Punkt 5.3.1

Generell wird hier klargestellt, dass Horizontalverglasungen (Überkopfverglasungen), sofern nicht Erleichterungen im Sinne des Punktes 5.3.2 zur Anwendung gelangen, aus Verbund-Sicherheitsglas (VSG) zu bestehen haben, um im Bruchfall eine gewisse Resttragfähigkeit gewährleisten zu können.

Für Einfachverglasungen bzw. für die untere Scheibe von Isolierverglasungen sollte dabei nur geeignetes VSG verwendet werden. Hier geht es in erster Linie um die Resttragfähigkeit, wobei ESG oder ein – nur aus ESG hergestelltes – VSG diese Resttragfähigkeit nicht besitzen.

Die Forderung der OIB-Richtlinie 4 orientiert sich an der *ÖNORM B 3716-2, Ausgabe 2013-04-01*, wonach bei Glasdächern und Oberlichten für Einfachverglasungen und für die untere Scheibe bei Isolierverglasungen VSG aus Floatglas oder geeignetes Glas mit Sicherheitseigenschaften zu verwenden oder Schutzvorrichtungen gegen das Herabfallen von Glasstücken vorzusehen sind.

Die Verwendung von teilvorgespanntem Glas (TVG) ist aufgrund des annähernd gleichen Bruchverhaltens wie Floatglas und somit der im Verbund mit anderen Glasscheiben erhöhten Resttragfähigkeit (also VSG aus TVG) sowie den gegenüber Floatglas erhöhten Zugeigenschaften im Horizontalbereich besonders empfehlenswert.

Zu Punkt 6: Blitzschutz

Die Ausnahme von der Verpflichtung zur Errichtung einer Blitzschutzanlage wurde in Abstimmung mit der *OIB-Richtlinie 2 „Brandschutz"* für Gebäude mit nicht mehr als 400 m² Brutto-Grundfläche der oberirdischen Geschoße festgelegt.

Zu Punkt 7: Zusätzliche Anforderungen an die barrierefreie Gestaltung von Gebäuden

Welche Gebäude oder Gebäudeteile barrierefrei gestaltet werden müssen, wird in den jeweiligen landesrechtlichen Bestimmungen geregelt. Die OIB-Richtlinie 4 legt lediglich fest, wie diese Gebäude oder Gebäudeteile ausgeführt werden müssen, um die Anforderungen an barrierefreie Gestaltung zu erfüllen.

Durch Entfall des Verweises auf die ÖNORM B 1600 wurden Anforderungen betreffend der barrierefreien Gestaltung von Gebäuden in die OIB-Richtlinie 4 aufgenommen.

Zu Punkt 7.1: Barrierefreie Toilettenräume

Zu Punkt 7.1.1

Die Mindestgröße von barrierefreien Toilettenräumen ergibt sich aus der Anforderung, dass verschiedene Anfahrmöglichkeiten mit dem Rollstuhl zum WC-Sitz – zumindest jedoch eine seitliche, eine frontale und eine rechtwinkelige Anfahrt – sichergestellt sein müssen.

Zu den Punkten 7.1.2 und 7.1.3

Hier werden die notwendigen Bewegungsflächen und Anfahrflächen für barrierefreie Toilettenräume sowie die für die Benutzung notwendige Mindestausstattung geregelt.

2. Kärntner Bauvorschriften – K-BV

Zu Punkt 7.2: Sonstige barrierefreie Sanitärräume

Zu den Punkten 7.2.1 und 7.2.2

Hier werden die notwendigen Bewegungsflächen und Anfahrflächen für sonstige barrierefreie Sanitärräume sowie die für die Benutzung notwendige Mindestausstattung geregelt.

Bei Anordnung einer Badewanne anstelle einer Dusche ist, um die notwendigen Bewegungsflächen zu gewährleisten, eine entsprechend größere Fläche, als die in Punkt 7.2.2 festgelegten 5,00 m² erforderlich.

Zu Punkt 7.4: Barrierefreie Wohngebäude

Zu Punkt 7.4.1

Die Anpassbarkeit betrifft nur die Wohnungen, nicht jedoch alle sonstigen Gebäudeteile. Letztere müssen von vorneherein die Anforderungen der Barrierefreiheit erfüllen und bilden die Grundvoraussetzung für anpassbare Wohnungen.

Zu Punkt 7.4.2

Anpassbare Wohnungen sollen leicht durch bauliche Änderungen nachträglich barrierefrei gestaltet werden können.

Wird eine Wohnung barrierefrei angepasst, so kann sich das Ausmaß der Anpassung nach den individuellen Bedürfnissen des Benutzers an bauliche Barrierefreiheit richten und muss nicht alle Aspekte der Barrierefreiheit umfassen (z.B. wenn der Benutzer einen Bedarf hat, einen Sanitärraum zu vergrößern, die vorhandenen Gangbreiten jedoch belassen möchte). Die Möglichkeit, alle Aspekte der Barrierefreiheit herzustellen, muss jedoch bestehen.

Unter „leicht" ist hierbei zu verstehen, dass die Möglichkeit der Anpassung innerhalb des Wohnungsgrundrisses bereits bei der Planung so berücksichtigt wird, dass notwendige Maßnahmen (z.B. Versetzen von Türen und nichttragenden Wänden, Änderungen von Elektro- und Sanitärinstallationen) ohne erheblichen Aufwand erreicht werden können.

Wenn der barrierefreie Zugang zum Freibereich einer Wohnung (siehe Punkte 3.1.3 und 7.3 der OIB-Richtlinie 4) im Sinne des anpassbaren Wohnbaus erst bei Bedarf hergestellt werden soll (z.B. durch Einbau eines Lattenrostes auf einem Balkon), ist die Absturzsicherung schon bei der Errichtung der Wohnung so auszuführen, dass die erforderliche Mindesthöhe der Absturzsicherung auch nach der Anpassung gewährleistet ist.

Zu Punkt 7.5: Barrierefreie Nicht-Wohngebäude

Zu Punkt 7.5.2

Für die Erschließung in Gebäuden und zugeordneten Außenflächen sind zur Orientierung für Besucher und Kunden immer visuelle Leitsysteme anzubringen. In Umsetzung des 2-Sinne-Prinzips sind visuelle Informationen ergänzend wahlweise mit taktilen oder akustischen Informationen zu erweitern.

Zu Punkt 7.6: Kontrastierende Kennzeichnung

Menschen mit Sehbehinderung benötigen zur sicheren Orientierung eine kontrastierende Kennzeichnung (Farbgebung) der wesentlichen Bauteile und Ausstattungselemente. Beispielsweise sind Bauteile und Ausstattungselemente wie Türdrücker / Tür / Türrahmen, Wand / Boden, Handlauf / Wand, Lichtschalter / Wand kontrastierend zu gestalten.

2.1.4. OIB-Richtlinie 4

Zu Punkt 7.7: Erleichterungen bei bestehenden Gebäuden

Da in dieser Ausgabe der OIB-Richtlinie 4 auf einen Verweis auf die ÖNORM B 1600 verzichtet wurde, war es notwendig, einige Erleichterungen bei Zu- und Umbauten an bestehenden Gebäuden, unabhängig von der in Punkt 0 enthaltenen Bestimmung betreffend der Anwendung der OIB-Richtlinie 4 an bestehenden Bauwerken, aufzunehmen. Speziell wurden dabei die Erleichterungen bezüglich „Rampen", „Erschließung des Haupteingangs" und „Personenaufzüge" berücksichtigt, da sich diese in der Praxis als unerlässlich herausgestellt haben.

Zu Punkt 8: Sondergebäude

Die für Schutzhütten in Extremlage geltenden Ausnahmen ergeben sich aufgrund des in der Regel zu erwartenden Benutzerkreises sowie der besonderen Gegebenheiten im alpinen Bereich (wie z.B. Schneeansammlungen im umgebenden Außenbereich von Schutzhütten).

ANHANG A

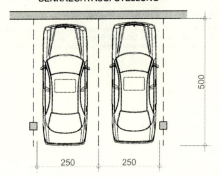

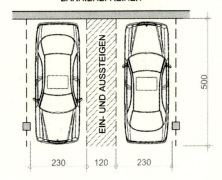

Abbildung 5

2.1.4. OIB-Richtlinie 4

ANHANG B

BRÜSTUNGSHÖHEN
ABSTURZHÖHE ≤12 m

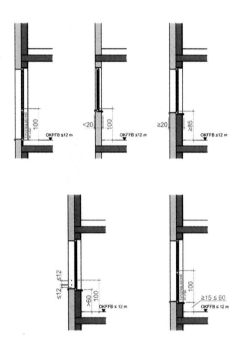

Abbildung 6

BRÜSTUNGSHÖHEN
ABSTURZHÖHE >12 m

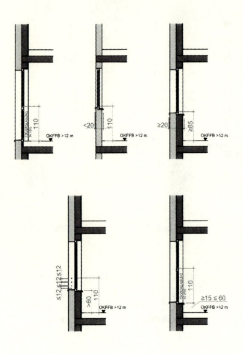

Abbildung 7

ABSTAND GELÄNDER ZUM TREPPENLAUF

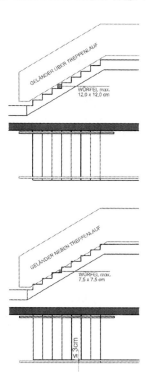

Abbildung 8

OIB-Richtlinie 5

Schallschutz

Ausgabe: März 2015

0	Vorbemerkungen	2
1	Begriffsbestimmungen	2
2	Baulicher Schallschutz	2
3	Raumakustik	6
4	Erschütterungsschutz	6

2.1.5 OIB-Richtlinie 5

0 Vorbemerkungen

Diese Richtlinie ist für Gebäude und Gebäudeteile anzuwenden, welche dem längeren Aufenthalt von Menschen dienen und deren widmungsgerechte Nutzung einen Ruheanspruch bewirkt. Dazu zählen insbesondere Wohngebäude, Wohnheime, Bürogebäude, Beherbergungsstätten, Schulen, Kindergärten, Krankenhäuser etc.

1 Begriffsbestimmungen

Es gelten die Begriffsbestimmungen des Dokumentes „OIB-Richtlinien – Begriffsbestimmungen".

2 Baulicher Schallschutz

2.1 Anwendungsbereich

Die festgelegten Anforderungen dienen der Sicherstellung eines für normal empfindende Menschen ausreichenden Schutzes von Aufenthalts- und Nebenräumen vor Schallimmissionen von außen und aus anderen Nutzungseinheiten desselben Gebäudes sowie aus angrenzenden Gebäuden.

2.2 Anforderungen an den Schallschutz von Außenbauteilen

2.2.1 Der maßgebliche standortbezogene und gegebenenfalls bauteillagebezogene Außenlärmpegel ist nach dem Stand der Technik unter Anwendung von Anpassungswerten (Beurteilungspegel) zu ermitteln. Es hat dies getrennt für Tag (06:00 bis 22:00 Uhr) und Nacht zu erfolgen, wobei der jeweils ungünstigere Wert für die Ermittlung der Anforderungen heranzuziehen ist.

2.2.2 Sofern sich aus den Punkten 2.2.3 und 2.2.4 keine höheren Anforderungen ergeben, dürfen unabhängig vom maßgeblichen Außenlärmpegel und der Gebäudenutzung die Werte für das bewertete resultierende Bauschalldämm-Maß $R'_{res,w}$ der Außenbauteile gesamt von 33 dB und das bewertete Schalldämm-Maß R_w der opaken Außenbauteile von 43 dB nicht unterschritten werden.

2.2.3 Für Wohngebäude, -heime, Hotels, Schulen, Kindergärten, Krankenhäuser, Kurgebäude u. dgl. dürfen für die Schalldämmung der Außenbauteile von Aufenthaltsräumen folgende Werte nicht unterschritten werden:

Mindesterforderliche Schalldämmung von Außenbauteilen für Wohngebäude, -heime, Hotels, Schulen, Kindergärten, Krankenhäuser, Kurgebäude u. dgl.							
Maßgeblicher Außenlärmpegel [dB]		Außenbauteile gesamt [dB]	Außenbauteile opak [dB]	Fenster und Außentüren [dB]		Decken und Wände gegen nicht ausgebaute Dachräume [dB]	Decken und Wände gegen Durchfahrten und Garagen [dB]	Gebäudetrennwände (je Wand) [dB]
Tag	Nacht	$R'_{res,w}$	R_w	R_w	R_w+C_{tr}	R'_w	R'_w	R_w
≤ 45	≤ 35	33	43	28	23	42	60	52
46 - 50	36 - 40	33	43	28	23	42	60	52
51 - 60	41 - 50	38	43	33	28	42	60	52
61	51	38,5	43,5	33,5	28,5	47	60	52
62	52	39	44	34	29	47	60	52
63	53	39,5	44,5	34,5	29,5	47	60	52
64	54	40	45	35	30	47	60	52
65	55	40,5	45,5	35,5	30,5	47	60	52
66	56	41	46	36	31	47	60	52
67	57	41,5	46,5	36,5	31,5	47	60	52
68	58	42	47	37	32	47	60	52
69	59	42,5	47,5	37,5	32,5	47	60	52
70	60	43	48	38	33	47	60	52
71	61	44	49	39	34	47	60	52
72	62	45	50	40	35	47	60	52
73	63	46	51	41	36	47	60	52
74	64	47	52	42	37	47	60	52
75	65	48	53	43	38	47	60	52
76	66	49	54	44	39	47	60	52
77	67	50	55	45	40	47	60	52
78	68	51	56	46	41	47	60	52
79	69	52	57	47	42	47	60	52
≥ 80	≥ 70	53	58	48	43	47	60	52

2. Kärntner Bauvorschriften – K-BV

2.2.4 Für Verwaltungs- und Bürogebäude u. dgl. dürfen für die Schalldämmung der Außenbauteile von Aufenthaltsräumen folgende Werte nicht unterschritten werden:

Mindesterforderliche Schalldämmung von Außenbauteilen für Verwaltungs- und Bürogebäude u. dgl.							
Maßgeblicher Außenlärmpegel [dB]		Außenbauteile gesamt [dB]	Außenbauteile opak [dB]	Fenster und Außentüren [dB]	Decken und Wände gegen nicht ausgebaute Dachräume [dB]	Decken und Wände gegen Durchfahrten und Garagen [dB]	Gebäudetrennwände (je Wand) [dB]
Tag	Nacht	$R'_{res,w}$	R_w	R_w	R_w+C_{tr}	R'_w	R'_w	R_w
≤ 45	≤ 35	33	43	28	23	42	60	52
46 - 60	36 - 50	33	43	28	23	42	60	52
61	51	33,5	43	28,5	23,5	42	60	52
62	52	34	43	29	24	42	60	52
63	53	34,5	43	29,5	24,5	42	60	52
64	54	35	43	30	25	42	60	52
65	55	35,5	43	30,5	25,5	42	60	52
66	56	36	43	31	26	42	60	52
67	57	36,5	43	31,5	26,5	42	60	52
68	58	37	43	32	27	42	60	52
69	59	37,5	43	32,5	27,5	42	60	52
70	60	38	43	33	28	42	60	52
71	61	39	44	34	29	42	60	52
72	62	40	45	35	30	42	60	52
73	63	41	46	36	31	42	60	52
74	64	42	47	37	32	42	60	52
75	65	43	48	38	33	42	60	52
76	66	44	49	39	34	42	60	52
77	67	45	50	40	35	42	60	52
78	68	46	51	41	36	42	60	52
79	69	47	52	42	37	42	60	52
≥ 80	≥ 70	48	53	43	38	42	60	52

2.2.5 Die Schalldämmung von Lüftungsdurchführungen wie z.B. Fensterlüfter, Einzelraum-Lüftungsgeräte, Zu- und Abluftöffnungen muss so groß sein, dass im geschlossenen Zustand das jeweils erforderliche bewertete resultierende Schalldämm-Maß $R'_{res,w}$ der Außenbauteile gesamt erfüllt bleibt und im geöffneten Zustand um nicht mehr als 5 dB unterschritten wird.

2.3 Anforderungen an den Luftschallschutz innerhalb von Gebäuden

Wände, Decken und Einbauten zwischen Räumen sind so zu bemessen, dass bedingt durch die Schallübertragung durch den Trennbauteil und die Schall-Längsleitung z.B. der flankierenden Bauteile die folgenden Werte der bewerteten Standard-Schallpegeldifferenz $D_{nT,w}$ nicht unterschritten werden:

Mindesterforderliche bewertete Standard-Schallpegeldifferenz $D_{nT,w}$ in Gebäuden			
	zu	aus	$D_{nT,w}$ [dB] ohne / mit Verbindung durch Türen, Fenster oder sonstige Öffnungen
1	Aufenthaltsräumen	Aufenthaltsräumen anderer Nutzungseinheiten	55 / 50
		allgemein zugänglichen Bereichen (z.B. Treppenhäuser, Gänge, Kellerräume, Gemeinschaftsräume)	55 / 50
		Nebenräumen anderer Nutzungseinheiten	55 / 50
2	Hotel-, Klassen-, Krankenzimmern, Gruppenräumen in Kindergärten sowie Wohnräumen in Heimen	Räumen gleicher Kategorie	55 / 50
		allgemein zugänglichen Bereichen (z.B. Treppenhäuser, Gänge, Kellerräume, Gemeinschaftsräume)	55 / 38
		Nebenräumen	50 / 38
3	Nebenräumen	Aufenthaltsräumen anderer Nutzungseinheiten	50 / 35
		allgemein zugänglichen Bereichen (z.B. Treppenhäuser, Gänge, Kellerräume, Gemeinschaftsräume)	50 / 35
		Nebenräumen anderer Nutzungseinheiten	50 / 35
Als andere Nutzungseinheit sind bei Schulen die einzelnen Klassenzimmer, bei Kindergärten einzelne Gruppenräume, bei Krankenhäusern einzelne Krankenzimmer, bei Hotels einzelne Hotelzimmer, bei Heimen einzelne Heimzimmer, bei Verwaltungs- und Bürogebäuden aber die fremdgenutzte Betriebseinheit zu sehen.			
Bei Gebäuden mit gemischter Nutzung sind die Anforderungen entsprechend der speziellen Raumnutzungen anzuwenden.			

2.1.5. OIB-Richtlinie 5

2.4 Anforderungen an den Luftschallschutz von Türen innerhalb von Gebäuden

Sofern nicht zur Erfüllung der Anforderung an die jeweils erforderliche bewertete Standard-Schallpegeldifferenz $D_{nT,w}$ gemäß Punkt 2.3 ein höheres bewertetes Schalldämm-Maß erforderlich ist, darf das bewertete Schalldämm-Maß R_w von Türen (Türblatt und Zarge) folgende Werte nicht unterschreiten:

	Mindesterforderliches bewertetes Schalldämm-Maß R_w von Türen (Türblatt und Zarge)		
	zwischen	und	R_w [dB]
1	allgemein zugänglichen Bereichen (z.B. Treppenhäuser, Gänge)	Aufenthaltsräumen von Wohnungen **ohne** akustisch abgeschlossene Vorräume oder Dielen	42
		Aufenthaltsräumen von Wohnungen **mit** akustisch abgeschlossenen Vorräumen oder Dielen	33
2	Aufenthaltsräumen	Aufenthaltsräumen anderer Nutzungseinheiten	42
		Nebenräumen anderer Nutzungseinheiten	33
3	Hotel- und Krankenzimmern, Wohnräumen in Heimen	Räumen derselben Kategorie	42
		allgemein zugänglichen Bereichen (z.B. Treppenhäuser, Gänge)	33
4	Klassenzimmern, Gruppenräumen in Kindergärten	Räumen derselben Kategorie	42
		allgemein zugänglichen Bereichen (z.B. Treppenhäuser, Gänge)	28

Als andere Nutzungseinheit sind bei Schulen die einzelnen Klassenzimmer, bei Kindergärten einzelne Gruppenräume, bei Krankenhäusern einzelne Krankenzimmer, bei Hotels einzelne Hotelzimmer, bei Heimen einzelne Heimzimmer, bei Verwaltungs- und Bürogebäuden aber die fremdgenutzte Betriebseinheit zu sehen.

Bei Gebäuden mit gemischter Nutzung sind die Anforderungen entsprechend der speziellen Raumnutzungen anzuwenden.

2.5 Anforderungen an den Trittschallschutz in Gebäuden

Der bewertete Standard-Trittschallpegel $L'_{nT,w}$ in Räumen darf folgende Werte nicht überschreiten:

	Höchst zulässiger bewerteter Standard-Trittschallpegel $L'_{nT,w}$		
	in	aus	$L'_{nT,w}$ [dB]
1	Aufenthaltsräumen	Räumen anderer Nutzungseinheiten (Wohnungen, Schulen, Kindergärten, Krankenhäuser, Hotels, Heime, Verwaltungs- und Bürogebäude und vergleichbare Nutzungen)	48
		allgemein zugänglichen Terrassen, Dachgärten, Balkonen, Loggien und Dachböden	48
		allgemein zugänglichen Bereichen (z.B. Treppenhäuser, Laubengänge)	50
		nutzbaren Terrassen, Dachgärten, Balkonen, Loggien und Dachböden	53
2	Nebenräumen	Räumen anderer Nutzungseinheiten (Wohnungen, Schulen, Kindergärten, Krankenhäuser, Hotels, Heime, Verwaltungs- und Bürogebäude und vergleichbare Nutzungen)	53
		allgemein zugänglichen Terrassen, Dachgärten, Balkonen, Loggien und Dachböden	53
		allgemein zugänglichen Bereichen (z.B. Treppenhäuser, Laubengänge)	55
		nutzbaren Terrassen, Dachgärten, Balkonen, Loggien und Dachböden	58

Als andere Nutzungseinheit sind bei Schulen die einzelnen Klassenzimmer, bei Kindergärten einzelne Gruppenräume, bei Krankenhäusern einzelne Krankenzimmer, bei Hotels einzelne Hotelzimmer, bei Heimen einzelne Heimzimmer, bei Verwaltungs- und Bürogebäuden aber die fremdgenutzte Betriebseinheit zu sehen.

Bei Gebäuden mit gemischter Nutzung sind die Anforderungen entsprechend der speziellen Raumnutzungen anzuwenden.

Die Anforderungen sind ohne Berücksichtigung eines den Einrichtungsgegenständen zuzuordnenden Gehbelages (z.B. Teppichböden, Teppiche, Matten) zu erfüllen; in dauerhafter Art und Weise aufgebrachte Gehbeläge (z.B. Estriche, Klebeparkett, Fliesenbelag) können berücksichtigt werden. Für Beherbergungsstätten sowie bei nicht allgemein zugänglichen Balkonen ist es zulässig, die Anforderungen durch ständig vorhandene, trittschalldämmende Gehbeläge (z.B. Spannteppich, aufgeklebte Textilbeläge, Kunststoffböden, Linoleum) zu erfüllen.

2. Kärntner Bauvorschriften – K-BV

2.6 Schalltechnische Anforderungen an haustechnische Anlagen

2.6.1 Der durch den Betrieb von haustechnischen Anlagen aus anderen Nutzungseinheiten entstehende maximale Anlagengeräuschpegel $L_{AFmax,nT}$ darf bei gleich bleibenden und intermittierenden Geräuschen den Wert von 25 dB, bei kurzzeitigen Geräuschen den Wert von 30 dB nicht überschreiten. Zu Nebenräumen sind jeweils um 5 dB höhere Werte zulässig.

2.6.2 Sofern eine mechanische Lüftungsanlage in der eigenen Nutzungseinheit vorhanden ist, dürfen für Aufenthaltsräume mit dem Schutzziel Schlaf (z.B. Aufenthaltsräume in Wohnungen, ausgenommen Küchen) die Geräusche dieser Anlage, bezogen auf die lufthygienisch mindesterforderliche Betriebsart, einen äquivalenten Anlagengeräuschpegel $L_{Aeq,nT}$ von 25 dB, für Aufenthaltsräume mit dem Schutzziel Konzentration (z.B. Klassenräume) von 30 dB nicht überschreiten.

2.7 Schalltechnische Anforderungen zwischen Reihenhäusern und aneinander angrenzenden Gebäuden

2.7.1 Wände zwischen Reihenhäusern bzw. zwischen angrenzenden Reihenhauseinheiten sowie zwischen aneinander angrenzenden Gebäuden sind so auszuführen, dass die bewertete Standard-Schallpegeldifferenz $D_{nT,w}$, von 60 dB nicht unterschritten wird. Als Reihenhäuser im schalltechnischen Sinn gelten auch Gebäude mit bereits zwei statt drei Nutzungseinheiten.

2.7.2 Der bewertete Standard-Trittschallpegel $L'_{nT,w}$ von angrenzenden Gebäuden bzw. angrenzenden Reihenhauseinheiten zu Räumen in Reihenhäusern sowie zwischen aneinander angrenzenden Gebäuden darf den Wert von 43 dB nicht überschreiten. Als Reihenhäuser im schalltechnischen Sinn gelten auch Gebäude mit bereits zwei statt drei Nutzungseinheiten.

2.7.3 Bezüglich der schalltechnischen Anforderungen an haustechnische Anlagen gelten die Bestimmungen von Punkt 2.6.

2.8 Zusätzliche schalltechnische Anforderungen für Gebäude mit anderer als wohn-, büro- oder schulähnlicher Nutzung

Für Gebäude mit Nutzungseinheiten, deren Emissionsverhalten über dem einer wohn- bzw. büroähnlichen Nutzung liegt, gelten ergänzend zu den Punkten 2.3 bis 2.6 folgende Anforderungen:

2.8.1 Die für die Dimensionierung erforderlichen schalltechnischen Kenngrößen sind nach dem Stand der Technik zu ermitteln.

2.8.2 Der anzuwendende Planungsbasispegel L_{PB} im zu schützenden Aufenthaltsraum darf durch den Beurteilungspegel L_r nicht überschritten werden. Kennzeichnende Spitzenpegel $L_{A,Sp}$ dürfen den anzuwendenden Planungsbasispegel L_{PB} um nicht mehr als 10 dB überschreiten.

2.8.3 Der bewertete Standard-Trittschallpegel $L'_{nT,w}$ zu Aufenthaltsräumen darf folgende Werte nicht überschreiten:
(a) 38 dB bei nutzungsbedingter Geräuschentwicklung nur zwischen 6:00 Uhr und 22:00 Uhr,
(b) 33 dB bei nutzungsbedingter Geräuschentwicklung auch zwischen 22:00 Uhr und 06:00 Uhr und
(c) 60 dB zwischen Aufenthaltsräumen verschiedener Nutzungseinheiten in Verkaufsstätten und in Gebäuden ähnlicher Nutzung.

2.9 Gebäude und Räume mit spezieller Nutzung

Für Gebäude und Räume mit spezieller Nutzung können im Einzelfall abweichende Anforderungen erforderlich bzw. ausreichend sein. Dabei können (z.B. bei Alten- und Pflegeheimen, Krankenanstalten oder Schutzhütten in Extremlage) auch organisatorische Maßnahmen zum Schutz vor Lärm in Rechnung gestellt werden.

2.1.5. OIB-Richtlinie 5

3 Raumakustik

3.1 Anwendungsbereich

Die Anforderungen an die Raumakustik gelten, wenn Mindestmaßnahmen hinsichtlich der Hörsamkeit oder Lärmminderung in Räumen erforderlich sind. Ausgenommen sind Räume mit außerordentlich hohen oder spezifischen Anforderungen an die akustischen Verhältnisse (z.B. Opernhäuser, Konzertsäle, Tonaufnahmestudios).

3.2 Anforderungen zur Hörsamkeit

3.2.1 Für Räume mit der Nutzung Sprache (Hörsäle, Vortragsräume) für Volumen V zwischen 30 m³ und 10.000 m³ beträgt die Anforderung an die Nachhallzeit $T = (0{,}37 \times \lg V) - 0{,}14$ in Sekunden für die Oktavbänder von 250 Hz bis 2.000 Hz.

3.2.2 Für Räume mit Nutzung Kommunikation (Klassenräume, Medienräume, Besprechungsräume, Räume für audiovisuelle Darbietung) für Volumen V zwischen 30 m³ und 1.000 m³ beträgt die Anforderung an die Nachhallzeit $T = (0{,}32 \times \lg V) - 0{,}17$ in Sekunden für die Oktavbänder von 250 Hz bis 2.000 Hz.

3.2.3 Abweichungen von ±20 % von den Anforderungen gemäß der Punkte 3.2.1 und 3.2.2 in den einzelnen Oktavbändern sind zulässig.

3.2.4 Die Ermittlung der Nachhallzeit hat nach dem Stand der Technik zu erfolgen.

3.3 Anforderungen zur Lärmminderung

3.3.1 Für Räume, an die zum Schutze der Nutzer Anforderungen an die Lärmminderung gestellt werden (z.B. Arbeitsräume, Werkräume und Gänge in Schulen, Kindergartenräume, Pausenräume, Speiseräume, Turnsäle, Schwimm- und Sporthallen), ist folgende Mindestanforderung für die Lärmminderung einzuhalten:
(a) Der mittlere Schallabsorptionsgrad der Begrenzungsflächen (leerer Raum, Planungswert) hat in den Oktavbändern von 250 Hz bis 4000 Hz mindestens $\alpha_{m,B} = 0{,}20$, für die Oktavbandmittenfrequenzen von 500, 1.000 und 2.000 Hz nach Möglichkeit $\alpha_{m,B} = 0{,}25$ zu betragen.
(b) Die Ermittlung des mittleren Schallabsorptionsgrades $\alpha_{m,B}$ hat nach dem Stand der Technik zu erfolgen.

3.3.2 Eine Abweichung von den Anforderungen gemäß Punkt 3.3.1 ist zulässig, wenn aus nachvollziehbaren betriebstechnischen oder anderen technischen Gründen (z.B. Hygiene) die Anordnung von absorbierenden Oberflächen nicht im erforderlichen Ausmaß möglich ist.

4 Erschütterungsschutz

4.1 Anwendungsbereich

In Gebäuden, Gebäudeteilen und anderen Bauwerken sind Maßnahmen zur Verhinderung der Übertragung von Schwingungen aus technischen Einrichtungen und anderen Schwingungserregern derart zu treffen, dass keine unzumutbaren Störungen durch Erschütterungen für Personen in Aufenthaltsräumen desselben Gebäudes oder in Aufenthaltsräumen benachbarter Gebäude auftreten. Diese Richtlinie beinhaltet nicht die Festlegung von Anforderungen an den Schutz vor Erschütterungen, die aus anderen Bauwerken auf die Gebäude und Gebäudeteile einwirken.

4.2 Anforderungen

Hinsichtlich der Zumutbarkeit von Schwingungen und der Erfüllung des ausreichenden Erschütterungsschutzes ist der Stand der Technik heranzuziehen.

Erläuternde Bemerkungen
zu OIB-Richtlinie 5
„Schallschutz"

Ausgabe: März 2015

I. Allgemeines

Ziel der Richtlinie ist es, möglichst einfach und zuverlässig nach dem Stand der Technik bauakustische Anforderungen zu definieren.

Im Zuge der Evaluierung der OIB-Richtlinie 5, Ausgabe 2011 wurden wesentliche textlich formulierte Anforderungen in Tabellenform gebracht sowie zwischenzeitlich aufgetretene Fragen der Auslegung berücksichtigt und klargestellt. Dies soll der besseren Lesbarkeit und Anwendbarkeit dienen. Die Anforderungen an den baulichen Schallschutz sind bei dieser Überarbeitung gleich geblieben.

II. Zu den einzelnen Bestimmungen

Zu Punkt 2: Baulicher Schallschutz

Zu Punkt 2.1: Anwendungsbereich

Die Einhaltung der Anforderungen „für normal empfindende Menschen" hat zur Konsequenz, dass für besonders sensible Personengruppen der Schutz gegebenenfalls nicht ausreichend sein kann und den Anforderungen lediglich der Charakter eines Mindeststandards gleichkommt.
Wirkungen von Nutzungsaktivitäten in Gebäuden, insbesondere von Nutzungen, welche über jene von wohn- bzw. büroähnlichen Nutzungen liegen, ins Freie und in die umliegenden Nachbarschaftsbereiche werden in dieser Richtlinie nicht behandelt, da dies nicht im Anwendungsbereich der zielorientierten Anforderungen der ursprünglichen Vereinbarung gemäß Art. 15a B-VG über die Harmonisierung bautechnischer Vorschriften enthalten ist.

Zu Punkt 2.2: Anforderungen an den Schallschutz von Außenbauteilen

Zur Ermittlung des maßgeblichen standortbezogenen und gegebenenfalls bauteillagebezogenen Außenlärmpegels ist der Stand der Technik heranzuziehen. Dieser wird jedenfalls in der ÖNORM B 8115-2, Ausgabe 2006-12-01 abgebildet. Die Verwendung zusätzlicher oder alternativer Verfahren wird durch diese Formulierung aber nicht eingeschränkt. Die Bestimmung, wonach der maßgebliche Außenlärmpegel unter Anwendung von Anpassungswerten zu bilden ist, stellt klar, dass den besonderen Geräuschcharakteristika in der Ermittlung Rechnung zu tragen ist.
In der Regel werden Anpassungswerte für folgende Schallquellen herangezogen:

- Schienenverkehr auf Durchzugsstrecken –5 dB,
- Schienenverkehr in Verschiebebahnhöfen +5 dB,
- Straßenverkehr mit fließendem Verkehr 0 dB,
- Flugverkehr mit Flächenflugzeugen 0 dB,
- Flugverkehr mit Hubschrauber +5 dB,
- Anlagen sowie Parkplätze +5 dB.

Diese Bestimmung trifft im Besonderen beim Schienenverkehrslärm und bei Geräuschen aus Anlagen zu. Bei der Verwendung strategischer Lärmkarten ist auch der Anpassungswert für den Schienenverkehr, der so genannte Schienenbonus, zu berücksichtigen. Aus strategischen Lärmkarten für Schienenverkehr wird der für die Dimensionierung maßgebliche Außenlärmpegel aus dem L_{night} abzüglich 5 dB gebildet. Bei Straßenverkehr entspricht der Lärmindex der allgemeinen Lärmbelastung L_{den} zahlenwertmäßig dem maßgeblichen Außenlärmpegel für den Tag. Bei Verwendung strategischer Lärmkarten zur Bestimmung des maßgeblichen Außenlärmpegels (wie in ON 8115-2 vorgesehen) sind die Anwendungshinweise der ÖAL 36-2 zu beachten.

2.1.5. OIB-Richtlinie 5

Bei Heranziehung der maßgeblichen Außenlärmpegel laut Tabelle 1 (Planungsrichtwerte für gebietsbezogene Schallimmissionen) der ÖNORM B 8115-2, Ausgabe 2006-12-01 ist davon auszugehen, dass die genannten Planungsrichtwerte bereits Beurteilungspegel unter Berücksichtigung von Anpassungswerten darstellen. Dies ergibt sich im Zusammenhang mit ÖNORM S 5021, Ausgabe 2010-04-01.

In Punkt 2.2.2 wird die grundsätzliche Mindestanforderung unabhängig von Außenlärmpegel und Gebäudenutzung festgelegt, um eindeutig klarzustellen, dass jedenfalls ein Mindestmaß an den baulichen Schallschutz von Außenbauteilen besteht.
In den Punkten 2.2.3 und 2.2.4 werden die in der Ausgabe 2011 textlich beschriebenen Anforderungen in Tabellenform gefasst.

Unter dem in Punkt 2.2.5. beschriebenen „geschlossenen Zustand" einer Lüftungsdurchführung wird die Unterbindung der Luftströmung in dieser Lüftungsdurchführung verstanden. Für das resultierende Schalldämm-Maß ist neben dem Schalldämm-Maß des Einzelraum-Lüftungsgerätes auch das Verhältnis des Lüftungsquerschnittes zur Fläche der gesamten Außenbauteile bezogen auf den zu lüftenden Raum maßgebend. Da der notwendige Lüftungsquerschnitt eine Funktion des anschließenden Raumvolumens ist, wird diese Anforderung mit Geräten nach dem Stand der Technik erreicht.

Die Festlegung der Anforderung in der jeweils letzten Spalte der Tabellen unter den Punkten 2.2.3 und 2.2.4 an ein mindesterforderliches, bewertetes Schalldämm-Maßes R_w von 52 dB folgt dem Gedanken, dass bei einem späteren Anbau tatsächlich der erforderliche Mindestschallschutz von aneinander grenzenden Gebäuden bzw. Reihenhäusern zu gleichen Teilen realisiert werden kann. Im Gegensatz zur ÖNORM B 8115-2, Ausgabe 2006-12-01 wird nicht das Bauschalldämm-Maß R'_w, sondern lediglich das erforderliche bewertete Schalldämmmaß R_w gefordert, da die Ermittlungsmethode für massive zweischalige Trennbauteile ebenfalls nur ein R_w vorsieht und die Schall-Längsleitung bei späterem Anbau einer Nutzungseinheit ohnehin durch die Mindestanforderung für die bewertete Standard-Schallpegeldifferenz $D_{nT,w}$ berücksichtigt wird.

Zu Punkt 2.3: Anforderungen an den Luftschallschutz in Gebäuden

In Punkt 2.3 werden die in der Ausgabe 2011 textlich beschriebenen Anforderungen in Tabellenform gefasst.

Zu Punkt 2.4: Anforderungen an den Luftschallschutz von Türen

In Punkt 2.4 werden die in der Ausgabe 2011 textlich beschriebenen Anforderungen in Tabellenform gefasst.

Zu Punkt 2.5: Anforderungen an den Trittschallschutz in Gebäuden

In Punkt 2.5 werden die in der Ausgabe 2011 textlich beschriebenen Anforderungen in Tabellenform gefasst.

Zu Punkt 2.6: Schalltechnische Anforderungen an haustechnische Anlagen

In Punkt 2.6.1 erfolgt die Festlegung der Anforderungen unter Berücksichtigung des zeitlichen Verlaufes der Geräusche. Eine besondere Berücksichtigung von tonalen Komponenten erfolgt nicht, da derartige Einwirkungen, sofern hier markante Tonalitäten auftreten, auf ein schadhaftes Verhalten hindeuten und derartige Betriebszustände nicht Gegenstand der Mindestanforderung sein sollen.

In Punkt 2.6.2 wird eine Anforderung innerhalb einer Nutzungseinheit formuliert, nämlich die Lärmentwicklung bei mechanischen Lüftungsanlagen. Dabei ist von jener Betriebsart auszugehen, die zur Sicherstellung eines hygienisch erforderlichen Luftwechsels notwendig ist. Darunter fallen insbesondere Lüftungseinrichtungen in Schlafräumen und sonstigen Aufenthaltsräumen, nicht jedoch Entlüftungen von Nassräumen oder Küchenablufteinrichtungen. Diese Anforderung ist insbesondere im Zusammenhang mit Passivhausnutzungen und dergleichen oder zur Sicherstellung des Schallschutzes der Außenbauteile in hoch belasteten Gebieten zur Begrenzung der Geräuschpegel im Raum notwendig.

Bei Einzelraum-Lüftungsgeräten, welche lediglich unterstützend zur Raumlüftung beitragen und welche gegebenenfalls zur Energieeffizienz des Gebäudes durch Wärmerückgewinnung eingesetzt werden, gelten diese Anforderungen für den in diesem Zusammenhang angesetzten Luftwechsel.

Die anzuwendende Beurteilungsgröße wurde dabei als $L_{Aeq,nT}$ gewählt, da dies im Hinblick auf das Normenwerk für haustechnische Geräusche dem Planungswert entspricht. Theoretisch bestehen bei gleichbleibenden Geräuschen, um solche handelt es sich bei Lüftungsanlagen, keine Abweichungen zwischen dem $L_{AFmax,nT}$ und dem $L_{Aeq,nT}$; nach den messtechnischen Erfahrungen ist die Anforderung bezogen auf den $L_{Aeq,nT}$ aber geringfügig geringer. Für Klassenräume und vergleichbare Räume darf ein $L_{Aeq,nT}$ von 30 dB nicht überschritten werden. Diese abweichende Anforderung zu anderen Aufenthaltsräumen ist im zu betrachtenden Schutzziel zu sehen. Während in Aufenthaltsräumen von Wohnungen die Sicherstellung eines ausreichenden Schlafes im Vordergrund steht, ist als Schutzziel für Klassenräume und vergleichbare Räume die Konzentration von Bedeutung. Mit dieser Anforderung wird auch dem Schutzziel Kommunikation Rechnung getragen, da dieses bei einem $L_{Aeq,nT}$ mit 30 dB jedenfalls erreicht wird.

Zu Punkt 2.7: Schalltechnische Anforderungen zwischen Reihenhäusern und aneinander angrenzenden Gebäuden

Die in Punkt 2.7 enthaltenen strengeren Anforderungen im Vergleich zu Wohnungen innerhalb eines Gebäudes entsprechen den Nutzererwartungen, die insbesondere bei Reihenhäusern den Charakter eines Einfamilienhauses erwarten, d.h. keine Belästigung von „Nachbarlärm". Der Aufwand der baulichen Trennung rechtfertigt auch die Bestimmung, dass die Anforderungen für den Schallschutz zu Nebenräumen nicht verringert werden dürfen.

Zu Punkt 2.8: Zusätzliche schalltechnische Anforderungen für Gebäude mit Nutzungseinheiten, deren Emissionsverhalten über dem einer wohn- bzw. büroähnlichen Nutzung liegt

Hier sind die Anforderungen an den Luftschallschutz und den Trittschallschutz in Gebäuden mit Betriebsstätten nach ÖNORM B 8115-2, Ausgabe 2006-12-01 verbalisiert. Im Gegensatz zu den Formeln 2 und 3 wird durch die verbale Anforderung das Ermittlungsverfahren für die spektralen Eigenschaften der Geräuschquellen und der Luftschallübertragung wie auch die Höhe des Anpassungswertes für die Geräuschcharakteristik offen. Bei Einhaltung der Vorgaben der ÖNORM mit Heranziehung des Spektrum-Anpassungswertes C_{tr} und des generellen Anpassungswertes von 5 dB sind die Anforderungen der OIB-Richtlinie 5 jedenfalls eingehalten.
Die Ermittlung des Planungsbasispegels erfolgt nach dem Stand der Technik, wie er z.B. in ÖNORM B 8115-2 beschrieben ist, in Abhängigkeit des Außenlärmpegels.

Zu Punkt 2.9: Räume mit spezifischer Nutzung

Da für bestimmte Gebäudetypen im Einzelfall Abweichungen von den schalltechnischen Mindestanforderungen erforderlich bzw. ausreichend sein können, wird dies in Punkt 2.9 ermöglicht; insbesondere für Krankenhäuser, Alters- und Pflegeheime oder Schutzhütten in Extremlage infolge eines erhöhten Grundgeräuschpegels im Raum. Dies ist z.B. in Gesundheitseinrichtungen der Fall, wo der Aufwand von Absenkdichtungen, welche aufgrund der Barrierefreiheit für die Türdurchgänge notwendig wären, vermeidbar ist, da die Nachtruhe ein niedriges Geräuschniveau sicherstellt.

Zu Punkt 3: Raumakustik

Im Gegensatz zu ÖNORM B 8115-3, Ausgabe 2005-11-01 werden in Punkt 3.3 für den mittleren Schallabsorptionsgrad $α_{m,B}$ der Begrenzungsflächen in den Oktavbänden von 250 Hz – 4.000 Hz mindestens nur 0,2 gefordert. Dies begründet sich in der verpflichtenden Anwendung der OIB-Richtlinie 5 auch für Bereiche wie Pausenräume etc. Als Schallpegel im betreffenden Raum ist bei gleicher Geräuschentwicklung diese Erleichterung im Vergleich zur ÖNORM mit 1 dB zu beschreiben und ist damit vergleichsweise gering. Nach Möglichkeit soll im eingeschränkten Frequenzband von 500 – 2.000 Hz der Normenwert von $α_{m,B}$ = 0,25 erreicht werden. Diese Bestimmung ist analog zur Verordnung über Lärm und Vibrationen am Arbeitsplatz und knüpft damit an das verordnungsrechtliche Schutzziel für Arbeitsstätten an. Die Ermittlung des Schallabsorptionsgrades hat nach dem Stand der Technik zu erfolgen. Dieser Stand der Technik ist jedenfalls in der ÖNORM B 8115-3, Ausgabe 2005-11-01 realisiert, die Formulierung lässt aber auch weitere oder alternative Verfahren zu.

2.1.5. OIB-Richtlinie 5

Büroräume sind bei üblicher Größe und Nutzung von den Anforderungen zur Lärmminderung nicht berührt, da nur Anforderungen durch Maßnahmen an die Raumbegrenzungsflächen gestellt werden. Durch die Einrichtungsgegenstände kann hier eine zufriedenstellende Raumakustik hergestellt werden.

Im Vergleich zu Ausgabe 2011 wurde in 3.3.2 die Wortfolge „aus bauphysikalischen Gründen" gestrichen und im Klammerausdruck der Begriff „Klimabelastung" entfernt, da diese für sich allein einen Verzicht auf die Anforderung zur Lärmminderung nicht rechtfertigen.

Zu Punkt 4: Erschütterungsschutz

Zu Punkt 4.1: Anwendungsbereich

In diesem Punkt wird insbesondere festgelegt, dass sich der Erschütterungsschutz einerseits nur auf Aufenthaltsräume bezieht und andererseits die Quelle innerhalb des eigenen Gebäudes maßgebend ist, wobei die Zumutbarkeit zu betrachten ist. Maßnahmen infolge Erschütterungsquellen außerhalb des Gebäudes (z.B. Eisenbahntrassen, Betriebe), die nach Errichtung des betroffenen Gebäudes entstehen, sind nicht Gegenstand dieser Richtlinie.

Zu Punkt 4.2: Anforderungen

Aufgrund der Überlegung, dass die Erfüllung eines entsprechenden Erschütterungsschutzes auf vielfache Art und Weise erfolgen kann, wird lediglich auf den Stand der Technik verwiesen.

OIB-Richtlinie 6

Energieeinsparung und Wärmeschutz

Ausgabe: März 2015

0	Vorbemerkungen	2
1	Allgemeine Bestimmungen	2
2	Begriffsbestimmungen	2
3	Gebäudekategorien	3
4	Anforderungen	3
5	Anforderungen an Teile des gebäudetechnischen Systems	8
6	Ausweis über die Gesamtenergieeffizienz (Energieausweis)	9
7	Layout der Energieausweise	9
8	Konversionsfaktoren	10
9	Referenzausstattungen	11
Anhang		14

2.1.6. OIB-Richtlinie 6

0 Vorbemerkungen

Die zitierten Normen und sonstigen technischen Regelwerke gelten in der im Dokument „OIB-Richtlinien – Zitierte Normen und sonstige technische Regelwerke" angeführten Fassung.

1 Allgemeine Bestimmungen

1.1 Anwendungsbereich

Die gegenständliche Richtlinie gilt für konditionierte Gebäude.

In Gebäuden benötigte Prozessenergie ist nicht Gegenstand dieser Richtlinie. Unter Prozessenergie wird jene Energie verstanden, die dazu dient, andere Energiebedürfnisse zu befriedigen als die Konditionierung von Räumen für die Nutzung durch Personen (z.B. Konditionierung von Ställen, Kühlung von Technikräumen, Beheizung von Glashäusern).

1.2 Ausnahmen

1.2.1 Auf Gebäude und Gebäudeteile, die als Teil eines ausgewiesenen Umfelds oder aufgrund ihres besonderen architektonischen oder historischen Wertes offiziell geschützt sind, gelten die Anforderungen dieser Richtlinie nicht, soweit die Einhaltung dieser Anforderungen eine unannehmbare Veränderung ihrer Eigenart oder ihrer äußeren Erscheinung bedeuten würde. Das Erfordernis der Ausstellung eines Energieausweises bleibt davon unberührt.

1.2.2 Für folgende Gebäude und Gebäudeteile gelten die Anforderungen gemäß Punkt 4 dieser Richtlinie nicht und ein Energieausweis ist nicht erforderlich:
(a) Gebäude, die nur frostfrei gehalten werden, d.h. mit einer Raumtemperatur von nicht mehr als + 5 °C, sowie nicht konditionierte Gebäude,
(b) provisorische Gebäude mit einer Nutzungsdauer bis höchstens zwei Jahre,
(c) Wohngebäude, die nach ihrer Art nur für die Benutzung während eines begrenzten Zeitraums je Kalenderjahr bestimmt sind und deren voraussichtlicher Energiebedarf wegen dieser eingeschränkten Nutzungszeit unter einem Viertel des Energiebedarfs bei ganzjähriger Benutzung liegt. Dies gilt jedenfalls als erfüllt für Wohngebäude, die zwischen 1. November und 31. März an nicht mehr als 31 Tagen genutzt werden,
(d) Gebäude für Industrieanlagen und Werkstätten sowie landwirtschaftliche Nutzgebäude, bei denen jeweils der überwiegende Anteil der Energie für die Raumheizung und Raumkühlung durch Abwärme abgedeckt wird, die unmittelbar im Gebäude entsteht,
(e) Gebäude, die für Gottesdienst und religiöse Zwecke genutzt werden.

1.2.3 Für folgende Gebäude und Gebäudeteile gelten nur die Anforderungen gemäß Punkt 4.4 und ein Energieausweis ist nicht erforderlich:

(a) Gebäude und Gebäudeteile mit einer konditionierten Netto-Grundfläche von weniger als 50 m^2,
(b) konditionierte Gebäude, die keiner Gebäudekategorie gemäß Punkt 3 zugeordnet werden können.

1.3 Berechnungsmethode

Die Berechnung der Energiekennzahlen hat gemäß OIB-Leitfaden „Energietechnisches Verhalten von Gebäuden" zu erfolgen. Die Zahlenformate für die einzelnen Größen sind den Energieausweisformularen zu entnehmen.

2 Begriffsbestimmungen

Es gelten die Begriffsbestimmungen des Dokumentes „OIB-Richtlinien – Begriffsbestimmungen".

3 Gebäudekategorien

Die Zuordnung zu einer der folgenden Gebäudekategorien erfolgt anhand der überwiegenden Nutzung, sofern andere Nutzungen jeweils 250 m² Netto-Grundfläche nicht überschreiten. Wenn für eine Nutzung 250 m² Netto-Grundfläche überschritten werden, ist wie folgt vorzugehen:

Es ist entweder eine Teilung des Gebäudes und eine Zuordnung der einzelnen Gebäudeteile zu den unten angeführten Gebäudekategorien durchzuführen, oder das gesamte Gebäude ist für die verschiedenen Kategorien mehrmals zu berechnen. In beiden Fällen erfolgt die Überprüfung der Anforderung in Abhängigkeit von der Kategorie getrennt.

Es ist zwischen den folgenden Gebäudekategorien zu unterscheiden:
Wohngebäude (WG)
Nicht-Wohngebäude (NWG):
1) Bürogebäude,
2) Kindergarten und Pflichtschulen,
3) Höhere Schulen und Hochschulen,
4) Krankenhäuser,
5) Pflegeheime,
6) Pensionen,
7) Hotels,
8) Gaststätten,
9) Veranstaltungsstätten,
10) Sportstätten,
11) Verkaufsstätten,
12) Hallenbäder.

4 Anforderungen

4.1 Allgemeines

Sowohl für Wohngebäude als auch für Nicht-Wohngebäude erfolgt der Nachweis der Erfüllung der Anforderungen für das Referenzklima.

Der Nachweis der Anforderung an Energiekennzahlen kann wahlweise entweder über den Endenergiebedarf oder über den Gesamtenergieeffizienz-Faktor geführt werden.

Wenn bei größeren Renovierungen bautechnische oder baurechtliche Gründe einer Erreichung des Sanierungsziels entgegenstehen, reduzieren sich die Anforderungen in diesem Ausmaß.

4.2 Anforderung an Energiekennzahlen bei Neubau und größerer Renovierung

4.2.1 Wohngebäude

Wird der Nachweis der Einhaltung der Anforderungen für Wohngebäude über den Heizenergiebedarf geführt, gelten folgende Höchstwerte:

		Neubau	Größere Renovierung
$HWB_{Ref,RK}$ in [kWh/m²a]	ab Inkrafttreten bis 31.12.2016	$16 \times (1 + 3{,}0 / l_c)$	$23 \times (1 + 2{,}5 / l_c)$
	ab 01.01.2017	$14 \times (1 + 3{,}0 / l_c)$	$21 \times (1 + 2{,}5 / l_c)$
$HWB_{max,Ref,RK}$ in [kWh/m²a]	ab Inkrafttreten bis 31.12.2016	54,4 [1]	–
	ab 01.01.2017	47,6 [1]	–
HEB_{RK} in [kWh/m²a]	ab Inkrafttreten bis 31.12.2016	$HEB_{max,WG,RK}$	$HEB_{max,WGsan,RK}$
	ab 01.01.2017		
EEB_{RK} in [kWh/m²a]	ab Inkrafttreten bis 31.12.2016	$EEB_{max,WG,RK}$	$EEB_{max,WGsan,RK}$
	ab 01.01.2017		

[1] ... Beim Neubau gilt der $HWB_{max,RK}$ für Gebäude mit einer konditionierten Brutto-Grundfläche von nicht mehr als 100 m² der Höchstwert nicht.

2.1.6. OIB-Richtlinie 6

Wird der Nachweis der Einhaltung der Anforderungen für Wohngebäude über den Gesamtenergieeffizienz-Faktor geführt, gelten folgende Höchstwerte:

		Neubau	Größere Renovierung
$HWB_{Ref,RK}$ in [kWh/m³a]	ab Inkrafttreten bis 31.12.2016	$16 \times (1 + 3{,}0 / l_c)$	$25 \times (1 + 2{,}5 / l_c)$
	ab 01.01.2017		
$HWB_{max,Ref,RK}$ in [kWh/m³a]	ab Inkrafttreten bis 31.12.2016	$54{,}4$ [1]	–
	ab 01.01.2017		
f_{GEE}	ab Inkrafttreten bis 31.12.2016	0,90	1,10
	ab 01.01.2017	0,85	1,05

[1] ... Beim Neubau gilt $HWB_{max,RK}$ für Gebäude mit einer konditionierten Brutto-Grundfläche von nicht mehr als 100 m² der Höchstwert nicht.

4.2.2 Nicht-Wohngebäude

Wird der Nachweis der Einhaltung der Anforderungen für Nicht-Wohngebäude über den Heizenergiebedarf geführt, gelten folgende Höchstwerte:

		Neubau	Größere Renovierung
$HWB_{Ref,RK}$ [1] in [kWh/m³a]	ab Inkrafttreten bis 31.12.2016	$16 \times (1 + 3{,}0 / l_c)$	$23 \times (1 + 2{,}5 / l_c)$
	ab 01.01.2017	$14 \times (1 + 3{,}0 / l_c)$	$21 \times (1 + 2{,}5 / l_c)$
$HWB_{max,Ref,RK}$ [1] in [kWh/m³a]	ab Inkrafttreten bis 31.12.2016	$54{,}4$	–
	ab 01.01.2017	$47{,}6$	
$KB^*_{max,RK}$ in [kWh/m³a]	ab Inkrafttreten bis 31.12.2016	1,0	2,0
	ab 01.01.2017		
HEB_{RK} [1] in [kWh/m³a]	ab Inkrafttreten bis 31.12.2016	$HEB_{max,WG,RK}$	$HEB_{max,WGsan,RK}$
	ab 01.01.2017		
EEB_{RK} [1] in [kWh/m³a]	ab Inkrafttreten bis 31.12.2016	$EEB_{max,WG,RK}$	$EEB_{max,WGsan,RK}$
	ab 01.01.2017		

[1] ... bezogen auf eine Geschoßhöhe von 3,00 m mit Nutzungsprofil Wohngebäude

Wird der Nachweis der Einhaltung der Anforderungen für Wohngebäude über den Gesamtenergieeffizienz-Faktor geführt, gelten folgende Höchstwerte:

		Neubau	Größere Renovierung
$HWB_{Ref,RK}$ [1] in [kWh/m³a]	ab Inkrafttreten bis 31.12.2016	$16 \times (1 + 3{,}0 / l_c)$	$25 \times (1 + 2{,}5 / l_c)$
	ab 01.01.2017		
$HWB_{max,Ref,RK}$ [1] in [kWh/m³a]	ab Inkrafttreten bis 31.12.2016	$54{,}4$	–
	ab 01.01.2017		
$KB^*_{max,RK}$ in [kWh/m³a]	ab Inkrafttreten bis 31.12.2016	1,0	2,0
	ab 01.01.2017		
f_{GEE}	ab Inkrafttreten bis 31.12.2016	0,90	1,10
	ab 01.01.2017	0,85	1,05

[1] ... bezogen auf eine Geschoßhöhe von 3,00 m mit Nutzungsprofil Wohngebäude

4.2.3 Niedrigstenergiegebäude

Nach dem 31. Dezember 2018 müssen neue Gebäude, die von Behörden als Eigentümer genutzt werden, und nach dem 31. Dezember 2020 alle neuen Gebäude Niedrigstenergiegebäude im Sinne des Artikels 2, Ziffer 2 der Richtlinie 2010/31/EU sein. Davon ausgenommen sind neue Gebäude, für die in besonderen und begründeten Fällen eine Kosten-Nutzen-Analyse über die wirtschaftliche Lebensdauer des betreffenden Gebäudes negativ ausfällt.

In Umsetzung der Richtlinie 2010/31/EU ist ein Niedrigstenergiegebäude ein Gebäude, das die Anforderungen für 2020 des „Nationalen Plans" (OIB-Dokument zur Definition des Niedrigstenergiegebäudes und zur Festlegung von Zwischenzielen in einem „Nationalen Plan" gemäß Artikel 9 (3) zu 2010/31/EU) erfüllt.

4.3 Anforderungen an den erneuerbaren Anteil

Energie aus erneuerbaren Quellen bezeichnet Energie aus erneuerbaren, nichtfossilen Energiequellen, d.h. Wind, Sonne, aerothermische, geothermische, hydrothermische Energie, Meeresenergie, Wasserkraft, Biomasse, Deponiegas, Klärgas, Biogas, Abwärme, Ablauge, Klärschlamm und Tiermehl.

Wird Energie aus hocheffizienten alternativen Systemen gemäß Punkt 5.2.2 eingesetzt, gilt diese als Energie aus erneuerbaren Quellen.

Die Anforderung des Mindestmaßes von Energie aus erneuerbaren Quellen bei Neubau und größerer Renovierung eines Gebäudes wird erfüllt, wenn mindestens einer der folgenden Punkte aus a) oder b) zur Anwendung kommt:

a) Nutzung erneuerbarer Quellen außerhalb der Systemgrenzen „Gebäude" (bei Anwendung eines dieser Punkte werden gleichzeitig auch die Anforderungen gemäß 5.2 erfüllt):

- Es ist der erforderliche Wärmebedarf für Raumheizung und Warmwasser mindestens zu 50 % durch **Biomasse** unter Einhaltung der Anforderungen an den hierfür geltenden maximal zulässigen Heizenergiebedarf zu decken;
- Es ist der erforderliche Wärmebedarf für Raumheizung und Warmwasser mindestens zu 50 % durch ein **Wärmepumpe** unter Einhaltung der Anforderungen an den hierfür geltenden maximal zulässigen Heizenergiebedarf zu decken;
- Es ist der erforderliche Wärmebedarf für Raumheizung und Warmwasser mindestens zu 50 % durch **Fernwärme aus einem Heizwerk auf Basis erneuerbarer Energieträger** (Zeile 6 der Tabelle in Abschnitt 8) unter Einhaltung der Anforderungen an den hierfür geltenden maximal zulässigen Heizenergiebedarf zu decken;
- Es ist der erforderliche Wärmebedarf für Raumheizung und Warmwasser mindestens zu 50 % durch **Fernwärme aus hocheffizienter KWK** (Zeile 8 und 9 der Tabelle in Abschnitt 8) **und/oder Abwärme** (Zeile 10 und 11 der Tabelle in Abschnitt 8) unter Einhaltung der Anforderungen an den hierfür geltenden maximal zulässigen Heizenergiebedarf zu decken.

b) Nutzung erneuerbarer Quellen durch Erwirtschaftung von Erträgen am Standort oder in der Nähe:

- Es sind durch aktive Maßnahmen, wie beispielsweise durch **Solarthermie**, Netto-Endenergieerträge am Standort oder in der Nähe von mindestens 10 % des Endenergiebedarfes für Warmwasser ohne diese aktiven Maßnahmen zu erwirtschaften;
- Es sind durch aktive Maßnahmen, wie beispielsweise durch **Photovoltaik**, Netto-Endenergieerträge am Standort oder in der Nähe von mindestens 10 % des Endenergiebedarfes für Haushaltsstrom bzw. Betriebsstrom ohne diese aktiven Maßnahmen zu erwirtschaften;
- Es sind durch aktive Maßnahmen, wie beispielsweise durch **Wärmerückgewinnung**, Netto-Endenergieerträge am Standort oder in der Nähe von mindestens 10 % des Endenergiebedarfes für Raumheizung ohne diese aktiven Maßnahmen zu erwirtschaften;
- Gleichwertig zu den drei vorgenannten Möglichkeiten gilt die Verringerung des maximal zulässigen Endenergiebedarfes bzw. des maximal zulässigen Gesamtenergieeffizienz-Faktors f_{GEE} gemäß 4.2 für den Neubau um mindestens 5 % durch eine beliebige **Kombination** von Maßnahmen von Solarthermie, Photovoltaik, Wärmerückgewinnung oder Effizienzsteigerungen.

2.1.6. OIB-Richtlinie 6

4.4 Anforderungen an wärmeübertragende Bauteile

4.4.1 Beim Neubau eines Gebäudes oder Gebäudeteiles dürfen bei konditionierten Räumen folgende Wärmedurchgangskoeffizienten (U-Werte) nicht überschritten werden. Für Dachschrägen mit einer Neigung von mehr als 60° gegenüber der Horizontalen gelten die jeweiligen Anforderungen für Wände:

	Bauteil	U-Wert [W/m²K]
1	WÄNDE gegen Außenluft	0,35
2	WÄNDE gegen unbeheizte oder nicht ausgebaute Dachräume	0,35
3	WÄNDE gegen unbeheizte, frostfrei zu haltende Gebäudeteile (ausgenommen Dachräume) sowie gegen Garagen	0,60
4	WÄNDE erdberührt	0,40
5	WÄNDE (Trennwände) zwischen Wohn- oder Betriebseinheiten oder konditionierten Treppenhäusern	0,90
6	WÄNDE gegen andere Bauwerke an Grundstücks- bzw. Bauplatzgrenzen	0,50
7	WÄNDE kleinflächig gegen Außenluft (z.b. bei Gaupen), die 2 % der Wände des gesamten Gebäudes gegen Außenluft nicht überschreiten, sofern die ÖNORM B 8110-2 (Kondensatfreiheit) eingehalten wird	0,70
8	WÄNDE (Zwischenwände) innerhalb von Wohn- und Betriebseinheiten	–
9	FENSTER, FENSTERTÜREN, VERGLASTE TÜREN jeweils in Wohngebäuden (WG) gegen Außenluft [1]	1,40
10	FENSTER, FENSTERTÜREN, VERGLASTE TÜREN jeweils in Nicht-Wohngebäuden (NWG) gegen Außenluft [1]	1,70
11	sonstige TRANSPARENTE BAUTEILE vertikal gegen Außenluft [2]	1,70
12	sonstige TRANSPARENTE BAUTEILE horizontal oder in Schrägen gegen Außenluft [2]	2,00
13	sonstige TRANSPARENTE BAUTEILE vertikal gegen unbeheizte Gebäudeteile [2]	2,50
14	DACHFLÄCHENFENSTER gegen Außenluft [3]	1,70
15	TÜREN unverglast, gegen Außenluft [4]	1,70
16	TÜREN unverglast, gegen unbeheizte Gebäudeteile [4]	2,50
17	TORE Rolltore, Sektionaltore u. dgl. gegen Außenluft [5]	2,50
18	INNENTÜREN	–
19	DECKEN und DACHSCHRÄGEN jeweils gegen Außenluft und gegen Dachräume (durchlüftet oder ungedämmt) [6]	0,20
20	DECKEN gegen unbeheizte Gebäudeteile [6]	0,40
21	DECKEN gegen getrennte Wohn- und Betriebseinheiten [6]	0,90
22	DECKEN innerhalb von Wohn- und Betriebseinheiten [6]	–
23	DECKEN über Außenluft (z.B. über Durchfahrten, Parkdecks) [6]	0,20
24	DECKEN gegen Garagen [6]	0,30
25	BÖDEN erdberührt [6]	0,40

[1] ... Für Fenster ist für den Nachweis des U-Wertes das Prüfnormmaß von 1,23 m × 1,48 m anzuwenden, für Fenstertüren und verglaste Türen das Maß 1,48 m × 2,18 m.

[2] ... Für großflächige, verglaste Fassadenkonstruktionen sind die Abmessungen durch die Symmetrieebenen zu begrenzen.

[3] ... Für Dachflächenfenster ist für den Nachweis des U-Wertes das Prüfnormmaß von 1,23 m × 1,48 m anzuwenden.

[4] ... Für Türen ist das Prüfnormmaß 1,23 m × 2,18 m anzuwenden.

[5] ... Für Tore ist das Prüfnormmaß 2,00 m × 2,18 m anzuwenden.

[6] ... Für Decken und Böden kleinflächig gegen Außenluft darf für 2 % der jeweiligen Fläche der U-Wert bis zum Doppelten des Anforderungswertes betragen, sofern die ÖNORM B 8110-2 (Kondensatfreiheit) eingehalten wird.

4.4.2 Bei erdberührten Bauteilen darf der Nachweis auch über den maximal zulässigen Leitwert, das ist das Produkt aus erdberührter Fläche und höchstzulässigem U-Wert und Temperaturkorrekturfaktor, geführt werden.

4.5 Anforderungen bei Einzelmaßnahmen

Bei der Renovierung eines Gebäudes oder Gebäudeteiles sowie bei der Erneuerung eines Bauteiles dürfen bei konditionierten Räumen maximale Wärmedurchgangskoeffizienten (U-Werte), die nach einer der beiden folgenden Methoden ermittelt werden, nicht überschritten werden:

(a) Vor der Erneuerung eines Bauteiles oder vor der Renovierung eines Gebäudes oder Gebäudeteiles ist ein Sanierungskonzept zu erstellen, dessen Ziel die Erreichung der Anforderungen gemäß 4.2.1 für die größere Renovierung von Wohngebäuden bzw. 4.2.2 für die größere Renovierung von Nicht-Wohngebäuden ist. Einzelkomponenten, die erneuert werden oder Schritte einer größeren Renovierung dürfen nicht einem solchen Sanierungskonzept widersprechen.
(b) Für Bauteile der (thermischen) Gebäudehülle sind die maximalen Wärmedurchgangskoeffizienten (U-Werte) gemäß 4.4.1 um mindestens 6 %, ab 01.01.2017 um mindestens 12 % zu unterschreiten.

4.6 Spezielle Anforderungen an wärmeübertragende Bauteile

4.6.1 Bei Wand-, Fußboden- und Deckenheizungen muss unbeschadet der unter Punkt 4.4 angeführten Anforderungen der Wärmedurchlasswiderstand R der Bauteilschichten zwischen der Heizfläche und der Außenluft mindestens 4,0 m²K/W sowie zwischen der Heizfläche und dem Erdreich oder dem unbeheizten Gebäudeteil mindestens 3,5 m²K/W betragen.

4.6.2 Werden Heizkörper vor außen liegenden transparenten Bauteilen angeordnet, darf der U-Wert des Glases 0,7 W/m²K nicht überschreiten, es sei denn zur Verringerung der Wärmeverluste werden zwischen Heizkörper und transparentem Bauteil geeignete, nicht demontierbare oder integrierte Abdeckungen mit einem Wärmedurchlasswiderstand R von mindestens 1 m²K/W angebracht.

4.7 Kondensation an der inneren Bauteiloberfläche bzw. im Inneren von Bauteilen

Schädliche Kondensation an der inneren Bauteiloberfläche bzw. im Inneren von Bauteilen ist zu vermeiden. Bei Neubau und größerer Renovierung von Gebäuden ist die ÖNORM B 8110-2 einzuhalten. Allfällige negative Wirkungen von Wärmebrücken sind unter Berücksichtigung technischer und wirtschaftlicher Möglichkeiten weitestgehend zu reduzieren.

4.8 Sommerlicher Wärmeschutz

Der sommerliche Wärmeschutz gilt für Wohngebäude als erfüllt, wenn ausreichende Speichermassen im vereinfachten Nachweis gemäß ÖNORM B 8110-3 – unbeschadet der für den Standort geltenden Außenlufttemperatur mit einer Überschreitungshäufigkeit von 130 Tagen in zehn Jahren – vorhanden sind. Für Nicht-Wohngebäude ist jedenfalls der außeninduzierte Kühlbedarf KB* gemäß Punkt 4.2.2 einzuhalten.

4.9 Luft- und Winddichtheit

Beim Neubau muss die Gebäudehülle luft- und winddicht ausgeführt sein, wobei die Luftwechselrate n_{50} – gemessen bei 50 Pascal Druckdifferenz zwischen innen und außen, gemittelt über Unter- und Überdruck und bei geschlossenen Ab- und Zuluftöffnungen (Verfahren 1) – den Wert 3 pro Stunde nicht überschreiten darf. Wird eine mechanisch betriebene Lüftungsanlage mit oder ohne Wärmerückgewinnung eingebaut, darf die Luftwechselrate n_{50} den Wert 1,5 pro Stunde nicht überschreiten.

Bei Wohngebäuden mit einer Brutto-Grundfläche von nicht mehr als 400 m², Doppel- und Reihenhäusern ist dieser Wert für jedes Haus, bei Wohngebäuden mit einer Brutto-Grundfläche von mehr als 400 m² für jede Wohnung bzw. Wohneinheit einzuhalten. Ein Mitteln der einzelnen Wohnungen bzw. Wohneinheiten ist nicht zulässig. Der Wert ist auch für Treppenhäuser, die innerhalb der konditionierten Gebäudehülle liegen, inklusive der von diesen erschlossenen Wohnungen einzuhalten. Bei Nicht-Wohngebäuden der Gebäudekategorien 1 bis 12 gemäß Punkt 3 bezieht sich die Anforderung auf jeden Brandabschnitt.

2.1.6. OIB-Richtlinie 6

5 Anforderungen an Teile des gebäudetechnischen Systems

5.1 Wärmerückgewinnung

Raumlufttechnische „Zu- und Abluftanlagen" (darunter ist die Kombination aus einer Zu- und einer Abluftanlage zu verstehen und nicht eine Zu- oder Abluftanlage alleine) sind bei ihrem erstmaligen Einbau oder bei ihrer Erneuerung mit einer Einrichtung zur Wärmerückgewinnung auszustatten.

5.2 Einsatz hocheffizienter alternativer Energiesysteme

5.2.1 Bei Neubau und größerer Renovierung von Gebäuden muss die technische, ökologische und wirtschaftliche Realisierbarkeit des Einsatzes von hocheffizienten alternativen Systemen wie den in Punkt 5.2.2 angeführten, sofern verfügbar, in Betracht gezogen, berücksichtigt und dokumentiert werden.

5.2.2 Hocheffiziente alternative Energiesysteme sind jedenfalls:
(a) dezentrale Energieversorgungssysteme auf der Grundlage von Energie aus erneuerbaren Quellen,
(b) Kraft-Wärme-Kopplung,
(c) Fern-/Nahwärme oder Fern-/Nahkälte, insbesondere, wenn sie ganz oder teilweise auf Energie aus erneuerbaren Quellen beruht oder aus hocheffizienten Kraft-Wärme-Kopplungsanlagen stammt,
(d) Wärmepumpen.

5.2.3 Wird ein System nach Punkt 4.3.a) gewählt, kann die Prüfung gemäß Punkt 5.2.1 entfallen.

5.3 Zentrale Wärmebereitstellungsanlage

Beim Neubau von Wohngebäuden mit mehr als drei Wohnungen bzw. Wohneinheiten ist eine zentrale Wärmebereitstellungsanlage zu errichten. Von dieser Bestimmung sind ausgenommen:
(a) Gebäude, die mit Fernwärme oder Gas beheizt sind;
(b) Gebäude, deren jährlicher Referenz-Heizwärmebedarf (RK) nicht mehr als 25 kWh/m² konditionierter Brutto-Grundfläche beträgt;
(c) Reihenhäuser.

5.4 Wärmeverteilung

Bei erstmaligem Einbau, bei Erneuerung oder überwiegender Instandsetzung von Wärmeverteilungssystemen für Raumheizung ist deren Wärmeabgabe durch die folgenden technischen Maßnahmen zu begrenzen:

Art der Leitungen	Mindestdämmdicke (λ = 0,035 W/mK)
Leitungen in nicht konditionierten Räumen	2/3 des Rohrdurchmessers, jedoch höchstens 100 mm
bei Leitungen in Wand und Deckendurchbrüchen, im Kreuzungsbereich von Leitungen, bei zentralen Leitungsnetzverteilern	1/3 des Rohrdurchmessers, jedoch höchstens 50 mm
Leitungen in konditionierten Räumen	1/3 des Rohrdurchmessers, jedoch höchstens 50 mm
Leitungen im Fußbodenaufbau	6 mm (kann entfallen bei Verlegung in der Trittschalldämmung bei Decken gegen konditionierte Räume, selbstverständlich ohne Minderung der Trittschalldämmung)
Stichleitungen	keine Anforderungen

2. Kärntner Bauvorschriften – K-BV

5.5 Maximal deckbare Strombedarfsanteile

Folgende Strombedarfsanteile gelten als durch Photovoltaik deckbare Strombedarfsanteile:

Bestandteile	Deckbarer Anteil*)
Raumheizung, Wärmebereitstellung	25 %
Raumheizung, Hilfsenergie	75 %
Warmwasser, Wärmebereitstellung	50 %
Warmwasser, Hilfsenergie	75 %
Kühlenergiebedarf	25 %
Haushaltsstrombedarf / Betriebsstrombedarf	75 %
Solarthermie, Hilfsenergie	100 %
Beleuchtungsenergiebedarf	0 %
Befeuchtungsenergiebedarf	0 %

*) ... nur unter der Voraussetzung, dass Photovoltaik-Anlage und Stromverbraucher im selben Stromkreis sind!

6 Ausweis über die Gesamtenergieeffizienz (Energieausweis)

Der Energieausweis besteht aus:
- den ersten zwei Seiten gemäß dem in dieser Richtlinie festgelegten Layout und
- einem Anhang.

Die Energieausweise sind vollständig auszufüllen.
Im Anhang sind detailliert anzugeben:
- die verwendeten Normen und Richtlinien,
- die angewendeten normgemäßen Vereinfachungen,
- die verwendeten sonstigen Hilfsmittel,
- nachvollziehbare Ermittlung der geometrischen, bauphysikalischen und haustechnischen Eingabedaten sowie
- Empfehlung von Maßnahmen – ausgenommen bei Neubau bzw. unmittelbar nach vollständig durchgeführter größerer Renovierung –, deren Implementierung den Endenergiebedarf des Gebäudes reduziert und technisch und wirtschaftlich zweckmäßig ist.

Der Energieausweis ist von qualifizierten und befugten Personen auszustellen.

7 Layout der Energieausweise

7.1 Energieausweis für Wohngebäude und Nicht-Wohngebäude der Gebäudekategorien 1 bis 12

7.1.1 Energieausweise sind entsprechend dem Muster im Anhang zu gestalten und auszufüllen.

7.1.2 Für die Energieeffizienzskala auf der ersten Seite des Energieausweises sind der spezifische Referenz-Heizwärmebedarf (HWB), der Primärenergiebedarf (PEB), die Kohlendioxidemissionen (CO_2) und der Gesamtenergieeffizienz-Faktor (f_{GEE}), jeweils auf das Standortklima (SK) bezogen, heranzuziehen.

Für Wohngebäude sind der Referenz-Heizwärmebedarf, der Heizwärmebedarf und der End-/Lieferenergiebedarf für das Referenzklima und der Gesamtenergieeffizienz-Faktor sowie Angaben zum erneuerbaren Anteil anzuführen. Für Indikatoren, an die Anforderungen gestellt werden, ist „erfüllt" bzw. „nicht erfüllt" anzugeben. Die Werte sind spezifisch in kWh/m²a anzugeben.

Darüber hinaus sind spezifische standortbezogene Werte für Referenz-Heizwärmebedarf, Heizwärmebedarf, Warmwasserwärmebedarf, Heizenergiebedarf, Energieaufwandszahl Heizen, Haushaltsstrombedarf, Endenergiebedarf, Primärenergiebedarf, Primärenergiebedarf nicht erneuerbar, Primärenergiebedarf erneuerbar, Kohlendioxidemissionen (optional), Gesamtenergieeffizienz-Faktor und Photovoltaik-Export und die Gebäudekenndaten Brutto-Grundfläche, Bezugs-Grundfläche, Brutto-Volumen, Gebäude-Hüllfläche, Kompaktheit A/V, charakteristische Länge, Heiztage, Heizgradtage, Klimaregion, Norm-Außentemperatur, mittlerer U-Wert, LEK$_T$-Wert (optional), Art der Lüftung, Bauweise und Soll-Innentemperatur anzugeben.

2.1.6. OIB-Richtlinie 6

7.1.3 Für die Energieeffizienzskala auf der ersten Seite des Energieausweises sind der spezifische Referenz-Heizwärmebedarf (HWB), der Primärenergiebedarf (PEB), die Kohlendioxidemissionen (CO_2) und der Gesamtenergieeffizienz-Faktor (f_{GEE}), jeweils auf das Standortklima bezogen, heranzuziehen.

Für Nicht-Wohngebäude ist der Referenz-Heizwärmebedarf und der außeninduzierte Kühlbedarf und der End-/Lieferenergiebedarf für das Referenzklima und der Gesamtenergieeffizienz-Faktor sowie Angaben zum erneuerbaren Anteil anzuführen. Für Indikatoren, an die Anforderungen gestellt werden, ist „erfüllt" bzw. „nicht erfüllt" anzugeben. Die Werte sind spezifisch in kWh/m²a anzugeben.

Darüber hinaus sind spezifische standortbezogene Werte für Referenz-Heizwärmebedarf, Heizwärmebedarf, Warmwasserwärmebedarf, Heizenergiebedarf, Energieaufwandszahl Heizen, Kühlbedarf, Kühlenergiebedarf, Energieaufwandszahl Kühlen, Befeuchtungsenergiebedarf, Beleuchtungsenergiebedarf, Betriebsstrombedarf, Endenergiebedarf, Primärenergiebedarf, Primärenergiebedarf nicht erneuerbar, Primärenergiebedarf erneuerbar, Kohlendioxidemissionen (optional), Gesamtenergieeffizienz-Faktor und Photovoltaik-Export und die Gebäudekenndaten Brutto-Grundfläche, Bezugs-Grundfläche, Brutto-Volumen, Gebäude-Hüllfläche, Kompaktheit A/V, charakteristische Länge, Heiztage, Heizgradtage, Klimaregion, Norm-Außentemperatur, mittlerer U-Wert, LEK$_T$-Wert (optional), Art der Lüftung, Bauweise und Soll-Innentemperatur anzugeben.

7.1.4 Für die grafische Darstellung in der Energieeffizienzskala auf der ersten Seite des Energieausweises werden folgende Klassengrenzen festgelegt:

Klasse	HWB$_{Ref,SK}$ [kWh/m²a]	PEB$_{SK}$ [kWh/m²a]	CO2$_{SK}$ [kg/m²a]	f$_{GEE}$ [-]
A++	10	60	8	0,55
A+	15	70	10	0,70
A	25	80	15	0,85
B	50	160	30	1,00
C	100	220	40	1,75
D	150	280	50	2,50
E	200	340	60	3,25
F	250	400	70	4,00
G	> 250	> 400	> 70	> 4,00

8 Konversionsfaktoren

Die Konversionsfaktoren zur Ermittlung des PEB (f_{PE}), des nichterneuerbaren Anteils des PEB ($f_{PE,n.ern.}$), des erneuerbaren Anteils des PEB ($f_{PE,ern.}$) sowie von CO_2 (f_{CO2}) sind der nachfolgenden Tabelle zu entnehmen. Im Falle von Einzelnachweisen ist gemäß OIB-Leitfaden „Energietechnisches Verhalten von Gebäuden" vorzugehen.

	Energieträger	f$_{PE}$ [-]	f$_{PE,n.ern.}$ [-]	f$_{PE,ern.}$ [-]	f$_{CO2}$ [g/kWh]
1	Kohle	1,46	1,46	0,00	337
2	Heizöl	1,23	1,23	0,01	311
3	Erdgas	1,17	1,16	0,00	236
4	Biomasse	1,08	0,06	1,02	4
5	Strom-Mix Österreich (inkl. Netto-Importe)	1,91	1,32	0,59	276
6	Fernwärme aus Heizwerk (erneuerbar)	1,60	0,28	1,32	51
7	Fernwärme aus Heizwerk (nicht erneuerbar)	1,52	1,38	0,14	291
8	Fernwärme aus hocheffizienter KWK [(1)] (Defaultwert)	0,94	0,19	0,75	28
9	Fernwärme aus hocheffizienter KWK [(1)] (Bestwert)	≥ 0,30	gemäß Einzelnachweis [(2)]		≥ 20
10	Abwärme (Defaultwert)	1,00	1,00	0,00	20
11	Abwärme (Bestwert)	≥ 0,30	gemäß Einzelnachweis [(2)]		≥ 20

[(1)] ... Als hocheffiziente Kraft-Wärme-Kopplung (KWK) werden all jene angesehen, die der Richtlinie 2004/8/EG entsprechen.

[(2)] ... Für den Fall, dass ein Einzelnachweis gemäß EN 15316-4-5 durchgeführt wird, dürfen keine kleineren Werte als für industrielle Abwärme verwendet werden. Die Randbedingungen zum Berechnungsverfahren sind im Dokument „Erläuternde Bemerkungen" festgehalten.

9 Referenzausstattungen

9.1 Wärmeabgabe- und Wärmeverteilsystem

9.1.1 Objektdaten

- Gebäudezentrale kombinierte Wärmebereitstellung (bei Anwendung von Punkt 9.2.11 ist hierbei Warmwasser ausgenommen)
- Systemtemperaturen und Wärmeabgabe:
  - Für Wärmebereitstellung außer Wärmepumpen:
    - Wärmeabgabe: kleinflächige Wärmeabgabe
    - Für Gebäude mit BGF ≤ 400 m²: Systemtemperaturen: 55 °C/45 °C
    - Für Gebäude mit BGF > 400 m²: Systemtemperaturen: 60 °C/35 °C
  - Für Wärmepumpensysteme:
    - Wärmeabgabe: Flächenheizung
    - Für alle Gebäude: Systemtemperaturen: 40 °C/30 °C
  - Warmwasserwärmeabgabe:
    - Zweigriffarmaturen
- Regelung:
  - Für Radiatorenheizung:
    - Raumthermostat-Zonenregelung mit Zeitsteuerung
  - Für Flächenheizung:
    - Einzelraumregelung mit elektronischem Regelgerät mit Optimierungsfunktion
- Wärmeverteilung:
  - Verteilleitungen im unkonditionierten Gebäudebereich, Verhältnis Dämmdicke zu Rohrdurchmesser ist 3/3, Armaturen gedämmt
  - Steigleitungen im konditionierten Gebäudebereich, Verhältnis Dämmdicke zu Rohrdurchmesser ist 3/3, Armaturen gedämmt
  - Stichleitungen: im konditionierten Gebäudebereich, Kunststoff, Verhältnis Dämmdicke zu Rohrdurchmesser ist 1/3
  - Anbindeleitungen: im konditionierten Gebäudebereich, Verhältnis Dämmdicke zu Rohrdurchmesser ist 1/3, Armaturen gedämmt
  - Für Gebäude mit BGF ≤ 400 m² mit gebäudezentraler Warmwasserwärmebereitstellung: Warmwasserverteilung ohne Zirkulationsleitung
  - Für Gebäude mit BGF > 400 m² mit gebäudezentraler Warmwasserwärmebereitstellung: Warmwasserverteilung mit Zirkulationsleitung

9.2 Wärmespeicher- und Wärmebereitstellungssystem

9.2.1 Energieträger fossil fest

- Warmwasser-Wärmespeicherung:
  - indirekt beheizt, Verluste von Wärmespeichern Baujahr ab 1994, gedämmte Anschlussteile, Standort im nicht konditionierten Bereich
- Warmwasser-Wärmebereitstellung:
  - kombiniert mit Raumheizung
- Raumheizung-Wärmespeicherung:
  - Speicher für händisch beschickte Systeme, Verluste von Wärmespeichern, Baujahr ab 1994, gedämmte Anschlussteile, Standort im nicht konditionierten Bereich
- Raumheizung-Wärmebereitstellung:
  - Heizkessel für feste Brennstoffe, Kohle, händisch beschickt, gleitende Betriebsweise, Baujahr ab 1994, gebäudezentral, Standort im nicht konditionierten Bereich

9.2.2 Energieträger fossil flüssig

- Warmwasser-Wärmespeicherung:
  - indirekt beheizt, Verluste von Wärmespeichern, Baujahr ab 1994, gedämmte Anschlussteile, Standort im nicht konditionierten Bereich
- Warmwasser-Wärmebereitstellung:
  - kombiniert mit Raumheizung
- Raumheizung-Wärmespeicherung:
  - kein Speicher

2.1.6. OIB-Richtlinie 6

- Raumheizung-Wärmebereitstellung:
  - modulierender Brennwertkessel, Heizöl extra leicht, Baujahr ab 1994, gebäudezentral, automatisch beschickte bzw. gleitende Betriebsweise, Standort im nicht konditionierten Bereich

9.2.3 Energieträger fossil gasförmig
- Warmwasser-Wärmespeicherung:
  - indirekt beheizt, Verluste von Wärmespeichern, Baujahr ab 1994, gedämmte Anschlussteile, Standort im nicht konditionierten Bereich
- Warmwasser-Wärmebereitstellung:
  - kombiniert mit Raumheizung
- Raumheizung-Wärmespeicherung:
  - kein Speicher
- Raumheizung-Wärmebereitstellung:
  - modulierender Brennwertkessel im nicht konditionierten Bereich, Baujahr ab 1994, gebäudezentral, gleitende Betriebsweise, Gebläseunterstützung

9.2.4 Energieträger Biomasse
- Warmwasser-Wärmespeicherung:
  - indirekt beheizt, Verluste von Wärmespeichern, Baujahr ab 1994, gedämmte Anschlussteile, Standort im nicht konditionierten Bereich
- Warmwasser-Wärmebereitstellung:
  - kombiniert mit Raumheizung
- Raumheizung-Wärmespeicherung:
  - Lastausgleichsspeicher, Verluste von Wärmespeichern, Baujahr ab 1994, gedämmte Anschlussteile
- Raumheizung-Wärmebereitstellung:
  - modulierender Pelletskessel im nicht konditionierten Bereich, gleitender Betrieb, Baujahr ab 2004, gebäudezentral, automatisch beschickt, Gebläseunterstützung, Fördergebläse

9.2.5 Energieträger Fernwärme
- Warmwasser-Wärmespeicherung:
  - indirekt beheizt, Verluste von Wärmespeichern, Baujahr ab 1994, gedämmte Anschlussteile, Standort im nicht konditionierten Bereich
- Warmwasser-Wärmebereitstellung:
  - kombiniert mit Raumheizung
- Raumheizung-Wärmespeicherung:
  - kein Speicher
- Raumheizung-Wärmebereitstellung:
  - Wärmetauscher wärmegedämmt, automatisch betrieben, gleitender Betrieb, Standort im nicht konditionierten Bereich, gebäudezentral

9.2.6 Wärmepumpentechnologie Luft/Wasser-Wärmepumpe
- Warmwasser-Wärmespeicherung:
  - indirekt beheizt, Verluste von Wärmepumpenspeichern, Baujahr ab 1994, gedämmte Anschlussteile, Standort im nicht konditionierten Bereich
- Warmwasser-Wärmebereitstellung:
  - kombiniert mit Raumheizung
- Raumheizung-Wärmespeicherung:
  - kein Speicher
- Raumheizung-Wärmebereitstellung:
  - Luft/Wasser-Wärmepumpe ab 2005, nicht modulierend, gleitender Betrieb, Standort im nicht konditionierten Bereich, gebäudezentral

9.2.7 Wärmepumpentechnologie Sole/Wasser-Wärmepumpe (Flachkollektor)
- Warmwasser-Wärmespeicherung:
  - indirekt beheizt, Verluste von Wärmepumpenspeichern, Baujahr ab 1994, gedämmte Anschlussteile, Standort im nicht konditionierten Bereich
- Warmwasser-Wärmebereitstellung:
  - kombiniert mit Raumheizung

- Raumheizung-Wärmespeicherung:
  - kein Speicher
- Raumheizung-Wärmebereitstellung:
  - Sole/Wasser-Wärmepumpe Flachkollektor ab 2005, nicht modulierend, gleitender Betrieb, Soleumwälzpumpe Standard, Standort im nicht konditionierten Bereich, gebäudezentral

9.2.8 Wärmepumpentechnologie Sole/Wasser-Wärmepumpe (Tiefensonde)
- Warmwasser-Wärmespeicherung:
  - indirekt beheizt, Verluste von Wärmepumpenspeichern, Baujahr ab 1994, gedämmte Anschlussteile, Standort im nicht konditionierten Bereich
- Warmwasser-Wärmebereitstellung:
  - kombiniert mit Raumheizung
- Raumheizung-Wärmespeicherung:
  - kein Speicher
- Raumheizung-Wärmebereitstellung:
  - Sole/Wasser-Wärmepumpe Tiefensonde ab 2005, nicht modulierend, gleitender Betrieb, Soleumwälzpumpe Standard, Standort im nicht konditionierten Bereich, gebäudezentral

9.2.9 Wärmepumpentechnologie Grundwasser-Wärmepumpe
- Warmwasser-Wärmespeicherung:
  - indirekt beheizt, Verluste von Wärmepumpenspeichern, Baujahr ab 1994, gedämmte Anschlussteile, Standort im nicht konditionierten Bereich
- Warmwasser-Wärmebereitstellung:
  - kombiniert mit Raumheizung
- Raumheizung-Wärmespeicherung:
  - kein Speicher
- Raumheizung-Wärmebereitstellung:
  - Grundwasser-Wärmepumpe ab 2005, nicht modulierend, gleitender Betrieb, Grundwasserumwälzpumpe Standard, Standort im nicht konditionierten Bereich, gebäudezentral

9.2.10 Wärmepumpentechnologie Direktverdampfer-Wärmepumpe
- Warmwasser-Wärmespeicherung:
  - indirekt beheizt, Verluste von Wärmepumpenspeichern, Baujahr ab 1994, gedämmte Anschlussteile, Standort im nicht konditionierten Bereich
- Warmwasser-Wärmebereitstellung:
  - kombiniert mit Raumheizung
- Raumheizung-Wärmespeicherung:
  - kein Speicher
- Raumheizung-Wärmebereitstellung:
  - Direktverdampfer-Wärmepumpe ab 2005, nicht modulierend, gleitender Betrieb, Standort im nicht konditionierten Bereich, gebäudezentral

9.2.11 Strom direkt Warmwasser
- Warmwasser-Wärmespeicherung:
  - direkt elektrisch beheizt, dezentral, Verluste von Wärmespeichern im konditionierten Bereich, Baujahr ab 1994, gedämmte Anschlussteile, E-Patrone
- Warmwasser-Wärmebereitstellung
  - Stromdirektheizung

9.2.12 Strom direkt Raumheizung
- Raumheizung-Wärmespeicherung:
  - kein Speicher
- Raumheizung-Wärmebereitstellung:
  - Luft/Wasser-Wärmepumpe ab 2005, nicht modulierend, gleitender Betrieb, Standort im nicht konditionierten Bereich, gebäudezentral

2.1.6. OIB-Richtlinie 6

Anhang Muster Energieausweis Wohngebäude Seite 1 für Wohngebäude

Energieausweis für Wohngebäude

OIB-Richtlinie 6
Ausgabe: März 2015

Logo

BEZEICHNUNG

Gebäude(-teil)	Baujahr
Nutzungsprofil	Letzte Veränderung
Straße	Katastralgemeinde
PLZ/Ort	KG-Nr.
Grundstücksnr.	Seehöhe

SPEZIFISCHER STANDORT-REFERENZ-HEIZWÄRMEBEDARF, STANDORT-PRIMÄRENERGIEBEDARF, STANDORT-KOHLENDIOXIDEMISSIONEN UND GESAMTENERGIEEFFIZIENZ-FAKTOR

$HWB_{Ref, SK}$ PEB_{SK} $CO2_{SK}$ f_{GEE}

A++
A+
A   A (Beispiel)   A+ (Beispiel)   A (Beispiel)
B   B (Beispiel)
C
D
E
F
G

HWB_{Ref}: Der **Referenz-Heizwärmebedarf** ist jene Wärmemenge, die in den Räumen bereitgestellt werden muss, um diese auf einer normalen gewünschten Raumtemperatur, ohne Berücksichtigung allfälliger Erträge oder Wärmerückgewinnung, zu halten.

WWWB: Der **Warmwasserwärmebedarf** ist in Abhängigkeit der Gebäudekategorie als flächenbezogener Defaultwert festgelegt.

HEB: Beim **Heizenergiebedarf** werden zusätzlich zum Heiz- und Warmwasserwärmebedarf die Verluste des gebäudetechnischen Systems berücksichtigt, dazu zählen insbesondere die Verluste der Wärmebereitstellung, der Wärmeverteilung, der Wärmespeicherung und der Wärmeabgabe sowie allfälliger Hilfsenergie.

HHSB: Der **Haushaltsstrombedarf** ist als flächenbezogener Defaultwert festgelegt. Er entspricht in etwa dem durchschnittlichen flächenbezogenen Stromverbrauch eines österreichischen Haushalts.

EEB: Der **Endenergiebedarf** umfasst zusätzlich zum Heizenergiebedarf den Haushaltsstrombedarf, abzüglich allfälliger Endenergieerträge und zuzüglich eines dafür notwendigen Hilfsenergiebedarfs. Der Endenergiebedarf entspricht jener Energiemenge, die eingekauft werden muss (Lieferantenbedarf).

f_{GEE}: Der **Gesamtenergieeffizienz-Faktor** ist der Quotient aus dem Endenergiebedarf und einem Referenz-Endenergiebedarf (Anforderung 2007).

PEB: Der **Primärenergiebedarf** ist der Endenergiebedarf einschließlich der Verluste in allen Vorketten. Der Primärenergiebedarf weist einen erneuerbaren ($PEB_{ern.}$) und einen nicht erneuerbaren ($PEB_{n.ern.}$) Anteil auf.

CO_2: Gesamte dem Endenergiebedarf zuzurechnende **Kohlendioxidemissionen**, einschließlich jener für Vorketten.

Alle Werte gelten unter der Annahme eines normierten Benutzerinnenverhaltens. Sie geben den Jahresbedarf pro Quadratmeter beheizter Brutto-Grundfläche an.

Dieser Energieausweis entspricht den Vorgaben der OIB-Richtlinie 6 „Energieeinsparung und Wärmeschutz" des Österreichischen Instituts für Bautechnik in Umsetzung der Richtlinie 2010/31/EU über die Gesamtenergieeffizienz von Gebäuden und des Energieausweis-Vorlage-Gesetzes (EAVG). Der Ermittlungszeitraum für die Konversionsfaktoren für Primärenergie und Kohlendioxidemissionen ist 2004 – 2008 (bisher: 2009 - 2013), und es wurden übliche Allokationsregeln umgestellt.

2. Kärntner Bauvorschriften – K-BV

Seite 2 für Wohngebäude

Energieausweis für Wohngebäude

OIB-Richtlinie 6
Ausgabe: März 2015

Logo

GEBÄUDEKENNDATEN

Brutto-Grundfläche	charakteristische Länge	mittlerer U-Wert
Bezugsfläche	Heiztage	LEK-Wert
Brutto-Volumen	Heizgradtage	Art der Lüftung
Gebäude-Hüllfläche	Klimaregion	Bauweise
Kompaktheit (A/V)	Norm-Außentemperatur	Soll-Innentemperatur

ANFORDERUNGEN (Referenzklima)

Referenz-Heizwärmebedarf	$HWB_{Ref,RK}$ erfüllt / nicht erfüllt (obligatorisch) / k.A.	$HWB_{Ref,RK}$	###,#	kWh/m²a
Heizwärmebedarf		HWB_{RK}	###,#	kWh/m²a
End-/Lieferenergiebedarf	EEB_{max} erfüllt / nicht erfüllt (alternativ zu f_{GEE}) / k.A.	E/LEB_{RK}	###,#	kWh/m²a
Gesamtenergieeffizienz-Faktor	f_{GEE} erfüllt / nicht erfüllt (alternativ zu EEB_{max}) / k.A.	f_{GEE}	#,##	
Erneuerbarer Anteil	Erneuerbarer Anteil erfüllt / nicht erfüllt / k.A.			

WÄRME- UND ENERGIEBEDARF (Standortklima)

Referenz-Heizwärmebedarf	###.###	kWh/a	$HWB_{Ref,SK}$	###,#	kWh/m²a
Heizwärmebedarf	###.###	kWh/a	HWB_{SK}	###,#	kWh/m²a
Warmwasserwärmebedarf	###.###	kWh/a	WWWB	###,#	kWh/m²a
Heizenergiebedarf	###.###	kWh/a	HEB_{SK}	###,#	kWh/m²a
Energieaufwandszahl Heizen			$e_{AWZ,H}$	#,##	
Haushaltsstrombedarf	###.###	kWh/a	HHSB	###,#	kWh/m²a
Endenergiebedarf	###.###	kWh/a	EEB_{SK}	###,#	kWh/m²a
Primärenergiebedarf	###.###	kWh/a	PEB_{SK}	###,#	kWh/m²a
Primärenergiebedarf nicht erneuerbar	###.###	kWh/a	$PEB_{n.ern.,SK}$	###,#	kWh/m²a
Primärenergiebedarf erneuerbar	###.###	kWh/a	$PEB_{ern.,SK}$	###,#	kWh/m²a
Kohlendioxidemissionen (optional)	###.###	kg/a	$CO2_{SK}$	###,#	kg/m²a
Gesamtenergieeffizienz-Faktor			f_{GEE}	#,##	
Photovoltaik-Export	###.###	kWh/a	$PV_{Export,SK}$	###,#	kWh/m²a

---

ERSTELLT

GWR-Zahl	ErstellerIn
Ausstellungsdatum	Unterschrift
Gültigkeitsdatum	

Die Energiekennzahlen dieses Energieausweises dienen ausschließlich der Information. Aufgrund der idealisierten Eingangsparameter können bei tatsächlicher Nutzung erhebliche Abweichungen auftreten. Insbesondere Nutzungseinheiten unterschiedlicher Lage können aus Gründen der Geometrie und der Lage hinsichtlich ihrer Energiekennzahlen von den hier angegebenen abweichen.

2.1.6. OIB-Richtlinie 6

Anhang Muster Energieausweis Nicht-Wohngebäude Seite 1 für Nicht-Wohngebäude

Energieausweis für Nicht-Wohngebäude

OIB-Richtlinie 6
Ausgabe: März 2015

Logo

BEZEICHNUNG

Gebäude(-teil)	Baujahr
Nutzungsprofil	Letzte Veränderung
Straße	Katastralgemeinde
PLZ/Ort	KG-Nr.
Grundstücksnr.	Seehöhe

SPEZIFISCHER STANDORT-REFERENZ-HEIZWÄRMEBEDARF, STANDORT-PRIMÄRENERGIEBEDARF, STANDORT-KOHLENDIOXIDEMISSIONEN UND GESAMTENERGIEEFFIZIENZ-FAKTOR

$HWB_{Ref, SK}$ PEB_{SK} $CO_{2,SK}$ f_{GEE}

A++
A+
A — A (Beispiel)
B — B (Beispiel)   A+ (Beispiel)
C
D
E
F
G

HWB$_{Ref}$: Der Referenz-Heizwärmebedarf ist jene Wärmemenge, die in den Räumen bereitgestellt werden muss, um diese auf einer normativ festgelegten Raumtemperatur, ohne Berücksichtigung nutzbarer Erträge aus Wärmerückgewinnung, zu halten.

WWWB: Der Warmwasserwärmebedarf ist in Abhängigkeit der Gebäudekategorie als flächenbezogener Defaultwert festgelegt.

HEB: Beim Heizenergiebedarf werden zusätzlich zum Heiz- und Warmwasserwärmebedarf die Verluste des gebäudetechnischen Systems berücksichtigt. Dazu zählen insbesondere die Verluste der Wärmebereitstellung, der Wärmeverteilung, der Wärmespeicherung und der Wärmeabgabe sowie allfälliger Hilfsenergie.

KB: Der Kühlbedarf ist jene Wärmemenge, welche aus den Räumen abgeführt werden muss, um unter der Solltemperatur zu bleiben. Er errechnet sich aus den nicht nutzbaren Internen und solaren Gewinnen.

BeFEB: Beim Befeuchtungsenergiebedarf wird der allfällige Energiebedarf zur Befeuchtung dargestellt.

KEB: Beim Kühlenergiebedarf werden zusätzlich zum Kühlbedarf die Verluste des Kühlsystems und der Kälteverteilung berücksichtigt.

BelEB: Der Beleuchtungsenergiebedarf ist als flächenbezogener Defaultwert festgelegt und entspricht dem Energiebedarf zur nutzungsgerechten Beleuchtung.

BSK: Der Bestelmstrombedarf ist als flächenbezogener Defaultwert festgelegt und entspricht der Hälfte der mittleren inneren Lasten.

EEB: Der Endenergiebedarf umfasst zusätzlich zum Heizenergiebedarf den jeweils zulässigen Betriebsstrombedarf, Kühlenergiebedarf und Befeuchtungsenergiebedarf, abzüglich allfälliger Endenergieerträge und zuzüglich eines dafür notwendigen Hilfsenergiebedarfs. Der Endenergiebedarf entspricht jener Energiemenge, die abgelesen werden muss (Lieferenergiebedarf).

f_{GEE}: Der Gesamtenergieeffizienz-Faktor ist der Quotient aus dem Endenergiebedarf und einem Referenz-Endenergiebedarf (Anforderung 2007).

PEB: Der Primärenergiebedarf ist der Endenergiebedarf einschließlich der Verluste bei allen Vorketten. Der Primärenergiebedarf setzt sich einem erneuerbaren ($PEB_{ern.}$) und einem nicht erneuerbaren ($PEB_{n.ern.}$) Anteil auf.

CO$_2$: Gesamte (beim Endenergiebedarf zuzurechnende) Kohlendioxidemissionen, einschließlich jener für Vorketten.

Alle Werte gelten unter der Annahme eines normierten Benutzerinnenverhaltens. Sie geben den Jahresbedarf pro Quadratmeter beheizter Brutto-Grundfläche an.

Dieser Energieausweis entspricht den Vorgaben der OIB-Richtlinie 6 „Energieeinsparung und Wärmeschutz" des Österreichischen Instituts für Bautechnik in Umsetzung der Richtlinie 2010/31/EU über die Gesamtenergieeffizienz von Gebäuden und des Energieausweis-Vorlage-Gesetzes (EAVG). Der Ermittlungszeitraum für die Konversionsfaktoren für Primärenergie und Kohlendioxidemissionen ist 2004 - 2008 (Strom: 2009 - 2013), und es wurden übliche Allokationsregeln unterstellt.

2. Kärntner Bauvorschriften – K-BV

Seite 2 für Nicht-Wohngebäude

Energieausweis für Nicht-Wohngebäude

OIB-Richtlinie 6
Ausgabe: März 2015

Logo

GEBÄUDEKENNDATEN

Brutto-Grundfläche	charakteristische Länge	mittlerer U-Wert
Bezugsfläche	Heiztage	LEK$_T$-Wert
Brutto-Volumen	Heizgradtage	Art der Lüftung
Gebäude-Hüllfläche	Klimaregion	Bauweise
Kompaktheit (A/V)	Norm-Außentemperatur	Soll-Innentemperatur

ANFORDERUNGEN (Referenzklima)

Referenz-Heizwärmebedarf	HWB$_{Ref,RK}$ erfüllt / nicht erfüllt (obligatorisch) / k.A.	HWB$_{Ref,RK}$	###,##	kWh/m²a
Außeninduzierter Kühlbedarf	1,0 / 2,0 kWh/m²a erfüllt / nicht erfüllt / k.A.	KB*$_{RK}$	###,##	kWh/m²a
End-/Lieferenergiebedarf	EEB$_{max}$ erfüllt / nicht erfüllt (alternativ zu f$_{GEE}$) / k.A.	E/LEB$_{RK}$	###,##	kWh/m²a
Gesamtenergieeffizienz-Faktor	f$_{GEE}$ erfüllt / nicht erfüllt (alternativ zu EEB$_{max}$) / k.A.	f$_{GEE}$	#,##	
Erneuerbarer Anteil	Erneuerbarer Anteil erfüllt / nicht erfüllt / k.A.			

WÄRME- UND ENERGIEBEDARF (Standortklima)

Referenz-Heizwärmebedarf	###.###	kWh/a	HWB$_{Ref,SK}$	###,#	kWh/m²a
Heizwärmebedarf	###.###	kWh/a	HWB$_{SK}$	###,#	kWh/m²a
Warmwasserwärmebedarf	###.###	kWh/a	WWWB	###,#	kWh/m²a
Heizenergiebedarf	###.###	kWh/a	HEB$_{SK}$	###,#	kWh/m²a
Energieaufwandszahl Heizen			e$_{AWZ,H}$	#,##	
Kühlbedarf	###.###	kWh/a	KB$_{SK}$	###,#	kWh/m²a
Kühlenergiebedarf	###.###	kWh/a	KEB$_{SK}$	###,#	kWh/m²a
Energieaufwandszahl Kühlen			e$_{AWZ,K}$	#,##	
Befeuchtungsenergiebedarf	###.###	kWh/a	BefEB$_{SK}$	###,#	kWh/m²a
Beleuchtungsenergiebedarf	###.###	kWh/a	BelEB	###,#	kWh/m²a
Betriebsstrombedarf	###.###	kWh/a	BSB	###,#	kWh/m²a
Endenergiebedarf	###.###	kWh/a	EEB$_{SK}$	###,#	kWh/m²a
Primärenergiebedarf	###.###	kWh/a	PEB$_{SK}$	###,#	kWh/m²a
Primärenergiebedarf nicht erneuerbar	###.###	kWh/a	PEB$_{n.ern.,SK}$	###,#	kWh/m²a
Primärenergiebedarf erneuerbar	###.###	kWh/a	PEB$_{ern.,SK}$	###,#	kWh/m²a
Kohlendioxidemissionen (optional)	###.###	kg/a	CO2$_{SK}$	###,#	kg/m²a
Gesamtenergieeffizienz-Faktor			f$_{GEE}$		
Photovoltaik-Export	###.###	kWh/a	PV$_{Export,SK}$	###,#	kWh/m²a

ERSTELLT

GWR-Zahl	ErstellerIn
Ausstellungsdatum	Unterschrift
Gültigkeitsdatum	

Die Energiekennzahlen dieses Energieausweises dienen ausschließlich der Information. Aufgrund der idealisierten Eingangsparameter können bei tatsächlicher Nutzung erhebliche Abweichungen auftreten. Insbesondere Nutzungseinheiten unterschiedlicher Lage können aus Gründen der Geometrie und der Lage hinsichtlich ihrer Energiekennzahlen von den hier angegebenen abweichen.

2.1.6. OIB-Richtlinie 6

Erläuternde Bemerkungen
zu OIB-Richtlinie 6
„Energieeinsparung und Wärmeschutz"
und zum OIB-Leitfaden
„Energietechnisches Verhalten von Gebäuden"

Ausgabe: März 2015

I. Allgemeines

Grundlage der gegenständlichen Fassung der OIB-Richtlinie 6 „Energieeinsparung und Wärmeschutz" sind folgende zwei Dokumente:

- OIB-Dokument zur Definition des Niedrigstenergiegebäudes und zur Festlegung von Zwischenzielen in einem „Nationalen Plan" gemäß Artikel 9 (3) zu 2010/31/EU (28. März 2014)

- OIB-Dokument zum Nachweis der Kostenoptimalität der Anforderungen der OIB-Richtlinie 6 bzw. des Nationalen Plans gemäß 2010/31/EU (28. März 2014)

Darüber hinaus wird zum besseren Verständnis der komplexen Zusammenhänge und der vollständigen Umsetzung der EPBD 2010/31/EU ein Schirmdokument erstellt:

- OIB-Erläuterung der allgemeinen Zusammenhänge zwischen den verschiedenen OIB-Dokumenten, den Österreichischen und Europäischen Normen zur Umsetzung der Richtlinie über die Gesamtenergieeffizienz von Gebäuden (EPBD) – Übergreifendes Dokument

In der gegenständlichen Fassung der OIB-Richtlinie 6 „Energieeinsparung und Wärmeschutz" werden die ersten beiden Stufen des oben angeführten Nationalen Plans umgesetzt, der auf Basis des Nachweises der Kostenoptimalität erstellt wurde. Diese beiden Stufen stellen Zwischenziele für die Verbesserung der Gesamtenergieeffizienz neuer Gebäude dar. In Umsetzung der Richtlinie 2010/31/EU wird darüber hinaus festgelegt, dass ab 31. Dezember 2020 alle neuen Gebäude Niedrigstenergiegebäude sein müssen.

Ebenso sind die beiden ersten Stufen des Nationalen Plans für Gebäude, die einer größeren Renovierung unterzogen werden, Inhalt dieser Fassung. Für den Fall von Einzelmaßnahmen, die nicht einer größeren Renovierung entsprechen, erfolgt dabei die Anforderungsformulierung derart, dass sichergestellt ist, dass auch bei etappenweisen Einzelmaßnahmen als Endergebnis eine kostenoptimale Lösung aus der Summe der Einzelmaßnahmen resultiert.

Zumal der Nachweis der Kostenoptimalität ausschließlich auf der Grundlage von Effizienzmaßnahmen geführt wurde, beinhaltet der Nationale Plan eine duale Anforderungsformulierung, die die Möglichkeit einräumt, in begrenztem Maß auch Energieerträge aus erneuerbaren Quellen, die am Standort oder in der Nähe erzeugt werden, zur Erreichung der Anforderungen heranzuziehen. Damit wird dem Ziel der Begrenzung des nicht erneuerbaren Primärenergiebedarfes entsprochen. Ebenso wird dadurch der Ver-pflichtung entsprochen, geeignete Maßnahmen aufzunehmen, um den Anteil aller Arten von Energie aus erneuerbaren Quellen im Gebäudebereich zu erhöhen, wobei Maßnahmen zur Steigerung der Energieef-fizienz berücksichtigt werden.

Parallel dazu werden einige methodische Verbesserungen bzw. Ergänzungen umgesetzt.

Selbstverpflichtungen von Behörden betreffend Gebäude, die diese als Eigentümer nutzen, sind nicht Gegenstand dieser Richtlinie (Hierzu sei auf die Artikel 12 „Mindestanforderungen für den Neubau öffentlicher Gebäude der Vertragsparteien" und 13 „Mindestanforderungen für die Sanierung öffentlicher Gebäude der Vertragsparteien" der Vereinbarung gemäß Art. 15a. B-VG zwischen dem Bund und den Ländern über Maßnahmen im Gebäudesektor zum Zweck der

Reduktion des Ausstoßes an Treibhausgasen – BUNDESGESETZBLATT FÜR DIE REPUBLIK ÖSTERREICH vom 30. Juli 2009 verwiesen).

Ebenso sind finanzielle Anreize zur Erhöhung der Zahl der Niedrigstenergiegebäude nicht Gegenstand dieser Richtlinie (Hierzu sei auf den 2. Abschnitt – Maßnahmen im Bereich der Wohnbauförderungen der Länder der Vereinbarung gemäß Art. 15a. B-VG zwischen dem Bund und den Ländern über Maßnahmen im Gebäudesektor zum Zweck der Reduktion des Ausstoßes an Treibhausgasen – BUNDESGESETZ-BLATT FÜR DIE REPUBLIK ÖSTERREICH vom 30. Juli 2009 verwiesen).

Die gegenständliche Fassung dient einer ersten Anwendung des Nationalen Plans, der auf Basis des Nachweises der Kostenoptimalität der Anforderungen erstellt wurde, und zur Umsetzung einiger methodischer Verbesserungen bzw. Ergänzungen.

Die Richtlinie definiert **Anforderungen an die thermisch-energetische Qualität von Gebäuden**. Diese sollen folgenden Zielsetzungen dienen:

- Österreichweite Harmonisierung Bautechnischer Vorschriften
    - sowohl hinsichtlich der Methodik, die thermisch-energetische Qualität von Gebäuden primär ausgedrückt durch Energiekennzahlen zu beschreiben
    - als auch Anforderungen an diese Energiekennzahlen zu formulieren

- **Umsetzung der Richtlinie 2002/91/EG** über die Gesamtenergieeffizienz von Gebäuden (EU-Gebäuderichtlinie) **und der Richtlinie 2010/31/EU** über die Gesamtenergieeffizienz von Gebäuden (Neufassung) in nationales Recht, sowie **der Richtlinie 2009/28/EG** zur Förderung der Nutzung von Energie aus erneuerbaren Quellen [1], und Berücksichtigung der **Richtlinie 2012/27/EU** zur Energieeffizienz

Grundsätzlich können Anforderungen an die thermisch-energetische Qualität von Gebäuden an den folgenden Ebenen ansetzen:

- Anforderungen an die **thermische Qualität** von Bauteilen wie an die maximalen U-Werte für einzelne Bauteile;

- Anforderungen an den Nutzenergiebedarf bzw. Anteile davon wie an den **Heizwärmebedarf** (HWB) oder an den **Kühlbedarf** (KB), bei denen neben der thermischen Qualität der Gebäudehülle auch die Klimagunst und Nutzungseigenschaften des Gebäudes mit berücksichtigt werden;

- Anforderungen an den **Endenergiebedarf** bzw. Anteile davon wie an den **Heizenergiebedarf** (HEB), der jenen Anteil beschreibt, der für die Heizungs- und Warmwasserversorgung aufzubringen ist, oder an den **Kühlenergiebedarf** (KEB), jeweils unter Berücksichtigung von Hilfsenergieanteilen für Wasser- und Luftförderung und unter Berücksichtigung allfälliger Feuchtekonditionierungen, wobei beide Anteile sowohl von der thermischen Qualität des Gebäudes als auch von der energetischen Qualität des **Technischen Gebäudesystems** abhängen;

- Anforderungen an den **Gesamtenergieeffizienz-Faktor** ersetzen die vorgenannten Nachweisebenen, wobei hinsichtlich Heizwärmebedarf und Kühlbedarf Mindestanforderungen beibehalten werden, die ungefähr den seit 2012 gültigen Anforderungen entsprechen;

- Anforderungen an den **Primärenergiebedarf**, der sich aus den Anteilen des Endenergiebedarfes je Energieträger gewichtet (multipliziert) mit den Konversionsfaktoren für die Primärenergie zusammensetzt;

---

[1] In Umsetzung des Art. 13(4) der RED wird nunmehr am Energieausweis auch eine Angabe über das Mindestmaß des erneuerbaren Anteils angeführt. In diesem Anteil wird der erneuerbare Anteil auf Endenergieebene berücksichtigt.

2.1.6. OIB-Richtlinie 6

- Anforderungen an die **CO_2-Emissionen**, die sich aus den Anteilen des Endenergiebedarfes je Energieträger gewichtet (multipliziert) mit den Konversionsfaktoren für die CO_2-Emissionen zusammensetzen.

Die **EU-Gebäuderichtlinie** verlangt Mindest-Anforderungen an die Gesamtenergieeffizienz von Gebäuden zumindest auf Ebene des Endenergiebedarfes und obligatorisch einen numerischen Indikator für den Primärenergiebedarf. Die Angabe der CO_2-Emissionen ist optional.

Des Weiteren schreibt die EU-Gebäuderichtlinie die Festlegung von Anforderungen an die Gesamtenergieeffizienz nicht nur für den Neubau, sondern auch für den Fall größerer Renovierungen an Gebäude vor.

In der vorliegenden Form enthält der **Richtlinientext** die folgenden Anforderungen, die aufgrund der Umsetzung der **EU-Gebäuderichtlinie** erforderlich sind:

- **Anforderungen an den Gesamtenergieeffizienz-Faktor** unter Berücksichtigung eines Referenz-Heizwärmebedarfes in der Höhe der Anforderungen an den Heizwärmebedarf aus dem Jahr 2012 **oder Anforderungen an den Heizwärmebedarf und den darauf aufbauenden Endenergiebedarf**

- **Überprüfung der Einsetzbarkeit von alternativen Systemen**

- **Ausnahmen, für die die Bestimmungen der Richtlinie nicht gelten**

Für die Festlegung der **Mindestanforderungen an den EEB wird die Methodik der Referenzausstattung** verwendet. Die Referenzausstattung ist dabei jene fiktive haustechnische Anlage, die den aktuellen Stand der Technik repräsentieren soll. Die Referenzausstattung ist eine Festlegung von einzelnen, systembezogenen Kriterien des Haustechniksystems (wie z.B. Dämmstandard der Verteilleitungen, Standard der Regelung des Wärmeabgabesystems) und ist im OIB-Leitfaden bzw. in der ÖNORM H 5056, Ausgabe 2011-03-01 definiert.

Abschließend enthält die Richtlinie

- eine Reihe **sonstiger Anforderungen**, die im Sinne der thermisch-energetischen Qualität eines Gebäudes, insbesondere besonders unerwünschte Ausführungen, beschränken sollen (konstruktive Wärmebrücken, Luft- und Winddichtheit, Vermeidung von Oberflächenkondensation und Kondensation im Bauteilinneren und Verringerung des Risikos von Schimmelbildung, Vermeidung der sommerlichen Überwärmung, Einschränkung elektrischer Widerstandsheizungen u.ä.) und

- einen Abschnitt über Umfang und Inhalt des **Energieausweises**.

Im Folgenden sei der grundsätzliche Zusammenhang einzelner Beiträge zum **Endenergiebedarf** bzw. **Endenergieverbrauch** dargestellt:

$$EEV = EEB_{SK,NP} \times f_{Komfort/Diskomfort} \times f_{Nutzungsintensität} \times f_{Jahresklimaungunst} \times f_{Standortklimaungunst}$$

Darin bedeutet:

EEV	Endenergieverbrauch in einem bestimmten Jahr
$EEB_{SK,NP}$	Endenergiebedarf gemäß OIB-Richtlinie 6 „Energieeinsparung und Wärmeschutz"
$f_{Komfort/Diskomfort}$	Faktor, der die Abweichung des bestimmten Komforts/Diskomforts (z.B. Innentemperatur, Lüftungsverhalten ...) vom unterstellten Nutzungsprofil beschreibt.
$f_{Nutzungsintensität}$	Faktor, der die Abweichung der bestimmten Nutzungsintensität (z.B. Warmwasserverbrauch, Anwesenheit ...) vom unterstellten Nutzungsprofil beschreibt.

$f_{Jahresklimaungunst}$ Faktor, der die Abweichung des Standortklimas des bestimmten Jahres (z.B. milder Winter, extremer Winter, früher/später Kälteeinbruch ...) vom unterstellten Klimamodell beschreibt.

$f_{Standortklimaungunst}$ Faktor, der die Abweichung des Standortklimas des bestimmten Standortes (z.B. Nebellage, unvorhergesehene Verschattung, besondere Windexposition ...) vom unterstellten Klimamodell (Klimaregion) beschreibt.

An dieser Stelle gilt es festzuhalten, dass der Energiebedarfswert am Energieausweis keinesfalls als Verbrauchsprognose, wie dies in letzter Zeit immer wieder irrtümlich versucht wird, zu werten ist. Die einfachste Erläuterung dazu ist ein nicht genutztes und daher nicht konditioniertes Gebäude schlechtester thermisch-energetischer Qualität. Ebendort darf keinesfalls aus einem eventuellen Nullverbrauch die Qualität eines Nullenergiegebäudes abgeleitet werden. Ebenso ändern sich vermutlich infolge erhöhter Behaglichkeitseigenschaften von Gebäuden mit hohem thermischem Komfort übliche Verhaltensmuster bei der Gebäudenutzung, was unter Umständen die objektiv nachgewiesenen Effizienzgewinne durch geänderte Randbedingungen verringert. In diesem Zusammenhang sei ausdrücklich auf den Erwägungsgrund (22) der EPBD:2010 verwiesen. Dort heißt es auszugsweise: „Der Ausweis über die Gesamtenergieeffizienz sollte potenziellen Käufern und Mietern von Gebäuden oder Gebäudeteilen zutreffende Informationen über die Gesamtenergieeffizienz des Gebäudes ... liefern." Ebenso heißt es im Art. 11(1) auszugsweise: „Der Ausweis über die Gesamtenergieeffizienz muss die Gesamtenergieeffizienz von Gebäuden und Referenzwerte wie Mindestanforderungen an die Gesamtenergieeffizienz enthalten, um den Eigentümern oder Mietern von Gebäuden oder Gebäudeteilen einen Vergleich und eine Beurteilung ihrer Gesamtenergieeffizienz zu ermöglichen."

Darüber hinaus gibt es noch die Möglichkeit, dass einzelne Nutzungseinheiten infolge ihrer Lage zu Abweichungen vom Gebäudewert führen können.

Als wesentlichste methodische Neuerung dieser Fassung darf die Neufassung der ÖNORM H 5050 hervorgehoben werden. Die Inhalte dieser ÖNORM sind die methodische Darstellung folgender Punkte:

- Ermittlung des Haushaltsstrombedarfes
- Ermittlung des Betriebsstrombedarfes [2], [3]
- Ermittlung des Erneuerbaren Anteils
- Ermittlung von Energieaufwandszahlen
  - Heizfall
  - Kühlfall

---

[2] Im Rahmen der Ermittlung des BSB auf Basis der Fassung 2011 gab es zahlreiche Diskussionen, warum der Multiplikator der flächenbezogenen Leistung in Form von 50 % des Mittelwertes der inneren Netto-Wärmegewinne im Heiz- und Kühlfall 8760 Stunden auch für NWG beträgt, bei denen die Nutzungszeit von dieser Zeit abweicht. Dazu ist festzuhalten, dass bei der Festlegung der Fixwerte dieser inneren Netto-Wärmegewinne im Rahmen der Nutzungsprofile stets eine allfällige kürzere Nutzungszeit berücksichtigt wurde, aber diese aus Vereinfachungsgründen auf 8760 Stunden „verschmiert" wurden. Ebensogut hätte man die Werte mit einem Faktor gleich 8760 Stunden dividiert durch die Jahresnutzungsstunden „hochmultiplizieren" können.

[3] An dieser Stelle sei festgehalten, dass sich die Sachverständigen des SV-Beirates darüber bewusst sind, dass dies nur als erste Näherung angesehen werden kann, zumal es typischerweise „personenlastige" innere Netto-Wärmegewinne und „gerätelastige" innere Netto-Wärmegewinne in Abhängigkeit von den jeweiligen Nutzungsprofilen gibt. Zumal sich aber alle Beteiligten über die Schwierigkeiten einer derartigen Teilung im Klaren sind, wurde für die gegenständliche Fassung noch die bisherige Aufteilung beibehalten. Zukünftige Fassungen werden einerseits vermutlich Trennungen von EFH, MFH und GWB hinsichtlich Nutzungsprofile und daraus resultierend hinsichtlich HHSB, innerer Netto-Wärmegewinne und allenfalls Luftwechselzahlen beinhalten, und andererseits vermutlich Zusammenlegungen verschiedener Nutzungsprofile i.S. der Unterteilung in der EPBD. Insbesondere ist die Notwendigkeit der Aufrechterhaltung von Nutzungsprofilen mit starken Prozessenergieanteilen wie Hallenbäder, Sportstätten und Veranstaltungsstätten bei der nächsten Ausgabe zu prüfen.

2.1.6. OIB-Richtlinie 6

- Einführung des Referenz-Heizwärmebedarfes als anforderungsrelevanter HWB; der HWB_{Ref} ersetzt im NWG-Bereich den HWB*
- Einführung des maximal zulässigen Transmissions-Leitwertes zur Ermittlung des HEB_{max} [4]
- Einführung des Bezugs-Transmissions-Leitwertes zur Ermittlung des EEB_{26} und in Folge zur Ermittlung des Gesamtenergieeffizienz-Faktors f_{GEE} [5]
- Ermittlung einer modifizierten „Heizperioden-Länge" im Falle einer RLT+WRG, die die Laufzeit der RLT für den Heizfall beschreibt und damit die Hilfsenergie für die RLT berechnen lässt
- Weitere Präzisierung der Bilanzierungsregeln für Energiekennzahlen
- Ermittlung des maximal zulässigen Endenergiebedarfes
- Ermittlung des Gesamtenergieeffizienz-Faktors
- Ermittlung des PEB
- Ermittlung der CO_2

Neben einigen redaktionellen Überarbeitungen der ÖNORM H 5056 sei noch folgende Ergänzung Ergänzung festgehalten:

- Ermittlung des nutzbaren PV-Ertrages einer PV-Anlage einschließlich eines allfälligen PV-Exportes und eines Deckungsgrades

Die ÖNORM B 8110-6 hat folgende Änderungen erfahren:

- Ermittlung des wirksamen Wärmerückgewinnungsgrades in Abhängigkeit der Ausführung der Anlage

Jedenfalls sei festgehalten, dass die gegenständliche Neufassung aus verschiedenen Gründen bereits die Notwendigkeit einer nächsten Fassung einschließt. Diese Gründe sind:

- Überprüfung des Nationalen Plans
- Methodische Weiterentwicklung, insbesondere von RLT und KEB und allenfalls Wiedereinführung einer BelEB-Ermittlung anstelle von Default-Werten
- Berücksichtigung des Klimawandels und den daraus abzuleitenden Änderungen der Standort-Klimaten [6]

---

[4] Diese Nachweisführung der Anforderungserfüllung entspricht der Variante mit den dynamisch verschärften HWB-Anforderungen (bis hin zur 10er-Linie ab dem Jahr 2020) und der Anwendung der Referenzausstattung.

[5] Diese Nachweisführung der Anforderungserfüllung entspricht der Variante mit den dynamisch verschärften f_{GEE}-Anforderungen bei gleichbleibenden HWB-Anforderungen.

[6] In diesem Zusammenhang darf festgehalten werden, dass die mit dieser Ausgabe getroffene Festlegung einer generellen RK-abhängigen Anforderung mit 3400 HGT wohl als zukunftsweisend angesehen werden darf. Ändert sich nämlich das Standortklima, sind Anforderungen davon nicht oder nur indirekt betroffen und es können wesentliche Elemente der Methodik des Kostenoptimalitätsnachweises auch für zukünftige Revisionen dieser weiter verwendet werden.

II. Erläuterungen zur OIB-Richtlinie 6

Zu Punkt 1: Allgemeine Bestimmungen

In Punkt 1.1 wird klargestellt, dass die OIB-Richtlinie 6 einerseits nur für konditionierte Gebäude gilt, andererseits aber nicht für in Gebäude benötigte Prozessenergie (siehe auch Punkt 1.2).

In Punkt 1.2 werden die Ausnahmen zusammengefasst, wobei unterschieden wird,
- ob weder Anforderungen einzuhalten sind noch ein Energieausweis erforderlich ist (siehe Punkt 1.2.2),
- zwar keine Anforderungen einzuhalten sind, aber ein Energieausweis erforderlich ist [7] (siehe Punkt 1.2.1) oder
- nur bestimmte Anforderungen einzuhalten sind (siehe Punkt 1.2.3). Für die Frage, ob für ein durch Zubau vergrößertes Gebäude ein Energieausweis zu erstellen ist, kommt es darauf an, ob der Zubau eine Gesamtnutzfläche von weniger als 50 Quadratmetern hat oder nicht.

Zwecks besserer Lesbarkeit des Richtlinientextes wurde in Punkt 1.3 festgelegt, dass die Berechnungsmethode grundsätzlich gemäß OIB-Leitfaden „Energietechnisches Verhalten von Gebäuden" zu erfolgen hat. Alle sonst in der OIB-Richtlinie 6 enthaltenen Angaben (z.B. Referenzklima, Standortklima, Nutzungsprofil) beziehen sich ebenfalls auf den o.a. OIB-Leitfaden.

Sofern auf Basis landesgesetzlicher Bestimmungen andere oder zusätzliche Energiekennzahlen verwendet werden, sind zu deren Berechnung die dem Stand der Technik entsprechenden Methoden heranzuziehen; für den Transmissions-LEK-Wert ist die Regelung im Abschnitt 10.2 der ÖNORM B 8110-6, Ausgabe 2014 enthalten.

Zu Punkt 2: Begriffsbestimmungen

Die Begriffsbestimmungen aller OIB-Richtlinien sind in einem eigenen Dokument „Begriffsbestimmungen zu den OIB-Richtlinien" zusammengefasst. Die für die OIB-Richtlinie 6 relevanten Begriffsbestimmungen stimmen hierbei mit den in den entsprechenden ÖNORMen verwendeten Begriffen überein. Zur Erhöhung der Nachvollziehbarkeit der Umsetzung der EPBD:2010 wurden gesondert die Begriffe

- Niedrigstenergiegebäude – nstEG,
- Energie aus erneuerbaren Quellen und
- Energie aus hocheffizienten alternativen Systemen

aufgenommen. Dabei sei insbesondere die Äquivalenz der Energie aus erneuerbaren Quellen bzw. aus hocheffizienten alternativen Systemen festgehalten. Kommen derartige Lösungen zum Einsatz entfällt die Notwendigkeit einer Dokumentation der Berücksichtigung derartiger Systeme vor Baubeginn.

Zu Punkt 3: Anforderungen an den Nutzenergiebedarf

Zu Punkt 3.1: Zuordnung zu den Gebäudekategorien

Hier wird beschrieben, ob das Gebäude der Kategorie Wohngebäude oder einer Gebäudekategorie der Nicht-Wohngebäude zugeordnet wird. Darüber hinaus ist festgelegt, wie vorzugehen ist, wenn in einem Gebäude mehrere unterschiedliche Nutzungskategorien vorliegen oder vorgesehen. Gegenüber den früheren Fassungen darf hier die Anhebung der Grenze von 50 m² auf 250 m² als besondere Vereinfachung hervorgehoben werden [8].

---

[7] Diese Regelung ist in erster Linie aus Gründen des Konsumentenschutzes getroffen worden, um einer Mieterin oder Käuferin bzw. einem Mieter oder Käufer keinesfalls nur aus dem Grund, dass das Gebäude oder Gebäudeteil irgendwie geschützt ist, keine Informationen über die Gesamtenergieeffizienz zu geben.

[8] Die Festlegung der Grenze von 250 m² resultiert aus der Aushang-Verpflichtung für die Nutzung durch Behörden (Art. 13(1)).

2.1.6. OIB-Richtlinie 6

Die **Zuordnung zur Kategorie Wohngebäude** erfolgt dann, wenn der jeweilige Nutzungsbereich (das ist ein gesamtes Gebäude oder eine abgrenzbare Nutzungszone) zum überwiegenden Teil für Wohnzwecke genutzt wird. Wenn Teile des Gebäudes nicht für Wohnzwecke genutzt werden, ist die Nutzfläche für diese Nutzung zu ermitteln. Falls diese Fläche geringer als 250m² ist, kann das gesamte Gebäude der Kategorie Wohngebäude zugeordnet werden, womit die Anforderungen für Wohngebäude für das gesamte Gebäude gelten. Ebenso ist vorzugehen, wenn es mehrere andere Nutzungen gibt, die jeweils weniger als 250 m² aufweisen. Andernfalls gelten für den Bereich, der zum überwiegenden Teil für Wohnzwecke genutzt wird, die Anforderungen für Wohngebäude. Der Bereich, der nicht für Wohnzwecke genutzt wird, hat die Anforderungen für Nicht-Wohngebäude zu erfüllen. Bei den Berechnungsmethoden wird zwischen Wohngebäuden bis 400 m² Brutto-Grundfläche und solchen mit mehr als 400 m² Brutto-Grundfläche unterschieden. Für Wohngebäude bis 400 m² Brutto-Grundfläche sind hierbei das Nutzungsprofil für Einfamilienhäuser gemäß ÖNORM B 8110-5 und die Rechenregeln für Einfamilienhäuser gemäß ÖNORM B 8110-6 anzuwenden, für Wohngebäude mit mehr als 400 m² Brutto-Grundfläche das Nutzungsprofil für Mehrfamilienhäuser gemäß ÖNORM B 8110-5 und die Rechenregeln für Mehrfamilienhäuser gemäß ÖNORM B 8110-6.

Die Zuordnung zum Nicht-Wohngebäude erfolgt dann, wenn der jeweilige Nutzungsbereich (das ist ein gesamtes Gebäude oder eine abgrenzbare Nutzungszone) zum überwiegenden Teil nicht für Wohnzwecke genutzt wird. Die Einteilung wurde auf Basis der Angaben der EU-Richtlinie und der in Österreich gebräuchlichen Gebäudekategorien vorgenommen. Sie stimmt mit den in der *ÖNORM B 8110-5, Ausgabe 2011-03-01* dafür definierten Nutzungsprofilen überein.

Auch in diesen Fällen ist festzustellen, ob das Gebäude zur Gänze oder nur zum Teil in eine der angeführten Nutzungen fällt. Falls Nebennutzungen 250 m² der Nutzfläche nicht überschreiten, wird nur die Hauptnutzung berücksichtigt, d.h. dass auch die Anforderung, die für die Gebäudekategorie der Hauptnutzung gilt, einzuhalten ist. Falls die Nebennutzungen 250 m² überschreiten, muss eine Teilung des Gebäudes durchgeführt werden. In diesem Fall sind die Anforderungen der OIB-Richtlinie 6 für die jeweiligen Gebäudekategorien getrennt zu stellen.

Zu Punkt 4: Anforderungen

Der gesamte Anforderungsteil wurde wesentlich gestrafft und in Entsprechung zum Nationalen Plan hinsichtlich der ersten beiden Stufen angepasst.

Hinsichtlich der Anforderungen in 4.3 wurde in Umsetzung der Richtlinie 2009/28/EG des Europäischen Parlaments und des Rates vom 23. April 2009 zur Förderung der Nutzung von Energie aus erneuerbaren Quellen und zur Änderung und anschließenden Aufhebung der Richtlinien 2001/77/EG und 2003/30/EG ein Abschnitt eingefügt, der der Forderung den Aufnahme geeigneter Maßnahmen in Bauvorschriften aufzunehmen, um den Anteil aller Arten von Energie aus erneuerbaren Quellen im Gebäudebereich zu erhöhen, nachkommt. Dabei sind entweder aktive Maßnahmen innerhalb der Systemgrenze Gebäude zu setzen oder es gilt diese Forderung durch Anwendung hocheffizienter alternativer Systeme gemäß Richtlinie 2010/31/EU des Europäischen Parlaments und des Rates vom 19. Mai 2010 über die Gesamtenergieeffizienz von Gebäuden (Neufassung) in einem Ausmaß von mindestens 50 % als erfüllt.

Derzeit sind in den Methoden zur Ermittlung der Energiekennzahlen folgende erneuerbare Quellen eingearbeitet:

- Solarthermie
- Photovoltaik
- Biomasse-Kessel
- Wärmepumpen

Zusätzlich sei angemerkt, dass die passive Nutzung von solarer Einstrahlung und die aktive Nutzung von Wärmerückgewinnung im Rahmen einer raumlufttechnischen Anlage methodisch berücksichtigt werden.

Bezüglich der Formulierung „am Standort oder in der Nähe" sei angemerkt, dass mit „am Standort" jedenfalls das Grundstück bzw. der Bauplatz gemeint ist, mit „in der Nähe" beispielsweise das Areal der Wohnhausanlage, ein Ortsverbund oder das Firmengelände.

Hinsichtlich der Anforderungen in 4.5 seien folgende Erläuterungen gegeben:

- Es wird ein Sanierungskonzept erstellt, bei dessen vollständiger Umsetzung die Anforderungen nach 4.2.1 und 4.2.2 erreicht werden und dessen Bestandteile im Wesentlichen eine Dämmung der Fassade, eine Erneuerung der Fenster, eine Dämmung der obersten Geschoßdecke sowie der Kellerdecke und eine Erneuerung des gebäudetechnischen Systems unter Berücksichtigung technischer und rechtlicher Möglichkeiten durchgeführt werden.
- Daran anschließend werden etappenweise die einzelnen Schritte des Sanierungskonzeptes umgesetzt, wobei bei keinem Einzelschritt ein folgender Schritt verunmöglicht werden darf (Werden beispielsweise in einem ersten Schritt Fenster ersetzt, ist dieser Ersatz so zu planen, dass ein späterer Anschluss einer entsprechenden Wärmedämmung u.a. jedenfalls möglich ist; wird beispielsweise in einem ersten Schritt die Fassade wärmegedämmt, ist u.a. jedenfalls auf die Fensteranschlüsse und die Dachanschlüsse zu achten.).
- Zielsetzung dieser Vorschrift ist ausdrücklich die Ermunterung zu thermisch-energetischen Maßnahmen, ohne dabei die abschreckende Wirkung möglicherweise wirtschaftlich nicht realisierbarer, gesamthafter „Größerer Renovierungen" zu riskieren.
- Als Ersatz eines Sanierungskonzeptes können die maximalen U-Wert-Anforderungen an Bauteile der Gebäudehülle um 6 % und ab 1. Jänner 2017 um 12 % reduziert werden. Ausdrücklich sei die Möglichkeit der bautechnischen und baurechtlichen Machbarkeit hier als Voraussetzung der Notwendigkeit der nominalen Einhaltung von Anforderungen angeführt.
- Ebenso sei darauf hingewiesen, dass u.U. zu Erreichung des kostenoptimalen Niveaus für die größere Renovierung nach etappenweisen Einzelmaßnahmen ein Sanierungsschritt mit der Referenzausstattung des gebäudetechnischen Systems folgen sollte und allfällige Abweichungen von diesem kostenoptimalen Niveau durch Energie aus erneuerbaren Quellen kompensiert werden können.
- Keinesfalls beziehen sich derartige Vorschriften auf Reparatur und Instandhaltung (z.B. nach Bruch eines Fensters).

Völlig neu ist das Abgehen der Forderung der passiven Vermeidung sommerlicher Überwärmung. Dies ist dem Auftrag der Landesamtsdirektoren geschuldet, die Richtlinien unter dem Aspekt von Kosteneinsparungen zu überarbeiten. Die Beibehaltung der Forderung der Vermeidung sommerlicher Überwärmung durch passive Maßnahmen wäre auf Basis neuester Normen und auf Grundlage steigender Temperaturen im Sommer unter Umständen mit erheblichen Mehrkosten verbunden. Als Mindestforderung eines „Sommerlichen Wärmeschutzes" verbleibt ein dem bisher vereinfachten Nachweis entsprechender Nachweis mindestforderlicher speicherwirksamer Massen bezogen auf die wirksamen Immissionsflächen. Tatsächliche Lüftungsmöglichkeit (bezogen auf die Öffenbarkeit von Fenstern, insbesondere unter den Aspekten von Einbruchschutz, Witterungsschutz und Lärmschutz) bleiben unberücksichtigt. Allenfalls sind darüber hinausgehende Anforderungen zivilrechtlich zu vereinbaren.

Hinsichtlich der Anforderung der Luft- und Winddichtheit in Punkt 4.9 ist das „Verfahren 1" genannt. Dieses „Verfahren 1" gemäß ENTWURF ÖNORM EN ISO 9972, Ausgabe 2013-04-15 ist die Prüfung des Gebäudes im Nutzungszustand, wobei die Öffnungen für die natürliche Lüftung geschlossen und die Öffnungen des gesamten Gebäudes für die maschinelle Lüftung oder Klimatisierung abgedichtet sind.

Zu Punkt 5: Anforderungen an Teile des gebäudetechnischen Systems

Dieser Punkt ist im Wesentlichen unverändert geblieben.

Bezugnehmend auf die Verpflichtung zur Wärmerückgewinnung im Falle raumlufttechnischer Zu- und Abluftanlagen wird festgehalten, dass sich dies selbstverständlich nicht auf derartige Anlagen von Technikräumen bezieht.

Neu ist allerdings in Abstimmung mit der normativen Ermittlung des durch Photovoltaik deckbaren Strombedarfsanteils die Abgabe der maximal deckbaren Strombedarfsanteile.

Zu Punkt 6: Ausweis über die Gesamtenergieeffizienz (Energieausweis)

Dieser Punkt ist im Wesentlichen unverändert geblieben.

Allerdings ist die Empfehlung von Maßnahmen darauf beschränkt worden, dass deren Implementierung technisch und wirtschaftlich zweckmäßig ist.

2.1.6. OIB-Richtlinie 6

Zu Punkt 7: Layout der Energieausweise

Dieser Punkt ist im Wesentlichen unverändert geblieben.

Allerdings wird die Möglichkeit geboten, nur mindestens zwei der vier Labeling-Möglichkeiten auf der ersten Seite landesgesetzlich festzulegen.

Zu Punkt 8: Konversionsfaktoren

Ausgangspunkt für die Ermittlung neuer Konversionsfaktoren für Strom (Österreich-Mix und Import-Mix) sind die Statistiken des European Network of Transmission System Operators for Electricity (entsoe), abzurufen unter https://www.entsoe.eu .

Für Österreich konnten folgende Daten zur Produktion für die Jahre 2009 bis 2013 am 6. November 2014 abgefragt werden:

Land	Monat	Jahr	Wasserkraft	Atomkraft	Fossilkraft	Braunkohle	Steinkohle	Erdgas	Heizöl	Erneuerbar	Wind	Solar	Unklar	Teilsumme	Pumpenstrom	Tauschsaldo	Summe
AT	1	2009	2.162		2.581		621	1.406	278				616	5.359	362	1.261	6.258
AT	2	2009	1.920		2.329		599	1.334	146				684	4.933	308	1.012	5.637
AT	3	2009	3.090		1.844		346	1.139	98				798	5.732	269	402	5.865
AT	4	2009	3.917		1.200		134	722	77				836	5.953	305	-639	5.009
AT	5	2009	4.497		1.039		71	584	72				919	6.455	331	-1.099	5.025
AT	6	2009	4.101		948		14	535	58				877	5.926	274	-686	4.966
AT	7	2009	4.275		972		24	540	47				891	6.138	323	-627	5.188
AT	8	2009	3.867		919		115	432	42				813	5.599	328	-280	4.991
AT	9	2009	3.284		1.541		454	698	55				782	5.607	314	-82	5.211
AT	10	2009	2.843		2.556		607	1.536	63				765	6.164	358	-160	5.646
AT	11	2009	2.176		2.257		395	1.425	73				745	5.178	399	939	5.718
AT	12	2009	2.495		2.500		367	1.679	111				769	5.764	391	748	6.121
AT	JAHR	2009	38.627		20.866		3.747	12.030	1.120				9.495	68.808	3.962	789	65.635
Land	Monat	Jahr	Wasserkraft	Atomkraft	Fossilkraft	Braunkohle	Steinkohle	Erdgas	Heizöl	Erneuerbar	Wind	Solar	Unklar	Teilsumme	Pumpenstrom	Tauschsaldo	Summe
AT	1	2010	2.327		3.023		564	1.901	178				663	6.013	342	677	6.348
AT	2	2010	2.001		2.782		564	1.705	189				621	5.404	355	703	5.752
AT	3	2010	2.626		2.286		413	1.403	98				782	5.694	412	748	6.030
AT	4	2010	2.264		1.581		20	1.134	68				782	4.627	401	1.116	5.342
AT	5	2010	3.599		1.280		81	761	41				1.037	5.916	429	-186	5.301
AT	6	2010	4.069		1.375		288	647	41				1.014	6.468	435	-759	5.264
AT	7	2010	3.657		1.522		464	632	54				920	6.099	473	-233	5.393
AT	8	2010	4.094		1.245		311	498	64				783	6.122	384	-495	5.243
AT	9	2010	3.560		1.673		486	764	62				801	6.034	291	-344	5.399
AT	10	2010	2.746		2.454		597	1.411	73				701	5.901	285	182	5.798
AT	11	2010	2.678		2.466		581	1.433	87				700	5.844	384	443	5.903
AT	12	2010	2.875		2.951		555	1.726	279				747	6.573	373	351	6.551
AT	JAHR	2010	36.496		24.638		4.924	14.015	1.234				9.551	70.685	4.564	2.203	68.324
Land	Monat	Jahr	Wasserkraft	Atomkraft	Fossilkraft	Braunkohle	Steinkohle	Erdgas	Heizöl	Erneuerbar	Wind	Solar	Unklar	Teilsumme	Pumpenstrom	Tauschsaldo	Summe
AT	1	2011	2.778		2.888		609	1.678	207				623	6.289	389	517	6.417
AT	2	2011	2.341		2.490		485	1.488	160				546	5.377	365	837	5.849
AT	3	2011	2.259		2.696		648	1.538	97				640	5.595	399	967	6.163
AT	4	2011	2.400		1.822		369	1.005	58				680	4.902	423	869	5.348
AT	5	2011	2.958		1.636		293	898	23				760	5.354	366	435	5.423
AT	6	2011	3.643		1.162		285	409	47				843	5.648	419	-36	5.193
AT	7	2011	3.395		1.213		291	411	67				854	5.462	476	410	5.396
AT	8	2011	3.555		973		236	213	95				766	5.294	376	465	5.383

Land	Monat	Jahr	Wasserkraft	Atomkraft	Fossilkraft	Braunkohle	Steinkohle	Erdgas	Heizöl	Erneuerbar	Wind	Solar	Unklar	Teilsumme	Pumpenstrom	Tauschsaldo	Summe
AT	9	2011	2.875		1.546		557	578	59				707	5.128	368	687	5.447
AT	10	2011	3.001		1.897		537	945	67				834	5.732	447	469	5.754
AT	11	2011	2.280		2.440		639	1.340	70				741	5.461	453	982	5.990
AT	12	2011	2.178		2.244		464	1.309	75				736	5.158	580	1.626	6.204
AT	JAHR	2011	33.663		23.007		5.413	11.812	1.025				8.730	65.400	5.061	8.228	68.567
Land	Monat	Jahr	Wasserkraft	Atomkraft	Fossilkraft	Braunkohle	Steinkohle	Erdgas	Heizöl	Erneuerbar	Wind	Solar	Unklar	Teilsumme	Pumpenstrom	Tauschsaldo	Summe
AT	1	2012	3.074		2.345		410	1.455	62	442			767	6.186	408	570	6.348
AT	2	2012	2.616		2.781		544	1.724	130	395			735	6.132	328	549	6.353
AT	3	2012	3.371		1.912		367	1.015	62	474			756	6.039	498	521	6.062
AT	4	2012	3.313		1.330		255	582	55	377			788	5.431	490	503	5.444
AT	5	2012	4.150		822		81	217	60	426			924	5.896	471	-19	5.406
AT	6	2012	4.496		885		41	336	50	427			860	6.241	397	-521	5.323
AT	7	2012	4.431		862		173	186	51	341			837	6.130	429	-226	5.475
AT	8	2012	3.780		1.121		402	225	63	334			702	5.603	419	213	5.397
AT	9	2012	3.654		1.314		538	323	58	389			807	5.775	499	101	5.377
AT	10	2012	3.557		1.856		543	856	26	379			769	6.182	434	87	5.835
AT	11	2012	3.326		2.175		516	1.169	51	464			787	6.288	523	161	5.926
AT	12	2012	3.058		2.338		530	1.319	64	458			719	6.115	666	865	6.314
AT	JAHR	2012	42.826		19.741		4.400	9.407	732	4.906			9.451	72.018	5.562	2.804	69.260
Land	Monat	Jahr	Wasserkraft	Atomkraft	Fossilkraft	Braunkohle	Steinkohle	Erdgas	Heizöl	Erneuerbar	Wind	Solar	Unklar	Teilsumme	Pumpenstrom	Tauschsaldo	Summe
AT	1	2013	3.286	0	2.229	0	546	1.408	63	442			560	6.517	604	628	6.541
AT	2	2013	3.052	0	1.721	0	480	1.014	53	395			487	5.655	325	644	5.974
AT	3	2013	3.050	0	1.572	0	485	809	73	474			573	5.669	504	1.104	6.269
AT	4	2013	3.576	0	1.126	0	376	464	62	377			667	5.746	495	336	5.587
AT	5	2013	4.706	0	569	0	60	221	44	426			872	6.573	415	-763	5.395
AT	6	2013	4.051	0	398	0	35	124	57	427			850	5.726	441	52	5.337
AT	7	2013	3.908	0	595	0	165	113	56	341			699	5.543	275	246	5.514
AT	8	2013	3.070	0	725	0	306	135	51	334			589	4.718	411	1.033	5.340
AT	9	2013	3.228	0	920	0	439	223	54	389			647	5.184	433	686	5.437
AT	10	2013	3.032	0	1.181	0	487	402	63	379			655	5.247	482	1.135	5.900
AT	11	2013	3.316	0	1.379	0	409	702	51	464			725	5.884	428	595	6.051
AT	12	2013	2.682	0	1.499	0	410	805	55	458			603	5.242	561	1.583	6.264
AT	JAHR	2013	40.957		13.914		4.198	6.420	682	4.906			7.927	67.704	5.374	7.279	69.609

2. Kärntner Bauvorschriften – K-BV

Ebenso konnten am 6. November 2014 folgende Daten zu Export und Import für die Jahre 2009 bis 2013 abgefragt werden:

EXPORT	Monat	JAHR	CH	CZ	DE	HU	IT	SI
AT	1	2009	680	3	364	68	116	52
AT	2	2009	677	6	404	52	106	14
AT	3	2009	723	9	530	174	119	42
AT	4	2009	770	51	789	97	126	192
AT	5	2009	569	84	842	207	101	250
AT	6	2009	768	34	936	96	17	210
AT	7	2009	535	19	774	143	76	381
AT	8	2009	611	19	627	186	70	284
AT	9	2009	770	11	461	138	106	380
AT	10	2009	783	17	643	141	124	305
AT	11	2009	846	3	342	33	126	169
AT	12	2009	921	6	349	58	111	248

EXPORT	Monat	JAHR	CH	CZ	DE	HU	IT	SI
AT	1	2010	861	12	510	31	106	127
AT	2	2010	747	4	419	35	102	146
AT	3	2010	814	5	415	36	119	104
AT	4	2010	703	4	249	42	112	80
AT	5	2010	614	54	596	83	125	111
AT	6	2010	486	40	804	115	119	204
AT	7	2010	461	5	544	201	127	337
AT	8	2010	450	27	702	168	93	170
AT	9	2010	623	23	617	140	104	233
AT	10	2010	615	1	539	113	91	364
AT	11	2010	724	10	562	37	118	130
AT	12	2010	817	67	793	13	112	5

EXPORT	Monat	JAHR	CH	CZ	DE	HU	IT	SI
AT	1	2011	885	15	788	28	97	28
AT	2	2011	827	0	442	53	78	111
AT	3	2011	771	3	447	41	102	111
AT	4	2011	596	12	386	48	82	127
AT	5	2011	357	12	549	68	93	274
AT	6	2011	617	20	647	67	109	220
AT	7	2011	430	9	382	221	108	344
AT	8	2011	436	5	514	228	1	185
AT	9	2011	275	7	358	321	68	163
AT	10	2011	745	4	509	178	112	242
AT	11	2011	720	0	113	191	118	327
AT	12	2011	699	0	222	186	104	249

2.1.6. OIB-Richtlinie 6

IMPORT	Monat	JAHR	CH	CZ	DE	HU	IT	SI
AT	1	2009	3	732	1.722	40	0	167
AT	2	2009	0	584	1.566	46	0	174
AT	3	2009	0	573	1.382	2	0	89
AT	4	2009	0	346	985	27	0	5
AT	5	2009	1	243	698	3	0	0
AT	6	2009	2	467	916	12	0	1
AT	7	2009	8	539	766	7	0	1
AT	8	2009	3	564	969	5	0	1
AT	9	2009	6	557	1.261	28	0	0
AT	10	2009	1	593	1.310	38	0	5
AT	11	2009	0	879	1.627	27	0	18
AT	12	2009	0	782	1.754	5	0	9

IMPORT	Monat	JAHR	CH	CZ	DE	HU	IT	SI
AT	1	2010	0	735	1.663	15	0	35
AT	2	2010	0	718	1.513	7	0	36
AT	3	2010	0	620	1.675	5	0	33
AT	4	2010	1	690	1.577	69	0	55
AT	5	2010	1	367	1.000	60	0	30
AT	6	2010	4	323	701	16	0	10
AT	7	2010	17	624	853	9	0	0
AT	8	2010	14	382	733	14	2	6
AT	9	2010	6	449	969	27	0	1
AT	10	2010	6	767	1.178	65	0	3
AT	11	2010	1	555	1.376	149	0	72
AT	12	2010	3	315	1.467	205	0	303

IMPORT	Monat	JAHR	CH	CZ	DE	HU	IT	SI
AT	1	2011	1	558	1.589	158	0	169
AT	2	2011	1	720	1.653	54	0	27
AT	3	2011	2	741	1.644	75	0	82
AT	4	2011	5	797	1.285	59	0	33
AT	5	2011	3	886	820	113	1	6
AT	6	2011	1	588	959	103	0	13
AT	7	2011	20	850	1.037	14	0	3
AT	8	2011	23	795	1.006	11	0	11
AT	9	2011	41	853	1.012	7	8	18
AT	10	2011	2	919	1.366	41	0	18
AT	11	2011	1	1.066	1.685	23	0	7
AT	12	2011	4	1.282	1.867	39	1	15

2. Kärntner Bauvorschriften – K-BV

EXPORT	Monat	JAHR	CH	CZ	DE	HU	IT	SI
AT	1	2012	861	0	377	331	90	361
AT	2	2012	885	3	358	344	98	372
AT	3	2012	1.026	1	509	177	89	371
AT	4	2012	628	2	386	235	81	367
AT	5	2012	374	11	507	191	80	564
AT	6	2012	598	10	729	178	112	453
AT	7	2012	385	4	725	206	119	462
AT	8	2012	296	3	543	238	57	539
AT	9	2012	696	7	475	152	110	332
AT	10	2012	869	2	617	114	108	327
AT	11	2012	827	2	637	135	113	251
AT	12	2012	618	6	475	128	88	197

EXPORT	Monat	JAHR	CH	CZ	DE	HU	IT	SI
AT	1	2013	794	12	679	105	150	184
AT	2	2013	870	1	576	48	167	87
AT	3	2013	857	1	613	27	168	31
AT	4	2013	581	11	718	92	138	37
AT	5	2013	552	38	1.152	120	136	104
AT	6	2013	429	9	704	136	113	196
AT	7	2013	340	1	640	185	122	294
AT	8	2013	217	1	481	173	61	182
AT	9	2013	545	8	496	69	71	187
AT	10	2013	682	0	288	168	118	370
AT	11	2013	766	1	663	90	139	196
AT	12	2013	649	0	330	156	123	312

2.1.6. OIB-Richtlinie 6

IMPORT	Monat	JAHR	CH	CZ	DE	HU	IT	SI
AT	1	2010	0	735	1.663	15	0	35
AT	2	2010	0	718	1.513	7	0	36
AT	3	2010	0	620	1.675	5	0	33
AT	4	2010	1	690	1.577	69	0	55
AT	5	2010	1	367	1.000	60	0	30
AT	6	2010	4	323	701	16	0	10
AT	7	2010	17	624	853	9	0	0
AT	8	2010	14	382	733	14	2	6
AT	9	2010	6	449	969	27	0	1
AT	10	2010	6	767	1.178	65	0	3
AT	11	2010	1	555	1.376	149	0	72
AT	12	2010	3	315	1.467	205	0	303

IMPORT	Monat	JAHR	CH	CZ	DE	HU	IT	SI
AT	1	2013	2	838	1.644	83	0	62
AT	2	2013	0	808	1.461	141	0	46
AT	3	2013	0	857	1.635	145	0	228
AT	4	2013	10	554	1.077	65	3	224
AT	5	2013	31	427	648	60	2	100
AT	6	2013	16	752	693	69	2	54
AT	7	2013	37	1.017	634	55	0	0
AT	8	2013	130	983	924	39	7	17
AT	9	2013	4	742	1.146	125	2	15
AT	10	2013	3	1.260	1.442	65	1	0
AT	11	2013	12	989	1.313	106	1	31
AT	12	2013	10	1.283	1.849	61	1	5

Aus diesen Daten ist ersichtlich, dass bis auf geringe Beiträge aus der Schweiz, Ungarn, Italien und Slowenien ausschließlich Tschechien und Deutschland Nettoimporteure nach Österreich sind. Daher wurden ebenso wie für Österreich die Produktionsdaten von Deutschland...

Land	Monat	Jahr	Wasserkraft	Atomkraft	Fossilkraft	Braunkohle	Steinkohle	Erdgas	Heizöl	Erneuerbar	Wind	Solar	Unklar	Teilsumme	Pumpenstrom	Tauschsaldo	Summe
DE	1	2.009	1.456	12.605	34.472	12.319			0	5.510	3.352	199	0	54.043	676	-2.558	50.809
DE	2	2.009	1.316	11.152	30.777	11.133				5.245	3.203	243	0	48.490	461	-1.767	46.262
DE	3	2.009	1.789	11.096	29.427	11.719				6.248	3.762	425	0	48.560	477	-808	47.275
DE	4	2.009	2.092	10.494	23.882	9.758				4.818	2.180	654	0	41.286	479	-538	40.269
DE	5	2.009	2.229	10.092	21.995	10.203				5.756	2.962	742	0	40.072	566	1.085	40.991
DE	6	2.009	2.074	9.496	25.663	9.053				5.567	2.800	759	0	42.800	594	-719	41.487
DE	7	2.009	2.243	8.941	26.653	8.421				5.386	2.576	763	0	43.223	685	106	42.644
DE	8	2.009	1.848	10.406	23.589	9.531				4.852	1.986	769	0	40.695	662	144	40.177
DE	9	2.009	1.577	9.830	25.378	8.140				5.383	2.675	642	0	42.168	659	-881	40.628
DE	10	2.009	1.469	10.089	29.816	9.614				6.253	3.588	462	0	47.627	645	-1.571	45.411
DE	11	2.009	1.528	11.410	28.565	11.211				7.915	5.418	290	0	49.418	598	-3.362	45.458
DE	12	2.009	1.832	12.342	30.001	9.612				5.814	3.310	263	0	49.989	670	-3.473	45.846
			21.453	127.953	330.218	120.714	0	0	0	68.747	37.812	6.211	0	548.371	7.172	-14.342	526.857
Land	Monat	Jahr	Wasserkraft	Atomkraft	Fossilkraft	Braunkohle	Steinkohle	Erdgas	Heizöl	Erneuerbar	Wind	Solar	Unklar	Teilsumme	Pumpenstrom	Tauschsaldo	Summe
DE	1	2.010	1.574	12.546	35.871	12.585				5.507	3.114	237	0	55.498	838	-3.564	51.096
DE	2	2.010	1.472	11.141	33.672	11.470				5.960	3.507	448	0	52.245	574	-3.099	48.572
DE	3	2.010	1.715	11.679	30.940	11.023				7.328	4.345	783	0	51.662	539	-2.438	48.685
DE	4	2.010	1.648	10.133	27.053	10.528				6.260	2.974	1.134	0	45.094	544	-2.468	42.082
DE	5	2.010	1.787	10.667	25.581	10.813				6.028	2.564	1.157	0	44.063	537	-738	42.788
DE	6	2.010	2.058	9.125	27.520	10.775				5.220	1.794	1.271	0	43.923	557	1.370	44.736
DE	7	2.010	1.916	10.831	26.802	11.032				5.453	1.650	1.670	0	45.002	754	-23	44.225
DE	8	2.010	2.034	11.507	23.037	9.567				6.027	2.458	1.372	0	42.605	740	1.007	42.872
DE	9	2.010	1.911	11.392	23.224	9.597				6.141	2.884	1.104	0	42.668	720	-649	41.299
DE	10	2.010	1.857	9.784	30.482	11.084				7.010	3.734	981	0	49.133	784	-1.600	46.749
DE	11	2.010	1.777	11.566	29.655	9.752				6.504	3.835	443	0	49.502	654	-1.979	46.869
DE	12	2.010	1.949	13.002	30.441	11.793				6.363	3.806	274	0	51.755	780	-3.526	47.449
			21.698	133.373	344.278	130.019	0	0	0	73.801	36.665	10.874	0	573.150	8.021	-17.707	547.422
Land	Monat	Jahr	Wasserkraft	Atomkraft	Fossilkraft	Braunkohle	Steinkohle	Erdgas	Heizöl	Erneuerbar	Wind	Solar	Unklar	Teilsumme	Pumpenstrom	Tauschsaldo	Summe
DE	1	2.011	1.914	13.536	33.718	12.650				6.061	3.724	399	0	55.229	681	-2.792	51.756
DE	2	2.011	1.626	12.104	32.300	10.912				7.181	4.605	761	0	53.211	469	-3.223	49.519
DE	3	2.011	1.717	10.764	31.492	12.018				6.921	3.133	1.754	0	50.894	523	-2.079	48.292
DE	4	2.011	1.433	7.648	26.893	11.009				7.996	3.599	2.434	0	43.970	468	-90	43.412
DE	5	2.011	1.434	4.094	27.876	10.018				7.778	3.082	2.600	0	41.182	590	2.237	42.829

Land	Monat	Jahr	Wasserkraft	Atomkraft	Fossilkraft	Braunkohle	Steinkohle	Erdgas	Heizöl	Erneuerbar	Wind	Solar	Unklar	Teilsumme	Pumpenstrom	Tauschsaldo	Summe
DE	6	2.011	1.653	6.368	26.947	10.263					2.547	2.366	0	41.821	582	1.854	43.093
DE	7	2.011	1.931	7.501	27.619	11.070					3.578	1.241	0	42.917	638	1.028	43.307
DE	8	2.011	1.848	8.004	25.034	11.108					2.493	2.239	0	41.596	663	982	41.915
DE	9	2.011	1.446	7.649	25.353	10.465					2.869	1.887	0	41.092	588	621	41.125
DE	10	2.011	1.757	7.330	30.750	11.553					3.926	1.521	0	47.320	679	-973	45.668
DE	11	2.011	1.396	8.005	31.667	11.301					2.963	810	0	46.911	728	-1.261	44.922
DE	12	2.011	1.698	8.478	30.807	11.688					8.122	329	0	51.747	738	-2.580	48.429
			19.853	101.458	350.456	134.055	0	0	0	86.123	44.641	18.341	0	557.890	7.347	-6.276	544.267
Land	Monat	Jahr	Wasserkraft	Atomkraft	Fossilkraft	Braunkohle	Steinkohle	Erdgas	Heizöl	Erneuerbar	Wind	Solar	Unklar	Teilsumme	Pumpenstrom	Tauschsaldo	Summe
DE	1	2.012	1.794	8.808	31.362	11.933				10.220	7.060	540	0	52.184	692	-2.000	49.492
DE	2	2.012	1.720	8.425	35.651	12.847				8.272	4.593	1.042	0	54.068	546	-3.491	50.031
DE	3	2.012	2.081	8.740	31.265	13.342				9.019	4.029	2.337	0	51.105	610	-2.697	47.798
DE	4	2.012	1.961	5.810	26.953	11.228				8.640	3.401	2.570	0	43.364	573	-1.412	41.379
DE	5	2.012	2.144	6.743	23.811	10.486				9.612	2.900	4.027	0	42.310	663	15	41.662
DE	6	2.012	2.100	6.724	26.836	11.459				9.216	2.906	3.609	0	44.876	579	-429	43.868
DE	7	2.012	1.893	6.663	26.795	11.619				9.108	2.643	3.748	0	44.459	627	-243	43.589
DE	8	2.012	1.624	8.575	23.602	11.292				8.775	2.165	3.876	0	42.576	639	-1.367	40.570
DE	9	2.012	1.609	8.001	26.045	11.157				8.688	3.027	2.911	0	44.343	677	-2.224	41.442
DE	10	2.012	2.021	8.538	30.908	12.412				8.306	3.736	1.804	0	49.773	726	-2.920	46.127
DE	11	2.012	2.059	8.648	30.096	12.988				7.506	3.912	812	0	48.309	740	-2.691	44.878
DE	12	2.012	2.427	8.921	33.294	12.117				8.795	5.642	355	0	53.437	770	-3.636	49.031
			23.433	94.596	346.618	142.880	0	0	0	106.157	46.014	27.631	0	570.804	7.842	-23.095	539.867
Land	Monat	Jahr	Wasserkraft	Atomkraft	Fossilkraft	Braunkohle	Steinkohle	Erdgas	Heizöl	Erneuerbar	Wind	Solar	Unklar	Teilsumme	Pumpenstrom	Tauschsaldo	Summe
DE	1	2.013	1.856	8.922	33.754	13.011	8.458	2.567	126	8.469	5.030	347	0	53.001	701	-3.689	48.611
DE	2	2.013	1.846	8.132	33.414	12.465	7.284	2.451	150	6.991	3.233	650	0	50.383	511	-3.447	46.425
DE	3	2.013	2.161	8.883	33.046	10.397	9.022	2.389	125	10.103	4.676	2.303	0	54.193	609	-4.919	48.665
DE	4	2.013	2.153	6.961	26.536	11.642	8.576	2.441	121	9.630	3.331	3.159	0	45.280	601	-2.531	42.148
DE	5	2.013	2.440	6.324	23.844	11.502	8.576	2.441	121	9.657	3.143	3.432	0	42.265	700	190	41.755
DE	6	2.013	2.289	6.596	22.828	11.865	9.554	3.490	182	10.672	3.518	4.225	0	42.385	644	-945	40.796
DE	7	2.013	1.981	6.164	25.663	12.872	10.002	3.779	177	9.945	1.947	5.035	0	43.753	543	-733	42.477
DE	8	2.013	1.726	7.074	24.227	11.853	10.861	4.335	253	10.894	2.558	5.090	0	43.921	582	-1.448	41.891
DE	9	2.013	1.960	7.729	26.743	12.415	9.077	4.550	231	10.492	3.953	3.288	0	46.924	636	-3.591	42.697
DE	10	2.013	2.049	8.238	28.285	13.167	10.002	3.779	177	11.125	6.020	1.956	0	49.697	665	-4.461	44.571
DE	11	2.013	2.098	8.346	30.222	13.672	10.861	4.335	253	9.104	5.202	795	0	49.770	603	-3.516	45.651
DE	12	2.013	1.879	8.779	27.461	12.501	9.077	4.550	231	12.120	8.171	735	0	50.239	678	-4.690	44.871
			24.438	92.148	336.023	147.362	72.834	26.002	1.365	119.202	50.782	31.015	0	571.811	7.473	-33.780	530.558

873

und Tschechien...

Land	Monat	Jahr	Wasserkraft	Atomkraft	Fossilkraft	Braunkohle	Steinkohle	Erdgas	Heizöl	Erneuerbar	Wind	Solar	Unklar	Teilsumme	Pumpenstrom	Tauschsaldo	Summe
CZ	1	2009	160	2.469	4.700	3.556	576	404	22	16	15	1		7.345	63	-999	6.283
CZ	2	2009	191	2.179	4.475	3.441	538	366	21	30	29	1		6.875	61	-1.252	5.562
CZ	3	2009	354	2.395	4.474	3.402	527	390	18	39	36	3		7.262	45	-1.499	5.718
CZ	4	2009	301	1.993	3.716	2.895	395	310	12	28	18	8		6.038	49	-1.360	4.629
CZ	5	2009	220	1.949	3.206	2.499	267	322	4	30	21	8	1	5.405	25	-781	4.599
CZ	6	2009	247	1.945	3.354	2.663	258	314	5	32	24	8		5.578	36	-1.043	4.499
CZ	7	2009	387	2.327	3.007	2.440	255	203	9	32	20	11	1	5.753	61	-1.209	4.483
CZ	8	2009	244	1.991	3.186	2.603	224	255	10	30	17	13		5.451	67	-874	4.510
CZ	9	2009	180	1.827	3.585	2.841	291	336	11	31	19	11	1	5.623	82	-893	4.648
CZ	10	2009	216	1.959	4.511	3.428	530	390	13	41	34	6		6.727	88	-1.282	5.357
CZ	11	2009	237	2.191	4.197	3.152	472	410	15	37	32	5		6.662	80	-1.103	5.479
CZ	12	2009	232	2.440	4.572	3.377	597	445	13	27	24	3		7.271	91	-1.349	5.831
CZ	JAHR	2009	2.969	25.665	46.983	36.297	4.930	4.145	153	373	289	77		75.990	748	-13.644	61.598
Land	Monat	Jahr	Wasserkraft	Atomkraft	Fossilkraft	Braunkohle	Steinkohle	Erdgas	Heizöl	Erneuerbar	Wind	Solar	Unklar	Teilsumme	Pumpenstrom	Tauschsaldo	Summe
CZ	1	2010	274	2.683	4.896	3.585	724	442	14	19	13	6		7.872	75	-1.520	6.277
CZ	2	2010	223	2.450	4.318	3.240	535	413	14	40	23	17		7.031	53	-1.338	5.640
CZ	3	2010	314	2.403	4.670	3.530	538	451	8	85	41	44		7.472	68	-1.598	5.806
CZ	4	2010	336	2.443	3.697	2.772	419	381	7	89	24	65		6.565	76	-1.443	5.046
CZ	5	2010	295	1.933	3.437	2.501	426	376	9	83	30	53		5.748	58	-727	4.963
CZ	6	2010	346	1.927	3.255	2.492	273	360	6	106	25	71	7	5.634	36	-911	4.687
CZ	7	2010	225	2.226	3.770	3.089	299	267	7	104	17	87		6.325	77	-1.680	4.568
CZ	8	2010	351	1.944	3.278	2.617	247	291	7	114	27	87		5.687	67	-941	4.679
CZ	9	2010	257	1.750	4.109	3.114	482	374	8	98	30	68		6.214	81	-1.273	4.860
CZ	10	2010	258	2.164	4.438	3.336	549	397	13	97	35	62		6.957	66	-1.474	5.417
CZ	11	2010	210	2.098	4.326	3.220	513	423	12	65	36	29		6.699	50	-1.110	5.539
CZ	12	2010	291	2.420	4.519	3.327	553	471	15	48	33	15		7.278	90	-934	6.254
CZ	JAHR	2010	3.380	26.441	48.713	36.823	5.558	4.646	120	948	334	604		79.482	797	-14.949	63.736
Land	Monat	Jahr	Wasserkraft	Atomkraft	Fossilkraft	Braunkohle	Steinkohle	Erdgas	Heizöl	Erneuerbar	Wind	Solar	Unklar	Teilsumme	Pumpenstrom	Tauschsaldo	Summe
CZ	1	2011	333	2.743	4.632	3.444	580	455	9	68	30	38		7.776	77	-1.539	6.160
CZ	2	2011	283	2.392	4.222	3.128	528	418	8	133	29	104		7.030	75	-1.270	5.585
CZ	3	2011	283	2.395	4.385	3.226	528	463	6	242	32	210		7.305	83	-1.432	5.790
CZ	4	2011	260	2.352	3.528	2.567	411	393	6	274	36	238		6.414	70	-1.378	4.966
CZ	5	2011	198	2.181	3.863	2.797	510	399	8	320	22	298		6.562	34	-1.553	4.975
CZ	6	2011	158	1.965	3.563	2.689	356	368	6	290	28	262		5.976	47	-1.246	4.683
CZ	7	2011	210	1.736	3.477	2.774	303	273	6	265	36	229		5.688	85	-1.039	4.564
CZ	8	2011	217	1.963	3.669	2.815	314	392	7	276	20	256		6.125	81	-1.290	4.754

Land	Monat	Jahr	Wasserkraft	Atomkraft	Fossilkraft	Braunkohle	Steinkohle	Erdgas	Heizöl	Erneuerbar	Wind	Solar	Unklar	Teilsumme	Pumpenstrom	Tauschsaldo	Summe
CZ	9	2011	186	1.674	3.952	2.986	426	381	12	242	20	221		6.054	90	-1.251	4.713
CZ	10	2011	234	2.243	4.533	3.553	415	404	13	187	39	148		7.197	90	-1.795	5.312
CZ	11	2011	211	2.447	4.616	3.548	437	448	9	104	30	74		7.378	111	-1.550	5.717
CZ	12	2011	248	2.618	4.558	3.408	461	492	12	99	62	37		7.523	104	-1.702	5.717
CZ	JAHR	2011	2.821	26.709	48.998	36.935	5.269	4.886	102	2.500	384	2.115		81.028	947	-17.045	63.036
Land	Monat	Jahr	Wasserkraft	Atomkraft	Fossilkraft	Braunkohle	Steinkohle	Erdgas	Heizöl	Erneuerbar	Wind	Solar	Unklar	Teilsumme	Pumpenstrom	Tauschsaldo	Summe
CZ	1	2012	343	2.691	4.743	3.581	481	414	10	136	72	65		7.913	116	-1.768	6.029
CZ	2	2012	298	2.268	4.554	3.350	544	481	11	148	39	110		7.268	106	-986	6.176
CZ	3	2012	359	2.480	4.478	3.464	367	466	6	246	33	215		7.563	92	-1.876	5.595
CZ	4	2012	283	2.403	4.137	3.207	351	416	2	263	30	235		7.086	94	-1.904	5.088
CZ	5	2012	273	2.138	3.727	2.880	275	416	2	328	31	299		6.466	82	-1.505	4.879
CZ	6	2012	174	2.047	3.612	2.815	281	390	3	285	26	261		6.118	21	-1.445	4.652
CZ	7	2012	167	2.653	3.235	2.462	307	331	1	279	28	253		6.334	20	-1.719	4.995
CZ	8	2012	202	2.067	3.279	2.448	334	352	1	293	19	276		5.841	61	-1.097	4.683
CZ	9	2012	203	2.279	3.243	2.380	289	428	4	239	26	215		5.964	85	-1.166	4.713
CZ	10	2012	212	2.473	3.820	2.783	422	450	3	160	30	132		6.665	72	-1.212	5.381
CZ	11	2012	234	2.578	3.915	2.816	404	499	1	94	38	58		6.821	111	-1.198	5.512
CZ	12	2012	266	2.525	4.217	3.030	445	545	3	85	44	42		7.093	123	-1.245	5.725
CZ	JAHR	2012	3.014	28.602	46.960	35.216	4.500	5.188	47	2.556	416	2.161		81.132	983	-17.121	63.028
Land	Monat	Jahr	Wasserkraft	Atomkraft	Fossilkraft	Braunkohle	Steinkohle	Erdgas	Heizöl	Erneuerbar	Wind	Solar	Unklar	Teilsumme	Pumpenstrom	Tauschsaldo	Summe
CZ	1	2013	390	2.833	4.336	3.143	480	581	2	77	44	34		7.636	107	-1.412	6.117
CZ	2	2013	400	2.343	3.995	2.841	473	545	1	100	33	67		6.838	98	-1.223	5.517
CZ	3	2013	391	2.517	4.451	3.203	500	586	1	206	47	159		7.565	114	-1.536	5.915
CZ	4	2013	337	2.361	3.669	2.368	388	507	1	221	30	191		6.588	105	-1.382	5.101
CZ	5	2013	315	2.133	3.723	2.716	364	507	1	248	35	213		6.419	85	-1.492	4.842
CZ	6	2013	387	2.129	3.103	2.262	254	469	0	298	34	264		5.917	20	-1.262	4.635
CZ	7	2013	262	2.318	3.239	2.337	404	370	1	348	23	326		6.167	81	-1.530	4.556
CZ	8	2013	213	2.066	3.521	2.501	386	480	0	308	23	284		6.108	114	-1.326	4.668
CZ	9	2013	223	2.171	3.176	2.165	371	479	0	239	43	196		5.809	101	-893	4.815
CZ	10	2013	275	2.802	3.908	2.805	355	602	1	207	49	159		7.192	139	-1.734	5.319
CZ	11	2013	252	2.779	4.269	2.938	419	746	1	116	54	61		7.416	127	-1.716	5.573
CZ	12	2013	262	2.552	4.206	2.918	438	690	2	110	60	50		7.130	126	-1.353	5.651
CZ	JAHR	2013	3.707	29.004	45.596	32.197	4.832	6.562	11	2.478	475	2.004		80.785	1.217	-16.859	62.709

... abgefragt.

Aus dem „Durchführungsbeschluss der Kommission vom 19. Dezember 2011 zur Festlegung harmonisierter Wirkungsgrad-Referenzwerte für die getrennte Erzeugung von Strom und Wärme in Anwendung der Richtlinie 2004/8/EG des Europäischen Parlaments und des Rates und zur Aufhebung der Entscheidung 2007/74/EG der Kommission (Bekanntgegeben unter Aktenzeichen K(2011) 9523) (2011/877/EU)" können Wirkungsgrad-Referenzwerte entnommen werden. Diese lauten für die Jahre 2009 bis 2013 wie folgt:

JAHR	Braunkohle	Steinkohle	Erdgas	Heizöl
2009	41,8	44,2	52,5	44,2
2010	41,8	44,2	52,5	44,2
2011	41,8	44,2	52,5	44,2
2012	41,8	44,2	52,5	44,2
2013	41,8	44,2	52,5	44,2
MW	41,8%	44,2%	52,5%	44,2%

Aus den Statistikbroschüren der Energie-Control Austria wurden aus den Jahresreihen zur Elektrizitätsbilanz der Eigenbedarf und die Netzverluste ermittelt, wobei die unklaren Anteile auf die existierenden Bestandteile aufgeteilt wurden. Unter deren Berücksichtigung konnte für den Österreichischen Produktionsmix folgendes Quadrupel errechnet werden, wobei für Strom aus Wasserkraft 1,0 für $f_{PE,tot}$ und $f_{PE,ern.}$ bzw. 0 g/kWh angenommen wurden:

2009 bis 2013	$f_{PE,tot}$ [kWh/kWh]	$f_{PE,n.ern.}$ [kWh/kWh]	$f_{PE,ern.}$ [kWh/kWh]	f_{CO2} [g/kWh]
Österreich (Produktionsmix)	1,83	1,21	0,62	262

In Analogie lässt sich dieselbe Berechnung für Tschechien und Deutschland durchführen. Dabei ergeben sich folgende Werte:

2009 bis 2013	$f_{PE,tot}$ [kWh/kWh]	$f_{PE,n.ern.}$ [kWh/kWh]	$f_{PE,ern.}$ [kWh/kWh]	f_{CO2} [g/kWh]
Tschechien (Produktionsmix)	3,19	3,14	0,05	486
Deutschland (Produktionsmix)	2,84	2,64	0,20	476

In den Jahren 2009 bis 2013 wurde der österreichische Strombedarf zu 93,8 % durch Österreich selbst und zu jeweils 3,1 % durch Importe aus Tschechien und Deutschland, gedeckt. Damit ergibt sich ein Österreichischer Strommix von:

2009 bis 2013	$f_{PE,tot}$ [kWh/kWh]	$f_{PE,n.ern.}$ [kWh/kWh]	$f_{PE,ern.}$ [kWh/kWh]	f_{CO2} [g/kWh]
Österreich (Strommix)	1,91	1,32	0,59	276

2.1.6. OIB-Richtlinie 6

Für die Ermittlung der Emissionen für Kraft-Wärme-Kopplung gemäß der Stromgutschriftsmethode kann der Verdrängungsmix wie folgt angegeben werden, wobei nur der Eigenbedarf berücksichtigt wurde, jedoch nicht die Netzverluste:

2009 bis 2013	$f_{PE,tot}$ [kWh/kWh]	$f_{PE,n.ern.}$ [kWh/kWh]	$f_{PE,ern.}$ [kWh/kWh]	f_{CO2} [g/kWh]
Österreich (Verdrängungsmix)	3,44	3,44	0,00	776

Basierend auf diesen Werten ergeben sich für den Defaultwert für Fernwärme aus hocheffizienter KWK folgende Werte:

2009 bis 2013	$f_{PE,tot}$ [kWh/kWh]	$f_{PE,n.ern.}$ [kWh/kWh]	$f_{PE,ern.}$ [kWh/kWh]	f_{CO2} [g/kWh]
Fernwärme aus hocheffizienter KWK (Defaultwert)	0,94	0,20	0,74	28

Die übrigen Konversionsfaktoren wurden unter Zugrundelegung folgender Grundsätze unverändert übernommen:

1.) Primär wollte man, wenn möglich, Konversionsfaktoren aus Europäischen Normen verwenden.

   (a) Die Quelle dafür stellt die *ÖNORM EN 15603, Ausgabe 2008-07-01* dar.

   (b) Die Daten in dieser Norm stammen aus dem Jahr 1996 (Quelle: Ökoinventare für Energie-systeme – ETH Zürich, 1996).

   (c) Infolge des Alters der Daten wurde versucht, diese aus grundsätzlich derselben, allerdings aktuelleren Quelle (ecoinvent, Version 2.1, 2009) zu entnehmen.

2.) Für die Energieträger Kohle, Heizöl und Erdgas wurden alle zur Verfügung stehenden Daten aus der Datenbank entnommen und danach arithmetisch gemittelt, wobei der erneuerbare Anteil auf Null gesetzt wurde.

3.) Für den Energieträger Biomasse wurden alle zur Verfügung stehenden Daten aus der Datenbank entnommen, danach die Werte für Stückholz, Hackschnitzel und Pellets jeweils arithmetisch gemittelt und daran anschließend ein gemäß der Österreichischen Brennstoffstatistik gewichteter Mittelwert für Biomasse errechnet.

4.) Die Berechnung der Konversionsfaktoren für Fernwärmesysteme kann abweichend von den angegebenen Werten gemäß *ÖNORM EN 15316-4-5, Ausgabe 2007-10-01* erfolgen, wobei jedoch die Minimumregel bezüglich des angegebenen Bestwertes zu berücksichtigen ist.

Zu Punkt 9: Referenzausstattungen

Da für die Ermittlung des Gesamtenergieeffizienz-Faktors die Referenzausstattung eine wesentliche Bedeutung hat, wurde diese nunmehr in die OIB-Richtlinie aufgenommen. Ergänzt wurde eine Referenzausstattung für Stromdirektheizungen bzw. für die Wärmebereitstellung für Warmwasser mittels Strom.

Haustechnische Ausstattungen, die nicht explizit festgelegt werden, sind in der Referenzausstattung gleich zu setzen mit der geplanten Ausstattung.

III. Erläuterungen zum OIB-Leitfaden

Zu Punkt 1: Anwendung des Leitfadens

Dieser Punkt ist völlig unverändert geblieben.

Zu Punkt 2: Allgemeine Bestimmungen

Dieser Punkt ist im Wesentlichen unverändert geblieben.

Allerdings wurde die neue ÖNORM H 5050 als Bilanzierungsnorm neu aufgenommen.

Zu Punkt 3: Vereinfachtes Verfahren

Das vereinfachte Verfahren wurde entwickelt, um für bestehende Gebäude beim Verkauf oder der Vermietung rasch einen Energieausweis ausstellen zu können (Punkt 3.1). Dabei wurde von dem Prinzip ausgegangen, lediglich bei der Erhebung der Daten Vereinfachungen vorzunehmen, nicht aber bei der Berechnungsmethode. Außerdem wurde Wert darauf gelegt, dass die Ergebnisse jedenfalls auf der ungünstigen, d.h. sicheren Seite liegen, als bei einer genauen Datenerhebung.

In Punkt 3.2 wird festgelegt, welche Mindestanforderungen bei der Erfassung der Gebäudegeometrie zu berücksichtigen sind. Diese basieren auf einem Excel-Programm, das ursprünglich nur zur Nachvollziehbarkeit der Berechnungsmethode entwickelt wurde. Überall dort, wo genaue Abmessungen vorhanden sind, können bzw. sollen diese eingesetzt werden. Konkret vorliegenden Angaben – auch wenn diese nur für einen Bauteil vorhanden sind – ist immer der Vorzug zu geben.

Bei der Festlegung der Bauphysik in Punkt 3.3 wird einerseits in default-mäßig festgelegte Wärmedurchgangskoeffizienten (U-Werte) unterschieden, und andererseits in von den einzelnen Bundesländern aufgrund der landesgesetzlichen Vorschriften festgelegten U-Werte. Bei der Festlegung von den in Punkt 3.3.1 angegebenen Werten, die tunlichst nur solange anzuwenden sind, solange nicht die Werte gemäß Punkt 3.3.2 gelten, wurde von den für die jeweilige Epoche bzw. Gebäudetyp gängigen Aufbauten ausgegangen.

In Punkt 3.4 wurden für die vereinfachte Datenerfassung der Haustechnik jene Systeme bzw. Konfigurationen angegeben, die häufig auftreten. Dabei wurde auf die Begriffe der *ÖNORM H 5056, Ausgabe 2011-03-01* zurückgegriffen, da die weitere Berechnung eben nach dieser Norm zu erfolgen hat.

Zu Punkt 4: Empfehlung von Maßnahmen für bestehende Gebäude

Gemäß EU-Gebäuderichtlinie ist es erforderlich, auf Basis der technischen und wirtschaftlichen Machbarkeit Empfehlungen von Maßnahmen im Energieausweis anzuführen, deren Implementierung den Endenergiebedarf des Gebäudes reduziert.

Es wird allgemein formuliert, welche Ratschläge und Empfehlungen zu verfassen sind.

OiB - Dokument

zur Definition des Niedrigstenergiegebäudes und zur Festlegung von Zwischenzielen in einem

„Nationalen Plan"

gemäß Artikel 9 (3) zu 2010/31/EU

28. März 2014

Inhaltsverzeichnis

1 VORBEMERKUNGEN 2

2 BEGRIFFSBESTIMMUNGEN 4

3 MINDESTANFORDERUNGEN AN DIE GESAMTENERGIEEFFIZIENZ –
  NEUBAU (2014 - 2020) 2

4 MINDESTANFORDERUNGEN AN DIE GESAMTENERGIEEFFIZIENZ –
  GRÖßERE RENOVIERUNG (2014 - 2020) 3

1 Vorbemerkungen

Das gegenständliche Dokument stellt die Erweiterung vom Dezember 2012 auf Nicht-Wohngebäude für den „Nationalen Plan" in Österreich gemäß Artikel 9 der Richtlinie 2010/31/EU des Europäischen Parlaments und des Rates vom 19. Mai 2010 über die Gesamtenergieeffizienz von Gebäuden (kurz: EPBD:2010) bezüglich zukünftiger Mindestanforderungen an die Gesamtenergieeffizienz von Gebäuden dar. Diese Mindestanforderungen sollen in zukünftigen Ausgaben der OIB-Richtlinie 6 umgesetzt werden. Insbesondere sind Inhalt dieses Dokuments:

- Eine ausführliche Darlegung der praktischen Umsetzung der österreichischen Definition des Niedrigstenergiegebäudes unter Berücksichtigung der österreichischen Gegebenheiten auf Basis des Heizwärmebedarfs (in kWh/m²a) einschließlich numerischer Indikatoren für den Primärenergiebedarf (in kWh/m²a) und die Kohlendioxidemissionen (in kg/m²a), ausgedrückt und festgelegt durch die Anforderungen für 2020.
- Zwischenziele für die Verbesserung der Gesamtenergieeffizienz neuer Gebäude für 2014 (Inkrafttreten mit 1.1.2015), 2016 (1.1.2017), 2018 (1.1.2019) und 2020 (1.1.2021) für den Neubau und größere Renovierungen.

Bei der Festlegung der Mindestanforderungen für den Niedrigstenergiehausstandard und der Zwischenziele sind die Länder mehrheitlich übereingekommen, dass neben den verpflichtend einzuführenden Anforderungen an den Primärenergiebedarf auch Anforderungen an die Kohlendioxidemissionen formuliert werden.

Sämtliche Anforderungen an den Wärmeschutz und die Energieeinsparung – also die Gesamtenergieeffizienz – von Gebäuden wird in Österreich durch die vier Indikatoren

- Heizwärmebedarf,
- Gesamtenergieeffizienz-Faktor,
- Primärenergiebedarf und
- Kohlendioxidemissionen

angegeben. Zu beachten ist dabei, dass auch der Strombedarf (Haushaltsstrombedarf für Wohngebäude bzw. Betriebsstrombedarf für Nicht-Wohngebäude) berücksichtigt wird. Dieser wird zur Energiemenge, die für Heizung, Kühlung, Lüftung, Warmwasser und Beleuchtung im Rahmen der üblichen Nutzung des Gebäudes benötigt wird, hinzugezählt.

Als Mindestanforderung für alle 4 Kennzahlen wird zumindest das Referenzklima herangezogen, es bleibt den Ländern jedoch unbenommen, die Anforderungen auf den Standort abzustellen.

Eine Ergänzung der Werte für den Gesamtenergieeffizienz-Faktor für Nicht-Wohngebäude erfolgt nach Fertigstellung der normativen Grundlagen (ÖNORM H 5050).

2 Mindestanforderungen an die Gesamtenergieeffizienz – Neubau (2014 - 2020)

Als OIB-Anforderung für Wohngebäude gelten bis inklusive 2020:

	HWB_{max} [kWh/m²a]	EEB_{max} [kWh/m²a]	$f_{GEE,max}$ [-]	PEB_{max} [kWh/m²a]	$CO_{2,max}$ [kg/m²a]
2014	$16 \times (1 + 3{,}0 / l_c)$	mittels $HTEB_{Ref}$	0,90	190	30
2016	$14 \times (1 + 3{,}0 / l_c)$ oder $16 \times (1 + 3{,}0 / l_c)$	mittels $HTEB_{Ref}$	0,85	180	28
2018	$12 \times (1 + 3{,}0 / l_c)$ oder $16 \times (1 + 3{,}0 / l_c)$	mittels $HTEB_{Ref}$	0,80	170	26
2020	$10 \times (1 + 3{,}0 / l_c)$ oder $16 \times (1 + 3{,}0 / l_c)$	mittels $HTEB_{Ref}$	0,75	160	24

2.1.6.1. OIB-Richtlinie 6 – „Nationaler Plan"

Als OIB-Anforderung für Bürogebäude gelten bis inklusive 2020, für andere Nichtwohngebäude gelten analoge Anforderungen in Abhängigkeit von deren Nutzungsprofilen:

	HWB_{max} [kWh/m²a]	EEB_{max} [kWh/m²a]	$f_{GEE,max}$ [-]	PEB_{max} [kWh/m²a]	$CO2_{max}$ [kg/m²a]
2014	$5{,}50 \times (1 + 3{,}0 / l_c)$	mittels $HTEB_{Ref}$		230	36
2016	$4{,}67 \times (1 + 3{,}0 / l_c)$ oder $5{,}50 \times (1 + 3{,}0 / l_c)$	mittels $HTEB_{Ref}$ $f_{GEE,DLGneu,max}$		210	33
2018	$4{,}00 \times (1 + 3{,}0 / l_c)$ oder $5{,}50 \times (1 + 3{,}0 / l_c)$	mittels $HTEB_{Ref}$ $f_{GEE,DLGneu,max}$		190	30
2020	$3{,}33 \times (1 + 3{,}0 / l_c)$ oder $5{,}50 \times (1 + 3{,}0 / l_c)$	mittels $HTEB_{Ref}$ $f_{GEE,DLGneu,max}$		170	27
$f_{GEE,DLGneu,max}$ ... Diese Werte ergeben sich jeweils aus der strengeren HWB-Anforderung und der Anwendung der Referenzausstattungen.					

Diese Werte können für den Fall notwendiger Raumlufttechnik und Kühltechnik um 70 kWh/m²a/12 kg/m²a, 65 kWh/m²a /11 kg/m²a, 60 kWh/m²a /10 kg/m²a bzw. 55 kWh/m²a /9 kg/m²a erhöht werden. Die PEB- und CO2-Anforderungen beziehen sich auf eine Geschoßhöhe von 3 m.

Der Nachweis der Kostenoptimalität der Mindestanforderungen gemäß Artikel 5 für den Neubau und größere Renovierungen wird im OIB-Dokument zum Nachweis der Kostenoptimalität der Anforderungen der OIB-RL6 bzw. des Nationalen Plans gemäß Artikel 5 (2) der EPBD:2010 und VO 244/2012 bzw. den Leitlinien 2012/C115/01 dargestellt.

3 Mindestanforderungen an die Gesamtenergieeffizienz – größere Renovierung (2014 - 2020)

Als OIB-Anforderung für Wohngebäude gelten bis inklusive 2020:

	HWB_{max} [kWh/m²a]	EEB_{max} [kWh/m²a]	$f_{GEE,max}$ [-]	PEB_{max} [kWh/m²a]	$CO2_{max}$ [kg/m²a]
2014	$23 \times (1 + 2{,}5 / l_c)$ oder $25 \times (1 + 2{,}5 / l_c)$	mittels $HTEB_{Ref}$ 	 1,10	230	38
2016	$21 \times (1 + 2{,}5 / l_c)$ oder $25 \times (1 + 2{,}5 / l_c)$	mittels $HTEB_{Ref}$ 	 1,05	220	36
2018	$19 \times (1 + 2{,}5 / l_c)$ oder $25 \times (1 + 2{,}5 / l_c)$	mittels $HTEB_{Ref}$ 	 1,00	210	34
2020	$17 \times (1 + 2{,}5 / l_c)$ oder $25 \times (1 + 2{,}5 / l_c)$	mittels $HTEB_{Ref}$ 	 0,95	200	32

Von diesen Mindestanforderungen darf abgewichen werden, wenn erforderliche Maßnahmen aus bautechnischen oder baurechtlichen Gründen nicht durchführbar sind.

Einzelbauteilsanierungen bzw. der Tausch oder Einbau einzelner Komponenten des gebäudetechnischen Systems haben derart zu erfolgen, dass unter Berücksichtigung dieser Einzelmaßnahmen die obigen Zielwertanforderungen mit weiteren – aber nicht zeitgleich durchgeführten - Maßnahmen erreicht werden können.

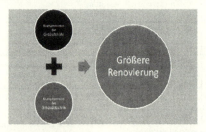

Als OIB-Anforderung für Bürogebäude gelten bis inklusive 2020, für andere Nicht-Wohngebäude gelten analoge Anforderungen in Abhängigkeit von deren Nutzungsprofilen:

	HWB_{max} [kWh/m²a]	EEB_{max} [kWh/m²a]	$f_{GEE,max}$ [-]	PEB_{max} [kWh/m²a]	$CO2_{max}$ [kg/m²a]
2014	$7{,}67 \times (1 + 2{,}5 / l_c)$	mittels $HTEB_{Ref}$		300	48
	oder				
	$8{,}50 \times (1 + 2{,}5 / l_c)$		$f_{GEE,DLGsan,max}$		
2016	$7{,}00 \times (1 + 2{,}5 / l_c)$	mittels $HTEB_{Ref}$		280	45
	oder				
	$8{,}50 \times (1 + 2{,}5 / l_c)$		$f_{GEE,DLGsan,max}$		
2018	$6{,}33 \times (1 + 2{,}5 / l_c)$	mittels $HTEB_{Ref}$		260	42
	oder				
	$8{,}50 \times (1 + 2{,}5 / l_c)$		$f_{GEE,DLGsan,max}$		
2020	$5{,}67 \times (1 + 2{,}5 / l_c)$	mittels $HTEB_{Ref}$		250	39
	oder				
	$8{,}50 \times (1 + 2{,}5 / l_c)$		$f_{GEE,DLGsan,max}$		
	$f_{GEE,DLGsan,max}$ ... Diese Werte ergeben sich jeweils aus der strengeren HWB-Anforderung und der Anwendung der Referenzausstattungen.				

Diese Werte können für den Fall notwendiger Raumlufttechnik und Kühltechnik um 70 kWh/m²a/12 kg/m²a, 65 kWh/m²a /11 kg/m²a, 60 kWh/m²a /10 kg/m²a bzw. 55 kWh/m²a /9 kg/m²a erhöht werden. Die PEB- und CO2-Anforderungen beziehen sich auf eine Geschoßhöhe von 3 m.

Von diesen Mindestanforderungen darf abgewichen werden, wenn erforderliche Maßnahmen aus bautechnischen oder baurechtlichen Gründen nicht durchführbar sind.

4   Begriffsbestimmungen

Es gelten die Begriffsbestimmungen des Dokumentes „OIB-Richtlinien – Begriffsbestimmungen".

Leitfaden

Energietechnisches Verhalten von Gebäuden

Ausgabe: März 2015

0	Vorbemerkungen	2
1	Anwendungsbereich des Leitfadens	2
2	Allgemeine Bestimmungen	2
2.1	Berechnungsmethode	2
2.2	Referenzklima	2
2.3	Standortklima	2
2.4	Nutzungsprofile	2
2.5	Referenzausstattung	3
2.6	Brutto-Grundfläche und Netto-Grundfläche	3
2.7	Bilanzierung	3
2.8	Zonierung	3
2.9	Multiple Systeme	5
3	Vereinfachtes Verfahren	6
3.1	Anwendungsbereich	6
3.2	Gebäudegeometrie	6
3.3	Bauphysik	7
3.4	Haustechnik	9
4	Empfehlung von Maßnahmen für bestehende Gebäude	11
4.1	Allgemeines	11
4.2	Gebäudehülle	12
4.3	Haustechnik	12
5	Vorgangsweise zur Ermittlung des erneuerbaren Anteils	12
5.1	Nachweisführung über lit. a gemäß Abschnitt 4.3 der OIB-Richtlinie	12
5.2	Nachweisführung über lit. b gemäß Abschnitt 4.3 der OIB-Richtlinie	12

0 Vorbemerkungen

Die zitierten Normen und sonstigen technischen Regelwerke gelten in der im Dokument „OIB-Richtlinien – Zitierte Normen und sonstige technische Regelwerke", Ausgabe Oktober 2011 angeführten Fassung.

1 Anwendungsbereich des Leitfadens

Der Leitfaden „Energietechnisches Verhalten von Gebäuden" ist ein technischer Anhang zur OIB-Richtlinie 6 „Energieeinsparung und Wärmeschutz". Er enthält allgemeine Bestimmungen, das vereinfachte Verfahren sowie Empfehlungen von Maßnahmen für bestehende Gebäude. Weiters ist eine Anleitung zur Befüllung des Energieausweises enthalten.

2 Allgemeine Bestimmungen

2.1 Berechnungsmethode

Für die Berechnungsmethode sind folgende ÖNORMen heranzuziehen:

	Titel der ÖNORM	Nummer der ÖNORM
Nutzenergiebedarf	Heizwärme- und Kühlbedarf (HWB, KB)	ÖNORM B 8110-6
	Raumlufttechnik-Energiebedarf (RLTEB)	ÖNORM H 5057
Endenergiebedarf	Gesamtenergieeffizienz-Faktor und auf Referenzausstattungen basierte Endenergieanforderungen sowie Primärenergiebedarf und Kohlendioxidemissionen	ÖNORM H 5050
	Heizenergiebedarf (HEB) und Befeuchtungs-Energiebedarf (BefEB)	ÖNORM H 5056
	Kühlenergiebedarf (KEB)	ÖNORM H 5058
	Beleuchtungs-Energiebedarf (BelEB)	ÖNORM H 5059

2.2 Referenzklima

Die Werte für das Referenzklima sind der ÖNORM B 8110-5 zu entnehmen. Ergänzende Werte können durch arithmetische Mittelung der Teilergebnisse für die sieben Klimaregionen mit folgenden Seehöhen ermittelt werden:

Klimaregion	Seehöhe [m]
Region West (W)	346,76
Region Nord – Föhngebiet (NF)	220,28
Region Nord – außerhalb von Föhngebieten (N)	113,89
Region alpine Zentrallage (ZA)	126,34
Region Beckenlandschaften im Süden (SB)	120,46
Region Südost-südlicher Teil (S/SO)	190,49
Region Südost-nördlicher Teil (N/SO)	247,13

2.3 Standortklima

Die Werte für das Standortklima sind der ÖNORM B 8110-5 zu entnehmen.

2.4 Nutzungsprofile

Die Werte für die Nutzungsprofile sind der ÖNORM B 8110-5 zu entnehmen.

2.1.6.2. OIB-Richtlinie 6 – Leitfaden

2.5 Referenzausstattung

Die Referenzausstattung ist Punkt 9 der OIB-Richtlinie 6 zu entnehmen.

2.6 Brutto-Grundfläche und Netto-Grundfläche

Die Brutto-Grundfläche und die Netto-Grundfläche sind gemäß ÖNORM B 1800 zu bestimmen, wobei Detailfestlegungen der ÖNORM B 8110-6 zu entnehmen sind.

2.7 Bilanzierung

Die Bilanzierung umfasst folgende Energieaufwendungen:

- Heizung (einschließlich Befeuchtung und Hilfsenergie für Heizung, ausgenommen Hilfsenergie für das Medium Luft),
- Warmwasserversorgung (einschließlich Hilfsenergie),
- Kühlung (einschließlich Hilfsenergie),
- Lüftung (einschließlich Hilfsenergie für das Medium Luft),
- Beleuchtung,
- Haushaltsstrombedarf (bei Wohngebäuden) bzw. Betriebsstrombedarf (bei Nicht-Wohngebäuden).

2.8 Zonierung

Für die Berechnung des Energiebedarfs kann es erforderlich sein, das Gebäude in unterschiedliche Berechnungszonen zu unterteilen. Die jeweiligen Berechnungszonen ergeben sich aus den jeweiligen Nutzungen für Wohngebäude sowie für Nicht-Wohngebäude entsprechend den Nutzungsprofilen gemäß ÖNORM B 8110-5 (Nutzungszonen). Der Gesamtenergiebedarf des Gebäudes ergibt sich aus der Summe des Energiebedarfes aller Nutzungszonen.

Innerhalb eines Gebäudes dürfen Zonen

- unterschiedlicher Nutzung (bei gleicher Innenraumtemperatur),
- unterschiedlicher Bauweise,
- unterschiedlicher Versorgungseinrichtungen und
- unterschiedlicher baurechtlicher Vorgaben.

zu einem Energieausweis zusammengefasst werden. Gewinne und Verluste aufgrund gegebener haustechnischer Versorgungssysteme sind entsprechend den Gebäudezonen zu bilanzieren.

Zu beachten gilt: Unterliegen verschiedene Gebäudezonen unterschiedlichen baurechtlichen Anforderungen, so sind diese Anforderung bzw. ihre Erfüllung nachvollziehbar auszuweisen.

2.8.1 Konditionierte Zone/Nicht konditionierte Zone

Eine Zone umfasst die Räume bzw. Grundflächenanteile innerhalb des konditionierten Brutto-Volumens eines Gebäudes, die durch einheitliche Nutzungsanforderungen (Temperatur, Belüftung und Beleuchtung) bei gleichartigen Randbedingungen gekennzeichnet sind. Sobald eine Zone Anforderungen an eine Art der Konditionierung (Heizung, Kühlung, Befeuchtung, Belüftung) stellt, ist sie als „konditionierter Raum" zu bezeichnen und zu berechnen. Nicht konditionierte Räume oder Bereiche werden in der Berechnung nur durch ihren Einfluss auf benachbarte Zonen (Wärmefluss durch Transmission) berücksichtigt und müssen als solche deutlich gekennzeichnet werden.

2.8.2 Versorgungsbereich

Versorgungsbereiche umfassen jene Gebäudeteile bzw. jene Gebäudezonen, die von der gleichen „Anlagentechnik" (Heizung, Warmwasser, Lüftung, Kühlung oder Beleuchtung) versorgt werden. Ein Versorgungsbereich kann sich über mehrere Zonen erstrecken, eine Zone kann auch mehrere (unterschiedliche) Versorgungsbereiche einschließen.

2.8.3 Zonierungskriterien

Die Zonierung eines Gebäudes erfolgt in zwei Schritten. Erstens muss eine Zuordnung für die Berechnung des **Nutzenergiebedarfs** vorgenommen werden. Dabei werden Bereiche bzw. Räume gleicher Nutzung entsprechend den Nutzungsprofilen gemäß ÖNORM B 8110-5 unter Berücksichtigung der baulichen Gegebenheiten (z.B. Orientierungen und Fensterflächenanteile) zu Nutzungszonen zusammengefasst.

Zweitens kann es ggf. erforderlich sein, dass das Gebäude für die Berechnung des **Endenergiebedarfs** im Vergleich zur Berechnung des Nutzenergiebedarfs unterschiedlich zoniert werden muss. Das Hauptkriterium stellt dabei ein einheitliches Versorgungssystem (Heizung, Kühlung, Beleuchtung, Trinkwasser und Lüftung) dar.

Für **Gebäude** kann es mehrere Nutzungsprofile bzw. Nutzungszonen geben.

2.8.3.1 Zonierungskriterien für die Berechnung des Nutzenergiebedarfs

(a) Allgemeines

Die Zuordnung erfolgt anhand der überwiegenden Nutzung und Bauweise (siehe Punkt 3 der OIB-Richtlinie 6). Wenn die Grenzen überschritten werden, ist eine Zuordnung der einzelnen Zonen zu den unterschiedlichen Nutzungsbedingungen und Bauweisen gemäß der Kriterien b) bis d) durchzuführen.

Jedes Gebäude stellt eine eigene Berechnungszone dar, für die ein Energieausweis auszustellen ist. Dies gilt jedenfalls auch für jede Nutzungseinheit in Reihenhäusern (Anmerkung: Reihenhäuser müssen gemäß Begriffsbestimmung nicht immer eigene Gebäude sein).

(b) Bauweise

Wenn einzelne Abschnitte eines Gebäudes einer unterschiedlichen Bauweise (leicht, mittel, schwer) entsprechen, sind die jeweiligen Abschnitte als eigene Zone zu berechnen.

(c) Nutzungsbedingungen (Nutzungsprofile)

Wenn sich Nutzungsbedingungen in den nachfolgenden Kriterien unterscheiden, sind die jeweiligen Abschnitte als eigene Zone zu berechnen.

- Abwärmen durch Personen, Geräte, Beleuchtung
- Luftwechselzahlen
- Beleuchtungsannahmen
- Nutzungszeiten

(d) Kriterium 4 K

Das Kriterium „4 Kelvin" (siehe ÖNORM EN 13790) gilt als Grenzwert für die Berechnung der Wärmeströme zwischen zwei benachbarten Zonen. Sobald sich die Raumbilanzinnentemperatur zweier benachbarter Zonen um mehr als 4 K voneinander unterscheidet, müssen die Zonen getrennt bilanziert werden. Abschließend erfolgt die Summierung der Bilanzen.

2.8.3.2 Zonierungskriterien für die Berechnung des Endenergiebedarfs

Die Zonierung im Bereich der Berechnung des Endenergiebedarfs erfolgt für das Versorgungssystem nach folgenden Kriterien:

1. RLT-Anlage
   1.1 Sofern mehr als 80 % des Gebäudes (Brutto-Grundfläche) über die gleiche RLT-Anlage versorgt wird, ist keine weitere Zonierung der konditionierten Räume erforderlich.
   1.2 Die Zonen werden nach den Anforderungen hinsichtlich der Funktionen Heizen, Kühlen, Befeuchten und Entfeuchten zusammengefasst.

2.1.6.2. OIB-Richtlinie 6 – Leitfaden

2. **Heizungs- und Warmwassersystem:** Zonen, die von unterschiedlichen Systemen versorgt werden, müssen getrennt berechnet werden (Multiple Systeme). Wenn mehr als 80 % des Gebäudes (Brutto-Grundfläche) über die gleiche Heizungsanlage versorgt wird, ist keine weitere Zonierung der konditionierten Räume erforderlich. Falls das Heizungs- bzw. Warmwasser nicht gemeinsam bereitgestellt wird (Unterschiede in Wärmeverteilung, -speicherung und -bereitstellung), sind das Heizungs- sowie das Warmwassersystem getrennt zu betrachten. Für jedes einzelne System gilt das Zonierungskriterium.
3. **Kühlungssystem:** Zonen, die von unterschiedlichen Systemen versorgt werden, müssen getrennt berechnet werden. Wenn mehr als 80 % des Gebäudes (Brutto-Grundfläche) über die gleiche Kühlanlage versorgt wird, ist keine weitere Zonierung der konditionierten Räume erforderlich.
4. **Beleuchtungssystem:** Zonen, die durch unterschiedliche Beleuchtungssysteme ausgestattet sind, müssen getrennt berechnet werden. Wenn mehr als 80 % des Gebäudes (Brutto-Grundfläche) über die gleiche Beleuchtungseinrichtung versorgt wird, ist keine weitere Aufteilung der konditionierten Räume erforderlich.

2.9 Multiple Systeme

2.9.1 Systemübersicht der multiplen Systeme

Ein multiples System hat je nach Anlagenkomponente Bereitstellungs-, Speicher-, Verteilungs- und Abgabeverluste. Grundsätzlich kann man ein Heiz- und Kühlsystem (ausgenommen der Bereitstellung und Speicherung) in drei Kategorien einteilen:

- Luftsysteme
- Systeme auf Wasserbasis
- Split Geräte

Die ausgeführten Varianten können sehr unterschiedlich sein.

2.9.2 Aufteilung der Abgabe-, Verteilungs-, Speicher- und Bereitstellungsverluste

Bei multiplen Systemen müssen die Verluste auf die zu berechnenden Zonen wie folgt aufgeteilt werden:

2.9.2.1 Abgabeverluste

Abgabeverluste werden einmalig für den gesamten Versorgungsbereich ermittelt und anschließend gewichtet nach dem Heizwärme- bzw. Kühlbedarf auf die Zonen aufgeteilt.

2.9.2.2 Verteilungsverluste

Verteilungsverluste werden einmalig für den gesamten Versorgungsbereich bestimmt und anschließend gewichtet nach der konditionierten Brutto-Grundfläche auf die Zonen umgelegt.

2.9.2.3 Speicherverluste

Die Speicherverluste werden einmalig für den gesamten Versorgungsbereich ermittelt und anschließend gewichtet nach dem Heizwärme- bzw. Kühlbedarf auf die Zonen aufgeteilt. Die Wärmeabgabe der Speicherung wird vollständig in der Zone wirksam, in welcher der Speicher aufgestellt ist.

2.9.2.4 Bereitstellungsverluste

Die Bereitstellungsverluste werden einmalig für den gesamten Versorgungsbereich ermittelt und anschließend gewichtet nach dem Heizwärme- bzw. Kühlbedarf auf die Zonen aufgeteilt.

2.9.2.5 Hilfsenergie

Die Hilfsenergie wird für das jeweilige Anlagensystem in den Bereichen Abgabe, Verteilung, Speicherung bzw. Bereitstellung für die jeweilige Zone ermittelt.

3 Vereinfachtes Verfahren

3.1 Anwendungsbereich

Das vereinfachte Verfahren ist ausschließlich für bestehende Gebäude anzuwenden, wobei Vereinfachungen bei der Erfassung der Gebäudegeometrie, der Bauphysik und der Haustechnik vorgenommen werden können.

3.2 Gebäudegeometrie

Im vereinfachten Verfahren ist die Gebäudegeometrie zumindest wie folgt zu erfassen:

3.2.1 Dem Gebäude ist ein volumengleicher Quader (Grundfläche entweder rechteckig, L-förmig, T-förmig, U-förmig oder O-förmig) einzuschreiben, wobei Vorsprünge (z.B. Erker) oder Einsprünge (z.B. Loggien) vorerst vernachlässigt werden. Dabei ist im Detail wie folgt vorzugehen:

- Auffinden der Grundfläche (flächengleich) unter Berücksichtigung der oben erwähnten Vernachlässigungen,
- Festlegung der Geschoßanzahl (nur konditionierte Geschoße),
- Festlegung der durchschnittlichen Brutto-Geschoßhöhe,
- Festlegung der durchschnittlichen Netto-Geschoßhöhe.

3.2.2 Ermittlung des Grundvolumens der konditionierten Geschoße und deren Oberfläche nach der vereinfachten Geometrie gemäß Punkt 5.2.1.

3.2.3 Abschätzung des Anteils der Fensterflächen an den Fassadenflächen und geeignete Zuordnung zu den Himmelsrichtungen.

3.2.4 Allfälligen konditionierten Dachräumen sind in analoger Weise (gemäß der Punkte 5.2.1 bis 5.2.3) ein entsprechendes Volumen, die zugehörige Grundfläche, die zugehörigen Außenbauteilflächen und die Flächenanteile von Dachflächenfenstern einschließlich der jeweiligen Orientierung zuzuordnen.

3.2.5 Erfassung der folgenden Elemente, wobei Vor- bzw. Einsprünge und Dacheinschnitte oder -aufbauten von nicht mehr als 0,50 m unberücksichtigt bleiben:

- horizontale Vor- oder Einsprünge (z.B. Stiegenhäuser),
- vertikale Vor- oder Einsprünge (z.B. Erker, Loggien),
- Dacheinschnitte oder -aufbauten (z.B. Terrassen, Gaupen).

3.2.6 Modifikation der sich aus den Punkten 5.2.1 bis 5.2.4 ergebenden Oberfläche durch Multiplikation der Fassaden- bzw. Dachfläche, je nach Anzahl der Vor- bzw. Einsprünge und Dacheinschnitte oder -aufbauten gemäß Punkt 4.2.5 mit $1,05^n$. Dabei ist n die Anzahl der horizontalen und/oder vertikalen Vor- bzw. Einsprünge, Dacheinschnitte oder -aufbauten.

Folgende häufig vorkommende Beispiele können angeführt werden:

- vorgesetztes Stiegenhaus (konditioniert): $1,05^1$ (n = 1),
- Erker auf einer Fassadenfläche: $1,05^2$ (n = 2, da vertikal und horizontal; gilt unabhängig von der Anzahl der Erker; n_{max} = 2),
- Loggien auf zwei Fassadenflächen entlang einer Fensterachse: $1,05^2$ (n = 2; gilt unabhängig von der Anzahl der Loggien; n_{max} = 2),
- Dachgaupen auf zwei Dachflächen $1,05^2$ (n = 2; gilt unabhängig von der Anzahl der Dachgaupen; n_{max} = 2).

3.2.7 Durch die Modifikationen gemäß Punkt 5.2.6 wird die Fassadenfläche entsprechend vergrößert. Die Brutto-Grundfläche BGF bleibt von diesen Modifikationen unberührt.

3.2.8 Weitere Berechnung mit den verfügbaren Programmen auf Basis der so erhaltenen Massenermittlung.

3.3 Bauphysik

Zur Vereinfachung der Erfassung der Wärmedurchgangskoeffizienten (U-Werte) können entweder Default-Werte gemäß Punkt 5.3.1 oder von den Ländern festgesetzte Standardwerte gemäß Punkt 5.3.2, die den jeweiligen landesgesetzlichen Anforderungen entsprechen, herangezogen werden. Unterschiedliche thermische Qualitäten von Einzelbauteilen sind zu berücksichtigen (z.B. alte und neue Fenster, gedämmte und ungedämmte Fassaden etc.). Sind für einzelne Bauteile konkrete U-Werte bekannt, sind diese jedenfalls heranzuziehen.

3.3.1 Default-Werte

Für Gebäude, für die unter Punkt 5.3.2 keine Werte angegeben sind (z.B. für ältere Gebäude), können folgende Wärmedurchgangskoeffizienten (U-Werte) herangezogen werden:

Epoche / Gebäudetyp	KD	OD	AW	DF	FE	g	AT
vor 1900 EFH	1,25	0,75	1,55	1,30	2,50	0,67	2,50
vor 1900 MFH	1,25	0,75	1,55	1,30	2,50	0,67	2,50
ab 1900 EFH	1,20	1,20	2,00	1,00	2,50	0,67	2,50
ab 1900 MFH	1,20	1,20	1,50	1,00	2,50	0,67	2,50
ab 1945 EFH	1,95	1,35	1,75	1,30	2,50	0,67	2,50
ab 1945 MFH	1,10	1,35	1,30	1,30	2,50	0,67	2,50
ab 1960 EFH	1,35	0,65	1,20	0,55	3,00	0,67	2,50
ab 1960 MFH	1,35	0,65	1,20	0,55	3,00	0,67	2,50
Systembauweise	1,10	1,05	1,15	0,45	2,50	0,67	2,50
Montagebauweise	0,85	1,00	0,70	0,45	3,00	0,67	2,50
Bei den angegebenen Werten handelt es sich grundsätzlich um Mittelwerte aus der Erfahrung und nicht um schlechtest denkbare Werte.							
Legende: KD ... Kellerdecke OD ... Oberste Geschoßdecke AW ... Außenwand DF ... Dachfläche FE ... Fenster g ... Gesamtenergiedurchlassgrad AT ... Außentüren EFH ... Einfamilienhaus MFH ... Mehrfamilienhaus	Systembauweise ... Bauweise basierend auf systemisierter Mauerwerksbauweise o.ä. Montagebauweise ... Bauweise basierend auf Fertigteilen aus Beton mit zwischenliegender Wärmedämmung Für alle nicht erwähnten Bauteile wie z.B. Kniestockmauerwerk, Abseitenwände, Abseitendecken sind grundsätzlich die entsprechenden Werte für Außenbauteile zu verwenden.						

3.3.2 Von den einzelnen Bundesländern festgelegte Wärmedurchgangskoeffizienten

In den folgenden Tabellen sind die in den einzelnen landesgesetzlichen Bestimmungen enthaltenen Wärmedurchgangskoeffizienten (U-Werte) angegeben.

Burgenland	KD	OD	AW	DF	FE	g	AT
ab 01.01.1988	0,60	0,60	0,70	0,30	2,50	0,67	2,50
ab 02.02.1998	0,40	0,40	0,45	0,25	1,70	0,67	1,70
ab 02.04.2002	0,35	0,35	0,38	0,20	1,70	0,67	1,70

2. Kärntner Bauvorschriften – K-BV

Kärnten	KD	OD	AW	DF	FE	g	AT
ab 01.10.1980	0,60	0,30	0,70	0,30	2,50	0,67	2,50
ab 01.10.1993	0,50	0,30	0,50	0,30	2,50	0,67	2,50
ab 21.03.1997	0,40	0,25	0,40	0,25	1,80	0,67	1,80
ab 01.01.1981 WBF	0,50	0,30	0,60	0,30	2,50	0,67	2,50
ab 01.01.1983 WBF	0,50	0,30	0,57	0,30	2,50	0,67	2,50
ab 13.03.1985 WBF	0,50	0,30	0,60	0,30	2,50	0,67	2,50

Niederösterreich	KD	OD	AW	DF	FE	g	AT
ab 01.1982	0,80	0,30	0,70	0,30	2,50	0,67	2,50
ab 01.1988	0,70	0,25	0,50	0,25	2,50	0,67	2,50
ab 03.1996	0,50	0,22	0,40	0,22	1,80	0,67	1,80

Oberösterreich	KD	OD	AW	DF	FE	g	AT
ab 1981	0,60	0,30	0,70	0,30	2,50	0,67	2,50
ab 01.02.1983	0,60	0,30	0,70	0,30	2,50	0,67	2,50
ab 1985	0,50	0,30	0,50	0,30	2,50	0,67	2,50
ab 1994	0,45	0,25	0,50	0,25	1,90	0,67	1,90
ab 1999	0,45	0,25	0,50	0,25	1,90	0,67	1,90

Salzburg	KD	OD	AW	DF	FE	g	AT
1982 – 31.05.2003	0,47	0,30	0,56	0,30	2,50	0,67	2,50
ab 01.06.2003	0,40	0,20	0,35	0,20	1,70	0,67	1,70

Steiermark	KD	OD	AW	DF	FE	g	AT
ab 1983 EFH	0,60	0,30	0,70	0,30	2,50	0,67	2,50
ab 1983 MFH	0,60	0,30	0,70	0,30	2,50	0,67	2,50
ab 1990 EFH	0,45	0,30	0,50	0,30	2,50	0,67	2,50
ab 1990 MFH	0,45	0,30	0,50	0,30	2,50	0,67	2,50
ab 1997 EFH	0,40	0,20	0,40	0,20	1,90	0,67	1,90
ab 1997 MFH	0,40	0,20	0,50	0,20	1,90	0,67	1,90
1984 – 1990 MFH bei WBF	0,60	0,27	0,63	0,27	2,50	0,67	2,50

Tirol	KD	OD	AW	DF	FE	g	AT
ab 01.05.1981	0,50	0,30	0,50	0,30	2,50	0,67	2,50
ab 01.11.1985	0,50	0,30	0,50	0,30	2,50	0,67	2,50
ab 12.10.1998	0,40	0,20	0,35	0,20	1,70	0,67	1,70
ab 01.01.1998 bei Zusatzförderung für NEH	0,35	0,20	0,27	0,20	1,50	0,67	1,50
ab 01.01.1999 bei Zusatzförderung für NEH	0,35	0,18	0,27	0,18	1,50	0,67	1,50
ab 01.10.2003 bei WBF	0,35	0,18	0,27	0,18	1,50	0,67	1,50

Vorarlberg	KD	OD	AW	DF	FE	g	AT
ab 01.01.1983	0,70	0,30	0,50	0,50	2,50	0,67	2,50
ab 01.01.1997	0,50	0,25	0,35	0,25	1,80	0,67	1,90

Wien	KD	OD	AW	DF	FE	g	AT
ab 15.11.1976	0,85	0,71	1,00	0,71	2,50	0,67	2,50
ab 01.10.1993	0,40	0,20	0,50	0,20	1,90	0,67	1,90
ab 26.10.2001	0,45	0,25	0,50	0,25	1,90	0,67	1,90

3.4 Haustechnik

Für das vereinfachte Verfahren kann in Abhängigkeit vom Energieträger und der Wärmebereitstellung für Raumheizung und Warmwasser das Haustechniksystem aus folgenden Default-Systemen ausgewählt werden, mit denen die Berechnung gemäß ÖNORM H 5056 durchzuführen ist. Wenn genauere Angaben zum Haustechniksystem vorliegen, kann in der Berechnung die tatsächliche Ausführung verwendet werden. Bildet keiner der Default-Varianten die tatsächliche Ausführung ab, ist jedenfalls das Haustechniksystem in der Berechnung genau zu erfassen. Dies gilt jedenfalls für Anlagen zur Kühlung, Luftaufbereitung und Beleuchtung bei Nicht-Wohngebäuden.

Folgende Systeme dürfen herangezogen werden:

- für die Energieträger Gas und Öl jeweils die Systeme 1, 2, 3 oder 4,
- für den Energieträger Kohle nur das System 1 oder 6,
- für Biomasse (Stückholz / Hackgut) die Systeme 1, 2 oder 6,
- für Holz-Pellets nur das System 2,
- für Fernwärme 5,
- für Wärmepumpen 8,
- beim Einsatz von thermischen Solaranlagen ist das System 7 zu ergänzen.

System 1: Standardheizkessel (Systemtemperaturen 90°C/70°C)
- Objektdaten:
  - gebäudezentrale Wärmebereitstellung, Warmwasserverteilung mit Zirkulationsleitung, Raumwärmeabgabe mit Radiatoren, Verteil- und Steigleitungen im unkonditionierten Gebäudebereich, Stich- und Anbindeleitungen im konditionierten Gebäudebereich, Baujahr des Kessels ist gleich Gebäudejahr, Armaturen ungedämmt, Anschlussteile des Wärmespeichers umgedämmt
- Warmwasser:
  - Wärmeabgabe: Zweigriffarmaturen
  - Wärmeverteilung: ungedämmte Rohrleitungen
  - Wärmespeicherung: indirekt beheizter Warmwasserspeicher
  - Wärmebereitstellung: –
- Raumheizung:
  - Wärmeabgabe: Heizkörper-Regulierventil (von Hand betätigt)
  - Wärmeverteilung: ungedämmte Rohrleitungen
  - Wärmespeicherung: –
  - Wärmebereitstellung: Standardheizkessel

System 2: Niedertemperaturkessel (Systemtemperaturen 70°C/55°C)
- Objektdaten:
  - gebäudezentrale Wärmebereitstellung, Warmwasserverteilung mit Zirkulationsleitung, Raumwärmeabgabe mit Radiatoren, Verteil- und Steigleitungen im unkonditionierten Gebäudebereich, Stich- und Anbindeleitungen im konditionierten Gebäudebereich, Baujahr des Kessels ist gleich Gebäudejahr, Armaturen ungedämmt, Anschlussteile des Wärmespeichers umgedämmt
- Warmwasser:
  - Wärmeabgabe: Zweigriffarmaturen
  - Wärmeverteilung: Verhältnis Dämmdicke zu Rohrdurchmesser ist 1/3
  - Wärmespeicherung: indirekt beheizter Warmwasserspeicher
  - Wärmebereitstellung: –
- Raumheizung:
  - Wärmeabgabe: Einzelraumregelung mit Thermostatventilen
  - Wärmeverteilung: Verhältnis Dämmdicke zu Rohrdurchmesser ist 1/3
  - Wärmespeicherung: –
  - Wärmebereitstellung: Niedertemperaturkessel

2. Kärntner Bauvorschriften – K-BV

System 3: Brennwertkessel (Systemtemperaturen 40°C/30°C)
- Objektdaten:
  - gebäudezentrale Wärmebereitstellung, Warmwasserverteilung mit Zirkulationsleitung, Raumwärmeabgabe mit Radiatoren, Verteil- und Steigleitungen im unkonditionierten Gebäudebereich, Stich- und Anbindeleitungen im konditionierten Gebäudebereich, Baujahr des Kessels ist gleich Gebäudejahr, Armaturen ungedämmt, Anschlussteile des Wärmespeichers umgedämmt
- Warmwasser:
  - Wärmeabgabe: Zweigriffarmaturen
  - Wärmeverteilung: Verhältnis Dämmdicke zu Rohrdurchmesser 2/3
  - Wärmespeicherung: indirekt beheizter Warmwasserspeicher
  - Wärmebereitstellung: –
- Raumheizung:
  - Wärmeabgabe: Raumthermostat-Zonenregelung mit Zeitsteuerung
  - Wärmeverteilung: Verhältnis Dämmdicke zu Rohrdurchmesser 2/3
  - Wärmespeicherung: –
  - Wärmebereitstellung: Brennwertkessel

System 4: Gaskombitherme (Systemtemperaturen 70°C/55°C)
- Objektdaten:
  - dezentrale Wärmebereitstellung, kombinierte Wärmebereitstellung für Warmwasser und Raumheizung, keine Zirkulationsleitung, Raumwärmeabgabe mit Radiatoren, keine Verteil- und Steigleitungen, Stich- und Anbindeleitungen im konditionierten Gebäudebereich, Armaturen ungedämmt
- Warmwasser:
  - Wärmeabgabe: Zweigriffarmaturen
  - Wärmeverteilung: ungedämmte Rohrleitungen
  - Wärmespeicherung: kein
  - Wärmebereitstellung: –
- Raumheizung:
  - Wärmeabgabe: Heizkörper-Regulierventil (von Hand betätigt)
  - Wärmeverteilung: ungedämmte Rohrleitungen
  - Wärmespeicherung: –
  - Wärmebereitstellung: Gaskombitherme

System 5: Fernwärme (Systemtemperaturen 70°C/55°C)
- Objektdaten:
  - Gebäudezentrale Wärmebereitstellung, kombinierte Wärmebereitstellung für Warmwasser und Raumheizung, Warmwasserverteilung mit Zirkulationsleitung, Raumwärmeabgabe mit Radiatoren, Verteil- und Steigleitungen im unkonditionierten Gebäudebereich, Stich- und Anbindeleitungen im konditionierten Gebäudebereich, Armaturen ungedämmt
- Warmwasser:
  - Wärmeabgabe: Zweigriffarmaturen
  - Wärmeverteilung: ungedämmte Rohrleitungen
  - Wärmespeicherung: kein
  - Wärmebereitstellung: –
- Raumheizung:
  - Wärmeabgabe: Heizkörper-Regulierventil (von Hand betätigt)
  - Wärmeverteilung: ungedämmte Rohrleitungen
  - Wärmespeicherung: –
  - Wärmebereitstellung: Fernwärme

System 6: Einzelofen
- Objektdaten:
  - dezentrale Wärmeversorgung, keine Verteil- und Steigleitungen, Stichleitungen im konditionierten Gebäudebereich, Armaturen ungedämmt, Anschlussteile des Wärmespeichers ungedämmt

- Warmwasser:
  - Wärmeabgabe: Zweigriffarmaturen
  - Wärmeverteilung: ungedämmte Rohrleitungen
  - Wärmespeicherung und Wärmebereitstellung: direkt elektrisch beheizter Warmwasserspeicher
- Raumheizung:
  - Wärmeabgabe: –
  - Wärmeverteilung: –
  - Wärmespeicherung: –
  - Wärmebereitstellung: Einzelofen

System 7: thermische Solaranlage (nur für Einfamilienhäuser)
- Objektdaten:
  - gebäudezentrale Wärmeversorgung, kombinierte Bereitstellung für Warmwasser und Raumheizung, Armaturen ungedämmt
- Warmwasser:
  - Wärmeabgabe: Zweigriffarmaturen
  - Wärmeverteilung: Verhältnis Dämmdicke zu Rohrdurchmesser 1/3
  - Wärmespeicherung: indirekt, Solarspeicher
  - Wärmebereitstellung: Aperturfläche 8,00 m², einfacher Solarkollektor, Ausrichtung Süd 40° Neigung
- Raumheizung: Systeme 1 oder 2

System 8: Wärmepumpe (Systemtemperaturen 40°C/30°C)
- Objektdaten:
  - gebäudezentrale Wärmebereitstellung, kombinierte Wärmebereitstellung für Warmwasser und Raumheizung, Warmwasserverteilung mit Zirkulationsleitung, Raumwärmeabgabe mit Flächenheizung, Verteil- und Steigleitungen im unkonditionierten Gebäudebereich, Stich- und Anbindeleitungen im konditionierten Gebäudebereich, Armaturen ungedämmt, Anschlussteile des Wärmespeichers ungedämmt
- Warmwasser:
  - Wärmeabgabe: Zweigriffarmaturen
  - Wärmeverteilung: Verhältnis Dämmdicke zu Rohrdurchmesser ist 1/3
  - Wärmespeicherung: indirekt beheizter Warmwasserspeicher (Wärmepumpenspeicher)
  - Wärmebereitstellung: Luftwarmwasserwärmepumpe
- Raumheizung:
  - Wärmeabgabe: Raumthermostat-Zonenregelung mit Zeitsteuerung
  - Wärmeverteilung: Verhältnis Dämmdicke zu Rohrdurchmesser 1/3
  - Wärmespeicherung: indirekt, Wärmepumpe
  - Wärmebereitstellung: –

4 Empfehlung von Maßnahmen für bestehende Gebäude

4.1 Allgemeines

Auf Basis einer fachlichen Bewertung des Gebäudes anhand der erhobenen Bestandsdaten sind gegebenenfalls Ratschläge und Empfehlungen nach wirtschaftlichen Gesichtspunkten (siehe dazu ÖNORM B 8110-4 und ÖNORM M 7140) zu folgenden Maßnahmen zu verfassen:

- Maßnahmen zur Verbesserung der thermischen Qualität der Gebäudehülle,
- Maßnahmen zur Verbesserung der energetischen Effizienz der haustechnischen Anlagen,
- Maßnahmen zur verstärkten Nutzung erneuerbarer Energieträger,
- Maßnahmen zur Verbesserung organisatorischer Maßnahmen,
- Maßnahmen zur Reduktion der CO_2-Emissionen.

In der Empfehlung sind jedenfalls zwei Maßnahmen auszuweisen, die zu einer Verbesserung des thermisch energetischen Zustandes des Gebäudes führen. Diese Empfehlungen sollten nach technischen, ökologischen und wirtschaftlichen Grundsätzen erstellt werden.

4.2 Gebäudehülle

Zu jenen Maßnahmen, die aufgrund der Bewertung der thermischen Qualität der Gebäudehülle erforderlich sind, können z.b. zählen:

- Dämmung der obersten Geschoßdecke bzw. Dachfläche,
- Anbringung einer außenliegenden Wärmedämmung,
- Fenstertausch,
- Dämmen der Kellerdecke.

4.3 Haustechnik

Zu jenen Maßnahmen, die aufgrund der Bewertung der haustechnischen Anlagen erforderlich sind, können z.b. zählen:

- Dämmung der warmgehenden Leitungen in nicht konditionierten Räumen,
- Einbau eines Regelsystems zur Berücksichtigung der Wärmegewinne,
- Anpassung der Nennleistung des Wärmebereitstellungssystems an den zu befriedigenden Bedarf,
- Einbau von leistungsoptimierten und gesteuerten Heizungspumpen,
- Einregulierung/hydraulischer Abgleich,
- Einbau von Wärmerückgewinnungsanlagen,
- Anpassung der Luftmenge des Lüftungssystems an den zu befriedigenden Bedarf,
- Optimierung der Betriebszeiten,
- Free-Cooling,
- Anpassung der Kälteleistung durch Installation von Kältespeichern,
- Kraft-Wärme-Kälte-Nutzung,
- vor Optimierung im Bereich der Beleuchtung ist genaue Berechnung erforderlich,
- Optimierung der Tageslichtversorgung,
- Optimierung der Effizienz der Leuchtmittel.

5 Vorgangsweise zur Ermittlung des erneuerbaren Anteils

5.1 Nachweisführung über lit. a gemäß Abschnitt 4.3 der OIB-Richtlinie

Kommen Lösungen über die Nutzung erneuerbarer Quellen außerhalb der Systemgrenze „Gebäude", wie Biomasse, Wärmepumpe oder Fernwärme aus einem Heizwerk auf Basis erneuerbarer Energieträger oder aus hocheffizienter KWK und/oder Abwärme zur Anwendung, entfällt eine Nachweisführung im Falle einer monovalenten Wärmebereitstellung oder im Falle einer Kombination der Wärmebereitstellung durch eine oder mehrere dieser Lösungen, kombiniert mit Lösungen gemäß lit. b aus Abschnitt 4.3.

Für den Fall einer Kombination mit anderen Wärmebereitstellungssystemen ist der 50%ige Anteil dadurch nachzuweisen, dass höchstens 50 % des Anforderungswertes aus nicht erneuerbaren Quellen stammen dürfen. Allfällige Unterschreitungen des Anforderungswertes aufgrund von Effizienzmaßnahmen können somit den erneuerbaren Erträgen angerechnet werden.

5.2 Nachweisführung über lit. b gemäß Abschnitt 4.3 der OIB-Richtlinie

Die Nachweisführung über lit. b erfolgt sinngemäß wie bei 5.1, allerdings ist dabei zu beachten, dass die 10%igen Anteile sich im Falle von Solarthermie auf den Warmwasserenergiebedarf, im Falle von Photovoltaik auf den gesamten Haushalts- bzw. Betriebsstrombedarf und im Falle von Wärmerückgewinnung auf den Raumheizungsenergiebedarf beziehen. Dies bedeutet, dass maximal 90 % des jeweiligen Anforderungswertes aus anderen Quellen bereitgestellt werden dürfen. Allfällige Unterschreitungen des Anforderungswertes aufgrund von Effizienzmaßnahmen können somit den erneuerbaren Erträgen angerechnet werden.

Für den Fall von Kombinationen ist der 5%ige erneuerbare Anteil bezogen auf die Summe der jeweiligen Kombinationen zu berechnen bzw. darf der nicht erneuerbare Anteil maximal 95 % der Anforderungen für diese Werte betragen.

OIB-Richtlinien

Begriffsbestimmungen

Ausgabe: März 2015

2. Kärntner Bauvorschriften – K-BV

Abfallsammelraum
Allseitig geschlossener Raum, welcher der technisch und hygienisch einwandfreien Sammlung und Zwischenlagerung von Abfall dient.

Abfallsammelstelle
Offene oder teilweise geschlossene bzw. überdachte Einrichtung, die der technisch und hygienisch einwandfreien Zwischenlagerung von Abfall dient.

Abgas
In der Feuerstätte bei der Verbrennung fester, flüssiger und/oder gasförmiger Brennstoffe entstehendes, gasförmiges Verbrennungsprodukt einschließlich der in ihm schwebenden festen oder flüssigen Bestandteile und eines allfälligen Luftüberschusses.

Abgasanlage
Anlage für die Ableitung der Abgase von Feuerstätten für feste, flüssige oder gasförmige Brennstoffe ins Freie; Verbindungsstücke sind nicht Teil der Abgasanlage.

Abwasser
Wasser, welches durch Gebrauch verändert ist, und jedes in die Entwässerungsanlage fließende Wasser, wie z.B. häusliches Schmutzwasser, industrielles und gewerbliches Abwasser sowie Kondensate.

Anbindeleitung
Verbindung zwischen Steigleitung oder dezentralem Wärmebereitsteller einerseits und dem Wärmeabgabesystem (Heizkörper, -register oder -fläche) andererseits.

Anlagengeräuschpegel, energieäquivalenter ($L_{A,eq,nT}$)
A-bewerteter energieäquivalenter Dauerschallpegel, der in einem Raum bei Betrieb einer haustechnischen Anlage innerhalb dieses Raumes mit der Zeitbewertung „fast" gemessen und auf 0,5 s Nachhallzeit bezogen wird.

Anlagengeräuschpegel, maximaler ($L_{AF,max,nT}$)
Maximaler A-bewerteter Schallpegel, der in einem Raum bei Betrieb einer haustechnischen Anlage außerhalb dieses Raumes mit der Zeitbewertung „fast" gemessen und auf 0,5 s Nachhallzeit bezogen wird.

Anpassungswert (L_z)
Pegelzu- oder -abschlag für bestimmte Arten von Geräuschquellen bzw. -charakteristika.

Architekturlichte
Sollmaß zwischen verputzten oder verkleideten bzw. fertigen seitlichen Laibungen sowie zwischen verputzter oder verkleideter bzw. fertiger Sturzuntersicht und Sohlbankanlauf bzw. Oberkante Anschlagprofil.

Aufenthaltsraum
Ein Raum, der zum länger dauernden Aufenthalt von Personen bestimmt ist (z.B. Wohn- und Schlafraum, Wohnküche, Arbeitsraum, Unterrichtsraum), nicht dazu zählen jedenfalls Badezimmer und Toiletten.

Außenlärmpegel, bauteillagebezogener
Außenlärmpegel unter Anwendung von Anpassungswerten (Beurteilspegel), der sich aus dem standortbezogenen Außenlärmpegel für die jeweilige Lage des Bauteiles am Gebäude ergibt.

Außenlärmpegel, maßgeblicher
Bemessungsgrundlage zur Feststellung der Anforderungen an die Schalldämmung von Bauteilen unter Anwendung von Anpassungswerten (Beurteilspegel).

Außenlärmpegel, maßgeblicher standortbezogener
Außenlärmpegel unter Anwendung von Anpassungswerten (Beurteilspegel), der sich aus der standortbezogenen Umgebungslärmsituation in 4,00 m Höhe über Boden ergibt.

Barrierefreiheit
Barrierefrei im Sinne der OIB-Richtlinie 4 sind bauliche Anlagen, wenn sie für Kinder, ältere Menschen und Menschen mit Behinderungen in der allgemein üblichen Weise, ohne besondere Erschwernis und grundsätzlich ohne fremde Hilfe zugänglich und nutzbar sind.

Bau-Schalldämm-Maß, bewertetes (R'_w)
Einzahlangabe für das Bau-Schalldämm-Maß, ermittelt nach ÖNORM EN ISO 717-1 aus den Werten von R' (in den Terzbändern 100 Hz bis 3150 Hz).

2.1.7. OIB-Richtlinien – Begriffsbestimmungen

Bau-Schalldämm-Maß, bewertetes resultierendes der Außenbauteile gesamt ($R'_{res,w}$)
Einzahlangabe für das Bau-Schalldämm-Maß, das für einen Außenbauteil, der aus mehreren Teilflächen mit unterschiedlichen Abmessungen und unterschiedlichen Schalldämm-Maßen besteht (z.B. eine Außenwand mit Fenstern und Außentüren), bestimmt wird.

Bauwerk
Eine Anlage, die mit dem Boden in Verbindung steht und zu deren fachgerechter Herstellung bautechnische Kenntnisse erforderlich sind.

Befeuchtungsenergiebedarf (BefEB)
Beim Befeuchtungsenergiebedarf wird der allfällige Energiebedarf zur Befeuchtung dargestellt.

Beherbergungsstätte
Gebäude oder Gebäudeteile, die der Beherbergung von Personen dienen und mehr als zehn Gästebetten aufweisen.

Bekleidungen
Schichten eines Bauteils, die die Erfüllung einer oder mehrerer Anforderungen hinsichtlich Brand-, Wärme-, Schall- und Witterungsschutz sicherstellen helfen; Bekleidungen bestehen in der Regel aus einer Außenschicht, Unterkonstruktion und Dämmschicht bzw. Wärmedämmung.

Beläge
Äußerste Schicht eines Bauteils, der nicht unter Bekleidungen fällt, wie z.B. Bodenbeläge, dekorative Verschalungen, Akustikplatten; Beläge werden in der Regel auf einer Bekleidung oder einer Rohwand bzw. Rohdecke angebracht.

Beleuchtungsenergiebedarf (BelEB)
Der Beleuchtungsenergiebedarf ist als flächenbezogener Defaultwert festgelegt und entspricht dem Energiebedarf zur nutzungsgerechten Beleuchtung.

Bereich, allgemein zugänglicher
Bereich innerhalb oder außerhalb eines Bauwerkes, der für die regelmäßige Erschließung oder Benutzung durch unterschiedliche Personen, wie z.B. Bewohner, Kunden, Lieferanten, gedacht ist. Nicht dazu zählen Gebäude oder Gebäudeteile mit nicht mehr als zwei Wohnungen oder Reihenhäuser, die ausschließlich der Wohnnutzung dienen, sowie Bereiche innerhalb einer Wohneinheit und betrieblich genutzte Räume, in denen nicht mehr als 15 Personen gleichzeitig anwesend sind.

Betriebsbau
Bauwerk oder Teil eines Bauwerkes, welches der Produktion (Herstellung, Behandlung, Verwertung, Verteilung) bzw. der Lagerung von Produkten oder Gütern dient.

Betriebsstrombedarf (BSB)
Der Betriebsstrombedarf ist als flächenbezogener Defaultwert festgelegt und entspricht der Hälfte der mittleren inneren Lasten.

Beurteilungspegel (L_r)
Der auf die Bezugszeit bezogene A-bewertete energieäquivalente Dauerschallpegel eines beliebigen Geräusches, der – erforderlichenfalls – mit Anpassungswerten versehen ist.

Brandabschnitt
Bereich, der durch brandabschnittsbildende Wände bzw. Decken von Teilen eines Gebäudes getrennt ist.

Brandwand
Brandabschnittsbildende Wand mit erhöhten Anforderungen.

Brutto-Grundfläche (BGF), konditioniert
Fläche entsprechend der Definition gemäß ÖNORM B 8110-6.

Brutto-Volumen (V), konditioniert
Volumen entsprechend der Definition gemäß ÖNORM B 8110-6.

2. Kärntner Bauvorschriften – K-BV

Dauerhaftigkeit des Tragwerks
Fähigkeit des Tragwerks und seiner tragenden Bauteile, das Tragwerksverhalten infolge zeitabhängiger Veränderungen der Eigenschaften unter Berücksichtigung der Umweltbedingungen und der geplanten Instandhaltungsmaßnahmen nicht unvorhergesehen zu verändern.

Durchgangslichte, nutzbare Breite
Die nutzbare Breite der Durchgangslichte stellt die geringste lichte Breite der Öffnung des Türstockes bzw. der Zarge dar. Sofern Türblätter bei 90° geöffnetem Zustand um nicht mehr als je 5 cm in die Durchgangslichte hineinragen, bleiben diese bei der Ermittlung der nutzbaren Breite unberücksichtigt. Türdrücker, Notausgangsbeschläge und Paniktürbeschläge bleiben bei der Ermittlung der nutzbaren Breite ebenfalls unberücksichtigt.

Durchgangslichte, nutzbare Höhe
Die nutzbare Höhe der Durchgangslichte stellt die geringste lichte Höhe der Türöffnung, die nach Einbau (Montage) des Türstockes bzw. der Zarge bei geöffnetem Türblatt den freien Durchgang ohne Einengung ermöglicht, dar. Bei einem durchgehenden Fußboden entspricht die nutzbare Höhe der Durchgangslichte der Stocklichtenhöhe. Einbauten in der Höhe, wie z.B. Türanschlag oder Türschließer, werden bei der Ermittlung der nutzbaren Höhe der Durchgangslichte nicht berücksichtigt.

Einwirkung
Eine auf das Tragwerk einwirkende Kraft- oder Verformungsgröße.

Endenergiebedarf (EEB)
Der Endenergiebedarf umfasst zusätzlich zum Heizenergiebedarf den Haushaltsstrombedarf bzw. den jeweils allfälligen Betriebsstrombedarf, Kühlenergiebedarf und Beleuchtungsenergiebedarf, abzüglich allfälliger Endenergieerträge und zuzüglich eines dafür notwendigen Hilfsenergiebedarfs. Der Endenergiebedarf entspricht jener Energiemenge, die eingekauft werden muss (Lieferenergiebedarf).

Energieaufwandszahl Heizen
Verhältniszahl, zwischen dem Heizenergiebedarf und der Summe aus Heizwärmebedarf und Warmwasserwärmebedarf.

Energieaufwandszahl Kühlen
Verhältniszahl, zwischen dem Kühlenergiebedarf und dem Kühlbedarf.

Energieausweis
Ein gemäß der OIB-Richtlinie 6 erstellter Ausweis über die Gesamtenergieeffizienz eines Gebäudes in Umsetzung der Richtlinie 2010/31/EU und des Energieausweis-Vorlage-Gesetzes (EAVG).

Fassade, vorgehängte
Systeme, die sich im Wesentlichen aus den Komponenten
- Unterkonstruktion,
- Verankerungs-, Verbindungs- und Befestigungselemente,
- allenfalls Wärmedämmung (Dämmschicht),
- Hinterlüftungsspalt bzw. Luftspalt und
- Außenschicht

zusammensetzen, die jeweils sinnvoll aufeinander abgestimmte Funktionen zu erfüllen haben.

Fassade, vorgehängte belüftete
Fassade mit einem Luftspalt zwischen Wärmedämmung (bzw. bei Fehlen derselben, der Außenwand) und Außenschicht, der lediglich an der Unterseite Luftöffnungen in der Außenschicht aufweist und mit der Außenluft verbunden ist.

Fassade, vorgehängte hinterlüftete
Fassade mit einem Hinterlüftungsspalt zwischen Wärmedämmung (bzw. bei Fehlen derselben, der Außenwand) und Außenschicht, der durch Zuluftöffnungen an der Unterseite und Abluftöffnungen an der Oberseite der Außenschicht mit der Außenluft verbunden ist und dadurch einen ständigen Luftstrom („Hinterlüftung") ermöglicht.

Fassade, nicht hinterlüftete
Fassade, die weder an der Unterseite noch an der Oberseite durch eine Luftöffnung mit der Außenluft verbunden ist. Zwischen Außenschicht und Wärmedämmung (bzw. Wandbildner) kann ein Luftspalt vorhanden sein.

Feuerstätte
Wärmeerzeugende Geräteeinheit, in der Verbrennungsprodukte entstehen, die an die Außenluft abgeführt werden müssen.

2.1.7. OIB-Richtlinien – Begriffsbestimmungen

Fluchtniveau

Höhendifferenz zwischen der Fußbodenoberkante des höchstgelegenen oberirdischen Geschoßes und der an das Gebäude angrenzenden Geländeoberfläche nach Fertigstellung im Mittel.

Fluchtweg

Weg, der den Benützern eines Bauwerkes im Gefahrenfall grundsätzlich ohne fremde Hilfe das Erreichen eines sicheren Ortes des angrenzenden Geländes im Freien – in der Regel eine Verkehrsfläche – ermöglicht.

Garage

Gebäude oder Teil eines Gebäudes zum Einstellen von Kraftfahrzeugen.

Gebäude der Gebäudeklasse 1 (GK1)

Freistehende, an mindestens drei Seiten auf eigenem Grund oder von Verkehrsflächen für die Brandbekämpfung von außen zugängliche Gebäude mit nicht mehr als drei oberirdischen Geschoßen, mit einem Fluchtniveau von nicht mehr als 7,00 m und insgesamt nicht mehr als 400 m² Brutto-Grundfläche der oberirdischen Geschoße, bestehend aus nicht mehr als zwei Wohnungen oder einer Betriebseinheit.

Gebäude der Gebäudeklasse 2 (GK2)

(a) Gebäude mit nicht mehr als drei oberirdischen Geschoßen und mit einem Fluchtniveau von nicht mehr als 7,00 m von insgesamt nicht mehr als 400 m² Brutto-Grundfläche der oberirdischen Geschoße,
(b) Reihenhäuser mit nicht mehr als drei oberirdischen Geschoßen und mit einem Fluchtniveau von nicht mehr als 7,00 m, bestehend aus Wohnungen bzw. Betriebseinheiten von jeweils nicht mehr als 400 m² Brutto-Grundfläche der oberirdischen Geschoße,
(c) Freistehende, an mindestens drei Seiten auf eigenem Grund oder von Verkehrsflächen für die Brandbekämpfung von außen zugängliche Gebäude mit ausschließlicher Wohnnutzung mit nicht mehr als drei oberirdischen Geschoßen und mit einem Fluchtniveau von nicht mehr als 7,00 m von insgesamt nicht mehr als 800 m² Brutto-Grundfläche der oberirdischen Geschoße.

Gebäude der Gebäudeklasse 3 (GK3)

Gebäude mit nicht mehr als drei oberirdischen Geschoßen und mit einem Fluchtniveau von nicht mehr als 7,00 m, die nicht in die Gebäudeklassen 1 oder 2 fallen.

Gebäude der Gebäudeklasse 4 (GK4)

(a) Gebäude mit nicht mehr als vier oberirdischen Geschoßen und mit einem Fluchtniveau von nicht mehr als 11 m, bestehend aus mehreren Wohnungen bzw. mehreren Betriebseinheiten von jeweils nicht mehr als 400 m² Nutzfläche der einzelnen Wohnungen bzw. Betriebseinheiten in den oberirdischen Geschoßen,
(b) Gebäude mit nicht mehr als vier oberirdischen Geschoßen und mit einem Fluchtniveau von nicht mehr als 11 m, bestehend aus einer Wohnung bzw. einer Betriebseinheit ohne Begrenzung der Brutto-Grundfläche der oberirdischen Geschoße.

Gebäude der Gebäudeklasse 5 (GK5)

Gebäude mit einem Fluchtniveau von nicht mehr als 22 m, die nicht in die Gebäudeklassen 1, 2, 3 oder 4 fallen.

Gebäude

Überdeckte, allseits oder überwiegend umschlossene Bauwerke, die von Personen betreten werden können.

Gebäude, konditionierte

Gebäude, deren Innenraumklima unter Einsatz von Energie beheizt, gekühlt, be- und entlüftet oder befeuchtet wird; als konditionierte Gebäude können Gebäude als Ganzes oder Teile eines Gebäudes, die als eigene Nutzungseinheiten konzipiert oder umgebaut wurden, bezeichnet werden.

Gebäudetechnisches System

Jene energietechnischen Systeme in einem Gebäude, die erforderlich sind, um den Heizwärmebedarf, den Warmwasserwärmebedarf, den Kühlbedarf sowie die erforderlichen Anforderungen an Belüftung und Beleuchtung decken zu können.

Gebäudewert

Der Gebäudewert ist aufgrund der Neuerrichtungskosten zu ermitteln. Wertbeeinflussende Umstände, wie etwa Lage der Liegenschaft, baurechtliche oder andere öffentlich-rechtliche Beschränkungen sowie erhebliche Abweichungen von den üblichen Baukosten, sind nicht zu berücksichtigen.

Gebrauchstauglichkeit des Tragwerks

Fähigkeit des Tragwerks und seiner tragenden Bauteile, die Anforderungskriterien an die Nutzbarkeit und Funktion, z.B. Verformungs-, Schwingungs- und Rissbreitenbeschränkungen, zu erfüllen.

Gesamtenergieeffizienz-Faktor (f_{GEE})

Der Gesamtenergieeffizienz-Faktor ist der Quotient aus dem Endenergiebedarf und einem Referenz-Endenergiebedarf (Anforderung 2007).

Geschoß

Gebäudeabschnitt zwischen den Oberkanten der Fußböden übereinanderliegender Räume oder lichter Abschnitt zwischen der Oberkante des Fußbodens und der Unterfläche des Daches, wenn die jeweils geforderte Raumhöhe erreicht wird. Gebäudeabschnitte, die zueinander bis einschließlich der halben Geschoßhöhe versetzt sind, gelten als ein Geschoß. Galerien innerhalb eines Raumes gelten nicht als eigenes Geschoß.

Geschoß, Betriebsbau

Alle auf gleicher Ebene liegenden Räume sowie in der Höhe zu dieser Ebene versetzte Räume oder Raumteile. Galerien, Emporen und Bühnen innerhalb eines Raumes gelten nicht als eigenes Geschoß, sofern deren Netto-Grundfläche weniger als die Hälfte der Netto-Grundfläche jenes Raumes, in dem sie sich befinden, beträgt. Als eigene Geschoße zählen nicht:
- Räume oberhalb des letzten oberirdischen Geschoßes, die ausschließlich der Unterbringung haustechnischer Anlagen für Heizungs-, Lüftungs-, Klima- und Sanitärzwecke dienen,
- betriebstechnische Räume, wenn der Anteil ständig offener Deckenöffnungen zu darüber- oder darunter liegenden Geschoßen größer ist als der Anteil der geschlossenen Flächen, wie z.B. Pressenkeller,
- untergeordnete Bereiche innerhalb eines Raumes, die in funktionaler Verbindung zu diesem Raum stehen, wie z.B. Büros, Sozialräume,
- Triebwerksräume für Aufzüge,
- begehbare Stege und Podeste, wie z.B. Gitterroste in Regallagern zur Erreichung der einzelnen Lagerebenen.

Geschoß, oberirdisches

Geschoß, dessen äußere Begrenzungsflächen in Summe zu mehr als der Hälfte über dem anschließenden Gelände nach Fertigstellung liegen. Nicht zu den oberirdischen Geschoßen zählen solche, in denen sich keine Wohnungen, Betriebseinheiten oder Teile von solchen befinden (z.B. nicht ausgebaute Dachräume, Triebwerksräume, Räume für haustechnische Anlagen).

Geschoß, oberirdisches, Betriebsbau

Geschoß, dessen äußere Begrenzungsflächen in Summe zu mehr als der Hälfte über dem anschließenden Gelände nach Fertigstellung liegen.

Geschoß, unterirdisches

Geschoß, dessen äußere Begrenzungsflächen in Summe zu nicht mehr als der Hälfte über dem anschließenden Gelände nach Fertigstellung liegen.

Größere Renovierung

Renovierung, bei der mehr als 25 % der Oberfläche der Gebäudehülle einer Renovierung unterzogen werden, es sei denn, die Gesamtkosten der Renovierung der Gebäudehülle und der gebäudetechnischen Systeme betragen weniger als 25 % des Gebäudewertes, wobei der Wert des Grundstücks, auf dem das Gebäude errichtet wurde, nicht mitgerechnet wird.

Grundfläche

Brutto-Grundfläche bzw. Netto-Grundfläche entsprechend der Definition in der ÖNORM B 1800.

Hauptbrandabschnitt

Bereich, der durch Brandwände von Teilen eines Gebäudes getrennt ist.

Hauptgang bzw. Haupttreppe

Verbindungsweg, der zur Erschließung von Aufenthaltsräumen, allgemein zugänglichen Bereichen sowie Räumen der täglichen Nutzung dient. Zu Räumen der täglichen Nutzung zählen z.B. Bäder und Toiletten in Wohnungen sowie Abstellräume.

Haushaltsstrombedarf (HHSB)

Der Haushaltsstrombedarf ist als flächenbezogener Defaultwert festgelegt. Er entspricht in etwa dem durchschnittlichen flächenbezogenen Stromverbrauch eines österreichischen Haushalts.

2.1.7. OIB-Richtlinien – Begriffsbestimmungen

Heizenergiebedarf (HEB)
Beim Heizenergiebedarf werden zusätzlich zum Heiz- und Warmwasserwärmebedarf die Verluste des gebäudetechnischen Systems berücksichtigt, dazu zählen insbesondere die Verluste der Wärmebereitstellung, der Wärmeverteilung, der Wärmespeicherung und der Wärmeabgabe sowie allfälliger Hilfsenergie.

Heizgradtagzahl (HGT)
Jährliche Heizgradtage $HGT_{20/12}$.

Heizwärmebedarf (HWB)
Wärmemenge, die den konditionierten Räumen zugeführt werden muss, um deren vorgegebene Solltemperatur einzuhalten.

Höhe von Handläufen, Geländern und Brüstungen
Lotrechter Abstand zwischen der fertigen Standfläche, bzw. bei Treppen der fertigen Stufenvorderkante, und der Handlauf-, Geländer- oder Brüstungsoberkante.

Kohlendioxidemissionen (CO_2)
Gesamte dem Endenergiebedarf zuzurechnenden Kohlendioxidemissionen, einschließlich jener für Vorketten.

Kühlbedarf (KB)
Der Kühlbedarf ist jene Wärmemenge, welche aus den Räumen abgeführt werden muss, um unter der Solltemperatur zu bleiben. Er errechnet sich aus den nicht nutzbaren inneren und solaren Gewinnen.

Kühlbedarf, außeninduzierter (KB*)
Kühlbedarf, bei dessen Berechnung die inneren Wärmelasten und die Luftwechselrate null zu setzen sind (Infiltration n_x wird mit dem Wert 0,15 angesetzt).

Kühlenergiebedarf (KEB)
Beim Kühlenergiebedarf werden zusätzlich zum Kühlbedarf die Verluste des Kühlsystems und der Kältebereitstellung berücksichtigt.

Lagerabschnittsfläche
Netto-Grundfläche zur Lagerung von Produkten und Gütern, die durch Brandwände, brandabschnittsbildende Bauteile oder Außenwände begrenzt wird.

Länge, charakteristische (l_c)
Maß für die Kompaktheit eines Gebäudes, dargestellt in Form des Verhältnisses des konditionierten Volumens V zur umschließenden Oberfläche A dieses Volumens.

Laubengang, offener
Gang an der Außenseite eines Gebäudes, der mindestens zur Hälfte gegenüber dem Freien offen ist und der überwiegend gleichmäßig verteilte, unverschließbare Öffnungen über der Parapethöhe besitzt.

LEK_T-Wert
Kennwert für den Wärmeschutz der Gebäudehülle unter Bedachtnahme auf die Kompaktheit bzw. charakteristische Länge des Gebäudes unter Heranziehung der LEK-Linien (Linien Europäischer Kriterien).

Nachhallzeit (T)
Zeit in s, in der nach Abschalten der Schallquelle der Schallpegel im Raum um 60 dB abnimmt.

Nebengang bzw. Nebentreppe
Gänge bzw. Treppen, die zusätzlich zu Hauptgängen bzw. Haupttreppen errichtet werden, sowie Gänge bzw. Treppen, die zu Räumen führen, die nicht der täglichen Nutzung dienen. Räume, die nicht der täglichen Nutzung dienen sind z.B. nicht ausgebaute Dachräume, Technikräume und Galerie- bzw. Abstellflächen als zweite Ebene in Wohnräumen. Treppen mit versetztem Stufenauftritt, wie z.B. Sambatreppen oder Spartreppen, gelten nicht als Treppen im Sinne der OIB-Richtlinie 4.

Neubau
Herstellung von neuen Gebäuden sowie von Gebäuden, bei denen nach Abtragung bestehender baulicher Anlagen alte Fundamente oder die bestehenden tragenden Außenbauteile ganz oder teilweise wieder benützt werden.

Nicht-Wohngebäude
Gebäude, die nicht überwiegend zum Wohnen genutzt werden.

2. Kärntner Bauvorschriften – K-BV

Niederschlagswasser
Niederschlag, einschließlich Schmelzwasser, der von Dach- und Bodenoberflächen oder Gebäudeaußenflächen abfließt und nicht durch Gebrauch verändert ist.

Nutzfläche – Garage, überdachte Stellplätze, Parkdecks
Summe der Stell- und Fahrflächen, ausgenommen Zu- und Abfahrten außerhalb von Garagen, überdachten Stellplätzen und Parkdecks.

Nutzwasser
Aus Regenwasser, Grundwasser oder lokalen Quellen und Brunnen gewonnenes Wasser, das zum Gebrauch (wie z.B. als Toilettenspülung, Wasch- oder Gießwasser) dient, den technologischen Anforderungen des jeweiligen Prozesses genügt und nicht für den menschlichen Genuss vorgesehen ist.

Oberfläche der Gebäudehülle
Fläche der Gebäudehülle entsprechend der Definition in der ÖNORM B 8110-6.

Parapethöhe
Vertikaler Abstand zwischen fertiger Standfläche und Oberkante des unteren Stockprofils oder der Brüstung.

Parkdeck
Bauwerk zur Einstellung von Kraftfahrzeugen, das in allen Parkebenen an mindestens zwei Seiten seiner gedachten Umfassungswände unverschließbare Öffnungen in einem Mindestausmaß von einem Drittel der gesamten gedachten Umfassungswandfläche aufweist.

Pegelspitze, kennzeichnende
Ein für den Betrieb charakteristisches Schallereignis begrenzter Dauer, welches sich deutlich wahrnehmbar vom übrigen Geräusch abhebt und eindeutig zugeordnet werden kann.

Photovoltaik Export
Ertrag aus Photovoltaik, vermindert um den im Gebäude nutzbaren Anteil.

Planungsbasispegel (L_{PB})
Rechengröße zur Bemessung und Beurteilung von Schallimmissionen in Räumen.

Primärenergiebedarf (PEB)
Der Primärenergiebedarf ist der Endenergiebedarf einschließlich der Verluste in allen Vorketten. Der Primärenergiebedarf weist einen erneuerbaren (PEB_{ern}) und einen nicht erneuerbaren ($PEB_{n\,ern}$) Anteil auf.

Rampe
Bauwerk mit mehr als 4 % Gefälle zur Überwindung eines Niveauunterschiedes. Nicht dazu zählen Gehwege (ein dem Geländeverlauf angepasster Weg für Fußgänger) und Gehsteige (parallel zur Fahrbahn verlaufender, für Fußgänger vorbehaltener Teil einer Straße).

Referenz-Heizwärmebedarf (HWB_{Ref})
Der Referenz-Heizwärmebedarf ist jene Wärmemenge, die in den Räumen bereitgestellt werden muss, um diese auf eine normativ geforderten Raumtemperatur, ohne Berücksichtigung allfälliger Erträge aus Wärmerückgewinnung zu halten.

Reihenhaus
Gebäude mit mehr als zwei unmittelbar aneinander gebauten, nicht übereinander angeordneten, durch mindestens eine vertikale Wand voneinander getrennten selbstständigen Wohnungen bzw. Betriebseinheiten von jeweils nicht mehr als 400 m² Brutto-Grundfläche der oberirdischen Geschoße und mit jeweils einem eigenen Eingang aus dem Freien für jede Wohnung bzw. Betriebseinheit. Für die Einstufung in eine Gebäudeklasse gemäß der OIB-Richtlinie 2 ist jede Wohnung bzw. Betriebseinheit hinsichtlich des Fluchtniveaus gesondert zu betrachten.

Rettungsweg
Weg, welcher den Benutzern eines Gebäudes das Erreichen eines sicheren Ortes des angrenzenden Geländes im Freien in der Regel mit fremder Hilfe ermöglicht (z.B. mittels Rettungsgeräten der Feuerwehr).

2.1.7 OIB-Richtlinien – Begriffsbestimmungen

Schallabsorptionsgrad, mittlerer ($\alpha_{m,B}$)

Schallabsorptionsgrad, der sich im Mittel über alle Raumbegrenzungsflächen ergibt aus

$$\alpha_{m,B} = \frac{\sum_{i}^{n} \alpha_i \cdot S_i}{\sum_{i}^{n} S_i}$$

S_i i-te Teilfläche der Raumbegrenzungsflächen in m²
α_i Schallabsorptionsgrad der i-ten Teilfläche der Raumbegrenzungsflächen
n   Anzahl der Raumbegrenzungsflächen

Schalldämm-Maß, bewertetes (R_w)

Einzahlangabe für das Schalldämm-Maß, ermittelt nach ÖNORM EN ISO 717-1 aus den Werten von R (in den Terzbändern 100 Hz bis 3150 Hz).

Schutzhütten in Extremlage

Beherbergungsstätten, die nur über eine schlichte Ausstattung verfügen sowie nur zu Fuß in einer Gehzeit von mehr als einer Stunde zu erreichen und im Regelbetrieb nicht durch mechanische Aufstiegshilfen erschlossen sind.

Standard-Schallpegeldifferenz, bewertete ($D_{nT,w}$)

Einzahlangabe für die Standard-Schallpegeldifferenz, ermittelt nach ÖNORM EN ISO 717-1 aus den Werten von D_{nT} (in den Terzbändern 100 Hz bis 3150 Hz).

Sicherheitskategorie

Kategorie in Abhängigkeit von der brandschutztechnischen Infrastruktur:
- Sicherheitskategorie K 1: keine besonderen Maßnahmen,
- Sicherheitskategorie K 2: automatische Brandmeldeanlage,
- Sicherheitskategorie K 3.1: automatische Brandmeldeanlage und eine während der Betriebszeit einsatzbereite, nach dem jeweiligen Landesrecht anerkannte Betriebsfeuerwehr mit mindestens Gruppenstärke,
- Sicherheitskategorie K 3.2: automatische Brandmeldeanlage und eine ständig (0 bis 24 Uhr) einsatzreite, nach dem jeweiligen Landesrecht anerkannte Betriebsfeuerwehr mit mindestens Gruppenstärke,
- Sicherheitskategorie K 4.1: erweiterte automatische Löschhilfeanlage,
- Sicherheitskategorie K 4.2: automatische Feuerlöschanlage.

Spektrum-Anpassungswert (C_{tr})

Wert, der nach ÖNORM EN ISO 717-1 zur Einzahlangabe R_w oder R'_w oder $D_{nT,w}$ addiert wird, um das Schallpegelspektrum „Straßenverkehrsgeräusch" zu berücksichtigen.

Spitzenpegel in der Betriebsstätte, kennzeichnender ($L_{A,Sp}$)

Der mit der Zeitbewertung F (Fast) und A-Bewertung gemessene oder errechnete höchste Wert einer kennzeichnenden Pegelspitze.

Standard-Trittschallpegel, bewerteter ($L'_{nT,w}$)

Einzahlangabe für den Standard-Trittschallpegel, ermittelt nach ÖNORM EN ISO 717-2 aus den Werten von L'_{nT} (in den Terzbändern 100 Hz bis 3150 Hz oder in Oktavbändern 125 Hz bis 2000 Hz).

Steigleitung

Im Sinne der OIB-Richtlinie 6 vertikale Verbindungsleitung zwischen Verteilleitung und Anbindeleitung bzw. Stichleitung.

Stellplatz, überdacht

Überdachte Fläche zum Abstellen von Kraftfahrzeugen, welche an höchstens zwei Seiten durch Wände bzw. durch sonstige Bauteile (z.B. Gitter) umschlossen ist.

Stichleitung

Verbindung zwischen Steigleitung oder dezentralem Wärmebereitsteller einerseits und der Zapfstelle andererseits.

Tragwerk

Jener Teil eines Bauwerkes, der aus einer planmäßigen Anordnung miteinander verbundener tragender Bauteile besteht.

2. Kärntner Bauvorschriften – K-BV

Trenndecke
Decke zwischen Wohnungen bzw. Betriebseinheiten untereinander sowie zu anderen Gebäudeteilen.

Trennwand
Wand zwischen Wohnungen bzw. Betriebseinheiten untereinander sowie zu anderen Gebäudeteilen (z.B. Treppenhäuser).

Treppenlauf
Ununterbrochene Folge von mehr als einer Stufe zwischen zwei betretbaren Ebenen (Treppenpodest Geschoßdecke).

Trinkwasser
Wasser für den menschlichen Gebrauch, das geeignet ist, ohne Gefährdung der menschlichen Gesundheit getrunken oder verwendet zu werden.

Verbindungsstück
Bauteil oder Bauteile für die Verbindung zwischen dem Auslass der Feuerstätte und der Abgasanlage.

Verkaufsfläche
Bereiche, in denen Waren zum Verkauf angeboten werden. Hiezu gehören z.B. Kassenbereiche, Windfänge, Ausstellungs-, Vorführ- und Beratungsräume, gastgewerblich genutzte Räume sowie alle dem sonstigen Kundenverkehr dienenden Räume. Büros und Lagerbereiche, die nicht mit brandabschnittsbildenden Wänden und Decken vom Verkaufsbereich getrennt sind, zählen ebenfalls zur Verkaufsfläche.

Verkaufsstätten
Gebäude oder Gebäudeteile, die bestimmungsgemäß dem Verkauf von Waren dienen.

Versammlungsstätten
Gebäude oder Gebäudeteile für Veranstaltungen mit mehr als 120 Personen.

Verteilleitung
Leitung zwischen Wärmebereitstellungssystem und vertikaler Steigleitung.

Warmwasserwärmebedarf (WWWB)
Der Warmwasserwärmebedarf ist in Abhängigkeit der Gebäudekategorie als flächenbezogener Defaultwert festgelegt.

Wärmespeichersystem
Prozessbereich in der Anlagentechnik, in dem die in einem Medium enthaltene Wärme gespeichert wird.

Wärmeverteilsystem
Prozessbereich in der Anlagentechnik, in dem die benötigte Wärmemenge von der Bereitstellung zur Wärmeabgabe transportiert wird.

Wohngebäude
Gebäude, die ganz oder überwiegend zum Wohnen genutzt werden.

Wohnung
Gesamtheit von einzelnen oder zusammen liegenden Räumen, die baulich in sich abgeschlossen und zu Wohnzwecken bestimmt sind und die Führung eines eigenen Haushalts ermöglichen.

Wohnungstreppen
Haupttreppen in Wohnungen sowie von Gebäuden oder Gebäudeteilen mit nicht mehr als zwei Wohnungen und in Reihenhäusern.

Zuverlässigkeit des Tragwerks
Die Fähigkeit eines Tragwerks oder Bauteils, die festgelegten Anforderungen zu erfüllen.

OIB-Richtlinien

Zitierte Normen und sonstige technische Regelwerke

Ausgabe: März 2015

2. Kärntner Bauvorschriften – K-BV

Fundstelle	Regelwerk	Titel	Ausgabe
OIB-Richtlinien – Begriffsbestimmungen	ÖNORM B 1800	Ermittlung von Flächen und Rauminhalten von Bauwerken und zugehörigen Außenanlagen	2013-08-01
OIB-Richtlinien – Begriffsbestimmungen	ÖNORM B 8110-6	Wärmeschutz im Hochbau – Teil 6: Grundlagen und Nachweisverfahren – Heizwärmebedarf und Kühlbedarf – Nationale Festlegungen und nationale Ergänzungen zur ÖNORM EN ISO 13790	2014-11-15
OIB-Richtlinien – Begriffsbestimmungen	ÖNORM EN ISO 717-1	Akustik – Bewertung der Schalldämmung in Gebäuden und von Bauteilen – Teil 1: Luftschalldämmung (ISO 717-1:2013)	2013-06-15
OIB-Richtlinien – Begriffsbestimmungen	ÖNORM EN ISO 717-2	Akustik – Bewertung der Schalldämmung in Gebäuden und von Bauteilen – Teil 2: Trittschalldämmung (ISO 717-2:2013)	2013-06-15
OIB-Richtlinie 1	OIB-Leitfaden RL 1	Festlegung der Tragfähigkeit und der Gebrauchstauglichkeit von bestehenden Tragwerken	März 2015
OIB-Richtlinie 1	ÖNORM B 1990-1	Eurocode – Grundlagen der Tragwerksplanung – Teil 1: Hochbau – Nationale Festlegungen zu ÖNORM EN 1990 und nationale Ergänzungen	2013-01-01
OIB-Richtlinie 1	ÖNORM EN 1990	Eurocode – Grundlagen der Tragwerksplanung (konsolidierte Fassung)	2013-03-15
OIB-Leitfaden RL 1	ONR 24009	Bewertung der Tragfähigkeit bestehender Hochbauten	2013-05-01
OIB-Leitfaden RL 1	ÖNORM B 1990-1	Eurocode – Grundlagen der Tragwerksplanung – Teil 1: Hochbau – Nationale Festlegungen zu ÖNORM EN 1990 und nationale Ergänzungen	2013-01-01
OIB-Leitfaden RL 1	ÖNORM B 1991-1-1	Eurocode 1 – Einwirkungen auf Tragwerke – Teil 1-1: Allgemeine Einwirkungen – Wichten, Eigengewicht, Nutzlasten im Hochbau – Nationale Festlegungen zu ÖNORM EN 1991-1-1 und nationale Ergänzungen	2011-12-01
OIB-Leitfaden RL 1	ÖNORM B 1998-3	Eurocode 8 – Auslegung von Bauwerken gegen Erdbeben – Teil 3: Beurteilung und Ertüchtigung von Gebäuden – Nationale Festlegungen zu ÖNORM EN 1998-3 und nationale Erläuterungen	2013-05-01
OIB-Leitfaden RL 1	ÖNORM EN 1990	Eurocode – Grundlagen der Tragwerksplanung (konsolidierte Fassung)	2013-03-15
OIB-Leitfaden RL 1	ÖNORM EN 1998-3	Eurocode 8: Auslegung von Bauwerken gegen Erdbeben – Teil 3: Beurteilung und Ertüchtigung von Gebäuden (konsolidierte Fassung)	2013-10-01
OIB-Richtlinie 2, 2.1, 2.2 und 2.3	OIB-Leitfaden RL 2	Abweichungen im Brandschutz und Brandschutzkonzepte	März 2015
OIB-Richtlinie 4	ÖNORM B 3716-2	Glas im Bauwesen – Konstruktiver Glasbau – Teil 2: Linienförmig gelagerte Verglasungen	2013-04-01
OIB-Richtlinie 4	ÖNORM EN 13022-1	Glas im Bauwesen – Geklebte Verglasungen – Teil 1: Glasprodukte für Structural-Sealant-Glazing (SSG-) Glaskonstruktionen für Einfachverglasungen und Mehrfachverglasungen mit oder ohne Abtragung des Eigengewichtes	2014-07-15
OIB-Richtlinie 4	ÖNORM EN 14179-2	Glas im Bauwesen – Heißgelagertes thermisch vorgespanntes Kalknatron-Einscheibensicherheitsglas – Teil 2: Konformitätsbewertung/Produktnorm	2005-08-01
OIB-Richtlinie 6	OIB-Leitfaden RL 6	Energietechnisches Verhalten von Gebäuden	März 2015

2.1.8. OIB-Richtlinien – Zitierte Normen und sonstige technische Regelwerke

Fundstelle	Regelwerk	Titel	Ausgabe
OIB-Richtlinie 6	ÖNORM B 8110-2	Wärmeschutz im Hochbau – Teil 2: Wasserdampfdiffusion und Kondensationsschutz	2003-07-01
OIB-Richtlinie 6	ÖNORM B 8110-3	Wärmeschutz im Hochbau – Teil 3: Vermeidung sommerlicher Überwärmung	2012-03-15
OIB-Leitfaden RL 6	ÖNORM B 1800	Ermittlung von Flächen und Rauminhalten von Bauwerken und zugehörigen Außenanlagen	2013-08-01
OIB-Leitfaden RL 6	ÖNORM B 8110-4	Wärmeschutz im Hochbau – Betriebswirtschaftliche Optimierung des Wärmeschutzes	2011-07-15
OIB-Leitfaden RL 6	ÖNORM B 8110-5	Wärmeschutz im Hochbau – Teil 5: Klimamodell und Nutzungsprofile	2011-03-01
OIB-Leitfaden RL 6	ÖNORM B 8110-6	Wärmeschutz im Hochbau – Teil 6: Grundlagen und Nachweisverfahren – Heizwärmebedarf und Kühlbedarf – Nationale Festlegungen und nationale Ergänzungen zur ÖNORM EN ISO 13790	2014-11-15
OIB-Leitfaden RL 6	ÖNORM EN ISO 13790	Energieeffizienz von Gebäuden – Berechnung des Energiebedarfs für Heizung und Kühlung (ISO 13790:2008)	2008-10-01
OIB-Leitfaden RL 6	ÖNORM H 5050	Gesamtenergieeffizienz von Gebäuden – Berechnung des Gesamtenergieeffizienz-Faktors	2014-11-01
OIB-Leitfaden RL 6	ÖNORM H 5056	Gesamtenergieeffizienz von Gebäuden – Heiztechnik-Energiebedarf	2014-11-01
OIB-Leitfaden RL 6	ÖNORM H 5057	Gesamtenergieeffizienz von Gebäuden – Raumlufttechnik-Energiebedarf für Wohn- und Nicht-Wohngebäude	2011-03-01
OIB-Leitfaden RL 6	ÖNORM H 5058	Gesamtenergieeffizienz von Gebäuden – Kühltechnik-Energiebedarf	2011-03-01
OIB-Leitfaden RL 6	ÖNORM H 5059	Gesamtenergieeffizienz von Gebäuden – Beleuchtungsenergiebedarf (Nationale Ergänzung zu ÖNORM EN 15193)	2010-01-01
OIB-Leitfaden RL 6	ÖNORM M 7140	Betriebswirtschaftliche Vergleichsrechnung für Energiesysteme nach dynamischen Rechenmethoden	2013-07-01

2. Kärntner Bauvorschriften – K-BV

Bezug der Regelwerke

Die in den OIB-Richtlinien zitierten Regelwerke sind bei den jeweiligen Herausgebern zu beziehen:

Normen beim Austrian Standards Institut / Österreichischen Normungsinstitut (ON), Heinestraße 38, A-1020 Wien

Leitfaden „Energietechnisches Verhalten von Gebäuden" des Österreichischen Instituts für Bautechnik beim Österreichischen Institut für Bautechnik, Schenkenstraße 4, A-1010 Wien

Leitfaden „Abweichungen im Brandschutz und Brandschutzkonzepte" des Österreichischen Instituts für Bautechnik beim Österreichischen Institut für Bautechnik, Schenkenstraße 4, A-1010 Wien

Leitfaden „Festlegung der Tragfähigkeit und Gebrauchstauglichkeit von bestehenden Tragwerken" des Österreichischen Instituts für Bautechnik beim Österreichischen Institut für Bautechnik, Schenkenstraße 4, A-1010 Wien

3. Kärntner Ortsbildpflegegesetz – K-OBG

LGBl 1990/32, LGBl 2009/16, LGBl 2012/107, LGBl 2014/11 und LGBl 2015/31

Inhaltsverzeichnis

1. Abschnitt – Allgemeines
§ 1 Schutzaufgaben der Gemeinden
§ 2 Ortsbild
§ 3 Geltungsbereich

2. Abschnitt – Ortsbildpflege
§ 4 Verunstaltungsverbot
§ 5 Ortsbildschutzverordnung
§ 6 Bewilligungspflichtige Werbeanlagen und Werbungen
§ 7 Bewilligungsdauer für Werbeanlage und Werbungen
§ 7a Anzeigepflicht für nicht ortsfeste Plakatständer
§ 8 Geschäfts- und Betriebsstättenbezeichnungen
§ 9 Anzeigepflichtige Einfriedungen
§ 10 Beseitigung

3. Abschnitt – Organisation
§ 11 Ortsbildpflegekommission
§ 12 Sitzungen

4. Abschnitt – Schlußbestimmungen
§ 13 Behörden
§ 14 Zutritt, Auskunftserteilung
§ 15 Strafbestimmungen

ErlRV Verf-33/3/1979, 1 f (zu LGBl 1979/81):

„Auf die Belange des Ortsbildschutzes ist auf Grund der derzeitigen Rechtsordnung in Kärnten in erster Linie nach den Bestimmungen der Kärntner Bauordnung Bedacht zu nehmen. Darüber hinaus und auch speziell abgestimmt auf die beabsichtigte Änderung der Kärntner Bauordnung sollen nun spezifische Ortsbildschutzregelungen getroffen werden.

So enthält der vorliegende Entwurf nachstehende wesentliche Regelungen:

Verunstaltungen des Ortsbereiches sind grundsätzlich verboten;

für das Erhaltenswerte Ortsbild werden weitgehende Schutzbestimmungen vorgesehen, insbesondere im Hinblick auf Ablagerungen, Werbeanlagen, Ankündigungsanlagen, Plakate, Betriebsstättenbezeichnungen und Einfriedungen;

für die Schaffung eines erhaltenswerten Ortsbildes wird Vorsorge getroffen;

den Gemeinden wird die Möglichkeit gegeben, spezifische Schutzbestimmungen für das Ortsbild bzw. im Interesse der Schaffung eines erhaltenswerten Ortsbildes durch Verordnung zu treffen (Anzeigepflicht etwa für das Aufstellen von Waren vor Geschäftslokalen, das Anbringen oder Aufstellen von Verkaufsautomaten, das Verkleiden von Einfriedungen mit Schilf);

Schaffung der Möglichkeit eines Verbotes für das Aufstellen von nichtortsfesten Plakatständern, Fahnen mit Werbeaufschriften u.ä.;

Schaffung einer Ortsbildpflegekommission zur Beratung der Gemeinden in den Fragen des Schutzes des Ortsbildes für jeden einzelnen politischen Bezirk.

2. Zur Frage des Ortsbildschutzes, insbesondere zu seiner Abgrenzung, sei nachstehend ein Erkenntnis des Verwaltungsgerichtshofes vom 24. März 1969, Zl. 1082/68-3, auszugsweise wiedergegeben:

„Unter Ortsbild versteht man in erster Linie die bauliche Ansicht eines Ortes oder Ortsteiles innerhalb einer Gemeinde, gleichgültig, ob nun die Betrachtung von innen oder von einem Standpunkt außerhalb des Ortes erfolgt. ‚Geprägt' wird dieses Ortsbild daher grundsätzlich von den baulichen Anlagen eines Ortes selbst. Damit ergibt sich aber zwangsläufig, dass auch der ‚Schutz des Ortsbildes' mit den baulichen

Anlagen eines Ortes untrennbar verbunden ist. Es bedeutet nun keine Abschwächung dieser Auffassung, dass in diesem Zusammenhang in den ‚Schutz' und damit auch in entsprechende ‚Schutzbestimmungen' Gesichtspunkte miteinbezogen werden, die über den reinen Schutz dieser baulichen Anlagen hinausgehen und etwa auch noch die bildhafte Wirkung von Grünanlagen, Parklandschaften, Schlossbergen udgl. miteinbeziehen, die neben den baulichen Anlagen dem ‚Orts- und Stadtbild' das Gepräge geben. Hier liegt auch der entscheidende Unterschied zum Begriff des reinen ‚Landschaftsschutzes'. Während beim Schutz des Orts- und Stadtbildes die Grünanlage oder Parkanlage nur eine im Verhältnis zu den baulichen Anlagen untergeordnete Rolle spielen, sind es beim ‚Landschaftsschutz' die baulichen Anlagen eines Ortes, die nur untergeordnete Teile der ganzen Landschaft ausmachen. Damit liegt aber bereits dem Begriff ‚Landschaft' von vornherein inne, dass hier die Betrachtungsweise über das ‚Ortsbild' weit hinausgehen kann. Während das ‚Ortsbild' mit seinen baulichen Anlagen in der Regel – auch die Grünanlagen und Parkflächen miteingeschlossen – ein von Menschenhand gestaltetes Gebilde ist, ist es bei der Landschaft die Natur selbst, die, mag auch der Mensch in sie gestaltend eingegriffen haben, entscheidend die Gestaltung bewirkt hat. Daraus ergibt sich nun – verfassungsrechtlich vom Standpunkt der ‚Kompetenz' her betrachtet – die Berechtigung, den ‚Landschaftsschutz' dem ‚Naturschutz' unterzuordnen, hingegen den ‚Schutz des Orts- und Stadtbildes' etwa in den einschlägigen baurechtlichen Normen zu regeln."

Der vorliegende Entwurf enthält noch keine Bestimmungen über einen besonderen Ortsbildschutz (Schutzzonen, Förderungsmaßnahmen, Bauführung in den Schutzzonen), über die Gestaltungspflicht von Gebäuden u.ä. und die daraus resultierenden Förderungen solcher Erhaltungsmaßnahmen. Solche Bestimmungen können einer späteren Regelung vorbehalten bleiben.

3. An den Bestimmungen der Kärntner Bauordnung, die bereits bisher dem Schutz des Ortsbildes dienen, ändert sich durch die Bestimmungen dieses Gesetzes nichts. Es wird jedoch bei der Normierung der Behördenzuständigkeit darauf Bedacht genommen, daß sich keine zusätzlichen Verfahren für die Fälle ergeben, in denen auch eine Bewilligungspflicht nach der Kärntner Bauordnung vorliegt (Verfahrenskonzentration).

4. Auch im Entwurf eines Gesetzes, mit dem das Gemeindeplanungsgesetz 1970 geändert wird, wird bei den Bestimmungen über die Bebauungspläne besonderer Wert auf den Schutz des Ortsbildes gelegt. So sieht die Novelle zum Gemeindeplanungsgesetz die Schaffung sogenannter Gestaltungspläne vor, für die verfahrensmäßig die gleichen Bestimmungen gelten, wie für Bebauungspläne, und in denen besondere Bestimmungen über die Gestaltung etwa von Dachformen u.ä. vorgesehen werden können."

ErlRV Verf-63/8/1989, 1 f (zu LGBl 1990/15):

„1. Durch das Kärntner Ortsbildpflegegesetz, LGBl. Nr. 81/1979, wurden spezifische Ortsbildschutzregelungen geschaffen und Ortsbildpflegekommissionen eingerichtet. Diese Regelungen haben sich – wie die Praxis gezeigt hat – bewährt.

Durch die vorliegende Novelle sollen daher die Grundstrukturen des geltenden Gesetzes auch nicht verändert werden.

Die Regelungen des Kärntner Naturschutzgesetzes, LGBl. Nr. 54/1986, machen jedoch nunmehr in einigen Punkten eine Modifizierung des Kärntner Ortsbildpflegegesetzes erforderlich.

Anläßlich dieser erforderlichen Anpassungen sollen aber auch jene Modifizierungen des Ortsbildpflegegesetzes vorgenommen werden, die sich durch die in den Jahren der Anwendung dieses Gesetzes gewonnenen Erfahrungen, insbesondere auch der Gemeinden, als zweckmäßig erwiesen haben.

2. Der vorliegende Entwurf enthält daher im wesentlichen nachstehende Regelungen:

– Der „Ortsbereich", also der Bereich, in dem die Bestimmungen des Ortsbildpflegegesetzes zur Anwendung kommen, wird im Hinblick auf die Neufassung des § 5 des Kärntner Naturschutzgesetzes neu umschrieben.

– [...]

– Maßnahmen, die durch Gemeindeverordnungen anzeigepflichtig gemacht werden dürfen, wenn dies im Interesse des Ortsbildschutzes liegt, wurden erweitert. So können in Zukunft auch das Aufstellen von Verkaufsständen oder Verkaufswägen (ausgenommen im Rahmen von Märkten und marktähnlichen Veranstaltungen), das

Abstellen von Wohnwägen in Vorgärten und das Anbringen von Ankündigungen u.ä. auf Dachflächen aber auch das Verkleben von Glasflächen der Schaufenster, Geschäftstüren, Vitrinen u.ä. durch Zeitungen, Packpapier u.ä. der Anzeigepflicht unterworfen werden.

- Die differenzierten Regelungen des geltenden Gesetzes über Werbungen und Ankündigungsanlagen werden in Anlehnung an die Bestimmungen des Kärntner Naturschutzgesetzes vereinheitlicht.

- Der Gemeinderat wird in Hinkunft durch Verordnung auch Bestimmungen über das Anbringen von Geschäfts- und Betriebsstättenbezeichnungen erlassen dürfen. Die bundesgesetzlich verankerte Pflicht zur Anbringung dieser Bezeichnungen darf jedoch nicht unterlaufen werden.

- Lebende Zäune gehören zu den anzeigepflichtigen Einfriedungen im Sinn des geltenden Ortsbildpflegegesetzes. Es wurde die Möglichkeit geschaffen, einzugreifen, wenn durch die Höhe dieser lebenden Einfriedungen in weiterer Folge Interessen des Ortsbildes verletzt werden.

- Die Bestimmungen über die Beseitigung von Verunstaltungen oder von Maßnahmen, die im Widerspruch zu den Bestimmungen des Kärntner Ortsbildpflegegesetzes gesetzt worden sind, wurden in Anlehnung an die Bestimmungen des Kärntner Naturschutzgesetzes wesentlich verschärft und wirkungsvoller gestaltet.

- Den Organen der Gemeinde und der Ortsbildpflegekommission wurde die Möglichkeit des Zutrittes zu Liegenschaften eingeräumt. Darüber hinaus wurde eine Auskunftsverpflichtung gegenüber diesen Organen vorgesehen.

3. [...]."

ErlRV 01-VD-LG-1594/24-2013, 1 (zu LGBl 2014/11):

„Durch LGBl. Nr. 107/2012 wurden die Bestimmungen des Kärntner Ortsbildpflegegesetzes 1990 – K-OBG für das Aufstellen von nicht ortsfesten Plakatständern novelliert. Grundlage dieser Novellierung war ein Initiativantrag von Abgeordneten des Landtages von Kärnten. Die Verwaltungspraxis zeigt nunmehr, dass die neue Rechtslage zu einem erhöhten Verwaltungsaufwand führt. Aus diesem Grund ist Hauptgesichtspunkt dieser Novelle die Vereinfachung der Bestimmungen für das Aufstellen von nicht ortsfesten Plakatständern. Es wird die Bewilligungspflicht für das Aufstellen von nicht ortsfesten Plakatständern durch eine Anzeigepflicht ersetzt. Weiters erfolgen notwendige redaktionelle Anpassungen, insbesondere an Novellierungen anderer Gesetze."

1. Abschnitt – Allgemeines
§ 1 Schutzaufgaben der Gemeinden

(1) Die Gemeinden haben bei allen ihnen nach Landesgesetzen obliegenden Aufgaben, insbesondere bei Aufgaben nach diesem Gesetz und nach der Kärntner Bauordnung 1996 – K-BO 1996, für die Pflege des erhaltenswerten Ortsbildes zu sorgen, es unter Bedachtnahme auf die technische und ökonomische Entwicklung sowie auf die örtliche Bautradition zu bewahren und für die Schaffung eines erhaltenswerten Ortsbildes zu sorgen.

(2) Die Bestimmungen des Abs. 1 gelten in gleicher Weise für Anlagen, Grünanlagen, Gewässer, Schloßberge u. ä., die zwar außerhalb des Ortsbereiches (§ 3 Abs. 1) liegen, aber ihrer Umgebung eine charakteristische Prägung geben.

(3) Die sich aus Abs. 1 und 2 ergebenden Grundsätze gelten für die Gemeinden auch in ihrer Eigenschaft als Träger von Privatrechten.

ErlRV Verf-33/3/1979, 4 f (zu LGBl 1979/81):

„Der Ortsbildschutz und die Ortsbildpflege werden durch diese Regelung den Gemeinden als besondere Aufgabe auferlegt. Die Bestimmung des § 1 erzeugt weit über die Regelungen dieses Gesetzes hinaus Wirkung, da die Gemeinden verpflichtet werden, bei allen ihnen nach Landesgesetzen obliegenden Aufgaben auf die Belange des Ortsbildschutzes und der Ortsbildpflege Bedacht zu nehmen. Im besonderen Maße gilt dies für die den Gemeinden nach den Bestimmungen der Kärntner Bauordnung und nach den Bestimmungen dieses Gesetzes obliegenden Aufgaben. Der Ortsbildschutz und die Ortsbildpflege sollen aber auch für den privatwirtschaftlichen Tätigkeitsbereich der Gemeinde als Aufgabe besonders herausgestellt sein, wobei sich die Tätigkeit der Gemeinde keinesfalls auf die ihr in diesem Gesetz ihr auferlegten Maßnahmen zu beschränken hat.

Die Regelungen des § 1 beschränken sich auch nicht darauf, den Gemeinden aufzuerlegen, ein erhaltenswertes Ortsbild zu pflegen unter Bedachtnahme auf die technisch-ökonomische Entwicklung und auf die örtliche Bautradition zu bewahren, sondern bestimmen darüber hinaus, daß dort, wo ein derartiges Ortsbild nicht gegeben ist, für die Schaffung eines solchen zu sorgen ist. Die Bestimmung des Abs. 1 nimmt jedoch auch darauf Bedacht, daß technischer Fortschritt und Weiterentwicklung nicht gehemmt werden.

Was die behördliche Vollziehung dieses Gesetzes betrifft, ist festzustellen, daß auf die Belange des Ortsbildschutzes die Kriterien des Art. 118 Abs. 2 B-VG zutreffen, daß es sich also um Angelegenheiten handelt, die im ausschließlichen oder überwiegenden Interesse der in der Gemeinde verkörperten örtlichen Gemeinschaft gelegen und geeignet sind, durch die Gemeinschaft innerhalb ihrer örtlichen Grenzen besorgt zu werden (vgl. hiezu auch die Regelungen des § 13 Abs 2).

Die Verpflichtung des § 1 Abs. 2 bezieht [Anm: sich] auch auf Anlagen außerhalb des Ortsbereiches, jedoch innerhalb des Gemeindegebietes, die ihrer Umgebung eine bestimmte Prägung geben."

ErlRV 01-VD-LG-1594/24-2013, 1 (zu LGBl 2014/11):

„Die Kärntner Bauordnung wurde durch die Kärntner Bauordnung 1996 – K-BO 1996, LGBl. Nr. 62/1996 idF LGBl. Nr. 46/2013, ersetzt. […]. Es erfolgen die notwendigen redaktionellen Anpassungen."

§ 2 Ortsbild

Das Ortsbild im Sinne dieses Gesetzes umfaßt das Bild eines Ortes oder von Teilen davon, das vorwiegend durch Gebäude, sonstige bauliche Anlagen, Grünanlagen, Gewässer, Schloßberge u. ä. geprägt wird, und zwar unabhängig davon, ob die Betrachtung von innen oder von einem Standpunkt außerhalb des Ortes erfolgt. Das Ortsbild umfaßt auch den charakteristischen Ausblick auf Ausschnitte der umgebenden Landschaft.

ErlRV Verf-33/3/1979, 5 (zu LGBl 1979/81):

„Die Begriffsbestimmung des „Ortsbildes", die in Anlehnung an die von den beamteten Naturschutzreferenten verfaßten Begriffsdefinition geprägt wurde, läßt erkennen, daß das Ortsbild auch durch nicht in Bauten und baulichen Anlagen bestehenden Teilen geprägt werden kann und diese mitumfaßt, wie z. B. Grünflächen, Parks, Verkehrsflächen u.dgl. Da diese einen Teil des Ortsbildes darstellen, sind sie ebenfalls den Regelungen über den Ortsbildschutz unterworfen. Hier steht der Entwurf in voller Übereinstimmung mit der höchstgerichtlichen Judikatur (vgl. Bemerkungen im Allgemeinen Teil [Anm: siehe oben]).

Der Schutz des Ortsbildes umfaßt nach der vorliegenden Begriffsbestimmung auch den Schutz der Silhouette (der Dachlandschaft) eines Teiles des Ortes; das bedeutet insbesondere in Verbindung mit den übrigen Bestimmungen dieses Entwurfes, daß auch dann eine Beeinträchtigung des Ortsbildes vorliegen kann, wenn ein Eingriff nicht unmittelbar im erhaltenswerten Teil eines Ortes erfolgt, sondern so, daß dieses erhaltenswerte Bild durch außerhalb hievon gelegene Bauten zerstört würde."

§ 3 Geltungsbereich

(1) **Die Bestimmungen dieses Gesetzes – ausgenommen die Regelungen des § 1 Abs. 2 und der §§ 11 und 12 – gelten für die Bereiche einer Gemeinde, die nicht zur freien Landschaft (§ 5 Abs. 1 K-NSG 2002) gehören (Ortsbereich).**

(2) **Zum Ortsbereich im Sinne des Abs. 1 gehört der Bereich der geschlossenen Siedlungen und der zum Siedlungsbereich gehörigen besonders gestalteten Flächen, wie Vorgärten, Haus- und Obstgärten.**

(3) **Bundesgesetzliche Vorschriften sowie sonstige landesgesetzliche Regelungen über die Abfuhr und die Beseitigung von Abfällen werden durch dieses Gesetz nicht berührt.**

ErlRV Verf-33/3/1979, 5 f (zu LGBl 1979/81):

„Durch die Bestimmung des Abs. 1 wird der Anwendungsbereich des vorliegenden Entwurfes umschrieben und die Abgrenzung zur Anwendbarkeit der Bestimmungen des Landschaftsschutzgesetzes getroffen. Die Bestimmungen des Landschaftsschutzgesetzes beziehen sich auf die Bereiche einer Gemeinde, die zur freien Landschaft gehören. Die Regelung des Abs. 2 umschreibt das bebaute Gebiet einer Gemeinde und gibt damit die Abgrenzung zur freien Landschaft. Diese hier getroffene Abgrenzung wird auch für die Vollziehung des Lanschaftsschutzgesetzes in Hinkunft von Bedeutung sein. [...] Der Begriff „Obstgärten" wie er im Abs. 2 gebraucht wird, umfaßt nur Hausgärten vergleichbare Obstgärten, nicht aber größere Obstbaumkulturen.

Im Zweifelsfall wird hinsichtlich der Frage, ob ein bebautes Gebiet oder freie Landschaft vorliegt, die Stellungnahme eines Sachverständigen erforderlich werden.

Nach der Abgrenzung des Abs. 1 ergibt sich auch die Zuständigkeit zur behördlichen Vollziehung (vgl. die Bestimmung des § 13).

Durch die Regelung des Abs. 3 wird klargestellt, daß der vorliegende Entwurf bundes- und landesgesetzliche Regelungen über die Abfuhr und die Beseitigung von Abfällen nicht berührt. Eine derartige Berührung könnte allenfalls aus § 4 Abs. 1 lit. a abgeleitet werden. Die Bestimmungen des Abs. 3 bedeuten also, daß für den Fall, daß etwa nach einem Landesgesetz die Ablagerung von Abfällen zulässig ist, die Bestimmungen dieses Gesetzes diese Zulässigkeit in keiner Weise berühren."

ErlRV Verf-63/8/1989, 4 f (zu LGBl 1990/15):

„Zu Z. 1 (§ 3 Abs. 1):

Die Bestimmungen des § 3 Abs. 1 umschreiben auch bisher den Anwendungsbereich des Kärntner Ortbildpflegegesetzes. Sie enthalten auch die Abgrenzung des Ortsbereiches zur „freien Landschaft".

Da der Begriff der „freien Landschaft" durch das neue Kärntner Naturschutzgesetz, LGBl. Nr. 54/1986, neu umschrieben wurde, erscheint es erforderlich, auf diese Umschreibung und damit auch auf die Anwendbarkeit des Naturschutzgesetzes durch die Verweisung auf die entsprechende Bestimmung des Naturschutzgesetzes hinzuweisen.

In ein- und demselben Bereich können nicht sowohl das Kärntner Naturschutzgesetz als auch das Kärntner Ortsbildpflegegesetz angewendet werden.

Zu Z. 2 (§ 3 Abs. 2):

§ 5 Abs. 1 des Kärntner Naturschutzgesetzes umschreibt nun, was zur „freien Landschaft" gehört. Die freie Landschaft ist der Bereich außerhalb geschlossener Siedlungen und der zum Siedlungsbereich gehörigen, besonders gestalteten Flächen, wie Vorgärten, Haus- und Obstgarten.

Als Siedlung gilt nach den Erläuterungen zum Naturschutzgesetz dabei eine Ansammlung von Gebäuden, wobei als Untergrenze mindestens drei Wohnobjekte vorhanden sein müssen. Als „geschlossen" wird ein Siedlungsbereich anzusehen sein, wenn er optisch einen Zusammenhang zwischen den Gebäuden und den dazugehörigen, besonders gestalteten Flächen (Obstgärten, Vorgärten u.ä.) erkennen läßt und er sich vom übrigen nicht bebauten Gebiet sichtbar abhebt. Eine konkrete Höchstentfernung zwischen den einzelnen Gebäuden, die noch einen Siedlungszusammenhang ergibt, läßt sich nicht festlegen. Allerdings kann ganz allgemein für den Bereich der Ortsränder festgehalten werden, daß diese bei größeren Gebäudeansammlungen eine weniger „geschlossene" Bauweise aufweisen werden müssen, also bei kleineren Einheiten und demnach auch größere Abstände von etwa 1000 m und mehr noch immer eine „zusammenhängende" Siedlung bewirken.

Auf Grund der neuen Umschreibung der „freien Landschaft" und damit auch des Anwendungsbereiches des Kärntner Naturschutzgesetzes ergibt sich zwangsläufig auch die Notwendigkeit, den Anwendungsbereich des Kärntner Ortsbildpflegegesetzes auf diese Definition abzustellen. Das Kärntner Ortsbildpflegegesetz ist – so wie bisher – dort anwendbar, wo eben nicht freie Landschaft gegeben ist, also im Ortsbereich.

Diese Modifizierung war erforderlich, um eben eine Überschneidung des Anwendungsbereiches des Kärntner Ortsbildpflegegesetzes und des Naturschutzgesetzes zu vermeiden."

ErlRV 01-VD-LG-1594/24-2013, 1 (zu LGBl 2014/11):

„[…]. Ebenso wurde das Naturschutzgesetz durch das Kärntner Naturschutzgesetz 2002 – K-NSG 2002, LGBl. Nr. 79/2002 idF LGBl. Nr. 104/2012, ersetzt. […]. Es erfolgen die notwendigen redaktionellen Anpassungen."

2. Abschnitt – Ortsbildpflege

§ 4 Verunstaltungsverbot

(1) Verunstaltungen des Ortsbereiches sind verboten. Als Verunstaltung gilt insbesondere:
  a) das Ablagern von Müll, Unrat, Autowracks, Bauschutt oder sonstigen Abfällen außerhalb von hiezu bewilligten Flächen;
  b) die Herbeiführung des Zustandes der Verwahrlosung infolge mangelnder Pflege;
  c) das Anbringen von Plakaten außerhalb von hiefür vorgesehenen Anlagen (§ 6).

(2) Die Bestimmungen des Abs. 1 lit. b gelten für Gebäude und sonstige bauliche Anlagen nur insoweit, als nicht Maßnahmen nach § 44 K-BO 1996 über die Instandsetzung anzuordnen sind.

(3) Vom Verbot des Abs. 1 lit. c sind ausgenommen:
  a) die amtlichen und die im amtlichen Auftrag vorgenommenen Ankündigungen;
  b) ortsübliche Ankündigungen von Veranstaltungen mit überwiegend örtlicher Bedeutung (Festlichkeiten, Vorträge, Bälle, kleinere Sportveranstaltungen, Kirchtage u. dgl.), die an Objekten, in denen die Veranstaltungen stattfinden oder über die dem Veranstalter ein Verfügungsrecht zusteht, angebracht werden, längstens bis zu einem Zeitraum von einer Woche nach dem angekündigten Ereignis;
  c) die Werbung in Geschäftsauslagen, Schaufenstern und Vitrinen.

ErlRV Verf-33/3/1979, 7 (zu LGBl 1979/81):

„Durch die Bestimmung des Abs. 1 wird das Gegenstück zu § 6 Abs. 1 des Landschaftsschutzgesetzes [Anm: siehe § 13 K-NSG 2002 idgF] geschaffen. Die hier normierten Verbote sind bereits in § 6 Abs. 1 des Landschaftsschutzgesetzes weitgehend für die freie Landschaft aufgestellt. Der Umstand, daß das Verunstaltungsverbot des Landschaftsschutzgesetzes sich ausschließlich auf die freie Landschaft, nicht aber auch auf das bebaute Gebiet einer Gemeinde erstreckt, hat in der Vergangenheit vielfach zur Erlassung von ortpolizeilichen Verordnungen durch die Gemeinden geführt. Die Gesetzwerdung des vorliegenden

Gesetzesentwurfes wird jedenfalls dazu führen, daß eine Reihe dieser Verordnungen aufgehoben werden muß und kann, da sie entbehrlich werden.

Die Bestimmung des Abs. 3 geben die erforderlichen Ausnahmeregelungen hinsichtlich des Verbotes des Anbringens von Plakaten außerhalb von hiefür vorgesehenen Anlagen dar. Es handelt sich in diesen Fällen gleichsam um Bagatellfälle [...]. [...]"

ErlRV Verf-63/8/1989, 3 f und 5 f(zu LGBl 1990/15):

„Durch § 4 Abs. 1 lit. b des geltende Kärntner Ortsbildpflegegesetzes wird normiert, daß als verbotene Verunstaltung die Herbeiführung des Zustandes der Verwahrlosung infolge mangelnder Pflege gilt. Ein gleichartiges Verbot enthält § 13 lit. b des Kärntner Naturschutzgesetzes [Anm: durch LGBl 2002/12 entfallen] für den Bereich der freien Landschaft. Der Tatbestand der Herbeiführung des Zustandes der Verwahrlosung infolge mangelnder Pflege hat vielfach zu Unklarheiten geführt. Es darf daher diesbezüglich folgendes ausgeführt werden:

Zum Tatbestand des § 4 Abs. 1 lit. b „Herbeiführung des Zustandes der Verwahrlosung infolge mangelnder Pflege" ist festzuhalten, daß aus der Diktion zu entnehmen ist, daß etwa allein durch das Unterlassung des Mähens einer Wiese oder durch das Unterlassen des Entfernens von Gebüsch jedenfalls nicht ein Zustand der Verwahrlosung „herbeigeführt" wird. Unter „Verwahrlosung" ist im gegenständlichen Fall überhaupt in erster Linie der „Verfall" von Menschenhand geschaffener Anlagen zu verstehen und nicht die „Verwilderung" im Sinne einer Unterlassung menschlicher Gestaltungsmaßnahmen in der Natur.

[...]

Zu Z. 3 (§ 4 Abs. 1):

Im § 4 Abs. 1 war bisher taxativ aufgezählt, was als Verunstaltung des Ortsbereiches gilt. Diese Aufzählung im § 4 Abs. 1 lit. a bis c soll in Hinkunft nur demonstrativ sein (Angleichung an § 13 des Naturschutzgesetzes).

Zu Z. 4 (§ 4 Abs. 3 lit. b):

Auf Grund des § 10 Abs. 2 des geltenden Ortsbildpflegegesetzes ergab sich, daß ortsübliche Ankündigungen von Veranstaltungen mit überwiegend örtlicher Bedeutung spätestens drei Wochen nach dieser Veranstaltung zu entfernen waren.

Durch die vorliegende Ergänzung des § 4 Abs. 3 lit. b wird die Frist, während der ortsübliche Ankündigungen von Veranstaltungen im Sinne des § 4 Abs. 3 lit. b erlaubt sind, von drei Wochen auf den Zeitraum von einer Woche nach der Durchführung der Veranstaltung verkürzt.

In formeller Hinsicht war durch die Neufassung des § 10 eine Aufnahme dieser Frist in § 4 Abs. 3 lit. b selbst erforderlich geworden.

[…]."

ErlRV 01-VD-LG-1594/24-2013, 1 (zu LGBl 2014/11):

„Die Kärntner Bauordnung wurde durch die Kärntner Bauordnung 1996 – K-BO 1996, LGBl. Nr. 62/1996 idF LGBl. Nr. 46/2013, ersetzt. […]. Es erfolgen die notwendigen redaktionellen Anpassungen."

§ 5 Ortsbildschutzverordnung

(1) Wenn es zum Schutz des erhaltenswerten Ortsbildes oder im Interesse der Schaffung eines erhaltenswerten Ortsbildes erforderlich erscheint, hat der Gemeinderat mit Verordnung zu bestimmen, ob und inwieweit und in welchen Teilen eines Ortsbereiches es einer Anzeige bedarf:
  a) das Aufstellen von Waren vor Geschäftslokalen;
  b) das Lagern oder Abstellen von Leergebinden, Kisten, Verpackungsmaterial u. ä.;
  c) der Anstrich von Außenwänden von Gebäuden;
  d) das Anbringen von Transparenten;
  e) das Anbringen von Leuchtschriften u. ä., sofern es sich nicht um Geschäfts- oder Betriebsstättenbezeichnungen handelt;
  f) das Anbringen oder Aufstellen von Verkaufsautomaten;
  g) das Verkleiden von Einfriedungen mit Schilf u. ä. oder die Anbringung von Schilf u. ä. anstelle von Einfriedungen;
  h) die Anlage von Ablagerungsplätzen, Materiallagerplätzen, Lagerplätzen für Autowracks u. ä.;
  i) das Aufstellen von Verkaufsständen oder Verkaufswägen ausgenommen im Rahmen von Märkten oder marktähnlichen Veranstaltungen;

j) das Abstellen von Wohnwägen in Vorgärten;
k) das Anbringen von Ankündigungen, Aufschriften u. ä. auf Dachflächen oder auf als Brandwände ausgebildeten Außenwänden sowie das Anbringen von Bemalungen, bildlichen Darstellungen u. ä. auf Dachflächen oder auf als Brandwände ausgebildeten Außenwänden, soweit es sich nicht um eine künstlerische Gestaltung handelt;
l) das nicht Dekorationszwecken dienende gänzliche oder weitgehende Abdecken der Glasflächen von Schaufenstern, Geschäftstüren, Vitrinen, Schaukästen u. ä. durch Zeitungen, Packpapier u. ä. sowie ähnliche nicht der Gestaltung dienende Maßnahmen, die den Durchblick durch diese Glasflächen verhindern, ausgenommen während der Zeit der Auslagengestaltung oder baulicher Veränderungen.

(2) Wurden durch eine Verordnung nach Abs. 1 Maßnahmen für anzeigepflichtig erklärt, so gelten für das Verfahren für die Anzeigepflicht die Bestimmungen des § 9 Abs. 2 bis 5. In den Fällen des Abs. 1 lit. h hat die Behörde die Ausführung auch dann zu untersagen, wenn dem Vorhaben der Flächenwidmungsplan entgegensteht.

(3) Zum Schutz des erhaltenswerten Ortsbildes oder im Interesse der Schaffung eines erhaltenswerten Ortsbildes, hat der Gemeinderat mit Verordnung zu bestimmen, ob und inwieweit und in welchen Teilen eines Ortsbereiches das Aufstellen von nicht ortsfesten Plakatständern zulässig ist.

ErlRV Verf-33/3/1979, 7 f (zu LGBl 1979/81):

„Durch die Regelung des Abs. 1 wird den Gemeinden das Recht eingeräumt, durch Verordnung des Gemeinderates für bestimmte Vorhaben eine Anzeigepflicht einzuführen. Von der Einführung einer Bewilligungspflicht ex lege wurde im Interesse einer Verwaltungsvereinfachung Abstand genommen. Der Gemeinderat darf jedoch nicht schlechthin für das gesamte Gemeindegebiet von der Verordnungsermächtigung des Abs. 1 Gebrauch machen. Er darf die Anzeigepflicht nur für jene Teile eines Ortsbereiches normieren, wo es zum Schutz des erhaltenswerten Ortsbildes oder im Interesse der Schaffung eines erhaltenswerten Ortsbildes erforderlich ist; diese Frage ist auch bei der Auswahl der anzeigepflichtigen Maßnahmen zu prüfen. Die Verordnungsermächtigung des Abs. 1 gibt den Gemeinden also nicht schlechthin das Recht, alle in Abs. 1 angeführten Maßnahmen schlechthin einer Anzeigepflicht zu unterwerfen.

Das Verfahren, das für anzeigepflichtige Vorhaben gilt, wird im § 9 Abs. 2 bis 5 geregelt und ist den Bestimmungen der §§ 20 und 21 der Kärntner Bauordnung, wie sie dort bisher bereits für anzeigepflichtige Vorhaben gegolten haben, nachgebildet.

[…]."

ErlRV Verf-63/8/1989, 6 f(zu LGBl 1990/15):

„Zu Z. 6 und 7 (§ 5 Abs. 1 lit. d und e):

Auf Grund des geltenden Kärntner Ortsbildpflegegesetzes konnte der Gemeinderat bei Vorliegen der Voraussetzungen sowohl das Anbringen von Transparenten auf Fassaden für anzeigepflichtig erklären als auch das Anbringen von Leuchtschriften u.ä. an Fassaden, soferne [es] sich nicht um Geschäfts- und Betriebsstättenbezeichnungen handelt.

In Hinkunft soll generell die Möglichkeit geschaffen werden, das Anbringen von Transparenten an Gebäuden aber auch das Anbringen von Leuchtschriften u.ä. der Anzeigepflicht zu unterwerfen. Soweit es sich um Geschäfts- und Betriebsstättenbezeichnungen handelt, darf auf die Bestimmungen des § 8 (Z. 16) verwiesen werden.

Zu Z. 8 (§ 5 Abs. 1 lit. h):

Die Regelung bewirkt keine inhaltliche Veränderung; sie stellt ausschließlich eine sprachliche Angleichung an § 5 Abs. 1 lit. a des Kärntner Naturschutzgesetzes dar.

Zu Z. 9 (§ 5 Abs. 1 lit. i bis l):

Bei Vorliegen der Voraussetzungen des Einleitungssatzes des § 5 Abs. 1 darf der Gemeinderat die in lit. i bis l angeführten Maßnahmen für anzeigepflichtig erklären. Der Gemeinderat hat vor der Erlassung einer derartigen Verordnung jedenfalls zu prüfen, ob eine derartige Anzeigepflicht im gesamten Gemeindegebiet zur Wahrung der Interessen des Schutzes des Ortsbildes erforderlich ist, oder ob etwa eine räumliche Begrenzung ausreicht. Der Gemeinderat wird auch zu prüfen haben, ob die Normierung der Anzeigepflicht in der speziellen Gemeinde hinsichtlich aller neu angeführten möglichen Maßnahmen zum Schutz des Ortsbildes notwendig ist.

Vor der Erlassung einer Verordnung über die Anzeigepflicht ist gemäß § 11 Abs. 1 des Kärntner Ortsbildpflegegesetzes die Ortsbildpflegekommission jedenfalls zu hören.

Durch die lit. i wird die Möglichkeit geschaffen, das Aufstellen von Verkaufsständen und Verkaufswagen, ausgenommen auf Märkten oder marktähnlichen Veranstaltungen, bei Vorliegen der allgemeinen Voraussetzungen anzeigepflichtig zu machen. Marktähnliche Veranstaltungen sind etwa Krampusmärkte, Nikolomärkte oder anläßlich von Kirchtagen abgehaltene Märkte, Flohmärkte u.ä.

Da sowohl die Dachlandschaft als auch Feuermauern, das sind als Brandwände ausgebildete Außenwände von Gebäuden (§ 16 Abs. 5 der Kärntner Bauvorschriften [Anm: aufgehoben durch LGBl 2012/80]), an die noch nicht herangebaut wurde, das Ortsbild wesentlich beeinflussen können, wurde der Tatbestand der lit. k neu aufgenommen. Es ist hiebei unerheblich, ob die Maßnahmen unmittelbar auf einer Dachfläche oder einer Feuermauer aufgebracht werden oder ob die Anbringung mittelbar etwa durch die Befestigung von Brettern u.ä. erfolgt. Um einen Eingriff in das durch Art. 17a StGG 1867 garantierte Recht auf Kunstausübungsfreiheit zu vermeiden, wurde die Regelung der lit. k dahingehend eingeschränkt, daß künstlerische Gestaltungen von Bemalungen oder bildliche Darstellungen nicht von der Anzeigepflicht erfaßt werden dürfen.

Von Fremdenverkehrsgemeinden wurde immer wieder aufgezeigt, daß durch das Verkleben oder sonstige Abdecken von Glasflächen von Schaufenstern, Geschäftstüren, Vitrinen mit Zeitungen, Packpapier u.ä. ganz einschneidende Verunstaltungen des Ortsbereiches auftreten. In der sogenannten toten Zeit werden Geschäfte vielfach geschlossen und der Einblick in die Geschäfte durch ein gänzliches oder weitgehendes Abdecken der Glasflächen verhindert.

Ein Abdecken von Glasflächen von Schaufenstern, Geschäftstüren u.ä. durch Zeitungen und Packpapier stellt nun keinesfalls eine Maßnahme dar, die Dekorationszwecken dient. Es soll daher dem Gemeinderat die Möglichkeit gegeben werden, zur Wahrung der Interessen des Ortsbildes dieses, nicht „Dekorationszwecken" dienende Abdecken von Glasflächen, von Schaufenstern, Geschäftstüren etc. durch Zeitungen, Packpapier und ähnliches Material anzeigepflichtig zu machen. Eine dem Abdecken durch Papier ähnliche „ungestaltete Maßnahme", die nicht Dekorationszwecken dient, wäre etwa das Verhängen von Auslagen durch Decken u.ä. Durch diese Regelung wird baer keineswegs eine Gestaltung von Auslagen u.ä. durch Packpapier verhindert. Ein derartiges nicht Dekorationszwecken dienendes Abdecken soll lediglich während der Zeit der Auslagengestaltung oder während der Dauer baulicher Veränderungen uneingeschränkt möglich sein. Macht der Gemeinderat im übrigen von der Normierung der Anzeigepflicht Gebrauch, darf eben der Einblick durch die angeführten Glasflächen ausschließlich durch Maßnahmen abgewehrt werden, die auch der Gestaltung dieser Glasflächen dienen.

Zu Z. 10 (§ 5 Abs. 2):

Gemäß § 5 Abs. 1 lit. h hat der Gemeinderat die Möglichkeit, die Errichtung von Ablagerungsplätzen, Materiallagerplätzen, Lagerplätzen für Autowracks u.ä. für anzeigepflichtig zu erklären. Auf Grund einer derartigen Anzeige besteht die Möglichkeit der Untersagung jedoch nur, wenn das erhaltenswerte Ortsbild gestört oder verunstaltet wurde oder wenn die Durchführung dieser Maßnahme der Schaffung eines erhaltenswerten Ortsbildes abträglich wäre. Es erscheint nun wenig sinnvoll, die Anzeige auf Errichtung eines Ablagerungsplatzes, eines Materiallagerplatzes oder eines Lagerplatzes für Autowracks zur Kenntnis nehmen zu müssen, obwohl der Flächenwidmungsplan einer derartigen Maßnahme entgegenstünde.

Sind in einer Gemeindeverordnung Maßnahmen nach § 5 Abs. 1 lit. a anzeigepflichtig erklärt, hat der Bürgermeister die Ausführung auch dann zu untersagen, wenn dem Vorhaben der Flächenwidmungsplan entgegensteht.

[…]."

ErlRV 01-VD-LG-1594/24-2013, 1 (zu LGBl 2014/11):

„[…]. Darüber hinaus wurden auch die Kärntner Bauvorschriften – K-BV durch LGBl. Nr. 80/2012 grundlegend novelliert. Es erfolgen die notwendigen redaktionellen Anpassungen."

§ 6 Bewilligungspflichtige Werbeanlagen und Werbungen

(1) Die Errichtung, Aufstellung, Anbringung oder Änderung von Werbeanlagen, Anlagen zur Anbringung von Werbematerial sowie die sonstige Anbringung von Werbung bedürfen einer Bewil-

ligung. Von der Bewilligungspflicht sind ausgenommen Fahnen mit Werbeaufschriften, Werbungen auf nicht ortsfesten Plakatständern, Werbungen auf Transparenten (§ 5 Abs. 1 lit. d) und auf Dachflächen (§ 5 Abs. 1 lit. k) sowie Werbungen auf Anlagen, die ausschließlich für die Anbringung von Werbungen bestimmt sind und die nach dem ersten Satz bewilligt wurden.

(2) Die Erteilung der Bewilligung ist schriftlich zu beantragen. Der Antrag hat Art, Lage und Umfang des Vorhabens anzugeben.

(3) Dem Antrag sind anzuschließen:
a) die zur Beurteilung von Vorhaben nach Abs. 1 erforderlichen Darstellungen und Beschreibungen,
b) ein Beleg über das Eigentum an dem Grundstück, auf dem das Vorhaben errichtet werden soll,
c) die Zustimmung des Grundstückseigentümers, wenn der Antragsteller nicht selbst Eigentümer ist.

(4) Stellt die Ankündigungsanlage nach Abs. 1 eine bauliche Anlage im Sinne der Kärntner Bauordnung 1996 – K-BO 1996 dar, so ist das Verfahren nach der Kärntner Bauordnung 1996 – K-BO 1996 gemeinsam mit dem Verfahren nach diesem Gesetz durchzuführen, wenn in beiden Verfahren dieselbe Behörde zuständig ist.

(5) Die Bewilligung ist zu erteilen, wenn durch das Vorhaben nach Abs. 1 das erhaltenswerte Ortsbild weder gestört oder verunstaltet noch der Schaffung eines erhaltenswerten Ortsbildes abträglich ist. Zur Sicherstellung dieser Erfordernisse kann die Bewilligung auch unter Auflagen gegeben werden.

ErlRV Verf-33/3/1979, 8 f (zu LGBl 1979/81):

„[…]

Die Regelung des Abs. 4 wurde im Hinblick auf die Verfahrenskonzentration und die Verwaltungsvereinfachung vorgesehen.

Die Voraussetzungen des Abs. 5, daß durch die Anlage unter Berücksichtigung der darauf vorzunehmenden Ankündigungen das Ortsbild nicht gestört oder verunstaltet werden darf, besagt nicht, daß bei der Bewilligung der Ankündigungsanlage etwa die Behörde die einzelnen im Laufe der Berechtigungsdauer vorzunehmenden Ankündigungen kennen müsse, sondern verweist lediglich darauf, daß bei der Beurteilung der Erscheinung und Auswirkung der Ankündigungsanlage auf das Ortsbild bereits deren Verwendung mit in Betracht zu ziehen ist. Einzelne Ankündigungen auf der Ankündigungsanlage im Laufe der Berechtigungsdauer bedürfen keiner Bewilligung."

ErlRV Verf-63/8/1989, 9 f (zu LGBl 1990/15):

„Die Regelungen gehen sowohl vom Inhalt als auch von der Bezeichnung der Paragraphen von einer einheitlichen Bewilligungspflicht der Errichtung, der Aufstellung oder Anbringung von Werbeanlagen, der Anlagen zur Anbringung von Werbematerial sowie der sonstigen Anbringung von Werbung aus. Eine vergleichbare Regelung ist im § 5 Abs. 1 lit. k des Kärntner Naturschutzgesetzes enthalten. Hinsichtlich der Werbeanlagen wurde aufbauend auf der Verwaltungsgerichtshofjudikatur versucht, alle denkbaren Fälle von Werbung, Anpreisung und Reklame zu erfassen. Es werden damit alle Werbeeinrichtungen, nämlich Werbeanlagen und Ankündigungsanlagen erfaßt, aber auch sonstige Anpreisungen und Reklamemaßnahmen.

Im Sinne dieser Bestimmung ist die Ankündigung als Überbegriff für optisch oder akustisch wahrnehmbare Maßnahmen, die unmittelbar oder mittelbar der Werbung, der Bezeichnung oder Bekanntmachung, dem Hinweis oder auf andere Weise der Erregung von Aufmerksamkeit dienen, zu verstehen; dazu gehören auch andere Blickfänge, wie etwa Wimpelketten, Windräder, Lichteffekte usw.

Die Bewilligungspflicht soll für solche Ankündigungseinrichtungen bestehen, die der Werbung (Anpreisung, Reklame) zuzuordnen sind (Ankündigungen mit dem Ziel, das Interesse von Personen auf Waren, Veranstaltungen, Ideen, Leistungen oder Einrichtungen des privaten oder öffentlichen Lebens zu denken). Nicht miterfaßt sind Bekanntmachungen, Bezeichnungen oder lediglich Hinweise (Ankündigungen, die lediglich der Orientierung dienen).

Von der Bewilligungspflicht sind daher insbesondere Anlagen, die für die Anbringung von Werbungen bestimmt sind (Plakatwände, Litfaßsäulen u.ä.) erfaßt. Die Bewilligungspflicht erstreckt sich aber auch auf das Anbringen von Werbematerial (soweit der zweite Satz keine Ausnahme enthält), wie etwa das Anbringen von Werbetafeln, Plakaten, wo auch immer und auf welche Art auch immer. Soweit Leuchtschriften Werbungen beinhalten, sind auch sie der Bewilligungspflicht unterworfen.

Von der Bewilligungspflicht des § 6 Abs. 1 ist die Anbringung von Werbungen auf Anlagen, die ausschließlich hiefür bestimmt sind und die eben nach § 6 Abs. 1 bewilligt worden sind, ausgenommen. Die Ausnahme ist auch hinsichtlich der Anbringung von Werbungen auf nicht ortsfesten Plakatständern und auf Fahnen mit Werbeaufschriften, auf Transparenten und Dachflächen im Hinblick auf die Regelungen des § 5 gegeben.
[…]."

ErlRV 01-VD-LG-1594/24-2013, 1 (zu LGBl 2014/11):

„Die Kärntner Bauordnung wurde durch die Kärntner Bauordnung 1996 – K-BO 1996, LGBl. Nr. 62/1996 idF LGBl. Nr. 46/2013, ersetzt. […]. Es erfolgen die notwendigen redaktionellen Anpassungen.

[…]

Werbungen auf nicht ortsfesten Plakatständern werden von der Bewilligungspflicht ausgenommen.

[…]

§ 6 Abs. 7 wurde durch die Novelle LGBl. Nr. 107/2012 nach Vorbild des § 9 Abs. 7 K-NSG 2002 eingefügt. Die Bestimmung findet sich nunmehr in § 7a Abs. 3 zweiter Satz."

§ 7 Bewilligungsdauer für Werbeanlage und Werbungen

(1) Die Bewilligung nach § 6 ist für die beantragte Zeitdauer, höchstens aber für die Dauer von fünf Jahren zu erteilen.

(2) Der Inhaber der Bewilligung kann vor Ablauf der bewilligten Zeitdauer die Erstreckung der Bewilligung beantragen. Liegen die Voraussetzungen für die Erteilung der Bewilligung vor, so ist sie für die begehrte Zeitdauer, höchstens aber für fünf Jahre zu erstrecken.

(3) Die Bewilligung für die Erstreckung darf nur versagt werden, wenn ein Vorhaben nach § 6 Abs. 1 eine Störung oder eine Verunstaltung des erhaltenswerten Ortsbildes bewirkt oder der Schaffung eines erhaltenswerten Ortsbildes abträglich ist. Bei der Erstreckung der Berechtigungsdauer können die zur Instandsetzung dienlichen Auflagen vorgeschrieben werden.

ErlRV Verf-33/3/1979, 9 (zu LGBl 1979/81):

„Auf die Verlängerung der Berechtigungsdauer besteht ein Rechtsanspruch, wenn die Voraussetzungen hiefür vorliegen. Die Befristung der Berechtigung ermöglicht es der Behörde, in bestimmten Zeitabständen immer wieder die Auswirkungen dieser Anlagen auf das Ortsbild zu prüfen, und allenfalls auch die Instandsetzung der Anlage durchzusetzen. Bei der Festsetzung der Dauer der Bewilligung wurde insbesondere auf die Lebensdauer dieser Anlagen Bedacht genommen, um wirtschaftliche Aufwendungen möglichst gering zu halten."

ErlRV Verf-63/8/1989, 11 (zu LGBl 1990/15):

„Die Neufassung des § 7 Abs. 1 bringt keine inhaltlichen Änderungen; es handelt sich ausschließlich um eine Anpassung an den geänderten § 6 Abs. 1."

§ 7a Anzeigepflicht für nicht ortsfeste Plakatständer

(1) Das Aufstellen von nicht ortsfesten Plakatständern ist anzeigepflichtig.

(2) Die Anzeige ist vor der beabsichtigten Aufstellung schriftlich bei der Behörde einzubringen. Sie hat Art, Lage, Beschaffenheit und Dauer der Aufstellung zu enthalten.

(3) Die Behörde hat die Aufstellung zu untersagen, wenn durch die Aufstellung das erhaltenswerte Ortsbild gestört oder verunstaltet oder wenn die Aufstellung der Schaffung eines erhaltenswerten Ortsbildes abträglich ist. Eine Untersagung darf nicht erfolgen, wenn das öffentliche Interesse an den beantragten Maßnahmen unter dem Gesichtspunkt des Gemeinwohles höher zu bewerten ist als das öffentliche Interesse zum Schutz des erhaltenswerten Ortsbildes vor störenden Eingriffen.

(4) Erfolgt keine Untersagung binnen zwei Wochen nach Einlangen der vollständigen Anzeige oder stellt die Behörde fest, dass der Aufstellung keine Untersagungsgründe entgegenstehen, darf mit der Aufstellung begonnen werden.

ErlRV 01-VD-LG-1594/24-2013, 1 (zu LGBl 2014/11):

„Das Aufstellen von nicht ortsfesten Plakatständern unterliegt nunmehr der Anzeigepflicht. Damit soll im Vergleich zu der derzeit bestehenden Bewilligungspflicht eine Verwaltungsvereinfachung erfolgen. Hinzuweisen ist auf die Verpflichtung des Gemeinderates gemäß § 5 Abs. 3, in einer Verordnung zu bestimmen, ob und inwieweit und in welchen Teilen eines Ortsbereiches das Aufstellen von nicht ortsfesten Plakatständern zulässig ist. Somit erfolgt in einem ersten Schritt eine generelle Prüfung der Zulässigkeit des Aufstellens von nicht ortsfesten Plakatständern. In einem zweiten Schritt ist auf Grund der Anzeige eine Einzelfallprüfung durchzuführen. Das Aufstellen ist individuell zu untersagen, wenn durch die Aufstellung das erhaltenswerte Ortsbild gestört oder verunstaltet oder wenn die Aufstellung der Schaffung eines erhaltenswerten Ortsbildes abträglich ist."

§ 8 Geschäfts- und Betriebsstättenbezeichnungen

(1) Die Gestaltung, das Anbringen und die Änderung einer am Standort der Geschäfts- und Betriebsstätte anzubringenden Bezeichnung derselben hat so zu erfolgen, daß das erhaltenswerte Ortsbild weder gestört oder verunstaltet noch die Schaffung eines erhaltenswerten Ortsbildes erschwert oder verhindert wird.

(2) Die Behörde hat auf Antrag desjenigen, der zur Anbringung der Bezeichnung der Geschäfts- und Betriebsstätte verpflichtet ist, festzustellen, unter welchen Voraussetzungen eine Geschäfts- und Betriebsstättenbezeichnung den Voraussetzungen des Abs. 1 entspricht.

(3) Wurde ein Bescheid nach Abs. 2 nicht erlassen, so hat die Behörde das Recht, demjenigen, der zur Anbringung der Bezeichnung der Geschäfts- und Betriebsstätte verpflichtet ist, die im Interesse des Schutzes des Ortsbildes erforderlichen Änderungen binnen angemessen festzusetzender Frist aufzutragen.

(4) Wenn es zum Schutz des erhaltenswerten Ortsbildes oder im Interesse der Schaffung eines erhaltenswerten Ortsbildes erforderlich erscheint, hat der Gemeinderat mit Verordnung unter Bedachtnahme auf die Bestimmungen des § 1 Abs. 1 Vorschriften für die Gestaltung und die Art des Anbringens von Geschäfts- und Betriebsstättenbezeichnungen (Abs. 1) zu erlassen. Bei der Erlassung

der Vorschriften über die Gestaltung und die Art des Anbringens von Geschäfts- und Betriebsstättenbezeichnungen ist sicherzustellen, daß die gewerberechtlich vorgesehene Pflicht zur Anbringung dieser Bezeichnungen jedenfalls erfüllt werden kann.

ErlRV Verf-33/3/1979, 9 f (zu LGBl 1979/81):

„Durch die Regelung des Abs. 1 wird grundsätzlich normiert, daß Geschäfts- und Betriebsstättenbezeichnungen so zu gestalten sind, daß das Ortsbild weder gestört noch verunstaltet noch die Schaffung eines erhaltenswerten Ortsbildes erschwert oder verhindert wird. Da die Beurteilung der Frage, ob eine Geschäfts- und Betriebsstättenbezeichnung dem Ortsbild entspricht, oft schwierig sein wird, wurde den zur Anbringung der Geschäfts- und Betriebsstättenbezeichnung Verpflichteten die Möglichkeit eingeräumt, bei der Behörde die Erlassung eines Bescheides zu begehren, ob ihr Vorhaben das Ortsbild stört oder verunstaltet. Wurde die Erlassung eines Feststellungsbescheides nicht begehrt oder wird durch das Vorhaben das Ortsbild gestört oder verunstaltet, so hat die Behörde das Recht, die im Interesse des Schutzes des Ortsbildes erforderlichen Änderungen aufzutragen.

Macht der Gemeinderat von der Verordnungsermächtigung des Abs. 4 Gebrauch, so bedeutet dies, daß Geschäfts- und Betriebsstättenbezeichnungen jedenfalls nach den Bestimmungen dieser Verordnung zu gestalten sind, und daß die Gemeinde bei der Erlassung eines Bescheides nach Abs. 2 ebenfalls an die Bestimmungen einer gemäß Abs. 4 erlassenen Verordnung gebunden ist.

Grundsätzlich muß noch bemerkt werden, daß durch die Regelung des § 8 die den Gewerbetreibenden durch § 66 der Gewerbeordnung 1973 [Anm: siehe § 66 GewO 1994 idgF] auferlegten Verpflichtungen, ihre Betriebsstätten mit einer dem § 66 leg. cit. entsprechenden äußeren Geschäftsbezeichnung zu versehen, keine Einschränkung erfährt. Die Bestimmungen des § 8 regeln lediglich die Gestaltungsvorschriften für Geschäfts- und Betriebsstättenbezeichnungen."

ErlRV Verf-63/8/1989, 11 (zu LGBl 1990/15):

„Zu Z. 17 (§ 8 Abs. 4):

Durch diese Regelung wird es der Gemeinde ermöglicht, auch Vorschriften für die Anbringung von Geschäfts- und Betriebsstättenbezeichnungen, die nach den gewerberechtlichen Bestimmungen anzubringen sind, durch Verordnung zu erlassen. Die Verordnungsermächtigung des derzeit geltenden Gesetzes hat sich ausschließlich auf die Gestaltungsvorschriften für die Geschäfts- und Betriebsstättenbezeichnungen erstreckt. Es wurde jedoch sichergestellt, daß die Pflicht zur Anbringung der Geschäfts- und Betriebsstättenbezeichnungen nach der Gewerbeordnung auch dann erfüllt werden kann, wenn der Gemeinderat Vorschriften über die Art ihrer Anbringung erläßt."

§ 9 Anzeigepflichtige Einfriedungen

(1) Die Errichtung von Einfriedungen ist anzeigepflichtig, soweit es sich nicht um bauliche Anlagen handelt.

(2) Die Anzeige ist vor der beabsichtigten Ausführung schriftlich bei der Behörde einzubringen. Sie hat Art, Lage und Beschaffenheit des Vorhabens, insbesondere auch Angaben über die Höhe der beabsichtigten Einfriedung, zu enthalten. Der Anzeige sind die zur Beurteilung der Auswirkungen auf das Ortsbild erforderlichen Darstellungen anzuschließen.

(3) Enthält die Anzeige die im Abs. 2 geforderten Angaben nicht oder nicht vollständig oder sind ihr die Darstellungen nicht angeschlossen, ist nach § 13 Abs. 3 des Allgemeinen Verwaltungsverfahrensgesetzes vorzugehen.

(4) Die Behörde hat die Ausführung zu untersagen, wenn durch die Errichtung der Einfriedung das erhaltenswerte Ortsbild gestört oder verunstaltet oder wenn die Errichtung der Einfriedung der Schaffung eines erhaltenswerten Ortsbildes abträglich wäre.

(5) Erfolgt eine Untersagung binnen vier Wochen nach Einlangen der vollständigen Anzeige nicht oder stellt die Behörde vor Ablauf dieser Frist fest, daß der Errichtung der Einfriedung keine Untersagungsgründe entgegenstehen, darf mit der Ausführung begonnen werden.

(6) Die Feststellung, daß keine Untersagungsgründe entgegenstehen (Abs. 5), darf die Behörde bei lebenden Einfriedungen auch

unter der Bedingung aussprechen, daß eine entsprechende, den Interessen des Schutzes des Ortsbildes oder den Interessen der Schaffung eines erhaltenswerten Ortsbildes festzulegende Höhe der lebenden Einfriedung auch in weiterer Folge nicht überschritten wird.

(7) Erfolgt bereits durch eine nicht lebende Einfriedung die Abgrenzung eines Grundstückes zu einem anderen Grundstück und wird im räumlichen Zusammenhang mit dieser bestehenden Einfriedung eine Hecke aus Bäumen oder Sträuchern angelegt, durch deren Höhe in weiterer Folge Interessen des Schutzes des Ortsbildes verletzt werden so hat der Bürgermeister durch Bescheid festzulegen, welche diese Interessen des Ortsbildes nicht verletzende Höhe jedenfalls herzustellen ist. Diese Höhe darf auch in weiterer Folge nicht überschritten werden. Für die Herstellung ist eine angemessene, auf die Art der Hecke Bedacht nehmende Frist einzuräumen.

ErlRV Verf-33/3/1979, 10 (zu LGBl 1979/81):

„Hinsichtlich der Einfriedungen, die keine baulichen Anlagen sind, stellt bereits der Gesetzgeber fest, daß diese Maßnahmen anzeigepflichtig sind, während bei Maßnahmen nach § 5 die Normierung der Anzeigepflicht einer Verordnung des Gemeinderates überlassen bleibt. Im Hinblick auf den Wortlaut der Bestimmung des § 9 Abs. 1 und des § 5 Abs. 1 ist festzuhalten, daß die Verkleidung einer bestehenden Einfriedung mit Schilf u.ä. keine Errichtung einer Einfriedung darstellt, sondern eine Maßnahme, die nur auf Grund einer Verordnung des Gemeinderates eine Anzeigepflicht unterworfen ist.

Das Verfahren hinsichtlich der anzeigepflichtigen Einfriedung wurde ebenfalls den Bestimmungen des § 20 und § 21 der Kärntner Bauordnung Fassung vor der Novelle nachgebildet."

ErlRV Verf-63/8/1989, 11 f (zu LGBl 1990/15):

„Nach § 9 Abs. 1 des derzeit geltenden Gesetzes besteht die Anzeigepflicht für alle Einfriedungen, die keine baulichen Anlagen sind. Das bedeutet, daß jedenfalls auch lebende Einfriedungen unter die Anzeigepflicht des § 9 Abs. 1 fallen.

Gemäß § 9 Abs. 2 des geltenden Gesetzes hat die Anzeige Art, Lage und Beschaffenheit des Vorhabens zu enthalten.

Es steht nun außer Zweifel, daß die Höhe einer anzeigepflichtigen Einfriedung sehr wesentliche Auswirkungen auf das Ortsbild hat. Es war daher bereits auf Grund der geltenden Rechtslage davon auszugehen, daß in der Anzeige anzugeben war, wie hoch nun die Einfriedung sein sollte.

Probleme haben sich nun insofern ergeben, als vielfach von den Gemeinden Angaben über die Höhe der anzeigenpflichtigen Einfriedungen auch nicht verlangt wurden; anderseits liegt es bei lebenden Einfriedungen in der Natur der Sache, daß ihre Höhe immer mehr zunahm.

Die geltenden Regelungen haben den Gemeinde zwar die Möglichkeit gegeben, die Ausführungen einer anzeigepflichtigen Einfriedung zu untersagen, wenn u.a. die Höhe Interessen des Ortsbildes zu verletzen geeignet war. Die geltenden Regelungen sehen jedoch keine Möglichkeit für den Fall vor, daß eben lebende Einfriedungen nicht konstant in einer bestimmten Höhe gehalten werden. Dies führte nun in vielen Fällen immer wieder zu Problemen und Störungen des örtlichen Gemeinschaftslebens, da von der Gemeinde immer wieder eine Einschreiten gegen zu hohe, das Ortsbild störende Einfriedungen verlangt wurde.

Durch die Ergänzung des § 9 Abs. 2 wird sichergestellt, daß in der Anzeige jedenfalls Angaben über die Höhe der Einfriedungen enthalten sein müssen.

Die Neuregelung des § 9 Abs. 6 wird es der Gemeinde ermöglichen, bei lebenden Einfriedungen sicherzustellen, daß eine den Interessen des Ortsbildes nicht abträgliche Höhe auch tatsächlich beibehalten wird. Diese Bedingung ist in der Feststellung der Gemeinde aufzunehmen, daß der Errichtung der Einfriedung keine Untersagungsgründe entgegenstehen. Wird nun diese Höhe im Einzelfall überschritten, hat die Gemeinde nach der Neufassung des § 10 Abs. 4 die Möglichkeit, die Wiederherstellung des rechtmäßigen Zustandes aufzutragen; das bedeutet, daß die Gemeinde auftragen darf, die Hecke auf die festgesetzte Höhe zurückzuschneiden.

Ein weiteres Problem hat sich in vielen Gemeinden dadurch ergeben, daß im räumlichen Zusammenhang mit einer bereits bestehenden Einfriedung zusätzlich eine Hecke angelegt wurde. Derartige zusätzlich zu einer bestehenden Einfriedung im Bereich der Grundstücksgrenze angelegte Hecken waren nun nach § 9 Abs. 1 des geltenden Ortsbildpflegegesetzes keine anzeigepflichtigen Einfriedungen; die Funktion der Einfriedung wurde ja bereits durch den baubewilligungspflichtige oder sonst anzeigepflichtige Einfriedungen erfüllt.

Mißstände haben sich nun vielfach daraus ergeben, daß eben die Einfriedungen zwar keine die Interessen des Ortsbildes störende Höhe hatte, die dahinter befindlich Hecke durch ihre zunehmende Höhe jedoch Interessen des Ortsbildes verletzt hat.

Wenn nun im räumlichen Zusammenhang entlang einer Grundstücksgrenze zusätzlich zur bestehenden Einfriedung eine Hecke angelegt wird, und die Höhe dieser Hecke Interessen des Ortsbildes verletzt, wird dem Bürgermeister die Möglichkeit gegeben, bescheidmäßig anzuordnen, daß eine die Interessen des Ortsbildes nicht verletzende Höhe der Hecke herzustellen ist. Diese Höhe darf dann auch in weiterer Folge nicht überschritten werden. Die Anordnung der Gemeinde, eine bestimmte Höhe der Hecke herzustellen, darf jedoch nicht zur Unzeit, also während einer Zeit, in der der Bestand der Hecke durch einen Rückschnitt gefährdet wäre angeordnet werden.

Durch entsprechende Übergangsbestimmungen in Art. II Abs. 5 und 6 [Anm: siehe unten Art IV Abs 2 zu LGBl 1990/32] wird vorgesorgt, daß die Gemeinde auch dann eingreifen darf, wenn eine lebende Einfriedung bereits auf Grund einer Anzeige nicht untersagt wurde bzw. wenn hinter einer bestehenden Einfriedung bereits vor Inkrafttreten dieses Gesetzes eine Hecke angelegt wurde."

§ 10 Beseitigung

(1) Im Widerspruch zu § 4 Abs. 1 lit. a abgelagerte Abfälle, wie Müll, Unrat, Autowracks, Bauschutt, die im Widerspruch zu § 4 Abs. 1 lit. c angebrachten Plakate, die im Widerspruch zur Verordnung nach § 5 Abs. 3 aufgestellten nicht ortsfesten Plakatständer oder ohne Bewilligung nach § 6 Abs. 1 durchgeführte Maßnahmen sind von der Gemeinde sofort zu entfernen. Die Gemeinde hat den Eigentümer des entfernten Gegenstandes oder den sonst Verfügungsberechtigten unverzüglich mit Bescheid aufzufordern, diesen zu übernehmen. Dies gilt nicht für Müll, Unrat, Plakate und ähnliche Gegenstände mit geringem Sachwert.

(2) Die Kosten der Entfernung und Aufbewahrung eines Gegenstandes im Sinne des Abs. 1 sind vom Eigentümer oder von dem sonst Verfügungsberechtigten der Gemeinde zu ersetzen. Eine

Nichtübernahme eines entfernten Gegenstandes binnen einem Monat nach einer Aufforderung, in der auf die Folgen des Verfalls hingewiesen wurde, bewirkt dessen Verfall zugunsten der Gemeinde. Für Schäden, die bei der Entfernung von Gegenständen unvermeidbar eintreten, besteht kein Anspruch auf Entschädigung.

(3) Die Bestimmungen des Abs. 1 – ausgenommen letzter Satz – und des Abs. 2 gelten sinngemäß für das abweichend von einer Anzeige oder vor ihrer Wirksamkeit erfolgte Lagern von Gegenständen nach § 5 Abs. 1 lit. b, das Anbringen von Transparenten nach § 5 Abs. 1 lit. d, das Anbringen oder Aufstellen von Verkaufsautomaten nach § 5 Abs. 1 lit. f sowie für das Aufstellen von nicht ortsfesten Plakatständern nach § 7a.

(4) Wurden Maßnahmen, die nicht im Abs. 1 bis 3 angeführt sind und die nach diesem Gesetz oder einer auf Grund dieses Gesetzes erlassenen Verordnung verboten, bewilligungspflichtig oder anzeigepflichtig sind, entgegen dem Verbot, ohne Bewilligung, vor Wirksamkeit einer Anzeige oder abweichend von der Bewilligung, der Anzeige oder einer Bedingung nach § 9 Abs. 6 ausgeführt, ist die Wiederherstellung des rechtmäßigen Zustandes binnen angemessen festzusetzender Frist aufzutragen. Dies gilt in gleicher Weise, wenn Anordnungen nach § 9 Abs. 7 nicht eingehalten werden. Die Wiederherstellung obliegt in den Fällen, in denen Maßnahmen abweichend von einer Bewilligung, einer Anzeige oder vor Wirksamkeit einer Anzeige durchgeführt wurden, dem Antragsteller oder dessen Rechtsnachfolger, im übrigen in erster Linie demjenigen, der die Maßnahme veranlaßt oder gesetzt hat, kann dieser nicht herangezogen werden, dem Grundeigentümer oder dem sonst über ein Grundstück Verfügungsberechtigten.

ErlRV Verf-63/8/1989, 13 (zu LGBl 1990/15):

„Die Bestimmungen des § 10 über die Beseitigung wurden – soweit sie vom neuen Kärntner Naturschutzgesetz abweichen – an dieses angeglichen.

Durch die Bestimmungen des Abs. 1 wird die Gemeinde verpflichtet, Verunstaltungen im Sinne des § 4 Abs. 1 lit. a und c sowie im Widerspruch zu § 4 Abs. 3 angebrachte Plakate sowie ohne Bewilligung (§ 6 Abs. 1) durchgeführte Maßnahmen sofort zu beseitigen. Die Kosten der Entfernung und Aufbewahrung sind vom Eigentümer oder Verfügungsberechtigten in der Folge der Gemeinde zu ersetzen, wobei außerdem eine Nichtübernahme des entfernten Gegenstandes (außer bei wertlosen Gegenständen) dessen Verfall bewirkt. Im übrigen entsprechen die Bestimmungen über die Beseitigung im wesentlichen dem geltenden Recht.

Das Eigentumsrecht von beseitigten Gegenständen (außer bei wertlosen Gegenständen) wird durch die von den Gemeindebehörden erlassenen Verfügungen nicht unmittelbar berührt. Sie verbleiben auch nach ihrer Entfernung im Eigentum der in Betracht kommenden Person (vgl. Erk. VwGH Slg. 8031a/1971)."

ErlRV 01-VD-LG-1594/24-2013, 1 (zu LGBl 2014/11):

„Es erfolgen die notwendigen Anpassungen, um entgegen der Verordnung gemäß § 5 Abs. 3 und § 7a aufgestellte nicht ortsfeste Plakatständer zu beseitigen."

3. Abschnitt – Organisation

§ 11 Ortsbildpflegekommission

(1) Zur Beratung der Gemeinden in den Fragen der Ortsbildpflege ist bei jeder Bezirkshauptmannschaft eine Ortsbildpflegekommission einzurichten. Vor der Erlassung von Verordnungen nach diesem Gesetz ist die Ortsbildpflegekommission jedenfalls zu hören.

(2) Zu Mitgliedern der Ortsbildpflegekommission dürfen nur Personen bestellt werden, die über besondere Sachkenntnisse auf dem Gebiet der Ortsbildpflege verfügen.

(3) Die Ortsbildpflegekommission besteht aus einem Vorsitzenden sowie aus einem ständigen Mitglied und nichtständigen Mitgliedern. Der Vorsitzende ist von der Landesregierung aus dem Kreis der bei der Bezirkshauptmannschaft verwendeten Bediensteten des höheren Baudienstes, die Absolventen der Studienrichtung Architektur sind – ist dies unmöglich, aus dem Kreis der beim Amt der Landesregierung verwendeten Bediensteten, die diese Voraussetzungen erfüllen –, auf die Dauer der Gesetzgebungsperiode des Landtages zu bestellen. Das ständige Mitglied ist von der Landesregierung aus dem Kreis der Absolventen der Studienrichtung Ar-

chitektur auf die Dauer der Gesetzgebungsperiode des Landtages zu bestellen. Der Gemeinderat jeder Gemeinde hat aus dem Kreis der Personen, die mit den Fragen der Ortsbildpflege in dieser Gemeinde besonders vertraut sind, auf die Dauer der Funktionsperiode des Gemeinderates ein nichtständiges Mitglied der Ortsbildpflegekommission zu bestellen.

(4) Für jedes Mitglied ist in gleicher Weise ein Ersatzmitglied zu bestellen; dies gilt für den Vorsitzenden mit der Maßgabe, daß es aus dem Kreis der beim Amt der Landesregierung verwendeten Bediensteten zu bestellen ist. Die Mitglieder und Ersatzmitglieder bleiben auch nach Ablauf ihrer Funktionsperiode solange im Amt, bis die neuen Mitglieder und ihre Ersatzmitglieder bestellt worden sind.

(5) Die Mitglieder der Ortsbildpflegekommission, die keine Bediensteten einer Gebietskörperschaft sind, haben dem Vorsitzenden strengste Unparteilichkeit und gewissenhafte Erfüllung der mit dem Amt verbundenen Pflichten zu geloben.

(6) Die Bestimmungen der Abs. 1 bis 5 gelten für die Städte Klagenfurt am Wörthersee und Villach mit der Maßgabe, daß die Bestellung der Mitglieder der Ortsbildpflegekommission durch den Gemeinderat zu erfolgen hat und an die Stelle der bei der Bezirkshauptmannschaft bzw. der Landesregierung verwendeten Bediensteten die bei der Stadt verwendeten Bediensteten zu treten haben. Die Bestellung hat auf die Dauer der Funktionsperiode des Gemeinderates zu erfolgen.

(7) Die Mitgliedschaft in der Ortsbildpflegekommission ist ein Ehrenamt; für die im Rahmen der Ortsbildpflegekommission geleistete Arbeit gebührt den Mitgliedern daher keine Vergütung. Die Landesregierung hat jedoch durch Verordnung für die Mitglieder, die keine Bediensteten einer Gebietskörperschaft sind, ein der Bedeutung dieses Amtes entsprechendes Sitzungsgeld festzusetzen.

ErlRV Verf-33/3/1979, 11 f (zu LGBl 1979/81):

„Die Fragen der Ortsbildpflege erscheinen von so grundsätzlicher Bedeutung, daß zur Beratung der Gemeinden in diesen Fragen eine Ortsbildpflegekommission vorgesehen wird, die bei jeder Bezirkshauptmannschaft einzurichten ist. Die Ortsbildpflegekommission besteht ausschließlich aus Fachleuten. Sie setzt sich aus ständigen und nichtständigen Mitgliedern zusammen, wobei das nichtständige Mitglied aus derjenigen Gemeinde kommt, auf deren Gebiet sich die Angelegenheit bezieht, die von der Ortsbildpflegekommission zu beraten ist. Den Sitzungen der Ortsbildpflegekommission (vgl. die Bestimmungen des § 12 Abs. 1) ist immer jenes nichtständige Mitglied beizuziehen, das von der Gemeinde, auf deren Gebiet sich die zu beratende Angelegenheit bezieht, entsendet wird. Damit erscheint die Berücksichtigung der örtlichen Gegebenheiten in ausreichendem Maße jedenfalls gewährleistet.

Grundsätzlich soll der Vorsitzende aus dem Kreis der bei der Bezirkshauptmannschaft verwendeten Bediensteten des höheren Baudienstes, die Absolventen der Studienrichtungen Architektur sind, entnommen werden. Dies ist jedoch dann nicht möglich, wenn bei einer Bezirkshauptmannschaft kein derartiger Bediensteter verwendet wird. Für diesen Fall, wird vorgesehen, daß der Vorsitzende aus dem Kreis der beim Amt der Landesregierung verwendeten Bediensteten des höheren Baudienstes, die Absolventen der Studienrichtung Architektur sind, zu entnehmen ist. Die einzelnen Mitglieder der Ortsbildpflegekommission sind nicht auf die gleiche Dauer bestellt. Die von der Landesregierung zu bestellenden Mitglieder werden auf die Dauer der Gesetzgebungsperiode des Landtages, die nichtständigen Mitglieder, die vom Gemeinderat zu bestellen sind, auf die Dauer der Funktionsperiode des Gemeinderates, bestellt.

Durch die Bestimmung des Abs. 4 wird vorgesehen, daß für jedes Mitglied der Ortsbildpflegekommission in gleicher Weise ein Ersatzmitglied zu bestellen ist. Da der Stellvertreter des Vorsitzenden jedenfalls aus dem Kreis der beim Amt der Landesregierung verwendeten Bediensteten zu bestellen ist, ist auch dafür Vorsorge getroffen, daß der Vorsitzende der Ortsbildpflegekommission, der aus dem Kreis der bei der Bezirkshauptmannschaft verwendeten Bediensteten kommt, allenfalls befangen sein kann, da er bereits etwa für den Bauanwalt in derselben Angelegenheit eine Stellungnahme abgegeben hat.

Die Mitglieder der Ortsbildpflegekommission sind als Amtssachverständige anzusehen. Hinsichtlich ihrer Befangenheit ist daher § 53 Abs. 1 AVG 1950 [Anm: siehe § 7 AVG idgF] anzuwenden. Auf Grund der Bestimmung des § 53 Abs. 1 AVG 1950 gelten nämlich die Bestimmungen des AVG 1950 über die Befangenheit.

Auch in den Städten Klagenfurt und Villach wird eine Ortsbildpflegekommission einzurichten sein. Der Unterschied zu den bei den Bezirkshauptmannschaften einzurichtenden Ortsbildpflegekommissionen ist lediglich der, daß bei den Städten die Bestellung aller Mitglieder der Ortsbildpflegekommissionen vom Gemeinderat dieser Städte erfolgt und daß daher die Unterscheidung zwischen ständigen und nichtständigen Mitgliedern nicht zum Tragen kommt.

Aus den Bestimmungen des § 11 ergibt sich, daß die Ortsbildpflegekommission die Gemeinden jedenfalls immer dann zu beraten hat, wenn dies von der Gemeinde gewünscht wird. Die Gemeinden sind jedoch verpflichtet die Ortsbildpflegekommission vor der Erlassung einer Verordnung nach § 5 zu hören. Darüberhinaus steht es der Ortsbildpflegekommission selbstverständlich frei, von sich aus entsprechende Vorschläge an die Gemeinde zu erstatten. Dabei ist jedenfalls aber darauf Bedacht zu nehmen, daß die Zusammensetzung der Ortsbildpflegekommission den Bestimmungen des § 12 Abs. 1 entspricht. Weitere Aufgaben werden der Ortsbildpflegekommission in der beabsichtigten 2. Bauordnungsnovelle übertragen.

Da die Mitgliedschaft in der Ortsbildpflegekommission ein Ehrenamt ist, wird ausdrücklich festgehalten, daß den Mitgliedern der Ortsbildpflegekommission für ihre im Rahmen dieser Mitgliedschaft geleisteten Arbeit keine Vergütung zusteht. Für diejenigen Mitglieder der Ortsbildpflegekommission, die keine Bediensteten einer Gebietskörperschaft sind, hat die Landesregierung mit Verordnung jedoch ein der Bedeutung dieses Amtes entsprechendes Sitzungsgeld festzusetzen. Durch die Gewährung dieses „Sitzungsgeldes" soll nicht die Teilnahme an der Sitzung selbst abgegolten werden, sondern gleichsam eine Anerkennung für die im Rahmen der Tätigkeit in der Kommission geleisteten Arbeit geboten werden. Die Differenzierung, daß dieses Sitzungsgeld nur den Mitgliedern der Ortsbildpflegekommission zusteht, die keine Bediensteten einer Gebietskörperschaft sind, erscheint sachlich gerechtfertigt. Hinsichtlich der Bediensteten einer Gebietskörperschaft stellt sich die Arbeit im Rahmen der Ortsbildpflegekommission als Teil einer dienstlichen Aufgabe dar, die im wesentlichen auch in der vorgenommen wird, für die Reisekosten zustehen und dergl. Den Aufwand für die Ortsbildpflegekommission hat, da sie bei jeder Bezirkshauptmannschaft einzurichten ist, das Land zu tragen. Den Aufwand der bei den Städten Klagenfurt und Villach einzurichtenden Kommissionen haben diese zu tragen."

ErlRV Verf-63/8/1989, 14 (zu LGBl 1990/15):

„Zu Z. 21 (§ 11 Abs. 1):

Während die Ortsbildpflegekommission derzeit nur vor der Erlassung einer Verordnung nach § 5 Abs. 1 des Kärntner Ortsbildpflegegesetzes zu hören ist, soll sie in Hinkunft vor der Erlassung aller Verordnungen nach diesem Gesetz zu hören sein.

Zu Z. 22 (§ 11 Abs. 4):

Hier wird lediglich ein Schreibversehen berichtigt.

Zu Z. 23 (§ 11 Abs. 5):

Im Interesse der Verwaltungsvereinfachung sollen die Mitglieder der Ortsbildpflegekommission, die nicht Bedienstete einer Gebietskörperschaft sind, vom Vorsitzenden der Kommission (und nicht mehr vom Bezirkshauptmann) angelobt werden.

Zu Z. 24 (§ 11 Abs. 6):

Durch diese Regelung werden alle Mitglieder der Ortsbildpflegekommission in den Städten Klagenfurt und Villach dieselbe Funktionsperiode haben."

ErlRV 01-VD-LG-1594/24-2013, 1 (zu LGBl 2014/11):

„Die Stadt Klagenfurt wurde durch LGBl. Nr. 1/2008 in „Klagenfurt am Wörthersee" umbenannt."

§ 12 Sitzungen

(1) An einer Sitzung der Ortsbildpflegekommission haben der Vorsitzende, das ständige Mitglied und das nichtständige Mitglied aus jener Gemeinde teilzunehmen, auf deren Gebiet sich die Angelegenheit bezieht, die von der Ortsbildpflegekommission zu beraten ist.

(2) Die Ortsbildpflegekommission wird zu ihren Sitzungen vom Vorsitzenden einberufen und ist beschlußfähig, wenn alle Mitglieder der Kommission (Abs. 1) anwesend sind. Für die Beschlußfassung entscheidet die Stimmenmehrheit; der Vorsitzende stimmt zuletzt ab.

(3) Die Ortsbildpflegekommission kann zu ihrer Beratung den Sitzungen nach Bedarf Sachverständige, insbesondere Vertreter der Studienrichtung Kunstgeschichte, beiziehen.

ErlRV Verf-33 /3/1979, 13 f (zu LGBl 1979/81):

„Durch diese Bestimmungen werden die Sitzungen der Ortsbildpflegekommission geregelt. Die Sachverständigen, die die Ortsbildpflegekommission zu ihrer Beratung beizieht, sind keine Amtssachverständigen und auch keine Mitglieder der Ortsbildpflegekommission."

4. Abschnitt – Schlußbestimmungen

§ 13 Behörden

(1) Für die Zuständigkeit zur behördlichen Vollziehung dieses Gesetzes gilt § 3 K-BO 1996, sofern nicht anderes bestimmt ist.

(2) Die der Gemeinde nach diesem Gesetz obliegenden Aufgaben sind solche des eigenen Wirkungsbereiches.

ErlRV Verf-33 /3/1979, 14 (zu LGBl 1979/81):

„Da der Ortsbildschutz in erster Linie den baurechtlichen Normen zuzuordnen ist (vgl. die Ausführungen im Allgemeinen Teil [Anm: siehe oben]), wurde auch die Behördenzuständigkeit zur Vollziehung dieses Gesetzes gleich der Kärntner Bauordnung festgelegt. Da durch die Abs. 1 in vollkommen konkreter Weise geregelt wird, welche Bestimmungen der Kärntner Bauordnung für die Zuständigkeit nach diesem Gesetz in Betracht kommen, ist die Rechtssicherheit in keiner Weise beeinträchtigt."

ErlRV 01-VD-LG-1594/24-2013, 1 (zu LGBl 2014/11):

„Die Kärntner Bauordnung wurde durch die Kärntner Bauordnung 1996 – K-BO 1996, LGBl. Nr. 62/1996 idF LGBl. Nr. 46/2013, ersetzt. […]. Es erfolgen die notwendigen redaktionellen Anpassungen."

§ 14 Zutritt, Auskunftserteilung

(1) Den Organen der Gemeinde und der Ortsbildpflegekommission ist zum Zweck amtlicher Erhebungen in Vollziehung dieses Gesetzes und der auf Grund dieses Gesetzes erlassenen Verordnungen oder zur Durchführung von Maßnahmen nach § 10 Abs. 1 und 3 ungehinderter Zutritt zu den in Betracht kommenden Grundstücken, ausgenommen Wohnungen sowie sonstige zum Hauswesen gehörende Räumlichkeiten, nach Vereinbarung eines Zeitpunktes zu gewähren.

Sicherheitsvorschriften für das betreffende Grundstück oder die betreffenden Räume sind zu beachten.

(2) Die nach Abs. 1 berechtigten Organe sind verpflichtet, sich auf Verlangen gegenüber dem Grundstückseigentümer oder sonstigen über ein Grundstück Verfügungsberechtigten auszuweisen. Sie sind zur Wahrung von Betriebs- und Geschäftsgeheimnissen verpflichtet.

(3) Jedermann ist verpflichtet, den im Abs. 1 genannten Organen auf deren Verlangen Auskünfte im Rahmen amtlicher Erhebungen in Vollziehung dieses Gesetzes oder der auf Grund dieses Gesetzes erlassenen Verordnungen zu erteilen.

ErlRV Verf-63/8/1989, 14 (zu § 13a LGBl 1990/15):

„Um die Organe der Gemeinde und die Ortsbildpflegekommission in die Lage zu versetzen, ihre Aufgaben entsprechend ihrem Auftrag zu besorgen, ist diesen Personen ausdrücklich das Recht, fremden Grund zu betreten, eingeräumt. Soweit dies im Rahmen ihrer Aufgabenerfüllung erforderlich ist, ist sowohl den Organen der Gemeinde als auch der Ortsbildpflegekommission von jedermann auf deren Verlangen entsprechend Auskunft zu erteilen."

§ 15 Strafbestimmungen

(1) Eine Verwaltungsübertretung begeht, wer
a) die Bestimmungen des § 4 Abs. 1 übertritt;
b) bewilligungspflichtige Maßnahmen gemäß § 6 Abs. 1 ohne Bewilligung oder abweichend von dieser errichtet oder ändert;

c) gemäß § 6 Abs. 1 bewilligte Anlagen nach Ablauf der Berechtigungsdauer nicht beseitigt;
d) Ankündigungen gemäß § 4 Abs. 3 nicht innerhalb der festgelegten Frist beseitigt;
e) Geschäfts- und Betriebsstättenbezeichnungen (§ 8) anbringt, die das Ortsbild stören oder verunstalten, oder Aufträge der Behörde gemäß § 8 Abs. 3 nicht erfüllt;
f) Einfriedungen (§ 9) oder anzeigepflichtige Maßnahmen gemäß § 5 Abs. 1 abweichend von der Anzeige oder vor Wirksamkeit der Anzeige ausführt oder Anordnungen in Bescheiden gemäß § 9 Abs. 7 nicht erfüllt;
g) einer Verordnung gemäß § 5 Abs. 3 zuwiderhandelt;
h) den Bestimmungen des § 14 Abs. 1 und 3 zuwiderhandelt;
i) nicht ortsfeste Plakatständer gemäß § 7a
  1. ohne Anzeige,
  2. vor Ablauf der Frist gemäß § 7a Abs. 4 oder ohne die Feststellung der Behörde, dass der Aufstellung keine Untersagungsgründe entgegenstehen, oder
  3. abweichend von der Anzeige
aufstellt.

(2) Verwaltungsübertretungen gemäß Abs. 1 sind von der Bezirksverwaltungsbehörde mit einer Geldstrafe bis zu 5.500 Euro zu bestrafen.

(3) Eine Übertretung des § 14 Abs. 3 liegt nicht vor, wenn sich ein zur Auskunft Verpflichteter der Auskunft entschlägt, um sich nicht selbst zu beschuldigen oder nahe Angehörige der Gefahr einer Verfolgung auszusetzen.

(4) Bildet die unzulässige Herstellung einer Anlage oder die unzulässige Durchführung einer sonstigen Maßnahme den Gegenstand einer Verwaltungsübertretung, so endet das strafbare Verhalten erst mit der Beseitigung der Anlage bzw. der Behebung der Maßnahme oder mit der Rechtskraft der nachträglich erteilten Bewilligung.

ErlRV Verf-63/8/1989, 15 (zu § 14 LGBl 1990/15):

„Durch diese Regelungen wurden die Strafbestimmungen an die geänderten Regelungen dieses Entwurfs angepaßt.

4. Abschnitt – Schlußbestimmungen Art. IV

Die Regelunge des § 14 Abs. 3 ist im Hinblick auf die Judikatur des Verfassungsgerichtshofes erforderlich.

Durch § 14 Abs. 4 wird klargestellt, daß es sich bei den angeführten Übertretungen um Dauerdelikte handelt (Angleichung an § 67 Abs. 3 des Naturschutzgesetzes [Anm: siehe § 67 Abs 4 K-NSG 2002])."

ErlRV 01-VD-LG-1594/24-2013, 1 f (zu LGBl 2014/11):

„Die Verletzung der Anzeigepflicht gemäß § 7a wird in den Strafkatalog aufgenommen.

[...]

Die Strafhöhe blieb seit der Stammfassung des Gesetzes, LGBl. Nr. 81/1979 (wiederverlautbArt durch LGBl. Nr. 32/1990), unverändert. Der Verbraucherpreisindex 1976 hat sich von Jänner 1979 bis Juli 2013 um 150,2 % verändert. Um weiter eine entsprechende präventive Wirkung zu entfalten, wird die Strafandrohung entsprechend angepasst."

Art. IV [Anm: zu LGBl 1990/32]:

(1) Mit § 15 des Kärntner Ortsbildpflegegesetzes in seiner ursprünglichen Fassung wurden folgende Übergangsbestimmungen getroffen:
Verunstaltungen des Ortsbildes gemäß § 4 Abs. 1 sind innerhalb von zwei Monaten nach dem Inkrafttreten dieses Gesetzes zu beseitigen. Während dieses Zeitraumes gelten die Bestimmungen des § 14 (nunmehr § 15) Abs.1 lit. a nicht. Nach Ablauf dieses Zeitraumes ist nach § 10 vorzugehen.

In den Verordnungen der Gemeinden gemäß § 5 Abs. 3 ist eine dem Abs.1 sinngemäß entsprechende Regelung vorzusehen.

Im Zeitpunkt des Inkrafttretens dieses Gesetzes bestehende Anlagen gemäß § 6 gelten für die Dauer von einem Jahr als bewilligt. Der Eigentümer dieser Anlage kann vor Ablauf dieses Zeitraumes um Erstreckung der Bewilligung ansuchen. Nach diesem Zeitraum ist nach § 10 vorzugehen.

Im Zeitpunkt des Inkrafttretens einer Verordnung gemäß § 5 Abs. 1 bereits errichtete anzeigepflichtige Maßnahmen sind innerhalb von drei Monaten nach dem Inkrafttreten der Verordnung anzuzeigen. Nach diesem Zeitraum ist nach § 10 vorzugehen.

Im Zeitpunkt des Inkrafttretens dieses Gesetzes bereits errichtete anzeigepflichtige Einfriedungen (§ 9) sind innerhalb von drei Monaten nach Inkrafttreten dieses Gesetzes anzuzeigen. Nach diesem Zeitraum ist nach §10 vorzugehen.

(2) Mit Artikel II des Gesetzes LGBl. Nr 15/1990 wurden folgende Übergangsbestimmungen getroffen:

Vorhaben, die auf Grund einer Bewilligung oder in Übereinstimmung mit einer Anzeige, gegen die keine Versagungsgründe geltend gemacht wurden, nach dem Kärntner Ortsbildpflegegesetz, LGBl. Nr 81/1979, durchgeführt wurden, gelten als in Übereinstimmung mit diesem Gesetz errichtet.

Im Zeitpunkt des Inkrafttretens einer Verordnung nach § 5 Abs. 1 lit. e und i bis l bereits errichtete oder angebrachte anzeigepflichtige Maßnahmen sind längstens innerhalb von drei Monaten nach dem Inkrafttreten der Verordnung anzuzeigen. Erfolgt innerhalb dieses Zeitraumes keine Anzeige oder liegt ein Versagungsgrund vor, ist nach § 10 vorzugehen.

Im Zeitpunkt des Inkrafttretens dieses Gesetzes bestehende Werbungen gemäß § 6, die nicht nach dem § 6 des Ortsbildpflegegesetzes, LGBl Nr 81/1979, bewilligt worden sind, gelten für die Dauer von einem halben Jahr als bewilligt. Vor Ablauf dieses Zeitraumes kann um Erstreckung der Bewilligung angesucht werden. Wird dieses Ansuchen nicht innerhalb dieses Zeitraumes eingebracht oder liegt ein Versagungsgrund vor, ist nach Ablauf dieses Zeitraumes nach § 10 vorzugehen.

Haben lebende Einfriedungen, deren Errichtung vor dem Inkrafttreten dieses Gesetzes auf Grund einer Anzeige (§ 9) nicht untersagt wurde, eine Höhe erreicht, durch die das erhaltenswerte Ortsbild gestört oder verunstaltet wird oder die der Schaffung eines erhaltenswerten Ortsbildes abträglich ist, so hat der Bürgermeister durch Bescheid festzulegen, welche diese Interessen des Ortsbildes nicht verletzende Höhe jedenfalls herzustellen ist. Diese Höhe darf auch in weiterer Folge nicht überschritten werden. Für die Herstellung ist eine angemessene, auf die Art der lebenden Einfriedung Bedacht nehmende Frist einzuräumen.

§ 9 Abs. 7 ist auch dann anzuwenden, wenn im Zusammenhang mit einer bestehenden Einfriedung eine Hecke aus Bäumen oder Sträuchern vor dem Inkrafttreten dieses Gesetzes angelegt wurde.

4. Abschnitt – Schlußbestimmungen   Artikel II

Die Bestellung aller Mitglieder der Ortsbildpflegekommission in den Städten Klagenfurt und Villach hat nach den nächsten Wahlen zum Gemeinderat zu erfolgen. Bis zu diesem Zeitpunkt gilt § 11 Abs. 4 zweiter Satz in gleicher Weise für diejenigen Mitglieder, deren Funktionsperiode früher enden würde.

Artikel II [Anm: zu LGBl 2012/107]

(1) Dieses Gesetz tritt am 1. Dezember 2012 in Kraft.

(2) Verordnungen aufgrund dieses Gesetzes können ab dem auf seine Kundmachung folgenden Tag erlassen werden, sie dürfen jedoch frühestens mit dessen Inkrafttreten in Kraft gesetzt werden.

Artikel II [Anm: zu LGBl 2014/11]

(1) Dieses Gesetz tritt mit dem der Kundmachung folgenden Monatsersten in Kraft.

(2) Im Zeitpunkt des Inkrafttretens dieses Gesetzes bestehende rechtskräftige Bewilligungen für das Aufstellen von nicht ortsfesten Plakatständern bleiben unberührt.

(3) Im Zeitpunkt des Inkrafttretens dieses Gesetzes anhängige Bewilligungsverfahren für das Aufstellen von nicht ortsfesten Plakatständern sind als Anzeigeverfahren gemäß § 7a dieses Gesetzes fortzuführen. Erfolgt keine Untersagung binnen zwei Wochen nach Inkrafttreten dieses Gesetzes oder stellt die Behörde fest, dass der Aufstellung keine Untersagungsgründe entgegenstehen, darf mit der Aufstellung begonnen werden.

(4) Auf vor dem Zeitpunkt des Inkrafttretens dieses Gesetzes verwirklichte Straftatbestände nach § 15 Abs. 1 lit. b für das Aufstellen von nicht ortsfesten Plakatständern bleiben die bisher geltenden Bestimmungen weiterhin anwendbar.

ErlRV 01-VD-LG-1594/24-2013, 2 (zu LGBl 2014/11):

„Es wird die Bewilligungspflicht für das Aufstellen von nicht ortsfesten Plakatständern durch eine Anzeigepflicht ersetzt. Ein Verstoß gegen diese Bewilligungspflicht wie auch eine Verletzung der Anzeigepflicht gemäß § 7a sind strafbar und ist das strafrechtliche Unwerturteil daher unverändert aufrechtzuerhalten. Der rechtstreue Normadressat darf im Ergebnis nicht schlechter gestellt werden als ein Rechtsunterworfener, der ein rechtswidriges Verhalten in Kauf nimmt."

Artikel IV [Anm: zu LGBl 2015/31]

(1) Dieses Gesetz tritt an dem der Kundmachung folgenden Tag in Kraft.
[...]

3.1. Verordnung über das Sitzungsgeld für Mitglieder der Ortsbildpflegekommission

LGBl 1980/11, LGBl 2001/98

Gemäß § 11 Abs. 7 des Kärntner Ortsbildpflegegesetzes, LGBl. Nr. 81/1979, wird verordnet:

§ 1

Die Mitgliedschaft in der Ortsbildpflegekommission ist ein Ehrenamt; für die im Rahmen der Ortsbildpflegekommission geleistete Arbeit gebührt den Mitgliedern daher keine Vergütung.

§ 2

(1) Die Mitglieder der Ortsbildpflegekommission, die keine Bediensteten einer Gebietskörperschaft sind, haben für jede Sitzung, an der sie teilgenommen haben, Anspruch auf ein Sitzungsgeld.

(2) Das Sitzungsgeld beträgt für jede Sitzung 21 Euro.

4. Verordnung (EU) Nr 305/2011 für die Vermarktung von Bauprodukten

ABl 2011 L 88/5, ABl 2014 L 157/76 und ABl 2014 L 159/41.

Verordnung (EU) Nr. 305/2011 des Europäischen Parlaments und des Rates vom 9. März 2011 zur Festlegung harmonisierter Bedingungen für die Vermarktung von Bauprodukten und zur Aufhebung der Richtlinie 89/106/EWG des Rates

Das Europäische Parlament und der Rat der Europäischen Union – gestützt auf den Vertrag über die Arbeitsweise der Europäischen Union, insbesondere auf Artikel 114, auf Vorschlag der Europäischen Kommission, nach Stellungnahme des Europäischen Wirtschafts- und Sozialausschusses[1], gemäß dem ordentlichen Gesetzgebungsverfahren[2], in Erwägung nachstehender Gründe:

(1) Den Vorschriften der Mitgliedstaaten zufolge müssen Bauwerke so entworfen und ausgeführt werden, dass sie weder die Sicherheit von Menschen, Haustieren oder Gütern gefährden noch die Umwelt schädigen.

(2) Diese Vorschriften wirken sich unmittelbar auf die Anforderungen an Bauprodukte aus. Diese Anforderungen wiederum finden auf nationaler Ebene ihren Niederschlag in Produktnormen, technischen Zulassungen sowie anderen technischen Spezifikationen und Bestimmungen für Bauprodukte. Infolge ihrer Verschiedenheit behindern diese Anforderungen den Warenverkehr innerhalb der Union.

---

[1] ABl. C 218 vom 11.9.2009, S. 15.
[2] Standpunkt des Europäischen Parlaments vom 24. April 2009 (ABl. C 184 E vom 8.7.2010, S. 441), Standpunkt des Rates in erster Lesung vom 13. September 2010 (ABl. C 282 E vom 19.10.2010, S. 1), Standpunkt des Europäischen Parlaments vom 18. Januar 2011 (noch nicht im Amtsblatt veröffentlicht) und Beschluss des Rates vom 28. Februar 2011.

4. Verordnung (EU) Nr 305/2011 für die Vermarktung von Bauprodukten

(3) Diese Verordnung sollte das Recht der Mitgliedstaaten unberührt lassen, Anforderungen festzulegen, die nach ihrer Auffassung notwendig sind, um den Schutz der Gesundheit, der Umwelt und von Arbeitnehmern, die Bauprodukte verwenden, sicherzustellen.

(4) Die Mitgliedstaaten haben Bestimmungen, einschließlich Anforderungen, eingeführt nicht nur hinsichtlich der Sicherheit von Gebäuden und anderen Bauwerken, sondern auch bezüglich Gesundheit, Dauerhaftigkeit, Energieeinsparung, Umweltschutz, wirtschaftlicher Aspekte und anderer wichtiger Belange des öffentlichen Interesses. Rechts- oder Verwaltungsvorschriften oder die Rechtsprechung auf Unionsebene oder auf der Ebene der Mitgliedstaaten in Bezug auf Bauwerke können sich auf die Anforderungen an Bauprodukte auswirken. Da die Auswirkungen solcher Rechts- oder Verwaltungsvorschriften oder solcher Rechtsprechung auf das Funktionieren des Binnenmarkts einander sehr ähnlich sein dürften, sollten sie für die Zwecke dieser Verordnung als „Bestimmungen" betrachtet werden.

(5) Sofern anwendbar, werden anhand von Bestimmungen für einen Verwendungszweck beziehungsweise Verwendungszwecke eines Bauprodukts in einem Mitgliedstaat, mit denen darauf abgezielt wird, Grundanforderungen an Bauwerke zu erfüllen, die Wesentlichen Merkmale festgelegt, deren Leistung erklärt werden sollte. Um eine leere Leistungserklärung zu vermeiden, sollte mindestens eines der Wesentlichen Merkmale eines Bauprodukts, die für die angegebene Verwendung oder die angegebenen Verwendungen relevant sind, erklärt werden.

(6) Die Richtlinie 89/106/EWG des Rates vom 21. Dezember 1988 zur Angleichung der Rechts- und Verwaltungsvorschriften der Mitgliedstaaten über Bauprodukte[3] zielte auf die Beseitigung der technischen Handelshemmnisse auf dem Bauproduktsektor ab und sollte den freien Verkehr dieser Produkte im Binnenmarkt verbessern.

(7) Um dieses Ziel zu erreichen, sah die Richtlinie 89/106/EWG die Erarbeitung harmonisierter Normen für Bauprodukte sowie die Erteilung europäischer technischer Zulassungen vor.

(8) Die Richtlinie 89/106/EWG sollte ersetzt werden, um den jetzt geltenden Rahmen zu vereinfachen und zu präzisieren sowie Transparenz und Wirksamkeit der bestehenden Maßnahmen zu verbessern.

---

[3] ABl. L 40 vom 11.2.1989, S. 12.

4. Verordnung (EU) Nr 305/2011

(9) Diese Verordnung sollte den bereichsübergreifenden Rechtsrahmen für die Vermarktung von Produkten auf dem Binnenmarkt berücksichtigen, der durch die Verordnung (EG) Nr. 765/2008 des Europäischen Parlaments und des Rates vom 9. Juli 2008 über die Vorschriften für die Akkreditierung und Marktüberwachung im Zusammenhang mit der Vermarktung von Produkten[4] und den Beschluss Nr. 768/2008/EG des Europäischen Parlaments und des Rates vom 9. Juli 2008 über einen gemeinsamen Rechtsrahmen für die Vermarktung von Produkten[5] festgelegt worden ist.

(10) Die Beseitigung der technischen Hemmnisse im Bausektor lässt sich nur durch harmonisierte technische Spezifikationen erreichen, anhand derer die Leistung von Bauprodukten bewertet wird.

(11) Zur Bewertung der Leistung von Bauprodukten in Bezug auf ihre Wesentlichen Merkmale sollten diese harmonisierten technischen Spezifikationen Prüfungen, Berechnungsverfahren und andere Instrumente beinhalten, die in harmonisierten Normen und Europäischen Bewertungsdokumenten festgelegt sind.

(12) Die Mitgliedstaaten sollten die Verfahren, die sie in ihren Anforderungen an Bauwerke verwenden, sowie andere nationale Vorschriften in Bezug auf die Wesentlichen Merkmale von Bauprodukten an die harmonisierten technischen Spezifikationen anpassen.

(13) Gegebenenfalls sollte die Verwendung von Leistungsklassen für die Wesentlichen Merkmale von Bauprodukten in harmonisierten Normen gefördert werden, damit unterschiedliche Niveaus der Grundanforderungen an Bauwerke für bestimmte Bauwerke sowie die klimatischen, geologischen, geografischen und anderen Unterschiede in den einzelnen Mitgliedstaaten berücksichtigt werden. Auf der Grundlage eines geänderten Mandats sollten die europäischen Normungsgremien berechtigt sein, solche Klassen in Fällen festzulegen, in denen die Kommission sie noch nicht festgelegt hat.

(14) Falls ein Verwendungszweck es erfordert, dass Bauprodukte in den Mitgliedstaaten Schwellenwerten in Bezug auf ein Wesentliches Merkmal genügen müssen, sollten diese Werte in den harmonisierten technischen Spezifikationen festgelegt werden.

---

[4] ABl. L 218 vom 13.8.2008, S. 30.
[5] ABl. L 218 vom 13.8.2008, S. 82.

(15) Bei der Bewertung der Leistung eines Bauprodukts sollten auch die Gesundheits- und Sicherheitsaspekte im Zusammenhang mit seiner Verwendung während seines gesamten Lebenszyklus berücksichtigt werden.

(16) Von der Kommission nach dieser Verordnung festgelegte Schwellenwerte sollten allgemein anerkannte Werte für Wesentliche Merkmale des betreffenden Bauprodukts in Bezug auf die Bestimmungen in den Mitgliedstaaten sein und ein hohes Schutzniveau im Sinne des Artikels 114 des Vertrags über die Arbeitsweise der Europäischen Union (AEUV) sicherstellen.

(17) Schwellenwerte können technischer oder rechtlicher Art sein und können für ein einzelnes Merkmal oder eine Reihe von Merkmalen gelten.

(18) Das Europäische Komitee für Normung (CEN) und das Europäische Komitee für elektrotechnische Normung (Cenelec) sind als die Organisationen anerkannt, die für die Festlegung der harmonisierten Normen gemäß den am 28. März 2003 unterzeichneten allgemeinen Leitlinien für die Zusammenarbeit zwischen der Kommission und diesen beiden Organisationen zuständig sind. Die Hersteller sollten diese harmonisierten Normen verwenden, sobald die betreffenden Fundstellen im Amtsblatt der Europäischen Union veröffentlicht wurden, und dabei die gemäß der Richtlinie 98/34/EG des Europäischen Parlaments und des Rates vom 22. Juni 1998 über ein Informationsverfahren auf dem Gebiet der Normen und technischen Vorschriften und der Vorschriften für die Dienste der Informationsgesellschaft[6] festgelegten Kriterien berücksichtigen. Sobald ein ausreichend hoher Grad an technischer und wissenschaftlicher Sachkenntnis für alle relevanten Aspekte erreicht ist, sollte in Bezug auf Bauprodukte verstärkt auf harmonisierte Normen zurückgegriffen werden, einschließlich, soweit angemessen, dadurch, dass nach Konsultation des Ständigen Ausschusses für das Bauwesen auf der Grundlage bestehender Europäischer Bewertungsdokumente Aufträge zur Entwicklung dieser Normen erteilt werden.

(19) Die Verfahren der Richtlinie 89/106/EWG zur Bewertung der Leistung in Bezug auf die Wesentlichen Merkmale von Bauprodukten, die nicht von einer harmonisierten Norm erfasst sind, sollten verein-

---

6 ABl. L 204 vom 21.7.1998, S. 37.

facht werden, um sie transparenter zu machen und die Kosten für die Hersteller von Bauprodukten zu reduzieren.

(20) Damit ein Hersteller eines Bauprodukts eine Leistungserklärung für ein Produkt ausstellen kann, das nicht oder nicht ganz von einer harmonisierten Norm erfasst ist, ist es erforderlich, eine Europäische Technische Bewertung vorzusehen.

(21) Hersteller von Bauprodukten sollten beantragen dürfen, dass für ihre Produkte Europäische Technische Bewertungen auf der Grundlage der Leitlinien für die europäische technische Zulassung gemäß der Richtlinie 89/106/EWG ausgestellt werden. Daher sollte das Recht sichergestellt werden, diese Leitlinien in Form Europäischer Bewertungsdokumente weiterhin zu verwenden.

(22) Die Ausarbeitung der Entwürfe für Europäische Bewertungsdokumente und die Ausstellung Europäischer Technischer Bewertungen sollte Technischen Bewertungsstellen übertragen werden, die von den Mitgliedstaaten benannt werden. Um sicherzustellen, dass die Technischen Bewertungsstellen über die für die Ausführung ihrer Aufgaben erforderliche Kompetenz verfügen, sollten die Anforderungen an ihre Benennung auf Unionsebene festgelegt werden.

(23) Die Technischen Bewertungsstellen sollten eine Organisation (im Folgenden „Organisation Technischer Bewertungsstellen") gründen, die gegebenenfalls durch eine Unionsfinanzierung unterstützt wird und die die Verfahren zur Erstellung der Entwürfe Europäischer Bewertungsdokumente und zur Ausstellung Europäischer Technischer Bewertungen koordiniert, wobei die Transparenz und die erforderliche Vertraulichkeit dieser Verfahren sichergestellt werden sollten.

(24) Wird ein Bauprodukt in Verkehr gebracht, das von einer harmonisierten Norm erfasst ist oder für das eine Europäische Technische Bewertung ausgestellt wurde, sollte ihm außer in den in dieser Verordnung festgelegten Fällen eine Leistungserklärung in Bezug auf die Wesentlichen Merkmale der Bauprodukte in Übereinstimmung mit den entsprechenden harmonisierten technischen Spezifikationen beigefügt werden.

(25) Gegebenenfalls sollten der Leistungserklärung Angaben über den Gehalt an gefährlichen Stoffen im Bauprodukt beigefügt werden, damit die Möglichkeiten für nachhaltiges Bauen verbessert werden und die Entwicklung umweltfreundlicher Produkte gefördert wird. Diese

Angaben sollten unbeschadet der Verpflichtungen, insbesondere in Bezug auf die Kenneichung, im Rahmen anderer Instrumente des Unionsrechts, die gefährliche Stoffe betreffen, bereitgestellt werden; sie sollten gleichzeitig mit der Leistungserklärung und in derselben Form wie die Leistungserklärung bereitgestellt werden, um alle potenziellen Verwender von Bauprodukten zu erreichen. Angaben über den Gehalt an gefährlichen Stoffen sollten sich zunächst auf die Stoffe beschränken, die in den Artikeln 31 und 33 der Verordnung (EG) Nr. 1907/2006 des Europäischen Parlaments und des Rates vom 18. Dezember 2006 zur Registrierung, Bewertung, Zulassung und Beschränkung chemischer Stoffe (REACH) und zur Schaffung einer Europäischen Agentur für chemische Stoffe[7] aufgeführt sind. Allerdings sollte der spezifische Bedarf an Angaben hinsichtlich des Gehalts an gefährlichen Stoffen in Bauprodukten weiter untersucht werden, damit der Umfang der darunter fallenden Stoffe vervollständigt wird, um ein hohes Maß an Gesundheitsschutz und Sicherheit von Arbeitnehmern, die Bauprodukte verwenden, und von Nutzern der Bauwerke zu gewährleisten, auch in Bezug auf die Anforderungen beim Recycling und/oder bei der Wiederverwendung von Bauteilen oder -materialien. Diese Verordnung lässt die Rechte und Pflichten der Mitgliedstaaten im Rahmen anderer Instrumente des Unionsrechts, die gefährliche Stoffe betreffen können, unberührt, insbesondere die Richtlinie 98/8/EG des Europäischen Parlaments und des Rates vom 16. Februar 1998 über das Inverkehrbringen von Biozid-Produkten[8], die Richtlinie 2000/60/EG des Europäischen Parlaments und des Rates vom 23. Oktober 2000 zur Schaffung eines Ordnungsrahmens für Maßnahmen der Gemeinschaft im Bereich der Wasserpolitik[9], die Verordnung (EG) Nr. 1907/2006, die Richtlinie 2008/98/EG des Europäischen Parlaments und des Rates vom 19. November 2008 über Abfälle[10] und die Verordnung (EG) Nr. 1272/2008 des Europäischen Parlaments und des Rates vom 16. Dezember 2008 über die Einstufung, Kennzeichnung und Verpackung von Stoffen und Gemischen[11].

---

7 ABl. L 396 vom 30.12.2006, S. 1.
8 ABl. L 123 vom 24.4.1998, S. 1.
9 ABl. L 327 vom 22.12.2000, S. 1.
10 ABl. L 312 vom 22.11.2008, S. 3.
11 ABl. L 353 vom 31.12.2008, S. 1.

4. Verordnung (EU) Nr 305/2011

(26) Es sollte möglich sein, dass die Leistungserklärung entsprechend der Referenznummer des Produkttyps nummeriert wird.

(27) Für die Erstellung von Leistungserklärungen sind vereinfachte Verfahren erforderlich, damit die finanzielle Belastung von Unternehmen, insbesondere von kleinen und mittleren Unternehmen (KMU), verringert werden kann.

(28) Um präzise und zuverlässige Leistungserklärungen zu gewährleisten, sollte anhand eines geeigneten Systems zur Bewertung und Überprüfung der Leistungsbeständigkeit des Bauprodukts zum einen die Leistung des Bauprodukts bewertet und zum anderen die Herstellung im Werk kontrolliert werden. Es könnten mehrere Systeme gewählt werden, die für ein bestimmtes Bauprodukt anzuwenden wären, um dem spezifischen Bezug einiger seiner Wesentlichen Merkmale zu den Grundanforderungen an Bauwerke Rechnung zu tragen.

(29) Angesichts der Besonderheit der Bauprodukte und der besonderen Zielrichtung des Systems zu ihrer Bewertung sind die Konformitätsbewertungsverfahren und Module, die im Beschluss Nr. 768/2008/EG vorgesehen sind, ungeeignet. Daher sollten besondere Verfahren für die Bewertung und Überprüfung der Leistungsbeständigkeit in Bezug auf die Wesentlichen Merkmale von Bauprodukten festgelegt werden.

(30) Aufgrund der von den allgemeinen Grundsätzen gemäß der Verordnung (EG) Nr. 765/2008 abweichenden Bedeutung der CE-Kennzeichnung für Bauprodukte sollten besondere Bestimmungen eingeführt werden, die sicherstellen, dass die Verpflichtung zur Anbringung der CE-Kennzeichnung auf Bauprodukten und die Folgen dieser Anbringung unmissverständlich sind.

(31) Indem er die CE-Kennzeichnung an dem Bauprodukt anbringt oder eine solche Kennzeichnung anbringen lässt, sollte der Hersteller angeben, dass er die Verantwortung für die Konformität des Produkts mit dessen erklärter Leistung übernimmt.

(32) Die CE-Kennzeichnung sollte an allen Bauprodukten angebracht werden, für die der Hersteller eine Leistungserklärung gemäß dieser Verordnung erstellt hat. Wurde keine Leistungserklärung erstellt, sollte die CE-Kennzeichnung nicht angebracht werden.

(33) Die CE-Kennzeichnung sollte die einzige Kennzeichnung der Konformität des Bauprodukts mit der erklärten Leistung und der Einhaltung der geltenden Anforderungen in Bezug auf Harmonisierungs-

rechtsvorschriften der Union sein. Andere Kennzeichnungen können jedoch verwendet werden, sofern sie dazu beitragen, den Schutz der Verwender von Bauprodukten zu verbessern, und nicht von bestehenden Harmonisierungsrechtsvorschriften der Union erfasst sind.

(34) Zur Vermeidung unnötiger Prüfungen von Bauprodukten, deren Leistung bereits durch stabile Prüfergebnisse oder andere vorhandene Daten hinreichend nachgewiesen wurde, sollte es dem Hersteller gestattet sein, unter den in den harmonisierten technischen Spezifikationen oder in einem Beschluss der Kommission genannten Bedingungen eine bestimmte Leistungsstufe oder -klasse ohne Prüfungen oder ohne weitere Prüfungen zu erklären.

(35) Um die Wiederholung bereits durchgeführter Prüfungen zu vermeiden, sollte es dem Hersteller eines Bauprodukts gestattet sein, von Dritten gewonnene Prüfergebnisse zu verwenden.

(36) Es sollten Bedingungen für die Verwendung vereinfachter Verfahren zur Bewertung der Leistung von Bauprodukten festgelegt werden, um die Kosten des Inverkehrbringens dieser Produkte so gering wie möglich zu halten, ohne das Sicherheitsniveau zu mindern. Die Hersteller, die sich solcher vereinfachten Verfahren bedienen, sollten in angemessener Weise nachweisen, dass diese Bedingungen erfüllt sind.

(37) Um die Wirkung von Marktüberwachungsmaßnahmen zu erhöhen, sollten alle in dieser Verordnung für die Bewertung der Leistung von Bauprodukten vorgesehenen vereinfachten Verfahren nur für natürliche oder juristische Personen gelten, die die von ihnen in Verkehr gebrachten Produkte herstellen.

(38) Damit die Kosten für das Inverkehrbringen von Bauprodukten für Kleinstunternehmen, die diese Produkte hergestellt haben, weiter gesenkt werden, ist es erforderlich, vereinfachte Verfahren zur Leistungsbewertung vorzusehen, wenn die fraglichen Produkte keinen Anlass zu besonderen Sicherheitsbedenken geben und die geltenden Anforderungen, gleich welcher Herkunft diese Anforderungen sind, erfüllen. Unternehmen, die diese vereinfachten Verfahren anwenden, sollten zusätzlich nachweisen, dass sie in die Kategorie der Kleinstunternehmen fallen. Darüber hinaus sollten sie die geltenden Verfahren für die Überprüfung der Leistungsbeständigkeit nach den harmonisierten technischen Spezifikationen für ihre Produkte befolgen.

(39) Für ein individuell entworfenes und hergestelltes Bauprodukt sollte der Hersteller vereinfachte Verfahren zur Leistungsbewertung anwenden dürfen, wenn die Konformität des in Verkehr gebrachten Produkts mit den geltenden Anforderungen nachgewiesen werden kann.

(40) Der Auslegungsrahmen für die Definition der Wendung „im Rahmen einer Nicht-Serienfertigung" für die verschiedenen unter diese Verordnung fallenden Bauprodukte sollte von der Kommission in Abstimmung mit dem Ständigen Ausschuss für das Bauwesen erarbeitet werden.

(41) Alle Wirtschaftsakteure, die Teil der Liefer- und Vertriebskette sind, sollten geeignete Maßnahmen ergreifen, um zu gewährleisten, dass sie nur Bauprodukte in Verkehr bringen oder auf dem Markt bereitstellen, die die Anforderungen dieser Verordnung einhalten, mit denen die Leistung von Bauprodukten gewährleistet werden soll und Grundanforderungen an Bauwerke erfüllt werden sollen. Insbesondere Importeure und Händler von Bauprodukten sollten die Wesentlichen Merkmale, für die es auf dem Unionsmarkt Bestimmungen gibt, und die spezifischen Anforderungen in den Mitgliedstaaten hinsichtlich der Grundanforderungen an Bauwerke kennen und sollten diese Kenntnisse im Handelsverkehr anwenden.

(42) Es ist wichtig, sicherzustellen, dass die nationalen technischen Vorschriften zugänglich sind, so dass sich die Unternehmen, insbesondere KMU, ein zuverlässiges und präzises Bild von der Rechtslage in dem Mitgliedstaat, in dem sie ihre Bauprodukte in Verkehr bringen oder auf dem Markt bereitstellen wollen, verschaffen können. Die Mitgliedstaaten sollten daher zu diesem Zweck Produktinformationsstellen für das Bauwesen benennen. Zusätzlich zu den in Artikel 10 Absatz 1 der Verordnung (EG) Nr. 764/2008 des Europäischen Parlaments und des Rates vom 9. Juli 2008 zur Festlegung von Verfahren im Zusammenhang mit der Anwendung bestimmter nationaler technischer Vorschriften für Produkte, die in einem anderen Mitgliedstaat rechtmäßig in den Verkehr gebracht worden sind[12], genannten Aufgaben sollten die Produktinformationsstellen für das Bauwesen auch Informationen über die Vorschriften bereitstellen, die für den Einbau, die Montage oder die Installation eines bestimmten Bauprodukttyps gelten.

---

12 ABl. L 218 vom 13.8.2008, S. 21.

(43) Zwecks Erleichterung des freien Warenverkehrs sollten die Produktinformationsstellen für das Bauwesen kostenlos Informationen über Bestimmungen bereitstellen, mit denen darauf abgezielt wird, dass die Grundanforderungen an Bauwerke, die für den Verwendungszweck eines Bauprodukts im Hoheitsgebiet der einzelnen Mitgliedstaaten gelten, erfüllt werden. Die Produktinformationsstellen für des Bauwesen können den Wirtschaftsakteuren ferner zusätzliche Informationen oder Hinweise geben. Für zusätzliche Informationen sollten die Produktinformationsstellen für das Bauwesen Gebühren erheben können, die im Verhältnis zu den Kosten der Erteilung dieser Informationen oder Hinweise stehen. Die Mitgliedstaaten sollten ferner sicherstellen, dass den Produktinformationsstellen für das Bauwesen genügend Mittel zugewiesen werden.

(44) Weil die Einrichtung der Produktinformationsstellen für das Bauwesen die Aufteilung der behördlichen Zuständigkeiten innerhalb der Regelungssysteme der Mitgliedstaaten unberührt lassen sollte, sollten die Mitgliedstaaten Produktinformationsstellen für das Bauwesen entsprechend den regionalen oder lokalen Zuständigkeiten einrichten können. Die Mitgliedstaaten sollten bestehende Informationsstellen, die gemäß anderen Unionsinstrumenten errichtet wurden, mit der Funktion der Produktinformationsstellen für das Bauwesen betrauen können, damit nicht unnötig viele Informationsstellen errichtet werden und damit Verwaltungsverfahren vereinfacht werden. Damit keine zusätzlichen Verwaltungskosten für die Unternehmen und die zuständigen Behörden anfallen, sollten die Mitgliedstaaten auch die Möglichkeit haben, nicht nur bestehende Dienststellen der öffentlichen Verwaltung mit der Funktion der Produktinformationsstellen für das Bauwesen zu betrauen, sondern auch nationale SOLVIT-Zentren, Handelskammern, Berufsverbände und private Einrichtungen.

(45) Die Produktinformationsstellen für das Bauwesen sollten in der Lage sein, ihre Aufgaben so auszuüben, dass Interessenskonflikte vor allem in Bezug auf die Verfahren zur Erlangung der CE-Kennzeichnung vermieden werden.

(46) Zur Gewährleistung einer gleichwertigen und einheitlichen Durchsetzung der Harmonisierungsrechtsvorschriften der Union sollten die Mitgliedstaaten eine wirksame Marktüberwachung betreiben. Die Verordnung (EG) Nr. 765/2008 bietet die Grundlagen für das Funktio-

nieren einer solchen Marktüberwachung, insbesondere für Programme, Finanzierung und Sanktionen.

(47) Der Verantwortung der Mitgliedstaaten für Sicherheit, Gesundheit und andere durch die Grundanforderungen an Bauwerke abgedeckte Belange in ihrem Hoheitsgebiet sollte in einer Schutzklausel Rechnung getragen werden, die geeignete Schutzmaßnahmen vorsieht.

(48) Da es erforderlich ist, unionsweit ein einheitliches Leistungsniveau der Stellen zu gewährleisten, die die Leistungsbeständigkeit von Bauprodukten bewerten und überprüfen, und da solche Stellen ihre Aufgaben gleich gut und unter fairen Wettbewerbsbedingungen erfüllen sollten, ist es angezeigt, Anforderungen festzulegen, die die um Notifizierung im Rahmen dieser Verordnung nachsuchenden Stellen zu erfüllen haben. Ferner sollte die Verfügbarkeit geeigneter Informationen über derartige Stellen und ihre Überwachung geregelt werden.

(49) Damit ein einheitliches Qualitätsniveau bei der Bewertung und Überprüfung der Leistungsbeständigkeit von Bauprodukten gewährleistet ist, müssen außerdem Anforderungen an die Behörden festgelegt werden, die für die Notifizierung der Stellen, die diese Aufgaben erfüllen, bei der Kommission und den anderen Mitgliedstaaten zuständig sind.

(50) Nach Artikel 291 AEUV müssen die Regeln und Grundsätze, nach denen die Mitgliedstaaten die Wahrnehmung der Durchführungsbefugnisse durch die Kommission kontrollieren, im Voraus durch eine gemäß dem ordentlichen Gesetzgebungsverfahren erlassene Verordnung festgelegt werden. Bis zum Erlass der neuen Verordnung findet weiterhin der Beschluss 1999/468/EG des Rates vom 28. Juni 1999 zur Festlegung der Modalitäten für die Ausübung der der Kommission übertragenen Durchführungsbefugnisse[13] Anwendung, mit Ausnahme des nicht mehr anwendbaren Regelungsverfahrens mit Kontrolle.

(51) Der Kommission sollte die Befugnis übertragen werden, gemäß Artikel 290 AEUV bestimmte delegierte Rechtsakte zu erlassen, damit die Ziele dieser Verordnung erreicht werden. Es ist von besonderer Wichtigkeit, dass die Kommission bei ihren vorbereitenden Arbeiten angemessene Konsultationen – auch auf Expertenebene – durchführt.

(52) Insbesondere sollte der Kommission die Befugnis übertragen werden, delegierte Rechtsakte zu erlassen, die die Bedingungen für die

---

13 ABl. L 184 vom 17.7.1999, S. 23.

Nutzung von Websites für die Bereitstellung der Leistungserklärung festlegen.

(53) Da es eine gewisse Zeit dauert, bis die Voraussetzungen für die ordnungsgemäße Durchführung dieser Verordnung geschaffen sind, sollte sie erst ab einem späteren Zeitpunkt angewendet werden; dies gilt nicht für die Bestimmungen über die Benennung Technischer Bewertungsstellen, über die notifizierenden Behörden und die notifizierten Stellen und über die Einrichtung einer Organisation Technischer Bewertungsstellen sowie eines Ständigen Ausschusses für das Bauwesen.

(54) Die Kommission und die Mitgliedstaaten sollten in Zusammenarbeit mit den Interessengruppen Informationskampagnen durchführen, um den Bausektor, insbesondere die Wirtschaftsakteure und die Verwender von Bauprodukten, über die Einführung einer gemeinsamen Fachsprache, die Aufteilung der Verantwortlichkeiten zwischen einzelnen Wirtschaftsakteuren und den Verwendern, die Anbringung der CE-Kennzeichnung auf Bauprodukten, die Überprüfung der Grundanforderungen an Bauwerke und die Systeme zur Bewertung und Überprüfung der Leistungsbeständigkeit zu informieren.

(55) Bei der Grundanforderung an Bauwerke bezüglich der nachhaltigen Nutzung der natürlichen Ressourcen sollte insbesondere der Recyclingfähigkeit des Bauwerks, seiner Baustoffe und Teile nach dem Abriss, der Dauerhaftigkeit des Bauwerks und der Verwendung umweltfreundlicher Rohstoffe und Sekundärbaustoffe für das Bauwerk Rechnung getragen werden.

(56) Zur Bewertung der nachhaltigen Nutzung der Ressourcen und zur Beurteilung der Auswirkungen von Bauwerken auf die Umwelt sollten die Umwelterklärungen (Environmental Product Declarations – EPD), soweit verfügbar, herangezogen werden.

(57) Nach Möglichkeit sollten einheitliche europäische Verfahren zum Nachweis der Einhaltung der Grundanforderungen nach Anhang I festgelegt werden.

(58) Da das Ziel dieser Verordnung, nämlich durch harmonisierte technische Spezifikationen zur Angabe der Leistung von Bauprodukten das reibungslose Funktionieren des Binnenmarkts zu erreichen, auf Ebene der Mitgliedstaaten nicht ausreichend verwirklicht werden kann und daher wegen ihres Umfangs und ihrer Wirkungen besser auf Unionsebene zu verwirklichen ist, kann die Union im Einklang mit dem in Ar-

tikel 5 des Vertrags über die Europäische Union niedergelegten Subsidiaritätsprinzip tätig werden. Entsprechend dem in demselben Artikel genannten Grundsatz der Verhältnismäßigkeit geht diese Verordnung nicht über das zur Erreichung dieses Ziels erforderliche Maß hinaus –

Haben folgende Verordnung erlassen:

Kapitel I – Allgemeine Bestimmungen

Artikel 1 Gegenstand

Diese Verordnung legt Bedingungen für das Inverkehrbringen von Bauprodukten oder ihre Bereitstellung auf dem Markt durch die Aufstellung von harmonisierten Regeln über die Angabe der Leistung von Bauprodukten in Bezug auf ihre Wesentlichen Merkmale sowie über die Verwendung der CE-Kennzeichnung für diese Produkte fest.

Artikel 2 Begriffsbestimmungen

Für die Zwecke dieser Verordnung bezeichnet der Ausdruck

1. „Bauprodukt" jedes Produkt oder jeden Bausatz, das beziehungsweise der hergestellt und in Verkehr gebracht wird, um dauerhaft in Bauwerke oder Teile davon eingebaut zu werden, und dessen Leistung sich auf die Leistung des Bauwerks im Hinblick auf die Grundanforderungen an Bauwerke auswirkt;

2. „Bausatz" ein Bauprodukt, das von einem einzigen Hersteller als Satz von mindestens zwei getrennten Komponenten, die zusammengefügt werden müssen, um ins Bauwerk eingefügt zu werden, in Verkehr gebracht wird;

3. „Bauwerke" Bauten sowohl des Hochbaus als auch des Tiefbaus;

4. „Wesentliche Merkmale" diejenigen Merkmale des Bauprodukts, die sich auf die Grundanforderungen an Bauwerke beziehen;

5. „Leistung eines Bauprodukts" die Leistung in Bezug auf die relevanten Wesentlichen Merkmale eines Bauprodukts, die in Stufen oder Klassen oder in einer Beschreibung ausgedrückt wird;

6. „Leistungsstufe" das Ergebnis der Bewertung der Leistung eines Bauprodukts in Bezug auf seine Wesentlichen Merkmale, ausgedrückt als Zahlenwert;

7. „Leistungsklasse" eine Bandbreite von Leistungsstufen eines Bauprodukts, die durch einen Mindest- und einen Höchstwert abgegrenzt wird;

8. „Schwellenwert" die Mindest- oder Höchstleistungsstufe eines Wesentlichen Merkmals eines Bauprodukts;

9. „Produkttyp" den Satz der repräsentativen Leistungsstufen oder Leistungsklassen eines Bauprodukts in Bezug auf seine Wesentlichen Merkmale, das unter Verwendung einer bestimmten Kombination von Rohstoffen oder anderer Bestandteile in einem bestimmten Produktionsprozess hergestellt wird;

10. „harmonisierte technische Spezifikationen" die harmonisierten Normen und Europäischen Bewertungsdokumente;

11. „harmonisierte Norm" eine Norm, die von einem der in Anhang I der Richtlinie 98/34/EG aufgeführten europäischen Normungsgremien auf der Grundlage eines Ersuchens der Kommission nach Artikel 6 jener Richtlinie angenommen wurde;

12. „Europäisches Bewertungsdokument" ein Dokument, das von der Organisation Technischer Bewertungsstellen zum Zweck der Ausstellung Europäischer Technischer Bewertungen angenommen wurde;

13. „Europäische Technische Bewertung" die dokumentierte Bewertung der Leistung eines Bauprodukts in Bezug auf seine Wesentlichen Merkmale im Einklang mit dem betreffenden Europäischen Bewertungsdokument;

14. „Verwendungszweck" die beabsichtigte Verwendung des Bauprodukts, die in der jeweils anwendbaren harmonisierten technischen Spezifikation festgelegt ist;

15. „Spezifische Technische Dokumentation" eine Dokumentation, mit der belegt wird, dass Verfahren im Rahmen des für die Bewertung und Überprüfung der Leistungsbeständigkeit geltenden Systems durch andere Verfahren ersetzt wurden, wobei Voraussetzung ist, dass die Ergebnisse, die mit diesen anderen Verfahren erzielt werden, den Ergebnissen, die mit den Prüfverfahren der entsprechenden harmonisierten Norm erzielt werden, gleichwertig sind;

16. „Bereitstellung auf dem Markt" jede entgeltliche oder unentgeltliche Abgabe eines Bauprodukts zum Vertrieb oder zur Verwendung auf dem Markt der Union im Rahmen einer Geschäftstätigkeit;

17. „Inverkehrbringen" die erstmalige Bereitstellung eines Bauprodukts auf dem Markt der Union;

18. „Wirtschaftsakteur" den Hersteller, Importeur, Händler oder Bevollmächtigten;

19. „Hersteller" jede natürliche oder juristische Person, die ein Bauprodukt herstellt beziehungsweise entwickeln oder herstellen lässt und dieses Produkt unter ihrem eigenen Namen oder ihrer eigenen Marke vermarktet;

20. „Händler" jede natürliche oder juristische Person in der Lieferkette außer dem Hersteller oder Importeur, die ein Bauprodukt auf dem Markt bereitstellt;

21. „Importeur" jede in der Union ansässige natürliche oder juristische Person, die ein Bauprodukt aus einem Drittstaat auf dem Markt der Union in Verkehr bringt;

22. „Bevollmächtigter" jede in der Union ansässige natürliche oder juristische Person, die von einem Hersteller schriftlich beauftragt wurde, in seinem Namen bestimmte Aufgaben wahrzunehmen;

23. „Rücknahme" jede Maßnahme, mit der verhindert werden soll, dass ein in der Lieferkette befindliches Bauprodukt auf dem Markt bereitgestellt wird;

24. „Rückruf" jede Maßnahme, die auf Erwirkung der Rückgabe eines dem Endverwender bereits bereitgestellten Bauprodukts abzielt;

25. „Akkreditierung" die Akkreditierung im Sinne der Verordnung (EG) Nr. 765/2008;

26. „werkseigene Produktionskontrolle" die dokumentierte, ständige und interne Kontrolle der Produktion in einem Werk im Einklang mit den einschlägigen harmonisierten technischen Spezifikationen;

27. „Kleinstunternehmen" ein Unternehmen, das der Definition eines Kleinstunternehmens gemäß der Empfehlung der Kommission vom 6. Mai 2003 betreffend die Definition der Kleinstunternehmen sowie der kleinen und mittleren Unternehmen[14] entspricht;

28. „Lebenszyklus" die aufeinanderfolgenden und untereinander verbundenen Phasen eines Bauproduktlebens von der Beschaffung der

---

14 ABl. L 124 vom 20.5.2003, S. 36.

Rohstoffe oder der Gewinnung aus natürlichen Ressourcen bis zur Entsorgung.

Artikel 3 Grundanforderungen an Bauwerke und Wesentliche Merkmale von Bauprodukten

(1) Die Grundanforderungen an Bauwerke gemäß Anhang I sind die Grundlage für die Ausarbeitung von Normungsaufträgen und harmonisierter technischer Spezifikationen.

(2) Die Wesentlichen Merkmale von Bauprodukten werden in harmonisierten technischen Spezifikationen in Bezug auf die Grundanforderungen an Bauwerke festgelegt.

(3) Für bestimmte Familien von Bauprodukten, die von einer harmonisierten Norm erfasst sind, bestimmt die Kommission, soweit angezeigt, in Bezug auf den in harmonisierten Normen festgelegten Verwendungszweck in delegierten Rechtsakten gemäß Artikel 60 diejenigen Wesentlichen Merkmale, für die der Hersteller die Leistung des Produkts zu erklären hat, wenn das Produkt in Verkehr gebracht wird.

Die Kommission legt, soweit angezeigt, auch die Schwellenwerte für die in Bezug auf die Wesentlichen Merkmale zu erklärende Leistung in delegierten Rechtsakten gemäß Artikel 60 fest.

Kapitel II – Leistungserklärung und CE-Kennzeichnung

Artikel 4 Leistungserklärung

(1) Ist ein Bauprodukt von einer harmonisierten Norm erfasst oder entspricht ein Bauprodukt einer Europäischen Technischen Bewertung, die für dieses ausgestellt wurde, so erstellt der Hersteller eine Leistungserklärung für das Produkt, wenn es in Verkehr gebracht wird.

(2) Ist ein Bauprodukt von einer harmonisierten Norm erfasst oder entspricht ein Bauprodukt einer Europäischen Technischen Bewertung, die für dieses ausgestellt wurde, so dürfen Angaben in jeglicher Form über seine Leistung in Bezug auf die Wesentlichen Merkmale gemäß der anwendbaren harmonisierten technischen Spezifikation nur zur Verfügung gestellt werden, wenn sie in der Leistungserklärung enthalten und spezifiziert sind, es sei denn, gemäß Artikel 5 wurde keine Leistungserklärung erstellt.

(3) Mit der Erstellung der Leistungserklärung übernimmt der Hersteller die Verantwortung für die Konformität des Bauprodukts mit der erklärten Leistung. Liegen keine objektiven Hinweise auf das Gegenteil vor, so gehen die Mitgliedstaaten davon aus, dass die vom Hersteller erstellte Leistungserklärung genau und zuverlässig ist.

Artikel 5 Ausnahmen von der Pflicht zur Erstellung einer Leistungserklärung

Abweichend von Artikel 4 Absatz 1 und bei Fehlen von Bestimmungen auf Ebene der Union oder auf nationaler Ebene, die die Erklärung Wesentlicher Merkmale dort vorschreiben, wo die Bauprodukte zur Verwendung bestimmt sind, kann ein Hersteller davon absehen, eine Leistungserklärung zu erstellen, wenn er ein von einer harmonisierten Norm erfasstes Bauprodukt in Verkehr bringt und

a) das Bauprodukt individuell gefertigt wurde oder als Sonderanfertigung im Rahmen einer Nicht-Serienfertigung auf einen besonderen Auftrag hin gefertigt wurde und es in einem bestimmten einzelnen Bauwerk von einem Hersteller eingebaut wird, der für den sicheren Einbau des Produkts in das Bauwerk verantwortlich ist, und zwar in Übereinstimmung mit den geltenden nationalen Vorschriften und unter Verantwortung derjenigen, die für die sichere Ausführung des Bauwerks nach den geltenden Vorschriften bestimmt sind;

b) das Bauprodukt auf der Baustelle zum Zweck des Einbaus in das jeweilige Bauwerk in Einklang mit den geltenden nationalen Bestimmungen und unter Zuständigkeit der nach den geltenden nationalen Vorschriften für die sichere Ausführung des Bauwerks verantwortlichen Personen gefertigt wird; oder

c) das Bauprodukt auf traditionelle Weise oder in einer der Erhaltung des kulturellen Erbes angemessenen Weise in einem nicht-industriellen Verfahren zur angemessenen Renovierung von Bauwerken, die als Teil eines ausgewiesenen Umfelds oder aufgrund ihres besonderen architektonischen oder historischen Werts offiziell geschützt sind, nach den geltenden nationalen Vorschriften gefertigt wurde.

Artikel 6 Inhalt der Leistungserklärung

(1) Die Leistungserklärung gibt die Leistung von Bauprodukten in Bezug auf die Wesentlichen Merkmale dieser Produkte gemäß den einschlägigen harmonisierten technischen Spezifikationen an.

(2) Die Leistungserklärung enthält insbesondere folgende Angaben:

a) den Verweis auf den Produkttyp, für den die Leistungserklärung erstellt wurde;

b) das System oder die Systeme zur Bewertung und Überprüfung der Leistungsbeständigkeit des Bauprodukts gemäß Anhang V;

c) die Referenznummer und das Ausgabedatum der harmonisierten Norm oder der Europäischen Technischen Bewertung, die zur Bewertung der einzelnen Wesentlichen Merkmale verwendet wurde;

d) soweit zutreffend, die Referenznummer der verwendeten Spezifischen Technischen Dokumentation und die Anforderungen, die das Produkt nach Angaben des Herstellers erfüllt.

(3) Zusätzlich enthält die Leistungserklärung Folgendes:

a) den Verwendungszweck beziehungsweise die Verwendungszwecke des Bauprodukts gemäß der anwendbaren harmonisierten technischen Spezifikation;

b) die Liste der Wesentlichen Merkmale, die in diesen harmonisierten technischen Spezifikationen für den erklärten Verwendungszweck beziehungsweise die erklärten Verwendungszwecke festgelegt wurden;

c) die Leistung von zumindest einem der Wesentlichen Merkmale des Bauprodukts, die für den erklärten Verwendungszweck beziehungsweise die erklärten Verwendungszwecke relevant sind;

d) soweit zutreffend, die Leistung des Bauprodukts nach Stufen oder Klassen oder in einer Beschreibung, falls erforderlich auf der Grundlage einer Berechnung in Bezug auf seine Wesentlichen Merkmale, die gemäß Artikel 3 Absatz 3 bestimmt wurden;

e) die Leistung derjenigen Wesentlichen Merkmale des Bauprodukts, die sich auf den Verwendungszweck oder die Verwendungszwecke beziehen, für den oder für die Bestimmungen dort zu berücksichtigen sind, wo der Hersteller eine Bereitstellung des Produkts auf dem Markt beabsichtigt;

f) für die aufgelisteten Wesentlichen Merkmale, für die keine Leistung erklärt wird, die Buchstaben „NPD" (No Performance Determined/ keine Leistung festgestellt);

g) wenn eine Europäische Technische Bewertung für das Produkt erstellt wurde, die Leistung des Bauprodukts nach Stufen oder Klassen oder in einer Beschreibung in Bezug auf alle Wesentlichen Merkmale, die in der entsprechenden Europäischen Technischen Bewertung enthalten sind.

(4) Die Leistungserklärung wird unter Verwendung des Musters in Anhang III erstellt.

(5) Die in Artikel 31 beziehungsweise Artikel 33 der Verordnung (EG) Nr. 1907/2006 genannten Informationen werden zusammen mit der Leistungserklärung zur Verfügung gestellt.

Artikel 7 Zurverfügungstellung der Leistungserklärung

(1) Eine Abschrift der Leistungserklärung jedes Produkts, das auf dem Markt bereitgestellt wird, wird entweder in gedruckter oder elektronischer Weise zur Verfügung gestellt.

Wird jedoch einem einzigen Abnehmer ein Los gleicher Produkte geliefert, so braucht diesem lediglich eine einzige Abschrift der Leistungserklärung in gedruckter oder elektronischer Form beigefügt zu werden.

(2) Eine Abschrift der Leistungserklärung in gedruckter Form wird zur Verfügung gestellt, sofern diese vom Abnehmer gefordert wird.

(3) Abweichend von den Absätzen 1 und 2 kann die Abschrift der Leistungserklärung gemäß Bedingungen, die von der Kommission in einem delegierten Rechtsakt gemäß Artikel 60 festzulegen sind, auf einer Website zur Verfügung gestellt werden. Diese Bedingungen stellen unter anderem sicher, dass die Leistungserklärung mindestens für den in Artikel 11 Absatz 2 genannten Zeitraum zur Verfügung steht.

(4) Die Leistungserklärung wird in der Sprache beziehungsweise den Sprachen zur Verfügung gestellt, die von dem Mitgliedstaat, in dem das Produkt bereitgestellt wird, vorgeschrieben werden.

Artikel 8 Allgemeine Grundsätze und Verwendung der CE-Kennzeichnung

(1) Für die CE-Kennzeichnung gelten die allgemeinen Grundsätze gemäß Artikel 30 der Verordnung (EG) Nr. 765/2008.

(2) Die CE-Kennzeichnung wird an denjenigen Bauprodukten angebracht, für die der Hersteller eine Leistungserklärung gemäß den Artikeln 4 und 6 erstellt hat.

Hat der Hersteller keine Leistungserklärung gemäß den Artikeln 4 und 6 erstellt, darf die CE-Kennzeichnung nicht angebracht werden.

Indem er die CE-Kennzeichnung anbringt oder anbringen lässt, gibt der Hersteller an, dass er die Verantwortung übernimmt für die Konformität des Bauprodukts mit dessen erklärter Leistung sowie für die Einhaltung aller geltenden Anforderungen, die in dieser Verordnung und in anderen einschlägigen Harmonisierungsrechtsvorschriften der Union, die die Anbringung vorsehen, festgelegt sind.

Die Regelungen für das Anbringen der CE-Kennzeichnung, die in anderen einschlägigen Harmonisierungsrechtsvorschriften der Union vorgesehen sind, gelten unbeschadet dieses Absatzes.

(3) Für jedes Bauprodukt, das von einer harmonisierten Norm erfasst wird, oder für das eine Europäische Technische Bewertung ausgestellt worden ist, ist die CE-Kennzeichnung die einzige Kennzeichnung, die die Konformität des Bauprodukts mit der erklärten Leistung in Bezug auf die Wesentlichen Merkmale, die von dieser harmonisierten Norm oder der Europäischen Technischen Bewertung erfasst sind, bescheinigt.

Die Mitgliedstaaten führen diesbezüglich keine Bezugnahme ein beziehungsweise machen jegliche in nationalen Maßnahmen vorgenommene Bezugnahme auf eine andere Kennzeichnung als die CE-Kennzeichnung, mit der die Konformität mit der erklärten Leistung in Bezug auf die von einer harmonisierten Norm erfassten Wesentlichen Merkmale bescheinigt wird, rückgängig.

(4) Ein Mitgliedstaat darf in seinem Hoheitsgebiet oder in seinem Zuständigkeitsbereich die Bereitstellung auf dem Markt oder die Verwendung von Bauprodukten, die die CE-Kennzeichnung tragen, weder untersagen noch behindern, wenn die erklärten Leistungen den Anforderungen für diese Verwendung in dem betreffenden Mitgliedstaat entsprechen.

(5) Ein Mitgliedstaat stellt sicher, dass öffentliche oder private Stellen, die als öffentliches Unternehmen oder aufgrund einer Monopolstellung oder im öffentlichen Auftrag als öffentliche Einrichtung handeln, die Verwendung von Bauprodukten, die die CE-Kennzeichnung tragen, nicht durch Vorschriften oder Bedingungen behindern, wenn die erklärten Leistungen den Anforderungen für diese Verwendung in dem betreffenden Mitgliedstaat entsprechen.

(6) Die Mitgliedstaaten passen die Verfahren, die sie in ihren Anforderungen an Bauwerke verwenden, sowie andere nationale Regeln in Bezug auf die Wesentlichen Merkmale von Bauprodukten an die harmonisierten Normen an.

Artikel 9 Vorschriften und Bedingungen für die Anbringung der CE-Kennzeichnung

(1) Die CE-Kennzeichnung wird gut sichtbar, leserlich und dauerhaft auf dem Bauprodukt oder einem daran befestigten Etikett angebracht. Falls die Art des Produkts dies nicht zulässt oder nicht rechtfertigt, wird sie auf der Verpackung oder den Begleitunterlagen angebracht.

(2) Hinter der CE-Kennzeichnung werden die letzten beiden Ziffern des Jahres, in dem die CE-Kennzeichnung zuerst angebracht wurde, der Name und die registrierte Anschrift des Herstellers oder das Kennzeichen, das eine einfache und eindeutige Identifikation des Namens und der Anschrift des Herstellers ermöglicht, der eindeutige Kenncode des Produkttyps, die Bezugsnummer der Leistungserklärung, die darin erklärte Leistung nach Stufe oder Klasse, der Verweis auf die einschlägige harmonisierte technische Spezifikation, soweit zutreffend die Kennnummer der notifizierten Stelle und der in den einschlägigen harmonisierten technischen Spezifikationen festgelegte Verwendungszweck angeführt.

(3) Die CE-Kennzeichnung wird vor dem Inverkehrbringen des Bauprodukts angebracht. Dahinter kann ein Piktogramm oder ein anderes Zeichen stehen, das insbesondere eine besondere Gefahr oder Verwendung angibt.

Artikel 10 Produktinformationsstellen für das Bauwesen

(1) Die Mitgliedstaaten benennen Produktinformationsstellen für das Bauwesen gemäß Artikel 9 der Verordnung (EG) Nr. 764/2008.

(2) Die Artikel 10 und 11 der Verordnung (EG) Nr. 764/2008 gelten für die Produktinformationsstellen für das Bauwesen.

(3) In Bezug auf die in Artikel 10 Absatz 1 der Verordnung (EG) Nr. 764/2008 festgelegten Aufgaben stellt jeder Mitgliedstaat sicher, dass die Produktinformationsstellen für das Bauwesen Informationen über Bestimmungen in seinem Hoheitsgebiet in transparenter und leicht verständlicher Formulierung bereitstellen, mit denen darauf abgezielt wird, dass die für den Verwendungszweck eines Bauprodukts nach Artikel 6 Absatz 3 Buchstabe e der vorliegenden Verordnung geltenden Grundanforderungen an Bauwerke erfüllt werden.

(4) Die Produktinformationsstellen für das Bauwesen müssen in der Lage sein, ihre Aufgaben so auszuüben, dass Interessenskonflikte, vor allem in Bezug auf die Verfahren zur Erlangung der CE-Kennzeichnung vermieden werden.

Kapitel III – Pflichten der Wirtschaftsakteure
Artikel 11 Pflichten der Hersteller

(1) Die Hersteller erstellen eine Leistungserklärung gemäß den Artikeln 4 und 6 und bringen die CE-Kennzeichnung gemäß den Artikeln 8 und 9 an.

Die Hersteller erstellen als Grundlage für die Leistungserklärung eine technische Dokumentation und beschreiben darin alle wichtigen Elemente in Zusammenhang mit dem vorgeschriebenen System zur Bewertung und Überprüfung der Leistungsbeständigkeit.

(2) Die Hersteller bewahren die technischen Unterlagen und die Leistungserklärung zehn Jahre ab dem Inverkehrbringen des Bauprodukts auf.

Soweit angemessen kann die Kommission in delegierten Rechtsakten gemäß Artikel 60 diesen Zeitraum für Bauproduktfamilien auf der Grundlage der Lebenserwartung oder der Bedeutung des Bauprodukts für die Bauwerke ändern.

(3) Die Hersteller stellen durch entsprechende Verfahren sicher, dass die erklärte Leistung bei Serienfertigung beständig sichergestellt ist. Veränderungen am Produkttyp und Änderungen an den anwendbaren harmonisierten technischen Spezifikationen werden angemessen berücksichtigt.

Falls dies als zweckmäßig betrachtet wird, um die Genauigkeit, die Zuverlässigkeit und die Stabilität der erklärten Leistung eines Bauprodukts sicherzustellen, führen die Hersteller an Stichproben von in Verkehr befindlichen oder auf dem Markt bereitgestellten Bauprodukten Prüfungen durch, stellen Untersuchungen an und führen erforderlichenfalls ein Verzeichnis der Beschwerden, der nichtkonformen Produkte und der Produktrückrufe und halten die Händler über diese Überwachung auf dem Laufenden.

(4) Die Hersteller stellen sicher, dass ihre Bauprodukte eine Typen-, Chargen- oder Seriennummer oder ein anderes Kennzeichen zu ihrer Identifizierung tragen oder, falls dies aufgrund der Größe oder Art des Produkts nicht möglich ist, dass die erforderlichen Informationen auf der Verpackung oder in den dem Bauprodukt beigefügten Unterlagen angegeben werden.

(5) Die Hersteller geben ihren Namen, ihren eingetragenen Handelsnamen oder ihre eingetragene Marke und ihre Kontaktanschrift auf dem Bauprodukt selbst oder, falls dies nicht möglich ist, auf der Verpackung oder in den dem Bauprodukt beigefügten Unterlagen an. In der Anschrift muss eine zentrale Stelle angegeben sein, unter der der Hersteller kontaktiert werden kann.

(6) Wenn die Hersteller ein Bauprodukt auf dem Markt bereitstellen, stellen sie sicher, dass dem Produkt die Gebrauchsanleitung und die Sicherheitsinformationen in einer vom betreffenden Mitgliedstaat festgelegten Sprache, die von den Benutzern leicht verstanden werden kann, beigefügt sind.

(7) Hersteller, die der Auffassung sind oder Grund zu der Annahme haben, dass ein von ihnen in Verkehr gebrachtes Bauprodukt nicht der Leistungserklärung oder sonstigen nach dieser Verordnung geltenden Anforderungen entspricht, ergreifen unverzüglich die erforderlichen Korrekturmaßnahmen, um die Konformität dieses Bauprodukts herzustellen oder es, soweit angemessen, zurückzunehmen oder zurückzurufen. Außerdem unterrichten die Hersteller, wenn mit dem Produkt Gefahren verbunden sind, unverzüglich die zuständigen nationalen

Behörden der Mitgliedstaaten, in denen sie das Bauprodukt auf dem Markt bereitgestellt haben, darüber und machen dabei ausführliche Angaben, insbesondere über die Nichtkonformität und die ergriffenen Korrekturmaßnahmen.

(8) Die Hersteller händigen der zuständigen nationalen Behörde auf deren begründetes Verlangen alle Informationen und Unterlagen, die für den Nachweis der Konformität des Bauprodukts mit der Leistungserklärung und der Einhaltung sonstiger nach dieser Verordnung geltender Anforderungen erforderlich sind, in einer Sprache aus, die von dieser Behörde leicht verstanden werden kann. Sie kooperieren mit dieser Behörde auf deren Verlangen bei allen Maßnahmen zur Abwendung von Gefahren, die mit Bauprodukten verbunden sind, die sie in Verkehr gebracht haben.

Artikel 12 Bevollmächtigte

(1) Ein Hersteller kann mittels schriftlicher Vollmacht einen Bevollmächtigten bestellen.

Die Erstellung der technischen Dokumentation gehört nicht zu den Aufgaben eines Bevollmächtigten.

(2) Ein Bevollmächtigter nimmt die Aufgaben wahr, die in der Vollmacht festgelegt sind. Der Auftrag gestattet dem Bevollmächtigten, mindestens folgende Aufgaben wahrzunehmen:

a) Bereithaltung der Leistungserklärung und der technischen Dokumentation für die nationalen Überwachungsbehörden während des in Artikel 11 Absatz 2 genannten Zeitraums;

b) auf begründetes Verlangen einer zuständigen nationalen Behörde Aushändigung aller erforderlichen Informationen und Unterlagen zum Nachweis der Konformität eines Bauprodukts mit der Leistungserklärung und der Einhaltung sonstiger nach dieser Verordnung geltender Anforderungen an diese Behörde;

c) Kooperation mit den zuständigen nationalen Behörden auf deren Verlangen bei allen Maßnahmen zur Abwendung der Gefahren, die mit Bauprodukten verbunden sind, die zum in der Vollmacht des Bevollmächtigten festgelegten Aufgabenbereich gehören.

Artikel 13 Pflichten der Importeure

(1) Importeure bringen in der Union nur Bauprodukte in Verkehr, die die nach dieser Verordnung geltenden Anforderungen erfüllen.

(2) Vor dem Inverkehrbringen eines Bauprodukts vergewissern sich die Importeure, dass der Hersteller die Bewertung und die Überprüfung der Leistungsbeständigkeit durchgeführt hat. Sie vergewissern sich, dass der Hersteller die technische Dokumentation gemäß Artikel 11 Absatz 1 Unterabsatz 2 und die Leistungserklärung gemäß den Artikeln 4 und 6 erstellt hat. Sie stellen auch sicher, dass das Produkt, falls erforderlich, mit der CE-Kennzeichnung versehen ist, dass ihm die erforderlichen Unterlagen beigefügt sind und dass der Hersteller die Anforderungen von Artikel 11 Absätze 4 und 5 erfüllt hat.

Importeure, die der Auffassung sind oder Grund zu der Annahme haben, dass das Bauprodukt nicht der Leistungserklärung oder sonstigen nach dieser Verordnung geltenden Anforderungen entspricht, bringen das Bauprodukt erst dann in Verkehr, wenn es der beigefügten Leistungserklärung und sonstigen nach dieser Verordnung geltenden Anforderungen entspricht oder nachdem die Leistungserklärung korrigiert wurde. Wenn mit dem Bauprodukt eine Gefahr verbunden ist, unterrichtet der Importeur außerdem den Hersteller und die Marktüberwachungsbehörden darüber.

(3) Die Importeure geben ihren Namen, ihren eingetragenen Handelsnamen oder ihre eingetragene Marke und ihre Kontaktanschrift auf dem Bauprodukt selbst oder, falls dies nicht möglich ist, auf der Verpackung oder in den dem Bauprodukt beigefügten Unterlagen an.

(4) Wenn die Importeure ein Bauprodukt auf dem Markt bereitstellen, stellen sie sicher, dass dem Produkt die Gebrauchsanleitung und die Sicherheitsinformationen in einer vom betreffenden Mitgliedstaat festgelegten Sprache, die von den Benutzern leicht verstanden werden kann, beigefügt sind.

(5) Solange sich ein Bauprodukt in ihrer Verantwortung befindet, stellen die Importeure sicher, dass die Lagerungs- oder Transportbedingungen dessen Konformität mit der Leistungserklärung und die Einhaltung anderer nach dieser Verordnung geltender Anforderungen nicht beeinträchtigen.

(6) Falls dies als zweckmäßig betrachtet wird, um die Genauigkeit, die Zuverlässigkeit und die Stabilität der erklärten Leistung eines Bau-

produkts sicherzustellen, führen die Importeure an Stichproben von in Verkehr befindlichen oder auf dem Markt bereitgestellten Bauprodukten Prüfungen durch, stellen Untersuchungen an und führen erforderlichenfalls ein Verzeichnis der Beschwerden, der nichtkonformen Produkte und der Produktrückrufe und halten die Händler über diese Überwachung auf dem Laufenden.

(7) Importeure, die der Auffassung sind oder Grund zu der Annahme haben, dass ein von ihnen in Verkehr gebrachtes Bauprodukt nicht der Leistungserklärung oder sonstigen nach dieser Verordnung geltenden Anforderungen entspricht, ergreifen unverzüglich die erforderlichen Korrekturmaßnahmen, um die Konformität dieses Bauprodukts herzustellen oder es, soweit angemessen, zurückzunehmen oder zurückzurufen. Außerdem unterrichten die Importeure, wenn mit dem Produkt Gefahren verbunden sind, unverzüglich die zuständigen nationalen Behörden der Mitgliedstaaten, in denen sie das Bauprodukt auf dem Markt bereitgestellt haben, darüber und machen dabei ausführliche Angaben, insbesondere über die Nichtkonformität und die ergriffenen Korrekturmaßnahmen.

(8) Die Importeure halten während des in Artikel 11 Absatz 2 genannten Zeitraums eine Abschrift der Leistungserklärung für die Marktüberwachungsbehörden bereit und stellen sicher, dass diesen Behörden die technische Dokumentation auf Verlangen vorgelegt wird.

(9) Die Importeure händigen der zuständigen nationalen Behörde auf deren begründetes Verlangen alle Informationen und Unterlagen, die für den Nachweis der Konformität des Bauprodukts mit der Leistungserklärung und der Einhaltung sonstiger nach dieser Verordnung geltender Anforderungen erforderlich sind, in einer Sprache aus, die von dieser Behörde leicht verstanden werden kann. Sie kooperieren mit dieser Behörde auf deren Verlangen bei allen Maßnahmen zur Abwendung von Gefahren, die mit Bauprodukten verbunden sind, die sie in Verkehr gebracht haben.

Artikel 14 Pflichten der Händler

(1) Die Händler beachten die Vorschriften dieser Verordnung mit der gebührenden Sorgfalt, wenn sie ein Bauprodukt auf dem Markt bereitstellen.

(2) Bevor sie ein Bauprodukt auf dem Markt bereitstellen, vergewissern sich die Händler, dass das Produkt, soweit erforderlich, mit der CE-Kennzeichnung versehen ist und dass ihm die gemäß dieser Verordnung erforderlichen Unterlagen sowie Anleitungen und Sicherheitsinformationen in einer von dem betreffenden Mitgliedstaat festgelegten Sprache, die von den Benutzern leicht verstanden werden kann, beigefügt sind. Die Händler vergewissern sich auch, dass der Hersteller und der Importeur die Anforderungen von Artikel 11 Absätze 4 und 5 beziehungsweise von Artikel 13 Absatz 3 erfüllt haben.

Händler, die der Auffassung sind oder Grund zu der Annahme haben, dass das Bauprodukt nicht der Leistungserklärung oder sonstigen nach dieser Verordnung geltenden Anforderungen entspricht, stellen das Bauprodukt erst dann auf dem Markt bereit, wenn es der beigefügten Leistungserklärung und sonstigen nach dieser Verordnung geltenden Anforderungen entspricht oder nachdem die Leistungserklärung korrigiert wurde. Wenn mit dem Produkt eine Gefahr verbunden ist, unterrichtet der Händler außerdem den Hersteller oder den Importeur sowie die Marktüberwachungsbehörden darüber.

(3) Solange sich ein Bauprodukt in ihrer Verantwortung befindet, stellen die Händler sicher, dass die Lagerungs- oder Transportbedingungen dessen Konformität mit der Leistungserklärung und die Einhaltung sonstiger nach dieser Verordnung geltender Anforderungen nicht beeinträchtigen.

(4) Händler, die der Auffassung sind oder Grund zu der Annahme haben, dass ein von ihnen auf dem Markt bereitgestelltes Bauprodukt nicht der Leistungserklärung oder sonstigen nach dieser Verordnung geltenden Anforderungen entspricht, stellen sicher, dass die erforderlichen Korrekturmaßnahmen ergriffen werden, um die Konformität dieses Bauprodukts herzustellen oder es, soweit angemessen, zurückzunehmen oder zurückzurufen. Außerdem unterrichten die Händler, wenn mit dem Produkt Gefahren verbunden sind, unverzüglich die zuständigen nationalen Behörden der Mitgliedstaaten, in denen sie das Produkt auf dem Markt bereitgestellt haben, darüber und machen dabei ausführliche Angaben, insbesondere über die Nichtkonformität und die ergriffenen Korrekturmaßnahmen.

(5) Die Händler händigen der zuständigen nationalen Behörde auf deren begründetes Verlangen alle Informationen und Unterlagen, die für den Nachweis der Konformität des Bauprodukts mit der Leistungs-

erklärung und der Einhaltung sonstiger nach dieser Verordnung geltender Anforderungen erforderlich sind, in einer Sprache aus, die von dieser zuständigen nationalen Behörde leicht verstanden werden kann. Sie kooperieren mit dieser Behörde auf deren Verlangen bei allen Maßnahmen zur Abwendung von Gefahren, die mit Bauprodukten verbunden sind, die sie auf dem Markt bereitgestellt haben.

Artikel 15 Fälle, in denen die Pflichten des Herstellers auch für Importeure und Händler gelten

Ein Importeur oder Händler gilt für die Zwecke dieser Verordnung als Hersteller und unterliegt den Pflichten eines Herstellers gemäß Artikel 11, wenn er ein Bauprodukt unter seinem Namen oder seiner Handelsmarke in Verkehr bringt oder ein bereits in Verkehr gebrachtes Bauprodukt so verändert, dass die Konformität mit der Leistungserklärung beeinflusst werden kann.

Artikel 16 Identifizierung der Wirtschaftsakteure

Die Wirtschaftsakteure müssen während des in Artikel 11 Absatz 2 genannten Zeitraums den Marktüberwachungsbehörden auf Verlangen Folgendes nennen:

a) alle Wirtschaftsakteure, von denen sie ein Produkt bezogen haben,

b) alle Wirtschaftsakteure, an die sie ein Produkt abgegeben haben.

Kapitel IV – Harmonisierte technische Spezifikationen
Artikel 17 Harmonisierte Normen

(1) Harmonisierte Normen werden von den in Anhang I der Richtlinie 98/34/EG aufgeführten europäischen Normungsgremien auf der Grundlage von Ersuchen (im Folgenden „Mandate"), erstellt, die die Kommission gemäß Artikel 6 jener Richtlinie und nach Konsultation des Ständigen Ausschusses für das Bauwesen gemäß Artikel 64 der vorliegenden Verordnung (im Folgenden „Ständiger Ausschuss für das Bauwesen") unterbreitet.

(2) Sind Interessengruppen an dem Prozess der Entwicklung harmonisierter Normen gemäß diesem Artikel beteiligt, so stellen die europäischen Normungsgremien sicher, dass die verschiedenen Kategorien von Interessengruppen in allen Instanzen gerecht und angemessen vertreten sind.

(3) Harmonisierte Normen enthalten die Verfahren und Kriterien für die Bewertung der Leistung von Bauprodukten in Bezug auf ihre Wesentlichen Merkmale.

Sofern im jeweiligen Mandat vorgesehen, bezieht sich eine harmonisierte Norm auf einen Verwendungszweck der von ihr erfassten Produkte.

Harmonisierte Normen enthalten, soweit angemessen und ohne hierdurch die Genauigkeit, Zuverlässigkeit und Stabilität der Ergebnisse zu beeinträchtigen, Verfahren zur Bewertung der Leistung von Bauprodukten in Bezug auf ihre Wesentlichen Merkmale, die weniger aufwendig sind als Prüfungen.

(4) Die europäischen Normungsgremien legen in harmonisierten Normen die anzuwendende werkseigene Produktionskontrolle fest und berücksichtigen dabei die besonderen Bedingungen im Fertigungsprozess des betreffenden Bauprodukts.

Eine harmonisierte Norm enthält die für die Anwendung des Systems zur Bewertung und Überprüfung der Leistungsbeständigkeit erforderlichen technischen Angaben.

(5) Die Kommission prüft, ob die von den europäischen Normungsgremien erstellten harmonisierten Normen mit den dazugehörigen Mandaten übereinstimmen.

Die Kommission veröffentlicht im Amtsblatt der Europäischen Union ein Verzeichnis der Fundstellen harmonisierter Normen, die den jeweiligen Mandaten entsprechen.

Für jede harmonisierte Norm wird in dem Verzeichnis Folgendes angegeben:

a) gegebenenfalls Fundstellen ersetzter harmonisierter technischer Spezifikationen;

b) Beginn der Koexistenzperiode;

c) Ende der Koexistenzperiode.

Die Kommission veröffentlicht etwaige Aktualisierungen dieses Verzeichnisses.

Ab dem Tag des Beginns der Koexistenzperiode kann eine harmonisierte Norm verwendet werden, um eine Leistungserklärung für ein von der Norm erfasstes Bauprodukt zu erstellen. Die nationalen Normungsgremien sind verpflichtet, die harmonisierten Normen im Einklang mit der Richtlinie 98/34/EG umzusetzen.

Unbeschadet der Artikel 36 bis 38 ist die harmonisierte Norm ab dem Tag des Endes der Koexistenzperiode die einzige Grundlage für die Erstellung einer Leistungserklärung für ein von der Norm erfasstes Bauprodukt.

Am Ende der Koexistenzperiode werden entgegenstehende nationale Normen aufgehoben, und die Mitgliedstaaten setzen alle entgegenstehenden nationalen Bestimmungen außer Kraft.

Artikel 18 Formale Einwände gegen harmonisierte Normen

(1) Ist ein Mitgliedstaat oder die Kommission der Auffassung, dass eine harmonisierte Norm den Anforderungen des dazugehörigen Mandats nicht vollständig entspricht, so befasst der betreffende Mitgliedstaat oder die Kommission nach Konsultation des Ständigen Ausschusses für das Bauwesen den aufgrund von Artikel 5 der Richtlinie 98/34/EG eingesetzten Ausschuss unter Angabe der Gründe mit dieser Angelegenheit. Der letztgenannte Ausschuss nimmt nach Konsultation der entsprechenden europäischen Normungsgremien dazu umgehend Stellung.

(2) Anhand der Stellungnahme des gemäß Artikel 5 der Richtlinie 98/34/EG eingerichteten Ausschusses beschließt die Kommission, ob die Fundstelle der betreffenden harmonisierten Norm im Amtsblatt der Europäischen Union zu veröffentlichen, nicht zu veröffentlichen, unter Vorbehalt zu veröffentlichen, zu belassen, unter Vorbehalt zu belassen oder zu streichen ist.

(3) Die Kommission unterrichtet das betreffende europäische Normungsgremium von ihrem Beschluss und erteilt ihm erforderlichenfalls das Mandat zur Überarbeitung der betreffenden harmonisierten Norm.

Artikel 19 Europäisches Bewertungsdokument

(1) Beantragt ein Hersteller eine Europäische Technische Bewertung, so wird ein Europäisches Bewertungsdokument von der Organisation

Technischer Bewertungsstellen für ein Bauprodukt erstellt und angenommen, das nicht oder nicht vollständig von einer harmonisierten Norm erfasst ist und dessen Leistung in Bezug auf seine Wesentlichen Merkmale nicht vollständig anhand einer bestehenden harmonisierten Norm bewertet werden kann, weil unter anderem

a) das Produkt nicht in den Anwendungsbereich einer bestehenden harmonisierten Norm fällt;

b) das in der harmonisierten Norm vorgesehene Bewertungsverfahren für mindestens ein Wesentliches Merkmal dieses Produkts nicht geeignet ist; oder

c) die harmonisierte Norm für mindestens ein Wesentliches Merkmal dieses Produkts kein Bewertungsverfahren vorsieht.

(2) Das Verfahren für die Annahme des Europäischen Bewertungsdokuments entspricht den in Artikel 20 enthaltenen Grundsätzen und hält die Vorschriften nach Artikel 21 und Anhang II ein.

(3) Die Kommission kann delegierte Rechtsakte gemäß Artikel 60 erlassen, um Anhang II zu ändern und zusätzliche Verfahrensregeln für die Erstellung und Annahme eines Europäischen Bewertungsdokuments festzulegen.

(4) Gegebenenfalls zieht die Kommission nach Konsultation des Ständigen Ausschusses für das Bauwesen bestehende Europäische Bewertungsdokumente als Grundlage für die Mandate heran, die gemäß Artikel 17 Absatz 1 im Hinblick auf die Entwicklung harmonisierter Normen für die in Absatz 1 dieses Artikels genannten Produkte zu erteilen sind.

Artikel 20 Grundsätze für die Erstellung und Annahme Europäischer Bewertungsdokumente

(1) 4Die Erstellung und Annahme Europäischer Bewertungsdokumente erfolgt nach einem Verfahren,

a) das für den betroffenen Hersteller transparent ist;

b) bei dem geeignete verbindliche Fristen festgelegt werden, um ungerechtfertigte Verzögerungen zu vermeiden;

c) das dem Schutz des Geschäftsgeheimnisses und der Vertraulichkeit gebührend Rechnung trägt;

d) das der Kommission eine angemessene Mitwirkung ermöglicht;

e) das für den Hersteller kosteneffizient ist und

f) bei dem ausreichende Kollegialität und Koordinierung unter den für das betreffende Produkt benannten Technischen Bewertungsstellen gewährleistet ist.

(2) Die Technischen Bewertungsstellen tragen zusammen mit der Organisation Technischer Bewertungsstellen alle Kosten der Erstellung und Annahme Europäischer Bewertungsdokumente.

Artikel 21 Pflichten der Technischen Bewertungsstellen, die einen Antrag auf eine Europäische Technische Bewertung erhalten

(1) Die Technische Bewertungsstelle, die einen Antrag auf eine Europäische Technische Bewertung erhält, unterrichtet den Hersteller wie folgt, wenn das Bauprodukt ganz oder teilweise von einer harmonisierten technischen Spezifikation erfasst ist:

a) Ist das Produkt ganz von einer harmonisierten Norm erfasst, so teilt die Technische Bewertungsstelle dem Hersteller mit, dass nach Artikel 19 Absatz 1 für das Produkt keine Europäische Technische Bewertung ausgestellt werden kann;

b) ist das Produkt ganz von einem Europäischen Bewertungsdokument erfasst, so teilt die Technische Bewertungsstelle dem Hersteller mit, dass dieses Dokument als Grundlage für die auszustellende Europäische Technische Bewertung dienen wird;

c) ist das Produkt nicht oder nicht ganz von einer harmonisierten technischen Spezifikation erfasst, so wendet die Technische Bewertungsstelle die Verfahren an, die in Anhang II niedergelegt sind oder nach Artikel 19 Absatz 3 festgelegt wurden.

(2) In den in Absatz 1 Buchstaben b und c genannten Fällen unterrichtet die Technische Bewertungsstelle die Organisation Technischer Bewertungsstellen und die Kommission über den Inhalt des Antrags und über die Fundstelle des jeweiligen Kommissionsbeschlusses bezüglich der Bewertung und Überprüfung der Leistungsbeständigkeit, die die Technische Bewertungsstelle auf dieses Produkt anzuwenden beabsichtigt, oder darüber, dass es keinen entsprechenden Kommissionsbeschluss gibt.

(3) Ist die Kommission der Auffassung, dass für das Bauprodukt kein geeigneter Beschluss bezüglich der Bewertung und Überprüfung der Leistungsbeständigkeit vorliegt, gelangt Artikel 28 zur Anwendung.

Artikel 22 Veröffentlichung

Europäische Bewertungsdokumente, die von der Organisation Technischer Bewertungsstellen angenommen wurden, werden der Kommission übermittelt, die ein Verzeichnis der Fundstellen der endgültigen Europäischen Bewertungsdokumente im Amtsblatt der Europäischen Union veröffentlicht.

Die Kommission veröffentlicht etwaige Aktualisierungen dieses Verzeichnisses.

Artikel 23 Streitbeilegung bei Uneinigkeit zwischen Technischen Bewertungsstellen

Einigen sich die Technischen Bewertungsstellen nicht innerhalb der vorgesehenen Fristen auf das Europäische Bewertungsdokument, so befasst die Organisation Technischer Bewertungsstellen die Kommission im Hinblick auf eine geeignete Lösung mit der Angelegenheit.

Artikel 24 Inhalt des Europäischen Bewertungsdokuments

(1) Ein Europäisches Bewertungsdokument enthält zumindest eine allgemeine Beschreibung des Bauprodukts, eine Auflistung der Wesentlichen Merkmale, die für den vom Hersteller vorgesehenen Verwendungszweck des Produkts von Belang sind und auf die sich der Hersteller und die Organisation Technischer Bewertungsstellen geeinigt haben, sowie die Verfahren und Kriterien zur Bewertung der Leistung des Produkts in Bezug auf diese Wesentlichen Merkmale.

(2) Im Europäischen Bewertungsdokument werden die geltenden Grundsätze für die anzuwendende werkseigene Produktionskontrolle angegeben, wobei die Bedingungen des Fertigungsprozesses des betreffenden Bauprodukts berücksichtigt werden.

(3) Kann die Leistung in Bezug auf einige der Wesentlichen Merkmale des Produkts durch Verfahren und Kriterien angemessen bewertet werden, die bereits in anderen harmonisierten technischen Spezifikationen

oder in den Leitlinien gemäß Artikel 66 Absatz 3 festgelegt wurden oder die gemäß Artikel 9 der Richtlinie 89/106/EWG vor dem 1. Juli 2013 im Rahmen der Ausstellung europäischer technischer Zulassungen verwendet wurden, so werden diese vorhandenen Verfahren und Kriterien als Bestandteile in dem Europäischen Bewertungsdokument verwendet.

Artikel 25 Formale Einwände gegen Europäische Bewertungsdokumente

(1) Ist ein Mitgliedstaat oder die Kommission der Auffassung, dass ein Europäisches Bewertungsdokument den in Bezug auf die Grundanforderungen an Bauwerke zu erfüllenden Anforderungen nach Anhang I nicht vollständig entspricht, so befasst der betreffende Mitgliedstaat oder die Kommission den Ständigen Ausschuss für das Bauwesen unter Angabe der Gründe mit dieser Angelegenheit. Der Ständige Ausschuss für das Bauwesen nimmt nach Konsultation der Organisation Technischer Bewertungsstellen umgehend dazu Stellung.

(2) Anhand der Stellungnahme des Ständigen Ausschusses für das Bauwesen beschließt die Kommission, ob die Fundstelle des betreffenden Europäischen Bewertungsdokuments im Amtsblatt der Europäischen Union zu veröffentlichen, nicht zu veröffentlichen, unter Vorbehalt zu veröffentlichen, zu belassen, unter Vorbehalt zu belassen oder zu streichen ist.

(3) Die Kommission unterrichtet die Organisation Technischer Bewertungsstellen entsprechend und gibt ihr erforderlichenfalls die Überarbeitung des betreffenden Europäischen Bewertungsdokuments auf.

Artikel 26 Europäische Technische Bewertung

(1) Die Europäische Technische Bewertung wird auf Antrag eines Herstellers von einer Technischen Bewertungsstelle auf der Grundlage eines Europäischen Bewertungsdokuments gemäß den in Artikel 21 und Anhang II festgelegten Verfahren ausgestellt.

Sofern ein Europäisches Bewertungsdokument vorliegt, kann eine Europäische Technische Bewertung auch dann ausgestellt werden, wenn ein Mandat für eine harmonisierte Norm erteilt wurde. Die Ausstellung kann bis zu dem von der Kommission nach Artikel 17 Absatz 5 festgelegten Beginn der Koexistenzperiode erfolgen.

(2) Eine Europäische Technische Bewertung enthält die zu erklärende Leistung nach Stufen oder Klassen oder in einer Beschreibung in Bezug auf diejenigen Wesentlichen Merkmale, auf die sich der Hersteller und die Technische Bewertungsstelle, die den Antrag für die Europäische Technische Bewertung erhält, für den erklärten Verwendungszweck geeinigt haben, und die für die Anwendung des Systems zur Bewertung und Überprüfung der Leistungsbeständigkeit erforderlichen technischen Angaben.

(3) Um die einheitliche Anwendung dieses Artikels sicherzustellen, erlässt die Kommission Durchführungsrechtsakte, in denen das Format der Europäischen Technischen Bewertung nach dem in Artikel 64 Absatz 2 genannten Verfahren festgelegt wird.

Artikel 27 Leistungsstufen oder -klassen

(1) Die Kommission kann delegierte Rechtsakte gemäß Artikel 60 erlassen, um Leistungsklassen in Bezug auf die Wesentlichen Merkmale von Bauprodukten festzulegen.

(2) Hat die Kommission Leistungsklassen in Bezug auf die Wesentlichen Merkmale von Bauprodukten festgelegt, so verwenden die europäischen Normungsgremien diese Leistungsklassen in den harmonisierten Normen. Die Organisation Technischer Bewertungsstellen verwendet diese Leistungsklassen soweit relevant in Europäischen Bewertungsdokumenten.

Legt die Kommission keine Leistungsklassen in Bezug auf die Wesentlichen Merkmale von Bauprodukten fest, so können die europäischen Normungsgremien Leistungsklassen auf der Grundlage eines geänderten Mandats in harmonisierten Normen festlegen.

(3) Wenn es in den entsprechenden Normungsaufträgen vorgesehen ist, legen die europäischen Normungsgremien in harmonisierten Normen Schwellenwerte in Bezug auf Wesentliche Merkmale und gegebenenfalls beabsichtigte Verwendungszwecke fest, denen die Bauprodukte in den Mitgliedstaaten genügen müssen.

(4) Haben die europäischen Normungsgremien in einer harmonisierten Norm Leistungsklassen festgelegt, so verwendet die Organisation

Technischer Bewertungsstellen diese Leistungsklassen in den Europäischen Bewertungsdokumenten, wenn sie für das Bauprodukt relevant sind.

Soweit zweckmäßig, kann die Organisation Technischer Bewertungsstellen mit Zustimmung der Kommission und nach Konsultation des Ständigen Ausschusses für das Bauwesen in dem Europäischen Bewertungsdokument Leistungsklassen und Schwellenwerte in Bezug auf diejenigen Wesentlichen Merkmale des Bauprodukts festlegen, die den vom Hersteller vorgesehenen Verwendungszweck betreffen.

(5) Die Kommission kann delegierte Rechtsakte gemäß Artikel 60 erlassen, um Bedingungen festzulegen, unter denen ein Bauprodukt ohne Prüfungen oder ohne weitere Prüfungen als einer bestimmten Leistungsstufe oder -klasse entsprechend gilt.

Legt die Kommission keine solchen Bedingungen fest, so können die europäischen Normungsgremien diese Bedingungen auf der Grundlage eines geänderten Mandats in harmonisierten Normen festlegen.

(6) Hat die Kommission Klassifizierungssysteme nach Absatz 1 festgelegt, so können die Mitgliedstaaten die Leistungsstufen oder -klassen, die Bauprodukte in Bezug auf ihre Wesentlichen Merkmale erfüllen müssen, nur in Übereinstimmung mit diesen Klassifizierungssystemen festlegen.

(7) Die europäischen Normungsgremien und die Organisation Technischer Bewertungsstellen achten den Regelungsbedarf der Mitgliedstaaten, wenn sie Schwellenwerte oder Leistungsklassen festlegen.

Artikel 28 Bewertung und Überprüfung der Leistungsbeständigkeit

(1) Die Bewertung und die Überprüfung der Leistungsbeständigkeit von Bauprodukten in Bezug auf ihre Wesentlichen Merkmale werden nach einem der in Anhang V enthaltenen Systeme durchgeführt.

(2) Unter Berücksichtigung insbesondere der Auswirkungen auf die Gesundheit und Sicherheit von Menschen und auf die Umwelt legt die Kommission in delegierten Rechtsakten gemäß Artikel 60 fest, welches System beziehungsweise welche Systeme für welches Bauprodukt oder für welche Familie von Bauprodukten oder für ein bestimmtes Wesentliches Merkmal anzuwenden ist beziehungsweise sind, und kann eine

getroffene Festlegung ändern. Dabei berücksichtigt die Kommission auch die dokumentierten Erfahrungen, die von den einzelstaatlichen Behörden in Bezug auf die Marktüberwachung mitgeteilt wurden.

Dabei gibt die Kommission dem beziehungsweise den jeweils am wenigsten aufwendigen System(en), die mit der Erfüllung aller Grundanforderungen an Bauwerke vereinbar sind, den Vorzug.

(3) Das auf diese Weise bestimmte System beziehungsweise die auf diese Weise bestimmten Systeme werden in den Mandaten für harmonisierte Normen und in den harmonisierten technischen Spezifikationen angegeben.

Kapitel V – Technische Bewertungsstellen

Artikel 29 Benennung, Überwachung und Begutachtung Technischer Bewertungsstellen

(1) Die Mitgliedstaaten können in ihrem Hoheitsgebiet insbesondere für einen oder mehrere der in Anhang IV Tabelle 1 aufgeführten Produktbereiche Technische Bewertungsstellen benennen.

Mitgliedstaaten, die eine Technische Bewertungsstelle benannt haben, teilen den anderen Mitgliedstaaten und der Kommission deren Namen und Anschrift sowie die Produktbereiche mit, für die diese Stelle benannt wurde.

(2) Die Kommission macht das Verzeichnis der Technischen Bewertungsstellen ▶ C1 unter Angabe der Produktbereiche, für die sie benannt worden sind, in elektronischer Weise ◀ öffentlich zugänglich, wobei sie sich bemüht, größtmögliche Transparenz zu erreichen.

Die Kommission macht etwaige Aktualisierungen dieses Verzeichnisses öffentlich zugänglich.

(3) Die Mitgliedstaaten überwachen die Tätigkeiten und die Kompetenz der von ihnen benannten Technischen Bewertungsstellen und begutachten sie anhand der jeweiligen Anforderungen nach Anhang IV Tabelle 2.

Die Mitgliedstaaten unterrichten die Kommission über ihre nationalen Verfahren für die Benennung von Technischen Bewertungsstellen, über die Überwachung ihrer Tätigkeit und Kompetenz sowie über diesbezügliche Änderungen.

(4) Die Kommission legt nach Konsultation des Ständigen Ausschusses für das Bauwesen Leitlinien für die Durchführung der Begutachtung von Technischen Bewertungsstellen fest.

Artikel 30 Anforderungen an Technische Bewertungsstellen

(1) Eine Technische Bewertungsstelle führt in einem Produktbereich, für den sie benannt wurde, Bewertungen durch und stellt die entsprechende Europäische Technische Bewertung aus.

Die Technische Bewertungsstelle muss die in Anhang IV Tabelle 2 genannten Anforderungen in dem Bereich, für den sie benannt wurde, erfüllen.

(2) Eine Technische Bewertungsstelle macht ihr Organigramm und die Namen der Mitglieder ihrer internen Beschlussgremien öffentlich zugänglich.

(3) Erfüllt eine Technische Bewertungsstelle die Anforderungen nach Absatz 1 nicht mehr, so widerruft der Mitgliedstaat die Benennung dieser Technischen Bewertungsstelle für den relevanten Produktbereich und unterrichtet die Kommission und die übrigen Mitgliedstaaten entsprechend.

Artikel 31 Koordinierung Technischer Bewertungsstellen

(1) Die Technischen Bewertungsstellen gründen eine Organisation für technische Bewertung.

(2) Die Organisation Technischer Bewertungsstellen gilt als Stelle, die ein Ziel von allgemeinem europäischen Interesse im Sinne des Artikels 162 der Verordnung (EG, Euratom) Nr. 2342/2002 der Kommission vom 23. Dezember 2002 mit Durchführungsbestimmungen zur Verordnung (EG, Euratom) Nr. 1605/2002 des Rates über die Haushaltsordnung für den Gesamthaushaltsplan der Europäischen Gemeinschaften (15) verfolgt.

(3) Die gemeinsamen Kooperationsziele und die administrativen und finanztechnischen Bedingungen für die der Organisation Technischer Bewertungsstellen gewährten Finanzhilfen können in einer Partnerschaftsrahmenvereinbarung festgelegt werden, die zwischen der Kommission und der Organisation Technischer Bewertungsstellen gemäß der Verordnung (EG, Euratom) Nr. 1605/2002 des Rates vom 25. Juni

2002 über die Haushaltsordnung für den Gesamthaushaltsplan der Europäischen Gemeinschaften (16) (Haushaltsordnung) und der Verordnung (EG, Euratom) Nr. 2342/2002 zu schließen ist. Das Europäische Parlament und der Rat werden über den Abschluss einer solchen Vereinbarung unterrichtet.

(4) Die Organisation Technischer Bewertungsstellen nimmt zumindest folgende Aufgaben wahr:

a) Organisation der Koordinierung der Technischen Bewertungsstellen sowie erforderlichenfalls Gewährleistung der Zusammenarbeit und der Beratung mit anderen Interessengruppen;

b) Sicherstellung des Austauschs von Beispielen bewährter Verfahrensweisen zwischen den Technischen Bewertungsstellen, um eine größere Effizienz zu fördern und die Dienstleistungen für die Industrie zu verbessern;

c) Koordinierung der Anwendung der Verfahren gemäß Artikel 21 und Anhang II sowie Bereitstellung der erforderlichen Unterstützung;

d) Erstellung und Annahme Europäischer Bewertungsdokumente;

e) Information der Kommission über alle Fragen im Zusammenhang mit der Ausarbeitung Europäischer Bewertungsdokumente sowie über alle Aspekte im Zusammenhang mit der Auslegung der Verfahren gemäß Artikel 21 und Anhang II und Vorlage von Verbesserungsvorschlägen an die Kommission auf der Grundlage der Erfahrungen;

f) Mitteilung von Bemerkungen zu einer Europäischen Bewertungsstelle, die ihre Aufgaben nach den Verfahren gemäß Artikel 21 und Anhang II nicht erfüllt, an die Kommission und an den Mitgliedstaat, der die Technische Bewertungsstelle benannt hat;

g) Gewährleistung, dass angenommene Europäische Bewertungsdokumente und Fundstellen Europäischer Technischer Bewertungen der Öffentlichkeit zur Verfügung stehen.

Die Organisation Technischer Bewertungsstellen verfügt für diese Aufgaben über ein Sekretariat.

(5) Die Mitgliedstaaten stellen sicher, dass die Technischen Bewertungsstellen die Organisation Technischer Bewertungsstellen durch finanzielle und personelle Mittel unterstützen.

Artikel 32 Finanzierung durch die Union

(1) Der Organisation Technischer Bewertungsstellen können Finanzhilfen der Union zur Durchführung der Aufgaben nach Artikel 31 Absatz 4 gewährt werden.

(2) Die Haushaltsbehörde setzt die Mittel, die für die in Artikel 31 Absatz 4 genannten Aufgaben bereitgestellt werden, jährlich innerhalb der durch den geltenden Finanzrahmen gesetzten Grenzen fest.

Artikel 33 Finanzierungsmodalitäten

(1) Die Finanzierung durch die Union erfolgt ohne Aufforderung zur Einreichung von Vorschlägen an die Organisation Technischer Bewertungsstellen für die Durchführung der Aufgaben nach Artikel 31 Absatz 4, für die im Einklang mit der Haushaltsordnung Finanzhilfen gewährt werden können.

(2) Die Finanzierung der Tätigkeiten des Sekretariats der Organisation Technischer Bewertungsstellen nach Artikel 31 Absatz 4 kann auf der Grundlage von Betriebskostenzuschüssen erfolgen. Bei wiederholter Gewährung von Betriebskostenzuschüssen wird deren Betrag nicht automatisch gesenkt.

(3) In den Vereinbarungen über Finanzhilfen kann eine pauschale Deckung der Gemeinkosten des Empfängers bis zu einer Obergrenze von 10 % der gesamten förderfähigen unmittelbaren Kosten von Maßnahmen vorgesehen werden, es sei denn, die mittelbaren Kosten des Empfängers werden durch einen aus dem Gesamthaushaltsplan der Union finanzierten Betriebskostenzuschuss gedeckt.

Artikel 34 Verwaltung und Überwachung

(1) Die Mittel, die die Haushaltsbehörde zur Finanzierung von Aufgaben nach Artikel 31 Absatz 4 bereitstellt, können auch zur Deckung der Verwaltungsausgaben für Vorbereitung, Überwachung, Inspektion, Audit und Bewertung verwendet werden, die unmittelbar für die Verwirklichung der Ziele dieser Verordnung erforderlich sind; dabei handelt es sich insbesondere um Studien, Sitzungen, Informations- und Publikationsmaßnahmen, Ausgaben für Informatiknetze zum Informationsaustausch sowie alle sonstigen Ausgaben für Verwaltungshilfe und technische Unterstützung, die die Kommission für Tätigkeiten, die

mit der Ausarbeitung und Annahme Europäischer Bewertungsdokumente und der Ausstellung Europäischer Technischer Bewertungen verknüpft sind, in Anspruch nehmen kann.

(2) Die Kommission bewertet die Relevanz der durch die Union finanzierten Aufgaben nach Artikel 31 Absatz 4 für die Erfordernisse der politischen und gesetzgebenden Maßnahmen der Union und informiert das Europäische Parlament und den Rat spätestens am 1. Januar 2017 und danach alle vier Jahre über die Ergebnisse dieser Bewertung.

Artikel 35 Schutz der finanziellen Interessen der Union

(1) Die Kommission stellt sicher, dass bei der Durchführung von Tätigkeiten, die gemäß dieser Verordnung finanziert werden, die finanziellen Interessen der Union durch vorbeugende Maßnahmen gegen Betrug, Korruption und andere rechtswidrige Handlungen geschützt werden; sie gewährleistet dies durch wirksame Kontrollen und die Rückforderung zu Unrecht gezahlter Beträge und, falls Unregelmäßigkeiten festgestellt werden, durch wirksame, angemessene und abschreckende Sanktionen gemäß der Verordnung (EG, Euratom) Nr. 2988/95 des Rates vom 18. Dezember 1995 über den Schutz der finanziellen Interessen der Europäischen Gemeinschaften (17), der Verordnung (Euratom, EG) Nr. 2185/96 des Rates vom 11. November 1996 betreffend die Kontrollen und Überprüfungen vor Ort durch die Kommission zum Schutz der finanziellen Interessen der Europäischen Gemeinschaften vor Betrug und anderen Unregelmäßigkeiten (18) und der Verordnung (EG) Nr. 1073/1999 des Europäischen Parlaments und des Rates vom 25. Mai 1999 über die Untersuchungen des Europäischen Amtes für Betrugsbekämpfung (OLAF) (19).

(2) Für die gemäß dieser Verordnung finanzierten Tätigkeiten bedeutet der Begriff der Unregelmäßigkeit gemäß Artikel 1 Absatz 2 der Verordnung (EG, Euratom) Nr. 2988/95 jede Verletzung einer Bestimmung des Unionsrechts oder jede Nichteinhaltung vertraglicher Verpflichtungen als Folge einer Handlung oder Unterlassung eines Wirtschaftsakteurs, die durch eine ungerechtfertigte Ausgabe einen Schaden für den Gesamthaushaltsplan der Union oder von ihr verwaltete Haushalte bewirkt oder bewirken würde.

(3) Alle gemäß dieser Verordnung geschlossenen Vereinbarungen und Verträge sehen eine Überwachung und Finanzkontrolle durch die

Kommission oder einen von ihr bevollmächtigten Vertreter sowie Prüfungen durch den Rechnungshof vor, die, wenn erforderlich, an Ort und Stelle durchgeführt werden können.

Kapitel VI – Vereinfachte Verfahren

Artikel 36 Verwendung einer Angemessenen Technischen Dokumentation

(1) Bei der Bestimmung des Produkttyps kann ein Hersteller die Typprüfung oder die Typberechnung durch eine Angemessene Technische Dokumentation ersetzen, mit der Folgendes nachgewiesen wird:

a) Bei dem Bauprodukt, das der Hersteller in Verkehr bringt, kann im Hinblick auf eines oder mehrere seiner Wesentlichen Merkmale gemäß den Bedingungen der jeweiligen harmonisierten technischen Spezifikation beziehungsweise eines Beschlusses der Kommission ohne Prüfung oder Berechnung beziehungsweise ohne weitere Prüfung oder Berechnung davon ausgegangen werden, dass es einer bestimmten Leistungsstufe oder -klasse entspricht;

b) das von einer harmonisierten Norm erfasste Bauprodukt, das er in Verkehr bringt, entspricht dem Produkttyp eines anderen Bauprodukts, das von einem anderen Hersteller hergestellt wird und bereits gemäß der jeweiligen harmonisierten Norm geprüft wurde. Wenn diese Bedingungen erfüllt sind, ist der Hersteller berechtigt, die Leistungserklärung auf der Grundlage aller oder eines Teils der Prüfergebnisse dieses anderen Produkts zu erstellen. Der Hersteller darf die von einem anderen Hersteller gewonnenen Prüfergebnisse erst dann verwenden, wenn er die Genehmigung des betreffenden Herstellers, der für Genauigkeit, Zuverlässigkeit und Stabilität dieser Prüfergebnisse verantwortlich bleibt, eingeholt hat; oder

c) das von einer harmonisierten technischen Spezifikation erfasste Bauprodukt, das er in Verkehr bringt, ist ein System aus Bauteilen, die er ordnungsgemäß entsprechend der präzisen Anleitung des System- oder Bauteileanbieters montiert, der das System oder Bauteil bereits im Hinblick auf eines oder mehrere seiner Wesentlichen Merkmale gemäß der jeweiligen harmonisierten technischen Spezifikation geprüft hat. Wenn diese Bedingungen erfüllt sind, ist der Hersteller berechtigt, die Leistungserklärung auf der Grundlage aller oder eines Teils der Prüfergebnisse des an ihn abgegebenen Systems oder Bauteils zu erstellen. Der Hersteller darf die von einem anderen Hersteller oder einem Systemanbieter gewonnenen Prüfergebnisse erst dann verwenden, wenn er die Genehmigung des betreffenden Herstellers oder Systemanbieters, der für Genauigkeit, Zuverlässigkeit und Stabilität dieser Prüfergebnisse verantwortlich bleibt, eingeholt hat.

(2) Gehört das in Absatz 1 genannte Bauprodukt zu einer Familie von Bauprodukten, für die zur Bewertung und Überprüfung der Leistungsbeständigkeit System 1 + oder 1 des Anhangs V anzuwenden ist, wird die in Absatz 1 genannte Angemessene Technische Dokumentation von einer notifizierten Produktzertifizierungsstelle gemäß Anhang V überprüft.

Artikel 37 Anwendung vereinfachter Verfahren durch Kleinstunternehmen

Kleinstunternehmen, die von einer harmonisierten Norm erfasste Bauprodukte herstellen, können die Bestimmung des Produkttyps mittels Typprüfung bei den gemäß Anhang V anwendbaren Systemen 3 und 4 durch Verfahren ersetzen, die von den in der anwendbaren harmonisierten Norm vorgesehenen Verfahren abweichen. Diese Hersteller können auch Bauprodukte, auf die System 3 Anwendung findet, gemäß den Bestimmungen für System 4 behandeln. Wendet ein Hersteller diese vereinfachten Verfahren an, weist er mittels einer Spezifischen Technischen Dokumentation die Konformität des Bauprodukts mit den geltenden Anforderungen sowie die Gleichwertigkeit der verwendeten Verfahren mit den in den harmonisierten Normen festgelegten Verfahren nach.

Artikel 38 Andere vereinfachte Verfahren

(1) Im Falle von Bauprodukten, die von einer harmonisierten Norm erfasst sind und die individuell gefertigt wurden oder die im Rahmen einer Nicht-Serienfertigung auf einen besonderen Auftrag hin als Sonderanfertigung gefertigt wurden, und die in einem einzelnen, bestimmten Bauwerk eingebaut werden, kann der Hersteller den Leistungsbewertungsteil des gemäß Anhang 5 anzuwendenden Systems durch eine Spezifische Technische Dokumentation ersetzen, mit der die Konformität des Produkts mit den geltenden Anforderungen sowie die

Gleichwertigkeit der angewendeten Verfahren mit den in den harmonisierten Normen festgelegten Verfahren nachgewiesen wird.

(2) Gehört das in Absatz 1 genannte Bauprodukt zu einer Familie von Bauprodukten, für die zur Bewertung und Überprüfung der Leistungsbeständigkeit System 1 + oder 1 des Anhangs V anzuwenden ist, wird die Spezifische Technische Dokumentation von einer notifizierten Produktzertifizierungsstelle gemäß Anhang V überprüft.

Kapitel VII – Notifizierende Behörden und notifizierte Stellen

Artikel 39 Notifizierung

Die Mitgliedstaaten notifizieren der Kommission und den übrigen Mitgliedstaaten die Stellen, die befugt sind, Aufgaben eines unabhängigen Dritten zur Bewertung und Überprüfung der Leistungsbeständigkeit gemäß dieser Verordnung wahrzunehmen (im Folgenden „notifizierte Stellen").

Artikel 40 Notifizierende Behörden

(1) Die Mitgliedstaaten benennen eine notifizierende Behörde, die dafür verantwortlich ist, die Verfahren einzurichten und durchzuführen, die für die Begutachtung und Notifizierung derjenigen Stellen erforderlich sind, die die Befugnis haben, für die Zwecke dieser Verordnung Aufgaben eines unabhängigen Dritten zur Bewertung und Überprüfung der Leistungsbeständigkeit wahrzunehmen, und die ferner für die Überwachung der notifizierten Stellen, auch im Hinblick auf die Einhaltung von Artikel 43, verantwortlich ist.

(2) Die Mitgliedstaaten können entscheiden, dass die Begutachtung und Überwachung nach Absatz 1 durch ihre nationalen Akkreditierungsstellen im Sinne von und im Einklang mit der Verordnung (EG) Nr. 765/2008 erfolgt.

(3) Falls die notifizierende Behörde die in Absatz 1 genannte Begutachtung, Notifizierung oder Überwachung an eine nicht hoheitliche Stelle delegiert oder ihr auf andere Weise überträgt, so muss diese Stelle eine juristische Person sein und den Anforderungen des Artikels 41 entspre-

chend genügen. Außerdem muss diese Stelle Vorsorge zur Deckung von aus ihrer Tätigkeit entstehenden Haftungsansprüchen treffen.

(4) Die notifizierende Behörde trägt die volle Verantwortung für die Tätigkeiten, die von der in Absatz 3 genannten Stelle durchgeführt werden.

Artikel 41 Anforderungen an notifizierende Behörden

(1) Die notifizierende Behörde wird so eingerichtet, dass es nicht zu Interessenkonflikten mit den notifizierten Stellen kommt.

(2) Die notifizierende Behörde gewährleistet durch ihre Organisation und Arbeitsweise, dass bei der Ausübung ihrer Tätigkeit Objektivität und Unparteilichkeit gewahrt sind.

(3) Die notifizierende Behörde wird so organisiert, dass jede Entscheidung über die Notifizierung einer Stelle, die die Befugnis erhalten soll, Aufgaben eines unabhängigen Dritten zur Bewertung und Überprüfung der Leistungsbeständigkeit auszuführen, von fachkundigen Personen getroffen wird, die nicht mit den Personen identisch sind, welche die Begutachtung durchgeführt haben.

(4) Die notifizierende Behörde darf weder Tätigkeiten, die von notifizierten Stellen ausgeführt werden, noch Beratungsdienstleistungen auf einer gewerblichen oder wettbewerblichen Basis anbieten oder erbringen.

(5) Die notifizierende Behörde stellt die Vertraulichkeit der erlangten Informationen sicher.

(6) Der notifizierenden Behörde stehen fachkundige Mitarbeiter in ausreichender Zahl zur Verfügung, so dass sie ihre Aufgaben ordnungsgemäß wahrnehmen kann.

Artikel 42 Informationspflicht der Mitgliedstaaten

Die Mitgliedstaaten unterrichten die Kommission über ihre nationalen Verfahren zur Begutachtung und Notifizierung von Stellen, die die Befugnis erhalten sollen, Aufgaben eines unabhängigen Dritten zur Bewertung und Überprüfung der Leistungsbeständigkeit auszuführen, und zur Überwachung notifizierter Stellen sowie über diesbezügliche Änderungen.

Die Kommission macht diese Informationen der Öffentlichkeit zugänglich.

Artikel 43 Anforderungen an notifizierte Stellen

(1) Eine notifizierte Stelle hat für die Zwecke der Notifizierung die Anforderungen der Absätze 2 bis 11 zu erfüllen.

(2) Eine notifizierte Stelle muss nach nationalem Recht gegründet und mit Rechtspersönlichkeit ausgestattet sein.

(3) Bei einer notifizierten Stelle muss es sich um einen unabhängigen Dritten handeln, der mit der Einrichtung oder dem Bauprodukt, die beziehungsweise das er bewertet, in keinerlei Verbindung steht.

Eine Stelle, die einem Wirtschaftsverband oder einem Fachverband angehört und die Bauprodukte bewertet, an deren Entwicklung, Herstellung, Bereitstellung, Montage, Verwendung oder Wartung Unternehmen beteiligt sind, die von diesem Verband vertreten werden, kann unter der Bedingung, dass ihre Unabhängigkeit sowie die Abwesenheit jedweder Interessenskonflikte nachgewiesen ist, als solche Stelle gelten.

(4) Eine notifizierte Stelle, ihre oberste Leitungsebene und die Mitarbeiter, die für die Ausführung der Aufgaben eines unabhängigen Dritten zur Bewertung und Überprüfung der Leistungsbeständigkeit zuständig sind, dürfen nicht mit dem Konstrukteur, Hersteller, Lieferanten, Installateur, Käufer, Eigentümer, Verwender oder Wartungsbetrieb der zu bewertenden Bauprodukte identisch oder Bevollmächtigter einer dieser Parteien sein. Dies schließt die Verwendung von bereits bewerteten Produkten, die für die Geschäftstätigkeit der notifizierten Stelle oder für den Gebrauch von Produkten zu persönlichen Zwecken notwendig sind, nicht aus.

Eine notifizierte Stelle, ihre oberste Leitungsebene und die Mitarbeiter, die für die Ausführung der Aufgaben eines unabhängigen Dritten zur Bewertung und Überprüfung der Leistungsbeständigkeit zuständig sind, wirken weder direkt an Entwicklung, Herstellung beziehungsweise Bau, Vermarktung, Installation, Verwendung oder Wartung dieser Bauprodukte mit, noch vertreten sie die an diesen Tätigkeiten beteiligten Parteien. Sie dürfen sich nicht mit Tätigkeiten befassen, die ihre Unabhängigkeit bei der Beurteilung und ihre Integrität im Zusammenhang mit den Aufgaben, für die sie notifiziert wurden, beeinträchtigen können. Dies gilt besonders für Beratungsdienstleistungen.

Eine notifizierte Stelle gewährleistet, dass Tätigkeiten ihrer Zweigstellen oder Unterauftragnehmer die Vertraulichkeit, Objektivität und Unparteilichkeit ihrer Bewertungs- und/oder Überprüfungsarbeit nicht beeinträchtigen.

(5) Eine notifizierte Stelle und ihre Mitarbeiter führen die Aufgaben eines unabhängigen Dritten zur Bewertung und Überprüfung der Leistungsbeständigkeit mit der größtmöglichen professionellen Integrität und der erforderlichen fachlichen Kompetenz in dem betreffenden Bereich aus; sie dürfen keinerlei Einflussnahme, insbesondere finanzieller Art, ausgesetzt sein, die sich auf ihre Beurteilung oder die Ergebnisse ihrer Bewertungs- und/oder Überprüfungsarbeit auswirken könnte und speziell von Personen oder Personengruppen ausgeht, die ein Interesse am Ergebnis dieser Tätigkeiten haben.

(6) Eine notifizierte Stelle muss in der Lage sein, alle Aufgaben eines unabhängigen Dritten zur Bewertung und Überprüfung der Leistungsbeständigkeit auszuführen, die ihr gemäß Anhang V übertragen werden und für die sie notifiziert wurde, gleichgültig, ob diese Aufgaben von der notifizierten Stelle selbst, in ihrem Auftrag oder unter ihrer Verantwortung ausgeführt werden.

Die notifizierte Stelle verfügt jederzeit, für jedes System zur Bewertung und Überprüfung der Leistungsbeständigkeit sowie für jede Art oder Kategorie von Bauprodukten, Wesentlichen Merkmalen und Aufgaben, für die sie notifiziert wurde, über Folgendes:

a) die erforderlichen Mitarbeiter mit Fachkenntnis und ausreichender einschlägiger Erfahrung, die zur Ausführung der Aufgaben eines unabhängigen Dritten zur Bewertung und Überprüfung der Leistungsbeständigkeit erforderlich sind;

b) die erforderliche Beschreibung von Verfahren, nach denen die Bewertung der Leistung durchgeführt wird und die die Transparenz und die Wiederholbarkeit dieser Verfahren sicherstellt; sie verfügt über eine zweckmäßige Strategie und geeignete Verfahren, bei denen zwischen den Aufgaben, die sie als notifizierte Stelle wahrnimmt, und anderen Tätigkeiten unterschieden wird;

c) die erforderlichen Verfahren zur Durchführung ihrer Tätigkeiten unter gebührender Berücksichtigung der Größe eines Unternehmens, der Branche, in der es tätig ist, seiner Struktur, dem Grad an Komplexität der jeweiligen Produkttechnologie und der Tatsache, dass es sich bei dem Produktionsprozess um eine Massenfertigung oder Serienproduktion handelt.

Einer notifizierten Stelle stehen die erforderlichen Mittel zur angemessenen Erledigung der technischen und administrativen Aufgaben zur Verfügung, die mit der Tätigkeit, für die sie notifiziert wurde, verbunden sind, und sie hat Zugang zu allen benötigten Ausrüstungen oder Einrichtungen.

(7) Die Mitarbeiter, die für die Ausführung der Tätigkeiten zuständig sind, für die die Stelle notifiziert wurde, verfügen über Folgendes:

a) eine fundierte Fach- und Berufsausbildung, die alle Tätigkeiten eines unabhängigen Dritten zur Bewertung und Überprüfung der Leistungsbeständigkeit in dem Bereich umfasst, für den die Stelle notifiziert wurde;

b) eine zufrieden stellende Kenntnis der Anforderungen, die mit den durchzuführenden Bewertungen und Überprüfungen verbunden sind, und die entsprechende Befugnis, solche Tätigkeiten auszuführen;

c) angemessene Kenntnisse und angemessenes Verständnis der geltenden harmonisierten Normen und der einschlägigen Bestimmungen der Verordnung;

d) die erforderliche Fähigkeit zur Erstellung der Bescheinigungen, Protokolle und Berichte als Nachweis für durchgeführte Bewertungen und Überprüfungen.

(8) Die Unparteilichkeit der notifizierten Stelle, ihrer obersten Leitungsebene und ihres Bewertungspersonals wird garantiert.

Die Vergütung der obersten Leitungsebene und des Bewertungspersonals der notifizierten Stelle darf sich nicht nach der Anzahl der durchgeführten Bewertungen oder deren Ergebnissen richten.

(9) Eine notifizierte Stelle schließt eine Haftpflichtversicherung ab, sofern die Haftpflicht nicht aufgrund der nationalen Rechtsvorschriften vom Mitgliedstaat übernommen wird oder der Mitgliedstaat selbst unmittelbar für die durchgeführte Bewertung und/oder Überprüfung verantwortlich ist.

(10) Informationen, von denen Mitarbeiter der notifizierten Stelle bei der Durchführung ihrer Aufgaben gemäß Anhang V Kenntnis erlangen, unterliegen der beruflichen Schweigepflicht, außer gegenüber den

zuständigen Verwaltungsbehörden des Mitgliedstaats, in dem sie ihre Tätigkeiten ausüben. Eigentumsrechte werden geschützt.

(11) Eine notifizierte Stelle wirkt an der einschlägigen Normungsarbeit und der Arbeit der nach dieser Verordnung eingerichteten Koordinierungsgruppe notifizierter Stellen mit beziehungsweise sorgt dafür, dass ihr Bewertungspersonal darüber informiert wird, und wendet die von dieser Gruppe erarbeiteten verwaltungsmäßigen Entscheidungen und Dokumente als allgemeine Leitlinie an.

Artikel 44 Konformitätsvermutung

Bei einer notifizierten Stelle, die die Befugnis erhalten soll, Aufgaben eines unabhängigen Dritten zur Bewertung und Überprüfung der Leistungsbeständigkeit auszuführen, die nachweist, dass sie die Kriterien der einschlägigen harmonisierten Normen, deren Fundstellen im Amtsblatt der Europäischen Union veröffentlicht worden sind, oder von Teilen davon erfüllt, wird davon ausgegangen, dass sie die Anforderungen nach Artikel 43 insoweit erfüllt, als die anwendbaren harmonisierten Normen diese Anforderungen abdecken.

Artikel 45 Zweigstellen und Unterauftragnehmer von notifizierten Stellen

(1) Vergibt eine notifizierte Stelle bestimmte mit den Tätigkeiten eines unabhängigen Dritten zur Bewertung und Überprüfung der Leistungsbeständigkeit verbundene Aufgaben an Unterauftragnehmer oder überträgt sie diese einer Zweigstelle, so stellt sie sicher, dass der Unterauftragnehmer oder die Zweigstelle die Anforderungen nach Artikel 43 erfüllt, und unterrichtet die notifizierende Behörde entsprechend.

(2) Die notifizierte Stelle trägt die volle Verantwortung für die Arbeiten, die von Unterauftragnehmern oder Zweigstellen ausgeführt werden, unabhängig davon, wo diese niedergelassen sind.

(3) Arbeiten dürfen nur dann an einen Unterauftragnehmer vergeben oder einer Zweigstelle übertragen werden, wenn der Auftraggeber dem zustimmt.

(4) Die notifizierte Stelle hält die einschlägigen Unterlagen über die Begutachtung der Qualifikationen jedes Unterauftragnehmers oder der

Zweigstelle und die von diesen gemäß Anhang V ausgeführten Aufgaben für die notifizierende Behörde bereit.

Artikel 46 Verwendung von Einrichtungen außerhalb des Prüflabors der notifizierten Stelle

(1) Auf Antrag des Herstellers und soweit dies aus technischen, wirtschaftlichen oder logistischen Gründen gerechtfertigt ist, können notifizierte Stellen die Prüfungen nach Anhang V für die Systeme 1+, 1 und 3 zur Bewertung und Überprüfung der Leistungsbeständigkeit durchführen oder unter ihrer Aufsicht durchführen lassen, und zwar entweder in den Fertigungsstätten selbst unter Verwendung der Prüfeinrichtungen des internen Labors des Herstellers oder nach vorheriger Zustimmung des Herstellers in einem externen Labor unter Verwendung der Prüfeinrichtungen dieses Labors.

Notifizierte Stellen, die diese Prüfungen durchführen, müssen ausdrücklich dazu ermächtigt werden, außerhalb ihrer eigenen akkreditierten Prüfeinrichtungen tätig zu werden.

(2) Bevor die notifizierte Stelle diese Prüfungen durchführt, vergewissert sie sich, dass die Anforderungen des Prüfverfahrens erfüllt sind, und stellt fest, ob

a) die Prüfeinrichtung über ein geeignetes Kalibrierungssystem verfügt und die Rückverfolgbarkeit der Messungen gewährleistet ist;

b) die Qualität der Prüfergebnisse gewährleistet ist.

Artikel 47 Anträge auf Notifizierung

(1) Damit eine Stelle die Befugnis erhält, Tätigkeiten eines unabhängigen Dritten zur Bewertung und Überprüfung der Leistungsbeständigkeit auszuführen, beantragt sie ihre Notifizierung bei der notifizierenden Behörde des Mitgliedstaats, in dem sie ansässig ist.

(2) Die Stelle legt dem Antrag eine Beschreibung der auszuführenden Tätigkeiten und der Bewertungs- und/oder Überprüfungsverfahren, für die sie Kompetenz beansprucht, sowie – wenn vorhanden – eine Akkreditierungsurkunde bei, die von der nationalen Akkreditierungsstelle gemäß der Verordnung (EG) Nr. 765/2008 ausgestellt wurde und in der diese bescheinigt, dass die Stelle die Anforderungen von Artikel 43 erfüllt.

(3) Kann die Stelle keine Akkreditierungsurkunde vorweisen, legt sie der notifizierenden Behörde als Nachweis alle Unterlagen vor, die erforderlich sind, um zu überprüfen, festzustellen und regelmäßig zu überwachen, ob sie die Anforderungen nach Artikel 43 erfüllt.

Artikel 48 Notifizierungsverfahren

(1) Die notifizierenden Behörden dürfen nur Stellen notifizieren, die die Anforderungen von Artikel 43 erfüllen.

(2) Sie unterrichten die Kommission und die übrigen Mitgliedstaaten, insbesondere mit Hilfe des elektronischen Notifizierungsinstruments, das von der Kommission entwickelt und verwaltet wird.

Da es für Fälle nach Anhang V Nummer 3 kein geeignetes elektronisches Instrument gibt, werden hierfür ausnahmsweise Notifizierungen in Papierform akzeptiert.

(3) Eine Notifizierung enthält vollständige Angaben zu den auszuführenden Aufgaben, die Fundstelle der einschlägigen harmonisierten technischen Spezifikation sowie – für die Zwecke des in Anhang V genannten Systems – die wesentlichen Merkmale, für die die Stelle kompetent ist.

Die Angabe der Fundstelle der einschlägigen harmonisierten technischen Spezifikation ist jedoch in den in Anhang V Nummer 3 aufgeführten Fällen nicht erforderlich.

(4) Beruht eine Notifizierung nicht auf einer Akkreditierungsurkunde gemäß Artikel 47 Absatz 2, legt die notifizierende Behörde der Kommission und den übrigen Mitgliedstaaten als Nachweis alle Unterlagen vor, die die Kompetenz der notifizierten Stelle und die getroffenen Regelungen bescheinigen, durch die sichergestellt ist, dass die Stelle regelmäßig überwacht wird und dauerhaft den Anforderungen nach Artikel 43 genügt.

(5) Die betreffende Stelle darf die Aufgaben einer notifizierten Stelle nur dann wahrnehmen, wenn weder die Kommission noch die übrigen Mitgliedstaaten innerhalb von zwei Wochen nach dieser Notifizierung, wenn eine Akkreditierungsurkunde vorliegt, oder innerhalb von zwei Monaten nach einer Notifizierung, wenn keine Akkreditierungsurkunde vorliegt, Einwände erhoben haben.

Als notifizierte Stelle für die Zwecke dieser Verordnung gelten nur solche Stellen.

(6) Jede später eintretende Änderung der Notifizierung wird den übrigen Mitgliedstaaten und der Kommission gemeldet.

Artikel 49 Kennnummern und Verzeichnis notifizierter Stellen

(1) Die Kommission weist jeder notifizierten Stelle eine Kennnummer zu.

Selbst wenn eine Stelle für mehrere Rechtsakte der Union notifiziert ist, erhält sie nur eine einzige Kennnummer.

(2) Die Kommission veröffentlicht das Verzeichnis der nach dieser Verordnung notifizierten Stellen samt den ihnen zugewiesenen Kennnummern und den Tätigkeiten, für die sie notifiziert wurden, insbesondere mit Hilfe des elektronischen Notifizierungsinstruments, das von der Kommission entwickelt und verwaltet wird.

Die Kommission sorgt für die Aktualisierung dieses Verzeichnisses.

Artikel 50 Änderungen der Notifizierung

(1) Falls eine notifizierende Behörde feststellt oder darüber unterrichtet wird, dass eine notifizierte Stelle die in Artikel 43 festgelegten Anforderungen nicht mehr erfüllt oder dass sie ihren Verpflichtungen nicht nachkommt, schränkt sie die Notifizierung gegebenenfalls ein, setzt sie aus oder widerruft sie, wobei sie das Ausmaß berücksichtigt, in dem diesen Anforderungen nicht genügt oder diesen Verpflichtungen nicht nachgekommen wurde. Sie unterrichtet unverzüglich die Kommission und die übrigen Mitgliedstaaten darüber, insbesondere mit Hilfe des elektronischen Notifizierungsinstruments, das von der Kommission entwickelt und verwaltet wird.

(2) Bei Widerruf, Einschränkung oder Aussetzung der Notifizierung oder wenn die notifizierte Stelle ihre Tätigkeit eingestellt hat, ergreift der notifizierende Mitgliedstaat geeignete Maßnahmen, um zu gewährleisten, dass die bei dieser Stelle anhängigen Vorgänge entweder von einer anderen notifizierten Stelle weiter bearbeitet oder für die zuständigen notifizierenden Behörden und Marktüberwachungsbehörden auf deren Verlangen bereitgehalten werden.

Kapitel VII – Notifizierende Behörden und notifizierte Stellen

Artikel 51 Anfechtung der Kompetenz notifizierter Stellen

(1) Die Kommission untersucht alle Fälle, in denen sie die Kompetenz einer notifizierten Stelle oder die dauerhafte Erfüllung der entsprechenden Anforderungen und Pflichten durch eine notifizierte Stelle anzweifelt oder ihr Zweifel daran zur Kenntnis gebracht werden.

(2) Der notifizierende Mitgliedstaat erteilt der Kommission auf Verlangen sämtliche Auskünfte über die Grundlage für die Notifizierung oder die Aufrechterhaltung der Kompetenzeinstufung der betreffenden Stelle.

(3) Die Kommission stellt sicher, dass alle im Verlauf ihrer Untersuchungen erlangten sensiblen Informationen vertraulich behandelt werden.

(4) Stellt die Kommission fest, dass eine notifizierte Stelle die Voraussetzungen für ihre Notifizierung nicht oder nicht mehr erfüllt, setzt sie den notifizierenden Mitgliedstaat davon in Kenntnis und fordert ihn auf, die erforderlichen Korrekturmaßnahmen zu treffen, einschließlich eines Widerrufs der Notifizierung, sofern dies nötig ist.

Artikel 52 Verpflichtungen der notifizierten Stellen in Bezug auf ihre Arbeit

(1) Notifizierte Stellen übernehmen Aufgaben eines unabhängigen Dritten zur Bewertung und Überprüfung der Leistungsbeständigkeit in Übereinstimmung mit den in Anhang V festgelegten Systemen.

(2) Bewertungen und Überprüfungen der Leistungsbeständigkeit werden in einer gegenüber dem Hersteller transparenten Weise und unter Wahrung der Verhältnismäßigkeit durchgeführt, wobei unnötige Belastungen der Wirtschaftsakteure vermieden werden. Die notifizierten Stellen üben ihre Tätigkeiten unter gebührender Berücksichtigung der Größe eines Unternehmens, der Branche, in der das Unternehmen tätig ist, seiner Struktur sowie des Grads der Komplexität der betroffenen Produkttechnologie und des Massen- oder Seriencharakters des Fertigungsprozesses aus.

Hierbei gehen die notifizierten Stellen allerdings so streng vor, wie dies gemäß den Bestimmungen dieser Verordnung und der Bedeutung des Produkts für die Erfüllung aller Grundanforderungen an Bauwerke erforderlich ist.

(3) Stellt eine notifizierte Stelle im Verlauf der Erstinspektion des Werks und der werkseigenen Produktionskontrolle fest, dass der Hersteller die Leistungsbeständigkeit des hergestellten Produkts nicht gewährleistet hat, fordert sie den Hersteller auf, angemessene Korrekturmaßnahmen zu ergreifen, und stellt keine Bescheinigung aus.

(4) Stellt eine notifizierte Stelle im Verlauf der Überwachung, die der Überprüfung der Leistungsbeständigkeit des hergestellten Produkts dient, fest, dass das Bauprodukt nicht mehr dieselbe Leistung aufweist wie der Produkttyp, fordert sie den Hersteller auf, angemessene Korrekturmaßnahmen zu ergreifen, und setzt, falls nötig, die Bescheinigung aus oder widerruft sie.

(5) Werden keine Korrekturmaßnahmen ergriffen oder zeigen sie nicht die nötige Wirkung, versieht die notifizierte Stelle gegebenenfalls alle Bescheinigungen mit Vorbehalten, setzt sie aus oder widerruft sie.

Artikel 53 Meldepflichten der notifizierten Stellen

(1) Die notifizierten Stellen melden der notifizierenden Behörde

a) jede Verweigerung, Einschränkung, Aussetzung oder jeden Widerruf von Bescheinigungen,

b) alle Umstände, die Folgen für den Geltungsbereich und die Bedingungen der Notifizierung haben,

c) jedes Auskunftsersuchen in Bezug auf ihre Tätigkeiten zur Bewertung und/oder Überprüfung der Leistungsbeständigkeit, das sie von den Marktüberwachungsbehörden erhalten haben,

d) auf Verlangen, welchen Tätigkeiten sie im Geltungsbereich ihrer Notifizierung in Übereinstimmung mit den Systemen zur Bewertung und Überprüfung der Leistungsbeständigkeit als unabhängige Dritte nachgegangen sind und welche anderen Tätigkeiten, einschließlich grenzüberschreitender Tätigkeiten und Vergabe von Unteraufträgen, sie ausgeführt haben.

(2) Die notifizierten Stellen übermitteln den anderen gemäß dieser Verordnung notifizierten Stellen, die als unabhängige Dritte in Übereinstimmung mit den Systemen zur Bewertung und Überprüfung der Leistungsbeständigkeit ähnlichen Aufgaben nachgehen und für Bauprodukte, die von derselben harmonisierten technischen Spezifikation erfasst sind, einschlägige Informationen über die negativen und auf

Verlangen auch über die positiven Ergebnisse dieser Bewertungen und/
oder Überprüfungen.

Artikel 54 Erfahrungsaustausch

Die Kommission organisiert den Erfahrungsaustausch zwischen den
nationalen Behörden der Mitgliedstaaten, die für die Notifizierungspolitik zuständig sind.

Artikel 55 Koordinierung der notifizierten Stellen

Die Kommission stellt sicher, dass eine zweckmäßige Koordinierung
und Kooperation zwischen den gemäß Artikel 39 notifizierten Stellen
in Form einer Gruppe notifizierter Stellen eingerichtet und ordnungsgemäß weitergeführt wird.

Die Mitgliedstaaten stellen sicher, dass sich die von ihnen notifizierten
Stellen an der Arbeit dieser Gruppe direkt oder über benannte Bevollmächtigte beteiligen, oder stellen sicher, dass die Bevollmächtigten der
notifizierten Stellen darüber unterrichtet werden.

Kapitel VIII – Marktüberwachung und Schutzklauselverfahren

Artikel 56 Verfahren zur Behandlung von Bauprodukten, mit denen eine Gefahr verbunden ist, auf nationaler Ebene

(1) Sind die Marktüberwachungsbehörden eines Mitgliedstaats gemäß
Artikel 20 der Verordnung (EG) Nr. 765/2008 tätig geworden oder haben sie hinreichenden Grund zu der Annahme, dass ein Bauprodukt,
das unter eine harmonisierte Norm fällt oder für das eine Europäische
Technische Bewertung ausgestellt wurde, die erklärte Leistung nicht
erbringt und die Einhaltung der unter diese Verordnung fallenden
Grundanforderungen an Bauwerke gefährdet, evaluieren sie, ob das betreffende Produkt die in dieser Verordnung jeweils festgelegten Anforderungen erfüllt. Die betroffenen Wirtschaftsakteure arbeiten im erforderlichen Umfang mit den Marktüberwachungsbehörden zusammen.

Gelangen die Marktüberwachungsbehörden im Verlauf dieser Evaluierung zu dem Ergebnis, dass das Bauprodukt die Anforderungen dieser

Verordnung nicht erfüllt, fordern sie den betroffenen Wirtschaftsakteur unverzüglich dazu auf, innerhalb einer der Art der Gefahr angemessenen, vertretbaren Frist, die sie vorschreiben können, alle geeigneten Korrekturmaßnahmen zu ergreifen, um die Übereinstimmung des Produkts mit diesen Anforderungen – insbesondere mit der erklärten Leistung – herzustellen, oder aber es vom Markt zu nehmen oder zurückzurufen.

Die Marktüberwachungsbehörden unterrichten die notifizierte Stelle entsprechend, falls eine notifizierte Stelle beteiligt ist.

Für die in Unterabsatz 2 dieses Absatzes genannten Maßnahmen gilt Artikel 21 der Verordnung (EG) Nr. 765/2008.

(2) Sind die Marktüberwachungsbehörden der Auffassung, dass sich die Nichtkonformität nicht auf das Hoheitsgebiet des betreffenden Mitgliedstaats beschränkt, unterrichten sie die Kommission und die übrigen Mitgliedstaaten über die Ergebnisse der Evaluierung und die Maßnahmen, zu denen sie den Wirtschaftsakteur aufgefordert haben.

(3) Die Wirtschaftsakteure stellen sicher, dass alle geeigneten Korrekturmaßnahmen, die sie ergreifen, sich auf sämtliche betroffenen Bauprodukte erstrecken, die sie in der Union auf dem Markt bereitgestellt haben.

(4) Ergreift der betreffende Wirtschaftsakteur innerhalb der in Absatz 1 Unterabsatz 2 genannten Frist keine angemessenen Korrekturmaßnahmen, so treffen die Marktüberwachungsbehörden alle geeigneten vorläufigen Maßnahmen, um die Bereitstellung des Bauprodukts auf dem nationalen Markt zu untersagen oder einzuschränken, oder aber das Produkt vom Markt zu nehmen oder zurückzurufen.

Die Marktüberwachungsbehörden unterrichten die Kommission und die übrigen Mitgliedstaaten unverzüglich von diesen Maßnahmen.

(5) Aus der in Absatz 4 genannten Unterrichtung gehen alle verfügbaren Angaben hervor, insbesondere die Daten für die Identifizierung des nichtkonformen Bauprodukts, die Herkunft des Bauprodukts, die Art der behaupteten Nichtkonformität und der Gefahr sowie die Art und Dauer der ergriffenen nationalen Maßnahmen und die Argumente des betroffenen Wirtschaftsakteurs. Die Marktüberwachungsbehörden geben insbesondere an, ob die Nichtkonformität auf eine der folgenden Ursachen zurückzuführen ist:

a) Das Produkt erbringt nicht die erklärte Leistung und/oder erfüllt die in dieser Verordnung festgelegten Anforderungen hinsichtlich der Einhaltung der Grundanforderungen an Bauwerke nicht;

b) die harmonisierten technischen Spezifikationen oder die Spezifische Technische Dokumentation sind mangelhaft.

(6) Die Mitgliedstaaten außer jenem, der das Verfahren eingeleitet hat, unterrichten die Kommission und die übrigen Mitgliedstaaten unverzüglich über alle erlassenen Maßnahmen und über jede weitere ihnen vorliegende Information über die Nichtkonformität des Bauprodukts sowie, falls sie der gemeldeten nationalen Maßnahme nicht zustimmen, über ihre Einwände.

(7) Erhebt weder ein Mitgliedstaat noch die Kommission innerhalb von 15 Arbeitstagen nach Erhalt der in Absatz 4 genannten Informationen einen Einwand gegen eine vorläufige Maßnahme eines Mitgliedstaats hinsichtlich des betreffenden Bauprodukts, gilt diese Maßnahme als gerechtfertigt.

(8) Die Mitgliedstaaten stellen sicher, dass unverzüglich geeignete restriktive Maßnahmen hinsichtlich des betreffenden Bauprodukts getroffen werden, wie etwa die Rücknahme des Produkts von ihrem Markt.

Artikel 57 Schutzklauselverfahren der Union

(1) Wurden nach Abschluss des Verfahrens gemäß Artikel 56 Absätze 3 und 4 Einwände gegen eine Maßnahme eines Mitgliedstaats erhoben oder ist die Kommission der Auffassung, dass eine nationale Maßnahme nicht mit dem Unionsrecht vereinbar ist, konsultiert die Kommission unverzüglich die Mitgliedstaaten und den betroffenen Wirtschaftsakteur beziehungsweise die betroffenen Wirtschaftsakteure und nimmt eine Evaluierung der nationalen Maßnahme vor. Anhand der Ergebnisse dieser Evaluierung beschließt die Kommission, ob die Maßnahme gerechtfertigt ist oder nicht.

Die Kommission richtet ihre Beschlüsse an alle Mitgliedstaaten und teilt sie ihnen und dem betroffenen Wirtschaftsakteur beziehungsweise den betroffenen Wirtschaftsakteuren unverzüglich mit.

(2) Wird die nationale Maßnahme für gerechtfertigt gehalten, ergreifen alle Mitgliedstaaten die erforderlichen Maßnahmen, um zu gewährleisten, dass das nichtkonforme Produkt vom Markt genommen wird, und

unterrichten die Kommission darüber. Wird die nationale Maßnahme nicht für gerechtfertigt gehalten, nimmt der betreffende Mitgliedstaat sie zurück.

(3) Wird die nationale Maßnahme für gerechtfertigt gehalten und wird die Nichtkonformität des Bauprodukts mit Mängeln der harmonisierten Normen gemäß Artikel 56 Absatz 5 Buchstabe b begründet, unterrichtet die Kommission das betreffende europäische Normungsgremium beziehungsweise die betreffenden europäischen Normungsgremien und befasst den durch Artikel 5 der Richtlinie 98/34/EG eingesetzten Ausschuss mit der Angelegenheit. Dieser Ausschuss konsultiert das betreffende europäische Normungsgremium beziehungsweise die betreffenden europäischen Normungsgremien und nimmt umgehend dazu Stellung.

Wird die nationale Maßnahme für gerechtfertigt gehalten und wird die Nichtkonformität des Bauprodukts mit Mängeln des Europäischen Bewertungsdokuments oder der Spezifischen Technischen Dokumentation gemäß Artikel 56 Absatz 5 Buchstabe b begründet, so befasst die Kommission den Ständigen Ausschuss für das Bauwesen und erlässt daraufhin entsprechende Maßnahmen.

Artikel 58 Gefährdung von Sicherheit und Gesundheit durch vorschriftskonforme Bauprodukte

(1) Stellt ein Mitgliedstaat nach einer Evaluierung gemäß Artikel 56 Absatz 1 fest, dass ein Bauprodukt eine Gefahr für die Einhaltung der Grundanforderungen an Bauwerke, für die Gesundheit oder Sicherheit von Menschen oder für andere im öffentlichen Interesse schützenswerte Aspekte darstellt, obwohl es mit dieser Verordnung übereinstimmt, fordert er den betroffenen Wirtschaftsakteur dazu auf, alle geeigneten Maßnahmen zu ergreifen, um dafür zu sorgen, dass das betreffende Bauprodukt bei seinem Inverkehrbringen diese Gefahr nicht mehr aufweist oder dass es innerhalb einer der Art der Gefahr angemessenen, vertretbaren Frist, die er vorschreiben kann, vom Markt genommen oder zurückgerufen wird.

(2) Die Wirtschaftsakteure stellen sicher, dass alle Korrekturmaßnahmen, die sie ergreifen, sich auf sämtliche betroffenen Bauprodukte erstrecken, die sie in der Union auf dem Markt bereitgestellt haben.

(3) Der Mitgliedstaat unterrichtet die Kommission und die übrigen Mitgliedstaaten unverzüglich davon. Aus der Unterrichtung gehen alle verfügbaren Angaben hervor, insbesondere die Daten für die Identifizierung des betreffenden Bauprodukts, seine Herkunft, seine Lieferkette, die Art der Gefahr sowie die Art und Dauer der ergriffenen nationalen Maßnahmen.

(4) Die Kommission konsultiert unverzüglich die Mitgliedstaaten und den beziehungsweise die betroffenen Wirtschaftsakteure und nimmt eine Evaluierung der ergriffenen nationalen Maßnahmen vor. Anhand der Ergebnisse dieser Evaluierung beschließt die Kommission, ob die Maßnahmen gerechtfertigt sind oder nicht, und schlägt, falls erforderlich, geeignete Maßnahmen vor.

(5) Die Kommission richtet ihre Beschlüsse an alle Mitgliedstaaten und teilt sie ihnen und dem betroffenen Wirtschaftsakteur beziehungsweise den betroffenen Wirtschaftsakteuren unverzüglich mit.

Artikel 59 Formale Nichtkonformität

(1) Unbeschadet des Artikels 56 fordert ein Mitgliedstaat den betroffenen Wirtschaftsakteur dazu auf, die betreffende Nichtkonformität zu korrigieren, falls er einen der folgenden Fälle feststellt:

a) Die CE-Kennzeichnung wurde unter Nichteinhaltung von Artikel 8 oder Artikel 9 angebracht;

b) die CE-Kennzeichnung wurde nicht angebracht, obwohl dies gemäß Artikel 8 Absatz 2 erforderlich ist;

c) unbeschadet Artikel 5: die Leistungserklärung wurde nicht erstellt, obwohl dies gemäß Artikel 4 erforderlich ist;

d) die Leistungserklärung wurde nicht in Übereinstimmung mit den Artikeln 4, 6 und 7 erstellt;

e) die technische Dokumentation ist entweder nicht verfügbar oder unvollständig.

(2) Besteht die Nichtkonformität gemäß Absatz 1 weiter, trifft der Mitgliedstaat alle geeigneten Maßnahmen, um die Bereitstellung des Bauprodukts auf dem Markt zu beschränken oder zu untersagen oder um dafür zu sorgen, dass es zurückgerufen oder vom Markt genommen wird.

Kapitel IX – Schlussbestimmungen
Artikel 60 Delegierte Rechtsakte

Im Hinblick auf die Erreichung der Ziele dieser Verordnung, insbesondere zur Beseitigung und Vermeidung von Beschränkungen für die Bereitstellung von Bauprodukten auf dem Markt, werden der Kommission im Einklang mit Artikel 61 und vorbehaltlich der Bedingungen der Artikel 62 und 63 folgende Befugnisse übertragen:

a) gegebenenfalls Festlegung der Wesentlichen Merkmale oder der Schwellenwerte für bestimmte Familien von Bauprodukten, zu denen der Hersteller gemäß den Artikeln 3 bis 6 die Leistung des Produkts des Herstellers in Bezug auf den Verwendungszweck nach Stufen oder Klassen oder in einer Beschreibung angeben muss, wenn das Produkt in Verkehr gebracht wird;

b) Festlegung der Bedingungen, unter denen eine Leistungserklärung elektronisch verarbeitet werden kann, damit sie gemäß Artikel 7 auf einer Website zur Verfügung gestellt werden kann;

c) Änderung des Zeitraums, in dem der Hersteller gemäß Artikel 11 die technischen Unterlagen und die Leistungserklärung aufbewahren muss, nachdem das Bauprodukt in Verkehr gebracht wurde, wobei die Lebenserwartung oder die Bedeutung des Bauprodukts für die Bauwerke zugrunde gelegt wird;

d) Änderung des Anhangs II und erforderlichenfalls Annahme zusätzlicher Verfahrensregeln gemäß Artikel 19 Absatz 3, um die Einhaltung der Grundsätze gemäß Artikel 20 oder die Anwendung der Verfahren gemäß Artikel 21 in der Praxis zu gewährleisten;

e) Anpassung des Anhangs III, der Tabelle 1 des Anhangs IV und des Anhangs V an den technischen Fortschritt;

f) Festlegung und Anpassung von Leistungsklassen entsprechend dem technischen Fortschritt gemäß Artikel 27 Absatz 1;

g) Festlegung der Bedingungen, unter denen ein Bauprodukt ohne Prüfungen oder ohne weitere Prüfungen als einer bestimmten Leistungsstufe oder -klasse entsprechend gilt, gemäß Artikel 27 Absatz 5, sofern die Erfüllung der Grundanforderungen an Bauwerke dadurch nicht gefährdet wird;

h) Anpassung, Festlegung und Änderung der Systeme für die Bewertung und Überprüfung der Leistungsbeständigkeit gemäß Artikel 28 in Bezug auf ein bestimmtes Produkt, eine bestimmte Produktfamilie oder ein bestimmtes Wesentliches Merkmal und gemäß

i) der Bedeutung des Produkts oder dieses Wesentlichen Merkmals im Hinblick auf die Grundanforderungen an Bauwerke;

ii) der Beschaffenheit des Produkts;

iii) dem Einfluss der Veränderlichkeit der Wesentlichen Merkmale des Bauprodukts während der erwarteten Lebensdauer des Produkts und

iv) der Fehleranfälligkeit bei der Herstellung des Produkts.

Artikel 61 Ausübung der Befugnisübertragung

(1) Die Befugnis zum Erlass der in Artikel 60 genannten delegierten Rechtsakte wird der Kommission für einen Zeitraum von fünf Jahren ab dem 24. April 2011 übertragen. Die Kommission erstellt spätestens sechs Monate vor Ablauf des Zeitraums von fünf Jahren einen Bericht über die übertragene Befugnis. Die Befugnisübertragung verlängert sich automatisch um Zeiträume gleicher Länge, es sei denn, das Europäische Parlament oder der Rat widerrufen sie gemäß Artikel 62.

(2) Sobald die Kommission einen delegierten Rechtsakt erlässt, übermittelt sie ihn gleichzeitig dem Europäischen Parlament und dem Rat.

(3) Die der Kommission übertragene Befugnis zum Erlass delegierter Rechtsakte unterliegt den in den Artikeln 62 und 63 genannten Bedingungen.

Artikel 62 Widerruf der Befugnisübertragung

(1) Die in Artikel 60 genannte Befugnisübertragung kann vom Europäischen Parlament oder vom Rat jederzeit widerrufen werden.

(2) Das Organ, das ein internes Verfahren eingeleitet hat, um zu beschließen, ob die Befugnisübertragung widerrufen werden soll, bemüht sich, das andere Organ und die Kommission innerhalb einer angemessenen Frist vor der endgültigen Beschlussfassung zu unterrichten, unter Nennung der übertragenen Befugnis, die widerrufen werden könnte, sowie der etwaigen Gründe für einen Widerruf.

(3) Der Beschluss über den Widerruf beendet die Übertragung der in diesem Beschluss angegebenen Befugnis. Er wird sofort oder zu einem darin angegebenen späteren Zeitpunkt wirksam. Die Gültigkeit von

delegierten Rechtsakten, die bereits in Kraft sind, wird davon nicht berührt. Der Beschluss wird im Amtsblatt der Europäischen Union veröffentlicht.

Artikel 63 Einwände gegen delegierte Rechtsakte

(1) Das Europäische Parlament oder der Rat können gegen einen delegierten Rechtsakt innerhalb einer Frist von drei Monaten ab dem Datum der Übermittlung Einwände erheben.

Auf Initiative des Europäischen Parlaments oder des Rates wird diese Frist um drei Monate verlängert.

(2) Haben bei Ablauf der in Absatz 1 genannten Frist weder das Europäische Parlament noch der Rat Einwände gegen den delegierten Rechtsakt erhoben, so wird der delegierte Rechtsakt im Amtsblatt der Europäischen Union veröffentlicht und tritt zu dem darin genannten Zeitpunkt in Kraft.

Der delegierte Rechtsakt kann vor Ablauf dieser Frist im Amtsblatt der Europäischen Union veröffentlicht werden und in Kraft treten, wenn das Europäische Parlament und der Rat beide der Kommission mitgeteilt haben, dass sie nicht die Absicht haben, Einwände zu erheben.

(3) Erheben das Europäische Parlament oder der Rat innerhalb der in Absatz 1 genannten Frist Einwände gegen einen delegierten Rechtsakt, so tritt dieser nicht in Kraft. Das Organ, das Einwände erhebt, gibt die Gründe für seine Einwände gegen den delegierten Rechtsakt an.

Artikel 64 Ausschuss

(1) Die Kommission wird von einem Ständigen Ausschuss für das Bauwesen unterstützt.

(2) Wird auf diesen Absatz Bezug genommen, so gelten die Artikel 3 und 7 des Beschlusses 1999/468/EG.

(3) Die Mitgliedstaaten stellen sicher, dass die Mitglieder des Ständigen Ausschusses für das Bauwesen in der Lage sind, ihre Aufgaben so auszuüben, dass Interessenskonflikte, insbesondere in Bezug auf die Verfahren zur Erlangung der CE-Kennzeichnung, vermieden werden.

Artikel 65 Aufhebung

(1) Die Richtlinie 89/106/EWG wird aufgehoben.

(2) Verweise auf die aufgehobene Richtlinie gelten als Verweise auf diese Verordnung.

Artikel 66 Übergangsbestimmungen

(1) Bauprodukte, die vor dem 1. Juli 2013 in Übereinstimmung mit der Richtlinie 89/106/EWG in Verkehr gebracht werden, gelten als mit dieser Verordnung konform.

(2) Die Hersteller können eine Leistungserklärung auf der Grundlage einer Konformitätsbescheinigung oder einer Konformitätserklärung erstellen, die vor dem 1. Juli 2013 in Übereinstimmung mit der Richtlinie 89/106/EWG ausgestellt wird.

(3) Leitlinien für die europäische technische Zulassung, die vor dem 1. Juli 2013 gemäß Artikel 11 der Richtlinie 89/106/EWG veröffentlicht werden, können als Europäische Bewertungsdokumente verwendet werden.

(4) Hersteller und Importeure können europäische technische Zulassungen, die vor dem 1. Juli 2013 gemäß Artikel 9 der Richtlinie 89/106/EWG erteilt werden, während ihrer Gültigkeitsdauer als Europäische Technische Bewertungen verwenden.

Artikel 67 Berichterstattung durch die Kommission

(1) Bis zum 25. April 2014 bewertet die Kommission den spezifischen Bedarf an Angaben hinsichtlich des Gehalts an gefährlichen Stoffen in Bauprodukten, erwägt die mögliche Ausweitung der Informationspflichten gemäß Artikel 6 Absatz 5 auf andere Stoffe und erstattet dem Europäischen Parlament und dem Rat darüber Bericht. In ihrer Bewertung berücksichtigt die Kommission unter anderem die Notwendigkeit, ein hohes Maß an Gesundheitsschutz und Sicherheit von Arbeitnehmern, die Bauprodukte verwenden, und von Nutzern der Bauwerke zu gewährleisten, einschließlich in Bezug auf die Anforderungen beim Recycling und/oder der Wiederverwendung von Bauteilen oder -materialien.

Gegebenenfalls folgen dem Bericht innerhalb von zwei Jahren nach seiner Vorlage an das Europäische Parlament und den Rat geeignete Gesetzgebungsvorschläge.

(2) Bis zum 25. April 2016 unterbreitet die Kommission dem Europäischen Parlament und dem Rat auf der Grundlage von Berichten der Mitgliedstaaten und anderer relevanter Interessengruppen einen Bericht über die Durchführung dieser Verordnung – einschließlich der Artikel 19, 20, 21, 23, 24 und 37 –, dem sie gegebenenfalls geeignete Vorschläge beifügt.

Artikel 68 Inkrafttreten

Diese Verordnung tritt am zwanzigsten Tag nach ihrer Veröffentlichung im Amtsblatt der Europäischen Union in Kraft.

Die Artikel 3 bis 28, die Artikel 36 bis 38, die Artikel 56 bis 63, Artikel 65 und Artikel 66 sowie die Anhänge I, II, III und V gelten ab dem 1. Juli 2013.

Diese Verordnung ist in allen ihren Teilen verbindlich und gilt unmittelbar in jedem Mitgliedstaat.

Anhang I – Grundanforderungen an Bauwerke

Bauwerke müssen als Ganzes und in ihren Teilen für deren Verwendungszweck tauglich sein, wobei insbesondere der Gesundheit und der Sicherheit der während des gesamten Lebenszyklus der Bauwerke involvierten Personen Rechnung zu tragen ist. Bauwerke müssen diese Grundanforderungen an Bauwerke bei normaler Instandhaltung über einen wirtschaftlich angemessenen Zeitraum erfüllen.

1. Mechanische Festigkeit und Standsicherheit

Das Bauwerk muss derart entworfen und ausgeführt sein, dass die während der Errichtung und Nutzung möglichen Einwirkungen keines der nachstehenden Ereignisse zur Folge haben:

a) Einsturz des gesamten Bauwerks oder eines Teils,

b) größere Verformungen in unzulässigem Umfang,

c) Beschädigungen anderer Teile des Bauwerks oder Einrichtungen und Ausstattungen infolge zu großer Verformungen der tragenden Baukonstruktion,

d) Beschädigungen durch ein Ereignis in einem zur ursprünglichen Ursache unverhältnismäßig großen Ausmaß.

2. Brandschutz

Das Bauwerk muss derart entworfen und ausgeführt sein, dass bei einem Brand

a) die Tragfähigkeit des Bauwerks während eines bestimmten Zeitraums vorausgesetzt werden kann;

b) die Entstehung und Ausbreitung von Feuer und Rauch innerhalb des Bauwerks begrenzt wird;

c) die Ausbreitung von Feuer auf benachbarte Bauwerke begrenzt wird;

d) die Bewohner das Bauwerk verlassen oder durch andere Maßnahmen gerettet werden können;

e) die Sicherheit der Rettungsmannschaften berücksichtigt ist.

3. Hygiene, Gesundheit und Umweltschutz

Das Bauwerk muss derart entworfen und ausgeführt sein, dass es während seines gesamten Lebenszyklus weder die Hygiene noch die Gesundheit und Sicherheit von Arbeitnehmern, Bewohnern oder Anwohnern gefährdet und sich über seine gesamte Lebensdauer hinweg weder bei Errichtung noch bei Nutzung oder Abriss insbesondere durch folgende Einflüsse übermäßig stark auf die Umweltqualität oder das Klima auswirkt:

a) Freisetzung giftiger Gase;

b) Emission von gefährlichen Stoffen, flüchtigen organischen Verbindungen, Treibhausgasen oder gefährlichen Partikeln in die Innen- oder Außenluft;

c) Emission gefährlicher Strahlen;

d) Freisetzung gefährlicher Stoffe in Grundwasser, Meeresgewässer, Oberflächengewässer oder Boden;

e) Freisetzung gefährlicher Stoffe in das Trinkwasser oder von Stoffen, die sich auf andere Weise negativ auf das Trinkwasser auswirken;

f) unsachgemäße Ableitung von Abwasser, Emission von Abgasen oder unsachgemäße Beseitigung von festem oder flüssigem Abfall;

g) Feuchtigkeit in Teilen des Bauwerks und auf Oberflächen im Bauwerk.

4. Sicherheit und Barrierefreiheit bei der Nutzung

Das Bauwerk muss derart entworfen und ausgeführt sein, dass sich bei seiner Nutzung oder seinem Betrieb keine unannehmbaren Unfallgefahren oder Gefahren einer Beschädigung ergeben, wie Gefahren durch Rutsch-, Sturz- und Aufprallunfälle, Verbrennungen, Stromschläge, Explosionsverletzungen und Einbrüche. Bei dem Entwurf und der Ausführung des Bauwerks müssen insbesondere die Barrierefreiheit und die Nutzung durch Menschen mit Behinderungen berücksichtigt werden.

5. Schallschutz

Das Bauwerk muss derart entworfen und ausgeführt sein, dass der von den Bewohnern oder von in der Nähe befindlichen Personen wahrgenommene Schall auf einem Pegel gehalten wird, der nicht gesundheitsgefährdend ist und bei dem zufrieden stellende Nachtruhe-, Freizeit- und Arbeitsbedingungen sichergestellt sind.

6. Energieeinsparung und Wärmeschutz

Das Bauwerk und seine Anlagen und Einrichtungen für Heizung, Kühlung, Beleuchtung und Lüftung müssen derart entworfen und ausgeführt sein, dass unter Berücksichtigung der Nutzer und der klimatischen Gegebenheiten des Standortes der Energieverbrauch bei seiner Nutzung gering gehalten wird. Das Bauwerk muss außerdem energieeffizient sein und während seines Auf- und Rückbaus möglichst wenig Energie verbrauchen.

7. Nachhaltige Nutzung der natürlichen Ressourcen

Das Bauwerk muss derart entworfen, errichtet und abgerissen werden, dass die natürlichen Ressourcen nachhaltig genutzt werden und insbesondere Folgendes gewährleistet ist:

a) Das Bauwerk, seine Baustoffe und Teile müssen nach dem Abriss wiederverwendet oder recycelt werden können;

b) das Bauwerk muss dauerhaft sein;

c) für das Bauwerk müssen umweltverträgliche Rohstoffe und Sekundärbaustoffe verwendet werden.

Anhang II – Verfahren zur Annahme eines europäischen Bewertungsdokuments

1. Beantragung einer Europäischen Technischen Bewertung

Wenn ein Hersteller bei einer Technischen Bewertungsstelle eine Europäische Technische Bewertung für ein Bauprodukt beantragt, so unterbreitet er, nachdem der Hersteller und die Technische Bewertungsstelle (im Folgenden „verantwortliche Technische Bewertungsstelle") eine Vereinbarung über den Schutz des Geschäftsgeheimnisses und der Vertraulichkeit unterzeichnet haben und sofern der Hersteller nichts anderes beschließt, der verantwortlichen Technischen Bewertungsstelle ein technisches Dossier, in dem das Produkt, sein vom Hersteller vorgesehener Verwendungszweck und die Einzelheiten der vom Hersteller geplanten werkseigenen Produktionskontrolle beschrieben sind.

2. Vertrag

Für Bauprodukte im Sinne des Artikels 21 Absatz 1 Buchstabe c wird innerhalb eines Monats nach Eingang des technischen Dossiers zwischen dem Hersteller und der verantwortlichen Technischen Bewertungsstelle ein Vertrag zur Erstellung der Europäischen Technischen Bewertung geschlossen, in dem das Arbeitsprogramm zur Ausarbeitung des Europäischen Bewertungsdokuments festgelegt ist, wozu unter anderem Folgendes zählt:

– die Arbeitsorganisation innerhalb der Organisation Technischer Bewertungsstellen;

– die Zusammensetzung der Arbeitsgruppe, die innerhalb der Organisation Technischer Bewertungsstellen eingerichtet wird und die für den betreffenden Produktbereich zuständig ist;

– die Koordinierung Technischer Bewertungsstellen.

3. Arbeitsprogramm

Nach Abschluss des Vertrags mit dem Hersteller unterrichtet die Organisation Technischer Bewertungsstellen die Kommission über das Arbeitsprogramm zur Ausarbeitung des Europäischen Bewertungsdokuments und den Zeitplan für seine Durchführung; ferner wird das Bewertungsprogramm angegeben. Diese Unterrichtung erfolgt innerhalb von drei Monaten nach Eingang des Antrags auf eine Europäische Technische Bewertung.

4. Entwurf des Europäischen Bewertungsdokuments

Die Organisation Technischer Bewertungsstellen lässt den Entwurf des Europäischen Bewertungsdokuments von der Arbeitsgruppe, die von der verantwortlichen Technischen Bewertungsstelle koordiniert wird, fertigstellen und übermittelt diesen Entwurf den betroffenen Parteien innerhalb von sechs Monaten ab dem Tag, an dem die Kommission über das Arbeitsprogramm unterrichtet wurde.

5. Teilnahme der Kommission

Ein Vertreter der Kommission kann als Beobachter an der Durchführung aller Bestandteile des Arbeitsprogramms teilnehmen.

6. Verlängerung und Fristüberschreitung

Die Arbeitsgruppe teilt der Organisation Technischer Bewertungsstellen und der Kommission jede Überschreitung der in den Abschnitten 1 bis 4 festgelegten Fristen mit.

Lässt sich eine Verlängerung der Fristen für die Ausarbeitung des Europäischen Bewertungsdokuments insbesondere aufgrund eines fehlenden Beschlusses der Kommission bezüglich des anwendbaren Systems zur Bewertung und Überprüfung der Leistungsbeständigkeit für das Bauprodukt oder der Notwendigkeit, ein neues Prüfverfahren zu entwickeln, rechtfertigen, so legt die Kommission eine verlängerte Frist fest.

7. Änderung und Annahme eines Europäischen Bewertungsdokuments

Die verantwortliche Technische Bewertungsstelle übermittelt den Entwurf des Europäischen Bewertungsdokuments an den Hersteller, der innerhalb von fünfzehn Arbeitstagen dazu Stellung nehmen kann. Danach verfährt die Organisation Technischer Bewertungsstellen wie folgt:

a) sie teilt dem Hersteller gegebenenfalls mit, wie seiner Stellungnahme Rechnung getragen wurde;

b) sie nimmt den Entwurf des Europäischen Bewertungsdokuments an, und

c) sie übermittelt der Kommission eine Abschrift.

Unterbreitet die Kommission der Organisation Technischer Bewertungsstellen binnen fünfzehn Arbeitstagen nach Erhalt des Entwurfs des Europäischen Bewertungsdokuments ihre Anmerkungen dazu, überarbeitet die Organisation Technischer Bewertungsstellen, nachdem ihr die Gelegenheit zur Stellungnahme gegeben wurde, den Entwurf entsprechend und übermittelt eine Abschrift des angenommenen Europäischen Bewertungsdokuments an den Hersteller und an die Kommission.

8. Zu veröffentlichendes endgültiges Europäisches Bewertungsdokument

Sobald die verantwortliche Technische Bewertungsstelle die erste Europäische Technische Bewertung auf der Grundlage des angenommenen Europäischen Bewertungsdokuments erstellt hat, wird dieses Europäische Bewertungsdokument gegebenenfalls anhand der bisherigen Erfahrungen angepasst. Die Organisation Technischer Bewertungsstellen nimmt das endgültige Europäische Bewertungsdokument an und übermittelt – zusammen mit einer Übersetzung des Titels des Europäischen Bewertungsdokuments in allen Amtssprachen der Union – eine Abschrift der Kommission, damit die Fundstellenangaben des Dokuments veröffentlicht werden können. Die Organisation Technischer Bewertungsstellen hält das Europäische Bewertungsdokument in elektronischer Form bereit, sobald das Produkt die CE-Kennzeichnung erhalten hat.

Anhang III – Leistungserklärung

LEISTUNGSERKLÄRUNG

Nr. ....

1. Eindeutiger Kenncode des Produkttyps: ....

2. Typen-, Chargen- oder Seriennummer oder ein anderes Kennzeichen zur Identifikation des Bauprodukts gemäß Artikel 11 Absatz 4:
....

3. Vom Hersteller vorgesehener Verwendungszweck oder vorgesehene Verwendungszwecke des Bauprodukts gemäß der anwendbaren harmonisierten technischen Spezifikation: ....

4. Name, eingetragener Handelsname oder eingetragene Marke und Kontaktanschrift des Herstellers gemäß Artikel 11 Absatz 5:
....

5. Gegebenenfalls Name und Kontaktanschrift des Bevollmächtigten, der mit den Aufgaben gemäß Artikel 12 Absatz 2 beauftragt ist:
....

6. System oder Systeme zur Bewertung und Überprüfung der Leistungsbeständigkeit des Bauprodukts gemäß Anhang V:
....

7. Im Falle der Leistungserklärung, die ein Bauprodukt betrifft, das von einer harmonisierten Norm erfasst wird: .... (gegebenenfalls Name und Kennnummer der notifizierten Stelle) hat .... nach dem System (Beschreibung der Aufgaben Dritter nach Anhang V) .... vorgenommen und Folgendes ausgestellt .... Leistungsbeständigkeitsbescheinigung,

Konformitätsbescheinigung für die werkseigene Produktionskontrolle, Prüf- /Berechnungsberichte – soweit relevant)

8. Im Falle der Leistungserklärung, die ein Bauprodukt betrifft, für das eine Europäische Technische Bewertung ausgestellt worden ist: .. .. (gegebenenfalls Name und Kennnummer der Technischen Bewertungsstelle) Folgendes ausgestellt: .... (Referenznummer des Europäischen Bewertungsdokuments) auf der Grundlage von .... (Referenznummer der Europäischen Technischen Bewertung)DE 4.4.2011 Amtsblatt der Europäischen Union L 88/37 hat .... nach dem System .... vorgenommen (Beschreibung der Aufgaben Dritter nach Anhang V) und Folgendes ausgestellt .... (Leistungsbeständigkeitsbescheinigung, Konformitätsbescheinigung für die werkseigene Produktionskontrolle, Prüf- /Berechnungsberichte – soweit relevant)

9. Erklärte Leistung

Anmerkungen zur Tabelle:

1. Spalte 1 enthält die Auflistung der Wesentlichen Merkmale, wie sie in den harmonisierten technischen Spezifikationen für den beziehungsweise die Verwendungszwecke nach Nummer 3 festgelegt wurden.

2. Spalte 2 enthält für jedes in Spalte 1 aufgeführte Wesentliche Merkmal die erklärte Leistung gemäß den Anforderungen von Artikel 6, ausgedrückt in Stufen oder Klassen oder in einer Beschreibung in Bezug auf die jeweiligen Wesentlichen Merkmale. Wird keine Leistung erklärt, werden die Buchstaben „NPD" (No Performance Determined/ keine Leistung festgelegt) angegeben.

3. Für jedes in Spalte 1 aufgeführte wesentliche Merkmal enthält Spalte 3:

a) die Fundstelle und das Datum der entsprechenden harmonisierten Norm und gegebenenfalls die Referenznummer der verwendeten Spezifischen oder Angemessenen Technischen Dokumentation

oder

b) die Fundstelle und das Datum des entsprechenden Europäischen Bewertungsdokuments, soweit verfügbar, und die Referenznummer der verwendeten Europäischen Technischen Bewertung.

Wesentliche Merkmale (siehe Anmerkung 1)	Leistung (siehe Anmerkung 2)	Harmonisierte technische Spezifikation (siehe Anmerkung 3)

Wenn gemäß den Artikeln 37 oder 38 die Spezifische Technische Dokumentation verwendet wurde, die Anforderungen, die das Produkt erfüllt: ....

10. Die Leistung des Produkts gemäß den Nummern 1 und 2 entspricht der erklärten Leistung nach Nummer 9.

Verantwortlich für die Erstellung dieser Leistungserklärung ist allein der Hersteller gemäß Nummer 4.

Unterzeichnet für den Hersteller und im Namen des Herstellers von:

....

(Name und Funktion)

....

(Ort und Datum der Ausstellung)   (Unterschrift)

Anhang IV – Produktbereiche und Anforderungen an die technischen Bewertungsstellen

Tabelle 1 – Produktbereiche

Bereichs-Code	PRODUKTBEREICH
1	PRODUKTE AUS VORGEFERTIGTEM NORMAL-, LEICHT- ODER PORENBETON
2	TÜREN, FENSTER, FENSTERLÄDEN, ROLLLÄDEN, TORE UND BESCHLÄGE HIERFÜR
3	DICHTUNGSBAHNEN EINSCHLIESSLICH FLÜSSIG AUFZUBRINGENDER ABDICHTUNGEN UND BAUSÄTZEN (ZUR ABDICHTUNG GEGEN WASSER UND/ODER WASSERDAMPF
4	WÄRMEDÄMMUNGSPRODUKTE DÄMMVERBUNDBAUSÄTZE/-SYSTEME
5	STRUKTURELLE LAGERUNGEN QUERKRAFTDORNE FÜR TRAGENDE VERBINDUNGEN
6	SCHORNSTEINE, ABGASLEITUNGEN UND SPEZIELLE PRODUKTE
7	GIPSPRODUKTE
8	GEOTEXTILIEN, GEOMEMBRANEN UND VERWANDTE ERZEUGNISSE
9	VORHANGFASSADEN/VERKLEIDUNGEN/GEKLEBTE GLASKONSTRUKTIONEN

4. Verordnung (EU) Nr 305/2011 für die Vermarktung von Bauprodukten

Bereichs-Code	PRODUKTBEREICH
10	ORTSFESTE LÖSCHANLAGEN (FEUERALARM-, FEUERERKENNUNGSPRODUKTE, ORTSFESTE LÖSCHANLAGEN, FEUER- UND RAUCHSCHUTZSYSTEME UND EXPLOSIONSSCHUTZPRODUKTE)
11	SANITÄREINRICHTUNGEN
12	STRASSENAUSSTATTUNGEN: STRASSENAUSRÜSTUNG

Bereichs-Code	PRODUKTBEREICH
13	PRODUKTE AUS BAUHOLZ FÜR TRAGENDE ZWECKE UND HOLZVERBINDUNGSMITTEL
14	HOLZSPANPLATTEN UND -ELEMENTE
15	ZEMENT, BAUKALK UND ANDERE HYDRAULISCHE BINDER/BINDEMITTEL
16	BETONSTAHL/BEWEHRUNGSSTAHL UND SPANNSTAHL FÜR BETON (UND ZUBEHÖRTEILE), SPANNSYSTEME
17	MAUERWERK UND VERWANDTE ERZEUGNISSE MAUERWERKEINHEITEN, MÖRTEL, ZUBEHÖR
18	PRODUKTE FÜR DIE ABWASSERENTSORGUNG UND -BEHANDLUNG
19	BODENBELÄGE
20	METALLBAUPRODUKTE UND ZUBEHÖRTEILE

Bereichs-Code	PRODUKTBEREICH
21	INNEN- UND AUSSENWAND- UND DECKENBEKLEIDUNGEN BAUSÄTZE FÜR INNERE TRENNWÄNDE
22	BEDACHUNGEN, OBERLICHTER, DACHFENSTER UND ZUBEHÖRTEILE BAUSÄTZE FÜR BEDACHUNGEN
23	PRODUKTE FÜR DEN STRASSENBAU
24	ZUSCHLAGSTOFFE
25	BAUKLEBSTOFFE
26	PRODUKTE FÜR BETON, MÖRTEL UND EINPRESSMÖRTEL
27	RAUMERWÄRMUNGSANLAGEN
28	ROHRE, BEHÄLTER UND ZUBEHÖRTEILE, DIE NICHT MIT TRINKWASSER IN BERÜHRUNG KOMMEN
29	BAUPRODUKTE, DIE MIT TRINKWASSER IN BERÜHRUNG KOMMEN
30	FLACHGLAS, PROFILGLAS UND GLASSTEINERZEUGNISSE
31	STROM-, STEUER- UND KOMMUNIKATIONSKABEL
32	DICHTUNGSMASSEN FÜR VERBINDUNGEN
33	BEFESTIGUNGEN
34	BAUSÄTZE, GEBÄUDEEINHEITEN, VORGEFERTIGTE ELEMENTE

4. Verordnung (EU) Nr 305/2011 für die Vermarktung von Bauprodukten

Bereichs-Code	PRODUKTBEREICH
35	BRANDSCHUTZABSCHOTTUNGEN UND BRANDSCHUTZ-BEKLEIDUNGEN, FLAMMSCHUTZPRODUKTE

Tabelle 2 – Anforderungen an die Technischen Bewertungsstellen

Kompetenz	Beschreibung der Kompetenz	Anforderungen
1. Analyse der Risiken	Erkennen möglicher Risiken und Vorteile der Verwendung innovativer Bauprodukte bei Fehlen gesicherter/konsolidierter technischer Informationen über ihre Leistung im Fall eines Einbaus in Bauwerke	Eine Technische Bewertungsstelle muss nach nationalem Recht gegründet und mit Rechtspersönlichkeit ausgestattet sein. Sie muss von Interessengruppen unabhängig und von Sonderinteressen frei sein. Zusätzlich müssen die Mitarbeiter der Technischen Bewertungsstelle über Folgendes verfügen:
2. Festlegung der technischen Kriterien	Umsetzung des Ergebnisses der Risikoanalyse in technische Kriterien für die Bewertung des Verhaltens und der Leistung von Bauprodukten in Bezug auf die Einhaltung der geltenden einzelstaatlichen Vorschriften	a) Objektivität und soliden technischen Sachverstand; b) genaue Kenntnis der rechtlichen Bestimmungen und sonstigen Anforderungen, die in dem Mitgliedstaat, in dem die Stelle benannt ist, für die Produktbereiche gelten, für die sie benannt werden soll;
	Bereitstellen der technischen Informationen, die von den Beteiligten des Bauprozesses als potenzielle Verwender von Bauprodukten (Hersteller, Konstrukteure, Auftragnehmer, Installationsbetriebe) benötigt werden	c) generelles Verständnis der Baupraxis und eingehende technische Sachkenntnis betreffend die Produktbereiche, für die die Stelle benannt werden soll; d) genaue Kenntnis der spezifischen Risiken und der technischen Aspekte des Bauprozesses; e) genaue Kenntnis der bestehenden harmonisierten Normen und

Kompetenz	Beschreibung der Kompetenz	Anforderungen
3. Festlegung der Bewertungsverfahren	Entwicklung und Validierung geeigneter (Prüf- oder Berechnungs-) Verfahren zur Bewertung der Leistung in Bezug auf die Wesentlichen Merkmale der Bauprodukte unter Berücksichtigung des Stands der Technik	Prüfverfahren für die Produktbereiche, für die die Stelle benannt werden soll; f) geeignete Sprachkenntnisse. Die Vergütung des Personals der Technischen Bewertungsstellen darf sich nicht nach der Anzahl der durchgeführten Bewertungen oder deren Ergebnissen richten.
4. Bestimmung der spezifischen werkseigenen Produktionskontrolle	Verstehen und Evaluieren des Herstellungsprozesses eines konkreten Produkts zwecks Ermittlung geeigneter Maßnahmen zur Gewährleistung der Produktbeständigkeit im Verlauf des betreffenden Herstellungsprozesses	Mitarbeiter der Technischen Bewertungsstelle müssen über das entsprechende Wissen über den Zusammenhang zwischen Herstellungsprozessen und Produktmerkmalen in Bezug auf die werkseigene Produktionskontrolle verfügen.
5. Bewertung des Produkts	Anhand harmonisierter Kriterien Bewertung der Leistung in Bezug auf die Wesentlichen Merkmale von Bauprodukten auf der Grundlage harmonisierter Verfahren	Neben den Anforderungen der Punkte 1, 2 und 3 muss eine Technische Bewertungsstelle Zugang zur erforderlichen Infrastruktur für die Bewertung der Leistung in Bezug auf die Wesentlichen Merkmale von Bauprodukten in den Produktbereichen verfügen, für die die Stelle benannt werden soll.
6. Allgemeine Verwaltung	Gewährleistung von Einheitlichkeit, Zuverlässigkeit, Objektivität und Rückverfolgbarkeit durch die dauerhafte Anwendung zweckmäßiger Verwaltungsverfahren	Die Technische Bewertungsstelle muss Folgendes vorweisen beziehungsweise über Folgendes verfügen: a) nachweisliche Befolgung der guten Verwaltungspraxis; b) eine Strategie und einschlägige Verfahren für die Wahrung der Vertraulichkeit sensibler Informationen in der Technischen

Kompetenz	Beschreibung der Kompetenz	Anforderungen
		Bewertungsstelle und bei allen ihren Partnern;
		c) ein Dokumentenverwaltungssystem, das die Registrierung, Rückverfolgbarkeit, Pflege und Archivierung aller relevanten Dokumente sicherstellt;
		d) einen Mechanismus für interne Betriebsprüfung und Bewertung durch das Leitungspersonal zwecks regelmäßiger Überwachung der Einhaltung zweckmäßiger Verwaltungsverfahren;
		e) ein Verfahren für die objektive Bearbeitung von Beschwerden und Einsprüchen.

Anhang V – Bewertung und Überprüfung der Leistungsbeständigkeit

1. Systeme zur Bewertung und Überprüfung der Leistungsbeständigkeit

    1.1. System 1+: Leistungserklärung des Herstellers in Bezug auf die Wesentlichen Merkmale des Bauprodukts auf folgender Grundlage:

    a) Der Hersteller führt folgende Schritte durch:

    i) werkseigene Produktionskontrolle.

    ii) zusätzliche Prüfung von im Werk entnommenen Proben nach festgelegtem Prüfplan.

    b) Die notifizierte Produktzertifizierungsstelle stellt die Bescheinigung der Leistungsbeständigkeit für das Produkt auf folgender Grundlage aus:

    i) Feststellung des Produkttyps anhand einer Typprüfung (einschließlich Probenahme), einer Typberechnung, von Werttabellen oder Unterlagen zur Produktbeschreibung;

ii) Erstinspektion des Werks und der werkseigenen Produktionskontrolle;

iii) laufende Überwachung, Bewertung und Evaluierung der werkseigenen Produktionskontrolle;

iv) Stichprobenprüfung (audit-testing) von vor dem Inverkehrbringen des Produkts entnommenen Proben.

1.2. System 1: Leistungserklärung des Herstellers in Bezug auf die Wesentlichen Merkmale des Bauprodukts auf folgender Grundlage:

a) Der Hersteller führt folgende Schritte durch:

   i) werkseigene Produktionskontrolle.

   ii) zusätzliche Prüfung von im Werk entnommenen Proben durch den Hersteller nach festgelegtem Prüfplan.

b) Die notifizierte Produktzertifizierungsstelle stellt die Bescheinigung der Leistungsbeständigkeit für das Produkt auf folgender Grundlage aus:

   i) Feststellung des Produkttyps anhand einer Typprüfung (einschließlich Probenahme), einer Typberechnung, von Werttabellen oder Unterlagen zur Produktbeschreibung;

   ii) Erstinspektion des Werks und der werkseigenen Produktionskontrolle;

   iii) laufende Überwachung, Bewertung und Evaluierung der werkseigenen Produktionskontrolle.

1.3. System 2+: Leistungserklärung des Herstellers in Bezug auf die Wesentlichen Merkmale des Bauprodukts auf folgender Grundlage:

a) Der Hersteller führt folgende Schritte durch:

   i) Feststellung des Produkttyps anhand einer Typprüfung (einschließlich Probenahme), einer Typberechnung, von Werttabellen oder Unterlagen zur Produktbeschreibung;

   ii) werkseigene Produktionskontrolle.

iii) Prüfung von im Werk entnommenen Proben nach festgelegtem Prüfplan.

b) Die notifizierte Zertifizierungsstelle für die werkseigene Produktionskontrolle stellt die Bescheinigung der Konformität der werkseigenen Produktionskontrolle auf folgender Grundlage aus:

   i) Erstinspektion des Werks und der werkseigenen Produktionskontrolle;

   ii) laufende Überwachung, Bewertung und Evaluierung der werkseigenen Produktionskontrolle.

1.4. System 3: Leistungserklärung des Herstellers in Bezug auf die Wesentlichen Merkmale des Bauprodukts auf folgender Grundlage:

a) Der Hersteller führt die werkseigene Produktionskontrolle durch.

b) Das notifizierte Prüflabor stellt anhand einer Typprüfung (auf der Grundlage der vom Hersteller gezogenen Stichprobe), einer Typberechnung, von Werttabellen oder von Unterlagen zur Produktbeschreibung den Produkttyp fest.

1.5. System 4: Leistungserklärung des Herstellers in Bezug auf die Wesentlichen Merkmale des Bauprodukts auf folgender Grundlage:

a) Der Hersteller führt folgende Schritte durch:

   i) Feststellung des Produkttyps anhand einer Typprüfung, einer Typberechnung, von Wertetabellen oder Unterlagen zur Produktbeschreibung;

   ii) werkseigene Produktionskontrolle.

b) Es fallen keine Aufgaben für eine notifizierte Stelle an.

2. Stellen, die an der Bewertung und Überprüfung der Leistungsbeständigkeit beteiligt sind

Im Zusammenhang mit der Funktion der notifizierten Stellen, die an der Bewertung und Überprüfung der Leistungsbeständigkeit von Bauprodukten beteiligt sind, ist zwischen folgenden Stellen zu unterscheiden:

1. Produktzertifizierungsstelle: eine staatliche oder nichtstaatliche notifizierte Stelle, die die erforderliche Kompetenz und Verantwortlichkeit zur Durchführung der Produktzertifizierung nach den vorgegebenen Verfahrens- und Durchführungsregeln besitzt.
2. Zertifizierungsstelle für die werkseigene Produktionskontrolle: eine staatliche oder nichtstaatliche notifizierte Stelle, die die erforderliche Kompetenz und Verantwortlichkeit zur Durchführung der Zertifizierung der werkseigenen Produktionskontrolle nach den vorgegebenen Verfahrens- und Durchführungsregeln besitzt.
3. Prüflabor: ein notifiziertes Labor, das die Merkmale oder die Leistung von Baustoffen oder -produkten misst, untersucht, prüft, kalibriert oder auf andere Art und Weise bestimmt.

3. Wesentliche Merkmale, für die die Angabe der Fundstelle einer einschlägigen harmonisierten technischen Spezifikation nicht erforderlich ist

1. Brandverhalten;
2. Feuerbeständigkeit;
3. Verhalten bei einem Brand von außen;
4. Geräuschabsorption;
5. Emission von gefährlichen Stoffen.

4.1. Verordnung (EU) Nr 157/2014 über die Bedingungen für die Zurverfügungstellung einer Leistungserklärung von Bauprodukten

ABl 2014 L 52/1

Delegierte Verordnung (EU) Nr. 157/2014 der Kommission vom 30. Oktober 2013 über die Bedingungen für die Zurverfügungstellung einer Leistungserklärung von Bauprodukten auf einer Website

Die Europäische Kommission – gestützt auf den Vertrag über die Arbeitsweise der Europäischen Union, gestützt auf Verordnung (EU) Nr. 305/2011 des Europäischen Parlaments und des Rates vom 9. März 2011 zur Festlegung harmonisierter Bedingungen für die Vermarktung von Bauprodukten und zur Aufhebung der Richtlinie 89/106/EWG des Rates[15], insbesondere Artikel 7 Absatz 3 in Verbindung mit Artikel 60 Buchstabe b, in Erwägung nachstehender Gründe:

(1) Nach Artikel 4 Absatz 1 der Verordnung (EU) Nr. 305/2011 sind die Hersteller von Bauprodukten verpflichtet, eine Leistungserklärung zu erstellen, wenn ein Bauprodukt, das von einer harmonisierten Norm erfasst ist oder einer Europäischen Technischen Bewertung entspricht, die für dieses Produkt ausgestellt wurde, in Verkehr gebracht wird. Eine Abschrift dieser Leistungserklärung ist entweder in gedruckter oder elektronischer Weise zur Verfügung zu stellen.

(2) Nach Artikel 7 Absatz 3 und Artikel 60 Buchstabe b der Verordnung (EU) Nr. 305/2011 wird der Kommission die Befugnis übertragen, die Bedingungen für die elektronische Verarbeitung der Leistungserklärungen festzulegen, damit sie auf einer Website zur Verfügung gestellt werden können. Diese Bedingungen für die Zurverfügungstellung von Leistungserklärungen im Internet ermöglichen die Nutzung neuer Informationstechnologien und die Verringerung der Kosten für Hersteller von Bauprodukten und das Baugewerbe insgesamt.

(3) Unter Berücksichtigung der möglichen spezifischen Erfordernisse der Abnehmer von Bauprodukten, insbesondere der dazu zählenden Kleinstunternehmen und vor allem derjenigen, die auf Baustellen ohne Internetanschluss tätig sind, sollte dieser delegierte Rechtsakt nicht da-

---

[15] ABl. L 88 vom 4.4.2011, S. 5.

hin gehend erweitert werden, dass Abweichungen von Artikel 7 Absatz 2 der Verordnung (EU) Nr. 305/2011 enthalten sind.

(4) Um sicherzustellen, dass die elektronische Form einer Leistungserklärung für ein bestimmtes Bauprodukt leicht zu identifizieren ist, sollten die Hersteller jedes einzelne Produkt oder jede Charge desselben Produkts, das sie in Verkehr bringen, durch den eindeutigen Kenncode des Produkttyps, der gemäß Anhang III der Verordnung (EU) Nr. 305/2011 in der Leistungserklärung anzugeben ist, mit einer bestimmten Leistungserklärung verknüpfen.

(5) Damit der Verwaltungsaufwand für die Bereitstellung von Leistungserklärungen verringert und gleichzeitig die Zuverlässigkeit der darin enthaltenen Angaben kontinuierlich sichergestellt werden kann, sollte die elektronische Fassung einer Leistungserklärung nicht mehr geändert werden, sobald sie online zur Verfügung gestellt wurde, und sie sollte mindestens für einen Zeitraum von zehn Jahren nach dem Inverkehrbringen des Bauprodukts zugänglich bleiben oder für einen anderen Zeitraum, der aufgrund von Artikel 11 Absatz 2 zweiter Unterabsatz der Verordnung (EU) Nr. 305/2011 anzuwenden ist.

(6) Die Website, auf der die Leistungserklärung zur Verfügung gestellt wird, sollte gewartet und erhalten werden, um soweit wie möglich sicherzustellen, dass sie kontinuierlich zugänglich ist und nicht aufgrund von technischen Störungen nicht mehr verfügbar ist.

(7) Die Website, auf der die Leistungserklärung zur Verfügung gestellt wird, sollte für die Abnehmer von Bauprodukten kostenlos zugänglich sein. Diese Abnehmer sollten darauf hingewiesen werden, wie sie auf die Website und die elektronische Fassung der Leistungserklärung zugreifen können.

(8) Zur Steigerung der Effizienz und Wettbewerbsfähigkeit des europäischen Baugewerbes insgesamt sollten Wirtschaftsakteure, die Leistungserklärungen bereitstellen und dafür zur Vereinfachung neue Informationstechnologie nutzen möchten, sobald wie möglich in diese Lage versetzt werden.

Hat folgende Verordnung erlassen:

Artikel 1

(1) Die Wirtschaftsakteure können – abweichend von Artikel 7 Absatz 1 der Verordnung (EU) Nr. 305/2011 – eine Leistungserklärung nach Artikel 4 Absatz 1 der Verordnung (EU) Nr. 305/2011 auf einer Website zur Verfügung stellen, sofern sie alle folgenden Bedingungen erfüllen:

a) Sie müssen sicherstellen, dass der Inhalt einer Leistungserklärung nach ihrer Zurverfügungstellung auf der Website nicht geändert wird;

b) sie müssen sicherstellen, dass die Website, auf der die Leistungserklärungen für Bauprodukte zur Verfügung gestellt werden, gewartet und erhalten wird, sodass die Website und die Leistungserklärungen den Abnehmern von Bauprodukten kontinuierlich zur Verfügung stehen;

c) sie müssen sicherstellen, dass die Leistungserklärung für die Abnehmer von Bauprodukten während eines Zeitraums von zehn Jahren nach dem Inverkehrbringen des Bauprodukts oder während eines anderen Zeitraums, der gemäß Artikel 11 Absatz 2 zweiter Unterabsatz der Verordnung (EU) Nr. 305/2011 anzuwenden ist, kostenlos zugänglich ist;

d) sie müssen den Abnehmern von Bauprodukten Anweisungen dazu zur Verfügung stellen, wie sie auf die Website und die dort verfügbaren Leistungserklärungen für solche Produkte zugreifen können.

(2) Die Hersteller müssen sicherstellen, dass jedes einzelne Produkt oder jede Charge desselben Produkts, das sie in Verkehr bringen, durch den eindeutigen Kenncode des Produkttyps mit einer bestimmten Leistungserklärung verknüpft ist.

Artikel 2

Diese Verordnung tritt am dritten Tag nach ihrer Veröffentlichung im Amtsblatt der Europäischen Union in Kraft.

Diese Verordnung ist in allen ihren Teilen verbindlich und gilt unmittelbar in jedem Mitgliedstaat.

4.2. Durchführungsverordnung (EU) Nr 1062/2013 über das Format der Europäischen Technischen Bewertung

ABl 2013 L 289/42

Durchführungsverordnung (EU) Nr. 1062/2013 der Kommission vom 30. Oktober 2013 über das Format der Europäischen Technischen Bewertung für Bauprodukte

Die Europäische Kommission – gestützt auf den Vertrag über die Arbeitsweise der Europäischen Union, gestützt auf die Verordnung (EU) Nr. 305/2011 des Europäischen Parlaments und des Rates vom 9. März 2011 zur Festlegung harmonisierter Bedingungen für die Vermarktung von Bauprodukten und zur Aufhebung der Richtlinie 89/106/EWG[16] des Rates, insbesondere auf Artikel 26 Absatz 3, nach Anhörung des Ständigen Ausschusses für das Bauwesen, in Erwägung nachstehender Gründe:

(1) Europäische Technische Bewertungen sind notwendig, um Hersteller von Bauprodukten in die Lage zu versetzen, für Bauprodukte, die von harmonisierten Normen nicht oder nicht vollständig abgedeckt werden, eine Leistungserklärung auszustellen.

(2) Gegenstand von Artikel 26 Absatz 2 der Verordnung (EU) Nr. 305/2011 sind die Anforderungen an den Inhalt der Europäischen Technischen Bewertung. Da die Grundsätze für die anzuwendende werkseigene Produktionskontrolle in dem entsprechenden Europäischen Bewertungsdokument angegeben werden, sollte die Europäische Technische Bewertung nur jene technischen Einzelheiten enthalten, die festzulegen gemäß diesen Grundsätzen des Europäischen Bewertungsdokuments auf dieser Stufe für die Durchführung des Systems der Bewertung und Überprüfung der Leistungsbeständigkeit notwendig erscheint.

(3) Angesichts der großen Bandbreite der betroffenen Bauprodukte sollte die Darstellung der technischen Beschreibung des betreffenden Produkts im Format der Europäischen Technischen Bewertung ausreichend flexibel festgelegt sein.

(4) Auch bei der Darstellung der Leistung des Produkts in der Europäischen Technischen Bewertung sollte ausreichend Flexibilität gewährt

---

[16] ABl. L 88 vom 4.4.2011, S. 5.

werden, damit der Hersteller in seiner Leistungserklärung, die auf dieser Bewertung beruht, die Leistung ungehindert und präzise erklären kann.

(5) Zum Schutz vertraulicher technischer Informationen zu dem Produkt sollte der Hersteller bei der zuständigen Technischen Bewertungsstelle angeben können, welche Abschnitte der Produktbeschreibung vertraulich sind und nicht zusammen mit der Europäischen Technischen Bewertung verbreitet werden dürfen. Vertrauliche Informationen sollten in getrennten Anhängen dieser Europäischen Technischen Bewertungen enthalten sein.

(6) Zur Förderung der Effizienz des Binnenmarktes und der Wettbewerbsfähigkeit des europäischen Bauwesens als Ganzes sollten Europäische Technische Bewertungen den Herstellern, die dies beantragen, möglichst rasch ausgestellt werden können –

Hat folgende Verordnung erlassen:

Artikel 1

Das Format der Europäischen Technischen Bewertung ist im Anhang dargelegt.

Artikel 2

Diese Verordnung tritt am dritten Tag nach ihrer Veröffentlichung im Amtsblatt der Europäischen Union in Kraft.

Diese Verordnung ist in allen ihren Teilen verbindlich und gilt unmittelbar in jedem Mitgliedstaat.

ANHANG

EUROPÄISCHE TECHNISCHE BEWERTUNG

Nr. .... vom .... [Datum]

4.2. Durchführungsverordnung (EU) Nr 1062/2013

Allgemeiner Teil

1. Technische Bewertungsstelle, die die Europäische Technische Bewertung ausstellt: ....

2. Handelsname des Bauprodukts: ....

3. Produktfamilie, zu der das Bauprodukt gehört: ....

4. Hersteller: ....

5. Herstellungsbetrieb(e): ....

6. Diese Europäische Technische Bewertung enthält .... Seiten, davon .... Anhang/Anhänge, der/die fester Bestandteil dieser Bewertung ist/sind.

Der Anhang/Die Anhänge .... enthält/enthalten vertrauliche Informationen und wird/werden nicht zusammen mit der Europäischen Technischen Bewertung öffentlich verbreitet.

7. Diese Europäische Technische Bewertung wird gemäß der Verordnung (EU) Nr. 305/2011 auf der Grundlage .... ausgestellt.

Besondere Teile

8. Technische Beschreibung des Produkts: ....

9. Spezifizierung des/der Verwendungszwecks/Verwendungszwecke gemäß dem anwendbaren Europäischen Bewertungsdokument: ....
....

10. Leistung des Produkts und Angabe der Methoden ihrer Bewertung:
....

11. Angewandtes System zur Bewertung und Überprüfung der Leistungsbeständigkeit, mit Angabe der Rechtsgrundlage: ....

12. Für die Durchführung des Systems zur Bewertung und Überprüfung der Leistungsbeständigkeit erforderliche technische Einzelheiten gemäß anwendbarem Europäischem Bewertungsdokument: ....
Ausgestellt in .... am .... 20 ....

Von ....

Anhang/Anhänge

5. Kärntner Bauproduktegesetz – K-BPG

LGBl 2013/46 und LGBl 2013/85

Inhaltsverzeichnis

1. Hauptstück – Allgemeines
§ 1 Begriffsbestimmung

2. Hauptstück – Technische Bewertungsstelle, Produktinformationsstelle
§ 2 Technische Bewertungsstelle
§ 3 Produktinformationsstelle für das Bauwesen

3. Hauptstück – Anforderung für die Verwendung von Bauprodukten

1. Abschnitt – Bauprodukte, für die harmonisierte technische Spezifikationen nicht vorliegen
§ 4 Anwendungsbereich
§ 5 Anforderungen für die Verwendung von Bauprodukten, für die harmonisierte technische Spezifikationen nicht vorliegen
§ 6 Baustoffliste ÖA
§ 7 Produktregistrierung
§ 8 Verfahren der Registrierung
§ 9 Registrierungsstellen und Registerführende Stelle
§ 10 Einbauzeichen ÜA

2. Abschnitt – Bauprodukte, für die harmonisierte technische Spezifikationen vorliegen
§ 11 Anforderungen für die Verwendung von Bauprodukten, für die harmonisierte technische Spezifikationen vorliegen
§ 12 Baustoffliste ÖE

3. Abschnitt – Sonstige Bauprodukte
§ 13   Anforderungen für die Verwendung sonstiger Bauprodukte

4. Hauptstück Bautechnische Zulassung
§ 14   Bautechnische Zulassung
§ 15   Zulassungsstelle

5. Hauptstück – Bereitstellung auf dem Markt
§ 16   Bereitstellung von Bauprodukten auf dem Markt

6. Hauptstück – Marktüberwachung
§ 17   Anwendungsbereich
§ 18   Marktüberwachungsbehörde
§ 19   Berichtspflichten der Baubehörde
§ 20   Verwenden von Daten
§ 21   Proben

7. Hauptstück – Österreichisches Institut für Bautechnik
§ 22   Mitgliedschaft des Landes
§ 23   Aufgaben
§ 24   Aufsicht der Landesregierung

8. Hauptstück – Schlussbestimmungen
§ 25   Kosten
§ 26   Kundmachungen
§ 27   Strafbestimmungen
§ 28   Außerkrafttreten

ANLAGE

ErlRV 01-VD-LG-1513/4-2013, 1 f (zu LGBl 2013/46):

„1. Die Verordnung (EU) Nr. 305/2011 des Europäischen Parlaments und des Rates vom 9. März 2011 zur Festlegung harmonisierter Bedingungen für die Vermarktung von Bauprodukten und zur Aufhebung der Richtlinie 89/106/EWG des Rates wurde am 4. April 2011, ABl. Nr. L 88, S. 5, veröffentlicht. Der Großteil der Bestimmungen entfaltet seine Wirkung gemäß Art. 66 und 68 der Verordnung (EU) Nr. 305/2011 ab dem 1. Juli 2013. Bis zu diesem Zeitpunkt sind auch die nationalen Voraussetzungen zur Anwendung der Verordnung (EU) Nr. 305/2011 zu schaffen. Im Auftrag der Länder ersuchte daher die Verbindungsstelle der Bundesländer am 31. Mai 2011 das Österreichische Institut für Bautechnik (OIB), im Rahmen der (beim OIB eingerichteten) Länderexpertengruppe für Fragen der Marktüberwachung von Bauprodukten Entwürfe für die Änderung der „Vereinbarung gemäß Art. 15a B-VG über die Zusammenarbeit im Bauwesen (Umsetzung der EG-Bauproduktenrichtlinie)" sowie über die „Vereinbarung gemäß Art. 15a B-VG über die Regelung der Verwendbarkeit von Bauprodukten" auszuarbeiten.

2. Während die Richtlinie 89/106/EWG zu ihrer Wirksamkeit der Umsetzung in nationales Recht bedurfte, ist die Verordnung (EU) Nr. 305/2011 gemäß Art. 288 AEUV unmittelbar in den Mitgliedsstaaten anzuwenden. Die Wiederholung des Inhaltes einer Verordnung in nationalen Rechtsbestimmungen ist grundsätzlich unzulässig. Daraus folgt, dass ein Teil des nationalen Bauproduktenrechts entfallen kann bzw. entfallen muss. Vor diesem Hintergrund und um die Übersichtlichkeit der Vereinbarungen gemäß Art. 15a B-VG zum Bauproduktenrecht zu erhöhen, wurden die „Vereinbarung gemäß Art. 15a B-VG über die Zusammenarbeit im Bauwesen (Umsetzung der EG-Bauproduktenrichtlinie)" sowie die „Vereinbarung gemäß Art. 15a B-VG über die Regelung der Verwendbarkeit von Bauprodukten" zur „Vereinbarung gemäß Art. 15a B-VG über die Zusammenarbeit im Bauwesen sowie die Bereitstellung von Bauprodukten auf dem Markt und deren Verwendung" zusammengefasst. In wesentlichen Teilen wurden lediglich bereits bestehende Bestimmungen übernommen (z.B.: Gründung OIB). Darüber hinaus wurden aber auch die notwendigen Anpassungen an die Verordnung (EU) Nr. 305/2011 vorgenommen und für gewisse Fälle eine nationale Bautechnische Zulassung eingeführt (siehe Art. 21 der Vereinbarung).

3. Die „Vereinbarung gemäß Art. 15a B-VG über die Zusammenarbeit im Bauwesen sowie die Bereitstellung von Bauprodukten auf dem Markt und deren Verwendung" wurde von der Landeshauptfrau und den Landeshauptmännern am 3. Mai 2012 unterzeichnet, der Kärntner Landtag erteilte gemäß Art. 66 Abs. 1 K-LVG am 19. Juli 2012 seine Zustimmung (LGBl. Nr. 35/2013).

4. Durch die Verfassungsbestimmung des § 1 Akkreditierungsgesetz 2012 – AkkG 2012, BGBl. I Nr. 28/2012, sind Akkreditierungen nunmehr auch in den Belangen Bundessache, hinsichtlich derer das B-VG etwas anderes bestimmt. Dh auch Akkreditierungen im Bereich der Bauprodukte sind Bundessache. Aus diesem Grund haben die entsprechenden Bestimmungen im Landesrecht zu entfallen.

5. Auf Grund der stark geänderten europarechtlichen und kompetenzrechtlichen Rahmenbedingungen wird durch das vorliegende Gesetz das Kärntner Akkreditierungs- und Bauproduktegesetzes – K-ABPG, LGBl. Nr. 24/1994, zuletzt in der Fassung des Gesetzes LGBl. Nr. 101/2011, außer Kraft gesetzt und ein neues Kärntner Bauproduktegesetz – K-BPG erlassen."

ErlRV 01-VD-LG-1569/48-2013, 1 f (zu LGBl 2013/85):

„Mit der Verwaltungsgerichtsbarkeits-Novelle 2012, BGBl. I Nr. 51/2012, wurde die bundesverfassungsrechtliche Grundlage für die Einführung der zweistufigen Verwaltungsgerichtsbarkeit geschaffen. Mit Wirksamkeit zum 1. Jänner 2014 wird es in jedem Bundesland ein Verwaltungsgericht erster Instanz und beim Bund ein Bundesverwaltungsgericht und ein Bundesfinanzgericht geben („9+2-Modell"). Dabei ersetzen die Landesverwaltungsgerichte die Unabhängigen Verwaltungssenate und das Bundesverwaltungsgericht den Asylgerichtshof (siehe zur Verfassungsrechtslage ausführlich ErläutRV 1618 BlgNR XXIV. GP). Für das Land Kärnten wird durch das Kärntner Landesverwaltungsgerichtsgesetz – K-LvwGG, LGBl. Nr. 55/2013, ein Landesverwaltungsgericht eingerichtet.

Vor diesem Hintergrund sind in allen Rechtsvorschriften des Landes insbesondere folgende Anpassungen vorzunehmen:

- Abschaffung des administrativen Instanzenzuges (außer in Angelegenheiten des eigenen Wirkungsbereiches der Gemeinden), da an dessen Stelle – abgesehen vom eigenen Wirkungsbereich der Gemeinde – die Möglichkeit der Beschwerde an das Verwaltungsgericht des jeweiligen Landes tritt (Art. 130 B-VG idF BGBl. I Nr. 51/2012).
- Streichung von Zuständigkeiten des Unabhängigen Verwaltungssenates, da an die Stelle des Unabhängigen Verwaltungssenates das Landesverwaltungsgericht tritt.

- Aufhebung von Regelungen über Rechtsmittelausschlüsse, da die Beschwerdebefugnis an das Verwaltungsgericht verfassungsmäßig garantiert und einfachgesetzlich nicht ausgeschlossen werden darf.
- Verankerung der Beschwerdelegitimation von Formal- und Legalparteien.
- Aufhebung der in der Anlage zur Verwaltungsgerichtsbarkeits-Novelle 2012 genannten
- Sonderbehörden (z. B. Disziplinaroberkommissionen).
- Klarstellende Trennung zwischen ordentlicher Gerichtsbarkeit und Verwaltungsgerichtsbarkeit.
- Änderung der Anrufungsmöglichkeit des VwGH, da an die Stelle der Beschwerde an den VwGH die Revision an diesen tritt.
- Terminologische Anpassungen im Zusammenhang mit den Begriffen „Bescheid" und „rechtskräftiger Bescheid".
- Aufgrund des § 22 Abs. 1 VStG, in der Fassung des Verwaltungsgerichtsbarkeits- Anpassungsgesetzes 2013, entfällt die Doppelbestrafungsproblematik bei gerichtlich strafbaren Handlungen.

Im Entwurf wird von der Möglichkeit, den innergemeindlichen Instanzenzug auszuschließen (Art. 118 Abs. 4 vorletzter Satz B-VG idF BGBl. I Nr. 51/2012), nicht Gebrauch gemacht. Soweit der Entwurf weitergehende Änderungen enthält, wird darauf im Besonderen Teil der Erläuterungen Bezug genommen.

[...]

Es werden Redaktionsversehen beseitigt."

1. Hauptstück – Allgemeines

§ 1 Begriffsbestimmung

Regelwerke sind harmonisierte technische Spezifikationen im Sinne der Verordnung (EU) Nr. 305/2011 sowie nationale technische Bestimmungen der Vertragsparteien des Abkommens über den Europäischen Wirtschaftsraum, wie zB technische Normen, technische Richtlinien oder Verwendungsgrundsätze des Österreichischen Institutes für Bautechnik, wenn diese jeweils in der Baustoffliste ÖA oder in der Baustoffliste ÖE angeführt sind.

ErlRV 2V-LG-364/11-2000, 4 (zu § 1 Abs 16a K-ABPG idF LGBl 2001/31):

„Die aus Art. 2 der Vereinbarung gemäß Art. 15a B-VG über die Zusammenarbeit im Bauwesen, LGBl. Nr. 56/1993, übernommenen Begriffsbestimmungen des § 1 Abs. 1 bis 19 des geltenden Gesetzes (vgl. auch Art. 2 Abs. 3 der Vereinbarung LGBl. Nr. 45/1999) sind durch die Begriffsbestimmung für „Regelwerke" gemäß Art 2 Abs. 1 der Vereinbarung gemäß Art. 15a B-VG über die Regelung der Verwendbarkeit von Bauprodukten, LGBl. Nr. 45/1999, zu ergänzen."

ErlRV 01-VD-LG-1513/4-2013, 2 (zu LGBl 2013/46):

„§ 1 entspricht im Wesentlichen § 1 Abs. 16a K-ABPG. Für weitere Begriffsbestimmungen siehe Art. 2 der Verordnung (EU) Nr. 305/2011."

2. Hauptstück – Technische Bewertungsstelle, Produktinformationsstelle

§ 2 Technische Bewertungsstelle

Das Österreichische Institut für Bautechnik ist mit der Wahrnehmung der Aufgaben als Technische Bewertungsstelle betraut.

ErlRV 01-VD-LG-1513/4-2013, 3 (zu LGBl 2013/46):

„Das OIB übernimmt die Aufgabe der Technischen Bewertungsstelle im Sinne der Art. 29 ff der Verordnung (EU) Nr. 305/2011."

§ 3 Produktinformationsstelle für das Bauwesen

Das Österreichische Institut für Bautechnik ist mit der Wahrnehmung der Aufgaben als Produktinformationsstelle für das Bauwesen betraut.

ErlRV 01-VD-LG-1513/4-2013, 3 (zu LGBl 2013/46):

„Das OIB übernimmt auch die Aufgabe als Produktinformationsstelle im Sinne des Art. 10 der Verordnung (EU) Nr. 305/2011. Die Aufgabe als Produktinformationsstelle wird mit erhöhtem Aufwand und Kosten verbunden sein (zu den einzelnen Aufgaben siehe Art. 10 der Verordnung (EG) Nr. 764/2008). Dennoch ist die Übernahme dieser Aufgabe durch das OIB wesentlich kosteneffizienter, als wenn in jedem Bundesland eine eigene Produktinformationsstelle eingerichtet werden müsste."

3. Hauptstück – Anforderungen für die Verwendung von Bauprodukten

1. Abschnitt – Bauprodukte, für die harmonisierte technische Spezifikationen nicht vorliegen

§ 4 Anwendungsbereich

Dieser Abschnitt gilt nur für Bauprodukte, die in Serie oder serienähnlich hergestellt werden.

§ 5 Anforderungen für die Verwendung von Bauprodukten, für die harmonisierte technische Spezifikationen nicht vorliegen

Bauprodukte, die in der Baustoffliste ÖA angeführt sind, dürfen nur verwendet werden, wenn

1. sie dem für sie geltenden und in der Baustoffliste ÖA bekanntgemachten Regelwerk entsprechen oder nur unwesentlich davon abweichen, oder
2. für sie eine Bautechnische Zulassung vorliegt
und sie das Einbauzeichen ÜA tragen.

ErlRV 2V-LG-364/11-2000, 4 (zu § 26a Abs. 1 K-ABPG idF LGBl 2001/31):

„Entsprechend Art. 3 der Vereinbarung gemäß Art. 15a B-VG über die Regelung der Verwendbarkeit von Bauprodukten, LGBl. Nr. 45/1999, wird geregelt, unter welchen Voraussetzungen Bauprodukte, die in der Baustoffliste ÖA (vgl. § 26 b) angeführt sind, verwendet werden dürfen."

ErlRV 01-VD-LG-1513/4-2013, 3 (zu LGBl 2013/46):

„§ 5 entspricht im Wesentlichen § 26a K-ABPG. Bauprodukte, die in der Baustoffliste ÖA angeführt sind, müssen grundsätzlich dem angeführten Regelwerk entsprechen oder dürfen nur unwesentlich davon abweichen. Im Falle wesentlicher Abweichungen kann jedoch ggf. durch eine Bautechnische Zulassung nachgewiesen werden, dass das Bauprodukt trotzdem verwendet werden kann (vgl. auch § 14 Abs. 1 Z 3). Für Bauprodukte, für die kein Regelwerk vorhanden ist, kann in der Baustoffliste ÖA auch direkt eine Bautechnische Zulassung gefordert werden (§ 6 Abs. 2 Z 2)."

§ 6 Baustoffliste ÖA

(1) Das Österreichische Institut für Bautechnik hat mit Zustimmung der Landesregierung die Baustoffliste ÖA durch Verordnung festzulegen. Vor der Erlassung der Verordnung ist die Wirtschaftskammer Österreich anzuhören.

(2) In der Baustoffliste ÖA sind für die einzelnen Bauprodukte festzulegen:
1. die von ihnen zu erfüllenden nationalen Regelwerke oder
2. das Erfordernis einer Bautechnischen Zulassung, sofern dies aufgrund der Bedeutung eines Bauprodukts für eine oder mehrere Grundanforderungen an Bauwerke und den damit verbundenen Risiken, insbesondere hinsichtlich Gesundheit oder Sicherheit von Personen, erforderlich ist.

(3) Weiters können festgelegt werden:
1. Verwendungszweck;
2. Klassen und Stufen;
3. Geltungsdauer der Produktregistrierung;

3. Hauptstück – Anforderungen für die Verwendung von Bauprodukten § 6

4. Maßnahmen nach Abs. 4.

(4) In der Baustoffliste ÖA ist unbeschadet der Bestimmungen des für das Bauprodukt maßgeblichen Regelwerkes unter Berücksichtigung der Sicherheit oder der Besonderheiten des Produktionsverfahrens erforderlichenfalls festzulegen:
1. Erstprüfung des Bauproduktes durch eine hiefür akkreditierte Stelle;
2. Überwachung der werkseigenen Produktionskontrolle durch eine hiefür akkreditierte Stelle.

(5) In jedem Fall muss durch eine werkseigene Produktionskontrolle eine gleichbleibende Qualität des Bauproduktes sichergestellt sein.

(6) Die Baustoffliste ÖA ist gemäß § 28 kundzumachen.

ErlRV 2V-LG-364/11-2000, 7 f (zu § 26b K-ABPG idF LGBl 2001/31):

„§ 26b [Anm: § 6 idgF] des Gesetzesentwurfes entspricht Art. 4 der Vereinbarung gemäß Art. 15a B-VG über die Regelung der Verwendbarkeit von Bauprodukt, LGBl. Nr. 45/1999.

Die Baustoffliste ÖA legt jene Bauprodukte fest, für das Einbauzeichen ÜA (vgl. § 26 h [Anm: § 10 idgF]) vorgesehen wird, sowie die Bestimmungen, die diese Bauprodukte erfüllen müssen (Abs. 3 und 4).

Die Baustoffliste ÖA ist eine Rechtsverordnung, mit deren Erlassung das Österreichische Institut für Bautechnik als „beliehenes Organ" betraut wird. Das Erfordernis der Zustimmung der Landesregierung zur Verordnungserlassung gewährleistet, daß der Inhalt der Baustoffliste ÖA nicht gegen den Willen des Landes festgelegt werden kann. Auf die eingeholte Zustimmung der Landesregierung wird in der Promulgationsklausel der Verordnung hinzuweisen sein.

Das in § 26b Abs. 1 letzter Satz [Anm: 6 Abs 1 letzter Satz idgF] des Gesetzesentwurfes verankerte Anhörungsrecht der Wirtschaftskammer Österreich erscheint aufgrund der großen wirtschaftlichen Bedeutung der Bestimmung der Baustoffliste ÖA zweckmäßig. Dies betrifft sowohl die Frage der Aufnahme eines Bauproduktes in die Liste als auch die Festlegung der zu erfüllenden Regelwerke und sonstigen Bestimmungen.

In der Baustoffliste ÖA wird zum überwiegenden Teil auf bestehende technische Regelwerke zurückgegriffen. Als solche Regelwerke kommen insbesondere nationale und internationale Normen, Verwendungsgrundsätze des Österreichischen Institutes für Bautechnik und sonstige technische Richtlinien in Betracht.

Die Baustoffliste ÖA ist vom OIB in dessen Mitteilungsblättern kundzumachen (§ 26b Abs. 5 iVm § 29b Abs. 1 lit. b Z 2 des Gesetzesentwurfes [Anm: § 26 idgF; Redaktionsversehen in § 6 Abs 6]) und beim OIB sowie beim Amt der Kärntner Landesregierung zur öffentlichen Einsichtnahme aufzulegen (§ 29b Abs. 3 des Gesetzesentwurfes [Anm: § 26 idgF])."

ErlRV 01-VD-LG-1513/4-2013, 3 (zu LGBl 2013/46):

„§ 6 Abs. 1 und 3 entspricht im Wesentlichen § 26b Abs. 1 und 2 K-ABPG. Aufgenommen wird die Möglichkeit, das Erfordernis einer Bautechnischen Zulassung festzulegen, sofern dies aufgrund der Bedeutung eines Bauproduktes für eine oder mehrere Grundanforderungen an Bauwerke und den damit verbundenen Risken, insbesondere hinsichtlich Gesundheit oder Sicherheit von Personen, erforderlich ist (siehe § 6 Abs. 2 Z 2). § 6 Abs. 4 und 5 entspricht im Wesentlichen § 26c Abs. 2 und 3 K-ABPG [Anm: gemeint wohl § 26c Abs 3 und 4]."

§ 7 Produktregistrierung

(1) Die Übereinstimmung von Bauprodukten mit den Bestimmungen der Baustoffliste ÖA ist nach Maßgabe von Abs. 2 und Abs. 3 durch eine Registrierung des Bauproduktes nachzuweisen.

(2) Eine Registrierung darf nur erfolgen, wenn dies für das Bauprodukt in der Baustoffliste ÖA vorgesehen ist und
1. das Bauprodukt mit den Bestimmungen der Baustoffliste ÖA übereinstimmt oder nur unwesentlich davon abweicht, oder
2. das Bauprodukt zwar mehr als unwesentlich von den Bestimmungen der Baustoffliste ÖA abweicht, aber eine Bautechnische Zulassung vorliegt.

(3) Die Registrierung erfolgt durch Ausstellung einer Registrierungsbescheinigung durch die Registrierungsstelle. Die Registrierung hat nach den Bestimmungen dieses Gesetzes zu erfolgen, wenn sich der Sitz der Registrierungsstelle in Kärnten befindet.

3. Hauptstück – Anforderungen für die Verwendung von Bauprodukten § 8

(4) Registrierungen, die nach den Rechtsvorschriften eines anderen Bundeslandes erbracht werden, sind anzuerkennen.

ErlRV 2V-LG-364/11-2000, 8 (zu § 26c K-ABPG idF LGBl 2001/31):

„§ 26c [Anm: § 7 idgF] des Gesetzesentwurfes entspricht Art. 5 der Vereinbarung gemäß Art. 15 a B-VG über die Regelung der Verwendbarkeit von Bauprodukten, LGBl. Nr. 45/1999.

Es wird festgelegt, welchem Nachweisverfahren Bauprodukte unterliegen und welche Folgen der positive Nachweis hat.

[...]

Derartige Herstellererklärungen und Übereinstimmungszeugnisse sind jedoch nach § 26 c Abs. 6 des Gesetzesentwurfes [Anm: § 7 Abs. 4 idgF] anzuerkennen, dh. sie berechtigen zur Anbringung des Einbauzeichens ÜA, sodass die Bauprodukte die widerlegbare Vermutung für sich haben, dass sie (auch) nach den Bestimmungen des Kärntner Akkreditierungs- und Bauproduktegesetzes verwendbar sind."

ErlRV 01-VD-LG-1513/4-2013, 3 (zu LGBl 2013/46):

„Die Übereinstimmung von Bauprodukten mit dem angeführten Regelwerk ist nicht mehr durch einen Übereinstimmungsnachweis, sondern durch eine Produktregistrierung in Form einer Registrierungsbescheinigung nachzuweisen. § 7 bis 10 entsprechen – mit den notwendigen Neuerungen der Produktregistrierung – § 26c bis § 26h K-ABPG."

§ 8 Verfahren der Registrierung

(1) Die Registrierungsstelle hat aufgrund eines Antrages und auf Basis der erforderlichen Unterlagen, insbesondere der Prüfzeugnisse und Überwachungsberichte, die Erfüllung der Anforderungen dieses Gesetzes sowie die Übereinstimmung des Bauproduktes mit den Bestimmungen der Baustoffliste ÖA zu prüfen.

(2) Ergibt die Prüfung nach Abs. 1 die Übereinstimmung mit den Bestimmungen der Baustoffliste ÖA oder eine nur unwesentliche Abweichung, so hat die Registrierungsstelle die Registrierungsbe-

scheinigung auszustellen (Registrierung) und eine Ausfertigung der Registerführenden Stelle zu übermitteln.

(3) Ergibt die Prüfung nach Abs. 1, dass das jeweilige Bauprodukt mehr als nur unwesentlich von den Bestimmungen der Baustoffliste ÖA abweicht, so darf die Registrierungsbescheinigung nur ausgestellt werden, wenn eine Bautechnische Zulassung vorliegt.

(4) Falls eine Registrierung nicht erfolgen kann, ist dies dem Antragsteller formlos mitzuteilen. Auf Verlangen des Antragstellers ist die Registrierung mittels Bescheid der Registrierungsstelle abzulehnen.

ErlRV 2V-LG-364/11-2000, 11 (zu § 26g K-ABPG idF LGBl 2001/31):

„§ 26g [Anm: § 8 idgF] des Gesetzesentwurfes entspricht Art. 9 der Vereinbarung gemäß Art. 15 a B-VG über die Regelung der Verwendbarkeit von Bauprodukten, LGBl. Nr. 45/1999.

Da durch die Ermächtigung zur Ausstellung von Übereinstimmungszeugnissen (§ 26f des Gesetzesentwurfes) staatliche Aufgaben an private Stellen übertragen werden, ist es notwendig, eigene Verfahrensregeln für das Handeln dieser Stellen zu normieren. Für die ermächtigte Stelle wird in Abs. 1 und 2 eine Art „Kontrahierungszwang" vorgesehen, weil sie Bauprodukte aufgrund eines Antrages des Herstellers zu prüfen hat (Abs. 1) und bei positivem Ergebnis ein Übereinstimmungszeugnis auszustellen hat (Abs. 2)."

ErlRV 01-VD-LG-1513/4-2013, 3 (zu LGBl 2013/46):

„Die Übereinstimmung von Bauprodukten mit dem angeführten Regelwerk ist nicht mehr durch einen Übereinstimmungsnachweis, sondern durch eine Produktregistrierung in Form einer Registrierungsbescheinigung nachzuweisen. § 7 bis 10 entsprechen – mit den notwendigen Neuerungen der Produktregistrierung – § 26c bis § 26h K-ABPG. Gegen Bescheide gemäß 8 Abs. 4 kann bis zum Ablauf des 31. Dezember 2013 Beschwerde an den Unabhängigen Verwaltungssenat erhoben werden (siehe die Übergangsbestimmung in Art. III Abs. 9). Mit 1. Jänner 2014 wird durch BGBl. I Nr. 51/2012 ein Kärntner Verwaltungsgericht geschaffen."

ErlRV 01-VD-LG-1569/48-2013, 17 (zu LGBl 2013/85):

„Es werden Redaktionsversehen beseitigt."

§ 9 Registrierungsstellen und Registerführende Stelle

(1) Die Landesregierung kann mit Verordnung eine Stelle mit bautechnischen Kenntnissen, insbesondere auf dem Gebiet der Materialtechnologie, der Produktion der zu beurteilenden Bauprodukte und deren Eigenschaften, mit der Registrierung gemäß § 7 betrauen. Diese muss beim Amt der Kärntner Landesregierung eingerichtet werden oder hat mehrheitlich im Eigentum des Landes Kärnten zu stehen. Für die Aufsicht über eine ausgegliederte Registrierungsstelle gilt § 24 sinngemäß.

(2) Das Österreichische Institut für Bautechnik ist mit der Wahrnehmung der Aufgaben als Registerführende Stelle betraut.

(3) Sofern eine Registrierungsstelle eingerichtet wird, ist diese der Registerführenden Stelle bekannt zu geben.

ErlRV 01-VD-LG-1513/4-2013, 3 (zu LGBl 2013/46):

„Die Übereinstimmung von Bauprodukten mit dem angeführten Regelwerk ist nicht mehr durch einen Übereinstimmungsnachweis, sondern durch eine Produktregistrierung in Form einer Registrierungsbescheinigung nachzuweisen. § 7 bis 10 entsprechen – mit den notwendigen Neuerungen der Produktregistrierung – § 26c bis § 26h K-ABPG."

§ 10 Einbauzeichen ÜA

(1) Liegt für ein Bauprodukt eine Registrierung gemäß § 7 vor, so ist der Hersteller berechtigt, zur Kennzeichnung dieses Bauproduktes das Einbauzeichen am Bauprodukt selbst, auf dessen Verpackung oder in den Begleitpapieren anzubringen.

(2) Das Einbauzeichen und die Art der Anbringung haben dem Muster der Anlage zu entsprechen.

(3) Ein Bauprodukt, das das Einbauzeichen trägt, hat die widerlegbare Vermutung für sich, dass es nach den Bestimmungen dieses Gesetzes verwendbar ist.

ErlRV 2V-LG-364/11-2000, 11 f (zu § 26h K-ABPG idF LGBl 2001/31):

„§ 26h [Anm: § 10 idgF] des Gesetzesentwurfes entspricht Art. 10 der Vereinbarung gemäß Art. 15 a B-VG über die Regelung der Verwendbarkeit von Bauprodukten, LGBl. Nr. 45/1999. Durch die Schaffung eines österreichweit einheitlichen Verwendungszeichens (Einbauzeichen ÜA) für Bauprodukte, für die (noch) keine europäischen technischen Spezifikationen vorliegen, soll vor allem die Produktkontrolle vereinfacht werden."

ErlRV 01-VD-LG-1513/4-2013, 3 (zu LGBl 2013/46):

„Die Übereinstimmung von Bauprodukten mit dem angeführten Regelwerk ist nicht mehr durch einen Übereinstimmungsnachweis, sondern durch eine Produktregistrierung in Form einer Registrierungsbescheinigung nachzuweisen. § 7 bis 10 entsprechen – mit den notwendigen Neuerungen der Produktregistrierung – § 26c bis § 26h K-ABPG."

2. Abschnitt – Bauprodukte, für die harmonisierte technische Spezifikationen vorliegen

§ 11 Anforderungen für die Verwendung von Bauprodukten, für die harmonisierte technische Spezifikationen vorliegen

Bauprodukte, für die harmonisierte technische Spezifikationen vorliegen und die in der Baustoffliste ÖE angeführt sind, dürfen nur verwendet werden, wenn sie den in der Baustoffliste ÖE kundgemachten Leistungsanforderungen oder Verwendungsbestimmungen entsprechen und sie das CE-Kennzeichen tragen.

ErlRV 2V-LG-364/11-2000, 12 (zu § 26j K-ABPG idF LGBl 2001/31):

„§ 26 j und § 26k [Anm: § 11 und § 12 idgF] des Gesetzesentwurfes entsprechen Art. 11 und Art. 12 der Vereinbarung gemäß Art. 15a B-VG über die Regelung der Verwendbarkeit von Bauprodukten, LGBl. Nr. 45/1999."

ErlRV 01-VD-LG-1513/4-2013, 4 (zu LGBl 2013/46):

„Diese Bestimmung ermöglicht es, einerseits festzulegen, welche Leistungsstufen oder -klassen der in der Leistungserklärung enthaltenen wesentlichen Merkmale für bestimmte Verwendungszwecke erfüllt werden müssen. Andererseits kann für bestimmte Bauprodukte auch dann eine CE-Kennzeichnung verlangt werden, wenn dies europarechtlich nicht verpflichtend ist. Dies betrifft z. B. Bauprodukte, für die keine harmonisierte Norm, sondern ein Europäisches Bewertungsdokument (oder derzeit eine Europäische Technische Zulassungsleitlinie – ETAG) vorliegt, oder bestimmte individuell gefertigte Bauprodukte, die unter die Ausnahmebestimmungen des Art. 5 der Verordnung (EU) Nr. 305/2011 fallen, für die aber in Österreich Anforderungen bestehen (etwa Betonfertigteile oder Fenster). Die Möglichkeit, auf nationaler Ebene solche Anforderungen für die Verwendung festzulegen, ergibt sich aus Art. 5 erster Satz und aus Art. 8 Abs. 4 der Verordnung (EU) Nr. 305/2011. Bauprodukte, die nicht in der Baustoffliste ÖE angeführt sind, dürfen grundsätzlich verwendet werden, sofern sie den Bestimmungen der Verordnung (EU) Nr. 305/2011 entsprechen.

Die Wortfolge „oder nur unwesentlich davon abweichen" (so noch in § 26j Abs. 1 lit. a K-ABPG enthalten) wurde gestrichen, da im Fall der Baustoffliste ÖE konkrete Leistungsanforderungen im Sinne von Mindestwerten oder Höchstwerten von Kennwerten oder konkrete Verwendungseinschränkungen geregelt werden. Die Möglichkeit der „unwesentlichen Abweichung" in der Baustoffliste ÖA bezieht sich hingegen auf die Erfüllungen eines gesamten Regelwerkes wie z. B. einer Norm."

§ 12 Baustoffliste ÖE

(1) Das Österreichische Institut für Bautechnik hat mit Zustimmung der Landesregierung die Baustoffliste ÖE durch Verordnung festzulegen. Vor der Erlassung der Verordnung ist die Wirtschaftskammer Österreich anzuhören.

(2) In der Baustoffliste ÖE werden für Bauprodukte oder Gruppen von Bauprodukten die von ihnen zu erfüllenden Anforderungen für die Verwendung festgelegt. In der Baustoffliste ÖE können insbesondere, bezogen auf die einzelnen Bauprodukte und gegebe-

nenfalls in Abhängigkeit vom Verwendungszweck, festgelegt werden:
1. die anzuwendende harmonisierte technische Spezifikation (harmonisierte Norm oder Europäisches Bewertungsdokument);
2. die wesentlichen Merkmale, für die eine Leistung anzugeben ist;
3. die zu erfüllende Leistung des Bauprodukts nach Stufen oder Klassen oder in einer Beschreibung;
4. Leistungsanforderungen und Verwendungsbestimmungen im Zusammenhang mit Vorschriften, die außerhalb des Anwendungsbereiches der Verordnung (EU) Nr. 305/2011 liegen;
5. das Erfordernis der Erlangung einer Bautechnischen Zulassung mit den darin festzulegenden Verwendungsbestimmungen, sofern dies aufgrund der Bedeutung eines Bauprodukts für eine oder mehrere Grundanforderungen an Bauwerke und den damit verbundenen Risiken, insbesondere hinsichtlich Gesundheit oder Sicherheit von Personen, erforderlich ist.
(3) Die Baustoffliste ÖE ist gemäß § 26 kundzumachen.

ErlRV 2V-LG-364/11-2000, 12 f (zu § 26k K-ABPG idF LGBl 2001/31):

„§ 26 j und § 26k [Anm: § 11 und § 12 idgF] des Gesetzesentwurfes entsprechen Art. 11 und Art. 12 der Vereinbarung gemäß Art. 15a B-VG über die Regelung der Verwendbarkeit von Bauprodukten, LGBl. Nr. 45/1999.

Die Baustoffliste ÖE dient einerseits der Festlegung von Stufen und Klassen gemäß Art. 3 Abs. 2 der Bauprodukterichtlinie und andererseits der Festlegung von Leistungsanforderungen und Verwendungsbestimmungen, die nicht in den Anwendungsbereich der Bauprodukterichtlinie fallen, für die aber in Österreich Rechtsvorschriften bestehen.

In die Baustoffliste ÖE dürfen zwar nur Bauprodukte aufgenommen werden, für die (bereits) europäische technische Spezifikation vorliegen; es müssen jedoch nicht alle Bauprodukte, für die solche Spezifikationen vorliegen, in die Baustoffliste ÖE aufgenommen werden, sondern nur diejenigen, für die Stufen und Klassen festgelegt werden sollen.

Die Baustoffliste ÖE ist eine Rechtsverordnung, mit deren Erlassung das Österreichische Institut für Bautechnik als „beliehenes Organ" betraut wird. Das Erfordernis der Zustimmung der Landesregierung zur Verordnungserlassung gewährleistet, daß der Inhalt der Baustoffliste ÖE nicht gegen den Willen des Landes festgelegt werden kann. Auf die eingeholte Zustimmung der Landesregierung wird in der Promulgationsklausel der Verordnung hinzuweisen sein.

In § 26k Abs. 1 letzter Satz des Gesetzesentwurfes ist – ebenso wie bei der Erlassung der Baustoffliste ÖA – eine Anhörungsrecht der Wirtschaftskammer Österreich wegen der großen wirtschaftlichen Bedeutung der Bestimmungen der Baustoffliste ÖE vorgesehen.

Die Baustoffliste ÖE ist vom OIB in dessen Mitteilungsblättern kundzumachen (§ 26k Abs. 4 iVm § 29b Abs. 1 lit. b Z 3 des Gesetzesentwurfes [Anm: § 12 Abs 3 iVm § 26 idgF]) und beim OIB sowie beim Amt der Kärntner Landesregierung zur öffentlichen Einsichtnahme aufzulegen (§ 29b Abs. 3 des Gesetzesentwurfes [§ 26 idgF])."

ErlRV 01-VD-LG-1513/4-2013, 4 (zu LGBl 2013/46):

„§ 12 entspricht im Wesentlichen § 26k K-ABPG."

ErlRV 01-VD-LG-1569/48-2013, 17 (zu LGBl 2013/85):

„Es werden Redaktionsversehen beseitigt."

3. Abschnitt – Sonstige Bauprodukte

§ 13 Anforderungen für die Verwendung sonstiger Bauprodukte

Bauprodukte, die weder in der Baustoffliste ÖA noch in der Baustoffliste ÖE angeführt sind, und für die keine Bautechnische Zulassung vorliegt, dürfen nur verwendet werden, wenn sie den Anforderungen der Kärntner Bauvorschriften entsprechen.

ErlRV 01-VD-LG-1513/4-2013, 4 (zu LGBl 2013/46):

„Die Tatsache, dass ein Bauprodukt weder in der Baustoffliste ÖA, noch in der Baustoffliste ÖE angeführt ist, und für das Bauprodukt auch keine Bautechnische Zulassung vorliegt, bedeutet nicht, dass das Bauprodukt nicht verwendet werden darf. Es müssen jedoch alle Anforderungen der Kärntner Bauvorschriften erfüllt werden."

4. Hauptstück – Bautechnische Zulassung

§ 14 Bautechnische Zulassung

(1) Der Hersteller eines Bauproduktes oder sein Vertreter mit einem Geschäftssitz in einem Mitgliedsstaat des EWR kann für ein Bauprodukt in folgenden Fällen bei der Zulassungsstelle eine Bautechnische Zulassung beantragen:
1. das Bauprodukt weicht von einer harmonisierten Norm ab;
2. für das Bauprodukt liegt keine harmonisierte Norm vor und das Bauprodukt ist nicht in der Baustoffliste ÖA erfasst;
3. das Bauprodukt weicht von dem in der Baustoffliste ÖA angeführten Regelwerk mehr als nur unwesentlich ab;
4. Bauprodukte, für die in der Baustoffliste ÖA oder in der Baustoffliste ÖE eine Bautechnische Zulassung vorgesehen ist;
5. sonstige Bauprodukte, für die es nach dem Stand der technischen Wissenschaften erforderlich ist, Verwendungsbestimmungen und mögliche Verwendungszwecke entsprechend den bautechnischen Anforderungen festzulegen.

(2) Die zur Beurteilung des Bauproduktes erforderlichen Unterlagen, das sind insbesondere eine technische Beschreibung des Produktes, Angaben über die Leistungsmerkmale und die vorgesehene Verwendung des Produktes, sind dem Antrag beizufügen. Sind die Unterlagen unvollständig oder mangelhaft und werden sie nicht binnen einer festzusetzenden angemessenen Frist ergänzt, so ist der Antrag zurückzuweisen. Probestücke und Probeausführungen, die für die Beurteilung des Bauproduktes erforderlich sind, sind vom Hersteller oder seinem Vertreter über Aufforderung vorzulegen. Die Auswahl der Sachverständigen obliegt der Zulassungsstelle.

(3) Weiters ist ein Antrag auf Bautechnische Zulassung zurückzuweisen, wenn die Zulassungsstelle feststellt, dass das Bauprodukt keine Auswirkungen auf die Leistung der baulichen Anlage im Hinblick auf die Grundanforderungen an bauliche Anlagen zu erfüllen hat oder auf Grund des Standes der technischen Wissenschaften keine Notwendigkeit für eine Bautechnische Zulassung gegeben ist.

(4) Über den Antrag auf Erteilung einer Bautechnischen Zulassung ist von der Zulassungsstelle mit Bescheid zu entscheiden. Bei Vorliegen der Voraussetzungen für die Verwendung des Bauproduktes ist die Bautechnische Zulassung auszustellen. Dabei können erforderliche Vorschreibungen für den Einbau und die Anwendung des Bauproduktes festgelegt werden. Die Bautechnische Zulassung ist auf höchstens fünf Jahre zu befristen. Eine Verlängerung um jeweils höchstens fünf Jahre ist möglich, wobei der Antrag vor Ablauf der Frist gestellt werden muss.

(5) Die Bautechnische Zulassung umfasst jedenfalls folgende Inhalte:
1. eine technische Beschreibung des Bauproduktes einschließlich der Leistungsmerkmale;
2. Regelungen über die Eigen- und Fremdüberwachung des Bauproduktes und der Produktion;
3. Bestimmungen über die Verwendung sowie erforderlichenfalls über den Einbau und die Anwendung des Bauproduktes.

Im Falle von Bauprodukten, für die eine CE-Kennzeichnung vorliegt (§ 11), gilt dies nur soweit, als diese Inhalte nicht bereits durch die Leistungserklärung und die CE-Kennzeichnung abgedeckt sind.

(6) Durch die Erteilung der Bautechnischen Zulassung wird in Rechte Dritter nicht eingegriffen.

(7) Die Zulassungsstelle hat jährlich eine Liste der erteilten Bautechnischen Zulassungen zu veröffentlichen.

(8) Bautechnische Zulassungen, die nach den Rechtsvorschriften eines anderen Bundeslandes erbracht werden, sind anzuerkennen.

ErlRV 01-VD-LG-1513/4-2013, 4 ff (zu LGBl 2013/46):

„In vielen Mitgliedstaaten gibt es eine lange Tradition von nationalen Baustoffzulassungen, insbesondere in Deutschland, Frankreich, den Niederlanden, Belgien, Spanien und dem Vereinigten Königreich. Diese nationalen Systeme dienten einerseits der Zulassung von nicht genormten Baustoffen, andererseits enthielten sie auch konkrete Hinweise über die Verwendung der betreffenden Baustoffe, wie sie in Produktnormen üblicherweise nicht enthalten sind.

Durch die Richtlinie 106/89/EWG wurde als Basis für die CE-Kennzeichnung von Bauprodukten neben Normen (harmonisierte europäische Normen) auch eine europäische Baustoffzulassung eingeführt (Europäische technische Zulassung – ETZ). Allgemein wurde erwartet, dass diese ETZ die verschiedenen nationalen Baustoffzulassungssysteme ersetzen wird. Tatsächlich bestehen jedoch auch zwanzig Jahre nach Inkrafttreten der Bauproduktenrichtlinie weiterhin diese nationalen Baustoffzulassungen, da durch die europäische Harmonisierung zwar die technischen Parameter und die Prüfmethoden für Bauprodukte europaweit vereinheitlicht wurden, nicht jedoch die bautechnischen Vorschriften (Anforderungen an Bauwerke) der Bauordnungen in den einzelnen Mitgliedstaaten, aus denen sich die tatsächlichen Verwendungsbestimmungen ableiten lassen. Die ursprüngliche Erwartung, dass durch die CE-Kennzeichnung von Bauprodukten nicht nur deren Vermarktung, sondern auch deren Verwendung in ganz Europa vereinheitlicht würde, konnte deshalb nicht erfüllt werden. Zwar können CE-gekennzeichnete Bauprodukte in ganz Europa frei auf den Markt gebracht werden, sie dürfen jedoch nicht überall in gleicher Weise verwendet werden. Die in der CE-Kennzeichnung fehlende Festlegung der Verwendungsbestimmungen wird in jenen Mitgliedsstaaten, in denen es nationale Baustoffzulassungssysteme gibt, weiterhin durch diese geregelt.

Aufgrund der Diskrepanz zwischen dem ursprünglichen Anspruch der europäischen Harmonisierung durch die Bauproduktenrichtlinie einerseits und der praktischen Handhabung andererseits wurden Klagen der Baustoffhersteller laut, dass es durch dieses System de facto zu Handelsbarrieren kommt. Dabei stand nicht die Tatsache der Verwendungszulassungen als solche im Vordergrund der Kritik, sondern die damit verbundenen und oft als willkürlich empfundenen Zeitverzögerungen und hohen Kosten. Nicht zuletzt aufgrund der Tatsache, dass die Richtlinie 106/89/EWG die an sie gestellten Erwartungen auch nach zwanzig Jahren nicht erfüllen hatte können, wurde die Verordnung (EU) Nr. 305/2011 erlassen. Doch auch die Verordnung (EU) Nr. 305/2011 konnte die vielfach gehegte Erwartung, die europäische Harmonisierung zukünftig auch auf die Verwendungsbestimmungen für Bauprodukte auszuweiten, nicht erfüllen.

In Österreich gibt es als nationale Kennzeichnung von Bauprodukten das durch die landesrechtliche Umsetzung der „Vereinbarung gemäß Art. 15a B-VG über die Regelung der Verwendbarkeit von Bauprodukten" eingeführte ÜA-Zeichen sowie die auf der „Vereinbarung gemäß

4. Hauptstück – Bautechnische Zulassung § 14

Art. 15a B-VG über die Zusammenarbeit im Bauwesen" basierende „österreichische technische Zulassung" (ÖTZ). Mit der ÖTZ gibt es somit auch in Österreich bereits eine nationale Baustoffzulassung, allerdings zeichnet sich diese durch folgende Nachteile aus:

- Die ÖTZ führt nicht zum ÜA-Zeichen, weshalb Bauprodukte, die von den für ÜA-pflichtige Bauprodukte geltenden Normen abweichen, von der ÜA-Kennzeichnung ausgeschlossen sind.
- Die ÖTZ besteht aus zwei Teilen, deren erster Teil aus einer technischen Beschreibung des Produktes einschließlich der Leistungsmerkmale und der Prüfbestimmungen besteht, und deren zweiter Teil die jeweiligen Verwendungsbestimmungen der Rechtsvorschriften jenes Bundeslandes beinhaltet, in dem die Zulassung erteilt wurde (vgl. Art. 19 Abs. 3 der Vereinbarung gemäß Art. 15a B-VG über die Zusammenarbeit im Bauwesen). Damit ist der zweite Teil der ÖTZ und somit die ÖTZ als solche de facto nicht eine österreichweite Zulassung, sondern eine Landeszulassung.
- In der Praxis werden ÖTZ nur mehr in einem einzigen Bundesland erteilt.
- Österreichische technische Zulassungsstellen sind bei den Ämtern der Landesregierung eingerichtet. Da die Aufgabe der ÖTZ nicht dem OIB übertragen wurde, ist eine Abstimmung und insbesondere eine gegenseitige Anerkennung mit den Baustoffzulassungen anderer Mitgliedsstaaten schwer möglich.

Mit der Einführung einer neuen, nationalen „bautechnischen Zulassung" (BTZ) als Ersatz für die bestehende ÖTZ sollen folgende Ziele erreicht werden:

- Festlegung, für welche Verwendungszwecke ein CE-gekennzeichnetes Bauprodukt aufgrund der in der CE-Kennzeichnung deklarierten Leistung entsprechend den bautechnischen Bestimmungen in Österreich verwendet werden darf, sofern eine solche Festlegung für ein bestimmtes Bauprodukt erforderlich ist.
- Leistungsfeststellung und Festlegung von Verwendungsbestimmungen für Bauprodukte, für die keine CE-Kennzeichnung möglich ist, und die von den für das ÜA-Zeichen geltenden Bestimmungen abweichen (innovative Bauprodukte, für die es noch keine Normen oder Richtlinien gibt).

– Einführung einer österreichischen Zulassung, die als gleichwertig zu einer nationalen Zulassung anderer Mitgliedsstaaten (z.B. bauaufsichtliche Zulassung in Deutschland) angesehen werden kann. Dadurch könnten österreichische Hersteller von Bauprodukten über das Instrument der gegenseitigen Anerkennung bei der Vermarktung ihrer Produkte in anderen Mitgliedsstaaten entlastet werden, wo sie derzeit teilweise auf nicht unbeträchtliche Barrieren bei der Verwendung stoßen. Durch eine gegenseitige Anerkennung würde sich eine Antragstellung im Ausland erübrigen.

§ 14 bestimmt, wann eine Bautechnische Zulassung auszustellen ist. Gemäß Abs. 3 ist der Antrag auf Bautechnische Zulassung zurückzuweisen, wenn die Zulassungsstelle feststellt, dass das Bauprodukt keine Auswirkungen auf die Leistung des Bauwerks im Hinblick auf die Grundanforderungen an Bauwerke zu erfüllen hat oder auf Grund des Standes der technischen Wissenschaften keine Notwendigkeit für eine Bautechnische Zulassung gegeben ist. Dies kann erfolgen, weil das Bauprodukt ohnedies genormt ist, oder das Bauprodukt ist so „banal", dass eine Bautechnische Zulassung nicht erforderlich ist. In die Rechte Dritter (zB Urheber- oder Patentrechte) wird durch die Bautechnische Zulassung nicht eingegriffen (Abs. 6)."

§ 15 Zulassungsstelle

Das Österreichische Institut für Bautechnik ist mit der Wahrnehmung der Aufgaben als Zulassungsstelle für Bautechnische Zulassungen betraut.

Anm: Siehe die Erläuterungen zu § 14.

ErlRV 01-VD-LG-1513/4-2013, 7 (zu LGBl 2013/46):

„Das OIB übernimmt die Aufgabe der Zulassungsstelle (§ 15)."

5. Hauptstück – Bereitstellung auf dem Markt

§ 16 Bereitstellung von Bauprodukten auf dem Markt

(1) Bauprodukte, die in der Baustoffliste ÖE angeführt sind, dürfen nur auf dem Markt bereitgestellt werden, wenn sie die CE-Kennzeichnung tragen und die erklärten Leistungen den in der Baustoffliste ÖE festgelegten Anforderungen nicht widersprechen.

(2) Bauprodukte, die in der Baustoffliste ÖA angeführt sind, dürfen nur auf dem Markt bereitgestellt werden, wenn sie den Bedingungen der Baustoffliste ÖA entsprechen oder nur unwesentlich davon abweichen oder für sie eine Bautechnische Zulassung besteht.

(3) Bauprodukte, für die eine Bautechnische Zulassung besteht, dürfen jedenfalls auf dem Markt bereitgestellt werden.

ErlRV 01-VD-LG-1513/4-2013, 7 (zu LGBl 2013/46):

„Bauprodukte, die die CE-Kennzeichnung tragen, jedoch die in der Leistungserklärung erklärte Leistung nicht erbringen, dürfen bereits aufgrund der Verordnung (EU) Nr. 305/2011, nicht auf dem Markt bereitgestellt werden (siehe z. B. Art. 56 Abs. 5 lit. a der Verordnung (EU) Nr. 305/2011).

Dass von den Mitgliedstaaten bestimmte Anforderungen an die erklärten Leistungen gestellt werden können, ergibt sich aus Art. 8 Abs. 4 der Verordnung (EU) Nr. 305/2011 (insbesondere letzter Satz).

Aus Art. 6 Abs. 3 lit. e der Verordnung (EU) Nr. 305/2011 ergibt sich wiederum, dass alle wesentlichen Merkmale des Bauprodukts in der Leistungserklärung deklariert werden müssen, die sich auf den Verwendungszweck beziehen, für den im jeweiligen Mitgliedstaat, wo das Bauprodukt auf dem Markt bereit gestellt wird, Bestimmungen vorhanden sind. In Österreich wird dies in der Baustoffliste ÖE festgelegt. Bauprodukte, für die nicht alle wesentlichen Merkmale deklariert sind, die in der Baustoffliste gefordert werden, dürfen demnach nicht nur nicht verwendet werden, sondern auch nicht auf dem Markt bereit gestellt werden, da die Leistungserklärung nicht den Bestimmungen des Art. 6 Abs. 3 lit. e der Verordnung (EU) Nr. 305/2011 entspricht."

6. Hauptstück – Marktüberwachung

ErlRV -2V-LG-1175/16-2011, 1 f (zum 5. Abschnitt K-ABPG idF LGBl 2011/101):

„1. Die Verordnung (EG) 765/2008 über Marktüberwachung und Akkreditierung sieht die Einführung systematischer aktiver und reaktiver Marktüberwachung für alle unter die CE- Kennzeichnungspflicht fallenden Produktbereiche im Interesse der Wahrung der Produktsicherheit im europäischen Wirtschaftsraum vor. Auch Bauprodukte fallen unter die grundsätzliche CE-Kennzeichnungspflicht, sobald die für das jeweilige Produkt relevanten harmonisierten technischen Spezifikationen, wie harmonisierte europäische Normen (hEN) oder Leitlinien für die europäische technische Zulassung (ETAG) gültig sind. Die CE Kennzeichnung stellt die Produktsicherheit von Bauprodukten insofern sicher, als bei ordnungsgemäßer Planung und Bauausführung die von der EU definierten sechs wesentlichen Anforderungen (mechanische Festigkeit und Standsicherheit; Brandschutz; Hygiene, Gesundheit und Umweltschutz; Nutzungssicherheit einschließlich Barrierefreiheit; Schallschutz; Energieeinsparung und Wärmeschutz) an Bauwerke erfüllt werden. Da die Anwendung von Produkten aber in einer bestimmten Bandbreite erfolgt, ist die CE Kennzeichnung an sich nicht als Garantie der Sicherheit des Produkts für jede gängige Anwendung zu sehen, sondern stellt vielmehr eine überprüfbare, nachvollziehbare und verbindliche Angabe von vorgegebenen Produkteigenschaften dar, anhand derer die Sicherheit für die jeweilige Anwendung objektiv nachweisbar ist.

2. Die zwischen den Ländern abgeschlossene Vereinbarung gemäß Art. 15a B-VG über die Marktüberwachung von Bauprodukten, LGBl. Nr. 69/2010, die mit der vorliegenden Novelle im Kärntner Landesrecht umgesetzt werden soll, beinhaltet begleitende Regelungen zur unmittelbar geltenden Verordnung (EG) 765/2008 (wie etwa Behördenzuständigkeiten, Verfahrens- oder Strafbestimmungen). Damit sollen österreichweit einheitliche gesetzliche Rahmenbedingungen für die Marktüberwachung von Bauprodukten gewährleistet werden. Insbesondere die Betrauung des Österreichischen Instituts für Bautechnik (OIB) als gemeinsame Marktüberwachungsbehörde der Länder für Bauprodukte soll einen einheitlichen und möglichst kosteneffizienten Vollzug der in Rede stehenden Verordnung in Österreich sicherstellen."

§ 17 Anwendungsbereich

(1) Bauprodukte, für die europäische technische Spezifikationen bestehen, unterliegen der Marktüberwachung nach der Verordnung (EG) Nr. 765/2008 des Europäischen Parlamentes und des Rates vom 9. Juli 2008, ABl. Nr. L 218 vom 13.8.2008, S 30, sowie den Bestimmungen dieses Hauptstückes.

(2) Bauprodukte, für die europäische technische Spezifikationen nicht bestehen, unterliegen der Marktüberwachung nach den sinngemäß anzuwendenden Bestimmungen der Art. 19 bis 21 der Verordnung (EG) Nr. 765/2008 sowie den Bestimmungen dieses Hauptstückes, ausgenommen dem § 18 Abs. 2 Z 1 und 8.

ErlRV -2V-LG-1175/16-2011, 2 f (zu § 26l K-ABPG idF LGBl 2011/101):

„Der 5. Abschnitt umfasst grundsätzlich alle Bauprodukte, somit sowohl der CE-Kennzeichnungspflicht unterliegende als auch davon bis zum Inkrafttreten der Bauprodukteverordnung noch ausgenommene. Darunter fallen somit auch Bauprodukte, die in der Baustoffliste ÖA angeführt sind. Daneben existiert noch der Bereich von Produkten, die weder einer nationalen noch einer CE-Kennzeichnungspflicht unterliegen, etwa handwerklich angefertigte, spezielle Teile in kleiner Stückzahl. Eine grundsätzliche Ausnahme von der Marktüberwachung scheint nicht zweckmäßig, da das Sicherheitserfordernis für alle Bauprodukte grundsätzlich gleich ist. Es ist auch eine langjährige Forderung der Wirtschaft, mit dem ÜA-Zeichen national gekennzeichnete Bauprodukte ebenfalls einer Marktüberwachung zu unterziehen. Diese Produkte werden jedoch von dem zu erstellenden Marktüberwachungsprogramm, das nur CE- gekennzeichnete Produkte umfassen soll, ausgenommen. Trotz dieser Ausnahme sind aktive Marktüberwachungsmaßnahmen auch bei nicht CE-pflichtigen Bauprodukten möglich, wenn dies der Marktüberwachungsbehörde angezeigt scheint. Gegebenenfalls zu ergreifende beschränkende Maßnahmen können nur im Fall einer ernsten Gefahr auf andere Mitgliedstaaten ausgedehnt werden.

Das Ausnehmen der nicht CE-pflichtigen Produkte von der Marktüberwachung nach § 26m Abs. 2 lit. h, wie in § 26l Abs. 2 vorgesehen, schließt die Zusammenarbeit mit Zollbehörden nicht aus; beschränkende Maßnahmen bezüglich der Einfuhr in den oder Bereitstellung auf dem gemeinsamen Markt sind nur im Fall einer ernsten Gefahr möglich. Die Unterbindung der Verwendung solcher Produkte obliegt den Baubehörden, an die die entsprechende Information von der Marktüberwachungsbehörde weiterzugeben ist.

Die Einbeziehung nicht CE-gekennzeichneter Bauprodukte in die Marktüberwachung ist mit keinen wesentlichen Mehrkosten verbunden, da sie einerseits nicht unter die EU-rechtlich erforderlichen Marktüberwachungsprogramme (aktive Marktüberwachung) fallen, die den größten Kostenfaktor darstellen, und andererseits einen geringeren und überdies kontinuierlich sinkenden Anteil an allen Bauprodukten ausmachen. Außerdem müsste eine reaktive Marktüberwachung für nicht CE-gekennzeichnete Bauprodukte ansonsten von den einzelnen Ländern gesondert durchgeführt werden. Durch die Einbeziehung dieser Bauprodukte in die vom OIB durchgeführte Marktüberwachung können Synergieeffekte erzielt werden, die insgesamt zu einer finanziellen Entlastung führen.

Zu den Begriffen „Wirtschaftsakteur" und „Harmonisierungsrechtsvorschriften der Gemeinschaft" siehe Begriffsbestimmungen in Art. 2 Z 7 und 21 der Verordnung (EG) 765/2008."

ErlRV 01-VD-LG-1513/4-2013, 7 (zu LGBl 2013/46):

„Diese Bestimmungen [Anm: § 17 bis § 21] entsprechen im Wesentlichen §§ 26l bis 26n, 26p und 26q Abs. 4 K-ABPG. Gegen Bescheide der Marktüberwachungsbehörde kann bis zum Ablauf des 31. Dezember 2013 Beschwerde an den Unabhängigen Verwaltungssenat erhoben werden (siehe die Übergangsbestimmung in Art. III Abs. 9 [Anm: Art III Abs 6]). Mit 1. Jänner 2014 werden durch BGBl. I Nr. 51/2012 Verwaltungsgerichte der Länder geschaffen."

§ 18 Marktüberwachungsbehörde

(1) Das Österreichische Institut für Bautechnik ist mit der Wahrnehmung der Aufgaben als Marktüberwachungsbehörde betraut.

(2) Die Marktüberwachungsbehörde hat insbesondere folgende Aufgaben der Marktüberwachung wahrzunehmen:

1. Erstellung, Durchführung und Aktualisierung von Programmen zur aktiven Marktüberwachung;
2. Behandlung von Beschwerden oder von Berichten über Gefahren, die mit Bauprodukten verbunden sind;
3. Marktüberwachungsmaßnahmen, insbesondere die Kontrolle der Merkmale und der Kennzeichnung von Bauprodukten und die Prüfung ihrer Gefahrengeneigtheit, erforderlichenfalls auch auf Baustellen;
4. Information und Warnung der Öffentlichkeit vor gefährlichen Bauprodukten;
5. Aufforderung an betroffene Wirtschaftsakteure, geeignete Korrekturmaßnahmen zu treffen;
6. Überprüfung der Durchführung der Korrekturmaßnahmen;
7. Setzung von beschränkenden Maßnahmen, insbesondere bei mit einer ernsten Gefahr verbundenen Bauprodukten;
8. Setzung von Maßnahmen im Zusammenhang mit der Kontrolle von in den Gemeinschaftsmarkt eingeführten Bauprodukten;
9. Kooperation und Informationsaustausch mit den innerstaatlichen Marktüberwachungsbehörden anderer Sektoren, den Baubehörden und den Zollbehörden, mit den Behörden anderer Mitgliedstaaten sowie mit der Europäischen Kommission.

(3) Marktüberwachungsmaßnahmen gemäß Art. 19 Abs. 1 der Verordnung (EG) Nr. 765/2008 sowie beschränkende Maßnahmen gemäß Art. 20 der Verordnung (EG) Nr. 765/2008 können bei Bauprodukten, die eine ernste Gefahr darstellen und ein rasches Einschreiten erfordern, als Maßnahmen unmittelbarer Befehls- und Zwangsgewalt ohne vorangegangenes Verwaltungsverfahren ergriffen werden.

(4) Die Marktüberwachungsbehörde hat Maßnahmen nach Abs. 2 Z 5 bis 8 und Abs. 3 dann zu treffen, wenn sich der Hauptwohnsitz oder der Sitz des betroffenen Wirtschaftsakteurs in Kärnten befindet. Bei Bauprodukten nach § 17 Abs. 2 sind diese Befugnisse beschränkt auf Wirtschaftsakteure, die solche Bauprodukte in Österreich auf dem Markt bereit stellen.

(5) Die Marktüberwachungsbehörde hat die Öffentlichkeit in geeigneter Weise, etwa im Internet auf ihrer Homepage, über ihre Aufgaben und die Möglichkeit zur Kontaktaufnahme zu informieren.

§ 18

(6) Die Marktüberwachungsbehörde hat der Landesregierung zur Überprüfung und Bewertung der Marktüberwachungsmaßnahmen jährlich einen Bericht über seine Tätigkeit zu übermitteln.

ErlRV -2V-LG-1175/16-2011, 3 ff (zu § 26m K-ABPG idF LGBl 2011/101):

„In dieser Bestimmung wird in Umsetzung des Art. 3 der Art. 15a Vereinbarung über die Marktüberwachung von Bauprodukten festgelegt, dass das OIB mit den Aufgaben einer Marktüberwachungsbehörde für Bauprodukte betraut wird (Beleihung).

Der verfassungsrechtlich gebotene Weisungszusammenhang wird in § 28a [Anm: § 24 idgF] (siehe unten) festgelegt. Das OIB unterliegt daher auch bei der Marktüberwachung den Weisungen der Landesregierung.

Der § 26m Abs. 2 enthält eine demonstrative Aufzählung derjenigen Aufgaben nach der Verordnung (EG) 765/2008, die von der Marktüberwachungsbehörde wahrzunehmen sind (vgl. dazu Art. 18 Abs. 5, Art. 18 Abs. 2 , 19 Abs. 1, Art. 19 Abs. 2, 19 Abs. 3, Art. 20 und 21, Art. 27, 28 und 29, Art. 18 Abs 5 und Art. 22, 23 und 24 in Verbindung mit dem Erwägungsgrund 28 der Verordnung). In lit. c wird über den Text der Vereinbarung gemäß Art. 15a B-VG über die Marktüberwachung von Bauprodukten hinaus (siehe dementsprechendes auch in Oberösterreich und Niederösterreich) klargestellt, dass die dort normierten Aufgabe der Marktüberwachungsbehörde auch bei bereits auf Baustellen gelagerten Bauprodukten wahrgenommen werden können. Dies erweist sich im Interesse einer effektiven Marktüberwachung als erforderlich, weil insbesondere ausländische Bauprodukte gibt, die von der Produktionsstätte direkt, d.h. nicht über den Handel, auf die Baustellen gebracht werden.

Zur Marktüberwachung bzw. zu den Marktüberwachungsmaßnahmen (Abs. 2 lit. c) zählt auch die Kontrolle der Kennzeichnung von Bauprodukten.

Maßnahmen unmittelbarer Befehls- und Zwangsgewalt durch das OIB als Marktüberwachungsbehörde sind unter bestimmten Voraussetzungen bei Gefahr im Verzug zulässig. Eine Mitwirkung der Bundespolizei ist gesetzlich nicht vorgesehen.

Bei der Durchführung von Verwaltungsverfahren durch das OIB ist das Allgemeine Verwaltungsverfahrensgesetz 1991 anzuwenden (vgl. § 29a) [Anm: siehe Art III Abs 2 LGBl 2013/46]. Die Vollstreckung der vom OIB erlassenen Bescheide sowie die Durchführung von Verwaltungsstrafverfahren obliegt den Bezirksverwaltungsbehörden.

Eine gegenseitige Anerkennung von Rechtsakten (z. B. eines Bescheides des OIB über den Rückruf eines Bauprodukts, der auf der Grundlage eines Gesetzes eines anderen Bundeslandes ergeht) ist im Hinblick auf § 26m Abs. 4 bzw. die Verordnung (EG) 765/2008 nicht erforderlich: Ein Bescheid des OIB im Rahmen der Marktüberwachung ist auf Basis derjenigen Rechtslage zu erlassen, die in jenem Bundesland gilt, in welchem der Wirtschaftsakteur seinen Sitz hat bzw. im Falle einer natürlichen Person seinen Hauptwohnsitz hat. Die Heranziehung des Sitzes bzw. Hauptwohnsitzes ist zweckmäßig, da nur dies eine eindeutige Zuordnung erlaubt. Ein solcher Bescheid des OIB als Marktüberwachungsbehörde (z. B. Anordnung eines Rückrufs) stützt sich auf das betreffende Landesgesetz bzw. die unmittelbar anwendbaren Bestimmungen der Verordnung (EG) 765/2008 und entfaltet auch in allen anderen Bundesländern und in allen anderen Mitgliedstaaten der Europäischen Union seine Wirkung.

Wird in Österreich ein mangelhaftes Bauprodukt aufgefunden und gibt es in Österreich keinen Sitz eines entsprechenden Wirtschaftsakteurs (z. B. bei Eigenbeschaffung eines Bauproduktes durch einen Bauherrn in einem anderen Mitgliedstaat und Lagerung auf der Baustelle in Österreich), so hat das OIB lediglich die Marktüberwachungsbehörde in diesem anderen Mitgliedstaat zu informieren. Diese wiederum hat die erforderlichen Maßnahmen gemäß Verordnung (EG) 765/2008 zu treffen.

„Wirtschaftsakteur" ist der Hersteller bzw. sein Bevollmächtigter, der Einführer (Importeur eines Produkts aus einem Drittstaat) und der Händler (vgl. die Begriffsbestimmung des Art. 2 Z 7 der Verordnung (EG) 765/2008."

ErlRV 01-VD-LG-1513/4-2013, 7 (zu LGBl 2013/46):

„Diese Bestimmungen [Anm: § 17 bis § 21] entsprechen im Wesentlichen §§ 26l bis 26n, 26p und 26q Abs. 4 K-ABPG. Gegen Bescheide der Marktüberwachungsbehörde kann bis zum Ablauf des 31. Dezember 2013 Beschwerde an den Unabhängigen Verwaltungssenat erhoben werden (siehe die Übergangsbestimmung in Art. III Abs. 9 [Anm: Art III Abs 6]). Mit 1. Jänner 2014 werden durch BGBl. I Nr. 51/2012 Verwaltungsgerichte der Länder geschaffen."

ErlRV 01-VD-LG-1569/48-2013, 17 (zu LGBl 2013/85):

„Es werden Redaktionsversehen beseitigt."

§ 19 Berichtspflichten der Baubehörde

Erlangt die Baubehörde Kenntnis
1. von Unfällen, Gesundheitsschäden oder Baugebrechen, bei denen der begründete Verdacht besteht, dass sie durch falsch deklarierte oder mangelhafte Bauprodukte verursacht wurden, oder
2. davon, dass durch die Lagerung oder Verwendung von Bauprodukten auf einer Baustelle gegen § 27 Abs. 1 Z 7 bis 11 verstoßen wird, so hat sie der Marktüberwachungsbehörde unverzüglich darüber zu berichten.

ErlRV -2V-LG-1175/16-2011, 5 (zu § 26n K-ABPG idF LGBl 2011/101):

„Die Verordnung (EG) 765/2008 sieht in Art. 18 Abs. 2 vor, dass die Mitgliedstaaten geeignete Verfahren für die Behandlung von Berichten über Gefahren und für die Überprüfung von Unfällen und Gesundheitsschäden im Zusammenhang mit CE-kennzeichnungspflichtigen Bauprodukten schaffen. Zur Erfüllung dieser Aufgaben sind entsprechende Berichte der Baubehörden erforderlich (vgl. Art. 6 der Vereinbarung gemäß Art. 15a B-VG über die Marktüberwachung von Bauprodukten)."

ErlRV 01-VD-LG-1513/4-2013, 7 (zu LGBl 2013/46):

„Diese Bestimmungen [Anm: § 17 bis § 21] entsprechen im Wesentlichen §§ 26l bis 26n, 26p und 26q Abs. 4 K-ABPG. Gegen Bescheide der Marktüberwachungsbehörde kann bis zum Ablauf des 31. Dezember 2013 Beschwerde an den Unabhängigen Verwaltungssenat erhoben werden (siehe die Übergangsbestimmung in Art. III Abs. 9 [Anm:

Art III Abs 6]). Mit 1. Jänner 2014 werden durch BGBl. I Nr. 51/2012 Verwaltungsgerichte der Länder geschaffen."

§ 20 Verwenden von Daten

Die Marktüberwachungsbehörde ist ermächtigt, die für die Vollziehung der Bestimmungen des III. Kapitels der Verordnung (EG) Nr. 765/2008 und dieses Hauptstückes benötigten Daten automationsunterstützt zu verarbeiten, soweit dies zur Erfüllung ihrer Aufgaben notwendig ist. Die Übermittlung solcher Daten an die Europäische Kommission, die Marktüberwachungsbehörden anderer Mitgliedstaaten und diesen gleichgestellten Staaten ist zulässig, soweit dies für den Informationsaustausch nach den Art. 22 bis 26 der Verordnung (EG) Nr. 765/2008 erforderlich ist.

ErlRV -2V-LG-1175/16-2011, 5 f (zu § 26p K-ABPG idF LGBl 2011/101):

„Der Informationsaustausch ist nach Art. 22 bis 26 der Verordnung (EG) 765/2008 (vgl. dazu auch Erwägungsgrund 30) erforderlich (z.B. zur Durchführung von Risikoanalysen im Rahmen von Marktüberwachungsprogrammen). § 26p [Anm: § 20 idgF] soll in Hinblick auf die Anforderungen des Datenschutzgesetzes sicherstellen, dass die Marktüberwachungsbehörde die für den nach der Verordnung (EG) 765/2008 erforderlichen Informationsaustausch benötigten Daten automationsunterstützt verarbeiten und übermitteln darf."

ErlRV 01-VD-LG-1513/4-2013, 7 (zu LGBl 2013/46):

„Diese Bestimmungen [Anm: § 17 bis § 21] entsprechen im Wesentlichen §§ 26l bis 26n, 26p und 26q Abs. 4 K-ABPG. Gegen Bescheide der Marktüberwachungsbehörde kann bis zum Ablauf des 31. Dezember 2013 Beschwerde an den Unabhängigen Verwaltungssenat erhoben werden (siehe die Übergangsbestimmung in Art. III Abs. 9 [Anm: Art III Abs 6]). Mit 1. Jänner 2014 werden durch BGBl. I Nr. 51/2012 Verwaltungsgerichte der Länder geschaffen."

§ 21 Proben

Wurden von der Marktüberwachungsbehörde im Rahmen der Marktüberwachung Proben genommen, so sind die Proben nach Abschluss des Verfahrens auf Verlangen des betroffenen Wirtschaftsakteurs zurückzugeben. Ist dies nicht möglich, so hat die Marktüberwachungsbehörde eine Probenentschädigung in der Höhe des Einstandspreises zu leisten. Kann der Einstandspreis nicht festgestellt werden, ist als Entschädigung der halbe Endverkaufspreis festzusetzen. Für Gegenproben ist keine Entschädigung zu leisten. Kommt es zu keiner Einigung über die Höhe der Entschädigung, so ist darüber durch die Marktüberwachungsbehörde mit Bescheid zu entscheiden. Werden bei der Marktüberwachung nach § 18 Abs. 2 Z 3 Mängel festgestellt, so entfallen die Rückgabe der Probe und die Entschädigung.

ErlRV -2V-LG-1175/16-2011, 6 (zu § 26q K-ABPG idF LGBl 2011/101):

„Mit dieser Bestimmung wird Art. 9 der Art. 15a B-VG Vereinbarung über die Marktüberwachung von Bauprodukten umgesetzt. Grundsätzlich soll der Wirtschaftsakteur durch eine Kontrolle der Marktüberwachungsbehörde finanziell nicht belastet werden. Proben sind daher entweder zurückzugeben oder zu ersetzen. Nur wenn die Kontrolle zeigt, dass ein Produkt nicht mit der Deklaration übereinstimmt, sind die gesamten Kosten für die Kontrolle vom betreffenden Wirtschaftsakteur zu tragen, einschließlich der Kosten jener Probe, deren Kennwerte falsch deklariert waren.

Im Falle einer unberechtigten Beschwerde hat die Kostentragung durch den Einschreiter zu erfolgen, wenn sie durch sein Verschulden verursacht wurde (vgl. auch § 76 Abs. 2 AVG). Unter „Einschreiter" ist ein Einschreiter im Sinne des § 13 AVG zu verstehen."

ErlRV 01-VD-LG-1513/4-2013, 7 (zu LGBl 2013/46):

„Diese Bestimmungen [Anm: § 17 bis § 21] entsprechen im Wesentlichen §§ 26l bis 26n, 26p und 26q Abs. 4 K-ABPG. Gegen Bescheide der Marktüberwachungsbehörde kann bis zum Ablauf des 31. Dezember 2013 Beschwerde an den Unabhängigen Verwaltungssenat erhoben werden (siehe die Übergangsbestimmung in Art. III Abs. 9 [Anm: Art III Abs 6]). Mit 1. Jänner 2014 werden durch BGBl. I Nr. 51/2012 Verwaltungsgerichte der Länder geschaffen."

7. Hauptstück – Österreichisches Institut für Bautechnik

§ 22 Mitgliedschaft des Landes

(1) Das Land Kärnten ist verpflichtet, gemeinsam mit den anderen Vertragsparteien der Vereinbarung gemäß Art. 15a B-VG über die Zusammenarbeit im Bauwesen sowie die Bereitstellung von Bauprodukten auf dem Markt und deren Verwendung, LGBl. Nr. 35/2013, Träger und ordentliches Mitglied des gemeinnützigen Vereines „Österreichisches Institut für Bautechnik" zu sein (2. Abschnitt der Vereinbarung LGBl. Nr. 35/2013).

(2) Das Land Kärnten ist nach Maßgabe der Vereinbarung gemäß Art. 15a B-VG über die Zusammenarbeit im Bauwesen sowie die Bereitstellung von Bauprodukten auf dem Markt und deren Verwendung, LGBl. Nr. 35/2013, verpflichtet, die mit der Errichtung und dem Betrieb des Österreichischen Instituts für Bautechnik verbundenen, nach Gegenrechnung mit den Einnahmen des Instituts verbleibenden Kosten zu tragen.

ErlRV Verf-292/15/1993, 20 und 52 (zu § 27 Kärntner Akkreditierungs- und Baustoffzulassungsgesetz idF LGBl 1994/24):

„Das Österreichische Institut für Bautechnik ist eine unabhängige Einrichtung, die von den Ländern in der Vereinbarung über die Zusammenarbeit im Bauwesen als Verein eingerichtet wird. Alle Länder verpflichten sich, Träger und Mitglied diese[s] Vereins zu sein.

Die mit der Errichtung und den Betrieb des österreichischen Instituts für Bautechnik verbundenen, nach Gegenrechnung mit den Einnahmen des Instituts verbleibenden Kosten sind zwischen den Vertragsparteien nach den Volkszahlschlüssel des jeweils geltenden Finanzausgleichsgesetzes zu bestreiten. Durch das Inkrafttreten eines dem Entwurf entsprechenden Gesetzes sind daher für das Land Mehrkosten zu erwarten, deren Ausmaß derzeit jedoch noch nicht exakt geschätzt werden kann. Fest steht jedoch jedenfalls, daß ein Alleingang Kärntens ein Vielfaches am finanziellen Aufwand – sowohl für das Personal als auch für die Sachmittelausstattung – nach sich ziehen würde."

„Die Verpflichtung des Landes, gemeinsam mit den anderen Vertragspartnern der Vereinbarung über die Zusammenarbeit im Bauwesen, Träger und ordentliches Mitglied des Vereines „Österreichischen[s] Institut für Bautechnik" zu sein, gründet sich auf Art. 26 Abs. 1 dieser Vereinbarung."

ErlRV 2V-LG-364/11-2000, 13 (zu § 27 K-ABPG idF LGBl 2001/31):

„Es erfolgen lediglich systematische Anpassungen, insbesondere Ergänzungen im Hinblick auf die durch den vorliegenden Gesetzentwurf dem Österreichischen Institut für Bautechnik neu zugewiesenen Aufgaben, sowie redaktionelle Richtigstellungen."

ErlRV 01-VD-LG-1513/4-2013, 7 (zu LGBl 2013/46):

„Diese Bestimmungen [Anm: §§ 22 bis 24] entsprechen im Wesentlichen §§ 27 bis 28a K-ABPG."

§ 23 Aufgaben

Das Österreichische Institut für Bautechnik ist über die in § 2, 3, 6, 9, 12, 15 und 18 angeführten Aufgaben mit der Wahrnehmung folgender weiterer Aufgaben betraut:
1. die Erstattung von technischen Gutachten;
2. die Koordinierung der Interessen des Landes Kärnten mit den anderen Vertragsparteien der Vereinbarungen gemäß Art. 15a B-VG über die Zusammenarbeit im Bauwesen sowie die Bereitstellung von Bauprodukten auf dem Markt und deren Verwendung, LGBl. Nr. 35/2013, im Rahmen der Arbeit nationaler und internationaler – insbesondere europäischer – technischer Gremien und Vereinigungen technischer Stellen für Bauprodukte und im Bereich des technischen Normenwesens, insbesondere durch

a) die Vorbereitung, Koordinierung und Mitwirkung bei der Ausarbeitung bautechnischer Regelungen auf europäischer Ebene;
b) die Koordinierung und Mitwirkung bei der nationalen und internationalen Normung;
c) die Koordinierung und Mitwirkung im europäischen Gremium der Technischen Bewertungsstellen;

3. die Führung eines Verzeichnisses aller gültigen Europäischen Technischen Bewertungen und gegebenenfalls von Bescheinigungen der Leistungsbeständigkeit;

4. die Anregung, Begutachtung und Betreuung von bautechnischen Untersuchungen, insbesondere von Bauforschungsaufträgen, sowie die Auswertung von Bauforschungsberichten;

5. die Koordinierung der Ausarbeitung und die Herausgabe von technischen Richtlinien und Regeln, insbesondere zur Harmonisierung im Bauwesen.

ErlRV 2V-LG-364/11-2000, 13 (zu § 27 K-ABPG idF LGBl 2001/31):

„Es erfolgen lediglich systematische Anpassungen, insbesondere Ergänzungen im Hinblick auf die durch den vorliegenden Gesetzentwurf dem Österreichischen Institut für Bautechnik neu zugewiesenen Aufgaben, sowie redaktionelle Richtigstellungen."

ErlRV 01-VD-LG-1513/4-2013, 7 (zu LGBl 2013/46):

„Diese Bestimmungen [Anm: § 22 bis 24] entsprechen im Wesentlichen §§ 27 bis 28a K-ABPG."

§ 24 Aufsicht der Landesregierung

Das Österreichische Institut für Bautechnik unterliegt bei der Erfüllung der ihm nach diesem Gesetz übertragenen Aufgaben der Aufsicht der Landesregierung. In Ausübung ihres Aufsichtsrechtes kann die Landesregierung dem Österreichischen Institut für Bautechnik Weisungen erteilen. Der Landesregierung sind auf Verlangen unverzüglich, längstens aber binnen zwei Wochen, alle zur Erfüllung ihrer Aufgaben erforderlichen Auskünfte zu erteilen und die entsprechenden Unterlagen zu übermitteln.

ErlRV -2V-LG-1175/16-2011, 6 (zu § 28a K-ABPG idF LGBl 2011/101):

„Das OIB ist mit der Besorgung hoheitlicher Aufgaben betraut („Beleihung"). Nach der Rechtsprechung des Verfassungsgerichtshofes (vgl. insb. VfSlg. 14.473/1996 und 16.400/2000) muss jeder Beliehene einem obersten Organ unterstellt sein, das gemäß Art. 76 Abs. 1 bzw. Art. 105 Abs. 2 B-VG und Art. 142 B-VG verantwortlich ist. Insbesondere muss diesem Organ die weisungsmäßige Führung der Geschäfte, wie sie Art. 20 Abs. 1 B-VG verlangt, möglich sein. Art. 20 Abs. 1 B-VG wirkt in einem solchen Fall nicht unmittelbar, sondern „verpflichtet den Gesetzgeber, Rechtsvorschriften zu erlassen, die einem obersten Organ eine effektive Leitungs- und Steuerungsfunktion einräumen, und dabei insbesondere ein umfassendes Weisungsrecht einzurichten" (VfSlg. 16400/2001). Aus diesen Gründen wird das OIB der Aufsicht der Landesregierung unterstellt und insbesondere ausdrücklich ein Weisungsrecht der Landesregierung gegenüber dem OIB festgelegt."

ErlRV 01-VD-LG-1513/4-2013, 8 (zu LGBl 2013/46):

„Diese Bestimmungen [Anm: §§ 22 bis 24] entsprechen im Wesentlichen §§ 27 bis 28a K-ABPG."

8. Hauptstück – Schlussbestimmungen

ErlRV 01-VD-LG-1569/48-2013, 17 (zu LGBl 2013/85):

„Es werden Redaktionsversehen beseitigt."

§ 25 Kosten

(1) Für die nach den Bestimmungen dieses Gesetzes durchzuführenden Europäischen Technischen Bewertungen, Produktregistrierungen und Bautechnischen Zulassungen sind besondere

Verwaltungsabgaben zu entrichten, die von der Landesregierung entsprechend dem jeweiligen Aufwand in Pauschbeträgen durch Verordnung festzusetzen sind.

(2) Die Pauschbeträge gemäß Abs. 1 sind nach der für die Vorarbeiten und die Durchführung erforderlichen Zeit, nach der Zahl der erforderlichen Amtsorgane, der Zahl der im Antrag beschriebenen Prüfverfahren und nach den anfallenden durchschnittlichen Barauslagen (insbesondere Transport und Reisekosten, Drucksorten, Material und Postgebühren) zu ermitteln.

(3) Die Kosten der Marktüberwachung nach § 18 Abs. 2 Z 3 hat der Wirtschaftsakteur zu tragen, es sei denn, dass keine Mängel festgestellt wurden.

(4) Die Kosten der Marktüberwachung nach § 18 Abs. 2 Z 3 hat der Einschreiter zu tragen, wenn keine Mängel festgestellt wurden und die Kontrolle durch das Verschulden des Einschreiters verursacht wurde.

(5) Die Kosten sind vom Österreichischen Institut für Bautechnik mit Bescheid vorzuschreiben.

ErlRV Verf-292/15/1993, 52 (zu § 29 Kärntner Akkreditierungs- und Baustoffzulassungsgesetz idF LGBl 1994/24):

„Diese Regelung ergibt sich verpflichtend aus Art. 27 der Vereinbarung über die Zusammenarbeit im Bauwesen."

ErlRV 01-VD-LG-1513/4-2013, 8 (zu LGBl 2013/46):

„Diese Bestimmungen [Anm: §§ 25 bis 27] entsprechen im Wesentlichen §§ 26q Abs. 1 bis 3, § 29, 29b und 29c K-ABPG."

§ 26 Kundmachungen

(1) Das Österreichische Institut für Bautechnik hat in den „Mitteilungen des Österreichischen Instituts für Bautechnik" kundzumachen:
1. nach Gegenstand und Fundstellen:

a) nationale Normen, mit denen harmonisierte Normen umgesetzt worden sind;
b) harmonisierte technische Spezifikationen.
2. im Volltext:
a) die Baustoffliste ÖA;
b) die Baustoffliste ÖE;
c) die Liste der erteilten Bautechnischen Zulassungen.

(2) Die Landesregierung hat die Kundmachungen nach Abs. 1 Z 2 durch Hinweis in der Kärntner Landeszeitung bekannt zu machen.

(3) Die Normen und harmonisierten technischen Spezifikationen gemäß Abs. 1 Z 1 sowie die Listen gemäß Abs. 1 Z 2 sind beim Österreichischen Institut für Bautechnik und beim Amt der Kärntner Landesregierung zur öffentlichen Einsichtnahme aufzulegen. In Kundmachungen gemäß Abs. 1 und 2 ist auf diese Auflage hinzuweisen.

ErlRV 2V-LG-364/11-2000, 13 f (zu § 29b K-ABPG idF LGBl 2001/31):

„Die vorgeschlagene Regelung enthält spezielle Kundmachungsvorschriften im Verhältnis zum Kärntner Kundmachungsgesetz.

Gemäß § 29b Abs. 1 des Gesetzesentwurfes sind nach Gegenstand und Fundstellen, nicht jedoch im Volltext, in den „Mitteilungen des Österreichischen Institutes für Bautechnik" kundzumachen:

– nationale Normen, in die harmonisierte Normen umgesetzt worden sind (vgl. Art. I Z 3 des Gesetzesentwurfes); die Verpflichtung zur Kundmachung dieser Normen ergibt sich aus Art. 4 Abs. 2 lit. a der Bauprodukterichtlinie;

– anerkannte nationale Normen (vgl. § 1 Abs. 16 des geltenden Gesetzes); die Verpflichtung zur Kundmachung dieser Normen ergibt sich aus Art. 4 Abs. 3 der Bauprodukterichtlinie;

– Leitlinien für die europäische technische Zulassung (vgl. § 1 Abs. 17 iVm § 19 des geltenden Gesetzes); die Verpflichtung zur Kundmachung dieser Normen ergibt sich aus Art. 11 Abs. 3 der Bauprodukterichtlinie.

Gemäß § 29 Abs. 1 lit. b des Gesetzesentwurfes sind im Volltext kundzumachen:
- die Liste der Kommission der europäischen Gemeinschaften über Bauprodukte, für die wesentliche Anforderungen nur eine untergeordnete Bedeutung haben;
- die Baustoffliste ÖA und ÖE.

Im Interesse der leichteren Zugänglichkeit (Bürgerservice) sind die kundgemachten Normen, Leitlinien und Listen zusätzlich, jedoch ohne Auswirkungen auf die Rechtswirksamkeit der Kundmachung nach Abs. 1, beim Österreichischen Institut für Bautechnik und beim Amt der Kärntner Landesregierung zur öffentlichen Einsichtnahme aufzulegen (§ 29 b Abs. 2 des Gesetzesentwurfes [Anm: § 26 Abs 3 idgF])."

ErlRV 01-VD-LG-1513/4-2013, 8 (zu LGBl 2013/46):

„Diese Bestimmungen [Anm: §§ 25 bis 27] entsprechen im Wesentlichen §§ 26q Abs. 1 bis 3, § 29, 29b und 29c K-ABPG."

§ 27 Strafbestimmungen

(1) Eine Verwaltungsübertretung begeht, wer
1. eine Tätigkeit, für die eine Betrauung gemäß § 9 erforderlich ist, ausübt, ohne hiefür befugt zu sein;
2. eine Tätigkeit, für die eine Betrauung gemäß § 9 erforderlich ist, nicht entsprechend den hiefür geltenden Bestimmungen dieses Gesetzes ausübt;
3. eine Leistungserklärung entgegen Art. 4 bis 7 der Verordnung (EU) Nr. 305/2011 nicht macht, fälschlich macht oder nicht zur Verfügung stellt;
4. als Hersteller, Bevollmächtigter, Importeur oder Händler die Pflichten der Art. 11 bis 16 der Verordnung (EU) Nr. 305/2011 verletzt;
5. ein Bauprodukt ohne erforderliche CE-Kennzeichnung auf dem Markt bereitstellt;
6. ein Bauprodukt, für das als Nachweis der Verwendbarkeit ein Einbauzeichen ÜA erforderlich ist, ohne dieses Einbauzeichen ÜA auf dem Markt bereitstellt;

7. ein Bauprodukt mit CE-Kennzeichnung oder mit Einbauzeichen ÜA auf dem Markt bereitstellt, ohne dass die Voraussetzungen dafür gegeben sind;
8. ein Bauprodukt auf dem Markt bereitstellt, dessen CE-Kennzeichnung oder Einbauzeichen ÜA falsche oder mangelhafte Angaben enthält;
9. ein Bauprodukt auf dem Markt bereitstellt, das mit einer Kennzeichnung versehen ist, die mit der CE-Kennzeichnung oder mit dem Einbauzeichen ÜA verwechselt werden kann;
10. ein Bauprodukt auf dem Markt bereitstellt, das nicht den Bestimmungen einer für dieses Bauprodukt erteilten Bautechnischen Zulassung entspricht;
11. sonst ein Bauprodukt mit falschen Angaben oder Deklarationen auf dem Markt bereitstellt;
12. den in Bescheiden, ausgenommen Bescheide nach § 25, getroffenen Anordnungen der Marktüberwachungsbehörde nicht nachkommt.

(2) Verwaltungsübertretungen nach Abs. 1 Z 1 bis 4 sind von der Bezirksverwaltungsbehörde mit einer Geldstrafe bis zu 20.000 Euro zu bestrafen. Eine Ersatzfreiheitsstrafe für den Fall der Uneinbringlichkeit der verhängten Strafe ist nicht festzusetzen.

(3) Verwaltungsübertretungen nach Abs. 1 Z 5 bis 12 sind von der Bezirksverwaltungsbehörde mit einer Geldstrafe bis zu 50.000 Euro, im Falle der Uneinbringlichkeit mit Ersatzfreiheitsstrafe bis zu sechs Wochen, zu bestrafen.

(4) Verwaltungsübertretungen nach Abs. 1 Z 5 bis 11 sind, solange der dadurch geschaffene rechtswidrige Zustand anhält, Dauerdelikte.

(5) Geldstrafen nach Abs. 1 Z 5 bis 12 fließen dem Österreichischen Institut für Bautechnik zu und sind für Zwecke der Marktüberwachung zu verwenden.

(6) Bauprodukte, auf die sich eine Verwaltungsübertretung nach Abs. 1 Z 5 bis 11 bezieht, können für verfallen erklärt werden, wenn der Wirtschaftsakteur nicht sicherstellt, dass diese Bauprodukte nicht auf dem Markt bereitgestellt werden.

(7) Der Versuch ist strafbar.

ErlRV 2V-LG-364/11-2000, 14 (zu § 29c K-ABPG idF LGBl 2001/31):

„Art. 13 der Vereinbarung gemäß Art. 15a B-VG über die Regelung der Verwendbarkeit von Bauprodukten, LGBl. Nr. 45/1999, verpflichtet die Vertragsparteien, „die zur Durchsetzung der in Umsetzung dieser Vereinbarung erlassenen Rechtsvorschriften notwendigen Sanktionen" vorzusehen. § 29c [Anm: § 27 idgF] des Gesetzesentwurfes enthält die entsprechenden Strafbestimmungen (vgl. insb. Abs. 1 lit. b, c, f, h, m und o), wobei aus systematischen und legistischen Gründen auch die bisher in § 15 und § 26 des Kärntner Akkreditierungs- und Baustoffzulassungsgesetzes enthaltenen Strafbestimmungen in die Neuregelung miteinbezogen werden. [...]"

ErlRV -2V-LG-1175/16-2011, 6 (zu § 29c K-ABPG idF LGBl 2011/101):

„Mit diesen Bestimmungen wird Art. 11 der Vereinbarung gemäß Art. 15a B-VG über die Marktüberwachung von Bauprodukten umgesetzt und werden die auf Grund des Art. 41 der Verordnung (EG) 765/2008 erforderlichen Sanktionen festgelegt (soweit § 29c diesen Vorgaben nicht schon entspricht)."

ErlRV 01-VD-LG-1513/4-2013, 8 (zu LGBl 2013/46):

„Diese Bestimmungen [Anm: §§ 25 bis 27] entsprechen im Wesentlichen §§ 26q Abs. 1 bis 3, § 29, 29b und 29c K-ABPG."

§ 28 Außerkrafttreten

Das Kärntner Akkreditierungs- und Bauproduktegesetz – K-ABPG, LGBl. Nr. 24/1994, zuletzt in der Fassung des Gesetzes LGBl. Nr. 101/2011, tritt außer Kraft.

ErlRV 01-VD-LG-1569/48-2013, 17 (zu LGBl 2013/85):

„Es werden Redaktionsversehen beseitigt."

ANLAGE (zu § 10)

I. Einbauzeichen:

Das Einbauzeichen gemäß § 10 besteht aus einem Bildzeichen, das aus den Buchstaben „Ü" und „A" als Abkürzungen für die Worte „Übereinstimmung" und „Austria" gebildet wird, und weiters folgende Angaben zu enthalten hat:

1. Registrierungsnummer in Form einer Buchstabenzahlenkombination bestehend aus dem Buchstaben R gefolgt von
   a) der Identifikationsnummer des Bauproduktes, die der für dieses Bauprodukt in der Baustoffliste ÖA vorgesehenen Nummer entspricht,
   b) den letzten beiden Ziffern des Jahres, in dem die Produktregistrierung beantragt wurde, und
   c) der vom Österreichischen Institut für Bautechnik vergebenen laufenden Nummer im Kalenderjahr der Beantragung der Produktregistrierung.

   Die Kurzbezeichnung ist in einheitlicher Form nach Maßgabe des nachstehenden Beispiels darzustellen:
   R-1.3.1-00-0001
   Die Nummer der Registrierungsbescheinigung hat mit dieser Kurzbezeichnung identisch zu sein.

2. Die Bezeichnung der Stelle, die die Registrierungsbescheinigung ausgestellt hat.

II. Gestaltung des Bildzeichens „ÜA" sowie der zusätzlichen Angaben:

1. Für die Gestaltung der Großbuchstaben „ÜA" ist der im Folgenden dargestellte Raster anzuwenden. Das Verhältnis der Abmessungen des Bildzeichens hat dem nachstehenden Muster zu entsprechen, wobei die mit R gekennzeichneten Balken auch in roter Farbe ausgeführt werden können. Das Bildzeichen darf größenmäßig variiert werden, wobei bei Verkleinerungen oder Vergrößerungen die sich aus dem abgebildeten Raster ergebenden Proportionen eingehalten werden müssen.

8. Hauptstück – Schlussbestimmungen ANLAGE (zu § 10)

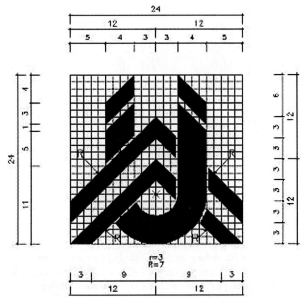

2. Die zusätzlichen Angaben nach Pkt. I sind unmittelbar unterhalb des Bildzeichens in der im Pkt. I angegebenen Reihenfolge anzubringen und voneinander deutlich sichtbar zu trennen, sodass das Einbauzeichen nachstehender Abbildung entspricht, wobei die Breite der Bereiche für die zusätzlichen Angaben jener des Bildzeichens entsprechen muss.

Artikel III 5. Kärntner Bauproduktegesetz – K-BPG

Angabe nach Pkt. I.1

Angabe nach Pkt. I.2

III. Anbringung des Einbauzeichens:
Das Einbauzeichen ist nach Möglichkeit am Produkt selbst anzubringen. Die weiteren, in § 10 Abs. 1 angeführten Anbringungsmöglichkeiten sind nicht wahlweise, sondern nach ihrer Reihung, je nach Möglichkeit der Anbringung, auszuwählen.

Das Einbauzeichen ist an der hierfür vorgesehenen Stelle deutlich sichtbar, lesbar und unauslöschbar anzubringen.

IV. Zeitpunkt des Anbringens
des Einbauzeichens:
Das Einbauzeichen ist vom Hersteller nach Maßgabe des § 10 Abs. 1 vor dem Inverkehrbringen des Bauproduktes anzubringen.

V. Sonstige Bestimmungen:
Das Anbringen von Kennzeichnungen, Zeichen oder Aufschriften, deren Bedeutung oder Gestalt von Dritten mit der Bedeutung oder Gestalt des Einbauzeichens verwechselt werden kann, ist untersagt. Jede andere Kennzeichnung darf auf Produkten nur angebracht werden, sofern sie Sichtbarkeit, Lesbarkeit und Bedeutung des Einbauzeichens nicht beeinträchtigt.

Artikel III [Anm: zu LGBl 2013/46]

(1) Dieses Gesetz tritt mit 1. Juli 2013 in Kraft.

(2) Bei der Durchführung von Verwaltungsverfahren durch das Österreichische Institut für Bautechnik ist, soweit in diesem Gesetz nicht anderes bestimmt ist, das Allgemeine Verwaltungsverfahrensgesetz 1991 – AVG, BGBl. Nr. 51, in der Fassung des Bundesgesetzes BGBl. I Nr. 100/2011, anzuwenden. Dies gilt bis zum Ablauf des 31. Dezember 2013.

ErlRV 01-VD-LG-1513/4-2013, 8 (zu LGBl 2013/46):

„Durch eine Novelle zum EGVG, BGBl. I Nr. 33/2013, ergibt sich dies ab dem 1. Jänner 2014 direkt aus dem EGVG."

(3) Verordnungen aufgrund dieses Gesetzes können ab dem auf seine Kundmachung folgenden Tag erlassen werden, sie dürfen jedoch frühestens mit dessen Inkrafttreten in Kraft gesetzt werden.

(4) Im Zeitpunkt des Inkrafttretens dieses Gesetzes erteilte österreichische technische Zulassungen bleiben bis zum Ablauf ihrer jeweiligen Geltungsdauer gültig.

(5) Im Zeitpunkt des Inkrafttretens dieses Gesetzes anhängige Bauverfahren sind nach den bisher geltenden Bestimmungen weiterzuführen.

(6) Vom Zeitpunkt des Inkrafttretens dieses Gesetzes bis zum Ablauf des 31. Dezember 2013 ist gegen Bescheide der Registrierungsstelle (§ 8 Abs. 4) und gegen Bescheide des Österreichischen Instituts für Bautechnik die Berufung an den Unabhängigen Verwaltungssenat zulässig.

(7) Dieses Gesetz wurde einem Informationsverfahren im Sinne der Richtlinie 98/34/EG des Europäischen Parlaments und des Rates vom 22. Juni 1998 über ein Informationsverfahren auf dem Gebiet der Normen und technischen Vorschriften und der Vorschriften für die Dienste der Informationsgesellschaft, ABl. Nr. L 204 vom 21.7.1998, S 37, idF der Richtlinie 98/48/EG des Europäischen Parlaments und des Rates vom 20. Juli 1998, ABl. Nr. L 217 vom 5.8.1998, S 18, und der Richtlinie 2006/96/EG des Rates vom 20. November 2006, ABl. Nr. L 363 vom 20.12.2006, S 81, unterzogen (Notifikationsnummer 2012/601/A).

Artikel CXV [Anm: zu LGBl 2013/85]

Inkrafttreten

(1) Dieses Gesetz tritt am 1. Jänner 2014 in Kraft, soweit in Abs. 2 nicht anderes bestimmt ist.

5.1. Verordnung über das Ausmaß der besonderen Verwaltungsabgaben für Akkreditierungen, Zulassungen, Ermächtigungen, Sonderverfahren und zu erstellende Gutachten nach dem Kärntner Akkreditierungs- und Bauproduktegesetz

LGBl 2006/42

Inhaltsverzeichnis
§ 1 Allgemeines
§ 2 Ausmaß
§ 3 Fälligkeit
§ 4 In-Kraft-Treten

Gemäß § 29 des Kärntner Akkreditierungs- und Bauproduktegesetzes – K-ABPG, LGBl. Nr. 24/1994, in der Fassung des Gesetzes LGBl. Nr. 31/2001 sowie der Kundmachung LGBl. Nr. 78/1998, wird verordnet:

§ 1 Allgemeines

Für die nach den Bestimmungen des Kärntner Akkreditierungs- und Bauproduktegesetzes – K-ABPG, LGBl. Nr. 24/1994, in der Fassung des Gesetzes LGBl. Nr. 31/2001, durchzuführenden Akkreditierungen, Zulassungen, Ermächtigungen, Sonderverfahren und zu erstellende Gutachten sind besondere Verwaltungsabgaben nach den Bestimmungen dieser Verordnung zu entrichten.

§ 2 Ausmaß

(1) Die besondere Verwaltungsabgabe besteht aus einer festen Grundgebühr (Abs. 2) und einer nach dem tatsächlichen Zeitaufwand bemessenen Sachbearbeitungsgebühr mit einem pauschalierten Stundensatz (Abs. 3).

(2) Die Grundgebühr beträgt
a) für die Akkreditierung von Prüf-, Überwachungs- und Zertifizierungsstellen   550 Euro

b) für die Verlängerung oder Abänderung einer Akkreditierung
   330 Euro
c) für eine Europäische technische Zulassung, für die Leitlinien gelten 550 Euro
d) für eine Europäische technische Zulassung, für die keine Leitlinien gelten 660 Euro
e) für die Verlängerung einer Europäischen technischen Zulassung 330 Euro
f) für die Durchführung eines Sonderverfahrens 660 Euro
g) für die Ermächtigung von Stellen zur Ausstellung von Übereinstimmungszeugnissen gemäß § 26f K-ABPG 550 Euro
h) für die Verlängerung oder Abänderung der Ermächtigung von Stellen zur Ausstellung von Übereinstimmungszeugnissen 330 Euro
i) für die Erstellung eines Gutachtens über die Verwendbarkeit von Bauprodukten gemäß § 26a Abs. 1 lit. b K-ABPG
   660 Euro

(3) Die Sachbearbeitungsgebühr beträgt 110 Euro je tatsächlich aufgewendeter Stunde durch einen Referenten des Österreichischen Institutes für Bautechnik.

(4) Die in Abs. 2 und 3 angeführten Gebührensätze enthalten keine nach der jeweiligen Gesetzeslage abzuführenden Steuern.

(5) Die mit der Durchführung eines Verfahrens verbundenen Barauslagen (zB für die Beiziehung von Sachverständigen, die nicht dem Österreichischen Institut für Bautechnik angehören) sind gesondert zu ersetzen.

§ 3 Fälligkeit

(1) Die Festlegung der besonderen Verwaltungsabgabe hat durch das Österreichische Institut für Bautechnik zu erfolgen. Sie fließt dem Österreichischen Institut für Bautechnik zu.

(2) Die Verpflichtung zur Entrichtung der besonderen Verwaltungsabgabe tritt unabhängig vom Ausgang des Verfahrens in dem Zeitpunkt ein, in dem das betreffende Verfahren abgeschlossen wird.

(3) Wenn dies aufgrund des zu erwartenden Aufwandes zweckmäßig ist, können dem Antragsteller entsprechende Vorschüsse auf die besondere Verwaltungsabgabe auferlegt werden.

§ 4 In-Kraft-Treten

(1) Diese Verordnung tritt mit dem der Kundmachung folgenden Tag in Kraft.

(2) Mit dem In-Kraft-Treten dieser Verordnung tritt die Verordnung über das Ausmaß der besonderen Verwaltungsabgaben für Akkreditierungen, Zulassungen und für das Sonderverfahren nach dem Kärntner Akkreditierungs- und Bauproduktegesetz, LGBl. Nr. 42/1998, in der Fassung LGBl. Nr. 99/2001, außer Kraft.

6. Kärntner Aufzugsgesetz – K-AG

LGBl 2000/43 idF LGBl 2001/4, LGBl 2009/10, LGBl 2011/47, LGBl 2012/43, LGBl 2013/85, LGBl 2014/3

Inhaltsverzeichnis

1. Abschnitt – Allgemeine Bestimmungen
- § 1   Geltungsbereich
- § 2   Begriffsbestimmungen
- § 3   Vollziehung
- § 4   Behörden

2. Abschnitt – Einbau und Inbetriebnahme von überwachungsbedürftigen Hebeanlagen
- § 5   Technische Vorschriften
- § 6   Vorprüfung
- § 7   Abnahmeprüfung

3. Abschnitt – Betriebsvorschriften
- § 8   Regelmäßige und außerordentliche Überprüfung
- § 9   Behebung von festgestellten Mängeln oder Gebrechen
- § 10   Sperre einer überwachungsbedürftigen Hebeanlage
- § 11   Betreuungspflicht von überwachungsbedürftigen Hebeanlagen
- § 11a Betriebskontrolle
- § 11b Befreiung von Personen
- § 12   Hebeanlagenwärter
- § 13   Betreuungsunternehmen
- § 14   Aufzugsbuch (Anlagenbuch)
- § 15   Aufzugsprüfer

4. Abschnitt – Sicherheitstechnische Prüfung, Umbau und Modernisierung

§ 15a Sicherheitstechnische Prüfung

§ 15b Umbau und Modernisierung von nicht CE-gekennzeichneten Hebeanlagen

5. Abschnitt – Straf-, Übergangs- und Schlußbestimmungen

§ 16 Strafbestimmungen

§ 17 Verweisungen und Bezeichnungen

§ 18 Übergangsbestimmungen

§ 19 Inkrafttretens- und Schlußbestimmungen

ErlRV 01-VD-LG-1569/48-2013, 1 f (zu LGBl 2013/85):

„Mit der Verwaltungsgerichtsbarkeits-Novelle 2012, BGBl. I Nr. 51/2012, wurde die bundesverfassungsrechtliche Grundlage für die Einführung der zweistufigen Verwaltungsgerichtsbarkeit geschaffen. Mit Wirksamkeit zum 1. Jänner 2014 wird es in jedem Bundesland ein Verwaltungsgericht erster Instanz und beim Bund ein Bundesverwaltungsgericht und ein Bundesfinanzgericht geben („9+2-Modell"). Dabei ersetzen die Landesverwaltungsgerichte die Unabhängigen Verwaltungssenate und das Bundesverwaltungsgericht den Asylgerichtshof (siehe zur Verfassungsrechtslage ausführlich ErläutRV 1618 BlgNR XXIV. GP). Für das Land Kärnten wird durch das Kärntner Landesverwaltungsgerichtsgesetz – K-LvwGG, LGBl. Nr. 55/2013, ein Landesverwaltungsgericht eingerichtet.

Vor diesem Hintergrund sind in allen Rechtsvorschriften des Landes insbesondere folgende Anpassungen vorzunehmen:

– Abschaffung des administrativen Instanzenzuges (außer in Angelegenheiten des eigenen Wirkungsbereiches der Gemeinden), da an dessen Stelle – abgesehen vom eigenen Wirkungsbereich der Gemeinde – die Möglichkeit der Beschwerde an das Verwaltungsgericht des jeweiligen Landes tritt (Art. 130 B-VG idF BGBl. I Nr. 51/2012).

– Streichung von Zuständigkeiten des Unabhängigen Verwaltungssenates, da an die Stelle des Unabhängigen Verwaltungssenates das Landesverwaltungsgericht tritt.

- Aufhebung von Regelungen über Rechtsmittelausschlüsse, da die Beschwerdebefugnis an das Verwaltungsgericht verfassungsmäßig garantiert und einfachgesetzlich nicht ausgeschlossen werden darf.
- Verankerung der Beschwerdelegitimation von Formal- und Legalparteien.
- Aufhebung der in der Anlage zur Verwaltungsgerichtsbarkeits-Novelle 2012 genannten Sonderbehörden (z.B. Disziplinaroberkommissionen).
- Klarstellende Trennung zwischen ordentlicher Gerichtsbarkeit und Verwaltungsgerichtsbarkeit.
- Änderung der Anrufungsmöglichkeit des VwGH, da an die Stelle der Beschwerde an den VwGH die Revision an diesen tritt.
- Terminologische Anpassungen im Zusammenhang mit den Begriffen „Bescheid" und „rechtskräftiger Bescheid".
- Aufgrund des § 22 Abs. 1 VStG, in der Fassung des Verwaltungsgerichtsbarkeits-Anpassungsgesetzes 2013, entfällt die Doppelbestrafungsproblematik bei gerichtlich strafbaren Handlungen.

Im Entwurf wird von der Möglichkeit, den innergemeindlichen Instanzenzug auszuschließen (Art. 118 Abs. 4 vorletzter Satz B-VG idF BGBl. I Nr. 51/2012), nicht Gebrauch gemacht. Soweit der Entwurf weitergehende Änderungen enthält, wird darauf im Besonderen Teil der Erläuterungen Bezug genommen."

ErlRV 01-VD-LG-1520/3-2013, 1 f (zu LGBl 2014/3):

„Hauptgesichtspunkt dieser Novelle ist die Anpassung an die Veränderung der Vollziehung betreffend bundeseigene Gebäude durch BGBl. I Nr. 51/2012. Weiters werden Redaktionsversehen und Unklarheiten beseitigt sowie die Verweisungen auf Bundesgesetze aktualisiert.

[...]

Dieses Gesetz muss einem Informationsverfahren im Sinne der Richtlinie 98/34/EG des Europäischen Parlaments und des Rates vom 22. Juni 1998 über ein Informationsverfahren auf dem Gebiet der Normen und technischen Vorschriften und der Vorschriften für die Dienste der Informationsgesellschaft, ABl. Nr. L 204 vom 21.7.1998, S 37, idF der Richtlinie 98/48/EG des Europäischen Parlaments und des Rates vom 20. Juli 1998, ABl. Nr. L 217 vom 5.8.1998, S 18, und der Richtlinie

2006/96/EG des Rates vom 20. November 2006, ABl. Nr. L 363 vom 20.12.2006, S 81, unterzogen werden."

1. Abschnitt – Allgemeine Bestimmungen

§ 1 Geltungsbereich

(1) Dieses Gesetz gilt für überwachungsbedürftige Hebeanlagen. Überwachungsbedürftige Hebeanlagen sind diejenigen in § 2 Abs. 1 lit. a bis g definierten kraftbetriebenen Hebezeuge und in § 2 Abs. 1 lit. h definierten kraftbetriebenen Fahrsteige, die mit einem Gebäude oder einer baulichen Anlage dauerhaft verbunden sind und festgelegte Ebenen bedienen.

(2) Hebeanlagen mit Lastträgern, die sich zwar nicht an starren Führungen entlang, aber in einer räumlich vollständig festgelegten Bahn bewegen, gelten ebenfalls als überwachungsbedürftige Hebeanlage im Sinne dieses Gesetzes.

(3) Dieses Gesetz regelt:
a) den Einbau und die Inbetriebnahme von überwachungsbedürftigen Hebeanlagen in ein Gebäude oder einer baulichen Anlage (2. Abschnitt),
b) die Betriebsvorschriften für überwachungsbedürftige Hebeanlagen, die in ein Gebäude oder eine bauliche Anlage eingebaut worden sind (3. Abschnitt),
c) den Umbau und die Modernisierung von überwachungsbedürftigen Hebeanlagen, die vor Inkrafttreten der Maschinen-Sicherheitsverordnung – MSV, BGBl. Nr. 306/1994, oder der Aufzüge-Sicherheitsverordnung 1996 – ASV 1996, BGBl. Nr. 780/1996, in Verkehr gebracht worden und daher nicht mit einer CE-Kennzeichnung versehen sind (§ 15b).

(4) Für Treppenschrägaufzüge in nicht allgemein zugänglichen Bereichen von Gebäuden oder baulichen Anlagen gelten die Bestimmungen des § 5 Abs. 1, § 7, § 9 Abs. 1 und 3, § 10, § 11 Abs. 1, § 14 und § 16 sinngemäß. Im Übrigen unterliegen sie nicht den Bestimmungen dieses Gesetzes.

(5) Die Bestimmungen dieses Gesetzes gelten nicht für
a) Hebeanlagen, die in oder in Verbindung mit Eisenbahn-, Luftfahrts-, öffentlichen Schifffahrts, Bergwerksanlagen und

militärischen Anlagen sowie gewerblichen Betriebsanlagen errichtet oder betrieben werden;
b) [Anm: entfallen]
c) Baustellenaufzüge;
d) seilgeführte Einrichtungen einschließlich Seilbahnen; überwachungsbedürftige Hebeanlagen in Seilbahngebäuden oder als Zubringer sind nicht ausgenommen;
e) Hebeanlagen, von denen aus Arbeiten durchgeführt werden können;
f) Schachtförderanlagen;
g) Hebeanlagen zur Beförderung von Darstellern während künstlerischer Vorführungen (einschließlich Proben);
h) in Beförderungsmitteln eingebaute Hebeanlagen;
i) mit einer Maschine verbundene Hebeanlagen, die ausschließlich für den Zugang zu Arbeitsplätzen – einschließlich Wartungs- und Inspektionspunkte an Maschinen – bestimmt sind;
j) Zahnradbahnen; überwachungsbedürftige Hebeanlagen in Stationsgebäuden oder als Zubringer sind nicht ausgenommen.

(6) Soweit durch dieses Gesetz der Zuständigkeitsbereich des Bundes berührt wird, ist es so auszulegen, dass sich keine über die Zuständigkeit des Landes hinausgehende Wirkung ergibt.

ErlRV -2V-57/17-1999, 3 f (zu LGBl 2000/43):

„In der Regel sind Aufzüge Teile von Gebäuden, die die Aufgabe haben, als Verkehrsweg innerhalb des Gebäudes zu dienen. Da das Schwergewicht der Regelungen des Aufzuggesetzes auf dem maschinellen Teil der Aufzugsanlage liegt, werden sie im System des Baurechts als Bauteile besonderer Art angesehen.

Sonstige Vorschriften über Aufzüge, Fahrtreppen und Fahrsteige werden durch dieses Gesetz nicht berührt. Im landesrechtlichen Bereich sind daher insbesondere die Kärntner Bauordnung und die Kärntner Bauvorschriften anzuwenden, soweit es sich bei dem Aufzug um eine bauliche Anlage iS dieser Bestimmungen handelt. […]"

ErlRV -2V-LG-1358/20-2010, 1 f (zu LGBl 2011/47):

„[...] Hebeanlagen, die Teil einer gewerblichen Betriebsanlage sind, werden vom Bund gestützt auf Art. 10 Abs. 1 Z 8 (Angelegenheit des Gewerbes und der Industrie) und Art. 10 Abs. 1 Z 11 B-VG (Arbeitsrecht) geregelt. Die Zuständigkeit des Landesgesetzgebers zur Erlassung eines dem Entwurf entsprechenden Gesetzes ergibt sich aus Art. 15 Abs. 1 B-VG. Der Kompetenztatbestand „Baurecht" umfasst insbesondere Regelungen über die Errichtung von baulichen Anlagen. Der Geltungsbereich des Gesetzes umfasst Aufzüge, die baulichen Anlagen dauerhaft bedienen, und die somit als Teil einer baulichen Anlage anzusehen sind. [...]

Der Geltungsbereich und die Begriffsbestimmung werden an § 1 HBV 2009 bzw. die RL 95/16/EG und 2006/42/EG angepasst. Die Richtlinie 95/16/EG gilt zwar nicht für Hebezeuge mit einer Fahrgeschwindigkeit von bis zu 0,15 m/s, diese werden aber nunmehr als „Hebe[e]inrichtung für Personen" (§ 2 lit. b) trotzdem umfasst. Auf Grund des nicht unerheblichen Gefährdungspotenzials erscheint dies gerechtfertigt (siehe dementsprechende Regelungen in § 1 Abs. 3 Z 2 HBV 2009; § 1 Abs. 2 Z 2 Oö. Aufzugsgesetz 1998 iVm § 1 Abs. 1 Z 2 Oö. Aufzugsverordnung 2010).

Die Ausnahme in Abs. 4 für Treppenschrägaufzüge in nicht allgemein zugänglichen Bereichen von Gebäuden oder baulichen Anlagen berücksichtigt die besonderen Gegebenheiten bei der Verwendung dieser Aufzüge. Treppenschrägaufzüge werden vorwiegend von Personen mit Behinderung oder eingeschränkter Mobilität genutzt. Vielfach befinden sich diese Treppenschrägaufzüge in Wohnungen, Einfamilienhäuser etc. und sind somit nicht allgemein zugänglich. Es ist nicht gerechtfertigt, diese Treppenschrägaufzüge dem gesamten Regelungsbereich (und den damit entstehenden Kosten für die Betroffenen) des Kärntner Aufzugsgesetzes zu unterwerfen. Somit bedarf es zur Inbetriebnahme lediglich einer Abnahmeprüfung gemäß § 7, ob den Erfordernissen des § 5 Abs. 1 entsprochen wird. Eine Betreuung bzw. regelmäßige Überprüfung gemäß § 8 und § 11 ist nicht notwendig. Der Betreiber ist allerdings verpflichtet Mängel oder Gebrechen des Treppenschrägaufzugs unverzüglich zu beheben (§ 9 Abs. 1), den Treppenschrägaufzug gemäß der Betriebs- und Wartungsanleitung zu betreiben und instand zuhalten (§ 11 Abs. 1) bzw. sofort außer Betrieb zu nehmen, wenn er erkennt, dass die Betriebssicherheit des Treppenschrägaufzugs nicht mehr gegeben ist (§ 10 Abs. 1). Ist die Betriebssicherheit nicht mehr gegeben, hat eine Sperre durch die Behörde zu erfolgen (§ 10 Abs. 2). Diese Ausnahme besteht nur für Treppenschrägaufzüge in nicht allgemein zugänglichen Bereichen von Gebäuden oder baulichen Anlagen (innerhalb von Wohnungen, Einfamilienhäuser etc.). Treppenschrägaufzüge, die sich zB in einem Stiegenhaus eines mehrstöckigen Miethauses befinden und somit allgemein zugänglich sind, sind von der Ausnahme nicht umfasst.

In § 1 Abs. 5 werden jene Hebeanlagen vom Geltungsbereich des Gesetzes ausgenommen, die in den Kompetenzbereich des Bundes fallen (siehe auch § 1 Abs. 6) bzw. nicht dem Gesetz unterliegen sollen. So sind zB Hebeanlagen zur Beförderungen von Darstellern während künstlerischer Vorführungen (§ 1 Abs. 5 lit. g) nicht mehr umfasst (anders § 2 Abs. 4 K-AG geltende Fassung)."

ErlRV 01-VD-LG-1520/3-2013, 1 (zu LGBl 2014/3):

„1. Zu Z 1 (§ 1 Abs. 3 lit. c):

Es wird ein Redaktionsversehen beseitigt. Das Zitat muss „§ 15b" lauten.

2. Zu Z 2 (§ 1 Abs. 5 lit. b):

Das Bundesgesetz über die Verkehrs-Arbeitsinspektion – VAIG 1994 wurde durch BGBl. I Nr. 35/2012 aufgehoben."

§ 2 Begriffsbestimmungen

Im Sinne dieses Gesetzes bezeichnet der Ausdruck
a) „Aufzug" ein Hebezeug, das zwischen festgelegten Ebenen mittels eines Lastträgers verkehrt, der sich an starren, gegenüber der Horizontalen um mehr als 15° geneigten Führungen entlang fortbewegt und bestimmt ist
   1. zur Personenbeförderung,
   2. zur Personen- und Güterbeförderung oder
   3. nur zur Güterbeförderung, sofern der Lastträger betretbar ist, d. h. wenn eine Person ohne Schwierigkeit in den Lastträger einsteigen kann, und über Steuereinrichtungen verfügt, die im Innern des Lastträgers oder in Reichweite einer dort befindlichen Person angeordnet sind;

b) „Hebeeinrichtung für Personen" ein Hebezeug, auf das die Kriterien der lit. a zutreffen, das jedoch lediglich eine Fahrgeschwindigkeit von bis zu 0,15 m/s besitzt;

c) „Treppenschrägaufzug" ein Hebezeug für Personen mit Sessel, Stehplattform oder Rollstuhlplattform, das in einer geneigten Ebene entlang einer Treppe (Stiege) oder einer zugänglichen geneigten Oberfläche fährt und vorwiegend für die Verwendung durch Personen mit Behinderungen oder mit eingeschränkter Mobilität bestimmt ist;

d) „Güteraufzug" ein Hebezeug, das zwischen festgelegten Ebenen mittels eines Lastträgers verkehrt, der sich an starren, gegenüber der Horizontalen um mehr als 15° geneigten Führungen entlang fortbewegt, nur für den Transport von Gütern bestimmt ist und über Steuereinrichtungen verfügt, die nicht im Innern des Lastträgers oder in Reichweite einer dort befindlichen Person angeordnet sind;

e) „Kleingüteraufzug" ein Güteraufzug (lit. d), dessen Lastträger wegen seiner Maße und Ausführung für Personen nicht betretbar ist;

f) „Fahrtreppe" ein Hebezeug, das zwei unterschiedlich hohe festgelegte Ebenen mit umlaufenden Stufenbändern bedient und zur Beförderung von Personen in Auf- und/oder Abwärtsbewegung bestimmt ist;

g) „Hubtisch" – unbeschadet lit. a, b oder lit. d – ein Hebezeug mit einer lasttragenden Plattform, die für die Beförderung von Gütern und/oder von Personen bestimmt ist und die im gesamten Bewegungsbereich starr geführt ist; Hubtische zur ausschließlichen Beförderung von Gütern unterliegen nicht diesem Gesetz;

h) „Fahrsteig" eine Anlage, die eine gleich hohe Ebene oder zwei unterschiedlich hohe festgelegte Ebenen mit umlaufenden Palettenbändern bedient und zur Beförderung von Personen in einer Ebene oder zwischen zwei unterschiedlich hohen Ebenen bestimmt ist;

i) „Lastträger" den Teil einer Hebeanlage, auf oder in dem Personen und/oder Güter zur Aufwärts- oder Abwärtsbeförderung oder zur Fortbewegung untergebracht sind;

j) „Betreiber" den Eigentümer, Inhaber oder sonst Verfügungsberechtigten der Hebeanlage.

ErlRV -2V-LG-1358/20-2010, 1 f (zu LGBl 2011/47):

„Der Geltungsbereich und die Begriffsbestimmung werden an § 1 HBV 2009 bzw. die RL 95/16/EG und 2006/42/EG angepasst. Die Richtlinie 95/16/EG gilt zwar nicht für Hebezeuge mit einer Fahrgeschwindigkeit von bis zu 0,15 m/s, diese werden aber nunmehr als „Hebe [e] inrichtung für Personen" (§ 2 lit. b) trotzdem umfasst. Auf Grund des nicht unerheblichen Gefährdungspotenzials erscheint dies gerechtfertigt (siehe dementsprechende Regelungen in § 1 Abs. 3 Z 2 HBV 2009; § 1 Abs. 2 Z 2 Oö. Aufzugsgesetz 1998 iVm § 1 Abs. 1 Z 2 Oö. Aufzugsverordnung 2010). [...]"

§ 3 Vollziehung

(1) Die Vollziehung dieses Gesetzes fällt – unbeschadet des Verordnungsrechtes der Landesregierung – in den eigenen Wirkungsbereich der Gemeinde.

(2) Ausgenommen von Abs. 1 sind die §§ 15 und 16.

ErlRV -2V-57/17-1999, 4 f (zu LGBl 2000/43):

„Nachdem das „Aufzugswesen" dem Baurecht zugeordnet wird, fällt die Vollziehung dieses Gesetzes nach Art. 118 Abs. 3 Z. 9 B-VG in den eigenen Wirkungsbereich der Gemeinde. Mit § 3 Abs. 1 wird dem verfassungsgesetzlichen Auftrag des Art. 118 Abs. 2 zweiter Satz B-VG entsprochen, wonach die Gesetze die Angelegenheiten des eigenen Wirkungsbereiches der Gemeinde ausdrücklich als solche zu bezeichnen haben. [...]

Nicht zum eigenen Wirkungsbereich der Gemeinden gehört die Bestellung der Aufzugsprüfer (§ 15) sowie die Ausübung des Aufsichtsrechts über diese Sachverständigen.

Nach der ständigen Judikatur der Höchstgerichte fällt die Vollziehung von Strafbestimmungen ebenso nicht in den eigenen Wirkungsbereich der Gemeinde (vgl. VfSlg. 6706/1972, 7956/1976; VwSlg. 7669A/1969)."

ErlRV 01-VD-LG-1520/3-2013, 1 (zu LGBl 2014/3):

„Der – auf die Zweite Bundes-Verfassungsnovelle, BGBl. Nr. 392/1929, zurückgehende – Art. 15 Abs. 5 B-VG regelte den Instanzenzug in Bausachen betreffend bundeseigene Gebäude, die öffentlichen Zwecken dienen, und verwies diese Angelegenheiten weitestgehend in die mittelbare Bundesverwaltung. Durch BGBl. I Nr. 51/2012 entfiel diese Kompetenzbestimmung. Aus diesem Grund hat die entsprechende Ausnahme zu entfallen."

§ 4 Behörden

(1) Behörde erster Instanz in Angelegenheiten, die zum eigenen Wirkungsbereich der Gemeinde gehören, ist der Bürgermeister.

(2) Behörde in Angelegenheiten, die nicht zum eigenen Wirkungsbereich der Gemeinde gehören, ist die Landesregierung, soweit in § 16 nichts anderes bestimmt ist.

ErlRV -2V-57/17-1999, 4 f (zu LGBl 2000/43):

„Nachdem das „Aufzugswesen" dem Baurecht zugeordnet wird, fällt die Vollziehung dieses Gesetzes nach Art. 118 Abs. 3 Z. 9 B-VG in den eigenen Wirkungsbereich der Gemeinde. Mit § 3 Abs. 1 wird dem verfassungsgesetzlichen Auftrag des Art. 118 Abs. 2 zweiter Satz B-VG entsprochen, wonach die Gesetze die Angelegenheiten des eigenen Wirkungsbereiches der Gemeinde ausdrücklich als solche zu bezeichnen haben. […]

Nicht zum eigenen Wirkungsbereich der Gemeinden gehört die Bestellung der Aufzugsprüfer (§ 15) sowie die Ausübung des Aufsichtsrechts über diese Sachverständigen.

Nach der ständigen Judikatur der Höchstgerichte fällt die Vollziehung von Strafbestimmungen ebenso nicht in den eigenen Wirkungsbereich der Gemeinde (vgl. VfSlg. 6706/1972, 7956/1976; VwSlg. 7669A/1969)."

ErlRV 01-VD-LG-1569/48-2013, 1 (zu LGBl 2013/85):

„Da nunmehr Vorschreibungen, Untersagungen etc. nicht nur auf Grundlage eines Bescheides vorliegen können, sondern auch auf

Grundlage von Erkenntnissen des Landesverwaltungsgerichtes, wird nicht mehr am Begriff des Bescheides angeknüpft. Selbstverständlich haben aber Erledigungen von den Behörden des § 4 K-AG auf Grundlage des AVG weiterhin zumeist als Bescheid zu erfolgen."

2. Abschnitt – Einbau und Inbetriebnahme von überwachungsbedürftigen Hebeanlagen

§ 5 Technische Vorschriften

(1) Überwachungsbedürftige Hebeanlagen müssen in allen ihren Teilen entsprechend dem Stand der Technik so geplant und ausgeführt werden, dass sie den notwendigen Erfordernissen der Sicherheit, der Festigkeit, der Dauerhaftigkeit, des Brand- und des Schallschutzes und der Energieeffizienz entsprechen. Darüber hinaus müssen überwachungsbedürftige Hebeanlagen für Personen in allen ihren Teilen entsprechend dem Stand der Technik so geplant und ausgeführt werden, dass sie den notwendigen Erfordernissen der Zugänglichkeit für Personen, den Vorkehrungen für die Notbefreiung eingeschlossener Personen und der barrierefreien Ausführung für Personen mit Behinderungen oder eingeschränkter Mobilität entsprechen. Im Aufzugsschacht dürfen keine aufzugsfremden Leitungen und Einrichtungen vorhanden sein.

(2) Überwachungsbedürftige Hebeanlagen iSd. § 2 Abs. 1 lit. a, auch wenn sie sich nicht an starren Führungen entlang, aber in einer räumlich vollständig festgelegten Bahn bewegen, dürfen nur errichtet und in Betrieb genommen werden, wenn sie den Bestimmungen über das Inverkehrbringen der ASV 2008 entsprechen.

(3) Überwachungsbedürftige Hebeanlagen iSd. § 2 Abs. 1 lit. b bis h, auch wenn sie sich nicht an starren Führungen entlang, aber in einer räumlich vollständig festgelegten Bahn bewegen, dürfen nur errichtet und in Betrieb genommen werden, wenn sie den Bestimmungen der MSV 2010 entsprechen.

ErlRV -2V-57/17-1999, 3 und 5 f (zu LGBl 2000/43):

„Durch die RL 95/16/EG wird das Inverkehrbringen und der Betrieb von Aufzügen geregelt. Die notwendigen Maßnahmen zur Gewährleistung der Sicherheit und Gesundheit von Personen und Gütern werden in diesem Gesetz dadurch erreicht, in dem in § 5 des Gesetzes auf die ASV 1996 sowie die Maschinen-Sicherheitsverordnung (MSV), BGBl. Nr. 306/1994, verwiesen wird und im dritten Abschnitt Betriebsvorschriften normiert werden, die den einwandfreien Betrieb und die gefahrlose Benutzung des Aufzuges gewährleisten (vgl. Art. 2 Abs. 2 der RL)."

„Abs. 1 normiert die allgemeinen Anforderungen an Aufzüge, die hinsichtlich ihrer Sicherheit, Festigkeit, Dauerhaftigkeit, des Brand- und des Schallschutzes dem Stand der Technik zu entsprechen haben.

[...]

Mit dem Verweis auf die ASV 1996 ist sichergestellt, dass die Vorschriften der RL 95/16/EG eingehalten werden.

[...]

Eine eigenständige Regelung des Inverkehrbringens der Aufzüge entsprechend den Vorschriften der RL 95/16/EG scheint derzeit entbehrlich, wäre aber auch von der Baurechtskompetenz des Art. 15 Abs. 1 B-VG umfaßt. Ein einheitlicher technischer Maßstab von Aufzügen, die diesem Gesetz unterliegen und von Aufzügen, die nach bundesrechtlichen Vorschriften zu beurteilen sind, bringt auch Erleichterungen für die Aufzugsindustrie."

ErlRV -2V-LG-1358/20-2010, 1 ff (zu LGBl 2011/47):

„Die vorliegende Novelle dient überwiegend der Umsetzung des einschlägigen Unionsrechts. Im Kompetenzbereich des Bundes erfolgte dies durch die Aufzüge- Sicherheitsverordnung 2008 – ASV 2008, BGBl. II Nr. 274/2008, geändert durch die Kundmachung BGBl. II Nr. 275/2010, die Maschinen-Sicherheitsverordnung – MSV 2010, BGBl. II Nr. 282/2008, geändert durch die Kundmachung BGBl. II Nr. 265/2010 und die Hebeanlagen-Betriebsverordnung 2009 – HBV 2009, BGBl. Nr. 210/2009.

Im Sinne der einschlägig befassten Fachkreise und der Rechtsunterworfenen bzw. auf Grund der detaillierten Vorgaben der Richtlinien erfolgt die Novellierung des Kärntner Aufzugsgesetzes – K-AG wie bisher in enger Abstimmung zu den relevanten bundesrechtlichen Verordnungen."

„Technische Voraussetzung für alle Hebeanlagen ist nunmehr auch die Energieeffizienz. Hebeanlagen für Personen müssen darüber hinaus den notwendigen Erfordernissen der Zugänglichkeit für Personen, den Vorkehrungen für die Notbefreiung eingeschlossener Personen und der barrierefreien Ausführung für Personen mit Behinderungen oder eingeschränkter Mobilität entsprechen. Die Verweise in Abs. 2 und 3 wurden an die neuen Verordnungen des Bundes angepasst. Abs. 4 entfällt, siehe dazu die Erläuterungen zu Z 1 [Anm: siehe dazu die Erläuterungen zu § 1]."

§ 6 Vorprüfung

(1) Vor dem Einbau einer überwachungsbedürftigen Hebeanlage in ein Gebäude oder eine bauliche Anlage oder vor der Vornahme wesentlicher Änderungen im Rahmen eines Umbaus oder einer Modernisierung einer überwachungsbedürftigen Hebeanlage hat der Betreiber eine Vorprüfung durch einen Aufzugsprüfer durchführen zu lassen. Die einschlägigen Unterlagen für die Vorprüfung sind vom zukünftigen Betreiber dem Aufzugsprüfer vorzulegen. Der Aufzugsprüfer hat an Hand der Unterlagen zu prüfen, ob den Erfordernissen gemäß § 5 entsprochen wird. Der Aufzugsprüfer hat die ordnungsgemäße Einbindung der überwachungsbedürftigen Hebeanlage in die bauliche Anlage hinsichtlich Sicherheit, Festigkeit, Dauerhaftigkeit sowie Brand- und Schallschutz zu bestätigen. Der Aufzugsprüfer hat eine Verbesserung der Sicherheit, insbesondere durch den Einbau von Sicherheitsbauteilen, vorzuschlagen, wenn dies im Hinblick auf die Erfordernisse gemäß § 5 erforderlich ist.

(2) Überwachungsbedürftige Hebeanlagen und Sicherheitsbauteile, die nach den einschlägigen unionsrechtlichen Vorschriften mit einer CE-Kennzeichnung versehen sind und für die eine EG-Konformitätserklärung vorliegt, erfüllen die Erfordernisse gemäß § 5.

(3) Ergibt die Vorprüfung, dass die Bestimmungen dieses Gesetzes eingehalten werden, ist vom Aufzugsprüfer ein Prüfzeugnis über die Vorprüfung auszustellen.

(4) Der Aufzugsprüfer hat sich innerhalb angemessener Frist von der Durchführung der vorgeschlagenen Verbesserungen gemäß Abs. 1 zu überzeugen. Wurden diese Verbesserungen nicht durchgeführt, hat der Aufzugsprüfer die Behörde davon unverzüglich

schriftlich zu verständigen. Die Behörde hat Verbesserungen gemäß Abs. 1 vorzuschreiben, wenn dies im Hinblick auf die Erfordernisse gemäß § 5 erforderlich ist.

(5) Als wesentliche Änderung einer überwachungsbedürftigen Hebeanlage gemäß Abs. 1 gelten Änderungen, die auf die Beschaffenheit, die eine überwachungsbedürftige Hebeanlage nach den Erfordernissen gemäß § 5 aufzuweisen hat, von Einfluss sein können. Als wesentliche Änderungen gelten insbesondere:

a) die Erhöhung der Anzahl oder die Änderung der Lage der Halte- oder Ladestellen, Höhenänderungen bis 0,25 m bleiben unberücksichtigt;

b) die Änderung der Förderhöhe um mehr als 0,25 m;

c) die Erhöhung der Nennlast oder der Masse des Fahrkorbes um mehr als 10 %;

d) die Änderung der Betriebsgeschwindigkeit (Nenngeschwindigkeit) um mehr als 10 %;

e) die Änderung der Art der Schachttüren, wenn durch die Änderung der Schachttüren begehbare Flächen im Haltestellenbereich beeinträchtigt werden oder die Brandschutzausführung geändert wird;

f) die Änderung der Abmessungen der Schachttüren um mehr als ± 50 mm;

g) die Änderung der Art der Benützung;

h) die Änderung der Antriebsart;

i) die Änderung der Lage der Gegengewichtsfahrbahn;

j) die Änderung der Lage oder der Entfall des Triebwerksraumes oder des Rollenraumes;

k) die Änderung des Zuganges oder der Maße des Triebwerksraumes oder des Rollenraumes, sofern die Stand- oder Brandsicherheit der baulichen Anlage gefährdet wird;

l) die Änderung der Schachtkopfhöhe oder der Schachtgrubentiefe, sofern der obere oder der untere Schutzraum im Schacht verringert wird;

m) die Einschränkung der Zugänglichkeit zu Ladestellen;

n) die Erhöhung der Beanspruchungen von Schacht und Gebäudeteilen durch die Einwirkungen (Kräfte) infolge des Betriebes einer überwachungsbedürftigen Hebeanlage um mehr als 10 % bezogen auf die Angaben bei der Errichtung.

(6) Folgende Änderungen von Fahrtreppen und Fahrsteigen sind wesentlich:
a) die Änderung der Geschwindigkeit;
b) die Änderung des Traggerüstes;
c) die Änderung der Balustrade;
d) die Änderung des Einbauortes innerhalb eines Gebäudes.

(7) Sofern die Vorprüfung nicht positiv abgeschlossen werden kann, hat der Aufzugsprüfer unverzüglich die Behörde zu verständigen.

Anm: Siehe auch die Erläuterungen zu § 7.

ErlRV -2V-57/17-1999, 6 f (zu LGBl 2000/43):

„Nach den bisherigen Bestimmungen des Kärntner Aufzugsgesetzes, LGBl. Nr. 32/1977, bedurfte die Errichtung und wesentliche Änderung einer Aufzugsanlage einer behördlichen Bewilligung. Vor der ersten Benützung nach der Errichtung oder wesentlichen Änderung der Aufzugsanlage wurde in Anlehnung an die Kärntner Bauordnung ein Benützungsbewilligungsverfahren durchgeführt.

In Hinkunft sollen die behördlichen Administrativverfahren entfallen. Der Eigentümer der Aufzugsanlage wird nunmehr verpflichtet, vor dem Einbau oder einer wesentlichen Änderung eines Aufzuges ein Prüfzeugnis eines Aufzugsprüfers einzuholen, in welchem dieser die ordnungsgemäße Einbindung des Aufzuges in die bauliche Anlage hinsichtlich Sicherheit, Festigkeit, Dauerhaftigkeit sowie Brand- und Schallschutz bestätigt.

Zweck dieser Regelung ist es, festzustellen, ob in einem Gebäude überhaupt ein Aufzug errichtet werden kann bzw. unter welchen Voraussetzungen die Errichtung des Aufzugs möglich ist. Geprüft werden die Anforderungen an das spezielle Gebäude oder die nähere Umgebung des Aufzuges.

So ist beispielsweise im Rahmen der Vorprüfung abzuklären, welche Dimension für den Schacht des Aufzuges notwendig ist, wie der Stromanschluß in dem Gebäude ausgestaltet ist und ob die erforderliche Stromstärke für den Aufzuge gegeben ist, ob der Blitzschutz des Gebäudes im Hinblick auf die besonderen Erfordernisse eines Aufzuges geeignet ist oder ob der Aufzug Brandabschnitte in dem Gebäude verbindet. Ferner wird im Rahmen der Vorprüfung die Anbindung des Aufzuges (Zugänge, Umwehrung) geprüft. Beurteilt wird außerdem die bauliche Ausführung des Triebwerkraumes, und die Frage, ob die Anforderungen an die Zugänge zum Triebwerksraum erfüllt werden (zB. Zugang über spezielle Leitern bei einer Lage des Triebwerkraumes über dem Dach). Schließlich ist zu klären, ob die Anforderungen des Aufzuges beim jeweiligen Einbauort entsprechen (zB. Explosionsgeschütze Ausführung eines Aufzuges wegen der näher [Anm: Nähe] zu einer Raffinerie oder einem Tanklager).

All diese konkreten baulichen Umstände des Einzelfalls werden vom Montagbetrieb oder Hersteller im Rahmen des EG-Konformitätsbewertungsverfahrens vor dem Inverkehrbringen nach Art. 8 und 9 der RL 95/16/EG nicht berücksichtigt. Die Vorprüfung stellt insofern eine ausschließliche Schutzvorschrift für den Bauherrn dar. Es soll damit verhindert werden, daß eine an einer bestimmten Stelle nicht geeigneter Aufzug oder ein in einer bestimmten Ausführung nicht geeigneter Aufzug eingebaut wird.

Bei jenen Aufzügen, welche mit einer Übereinstimmungserklärung und einer CE-Kennzeichnung nach den gemeinschaftsrechtlichen Vorschriften (umgesetzt in der ASV 1996 und in der MSV) zu versehen sind, wird davon ausgegangen, daß eine weitere Überprüfung der aufzugstechnischen Anlage im Rahmen der Vorprüfung und der Abnahmeprüfung entbehrlich ist, weil bereits vor dem Inverkehrbringen im Rahmen der Baumusterprüfung mit der Übereinstimmungserklärung bestätigt wird, daß die Aufzugsanlage dem Stand der Technik nach § 5 Abs. 1 K-AG entspricht. Bei allen anderen Aufzügen ist jedoch im Rahmen der Vorprüfung und der Abnahmeprüfung auch ein Prüfzeugnis eines Aufzugsprüfers dahingehend einzuholen, daß der Aufzug den technischen Anforderungen nach § 5 leg. cit. entspricht.

[...]

In § 6 Abs. 2 [Anm: § 6 Abs. 1 idgF] wird die Empfehlung der Kommission vom 8. Juli 1995 über die Verbesserung der Sicherheit der vorhandenen Aufzüge (95/216/EG, ABl. Nr. 134 vom 20. 6. 1995, 37) umgesetzt. Bei einer wesentlichen Änderung eines bestehenden Aufzuges ist eine Verbesserung der Sicherheit, insbesondere durch den Einbau von Sicherheitsbauteilen innerhalb angemessener Frist vorzusehen, wenn dies im Hinblick auf die technischen Anforderungen nach § 5 Abs. 1 erforderlich ist. Bei diesen Vorschreibungen sind die in der

2. Abschnitt – Einbau und Inbetriebnahme § 7

Empfehlung der Kommission angeführten Leitsätze für die Verbesserung der Sicherheit der vorhandenen Aufzüge zu beachten, welche in § 27 Abs. 2 der ASV 1996 angeführt sind."

ErlRV -2V-LG-1358/20-2010, 3 (zu LGBl 2011/47):

„Die §§ 6 und 7 wurden an §§ 2 und 3 HBV 2009 angepasst und entsprechen im Wesentlichen der aktuellen Rechtslage. Obwohl nunmehr auch die Energieeffizienz zu den technischen Voraussetzungen zählt, wird im Gegensatz zu den anderen Schutzzielen (Sicherheit, Festigkeit, Dauerhaftigkeit sowie Brand- und Schallschutz) keine Bestätigung des Aufzugsprüfers über die ordnungsgemäße Einbindung der überwachungsbedürftigen Hebeanlage in die bauliche Anlage verlangt (§ 6 Abs. 1 und § 7 Abs. 1). Während die Beurteilung der ordnungsgemäßen Einbindung in bauliche Anlage zB für das Schutzziel Brandschutz (übergreifen eines Brandes durch den Aufzugsschacht) unerlässlich ist, genügt für das Schutzziel Energieeffizienz die Beurteilung der Energieeffizienz der überwachungsbedürftigen Hebeanlage im Sinne von § 5 Abs. 1. […]"

ErlRV 01-VD-LG-1569/48-2013, 1 (zu LGBl 2013/85):

„Da nunmehr Vorschreibungen, Untersagungen etc. nicht nur auf Grundlage eines Bescheides vorliegen können, sondern auch auf Grundlage von Erkenntnissen des Landesverwaltungsgerichtes, wird nicht mehr am Begriff des Bescheides angeknüpft. Selbstverständlich haben aber Erledigungen von den Behörden des § 4 K-AG auf Grundlage des AVG weiterhin zumeist als Bescheid zu erfolgen."

§ 7 Abnahmeprüfung

(1) Vor der erstmaligen Inbetriebnahme, nach wesentlichen Änderungen im Rahmen eines Umbaus oder einer Modernisierung einer überwachungsbedürftigen Hebeanlage ist von dem mit der Vorprüfung befassten Aufzugsprüfer, in begründeten Fällen von einem anderen Aufzugsprüfer, eine Abnahmeprüfung durchzuführen. Der Aufzugsprüfer hat zu prüfen, ob den Erfordernissen gemäß § 5 entsprochen wird. Der Aufzugsprüfer hat die ordnungsgemäße Einbindung der überwachungsbedürftigen Hebeanlage hinsichtlich Si-

cherheit, Festigkeit, Dauerhaftigkeit sowie Brand- und Schallschutz zu bestätigen.

(2) Stellt der Aufzugsprüfer die gesetzmäßige Ausführung fest und besteht Mängelfreiheit, hat er ein Prüfzeugnis über die Abnahmeprüfung auszustellen, dies im Aufzugsbuch (Anlagenbuch) zu vermerken und eine Abschrift des Prüfzeugnisses im Aufzugsbuch (Anlagenbuch) zu hinterlegen. Die überwachungsbedürftige Hebeanlage darf erst nach Ausstellung und Hinterlegung des Prüfzeugnisses über die Abnahmeprüfung in Betrieb genommen werden. Der Aufzugsprüfer hat der Behörde eine Abschrift des Prüfzeugnisses unverzüglich zu übermitteln.

(3) Wird eine überwachungsbedürftige Hebeanlage in Betrieb genommen, ohne dass ein Prüfzeugnis nach Abs. 2 vorliegt, hat die Behörde den Betrieb der überwachungsbedürftigen Hebeanlage zu untersagen. Bei Gefahr im Verzug kann die Behörde die überwachungsbedürftige Hebeanlage durch Ausübung unmittelbarer Befehls- und Zwangsgewalt sperren.

(4) Sofern die Abnahmeprüfung nicht positiv abgeschlossen werden kann, hat der Aufzugsprüfer unverzüglich die Behörde schriftlich zu verständigen.

Anm: Siehe auch die Erläuterungen zu § 6.

ErlRV -2V-57/17-1999, 7 f (zu LGBl 2000/43):

„Vor der erstmaligen Inbetriebnahme sowie nach wesentlichen Änderungen eines Aufzuges ist ebenso ein Prüfzeugnis eines Aufzugsprüfers einzuholen, und vom Aufzugsprüfer der Behörde vorzulegen.

Um der Behörde einen Überblick über die neu errichteten oder geänderten Aufzüge zu sichern und die Betriebssicherheit der Aufzüge zu gewährleisten, ist die Vorlage des Prüfzeugnisses durch den Aufzugsprüfer an die Behörde vorgesehen (§ 7). Die Vorlage des Prüfzeugnisses an die Behörde hat jedoch nur deklarative Bedeutung, der Aufzug kann in Betrieb genommen werden, nachdem der Aufzugsprüfer das Prüfzeugnis ausgestellt hat.

Entspricht der Aufzug nicht den Erfordernissen iSd § 6 Abs. 2 oder § 7 Abs. 1, darf das Prüfzeugnis vom Aufzugsprüfer nicht ausgestellt werden. Sollte der Eigentümer des Aufzuges der Ansicht sein, die Verweigerung der Ausstellung eines Prüfzeugnisses erfolgt zu Unrecht, bleibt es ihm überlassen, einen anderen Aufzugsprüfer mit der Prüfung zu betrauen. Ein besonderer öffentlich-rechtlicher Rechtsschutz ist nicht vorgesehen, weil Aufzugsprüfer als Sachverständige nach § 1299 ABGB haften und hinsichtlich ihrer fachlichen Befähigung der Aufsicht der Landesregierung unterliegen (§ 15 leg. cit.). Diese Sanktionsmöglichkeiten sichern in ausreichendem Maß eine den gesetzlichen und technischen Vorschriften entsprechenden Ausstellung von Prüfzeugnissen durch den Aufzugsprüfer.

Als Inbetriebnahme eines Aufzuges ist der Zeitpunkt anzusehen, indem der Eigentümer oder Verfügungsberechtigte über den Aufzug diesen selbst benützt oder Benutzern zur Verfügung stellt. Betriebsversuche zu Probezwecken anläßlich des Einbaus des Aufzuges sind nicht als Inbetriebnahme anzusehen.

Wird ein Aufzug in Betrieb genommen, ohne daß ein Prüfzeugnis nach § 7 vorliegt, so hat die Behörde den Betrieb des Aufzuges zu untersagen. Dabei ist grundsätzlich ein Ermittlungsverfahren durchzuführen, die Untersagung hat mit Bescheid zu erfolgen. Bei Gefahr im Verzug kann im Mandatsverfahren ein Bescheid ohne vorausgegangenes Ermittlungsverfahren erlassen werden (§ 57 AVG). Ist das Gefährdungspotential so groß, daß auch das Mandatsverfahren zu zeitraubend und schwerfällig wäre, ist der Aufzug durch Ausübung unmittelbarer Befehls- und Zwangsgewalt zu sperren. [...]

Prüfzeugnisse eines Aufzugsprüfers sind auch vor sowie nach einer wesentlichen Änderung eines Aufzuges einzuholen. Diese Verpflichtung beschränkt sich auf wesentliche Änderungen, die auf die Beschaffenheit, die ein Aufzug hinsichtlich der Erfordernisse der Sicherheit, der Festigkeit, der Dauerhaftigkeit, des Brand- und Schallschutzes aufweisen muß, von Einfluß sein können. Maßstab für die demonstrative Aufzählung der wesentlichen Änderungen ist die ÖNORM B 2454."

ErlRV -2V-LG-1358/20-2010, 3 (zu LGBl 2011/47):

„Die §§ 6 und 7 wurden an §§ 2 und 3 HBV 2009 angepasst und entsprechen im Wesentlichen der aktuellen Rechtslage. Obwohl nunmehr auch die Energieeffizienz zu den technischen Voraussetzungen zählt, wird im Gegensatz zu den anderen Schutzzielen (Sicherheit, Festigkeit, Dauerhaftigkeit sowie Brand- und Schallschutz) keine Bestätigung des Aufzugsprüfers über die ordnungsgemäße Einbindung der überwachungsbedürftigen Hebeanlage in die bauliche Anlage verlangt (§ 6 Abs. 1 und § 7 Abs. 1). Während die Beurteilung der ordnungsgemäßen Einbindung in bauliche Anlage zB für das Schutzziel Brandschutz (übergreifen eines Brandes durch den Aufzugsschacht) unerlässlich ist, genügt für das Schutzziel Energieeffizienz die Beurteilung der Energieeffizienz der überwachungsbedürftigen Hebeanlage im Sinne von § 5 Abs. 1. Neu ist in § 7 Abs. 1, dass eine Abschrift des Prüfzeugnisses im Aufzugsbuch (Anlagenbuch) zu hinterlegen ist. Die Informationsqualität des Aufzugsbuchs (Anlagenbuch) wird generell erhöht (siehe auch die neuen Eintragungspflichten in § 8). Weiters sieht § 7 Abs. 4 eine Informationspflicht des Aufzugsprüfers an die Behörde vor, dass eine Abnahmeprüfung nicht positiv abgeschlossen werden kann. Dies soll der Behörde – wie die dementsprechende Pflicht im Vorprüfungsverfahren – einen Überblick geben, um gegebenenfalls entsprechende Veranlassungen zu tätigen (Untersagung Betrieb, Sperre)."

ErlRV 01-VD-LG-1569/48-2013, 1 (zu LGBl 2013/85):

„Da nunmehr Vorschreibungen, Untersagungen etc. nicht nur auf Grundlage eines Bescheides vorliegen können, sondern auch auf Grundlage von Erkenntnissen des Landesverwaltungsgerichtes, wird nicht mehr am Begriff des Bescheides angeknüpft. Selbstverständlich haben aber Erledigungen von den Behörden des § 4 K-AG auf Grundlage des AVG weiterhin zumeist als Bescheid zu erfolgen."

3. Abschnitt – Betriebsvorschriften

§ 8 Regelmäßige und außerordentliche Überprüfung

(1) Der Betreiber hat einen Aufzugsprüfer mit der regelmäßigen Überprüfung seiner überwachungsbedürftigen Hebeanlage zu beauftragen. Die Beauftragung und der Wechsel des Aufzugsprüfers sind im Aufzugsbuch (Anlagenbuch) zu vermerken und innerhalb eines Monats der Behörde anzuzeigen. Im Falle einer vorübergehenden Verhinderung des beauftragten Aufzugsprüfers hat dieser einen anderen Aufzugsprüfer mit der Überprüfung zu beauftragen.

(2) Der Aufzugsprüfer hat die betroffene überwachungsbedürftige Hebeanlage in regelmäßigen Zeitabständen auf ihre Betriebssi-

3. Abschnitt – Betriebsvorschriften § 8

cherheit zu überprüfen. Der Betreiber hat bei Erfordernis die notwendigen Hilfskräfte beizustellen.

(3) Bei Aufzügen, Hebeeinrichtungen für Personen, Treppenschrägaufzügen und Hubtischen für die Beförderung von Personen, Güteraufzügen, Fahrtreppen und Fahrsteigen ist die regelmäßige Überprüfung zumindest einmal jährlich durchzuführen. Bei Kleingüteraufzügen ist die regelmäßige Überprüfung zumindest einmal alle zwei Jahre, wenn es sich jedoch um einen Kleingüteraufzug bis zu einer maximalen Nutzmasse von 100 kg handelt zumindest einmal alle drei Jahre durchzuführen. Die genannten Fristen dürfen höchstens um drei Monate überschritten werden, wobei jedoch der Stichtag für die regelmäßige Überprüfung, der sich nach der Abnahmeprüfung richtet, unberührt bleibt.

(4) Der Aufzugsprüfer hat den Befund jeder Überprüfung in das Aufzugsbuch (Anlagenbuch) einzutragen. Der Aufzugsprüfer hat zu behebende Mängel oder Gebrechen mit Festsetzung einer angemessenen Frist für deren Behebung in das Aufzugsbuch (Anlagenbuch) einzutragen. Der Hebeanlagenwärter (§ 12) oder ein Vertreter des Betreuungsunternehmens (§ 13) hat bei der Überprüfung anwesend zu sein und die Kenntnisnahme des Befundes mit seiner Unterschrift zu bestätigen.

(5) Die Behörde kann eine außerordentliche Überprüfung einer überwachungsbedürftigen Hebeanlage auf Kosten des Betreibers anordnen, wenn dies aus Gründen der Sicherheit von Personen erforderlich ist.

(6) Der Betreiber ist verpflichtet, den Organen der Behörde zur Überprüfung der überwachungspflichtigen Hebeanlage den Zutritt zu den in Betracht kommenden Grundstücken, Gebäuden und sonstigen Anlagen im erforderlichen Ausmaß zu gewähren.

(7) Bei jeder regelmäßigen Überprüfung hat sich der Aufzugsprüfer von der Beauftragung und Eignung des Hebeanlagenwärters oder von der Beauftragung eines Betreuungsunternehmens zu überzeugen. Wenn weder ein Hebeanlagenwärter noch ein Betreuungsunternehmen bestellt ist, so hat dies der Aufzugsprüfer der Behörde unverzüglich schriftlich anzuzeigen.

§ 8   6. Kärntner Aufzugsgesetz – K-AG

ErlRV -2V-57/17-1999, 9 f (zu LGBl 2000/43):

„Im Interesse der Betriebssicherheit von Aufzügen ist neben der Überprüfung des Aufzuges durch den Aufzugwärter oder ein Betreuungsunternehmen eine wiederkehrende Überprüfung innerhalb größerer Zeitabstände vorgesehen. Die Überprüfungsfristen entsprechen im wesentlichen der bisherigen Rechtslage. Zur Personenbeförderung geeignete Aufzüge sind generell jedes Jahr zu überprüfen, eine halbjährliche Überprüfungspflicht für Personenaufzüge, die nur an einem Tragseil hängen, wird nicht mehr vorgeschrieben. Bei Güteraufzügen ergibt sich keine Änderung gegenüber der bisherigen Rechtslage, Güteraufzüge mit einer Nutzmasse von nur mehr als 100 kg sind alle zwei Jahre, alle übrigen Aufzüge und Anlagen nach § 2 Abs. 4 alle drei Jahre zu überprüfen.

Mit der Beauftragung durch den Eigentümer oder Verfügungsberechtigten übernimmt der Aufzugsprüfer gesetzlich normierte Überprüfungspflichten und ist der Behörde gegenüber für die ordnungsgemäß[e] Durchführung der Überprüfung verantwortlich. In § 15 Abs. 9 [Anm: § 15 Abs. 7 idgF] wird ausdrücklich normiert, daß der Aufzugsprüfer die Aufzüge, mit deren Überprüfung er betraut ist, innerhalb der vorgeschriebenen Fristen persönlich zu überprüfen hat, im Fall seiner Verhinderung hat er einen anderen Aufzugsprüfer zu beauftragen.

Der Aufzugsprüfer übernimmt mit der Beauftragung Aufgaben, die typischerweise öffentlich-rechtlichen Charakter haben. Die Gewährleistung der Betriebssicherheit von Aufzügen liegt im öffentlichen Interesse, weshalb der Aufzugsprüfer hinsichtlich dieser Aufgaben der Aufsicht der Landesregierung unterliegt. Die Landesregierung hat die Bestellung zum Aufzugsprüfer zu widerrufen (§ 15 Abs. 11) [Anm: § 15 Abs 10 idgF], wenn der Aufzugsprüfer gegen seine Pflichten verstößt oder sich als nicht genügend sachkundig erwiesen hat. Der Eigentümer eines Aufzuges oder der sonst hierüber Verfügungsberechtigte wäre in diesem Fall gezwungen, den Betrauungsvertrag mit dem Aufzugsprüfer aufzulösen und einen neuen Aufzugsprüfer mit der Durchführung der regelmäßigen Überprüfung zu beauftragen.

Zur besonderen Aufgabenstellung des Aufzugsprüfers gehört die Verpflichtung, den Befund jeder Überprüfung in das Aufzugsbuch einzutragen sowie für zu behebende Mängel oder Gebrechen eine Frist vorzusehen, wobei sich der Aufzugsprüfer nach Ablauf der Frist von der Behebung dieser Mängel zu überzeugen hat (§ 9 Abs. 2). Ist der Eigentümer oder Verfügungsberechtigte über den Aufzug der Mängelbehebungspflicht nicht nachgekommen, hat der Aufzugsprüfer die Behörde schriftlich davon zu verständigen. Dasselbe gilt für die Durchführung von wesentlichen Änderungen an einem Aufzug, ohne daß nach dieser Änderung ein Prüfattest eines Aufzugsprüfers eingeholt wurde.

In § 8 Abs. 3 [Anm: § 8 Abs 4 idgF] wird die Verpflichtung des Aufzugswärters oder eines Vertreters des Betreuungsunternehmens normiert, bei der regelmäßigen Überprüfung anwesend zu sein und die Kenntnisnahme des Befundes mit der Unterschrift im Aufzugsbuch zu bestätigen. Diese Vorschrift hat zum Ziel, daß die entsprechende Betreuungsperson sofort von allfälligen Mängeln und Gebrechen des Aufzuges informiert wird, der Aufzugsprüfer sich von der Fachkenntnis der Betreuungsperson an Ort und Stelle überzeugen und die Betreuungsperson ihr technisches Fachwissen auf dem letzten Stand halten kann.

In § 8 Abs. 4 [Anm: § 8 Abs 5 idgF] ist ferner vorgesehen, daß die Behörde eine außerordentliche Überprüfung eines Aufzuges auf Kosten des Eigentümers oder Verfügungsberechtigten anordnen kann, wenn dies aus sicherheitstechnischen Gründen erforderlich ist. Die Anordnung hat grundsätzlich mit Bescheid zu erfolgen, es steht dem Eigentümer oder Verfügungsberechtigten frei, welchen Aufzugsprüfer er mit der Überprüfung betraut. Eine Überprüfung von Aufzügen durch Organe der Behörde ist nur in besonderen Fällen erforderlich. Für diese Fälle sieht § 8 Abs. 5 [Anm: § 8 Abs 6 idgF] vor, daß den Organen der Behörde der Zutritt zu den in Betracht kommenden Grundstücken, Gebäuden und Anlagen im erforderlichen Ausmaß zu gewähren ist."

ErlRV -2V-LG-1358/20-2010, 3 (zu LGBl 2011/47):

„Gemäß Abs. 1 müssen nunmehr die Beauftragung und der Wechsel eines Aufzugsprüfers im Aufzugsbuch (Anlagenbuch) vermerkt und der Behörde innerhalb eines Monats angezeigt werden. Dies soll der Behörde wiederum einen besseren Überblick geben und die Informationsqualität des Aufzugsbuchs (Anlagenbuch) erhöhen. Die Überprüfungsfristen in Abs. 3 wurden grundsätzlich an die neuen Begriffsbestimmungen und an die Überprüfungsfristen in § 4 Abs. 3 HBV 2009 angepasst. Überwachungsbedürftige Hebeanlagen für Personen bzw. Güteraufzüge sind einmal jährlich zu überprüfen, Kleingüteraufzüge alle zwei Jahre. Abweichend von der HBV 2009 wurde für Kleingüteraufzüge bis zu einer Nutzmasse von 100 kg eine Überprüfungsfrist von drei Jahren eingeführt (die Unterscheidung zwischen „betretbaren Güteraufzügen", „nichtbetretbaren Güteraufzügen" und „Kleingüteraufzügen" in § 4 Abs. 3 HBV 2009 entspricht nicht der Begriffsbestimmung). Die Abs. 4 bis 6 entsprechen im Wesentlichen den geltenden Abs. 3 bis 5. Um entsprechende Maßnahmen setzen können, hat sich der Aufzugsprüfer von der Beauftragung und Eignung des Hebeanlagenwärters oder von der Beauftragung eines Betreuungsunternehmens (diese müssen ja gemäß Abs. 4 anwesend sein) bei jeder regelmäßigen Überprüfung zu überzeugen und Verstöße der Behörde zu melden."

ErlRV 01-VD-LG-1569/48-2013, 1 (zu LGBl 2013/85):

„Da nunmehr Vorschreibungen, Untersagungen etc. nicht nur auf Grundlage eines Bescheides vorliegen können, sondern auch auf Grundlage von Erkenntnissen des Landesverwaltungsgerichtes, wird nicht mehr am Begriff des Bescheides angeknüpft. Selbstverständlich haben aber Erledigungen von den Behörden des § 4 K-AG auf Grundlage des AVG weiterhin zumeist als Bescheid zu erfolgen."

§ 9 Behebung von festgestellten Mängeln oder Gebrechen

(1) Der Betreiber einer überwachungsbedürftigen Hebeanlage ist verpflichtet, festgestellte Mängel oder Gebrechen der überwachungsbedürftigen Hebeanlage unverzüglich zu beheben. Die Behebung der Mängel und Gebrechen ist vom ausführenden Unternehmen im Aufzugsbuch (Anlagenbuch) zu bestätigen.

(2) Der Aufzugsprüfer hat sich von der Behebung der Mängel oder Gebrechen innerhalb der von ihm festgesetzten Frist zu überzeugen. Nach fruchtlosem Ablauf der Frist hat der Aufzugsprüfer unbeschadet seiner weiteren Überprüfungspflicht die Behörde schriftlich davon zu verständigen. Die Verständigungspflicht des Aufzugsprüfers besteht auch dann, wenn er eine wesentliche Änderung der überwachungsbedürftigen Hebeanlage ohne Einhaltung der Vorschriften des § 7 Abs. 1 feststellt.

(3) Befindet sich eine überwachungsbedürftige Hebeanlage in einem diesem Gesetz nicht entsprechenden Zustand, so hat die Behörde dem Betreiber die unverzügliche Behebung der Mängel oder Gebrechen aufzutragen.

ErlRV -2V-57/17-1999, 10 f (zu LGBl 2000/43):

„§ 9 Abs. 1 enthält die grundsätzlichen Verpflichtungen des Eigentümers oder Verfügungsberechtigten über einen Aufzug, festgestellte Mängel oder Gebrechen des Aufzuges unverzüglich zu beheben. Zu denken ist hier insbesondere an unwesentlichere Mängel, die die Betriebssicherheit des Aufzuges nicht beeinträchtigen (beispielsweise die Beleuchtung funktioniert nicht, kleinere für die Benutzer ungefährliche Beschädigungen udgl.) Handelt es sich um gravierende Mängel, so ist der Aufzug nach § 10 zu sperren.

Die Behebung dieser Mängel ist vom ausführenden Unternehmen im Aufzugsbuch zu bestätigen. Das Aufzugsbuch ist das wesentliche Dokument über den Betrieb eines Aufzuges, das der Behörde jederzeit ermöglicht, wesentliche Tatsachen in bezug auf Betrieb und Wartung des Aufzuges seit der Errichtung und Inbetriebnahme schlüssig nachzuvollziehen.

Wie bereist ausgeführt wurde, hat sich der Aufzugsprüfer hinsichtlich der Behebung von ihm festgestellter Mängel anläßlich einer Überprüfung des Aufzuges nach Abaluf der festgesetzten Frist zu überzeugen. Kommt der Eigentümer oder Verfügungsberechtigte dieser Mängelbehebung nicht nach, so sieht § 9 Abs. 3 als „ultima ratio" vor, daß die Behörde die Behebung der Mängel mit Bescheid aufzutragen hat."

ErlRV -2V-LG-1358/20-2010, 4 (zu LGBl 2011/47):

„Es erfolgt eine Anpassung an die neuen Begriffsbestimmungen."

§ 10 Sperre einer überwachungsbedürftigen Hebeanlage

(1) Der Betreiber, der Hebeanlagenwärter oder ein Vertreter des Betreuungsunternehmens sind verpflichtet, die überwachungsbedürftige Hebeanlage sofort außer Betrieb zu nehmen, wenn sie
 a) erkennen, dass die Betriebssicherheit der überwachungsbedürftigen Hebeanlage nicht mehr gegeben ist, oder
 b) vom Aufzugsprüfer davon in Kenntnis gesetzt werden, dass die Betriebssicherheit der überwachungsbedürftigen Hebeanlage nicht mehr gegeben ist.

Wird im Fall der lit. b die Anlage nicht sofort außer Betrieb genommen, so hat der Aufzugsprüfer bei Gefahr im Verzug die Anlage zu sperren. Sie darf erst nach der Behebung der Mängel, im Fall der Veranlassung der Maßnahmen durch den Aufzugsprüfer überdies nur nach vorheriger Prüfung durch den Aufzugsprüfer wieder in Betrieb genommen werden. § 9 Abs. 2 gilt sinngemäß.

(2) Die Behörde hat den Betrieb
a) einer nicht vorschriftsmäßig geprüften überwachungsbedürftigen Hebeanlage,
b) einer überwachungsbedürftigen Hebeanlage, deren Betriebssicherheit nicht mehr gegeben ist, oder
c) eines Aufzuges oder einer Hebeeinrichtung für Personen, wenn diese nicht der für sie vorgesehenen sicherheitstechnischen Prüfung unterzogen wurden oder die erforderlichen Abhilfemaßnahmen nicht fristgerecht durchgeführt wurden,

zu untersagen. Bei Gefahr im Verzug kann die Behörde in solchen Fällen die überwachungsbedürftige Hebeanlage durch Ausübung unmittelbarer Befehls- und Zwangsgewalt sperren. Im Fall der Untersagung des Betriebes oder der Sperre einer überwachungsbedürftigen Hebeanlage darf diese erst wieder in Betrieb genommen werden, wenn der Behörde eine Bestätigung eines Aufzugsprüfers, dass die Anlage den Erfordernissen gemäß § 5 entspricht, vorgelegt und die Untersagung des Betriebes oder die Sperre der überwachungsbedürftigen Hebeanlage von der Behörde aufgehoben wird.

(3) Sofern keine Gefahr für das Leben oder die Gesundheit von Menschen besteht, kann unter Einräumung einer einmaligen Frist zur Behebung der Mängel von der sofortigen Verhängung einer Sperre abgesehen werden.

ErlRV -2V-57/17-1999, 11 f (zu LGBl 2000/43):

In § 10 werden spezielle Vorkehrungen dafür getroffen, daß Mängel oder Gebrechen so gravierend sind, daß die Betriebssicherheit des Aufzuges nicht mehr gegeben ist.

Nach § 11 Abs. 2 [Anm: § 11a Abs. 1 idgF] hat sich der Aufzugswärter oder das Betreuungsunternehmen bei Betrieb des Aufzuges davon zu überzeugen, daß keine offensichtlich betriebsgefährlichen Mängel oder Gebrechen bestehen. Sind die Mängel oder Gebrechen nicht sofort behebbar und ist die Betriebssicherheit des Aufzuges nicht mehr gegeben,

3. Abschnitt – Betriebsvorschriften § 10

so ist die Betreuungsperson verpflichtet, den Aufzug sofort außer Betrieb zu nehmen. Für den Fall, daß die Betriebssicherheit wegen eines nur dem Sachverständigen erkennbaren Mangels nicht mehr gegeben ist, und dementsprechend der Aufzugsprüfer die Betreuungsperson oder den Eigentümer informiert, daß der Aufzug zu sperren ist, soll die Wiederinbetriebnahme des Aufzuges auch nur nach vorheriger Überprüfung der Betriebssicherheit durch den Aufzugsprüfer zulässig sein.

In jenen Fällen, in welchen der Aufzugsprüfer den gravierenden Mangel entdeckt, soll grundsätzlich der Eigentümer oder die Betreuungsperson verpflichtet sein, den Aufzug außer Betrieb zu nehmen. Für den Fall, daß diese Personen ihrer Verpflichtung nicht nachkommen, und Gefahr im Verzug besteht, soll der Aufzugsprüfer die notwendigen Maßnahmen auf Kosten des Eigentümers des Aufzuges veranlassen. Aufgrund der besonderen öffentlich-rechtlichen Stellung des Aufzugsprüfers wird diesem auch die Verpflichtung übertragen, bei Gefahr im Verzug den Aufzug sofort zu sperren. Diese Regelung stellt zwar einen Eingriff in die Verfügungsgewalt des Eigentümers oder Verfügungsberechtigten der Aufzugsanlage dar, es besteht jedoch ein wesentliches öffentliches Interesse, die Betriebssicherheit des Aufzuges zu gewährleisten. In diesem Fall darf der Aufzug nur nach vorheriger Prüfung durch den Aufzugsprüfer wieder in Betrieb genommen werden. Auch hier kommt wiederum die Regelung des § 9 Abs. 2 zum Tragen, daß nach fruchtlosem Ablauf der vom Aufzugsprüfer vorgesehen Frist zur Behebung der Mängel die Behörde zu verständigen ist, welche notfalls die Behebung der Mängel mit Bescheid vorzuschreiben hat. Für den Fall einer unbegründeten Aufzugssperre durch einen Aufzugsprüfer kann sich der betroffene Eigentümer mit zivilrechtlichen Mitteln zur Wehr setzen (Schadenersatzansprüche). Darüberhinaus unterliegt der Aufzugsprüfer hinsichtlich seiner fachlichen Tätigkeit der Aufsicht der Landesregierung, welche gegebenenfalls seine Bestellung zum Aufzugsprüfer zu widerrufen hat, falls er von seinen ihm im Gesetz eingeräumten Rechten mißbräuchlich Gebrauch macht.

Ähnlich wie in § 7 Abs. 2 [Anm: § 7 Abs 3 idgF] für die Inbetriebnahme eines Aufzuges ohne Prüfzeugnis ist in § 10 Abs. 2 vorgesehen, daß die Behörde den Betrieb eines Aufzuges mit Bescheid zu untersagen hat, wenn die regelmäßigen Überprüfungen nach § 8 nicht ordnungsgemäß durchgeführt worden sind oder die Betriebssicherheit eines Aufzuges nicht mehr gegeben ist. Bei Gefahr im Verzug ist die Aufzugssperre als Akt der unmittelbaren Befehls- und Zwangsgewalt vorgesehen. Für die Wiederinbetriebnahme eines solcher Art gesperrten Aufzuges ist nicht nur eine Prüfung durch den Aufzugsprüfer erforderlich, sondern als „contrarius actus" die Aufhebung der Aufzugssperre mit behördlichem Bescheid."

ErlRV -2V-LG-1358/20-2010, 4 (zu LGBl 2011/47):

„In Abs. 2 wird ausdrücklich vorgesehen, dass der Betrieb eines Aufzuges oder einer Hebeeinrichtung für Personen, wenn sie nicht der für sie vorgesehenen sicherheitstechnischen Prüfung unterzogen wurden oder bei denen die erforderlichen Abhilfemaßnahmen nicht fristgerecht durchgeführt wurden, mit Bescheid zu untersagen ist. Dies ist auf Grund der neuen Verordnungsermächtigung zur Anordnung von sicherheitstechnischen Prüfungen in § 15a nötig. In diesem Zusammenhang ist auch die neue Möglichkeit einer Fristsetzung nach Abs. 3 zu sehen. Nicht jede fehlende sicherheitstechnische Prüfung muss unmittelbar zu einer Gefahr für das Leben und Gesundheit führen."

ErlRV 01-VD-LG-1569/48-2013, 1 (zu LGBl 2013/85):

„Da nunmehr Vorschreibungen, Untersagungen etc. nicht nur auf Grundlage eines Bescheides vorliegen können, sondern auch auf Grundlage von Erkenntnissen des Landesverwaltungsgerichtes, wird nicht mehr am Begriff des Bescheides angeknüpft. Selbstverständlich haben aber Erledigungen von den Behörden des § 4 K-AG auf Grundlage des AVG weiterhin zumeist als Bescheid zu erfolgen."

§ 11 Betreuungspflicht von überwachungsbedürftigen Hebeanlagen

(1) Der Betreiber hat dafür zu sorgen, dass die überwachungsbedürftigen Hebeanlagen gemäß diesem Gesetz und der Betriebs- und Wartungsanleitung betrieben und instand gehalten werden.

(2) Der Betreiber hat für die Durchführung der Betriebskontrollen und für die Befreiung von Personen für jede überwachungsbedürftige Hebeanlage einen mit dieser überwachungsbedürftigen Hebeanlage vertrauten Hebeanlagenwärter zu bestellen oder ein

3. Abschnitt – Betriebsvorschriften § 11a

Betreuungsunternehmen zu beauftragen und dies im Aufzugsbuch (Anlagenbuch) zu vermerken.

ErlRV -2V-57/17-1999, 12 f (zu LGBl 2000/43):

„Die ordnungsgemäße Wartung und Kontrolle eines Aufzuges erfordert gewisse Fachkenntnisse. Der Eigentümer eines Aufzuges oder der sonst hierüber Verfügungsberechtigte hat sich daher einer geeigneten Betreuungsperson zu bedienen und eine Aufzugwärter oder ein Betreuungsunternehmen mit der Betriebskontrolle zu beauftragen. Die Betrauung erfolgt grundsätzlich mit einem privatrechtlichen Akt (Werkvertrag oder Dienstvertrag), die wesentlichen Inhalte des Vertrages werden jedoch durch Gesetz und Verordnung geregelt.

[…]

Die Wartung eines Aufzuges durch eine befähigte Person hat sich in der Vergangenheit bewährt und ist im Hinblick auf die komplexen technischen Systeme eines Aufzuges notwendig und zweckmäßig. Entgegen der bisherigen Regelung wird jedoch vorgesehen, daß die Bestellung eines Aufzugswärters für die Betreuung des Aufzuges ausreicht (bisher zwei Aufzugswärter). […]"

ErlRV -2V-LG-1358/20-2010, 4 (zu LGBl 2011/47):

„Die Regelungsbereiche Betreuungspflicht, Betriebskontrolle und Befreiung von Personen wurden aus systematischen Gründen nunmehr jeweils einem eigenen Paragraphen zugewiesen. Gemäß § 11 Abs. 2 sind die Bestellung eines Hebeanlagenwärters und die Beauftragung eines Betreuungsunternehmens vom Betreiber im Aufzugsbuch (Anlagenbuch) zu vermerken. Dies dient wiederum der Erhöhung der Informationsqualität des Aufzugsbuchs (Anlagenbuch)."

§ 11a Betriebskontrolle

(1) Der Hebeanlagenwärter oder das beauftragte Betreuungsunternehmen hat sich beim Betrieb der überwachungsbedürftigen Hebeanlage zu überzeugen, dass keine offensichtlich betriebsgefährlichen Mängel oder Gebrechen bestehen.

(2) Der Umfang der Betriebskontrolle richtet sich nach § 6 Abs. 2 bis 7 HBV 2009.

(3) Die Prüfungsintervalle für Betriebskontrollen richten sich nach § 7 HBV 2009.

(4) Der Hebeanlagenwärter oder das beauftragte Betreuungsunternehmen haben wahrgenommene Mängel oder Gebrechen, die nicht sofort behoben werden können, unverzüglich dem Betreiber zu melden und zweckentsprechende Maßnahmen zu setzen.

(5) Unfälle und außergewöhnliche Vorfälle sind unverzüglich der Behörde, dem Betreiber und dem Aufzugsprüfer zu melden.

ErlRV -2V-57/17-1999, 12 (zu LGBl 2000/43):

„Grundsätzlich hat sich die Betreuungsperson bei Betrieb des Aufzuges davon zu überzeugen, daß keine offensichtlich betriebsgefährlichen Mängel oder Gebrechen bestehen. Darunter sind solche Mängel oder Gebrechen zu verstehen, die von einer speziell geschulten Fachkraft unschwer festgestellt werden können."

ErlRV -2V-LG-1358/20-2010, 4 (zu LGBl 2011/47):

„Umfang und Prüfungsintervall der Betriebskontrolle richten sich nach § 6 Abs. 2 bis 7 bzw. § 7 HBV 2009."

§ 11b Befreiung von Personen

(1) Der Hebeanlagenwärter oder eine befugte Person des Betreuungsunternehmens haben in Aufzügen oder in Hebeeinrichtungen für Personen eingeschlossene Personen unverzüglich zu befreien.

(2) Die Zeit von der Notrufabgabe bis zum Eintreffen des Hebeanlagenwärters oder der befugten Person des Betreuungsunternehmens beim Aufzug oder bei der Hebeeinrichtung für Personen darf 30 Minuten nicht überschreiten.

(3) Bei Aufzügen und Hebeeinrichtungen für Personen muss zwischen dem Hebeanlagenwärter oder dem Betreuungsunternehmen und den eingeschlossenen Personen eine in beide Richtungen bestehende Kommunikation ununterbrochen gegeben sein. Bei bestehenden Aufzügen und Hebeeinrichtungen für Personen, die vor dem

Inkrafttreten der ASV 1996 in Verkehr gebracht worden und daher nicht mit einer CE-Kennzeichnung versehen sind, ist diese Anforderung – unvorgreiflich einer vorhergehenden Änderung gemäß § 15b – jedoch erst nach einer sicherheitstechnischen Prüfung und Nachrüstung im Sinne des § 15a erforderlich.

ErlRV -2V-57/17-1999, 12 f (zu LGBl 2000/43):

„Im Gesetz wird die Verpflichtung des Aufzugswärters hervorgehoben, im Fahrkorb von Aufzügen eingeschlossene Personen ehestmöglich zu befreien."

ErlRV -2V-LG-1358/20-2010, 4 (zu LGBl 2011/47):

„Detaillierter geregelt bzw. an den erhöhten technischen Standard angepasst wird die Befreiung von Personen (§ 11b). Für bestehenden Aufzüge und Hebeeinrichtungen für Personen, die vor dem Inkrafttreten der ASV 1996 in Verkehr gebracht worden, wird eine entsprechende Übergangsregelung geschaffen."

§ 12 Hebeanlagenwärter

(1) Zum Hebeanlagenwärter dürfen vom Betreiber nur Personen bestellt werden, die mindestens 18 Jahre alt, körperlich, geistig und fachlich geeignet sowie verläßlich sind.

(2) Die fachliche Eignung des Hebeanlagenwärters zur Besorgung seiner Aufgaben, insbesondere die Kenntnisse der Betriebsvorschriften der überwachungsbedürftigen Hebeanlage, ist von einem Aufzugsprüfer zu überprüfen. Ist die fachliche Eignung gegeben, so hat der Aufzugsprüfer den Namen des Hebeanlagenwärters in das Aufzugsbuch (Anlagenbuch) einzutragen. Der Hebeanlagenwärter darf seine Tätigkeit erst nach erfolgter Eintragung aufnehmen.

(3) Dem Hebeanlagenwärter ist als Bescheinigung seiner Sachkenntnis vom Aufzugsprüfer ein auf die betreffende überwachungsbedürftige Hebeanlage lautendes Zeugnis auszustellen. Im Zeugnis ist unter Bedachtnahme auf den Stand der Technik zu bestätigen, dass der Hebeanlagenwärter mit der Einrichtung, dem Betrieb und den Betriebs- und Wartungsanleitungen der überwachungsbedürf-

tigen Hebeanlage vertraut ist. Der Hebeanlagenwärter hat am Zeugnis zu bestätigen, dass er die Betreuung der überwachungsbedürftigen Hebeanlage gemäß § 11 übernommen hat.

(4) Hebeanlagenwärter, die sich als unzuverlässig oder als geistig oder körperlich nicht geeignet erwiesen haben, hat die Behörde aus dem Aufzugsbuch (Anlagenbuch) zu streichen, das Zeugnis zu entziehen und die Tätigkeit zu untersagen. Dies ist dem Betreiber unverzüglich bekanntzugeben.

(5) Der Hebeanlagewärter muss, solange der Aufzug zur Benützung bereit steht, gegebenenfalls unter Verwendung geeigneter technischer Einrichtungen jederzeit leicht erreichbar und verfügbar sein.

ErlRV -2V-57/17-1999, 12 f (zu LGBl 2000/43):

„In Entsprechung der ASV 1996 wird als Voraussetzung der Bestellung ein Mindestalter von 18 Jahren vorgesehen. Die fachliche Eignung des Aufzugswärters zur Besorgung seiner Aufgabe (§ 11) [Anm: § 11, § 11a und § 11b idgF] ist nach wie vor vom Aufzugsprüfer zu überprüfen, der dem Aufzugswärter als Bescheinigung seiner Sachkenntnis ein Zeugnis auszustellen hat. Ferner ist der Name des Aufzugswärters vom Aufzugsprüfer in das Aufzugsbuch einzutragen.

Nachdem die Ausgestaltung dieser Zeugnisse in den einschlägigen technischen Normen detailliert geregelt ist, wird auf die bisherige Verordnungsermächtigung betreffend Form und Inhalt des Zeugnisses verzichtet, Festgehalten wird, daß das Zeugnis zu bestätigen hat, daß der Aufzugswärter mit der Einrichtung, dem Betrieb und den Betriebs- und Wartungsanleitungen des Aufzuges vertraut ist, wobei die Ausgestaltung des Zeugnisses dem Stand der Technik zu entsprechen hat, wobei insbesondere auf die einschlägigen technischen Normen Bedacht zu nehmen ist. Entsprechend der bisherigen Rechtslage wird in § 12 Abs. 4 festgehalten, daß der Aufzugswärter der Aufsicht der Behörde unterliegt, welche bei Unzuverlässigkeit oder mangelnder fachlicher Befähigung die Streichung des Aufzugswärters aus dem Aufzugsbuch und den Entzug des Zeugnisses zu veranlassen hat. Aufgrund der besonderen öffentlich-rechtlichen Pflichten des Aufzugsprüfers ist diesem ebenso eine Abberufung der Betreuungsperson bekanntzugeben."

ErlRV -2V-LG-1358/20-2010, 4 (zu LGBl 2011/47):

„§ 12 entspricht im Wesentlichen der geltenden Rechtslage. Damit der Betreiber den Verpflichtungen dieses Gesetzes nachkommen kann, hat die Behörde nunmehr den Betreiber über den Entzug des Zeugnisses und die Untersagung der Tätigkeit eines Hebeanlagenwärters zu informieren. Auf Grund der erhöhten Anforderungen an die Befreiung von Personen (§ 11b) kann Abs. 6 entfallen."

§ 13 Betreuungsunternehmen

(1) Der Betreiber kann schriftlich ein Unternehmen mit der Betreuung der überwachungsbedürftigen Hebeanlage beauftragen, wenn folgende Voraussetzungen vorliegen:
   a) Die überwachungsbedürftige Hebeanlage muss an ein Leitsystem für Fernnotrufe (Fernüberwachungssystem, technische Überwachungszentrale) angeschlossen sein.
   b) Das Betreuungsunternehmen erfüllt in technischer, organisatorischer und personeller Hinsicht die für die Betreuung der betreffenden Hebeanlage notwendigen Voraussetzungen.
   c) Dem Aufzugsbuch (Anlagenbuch) ist eine Ausfertigung des Betreuungsvertrages beizulegen.

(2) Leitsystem für Fernnotrufe (Fernüberwachungssystem, technische Überwachungszentrale) haben den in § 14 Abs. 2 HBV 2009 angeführten Voraussetzungen zu entsprechen.

(3) Betreuungsunternehmen, die sich als unzuverlässig erwiesen haben, hat die Behörde die Tätigkeit zu untersagen. Dies ist dem Betreiber unverzüglich bekanntzugeben.

ErlRV -2V-57/17-1999, 13 (zu LGBl 2000/43):

„In den letzten Jahren haben sich Betreuungsunternehmen gebildet, die sowohl die Wartung als auch die regelmäßige Betriebskontrolle und die allenfalls notwendige Befreiung von eingeschlossenen Personen besorgen. Dabei wurden Notrufsysteme entwickelt, die jederzeit eine Sprechverbindung zwischen dem Fahrkorb eines Aufzuges und einer Notrufleitzentrale ermöglichen. Dabei wurde auch die personelle und materielle Vorsorge für die Funktionsfähigkeit dieses Systems getroffen. Entsprechend dieser technischen Entwicklung soll es künftig möglich sein, anstelle eines Aufzugswärters ein Betreuungsunternehmen mit der Betriebskontrolle des Aufzuges zu betrauen, wenn der Aufzug an ein Leitsystem für Fernnotrufe (technische Überwachungszentrale) angeschlossen ist, das Betreuungsunternehmen über befähigtes und ausgebildetes Personal verfügt und dem Aufzugsbuch eine Ausfertigung des schriftlichen Betreuungsvertrages beigelegt wird. [...]"

ErlRV -2V-LG-1358/20-2010, 5 (zu LGBl 2011/47):

„Gemäß § 13 Abs. 3 hat die Behörde auch Betreuungsunternehmen, die sich als unzuverlässig erwiesen haben, die Tätigkeit zu untersagen. Dies ist dem Betreiber unverzüglich bekanntzugeben (siehe dazu auch die Erläuterungen zu § 12)."

§ 14 Aufzugsbuch (Anlagenbuch)

(1) Über jede überwachungsbedürftige Hebeanlage ist ein dem Stand der Technik entsprechendes Aufzugsbuch (Anlagenbuch) zu führen, das anlässlich der Abnahmeprüfung vom Aufzugsprüfer beizustellen und in der Nähe der überwachungsbedürftigen Hebeanlage aufzubewahren ist. Der mit der Abnahmeprüfung betraute Aufzugsprüfer hat den Namen des mit den regelmäßigen Überprüfungen betrauten Aufzugsprüfers in das Aufzugsbuch (Anlagenbuch) einzutragen und diesen von der Eintragung zu verständigen.

(2) In das Aufzugsbuch (Anlagenbuch) sind neben den Eintragungen nach Abs. 1, § 8 Abs. 4, § 9 Abs. 1, § 12 Abs. 2 und 4, § 13 Abs. 1 lit. c, § 15 Abs. 7 die technischen Daten der Anlage, ein Vermerk über die Ausstellung des Prüfzeugnisses nach § 7 Abs. 2, ein Vermerk über die Beauftragung und den Wechsel der Aufzugsprüfer nach § 8 Abs. 1, der Zeitpunkt der Inbetriebnahme der überwachungsbedürftigen Hebeanlage, Sperren der überwachungsbedürftigen Hebeanlage nach § 10 und Unfälle beim Betrieb der überwachungsbedürftigen Hebeanlage einzutragen. Eintragungen in das Aufzugsbuch (Anlagenbuch) dürfen, abgesehen von der Bestätigung nach § 9 Abs. 1 und dem Vermerk nach § 11 Abs. 2 nur vom Aufzugsprüfer oder von der Behörde vorgenommen werden.

(3) Das Aufzugsbuch (Anlagenbuch) ist dem Aufzugsprüfer und den Organen der Behörde auf Verlangen vorzulegen.

3. Abschnitt – Betriebsvorschriften § 14

ErlRV -2V-57/17-1999, 14 (zu LGBl 2000/43):

„Noch mehr als bisher soll das Aufzugsbuch für die Behörde ein Schriftstück darstellen, welches eine lückenlose Dokumentation über alle wesentlichen mit dem Aufzug zusammenhängende Vorkommnisse beinhaltet und so eine jederzeitige Überprüfung der Aufzugsanlage ermöglicht. Um die Vorlage dieses wichtigen Dokuments zu gewährleisten, soll nicht, wie bisher der Eigentümer der Aufzugsanlage, sondern der Aufzugsprüfer das Aufzugsbuch anläßlich der Abnahmeprüfung beistellen. Um sicherzustellen, daß der jeweils betraute Aufzugsprüfer im Aufzugsbuch aufscheint, soll der mit der Abnahmeprüfung betraute Aufzugsprüfer den Namen des mit den regelmäßigen Überprüfungen betrauten Aufzugsprüfers in das Aufzugsbuch eintragen und diesen, falls es sich nicht um seine Person handelt, von der Eintragung verständigen. Ferner wird in § 15 Abs. 9 [Anm: § 15 Abs 7 idgF] vorgesehen, daß im Fall des Wechsels des Aufzugsprüfers der neu betraute Aufzugsprüfer seine Betrauung im Aufzugsbuch unter Anführung des Datums der Betrauung festzuhalten und den bisherigen Aufzugsprüfer zu verständigen hat. Durch diese Eintragung ergibt sich für die Behörde eine lückenlos dokumentierte Kette von verantwortlichen Sachverständigen, die jederzeit nachvollzogen werden kann, weil der Eigentümer verpflichtet ist, daß Aufzugsbuch in der Nähe des Aufzuges aufzubewahren und auf Verlangen dem Aufzugsprüfer und den Organen der Behörde vorzulegen.

Die bisherige Verordnungsermächtigung, den näheren Inhalt und die Ausführung des Aufzugsbuches zu bestimmen, kann unter Hinweis auf den Stand der Technik entfallen, nachdem Inhalt und Form des Aufzugsbuches bereits bis ins Detail in der ÖNORM B 2450 Teil 1 vorgegeben sind.

Eintragungen in das Aufzugsbuch dürfen grundsätzlich nur vom Aufzugsprüfer oder von der Behörde vorgenommen werden. Eine Ausnahme davon bildet die Regelung des § 9 Abs. 1, wonach das mit der Behebung von Mängeln oder Gebrechen betraute Unternehmen die Behebung dieser Mängel im Aufzugsbuch zu bestätigen hat.

Bei den wesentlichen Eintragungen im Aufzugsbuch handelt es sich um die technischen Daten der Anlage, den Zeitpunkt der Inbetriebnahme des Aufzuges, die Tatsache der Ausstellung eines Prüfzeugnisses anläßlich der Abnahmeprüfung, allfällige Sperren und Unfälle beim Betrieb des Aufzuges, der Vermerk über den jeweils zuständigen Aufzugsprüfer, vom Aufzugsprüfer allfällig festgestellte Mängel und Gebrechen, die Bestellung des Aufzugswärters. Darüber hinaus ist dem Aufzugsbuch eine Ausfertigung des Betreuungsvertrages mit einem Betreuungsunternehmen beizulegen."

ErlRV -2V-LG-1358/20-2010, 5 (zu LGBl 2011/47):

„Die §§ 14 und 15 entsprechen im Wesentlichen der geltenden Rechtslage."

§ 15 Aufzugsprüfer

(1) Die Landesregierung hat jene natürlichen Personen als Aufzugsprüfer zu bestellen, die unter Nachweis ihrer besonderen Befähigung ihre Bestellung schriftlich beantragen und verlässlich sind. Aufzugsprüfer sind zur Erhaltung der technischen Kompetenz verpflichtet.

(2) Personen, die zum Aufzugsprüfer bestellt werden sollen, müssen mindestens folgende Ausbildung und praktische Erfahrung erworben haben und nachweisen:
  a) Ausbildung und Ausmaß der praktischen Erfahrung:
   1. Zeugnis über den erfolgreichen Abschluss des Masterstudiums oder des Diplomstudiums an einer Technischen Universität in der Elektrotechnik oder im Maschinenbau oder in einer vergleichbaren Studienrichtung und praktische Erfahrung im Ausmaß von zumindest 18 Monaten,
   2. Zeugnis über den erfolgreichen Abschluss des Bachelorstudiums an einer Technischen Universität in der Elektrotechnik oder im Maschinenbau oder in einer vergleichbaren Studienrichtung oder an einer Fachhochschule in einer vergleichbaren Studienrichtung (wie Mechatronik, Elektronik, Maschinenbau) und praktische Erfahrung im Ausmaß von zumindest 24 Monaten oder
   3. Zeugnis über den erfolgreichen Abschluss einer Höheren Technischen Lehranstalt elektrotechnischer oder maschinenbautechnischer oder vergleichbarer Richtung und praktische Erfahrung im Ausmaß von zumindest 36 Monaten.

b) Die praktische Erfahrung muss in einem zeitlichen Zusammenhang mit der Ausbildung stehen und kann wie folgt nachweislich erworben werden:
   1. Praktische Erfahrung im Aufzugsbau (Aufzugshersteller, Hersteller von Sicherheitsbauteilen für Aufzüge oder Montagebetrieb) oder bei einem mit der Errichtung von überwachungsbedürftigen Hebeanlagen befassten Unternehmen, wobei Tätigkeiten auf folgenden Gebieten nachweislich durchgeführt wurden: Konstruktion und Bemessung mechanischer und elektrischer Anlagenteile, Bearbeitung von Schaltplänen (Steuerungs-, Antriebs- und Regelungsbereiche, Sicherheitsstromkreise und dergleichen) und Einbau von überwachungsbedürftigen Hebeanlagen im mechanischen und elektrotechnischen Bereich,
   2. Praktische Erfahrung durch qualifizierte Tätigkeiten im Rahmen der Prüfung von überwachungsbedürftigen Hebeanlagen unter Leitung eines Aufzugsprüfers oder einer Person aus dem Kreis des Inspektionspersonals (Mentor) bei akkreditierten Inspektionsanstalten oder
   3. Praktische Erfahrung durch qualifizierte Tätigkeiten bei einer Benannten Stelle für Aufzüge und Sicherheitsbauteile für Aufzüge und/oder bei einer Benannten Stelle für Maschinen und Sicherheitsbauteile für Maschinen mit einem entsprechenden Aufgabenbereich.

(3) Von der Vorlage der in Abs. 2 lit. b vorgeschriebenen Nachweise der praktischen Erfahrung kann abgesehen werden, wenn diese auf andere Weise erbracht wird, gleichwertig ist und hierüber Nachweise erbracht werden, insbesondere durch Zeugnisse über qualifizierte Tätigkeiten auf dem Gebiet der Aufzugsprüfung unter Leitung eines Aufzugsprüfers.

(4) Für die Anerkennung der Voraussetzungen gemäß Abs. 1 sind die Bestimmungen des Kärntner Berufsqualifikationen-Anerkennungsgesetzes – K-BQAG, LGBl. Nr. 10/2009, in der jeweils geltenden Fassung, mit der Maßgabe anzuwenden, dass für die Anerkennung von beruflichen Qualifikationen von Personen, die nicht unter § 1 Abs. 2 und 3 des K-BQAG fallen, nur dessen §§ 2 bis 12 anzuwenden sind.

(5) Der Aufzugsprüfer darf von Unternehmen, die sich mit dem Bau oder der Instandhaltung von überwachungsbedürftigen Hebeanlagen befassen, nicht wirtschaftlich abhängig sein. Die Bestellung zum Aufzugsprüfer nach den Rechtsvorschriften des Bundes oder eines anderen Landes gilt als Bestellung nach diesem Gesetz.

(6) Ein Verzeichnis der Aufzugsprüfer ist vom Amt der Kärntner Landesregierung zu führen, am laufenden Stand zu halten, im Internet zu veröffentlichen und jährlich in der „Kärntner Landeszeitung" zu verlautbaren. Das Verzeichnis ist im Amt der Landesregierung und bei allen Bezirksverwaltungsbehörden zur allgemeinen Einsicht aufzulegen.

(7) Der Aufzugsprüfer hat die überwachungsbedürftigen Hebeanlagen, mit deren Überprüfung er betraut ist, innerhalb der Fristen nach § 8 persönlich zu überprüfen. Im Fall seiner Verhinderung hat er einen anderen Aufzugsprüfer mit der Durchführung der Überprüfung zu beauftragen. Auf Verlangen der Behörde hat der Aufzugsprüfer auch andere als die von ihm betreuten überwachungsbedürftigen Hebeanlagen zu überprüfen. Im Fall eines Wechsels des Aufzugsprüfers hat der neu betraute Aufzugsprüfer seine Betrauung im Aufzugsbuch (Anlagenbuch) unter Anführung des Datums der Betrauung festzuhalten und dem bisherigen Aufzugsprüfer bekanntzugeben.

(8) Der Aufzugsprüfer ist verpflichtet, die Prüfungen der Hebeanlagenwärter (§ 12) und die damit verbundenen Maßnahmen durchzuführen. Hebeanlagenwärter, die sich als unzuverlässig oder als geistig oder körperlich nicht geeignet erwiesen haben (§ 12 Abs. 4), und Betreuungsunternehmen, die sich als unzuverlässig erwiesen haben (§ 13 Abs. 3), hat der Aufzugsprüfer unverzüglich der Behörde bekanntzugeben.

(9) Der Aufzugsprüfer hat ein aktuelles Verzeichnis der überwachungsbedürftigen Hebeanlagen, mit deren Überprüfung er betraut ist, zu führen. In dem Verzeichnis sind die Art, die Fabrikationsnummer, das Baujahr, der Erbauer, die Tragkraft, der Aufstellungsort und der Betreiber anzugeben. Der Aufzugsprüfer ist verpflichtet, dieses Verzeichnis auf Verlangen der Behörde vorzulegen.

(10) Die Landesregierung hat die Bestellung zum Aufzugsprüfer zu widerrufen, wenn

a) er wiederholt gegen die Pflichten als Aufzugsprüfer verstoßen hat,

b) er dies verlangt,
c) eine der Voraussetzungen seiner Bestellung nicht mehr vorliegt,
d) er seine Befugnis zurückgelegt hat,
e) er seine Befugnis länger als zwei Jahre nicht ausgeübt hat oder
f) er sich nicht als genügend sachkundig erwiesen hat.

ErlRV -2V-57/17-1999, 15 f (zu LGBl 2000/43):

„Die besondere Stellung des Aufzugsprüfers als für die Betriebssicherheit eines Aufzuges verantwortliche Person sowie die Übertragung von Aufgaben öffentlich-rechtlichen Charakters an den Aufzugsprüfer wird in diesem Gesetzesentwurf stärker als bisher betont und durchgängig normiert. So obliegen dem Aufzugsprüfer insbesondere die Vorprüfung, die Abnahmeprüfung, die regelmäßige Überprüfung, die Prüfung der Aufzugswärter, Verständigungspflichten gegenüber der Behörde, allfällige Aufzugssperren sowie die Beistellung des Aufzugsbuches.

Für die regelmäßige Überprüfung jeder Aufzugsanlage muß ein Aufzugsprüfer bestellt werden. Der aufgrund einer privatrechtlichen Vereinbarung mit dem Eigentümer oder Verfügungsberechtigten über den Aufzug betraute Aufzugsprüfer ist anläßlich der Abnahmeprüfung namentlich in das Aufzugsbuch einzutragen. Ist der mit der Abnahmeprüfung betraute Aufzugsprüfer nicht mit jenem Aufzugsprüfer, der mit den regelmäßigen Überprüfungen betraut werden soll, ident, hat der die Abnahmeprüfung durchführende Aufzugsprüfer den betrauten Aufzugsprüfer zu verständigen und seinen Namen in das Aufzugsbuch einzutragen. Ebenso soll aus Gründen der Transparenz und Überprüfbarkeit der Verantwortlichkeiten im Fall eines Wechsels des Aufzugsprüfers der neubetraute Aufzugsprüfer seine Betrauung im Aufzugsbuch festhalten.

Der Aufzugsprüfer ist grundsätzlich verpflichtet, die Überprüfung der Aufzüge innerhalb der gesetzlich vorgegeben Fristen nach § 8 persönlich vorzunehmen. Ist er verhindert, hat er einen anderen Aufzugsprüfer zu beauftragen. Die Behörde kann vom Aufzugsprüfer auch verlangen, andere als die von ihm betreuten Aufzüge einer Überprüfung zu unterziehen.

Bisher war der Aufzugsprüfer verpflichtet, der Behörde ein Verzeichnis jener Aufzüge, mit deren Überprüfung er betraut war, getrennt nach Aufzugsarten jährlich vorzulegen. Nachdem es in Kärnten ca. 4.200 Aufzüge gibt, ist der jährliche Aufwand der Vorlage der Verzeichnisse äußerst groß. Die Erfahrungen der Praxis haben gezeigt, daß diese Verzeichnisse für die Aufsichts- und Kontrolltätigkeit der Behörde kaum brauchbar sind, weshalb die bisherige Regelung insofern modifiziert werden soll, als der Aufzugsprüfer lediglich verpflichtet ist, dieses Verzeichnis auf Verlangen der Behörde vorzulegen.

Entgegen der bisherigen Regelung wird das Verzeichnis der Aufzugsprüfer nicht mehr bei den Baubehörden, sondern lediglich im Amt der Landesregierung und bei allen Bezirksverwaltungsbehörden zur allgemeinen Einsicht aufgelegt, am laufenden Stand gehalten und in der Kärntner Landeszeitung veröffentlicht. Die bisherige Auflage bei den Baubehörden hat sich für die Vollzugspraxis als äußerst verwaltungsintensive Maßnahme erwiesen, die jedoch für eine effektive Verwaltungs- und Kontrolltätigkeit nicht erforderlich ist. Die erforderliche Publizität wird daher durch die Auflage einer Liste der Aufzugsprüfer bei der Aufsichtsbehörde und bei allen Bezirksverwaltungsbehörden sichergestellt.

Wie bereits ausgeführt wurde, wird die Stellung des Aufzugsprüfers zum einen durch im privatrechtlichen Rahmen erfolgende Dienstleistungstätigkeiten, zum anderen durch die Vollziehung von Aufträgen öffentlich-rechtlicher Natur charakterisiert. Ais diesem Grund ist es erforderlich, Aufzugsprüfer einer Überprüfung hinsichtlich ihrer Befähigung zu unterziehen und einer Aufsicht durch die Behörde zu unterstellen. Die Landesregierung hat jene verläßlichen und eigenberechtigten Personen zu Aufzugsprüfern zu bestellen, die ihre Befähigung entsprechend nachweisen können.

Die notwendige fachliche Ausbildung ist zum Teil § 25 der ASV 1996 nachgebildet und stellt damit ein österreichweit einheitliches fachliches Niveau sicher.

[...]

Die Aufzugsprüfer unterliegen der Aufsicht der Landesregierung, welche die Bestellung zum Aufzugsprüfer aus verschiedenen Gründen, insbesondere Pflichtverletzung und mangelnde fachliche Befähigung, zu widerrufen hat. Die Unabhängigkeit und Unparteilichkeit des Aufzugsprüfers soll darüber hinaus dadurch sichergestellt werden, daß er in keiner wirtschaftlichen Abhängigkeit zu mit Bau oder Instandhaltung von Aufzügen befaßten Unternehmen steht."

ErlRV -2V-LG-1192/14-2008, 1 und 18 (zu LGBl 2009/10):

„Dieses Gesetz dient der vollständigen Umsetzung der Richtlinie 2005/36/EG des Europäischen Parlaments und des Rates vom 7. September 2005 über die Anerkennung von Berufsqualifikationen, ABl. Nr. L 255 vom 30.9.2005, S 22, (im Folgenden: Berufsqualifikationen-Richtlinie) im Kärntner Landesrecht."

„Da die bisher geltenden Bestimmungen nicht auf eine bestimmte Staatsangehörigkeit abstellen, erscheint es zweckmäßig, diesen Standard auch bei der Umsetzung der Berufsqualifikationen-Richtlinie beizubehalten, für Ausbildungen aus Drittstaaten sollen allerdings nur die spezifischen Anerkennungsregeln des K-BQAG gelten."

ErlRV -2V-LG-1358/20-2010, 5 (zu LGBl 2011/47):

„Die §§ 14 und 15 entsprechen im Wesentlichen der geltenden Rechtslage. Die Voraussetzungen zur Bestellung zum Aufzugsprüfer wurden an § 15 HBV 2009 angepasst. Berücksichtigt wurden auch die neuen Studienabschlüsse des Bologna-Systems (Bachelor, Master). Das Verzeichnis der Aufzugsprüfer ist nunmehr auch im Internet zu veröffentlichen. Die Ermächtigung in § 15 Abs. 12 zur Erlassung einer Gebührenordnung wurde von der Landesregierung nicht in Anspruch genommen und konnte daher entfallen."

ErlRV 01-VD-LG-1520/3-2013, 1 f (zu LGBl 2014/3):

„Das Kärntner Aufzugsgesetz differenziert nicht zwischen „Hebeanlagengruppen" (siehe hingegen § 15 Hebeanlagen-Betriebsverordnung 2009 – HBV 2009). Aus diesem Grund ist auch für den Nachweis der praktischen Erfahrung der Aufzugsprüfer nicht darauf abzustellen."

4. Abschnitt – Sicherheitstechnische Prüfung, Umbau und Modernisierung

§ 15a Sicherheitstechnische Prüfung

Die Landesregierung kann durch Verordnung nähere Vorschriften erlassen, inwieweit rechtmäßig bestehende Aufzüge und Hebeeinrichtungen für Personen im Interesse des Schutzes des Lebens und der Gesundheit von Personen oder der Sicherheit von Sachen einer sicherheitstechnischen Prüfung zu unterziehen und inwieweit zur Beseitigung oder weitestgehenden Verringerung einer dabei festgestellten Gefährdungssituation geeignete Maßnahmen zu treffen sind.

ErlRV -2V-LG-1358/20-2010, 5 (zu LGBl 2011/47):

„Die jeweiligen Übergangsbestimmungen (siehe § 18 Abs. 1 und Art. II Abs. 2) formulieren den Grundsatz, dass rechtskräftige Bewilligungen für die Errichtung, Änderung oder Benützung von überwachungsbedürftigen Hebeanlagen, die vor dem Inkrafttreten des Kärntner Aufzugsgesetzes (§ 18 Abs. 1) oder der vorliegenden Novelle (Art. II Abs. 2) erteilt wurden, weiter gültig sind. Dieser Grundsatz wird aber durch verschiedene Maßnahmen zur Steigerung der Sicherheit begleitet. So hat die Behörde diesen überwachungsbedürftigen Hebeanlagen die Behebung von Mängeln und eine Verbesserung der Sicherheit mit Bescheid vorzuschreiben, soweit dies im Hinblick auf die Anforderungen des § 5 erforderlich ist (§ 18 Abs. 1 Satz 2, Art II Abs. 2 Satz 2).

§ 15a sieht eine neue Verordnungsermächtigung vor. Während durch § 18 Abs. 1 und Art II Abs. 2 im Einzelfall eine Steigerung der Sicherheit im Sinne von § 5 mit Bescheid erreicht werden kann, ermöglicht eine Verordnung gemäß § 15a generell, bestehende Aufzüge und Hebeeinrichtung für Personen einer sicherheitstechnischen Prüfung zu unterziehen bzw. Abhilfemaßnahmen der festgestellten Gefährdungssituationen zu treffen. So könnte zB der Empfehlung der Kommission 95/216/EG vom 8. Juni 1995 über die Verbesserung der Sicherheit der vorhandenen Aufzüge, ABl. Nr. L 134 vom 20. Juni 1995, S 37, durch eine entsprechende Verordnung nachgekommen werden."

§ 15b Umbau und Modernisierung von nicht CE-gekennzeichneten Hebeanlagen

Bei Umbauten und Modernisierungen von überwachungsbedürftigen Hebeanlagen, die vor Inkrafttreten der MSV oder der ASV 1996 in Verkehr gebracht und/oder in Betrieb genommen worden und daher nicht mit einer CE-Kennzeichnung versehen sind, ist eine Verbesserung der Sicherheit, insbesondere durch Einbau von Sicherheitsbauteilen entsprechend der MSV 2010 und der ASV 2008 sicherzustellen. § 23 Abs. 2 HBV 2009 ist sinngemäß anzuwenden. Bei Modernisierung von Aufzügen und Hebeeinrichtungen für Personen sind die Grundsätze gemäß § 16 Abs. 2 HBV 2009 zu beachten.

ErlRV -2V-LG-1358/20-2010, 5 (zu LGBl 2011/47):

„Die jeweiligen Übergangsbestimmungen (siehe § 18 Abs. 1 und Art. II Abs. 2) formulieren den Grundsatz, dass rechtskräftige Bewilligungen für die Errichtung, Änderung oder Benützung von überwachungsbedürftigen Hebeanlagen, die vor dem Inkrafttreten des Kärntner Aufzugsgesetzes (§ 18 Abs. 1) oder der vorliegenden Novelle (Art. II Abs. 2) erteilt wurden, weiter gültig sind. Dieser Grundsatz wird aber durch verschiedene Maßnahmen zur Steigerung der Sicherheit begleitet. So hat die Behörde diesen überwachungsbedürftigen Hebeanlagen die Behebung von Mängeln und eine Verbesserung der Sicherheit mit Bescheid vorzuschreiben, soweit dies im Hinblick auf die Anforderungen des § 5 erforderlich ist (§ 18 Abs. 1 Satz 2, Art II Abs. 2 Satz 2).

[...]

§ 15b sieht schließlich bei Umbauten und Modernisierungen von überwachungsbedürftigen Hebeanlagen, die vor Inkrafttreten der MSV oder der ASV 1996 in Verkehr gebracht und/oder in Betrieb genommen worden und daher nicht mit einer CE-Kennzeichnung versehen sind, spezielle Maßnahmen (unter Verweis auf dementsprechende Bestimmungen der HBV 2009) zur Steigerung der Sicherheit vor."

5. Abschnitt – Straf-, Übergangs- und Schlußbestimmungen

§ 16 Strafbestimmungen

(1) Wer

a) als Betreiber einer überwachungsbedürftigen Hebeanlage eine neu errichtete oder wesentlich geänderte überwachungsbedürftige Hebeanlage ohne Prüfzeugnis gemäß § 7 in Betrieb nimmt oder in Betrieb nehmen lässt,

b) als Betreiber einer überwachungsbedürftigen Hebeanlage den Verpflichtungen nach § 6 Abs. 4, § 9 Abs. 1, § 15b, § 18 Abs. 2, einem behördlichen Auftrag nach § 9 Abs. 3 oder den Verpflichtungen einer Verordnung gemäß § 15a nicht nachkommt,

c) als Betreiber einer überwachungsbedürftigen Hebeanlage, als Hebeanlagenwärter oder dafür verantwortliche Person eines Betreuungsunternehmens die Anlage nicht sofort außer Betrieb nimmt, obwohl er erkennt oder vom Aufzugsprüfer davon in Kenntnis gesetzt wird, dass die Betriebssicherheit der Anlage nicht mehr gegeben ist,

d) eine wegen mangelnder Betriebssicherheit außer Betrieb genommene Anlage entgegen § 10 Abs. 1 dritter Satz wieder in Betrieb nimmt,

e) eine überwachungsbedürftige Hebeanlage, deren Betrieb von der Behörde untersagt oder die von der Behörde gesperrt wurde, vor der Aufhebung der Untersagung des Betriebes oder der Sperre in Betrieb nimmt,

begeht eine Verwaltungsübertretung und ist von der Bezirksverwaltungsbehörde mit einer Geldstrafe bis 15.000 Euro zu bestrafen.

(2) Wer

a) als Betreiber einer überwachungsbedürftigen Hebeanlage vor dem Einbau oder einer wesentlichen Änderung einer Anlage kein Prüfzeugnis gemäß § 6 Abs. 3 oder § 7 Abs. 2 einholt,

b) als Betreiber einer überwachungsbedürftigen Hebeanlage den Verpflichtungen nach § 8 Abs. 1, 3, 5 oder 6, § 11, § 14 Abs. 1 oder 3 nicht nachkommt oder die Vorschriften des § 12 Abs. 1 und § 13 verletzt,

c) als Hebeanlagenwärter oder dafür verantwortliche Person eines Betreuungsunternehmens den Verpflichtungen nach

§ 11a, § 11b und § 12 Abs. 5 nicht oder nicht rechtzeitig nachkommt,
d) unbefugt Eintragungen in das Aufzugsbuch (Anlagenbuch) vornimmt,
e) als Aufzugsprüfer den Verpflichtungen nach § 6 Abs. 4, § 7 Abs. 2 letzter Satz, § 8 Abs. 4, § 9 Abs. 2, § 10 Abs. 1 iVm. § 9 Abs. 2, § 12 Abs. 3, § 14 Abs. 1, § 15 Abs. 7, 8 oder 9 nicht nachkommt oder Eintragungen nach § 12 Abs. 2 ohne Vorliegen der Voraussetzungen vornimmt,
f) als Hebeanlagenwärter seine Tätigkeit vor Eintragung in das Aufzugsbuch (Anlagenbuch) durch den Aufzugsprüfer nach § 12 Abs. 2 aufnimmt oder nach Streichung aus dem Aufzugsbuch (Anlagenbuch) durch die Behörde tätig wird,

begeht eine Verwaltungsübertretung und ist von der Bezirksverwaltungsbehörde mit einer Geldstrafe bis 7500 Euro zu bestrafen.

(3) Der Versuch ist strafbar.

(4) Eine Ersatzfreiheitsstrafe für den Fall der Uneinbringlichkeit der verhängten Geldstrafe ist nicht festzusetzen.

(5) Die Geldstrafen fließen zur Hälfte der Gemeinde zu, in deren Gebiet die Verwaltungsübertretung begangen worden ist.

ErlRV -2V-57/17-1999, 17 (zu LGBl 2000/43):

„Im Interesse der Rechtssicherheit werden in einer taxativen Aufzählung jene Verhaltensweisen umschrieben, die den Tatbestand einer Verwaltungsübertretung bilden. Dabei wird je nach der Schwere der Verwaltungsübertretung zum einen ein Strafrahmen bis zu 200.000 Schilling, zum anderen ein Strafrahmen bis zu 100.000.– normiert.

Zu beachten ist auch, daß nicht nur mit Strafandrohungen, sondern in erster Linie mit entsprechenden Maßnahmen (zB. Untersagung des Betriebes bzw. Sperren eines Aufzuges) die Erfüllung der im öffentlichen Interesse liegenden Zielsetzungen dieses Gesetzes durchgesetzt werden soll.

Aufgrund des § 8 VStG ist es erforderlich, die Strafbarkeit des Versuches ausdrücklich anzuordnen."

ErlRV -2V-LG-1358/20-2010, 5 f (zu LGBl 2011/47):

„Die Strafhöhen blieben seit der Stammfassung des Gesetzes im Jahre 2000 unverändert. Um weiter eine entsprechende präventive Wirkung zu entfalten, werden die Strafhöhen moderat aufgerundet. In Abs. 1 lit. b werden nunmehr auch Verletzungen der neuen Verpflichtung nach §15b (Umbauten und Modernisierungen) bzw. den Verpflichtungen einer Verordnung nach § 15a (sicherheitstechnische Prüfung) unter Strafe gestellt."

§ 17 Verweisungen und Bezeichnungen

(1) Soweit in diesem Gesetz auf Landesgesetze verwiesen wird, sind diese in ihrer jeweils geltenden Fassung anzuwenden.

(2) Eine Verweisung in diesem Gesetz auf eine der nachstehend angeführten Verordnungen ist als Verweisung auf die nachstehend angeführte Fassung zu verstehen:
  a) Aufzüge-Sicherheitsverordnung 1996 – ASV 1996, BGBl. Nr. 780/1996, zuletzt in der Fassung der Kundmachung BGBl. II Nr. 210/2009;
  b) Maschinen-Sicherheitsverordnung – MSV, BGBl. Nr. 306/1994, zuletzt in der Fassung der Kundmachung BGBl. II Nr. 493/2008;
  c) Aufzüge-Sicherheitsverordnung 2008 – ASV 2008, BGBl. II Nr. 274/2008, zuletzt in der Fassung der Kundmachung BGBl. II Nr. 89/2013;
  d) Maschinen-Sicherheitsverordnung – MSV 2010, BGBl. II Nr. 282/2008, zuletzt in der Fassung der Kundmachung BGBl. II Nr. 137/2013;
  e) Hebeanlagen-Betriebsverordnung 2009 – HBV 2009, BGBl. II Nr. 210/2009, zuletzt in der Fassung der Kundmachung BGBl. II Nr. 33/2013;

(3) Änderungen der in Abs. 2 lit. c bis e angeführten Verordnungen sind von der Landesregierung mit Verordnung für verbindlich zu erklären, wenn diese Änderungen dem Stand der Technik iSd. § 5 Abs. 1 entsprechen.

(4) Soweit in diesem Gesetz Funktionsbezeichnungen oder personenbezogene Bezeichnungen in ausschließlich männlicher oder

in ausschließlich weiblicher Form verwendet werden, sind beide Geschlechter gemeint.

ErlRV -2V-57/17-1999, 17 (zu LGBl 2000/43):

„Diese Regelungen enthalten zum einen formale Zitatanpassungen, zum anderen sollen sie die Geschlechtsneutralität von personenbezogenen Bezeichnungen sicherstellen."

ErlRV -2V-LG-1358/20-2010, 6 (zu LGBl 2011/47):

„Die Verweise werden aktualisiert."

ErlRV 01-VD-LG-1520/3-2013, 2 (zu LGBl 2014/3):

„Die Verweisungen auf Bundesgesetze werden aktualisiert."

§ 18 Übergangsbestimmungen

(1) Rechtskräftige Bewilligungen für die Errichtung, Änderung oder Benützung von Aufzügen nach dem Aufzugsgesetz, LGBl. Nr. 32/1977, in der Fassung des Gesetzes LGBl. Nr. 111/1994, bleiben von diesem Gesetz unberührt. Die Behörde hat jedoch die Behebung von Mängeln an Aufzügen, für deren Errichtung, deren Änderung oder deren Benützung im Zeitpunkt des Inkrafttretens dieses Gesetzes bereits eine rechtskräftige Bewilligung vorliegt, und eine Verbesserung der Sicherheit, insbesondere durch den Einbau von Sicherheitsbauteilen, innerhalb angemessener Frist vorzuschreiben, soweit dies im Hinblick auf die Anforderungen des § 5 Abs. 1 erforderlich ist.

(2) Aufzüge iSd. § 2 Abs. 1 lit. a Z 1, für deren Errichtung, deren Änderung oder deren Benützung im Zeitpunkt des Inkrafttretens dieses Gesetzes bereits eine rechtskräftige Bewilligung vorliegt und in welchen keine Fahrkorbtür eingebaut oder der Einbau einer Fahrkorbtür nicht vorgesehen ist, sind binnen zehn Jahren ab Inkrafttreten dieses Gesetzes mit einer Fahrkorbtür auszustatten.

(3) Aufzugsprüfer und Aufzugswärter, die nach den vor dem Inkrafttreten dieses Gesetzes geltenden Bestimmungen bestellt wur-

den, gelten als Aufzugsprüfer und Aufzugswärter im Sinne dieses Gesetzes.

ErlRV -2V-57/17-1999, 18 (zu LGBl 2000/43):

„Grundsätzlich bleiben nach dem bisherigen Aufzugsgesetz erteilte Errichtungs- und Benützungsbewilligungen unberührt. Die Behörde hat jedoch die Behebung von Mängeln und eine Verbesserung der Sicherheit durch den Einbau von Sicherheitsbauteilen in angemessener Frist vorzuschreiben, soweit dies im Hinblick auf die technischen Anforderungen des § 5 Abs. 1 erforderlich ist. Bei dieser Regelung wird wiederum auf die Leitsätze der Empfehlung der Kommission 95/216/EG verwiesen.

Durch die Vorschriften des Abs. 2 soll eine gesetzliche Verpflichtung zum nachträglichen Einbau von Fahrkorbtüren binnen 10 Jahren ab Inkrafttreten dieses Gesetzes normiert werden. Jährlich ereignen sich bei der Benützung von Personenaufzügen, die noch nicht mit Fahrkorbtüren ausgerüstet sind, zahlreiche Unfälle, in dem Personen entweder selbst in den Spalt zwischen Tür und Aufzugsschacht geraten oder von Gegenständen, die sich verklemmen, erdrückt werden. Nur durch eine verpflichtende Nachrüstung können Unfälle dieser Art verhindert werden.

In Kärnten gibt es für den Geltungsbereich des Aufzugsgesetzes ca. 300 Anlagen, die nachgerüstet werden müßten. Die mit der entsprechenden Nachrüstung dieser Aufzüge verbundenen Kosten werden auf ca. 80.000,- bis 100.000,- Schilling je Aufzug geschätzt. Damit die Eigentümer der Aufzugsanlage in der Lage sind, entsprechende hohe Instandhaltungsrücklagen im Ausmaß von 8.000,- bis 10.000,- Schilling jährlich zu bilden, wird vorgesehen, daß die Nachrüstung innerhalb von 10 Jahren ab Inkrafttreten dieses Gesetzes zu erfolgen hat. Hinzuweisen ist auch auf eine entsprechende Empfehlung der Frau Bundesministerin für Frauenangelegenheiten und Konsumentenschutz, die eine landesgesetzliche Verpflichtung zum nachträglichen Einbau von Fahrkorbtüren angeregt hat.

In Abs. 3 wird klargestellt, daß die von der Landesregierung vor dem Inkrafttreten dieses Gesetzes bestellten Aufzugsprüfer sowie die nach der alten Rechtslage vom Eigentümer betrauten Aufzugswärter weiterhin als bestellt gelten."

§ 19 Inkrafttretens- und Schlußbestimmungen

(1) Dieses Gesetz tritt mit dem der Kundmachung folgenden Monatsersten in Kraft.

(2) Mit dem Inkrafttreten dieses Gesetzes tritt das Aufzugsgesetz, LGBl. Nr. 32/1977, in der Fassung des Gesetzes LGBl. Nr. 111/1994, außer Kraft.

(3) Dieses Gesetz wurde einem Informationsverfahren im Sinne der Richtlinie 98/34/EG des Europäischen Parlaments und des Rates vom 22. Juni 1998 über ein Informationsverfahren auf dem Gebiet der Normen und technischen Vorschriften, ABl. Nr. L 204 vom 21. Juli 1998, S 37, unterzogen.

(4) Mit diesem Gesetz werden umgesetzt:
- RL des Europäischen Parlaments und des Rates 95/16/EG vom 29. Juni 1995 zur Angleichung der Rechtsvorschriften der Mitgliedstaaten über Aufzüge, ABl. Nr. L 213 vom 7. September 1995, S 1
- Empfehlung der Kommission 95/216/EG vom 8. Juni 1995 über die Verbesserung der Sicherheit der vorhandenen Aufzüge, ABl. Nr. L 134 vom 20. Juni 1995, S 37.

Artikel III In-Kraft-Tretensbestimmungen [Anm: zu LGBl 2009/10]

(1) Dieses Gesetz tritt an dem der Kundmachung folgenden Monatsersten in Kraft.

(2) Mit Art. II dieses Gesetzes werden umgesetzt:
a) die Richtlinie 2003/109/EG des Rates vom 25. November 2003 betreffend die Rechtsstellung der langfristig aufenthaltsberechtigten Drittstaatsangehörigen, ABl. Nr. L 16 vom 23.1.2004, S 44;
b) die Richtlinie 2004/38/EG des Europäischen Parlaments und des Rates vom 29. April 2004 über das Recht der Unionsbürger und ihrer Familienangehörigen, sich im Hoheitsgebiet der Mitgliedstaaten frei zu bewegen und aufzuhalten, ABl. Nr. L 158 vom 30. 4. 2004, S 77, berichtigt durch ABl. Nr. L 229 vom 29. 6. 2004, S 35 und ABl. Nr. L 197 vom 28. 7. 2005, S 34;
c) die Richtlinie 2005/36/EG des Europäischen Parlaments und des Rates vom 7. September 2005 über die Anerkennung von

Berufsqualifikationen, ABl. Nr. L 255 vom 30. 9. 2005, S 22, berichtigt durch ABl. Nr. L 271 vom 16. 10. 2007, S 18, und ABl. Nr. L 93 vom 4. 2. 2008, S 28, in der Fassung der Verordnung (EG) Nr. 1430/2007 der Kommission vom 5. Dezember 2007, ABl. Nr. L 320 vom 6. 12. 2007, S 3.

Artikel II [Anm: zu LGBl 2011/47]

(1) Dieses Gesetz tritt mit dem der Kundmachung folgenden Monatsersten in Kraft.

(2) Rechtskräftige Bewilligungen für die Errichtung, Änderung oder Benützung von überwachungsbedürftigen Hebeanlagen, die vor Inkrafttreten dieses Gesetzes bereits bestehen, bleiben unberührt. Die Behörde hat jedoch die Behebung von Mängeln an diesen überwachungsbedürftigen Hebeanlagen und eine Verbesserung der Sicherheit, insbesondere durch den Einbau von Sicherheitsbauteilen, innerhalb angemessener Frist mit Bescheid vorzuschreiben, soweit dies im Hinblick auf die Erfordernisse gemäß § 5 erforderlich ist.

(3) Aufzugsprüfer und Aufzugswärter, die nach den vor dem Inkrafttreten dieses Gesetzes geltenden Bestimmungen bestellt wurden, gelten als Aufzugsprüfer und Hebeanlagenwärter im Sinne dieses Gesetzes.

(4) Dieses Gesetz wurde einem Informationsverfahren im Sinne der Richtlinie 98/34/EG des Europäischen Parlaments und des Rates vom 22. Juni 1998 über ein Informationsverfahren auf dem Gebiet der Normen und technischen Vorschriften, ABl. Nr. L 204, S 37, zuletzt geändert durch die Richtlinie 2006/96/EG vom 20. November 2006, ABl. Nr. L 363, S 81, unterzogen (Notifikationsnummer 2010/590/A).

(5) Mit diesem Gesetz werden umgesetzt:
   a) Richtlinie 95/16/EG des Europäischen Parlaments und des Rates vom 29. Juni 1995 zur Angleichung der Rechtsvorschriften der Mitgliedstaaten über Aufzüge, ABl. Nr. L 213, S 1;
   b) Richtlinie 2006/42/EG des Europäischen Parlaments und des Rates vom 17. Mai 2006 über Maschinen und zur Änderung der Richtlinie 95/16/EG (Neufassung), ABl. Nr. L 157, S 24,

zuletzt geändert durch Richtlinie 2009/127/EG vom 21. Oktober 2009, ABl. Nr. L 310, S 29;
c) Richtlinie 2005/36/EG des Europäischen Parlaments und des Rates vom 7. September 2005 über die Anerkennung von Berufsqualifikationen, ABl. Nr. L 255, S 22, berichtigt durch ABl. Nr. L 271, S 18 und ABl. Nr. L 93, S 28, zuletzt geändert durch Verordnung (EG) Nr. 279/2009 der Kommission vom 6. April 2009, ABl. Nr. L 93, S 11;
d) Richtlinie 2006/123/EG des Europäischen Parlaments und des Rates vom 12. Dezember 2006 über Dienstleistungen im Binnenmarkt ABl. Nr. L 376 vom 27. Dezember 2006, S 36.

Artikel CXV Inkrafttreten [Anm: zu LGBl 2013/85]

(1) Dieses Gesetz tritt am 1. Jänner 2014 in Kraft, soweit in Abs. 2 nicht anderes bestimmt ist.

Artikel II [Anm: zu LGBl 2014/3]

(1) Dieses Gesetz tritt mit dem der Kundmachung folgenden Monatsersten in Kraft.

(2) Dieses Gesetz wurde einem Informationsverfahren im Sinne der Richtlinie 98/34/EG des Europäischen Parlaments und des Rates vom 22. Juni 1998 über ein Informationsverfahren auf dem Gebiet der Normen und technischen Vorschriften und der Vorschriften für die Dienste der Informationsgesellschaft, ABl. Nr. L 204 vom 21.7.1998, S 37, idF der Richtlinie 98/48/EG des Europäischen Parlaments und des Rates vom 20. Juli 1998, ABl. Nr. L 217 vom 5.8.1998, S 18, und der Richtlinie 2006/96/EG des Rates vom 20. November 2006, ABl. Nr. L 363 vom 20.12.2006, S 81, unterzogen (Notifikationsnummer 2012/538/A).

6.1. Kärntner Aufzugsverordnung – K-AV
LGBl 2012/76

Inhaltsverzeichnis
- § 1 Ziele
- § 2 Prüfstellen zur Durchführung der sicherheitstechnischen Prüfung
- § 3 Von der sicherheitstechnischen Prüfung erfasste Aufzüge
- § 4 Prüfbereiche der sicherheitstechnischen Prüfung
- § 5 Verfahren der sicherheitstechnischen Prüfung und zu ergreifende Maßnahmen
- § 6 Abhilfemaßnahmen
- § 7 Schlussbestimmungen

Auf Grund des § 15a des Kärntner Aufzugsgesetzes – K-AG, LGBl. Nr. 43/2000, zuletzt geändert durch das Gesetz LGBl. Nr. 43/2012, wird verordnet:

§ 1 Ziele

Diese Verordnung legt den Zeitplan, die Prüfbereiche und die Verfahren für eine sicherheitstechnische Prüfung und – gestützt auf die Ergebnisse der sicherheitstechnischen Prüfung – die allfällige Nachrüstung von bestehenden Aufzügen iSd § 2 lit. a des Kärntner Aufzugsgesetzes, LGBl. Nr. 43/2000, in der Fassung des Gesetzes LGBl. Nr. 43/2012, durch geeignete Abhilfemaßnahmen gegen festgestellte Risiken fest.

§ 2 Prüfstellen zur Durchführung der sicherheitstechnischen Prüfung

Die Durchführung der sicherheitstechnischen Prüfung obliegt den Prüfstellen für Aufzüge, die in der Anlage 3 der Hebeanlagen-Betriebsverordnung 2009, BGBl. II Nr. 210/2009, in der Fassung des Gesetzes BGBl. II Nr. 423/2011, verzeichnet sind.

§ 3 Von der sicherheitstechnischen Prüfung erfasste Aufzüge

Alle Aufzüge, die nicht nach den Bestimmungen der Aufzüge-Sicherheitsverordnung 1996, BGBl. Nr. 780/1996, oder der Aufzüge-Sicherheitsverordnung 2008, BGBl. II Nr. 274/2008, in Verkehr gebracht worden sind und daher insbesondere nicht mit der CE-Kennzeichnung versehen sind, sind vom Betreiber spätestens bis 30. April 2013 einer sicherheitstechnischen Prüfung durch eine Prüfstelle für Aufzüge zu unterziehen.

§ 4 Prüfbereiche der sicherheitstechnischen Prüfung

(1) Die sicherheitstechnische Prüfung hat sich unter Bedachtnahme auf die grundlegenden Sicherheits- und Gesundheitsanforderungen für die Konzeption und den Bau von Aufzügen und Sicherheitsbauteilen für Aufzüge im Sinne des § 3 der Aufzüge-Sicherheitsverordnung 2008, BGBl. II Nr. 274/2008, in der Fassung BGBl. II Nr. 422/2011, auf folgende Prüfbereiche zu erstrecken:
1. Allgemeine Anforderungen an verwendete Materialien,
2. Zugänglichkeit einschließlich Haltegenauigkeit,
3. Vandalismus,
4. Verhalten im Brandfall,
5. Schacht,
6. Triebwerks- und Rollenräume,
7. Schacht- und Fahrkorbtüren,
8. Fahrkorb,
9. Gegengewicht und Ausgleichsgewicht,
10. Tragmittel und Seilgewichtsausgleich,
11. Schutz gegen Übergeschwindigkeit,
12. Führungsschienen, Puffer und Notendschalter,
13. Abstände zwischen Fahrkorbtüre und Schachttüren,
14. Triebwerk,
15. Elektrische Installationen und Einrichtungen,

16. Schutz gegen elektrische Fehler, Steuerung und Vorrechte,
17. Hinweise, Kennzeichnungen und Betriebsanleitung.

(2) Die in der Anlage 2 der Hebeanlagen-Betriebsverordnung 2009, BGBl. II Nr. 210/2009, in der Fassung des Gesetzes BGBl. II Nr. 423/2011, enthaltene Auflistung der Internationalen Normen, der Europäischen Normen, der österreichischen Normen und technischen Spezifikationen für die Erhöhung der Sicherheit von bestehenden Aufzügen sind für die sicherheitstechnische Prüfung heranzuziehen.

§ 5 Verfahren der sicherheitstechnischen Prüfung und zu ergreifende Maßnahmen

(1) Die sicherheitstechnische Prüfung und die sich daraus ergebenden Maßnahmen bestehen aus den nachfolgend beschriebenen fünf Schritten:

a) Der Betreiber hat eine Prüfstelle für Aufzüge rechtzeitig in Bezug auf den in § 3 festgelegten Termin mit der Erhebung des Anlagenzustandes des Aufzugs durch eine sicherheitstechnische Prüfung zu betrauen. Die Prüfstelle für Aufzüge hat den sicherheitstechnischen Zustand des Aufzugs in Bezug auf alle in § 4 Abs. 1 aufgelisteten Prüfbereiche zu erheben.

b) Die Prüfstelle für Aufzüge hat einen Prüfbericht zu erstellen und darin insbesondere die Abweichungen zu den grundlegenden Sicherheits- und Gesundheitsanforderungen und die damit verbundenen Risikostufen (Niedrig – Mittel – Hoch) aufzulisten, Vorschläge über Abhilfemaßnahmen aufzunehmen, sowie die Fristen zu deren Durchführung festzulegen. Der Prüfbericht ist dem Betreiber nachweislich auszuhändigen und im Aufzugsbuch zu hinterlegen.

c) Der Betreiber hat auf Grundlage des Prüfberichtes die geeigneten Abhilfemaßnahmen zu planen und den Aufzugsprüfer über den Prüfbericht, die Planungsvorschau und die Planungsunterlagen zu informieren.

d) Der Aufzugsprüfer hat die vom Betreiber vorgesehenen Abhilfemaßnahmen auf ihre Eignung in Bezug auf die im Prüfbericht festgestellten Abweichungen zu den grundlegenden Sicherheits- und Gesundheitsanforderungen und die damit verbundenen Risikostufen zu prüfen. Sofern die Abhilfemaßnahmen vollinhaltlich den von der Prüfstelle für Aufzüge im Prüfbericht vorgeschlagenen Abhilfemaßnahmen entsprechen, hat der Aufzugsprüfer dem Betreiber die Durchführung der Abhilfemaßnahmen zu empfehlen. Sofern die Abhilfemaßnahmen den von der Prüfstelle für Aufzüge im Prüfbericht vorgeschlagenen Abhilfemaßnahmen nicht entsprechen, hat der Aufzugsprüfer unverzüglich die mit der sicherheitstechnischen Prüfung betraute Prüfstelle für Aufzüge zu befassen. Wenn die mit der sicherheitstechnischen Prüfung betraute Prüfstelle für Aufzüge die vom Betreiber vorgeschlagenen Abhilfemaßnahmen akzeptiert, ist der Prüfbericht entsprechend zu ergänzen und der Aufzugsprüfer hat dem Betreiber die akzeptierten Abhilfemaßnahmen zu empfehlen. Sofern jedoch die mit der sicherheitstechnischen Prüfung betraute Prüfstelle für Aufzüge die vom Betreiber des Aufzuges vorgeschlagenen Abhilfemaßnahmen nicht akzeptiert, ist von dieser eine Ergänzung des Prüfberichtes unter Anführung der Gründe zu verweigern. Der Betreiber kann die ursprünglich von der mit der sicherheitstechnischen Prüfung betrauten Prüfstelle für Aufzüge im Prüfbericht vorgeschlagenen Abhilfemaßnahmen durchführen oder innerhalb von zwei Monaten nach Verweigerung der Ergänzung des Prüfberichtes durch die Prüfstelle für Aufzüge die Behörde zur Entscheidung befassen, welche Abhilfemaßnahmen durchgeführt werden müssen.

e) Die Kontrolle über die ordnungsgemäße Durchführung der Abhilfemaßnahmen obliegt dem Aufzugsprüfer. Dieser hat einen entsprechenden Vermerk im Aufzugsbuch einzutragen.

(2) Sofern der Betreiber eine Prüfstelle für Aufzüge nicht rechtzeitig betraut, hat der Aufzugsprüfer nach Setzung einer Nachfrist von zwei Monaten die Behörde zu befassen. Die Behörde hat den Betreiber nach Setzung einer weiteren Nachfrist von zwei Monaten mit Bescheid zur Betrauung einer Prüfstelle zu verhalten. Wird diesem behördlichen Auftrag nicht innerhalb einer angemessen festzusetzenden Frist nachgekommen, hat die Behörde mit einer Sperre des Aufzuges vorzugehen.

(3) Sofern der Betreiber die Abhilfemaßnahmen nicht rechtzeitig durchführt, hat der Aufzugsprüfer nach Setzung einer Nachfrist von zwei Monaten die Behörde zu befassen. Die Behörde hat die Benachrichtigung des Aufzugsprüfers und den Prüfbericht der mit der sicherheitstechnischen Prüfung betrauten Prüfstelle für Aufzüge zu prüfen, über die vorzunehmenden Abhilfemaßnahmen zu entscheiden und die Abhilfemaßnahme dem Betreiber vorzuschreiben. Wird diesem behördlichen Auftrag nicht innerhalb einer angemessen festzusetzenden Frist nachgekommen, hat die Behörde mit einer Sperre des Aufzuges vorzugehen.

§ 6 Abhilfemaßnahmen

(1) Bei der Durchführung von geeigneten Abhilfemaßnahmen sind Sicherheitsbauteile einzubauen, die der Aufzüge-Sicherheitsverordnung 2008, BGBl. II Nr. 274/2008, gegebenenfalls auch der Aufzüge-Sicherheitsverordnung 1996, BGBl. Nr. 780/1996, entsprechen und daher jedenfalls mit der CE-Kennzeichnung versehen sind.

(2) In Ausnahmefällen, nämlich wenn wegen technischer Inkompatibilität der Einbau oder die sichere Verwendung von Sicherheitsbauteilen gemäß Abs. 1 nicht möglich ist, können mit Zustimmung der Prüfstelle für Aufzüge und des Aufzugsprüfers als Ersatz für bestehende Sicherheitsbauteile solche Sicherheitsbauteile eingebaut werden, die der Aufzüge-Sicherheitsverordnung 2008, BGBl. II Nr. 274/2008, gegebenenfalls auch der Aufzüge-Sicherheitsverordnung 1996, BGBl. Nr. 780/1996, nicht entsprechen und daher keine CE-Kennzeichnung tragen. Die Zustimmung der Prüfstelle für Aufzüge und des Aufzugsprüfers ist im Aufzugsbuch zu vermerken.

(3) Die Einleitung und Durchführung der im Prüfbericht aufgelisteten Abhilfemaßnahmen begründen keine Anzeigepflicht und keine Genehmigungspflicht für den nachzurüstenden und nachgerüsteten Aufzug.

§ 7 Schlussbestimmungen

(1) Die Verordnung tritt mit dem der Kundmachung folgenden Monatsersten in Kraft.

(2) Diese Verordnung wurde einem Informationsverfahren im Sinne der Richtlinie 98/34/EG des Europäischen Parlaments und des Rates vom 22. Juni 1998 über ein Informationsverfahren auf dem Gebiet der Normen und technischen Vorschriften und der Vor-schriften für die Dienste der Informationsgesellschaft, ABl. Nr. L 204 vom 21.07.1998, S 37, idF der Richtlinie 98/48/EG des Europäischen Parlaments und des Rates vom 20. Juli 1998, ABl. Nr. L 217 vom 05.08.1998, S 18, und der Richtlinie 2006/96/EG des Rates vom 20. November 2006, ABl. Nr. L 363 vom 20.12.2006, S 81, unterzogen (Notifikationsnummer: 2012/148/A).

7. Kärntner Heizungsanlagengesetz – K-HeizG

LGBl 2014/1

Inhaltsverzeichnis

1. Abschnitt – Allgemeines
§ 1   Grundsätze und Ziele
§ 2   Geltungsbereich
§ 3   Begriffsbestimmungen

2. Abschnitt – Zulassung von Kleinfeuerungsanlagen
§ 4   Inverkehrbringen und Errichten von Kleinfeuerungsanlagen
§ 5   Prüfbericht
§ 6   Verweigerung der Ausstellung des Prüfberichtes
§ 7   Technische Dokumentation
§ 8   Typenschild
§ 9   Anerkennung von Prüfberichten und Zulassungen

3. Abschnitt – Zulassung von Feuerungsanlagen
§ 10   Inverkehrbringen und Errichten von Feuerungsanlagen
§ 11   Durchführungsmaßnahmen
§ 12   Konformitätsbewertung nach der RL 2009/125/EG
§ 13   Verpflichtungen nach der RL 2010/30/EU
§ 14   Freier Warenverkehr
§ 15   Marktaufsicht

4. Abschnitt – Zulassung von Zentralheizungsanlagen für flüssige und gasförmige Brennstoffe

§ 16 Inverkehrbringen und Errichten von Zentralheizungsanlagen für flüssige und gasförmige Brennstoffe
§ 17 Konformitätsnachweisverfahren
§ 18 Zugelassene Stellen

5. Abschnitt – CE-Kennzeichnung
§ 19 CE-Kennzeichnung

6. Abschnitt – Errichtung, Ausstattung und Betrieb von Heizungsanlagen
§ 20 Meldepflicht
§ 21 Betriebsvorschriften für Heizungsanlagen
§ 22 Überprüfung von Heizungsanlagen
§ 23 Überprüfungen durch den Rauchfangkehrer
§ 24 Prüforgane
§ 25 Qualitätssicherung

7. Abschnitt – Straf-, Übergangs- und Schlussbestimmungen
§ 26 Befugnisse der Behörde
§ 27 Behörden
§ 28 Datenverwendung
§ 29 Strafbestimmungen
§ 30 Anerkennung gleichwertiger Normen
§ 31 Verweisungen
§ 32 Inkrafttreten und Schlussbestimmungen

Anlage 1 (zu § 11) Inhalt der Durchführungsmaßnahmen iSd Richtlinie 2009/125/EG

Anlage 2 (zu § 12) Interne Entwurfskontrolle iSd Richtlinie 2009/125/EG

Anlage 3 (zu § 12) Managementsystem für die Konformitätsbewertung iSd Richtlinie 2009/125/EG

ErlRV 01-VD-LG-1462/4-2013, 1 ff (zu LGBl 2014/1):

„I. Allgemeiner Teil

Wie bereits das Kärntner Heizungsanlagengesetz – K-HeizG, LGBl. Nr. 63/1998, regelt der Gesetzesentwurf das Inverkehrbringen, die Errichtung und den Betrieb von Feuerungsanlagen. Neu sind die Regelungen über Blockheizkraftwerke, die sich jedoch auf Errichtung, Betrieb und die Überprüfung dieser Anlagen beschränken. Diese Vorschriften entstammen der Vereinbarung gemäß Art. 15a B-VG über das Inverkehrbringen von Kleinfeuerungen und die Überprüfung von Feuerungsanlagen und Blockheizkraftwerken, LGBl. Nr. 103/2012. Diese Vereinbarung soll die Vereinbarung der Länder gemäß Art. 15a B-VG über Schutzmaßnahmen betreffend Kleinfeuerungen, LGBl. Nr. 54/1995, ersetzen.

Das vorliegende Gesetz dient der Umsetzung dieser Vereinbarung. Die Vereinbarung enthält im Wesentlichen folgende Regelungen:

* Inverkehrbringen von Kleinfeuerungen – Typenprüfung

* Errichtung und Ausstattung von Feuerungsanlagen und Blockheizkraftwerken

* Emissionsgrenzwerte und Abgasverluste für den Betrieb von Feuerungsanlagen und
Blockheizkraftwerken

* zulässige Brenn- und Kraftstoffe

* Überprüfungen und Messungen von Feuerungsanlagen beim Betrieb

* Vereinheitlichung der Qualifikation der Prüforgane

Die Typenprüfung vor dem Inverkehrbringen von Kleinfeuerungsanlagen wurde bereits mit dem Kärntner Heizungsanlagengesetz, LGBl. Nr. 63/1998, eingeführt. Mit der Typenprüfung wird sichergestellt, dass nur mehr solche Kleinfeuerungsanlagen in Verkehr gebracht werden, die die vorgeschriebenen Betriebswerte einhalten. Hinsichtlich der Wirkungsgrade, die ebenfalls im Rahmen der Typenprüfung kontrolliert werden, ist auf die RL 92/42/EWG über die Wirkungsgrade von mit flüssigen oder gasförmigen Brennstoffen beschickten neuen Warmwasserheizkesseln Bedacht zu nehmen. Diese sieht für Zentralheizungsanlagen bis 400 kW spezielle Wirkungsgradanforderungen vor. Diese Bestimmungen waren bereits bisher im dritten Abschnitt des K-HeizG geregelt und finden sich nunmehr im 4. Abschnitt des

Gesetzesentwurfes. Die Vorschriften über das Inverkehrbringen von Kleinfeuerungsanlagen im 2. und 4. Abschnitt des Gesetzesentwurfes folgen im Wesentlichen den bisherigen Regelungen.

[...]

II. Kompetenzgrundlagen

Die Kompetenz zur Gesetzgebung in Angelegenheiten der Luftreinhaltung ist zwischen dem Bund und den Ländern geteilt. Nach Art. 10 Abs. 1 Z 12 B-VG ist die „Luftreinhaltung, unbeschadet der Zuständigkeit der Länder für Heizungsanlagen" Bundessache in Gesetzgebung und Vollziehung. Mit der B-VG-Novelle 1988, BGBl Nr. 685, wurde diese umfassende luftreinhaltungsrechtliche Zuständigkeit des Bundes begründet. Entsprechend den Erläuterungen in der Regierungsvorlage bleibt die einschlägige Kompetenz der Länder für Heizungsanlagen „prinzipiell im bisherigen Umfang" weiter aufrecht (607 BlgNR 17. GP, S 8).

Daneben ist der Bundesgesetzgeber ermächtigt, „Maßnahmen zur Abwehr von gefährlichen Belastungen der Umwelt, die durch Überscheitung [Anm: Überschreitung] von Immissionsgrenzwerten entstehen" (Art. 10 Abs. 1 Z 12 B-VG), zu erlassen. Die Immissionsgrenzwerte müssen im übrigen in einer Art. 15a B-VG-Vereinbarung zwischen Bund und Ländern festgelegt sein, damit der Bund von seiner Regelungskompetenz Gebrauch machen darf (vgl. Vereinbarung über die Festlegung von Immissiongrenzwerten für Luftschadstoffe und über Maßnahmen zur Verringerung der Belastung der Umwelt, BGBl Nr. 443/1987, die Grenzwerte für Schwefeldioxid, Kohlenmonoxid und Stickstoffdioxid enthält). Der Tatbestand ermächtigt auch nur zu repressiven Regelungen, welche der Abwehr von konkreten Umweltbelastungen dienen, nicht jedoch zu präventiven Maßnahmen. Nach Art. 11 Abs. 5 B-VG besteht noch eine Bedarfskompetenz des Bundes. Durch Bundesgesetz können einheitliche Emissionsgrenzwerte für Luftschadstoffe festgelegt werden, soweit „ein Bedürfnis nach Erlassung einheitlicher Vorschriften vorhanden ist". Soweit die Länder im Weg von Art. 15-B-VG-Vereinbarungen einheitliche Grenzwerte festlegen, kann von der Bedarfskompetenz kein Gebrauch gemacht werden (vgl. Mayrhofer/Metzler, Luftreinhaltungsrecht, in: Pürgy, Das Recht der Länder, Band II/2, 177ff).

Die Länder sind nach wie vor ermächtigt, die technische Ausführung von Heizungsanlagen auch in Bezug auf ihr Emissionsverhalten zu regeln. Die Zuständigkeit erstreckt sich jedoch nicht weiter als vor der B-VG-Novelle 1988. Jene baurechtlichen Angelegenheiten, welche schon zuvor im Kompetenzbereich des Bundesgesetzgebers gelegen sind (zB. Bergwesen, Eisenbahnwesen), werden daher nicht erfasst (§ 2 Abs. 5 des Gesetzesentwurfes).

Heizungsanlagen dienen der Raumheizung und/oder der Warmwasserbereitung, wobei unerheblich ist, ob diese Anlagen in privaten Haushalten oder in gewerblichen Betriebsanlagen eingesetzt werden. Nicht als Heizungsanlagen im Sinn des Gesetzes gelten Anlagen, die Prozesswärme liefern, wie Herde für die Zubereitung von Speisen, oder eine prozessorientierte Feuerungsstätte in einem Gewerbebetrieb. Auch kalorische Kraftwerke, die mittels einer Feuerungsanlage Elektrizität erzeugen, fallen nicht unter den Begriff „Heizungsanlage". Nicht umfasst sind Fernheizwerke, industrielle, gewerbliche oder militärische Feuerungsanlagen (vgl. Bußjäger, Was bedeutet, „Luftreinhaltung, unbeschadet der Zuständigkeit der Länder für Heizungsanlagen", ZfV 1996, 521f; Mayrhofer/Metzler, Luftreinhaltungsrecht; Würthinger, Luftreinhaltungs- und Klimaschutzrecht, in: Raschauer N./Wessely (Hrsg), Handbuch Umweltrecht 2 , 484ff; Schwarzer, Die neuen Luftreinhaltungskompetenzen des Bundes, ÖZW 1989/2, 47ff.). Auch Blockheizkraftwerke, deren Betriebszweck neben der Stromerzeugnis auch die Beheizung von Räumen oder die Warmwasserbereitung ist, fallen insoweit in die Zuständigkeit der Länder.

Durch ein Gutachten des Bundeskanzleramt-Verfassungsdienstes vom 14. 12. 1992, GZ 600.619/22-V/5/92, wurde ebenfalls bestätigt, dass eine Zuständigkeit der Länder zur Regelung des Inverkehrbringens von Heizungsanlagen gegeben ist. Das Erkenntnis des VfGH VfSlg 10831/1986 kommt zu dem Schluss, dass in diesem Bereich keine Bundeskompetenz gegeben ist, da sich gewerberechtliche Regelungen nur auf den Schutz eines Gewerbes, den Schutz vor Gefahren, die von Gewerbebetrieben ausgehen, und auf den Konsumentenschutz beziehen können. Vorschriften über das Inverkehrbringen von Heizungsanlagen bezogen auf Aspekte des Umweltschutzes, der Luftreinhaltung und der Energieeinsparung müssen auf Art. 15 Abs. 1 B-VG, welcher eine Generalklausel zugunsten der Länder enthält und die Gesetzgebungszuständigkeit der Länder auf dem Gebiet des Baurechts beinhaltet, gestützt werden. Nicht zuletzt anlässlich der Umsetzung der EU-Bauproduktenrichtlinie in den Baustoffzulassungs- und Akkreditierungsgesetzen der Länder, wurde kein Zweifel gelassen, dass die Regelung des Inverkehrbringens von Bauprodukten und Baunebenprodukten eine Angelegenheit der Länder darstellt.

Energiesparen bzw. die Senkung des Energieverbrauchs fällt nach Art. 15 Abs.1 B-VG grundsätzlich in die Zuständigkeit der Länder, insbesondere fällt daher die Einsparung von Energie bei der Nutzung von Heizungsanlagen in die Landeskompetenz. Die Gewerberechtskompetenz des Bundes bietet keine Grundlage für Regelungen über Energieeinsparung (VfSlg. 10.831/1986, VfSlg. 17.022/2003). Zu verweisen ist auch auf Art. 7a der Kärntner Landesverfassung, wonach der Gefährdung der Luft entgegenzuwirken ist, und das Umweltbewusstsein der Bürger durch den sparsamen Umgang mit Rohstoffen und Energie zu fördern ist. Nach Art. 7c der Kärntner Landesverfassung bekennt sich das Land Kärnten zum Klimaschutz, zur verstärkten Deckung des Energiebedarfs aus erneuerbaren Energiequellen und zu deren nachhaltigen Nutzung, sowie zur Steigerung der Energieeffizienz."

1. Abschnitt – Allgemeines

ErlRV 01-VD-LG-1462/4-2013, 7 ff (zu LGBl 2014/1):

„Zum 1. Abschnitt:

Nachdem die Länder aufgrund der B-VG-Novelle 1988 nur mehr für die Luftreinhaltung in Bezug auf Heizungsanlagen zuständig sind, beschränkt sich die Zielsetzung des Gesetzes auf die Reinhaltung der Luft von Luftschadstoffen, die durch den Betrieb von Heizungsanlagen entstehen, und auf die Energieeinsparung durch eine rationelle Energienutzung von Heizungsanlagen. Der Begriff der „Luftschadstoffe" wird in § 3 Z 35 definiert. Maßnahmen der Luftreinhaltung dienen dazu, die Belastung der Luft mit Schadstoffen zu verringern und Menschen, Tiere und Pflanzen vor Luftverschmutzung zu schützen. Eine Luftverschmutzung liegt vor, wenn die natürliche Zusammensetzung der Luft durch luftfremde Substanzen (Luftschadstoffe) verändert wird. Folgende Luftschadstoffe spielen eine besondere Rolle: Kohlendioxid (CO_2), Feinstaub, Stickstoffdioxid (NO_2), Schwefeldioxid (SO_2), Kohlenstoffmonoxid (CO), Schwermetalle (Blei, Quecksilber, Kadmium), OGC (Kohlenstoff), etc.

1. Abschnitt – Allgemeines

Wie bereits das Kärntner Heizungsanlagengesetz – K-HeizG, LGBl. Nr. 63/1998, regelt das Gesetz das Inverkehrbringen, die Errichtung und den Betrieb von Feuerungsanlagen. Neu sind die Regelungen über Blockheizkraftwerke (§ 2 Z 12), die sich jedoch auf Errichtung, Betrieb und Überprüfung dieser Anlagen beschränken. Diese Vorschriften entstammen der Vereinbarung gemäß Art. 15a B-VG über das Inverkehrbringen von Kleinfeuerungen und die Überprüfung von Feuerungsanlagen und Blockheizkraftwerken, LGBl. Nr. 103/2012. Der Kärntner Landtag hat dieser Vereinbarung in seiner 39. Sitzung am 19. April 2012 die Zustimmung erteilt. Sie ist für das Land Kärnten am 4. November 2012 in Kraft getreten und innerhalb von 2 zwei Jahren umzusetzen. Die Vereinbarung soll die Vereinbarung der Länder gemäß Art. 15a B-VG über Schutzmaßnahmen betreffend Kleinfeuerungen, LGBl. Nr. 54/1995, ersetzen.

Mit der Vereinbarung LGBl. Nr. 54/1995, wurde eine bundeseinheitliche Typenprüfung vor dem Inverkehrbringen von Heizungsanlagen eingeführt, die einheitliche Emissionsgrenzwerte unter dem Gesichtspunkt des Umweltschutzes sicherstellt. Im Übrigen sind die Anforderungen der landesrechtlichen Regelungen über die Errichtung, die Ausstattung und die Überprüfung von Heizungsanlagen österreichweit uneinheitlich oder gar nicht geregelt. Die „Kleinfeuerungsvereinbarung" aus dem Jahr 1995 ist mittlerweile technisch überholt.

Aus diesem Grunde fasste die Landesamtsdirektorenkonferenz am 26. März 2003 den Beschluss, eine Länderexpertenkonferenz zu beauftragen, konkrete Änderungsvorschläge zur Kleinfeuerungsvereinbarung vorzulegen. Die nunmehr vorliegende Vereinbarung ist das Ergebnis der Arbeit der Länderexpertenkonferenz, an der zeitweise auch Vertreter der Wirtschaft teilnahmen.

Der Vereinbarungsentwurf enthält im Wesentlichen folgende Inhalte:

Abschnitt I: Allgemeine Bestimmungen und Begriffsbestimmungen

Abschnitt II: Inverkehrbringen von Kleinfeuerungen – Typenprüfung

Abschnitt III: Errichtung und Ausstattung von Feuerungsanlagen und Blockheizkraftwerken

Abschnitt IV: Emissiongrenzwerte und Abgasverluste für den Betrieb von Feuerungsanlagen und Blockheizkraftwerken

Abschnitt V: Zulässige Brenn- und Kraftstoffe

Abschnitt VI: Überprüfungen und Messungen von Feuerungsanlagen beim Betrieb

Abschnitt VII: Vereinheitlichung der Qualifikation der Prüforgane

Kärnten hat einen Vorbehalt gegenüber Abschnitt VI erklärt. Abschnitt VI betrifft die Überprüfungen der Feuerungsanlagen und die Sanierungsverpflichtungen. Seitens des Landes Kärnten wurde die Übernahme von Abschnitt VI abgelehnt, um sicherzustellen, dass sich diese Bestimmungen nicht auch auf bereits bestehende Heizungsanlagen beziehen. Aufgrund des technischen Zustandes des Altanlagenbestandes wird seitens der Fachabteilung davon ausgegangen, dass mindestens 40 bis 50 Prozent der bestehenden Zentralheizungsanlagen für feste Brennstoffe zu sanieren oder auszutauschen sind. Da hiebei aus sozialen Gründen Förderungen erforderlich wären, ergäbe dies über mehrere Jahre ein erforderliches Budget von ca. 50 bis 75 Mio. Euro. Die Lösung dieser Fragen soll der landesrechtlichen Umsetzung vorbehalten werden.

Mit 28. Jänner 2011 wurde von der Verbindungsstelle eine beglaubigte Abschrift der von den Landeshauptleuten unterzeichneten Vereinbarung übermittelt. Mit Schreiben vom 10. November 2010 übermittelte die Verbindungsstelle der Bundesländer die Mitteilung der Europäischen Kommission, dass die Kommission gemäß Art. 9.3 der Richtlinie 98/34/EG beabsichtige, für den gleichen Gegenstand EU-rechtliche Vorschriften vorzuschlagen bzw. zu erlassen. Aus diesem Grund wurde die Stillhaltefrist im Notifikationsverfahren nach RL 98/34/EG für die gegenständliche Vereinbarung bis 8. August 2011 verlängert, was bedeutete, dass die Vereinbarung nicht vor Ablauf dieser Frist „als technische Vorschrift erlassen werden durfte".

Begründend wurde von der Kommission ausgeführt, dass sie plane, aufgrund der Richtlinie 2009/125/EG (Ökodesign-RL) Durchführungsvorschriften zu erlassen. So sollten im ersten Quartal 2011 Los 1 (Boiler und Kombiboiler) und Los 2 (Warmwasserbereiter) mit den Mitgliedstaaten abgestimmt werden. Darüber hinaus sei mit den Mitgliedstaaten eine Abstimmung über Los 15 (kleine Anlagen zur Verbrennung fester Brennstoffe) im Dezember 2011 und über Los 20 (lokale Raumheizprodukte) 2012 vorgesehen.

Ende November 2011 fand eine Länderexpertenkonferenz in Wien statt, um über die weitere Vorgangsweise hinsichtlich der gegenständlichen Vereinbarung zu beraten. Einhellige Empfehlung der Länderex-

1. Abschnitt – Allgemeines　　　　　　　　　　　　　　　　　**§ 1**

pertenkonferenz, gegen die seitens der Bundesländer keine Einwendungen vorgebracht worden sind, ist:

„Die vorliegende von den Landeshauptleuten bereits unterzeichnete und einem Notifizierungsverfahren nach RL 98/34/EG unterzogene Vereinbarung (Status: beglaubigte Abschrift vorgelegt mit 28. Jänner 2011) soll ehest möglich von allen Ländern ratifiziert werden. Der Vereinbarungstext widerspricht nicht zum heutigen Tag geltendem Unionsrecht."

Ferner wurde auf Empfehlung der Länderexpertenkonferenz folgende Mitteilung an die Europäische Kommission gesendet:

„Die im Verfahren 2010/544/A notifizierte Vereinbarung gemäß Art. 15a B-VG wird nach Ablauf der Stillhaltefrist nunmehr weiter verfolgt, da die seinerzeit „avisierten" Durchführungsvorschriften zur „Öko-Design-Richtlinie" 2009/125/EG sich entgegen den damaligen Annahmen weiter verzögern und es unbedingt notwendig ist, einen einigermaßen aktuellen Stand der Technik in Bezug auf inverkehrbringensrelevante Emissionsgrenzwerte und Wirkungsgradanforderungen von Kleinfeuerungen sowie betriebsbezogene Emissionsgrenzwerte und Abgasverluste für Feuerungsanlagen und Blockheizkraftwerke zu fixieren, um damit ältere – jedenfalls nicht mehr aktuelle Vorschriften – abzulösen."

§ 1 Grundsätze und Ziele

Ziel dieses Gesetzes sind
1. die Reinhaltung der Luft von schädlichen und unzumutbar belästigenden Luftschadstoffen, die durch den Betrieb von Heizungsanlagen entstehen, und
2. die Einsparung von Energie durch eine rationelle Energienutzung von Heizungsanlagen.

ErlRV Verf-197/5/1997, 11 f (zu § 1 K-HeizG 1998 idF LGBl 1998/63):

„Nachdem die Länder aufgrund der B-VG-Novelle 1988 nur mehr für die Luftreinhaltung in bezug auf Heizungsanlagen zuständig sind, beschränkt sich die Zielsetzung des Gesetzes nunmehr auf die Reinhaltung der Luft von Luftschadstoffen, die durch den Betrieb von Heizungsanlagen verursacht werden.

Die zweite Zielsetzung des Gesetzes ist die Einsparung Energie durch eine rationelle Nutzung der Energie von Heizungsanlagen. Zu diesem Zweck werden in Ausführung der Vereinbarung gemäß Art. 15a B-VG über die Einsparung von Energie, LGBl. Nr. 55/1995, Wirkungsgrade entsprechend Art. 6 dieser Vereinbarung festgelegt. Die Wirkungsgrade für Zentralheizungsanlagen nach dem dritten Abschnitt des Gesetzes (Anlage 4) entsprechen der RL 92/42/EWG [Anm: siehe nunmehr die Verordnungsermächtigung in § 4 Abs 4]."

§ 2 Geltungsbereich

(1) In Umsetzung dieser Ziele regelt dieses Gesetz
a) das Inverkehrbringen von Feuerungsanlagen,
b) die Errichtung und den Betrieb von Feuerungsanlagen und Blockheizkraftwerken,
c) die Überprüfung von Feuerungsanlagen und Blockheizkraftwerken.

(2) Heizungsanlagen iS dieses Gesetzes sind Anlagen, die dazu bestimmt sind, Wärme für die Heizung von Gebäuden oder Teilen davon und/oder zur Warmwasserbereitung zu erzeugen.

(3) Der 6. Abschnitt dieses Gesetzes gilt nicht für Heizungsanlagen, wenn sie Betriebsvorschriften nach gewerberechtlichen und/oder abfallwirtschaftsrechtlichen und/oder kesselrechtlichen und/oder elektrizitätsrechtlichen Regelungen des Bundes unterliegen.

(4) Abschnitte 2 und 4 dieses Gesetzes gelten nur für Kleinfeuerungsanlagen iSd § 3 Z 33.

(5) Soweit Bestimmungen dieses Gesetzes den Zuständigkeitsbereich des Bundes berühren, sind sie so auszulegen, dass sich keine über die Zuständigkeit des Landes hinausgehende Wirkung ergibt.

ErlRV Verf-197/5/1997, 12 f (zu § 2 K-HeizG 1998 idF LGBl 1998/63):

„Das K-HeizG soll grundsätzlich das Inverkehrbringen, die Errichtung und den Betrieb von Heizungsanlagen regeln. [...]

1. Abschnitt – Allgemeines § 2

Die Erläuternden Bemerkungen zur BVG-Novelle 1988 führen aus, daß den „Ländern die Kompetenz zur Regelung von Heizungsanlagen im bisherigen Umfang erhalten bleiben soll" (607 der Beilagen zu den Stenographischen Protokollen des NR, XVII GP, S 8). Die Länder seien nach wie vor ermächtigt, insbesondere die technische Ausführung von Heizungsanlagen, vor allem auch hinsichtlich ihres Immissonsverhaltens, und damit im Zusammenhang stehende Bewilligungspflichten zu regeln sowie die Einhaltung solcher Vorschriften zu überwachen.

Raschauer (Studie zur Erfassung der gemäß Art. VIII der BVG-Novelle 1988 als partikuläres Bundesrecht in Geltung stehenden Vorschriften auf dem Gebiet der Luftreinhaltung, S 24) führt aus:

„Als Zwischenergebnis ist daher festzuhalten, daß Regelungen der Länder, die Heizungsanlagen – dh. Anlagen zum Erwärmen von Räumen zur Schaffung einer physiologisch günstigen Umgebung – im Hinblick auf die Reinhaltung der Luft Regelungen unterwerfen (Bewilligungspflichten, Brennstoffregelungen, Emissionsregeln, Energie- bzw. Abgasverlust, Abluftreinigung etc.), unverändert dem Zuständigkeitsbereich der Länder zuzuzählen sind. Den Ländern ist überdies – wie der Ausschußbericht (817 BlgNR 17. GP S 2) klargestellt hat, auch die Befugnis zur Erlassung auf die Emissionen aus Heizungsanlagen bezogener Immissionsgrenzwerte unbenommen geblieben."
(Hervorhebung nicht im Original).

In der Literatr [Anm: Literatur] wird überwiegend davon ausgegangen, daß die Kompetenz der Länder betreffend „Heizungsanlagen" jedenfalls den „Hausbrand" erfaßt. Darüber hinaus unterliegen auch Heizungsanlagen anderer Zweckgebäude, insbesondere gewerblicher Betriebsanlagen der „Luftreinhaltungskompetenz" der Länder (vgl. Raschauer, aaO, S 25, Bußjäger, Was bedeutet „Luftreinhaltung, unbeschadet der Zuständigkeit der Länder für Heizungsanlagen?", ZfV 1996/4, S 527).

Wie bereits vor der BVG-Novelle 1988 unterliegen Heizungsanlagen in gewerblichen Betriebsanlagen der Baurechtskompetenz der Länder. Bereits bisher herrschte auf dem Gebiet der gewerblichen Heizungsanlagen der Grundsatz der Kumulation. Sowohl der Bundesgesetzgeber war ermächtigt, Bestimmungen über Emissionen aus gewerblichen Heizungsanlagen zu erlassen, als auch der Landesgesetzgeber im Rahmen seiner Baurechtskompetenz.

Im Sinn dieser Ausführungen regelt das K-HeizG alle Heizungsanlagen, die der Beheizung von Wohnräumen dienen. Das bedeutet, daß Heizungsanlagen, die sowohl der Beheizung von Betriebsräumlichkeiten als auch von Wohnräumen dienen, jedenfalls in den Geltungsbereich des K-HeizG fallen, auch wenn sie nur in untergeordnetem Ausmaß der Beheizung des Wohnraumes dienen.

Soweit in bestimmten Angelegenheiten nach herrschender Auffassung bisher keine baurechtliche Zuständigkeit der Länder vorhanden war, besteht auch weiterhin keine Kompetenz zur Regelung von Heizungsanlagen. Konkret betrifft dies Heizungsanlagen in spezifischen Verkehrsanlagen, Bergbauanlagen oder in Militärbauten (vgl. Bußjäger, aaO , S 527ff).

Hinsichtlich der Bedarfskompetenz des Art. 11 Abs. 5 B-VG zur Erlassung einheitlicher Emissionsgrenzwerte für Luftschadstoffe, sofern ein Bedürfnis nach Erlassung einheitlicher Vorschriften vorhanden ist, ist davon auszugehen, daß der Bund diese Kompetenz aufgrund der mit[t]lerweile abgeschlossenen Vereinbarung gemäß Art. 15a 8-VG über Schutzmaßnahmen betreffend Kleinfeuerungsanlagen nicht mehr wahrnehmen kann.

Die Begriffsdefinition des § 2 Abs. 2 des Gesetzes umfaßt jedoch nicht nur Anlagen, die der Beheizung von Wohnräumen dienen, sondern auch Anlagen, die der Wasserbereitung für Wohnzwecke dienen. Bereits Funk (Die neuen Umweltschutzkompetenzen des Bundes, aaO, S 7Off) , Schwarzer (Die neuen Luftreinhaltungskompetenzen des Bundes, aaO , S 47ff) und Bußjäger, (Was bedeutet „Luftreinhaltung, unbeschadet der Zuständigkeit der Länder für Heizungsanlagen?", ZfV 1996/4, S 522ff) haben die Auffassung vertreten, daß landesgesetzliche Vorschriften vor 1988 auch Anlagen zur Warmwasseraufbereitung geregelt haben, und diese Kompetenz der Länder erhalten geblieben ist.

Ferner wird in der Literatur davon ausgegangen, das Heizungsanlagen, die als zentrale Anlagen mehrere Gebäude beheizen, wie etwa bestimmte Hackschnitzelanlagen, Heizungsanlagen sind, und der Landeskompetenz unterliegen. Hingegen seien kalorische Kraftwerke, die mittels einer Feuerungsanlage Elektrizität erzeugen nicht Heizungsanlagen, die in die Landeskompetenz fallen (vgl. Bußjäger, aaO, S 528; Schwarzer, aaO, S 49).

§ 2 Abs. 3 [Anm: § 2 Abs 4 idgF] des Gesetzes bestimmt ferner, daß der zweite und dritte Abschnitt [Anm: Abschnitte 2 und 4 idgF] dieses

1. Abschnitt – Allgemeines   § 2

Gesetzes nur für Kleinfeuerungsanlagen iSd § 3 Z 1 [Anm: § 3 Z 33 idgF] gelten. Der zweite Abschnitt des Gesetzes setzt die sog. „Kleinfeuerungsvereinbarung" der Länder um, der dritte Abschnitt dient der Implementierung der RL 92/42/EWG.

Die „Kleinfeuerungsvereinbarung" bestimmt in Anlehnung an die RL 92/42/EWG, daß Kleinfeuerungsanlagen Heizungsanlagen bis zu einer Brennstoffwärmeleistung von 400 kW sind, um den Ländern eine einheitliche Umsetzung der RL 92/42/EWG und der „Typenprüfung" der Kleinfeuerungsvereinbarung zu ermöglichen. Nach dem jedoch nicht ausgeschlossen ist, daß in großen Wohnhäusern Heizungsanlagen mit einer Brennstoffwärmeleistung von mehr als 400 kW eingebaut werden, soll mit dem umfassenderen Begriff der „Heizungsanlage" sichergestellt werden, daß auch diese Heizungsanlagen den Betriebsvorschriften des 4. Abschnittes [Anm: Abschnitt 6 idgF] unterliegen."

ErlRV -2V-LG-618/28-2007, 2 (zu § 2 Abs 2 und 2a K-HeizG 1998 idF LGBl 2008/34 [Anm: § 2 Abs 2 und 3 idgF]):

„Die „Luftreinhaltung" war ursprünglich als sog. „Annexmaterie" je nach ihrem Sachzusammenhang verschiedenen Kompetenztatbeständen des B-VG zuzuordnen, wobei der Bereich der Heizungsanlagen in die Zuständigkeit der Länder gemäß Art. 15 B-VG fiel.

Mit der B-VG-Novelle 1988, BGBl. Nr. 685, wurde eine umfassende luftreinhaltungsrechtliche Zuständigkeit des Bundes in Gesetzgebung und Vollziehung unter dem Titel „Luftreinhaltung", unbeschadet der Zuständigkeit der Länder für Heizungsanlagen" in Art. 10 Abs. 1 Z 12 B-VG geschaffen. Entsprechend den Erläuterungen in der Regierungsvorlage bleibt die einschlägige Kompetenz der Länder für Heizungsanlagen „prinzipiell im bisherigen Umfang" weiter aufrecht (607 BlgNR 17. GP, S 8). Eine gewisse Einschränkung ergibt sich aus der Bedarfsgesetzgebungskompetenz des Bundes gemäß Art. 11 Abs. 5 B-VG zur Erlassung einheitlicher Emissionsgrenzwerte für Luftschadstoffe, die auch für den Landesgesetzgeber im Hinblick auf Heizungsanlagen bindend wäre.

Im Gegensatz zur bisherigen Diktion des § 2 Abs. 2 des K-HeizG ist die Regelungskompetenz der Länder aber nicht auf die Regelung der Raumheizung und der Warmwasserbereitung in privaten Haushalten, den sog. „Hausbrand", beschränkt, sondern erstreckt sich auch auf gewerbliche Betriebsanlagen (vgl. Bußjäger, Was bedeutet, „Luftreinhaltung, unbeschadet der Zuständigkeit der Länder für Heizungsanlagen", ZfV 1996, 521f). Das Kärntner Heizungsanlagengesetz gilt demnach für alle Anlagen, die die Raumheizung und/oder der Warmwasserbereitung dienen. Nicht als Heizungsanlagen im kompetenzrechtlichen Sinn gelten Anlagen die Prozesswärme liefern, wie Herde für die Zubereitung von Speisen oder eine prozessorientierte Feuerungsstätte in einem Gewerbebetrieb. Auch kalorische Kraftwerke, die mittels einer Feuerungsanlage Elektrizität erzeugen, fallen nicht unter den Begriff „Heizungsanlage". Heizungsanlagen, die in Anlagen installiert werden, die einer umfassenden Regelungskompetenz des Bundes unterliegen, wie etwa Bergbauanlagen oder militärische Anlagen, sind dem landesgesetzlichen Regelungsbereich ebenso entzogen. Dies wird mit der salvatorischen Klausel nach § 2 Abs. 4 [Anm: § 2 Abs 5 idgF] bestätigt."

ErlRV 01-VD-LG-1462/4-2013, 7 f und 10 (zu LGBl 2014/1):

„Wie bereits das Kärntner Heizungsanlagengesetz – K-HeizG, LGBl. Nr. 63/1998, regelt das Gesetz das Inverkehrbringen, die Errichtung und den Betrieb von Feuerungsanlagen. Neu sind die Regelungen über Blockheizkraftwerke (§ 2 Z 12 [Anm: § 3 Z 12]), die sich jedoch auf Errichtung, Betrieb und Überprüfung dieser Anlagen beschränken. Diese Vorschriften entstammen der Vereinbarung gemäß Art. 15a B-VG über das Inverkehrbringen von Kleinfeuerungen und die Überprüfung von Feuerungsanlagen und Blockheizkraftwerken, LGBl. Nr. 103/2012. Der Kärntner Landtag hat dieser Vereinbarung in seiner 39. Sitzung am 19. April 2012 die Zustimmung erteilt. Sie ist für das Land Kärnten am 4. November 2012 in Kraft getreten und innerhalb von 2 zwei Jahren umzusetzen. Die Vereinbarung soll die Vereinbarung der Länder gemäß Art. 15a B-VG über Schutzmaßnahmen betreffend Kleinfeuerungen, LGBl. Nr. 54/1995, ersetzen.

[...]

Abschnitte 2 und 4 des Gesetzesentwurfes gelten nur für Kleinfeuerungsanlagen iSd § 3 Z 32. Damit wird der sog. „Hausbrand" erfasst. Wie bisher und in den Art. 15a B-VG- Vereinbarungen vorgesehen, soll die Typenprüfung nur für Heizungsanlagen bis 400 kW gelten. Dasselbe gilt für den 4. Abschnitt, der die Richtlinie 92/42/EWG über die Wirkungsgrade von mit flüssigen oder gasförmigen Brennstoffen beschickten neuen Warmwasserheizkesseln umsetzt. Entsprechend dem Geltungsbereich dieser Richtlinie ist die Anwendung auf die in § 16 Abs. 1 genannten Zentralheizungsanlagen bis 400 kW beschränkt. Die ausdrückliche Nichtanwendbarkeit des 6. Abschnittes auf Heizungsanlagen, wenn sie Betriebvorschriften nach gewerberechtlichen, abfallwirtschaftsrechtlichen, kesselrechtlichen oder elektrizitätsrechtlichen Regelungen des Bundes (zB Abfallverbrennungsverordnung – AVV, BGB II Nr. 389/2002, idgF, Emissionsschutzgesetz für Kesselanlagen – EG-K 2013, BGB I Nr. 127/2013, Feuerungsanlagen-Verordnung – FAV, BGBl. II Nr. 331/1997) unterliegen, soll dem Gedanken der Verwaltungseffizienz entsprechen und Doppelregelungen vermeiden (Deregulierung)."

§ 3 Begriffsbestimmungen

Die nachstehenden Begriffe haben in diesem Gesetz folgende Bedeutung:

1. Abgas ist in der Feuerstätte bei der Verbrennung fester, flüssiger und/oder gasförmiger Brennstoffe entstehendes, gasförmiges Verbrennungsprodukt einschließlich der in ihm schwebenden festen oder flüssigen Bestandteile und eines allfälligen Luftüberschusses.

2. Abgasverlust ist jene auf den Heizwert des Brennstoffes bezogene Wärmemenge, die mit den Verbrennungsgasen ungenutzt abgeführt wird.

3. Allgemeine Ökodesign-Anforderung ist eine Ökodesign-Anforderung, die das gesamte ökologische Profil einer Feuerungsanlage ohne Grenzwerte für einen bestimmten Umweltaspekt betrifft.

4. Andere wichtige Ressourcen sind Wasser, Chemikalien oder jede andere Ressource, die die betreffende Feuerungsanlage bei Normalbetrieb verbraucht.

5. Baureihe ist eine Menge von Serienprodukten technisch gleicher Bauart, aber mit unterschiedlicher Wärmeleistung oder unterschiedlicher Ausführung (zB Verkleidungen), sofern diese die Eigenschaften der Produkte im Hinblick auf Funktion und Emission nicht beeinflussen.

6. Bauteile und Baugruppen sind Teile, die zum Einbau in Feuerungsanlagen bestimmt sind, jedoch nicht als Einzelteile für Endnutzer in Verkehr gebracht und/oder in Betrieb genommen werden

können oder deren Umweltverträglichkeit nicht getrennt geprüft werden kann.

7. Benannte Stelle ist eine von einem EU-Mitgliedstaat oder sonstigem Vertragsstaat des Abkommens über den Europäischen Wirtschaftsraum der Europäischen Kommission gemeldete Stelle, die autorisiert ist, ein EG-Konformitätsverfahren gemäß einer EU-Richtlinie durchzuführen.

8. Bestimmungsgemäßer Betrieb der Heizungsanlage ist jener Betrieb, der gemäß der technischen Dokumentation für die Heizungsanlage vorgesehen ist.

9. Bestimmungsgemäßer Betrieb der Feuerungsanlage ist jener Betrieb, der gemäß der technischen Dokumentation für den Betrieb der Feuerungsanlage vorgesehen ist.

10. Bevollmächtigter ist eine in der Europäischen Union niedergelassene natürliche oder juristische Person, die vom Hersteller schriftlich beauftragt worden ist, in seinem Namen den mit diesem Gesetz verbundenen Verpflichtungen und Förmlichkeiten vollständig oder teilweise nachzukommen.

11. Biogene Brennstoffe sind Brennstoffe, die aus erneuerbarer Materie (Pflanzen, Bäume, Sträucher etc) gewonnen werden (zB Scheitholz, Hackschnitzel, Pellets, Rinde, Stroh, Produkte aus Ölsaaten usw).

12. Blockheizkraftwerk (BHKW) ist eine stationäre Verbrennungskraftmaschine zur Bereitstellung von elektrischem Strom mit Wärmenutzung für die Raumheizung oder zur Warmwasserbereitung.

13. Boschzahl ist der Grad der Schwärzung eines Filterpapiers, verursacht durch die aus der Verbrennung in Verbrennungskraftmaschinen stammenden und emittierten Feststoffteilchen (qualitative Beurteilung).

14. Brennstoffwärmeleistung ist die mit dem Brennstoff zugeführte, auf den Heizwert Hi des zulässigen Brennstoffes bezogene durchschnittliche stündliche Wärmemenge.

15. Brennwertgeräte sind Feuerungsanlagen mit teilweiser Nutzung der Kondensationswärme.

16. CO-Emission ist die Emission von Kohlenstoffmonoxid.

17. Das ökologische Profil ist die Beschreibung – gemäß der für die Feuerungsanlage einschlägigen Durchführungsmaßnahme – der der Feuerungsanlage während ihres Lebenszyklus zurechenbaren,

1. Abschnitt – Allgemeines § 3

für ihre Umweltauswirkung bedeutsamen Zufuhren und Abgaben (z.B. von Materialien, Emissionen und Abfällen), ausgedrückt in messbaren physikalischen Größen.

18. Datenblatt ist eine einheitliche Aufstellung von Angaben über eine Feuerungsanlage.

19. Energetische Verwertung ist die Verwendung von Abfällen zur Energieerzeugung durch Verbrennung allein oder zusammen mit anderen Abfällen und unter Verwertung der dabei entstehenden Wärme.

20. Feste fossile Brennstoffe sind Brennstoffe, die aus erdgeschichtlichen Lagerstätten gewonnen werden. Dazu zählen:
   a) alle Arten von Braunkohle,
   b) alle Arten von Steinkohle,
   c) Braunkohlebriketts, Steinkohlebriketts, Koks,
   d) Torf.

21. Feuerstätte ist eine wärmeerzeugende Geräteeinheit, in der Verbrennungsprodukte entstehen, die an die Außenluft abgeführt werden müssen.

22. Feuerungsanlage ist eine Feuerstätte, in der zum Zweck der Gewinnung von Nutzwärme für die Raumheizung oder zur Warmwasserbereitung Brennstoffe verbrannt und deren Abgase ins Freie abgeleitet werden, einschließlich allfälliger Verbindungsstücke und angeschlossener oder nachgeschalteter Abgasreinigungsanlagen.

23. Flüssige fossile Brennstoffe sind flüssige Mineralölprodukte, die dazu bestimmt sind, als Brennstoffe verwendet zu werden.

24. Gasförmige fossile Brennstoffe sind Erdgas und Flüssiggas.

25. Gebäudegesamtheizlast ist die Summe aus Raumheizlast und Warmwasserheizlast.

26. Händler ist ein Einzelhändler oder jede andere Person, die Feuerungsanlagen an Endverbraucher verkauft, vermietet, zum Ratenkauf anbietet oder ausstellt.

27. Harmonisierte Norm ist eine technische Spezifikation, die von einem anerkannten Normungsgremium im Auftrag der Europäischen Kommission und nach den in der Richtlinie 98/34/EG des Europäischen Parlaments und des Rates vom 22. Juni 1998 über ein Informationsverfahren auf dem Gebiet der Normen und technischen Vorschriften genannten Verfahren zur Festlegung einer europäischen Anforderung ausgearbeitet und verabschiedet wurde, die jedoch nicht rechtsverbindlich ist.

28. Heizungsanlage ist die Gesamtheit der Anlagenteile, die der Wärmeversorgung dienen (Feuerungsanlage oder Blockheizkraftwerk, Wärmeverteilungs- und Abgabesystem).

29. Heizwert (Hi) ist die Wärmemenge, die bei der vollständigen Verbrennung von 1 kg festem oder flüssigem Brennstoff oder 1 m³ gasförmigem Brennstoff im Normzustand frei wird, wenn das bei der Verbrennung gebildete Wasser dampfförmig vorhanden ist und die Verbrennungsprodukte auf 25° C zurückgeführt werden.

30. Hersteller ist eine natürliche oder juristische Person, die Feuerungsanlagen herstellt und für deren Übereinstimmung mit diesem Gesetz zum Zweck des Inverkehrbringens und/oder der Inbetriebnahme unter dem Namen oder der Handelsmarke des Herstellers oder für dessen eigenen Gebrauch verantwortlich ist. Gibt es keinen Hersteller oder keinen Importeur iSd Z 31, so gilt als Hersteller jede natürliche oder juristische Person, die Feuerungsanlagen in Verkehr bringt und/oder in Betrieb nimmt.

31. Importeur ist eine in der Europäischen Union niedergelassene natürliche oder juristische Person, die im Rahmen ihrer Geschäftstätigkeit eine aus einem Drittstaat stammende Feuerungsanlage in der Europäischen Union in Verkehr bringt.

32. Inverkehrbringen ist
a) das erstmalige Abgeben oder Versenden einer Feuerungsanlage oder eines wesentlichen Bauteiles einer Kleinfeuerungsanlage zum Zweck des Anschlusses,
b) das Herstellen, Zusammenfügen oder Einführen einer Feuerungsanlage oder eines wesentlichen Bauteiles einer Feuerungsanlage für den Eigengebrauch.

Als Inverkehrbringen gilt nicht das Überlassen von Feuerungsanlagen oder Bauteilen davon zum Zweck der Prüfung, Lagerung, Verschrottung, Abänderung oder Instandsetzung sowie das Rückliefern von zur Prüfung, Lagerung, Abänderung oder Instandsetzung übernommenen Feuerungsanlagen oder Bauteilen davon an den Auftraggeber.

33. Kleinfeuerungsanlagen sind technische Einrichtungen bis zu einer Nennwärmeleistung von 400 kW, die dazu bestimmt sind, zum Zweck der Gewinnung von Nutzwärme für die Raumheizung oder zur Warmwasserbereitung (allenfalls auch gleichzeitig für die Zubereitung von Speisen) Brennstoffe in einer Feuerstätte zu verbrennen, und bei denen die Verbrennungsgase über eine Abgasanlage

1. Abschnitt – Allgemeines § 3

abgeleitet werden; das Verbindungsstück zwischen Feuerstätte und Abgasanlage ist, soweit es nicht Einbauten enthält, die für den bestimmungsgemäßen Betrieb der Kleinfeuerungsanlage notwendig sind, nicht Teil der Kleinfeuerungsanlage; bei Außenwandgeräten sind jedoch die Abgasanlage und der Mauerkasten Teil der Kleinfeuerungsanlage.

34. Lebenszyklus ist die Gesamtheit der aufeinander folgenden und miteinander verknüpften Existenzphasen einer Feuerungsanlage von der Verarbeitung des Rohmaterials bis zur Entsorgung.

35. Lieferant ist der Hersteller oder dessen zugelassener Vertreter in der Europäischen Union oder der Importeur, der die Feuerungsanlage in der Union in Verkehr bringt oder in Betrieb nimmt. In Ermangelung dessen gilt jede natürliche oder juristische Person als Lieferant, die Feuerungsanlagen in Verkehr bringt oder in Betrieb nimmt.

36. Luftschadstoffe sind Stoffe, die Veränderungen der natürlichen Zusammensetzung der Luft durch Partikel, Gase, Geruchsstoffe oder Aerosole bewirken.

37. Materialien sind alle Materialien, die während des Lebenszyklus einer Feuerungsanlage verwendet werden.

38. Mittelbare Auswirkungen sind Auswirkungen von Feuerungsanlagen, die zwar keine Energie verbrauchen, jedoch während des Gebrauchs zur Einsparung von Energie beitragen.

39. Nennlast ist der Betrieb der Feuerungsanlage bei Nennwärmeleistung.

40. Nennwärmeleistung (Pn) ist die höchste für den Betrieb der Feuerungsanlage (Nennlast) vorgesehene Wärmeleistung (Höchstleistung des Wärmeerzeugers bei Dauerbetrieb).

41. Nicht standardisierte biogene Brennstoffe sind Brennstoffe, die ausschließlich oder überwiegend naturbelassene erneuerbare Materie als Ausgangsmaterial haben, für die aber keine Normierung besteht (zB Biogas, Pflanzenöle, Stroh).

42. NMHC-Emissionen sind die Summe der Emissionen von organisch gebundenem Kohlenstoff, berechnet und angegeben als elementarer Kohlenstoff, abzüglich des Anteils an Methan.

43. NOx-Emissionen sind die Summe der Emissionen von Stickstoffmonoxid und Stickstoffdioxid, berechnet und angegeben als Stickstoffdioxid (NO2).

44. OGC-Emissionen sind die Summe der Emissionen von organisch gebundenem Kohlenstoff, berechnet und angegeben als elementarer Kohlenstoff.

45. Ökodesign-Anforderung ist eine Anforderung an eine Feuerungsanlage oder an ihre Gestaltung, die zur Verbesserung ihrer Umweltverträglichkeit bestimmt ist, oder die Anforderung, über Umweltaspekte der Feuerungsanlage Auskunft zu geben.

46. Produktgestaltung ist die Gesamtheit der Prozesse zur Umsetzung von rechtlichen und technischen Anforderungen, Sicherheits-, Funktions- und Markterfordernissen oder sonstigen Anforderungen an eine Feuerungsanlage in deren technischer Beschreibung.

47. Raumheizgerät ist eine Einzelfeuerungsanlage zur unmittelbaren Beheizung des Aufstellungsraumes (zB Kaminöfen, Kachelöfen, Öl- oder Gasraumheizgeräte, Küchenherde).

48. Recycling ist die industrielle oder gewerbliche Wiederaufbereitung von Abfallmaterialien für den ursprünglichen oder einen anderen Zweck, jedoch mit Ausnahme der energetischen Verwertung.

49. Rußzahl ist der Grad der Schwärzung eines Filterpapiers, verursacht durch die aus der Verbrennung in Feuerungsanlagen stammenden und emittierten Feststoffteilchen (qualitative Beurteilung).

50. Serie ist eine Menge von in allen Merkmalen baugleich hergestellten Produkten.

51. SO2-Emission ist die Emission von Schwefeldioxid.

52. Spezifische Ökodesign-Anforderung ist eine Ökodesign-Anforderung in Form einer messbaren Größe für einen bestimmten Umweltaspekt einer Feuerungsanlage wie etwa den Energieverbrauch im Betrieb bei einer bestimmten Ausgangsleistung.

53. Standardisierte biogene Brennstoffe sind Brennstoffe, die ausschließlich oder überwiegend naturbelassene erneuerbare Materie als Ausgangsmaterial haben und deren wesentliche verbrennungstechnische Qualitätsmerkmale (zB Wassergehalt, Stickstoffgehalt) in Normen geregelt sind (zB Stückholz, Holzpellets, biogene Heizöle).

54. Staub-Emission ist die Emission von im Abgas dispergierten Partikeln unabhängig von Form, Struktur und Dichte, welche auf Basis eines gravimetrischen Messverfahrens quantitativ beurteilt werden.

1. Abschnitt – Allgemeines § 3

55. Teillast ist der Betrieb der Feuerungsanlage bei einer Wärmeleistung, die kleiner ist als die Nennwärmeleistung.
56. Umweltaspekt ist ein Bestandteil oder eine Funktion einer Feuerungsanlage, die während des Lebenszyklus der Feuerungsanlage mit der Umwelt in Wechselwirkung treten kann.
57. Umweltauswirkung ist eine einer Feuerungsanlage während ihres Lebenszyklus ganz oder teilweise zurechenbare Veränderung der Umwelt.
58. Umweltgerechte Gestaltung („Ökodesign") ist die Berücksichtigung von Umwelterfordernissen bei der Gestaltung der Feuerungsanlage mit dem Ziel, die Umweltverträglichkeit der Feuerungsanlage während ihres gesamten Lebenszyklus zu verbessern.
59. Umweltverträglichkeit einer Feuerungsanlage ist das in den technischen Unterlagen dokumentierte Ergebnis der Bemühungen des Herstellers um die Umweltaspekte der Feuerungsanlage.
60. Unbefugte Verwendung des Etiketts ist die Verwendung des Etiketts, außer durch Behörden der Mitgliedstaaten oder Organe der Europäischen Union, in einer Weise, die nicht in der Richtlinie 2010/30/EG oder einem delegierten Rechtsakt vorgesehen ist.
61. Unmittelbare Auswirkungen sind Auswirkungen von Feuerungsanlagen, die während des Gebrauchs tatsächlich Energie verbrauchen.
62. Verbesserung der Umweltverträglichkeit ist der sich über mehrere Produktgenerationen erstreckende Prozess der Verbesserung der Umweltverträglichkeit einer Feuerungsanlage, wenn auch nicht unbedingt aller Umweltaspekte zugleich.
63. Wärmeleistung ist die je Zeiteinheit von der Feuerungsanlage nutzbar abgegebene durchschnittliche Wärmemenge.
64. Wärmeleistungsbereich ist der vom Hersteller der Feuerungsanlage festgelegte Bereich, in dem diese bestimmungsgemäß betrieben werden darf.
65. Warmwasserbereiter ist eine Anlage, die der direkten Erwärmung von Nutz- bzw. Trinkwasser dient (Vorratswasserheizer und Durchlauferhitzer).
66. Wesentlicher Bauteil einer Heizungsanlage ist der mit einem Brenner auszurüstende Kessel oder der zur Ausrüstung eines Kessels bestimmte Brenner.
67. Wiederverwendung ist eine Maßnahme, durch die eine Feuerungsanlage, die das Ende ihrer Erstnutzung erreicht hat, erneut für

denselben Zweck verwendet wird, für den sie ursprünglich bestimmt war, einschließlich der weiteren Nutzung einer Feuerungsanlage, die bei einer Rücknahmestelle, einem Vertreiber, Recyclingbetrieb oder Hersteller abgegeben wurde, sowie die erneute Nutzung einer Feuerungsanlage nach ihrer Aufarbeitung.

68. Wirkungsgrad in % ist das Verhältnis von Nutzenergie zur Aufwandenergie.

69. Zentralheizgerät ist eine Feuerungsanlage zur Beheizung mehrerer Räume mittels kontrollierter Wärmeverteilung.

70. Zusätzliche Angaben sind weitere Angaben über die Leistung und Merkmale einer Feuerungsanlage, die sich auf deren Verbrauch an Energie oder anderen wichtigen Ressourcen beziehen oder für die Beurteilung dieses Verbrauchs von Nutzen sind und die auf messbaren Daten beruhen.

ErlRV Verf-197/5/1997, 12, 14 und 15 (zu § 3 K-HeizG 1998 idF LGBl 1998/63):

„Der Begriff der „Luftschadstoffe" wird in § 3 Z 28 [Anm: § 3 Z 36 idgF] definiert. Dabei wurde die Begriffsbestimmung des Immissionsschutzgesetzes-Luft (IG-L), BGBl. 1 Nr. 115/1997, berücksichtigt. Die Begriffsbestimmung des K-HeizG soll sicherstellen, daß Rauch, Ruß, Staub, Schwebestoffe, Dämpfe, Gase und Geruchsstoffe, die für den menschlichen Organismus schädlich oder nach dem Empfinden eines durchschnittlich und normal empfindenden Menschen unzumutbar belästigend sind, hintangehalten werden können.

[...]

Die Definition der Kleinfeuerungsanlage in § 3 Z 1 [Anm: § 3 Z 33 idgF] entstammt der „Kleinfeuerungsvereinbarung". Diese Definition berücksichtigt die Richtlinie des Rates 78/170/EWG vom 13. 2. 1978 betreffend die Leistung von Wärmeerzeugern zu Raumheizung und Warmwasserbereitung.

[...]

Zum Begriff des „Inverkehrbringens" ist anzumerken, daß die Abgabe von Bauteilen eines ortsfest gesetz[t]en Ofens (zB. Kacheln eines Kachelofens) nicht als „Inverkehrbringen" dieses Ofens anzusehen ist. Entsprechend § 5 Abs. 5 und 6 dieses Gesetzes [Anm: § 5 Abs 5 und 6 idgF] gilt als „Inverkehrbringen" des ortsfestgesetzten Ofens die „Errichtung" dieses Ofens, da jeder ortsfestgesetzte Ofen einem individuellen Bauplan folgt, und daher erst der Hafner mit der Errichtung des Ofens das fertige Produkt liefert und nutzbar macht. Es muß daher auch der Hafner dem Betreiber die technische Dokumentation mit der Bestätigung übergeben, daß der ortsfest gesetzte Ofen oder Herd den Bestimmungen dieses Gesetzes entspricht."

ErlRV 01-VD-LG-1462/4-2013, 7 und 10 f (zu LGBl 2014/1):

„Der Begriff der „Luftschadstoffe" wird in § 3 Z 35 [Anm: Z 36] definiert. Maßnahmen der Luftreinhaltung dienen dazu, die Belastung der Luft mit Schadstoffen zu verringern und Menschen, Tiere und Pflanzen vor Luftverschmutzung zu schützen. Eine Luftverschmutzung liegt vor, wenn die natürliche Zusammensetzung der Luft durch luftfremde Substanzen (Luftschadstoffe) verändert wird. Folgende Luftschadstoffe spielen eine besondere Rolle: Kohlendioxid (CO_2), Feinstaub, Stickstoffdioxid (NO_2), Schwefeldioxid (SO_2), Kohlenstoffmonoxid (CO), Schwermetalle (Blei, Quecksilber, Kadmium), OGC (Kohlenstoff), etc.

[...]

Die Begriffsbestimmungen in § 3 entstammen der Art. 15 a B-VG-Vereinbarung und den in § 32 Abs. 8 angeführten unionsrechtlichen Vorschriften, die es umzusetzen gilt. Die Art. 15a B-VG-Vereinbarung wiederum orientiert sich an den einschlägigen ÖNORMEN, den harmonisierten europäischen Normen sowie der bisherigen „Kleinfeuerungsvereinbarung".

Bezüglich der materiellrechtlichen Anforderungen wird zwischen Feuerungsanlagen und Blockheizkraftwerken unterschieden; hinsichtlich der Verbrennungstechnik udgl bestehen wesentliche Unterschiede.

Zum Begriff der „Brennstoffwärmeleistung" ist zu bemerken, dass Feuerungsanlagen auch mit mehreren Brennstoffen betrieben werden können. Zu den Begriffen „Brennstoffwärmeleistung", „Nennwärmeleistung", „nicht standardisierte biogene Brennstoffe" wird darauf hingewiesen, dass für Feuerungsanlagen für den Leistungsbereich der Typenprüfung (bis 400 kW) in Übereinstimmung mit der RL 92/42/EWG auf die „Nennwärmeleistung" und für den Leistungsbereich, der auch von der Feuerungsanlagen-Verordnung abgedeckt wird, in Über-

einstimmung mit dieser auf die „Brennstoffwärmeleistung" abgestellt wird. Bei Blockheizkraftwerken wird ausschließlich auf die „Brennstoffwärmeleistung" abgestellt.
Zentralheizgeräte setzen eine kontrollierte Wärmeverteilung voraus. Nicht als Zentralheizgeräte gelten in diesem Sinn zB Kachelöfen zur Wärmeversorgung mehrerer Räume, weil hier keine kontrollierte Wärmeverteilung gegeben ist."

2. Abschnitt – Zulassung von Kleinfeuerungsanlagen

ErlRV 01-VD-LG-1462/4-2013, 11 (zu LGBl 2014/1):

„Zum 2. Abschnitt:

Der 2. Abschnitt regelt die grundsätzlichen Voraussetzungen, unter welchen Kleinfeuerungsanlagen und deren wesentliche Bauteile unter luftreinhalterechtlichen Aspekten in Verkehr gebracht werden dürfen. Die Bestimmungen entsprechen im Wesentlichen dem bisherigen 2. Abschnitt des K-HeizG und der Art. 15a-B-VG-Vereinbarung."

§ 4 Inverkehrbringen und Errichten von Kleinfeuerungsanlagen

(1) Kleinfeuerungsanlagen und wesentliche Bauteile von Kleinfeuerungsanlagen dürfen nur in Verkehr gebracht, errichtet, eingebaut und betrieben werden, wenn
 a) sie die Emissionsgrenzwerte nach Abs. 4, bei wesentlichen Bauteilen in Kombination mit den in der technischen Dokumentation angegebenen Kesseln oder Brennern, nicht überschreiten,
 b) sie die Wirkungsgrade nach Abs. 4, bei Bauteilen in Kombination mit den in der technischen Dokumentation angegebenen Kesseln oder Brennern, aufweisen,
 c) ihnen eine schriftliche, technische Dokumentation (§ 7) beigegeben worden ist,
 d) an der Kleinfeuerungsanlage oder dem wesentlichen Bauteil ein Typenschild (§ 8) angebracht worden ist und
 e) sie die Anforderungen des 3. und 4. Abschnittes erfüllen.
(2) Abs. 1 lit. b gilt nicht für

2. Abschnitt – Zulassung von Kleinfeuerungsanlagen § 4

a) Zentralheizungsanlagen für flüssige und gasförmige Brennstoffe und deren Bauteile und
b) Warmwasserbereiter für flüssige und gasförmige Brennstoffe und deren Bauteile.

(3) Zentralheizungsanlagen iSd Abs. 2 lit. a und deren Bauteile müssen die Wirkungsgradanforderungen des 4. Abschnittes erfüllen.

(4) Die Landesregierung kann zur Erreichung der in § 1 genannten Ziele nach dem jeweiligen Stand der Technik und unter Bedachtnahme auf rechtliche Verpflichtungen im Rahmen der europäischen Integration durch Verordnung Bestimmungen über Emissionsgrenzwerte und Wirkungsgrade erlassen.

ErlRV Verf-197/5/1997, 4 und 15 ff (zu § 4 K-HeizG 1998 idF LGBl 1998/63):

„Kleinfeuerungsanlagen verursachen einen beträchtlichen Anteil der gesamtösterreichischen Emissionen von Luftschadstoffen. Für Raumheizung und Warmwasserbereitung werden etwa 40 % des heimischen Endenergieverbrauches benötigt.

Zahlreiche Studien belegen beachtliche Schadstoffreduktionen bei Anwendung von den ökologischen Erfordernissen entsprechenden Verbrennungstechnologien und bei der Modernisierung des veralteten Anlagenbestandes.

Die Erfahrungen der Praxis haben jedoch gezeigt, daß aus verwaltungsökonomischer und technischer Sicht (Fehlen von einheitlichen Meßnormen und Meßgeräten) eine flächendeckende Kontrolle des Betriebs von Einzelöfen nicht möglich ist. Insbesondere bei Heizungsanlagen für feste Brennstoffe sind Emissionsmessungen nur am Prüfstand vor der Installation der Anlage zielführend, weil eine Sanierung von beim Betrieb festgestellten Mängeln zu kostspielig wäre. Aus diesem Grund ist es unausweichlich, eine Typenprüfung vor dem Inverkehrbringen von Heizungsanlagen einzuführen und die bisherigen Regelungen der Errichtung und des Betriebs von Heizungsanlagen baurechtlicher und luftreinhaltungsrechtlicher Natur durch eine Regelung des Inverkehrbringes und der Inbetriebnahme von Heizungsanlagen zu ergänzen.

Um den Anliegen der Industrie und den verfassungsrechtlichen Anforderungen des Artikel 4 B-VG Rechnung zu tragen, haben sich alle Bundesländer auf eine einheitliche Vorgangsweise bei der Regelung des Inverkehrbringens von Heizungsanlagen geeinigt.

Die Landeshauptmännerkonferenz hat am 6. Mai 1993 den Beschluß gefaßt, dem Abschluß einer Vereinbarung gemäß Art. 15a B-VG über Schutzmaßnahmen betreffen Kleinfeuerungen positiv gegenüberzustehen, da eine bundeseinheitliche Regelung auf diesem Gebiet für zweckmäßig erachtet würde (VST-244/10 vom 10. Mai 1993).

Mit der Vereinbarung gemäß Art. 15a B-VG über Schutzmaßnahmen betreffend Kleinfeuerungen, LGBl. Nr. 54/1995, wurde schließlich eine bundeseinheitliche Typenprüfung eingeführt. Als Vorbild diente auch die steirische Feuerungsanlagen-Genehmigungs-Verordnung, LGBl. Nr. 33/1992, idgF, welche die Zulassung von Feuerungsanlagen an die Erteilung einer Typen- oder Einzelgenehmigung knüpft. Die Emissionsgrenzwerte der Anlage 1 zu diesem Gesetz stimmen mit den derzeit gültigen Emissionsgrenzwerten der steirischen Verordnung überein. Die Erfahrungen in der Steiermark, wo seit dem nkrafttreten der Feuerungsanlagen-Genehmigungs-Verordnung (1.1.1994) ca 730 Typen bzw. Baureihen genehmigt wurden, zeigen, daß die Industrie durchaus in der Lage ist, den vorgeschriebenen Emissionsgrenzwerten gerecht zu werden.

Auch durch ein Gutachten des Bundeskanzleramt-Verfassungsdienstes vom 14. Dezember 1992, GZ 600.619/22-V/5/92, wurde bestätigt, daß eine Zuständigkeit der Länder zur Regelung des Inverkehrbringens von Heizungsanlagen gegeben ist. Das Erkenntnis des VfGH VfSlg. 10.831/1986 zwingt zu dem Schluß, daß in diesem Bereich keine Bundeskompetenz gegeben ist, da sich gewerberechtliche Regelungen nur auf den Schutz eines Gewerbes, den Schutz vor Gefahren, die von Gewerbebetrieben ausgehen, und auf den Konsumentenschutz beziehen können.

Vorschriften über das Inverkehrbringen von Heizungsanlagen bezogen auf Aspekte des Umweltschutzes, der Luftreinhaltung und der Energieeinsparung müssen auf Art. 15 Abs. 1 B-VG, welcher eine Generalklausel zugunsten der Länder enthält und die Gesetzgebungszuständigkeit der Länder auf dem Gebiet des Baurechts beinhaltet, gestützt werden. Nicht zuletzt anläßlich der Umsetzung der EU-Bauproduktenrichtlinie in den Baustoffzulassungs- und Akkreditierungsgesetzen

2. Abschnitt – Zulassung von Kleinfeuerungsanlagen § 4

der Länder, wurde kein Zweifel gelassen, daß die Regelung des Inverkehrbringens von Bauprodukten und Baunebenprodukten eine Angelegenheit der Länder darstellt.

[...]

Der zweite Abschnitt regelt die Voraussetzungen, unter welchen Kleinfeuerungsanlagen in Verkehr gebracht, errichtet und betrieben werden dürfen. Diese Anforderungen gelten für alle Kleinfeurungsanl[a]gen, die diesem Gesetz unterliegen (§ 2 Abs. 3 iVm § 3 Z 1 [Anm: § 2 Abs 4 iVm § 3 Z 33 idgF]).

Wie bereits in den Allgemeinen Bemerkungen ausgeführt wurde, hat die Vereinbarung gemäß Art. 15a B-VG über Schutzmaßnahmen betreffend Kleinfeuerungen zum Ziel, mit einer sog. „Typenprüfung" sicherzustellen, daß nur mehr solche Kleinfeuerungsanlagen in Verkehr gebracht werden, welche die vorgeschriebenen Emissionsgrenzwerte einhalten. Unter dem Begriff „Typenprüfung" wird grundsätzlich verstanden, daß bei Serienprodukten der Prüfbericht lediglich für ein Erzeugnis dieser Serie vorzulegen ist.

Während einerseits Emissionen aus dem Bereich Verkehr kaum in den Griff zu bekommen sind, besteht eine relativ einfache regulatorische Eingriffsmöglichkeit bei den für einen Großteil der Luftschadstoffe im Winterhalbjahr verantwortlichen Einzelheizanlagen, indem gesetzliche Emissionsgrenzwerte über eine Typenprüfung eingefordert werden.

Die Statistiken zeigen, daß die relevanten Luftschadstoffe überwiegend durch Verbrennungsprozesse in die Atmosphäre gelangen. Die Emissionen stammen zum Großteil aus der Erzeugung von Energie aus fossilen Brennstoffen, im geringen Ausmaß aus industriellen Prozessen und aus Abfüll- und Verdunstungsvorgängen. Die Verursacher, die luftfremde Stoffe in die Atmosphäre freisetzen, werden üblicherweise in die Emittentengruppen „Industrie", „Verkehr" und „Kleinverbraucher (Hausbrand)" untergliedert, wobei für Raumheizung und Warmwasserbereitung ca. 40 % des heimischen Endenergieverbrauches benötigt werden.

Im Bundesland Kärnten werden ca. 200.000 Wohnungen über verschiedene Heizsysteme mit Wärme versorgt. Gemessen an den freigesetzten Schadstoffen ist der Hausbrand während der kalten Jahreszeit neben Industrie, Gewerbe und Verkehr von großer Bedeutung. Vergleicht man Kärnten mit der österreichweiten Statistik, so zeigt sich das in

Kärnten mit über 51 % der höchste Anteil an Feststoffheizungen gegeben ist. auffallend [Anm: Auffallend] niedrig ist der Anteil von 7 % an Nah- und Fernwärmeversorgungsanlagen.

<u>Verteilung der beheizten Wohnungen nach der Brennstoffart</u>

	Anzahl	Anteil%
Holz	62.000	31
Kohle, Koks, Briketts	40.000	20
Heizöl	56.000	28
el. Strom	26.000	13
Sonstige	14.000	7
Gas	2.000	1

(Kärntner Umweltbericht 1994, S 259)

Es kann festgehalten werden, daß der überwiegende Anteil der Wärme in Einzelfeuerungen erzeugt wird und somit der durch den <u>Hausbrand</u> verursachte <u>Anteil an der gesamten Schadstoffbelastung</u> der Luft als <u>wesentlich</u> anzusehen ist.

<u>Anteil des Hausbrandes an den Gesamtemissionen</u>

Schadstoffkomponente	Anteil
Schwefeldioxid	40%
Kohlenmonoxid	35%
Stickoxide	6%
Unverbrannte Kohlenwasserstoffe	20%
Schwebstaub	50%

(Kärntner Umweltbericht 1994, S 259)

Zum Stand der Verbrennungstechnik und dem Emissionsverhalten von <u>Festbrennstoffheizungen</u> ist Nachstehendes auszuführen:

„Hier sind neben einer geringen Anzahl von Anlagen, die im Hinblick auf Wirkungsgrad und Emissionsverhalten eine ausgereifte Verbrennungstechnik aufweisen, zum übe[r]wiegenden Anteil Anlagen mit veralteten Ofensystemen (in der Regel Durchbrandverfahren) im Einsatz. Die meisten dieser Anlagen sind von der Verbrennungstechnik ausschließlich für kurzflammige Brennstoffe, wie z.B. Koks, konzipiert und haben bei Verwendung anderer Brennstoffe, wie z.B. Holz (langflammiger Brennstoff), erstens einen schlechten Wirkungsgrad (häufig nur um 40 %) und zeigen sehr hohe Schadstoff-Emissionen. Bei Überprüfungen durch das Amt der Kärntner Landesregierung, Unterabteilung Luftreinhaltung, zeigte sich, daß in vielen Fällen diese Anlagen als sogenannte „Allesbrenner" mit Holz und verschiedenen Kohlearten (z.B. Braunkohle) betrieben werden, wodurch eine deutliche Erhöhung des Schadstoffausstoßes erfolgt. Bei Verwendung von holz- und gasreichen Kohlesorten in dafür nicht geeigneten Anlagen entstehen durch die unvollständige Verbrennung eine Vielzahl von Kohlenwasserstoffverbindungen, wie z.B. Acrolein, Aldehyde, Phenole, Formaldehyd, Furfurol und weitere aromatische Kohlenwasserstoffe, die zum Teil auch ein kanzerogenes Wirkungspotential besitzen und nebenbei noch zu einer massiven Geruchsbelästigung führen. Zusätzlich zu den Kohlenwasserstoffverbindungen treten auch erheblich Konzentrationen an Kohlenmonoxid auf. Polyzyklische aromatische Kohlenwasserstoffe werden bevorzugt an Feinstäuben absorbiert und angereichert, die eine lange Verweildauer in der Atmosphäre aufweisen und letztlich direkt lungengängig sind. Die Schwefeldioxid-Emissionen sind bei den Festbrennstoffen ebenfalls vom Schwefelgehalt abhängig und können nur durch Auswahl möglichst schwefelarmer Brennstoffe beeinflußt werden." Kärntner Umweltbericht 1994, S 259)

Eine weitgehende Verringerung der Emissionen an Kohlenwasserstoffen und Kohlenmonoxid ist nur bei Verwendung speziell konstruierter Kesselanlagen erreichbar. Deshalb ist insbesondere bei Festbrennstoffheizungen nur eine Prüfung der Betriebswerte vor dem Inverkehrbringen auf dem Prüfstand sinnvoll und zielführend. Eine flächendeckende Kontrolle der Errichtung und des Betriebs von Einzelöfen ist darüberhinaus aus verwaltungsökonomischen und technischen Gründen (Fehlen von einheitlichen Meßnormen und Meßgeräten) nicht möglich, weshalb die Typenprüfung vor dem Inverkehrbringen

den einzig zielführenden Weg zur Schadstoffreduktion beim Hausbrand darstellt. Festzuhalten ist, daß Kleinfeuerungsanlagen, die dem Stand der Technik nicht entsprechen, nach Einbau nicht mehr umgerüstet werden können oder, daß bei der überwiegenden Anzahl dieser

Anlagen eine technische Umrüstung in keinem angemessenen Verhältnis zu den damit verbundenen Kosten stehen würde. Hier scheint es nicht gerechtfertigt, dem Konsumenten die technischen und finanziellen Probleme aufzubürden, die mit dem Austausch einer nicht entsprechenden Anlage verbunden wären. Im Fall der Einführung einer Typenprüfung vor dem Inverkehrbringen kann der Konsument darauf vertrauen, daß er eine dem Stand der Technik entsprechende Anlage erwirbt und einbaut.

Die Anforderungen des § 4 gelten sinngemäß für Bauteile von Kleinfeuerungsanlagen (Kessel oder Brenner - § 3 Z 7 [Anm: § 3 Z 66 idgF]), welche die Emissionswerte und Wirkungsgrade jeweils in Kombination mit den in der technischen Dokumentation angegebenen Kesseln oder Brennern erfüllen müssen.

Grundsätzlich soll mit diesen Regelungen der lnverkehrbringer verpflichtet werden. Unter „Inverkehrbringen" wird nach § 3 Z 29 [Anm: § 3 Z 32 idgF]"das erstmalige Abgeben oder Versenden einer Kleinfeuerungsanlage oder eines Bauteils zum Zweck des Anschlusses oder das Herstellen, Zusammenfügen oder Einführen einer Kleinfeuerungsanlage oder eines Bauteiles für den Eigengebrauch" verstanden. Zum „Inverkehrbringen von ortsfest gesetzten Ofen und Herden" vgl. Erlt. zu § 3 [Anm: siehe oben].

Mit der Regelung des lnverkehrbringens wird intendiert, schlechte Anlagen vom Markt fernzuhalten und insofern den Konsumenten zu schützen. Im übrigen kann dem Konsumenten kaum zugemutet werden, technische Werte einer Kleinfeuerungsanlage zu überprüfen. Deshalb soll auf einer ersten Ebene der Handel in Pflicht genommen werden.

Von den Verpflichtungen des § 4 sind aber auch der Eigentümer oder sonstige Nutzungsberechtigte, die die Anlage errichten und betreiben, betroffen. Die Errichtung und der Betrieb der Anlage wird entweder im Zuge eines Baubewilligungsverfahrens oder einer Meldepflicht im Rahmen der Bauordnung bzw. anläßlich der Überprüfung durch den Rauchfangkehrer nach § 16 leg. cit. [Anm: § 23 idgF] überprüft.

Grundsätzlich muß für alle Kleinfeuerungsanlagen nachgewiesen werden, daß

a) sie die Emissionsgrenzwerte der Anlage 1 [Anm: siehe § 4 Abs 4 idgF] nicht überschreiten,

2. Abschnitt – Zulassung von Kleinfeuerungsanlagen § 4

b) sie mindestens die Wirkungsgrade der Anlagen 2 und 4 [Anm: siehe § 4 Abs 4 idgF] einhalten,

c) ihnen eine technische Dokumentation beigegeben ist und

d) an der Kleinfeuerungsanlage ein Typenschild angebracht worden ist.

Der Nachweis, daß die Emissionsgrenzwerte nicht überschritten werden, muß durch einen Prüfbericht erbracht werden. Der Nachweis der Einhaltung der Wirkungsgrade der Anlage 2 [Anm: siehe § 4 Abs 4 idgF] ist ebenfalls durch den Prüfbericht einer zugelassenen Stelle zu erbringen."

ErlRV 01-VD-LG-1462/4-2013, 11 f (zu LGBl 2014/1):

„Der 2. Abschnitt regelt die grundsätzlichen Voraussetzungen, unter welchen Kleinfeuerungsanlagen und deren wesentliche Bauteile unter luftreinhalterechtlichen Aspekten in Verkehr gebracht werden dürfen. Die Bestimmungen entsprechen im Wesentlichen dem bisherigen 2. Abschnitt des K-HeizG und der Art. 15a-B-VG-Vereinbarung.

Gesetzestechnisch soll jedoch ein anderer Weg beschritten werden. Um flexibler und rascher auf technische Veränderungen und den technischen Fortschritt reagieren zu können, werden die technischen Betriebswerte nicht im Gesetz selbst sowie bisher (Anlagen des K-HeizG) normiert, sondern sollen in einer Durchführungsverordnung festgesetzt werden (§ 4 Abs. 4). Bei der Erlassung der Verordnung ist auf den Stand der Technik und das Unionsrecht Bedacht zu nehmen. Die in der Art. 15a-B-VG-Vereinbarung LGBl. Nr. 103/2012 festgelegten Emissionsgrenzwerte und Wirkungsgrade stellen derzeit den Stand der Technik dar.

Zentralheizungsanlagen und Warmwasserbereiter für flüssige und gasförmige Brennstoffe und deren Bauteile müssen den Wirkungsgradanforderung des 4. Abschnittes, mit dem die RL/92/42/EWG über die Wirkungsgrade von mit flüssigen oder gasförmigen Brennstoffen beschickten neuen Warmwasserheizkesseln umgesetzt wurde, entsprechen.

Insgesamt soll damit sichergestellt werden, dass nur mehr solche Kleinfeuerungsanlagen in Verkehr gebracht werden, welche dem Stand der Technik entsprechen. Unter dem Begriff „Typenprüfung" wird grundsätzlich verstanden, dass bei Serienprodukten der Prüfbericht lediglich für ein Erzeugnis dieser Serie vorzulegen ist. Die Anforderungen des § 4 gelten sinngemäß für wesentliche Bauteile von Kleinfeuerungsanlagen (Kessel oder Brenner – § 3 Z 66), welche die Emissionswerte und Wirkungsgrade jeweils in Kombination mit den in der technischen Dokumentation angegebenen Kesseln oder Brennern erfüllen müssen. Von den Verpflichtungen des § 4 ist aber auch der Eigentümer oder sonstige Verfügungsberechtigte über die Anlage betroffen. Die Errichtung und der Betrieb der Anlage wird entweder im Zug eines Baubewilligungsverfahrens oder einer Anzeigepflicht im Rahmen der Bauordnung oder nach § 20 dieses Gesetzes überprüft.

Grundsätzlich muss für alle Kleinfeuerungsanlagen und deren wesentlichen Bauteile nachgewiesen werden, dass

a) sie die Emissionsgrenzwerte der Durchführungsverordnung nicht überschreiten,

b) sie mindestens die Wirkungsgrade der Durchführungsverordnung aufweisen,

c) ihnen eine technische Dokumentation beigegeben ist und

d) an der Kleinfeuerungsanlage oder dem wesentliche Bauteil ein Typenschild angebracht worden ist.

Hinsichtlich der Anforderungen an den Wirkungsgrad von Zentralheizungsanlagen für flüssige und gasförmige Brennstoffe wurde bereits auf die Bestimmungen des 4. Abschnittes hingewiesen."

§ 5 Prüfbericht

(1) Der Nachweis der Einhaltung der Emissionsgrenzwerte und Wirkungsgrade iSd § 4 Abs. 1 lit. a und b und Abs. 4 ist, soweit die Abs. 5 und 6 und der 4. Abschnitt nicht anderes bestimmen, auf Verlangen der Behörde vom Inverkehrbringer durch die Vorlage eines Prüfberichtes einer zugelassenen Stelle zu erbringen. Bei Serienprodukten oder Baureihen genügt die Vorlage eines Prüfberichtes für ein Erzeugnis dieser Serie. Für die Bestimmung einer Baureihe sind die einschlägigen ÖNORMEN heranzuziehen.

(2) Zugelassene Stellen iS dieses Gesetzes sind akkreditierte Anstalten, Stellen oder Einrichtungen eines Mitgliedstaates der Europäischen Union oder einer Vertragspartei des Abkommens über den

Europäischen Wirtschaftsraum im Rahmen des fachlichen Umfanges der Akkreditierung.

(3) Der Prüfbericht hat eine zusammenfassende Beurteilung, dass die beschriebene Kleinfeuerungsanlage die Emissionsgrenzwerte und Wirkungsgrade einhält, zu enthalten. Dies gilt sinngemäß für Bauteile von Kleinfeuerungsanlagen mit der Maßgabe, dass der Bauteil in Kombination mit den in der technischen Dokumentation angegebenen Kesseln oder Brennern die Emissionsgrenzwerte und Wirkungsgradanforderungen erfüllen muss. Ist der Original-Prüfbericht nicht in deutscher Sprache ausgestellt, muss dem Prüfbericht eine beglaubigte deutsche Übersetzung angeschlossen sein.

(4) Die Landesregierung kann unter Beachtung der Ziele des § 1 nach dem Stand der Technik durch Verordnung bestimmen, welche weiteren Daten im Prüfbericht jedenfalls enthalten sein müssen.

(5) Für ortsfest gesetzte Öfen oder Herde gilt der Nachweis der Einhaltung der Emissionsgrenzwerte und Wirkungsgradanforderungen als erbracht, wenn derjenige, der die Kleinfeuerungsanlage errichtet, in der technischen Dokumentation (§ 7) bestätigt, dass die dafür maßgeblichen Abmessungen und Ausführungen mit einem Ofen oder Herd übereinstimmen, für den bereits ein positiver Prüfbericht vorliegt.

(6) Für ortsfest gesetzte Öfen und Herde, für die keine Bestätigung nach Abs. 5 erfolgen kann, gilt der Nachweis als erbracht, wenn derjenige, der die Kleinfeuerungsanlage in Verkehr bringt, unter Zugrundelegung der Ofenberechnung und des Bauplanes des Ofens oder Herdes in der technischen Dokumentation (§ 7) bestätigt, dass der ortsfest gesetzte Ofen oder Herd einer für die Planung und den Bau solcher Öfen oder Herde als geeignet anerkannten Richtlinie entspricht. Eine solche Richtlinie gilt als geeignet anerkannt, wenn durch eine zugelassene Stelle (Abs. 2) durchgeführte diesbezügliche Untersuchungen ergeben haben, dass entsprechend dieser Richtlinie geplante und gesetzte Öfen oder Herde die Anforderungen erfüllen.

ErlRV Verf-197/5/1997, 20 f (zu § 5 K-HeizG 1998 idF LGBl 1998/63):

„Insbesondere bei Kleinfeuerungsanlagen für feste Brennstoffe ist, wie bereits ausgeführt, es aus verwaltungsökonomischen und technischen Gründen (Fehlen entsprechender einheitlicher Meßnormen und Meßgeräte) unmöglich, flächendeckende Emissionskontrollen im laufenden Betrieb durchzuführen. Es besteht daher die Notwendigkeit, nur solche Kleinfeuerungsanlagen in den Verkehr zu lassen, welche vor der Errichtung und Inbetriebnahme einer entsprechenden technischen Prüfung am Prüfstand unterzogen wurden.

Dabei ist es nicht erforderlich, daß jede einzelne Kleinfeuerungsanlage dieser Prüfung unterzogen wird, sondern es genügt die Vorlage eines Prüfberichtes für ein Erzeugnis einer Serie oder Baureihe (§ 3 Z 26 und Z 27 [Anm: § 3 Z 5 und 50 idgF]).

Für ortsfest gesetzt[t]e Öfen oder Herde, insbesondere Kachelöfen, gilt der Nachweis, daß die Emissionsgrenzwerte der Anlage 1 [Anm: siehe § 4 Abs 4 idgF] nicht überschritten und die Wirkungsgrade der Anlage 2 [Anm: siehe § 4 Abs 4 idgF] aufgewiesen werden, als erfüllt, wenn in der technischen Dokumentation (§ 7 [Anm: § 7 idgF]) bestätigt wird, daß die maßgeblichen Teile der Kleinfeuerungsanlage mit denen eines Ofen oder Herdes übereinstimmen, für den bereits der Nachweis eines positiven Prüfberichts erbracht worden ist. Ist dieser Nachweis nicht möglich, so darf der ortsfest gesetzte Ofen oder Herd dann in Verkehr gebracht werden, wenn in der technischen Dokumentation (§ 7 [Anm: § 7 idgF]) bestätigt wird, daß dieser Ofen oder Herd einer anerkannten Richtlinie entspricht. In diesem Fall müssen Untersuchungen einer zugelassen Stelle ergeben haben, daß entsprechend dieser Richtlinie geplante und gesetzte Öfen oder Herde die Anforderungen der Anlagen 1 und 2 [Anm: siehe § 4 Abs 4 idgF] erfüllen.

Bei ortsfest gesetzten Ofen ist die erwähnte Bestätigung durch den Hafner vorzunehmen, der das Produkt „Ofen herstellt".

[...]

Die Prüfung des Emissionsverhaltens und der Wirkungsgrade bei Kleinfeuerungsanlagen durch die zugelassene Stelle muß entsprechend den allgemein anerkannten Regeln der Technik erfolgen, wobei insbesondere auf ÖNORMEN und gleichwertige technische Regeln eines

Mitgliedstaates der EU oder einer Vertragspartei des EWR Bedacht zu nehmen ist.

Der Inhalt des Prüfberichtes ist in § 5 Abs. 3 geregelt. Der Prüfbericht muß die Feststellung enthalten, daß die Kleinfeuerungsanlage die Emissionsgrenzwerte der Anlage 1 nicht überschreitet und mindestens die Wirkungsgrade der Anlage 2 (oder 4) [Anm: siehe § 4 Abs 4 idgF] aufweist.

Wird der Prüfbericht durch eine ausländische Stelle ausgestellt, so ist eine beglaubigte deutsche Übersetzung anzufertigen, die dem Original-Prüfbericht anzuschließen ist.

Ist die Landesregierung der Auffassung, daß der Prüfbericht zur Ermöglichung eines effizienten Vollzuges weitere Daten enthalten muß, kann sie diese durch Verordnung festsetzen (zB. zugelassene Stelle, Beschreibung von Prüfeinrichtungen, Prüfmethoden, Versuchsbedingungen und Meßgeräten, Beschreibung des Prüfungsablaufes, technische Beschreibung der Kleinfeuerungsanlage etc.). Die weitere Determinierung des Prüfberichtes wurde jedoch aus Gründen der Flexibilität einer Verordnung vorbehalten um nicht der Erstellung österreichweit einheitlicher Vorgaben für einen Prüfbericht durch die Bundesländer vorzugreifen.

Der Prüfbericht ist grundsätzlich auf Verlangen der Behörde vom Inverkehrbringer vorzulegen. Um der Wirtschaft nicht unnötige Handelshemmnisse aufzuerlegen, wird bei dieser Verpflichtung nicht davon ausgegangen, daß jede Verkaufsstelle alle Prüfberichte der einzelnen Heizun[g]stypen lagernd zu halten hat, sie wird einen Prüfbericht jedoch auf Verlangen der Behörde innerhalb angemessener Frist vom Produzenten oder der Prüfstelle jederzeit zu beschaffen haben."

ErlRV 01-VD-LG-1462/4-2013, 12 f (zu LGBl 2014/1):

„Zugelassene Stellen zur Ausstellung eines Prüfberichtes iSd § 5 sind akkreditierte Stellen einer Vertragspartei des Abkommens über den Europäischen Wirtschaftsraum im Rahmen des fachlichen Umfangs der Akkreditierung. Hier werden insbesondere Akkreditierungen nach dem Akkreditierungsgesetz 2012, BGBl I Nr. 28, in Betracht kommen. Auch Prüfstellen die in den Mitgliedstaaten der EU akkreditiert sind, gelten als zugelassene Stellen, wenn sich ihre Zulassung auf Emissions- und Wirkungsgradmessungen bezieht. Wird ein Prüfbericht durch eine ausländische Stelle ausgestellt, so ist eine beglaubigte deutsche Übersetzung anzufertigen, die dem Original-Prüfbericht angeschlossen sein muss. § 5 Abs. 4 enthält die Möglichkeit, durch Verordnung weitere Daten des Prüfberichtes zu normieren.

Für ortsfest gesetzte Öfen oder Herde, insbesondere Kachelöfen, gilt der Nachweis der Einhaltung der Emissionsgrenzwerte und Wirkungsgradanforderungen als erbracht, wenn in der technischen Dokumentation bestätigt wird, dass die maßgeblichen Abmessungen und Ausführungen mit einem Ofen oder Herd übereinstimmen, für die ein positiver Prüfbericht vorliegt. Ist dieser Nachweis nicht möglich, so darf der Ofen oder Herd in Verkehr gebracht werden, wenn in der technischen Dokumentation bestätigt wird, dass dieser Ofen oder Herd einer anerkannten Richtlinie entspricht. Bei ortsfest gesetzten Öfen ist die erwähnte Bestätigung durch den Hafner vorzunehmen, der den Ofen herstellt."

§ 6 Verweigerung der Ausstellung des Prüfberichtes

Wenn zwei zugelassene Stellen die Ausstellung eines Prüfberichtes verweigert haben, hat die Landesregierung auf Antrag mit Bescheid festzustellen, ob die Kleinfeuerungsanlage die vorgeschriebenen Emissionsgrenzwerte und Wirkungsgrade einhält.

ErlRV Verf-197/5/1997, 22 (zu § 6 K-HeizG 1998 idF LGBl 1998/63):

„Um eine ordnungsgemäße Prüftätigkeit durch die zugelassenen Stellen sicherzustellen und dem Produzenten den entsprechenden Rechtsschutz bei willkürlicher Verweigerung eines positiven Prüfberichtes zu gewährleisten, soll die Landesregierung auf Antrag mit Bescheid feststellen, ob die Kleinfeuerungsanlage den Anforderungen der Anlage 1 und der Anlage 2 entspricht. Diese Rechtsschutzmöglichkeit soll dann gewährleistet sein, wenn dem Produzenten der positive Prüfbericht von zwei zugelassenen Stellen verweigert worden ist, damit leichtfertig oder mutwillig vorgebrachte Beschwerden hintangehalten werden (vgl. auch VfGH vom 3. 10. 1994, B 530/94-7).

ErlRV 01-VD-LG-1462/4-2013, 13 (zu LGBl 2014/1):

„Um eine ordnungsgemäße Prüftätigkeit durch die zugelassenen Stellen sicherzustellen und den Produzenten den entsprechenden Rechtsschutz bei willkürlicher Verweigerung eines positiven Prüfberichtes zu gewährleisten, soll die Landesregierung auf Antrag mit Bescheid feststellen, ob die Kleinfeuerungsanlage, die vorgeschriebene Emissionsgrenzwerte und Wirkungsgradanforderungen einhält. Die Rechtsschutzmöglichkeit soll dann gewährleistet sein, wenn dem Produzenten der positive Prüfbericht von zwei zugelassenen Stellen verweigert worden ist, damit leichtfertig oder mutwillig vorgebrachte Beschwerden hintangehalten werden (vgl. auch VfGH vom 3.10.1994, B 530/94-7)."

§ 7 Technische Dokumentation

(1) Der Kleinfeuerungsanlage muss eine schriftliche deutschsprachige technische Dokumentation beigefügt sein, die zu enthalten hat:
1. Angaben über den bestimmungsgemäßen Betrieb der Kleinfeuerungsanlage oder des wesentlichen Bauteils (Betriebs- und Wartungsanleitung);
2. Namen und Anschrift der zugelassenen Stelle, die den Prüfbericht erstellt hat, Nummer und Datum des Prüfberichtes oder bei ortsfest gesetzten Öfen eine Bestätigung iSd § 5;
3. Namen und Anschrift der benannten Stelle, Nummer und Datum des Konformitätsnachweises des Herstellers bei Zentralheizungsanlagen nach § 4 Abs. 2 lit. a;
4. Angabe der Emissionswerte laut Prüfbericht;
5. Angabe der Wirkungsgrade laut Prüfbericht oder Konformitätsnachweis;
6. bei händisch beschickten Kleinfeuerungsanlagen und bei automatisch beschickten Kleinfeuerungsanlagen unter 50 kW Nennwärmeleistung, wenn dies zur Einhaltung der Emissionsgrenzwerte gemäß § 4 erforderlich ist, den Hinweis, dass die Feuerungsanlage nur mit einem Pufferspeicher betrieben werden darf;
7. bei wesentlichen Bauteilen von Kleinfeuerungsanlagen, die Angabe, mit welchen Brennern oder Kesseln sie kombiniert werden können, damit die Kleinfeuerungsanlage nachweis-

lich die vorgeschriebenen Emissionsgrenzwerte und Wirkungsgradanforderungen einhält;
8. bei Kleinfeuerungsanlagen, die unter einen delegierten Rechtsakt nach der RL 2010/30/EU oder eine Verordnung nach § 11 Abs. 5 fallen (§ 13),
   a) eine allgemeine Beschreibung der Kleinfeuerungsanlage;
   b) gegebenenfalls die Ergebnisse der ausgeführten Konstruktionsberechnungen;
   c) Testberichte, soweit verfügbar, einschließlich der Prüfberichte einschlägiger gemeldeter Stellen, die in anderen Rechtsvorschriften der Europäischen Union festgelegt sind;
   d) falls bestimmte Werte für ähnliche Modelle verwendet worden sind: Bezugsangaben, die eine Identifizierung dieser Modelle ermöglichen.

(3) Ist einer Kleinfeuerungsanlage oder einem Bauteil einer Kleinfeuerungsanlage keine technische Dokumentation beigegeben, so hat die Landesregierung das Inverkehrbringen dieser Kleinfeuerungsanlage oder des Bauteiles zu untersagen.

(4) Der Eigentümer der Kleinfeuerungsanlage oder der über die Kleinfeuerungsanlage Verfügungsberechtigte (§ 23 Abs. 5) hat die technische Dokumentation für die Dauer des Betriebs der Kleinfeuerungsanlage aufzubewahren und auf Verlangen der Behörde oder des Rauchfangkehrers vorzulegen.

ErlRV Verf-197/5/1997, 22 (zu § 7 K-HeizG 1998 idF LGBl 1998/63):

„§ 7 regelt den Inhalt der technischen Dokumentation, die jeder Kleinfeuerungsanlage beigegeben sein muß. Sie hat ua. eine Bedienungs- und Wartungsanleitung, einen Hinweis auf den Prüfbericht, die Angabe von Emissionswerten und Wirkungsgraden zu enthalten. Sofern sie nicht in deutscher Sprache abgefaßt ist, ist ihr eine beglaubigte Übersetzung anzuschließen.

Der Eigentümer oder Nutzer der Kleinfeuerungsanlage ist verpflichtet, die technische Dokumentation aufzubewahren und auf Verlangen der Behörde oder des Rauchfangkehrers vorzulegen. Diese Vorschrift soll es insbesondere dem Rauchfangkehrer anläßlich seiner Überprüfungen

2. Abschnitt – Zulassung von Kleinfeuerungsanlagen §7

nach § 16 [Anm: § 23 idgF] ermöglichen, sofort festzustellen, ob die Kleinfeuerungsanlage einer Typenprüfung unterzogen wurde (Punkt 2 der technischen Dokumentation [Anm: § 7 Abs 1 Z 2 idgF]), und ob die vorgeschriebene Emissionsgrenzwerte und Wirkungsgrade (Punkt 3 und 4 der technischen Dokumentation [Anm: § 7 Abs 1 Z 4 und 5 idgF]) eingehalten werden."

ErlRV 01-VD-LG-1462/4-2013, 13 f (zu LGBl 2014/1):

Der Kleinfeuerungsanlage muss eine schriftliche deutschsprachige technische Dokumentation beigefügt sein (§ 7). Die Angaben entsprechen der Art. 15a-B-VG-Vereinbarung. Darüber hinaus setzt § 7 Abs. 1 Z 8 die Anforderungen der Richtlinie 2010/30/EU des Europäischen Parlaments und des Rates vom 19. Mai 2010 über die Angabe des Verbrauchs an Energie und anderen Ressourcen durch energieverbrauchsrelevante Produkte mittels einheitlichen Etiketten und Produktinformationen, ABl Nr L 153 vom 18. Juni 2010, 1, um. Die „Energieverbrauchsetikettierungs-RL" regelt energieverbrauchsrelevante Produkte. Das sind Gegenstände, deren Nutzung den Verbrauch an Energie beeinflusst und die in der Union in Verkehr gebracht oder in Betrieb genommen werden, einschließlich Teilen, die zum Einbau bestimmt sind. Damit können auch Feuerungsanlagen von der Richtlinie erfasst sein. Soweit die Kommission delegierte Rechtsakte bezüglich eines Produkttyps nach Art. 10 erlässt, haben Lieferanten die Produkte mit Etiketten zu kennzeichnen und Datenblätter mitzuliefern, eine technische Dokumentation zu erstellen und zur Einsicht bereit zu halten. Händler müssen dem Endverbraucher die Etiketten und Datenblätter zur Verfügung stellen. Mittels Etiketten und Produktinformationen soll der Konsument über den Energieverbrauch der Feuerungsanlage informiert werden. Art. 5 lit. b der RL enthält die Angaben, die die technische Dokumentation enthalten muss.

Der Eigentümer der Kleinfeuerungsanlage oder der über die Kleinfeuerungsanlage Verfügungsberechtigte (§ 23 Abs. 5) hat die technische Dokumentation aufzubewahren und auf Verlangen der Behörde oder des Rauchfangkehrers vorzulegen. Diese Vorschrift ermöglicht es dem Rauchfangkehrer anlässlich seiner Überprüfungen nach § 23 festzustellen, ob die Kleinfeuerungsanlage einer Typenprüfung unterzogen wurde und ob Emissionsgrenzwerte und Wirkungsgradanforderungen eingehalten werden."

§ 8 Typenschild

(1) Das Typenschild ist sichtbar, gut lesbar und dauerhaft am Brenner und am Kessel oder, soweit dies nicht möglich ist, an einem sonstigen Bauteil der Kleinfeuerungsanlage anzubringen. Das Typenschild muss, soweit sich diese Angaben nicht bereits auf dem Etikett nach § 10 Abs. 1 lit. b befinden, zumindest folgende Angaben enthalten:
1. Namen und Firmensitz des Herstellers;
2. Type und Handelsbezeichnung, unter der die Kleinfeuerungsanlage oder der wesentliche Bauteil vertrieben wird;
3. Herstellnummer und Baujahr;
4. Nennwärmeleistung und Wärmeleistungsbereich;
5. Brennstoffwärmeleistung der Kleinfeuerungsanlage oder des wesentlichen Bauteils bei Nennlast;
6. zulässige Brennstoffe;
7. zulässiger Betriebsdruck (des Wärmeträgers) in bar;
8. höchstzulässige Betriebstemperatur (des Wärmeträgers) in Grad Celsius;
9. Elektroanschluss (V, Hz, A) und Leistungsaufnahme (W);
10. bei händisch beschickten Kleinfeuerungsanlagen und bei automatisch beschickten Kleinfeuerungsanlagen unter 50 kW Nennwärmeleistung, wenn dies zur Einhaltung der Emissionsgrenzwerte gemäß § 4 erforderlich ist, den Hinweis, dass die Kleinfeuerungsanlage nur mit einem Pufferspeicher betrieben werden darf.

(2) Das Typenschild für ortsfest gesetzte Öfen und Herde muss lediglich die Angaben nach Abs. 1 Z 1 bis 4 und 6 enthalten.

(3) Es ist verboten, auf Kleinfeuerungsanlagen Kennzeichnungen anzubringen, durch die der Endverbraucher hinsichtlich der Bedeutung des Typenschilds irregeführt werden könnte. Jede andere Kennzeichnung darf auf der Kleinfeuerungsanlage angebracht werden, wenn sie die Sichtbarkeit oder Lesbarkeit des Typenschilds nicht beeinträchtigt.

(4) Weist eine Kleinfeuerungsanlage oder ein Bauteil einer Kleinfeuerungsanlage kein Typenschild auf oder enthält das Typenschild unrichtige Angaben, so hat die Landesregierung das Inverkehrbringen dieser Kleinfeuerungsanlage oder des Bauteils zu untersagen. Dies gilt in gleicher Weise, wenn eine Kleinfeuerungsanlage oder ein

Bauteil mit einem Zeichen gekennzeichnet ist, das mit einem Typenschild verwechselt werden kann.

ErlRV Verf-197/5/1997, 23 (zu § 8 K-HeizG 1998 idF LGBl 1998/63):

„Das Typenschild soll es der Behörde und dem Konsumenten ermöglichen, nachzuvollziehen, ob es sich bei dem entsprechenden Gerät um eine zugelassene Kleinfeuerungsanlage handelt.

[...]

§ 8 Abs. 4 [Anm: § 8 Abs 3 idgF] enthält ein Verbot, gefälsch[t]e Typenschilder an der Kleinfeuerungsanlage anzubringen.

Wird an Kleinfeuerungsanlagen das Typenschild angebracht, ohne daß die gesetzlichen Voraussetzungen hierfür vorliegen (Einhaltung der Wirkungsgrade und der Emissionsgrenzwerte, Vorliegen eines Prüfberichtes etc.), oder wird beabsichtigt Kleinfeuerungsanlagen ohne Typenschild oder mit einem gefälschten Typenschild in Verkehr zu bringen, hat die Landesregierung das Inverkehrbringen mit Bescheid zu untersagen und gegebenenfalls die Beseitigung des Typenschildes anzuordnen.

Für ortsfest gesetz[t]e Öfen und Herde ist ein auf die Angaben nach § 8 Abs. 2 Z 1 bis 4 und 6 [Anm: § 8 Abs 1 Z 1 bis 4 und 6 idgF] reduziertes Typenschild vorgesehen, weil nur die vorgeschriebenen Angaben bei einem ortsfestgesetztem Ofen möglich und sinnvoll sind."

ErlRV 01-VD-LG-1462/4-2013, 14 (zu LGBl 2014/1):

„Durch das Typenschild (§ 8) kann die Behörde und der Konsument rasch feststellen, ob es sich bei der Feuerungsanlage um eine zugelassene Kleinfeuerungsanlage handelt. Auf die „Energieverbrauchsetikettierungs-RL" wird insofern Bedacht genommen, als das Typenschild, das mit einem Etikett nach einem delegierten Rechtsakt (§ 11) versehen ist, im Typenschild nur mehr jene Anforderungen aufweisen muss, die nicht bereits im Etikett der RL 2010/30/EU aufscheinen (§ 10 Abs 1 lit. b). Die Überwachung der Kleinfeuerungsanlage hinsichtlich der Beigabe einer technischen Dokumentation und der Anbringung eines korrekten Typenschildes obliegt der Landesregierung. Für ortsfest gesetzte Öfen und Herde ist ein auf die Angaben nach § 8 Abs. 1 Z 1 bis 4 und 6 reduziertes Typenschild vorgesehen."

§ 9 Anerkennung von Prüfberichten und Zulassungen

(1) Prüfberichte aufgrund bundesrechtlicher Bestimmungen sind Prüfberichten nach diesem Gesetz gleichzuhalten, wenn sie von zugelassenen Stellen iSd § 5 Abs. 2 stammen, wenn sie aufgrund gleichwertiger Prüfverfahren erstellt wurden und bestätigen, dass die Emissionsgrenzwerte und Wirkungsgradanforderungen iSd § 4 eingehalten werden.

(2) Prüfberichte aufgrund landesrechtlicher Bestimmungen, die in Ausführung der Vereinbarung gemäß Art. 15a B-VG über das Inverkehrbringen von Kleinfeuerungen und die Überprüfung von Feuerungsanlagen und Blockheizkraftwerken, LGBl. Nr. 103/2012, erlassen wurden, sind Prüfberichten nach diesem Gesetz gleichzuhalten.

(3) Zulassungen zum Inverkehrbringen von Kleinfeuerungsanlagen nach landesrechtlichen Bestimmungen, die in Ausführung der Vereinbarung gemäß Art. 15a B-VG über das Inverkehrbringen von Kleinfeuerungen und die Überprüfung von Feuerungsanlagen und Blockheizkraftwerken, LGBl. Nr. 103/2012, erlassen wurden, sind Zulassungen nach dem 2. Abschnitt dieses Gesetzes gleichzuhalten.

(4) Prüfberichte von hiefür zugelassenen Stellen eines Mitgliedstaates der Europäischen Union oder einer Vertragspartei des Europäischen Wirtschaftsraumes iSd § 5 Abs. 2 sind Prüfberichten nach diesem Gesetz gleichzuhalten, wenn sie aufgrund gleichwertiger Prüfverfahren erstellt wurden und bestätigen, dass die Emissionsgrenzwerte und Wirkungsgradanforderungen iSd § 4 eingehalten werden.

ErlRV Verf-197/5/1997, 23 f (zu § 9 K-HeizG 1998 idF LGBl 1998/63):

„§ 9 regelt die Voraussetzungen, unter welchen Prüfberichte aufgrund bundesrechtlicher Bestimmungen, aufgrund anderer landesrechtlicher Bestimmungen und von zugelassenen Stellen einer Vertragspartei des Europäischen Wirtschaftsraumes oder eines Mitgliedstaates der EU Prüfberichten im Sinn dieses Gesetzes gleichgehalten werden.

Grundsätzlich werden Prüfberichte aufgrund bundesrechtlicher Bestimmungen und von zugelassenen Stellen einer Vertragspartei des Europäischen Wirtschaftsraumes oder eines Mitgliedstaat es der EU Prüfberichten im Sinn dieses Gesetzes gleichgehalten, wenn sie aufgrund gleichwertiger Prüfverfahren erstellt wurden und bestätigen, daß die Emissionsgrenzwerte der Anlage 1 nicht überschritten und die Wirkungsgrade der Anlage 2 [Anm: siehe § 4 Abs 4 idgF], ausgenommen bei Kleinfeuerungsanlagen, die dem 3. Abschnitt [Anm: 4. Abschnitt idgF] unterliegen, aufgewiesen werden.

Prüfberichte und Zulassungen aufgrund landesrechtlicher Bestimmungen, die in Ausführung der Vereinbarung gemäß Art. 15a B-VG über Schutzmaßnahmen betreffend Kleinfeuerungen, LGBl. Nr. 54/1995, erlassen wurden, werden ohne weitere Bedingungen Prüfberichten und Zulassungen nach diesem Gesetz gleichgehalten."

ErlRV 01-VD-LG-1462/4-2013, 14 (zu LGBl 2014/1):

„§ 9 regelt die Voraussetzungen, unter welchen Prüfberichte, die aufgrund bundesrechtlicher Bestimmungen, anderer landesrechtlicher Bestimmungen und Rechtsvorschriften einer Vertragspartei des europäischen Wirtschaftsraums erstellt werden, anerkannt werden. Grundsätzlich müssen gleichwertige Prüfverfahren angewendet und bestätigt werden, dass die Emissionsgrenzwerte und Wirkungsgradanforderungen iSd § 4 eingehalten werden."

3. Abschnitt – Zulassung von Feuerungsanlagen

ErlRV 01-VD-LG-1462/4-2013, 2 f und 15 f (zu LGBl 2014/1):

„Gänzlich neu ist der 3. Abschnitt des Gesetzesentwurfes. Mit diesem sollen die

* RL 2009/125/EG des Europäischen Parlaments und des Rates vom 21.10.2009 zur Schaffung eines Rahmens für die Festlegung von Anforderungen an die umweltgerechte Gestaltung energieverbrauchsrelevanter Produkte, Amtsblatt Nr. L 285 vom 31.10.2009,

10, 10, (Ökodesign-RL) und die

* RL 2010/30/EU des Europäischen Parlaments und des Rates vom 19.05.2010 über die Angabe des Verbrauchs an Energie und anderen Ressourcen durch energieverbrauchsrelevante Produkte mittels einheitlichen Etiketten und Produktinformationen, Amtsblatt Nr. L 153 vom 18.06.2010, 1, (Energieverbrauchsetikettierungs-RL) in das Landesrecht implementiert werden.

Ziel der Ökodesign-RL ist es, einen Rahmen für die Festlegung gemeinschaftlicher Ökodesign-Anforderungen für energieverbrauchsrelevante Produkte zu gewährleisten. Sie sieht die Festlegung von Anforderungen vor, die die von den Durchführungsmaßnahmen erfassten energieverbrauchsrelevanten Produkte erfüllen müssen, damit sie in Verkehr gebracht oder in Betrieb genommen werden dürfen. Ökodesign-Anforderungen sind Anforderungen an ein Produkt oder an seine Gestaltung, die zur Verbesserung seiner Umweltverträglichkeit bestimmt sind, oder die Anforderung, über Umweltaspekte des Produkts Auskunft zu geben. Auch Feuerungsanlagen können von Durchführungsmaßnahmen der Kommission nach Art. 15 der RL erfasst sein. Soweit dies der Fall ist, ist vor dem Inverkehrbringen und/oder der Inbetriebnahme die Feuerungsanlage mit der CE-Kennzeichnung zu versehen und eine EG- Konformitätserklärung für die Feuerungsanlage auszustellen. Soweit ersichtlich, wurden derzeit noch keine Durchführungsmaßnahmen der Kommission für Feuerungsanlagen erlassen.

Die RL 2010/30/EU (Energieverbrauchsetikettierungs-RL) schafft einen Rahmen für die Harmonisierung der einzelstaatlichen Maßnahmen hinsichtlich der Information der Endverbraucher – insbesondere mittels einheitlicher Etiketten und Produktinformationen – über den Energieverbrauch und den Verbrauch anderer wichtiger Ressourcen während des Gebrauchs sowie zusätzlichen Angaben über energieverbrauchsrelevante Produkte, damit die Endverbraucher effizientere Produkte wählen können. Nach Art. 10 der RL hat die Kommission Einzelheiten im Bezug auf das Etikett und das Datenblatt in delegierten Rechtsakten festzulegen. Im Gesetzesentwurf werden auch die verschiedenen Verpflichtungen für Lieferanten und Händler nach der RL 2010/30/EU (§ 13) umgesetzt (zB Mitführen einer technischen Dokumentation, Zurverfügungstellen von Etiketten und Datenblättern der Feuerungsanlagen etc.). Die nach dem Unionsrecht erforderliche Marktaufsicht wird von der Landesregierung durchgeführt.

[...]

3. Abschnitt – Zulassung von Feuerungsanlagen

Zum 3. Abschnitt:

Mit diesem Abschnitt werden die Richtlinien 2010/30/EU des Europäischen Parlaments und des Rates vom 19. Mai 2010 über die Angabe des Verbrauchs an Energie und anderen Ressourcen durch energieverbrauchsrelevante Produkte mittels einheitlichen Etiketten und Produktinformationen, ABl Nr L 153 vom 18. Juni 2010, 1, und die Richtlinie 2009/125/EG des Europäischen Parlaments und des Rates vom 21. Oktober 2009 zur Schaffung eines Rahmens für die Festlegung von Anforderungen an die umweltgerechte Gestaltung energieverbrauchsrelevanter Produkte, ABl Nr L 285 vom 31. Oktober 2009, 10, implementiert.

Ziel der Richtlinie 2009/125/EG („Ökodesign-RL") ist es, einen Rahmen für die Festlegung gemeinschaftlicher Ökodesign-Anforderungen für energieverbrauchsrelevante Produkte zu gewährleisten. Sie sieht die Festlegung von Anforderungen vor, die die von den Durchführungsmaßnahmen erfassten energieverbrauchsrelevanten Produkte erfüllen müssen, damit sie in Verkehr gebracht oder in Betrieb genommen werden dürfen. Die Energieeffizienz und das Umweltschutzniveau sollen erhöht und zugleich die Sicherheit der Energieversorgung verbessert werden. „Ökodesign-Anforderungen" sind Anforderungen an ein Produkt oder an seine Gestaltung, die zur Verbesserung seiner Umweltverträglichkeit bestimmt sind, oder die Anforderung, über Umweltaspekte des Produkts Auskunft zu geben. (Art. 2 Z 24 der RL). Auch Feuerungsanlagen können von Durchführungsmaßnahmen der Kommission nach Art. 15 der RL erfasst sein. Soweit dies der Fall ist, ist vor dem Inverkehrbringen und/oder der Inbetriebnahme die Feuerungsanlage mit der CE- Kennzeichnung zu versehen und eine EG-Konformitätserklärung für die Feuerungsanlage auszustellen.

Die CE-Kennzeichnung ist in Anhang III der RL, die EG-Konformitätserklärung in Anhang VI der RL geregelt. Die Mitgliedstaaten gehen davon aus, dass eine Feuerungsanlage, die mit der CE-Kennzeichnung versehen ist, den Durchführungsmaßnahmen der RL entspricht. Soweit eine Feuerungsanlage mit der CE-Kennzeichnung versehen ist und der Durchführungsmaßname entspricht, darf das Inverkehrbringen und/oder die Inbetriebnahme nicht untersagt werden (Art. 6 der RL).

Die RL 2010/30/EU (Energieverbrauchsetikettierungs-RL) schafft einen Rahmen für die Harmonisierung der einzelstaatlichen Maßnahmen hinsichtlich der Information der Endverbraucher – insbesondere mittels einheitlicher Etiketten und Produktinformationen – über den Energieverbrauch und den Verbrauch anderer wichtiger Ressourcen während des Gebrauchs sowie zusätzlichen Angaben über energieverbrauchsrelevante Produkte, damit die Endverbraucher effizientere Produkte wählen können. Nach Art. 10 der RL hat die Kommission Einzelheiten im Bezug auf das Etikett und das Datenblatt in delegierten Rechtsakten festzulegen. Im Gesetzesentwurf werden auch die verschiedenen Verpflichtungen für Lieferanten und Händler nach der RL 2010/30/EU (§ 13) umgesetzt (zB Mitführen einer technischen Dokumentation, Zurverfügungstellen von Etiketten und Datenblättern der Feuerungsanlagen etc.).

Die Ökodesign-RL 2005/32/EG wurde beispielsweise mit einer Novelle zum Wiener Kleinfeuerungsgesetz, LGBl Nr. 42/2008 (Ökodesign-Novelle), umgesetzt. Durch Art. 21 der Ökodesign-RL 2005/32/EG war die RL 92/42/EG über die Wirkungsgrade von mit flüssigen oder gasförmigen Brennstoffen beschickten neuen Warmwasserheizkesseln zur Durchführungsmaßnahme iSd Art. 15 der RL 2005/32/EG erklärt worden. Auch diesem Umstand wurde in diesem Gesetzesentwurf mit dem 4. Abschnitt entsprochen.

Durchführungsmaßnahmen nach Art. 15 der neuen Ökodesign-RL und delegierte Rechtsakte nach der Energieverbrauchsetikettierungs-RL im Bereich der von diesem Gesetz erfassten Feuerungsanlagen liegen derzeit noch nicht vor. Soweit sie von der Europäischen Kommission erlassen werden und unmittelbar anwendbar sind, gelten sie ohne Erlassung von Landesvorschriften unmittelbar im Land Kärnten. Gegebenenfalls werden die Landesvorschriften anzupassen sein."

§ 10 Inverkehrbringen und Errichten von Feuerungsanlagen

(1) Feuerungsanlagen und wesentliche Bauteile von Feuerungsanlagen dürfen nur in Verkehr gebracht, errichtet, eingebaut und betrieben werden, wenn
 a) sie den Durchführungsmaßnahmen nach § 11 entsprechen, für sie eine EG-Konformitätserklärung (Abs. 2) ausgestellt wurde und sie die CE-Kennzeichnung (§ 19) tragen,
 b) sie Etiketten nach den Bestimmungen der RL 2010/30/EU und der von der Europäischen Kommission iSd der RL 2010/30/EU erlassenen delegierten Rechtsakte oder einer

Verordnung nach § 11 Abs. 5 tragen und ihnen Datenblätter nach den Bestimmungen der RL 2010/30/EU (§ 13) und der delegierten Rechtsakte oder einer Verordnung nach § 11 Abs. 5 beigegeben worden sind,
c) ihnen eine schriftliche technische Dokumentation nach den Bestimmungen der RL 2010/30/EU (§ 13) und der delegierten Rechtsakte oder einer Verordnung nach § 11 Abs. 5 beigegeben worden ist.

(2) Mit der EG-Konformitätserklärung sichert der Hersteller oder Bevollmächtigte zu, dass die Feuerungsanlage allen Bestimmungen der jeweils geltenden Durchführungsmaßnahme nach § 11 entspricht. Die EG-Konformitätserklärung muss auf die einschlägige Durchführungsmaßnahme verweisen. Die Landesregierung hat durch Verordnung nähere Bestimmungen über die Angaben der EG-Konformitätserklärung zur Umsetzung des Unionsrechts zu erlassen.

(3) Ist der Hersteller nicht in der Europäischen Union niedergelassen und gibt es keinen Bevollmächtigten, so hat der Importeur folgende Pflichten:
a) sicherzustellen, dass die in Verkehr gebrachte Feuerungsanlage diesem Gesetz und der jeweils geltenden Durchführungsmaßnahme nach § 11 entspricht;
b) die EG-Konformitätserklärung und die technische Dokumentation zur Verfügung zu stellen.

(4) Die Hersteller haben sicherzustellen, dass Nutzer einer Feuerungsanlage über folgende Aspekte unterrichtet werden:
a) die Rolle, die sie bei der nachhaltigen Nutzung der betreffenden Feuerungsanlage spielen können,
b) das ökologische Profil der betreffenden Feuerungsanlage und die Vorteile des Ökodesigns, falls dies in der Durchführungsmaßnahme vorgesehen ist.

(5) Die Bestimmungen dieses Abschnittes gelten sinngemäß für wesentliche Bauteile von Feuerungsanlagen.

ErlRV 01-VD-LG-1462/4-2013, 16 f (zu LGBl 2014/1):

„In § 10 Abs. 1 wird grundsätzlich festgelegt, unter welchen Voraussetzungen [Anm: Voraussetzungen] Feuerungsanlagen in Verkehr gebracht, errichtet, eingebaut und betrieben werden dürfen, wenn entsprechende Durchführungsmaßnahmen nach § 11 getroffen wurden:

a) Sie müssen den Durchführungsmaßnahmen nach § 11 entsprechen, eine EG-Konformitätserklärung mitführen und eine CE-Kennzeichnung tragen.

b) Sie müssen Etiketten entsprechend den delegierten Rechtsakten oder Verordnungen nach § 11 Abs. 5 tragen und Datenblätter mitführen.

c) Den Feuerungsanlagen muss eine schriftliche technische Dokumentation beigegeben worden sein.

Mit der EG-Konformitätserklärung (§ 10 Abs. 2) sichert der Hersteller oder Bevollmächtigte zu, dass die Feuerungsanlage den Bestimmungen der Durchführungsmaßnahme nach der Ökodesign-RL entspricht. In Umsetzung der Ökodesign-RL wurde in § 12 das Verfahren der Konformitätsbewertung umgesetzt."

§ 11 Durchführungsmaßnahmen

(1) Durchführungsmaßnahmen iSd § 10 sind von der Europäischen Kommission iSd Richtlinie 2009/125/EG (Ökodesign-Richtlinie) erlassene Durchführungsmaßnahmen oder durch Verordnung der Landesregierung festgelegte Durchführungsmaßnahmen (Abs. 4). Die von der Europäischen Kommission erlassenen Durchführungsmaßnahmen müssen die in Anlage 1 genannten Elemente umfassen.

(2) Mit Durchführungsmaßnahmen nach Abs. 1 werden Ökodesign-Anforderungen nach Anhang I und/oder Anhang II der Richtlinie 2009/125/EG (Ökodesign-Richtlinie) festgelegt. Für ausgewählte Produkteigenschaften mit erheblicher Umweltauswirkung werden spezifische Ökodesign-Anforderungen festgelegt. Die Durchführungsmaßnahmen können auch vorsehen, dass für bestimmte Ökodesign-Parameter nach Anhang I Teil 1 keine Ökodesign-Anforderungen aufzustellen sind.

(3) Die Anforderungen sind so zu formulieren, dass gewährleistet ist, dass die Landesregierung prüfen kann, ob die Feuerungsanlage die Anforderungen der Durchführungsmaßnahme erfüllt. In der Durchführungsmaßnahme ist anzugeben, ob eine Überprüfung entweder direkt an der Feuerungsanlage oder anhand der technischen Unterlagen vorgenommen werden kann.

(4) Die Landesregierung kann mit Verordnung Ökodesign-Anforderungen iSd. Abs. 2 und 3 für Feuerungsanlagen festlegen, sofern dies zur Umsetzung rechtlicher Verpflichtungen im Rahmen der europäischen Integration erforderlich ist. Die Verordnung kann die in der Anlage 1 genannten Elemente umfassen.

(5) Die Landesregierung kann mit Verordnung Bestimmungen über Form und Inhalt von Etiketten, Datenblättern und technischen Dokumentationen für Feuerungsanlagen iSd § 10 Abs. 1 festlegen, sofern dies zur Umsetzung rechtlicher Verpflichtungen im Rahmen der europäischen Integration und der Information der Endverbraucher über den Energieverbrauch und gegebenenfalls den Verbrauch an anderen wichtigen Ressourcen während des Gebrauchs erforderlich ist. Insbesondere können Klassifizierungen im Hinblick auf Energie- und Kosteneinsparungen für den Endverbraucher vorgeschrieben werden.

ErlRV 01-VD-LG-1462/4-2013, 16 (zu LGBl 2014/1):

„§ 11 Abs. 4 und 5 enthalten eine gesetzliche Grundlage für Verordnungen der Landesregierung, mit denen allenfalls Ökodesign-Anforderungen oder Vorschriften über Etiketten, Datenblätter und technische Dokumentationen normiert werden können, soweit die Europäische Union Rechtsakte erlässt, die nicht unmittelbar anwendbar sind, sondern erst in innerstaatliches Recht implementiert werden müssen."

§ 12 Konformitätsbewertung nach der RL 2009/125/EG

(1) Vor dem Inverkehrbringen einer Feuerungsanlage, die von einer Durchführungsmaßnahme nach der RL 2009/125/EG (§ 11) erfasst ist, muss der Hersteller oder sein Bevollmächtigter sicherstellen, dass die Konformität der Feuerungsanlage mit allen einschlägigen Anforderungen der jeweils geltenden Durchführungsmaßnahme bewertet wird.

(2) Die Konformitätsbewertungsverfahren sind in den Durchführungsmaßnahmen festzulegen und lassen dem Hersteller die Wahl zwischen der in Anlage 2 beschriebenen internen Entwurfskontrolle und dem in Anlage 3 beschriebenen Managementsystem. In begründeten Fällen wird für das Konformitätsbewertungsver-

§ 12 7. Kärntner Heizungsanlagengesetz – K-HeizG

fahren entsprechend der von der Feuerungsanlage ausgehenden Gefahr eines der in Anhang II des Beschlusses Nr. 768/2008/EG des Europäischen Parlaments und des Rates vom 9. Juli 2008 über einen gemeinsamen Rechtsrahmen für die Vermarktung von Produkten beschriebenen einschlägigen Module gewählt. Die Bestimmungen gelten sinngemäß für wesentliche Bauteile von Feuerungsanlagen, mit der Maßgabe, dass durch die CE-Kennzeichnung die Konformität des wesentlichen Bauteiles in Kombination mit den in der Konformitätserklärung angegebenen Kesseln oder Brennern bescheinigt wird.

(3) Liegen der Landesregierung deutliche Anhaltspunkte dafür vor, dass eine Feuerungsanlage den anwendbaren Bestimmungen nicht entspricht, so hat sie eine mit Gründen versehene Bewertung der Nichtübereinstimmung dieser Feuerungsanlage im Internet unter der Adresse www.ktn.gv.at zu veröffentlichen. § 13 Abs. 8 und 9 gelten sinngemäß in Bezug auf die Verpflichtungen des Herstellers, des Bevollmächtigten und des Importeurs nach § 10.

(4) Wurde eine Feuerungsanlage von einer Organisation entworfen,

a) die nach den Bestimmungen der Verordnung (EG) Nr. 761/2001 des Europäischen Parlaments und des Rates vom 19. März 2001 über die freiwillige Beteiligung von Organisationen an einem Gemeinschaftssystem für das Umweltmanagement und die Umweltbetriebsprüfung (EMAS) eingetragen ist, und schließt die Eintragung die Entwurfstätigkeit ein, oder

b) die über ein Managementsystem verfügt, das die Entwurfstätigkeit einschließt und wird dieses System nach harmonisierten Normen umgesetzt, deren Fundstellen im Amtsblatt der Europäischen Union veröffentlicht wurden,

so ist davon auszugehen, dass dieses Managementsystem die Anforderungen der Anlage 3 erfüllt.

(5) Nach dem Inverkehrbringen einer Feuerungsanlage hat der Hersteller oder sein Bevollmächtigter die Unterlagen zur Konformitätsbewertung und die abgegebenen Konformitätserklärungen bis zum Ablauf von zehn Jahren nach Herstellung des letzten Exemplars dieser Feuerungsanlage für die Landesregierung zur Einsicht bereit zu halten. Die Unterlagen sind innerhalb von zehn Tagen nach Aufforderung durch die Landesregierung vorzulegen.

(6) Die Unterlagen zur Konformitätsbewertung und die Konformitätserklärung sind in deutscher Sprache abzufassen.

ErlRV 01-VD-LG-1462/4-2013, 17 (zu LGBl 2014/1):

„In Umsetzung der Ökodesign-RL wurde in § 12 das Verfahren der Konformitätsbewertung umgesetzt."

§ 13 Verpflichtungen nach der RL 2010/30/EU

(1) Feuerungsanlagen, die unter einen delegierten Rechtsakt nach der RL 2010/30/EU oder eine Verordnung nach § 11 Abs. 5 fallen, muss eine schriftliche deutschsprachige technische Dokumentation beigefügt sein, die zu enthalten hat:
   a) eine allgemeine Beschreibung der Feuerungsanlage;
   b) gegebenenfalls die Ergebnisse der ausgeführten Konstruktionsberechnungen;
   c) Testberichte, soweit verfügbar, einschließlich der Prüfberichte einschlägiger gemeldeter Stellen, die in anderen Rechtsvorschriften der Europäischen Union festgelegt sind;
   d) falls bestimmte Werte für ähnliche Modelle verwendet worden sind: Bezugsangaben, die eine Identifizierung dieser Modelle ermöglichen.

(2) Lieferanten haben die technische Dokumentation iSd Abs. 1 über eine Zeitspanne von fünf Jahren nach der Herstellung der letzten Feuerungsanlage für eine Überprüfung zur Einsicht bereit zu halten. Lieferanten haben den Marktaufsichtsbehörden der Mitgliedstaaten und der Europäischen Kommission auf Anforderung innerhalb von zehn Arbeitstagen nach Eingang eines Antrags der zuständigen Behörde eines Mitgliedstaates oder der Europäischen Kommission eine elektronische Fassung der technischen Dokumentation zur Verfügung zu stellen.

(3) Für Feuerungsanlagen, die unter einen delegierten Rechtsakt nach der RL 2010/30/EU oder eine Verordnung nach § 11 Abs. 5 fallen, haben Lieferanten
   a) den Händlern die erforderlichen Etiketten und Datenblätter für die Feuerungsanlage kostenlos zur Verfügung zu stellen;

b) ein Datenblatt für die Feuerungsanlage in alle Produktbroschüren aufzunehmen;
c) falls der Lieferant keine Produktbroschüren ausgibt, das Datenblatt zusammen mit anderen Unterlagen, die mit der Feuerungsanlage mitgeliefert werden, zur Verfügung zu stellen.

(4) Die Lieferanten sind für die Richtigkeit der Angaben auf den mitgelieferten Etiketten und Datenblättern verantwortlich. Die Zustimmung des Lieferanten zur Veröffentlichung der auf dem Etikett und dem Datenblatt enthaltenen Angaben gilt als erteilt.

(5) Händler haben
a) die Etiketten in lesbarer und sichtbarer Form ordnungsgemäß auszustellen und das Datenblatt in der Produktbroschüre oder in anderen die Feuerungsanlage beim Verkauf an Endverbraucher begleitenden Unterlagen zur Verfügung zu stellen;
b) bei der Ausstellung einer von einem delegierten Rechtsakt oder einer Verordnung nach § 11 Abs. 5 erfassten Feuerungsanlage ein geeignetes Etikett an der vorgeschriebenen Stelle in deutscher Sprache deutlich sichtbar anzubringen.

(6) Der Eigentümer einer Feuerungsanlage oder der über eine Feuerungsanlage Verfügungsberechtigte hat das Datenblatt aufzubewahren und auf Verlangen der Behörde oder des Rauchfangkehrers vorzulegen.

(7) Es ist verboten, auf Feuerungsanlagen Etiketten, Marken, Symbole oder Beschriftungen anzubringen, die den delegierten Rechtsakten oder Verordnungen nach § 11 Abs. 5 nicht entsprechen, wenn dies beim Endverbraucher zur Irreführung oder Unklarheit hinsichtlich des Verbrauchs an Energie oder gegebenenfalls anderen wichtigen Ressourcen während des Gebrauchs oder hinsichtlich der Bedeutung des Etiketts führen kann.

(8) Stellt die Landesregierung fest, dass eine Feuerungsanlage nicht allen Anforderungen hinsichtlich des Etiketts und des Datenblatts, die in den delegierten Rechtsakten oder Verordnungen nach § 11 Abs. 5 festgelegt sind, entspricht, so hat sie den Lieferanten mit Bescheid zu verpflichten, dafür zu sorgen, dass die Feuerungsanlage mit diesen Anforderungen gemäß den von ihr festgelegten wirksamen und verhältnismäßigen Bedingungen in Einklang gebracht wird. Liegen ausreichende Hinweise dafür vor, dass eine Feuerungsanlage nicht den einschlägigen Bestimmungen entsprechen könnte,

so hat die Landesregierung mit Bescheid die erforderlichen Vorbeugungsmaßnahmen sowie Maßnahmen zu ergreifen, um innerhalb eines angemessenen Zeitraums die Einhaltung sicherzustellen, wobei sie die durch die Nichteinhaltung verursachten Schäden zu berücksichtigen hat.

(9) Entspricht die Feuerungsanlage weiterhin nicht den Bestimmungen des Abs. 8, so hat die Landesregierung mit Bescheid das Inverkehrbringen zu untersagen oder dafür zu sorgen, dass sie vom Markt genommen wird. Wird eine Feuerungsanlage vom Markt genommen oder das Inverkehrbringen untersagt, so sind neben der Europäischen Kommission auch die anderen Mitgliedstaaten und Länder unverzüglich davon zu unterrichten.

(10) Bei der Werbung für eine Feuerungsanlage, die von einem von der Europäischen Kommission iSd der RL 2010/30/EU erlassenen delegierten Rechtsakt erfasst ist, bei der Informationen über den Energieverbrauch oder den Preis angegeben werden, ist auf die Energieklasse der Feuerungsanlage hinzuweisen.

(11) Sämtliche technischen Werbeschriften für Feuerungsanlagen, in denen die spezifischen technischen Parameter eines Produkts beschrieben sind, insbesondere in technischen Handbüchern oder in Broschüren der Hersteller, die entweder gedruckt vorliegen oder online verfügbar sind, haben die erforderlichen Informationen über den Energieverbrauch oder einen Hinweis auf die Energieklasse der Feuerungsanlage zu enthalten.

§ 14 Freier Warenverkehr

(1) Das Inverkehrbringen oder die Inbetriebnahme von Feuerungsanlagen, die diesem Gesetz und seinen Durchführungsverordnungen entsprechen sowie mit der CE-Kennzeichnung versehen sind, darf nicht untersagt, beschränkt oder behindert werden.

(2) Das Inverkehrbringen von Feuerungsanlagen, die mit der CE-Kennzeichnnung versehen sind, und für die eine Durchführungsmaßnahme nach § 11 vorsieht, dass keine Ökodesign-Anforderung erforderlich ist, darf nicht unter Berufung auf Ökodesign-Anforderungen betreffend die in Anhang I, Teil 1 der Richtlinie 2009/125/EG (Ökodesign-Richtlinie) genannten Ökodesign-Parameter untersagt, beschränkt oder behindert werden.

(3) Bei Messen, Ausstellungen, Vorführungen und dergleichen ist es zulässig, Feuerungsanlagen zu zeigen, die den Bestimmungen des 3. Abschnittes dieses Gesetzes und der jeweils geltenden Durchführungsmaßnahmen nach § 11 nicht entsprechen, sofern deutlich sichtbar darauf hingewiesen wird, dass sie erst in Verkehr gebracht werden dürfen, wenn die Übereinstimmung der Feuerungsanlage mit dem 3. Abschnitt dieses Gesetzes und der jeweils geltenden Durchführungsmaßnahme nach § 11 hergestellt ist.

(4) Bis zum Beweis des Gegenteils ist davon auszugehen, dass Etiketten und Datenblätter mit den Bestimmungen dieses Gesetzes und seiner Durchführungsverordnungen (§ 11) übereinstimmen. Die Landesregierung hat von den Lieferanten den Nachweis für die Richtigkeit der auf den Etiketten oder den Datenblättern enthaltenen Angaben zu verlangen, wenn sie Grund zu der Annahme hat, dass diese Angaben unrichtig sind.

ErlRV 01-VD-LG-1462/4-2013, 17 (zu LGBl 2014/1):

„Das Inverkehrbringen oder die Inbetriebnahme von Feuerungsanlagen, die diesem Gesetz und seinen Durchführungsverordnungen entsprechen sowie mit dem CE-Kennzeichen versehen sind, darf nicht untersagt, beschränkt oder behindert werden (§ 14 Abs. 1)."

§ 15 Marktaufsicht

(1) Die Landesregierung ist befugt,
a) in angemessenem Umfang geeignete Kontrollen der Übereinstimmung der Feuerungsanlagen mit den Bestimmungen dieses Gesetzes und seiner Durchführungsverordnungen zu veranlassen und den Hersteller oder den Bevollmächtigten zu verpflichten, diesen Bestimmungen nicht entsprechende Feuerungsanlagen vom Markt zu nehmen,
b) von den Betroffenen sämtliche Informationen anzufordern, die in diesem Gesetz oder seinen Durchführungsverordnungen angegeben sind,
c) Proben von Feuerungsanlagen zu nehmen und diese einer Prüfung ihrer Übereinstimmung mit den Bestimmungen

dieses Gesetzes und seiner Durchführungsverordnungen zu unterziehen.

(2) Die Landesregierung leitet der Europäischen Kommission laufend Informationen über die Ergebnisse der Marktaufsicht zu.

ErlRV 01-VD-LG-1462/4-2013, 17 (zu LGBl 2014/1):

„Für die entsprechende Marktaufsicht über das Inverkehrbringen von Feuerungsanlagen hat die Landesregierung zu sorgen (§ 15). Sie ist befugt, in angemessenem Umfang geeignete Kontrollen der Feuerungsanlagen zu veranlassen und den Hersteller oder Bevollmächtigten zu verpflichten, den Rechtsvorschriften nicht entsprechende Feuerungsanlagen vom Markt zu nehmen, sowie Feuerungsanlagen zu überprüfen. Die Betroffenen haben die erforderlichen Informationen zur Verfügung zu stellen. Die Europäische Kommission ist laufend über die Ergebnisse der Marktaufsicht zu informieren. Diese Vorschriften entsprechen Art. 3 der Ökodesign-Richtlinie."

4. Abschnitt – Zulassung von Zentralheizungsanlagen für flüssige und gasförmige Brennstoffe

ErlRV Verf-197/5/1997, 19 (zu § 10 K-HeizG 1998 idF LGBl 1998/63):

„Der 3. Abschnitt stellt eine Umsetzung der RL 92/42/EWG des Rates vom 21. Mai 1992 über die Wirkungsgrade von mit flüssigen oder gasförmigen Brennstoffen beschickten neuen Warmwasserheizkesseln dar. Gemäß dieser RL kann der Nachweis über die Konformität der Heizkessel mit den Wirkungsgraden der RL durch eine Baumusterprüfung und eine Konformitätserklärung erbracht werden. Diese Heizkessel müssen das CE-Zeichen tragen. Die Mitgliedstaaten sind verpflichtet, Heizkessel mit dem CE-Zeichen jedenfalls zuzulassen."

ErlRV 01-VD-LG-1462/4-2013, 17 f (zu LGBl 2014/1):

„Nach Art. 4 Abs. 1 der Richtlinie 92/42/EWG des Rates vom 21. 5. 1992 über die Wirkungsgrade von mit flüssigen oder gasförmigen Brennstoffen beschickten neuen Warmwasserheizkesseln ABl Nr. 167

vom 22. 6. 1992, 17, dürfen die Mitgliedstaaten das Inverkehrbringen und die Inbetriebnahme von Geräten und Heizkesseln, die mit dieser Richtlinie in Einklang stehen und mit dem CE-Zeichen versehen sind, in ihrem Hoheitsgebiet nicht verbieten, beschränken oder behindern. Des weiteren treffen die Mitgliedstaaten die erforderlichen Maßnahmen, damit nur Heizkessel in Betreb genommen werden können, die den Wirkungsgradanforderungen dieser Richtlinie entsprechen.

Der 4. Abschnitt stellt eine Umsetzung dieser Richtlinie dar und entspricht im Wesentlichen dem bisherigen 3. Abschnitt des K-HeizG. Er gilt grundsätzlich nur für Zentralfeuerungsanlagen, Niedertemperatur-Zentralfeurerungsanlagen und Brennwertgeräte für flüssige und gasförmige Brennstoffe bis zu einer Brennstoffwärmeleistung von 400 kW sowie deren Bauteile. Ausgenommen von den Wirkungsgradanforderungen des 4. Abschnittes sind

a) Kleinfeuerungsanlagen bis 4 kW,

b) Warmwasserbereiter,

c) Kleinfeuerungsanlagen bis 6 kW zur Versorgung eines Warmwasserspeichersystems mit Schwerkraftumlauf.

Diese Ausnahmen ergeben sich aus der RL 92/42/EWG. Nach der RL kann der Nachweis über die Konformität mit den Wirkungsgraden der RL durch die Baumusterprüfung und die Konformitätserklärung erbracht werden. Diese Heizungsanlagen sind mit dem CE-Zeichen zu kennzeichnen."

§ 16 Inverkehrbringen und Errichten von Zentralheizungsanlagen für flüssige und gasförmige Brennstoffe

(1) Der 4. Abschnitt dieses Gesetzes gilt nur für Zentralheizgeräte, Niedertemperatur-Zentralheizgeräte und Brennwertgeräte für flüssige und gasförmige Brennstoffe bis zu einer Brennstoffwärmeleistung von 400 kW und deren Bauteile, mit Ausnahme von
  a) Kleinfeuerungsanlagen, deren Nennleistung gleich oder kleiner als 4 kW ist,
  b) Warmwasserbereitern für flüssige und gasförmige Brennstoffe und

4. Zulassung von Zentralheizungsanlagen § 16

c) Kleinfeuerungsanlagen mit einer Nennleistung unter 6 kW zur Versorgung eines Warmwasserspeichersystems mit Schwerkraftumlauf.

(2) Zentralheizungsanlagen iSd Abs. 1 und deren Bauteile dürfen nur in Verkehr gebracht, errichtet, eingebaut und betrieben werden, wenn sie
1. die Anforderungen des 2. und 3. Abschnittes erfüllen und
2. die Wirkungsgrade des Abs. 4, bei Bauteilen in Kombination mit den in der Konformitätserklärung oder der technischen Dokumentation angegebenen Kesseln oder Brennern, einhalten.

(3) Der Nachweis der Einhaltung der Wirkungsgrade des Abs. 4 ist durch den Nachweis der Konformität (§ 17) und die CE-Kennzeichnung (§ 19) zu erbringen.

(4) Die Landesregierung kann zur Erreichung der in § 1 genannten Ziele und unter Bedachtnahme auf rechtliche Verpflichtungen im Rahmen der Europäischen Integration durch Verordnung nähere Bestimmungen über die Wirkungsgrade von Zentralheizungsanlagen iSd Abs. 1 erlassen.

ErlRV Verf-197/5/1997, 24 f (zu § 10 K-HeizG 1998 idF LGBl 1998/63):

„Nach Art . 4 Abs. 1 der Richtlinie des Rates vom 21.5.1992 über die Wirkungsgrade von mit flüssigen oder gasörmigen Brennstoffen beschickten neuen Warmwasserheizkesseln (92/42/EWG, Amtsblatt Nr. L 167 vom 22.6.1992, 17), in der Fassung der Richtlinie 93/68/EWG vom 22.7.1993 (Amtsblatt Nr. L 220 vom 30.8.1993, 1), dürfen die Mitgliedstaaten das Inverkehrbringen und die Inbetriebnahme von Geräten und Heizkesseln, die mit dieser Richtlinie im Einklang stehen und mit dem CE-Zeichen versehen sind , in ihrem Hoheitsgebiet nicht verbieten, beschränken oder behindern. Des weiteren treffen die Mitgliedstaaten die erforderlichen Maßnahmen, damit nur Heizkessel in Betrieb genommen werden können, die den Wirkungsgradanforderungen dieser Richtlinie entsprechen.

Der 3. Abschnitt dieses Gesetzes stellt eine Umsetzung dieser Richtlinie dar. Er gilt grundsätzlich nur für Zentralfeuerungsanlagen. Niedertemperatur-Zentralfeuerungsanlagen und Brennwertgeräte für flüssige

§ 17   7. Kärntner Heizungsanlagengesetz – K-HeizG

und gasförmige Brennstoffe bis zu einer Brennstoffwärmeleistung von 400 kW sowie deren Bauteile (Kessel und Brenner). Ausgenommen von den Wirkungsgradanforderungen der Anlage 4 [Anm: siehe § 16 Abs 4 idgF] sind

a) Kleinfeuerungsanlagen bis 4 kW,

b) Warmwasserbereiter,

c) Kleinfeuerungsanlagen bis 6 kW zur Versorgung eines Warmwasserspeichersystems mit Schwerkraftumlauf.

Diese Ausnahmen ergeben sich aus der RL 92/42/EWG. Nach der RL 92/42/EWG kann der Nachweis über die Konformität mit den Wirkungsgraden der RL durch die Baumusterprüfung und die Konformitätserklärung erbracht werden. Diese Heizungsanlagen sind mit dem CE-Zeichen zu kennzeichnen. Durch § 10 Abs. 3 [Anm: § 16 Abs 3 idgF] ist sichergestellt, daß Zentralheizungsanlagen mit dem CE-Zeichen jedenfalls in Kärnten in Verkehr gebracht werden dürfen."

ErlRV 01-VD-LG-1462/4-2013, 18 (zu LGBl 2014/1):

„Gegenüber den bisherigen Rechtsvorschriften werden die Wirkungsgrade der RL 92/42/EWG nicht mehr direkt im Gesetz normiert (bisher Anlage 4), sondern durch Verordnung der Landesregierung (§ 16 Abs. 4) festgesetzt. Damit wird das Gesetz nicht mit technischen Details überfrachtet. Sollte sich das Unionsrecht bzw der Stand der Technik ändern, kann eine Verordnung auch rascher an die neuen Gegebenheiten angepasst werden."

§ 17 Konformitätsnachweisverfahren

(1) Der Nachweis der Einhaltung der Wirkungsgrade der Kleinfeuerungsanlage ist vor dem Inverkehrbringen einer dieser Kleinfeuerungsanlagen zu erbringen durch:
1. die Baumusterprüfung und
2. die Konformitätserklärung.

(2) Die Baumusterprüfung ist der Teil des Konformitätsnachweisverfahrens, in dem eine benannte Stelle prüft, feststellt und bescheinigt, dass das Kleinfeuerungsanlagen-Baumuster, das für die Produktion repräsentativ ist, den Wirkungsgradanforderungen entspricht.

4. Zulassung von Zentralheizungsanlagen § 17

(3) Der Antrag auf Baumusterprüfung ist vom Hersteller oder seinem Vertreter, der seinen Hauptwohnsitz (Sitz) im Bereich eines Mitgliedstaates der Europäischen Union oder einer sonstigen Vertragspartei des Europäischen Wirtschaftsraumes haben muss, sofern nicht der Hersteller diesen Hauptwohnsitz (Sitz) hat, bei einer benannten Stelle einzubringen.

(4) Entspricht das Baumuster den Wirkungsgradanforderungen des § 16 Abs. 4, so hat die benannte Stelle dem Antragsteller eine EG-Baumusterprüfbescheinigung auszustellen.

(5) Wenn zwei zugelassene Stellen die Ausstellung einer Baumusterprüfbescheinigung verweigert haben, hat die Landesregierung auf Antrag mit Bescheid festzustellen, ob die Kleinfeuerungsanlage den Wirkungsgradanforderungen des § 16 Abs. 4 entspricht.

(6) Die Konformitätserklärung ist der Teil des Konformitätsnachweisverfahrens, in dem der Hersteller oder sein Vertreter erklärt, dass eine Prüfbescheinigung ausgestellt wurde und sichergestellt ist, dass die Kleinfeuerungsanlage mit dem geprüften Baumuster übereinstimmt.

(7) Die Landesregierung kann zur Sicherstellung, dass Kleinfeuerungsanlagen die festgelegten Wirkungsgrade einhalten, zur Beseitigung technischer Handelshemmnisse im Handel mit Kleinfeuerungsanlagen und zur Vereinheitlichung einzelner Phasen des Konformitätsnachweisverfahrens entsprechend dem Stand der Wissenschaft und Technik und in Umsetzung von rechtlichen Verpflichtungen im Rahmen der europäischen Integration durch Verordnung nähere Bestimmungen erlassen über:
a) das Verfahren der Baumusterprüfung;
b) die der Baumusterprüfung zugrunde zu legenden technischen Unterlagen;
c) die Baumusterprüfbescheinigung;
d) die Informationspflichten der benannten Stellen;
e) die Verfahren der Komformitätserklärung sowie die dabei allenfalls anzuwendenden Qualitätssicherungssysteme, die Überwachung der Erfüllung dieser Qualitätssicherungssysteme und die Überwachungsstellen.

(8) Abs. 1 bis 7 gelten sinngemäß für Bauteile von Kleinfeuerungsanlagen, mit der Maßgabe, dass der Bauteil in Kombination mit den in der Konformitätserklärung angegebenen Kesseln oder

Brennern die Wirkungsgradanforderungen des § 16 Abs. 4 zu erfüllen hat.

ErlRV Verf-197/5/1997, 25 f (zu § 11 K-HeizG 1998 idF LGBl 1998/63):

„§ 10 [Anm: § 16 idgF] normiert, daß Zentralfeuerungsanlagen, Niedertemperatur-Zentralfeuerungsanlagen und Brennwertgeräte für flüssige und gasförmige Brennstoffe sowie deren Bauteile nur dann in Verkehr gebracht werden dürfen, wenn sie

a) die Anforderungen des 2. Abschnittes (Emissionswerte) [Anm: 2. Und 3. Abschnitt idgF] und

b) die Wirkungsgradanforderungen der Anlage 4 [Anm: siehe § 16 Abs 4 idgF] erfüllen.

Entsprechend der „Neuen Konzeption auf dem Gebiet der technischen Normung" (EG-Amtsblatt C 136 vom 4.6.1985) werden in den Richtlinien der EU die konkreten technischen Anforderungen nicht mehr im Detail festgelegt. Die technischen Einzelheiten werden vielmehr der europäischen Normung (CEN) überlassen. Entsprechen die technischen Anlagen den harmonisierten europäischen Normen, sind sie zuzulassen. Das österreichische Normungsinstitut ist als Mitglied des Europäischen Komitees für Normung (CEN) verpflichtet, alle harmonisierten europäischen Normen in Form von ÖNORMEN umzusetzen. Sind diese harmonisierten europäischen Normen jedoch noch nicht ausgearbeitet, so kann vorerst bei der Prüfung der Wirkungsgradanforderungen auf österreichische Normen und Richtlinien zurückgegriffen werden, um sicherzustellen, daß die Wirkungsgrade der Richtlinie 92/42/EWG erfüllt sind.

Das EU-Recht sieht vor, daß der Nachweis der Übereinstimmung der Kleinfeuerungsanlage mit den Wirkungsgradanforderungen durch die Baumusterprüfung und die Konformitätserklärung erbracht werden kann. Die Baumusterprüfung ist der Teil des Konformitätsnachweisverfahrens, in dem eine zugelassene Stelle prüft, feststellt und bescheinigt, daß das Muster, das für die Produktion repräsentativ ist, den Wirkungsgradanforderungen der Richtlinie entspricht. Entspricht das Baumuster den Wirkungsgradanforderungen, so hat die zugelassene

4. Zulassung von Zentralheizungsanlagen § 17

Stelle dem Antragsteller (Hersteller oder Vertreter) die Baumusterprüfbescheinigung auszustellen.

Zur Ermöglichung eines effizienten Vollzuges und entsprechender Transparenz hat die zugelassene Stelle der Landesregierung und den anderen zugelassenen Stellen eine Abschrift der Baumusterprüfbescheinigung und auf Ersuchen eine Kopie der Anhänge und Berichte über die Prüfungen zu übermitteln.

Mit der Konformitätserklärung erklärt der Hersteller oder sein Vertreter, daß die betreffende Kleinfeuerungsanlage dem Baumuster entspricht.

Die Richtlinie 92/42/EWG bestimmt, daß für den Fall, daß die zugelassene Stelle es ablehnt, dem Hersteller oder seinem Vertreter eine EG-Baumusterprüfbescheinigung auszustellen, ein Einspruchsverfahren vorzusehen ist. In Entsprechung dieser Vorschriften bestimmt § 11 Abs. 5 [Anm: § 17 Abs 5 idgF] dieses Gesetzes, daß die Landesregierung auf Antrag mit Bescheid festzustellen hat, ob die Kleinfeuerungsanlage den Wirkungsgradanforderungen der Anlage 4 [Anm: siehe § 16 Abs 4 idgF] entspricht, wenn zwei zugelassene Stellen die Ausstellung einer Baumusterprüfbescheinigung verweigert haben. Damit soll einerseits der notwendige Rechtsschutz für den Produzenten sichergestellt sein, andererseits leichtfertig und mutwillig vorgebrachte Beschwerden durch die Voraussetzung eines Negativgutachtens zweier Prüfstellen hintangehalten werden.

Für Bauteile von Kleinfeuerungsanlagen (Brenner und Kessel) ist ebenfalls eine Baumusterprüfung durchzuführen und eine Konformitätserklärung abzugeben, mit der Maßgabe, daß der Bauteil in Kombination mit den in der Konformitätserklärung anzugebenden Kesseln oder Brennern die Wirkungsgradanforderungen der Anlage 4 [Anm: siehe § 16 Abs 4 idgF] zu erfüllen hat.

Die Richtlinie 92/42/EWG sieht vor, daß die Erklärung über die Konformität mit dem Baumuster nach den Modulen C, D oder E des Anhanges IV der Richtlinie zu erfolgen hat. Dem Hersteller stehen hier wahlweise drei Module zur Auswahl, wobei die Möglichkeit besteht, durch Qualitätssicherungssysteme die Übereinstimmung der einzelnen Geräte mit dem Baumuster zu gewährleisten. Nachdem diese Verfahren der Richtlinie sehr detailliert geregelt sind, soll die Landesregierung verpflichtet werden, die entsprechenden Verfahrensschritte der Baumusterprüfung, der Baumusterprüfbescheinigung und der Verfahren der Konformitätserklärung sowie der Qualitätssicherungssysteme durch Verordnung entsprechend den Rechtsakten der EG zu regeln."

ErlRV 01-VD-LG-1462/4-2013, 18 f (zu LGBl 2014/1):

„Das Unionsrecht sieht vor, dass der Nachweis der Übereinstimmung der Kleinfeuerungsanlage mit den Wirkungsgradanforderungen durch die Baumusterprüfung und die Konformitätserklärung erbracht werden kann. Die Baumusterprüfung ist der Teil des Konformitätsnachweisverfahrens, in dem eine benannte Stelle prüft, feststellt und bescheinigt, dass das Muster, das für die Produktion repräsentativ ist, den Wirkungsgradanforderungen der Richtlinie entspricht. Entspricht das Baumuster den Wirkungsgradanforderungen, so hat die benannte Stelle dem Antragsteller (Hersteller oder Vertreter) die Baumusterprüfbescheinigung auszustellen. Mit der Konformitätserklärung erklärt der Hersteller oder sein Vertreter, dass die entsprechende Kleinfeuerungsanlage dem Baumuster entspricht.

Die RL 92/42/EWG bestimmt, dass für den Fall, dass die benannte Stelle es ablehnt, dem Hersteller oder seinem Vertreter eine EG-Baumusterprüfbescheinigung auszustellen, ein Einspruchsverfahren vorzusehen ist. In Entsprechung dieser Vorschriften bestimmt § 17 Abs. 5, dass die Landesregierung auf Antrag mit Bescheid festzustellen hat, ob die Kleinfeuerungsanlage den Wirkungsgradanforderungen des § 16 Abs. 4 entspricht, wenn zwei zugelassene Stellen die Ausstellung einer Baumusterprüfbescheinigung verweigert haben. Damit soll einerseits der notwendige Rechtsschutz für den Produzenten sichergestellt sein, andererseits leichtfertig und mutwillig vorgebrachte Beschwerden durch die Voraussetzung eines Negativgutachtens zweier benannter Stellen hintangehalten werden. Für Bauteile von Kleinfeuerungsanlagen (Brenner und Kessel) ist ebenfalls eine Baumusterprüfung durchzuführen und eine Konformitätserklärung abzugeben, mit der Maßgabe, dass der Bauteil in Kombination mit den in der Konformitätserklärung anzugebenden Kesseln oder Brennern die Wirkungsgradanforderungen des § 16 Abs. 4 zu erfüllen hat.

Die Richtlinie sieht vor, dass die Erklärung über die Konformität mit dem Baumuster nach den Modulen C, D oder E des Anhangs IV der Richtlinie zu erfolgen hat. Dem Hersteller stehen die Module wahlweise zur Auswahl, wobei die Möglichkeit besteht, durch Qualitätssicherung[s]systeme die Übereinstimmung der einzelnen Geräte mit dem Baumuster zu gewährleisten. Nachdem diese Verfahren in der Richtlinie sehr detailliert geregelt sind, soll die Landesregierung, sowie bisher, die entsprechenden Verfahrensschritte der Baumusterprüfung, der Baumusterprüfbescheinigung und der Verfahren der Konformitätserklärung sowie der Qualitätssicherungssysteme durch Verordnung entsprechend den Rechtsakten der Europäischen Union regeln."

§ 18 Zugelassene Stellen

(1) Aufgrund von Rechtsvorschriften des Bundes oder der Länder für Prüf- und Überwachungsaufgaben betreffend Wirkungsgrade von Kleinfeuerungsanlagen zugelassene Stellen sind benannten Stellen iSd § 17 Abs. 2 gleichzuhalten.

(2) Prüf- und Überwachungsberichte und Bescheinigungen von zugelassenen Stellen iSd Abs. 1 sind Prüf- und Überwachungsberichten und Bescheinigungen nach diesem Gesetz gleichzuhalten.

(3) Die von den Mitgliedstaaten der Europäischen Union und den Vertragsparteien des Europäischen Wirtschaftsraumes benannten Stellen, welche für Prüf- und Überwachungsaufgaben betreffend Wirkungsgrade von Kleinfeuerungsanlagen zugelassen und im Amtsblatt der Europäischen Union veröffentlicht sind, sind benannten Stellen nach § 17 Abs. 2 gleichzuhalten.

(4) Prüf- und Überwachungsberichte und Bescheinigungen von zugelassenen Stellen iSd Abs. 3 sind Prüf- und Überwachungsberichten und Bescheinigungen nach diesem Gesetz gleichzuhalten.

ErlRV Verf-197/5/1997, 27 f (zu § 13 K-HeizG 1998 idF LGBl 1998/63):

„Art. 8 der Richtlinie 92/42/EWG sieht vor, daß die Mitgliedstaaten der Kommission jene Prüf- und Überwachungsstellen notifizieren, die für die Durchführung des Konformitätsnachweisverfahrens zugelassen worden sind. Die Mitgliedstaaten haben dabei sicherzustellen, daß diese Stellen die in Anhang V der Richtlinie festgesetzten Mindes[t]kriterien erfüllen. Die Kommission hat im Amtsblatt der Europäischen Gemeinschaften eine Liste der benannten Stellen unter Angabe ihrer Kennummern und der ihnen übertragenen Aufgaben zu veröffentlichen.

Im K-HeizG wird bestimmt, daß zugelassene Stellen im Sinn der Richtlinie 92/42/EWG jedenfalls die aufgrund von Bundesrecht oder Landesrecht für Prüf- und Überwachungsaufgaben betreffend Wirkungsgrade von Kleinfeuerungsanlagen zugelassenen Stellen sind.[…]

Sollte ein anderen [Anm: anderes] Bundesland eine entsprechende Akkreditierungsstelle einrichten, so werden diese Akkreditierungen selbstverständlich auch im Geltungsbereich des Kärntner Heizungsanlagengesetzes anerkannt.

Die von den Vertragsstaaten des Europäischen Wirtschaftsraumes der Europäischen Kommission aufgrund der Richtlinie 92/42/EWG notifizierten Prüf- und Überwachungsstellen werden ebenfalls als zugelassene Stellen anerkannt.

Zum Zeitpunkt der Ausarbeitung dieses Gesetzesentwurfes war der TÜV Österreich bereits für die Prüfung von Wirkungsgraden nach der RL 92/42/EWG zugelassen."

ErlRV 01-VD-LG-1462/4-2013, 19 (zu LGBl 2014/1):

„Art. 8 der RL 92/42/EWG sieht vor, dass die Mitgliedstaaten, der Kommission jene Prüf- und Überwachungsstellen notifizieren, die für die Durchführung des Konformitätsnachweisverfahrens zugelassen worden sind (benannte Stellen). Die Mitgliedstaaten haben dabei sicherzustellen, dass diese Stellen, die in Anhang V der RL festgesetzten Mindestkriterien erfüllen. Die Kommission hat im Amtsblatt der Europäischen Gemeinschaften eine Liste der benannten Stellen unter Angabe ihrer Kenn[n]ummern und der ihnen übertragenen Aufgaben zu veröffentlichen. § 18 bestimmt, dass die aufgrund von Rechtsvorschriften des Bundes oder der Länder für Prüf- und Überwachungsaufgaben betreffend Wirkungsgrade von Kleinfeuerungsanlagen zugelassenen Stellen benannten Stellen gleichzuhalten sind. Die von den Vertragsstaaten des Europäischen Wirtschaftsraumes der Europäischen Kommission aufgrund der RL 92/42/EWG notifizierten Prüf- und Überwachungsstellen werden ebenfalls als zugelassene Stellen anerkannt."

5. Abschnitt – CE-Kennzeichnung

§ 19 CE-Kennzeichnung

(1) Vor dem Inverkehrbringen hat der Hersteller oder sein Bevollmächtigter die Feuerungsanlage oder den wesentlichen Bauteil der Feuerungsanlage, die von einer Durchführungsmaßnahme nach § 11 erfasst sind, oder den Bestimmungen des 4. Abschnittes unterliegen, mit dem CE-Zeichen zu versehen und ihnen die Konformitätserklärung beizufügen.

(2) Mit der CE-Kennzeichnung wird die Konformität der Feuerungsanlage mit den Durchführungsmaßnahmen nach § 11 und den Bestimmungen des 4. Abschnittes bescheinigt. Die CE-Kennzeichnung muss dem Muster des Anhangs III der Richtlinie 2009/125/EG (Ökodesign-Richtlinie) entsprechen. Die Bestimmungen gelten sinngemäß für wesentliche Bauteile von Feuerungsanlagen mit der Maßgabe, dass durch die CE-Kennzeichnung die Konformität des wesentlichen Bauteils in Kombination mit den in der Konformitätserklärung angegebenen Kesseln oder Brennern bescheinigt wird.

(3) Es ist verboten, auf Feuerungsanlagen Kennzeichnungen anzubringen, durch die Personen hinsichtlich der Bedeutung und des Schriftbildes der CE-Kennzeichnung irregeführt werden könnten. Jede andere Kennzeichnung darf auf der Feuerungsanlage angebracht werden, wenn sie die Sichtbarkeit und Lesbarkeit der CE-Kennzeichnung nicht beeinträchtigt.

(4) Ist auf einer Feuerungsanlage eine CE-Kennzeichnung angebracht, ohne dass die gesetzlichen Voraussetzungen hiefür vorliegen oder liegen ausreichende Hinweise dafür vor, dass eine Feuerungsanlage nicht diesem Gesetz und den Durchführungsmaßnahmen nach § 11 entspricht, so trifft die Landesregierung die erforderlichen Maßnahmen, die je nach Schwere des Verstoßes bis zum Verbot des Inverkehrbringens der Feuerungsanlage reichen können, solange diese dem Gesetz und seinen Durchführungsverordnungen nicht entspricht. Ferner hat die Landesregierung die Beseitigung der CE-Kennzeichnung auf diesen Feuerungsanlagen anzuordnen, wenn der Hersteller oder sein Bevollmächtigter die Feuerungsanlagen nicht innerhalb einer angemessenen Frist wieder in Einklang mit den Bestimmungen über die CE-Kennzeichnung bringt.

(5) Besteht die Nichtübereinstimmung weiter, so hat die Landesregierung das Inverkehrbringen der Feuerungsanlage mit Bescheid

zu untersagen oder einzuschränken bzw. dafür zu sorgen, dass sie vom Markt genommen wird.

(6) Wird eine Feuerungsanlage verboten oder vom Markt genommen, so sind neben der Europäischen Kommission auch die anderen Mitgliedstaaten und Länder unverzüglich darüber zu unterrichten. In begründeten Fällen hat die Landesregierung geeignete Maßnahmen zur Wahrung der Vertraulichkeit der übermittelten Informationen zu treffen. Die getroffenen Entscheidungen sind der Öffentlichkeit zugänglich zu machen.

(7) Eine gemäß Abs. 4 und 5 für Feuerungsanlagen getroffene Maßnahme hinsichtlich der Ökodesign-Anforderungen ist der Europäischen Kommission unverzüglich unter Angabe der Gründe mitzuteilen. Insbesondere ist anzugeben, ob es sich bei der Nichtübereinstimmung um einen der folgenden Fälle handelt:
a) Nichterfüllung der Anforderungen des Gesetzes und seiner Durchführungsverordnungen,
b) fehlerhafte Anwendung harmonisierter Normen,
c) Unzulänglichkeiten in den harmonisierten Normen.

(8) Wurde eine Feuerungsanlage nach harmonisierten Normen hergestellt, deren Fundstellen im Amtsblatt der Europäischen Union veröffentlicht wurden, so ist davon auszugehen, dass sie allen einschlägigen Anforderungen dieses Gesetzes und der jeweils geltenden Durchführungsmaßnahme nach § 11, auf die sich diese Normen beziehen, entsprechen.

(9) Wurde für eine Feuerungsanlage das gemeinschaftliche Umweltzeichen nach der Verordnung (EG) Nr. 1980/2000 vergeben, so ist davon auszugehen, dass diese die Ökodesign-Anforderungen der jeweils geltenden Durchführungsmaßnahme erfüllen, sofern das Umweltzeichen diese Anforderungen erfüllt.

ErlRV Verf-197/5/1997, 27 (zu § 12 K-HeizG 1998 idF LGBl 1998/63):

„Ähnlich dem Typenschild, mit dem bescheinigt wird, daß die entsprechende Kleinfeuerungsanlage die Emissionsgrenzwerte des Gesetzes nicht überschreitet, soll mit der CE-Kennzeichnung bescheinigt werden, daß die Kleinfeuerungsanlage den Wirkungsgradanforderungen der Anlage 4 entspricht, eine Baumusterprüfung durchgeführt wurde, und die einzelne Kleinfeuerungsanlage mit diesem Baumuster übereinstimmt. Der Konsument als auch die Vollzugsbehörde wird durch ein einfaches Kennzeichen in die Lage versetzt, zu beurteilen, ob es sich um eine zugelassene Kleinfeuerungsanlage handelt.

§ 12 [Anm: § 19 idgF] enthält weiters Schutzbestimmungen für die CE-Kennzeichnung.

Ähnliche Verfahren der Baumusterprüfung und Konformitätserklärung wurden im Landesrecht bereits mit dem Kärntner Akkreditierungs- und Baustoffzulassungsgesetz, LGBl. Nr. 24/1994, auf Bundesebene etwa mit der Gasgeräte-Sicherheitsverordnung, BGBl. Nr. 430/1994, der Aufzüge-Sicherheitsverordnung, BGBl. Nr. 4/1994, oder der Maschinen-Sicherheitsverordnung, BGBl. Nr. 306/1994, umgesetzt."

ErlRV 01-VD-LG-1462/4-2013, 3 und 19 f (zu LGBl 2014/1):

„Nachdem sowohl die RL 92/42/EWG das CE-Zeichen für die Bestätigung der Konformität der Feuerungsanlage mit den Wirkungsgradanforderungen als auch die Ökodesign-Richtlinie das CE-Zeichen zur Sicherstellung, dass die einschlägigen Bestimmungen der jeweils geltenden Durchführungsmaßnahme erfüllt sind, verlangen, werden die Bestimmungen über die CE-Kennzeichnung in einem eigenen Abschnitt (5. Abschnitt) normiert. Vor dem Inverkehrbringen ist die Feuerungsanlage oder der wesentliche Bauteil der Feuerungsanlage mit dem CE-Zeichen zu versehen und die Konformitätserklärung beizufügen. Das Inverkehrbringen und die Inbetriebnahme von Feuerungsanlagen, die mit einer CE-Kennzeichnung versehen sind, darf nicht beschränkt werden.

[...]

Bereits bisher war in § 12 des K-HeizG vorgesehen, dass mit der CE-Kennzeichnung die Konformität der Kleinfeuerungsanlage mit den Wirkungsgradanforderungen der RL 92/42/EWG bescheinigt wird. Die RL 92/42/EWG verlangt, dass Heizkessel, die die Wirkungsgradanforderungen der Richtlinie erfüllen, dass CE-Zeichen tragen müssen. Das CE- Zeichen bestätigt die Konformität mit den Anforderungen der Wirkungsgradrichtlinie. Es ist sichtbar, gut lesbar und unauslöschbar auf den Heizkesseln anzubringen. Es dürfen auch keine anderen Marken, Zeichen oder Angaben angebracht werden, die zu einer Verwechslung mit dem CE-Zeichen führen könnten. Die Ökodesign-Richtlinie verlangt, dass die von den Durchführungsmaßnahmen erfassten Produkte vor dem Inverkehrbringen oder der Inbetriebnahme mit einer CE-Kennzeichnung zu versehen sind, mit der der Hersteller oder sein Bevollmächtigter zusichert, dass sie allen einschlägigen Bestimmungen der jeweils geltenden Durchführungsmaßnahme entsprechen. Ebenso dürfen an den Produkten keine Kennzeichnungen angebracht werden, die den Benutzer über die Bedeutung oder die Gestalt der CE-Kennzeichnung täuschen könnten.

Nachdem beide Richtlinien die Anbringung des CE-Zeichens zur Bestätigung der Konformität mit den Anforderungen der Richtlinien verlangen, werden die Bestimmungen über die CE- Kennzeichnung, die diesen Richtlinien entsprechen, in einem eigenen Abschnitt zusammengefasst.

§ 19 enthält weiters Schutzbestimmungen, die der Schutzklausel des Art. 7 der Ökodesignrichtlinie entsprechen (§ 19 Abs. 4 bis 7). § 19 Abs. 8 entspricht der Konformitätsvermutung nach Art. 9 Abs. 2 der Ökodesignrichtlinie. § 19 Abs. 9 ist eine Implementierung von Art. 9 Abs. 3 der Ökodesignrichtlinie."

6. Abschnitt – Errichtung, Ausstattung und Betrieb von Heizungsanlagen

ErlRV Verf-197/5/1997, 9 und 28 (zu § 14 K-HeizG 1998 idF LGBl 1998/63):

„Der 4. Abschnitt des K-HeizG [Anm: 6. Abschnitt idgF] enthält Betriebsvorschriften für Heizungsanlagen, die im wesentlichen den bisherigen Bestimmungen entsprechen.

[...]

Im 4. Abschnitt [Anm: 6. Abschnitt idgF] dieses Entwurfes werden die Betriebsvorschriften für Heizungsanlagen des Kärntner Luftreinhaltungsgesetzes mit einigen Modifikationen übernommen. [...]"

ErlRV 01-VD-LG-1462/4-2013, 3 und 20 f (zu LGBl 2014/1):

„Der 6. Abschnitt des Gesetzesentwurfes regelt Errichtung, Ausstattung und Betrieb von Heizungsanlagen. Er entspricht im Wesentlichen dem derzeit geltenden 4. Abschnitt des K-HeizG. In § 21 findet sich, wie bereits bisher, eine Verordnungsermächtigung zur Regelung der technischen Details hinsichtlich des Betriebs von Heizungsanlagen. Die gesetzestechnische Form der Umsetzung mit Hilfe einer Verordnung birgt den Vorteil in sich, dass schneller auf technische Veränderungen reagiert werden kann. In § 21 Abs. 1 lit. b wird der Verordnungsgeber ermächtigt, für „Altanlagen" abweichende Betriebswerte festzulegen. Bei der Erlassung der Durchführungsverordnung ist auf den Stand der Technik Bedacht zu nehmen. Das bedeutet, dass insbesondere die Art. 15a B-VG-Vereinbarung der Bundesländer aus 2010 zu beachten ist.

[...]

Der 6. Abschnitt entspricht im Wesentlichen dem derzeit geltenden 4. Abschnitt des K-HeizG.

[...]

Die Tätigkeiten des Rauchfangkehrers nach dem 6. Abschnitt des K-HeizG sind verwaltungspolizeilicher Natur. Der Rauchfangkehrer hat als Hilfsorgan der Behörde zu überprüfen, ob die periodischen Überprüfungen und einmaligen Überprüfungen von Heizungsanlagen auf Emissionswerte und Wirkungsgrade durchgeführt wurden, ob die Typenprüfung durchgeführt wurde und ob das Brennstofflager den gesetzlichen Vorschriften entspricht. Im Fall von Mängeln und fruchtlosem Ablauf zur Mängelbehebung hat der Rauchfangkehrer eine Anzeige an den Bürgermeister und die Bezirksverwaltungsbehörde zu erstatten. Diese Tätigkeiten stellen verwaltungspolizeiliche Tätigkeiten zur Sicherung von Vorschriften luftreinhalterechtlicher und sicherheitstechnischer Natur dar. Aus diesen Gründen ist es auch zweckmäßig und verhältnismäßig, vom beauftragen Rauchfangkehrer eine Niederlassung in Österreich zu verlangen.

Ersatzlos entfallen soll das Anknüpfen an ein Kehrgebiet in Bezug auf den beauftragten Rauchfangkehrer. Zwar sehen gewerberechtliche Vorschriften Kehrgebiete vor, und haben diese nach wie vor gewerberechtliche Gültigkeit. Die Dienstleistungsrichtlinie 2006/123/EG enthält jedoch mehrere Bestimmungen, die die Beschränkung der Dienstleistung auf Rauchfangkehrer „des Kehrgebietes" europarechtlich bedenklich erscheinen lassen (Art. 14, 15 Abs. 2 lit. a, 16 Abs. 2 lit. a). Aus diesem Grund soll von dieser Begriffsregelung Abstand genommen werden, wobei damit selbstverständlich die gewerberechtlichen Bestimmungen unangetastet bleiben."

§ 20 Meldepflicht

Die erstmalige Errichtung (Einbau) und jeder Austausch einer Feuerungsanlage, eines Blockheizkraftwerkes oder von wesentlichen Teilen davon sind vom Eigentümer (Verfügungsberechtigten iSd § 23 Abs. 5) unverzüglich dem Rauchfangkehrer anzuzeigen, der vom Eigentümer (Verfügungsberechtigten) mit der Sichtprüfung nach der Kärntner Gefahrenpolizei- und Feuerpolizeiordnung – K-GFPO, LGBl. Nr. 67/2000, beauftragt wird. Ebenso sind die erstmalige Errichtung (Einbau) und jeder Austausch einer Feuerungsanlage, die nicht an eine Abgasanlage angeschlossen ist, oder von wesentlichen Teilen davon vom Eigentümer (Verfügungsberechtigten) unverzüglich einem zur Sichtprüfung befugten Rauchfangkehrer anzuzeigen. In beiden Fällen hat gleichzeitig eine Anzeige an den Bürgermeister zu erfolgen.

ErlRV -2V-LG-618/28-2007, 3 f (zu § 13a K-HeizG 1998 idF LGBl 2008/34):

„Nach § 19 Abs. 1 der Gefahrenpolizei- und Feuerpolizeiordnung 2000 – K-GFPO, LGBl. Nr. 67/2000, ist die Reinigung der Rauchfänge vom Gebäudeeigentümer oder einem Nutzungsberechtigten einem Rauchfangkehrer [...] zu übertragen. Anlässlich einer Meldung nach § 39 Abs. 1 der Kärntner Bauordnung 1996 hat der Meldepflichtige der Behörde bekannt zu geben, welchem Rauchfangkehrer [...] die Reinigungsarbeiten übertragen worden sind [...].

Mit dieser Bestimmung ist sichergestellt, dass zumindest ein Rauchfangkehrer [...] die notwendigen Informationen erhält, welche Heizungsanlage [...] neu errichtet worden ist. Nach § 24 Abs. 1 der K-GFPO sind Rauchfangkehrer [...] verpflichtet, einmal innerhalb von drei Jahren die an Rauchfänge angeschlossenen Feuerungsanlagen einer Sichtprüfung auf ihren ordnungsgemäßen Zustand zu unterziehen.

Dieses System enthält allerdings eine Lücke hinsichtlich Heizungsanlagen, die nicht an Rauchfänge (Abgasfänge) angeschlossen sind. Bei der Errichtung solcher Heizungsanlagen wird derzeit kein Rauchfangkehrer [...] informiert. Der Rauchfangkehrer kann daher auch nicht nach § 16 [Anm: § 23 idgF] überprüfen, ob bei diesen Heizungsanlagen die wiederkehrenden Überprüfungen und die einmalige Inspektion durchgeführt worden sind. Mit der Normierung einer Meldepflicht für Heizungsanlagen, die nicht an Rauchfänge (Abgasfänge) angeschlossen sind (§ 13a [Anm: § 20 idgF]), soll diese Lücke im Kontrollsystem geschlossen werden. Nach dem Gesetzesentwurf ist ein Rauchfangkehrer [...] vom Einbau einer nicht fanggebundenen Heizungsanlage zu informieren. Dieser Rauchfangkehrer gilt dann als der beauftragte Rauchfangkehrer, der verpflichtet ist, einmal jährlich festzustellen, ob die wiederkehrenden Überprüfungen nach § 15 [Anm: § 22 idgF] [...] durch befugte Personen durchgeführt worden sind. Ferner hat er die Überprüfungen nach § 16 Abs. 1 [Anm: § 23 Abs 1 idgF] (Typenschild) durchzuführen."

ErlRV 01-VD-LG-1462/4-2013, 4 und 20 (zu LGBl 2014/1):

„Die Kontrolle, ob die wiederkehrenden Überprüfungen der Heizungsanlagen durchgeführt wurden, obliegt, wie bisher, dem Rauchfangkehrer. Meldepflichten nach § 20 sollen die Durchsetzung dieser Vorschriften sicherstellen. Das für die Überprüfungen zu leistende Entgelt kann durch Verordnung der Landesregierung geregelt werden. [...]

Die Meldepflicht nach § 20 war bisher in § 13a geregelt. Nach § 6 lit. e der Kärntner Bauordnung 1996 bedarf die Errichtung und Änderung von zentralen Feuerungsanlagen mit einer Nennwärmeleistung über 50 kW einer Baubewilligung. Nach § 39 ist die Vollendung des Vorhabens nach § 6 lit. e der Behörde binnen einer Woche schriftlich zu melden. Nach § 19 Abs. 1 der Kärntner Gefahrenpolizei- und Feuerpolizeiordnung 2000 – K-GFPO, LGBl. Nr. 67/2000, ist die Reinigung der Rauchfänge vom Gebäudeeigentümer oder einem Nutzungsberechtigten einem Rauchfangkehrer zu übertragen. Anlässlich der Meldung nach § 39 Abs. 1 der Kärntner Bauordnung hat der Verpflichtete der Behörde bekanntzugeben, welchem Rauchfangkehrer die Reinigung und Überprüfung übertragen worden ist. Bei Zentralheizungsanlagen mit mehr als 50 kW ist daher nach diesen Bestimmungen sichergestellt, dass die Gemeinde davon informiert wird, dass eine Zentralheizungsanlage errichtet oder geändert wurde und welcher Rauchfangkehrer für diese zuständig ist. Ebenso ist ein Rauchfangkehrer davon informiert, welche Zentralheizungsanlage neu errichtet oder geändert worden ist. Nach § 24 Abs.1 der K-GFPO sind Rauchfangkehrer verpflichtet, jeweils einmal innerhalb von drei Jahren die an Rauchfänge angeschlossenen Feuerungsanlagen einer Sichtprüfung auf ihren ordnungsgemäßen Zustand zu unterziehen.

Damit jede erstmalige Errichtung (Einbau) und jeder Austausch einer Feuerungsanlage oder von wesentlichen Teilen davon, auch wenn es sich nicht um eine Zentralheizungsanlage von mehr als 50 kW handelt, der Gemeinde und einem Rauchfangkehrer angezeigt werden, normiert § 20 erster Satz weitere Meldepflichten. Bei Feuerungsanlagen, die nicht an Rauchfänge (Abgasfänge) angeschlossen sind, besteht keine Informationspflicht nach § 19 K-GFPO. Um auch in diesen Fällen sicherzustellen, dass die Behörde und ein Rauchfangkehrer informiert werden, ist auch die erstmalige Errichtung, Einbau und jeder Austausch einer nicht fanggebundenen Feuerungsanlage oder von wesentlichen Teilen einem zur Sichtprüfung befugten Rauchfangkehrer und dem Bürgermeister anzuzeigen (§ 20 zweiter Satz). Damit wird sichergestellt, dass die zuständige Behörde alle Informationen über neu errichtete Feuerungsanlagen erhält. Zudem wird der Rauchfangkehrer in die Lage versetzt, die Überprüfungen nach § 23 durchzuführen.

In Zukunft wird bei der Meldepflicht nach § 20 an die Sichtprüfung nach § 24 K-GFPO bzw. die Befugnis zur Sichtprüfung angeknüpft. Diese Regelungen erfolgen vor folgendem Hintergrund:

Aufgrund eines Schriftverkehrs mit der Europäischen Kommission (zuletzt VST-2666/2 vom 1.7.2013) nimmt das BMWJF in Aussicht, § 120 Gewerbeordnung 1994 im Hinblick auf die Niederlassungspflicht des Rauchfangkehrers abzuändern. Es wird davon ausgegangen, dass zwischen verwaltungspolizeilichen oder feuerpolizeilichen Tätigkeiten und gewerblichen Tätigkeiten (Reinigungsarbeiten) der Rauchfangkehrer unterschieden werden muss. Lediglich hinsichtlich verwaltungspolizeilicher Tätigkeiten darf eine Verpflichtung des Rauchfangkehrers zur Niederlassung in Österreich vorgesehen werden, um den Erfordernissen der Dienstleistungs- und Niederlassungsfreiheit und der Dienstleistungsrichtlinie 2006/123/EG zu entsprechen. Dementsprechend soll auch eine Klarstellung in § 120 GewO erfolgen, dass zu den verwaltungspolizeilichen Tätigkeiten des Rauchfangkehrers insbesondere Tätigkeiten der Feuerpolizei, Baupolizei oder vergleichbare Tätigkeiten wie zwingend übertragene Überprüfungen von Rauch- und Abgasfängen und Feuerstätten gehören."

§ 21 Betriebsvorschriften für Heizungsanlagen

(1) Die Landesregierung hat unter Beachtung der Ziele des § 1, rechtlicher Verpflichtungen im Rahmen der europäischen Integration und anderer völkerrechtlicher Verpflichtungen der Republik Österreich nach dem Stand der Technik durch Verordnung Bestimmungen zu erlassen über:
a) die zulässigen Arten von Brennstoffen; das Verbot des Verbrennens bestimmter Brenn- und Kraftstoffe sowie die erforderliche Qualität bestimmter Brenn- und Kraftstoffe; das Verbot des Verbrennens bestimmter Stoffe in hiefür nicht bestimmten Heizungsanlagen; dabei kann auch angeordnet werden, dass Belege von Brennstoffen von demjenigen, der diese Brennstoffe verwendet, bis zu ihrem vollständigen Verbrauch aufbewahrt und auf Verlangen der Behörde vorgelegt werden müssen;
b) die Errichtung, die erforderliche Ausstattung und den Betrieb von Heizungsanlagen, insbesondere durch die Festlegung von Emissionsgrenzwerten sowie von Grenzwerten für Abgasverluste und die Methode der Ermittlung des Abgasverlustes und der Emissionswerte; für im Zeitpunkt der Erlassung einer solchen Verordnung bereits rechtmäßig errichtete Heizungsanlagen dürfen abweichende Bestimmungen oder Ausnahmen festgelegt werden, wenn sie nach dem Stand der Technik wegen der Unverhältnismäßigkeit zwischen dem Aufwand zur Erfüllung der betreffenden Verordnungsbestimmungen und dem dadurch erreichbaren Nutzen für die zu schützenden Interessen sachlich gerechtfertigt sind;
c) die Überprüfung von Heizungsanlagen, insbesondere hinsichtlich der Prüfpflichten, der Prüfintervalle, des Prüfumfangs, der anzuwendenden Prüfmethoden und des Inhalts des Prüfberichts.

(2) In der Verordnung nach Abs. 1 lit. c sind jedenfalls folgende Überprüfungen vorzusehen:

a) einfache Überprüfungen nach der Inbetriebnahme und wiederkehrende einfache Überprüfungen in Form von vereinfachten Emissionsmessungen nach den Regeln der Technik;
b) umfassende Überprüfungen:
   1. spätestens innerhalb von vier Wochen nach Inbetriebnahme für:
      – Kleinfeuerungen, die mit nicht standardisierten biogenen Brennstoffen betrieben werden,
      – Feuerungsanlagen mit einer Nennwärmeleistung über 400 kW und
      – Blockheizkraftwerke;
   2. alle fünf Jahre: für Feuerungsanlagen und Blockheizkraftwerke mit einer Brennstoffwärmeleistung von 1 MW bis 2 MW;
   3. alle drei Jahre: für Feuerungsanlagen und Blockheizkraftwerke mit einer Brennstoffwärmeleistung über 2 MW.

(3) In den Jahren, in denen eine umfassende Überprüfung nach Abs. 2 lit. b durchgeführt wird, ist eine einfache Überprüfung nach Abs. 2 lit. a nicht erforderlich. Die Emissionsmessungen bei der umfassenden Überprüfung sind nach den Regeln der Technik durchzuführen, wobei jeweils sämtliche in Frage kommenden Parameter zu überprüfen sind.

(4) Bei Heizkesseln mit einer Nennleistung von mehr als 20 kW haben die Überprüfungen nach Abs. 1 lit. c jedenfalls auch die Prüfung des Wirkungsgrades der Kessel und der Kesseldimensionierung im Verhältnis zum Heizbedarf des Gebäudes zu umfassen. Die Prüfung der Kesseldimensionierung und des Wirkungsgrades braucht nicht wiederholt zu werden, wenn in der Zwischenzeit an der betreffenden Heizungsanlage keine Änderungen vorgenommen wurden oder in Bezug auf den Wärmebedarf des Gebäudes keine Änderungen eingetreten sind. Der Prüfbericht hat in Bezug auf die Prüfung des Wirkungsgrades bei Heizkesseln mit mehr als 20 kW neben dem Ergebnis der durchgeführten Überprüfung jedenfalls Empfehlungen für kosteneffiziente Verbesserungen der Energieeffizienz der überprüften Heizungsanlage zu enthalten.

(5) Die Daten der Prüfberichte von Überprüfungen iSd Abs. 4 in Umsetzung der Richtlinie 2010/31/EU sind von den Prüforganen nach § 24
a) zu verarbeiten, und

b) der Landesregierung oder einem von der Landesregierung beauftragten Dritten zu übermitteln.
Die Landesregierung darf diese Daten zur Überprüfung verwenden. Die Landesregierung hat eine Stichprobe mindestens eines statistisch signifikanten Prozentanteils aller jährlich ausgestellten Prüfberichte iSd Abs. 4 einer Überprüfung zu unterziehen. Die Landesregierung kann auch unabhängige Dritte mit der Überprüfung beauftragen. Die Vorgaben nach Anhang II Z 2 der Richtlinie 2010/31/EU sind zu beachten. Die Landesregierung kann durch Verordnung nähere Bestimmungen zu Inhalt und Form der Verarbeitung und Übermittlung dieser Daten treffen.

(6) Die Landesregierung kann das für die Überprüfungen nach Abs. 1 lit. c zu leistende Entgelt durch Verordnung regeln, wenn eine solche Regelung aus Gründen des Konsumentenschutzes erforderlich ist. Bei der Festsetzung des Entgelts ist auf die Art und Dauer der Überprüfung sowie auf die Art der Heizungsanlage Bedacht zu nehmen.

(7) Die Landesregierung hat dafür zu sorgen, dass die Eigentümer und Nutzer von Gebäuden in geeigneter Weise über die Prüfberichte von Heizungsanlagen, ihren Zweck und ihre Ziele informiert werden.

ErlRV Verf-197/5/1997, 28 f (zu § 14 K-HeizG 1998 idF LGBl 1998/63):

Im 4. Abschnitt [Anm: 6. Abschnitt idgF] dieses Entwurfes werden die Betriebsvorschriften für Heizungsanlagen des Kärntner Luftreinhaltungsgesetzes mit einigen Modifikationen übernommen. In der Durchführungsverordnung zum Kärntner Luftreinhaltungsgesetz, LGBl. Nr. 26/1981, zuletzt geändert durch LGBl. Nr. 15/1994, sind derzeit zulässige Brennstoffe für die Raumheizung, der Schwefelgehalt fester und flüssiger Brennstoffe, die Emissionsgrenzwerte von Heizungsanlagen in Form der maximal zulässigen Rußzahl und des Kohlenmonoxidanteils der Rauchgase bei festen Brennstoffen sowie die Abgasverluste von Heizungsanlagen geregelt. Die Durchführungsverordnung bestimmt ferner, daß Zentralfeuerungsanlagen bis zu 50 kW einmal in zwei Jahren, über 50 kW einmal jährlich zu prüfen sind.

Nachdem bei Zentralfeuerungsanlagen für flüssige und gasförmige Brennstoffe wiederkehrende Kontrollen des Betriebs erforderlich sind, soll die Verordnungsermächtigung der Landesregierung, die Art und Zahl der Überprüfungen von Kleinfeuerungsanlagen auf ihre Betriebswerte, die anzuwendenden Meßmethoden, Meßgeräte und den Meßbericht zu regeln, nach wie vor aufrecht erhalten werden. Obwohl als Erfordernis für das Inverkehrbringen einer Kleinfeuerungsanlage nunmehr die sog. „Typenprüfung" eingeführt wird, ergibt sich die technische Notwendigkeit, Zentralfeuerungsanlagen für Gas und Öl periodisch auf ihre optimale Einstellung zu überprüfen, weil sich im laufe des Betriebes Veränderungen und Mängel an den Anlagen ergeben können, die durch Service und Einstelltätigkeiten von Zeit zu Zeit beseitigt werden müssen.

Durch Verordnung der Landesregierung sollen weiterhin der Schwefelgehalt der Brennstoffe und die zulässigen Brennstoffe für Kleinfeuerungsanlagen geregelt werden."

ErlRV 01-VD-LG-1462/4-2013, 3 f und 22 f (zu LGBl 2014/1):

„Die Richtlinie 2010/31/EU des Europäischen Parlaments und des Rates vom 19. Mai 2010 über die Gesamtenergieeffizienz von Gebäuden sieht in Art. 14, 16, 17 und 18 Vorschriften über die Inspektion von Heizungsanlagen vor. Demnach ergreifen die Mitgliedstaaten die erforderlichen Maßnahmen, um die regelmäßige Inspektion der zugänglichen Teile der zur Gebäudeheizung verwendeten Anlagen mit Heizkesseln, mit einer Nennleistung von mehr als 20 kW für Raumheizungszwecke zu gewährleisten. Diese Inspektion umfasst auch die Prüfung des Wirkungsgrads der Kessel und der Kesseldimensionierung im Verhältnis zum Heizbedarf des Gebäudes. Die Prüfung der Dimensionierung von Heizkesseln braucht nicht wiederholt zu werden, wenn in der Zwischenzeit an der betreffenden Heizungsanlage keine Änderungen vorgenommen wurden oder in Bezug auf den Wärmebedarf des Gebäudes keine Änderungen eingetreten sind. Mit § 21 Abs. 4 und 5 diese Bestimmungen umgesetzt, wobei die Details der Überprüfungen mit Verordnung der Landesregierung unter Bedachtnahme auf das Unionsrecht zu regeln sind.

[…]

6. Abschnitt – Errichtung, Ausstattung und Betrieb von Heizungsanlagen § 21

Die Richtlinie 2010/31/EU des Europäischen Parlaments und des Rates vom 19. Mai 2010 über die Gesamtenergieeffizienz von Gebäuden sieht in Art. 14, 16, 17 und 18 Vorschriften über die Inspektion von Heizungsanlagen vor. Demnach ergreifen die Mitgliedstaaten die erforderlichen Maßnahmen, um die regelmäßige Inspektion der zugänglichen Teile der zur Gebäudeheizung verwendeten Anlagen mit Heizkesseln, mit einer Nennleistung von mehr als 20 kW für Raumheizungszwecke zu gewährleisten. Diese Inspektion umfasst auch die Prüfung des Wirkungsgrads der Kessel und der Kesseldimensionierung im Verhältnis zum Heizbedarf des Gebäudes. Die Prüfung der Dimensionierung von Heizkesseln braucht nicht wiederholt zu werden, wenn in der Zwischenzeit an der betreffenden Heizungsanlage keine Änderungen vorgenommen wurden oder in Bezug auf den Wärmebedarf des Gebäudes keine Änderungen eingetreten sind. Art. 2 Z 16 definiert „Heizkessel" als kombinierte Einheit aus Gehäuse und Brenner zur Abgabe der Verbrennungswärme an Flüssigkeiten.

Mit § 21 Abs. 4 und 5 werden diese Bestimmungen umgesetzt, wobei die Details der Überprüfungen mit Verordnung der Landesregierung unter Bedachtnahme auf das Unionsrecht zu regeln sind. Die Verordnungsermächtigung nach § 21 entspricht im Wesentlichen der Verordnungsermächtigung nach § 14 des derzeit geltenden K-HeizG. Bei der Erlassung der Durchführungsverordnung ist auch auf den Stand der Technik Bedacht zu nehmen. Das bedeutet, dass insbesondere die Art. 15a B-VG-Vereinbarung der Bundesländer aus 2010 zu beachten ist. Die zwingend vorzusehenden Überprüfungen nach § 21 Abs. 2 haben ihren Ursprung in dieser Vereinbarung.

In § 21 Abs. 1 lit. b wird der Verordnungsgeber ermächtigt, für „Altanlagen", das sind Heizungsanlagen, die im Zeitpunkt der Erlassung der Verordnung bereits rechtmäßig errichtet sind, abweichende Bestimmungen hinsichtlich Ausstattung und Betrieb sowie Emissionswerten, Abgastemperaturen und Abgasverlust festzulegen, wenn dies nach dem Stand der Technik wegen der Unverhältnismäßigkeit zwischen dem Aufwand zur Erreichung der vorgeschriebenen Betriebswerte und dem Nutzen für Umwelt und Luftreinhaltung sachlich gerechtfertigt ist.

[…]

Nach § 21 Abs. 6 kann das für die Überprüfung von Heizungsanlagen zu leistende Entgelt durch Verordnung der Landesregierung geregelt werden, wenn eine solche Regelung aus Gründen des Konsumentenschutzes erforderlich ist. Nach Art. 15 Abs. 1 lit. g der Dienstleistungsrichtlinie sind im Rahmen der Niederlassungsfreiheit zu prüfende Anforderungen an die Ausübung einer Dienstleistungstätigkeit

„g) die Beachtung von festgesetzten Mindest- und/oder Höchstpreisen durch den Dienstleistungserbringer;"

Nach Art 15 Abs. 3 der Richtlinie müssen diese Anforderungen nicht diskriminierend, durch einen zwingenden Grund des allgemeinen Interesses gerechtfertigt und verhältnismäßig sein. § 21 Abs. 6, der einen Höchsttarif für die Überprüfung von Heizungsanlagen festlegt, ist nicht diskriminierend und aus Gründen des Verbraucherschutzes gerechtfertigt. Zusätzlich soll durch sozialverträgliche Tarife sichergestellt werden, dass die Überprüfungen auch tatsächlich durchgeführt werden, was dem Schutz der Umwelt dient."

§ 22 Überprüfung von Heizungsanlagen

(1) Die Eigentümer von Heizungsanlagen sind verpflichtet, die in der Verordnung nach § 21 vorgesehenen Überprüfungen durch Prüforgane (§ 24) durchführen zu lassen, den Prüfbericht mindestens bis zur nächsten Überprüfung aufzubewahren und ihn auf Verlangen der Behörde oder des Rauchfangkehrers vorzulegen.

(2) Ergibt die Überprüfung iSd Abs. 1 eine Überschreitung der gesetzlich vorgesehenen Betriebswerte, so ist der Eigentümer verpflichtet, diese Mängel zu beseitigen. Er hat ehestmöglich eine neuerliche Überprüfung zu veranlassen, und die Ergebnisse dieser Überprüfung auf Verlangen nachzuweisen.

ErlRV Verf-197/5/1997, 29 (zu § 15 K-HeizG 1998 idF LGBl 1998/63):

„Entsprechend den bisherigen Bestimmungen des Kärntner Luftreinhaltungsgesetzes werden die Eigentümer von Heizungsanlagen verpflichtet, die in der Durchführungsverordnung vorgesehenen Überprüfungen durch Überprüfungsorgane (§ 17 [Anm: § 24 idgF]) durchführen zu lassen. Die Eigentümer bzw. die Nutzer einer Heizungsanlage (§ 16 Abs. 6 [Anm: § 23 Abs 5 idgF]) sind verpflichtet, den vom Überprüfungsorgan auszustellenden Meßbericht aufzubewahren und ihn auf Verlangen der Behörde oder des Rauchfangkehrers vorzulegen. Ergibt die Überprüfung eine Überschreitung der gesetzlich vorgesehenen Betriebswerte, so ist der Eigentümer verpflichtet, die Mängel zu beseitigen und eine weitere Überprüfung durchzuführen, um mit einem neuerlichen Meßbericht nachweisen zu können, daß die Heizungsanlage die vorgeschriebenen Betriebswerte einhält."

ErlRV 01-VD-LG-1462/4-2013, 23 (zu LGBl 2014/1):

„§ 22 und 23 betreffen die Verpflichtungen der Eigentümer bzw. Verfügungsberechtigten über die Heizungsanlagen, die in der Verordnung vorgesehenen Überprüfungen durch Prüforgane (§ 24) durchführen zu lassen, den Prüfbericht aufzubewahren und auf Verlangen des Rauchfangkehrers oder der Behörde vorzulegen. [...] Diese Bestimmungen entsprechen im Wesentlichen den bisherigen §§ 15 und 16."

§ 23 Überprüfungen durch den Rauchfangkehrer

(1) Der Rauchfangkehrer nach § 20 ist verpflichtet, anlässlich der nach § 24 der Kärntner Gefahrenpolizei- und Feuerpolizeiordnung – K-GFPO, LGBl. Nr. 67/2000, vorzunehmenden Sichtprüfung, bei Feuerungsanlagen iSd § 20 zweiter Satz unabhängig von einer Sichtprüfung, festzustellen, ob Kleinfeuerungsanlagen, die nach dem 25. Mai 1999 errichtet und in Betrieb genommen wurden, das Typenschild nach § 8 tragen und ob sie nach der technischen Dokumentation diesem Gesetz entsprechen. Ist dies nicht der Fall, so hat der Rauchfangkehrer unverzüglich Anzeige an den Bürgermeister und die Bezirksverwaltungsbehörde zu erstatten. Ferner hat der Rauchfangkehrer festzustellen, ob die Überprüfungen nach § 22 durch Prüforgane durchgeführt worden sind, ob der Prüfbericht vorliegt, und ob der vorliegende Prüfbericht bestätigt, dass die Heizungsanlage die vorgeschriebenen Betriebswerte einhält. Sie haben ferner das Brennstofflager auf die Zulässigkeit der dort gelagerten Brennstoffe hin in Augenschein zu nehmen und gegebenenfalls auf die Unzulässigkeit des Verbrennens der gelagerten Brennstoffe hinzuweisen.

(2) Wurden die Überprüfungen nach § 22 vom Eigentümer der Heizungsanlage nicht durchgeführt, liegt kein Prüfbericht vor, weist der Prüfbericht Mängel auf oder entspricht die Heizungsanlage nicht den Rechtsvorschriften, so hat der Rauchfangkehrer den

Eigentümer der Heizungsanlage über die Verpflichtung zur Überprüfung der Heizungsanlage und über die Verpflichtung zur Mängelbehebung zu unterrichten.

(3) Nach Ablauf der nächsten Reinigungsfrist hat der Rauchfangkehrer neuerlich festzustellen, ob die Überprüfungen der Heizungsanlage nach § 22 durchgeführt worden sind, ob ein Prüfbericht vorliegt und ob die Mängel beseitigt wurden. Wurden die Überprüfungen nicht durchgeführt oder liegt kein Prüfbericht vor, so darf der Rauchfangkehrer die Überprüfungen mit Zustimmung des Eigentümers der Heizungsanlage durchführen. Stimmt der Eigentümer der Heizungsanlage der Überprüfung nicht zu oder hat der Eigentümer die Mängel an der Heizungsanlage nicht beseitigt, so hat der Rauchfangkehrer Anzeige an den Bürgermeister und die Bezirksverwaltungsbehörde zu erstatten. Der Bürgermeister hat im Streitfall aufgrund der Anzeige des Rauchfangkehrers oder aufgrund eines Antrages des Eigentümers der Heizungsanlage mit Bescheid zu entscheiden, ob die Heizungsanlage zu überprüfen ist, und ob Mängel zu beseitigen sind. Der Bürgermeister hat dem Eigentümer erforderlichenfalls die Durchführung der Überprüfungen und eine Beseitigung allfälliger Mängel binnen einer angemessenen Frist mit Bescheid aufzutragen. § 26 Abs. 5 bis 7 gilt sinngemäß.

(4) Wird der Mangel nicht innerhalb der Frist nach Abs. 3 beseitigt, darf die Heizungsanlage ab Ende der Frist nicht mehr benützt werden.

(5) Verfügungsberechtigte, die zur Nutzung einer Heizungsanlage in ähnlicher Weise wie der Eigentümer ausschließlich berechtigt sind (Fruchtnießer, Pächter, Mieter), unterliegen anstelle des Eigentümers den für ihn geltenden Bestimmungen der Abs. 2 bis 4 sowie §§ 20 und 22.

ErlRV Verf-197/5/1997, 30 f (zu § 16 K-HeizG 1998 idF LGBl 1998/63):

„Die Erfahrungen der Praxis haben gezeigt, daß Meldepflichten des Eigentümers gegenüber der Gemeinde über die Ergebnisse der Überprüfungen nicht unbedingt zielführend sind. Um eine effizientere Kontrolle zu gewährleisten, wird in Zukunft vorgesehen, daß der jeweils zuständige Rauchfangkehrer [...] Überprüfungen der Heizungsanlagen als auch Prüfungen dahingehend vorzunehmen hat, ob die vorgeschriebenen Betriebsprüfungen bei der Heizungsanlage durchgeführt wurden.

Nach § 19 der Gefahrenpolizei- und Feuerpolizeiordnung, LGBl. Nr. 32/1988, idgF, ist die Reinigung der Rauchfänge vom Gebäudeeigentümer (Mieter oder sonstigen Nutzungsberechtigten) einem Rauchfangekehrer [Anm: Rauchfangkehrer] [...] zu übertragen, und der Behörde bekanntzugeben, welchem Rauchfangkehrer die Reinigungsarbeiten übertragen wurden.

Dieser vom Gebäudeeigentümer (bzw. Mieter oder sonstigen Nutzungsberechtigten) beauftragte Rauchfangkehrer [...] ist nach § 16 [Anm: § 23 idgF] verpflichtet, einmal jährlich festzustellen, ob Kleinfeuerungsanlagen [...] das Typenschild nach § 8 tragen und ob die vom Betreiber aufzubewahrende technische Dokumentation bestätigt, daß sie die vorgeschriebenen Emissionsgrenzwerte und Wirkungsgrade einhalten. Die technische Dokumentation muß darüber hinaus einen Hinweis auf die Prüfstelle und den Prüfbericht enthalten.

Ferner hat der Rauchfangkehrer einmal jährlich festzustellen, ob die wiederkehrenden Überprüfungen durch Überprüfungsorgane durchgeführt worden sind, und ob der Betreiber der Heizungsanlage einen positiven Meßbericht vorweisen kann. Desgleichen hat er das Brennstofflager daraufhin zu überprüfen, ob die dort gelagerten Brennstoffe zur Verfeuerung zugelassen sind.

Wurden die Überprüfungen vom Eigentümer der Heizungsanlage oder vom Verfügungsberechtigten nicht durchgeführt oder liegt kein positiver Maßbericht vor, so hat der Rauchfangkehrer den Eigentümer der Heizungsanlage über die Rechtslage zu belehren[.]

Nach Ablauf der nächsten Reinigungsfrist hat der Rauchfangkehrer neuerlich festzustellen, ob die Überprüfungen durchgeführt wurden bzw. ob ein positiver Meßbericht vorliegt. Ist der Eigentümer der Anlage bzw. der Verfügungsberechtigte den gesetzlichen Verpflichtungen noch immer nicht nachgekommen, so hat der Rauchfangkehrer Anzeige an den Bürgermeister und die Bezirksverwaltungsbehörde zu erstatten. Der Bürgermeister hat dem Eigentümer die Durchführung der Überprüfungen und die Beseitigung allfälliger Mängel mit Bescheid aufzutragen.

Wird den gesetzlichen und bescheidmäßigen Verpflichtungen vom Eigentümer bzw. Verfügungsberechtigten über die Heizungsanlage noch immer nicht entsprochen, so darf die Heizungsanlage nicht mehr benützt werden."

ErlRV -2V-LG-618/28-2007, 5 f (zu § 16 K-HeizG 1998 idF LGBl 2008/34):

„Die Eigentümer von Heizungsanlagen bzw. Pächter, Mieter etc. nach § 16 Abs. 6 [Anm: § 23 Abs 5 idgF] sind verpflichtet, die einmalige Inspektion durch eine befugte Fachperson durchführen zu lassen, und den Prüfbericht auf Verlangen der Behörde oder des Rauchfangkehrers vorzulegen. Für die einmalige Inspektion von Heizungsanlagen hat die Landesregierung durch Verordnung ebenso wie für die wiederkehrenden Überprüfungen durch Verordnung ein Entgelt festzusetzen. Entsprechend dem bisherigen Kontrollsystem soll der Rauchfangkehrer in Zukunft anlässlich der verpflichtend vorzunehmenden Kehrungen einmal jährlich feststellen, ob die wiederkehrenden Überprüfungen der Heizungsanlage, erforderlichenfalls auch die einmalige Inspektion der Heizungsanlage durch befugte Personen vorgenommen worden ist und ein Prüfbericht bzw. Messbericht vorliegt."

ErlRV 01-VD-LG-1462/4-2013, 23 f (zu LGBl 2014/1):

„§ 22 und 23 betreffen die Verpflichtungen der Eigentümer bzw. Verfügungsberechtigten über die Heizungsanlagen, die in der Verordnung vorgesehenen Überprüfungen durch Prüforgane (§ 24) durchführen zu lassen, den Prüfbericht aufzubewahren und auf Verlangen des Rauchfangkehrers oder der Behörde vorzulegen. § 23 ist die gesetzliche Grundlage für die Kontrolle der Einhaltung dieser Prüfpflichten durch den Rauchfangkehrer und die Behörde. Diese Bestimmungen entsprechen im Wesentlichen den bisherigen §§ 15 und 16.

[...]

Bei wiederkehrenden Überprüfungen hat der Bürgermeister nach § 23 Abs. 3 im Streitfall mit Bescheid zu entscheiden, ob eine Überprüfung der Heizungsanlage bzw eine Mängelbehebung stattzufinden hat. Soweit für bestimmte Feuerungsanlagen keine wiederkehrenden Überprüfungen vorgesehen sind, kann die Behörde jederzeit die Überprüfungen der Feuerungsanlage nach § 26 anordnen. In beiden Fällen verläuft das Verfahren bei Auftreten von Mängeln in gleicher Weise. Die Behörde hat die Behebung der Mängel binnen angemessener Frist mit Bescheid aufzutragen. In beiden Fällen sollen diese Fristen durch Verordnung der Landesregierung festgesetzt werden. Dabei wird Art. 23 der Art. 15a B-VG-Vereinbarung umzusetzen sein. Das Land Kärnten hat die Art. 15a B-VG- Vereinbarung unter Erklärung eines Vorbehaltes abgeschlossen: „Das Land Kärnten behält sich das Recht vor, Abschnitt VI der Vereinbarung nur für Anlagen und Bauteile von Anlagen umzusetzen, die nach Inkrafttreten der landesrechtlichen Umsetzungsvorschriften (Art. 28) erstmals errichtet oder eingebaut werden."

Der VI. Abschnitt der Art. 15a B-VG-Vereinbarung regelt die Überprüfungen von Feuerungsanlagen und Blockheizkraftwerken im Betrieb. Art. 23 enthält die Fristen, innerhalb der eine Feuerungsanlage zu sanieren ist, wenn bei den Überprüfungen Mängel festgestellt werden. In Art. 1 Abs. 4 der Vereinbarung wird normiert, das Abschnitte III und VI (Errichtung und Ausstattung von Feuerungsanlagen, Emissionsgrenzwerte und Abgasverluste für den Betrieb von Feuerungsanlagen) nur für „neue Feuerungsanlagen" gelten. Seitens der Umweltabteilung wird aufgrund einer Grobschätzung angenommen, dass es in Kärnten mindestens 25.000 bis 30.000 Zentralheizungen für feste Brennstoffe gibt. Dabei wird geschätzt, dass mindestens 40 bis 50 Prozent der bestehenden Anlagen zu sanieren oder gar auszutauschen sind. Aus fachlicher Sicht sollen hinsichtlich dieser Heizungsanlagen jedenfalls Maßnahmen getroffen werden. Ältere Festbrennstoffkessel führen zu beträchtlichen Luftschadstoffemissionen und verursachen ganz wesentlich die Entstehung von hohen Immissionswerten bei Feinstaub und insbesondere PAH's (polyzyklische aromatische Kohlenwasserstoffe). Werden hinsichtlich dieser Heizungsanlagen keine Maßnahmen getroffen, wird es in absehbarer Zeit Schwierigkeiten geben, die einschlägigen Immissionsgrenzwerte einzuhalten. Andererseits ist man sich bewusst, dass eine Sanierung von „Altanlagen" innerhalb der Fristen des Art. 23 der Vereinbarung aus sozialen und finanziellen Gründen zu erheblichen Problemen führen kann. Aus diesem Grund hat die Landesregierung die Sanierungsfristen, die sowohl im Fall des § 23 als auch im Fall von einzelnen Überprüfungen von Heizungsanlagen ad hoc (§ 26) bestehen, mit Verordnung zu regeln. Unter Bedachtnahme auf die Art. 15a-B-VG-Vereinbarung ist zu differenzieren, ob zur Mängelbehebung eine Wartung oder Reparatur oder die Erneuerung eines wesentlichen Bauteiles der Anlage erforderlich ist, und in welchem Ausmaß die vorgeschriebenen Betriebswerte überschritten werden. Darüber hinaus dürfen Sonderbestimmungen für „Altanlagen" festgesetzt werden, wenn die gesamte Heizungsanlage auszutauschen ist, oder dies wegen der Unverhältnismäßigkeit zwischen dem Aufwand zur Herstellung eines rechtskonformen Zustandes und dem dadurch erreichbaren Nutzen für Umwelt und Luftreinhaltung sachlich gerechtfertigt ist. Ähnliche Sonderbestimmungen für „Altanlagen" finden sich auch in § 82 Abs. 1 Gewerbeordnung 1994, § 29 der Feuerungsanlagen- Verordnung-FAV, BGBl. II Nr. 331/1997, § 9 Abs. 3 der Vorarlberger Luftreinhalteverordnung, LGBl. Nr 82/1994, § 18 Abs. 3 des Oö Luftreinhalte- und Energietechnikgesetzes 2002, § 42 Abs. 2 der Oö Heizungsanlagen- und Brennstoffverordnung, LGBl. Nr. 7/2006."

§ 24 Prüforgane

(1) **Zur Durchführung von Überprüfungen an Feuerungsanlagen und Blockheizkraftwerken dürfen außer den amtlichen Sachverständigen nur folgende Fachunternehmen oder -personen herangezogen werden:**
   a) Gewerbetreibende, die im Rahmen ihrer Gewerbeberechtigung zur Errichtung, Änderung oder Instandsetzung der Feuerungsanlagen oder zur Durchführung von Wartungen, Untersuchungen, Überprüfungen oder Messungen an Feuerungsanlagen befugt sind;
   b) Ziviltechniker des einschlägigen Fachgebietes;
   c) akkreditierte Überwachungs- und/oder Prüfstellen des einschlägigen Fachgebietes;
   d) Sachverständige des einschlägigen Fachgebietes, die Staatsangehörige eines Staates sind, dessen Angehörigen Österreich aufgrund von Staatsverträgen oder rechtlichen Verpflichtungen im Rahmen der europäischen Integration das Recht auf Berufszugang zu gewähren hat, soweit sie mit den in Abs. 4 angeführten Rechtsvorschriften vertraut und in ihrem Herkunftsstaat für gleichartige Tätigkeiten nachweislich staatlich anerkannt sind.

(2) Zur Durchführung von umfassenden Überprüfungen iSd § 21 Abs. 2 lit. b dürfen außer den amtlichen Sachverständigen nur Fachunternehmen oder -personen herangezogen werden, die die

Vorrausetzung des § 34 Emissionsschutzgesetz für Kesselanlagen erfüllen.

(3) Fachunternehmen und -personen können sich zur Erfüllung der ihnen übertragenen Aufgaben ihrer entsprechend befähigten Arbeitnehmer bedienen; sie bleiben jedoch für die sachgemäße Durchführung dieser Aufgaben verantwortlich.

(4) Prüforgane müssen besondere Kenntnisse bzw. Grundkenntnisse auf folgenden Gebieten nachweisen können:
a) Durchführung von Emissions- und Abgasmessungen sowie Prüfungen entsprechend den einschlägigen technischen Richtlinien einschließlich der Prüfung der Funktion und der Wartungserfordernisse von Messgeräten;
b) Feuerungstechnik und Emissionsfragen (Grundkenntnisse);
c) einschlägige Rechtsvorschriften (Grundkenntnisse).

(5) Prüforgane müssen ihre Kenntnisse nach Abs. 4 aufgrund von Zeugnissen über die erfolgreiche Absolvierung einer entsprechenden Ausbildung oder Schulung nachweisen können. Zeugnisse und sonstige Nachweise werden nur anerkannt, wenn die Prüfung von einem unabhängigen Prüfer oder von einem Amtsorgan abgenommen worden ist oder wenn die Schulungsstelle einem Qualitätssicherungssystem unterliegt, das sicherstellt, dass der jeweils gültige Stand der Technik in den unterschiedlichen Feuerungstechnologien sowie die einschlägigen neuen technischen Richtlinien und Rechtsvorschriften Bestandteil der jeweiligen Schulungen sind. Der Umfang der erstmaligen Schulung in Schulungsstellen mit einem Qualitätssicherungssystem muss mindestens 40 Lehrstunden zu je 45 Minuten betragen. Auf Verlangen sind der Behörde Unterlagen, aus denen die Erfüllung der Anforderungen hervorgeht, vorzulegen.

(6) Als Nachweis der Kenntnisse iSd Abs. 4 gilt auch:
a) ein Nachweis über eine mindestens gleichwertige Prüfung in einem anderen Bundesland,
b) ein Nachweis über eine im Ausland absolvierte Ausbildung, die nach dem Kärntner Berufsqualifikationen-Anerkennungsgesetz – K-BQAG, LGBl. Nr. 10/2009, anerkannt wurde.

Für die Anerkennung der Gleichwertigkeit von Ausbildungen sind die Bestimmungen des K-BQAG mit der Maßgabe anzuwenden, dass für die Anerkennung von beruflichen Qualifikationen von Personen, die nicht unter § 1 Abs. 2 und 3 K-BQAG fallen, nur dessen §§ 2 bis 12 anzuwenden sind.

ErlRV Verf-197/5/1997, 31 (zu § 17 K-HeizG 1998 idF LGBl 1998/63):

„Bei der Regelung der für die periodischen Überprüfungen von Heizungsanlagen zugelassenen Organe werden die bisherigen Bestimmungen des Luftreinhaltungsgesetzes insofern modifiziert, als bestimmte Organe und Institutionen, bei welchen davon ausgegangen werden muß, daß sie die entsprechenden technischen Kenntnisse und Fähigkeiten jedenfalls besitzen, ex lege ohne bescheidmäßige Bestellung durch die Landesregierung zur Vornahme von Überprüfungen nach § 17 [Anm: § 24 idgF] dieses Gesetzes befugt sind. Es handelt sich dabei um Amtssachverständige für das Heizungswesens, Erstprüfstellen nach dem Kesselgesetz, Ziviltechniker mit einschlägiger Befugnis, Organe staatlicher oder staatlich autorisierter oder akkreditierter Prüfanstalten (zB Bundesanstalt für Landtechnik Wieselburg, TÜV, ÖMV etc.). [...].“

ErlRV -2V-LG-618/28-2007, 6 f (zu § 17 K-HeizG 1998 idF LGBl 2008/34):

„Im Hinblick auf die schon bisher tätigen Überprüfungsorgane nach dem Kärntner Heizungsanlagengesetz erfolgen geringfügige Modifikationen im Hinblick auf den Entwurf einer Art. 15a B-VG-Vereinbarung der Länder über das Inverkehrbringen und die Überprüfung von Feuerungsanlagen. Um einen gleichen Standard in allen Bundesländern zu erreichen, wird die Regelung übernommen, dass Personen, die nach den gewerberechtlichen Vorschriften befugt sind, dann als Überprüfungsorgane nach dem Kärntner Heizungsanlagengesetz bestellt werden müssen, wenn sie eine Zusatzausbildung im Umfang von mindestens 40 Lehrstunden zu je 45 Minuten absolviert haben.

Ferner erfolgt eine Umsetzung der RL 2005/36/EG des Europäischen Parlaments und des Rates vom 7. September 2005 über die Anerkennung von Berufsqualifikationen.“

6. Abschnitt – Errichtung, Ausstattung und Betrieb von Heizungsanlagen § 24

ErlRV -2V-LG-1192/14-2008, 1 (zu § 17 Abs 5 und 5a K-HeizG idF LGBl 2009/10 [Anm: § 24 Abs 6 idgF]):

„Dieses Gesetz dient der vollständigen Umsetzung der Richtlinie 2005/36/EG des Europäischen Parlaments und des Rates vom 7. September 2005 über die Anerkennung von Berufsqualifikationen, ABl. Nr. L 255 vom 30.9.2005, S 22, (im Folgenden: Berufsqualifikationen-Richtlinie) im Kärntner Landesrecht."

ErlRV 01-VD-LG-1462/4-2013, 25 und 27 (zu LGBl 2014/1):

„Zielsetzung der Art. 15a-B-VG-Vereinbarung der Länder war es auch, die Anforderungen an Fachunternehmen und -personen zur Durchführung von Überprüfungen von Feuerungsanlagen österreichweit zu vereinheitlichen. Diese Regelungen der Vereinbarung werden in §§ 24 und 25 umgesetzt. § 24 Abs. 1 regelt die berufliche Qualifikation, die zur Durchführung von einfachen Überprüfungen erforderlich ist: In Betracht kommen dafür zB. die Berufsgruppe der Rauchfangkehrer, Sanitär-, Heizungs- und Lüftungstechniker, Hafner, technische Büros (Ingenieurbüros des einschlägigen Fachgebiets) sowie Ziviltechniker mit einschlägiger Befugnis. Die umfassende Überprüfung von Feuerungsanlagen und Blockheizkraftwerken ist Fachpersonen vorbehalten, die die Voraussetzungen des § 34 des Emissionsschutzgesetzes für Kesselanlagen erfüllen. Dadurch soll höheren Qualitätsansprüchen für die Durchführung der Messungen an in der Regel besonders emissionsrelevanten Feuerungsanlagen Rechnung getragen werden. § 24 Abs. 4 enthält besondere fachliche Anforderungen für die die Überprüfungen durchführenden physischen Personen.

[…]

Zeugnisse und sonstige Nachweise von innerbetrieblichen Schulungsstellen werden nur unter bestimmten Voraussetzungen anerkannt (§ 24 Abs. 5): wenn die Schulungsstelle einem Qualitätssicherungssystem unterliegt, das sicherstellt, dass der jeweils gültige Stand der Technik in den unterschiedlichen Emissionstechniken und Feuerungstechnologien sowie die einschlägigen neuen technischen Richtlinien und Rechtsvorschriften Bestandteil der jeweiligen Schulungen sind und der Umfang der erstmaligen Schulung mindestens 40 Lehrstunden zu je 45 Minuten beträgt. Mit § 24 Abs. 6 wird der Umsetzung der Berufsqualifikationen-Richtlinie Rechnung getragen.

Der Personenkreis, der nach § 24 Abs. 1 zur Überprüfung von Heizungsanlagen berechtigt ist, entspricht im Wesentlichen dem Personenkreis nach § 17 des K-HeizG. Die Zuteilung der Prüfnummer erfolgt aufgrund einer Selbsteintragung in ein von der Landesregierung im Internet zu veröffentlichendes Verzeichnis. Die Eintragungen werden stichprobenartig zu kontrollieren sein. Bei unrechtmäßigen Eintragungen (zB bei Fehlen oder Wegfall der Berufsvoraussetzungen) ist die Prüfnummer zu entziehen und die Eintragung zu löschen (vgl. auch § 33 der Salzburger Heizungsanlagen-Verordnung 2010, LGBl. Nr. 36)."

§ 25 Qualitätssicherung

(1) Die Berechtigung von Prüforganen nach § 24 Abs. 1 lit. a bis d zur Überprüfung von Feuerungsanlagen und Blockheizkraftwerken setzt die Zuteilung einer Prüfnummer an das Fachunternehmen bzw. die Fachperson durch die Landesregierung voraus. Die Zuteilung einer Prüfnummer erfolgt aufgrund einer Selbsteintragung in ein von der Landesregierung im Internet unter der Homepage des Landes (www.ktn.gv.at) zu veröffentlichendes Verzeichnis. Dies gilt nicht für behördliche Überprüfungen. Die Landesregierung kann die Zuteilung der Prüfnummer und das im Internet zu veröffentlichende Verzeichnis durch Verordnung näher regeln.

(2) Die Überprüfung von Heizungsanlagen darf nur durch Personen erfolgen, die zum Verfügungsberechtigten der Anlage in keinem Abhängigkeitsverhältnis iSd der RL 2010/31/EU (Gesamtenergieeffizienz-RL) stehen.

(3) Die zur Überprüfung von Heizungsanlagen berechtigten Fachunternehmen und -personen haben sich mit den nach dem Stand der Technik notwendigen Geräten und Einrichtungen auszustatten und dafür zur sorgen, dass ihre Prüforgane sich hinsichtlich der erforderlichen Kenntnisse und Fähigkeiten stets auf dem Laufenden halten, die Überprüfungen sorgfältig und gewissenhaft vornehmen und darüber Aufzeichnungen führen. Prüforgane haben hinsichtlich ihrer Kenntnisse nach § 24 Abs. 4 entsprechende Schulungen in Abständen von längstens fünf Jahren zu absolvieren.

(4) Prüforgane, die eine entsprechende Ausbildung oder Schulung bei einem Hersteller von Feuerungsanlagen und Blockheizkraftwerken absolviert haben, dürfen Messungen nur an Feuerungsanla-

gen und Blockheizkraftwerken aus dem jeweiligen Produktbereich durchführen.

(5) Die bei Überprüfungen eingesetzten Messgeräte sind vor ihrem erstmaligen Einsatz und sodann mindestens einmal pro Jahr auf ihre Eignung und Messgenauigkeit nach den einschlägigen technischen Vorschriften überprüfen zu lassen. Die Prüfberichte sind mindestens drei Jahre lang aufzubewahren und auf Verlangen der Behörde vorzulegen.

(6) Auf Verlangen sind der Landesregierung Unterlagen, aus denen die Erfüllung der fachlichen und qualitätssichernden Anforderungen für die Durchführung von Überprüfungen hervorgeht, vorzulegen und entsprechende Auskünfte zu erteilen. Bei festgestellten Verstößen hat die Landesregierung nach der Einräumung einer Möglichkeit zur Rechtfertigung die erforderlichen Anordnungen zu treffen. Wurden Verpflichtungen nicht eingehalten, ist die Gemeinde davon in Kenntnis zu setzen, die erforderlichenfalls auch die Verfügungsberechtigten der betreffenden Heizungsanlagen darüber zu verständigen hat. Bei einer wiederholten Verletzung von Verpflichtungen ist die zur Überwachung der Berechtigungsausübung zuständige Behörde in Kenntnis zu setzen.

(7) Die Landesregierung hat einem Fachunternehmen bzw. einer Fachperson mit Bescheid die Prüfnummer zu entziehen, wenn
a) die Berechtigungsvoraussetzungen nach § 24 Abs. 1 nicht mehr gegeben sind oder
b) es bzw. sie wegen Verletzung der Bestimmungen dieses Gesetzes oder der aufgrund dieses Gesetzes ergangenen Verordnungen rechtskräftig bestraft worden ist oder ungeeignete Arbeitnehmer als Prüforgane herangezogen hat und der Entzug der Prüfnummer im Hinblick auf die Verwaltungsübertretung oder die Heranziehung ungeeigneter Arbeitnehmer nicht unverhältnismäßig ist.

ErlRV 01-VD-LG-1462/4-2013, 4 und 25 f (zu LGBl 2014/1):

„Zielsetzung der Art. 15a B-VG-Vereinbarung der Länder war es auch, die Anforderungen an Fachunternehmen und -personen zur Durchführung von Überprüfungen von Feuerungsanlagen österreichweit zu vereinheitlichen. Aus diesem Grund wurden die Vorschriften über

Prüforgane an die Art. 15a B-VG-Vereinbarung angepasst. Im Hinblick auf die Richtlinie 2006/123/EG des Europäischen Parlaments und des Rates vom 12.12.2006 über Dienstleistungen im Binnenmarkt, Amtsblatt Nr. L 376 vom 27.12.2006, 26 (Dienstleistungsrichtlinie), war es erforderlich, das System der Zulassung der Überprüfungsorgane nach dem derzeit geltenden § 17 K-HeizG zu modifizieren. Bei den derzeit geltenden Bestimmungen handelt es sich um Genehmigungsregelungen, die nach den Vorschriften der Dienstleistungsrichtlinie nicht verhältnismäßig erscheinen. Die Registrierung des Fachunternehmens oder -person in einer amtlichen Liste, die es der Behörde ermöglicht, die fachliche Befähigung zu überprüfen, ist ausreichend, um die Zielsetzung des Gesetzes zu verwirklichen, dass ausschließlich Heizungsanlagen, die den Betriebswerten des Gesetzes entsprechen, in Betrieb sind. Daher wird lediglich eine Registrierung der Prüforgane in einem im Internet zu veröffentlichenden Verzeichnis vorgesehen (§ 25 Abs. 1). Sollte sich herausstellen, dass die Befähigung nicht vorliegt, hat die Landesregierung die Prüfberechtigung mit Bescheid zu entziehen.

[...]

Zielsetzung der Art. 15a-B-VG-Vereinbarung der Länder war es auch, die Anforderungen an Fachunternehmen und -personen zur Durchführung von Überprüfungen von Feuerungsanlagen österreichweit zu vereinheitlichen. Diese Regelungen der Vereinbarung werden in §§ 24 und 25 umgesetzt.

[...]

Im Gesetzesentwurf wurde auch die Richtlinie 2006/123/EG des Europäischen Parlaments und des Rates vom 12. Dezember 2006 über Dienstleistungen im Binnenmarkt, ABl Nr. L 376 vom 27. 12. 2006, 36, beachtet. Nach den bisherigen Rechtsvorschriften (§ 17 K-HeizG) waren Überprüfungsorgane nach § 17 Abs. 1 lit. e (die nach gewerberechtlichen Vorschriften zur Errichtung und Überprüfung von Heizungsanlagen befugt sind) zu Überprüfungsorganen zu bestellen, wenn sie einschlägige Fachkenntnisse nach Abs. 4 nachwiesen. Diese waren in ein Verzeichnis aufzunehmen, das in der Kärntner Landeszeitung kundzumachen war. Im Fall einer Pflichtverletzung waren sie von der Landesregierung mit Bescheid abzuberufen.

Bei diesen Bestimmungen handelt es sich um Genehmigungsregelungen nach der Dienstleistungsrichtlinie. Sie sind zwar nicht diskriminierend und aus Gründen des Umweltschutzes gerechtfertigt, jedoch nicht verhältnismäßig. Die bloße Anzeige des Überprüfungsorgans bei der Behörde, die daran anschließend die fachliche Befähigung überprüfen kann, ist ausreichend, um zu erreichen, dass ausschließlich Heizungsanlagen, die den Betriebswerten des Gesetzes entsprechen, in Betrieb sind. Dies wird mit der Registrierung der Prüforgane nach § 25 Abs. 1 in einem im Internet zu veröffentlichenden Verzeichnis erreicht. Sollte sich herausstellen, dass die Befähigung eines Überprüfungsorgans nicht vorliegt, hat die Landesregierung nach § 25 Abs. 7 die Prüfberechtigung zu entziehen. Das im Internet zu veröffentlichende Verzeichnis kann auch von den Behörden und Gewerbebetreibenden der anderen Mitgliedstaaten der Europäischen Union unter denselben Bedingungen eingesehen und benutzt werden.

§ 25 Abs. 1 knüpft die Berechtigung zur Durchführung von einfachen Überprüfungen an das Vorliegen einer unternehmensbezogenen Prüfnummer (Registrierung). Damit besteht für die Verfügungsberechtigten von Feuerungsanlagen und Blockheizkraftwerken Klarheit darüber, welche Fachunternehmen und -personen Überprüfungen vornehmen dürfen und die fachlichen Anforderungen des § 24 erfüllen.

Für Fachunternehmen und -personen gemäß § 24 Abs. 2 sieht bereits § 14 des Emissionsschutzgesetzes für Kesselanlagen ein entsprechendes Registrierungssystem vor. Zur Vermeidung von Doppelgleisigkeiten wird daher von einer zusätzlichen Registrierung für die Berechtigung zur Durchführung von umfassenden Überprüfungen abgesehen. In § 25 Abs. 1 wird klargestellt, dass behördliche Überprüfungen vom Registrierungssystem ausgenommen sind, und zwar auch dann, wenn Private dabei Hilfsfunktionen für die Behörde erfüllen. § 25 Abs. 7 enthält die gesetzliche Grundlage für den Entzug der Prüfberechtigung, wenn die Berechtigungsvoraussetzungen nicht mehr gegeben sind, eine rechtskräftige Bestrafung aufgrund dieses Gesetzes vorliegt oder ungeeignete Arbeitnehmer als Prüforgane herangezogen werden, und der Entzug der Prüfberechtigung im Hinblick auf die Verwaltungsübertretung oder die Heranziehung ungeeigneter Arbeiter nicht unverhältnismäßig ist.

§ 25 Abs. 2 stellt sicher, dass die Überprüfungen in unabhängiger Weise von qualifizierten Fachleuten durchgeführt werden. § 25 Abs. 3 bis 6 enthalten Maßnahmen zur Qualitätssicherung: Prüfberechtigte haben insbesondere dafür zu sorgen, dass ihre Prüforgane sich hinsichtlich der erforderlichen Kenntnisse und Fertigkeiten stets auf dem Laufenden halten, die Überprüfungen sorgfältig und gewissenhaft vornehmen und darüber Aufzeichnungen führen. Die Vorschreibung der Verwendung von entsprechenden Messgeräten und -einrichtungen soll sicherstellen, dass richtige Messwerte erzielt werden und die dabei gewonnenen Daten vergleichend verwendet werden können. Eine weitere Maßnahme zur Qualitätssicherung ist die wiederkehrende Schulung von Prüfungsorganen in Abständen von längstens fünf Jahren."

7. Abschnitt – Straf-, Übergangs- und Schlussbestimmungen

§ 26 Befugnisse der Behörde

(1) Die Organe der Behörde und deren Beauftragte sind ermächtigt, Grundstücke, Gebäude, Betriebsräumlichkeiten und sonstige Anlagen im unbedingt notwendigen Ausmaß zur Überprüfung von Heizungsanlagen und zur Überwachung der Einhaltung von Verpflichtungen nach diesem Gesetz zu betreten, Heizungsanlagen und Bauteile von Heizungsanlagen sowie deren Brennstofflager jederzeit zu besichtigen und auf die Einhaltung der Bestimmungen dieses Gesetzes und seiner Durchführungsverordnungen zu überprüfen, Messgeräte anzubringen sowie Messungen vorzunehmen; ferner sind sie berechtigt, Proben von Stoffen zu entnehmen, die mit der Veränderung der natürlichen Zusammensetzung der Luft in ursächlichem Zusammenhang stehen können.

(2) Die über Grundstücke, Gebäude, Betriebsräumlichkeiten und sonstige Anlagen Verfügungsberechtigten (§ 23 Abs. 5) haben den Behörden und deren Beauftragten die Durchführung der in Abs. 1 angeführten Tätigkeiten zu gestatten sowie die zur Vollziehung dieses Gesetzes erforderlichen Auskünfte zu erteilen und Unterlagen vorzulegen.

(3) Der über die Heizungsanlage Verfügungsberechtigte (§ 23 Abs. 5) hat nachzuweisen, dass die für die Heizungsanlage bestimmten Brennstoffe den Anforderungen der Verordnung nach § 21 entsprechen. Der Verfügungsberechtigte hat ferner Stoffe, die nach dieser Verordnung in Heizungsanlagen nicht verbrannt werden dürfen, offenkundig aber zu diesem Zweck vorbereitet sind, auf behördlichen Auftrag zu entfernen.

(4) Die Behörde hat bei festgestellten Verstößen gegen die Bestimmungen dieses Gesetzes und seiner Durchführungsverordnungen mit Bescheid deren Abstellung und die Beseitigung allfälliger Mängel binnen einer angemessenen Frist aufzutragen.

(5) Nach Behebung der Mängel ist die Heizungsanlage innerhalb von vier Wochen einer neuerlichen Überprüfung durch die Behörde zu unterziehen. Der Umfang der Prüfung hat dabei insbesondere die behobenen Mängel zu umfassen. Bei fruchtlosem Ablauf der Frist zur Behebung der Mängel ist die Stilllegung der Heizungsanlage aufzutragen.

(6) Bei unmittelbar drohender Gefahr für die Gesundheit von Menschen hat die Behörde auf Kosten des Verfügungsberechtigten (§ 23 Abs. 5) jene Maßnahmen zu treffen, die zur Beseitigung der Gefahr erforderlich sind. Solche Maßnahmen können ohne vorausgehendes Verfahren getroffen werden. Sie sind von der Behörde aufzuheben, wenn der Grund für die getroffene Maßnahme weggefallen ist.

(7) Die Landesregierung hat mit Verordnung näher zu regeln, welche Fristen zur Mängelbehebung iSd Abs. 4 als angemessen anzusehen sind. Dabei ist darauf Bedacht zu nehmen, ob zur Mängelbehebung eine Wartung oder Reparatur oder die Erneuerung eines wesentlichen Bauteiles der Anlage erforderlich ist, und in welchem Ausmaß die vorgeschriebenen Betriebswerte überschritten werden. Für im Zeitpunkt der Erlassung einer solchen Verordnung bereits rechtmäßig errichtete Heizungsanlagen dürfen längere Fristen zur Mängelbehebung festgesetzt werden, wenn

a) dies wegen der Unverhältnismäßigkeit zwischen dem Aufwand zur Erfüllung der Rechtsvorschriften und dem dadurch erreichbaren Nutzen für die zu schützenden Interessen sachlich gerechtfertigt ist, oder

b) die gesamte Heizungsanlage zu erneuern ist.

ErlRV Verf-197/5/1997, 32 (zu § 18 K-HeizG 1998 idF LGBl 1998/63):

„Diese Bestimmungen entsprechen im wesentlichen § 9 des Kärntner Luftreinhaltungsgesetzes. Sowohl zur Überwachung des Inverkehrbringens als auch des Betriebs von Heizungsanlagen werden der Behörde und ihren Beauftragten (zB technischen Sachverständigen) Zutrittsrechte etc. eingeräumt."

ErlRV 01-VD-LG-1462/4-2013, 4, 24 f und 27 (zu LGBl 2014/1):

„Soweit bei den wiederkehrenden Überprüfungen von Feuerungsanlagen oder einer Überprüfung einer Feuerungsanlage im Einzelfall (§ 26) Mängel festgestellt werden, hat die Behörde die Beseitigung dieser Mängel mit Bescheid innerhalb angemessener Frist aufzutragen. Die Fristen, innerhalb welcher diese Mängel zu beheben sind, sind mit Verordnung der Landesregierung festzulegen. Auch hier dürfen Sonderbestimmungen für „Altanlagen" festgesetzt werden, um wirtschaftliche und soziale Härten zu vermeiden.

[...]

Bei wiederkehrenden Überprüfungen hat der Bürgermeister nach § 23 Abs. 3 im Streitfall mit Bescheid zu entscheiden, ob eine Überprüfung der Heizungsanlage bzw eine Mängelbehebung stattzufinden hat. Soweit für bestimmte Feuerungsanlagen keine wiederkehrenden Überprüfungen vorgesehen sind, kann die Behörde jederzeit die Überprüfungen der Feuerungsanlage nach § 26 anordnen. In beiden Fällen verläuft das Verfahren bei Auftreten von Mängeln in gleicher Weise. Die Behörde hat die Behebung der Mängel binnen angemessener Frist mit Bescheid aufzutragen. In beiden Fällen sollen diese Fristen durch Verordnung der Landesregierung festgesetzt werden. Dabei wird Art. 23 der Art. 15a B-VG-Vereinbarung umzusetzen sein. Das Land Kärnten hat die Art. 15a B-VG- Vereinbarung unter Erklärung eines Vorbehaltes abgeschlossen: „Das Land Kärnten behält sich das Recht vor, Abschnitt VI der Vereinbarung nur für Anlagen und Bauteile von Anlagen umzusetzen, die nach Inkrafttreten der landesrechtlichen Umsetzungsvorschriften (Art. 28) erstmals errichtet oder eingebaut werden."

Der VI. Abschnitt der Art. 15a B-VG-Vereinbarung regelt die Überprüfungen von Feuerungsanlagen und Blockheizkraftwerken im Betrieb. Art. 23 enthält die Fristen, innerhalb der eine Feuerungsanlage zu sanieren ist, wenn bei den Überprüfungen Mängel festgestellt werden. In Art. 1 Abs. 4 der Vereinbarung wird normiert, das Abschnitte III und VI (Errichtung und Ausstattung von Feuerungsanlagen, Emissionsgrenzwerte und Abgasverluste für den Betrieb von Feuerungsanlagen) nur für „neue Feuerungsanlagen" gelten. Seitens der Umweltabteilung wird aufgrund einer Grobschätzung angenommen, dass es in Kärnten mindestens 25.000 bis 30.000 Zentralheizungen für feste Brennstoffe gibt. Dabei wird geschätzt, dass mindestens 40 bis 50 Prozent der bestehenden Anlagen zu sanieren oder gar auszutauschen sind. Aus fachlicher Sicht sollen hinsichtlich dieser Heizungsanlagen jedenfalls Maßnahmen getroffen werden. Ältere Festbrennstoffkessel führen zu beträchtlichen Luftschadstoffemissionen und verursachen ganz wesentlich die Entstehung von hohen Immissionswerten bei Feinstaub und insbesondere PAH's (polyzyklische aromatische Kohlenwasserstoffe). Werden hinsichtlich dieser Heizungsanlagen keine Maßnahmen getroffen, wird es in absehbarer Zeit Schwierigkeiten geben, die einschlägigen Immissionsgrenzwerte einzuhalten. Andererseits ist man sich bewusst, dass eine Sanierung von „Altanlagen" innerhalb der Fristen des Art. 23 der Vereinbarung aus sozialen und finanziellen Gründen zu erheblichen Problemen führen kann. Aus diesem Grund hat die Landesregierung die Sanierungsfristen, die sowohl im Fall des § 23 als auch im Fall von einzelnen Überprüfungen von Heizungsanlagen ad hoc (§ 26) bestehen, mit Verordnung zu regeln. Unter Bedachtnahme auf die Art. 15a-B-VG-Vereinbarung ist zu differenzieren, ob zur Mängelbehebung eine Wartung oder Reparatur oder die Erneuerung eines wesentlichen Bauteiles der Anlage erforderlich ist, und in welchem Ausmaß die vorgeschriebenen Betriebswerte überschritten werden. Darüber hinaus dürfen Sonderbestimmungen für „Altanlagen" festgesetzt werden, wenn die gesamte Heizungsanlage auszutauschen ist, oder dies wegen der Unverhältnismäßigkeit zwischen dem Aufwand zur Herstellung eines rechtskonformen Zustandes und dem dadurch erreichbaren Nutzen für Umwelt und Luftreinhaltung sachlich gerechtfertigt ist. Ähnliche Sonderbestimmungen für „Altanlagen" finden sich auch in § 82 Abs. 1 Gewerbeordnung 1994, § 29 der Feuerungsanlagen- Verordnung-FAV, BGBl. II Nr. 331/1997, § 9 Abs. 3 der Vorarlberger Luftreinhalteverordnung, LGBl. Nr 82/1994, § 18 Abs. 3 des Oö Luftreinhalte- und Energietechnikgesetzes 2002, § 42 Abs. 2 der Oö Heizungsanlagen- und Brennstoffverordnung, LGBl. Nr. 7/2006.

[...]

Die Befugnisse der Behörde entsprechen im Wesentlichen § 18 des K-HeizG. Mit § 26 Abs. 4 wird klargestellt, dass die Behörde nicht nur bei wiederkehrenden Überprüfungen nach § 23, sondern auch im Fall der Überprüfungen einer Heizungsanlage im Einzelfall die Beseitigung von Mängeln aufzutragen hat."

§ 27 Behörden

(1) Behörde iS dieses Gesetzes ist – soweit nicht ausdrücklich anderes bestimmt ist – die Landesregierung.

(2) Mit der Vollziehung der Bestimmungen des 2. bis 4. Abschnittes sowie der §§ 20, 22, 23 und 26, soweit sie sich auf Errichtung, Einbau und Betrieb von Heizungsanlagen und Bauteilen von Heizungsanlagen beziehen, und soweit nicht ausdrücklich anderes bestimmt ist, ist die Gemeinde betraut. Behörde erster Instanz in Angelegenheiten, die zum eigenen Wirkungsbereich der Gemeinde gehören, ist der Bürgermeister.

(3) Die der Gemeinde nach diesem Gesetz obliegenden Aufgaben sind solche des eigenen Wirkungsbereiches.

(4) Hinsichtlich der Ökodesign-Anforderungen von Feuerungsanlagen und hinsichtlich der Durchführung der RL 2010/30/EU hat die Behörde mit den zuständigen Behörden anderer Mitgliedstaaten zusammenzuarbeiten und den Behörden und der Europäischen Kommission die nötigen Auskünfte zu erteilen. Im Rahmen der Zusammenarbeit sind, wenn nötig, die Sicherheit und Vertraulichkeit der Verarbeitung und der Schutz sensibler Informationen zu gewährleisten. Für die Verwaltungszusammenarbeit und den Informationsaustausch sind soweit wie möglich elektronische Kommunikationsmittel zu nutzen.

(5) Für die genaue Art und die Organisation des Informationsaustausches nach Abs. 4 ist das in Art. 19 Abs. 2 der Richtlinie 2009/125/EG (Ökodesign-Richtlinie) genannte Verfahren maßgebend.

ErlRV Verf-197/5/1997, 32 f (zu § 19 K-HeizG 1998 idF LGBl 1998/63):

„Die Überwachung der Errichtung und des Betriebs von Heizungsanlagen fällt in die Baurechtskompetenz und obliegt demnach der Gemeinde im eigenen Wirkungsbereich. Behörde erster Instanz ist der Bürgermeister, nach § 94 AGO [Anm: siehe § 94 K-AGO] [...] ent-

scheidet über Berufungen gegen Bescheide des Bürgermeisters im eigenen Wirkungsbereich der Gemeindevorstand [...].
Das Inverkehrbringen von Heizungsanlagen geht über den eigenen Wirkungsbereich der Gemeinde nach Art. 118 B-VG hinaus und soll grundsätzlich der Überwachung der Landesregierung unterliegen."

ErlRV 01-VD-LG-1462/4-2013, 5 und 27 (zu LGBl 2014/1):

„Die Überwachung der Errichtung und des Betriebs von Heizungsanlagen fällt grundsätzlich in die Baurechtskompetenz nach Art. 15 Abs. 1 B-VG und ist von den Gemeinden im eigenen Wirkungsbereich zu vollziehen. Das Inverkehrbringen von Heizungsanlagen geht jedoch über den eigenen Wirkungsbereich der Gemeinde hinaus, weshalb für die Kontrolle der Einhaltung der Regelungen über das Inverkehrbringen die Landesregierung zuständig ist.

[...]

Die Überwachung der Errichtung und des Betriebs von Heizungsanlagen fällt in die Baurechtskompetenz und obliegt demnach der Gemeinde im eigenen Wirkungsbereich. Behörde erster Instanz ist der Bürgermeister nach der K-AGO.

Das Inverkehrbringen von Heizungsanlagen geht über den eigenen Wirkungsbereich der Gemeinde nach Art. 118 B-VG hinaus. Für die Kontrolle der Einhaltung der Regelungen über das Inverkehrbringen ist die Landesregierung zuständig. § 27 Abs. 5 und 6 implementieren Regelungen der Ökodesign-Richtlinie und der Energieeinsparetikettierungsrichtlinie."

§ 28 Datenverwendung

Die Landesregierung kann mit Verordnung vorsehen, dass Prüforgane nach § 24 im Rahmen der Überprüfungstätigkeit gewonnene Daten
    a) in anonymisierter Form ermitteln und verarbeiten müssen,
    b) der Landesregierung in anonymisierter Form übermitteln müssen,
wenn und soweit diese Daten für die Kontrolle der Prüforgane, für statistische Zwecke, für Aufgaben nach dem Immissionsschutzgesetz-Luft – IG-L, BGBl. I Nr. 115/1997, oder als Planungsinstru-

ment für mögliche Sanierungs-, Förderungs-, Energieeinspar-, oder Klimaschutzmaßnahmen erforderlich sind. Die Landesregierung darf diese Daten zu den genannten Zwecken verwenden. In der Verordnung sind nähere Bestimmungen zu Inhalt und Form der Verwendung dieser Daten zu treffen.

ErlRV 01-VD-LG-1462/4-2013, 5 und 28 (zu LGBl 2014/1):

„§ 28 sieht in Umsetzung der Art. 15a B-VG-Vereinbarung vor, dass die Landesregierung ein Datenverwaltungssystem über die Daten der Prüfberichte der Prüforgane errichten kann, wenn diese Daten für die Kontrolle der Prüforgane, für statistische Zwecke, für Aufgaben nach dem Immissionsschutzgesetz – Luft oder als Planungsinstrument für Sanierungs- und Förderungsmaßnahmen erforderlich sind.

§ 28 dient der Umsetzung von Art. 22 Abs. 3 der Art. 15a-B-VG-Vereinbarung. Nach dieser Bestimmung schaffen die Vertragspartner die rechtlichen Voraussetzungen für eine automationsunterstützte Sammlung und Erfassung der von den Prüforganen erhobenen Daten (Datenblatt Feuerungsanlage, Prüfberichte). Eine Verpflichtung zur tatsächlichen Errichtung und zum Betrieb einer Datenbank durch die Länder ist damit nicht verbunden. Ziel ist eine zentrale Datenerfassung und -sammlung. Entsprechende Datenbanken gibt es zB in Deutschland, Salzburg und Vorarlberg. Die Länderexpertenkonferenz war der Ansicht, dass eine zentrale Datenerfassung und die Möglichkeit einer Auswertung durch die Länder aus mehreren Gründen vorteilhaft ist:

* Kontrolle der Prüforgane

* Erstellung einer Mängelstatistik

* Feststellung der Altersstruktur der Heizungsanlagen

* Erstellung einer Feuerungsanlagenstatistik

* Information über Art und Menge der eingesetzten Brennstoffe

* Konkrete Daten für den Immissionskataster

* Informationsbasis für möglicher Sanierungsmaßnahmen im Bereich der Raumwärme und Warmwasserbereitung

* Planungsinstrument für mögliche Förderungsmaßnahmen der Länder und Gemeinden

* Instrument zur Prüfung möglicher Maßnahmen zum Klimaschutz

Aus diesen Gründen wird die Landesregierung mit Verordnung ermächtigt, eine entsprechende Datensammlung vorzusehen."

§ 29 Strafbestimmungen

(1) Eine Verwaltungsübertretung begeht, wer
1. Kleinfeuerungsanlagen oder Bauteile von Kleinfeuerungsanlagen ohne Erfüllung der Voraussetzungen des § 4 in Verkehr bringt,
2. Kleinfeuerungsanlagen oder Bauteile von Kleinfeuerungsanlagen ohne Erfüllung der Voraussetzungen des § 4 errichtet, einbaut oder betreibt,
3. den Prüfbericht iSd § 5 nicht auf Verlangen der Behörde vorlegt,
4. Prüfberichte iSd § 5 ausstellt, ohne dazu befugt zu sein,
5. die technische Dokumentation nicht entsprechend § 7 Abs. 4 aufbewahrt oder sie nicht auf Verlangen der Behörde oder des Rauchfangkehrers vorlegt,
6. Kleinfeuerungsanlagen oder Bauteile von Kleinfeuerungsanlagen mit unrichtigen Angaben im Typenschild oder in der technischen Dokumentation in Verkehr bringt,
7. auf Kleinfeuerungsanlagen oder Bauteilen von Kleinfeuerungsanlagen Kennzeichnungen anbringt, durch die der Endverbraucher hinsichtlich der Bedeutung des Typenschilds irregeführt werden könnte,
8. Feuerungsanlagen oder Bauteile von Feuerungsanlagen ohne Erfüllung der Voraussetzungen des § 10 in Verkehr bringt,
9. Feuerungsanlagen oder Bauteile von Feuerungsanlagen ohne Erfüllung der Voraussetzungen des § 10 errichtet, einbaut oder betreibt,
10. als Importeur gegen die Verpflichtungen nach § 10 Abs. 3 und als Hersteller gegen die Verpflichtungen nach § 10 Abs. 4 verstößt,
11. vor dem Inverkehrbringen einer Feuerungsanlage oder eines Bauteils einer Feuerungsanlage das Konformitätsbewertungsverfahren nach § 12 nicht durchführt,
12. die Unterlagen zur Konformitätsbewertung und die Konformitätserklärung nicht gemäß § 12 Abs. 5 bereit hält und nach Aufforderung vorlegt oder die Unterlagen zur Konfor-

mitätsbewertung und die Konformitätserklärung nach § 12 Abs. 6 nicht in deutscher Sprache abfasst,
13. die technische Dokumentation nach § 13 Abs. 2 nicht bereit hält und auf Anforderung nach den Vorschriften des § 13 Abs. 2 nicht zur Verfügung stellt,
14. den Verpflichtungen nach § 13 Abs. 3 und 5 nicht nachkommt, Feuerungsanlagen oder Bauteile von Feuerungsanlagen mit unrichtigen Angaben in der technischen Dokumentation, in den Datenblättern oder im Etikett in Verkehr bringt oder zur Verfügung stellt oder anbringt oder auf Feuerungsanlagen oder Bauteilen von Feuerungsanlagen Etiketten, Marken, Symbole oder Beschriftungen anbringt, die nach § 13 Abs. 7 verboten sind,
15. das Datenblatt nicht nach § 13 Abs. 6 aufbewahrt und auf Verlangen der Behörde oder des Rauchfangkehrers vorlegt,
16. Aufträgen nach § 13 Abs. 8 und 9 nicht nachkommt,
17. Anforderungen nach § 13 Abs. 10 und 11 nicht nachkommt,
18. Verpflichtungen nach § 14 Abs. 3 oder Aufträgen nach § 14 Abs. 4 nicht nachkommt,
19. den Verpflichtungen, Feuerungsanlagen oder Bauteile von Feuerungsanlagen nach § 15 Abs. 1 lit. a vom Markt zu nehmen, nicht nachkommt,
20. den Informationspflichten nach § 15 Abs. 1 lit. b nicht nachkommt,
21. Überprüfungen nach § 15 Abs. 1 lit. c nicht zulässt,
22. Zentralheizungsanlagen oder Bauteile von Zentralheizungsanlagen iSd § 16 Abs. 1 ohne Erfüllung der Voraussetzungen des § 16 Abs. 2 und 3 in Verkehr bringt,
23. Zentralheizungsanlagen oder Bauteile von Zentralheizungsanlagen iSd § 16 Abs. 1 ohne Erfüllung der Voraussetzungen des § 16 Abs. 2 und 3 errichtet, einbaut oder betreibt,
24. Prüf- und Überwachungsaufgaben im Rahmen des Konformitätsnachweisverfahrens (§ 17) durchführt, ohne dafür zugelassen zu sein,
25. Feuerungsanlagen oder Bauteile von Feuerungsanlagen ohne CE-Zeichen nach § 19 oder ohne Konformitätserklärung nach § 19 in Verkehr bringt,
26. an der Feuerungsanlage oder an einem Bauteil Kennzeichen anbringt, durch die Personen hinsichtlich der Bedeutung

und des Schriftbildes der CE-Kennzeichnung irregeführt werden könnten,
27. an einer Feuerungsanlage oder an einem Bauteil eine CE-Kennzeichnung anbringt, ohne dass die gesetzlichen Voraussetzungen hiefür vorliegen, oder eine CE-Kennzeichnung anbringt, die nicht den Vorschriften des § 19 und seiner Durchführungsverordnungen entspricht,
28. Aufträgen nach § 19 Abs. 4 und 5 nicht nachkommt,
29. den Meldepflichten nach § 20 nicht nachkommt,
30. den Bestimmungen der aufgrund des § 21 erlassenen Verordnungen zuwiderhandelt,
31. als Prüforgan den Verpflichtungen nach § 21 Abs. 5 nicht nachkommt,
32. den Überprüfungspflichten nach § 22 nicht nachkommt,
33. den Prüfbericht nach § 22 nicht auf Verlangen der Behörde oder des Rauchfangkehrers vorlegt oder Mängel iSd § 22 Abs. 2 nicht beseitigt oder eine neuerliche Überprüfung nach § 22 Abs. 2 nicht veranlasst,
34. als Rauchfangkehrer den Verpflichtungen nach § 23 nicht nachkommt,
35. Aufträgen nach § 23 Abs. 3 nicht oder nicht rechtzeitig nachkommt,
36. Heizungsanlagen entgegen dem Verbot des § 23 Abs. 4 benützt,
37. Tätigkeiten als Prüforgan durchführt, ohne nach §§ 24 und 25 dazu berechtigt zu sein,
38. als Fachunternehmen oder -person nach § 24 tätig wird, ohne die Voraussetzungen des § 25 Abs. 1 zu erfüllen,
39. als Fachunternehmen oder -person iSd § 24 Abs. 1 gegen die Verpflichtungen nach §§ 24 Abs. 3 oder 25 Abs. 3, 4, 5 oder 6 verstößt,
40. den Verpflichtungen nach § 28 und seiner Durchführungsverordnung nicht nachkommt,
41. als Prüforgan gegen die Bestimmungen des § 25 Abs. 2, 3, 4, 5 oder 6 verstößt oder Messergebnisse nachweislich manipuliert,
42. entgegen den Bestimmungen des § 26 das Betreten von Grundstücken, Gebäuden, Betriebsräumlichkeiten und sonstigen Anlagen oder die Vornahme von Messungen oder sons-

tige Maßnahmen nach § 26 nicht duldet, Auskünfte nicht erteilt oder Unterlagen nicht vorlegt,
43. Aufträgen und Verpflichtungen nach § 26 Abs. 3, 4 und 5 nicht nachkommt.

(2) Verwaltungsübertretungen nach Abs. 1 Z 1 bis 4, 6 bis 14, 16 bis 28 sind von der Bezirksverwaltungsbehörde mit einer Geldstrafe bis zu Euro 22.000,- zu bestrafen.

(3) Verwaltungsübertretungen nach Abs. 1 Z 5, 15, 29 bis 43 sind von der Bezirksverwaltungsbehörde mit einer Geldstrafe bis zu Euro 4.000,- zu bestrafen.

(4) Die Festsetzung einer Ersatzfreiheitsstrafe für den Fall der Uneinbringlichkeit der verhängten Geldstrafe ist unzulässig.

(5) Der Versuch ist strafbar.

(6) Die Strafe des Verfalls (§§ 10, 17 und 18 VStG) von Heizungsanlagen und Bauteilen von Heizungsanlagen kann ausgesprochen werden, wenn diese Gegenstände mit einer Verwaltungsübertretung nach § 29 Abs. 1 Z 1, 3, 6, 7, 8, 10, 11, 12, 13, 14, 16, 19, 22, 25, 26, 27, 28 und Abs. 5 im Zusammenhang stehen.

(7) Bildet die unzulässige Errichtung einer Heizungsanlage oder der unzulässige Einbau von Bauteilen den Gegenstand einer Verwaltungsübertretung, so endet das strafbare Verhalten erst mit der Wiederherstellung des rechtmäßigen Zustandes.

ErlRV Verf-197/5/1997, 33 (zu § 20 K-HeizG 1998 idF LGBl 1998/63):

„Die Bezirksverwaltungsbehörde ist Strafbehörde im Sinn dieses Gesetzes.

Heizungsanlagen, die entgegen den Voraussetzungen der §§ 4 und 10 in Verkehr gebracht werden, für welche die Prüfberichte iSd § 5 auf Verlangen der Behörde nicht vorgelegt werden oder die unzulässigerweise mit dem Typenschild oder mit dem CE-Kennzeichen versehen werden, können mit Bescheid für verfallen erklärt und beschlagnahmt werden [Anm: siehe § 29 Abs 6 idgF].

Um die Verjährung einer strafbaren Handlung hintanzuhalten, wird die unzulässige Errichtung einer Heizungsanlage oder der unzulässige Einbau eines Bauteils einer Heizungsanlage als Dauerdelikt konzipiert (§ 20 Abs. 7 [Anm: § 29 Abs 7 idgF])."

ErlRV 01-VD-LG-569/48-2013, 36 (zu § 20 K-HeizG 1998 idF LGBl 2013/85):

„§ 22 Abs. 1 Verwaltungsstrafgesetz 1991 – VStG, BGBl. Nr. 52/1991, idF des Verwaltungsgerichtsbarkeits-Ausführungsgesetzes 2013, BGBl. I Nr. 33/2013, normiert eine gegenüber der gerichtlichen Strafbarkeit generell subsidiäre verwaltungsbehördliche Strafbarkeit, soweit die Verwaltungsvorschriften nicht anderes bestimmen. Deshalb wird der Einleitungssatz in § 20 Abs. 1 verkürzt."

§ 30 Anerkennung gleichwertiger Normen

Soweit nach den Bestimmungen dieses Gesetzes ÖNORMEN oder Richtlinien heranzuziehen sind, können auch gleichwertige europäische Normen oder gleichwertige Normen eines Mitgliedstaates der Europäischen Union oder einer sonstigen Vertragspartei des Abkommens über den Europäischen Wirtschaftsraum sowie der Schweiz und der Türkei herangezogen werden.

ErlRV 01-VD-LG-1462/4-2013, 28 (zu LGBl 2014/1):

„§ 30 enthält die im Rahmen des Unionsrechts erforderliche Gleichwertigkeitsklausel (vgl. auch Art. 1 Abs. 2 der Art. 15a-B-VG-Vereinbarung."

§ 31 Verweisungen

(1) Soweit in diesem Gesetz auf Landesgesetze verwiesen wird, sind diese in ihrer jeweils geltenden Fassung anzuwenden.

(2) Soweit in diesem Gesetz auf Bundesgesetze verwiesen wird, sind diese in der nachstehend angeführten Fassung anzuwenden:

Datenschutzgesetz 2000 – DSG 2000, BGBl. I Nr. 165/1999, zuletzt geändert durch das Gesetz BGBl. I Nr. 57/2013

Emissionsschutzgesetz für Kesselanlagen – EG-K-2013, BGBl. I Nr. 127/2013

Immissionsschutzgesetz – Luft – IG-L, BGBl. I Nr. 115/1997, zuletzt geändert durch das Gesetz BGBl. I Nr. 77/2010

§ 32 Inkrafttreten und Schlussbestimmungen

(1) Dieses Gesetzes tritt mit dem der Kundmachung dieses Gesetzes zweitfolgenden Monatsersten in Kraft.

(2) Mit dem Inkrafttreten dieses Gesetzes tritt das Kärntner Heizungsanlagengesetz – K-HeizG, LGBl. Nr. 63/1998, zuletzt geändert durch das Gesetz LGBl. Nr. 85/2013, außer Kraft.

(3) Verordnungen aufgrund dieses Gesetzes können bereits ab dem der Kundmachung dieses Gesetzes folgenden Tag erlassen werden. Sie dürfen frühestens gleichzeitig mit diesem Gesetz in Kraft gesetzt werden.

(4) Im Zeitpunkt des Inkrafttretens der jeweiligen Bestimmungen nach Abs. 1 nach dem Kärntner Heizungsanlagengesetz – K-HeizG, LGBl. Nr. 63/1998, zuletzt geändert durch das Gesetz LGBl. Nr. 10/2009, und seiner Durchführungsverordnung anhängige Verfahren sind nach den bisherigen Bestimmungen weiterzuführen.

(5) Die nach dem Kärntner Heizungsanlagengesetz – K-HeizG, LGBl. Nr. 63/1998, bestellten Überprüfungsorgane gelten als Prüforgane iSd § 24 Abs. 1 dieses Gesetzes, sofern sie die Voraussetzungen des § 25 Abs. 1 dieses Gesetzes erfüllen.

(6) Lagerbestände an Kleinfeuerungsanlagen oder wesentlichen Bauteilen von Kleinfeuerungsanlagen, die den Anforderungen der Abschnitte 2 und 3 dieses Gesetzes nicht entsprechen, dürfen bis 6 Monate nach dem Inkrafttreten dieses Gesetzes in Verkehr gebracht, errichtet, eingebaut und in Betrieb genommen werden. Der Eigentümer der Kleinfeuerungsanlage hat der Behörde auf Verlangen nachzuweisen, dass die Kleinfeuerungsanlage oder der wesentliche Bauteil der Kleinfeuerungsanlage vor diesem Zeitpunkt errichtet, eingebaut und in Betrieb genommen wurde.

(7) Kleinfeuerungsanlagen und Bauteile von Kleinfeuerungsanlagen, die vor dem 25. Mai 1999 errichtet, eingebaut oder in Betrieb genommen wurden, bleiben von den Bestimmungen des 2. bis 5. Abschnittes dieses Gesetzes unberührt. Der Eigentümer der Kleinfeuerungsanlage hat der Behörde auf Verlangen nachzuweisen, dass die Kleinfeuerungsanlage oder der Bauteil vor diesem Zeitpunkt errichtet, eingebaut und in Betrieb genommen worden ist. Auf Kleinfeuerungsanlagen und Bauteile von Kleinfeuerungsanlagen, die ab dem 25. Mai 1999 bis zu dem in Abs. 1 bestimmten Zeitpunkt in Verkehr gebracht worden sind, sind der 2. und 3. Abschnitt des Kärntner

Heizungsanlagengesetzes – K-HeizG, LGBl. Nr. 63/1998, zuletzt geändert durch das Gesetz LGBl. Nr. 10/2009, und seine Durchführungsverordnungen anzuwenden.

(8) Mit diesem Gesetz werden umgesetzt:
- Richtlinie 92/42/EWG des Rates vom 21. Mai 1992 über die Wirkungsgrade von mit flüssigen oder gasförmigen Brennstoffen beschickten neuen Warmwasserheizkesseln, ABl. Nr. L 167 vom 22. Juni 1992, 17, in der Fassung der Richtlinie des Rates 93/68/EWG vom 22. Juli 1993 zur Änderung mehrerer Richtlinien, ABl. Nr. L 220 vom 30. August 1993, 1
- Richtlinie des Rates 93/76/EWG vom 13. September 1993 zur Begrenzung der Kohlendioxidemissionen durch eine effizientere Energienutzung (SAVE), ABl. Nr. L 237 vom 22. September 1993, 28
- Richtlinie 2010/31/EU des Europäischen Parlaments und des Rates vom 19. Mai 2010 über die Gesamtenergieeffizienz von Gebäuden, ABl. Nr. L 153 vom 18. Juni 2010, 13
- Richtlinie 2005/36/EG des Europäischen Parlaments und des Rates vom 7. September 2005 über die Anerkennung von Berufsqualifikationen, ABl. Nr. L 255 vom 30. September 2005, 22, berichtigt durch ABl. Nr. L 271 vom 16. Oktober 2007,18 und ABl. Nr. L 93 vom 4. April 2008, 28, in der Fassung der Verordnung (EG) Nr. 1430/2007 der Kommission vom 5. Dezember 2007, ABl. Nr. L 320 vom 6. Dezember 2007, 3
- Richtlinie 2003/109/EG des Rates vom 25. November 2003 betreffend die Rechtsstellung der langfristig aufenthaltsberechtigten Drittstaatsangehörigen, ABl. Nr. L 16 vom 23. Jänner 2004, 44
- Richtlinie 2004/38/EG des Europäischen Parlaments und des Rates vom 29. April 2004 über das Recht der Unionsbürger und ihrer Familienangehörigen, sich im Hoheitsgebiet der Mitgliedstaaten frei zu bewegen und aufzuhalten, zur Änderung der Verordnung (EWG) Nr. 1612/68 und zur Aufhebung der Richtlinien 64/221/EWG, 68/360/EWG, 72/194/EWG, 73/148/EWG, 75/34/EWG, 75/35/EWG, 90/364/EWG, 90/365/EWG und 93/96/EWG, ABl. Nr. L 158 vom 30. April 2004, 77
- Richtlinie 1999/32/EG des Rates vom 26. April 1999 über eine Verringerung des Schwefelgehalts bestimmter flüssiger Kraft- oder Brennstoffe und zur Änderung der Richtlinie 93/12/

EWG, ABl. Nr. L 121 vom 11. Mai 1999, zuletzt geändert durch die Richtlinie 2005/33/EG des Europäischen Parlaments und des Rates vom 6. Juli 2005, ABl. Nr. L 191 vom 22. Juli 2005, 64
- Richtlinie 2006/32/EG des Rates vom 5. April 2006 über Endenergieeffizienz und Energiedienstleistungen und zur Aufhebung der Richtlinie 93/76/EWG des Rates, ABl. Nr. L 114 vom 27. April 2006,
- Richtlinie 2009/125/EG des Europäischen Parlaments und des Rates vom 21. Oktober 2009 zur Schaffung eines Rahmens für die Festlegung von Anforderungen an die umweltgerechte Gestaltung energieverbrauchsrelevanter Produkte, ABl. Nr. L 285 vom 31. Oktober 2009, 10
- Richtlinie 2010/30/EU des Europäischen Parlaments und des Rates vom 19. Mai 2010 über die Angabe des Verbrauchs an Energie und anderen Ressourcen durch energieverbrauchsrelevante Produkte mittels einheitlicher Etiketten und Produktinformationen, ABl. Nr. L 153 vom 18. Juni 2010, 1
- Richtlinie 2006/123/EG des Europäischen Parlaments und des Rates vom 12. Dezember 2006 über Dienstleistungen im Binnenmarkt, ABl. Nr. L 376 vom 27. Dezember 2006, 36

(9) Dieses Gesetz wurde einem Informationsverfahren im Sinne der Richtlinie 98/34/EG des Europäischen Parlaments und des Rates vom 22. Juni 1998 über ein Informationsverfahren auf dem Gebiet der Normen und technischen Vorschriften und der Vorschriften für die Dienste der Informationsgesellschaft, ABl. Nr. L 204 vom 21.7.1998, 37, idF der Richtlinie 98/48/EG des Europäischen Parlaments und des Rates vom 20. Juli 1998, ABl. Nr. L 217 vom 5.8.1998, 18, und der Richtlinie 2006/96/EG des Rates vom 20. November 2006, ABl. Nr. L 363 vom 20.12.2006, 81, unterzogen.

ErlRV Verf-197/5/1997, 7 ff (K-HeizG 1998 idF LGBl 1998/63):

„In Umsetzung der „Kleinfeuerungsvereinbarung" und der RL 92/42/EWG war ein Begutachtungsentwurf für ein Kärntner Heizungsanlagengengesetz ausgearbeitet (Zl.Verf-1325/1/1995 vom 16.10.1995) worden. Dieser Entwurf wurde einem Notifikationsverfahren nach der RL 83/189/EWG unterzogen (95/410/A). In diesem Verfahren wurden seitens der Europäischen Kommission Einwendungen erhoben (über-

7. Abschnitt – Straf-, Übergangs- und Schlussbestimmungen § 32

sendet mit Schreiben des BM für wirtschaftliche Angelege[n]heiten vom 28.3.1996, GZ 20.621/155-1/A/96), welche die Stillhaltefristen in diesem Verfahren auf sechs Monate verlängerten. Im wesentlichen wurde von der Kommission in ihrer ausführlichen Stellungnahme gemäß Art. 9 Abs. 2 der RL 83/189/EWG bemerkt, daß mit dem Entwurf für ein K-HeizG gegen Bestimmungen der RL 90/396/EWG (Gasgerätesicherheitsrichtlinie) und der RL 92/42/EWG und gegen Art. 30 des EGV verstoßen werde.

Diesen Einwendungen wurde in einer ausführlichen Stellungnahme des Landes Kärnten (ZI. Verf-197/21/1996 vom 19.4.1996) erwidert, daß die Emissionsgrenzwerte des K-HeizG kein Handelshemmnis seien, weil sie den Stand der Heizungstechnik darstellten. Verwiesen wurde auf die Deutsche Verordnung über Kleinfeuerungsanlagen vom 15.7.1988 (1.BlmSchV), die Schweizer Luftreinhalte-Verordnung und vor allem auf die Steiermärkische Feuerungsanlagen-Genehmigungs-Verordnung, LGBl. Nr. 33/1992, idgF. Die Prüfergebnisse der Steiermark bilden eine repräsentative Darstellung des Standes der Umwelttechnik. Seit Anfang 1994 sind nach der Steiermärkischen Regelung ca 730 Baureihen und Einzeltypen genehmigt worden (Stand Mitte 1997).

Aufgrund dieser Werte könne davon ausgegangen werden, daß ein Großteil der Geräte, bei welchem ein wesentlicher Teil von ausländischen Produzenten stamme, in der Lage sei, die Emissionsgrenzwerte zu erfüllen.

Der Prüfnachweis über die Erfüllung der Emissionsgrenzwerte nach dem K-HeizG sei sowohl für inländische als auch für ausländische Geräte zu erbringen. Zugelassene Prüfstellen einer Vertragspartei des EWRA oder eines Mitgliedstaates der EU und deren Prüfberichte werden nach dem K-HeizG anerkannt. Die Festlegung der Emissionsgrenzwerte nach dem K-HeizG sei aus Gründen der Gesundheit, des Umweltschutzes und der Energieeinsparung zwingend erforderlich und daher nach der Cassis-Rechtsprechung zu Artikel 30 EGV mit dem Gemeinschaftsrecht vereinbar.

Ferner wurde ausgeführt, daß eine weitgehende Verringerung der Emissionen an Kohlenwasserstoffen und Kohlenmonoxid nur bei Verwendung speziell konstruierter Kesselanlagen erreichbar sein. Insbesondere bei Festbrennstoffheizungen sei nur ein Prüfung der Betriebswerte vor dem Inverkehrbringen auf dem Prüfstand sinnvoll und zielführend. Eine flächendeckende Kontrolle der Errichtung und des Betriebs von

Einzelöfen sei darüber hinaus aus verwaltungsökonomischen und technischen Gründen nicht möglich, weshalb die Typenprüfung vor dem Inverkehrbringen den einzig zielführenden Weg zur Schadstoffreduktion beim Hausbrand darstelle. Kleinfeuerungsanlagen, die dem Stand der Technik nicht entsprechen, könnten nach dem Einbau nicht mehr umgerüstet werden oder in einer Vielzahl von Fällen stehen die technische Umrüstung in keinem angemessenen Verhältnis zu dem damit verbundenen Kosten. Es scheine somit nicht gerechtfertigt, dem Konsumenten die technischen und finanziellen Probleme aufzubürden, die mit dem Austausch einer nicht entsprechenden Anlage verbunden wären. Im Fall einer Typenprüfung vor dem Inverkehrbringen könne der Konsument jedoch darauf vertrauen, daß er eine dem Stand der Technik entsprechende Anlage erwerbe und einbaue.

Unter dem Blickwinkel der besonderen topographischen und meteorologischen Verhältnisse in Kärnten wurde ausgeführt, daß es nach der Judikatur des EuGH zu Art. 36 EGV Sache der Mitgliedstaaten sei, in den durch den Vertrag festgesetzten Grenzen zu bestimmen, in welchem Umfang sie den Schutz der in Art. 36 EGV genannten Güter gewährleisten wollen.

Nach dem der Entwurf für ein K-HeizG auf der „Kleinfeuerungsvereinbarung" gemäß Art. 15 B-VG basierte, wurde von den Ländern eine auf der Kärntner Stellungnahme basierende einheitliche Stellungnahme der Länder gemäß Art .23d Abs. 2 B- VG beschlossen und an die Europäische Kommission weitergeleitet (VST-244/81 vom 25.6.1996).

Des weiteren einigten sich die Bundesländer auf gemeinsame Verhandlungen mit der Europäischen Kommission in Brüssel (Nominierung der gemeinsamen Ländervertreter - VST-244/83 vom 12.7.1996).

Aufgrund der Gespräche vom 23.7.1996 in Brüssel zwischen den gemeinsamen Ländervertretern und Vertretern der Europäischen Kommission erging ein Bericht an die Bundesländer (VST-244/84 vom 13. 8. 1996) und an das Bundesministerium für wirtschaftliche Angelegenheiten (ZI. Verf-248/18/1996 vom 31.7.1996 und ZI. Verf-197/28/1996), weil die Gespräche auch die Vereinbarung zwischen dem Bund und den Ländern gemäß Art. 15a B-VG über die Einsparung von Energie, LGBl. Nr. 55/1995, betroffen hatten.

Aufgrund der in der Folge dieser Gespräche übermittelten Unterlagen und Abänderungsvorschläge für das K-HeizG und die „Kleinfeuerungsvereinbarung" erging schließlich die Antwort der Europäischen Kommisson [Anm: Europäischen Kommission], übermittelt mit Schreiben des Wirtschaftsministeriums (GZ 20.621/849-1/A/4/96 vom 6.12.1996):

„Die Kommisison betrachtet nach Prüfung die Antwort der österreichischen Behörden als befriedigend. Sie behält sich jedoch das Recht vor, die Situation nach Annahme dieses Textes nochmals zu überprüfen."

Entsprechend diesen Verhandlungsergebnissen wurde seitens des Landes Kärnten der Vorschlag für eine Modifikation der „Kleinfeuerungsvereinbrung" ausgearbeitet (VST-244/94 vom 21.1.1997), welcher schließlich von den Landeshauptleuten auf der Landeshauptmännerkonferenz am 5.Juni 1997 unterzeichnet wurde.

Der vorliegende Entwurf für ein K-HeizG berücksichtigt sämltiche [Anm: sämtliche] Verhandlungsergebnisse mit der Europäischen Kommission als auch die Abänderung der „Kleinfeuerungvereinbarung" und ist demgemäß als EG-konform zu betrachten. Nach Beschlußfassung des K-HeizG durch den Kärntner Landtag ist das Land Kärnten verpflichtet, der Europäischen Kommission den Gesetzesbeschluß zu übermitteln."

ErlRV 01-VD-LG-1462/4-2013, 28 (zu LGBl 2014/1):

„In § 32 sind in Abs. 5 Übergangsbestimmungen für Prüforgane vorgesehen. Abs. 6 und 7 enthalten Übergangsbestimmungen für Lagerbestände und Kleinfeuerungsanlagen im Hinblick auf das Inverkehrbringen dieser Anlagen. Schließlich bestimmt Abs. 7, dass Kleinfeuerungsanlagen, die vor dem Inkrafttreten des zweiten und dritten Abschnittes des K-HeizG, LGBl. Nr. 63/1998, am 25. Mai 1999, errichtet, eingebaut oder in Betrieb genommen worden sind, von den Bestimmungen des zweiten bis fünften Abschnittes (Regelung des Inverkehrbringens) unberührt bleiben. Kleinfeuerungsanlagen, die zwischen dem 25. Mai 1999 und dem Inkrafttreten dieses Gesetzes in Verkehr gebracht worden sind, unterliegen hinsichtlich des Inverkehrbringens dem zweiten und dritten Abschnittes des K-HeizG, LGBl Nr. 63/1998, idF LGBl. Nr. 10/2009."

Anlage 1 (zu § 11)

Inhalt der Durchführungsmaßnahmen iSd Richtlinie 2009/125/EG

In einer Durchführungsmaßnahme der Europäischen Kommission ist insbesondere Folgendes festzulegen:

1. die genaue Definition der von ihr erfassten Arten von Feuerungsanlagen;

2. die Ökodesign-Anforderung(en) an die von ihr erfasste(n) Feuerungsanlage(n), den Zeitpunkt des Inkrafttretens, eventuelle Stufen- oder Übergangsregelungen oder -fristen;

   a) bei allgemeinen Ökodesign-Anforderungen die relevanten Phasen und Einzelaspekte unter denen gemäß Anhang I Nummern 1.1 und 1.2 der RL 2009/125/EG (Ökodesign-Richtlinie) zusammen mit Beispielen für Parameter aus der Liste in Anhang I Nummer 1.3 als Richtschnur für die Bewertung der Verbesserungen in Bezug auf die festgelegten Umweltaspekte;

   b) bei spezifischen Ökodesign-Anforderungen deren Höhe;

3. die in Anhang I Teil 1 der RL 2009/125/EG (Ökodesign-Richtlinie) genannten Ökodesign-Parameter, für die keine Ökodesign-Anforderung erforderlich ist;

4. die Anforderungen an die Installation der Feuerungsanlage, wenn diese einen unmittelbaren Einfluss auf dessen Umweltverträglichkeit hat;

5. die anzuwendenden Messnormen und/oder Messverfahren; soweit verfügbar, sind harmonisierte Normen, deren Fundstellen im Amtsblatt der Europäischen Union veröffentlicht sind, anzuwenden;

6. Angaben zur Konformitätsbewertung nach dem Beschluss 93/465/EWG:

   a) wenn ein anderes Modul als Modul A anzuwenden ist: die Gründe für die Wahl dieses bestimmten Verfahrens,

   b) gegebenenfalls die Kriterien für die Zulassung und/oder Zertifizierung Dritter.

Sind in verschiedenen Unionsvorschriften für dieselbe Feuerungsanlage verschiedene Module festgelegt, so ist das in der Durchführungsmaßnahme für die jeweilige Anforderung festgelegte Modul anzuwenden;

7. die Informationen, die der Hersteller zu übermitteln hat, namentlich über die Einzelheiten der technischen Unterlagen, die erforderlich sind, um die Prüfung der Übereinstimmung der Feuerungsanlage mit der Durchführungsmaßnahme zu erleichtern;

8. die Länge der Übergangsfrist, während deren die Mitgliedstaaten das Inverkehrbringen und/oder die Inbetriebnahme von Feuerungsanlagen zulassen müssen, die zum Zeitpunkt der Verabschiedung der Durchführungsmaßnahme den in ihrem Hoheitsgebiet geltenden Vorschriften entsprechen;

9. das Datum für die Bewertung und mögliche Änderung der Durchführungsmaßnahme unter Berücksichtigung der Schnelligkeit des technischen Fortschritts.

Anlage 2 (zu § 12)

Interne Entwurfskontrolle iSd Richtlinie 2009/125/EG

1. In dieser Anlage wird das Verfahren beschrieben, nach dem der Hersteller oder sein Bevollmächtigter, der den in Z 2 genannten Verpflichtungen nachkommt, gewährleistet und erklärt, dass eine Feuerungsanlage die Anforderungen der jeweils geltenden Durchführungsmaßnahme iSd RL 2009/125/EG (Ökodesign-Richtlinie) erfüllt. Die EG-Konformitätserklärung kann für eine Feuerungsanlage oder mehrere Feuerungsanlagen ausgestellt werden und ist vom Hersteller aufzubewahren.

2. Der Hersteller muss technische Unterlagen zusammenstellen, anhand deren es möglich ist, die Übereinstimmung der Feuerungsanlage mit den Anforderungen der jeweils geltenden Durchführungsmaßnahme zu beurteilen.

Die technischen Unterlagen enthalten insbesondere:
a) eine allgemeine Beschreibung der Feuerungsanlage und der Verwendung, für die sie vorgesehen ist;
b) die Ergebnisse der vom Hersteller durchgeführten Analyse der Umweltauswirkungen und/oder Verweise auf einschlägige Literatur oder Fallstudien, auf die der Hersteller sich bei der Bewertung, Dokumentierung und Gestaltung der Feuerungsanlage gestützt hat;

c) das ökologische Profil, sofern dies die Durchführungsmaßnahme verlangt;
d) die Beschreibung der Umweltaspekte der Gestaltung des Produkts;
e) eine Liste der in § 3 Z 26 genannten Normen, die ganz oder teilweise angewandt wurden, und eine Beschreibung der Lösungen, mit denen den Anforderungen der jeweils geltenden Durchführungsmaßnahme entsprochen wird, falls keine Normen nach § 3 Z 26 angewandt wurden oder falls die Normen den Anforderungen der Durchführungsmaßnahme nicht vollständig Rechnung tragen;
f) die Angaben nach Anhang I Teil 2 der RL 2009/125/EG (Ökodesign-Richtlinie) zu den umweltrelevanten Gestaltungsmerkmalen der Feuerungsanlage und
g) die Ergebnisse der Messungen zur Prüfung der Übereinstimmung der Feuerungsanlage mit den Ökodesign-Anforderungen einschließlich Angaben zur Konformität dieser Messungen im Vergleich zu den Ökodesign-Anforderungen der jeweils geltenden Durchführungsmaßnahme.

3. Der Hersteller hat den Fertigungsprozess so zu gestalten und zu überwachen, dass die Feuerungsanlage den in Z 2 genannten Angaben entspricht und die Anforderungen der jeweils geltenden Durchführungsmaßnahme erfüllt.

Anlage 3 (zu § 12)

Managementsystem für die Konformitätsbewertung iSd Richtlinie 2009/125/EG

1. In dieser Anlage wird das Verfahren beschrieben, nach dem der Hersteller, der den in Z 2 genannten Verpflichtungen nachkommt, gewährleistet und erklärt, dass eine Feuerungsanlage die Anforderungen der jeweils geltenden Durchführungsmaßnahme erfüllt. Die EG-Konformitätserklärung kann für eine Feuerungsanlage oder mehrere Feuerungsanlagen ausgestellt werden und ist vom Hersteller aufzubewahren.

2. Für die Bewertung der Konformität der Feuerungsanlage kann ein Managementsystem herangezogen werden, sofern der Hersteller die in Z 3 beschriebenen Umweltkomponenten darin einbezieht.

3. Umweltkomponenten des Managementsystems

Unter dieser Nummer werden die Komponenten eines Managementsystems und die Verfahren beschrieben, mit denen der Hersteller nachweisen kann, dass die Feuerungsanlage die Anforderungen der jeweils geltenden Durchführungsmaßnahme erfüllt.

3.1. Umweltorientierte Produktpolitik

Der Hersteller muss nachweisen können, dass die Anforderungen der maßgebenden Durchführungsmaßnahme erfüllt sind. Ferner muss der Hersteller zur Verbesserung der Umweltverträglichkeit der Feuerungsanlage ein Rahmenkonzept für die Festlegung von Umweltverträglichkeitszielen und -indikatoren und deren Überprüfung vorlegen können.

Alle Maßnahmen, die der Hersteller trifft, um die Umweltverträglichkeit insgesamt durch Produktgestaltung und Gestaltung des Herstellungsprozesses zu verbessern und das Umweltprofil zu ermitteln – sofern die Durchführungsmaßnahme dies vorschreibt –, müssen strukturiert und schriftlich in Form von Verfahren und Anweisungen dokumentiert sein.

Diese Verfahren und Anweisungen müssen insbesondere Folgendes in der Dokumentation hinreichend ausführlich beschreiben:

a) die Liste der Dokumente, die zum Nachweis der Konformität der Feuerungsanlage zu erstellen und gegebenenfalls bereitzustellen sind;

b) die Umweltverträglichkeitsziele und -indikatoren sowie die Organisationsstruktur, die Verteilung der Zuständigkeiten und die Befugnisse der Geschäftsleitung und die Mittelausstattung in Bezug auf die Erfüllung und Beibehaltung dieser Ziele und Indikatoren;

c) die nach der Fertigung durchzuführenden Prüfungen der Feuerungsanlage auf Übereinstimmung mit den Umweltverträglichkeitsvorgaben;

d) die Verfahren zur Kontrolle der vorgeschriebenen Dokumentation und zur Sicherstellung ihrer regelmäßigen Aktualisierung und

Anlage 3 (zu § 12)

e) das Verfahren, mit dem die Einbeziehung und Wirksamkeit der Umweltkomponenten des Managementsystems überprüft wird.

3.2. Planung

Der Hersteller hat Folgendes auszuarbeiten und zu aktualisieren:

a) Verfahren zur Ermittlung des ökologischen Profils der Feuerungsanlage,
b) Umweltverträglichkeitsziele und -indikatoren, die bei der Wahl technischer Lösungen neben technischen und wirtschaftlichen Erfordernissen zu berücksichtigen sind, und
c) ein Programm zur Erreichung dieser Ziele.

3.3. Durchführung und Unterlagen

3.3.1. Die Unterlagen zum Managementsystem müssen insbesondere Folgendes einhalten:

a) Zuständigkeiten und Befugnisse sind festzulegen und zu dokumentieren, damit die umweltorientierte Produktpolitik wirksam durchgeführt werden kann, damit ihre Umsetzung schriftlich festgehalten wird und damit Kontrollen und Verbesserungsmaßnahmen möglich sind;
b) die Methoden der Entwurfskontrolle und der Prüfung nach der Fertigung sowie die bei der Produktgestaltung zur Anwendung kommenden Verfahren und systematischen Maßnahmen sind schriftlich festzuhalten und
c) der Hersteller muss Unterlagen erstellen und aktualisieren, in denen die wesentlichen Umweltkomponenten des Managementsystems und die Verfahren zur Prüfung aller benötigten Unterlagen beschrieben sind.

3.3.2. Die Unterlagen zu der Feuerungsanlage müssen insbesondere Angaben zu folgenden Aspekten enthalten:

a) eine allgemeine Beschreibung der Feuerungsanlage und der Verwendung, für die es vorgesehen ist;
b) die Ergebnisse der vom Hersteller durchgeführten Analyse der Umweltauswirkungen und/oder Verweise auf einschlägige Literatur oder Fallstudien, auf die der Hersteller sich bei der Bewertung, Dokumentierung und Gestaltung der Feuerungsanlage gestützt hat;
c) das ökologische Profil, sofern dies die Durchführungsmaßnahme verlangt;

d) die Ergebnisse der Messungen zur Prüfung der Übereinstimmung der Feuerungsanlage mit den Ökodesign-Anforderungen einschließlich Angaben zur Konformität dieser Messungen im Vergleich zu den Ökodesign-Anforderungen der jeweils geltenden Durchführungsmaßnahme;
e) Spezifikationen des Herstellers, in denen insbesondere angegeben wird, welche harmonisierten Normen angewandt wurden; werden keine harmonisierten Normen angewandt oder tragen die harmonisierten Normen den Anforderungen der Durchführungsmaßnahme nicht vollständig Rechnung, so muss dargelegt werden, mit welchen Mitteln die Erfüllung der Anforderungen gewährleistet wird, und
f) die Angaben nach Anhang I Teil 2 der RL 2009/125/EG (Ökodesign-Richtlinie) zu den umweltrelevanten Gestaltungsmerkmalen der Feuerungsanlage.

3.4. Prüfungen und Abstellung von Mängeln

3.4.1. Der Hersteller muss
a) alle erforderlichen Maßnahmen ergreifen, um sicherzustellen, dass die Feuerungsanlage in Einklang mit den Gestaltungsspezifikationen und den Anforderungen der für die Feuerungsanlage geltenden Durchführungsmaßnahme hergestellt wird;
b) Verfahren ausarbeiten und aufrechterhalten, mit denen er auf Nichtkonformität reagiert und die dokumentierten Verfahren im Anschluss an die Abstellung der Mängel ändert, und
c) mindestens alle drei Jahre eine umfassende interne Prüfung (Audit) des Managementsystems in Bezug auf dessen Umweltkomponenten durchführen.

7.1. Kärntner Heizungsanlagenverordnung – K-HeizVO

19. Verordnung der Landesregierung vom 10. März 2015, Zl. 08-LL-119/2013 (038/2015), über das Inverkehrbringen und den Betrieb von Heizungsanlagen (Kärntner Heizungsanlagenverordnung – K-HeizVO)

Auf Grund der §§ 4 Abs. 4, 17 Abs. 7, 21 Abs. 1, 5 und 6 und 26 Abs. 7 und 28 des Kärntner Heizungsanlagengesetzes – K-HeizG, LGBl. 1/2014, wird verordnet:

Inhaltsverzeichnis:

1. Abschnitt
Zulassung von Kleinfeuerungsanlagen
- § 1 Inverkehrbringen und Errichten von Kleinfeuerungsanlagen
- § 2 Emissionsgrenzwerte
- § 3 Wirkungsgradanforderungen
- § 4 Prüfbedingungen

2. Abschnitt
Inverkehrbringen und Errichten von Feuerungsanlagen
- § 5 EG-Konformitätserklärung im Sinne der RL 2009/125/EG

3. Abschnitt
Errichtung und Ausstattung von Heizungsanlagen
- § 6 Errichtung und Ausstattung
- § 7 Messöffnungen

4. Abschnitt
Emissionsgrenzwerte und Abgasverluste für den Betrieb von Feuerungsanlagen und Blockheizkraftwerken
- § 8 Allgemeines
- § 9 Feuerungsanlagen mit einer Nennwärmeleistung unter 50 kW
- § 10 Feuerungsanlagen mit einer Nennwärmeleistung ab 50 kW
- § 11 Blockheizkraftwerke

5. Abschnitt
Brenn- und Kraftstoffe
- § 12 Zulässige Brenn- und Kraftstoffe
- § 13 Lagerung von festen Brennstoffen

6. Abschnitt
Überprüfungen von Heizungsanlagen und Blockheizkraftwerken im Betrieb
- § 14 Überprüfung von Feuerungsanlagen und Blockheizkraftwerken
- § 15 Einfache Überprüfung (Abgasmessung)
- § 16 Umfassende Überprüfung
- § 17 Kontinuierliche Überwachung
- § 18 Außerordentliche Überprüfung
- § 19 Regelmäßige Inspektion (Energieeffizienz-Überprüfung)
- § 20 Unabhängiges Kontrollsystem
- § 21 Sanierung
- § 22 Entgelt

www.ris.bka.gv.at

7.1. Kärntner Heizungsanlagenverordnung – K-HeizVO

7. Abschnitt
Schlussbestimmungen
§ 23 Inkrafttreten
§ 24 Notifikationshinweis

1. Abschnitt
Zulassung von Kleinfeuerungsanlagen

§ 1
Inverkehrbringen und Errichten von Kleinfeuerungsanlagen

Kleinfeuerungen und wesentliche Bauteile von Kleinfeuerungsanlagen dürfen nur in Verkehr gebracht, errichtet, eingebaut und betrieben werden, wenn sie die Anforderungen dieses Abschnittes erfüllen.

§ 2
Emissionsgrenzwerte

Kleinfeuerungen dürfen unter den Prüfbedingungen des § 4 bei bestimmungsgemäßem Betrieb folgende Emissionsgrenzwerte nicht überschreiten:

1. Kleinfeuerungen für feste Brennstoffe mit händischer Beschickung:

Parameter	Emissionsgrenzwerte (mg/MJ)					
	Holzbrennstoffe		sonstige standardisierte biogene Brennstoffe		fossile Brennstoffe	
	Raumheizgeräte	Zentralheizgeräte	unter 50 kW Nennwärmeleistung	ab 50 kW Nennwärmeleistung	unter 50 kW Nennwärmeleistung	ab 50 kW Nennwärmeleistung
CO	1100	500	1100	500	1100	500
NO$_x$	150	100	300	300	100	100
OGC	50	30	50	30	80	30
Staub	35	30	35	35	35	35

2. Kleinfeuerungen für feste Brennstoffe mit automatischer Beschickung:

Parameter	Emissionsgrenzwerte (mg/MJ)			
	Holzpellets Raumheizgeräte	Holzpellets Zentralheizgeräte	sonstige Holzbrennstoffe	sonstige standardisierte biogene Brennstoffe
CO	500*	250*	250*	500*
NO$_x$	100	100	100	300
OGC	30	20	30	20
Staub	25	20	30	35

* Bei Teillastbetrieb mit 30 % der Nennwärmeleistung kann der Grenzwert um 50 % überschritten werden.

3. Kleinfeuerungen für flüssige Brennstoffe:

Parameter	Emissionsgrenzwerte (mg/MJ)	
	standardisierte biogene Brennstoffe	fossile Brennstoffe
CO	20	20
NO$_x$	120	35
OGC	6	6
Rußzahl	1	1

www.ris.bka.gv.at

4. Kleinfeuerungen für gasförmige Brennstoffe:

Parameter	Emissionsgrenzwerte (mg/MJ)			
	Erdgas		Flüssiggas	
	atmosphärischer Brenner	Gebläsebrenner	atmosphärischer Brenner	Gebläsebrenner
CO	20	20	35	20
NO_x	30*	30	40*	40

* Der NO_x-Grenzwert darf für Durchlauferhitzer, Vorratswasserheizer und Raumheizgeräte mit atmosphärischem Brenner um höchstens 100 % überschritten werden.

§ 3
Wirkungsgradanforderungen

Kleinfeuerungen dürfen unter den Prüfbedingungen des § 4 bei bestimmungsgemäßem Betrieb sowohl mit Nennlast als auch unter Teillast folgende Wirkungsgrade nicht unterschreiten:

1. Raumheizgeräte (Einzelfeuerungsanlagen) für feste Brennstoffe:

	Mindestwirkungsgrad in %
Herde für fossile Brennstoffe	73
Herde für standardisierte biogene Brennstoffe	72
sonstige Raumheizgeräte für fossile oder standardisierte biogene Brennstoffe	80

2. Raumheizgeräte (Einzelfeuerungsanlagen) für flüssige und gasförmige Brennstoffe:

	Mindestwirkungsgrad in %
a) Herde	73
b) sonstige Raumheizgeräte je nach Höhe der Nennwärmeleistung:	
bis 4 kW	78
über 4 bis 10 kW	81
über 10 kW	84

3. Warmwasserbereiter:

	Mindestwirkungsgrad in %
Warmwasserbereiter für feste Brennstoffe	75
Warmwasserbereiter für flüssige und gasförmige Brennstoffe:	
a) Durchlauferhitzer je nach Höhe der Nennwärmeleistung	
bis 12 kW	83
über 12 kW	$(78,7 + 4 \log P_n)$
b) Vorratswasserheizer	82

4. Zentralheizgeräte für feste fossile und standardisierte biogene Brennstoffe je nach Höhe der Nennwärmeleistung:

	Mindestwirkungsgrad in %
a) mit händischer Beschickung	
bis 10 kW	79
über 10 bis 200 kW	$(71,3 + 7,7 \log P_n)$
über 200 kW	89
b) mit automatischer Beschickung	
bis 10 kW	80
über 10 bis 200 kW	$(72,3 + 7,7 \log P_n)$
über 200 kW	90

7.1. Kärntner Heizungsanlagenverordnung – K-HeizVO

5. Zentralheizgeräte, Niedertemperatur-Zentralheizgeräte und Brennwertgeräte für flüssige und gasförmige Brennstoffe:

	durchschnittliche Wassertemperatur in Grad Celsius	Mindestwirkungsgrad in %
	bei Nennlast	
Zentralheizgeräte	70	$> (84+2 \log P_n)$
Niedertemperatur Zentralheizgeräte*	70	$> (87,5+1,5 \log P_n)$
Brennwertgeräte	70	$> (91+1 \log P_n)$
	bei Teillast von 30 % Pn	
Zentralheizgeräte	> 50	$> (80+3 \log P_n)$
Niedertemperatur Zentralheizgeräte*	40	$> (87,5+1,5 \log P_n)$
Brennwertgeräte	30**	$> (97+1 \log P_n)$

P_n Nennwärmeleistung in Kilowatt
* Einschließlich Brennwertgeräte für flüssige Brennstoffe
** Kessel-Eintrittstemperatur (Rücklauftemperatur)

§ 4
Prüfbedingungen

(1) Die Prüfung des Emissionsverhaltens und der Wirkungsgrade von Kleinfeuerungen hat hinsichtlich der Prüfverfahren und -bedingungen nach den Regeln der Technik zu erfolgen. Dabei ist auf die entsprechenden ÖNORMEN oder auf andere gleichwertige technische Richtlinien eines Mitgliedstaates der EU oder einer Vertragspartei des Abkommens über den Europäischen Wirtschaftsraum Bedacht zu nehmen.

(2) Das Einhalten der Emissionsgrenzwerte für feste und flüssige Brennstoffe muss bei Nennlast und bei kleinster vom Hersteller angegebener Teillast des Wärmeleistungsbereiches nachgewiesen werden. Bei handbeschickten Kleinfeuerungen mit einer Nennwärmeleistung unter 8 kW ist der Nachweis nur bei Nennlast zu erbringen.

(3) Zusätzlich zu Abs. 2 gilt für Kleinfeuerungen mit festen Brennstoffen:

1. Der Nachweis bei kleinster vom Hersteller angegebener Teillast ist bei händisch beschickten Kleinfeuerungen bei höchstens 50 % der Nennwärmeleistung, bei automatisch beschickten Kleinfeuerungen bei höchstens 30 % der Nennwärmeleistung und bei Raum- und Zentralheizgeräten für Holzpellets mit einer Nennwärmeleistung unter 8 kW bei einer Wärmeleistung von 2,5 kW zu erbringen.

2. Bei händisch beschickten Kleinfeuerungen:

   a) Die Emissionen sind bei Nennlast durch Beobachtung von zwei aufeinander folgenden Abbrandperioden zu beurteilen. Dabei sind die Emissionswerte für CO, OGC und NO_x als arithmetische Mittelwerte, bei ungleichförmigem Verbrennungsverlauf als energetisch gewichtete Mittelwerte, über die Versuchszeit anzugeben. Der Emissionswert für Staub ist der aus jeweils drei Halbstundenmittelwerten einer Abbrandperiode gebildete arithmetische Mittelwert. Dauert die Abbrandperiode weniger als 1,5 Stunden, genügen jeweils zwei Halbstundenmittelwerte. Keiner der gebildeten Emissionswerte darf die Emissionsgrenzwerte gemäß Art 4 überschreiten. Messbeginn ist spätestens 5 Minuten nach Aufgabe des Brennstoffs auf den Glutstock.

   b) Für die Beurteilung der Emissionen bei kleinster Teillast des Wärmeleistungsbereiches genügt die Beobachtung einer Abbrandperiode. Dabei ist lediglich der Nachweis des Einhaltens der Emissionsgrenzwerte für CO und OGC zu erbringen. Das Erreichen des Teillastbetriebs muss durch eine vorhandene selbsttätige Regelung erfolgen. Falls der Nachweis bei der kleinsten vom Hersteller angegebenen Teillast nicht erbracht werden kann, ist auf dem Typenschild als auch in den technischen Dokumentation der Einbau eines entsprechenden Pufferspeichers vorzuschreiben.

3. Bei automatisch beschickten Kleinfeuerungen: Die Emissionsgrenzwerte für CO, NO_x und OGC sind als arithmetische Mittelwerte der Emission während der gesamten Versuchszeit (zumindest drei Stunden) anzugeben. Der Emissionswert für Staub ist der aus zumindest drei Halbstundenmittelwerten der Versuchszeit gebildete arithmetische Mittelwert. Bei kleinster Teillast des Wärmeleistungsbereiches ist lediglich der Nachweis des Einhaltens der

Emissionsgrenzwerte für CO und OGC zu erbringen. Das Erreichen des Teillastbetriebs muss durch eine vorhandene selbsttätige Regelung erfolgen. Für Zentralheizgeräte unter 10 kW Nennwärmeleistung in Kombination mit einem Pufferspeicher ist der Nachweis zur Einhaltung der Emissionsgrenzwerte und der Wirkungsgrade nur bei Nennlast zu erbringen. Dies ist auf dem Typenschild und in der technischen Dokumentation durch den Hersteller anzugeben.

(4) Bei Heizölen ist der Stickstoffgehalt anzugeben und beziehen sich die Emissionsgrenzwerte für NO_x auf einen Stickstoffgehalt von 140 mg/kg an organisch gebundenem Stickstoff im Heizöl. Bei höheren bzw. niedrigeren Stickstoffgehalten des Brennstoffes ist der Grenzwert für NO_x wie folgt zu ermitteln: Bei Stickstoffgehalten des Brennstoffes, die den oben angeführten Basiswert von 140 mg/kg überschreiten, ist der Grenzwert für NO_x pro zusätzlichem 1 mg Stickstoff pro kg Brennstoff um 0,06 mg/MJ höher anzusetzen, jedoch höchstens mit 130 mg/MJ. Bei niedrigerem Gehalt an organisch gebundenem Stickstoff im Brennstoff ist der Grenzwert für NO_x pro 1 mg Stickstoff pro kg Brennstoff um 0,06 mg/MJ niedriger anzusetzen.

(5) Kleinfeuerungen, die ausschließlich für den Betrieb mit Flüssiggas konstruiert sind, sind mit dem Prüfgas G 31, alle übrigen Kleinfeuerungen, die mit Gas betrieben werden, mit dem Prüfgas G 20 zu prüfen.

2. Abschnitt
Inverkehrbringen und Errichten von Feuerungsanlagen
§ 5
EG-Konformitätserklärung im Sinne der RL 2009/125/EG

(1) Feuerungsanlagen und wesentliche Bauteile von Feuerungsanlagen dürfen nur in Verkehr gebracht, errichtet, eingebaut und betrieben werden, wenn sie die Bestimmungen des Abschnitts 3 K-HeizG erfüllen und für sie eine EG-Konformitätserklärung im Sinne der RL 2009/125/EG nach Abs. 2 ausgestellt wurde.

(2) Die EG-Konformitätserklärung muss folgende Angaben enthalten:
1. Name und Anschrift des Herstellers oder seines Bevollmächtigten;
2. eine für die eindeutige Bestimmung des Produkts hinreichend ausführliche Beschreibung;
3. gegebenenfalls die Fundstellen der angewandten harmonisierten Normen;
4. gegebenenfalls die sonstigen angewandten technischen Normen und Spezifikationen;
5. gegebenenfalls die Erklärung der Übereinstimmung mit anderen einschlägigen Rechtsvorschriften der Gemeinschaft, die die CE-Kennzeichnung vorsehen, und
6. Name und Unterschrift der für den Hersteller oder seinen Bevollmächtigten zeichnungsberechtigten Person.

3. Abschnitt
Errichtung und Ausstattung von Heizungsanlagen
§ 6
Errichtung und Ausstattung

Für die Errichtung und den Einbau von Feuerungsanlagen und Blockheizkraftwerken gilt Folgendes:
1. Bei Neuanlagen: Kleinfeuerungsanlagen dürfen nur errichtet oder eingebaut werden, wenn sie die Voraussetzungen des Abschnittes 1 und 2 erfüllen; wesentliche Bauteile dürfen nur kombiniert werden, wenn dafür ein entsprechender Nachweis (Typenprüfung) vorliegt.
2. Bei bestehenden Anlagen: Bei einem Austausch eines wesentlichen Bauteils von Kleinfeuerungen ist sicherzustellen, dass die jeweils zutreffenden Anforderungen des Abschnitts 4 eingehalten werden können.
3. Die Dimensionierung der Feuerungsanlage hat entsprechend den Regeln der Technik zu erfolgen.
4. Das Erfordernis eines Pufferspeichers ist unter Berücksichtigung des Teillastverhaltens der Anlage zu prüfen.
5. Soweit händisch beschickte Feststofffeuerungen zur Einhaltung der Emissionsgrenzwerte mit einem Pufferspeicher ausgestattet sein müssen (§ 8 Abs. 1 Z 10 K-HeizG), hat die Dimensionierung des Pufferspeichers ebenfalls entsprechend den Regeln der Technik zu erfolgen.
6. Für Feuerungsanlagen und Blockheizkraftwerke, ausgenommen für Raumheizgeräte, ist ein Anlagendatenblatt gemäß der Anlage 1 bis zur nächsten Überprüfung zu erstellen, das auf die

7.1. Kärntner Heizungsanlagenverordnung – K-HeizVO

Dauer des Bestandes der Anlage bei dieser aufzubewahren ist. Änderungen an der Anlage, die für die Verbrennungsgüte von Bedeutung sind, sind im Datenblatt zu vermerken.

§ 7
Messöffnungen

(1) Wenn die Feuerungsanlage keine vom Hersteller vorgesehene Messöffnung aufweist, ist in einem geraden Teil des Verbindungsstücks zwischen Feuerstätte und Verbindungsstückeinmündung bzw. Nebenlufteinrichtung in einem Abstand vom zweifachen Rohrdurchmesser vom Heizkessel oder Abgasbogen eine verschließbare, der Dichtheit des Verbindungsstückes entsprechende Messöffnung mit einem Durchmesser von mindestens 10 mm an einer leicht und gefahrenfrei zugänglichen Stelle einzubauen. Bei Ölfeuerungsanlagen und solchen für feste Brennstoffe muss die Messöffnung zwischen Feuerstätte und Nebenlufteinrichtung liegen. Bei Gasfeuerungsanlagen des Typs C ist der nachträgliche Einbau von Messöffnungen nicht zulässig. Bei Raumheizgeräten (Einzelfeuerstätten) ist eine Messöffnung nur im Fall einer außerordentlichen Überprüfung (§ 18) herzustellen.

(2) Feuerungsanlagen für feste nicht standardisierte biogene Brennstoffe, Feuerungsanlagen für feste Brennstoffe über 400 kW Nennwärmeleistung, Feuerungsanlagen für flüssige Brennstoffe über 2.000 kW Brennstoffwärmeleistung sowie Blockheizkraftwerke für flüssige Kraftstoffe über 250 kW Brennstoffwärmeleistung müssen in einem geraden Teil des Rauchrohres an einer leicht und gefahrenfrei zugänglichen Stelle zwei verschließbare Messöffnungen mit einem Durchmesser von jeweils 13 mm und eine solche mit einem Durchmesser von mindestens 65 mm aufweisen. In einem Abstand von mindestens dem vierfachen Innendurchmesser des Rauchrohres vor und dem zweifachen nach den Messöffnungen dürfen keine Verengungen, Bögen, Erweiterungen oder sonstige die Strömung beeinflussende Einbauten sein.

(3) Unvermeidbare Abweichungen von den vorgegebenen Messöffnungen, die nur mit einem unverhältnismäßig großen Aufwand behoben werden können, sind im jeweiligen Prüfbericht zu dokumentieren.

4. Abschnitt
Emissionsgrenzwerte und Abgasverluste für den Betrieb von Feuerungsanlagen und Blockheizkraftwerken

§ 8
Allgemeines

Die in diesem Abschnitt angeführten Emissionsgrenzwerte und Abgasverluste für Feuerungsanlagen und Blockheizkraftwerke sind Mittelwerte, die auf die jeweilige Probenahmedauer, die Normbedingungen und den jeweiligen Sauerstoffgehalt bezogen sind. Sie gelten für Abgasmessungen vor Ort.

§ 9
Feuerungsanlagen mit einer Nennwärmeleistung unter 50 kW

(1) Feuerungsanlagen mit einer Nennwärmeleistung unter 50 kW dürfen je nach Art des Brennstoffes folgende Emissionsgrenzwerte und Abgasverluste nicht überschreiten:

1. Feuerungsanlagen für feste Brennstoffe:

Parameter	händisch beschickt	automatisch beschickt
Abgasverlust (%)	20	19
CO (mg/m³)	3.500	1.500

Der Grenzwert für CO ist für biogene Brennstoffe auf einen Sauerstoffgehalt von 11 %, für fossile Brennstoffe auf einen Sauerstoffgehalt von 6 % bezogen.

2. Feuerungsanlagen für flüssige Brennstoffe:

Parameter:	Grenzwert:
Abgasverlust (%)	10
Rußzahl	1
CO (mg/m³)	100

Der Grenzwert für CO ist auf einen Sauerstoffgehalt von 3 % bezogen.

3. Feuerungsanlagen für gasförmige Brennstoffe:

Parameter	Feuerungsanlagen	Warmwasserbereiter ab 26 kW Nennwärmeleistung
Abgasverlust (%)	10	14
CO (mg/m³)	100	200

Der Grenzwert für CO ist auf einen Sauerstoffgehalt von 3 % bezogen.

(2) Für Feuerungsanlagen, die mit nicht standardisierten biogenen Brennstoffen betrieben werden, gelten für die erstmalige Überprüfung folgende Grenzwerte:

1. Feste biogene Brennstoffe:

Parameter:	Grenzwerte:
Abgasverlust (%)	19
Staub (mg/m³)	150
CO (mg/m³)	800*
OGC (mg/m³)	50
NO_x (mg/m³)	500

Die Grenzwerte für CO, NO_x, OGC und Staub sind auf einen Sauerstoffgehalt von 11 % bezogen.
* Bei Teillastbetrieb kleiner 50% der Nennwärmeleistung darf der Grenzwert um bis zu 50% überschritten werden.

2. Flüssige biogene Brennstoffe:

Parameter:	Grenzwerte:
Abgasverlust (%)	10
Rußzahl	1
CO (mg/m³)	100
NO_x (mg/m³)	450
SO_2 (mg/m³)	170

Die Grenzwerte für CO, NO_x und SO_2 sind jeweils auf einen Sauerstoffgehalt von 3 % bezogen. Die SO_2-Konzentration im Abgas kann auch rechnerisch ermittelt werden, wenn geeignete Nachweise über den Schwefelgehalt des Brennstoffes vorliegen.

3. Gasförmige biogene Brennstoffe:

Parameter:	Grenzwerte:
Abgasverlust (%)	10
CO (mg/m³)	100
NO_x (mg/m³)	200
SO_2 (mg/m³)	350

Die Grenzwerte für CO, NO_x und SO_2 sind jeweils auf einen Sauerstoffgehalt von 3 % bezogen.

**§ 10
Feuerungsanlagen mit einer Nennwärmeleistung ab 50 kW**

(1) Feuerungsanlagen, die mit standardisierten Brennstoffen mit einer Nennwärmeleistung ab 50 kW bis 2 MW betrieben werden, dürfen je nach Art des Brennstoffes folgende Emissionsgrenzwerte und Abgasverluste nicht überschreiten:

1. Feuerungsanlagen für standardisierte biogene feste Brennstoffe:

Parameter:	Grenzwert:
Abgasverlust (%)	19
CO (mg/m³)	800*

Der Grenzwert für CO ist für biogene Brennstoffe auf einen Sauerstoffgehalt von 11 % bezogen.
* bei Anlagen < 100 kW Nennwärmeleistung darf bei Teillastbetrieb mit 50% der Nennwärmeleistung der Grenzwert für CO bis zu 50% überschritten werden. Für Anlagen mit einer Nennwärmeleistung ab 1 MW gilt als Emissionsgrenzwert 250.

www.ris.bka.gv.at

7.1. Kärntner Heizungsanlagenverordnung – K-HeizVO

2. Feuerungsanlagen für fossile feste Brennstoffe (Koks, Kohle):

Parameter:	Grenzwert:
Abgasverlust (%)	19
CO (mg/m³)	1 000

Der Grenzwert für CO ist für fossile feste Brennstoffe auf einen Sauerstoffgehalt von 6 % bezogen.

3. Feuerungsanlagen für flüssige Brennstoffe:

Parameter:	Grenzwert:
Abgasverlust (%)	10
Rußzahl	1*
CO (mg/m³)	100

Der Grenzwert für CO ist auf einen Sauerstoffgehalt von 3 % bezogen.
* bei Einsatz von Heizöl Leicht gilt als Grenzwert für die Rußzahl der Wert 2

4. Feuerungsanlagen für gasförmige Brennstoffe:

Parameter:	Grenzwert:
Abgasverlust (%)	10
CO (mg/m³)	80

Der Grenzwert für CO ist auf einen Sauerstoffgehalt von 3 % bezogen.

(2) Unberührt von den Grenzwertvorgaben gemäß Abs. 1 sind bezüglich der Emissionsparameter für Feuerungsanlagen mit standardisierten Brennstoffen ab 2 MW Nennwärmeleistung und für Feuerungsanlagen mit nicht standardisierten Brennstoffen ab 50 kW Nennwärmeleistung die Emissionsgrenzwerte der Feuerungsanlagen-Verordnung – FAV, BGBl. II Nr. 331/1997, zuletzt idF 312/2011, anzuwenden. Solange und insoweit die Feuerungsanlagen-Verordnung keine Vorgaben für Emissionsgrenzwerte und Abgasverluste für Feuerungsanlagen enthält, die mit nicht standardisierten biogenen Brennstoffen betrieben werden, gelten die Grenzwerte gemäß § 9 mit folgenden Abweichungen:

1. Die Grenzwerte gemäß § 9 Abs. 2 gelten auch für umfassende wiederkehrende Überprüfungen.
2. Der Grenzwert für Kohlenmonoxid gemäß § 9 Abs. 2 Z 1 darf nur für Feuerungsanlagen bis 100 kW Nennwärmeleistung bei Teillastbetrieb kleiner 50 % der Nennwärmeleistung um bis zu 50 % überschritten werden.
3. Der höchstzulässige Abgasverlust von 10 % gemäß § 9 Abs. 2 Z 2 gilt nur für Feuerungsanlagen für flüssige Brennstoffe bis 2 MW Brennstoffwärmeleistung.
4. Für Feuerungsanlagen für flüssige biogene Brennstoffe über 3 MW Brennstoffwärmeleistung gelten die Grenzwerte gemäß § 9 Abs. 2 Z 2 mit folgenden Abweichungen:

Parameter:	Grenzwerte:
Rußzahl	1
Staub	50
CO (mg/m³)	80
NO_x (mg/m³)	350
SO_2 (mg/m³)	170

Die Grenzwerte für CO, NO_x, SO_2 und Staub sind jeweils auf einen Sauerstoffgehalt von 3 % bezogen. Die SO_2-Konzentration im Abgas kann auch rechnerisch ermittelt werden, wenn geeignete Nachweise über den Schwefelgehalt des Brennstoffes vorliegen.

§ 11
Blockheizkraftwerke

(1) Blockheizkraftwerke dürfen je nach Art des Brennstoffes folgende Emissionsgrenzwerte nicht überschreiten:

1. Heizöl Extra Leicht, Dieselkraftstoff, Biodiesel, Pflanzenöle:

Parameter	Brennstoffwärmeleistung (MW)		
	bis 0,25	> 0,25 – 2,5	> 2,5
Boschzahl	3	–	–
Staub (mg/m³)	–	50	30
CO (mg/m³)	650	250	250

Parameter	Brennstoffwärmeleistung (MW)		
	bis 0,25	> 0,25 – 2,5	> 2,5
NO_x (mg/m³)	1.200	400	250

2. Erdgas, Flüssiggas:

Parameter	Brennstoffwärmeleistung (MW)	
	bis 2,5	> 2,5
CO (mg/m³)	200	200
NO_x (mg/m³)	250	150
NMHC (mg/m³)	150	50

3. Biogas, Klärgas, Holzgas, Deponiegas:

Parameter	Brennstoffwärmeleistung (MW)	
	bis 0,25	> 0,25
CO (mg/m³)	1.000*	400*
NO_x (mg/m³)	1.000	500
NMHC (mg/m³)	–	150

Die Grenzwerte für CO, NO_x, NMHC und Staub der Z 1 bis 3 sind jeweils auf einen Sauerstoffgehalt von 5 % bezogen.
* Für mit Holzgas betriebene Blockheizkraftwerke gilt ein Wert von 1.500 mg/m³.

(2) Ausgenommen von den Anforderungen nach Abs. 1 sind:
1. Blockheizkraftwerke in Objekten, die an keine öffentliche Stromversorgung angeschlossen sind und nur mit unverhältnismäßig hohem Aufwand an eine öffentliche Stromversorgung angeschlossen werden könnten;
2. Blockheizkraftwerke, die nur als Ausfallreserve dienen oder nachweislich nicht mehr als 250 Stunden pro Jahr in Betrieb sind.

5. Abschnitt
Brenn- und Kraftstoffe

§ 12
Zulässige Brenn- und Kraftstoffe

(1) Brenn- bzw. Kraftstoffe dürfen in Feuerungsanlagen bzw. Blockheizkraftwerken nur verfeuert werden, wenn sie folgende Anforderungen erfüllen:

Art	Brenn- bzw. Kraftstoff	technische Anforderungen
Gasförmige fossile Brennstoffe	Erdgas (inkl. Biogas in Erdgasqualität)	
	Flüssiggas	Propan, Propen, Butan, Buten und deren Gemische
Flüssige fossile Brennstoffe	Heizöl extra leicht schwefelfrei (KN Code 27101943)*	Höchstzulässiger Schwefelgehalt: 0,0010 %
	Heizöl extra leicht mit biogenen Komponenten	Höchstzulässiger Schwefelgehalt: 0,0010 %
	Heizöl leicht (HL) (KN Code 27101964)**	Höchstzulässiger Schwefelgehalt: 0,20 %M
		Zulässig nur in neu errichteten Feuerungsanlagen > 400 kW Nennwärmeleistung und bis 1. 1. 2018 in bestehenden Anlagen > 70 kW Nennwärmeleistung.
	Heizöl mittel (KN Code 27101964)**	Höchstzulässiger Schwefelgehalt: 0,40 %M
		Zulässig nur in Feuerungsanlagen > 5 MW Brennstoffwärmeleistung
	Heizöl schwer (KN Code 27101964)**	Höchstzulässiger Schwefelgehalt: 1,00 %M
		Zulässig nur in Feuerungsanlagen > 10 MW Brennstoffwärmeleistung

7.1. Kärntner Heizungsanlagenverordnung – K-HeizVO

Art	Brenn- bzw. Kraftstoff	technische Anforderungen
Feste fossile Brennstoffe	Braun- und Steinkohle, Briketts, Torf und Koks, ausgenommen Petro(l)koks	Der Schwefelgehalt darf 0,30 g/MJ und bei Feuerungsanlagen über 400 kW Nennwärmeleistung 0,20 g/MJ nicht übersteigen (jeweils bezogen auf den Heizwert des Brennstoffs im wasserfreien Zustand und den verbrennbaren Anteil des Schwefels).
Standardisierte biogene Brennstoffe	Stückholz	Naturbelassen und unbehandelt, lufttrocken (Wassergehalt max. 20%).
	Holzhackgut	Ausschließlich aus naturbelassenem unbehandeltem Holz hergestellt.
	Holz- und Rindenpellets	Ausschließlich aus naturbelassenem unbehandeltem Holz oder Rinde hergestellt.
	biogene Heizöle	Ausschließlich oder überwiegend aus naturbelassener erneuerbarer Materie hergestellt.
	Sonstige	Soweit sie nicht aus Materialien bestehen, die in Folge einer Behandlung mit Holzschutzmitteln oder einer Beschichtung halogenorganische Verbindungen oder Schwermetalle enthalten können. Der Gesamtchlorgehalt dieser Brennstoffe darf 1.500 mg/kg Trockensubstanz nicht übersteigen.
Nicht standardisierte biogene Brenn- und Kraftstoffe	Stroh, Ölsaaten, Pflanzenöle, Biogas, Klärgas, Holzgas, Deponiegas, Reste von Holzwerkstoffen udgl	Soweit sie nicht aus Materialien bestehen, die in Folge einer Behandlung mit Holzschutzmitteln oder einer Beschichtung halogenorganische Verbindungen oder Schwermetalle enthalten können. Der Gesamtchlorgehalt dieser Brennstoffe darf 1.500 mg/kg Trockensubstanz nicht übersteigen.
Flüssige fossile Kraftstoffe	Dieselkraftstoff	
Flüssige biogene Kraftstoffe	Biogene Kraftstoffe	Ausschließlich oder überwiegend aus naturbelassener erneuerbarer Materie hergestellt.

* Gasöl gemäß Richtlinie 1999/32/EG des Rates vom 26. April 1999
** Schweröl gemäß Richtlinie 1999/32/EG des Rates vom 26. April 1999

(2) Für Feuerungsanlagen und Feuerstätten dürfen nur die vom Hersteller genannten zulässigen Brenn- und Kraftstoffe verwendet werden. Papier, Kartonagen und handelsübliche Anzündhilfen sind nur zum Anfeuern im dafür notwendigen Ausmaß zulässig. Das Verbrennen von Stoffen, die für die Heizungsanlage nicht bestimmt sind, insbesondere von Abfällen jeglicher Art, ist verboten.

(3) Zum Nachweis, dass nur zulässige Brenn- und Kraftstoffe verwendet werden, haben die Verfügungsberechtigten, die die Brenn- und Kraftstoffe von Dritten erworben haben, geeignete Belege (zB. Rechnungen, Lieferscheine, sonstige Papiere des Warenverkehrs) zu führen, aus denen die Einhaltung der Verpflichtungen hervorgeht, und zumindest bis zum vollständigen Verbrauch aufzubewahren. Bei Überprüfungen sind diese auf Verlangen der Behörde und dem Rauchfangkehrer zugänglich zu machen.

(4) In Feuerungsanlagen, bei denen durch den Einsatz von Abgasreinigungseinrichtungen die Einhaltung des Grenzwertes für Chlorwasserstoff von 30 mg/Nm³ (bezogen auf einen Sauerstoffgehalt von 11 %) gewährleistet ist, können auch Brennstoffe mit höheren Chloranteilen (über 1.500 mg/kg Trockensubstanz) eingesetzt werden. Gleiches gilt auch für Versuchsanlagen, in denen die praktischen Einsatzmöglichkeiten diverser biogener Materialien erprobt werden sollen.

§ 13
Lagerung von festen Brennstoffen

Für die Lagerung von festen Brennstoffen gelten folgende Anforderungen:

1. Stückholz: Das Lager für Stückholz muss an einer luftigen Stelle liegen und gegen Eindringen von Bodenfeuchtigkeit, Regen und Schnee geschützt sein. Eine Lagerung innerhalb eines Gebäudes ist nur in gut gelüfteten Räumen und nur für vorgetrocknetes Holz zulässig.

2. Hackgut, Kohle, Kohlenbriketts: Das Lager muss entweder in einem durchlüfteten Raum eines Gebäudes liegen oder an einer luftigen Stelle liegen und gegen Eindringen von Regen und Schnee geschützt sein.

3. Holz- und Rindenpellets: Eine Lagerung ist nur in eigens für diesen Brennstoff hergestellten Behältern oder nur innerhalb von trockenen Räumen zulässig. Gegen das Eindringen von Feuchtigkeit, Kondenswasser (z.B. durch Wasserleitungen) udgl sind Vorkehrungen zu treffen.
4. Holz- und Rindenbriketts: Eine Lagerung ist nur innerhalb von trockenen Räumen zulässig. Gegen das Eindringen von Feuchtigkeit, Kondenswasser udgl sind Vorkehrungen zu treffen.

6. Abschnitt
Überprüfungen von Heizungsanlagen und Blockheizkraftwerken im Betrieb

§ 14
Überprüfung von Feuerungsanlagen und Blockheizkraftwerken

(1) Feuerungsanlagen und Blockheizkraftwerke sind nach Inbetriebnahme und danach wiederkehrend einer Überprüfung dahin zu unterziehen, ob sie die Anforderungen der Abschnitte 3 und 4 erfüllen. Feuerungsanlagen und Blockheizkraftwerke über 10 MW Brennstoffwärmeleistung sind darüber hinaus kontinuierlich hinsichtlich ihrer Emissionskonzentrationen zu überwachen. Von einer Überprüfung und Überwachung ausgenommen sind:

1. Anlagen, die mit flüssigen oder gasförmigen Brennstoffen betrieben werden, die nur als Ausfallreserve dienen oder nicht mehr als 250 Stunden pro Jahr betrieben werden (Betriebsstunden der Verbrennungseinrichtung); das Vorliegen dieser Voraussetzung ist alle zwei Jahre zu kontrollieren;
2. Anlagen in Objekten, die an keine öffentliche Stromversorgung angeschlossen sind und nur mit unverhältnismäßig hohem Aufwand an eine öffentliche Stromversorgung angeschlossen werden könnten (isolierte Lagen);
3. Einzelfeuerstätten bzw. Raumheizgeräte, die sind Einzelfeuerungsanlagen zur unmittelbaren Beheizung des Aufstellungsraumes (z.B. Kaminöfen, Kachelöfen, Öl- oder Gasraumheizgeräte, Küchenherde).
4. bestehende Anlagen, bei denen eine Messöffnung nur mit einem unverhältnismäßig großen Aufwand eingebaut werden kann.

(2) Zusätzlich zur Prüfung der Einhaltung der Anforderungen nach den Abschnitten 4 und 5 sind, soweit dies nicht bereits nach anderen Rechtsvorschriften zu erfolgen hat, zu kontrollieren:

1. bei der erstmaligen und wiederkehrenden Überprüfung von Kleinfeuerungen:
   – ob sie das erforderliche Typenschild und die erforderliche CE-Kennzeichnung tragen,
   – ob ihnen die technische Dokumentation beigegeben ist,
   – ob technische Veränderungen an der Feuerungsanlage vorgenommen worden sind und
   – bei Feuerungsanlagen für feste Brennstoffe, ob ein allenfalls erforderlicher Pufferspeicher (§ 8 Abs. 1 Z 10 K-HeizG) ausreichend dimensioniert ist;
2. bei der wiederkehrenden Überprüfung von Feuerungsanlagen und Blockheizkraftwerken (soweit bei den Anlagen zutreffend):
   – die Funktion der Abgasklappe,
   – die Dichtheit des Heizkessels einschließlich der Verschlüsse,
   – die Verbrennungsluft (ausreichende Luftzufuhr, Ventilator im Verbrennungsluftraum etc.),
   – die Funktion des Zugreglers bzw. der Explosionsklappe,
   – der Förderdruck in der Abgasanlage,
   – die Heizflächen und Rostfunktion (bei Festbrennstoffheizungen),
   – die Brennstoffe (Sichtprüfung, erforderlichenfalls Probeentnahme),
   – ob technische Veränderungen an der Feuerungsanlage vorgenommen worden sind,
   – ob die allfällig erforderliche EG Konformitätserklärung nach § 10 K-HeizG vorhanden ist,
   – ob allfällig erforderliche Etiketten und Datenblätter nach § 10 K-HeizG vorhanden sind,
   – Feuerungsanlagen und Blockheizkraftwerken, die weniger als 250 h/a betrieben werden, sind alle zwei Jahre hinsichtlich der tatsächlichen Nutzung, des technischen Zustandes und einer möglichen Änderung zu überprüfen.

(3) Die erstmaligen und wiederkehrenden Überprüfungen sowie die regelmäßige Inspektion sind vom Eigentümer oder der über die Anlage verfügungsberechtigten Person (§ 23 Abs. 5 K-HeizG) zu veranlassen, die sich dabei der im § 24 Abs. 1 und 2 K-HeizG genannten Fachunternehmen oder -personen, welche nach § 25 K-HeizG berechtigt sind, zu bedienen haben.

www.ris.bka.gv.at

7.1. Kärntner Heizungsanlagenverordnung – K-HeizVO

(4) Die Prüfberichte gemäß §§ 15 bis 19 sowie das Anlagendatenblatt gemäß Anlage 1 sind dem Eigentümer oder der verfügungsberechtigten Person der Heizungsanlage zu übermitteln.

§ 15
Einfache Überprüfung (Abgasmessung)

(1) Soweit für Feuerungsanlagen und Blockheizkraftwerke keine umfassende Überprüfung durchzuführen ist (§ 16), sind diese spätestens innerhalb von vier Wochen nach der Inbetriebnahme und danach wiederkehrend einer einfachen Überprüfung zu unterziehen. Die wiederkehrende Überprüfung hat zu erfolgen:

1. alle vier Jahre: bei Gasfeuerungsanlagen mit einer Nennwärmeleistung unter 26 kW;
2. alle zwei Jahre: bei Feuerungsanlagen mit einer Nennwärmeleistung unter 50 kW und Warmwasserbereitern mit einer Nennwärmeleistung ab 26 kW, soweit diese mit standardisierten biogenen oder fossilen Brennstoffen betrieben werden;
3. jährlich:
   – bei Feuerungsanlagen mit einer Nennwärmeleistung unter 50 kW und Warmwasserbereitern mit einer Nennwärmeleistung ab 26 kW, soweit diese mit nicht standardisierten biogenen Brennstoffen betrieben werden,
   – bei Feuerungsanlagen mit einer Nennwärmeleistung ab 50 kW und
   – bei Blockheizkraftwerken.

(2) Die Emissionsmessungen sind bei der einfachen Überprüfung in dem Betriebszustand durchzuführen, in dem die Anlage vorwiegend betrieben wird. Die Anlage darf nur einen geringen Verschmutzungsgrad im Feuerungsbereich aufweisen. Die Durchführung der Emissionsmessung hat entsprechend den Regeln der Technik für eine einfache Überprüfung zu erfolgen, wobei vorrangig die jeweiligen ÖNORMEN anzuwenden sind. Bei der Bestimmung des CO-Gehaltes ist eine Momentanmessung (Punktmessung) im stabilen Betriebszustand zulässig. Zu bestimmen sind der CO-Gehalt, der CO_2- oder O_2-Gehalt, die Verbrennungsluft- und Abgastemperaturen, die Kesseltemperatur, der Förderdruck in der Abgasanlage und der Abgasverlust. Bei Feuerungsanlagen für flüssige Brennstoffe ist zusätzlich die Rußzahl zu bestimmen und bei Blockheizkraftwerken der NO_x-Gehalt.

(3) Die Anlage gilt hinsichtlich des Wertes für den Abgasverlust für den weiteren Betrieb als geeignet, wenn das gerundete Messergebnis den Grenzwert nicht überschreitet. Der CO- und der NO_x-Emissionsgrenzwert ist eingehalten, wenn der unter Berücksichtigung der Fehlergrenze des Messverfahrens ermittelte Beurteilungswert den Emissionsgrenzwert nicht überschreitet.

(4) Über das Ergebnis der einfachen Überprüfung ist ein Prüfbericht gemäß der **Anlage 2a** für gasförmige und flüssige Brennstoffe, gemäß **Anlage 2b** für feste Brennstoffe und gemäß **Anlage 2c** für Blockheizkraftwerke, zu erstellen. Der Prüfbericht ist dem Eigentümer oder der verfügungsberechtigten Person der Anlage auszuhändigen. Dieser hat den Prüfbericht mindestens bis zur nächsten Überprüfung aufzubewahren. Auf Verlangen ist der Prüfbericht dem Rauchfangkehrer (§ 20 K-HeizG) oder der zuständigen Behörde vorzulegen.

(5) Bei allen Heizungsanlagen mit einer Nennwärmeleistung von mehr als 20 kW sind der Wirkungsgrad und die zugänglichen Teile der Heizungsanlage entsprechend § 19 einer regelmäßigen Inspektion zu unterziehen. Bei Anlagen bis 100 kW kann auf die Ergebnisse der vorhergehenden Inspektion zurückgegriffen werden, wenn an der Anlage oder am beheizten Gebäude ab der letzten Inspektion keine Änderungen eingetreten sind.

§ 16
Umfassende Überprüfung

(1) Eine umfassende Überprüfung ist erforderlich:
1. spätestens innerhalb von vier Wochen nach Inbetriebnahme für:
   – Kleinfeuerungen, die mit nicht standardisierten biogenen Brennstoffen betrieben werden,
   – Feuerungsanlagen mit einer Nennwärmeleistung über 400 kW und
   – Blockheizkraftwerke;
2. alle fünf Jahre: für Feuerungsanlagen und Blockheizkraftwerke mit einer Brennstoffwärmeleistung von 1 MW bis 2 MW;
3. alle drei Jahre: für Feuerungsanlagen und Blockheizkraftwerke mit einer Brennstoffwärmeleistung über 2 MW.

In den Jahren, in denen eine umfassende Überprüfung durchgeführt wird, ist eine einfache Überprüfung nach § 15 nicht erforderlich.

(2) Die Emissionsmessungen bei der umfassenden Überprüfung sind nach den Regeln der Technik durchzuführen, wobei jeweils sämtliche in Frage kommenden bzw. begrenzten Parameter zu überprüfen sind. Bei der erstmaligen Überprüfung hat die Messung in zwei Laststufen, nämlich im Bereich der kleinsten Leistung und im Bereich der Nennwärmeleistung, zu erfolgen. Bei der wiederkehrenden Überprüfung sind die Messungen in dem Betriebszustand durchzuführen, in dem die Anlage vorwiegend betrieben wird. Die Emissionsmessungen sind an einer repräsentativen Entnahmestelle im Abgaskanal vorzunehmen. Innerhalb eines Zeitraums von drei Stunden sind drei Messwerte als Halbstundenmittelwerte zu bilden.

(3) Der Emissionsgrenzwert gilt als eingehalten, wenn unter Berücksichtigung der Fehlergrenze des Messverfahrens keiner der Halbstundenmittelwerte den maßgeblichen Emissionsgrenzwert überschreitet. Hinsichtlich des Wertes für den Abgasverlust gilt die Anlage für den weiteren Betrieb als geeignet, wenn das gerundete Messergebnis den Grenzwert nicht überschreitet.

(4) Über das Ergebnis der Überprüfung ist ein Prüfbericht gemäß den Regeln der Technik zu erstellen. Der Prüfbericht ist dem Eigentümer oder dem Verfügungsberechtigten der Anlage (§ 23 Abs. 5 K-HeizG) auszuhändigen. Der Betreiber bzw. der Verfügungsberechtigte der Anlage hat den Prüfbericht mindestens bis zur nächsten Überprüfung aufzubewahren. Auf Verlangen ist der Prüfbericht dem Rauchfangkehrer oder der zuständigen Behörde vorzulegen.

(5) Bei allen Heizkesseln mit einer Nennleistung von mehr als 20 kW sind der Wirkungsgrad und die zugänglichen Teile der Heizungsanlage entsprechend § 19 einer regelmäßigen Inspektion zu unterziehen.

§ 17
Kontinuierliche Überwachung

Feuerungsanlagen und Blockheizkraftwerke über 10 MW Brennstoffwärmeleistung sind kontinuierlich hinsichtlich ihrer Emissionskonzentrationen zu überwachen. Für die kontinuierliche Überwachung ist die Feuerungsanlagen-Verordnung – FAV, BGBl. II Nr. 331/1997, zuletzt idF. 312/2011, sinngemäß anzuwenden.

§ 18
Außerordentliche Überprüfung

Sind beim Betrieb einer Feuerungsanlage oder eines Blockheizkraftwerkes Emissionen gegeben, die Zweifel an der einwandfreien Funktion der Anlage aufkommen lassen, ist die Anlage unverzüglich einer außerordentlichen Überprüfung zu unterziehen. Der Umfang der Überprüfung hat zumindest der einfachen Überprüfung gemäß § 15 zu entsprechen.

§ 19
Regelmäßige Inspektion (Energieeffizienz-Überprüfung)

(1) Bei allen Heizungsanlagen mit einer Nennwärmeleistung von mehr als 20 kW hat eine regelmäßige Inspektion der zugänglichen Teile der zur Gebäudeheizung verwendeten Anlagen (zB. Wärmeerzeuger, Steuerungssystem, Umwälzpumpe) stattzufinden.

(2) Diese Inspektion hat auch die Prüfung des Wirkungsgrades der Kessel und der Kesseldimensionierung im Verhältnis zum Heizbedarf des Gebäudes zu umfassen.

(3) Die regelmäßige Inspektion hat zu erfolgen:
1. alle 6 Jahre: bei Heizkessel bis zu einer Nennleistung von 100 kW
2. alle 4 Jahre: bei Gasheizkessel mit einer Nennleistung von mehr als 100 kW
3. alle 2 Jahre: bei Heizkessel mit einer Nennleistung von mehr als 100 kW

(4) Die Überprüfung der Dimensionierung der Heizkessel braucht nicht wiederholt zu werden, wenn in der Zwischenzeit an der betreffenden Heizungsanlage keine Änderungen vorgenommen wurden oder in Bezug auf den Wärmebedarf des Gebäudes keine Änderungen eingetreten sind.

(5) Für jede nach Abs. 1 bis 3 geprüfte Anlage ist ein schriftlicher Inspektionsbericht gemäß **Anlage 3** zu erstellen. Weiters hat der Inspektionsbericht den Wirkungsgrad des Kessels, die Angabe der Kesseldimensionierung im Verhältnis zum Heizbedarf des beheizten Gebäudes und Empfehlungen für kosteneffiziente Verbesserungen der Energieeffizienz der überprüften Anlage zu enthalten.

§ 20
Unabhängiges Kontrollsystem

(1) Die Daten des Inspektionsberichtes iSd § 19 Abs. 5 sind von den Prüforganen nach § 24 K-HeizG automationsunterstützt zu verarbeiten und der Landesregierung (www.ktn.gv.at) zu übermitteln.

7.1. Kärntner Heizungsanlagenverordnung – K-HeizVO

(2) Die Landesregierung hat eine Stichprobe mindestens eines statistisch signifikanten Prozentanteils aller jährlich ausgestellten Inspektionsberichte einer Überprüfung zu unterziehen.

§ 21
Sanierung

(1) Werden die Grenzwerte gemäß Abschnitt 4 nicht eingehalten, ist die Feuerungsanlage oder das Blockheizkraftwerk innerhalb von längstens acht Wochen ab dem Zeitpunkt der Feststellung dieses Mangels zu sanieren.

(2) Diese Frist verlängert sich, falls die Behebung des Mangels nicht durch eine Wartung oder Reparatur erfolgen kann

1. auf höchstens zwei Jahre, wenn für die Sanierung die Anlage ganz oder ein wesentlicher Bauteil davon erneuert werden muss;
2. auf höchstens fünf Jahre, wenn
    a) die Emissionsgrenzwerte um nicht mehr als 100 % und die Abgasverluste um nicht mehr als 20 % überschritten werden und
    b) für die Sanierung die Anlage ganz oder ein wesentlicher Bauteil davon erneuert werden muss.

(3) Für Anlagen und Bauteile von Anlagen, die vor Inkrafttreten der gegenständliche Verordnung bereits rechtmäßig errichtet oder eingebaut wurden (Altanlagen) verlängert sich die in Abs. 1 genannte Frist

1. auf höchstens zwei Jahre, wenn für die Sanierung die Anlage ganz oder ein wesentlicher Bauteil davon erneuert werden muss und die Emissionsgrenzwerte für CO um mehr als 400 % oder die Abgasverluste um mehr als 100 % überschritten werden;
2. auf höchstens fünf Jahre, wenn für die Sanierung die Anlage ganz oder ein wesentlicher Bauteil davon erneuert werden muss und die Emissionsgrenzwerte für CO um nicht mehr als 400 % oder die Abgasverluste um mehr als 70 % überschritten werden;
3. auf höchstens acht Jahre, wenn für die Sanierung die Anlage ganz oder ein wesentlicher Bauteil davon erneuert werden muss und die Emissionsgrenzwerte für CO um nicht mehr als 100 % und die Abgasverluste um nicht mehr als 20 % überschritten werden.

(4) Andere als unter Abs. 1 fallende Mängel sind im Prüfbericht zu vermerken und innerhalb einer festzusetzenden Frist zu beheben.

(5) Ist für die Sanierung die Anlage ganz oder ein wesentlicher Bauteil davon gemäß Abs. 2 oder 3 zu erneuern, so hat das Prüforgan unverzüglich den Prüfbericht dem zuständigen Bürgermeister zur weiteren Veranlassung nach § 26 K-HeizG zu übermitteln.

(6) Nach Abschluss der Sanierung ist diese innerhalb von vier Wochen einer neuerlichen Überprüfung durch die Behörde zu unterziehen. Der Umfang der Überprüfung hat dabei insbesondere die behobenen Mängel zu umfassen.

(7) Ist für die Sanierung die Anlage ganz oder ein wesentlicher Bauteil davon gemäß Abs. 2 oder 3 zu erneuern, so hat das Prüforgan, welches die Überprüfung durchgeführt und den Prüfbericht ausgestellt hat, unverzüglich folgende Daten an die Landesregierung (www.ktn.gv.at) zu übermitteln:

1. Prüfnummer des messberechtigten Betriebes
2. Postleitzahl des Anlagenstandortes
3. Nennwärmeleistung der Anlage
4. Verwendeter Brennstoff
5. Sanierungsfrist laut Prüfbericht

§ 22
Entgelt

(1) Das für die Überprüfung einer Feuerungsanlage gemäß § 15 zu leistende Entgelt darf höchsten € 45,- betragen.

(2) Für die Durchführung der regelmäßigen Inspektion gemäß § 19 darf das zu leistende Entgelt höchstens € 75,- betragen und reduziert sich auf € 45,-, wenn die Überprüfung der Dimensionierung der Heizkessel gemäß § 19 Abs. 4 nicht wiederholt werden muss.

7. Abschnitt
Schlussbestimmungen

§ 23
Inkrafttreten

(1) Diese Verordnung tritt an dem ihrer Kundmachung im Landesgesetzblatt folgenden Monatsersten in Kraft. Gleichzeitig tritt die Verordnung betreffend Durchführungsbestimmungen zum Luftreinhaltungsgesetz, LGBl. Nr. 26/1981, 66/1984, 17/1988, 31/1988, 92/1993, 15/1994, 106/2001 und 47/2013 außer Kraft, soweit sie als Landesrecht in Geltung steht.

(2) Feuerungsanlagen, die vor dem in Abs. 1 bestimmten Zeitpunkt errichtet worden sind und für die bisher noch keine Verpflichtung zur wiederkehrenden Überprüfung gemäß § 9 der Verordnung betreffend Durchführungsbestimmungen zum Luftreinhaltungsgesetz, LGBl. Nr. 26/1981, zuletzt idF. 47/2013, bestanden hat, sind spätestens innerhalb einer Frist von zwei Jahren nach Inkrafttreten dieser Verordnung einer Überprüfung zu unterziehen.

(3) Für Feuerungsanlagen, für die bereits bisher eine wiederkehrende Überprüfung gemäß § 9 bzw. regelmäßige Inspektion gemäß § 9a der Verordnung betreffend Durchführungsbestimmungen zum Luftreinhaltungsgesetz, LGBl. Nr. 26/1981, zuletzt idF. 47/2013, erforderlich war, berechnet sich die Frist für die nächste Überprüfung bzw. Inspektion, ab demjenigen Jahr, in welchem die letzte Überprüfung bzw. Inspektion nach den Rechtsvorschriften durchzuführen war.

(4) Die Anforderungen an Brennstoffe und Brennstofflager gemäß §§ 12 und 13 gelten für die ab Inkrafttreten der Verordnung gemäß Abs. 1 neu angelieferten bzw. eingelagerten Brennstoffe.

(5) § 3 Z 3 (ausgenommen Warmwasserbereitung mit festen Brennstoffen) und Z 5 treten mit Ablauf 26.09.2015 außer Kraft. Bestimmungen im Sinne der EU Verordnungen Nr. 813/2013 und 814/2013 jeweils Anhang II gelten diesbezüglich ab diesem Zeitpunkt.

§ 24
Notifikationshinweis

Diese Verordnung wurde einem Informationsverfahren im Sinne der Richtlinie 98/34/EG des Europäischen Parlaments und des Rates vom 22. Juni 1998 über ein Informationsverfahren auf dem Gebiet der Normen und technischen Vorschriften und der Vorschriften für die Dienste der Informationsgesellschaft, ABl. Nr. L 204 vom 21.7.1998, 37, idF der Richtlinie 98/48/EG des Europäischen Parlaments und des Rates vom 20. Juli 1998, ABl. Nr. L 217 vom 5.8.1998, 18, und der Richtlinie 2006/96/EG des Rates vom 20. November 2006, ABl. Nr. L 363 vom 20.12.2006, 81, unterzogen.

Für die Kärntner Landesregierung:
Der Landeshauptmann:
Mag. Dr. K a i s e r

7.1. Kärntner Heizungsanlagenverordnung – K-HeizVO

Anlage 1

ANLAGENDATENBLATT gemäß § 6 Zif. 6 K-HeizVO

Feuerungsanlage/ Blockheizkraftwerk (BHKW)	Heizkessel / BHKW:		
(Fabrikat / Type)	Brenner:		
Art der Feuerungsanlage	☐ Standardkessel ☐ Niedertemperatur ☐ Brennwert ☐ Wechselbrand ☐ Zweikammer ☐ sonstiges		
Brenner	☐ atmosphärisch ☐ Gebläse		
Brennstoffwärmeleistung			kW
Nennwärmeleistung			kW
Wärmeleistungsbereich			kW
Herstellnummer und Baujahr			
Zulässige Brenn- / Kraftstoffe			
Pufferspeichervolumen			m³

Verfügungsberechtigter	
(Name und Anschrift)	

Adresse des			
Aufstellungsortes			
Anlagennummer*		Beheizbare Nutzfläche	m²
Beauftragter Rauchfangkehrer			

Feuerungsanlage/BHKW wurde eingebaut durch:

Name und Anschrift	
der Firma	
Datum	

Änderungen an der Feuerungsanlage/BHKW:

Bemerkungen	
Name und Anschrift	
der Firma	
Datum	

Bemerkungen	
Name und Anschrift	
der Firma	
Datum	

Sonstige Anlage zur Wärmeversorgung / Warmwasserbereitung			
☐ Reserveanlage	☐ Kamin- oder Kachelofen	☐ Solaranlage	☐ Sonstiges

Ausstellungsdatum des Anlagendatenblattes	

* nur bei mehreren Anlagen

Anlage 2a

PRÜFBERICHT FÜR DIE EINFACHE ÜBERPRÜFUNG VON FEUERUNGSANLAGEN
gemäß § 15 K-HeizVO
Gasförmige und flüssige Brennstoffe

☐ HEL ☐ HEL-schwefelarm ☐ HL ☐ Erdgas
☐ Flüssiggas ☐ …………

Prüforgan		Prüfdatum	
Prüfnummer des Betriebes		Anlagennummer*	
Feuerungsanlage (Fabrikat / Type)			

Messgerät			
Fabrikat		Kalibrierstelle	
Typenbezeichnung		Letztkalibrierung am	

Anlass der Überprüfung	
☐ erstmalige einfache Überprüfung	☐ wiederkehrende einfache Überprüfung
☐ Mängelbehebung	☐ außerordentliche Überprüfung

Abgasklappe funktionstüchtig	☐ ja ☐ nein	Zugregler/Explosionsklappe ord.	☐ ja ☐ nein
Verbindungsstück in Ordnung	☐ ja ☐ nein	Zulässiger Brennstoff	☐ ja ☐ nein
Luftzufuhr ausreichend	☐ ja ☐ nein		

Messwerte			Beurteilungswert	Grenzwert
Abgastemperatur	°C	Abgasverlust	%	%
Verbrennungslufttemperatur	°C			
☐ CO_2-Gehalt ☐ O_2-Gehalt	%			
CO-Gehalt	ppm	CO-Gehalt bei 3 % O_2	mg/m³	mg/m³
Kesseltemperatur	°C			
Förderdruck Abgasanlage	Pa			
Rußzahl	1. Messung	2. Messung	3. Messung	Mittelwert

Mängel	☐ ja ☐ nein	Behebung bis	
Art der Mängel / Bemerkung			

Firmenstempel Unterschrift des Prüforgans	
nächste Überprüfung	
Unterschrift des Verfügungsberechtigten	

Brennstoffverbrauch pro Jahr			
Heizöl (l)		Erdgas (m³)	
Flüssiggas (kg)		Sonstige	

* nur bei mehreren Feuerungsanlagen

www.ris.bka.gv.at

7.1. Kärntner Heizungsanlagenverordnung – K-HeizVO

Anlage 2b

PRÜFBERICHT FÜR DIE EINFACHE ÜBERPRÜFUNG VON FEUERUNGSANLAGEN
gemäß § 15 K-HeizVO
Feste Brennstoffe

☐ Stückholz ☐ Pellets ☐ Hackgut ☐ Kohle/Koks ☐ ....

Prüforgan		Prüfdatum	
Prüfnummer des Betriebes			
Feuerungsanlage (Fabrikat / Type)			
Anlagennummer *			

Messgerät			
Fabrikat		Kalibrierstelle	
Typenbezeichnung		Letztkalibrierung am	

Anlass der Überprüfung	
☐ erstmalige einfache Überprüfung	☐ wiederkehrende einfache Überprüfung
☐ Mängelbehebung	☐ außerordentliche Überprüfung

Luftzufuhr ausreichend	☐ ja ☐ nein	Verbindungsstück in Ordnung	☐ ja ☐ nein
Rostfunktion in Ordnung	☐ ja ☐ nein	Zugregler/Explosionsklappe in Ordnung	☐ ja ☐ nein
zulässige Brennstofflagerung	☐ ja ☐ nein	zulässiger Brennstoff	☐ ja ☐ nein

Messwerte			Beurteilungswert	Grenzwerte
Abgastemperatur	°C			
Verbrennungslufttemperatur	°C	Abgasverlust	%	%
☐ CO_2-Gehalt ☐ O_2-Gehalt	%			
CO-Gehalt	ppm	CO-Gehalt	mg/m^3	mg/m^3
Kesseltemperatur	°C	☐ 11 % O_2	mg/m^3	mg/m^3
Förderdruck Abgasanlage	Pa	☐ 6 % O_2		

Mängel	☐ ja	☐ nein	Behebung bis	
Art der Mängel / Bemerkung				

Firmenstempel	
Unterschrift des Prüforgans	
nächste Überprüfung	
Unterschrift des Verfügungsberechtigen:	

Brennstoffverbrauch pro Jahr	
Stückholz (rm)	Pellets, Hackgut (srm)
Kohle, Koks (kg)	Sonstige

* nur bei mehreren Feuerungsanlagen

www.ris.bka.gv.at

7. Kärntner Heizungsanlagengesetz – K-HeizG

Anlage 2c

PRÜFBERICHT FÜR DIE EINFACHE ÜBERPRÜFUNG VON BLOCKHEIZKRAFTWERKE (BHKW) gemäß § 15 K-HeizVO

☐ HEL	☐ Dieselkraftstoff	☐ Biodiesel	☐ Pflanzenöl	☐ Erdgas
☐ Flüssiggas	☐ Biogas	☐ Klärgas	☐ Holzgas	☐ Deponiegas

Prüforgan		Prüfdatum	
Prüfnummer des Betriebes		Anlagennummer *	
BHKW (Fabrikat / Type)			

Messgerät

Fabrikat		Kalibrierstelle	
Typenbezeichnung		Letztkalibrierung am	

Anlass der Überprüfung

☐ einfache Überprüfung	☐ wiederkehrende einfache Überprüfung
☐ Mängelbehebung	☐ außerordentliche Überprüfung

Abgasanlage ordnungsgemäß	☐ ja ☐ nein	zulässiger Kraftstoff	☐ ja ☐ nein
Luftzufuhr ausreichend	☐ ja ☐ nein		

Messwerte			Beurteilungswert	Grenzwert
CO-Gehalt		ppm	CO-Gehalt	mg/m³	mg/m³
NO$_x$-Gehalt		ppm	NO$_x$-Gehalt (bei 5 % O$_2$)	mg/m³	mg/m³
Boschzahl	1. Messung	2. Messung	3. Messung	Mittelwert

Mängel	☐ ja ☐ nein	Behebung bis	
Art der Mängel / Bemerkung			

Firmenstempel Unterschrift des Prüforgans	
nächste Überprüfung	
Unterschrift des Verfügungsberechtigen:	

Kraftstoffverbrauch pro Jahr

Heizöl (l)		Erdgas (m³)	
Diesel (l)		Flüssiggas (kg)	
Biodiesel (l)		Biogas (m³)	
Pflanzenöl (l)		Klärgas (m³)	
		Holzgas (m³)	
		Deponiegas (m³)	

* nur bei mehreren Feuerungsanlagen

www.ris.bka.gv.at

7.1. Kärntner Heizungsanlagenverordnung – K-HeizVO

Anlage 3

Inspektionsbericht für die regelmäßige Inspektion gemäß § 19 K-HeizVO

Allgemeine Daten

Verfügungsberechtigter					
Standort					
Wohnfläche	m²	Baujahr des Gebäudes		Gebäudeheizlast	kW

Daten der Feuerungsanlage

Fabrikat		Type		Baujahr	
Eingesetzter Brennstoff	☐ HEL ☐ Stückholz ☐ Sonstiges	☐ HL ☐ Pellets	☐ Erdgas ☐ Hackgut	☐ Flüssiggas ☐ Kohle/Koks	
Brennstoffverbrauch / Jahr		Warmwasser mit Feuerungsanlage	☐ ja ☐ nein	Volumen Pufferspeicher	m³
Feuerungstechnischer Wirkungsgrad		%	Nennwärmeleistung		kW

Sonstige Feuerstätten

Weitere Feuerstätten		☐ ja ☐ nein	Brennstoffverbrauch / Jahr	
Eingesetzter Brennstoff	☐ HEL ☐ Kohle/Koks	☐ Erdgas ☐ Sonstiges	☐ Flüssiggas	☐ Stückholz ☐ Pellets

Anlagenzustand		Verbesserungsvorschläge
Energieausweis vorhanden	☐ ja ☐ nein	
Umwälzpumpe geregelt und korrekt eingestellt	☐ ja ☐ nein	
Verbesserungspotential in der Regelung	☐ ja ☐ nein	
Abgasmessung	☐ ja ☐ nein	
Zugregler bzw. Explosionsklappe	☐ ja ☐ nein	
Wärmedämmung der Heizrohre in Ordnung	☐ ja ☐ nein	
Überdimensionierung des Heizkessels > 1,5	☐ ja ☐ nein	
Pufferspeicher systemgerecht und Dämmung ordnungsgemäß	☐ ja ☐ nein	
Energieberatung wird empfohlen	☐ ja ☐ nein	

Prüfnummer	
Prüforgan	
Firmenname	
Prüfdatum	Stempel und Unterschrift

nächste Überprüfung	
Unterschrift des Verfügungsberechtigten	

www.ris.bka.gv.at

8. Kärntner IPPC-Anlagengesetz – K-IPPC-AG

LGBl 2002/52, LGBl 2006/13, LGBl 2009/55, LGBl 2013/85 und LGBl 2014/2

Inhaltsverzeichnis

I. Abschnitt – Bewilligung von IPPC-Anlagen
- § 1 Geltungsbereich
- § 2 Begriffsbestimmungen
- § 3 Bewilligungspflicht, Antragsvoraussetzungen und Anzeige
- § 4 Beteiligung der Öffentlichkeit
- § 4a Grenzüberschreitende Auswirkungen
- § 4b Anwendung von BVT-Schlussfolgerungen
- § 5 Bewilligung, Kenntnisnahme der Anzeige
- § 6 Emmissionsgrenzwerte, äquivalente Parameter und äquivalente technische Maßnahmen
- § 6a Feuerungsanlagen
- § 6b Stilllegung
- § 7 Überprüfung und Aktualisierung der Genehmigungsauflagen
- § 8 Behörde
- § 9 Umweltinspektionen

II. Abschnitt – Umgebungslärm und Umwelthaftung
- § 9a Erfassung von Umgebungslärm und Planung von Lärmminderungsmaßnahmen
- § 9b Vermeidung und Sanierung von Schädigungen des Bodens

III. Abschnitt – Straf-, Schluss- und Übergangsbestimmungen
§ 10 Strafbestimmungen
§ 11 Automationsunterstützter Datenverkehr
§ 12 Verweisungen
§ 13 Umsetzung von Unionsrecht
§ 14 Übergangsbestimmungen

ANHANG

I. Abschnitt – Bewilligung von IPPC-Anlagen

§ 1 Geltungsbereich

(1) Dieses Gesetz gilt für
a) Feuerungsanlagen einschließlich Dampfkesselanlagen oder Gasturbinen mit einer Feuerungswärmeleistung von mehr als 50 MW zur Erzeugung von Energie;
b) Anlagen zur Intensivtierhaltung und -aufzucht von Geflügel oder Schweinen mit mehr als
 1. 40.000 Plätzen für Geflügel,
 2. 2000 Plätzen für Mastschweine (Schweine über 30 kg) und
 3. 750 Plätzen für Säue;
c) Anlagen zum Schlachten mit einer Schlachtkapazität (Tierkörper) von mehr als 50 Tonnen pro Tag;
d) Anlagen zur Beseitigung oder Verwertung von Tierkörpern und tierischen Abfällen mit einer Verarbeitungskapazität von mehr als 10 Tonnen pro Tag;
e) sonstige Anlagen, die im Anhang I der Industrieemissionen-Richtlinie angeführt sind.

(2) Dieses Gesetz gilt nicht für Anlagen, die hinsichtlich der Gesetzgebung in die Bundeszuständigkeit fallen. Insbesondere soweit IPPC-Anlagen in den Geltungsbereich
a) des Abfallwirtschaftsgesetzes 2002,
b) des Emissionsschutzgesetzes für Kesselanlagen 2013,
c) der Gewerbeordnung 1994,
d) des Mineralrohstoffgesetzes oder
e) des Wasserrechtsgesetzes 1959

I. Abschnitt – Bewilligung von IPPC-Anlagen § 2

fallen, ist dieses Gesetz nicht anzuwenden. Dieses Gesetz gilt auch nicht hinsichtlich jener Umweltauswirkungen, für die eine Genehmigung nach § 21a des Immissionsschutzgesetzes-Luft erforderlich ist.

§ 2 Begriffsbestimmungen

(1) Umweltverschmutzung ist die durch menschliche Tätigkeiten direkt oder indirekt bewirkte Freisetzung von Stoffen, Erschütterungen, Wärme oder Lärm in die Luft, das Wasser oder den Boden, die der menschlichen Gesundheit oder der Umweltqualität schaden oder zu einer Schädigung von Sachwerten oder zu einer unzumutbaren Beeinträchtigung oder Störung des durch die Umwelt bedingten Wohlbefindens eines gesunden, normal empfindenden Menschen oder von anderen zulässigen Nutzungen der Umwelt führen können.

(2) Eine Emission ist die von Punktquellen oder diffusen Quellen der Anlagen ausgehende direkte oder indirekte Freisetzung von Stoffen, Erschütterungen, Wärme oder Lärm in die Luft, das Wasser oder den Boden.

(3) Ein Emissionsgrenzwert ist die im Verhältnis zu bestimmten spezifischen Parametern ausgedrückte Masse, die Konzentration und/oder das Niveau einer Emission, die in einem oder mehreren Zeiträumen nicht überschritten werden darf.

(4) Die besten verfügbaren Techniken sind der effizienteste und fortschrittlichste Entwicklungsstand der Tätigkeiten und entsprechenden Betriebsmethoden, der spezielle Techniken als praktisch geeignet erscheinen lässt, grundsätzlich als Grundlage für die Emissionsgrenzwerte zu dienen, um Emissionen in und Auswirkungen auf die gesamte Umwelt allgemein zu vermeiden oder, wenn dies nicht möglich ist, zu vermindern. Unter Techniken sind sowohl die angewendete Technologie als auch die Art und Weise zu verstehen, wie eine Anlage geplant, gebaut, gewartet, betrieben und stillgelegt wird. Verfügbar sind die Techniken, die in einem Maßstab entwickelt sind, der unter Berücksichtigung des Kosten/Nutzen-Verhältnisses die Anwendung unter in dem betreffenden Sektor wirtschaftlich und technisch vertretbaren Verhältnissen ermöglicht, gleichgültig, ob diese Techniken tatsächlich verwendet oder hergestellt werden, sofern sie zu vertretbaren Bedingungen für den Betreiber zugäng-

lich sind. Als beste Techniken sind jene anzusehen, die am wirksamsten zur Erreichung eines allgemeinen hohen Schutzniveaus für die Umwelt insgesamt sind.

(5) Eine Anlage ist eine ortsfeste technische Einheit, in der eine oder mehrere der in Anhang I der Industrieemissionen-Richtlinie genannten Tätigkeiten sowie andere unmittelbar damit verbundene Tätigkeiten durchgeführt werden, die mit den an diesem Standort durchgeführten Tätigkeiten in einem technischen Zusammenhang stehen und die Auswirkungen auf die Emissionen und die Umweltverschmutzung haben können.

(6) Die Änderung einer Anlage ist jede Veränderung der Beschaffenheit oder der Funktionsweise oder eine Erweiterung der Anlage, die Auswirkungen auf die Umwelt haben kann; eine wesentliche Änderung ist jede Veränderung der Anlage, die erhebliche nachteilige Auswirkungen auf den Menschen oder auf die Umwelt haben kann, insbesondere gilt jede Änderung oder Erweiterung der Anlage als wesentlich, wenn die Änderung oder Erweiterung für sich genommen die im § 1 Abs. 1 festgelegten Schwellenwerte erreicht oder überschreitet. Für die Beurteilung der wesentlichen Änderung ist die Summe der Kapazitäten, die innerhalb der letzten fünf Jahre genehmigt wurden, einschließlich der beantragten Kapazitätsausweitung heranzuziehen, wobei die beantragte Änderung eine Kapazitätsausweitung von mindestens 25 vH des Schwellenwertes erreichen muss.

(7) Die betroffene Öffentlichkeit sind:
a) Nachbarn im Sinne des § 75 Abs. 2 der Gewerbeordnung 1994;
b) Umweltorganisationen, die die Voraussetzungen gemäß § 19 Abs. 6 und Abs. 8 zweiter Satz in Verbindung mit dem ersten Satz des Umweltverträglichkeitsprüfungsgesetzes 2000 erfüllen;
c) Umweltorganisationen aus einem anderen Staat, wenn eine Benachrichtigung des anderen Staates gemäß § 4a Abs. 1 erfolgt ist, sich die Auswirkungen auf jenen Teil der Umwelt des anderen Staates erstrecken, für deren Schutz die Umweltorganisation eintritt und sich die Umweltorganisation im anderen Staat am Verfahren zur Genehmigung der Anlage gemäß § 1 Abs. 1 beteiligen könnte, wenn diese Anlage im anderen Staat errichtet, betrieben oder wesentlich geändert würde.

(8) Ein „BVT-Merkblatt" ist ein Dokument, das gemäß Art. 13 der Industrieemissionen-Richtlinie für bestimmte Tätigkeiten erstellt wird und insbesondere die angewandten Techniken, die Emissions- und Verbrauchswerte, die für die Festlegung der besten verfügbaren Techniken sowie der BVT-Schlussfolgerungen berücksichtigten Techniken sowie alle Zukunftstechniken beschreibt.

(9) „BVT-Schlussfolgerungen" sind ein Dokument, das die Teile eines BVT-Merkblatts mit den Schlussfolgerungen zu den besten verfügbaren Techniken, ihrer Beschreibung, Informationen zur Bewertung ihrer Anwendbarkeit, den mit den besten verfügbaren Techniken assoziierten Emissionswerten, den dazugehörigen Überwachungsmaßnahmen, den dazugehörigen Verbrauchswerten sowie gegebenenfalls einschlägigen Standortsanierungsmaßnahmen enthält.

(10) Die „mit den besten verfügbaren Techniken assoziierten Emissionswerte" sind der Bereich von Emissionswerten, die unter normalen Betriebsbedingungen unter Verwendung einer besten verfügbaren Technik oder einer Kombination von besten verfügbaren Techniken entsprechend der Beschreibung in den BVT-Schlussfolgerungen erzielt werden, ausgedrückt als Mittelwert für einen vorgegebenen Zeitraum unter spezifischen Referenzbedingungen.

(11) Eine „Zukunftstechnik" ist eine neue Technik für eine industrielle Tätigkeit, die bei gewerblicher Nutzung entweder ein höheres allgemeines Umweltschutzniveau oder zumindest das gleiche Umweltschutzniveau und größere Kostenersparnisse bieten kann als bestehende beste verfügbare Techniken.

(12) „Gefährliche Stoffe" sind Stoffe und Gemische gemäß Art. 3 der Verordnung (EG) Nr. 1272/2008 über die Einstufung, Kennzeichnung und Verpackung von Stoffen und Gemischen.

(13) Ein „Bericht über den Ausgangszustand" enthält Informationen über den Stand der Verschmutzung des Bodens und des Grundwassers durch die relevanten gefährlichen Stoffe. Der Bericht hat die Informationen zu enthalten, die erforderlich sind, um den Stand der Boden- und Gewässerverschmutzung zu ermitteln, damit ein quantifizierter Vergleich mit dem Zustand bei der Auflassung oder Schließung der Anlage vorgenommen werden kann. Der Bericht muss – unbeschadet konkreterer Vorgaben nach den Bestimmungen des Wasserrechtsgesetzes 1959 — mindestens enthalten:

a) Informationen über die derzeitige Nutzung und, falls verfügbar, über frühere Nutzungen des Geländes;
b) falls verfügbar, bestehende Informationen über Boden- und Grundwassermessungen, die den Zustand zum Zeitpunkt der Erstellung des Berichts widerspiegeln oder alternativ dazu neue Boden- und Grundwassermessungen bezüglich der Möglichkeit einer Verschmutzung des Bodens und des Grundwassers mit gefährlichen Stoffen, die durch die bestehende Anlage verwendet, erzeugt oder freigesetzt werden sollen.

(14) Der „Boden" ist die oberste Schicht der Erdkruste, die sich zwischen dem Grundgestein und der Oberfläche befindet. Sie besteht aus Mineralpartikeln, organischem Material, Wasser, Luft und lebenden Organismen.

(15) „Umweltinspektionen" sind alle Maßnahmen, einschließlich Besichtigungen vor Ort, Überwachung der Emissionen und Überprüfung interner Berichte und Folgedokumente, Überprüfung der Eigenüberwachung, Prüfung der angewandten Techniken und der Eignung des Umweltmanagements der Anlage, die von der Behörde oder in ihrem Namen zur Prüfung und Förderung der Einhaltung der Genehmigung durch die Anlage und gegebenenfalls zur Überwachung ihrer Auswirkungen auf die Umwelt getroffen werden.

(16) „Geflügel" ist das Geflügel im Sinne des § 2 Abs. 1 Z 10 der Veterinärbehördlichen Binnenmarktverordnung 2008, BGBl. II Nr. 473/2008.

(17) Eine „Feuerungsanlage" ist jede technische Einrichtung, in der Brennstoffe im Hinblick auf die Nutzung der dabei erzeugten Wärme oxidiert werden.

(18) Eine „Gasturbine" ist jede rotierende Maschine, die thermische Energie in mechanische Energie umwandelt und hauptsächlich aus einem Verdichter, aus einer Brennkammer, in der Brennstoff zur Erhitzung des Arbeitsmediums oxidiert wird, und aus einer Turbine besteht.

(19) Eine „Umweltqualitätsnorm" ist die Gesamtheit von Anforderungen, die zu einem gegebenen Zeitpunkt in einer gegebenen Umwelt oder einem bestimmten Teil davon nach unmittelbar anwendbaren Rechtsvorschriften der Europäischen Union oder zur Umsetzung von Unionsrecht erlassenen innerstaatlichen Rechtsvorschriften erfüllt werden müssen.

(20) Betreiber ist jede natürliche oder juristische Person, die die Anlage betreibt oder die ausschlaggebende wirtschaftliche Verfügungsmacht darüber besitzt oder stellvertretend wahrnimmt.

(21) Im Übrigen sind die Begriffsbestimmungen des Art. 3 der Industrieemissionen-Richtlinie anzuwenden.

§ 3 Bewilligungspflicht, Antragsvoraussetzungen und Anzeige

(1) Die Errichtung und die wesentliche Änderung einer vom Geltungsbereich dieses Gesetzes erfassten Anlage bedarf der Bewilligung der Behörde.

(2) Der Antrag auf Bewilligung hat darzustellen
 a) die Anlage sowie die Art und den Umfang der Tätigkeiten;
 b) die Roh- und Hilfsstoffe, die sonstigen Stoffe und die Energie, die in der Anlage verwendet oder erzeugt werden;
 c) die Emissionsquellen der Anlage;
 d) einen Bericht über den Ausgangszustand (§ 2 Abs. 13) im Hinblick auf eine mögliche Verschmutzung des Bodens und des Grundwassers auf dem Gelände der Anlage, wenn im Rahmen der Tätigkeit einer Anlage relevante gefährliche Stoffe verwendet, erzeugt oder freigesetzt werden;
 e) die Art und Menge der zu erwartenden Emissionen der Anlage in jedes einzelne Umweltmedium;
 f) die zu erwartenden erheblichen Auswirkungen der Emissionen auf die Umwelt;
 g) die vorgesehenen Maßnahmen zur Überwachung der Emissionen;
 h) die Maßnahmen zur Vermeidung oder, sofern dies nicht möglich ist, Verminderung der Emissionen;
 i) Maßnahmen zur Vermeidung, zur Vorbereitung, zur Wiederverwendung, zum Recycling, zur sonstigen Verwertung und Beseitigung der von der Anlage erzeugten Abfälle (zB durch ein Abfallwirtschaftskonzept);
 j) die sonstigen Maßnahmen zur Erfüllung der Voraussetzungen nach § 5;

k) die wichtigsten vom Antragsteller geprüften Alternativen zu den vorgeschlagenen Technologien, Techniken und Maßnahmen in einer Übersicht.

(3) Dem Antrag auf Bewilligung ist eine allgemein verständliche Zusammenfassung der Angaben nach Abs. 2 anzuschließen.

(4) Nicht von Abs. 1 erfasste Änderungen einer vom Geltungsbereich dieses Gesetzes erfassten Anlage, die Auswirkungen auf die Umwelt haben können, sind der Behörde spätestens vier Wochen vor ihrer Ausführung anzuzeigen.

§ 4 Beteiligung der Öffentlichkeit

(1) In den nachstehenden Fällen ist frühzeitig die Öffentlichkeit zu informieren und die betroffene Öffentlichkeit am Verfahren gemäß den Bestimmungen der Abs. 3 und 4 zu beteiligen:
a) Bewilligung der Errichtung einer neuen Anlage;
b) Bewilligung einer wesentlichen Änderung des Betriebs der Anlage;
c) Bewilligung oder Aktualisierung der Genehmigung gemäß § 6 Abs. 5;
d) Aktualisierung der Genehmigung gemäß § 7 Abs. 5 lit. a.

(2) In den Fällen des Abs. 1 hat die Behörde das Vorhaben gemäß § 44a Abs. 3 des Allgemeinen Verwaltungsverfahrensgesetzes 1991 (AVG) kundzumachen. Diese Kundmachung hat jedenfalls zu enthalten:
a) den Gegenstand des Antrages und eine Beschreibung des Vorhabens,
b) die Angabe, ob im Rahmen der Entscheidung eine Umweltverträglichkeitsprüfung oder grenzüberschreitende Konsultationen (§ 4a) erforderlich sind,
c) die zuständige Behörde und die Art der möglichen Entscheidung,
d) den Ort und die Amtsstunden der Dienststelle und die Fristen, in denen in die dort bereitliegenden Unterlagen Einsicht genommen werden kann,
e) einen Hinweis auf die gemäß Abs. 5 und 6 bestehende Möglichkeit zur Stellungnahme der betroffenen Öffentlichkeit.

Der Termin einer gegebenenfalls stattfindenden mündlichen Verhandlung kann in einem mit dem Vorhaben kundgemacht werden.

(3) Zusätzlich zur Kundmachung nach Abs. 2 hat die Behörde das Vorhaben auch im Internet kundzumachen. Der Kundmachung sind jene Dokumente gemäß Abs. 4 anzuschließen, die in elektronischer Form verfügbar sind, soweit dies aus Gründen der Zweckmäßigkeit, Raschheit, Einfachheit oder Kostenersparnis geboten ist. Der Kundmachung ist jedenfalls eine Kurzbeschreibung des Vorhabens (§ 3 Abs. 3) anzuschließen.

(4) Die Behörde hat eine Ausfertigung des Genehmigungsantrages und der im § 3 Abs. 2 genannten Unterlagen mindestens sechs Wochen lang zur öffentlichen Einsicht aufzulegen. § 44b Abs. 2 AVG zweiter und dritter Satz sind anzuwenden.

(5) In den Fällen des Abs. 1 ist jedermann innerhalb von einer Frist von mindestens sechs Wochen, findet nach Ablauf dieser Frist eine mündliche Verhandlung über das Vorhaben statt, bis zu dieser, zusätzlich zu den Angaben gemäß Abs. 2 Einsicht in folgende Unterlagen zu gewähren:

a) Berichte, Empfehlungen, Normen und technische Vorschriften, die auf das Vorhaben anzuwenden sind und die der Behörde zum Zeitpunkt der Kundmachung gemäß Abs. 2 vorliegen, und,

b) soweit dem nicht eine gesetzliche Verschwiegenheitspflicht entgegensteht, alle über die Angaben gemäß Abs. 2 hinausgehenden Informationen, die für die Entscheidung gemäß § 5 von Bedeutung sind und die der Behörde erst nach der Kundmachung gemäß Abs. 2 bekannt wurden.

(6) Die betroffene Öffentlichkeit gemäß § 2 Abs. 7 lit. a hat Parteistellung. Die Parteistellung berechtigt sie im Verfahren zur Wahrung der im § 5 Abs. 1 lit. a bis c, e und f geschützten Interessen vor Gefährdungen der Gesundheit und vor unzumutbaren Belästigungen.

(7) Die betroffene Öffentlichkeit gemäß § 2 Abs. 7 lit. b und c kann innerhalb der Auflagefrist des Abs. 2 zum beantragten Vorhaben der Behörde gegenüber schriftlich Stellung nehmen. Die Behörde hat das Ergebnis des Stellungnahmeverfahrens in ihrer Entscheidung in angemessener Weise in Erwägung zu ziehen. Soweit die betroffene Öffentlichkeit während der Auflagefrist eine Stellungnahme abgegeben hat, kommt ihr hinsichtlich der Einhaltung der

Bewilligungsvoraussetzungen gemäß § 5 und der verfahrensrechtlichen Bestimmungen des § 4 Parteistellung und das Recht zu, Beschwerde an das Landesverwaltungsgericht sowie Revision an den Verwaltungsgerichtshof zu erheben.

(8) Die Entscheidung betreffend die Bewilligung der Errichtung, die wesentliche Änderung der Anlage oder die Anordnung der Anpassungsmaßnahmen ist mindestens acht Wochen jedenfalls bei der Behörde zur öffentlichen Einsicht aufzulegen. Die Genehmigung hat die Entscheidungsgründe sowie Angaben über die Beteiligung der Öffentlichkeit und eine Beschreibung der wichtigsten Maßnahmen, mit denen erhebliche nachteilige Auswirkungen vermieden, verringert und, soweit möglich, ausgeglichen werden, zu enthalten. Die Auflage ist in geeigneter Form, jedenfalls auch im Internet, kundzumachen.

(9) Der Spruch der Genehmigung, die Bezeichnung des maßgeblichen BVT-Merkblatts, die Begründung der Genehmigung und die Ausnahmen gemäß §§ 6 Abs. 5 und 7 Abs. 2 müssen der Öffentlichkeit auf der Internetseite der Behörde zugänglich gemacht werden.

(10) Folgende Informationen müssen der Öffentlichkeit, in Bezug auf lit. a auch im Internet, zugänglich gemacht werden:
a) relevante Informationen zu den vom Betreiber bei der Stilllegung getroffenen Maßnahmen gemäß § 6b und
b) die Ergebnisse der entsprechend der Genehmigung erforderlichen Überwachung der Emissionen, die bei der Behörde vorliegen.

(11) Die Bestimmungen der Abs. 8 bis 10 gelten vorbehaltlich der Bestimmungen des § 8 Abs. 1 bis 5 des Kärntner Informations- und Statistikgesetzes.

§ 4a Grenzüberschreitende Auswirkungen

(1) Wenn die Errichtung einer Anlage oder deren wesentliche Änderung erhebliche nachteilige Auswirkungen auf die Umwelt eines anderen Staates haben könnte oder wenn ein von den Auswirkungen möglicherweise betroffener Staat ein diesbezügliches Ersuchen stellt, hat die Behörde diesem Staat spätestens zu dem in § 4 Abs. 2 genannten Zeitpunkt die im § 4 Abs. 2 und 5 angeführten Informa-

tionen mitzuteilen. Dem Staat ist eine angemessene Frist für die Mitteilung einzuräumen, ob er am Verfahren teilzunehmen wünscht.

(2) Wünscht der Staat am Verfahren teilzunehmen, so sind ihm die Unterlagen gemäß § 4 Abs. 2 und 5 zuzuleiten und es ist ihm eine angemessene Frist zur Stellungnahme einzuräumen, die es ihm ermöglicht, seinerseits die Antragsunterlagen der Öffentlichkeit zugänglich zu machen und ihr Gelegenheit zur Stellungnahme zu geben. Der Bewilligungswerber hat diesfalls der Behörde auf Verlangen Übersetzungen der von ihm vorgelegten Unterlagen in der Sprache des betroffenen Staates vorzulegen. Erforderlichenfalls sind Konsultationen über mögliche grenzüberschreitende Auswirkungen und allfällige Maßnahmen zur Vermeidung oder Verminderung schädlicher grenzüberschreitender Umweltauswirkungen zu führen.

(3) Die Behörde hat die Ergebnisse der Konsultationen gemäß Abs. 2 in ihrer Entscheidung zu berücksichtigen. § 4 Abs. 7 zweiter Satz ist anzuwenden.

(4) Einem am Verfahren teilnehmenden Staat sind die Entscheidung über den Genehmigungsantrag und die im § 4 Abs. 8 und 9 genannten Informationen zu übermitteln.

(5) Abs. 1 bis 4 gelten für Mitgliedstaaten der Europäischen Union sowie für Staaten, denen Österreich auf Grund von Staatsverträgen im Rahmen der europäischen Integration das Recht auf Konsultationen einzuräumen hat. Für andere Staaten gelten sie nur nach Maßgabe des Grundsatzes der Gegenseitigkeit. Besondere staatsvertragliche Regelungen bleiben unberührt.

(6) Werden im Rahmen eines in einem an Kärnten angrenzenden Staat durchgeführten Verfahrens gemäß der Industrieemissionen-Richtlinie betreffend eine Anlage, die, würde sie in Kärnten errichtet, in den Geltungsbereich dieses Gesetzes fällt, Informationen gemäß § 4 Abs. 2 und 5 übermittelt, hat die Landesregierung gemäß § 4 Abs. 2 und 3 vorzugehen. Bei der Landesregierung eingelangte Stellungnahmen sind dem verfahrensführenden Staat zu übermitteln. Entscheidungen, die in einem anderen Staat getroffen worden sind, sind gemäß § 4 Abs. 8 und 9 der Öffentlichkeit zugänglich zu machen.

(7) Die Abs. 1 bis 4 und 6 sind im Verhältnis zu angrenzenden Bundesländern sinngemäß anzuwenden.

§ 4b Anwendung von BVT-Schlussfolgerungen

(1) BVT-Schlussfolgerungen sind als Referenzdokumente für die Festlegung und Aktualisierung der Genehmigung für Anlagen gemäß § 1 Abs. 1 mit dem Tag der Veröffentlichung im Amtsblatt der Europäischen Union anzuwenden.

(2) Schlussfolgerungen zu den besten verfügbaren Techniken aus BVT-Merkblättern, die von der Europäischen Kommission vor dem 6. Jänner 2011 angenommen worden sind, gelten bis zum Vorliegen von BVT-Schlussfolgerungen gemäß Abs. 1 als Referenzdokumente für die Festlegung der Genehmigung für Anlagen gemäß § 1 Abs. 1, mit Ausnahme der Festlegung von Emissionsgrenzwerten gemäß § 6 Abs. 4 und 5.

(3) Die Fundstellen der für die Anlagen gemäß § 1 Abs. 1 relevanten BVT-Schlussfolgerungen und BVT-Merkblätter sind von der Landesregierung auf der Internetseite des Landes Kärnten zu veröffentlichen.

§ 5 Bewilligung, Kenntnisnahme der Anzeige

(1) Die Behörde darf die Bewilligung nur dann erteilen, wenn die Anlage so errichtet, betrieben und aufgelassen wird, dass
a) alle geeigneten Vorsorgemaßnahmen gegen Umweltverschmutzungen (§ 2 Abs. 1), insbesondere durch den Einsatz der besten verfügbaren Techniken (§ 2 Abs. 4) getroffen werden;
b) keine erheblichen Umweltverschmutzung verursacht wird;
c) der Anfall von Abfällen vermieden oder diese verwertet werden, oder, wenn dies aus technischen oder wirtschaftlichen Gründen nicht möglich ist, beseitigt werden, wobei nachteilige Auswirkungen auf die Umwelt nach Möglichkeit zu vermeiden oder zu vermindern sind;
d) die Energie effizient verwendet wird;
e) die notwendigen Maßnahmen ergriffen werden, um Unfälle zu verhindern und deren Folgen zu begrenzen;
f) die erforderlichen Maßnahmen getroffen werden, um bei der Auflassung der Anlage die Gefahr einer Umweltverschmutzung zu vermeiden und um einen zufriedenstellenden Zustand des Anlagengeländes herzustellen.

I. Abschnitt – Bewilligung von IPPC-Anlagen § 5

(2) Bei der Festlegung der besten verfügbaren Techniken sind unter Berücksichtigung der sich aus einer bestimmten Maßnahme ergebenden Kosten und ihres Nutzens sowie der Grundsätze der Vorsorge und der Vorbeugung zu berücksichtigen:
a) der Einsatz abfallarmer Technologien;
b) der Einsatz weniger gefährlicher Stoffe;
c) die Förderung der Rückgewinnung und Wiederverwertung der bei den einzelnen Verfahren erzeugten und verwendeten Stoffe und gegebenenfalls der Abfälle;
d) vergleichbare Verfahren, Vorrichtungen und Betriebsmethoden, die mit Erfolg im industriellen Maßstab erprobt sind;
e) Fortschritte in der Technologie und in den wissenschaftlichen Erkenntnissen;
f) die Art, die Auswirkungen und die Menge der jeweiligen Emissionen;
g) die Zeitpunkte der Inbetriebnahme der neuen oder der bestehenden Anlagen;
h) die für die Einführung einer besseren verfügbaren Technik erforderliche Zeit;
i) der Verbrauch an Rohstoffen, die Art der bei den einzelnen Verfahren verwendeten Rohstoffe (einschließlich Wasser) sowie die Energieeffizienz;
j) die Notwendigkeit, die nachteiligen Gesamtwirkungen der Emissionen und die Gefahren für die Umwelt soweit wie möglich zu vermeiden oder zu verringern;
k) die Notwendigkeit, Unfällen vorzubeugen und deren Folgen für die Umwelt zu verringern;
l) die von der Kommission nach Art. 16 Abs. 2 der IPPC-Richtlinie sowie die von internationalen Organisationen veröffentlichten Informationen über die besten verfügbaren Techniken.

(3) Die Bewilligung hat, wenn dies zur Erreichung der nach Abs. 1 geschützten Interessen erforderlich ist, insbesondere zu enthalten:
a) Emissionsgrenzwerte (§ 6 Abs. 1) für die im Anhang angeführten Schadstoffe und für sonstige Schadstoffe, die von der betroffenen Anlage unter Berücksichtigung der Art der Schadstoffe und der Gefahr einer Verlagerung der Verschmutzung von einem Medium (Luft, Wasser, Boden) auf ein anderes in relevanter Menge emittiert werden können.

Gegebenenfalls dürfen die Emissionsgrenzwerte durch äquivalente Parameter oder äquivalente technische Maßnahmen, die ein gleichwertiges Umweltniveau gewährleisten, erweitert oder ersetzt werden;
b) vorübergehende Ausnahmen von den Anforderungen nach lit. a, sofern ein entsprechender Sanierungsplan vorliegt und durch das Vorhaben insgesamt eine Verminderung der Umweltverschmutzung erreicht wird; der Sanierungsplan hat die Einhaltung der Anforderungen nach lit. a binnen sechs Monaten sicherzustellen;
c) Anforderungen an die Überwachung der Emissionen (einschließlich der Messmethode, der Messhäufigkeit, des Bewertungsverfahrens und, sofern erforderlich, des Messorts); die Vorgabe, dass in den Fällen, in denen § 6 Abs. 4 dritter Satz angewendet wurde, die Ergebnisse der Emissionsüberwachung für die gleichen Zeiträume und Referenzbedingungen verfügbar sein müssen wie für die mit dem Stand der besten verfügbaren Techniken assoziierten Emissionswerte; die Überwachungsauflagen stützen sich gegebenenfalls auf die in den BVT-Schlussfolgerungen beschriebenen Überwachungsanforderungen;
d) angemessene Auflagen zum Schutz des Bodens, angemessene Anforderungen für die regelmäßige Wartung und für die Überwachung der Maßnahmen zur Vermeidung der Verschmutzung des Bodens;
   da) angemessene Anforderungen für die wiederkehrende Überwachung des Bodens auf die relevanten gefährlichen Stoffe, die wahrscheinlich vor Ort anzutreffen sind, unter Berücksichtigung möglicher Bodenverschmutzungen auf dem Gelände der Anlage; die wiederkehrende Überwachung des Bodens muss mindestens alle zehn Jahre durchgeführt werden, es sei denn, diese Überwachung erfolgt anhand einer systematischen Beurteilung des Verschmutzungsrisikos;
e) Maßnahmen für andere als normale Betriebsbedingungen, wie das An- und Abfahren, das unbeabsichtigte Austreten von Stoffen, Störungen, kurzzeitiges Abfahren sowie die endgültige Stilllegung des Betriebs gemäß § 6b Abs. 2, 4 und 5;

I. Abschnitt – Bewilligung von IPPC-Anlagen § 6

f) über BVT-Schlussfolgerungen hinausgehende Auflagen, wenn und soweit dies zur Verhinderung des Überschreitens eines unionsrechtlich festgelegten Immissionsgrenzwertes erforderlich ist;
g) geeignete Auflagen zur weitestgehenden Verminderung der weiträumigen oder grenzüberschreitenden Umweltverschmutzung;
h) eine Verpflichtung des Betreibers, der Behörde regelmäßig, mindestens jedoch einmal jährlich, Folgendes zu übermitteln:
  1. Informationen auf der Grundlage der Ergebnisse der Emissionsüberwachung gemäß lit. c und sonstige erforderliche Daten, die der Behörde die Prüfung der Einhaltung der Genehmigung ermöglichen, und
  2. in den Fällen des § 6 Abs. 4 dritter Satz eine Zusammenfassung der Ergebnisse der Emissionsüberwachung, die einen Vergleich mit den Emissionswerten, die mit den besten verfügbaren Techniken assoziiert sind, ermöglicht.

(4) Die Anzeige der Änderung einer Anlage nach § 3 Abs. 4 ist, wenn dies zur Erreichung der nach Abs. 1 geschützten Interessen erforderlich ist, von der Behörde unter gleichzeitiger Vorschreibung geeigneter Auflagen zur Wahrung dieser Interessen mit Bescheid zur Kenntnis zu nehmen.

(5) Die Abs. 1 bis 3 gelten für Anlagen gemäß § 1 Abs. 1 lit. b unbeschadet der Bestimmungen des Tierschutzgesetzes.

§ 6 Emissionsgrenzwerte, äquivalente Parameter und äquivalente technische Maßnahmen

(1) Emissionsgrenzwerte sind jedenfalls für jene in der Anlage angeführten Schadstoffe festzulegen, die von der Anlage in relevanter Menge emittiert werden können; diese Emissionsgrenzwerte dürfen auch für bestimmte Gruppen oder Kategorien von Schadstoffen festgelegt werden. Die in der Genehmigung festgelegten Emissionsgrenzwerte und die äquivalenten Parameter oder Maßnahmen sind unbeschadet des § 5 Abs. 3 lit. f auf den Stand der besten verfügbaren Techniken zu stützen, ohne dass die Anwendung einer bestimmten Technik oder Technologie vorgeschrieben wird.

(1a) Unterliegt eine Anlage dem Emissionszertifikategesetz 2011 (EZG 2011), dürfen für diese Anlage keine Emissionsgrenzwerte für direkte Emissionen der dem EZG 2011 unterliegenden Treibhausgase vorgeschrieben werden, es sei denn, dies ist erforderlich, um sicherzustellen, dass keine erhebliche lokale Umweltverschmutzung bewirkt wird. Dies gilt nicht für Anlagen, die gemäß § 45 EZG 2011 vom Emissionshandelssystem ausgenommen sind.

(2) Die Emissionsgrenzwerte für Schadstoffe gelten an jenem Punkt der Anlage, an dem die Emissionen die Anlage verlassen, wobei eine etwaige Verdünnung bei der Festsetzung der Grenzwerte nicht zu berücksichtigen ist.

(3) Bei der indirekten Einleitung von Schadstoffen in das Wasser darf die Wirkung einer Kläranlage bei der Festsetzung der Emissionsgrenzwerte der Anlage berücksichtigt werden, wenn ein insgesamt gleichwertiges Umweltschutzniveau sichergestellt wird und es dadurch nicht zu einer höheren Belastung der Umwelt kommt.

(4) Die Behörde hat gemäß § 5 Abs. 3 lit. a Emissionsgrenzwerte in Genehmigungen festzulegen, mit denen sichergestellt wird, dass die Emissionen unter normalen Betriebsbedingungen die mit den besten verfügbaren Techniken assoziierten Emissionswerte der BVT-Schlussfolgerungen gemäß § 4b Abs. 1 nicht überschreiten. Diese Emissionsgrenzwerte werden für die gleichen oder kürzeren Zeiträume und unter denselben Referenzbedingungen ausgedrückt wie mit den besten verfügbaren Techniken assoziierte Emissionswerte. Unbeschadet einer Umweltqualitätsnorm kann die Behörde Emissionsgrenzwerte festlegen, die in Bezug auf Werte, Zeiträume und Referenzbedingungen abweichen. Werden Abweichungen festgelegt, hat die Behörde mindestens jährlich die Ergebnisse der Emissionsüberwachung zu bewerten, um sicherzustellen, dass die Emissionen unter normalen Betriebsbedingungen die nach dem Stand der besten verfügbaren Techniken assoziierten Emissionswerte nicht überschritten haben.

(5) Abweichend von Abs. 4 kann die Behörde, unbeschadet des § 5 Abs. 3 lit. f in sonstigen Fällen weniger strenge Grenzwerte festlegen. Voraussetzung dafür ist das Ergebnis einer Bewertung, dass die Erreichung der mit dem Stand der besten verfügbaren Techniken assoziierten Emissionswerte entsprechend der Beschreibung in den BVT-Schlussfolgerungen aus den folgenden Gründen, gemessen

am Umweltnutzen, zu unverhältnismäßig höheren Kosten führen würde:
a) geographischer Standort und lokale Umweltbedingungen der betroffenen Anlage oder
b) technische Merkmale der betroffenen Anlage.

Die Behörde hat die Ergebnisse dieser Bewertung sowie die festgelegten Auflagen in der Genehmigung zu begründen und gemäß § 4 Abs. 9 zu veröffentlichen. Sie führt als Teil jeder Überprüfung gemäß § 7 eine erneute Bewertung durch. Die Behörde stellt in jedem Fall sicher, dass keine erheblichen Umweltverschmutzungen verursacht werden und ein hohes Schutzniveau für die Umwelt insgesamt erreicht wird.

(6) Die Behörde kann für einen Gesamtzeitraum von höchstens neun Monaten vorübergehende Abweichungen von den Auflagen gemäß Abs. 1 letzter Satz und Abs. 4 sowie § 5 Abs. 1 lit. a für die Erprobung und Anwendung von Zukunftstechniken genehmigen, sofern nach dem festgelegten Zeitraum die Anwendung der betreffenden Technik beendet wird oder im Rahmen der Tätigkeit mindestens die mit den besten verfügbaren Techniken assoziierten Emissionswerte erreicht werden.

§ 6a Feuerungsanlagen

Soweit dieses Gesetz keine Bestimmungen enthält, sind auf Feuerungsanlagen gemäß § 1 Abs. 1 lit. a die Bestimmungen des Emissionsschutzgesetzes für Kesselanlagen für Anlagen mit einer Brennstoffwärmeleistung von 50 MW und mehr anzuwenden, soweit für die Umweltauswirkungen nicht eine Genehmigung nach § 21a des Immissionsschutzgesetzes-Luft erforderlich ist.

§ 6b Stilllegung

(1) Die endgültige Einstellung der Tätigkeit (Stilllegung der Anlage gemäß § 1 Abs. 1) ist der Behörde längstens innerhalb von vier Wochen anzuzeigen.

(2) Im Fall der Anzeige der Stilllegung hat der Betreiber der Anzeige eine Bewertung und erforderlichenfalls Maßnahmen gemäß lit. a bis c anzuschließen:
a) bei Vorliegen eines Berichtes über den Ausgangszustand gemäß § 2 Abs. 13 eine Bewertung des Standes der Boden- und Grundwasserverschmutzung durch relevante gefährliche Stoffe, die durch die Anlage verwendet, erzeugt oder freigesetzt werden. Wurden durch die Anlage erhebliche Bodenverschmutzungen mit relevanten gefährlichen Stoffen im Vergleich zu dem im Bericht über den Ausgangszustand angegebenen Zustand verursacht, eine Darstellung der erforderlichen Maßnahmen zur Beseitigung dieser Verschmutzung, um das Gelände in den Ausgangszustand zurückzuführen. Dabei kann die technische Durchführbarkeit solcher Maßnahmen berücksichtigt werden. Für Grundwasserverschmutzungen gelten die Vorschriften des Wasserrechtsgesetzes 1959 (WRG 1959);
b) bei Vorliegen eines Berichtes über den Ausgangszustand gemäß § 2 Abs. 13 und sofern infolge genehmigter Tätigkeiten vom Betreiber bereits vor dem 7. Jänner 2013 verursachte Boden- und Grundwasserverschmutzungen auf dem Gelände der Anlage eine ernsthafte Gefährdung der menschlichen Gesundheit oder Umwelt zu Folge haben, hat der Betreiber die erforderlichen Maßnahmen gemäß der in lit. c zweiter Satz vorgesehenen Bewertung vorzunehmen;
c) liegt ein Bericht über den Ausgangszustand gemäß § 2 Abs. 13 nicht vor, weil die Genehmigungsauflagen noch nicht gemäß § 7 aktualisiert worden sind oder keine Verpflichtung zur Erstellung besteht, eine Bewertung, ob die Verschmutzung von Boden und Grundwasser auf dem Gelände eine ernsthafte Gefährdung der menschlichen Gesundheit oder der Umwelt als Folge der genehmigten Tätigkeiten darstellt. Bei Vorhandensein einer Gefährdung eine Darstellung der erforderlichen Maßnahmen zur Beseitigung, Verhütung, Eindämmung oder Verringerung relevanter gefährlicher Stoffe, damit das Gelände unter Berücksichtigung seiner derzeitigen oder genehmigten künftigen Nutzung keine solche Gefährdung mehr darstellt. Dabei sind die zum Schutz des Geländes

I. Abschnitt – Bewilligung von IPPC-Anlagen § 7

festgelegten Auflagen zu berücksichtigen. Für Grundwasserverschmutzungen gelten die Vorschriften des WRG 1959.

(3) Wird die Stilllegung von der Behörde verfügt (§ 7 Abs. 8), hat der Betreiber die Bewertung und allfällige notwendige Maßnahmen gemäß Abs. 2 lit. a oder b vorzulegen und durchzuführen.

(4) Werden vom Betreiber bei der Stilllegung die gemäß Abs. 2 lit. a erforderliche Bewertung oder allfällig notwendige Maßnahmen nicht angezeigt oder durchgeführt, hat die Behörde die durch die Tätigkeiten verursachten erheblichen Bodenverschmutzungen mit relevanten gefährlichen Stoffen im Vergleich zu dem im Bericht über den Ausgangszustand angegebenen Zustand die erforderlichen Maßnahmen zur Beseitigung dieser Verschmutzung bescheidmäßig aufzutragen, um das Gelände in den Ausgangszustand zurückzuführen. Dabei kann die technische Durchführbarkeit solcher Maßnahmen berücksichtigt werden. Diese Entscheidung ist sofort vollstreckbar. Für Grundwasserverschmutzungen gelten die Vorschriften des WRG 1959.

(5) Werden vom Betreiber bei der Stilllegung die gemäß Abs. 2 lit. b und c erforderliche Bewertung oder allfällig notwendige Maßnahmen nicht angezeigt oder durchgeführt, hat die Behörde bei einer durch die Tätigkeit verursachten ernsthaften Gefährdung der menschlichen Gesundheit oder der Umwelt die erforderlichen Maßnahmen zur Beseitigung, Verhütung, Eindämmung oder Verringerung relevanter gefährlicher Stoffe bescheidmäßig aufzutragen, damit das Gelände unter Berücksichtigung einer derzeitigen oder genehmigten künftigen Nutzung keine solche Gefährdung mehr darstellt. Diese Entscheidung ist sofort vollstreckbar. Für Grundwasserverschmutzungen gelten die Vorschriften des WRG 1959.

§ 7 Überprüfung und Aktualisierung der Genehmigungsauflagen

(1) Innerhalb von vier Jahren nach der Veröffentlichung von Entscheidungen über BVT-Schlussfolgerungen zur Haupttätigkeit einer Anlage gemäß § 1 Abs. 1 hat die Behörde die Genehmigung zu überprüfen und erforderlichenfalls, insbesondere in Bezug auf Emissionsgrenzwerte, zu aktualisieren. Dabei hat die Behörde für

die vom Betreiber gemäß Abs. 3 durchzuführenden Maßnahmen sicherzustellen, dass
a) die Genehmigung für die Anlage überprüft und erforderlichenfalls auf den neuesten Stand gebracht wird, um die Einhaltung dieses Gesetzes zu gewährleisten;
b) die Anlage diese Genehmigung einhält.

Bei der Überprüfung müssen alle für die betreffenden Anlagen geltenden und seit der Erteilung der Genehmigung oder der letzten Überprüfung oder der Genehmigung neuen oder aktualisierten BVT-Schlussfolgerungen berücksichtigt werden.

(2) Wenn die Behörde bei der Überprüfung und Aktualisierung der Genehmigung in begründeten Fällen feststellt, dass ein längerer Zeitraum als vier Jahre ab Veröffentlichung von BVT-Schlussfolgerungen zur Einführung neuer bester verfügbaren Techniken notwendig ist, kann sie in der Genehmigung einen längeren Zeitraum festlegen, sofern die Voraussetzungen des § 6 Abs. 5 erfüllt sind.

(3) Der Betreiber hat innerhalb von vier Jahren nach Veröffentlichung von BVT-Schlussfolgerungen zur Haupttätigkeit der Anlage oder nach Maßgabe des Abs. 2 die erforderlichen Anpassungsmaßnahmen zu treffen.

(4) Gelten für die Anlage keine BVT-Schlussfolgerungen, hat die Behörde die Genehmigung zu aktualisieren, wenn die Entwicklungen bei den besten verfügbaren Techniken eine erhebliche Verminderung der Emissionen ermöglichen.

(5) Die Behörde hat die Genehmigung auch zu überprüfen und erforderlichenfalls zu aktualisieren, wenn
a) die durch die Anlage verursachte Umweltverschmutzung so erheblich ist, dass die in der Genehmigung festgelegten Emissionsgrenzwerte überprüft oder neue Emissionsgrenzwerte vorgesehen werden müssen,
b) die Betriebssicherheit die Anwendung anderer Techniken erfordert,
c) eine im Genehmigungsverfahren anzuwendende Umweltqualitätsnorm, die neu oder geändert worden ist, eine Anpassung erfordert.

(6) Auf Verlangen der Behörde hat der Betreiber alle für die Überprüfung der Genehmigung erforderlichen Informationen, insbesondere Ergebnisse der Emissionsüberwachung und sonstige Daten, die einen Vergleich des Betriebs der Anlage mit den besten verfügbaren

Techniken gemäß den geltenden BVT-Schlussfolgerungen und mit den mit den besten verfügbaren Techniken assoziierten Emissionswerten ermöglichen, zu übermitteln.

(7) Erforderlichenfalls kann die Behörde vor Ablauf der Frist gemäß Abs. 1 mit Bescheid die Vorlage eines Projektes zur Anpassung der Anlage an die Erfordernisse gemäß Abs. 1, 4 und 5 verlangen. § 3 bleibt unberührt. Im Genehmigungsantrag oder der Anzeige ist den erforderlichen Unterlagen eine Darstellung der Entwicklung bei den besten verfügbaren Techniken anzuschließen.

(8) Hat der Betreiber nach Ablauf der Fristen gemäß Abs. 1 bis 7 nach wiederholter Mahnung unter Hinweis auf die Rechtsfolgen keine Anpassung an die Entwicklungen bei den besten verfügbaren Techniken durchgeführt oder wird durch den Betrieb der Anlage das Leben, die Gesundheit oder das Eigentum Dritter gefährdet oder stellt der Betrieb der Anlage eine unmittelbare erhebliche Gefährdung der Umwelt dar, hat die Behörde die Schließung der Anlage oder der Anlagenteile, von denen die Verschmutzung ausgeht, zu verfügen. Die Verfügung ist aufzuheben, wenn die erforderlichen Umsetzungsmaßnahmen abgeschlossen sind oder der vorschriftsmäßige Betrieb wieder möglich ist.

§ 8 Behörde

(1) Behörde im Sinne dieses Gesetzes ist die Bezirksverwaltungsbehörde.

(2) Die Behörde hat das Verfahren sowie die Vorschreibung von Auflagen mit den anderen für die Anlage zuständigen Behörden zu koordinieren, wenn nach anderen Rechtsvorschriften für die Errichtung, den Betrieb oder die Auflassung der Anlage eine Genehmigung oder eine Anzeige erforderlich ist; wenn dies rechtlich zulässig ist, ist nach Möglichkeit ein gemeinsamer Bescheid zu erlassen.

§ 9 Umweltinspektionen

(1) Alle Anlagen gemäß § 1 Abs. 1 sind regelmäßigen Umweltinspektionen zu unterziehen. §§ 52 ff. AVG sind anzuwenden. Der

Betreiber ist verpflichtet, die Behörde bei der Durchführung ihrer Aufgaben zu unterstützen.

(2) Die Landesregierung hat einen Umweltinspektionsplan zu erstellen, der alle Anlagen des Landes enthält. Der Umweltinspektionsplan ist regelmäßig zu überprüfen und gegebenenfalls zu aktualisieren. Die Erstellung eines Umweltinspektionplanes kann entfallen, wenn in Kärnten keine Anlagen existieren, auf die dieses Gesetz anzuwenden ist.

(3) Der Umweltinspektionsplan hat zu umfassen:
a) eine allgemeine Bewertung der wichtigen Umweltprobleme;
b) den räumlichen Geltungsbereich des Inspektionsplans;
c) ein Verzeichnis der in den Geltungsbereich des Plans fallenden Anlagen;
d) Verfahren für die Aufstellung von Programmen für routinemäßige Umweltinspektionen gemäß Abs. 4;
e) Verfahren für nicht routinemäßige Umweltinspektionen gemäß Abs. 6;
f) gegebenenfalls Bestimmungen über die Zusammenarbeit zwischen verschiedenen Inspektionsbehörden.

(4) Auf der Grundlage des Inspektionsplans hat die Landesregierung regelmäßig Programme für routinemäßige Umweltinspektionen zu erstellen, in denen auch die Häufigkeit der Vor-Ort-Besichtigungen für die verschiedenen Arten von Anlagen anzugeben ist. Der Zeitraum zwischen zwei Vor-Ort-Besichtigungen hat sich nach einer systematischen Beurteilung der mit der Anlage verbundenen Umweltrisiken zu richten und darf ein Jahr bei Anlagen der höchsten Risikostufe und drei Jahre bei Anlagen der niedrigsten Risikostufe nicht überschreiten. Wurde bei einer Inspektion festgestellt, dass eine Anlage in schwerwiegender Weise gegen die Genehmigung verstößt, hat innerhalb der nächsten sechs Monate nach dieser Inspektion eine zusätzliche Vor-Ort-Besichtigung zu erfolgen.

(5) Die systematische Beurteilung der Umweltrisiken hat sich mindestens auf folgende Kriterien zu stützen:
a) potenzielle und tatsächliche Auswirkungen der betreffenden Anlage auf die menschliche Gesundheit und auf die Umwelt unter Berücksichtigung der Emissionswerte und -typen, der Empfindlichkeit der örtlichen Umgebung und des Unfallrisikos;
b) bisherige Einhaltung der Genehmigung;

c) Teilnahme des Betreibers am Unionssystem für das Umweltmanagement und die Umweltbetriebsprüfung (EMAS) gemäß der Verordnung (EG) Nr. 1221/2009.

(6) Nicht routinemäßige Umweltinspektionen sind durchzuführen, um bei Beschwerden wegen ernsthafter Umweltbeeinträchtigungen, bei ernsthaften umweltbezogenen Unfällen oder Vorfällen oder bei Verstößen gegen die Vorschriften sobald wie möglich und gegebenenfalls vor der Ausstellung, Erneuerung oder Aktualisierung der Genehmigung Untersuchungen vorzunehmen.

(7) Nach jeder Vor-Ort-Besichtigung hat die Behörde einen Bericht mit relevanten Feststellungen bezüglich der Einhaltung der Genehmigung durch die betreffende Anlage und Schlussfolgerungen zur etwaigen Notwendigkeit weiterer Maßnahmen zu erstellen. Der Bericht ist dem Betreiber zur Wahrung des Parteiengehörs binnen zwei Monaten nach der Vor-Ort-Besichtigung zu übermitteln. Die Behörde hat eine Zusammenfassung des Berichts sowie den Hinweis, wo weitere Informationen zu erhalten sind, binnen vier Monaten nach der Vor-Ort-Besichtigung im Internet zu veröffentlichen. Die Behörde hat sicherzustellen, dass der Betreiber alle in dem Bericht angeführten erforderlichen Maßnahmen binnen angemessener Frist ergreift. § 7 Abs. 8 gilt sinngemäß.

II. Abschnitt – Umgebungslärm und Umwelthaftung

§ 9a Erfassung von Umgebungslärm und Planung von Lärmminderungsmaßnahmen

(1) Schädlichen Auswirkungen von Umgebungslärm auf die menschliche Gesundheit sowie unzumutbaren Belästigungen durch Umgebungslärm, die von den Anlagen im Sinne des § 1 Abs. 1 dieses Gesetzes ausgehen, ist vorzubeugen und entgegenzuwirken.

(2) Zur Erreichung des Zieles gemäß Abs. 1 ist der VIa. Teil des Kärntner Straßengesetzes 1991 (K-StrG) nach Maßgabe folgender Bestimmungen anzuwenden:
 a) ergänzend zu § 62c Abs. 2 K-StrG ist bis spätestens 30. September 2008 festzustellen, welche Gelände für industrielle Tätigkeiten mit Anlagen im Sinne des § 1 Abs. 1 sich in Bal-

lungsräumen befinden; diese Feststellung ist alle fünf Jahre zu überprüfen und bei Bedarf zu ergänzen;
b) ergänzend zu § 62d Abs. 2 lit. b K-StrG ist eine strategische Teil-Lärmkarte für alle in Ballungsräumen gelegenen Gelände für industrielle Tätigkeiten mit Anlagen im Sinne des § 1 Abs. 1 auszuarbeiten und alle fünf Jahre zu überprüfen und bei Bedarf zu überarbeiten;
c) ergänzend zu § 62e Abs. 2 K-StrG sind Teil-Aktionspläne für alle in Ballungsräumen gelegenen Gelände für industrielle Tätigkeiten mit Anlagen im Sinne des § 1 Abs. 1 auszuarbeiten und unter den Voraussetzungen des § 62e Abs. 4 K-StrG zu überprüfen und zu überarbeiten.

(3) Hinsichtlich der Beteiligung der Öffentlichkeit und der grenzüberschreitenden Auswirkungen von Aktionsplänen sind abweichend von den §§ 4 und 4a die Bestimmungen des Kärntner Umweltplanungsgesetzes anzuwenden.

(4) Abweichend von § 8 Abs. 1 ist die Behörde zur Vollziehung der Abs. 1 bis 3 die Landesregierung.

§ 9b Vermeidung und Sanierung von Schädigungen des Bodens

(1) Für die Maßnahmen zur Vermeidung und Sanierung von Schädigungen des Bodens (Umweltschäden) und für jede unmittelbare Gefahr solcher Schädigungen durch die Ausübung der beruflichen Tätigkeit des Betriebes von Anlagen, die einer Bewilligung oder Anzeige nach § 3 bedürfen, ausgenommen von Anlagen und Anlagenteilen, die überwiegend für Zwecke der Forschung, Entwicklung und Erprobung neuer Erzeugnisse und Verfahren genutzt werden, sind die in Abs. 2 angeführten Bestimmungen des Bundes-Umwelthaftungsgesetzes (B-UHG), anzuwenden.

(2) Für die Maßnahmen zur Vermeidung und Sanierung von Schädigungen des Bodens und für jede unmittelbare Gefahr solcher Schäden im Sinne des Abs. 1 sind die §§ 1 bis 13 Abs. 1 und 18 sowie Anhang 3 des B-UHG, mit Ausnahme der §§ 2 Abs. 1 Z 1, 4 Z 1 lit. a, 8 Abs. 3 Z 1 erster Halbsatz und 11 Abs. 2 Z 2, anzuwenden, sofern sich diese Bestimmungen auf Schädigungen und Gefährdungen des Bodens beziehen.

(3) Die in Abs. 2 genannten Bestimmungen des B-UHG sind überdies mit der Maßgabe anzuwenden, dass
a) soweit im § 2 Abs. 1 Z 2 und § 4 Z 4 auf die in Anhang 1 des B-UHG angeführten Tätigkeiten Bezug genommen wird, an dessen Stelle der Betrieb von Anlagen im Sinne des Abs. 1 tritt, die einer Bewilligung oder Anzeige nach § 3 dieses Gesetzes bedürfen;
b) die Bezugnahmen auf Anhang 2 des B-UHG entfallen;
c) in den §§ 5 Abs. 5, 6 Abs. 4 und 7 Abs. 4 an die Stelle des Wortes „bundesrechtlichen" das Wort „landesrechtlichen" tritt;
d) die Erlassung der im § 8 Abs. 1 zweiter Satz des B-UHG genannten Verordnung der Landesregierung zukommt und die Anhörung der Landeshauptleute entfällt und die im § 8 Abs. 7 des B-UHG vorgesehene Parteistellung dem Land zukommt;
e) § 10 des B-UHG auch auf Bundesländergrenzen übergreifende Umweltschäden anzuwenden ist, wobei diesfalls die im § 10 Abs. 2 B-UHG vorgesehene Meldung an die Europäische Kommission und die in Betracht kommenden Mitgliedstaaten entfällt;
f) der Umweltanwalt im Sinne des § 11 Abs. 1 B-UHG der Naturschutzbeirat (§ 61 Abs. 4 Kärntner Naturschutzgesetz 2002) ist.

(4) Die Bestimmungen der §§ 4 und 4a dieses Gesetzes finden auf Maßnahmen zur Vermeidung und Sanierung von Schädigungen des Bodens und jede unmittelbare Gefahr solcher Schäden im Sinne des Abs. 1 keine Anwendung.

(5) Soweit in den gemäß Abs. 2 anzuwendenden Bestimmungen des B-UHG auf Bundesgesetze verwiesen wird, sind diese in der nachstehenden Fassung anzuwenden:
a) Atomhaftungsgesetz 1999 – AtomHG 1999, BGBl. I Nr. 170/1998, zuletzt geändert durch BGBl. I Nr. 33/2003;
b) Umweltverträglichkeitsprüfungsgesetz 2000 – UVP-G 2000, BGBl. Nr. 697/1993, zuletzt geändert durch BGBl. I Nr. 95/2013;
c) Wasserrechtsgesetz 1959 – WRG 1959, BGBl. Nr. 215, zuletzt geändert durch BGBl. I Nr. 98/2013.

III. Abschnitt – Straf-, Schluss- und Übergangsbestimmungen

§ 10 Strafbestimmungen

(1) Eine Verwaltungsübertretung begeht, wer
a) eine Anlage, die nach diesem Gesetz bewilligungspflichtig ist, ohne Bewilligung errichtet, betreibt oder wesentlich ändert oder die rechtzeitige Anzeige einer sonstigen Änderung der Anlage sowie deren Auflassung unterlässt,
b) Vorhaben abweichend von Bewilligungen, die aufgrund dieses Gesetzes erteilt worden sind, ausführt,
c) die in Entscheidungen, die aufgrund dieses Gesetzes ergangen sind, enthaltenen Verfügungen nicht befolgt,
d) gegen die Verpflichtungen gemäß § 6b Abs. 2 bis 5 oder § 7 Abs. 7 verstößt,
da) eine Überprüfung nach § 7 oder eine Umweltinspektion nach § 9 nicht duldet oder behindert oder anlässlich einer Überprüfung oder Umweltinspektion unrichtige oder unvollständige Angaben macht, die für die Überprüfung erforderlichen Informationen nicht übermittelt oder der Verpflichtung zur Übermittlung von Aufzeichnungen nicht nachkommt,
e) die nach § 9b in Verbindung mit § 5 Abs. 2 oder § 6 Abs. 1 Z 1 des Bundes-Umwelthaftungsgesetzes (B-UHG) vorgeschriebene Verständigung der Behörde nicht oder nicht unverzüglich vornimmt,
f) die in § 9b in Verbindung mit § 5 Abs. 3 oder § 6 Abs. 2 B-UHG geregelten Auskünfte nicht oder nicht unverzüglich erteilt oder die dort vorgesehenen Kontrollen und Ermittlungen behindert oder
g) die ihn gemäß § 9b in Verbindung mit §§ 5 Abs. 5, 6 Abs. 4 oder 7 Abs. 4 B-UHG treffenden Duldungspflichten verletzt.

(2) Übertretungen nach Abs. 1 sind von der Bezirksverwaltungsbehörde mit einer Geldstrafe bis 10.000,– Euro zu bestrafen.

(2a) Eine Verwaltungsübertretung begeht und mit einer Geldstrafe bis 35.000,– Euro ist zu bestrafen, wer
a) nicht die nach § 9b in Verbindung mit § 5 Abs. 1 B-UHG erforderlichen Vermeidungs-maßnahmen unverzüglich ergreift;

III. Abschnitt – Straf-, Schluss- und Übergangsbestimmungen   § 12

b) nicht die nach § 9b in Verbindung mit § 6 Abs. 1 Z 2 B-UHG gebotenen Vorkehrungen unverzüglich trifft;
c) nicht die nach § 9b in Verbindung mit § 6 Abs. 1 Z 3 und § 7 Abs. 1 B-UHG gebotenen Sanierungsmaßnahmen unverzüglich ermittelt und der Behörde anzeigt oder
d) nicht die nach § 9b in Verbindung mit § 6 Abs. 1 Z 3 B-UHG erforderlichen Sanierungsmaßnahmen gemäß § 7 B-UHG ergreift.

(2b) Eine Verwaltungsübertretung begeht und mit einer Geldstrafe bis 3.000,– Euro ist zu bestrafen, wer als Betreiber einer Anlage, die einer Bewilligung oder Anzeige gemäß § 3 bedarf, gegen Bestimmungen der Verordnung (EG) Nr. 166/2006 über die Schaffung eines Europäischen Schadstofffreisetzungs- und -verbringungsregisters verstößt.

(3) Eine Ersatzfreiheitsstrafe ist für den Fall der Uneinbringlichkeit einer verhängten Geldstrafe nicht festzusetzen.

(4) Der Versuch ist strafbar.

§ 11 Automationsunterstützter Datenverkehr

Personenbezogene Daten,
a) die für die Durchführung von Verfahren nach diesem Gesetz erforderlich sind,
b) die die Behörde zur Erfüllung der ihr nach diesem Gesetz obliegenden Aufgaben benötigt oder
c) die der Behörde nach diesem Gesetz bekannt zu geben sind,

dürfen automationsunterstützt ermittelt und verarbeitet werden.

§ 12 Verweisungen

(1) Verweise in diesem Gesetz auf Bundesgesetze sind als Verweise auf die nachstehend angeführten Fassungen dieser Bundesgesetze zu verstehen:
a) Abfallwirtschaftsgesetz 2002 (AWG 2002), BGBl I Nr 102, zuletzt in der Fassung BGBl I Nr 103/2013;

b) Allgemeines Verwaltungsverfahrensgesetz 1991 (AVG), BGBl Nr 51, zuletzt in der Fassung BGBl I Nr 161/2013;
c) Emissionszertifikategesetz 2011 – EZG 2011, BGBl. I Nr. 118/2011, zuletzt in der Fassung BGBl. I Nr. 98/2013;
d) Gewerbeordnung 1994 (GewO 1994), BGBl Nr 194, zuletzt in der Fassung BGBl I Nr 125/2013;
e) Mineralrohstoffgesetz (MinroG), BGBl I Nr 38/1999, zuletzt in der Fassung BGBl I Nr 129/2013;
f) Umweltverträglichkeitsprüfungsgesetz 2000 (UVP-G 2000), BGBl Nr 697/1993, zuletzt in der Fassung BGBl I Nr 95/2013;
g) Bundes-Umwelthaftungsgesetz – B-UHG, BGBl. I Nr. 55/2009, zuletzt in der Fassung BGBl. I Nr. 97/2013;
h) Emissionsschutzgesetz für Kesselanlagen – EG-K 2013, BGBl. I Nr. 127/2013;
i) Immissionsschutzgesetz-Luft, IG-L, BGBl. I Nr. 115/1997, zuletzt in der Fassung BGBl. I Nr. 77/2010;
j) Tierschutzgesetz – TSchG, BGBl. I Nr. 118/2004, zuletzt in der Fassung BGBl. I Nr. 80/2013;
k) Wasserrechtsgesetz 1959 – WRG 1959, BGBl. Nr. 215/1959, zuletzt in der Fassung BGBl. I Nr. 98/2013.

(2) Verweise in diesem Gesetz auf die Industrieemissionen-Richtlinie sind als Verweise auf die Richtlinie 2010/75/EU des Europäischen Parlaments und des Rates vom 24. November 2010 über Industrieemissionen (integrierte Vermeidung und Verminderung der Umweltverschmutzung), ABl. Nr. L 334 vom 17.12.2010, S 17, zu verstehen.

(3) Soweit in diesem Gesetz auf Landesgesetze verwiesen wird, sind diese in ihrer jeweils geltenden Fassung anzuwenden.

(4) Soweit in diesem Gesetz auf Verordnungen (EG) Bezug genommen wird, sind darunter zu verstehen
a) Verordnung (EG) Nr. 166/2006 des Europäischen Parlaments und des Rates vom 28. Januar 2006 über die Schaffung eines europäischen Schadstofffreisetzungs- und -verbringungsregisters und zur Änderung der Richtlinien 91/689/EG und 96/61/EG des Rates, ABl. Nr. L 33 vom 4.2.2006, S 1;
b) Verordnung (EG) Nr. 1272/2008 des Europäischen Parlaments und des Rates vom 16. Dezember 2008 über die Einstufung, Kennzeichnung und Verpackung von Stoffen und Gemischen, zur Änderung und Aufhebung der Richtlinien

67/548/EWG und 1999/45/EG und zur Änderung der Verordnung (EG) Nr. 1907/2006, ABl. Nr. L 353 vom 31.12.2008, S 1;
c) Verordnung (EG) Nr. 1221/2009 des Europäischen Parlaments und des Rates vom 25. November 2009 über die freiwillige Teilnahme von Organisationen an einem Gemeinschaftssystem für Umweltmanagement und Umweltbetriebsprüfung und zur Aufhebung der Verordnung (EG) Nr. 761/2001 sowie der Beschlüsse der Kommission 2001/681/EG und 2006/193/EG, ABl. Nr. L 342 vom 22.12.2009, S 1.

§ 13 Umsetzung von Unionsrecht

Mit diesem Gesetz werden umgesetzt:
a) Richtlinie 2010/75/EU des Europäischen Parlaments und des Rates vom 24. November 2010 über Industrieemissionen (integrierte Vermeidung und Verminderung der Umweltverschmutzung), ABl. Nr. L 334 vom 17.12.2010, S 17;
b) Richtlinie 2002/49/EG des Europäischen Parlaments und des Rates vom 25. Juni 2002 über die Bewertung und Bekämpfung von Umgebungslärm, ABl Nr L 189 vom 18. 7. 2002, S 12;
c) Richtlinie 2003/35/EG des Europäischen Parlaments und des Rates vom 26. Mai 2003 über die Beteiligung der Öffentlichkeit bei der Ausarbeitung bestimmter umweltbezogener Pläne und Programme und zur Änderung der Richtlinien 85/337/EWG und 96/61/EG des Rates in Bezug auf die Öffentlichkeitsbeteiligung und den Zugang zu Gerichten, ABl Nr L 156 vom 25. 6. 2003, S 17;
d) Richtlinie 2003/87/EG des Europäischen Parlaments und des Rates über ein System für den Handel mit Treibhausemissionszertifikaten in der Gemeinschaft und zur Änderung der Richtlinie 96/61/EG, ABl Nr 275 vom 25. 10. 2003, S 32,
e) Richtlinie 2004/35/EG des Europäischen Parlaments und des Rates vom 21. April 2004 über Umwelthaftung zur Vermeidung und Sanierung von Umweltschäden, ABl. Nr. L 143 vom 30. 4. 2004, S 56, in der Fassung des Art. 15 der Richtlinie

2006/61/EG des Europäischen Parlaments und des Rates vom
15. März 2006, ABl. Nr. L 102 vom 11. 4. 2006, S 15.

§ 14 Übergangsbestimmung

Bestehende Anlagen, die vom Geltungsbereich dieses Gesetzes erfasst werden, müssen bis spätestens 31. Oktober 2007 den Anforderungen des § 5 entsprechen. Als bestehende Anlagen gelten solche,
a) die vor dem Ablauf des 31. Oktober 1999 nach den damals geltenden Rechtsvorschriften rechtskräftig genehmigt worden sind, oder
b) hinsichtlich der am 31. Oktober 1999 ein Genehmigungsverfahren nach den damals geltenden Rechtsvorschriften anhängig gewesen ist, wenn diese Anlagen bis spätestens 31. Oktober 2000 in Betrieb genommen worden sind.

Anhang: (zu § 6 Abs. 1)

Verzeichnis der jedenfalls zu berücksichtigenden Schadstoffe, sofern sie für die Festlegung der Emissionsgrenzwerte von Bedeutung sind
LUFT
1. Schwefeloxide und sonstige Schwefelverbindungen
2. Stickoxide und sonstige Stickstoffverbindungen
3. Kohlenmonoxid
4. Flüchtige organische Verbindungen
5. Metalle und Metallverbindungen
6. Staub, einschließlich Feinpartikel
7. Asbest (Schwebeteilchen und Fasern)
8. Chlor und Chlorverbindungen
9. Fluor und Fluorverbindungen
10. Arsen und Arsenverbindungen
11. Zyanide
12. Stoffe und Gemische mit nachgewiesenermaßen karzinogenen, mutagenen oder sich möglicherweise auf die Fortpflanzung auswirkenden Eigenschaften, die sich über die Luft auswirken
13. Polychlordibenzodioxine und Polychlordibenzofurane

WASSER

1. Halogenorganische Verbindungen und Stoffe, die im wässrigen Milieu halogenorganische Verbindungen bilden
2. Phosphororganische Verbindungen
3. Zinnorganische Verbindungen
4. Stoffe und Gemische mit nachgewiesenermaßen in wässrigem Milieu oder über wässriges Milieu übertragbaren karzinogenen, mutagenen oder sich möglicherweise auf die Fortpflanzung auswirkenden Eigenschaften
5. Persistente Kohlenwasserstoffe sowie beständige und bioakkumulierbare organische Giftstoffe
6. Zyanide
7. Metalle und Metallverbindungen
8. Arsen und Arsenverbindungen
9. Biozide und Pflanzenschutzmittel
10. Schwebestoffe
11. Stoffe, die zur Eutrophierung beitragen (insbesondere Nitrate und Phosphate)
12. Stoffe, die sich ungünstig auf den Sauerstoffgehalt auswirken (und sich mittels Parametern wie BSB und CSB usw. messen lassen)
13. Stoffe, die in Anhang E Abschnitt II des Wasserrechtsgesetzes 1959 angeführt sind

Artikel II [Anm: zu LGBl 2006/13]

(1) Dieses Gesetz tritt an dem seiner Kundmachung folgenden Monatsersten in Kraft.

(2) Zum Zeitpunkt des In-Kraft-Tretens dieses Gesetzes anhängige Verfahren sind nach den bisher geltenden Bestimmungen zu Ende zu führen.

(3) Die Behörde hat für den Fall, dass bereits erteilte Bewilligungen für in Art. I Z 7 angeführte Anlagen Emissionsgrenzwerte für direkte Emissionen der in § 5 Abs. 3 lit. a letzter Satz genannten Treibhausgase enthalten, den Bewilligungsbescheid so abzuändern, dass diese Emissionsgrenzwerte künftig für diese Anlagen nicht mehr gelten, außer die Einhaltung dieser Emissionsgrenzwerte ist

erforderlich, um erhebliche lokale Umweltverschmutzungen zu vermeiden.

(4) Die Landesregierung hat die gemäß Artikel I Z 9 in Verbindung mit § 62g Abs. 1 lit. a Kärntner Straßengesetz 1991 anzuwendenden Lärmindizes bis 31. Mai 2005, spätestens jedoch unverzüglich nach der Kundmachung dieses Gesetzes festzulegen.

Artikel III [Anm: zu LGBl 2009/55]

(1) Die Landesregierung hat der Europäischen Kommission bis spätestens 30. April 2013 im Wege des Bundesministers für Land- und Forstwirtschaft, Umwelt und Wasserwirtschaft einen Bericht über die Erfahrungen bei der Anwendung der Art. I und II dieses Gesetzes zu übermitteln. Dieser Bericht hat eine Liste von Umweltschadensfällen und Haftungsfällen ge-mäß Art. I und II mit den in Anhang IV der Richtlinie 2004/35/EG über Umwelthaftung zur Vermeidung und Sanierung von Umweltschäden (Abs. 2) angeführten Informationen und Daten zu enthalten.

(2) Mit diesem Gesetz wird die Richtlinie 2004/35/EG des Europäischen Parlaments und des Rates vom 21. April 2004 über Umwelthaftung zur Vermeidung und Sanierung von Umweltschäden, ABl. Nr. L 143 vom 30. 4. 2004, S 56, in der Fassung des Art. 15 der Richtlinie 2006/61/EG des Europäischen Parlaments und des Rates vom 15. März 2006, ABl. Nr. L 102 vom 11. 4. 2006, S 15, umgesetzt.

Artikel II [Anm: zu LGBl 2014/2]

(1) Dieses Gesetz tritt an dem der Kundmachung folgenden Monatsersten in Kraft.

(2) Die Behörde hat die Genehmigungsauflagen von Anlagen,
a) die vor dem 7. Jänner 2013 genehmigt worden sind oder
b) für die vor dem 7. Jänner 2013 ein vollständiger Genehmigungsantrag gestellt wurde, sofern sie spätestens am 7. Jänner 2014 in Betrieb genommen wurden,

im Rahmen der dem 7. Jänner 2014 folgenden nächsten Aktualisierung der Anlage gemäß § 7, sofern erforderlich, an den in

BVT-Schlussfolgerungen enthaltenen Stand der besten verfügbaren Techniken anzupassen.

(3) Werden in einer Anlage gemäß Abs. 2 relevante gefährliche Stoffe verwendet, erzeugt oder freigesetzt, hat der Betreiber mit Blick auf eine mögliche Verschmutzung des Bodens und Grundwassers auf dem Gelände der Anlage einen Bericht über den Ausgangszustand zu erstellen und diesen der Behörde mit der dem 7. Jänner 2013 folgenden nächsten Aktualisierung der Anlage gemäß § 7 vorzulegen. Die Vorschriften des Wasserrechtsgesetzes 1959 bleiben unberührt.

(4) Für im Zeitpunkt des Inkrafttretens dieses Gesetzes (Abs. 1) genehmigte Feuerungsanlagen gemäß § 1 Abs. 1 lit. a gelten nach Maßgabe des Art. I Z 22 (betreffend § 6a) § 9 und die Schlussbestimmungen des 9. Hauptstücks des Emissionsschutzgesetzes für Kesselanlagen.

9. Kärntner Raumordnungsgesetz – K-ROG

LGBl 1969/76, LGBl 1990/5, LGBl 1994/42, LGBl 1996/86, LGBl 1994/60, LGBl 1994/89, LGBl 2001/136, LGBl 2016/24

Inhaltsverzeichnis

§ 1   Begriff und Abgrenzung
§ 2   Ziele und Grundsätze der Raumordnung
§ 3   Überörtliche Entwicklungsprogramme
§ 3a Verfahren
§ 3b Änderung von Entwicklungsprogrammen
§ 3c Raumverträglichkeitsprüfung
§ 4   Informationspflichten
§ 5   Wirkung für die Hoheitsverwaltung
§ 6   Wirkung für die Privatwirtschaftsverwaltung des Landes
§ 7   Raumordnungskataster
§ 8   Raumordnungsbeirat
§ 8a Zusammensetzung des Beirates
§ 8b Sitzungen des Beirates
§ 8c Verweisungen
§ 8d Umsetzungshinweis

ErlRV Verf-125/5/1969, 1 ff (zu LGBl 1969/76):

„Wenn man die Raumordnung als eine Aufgabe ansieht, mit der die Lebensverhältnisse der Menschen durch vorausschauende und planvolle Ordnung ihrer räumlichen Umwelt in optimaler Weise gestaltet werden sollen, dann stellt sich die Raumordnung als eine Aufgabe der Gemeinschaft, vor allem der im Staat organisierten Gemeinschaft dar. In diesem

Sinne betrachtet ist die Raumordnung untrennbar mit dem modernen Sozialstaat, also jenem Staatstypus, der sich neben dem Schutz der Rechtssphäre des Einzelnen auch die Sicherung einer menschenwürdigen Existenz durch Gewährleistung von Aufstiegschancen zum Zeile setzt, verbunden. Die Raumordnung als Staatsaufgabe muß rechtlich fundiert sein. Nach Art 18 Abs. 1 B.-VG darf die gesamte staatliche Verwaltung nur auf Grund der Gesetze ausgeübt werden. Eine rechtsstaatsgemäße Raumordnung darf es also nur geben, wenn sie auf Grund der Gesetze erfolgt. Raumordnung darf aber nicht mit der Summe aller Rechtsnormen, die eine mittelbare oder unmittelbare Beeinflussung des Raumes ermöglichen, gleichgesetzt werden. Raumordnung kommt erst zustande, wenn die raumbeeinflussenden Maßnahmen in den verschiedenen Verwaltungsmaterien auf ein gemeinsames Ziel hin koordiniert werden. Raumordnung kommt also nur dann zustande, wenn man Raumordnungsziele aufstellt und sicherstellt, daß alle in Betracht kommenden staatlichen Maßnahmen, seien es nun öffentlich-rechtliche Maßnahmen oder Maßnahmen der Privatwirtschaftsverwaltung, auf diese Ziele ausgerichtet werden.

Die Kompetenzen auf dem Gebiete der Raumordnung sind zwischen Bund und Ländern geteilt (Erk. VerfGH. Slg. 2674/1954). Landessache ist die Raumordnung in allen jenen Angelegenheiten, die nicht ausdrücklich durch Bundes-Verfassungsgesetz dem Bund in Gesetzgebung und Vollziehung übertragen sind.

In diesem neuen Gesetz soll auch der Schritt von der Raumplanung, die bisher im wesentlichen nur als örtliche Raumplanung effektiv war, zur Raumordnung unternommen werden.

Die Raumplanung ist ein Teil der Raumordnung, nämlich derjenige Teil, der die Raumordnungsziele durch eine auf Grund und Boden bezogene Nutzungsordnung erreichen will. Solche Nutzungsordnungen sind nach dem derzeit geltenden Kärntner Landesplanungsgesetz das Entwicklungsprogramm, der Flächenwidmungsplan und der Bebauungsplan. Das Entwicklungsprogramm ist ein überörtlicher Raumplan (Landesplanung). Flächenwidmungspläne und Bebauungspläne gehören dem Bereich der „örtlichen Raumplanung" (Art. 118 Abs. 3 Z. 9 B.-VG.) an. Das Entwicklungsprogramm enthält die Grundsätze der Flächennutzung des Planungsraumes. Der Flächenwidmungsplan gliedert das Gemeindegebiet nach Nutzungsarten, mit der Wirkung, daß landesgesetzlich vorgesehene Bewilligungen, insbesondere Baubewilligungen, nur erteilt werden dürfen, wenn sie dem Flächenwidmungsplan nicht widersprechen. Der Bebauungsplan enthält Vorschriften über die Einzelheiten der Bebauung.

Alle diese Raumpläne sollen durch die Neuordnung der gesamten Materie – teilweise in diesem Entwurf, teilweise durch eine Novellierung des Landesplanungsgesetzes – erhalten bleiben. Während in der Novelle des Landesplanungsgesetzes hinsichtlich der Flächenwidmungspläne und Bebauungspläne nur jene Änderungen vorgenommen werden, die sich aus den bisherigen Erfahrungen aufdrängen, ist jedoch hinsichtlich der Entwicklungsprogramme, deren Neuordnung in diesem Gesetzentwurf erfolgt, eine einschneidende Änderung beabsichtigt.

Das Entwicklungsprogramm wird nicht mehr wie bisher einzig und alleine nur für die Flächenwidmungspläne Richtschnur, sondern im Sinne der oben aufgezeigten Notwendigkeit einer Koordination auch verbindlich für das sonstige staatliche Geschehen, soweit es auf Landesgesetze beruh-t [Anm: beruht], werden[.]

Eine Neuerung, die sich aus der Absicht, zu einem echten Raumordnungsgesetz zu erlangen, ergibt, stellt die Tatsache dar, daß die Zielsetzungen für die Raumordnung, die für das ganze Land Geltung haben soll, im Gesetz selbst aufgestellt werden. Diese Zielsetzungen werden sowohl für die oben genannten Planungsinstrumente, wie z.B. die Entwicklungsprogramme, als auch für die sonstigen Verordnungen, aber auch Entscheidungen oder Verfügungen auf Grund von Landesgesetzen, wie auch für Investitionen und Förderungsmaßnahmen die Grundlage abgeben."

ErlRV Verf-262/24/1993, 1 ff (zu LGBl 1994/42):

„1. Rahmenbedingungen und Motive der Neuregelung:

Das Kärntner Raumordnungsgesetz, das die zentralen gesetzlichen Grundlagen für die überörtliche Raumordnung in Kärnten beinhaltet, stammt – sieht man von einer lediglich die Zusammensetzung des Raumordnungsbeirates betreffende Novelle aus dem Jahr 1989 ob [ab] – unverändert aus dem Jahr 1969 und bringt demnach die damaligen ordnungs- und entwicklungspolitischen Zielvorstellungen zum Ausdruck. Auch im Bereich der Raumordnung haben sich aber seither sowohl die äußeren und inneren Rahmenbedingungen als auch die Wertprioritäten geändert:

a) Was die Wertprioritäten betrifft, ist im gegeben Zusammenhang zunächst auf das Bundes-Verfassungsgesetz vom 27. November 1984 über den umfassenden Umweltschutz, BGBl. Nr. 491 (BVG-Umweltschutz), zu verweisen, zufolge dessen § 1 Abs. 1 sich die Republik Österreich (Bund, Länder und Gemeinden) zum umfassenden Umweltschutz bekennen. Gemäß Abs. 2 leg. cit. ist unter umfassendem Umweltschutz die Bewahrung der natürlichen Umwelt als Lebensgrundlage der Menschen vor schädlichen Einwirkungen zu verstehen.

Ein ähnliches Bekenntnis zum Umweltschutz enthält auch das Kärntner Landesverfassungsgesetz vom 13. Mai 1986 über die Grundsätze des Umweltschutzes in Kärnten (Kärntner Umwelt-Verfassungsgesetz), LGBl. Nr. 42 [Anm: Art 7a K-LVG idgF]. Nach dessen § 1 Abs. 1 haben das Land und die Gemeinden durch Schutz und Pflege der Umwelt die Lebensbedingungen für die gegenwärtigen und künftigen Generationen in Kärnten zu sichern. Das Land und die Gemeinden haben nach § 2 im Rahmen ihres jeweiligen Wirkungsbereiches (unter anderem)

– die natürliche Lebensgrundlage Boden zu schützen und sparsam und pfleglich zu nutzen (Z. 1),

– die Leistungsfähigkeit der natürlichen Umwelt zu erhalten und eingetretene Schäden möglichst zu beheben oder durch ökologisch sinnvolle Pflegemaßnahmen zu mindern (Z. 2),

– die Eigenart und die Schönheit der Kärntner Landschaft, die charakteristischen Landschafts- und Ortsbilder sowie die Naturdenkmale und Kulturgüter Kärntens zu bewahren (Z. 4) und

– Grund und Boden sparsam und schonend zu nutzen, eine Zersiedelung zu vermeiden und Verkehrswege umweltgerecht zu planen und herzustellen (Z. 5).

Neben diesen skizzierten Zielen und Maßnahmen des Umweltschutzes legt das Kärntner Umwelt-Verfassungsgesetz in seinem § 3 ausdrücklich fest, daß (unter anderem) Landesgesetze mit den Grundsätzen und Zielen dieses Landesverfassungsgesetzes im Einklang stehen müssen.

Sowohl das BVG-Umweltschutz als auch das Kärntner Umwelt-Verfassungsgesetz stellen sogenannte „Staatszielbestimmungen" dar, also Grundsätze und allgemein gefaßte Richtlinien für das gesamte staatliche Handeln. Neben ihrer politischen Bedeutung als Ausdruck der Einigung maßgeblicher Gruppen im Staat über ein bestimmtes Ziel des staatlichen Handelns, beinhalten Staatszielbestimmungen aber auch Gebote für den (jeweils zuständigen) Gesetzgeber, entsprechende Mechanismen zur Erreichung der verfassungsrechtlich postulierten Ziele zu schaffen. Ein wesentliches Anliegen des vorliegenden Gesetzesentwurfes besteht nun darin, im Bereich des Raumordnungsrechtes in verstärktem Maße den Zielsetzungen des (verfassungsrechtlich vorgeprägten) Umweltschutzes gerecht zu werden und ökologische Erfordernisse bei der planmäßigen Gestaltung des Landesraumes in stärkerem Maße als bisher zu berücksichtigen.

Diesem Anliegen versucht insbesondere die Überarbeitung der Ziele und Grundsätze der Raumordnung und der Regelungen für die überörtlichen Entwicklungsprogramme Rechnung zu tragen.

b) Von diesen umweltpolitischen Gesichtspunkten einmal abgesehen, haben sich aber in den vergangenen zwei Dekaden der (weitgehend unveränderten) Geltung des Kärntner Raumordnungsgesetzes sowohl die internationalen Rahmenbedingungen als auch die zentralen raumordnungspolitischen Problembereiche wesentlich geändert:

aa) In diesem Zusammenhang ist einerseits an die Verwirklichung des EG-Binnenmarktes ab Herbst 1993, an die bevorstehende Schaffung des Europäischen Wirtschaftsraumes sowie an den von Österreich angestrebten EG-Beitritt zu denken. Andererseits befinden sich auch die Wirtschafts- und Gesellschaftssysteme in Ost- und Südosteuropa in einem tiefgreifenden Umbruch, unmittelbar an der Grenze zu Kärnten ist mit der Republik Slowenien ein neuer Nachbarstaat entstanden. Die aufgezeigten Entwicklungen werden einerseits Vorteile mit sich bringen und dazu führen, daß das Land Kärnten seine Rolle als Region am Rande eines Wirtschafts- und Gesellschaftsraumes verlieren wird und sich neue Möglichkeiten für erweiterte grenzüberschreitende Wirtschaftsbeziehungen eröffnen werden. Allerdings sind aber auch Belastungen durch erhöhtes Verkehrsaufkommen, geänderte Bedingungen für den Agrarmarkt, sich verschärfende Konkurrenzverhältnisse usw. zu erwarten.

Die Vorteile und Belastungen werden regional sehr unterschiedlich ausgeprägt auftreten und an die Raumordnung (und Regionalpolitik) größere Anforderungen als bisher stellen. Die Bewältigung der sich ändernden Rahmenbedingungen erfordert auch auf Landesebene geänderte Strategien der räumlichen Ordnungs- und Entwicklungspolitik. Dabei wird es auch erforderlich sein, die grenzüberschreitende Kooperation und die Abstimmung von Planungsvorhaben mit dem benachbarten Ausland zu intensivieren.

bb) Die zentralen Probleme der Raumordnung in Kärnten lassen sich schlagwortartig folgendermaßen zusammenfassen:
- große Baulandreserven
- fehlende Baulandmobilität
- Zersiedelung der Landschaft
- Konflikte zwischen verschiedenen Raumnutzungen

Ungeachtet des Umstandes, daß in den Flächenwidmungsplänen der Gemeinden in großem Umfang Baulandflächen ausgewiesen sind, werden diese Flächen weder durch die Grundeigentümer selbst einer Bebauung zugeführt noch Dritten hiefür zur Verfügung gestellt. Dies führt dazu, daß immer neue Grundflächen als Bauland ausgewiesen werden müssen, um den bestehenden Bedarf befriedigen zu können. Überdies verlagert sich dadurch die Siedlungsentwicklung von bestehenden Siedlungskernen weg, was einerseits einer – nicht nur aus raumordnungspolitischer Sicht – unerwünschten Zersiedelung der Landschaft Vorschub leistet, andererseits aber zu hohen Infrastrukturkosten für die Allgemeinheit und zu Konflikten zwischen verschiedenen Nutzungsansprüchen an den Raum führt.

Diesen negativen Entwicklungen entgegenzutreten ist eine weitere Intention des vorliegenden Gesetzesentwurfes.

2. EG-Konformität der Regelungen:

Ungeachtet des Umstandes, daß in den Gründungsverträgen der Europäischen Gemeinschaften keine Zuständigkeiten auf dem Gebiet der Raumordnung ausdrücklich begründet sind (vgl. in diesem Zusammenhang insbesondere die Anfragebeantwortung der Kommission ABl. 1983, Nr. C 100, S. 10; ABl. 1983, NR. C 58, S. 9), werden von den Europäischen Instanzen auf einigen raumordnungsbezogenen Gebieten Befugnisse in der Praxis dennoch ausgeübt. Dies gilt insbesondere für die gemeinschaftliche Regionalpolitik, die seit der Einheitlichen Europäischen Akte eine spezielle Rechtsgrundlage in den Art. 130a–130e gefunden hat (vgl. dazu näher Humer/Schweitzer, Raumordnung und Bodenrecht in Europa, Wien 1992, S. 307 f.).

Auch wenn derzeit noch keine spezifischen, die Raumordnung in den Mitgliedstaaten regelnden EG-Rechtsakte bestehen, ist in näherer Zukunft eine intensive Befassung der Gemeinschaftsorgane mit diesem Sachbereich zu erwarten. In diese Richtung weist insbesondere der Bericht des Ausschusses für Regionalpolitik, Raumordnung und Beziehungen zu den regionalen und lokalen Gebietskörperschaften des Europäischen Parlaments betreffend die „Raumordnungspolitik der Gemeinschaft – Europa 2000" aus dem Juli 1992, in dem die Notwendigkeit betont wird, Rechtgrundlagen zu schaffen, „die es ermöglichen, daß die Gemeinschaft in Zukunft koordinierend gesamteuropäische Entwicklungslinien entwirft" und auf diese Weise „Mitverantwortung für die Raumordnung in den Mitgliedsstaaten übernimmt".

Da derzeit jedoch verbindliche EG-Rechtsakte für den Kernbereich der Raumordnung (noch) nicht bestehen, ist die diesbezügliche innerstaatliche Gestaltungsfreiheit durch supranationale Rechtsvorschriften nicht beschränkt."

ErlRV -2V-LG-386/12-2001, 2 (zu LGBl 2001/136):

„Im Interesse der einheitlichen Zitierung des Kärntner Raumordnungsgesetzes wird im Titel des Gesetzes eine (Buchstaben-)Abkürzung eingeführt."

ErlRV 01-VD-LG-1729/8-2016, 1 und 5 (zu LGBl 2016/24):

„1. Änderungsbedarf

Das Kärntner Gemeindeplanungsgesetz 1995 – K-GplG 1995, LGBl. Nr. 23/1995 idF LGBl. Nr. 85/2013, das Kärntner Raumordnungsgesetz – K-ROG, LGBl. Nr. 76/1969 idF LGBl. Nr. 136/2001, und das Kärntner Umweltplanungsgesetz – K-UPG, LGBl. Nr. 52/2004 idF LGBl. Nr. 24/2007, bedürfen aufgrund der Richtlinie 2012/18/EU des Europäischen Parlaments und des Rates vom 4. Juli 2012 zur Beherrschung der Gefahren schwerer Unfälle mit gefährlichen Stoffen, zur Änderung und anschließenden Aufhebung der Richtlinie 96/82/EG des Rates, ABl. Nr. L 197 vom 24.7.2012, S 1 („Seveso-III Richtlinie"), einer Anpassung. Die aufgrund der Richtlinie 2012/18/EU erforderlichen Anpassungen werden wegen ihrer Dringlichkeit weiteren, in Aussicht genommenen umfangreichen Änderungen des Kärntner Gemeindeplanungsgesetzes 1995 und des Kärntner Raumordnungsgesetzes vorgezogen. Die Frist für die Umsetzung der Richtlinie 2012/18/

EU endete nach ihrem Art. 31 mit 31. Mai 2015. Im gegenständlichen Zusammenhang ist allerdings darauf hinzuweisen, dass die durch den vorliegenden Gesetzesentwurf intendierten Anpassungen an die Richtlinie 2012/18/EU die Umsetzung in den bezughabenden Materiengesetzen, insbesondere dem Kärntner Seveso-Betriebegesetz 2015 und der Gewerbeordnung 1994, nur aus raumordnungsrechtlicher Sicht zu ergänzen bezwecken.

2. Kompetenzrechtliche Grundlagen

Der vorliegende Gesetzesentwurf stützt sich auf Art. 15 Abs. 1 B-VG.

3. Besondere Anhörungsrechte

Vor Beschlussfassung des Gesetzesentwurfs ist die Bestimmung des § 8 Abs. 2 K-ROG zu beachten. Hiernach *ist der Raumordnungsbeirat* von der Landesregierung *in Angelegenheiten der Raumordnung*, insbesondere vor der Aufstellung von überörtlichen Entwicklungsprogrammen, *zu hören*.

4. Besonderheiten des Gesetzgebungsverfahrens

Keine.

[...]

Unionsrecht

Der vorliegende Gesetzesentwurf dient der Umsetzung der Richtlinie 2012/18/EU des Europäischen Parlaments und des Rates vom 4. Juli 2012 zur Beherrschung der Gefahren schwerer Unfälle mit gefährlichen Stoffen, zur Änderung und anschließenden Aufhebung der Richtlinie 96/82/EG des Rates, ABl. Nr. L 197 vom 24.7.2012, S 1 („Seveso-III-Richtlinie")."

§ 1 Begriff und Abgrenzung

(1) **Raumordnung ist die vorausschauende planmäßige Gestaltung des Gesamtraumes und der Teilräume des Landes zur Gewährleistung der bestmöglichen Nutzung und Sicherung des Lebensraumes im Interesse des Gemeinwohles unter Bedachtnahme auf die natürlichen und historisch gewachsenen Gegebenheiten, die ökologischen Erfordernisse, die abschätzbaren wirtschaftlichen, sozialen und kulturellen Bedürfnisse der Bevölkerung sowie die freie Entfaltung des einzelnen in der Gemeinschaft.**

(2) Die Planungszuständigkeiten des Bundes werden durch die Bestimmungen dieses Gesetzes nicht berührt.

ErlRV Verf-125/5/1969, 3 (zu LGBl 1969/76):

„Die Bestimmung des § 1 versucht in möglichst umfassender Weise eine Definition der Raumordnung zu geben."

ErlRV Verf-262/24/1993, 6 f (zu LGBl 1994/42):

„§ 1 Abs. 1 enthält eine Begriffsbestimmung dafür, was unter „Raumordnung" im Sinn des Kärntner Raumordnungsgesetzes zu verstehen ist. Was die einzelnen Begriffsmerkmale betrifft, ist zunächst von der Rechtsprechung des Verfassungsgerichtshofes zum Kompetenztatbestand „Raumordnung" auszugehen, wonach die planmäßige und vorausschauende Gestaltung eines bestimmten Gebietes in Bezug auf seine Verbauung einerseits und für die Erhaltung von im wesentlichen unverbauten Flächen andererseits nach Art. 15 Abs. 1 B-VG in Gesetzgebung und Vollziehung insoweit Landessache ist, als nicht einzelne dieser planenden Maßnahmen, wie im besonderen solche auf den Gebieten des Eisenbahnwesen, des Bergwesens, des Forstwesens und des Wasserrechts nach Art. 10 bis 12 B-VG der Gesetzgebung oder auch der Vollziehung des Bundes ausdrücklich vorbehalten sind (VfSlg. 2674/1954). Da die Raumordnung demnach – kompetenzrechtlich betrachtet – einen komplexen Begriff darstellt, können sowohl der Bund als auch die Länder raumordnende Tätigkeiten entfalten, jede dieser Autoritäten jedoch immer nur auf Gebieten, die nach der Kompetenzverteilung der Bundesverfassung in ihre Zuständigkeit fallen. Auch die Rechtsprechung des Verfassungsgerichtshofes erkennt in diesem Zusammenhang ausdrücklich an, daß in einem Bundesstaat, in dem sowohl dem Oberstaat als auch den Gliedstaaten raumordnende Befugnisse zukommen, Schwierigkeiten bei der Abgrenzung dieser Zuständigkeitsbereiche unvermeidbar sind (vgl. VfSlg. 2674/1954, 5669/1968).

Um eine Abgrenzung der Regelungen des Kärntner Raumordnungsgesetzes gegenüber solchen planenden Maßnahmen, die nach Art. 10 bis 12 B-VG der Gesetzgebung oder der Vollziehung des Bundes vorbehalten sind, in verfassungskonformer Weise zu gewährleisten, ordnet § 1 Abs. 2 ausdrücklich an, daß die Planungszuständigkeiten des Bundes durch die Bestimmungen dieses Gesetzes nicht berührt werden. Der Verfassungsgerichtshof erkennt gerade im Bereich der Raumordnung die Zulässigkeit einer derartigen – die Bundeskompetenz sichernden – Auslegungsregel ausdrücklich an (VfGH 17.6.1989 B 1399/87) und zieht diese salvatorische Klausel selbst bei der Abgrenzung zwischen Bundes- und Landeszuständigkeit heran."

§ 2 Ziele und Grundsätze der Raumordnung

(1) Ziele der Raumordnung sind:
1. Die natürlichen Lebensgrundlagen sind möglichst zu schützen und pfleglich zu nutzen.
2. Die Funktionsfähigkeit des Naturhaushaltes, die Vielfalt und die Eigenart der Kärntner Landschaft und die Identität der Regionen des Landes sind zu bewahren.
3. Für die einzelnen Regionen des Landes ist unter Bedachtnahme auf die jeweiligen räumlichen und strukturellen Gegebenheiten und ihre Entwicklungsmöglichkeiten eine bestmögliche Entwicklung der Wirtschafts- und Sozialstruktur anzustreben. Dabei ist für eine entsprechende Ausstattung mit Einrichtungen der Daseinsvorsorge in zumutbarer Entfernung Vorsorge zu treffen.
4. Die Bevölkerung ist vor Gefährdungen durch Naturgewalten und Unglücksfälle außergewöhnlichen Umfanges sowie vor vermeidbaren Umweltbelastungen durch eine entsprechende Standortplanung bei dauergenutzten Einrichtungen zu schützen.
5. Die Grundversorgung der Bevölkerung mit häufig benötigten öffentlichen und privaten Gütern und Dienstleistungen in ausreichendem Umfang, in angemessener Qualität und in zumutbarer Entfernung ist sicherzustellen und weiterzuentwickeln.
6. Gebiete, die sich für die Erholung eignen, insbesondere im Nahbereich von Siedlungs- und Fremdenverkehrszentren, sind zu sichern und nach Möglichkeit von Nutzungen freizuhalten, die den Erholungswert nicht bloß geringfügig beeinträchtigen.
7. Die Siedlungsstruktur ist unter Bedachtnahme auf die historisch gewachsene zentralörtliche Gliederung des Landes

derart zu entwickeln, daß eine bestmögliche Abstimmung der Standortplanung für Wohnen, wirtschaftliche Unternehmen, Dienstleistungs- und Erholungseinrichtungen unter weitestgehender Vermeidung gegenseitiger Beeinträchtigungen erreicht wird. Dabei sind eine möglichst sparsame Verwendung von Grund und Boden sowie eine Begrenzung und räumliche Verdichtung der Bebauung anzustreben und eine Zersiedelung der Landschaft zu vermeiden. Der Schutz und die Pflege erhaltenswerter Siedlungsstrukturen sind durch Maßnahmen der Orts- und Regionalentwicklung zu unterstützen.
8. Die räumlichen Voraussetzungen für eine leistungsfähige Wirtschaft sind langfristig sowohl in zentralörtlichen wie in peripheren Bereichen unter Bedachtnahme auf die jeweils unterschiedlichen Gegebenheiten zu sichern und zu verbessern; dabei ist insbesondere auf die Standorterfordernisse für die Ansiedlung und Erweiterung von Betrieben der Industrie und des Gewerbes, von Dienstleistungsbetrieben und Betrieben und Anlagen der Energieversorgung, die künftige Verfügbarkeit von Roh- und Grundstoffen, die Arbeitsmarktsituation sowie auf die zu erwartenden Beeinträchtigungen benachbarter Siedlungsräume und der naturräumlichen Umwelt Bedacht zu nehmen.
9. Der Fortbestand einer existenzfähigen bäuerlichen Land- und Forstwirtschaft ist durch die Erhaltung und Verbesserung der dazu erforderlichen räumlichen Voraussetzungen sicherzustellen. Dabei ist insbesondere auf die Verbesserung der Agrarstruktur, den Schutz und die Pflege der Natur- und Kulturlandschaft und auf die Erhaltung ausreichender bewirtschaftbarer Nutzflächen Bedacht zu nehmen.
10. Die räumlichen Voraussetzungen für einen leistungsfähigen Fremdenverkehr sind unter Bedachtnahme auf die soziale Tragfähigkeit und die ökologische Belastbarkeit des Raumes sowie die Erfordernisse des Landschafts- und Naturschutzes zu erhalten und weiterzuentwickeln.
11. Die Verkehrsbedürfnisse der Bevölkerung und der Wirtschaft sind unter Beachtung der bestehenden Strukturen und unter Berücksichtigung der Umwelt, der Gesundheit der Bevölkerung und des Landschaftsschutzes zu decken.

12. Im Hinblick auf bestehende und zu schaffende Versorgungsstrukturen ist für entsprechende Entsorgungsstrukturen ausreichend Vorsorge zu treffen.
13. Gebiete mit nutzbaren Wasser- und Rohstoffvorkommen sind von Nutzungen freizuhalten, die eine künftige Erschließung verhindern würden.
14. Zum Zweck der Verhütung schwerer Unfälle im Sinne der Richtlinie 2012/18/EU und zur Begrenzung ihrer Folgen für die menschliche Gesundheit und die Umwelt, haben das Land und die Gemeinden, soweit nicht eine Planungszuständigkeit des Bundes gegeben ist, die Ansiedelung von Betrieben, die in den Anwendungsbereich der Richtlinie 2012/18/EU fallen, und die Änderung bestehender derartiger Betriebe zu überwachen sowie neue Entwicklungen in an derartige Betriebe angrenzenden Gebieten, einschließlich von Verkehrsflächen, öffentlich genutzten Örtlichkeiten und Siedlungsgebieten zu berücksichtigen, sofern diese Ansiedelungen, Änderungen oder Entwicklungen Ursache von schweren Unfällen sein können oder das Risiko eines schweren Unfalls vergrößern oder die Folgen eines solchen Unfalls verschlimmern können.[1]

(2) Bei der Verfolgung der Ziele nach Abs. 1 sind folgende Grundsätze zu beachten:

1. Die Ordnung des Gesamtraumes hat die Gegebenheiten und Erfordernisse seiner Teilräume zu berücksichtigen. Ordnende Maßnahmen in den Teilräumen haben sich in die Ordnung des Gesamtraumes einzufügen. Auf ordnende Maßnahmen in benachbarten Teilräumen der angrenzenden Länder und des benachbarten Auslandes ist nach Möglichkeit Bedacht zu nehmen.
2. Rechtswirksame raumbedeutsame Maßnahmen und Planungen des Bundes sind zu berücksichtigen.
3. Bei allen raumbedeutsamen Planungen ist auf die Lebensbedingungen künftiger Generationen Rücksicht zu nehmen. Dabei ist ein Ausgleich zwischen den berechtigten Erforder-

---

[1] Die Novellierungsanordnung in LGBl 2016/24 lautet: „Nach § 2 Abs. 2 Z 13 wird folgende Z 14 eingefügt:". Hiebei handelt es sich offensichtlich um ein Redaktionsversehen. Aus diesem Grund wird die Z 14 dem § 2 Abs. 1 angefügt.

nissen der wirtschaftlichen Entwicklung und der Ökologie anzustreben.
4. Die Siedlungsentwicklung hat sich an den bestehenden Siedlungsgrenzen und an den bestehenden oder mit vertretbarem Aufwand zu schaffenden Infrastruktureinrichtungen zu orientieren, wobei auf deren größtmögliche Wirtschaftlichkeit Bedacht zu nehmen ist. Bei der Siedlungsentwicklung sind vorrangig die Deckung des ganzjährig gegebenen Wohnbedarfes der Bevölkerung und die Schaffung der räumlichen Voraussetzungen für eine leistungsfähige Wirtschaft anzustreben.
5. Absehbare Konflikte zwischen unterschiedlichen Nutzungen des Raumes sind nach Möglichkeit zu vermeiden oder zumindest auf ein vertretbares Ausmaß zu verringern.
6. Den Interessen des Gemeinwohles sowie den sonstigen öffentlichen Interessen kommt unter Wahrung der verfassungsgesetzlich gewährleisteten Rechte der Bürger der Vorrang gegenüber den Einzelinteressen zu.

(3) Die Vollziehung ist an die Ziele und Grundsätze der Raumordnung (Abs. 1 und 2) nach Maßgabe der Bestimmungen der §§ 3 bis 6 gebunden. Insoweit die Ziele nach Abs. 1 miteinander konkurrieren, ist bei der Abwägung, welche vorrangig zu verfolgen sind, von den Grundsätzen nach Abs.2 auszugehen.

ErlRV Verf-125/5/1969, 3 (zu LGBl 1969/76):

„Durch die Zielsetzungen des § 2 sollen die allgemeinen raumordnungspolitischen Grundsätze für Kärnten festgelegt werden, wobei die Zielsetzungen sowohl auf den Menschen als auch auf seinen Lebensraum Bezug nehmen."

ErlRV Verf-262/24/1993, 7 f (zu LGBl 1994/42):

„Der derzeit geltende Zielkatalog für die Raumordnung ist einerseits dadurch gekennzeichnet, daß er Aufgaben, Ziele und Grundsätze vermengt und überdies derart allgemein gehalten ist, daß mit den postulierten Entwicklungszielen so gut wie jede Ordnung des Landesraumes vereinbar ist. Hinzu kommt noch, daß die Entwicklungsziele zum Teil mit den geänderten Rahmenbedingungen und Wertprioritäten (vgl. dazu Punkt 1 des Allgemeinen Teiles [Anm: siehe oben]) nicht mehr im Einklang stehen. Diese Beurteilung läßt es geboten erscheinen, § 2 des Kärntner Raumordnungsgesetzes zur Gänze zu überarbeiten, wobei von folgenden Überlegungen auszugehen ist:

Zunächst werden die Ziele (Abs. 1) und die Grundsätze (Abs. 2) der Raumordnung voneinander getrennt. Im Abs. 1 werden teils allgemeine Ziele der Raumordnung (Z. 1 und Z. 2) festgelegt, teils wird auf einzelne raumordnungsrelevante Sachbereiche (Regionalentwicklung, Wirtschaft, Land- und Forstwirtschaft, Verkehrsentwicklung etc. Bezug genommen und ihre anzustrebende Entwicklung dargestellt.

Die Grundsätze der Raumordnung (Abs. 2) betreffen im Gegensatz dazu planerisch-methodische Gesichtspunkte, die das planerische Handeln bei der Verfolgung der Ziele nach Abs. 1 sowohl auf überörtlicher als auch auf örtlicher Ebene näher determinieren sollen:

Die Z. 1 normiert die Koordination und Abstimmung ordnender Maßnahmen mit Planungen und Vorhaben anderer Gebietskörperschaften in horizontaler und vertikaler Richtung. Dies gilt in gleicher Weise auch für die grenzüberschreitende Kooperation und die Abstimmung von Planungsvorhaben mit dem benachbarten Ausland. Durch diese Grundsätze soll – über das verfassungsrechtliche Rücksichtnahmeprinzip hinausgehend – sichergestellt werden, daß die Planungsprozesse auf den verschiedenen Ebenen miteinander verschränkt und Widersprüche nach Möglichkeit bereits frühzeitig vermieden werden.

Die Z. 2 normiert den Grundsatz der Berücksichtigung rechtswirksamer raumbedeutsamer Maßnahmen und Planungen des Bundes und trägt solcherart dem in der Rechtsprechung des Verfassungsgerichtshofes entwickelten Rücksichtnahmegebot ausdrücklich Rechnung. Die Pflicht zur Rücksichtnahme auf die Interessen gegenbeteiligter Gebietskörperschaften verbietet es einerseits, die von einer anderen Gebietskörperschaft wahrzunehmenden Interessen zu negieren und verhält andererseits dazu, eine zu einem angemessenen Ausgleich führende Abwägung der Planungsinteressen des Landes (der Gemeinde) mit den Planungsinteressen des Bundes vorzunehmen (vgl. VfSlg. 10292/1984).

Die Z. 3, die eine bereist im § 1 Abs. 1 des Kärntner Umwelt-Verfassungsgesetzes [Anm: Art 7a K-LVG idgF] enthaltene Anordnung für den Bereich der Raumordnung näher konkretisiert, legt für die Abwägung wirtschaftlicher und ökologischer Anforderungen an den Raum einen (relativen) Vorrang der ökologischen Belange fest und trägt auf diese Wiese dem Anliegen des – umfassend verstandenen – Umweltschutzes Rechnung. Dem liegt der Gedanke zugrunde, daß ein wirksamer Schutz der Umwelt nicht allein durch repressive Maßnahmen oder durch die Sanierung bereits eingetretener Schäden bewerkstelligt werden kann, sondern effizienter gerade auch durch vorausschauend, präventive Planungsmaßnahmen. Der Umweltschutz soll zwar ein sehr wesentliches, aber eben nur eines von mehreren Abwägungskriterien bei der Lösung von Konflikten zwischen verschiedenen Raumordnungszielen sein. Durch die (verstärkte) Berücksichtigung des Umweltschutzes sollen insbesondere auch die für künftige Nutzungsmöglichkeiten erforderlichen vielfältigen Handlungsspielräume für spätere Generationen offengehalten werden.

Die Z. 4, 5 und 6 bringen weiters die Grundsätze der an den bestehenden oder mit vertretbaren Aufwand zu schaffenden Infrastruktureinrichtungen orientierten Siedlungsentwicklung, der vorrangigen Deckung des Raumbedarfes für (ganzjährige) Wohn- und für Wirtschaftsnutzung, der Vermeidung absehbarer Konflikte, zwischen unterschiedlicher Raumnutzungen und des Vorranges der Interessen der Allgemeinheit vor den Einzelinteressen zum Ausdruck.

Nach der Rechtsprechung des Verfassungsgerichtshofes ist gerade zur Determinierung von Planungsakten in Verordnungsform die gesetzliche Regelungstechnik der „finalen Programmierung" zulässig, bei der das planende Verwaltungshandeln durch die Normierung von Planungszeiten festgelegt wird. Der Preis für die dadurch bewirkte höhere Flexibilität – mit der Festlegungen von Zielen stehen die zu ihrer Erreichung anzuwendenden Mittel noch keineswegs fest –, besteht darin, daß diese Regelungstechnik Zielkonflikte von vornherein in Kauf nimmt. Da die einzelnen Ziele häufig nicht nur in einem Spannungsverhältnis zueinander stehen, sondern mitunter sogar gegenläufige Bewertungen zum Ausdruck bringen, können solche Zielkonflikte im Regelfall nicht (allein) aus einer (inneren) Rangordnung oder Gewichtung der Ziele heraus – je nach Betonung des einen oder anderen im gesetzlichen Zielkatalogs vorgesehenen Gesichtspunktes – gelöste werden. Um eine Art. 18 B-VG gerecht werdende Determinierung des planenden Handelns bei der Verfolgung konkurrierender Raumordnungsziele zu gewährleisten, beinhalten die Raumordnungsgrundsätze (Abs. 2) jene (vom Gesetzgeber festgelegten) Wertprioritäten, die bei der Interessenabwägung zur Lösung von Zielkonflikten als Abwägungskriterien heranzuziehen sind (vgl. VfGH 6.10.1988 G 240/87). Den Gedanken, daß anläßlich der Abwägung, welchen von mehreren Raumordnungszielen nach Abs. 1 der Vorrang gebührt, von den Grundsätzen nach Abs. 2 auszugehen ist, bringt Abs. 3 dieser Bestimmung nunmehr dezidiert zum Ausdruck."

ErlRV 01-VD-LG-1729/8-2016, 3 (zu LGBl 2016/24):

„Zu Z 2 (§ 2 Abs. 1 Z 14)

Wie bereits bisher nach Art. 12 Abs. 1 der Richtlinie 96/82/EG haben nunmehr auch nach Art. 13 Abs. 1 *der Richtlinie 2012/18/EU* die Mitgliedstaaten dafür zu sorgen, dass in ihren Politiken der Flächenausweisung oder Flächennutzung oder anderen einschlägigen Politiken das Ziel, schwere Unfälle zu verhüten und ihre Folgen für die menschliche Gesundheit und die Umwelt zu begrenzen, Berücksichtigung findet. Dazu haben sie die Ansiedlung neuer Betriebe, die Änderung von Betrieben iSd Art. 11 der Richtlinie 2012/18/EU und neue Entwicklungen in der Nachbarschaft von Betrieben, einschließlich *Verkehrswegen, öffentlich genutzten Örtlichkeiten und Wohngebieten*, wenn diese Ansiedlungen oder Entwicklungen Ursache von schweren Unfällen sein oder das Risiko eines schweren Unfalls vergrößern oder die Folgen eines solchen Unfalls verschlimmern können, zu überwachen. Diese aus Art. 13 Abs. 1 der Richtlinie 2012/18/EU erfließende Verpflichtung hatte bislang keine ausdrückliche Entsprechung im K-GplG 1995 oder im K-ROG gefunden (vgl. demgegenüber etwa die Zielbestimmung für die überörtliche Raumordnung in § 1 Abs. 2 lit. e des Tiroler Raumordnungsgesetzes 2011). Diese Lücke soll durch die Einfügung einer neuen Zielbestimmung in das K-ROG geschlossen werden (vgl. im gegenständlichen Zusammenhang etwa *Büchele*, Umsetzung des Art 12 der Seveso II-RL zur Flächennutzung, RdU 2003, 94 ff). Ein Verweis auf die Planungszuständigkeiten des Bundes ist insbesondere aufgrund der Fachplanungskompetenzen des Bundes erforderlich (vgl. unter anderem Art. 10 Abs. 1 Z 8 B-VG [„Angelegenheiten des Gewerbes und der Industrie"] und Art. 10 Abs. 1 Z 10 B-VG [„Bergwesen"]; näher hierzu *Attlmayr*, Zur kompetenzrechtlichen Problematik der Umsetzung der Art 11 und 12 der „Seveso II"-Richtlinie, RdU 1998, 174 ff)."

§ 3 Überörtliche Entwicklungsprogramme

(1) Die Landesregierung hat in Übereinstimmung mit den Zielen und Grundsätzen der Raumordnung (§ 2) durch Verordnung Entwicklungsprogramme aufzustellen, die die angestrebten Ziele für die Gestaltung und Entwicklung des jeweiligen Planungsraumes (Abs. 2) festzulegen und die zur Erreichung erforderlichen Maßnahmen aufzuzeigen haben.

(2) Entwicklungsprogramme können für das gesamte Landesgebiet oder für einzelne Landesteile als Sachgebietsprogramme oder für einzelne Planungsregionen (regionale Entwicklungsprogramme) aufgestellt werden. Sie haben aus einem Textteil und – soweit erforderlich – aus einer zeichnerischen Darstellung samt Planzeichenerklärung zu bestehen.

(3) Die regionalen Entwicklungsprogramme haben die anzustrebende wirtschaftliche, soziale, ökologische und kulturelle Entwicklung des Planungsraumes darzustellen und grundsätzliche Aussagen insbesondere für folgende Bereiche zu enthalten:
1. die Zuordnung allgemeiner und überörtlicher Funktionen zu den Gemeinden;
2. die Festlegung von Siedlungsgrenzen (Außengrenzen), insbesondere in Gebieten mit dynamischer Siedlungsentwicklung;
3. die Ausweisung von Vorrangflächen für die Erweiterung bzw. Neuansiedlung von Betrieben mit besonderen Standortvoraussetzungen;
4. die Erklärung von Vorranggebieten für Freiraumnutzungen;
5. die Ausweisung von Gefährdungsbereichen (Gefahrenzonen).

(4) Die Sachgebietsprogramme haben für einzelne raumbezogene Sachgebiete überörtliche Vorgaben für die regionalen Entwicklungsprogramme und die örtliche Raumplanung festzulegen. Soweit dies zur Erreichung einzelner überörtlicher Entwicklungsziele erforderlich ist, können auch Richt- und Grenzwerte festgelegt werden.

(5) Zu den Entwicklungsprogrammen sind Erläuterungen zu verfassen, die eine Bestandsaufnahme und Bewertung des jeweiligen Planungsraumes und eine Beurteilung seiner Entwicklungsmöglichkeiten in wirtschaftlicher, sozialer, ökologischer und kultureller Hinsicht zu enthalten haben.

ErlRV Verf-125/5/1969, 3 f (zu LGBl 1969/76):

„Diese Bestimmung wurde in Anlehnung an § 1 Abs. 1 des geltenden Landesplanungsgesetzes verfaßt. Während bisher die Entwicklungsprogramme nur für einen geschlossenen Planungsraum aus einer Gesamtschau („Gesamtgestaltung") festzulegen waren, wird nunmehr die Möglichkeit eröffnet, ein solches Entwicklungsprogramm auch aus dem Gesichtswinkel nur eines Sachbereiches heraus, also als sogenannten Ressortplan aufzustellen. Zu den Entwicklungsprogrammen sind Erläuterungen zu verfassen, die zwar nicht wie das Entwicklungsprogramm selbst als Verordnung im Landesgesetzblatt, aber doch gesondert als Druckwerk zu veröffentlichen sind. Das Entwicklungsprogramm selbst kann als Verordnung nur Normen enthalten. Zum besseren Verständnis dieser Normen wird es beitragen, wenn der Öffentlichkeit die Bestandsaufnahme, die die Grundlage für diese Norm bildet, und eine Beurteilung der Entwicklungsmöglichkeit zugänglich gemacht wird."

ErlRV Verf-262/24/1993, 9 f (zu LGBl 1994/42):

„Der vorliegende Gesetzesentwurf trennt die materiellen Regelungen für die überörtlichen Entwicklungsprogramme (§ 3) von den Verfahrensbestimmungen (§ 3a) und von den Vorschriften betreffend die Änderung der Entwicklungsprogramme (§ 3b). In den Entwicklungsprogrammen sind in Übereinstimmung mit den Zielen und Grundsätzen der Raumordnung (§ 2) die Ziele für die Gestaltung und Entwicklung des jeweiligen Planungsraumes festzulegen und die zu ihrer Erreichung erforderlichen Maßnahmen aufzuzeigen. Überörtliche Entwicklungsprogramme haben demnach grundsätzlich Aussagen darüber zu enthalten, welche Ziele vornehmlich geeignet sind, bei einer sinnvollen Abstimmung aufeinander eine geordnete Gesamtentwicklung des jeweiligen Planungsraumes zu gewährleisten. Sie können einerseits nach regionalen Gesichtspunkten (regionale Entwicklungsprogramme), anderseits für bestimmte Sachbereiche der Raumordnung (Sachgebietsprogramme) aufgestellt werden. Im Gegensatz zur früheren Rechtslage werden Hinkunft Sachgebietsprogramme auch nur für einzelne Landesteile erlassen werden können.

Zulässige Inhalte von (überörtlichen) Entwicklungsprogrammen dürfen nach der Rechtsprechung des Verfassungsgerichtshofes (vgl. insbesondere VfSlg. 11633/1988) nur solche Festlegungen sein, denen ein konkretes überörtliches Ordnungsanliegen zugrundeliegt. Anderenfalls greifen überörtliche Festlegungen in verfassungswidriger Weise in die Kommunalautonomie ein.

Während die Sachgebietsprogramme Vorgaben sowohl für die regionalen Entwicklungsprogramme als auch für die örtliche Raumplanung festlegen können, enthalten die regionalen Entwicklungsprogramme überörtliche Determinaten lediglich für die örtliche Raumplanung; sie bilden deren Schranken und Rahmen zugleich. Die Aufzählung jener Bereiche, für die die regionalen Entwicklungsprogramme jedenfalls Aussagen zu enthalten haben (§ 3 Abs. 3 Z. 1 bis 5), gibt deren Mindestinhalte wieder. Je nach den regionalen Erfordernissen dürfen auch andere (zusätzliche) Festlegungen getroffen werden."

§ 3a Verfahren

(1) Der Entwurf des Entwicklungsprogramms ist den in Betracht kommenden Bundesdienststellen, den Landesregierungen benachbarter Länder, den betroffenen Gemeinden und den in Betracht kommenden gesetzlichen Interessenvertretungen unter Einräumung einer angemessenen Frist zur Stellungnahme zuzuleiten.

(2) In das Verfahren nach Abs. 1 können auch andere Planungsträger einbezogen werden, deren Interessen berührt werden.

(3) Bei der Aufstellung von Entwicklungsprogrammen ist auf Vorschläge der in Abs. 1 und 2 genannten Stellen, die mit den Zielen und Grundsätzen der Raumordnung (§ 2 Abs. 1 und 2) im Einklang stehen und miteinander koordiniert werden können, sowie auf Planungen benachbarter Länder und des angrenzenden Auslandes Bedacht zu nehmen. Rechtswirksame raumbedeutsame Maßnahmen und Planungen des Bundes sind zu berücksichtigen.

(4) Die Entwicklungsprogramme sind durch Auflage in der mit den Angelegenheiten der Raumordnung betrauten Abteilung des Amtes der Landesregierung und durch die für das Inkrafttreten maßgebende Verlautbarung im Landesgesetzblatt kundzumachen. Die Verlautbarung hat jedenfalls die Bezeichnung, den Gegenstand und den Geltungsbereich des Entwicklungsprogramms sowie einen Hinweis auf die Möglichkeit zur Einsichtnahme gemäß Abs. 5 zu enthalten.

(5) Die Entwicklungsprogramme sind bei der mit den Angelegenheiten der Raumordnung betrauten Abteilung des Amtes der Landesregierung sowie bei den in Betracht kommenden Bezirkshauptmannschaften und Gemeinden während der für den Parteienverkehr bestimmten Amtsstunden zur allgemeinen Einsichtnahme bereitzuhalten.

ErlRV Verf-125/5/1969, 3 f (zu § 3 Abs. 4 und 5 idF LGBl 1969/76):

„Die Bestimmungen der Abs. 4 und 5 dienen den Interessen der Koordinierung im Sinne des Interessenausgleiches."

ErlRV Verf-262/24/1993, 9 f (zu LGBl 1994/42):

„Der vorliegende Gesetzesentwurf trennt die materiellen Regelungen für die überörtlichen Entwicklungsprogramme (§ 3) von den Verfahrensbestimmungen (§ 3a) und von den Vorschriften betreffend die Änderung der Entwicklungsprogramme (§ 3b).

[...]

Die Verfahrensvorschriften für die Aufstellung der überörtlichen Entwicklungsprogramme (§ 3a) bezwecken einerseits eine Verstärkung der Kooperation und der gegenseitigen Abstimmung der überörtlichen Planung mit raumbedeutsamen Vorhaben und Maßnahmen anderer Planungsträger (Abs. 1 bis Abs. 3), andererseits eine verstärkte Publizität und verbesserte Zugänglichkeit dieser Programme (Abs. 4 und Abs. 5). Allfällige Befürchtung, daß der Ausbau der Verfahrensvorschriften zeitliche Verzögerungen der Planungsabläufe mit sich bringen werde, stehen eine solcherart bewirkte verbesserte Abstimmung mit anderen Planungsebenen, eine demokratiepolitisch wünschenswerte verstärkte Einbindung der Bevölkerung in die Planungsabläufe und eine dadurch voraussichtliche erhöhte Akzeptanz der (überörtlichen) Raumordnung gegenüber."

§ 3b Änderung von Entwicklungsprogrammen

Entwicklungsprogramme sind zu ändern, wenn sich die maßgebliche Rechtslage oder die ursprünglichen Planungsvoraussetzungen geändert haben. § 3a gilt sinngemäß.

ErlRV Verf-262/24/1993, 9 (zu LGBl 1994/42):

„Der vorliegende Gesetzesentwurf trennt die materiellen Regelungen für die überörtlichen Entwicklungsprogramme (§ 3) von den Verfahrensbestimmungen (§ 3a) und von den Vorschriften betreffend die Änderung der Entwicklungsprogramme (§ 3b)."

§ 3c Raumverträglichkeitsprüfung

(1) Die Landesregierung kann über Veranlassung des Projektwerbers und in Zusammenarbeit mit diesem bei einem geplanten Vorhaben, von dem über das Gebiet einer Gemeinde hinausgehende erhebliche Auswirkungen auf die Raumstruktur zu erwarten sind, zur Erarbeitung von Entscheidungsgrundlagen die Durchführung einer Raumverträglichkeitsprüfung veranlassen, wenn der Betreiber die zur grundsätzlichen Beurteilung der raumbedeutsamen Auswirkungen des Vorhabens erforderlichen fachlichen Unterlagen zur Verfügung stellt.

(2) Im Rahmen der Raumverträglichkeitsprüfung sind die abschätzbaren raumbedeutsamen Auswirkungen bei einer Verwirklichung des Vorhabens insbesondere auf die Siedlungs- und Verkehrsentwicklung, die regionale Wirtschaft, den Arbeitsmarkt und die Umwelt zu erheben und zusammenfassend darzustellen.

(3) Auf der Grundlage der Darstellung gemäß Abs. 2 ist die Verträglichkeit des geplanten Vorhabens mit den Zielen und Grundsätzen der Raumordnung (§ 2), den überörtlichen Entwicklungsprogrammen und anderen bekannten Vorhaben und Planungsabsichten zu beurteilen. Gegebenenfalls können auch aus raumordnungspolitischer Sicht sinnvolle Modifikationen des Vorhabens oder Alternativen zu dem Vorhaben dargestellt werden.

(4) Die Darstellung gemäß Abs. 2 und die Beurteilung gemäß Abs. 3 bilden das Raumverträglichkeitsgutachten.

(5) Mit der Erstellung des Raumverträglichkeitsgutachtens können unter Verpflichtung zur Wahrung von Betriebs- und Geschäftsgeheimnissen auch geeignete Sachverständige, die nicht Amtssachverständige sind, oder facheinschlägige wissenschaftliche Institute des universitären oder außeruniversitären Bereiches beauftragt werden.

§ 4 Informationspflichten

Die Inhaber und Projektwerber von Betrieben, die in den Anwendungsbereich der Richtlinie 2012/18/EU zur Beherrschung der Gefahren schwerer Unfälle mit gefährlichen Stoffen fallen, sind unbeschadet anderer gesetzlicher Informations- und Mitteilungspflichten verpflichtet, den Dienststellen des Landes und den zuständigen Gemeinden auf deren Verlangen ausreichende Informationen über Art und Ausmaß der vom jeweiligen Betrieb ausgehenden Gefahren, über die Gefährdungsbereiche und über die zur Beurteilung des Gefährdungspotentials maßgeblichen Umstände zu erteilen, soweit dies zur Wahrnehmung deren Aufgaben nach diesem Gesetz oder dem Kärntner Gemeindeplanungsgesetz 1995 erforderlich ist.

ErlRV 01-VD-LG-1729/8-2016, 3 f (zu LGBl 2016/24):

„Die in § 4 des Gesetzesentwurfs vorgesehene *Informationspflicht von Inhabern und Projektwerbern von Betrieben iSd Seveso-III-Richtlinie (Richtlinie 2012/18/EU)* wird aufgrund des Art. 13 Abs. 3 letzter Satz der Richtlinie 2012/17/EU aufgenommen, dem zufolge die Mitgliedstaaten sicherzustellen haben, dass die Betreiber von Betrieben der unteren Klasse auf Aufforderung der zuständigen Behörde für Zwecke der Flächenausweisung oder Flächennutzung genügend Informationen zu den vom Betrieb ausgehenden Risiken liefern, wobei, wie bereits ausgeführt, die Umsetzung dieser Informationsverpflichtung in erster Linie in den entsprechenden Materiengesetzen (insbesondere der Gewerbeordnung 1994 und dem Kärntner Seveso-Betriebegesetz 2015) erfolgt. Es erfolgt daher auch in § 8d des Gesetzesentwurfs ein entsprechender Umsetzungshinweis.

Die Mitteilungspflichten des Betriebsinhabers wurden vor kurzem in § 4 des *Kärntner Seveso-Betriebegesetzes 2015* – K-SBG, LGBl. Nr. 68/2015, neu geregelt. Nach § 10 des Kärntner Seveso- Betriebegesetzes 2015 ist der Betriebsinhaber verpflichtet, der Behörde auf Verlangen sämtliche Informationen bereitzustellen, die erforderlich sind, um die Möglichkeit des Eintritts eines schweren Unfalls beurteilen zu können, insbesondere soweit sie für die Erfüllung der Verpflichtung zur Durchführung von Inspektionen, zur Beurteilung der Möglichkeit des Auftretens von Domino-Effekten und zur genaueren Beurteilung der Eigenschaften gefährlicher Stoffe notwendig sind. Behörde im Sinne des Kärntner Seveso-Betriebegesetzes 2015 ist die Bezirksverwaltungsbehörde (vgl. § 15 leg. cit.). Nach § 13 des Kärntner Seveso-Betriebegesetzes 2015 hat die Behörde (die Bezirksverwaltungsbehörde) die einen Betrieb betreffenden Informationen gemäß § 4 Abs. 1 Z 1 und Z sowie gemäß § 4 Abs. 3 und Abs. 4 Kärntner Seveso-Betriebegesetz 2015 unverzüglich nach ihrem Vorliegen der Landesregierung weiterzuleiten. Zudem hat die Behörde nach § 13 Abs. 5 des Kärntner Seveso-Betriebegesetzes 2015 zur Sicherstellung der Wahrnehmung der Aufgaben im Bereich der Flächenausweisung und Flächennutzung die Mitteilung nach § 4 Abs. 1 sowie Änderungen der Mitteilung iSd § 4 Abs. 3 und 4 Kärntner Seveso- Betriebegesetz 2015 an die zuständigen Gemeinden weiterzuleiten. Unbeschadet dieser Verpflichtungen der Bezirksverwaltungsbehörde nach dem Kärntner Seveso-Betriebegesetz 2015, bestimmte Informationen an die Landesregierung und die Gemeinden weiterzuleiten, soll auch im Kärntner Raumordnungsgesetz eine Möglichkeit der Dienststellen des Landes und der betroffenen Gemeinden vorgesehen werden, die für die Wahrnehmung ihrer Aufgaben erforderlichen Informationen vom Betriebsinhaber und vom Projektwerber eines Betriebes im Sinne der Richtlinie 2012/17/EU verlangen zu können. Die im Gesetzesentwurf vorgesehene Möglichkeit, Informationen zu verlangen, soll inhaltlich die in den Materiengesetzen statuierten Informations- und Mitteilungspflichten *in Bezug auf die Raumordnung und Raumplanung ergänzen*, nicht jedoch ersetzen."

§ 5 Wirkung für die Hoheitsverwaltung

(1) Verordnungen auf Grund von Landesgesetzen dürfen nur im Einklang mit den Zielen und Grundsätzen der Raumordnung (§ 2) und den überörtlichen Entwicklungsprogrammen, Bescheide auf Grund von Landesgesetzen nur im Einklang mit den Entwicklungsprogrammen erlassen werden.

(2) Entgegen den Bestimmungen des Abs. 1 erlassene Bescheide sind mit Nichtigkeit bedroht.

ErlRV Verf-125/5/1969, 4 (zu LGBl 1969/76):

„Durch diese Bestimmung wird die Ausrichtung aller behördlichen Maßnahmen auf Grund von Landesgesetzen auf die Entwicklungsprogramme und die Ausrichtung aller Verordnungen auf Grund von Landesgesetzen auch auf die Zielsetzung des § 2 gesichert."

ErlRV Verf-262/24/1993, 10 (zu LGBl 1994/42):

„Die Änderungen in den §§ 4, 5 und 6 bezwecken lediglich die Wahrung des sprachlichen Gleichklanges im Verhältnis zur (nunmehr geänderten) Diktion der §§ 2 und 3. Eine inhaltliche Änderung wird dadurch nicht bewirkt."

§ 6 Wirkung für die Privatwirtschaftsverwaltung des Landes

(1) Investitionen und Förderungsmaßnahmen dürfen nur im Einklang mit den Zielen und Grundsätzen der Raumordnung (§ 2) und den überörtlichen Entwicklungsprogrammen erfolgen.

(2) Die Bestimmungen des Abs. 1 gelten für
a) das Land Kärnten,
b) die auf Grund von Landesgesetzen eingerichteten Körperschaften öffentlichen Rechtes und
c) die Vertreter der unter lit. a und b genannten Körperschaften in den Gesellschaften, an denen diese Körperschaften beteiligt sind.

(3) Auf Förderungsmaßnahmen, die von den im Abs. 2 lit. a und b genannten Körperschaften mit Mitteln des Bundes durchgeführt werden, findet der Abs. 1 keine Anwendung.

ErlRV Verf-125/5/1969, 4 (zu LGBl 1969/76):

„Durch diese Bestimmung wird sichergestellt, daß auch privatwirtschaftliche Maßnahmen des Landes nur im Einklang mit den Zielsetzungen erfolgen dürfen."

ErlRV Verf-262/24/1993, 10 (zu LGBl 1994/42):

„Die Änderungen in den §§ 4, 5 und 6 bezwecken lediglich die Wahrung des sprachlichen Gleichklanges im Verhältnis zur (nunmehr geänderten) Diktion der §§ 2 und 3. Eine inhaltliche Änderung wird dadurch nicht bewirkt."

§ 7 Raumordnungskataster

(1) Das Amt der Landesregierung hat einen Raumordnungskataster zu führen. In den Raumordnungskataster sind von Amts wegen die das Landesgebiet oder Teile des Landesgebietes betreffenden raumbedeutsamen Grundlagendaten, Maßnahmen und Planungen aufzunehmen.

(2) Jedermann steht es frei, in den Raumordnungskataster einzusehen und Mitteilungen daraus zu verlangen.

(3) Die Bestimmung des Abs. 2 gilt nicht, wenn im öffentlichen Interesse Geheimhaltung geboten ist.

ErlRV Verf-125/5/1969, 4 (zu LGBl 1969/76):

„Bestimmungen über einen Raumordnungskataster waren bisher nicht vorgesehen. Eine derartige Einrichtung ist vor allem deshalb notwendig, um eine Grundlage für erforderliche Koordinierungs- und Planungsmaßnahme zu schaffen."

ErlRV Verf-262/24/1993, 10 (zu LGBl 1994/42):

„Während nach der derzeitigen Rechtslage in den Raumordnungskataster lediglich „Maßnahmen und Planungen" aufzunehmen sind, sollen in Hinkunft auch raumbedeutsame Grundlagendaten aufgenommen werden können."

§ 8 Raumordnungsbeirat

(1) Beim Amt der Landesregierung ist zur Beratung der Landesregierung in den Angelegenheiten der Raumordnung ein Raumordnungsbeirat – im folgenden Beirat genannt – einzurichten.

(2) Der Beirat ist von der Landesregierung in Angelegenheiten der Raumordnung, insbesondere vor der Aufstellung von überörtlichen Entwicklungsprogrammen, zu hören.
(3) Die Mitgliedschaft zum Beirat ist ein Ehrenamt. Die Landesregierung hat jedoch den Mitgliedern ein der Bedeutung ihres Amtes angemessenes Sitzungsgeld zu gewähren.

ErlRV -2V-LG-386/12-2001, 1 (zu LGBl 2001/136):

„Das Kärntner Raumordnungsgesetz, LGBl. Nr. 76/1969, idF der Gesetze LGBl. Nr. 5/1990, 42/1994, 86/1996 und der Kundmachungen LGBl. Nr. 60/1994, 89/1994, enthält neben den zentralen gesetzlichen Grundlagen der überörtlichen Raumplanung in Kärnten in den §§ 8 ff. leg.cit. auch detaillierte Regelungen für den Raumordnungsbeirat. Unter Beiräten versteht man nach dem in Österreich gebräuchlichen Begriffsverständnis jene ständigen, fachlich spezialisierten Beratungsgremien staatlicher Behörden, die nicht ausschließlich aus Berufsbeamten, sondern teilweise oder zur Gänze aus „Laien", reinen Fachleuten oder Interessenvertretern zusammengesetzt sind (vgl. dazu näher Antoniolli/Koja, Allgemeines Verwaltungsrecht, 1986, S 331 ff.). Ihre Aufgabe besteht regelmäßig in der Beratung der Verwaltungsbehörden, denen sie beigegeben sind, wobei es sowohl um die Bereitstellung von Sachverstand als auch um die Darstellung von Interessengesichtspunkten gehen kann."

§ 8a Zusammensetzung des Beirates

(1) Der Beirat besteht aus sechzehn Mitgliedern.
(2) Die Mitglieder des Beirates sind von der Landesregierung für die Dauer der Gesetzgebungsperiode des Landtages auf Vorschlag folgender Stellen zu bestellen:
a) neun Mitglieder auf Vorschlag der im Landtag vertretenen Parteien nach Maßgabe ihres Stärkeverhältnisses;
b) zwei Mitglieder auf Vorschlag des Kärntner Gemeindebundes;
c) je ein Mitglied auf Vorschlag der Kammer für Arbeiter und Angestellte für Kärnten, der Kammer der gewerblichen Wirtschaft für Kärnten, der Kammer für Land- und Forstwirt-

schaft in Kärnten, der Landarbeiterkammer und des Österreichischen Städtebundes, Landesgruppe Kärnten.

(3) Die Landesregierung hat die vorschlagsberechtigten Stellen einzuladen, innerhalb einer angemessen festzusetzenden Frist, welche nicht kürzer als ein Monat sein darf, von ihrem Vorschlagsrecht Gebrauch zu machen. Langt innerhalb dieser Frist kein entsprechender Vorschlag bei der Landesregierung ein, hat die Landesregierung die Bestellung ohne weitere Bedachtnahme auf das Vorschlagsrecht vorzunehmen.

(4) Für jedes Mitglied des Beirates ist in gleicher Weise ein Ersatzmitglied zu bestellen, welches das Mitglied bei dessen Verhinderung zu vertreten hat.

(5) Scheidet ein Mitglied (Ersatzmitglied) vor Ablauf der Funktionsperiode aus seinem Amt aus, hat die Landesregierung unverzüglich unter sinngemäßer Anwendung der Abs. 2 bis 4 für die restliche Dauer der Funktionsperiode ein neues Mitglied (Ersatzmitglied) zu bestellen.

(6) Die Mitglieder (Ersatzmitglieder) des Beirates bleiben nach Ablauf der Gesetzgebungsperiode des Landtages bis zur Bestellung neuer Mitglieder (Ersatzmitglieder) in ihrem Amt.

ErlRV Verf-125/5/1969, 4 (zu § 8 idF LGBl 1969/76):

„Die Bestimmungen über den Raumordnungsbeirat entsprechen insbesondere im Hinblick auf seine Zusammensetzung inhaltlich den Bestimmungen über den Landesplanungsbeirat nach dem derzeit geltenden Landesplanungsgesetz (vgl. § 4 LGBl. Nr. 47/1959 in der Fassung LGBl. Nr. 43/1961)."

ErlRV -2V-LG-386/12-2001, 1 ff (zu LGBl 2001/136):

„Das Ziel des vorliegenden Gesetzesentwurfes besteht darin, die innere Organisation des Raumordnungsbeirates – im Lichte der praktischen Erfahrungen – an die geänderten Anforderungen anzupassen.

[...]

Nach § 8a Abs. 2 des Kärntner Raumordnungsgesetzes sind die Mitglieder des Raumordnungsbeirates von der Landesregierung „für die Dauer der Gesetzgebungsperiode des Landtages" zu bestellen; dies hat zu Folge, dass die Funktionsperiode der Mitglieder des Raumordnungsbeirates mit dem Ablauf der Gesetzgebungsperiode des Landtages ex lege endet.

Um sicherzustellen, dass nach diesem Zeitpunkt bis zur (Neu-) Bestellung der Mitglieder des Raumordnungsbeirates die Funktionsfähigkeit des Beirates sichergestellt ist, sieht die Neuregelung des § 8a Abs. 6 vor, dass die Mitglieder (Ersatzmitglieder) des Beirates nach Ablauf der Gesetzgebungsperiode des Landtages „bis zur Bestellung neuer Mitglieder (Ersatzmitglieder) in ihrem Amt" bleiben."

§ 8b Sitzungen des Beirates

(1) Die Landesregierung hat den Beirat zu seiner konstituierenden Sitzung einzuberufen. Den Vorsitz in der konstituierenden Sitzung des Beirates hat bis zur Wahl des Vorsitzenden das an Jahren älteste Mitglied zu führen.

(2) Der Beirat hat in seiner konstituierenden Sitzung aus seiner Mitte bei Anwesenheit von mindestens zwei Dritteln seiner Mitglieder mit einfacher Mehrheit der abgegebenen Stimmen einen Vorsitzenden und einen Stellvertreter zu wählen. Im Fall der Verhinderung tritt an die Stelle des Vorsitzenden mit gleichen Rechten und Pflichten der Stellvertreter, ist auch dieser verhindert, so tritt an dessen Stelle das an Jahren älteste Mitglied des Beirates.

(3) Die Mitglieder des Beirates haben ihr Amt gewissenhaft und unparteiisch auszuüben; für sie gelten die Bestimmungen des Art. 20 Abs. 3 B-VG über die Amtsverschwiegenheit und des § 7 AVG über die Befangenheit von Verwaltungsorganen sinngemäß.

(4) Der Beirat ist vom Vorsitzenden nach Bedarf schriftlich unter Bekanntgabe der Tagesordnung zu den Sitzungen einzuberufen. Der Beirat ist vom Vorsitzenden binnen zwei Wochen einzuberufen, wenn dies mindestens ein Drittel seiner Mitglieder oder das mit den Angelegenheiten der Raumordnung betraute Mitglied der Landesregierung schriftlich unter Bekanntgabe der Tagesordnung verlangt.

(5) Der Beirat ist beschlussfähig, wenn der Vorsitzende und mindestens zwei Drittel seiner sonstigen Mitglieder anwesend sind. Für einen Beschluss des Beirates ist die einfache Mehrheit der abgegebenen Stimmen erforderlich. Beschlüsse, mit denen die Tagesordnung geändert wird, dürfen nur mit einer Mehrheit von zwei Dritteln der

abgegebenen Stimmen gefasst werden. Der Vorsitzende stimmt mit und gibt bei Stimmengleichheit mit seiner Stimme den Ausschlag. Stimmenthaltungen und Erklärungen, weder zuzustimmen noch abzulehnen, gelten als Ablehnung.

(6) Das mit den Angelegenheiten der Raumordnung betraute Mitglied der Landesregierung und die Vorstände der mit den rechtlichen und den fachlichen Angelegenheiten der Raumordnung betrauten Abteilungen des Amtes der Landesregierung oder jeweils ein von ihnen bestellter Vertreter haben das Recht, an den Sitzungen des Beirates mit beratender Stimme teilzunehmen. Sie sind auf ihr Verlangen zu einzelnen Tagesordnungspunkten zu hören.

(7) Der Beirat darf für die Dauer seiner Funktionsperiode oder im Einzelfall beschließen, seinen Sitzungen Bedienstete des Amtes der Landesregierung und sonstige Sachverständige und Auskunftspersonen mit beratender Stimme beizuziehen. Den beigezogenen Sachverständigen (Auskunftspersonen) – ausgenommen Bediensteten des Amtes der Landesregierung – ist für ihre Mühewaltung der entsprechende Ersatz zu gewähren.

(7a) Der Beirat darf aus seiner Mitte zur Vorbereitung seiner Beschlüsse Ausschüsse bilden.

(7b) Über die Sitzungen des Beirates ist eine Niederschrift anzufertigen, die vom Vorsitzenden und vom Schriftführer zu unterzeichnen ist. Die Niederschrift hat jedenfalls zu enthalten:
a) Tag und Ort der Sitzung;
b) die Namen der an der Sitzung teilnehmenden Personen;
c) die Gegenstände der Beratung und Beschlussfassung;
d) das ziffernmäßige Abstimmungsergebnis;
e) den Wortlaut der gefassten Beschlüsse.

(8) Die Kanzleigeschäfte des Beirates sind von der nach der Geschäftseinteilung des Amtes der Landesregierung mit den rechtlichen Angelegenheiten der Raumordnung betrauten Abteilung des Amtes der Landesregierung zu führen.

(9) Soweit in den vorstehenden Bestimmungen Bezeichnungen in männlicher Form angeführt sind, sind beide Geschlechter gemeint.

(10) Die Landesregierung hat nach Anhörung des Beirates in Durchführung der Abs. 1 bis Abs. 9 mit Verordnung eine Geschäftsordnung des Beirates zu erlassen.

§ 8b 9. Kärntner Raumordnungsgesetz – K-ROG

ErlRV -2V-LG-386/12-2001, 1 ff (zu LGBl 2001/136):

„In der Vergangenheit haben die geltenden Regelungen des Kärntner Raumordnungsgesetzes betreffend die innere Organisation des Raumordnungsbeirates wiederholt zu Problemen insofern geführt, als – insbesondere hinsichtlich der Willensbildung – Fälle eingetreten sind, für die das Kärntner Raumordnungsgesetz keine Regelungen trifft. Dies gilt sowohl für die (innere) Willensbildung des Beirates als auch für die Protokollierung der Ergebnisse der Beratungen in einer Niederschrift. Der vorliegende Gesetzesentwurf soll diesen Regelungsdefiziten auf Gesetzesstufe abhelfen und die gesetzliche Grundlage für die Erlassung einer Geschäftsordnung des Raumordnungsbeirates schaffen.

[...]

Zu Z 3 (§ 8b Abs. 2 zweiter Satz):

Für den Fall der Verhinderung sowohl des Vorsitzenden als auch dessen Stellvertreters an der Wahrnehmung ihrer Funktion (insbesondere wegen Befangenheit) wird vorgesehen, dass dann die Funktion des Vorsitzenden von dem an Jahren ältesten Mitglied des Beirates auszuüben ist.

Zu Z 4 (§ 8b Abs. 4 zweiter Satz):

Die Neuregelung in § 8b Abs. 4 zweiter Satz soll sicherstellen, dass der Beirat vom Vorsitzenden innerhalb des festgelegten Zeitraumes zu einer Sitzung einzuberufen ist, wenn dies mindestens ein Drittel seiner Mitglieder oder das mit den Angelegenheiten der Raumordnung betraute Mitglied der Landesregierung schriftlich unter Bekanntgabe der Tagesordnung verlangt.

Zu Z 5 (§ 8b Abs. 5):

§ 8b Abs. 5 wird betreffend die Beschlussfassung im Raumordnungsbeirat modifiziert und ergänzt: Ausdrücklich festgelegt wird zum einen, dass für Beschlüsse, mit denen die Tagesordnung geändert wird (d.s. die Aufnahme eines zusätzlichen Tagesordnungspunktes, die Absetzung eines Tagesordnungspunktes und die Umstellung der Tagesordnung), eine Zwei-Drittel-Mehrheit erforderlich ist.

Zum anderen wird das Abstimmungsrecht des Vorsitzenden neu geregelt: Nach der derzeit geltenden Rechtslage stimmt der Vorsitzende bei Abstimmungen im Raumordnungsbeirat „zuletzt ab" und gibt „bei Stimmengleichheit mit seiner Stimme den Ausschlag". Da die Abstimmung im Raumordnungsbeirat (im Regelfall) durch Handheben durch-

Sitzungen des Beirates § 8b

geführt werden, hat die Regelung, wonach der Vorsitzende zuletzt abstimmt, in der Praxis immer wieder zu Problemen geführt; die vorgeschlagene Neuregelung soll diese Probleme in Hinkunft vermeiden.
Eine der vorgeschlagenen (Neu-)Regelungen des letzten Satzes gleichartige Anordnung enthält § 39 Abs. 2 der Kärntner Allgemeinen Gemeindeordnung. Durch die (Neu-)Regelung wird klargestellt, dass Stimmenthaltungen und Erklärungen, weder zuzustimmen noch abzulehnen, als Ablehnung zu werten sind.

Zu Z 6 (§ 8b Abs. 6):

Nach derzeit geltenden Rechtslage dürfen das mit den Angelegenheiten der Raumordnung betraute Mitglied der Landesregierung und die Vorstände der mit den rechtlichen und den fachlichen Angelegenheiten der Raumordnung betrauten Abteilungen der [des] Amtes der Landesregierung oder jeweils ein von ihnen bestellter Vertreter „an den Sitzungen des Beirates mit beratender Stimme teilnehmen". Die vorgeschlagene (Neu-)Regelung soll eindeutig klarstellen, dass die angeführten Funktionsträger auf ihr Verlangen (überdies) zu einzelnen Tagesordnungspunkten zu hören sind.

Zu Z 7 (§ 8[b] Abs. 7 erster Satz):

§ 8b Abs. 7 des Kärntner Raumordnungsgesetzes in der derzeit geltenden Fassung hätte zur Folge, dass die Beiziehung von Bediensteten des Amtes der Landesregierung sowie von sonstigen Sachverständigen und Auskunftspersonen zu den Sitzungen des Raumordnungsbeirates in jeder (einzelnen) Sitzung des Beirates beschlossen werden müsste; die vorgeschlagene (Neu-) Regelung sieht – im Interesse der Verfahrensökonomie – vor, dass ein entsprechender Beschluss auch für die (gesamte) Funktionsperiode des Raumordnungsbeirates gefasst werden darf.

Zu Z 8 (§ 8[b] Abs. 7 zweiter Satz):

Die vorgeschlagene (Neu-) Regelung bereinigt lediglich ein sprachliches Redaktionsversehen.

Zu Z 9 (§ 8b Abs. 7a und Abs. 7b):

Die derzeit geltende Rechtslage enthält keine ausdrückliche Grundlage dafür, dass der Raumordnungsbeirat zur Vorbereitung seiner Beschlüsse „Ausschüsse" bilden kann; überdies enthält die geltende Rechtslage keine Regelungen hinsichtlich der Verfassung einer Niederschrift über die über die Beratungen und Abstimmungen im Raumordnungsbeirat.

Die vorgeschlagenen (Neu-) Regelungen sollen diesen Regelungsdefiziten abhelfen.

Zu Z 10 (§ 8b Abs. 10):

Die derzeitige Geschäftsordnung des Raumordnungsbeirates, die von diesem (selbst) beschlossen worden ist, entbehrt einer ausdrücklichen gesetzlichen Grundlage. Durch die vorgeschlagene (Neu-)Regelung soll eine Ermächtigung für die Landesregierung geschaffen werden, nach Anhörung des Beirates mit Verordnung eine Geschäftsordnung zu erlassen."

§ 8c Verweisungen

(1) Verweisungen in diesem Gesetz auf andere Landesgesetze sind als Verweisungen auf die jeweils geltende Fassung zu verstehen.

(2) Soweit in diesem Gesetz auf die Richtlinie 2012/18/EU des Europäischen Parlaments und des Rates vom 4. Juli 2012 zur Beherrschung der Gefahren schwerer Unfälle mit gefährlichen Stoffen, zur Änderung und anschließenden Aufhebung der Richtlinie 96/82/EG des Rates, ABl. Nr. L 197 vom 24.7.2012, S 1, verwiesen wird, ist dies als Verweisung auf die Richtlinie in der Fassung ABl. Nr. L 197 vom 24.7.2012, S 1, zu verstehen.

§ 8d Umsetzungshinweis

Mit diesem Gesetz wird umgesetzt:

Die Richtlinie 2012/18/EU des Europäischen Parlaments und des Rates vom 4. Juli 2012 zur Beherrschung der Gefahren schwerer Unfälle mit gefährlichen Stoffen, zur Änderung und anschließenden Aufhebung der Richtlinie 96/82/EG des Rates, ABl. Nr. L 197 vom 24.7.2012, S 1.

Artikel II [Anm: zu LGBl 1994/42]

(1) Dieses Gesetz tritt an dem seiner Kundmachung folgenden Monatsersten in Kraft.

(2) Die gemäß § 3 des Kärntner Raumordnungsgesetzes, LGBl. Nr. 76/1969, aufgestellten Entwicklungsprogramme gelten als überörtliche Entwicklungsprogramme im Sinne des § 3 des Kärntner Raumordnungsgesetzes in der Fassung dieses Gesetzes. Sie sind,

wenn sie den Bestimmungen dieses Gesetzes nicht entsprechen, längstens bis zum 31. Dezember 1994 anzupassen.

(3) Zum Zeitpunkt des Inkrafttretens dieses Gesetzes eingeleitete Verfahren zur Aufstellung oder Abänderung von Entwicklungsprogrammen sind nach den Bestimmungen dieses Gesetzes weiterzuführen.

Artikel II [Anm: zu LGBl 2001/136]

(1) Dieses Gesetz tritt an dem der Kundmachung folgenden Monatsersten in Kraft.

(2) Verordnungen aufgrund dieses Gesetzes dürfen bereits ab dem seiner Kundmachung folgenden Tag erlassen werden. Sie dürfen jedoch frühestens zugleich mit diesem Gesetz in Kraft gesetzt werden.

Artikel IV [Anm: zu LGBl 2016/24]

(1) Dieses Gesetz tritt an dem der Kundmachung folgenden Tag in Kraft.
(2) [...]

9.1. Entwicklungsprogramm Kärntner Zentralraum

LGBl 1977/39

Inhaltsverzeichnis

§ 1 Planungsraum
§ 2 Flächenwidmungspläne
§ 3 Wirkung

Anlage

Auf Grund des § 3 des Kärntner Raumordnungsgesetzes, LGBl. Nr. 76/1969, wird verordnet:

§ 1 Planungsraum

(1) Für den Kärntner Zentralraum wird das in der Anlage enthaltene Entwicklungsprogramm festgelegt.

(2) Das Entwicklungsprogramm erstreckt sich auf die Gebiete der Landeshauptstadt Klagenfurt und der Stadt Villach; im politischen Bezirk Klagenfurt Land auf die Gemeinden Ebental, Feldkirchen in Kärnten, Feistritz im Rosental, Ferlach, Glanegg, Grafenstein, Keutschach, Köttmannsdorf, Krumpendorf, Ludmannsdorf, Magdalensberg, Maria Rain, Maria Saal, Maria Wörth, Moosburg, Ossiach, Poggersdorf, Pörtschach am Wörther See, Schiefling am See, Steindorf und Techelsberg am Wörther See; im politischen Bezirk Villach Land auf die Gebiete der Gemeinden Arnoldstein, Arriach, Finkenstein, Rosegg, St. Jakob im Rosental, Velden am Wörther See, Treffen, Wernberg und Weißenstein; im politischen Bezirk St. Veit an der Glan auf die Gebiete der Gemeinden Liebenfels, St. Georgen am Längsee und St. Veit an der Glan.

§ 2 Flächenwidmungspläne

Flächenwidmungspläne der Gemeinden des Kärntner Zentralraumes sind dem Gebietsstand vom l. Jänner 1973 und dem Entwicklungsprogramm für den Zentralraum anzupassen.

§ 3 Wirkung

(1) Die Landesregierung hat den jährlichen Voranschlag im Einklang mit dem Entwicklungsprogramm zu erstellen (§ 4 Kärntner Raumordnungsgesetz).

(2) Verordnungen und Bescheide auf Grund von Landesgesetzen dürfen nur im Einklang mit dem Entwicklungsprogramm erlassen werden (§ 5 Abs. 1 Kärntner Raumordnungsgesetz).

(3) Investitionen und Förderungsmaßnahmen dürfen nur im Einklang mit dem Entwicklungsprogramm erfolgen.

(4) Die Bestimmungen des Abs. 3 gelten für
a) das Land Kärnten,
b) die auf Grund von Landesgesetzen eingerichteten Körperschaften öffentlichen Rechts und
c) die Vertreter der unter lit. a und b genannten Körperschaften in den Gesellschaften, an denen diese Körperschaften beteiligt sind.

Auf Förderungsmaßnahmen, die von den in lit. a und b genannten Körperschaften mit Mitteln des Bundes durchgeführt werden, findet der Abs. 3 keine Anwendung.

Anlage – Entwicklungsprogramm Kärntner Zentralraum

1. Leitziele (Allgemeine Entwicklungsziele) für das Landesgebiet

Für den Zentralraum gelten insbesondere folgende Leitziele aus dem Kärntner Raumordnungsgesetz:

Der Bevölkerung Kärntens soll durch die Wirtschaftsstruktur des Landes die Teilnahme an der fortschreitenden Entwicklung der österreichischen Volkswirtschaft gesichert werden. Es ist anzustreben, die

Produktivität der Landwirtschaft zu erhöhen und deren Wettbewerbsfähigkeit zu verbessern.

Das Verkehrsnetz ist so auszubilden, daß Kärnten in den europäischen Großraum eingegliedert wird und sich die Wirtschaft des Landes entfalten kann; auf die vorausschaubare Entwicklung, auf ein Höchstmaß an Sicherheit und auf die Schonung der Erholungsräume ist Bedacht zu nehmen.

Die Siedlungstätigkeit soll zur Verdichtung der Bebauung führen. Die Siedlungsräume sind entsprechend den örtlichen Bedürfnissen der Bevölkerung aufzuschließen und dem Verkehrsnetz anzugliedern. Die Versorgung der Bevölkerung mit Gütern und Leistungen des täglichen Bedarfs sowie die ärztliche Betreuung sind zu gewährleisten. Die Entfaltung des kulturellen und sozialen Lebens ist durch Einrichtungen, die diesem Zweck entsprechen, an geeigneten Orten zu sichern. Den Erfordernissen der Erholung und der körperlichen Ertüchtigung ist Rechnung zu tragen.

Die Eigenart der Kärntner Landschaft sowie deren natürliche Bestimmung, auch als Erholungsraum und Grundlage des Tourismus zu dienen, ist zu bewahren.

2. Zielsystem

Das Entwicklungsprogramm für den Zentralraum enthält Leitziele und Hauptziele, die in Entwicklungsprogrammen für Teilbereiche des Zentralraumes zu verfeinern sind. Weiters sind in den Entwicklungsprogrammen für Teilbereiche des Zentralraumes noch Teilziele für wichtige raumwirksame Zusammenhänge festzulegen.

Leitziele sind allgemeine Grundsätze, die aus der Funktion des Planungsraumes im größeren Raum und aus den abschätzbaren Bedürfnissen der zukünftigen Wohn-, Arbeits- und Urlaubsbevölkerung abzuleiten sind.

Hauptziele sind allgemeine Grundsätze mit konkretem Inhalt und Geltungsanspruch für genau umrissene funktionelle Zusammenhänge (Sachbereiche).

Teilziele sind konkrete und lokalisierte Grundsätze für jene raumwirksamen funktionellen Zusammenhänge, deren Verwirklichung durch die

Instrumente der örtlichen Raumplanung (Flächenwidmungsplan, Bebauungsplan) gewährleistet sein soll.

3. Leitziele für den Kärntner Zentralraum

3.1. Der Zentralraum ist so zu entwickeln und zu gestalten, daß er seiner Funktion als wirtschaftlicher, sozialer und kultureller Schwerpunktraum Kärntens in bestmöglicher Weise gerecht wird. Dabei ist auf die angestrebte Entwicklung der übrigen Landesteile Bedacht zu nehmen.

3.2. Der Verbesserung der Verkehrsverbindungen zwischen dem Kärntner Zentralraum, den übrigen Landesteilen, den benachbarten Zentralräumen sowie den nähergelegenen Verdichtungsgebieten in Italien und Jugoslawien ist besondere Bedeutung beizumessen.

3.3. Im Hinblick auf die angestrebte Entwicklung des Zentralraumes sind in den Entwicklungsprogrammen für dessen Teilbereiche zentrale Orte festzulegen und Funktionsgebiete abzugrenzen.

3.4. Die zentralen Orte im Kärntner Zentralraum sind so zu entwickeln, daß sie ihre überregionalen und regionalen Funktionen für die Bevölkerung bei jeweils zumutbarem Zeitaufwand in bestmöglicher Weise wahrnehmen können. Auszubauen oder zu entwickeln sind als Oberzentren die Landeshauptstadt Klagenfurt und die Stadt Villach;

als Mittelzentrum die Stadt St. Veit an der Glan;

als Unterzentren die Orte Arnoldstein, Ebenthal, Feldkirchen in Kärnten, Ferlach, Finkenstein, Grafenstein, Krumpendorf, Pörtschach am Wörther See, St. Jakob (Gemeinde St. Jakob im Rosental), Velden am Wörther See;

als Kleinzentren die Orte Feistritz im Rosental, Köttmannsdorf, Maria Saal, Moosburg, Treffen, Wernberg und Wölfnitz (Landeshauptstadt Klagenfurt).

Die Festlegung der Kleinstzentren hat in den Entwicklungsprogrammen für Teilbereiche des Zentralraumes zu erfolgen.

3.5. Als Funktionsgebiete sind jedenfalls Landwirtschaftsgebiete, Geschäftsbezirke und Industriebezirke entsprechend der Dominanz der jeweiligen Hauptfunktion abzugrenzen.

3.6. Die Siedlungsstruktur soll insbesondere in den Ober- und Mittelzentren so entwickelt und gestaltet werden, daß durch eine überdurchschnittliche Verdichtung der Wohn- und Arbeitsstätten in den Einzugsbereichen der öffentlichen Massenverkehrsmittel eine möglichst günstige öffentliche Verkehrsbedienung erzielt werden kann.

3.7. Der Ausbau der Infrastruktur im Zentralraum soll unter besonderer Bedachtnahme auf eine Stärkung überregionaler Funktionen so erfolgen, daß für die Bevölkerung ein hoher Lohn-, Wohn- und Freizeitwert erreicht und auch in Zukunft gewährleistet werden kann. Er soll weiters so vorgenommen werden, daß er den charakteristischen Aufgaben der zentralen Orte und Funktionsgebiete jeweils im besonderen Maße zu entsprechen vermag. Dabei soll auf eine ganzjährige Nutzung sowie auf die Grenzen der Belastbarkeit des Naturhaushaltes in bestmöglicher Weise Bedacht genommen werden. Ebenso ist dafür zu sorgen, daß die Umweltschutzbelange Berücksichtigung finden.

4. Hauptziele für den Kärntner Zentralraum

4.1. Land- und Forstwirtschaft

Die Land- und Forstwirtschaft muß in die Lage versetzt werden, die Wirtschafts-, Pflege- und Umweltschutzfunktion im Zentralraum nachhaltig, kostengünstig und unbehindert durch die übrigen Aktivitäten auszuüben.

Die Bedeutung des Waldes für die Landeskultur, die Erholung und den Schutz der natürlichen Umwelt ist zu beachten. Rodungen im Zentralraum sollen durch Aufforstungen landwirtschaftlicher Flächen von geringer Ertragskraft ausgeglichen werden. Im Zentralraum dürfen Waldflächen für bauliche oder gewerbliche Zwecke nur dann und nur im erforderlichen Ausmaß beansprucht werden, wenn andere geeignete Flächen nicht vorhanden sind.

In den Entwicklungsprogrammen für die Teilbereiche des Zentralraumes sind Landwirtschaftszonen abzugrenzen, die langfristig der Landwirtschaft vorbehalten bleiben sollen.

Als Landwirtschaftszonen kommen Gebiete in Betracht, in denen in bezug auf natürliche Ertragsfähigkeit und maschinelle Bearbeitungsmöglichkeit am besten geeignete Böden vorherrschen.

Die in den Landwirtschaftszonen liegenden Betriebe sind durch eine vorrangig betriebene Flurneuordnung sowie durch wirksame strukturpolitische Maßnahmen in die Lage zu versetzen, ein ausreichendes Einkommen aus der Landwirtschaft zu erzielen.

9.1. Entwicklungsprogramm Kärntner Zentralraum **Anlage**

In Fremdenverkehrs-Sättigungsgebieten und Fremdenverkehrs-Ergänzungsgebieten, wo infolge eines hohen Anteiles an Nebenerwerbsbetrieben die nachhaltige ordnungsgemäße Bewirtschaftung landwirtschaftlicher Nutzflächen gefährdet ist, soll die Pflege der landwirtschaftlichen Nutzflächen durch wirksame Förderungsmaßnahmen langfristig gesichert werden.

Bei der Abgrenzung von Grünland (landwirtschaftlich genutzten Flächen) in Flächenwidmungsplänen soll durch die Schaffung von Pufferzonen eine gegenseitige Beeinträchtigung der Raumnutzungen für Wohnen, Wirtschaften, Erholen und Bilden soweit wie möglich vermieden werden.

4.2. Produzierendes Gewerbe und Industrie

Um die Produktivität von Gewerbe und Industrie zu fördern, ist eine weitere branchenmäßige Differenzierung anzustreben.

Zur Steigerung des Wacnstums des produzierenden Gewerbes und der Industrie soll die Erweiterung dynamischer Unternehmungen ebenso gefördert werden wie die Gründung neuer Unternehmungen, die hochwertige Arbeitsplätze anbieten. Dabei soll den Industriezweigen der Vorzug gegeben werden, deren Produktion nur in geringem Maß transportkostenempfindlich ist und eine hohe Wertschöpfung pro Kopf der Bevölkerung erwarten läßt.

In Gebieten, in denen Industrie und Fremdenverkehr in gleicher Weise wirtschaftsbestimmend sind, ist eine koordinierte Entwicklung anzustreben.

Die Ansiedlung von Gewerbe- und Industriebetrieben soll in der Regel in zentralen Orten so erfolgen, daß keine Beeinträchtigung der Wohn-, Fremdenverkehrs- und Naherholungsgebiete eintritt und möglichst zahlreiche Arbeitsplätze von den Wohngebieten mit vertretbarem Zeitaufwand erreicht werden können. Dies erfordert die langfristige Sicherung und planmäßige Erschließung günstig gelegener Gewerbe- und Industriegebiete. Zur Förderung des Gleisanschlußverkehrs sollen im Bereich von Stammgleisen Industriegebiete für gleisanschlußgeeignete Betriebe festgelegt werden.

In der zukünftigen Regionalstadt Klagenfurt — Villach sind neben Industriegebieten von örtlicher Bedeutung zwei große Industriebezirke von regionaler Bedeutung so festzulegen, daß optimale Wirtschaftsbedingungen gewährleistet sind und keine Beeinträchtigung der Wohn-, Fremdenverkehrs- und Naherholungsgebiete eintreten kann.

4.3. Fremdenverkehr

In Fremdenverkehrs-Sättigungsgebieten soll insbesondere eine Qualitätsverbesserung der Fremdenverkehrs- und übrigen Dienstleistungs-Einrichtungen vorgenommen werden.

In Fremdenverkehrs-Ergänzungsgebieten soll eine planmäßige, qualitative Komplettierung der Fremdenverkehrs- und übrigen Dienstleistungs-Einrichtungen erfolgen.

In den Fremdenverkehrsgebieten ist durch Förderungsmaßnahmen auf eine möglichst große Saisonverlängerung hinzuwirken. Insbesondere soll in den westlichen Randzonen des Zentralraumes durch die Erschließung von Skigebieten und anderen wirksamen Maßnahmen eine möglichst optimale Kapazitätsausnutzung in zwei Saisonen angestrebt werden.

Zur Intensivierung des Fremdenverkehrs soll auch außerhalb der Fremdenverkehrsgebiete der Ausbau von Fremdenzimmern in Bauernhöfen gefördert werden.

In den Fremdenverkehrs-Sättigungs- und Fremdenverkehrs-Ergänzungsgebieten sollen attraktive regionale Wander- und Radwegnetze errichtet werden.

Das Überwiegen einseitiger Nutzungen in Fremdenverkehrsgebieten, insbesondere durch Campingplätze, ist zu vermeiden. Größere Campingplätze sind durch land- und forstwirtschaftlich genutzte Flächen voneinander zu trennen und in sich durch Freiflächen zu gliedern. Sie sollen sich nicht entlang der Seeufer erstrecken, sondern in die Tiefe gestaffelt werden.

4.4. Handel und übrige private Dienstleistungs-Einrichtungen

Den unterschiedlichen Standorterfordernissen der Handels-, Handwerks- und übrigen Dienstleistungsbetriebe soll im Hinblick auf eine optimale Versorgung der Bevölkerung durch vorsorgliche Flächensicherung Rechnung getragen werden.

Der Erhaltung und Verbesserung der Funktionsfähigkeit der historischen Stadtkerne von Feldkirchen in Kärnten, Klagenfurt, St. Veit an der Glan und Villach als Hauptgeschäftszentren ist besondere Bedeutung beizumessen.

9.1. Entwicklungsprogramm Kärntner Zentralraum **Anlage**

Die Flächensicherung für Einkaufszentren, Verbrauchermärkte und ähnliche Betriebe, insbesondere auch solche mit einem großen Anteil an Frauenarbeitsplätzen, soll möglichst in einem städtebaulichen Zusammenhang mit bestehenden Siedlungen erfolgen.

4.5. öffentliche Einrichtungen

Die Versorgung der Bevölkerung mit öffentlichen Einrichtungen soll zu möglichst wirtschaftlichen Bedingungen zweckentsprechend erfolgen. Dabei soll den unterschiedlichen Bedürfnissen der einzelnen Altersstufen in bestmöglicher Weise Rechnung getragen werden.

In den Flächenwidmungsplänen sind in den zentralen Orten entsprechend der angestrebten räumlichen Entwicklung günstig gelegene, ausreichend große und erweiterungsfähige Flächen für Schulen, Jugendheime, Kirchen, Bildungs- und Freizeiteinrichtungen, Spiel- und Sportplätze sowie Einrichtungen des Sozial- und Gesundheitswesens rechtzeitig zu sichern.

4.6. Verkehr

Der Ausbau der Verkehrsinfrastruktur soll entsprechend der angestrebten räumlichen Entwicklung und den Anforderungen der zukünftigen Produktionsstruktur und des Umweltschutzes erfolgen. Dabei ist ein Zusammenwirken aller Planungsträger und Verkehrsträger anzustreben.

Beim Ausbau des Verkehrswegenetzes soll eine optimale Verknüpfung des regionalen und kommunalen Hauptstraßennetzes mit dem Fernstraßen- und Eisenbahnnetz erzielt werden. Dabei ist auf die bessere Erschließung der weniger entwickelten Randgebiete des Zentralraumes Bedacht zu nehmen.

Ausreichende Flächen für die Errichtung von Autobusbahnhöfen und von ausreichenden Parkmöglichkeiten an Aufnahmestellen des Personenverkehrs sind in den Flächenwidmungsplänen rechtzeitig zu sichern.

Im Einzugsbereich von Aufnahmestellen des Personen- und Güterverkehrs ist eine funktionsgerechte Umgestaltung des regionalen und kommunalen Straßennetzes anzustreben.

Beim Ausbau eines attraktiven Personen Nahverkehrs, insbesondere für den Berufs- und Schülerverkehr, in der künftigen Regionalstadt Klagenfurt-Villach, ist eine zeitliche und räumliche Abstimmung mit der angestrebten Siedlungsentwicklung unerläßlich. Die erforderliche

Anlage 9. Kärntner Raumordnungsgesetz – K-ROG

städtebauliche Umgestaltung der Einzugsbereiche der Aufnahmestellen in Verbindung mit einer maßvollen Verdichtung der Wohn- und Arbeitsplätze soll auf Grund von Bebauungsplänen erfolgen.

Für den zukünftigen Güterverkehr sollen die erforderlichen Flächen für den Ausbau von Güterverkehrsanlagen rechtzeitig gesichert werden.

Bei der Errichtung von Seilbahnen, Liften und sonstigen Aufstiegshilfen sind neben leistungsfähigen Zufahrtsstraßen auch ausreichende Parkplätze vorzusehen.

Für die Linienschiffahrt sollen geeignete Anlegestellen so ausgebaut werden, daß eine günstige Anbindung an das Straßen-, Rad- und Wanderwegenetz gewährleistet ist.

In den Stadtkernen von Feldkirchen in Kärnten, Klagenfurt, St. Veit an der Glan und Villach sind günstig gelegene und attraktiv gestaltete Fußgängerzonen zu schaffen.

4.7. Wasserwirtschaft und Abfallstoffbeseitigung

Reinhaltung des Wassers

Die Erhaltung des Wasserdargebotes ist in bestmöglicher Weise zu sichern.

Grundwasser und oberirdische Gewässer sind gegen schädliche oder nachteilige Verunreinigungen zu schützen.

Wasserversorgung

Bei raumwirksamen Planungen und Investitionen ist besonders auf eine ausreichende Wasserversorgung zu achten. Zur bestmöglichen Versorgung der Siedlungszentren des Zentralraumes für die Zukunft ist die Errichtung überregionaler Wasserversorgungsanlagen anzustreben.

Baugebiete, die einen erheblichen Wasserbedarf verursachen, dürfen nur dann gewidmet werden, wenn die Wasserversorgung schon bei der Planung gewährleistet ist.

Wasserversorgungsanlagen sollen rechtzeitig geplant werden, damit die Sicherung der erforderlichen Wasserschutzgebiete frühzeitig erfolgen kann. Auf einen Verbund der Leitungssysteme ist bereits bei der Planung zu achten.

9.1. Entwicklungsprogramm Kärntner Zentralraum — **Anlage**

Abwasserbehandlung

In Gebieten mit bestehender oder geplanter überdurchschnittlicher Siedlungsdichte, insbesondere in den zentralen Orten und den Fremdenverkehrsgebieten, sind für die Abwasserbehandlung zentrale Anlagen vorzusehen. Solche Anlagen sind auch dort erforderlich, wo Vorfluter eine über das vertretbare Maß hinausgehende Verunreinigung aufweisen oder deren Selbstreinigungsvermögen durch Abwässer überfordert sind.

Ein Verbund der Abwasserbehandlungssysteme ist bereits bei der Planung zu berücksichtigen.

Schutzwasserbau

Der Abfluß des Oberflächenwassers ist so zu lenken, daß ein möglichst großer Nutzen für den Wasserhaushalt und ein ausreichender Hochwasserschutz gewährleistet wird.

Für die Freihaltung des notwendigen Abflußraumes sowie die Freihaltung von Retentionsräumen an den Fließgewässern ist vorzusorgen. Durch Naturkatastrophen gefährdete Siedlungen sowie Verkehrs- und Versorgungsanlagen sind durch Flußbaumaßnahmen, Wildbach- und Lawinenverbauungen in bestmöglicher Weise zu schützen.

4.8. Energieversorgung

Die Flächensicherung für Anlagen und Einrichtungen der Energieversorgung ist unter Bedachtnahme auf den Schutz und die Entwicklung der natürlichen Umwelt rechtzeitig vorzunehmen. Insbesondere ist auf die Freihaltung ausreichender Leitungskorridore Bedacht zu nehmen.

4.9. Siedlungsstruktur

Die Gebiete mit überdurchschnittlicher Siedlungsdichte und hochwertiger Verkehrsinfrastruktur im Raum Klagenfurt — Velden am Wörther See — Villach sind entsprechend den Daseinsgrundfunktionen Wohnen, Arbeiten, Bilden und Erholen unter Bedachtnahme auf Umweltschutzanforderungen funktionell zu gliedern, maßvoll zu verdichten und so zu gestalten, daß sie sich zur künftigen "Regionalstadt Klagenfurt-Villach" entwickeln. Auf die Erhaltung historischer Siedlungskerne und den Schutz bedeutungsvoller Ortsbilder bei Maßnahmen zum Ausbau der Infrastruktur und der baulichen Erweiterung ist besonders Bedacht zu nehmen.

In den übrigen Teilgebieten des Zentralraumes sollen geeignete Siedlungsgebiete maßvoll verdichtet und die zentralen Orte so gestaltet werden, daß eine der angestrebten räumlichen Entwicklung entsprechende Zahl von Wohnungen mit unterschiedlicher Größe und Ausstattung zur Verfügung steht.

Bauland darf in Hinkunft nur dann ausgewiesen werden, wenn der erforderliche Aufwand für Erschließung und Versorgung angemessen ist. Insbesondere soll durch eine Gliederung des Baulandes in Aufschließungszonen, die entsprechend dem Bedarf und den finanziellen Möglichkeiten der Gemeinden, aber auch unter Bedachtnahme auf den Umweltschutz zu erschließen sind, eine wirtschaftliche und konzentrierte Siedlungstätigkeit angestrebt werden.

Siedlungsgebiete, die ihre Funktion nicht mehr oder nur noch unzureichend erfüllen und durch einen schlechten baulichen Zustand gekennzeichnet sind, sollen grundlegend erneuert werden.

4.10. Spiel, Sport und Erholung

Spiel-, Sport- und Erholungsflächen sollen bei Berücksichtigung der unterschiedlichen Bedürfnisse der Altersgruppen in günstiger und ausreichender Zahl allgemein zur freien Verfügung stehen.

Die Planung von Sportanlagen und anderen Freizeiteinrichtungen ist insbesondere mit der Fremdenverkehrsentwicklung und den Naherholungsbedürfnissen abzustimmen.

Die Standortfestlegung, Bemessung und Flächensicherung soll nach überörtlichen Gesichtspunkten und jeweils unter Bedachtnahme auf die Umwelthygiene und die zukünftige mögliche Einwohnerzahl bei voller Inanspruchnahme des geeigneten Baulandes erfolgen.

In den Ober- und Mittelzentren ist auf die Festlegung ausreichender und günstig gelegener Naherholungsgebiete Bedacht zu nehmen. Sie sollen durch Wander- und Radwegenetze erschlossen und mit den erforderlichen Einrichtungen ausgestattet werden. Dabei ist ein Ausgleich zwischen Sport- und Freizeitinteressen herbeizuführen.

4.11. Landespflege

Der Festlegung und Gestaltung von ausreichend großen und günstig gelegenen Naherholungsgebieten, der Beseitigung von Landschaftsschäden durch Rekultivierung, Beseitigung oder Milderung von schädlichen Belastungen und der Freihaltung von Uferzonen sowie der

Oberflächengewässer von einer Bebauung ist besondere Bedeutung beizumessen.

4.12. Luftreinhaltung und Lärmbekämpfung

Die Belastung der Umwelt durch den Schadstoffgehalt der Luft und durch Lärm ist durch Messungen zu erfassen.

Die Standortfestlegung für Anlagen, von denen besondere Verkehrsbelastungen oder unzumutbare Emissionen ausgehen, hat so zu erfolgen, daß insbesondere Wohngebiete, Erholungsgebiete und Gewässer möglichst wenig beeinträchtigt werden.

In Gebieten, wo eine starke Lärmbelästigung oder Luftverunreinigung besteht oder zu erwarten ist, hat die Festlegung von Kurgebieten, Wohngebieten oder Erholungsgebieten zu unterbleiben.

Beim Bau von Wohnungen in Gebieten mit bestehender übermäßiger Lärmbelästigung sind wirksame Schallschutzmaßnahmen vorzusehen.

4.13. Landesverteidigung und Zivilschutz

Den Erfordernissen und raumwirksamen Vorhaben der Landesverteidigung und des Zivilschutzes ist im notwendigen Ausmaß Rechnung zu tragen. Insbesondere sollen bei der Verkehrs- und Versorgungsplanung die Belange der Landesverteidigung und des Zivilschutzes berücksichtigt werden.

Soweit militärische Anlagen die Verwirklichung der Ziele der Raumordnung behindern, ist eine Verlegung in geeignete Standorte anzustreben.

Militärische Anlagen, von denen störende Wirkungen ausgehen, sollen von Wohngebieten und Naherholungsgebieten räumlich getrennt liegen.

Die Planung und Errichtung von Verkehrs- und Versorgungssystemen soll so durchgeführt werden, daß bei Ausfall von Einzelgliedern die Funktion von Gesamtsystemen nicht gefährdet ist.

9.2 Entwicklungsprogramm Raum Villach

LGBl 1977/40

Inhaltsverzeichnis

§ 1 Planungsraum
§ 2 Wirkung

Anlage

Auf Grund des § 3 des Kärntner Raumordnungsgesetzes, LGBl. Nr. 76/1969, wird verordnet:

§ 1 Planungsraum

(1) Für den Raum Villach wird das in der Anlage enthaltene Entwicklungsprogramm festgelegt.

(2) Das Entwicklungsprogramm erstreckt sich auf die Gebiete der Gemeinden Arnoldstein, Finkenstein, Ossiach, Steindorf, Treffen, Villach, Weißenstein und Wernberg.

§ 2 Wirkung

(1) Dis Landesregierung hat den jährlichen Voranschlag im Einklang mit dem Entwicklungsprogramm zu erstellen (§ 4 Kärntner Raumordnungsgesetz).

(2) Verordnungen und Bescheide auf Grund von Landesgesetzen dürfen nur im Einklang mit dem Entwicklungsprogramm erlassen werden (§ 5 Abs. 1 Kärntner Raumordnungsgesetz).

(3) Investitionen und Förderungsmaßnahmen dürfen nur im Einklang mit dem Entwicklungsprogramm erfolgen.

(4) Die Bestimmungen des Abs. 3 gelten für
a) das Land Kärnten,
b) die auf Grund von Landesgesetzen eingerichteten Körperschaften öffentlichen Rechts und

9.2 Entwicklungsprogramm Raum Villach **Anlage**

c) die Vertreter der unter lit. a und b genannten Körperschaften in den Gesellschaften, an denen diese Körperschaften beteiligt sind.

Auf Förderungsmaßnahmen, die von den in lit. a und b genannten Körperschaften mit Mitteln des Bundes durchgeführt werden, findet der Abs. 3 keine Anwendung.

(5) Die rechtswirksamen Flächenwidmungspläne der Gemeinden Arnoldstein, Finkenstein, Ossiach, Steindorf, Treffen, Villach, Weißenstein und Wernberg sind dem Gebietsstand vom 1. Jänner 1973 und dem Entwicklungsprogramm für den Raum Villach anzupassen.

Anlage – Entwicklungsprogramm Raum Villach

1. Planungsraum

Der Planungsraum Villach umfaßt die Gebiete der Gemeinden Arnoldstein, Finkenstein, Ossiach, Steindorf, Treffen, Villach, Weißenstein und Wernberg.

2. Leitziele (Allgemeine Entwicklungsziele) für das Landesgebiet

Für den Planungsraum gelten insbesondere folgende Leitziele aus dem Kärntner Raumordnungsgesetz:

a) Der Bevölkerung Kärntens soll durch die Wirtschaftsstruktur des Landes die Teilnahme an der fortschreitenden Entwicklung der österreichischen Volkswirtschaft gesichert werden. Es ist anzustreben, die Produktivität der Landwirtschaft zu erhöhen und deren Wettbewerbsfähigkeit zu verbessern.

b) Das Verkehrsnetz ist so auszubilden, daß Kärnten in den europäischen Großraum eingegliedert wird und sich die Wirtschaft des Landes entfalten kann. Auf die vorausschaubare Entwicklung, auf ein Höchstmaß an Sicherheit und auf die Schonung der Erholungsräume ist Bedacht zu nehmen.

c) Die Siedlungstätigkeit soll zur Verdichtung der Bebauung führen. Die Siedlungsräume sind entsprechend den örtlichen Bedürfnissen der Bevölkerung aufzuschließen und dem Verkehrsnetz anzugliedern. Die

Versorgung der Bevölkerung mit Gütern und Leistungen des täglichen Bedarfes sowie die ärztliche Betreuung sind zu gewährleisten. Die Entfaltung des kulturellen und sozialen Lebens ist durch Einrichtungen, die diesem Zweck entsprechen, an geeigneten Orten zu sichern. Den Erfordernissen der Erholung und der körperlichen Ertüchtigung ist Rechnung zu tragen.

d) Die Eigenart der Kärntner Landschaft sowie deren natürliche Bestimmung, auch als Erholungsraum und Grundlage des Tourismus zu dienen, ist zu bewahren.

3. Leitziele für den Kärntner Zentralraum

3.1. Der Zentralraum ist so zu entwickeln und zu gestalten, daß er seiner Funktion als wirtschaftlicher, sozialer und kultureller Schwerpunktraum Kärntens in bestmöglicher Weise gerecht wird. Dabei ist auf die angestrebte Entwicklung der übrigen Landesteile Bedacht zu nehmen.

3.2. Der Verbesserung der Verkehrsverbindungen zwischen dem Kärntner Zentralraum und den benachbarten Zentralräumen sowie den nähergelegenen Verdichtungsgebieten in Italien und Jugoslawien ist besondere Bedeutung beizumessen.

3.3. Die zentralen Orte sind so zu entwickeln, daß sie ihre überregionalen und regionalen Funktionen für die Bevölkerung bei jeweils zumutbarem Zeitaufwand in bestmöglicher Weise wahrnehmen können. Auszubauen oder zu entwickeln im Raum Villach sind:

als Oberzentrum die Stadt Villach;

als Unterzentren die Orte Arnoldstein und Finkenstein;

als Kleinzentren die Orte Treffen und Wernberg.

Die Festlegung der Kleinstzentren hat in den Entwicklungsprogrammen für Teilbereiche des Zentralraumes zu erfolgen.

3.4. Die Siedlungsstruktur soll insbesondere im Oberzentrum so entwickelt und gestaltet werden, daß durch eine überdurchschnittliche Verdichtung der Wohn- und Arbeitsstätten in den Einzugsbereichen der öffentlichen Massenverkehrsmittel eine möglichst günstige öffentliche Verkehrsbedienung erzielt werden kann.

3.5. Der Ausbau der Infrastruktur im Zentralraum soll unter besonderer Bedachtnahme auf eine Stärkung überregionaler Funktionen so erfolgen, daß für die Bevölkerung ein hoher Lohn-, Wohn- und Freizeitwert erreicht und auch in Zukunft gewährleistet werden kann. Er soll weiters so vorgenommen werden, daß er den charakteristischen Aufgaben der zentralen Orte und Funktionsgebiete jeweils im besonderen Maße zu entsprechen vermag. Dabei soll auf eine ganzjährige Nutzung sowie auf die Grenzen der Belastbarkeit des Naturhaushaltes in bestmöglicher Weise Bedacht genommen werden. Ebenso ist dafür zu sorgen, daß die Umweltschutzbelange Berücksichtigung finden.

4. Leit-, Haupt- und Teilziele für den Raum Villach

4.1. Leitziele

4.1.1. Überregionale und regionale Funktionen

Als Teilgebiet des Kärntner Zentralraumes ist der Raum Villach (Planungsraum) so zu entwickeln und zu gestalten, daß er insbesondere seine überregionalen Fernverkehrs-, Fremdenverkehrs- und Wintersportfunktionen sowie seine regionalen Funktionen in bestmöglicher Weise wahrnehmen kann.

4.1.2. Ausbau der Infrastruktur

Der Ausbau der Infrastruktur hat so zu erfolgen, daß zwischen dem Planungsraum und den angrenzenden Gebieten sowie den nahegelegenen Mittel- und Unterzentren kontinuierliche und enge Verflechtungen ermöglicht werden. Er ist ferner so vorzunehmen, daß der unterschiedlichen Struktur der Funktionsgebiete in bestmöglicher Weise Rechnung getragen wird.

Beim Ausbau der Infrastruktur ist ferner darauf Bedacht zu nehmen, daß zwischen den ehemaligen Gemeindegebieten Villach, Finkenstein, Treffen und Weißenstein sowie den mit Wirkung vom

1. Jänner 1973 eingemeindeten Gebieten so enge Verflechtungen erfolgen, daß innerhalb der neuen Gemeindegrenzen gleichwertige Lebensbedingungen gewährleistet sind.

4.1.3. Entwicklung der zentralen Orte

Die zentralen Orte sind so zu entwickeln, daß die erforderlichen öffentlichen und privaten Dienstleistungs-Einrichtungen unter günstigen Voraussetzungen und mit zumutbarem Zeitaufwand von der Wohn-, Arbeits- und Urlaubsbevölkerung des Planungsraumes erreicht werden können.

4.1.4. Landschaftspflege und Umweltschutz

Auf die Schonung, Erhaltung und Pflege der Landschaft sowie auf die Grenzen der Belastbarkeit des Naturhaushaltes ist im Interesse der Wohnbevölkerung und des Fremdenverkehrs besonders zu achten. Dabei sind die Schutz- und Pflegemaßnahmen durch eine wirksame Bodenvorratspolitik zu ergänzen. Stillgelegte Entnahmestellen für Sand, Kies und Lehm sind durch geeignete landschaftspflegerische Maßnahmen zu rekultivieren.

4.2. Hauptziele

4.2.1. Zentrale Orte

Das Mittelzentrum Villach ist wegen seiner überregionalen Bedeutung als Verkehrsknotenpunkt, wegen seiner Bevölkerungszahl und seiner Infrastruktur zum Oberzentrum zu entwickeln. Dies soll erreicht werden durch den Ausbau der öffentlichen Einrichtungen insbesondere des Sozial-, Bildungs- und Kulturwesens, durch Schaffung günstiger infrastruktureller Voraussetzungen für den Ausbau privater Dienstleistungs-Einrichtungen, die Verbesserung der überörtlichen Verkehrsverbindungen, den Ausbau eines leistungsfähigen Nahverkehrssystems und die Vorsorge für aufgeschlossene, ausreichend große und günstig gelegene Flächen für Wirtschaftsbetriebe von regionaler und überregionaler Bedeutung.

Die Unterzentren Arnoldstein und Finkenstein sind so auszubauen, daß sie vor allem ihren regionalen Funktionen auch für die Bevölkerung der Nachbargemeinden noch besser entsprechen können. Dies soll insbesondere durch den Ausbau der regionalen Verkehrsverbindungen, des Schul- und Bildungswesens, der privaten Dienstleistungs-Einrichtungen sowie durch die Vorsorge für aufgeschlossene Flächen für Industrie- und Gewerbebetriebe von regionaler Bedeutung erreicht werden.

Im Gemeindegebiet Wernberg sind zentral und verkehrsgünstig gelegene Kleinzentren zu entwickeln, die über die erforderlichen öffentlichen und privaten Dienstleistungs-Einrichtungen von örtlicher Bedeutung verfügen.

Das Kleinzentrum Bodensdorf ist unter Bedachtnahme auf die Belastbarkeit des Naturhaushaltes und die Erhaltung der Landschaft so zu entwickeln, daß es auch regionale Funktionen für die Nachbargemeinde Ossiach ausüben kann. Der Ausbau der öffentlichen und privaten Dienstleistungs-Einrichtungen hat daher so zu erfolgen, daß der Funk-

9.2 Entwicklungsprogramm Raum Villach **Anlage**

tion als Fremdenverkehrs-Schwerpunkt des Ossiacher-See-Gebietes in bestmöglicher Weise Rechnung getragen werden kann. Dabei muß die begrenzte Aufnahmefähigkeit der Erholungs- und Wassersportflächen im Seeuferbereich besondere Berücksichtigung finden.

Weiters soll die Errichtung umweltfreundlicher produzierender Gewerbebetriebe auf geeigneten Standorten durch die Sicherung günstig gelegener Flächen ermöglicht werden.

Das Kleinzentrum Treffen ist hinsichtlich der öffentlichen und privaten Dienstleistungs-Einrichtungen und des produzierenden Gewerbes so auszubauen, daß es auch regionale Funktionen ausüben kann.

Das Kleinstzentrum Weißenstein ist wegen seiner Bedeutung als Industriestandort zum Kleinzentrum zu entwickeln.

Die Kleinstzentren und Fremdenverkehrsschwerpunkte Drobollach, Faak und Ossiach sind unter besonderer Bedachtnahme auf die Belastbarkeit des Naturhaushaltes und die Erhaltung der Landschaft zu entwickeln.

4.2.2. Besiedelung

Die Inanspruchnahme von Bauland soll nur in dem Ausmaß erfolgen, als Verkehrserschließung, Wasserversorgung, Abwasserbeseitigung und Energieversorgung gewährleistet sind. Dabei sollen aus gemeindewirtschaftlichen Gründen jeweils die Gebiete mit der höchsten Versorgungsgunst zuerst bebaut werden. Im Einzugsbereich der Eisenbahn-Haltepunkte ist eine maßvolle Verdichtung der Besiedlung anzustreben, um so eine Verlegung des Schüler- und Berufspendelverkehrs auf die Schiene zu fördern. Bei der Festlegung von Bauland sowie von Verkehrswege- und Versorgungsleitungsnetzen ist auf Gebiete mit hohem Grundwasserstand, auf Lawinenstriche und auf Überflutungsgebiete besonders Bedacht zu nehmen. Ebenso sind neue Siedlungsgebiete nur außerhalb der Immissionsbereiche von Industriebetrieben, Autobahnen, Bundesstraßen und Eisenbahnlinien, jedoch in der Nähe der Haltepunkte öffentlicher Verkehrsmittel festzulegen.

Um eine bestmögliche und gemeindewirtschaftlich günstige Versorgung der Bevölkerung mit Dienstleistungen zu gewährleisten, ist die Zusammenfassung bestehender und neuer Siedlungsgebiete zu Wohnvierteln und Wohnbezirken erforderlich. Dabei soll die Einwohnerzahl eines Wohnviertels mindestens so groß sein, daß der Bestand einer vierklassigen Volksschule auf Dauer gesichert ist. Die Größe eines Wohnbezirkes hängt von den örtlichen Gegebenheiten ab. Er soll jedoch mindestens zwei Wohnviertel umfassen. Wohnviertel und Wohnbezirke sind jeweils aus einer städtebaulichen Konzeption zu entwickeln, die Erweiterungsmöglichkeiten zuläßt. Industrie- und Gewerbeflächen für Betriebe von regionaler und überregionaler Bedeutung sind nach Möglichkeit zu Industriegebieten bzw. zu Industriebezirken zusammenzufassen und mit den erforderlichen Dienstleistungs-Einrichtungen auszustatten. Bei der Standortfestlegung ist besonders zu beachten, daß Siedlungs-, Naherholung- oder Fremdenverkehrsgebiete nicht durch Immissionen beeinträchtigt werden und daß die Abwasser- und Abfallstoffbeseitigung gesichert ist. Eine zusätzliche punktuelle Verkehrsbelastung des kommunalen Straßennetzes ist zu vermeiden und eine günstige Lage zu Eisenbahnlinien anzustreben.

4.2.3. Verkehr

Beim Ausbau des Verkehrswegenetzes ist eine möglichst weitgehende Verknüpfung des Autobahn-, Bundes-, Landes- und Gemeindestraßennetzes untereinander sowie mit dem Schienennetz erforderlich.

Auf die Entlastung von Fremdenverkehrsschwerpunkten bzw. Kleinst-, Klein- und Unterzentren vom Durchgangsverkehr durch den Bau von Umfahrungsstraßen ist Bedacht zu nehmen.

Dem Flächenbedarf des Wirtschaftsverkehrs in den Geschäftsgebieten und Industriegebieten sowie des ruhenden Verkehrs in den Geschäftsgebieten, Siedlungsgebieten, Industriegebieten, Fremdenverkehrszonen, Naherholungs- und Wintersportgebieten ist unter Bedachtnahme auf den zukünftigen Bedarf durch rechtzeitige Flächensicherung Rechnung zu tragen.

Der Ausbau des Personen-Nahverkehrs ist besonders im Hinblick auf die zunehmende Belastung der Bundes- und Landesstraßen während der Sommersaison zu fördern. Zur Gewährleistung einer entsprechenden Rentabilität des zukünftig erforderlichen schienengebundenen Personen-Nahschnellverkehrs ist eine Verdichtung der Wohn- und Arbeitsplätze im Haltepunktbereich anzustreben. Sie ist ebenso in den Gebieten erforderlich, die durch Autobuslinien unzureichend oder noch überhaupt nicht bedient werden.

Die Kapazität und Qualität der Güterumschlags- und Verladeanlagen soll durch den Bau des Zentralverschiebebahnhofes Oberrain-Fürnitz und die rechtzeitige Anpassung an die zukünftigen Bedürfnisse des

Straßen- und Schienenverkehrs sowie durch die bestmögliche Verbindung zwischen diesen Verkehrsarten verbessert werden.

4.2.4. Versorgung

4.2.4.1. Energieversorgung

Bei der räumlichen Entwicklung ist auf den künftigen Energiebedarf besonders Bedacht zu nehmen. Insbesondere ist für die auszubauenden oder zu entwickelnden zentralen Orte, Industriegebiete, Fremdenverkehrs-Schwerpunkte und Wintersportgebiete die Versorgung mit der notwendigen Kapazität rechtzeitig sicherzustellen.

4.2.4.2. Wasserversorgung

Die genutzten und nutzungswürdigen Quell- und Grundwasservorkommen sollen so weit wie möglich geschützt, erhalten und vorsorglich beansprucht werden. Der Ausbau regionaler Wassergewinnungs- und Versorgungsanlagen ist anzustreben. Die regionalen Wasserversorgungsanlagen sollen zu einem überregionalen Wasserversorgungsnetz verbunden werden. Auf den vorsorglichen Schutz von Heilquellen ist Bedacht zu nehmen.

4.2.4.3. Fluß- und Wildbachverbauung

Flußbau- und Wildbachverbauung sind im Hinblick auf die angestrebte räumliche Entwicklung und unter Berücksichtigung von Naturschutz und Landschaftspflege durchzuführen.

4.2.4.4. Abwasser- und Abfallstoffbeseitigung

Um eine ausreichende Reinhaltung der Badeseen und Vorfluter zu gewährleisten, sind insbesondere in den Fremdenverkehrszonen regionale Abwasserreinigungsanlagen zu errichten.

Ebenso sind die Voraussetzungen für eine geordnete Abfallstoffbeseitigung in regionalen Behandlungsanlagen unerläßlich.

4.2.5. Öffentliche Einrichtungen

4.2.5.1. Konzentration öffentlicher Einrichtungen in Zentralen Orten

Um eine bestmögliche Versorgung der Wohn-, Arbeits- und Urlaubsbevölkerung bei zumutbarem Wegaufwand zu erreichen, ist die Konzentration öffentlicher Einrichtungen in geeigneten Zentralen Orten anzustreben. Dabei sollen jeweils Art der öffentlichen Einrichtung und Art der Funktion des Zentralen Ortes miteinander in Einklang stehen. Beim Ausbau der öffentlichen Einrichtungen sollen möglichst gemeinsame Investitionen benachbarter Gemeinden mit dem Ziel der Kostenminderung und Leistungsvergrößerung angestrebt werden. Auf die möglichst frühzeitige Flächensicherung durch Festlegung von Flächen für besondere Verwendungszwecke ist Bedacht zu nehmen.

4.2.5.2. Verwaltungseinrichtungen

In Zentralen Orten von überregionaler und regionaler Bedeutung sollen günstig gelegene Standorte für Verwaltungseinrichtungen des Bundes, des Landes und der Gemeinden festgelegt werden.

4.2.5.3. Kindergärten, Schulen, Einrichtungen des Bildungswesens

Kindergärten, Schulen und Bildungseinrichtungen sind im Hinblick auf die angestrebte räumliche Entwicklung und in Übereinstimmung mit den Schulentwicklungsplänen des Landes zu errichten bzw. auszubauen. Kindergärten sollen auf verkehrssicheren, von Wohngebieten leicht erreichbaren Standorten in genügender Anzahl zur Verfügung gestellt werden. Dabei ist eine Zusammenfassung mit Volksschulen anzustreben. Volksschulen sind unter besonderer Berücksichtigung der angestrebten Siedlungsentwicklung so zu dimensionieren, daß der Unterricht in mindestens vier Jahrgangsklassen erfolgen kann. Auf die gute Erreichbarkeit von den Siedlungsgebieten auf sicheren Schulwegen ist besonders Bedacht zu nehmen.

Sonderschulen sollen im notwendigen Umfang in den Hauptschulorten errichtet werden.

Allgemein- und Berufsbildende mittlere und höhere Schulen sollen in Ober- und Mittelzentren, fallweise auch in Unterzentren errichtet bzw. ausgebaut werden. Bei der Standortfestlegung ist auf die angestrebte Entwicklung des jeweiligen Einzugsbereiches, auf eine günstige Erreichbarkeit von den Haltepunkten öffentlicher Verkehrsmittel und auf Erweiterungsmöglichkeiten besonders Bedacht zu nehmen.

Einrichtungen der Erwachsenenbildung von regionaler Bedeutung sollen in Ober-, Mittel- und Unterzentren errichtet bzw. ausgebaut werden.

Bei der Standortfestlegung von Schulen soll die Zusammenfassung mehrerer Schulen mit ähnlichen Einzugsbereichen zu einem leistungsfähigen Schulzentrum angestrebt werden, um eine mehrfache Nutzung der Verkehrs-, Sport- und Spielflächen zu ermöglichen.

9.2 Entwicklungsprogramm Raum Villach **Anlage**

4.2.5.4. öffentliche Einrichtungen des Sozial- und Gesundheitswesens

Standorte für die notwendigen Einrichtungen des Sozial- und Gesundheitswesens sind unter Berücksichtigung der angestrebten räumlichen Entwicklung, der Bevölkerungsentwicklung sowie der Sozial- und Altersstruktur im Planungsraum festzulegen. Insbesondere ist auf die Flächensicherung in Verkehrs- und klimatisch günstigen und immissionsfreien Standorten Bedacht zu nehmen.

4.2.6. Einrichtungen für Erholung und Sport

Für Erholung, Spiel und Sport sind ausreichend große, zu den Siedlungsgebieten und Haltepunkten öffentlicher Verkehrsmittel günstig gelegene Einrichtungen zu schaffen bzw. auszubauen. Dabei ist bei der Standortsfestlegung auf die speziellen Bedürfnisse von Tages-, Wochenend- und Urlaubserholung besonders Bedacht zu nehmen.

Einrichtungen für die tägliche Erholung der Wohnbevölkerung in allen Siedlungsgebieten sind daher in zumutbarer Entfernung für Fußgänger zu errichten bzw. auszubauen. Insbesondere ist die Schaffung zusammenhängender Fuß- und Radwegenetze sowie von ausreichenden und günstig gelegenen Kinderspielplätzen anzustreben.

Einrichtungen für die Wochenenderholung (Ausflugsgaststätten, Rastplätze, Sportstätten u. dgl.) sollen in Naherholungsgebieten so geschaffen werden, daß sie von Verkehrswegen leicht erreichbar sind. Die Verbindung dieser Einrichtungen durch ein Fuß- und Radwegenetz ist anzustreben.

Bei der Festlegung von Einrichtungen für die Urlaubserholung ist besonders in den Uferzonen der Badeseen auf eine maßvolle Konzentration gleichartiger Einrichtungen zur Erhaltung freier Landschaft Bedacht zu nehmen. Dabei soll die allgemeine Zugänglichkeit der Seeufer so weit wie möglich gewährleistet und auf die Errichtung von Uferpromenaden, Rad- und Fußwegenetzen sowie Fußgängerbereichen Bedacht genommen werden.

Die Erschließung von Wintersportgebieten soll so erfolgen, daß die Standorte für Aufstiegshilfen, Gebäude für Dienstleistungs- und Beherbergungs-Einrichtungen an Schwerpunkten konzentriert werden können.

4.2.7. Einrichtungen für Zivilschutz und Landesverteidigung

Die raumbeanspruchenden Erfordernisse der Landesverteidigung sollen nach Möglichkeit außerhalb von Siedlungsgebieten, Industriegebieten und Fremdenverkehrszentren gedeckt werden.

4.3. Teilziele

4.3.1. Zentrale Orte

4.3.1.1. Festlegungen für die Entwicklung des Mittelzentrums Villach zum Oberzentrum

Wichtigste Voraussetzung für die Entwicklung des Mittelzentrums Villach zum Oberzentrum ist die Festlegung eines Geschäftsbezirkes, eines Industriebezirkes sowie von ausreichenden und günstig gelegenen Flächen für besondere Verwendungszwecke für öffentliche und private Dienstleistungs-Einrichtungen wie auch ein dementsprechender Ausbau des kommunalen Hauptstraßennetzes.

Geschäftsbezirk

In dem von Hauptbahnhof—Bahnsteig—Steinwenderstraße—Pestalozzistraße—Hausergasse—Trattengasse—Dreschnigstraße begrenzten Geschäftsbezirk ist die Festlegung von Bauland vorwiegend nur als Geschäftsgebiet, im übrigen als gemischtes Baugebiet und als Wohngebiet zulässig.

Bei der Festlegung von Verkehrsflächen ist auf den Flächenbedarf des öffentlichen und des Wirtschaftsverkehrs sowie auf die Schaffung von Fußgängerzonen im besonderen Maße Bedacht zu nehmen.

Das Parkplatzangebot im Geschäftsbezirk und die Leistungsfähigkeit der Zufahrtsstraßen müssen dabei übereinstimmen.

Industriebezirk

Im Gebiet des Zusammenflusses der Drau und der Gail, nördlich der Gail und beiderseits der Drau ist die Festlegung von Bauland überwiegend nur als Leichtindustriegebiet zulässig.

Bei der Festlegung von Verkehrsflächen ist auf eine gute Anbindung an die Süd-Autobahn und das Bundesstraßennetz sowie auf ausreichende Flächen für den Wirtschaftsverkehr und den ruhenden Verkehr Bedacht zu nehmen. Für Dienstleistungs-Einrichtungen, die dem gesamten Industriebezirk dienen, sind günstig gelegene und erweiterungsfähige Flächen für besondere Verwendungszwecke festzulegen.

Flächen für besondere Verwendungszwecke

9.2 Entwicklungsprogramm Raum Villach **Anlage**

Im Bauland des Geschäftsbezirkes, der Wohnbezirkszentren und anderer Gebiete von besonderer Verkehrsgunst sind günstig gelegene, ausreichend große und erweiterungsfähige Flächen für besondere Verwendungszwecke zur Schaffung von regionalen und überregionalen Dienstleistungs-Einrichtungen festzulegen.

4.3.1.2. Festlegungen für den Ausbau der Unterzentren Arnoldstein und Finkenstein

Arnoldstein

In dem südlich der Eisenbahnlinie Villach-Tarvis gelegenen Baugebiet sind günstig gelegene, ausreichend große erweiterungsfähige Flächen für besondere Verwendungszwecke für öffentliche und private Dienstleistungs-Einrichtungen von regionaler Bedeutung, insbesondere für solche des Großhandels- und Gütertransports vorzusehen. Dabei ist auf die Funktion von Arnoldstein als Grenzort besonders Bedacht zu nehmen.

Bei der Festlegung von Verkehrsflächen ist auf eine günstige Anbindung an die Süd-Autobahn, die Kärntner und die Gailtal Bundesstraße in bestmöglicher Weise Rücksicht zu nehmen.

Finkenstein

Günstig gelegene und erweiterungsfähige Flächen für besondere Verwendungszwecke für öffentliche und private Dienstleistungs-Einrichtungen von örtlicher und regionaler Bedeutung sind im Ortsgebiet Finkenstein festzulegen. Im Anschluß an den künftigen Zentralverschiebebahnhof Oberrain-Fürnitz hat die Festlegung von Bauland als Leichtindustriegsbiet so zu erfolgen, daß die Ausbildung eines einheitlich gestalteten Industriebezirkes gewährleistet ist. Dabei ist auch auf eine gute Anbindung an die Süd-Autobahn sowie die Kärntner und Rosental Bundesstraße besonders Bedacht zu nehmen.

4.3.1.3. Festlegungen für den Ausbau der Kleinzentren Bodensdorf, Treffen und Wernberg

Im Ortsgebiet von Bodensdorf sind ausreichend große und erweiterungsfähige Flächen für besondere Verwendungszwecke für öffentliche und private Dienstleistungs-Einrichtungen so festzulegen, daß sie von der ständig und zeitweise anwesenden Bevölkerung in den Gemeinden Steindorf und Ossiach günstig erreicht werden können.

Der südlich der Bahnlinie Villach—Feldkirchen liegende Seeuferbereich soll so gestaltet werden, daß den Belangen der Erholung und des

Wassersportes in besonderer Weise Rechnung getragen wird. Nördlich der Bahnlinie Villach—Feldkirchen ist auf die Festlegung von ausreichenden Flächen für umweltfreundliche Gewerbebetriebe Bedacht zu nehmen.

Im Ortsgebiet Treffen sind günstig gelegene, ausreichend große und erweiterungsfähige Flächen für besondere Verwendungszwecke für öffentliche und private Dienstleistungs-Einrichtungen von örtlicher und regionaler Bedeutung vorzusehen. Insbesondere sind Leichtindustrieflächen für die Errichtung von Gewerbebetrieben festzulegen.

Im Gemeindegebiet Wernberg ist in dem zwischen Süd-Autobahn und Kärntner Straße gelegenen Gebiet insbesondere die Festlegung von Flächen für besondere Verwendungszwecke für öffentliche und private Dienstleistungs-Einrichtungen sowie von Leichtindustriegebieten für die Errichtung von Gewerbebetrieben zulässig.

In dem von der Drau und der Bahnlinie Klagenfurt—Villach begrenzten, zwischen Gottestal und Föderlach liegenden Gebiet ist die Festlegung von Bauland nur als Leichtindustriegebiet zulässig.

4.3.1.4. Festlegungen für den Ausbau des Kleinstzentrums Weißenstein

Im Ortsgebiet Weißenstein sind günstig gelegene und erweiterungsfähige Flächen für besondere Verwendungszwecke für öffentliche und private Dienstleistungs-Einrichtungen von örtlicher Bedeutung vorzusehen.

4.3.1.5. Festlegungen für den Ausbau des Kleinstzentrums Ossiach

Im Ortsgebiet Ossiach sind zur Verbesserung der überwiegend durch Sommerfremdenverkehr geprägten Wirtschaftsstruktur günstig gelegene, erweiterungsfähige Flächen für besondere Verwendungszwecke für öffentliche und private Dienstleistungs-Einrichtungen sowie für umweltfreundliche Gewerbebetriebe festzulegen.

4.3.2. Besiedlung

Bei der Festlegung von Bauland ist auf günstig gelegene und erweiterungsfähige Flächen für besondere Verwendungszwecke für die Errichtung von Wohnviertel- und Wohnbezirkszentren besonders Bedacht zu nehmen.

Die Verdichtung der Wohn- und Arbeitsstätten in den Einzugsbereichen der Eisenbahn-Haltestellen ist durch die Festlegung entsprechender Dichtewerte in den Bebauungsplänen zu gewährleisten. Im gesam-

9.2 Entwicklungsprogramm Raum Villach **Anlage**

ten Planungsraum ist die Festlegung von Bauland als Schwerindustriegebiet nicht zulässig.

Bei der Festlegung von Bauland ist auf die Freihaltung der Gebiete, in denen in bezug auf die natürliche Ertragsfähigkeit und die maschinellen Bearbeitungsmöglichkeiten am besten geeignete Böden vorherrschen (Landwirtschaftszonen), Bedacht zu nehmen.

4.3.3. Verkehr

Bei der Festlegung von kommunalen Verkehrsflächen ist das durch Bundes- und Landesstraßen gegebene Verkehrswegenetz zu berücksichtigen. In den Gemeindegebieten Arnoldstein, Finkenstein, Steindorf, Villach und Wernberg sind zur Entlastung der Bundesstraßen vom Ortsverkehr ausreichende Verkehrsflächen für den Bau von kommunalen Parallelstraßen zu sichern. Das kommunale Straßennetz im Gemeindegebiet Wernberg ist überdies auf die zu schaffenden Gemeindezentren auszurichten. Kommunale Verkehrsflächen sind ferner so festzulegen, daß insbesondere im Geschäftsbezirk und den Wohnbezirkszentren von Villach und im Ortszentrum Arnoldstein Fußgängerzonen errichtet werden können.

Im Hinblick auf den zukünftigen Personen-Nahschnellverkehr sind bei den Eisenbahn-Haltepunkten Arnoldstein, Fürnitz, Villach/ Westbahnhof, Villach/Hauptbahnhof, Seebach und Föderlach ausreichende und günstig gelegene Parkplätze festzulegen.

Bei den Talstationen der Aufstiegshilfen in den Gemeindegebieten Arnoldstein, Finkenstein, Treffen und Villach sowie in den Fremdenverkehrszentren am Faaker See und Ossiacher See sind ausreichende Parkplätze als Verkehrsflächen festzulegen.

Größere Parkplätze sind jeweils an das Fußwegenetz anzubinden.

4.3.4. Versorgung

Bei der Festlegung von Flächen für Ver- und Entsorgungsanlagen ist insbesondere auf die Wohngebiete, Geschäfts- und Industriegebiete Bedacht zu nehmen.

4.3.5. Öffentliche Einrichtungen

Bei der Bemessung und Festlegung der Flächen für besondere Verwendungszwecke für Dienstleistungs-Einrichtungen sind die abschätzbaren Bedürfnisse der zukünftigen Wohn-, Arbeits- und Urlaubsbevölkerung zugrunde zu legen.

4.3.6. Einrichtungen für Erholung und Sport

Für die abschätzbaren Bedürfnisse der zukünftigen Wohn-, Arbeits- und Urlaubsbevölkerung sind entsprechende günstig gelegene und ausreichende Grünflächen vor allem in den derzeit unterversorgten Wohngebieten festzulegen.

Diese Grünflächen sollen untereinander bzw. mit den Wohnviertel- und Wohnbezirkszentren sowie mit den Naherholungsgebieten durch ein Fuß- und Radwegenetz verbunden werden, wofür die erforderlichen Verkehrsflächen festzulegen sind.

Insbesondere ist auf die Festlegung von Verkehrsflächen für die Errichtung von durchgehenden Fußwegen beiderseits der Drau von Obere Fellach bis zur Gailmündung Bedacht zu nehmen.

In gleicher Weise sind für die Erschließung der Landschaftsschutzgebiete Dobratsch, Wollanig-Oswaldiberg, Ruine Landskron, Faaker See-West und Faaker See-Ost durch Errichtung von Parkplätzen in Randlage sowie von Fuß- und Radwegenetzen die erforderlichen Verkehrsflächen festzulegen.

In den Uferzonen des Faaker- und des Ossiacher Sees sind für die Errichtung von weiteren Campingplätzen keine Grünflächen mehr zu widmen. Insbesondere ist die Uferzone des Landschaftsschutzgebietes Faaker See-West in ihrem derzeitigen Zustand zu belassen. Die Schaffung eines Fuß- und Radwegenetzes in der Uferzone des Ossiacher Sees ist anzustreben.

Auf den weiteren Ausbau der regionalen Wintersportgebiete Dreiländerecke — Arnoldstein, Gerlitze, Heiligengeist und Verditz ist in bestmöglicher Weise Bedacht zu nehmen. Dabei kommt der Erhaltung und Pflege der Landschaft besondere Bedeutung zu.

4.3.7. Einrichtungen für Zivilschutz und Landesverteidigung

Bei der Festlegung von Baugebieten ist insbesondere im Raum Gödersdorf—Fürnitz—Hart wegen der Ballung von überregionalen Verkehrswegen, Verkehrsanlagen, Strom- und Rohrleitungen auf die Belange des Zivilschutzes besonders Bedacht zu nehmen. Um die Einrichtung eines Truppenübungsplatzes im Raum Ossiacher Tauern zu ermöglichen, ist auf die vorsorgliche Sicherung geeigneter Grundflächen Bedacht zu nehmen.

9.3. Entwicklungsprogramm Nockberge

LGBl 1977/41 und LGBl 1991/119

Inhaltsverzeichnis

§ 1 Planungsraum
§ 2 Wirkung

Anlage

Auf Grund des § 3 des Kärntner Raumordnungsgesetzes, LGBl. Nr. 76/1969, wird verordnet:

§ 1 Planungsraum

(1) Für das Nockgebiet wird das in der Anlage enthaltene Entwicklungsprogramm festgelegt.

(2) Das Entwicklungprogramm erstreckt sich auf die Gemeinden Krems in Kärnten, Bad Kleinkirchheim, Reichenau und Albeck sowie auf das Gebiet der ehemaligen Gemeinden Kaning in der Gemeinde Radenthein und die Gebiete der ehemaligen Gemeinden Glödnitz, Deutsch-Griffen und Metnitz in der Gemeinde Weitensfeld-Flattnitz.

(3) Das Entwicklungsprogramm Nockgebiet gilt nicht für das Schutzgebiet des "Nationalparks Nockberge", eingerichtet durch die Verordnung der Landesregierung, LGBl. Nr. 79/1986, in ihrer jeweils geltenden Fassung.

§ 2 Wirkung

(1) Die Landesregierung hat den jährlichen Voranschlag im Einklang mit dem Entwicklungsprogramm zu erstellen (§ 4 Kärntner Raumordnungsgesetz).

(2) Verordnungen und Bescheide auf Grund von Landesgesetzen dürfen nur im Einklang mit dem Entwicklungsprogramm erlassen werden (§ 5 Abs. 1 Kärntner Raumordnungsgesetz).

(3) Investitionen und Förderungsmaßnahmen dürfen nur im Einklang mit dem Entwicklungsprogramm erfolgen.

(4) Die Bestimmungen des Abs. 3 gelten für
a) das Land Kärnten,
b) die auf Grund von Landesgesetzen eingerichteten Körperschaften öffentlichen Rechtes und
c) die Vertreter der unter lit. a und b genannten Körperschaften in den Gesellschaften, an denen diese Körperschaften beteiligt sind.

Auf Förderungsmaßnahmen, die von den in lit. a und b genannten Körperschaften mit Mitteln des Bundes durchgeführt werden, findet der Abs. 3 keine Anwendung.

Anlage – Entwicklungsprogramm Nockgebiet

I.

1.Planungsraum

Der Planungsraum Nockgebiet umfaßt das Gebiet der Gemeinde Krems in Kärnten, von der Marktgemeinde Radenthein das Gebiet der ehemaligen Gemeinde Kaning, die Gemeinde Bad Kleinkirchheim, die Gemeinde Reichenau, die Gemeinde Albeck und von der Marktgemeinde Weitensfeld-Flattnitz die Gebiete der ehemaligen Gemeinden Glödnitz, Deutsch-Griffen und Metnitz.

2. Raumordnungsgesetz

Für den Planungsraum gelten insbesondere folgende Entwicklungsziele aus dem Kärntner Raumordnungsgesetz:

a) Jedem Arbeitsfähigen soll es möglich sein, einer dauernden wirtschaftlichen Betätigung nachzugehen.

Der Bevölkerung Kärntens soll durch die Wirtschaftsstruktur des Landes die Teilnahme an der fortschreitenden Entwicklung der österreichischen Volkswirtschaft gesichert werden. Es ist anzustreben, die Produktivität der Landwirtschaft zu erhöhen und deren Wettbewerbsfähigkeit zu verbessern.

9.3. Entwicklungsprogramm Nockberge **Anlage**

b) Das Verkehrsnetz ist so auszubilden, daß Kärnten in den europäischen Großraum eingegliedert wird und sich die Wirtschaft des Landes entfalten kann; auf die vorausschaubare Entwicklung, auf ein Höchstmaß an Sicherheit und auf die Schonung der Erholungsräume ist Bedacht zu nehmen.

c) Die Siedlungstätigkeit soll zur Verdichtung der Bebauung führen. Die Siedlungsräume sind entsprechend den örtlichen Bedürfnissen der Bevölkerung aufzuschließen und dem Verkehrsnetz anzugliedern.

Die Versorgung der Bevölkerung mit Gütern und Leistungen des täglichen Bedarfes sowie die ärztliche Betreuung sind zu gewährleisten.

Die Entfaltung des kulturellen und sozialen Lebens ist durch Einrichtungen, die diesem Zweck entsprechen, an geeigneten Orten zu sichern.

Den Erfordernissen der Erholung und der körperlichen Ertüchtigung ist Rechnung zu tragen.

d) Die Eigenart der Kärntner Landschaft sowie deren natürliche Bestimmung, auch als Erholungsraum und Grundlage des Tourismus zu dienen, ist zu bewahren.

3. Hauptziel

Der Planungsraum soll unter Beibehaltung seiner agrarischen Struktur nach wirtschaftlichen Gesichtspunkten für den Fremdenverkehr erschlossen werden.

II.

1. Landschaft

Die Lebensgrundlage für die Bevölkerung des Planungsraumes ist die natürliche Landschaft des Nockgebietes. Eine Minderung des Erholungs- und Freizeitwertes des Planungsraumes und die Beeinträchtigung des Orts- und Landschaftsbildes ist zu vermeiden.

Das Gleichgewicht in der Natur ist in biologischer, wasserwirtschaftlicher und klimatischer Hinsicht zu erhalten, störende Einflüsse durch Bergbau, Industrie und Gewerbe sollen vermieden werden. Bau- und Erschließungsmaßnahmen dürfen nicht zu einer dauernden Schädigung des Gleichgewichtes im Naturhaushalt führen.

2. Bevölkerung und Besiedelung

Der Abwanderung aus dem Planungsraum ist entgegenzuwirken. Eine Erhöhung des Wohn-, Arbeits- und Freizeitwertes der Gemeindehauptorte ist anzustreben. Arbeitsplätze sollen vor allem im Wirtschaftssektor Fremdenverkehr geschaffen werden.

3. Flächenwidmungspläne

In den Flächenwidmungsplänen der Gemeinden des Planungsraumes haben folgende Grundsätze Beachtung zu finden:

Baulandsbeschränkungen

a) Die Festlegung von Bauland hat so zu erfolgen, daß eine Verdichtung der Bebauung erreicht und eine Zersiedelung der Landschaft vermieden wird. Für das Bauland soll möglichst wenig Grund in Anspruch genommen werden. Es sollen nur solche Flächen herangezogen werden, die eine möglichst geringe Umweltbelastung zur Folge haben und das ökologische Gleichgewicht nicht gefährden.

b) Im Planungsraum dürfen die Überschwemmungs- und Hochwasserabflußgebiete der Lieser, der Zuflüsse zum Millstätter See und zur Mur, der Gurk und der Metnitz und deren Zubringer, die Gefährdungsbereiche der Wildbäche, die vermurungs- und lawinengefährdeten Gebiete, die Moore, die für die Siedlungswasserwirtschaft notwendigen Flächen, die Bewässerungs- und Entwässerungsgebiete, die agrarischen Operationsgebiete sowie die militärischen Sonderflächen nicht als Bauland festgelegt werden. Insbesondere ist auf die Aussagen in den Gefahrenzonenplänen Bedacht zu nehmen.

c) Bei der Festlegung von Bauland ist im gesamten Planungsraum auf die Erhaltung von hochwertigen landwirtschaftlichen Flächen Bedacht zu nehmen. Böden, die für die Land- und Forstwirtschaft besondere Eignung besitzen, sollen für andere

Nutzungen nur in dem unbedingt erforderlichen Ausmaß herangezogen werden.

d) Auf die Funktion der Nockalmstraße als Erschließungsachse für die bestehenden und geplanten Fremdenverkehrszentren ist Bedacht zu nehmen; außerhalb der Zentren dürfen für Einzelobjekte an der Straße nur Rasthäuser, Tankstellen u. dgl. vorgesehen werden.

9.3. Entwicklungsprogramm Nockberge — **Anlage**

Sonderwidmungen für den Fremdenverkehr

In den Bereichen Innerkrems—Heiligenbach Alm (Gemeinde Krems in Kärnten), Langalm (Marktgemeinde Radenthein), Grundalm—St. Oswald (Gemeinde Bad Kleinkirchheim) Rosentaler Alm, Turracher Höhe, Falkert (Gemeinde Reichenau), Hinteres Griffental, Hochrindl—Rauscheggen (Gemeinde Albeck und Marktgemeinde Weitensfeld-Flattnitz) und Flattnitz—Guttenbrunntal (Marktgemeinde Weitensfeld-Flattnitz) ist durch ausreichende Sonderwidmungen die Errichtung von Fremdenverkehrsbetrieben und -einrichtungen zu ermöglichen.

Verkehrsflächen

a) Verkehrsflächen sind so festzulegen, daß die für die Erholung geeigneten Gebiete vom Durchgangsverkehr freigehalten werden; für ausreichende Straßenverbreiterungsflächen ist im Bereich von Schwerpunkten vorzusorgen.

b) Zufahrtsstraßen sollen nur bis zu den touristischen Zentren geführt und ausgebaut werden.

c) In der Almregion sind nur die für die Land- und Forstwirtschaft notwendigen Bringungswege zu errichten.

d) Im gesamten Planungsraum, insbesondere in den Fremdenverkehrsschwerpunkten, sind Parkplätze in genügender Anzahl und ausreichender Größe festzulegen.

Grünland

a) In den Gemeindehauptorten Eisentratten, Radenthein, Bad Kleinkirchheim, Ebene Reichenau, Sirnitz und Weitensfeld sind Grünflächen für Sportanlagen festzulegen.

b) Auf die Möglichkeit der Ausübung des Wintersportes ist Bedacht zu nehmen.

III.

1. Verkehr

Zur Verbindung der Zentren des Planungsraumes ist die Schaffung einer Straßenverbindung von der Tauernautobahn bis zur Flattnitz erforderlich.

Ausgehend von der Hauptverbindung durch das Nockgebiet sind weitere Verkehrswege zu schaffen, um die geplanten Fremdenverkehrszentren an das Hauptverkehrsnetz anzuschließen.

Die Leistungsfähigkeit der vorhandenen Verkehrswege ist zu erhöhen, um die Verkehrsbedienung zu verbessern.

Bei der verkehrsmäßigen Erschließung sind folgende Grundsätze einzuhalten:

a) Die Verkehrswege sollen die notwendige Fahrbahnbreite aufweisen und sich harmonisch in die Landschaft einfügen. Auch die zukünftigen Siedlungszentren sollen durch Umfahrungsstraßen vom Durchzugsverkehr freigehalten werden.

b) In den Fremdenverkehrszentren und an den Aussichtspunkten sind ausreichende Parkplätze vorzusehen.

2. Wasserversorgung

Auf die Sicherstellung von Wassergewinnungsgebieten ist Bedacht zu nehmen. Um eine ausreichende Trinkwasserversorgung für die bestehenden und geplanten Siedlungsgebiete sicherzustellen, sind die hiefür erforderlichen Grundwassergebiete und Quellen samt ihren Einzugsgebieten zu erfassen und ihre wasserrechtliche Sicherstellung anzustreben.

In den Siedlungsgebieten soll die Wasserversorgung durch Gemeindewasserversorgungsanlagen oder genossenschaftliche Wasserversorgungsanlagen erfolgen; überörtliche Anlagen sind anzustreben.

3. Abwasserbeseitigung

In jedem Siedlungsgebiet soll die Abwasserbeseitigung durch eine gemeinsame Kanalisationsanlage mit zentraler vollbiologischer Kläranlage erfolgen; überörtliche Anlagen sind anzustreben.

4. Wildbach- und Lawinenverbauung

Bei der Anlage von Siedlungen, Verkehrswegen und Aufstiegshilfen ist den Gefahrenzonen nach dem Forstgesetz, BGBl. Nr. 440/1975, auszuweichen. Davon kann nur dann abgesehen werden, wenn durch Schutzvorkehrungen die Sicherheit gewährleistet wird.

Die Anlage von Aufstiegshilfen und Schipisten darf nur nach vorheriger Klärung der Lawinensicherheit vorgenommen werden.

Bei der Anlage von Siedlungen, Verkehrswegen, Aufstiegshilfen und Schipisten ist die Entstehung von Erosionen und Rutschungen durch Erd- und Felsbewegungen zu vermeiden.

5. Schutz gegen Lärm und Verunreinigung von Landschaft, Luft und Wasser

Anlagen und Einrichtungen, die eine Umweltverschmutzung oder Lärmbelästigung bewirken können, sind so zu situieren, daß die negativen Auswirkungen solcher Anlagen und Errichtungen auf ein Mindestmaß beschränkt bleiben. Grundwasser, Quellen sowie stehende und fließende Gewässer sind vor jeder Verunreinigung zu schützen.

IV.

1. Land- und Forstwirtschaft

Die Produktivitätsverbesserung der Landwirtschaft im Planungsraum soll den besonderen Zielen für das Entwicklungsgebiet, nämlich der Erhaltung des Erholungswertes der Landschaft und eines ausgeglichenen Naturhaushaltes, entsprechen.

Im Planungsraum sollen die bestehenden land- und forstwirtschaftlichen Vollerwerbsbetriebe sowie die Zu- und Nebenerwerbsbetriebe erhalten bleiben und auch die Nebenerwerbsbetriebe zur Aufrechterhaltung einer entsprechenden Siedlungsdichte sowie zur weiteren Betreuung der Kulturlandschaft beitragen. Der land- und forstwirtschaftliche Grundverkehr ist daher auf die Erhaltung und Schaffung leistungsfähiger Betriebe auszurichten.

Der Ertrag des Waldes und der Landwirtschaft soll gesteigert werden. Hiezu ist die Verbesserung der Besitzstruktur durch die Aufstockung ökonomischer Grenzbetriebe anzustreben und auf die verkehrsmäßige Erschließung der Betriebe und Wirtschaftsflächen Bedacht zu nehmen.

Die Bemühungen um die Trennung von Wald und Weide sind fortzusetzen, um den Zuwachs des Waldes zu erhöhen, den Wasserhaushalt zu verbessern und Erosionsschäden zu vermindern.

Anlage   9. Kärntner Raumordnungsgesetz – K-ROG

2. Handel und Gewerbe

In den Fremdenverkehrszentren soll die Schaffung von neuen und die Verbesserung der Qualität bestehender, den Fremdenverkehr begleitender Dienstleistungseinrichtungen angestrebt werden.

V.

1. Fremdenverkehr

Im Planungsraum sollen die folgenden Orte zu touristischen Haupt- oder Nebenzentren für den Sommer- und Winterfremdenverkehr entwickelt werden:

Krems in Kärnten:

Hauptzentrum — Innerkrems

Nebenzentrum — Heiligenbachalm

Bad Kleinkirchheim:

Hauptzentrum – Bad Kleinkirchheim

Nebenzentrum — St. Oswald

Nebenzentrum — Grundalm

Reichenau:

Hauptzentrum — Reichenau-Turrach

Nebenzentrum — Falkert

Nebenzentrum — Rosentaler Alm

Nebenzentrum — St. Lorenzen

Weitensfeld-Flattnitz:

Hauptzentrum — Flattnitz

Albeck:

Hauptzentrum — Sirnitz-Hochrindl

Radenthein:

Nebenzentrum — Langalm

9.3. Entwicklungsprogramm Nockberge **Anlage**

2. Wintersport und Wintererholung

Schwerpunkträume für den Wintersport und für die Wintererholung sind die Gebiete:

a) Innerkrems — Heiligenbachalm

b) Grundalm — Langalm — St. Oswald — Rosentaler Alm — Falkert

c) Bad Kleinkirchheim mit Ausstrahlung in den Raum Arriach-Innerteuchen, Feld am See, Afritz und Radenthein

d) Turracher Höhe — Flattnitz — Hochrindl

Diese Schwerpunkträume sollen mit Einrichtungen für den Wintersport und für die Wintererholung, insbesondere mit Schiliften, Pisten, Langlaufloipen, Schibobbahnen, Rodelbahnen u. ä., ausgestattet werden.

Die Errichtung von Schiliften und Pisten, von Schiabfahrten, Langlaufloipen u. dgl. hat unter geringstmöglicher Störung des natürlichen Landschaftsgefüges auf der Grundlage von von Expertengutachten zu erfolgen.

VI.

Maßnahmen

In den Gemeinden des Planungsraumes sollen die verkehrsmäßige Erschließung, die Wasserversorgung, die Abwasserbeseitigung und die Schaffung von Einrichtungen für den Fremdenverkehr, einschließlich derjenigen für den Wintersport, entsprechend ihrer Dringlichkeit erfolgen. Dabei ist davon auszugehen, daß zuerst die bestehenden Zentren die erforderliche Grundausstattung erhalten.

9.4. Entwicklungsprogramm Mirnock-Verditz

LGBl 1978/2

Inhaltsverzeichnis

§ 1 Planungsraum
§ 2 Wirkung

Anlage

Auf Grund des § 3 des Kärntner Raumordnungsgesetzes, LGBl. Nr. 76/1969, wird verordnet:

§ 1 Planungsraum

(1) Für das Gebiet des Mirnock und der Verditz wird das in der Anlage 1 enthaltene Entwicklungsprogramm festgelegt.

(2) Das Entwicklungsprogramm erstreckt sich auf die Gemeinde Fresach und Teile der Gemeinde Feld am See, Ferndorf und Treffen.

(3) Die Grenzen des Planungsraumes sind in der Anlage 2 festgelegt.

§ 2 Wirkung

(1) Die Landesregierung hat den jährlichen Voranschlag im Einklang mit dem Entwicklungsprogramm zu erstellen (§ 4 Kärntner Raumordnungsgesetz).

(2) Verordnungen und Bescheide auf Grund von Landesgesetzen dürfen nur im Einklang mit dem Entwicklungsprogramm erlassen werden (§ 5 Abs. 1 Kärntner Raumordnungsgesetz).

(3) Investitionen und Förderungsmaßnahmen dürfen nur im Einklang mit dem Entwicklungsprogramm erfolgen.

(4) Die Bestimmungen des Abs. 3 gelten für
a) das Land Kärnten,
b) die auf Grund von Landesgesetzen eingerichteten Körperschaften öffentlichen Rechtes und

c) die Vertreter der unter lit. a und b genannten Körperschaften in den Gesellschaften, an denen diese Körperschaften beteiligt sind.

Auf Förderungsmaßnahmen die von den in lit. a und b genannten Körperschaften mit Mitteln des Bundes durchgeführt werden, findet der Abs. 3 keine Anwendung.

Anlage – Entwicklungsprogramm Mirnock-Verditz

I.

1. Planungsraum

Das Entwicklungsprogramm erstreckt sich auf die Gemeinde Fresach und Teile der Gemeinde Feld am See, Ferndorf und Treffen. Die Grenzen des Planungsraumes sind in der Anlage 2 festgelegt.

2. Raumordnungsgesetz

Für den Planungsraum gelten insbesondere folgende Entwicklungsziele aus dem Kärntner Raumordnungsgesetz:

a) Jedem Arbeitsfähigen soll es möglich sein, einer dauernden wirtschaftlichen Betätigung nachzugehen. Der Bevölkerung Kärntens soll durch die Wirtschaftsstruktur des Landes die Teilnahme an der fortschreitenden Entwicklung der österreichischen Volkswirtschaft gesichert werden. Es ist anzustreben, die Produktivität der Landwirtschaft zu erhöhen und deren Wettbewerbsfähigkeit zu verbessern.

b) Das Verkehrsnetz ist so auszubilden, daß Kärnten in den europäischen Großraum eingegliedert wird und sich die Wirtschaft des Landes entfalten kann; auf die vorausschaubare Entwicklung, auf ein Höchstmaß an Sicherheit und auf die Schonung der Erholungsräume ist Bedacht zu nehmen.

c) Die Siedlungstätigkeit soll zur Verdichtung der Bebauung führen. Die Siedlungsräume sind entsprechend den örtlichen Bedürfnissen der Bevölkerung aufzuschließen und dem Verkehrsnetz anzugliedern. Die Versorgung der Bevölkerung mit Gütern und Leistungen des täglichen

Bedarfes, sowie die ärztliche Betreuung sind zu gewährleisten. Die Entfaltung des kulturellen und sozialen Lebens ist durch Einrichtungen, die diesem Zweck entsprechen, an geeigneten Orten zu sichern. Den Erfordernissen der Erholung und der körperlichen Ertüchtigung ist Rechnung zu tragen.

d) Der Eigenart der Kärntner Landschaft sowie deren natürliche Bestimmung auch als Erholungsraum und Grundlage des Tourismus zu dienen, ist zu bewahren.

3. Hauptziel

Der Planungsraum soll unter Beibehaltung seiner agrarischen Struktur nach wirtschaftlichen Gesichtspunkten für den Fremdenverkehr erschlossen werden.

II.

1. Landschaft

Die Lebensgrundlage für die Bevölkerung des Planungsraumes ist die natürliche Landschaft des Gebietes des Mirnock und der Verditz. Eine Minderung des Erholungs- und Freizeitwertes und die Beeinträchtigung des Orts- und Landschaftsbildes ist zu vermeiden. Das Gleichgewicht in der Natur ist in biologischer, wasserwirtschaftlicher und klimatischer Hinsicht zu erhalten, störende Einflüsse durch Bergbau, Industrie und Gewerbe sollen vermieden werden. Bau- und Erschließungsmaßnahmen dürfen nicht zu einer dauernden Schädigung des Gleichgewichts im Naturhaushalt führen. Beim Abbau von Lagerstätten ist auf die größtmögliche Schonung der Landschaft zu achten.

2. Bevölkerung und Besiedelung

Der Abwanderung aus dem Planungsraum ist entgegenzuwirken. Eine Erhöhung des Wohn-, Arbeits- und Freizeitwertes in den Gemeindeschwerpunkten ist anzustreben. Arbeitsplätze sollen vor allem im Wirtschaftssektor Fremdenverkehr geschaffen werden.

3. Flächenwidmungspläne

In den Flächenwidmungsplänen der Gemeinden des Planungsraumes haben folgende Grundsätze Beachtung zu finden:

Baulandbeschränkungen

a) Die Festlegung von Bauland hat so zu erfolgen, daß eine Verdichtung der Bebauung erreicht und eine Zersiedelung der Landschaft vermieden wird. Für das Bauland soll möglichst wenig Grund in Anspruch genommen werden. Es sollen nur solche Flächen herangezogen werden, die möglichst geringe Umweltbelastungen zur Folge haben und das ökologische Gleichgewicht nicht gefährden.

b) Im Planungsraum dürfen Gefährdungsbereiche der Wildbäche, vermurungs- und lawinengefährdete Gebiete, Moore, die für die Siedlungswasserwirtschaft notwendigen Flächen, Bewässerungs- und Entwässerungsgebiete, agrarische Operationsgebiete und sonstige Schon- und Schutzgebiete nicht als Bauland festgelegt werden. Insbesondere ist auf die Aussagen in den Gefahrenzonenplänen Bedacht zu nehmen.

c) Bei der Festlegung von Bauland ist im gesamten Planungsraum auf die Erhaltung von hochwertigen land- und forstwirtschaftlichen Flächen Bedacht zu nehmen. Böden, die für die Land- und Forstwirtschaft besondere Eignung besitzen, sollen für andere Nutzungen nur in dem unbedingt erforderlichen Ausmaß herangezogen werden.

Sonderwidmungen für den Fremdenverkehr

Hotels, Appartementhäuser, Feriendörfer und Wochenendsiedlungen dürfen nur in tieferliegenden Bereichen der bestehenden und geplanten touristischen Zentren (s. V. Z l) vorgesehen werden. In der Bergregion darf Bauland nur bei den Bergstationen der Lifte und an markanten Aussichtspunkten in der Form der Sonderwidmungen für Almgasthöfe (Tagesgaststätten) und Schutzhütten vorgesehen werden.

Verkehrsflächen

a) Verkehrsflächen sind so festzulegen, daß die für die Erholung geeigneten Gebiete vom Durchgangsverkehr freigehalten werden.

b) Zufahrtsstraßen sollen nur bis zu den touristischen Zentren geführt und ausgebaut werden.

c) In der Almregion sind nur die für die Land- und Forstwirtschaft notwendigen Bringungswege zu errichten.

d) Im Planungsraum, insbesondere in den touristischen Zentren, sind Parkplätze in genügender Anzahl und ausreichender Größe festzulegen.

Grünland

Auf Einrichtungen für den Sommerfremdenverkehr und zur Ausübung des Wintersportes ist Bedacht zu nehmen.

III.

1. Verkehr

Die Leistungsfähigkeit der vorhandenen Verkehrswege und Zufahrtsstraßen ist zu erhöhen um die Verkehrsbedienung zu verbessern.

Bei der verkehrsmäßigen Erschließung sind folgende Grundsätze einzuhalten:

a) Die Verkehrswege sollen die notwendige Fahrbahnbreite aufweisen und sich harmonisch in die Landschaft einfügen.

b) In den touristischen Zentren sind ausreichende Parkplätze vorzusehen.

2. Wasserversorgung

Auf die Sicherstellung von Wassergewinnungsgebieten ist Bedacht zu nehmen. Um eine ausreichende Trinkwasserversorgung für die Siedlungsgebiete sicherzustellen, sind die hiefür erforderlichen Grundwassergebiete und Quellen mit ihren Einzugsgebieten zu erfassen und ihre wasserwirtschaftliche Sicherstellung anzustreben. In den Siedlungsgebieten soll die Wasserversorgung durch Gemeindewasserversorgungsanlagen oder genossenschaftlichen Wasserversorgungsanlagen erfolgen; überörtliche Anlagen sind anzustreben.

3. Abwasserbeseitigung

In den Siedlungsgebieten soll die Abwasserbeseitigung durch Kanalisationsanlagen mit Kläranlagen erfolgen. Der Anschluß an überörtliche Anlagen ist anzustreben.

4. Wildbach- und Lawinenverbauung

Bei der Anlage von Siedlungen, Verkehrswegen und Aufstiegshilfen ist den Gefahrenzonen nach dem Forstgesetz, BGBl. Nr 440/1975, auszuweichen. Davon kann nur dann abgesehen werden, wenn durch Schutzvorkehrungen die Sicherheit gewährleistet ist.

Die Anlage von Aufstiegshilfen und Schipisten darf nur nach vorhergegangener Klärung der Lawinensicherheit vorgenommen werden.

Bei der Anlage von Siedlungen, Verkehrswegen, Aufstiegshilfen und Schipisten ist die Entstehung von Erosionen und Rutschungen durch Erd- und Felsbewegungen zu vermeiden.

5. Schutz gegen Lärm und Verunreinigung von Landschaft, Luft und Wasser

Anlagen und Einrichtungen, die eine Umweltverschmutzung oder Lärmbelästigung bewirken können, sind so zu situieren, daß die negativen Auswirkungen solcher Anlagen und Einrichtungen auf ein Mindestmaß beschränkt bleiben. Grundwasser, Quellen sowie stehende und fließende Gewässer sind vor jeder Verunreinigung zu schützen.

IV.

1. Land- und Forstwirtschaft

Die Produktivitätsverbesserung der Landwirtschaft im Planungsraum soll den besonderen Zielen für das Entwicklungsgebiet, nämlich der Erhaltung des Erholungswertes der Landschaft und eines ausgeglichenen Naturhaushaltes, entsprechen.

Im Planungsraum sollen die bestehenden land- und forstwirtschaftlichen Vollerwerbsbetriebe erhalten bleiben und auch Zu- und Nebenerwerbsbetriebe zur Aufrechterhaltung einer entsprechenden Siedlungsdichte sowie zur weiteren Betreuung der Kulturlandschaft beitragen. Der land- und forstwirtschaftliche Grundverkehr ist daher auf die Erhaltung und Schaffung leistungsfähiger Betriebe auszurichten. Der Ertrag des Waldes und der Landwirtschaft soll gesteigert werden. Hiezu ist eine Strukturverbesserung insbesondere durch die Aufstockung ökonomischer Grenzbetriebe anzustreben und auf die Erschließung der Betriebe und Wirtschaftsflächen Bedacht zu nehmen.

Anlage 9. Kärntner Raumordnungsgesetz – K-ROG

Die Bemühungen um die Trennung von Wald und Weide sind fortzusetzen um den Zuwachs des Waldes zu erhöhen, den Wasserhaushalt zu verbessern und Erosionsschäden zu vermindern.

2. Handel und Gewerbe

In den Fremdenverkehrszentren soll die Schaffung von neuen und die Verbesserung der Qualität bestehender den Fremdenverkehr begleitender Dienstleistungseinrichtungen angestrebt werden.

V.

1. Fremdenverkehr

Im Planungsraum sollen zu touristischen Zentren entwickelt oder weiterentwickelt werden:

In der Gemeinde Ferndorf der Bereich der Ortschaft Gschriet (geplante Talstation für die Mirnock-Sesselbahn).

In der Gemeinde Fresach der Gemeindehauptort Fresach und die Ortschaft Mooswald.

In der Gemeinde Treffen der Bereich der Verditz (Bergstation erster Lift, Talstation zweiter Lift bis zum Gasthof "Moser").

2. Tourismus, Erholung und Wintersport

Der Planungsraum soll mit Einrichtungen für den Tourismus, den Wintersport und die Erholung, insbesondere mit Wanderwegen, Pisten, Sessel- und Schiliften, Langlaufloipen, Rodelbahnen, Reitmöglichkeiten und ähnlichen ausgestattet werden.

Die Errichtung dieser Einrichtungen soll bei geringstmöglicher Störung des natürlichen Landschaftsgefüges auf der Grundlage von Expertengutachten erfolgen.

VI.

Maßnahmen

In den Gemeinden des Planungsraumes sollen die verkehrsmäßige Erschließung, die Wasserversorgung, die Abwasserbeseitigung und die

9.4. Entwicklungsprogramm Mirnock-Verditz **Anlage**

Einrichtungen für den Fremdenverkehr, einschließlich derjenigen für die Sommererholung und den Wintersport entsprechend, ihrer Dringlichkeit erfolgen. Dabei ist davon auszugehen, daß zuerst die bestehenden Zentren die erforderliche Grundausstattung erhalten.

9.5. Entwicklungsprogramm Raum Klagenfurt

LGBl 1981/19 und LGBl 2008/76

Inhaltsverzeichnis

§ 1 Planungsraum
§ 2 Wirkung

Anlage

Auf Grund des § 3 des Kärntner Raumordnungsgesetzes, LGBl. Nr. 76/1969, wird verordnet:

§ 1 Planungsraum

(1) Für den Raum Klagenfurt wird das in der Anlage enthaltene Entwicklungsprogramm festgelegt.

(2) Das Entwicklungsprogramm erstreckt sich auf die Gebiete der Gemeinden Ebental, Grafenstein, Keutschach, Klagenfurt, Köttmannsdorf, Krumpendorf, Magdalensberg, Maria Rain, Maria Saal, Maria Wörth, Moosburg, Poggersdorf und Pörtschach am Wörther See.

§ 2 Wirkung

(1) [Anm: entfallen]

(2) Verordnungen und Bescheide auf Grund von Landesgesetzen dürfen nur im Einklang mit dem Entwicklungsprogramm erlassen werden (§ 5 Abs. 1 Kärntner Raumordnungsgesetz).

(3) Investitionen und Förderungsmaßnahmen dürfen nur im Einklang mit dem Entwicklungsprogramm erfolgen.

(4) Die Bestimmungen des Abs. 3 gelten für
a) das Land Kärnten,
b) die auf Grund von Landesgesetzen eingerichteten Körperschaften öffentlichen Rechts und

c) die Vertreter der unter lit. a und b genannten Körperschaften in den Gesellschaften, an denen diese Körperschaften beteiligt sind.

Auf Förderungsmaßnahmen, die von den in lit. a und b genannten Körperschaften mit Mitteln des Bundes durchgeführt werden, findet der Abs. 3 keine Anwendung.

(5) Die rechtswirksamen Flächenwidmungspläne der Gemeinden Ebental, Grafenstein, Keutschach, Klagenfurt, Köttmannsdorf, Krumpendorf, Magdalensberg, Maria Rain, Maria Saal, Maria Wörth, Moosburg, Poggersdorf und Pörtschach am Wörther See sind dem Gebietsstand vom 1. Jänner 1973 und dem Entwicklungsprogramm für den Raum Klagenfurt anzupassen.

Anlage – Entwicklungsprogramm Raum Klagenfurt

1. Planungsraum

Der Planungsraum Klagenfurt umfaßt die Gebiete der Gemeinden Ebental, Grafenstein, Keutschach, Klagenfurt, Köttmannsdorf, Krumpendorf, Magdalensberg, Maria Rain, Maria Saal, Maria Wörth, Moosburg, Poggersdorf und Pörtschach am Wörther See.

2. Leitziele (allgemeine Entwicklungsziele) für das Landesgebiet

Für den Planungsraum gelten insbesondere folgende Leitziele aus dem Kärntner Raumordnungsgesetz:

a) Der Bevölkerung Kärntens soll durch die Wirtschaftsstruktur des Landes die Teilnahme an der fortschreitenden Entwicklung der österreichischen Volkswirtschaft gesichert werden. Es ist anzustreben, die Produktivität der Landwirtschaft zu erhöhen und deren Wettbewerbsfähigkeit zu verbessern.

b) Das Verkehrsnetz ist so auszubilden, daß Kärnten in den europäischen Großraum eingegliedert wird und sich die Wirtschaft des Landes entfalten kann. Auf die vorausschaubare Entwicklung, auf ein Höchstausmaß an Sicherheit und auf die Schonung der Erholungsräume ist Bedacht zu nehmen.

Anlage 9. Kärntner Raumordnungsgesetz – K-ROG

c) Die Siedlungstätigkeit soll zur Verdichtung der Bebauung führen. Die Siedlungsräume sind entsprechend den örtlichen Bedürfnissen der Bevölkerung aufzuschließen und dem Verkehrsnetz anzugliedern. Die Versorgung der Bevölkerung mit Gütern und Leistungen des täglichen Bedarfes sowie die ärztliche Betreuung sind zu gewährleisten. Die Entfaltung des kulturellen und sozialen Lebens ist durch Einrichtungen, die diesem Zweck entsprechen, an geeigneten Orten zu sichern. Den Erfordernissen der Erholung und der körperlichen Ertüchtigung ist Rechnung zu tragen.

d) Die Eigenart der Kärntner Landschaft sowie deren natürliche Bestimmung, auch als Erholungsraum und Grundlage des Tourismus zu dienen, ist zu bewahren.

3. Leitziele für den Kärntner Zentralraum

3.1 Der Zentralraum ist so zu entwickeln und zu gestalten, daß er seiner Funktion als wirtschaftlicher, sozialer und kultureller Schwerpunktraum Kärntens in bestmöglicher Weise gerecht wird. Dabei ist auf die angestrebte Entwicklung der übrigen Landesteile Bedacht zu nehmen.

3.2 Der Verbesserung der Verkehrsverbindungen zwischen dem Kärntner Zentralraum und den benachbarten Zentralräumen sowie den nähergelegenen Verdichtungsgebieten in Italien und Jugoslawien ist besondere Bedeutung beizumessen.

3.3 Die zentralen Orte sind so zu entwickeln, daß sie ihre überregionalen und regionalen Funktionen für die Bevölkerung bei jeweils zumutbarem Zeitaufwand in bestmöglicher Weise wahrnehmen können. Auszubauen oder zu entwickeln im Raum Klagenfurt sind:

als Oberzentrum die Landeshauptstadt Klagenfurt;

als Unterzentren die Orte Ebental, Grafenstein, Krumpendorf, Pörtschach am Wörther See;

als Kleinzentren die Orte Köttmannsdorf, Maria Saal und Moosburg.

3.4 Die Siedlungsstruktur soll insbesondere im Oberzentrum so entwickelt und gestaltet werden, daß durch eine überdurchschnittliche Verdichtung der Wohn- und Arbeitsstätten in den Einzugsbereichen der öffentlichen Massenverkehrsmittel eine möglichst günstige öffentliche Verkehrsbedienung erzielt werden kann.

9.5. Entwicklungsprogramm Raum Klagenfurt **Anlage**

3.5 Der Ausbau der Infrastruktur im Zentralraum soll unter besonderer Bedachtnahme auf eine Stärkung überregionaler Funktionen so erfolgen, daß für die Bevölkerung ein hoher Lohn-, Wohn- und Freizeitwert erreicht und auch in Zukunft gewährleistet werden kann. Er soll weiters so vorgenommen werden, daß er den charakteristischen Aufgaben der zentralen Orte und Funktionsgebiete jeweils im besonderen Maße zu entsprechen vermag. Dabei soll auf eine ganzjährige Nutzung sowie auf die Grenzen der Belastbarkeit des Naturhaushaltes in bestmöglicher Weise Bedacht genommen werden. Ebenso ist dafür zu sorgen, daß die Umweltschutzbelange Berücksichtigung finden.

4. Leit-, Haupt- und Teilziele für den Raum Klagenfurt

4.1 Leitziele

4.1.1 Überregionale und regionale Funktionen

Als Teilgebiet des Kärntner Zentralraumes ist der Raum Klagenfurt (Planungsraum) so zu entwickeln und zu gestalten, daß er seine regionalen und überregionalen Funktionen als wirtschaftlicher, sozialer und kultureller Schwerpunktraum in bestmöglicher Weise wahrnehmen kann und die wirtschaftliche, soziale und kulturelle Weiterentwicklung dieses Gebietes gesichert ist. Insbesondere ist auf den Ausbau der politischen, wirtschaftlichen, administrativen und kulturellen Funktionen der Landeshauptstadt Bedacht zu nehmen.

4.1.2 Ausbau der Infrastruktur

Der Ausbau der Infrastruktur hat so zu erfolgen, daß zwischen dem Planungsraum und den angrenzenden Gebieten sowie den nahegelegenen Ober-, Mittel- und Unterzentren kontinuierliche und enge Verflechtungen ermöglicht werden. Er ist ferner so vorzunehmen, daß der unterschiedlichen Struktur der Funktionsgebiete in bestmöglicher Weise Rechnung getragen wird.

Beim Ausbau der Infrastruktur ist ferner darauf Bedacht zu nehmen, daß zwischen den ehemaligen Gemeindegebieten Klagenfurt, Ebental, Grafenstein, Moosburg, Ottmanach und St. Thomas am Zeiselberg sowie den mit Wirkung vom 1. Jänner 1973 eingemeindeten Gebieten so enge Verflechtungen erfolgen daß innerhalb der neuen Gemeindegrenzen gleichwertige Lebensbedingungen gewährleistet sind.

4.1.3 Entwicklung der zentralen Orte

Die zentralen Orte sind so zu entwickeln und zu gestalten, daß insbesondere die erforderlichen öffentlichen und privaten Dienstleistungs-Einrichtungen unter günstigen Voraussetzungen und mit zumutbarem Zeitaufwand von der Wohn-, Arbeits- und Urlaubsbevölkerung des Planungsraumes erreicht werden können.

4.1.4 Landschaftspflege und Umweltschutz

Auf die Schonung, Erhaltung und Pflege der Landschaft sowie auf die Grenzen der Belastbarkeit des Naturhaushaltes ist im Interesse der Wohnbevölkerung, des Fremdenverkehrs und der Landwirtschaft besonders zu achten. Dabei sind die Schutz- und Pflegemaßnahmen durch eine wirksame Bodenvorratspolitik zu ergänzen.

Die begrenzte Aufnahmefähigkeit der Erholungs- und Wassersportflächen im Seeuferbereich ist in bestmöglicher Weise zu berücksichtigen.

Stillgelegte Entnahmestellen für Sand, Kies und Lehm sind durch geeignete landschaftspflegerische Maßnahmen zu rekultivieren.

4.1.5 Entwicklung des industriellen und gewerblichen Sektors

Die Vorteile des Planungsraumes hinsichtlich der Lagegunst, der infrastrukturellen Gegebenheiten, des Bevölkerungs- und Arbeitskräftepotentials für die Weiterentwicklung einer leistungsstarken Industrie und eines wettbewerbfähigen Gewerbes sind zu nutzen.

Dabei ist die räumliche Trennung von Betriebsgebieten des gewerblich-industriellen Sektors von Gebieten mit intensiver Fremdenverkehrsnutzung anzustreben. Bei der Festlegung von Einkaufszentren ist auf die Aufrechterhaltung der Nahversorgung der Bevölkerung im Umland Bedacht zu nehmen.

4.2 Hauptziele

4.2.1 Zentrale Orte

Das Oberzentrum Klagenfurt ist insbesondere hinsichtlich seiner überregionalen Funktionen als Landeshauptstadt weiter zu entwickeln. Dies soll erreicht werden durch den Ausbau der öffentlichen Einrichtungen, insbesondere des Sozial-, Bildungs- und Kulturwesens, durch Schaffung günstiger infrastruktureller Voraussetzungen für den Ausbau öffentlicher und privater Dienstleistungs-Einrichtungen, durch die Verbesserung der überörtlichen Verkehrsverbindungen, insbesondere den Ausbau der Südautobahn, durch den Ausbau eines leistungs-

9.5. Entwicklungsprogramm Raum Klagenfurt **Anlage**

fähigen Fern- und Nahverkehrssystems und durch die Vorsorge für aufgeschlossene, ausreichend große und günstig gelegene Flächen für Industrie- und Gewerbebetriebe von regionaler und überregionaler Bedeutung.

Die Unterzentren Krumpendorf und Pörtschach am Wörther See sind unter Bedachtnahme auf die Belastbarkeit des Naturhaushaltes und die Erhaltung der Landschaft so zu entwickeln, daß der Funktion als Fremdenverkehrs-Schwerpunkt im Wörther-See-Gebiet in bestmöglicher Weise Rechnung getragen werden kann.

Der Ausbau der öffentlichen und privaten Dienstleistungs-Einrichtungen hat daher so zu erfolgen, daß die begrenzte Aufnahmefähigkeit der Erholungs- und Wassersportflächen vor allem im Seeuferbereich besondere Berücksichtigung findet.

Um die große Abhängigkeit vom Sommer-Fremdenverkehr zu verringern, soll die Errichtung umweltfreundlicher produzierender Gewerbebetriebe auf geeigneten Standorten durch die Bereitstellung von erschlossenen Flächen gefördert werden.

Die Unterzentren Ebental und Grafenstein sind so zu entwickeln, daß sie vor allem ihren regionalen Funktionen auch für die Bevölkerung der Nachbargemeinden noch besser entsprechen können. Dies soll insbesondere durch den Ausbau der regionalen Verkehrsverbindungen, des Schul- und Bildungswesens, der privaten Dienstleistungs-Einrichtungen sowie durch die Vorsorge für aufgeschlossene Flächen für Industrie- und Gewerbebetriebe von regionaler und überregionaler Bedeutung erreicht werden.

Das Kleinzentrum Moosburg ist unter besonderer Bedachtnahme auf die Belastbarkeit des Landschaftshaushaltes – vor allem im Gebiete der Moosburger Teiche – und die Erhaltung der Landschaft zu entwickeln.

Der Ausbau der öffentlichen und privaten Dienstleistungs-Einrichtungen sowie die Errichtung umweltfreundlicher, produzierender Gewerbebetriebe hat so zu erfolgen, daß die Wahrnehmung regionaler Funktionen ermöglicht und verbessert werden kann.

Die Kleinzentren Köttmannsdorf und Maria Saal sind hinsichtlich der öffentlichen und privaten Dienstleistungs-Einrichtungen und des produzierenden Gewerbes so auszubauen, daß sie auch regionale Funktionen ausüben können.

Anlage 9. Kärntner Raumordnungsgesetz – K-ROG

Die Orte Keutschach, Maria Wörth und Reifnitz sind wegen ihrer Bedeutung als Fremdenverkehrs-Schwerpunkte und ihrer Bevölkerungszahl unter besonderer Bedachtnahme auf die Belastbarkeit des Naturhaushaltes und die Erhaltung der Landschaft zu Kleinstzentren zu entwickeln. Dabei ist insbesondere auf die bestmögliche Nahversorgung der Wohn-, Arbeits- und Urlaubsbevölkerung Bedacht zu nehmen. Zur Verringerung der großen Abhängigkeit vom Sommerfremdenverkehr soll die Errichtung umweltfreundlicher produzierender Gewerbebetriebe auf geeigneten Standorten durch die Bereitstellung von erschlossenen Flächen ermöglicht und gefördert werden. Die Orte Maria Rain, Poggersdorf und Lassendorf-Deinsdorf sind wegen ihrer günstigen Verkehrslage und ihrer Bevölkerungszahl zu Kleinstzentren so zu entwickeln, daß sie insbesondere die bestmögliche Nahversorgung der Bevölkerung gewährleisten können.

Der Ausbau der öffentlichen und privaten Dienstleistungs-Einrichtungen hat daher so zu erfolgen, daß sie dieser zentralen Funktion entsprechen können.

Weiters soll die Errichtung von umweltfreundlichen produzierenden Gewerbebetrieben auf geeigneten Standorten durch die Bereitstellung von erschlossenen Grundflächen gefördert werden.

4.2.2 Besiedelung

Die Inanspruchnahme von Bauland soll nur in dem Ausmaß erfolgen, als Verkehrserschließung, Wasserversorgung, Abwasserbehandlung, Abfallstoffbeseitigung und Energieversorgung gewährleistet sind. Aus gemeindewirtschaftlichen Gründen sollen jeweils die Gebiete mit der höchsten Versorgungsgunst zuerst bebaut werden. Dabei ist auf die Sicherung geeigneter Flächen für Dienstleistungsbetriebe zur Versorgung der Bevölkerung mit Waren des täglichen Bedarfs Bedacht zu nehmen. Die Festlegung von Flächen für Einkaufszentren soll bei Bedarf nur im Oberzentrum bzw. in den Unterzentren im Bereich größerer Siedlungsgebiete erfolgen. Im Einzugsbereich der Eisenbahn-Haltepunkte ist eine maßvolle Verdichtung der Besiedlung anzustreben, um so eine Verlegung des Schüler- und Berufspendelverkehrs auf die Schiene zu fördern. Bei der Festlegung von Bauland sowie von Verkehrswege- und Versorgungsleitungsnetzen ist auf Gebiete mit hohem Grundwasserstand, auf Vermurungs- und Überflutungsgebiete sowie auf den Schutzbereich der Pipeline, Luftverunreinigung, Gewässerverunreinigung und Lärmerregung besonders Bedacht zu nehmen. Neue Siedlungsgebiete sind nur außerhalb der Immissionsbereiche von Industriebetrieben, Autobahnen, Bundesstraßen und Eisenbahnlinien sowie des Flughafens, jedoch in der Nähe der Haltepunkte öffentlicher Verkehrsmittel festzulegen. Um eine bestmögliche und gemeindewirtschaftlich günstige Versorgung der Bevölkerung mit Dienstleistungen zu gewährleisten, ist die Zusammenfassung bestehender und neuer Siedlungsgebiete zu Wohnvierteln und Wohnbezirken erforderlich. Dabei soll die Einwohnerzahl eines Wohnviertels mindestens so groß sein, daß der Bestand einer vierklassigen Volksschule auf Dauer gesichert ist. Die Größe eines Wohnbezirkes hängt von den örtlichen Gegebenheiten und der Bevölkerungszahl ab. Er soll jedoch mindestens zwei Wohnviertel umfassen. Wohnviertel und Wohnbezirke sind jeweils aus einer städtebaulichen Konzeption zu entwickeln, die Erweiterungsmöglichkeiten zuläßt.

Industrie- und Gewerbeflächen für Betriebe von regionaler und überregionaler Bedeutung sind nach Möglichkeit zu Industriegebieten bzw. zu Industriebezirken zusammenzufassen und mit den erforderlichen Dienstleistungs-Einrichtungen auszustatten. Dabei ist auf Gebiete mit besonderer Lage- und Versorgungsgunst Bedacht zu nehmen. Bei der Standortfestlegung ist besonders zu beachten, daß Siedlungs- und Naherholungs- oder Fremdenverkehrsgebiete nicht durch Immissionen beeinträchtigt werden und daß die Abwasserbehandlung und Abfallstoffbeseitigung gesichert sind. Eine zusätzliche punktuelle Verkehrsbelastung des kommunalen Straßennetzes ist zu vermeiden und eine günstige Lage zu Eisenbahnlinien anzustreben.

4.2.3 Verkehr

Beim Ausbau des Verkehrswegenetzes ist eine möglichst weitgehende Verknüpfung des Autobahn-, Bundes-, Landes- und Gemeindestraßennetzes untereinander sowie mit dem Eisenbahnnetz erforderlich.

Für die wirtschaftliche Entwicklung des Planungsraumes ist eine Verbesserung der Verkehrsverbindungen zu den österreichischen Zentralräumen und den benachbarten Verdichtungsgebieten in Italien und Jugoslawien durch einen raschen Ausbau des Bundesstraßen- und Autobahnnetzes von besonderer Bedeutung.

Auf die Entlastung von Fremdenverkehrs-Schwerpunkten, größeren Wohngebieten sowie Kleinst-, Klein- und Unterzentren vom Durchgangsverkehr durch den Bau von Umfahrungsstraßen ist Bedacht zu nehmen. Insbesondere sollen in diesen Gebieten verkehrsarme Zonen vorgesehen werden.

Anlage 9. Kärntner Raumordnungsgesetz – K-ROG

Dem Flächenbedarf des Wirtschaftsverkehrs in den Geschäftsgebieten und Industriegebieten sowie des ruhenden Verkehrs in den Geschäftsgebieten, Siedlungsgebieten, Industriegebieten, Fremdenverkehrszonen, Naherholungs- und Wintersportgebieten ist unter Bedachtnahme auf den zukünftigen Bedarf durch rechtzeitige Flächensicherung Rechnung zu tragen. Die öffentlichen Personenverkehrsmittel sollen der angestrebten räumlichen Struktur entsprechend ausgebaut werden. Die Fahrpläne der einzelnen öffentlichen Personenverkehrsmittel sollen gegenseitig so abgestimmt werden, daß zu möglichst allen Tageszeiten gute Verkehrsbedingungen bestehen. Ein Verkehrsverbund der öffentlichen Verkehrsträger soll angestrebt werden.

Der Ausbau des Personen-Nahverkehrs ist besonders im Hinblick auf die zunehmende Belastung der Bundes- und Landesstraßen während der Sommersaison sowie wegen des Berufs- und Schülerverkehrs zu fördern. Bei der Schaffung neuer Eisenbahn-Haltestellen, insbesondere im Bereich der Landeshauptstadt Klagenfurt, soll auf eine ausreichende Fahrgastfrequenz Bedacht genommen werden. Zur Gewährleistung einer entsprechenden Rentabilität des zukünftig erforderlichen schienengebundenen Personen-Nahschnellverkehrs ist eine Verdichtung der Wohn- und Arbeitsplätze im Einzugsbereich der Haltepunkte anzustreben. Die Kapazität und Qualität der Güterumschlags- und Beförderungsanlagen soll durch die rechtzeitige Anpassung an die zukünftigen Bedürfnisse des Straßen- und Schienenverkehrs, durch die bestmögliche Verbindung zwischen diesen Verkehrsarten sowie unter Bedachtnahme auf die zukünftige Industrie- und Gewerbeentwicklung verbessert werden.

4.2.4 Versorgung

4.2.4.1 Energieversorgung

Bei der räumlichen Entwicklung ist auf den künftigen Energiebedarf besonders Bedacht zu nehmen. Insbesondere ist für die auszubauenden oder zu entwickelnden zentralen Orte, Industriegebiete und Fremdenverkehrs-Schwerpunkte die Versorgung mit der notwendigen Kapazität rechtzeitig sicherzustellen. Die Versorgung des Planungsraumes mit Gas und der Einsatz von Fernwärme zur Sicherung der Energieversorgung soll gefördert werden.

9.5. Entwicklungsprogramm Raum Klagenfurt **Anlage**

4.2.4.2 Wasserversorgung

Die genutzten und nutzungswürdigen Quell- und Grundwasservorkommen sollen so weit wie möglich geschützt, erhalten und vorsorglich beansprucht werden. Der Ausbau regionaler Wassergewinnungs- und Versorgungsanlagen ist anzustreben. Die hiefür erforderlichen Flächen sind rechtzeitig in den Flächenwidmungsplänen zu sichern. Die regionalen Wasserversorgungsanlagen sollen zu einem überregionalen Wasserversorgungsnetz verbunden werden. Auf den vorsorglichen Schutz von Heilquellen ist Bedacht zu nehmen.

4.2.4.3 Schutzwasserbau

Flußbau- und Wildbachverbauung sind im Hinblick auf die angestrebte räumliche Entwicklung und unter Berücksichtigung von Naturschutz und Landschaftspflege durchzuführen.

4.2.4.4 Abwasserbehandlung und Abfallstoffbeseitigung

Im Interesse der Reinhaltung des Grundwassers und der oberirdischen Gewässer ist in den bebauten Gebieten für eine hygienisch einwandfreie Beseitigung der Abwässer zu sorgen.

Um eine ausreichende Reinhaltung der Badeseen und Vorfluter zu gewährleisten, sind insbesondere in den Fremdenverkehrszonen regionale Abwasserbehandlungsanlagen zu errichten.

Ebenso sind die Voraussetzungen für eine geordnete Abfallstoffbeseitigung in regionalen Behandlungsanlagen unerläßlich.

4.2.5 Öffentliche Einrichtungen

4.2.5.1 Konzentration öffentlicher Einrichtungen in zentralen Orten

Um eine bestmögliche Versorgung der Wohn-, Arbeits- und Urlaubsbevölkerung bei zumutbarem Wegaufwand zu erreichen, ist die Konzentration öffentlicher Einrichtungen in geeigneten zentralen Orten anzustreben. Dabei sollen jeweils Art der öffentlichen Einrichtung und Art der Funktion des zentralen Ortes miteinander in Einklang stehen. Beim Ausbau der öffentlichen Einrichtungen sollen möglichst gemeinsame Investitionen benachbarter Gemeinden mit dem Ziel der Kostenminderung und Leistungsvergrößerung angestrebt werden. Auf die möglichst frühzeitige Flächensicherung durch Festlegung von Flächen für besondere Verwendungszwecke ist Bedacht zu nehmen.

4.2.5.2 Verwaltungseinrichtungen

In der Landeshauptstadt Klagenfurt und den Gemeindehauptorten sollen günstig gelegene Standorte für öffentliche Verwaltungseinrichtungen festgelegt werden.

4.2.5.3 Kindergärten, Schulen, Einrichtungen des Bildungswesens

Kindergärten, Schulen und Bildungseinrichtungen sind im Hinblick auf die angestrebte räumliche Entwicklung und in Übereinstimmung mit den Schulentwicklungsplänen des Landes zu errichten bzw. auszubauen. Kindergärten sollen auf verkehrssicheren, von Wohngebieten leicht erreichbaren Standorten in genügender Anzahl zur Verfügung gestellt werden.

Dabei ist eine Zusammenfassung mit Volksschulen anzustreben. Volksschulen sind unter besonderer Berücksichtigung der angestrebten Siedlungsentwicklung so zu dimensionieren, daß der Unterricht in mindestens vier Jahrgangsklassen erfolgen kann. Auf die gute Erreichbarkeit von den Siedlungsgebieten auf sicheren Schulwegen ist besonders Bedacht zu nehmen.

Sonderschulen sollen im notwendigen Umfang in den Hauptschulorten errichtet werden.

Allgemein- und berufsbildende mittlere und höhere Schulen sollen im Oberzentrum, fallweise auch in Unterzentren errichtet bzw. ausgebaut werden. Bei der Standortfestlegung ist auf die angestrebte Entwicklung des jeweiligen Einzugsbereiches, auf eine günstige Erreichbarkeit von den Haltepunkten öffentlicher Verkehrsmittel und auf Erweiterungsmöglichkeiten besonders Bedacht zu nehmen. Für den weiteren Ausbau der Universität sollen ausreichend große Grundstücksflächen gesichert werden.

Einrichtungen der Erwachsenenbildung von regionaler Bedeutung sollen im Oberzentrum und in den Unterzentren errichtet bzw. ausgebaut werden.

Bei der Standortfestlegung von Schulen soll die Zusammenfassung mehrerer Schulen mit ähnlichen Einzugsbereichen zu einem leistungsfähigen Schulzentrum angestrebt werden, um eine mehrfache Nutzung der Verkehrs-, Sport- und Spielflächen zu ermöglichen.

9.5. Entwicklungsprogramm Raum Klagenfurt **Anlage**

4.2.5.4 Öffentliche Einrichtungen des Sozial- und Gesundheitswesens

Standorte für die notwendigen Einrichtungen des Sozial- und Gesundheitswesens sind unter Berücksichtigung der angestrebten räumlichen Entwicklung, der Bevölkerungsentwicklung sowie der Sozial- und Altersstruktur im Planungsraum festzulegen. Insbesondere ist auf die Flächensicherung in Verkehrs- und klimatisch günstigen und immissionsfreien Standorten Bedacht zu nehmen.

4.2.6 Einrichtungen für Erholung und Sport

Für Erholung, Spiel und Sport sind ausreichend große, zu den Siedlungsgebieten und Haltepunkten öffentlicher Verkehrsmittel günstig gelegene Einrichtungen zu schaffen bzw. auszubauen. Dabei ist bei der Standortfestlegung auf die speziellen Bedürfnisse von Tages-, Wochenend- und Urlaubserholung besonders Bedacht zu nehmen.

Einrichtungen für die tägliche Erholung der Wohnbevölkerung in allen Siedlungsgebieten sind daher in zumutbarer Entfernung für Fußgänger zu errichten bzw. auszubauen. Insbesondere ist die Schaffung zusammenhängender Fuß- und Radwegnetze sowie von ausreichenden und günstig gelegenen Kinderspielplätzen anzustreben.

Einrichtungen für die Wochenenderholung (Ausflugsgaststätten, Rastplätze, Sportstätten u. dgl.) sollen in Naherholungsgebieten so geschaffen werden, daß sie von Verkehrswegen leicht erreichbar sind. Die Verbindung dieser Einrichtungen durch ein Fuß- und Radwegenetz ist anzustreben. Bei der Festlegung von Einrichtungen für die Urlaubserholung ist besonders in den Uferzonen der Badeseen auf eine maßvolle Konzentration gleichartiger Einrichtungen zur Erhaltung freier Landschaft Bedacht zu nehmen. Dabei soll die allgemeine Zugänglichkeit der Seeufer soweit als möglich gewährleistet und eine weitere Verbauung der Seeufer für private Zwecke vermieden werden. Auf die Errichtung von Uferpromenaden, Rad- und Fußwegenetzen, Fußgängerbereichen sowie Segelbootshäfen soll Bedacht genommen werden.

4.2.7 Einrichtungen für Zivilschutz und Landesverteidigung

Die raumbeanspruchenden Erfordernisse der Landesverteidigung sollen nach Möglichkeit außerhalb von Siedlungsgebieten, Industriegebieten und Fremdenverkehrszentren gedeckt werden. Für den gesamten Planungsraum ist die Erhaltung des natürlichen Hinderniswertes anzustreben und eine Erhöhung desselben an bedeutsamen Bewegungslinien zu ermöglichen.

Anlage — 9. Kärntner Raumordnungsgesetz – K-ROG

4.3 Teilziele

4.3.1 Zentrale Orte

4.3.1.1. Festlegungen für die Entwicklung des Oberzentrums Landeshauptstadt Klagenfurt

Wichtigste Voraussetzungen für die Entwicklung des Oberzentrums Klagenfurt sind die Festlegung eines der zukünftigen Entwicklung entsprechenden Geschäftsbezirkes, eines erweiterungsfähigen Industriebezirkes und ausreichend großer und günstig gelegener Naherholungsbezirke bzw. Naherholungsbereiche.

Zur Stärkung der überregionalen Funktionen als Landeshauptstadt ist auf die Festlegung ausreichend großer und verkehrsgünstig gelegener Flächen für besondere Verwendungszwecke für öffentliche und private Dienstleistungs-Einrichtungen besonders Bedacht zu nehmen. Einem diesen Funktionen entsprechenden Ausbau des Hauptverkehrsstraßennetzes und des Liniennetzes der öffentlichen Verkehrsmittel kommt deshalb wesentliche Bedeutung zu.

Geschäftsbezirk

In dem von Hauptbahnhof – Karawankenzeile – Rosentaler Straße – Villacher Ring – Feldkirchner Straße – Kraßniggstraße – St. Veiter Straße – St. Veiter Ring – Völkermarkter Ring – Völkermarkter Straße – Rudolfsbahngürtel begrenzten Geschäftsbezirk ist die Festlegung von Bauland vorwiegend nur als Geschäftsgebiet, im übrigen als gemischtes Baugebiet und als Wohngebiet zulässig.

Bei der Festlegung von Verkehrsflächen ist auf den Flächenbedarf des öffentlichen und des Wirtschaftsverkehrs sowie auf die Schaffung von Fußgängerzonen im besonderen Maße Bedacht zu nehmen.

Das Parkplatzangebot im Geschäftsgebiet und die Leistungsfähigkeit der Zufahrtsstraßen müssen dabei übereinstimmen.

Industriebezirk

Für das Gebiet, das von der Bahnlinie Klagenfurt-Rosenbach, der Bahnlinie Klagenfurt-Bleiburg, der Glanfurt und der Gemeindegrenzen zu Ebental begrenzt wird, ist die Festlegung von Bauland außerhalb des Bereiches bestehender Wohnsiedlungen nur als Leichtindustriegebiet zulässig.

Im nördlichen Anschluß der Bahnlinie Klagenfurt-Bleiburg, im Bereich der Gemeindegrenze zu Ebental, hat die Festlegung von Bauland

9.5. Entwicklungsprogramm Raum Klagenfurt **Anlage**

als Leichtindustriegebiet so zu erfolgen, daß die abschnittweise Errichtung eines einheitlich gestalteten Industriebezirkes erfolgen kann.

Bei der Festlegung von Verkehrsflächen in diesen Bereichen ist auf eine bestmögliche Erschließung durch Schleppbahnen und auf eine gute Anbindung an die Süd-Autobahn und das Bundesstraßennetz sowie auf ausreichende Flächen für den Wirtschaftsverkehr und den ruhenden Verkehr Bedacht zu nehmen. Für Dienstleistungs-Einrichtungen, die dem gesamten Industriebezirk dienen, sind günstig gelegene und erweiterungsfähige Flächen für besondere Verwendungszwecke festzulegen.

Naherholungsbezirke bzw. Naherholungsbereiche

Die Schaffung eines Naherholungsbezirkes Kreuzbergl, dessen Grenze im Westen, Süden und Osten mit der Grenze des Landschaftsschutzgebietes Kreuzbergl und im Norden mit der Grenze des zwölften Stadtbezirkes von Klagenfurt zusammenfällt, sowie die Einrichtung eines Naherholungsbezirkes Wörther-See-Ost, der von Metnitzstrand – Bahnlinie Klagenfurt-Villach – Kärntner Straße (B 83) – Lendkanal – Wörther-See-Südufer-Straße (bis Stadtgrenze) – Wörther See begrenzt wird, soll angestrebt werden. Außerdem sollen der Spitalberg und der Ehrentaler Berg als Naherholungsbereiche insbesondere für die tägliche Erholung sowie der Maria Saaler Berg als Naherholungsbereich insbesondere für die Wochenenderholung entwickelt werden. Dabei ist die Festlegung von Flächen für spezifische Erholungsnutzungen nur zulässig, wenn sie zur Schaffung von notwendigen Erholungs- und Sporteinrichtungen dient. Ebenso ist die Festlegung von Bauland nur dann zulässig, wenn öffentliche Interessen dies erfordern. Beiderseits der Glan und Glanfurt sind ausreichend breite Grünzonen als Naherholungsbereiche vorzusehen.

Weiters ist auf die für die Landeshauptstadt Klagenfurt ebenfalls bedeutenden Naherholungsgebiete Sattnitzberg, Plöschenberg, Schrottkogel, Maierniggalpe, Siebenhügel, Stifterkogel, Zwanzgerberg, Radsberg, Magdalensberg, Ulrichsberg, Keutschacher-Seetal, Pyramidenkogel und Moosburger-Teichlandschaft zur Bewahrung ihrer Erholungsfunktion vorsorglich Bedacht zu nehmen.

Die Festlegung von Verkehrsflächen soll die Errichtung eines geschlossenen Rad- und Fußwegenetzes gewährleisten, das insbesondere die Sport- und Erholungs-Einrichtungen sowie die in Randlage anzuordnenden Parkplätze miteinander verbindet.

Anlage 9. Kärntner Raumordnungsgesetz – K-ROG

Zur Bewahrung der Erholungsgunst ist die kontinuierliche Durchführung von wirksamen Landschaftspflegemaßnahmen anzustreben.

4.3.1.2 Festlegungen für den Ausbau der Unterzentren Ebental, Grafenstein, Krumpendorf und Pörtschach am Wörther See

Ebental

Günstig gelegene, ausreichende große und erweiterungsfähige Flächen für öffentliche und private Dienstleistungs-Einrichtungen von örtlicher und regionaler Bedeutung sind im Ortsgebiet von Ebental festzulegen. In dem nördlich der Glan gelegenen Baugebiet sollen solche Flächen insbesondere für Zwecke des Großhandels- und Gütertransportes vorgesehen und gesichert werden.

Im nordöstlichen Bereich von Ebental hat die Festlegung von Bauland als Leichtindustriegebiet so zu erfolgen, daß die abschnittweise Errichtung eines einheitlich gestalteten Industriebezirkes erfolgen kann.

Für Dienstleistungs-Einrichtungen, die dem ganzen Industriebezirk dienen, sind günstig gelegene und erweiterungsfähige Flächen festzulegen.

Eine bestmögliche Erschließung durch Schleppbahnen und Anbindung an die Süd-Autobahn (A 2), die Packer Straße (B 70) und Görtschitztal Straße (B 92) sowie das Hauptstraßennetz muß gewährleistet sein.

Grafenstein

Im Ortsgebiet von Grafenstein sind günstiggelegene, ausreichend große und erweiterungsfähige Flächen für öffentliche und private Dienstleistungs-Einrichtungen von örtlicher und regionaler Bedeutung festzulegen.

In dem nördlich und südlich der Eisenbahnstation Grafenstein gelegenen Gebiet sowie im Raum Froschendorf ist auf die Festlegung von ausreichenden Leichtindustrieflächen insbesondere für die Errichtung von Gewerbebetrieben Bedacht zu nehmen. Dabei muß eine Anbindung an die Süd-Autobahn (A 2) sowie die Packer Straße (B 70) in bestmöglicher Weise gewährleistet werden.

Krumpendorf

Im Ortsgebiet von Krumpendorf sind ausreichend große und erweiterungsfähige Flächen für öffentliche und private Dienstleistungs-Einrichtungen von örtlicher und regionaler Bedeutung festzulegen. Dabei

9.5. Entwicklungsprogramm Raum Klagenfurt **Anlage**

ist der begrenzten Aufnahmefähigkeit der Erholungs- und Wassersportflächen insbesondere im Seeuferbereich Rechnung zu tragen.

Nördlich der Bahnlinie Klagenfurt-Villach und in ausreichender Entfernung von den Wohngebieten ist auf die Festlegung von Flächen in vertretbarem Ausmaß für umweltfreundliche, produzierende Gewerbebetriebe Bedacht zu nehmen.

Pörtschach am Wörther See

Günstig gelegene und erweiterungsfähige Flächen für öffentliche und private Dienstleistungs-Einrichtungen von örtlicher und regionaler Bedeutung sind im Ortsgebiet von Pörtschach am Wörther See so festzulegen, daß sie von der ständig und zeitweise anwesenden Bevölkerung in den Gemeinden Moosburg und Pörtschach am Wörther See günstig erreicht werden können.

Der südlich der Kärntner Straße (B 83) liegende Seeuferbereich ist so zu gestalten, daß die Belange des Fremdenverkehrs, der Erholung und des Wassersports in bestmöglicher Weise Berücksichtigung finden. Nördlich der Kärntner Straße (B 83) sind Flächen in vertretbarem Ausmaß für umweltfreundliche, produzierende Gewerbebetriebe festzulegen, um die überwiegend durch den Sommerfremdenverkehr geprägte Wirtschaftstruktur zu verbessern.

4.3.1.3 Festlegungen für den Ausbau der Kleinzentren Köttmannsdorf, Maria Saal und Moosburg

Im Ortsgebiet von Köttmannsdorf sind ausreichend große und erweiterungsfähige Flächen für öffentliche und private Dienstleistungs-Einrichtungen von örtlicher und regionaler Bedeutung festzulegen. Zur Verbesserung der Wirtschaftstruktur sollen verkehrsgünstig gelegene und erweiterungsfähige Flächen für die Errichtung von umweltfreundlichen, produzierenden Gewerbebetrieben festgelegt und nach Bedarf erschlossen werden.

Im Ortsgebiet von Maria Saal sind günstig gelegene, ausreichend große und erweiterungsfähige Flächen für öffentliche und private Dienstleistungs-Einrichtungen von örtlicher und regionaler Bedeutung vorzusehen. Zur Verbesserung der Wirtschaftstruktur sollen bei Bedarf ausreichend große Flächen für umweltfreundliche Gewerbebetriebe erschlossen werden, die so festzulegen sind, daß das charakteristische Ortsbild nicht beeinträchtigt wird.

Günstig gelegene, ausreichend große und erweiterungsfähige Flächen für öffentliche und private Dienstleistungs-Einrichtungen von örtlicher und regionaler Bedeutung sind im Ortsgebiet Moosburg festzulegen.

Zur Verbesserung der durch den Sommerfremdenverkehr geprägten Wirtschaftsstruktur sollen ausreichend große und verkehrsgünstig gelegene Flächen zur Errichtung von umweltfreundlichen, produzierenden Gewerbebetrieben festgelegt und nach Bedarf erschlossen werden. Im Gebiet der Moosburger Teiche ist auf die Belange der Erholung unter besonderer Berücksichtigung der landschaftlichen Gegebenheiten Bedacht zu nehmen.

4.3.1.4 Festlegungen für den Ausbau des Kleinstzentrums Keutschach

Im Ortsgebiet von Keutschach sind günstig gelegene und erweiterungsfähige Flächen für öffentliche und private Dienstleistungs-Einrichtungen festzulegen.

Zur Verbesserung der überwiegend durch Sommerfremdenverkehr geprägten Wirtschaftsstruktur sollen auch verkehrsgünstig gelegene und ausreichend große Flächen für umweltfreundliche, produzierende Gewerbebetriebe festgelegt und nach Bedarf erschlossen werden.

4.3.1.5 Festlegung für den Ausbau des Kleinstzentrums Maria Rain

Im Ortsgebiet Maria Rain sind günstig gelegene und erweiterungsfähige Flächen für öffentliche und private Dienstleistungs-Einrichtungen von örtlicher Bedeutung vorzusehen.

Im Anschluß an die Eisenbahnhaltestelle Maria Rain soll die Festlegung und – nach Bedarf – die Erschließung von ausreichenden Flächen für umweltfreundliche, produzierende Gewerbebetriebe erfolgen.

4.3.1.6 Festlegungen für den Ausbau des Kleinstzentrums Maria Wörth

Zur Verringerung der großen Abhängigkeit vom Sommerfremdenverkehr sind im Ortsgebiet von Maria Wörth günstig gelegene und erweiterungsfähige Flächen für öffentliche und private Dienstleistungs-Einrichtungen in ausreichendem Maß festzulegen. Dabei ist der begrenzten Aufnahmefähigkeit der Erholungs- und Wassersportflächen insbesondere im Seeuferbereich ebenso in besonderer Weise Rechnung zu tragen wie der Erhaltung des charakteristischen Ortsbildes.

9.5. Entwicklungsprogramm Raum Klagenfurt **Anlage**

4.3.1.7 Festlegungen für den Ausbau des Kleinstzentrums Poggersdorf

Im Ortsgebiet von Poggersdorf sind günstig gelegene, ausreichend große und erweiterungsfähige Flächen für öffentliche und private Dienstleistungs-Einrichtungen von örtlicher Bedeutung vorzusehen. Insbesondere soll zur Verbesserung der Wirtschaftsstruktur die Festlegung und – nach Bedarf – die Erschließung verkehrsgünstig gelegener und erweiterungsfähiger Flächen für die Errichtung umweltfreundlicher, produzierender Gewerbebetriebe erfolgen.

4.3.1.8 Festlegungen für den Ausbau des Kleinstzentrums Reifnitz

Günstig gelegene und erweiterungsfähige Flächen für öffentliche und private Dienstleistungs-Einrichtungen sind im Ortsgebiet von Reifnitz festzulegen. Der Ausbau dieser Einrichtungen hat so zu erfolgen, daß die begrenzte Aufnahmefähigkeit der Erholungs- und Wassersportflächen vor allem im Seeuferbereich volle Berücksichtigung findet.

Zur Verbesserung der Wirtschaftsstruktur sollen verkehrsgünstig gelegene und erweiterungsfähige Flächen für umweltfreundliche, produzierende Gewerbebetriebe festgelegt und nach Bedarf erschlossen werden.

4.3.1.9 Festlegungen für den Ausbau des Kleinstzentrums Lassendorf-Deinsdorf

Im Ortsgebiet Lassendorf-Deinsdorf sind günstig gelegene und erweiterungsfähige Flächen für öffentliche und private Dienstleistungs-Einrichtungen von örtlicher Bedeutung festzulegen. Zur Verbesserung der Wirtschaftsstruktur soll die Festlegung und – nach Bedarf – die Erschließung von verkehrsgünstig gelegenen und ausreichend großen Flächen für umweltfreundliche, produzierende Gewerbebetriebe erfolgen.

4.3.2 Besiedelung

Bei der Festlegung von Bauland ist auf günstig gelegene und erweiterungsfähige Flächen für besondere Verwendungszwecke für die Errichtung von Wohnviertel- und Wohnbezirkszentren besonders Bedacht zu nehmen. Insbesondere sollen Gebiete mit hoher Standortgunst und guter Infrastrukturausstattung vorrangig bebaut werden. Ferner ist zu gewährleisten, daß Wohnviertel und Wohnbezirke von Hauptverkehrsstraßen tangiert, aber nicht durchquert werden.

Die Verdichtung der Wohn- und Arbeitsstätten in den Einzugsbereichen der Eisenbahn-Haltestellen ist durch die Festlegung entsprechender Dichtewerte in den Bebauungsplänen zu gewährleisten. Weiters ist auf die Belange der Altstadtsanierung und die Sanierung erhaltenswerter Dorfkerne Bedacht zu nehmen. Im gesamten Planungsraum ist die Festlegung von Bauland als Schwerindustriegebiet nicht zulässig.

Die Besiedelung von landwirtschaftlich genutzten Flächen mit hoher Standortgunst und guter Infrastrukturausstattung ist erst nach entsprechender Verdichtung der bestehenden Baugebiete zulässig.

4.3.3 Verkehr

Die Festlegung und der Ausbau von Verkehrsflächen hat so zu erfolgen, daß eine Beeinträchtigung der Umgebung durch Lärm und Abgase möglichst vermieden wird. Bei der Festlegung von kommunalen Verkehrsflächen ist auf eine bestmögliche Verknüpfung des Autobahn-, Bundes- und Landesstraßennetzes mit dem kommunalen Hauptstraßennetz besonders Bedacht zu nehmen, wobei die Erschließung und Verbindung wichtiger bestehender Funktionsgebiete Vorrang erhalten soll.

Zur Entlastung der Bundesstraßen im Ortsverkehr sind insbesondere in den Gemeindegebieten Grafenstein, Klagenfurt, Magdalensberg, Maria Saal, Moosburg und Poggersdorf ausreichende Verkehrsflächen für den Bau von kommunalen Parallelstraßen zu sichern.

Kommunale Verkehrsflächen sind ferner so festzulegen, daß im Geschäftsbezirk und in den Wohnbezirkszentren im Gemeindegebiet der Landeshauptstadt Klagenfurt sowie in den Ortszentren der Unter-, Klein- und Kleinstzentren Fußgängerzonen oder verkehrsarme Zonen errichtet werden können.

Der Ausbau des Rad- und Fußwegenetzes mit Anschluß an die Bildungs- und Erholungseinrichtungen sowie an die Zentren von Arbeits- und Wohnstätten soll angestrebt werden.

Im Hinblick auf die Intensivierung des Personen-Nahschnellverkehrs sind bei den Eisenbahnhaltepunkten Annabichl, Klagenfurt/Ostbahnhof, Klagenfurt/Hauptbahnhof, Klagenfurt-Lend, Krumpendorf, Pritschitz und Pörtschach am Wörther See günstig gelegene und ausreichend große Parkplätze festzulegen.

Zur Entlastung des Geschäftsbereiches von Klagenfurt vom Individualverkehr sollen bei geeigneten Haltepunkten öffentlicher Verkehrsmittel ausreichend große Auffangparkplätze festgelegt werden.

Bei der Festlegung von Bauland im Flughafenbereich ist auf die Lärmbelästigung besonders Bedacht zu nehmen. In den Fremdenver-

9.5. Entwicklungsprogramm Raum Klagenfurt **Anlage**

kehrszentren in den Gemeinden Keutschach, Krumpendorf, Maria Wörth, Moosburg und Pörtschach am Wörther See sind ausreichende Parkplätze so festzulegen, daß eine möglichst geringe Belästigung durch Lärm und Abgase gewährleistet wird.

Größere Parkplätze sind jeweils an das Fußwegenetz anzubinden.

4.3.4 Versorgung

Bei der Festlegung von Flächen für Ver- und Entsorgungsanlagen ist insbesondere auf die Wohngebiete, Erholungsgebiete sowie auf Geschäfts- und Industriegebiete Bedacht zu nehmen.

4.3.5 Öffentliche Einrichtungen

Bei der Bemessung und Festlegung der Flächen für besondere Verwendungszwecke für Dienstleistungs-Einrichtungen sind die abschätzbaren Bedürfnisse der zukünftigen Wohn-, Arbeits- und Urlaubsbevölkerung zugrunde zu legen.

4.3.6 Einrichtungen für Erholung und Sport

Für die abschätzbaren Bedürfnisse der zukünftigen Wohn-, Arbeits- und Urlaubsbevölkerung sind entsprechend günstig gelegene und ausreichende Grünflächen vor allem in den derzeit unterversorgten Wohngebieten festzulegen.

Diese Grünflächen sollen untereinander bzw. mit den Wohnviertel- und Wohnbezirkszentren sowie mit den Naherholungsgebieten durch ein Fuß- und Radwegenetz verbunden werden, wofür die erforderlichen Verkehrsflächen festzulegen sind.

Insbesondere ist die Festlegung von Verkehrsflächen für die Errichtung eines Fuß- und Radwegenetzes entlang der Glan von Ebental bis zum Landschaftsschutzgebiet Kreuzbergl, weiters entlang der Glanfurt und entlang des Lendkanals bis zum Wörther See sowie eine Verlängerung des Radwegenetzes bis in den Raum St. Veit an der Glan bzw. bis Grafenstein anzustreben.

In gleicher Weise sollen für die maßvolle Erschließung der Landschaftsschutzgebiete Keutschacher-See-Tal, Pyramidenkogel, Schrottkogel, Kreuzbergl und Moosburger Teichlandschaft durch Errichtung von Parkplätzen in Randlage sowie von Fuß- und (oder) Radwegenetzen die erforderlichen Verkehrsflächen festgelegt werden. Insbesondere soll das Naturschutzgebiet Hallegger Teiche durch ein Fuß- und Radwegenetz mit dem Naherholungsbezirk Kreuzbergl verbunden werden, wofür die erforderlichen Verkehrsflächen festzulegen und zu sichern sind. In den Uferzonen des Wörther Sees, des Keutschacher Sees, des Rauchelesees, des Hafnersees und der Moosburger Teiche sind für die Errichtung von neuen sowie für die Erweiterung von bestehenden Campingplätzen keine Grünflächen mehr zu widmen. Die Schaffung eines Fuß- und Radwegenetzes insbesondere in der Uferzone des Wörther Sees und des Keutschacher Sees ist anzustreben. Weiters ist in den Gemeindegebieten von Krumpendorf, Maria Wörth und Pörtschach am Wörther See die Festlegung von Fußgängerbereichen und Promenaden am Seeufer oder in Seeufernähe anzustreben.

4.3.7 Einrichtungen für Zivilschutz und Landesverteidigung

Bei der Festlegung von Baugebieten ist insbesondere im Raum St. Jakob an der Straße – Gutendorf – Niederdorf und im Raum Ebental – Reichersdorf-Pfaffendorf wegen der Ballung von überregionalen Verkehrswegen, Verkehrsanlagen, Strom- und Rohrleitungen sowie Schieß- und Sprengmittellagern auf die Belange des Zivilschutzes besonders Bedacht zu nehmen. Die Verlegung der Pulvertürme und des Munitionslagers soll angestrebt werden. Um den Übungsplatz im Bereich der Khevenhüllerkaserne zu erweitern, ist auf die vorsorgliche Sicherung geeigneter Grundflächen Bedacht zu nehmen.

9.6. Entwicklungsprogramm politischer Bezirk St. Veit an der Glan

LGBl 1983/37

Inhaltsverzeichnis

§ 1 Planungsraum
§ 2 Wirkung

Anlage

Auf Grund des § 3 des Kärntner Raumordnungsgesetzes, LGBl. Nr. 76/1969, wird verordnet:

§ 1 Planungsraum

(1) Für den politischen Bezirk St. Veit an der Glan wird das in der Anlage enthaltene Entwicklungsprogramm festgelegt.

(2) Das Entwicklungsprogramm erstreckt sich auf die Gebiete der Gemeinden Althofen, Brückl, Eberstein, Frauenstein, Friesach, Gurk, Guttaring, Hüttenberg, Klein St. Paul, Kappel am Krappfeld, Liebenfels, Metnitz, Mölbling, St. Georgen am Längsee, St. Veit an der Glan, Straßburg und Weitensfeld-Flattnitz.

§ 2 Wirkung

(1) Die Landesregierung hat den jährlichen Voranschlag im Einklang mit dem Entwicklungsprogramm zu erstellen (§ 4 Kärntner Raumordnungsgesetz).

(2) Verordnungen und Bescheide auf Grund von Landesgesetzen dürfen nur im Einklang mit dem Entwicklungsprogramm erlassen werden (§ 5 Abs. 1 Kärntner Raumordnungsgesetz).

(3) Investitionen und Förderungsmaßnahmen des Landes dürfen nur im Einklang mit dem Entwicklungsprogramm erfolgen.

(4) Die Bestimmungen des Abs. 3 gelten für
a) das Land Kärnten,

b) die auf Grund von Landesgesetzen eingerichteten Körperschaften öffentlichen Rechts und
c) die Vertreter der unter lit. a und b genannten Körperschaften in den Gesellschaften, an denen diese Körperschaften beteiligt sind.

Auf Förderungsmaßnahmen, die von den in lit. a und b genannten Körperschaften mit Mitteln des Bundes durchgeführt werden, findet der Abs. 3 keine Anwendung.

Die rechtswirksamen Flächenwidmungspläne der Gemeinden Althofen, Brückl, Eberstein, Frauenstein, Friesach, Gurk, Guttaring, Hüttenberg, Klein St. Paul, Kappel am Krappfeld, Liebenfels, Metnitz, Mölbling, St. Georgen am Längsee, St. Veit an der Glan, Straßburg und Weitensfeld-Flattnitz sind dem Gebietsstand vom 1. Jänner 1973 und dem Entwicklungsprogramm für den politischen Bezirk St. Veit an der Glan anzupassen.

Anlage – Entwicklungsprogramm für den politischer Bezirk St. Veit an der Glan

1. Planungsraum

Der Planungsraum umfaßt den politischen Bezirk St. Veit an der Glan mit den Gemeinden Althofen, Brückl, Eberstein, Frauenstein, Friesach, Gurk, Guttaring, Hüttenberg, Klein St. Paul, Kappel am Krappfeld, Liebenfels, Metnitz, Mölbling, St. Georgen am Längsee, St. Veit an der Glan, Straßburg und Weitensfeld-Flattnitz.

2. Leit-, Haupt- und Teilziele für den politischen Bezirk St. Veit an der Glan

2.1 Leitziele

2.1.1 Überregionale und regionale Funktionen

Der politische Bezirk St. Veit an der Glan ist so zu entwickeln und zu gestalten, daß er seine überregionalen wirtschaftlichen, sozialen und kulturellen Funktionen, die durch die Randlage weiter Bezirksteile beeinträchtigt sind, sowie seine Verkehrsfunktionen und seine regionalen Funktionen in bestmöglicher Weise wahrnehmen kann. Dabei sind

Maßnahmen, die der Entsiedelung abwanderungsbedrohter Bezirksteile entgegenwirken, vorrangig zu fördern.

2.1.2 Entwicklung der regionalen Wirtschaft und des regionalen Arbeitsmarktes

Der regionale Arbeitsmarkt soll so entwickelt werden, daß der ansässigen Bevölkerung ausreichende Arbeitsplätze mit entsprechender Arbeitsplatzqualität und angemessenem Einkommensniveau in zumutbarer Entfernung vom Wohnort zur Verfügung stehen.

Die Vorteile des Planungsraumes hinsichtlich seiner Standortfaktoren, der Infrastruktur, des Bevölkerungs- und Arbeitskräftepotentials sind für die Weiterentwicklung einer leistungsstarken und ausgeglichenen Wirtschaftsstruktur zu nutzen. Auf die Förderung bestehender und die Ansiedelung neuer umweltverträglicher Gewerbe- und Industriebetriebe ist dabei besonders Bedacht zu nehmen.

Die Landwirtschaft ist so zu entwickeln und in einem solchen Umfang zu erhalten, daß sie ihre Versorgungs- und Landschaftspflegefunktion erfüllen kann und ihre Einkommenssituation insbesondere in den landwirtschaftlichen Ungunstlagen verbessert wird.

Die Fremdenverkehrswirtschaft ist unter Bewahrung der Erholungseignung des Planungsraumes zu verbessern.

2.1.3 Ausbau der Infrastruktur

Verbesserung und Ausbau der Infrastruktur hat so zu erfolgen, daß innerhalb des Planungsraumes und den nahegelegenen höherrangigen Zentralen Orten kontinuierliche und enge Verflechtungen ermöglicht werden, wobei im Interesse der Schonung der Landschaft und der Wirtschaftlichkeit ein maßvoller Ausbau vorzusehen ist.

2.1.4 Entwicklung der Zentralen Orte

Die Zentralen Orte im politischen Bezirk St. Veit an der Glan sind so zu entwickeln und zu gestalten, daß die erforderlichen öffentlichen und privaten Dienstleistungseinrichtungen unter günstigen Voraussetzungen und mit zumutbarem Zeitaufwand von der Wohn-, Arbeits- und Urlaubsbevölkerung des Planungsraumes in bestmöglicher Weise in Anspruch genommen werden können.

2.1.5 Anzustrebende Siedlungsstruktur

Die Siedlungsstruktur soll unter Bedachtnahme der natürlichen Gegebenheiten, der Erhaltung und Pflege der Landschaft sowie auf den

Schutz vor Naturkatastrophen so erfolgen, daß sowohl eine wirtschaftliche Nutzung der Infrastruktur als auch eine bestmögliche Versorgung erzielt werden kann. Dabei soll eine der Kapazität der Gemeindebedarfs-Einrichtungen entsprechende sowie die Erhaltung von Landwirtschafts- bzw. Erholungsgebieten gewährleistende maßvolle Siedlungskonzentration angestrebt werden. Für diese Konzentration sind insbesondere Gebiete mit überdurchschnittlicher Verkehrs- und Versorgungsgunst vorzusehen. Gebiete mit günstigen Bewirtschaftungsverhältnissen sollen der Landwirtschaft vorrangig erhalten bleiben.

2.1.6 Natur- und Landschaftsschutz

Auf die Schonung, Erhaltung und Pflege der Landschaft, die Erhaltung für den Naturhaushalt bedeutender Flächen sowie auf die Grenzen der Belastbarkeit des Naturhaushaltes ist im Interesse der ansässigen Bevölkerung besonders zu achten.

Maßnahmen des Natur- und Landschaftsschutzes sollen dort vorrangig ergriffen werden, wo besondere Biotope, seltene Tier- und Pflanzenarten und Gebiete von besonderer Schönheit oder Eigenart dies erfordern.

Die im Rahmen der forstlichen Raumplanung erstellten Waldentwicklungspläne sind im Interesse einer Koordination aller raumrelevanten Planungen zu berücksichtigen.

2.2 Hauptziele

2.2.1 Zentrale Orte

Das Mittelzentrum St. Veit an der Glan ist wegen seiner überregionalen Bedeutung als Arbeits- und Versorgungszentrum in seiner zentralörtlichen Funktion als Bezirkshauptstadt weiter zu entwickeln.

Der Zentrale Ort Althofen ist als Unterzentrum so zu entwickeln, daß er vor allem seine regionalen Funktionen auch als Entwicklungszentrum für den nördlichen Bereich des Bezirkes erfüllen kann.

Der Zentrale Ort Friesach ist als Unterzentrum so zu entwickeln, daß er seine Versorgungsfunktion auch für die Bevölkerung der angrenzenden Gemeinden erfüllen kann.

Die Kleinzentren Brückl und Straßburg sind hinsichtlich der öffentlichen und privaten Dienstleistungs-Einrichtungen und des produzierenden Gewerbes so auszubauen, daß sie auch regionale Funktionen ausüben können. Das Kleinzentrum Brückl ist wegen seiner Bedeutung

9.6. Entwicklungsprogramm politischer Bezirk St. Veit an der Glan **Anlage**

als Industriestandort und seiner Standortgunst langfristig zum mäßig ausgestatteten Unterzentrum zu entwickeln.

Die Kleinzentren Hüttenberg, Klein St. Paul, Metnitz und Weitensfeld sind so zu entwickeln, daß sie Versorgungsfunktionen für benachbarte Ortschaften übernehmen können.

Die Kleinstzentren Eberstein, Gurk, Guttaring und Launsdorf sind als Nahversorgungszentren zu entwickeln.

Im Gemeindegebiet Frauenstein ist in Kraig ein zentrales und verkehrsgünstig gelegenes Kleinstzentrum zu entwickeln, das über die erforderlichen öffentlichen und privaten Dienstleistungs-Einrichtungen von örtlicher Bedeutung verfügt. Die Gemeindehauptorte Kappel am Krappfeld, Liebenfels und Mölbling sind wegen ihrer günstigen Verkehrslage und Bevölkerungszahl zu Kleinstzentren zu entwickeln.

Die ehemaligen Gemeindehauptorte Deutsch-Griffen, Glödnitz, Grades, Micheldorf und St. Salvator sind in ihrer Funktion als Nahversorgungszentren zu erhalten.

In allen Zentralen Orten des Bezirkes sind entsprechend ihrer Funktion günstig gelegene, ausreichend große und erweiterungsfähige Flächen für öffentliche und private Dienstleistungseinrichtungen sowie für die Errichtung von umweltfreundlichen, produzierenden Gewerbebetrieben festzulegen.

2.2.2 Besiedelung

Die Inanspruchnahme von Bauland soll nur in dem Ausmaß erfolgen, als Verkehrserschließung, Wasserversorgung, Abwasserbehandlung, Abfallstoffbeseitigung und Energieversorgung gewährleistet sind. Dabei sollen aus gemeindewirtschaftlichen Gründen jeweils die Gebiete mit der höchsten Versorgungsgunst zuerst bebaut werden. Dabei ist auf die Sicherung geeigneter Flächen für Dienstleistungsbetriebe zur Versorgung der Bevölkerung mit Waren des täglichen Bedarfs Bedacht zu nehmen.

Im Bedarfsfall sind Siedlungsgebiete nur außerhalb der Immissionsbereiche von Industriebetrieben, Bundesstraßen und Eisenbahnlinien, jedoch in der Nähe der Haltepunkte öffentlicher Verkehrsmittel festzulegen. Dabei sind Gebiete im Anschluß an bestehende, mit Gemeindebedarfs-Einrichtungen voll ausgestattete Siedlungen vorrangig vorzusehen.

In Almregionen sind mit Ausnahme touristischer Erschließungsgebiete Siedlungsentwicklungen nicht zulässig. Zur Vermeidung von gemeindewirtschaftlich ungünstigen Siedlungsbändern entlang überörtlicher Straßenverbindungen sind die einzelnen Siedlungen klar abzugrenzen und durch Gebiete mit Grünlandwidmung zu trennen.

Um eine bestmögliche und gemeindewirtschaftlich günstige Versorgung der Bevölkerung mit Dienstleistungen zu gewährleisten, ist insbesondere in Gebieten mit überdurchschnittlicher Siedlungsdichte die Zusammenfassung bestehender und neuer Siedlungsgebiete zu Wohnvierteln erforderlich.

Dabei soll die Einwohnerzahl eines Wohnviertels mindestens so groß sein, daß der Bestand einer vierklassigen Volksschule auf Dauer gesichert ist. Wohnviertel sind jeweils aus einer städtebaulichen Konzeption zu entwickeln, die Erweiterungsmöglichkeiten zuläßt.

Industrie- und Gewerbeflächen für Betriebe von regionaler und überregionaler Bedeutung sind nach Möglichkeit zu Industriegebieten zusammenzufassen und mit den erforderlichen Dienstleistungs-Einrichtungen auszustatten. Dabei ist auf Gebiete mit besonderer Lage und Versorgungsgunst Bedacht zu nehmen. Bei der Standortfestlegung ist zu beachten, daß Siedlungs-, Naherholungs- oder Fremdenverkehrsgebiete nicht durch Immissionen beeinträchtigt würden und daß Energie- und Wasserversorgung sowie die Abwasserbehandlung und Abfallstoffbeseitigung gesichert sind.

2.2.3 Verkehr

Beim Ausbau des Verkehrswegenetzes ist eine funktionale Verflechtung des Bundes-, Landes- und Gemeindestraßennetzes untereinander sowie mit dem Eisenbahnnetz erforderlich. Dem Ausbau der Kärntner Bundesstraße (B 83) sowie dem zweigleisigen Ausbau der Eisenbahnlinie Klagenfurt-St. Veit an der Glan ist dabei wegen seiner zentralen Bedeutung für die Entwicklung des politischen Bezirkes St. Veit an der Glan Vorrang zu geben.

Auf die Entlastung der Zentralen Orte sowie der Fremdenverkehrs-Schwerpunkte vom Durchzugsverkehr ist Bedacht zu nehmen, insbesondere sollen in den Unterzentren und im Mittelzentrum verkehrsarme Zonen vorgesehen werden.

Dem Flächenbedarf des Wirtschaftsverkehrs in den Geschäfts- und Industriegebieten sowie des ruhenden Verkehrs in den Geschäftsgebieten, Siedlungsgebieten, Industriegebieten, Fremdenverkehrszonen und Naherholungsgebieten ist unter Berücksichtigung des zukünftigen Bedarfs durch Flächensicherung Rechnung zu tragen. Der öffentliche Personen-Nahschnellverkehr ist auszubauen.

Zur Gewährleistung einer entsprechenden Rentabilität des zukünftig erforderlichen schienengebundenen Personen-Nahschnellverkehrs von St. Veit an der Glan zu den Oberzentren im Kärntner Zentralraum ist eine Verdichtung der Wohn- und Arbeitsplätze im Einzugsbereich der Haltepunkte anzustreben. Ferner ist auch auf eine Einbindung der Unterzentren in einen Personen-Nahschnellverkehr mit dem Kärntner Zentralraum Bedacht zu nehmen. Die Kapazität und Qualität der Güterumschlags- und Beförderungsanlagen soll durch Anpassung an die zukünftigen Bedürfnisse des Straßen- und Schienenverkehrs sowie durch die bestmögliche Verbindung zwischen diesen Verkehrsarten unter Bedachtnahme auf die zukünftige Industrie- und Gewerbeentwicklung verbessert werden.

2.2.4 Versorgung

Bei der Festlegung von Flächen für Ver- und Entsorgungsanlagen ist insbesondere auf die Wohngebiete, Erholungsgebiete sowie auf Geschäfts- und Industriegebiete Bedacht zu nehmen.

2.2.5 Öffentliche Einrichtungen

Für eine bestmögliche Versorgung der Wohn-, Arbeits- und Urlaubsbevölkerung bei zumutbarem Weg- und Zeitaufwand ist die Konzentration öffentlicher Einrichtungen in geeigneten Zentralen Orten anzustreben. Dabei sollen jeweils Art der öffentlichen Einrichtung und Funktion des Zentralen Ortes miteinander in Einklang stehen. Beim Ausbau der öffentlichen Einrichtungen sollen möglichst gemeinsame Investitionen benachbarter Gemeinden mit dem Ziel der Kostenminderung und Leistungsvergrößerung angestrebt werden. Auf frühzeitige Flächensicherung für besondere öffentliche Verwendungszwecke ist in den Flächenwidmungsplänen Bedacht zu nehmen. Dabei sind die abschätzbaren Bedürfnisse der zukünftigen Wohn-, Arbeits- und Urlaubsbevölkerung zugrunde zu legen.

Kindergärten, Schulen und Bildungseinrichtungen sind im Hinblick auf die angestrebte räumliche Entwicklung und in Übereinstimmung mit den Schulentwicklungsplänen des Landes zu erhalten, auszubauen bzw. neu zu errichten. Kindergärten sollen auf verkehrssicheren, von

Wohngebieten leicht erreichbaren Standorten in genügender Anzahl zur Verfügung gestellt werden. Dabei ist eine Zusammenfassung mit Volksschulen anzustreben.

Sonderschulen bzw. Sonderschulklassen sollen im notwendigen Umfang in den Hauptschulorten errichtet werden. Allgemein- und berufsbildende mittlere und höhere Schulen sollen im Mittelzentrum, fallweise auch in den beiden Unterzentren errichtet bzw. ausgebaut werden.

Standorte für die notwendigen Einrichtungen des Sozial- und Gesundheitswesens sind unter Berücksichtigung der angestrebten räumlichen Entwicklung, der Bevölkerungsentwicklung sowie der Sozial- und Altersstruktur im Planungsraum festzulegen. Insbesondere ist auf die Flächensicherung in verkehrs- und immissionsfreien sowie klimatischgünstigen Standorten Bedacht zu nehmen.

2.2.6 Einrichtungen für Erholung und Sport

Für Erholung, Spiel und Sport sind ausreichend große, zu den Siedlungsgebieten und Haltepunkten öffentlicher Verkehrsmittel günstig gelegene Einrichtungen zu schaffen bzw. auszubauen. Dabei sind bei der Standortfestlegung die speziellen Bedürfnisse von Tages-, Wochenend- und Urlaubserholung zu berücksichtigen.

Einrichtungen für die tägliche Erholung der Wohnbevölkerung in allen Siedlungsgebieten sind daher in zumutbarer Entfernung für Fußgänger zu errichten bzw. auszubauen. Insbesondere ist die Schaffung zusammenhängender Fuß- und Radwegenetze sowie von ausreichenden und günstig gelegenen Kinderspielplätzen anzustreben.

Einrichtungen für die Wochenenderholung insbesondere auf der Saualpe, im Nockgebiet, in den Wimitzer Bergen und den Gurktaler Alpen (Ausflugsgaststätten, Rastplätze, Sportstätten und dgl.) sollen in Naherholungsgebieten so geschaffen werden, dass sie von Verkehrswegen leicht erreichbar sind.

Bei der Festlegung von Einrichtungen für die Urlaubserholung ist besonders in den Uferzonen der Badeseen auf eine maßvolle Konzentration gleichartiger Einrichtungen zur Erhaltung freier Landschaft Bedacht zu nehmen. Im Interesse der Seenreinhaltung ist größter Wert auf die Erhaltung der natürlichen Ufervegetation, insbesondere der Schilfzonen, zu legen. Dabei soll die allgemeine Zugänglichkeit der Seeufer so weit wie möglich gewährleistet und auf die Errichtung von Uferpromenaden, Rad- und Fußwegenetzen sowie Fußgängerbereichen Bedacht genommen werden.

Bei der Erschließung von Almregionen durch den Ausbau des landwirtschaftlichen Wegenetzes ist durch geeignete Maßnahmen das Befahren der Wege durch nichtlandwirtschaftliche Fahrzeuge und die Errichtung von nicht dauernd bewohnten Gebäuden zu verhindern.

2.2.7 Einrichtungen für Zivilschutz und Landesverteidigung

Auf Einrichtungen des Zivilschutzes ist bei der Errichtung neuer bzw. der Erweiterung bestehender Siedlungs- bzw. Industriegebiete sowie Fremdenverkehrszentren Bedacht zu nehmen. Die raumbeanspruchenden Erfordernisse der Landesverteidigung sollen nach Möglichkeit außerhalb von Siedlungsgebieten, Industriegebieten und Fremdenverkehrszentren gedeckt werden.

2.3 Teilziele

2.3.1 Zentrale Orte

Wichtigste Voraussetzungen für die Entwicklung des Mittelzentrums St. Veit an der Glan sind die Festlegung eines der zukünftigen Entwicklung entsprechenden Geschäftsbezirkes, eines erweiterungsfähigen Industriegebietes und ausreichend großer und günstig gelegener Naherholungsgebiete.

Zur Stärkung der überregionalen Funktionen als Bezirksstadt ist auf die Festlegung ausreichend großer und verkehrsgünstig gelegener Flächen für besondere Verwendungszwecke sowie für öffentliche und private Dienstleistungs-Einrichtungen besonders Bedacht zu nehmen.

In dem von Grabenstraße, Schiller-Platz, Ossiacher Straße und Waagstraße begrenzten Geschäftsbezirk ist die Festlegung von Bauland vorwiegend nur als Geschäftsgebiet, im übrigen als gemischtes Baugebiet und als Wohngebiet zulässig.

Bei der Festlegung von Verkehrsflächen ist auf den Flächenbedarf des öffentlichen und des Wirtschaftsverkehrs sowie auf die Schaffung einer Fußgängerzone bzw. verkehrsberuhigter Zonen im besonderen Maße Bedacht zu nehmen.

Das Parkplatzangebot im fußläufigen Einzugsbereich des Geschäftsbezirkes und die Leistungsfähigkeit der Zufahrtsstraßen müssen dabei übereinstimmen.

Anlage 9. Kärntner Raumordnungsgesetz – K-ROG

Für das Gebiet, das von der Bahnlinie St. Veit an der Glan, Feldkirchen, der Salpeterstraße und der Glan bis zur Mülldeponie begrenzt wird, ist die Festlegung von Bauland außerhalb des Bereiches bestehender Wohnsiedlungen nur als Leichtindustriegebiet zulässig.

Bei der Festlegung von Verkehrsflächen in diesen Bereichen ist auf eine gute Anbindung an das Bundesstraßennetz sowie auf ausreichende Flächen für den Wirtschaftsverkehr und den ruhenden Verkehr Bedacht zu nehmen. Für Dienstleistungs-Einrichtungen, die den gesamten Industriegebieten dienen, sind günstig gelegene und erweiterungsfähige Flächen für besondere Verwendungszwecke festzulegen.

Das Gebiet zwischen St. Veit an der Glan und Obermühlbach, dessen Grenzen mit der Spitalgasse und der Obermühlbacher Straße zusammenfallen, sowie der Bereich, der von der Eisenbahnlinie Klagenfurt-Friesach, der Völkermarkter Straße (B 82), der Glan und der neuen Trasse der Kärnter Straße begrenzt wird, sollen als Naherholungsgebiete gesichert werden. Außerdem sollen der Vitus Park, das Gebiet um die Ruine Taggenbrunn, der Kalvarienberg, Lorenziberg und der Muraun Berg, insbesondere für die tägliche Erholung, sowie der Hörzendorfer See, das Gebiet Eggen/Kraiger Berg und der Magdalensberg als Naherholungsbereiche, insbesondere für die Wochenenderholung, erhalten bleiben.

Dabei ist die Festlegung von Flächen für besondere Verwendungszwecke nur zulässig, wenn sie zur Schaffung von notwendigen Erholungs-, Sport- und Dienstleistungs-Einrichtungen dient.

Die Festlegung von Verkehrsflächen soll die Errichtung eines geschlossenen Rad- und Fußwegenetzes gewährleisten, das insbesondere die Sport- und Erholungs-Einrichtungen sowie die in Randlage anzuordnenden Parkplätze miteinander verbindet.

2.3.2 Besiedelung

Baugebiete mit hoher Standortgunst und guter Infrastrukturausstattung sollen vorrangig bebaut werden.

Die Verdichtung der Wohn- und Arbeitsstätten in den fußläufigen Einzugsbereichen der Haltestellen öffentlicher Massenverkehrsmittel ist durch die Festlegung angemessener Dichtewerte in den Bebauungsplänen anzustreben. Weiters ist auf die Belange der Altstadtsanierung und die Sanierung erhaltenswerter historischer Dorfkerne Bedacht zu nehmen. Im gesamten Planungsraum ist die Festlegung von Bauland als

9.6. Entwicklungsprogramm politischer Bezirk St. Veit an der Glan **Anlage**

Schwerindustriegebiet nur im Anschluß an bereits bestehende Schwerindustriegebietswidmungen zulässig.

Bei der Festlegung von Bauland ist auf die Freihaltung der Gebiete, in denen in bezug auf die natürliche Ertragsfähigkeit und die maschinellen Bearbeitungsmöglichkeiten am besten geeignete Böden vorherrschen (relative landwirtschaftliche Intensivzonen), Bedacht zu nehmen.

Ein Vorrang einer künftigen Besiedelung gegenüber einer landwirtschaftlichen Nutzung ist in Gebieten mit hoher Standortgunst und guter Infrastrukturausstattung erst nach Inanspruchnahme der derzeitigen Baugebiete zulässig.

Bei der Festlegung von Bauland ist aus Gründen einer vorausschauenden Rohstoffsicherung auf die Freihaltung von Flächen, die zukünftig für den Abbau von Rohstoffen benötigt werden, Bedacht zu nehmen.

2.3.3 Verkehr

Die für den Ausbau der Kärntner Straße (B 83) insbesondere in den Gemeindegebieten von Althofen, Mölbling und St. Veit an der Glan benötigten Flächen sind durch Begrenzung der Siedlungsentwicklung im Trassenbereich und Festlegung in den Flächenwidmungsplänen umgehend zu sichern. Dabei soll das Baulos Mölbling mit neuer Anbindung des Marktes Althofen vorrangig durchgeführt werden. Dringlich sind auch die Abschnitte Umfahrung Pöckstein-Hirt mit Anschluß der Gurktal Straße (B 93) und der Abschnitt Wolschart Wald einzustufen. Durch die Fertigstellung der Ausbaumaßnahmen an der Seeberg Straße (B 82) soll eine leistungsfähige, überregional bedeutsame Verbindung zur Südautobahn bei Völkermarkt geschaffen werden.

Die Flattnitzer Straße (L 63) soll als bedeutsame Straßenverbindung zwischen dem Murtal und dem Gurk- bzw. Metnitztal entsprechend ausgebaut werden.

Die ungünstigen Verkehrsverhältnisse im Kleinstzentrum Guttaring sollen durch den Bau einer südlichen Umfahrungsstraße verbessert werden (L 82).

Zwischen Althofen und der projektierten Trasse der Kärntner Straße (B 83) soll unter Auflassung der derzeit das Industriegebiet trennenden Trasse der Silberegger Straße (L 82) ein funktionales Landesstraßennetz ausgebaut werden. Im Zuge dieser Neuordnung soll auch die Krappfeld Straße (L 83) teilweise neu trassiert werden. Weiters sollen im Gebiet des Unterzentrums Althofen die erforderlichen Flächen für einen neuen Industriegleisanschluß gesichert werden.

Für eine günstige verkehrsmäßige Anbindung der Wohn-, Arbeits- und Urlaubsbevölkerung an die Zentralen Orte sind Bereiche der Wimitzer Straße (L 67) fertigzustellen.

Zur Entlastung der Bundesstraßen vom Ortsverkehr sind insbesondere in den Gemeindegebieten Althofen, Mölbling und St. Veit an der Glan ausreichende Verkehrsflächen für den Bau von parallelen Sammelstraßen für den örtlichen Verkehr zu sichern. Kommunale Verkehrsflächen sind ferner so festzulegen, daß in den Zentralen Orten, insbesondere im Mittelzentrum St. Veit an der Glan, und in den Unterzentren Fußgängerzonen oder verkehrsarme Zonen – bei gleichzeitiger Vorsorge für den ruhenden Verkehr – errichtet werden können.

Im Gurk- und Metnitztal ist zur besseren Erreichbarkeit der Verwaltungs- und Bildungseinrichtungen der Autobusliniendienst zu verbessern. Dabei sollen das Liniennetz und die Fahrpläne stärker als bisher auf das Arbeitsplatz- und Bundesschulzentrum Althofen ausgerichtet werden.

Bei den Eisenbahnhaltepunkten Friesach, Treibach-Althofen, Launsdorf-Hochosterwitz und St. Veit an der Glan sind günstig gelegene und ausreichend große Parkplätze festzulegen. Die Parkplätze sind nach Möglichkeit jeweils an das Fußwegenetz anzubinden.

Der Ausbau des Rad- und Fußwegenetzes mit Anschluß an die Bildungs- und Erholungseinrichtungen sowie an die Zentren von Arbeits- und Wohnstätten soll angestrebt werden.

2.3.4 Versorgung

2.3.4.1 Energieversorgung

Bei der räumlichen Entwicklung ist auf den künftigen Energiebedarf besonders Bedacht zu nehmen. Insbesondere ist für die auszubauenden oder zu entwickelnden Zentralen Orte, Industriegebiete und Fremdenverkehrsschwerpunkte die Versorgung mit der notwendigen Kapazität rechtzeitig sicherzustellen.

Auf eine landschaftsschonende Trassenführung elektrischer Leitungsanlagen ist Bedacht zu nehmen.

Bei der Erweiterung bestehender und der Entwicklung neuer Industriegebiete ist auf die Anschlußfähigkeit an die Gasleitung Klagenfurt–

9.6. Entwicklungsprogramm politischer Bezirk St. Veit an der Glan **Anlage**

Wietersdorf mit möglichen Abzweigungen nach St. Veit an der Glan und in den Raum Althofen-Hirt-Micheldorf Rücksicht zu nehmen.

In Siedlungs- und Fremdenverkehrsgebieten ist die Substitution von Freileitungen durch Erdkabel zu prüfen und gegebenenfalls durchzuführen. Vorrangiges Ziel bei der angestrebten Verbesserung der Energieversorgung im Planungsgebiet ist die Elektrifizierung bisher noch nicht versorgter Gebiete.

2.3.4.2 Wasserversorgung

Die genutzten und nutzungswürdigen Quell- und Grundwasservorkommen müssen erhalten und gesichert werden. Der Ausbau regionaler Wassergewinnungs- und Versorgungsanlagen ist anzustreben. Auf den vorsorglichen Schutz von Mooren bzw. der Heilmoore ist Bedacht zu nehmen. Die erforderlichen Flächen sind durch entsprechende gesetzliche Maßnahmen zu sichern.

2.3.4.3 Schutzwasserbau

Flußbau- und Wildbachverbauung sind im Hinblick auf die angestrebte räumliche Entwicklung und die Sicherung des Lebensraumes der Bevölkerung und unter Berücksichtigung von Natur- und Landschaftsschutz durchzuführen. Im Interesse der Erhaltung des ökologischen Gleichgewichtes ist soweit als möglich naturnaher Wasserbau anzuwenden. Weiters ist im Interesse der vorbeugenden Hochwasserbekämpfung eine ausreichende Walderhaltung im Einzugsbereich der Fluß- und Bachläufe sowie für eine ungestörte Erhaltung der alpinen Rasen oberhalb der Waldgrenze zu sorgen.

2.3.4.4 Abwasserbehandlung und Abfallstoffbeseitigung

Im Interesse der Reinhaltung des Grundwasers und der oberirdischen Gewässer ist in den bebauten Gebieten für eine hygienisch einwandfreie Beseitigung der Abwässer zu sorgen.

Um eine ausreichende Reinhaltung der Badeseen und Vorfluter zu gewährleisten, sind regionale Abwasserbehandlungsanlagen zu errichten. Bei diesen regionalen Abwassersammel- und Kläranlagen ist auf gemeindewirtschaftlich günstige Anschlußmöglichkeiten Bedacht zu nehmen. Insbesondere sind Sammelstrecken ohne Einmündungen nur in wirtschaftlich vertretbarem Ausmaß vorzusehen.

Eine geordnete Abfallstoffbeseitigung ist entsprechend dem Kärntner Abfallbeseitigungsgesetz (LGBl. Nr 19/1978) und dem Entwicklungsprogramm für die Abfallbeseitigung (LGBl Nr 104/1978) in regionalen Behandgsanlagen durchzuführen.

2.3.5 Einrichtungen für Erholung und Sport

Auf die Festlegung- von Verkehrsflächen für Errichtung eines Fuß- und Radwegenetzes entlang der Glan von Liebenfels bis St. Veit an der Glan, weiters entlang der Glan bis zum Landschaftsschutzgebiet Hörzendorfer See-Tanzenberg und entlang des Ziegelbaches bis Hochosterwitz ist Bedacht zu nehmen. Dabei ist eine Verlängerung des Radwegenetzes bis in den Raum Klagenfurt anzustreben. Daneben ist der Ausbau des regionalen Wanderwegenetzes insbesondere vom Gurk- und Metnitztal zum Nockgebiet mit Anschluß zur Turrach sowie von Althofen und Guttaring zum Görtschitztal sowie dem Saualpengebiet fortzuführen.

Generell sollen zur Verbesserung der Erreichbarkeit der Landschaftsschutzgebiete Kraiger Schlösser, Längsee, Burg Hochosterwitz, Magdalensberg, Haldensee-Hardegg, Zmulner See, Hörzendorfer See-Tanzenberg, Virunum und Ulrichsberg Parkplätze in Randlage (Ausgangspunkt von Rundwanderwegen) sowie Fuß- und (oder) Radwege angestrebt werden. Insbesondere ist das Mittelzentrum St. Veit an der Glan durch ein Fuß- und Radwegenetz mit den nahegelegenen Landschaftsschutzgebieten zu verbinden. In den Uferzonen des Längsees, des Kraiger Sees, des Hörzendorfer Sees und des Zmulner Sees ist die Errichtung von Campingplätzen hintanzuhalten.

Die Schaffung eines Fuß- und Radwegenetzes im Bereich der Uferzone des Längsees, des Kraiger Sees und des Hörzendorfer Sees ist anzustreben. Die erforderlichen Flächen für die Errichtung und den

Ausbau von Sportanlagen entsprechend dem "Entwicklungsprogramm Sportstättenplan" (LGBl. Nr 1/1978) sind vorsorglich zu sichern. Insbesondere sind in der Marktgemeinde Althofen für die Errichtung einer erweiterungsfähigen Sportanlage von überörtlicher Bedeutung die erforderlichen Flächen festzulegen und zu sichern.

Die Erweiterung und Verbesserung der Aufstiegshilfen und Abfahrten im Saualpengebiet der Gemeinden Hüttenberg, Eberstein und Klein St. Paul sowie der Ausbau der Zufahrtsmöglichkeiten soll entsprechend der naturräumlichen Voraussetzungen und wirtschaftlichen Tragfähigkeit vorgenommen werden.

2.3.6 Natur- und Landschaftsschutz

Den Intentionen des Natur- und Landschaftsschutzes ist durch entsprechende Sicherung der bestehenden und durch die Schaffung neuer Schutzgebiete Rechnung zu tragen. So soll das Gebiet südöstlich der Landesstraße (L 82 b) zwischen Althofen und Guttaring, das von der Verbindung Unterer Markt-Dachberg bzw. Höhenwirt-Dachberg begrenzt wird, insbesondere zum Schutz des Moorvorkommens und des Erholungsgebietes Althofen-Guttaring zum Landschaftsschutzgebiet erklärt werden. Auf mögliche Erweiterungen ist Bedacht zu nehmen.

Gebietsteile nördlich der Metnitz, westlich der Flattnitzer Straße (L 63), sowie die weitere Umgebung des Naturschutzgebietes Flattnitzbach-Hochmoor sollen zu Landschaftsschutzgebieten erklärt werden.

Fließgewässer und ihre Uferbereiche sollen in ihrem natürlichen Verlauf und Ausbildung soweit erhalten bleiben, als dies mit der Sicherheit des Lebensraumes der betroffenen Bevölkerung vereinbar ist.

Die erforderlichen Maßnahmen der Wildbachverbauung, insbesondere in den Nebentälern der Görtschitz, der Gurk und der Metnitz, sind fortzuführen.

Die nicht mehr in Betrieb befindlichen Steinbrüche, Sand- und Schottergruben sind erforderlichenfalls durch geeignete landschaftspflegerische Maßnahmen zu rekultivieren.

2.3.7 Einrichtungen für Zivilschutz und Landesverteidigung

Bei der Festlegung von Baugebieten ist insbesondere im Raum St. Veit an der Glan – Glandorf – St. Donat wegen der Ballung von überregionalen Verkehrswegen, Verkehrsanlagen, Strom- und Rohrleitungen sowie Munitionslagern auf die Belange des Zivilschutzes besonders Bedacht zu nehmen.

9.7. Entwicklungsprogramm Raum Weißensee

LGBl 1987/59

Inhaltsverzeichnis

§ 1   Planungsraum
§ 2   Wirkung

Anlage

Auf Grund des § 3 des Kärntner Raumordnungsgesetzes, LGBl. Nr. 76/1969, wird verordnet:

§ 1 Planungsraum

(1) Für den Raum Weißensee wird das in der Anlage enthaltene Entwicklungsprogramm festgelegt.

(2) Das Entwicklungsprogramm erstreckt sich auf das Gebiet der Gemeinden Weißensee im politischen Bezirk Spittal an der Drau und Stockenboi im politischen Bezirk Villach Land.

§ 2 Wirkung

(1) Die Landesregierung hat den jährlichen Voranschlag im Einklang mit dem Entwicklungsprogramm zu erstellen (§ 4 Kärntner Raumordnungsgesetz).

(2) Verordnungen und Bescheide auf Grund von Landesgesetzen dürfen nur im Einklang mit dem Entwicklungsprogramm erlassen werden (§ 5 Abs. 1 Kärntner Raumordnungsgesetz).

(3) Investitionen und Förderungsmaßnahmen dürfen nur im Einklang mit dem Entwicklungsprogramm erfolgen.

(4) Die Bestimmungen des Abs. 3 gelten für
a) das Land Kärnten,
b) die auf Grund von Landesgesetzen eingerichteten Körperschaften öffentlichen Rechts und

c) die Vertreter der unter lit. a und b genannten Körperschaften in den Gesellschaften, an denen diese Körperschaften beteiligt sind. Auf Förderungsmaßnahmen, die von den in lit. a und b genannten Körperschaften mit Mitteln des Bundes durchgeführt werden, findet der Abs. 3 keine Anwendung.

(5) Die Flächenwidmungspläne der Gemeinden Weißensee und Stockenboi sind dem Gebietsstand auf Grund der Gemeindestrukturreform vom 1. Jänner 1973 und dem Entwicklungsprogramm für den Raum Weißensee anzupassen.

(6) Die Landesregierung und die Gemeinden des Planungsraumes haben im Rahmen ihrer Zuständigkeiten darauf hinzuwirken, daß die Entwicklungsmaßnahmen des Entwicklungsprogrammes (Z 3 und 4 der Anlage) im Zeitraum von zehn Jahren nach dem Inkrafttreten dieser Verordnung verwirklicht werden.

Anlage – Entwicklungsprogramm Raum Weißensee

1. Planungsraum:

Der Planungsraum Weißensee umfaßt das Gebiet der Gemeinden Weißensee im politischen Bezirk Spittal an der Drau und Stockenboi im politischen Bezirk Villach Land.

2. Hauptziele:

2.1 Der Planungsraum ist als Lebens-, Wirtschafts- und Erholungsraum für die ansässige Bevölkerung langfristig zu erhalten.

2.2 Die Besiedelung des Dauersiedlungsraumes ist in der bestehenden Siedlungsdichte zu erhalten; die Abwanderung soll möglichst verhindert werden.

2.3 Die wirtschaftliche Eigenständigkeit ist insbesondere durch den Ausbau eines zweisaisonalen Fremdenverkehrs zu verbessern.

2.4 Der Bevölkerung des Planungsraumes sind ausreichende Beschäftigungsmöglichkeiten mit entsprechender Arbeitsqualität und angemessenem Einkommensniveau in zumutbarer Entfernung vom Wohnort zur Verfügung zu stellen.

Anlage 9. Kärntner Raumordnungsgesetz – K-ROG

2.5 Die Förderung der Landwirtschaft hat unter Berücksichtigung ihrer Einkommens-, Versorgungs- und Landschaftspflegefunktion zu erfolgen.

2.6 Die Forstwirtschaft ist so zu entwickeln und in einem solchen Umfang zu erhalten, daß der Wald seine Nutz-, Schutz-, Wohlfahrts- und Erholungsfunktion langfristig erfüllen kann.

2.7 Der Fremdenverkehr ist unter vorrangiger Beteiligung der einheimischen Bevölkerung sowie unter Berücksichtigung der ökologischen Belastbarkeit und der Erfordernisse des Natur- und sonstigen Umweltschutzes zu entwickeln.

2.8 Das Gewerbe und der Handel sind unter Berücksichtigung ihrer Arbeitsplatz- und Versorgungsfunktion zu entwickeln.

2.9 Die Erhaltung und Entwicklung eines ausgewogenen Landschaftshaushaltes, insbesondere der Pflanzen- und Tierwelt sowie der Nutzungsfähigkeit der Naturgüter, ist zu gewährleisten.

2.10 Die Verkehrswege und öffentlichen Verkehrsverbindungen sowie Anlagen für die Ver- und Entsorgung der Bevölkerung und Urlaubsgäste im Planungsraum haben der Wohn-, Wirtschafts- und Erholungsfunktion zu entsprechen.

3. Entwicklungsmaßnahmen:

Zur Erreichung der Hauptziele sind folgende Entwicklungsmaßnahmen erforderlich:

3.1 Siedlungsstruktur

a) Schwerpunktmäßige Konzentration der Siedlungsentwicklung in der Gemeinde Weißensee in den Ortschaften Praditz, Oberdorf, Gatschach, Techendorf und Neusach, wobei auf die Freiflächen zwischen den Ortschaften Bedacht zu nehmen ist und in der Gemeinde Stockenboi in den Ortschaften Zlan und Stockenboi.

b) Ausbau der Ortschaften Techendorf, Zlan und Stockenboi mit Ausbildung je eines Ortszentrums.

3.2 Schutz des Lebensraumes

Sicherung des Lebensraumes vor Naturgefahren durch Verbauungsmaßnahmen – insbesondere in den Unterläufen – der Wildbäche, Weiße-Wand-Bach, Baumeckgraben, Paschitzgraben, Kamengraben, Neusachermühlbach, Mesmadeberggraben, Hochreiterbach, Trojenbach und Draxlgraben, durch Uferschutzbauten am Weißenbach im Bereich der Ortschaften Stockenboi und Mosel sowie am Tscherniheimerbach, durch Verbauungen im Bereich des Tibold- und Karbaches, durch Dammschüttungen am Silbergraben.

3.3 Landschaft – Umwelt

a) Erhaltung der in der Karte ausgewiesenen Vorrangflächen (ökologisch bedeutende Gebiete, für das Landschaftsbild bedeutsame Freiflächen, für die Landwirtschaft und das Landschaftsbild gleichrangig bedeutsame Freifläche).

b) Maßnahmen der Landschaftspflege im Bereich des Weißensee-Ostufers.

c) Bedachtnahme auf die im Bereich des Weißensee-Nordufers gelegenen Schilf- und Schwingrasengesellschaften sowie auf die vorhandenen Lebensräume seltener Pflanzen und Tiere.

3.4 Verkehr

a) Verkehrsgerechter Ausbau der B 87 – Weißenseestraße vom Bereich Kreuzwirt nach Weißbriach.

b) Ausbau der L 7a – Naggler Straße mit kleinräumiger Umfahrung des Freizeit- und Sportzentrums Techendorf Schattseite.

c) Schaffung zusätzlicher Pkw- und Bus-Abstellplätze in der Gemeinde Weißensee unter Bedachtnahme auf den Tagesausflugs- und Urlaubsreiseverkehr.

d) Ausbau der L 32 – Stockenboier Straße im Kreuzungsbereich Kavallar – Mößlacher.

e) Ausbau der L 31- Zlaner Straße.

f) Ausbau der Umfahrung des Ortszentrums Zlan durch die Goldeck-Panoramastraße.

g) Ausbau der Kreuzung der L 31- Zlaner und der L 32 – Stockenboier Straße im südwestlichen Bereich von Zlan.

h) Errichtung von Fußwegen im Bereich der Ortschaft Zlan mit Anschluß in den Bereich Hochegg.

i) Errichtung einer direkten Autobusverbindung von Zlan in den Bezirkshauptort Spittal an der Drau.

j) Anpassung der öffentlichen Kraftwagenfahrpläne an die der überregionalen öffentlichen Verkehrsmittel im Drautal.

k) Erhaltung und Ausbau der gewerblichen Schiffahrt auf dem Weißensee unter Berücksichtigung des Tages- und Ausflugsverkehrs.

3.5 Wasserversorgung, Abwasserbeseitigung

a) Errichtung einer Wasserversorgungsanlage für das Siedlungsgebiet Scharnitzen-Alberden in der Gemeinde Stockenboi.

b) Ausbau der biologischen Kläranlage im Bereich Hochegg in Abstimmung mit der Siedlungs- und Fremdenverkehrsentwicklung.

c) Errichtung einer biologischen Kläranlage im Bereich des Weißensee-Ostufers.

3.6 Energieversorgung

a) Sicherung der Energieversorgung unter Berücksichtigung der Fremdenverkehrs- und Erholungsfunktion des Planungsraumes sowie unter Bedachtnahme auf eine verstärkte Nutzung der regenerierbaren Energiequellen.

b) Substitution von Freileitungen durch Erdkabel.

3.7 Bildung, Gesundheitswesen

a) Langfristige Sicherung von Volksschulen in den Gemeindehauptorten Zlan und Techendorf.

b) Bedarfsgerechte Einrichtung von Kindergärten im Bereich der Volksschulstandorte.

c) Niederlassung je eines praktischen Kassenvertragsarztes in den Gemeinden des Planungsraumes.

3.8 Sport-, Freizeit- und Erholungseinrichtungen

a) Verbesserung der Sport- und Freizeitmöglichkeiten schwerpunktmäßig in den Ortschaften Zlan und Techendorf Schattseite unter Berücksichtigung der Bedürfnisse sowohl der ansässigen Bevölkerung als auch der Urlaubsgäste.

b) Ausarbeitung eines Wanderwegekonzeptes und eines Wanderführers für den gesamten Planungsraum.

c) Ausbau des Uferpromenadenweges als Fuß- und Radweg im Gebiet der Gemeinde Weißensee.

9.7. Entwicklungsprogramm Raum Weißensee **Anlage**

3.9 Landwirtschaft

a) Erhaltung der in der Karte für die Landwirtschaft ausgewiesenen Freiflächen.

b) Erhaltung kulturell landschaftlich wertvoller Bausubstanz unter Berücksichtigung gebietstypischer Gebäudeformen anläßlich der Sanierung von landwirtschaftlichen Wohn- und Wirtschaftsgebäuden.

c) Schaffung von Nebenerwerbsmöglichkeiten.

3.10 Fremdenverkehr

a) Verbesserung der Bettenauslastung durch eine Belebung der Wintersaison sowie der Vor- und Nachsaison.

b) Qualitative Verbesserung des Beherbergungsangebotes und gezielte Kapazitätserweiterung im Bereich Hochegg sowie im Bereich der Talstation Goldeck-Seetal.

c) Spezialisierung der Urlaubsangebote nach den vorhandenen Voraussetzungen und Möglichkeiten.

d) Aufbau einer Fremdenverkehrsorganisation mit touristischer Service- und Vermarktungseinrichtung.

4. Grundsätze für die örtliche Raumplanung:

a) Die Widmung von Bauland hat sich nach dem abschätzbaren Bedarf im Hinblick auf die vorhersehbare Bevölkerungs- und Wirtschaftsentwicklung zu richten.

b) Bei der Widmung von Bauland ist insbesondere auf eine Verdichtung der Bebauung im unmittelbaren Anschluß an bestehende Ortskerne Bedacht zu nehmen.

c) Die in der Karte ausgewiesenen Vorrangflächen dürfen nicht als Bauland gewidmet werden.

d) In den Almregionen darf Bauland nur für die Errichtung von Liftstationen, Schihütten, Almgasthöfen u. ä. gewidmet werden.

e) Bei der Flächenwidmung sind die durch Wildbäche und Lawinen verursachten Gefährdungsgebiete zu berücksichtigen.

f) Für den Bereich der Ortschaften Techendorf, Zlan und Hochegg und im Bereich der Talstation Goldeck-Seetal ist die Erstellung von Gestaltungsplänen anzustreben.

g) Die Gemeinden haben nach Maßgabe ihrer finanziellen Möglichkeiten entsprechende Grundstücksreserven zur Unterstützung einer geordneten Siedlungsentwicklung bereitzustellen.

h) Bei der Erstellung und Änderung der Flächenwidmungspläne ist auf die Bestimmungen der Z 3.1a und b, 3.2, 3.3a, b und c, 3.4a bis h, 3.7a und b, 3.8a und c, 3.9a und 3.10b Bedacht zu nehmen.

9.8. Industriestandorträume-Verordnung
LGBl 1996/49

Gemäß § 3 Abs. 1 und 4 des Kärntner Raumordnungsgesetzes, LGBl. Nr. 76/1969, in der Fassung der Gesetze LGBl. Nr. 5/1990, 42/1994 und der Kundmachungen LGBl. Nr. 60/1994, 89/1994, wird verordnet:

§ 1

Als Industrieflächen von überörtlicher Bedeutung gelten zusammenhängende, aufgrund der gegebenen räumlichen und strukturellen Voraussetzungen für die Ansiedlung von industriellen Betrieben in besonderem Maß geeignete Grundflächen mit einem Gesamtausmaß von mehr als 5 ha.

§ 2

Als Standorträume für Industrieflächen von überörtlicher Bedeutung gelten jedenfalls:
a) der Standortraum Klagenfurt-Ferlach, bestehend aus den Gemeindegebieten der Landeshauptstadt Klagenfurt, der Stadtgemeinde Ferlach und der Gemeinde Ebental;
b) der Standortraum Villach-Arnoldstein, bestehend aus den Gemeindegebieten der Stadt Villach, der Marktgemeinden Arnoldstein und Finkenstein, der Gemeinden Nötsch im Gailtal und Weißenstein;
c) der Standortraum Feldkirchen, bestehend aus dem Gemeindegebiet der Stadtgemeinde Feldkirchen in Kärnten;
d) der Standortraum Hermagor, bestehend aus dem Gemeindegebiet der Stadtgemeinde Hermagor-Pressegger See;
e) der Standortraum Spittal an der Drau, bestehend aus den Gemeindegebieten der Stadtgemeinden Radenthein und Spittal an der Drau und der Marktgemeinde Lurnfeld;
f) der Standortraum St. Veit an der Glan, bestehend aus den Gemeindegebieten der Stadtgemeinden Althofen und St. Veit

an der Glan, der Gemeinden Liebenfels und St. Georgen am Längsee;
g) der Standortraum Völkermarkt, bestehend aus den Gemeindegebieten der Stadtgemeinde Völkermarkt und der Marktgemeinde Eberndorf;
h) der Standortraum Wolfsberg, bestehend aus den Gemeindegebieten der Stadtgemeinden St. Andrä und Wolfsberg und der Marktgemeinde St. Paul im Lavanttal.

§ 3

(1) Diese Verordnung tritt mit dem der Kundmachung folgenden Monatsersten in Kraft (1.7.1996).

(2) Diese Verordnung findet keine Anwendung auf Grundflächen, die außerhalb der in § 2 angeführten Standorträume gelegen und in bestehenden Flächenwidmungsplänen im Zeitpunkt des Inkrafttretens dieser Verordnung für die Ansiedlung von industriellen Betrieben festgelegt sind.

(3) Das Sachgebietsprogramm für Standorträume für Industrieflächen von überörtlicher Bedeutung ist bei der Abteilung 20 – Landesplanung des Amtes der Kärntner Landesregierung, Wulfengasse 13, Klagenfurt, sowie bei allen Bezirkshauptmannschaften und Gemeinden während der für den Parteienverkehr bestimmten Amtsstunden zur allgemeinen Einsichtnahme bereitzuhalten.

9.9. Geschäftsordnung des Raumordnungsbeirates – K-GOROB

LGBl 2002/41

Inhaltsverzeichnis

§ 1 Raumordnungsbeirat
§ 2 Konstituierende Sitzung und Wahl des Vorsitzenden
§ 3 Einberufung zu Sitzungen des Beirates
§ 4 Verhinderung an der Teilnahme an einer Sitzung
§ 5 Sitzungen des Beirates
§ 6 Beschlüsse des Beirates
§ 7 Niederschrift
§ 8 Kanzleigeschäfte des Beirates
§ 9 Ausschüsse des Beirates
§ 10 Beiziehung von Sachverständigen und Auskunftspersonen
§ 11 Schlussbestimmungen

Gemäß § 8b des Kärntner Raumordnungsgesetzes – K-ROG, LGBl. Nr. 76/1969, in der Fassung der Gesetze LGBl. Nr. 5/1990, 42/1994, 86/1996 und 136/2001 sowie der Kundmachungen LGBl. Nr. 60/1994 und 89/1994, wird verordnet:

§ 1 Raumordnungsbeirat

(1) Der Raumordnungsbeirat – im Folgenden Beirat genannt – besteht aus sechzehn Mitgliedern und ist zur Beratung der Landesregierung in Angelegenheiten der Raumordnung beim Amt der Landesregierung eingerichtet.

(2) Die Mitglieder des Beirates haben ihr Amt gewissenhaft und unparteiisch auszuüben und sind nach den näheren gesetzlichen Bestimmungen (§ 8b Abs. 3 K-ROG, Art. 20 Abs. 3 B-VG) zur Verschwiegenheit über alle ihnen ausschließlich aus ihrer amtlichen

Tätigkeit bekannt gewordenen Tatsachen verpflichtet. Diese Verpflichtung bleibt auch nach dem Ausscheiden als Mitglied (Ersatzmitglied) des Beirates bestehen.

(3) Die Mitgliedschaft zum Beirat ist ein Ehrenamt. Den Mitgliedern (Ersatzmitgliedern) ist jedoch für ihre Mühewaltung ein Spesenersatz für die Reisekosten in Form des amtlichen Kilometergeldes zu gewähren.

§ 2 Konstituierende Sitzung und Wahl des Vorsitzenden

(1) Die Landesregierung hat den Beirat zu seiner konstituierenden Sitzung einzuberufen. Den Vorsitz in der konstituierenden Sitzung des Beirates hat bis zur Wahl des Vorsitzenden das an Jahren älteste Mitglied zu führen.

(2) Der Beirat hat in seiner konstituierenden Sitzung aus seiner Mitte bei Anwesenheit von mindestens zwei Dritteln seiner Mitglieder mit einfacher Mehrheit der abgegebenen Stimmen einen Vorsitzenden und einen Stellvertreter zu wählen. Erhält im ersten Wahlgang kein Kandidat die erforderliche einfache Mehrheit, so hat ein zweiter Wahlgang zwischen jenen beiden Kandidaten stattzufinden, die im ersten Wahlgang die meisten Stimmen erhalten haben. Bei Stimmengleichheit im zweiten Wahlgang entscheidet das Los.

(3) Wenn es die einfache Mehrheit des Beirates verlangt, ist die Wahl des Vorsitzenden und des Stellvertreters in geheimer Wahl durchzuführen.

§ 3 Einberufung zu Sitzungen des Beirates

(1) Der Beirat ist vom Vorsitzenden nach Bedarf unter Bekanntgabe der Tagesordnung sowie von Zeit und Ort der Sitzung schriftlich mittels Einladung einzuberufen. Die Einladung zu einer Sitzung ist den Mitgliedern des Beirates, dem mit den Angelegenheiten der Raumordnung betrauten Mitglied der Landesregierung, den Vorständen der mit den rechtlichen und den fachlichen Angelegenheiten der Raumordnung betrauten Abteilungen des Amtes der Landesregierung sowie den weiteren beigezogenen Auskunftspersonen tunlichst eine Woche, in dringenden Fällen mindestens zwei

Tage vor der Sitzung zuzustellen. Sofern keine Verhinderung an der Teilnahme an der Sitzung (§ 4) vorliegt, haben die Mitglieder des Beirates der Einladung Folge zu leisten

(2) Der Beirat ist vom Vorsitzenden binnen zwei Wochen einzuberufen, wenn dies mindestens ein Drittel seiner Mitglieder oder das mit den Angelegenheiten der Raumordnung betraute Mitglied der Landesregierung schriftlich unter Bekanntgabe der Tagesordnung verlangt. Der Vorsitzende ist berechtigt, die Tagesordnung um weitere Punkte zu ergänzen.

§ 4 Verhinderung an der Teilnahme an einer Sitzung

(1) Im Fall der Verhinderung eines Mitgliedes des Beirates wird dieses von seinem Ersatzmitglied vertreten. Die Verhinderung eines Mitgliedes des Beirates liegt jedenfalls im Fall seiner Befangenheit vor. Ein Mitglied des Beirates ist befangen und hat an der Beratung und Beschlussfassung nicht teilzunehmen und seine Vertretung zu veranlassen:

1. in Sachen, an denen es selbst, sein Ehegatte, ein Verwandter oder Verschwägerter in auf- oder absteigender Linie, ein Geschwisterkind oder eine Person, die noch näher verwandt oder im gleichen Grad verschwägert ist, beteiligt ist;
2. in Sachen seiner Wahl- oder Pflegeeltern, Wahl- oder Pflegekinder, seines Mündels oder Pflegebefohlenen;
3. in Sachen, in denen es als Bevollmächtigter einer Partei bestellt war oder noch bestellt ist;
4. wenn sonstige wichtige Gründe vorliegen, die geeignet sind, seine volle Unbefangenheit in Zweifel zu ziehen;
5. wenn ein Beschluss einer Gemeinde den Gegenstand der Beratung und Beschlussfassung des Beirates bildet, an dem es in seiner Eigenschaft als Gemeindefunktionär mitgewirkt hat.

Ob ein wichtiger Grund im Sinn der Z 4 vorliegt, entscheidet im Zweifelsfall der Beirat auf Antrag des Betroffenen oder eines anderen Mitgliedes. Das Mitglied kann die Befangenheit zu einem einzelnen Tagesordnungspunkt als Hinderungsgrund für die Teilnahme an der Sitzung als solcher behandeln.

(2) Ein Mitglied des Beirates hat seine Verhinderung dem Vorsitzenden und seinem Ersatzmitglied zum ehestmöglichen Zeitpunkt

anzuzeigen. Ersatzmitglieder dürfen in dringenden Fällen auch mündlich oder telefonisch zu Sitzungen einberufen werden.

(3) Im Fall der Verhinderung des Vorsitzenden tritt an seine Stelle mit gleichen Rechten und Pflichten der Stellvertreter, ist auch dieser verhindert, so tritt an dessen Stelle das an Jahren älteste nicht verhinderte Mitglied des Beirates.

§ 5 Sitzungen des Beirates

(1) Der Vorsitzende eröffnet und schließt die Sitzung des Beirates und hat für den geordneten Ablauf der Sitzung Sorge zu tragen. Er ist insbesondere im Fall einer Störung berechtigt, die Sitzung auf angemessene Zeit zu unterbrechen.

(2) Der Vorsitzende hat das Vorliegen der Beschlussfähigkeit festzustellen, leitet die Verhandlungen, erteilt das Wort, lässt über Anträge abstimmen und stellt das Ergebnis der Abstimmung fest. Liegen zu einem Tagesordnungspunkt mehrere Anträge vor, entscheidet der Vorsitzende über die Reihenfolge der Abstimmung.

(3) Das mit den Angelegenheiten der Raumordnung betraute Mitglied der Landesregierung und die Vorstände der mit den rechtlichen und den fachlichen Angelegenheiten der Raumordnung betrauten Abteilungen des Amtes der Landesregierung oder jeweils ein von ihnen bestellter Vertreter haben das Recht, an den Sitzungen des Beirates mit beratender Stimme teilzunehmen. Sie sind auf ihr Verlangen zu einzelnen Tagesordnungspunkten zu hören.

§ 6 Beschlüsse des Beirates

(1) Der Beirat ist beschlussfähig, wenn der Vorsitzende und mindestens zwei Drittel seiner sonstigen Mitglieder anwesend sind.

(2) Für einen Beschluss des Beirates ist die einfache Mehrheit der abgegebenen Stimmen erforderlich. Beschlüsse, mit denen die Tagesordnung geändert wird, dürfen nur mit einer Mehrheit von zwei Dritteln der abgegebenen Stimmen gefasst werden. Die Abstimmung erfolgt namentlich oder durch Handzeichen; die Art der Abstimmung wird durch den Vorsitzenden festgelegt. Der Vorsitzende stimmt mit und gibt bei Stimmengleichheit mit seiner Stimme den

Ausschlag. Stimmenthaltungen und Erklärungen, weder zuzustimmen noch abzulehnen, gelten als Ablehnung.

§ 7 Niederschrift

(1) Über die Sitzungen des Beirates ist eine Niederschrift anzufertigen, die vom Vorsitzenden und vom Schriftführer zu unterzeichnen ist. Die Niederschrift hat jedenfalls zu enthalten:
a) Tag und Ort der Sitzung;
b) die Namen der an der Sitzung teilnehmenden Personen;
c) die Gegenstände der Beratung und Beschlussfassung;
d) das ziffernmäßige Abstimmungsergebnis;
e) den Wortlaut der gefassten Beschlüsse.

Wenn es ein Mitglied des Beirates unmittelbar nach der Abstimmung verlangt, so ist seine vor der Abstimmung zum Gegenstand geäußerte abweichende Meinung in die Niederschrift aufzunehmen.

(2) Die Niederschrift ist allen Mitgliedern des Beirates, dem mit den Angelegenheiten der Raumordnung betrauten Mitglied der Landesregierung und den Vorständen der mit den rechtlichen und den fachlichen Angelegenheiten der Raumordnung betrauten Abteilungen des Amtes der Landesregierung zuzustellen.

(3) Jedes Mitglied des Beirates hat das Recht, spätestens in der der Übermittlung der Niederschrift folgenden Sitzung Richtigstellungen der Niederschrift zu verlangen. Der Vorsitzende ist berechtigt, die beantragte Änderung im Einvernehmen mit dem Schriftführer vorzunehmen. Wird die verlangte Änderung verweigert, hat der Beirat zu entscheiden.

§ 8 Kanzleigeschäfte des Beirates

Die Kanzleigeschäfte des Beirates sind von der nach der Geschäftseinteilung des Amtes der Landesregierung mit den rechtlichen Angelegenheiten der Raumordnung betrauten Abteilung des Amtes der Landesregierung zu führen.

§ 9 Ausschüsse des Beirates

(1) Der Beirat darf aus seiner Mitte zur Vorbereitung seiner Beschlüsse Ausschüsse bilden. Ein Ausschuss besteht aus mindestens drei und höchstens fünf Mitgliedern.

(2) Der Beschluss, mit dem ein Ausschuss eingerichtet wird, hat jedenfalls die Mitglieder zu benennen und daraus einen Vorsitzenden zu bestimmen. Er hat die Aufgabe des Ausschusses und den zeitlichen Rahmen zu ihrer Erfüllung festzulegen. Die Aufgabe hat in der Auf- und Vorbereitung eines konkreten Themas zur Beschlussfassung im Beirat zu bestehen. Die Einrichtung ständiger Ausschüsse ist unzulässig. Die Tätigkeit des Ausschusses ist beendet, sobald der Beirat einen Beschluss über das vorbereitete Thema gefasst hat.

(3) Der Ausschuss ist beschlussfähig, wenn der Vorsitzende und mindestens zwei Drittel der sonstigen Mitglieder anwesend sind. Für einen Beschluss des Ausschusses ist die einfache Mehrheit der abgegebenen Stimmen erforderlich. Der Vorsitzende stimmt mit und gibt bei Stimmengleichheit mit seiner Stimme den Ausschlag. Stimmenthaltungen und Erklärungen, weder zuzustimmen noch abzulehnen, gelten als Ablehnung.

§ 10 Beiziehung von Sachverständigen und Auskunftspersonen

Der Beirat darf für die Dauer seiner Funktionsperiode oder im Einzelfall beschließen, seinen Sitzungen Bedienstete des Amtes der Landesregierung und sonstige Sachverständige und Auskunftspersonen mit beratender Stimme beizuziehen. Den beigezogenen Sachverständigen (Auskunftspersonen) – ausgenommen Bediensteten des Amtes der Landesregierung – ist für ihre Mühewaltung der entsprechende Ersatz zu gewähren.

§ 11 Schlussbestimmungen

(1) Diese Verordnung tritt mit dem der Kundmachung folgenden Monatsersten in Kraft.

(2) Mit dem Inkrafttreten dieser Verordnung tritt die Geschäftsordnung des Raumordnungsbeirates vom 19. Oktober 1999 außer Kraft.

9.10. Windkraftstandorträume-Verordnung

LGBl 2016/46

Inhaltsverzeichnis

§ 1 Zielbestimmung
§ 2 Geltungsbereich
§ 3 Begriffsbestimmung
§ 4 Standorträume
§ 5 Spezifische Standortvoraussetzungen
§ 6 Verweisungen
§ 7 Inkrafttreten

Gemäß § 3 Abs. 1 und 4 des Kärntner Raumordnungsgesetzes – K-ROG, LGBl. Nr. 76/1969, in der Fassung der Gesetze LGBl. Nr. 5/1990, 42/1994, 86/1996 und 136/2001 sowie der Kundmachungen LGBl. Nr. 60/1994 und 89/1994, wird verordnet:

§ 1 Zielbestimmung

Ziel dieser Verordnung ist es, die energetische Nutzung der Windpotenziale des Landes Kärnten unter weitgehender Erhaltung der Eigenart der Kärntner Landschaft und der Identität der Regionen des Landes zu ermöglichen.

§ 2 Geltungsbereich

Den Gegenstand dieser Verordnung bildet die raumordnungsfachliche Zulässigkeit der Errichtung von Windparks in Kärnten.

§ 3 Begriffsbestimmung

(1) Als Windpark im Sinne der Verordnung gelten drei oder mehr Windkraftanlagen nach Abs. 2 am selben Standortraum, ungeachtet dessen, ob diese Windkraftanlagen eine betriebsorganisatorische Einheit bilden.

(2) Windkraftanlagen im Sinn dieser Verordnung sind Anlagen zur Erzeugung elektrischer Energie aus Windkraft, ausgenommen kleine Windenergieanlagen gemäß ÖVE/ÖNORM EN 61400-2 (Windenergieanlagen Teil 2: Sicherheit kleiner Windenergieanlagen, Ausgabedatum: 01.04.2007).

(3) Der Dauersiedlungsraum im Sinne dieser Verordnung ist jener Anteil des Landes Kärnten, der für eine ganzjährige Besiedelung geeignet sowie wirtschaftlich und verkehrsmäßig genutzt ist. Almen, Fels, Ödland, Wald und Wasserflächen sind davon ausgeschlossen.

§ 4 Standorträume

(1) Als Standorträume für Windparks kommen jene Gebiete des Landes Kärnten in Betracht, in denen
  a) die Eigenart der Kärntner Landschaft und die Identität der Regionen des Landes durch die Errichtung großtechnischer Anlagen aufgrund spezifischer Sichtverhältnisse nicht oder nur in geringem Ausmaß verändert wird,
  b) auch im Fall von Kumulationswirkungen (bei windtechnischer Nutzung mehrerer Standorträume) keine erheblichen Auswirkungen auf die Landschaft sowie den Charakter der Landschaft zu erwarten sind,
  c) eine landschaftsgebundene Erholungsnutzung insbesondere in touristisch stark genutzten Räumen durch die Errichtung großtechnischer Anlagen nicht oder nur geringfügig beeinträchtigt werden kann,
  d) die Funktionsfähigkeit des Naturhaushaltes durch die Errichtung von Windkraftanlagen nur geringfügig beeinträchtigt wird,

e) bei Betrieb von Windparks keine unzumutbaren Belastungen für die Bewohner dauergenutzter Wohngebäude und Siedlungen zu erwarten sind,

f) die Trinkwasserversorgung der Bevölkerung im Unglücksfall nicht gefährdet oder nachhaltig beeinträchtigt werden kann,

g) keine Beeinträchtigung militärischer Einrichtungen oder der militärischen Luftraumüberwachung zu erwarten ist.

(2) Als Standorträume für Windparks kommen nicht in Betracht:

a) National- und Biosphärenparke,
b) Naturschutzgebiete,
c) Landschaftsschutzgebiete,
d) Naturparke,
e) Europaschutzgebiete,
f) Natura 2000-Gebiete,
g) ökologische Sonderstandorte, an denen die Errichtung oder der Betrieb von Windparks mit den Schutzzielen der FFH-Richtlinie oder der Vogelschutz-Richtlinie nicht im Einklang steht.

§ 5 Spezifische Standortvoraussetzungen

(1) Um die Auswirkungen von Windparks auf das Landschaftsbild und den Charakter der Kärntner Landschaft gering zu halten, gelten nach Maßgabe der Abs. 2 bis 6 nur jene Standorträume gemäß § 4 Abs. 1 als geeignet, bei denen eine geringe Sichtbarkeit der Anlagen sowohl für den Dauersiedlungsraum (§ 3 Abs. 3) als auch für den alpinen Raum gewährleistet ist. Die Größe der jeweils zulässigen Anlagen richtet sich dabei nach dem Grad der Einsehbarkeit der Standorträume. Als Berechnungsgrundlage für die Einsehbarkeit der Standorträume und davon abgeleitet der Festlegung von Standorttypen wird von einer Nabenhöhe von 80 m ausgegangen, unabhängig von der zur Errichtung zugelassenen Nabenhöhe. Die Frage der ökologischen Verträglichkeit entsprechender Standorte bleibt von den nachfolgenden Regelungen unberührt.

(2) Als Standorttyp 1 gelten jene Standorträume, bei denen folgende Sichtbarkeitsverhältnisse gegeben sind:
a) Maximale Sichtbarkeit aus dem Dauersiedlungsraum:
   - bei einem Radius bis 10 km eine Sichtbarkeit von maximal 7 km^2,
   - bei einem Radius bis 25 km eine Sichtbarkeit von maximal 20 km^2,
b) Maximale Gesamtsichtbarkeit:
   - bei einem Radius bis 25 km eine Sichtbarkeit von maximal 60 km^2.

Im Standortraum des Standorttyp 1 sind Windkraftanlagen (§ 3 Abs. 2) mit einer Nabenhöhe von mehr als 80 m zulässig, solange diese Grenzwerte der Sichtbarkeit nicht überschritten werden.

(3) Als Standorttyp 2 gelten jene Standorträume, bei denen folgende Sichtbarkeitsverhältnisse gegeben sind:
a) Maximale Sichtbarkeit aus dem Dauersiedlungsraum:
   - bei einem Radius bis 10 km eine Sichtbarkeit von maximal 10 km^2,
   - bei einem Radius bis 25 km eine Sichtbarkeit von maximal 40 km^2,
b) Maximale Gesamtsichtbarkeit:
   - bei einem Radius bis 25 km eine Sichtbarkeit von maximal 80 km^2.

Im Standortraum des Standorttyp 2 sind Windkraftanlagen (§ 3 Abs. 2) mit einer Nabenhöhe bis zu 80 m zulässig.

(4) Als Standorttyp 3 gelten jene Standorträume, bei denen folgende Sichtbarkeitsverhältnisse gegeben sind:
a) Maximale Sichtbarkeit aus dem Dauersiedlungsraum:
   - bei einem Radius bis 10 km eine Sichtbarkeit von maximal 13 km^2,
   - bei einem Radius bis 25 km eine Sichtbarkeit von maximal 60 km^2,
b) Maximale Gesamtsichtbarkeit:
   - bei einem Radius bis 25 km eine Sichtbarkeit von maximal 100 km^2.

Im Standortraum des Standorttyp 3 sind Windkraftanlagen (§ 3 Abs. 2) mit einer Nabenhöhe bis zu 60 m zulässig.

(5) Wenn in einem Standortraum durch einzelne Windkraftanlagen eines Windparks die Grenzwerte der Sichtbarkeit eines Standorttyps nach Abs. 2 bis Abs. 4 bei einem Radius überschritten werden, dann sind dennoch Windkraftanlagen mit Nabenhöhen des entsprechenden Standorttyps zulässig, wenn unter Berücksichtigung der geländespezifischen Gegebenheiten sowie der für den Raum innerhalb des betroffenen Radius angestrebten Bevölkerungs-, Siedlungs- und Wirtschaftsentwicklung in einem raumordnungsfachlichen Gutachten der Nachweis geführt wird, dass durch den Windpark eine unzumutbare Beeinträchtigung des Orts- und Landschaftsbildes nicht zu erwarten ist.

(6) Die Entfernung von Windparks zu ständig bewohnten Gebäuden und zu gewidmetem Bauland, das für dauergenutzte Wohngebäude bestimmt ist, muss mindestens 1500 m betragen. Eine Unterschreitung dieser Distanz ist dann zulässig, wenn aufgrund der geländespezifischen Gegebenheiten, zB durch die Abschirmungswirkung vorgelagerter Berge, unzumutbare Belastungen von ständig bewohnten Gebäuden nicht möglich und sicherheitstechnische Anforderungen im erforderlichen Ausmaß berücksichtigt sind.

§ 6 Verweisungen

Soweit in dieser Verordnung auf Richtlinien der Europäischen Union verwiesen wird, sind diese in der nachstehenden Fassung anzuwenden:
a) Richtlinie 2009/147/EG des Europäischen Parlaments und des Rates vom 30. November 2009 über die Erhaltung der wildlebenden Vogelarten, ABl. Nr. L 020 vom 26.01.2010, S 7, zuletzt in der Fassung der Richtlinie 2013/17/EU des Rates vom 13. Mai 2013, ABl. Nr. L 158 vom 10.06.2013, S 193 (Vogelschutz-Richtlinie);
b) Richtlinie 92/43/EWG des Rates vom 21. Mai 1992 zur Erhaltung der natürlichen Lebensräume sowie der wildlebenden Tiere und Pflanzen, ABl. Nr. L 206 vom 22.07.1992, S 7, zuletzt in der Fassung der Richtlinie 2013/17/EU des Rates vom 13. Mai 2013, ABl. Nr. L 158 vom 10.06.2013, S 193 (FFH-Richtlinie).

§ 7 Inkrafttreten

(1) Diese Verordnung tritt an dem ihrer Kundmachung folgenden Monatsersten in Kraft.

(2) Mit dem Inkrafttreten dieser Verordnung tritt die Verordnung der Kärntner Landesregierung vom 25. September 2012, Zl. 03-Ro-ALL-373/38-2012, LGBl. Nr. 100/2012 außer Kraft.

(3) Diese Verordnung ist spätestens nach Ablauf von drei Jahren nach dem Inkrafttreten im Hinblick auf die Zielsetzung des § 1 zu evaluieren.

9.11. Kärntner Photovoltaikanlagen-Verordnung

LGBl 2013/49

Inhaltsverzeichnis

§ 1 Zielbestimmung
§ 2 Anwendungsbereich
§ 3 Begriffsbestimmung
§ 4 Standorte
§ 5 Widmungsvoraussetzungen
§ 6 Verweisungen
§ 7 Inkrafttreten und Übergangsbestimmungen

Gemäß § 3 Abs. 1 und 4 des Kärntner Raumordnungsgesetzes – K-ROG, LGBl. Nr. 76/1969, in der Fassung der Gesetze LGBl. Nr. 5/1990, 42/1994, 86/1996 und 136/2001 sowie der Kundmachungen LGBl. Nr. 60/1994 und 89/1994 wird verordnet:

§ 1 Zielbestimmung

Ziel dieser Verordnung ist es, die Nutzung der Sonnenenergie zur Erzeugung von Elektrizität unter prioritärer Wahrung der Raumordnungsziele nach § 2 Abs. 1 Z 2 und 9 des Kärntner Raumordnungsgesetzes zu gewährleisten.

§ 2 Anwendungsbereich

(1) Diese Verordnung gilt für alle Photovoltaikanlagen, die die Voraussetzungen des § 3 erfüllen und im Land Kärnten errichtet werden.

(2) Abweichend von Abs. 1 gilt diese Verordnung nicht für Photovoltaikanlagen, die in Gebäude oder sonstige bauliche Anlagen baulich integriert oder an Gebäuden oder sonstigen baulichen Anlagen angebracht sind.

§ 3 Begriffsbestimmung

Als Photovoltaikanlagen im Sinne dieser Verordnung gelten – unbeschadet des § 2 Abs. 2 – Anlagen zur Erzeugung von Elektrizität aus Sonnenenergie mit einer Fläche von mehr als 40 m³, die über einen Netzanschluss im Sinn des § 3 Abs. 1 Z 48 des Kärntner Elektrizitätswirtschafts- und -organisationsgesetzes 2011 verfügen.

§ 4 Standorte

(1) Standorte für Photovoltaikanlagen (§ 2 Abs. 1) sind – unbeschadet der nach anderen landesgesetzlichen Bestimmungen erforderlichen Voraussetzungen – so zu wählen, dass keine von ihnen ausgehende erhebliche Umweltauswirkungen (§ 7 Abs. 2 lit. f Kärntner Umweltplanungsgesetz) zu erwarten sind. Insbesondere sollen

a) nachteilige Auswirkungen auf das Ortsbild, das Landschaftsbild und den Landschaftscharakter, auf die Standortsicherheit sowie auf die menschliche Gesundheit vermieden werden,

b) keine nachteiligen Auswirkungen auf die Verkehrssicherheit, wie etwa durch Blend- oder Spiegelungswirkungen, entstehen und

c) die Interessen des Denkmalschutzes, insbesondere des Ensembleschutzes, angemessen berücksichtigt werden.

(2) Zum Schutz der freien Landschaft sind Standorte für Photovoltaikanlagen (§ 2 Abs. 1) im Nahebereich von bestehenden, das Landschaftsbild bereits beeinflussenden Infrastrukturanlagen und sonstigen baulichen Anlagen vorzusehen.

(3) Als Standorte für Photovoltaikanlagen (§ 2 Abs. 1) kommen nicht in Betracht:

a) Kernzonen und Sonderschutzgebiete der Nationalparke sowie Naturzonen und Pflegezonen der Biosphärenparke;

b) Naturschutzgebiete;

c) Landschaftsschutzgebiete;

d) andere ökologische Sonderstandorte, an denen die Errichtung oder der Betrieb von Photovoltaikanlagen (§ 2 Abs. 1) mit den Schutzzielen insbesondere der FFH-Richtlinie oder der Vogelschutz-Richtlinie nicht im Einklang steht;

e) wichtige überörtliche Grünraumverbindungen.

(4) Standorte, die eine hohe Anfälligkeit für Massenbewegungen aufweisen, sowie Standorte, durch die der Wasserabfluss gestört werden kann, kommen für Photovoltaikanlagen nicht in Betracht.

§ 5 Widmungsvoraussetzungen

(1) Photovoltaikanlagen (§ 2 Abs. 1) dürfen nur auf Grundflächen errichtet werden, die im Flächenwidmungsplan als „Grünland – Photovoltaikanlage" gewidmet sind.

(2) Auf Grundflächen, die im Flächenwidmungsplan als Gewerbegebiet (§ 3 Abs. 7 Kärntner Gemeindeplanungsgesetz 1995) oder Industriegebiet (§ 3 Abs. 9 Kärntner Gemeindeplanungsgesetz 1995) gewidmet sind, dürfen Photovoltaikanlagen (§ 2 Abs. 1) errichtet werden, wenn sie mit einem Gewerbe- oder Industriebetrieb in einer betriebsorganisatorischen Einheit stehen.

§ 6 Verweisungen

(1) Soweit in dieser Verordnung auf Landesgesetze verwiesen wird, sind diese in der nachstehenden Fassung anzuwenden:
a) Kärntner Elektrizitätswirtschafts- und -organisationsgesetz 2011, LGBl. Nr. 10/2012;
b) Kärntner Gemeindeplanungsgesetz 1995, LGBl. Nr. 23, zuletzt in der Fassung LGBl. Nr. 88/2005;
c) Kärntner Raumordnungsgesetz, LGBl. Nr. 76/1969, zuletzt in der Fassung LGBl. Nr. 136/2001;
d) Kärntner Umweltplanungsgesetz, LGBl. Nr. 52/2004, zuletzt in der Fassung LGBl. Nr. 24/2007.

(2) Soweit in dieser Verordnung auf Richtlinien der Europäischen Union verwiesen wird, sind diese in der nachstehenden Fassung anzuwenden:
a) Richtlinie 79/409/EWG des Rates vom 2. April 1979 über die Erhaltung der wildlebenden Vogelarten, ABl. Nr. L 103 vom 24.4.1979, S 1, zuletzt in der Fassung der Richtlinie 2008/102/ EG des Europäischen Parlaments und des Rates vom 19. No-

vember 2008, ABl. Nr. L 323 vom 3.12.2008, S 31 (Vogelschutz-Richtlinie);
b) Richtlinie 92/43/EWG des Rates vom 21. Mai 1992 zur Erhaltung der natürlichen Lebensräume sowie der wildlebenden Tiere und Pflanzen, ABl. Nr. L 206 vom 27.7.1992, S 7, zuletzt in der Fassung der Richtlinie 2006/105/EG des Rates vom 20. November 2006, ABl. Nr. L 363 vom 20.12.2006, S 368 (FFH-Richtlinie).

§ 7 Inkrafttreten und Übergangsbestimmungen

(1) Diese Verordnung tritt an dem ihrer Kundmachung folgenden Monatsersten in Kraft.

(2) In geltenden Flächenwidmungsplänen festgelegte Widmungen als Grünland-Photovoltaikanlage bleiben von dieser Verordnung unberührt.

(3) Rechtmäßig bestehende Photovoltaikanlagen bleiben von dieser Verordnung unberührt.

(4) Diese Verordnung ist spätestens nach Ablauf von drei Jahren nach dem Inkrafttreten im Hinblick auf die energiewirtschaftliche Effektivität und die Auswirkungen auf die Eigenart der Kärntner Landschaft zu evaluieren.

10. Kärntner Gemeindeplanungsgesetz 1995 – K-GplG 1995

LGBl 1995/23, LGBl 1997/134, LGBl 2000/3, LGBl 2001/69, LGBl 2002/71, LGBl 2004/59, LGBl 2005/88, LGBl 2013/85, LGBl 2016/24

Inhaltsverzeichnis

I. Abschnitt
- § 1 Flächenwidmungsplan
- § 2 Örtliches Entwicklungskonzept
- § 3 Bauland
- § 4 Aufschließungsgebiete
- § 4a Verfahren zur Festlegung und zur Freigabe von Aufschließungsgebieten
- § 5 Grünland
- § 6 Verkehrsflächen
- § 7 Vorbehaltsflächen
- § 8 Sonderwidmung
- § 9 Verkaufsfläche
- § 9a Orts- und Stadtkerne
- § 10 Entwicklungsprogramm für Versorgungsinfrastruktur
- § 11 Ausnahmen
- § 12 Öffentliche Interessen
- § 13 Verfahren
- § 14 Kundmachung
- § 15 Änderung des Flächenwidmungsplanes
- § 16 Vereinfachtes Verfahren

§ 17 Bestandsgarantie von Widmungen
§ 18 Regelmäßige Überprüfung des Flächenwidmungsplanes
§ 19 Wirkung des Flächenwidmungsplanes
§ 19a Ausnahmen von der Wirkung des Flächenwidmungsplanes
§ 20 Rückwidmung
§ 21 Entschädigung
§ 22 Privatwirtschaftliche Maßnahmen
§ 23 Befristete Bausperre

II. Abschnitt
§ 24 Bebauungsplan
§ 25 Inhalt des Bebauungsplanes
§ 26 Verfahren
§ 27 Änderung des Bebauungsplanes
§ 28 [Anm: entfallen]
§ 29 [Anm: entfallen]
§ 30 [Anm: entfallen]
§ 31 [Anm: entfallen]

III. Abschnitt
§ 31a Integrierte Flächenwidmungs- und Bebauungsplanung
§ 31b Verfahren

IV. Abschnitt
§ 32 Eigener Wirkungsbereich
§ 33 Strafbestimmung
§ 34 Umsetzung von Gemeinschaftsrecht
§ 35 Verweise

ErlRV Verf-273/3/1994, 1 f (zum Gemeindeplanungsgesetz 1982 idF LGBl 1994/105):

„1. Rahmenbedingungen und Ziele der Neuregelung:
Die zentrale gesetzliche Grundlage der örtlichen Raumplanung in Kärnten bildet das Gemeindeplanungsgesetz 1982, LGBl. Nr. 51/1981, idF der Gesetze LGBl. Nr. 30/1990, 59/1992 und der Kundmachung LGBl. Nr. 79/1990, 33/1992. Beim Gemeindeplanungsgesetz 1982 handelt es sich nicht um eine Neuregelung auf dem Gebiet der örtlichen Raumplanung, sondern um die Wiederverlautbarung Gemeindeplanungsgesetz 1970, LGBl. Nr. 1/1970, idF der Gesetze LGBl. Nr. 57/1972, 8/1977, 78/1979 und 70/1981.

Die seit der erstmaligen umfassenden Regelung der örtlichen Raumplanung in Kärnten wiederholt vorgenommenen Änderungen des Gemeindeplanungsgesetzes 1982 vermögen an dem Umstand nichts zu ändern, daß die geltende Rechtslage zum Teil von bereits überholten ordnungs- und entwicklungspolitischen Zielvorstellungen für die Gestaltung des Gemeindegebietes ausgehen. Hinzu kommt noch, daß sich – vor allem in den letzten Jahren – räumliche Entwicklungen vollzogen haben, die vom Gesetzgeber in dieser Form nicht vorhergesehen werden konnten und denen mit dem bestehenden gemeindeplanungsrechtlichen Instrumentarium heute nicht mehr ausreichend begegnet werden kann. Darüberhinaus erfordern auch die bei der Vollziehung des Gemeindeplanungsrechtes durch mehr als zwei Jahrzehnte hindurch gewonnenen praktischen Erfahrungen und die auch im Bereich der örtlichen Raumordnung zu berücksichtigenden veränderten Rahmenbedingungen und Wertprioritäten in verschiedener Hinsicht ein Abgehen von bisherigen Positionen und Schwerpunktsetzungen und die Bereitstellung neuer raumordnungsrechtlicher Instrumente:

a) Was die Rahmenbedingungen der Raumordnung betrifft, ist zunächst darauf hinzuweisen, daß sich in der jüngeren Vergangenheit wesentliche Veränderungen sowohl auf gesamteuropäischer Ebene als auch in unmittelbarer Nachbarschaft Kärntens ergeben haben bzw. solche unmittelbar bevorstehen: Im gegebenen Zusammenhang ist einerseits an die Verwirklichung des EG-Binnenmarktes, an die Schaffung des Europäischen Wirtschaftsraumes sowie an den bevorstehenden EU-Beitritt Österreichs zu denken. Anderseits befinden sich aber auch die Wirtschafts- und Gesellschaftssysteme in Ost- und Südosteuropa in einem tiefgreifenden Umbruch, mit der Schaffung der Republik Slowenien entstand unmittelbar an der Grenze zu Kärnten ein neuer Nachbarstaat. Die aufgezeigten Entwicklungen werden zweifellos Vorteile mit sich bringen und dazu führen, daß das Land Kärnten seine Rolle als (in gewissem Sinne isolierte) Region am Rande des Wirtschafts- und Gesellschaftsraumes verlieren wird und sich neue Möglichkeiten insbesondere auch für erweiterte grenzüberschreitende Wirtschaftsbeziehungen eröffnen werden. Allerdings sind auch Belastungen durch erhöhtes Verkehrsaufkommen, geänderte Bedingungen für den Agrarmarkt, sich verschärfenden Konkurrenzverhältnisse, verstärkten Druck auf den Freizeitwohnungsmarkt usw. zu erwarten.

Die Vorteile und Belastungen werden regional sehr unterschiedlich ausgeprägt auftreten und sowohl an die überörtliche Raumordnung (und Regionalpolitik) als auch an die örtliche Raumplanung größere Anforderungen als bisher stellen. Die Bewältigung jener Anforderungen, die sich aus den geänderten Rahmenbedingungen ergeben, erfordert daher nicht nur auf Landesebene, sondern in besonderem Maße auch auf Ebene der Gemeinden geänderte Strategien der räumlichen Ordnungs- und Entwicklungspolitik und neue gemeindeplanungsrechtliche Instrumente.

b) Neben den internationalen Rahmenbedingungen haben sich in der jüngeren Vergangenheit aber auch die Wertmaßstäbe für das staatliche Handeln überhaupt wesentlich geändert:

aa) Im gegeben Zusammenhang ist zunächst auf das Bundesverfassungsgesetz vom 27. November 1984 über den umfassenden Umweltschutz, BGBl. Nr. 491 (B-VG-Umweltschutz), zu verweisen, zufolge dessen § 1 Abs. 1 sich die Republik Österreich (Bund, Länder und Gemeinden) zum Staatsziel des umfassenden Umweltschutz bekennt. Gemäß Abs. 2 leg. cit. ist unter umfassendem Umweltschutz die Bewahrung der natürlichen Umwelt als Lebensgrundlage der Menschen vor schädlichen Einwirkungen zu verstehen.

bb) Ein ähnliches Bekenntnis zum Umweltschutz enthält auch das Kärntner Landesverfassungsgesetz vom 13. Mai 1986 über die Grundsätze des Umweltschutzes in Kärnten (Kärntner Umwelt-Verfassungsgesetz), LGBl. Nr. 42 [Anm: Art 7a K-LVG idgF]. Nach dessen § 1 Abs. 1 haben das Land und die Gemeinden durch Schutz und Pflege der Umwelt die Lebensbedingungen für die gegenwärtigen und künftigen Generationen in Kärnten zu sichern. Das Land und die Gemeinden

haben nach § 2 leg. cit. im Rahmen ihres jeweiligen Wirkungsbereiches (unter anderem)
- die natürliche Lebensgrundlage Boden zu schützen und sparsam und pfleglich zu nutzen (Z. 1),
- die Leistungsfähigkeit der natürlichen Umwelt zu erhalten und eingetretene Schäden möglichst zu beheben oder durch ökologisch sinnvolle Pflegemaßnahmen zu mindern (Z. 2),
- die Eigenart und die Schönheit der Kärntner Landschaft, die charakteristischen Landschafts- und Ortsbilder sowie die Naturdenkmale und Kulturgüter Kärntens zu bewahren (Z. 4) und
- Grund und Boden sparsam und schonend zu nutzen, eine Zersiedelung zu vermeiden und Verkehrswege umweltgerecht zu planen und herzustellen (Z. 5).

Neben diesen skizzierten Zielen und Maßnahmen des Umweltschutzes legt das Kärntner Umwelt-Verfassungsgesetz in seinem § 3 ausdrücklich fest, daß (unter anderem) Landesgesetze mit den Grundsätzen und Zielen dieses Landesverfassungsgesetzes im Einklang stehen müssen.

cc) Sowohl das B-VG-Umweltschutz als auch das Kärntner Umwelt-Verfassungsgesetz stellen sogenannte „Staatszielbestimmungen" dar, also Grundsätze und allgemein gefaßte Richtlinien für das gesamte staatliche Handeln. Neben ihrer politischen Bedeutung als Ausdruck der Einigung maßgeblicher Gruppen im Staat über ein bestimmtes Ziel des staatlichen Handelns beinhalten Staatszielbestimmungen aber auch Gebote für den (jeweils zuständigen) Gesetzgeber, entsprechende Mechanismen zur Erreichung der verfassungsrechtlich postulierten Ziele zu schaffen. Ein wesentliches Anliegen des vorliegenden Gesetzesentwurfes besteht nun darin, im Bereich des Raumordnungsrechtes in verstärktem Maße den Zielsetzungen des (verfassungsrechtlich vorgeprägten) Umweltschutzes gerecht zu werden und ökologische Erfordernisse bei der planmäßigen Gestaltung des Landesraumes in stärkerem Maße als bisher zu berücksichtigen.

c) Die wesentlichen Problembereiche der (örtlichen) Raumplanung auf Gemeindeebene in Kärnten lassen sich schlagwortartig folgendermaßen zusammenfassen:
- Überalterung der bestehenden Flächenwidmungspläne
- häufige (anlaßfallbezogene) Änderung von Flächenwidmungen

- zahlreiche Konflikte zwischen verschiedenen Raumnutzungen
- große (aber nicht verfügbare) Baulandreserven
- fehlende Baulandmobilität (Baulandhortung)
- steigende Baulandpreise
- verstärkte Tendenz zur Errichtung von Freizeitwohnsitzen
- Zersiedelung der Landschaft
- steigende Infrastrukturkosten für die Gemeinden
- (mitunter) fehlendes raumgestalterisches Bewußtsein in den gemeindlichen Entscheidungsgremien.

Die aufgezeigten Problembereiche können mit dem Instrumentarium, das das geltende Gemeindeplanungsrecht zur Verfügung stellt, nicht (mehr) zufriedenstellend bewältigt werden. Um die – gerade in der jüngeren Vergangenheit – wesentlich geänderten wirtschaftlichen, kulturellen, sozialen und – neuerdings auch verstärkt – ökologischen Zielvorstellungen für die planvolle Nutzung und Gestaltung des Raumes in die Praxis umsetzen zu können, bedarf es neuer Mechanismen, Strategien und Instrumente.

Ein besonderes Problem, das auf dem Boden der geltenden Rechtslage kaum zu bewältigen ist, stellt beispielsweise der Umstand dar, daß in den Flächenwidmungsplänen der Gemeinden in großem Umfang Baulandflächen ausgewiesen sind, diese jedoch weder durch den Grundeigentümer selbst einer Bebauung zugeführt noch Dritten hiefür zur Verfügung gestellt werden. Dies führt einerseits dazu, daß immer neue Grundflächen als Bauland ausgewiesen werden müssen, um den bestehenden Bedarf befriedigen zu können. Andererseits verlagert sich die Siedlungsentwicklung von bestehenden Siedlungskernen weg, was in weiterer Folge dazu führt, daß in immer stärkerem Ausmaß Flächen in Anspruch genommen werden (müssen), die für eine Bebauung nicht besonders geeignet sind. Dadurch wird einerseits einer – nicht nur aus raumordnungspolitischer Sicht – unerwünschten Zersiedelung der Landschaft Vorschub geleistet, andererseits bringt diese Entwicklung aber auch hohe Infrastrukturkosten für die Allgemeinheit und eine Vielzahl von Konflikten zwischen verschiedenen Nutzungsansprüchen an den Raum mit sich. Auch die in der jüngeren Vergangenheit verstärkt bemerkbare Tendenz zur Errichtung von Freizeitwohnsitzen in dezentralen Lagen führt zu einer fortschreitenden Zersiedelung der Landschaft. Gerade im Hinblick auf die bereits erfolgte Schaffung des

Europäischen Wirtschaftsraumes und den bevorstehenden EU-Beitritt und die damit jeweils verbundenen erleichterten Grunderwerbsmöglichkeiten für Ausländer ist in nächster Zukunft noch mit einer zusätzlichen Verschärfung dieser Problematik zu rechnen.

Diesen aufgezeigten negativen Entwicklungen entgegenzuwirken, ist eine wesentliche Intention des vorliegenden Gesetzesentwurfes.

d) Ausgehend von den geänderten (inneren und äußeren) Rahmenbedingungen und Wertprioritäten sowie von den skizzierten Problembereichen der (örtlichen) Raumplanung in Kärnten können die mit dem vorliegenden Gesetzesentwurf verfolgten Ziele schlagwortartig folgendermaßen dargestellt werden:

- verstärkte Berücksichtigung ökologischer Gesichtspunkte bei der Gestaltung des Gemeindegebietes
- Sicherung und Verbesserung der räumlichen Voraussetzungen für eine leistungsfähige Wirtschaft
- Verbesserung der Standortplanung für unterschiedliche Raumnutzungen unter weitestgehender Vermeidung gegenseitiger Beeinträchtigungen
- sparsame Verwendung von Grund und Boden
- Begrenzung und räumliche Verdichtung der Bebauung und Eindämmung einer weiteren Zersiedelung der Landschaft
- Schaffung des neuen Planungsinstruments „örtliches Entwicklungskonzept" auf Gemeindeebene
- Sicherstellung der künftigen Finanzierbarkeit der Infrastrukturkosten durch Verringerung des Baulandüberhangs
- Orientierung des Ausmaßes des unbebauten Baulandes am abschätzbaren Baulandbedarf in der Gemeinde innerhalb von zehn Jahren
- Sicherstellung geeigneter Grundflächen für den sozialen Wohnbau
- Förderung der Ziele der örtlichen Raumplanung durch privatwirtschaftliche Maßnahmen
- Schaffung von Mechanismen gegen den Ausverkauf von Grund und Boden durch restriktive Regelung der Errichtung von Freizeitwohnsitzen
- Bestandsgarantie von Widmungen

- Verpflichtung zur Entschädigung gewisser vermögensrechtlicher Nachteile bei Rückwidmung von Bauland in Grünland
- Vereinfachung der administrativen Abläufe, insbesondere Absehen von der Genehmigungspflicht bei Änderungen des Flächenwidmungspladnes [Anm: Flächenwidmungsplanes] im vereinfachten Verfahren.

2. EG-Konformität der Regelungen:

Ungeachtet des Umstandes, daß in den Gründungsverträgen der Europäischen Gemeinschaften keine Zuständigkeiten auf dem Gebiet der Raumordnung ausdrücklich begründet sind (vgl. in diesem Zusammenhang insbesondere die Anfragebeantwortung der Kommission ABl. 1983, Nr. C 100, S. 10; ABl. 1983, NR. C 58, S. 59 [Anm: S. 9]), werden in der Praxis von den Europäischen Instanzen auf einigen raumordnungsbezogenen Gebieten Befugnisse in der Praxis dennoch ausgeübt. Dies gilt insbesondere für die gemeinschaftliche Regionalpolitik, die seit der Einheitlichen Europäischen Akte eine spezielle Rechtsgrundlage in den Art. 130a – 130e gefunden hat (vgl. dazu näher Humer/Schweitzer [Anm: Hummer/Schweitzer], Raumordnung und Bodenrecht in Europa, Wien 1992, S. 307 f.).

Auch wenn derzeit noch keine spezifischen, die Raumordnung in den Mitgliedstaaten regelnden EG-Rechtsakte bestehen, ist in näherer Zukunft eine intensive Befassung der Gemeinschaftsorgane mit diesem Sachbereich zu erwarten. In diese Richtung weist insbesondere der Bericht des Ausschusses für Regionalpolitik, Raumordnung und Beziehungen zu den regionalen und lokalen Gebietskörperschaften des Europäischen Parlaments betreffend die „Raumordnungspolitik der Gemeinschaft – Europa 2000" aus dem Juli 1992, in dem die Notwendigkeit betont wird, Rechtgrundlagen zu schaffen, „die es ermöglichen, daß die Gemeinschaft in Zukunft koordinierend gesamteuropäische Entwicklungslinien entwirft" und auf diese Weise „Mitverantwortung für die Raumordnung in den Mitgliedsstaaten übernimmt".

Da derzeit jedoch verbindliche EG-Rechtsakte für den Kernbereich der Raumordnung (noch) nicht bestehen, ist die diesbezügliche innerstaatliche Gestaltungsfreiheit durch supranationale Rechtsvorschriften nicht beschränkt."

ErlRV Verf-579/15/1997, 1 f (zu LGBl 1997/134):

„I. Allgemeiner Teil

1. Allgemeine Zielsetzungen und Rahmenbedingungen des Gesetzesentwurfes:

a) Die zentrale gesetzliche Grundlage der örtlichen Raumplanung in Kärnten bildet das Gemeindeplanungsgesetz 1995, LGBl. Nr. 23/1995. Mit der Novelle LGBl. Nr. 105/1994 zum Gemeindeplanungsgesetz 1982 erfolgte eine grundlegende Anpassung der Rechtsgrundlagen für die örtliche Raumplanung in Kärnten an die geänderten ordnungs- und entwicklungspolitischen Zielvorstellungen für die planerische Gestaltung der Gemeinden. Überdies wurden im Zuge dieser Novelle neue gemeindeplanungsrechtliche Instrumente geschaffen, da die zentralen Problemstellungen der örtlichen Raumplanung in Kärnten mit dem (damals) bestehenden gemeindeplanungsrechtlichen Instrumentarium nicht (mehr) bewältigt werden konnten.

Aber auch die internationalen Rahmenbedingungen hatten sich grundlegend geändert: Zu denken ist dabei zunächst an die Schaffung des Europäischen Wirtschaftsraumes, den Beitritt Österreichs zur Europäischen Union und den tiefgreifenden Wandel der Wirtschafts- und Gesellschaftssysteme in Ost- und Südosteuropa. Die wesentlichsten Zielsetzungen der grundlegenden Überarbeitung der zentralen Rechtsgrundlagen der örtlichen Raumplanung in Kärnten durch die Novelle LGBl. Nr. 105/1994 können schlagwortartig folgendermaßen skizziert werden:

- Schaffung des neuen Planungsinstrumentes „örtliches Entwicklungskonzept";
- Verbesserung der Standortplanung für unterschiedliche Raumnutzungen unter weitestgehender Vermeidung gegenseitiger Beeinträchtigungen;
- Sicherung und Verbesserung der räumlichen Voraussetzungen für eine leistungsfähige Wirtschaft;
- Begrenzung und räumliche Verdichtung der Bebauung und Eindämmung einer weiteren Zersiedelung der Landschaft;
- Schaffung von Mechanismen gegen den Ausverkauf von Grund und Boden durch eine restriktivere Regelung der Errichtung von Freizeitwohnsitzen;

- Schaffung des neuen Planungsinstrumentes der sogenannten „Raumordnungsverträge";
- Vereinfachung der administrativen Abläufe, insbesondere Absehen von der Genehmigungspflicht bei der Änderung des Flächenwidmungsplanes im vereinfachten Verfahren.

b) Die praktischen Erfahrungen mit den durch die Novelle LGBl. Nr. 105/1994 geschaffenen Neuregelungen im Bereich der örtlichen Raumplanung sind durchaus positiv. Dessen ungeachtet sollen mit dem vorliegenden Gesetzesentwurf im Rahmen des (neugeschaffenen) gemeindeplanungsrechtlichen Regimes einzelne Anpassungen vorgenommen werden, um einerseits In der Vollziehung aufgetretene Unklarheiten zu bereinigen und um andererseits den Fortentwicklungen der höchstgerichtlichen Rechtsprechung sowie der Landesrechtsordnung in anderen Bereichen Rechnung zu tragen: Was die Fortentwicklung der Rechtsprechung anbelangt, darf insbesondere auf die folgenden Ausführungen hinsichtlich der Neuregelung der Voraussetzungen für die Festlegung und Freigabe von Aufschließungsgebieten verwiesen werden. Hinsichtlich der Änderung der Landesrechtsordnung in anderen Bereichen ist insbesondere an die Novelle LGBl. Nr. 44/1998 zur Kärntner Bauordnung 1992 zu denken (die Kärntner Bauordnung wurde in der Folge als „Kärntner Bauordnung 1996", LGBl. Nr. 82/1996, wiederverlautbart): Das zentrale Anliegen der grundlegenden Überarbeitung der baurechtlichen Rechtsgrundlagen bestand in einer umfassenden Deregulierung des baurechtlichen Regimes. Mit dem vorliegenden Gesetzesentwurf soll nunmehr – dieselbe Intention verfolgend – ein gleichartiger legistischer Schritt auch im Bereich des Gemeindeplanungsrechtes gesetzt werden.

c) Schlagwortartig können die allgemeinen Zielsetzungen des vorliegenden Gesetzesentwurfes folgendermaßen skizziert werden:
- Vereinfachung der Verfahrensbestimmungen zur Erstellung bzw. Erlassung und Änderung des örtlichen Entwicklungskonzeptes, des Flächenwidmungsplanes und des Bebauungsplanes;
- Beschleunigung dieser Verfahren;
- Verringerung des administrativen Verwaltungsaufwandes auf Gemeinde- und Landesebene;
- Einführung des obligatorischen Vorprüfungsverfahrens für die Änderung des Flächenwidmungsplanes;

- Ausbau des Instrumentes des „vereinfachten Verfahrens" zur Änderung des Flächenwidmungsplanes;
- Ausbau des Instrumentes der sogenannten „Raumordnungsverträge";
- Lockerung der Verpflichtung zur Erfassung von Teilbebauungsplänen;
- Einführung der „integrierten Flächenwidmungs- und Bebauungsplanung";
- Stärkung der kommunalen Autonomie im Bereich der örtlichen Raumplanung.

2. Zu den einzelnen Zielsetzungen des Gesetzesentwurfes:

[...]

d) Sonstige Anpassungen und Ergänzungen

Überdies enthält der vorliegende Gesetzesentwurf – wie bereits ausgeführt – eine Reihe von Anpassungen, Änderungen und Ergänzungen des Gemeindeplanungsgesetzes1995, die jenen Erfahrungen Rechnungen tragen sollen, die seit dem Inkrafttreten der Novelle LGBl. Nr. 105/1994 bei der Vollziehung des durch diese Novelle neugeschaffenen gemeindeplanungsrechtlichen Regimes gewonnen worden sind.

II. EG-Konformität der Regelungen

Ungeachtet des Umstandes, daß in den Gründungsverträgen der Europäischen Gemeinschaften keine Zuständigkeiten auf dem Gebiet der Raumordnung ausdrücklich begründet sind (vgl. in diesem Zusammenhang insbesondere die Anfragebeantwortungen der Kommission ABl. 1983, Nr. C 100, S 10; ABl. 1983, Nr. C 58, S 59), werden in der Praxis von den Europäischen Instanzen auf einigen raumordnungsbezogenen Gebieten Befugnisse dennoch in Anspruch genommen. Dies gilt insbesondere für die gemeinschaftliche Regionalpolitik, die seit der Einheitlichen Europäischen Akte eine spezielle Rechtsgrundlage in den Art. 130a bis 130e EWG-V gefunden hat (vgl. dazu: Humer/Schweitzer [Anm: Hummer/Schweitzer], Raumordnung und Bodenrecht in Europa, Wien 1992, S 307 f.).

Auch wenn derzeit noch keine spezifischen, die Raumordnung in den Mitgliedstaaten regelnden EG-Rechtsakte bestehen, ist doch in näherer Zukunft eine intensive Befassung der Gemeinschaftsorgane mit diesem Sachbereich zu erwarten. In diese Richtung weist insbesondere der Bericht des Ausschusses für Regionalpolitik, Raumordnung und Beziehungen zu regionalen und lokalen Gebietskörperschaften des Europäischen Parlaments betreffend die „Raumordnungspolitik der Gemeinschaft-Europa 2000" (1992), in dem die Notwendigkeit betont wird, Rechtsgrundlagen zu schaffen, „die es ermöglichen, daß die Gemeinschaft in Zukunft koordinierend gesamteuropäische Entwicklungslinien entwirft" und auf diese Weise „Mitverantwortung für die Raumordnung in den Mitgliedsstaaten übernimmt".

Da derzeit jedoch verbindliche EG-Rechtsakte für den Kernbereich der Raumordnung (noch) nicht bestehen, ist die diesbezügliche innerstaatliche Gestaltungsfreiheit durch supranationale Rechtsvorschriften nicht beschränkt."

ErlRV -2V-LG-58/74-2001, 1 f (zu LGBl 2001/69):

„I. Allgemeiner Teil

1. Normative Rahmenbedingungen und Zielsetzungen des Gesetzesentwurfes:

a) Die zentrale gesetzliche Grundlage der örtlichen Raumplanung in Kärnten bildet das Gemeindeplanungsgesetz 1995, LGBl. Nr. 23. Mit der Novelle LGBl. Nr. 134/1997 zum Gemeindeplanungsgesetz 1995 erfolgte eine grundlegende Anpassung der maßgeblichen Rechtsgrundlagen für die örtliche Raumplanung in Kärnten an die geänderten ordnungs- und entwicklungspolitischen Zielsetzungen für die planerische Gestaltung der Gemeinden sowie an die sich aus der jüngeren Rechtsprechung der Höchstgerichte öffentlichen Rechts ergebenden Vorgaben.

b) Die praktischen Erfahrungen mit den durch die Novelle LGBl. Nr. 134/1997 zum Gemeindeplanungsgesetz 1995 geschaffenen Neuregelungen im Bereich der örtlichen Raumplanung sind als durchaus positiv zu bewerten, Hervorzuheben sind im gegebenen Zusammenhang insbesondere

– die weitgehend erreichte Vereinfachung der Verfahrensbestimmungen zur Erstellung bzw. Erlassung und Änderung des Örtlichen Entwicklungskonzeptes, des Flächenwidmungsplanes sowie des Bebauungsplanes,

- die dadurch bewirkte Beschleunigung der Verfahren nach dem Gemeindeplanungsgesetz 1995 und

- die ebenfalls dadurch bewirkte Verringerung des administrativen Verwaltungsaufwandes auf Gemeinden- und Landesebene.

c) Mit dem vorliegenden Gesetzesentwurf soll nunmehr den sich aus der Richtlinie 86/82/EG des Rates vom 9. Dezember 1996 zur Beherrschung der Gefahren bei schweren Unfällen mit gefährlichen Stoffen, ABl. Nr. L 10 vom 14. Jänner 1997 (im Folgenden: Seveso II-Richtlinie), ergebenden Vorgaben Rechnung getragen werden (siehe dazu näher die Ausführungen unter Pkt. II. der Erläuterungen). Überdies ist beabsichtigt, mit dem vorliegenden Gesetzentwurf Unklarheiten der Regelungen des Gemeindeplanungsgesetzes 1995 hinsichtlich der Bebauungsplanung zu bereinigen. Schließlich bezweckt der vorliegende Gesetzentwurf die Schaffung der gesetzlichen Grundlagen für die Festlegung von „Vorranggebieten für den Fremdenverkehr" im Rahmen des örtlichen Entwicklungskonzeptes sowie die Umstellung von Schillingbeträgen auf Eurobeträge im Gemeindeplanungsgesetz 1995.

d) Die Regelungen des Art. I Z 4, 5, 7, 9, 12 und 14 bis 18 des vorliegenden Gesetzesentwurfes bildeten bereits im Jänner 2000 den Gegenstand eines Begutachtungsentwurfes; die Ergebnisse dieses Begutachtungsverfahrens sind in der vorliegenden Fassung des Gesetzentwurfes bereits berücksichtigt.

[...]

Zu Z 1 (Titel):

Im Interesse der Einheitlichkeit wird im Titel des Gesetzes der Kurzbezeichnung „Gemeindeplanungsgesetz 1995" das Wort „Kärntner" vorangestellt."

ErlRV -2V-LG-544/34-2002, 1 f (zu LGBl 2002/71):

„I. Allgemeiner Teil

Normative Rahmenbedingungen und Zielsetzungen des Gesetzesentwurfes:

a) Die zentrale gesetzliche Grundlage der örtlichen Raumplanung in Kärnten bildet das Kärntner Gemeindeplanungsgesetz 1995, LGBl. Nr. 23. Seit der Wiederverlautbarung dieses Landesgesetzes im Jahr 1995 wurde diese Rechtsvorschrift bereits zweimal novelliert:

Mit der Novelle LGBl. Nr. 134/1997 zum Kärntner Gemeindeplanungsgesetz 1995 erfolgte eine grundlegende Anpassung der maßgeblichen Rechtsgrundlagen für die örtliche Raumplanung in Kärnten an die geänderten ordnungs- und entwicklungspolitischen Zielsetzungen für die planerische Gestaltung der Gemeinden sowie an die sich aus der jüngeren Rechtsprechung der Höchstgerichte öffentlichen Rechts ergebenden Vorgaben. Die Schwerpunkte dieser Novelle betrafen

– die Vereinfachung der Verfahrensbestimmungen zur Erstellung bzw. Erlassung und Änderung des örtlichen Entwicklungskonzeptes, des Flächenwidmungsplanes sowie des Bebauungsplanes,

– die Beschleunigung der Verfahren nach dem Kärntner Gemeindeplanungsgesetz 1995 und

– die Verringerung des administrativen Verwaltungsaufwandes auf Gemeinde- und Landesebene.

Mit der Novelle LGBl. Nr. 69/2001 zum Kärntner Gemeindeplanungsgesetz 1995 wurde den sich aus der Richtlinie 86/82/EG des Rates vom 9. Dezember 1996 zur Beherrschung der Gefahren bei schweren Unfällen mit gefährlichen Stoffen, ABl. Nr. L 10 vom 14. Jänner 1997, ergebenden Vorgaben Rechnung getragen; überdies wurden Unklarheiten der Regelungen des Gemeindeplanungsgesetzes 1995 hinsichtlich der Bebauungsplanung bereinigt. Schließlich bezweckte die in Rede stehende Novelle die Schaffung der gesetzlichen Grundlagen für die Festlegung von „Vorranggebieten für den Fremdenverkehr" im Rahmen des örtlichen Entwicklungskonzeptes.

b) Die allgemeinen Zielsetzungen und Regelungsschwerpunkte des vorliegenden Gesetzesentwurfes können folgendermaßen skizziert werden:

aa) Im Rahmen der gegenwärtigen Diskussion über einen „schlanken Staat" sowie über die (grundlegende) „Reform der Bundes-, Landes- und Gemeindeverwaltung" wird immer wieder auch das stete Anwachsen des Rechtsbestandes beklagt; wenn im gegebenen Zusammenhang die Schlagworte der „Gesetzesflut" oder der „Überreglementierung" fallen, wird als Gegenstrategie zumeist eine „Deregulierung des Rechtsbestandes" gefordert. „Deregulierung" wird dabei als Sammelbegriff für „Entstaatlichung", „Aufgabenkritik" sowie „Rechts- und Verwaltungsvereinfachung" verstanden. Die (grundsätzliche) Kritik der „Überreglementierung" betrifft (auch) das Gemeindeplanungsgesetz

1995; im Hinblick darauf sollen mit dem vorliegenden Gesetzesentwurf aus heutiger Sicht nicht mehr unbedingt erforderliche Regelungen und Instrumente der örtlichen Raumplanung (ersatzlos) beseitigt werden, um solcherart einen Beitrag zur Deregulierung zu leisten. Dem Deregulierungsanliegen trägt der Gesetzesentwurf in folgender Hinsicht Rechnung:

- Ersatzloser Entfall des § 8 Abs. 5 und Abs. 6 (Art. I 2 3);
- Überarbeitung des Kataloges der im Flächenwidmungsplan ersichtlich zu machenden Flächen (Art. I Z 8 und Z 9)
- Ausbau des „vereinfachten Verfahrens" zur Änderung des Flächenwidmungsplanes (Art. I Z 11);
- Verlängerung des Planungshorizontes für die Überarbeitung des Flächenwidmungsplanes (Art. I Z 12);
- ersatzlose Aufhebung des Planungsinstrumentes des „Straßenplanes" (Art. I Z 17).

bb) Ein weiteres Anliegen, das mit dem vorliegenden Gesetzesentwurf verfolgt wird, betrifft die Änderung des derzeit geltenden „Einkaufszentren-Regimes": Die Einkaufszentren-Regelungen des Kärntner Gemeindeplanungsgesetzes 1995 (in Verbindung mit dem Entwicklungsprogramm „Versorgungsinfrastruktur") erweisen sich nämlich insofern als unbefriedigend, als die grundsätzliche Attraktivität von Orts- und Stadtkernen nicht (mehr) in der Lage ist, die infrastrukturellen (Kosten-)Vorteile eines Einkaufszentren-Standortes auf der „grünen Wiese" auszugleichen. Unter Berücksichtigung der unterschiedlichen Bodenpreise und Errichtungskosten für Einkaufszentren in innerstädtischen Lagen einerseits und in peripheren Lagen andererseits führen diese wirtschaftlichen Rahmenbedingungen dazu, dass in immer stärker werdendem Ausmaß attraktive Geschäftsbereiche aus den Orts- und Stadtkernen in periphere Lagen abwandern. Diese Entwicklung lässt es erforderlich erscheinen, durch Änderungen der normativen Rahmenbedingungen für die Errichtung von Einkaufszentren im Kärntner Gemeindeplanungsgesetz 1995 eine Gegensteuerung zu initiieren (siehe dazu im Einzelnen die Ausführungen im Besonderen Teil der Erläuterungen).

cc) Schließlich soll mit dem vorliegenden Gesetzesentwurf das „integrierte Flächenwidmungs- und Bebauungsplanungsverfahren" nach den §§ 31a und 31b des Kärntner Gemeindeplanungsgesetzes 1995 ausgebaut werden: Mit der Novelle LGBl. Nr. 134/1997 wurde dieses (integrierte) Planungsverfahren, in dessen Rahmen sowohl die Flächenwidmungsplanung als auch die Bebauungsplanung unter einem durchgeführt werden, (neu) geschaffen. Die praktischen Erfahrungen mit diesem – bisher bloß fakultativen – Planungsinstrument waren derart positiv, dass nunmehr mit dem vorliegenden Gesetzesentwurf für zusammenhängende Grundflächen von mehr als 10 000 m² eine integrierte Flächenwidmungs- und Bebauungsplanung obligatorisch vorgesehen werden soll (siehe dazu näher die Ausführungen im Besonderen Teil der Erläuterungen).

II. EG-Konformität der Regelungen

Ungeachtet des Umstandes, dass in den Gründungsverträgen der Europäischen Gemeinschaften keine Zuständigkeiten auf dem Gebiet der Raumordnung ausdrücklich begründet sind (vgl. in diesem Zusammenhang insbesondere die Anfragebeantwortungen der Kommission ABl. 1983 Nr. C 100, S 10; ABl. 1983 Nr. C 58, S 59), werden in der Praxis von den Europäischen Instanzen auf einigen raumordnungsbezogenen Gebieten Befugnisse dennoch in Anspruch genommen; dies gilt etwa für die gemeinschaftliche Regional- und Umweltpolitik sowie für den Bereich der Verhütung schwerer (Industrie-)Unfälle.

Um den sich aus gemeinschaftsrechtlichen Rechtsakten (insbesondere aus den Richtlinien 86/82/EG des Rates vom 9. Dezember 1996 zur Beherrschung der Gefahren bei schweren Unfällen mit gefährlichen Stoffen) ergebenden Planungsvorgaben im Rahmen der örtlichen Raumplanung Rechnung zu tragen, begründet der vorliegende Gesetzesentwurf eine ausdrückliche Verpflichtung, „Standorte und Gefahrenbereiche von Betrieben im Sinne der Richtlinie 86/82/EG des Rates vom 9. Dezember 1996 zur Beherrschung der Gefahren bei schweren Unfällen mit gefährlichen Stoffen" im Flächenwidmungsplan ersichtlich zu machen.

Abgesehen von diesen Regelungen, die der (innerstaatlichen) Umsetzung gemeinschaftsrechtlicher Verpflichtungen dienen, begegnen den sonstigen Regelungen des vorliegenden Gesetzesentwurfes keine Bedenken hinsichtlich der EG-Konformität."

ErlRV -2V-LG-920/15-2005, 1 (zu LGBl 88/2005):

„I. Allgemeiner Teil

Die Richtlinie 2002/49/EG des Europäischen Parlaments und des Rates vom 25. Juni 2002 über die Bewertung und Bekämpfung von Umgebungslärm (Umgebungslärmrichtlinie) sieht mit dem Ziel des Lärmschutzes im Groben die Ausarbeitung von strategischen Lärmkarten und Aktionsplänen als auch eine akustische Planung vor. Zur Umsetzung der in der Richtlinie vorgesehenen akustischen Planung ist eine Novelle des Kärntner Gemeindeplanungsgesetzes erforderlich (vgl. Art. 3 lit. u und Anhang V Z 2 der oa. Richtlinie). Als Maßnahme der akustischen Planung ist im Entwurf einer Novelle des Kärntner Gemeindeplanungsgesetzes vorgesehen, dass bei Erlassung eines Flächenwidmungsplanes die in den Aktionsplänen enthaltenen Maßnahmen zu beachten sind. Weiters sollen bei der Beurteilung der Lärmbelästigung im Zuge der Gliederung des Baulandes in möglichst geschlossene und abgerundete Baugebiete die strategischen Lärmkarten herangezogen werden. Die Aktionspläne selbst und die strategischen Lärmkarten sollen entsprechend der Art. 7 und 8 der Umgebungslärmrichtlinie im Kärntner Straßengesetz 1991, im Kärntner IPPC-Anlagengesetz und im Bunde-Umgebungslärmschutzgesetz geregelt werden. Tatsächlich zur Anwendung können strategische Lärmkarten und Aktionsplänen in Kärnten derzeit nur an Hauptverkehrsstraßen, Eisenbahnstrecken und öffentlichen Flugplätzen, die für den internationalen Flugverkehr bestimmt sind, kommen, da Ballungsräume mit mehr als 100.000 Einwohner in Kärnten nicht vorliegen.

Eine Novelle des Gemeindeplanungsgesetzes ist aufgrund der Umsetzungsverpflichtung der Umgebungslärmrichtlinie unbedingt erforderlich. Anzumerken ist, dass lange Zeit kompetenzrechtliche Fragen der Umsetzung nicht geklärt waren, weshalb es zu einer Verzögerung der Umsetzung gekommen ist (vgl dazu die Erläuterungen zum Entwurf eines Gesetzes, mit dem das Kärntner Straßengesetz 1991 geändert wird)."

ErlRV 01-VD-LG-1569/48-2013, 1 f (zu LGBl 2013/85):

„Mit der Verwaltungsgerichtsbarkeits-Novelle 2012, BGBl. I Nr. 51/2012, wurde die bundesverfassungsrechtliche Grundlage für die Einführung der zweistufigen Verwaltungsgerichtsbarkeit geschaffen. Mit Wirksamkeit zum 1. Jänner 2014 wird es in jedem Bundesland ein Verwaltungsgericht erster Instanz und beim Bund ein Bundesverwaltungsgericht und ein Bundesfinanzgericht geben („9+2-Modell"). Dabei ersetzen die Landesverwaltungsgerichte die Unabhängigen Verwaltungssenate und das Bundesverwaltungsgericht den Asylgerichtshof (siehe zur Verfassungsrechtslage ausführlich ErläutRV 1618 BlgNR XXIV. GP). Für das Land Kärnten wird durch das Kärntner Landesverwaltungsgerichtsgesetz – K-LvwGG, LGBl. Nr. 55/2013, ein Landesverwaltungsgericht eingerichtet.

Vor diesem Hintergrund sind in allen Rechtsvorschriften des Landes insbesondere folgende Anpassungen vorzunehmen:

– Abschaffung des administrativen Instanzenzuges (außer in Angelegenheiten des eigenen Wirkungsbereiches der Gemeinden), da an dessen Stelle – abgesehen vom eigenen Wirkungsbereich der Gemeinde – die Möglichkeit der Beschwerde an das Verwaltungsgericht des jeweiligen Landes tritt (Art. 130 B-VG idF BGBl. I Nr. 51/2012).

– Streichung von Zuständigkeiten des Unabhängigen Verwaltungssenates, da an die Stelle des Unabhängigen Verwaltungssenates das Landesverwaltungsgericht tritt.

– Aufhebung von Regelungen über Rechtsmittelausschlüsse, da die Beschwerdebefugnis an das Verwaltungsgericht verfassungsmäßig garantiert und einfachgesetzlich nicht ausgeschlossen werden darf.

– Verankerung der Beschwerdelegitimation von Formal- und Legalparteien.

– Aufhebung der in der Anlage zur Verwaltungsgerichtsbarkeits-Novelle 2012 genannten

Sonderbehörden (z.B. Disziplinaroberkommissionen).

– Klarstellende Trennung zwischen ordentlicher Gerichtsbarkeit und Verwaltungsgerichtsbarkeit.

– Änderung der Anrufungsmöglichkeit des VwGH, da an die Stelle der Beschwerde an den VwGH die Revision an diesen tritt.

– Terminologische Anpassungen im Zusammenhang mit den Begriffen „Bescheid" und „rechtskräftiger Bescheid".

– Aufgrund des § 22 Abs. 1 VStG, in der Fassung des Verwaltungsgerichtsbarkeits-Anpassungsgesetzes 2013, entfällt die Doppelbestrafungsproblematik bei gerichtlich strafbaren Handlungen."

ErlRV 01-VD-LG-1729/8-2016, 1 und 5 (zu LGBl 2016/24):

„1. Änderungsbedarf

Das Kärntner Gemeindeplannungsgesetz 1995 – K-GplG 1995, LGBl. Nr. 23/1995 idF LGBl. Nr. 85/2013, das Kärntner Raumordnungsgesetz – K-ROG, LGBl. Nr. 76/1969 idF LGBl. Nr. 136/201, und das Kärntner Umweltplannungsgesetz – K-UPG, LGBl. Nr. 52/2004 idF LGBl. Nr. 24/2007, bedürfen augrund der Richtlinie 2012/18/EU des Europäischen Parlaments und des Rates vom 4. Juli 2012 zur Beherrschung der Gefahren schwerer Unfälle mit gefährlichen Stoffen, zur Änderung und ansließend Aufhebung der Richtlinie 96/82/EG des Rates, ABl. Nr. L 197 vom 24.7.2012, S 1 („Seveso-III Richtlinie"), einer Anpassung. Die aufgrund der Richtlinie 2012/18/EU erfordelichen Anpassungen werden wegen ihrer Dringlichkeit weiteren, in Aussicht genommenen umfangreichen Änderungen des Kärntner Gemeindeplanungsgesetzes 1995 und des Kärntner Raumordnungsgesetzes vorgezogen. Die Frist für die Unsetzung der Richtlinie 2012/18/EU endete nach ihrem Art. 31 mit 31. Mai 2015. Im gegenständlichen Zusammenhang ist allerdings darauf hinmzuweisen, dass die durch den vorliegenden Gesetzesentwurf intendierten Anpassungen an die Richtline 2012/18/EU die Umsetzung in den bezugahabenden Materiengesetzen, insbesondere dem Kärntner Seveso-Betriebegesetzt 2015 und der Gewerbeordnung 1994, nur aus raumordnungsrechtlicher Sicht zu ergänzen bezwecken.

2. Kompetenzrechtliche Grundlagen

Der vorliegende Gesetzsentwurf stützt sich auf Art. 15 Abs. 1 B-V.

3. Besondere Anhörungsrechte

Vor Beschlussfassung des Gesetzesentwurfs ist die Bestimmung des § 8 Abs. 2 K-ROG zu beachten. Hiernach ist *der Raumordnungsbeirat* von der Landesregierung *in Angelegenheiten der Raumordnung*, insbesondere vor der Aufstellung von überörtlichen Entwicklungsprogrammen, *zu hören*.

4. Besonderheiten des Gesetzgebungsverfahrens

Keine.

[...]

Unionsrecht

Der vorliegende Gesetzesentwurf dient der Umsetzung der Richtlinie 2012/18/EU des Europäische Parlaments und des Rates vom 4. Juli 2012 zur Beherrschung der Gefahren schwerer Unfälle mit gefährlichen Stoffen, zur Änderung und anschließenden Aufhebung der Richtlinie 96/82/EG des Rates, ABl. Nr. L 197 vom 24.7.2012, S 1 („Seveso-III-Richtlinie")

I. Abschnitt

§ 1 Flächenwidmungsplan

(1) Der Gemeinderat hat durch Verordnung einen Flächenwidmungsplan zu erlassen, durch den das Gemeindegebiet in Bauland, Grünland und in Verkehrsflächen gegliedert wird. Bei dieser Gliederung sind unter Bedachtnahme auf das örtliche Entwicklungskonzept (§ 2) die voraussehbaren wirtschaftlichen, sozialen, ökologischen und kulturellen Erfordernisse in der Gemeinde, die Auswirkungen auf das Landschaftsbild und das Ortsbild sowie die Erfordernisse einer zeitgemäßen landwirtschaftlichen Betriebsführung zu beachten. Für übereinanderliegende Ebenen desselben Planungsgebietes dürfen, wenn räumlich funktionelle Erfordernisse nicht entgegenstehen, verschiedene Widmungsarten festgelegt werden.

(2) Der Flächenwidmungsplan darf nur im Einklang mit den Zielen und Grundsätzen des § 2 des Kärntner Raumordnungsgesetzes und den überörtlichen Entwicklungsprogrammen erlassen werden und darf auch sonstigen raumbedeutsamen Maßnahmen und Planungen des Landes nicht widersprechen. Raumbedeutsame Maßnahmen und Planungen des Bundes und anderer Planungsträger, deren Planungen im öffentlichen Interesse liegen, sind tunlichst zu berücksichtigen. Insbesondere sind die in den Aktionsplänen gemäß § 62e Kärntner Straßengesetz 1991, LGBl. Nr. 72, § 9a Abs. 2 lit. c Kärntner IPPC-Anlagengesetz, LGBl. Nr. 52/2002, beide in der jeweils geltenden Fassung, und § 7 Bundes-Umgebungslärmschutzgesetz, BGBl. I Nr. 60/2005, enthaltenen Maßnahmen zu beachten. Auf die wirtschaftlichen, sozialen, ökologischen und kulturellen Erfordernisse der angrenzenden Gemeinden ist Bedacht zu nehmen.

(3) Der Flächenwidmungsplan darf keine planenden Maßnahmen vorsehen, deren Gestaltung oder Vollziehung Bundessache ist.

(4) Die Landesregierung hat die Form der Flächenwidmungspläne, insbesondere die Maßstäbe der zeichnerischen Darstellungen und die Verwendung bestimmter Planzeichen für die im Flächenwidmungsplan festzulegenden (§§ 3 bis 7) und ersichtlich zu ma-

I. Abschnitt § 1

chenden (§§ 12 und 19a) Flächen sowie für die Sonderwidmungen (§ 8), durch Verordnung zu regeln.

(5) Die zeichnerische Darstellung der im Flächenwidmungsplan festzulegenden und ersichtlich zu machenden Flächen sowie der Sonderwidmungen (Abs. 4) mittels automationsunterstützter Datenverarbeitung ist zulässig.

ErlRV Verf-273/3/1994, 9 f (zu § 1 Gemeindeplanungsgesetz 1982 idF LGBl 1994/105):

„Zu Z. 1 (§ 1 Abs. 1):

Die Verpflichtung zur Bedachtnahme auf das örtliche Entwicklungskonzept trägt dem Umstand Rechnung, daß mit dem vorliegenden Gesetzesentwurf ein neues raumplanungsrechtliches Instrument für die Gestaltung und Entwicklung des Gemeindegebietes geschaffen wird, das in Hinkunft die fachliche Grundlage insbesondere für die Erlassung des Flächenwidmungsplanes bilden soll. Durch das zusätzliche Kriterium der „ökologischen Erfordernisse" wird im Bereich der örtlichen Raumplanung in verstärktem Maße den Zielsetzungen des (verfassungsrechtlich vorgeprägten) Umweltschutzes Rechnung getragen (vgl. dazu näher Punkt 1 lit. b des Allgemeinen Teils [Anm: siehe oben]).

Zu Z. 2 (§ 1 Abs. 2):

Mit der Neufassung des § 1 Abs. 2 soll einerseits der sprachliche Gleichklang mit den (modifizierten) Bestimmungen des Kärntner Raumordnungsgesetzes hergestellt und andererseits die Koordination der Flächenwidmungsplanung mit den raumbedeutsamen Maßnahmen und Planungen anderer Planungsträger klarer geregelt werden: Da nach der Rechtsprechung des Verfassungsgerichtshofes (VfSlg. 2674/1954, 9543/1982) die Zuständigkeit zu raumordnenden Tätigkeiten hinsichtlich der Gesetzgebung zwischen dem Bund und den Ländern, hinsichtlich der Vollziehung zwischen dem Bund, den Ländern und den Gemeinden aufgeteilt ist, muß der jeweils zuständige (Bundes- und Landes-)Gesetzgeber Mechanismen vorsehen, die eine Abstimmung des jeweiligen Planungsverhaltens mit dem anderer Planungsträger in ausreichender Weise sicherstellen. Daß sich in einem Bundesstaat, der sowohl dem Oberstaat als auch den Gliedstaaten Befugnisse hinsichtlich raumordnender Tätigkeiten einräumt, Konflikte zwischen den verschiedenen Planungsträgern ergeben können, liegt bereits in der bundesstaatlichen Struktur des Gesamtstaates begründet. Als Lösungsansatz für derartige Konfliktsituationen wurde in der Rechtsprechung des Verfassungsgerichtshofes das sogenannte „Rücksichtnahmegebot" entwickelt (vgl. insbesondere VfSlg. 8831/1980, 10292/1984): Dieses Gebot verhält die beteiligten Gebietskörperschaften dazu, eine zu einem angemessenen Ausgleich führende Abwägung der eigenen (Planungs)-Interessen mit jenen der anderen Gebietskörperschaften vorzunehmen und auf diese Weise einen Interessenausgleich anzustreben.

Die Koordination der im Rahmen der gemeindlichen Flächenwidmung zu setzenden Planungsakte mit den Maßnahmen und Planungen anderer Planungsträger soll – wie bereits bisher – in abgestufter Intensität erfolgen (Einklang mit den Zielen und Grundsätzen des § 2 des Kärntner Raumordnungsgesetzes und den überörtlichen Entwicklungsprogrammen, Verbot des Widerspruches zu raumbedeutsamen Maßnahmen und Planungen des Landes, Berücksichtigungsgebot hinsichtlich der Planungen des Bundes und anderer Planungsträger und Bedachtnahmegebot hinsichtlich der Erfordernisse angrenzender Gemeinden). Im Vergleich zur bisherigen Rechtslage wird in Hinkunft auch auf raumbedeutsame Maßnahmen und Planungen anderer Planungsträger als der gegenbeteiligten Gebietskörperschaften Rücksicht zu nehmen und wird auch auf die „ökologischen" Erfordernisse der angrenzenden Gemeinden Bedacht zu nehmen sein.

Zu Z. 4 (§ 1 Abs. 5):

Dem technischen Fortschritt Rechnung tragend wird die Verwendung der automationsunterstützen Datenverarbeitung bei der zeichnerischen Darstellung der Festlegung im Flächenwidmungsplan künftig ausdrücklich gestattet sein."

ErlRV Verf-579/15/1997, 12 (zu LGBl 1997/134):

„Zu Z 1 (§ 1 Abs. 1 letzter Satz):

Durch den Entfall des Klammerausdruckes „(§§ 3 bis 6)" soll sichergestellt werden, daß für übereinanderliegende Ebenen desselben Planungsgebietes nicht nur verschiedene (Grund-)Widmungen, sondern auch Sonderwidmungen festgelegt werden dürfen.

Zu Z 1 (§ 1 Abs. 4):

I. Abschnitt § 1

Durch die vom Kärntner Landtag am 7. März 1996 beschlossene Novelle zur Kärntner Bauordnung 1992 wurde aufgrund der Neuregelung des § 12 Abs. 5 leg.cit. (nunmehr: § 14 Abs. 5 der Kärntner Bauordnung 1996) die Möglichkeit geschaffen, daß der Gemeinderat „auf Antrag des Grundeigentümers die Wirkung des Flächenwidmungsplanes im Sinne des § 19 des Gemeindeplanungsgesetzes 1995 für bestimmte Grundflächen durch Bescheid ausschließen und ein genau bezeichnetes Vorhaben raumordnungsmäßig bewilligen (darf), wenn dieses dem örtlichen Entwicklungskonzept, sofern ein solches noch nicht erstellt worden ist, den erkennbaren grundsätzlichen Planungsabsichten der Gemeinde nicht entgegensteht". Um ein Auseinanderklaffen zwischen dem Flächenwidmungsplan einerseits und den tatsächlichen gemeindeplanungsrechtlichen Bebauungsmöglichkeiten, die sich aufgrund der Neuregelung in der Kärntner Bauordnung 1992 ergeben, anderseits zu vermeiden, sieht Z 38 des vorliegenden Gesetzesentwurfes (§ 19a Abs. 3) eine Ersichtlichmachung von erteilten Bewilligungen nach der in Rede stehenden Bestimmung der Kärntner Bauordnung unter Verwendung eines Planzeichens in der zeichnerischen Darstellung des Flächenwidmungsplanes vor. Um in der Planzeichenverordnung für Flächenwidmungspläne ein entsprechendes Planzeichen vorsehen zu können, bedarf es der durch Z 2 des vorliegenden Gesetzesentwurfes vorgenommen Änderungen des § 1 Abs. 4 des Gemeindeplanungsgesetzes 1995."

ErlRV -2V-LG-920/15-2005, 2 (zu LGBl 88/2005):

„Zu Z 1 [Anm: § 1 Abs 2 dritter Satz]:

Bei der Erlassung eines Flächenwidmungsplanes sollen in den Aktionsplänen gemäß dem Kärntner Straßengesetz, dem Kärntner IPPC-Anlagengesetz und dem Bundes-Umgebungslärmschutzgesetz enthaltenen Maßnahmen beachtet werden. Anhang V der Umgebungslärmrichtlinie enthält Mindestanforderungen für Aktionspläne, wobei insbesondere Folgendes für die Raumplanung zu beachten ist:

– die geplante Maßnahme zur Lärmminderung,

– die Maßnahme, die die zuständigen Behörden für die nächsten 5 Jahre geplant haben, einschließlich der Maßnahmen zum Schutz ruhiger Gebiete und

– die langfristige Strategie.

[…]

Sowohl die strategischen Lärmkarten als auch die Aktionspläne sind in Kärnten derzeit nur an Hauptverkehrsstraßen, Eisenbahnstrecken und öffentlichen Flugplätzen, die für den internationalen Luftverkehr bestimmt sind, zu erstellen, da Ballungsräume mit mehr als 100.000 Einwohnern in Kärnten nicht gegeben sind. Die näheren Regelungen betreffend die Aktionspläne und die strategischen Lärmkarten werden in Ausführung der Umgebungslärmrichtlinie nach einer entsprechenden Novelle im Kärntner Straßengesetz und im Kärntner IPPC-Anlagengesetz sowie im Bundes-Umgebungslärmschutzgesetz enthalten sein."

§ 2 Örtliches Entwicklungskonzept

(1) Im Einklang mit den Zielen und Grundsätzen des § 2 des Kärntner Raumordnungsgesetzes und den überörtlichen Entwicklungsprogrammen sowie unter Berücksichtigung der raumbedeutsamen Maßnahmen und Planungen des Landes, des Bundes und anderer Planungsträger, deren Planungen im öffentlichen Interesse liegen, hat die Gemeinde ein örtliches Entwicklungskonzept zu erstellen, das die fachliche Grundlage für die planmäßige Gestaltung und Entwicklung des Gemeindegebietes, insbesondere für die Erlassung des Flächenwidmungsplanes, bildet.

(2) Das örtliche Entwicklungskonzept hat aus einem Textteil, den Erläuterungen und aus den ergänzenden zeichnerischen Darstellungen zu bestehen. Die Maßstäbe der zeichnerischen Darstellungen und die Verwendung bestimmter Planzeichen hat die Landesregierung durch Verordnung zu regeln. Die zeichnerische Darstellung der im örtlichen Entwicklungskonzept getroffenen Aussagen mittels automationsunterstützter Datenverarbeitung ist zulässig.

(3) Im örtlichen Entwicklungskonzept sind ausgehend von einer Erhebung der wirtschaftlichen, sozialen, ökologischen und kulturellen Gegebenheiten in der Gemeinde die Ziele der örtlichen Raumplanung für einen Planungszeitraum von zehn Jahren festzulegen und die zu ihrer Erreichung erforderlichen Maßnahmen darzustellen. Dabei sind grundsätzliche Aussagen zu treffen insbesondere über
   a) die Stellung der Gemeinde in der Region und die Zuweisung von überörtlichen Funktionen;
   b) die abschätzbare Bevölkerungsentwicklung und die angestrebte Siedlungs- und Wirtschaftsentwicklung;

I. Abschnitt § 2

c) den abschätzbaren Baulandbedarf unter Berücksichtigung der Bevölkerungs-, Siedlungs- und Wirtschaftsentwicklung;
d) die funktionale Gliederung des Gemeindegebietes, die großräumige Anordnung des Baulandes, die Festlegung von Siedlungsgrenzen (Außengrenzen) in Gebieten mit dynamischer Siedlungsentwicklung und die zweckmäßigste zeitliche Abfolge der Bebauung;
e) die Hauptversorgungs- und Hauptentsorgungseinrichtungen (Energie- und Wasserversorgung, Abwasser- und Abfallentsorgung u. ä.);
f) die erforderliche Ausstattung der Gemeinde mit Erholungs-, Sport- und sonstigen Freizeiteinrichtungen;
g) die Festlegung von Gebieten, die zur Erhaltung der freien Landschaft von einer Bebauung freizuhalten sind;
h) die für die Aufschließung des Gemeindegebietes erforderlichen öffentlichen Verkehrswege einschließlich der Radwege;
i) die Festlegung von Gebieten, in denen die räumlichen Voraussetzungen für einen leistungsfähigen Fremdenverkehr sowie dessen künftige Entwicklungsmöglichkeiten von der Gemeinde im unbedingt erforderlichen Ausmaß sicherzustellen sind (Vorranggebiete für den Fremdenverkehr).

(3a) In Gemeinden mit jährlich mehr als 100.000 Übernachtungen von Urlaubs- und Feriengästen, die nach dem Orts- und Nächtigungstaxengesetz 1970 abgabepflichtig sind, hat das örtliche Entwicklungskonzept jedenfalls grundsätzliche Aussagen über Vorranggebiete für den Fremdenverkehr (Abs. 3 lit. i) zu treffen.

Als Vorranggebiete für den Fremdenverkehr kommen in Betracht:
a) als Bauland festgelegte Gebiete,
   aa) in denen unter Bedachtnahme auf die örtlichen Gegebenheiten die räumlichen Voraussetzungen für einen leistungsfähigen Fremdenverkehr im Rahmen eines oder mehrerer Betriebe zur Beherbergung von Urlaubs- und Feriengästen gegeben sind und
   bb) in denen überwiegend Gast- und Beherbergungsbetriebe und sonstige Einrichtungen errichtet worden sind, die dem Fremdenverkehr oder der Freizeitgestaltung dienen, wie insbesondere Sport- und Erholungseinrichtungen, Vergnügungs- und Veranstaltungsstätten, sowie

b) nicht als Bauland festgelegte Gebiete, die zur Sicherstellung der künftigen Entwicklungsmöglichkeiten des Fremdenverkehrs von anderen Nutzungen, insbesondere Wohnnutzungen, freizuhalten sind.

(3b) Vorranggebiete für den Fremdenverkehr nach Abs. 3a lit. b dürfen nur festgelegt werden, wenn die räumlichen Voraussetzungen für einen leistungsfähigen Fremdenverkehr sowie dessen künftige Entwicklungsmöglichkeiten in der Gemeinde durch die Festlegung von Vorranggebieten für den Fremdenverkehr nach Abs. 3a lit. a nicht sichergestellt werden können. Das Flächenausmaß von Vorranggebieten für den Fremdenverkehr nach Abs. 3a lit. b darf 30 vH der Gesamtflächen in der Gemeinde, die als Vorranggebiet für den Fremdenverkehr festgelegt sind, nicht überschreiten.

(4) Der Entwurf des örtlichen Entwicklungskonzeptes ist durch vier Wochen im Gemeindeamt (Magistrat) zur allgemeinen Einsicht aufzulegen. Die Auflage ist durch Kundmachung bekanntzugeben und der Landesregierung, den sonst berührten Landes- und den Bundesdienststellen, den angrenzenden Gemeinden und den in Betracht kommenden gesetzlichen Interessenvertretungen unter Einräumung einer Frist von vier Wochen zur Stellungnahme mitzuteilen. Die Kundmachung hat die Auflagefrist und den Hinweis zu enthalten, daß innerhalb der Auflagefrist jedermann, der ein berechtigtes Interesse glaubhaft macht, berechtigt ist, schriftlich Vorschläge zum Entwurf des örtlichen Entwicklungskonzeptes zu erstatten.

(5) Der die Äußerungen nach Abs. 4 berücksichtigende Entwurf des örtlichen Entwicklungskonzeptes ist vor der Beschlußfassung durch den Gemeinderat unter Anschluß der Äußerungen nochmals der Landesregierung zur Abgabe einer abschließenden fachlichen Stellungnahme binnen drei Monaten zu übermitteln.

(6) Der Gemeinderat hat das die abschließende fachliche Stellungnahme der Landesregierung berücksichtigende örtliche Entwicklungskonzept zu beschließen und danach beim Gemeindeamt (Magistrat) zur allgemeinen Einsicht während der Amtsstunden aufzulegen. Je eine Ausfertigung des beschlossenen örtlichen Entwicklungskonzeptes hat die Gemeinde der Landesregierung und – ausgenommen die Städte mit eigenem Statut – der Bezirkshauptmannschaft, in deren Sprengel die Gemeinde liegt, zu übermitteln. Die angrenzenden Gemeinden sind von der Erstellung des örtlichen Entwicklungskonzeptes zu benachrichtigen.

(7) Die Landesregierung hat die Gemeinde über ihr Ersuchen in Fragen der Erstellung des örtlichen Entwicklungskonzeptes unentgeltlich zu beraten.

(8) Der Gemeinderat hat das örtliche Entwicklungskonzept innerhalb eines Jahres nach Ablauf von zehn Jahren nach seiner Erstellung (Abs. 6 erster Satz) zu überprüfen und bei wesentlichen Änderungen der Planungsgrundlagen die Ziele der örtlichen Raumplanung zu ändern. Zu einem früheren Zeitpunkt darf das örtliche Entwicklungskonzept geändert werden, wenn öffentliche Interessen dies erfordern. Für die Änderung des örtlichen Entwicklungskonzeptes finden die Abs. 4 bis 7 sinngemäß mit der Maßgabe Anwendung, daß

a) die Auflage des Entwurfes der Änderung zur allgemeinen Einsicht im Gemeindeamt (Magistrat) durch zwei Wochen zu erfolgen hat,

b) die Auflage des Entwurfes der Änderung den Stellen nach Abs. 4 zweiter Satz unter Einräumung einer Frist von zwei Wochen zur Stellungnahme mitzuteilen ist und

c) die Landesregierung die abschließende fachliche Stellungnahme zum Entwurf der Änderung innerhalb eines Monats abzugeben hat.

ErlRV Verf-273/3/1994, 10 f (zu § 1a Gemeindeplanungsgesetz 1982 idF LGBl 1994/105):

„Zur Erarbeitung der erforderlichen Entscheidungsgrundlagen für die Erlassung von Raumordnungsplänen (insbesondere der Erlassung der Flächenwidmungspläne) soll das örtliche Entwicklungskonzept als grundlegendes neues Planungsinstrument im Bereich der örtlichen Raumplanung in das Gemeindeplanungsgesetz 1982 aufgenommen werden. Im örtlichen Entwicklungskonzept sind zunächst die wirtschaftlichen, sozialen, ökologischen und kulturellen Gegebenheiten in der Gemeinde zu erheben. Nach der Feststellung des bestehenden Zustandes hat eine Bewertung desselben zu erfolgen; darauf aufbauend sind die Ziele der örtlichen Raumplanung in der Gemeinde für einen Planungszeitraum von zehn Jahren zu formulieren und die zu ihrer Entwicklung erforderlichen Maßnahmen darzustellen. Das örtliche Entwicklungskonzept soll demnach nicht parzellenscharfe Festlegungen treffen, sondern – gewissermaßen als Vorstufe insbesondere für Flächenwidmungsplanung – die Grundlagen für die längerfristig angestrebte Gestaltung und Entwicklung des Gemeindegebietes beinhalten. Es entfaltet als fachliche Grundlage der Planung keine unmittelbare rechtsverbindliche Wirkung, sondern ist vielmehr mit einem qualifizierten Gutachten vergleichbar; nach seiner Beschlußfassung (vgl. Abs. 6) bis zu einer allfälligen späteren Änderung (vgl. Abs. 8) bewirkt es eine Selbstbindung des Gemeinderates hinsichtlich der grundsätzlichen Ziele im Bereich der örtlichen Raumplanung der Gemeinde, wodurch insbesondere die Planungskontinuität gewährleistet werden soll.

Im Hinblick auf die Funktionen des örtlichen Entwicklungskonzeptes als grundlegendes Planungsinstrument für die weitere Gemeindeentwicklung ist eine längerfristige Ausrichtung der Ziele der örtlichen Raumplanung erforderlich. Der Entwurf sieht diesbezüglich einen zehnjährigen Planungszeitraum vor.

Die Festlegung der Ziele für die örtliche Raumplanung der Gemeinde im örtlichen Entwicklungskonzept bezieht sich auf sämtliche Bereiche der räumlichen Entwicklung der Gemeinde. Im Abs. 3 werden als Mindestinhalte des örtlichen Entwicklungskonzeptes jene Planungsbereiche festgelegt, die ein generelles Konzept für die Gemeindeentwicklung jedenfalls umfassen muß. Auf der Grundlage einer vorausschauenden Abschätzung der Bevölkerungs-, Siedlungs- und Wirtschaftsentwicklung sind vor allem grundlegende Festlegungen für die Bauland- und Freiraumplanung sowie für die verkehrsmäßige und infrastrukturelle Erschließung des Gemeindegebietes zu treffen. Diese Festlegungen sollen jedoch im Gegensatz zur Flächenwidmungs- und Bebauungsplanung einen abstrakten, leitbildhaften und – wie bereits ausgeführt – nicht parzellenscharfen Charakter aufweisen.

Die Auflage des Entwurfes des örtlichen Entwicklungskonzeptes zur allgemeinen Einsicht und zur Erstattung von schriftlichen (Änderungs-)Vorschlägen sowie die Mitteilung des Entwurfes an die Landesregierung, die sonst berührten Landes- und die Bundesdienststellen, die angrenzenden Gemeinden und die in Betracht kommenden gesetzlichen Interessenvertretungen zur Abgabe von Stellungsnahmen bezweckt die frühzeitige Einbindung sowohl der Bevölkerung als auch anderer Planungsträger in das Planungsverfahren. Durch die frühzeitige Einbindung sämtlicher interessierter Kreise soll einerseits die Akzeptanz der Planungsmaßnahmen erhöht und andererseits die Koordination mit den Planungsmaßnahmen und -absichten anderer Planungsträger sichergestellt werden (Abs. 4). Die im Rahmen des Auflageverfahrens erstatteten Vorschläge und sonstigen Äußerungen zum Entwurf des örtlichen Entwicklungskonzeptes sind in die Überlegungen betreffend die künftige Gestaltung und Entwicklung des Gemeindegebietes einzubeziehen, wenn sie miteinander und mit den grundsätzlichen Zielen der Gemeinde im Bereich der örtlichen Raumplanung vereinbar sind (vgl. dazu Abs. 5: „Der die Äußerung nach Abs. 4 berücksichtigende Entwurf des örtlichen Entwicklungskonzeptes ...").

Auf das Erfordernis der aufsichtsbehördlichen Genehmigung des Entwurfes des örtlichen Entwicklungskonzeptes wurde bewußt verzichtet; der die Äußerungen nach Abs. 4 berücksichtigende (überarbeitet) Entwurf des örtlichen Entwicklungskonzeptes ist jedoch vor der endgültigen Beschlußfassung durch den Gemeinderat nochmals der Landesregierung zur Abgabe einer abschließenden fachlichen Stellungnahme zu übermitteln; hinsichtlich des Entwurfes dieser Stellungnahme hat die Landesregierung dem Raumordnungsbeirat Gelegenheit zur Äußerung zu geben (Abs. 5). Verstreicht die Frist von einem Monat, ohne daß der Raumordnungsbeirat eine entsprechende Äußerung erstattet, ist die abschließende fachliche Stellungnahme der Landesregierung dessen ungeachtet der betreffenden Gemeinde zu übermitteln; vor Ablauf dieser Frist darf die abschließende Stellungnahme nicht der Gemeinde zugeleitet werden (zur Berücksichtigungspflicht der Gemeinde betreffend diese Stellungnahme siehe Abs. 6).

Das Gebot, das örtliche Entwicklungskonzept nach der Beschlußfassung beim Gemeindeamt (Magistrat) zur allgemeinen Einsicht während der (für den Parteienverkehr bestimmten) Amtsstunden aufzulegen, soll den Erfordernissen der Transparenz und Publizität von Planungsmaßnahmen Rechnung tragen (Abs. 6).

Durch Abs. 8 wird zum Ausdruck gebracht, daß nach der Neuwahl des Gemeinderates das örtliche Entwicklungskonzept jeweils daraufhin zu überprüfen ist, ob sich die Planungsgrundlagen wesentlich verändert haben. Trifft dies zu, so wird auch das örtliche Entwicklungskonzept an die veränderten Gegebenheiten anzupassen sein. Dabei sind die Verfahrensvorschriften, die für die Erstellung des örtlichen Entwicklungskonzeptes vorgesehen sind (Abs. 4 bis 7), sinngemäß anzuwenden."

§ 2

ErlRV Verf-579/15/1997, 12 f (zu LGBl 1997/134):

„Zu Z 3, 4, 5 und 6 (§ 2 Abs. 4, § 2 Abs. 5, § 2 Abs. 6 und § 2 Abs. 8):
Ein wesentliches Anliegen des vorliegenden Gesetzesentwurfes besteht in der Vereinfachung und Beschleunigung der Verfahrensabläufe (siehe dazu näher die Ausführungen im Allgemeinen Teil [Anm: siehe oben]). Bezogen auf die Erstellung der örtlichen Entwicklungskonzepte soll dem einerseits durch den Entfall der Anhörung des Raumordnungsbeirates, andererseits durch (vereinfachende) Regelungen für die Änderung von örtlichen Entwicklungskonzepten Rechnung getragen werden. Neu geregelt wird im gegeben Zusammenhang auch der Zeithorizont der (regelmäßigen) Überprüfungen des örtlichen Entwicklungskonzeptes durch den Gemeinderat:

§ 2 Abs. 8 des Gemeindeplanungsgesetzes 1995 (in der derzeit geltenden Fassung) sieht eine Verpflichtung des Gemeinderates zur Überprüfung des örtlichen Entwicklungskonzeptes „binnen einem Jahr nach dem Zusammentritt des neugewählten Gemeinderates" vor. Da das örtliche Entwicklungskonzept gemäß § 2 Abs. 3 des Gemeindeplanungsgesetzes 1995 von einem zehnjährigen Planungshorizont auszugeben hat, erscheint die Überprüfung jeweils innerhalb eines Jahres nach einer Gemeinderatswahl als zu kurzfristig. Durch die Neuregelung wird der zehnjährige Planungshorizont für örtliche Entwicklungskonzepte auch hinsichtlich deren (regelmäßiger) Überprüfung festgelegt."

ErlRV -2V-LG-58/74-2001, 3 f (zu LGBl 2001/69):

„Zu Z 2 und 3 ([…]) [Anm: § 2 Abs 3a und 3b]:
Derzeit bestehen in ca. 90 % der Kärntner Gemeinden örtliche Entwicklungskonzepte; je nach dem Stellenwert des Fremdenverkehrs in den einzelnen Gemeinden enthalten bereits diese örtlichen Entwicklungskonzepte grundsätzliche Aussagen für den Bereich der künftigen Entwicklung des Fremdenverkehrs im Gemeindegebiet. Da das geltend Gemeindeplanungsgesetz 1995 im Zusammenhang mit den Regelungen betreffend die örtlichen Entwicklungskonzepte keine ausdrückliche Verpflichtung zur Festlegung von Gebieten, in denen die räumlichen Voraussetzungen für einen leistungsfähigen Fremdenverkehr sowie dessen künftige Entwicklungsmöglichkeiten sicherzustellen sind, begründet, divergiert die Aussagekraft der örtlichen Entwicklungskonzepte hinsichtlich des Stellenwertes des Fremdenverkehrs in den

Gemeinden sehr stark; zu berücksichtigen ist im gegebenen Zusammenhang überdies, dass sich die (äußeren und inneren) Rahmenbedingungen des Fremdenverkehrs in Kärnten in den letzten Jahren grundlegend geändert habe. Diese Gegebenheiten lassen es erforderlich erscheinen, jedenfalls in den Fremdenverkehrsgemeinden Kärntens (das sind nach Art. 1 [Anm: I] Z 3 des vorliegenden Gesetzesentwurfes solche „mit jährlich mehr als 100.000 Übernachtungen von Urlaubs- und Feriengästen, die nach dem Orts- und Nächtigungstaxengesetz 1970 abgabenpflichtig sind") eine ausdrückliche Verpflichtung festzulegen, im örtlichen Entwicklungskonzept „grundsätzlich Aussagen über Vorranggebiete für den Fremdenverkehr" zu treffen.

Diese (grundsätzliche) Verpflichtung wird durch Art. I Z 2 und Z 3 näher ausgeführt; hinzuweisen ist im gegebenen Zusammenhang auch auf die Übergangsbestimmung des Art. II Abs. 7 [Anm: siehe die Übergangsbestimmungen zu LGBl 2001/169 unten], wonach Gemeinden mit jährlich mehr als 100.000 Übernachtungen von Urlaubs- und Feriengästen, die nach dem Orts- und Nächtigungstaxengesetz 1970 abgabenpflichtig sind, das örtliche Entwicklungskonzept innerhalb eines Jahres nach dem Inkrafttreten des vorliegenden Gesetzesentwurfes entsprechend zu ergänzen haben, sofern darin keine grundsätzlichen Aussagen über Vorranggebieten für den Fremdenverkehr getroffen werden.

Ist in einer Gemeinden die Festlegung von „Vorranggebieten für den Fremdenverkehr" wegen der konkreten örtlichen Gegebenheiten nicht möglich, so kann sich die grundsätzliche Aussage im örtlichen Entwicklungskonzept darauf beschränken, dass eine Festlegung von entsprechenden Vorranggebieten nicht in Betracht kommt."

§ 3 Bauland

(1) Als Bauland sind nur Grundflächen festzulegen, die für die Bebauung geeignet sind. Nicht als Bauland festgelegt werden dürfen insbesondere Gebiete,
a) deren ungünstige örtliche Gegebenheiten (Bodenbeschaffenheit, Grundwasserstand, Hanglage, Kleinklima, Immissionsbelastung u. ä.) eine widmungsgemäße Bebauung ausschließen, sofern diese Hindernisse nicht mit objektiv wirtschaftlich vertretbaren Aufwendungen durch entsprechende Maßnahmen behoben werden können;

b) die im Gefährdungsbereich von Hochwasser, Steinschlag, Lawinen, Muren, Altlasten u. ä. gelegen sind;
c) deren Erschließung mit dem Stand der Technik entsprechenden Einrichtungen der Energie- und der Wasserversorgung, der Abwasser- und der Abfallentsorgung oder des Verkehrs unwirtschaftliche Aufwendungen erforderlich machen würden oder die unter Bedachtnahme auf die im örtlichen Entwicklungskonzept (§ 2) festgelegten Ziele der örtlichen Raumplanung nicht in absehbarer Zeit mit diesen Einrichtungen erschlossen werden können;
d) die aus Gründen der Erhaltung des Landschaftsbildes oder zum Schutz von Anlagen, die ihrer Umgebung eine charakteristische Prägung geben (§ 1 Abs. 2 des Ortsbildpflegegesetzes 1990), von einer Bebauung freizuhalten sind.

(2) Das Ausmaß des unbebauten Baulandes hat sich nach dem abschätzbaren Baulandbedarf in der Gemeinde unter Berücksichtigung der Bevölkerungs-, Siedlungs- und Wirtschaftsentwicklung innerhalb eines Planungszeitraumes von zehn Jahren zu richten. Der Bürgermeister hat den Baulandbedarf jeweils getrennt für die einzelnen Baugebiete (Abs. 4 bis 10) zu erheben, darzustellen und auf aktuellem Stand zu halten (Bauflächenbilanz). Die Bauflächenbilanz ist den Erläuterungen zum Flächenwidmungsplan anzuschließen.

(2a) Die Neufestlegung von Grundflächen als Bauland darf nur unter Berücksichtigung der Bauflächenbilanz erfolgen; davon ausgenommen ist die Neufestlegung von Grundflächen
a) als Gewerbegebiet oder als Industriegebiet sowie
b) als sonstiges Bauland, wenn ihre Festlegung als solches mit den im örtlichen Entwicklungskonzept (§ 2) festgelegten Zielen der örtlichen Raumplanung im Einklang steht, ihr Flächenausmaß 3000 m², in den Städten Klagenfurt und Villach das Flächenausmaß von 5000 m², nicht überschreitet und die betroffenen Grundflächen die Voraussetzungen nach § 16 Abs. 1 lit. b erfüllen.

(3) Das Bauland ist entsprechend den örtlichen Erfordernissen in möglichst geschlossene und abgerundete Baugebiete zu gliedern. Als Baugebiete kommen in Betracht: Dorfgebiete, Wohngebiete, Kurgebiete, Gewerbegebiete, Geschäftsgebiete, Industriegebiete und Sondergebiete. Die Lage der einzelnen Baugebiete im Bau-

I. Abschnitt § 3

land sowie die zulässigen Nutzungen innerhalb eines Baugebietes sind so aufeinander abzustimmen, dass unter Bedachtnahme auf die örtlichen Gegebenheiten und den Charakter der jeweiligen Art des Baulandes (Abs. 4 bis 10) gegenseitige Beeinträchtigungen und örtlich unzumutbare Umweltbelastungen, insbesondere durch Lärm-, Staub- und Geruchsbelästigung, sonstige Luftverunreinigungen oder Erschütterungen möglichst vermieden werden. Zur Beurteilung der Lärmbelästigung sind die strategischen Lärmkarten gemäß § 62d Kärntner Straßengesetz 1991, LGBl. Nr. 72, § 9a Abs. 2 lit. b Kärntner IPPC-Anlagengesetz, LGBl. Nr. 52/2002, und § 6 Bundes-Umgebungslärmschutzgesetz, BGBl. I Nr. 60/2005, heranzuziehen. Sondergebiete für Betriebe, die in den Anwendungsbereich der Richtlinie 2012/18/EU zur Beherrschung der Gefahren schwerer Unfälle mit gefährlichen Stoffen fallen (Abs. 10), sind so festzulegen, dass zwischen diesen Sondergebieten und anderen Grundflächen im Bauland mit Ausnahme von Sondergebieten für Betriebe, die in den Anwendungsbereich der Richtlinie 2012/18/EU fallen (Abs. 10), Gewerbe- und Industriegebieten sowie Verkehrsflächen und im Grünland gesondert festgelegten Gebieten, die jeweils erfahrungsgemäß häufig von Menschen frequentiert werden (insbesondere Hauptverkehrswege und Erholungsgebiete), und sonstigen im Grünland gesondert festgelegten Gebieten, für die aufgrund von Bundes- oder Landesgesetzen unter dem Gesichtspunkt des Umwelt- und Naturschutzes Nutzungsbeschränkungen bestehen (zB Nationalparkgebiete, Naturschutzgebiete, Landschaftsschutzgebiete, wasserrechtlich besonders geschützte Gebiete und sonstige wasserwirtschaftliche Planungsgebiete und dergleichen), ein angemessener Sicherheitsabstand zur Begrenzung der Folgen etwaiger schwerer Unfälle im Sinne der Richtlinie 2012/18/EU gewahrt wird. Der vierte Satz gilt sinngemäß auch für die Erweiterung eines Sondergebietes für Betriebe, die in den Anwendungsbereich der Richtlinie 2012/18/EU fallen (Abs. 10). Zur Sicherstellung eines wirksamen Umweltschutzes sowie der künftigen Entwicklungsmöglichkeiten von gewerblichen, industriellen und landwirtschaftlichen Betrieben dürfen zwischen verschiedenen Baugebieten Schutzstreifen als Immissionsschutz (§ 5 Abs. 2 lit. 1) festgelegt werden.

(4) Als Dorfgebiete sind jene Grundflächen festzulegen, die vornehmlich für Gebäude land- und forstwirtschaftlicher Betriebe bestimmt sind, im übrigen

a) für Wohngebäude, die nach Lage, Größe, Ausgestaltung, Einrichtung u.ä. zur Deckung eines ganzjährig gegebenen Wohnbedarfes im Mittelpunkt der Lebensbeziehungen dienen, samt dazugehörigen sonstigen baulichen Anlagen (wie Garagen, Gartenhäuser, Gewächshäuser),
b) für Gebäude gewerblicher Kleinbetriebe, die keine örtlich unzumutbaren Umweltbelastungen (Abs. 3) verursachen, und
c) für Gebäude und sonstige bauliche Anlagen, die überwiegend den wirtschaftlichen, sozialen und kulturellen Bedürfnissen der Einwohner des Dorfgebietes oder dem Fremdenverkehr dienen, wie insbesondere Geschäftshäuser, Gemeinschaftshäuser, Kirchen, Rüsthäuser, Gebäude für Erziehungs- und Bildungseinrichtungen sowie für die öffentliche Verwaltung,

und die unter Bedachtnahme auf die örtlichen Gegebenheiten und den Charakter als Dorfgebiet die Voraussetzungen nach Abs. 3 dritter Satz erfüllen. Gebäude und dazugehörige sonstige bauliche Anlagen für landwirtschaftliche Betriebe mit Intensivtierhaltung (§ 5 Abs. 3) sowie für sonstige landwirtschaftliche Produktionsstätten industrieller Prägung (Maistrocknungsanlagen u. ä.), deren Emissionen das bei landwirtschaftlichen Betrieben mit zeitgemäßen herkömmlichen Produktionsformen unter Bedachtnahme auf die örtlichen Gegebenheiten jeweils übliche Ausmaß erheblich übersteigen, dürfen im Dorfgebiet nicht errichtet werden.

(5) Als Wohngebiete sind jene Grundflächen festzulegen, die vornehmlich für Wohngebäude und dazugehörige sonstige bauliche Anlagen nach Abs. 4 lit. a bestimmt sind, im übrigen
a) für Gebäude, die neben Wohnzwecken auch der Unterbringung von Büros, Kanzleien, Ordinationen u. ä. dienen und die üblicherweise in Wohngebäuden untergebracht werden, wie insbesondere Rechtsanwalts- oder Notariatskanzleien, Zivilingenieurbüros, Arztpraxen, und
b) für Gebäude und sonstige bauliche Anlagen, die überwiegend den wirtschaftlichen, sozialen und kulturellen Bedürfnissen der Einwohner des Wohngebietes dienen, wie insbesondere Geschäftshäuser, Sanatorien, Gasthäuser, Kirchen, Schulgebäude, Kindergärten und Sammelgaragen für Personenkraftwagen, und die unter Bedachtnahme auf die örtlichen Gegebenheiten und den Charakter als Wohngebiet die Voraussetzungen nach Abs. 3 dritter Satz erfüllen. In Wohngebieten

dürfen Flächen als reine Wohngebiete festgelegt werden, in denen neben Wohngebäuden samt dazugehörigen sonstigen baulichen Anlagen (Abs. 4 lit. a) nur solche Gebäude errichtet werden dürfen, die der Versorgung der Einwohner des reinen Wohngebietes mit häufig benötigten Gütern und Dienstleistungen dienen.

(6) Als Kurgebiete sind jene Grundflächen festzulegen, die vornehmlich für Gebäude von Gast- und Beherbergungsbetrieben bestimmt sind, im Übrigen

a) für Wohngebäude samt dazugehörigen sonstigen baulichen Anlagen nach Abs. 4 lit. a,

b) für Einrichtungen und Gebäude, die dem Fremdenverkehr oder der Freizeitgestaltung dienen, wie insbesondere Sport- und Erholungseinrichtungen, Vergnügungs- und Veranstaltungsstätten, und

c) für Gebäude und sonstige bauliche Anlagen, die überwiegend den wirtschaftlichen, sozialen und kulturellen Bedürfnissen der Einwohner des Kurgebietes oder dem Fremdenverkehr dienen, und die unter Bedachtnahme auf die örtlichen Gegebenheiten und den Charakter als Kurgebiet die Voraussetzungen nach Abs. 3 dritter Satz erfüllen. In Kurgebieten dürfen Flächen als reine Kurgebiete festgelegt werden, in denen neben Gebäuden von Gast- und Beherbergungsbetrieben nur solche Einrichtungen und Gebäude nach lit. b und solche Gebäude und sonstigen baulichen Anlagen nach lit. c errichtet werden dürfen, die keine örtlich unzumutbaren Umweltbelastungen (Abs. 3) mit sich bringen.

(7) Als Gewerbegebiete sind jene Grundflächen festzulegen, die vornehmlich für Betriebsgebäude samt dazugehörigen sonstigen baulichen Anlagen von gewerblichen Klein- und Mittelbetrieben bestimmt sind, die keine erheblichen Umweltbelastungen (Abs. 3) verursachen, im übrigen

a) für solchen Betrieben zugeordnete Betriebswohngebäude sowie

b) für Geschäfts- und Verwaltungsgebäude, Lagerplätze u. ä., und die unter Bedachtnahme auf die örtlichen Gegebenheiten und den Charakter als Gewerbegebiet die Voraussetzungen nach Abs. 3 dritter Satz erfüllen.

(8) Als Geschäftsgebiete sind jene Grundflächen festzulegen, die vornehmlich für Gebäude von Handels- und Dienstleistungsbetrieben, Geschäfts- und Verwaltungsgebäude, Versammlungs-, Vergnügungs- und Veranstaltungsstätten bestimmt sind, im übrigen
 a) für sonstige Betriebsgebäude, die keine örtlich unzumutbaren Umweltbelastungen (Abs. 3) mit sich bringen, und
 b) für Wohngebäude samt dazugehörigen sonstigen baulichen Anlagen nach Abs. 4 lit. a,
und die unter Bedachtnahme auf die örtlichen Gegebenheiten und den Charakter als Geschäftsgebiet die Voraussetzungen nach Abs. 3 dritter Satz erfüllen. Gebäude und sonstige bauliche Anlagen, von denen erfahrungsgemäß erhebliche Umweltbelastungen (Abs. 3) für die Einwohner oder Besucher des Geschäftsgebietes ausgehen, dürfen in Geschäftsgebieten nicht errichtet werden.

(9) Als Industriegebiete sind jene Grundflächen festzulegen, die bestimmt sind
 a) für Betriebsgebäude und dazugehörige sonstige bauliche Anlagen von nicht unter Abs. 7 fallenden gewerblichen Klein- und Mittelbetrieben, von gewerblichen Großbetrieben und von Industriebetrieben,
 b) für betriebsnotwendige Wohngebäude für das Aufsichts- und Wartungspersonal, Geschäfts- und Verwaltungsgebäude, Lagerplätze, Maschinenhallen, Werkshallen u. ä. und
 c) für Gebäude und dazugehörige sonstige bauliche Anlagen von landwirtschaftlichen Betrieben mit Intensivtierhaltung oder für sonstige landwirtschaftliche Produktionsstätten industrieller Prägung (Abs. 4 letzter Satz).
Gebäude und sonstige bauliche Anlagen für Betriebe nach lit. a, die erfahrungsgemäß in hohem Maße Umweltgefährdungen insbesondere durch Strahlen oder Explosionen mit sich bringen, dürfen im Industriegebiet nicht errichtet werden.

(10) Als Sondergebiete sind jene Grundflächen festzulegen, die für Gebäude und sonstige bauliche Anlagen bestimmt sind, die sich nach der Art oder den Umständen des jeweiligen Bauvorhabens oder im Hinblick auf die gewachsene Bebauungsstruktur nicht unter die Abs. 4 bis 9 einordnen lassen oder die einer besonderen Standortsicherung bedürfen, wie umweltgefährdende Gewerbe- oder Industriebetriebe und Betriebe, die in den Anwendungsbereich der Richtlinie 2012/18/EU fallen (Abs. 3), Explosivstofflager, Schießstätten, Kaser-

nen, Schwerpunkt- und Zentralkrankenanstalten, Abfallbehandlungsanlagen, Kirchen, Klöster, Burgen, Schlösser, Ausflugsgasthäuser, Schutzhütten u.ä.. Bei der Festlegung von Sondergebieten ist der jeweilige Verwendungszweck auszuweisen.

ErlRV Verf-273/3/1994, 12 ff (zu § 2 Gemeindeplanungsgesetz 1982 idF LGBl 1994/105):

„Zu Z. 6 (§ 2 Abs. 1 [Anm: § 3 Abs 1 idgF]):

Im Vergleich zur derzeitigen Rechtslage wird der Katalog jener Umstände erweitert, die einer Festlegung von Grundflächen als Bauland entgegenstehen und – im Interesse der besseren Übersichtlichkeit – untergliedert. Gebiete, die ungünstige örtliche Gegebenheiten aufweisen oder in näher bezeichneten Gefährdungsbereichen gelegen sind, dürfen nicht als Bauland festgelegt werden, sofern die eine Bebauung entgegenstehenden Hindernisse nicht durch entsprechende Maßnahmen behoben werden können. Im wesentlichen gleiches gilt für Grundflächen, die noch nicht (oder nur mangelhaft) verkehrsmäßig oder sonst infrastrukturell erschlossen sind und bei denen anzunehmen ist, daß sich die Erschließungssituation auch nicht in absehbarer Zeit ändern wird. Neben der Erhaltung des Landschaftsbildes sollen in Hinkunft auch Gründe des Ensembleschutzes (§ 1 Abs. 2 des Ortsbildschutzgesetzes 1990) der Festlegung von Grundflächen als Bauland entgegenstehen.

Zu Z. 7 (§ 2 Abs. 1a [Anm: § 3 Abs 2 idgF]):

Mit der vorliegenden Bestimmung soll einerseits dem Gebot der sparsamen Verwendung von Grund und Boden Rechnung getragen und andererseits ein Höchstrahmen für die zulässigen Baulandreserven in der Gemeinde vorgegeben werden. Das Ausmaß des unbebauten Baulandes in der Gemeinde wird sich demnach in Hinkunft am abschätzbaren Baulandbedarf innerhalb eines Planungszeitraumes von zehn Jahren zu orientieren haben. Zu diesem Zweck hat der Bürgermeister eine Bauflächenbilanz zu erstellen und auf aktuellem Stand zu halten, in der der Baulandbedarf – jeweils getrennt für die einzelnen Baugebiete – darzustellen ist. Entsprechende Bedarfsprognosen sind bereits im örtlichen Entwicklungskonzept zu treffen (§ 3 Abs. 3 lit. c [Anm: § 2 Abs. 3 lit. c idgF]). Übersteigen die Baulandreserven in der Gemeinde den abschätzbaren Baulandbedarf innerhalb eines Planungszeitraumes von zehn Jahren, dürfen weiter Grundflächen als Bauland grundsätzlich nicht mehr festgelegt werden. Eine Ausnahme besteht allerdings vür verhältnismäßig kleine, das Flächenmaß von 3.000 m² nicht übersteigende Grundflächen zur Gestaltung geschlossener und abgerundeter Baugebiete.

Die vom Bürgermeister zu führende Bauflächenbilanz bildet eine fachliche Grundlage für die Flächenwidmungsplanung und ist ihrem Rechtscharakter nach als Gutachten zu qualifizieren. In ihr ist auf der Grundlage der bisherigen Entwicklung eine Prognose hinsichtlich des künftigen Baulandbedarfes in der Gemeinde zu treffen.

Zu Z. 8 (§ 2 Abs. 2 [Anm: § 3 Abs 3 idgF]):

Der Verfassungsgerichtshof hat in seiner Rechtsprechung zum Ausdruck gebracht, daß Raumordnungsvorschriften zwar keine bestimmte Mindestgröße für Baugebiete vorsehen müssen und die natürlichen Gegebenheiten oder die tatsächlichen Benützungsverhältnisse auch die Bildung verhältnismäßig kleinräumiger Widmungseinheiten erforderlich machen können (VfSlg. 8701/1979, S. 389). Im Erkenntnis vom 1. Oktober 1992, V 318/91, hat der Verfassungsgerichtshof weiters ausgeführt, daß die Schaffung zahlreicher Widmungs-"Inseln" innerhalb einer bestimmten Widmungskategorie dem Grundsatz der funktionellen Teilung der Widmungskategorien widerspreche und überdies Nutzungen ermögliche, wie sie in dieser Art in den Widmungskategorien des Gesetzes nicht vorgesehen sind (vgl. auch VfGH vom 2. Dezember 1992, B 658/92). Diese skizzierten Grundgedanken dieser Rechtsprechung bringt das Gebot, das Bauland entsprechend den örtlichen Erfordernissen in möglichst geschlossene und abgerundete Baugebiete zu gliedern, zum Ausdruck.

Bereits im Allgemeinen Teil wurde ausgeführt (vgl. Punkt 1. lit. b [Anm: siehe oben]), daß ein wesentliches Anliegen des vorliegenden Gesetzesentwurfes darin besteht, im Bereich des örtlichen Raumplanungsrechtes in verstärktem Maße den Zielsetzungen des (in einem umfassenden Sinn verstandenen) Umweltschutzes gerecht zu werden und Konflikte zwischen verschiedenen Raumnutzungen nach Möglichkeit schon im Planungsstadium zu vermeiden. Diesem Anliegen trägt die Neuregelung insofern Rechnung, daß die Lage der einzelnen Baugebiete im Bauland sowie die zulässigen Nutzungen innerhalb eines Baugebietes so aufeinander abzustimmen sind, daß gegenseitige Beeinträchtigungen und örtlich unzumutbare Umweltbelastungen möglichst vermieden werden. Im Vergleich zu derzeit geltenden Rechtslage sollen die in Betracht kommenden Umweltbelastungen durch eine demonstrative Aufzählung näher konkretisiert werden.

Ausdrücklich vorgesehen wird weiters die Möglichkeit, zur Sicherstellung eines wirksamen Umweltschutzes sowie der künftigen (wirtschaftlichen) Entwicklungsmöglichkeiten von Betrieben zwischen verschiedenen Baugebieten Schutzstreifen als Immissionsschutz festzulegen, wenn andernfalls unzumutbare gegenseitige Beeinträchtigungen nicht vermieden werden können.

Zu Z. 9 bis 12 (§ 2 Abs. 3 bis Abs. 11 [Anm: § 3 Abs 4 bis 10 idgF; der Regelungsinhalt von § 2 Abs 10 und 11 entfiel durch LGBl 1997/134]):
Ein wesentliches Anliegen des vorliegenden Gesetzesentwurfes bildet die Überarbeitung der derzeitigen Widmungskategorien, wobei unter weitgehender Wahrung der bisherigen Systematik vor allem auch eine übersichtlichere Gestaltung der Kategorien angestrebt wurde. Der Ausgangspunkt war dabei die Intention, die zulässigen Nutzungen innerhalb eines Baugebietes einerseits zu präzisieren und andererseits so aufeinander abzustimmen, daß die gegenseitigen Beeinträchtigungen möglichst vermieden werden (vgl. dazu auch § 2 Abs. 2 [Anm: § 3 Abs 3 idgF]). Das „gemischte Baugebiet" als Widmungskategorie, in der durch das Nebeneinander von Wohnnutzungen und gewerblichen Nutzungen Konflikte geradezu vorgezeichnet sind, wird durch die Widmungskategorie „Gewerbegebiet" ersetzt, in der in Hinkunft Wohnnutzungen nur mehr unter eingeschränkten Voraussetzungen zulässig sein werden. Die Widmungskategorien „Leichtindustriegebiet" und „Schwerindustriegebiet" wurden in Anbetracht der geringen praktischen Bedeutung der letzten Widmung zu einer neuen Widmungskategorie „Industriegebiet" zusammengefaßt. Die neue Widmungskategorie „Sonderfläche" ist für jene Flächen bestimmt, auf denen Gebäude und sonstige bauliche Anlagen errichtet werden sollen, die nach der Art oder den Umständen des jeweiligen Vorhabens nicht unter die übrigen Widmungskategorien eingeordnet werden können. [...]

Im einzelnen ist zu den skizzierten Neuregelungen folgendes zu bemerken:

Zu § 2 Abs. 3 [Anm: § 3 Abs 4 idgF]:
Im Gegensatz zur derzeit geltenden Rechtslage wird bei den im Dorfgebiet zulässigen Wohngebäuden ausdrücklich darauf abgestellt, daß

diese nach Lage, Größe, Ausgestaltung, Einrichtung u.ä. zur Deckung eines ganzjährigen gegeben Wohnbedarfs bestimmt sein müssen. Die Wortfolge „Gebäude gewerblicher Kleinbetriebe" ist weit zu verstehen, insbesondere um im Dorfgebiet bestehenden gewerblichen Betrieben eine entsprechende Entwicklungsperspektive zu sichern. Unzulässig soll im Dorfgebiet – wie bereits bisher – die Errichtung von landwirtschaftlichen Produktionsstätten industrieller Prägung bleiben, wobei in Hinkunft zwischen Maistrocknungsanlagen u.ä. und den nach den praktischen Erfahrungen besonders emissionsintensiven landwirtschaftlichen Betrieben mit Intensivtierhaltung unterschieden werden soll. Für die letztgenannten landwirtschaftlichen Produktionsstätten enthält § 3 Abs. 2a [Anm: § 5 Abs 3 idgF] des Entwurfes eine nähere Definition; durch eine Verordnung der Landesregierung sollen die landwirtschaftlichen Produktionsstätten industrieller Prägung schließlich im einzelnen präzisiert werden (§ 3 Abs. 2b des Entwurfes [Anm: § 5 Abs 4 idgF]). Ihre Errichtung im Dorfgebiet soll künftig allerdings – abweichend von der Regelung im Begutachtungsverfahren – dann auch weiterhin zulässig sein, wenn die durch sie verursachten Emissionen unter Bedachtnahme auf die örtlichen Gegebenheiten das jeweils ortsübliche Ausmaß nicht erheblich überschreiten.

Zu § 2 Abs. 4 [Anm: § 3 Abs 5 idgF]:

Die Bestimmung stellt nunmehr ausdrücklich klar, daß in Wohngebieten auch die Errichtung von Gebäuden zulässig ist, die (neben Wohnzwecken) der Unterbringung von Büros, Kanzleien, Ordinationen udgl. dienen und die üblicherweise in Wohngebäuden untergebracht werden. Um wechselseitige Beeinträchtigungen zwischen den verschiedenen in Wohngebieten zulässigen Nutzungen zu verringern, werden in Hinkunft Flächen innerhalb dieser Widmungskategorie als „reine Wohngebiete" mit eingeschränkteren Nutzungsmöglichkeiten festgelegt werden dürfen (zur Bedeutung der „häufig benötigten Güter und Dienstleistungen[„] vgl. das korrespondierende Raumordnungsziel in § 2 Abs. 1 Z. 5 des Kärntner Raumordnungsgesetzes).

Zu § 2 Abs. 5 [Anm: § 3 Abs 6 idgF]:

Ebenso wie in Wohngebieten sollen auch in Kurgebieten Flächen als „reine Kurgebiete" festgelegt werden können, auf denen Einrichtungen und Gebäude nicht errichtet werden dürfen, die örtlich unzumutbare Umweltbelastungen mit sich bringen.

Zu § 2 Abs. 6 [Anm: § 3 Abs 7 idgF]:

I. Abschnitt §3

Wie bereits ausgeführt, soll das „gemischte Baugebiet" als Widmungskategorie, in der das Nebeneinander von Wohnnutzungen und gewerblichen Nutzungen häufige Konflikte und gegenseitige Beeinträchtigungen nach sich zieht, durch die Widmungskategorie „Gewerbegebiet" ersetzt werden. Die Errichtung von Wohngebäuden wird dort in Hinkunft nur mehr insofern zulässig sein, als es sich um Betriebswohngebäude handelt, die den im Gewerbegebiet bestehenden gewerblichen Klein- und Mittelbetrieben zugeordnet sind. Hinsichtlich solcher Gebiete, die in den bestehenden Flächenwidmungsplänen als „gemischte Baugebiete" festgelegt sind, enthält Art. II Abs. 6 dieses Gesetzesentwurfes [Anm: siehe die Übergangsbestimmungen zu LGBl 1994/105 unten] die erforderlichen Übergangsbestimmungen.

Zu § 2 Abs. 8 [Anm: § 3 Abs. 9 idgF]:

Die Widmungskategorien „Leichtindustriegebiet" und „Schwerindustriegebiet" wurden im Hinblick auf die geringe praktische Bedeutung der letztgenannten Widmung zu einer neuen Widmungskategorie „Industriegebiet" zusammengefaßt. Wohnnutzungen werden dort nur in sehr eingeschränktem Maße zulässig sein.

Zu § 2 Abs. 9 [Anm: § 3 Abs. 10 idgF]:

Mit der neuen Widmungskategorie „Sonderfläche" soll eine Auffangwidmung für Gebäude und sonstige bauliche Anlagen geschaffen werden, die sich nach der Art oder en Umständen des jeweiligen Vorhabens nicht unter die zulässigen Nutzungen der Baugebiete nach Abs. 3 bis Abs. 8 [Anm: Abs. 4 bis 9 idgF] einordnen lassen. Die demonstrative Aufzählung macht deutlich, an welche Vorhaben im gegebenen Zusammenhang gedacht ist, nämlich insbesondere umweltgefährdende Gewerbe- oder Industriebetriebe, die weder in „Gewerbegebieten" noch in „Industriegebieten" errichtet werden dürfen, Sprengstofflager und Schießstätten, für die keine gesonderte Festlegung nach § 3 Abs. 2 lit. k [Anm: § 5 Abs 2 lit. k idgF] erfolgt ist, Kasernen, Schwerpunkt- und Zentralkrankenanstalten u.ä..

Die Zweckbestimmung der Sonderfläche ist jeweils im Flächenwidmungsplan selbst auszuweisen. Die Zuordnung zu einer anderen Zweckbestimmung kann demnach nur durch eine Änderung des Flächenwidmungsplanes erfolgen."

ErlRV Verf-579/15/1997, 13 (zu LGBl 1997/134):

„Zu Z 7 und 8 (§ 3 Abs. 2 und § 3 Abs. 2a):

Die bisherige Regelung des § 3 Abs. 2 letzter Satz ist im Hinblick auf die Neutextierung des § 16 entsprechend anzupassen. Durch die Ausnahme der Festlegung von Gewerbebetrieben und Industriegebieten von der Maßgeblichkeit der Bauflächenbilanz soll die Ansiedlung bzw. Standortverlegung von wirtschaftlichen Betrieben erleichtert werden.

Zu Z 9 (§ 3 Abs. 10 erster Satz):

Die Ergänzung der demonstrativen Aufzählung des § 3 Abs. 10 des Gemeindeplanungsgesetzes 1995 trägt dem Bedürfnis Rechnung, den Anwendungsbereich der Widmungskategorie „Sondergebiete" zu erweitern. Das neue Kriterium der „gewachsenen Bebauungsstruktur" soll es in Hinkunft ermöglichen, typische Mischstrukturen als Widmungseinheiten festzulegen.

Zu Z 10 (§ 3 Abs. 10 letzter Satz):

Durch diese Änderung der Rechtslage soll die sprachliche Einheitlichkeit innerhalb des Gemeindeplanungsgesetzes 1995 wiederhergestellt werden, nachdem aufgrund eines Redaktionsversehens bei der Wiederverlautbarung dieser Rechtsvorschrift eine unterschiedliche Diktion besteht.

ErlRV -2V-LG-58/74-2001, 2 f und 4 (zu LGBl 2001/69):

„II. EG-Konformität der Regelungen

Mit der Seveso II-Richtlinie 96/82/EG wurde das durch die sogenannte „Seveso I"-Richtlinie 82/501/EWG eingeführte System zur Verhütung schwerer Unfälle mit weitreichenden Folgen, die durch bestimmte Industrietätigkeiten verursacht werden können, sowie zur Begrenzung möglicher[r] Unfallfolgen für Mensch und Umwelt, grundlegend neugestaltet, verschärft und erweitert. Eine wesentliche Neuerung im Rahmen der Seveso II-Richtlinie stellen deren Art. 11 und 12 dar, die einerseits die Erstellung von Notfallplänen vorsehen (Art. 11) und andererseits die Verpflichtung der Mitgliedsstaaten enthalten, in ihren Flächenwidmungs- und -nutzungspolitiken entsprechende Vorkehrungen für die Ansiedlung von unter diese Richtlinie fallenden Betrieben zu treffen (Art. 12).

I. Abschnitt § 3

Nach Art. 12 der Seveso II-Richtlinie sollen im Wege der Überwachung der Ansiedlung gefahrenbezogener Betriebe schwere Unfälle verhütet und ihre Folgen begrenzt werden; im Einzelnen unterliegen der Überwachung

- die Ansiedlung neuer Betriebe,
- die Änderung bestehender Betriebe und
- neue Entwicklung in der Nachbarschaft bestehender Betriebe.

Art. 12 der Seveso II-Richtlinie sieht demnach im Wesentlichen einen [Anm: eine] planmäßig und vorausschauende Überwachung der Ansiedlung und der Änderung gefahrengeeigneter Betriebe sowie der neuen Entwicklungen in der Umgebung dieser Betriebe vor. „Maßnahmen" nach Art. 12 der Seveso II-Richtlinie sind planerische Maßnahmen, die die Benutzung betreffen.

Nach dem Rechtsatz des Erkenntnisses VfSlg. 2674/1954, BGBl. Nr. 162/1954 fällt die planmäßige und vorausschauende Gesamtgestaltung eines Gebietes in Bezug auf seine Verbauung, insbesondere auch für Wohn- und Industriezwecke, insoweit in die Zuständigkeit der Länder gemäß Art. 15 Abs. 1 B-VG, „als nicht etwa einzelne dieser planenden Maßnahmen, wie im Besonderen solche auf den Gebieten des Eisenbahnwesens, des Bergwesens, des Forstwesens und des Wasserrechts nach Art. 10 bis 12 B-VG in der Fassung von 1929 der Gesetzgebung oder auch der Vollziehung des Bundes ausdrücklich vorbehalten sind".

Soweit die Vorgaben der Seveso II-Richtlinie betretend die planmäßige und vorausschauende Gesamtgestaltung eines Gebietes in Bezug auf seine Verbauung kompetenzrechtlich von den Länder innerstaatlich umzusetzen sind, werden die erforderlichen Regelungen für den Bereich der örtlichen Raumplanung mit den vorliegenden Gesetzesentwurf vorgesehen (zur Kompetenzabgrenzung zwischen Bund und den Ländern im Gegenstand siehe im Einzelnen Attlmayr, Zur kompetenzrechtlichen Problematik der Umsetzung der Art. 11 und 12 der „Seveso II"-Richtlinie, RdU 1998, S 174 ff.).

[...]

Zu Z 4 (§ 3 Abs. 3):

Hinsichtlich der Neuregelung in § 3 Abs. 3 darf auf die Ausführungen zu Pkt. II. der Erläuterungen verwiesen werden; hinzuweisen ist im gegeben Zusammenhang auch auf die Übergangsbestimmung des Art. II

Abs. 5 [Anm: siehe die Übergangsbestimmungen zu LGBl 2001/169 unten]."

Zu Z 5 (§ 3 Abs. 6):

Durch die vorgeschlagene Neuregelung sollen zum einen die im Kurgebiet und im reinen Kurgebiet zulässigen Nutzungen erweitert werden (siehe dazu im Einzelnen § 3 Abs. 6 lit. c); zum anderen soll die Regelung des § 3 Abs. 6 letzter Satz betreffend Verwendungsvorgaben für Apartmenthäuser in der Widmungskategorie „Bauland-Kurgebiet" im Interesse der Verringerung übermäßige[n] Verwaltungsaufwandes ersatzlos entfallen."

ErlRV -2V-LG-544/34-2002, 4 (zu LGBl 2002/71):

„Zu Z 1 (§ 3 Abs. 1 lit. b):

Vor dem Hintergrund der Hochwasserkatastrophe in Nordösterreich im Herbst 2002 soll das bisherige relative Verbot von Baulandwidmungen in bestimmten Gefährdungsbereichen in ein absolutes Widmungsverbot in solchen Gefährdungsbereichen umgewandelt werden (siehe im gegebenen Zusammenhang auch die Rückwidmungsverpflichtung für unbebaute Baulandwidmungen in diesen Gefährdungsbereichen nach Art. I Z 11 [Anm: im LGBl Z 10, § 15 Abs 4 letzter Satz] dieses Gesetzesentwurfes."

ErlRV -2V-LG-920/15-2005, 2 (zu LGBl 88/2005):

„Zu Z 2 [Anm: § 3 Abs 3 vierter Satz]):

Bei der Beurteilung der Lärmbelästigung im Zuge der Gliederung des Baulandes in möglichst geschlossene und abgerundete Baugebiete sollen die strategischen Lärmkarten herangezogen werden. Die Mindestanforderungen für die Ausarbeitung strategischer Lärmkarten sind im Anhang IV der Richtlinie enthalten.

[...]

Sowohl die strategischen Lärmkarten als auch die Aktionspläne sind in Kärnten derzeit nur an Hauptverkehrsstraßen, Eisenbahnstrecken und öffentlichen Flugplätzen, die für den internationalen Luftverkehr bestimmt sind, zu erstellen, da Ballungsräume mit mehr als 100.000 Einwohnern in Kärnten nicht gegeben sind. Die näheren Regelungen betreffend die Aktionspläne und die strategischen Lärmkarten werden in Ausführung der Umgebungslärmrichtlinie nach einer entsprechenden Novelle im Kärntner Straßengesetz und im Kärntner IPPC-Anlagengesetz sowie im Bundes-Umgebungslärmschutzgesetz enthalten sein."

ErlRV 01-VD-LG-1729/8-2016, 1 f (zu LGBl 2016/24):

„Zu Z 1 (§ 3 Abs. 3)

Die derzeit geltende Fassung des § 3 Abs. 3 S 4 K-GplG 1995 geht auf die mit LGBl. Nr. 39/2001 bewirkte Änderung des Kärntner Gemeindeplanungsgesetzes 1995 zurück.

Die Neufassung des § 3 Abs. 3 K-GplG 1995 erfolgt aufgrund von Alt. 13 der Richtlinie 2012/18/EU des Europäischen Parlaments und des Rates vom 4. Juli 2012 zur Beherrschung der Gefahren schwerer Unfälle mit gefährlichen Stoffen, zur Änderung und anschließenden Aufhebung der Richtlinie 96/82/EG des Rates, ABl. Nr. L 197 vom 24.7.2012, S 1 („Seveso-III-Richtlinie"). Im Zuge dieser Neufassung wird zudem- angelehnt an § 30 Abs. 1 Z 5 des Steiermärkischen Raumordnungsgesetzes 2010 – auch auf die *Erweiterung bestehender Sonderwidmungen* ausdrücklich Bezug genommen und es wird eine stärkere inhaltliche Determinierung der betroffenen Flächen iSd Art. 13 Abs. 2 der Richtlinie 2012/18/EU angestrebt.

Nach Art. 13 Abs. 2 der Richtlinie 2013/18/EU (bisher Art. 12 Abs. 1 der Richtlinie 96/82/EG) haben die Mitgliedstaaten dafür zu sorgen, dass in ihrer *Politik der Flächenausweisung oder Flächennutzung* oder anderen einschlägigen Politiken sowie den Verfahren für die Durchführung dieser Politiken langfristig dem Erfordernis Rechnung getragen wird, *dass zwischen den unter diese Richtlinie fallenden Betrieben einerseits und Wohngebieten, öffentlich genutzten Gebäuden und Gebieten, Erholungsgebieten und soweit möglich, Hauptverkehrswegen, ein angemessener Sicherheitsabstand* („appropriate safety distance") gewahrt bleibt. Sie haben ferner dem Erfordernis Rechnung zu tragen, dass unter dem Gesichtspunkt des *Naturschutzes besonders wertvolle bzw. besonders empfindliche Gebiete* in der Nachbarschaft von Betrieben erforderlichenfalls durch angemessene Sicherheitsabstände oder durch andere relevante Maßnahmen geschützt werden, und dass bei bestehenden Betrieben zusätzliche technische Maßnahmen nach Art. 5 der Richtlinie ergriffen werden, damit es zu keiner Zunahme der Gefährdung der menschlichen Gesundheit und Umwelt kommt. Nach Art. 13 Abs. 3 der Richtlinie 2012/17/EU (bisher Art. 12 Abs. 2 der Richtlinie 96/82/EG) haben die Mitgliedstaaten auch dafür zu sorgen, dass alle zuständigen Behörden und alle für Entscheidungen in diesem Bereich zuständigen Dienststellen geeignete Konsultationsverfahren einrichten, um die Umsetzung dieser Politik zu erleichtern, wobei diese Verfahren zu gewährleisten haben, dass bei diesbezüglichen Entscheidungen unter Berücksichtigung des Einzelfalls oder nach allgemeinen Kriterien die Betreiber genügend Informationen zu den vom Betrieb ausgehenden Risiken liefern und auf fachliche Beratung über die von dem Betrieb ausgehenden Risiken zurückgegriffen werden kann.

Eine wesentliche Neuerung, die auf das Bestreben, eine stärkere inhaltliche Determinierung der betroffenen Flächen zu erreichen, zurückgeht, ist, dass nicht mehr generell auf Baugebiete, zu denen ein angemessener Sicherheitsabstand zu bestehen hat, sondern auf Gebiete im *Bauland*, mit Ausnahme von Sondergebieten, die in den Anwendungsbereich der Richtlinie 2012/18/EU fallen, sowie Gewerbe- und Industriegebieten, abgestellt wird. Dies erscheint vor dem Hintergrund, dass Art. 13 Abs. 2 lit. a der Richtlinie entsprechende Sicherheitsabstände „nur" in Bezug auf „Wohngebiete" und „öffentlich genutzte Gebäude" fordert, zulässig. Das Art. 13 Abs. 2 lit. b der Richtlinie 2012/18/EU angemessene Sicherheitsabstände auch in Bezug auf unter dem Gesichtspunkt des *Naturschutzes* besonders wertvolle bzw. besonders empfindliche Gebiete fordert, sind entsprechende Sicherheitsabstände auch in Bezug auf Gebiete, für die aufgrund von Bundes- oder Landesgesetzen unter dem Gesichtspunkt des Umwelt- und Naturschutzes Nutzungsbeschränkungen bestehen (zB Nationalparkgebiete, Naturschutzgebiete, Landschaftsschutzgebiete, wasserrechtlich besonders geschützte Gebiete und sonstige wasserwirtschaftliche Planungsgebiete und dergleichen), zu wahren. Die Ausnahme in Bezug auf Gewerbe- und Industriegebiete lehnt sich an § 37 Abs. 3 Tiroler Raumordnungsgesetz 2011 an; jene in Bezug auf Nutzungsbeschränkungen unter dem Gesichtspunkt des Umwelt- und Naturschutzes zum Teil an § 2 Abs. 3 Oö. Raumordnungsgesetz 1994, wo unter anderem auf wasserwirtschaftliche Planungs-, Schutz- und Schongebiete Bezug genommen wird.

In Bezug auf sonstige Verkehrsflächen und (sonstigen) im Grünland gesondert festgelegten Gebiete, wird entsprechend der bisherigen Formulierung des § 3 Abs. 3 S 4 K-GplG 1995 auf deren häufige Frequentierung durch Menschen abgestellt; hiermit soll der von Art. 13 Abs. 2 lit. a Richtlinie 2012/18/EU geforderte angemessene Sicherheitsabstand zu Gebieten, Erholungsgebieten und Hauptverkehrswegen umgesetzt werden. Im gegenständlichen Zusammenhang ist schließlich auch auf die Übergangsbestimmung des Art. IV Abs. 5 des Gesetzesentwurfs zu verweisen, wonach Art. I Z 1 (§ 3 Abs. 3) und Art. I Z 2 (§ 3 Abs. 10) des Gesetzesentwurfs nur für Neufestlegungen von Bauland ab dem Zeitpunkt des Inkrafttretens dieses Gesetzes (Abs. 1) gelten und im Zeitpunkt des Inkrafttretens dieses Gesetzes (Abs. 1) bereits bestehende Baulandwidmungen in rechtswirksam erlassenen Flächenwidmungsplänen von der durch dieses Gesetz geänderten Rechtslage unberührt bleiben.

Zu Z 2 (§ 3 Abs. 10)

Neben umweltgefährdenden Gewerbe- oder Industriebetrieben wird die demonstrative Aufzählung um Betriebe, die in den Anwendungsbereich der *Richtlinie 2012/ 18/EU* fallen, erweitert. Ferner wird auf Anregung der Abteilung 8 – Umwelt, Wasser und Naturschutz der Terminus „Sprengstofflager" durch jenen des „*Explosivstofflagers*" ersetzt."

§ 4 Aufschließungsgebiete

(1) Innerhalb des Baulandes hat der Gemeinderat durch Verordnung jene Grundflächen als Aufschließungsgebiete festzulegen, für deren widmungsgemäße Verwendung unter Berücksichtigung der Bauflächenbilanz (§ 3 Abs. 2) und unter Bedachtnahme auf das örtliche Entwicklungskonzept (§ 2) wegen ausreichend vorhandener und verfügbarer Baulandreserven in siedlungspolitisch günstigeren Lagen kein allgemeiner unmittelbarer Bedarf besteht und deren widmungsgemäßer Verwendung sonstige öffentliche Rücksichten, insbesondere wegen ungünstiger natürlicher Verhältnisse (§ 3 Abs. 1 lit. a und lit. b) oder wegen ungenügender Erschließung (§ 3 Abs. 1 lit. c), entgegenstehen. § 1 Abs. 2 gilt für die Festlegung von Aufschließungsgebieten sinngemäß.

(1a) Der Gemeinderat darf als Bauland festgelegte, unbebaute Grundflächen auch dann als Aufschließungsgebiete festlegen, wenn die Baulandreserven in der Gemeinde unter Berücksichtigung der Bauflächenbilanz (§ 3 Abs. 2) den abschätzbaren Baulandbedarf nach den einzelnen Baugebieten (§ 3 Abs. 4 bis 10) innerhalb eines

Planungszeitraumes von zehn Jahren übersteigen und unter Bedachtnahme auf das örtliche Entwicklungskonzept zu erwarten ist, daß die Gründe für die Festlegung als Aufschließungsgebiete innerhalb desselben Planungszeitraumes wegfallen werden.

(2) Bei der Festlegung einer oder mehrerer zusammenhängender Grundflächen im Ausmaß von mehr als 10.000 m² als Aufschließungsgebiet darf der Gemeinderat dieses in Aufschließungszonen unterteilen, wenn das im Interesse einer geordneten Siedlungsentwicklung oder zur Sicherstellung einer bestimmten zeitlichen Abfolge der Bebauung zweckmäßig ist.

(3) Der Gemeinderat hat die Festlegung von Bauland als Aufschließungsgebiet (Aufschließungszone) aufzuheben, wenn die Aufhebung den im örtlichen Entwicklungskonzept (§ 2) festgelegten Zielen der örtlichen Raumplanung nicht widerspricht und die Gründe für die Festlegung weggefallen sind. Weisen als Aufschließungsgebiete (Aufschließungszonen) festgelegte Grundflächen sämtliche Voraussetzungen für die Bebauung auf und verpflichten sich die Eigentümer solcher Grundflächen mit Wirkung auch für ihre Rechtsnachfolger in einer schriftlichen Erklärung gegenüber dem Bürgermeister, für eine widmungsgemäße Bebauung der Grundflächen innerhalb von fünf Jahren nach der Freigabe zu sorgen, so hat der Gemeinderat die Festlegung als Aufschließungsgebiet (Aufschließungszone) ohne Bedachtnahme auf die vorhandenen und verfügbaren Baulandreserven in der Gemeinde aufzuheben. Als widmungsgemäß bebaut ist eine Grundfläche dann anzusehen, wenn die Ausführung des widmungsgemäßen Bauvorhabens vollendet worden ist.

(3a) Der Gemeinderat hat die Festlegung von Bauland als Aufschließungsgebiet weiters ohne Bedachtnahme auf die vorhandenen und verfügbaren Baulandreserven in der Gemeinde aufzuheben, wenn

a) die Aufhebung den im örtlichen Entwicklungskonzept (§ 2) festgelegten Zielen der örtlichen Raumplanung nicht widerspricht und

b) seit der Festlegung der betroffenen Grundflächen als Aufschließungsgebiet zehn Jahre vergangen sind und

c) hinsichtlich der betroffenen Grundflächen keine Gründe nach § 3 Abs. 1 lit. a bis lit. c vorliegen, die einer Neufestlegung der Grundflächen als Bauland entgegenstehen würden, und

I. Abschnitt § 4

d) der betroffene Grundeigentümer gegenüber der Gemeinde schriftlich die Aufhebung des Aufschließungsgebietes beantragt.

(3b) Stehen der Aufhebung des Aufschließungsgebietes Gründe nach § 3 Abs. 1 lit. c entgegen, hat der Gemeinderat die Aufhebung des Aufschließungsgebietes bei Vorliegen der sonstigen Voraussetzungen nach Abs. 3a lit. a, lit. b und lit. d dann vorzunehmen, wenn sich der betroffene Grundeigentümer in einer privatwirtschaftlichen Vereinbarung (§ 22) mit der Gemeinde verpflichtet, jene Aufwendungen zu ersetzen, die der Gemeinde durch die Schaffung der erforderlichen Erschließungsvoraussetzungen erwachsen und die nicht durch gesetzliche Gebühren und Beiträge abgegolten werden.

(4) Der Bürgermeister hat ein Verzeichnis der Verpflichtungserklärungen nach Abs. 3 zu führen und auf aktuellem Stand zu halten, in das jedermann Einsicht nehmen darf, der ein berechtigtes Interesse glaubhaft macht.

(5) Die Freigabe einer oder mehrerer zusammenhängender Grundflächen im Ausmaß von mehr als 10.000 m², in den Städten Klagenfurt und Villach von mehr als 20.000 m², zur Bebauung darf bei Vorliegen der Voraussetzungen nach Abs. 3 oder Abs. 3a überdies nur dann erfolgen, wenn für diese Flächen ein rechtswirksamer Teilbebauungsplan (§ 24 Abs. 3) besteht.

ErlRV Verf-273/3/1994, 17 ff (zu § 2a Gemeindeplanungsgesetz 1982 idF LGBl 1994/105):

„Die Regelungen über die Festlegung von Grundflächen innerhalb des Baulandes als Aufschließungsgebiet, die bisher in § 2 Abs. 11 und Abs. 12 enthalten waren, werden nunmehr in einem eigenen Paragraphen zusammengefaßt und inhaltlich ausgebaut:

Die bereits nach der derzeitigen Rechtslage bestehende Verpflichtung, Grundflächen innerhalb des Baulandes als Aufschließungsgebiete festzulegen, wurde weitestgehend umgestaltet: Die bisher alternativen Voraussetzungen zur Festlegung von Aufschließungsgebieten nach § 2 Abs. 11 lit. a und lit. b werden nunmehr kumuliert und jeweils inhaltlich präziser gestaltet. Die Voraussetzung des fehlenden allgemeinen, unmittelbaren Bedarfs für die Festlegung von Grundflächen als Aufschließungsgebiete wird im Vergleich zur derzeit geltenden Rechtslage durch das Gebot der Berücksichtigung der Bauflächenbilanz (§ 2 Abs. 1a [Anm: § 3 Abs 2 idgF]) und der Bedachtnahme auf das örtliche Entwicklungskonzept (§ 1a [Anm: § 2 idgF]) sowie das Kriterium der „ausreichend vorhandenen und verfügbaren Baulandreserven in siedlungspolitisch günstigeren Lagen" näher determiniert. Die weitere, nunmehr kumulativ geforderte Voraussetzung für die Festlegung von Grundflächen als Aufschließungsgebiete, daß nämlich ihrer widmungsgemäßen Verwendung sonstige öffentliche Rücksichten entgegenstehen, wurde durch einen Verweis auf § 2 Abs. 1 lit. a bis c [Anm: § 3 Abs 1 lit a bis c idgF] konkretisiert. Damit wird klargestellt, daß nicht nur die ungenügende Erschließung mit dem Stand der Technik entsprechenden Einrichtungen der Energie- und der Wasserversorgung, der Abwasser- und Abfallentsorgung oder des Verkehrs, sondern auch die Gefährdung durch Naturgefahren und ungünstige örtliche Gegebenheiten eine Verpflichtung zur Festlegung von als Bauland gewidmeten Grundflächen als Aufschließungsgebiete begründen können.

Durch Abs. 2 der Bestimmung soll sichergestellt werden, daß größere zusammenhängende Grundflächen, die als Aufschließungsgebiete festgelegt sind, in Aufschließungszonen unterteilt werden dürfen, wenn eine derartige Unterteilung im Interesse einer geordneten Siedlungsentwicklung oder zur Sicherstellung einer bestimmten zeitlichen Abfolge der Bebauung zweckmäßig ist. Damit soll insbesondere einer ungesteuerten und willkürlichen Bebauung großflächig gewidmeter Baugebiet entgegengewirkt und eine organische Baulandentwicklung „von innen nach außen" ermöglicht werden.

Die Voraussetzungen, unter denen die Bezeichnung von Bauland als Aufschließungsgebiete (Aufschließungszone) aufzuheben ist, werden in den Abs. 3 und 5 näher geregelt: Neben dem bereits bisher vorgesehenen Kriterium des Wegfalles jenes Grundes, der für die Festlegung des Aufschließungsgebietes maßgeblich war, wird die Aufhebung künftig den im örtlichen Entwicklungskonzept festgelegten Zielen der örtlichen Raumplanung nicht widersprechen dürfen.

Bei Vorliegen der Voraussetzungen nach Abs. 3 zweiter Satz hat der Gemeinderat die Festlegung als Aufschließungsgebiet (Aufschließungszone) auch dann aufzuheben, wenn die vorhandenen [Anm: vorhandenen] und verfügbaren Baulandreserven den Baulandbedarf in der Gemeinde übersteigen. Die Verpflichtung zur Evidenthaltung der Verpflichtungserklärungen nach Abs. 3 zweiter Satz bezweckt den

I. Abschnitt **§ 4**

Schutz der Erwerber freigegebener Grundflächen, gegen die eine Verpflichtungserklärung des jeweiligen Rechtsvorgängers ebenfalls wirkt. Die schuldhafte Nichterfüllung der übernommen Verpflichtung bildet den Tatbestand einer Verwaltungsübertretung (§ 22 [Anm: § 33 idgF]). Zusätzlich zu den im Abs. 3 angeführten Voraussetzungen darf die Freigabe einer oder mehrerer zusammenhängender Grundflächen im Ausmaß von mehr als 5000 m² nur dann erfolgen, wenn für diese Flächen ein rechtswirksamer Teilbebauungsplan (§ 13 Abs. 1b [Anm: § 24 Abs 3 idgF]) besteht. Durch die verschärften Voraussetzungen für die Freigabe von Aufschließungsgebieten (Aufschließungszonen) sollen eine geregelte zeitliche Abfolge der Bebauung und damit eine geordnete Siedlungsentwicklung sichergestellt werden."

ErlRV Verf-579/15/1997, 3 ff und 14 (zu LGBl 1997/134):

„a) Neuregelung der Festlegung und Freigabe von Aufschließungsgebieten:

aa) Mit Erkenntnis vom 10. Oktober 1995, G 21,22/95 ua., hat der Verfassungsgerichtshof festgestellt, daß § 2 Abs. 11 des Kärntner Gemeindeplanungsgesetzes 1982 verfassungswidrig war. Im Hinblick darauf, daß § 2 Abs. 11 des Gemeindeplanungsgesetzes 1982 durch die Novelle LGBl. Nr. 105/1994 mit Wirkung vom 31. Dezember 1994 novelliert – und das Gemeindeplanungsgesetz 1982 in der Folge mit Kundmachung der Landesregierung vom 28. Februar 1995, LGBl. Nr. 23/1995, als „Gemeindeplanungsgesetz 1995 – K-GpIG 1995" wiederverlautbart – worden ist, kam eine Aufhebung der in Rede stehenden Bestimmung des Gemeindeplanungsgesetzes 1982 durch den Verfassungsgerichtshof nicht in Betracht; vielmehr lautete der Ausspruch des Verfassungsgerichtshofes in dem eingangs erwähnten Erkenntnis dahingehend, „daß § 2 Abs. 11 des Gemeindeplanungsgesetzes 1982 idF vor der genannten Novelle [sowie der Wiederverlautbarung] ... verfassungswidrig war.

bb) § 2 Abs. 11 des Gemeindeplanungsgesetzes 1982 normierte in der vom Verfassungsgerichtshof als verfassungswidrig festgestellten Fassung, daß der Gemeinderat innerhalb des Baulandes jene Flächen als Aufschließungsgebiete festzulegen hat,

„a) deren widmungsgemäßer Verwendung im Zeitpunkt der Planerstellung wegen ihrer ungünstigen Erschließung öffentliche Rücksichten entgegenstehen oder

b) für deren widmungsgemäße Verwendung kein allgemeiner unmittelbarer Bedarf besteht."

In der Begründung des angeführten Erkenntnisses werden die Gründe, die den Verfassungsgerichtshof dazu bewogen haben, die wiedergegebene Bestimmung des § 2 Abs. 11 des Gemeindeplanungsgesetzes 1982 als verfassungswidrig festzustellen, soweit sie für die mit dem vorliegenden Gesetzesentwurf getroffenen Regelungen betreffend das Instrument der Aufschließungsgebiete unmittelbar von Relevanz sind, folgendermaßen umschrieben:

Der Verfassungsgerichtshof verkennt nicht, daß durch die Festlegung eines Grundstückes als Aufschließungsgebiet dessen Baulandwidmung an sich aufrecht bleibt. Durch die Festlegung als Aufschließungsgebiet wurden nach dem Gemeindeplanungsgesetz 1982 die Wirkungen der Baulandwidmung aber insofern beseitigt als gemäß § 11 Abs. 2 dieses Gesetzes keine landesgesetzlich vorgesehenen Bewilligungen zur Errichtung von Gebäuden und zur Errichtung von sonstigen baulichen Anlagen, ausgenommen solche, die der Aufschließung dienten, sowie baulichen Anlagen iS des § 3 Abs. 5 leg.cit. (d.s. bauliche Anlagen im Zuge von elektrischen Leitungsanlagen, für Wasserversorgungsanlagen, zur Abwasserbeseitigung sowie Fernmeldeanlagen, Telefonzellen, Bildstöcke u.ä.) erteilt wetten durften. Dies bedeutete aber nichts anderes, als daß die primäre Rechtswirkung der Baulandwidmung, nämlich die Möglichkeit zur Bebauung, letztlich suspendiert werden konnte, wenn und solange die Voraussetzungen des § 2 Abs. 11 Gemeindeplanungsgesetz 1982 vorlagen.

Der Verfassungsgerichtshof vermag daher der Auffassung der Kärntner Landesregierung nicht zu folgen, daß sich die Festlegung als Aufschließungsgebiet nach dem Gemeindeplanungsgesetz 1982 von sonstigen im Flächenwidmungsplan festzulegenden Widmungen derart unterschied, daß die völlige Freizeichnung der Erklärung zum Aufschließungsgebiet von den ansonsten für Flächenwidmungspläne geltenden verfahrens- und aufsichtsrechtlichen Determinanten sachlich gerechtfertigt wäre.

Wenn die Kärntner Landesregierung in diesem Zusammenhang auf die Erkenntnisse des Verfassungsgerichtshofes VfSlg. 12.755/1991 und VfGH 15.12.1994, B 1609/93, verweist, so vermag dies ihre Auffassung nicht zu stützen, im Gegenteil: In den den angeführten Entscheidungen zugrundeliegenden Fällen erfolgte die Festlegung als Aufschließungsgebiet im Flächenwidmungsplan selbst, also gerade nicht – wie nach dem

I. Abschnitt § 4

Gemeindeplanungsgesetz 1982 – in einer eigenen Verordnung, die den für die Erlassung oder Änderung des Flächenwidmungsplanes geltenden Vorschriften nicht unterworfen ist (vgl. weiters VfSlg. 11.702/1988, 12.879/1991). im übrigen hegte der Verfassungsgerichtshof bislang lediglich keine Bedenken dagegen, daß sich die als „Freigabe" eines Aufschließungsgebietes bezeichnete Änderung des Flächenwidmungsplanes von den sonstigen Änderungen des Flächenwidmungsplanes durch ein vereinfachtes Verfahren oder durch andere sachliche Voraussetzungen unterschied (insbesondere VfSlg. 12.755/1991). Die dieser Beurteilung zugrundeliegenden Erwägungen lassen sich – entgegen der Auffassung der Kärntner Landesregierung – nicht ohne weiteres auf die Festlegung von Aufschließungsgebieten übertragen. Vielmehr hat der Verfassungsgerichtshof in seinem Erkenntnis vom 2. März 1995, G 289/94, V 297/94 u.a. Zlen., ausgeführt, daß in Bereichen, in denen der Gesetzgeber auf den Weg einer finalen Determinierung verwiesen ist, zum einen ein umfassender gesetzlicher Zielkatalog oder zumindest eine umfassende Umschreibung der Planungsaufgaben in inhaltlicher Hinsicht unabdingbar ist, weil sonst das Verwaltungshandeln weitgehend in einem rechtsfreien Raum stattfände und dementsprechend auch der verfassungsmäßig gebotene Maßstab für die Überprüfung der Verwaltungstätigkeit auf ihre Gesetzmäßigkeit vom Ansatz her fehlte. Zum anderen hat das Gesetz – wie der Verfassungsgerichtshof in dem genannten Erkenntnis weiter ausführte – Regelungen darüber zu enthalten, wie die Entscheidungsgrundlagen des Verordnungsgebers zu erarbeiten sind, und die Methode selbst bindend vorzuschreiben.

Daß im übrigen nach dem Gemeindeplanungsgesetz 1982 die Festlegung von Aufschließungsgebieten den für Flächenwidmungspläne geltenden aufsichtsbehördlichen Regelungen, insbesondere der in § 7 As. [Anm: Abs.] 4 Gemeindeplanungsgesetz 1982 normierten Genehmigungspflicht, nicht unterlag, vermögen auch die von der Kärntner Landesregierung ins Treffen geführten Regelungen der allgemeinen Gemeindeaufsicht – namentlich § 99 Abs. 1 und 2 der Allgemeinen Gemeindeordnung 1993 – nicht zu kompensieren. Denn die bloße Pflicht, eine Verordnung der Aufsichtsbehörde mitzuteilen, kommt einer Genehmigungspflicht nicht gleich; denn diesfalls bedarf die zu erlassende Verordnung der Genehmigung, also eines aktiven Mitwirkens, der Aufsichtsbehörde, um überhaupt Rechtswirksamkeit zu erlangen (Bemerkt sei, daß die Kärntner Landesregierung in den Anlaßfällen B1975/93 und B 1976/93 auf Anfrage des Verfassungsgerichtshofes mitteilte, daß die Gemeinde Maria Wörth die in Prüfung gezogene Verordnung vom 30. Oktober 1990 über die Festlegung von Aufschließungsgebieten der Kärntner Landesregierung als Aufsichtsbehörde bis zur Anfrage des Verfassungsgerichtshofes gar nicht mitgeteilt hatte.)

Auch das weitere vom Verfassungsgerichtshof in seinem Prüfungsbeschluß aufgeworfene Bedenken, welches er im Hinblick auf einen Vergleich mit der Bausperre hegte, vermochte die Kärntner Landesregierung nicht zu entkräften. Die mit der Erklärung zum Aufschließungsgebiet verbundene Wirkung einer Bausperre ist im Gegensatz zur Verfügung einer Bausperre im eigentlichen Sinn ungeachtet der gleichartigen Rechtsfolgen zeitlich nicht begrenzt. Es ist unsachlich, wenn der Gemeinderat durch die Festlegung eines Aufschließungsgebietes die Wirkungen einer unbefristeten Bausperre herbeiführen kann, ohne an nähere Determinanten gebunden zu sein. Die nach § 2 Abs. 12 Gemeindeplanungsgesetz 1982 vorgesehene Verpflichtung, die Bezeichnung von Bauland als Aufschließungsgebiet aufzuheben, wenn der Grund für diese Festlegung weggefallen ist, bildet angesichts der sehr unbestimmten Formulierung dieser Regel kein ausreichendes Korrektiv. Das Vorbringen der Kärntner Landesregierung, die Festlegung von Aufschließungsgebieten habe sich zu einem wichtigen Instrument der örtlichen Raumplanung zur Verminderung der in zahlreichen Kärntner Gemeinden bestehenden „Baulandüberhänge" entwickelt, vermag daran nichts zu ändern. Denn damit wird nur aufgezeigt, daß diesfalls § 2 Abs. 11 Gemeindeplanungsgesetz 1982 zu Zwecken zur Anwendung gelangte, zu deren Erreichung das Gesetz andere Instrumentarien vorsieht.

cc) Durch die Novelle LGBl. Nr. 105/1994 zum Gemeindeplanungsgesetz 1982 wurden die Regelungen dieses Gesetzes betreffend die Festlegung und die Freigabe von Aufschließungsgebieten erheblich ausgeweitet und in einem eigenen Paragraphen (§ 2a [Anm: § 4 idgF]) zusammengefaßt. Die bereits nach der Rechtslage vor der Novelle LGBl. Nr. 105/1994 bestehende Verpflichtung der Gemeinden, Grundflächen innerhalb des Baulandes bei Vorliegen bestimmter, gesetzlich vorgesehener Voraussetzungen als Aufschließungsgebiete festzulegen, wurde dabei weitgehend umgestaltet: Die früher alternativen Voraussetzungen nach dem § 2 Abs. 11 lit. a und lit. b des Gemeindeplanungsgesetzes 1982 wurden kumuliert und jeweils inhaltlich präziser gestaltet. Die Voraussetzung des „fehlenden allgemeinen, unmittelbaren Bedarfes" für die Festlegung von Grundflächen als Aufschließungsgebiete wurden im Vergleich zur früher geltenden Rechtslage durch das Gebot der Berücksichtigung der Bauflächenbilanz, die Verpflichtung zur Bedachtnahme auf das örtliche Entwicklungskonzept sowie das Kriterium der „ausreichend vorhandenen und verfügbaren Baulandreserven in siedlungspolitisch günstigeren Lagen" näher determiniert. Die weiters – nur mehr kumulativ – geforderte Voraussetzung für die Festlegung von Grundflächen als Aufschließungsgebiete, daß ihrer widmungsgemäßen Verwendung sonstige öffentliche Rücksichten entgegenstehen, wurde durch einen Verweis auf die Kriterien nach § 3 Abs. 1 lit. a bis lit. c konkretisiert. Damit sollte klargestellt werden, daß nicht nur die ungenügenden Erschließung mit dem Stand der Technik entsprechenden Einrichtungen der Energie- und der Wasserversorgung, der Abwasser- und der Abfallentsorgung oder des Verkehrs, sondern auch die Gefährdung durch Naturgefahren und ungünstige örtliche Gegebenheiten eine Verpflichtung zur Festlegung von als Bauland gewidmeten Grundflächen als Aufschließungsgebiete begründen können.

Die Voraussetzungen, unter denen die Bezeichnung von Bauland als Aufschließungsgebiet aufzuheben ist, wurden in den Abs. 3 und Abs. 5 des § 2a (nunmehr: § 4 des Gemeindeplanungsgesetzes 1995) näher geregelt: Neben dem bereits früher vorgesehen Kriterium des Wegfalles jenes Grundes, der für die Festlegung des Aufschließungsgebietes maßgeblich war, wurde (zusätzlich) vorgesehen, daß die Aufhebung (Freigabe) von Aufschließungsgebieten den im örtlichen Entwicklungskonzept festgelegten Zielen der örtlichen Raumplanung nicht widersprechen darf. Überdies wurde bei Vorliegen bestimmter Voraussetzungen ein Rechtsanspruch von Eigentümern von Grundflächen, die als Aufschließungsgebiete festgelegt worden sind, auf Freigabe dieser Grundflächen begründet.

dd) Obwohl das eingangs erwähnte Erkenntnis des Verfassungsgerichtshofes die nunmehr geltende Rechtslage nach dem Gemeindeplanungsgesetz 1995 hinsichtlich der Festlegung (und Freigabe) von Aufschließungsgebieten nicht unmittelbar betrifft, da sich dieses Erkenntnis auf die früher geltende Rechtslage bezieht, bestehen einzelne Bedenken des Verfassungsgerichtshofes gegen die frühere Rechtslage in gleicher Weise auch gegenüber den Regelungen betreffend die Aufschließungsgebiete im Gemeindepianungsgesetz 1995; daraus folgt, daß die geltende Rechtslage jenen Vorgaben anzupassen ist, die sich aus der

Begründung des in Rede stehenden Erkenntnisses des Verfassungsgerichtshofes ergeben."

„Zu Z 12 bis 17 (§§ 4 Abs. 1 und Abs. 1a, § 4 Abs. 3 letzter Satz, 4 Abs. 3a und Abs. 3b, 4 Abs. 5 und Abs. 4a):

[...]

Durch die Neuregelung soll jenen Vorgaben für die Festlegung und Freigabe von Aufschließungsgebieten Rechnung getragen werden, die sich aus dem Erkenntnis des Verfassungsgerichtshofes vom 10. Oktober 1995, G 21,22/95 ua., ergeben. Insbesondere sollen die materiell-, verfahrens- und aufsichtsrechtlichen Regelungen für die Erfassung (Änderung) des Flächenwidmungsplanes in Hinkunft – mit gewissen Modifikationen – auch für die Festlegung und Freigabe von Aufschließungsgebieten Anwendung finden. Ausdrücklich klargestellt wird auch, daß die Festlegung von Aufschließungsgebieten als – aus der Sicht, der betroffenen Grundeigentümer weniger eingriffsintensiven – Instrument zur Verringerung übermäßiger Baulandreserven in den Gemeinden eingesetzt werden darf; damit soll eine in vielen Kärntner Gemeinden schon bisher gehandhabte Verwaltungspraxis ausdrücklich gesetzlich verankert werden, an deren Zulässigkeit, im Hinblick auf das oben angeführte Erkenntnis des Verfassungsgerichtshofes – mangels ausdrücklicher gesetzlicher Deckung – Zweifel bestanden haben. Hinsichtlich der Freigabe von Aufschließungsgebieten treffen die neugeschaffenen Abs. 3a und Abs. 3b des § 4 Anordnungen, bei Vorliegen welcher Voraussetzungen der Gemeinderat die Festlegung von Bauland als Aufschließungsgebiet jedenfalls (dh. ohne Bedachtnahme auf die vorhandenen und verfügbaren Baulandreserven in der Gemeinde) aufzuheben hat.

Die Verfahrensbestimmungen des (neugeschaffenen) § 4a für die Festlegung (und Freigabe) von Aufschließungsgebieten entsprechen – wie bereits ausgeführt – grundsätzlich den korrespondierenden Regelungen für die Erlassung (Änderung) von Flächenwidmungsplänen; Abweichungen davon wurden nur insofern vorgesehen, als diese sich aus den unterschiedlichen Anforderungen sowie aus Überlegungen der Verwaltungsökonomie ergeben. Im Interesse der Verfahrensbeschleunigung werden die Frist für die aufsichtsbehördliche Genehmigung (§ 4a Abs. 2) mit drei Monaten festgelegt und für den Fall des Fristverstreichens die Erteilung der Genehmigung fingiert."

§ 4a Verfahren zur Festlegung und zur Freigabe von Aufschließungsgebieten

(1) Für das Verfahren zur Festlegung und zur Freigabe von Aufschließungsgebieten gelten die in § 13 Abs. 1 und Abs. 3 bis Abs. 5 festgelegten Verfahrensvorschriften für die Erlassung von Flächenwidmungsplänen sinngemäß mit der Maßgabe, daß die Erläuterungen nach § 13 Abs. 5 zweiter Satz auch die Gründe für die Festlegung und für die Freigabe von Grundflächen als Aufschließungsgebiete darzulegen und bei der Festlegung von Aufschließungsgebieten auch Angaben darüber zu enthalten haben, innerhalb welchen Zeitraumes diese Gründe voraussichtlich wegfallen werden.

(2) Die Festlegung sowie die Freigabe von Aufschließungsgebieten mit einer zusammenhängenden Grundfläche im Ausmaß von mehr als 3000 m² bedarf zu ihrer Rechtswirksamkeit der Genehmigung der Landesregierung. § 13 Abs. 7 zweiter Satz gilt sinngemäß. Wird der Gemeinde innerhalb von drei Monaten nach der Übermittlung der vollständigen Unterlagen keine Entscheidung der Landesregierung zugestellt, gilt die Genehmigung der Festlegung oder der Freigabe von Aufschließungsgebieten als erteilt.

(3) Für die Kundmachung von Verordnungen, mit denen Aufschließungsgebiete festgelegt oder freigegeben werden und die der Genehmigung der Landesregierung bedürfen, gilt § 14 sinngemäß. Sonstige Verordnungen, mit denen Aufschließungsgebiete festgelegt oder freigegeben werden, hat der Bürgermeister unverzüglich nach der Beschlußfassung im Gemeinderat der Landesregierung zur Kundmachung des Wirksamwerdens in der Kärntner Landeszeitung vorzulegen; § 14 Abs. 2 und Abs. 3 gelten in diesem Fall sinngemäß.

§ 5 Grünland

(1) Nicht als Bauland oder als Verkehrsflächen festgelegte Flächen sind als Grünland festzulegen.

(2) Im Grünland sind alle Flächen gesondert festzulegen, die – ausgenommen solche nach lit. a und lit. b – nicht für die Land- und Forstwirtschaft bestimmt sind und die nicht zum Ödland gehören, wie insbesondere Flächen für
   a) die Errichtung von Gebäuden samt dazugehörigen baulichen Anlagen für Hofstellen land- und forstwirtschaftlicher

Betriebe mit zeitgemäßer herkömmlicher Produktions- und Erwerbsform,
b) die Errichtung von Gebäuden samt dazugehörigen sonstigen baulichen Anlagen für landwirtschaftliche Betriebe mit Intensivtierhaltung oder sonstige landwirtschaftliche Produktionsstätten industrieller Prägung (§ 3 Abs. 4 letzter Satz), sofern für solche Vorhaben nicht eine Festlegung als Industriegebiet nach § 3 Abs. 9 lit. c erfolgt ist,
c) Erholungszwecke – mit oder ohne Beifügung einer spezifischen Erholungsnutzung – wie öffentlich zugängliche Gärten, Parkanlagen, Spielplätze, Freibäder u. ä.,
d) Sportanlagen wie Golfplätze, Tennisplätze, Reitsportanlagen, Schipisten, Vergnügungs- und Veranstaltungsstätten samt allenfalls zum Betrieb erforderlichen Parkplätzen,
e) Campingplätze,
f) Erwerbsgärtnereien,
g) Bienenhäuser, Jagdhütten u. ä.,
h) Materialgewinnungsstätten und Materiallagerstätten,
i) Friedhöfe,
j) Abfallbehandlungsanlagen und Abfallagerstätten,
k) Sprengstofflager und Schießstätten, sofern für solche Vorhaben keine Festlegung als Sondergebiet nach § 3 Abs. 10 erfolgt ist,
l) Schutzstreifen als Immissionsschutz sowie zur Begrenzung der Folgen etwaiger schwerer Unfälle im Sinne der Richtlinie 2012/18/EU angemessene Sicherheitsabstände zwischen Sondergebieten für Betriebe, die in den Anwendungsbereich der Richtlinie 2012/18/EU fallen, und anderen Grundflächen im Bauland mit Ausnahme von Sondergebieten für Betriebe, die in den Anwendungsbereich der Richtlinie 2012/18/EU fallen (Abs. 10), Gewerbe und Industriegebieten sowie Verkehrsflächen und im Grünland gesondert festgelegten Gebieten, die jeweils erfahrungsgemäß häufig von Menschen frequentiert werden, und sonstigen im Grünland gesondert festgelegten Gebieten, für die aufgrund von Bundes- oder Landesgesetzen unter dem Gesichtspunkt des Umwelt- und Naturschutzes Nutzungsbeschränkungen bestehen (zB Nationalparkgebiete, Naturschutzgebiete, Landschaftsschutzgebiete, wasserrechtlich besonders geschützte Gebiete und sonstige wasserwirtschaftliche Planungsgebiete und dergleichen).

(3) Landwirtschaftliche Intensivtierhaltung ist die spezialisierte Haltung von Nutztieren nach Leistungsrichtungen oder Altersgruppen unter weitgehender Ausnützung technologischer Möglichkeiten zur Rationalisierung. Darunter fallen auch alle Methoden der Haltung, bei denen Tiere in einer solchen Anzahl oder Belegungsdichte oder unter solchen Bedingungen oder unter solchen Produktionsstandards gehalten werden, daß ihre Gesundheit und ihr Wohlergehen von einer häufigen menschlichen Betreuung abhängig sind.

(4) Die Landesregierung hat nach Anhörung der Kammer für Land- und Forstwirtschaft in Kärnten mit Verordnung zu bestimmen, bei welchen Arten und bei welcher Anzahl oder Belegungsdichte von gehaltenen Nutztieren eine landwirtschaftliche Intensivtierhaltung vorliegt und welche landwirtschaftlichen Produktionsstätten als solche industrieller Prägung gelten.

(4a) Als Bienenhäuser nach Abs. 2 lit. g gelten nur Gebäude, die zumindest mit einem Raum ausgestattet sind, der zum länger dauernden Aufenthalt von Menschen bestimmt ist.

(5) Das Grünland ist – unbeschadet der Regelungen der Abs. 7 und 8 – nur zur Errichtung derjenigen Gebäude und sonstigen baulichen Anlagen bestimmt, die nach Art, Größe und insbesondere auch im Hinblick auf ihre Situierung erforderlich und spezifisch sind, und zwar

a) für eine Nutzung als Grünland, das für die Land- und Forstwirtschaft bestimmt ist, wobei die Prüfung der Erforderlichkeit in den Fällen des Abs.2 lit. a und lit. b entfällt;

b) für eine der gemäß Abs. 2 – ausgenommen nach lit. a oder lit b – gesondert festgelegten Nutzungsarten.

(6) Flächen im Grünland, die aus Gründen nach § 3 Abs. 1 lit. a bis lit. d von einer Bebauung freizuhalten sind, und Flächen für Erholungszwecke, für die keine spezifische Erholungsnutzung festgelegt wurde (Abs. 2 lit. c), sind, soweit sich aus Abs. 7 nicht anderes ergibt, nicht für die Errichtung von Gebäuden oder sonstigen baulichen Anlagen bestimmt.

(7) Bauliche Anlagen im Zuge von elektrischen Leitungsanlagen, für Wasserversorgungsanlagen, zur Sammlung, Ableitung, Reinigung, Behandlung oder Beseitigung von Abwässern (Abwasserbeseitigungsanlagen) – Gebäude jedoch nur insoweit, als sie mit solchen baulichen Anlagen eine funktionale Einheit bilden – sowie Fernmeldeanlagen, Telefonzellen, Bildstöcke, Wartehäuschen,

Kapellen, Gipfelkreuze, Schutz- und Stützmauern u. ä. dürfen im Grünland vorgesehen werden.

(8) Bauliche Anlagen zur Erzeugung elektrischer Energie aus Wasserkraft – Gebäude jedoch nur insoweit, als sie mit solchen baulichen Anlagen eine funktionale Einheit bilden – dürfen im Grünland vorgesehen werden.

ErlRV Verf-273/3/1994, 19 f (zu § 3 Gemeindeplanungsgesetz 1982 idF LGBl 1994/105):

"Zu Z. 15 (§ 3 Abs. 2 [§ 5 Abs 2 idgF]):

Im Vergleich zur derzeit geltenden Rechtslage wird die demonstrative Aufzählung jener Flächen, die im Grünland gesondert festzulegen sind, im Interesse der Rechtssicherheit, Rechtsklarheit und besseren Übersichtlichkeit wesentlich erweitert und präzisiert.

Zu lit. a der Bestimmung ist anzumerken, daß die gesonderte Festlegung von „Hofstellen" im Grünland auch dazu berechtigt, auf solcherart festgelegten Grünlandflächen z. B. Gebäude für Buschenschenken, für die vorübergehende Unterbringung von Urlaubsgästen („Urlaub am Bauernhof") oder Auszugshäuser (die der Hofstelle zugeordnet bleiben müssen) zu errichten.

Zu lit. j der Bestimmung ist anzumerken, daß als „Abfallbehandlungsanlagen" sowohl Anlagen zur Behandlung als auch zur Ablagerung (Deponierung) von Abfällen zu verstehen sind. „Abfalllagerstätten" dienen hingegen der kurz- und mittelfristigen Lagerung von Abfällen.

Zu Z. 16 (§ 3 Abs. 2a und Abs. 2b [Anm: § 5 Abs 3 und 4 idgF]):

Der vorliegende Gesetzesentwurf differenziert hinsichtlich der „landwirtschaftlichen Produktionsstätten industrieller Prägung" zwischen „landwirtschaftlichen Betrieben mit Intensivtierhaltung" einerseits und „sonstigen landwirtschaftlichen Produktionsstätten industrieller Prägung" andererseits. Diese Unterscheidung erfordert eine Abgrenzung zwischen landwirtschaftlichen Betrieben mit Intensivtierhaltung und sonstigen landwirtschaftlichen Produktionsstätten industrieller Prägung sowie solchen Betrieben mit zeitgemäßen herkömmlichen Produktionsformen. Welche Kriterien für die Qualifikation einer landwirtschaftlichen Intensivtierhaltung maßgeblich sein sollen, wird in Anlehnung an das Begriffsverständnis des § 11 des Kärntner Tierschutzgesetzes [Anm: das Kärntner Tierschutz- und Tierhaltungsgesetz ist mit BGBl I 2004/118 außerkraftgetreten] geregelt. Die nähere Präzisierung dieser Begriffskategorien soll durch eine, nach bestimmten Verfahrensvorschriften zu erlassende Verordnung der Landesregierung erfolgen.

Zu Z. 19 (§ 3 Abs. 5 [Anm: § 5 Abs 7 idgF]):

Durch die Änderung des § 3 Abs. 5 [Anm: § 5 Abs 7 idgF] soll die Zulässigkeit der Errichtung von Gebäuden für die in dieser Bestimmung vorgesehenen Zwecke im Grünland eingeschränkt werden. Sollte die Errichtung von Gebäuden erforderlich sein, die mit solchen baulichen Anlagen keine funktionale Einheit bilden, kommt insbesondere die Widmung als „Sonderfläche" (§ 2 Abs. 9 [Anm: § 3 Abs 10 idgF]) in Betracht. Dies gilt etwa für größere kommunale Kläranlagen oder Wasserpumpwerke.

Im übrigen bezweckt die Neufassung des Begriffes „Anlagen zur Abwasserbeseitigung" eine Anpassung an die geänderte Diktion des Gemeindekanalisationsgesetzes [Anm: § 1 Abs 1 K-GKG]."

ErlRV Verf-579/15/1997, 14 (zu LGBl 1997/134):

„Zu Z 18 (§ 5 Abs. 7):

Die vorliegende Ergänzung trägt einem Bedürfnis der Praxis Rechnung und dient der Klarstellung."

ErlRV -2V-LG-58/74-2001, 5 (zu LGBl 2001/69):

„Zu Z 6 (§ 5 Abs. 4a):

Nach der derzeit geltenden Rechtslage (vgl. § 5 Abs. 3 lit. g des Gemeindeplanungsgesetzes 1995) sind Grundflächen für „Bienenhäuser" im Grünland (ausnahmslos) gesondert festzulegen. Diese bisher umfassende Planungsvorgabe wird durch § 5 Abs. 4a dahingehend eingeschränkt, dass als „Bienenhäuser" nur Gebäude gelten, „die zumindest mit einem Raum ausgestattet sind, der zum längeren dauernden Aufenthalt von Menschen bestimmt ist". Durch diese Neuregelung soll die Errichtung von Bienenhäusern, die von vornherein nicht für eine Verwendung als „Freizeitwohnsitz" in Betracht kommen, hinsichtlich der raumordnerischen Planungserfordernissen erleichtert werden."

ErlRV Ol-VD-LG-1729/8-2016, 2 f(zu LGBl 2016/24):

„Zu Z 3 (§ 5 Abs. 2 lit. 1)

Im Sinne der Richtlinie 2012/18/EU, welche in ihrem Art. 13 Abs. 2 (bisher Art. 12 Abs. 1 der Richtlinie 96/82/EG) vorsieht, dass die Mitgliedstaaten dafür zu sorgen haben, dass zwischen den unter diese Richtlinie fallenden Betrieben einerseits, und *Wohngebieten, öffentlich genutzten Gebäuden und Gebieten, Erholungsgebieten* und, soweit möglich, *Hauptverkehrswegen*, andererseits ein angemessener Sicherheitsabstand gewahrt bleibt, und dass unter dem Gesichtspunkt des Naturschutzes besonders wertvolle bzw. besonders empfindliche Gebiete in der Nachbarschaft von Betrieben erforderlichenfalls durch *angemessene Sicherheitsabstände* oder durch andere relevante Maßnahmen geschützt werden, sowie dass bei bestehenden Betrieben zusätzliche technische Maßnahmen nach Art. 5 der Richtlinie ergriffen werden, damit es zu keiner Zunahme der Gefährdung der menschlichen Gesundheit und Umwelt kommt, wird § 5 Abs. 2 lit. 1 K-GplG 1995 neu gefasst. Im Unterschied zu § 5 Abs. 2 lit. 1 K-GplG 1995 idgF wird nunmehr nicht nur auf eine gesonderte Ausweisung von Schutzstreifen als Immissionsschutz Bezug genommen, sondern korrespondierend zu Art. I § 3 Abs. 3 Satz 4 des Gesetzesentwurfs auch auf die Festlegung *angemessener Sicherheitsabstände* zu Sondergebieten für Betriebe, die in den Anwendungsbereich der Richtlinie 2012/18/EU fallen. Im Übrigen wird auf die Ausführungen zu § 3 Abs. 3 des Gesetzesentwurfs verwiesen."

§ 6 Verkehrsflächen

Als Verkehrsflächen sind die für den fließenden und den ruhenden Verkehr bestimmten Flächen festzulegen, die für die örtliche Gemeinschaft von besonderer Verkehrsbedeutung sind. Dazu gehören neben den Bestandteilen öffentlicher Straßen (§ 4 des Kärntner Straßengesetzes 1991) auch Parkplätze.

ErlRV Verf-273/3/1994, 20 (zu § 4 Gemeindeplanungsgesetz 1982 idF LGBl 1994/105):

„Durch die Neuregelung soll klargestellt werden, daß als Verkehrsflächen sowohl die fließenden als auch die für den ruhenden Verkehr bestimmten Flächen festzulegen sind, die für die örtliche Gemeinschaft von besonderer Verkehrsbedeutung sind. Von besonderer Verkehrsbedeutung für die örtliche Gemeinschaft sind solche Flächen, die der großflächigen Verkehrserschließung des Gemeindegebietes dienen; die verkehrsmäßige Anbindung der einzelnen Grundstücke soll hingegen – wie bisher – im Rahmen der Bebauungsplanung erfolgen. Durch die Neuregelung soll weiters klargestellt werden, was unter „Verkehrsflächen" zu verstehen ist."

§ 7 Vorbehaltsflächen

(1) Wenn wirtschaftliche, soziale, ökologische oder kulturelle Bedürfnisse in der Gemeinde es erfordern, dürfen im Flächenwidmungsplan als Bauland (§ 3) oder als Grünland (§ 5) festgelegte Grundflächen für besondere Verwendungszwecke vorbehalten werden.

(2) Die Festlegung von Vorbehaltsflächen darf zur Sicherstellung der Verfügbarkeit geeigneter Grundflächen erfolgen, insbesondere für

a) die Errichtung und Erweiterung von Einrichtungen des Gemeinbedarfes wie Schulen, Kindergärten, Spielplätze, Sportplätze, Friedhöfe, Grün- und Parkanlagen, Wasserversorgungs- und Abwasserbeseitigungsanlagen u. ä.; und

b) die Errichtung von nach dem III. Abschnitt des Kärntner Wohnbauförderungsgesetzes förderbaren Wohngebäuden, sofern in der Gemeinde eine erhebliche Nachfrage der ortsansässigen Bevölkerung nach Grundflächen für Wohnzwecke zur Deckung eines ganzjährig gegebenen Wohnbedarfes besteht, die trotz ausreichend vorhandener Baulandreserven zu angemessenen und ortsüblichen Preisen nicht gedeckt werden kann.

(3) Bei der Festlegung von Vorbehaltsflächen ist auf die Vermeidung unbilliger Härten für den betroffenen Grundeigentümer Bedacht zu nehmen. Werden Vorbehalte festgelegt, ist hinsichtlich der davon betroffenen Grundflächen durch Rechtsgeschäft mit dem Grundeigentümer der Eigentumserwerb zum ortsüblichen Verkehrswert oder die Erlangung der Nutzungsberechtigung sicherzustellen.

(4) Nach Ablauf von vier Jahren kann der Eigentümer von Grundflächen, die als Vorbehaltsflächen festgelegt worden sind, von der Gemeinde die Einlösung der Grundstücke verlangen. Begehrt der Grundeigentümer die Einlösung, so hat die Gemeinde innerhalb eines Jahres die Grundstücke zum ortsüblichen Verkehrswert zu erwerben oder – wenn sie hiezu nicht bereit ist – den Vorbehalt aufzuheben. Wird innerhalb dieser Frist keine Einigung über die Höhe des ortsüblichen Verkehrswertes erzielt, so hat der Grundeigentümer nach Ablauf der Frist das Recht, bei der Bezirksverwaltungsbehörde einen Antrag auf Eigentumsübergang an die Gemeinde und auf Festsetzung der Höhe der dafür zu zahlenden Entschädigung zu stellen. Dieser Antrag kann vom Grundeigentümer bis zur Erlassung der Entscheidung der Bezirksverwaltungsbehörde zurückgezogen werden.

(5) Für das Einlösungsverfahren und das Verfahren zur gerichtlichen Festsetzung der Entschädigung sind, sofern in diesem Gesetz nicht anderes bestimmt wird, die Bestimmungen der §§ 46 bis 49 der Kärntner Gefahrenpolizei- und Feuerpolizeiordnung, LGBl. Nr. 67/2000, sinngemäß anzuwenden.

(6) Der Grundeigentümer kann binnen drei Monaten nach Zustellung des Bescheides der Bezirksverwaltungsbehörde die Entscheidung über die Höhe des ortsüblichen Verkehrswertes beim Landesgericht Klagenfurt beantragen.

(7) Zieht der Grundeigentümer seinen Antrag bei der Bezirksverwaltungsbehörde (Abs. 4) zurück, ist frühestens vier Jahre nach diesem Zeitpunkt ein neuerliches Begehren auf Einlösung bei der Gemeinde zulässig.

ErlRV Verf-273/3/1994, 21 (zu § 4a Gemeindeplanungsgesetz 1982 idF LGBl 1994/105):

„Im Gegensatz zu derzeit geltenden Rechtslage soll in Hinkunft zwischen „Vorbehaltsflächen" und „Sonderwidmungen" schärfer unterschieden und sollen beide gemeindeplanungsrechtlichen Instrumente jeweils in einem eigenen Paragraphen geregelt werden. Zu diesem Zweck wurden die bestehenden Regelungen für Vorbehaltsflächen aus dem § 5 [Anm: § 8 idgF] herausgelöst und in einem neuen § 4a [Anm:

§ 7 idgF] zusammengefaßt. Dabei wurden im Vergleich zur bisherigen Rechtslage folgende Änderungen vorgenommen:

Nicht nur wirtschaftliche, soziale oder kulturelle Erfordernisse, sondern auch „ökologische" Bedürfnisse in der Gemeinde sollen künftig die Festlegung von Grundflächen als Vorbehaltsflächen rechtfertigen. Auch insofern soll im Bereich der örtlichen Raumplanung den Zielsetzungen des (verfassungsrechtlich vorgeprägten) Umweltschutzes in verstärktem Maße Rechnung getragen werden.

Im Rahmen der Aufzählung des Abs. 2, für welche (öffentliche) Zwecke Vorbehaltsflächen festgelegt werden dürfen, soll die vom Gesetzgeber intendierte Wertung durch die demonstrative Aufzählung der in Betracht kommenden Zwecke klarer zum Ausdruck gebracht werden. Ausdrücklich festgelegt wird, daß auch Grundflächen für den „sozialen Wohnbau" mit dem Vorbehalt belegt werden dürfen. Damit soll insbesondere gewährleistet werden können, daß eine andere Verwendung solcher Grundflächen für eine bestimmten Zeitraum ausgeschlossen bleibt. Daß Gemeindeplanungsvorschriften an wohnbauförderungsrechtliche Regelungen anknüpfen dürfen, ist nach der Rechtsprechung des Verfassungsgerichtshofes (1.7.1993, V 55/92) zulässig. Die Ausweisung eines Vorbehaltes kommt allerdings nur zur Errichtung von nach dem III. Abschnitt des Kärntner Wohnbauförderungsgesetzes („Förderung der Errichtung von Wohnungen und Wohnheimen") [Anm: III. Abschnitt des K-WBFG 1997] förderbaren Wohngebäuden in Betracht.

Abs. 3 entspricht – von kleineren sprachlichen Anpassungen und der Festlegung des „örtsüblichen Verkehrswertes" als Maßstab für den Erwerb von Vorbehaltsflächen durch die Gemeinden abgesehen – im wesentlichen der bisherigen (§ 5 Abs. 6). Gleiches gilt im übrigen auch für die Abs. 4 bis 7, die sich weitgehend an der bisherigen Rechtslage (§ 5 Abs. 7 und 8) orientieren, […]."

ErlRV 01-VD-LG-1569/48-2013, 34 (zu LGBl 2013/85):

„Zu Z 1 und 2 (§ 7 Abs. 5 und 6 und § 21 Abs. 6):

§ 7 Abs. 5 des Entwurfs verweist in Bezug auf das Einlösungsverfahren und das Verfahren zur gerichtlichen Festsetzung der Entschädigung hinsichtlich von Vorbehaltsflächen im Unterschied zur geltenden Rechtslage aus Gründen der Rechtsvereinheitlichung auf die Kärntner Gefahren- und Feuerpolizeiordnung anstatt auf das Eisenbahnenteignungsentschädigungsgesetz (Anm. nunmehr Eisenbahn-Enteignungsentschädigungsgesetz).

Ferner sieht § 7 Abs. 6 des Entwurfs im Unterschied zur geltenden Rechtslage vor, dass der Grundeigentümer drei Monate nach Zustellung des Bescheides der Bezirksverwaltungsbehörde die Entscheidung über die Höhe des ortsüblichen Verkehrswertes beim Landesgericht Klagenfurt beantragen kann (Anm. nach der geltenden Rechtslage kann der Antrag binnen zwei Monaten nach Rechtskraft des Bescheides gestellt werden). Entsprechend der bisherigen Systematik des Gesetzes wird damit an der sog. „sukzessiven Kompetenz" der ordentlichen Gerichte festgehalten. Der zweite Satz des § 7 Abs. 6 K-GplG 1995 idgF, wonach mit der Anrufung des Landesgerichtes der Bescheid der Bezirksverwaltungsbehörde über die Höhe der zu leistenden Entschädigung einschließlich der Leistungsfrist außer Kraft tritt, kann im Hinblick auf Art. 94 Abs. 2 B-VG idF BGBl. I Nr. 51/2012 entfallen. Der dritte und vierte Satz können im Hinblick auf § 48 Abs. 1 der Kärntner Gefahren- und Feuerpolizeiordnung entfallen.

Durch die im Gesetzesentwurf auch in Bezug auf die Entschädigung jener Grundeigentümer, deren Grundflächen von Bauland in Grünland rückgewidmet werden, vorgesehene sinngemäße Anwendung der §§ 46 bis 49 der Kärntner Gefahren- und Feuerpolizeiordnung kann ferner § 21 Abs. Abs. 7 K-GplG 1995 idgF entfallen."

§ 8 Sonderwidmung

(1) Flächen für Apartmenthäuser und für sonstige Freizeitwohnsitze, das sind Wohngebäude oder Wohnungen, die zur Deckung eines lediglich zeitweilig gegebenen Wohnbedarfes bestimmt sind, müssen als Sonderwidmung festgelegt werden.

(2) Ein Apartmenthaus ist ein Gebäude mit mehr als drei selbständigen Wohnungen, von denen auf Grund ihrer Lage, Größe, Ausgestaltung, Einrichtung oder auf Grund der vorgesehenen Eigentums- oder Bestandsverhältnisse anzunehmen ist, daß sie zur Deckung eines lediglich zeitweilig gegebenen Wohnbedarfes als Freizeitwohnsitz bestimmt sind.

(3) Eine Verwendung als Freizeitwohnsitz ist bei Wohngebäuden oder Wohnungen anzunehmen, bei denen auf Grund ihrer Lage, Größe, Ausgestaltung, Einrichtung u. ä. erkennbar davon auszu-

gehen ist, daß sie nicht zur Deckung eines ganzjährig gegebenen Wohnbedarfes im Mittelpunkt der Lebensbeziehungen bestimmt sind, sondern zum Aufenthalt während des Wochenendes, des Urlaubes, der Ferien oder sonst nur zeitweilig zu Freizeit- oder Erholungszwecken benützt werden sollen.

(4) Sonderwidmungen für Apartmenthäuser und für sonstige Freizeitwohnsitze dürfen in Dorfgebieten, Wohngebieten, Geschäftsgebieten und in Kurgebieten, ausgenommen in reinen Kurgebieten, festgelegt werden.

(4a) Sonderwidmungen für Apartmenthäuser dürfen nur außerhalb von Vorranggebieten für den Fremdenverkehr (§ 2 Abs. 3 lit. i in Verbindung mit Abs. 3a) festgelegt werden.

(5) [Anm: entfallen]

(6) [Anm: entfallen]

(7) Flächen für Einkaufszentren müssen als Sonderwidmung festgelegt werden. Diese Festlegung darf – ausgenommen in den Fällen des § 11 – nur insoweit erfolgen, als in einem Entwicklungsprogramm (§ 10) bestimmt ist, daß eine dieser Sonderwidmungen entsprechende Verwendung von Grundflächen in der betreffenden Gemeinde zulässig ist. Die Festlegung der Sonderwidmung darf den Grundsätzen des § 10 Abs. 3 nicht widersprechen. Bei der Festlegung einer Sonderwidmung ist überdies auf die Stärkung der typischen und gewachsenen innerörtlichen Strukturen unter Berücksichtigung der Zentrenhierarchie innerhalb des Gemeindegebietes einschließlich des Umstandes der Sicherung der Nahversorgung, des Lärm- und Umweltschutzes, der Vermeidung unnötiger Verkehrsbelastung sowie der Erreichbarkeit mit Linien des öffentlichen Personenverkehrs Bedacht zu nehmen.

(8) Betriebe des Handels gelten unter folgenden Bedingungen als Einkaufszentren im Sinne dieses Gesetzes:

a) Verkaufslokale des Einzelhandels und Großhandels wie Verbrauchermärkte, Warenhäuser, Supermärkte (Großgeschäfte), Shoppingcenters u. ä., in denen Güter mehrerer Warengruppen einschließlich Lebensmittel angeboten werden und bei denen die wirtschaftlich zusammenhängende Verkaufsfläche 600 m² übersteigt (Einkaufszentrum der Kategorie I, im folgenden EKZ I genannt);

b) Verkaufslokale des Einzelhandels und Großhandels – ausgenommen Baumschulen und Gärtnereien sowie Verkaufslokale (Verkaufsflächen), in denen im räumlichen Zusammenhang mit einer Produktionsstätte ausschließlich die erzeugten Produkte angeboten werden – wie Verbrauchermärkte, Warenhäuser, Supermärkte, Shoppingcenters u. ä., die in ihrem Warenangebot keine Lebensmittel führen und deren wirtschaftlich zusammenhängende Verkaufsfläche 600 m² übersteigt (Einkaufszentrum der Kategorie II, im folgenden EKZ II genannt). Verkaufslokale des Kraftfahrzeug- und Maschinenhandels, des Baustoffhandels (ausgenommen Baumärkte) sowie des Möbelhandels und des Brennstoffhandels, von denen keines in seinem Warenangebot Lebensmittel führt, gelten erst ab einer wirtschaftlich zusammenhängenden Verkaufsfläche von 2500 m² als EKZ II.

(8a) Verkaufslokale des Einzelhandels nach Abs. 8 lit. a und lit. b gelten nicht als Einkaufszentren im Sinne dieses Gesetzes, wenn sie in einem festgelegten Orts- und Stadtkern (§ 9a) gelegen sind.

(8b) Für Verkaufslokale des Einzelhandels nach Abs. 8a ist ein Teilbebauungsplan zu erlassen, in dem neben den Bebauungsbedingungen nach § 25 Abs. 1 und § 25 Abs. 2 lit. a, lit. b, lit. h und lit. i auch das Höchstausmaß der zulässigen wirtschaftlich zusammenhängenden Verkaufsfläche festzulegen sind.

(8c) Sonderwidmungen für Einkaufszentren dürfen in Dorfgebieten, Wohngebieten, Kurgebieten und Geschäftsgebieten festgelegt werden.

(9) Verkaufslokale des Großhandels nach Abs. 8 lit. a und lit. b sind ausdrücklich als solche zu bezeichnen.

(10) Flächen für Veranstaltungszentren müssen, sofern sie nicht im Grünland gesondert festzulegen sind (§ 5 Abs. 2 lit. d), als Sonderwidmung festgelegt werden. Bei der Festlegung der Sonderwidmung für Veranstaltungszentren ist der jeweilige Verwendungszweck auszuweisen.

(11) Als Veranstaltungszentren gelten bauliche Anlagen zur Durchführung von Veranstaltungen, die nicht bloß dem vorübergehenden Bedarf im Rahmen von Märkten, Kirchtagen, Ausstellungen, Messen und ähnlichem dienen, sondern dauerhaft für die Durchführung von Veranstaltungen bestimmt sind, an denen jeweils mehr als 500 Besucher teilnehmen können, wie insbesondere Stadien und Hallen für sportliche oder kulturelle Zwecke, Großdiskotheken u. dgl. Großkinos gelten bereits dann als Veranstal-

tungszentren, wenn an den Kinoveranstaltungen bezogen auf die Gesamtanlage jeweils mehr als 300 Besucher teilnehmen können.

(12) Bei der Festlegung von Sonderwidmungen für Veranstaltungszentren ist auf die zentral-örtlichen Funktionen in den Gemeinden sowie auf die Stärkung der typischen und gewachsenen Strukturen unter Berücksichtigung der funktionalen Gliederung des Gemeindegebietes einschließlich des Lärm- und Umweltschutzes, der Vermeidung unnötiger Verkehrsbelastungen sowie der Erreichbarkeit mit Linien des öffentlichen Personenverkehrs Bedacht zu nehmen.

(13) Sonderwidmungen für Veranstaltungszentren dürfen in Dorfgebieten, Gewerbegebieten, Geschäftsgebieten und Kurgebieten, reinen Kurgebieten sowie Sondergebieten festgelegt werden.

ErlRV Verf-273/3/1994, 22 (zu § 5 Gemeindeplanungsgesetz 1982 idF LGBl 1994/105):

„Die derzeitigen Regelungen betreffend die Festlegung von Flächen für Apartmenthäuser, Feriendörfer, Wochenendhäuser und Hoteldörfer als Sonderwidmung werden weitgehend umgestaltet. Flächen für Apartmenthäuser bedürfen weiterhin einer gesonderten Festlegung. Die übrigen Sonderwidmungskategorien werden zu einer neuen Sonderwidmungskategorie „sonstige Freizeitwohnsitze" zusammengefaßt. Maßgebliche ist für beide Sonderwidmungskategorien der Umstand, daß es sich jeweils um Wohngebäude oder Wohnungen handelt, die nicht zur Deckung eines ganzjährig, sondern eines lediglich zeitweilig gegebenen Wohnbedarfes bestimmt sind.

Die Definition des „sonstigen Freizeitwohnsitzes" im § 5 Abs. 3 [Anm: § 8 Abs 3 idgF] erfolgt unter Bedachtnahme auf die Begriffsbestimmung für den „Hauptwohnsitz" im Art. 6 Abs. 3 B-VG idF BGBl. Nr. 504/1994 und im § 1 Abs. 7 des Hauptwohnsitzgesetzes, BGBl. Nr. 505/1994, und korrespondiert mit der Definition des „Freizeitwohnsitzes" im § 6 des Kärntner Grundverkehrsgesetzes.

Durch § 5 Abs. 3a [Anm: § 8 Abs 4 idgF] wird festgelegt, welche „Grundwidmungen" für die Festlegung von der Sonderwidmungen für Apartmenthäuser und sonstige Freizeitwohnsitze vorliegen müssen. Die erforderlichen Übergangsbestimmungen werden in Art. II Abs. 10

getroffen [Anm: siehe die Übergangsbestimmungen zu LGBl 1994/105 unten]."

ErlRV Verf-579/15/1997, 15 (zu LGBl 1997/134):

„Zu Z 22, 23 und 24 [Anm: im LGBl Z 20, 21 und 22] (§ 8 Abs. 8 lit. b und Abs. 9 sowie § 10 Abs. 5):

Durch die vorgeschlagenen Neuregelungen soll das gemeindeplanungsrechtliche Regime für die Errichtung von Einkaufszentren ausgebaut und klarer geregelt werden. Die erforderlichen Übergangsregelungen für bereits errichtete Verkaufslokale des Groß- und Einzelhandels nach § 8 Abs. 8 lit. b werden in Art. II Abs. 6 [Anm: im LGBl Art II Abs 5] dieses Gesetzesentwurfes getroffen [Anm: siehe die Übergangsbestimmungen zu LGBl 1997/134 unten]."

ErlRV -2V-LG-58/74-2001, 5 (zu LGBl 2001/69):

„Zu Z 7 und 9 (§ 8 Abs. 4a und § 15 Abs. 3):

Durch diese Regelungen werden – flankierende – Vorschriften zu Art. I Z 2 und 3 des vorliegenden Entwurfes [Anm: § 2 Abs 3 lit i, Abs 3a und Abs 3b] hinsichtlich der zulässigen Flächenwidmung in „Vorranggebieten für den Fremdenverkehr" vorgesehen. Anzumerken ist zu § 8 Abs. 4a, dass die Festlegung der Sonderwidmung „Apartmenthaus" bei Vorliegen der sonstigen Voraussetzungen in Gemeinden, in denen kein "Vorranggebiet für den Fremdenverkehr" ausgewiesen werden kann, durchaus zulässig ist. […]

Zu Z 8 (§ 8 Abs. 13):

Auf Anregung der mit den fachlichen Angelegenheiten der Raumordnung betrauten Abteilung des Amtes der Kärntner Landesregierung soll der Katalog der zulässigen Grundwidmungen hinsichtlich der Sonderwidmung „Veranstaltungszentrum" insofern geändert werden, als künftig eine derartige Sonderwidmung auch für „Kurgebiete, reine Kurgebiete und Sondergebiete" festgelegt werden darf; „Industriegebiete" sollen hingegen – mangels bisheriger praktischer Relevanz – aus dem Katalog der (zulässigen) Grundwidmungen für die Sonderwidmung „Veranstaltungszentrum" eliminiert werden."

I. Abschnitt §8

ErlRV -2V-LG-544/34-2002, 4 ff (zu LGBl 2002/71):

„Zu Z 3 (§ 8 Abs. 5 und Abs. 6):

§ 8 Abs. 5 des Kärntner Gemeindeplanungsgesetzes 1995 sieht – in bestimmten, näher geregelten Fällen – eine Verpflichtung vor, für Baugrundstücke die Sonderwidmung „Apartmenthaus" oder „sonstiger Freizeitwohnsitz" festzulegen. § 8 Abs. 6 leg.cit. trifft nähere Regelungen für die „öffentliche Feilbietung" solcher Baugrundstücke. Da beiden Regelungen im Rahmen der örtlichen Raumplanung kaum (mehr) praktische Bedeutung zukommt, sieht der vorliegende Gesetzesentwurf – im Interesse der Deregulierung – die ersatzlose Aufhebung dieser Bestimmungen vor.

Zu Z 4 (§ 8 Abs. 8 lit. a):

§ 8 Abs. 8 lit. a des Kärntner Gemeindeplanungsgesetzes 1995 legt für Einkaufszentren der Kategorie I (EKZ I) das Sonderwidmungserfordernis mit 400 m² wirtschaftlich zusammenhängender Verkaufsfläche fest.

Im Gegensatz dazu bestimmt § 77 Abs. 5 der Gewerbeordnung 1994 – GewO 1994, dass für die (gewerberechtliche) Genehmigung von Anlagen für Betriebe des Handels sowie von ausschließlich oder überwiegend für, Handelsbetriebe vorgesehenen Gesamtanlagen im Sinne des § 356e Abs. 1 GewO 1994 (Einkaufszentren), die überwiegend dem Handel mit Konsumgütern des kurzfristigen oder des täglichen Bedarfs dienen, (auch) folgende Voraussetzungen erfüllt sein müssen:

– der Standort muss für eine derartige Gesamtanlage gewidmet sein;

– Betriebsanlagen mit einer Gesamtverkaufsfläche von mehr als 800 m² dürfen für einen Standort nur genehmigt werden, wenn das Projekt keine Gefährdung der Nahversorgung der Bevölkerung mit Konsumgütern des kurzfristigen oder des täglichen Bedarfes im Einzugsgebiet erwarten lässt.

Im Interesse der Harmonisierung des Kärntner Gemeindeplanungsgesetzes hinsichtlich der Sonderwidmungserfordernisse für „Einkaufszentren" mit den (korrespondierenden) Regelungen der Gewerbeordnung 1994 sieht der vorliegende Gesetzesentwurf die Anhebung des Sonderwidmungerfordernisses für EKZ I auf 600 m² vor.

Zu Z 5 und 6 (§ 8 Abs. 8a, Abs. 8b und Abs. 8c und § 9a):

Wie bereits im Allgemeinen Teil der Erläuterungen ausgeführt, erweist sich das derzeit geltende EKZ-Regime des Kärntner Gemeindeplanungsgesetzes 1995 (in Verbindung mit dem Entwicklungsprogramm „Versorgungsinfrastruktur") insofern als unbefriedigend, als die (grundsätzliche) Attraktivität von Orts- und Stadtkernen nicht (mehr) in der Lage ist, die infrastrukturellen (Kosten-)Vorteile eines EKZ-Standortes auf der „grünen Wiese" (dh. In peripheren Lagen) auszugleichen. Zu einer – im Wesentlichen – gleichartigen Beurteilung der Schwächen des derzeit geltenden EKZ-Regimes in Kärnten gelangt auch die Studie „Evaluierung der Einkaufszentrenregelungen in Kärnten" aus dem November 2000; diese Studie schlägt insbesondere folgende Ansätze zur Problemlösung vor:

- Differenzierung des zulässigen Warensortiments von EKZ zwischen „zentrenrelevanten" und „weniger zentrentrelevanten" Waren;

- Festlegung eines Vorbehaltes für „zentrenrelevante" Waren in EKZ in ausgewiesenen

  „Kerngebieten" (dh. in „Orts- und Stadtkernen");

- Entwicklung einer Strategie der Kostenwahrheit und des Verursacherprinzips, mit der die marktverzerrenden Vorteile großflächiger Einzelhandelsbetriebe am Stadtrand, gegenüber den Innerstadtstandorten gemindert werden.

Um die beschriebenen Problembereiche hinsichtlich des geltenden EKZ-Regimes in Kärnten (besser) bewältigen zu können, sieht der vorliegende Gesetzesentwurf – unter Berücksichtigung einzelner Vorschläge der Studie „Evaluierung der Einkaufszentrenregelungen in Kärnten" die Begünstigung der Errichtung von EKZ in innerstädtischen Lagen vor.

Die Begünstigung von EKZ in innerstädtischen Lagen soll dadurch bewirkt werden, dass das Sonderwidmungserfordernis für Einkaufszentren in „Orts- oder Stadtkernen" in Ober- und Mittelzentren (im Sinne des Entwicklungsprogrammes „Versorgungsinfrastruktur") entfällt; Verkaufslokale des Einzelhandels nach § 8 Abs. 8 lit. a und lit. b des Kärntner Gemeindeplanungsgesetzes 1995 sollen dann nicht als Einkaufszentren im Sinne dieses Gesetzes gelten, wenn „sie in einem festgelegten Orts- oder Stadtkern (...) gelegen sind." Für solche Verkaufslokale des Einzelhandels ist jedoch – weiterhin – ein Teilbebauungsplan zu erlassen, in dem neben bestimmten Bebauungsbedingungen auch das „Höchstausmaß der zulässigen wirtschaftlich zusammenhängenden Verkaufsfläche" festzulegen ist (§ 8 Abs. 8b). [...]"

§ 9 Verkaufsfläche

Zur Verkaufsfläche (§ 8 Abs. 8) gehören die Flächen aller Räume, die für Kunden allgemein zugänglich sind, ausgenommen Stiegenhäuser, Gänge, Hausflure und Räume für Sanitäranlagen sowie die Verkaufsflächen im Freien. Bei der Ermittlung wirtschaftlich zusammenhängender Verkaufsflächen sind die Verkaufsflächen mehrerer Betriebe des Handels zusammenzuzählen, wenn diese eine bauliche oder betriebsorganisatorische Einheit bilden.

§ 9a Orts- und Stadtkerne

(1) Gemeinden, die im Entwicklungsprogramm nach § 10 als Oberzentren festgelegt sind, und Gemeinden, die im Entwicklungsprogramm nach § 10 als Mittelzentren festgelegt sind, dürfen im Flächenwidmungsplan unter Bedachtnahme auf die Grundsätze nach § 10 Abs. 3 innerörtliche oder innerstädtische Gebiete als Orts- oder Stadtkerne festlegen. In einer Gemeinde darf nur ein innerörtliches oder innerstädtisches Gebiet als Orts- oder Stadtkern festgelegt werden.

(2) Als Orts- oder Stadtkerne dürfen nur solche innerörtlichen oder innerstädtischen Gebiete festgelegt werden, die unter Bedachtnahme auf den Charakter als Ober- oder Mittelzentrum und auf die jeweiligen örtlichen Gegebenheiten
   a) eine überwiegend zusammenhängende Bebauung vornehmlich mit Wohngebäuden, Gebäuden für Handels- und Dienstleistungsbetriebe, Geschäfts-, Büro- und Verwaltungsgebäuden, Gebäuden für Gast- und Beherbergungsbetriebe, Versammlungs-, Vergnügungs- und Veranstaltungsstätten sowie sonstigen Gebäuden, die der Deckung örtlicher und überörtlicher wirtschaftlicher, sozialer und kultureller Bedürfnisse der Bevölkerung dienen, und
   b) gewachsene und typische innerörtliche oder innerstädtische Strukturen, insbesondere ein historisch gewachsenes Orts- oder Stadtbild, aufweisen.

(3) Die Landesregierung hat mit Verordnung unter Bedachtnahme auf Abs. 1 und Abs. 2 nähere Regelungen für die Festlegung von Orts- und Stadtkernen in Ober- und Mittelzentren zu erlassen.

(4) Die Festlegung eines Orts- oder Stadtkernes ist im Flächenwidmungsplan durch eine Umfassungslinie ersichtlich zu machen.

(5) Für das Verfahren und die Kundmachung bei der Festlegung von Orts- und Stadtkernen gelten die Bestimmungen der §§ 13 bis 15 mit der Maßgabe, dass
a) die mangelhafte Verständigung der grundbücherlichen Eigentümer (§ 13 Abs. 1) keinen Einfluss auf das gesetzmäßige Zustandekommen des Flächenwidmungsplanes hat,
b) die Genehmigung auch zu versagen ist, wenn die Voraussetzungen nach Abs. 1 oder Abs. 2 nicht gegeben sind oder der Flächenwidmungsplan der Verordnung gemäß Abs. 3 nicht entspricht. Der Bürgermeister kann, wenn eine besondere finanzielle Belastung durch die schriftliche Verständigung entsteht, von dieser absehen, sofern in einer in Kärnten erscheinenden regionalen, auflagestarken Tageszeitung ein Hinweis auf die Auflage des Entwurfes des Flächenwidmungsplanes aufgenommen wird; der Hinweis hat bei einer Bekanntgabe nach § 13 Abs. 2 einmal, sonst zweimal während der ersten beiden Wochen der Kundmachung an der Amtstafel zu erfolgen.

ErlRV -2V-LG-544/34-2002, 6 (zu LGBl 2002/71):

„Zu Z 5 und 6 (§ 8 Abs. 8a, Abs. 8b und Abs. 8c und § 9a):

[...]

§ 9a Abs. 1 des vorliegenden Gesetzesentwurfes ermächtigt die Gemeinden, die im Entwicklungsprogramm „Versorgungsinfrastruktur" als Ober- oder Mittelzentren festgelegt sind, unter Bedachtnahme auf die Grundsätze nach § 10 Abs. 3 des Kärntner Gemeindeplanungsgesetzes 1995 innerörtliche oder innerstädtische Gebiete als „Orts- oder Stadtkerne" festzulegen. Ausdrücklich klargestellt wird, dass in einer Gemeinde nur ein innerörtliches oder innerstädtisches Gebiet als Orts- oder Stadtkern festgelegt werden darf. Für die Festlegung als Orts- oder Stadtkern normiert § 9a Abs. 2 des Gesetzesentwurfes nähere Kriterien; die Landesregierung hat nach § 9a Abs. 3 des Gesetzesentwurfes „mit Verordnung unter Bedachtnahme auf Abs. 1 und Abs. 2 nähere Regelungen für die Festlegung von Orts- und Stadtkernen in Ober- und Mittelzentren zu erlassen. [...]"

§ 10 Entwicklungsprogramm für Versorgungsinfrastruktur

(1) Die Landesregierung hat zur Erhaltung und Sicherung der in Kärnten vorgegebenen Zentrenstrukturen sowie zur Erhaltung infrastrukturell vielfältiger Orts- und Stadtkerne ein Entwicklungsprogramm nach § 3 des Kärntner Raumordnungsgesetzes zu erlassen.

(2) Im Entwicklungsprogramm sind jedenfalls festzulegen:
a) die Städte Klagenfurt und Villach als Oberzentren;
b) welche Gemeinden als Mittelzentren oder als Unterzentren festgelegt werden;
c) das Höchstausmaß der in den jeweiligen Oberzentren, Mittelzentren und Unterzentren insgesamt zulässigen Fläche für wirtschaftlich zusammenhängende Verkaufsflächen für EKZ I, ausgenommen EKZ I nach Abs. 5.

(3) Bei der Erlassung eines Entwicklungsprogrammes ist auf die Ziele nach Abs. 1 sowie auf die zentral-örtlichen Funktionen in den Gemeinden auf Grund ihrer Ausstattung mit Diensten und Einrichtungen überörtlicher Bedeutung sowie auf die Stärkung der typischen und gewachsenen Strukturen Bedacht zu nehmen.

(4) Im Zeitpunkt der Erlassung des Entwicklungsprogrammes bestehende Sonderwidmungen für Einkaufszentren mit Lebensmitteln im Warenangebot sowie weiters auf Grund dieses Gesetzes festgelegte Sonderwidmungen für EKZ I sind von der Gemeinde vor der Festlegung weiterer Sonderwidmungen für EKZ I auf die nach Abs. 2 lit. c festgelegte Höchstzahl anzurechnen. Die Gemeinde ist verpflichtet, das Ausmaß von wirtschaftlich zusammenhängenden Verkaufsflächen, für die noch eine Sonderwidmung für EKZ I erlassen werden darf, evident zu halten und der Landesregierung jeweils gleichzeitig mit einem Antrag nach § 13 Abs. 5 mitzuteilen.

(5) Die Festlegungen nach Abs. 2 lit. c sowie Anrechnungen nach Abs. 4 gelten nicht für folgende EKZ I:
a) [Anm: entfallen]
b) Verkaufslokale des Einzelhandels in den Städten Klagenfurt und Villach, die aus einem räumlichen Zusammenschluß einzelner, eigenständig geführter Geschäftseinheiten mit jeweils maximalen Verkaufsflächen von 200 m² bestehen, sofern im fußläufigen Einzugsbereich eines derartigen Einkaufszentrums mindestens 8000 Einwohner leben und der Bereich des vorgesehenen Standortes innerstädtisch zentralörtliche

Funktionen aufweist. Für die Ermittlung der Einwohnerzahl gilt § 18 Abs. 2 der Allgemeinen Gemeindeordnung 1993, in ihrer jeweils geltenden Fassung, sinngemäß.

(6) Die Landesregierung ist verpflichtet, das Entwicklungsprogramm insbesondere hinsichtlich der Festlegungen nach Abs. 2 lit. c zu ändern, wenn sich durch spezifische Besonderheiten insbesondere in Mittel- oder Unterzentren, wie etwa auf Grund ihrer Lage zum benachbarten Ausland, geänderte raumordnerische Rahmenbedingungen ergeben.

§ 11 Ausnahmen

(1) Grenzen Gemeinden, die nach dem Entwicklungsprogramm keine Sonderwidmung für Einkaufszentren erlassen dürfen, an die Oberzentren Klagenfurt und Villach (§ 10 Abs. 2 lit. a) an, so darf die Landesregierung auf Antrag diesen Gemeinden mit Bescheid die Bewilligung erteilen, abweichend vom Entwicklungsprogramm eine Sonderwidmung für Einkaufszentren festzulegen, wenn und soweit
a) die Festlegung der Sonderwidmung im näheren Einzugsbereich des Oberzentrums erfolgen soll und
b) nachgewiesen ist, daß durch die beantragte Maßnahme die wirtschaftlichen, sozialen und kulturellen Interessen der übrigen angrenzenden Gemeinden nicht verletzt werden und auch den Raumordnungsgrundsätzen betreffend die Standortgemeinde nicht widersprochen wird und
c) das für Unterzentren festgelegte Höchstausmaß der für ein einzelnes EKZ zulässigen wirtschaftlich zusammenhängenden Verkaufsfläche nicht überschritten wird.

(2) Dem Antrag auf Bewilligung nach Abs. 1 ist zur Beurteilung des Vorliegens der Bewilligungsvoraussetzungen ein Gutachten anzuschließen. Der Antrag hat weiters das Ausmaß und die Lage der beabsichtigten Sonderwidmung für EKZ I zu enthalten. § 13 Abs. 6 gilt sinngemäß.

(3) Eine Bewilligung nach Abs. 1 darf nur erteilt werden, wenn die Voraussetzungen hiefür gegeben sind. In Verfahren nach Abs. 1 haben die antragstellende Gemeinde sowie das angrenzende Oberzentrum und die sonst an die antragstellende Gemeinde angrenzenden Gemeinden Parteistellung.

§ 12 Öffentliche Interessen

(1) Im Flächenwidmungsplan sind ersichtlich zu machen:
1. Flächen, die durch überörtliche Maßnahmen oder Planungen für eine besondere Nutzung bestimmt sind (wie Eisenbahnen, Flugplätze, Bundesstraßen, Landesstraßen, Ver- und Entsorgungsanlagen von überörtlicher Bedeutung);
2. Flächen, für die Nutzungsbeschränkungen bestehen (wie Nationalparkgebiete, Naturschutzgebiete, Landschaftsschutzgebiete, wasserrechtlich besonders geschützte Gebiete und sonstige wasserwirtschaftliche Planungsgebiete, Hochwasserabflussgebiete, Gefahrenzonen nach dem Forstgesetz 1975, Gefährdungsbereiche nach schieß- und sprengmittelrechtlichen Vorschriften, Standorte und Gefahrenbereiche von Betrieben im Sinne der Richtlinie 2012/18/EU Verdachtsflächen und Altlasten nach dem Altlastensanierungsgesetz, Bergbaugebiete und militärische Sperrgebiete).

(2) Andere Flächen als solche nach Abs. 1 Z 2, für die Nutzungsbeschränkungen bestehen, wie Bann- und Schutzwälder, Gefahrenzonen nach den Richtlinien der Bundeswasserbauverwaltung, Schutzbereiche entlang der Bundes- und Landesstraßen, in der Umgebung von Eisenbahnanlagen und um die Flugplätze, Sicherheitsstreifen entlang elektrischer Starkstromleitungen, Naturdenkmale und Objekte unter Denkmalschutz dürfen im Flächenwidmungsplan ersichtlich gemacht werden, insoweit dies unter Bedachtnahme auf die örtlichen Gegebenheiten erforderlich ist.

(3) Ersichtlichmachungen von Flächen nach Abs. 1 oder Abs. 2 im Flächenwidmungsplan kommt keine verbindliche Wirkung zu.

ErlRV Verf-273/3/1994, 22 (zu § 6 Gemeindeplanungsgesetz 1982 idF LGBl 1994/105):

„Die demonstrative Aufzählung jener Flächen, für die Nutzungsbeschränkungen bestehen und die im Flächenwidmungsplan ersichtlich zu machen sind, wird teils erweitert, teils an geänderte Rechtsvorschriften angepaßt. Als „wasserrechtlich besonders geschützte Gebiete" sind die Schon- und Schutzgebiete, die Grundwassersanierungsgebiete und die Gebiete, für wasserwirtschaftliche Rahmenverfügungen erlassen worden sind, zu verstehen. Die Übrigen Erweiterungen des Kataloges der ersichtlich zu machenden Flächen nach § 6 Z. 2 [Anm: § 12 Abs 1 Z 2 idgF] bezwecken eine Verbesserung der Koordination und Abstimmung der Planungsmaßnahmen der Gemeinde mit Planungen und Vorhaben anderer Planungsträger."

ErlRV -2V-LG-544/34-2002, 7 (zu LGBl 2002/71):

„Zu Z 7, 8 und 9 (§ 12 Abs. 1 Z 2, § 12 Abs. 2 und Abs. 3):
Abweichend von der bisher geltenden Rechtslage sieht der vorliegende Gesetzesentwurf eine Differenzierung zwischen jedenfalls und (bloß) fakultativ ersichtlich zu machende Nutzungsbeschränkungen im Flächenwidmungsplan vor: Bei den in § 12 Abs. 1 Z 2 des Gesetzesentwurfes angeführten Nutzungsbeschränkungen handelt es sich um solche, die jedenfalls im Flächenwidmungsplan ersichtlich zu machen sind. Aufgrund europarechtlicher Vorgaben (vgl. dazu die Ausführungen unter Pkt. II. der Erläuterungen betreffend die EG- Konformität der Regelungen des Gesetzesentwurfes [Anm: siehe oben]) wurde der Katalog der verpflichtend ersichtlich zu machenden Nutzungsbeschränkungen um „Standorte und Gefährdungsbereiche im Sinne der Richtlinie 96/82/EG des Rates vom 9. Dezember 1996 zur Beherrschung der Gefahren bei schweren Unfällen mit gefährlichen Stoffen" erweitert. Erweitert wurde dieser Katalog auch insofern, als in Zukunft nicht bloß „wasserrechtlich besonders geschützte Gebiete", sondern auch „sonstige wasserwirtschaftliche Planungsgebiete" im Flächenwidmungsplan ersichtlich zu machen sein werden; von der Verpflichtung zur Ersichtlichmachung erfasst sind demnach insbesondere Gebiete nach den §§ 34, 35, 37, 53 und 54 des Wasserrechtsgesetzes 1959.

Die in § 12 Abs. 2 umschriebenen Nutzungsbeschränkungen sind hingegen nur dann und insoweit im Flächenwidmungsplan ersichtlich zu machen, als „dies unter Bedachtnahme auf die örtlichen Gegebenheiten erforderlich" ist.

Ausdrücklich klargestellt wird durch § 12 Abs. 3 des vorliegenden Gesetzesentwurfes, dass Ersichtlichmachungen von Flächen im Flächenwidmungsplan „keine verbindliche Wirkung" zukommt; damit wird der ständigen Rechtsprechung des Verwaltungsgerichtshofes (vgl. 20.9.1990, 86/06/0047; 19.12.2000, 98/05/0147) Rechnung getragen, wonach Ersichtlichmachungen im Flächenwidmungsplan (lediglich) informativer Charakter zukommt (vgl. im gegebenen Zusammenhang auch VfSlg. 15136/1998; VfGH 27.9.2001, B 514/99 ua.)."

ErlRV 01-VO-L6-1729/8-2016, 3 (zu LGDL 2016/24)

„Zu Z 4 (§ 12 Abs. 1 Z 2)

Es erfolgt eine redaktionelle Anpassung an die Richtlinie 2012/18/EU."

§ 13 Verfahren

(1) Der Entwurf des Flächenwidmungsplanes ist durch vier Wochen im Gemeindeamt (Magistrat) zur allgemeinen Einsicht aufzulegen. Die Auflage ist durch Kundmachung an der Amtstafel und im Internet bekanntzugeben und der Landesregierung, den sonst berührten Landes- und den Bundesdienststellen, den angrenzenden Gemeinden und den in Betracht kommenden gesetzlichen Interessenvertretungen unter Einräumung einer Frist von vier Wochen zur Stellungnahme mitzuteilen. Die Kundmachung hat die Auflagefrist und den Hinweis zu enthalten, daß innerhalb der Auflagefrist jedermann, der ein berechtigtes Interesse glaubhaft macht, berechtigt ist, schriftlich begründete Einwendungen gegen den Entwurf des Flächenwidmungsplanes einzubringen. Der Bürgermeister hat die grundbücherlichen Eigentümer, jener Grundflächen, an deren Flächenwidmung sich Änderungen ergeben, zugleich mit der Kundmachung der Auflage des Entwurfes davon schriftlich zu verständigen, wenn eine Abgabestelle für die Verständigung bekannt ist oder ohne Schwierigkeiten festgestellt werden kann.

(2) Wird von der Gemeinde regelmäßig ein Publikations- oder ein Mitteilungsblatt herausgegeben, ist die Auflage des Entwurfes des Flächenwidmungsplanes nach Abs. 1 überdies durch Kundmachung in diesem bekanntzugeben. Abs. 1 dritter Satz gilt dabei sinngemäß. Das Unterbleiben oder die mangelhafte Durchführung dieser Kundmachung berührt die Rechtmäßigkeit des Verfahrens zur Erlassung (Änderung) des Flächenwidmungsplanes nicht.

(3) Die während der Auflagefrist beim Gemeindeamt (Magistrat) gegen den Entwurf schriftlich eingebrachten und begründeten Einwendungen sind vom Gemeinderat bei der Beratung über den Flächenwidmungsplan in Erwägung zu ziehen.

(4) Der Gemeinderat darf nur Widmungen beschließen, die im Entwurf des Flächenwidmungsplanes gemäß Abs. 1 zur allgemeinen Einsicht aufgelegt sind. Weicht eine beabsichtigte Widmung nicht bloß unwesentlich von der in dem zur allgemeinen Einsicht aufgelegten Entwurf enthaltenen Widmung ab, ist hinsichtlich einer solchen geänderten Festlegung das Auflageverfahren nach Abs. 1 zu wiederholen.

(5) Der Flächenwidmungsplan bedarf – ausgenommen in den Fällen des § 16 – zu seiner Rechtswirksamkeit der Genehmigung der Landesregierung. Der Bürgermeister hat den vom Gemeinderat beschlossenen Flächenwidmungsplan mit Erläuterungen, aus denen hervorgeht, inwieweit auf die wirtschaftlichen, sozialen, ökologischen und kulturellen Erfordernisse der Gemeinde Bedacht genommen wurde, unter Anschluß der vorgebrachten Einwendungen und der Niederschrift über die Beschlußfassung des Gemeinderates in dreifacher Ausfertigung der Landesregierung vorzulegen. Werden die Erläuterungen oder die sonstigen Unterlagen nicht beigebracht, ist nach § 13 Abs. 3 AVG vorzugehen.

(6) [Anm: entfallen]

(7) Die Landesregierung hat vor ihrer Entscheidung über die Genehmigung dem Raumordnungsbeirat Gelegenheit zur Stellungnahme innerhalb einer angemessen festzusetzenden Frist zu geben. Die Genehmigung ist zu versagen, wenn der Flächenwidmungsplan
  a) den Zielen und Grundsätzen des § 2 des Kärntner Raumordnungsgesetzes, einem überörtlichen Entwicklungsprogramm oder sonstigen raumbedeutsamen Maßnahmen und Planungen des Landes widerspricht,
  b) die wirtschaftlichen, sozialen, ökologischen und kulturellen Erfordernisse der Gemeinde nicht beachtet oder auf die im örtlichen Entwicklungskonzept (§ 2) festgelegten Ziele der örtlichen Raumplanung nicht Bedacht nimmt,
  c) auf die wirtschaftlichen, sozialen, ökologischen und kulturellen Erfordernisse der angrenzenden Gemeinden nicht Bedacht nimmt,
  d) raumbedeutsame Maßnahmen und Planungen des Bundes sowie Planungen anderer Planungsträger, deren Planungen im öffentlichen Interesse liegen, nicht berücksichtigt oder
  e) sonst gesetzwidrig ist.

(7a) Der Raumordnungsbeirat darf die Anregung beschließen, daß die Landesregierung vor der Entscheidung über die Genehmigung ein ergänzendes fachliches Gutachten über die raumbedeutsamen Auswirkungen von Festlegungen im Flächenwidmungsplan insbesondere auf die abschätzbare Bevölkerungs-, Siedlungs- und Wirtschaftsentwicklung einholt. Mit der Erstellung des ergänzenden Gutachtens dürfen auch geeignete Sachverständige, die nicht Amtssachverständige sind, oder facheinschlägige wissenschaftliche Institute des universitären oder außeruniversitären Bereiches beauftragt werden.

(8) Für die Frist, innerhalb der die Entscheidung zu treffen ist, gilt die Bestimmung des § 73 Abs. 1 AVG sinngemäß. Die Frist beginnt mit der Übermittlung der vollständigen Unterlagen nach Abs. 5 zweiter Satz zu laufen. Wird der Gemeinde innerhalb dieser Frist keine Entscheidung der Landesregierung zugestellt, gilt die Genehmigung des Flächenwidmungsplanes als erteilt.

(9) Die Landesregierung hat die Gemeinde auf ihr Ersuchen in Angelegenheiten des Flächenwidmungsplanes unentgeltlich zu beraten.

ErlRV Verf-273/3/1994, 23 f (zu § 7 Gemeindeplanungsgesetz 1982 idF LGBl 1994/105):

„Zu § [Anm: Z] 29 und 30 (§ 7 Abs. 1 und Abs. 1a [Anm: § 13 Abs 1 und 2 idgF]):

Die Regelungen über die Auflage des Entwurfes des Flächenwidmungsplanes wurden neu gefaßt und den korrespondierenden Bestimmungen für die Auflage des Entwurfes des örtlichen Entwicklungskonzeptes (§ 1a Abs. 4 [Anm: § 2 Abs 4 idgF]) angepaßt. Die Verständigungspflicht von betroffenen Grundeigentümern wird im Interesse der Transparenz der Planungsvorgänge ausgebaut. Dieselbe Intention verfolgt auch § 7 Abs. 1a [Anm: § 13 Abs 2 idgF].

Zu Z. 32 (§ 7 Abs. 3 [Anm: § 13 Abs 4 idgF]):

Nach der Rechtsprechung des Verfassungsgerichtshofes (vgl. etwa VfSlg. 8280/1978) sind raumplanende Maßnahmen streng daraufhin zu prüfen, ob die Entscheidungsgrundlagen des Verordnungsgebers in ausreichendem Maße erkennbar sind und ob der Verordnungsgeber die im Gesetz zur Gewinnung ausreichender Entscheidungsgrundlagen vorgesehene Vorgangsweise eingehalten hat. Dies gilt insbesondere auch für die im § 7 Abs. 3 [Anm: § 13 Abs 4 idgF] normierte Verpflichtung zur Auflage des Planentwurfes zur allgemeinen Einsicht.

Sinn und Zweck jeder Auflage eines Planentwurfes (ebenso wie der Verständigung der betroffenen Grundeigentümer über das Stattfinden einer solchen Auflage) ist es, den Planunterworfenen eine ausreichende Möglichkeit zur Erhebung allfälliger Einwendungen gegen die in Aussicht genommene Planänderung einzuräumen, mit anderen Worten, ihnen die Möglichkeit einer Berücksichtigung ihrer Interessen zu gewähren (vgl. etwa VfGH 23.6.1990 V 150/90; 27.6.1991 V 472/90).

Der Verfassungsgerichtshof hat im gegebenen Zusammenhang wiederholt ausgesprochen, daß (kleinere) Verstöße gegen Verfahrensvorschriften bei der Auflage von Entwürfen (oder in der Verständigung darüber) dann (noch) keine Gesetzwidrigkeit des Zustandekommens des Planes bewirken, wenn dadurch die Unterrichtung der betroffenen Gemeindebürger über die beabsichtigten Planungsmaßnahmen nicht beeinträchtigt wird (vgl. VfSlg. 8463/1978, 9150/1981 und 10208/1984). Wenn aber eine derartige Beeinträchtigung eintritt, hat der ihr zugrundeliegende Verstoß gegen Verfahrensvorschriften die Gesetzwidrigkeit der Flächenwidmungsplanänderung zur Folge.

Die Ergänzung des § 7 Abs. 3 [Anm: § 13 Abs 4 idgF] dahingehend, daß ein nicht bloß unwesentliches Abweichen der beabsichtigten Widmung von der in dem zur allgemeinen Einsicht aufgelegten Entwurf enthaltenen Widmung hinsichtlich einer solchen geänderten Festlegung eine neuerliche Auflage nach Abs. 1 erfordert, trägt den skizzierten Grundgedanken der Rechtsprechung des Verfassungsgerichtshofes zu Sinn und Zweck der Auflage von Planentwürfen nunmehr ausdrücklich Rechnung.

<u>Zu Z. 33 (§ 7 Abs. 4 [Anm: § 13 Abs 5 idgF]):</u>

Mit der Ergänzung des § 7 Abs. 4 [Anm: § 13 Abs 5 idgF], daß die Aufsichtsbehörde nach § 13 Abs 3 AVG vorzugehen hat, wenn die Erläuterungen oder die sonstigen Unterlagen nicht beigebracht werden, wird nunmehr ausdrücklich klargestellt, daß in einem derartigen Fall zunächst ein Auftrag zur Erhebung der Formgebrechen zu erteilen und hiefür eine angemessene Frist zu bestimmen ist. Dies hat zur Folge, daß der Antrag auf aufsichtsbehördliche Genehmigung des Flächenwidmungsplanes bzw. seiner Änderung nach fruchtlosem Ablauf der Frist

I. Abschnitt **§ 13**

zurückzuweisen ist. Wird das Formgebrechen hingegen innerhalb der gesetzten Frist behoben, so gilt der Genehmigungsantrag als ursprünglich richtig eingebracht.

Zu Z. 35 (§ 7 Abs. 5 [Anm: § 13 Abs 7 idgF]):
Die verfassungsrechtliche Grundlage dafür, daß § 7 Abs. 5 [Anm: § 13 Abs 7 idgF] die Erlassung bzw. in Verbindung mit § 9 [Anm: § 15 idgF] auch die Änderung des Flächenwidmungsplanes einer aufsichtsbehördlichen Genehmigung durch die Landesregierung unterwirft, bildet Art. 119a Abs. 8 B-VG, wonach die Gesetzgebung Maßnahmen im eigenen Wirkungsbereich der Gemeinde, durch die auch überörtliche Interessen im besonderen Maße berührt werden, an eine Genehmigung binden kann. Wie sich aus Art. 119a Abs. 8 B-VG nach der Rechtsprechung des Verfassungsgerichtshofes ergibt, muß ein Gesetz, durch das eine im eigenen Wirkungsbereich der Gemeinde zu treffende Maßnahme an die Genehmigung einer Aufsichtsbehörde gebunden wird, die Gründe für die Versagung der Genehmigung normieren (vgl. VfSlg. 7101/1973). Als Versagungsgrund darf Art. 119a Abs. 8 letzter Satz B-VG zufolge nur ein Tatbestand vorgesehen werden, „der die Bevorzugung überörtlicher Interessen eindeutig rechtfertigt". Es bedarf nun keiner näheren Erörterung, daß die in lit. a bis lit. d vorgesehenen Versagungstatbestände diesen bundesverfassungsgesetzlichen Voraussetzungen entsprechen. Dies gilt insbesondere auch für den Versagungstatbestand der mangelnden Bedachtnahme auf die im örtlichen Entwicklungskonzept festgelegten Ziele der örtlichen Raumplanung, wenn man bedenkt, daß dieses Konzept die fachliche Grundlage für die planmäßige Gestaltung und Entwicklung des Gemeindegebietes, insbesondere für die Erlassung des Flächenwidmungsplanes bildet (vgl. im gegebenen Zusammenhang die Ausführungen zu § 1a [Anm: § 2 idgF] und dort insbesondere die Ausführungen zur (Selbst-)Bindungswirkung des örtlichen Entwicklungskonzeptes). Aber auch insofern, als zufolge der lit. e ein Versagungstatbestand auch dann vorliegen soll, wenn der Flächenwidmungsplan „sonst gesetzwidrig ist", ist durch die Rechtsprechung des Verfassungsgerichtshofes (vgl. VfSlg. 11163/1986) klargestellt, daß eine Regelung, die die Versagung der aufsichtsbehördlichen Genehmigung für den Fall vorsieht, daß der Flächenwidmungsplan gesetzwidrig ist, nicht im Widerspruch zu Art. 119a Abs. 8 B-VG steht."

§ 14   10. Kärntner Gemeindeplanungsgesetz 1995 – K-GplG 1995

ErlRV Verf-579/15/1997, 16 (zu LGBl 1997/134):

„Zu Z 25 und 26 [Anm: im LGBl Z 23 und 24] (§ 13 Abs. 7 und Abs. 7a):
Durch die Neufassung des § 13 Abs. 7 erster Satz wird klargestellt, daß dem Raumordnungsbeirat für die Abgabe einer Stellungnahme eine „angemessene Frist" gesetzt werden kann, um unnötige Verfahrensverzögerungen zu vermeiden. Die schon derzeit bestehende Möglichkeit des Raumordnungsbeirates, gegenüber der Landesregierung die Einholung ergänzender (raumordnungsspezifischer) fachlicher Gutachten anzuregen, wird nunmehr ausdrücklich gesetzlich verankert (auf die Neuregelung des § 15 Abs. 5 lit. b in der Fassung des vorliegenden Gesetzesentwurfes darf hingewiesen werden).

Zu Z 27 [Anm: im LGBl Z 25] (§ 13 Abs. 8):

Eine wesentliche Neuregelung des vorliegenden Gesetzesentwurfes besteht in der „Fiktion der aufsichtsbehördlichen Genehmigung" für den Fall, daß der Gemeinde innerhalb der Frist des § 13 Abs. 8 erster Satz keine Entscheidung der Landesregierung zugestellt wird. Vergleichbare Regelungen enthalten auch die raumordnungsrechtlichen Vorschriften anderer Länder (vgl. etwa § 34 Abs. 4 des Oberösterreichischen Raumordnungsgesetzes, LGBl. Nr. 114/1993)[.]"

§ 14 Kundmachung

(1) Die Genehmigung des Flächenwidmungsplanes, gegebenenfalls der Umstand, daß der Flächenwidmungsplan als genehmigt gilt, ist von der Landesregierung in der Kärntner Landeszeitung kundzumachen. Der Flächenwidmungsplan wird mit dem Ablauf des Tages der Kundmachung wirksam.

(2) Eine Ausfertigung des genehmigten Flächenwidmungsplanes ist dem Bürgermeister und der Bezirkshauptmannschaft, in deren Sprengel die Gemeinde liegt, zu übermitteln.

(3) Der genehmigte Flächenwidmungsplan ist beim Gemeindeamt (Magistrat) zur allgemeinen Einsicht während der Amtsstunden aufzulegen.

ErlRV Verf-579/15/1997, 16 (zu LGBl 1997/134):

„Zu Z 28 [Anm: im LGBl Z 26] (§ 14 Abs. 1):

Durch die Neuregelung wir der durch Z 27 [Anm: im LGBl Z 25] des vorliegenden Gesetzesentwurfes geschaffenen „Fiktion der aufsichtsbehördlichen Genehmigung" hinsichtlich der Kundmachung von Flächenwidmungsplänen Rechnung getragen."

§ 15 Änderung des Flächenwidmungsplanes

(1) Der Flächenwidmungsplan darf nur aus wichtigen Gründen abgeändert werden.

(2) Der Flächenwidmungsplan ist zu ändern, wenn dies
a) durch die Aufstellung oder Änderung eines überörtlichen Entwicklungsprogrammes erforderlich wird,
b) durch die Erstellung oder Änderung des örtlichen Entwicklungskonzeptes (§ 2) erforderlich wird oder sich die für die örtliche Raumplanung sonst maßgebenden wirtschaftlichen, sozialen, ökologischen oder kulturellen Verhältnisse wesentlich geändert haben oder
c) zur Vermeidung von Widersprüchen zu Gesetzen und Verordnungen des Bundes oder des Landes geboten ist.

(3) Umwidmungen von Grünland in Bauland (Neufestlegung von Bauland) dürfen unter Berücksichtigung der Bauflächenbilanz (§ 3 Abs. 2) nur erfolgen, wenn das im Flächenwidmungsplan festgelegte Bauland nach seiner Gliederung, seinem Ausmaß und seiner lagemäßigen Anordnung den Erfordernissen in der Gemeinde nicht mehr genügt. In Vorranggebieten für den Fremdenverkehr (§ 2 Abs. 3 lit. i in Verbindung mit Abs. 3a) dürfen Umwidmungen von Grünland in Bauland überdies nur in reines Kurgebiet (§ 3 Abs. 6) vorgenommen werden. Übersteigen die Baulandreserven in der Gemeinde unter Berücksichtigung der Bauflächenbilanz den abschätzbaren Baulandbedarf (§ 3 Abs. 2 erster Satz), darf die Neufestlegung von Bauland – unbeschadet des § 3 Abs. 2a – nur vorgenommen werden, wenn
a) sich der betroffene Grundeigentümer in einer privatwirtschaftlichen Vereinbarung (§ 22) mit der Gemeinde mit Wirkung auch für seine Rechtsnachfolger verpflichtet, für eine widmungsgemäße Bebauung der Grundflächen innerhalb von fünf Jahren nach deren Festlegung als Bauland zu sorgen, oder

b) zumindest im Ausmaß der beabsichtigten Neufestlegung Rückwidmungen von als Bauland festgelegten Grundflächen in Grünland erfolgen (Abs. 4).

(4) Als Bauland festgelegte unbebaute Grundflächen sind in Grünland rückzuwidmen (§ 20), wenn die Baulandreserven in der Gemeinde unter Berücksichtigung der Bauflächenbilanz (§ 3 Abs. 2) den abschätzbaren Baulandbedarf nach den einzelnen Baugebieten (§ 3 Abs. 4 bis 10) innerhalb eines Planungszeitraumes von zehn Jahren übersteigen. Bei der Ermittlung der Baulandreserven in der Gemeinde haben jene als Bauland festgelegte Grundflächen außer Betracht zu bleiben, die als Aufschließungsgebiete festgelegt sind. Als Bauland festgelegte unbebaute Grundflächen, die im Gefährdungsbereich von Hochwasser, Steinschlag, Lawinen, Muren, Altlasten u.ä. gelegen sind (§ 3 Abs. 1 lit. b), sind in Grünland rückzuwidmen, sofern nicht zu erwarten ist, dass diese Gefahren innerhalb eines Planungszeitraumes von zehn Jahren durch entsprechende Maßnahmen abgewendet werden.

(5) Für das Verfahren und die Kundmachung bei der Änderung des Flächenwidmungsplanes gelten die Bestimmungen der §§ 13 und 14 sinngemäß mit der Maßgabe, daß

a) Änderungen des Flächenwidmungsplanes – ausgenommen im Rahmen des vereinfachten Verfahrens – (§ 16) grundsätzlich, sofern nicht zwingende öffentliche Interessen vorliegen, nur einmal jährlich erfolgen dürfen,
b) die Anhörung des Raumordnungsbeirates entfällt, wenn der zu genehmigenden Änderung des Flächenwidmungsplanes keine fachlichen Gründe der Raumordnung und keine Versagungsgründe nach § 13 Abs. 7 entgegenstehen, es sei denn, daß der Raumordnungsbeirat seine Anhörung ausdrücklich verlangt, und
c) die Genehmigung auch zu versagen ist, wenn die Voraussetzungen nach Abs. 1 oder Abs. 2 nicht gegeben sind.

(6) Vor der Einleitung des Verfahrens zur Änderung des Flächenwidmungsplanes (§ 15 Abs. 5 in Verbindung mit § 13 Abs. 1) hat die Gemeinde in einem Vorprüfungsverfahren eine Stellungnahme der Landesregierung einzuholen, ob der beabsichtigten Änderung des Flächenwidmungsplanes fachliche Gründe der Raumordnung entgegenstehen. Im Antrag auf Stellungnahme sind die von der beabsichtigten Änderung des Flächenwidmungsplanes betroffenen

Grundflächen, ihr Flächenausmaß, ihre gegenwärtige und die in Aussicht genommene künftige Widmung anzugeben. Dem Antrag ist eine zeichnerische Darstellung anzuschließen, in der die lagemäßige Anordnung der betroffenen Grundflächen, die Widmung der angrenzenden Grundflächen und gegebenenfalls die bestehenden Siedlungsgrenzen (Außengrenzen) ersichtlich zu machen sind. Die Durchführung des Vorprüfungsverfahrens mittels von der Landesregierung aufzulegender Formulare und mittels automationsunterstützter Datenverarbeitung ist zulässig.

(7) Die Landesregierung hat der Gemeinde innerhalb von drei Monaten nach der Übermittlung der vollständigen Unterlagen nach Abs. 6 zweiter und dritter Satz in einer Stellungnahme mitzuteilen, ob und gegebenenfalls welche fachlichen Gründe der Raumordnung der beabsichtigten Änderung des Flächenwidmungsplanes entgegenstehen. Stehen der Änderung des Flächenwidmungsplanes keine fachlichen Gründe entgegen, hat die Landesregierung in ihrer Stellungnahme an die Gemeinde zusätzlich bekannt zu geben, ob die Voraussetzungen für die Änderung des Flächenwidmungsplanes im vereinfachten Verfahren (§ 16 Abs. 1) vorliegen.

ErlRV Verf-273/3/1994, 23 f (zu § 9 Gemeindeplanungsgesetz 1982 idF LGBl 1994/105):

„Zu Z. 37 (§ 9 Abs. 2 [Anm: § 15 Abs 2 idgF]):

1. Da die Flächenwidmungsplanung in Verordnungsform erfolgt und Verordnungen – anders als Bescheide – nicht der Rechtskraft fähig sind, dürfen diese grundsätzlich jederzeit geändert werden. Ein gewisser Schutz gegen (willkürliche) Planungsänderungen besteht allerdings bereits von Verfassungs wegen insbesondere aufgrund des Gleichheitsgrundsatzes: Der Verfassungsgerichtshof hat in seiner Rechtsprechung ausdrücklich betont, daß mit der verbindlichen Festlegung der Widmung durch den Verordnungsgeber auch jenes Maß an Rechtssicherheit einzutreten hat, welches es dem Rechtsunterworfenen ermöglichen soll, „im Vertrauen auf die Rechtslage seine individuellen Planungsabsichten zu gestalten und mit der Rechtslage zu koodinieren" (VfSlg. 11374/1987). In der Folge hat der Verfassungsgerichtshof weiters ausgesprochen, daß Aspekte der Rechtssicherheit und des Vertrauens auf die durch eine rechtsverbindliche Widmung geschaffenen Nutzungs-

möglichkeiten eines Grundstücks eine „Änderung der Grundstückswidmung" unter Umständen ausschließen können (VfSlg. 11744/1988).
2. Diese verfassungsrechtlichen Vorgaben berücksichtigt schon die derzeit geltende Rechtslage insofern, als gemäß § 9 Abs. 1 des Gemeindeplanungsgesetzes 1982 [Anm: § 15 Abs 1 idgF] der Flächenwidmungsplan nur aus „wichtigen Gründen" geändert werden darf und § 9 Abs. 2 leg.cit. [Anm: § 15 Abs 2 idgF] jene Gründe aufzählt, bei deren Vorliegen der Flächenwidmungsplan zu ändern ist. Das Gesetz verleiht damit Flächenwidmungsplänen im Interesse der Rechtssicherheit grundsätzlich (erhöhte) Bestandskraft, indem es Änderungen nur unter bestimmt umschriebenen Voraussetzungen vorsieht und gestattet: Die gesetzlichen Änderungsbedingungen teilen sich in solche, die eine Abänderung des Flächenwidmungsplanes nicht notwendig erfordern, sondern eine derartige Maßnahme dem pflichtgemäßen freien Ermessen des Verordnungsgebers überlassen (arg. „darf" im § 9 Abs. 1 [Anm: § 15 Abs 1 idgF]) und solche, die den Verordnungsgeber zur Abänderung des Flächenwidmungsplanes verpflichten (arg. „ist" im § 9 Abs. 2; vgl. dazu auch VfSlg. 11990/1989).

3. Die Neufassung der Bestimmung des § 9 Abs. 2 [Anm: § 15 Abs 2 idgF], der die Voraussetzungen regelt, bei deren Vorliegen der Flächenwidmungsplan (zwingend) zu ändern ist, knüpft zunächst an die derzeit geltenden Änderungsbedingungen (Aufstellung oder Änderung eines Entwicklungsprogrammes, Änderung der maßgeblichen Verhältnisse) an und übernimmt diese in geringfügig modifizierter Form. Als zusätzliche Änderungsbedingungen werden die Erstellung oder Änderung des örtlichen Entwicklungskonzeptes und die Vermeidung von Widersprüchen zu Gesetzen und Verordnungen des Bundes oder des Landes aufgenommen.

Bei der Änderung des Flächenwidmungsplanes sind auch die sonstigen gesetzlichen Vorgaben (insbesondere § 9b und § 11a [Anm: § 17 und § 20 idgF]) zu berücksichtigen.

<u>Zu Z. 38 (§ 9 Abs. 3 [Anm: § 15 Abs 3 idgF]):</u>

Da sich in Hinkunft das Ausmaß des unbebauten Baulandes nach dem abschätzbaren Baulandbedarf in der Gemeinde zu richten haben wird und der Baulandbedarf jeweils getrennt für die einzelnen Baugebiete zu erheben und in der Bauflächenbilanz darzustellen sein wird (§ 2 Abs. 1a [Anm: § 3 Abs 2 idgF]), war § 9 Abs. 3 [Anm: § 15 Abs 3 idgF] dahingehend zu ergänzen, daß auch die Umwidmung von Grünland in

Bauland nur mehr unter (zusätzlicher) Berücksichtigung der Bauflächenbilanz zulässig sein soll.

Zu Z. 39 (§ 9 Abs. 3a [Anm: § 15 Abs 4 idgF]):

Im Gegensatz zu § 9 Abs. 3 [Anm: § 15 Abs 3 idgF], der die Voraussetzungen regelt, unter denen Umwidmungen von Grünland in Bauland erfolgen dürfen, soll mit der vorliegenden Bestimmung festgelegt werden, daß als Bauland festgelegten Grundflächen in Grünland rückzuwidmen sind, wenn die Baulandreserven in der Gemeinde unter Berücksichtigung der Bauflächenbilanz den abschätzbaren Baulandbedarf nach den einzelnen Baugebieten innerhalb eines Planungszeitraumes von zehn Jahren übersteigen. Damit wird eine ausdrückliche Verpflichtung begründet, die Baulandreserven in der Gemeinde an das Gebot des § 2 Abs. 1a [Anm: § 3 Abs 2 idgF] (Orientierung des Ausmaßes des unbebauten Baulandes am abschätzbaren zehnjährigen Baulandbedarf) anzupassen, wobei jedoch als Aufschließungsgebiete festgelegte Teile des Baulandes bei der Ermittlung der Baulandreserven außer Betracht zu bleiben haben. Die Regelungen des vorliegenden Entwurfes hinsichtlich der Rückwidmung (vgl. insbesondere auch §§ 9a, 11 [Anm: § 16 und § 19 idgF] und Art. II Abs. 14 und Abs. 15 [Anm: siehe die Übergangsbestimmungen zu LGBl 1994/105 unten]) legen aber auch die Grenzen der Zulässigkeit von Rückwidmungen fest und sollen so zur Rechtssicherheit beitragen.

Zu Z. 40 (§ 9 Abs. 5 [Anm: § 15 Abs 6 idgF]):

Die neu in das Gemeindeplanungsgesetz 1982 aufgenommene Bestimmung des § 9 Abs. 5 [Anm: § 15 Abs 6 idgF] verankert nunmehr das in der Praxis bereits seit einiger Zeit praktizierte Vorprüfungsverfahren vor der Einleitung des Verfahrens zur Änderung des Flächenwidmungsplanes ausdrücklich auf Gesetzesstufe. […]"

ErlRV Verf-579/15/1997, 16 ff (zu LGBl 1997/134):

„Zu Z 29 und 30 [Anm: im LGBl Z 27 und 28] (§ 15 Abs. 3):

§ 15 Abs. 3 des Gemeindeplanungsgesetzes 1995 legt fest, daß Umwidmungen von Grünland in Bauland unter Berücksichtigung der Bauflächenbilanz nur erfolgen dürfen, „wenn das im Flächenwidmungsplan festgelegte Bauland nach seiner Gliederung, seinem Ausmaß und seiner lagemäßigen Anordnung den Erfordernissen der Gemeinde nicht mehr genügt". Im Hinblick darauf, daß die Baulandreserven in vielen Kärntner Gemeinden – durchaus in einem Spannungsverhältnis zum § 3 Abs. 2 leg.cit. – den abschätzbaren Baulandbedarf innerhalb eines Planungszeitraumes von zehn Jahren erheblich übersteigt und – dessenungeachtet – laufend neue Umwidmungen von Grünland in Bauland erfolgen, soll ergänzend zu den Regelungen des § 15 Abs. 3 leg.cit. in der derzeit geltenden Fassung festgelegt werden, daß die Neufestlegung von Bauland unter den beschriebenen Voraussetzungen nur vorgenommen werden darf, wenn entweder durch eine privatwirtschaftliche Vereinbarung (§ 22) eine Bebauungsverpflichtung übernommen wird oder zumindest im Ausmaß der beabsichtigten Neufestlegung Rückwidmungen von als Bauland festgelegten Grundflächen in Grünland erfolgen. Davon ausdrücklich ausgenommen ist die Neufestlegung von Bauland bei Vorliegen der Voraussetzungen nach § 3 Abs. 2a; damit soll sichergestellt werden, daß zwar auch in jenen Gemeinden, in denen die Baulandreserven unter Berücksichtigung der Bauflächenbilanz den abschätzbaren Baulandbedarf in der Gemeinde (erheblich) übersteigen, Neufestlegungen von Bauland grundsätzlich möglich sein sollen. Gleichzeitig wird damit aber eine Restriktion gegen eine erhebliche zusätzliche Vergrößerung der Baulandreserven bei gleichzeitiger Baulandhortung geschaffen.

Zu Z 31 [Anm: im LGBl Z 29] (§ 15 Abs. 5):

Die Regelungen des Gemeindeplanungsgesetzes 1995 betreffend das Verfahren zur Änderung des Flächenwidmungsplanes sollen in zweifacher Hinsicht neu geregelt werden:

§ 15 Abs. 5 des Gemeindeplanungsgesetzes 1995 in der derzeit geltenden Fassung sieht (ua.) vor, daß „Änderungen des Flächenwidmungsplanes höchstens einmal jährlich erfolgen dürfen". Diese Regelung hat in der Praxis insofern zu Problemen geführt, als sich immer wieder die Notwendigkeit ergeben hat, Änderungen des Flächenwidmungsplanes häufiger als einmal jährlich vorzunehmen. Einem Anliegen der Praxis Rechnung tragend soll die in Rede stehende Regelung des § 15 Abs. 5 des Gemeindeplanungsgesetzes 1995 dahingehend geändert werden, daß vom Gebot der „höchstens einmal jährlichen Änderung des Flächenwidmungsplanes[„] ausdrücklich Änderungen im Rahmen des vereinfachten Verfahrens nach § 16 leg.cit. ausgenommen werden; bei anderen Änderungen des Flächenwidmungsplanes soll es hingegen grundsätzlich bei der Beschränkung bleiben, daß solche Änderungen des Flächenwidmungsplanes höchstens einmal jährlich erfolgen dürfen, für Fälle zwingenden öffentlichen Interesses wird jedoch von diesem Gebot ein ausdrücklicher Vorbehalt geschaffen.

Überdies soll die Anhörung des Raumordnungsbeirates im Rahmen des aufsichtsbehördlichen Verfahrens – im Interesse der Verfahrensbeschleunigung – bei Vorliegen der gesetzlich festgelegten Voraussetzungen entfallen; eine Ausnahme wird allerdings für den Fall vorgesehen, daß der Raumordnungsbeirat seine Anhörung ausdrücklich verlangt. In diesem Fall ist ihm von der Landesregierung „Gelegenheit zur Stellungnahme innerhalb einer angemessenen Frist zu geben" (§ 15 Abs. 7 erster Satz).

Zu Z 32 bis 36 [Anm: im LGBl Z 30 bis 34] (§ 15 Abs. 6 und Abs. 7, § 16 Abs. 1, Abs. 1a und Abs. 2):

Grundlegende Neuregelungen des vorliegenden Gesetzesentwurfes betreffen

– das Vorprüfungsverfahren (§ 15 Abs. 6 und Abs. 7) und

– das vereinfachte Verfahren (§ 16):

Im Vergleich zur derzeit geltenden Rechtslage soll das – bisher fakultative – Vorprüfungsverfahren in Hinkunft obligatorisch durchzuführen sein. Dadurch soll gewährleistet werden, daß die fachliche Beurteilung der Änderung des Flächenwidmungsplanes jedenfalls vor der Beschlußfassung des Gemeinderates über die Umwidmung erfolgt und der Beratung und Beschlußfassung im Gemeinderat zugrundegelegt werden kann. Nach der Rechtsprechung des Verfassungsgerichtshofes (vgl. VfGH vom 2.12.1991, V 16/91) [„] belastet nämlich das Unterbleiben der gebotenen Grundlagenforschung vor der Beschlußfassung der Gemeindevertretung [...] (eine) Änderung des Flächenwidmungsplanes mit Gesetzwidrigkeit".

Die Landesregierung hat der Gemeinde das Ergebnis ihrer fachlichen Beurteilung sowie den Umstand mitzuteilen, ob die Voraussetzungen für die Änderung des Flächenwidmungsplanes im vereinfachten Verfahren vorliegen (§ 15 Abs. 7). Ist dies der Fall, so hat – nach einer entsprechenden Beschlußfassung des Gemeinderates, die in seinem freien Planungsermessen liegt, – die betreffende Änderung des Flächenwidmungsplanes im vereinfachten Verfahren zu erfolgen (§ 16 Abs. 1a). Das skizzierte Regelungssystem stellt somit einen unmittelbaren Konnex zwischen dem Vorprüfungsverfahren und der Flächenwidmungsplanänderung im vereinfachten Verfahren her. Die damit verfolgten Zielsetzungen sind

- eine bessere fachliche Fundierung von Änderungen der Flächenwidmungspläne,
- eine erhebliche Beschleunigung der Umwidmungsverfahren,
- eine Stärkung der Gemeindeautonomie im Bereich der örtlichen Raumplanung,
- eine Vereinfachung der Verfahrensabläufe und
- eine Verringerung des Verwaltungsaufwandes auf der Ebene der Gemeinden und auf der Ebene des Landes. […]"

ErlRV -2V-LG-58/74-2001, 5 (zu LGBl 2001/69):

„Zu Z 7 und 9 (§ 8 Abs. 4a und § 15 Abs. 3):

Durch diese Regelungen werden – flankierende – Vorschriften zu Art. I Z 2 und 3 des vorliegenden Entwurfes [Anm: § 2 Abs 3 lit i, Abs 3a und Abs 3b] hinscihtlich der zulässigen Flächenwidmung in „Vorranggebieten für den Fremdenverkehr" vorgesehen. […] Zu § 15 Abs.3 zweiter Satz ist anzumerken, dass als Bauland festgelegte und bebaute Grundflächen innerhalb von Bereichen, die als „Vorranggebiet für den Fremdenverkehr" festgelegt sind, ihre bisherige (Bauland-)Widmung beibehalten können; dies ergibt sich nicht zuletzt aus dem verfassungsrechtlichen Bestandschutz für (rechtmäßig) festgelegte (Bauland-)Widmungen."

ErlRV -2V-LG-544/34-2002, 7 (zu LGBl 2002/71):

„Zu Z 10 (§ 15 Abs. 4 letzter Satz):

Zu den Motiven betreffend die Neuregelung des § 15 Abs. 4 letzter Satz darf auf die Ausführungen im Besonderen Teil der Erläuterungen zu Art. I Z 1 [Anm: § 3 Abs 1 lit b siehe oben] verwiesen werden."

§ 16 Vereinfachtes Verfahren

(1) Eine Änderung des Flächenwidmungsplanes durch die Umwidmung von Grundflächen in Bauland bedarf zu ihrer Rechts-

wirksamkeit nicht der Genehmigung der Landesregierung (vereinfachtes Verfahren), wenn
a) die Änderung des Flächenwidmungsplanes mit den im örtlichen Entwicklungskonzept (§ 2) festgelegten Zielen der örtlichen Raumplanung im Einklang steht und
b) die betroffenen Grundflächen innerhalb bestehender Siedlungsgrenzen (Außengrenzen) gelegen sind oder ihre Festlegung als Bauland zur Bildung geschlossener und abgerundeter Baugebiete führt.

(1a) Hat die Landesregierung in ihrer Stellungnahme im Vorprüfungsverfahren der Gemeinde bekanntgegeben, daß die Voraussetzungen für die Änderung des Flächenwidmungsplanes im vereinfachten Verfahren vorliegen (§ 15 Abs. 7), ist die Änderung des Flächenwidmungsplanes im vereinfachten Verfahren durchzuführen. Die Verpflichtung des Bürgermeisters zur Vorlage von Erläuterungen zu der vom Gemeinderat beschlossenen Änderung des Flächenwidmungsplanes (§ 15 Abs. 5 in Verbindung mit § 13 Abs. 5) entfällt.

(2) Liegen die Voraussetzungen nach Abs. 1 vor und stehen der Änderung des Flächenwidmungsplanes keine Versagungsgründe nach § 13 Abs. 7 entgegen, hat die Landesregierung dies innerhalb eines Monats nach der Vorlage der vom Gemeinderat beschlossenen Änderung des Flächenwidmungsplanes (§ 13 Abs. 5) der Gemeinde mitzuteilen und in der Folge unverzüglich in der Kärntner Landeszeitung das Wirksamwerden der Änderung des Flächenwidmungsplanes kundzumachen. § 14 Abs. 2 und Abs. 3 finden sinngemäß Anwendung.

ErlRV Verf-273/3/1994, 27 (zu § 9a Gemeindeplanungsgesetz 1982 idF LGBl 1994/105):

„Das durch § 9a [Anm: § 16 idgF] neugeschaffene „vereinfachte Verfahren" zur Änderung des Flächenwidmungsplanes [...] sieht bei Vorliegen bestimmter, im einzelnen festgelegter Voraussetzungen den Entfall des aufsichtsbehördlichen Genehmigungserfordernisses für bestimmte Änderungen des Flächenwidmungsplanes vor. Die Regelung bezweckt – abgesehen von verwaltungsökonomischen Aspekten – insbesondere eine Stärkung der Gemeindeautonomie im Bereich der örtlichen Raumplanung und eine Verfahrensbeschleunigung bei tendenziell geringfügigen Änderungen des Flächenwidmungsplanes."

ErlRV Verf-579/15/1997, 18 (zu LGBl 1997/134):

„Zu Z 32 bis 36 [Anm: im LGBl Z 30 bis 34] (§ 15 Abs. 6 und Abs. 7, § 16 Abs. 1, Abs. 1a und Abs. 2):

[…] Inhaltlich präziser geregelt werden soll mit dem vorliegenden Gesetzentwurf auch das „vereinfachte Verfahren" selbst: Nicht nur Änderungen des Flächenwidmungsplanes von „Grünland in Bauland" sollen – wie bisher – im Rahmen des vereinfachten Verfahrens erfolgen, sondern überhaupt „Umwidmungen … in Bauland"; dies bedeute, etwa, daß auch die Umwidmung von einer Baulandkategorie in eine andere Baulandkategorie – bei Vorliegen der sonstigen Voraussetzungen – im vereinfachten Verfahren erfolgen dürfen. Hinsichtlich der (materiellen) Voraussetzungen des vereinfachten Verfahrens wird „die Bildung geschlossener und abgerundeter Baugebiete" (§ 16 Abs. 1 lit. b sublit. bb [Anm: idgF § 16 Abs 1 lit b]) als alternative Bedingung neben der Lage der betroffenen Grundflächen „innerhalb geschlossener Siedlungsgrenzen" festgelegt; […]"

ErlRV -2V-LG-58/74-2001, 5 (zu LGBl 2001/69):

„Zu Z 10 bis Z 12 (§ 16 Abs. 1, § 20 Abs. 1 und § 23 Abs. 2):

Die mit Z 10 bis 12 in Aussicht genommenen Änderungen der geltenden Rechtslage bezwecken (ausschließlich) die Bereinigung von Redaktionsversehen bzw. die Anpassung von Zitaten."

ErlRV -2V-LG-544/34-2002, 7 f (zu LGBl 2002/71):

„Zu Z 11 (§ 16 Abs. 1 lit. b):

Das durch die Novelle LGBl. Nr. 105/1994 zum Gemeindeplanungsgesetz 1982 eingeführte „vereinfachte Verfahren" zur Änderung des Flächenwidmungsplanes hat sich sowohl auf kommunaler Ebene als auch im Rahmen des aufsichtsbehördlichen Genehmigungsverfahrens bewährt und zur Vereinfachung und Beschleunigung der Verfahren geführt; Hand in Hand damit ging auch eine Verringerung des administrativen Verwaltungsaufwandes auf Gemeinde- und Landesebene.

Vor dem Hintergrund dieser praktischen Erfahrungen soll mit dem vorliegenden Gesetzesentwurf der Anwendungsbereich des „vereinfachten Verfahrens" erweitert werden: Nach § 16 Abs. 1 lit. b des Gesetzesentwurfes soll das „vereinfachte Verfahren" zur Anwendung gelangen, wenn „die betroffenen Grundflächen innerhalb bestehender Siedlungsgrenzen" (Außengrenzen) gelegen sind oder ihre Festlegung als Bauland zur Bildung geschlossener und abgerundeter Baugebiete führt"; die bisherigen – zusätzlichen – Kriterien nach § 16 Abs. 1 lit. b sublit. aa und sublit. bb entfallen somit ersatzlos."

§ 17 Bestandsgarantie von Widmungen

(1) Die Widmung von als Bauland (§ 3) und von gesondert im Grünland (§ 5 Abs. 2) festgelegten Grundflächen darf innerhalb von zehn Jahren nach ihrer Festlegung im Flächenwidmungsplan nur geändert werden, wenn zwingende öffentliche Interessen es erfordern oder durch die Änderung Interessen der Grundeigentümer oder sonstiger betroffener Dritter nicht verletzt werden.

(2) Zeiten, während derer eine widmungsgemäße Bebauung von als Bauland festgelegten Grundflächen wegen ihrer Festlegung als Aufschließungsgebiet oder als Vorbehaltsfläche oder wegen einer befristeten Bausperre nicht zulässig war, sind in die Frist nach Abs. 1 nicht einzurechnen.

ErlRV Verf-273/3/1994, 27 (zu § 9b Gemeindeplanungsgesetz 1982 idF LGBl 1994/105):

„Hinsichtlich der bereits von Verfassungs wegen sowie aufgrund der geltenden einfachgesetzlichen Rechtslage bestehenden (relativen) Bestandsgarantie von Widmungen ist zunächst auf die Ausführungen zu Z. 37 zu verweisen [Anm: siehe Erläuterungen zu § 15 Abs 2 idgF]. Darüber hinausgehend soll aber nunmehr ausdrücklich festgelegt werden, daß die Widmung von Grundflächen als Bauland oder von gesonderten im Grünland festgelegten Grundflächen innerhalb von zehn Jahren nach ihrer Festlegung im Flächenwidmungsplan nur geändert werden darf, wenn zwingende öffentliche Rücksichten es erfordern oder durch die Änderung Interessen der Grundeigentümer oder sonstiger betroffener Dritter nicht verletzt werden. Damit soll – für einen gewissen

Zeitraum – eine gesteigerte Bestandsgarantie von Widmungen geschaffen werden, die es den Rechtsadressaten ermöglicht, im Vertrauen auf die festgelegte Flächenwidmung ihre individuellen Planungsabsichten zu gestalten."

§ 18 Regelmäßige Überprüfung des Flächenwidmungsplanes

(1) Der Bürgermeister hat innerhalb eines Jahres nach der Erlassung oder Änderung (§ 2 Abs. 8 erster Satz) des örtlichen Entwicklungskonzeptes aufzufordern, allfällige Anregungen zur Abänderung des Flächenwidmungsplanes einzubringen. Die Aufforderung ist durch vier Wochen kundzumachen. Die Anregungen sind innerhalb der Kundmachungsfrist schriftlich beim Gemeindeamt (Magistrat) einzubringen.

(2) Nach Ablauf der Kundmachungsfrist ist zu prüfen, ob die Voraussetzungen für die Änderung des Flächenwidmungsplanes, insbesondere auch hinsichtlich der Aufrechterhaltung von Sonderwidmungen, gegeben sind. Bejahendenfalls ist das Verfahren zur Änderung des Flächenwidmungsplanes einzuleiten.

I. Abschnitt § 19

ErlRV -2V-LG-544/34-2002, 8 (zu LGBl 2002/71):

„Zu Z 12 (§ 18 Abs. 1):

Nach § 18 Abs. 1 des Kärntner Gemeindeplanungsgesetzes 1995 (in der derzeit geltenden Fassung) hat der Bürgermeister „binnen einem Jahr nach dem Zusammentritt des neugewählten Gemeinderates" zur Einbringung von Anregungen betreffend die Abänderung des Flächenwidmungsplanes aufzufordern. Im Gegensatz zur regelmäßigen Überprüfung des Flächenwidmungsplanes innerhalb dieses – relativ kurzen – Zeitraumes sieht § 2 Abs. 8 des Kärntner Gemeindeplanungsgesetzes 1995 hinsichtlich des örtlichen Entwicklungskonzeptes einen längeren Planungshorizont vor: Die Überprüfung des örtlichen Entwicklungskonzeptes hat nämlich „innerhalb eines Jahres nach Ablauf von zehn Jahren" nach der Erstellung dieses Planes zu erfolgen.

Im Interesse der Harmonisierung beider Planungsinstrumente sieht der vorliegende Gesetzesentwurf vor, dass künftig die Überprüfung des Flächenwidmungsplanes „innerhalb eines Jahres nach der Erlassung oder Änderung (...) des örtlichen Entwicklungskonzeptes" statt zu finden hat."

§ 19 Wirkung des Flächenwidmungsplanes

(1) In Landesgesetzen vorgesehene Bewilligungen für raumbeeinflussende Maßnahmen, die von den Gemeinden im eigenen Wirkungsbereich erteilt werden, sind nur zulässig, wenn sie dem Flächenwidmungsplan nicht widersprechen.

(2) In den als Aufschließungsgebieten festgelegten Flächen des Baulandes dürfen keine landesgesetzlich vorgesehenen Bewilligungen zur Errichtung von Gebäuden und zur Errichtung von sonstigen baulichen Anlagen, ausgenommen solche, die der Aufschließung dienen sowie bauliche Anlagen im Sinne des § 5 Abs. 7, erteilt werden.

(3) Entgegen den Bestimmungen der Abs. 1 und 2 erlassene Bescheide sind mit Nichtigkeit bedroht.

(4) Die Aufhebung von Bescheiden, die nach Abs. 3 mit Nichtigkeit bedroht sind, ist nur innerhalb von fünf Jahren ab deren Rechtskraft zulässig.

ErlRV Verf-273/3/1994, 28 (zu § 11 Abs 4 Gemeindeplanungsgesetz 1982 idF LGBl 1994/105):

„Die zeitliche Beschränkung der Möglichkeit, mit Nichtigkeit bedrohte Bescheide aufzuheben, trägt dem Bedürfnis nach Rechtssicherheit Rechnung und bezweckt die Sicherstellung einer nachträglichen Sanierung von – in Abweichung vom Flächenwidmungsplan ergangenen – Bescheiden nach Ablauf eines Zeitraumes von fünf Jahren seit deren Rechtskraft."

ErlRV Verf-579/15/1997, 19 (zu LGBl 1997/134):

„Zu Z 37 [Anm: im LGBl Z 35] (§ 19 Abs. 1):

Mit Erkenntnis vom 26. September 1996, G 59/96 ua., hob der Verfassungsgerichtshof eine Bestimmung des Burgenländischen Naturschutz- und Landschaftspflegegesetzes als verfassungswidrig auf, die der Bezirksverwaltungsbehörde im naturschutzrechtlichen Bewilligungsverfahren (ua.) die Beurteilung der Widmungskonformität der beabsichtigten Errichtung von Gebäuden und baulichen Anlagen auftrug; begründend wurde im gegebenen Zusammenhang ausgeführt, daß damit einer staatlichen Behörde „Agenden übertragen werden, deren Besorgung im eigenen Wirkungsbereich den Gemeinden verfassungsgesetzlich (Art. 1 1 8 Abs. 3 Z 9 B-VG) gewährleistet ist."

§ 19 Abs. 1 des Gemeindeplanungsgesetzes 1995 in der derzeit geltenden Fassung sieht nun aber ebenfalls vor, daß etwa im naturschutzrechtlichen Bewilligungsverfahren die Bezirksverwaltungsbehörden die Widmungskonformität von zur Bewilligung beantragten Bauvorhaben zu beurteilen haben; damit werden – im Sinne der Rechtsprechung des Verfassungsgerichtshofes – Aufgaben der örtlichen Raumplanung und der örtlichen Baupolizei einer staatlichen Behörde zur Vollziehung zugewiesen. § 13 Abs. 1 leg.cit. in der derzeit geltenden Fassung ist insofern mit derselben Verfassungswidrigkeit belastet wie die oben skizzierte burgenländische Regelung. Die Einschränkung des Anwendungsbereiches dieser Regelung soll der Rechtsprechung des Verfassungsgerichtshofes Rechnung tragen und die beschriebene Verfassungswidrigkeit beseitigen."

§ 19a Ausnahmen von der Wirkung des Flächenwidmungsplanes

(1) Der Bürgermeister hat Ausfertigungen von Bescheiden nach § 14 Abs. 5 der Kärntner Bauordnung 1996, mit denen die Wirkung des Flächenwidmungsplanes im Sinne des § 19 dieses Gesetzes für bestimmte Grundflächen ausgeschlossen und genau bezeichnete Bauvorhaben raumordnungsmäßig bewilligt werden (Einzelbewilligungen), den Erläuterungen zum Flächenwidmungsplan in einer gesonderten Anlage anzuschließen, wenn für das betreffende Vorhaben eine Baubewilligung rechtskräftig erteilt worden ist. In den anzuschließenden Ausfertigungen sind personenbezogene Angaben zu anonymisieren, die Rückschlüsse auf die persönlichen Verhältnisse der Betroffenen ermöglichen.

(2) Der Anlage ist ein Verzeichnis voranzustellen, das jedenfalls folgende Angaben zu enthalten hat:
a) die fortlaufende Numerierung der angeschlossenen Einzelbewilligungen,
b) die Geschäftszahlen der angeschlossenen Einzelbewilligungen und
c) die Grundstücksnummern der betroffenen Grundflächen.

(3) Flächen, für die Einzelbewilligungen nach Abs. 1 in einer Anlage zu den Erläuterungen zum Flächenwidmungsplan anzuschließen sind, sind unter Verwendung eines Planzeichens und unter Beifügung der fortlaufenden Nummer im Verzeichnis nach Abs. 2 in der zeichnerischen Darstellung des Flächenwidmungsplanes ersichtlich zu machen.

ErlRV Verf-579/15/1997, 7 f (zu LGBl 1997/134):

„b) Ersichtlichmachung von „Einzelbewilligungen" im Flächenwidmungsplan:

Die vom Kärntner Landtag am 7. März 1996 beschlossene Novelle zur Kärntner Bauordnung 1992 sieht in der Fassung der Wiederverlautbarung LGBl. Nr. 62/1988 (§ 14 Abs. 5) vor, daß der Gemeinderat „auf Antrag des Grundeigentümers die Wirkung des Flächenwidmungsplanes im Sinne des § 19 des Gemeindeplanungsgesetzes 1995 für bestimmte Grundflächen durch Bescheid ausschließen und ein genau bezeichnetes Vorhaben raumordnungsmäßig bewilligen (darf), wenn dieses dem örtlichen Entwicklungskonzept, sofern ein solches noch nicht erstellt worden ist, den erkennbaren grundsätzlichen Planungsabsichten der Gemeinde nicht entgegensteht". In weiterer Folge werden nähere Regelungen hinsichtlich solcher „Einzelbewilligungen" in materiell- und verfahrensrechtlicher Hinsicht getroffen.

Das durch die in Rede stehende Regelung neugeschaffene Instrument der „Einzelbewilligungen" ermöglicht es, mit Bescheid Ausnahmen von der Wirkung des Flächenwidmungsplanes – der in der Rechtsform einer Verordnung erlassen wird (vgl. § 1 Abs. 1 des Gemeindeplanungsgesetzes 1995) – zu bewilligen. Dies hätte – nach der derzeit geltenden Rechtslage nach dem Gemeindeplanungsgesetz 1995 – zur Folge, daß der Flächenwidmungsplan nicht (mehr) umfassend und abschließend Auskunft über die planungsrechtlichen Bebauungsmöglichkeiten von Grundflächen geben würde. Um ein Auseinanderklaffen zwischen dem Flächenwidmungsplan einerseits und den tatsächlichen gemeindeplanungsrechtlichen Bebauungsmöglichkeiten andererseits zu vermeiden, soll durch den vorliegenden Gesetzesentwurf eine Verpflichtung des Bürgermeisters begründet werden, erteilte Einzelbewilligungen dem Flächenwidmungsplan in einer gesonderten Anlage anzuschließen und Flächen, für die solche Einzelbewilligungen erteilt worden sind, in der zeichnerischen Darstellung des Flächenwidmungsplanes ersichtlich zu machen."

§ 20 Rückwidmung

(1) Als Bauland festgelegte Grundflächen dürfen zur Anpassung der Baulandreserven in der Gemeinde an den abschätzbaren Baulandbedarf (§ 15 Abs. 4) nur dann in Grünland rückgewidmet werden, wenn seit ihrer erstmaligen Festlegung zumindest zwanzig Jahre verstrichen sind und mit einer widmungsgemäßen Bebauung seither nicht begonnen worden ist. Der Beginn einer widmungsgemäßen Bebauung ist gegeben, wenn für ein widmungsgemäßes Bauvorhaben eine nach der Kärntner Bauordnung 1996 erforderliche Bewilligung rechtskräftig erteilt und mit dessen Ausführung tatsächlich begonnen worden ist.

(2) Zeiten, während derer eine widmungsgemäße Bebauung von als Bauland festgelegten Grundflächen wegen ihrer Festlegung als Aufschließungsgebiet oder als Vorbehaltsfläche oder wegen einer

befristeten Bausperre nicht zulässig war, sind in die Frist nach Abs. 1 nicht einzurechnen.

(3) Die Auswahl der rückzuwidmenden Grundflächen aus den Baulandreserven in der Gemeinde hat im Einklang mit den Zielen und Grundsätzen des § 2 des Kärntner Raumordnungsgesetzes und unter Bedachtnahme auf die im örtlichen Entwicklungskonzept (§ 2) festgelegten Ziele der örtlichen Raumplanung zu erfolgen. Dabei sind die Interessen der Raumordnung an der Rückwidmung den wirtschaftlichen Interessen der betroffenen Grundeigentümer, sofern deren vermögensrechtliche Nachteile durch die Rückwidmung nicht durch Entschädigungen nach § 21 auszugleichen sind, gegenüberzustellen und gegeneinander abzuwägen. Als Gewerbegebiete, Geschäftsgebiete oder Industriegebiete festgelegte Grundflächen, die im unmittelbaren Nahebereich von bestehenden gewerblichen oder industriellen Betrieben oder von Handels- oder Dienstleistungsbetrieben gelegen sind und die zur Sicherstellung der künftigen Entwicklungsmöglichkeiten solcher Betriebe erforderlich und geeignet sind, dürfen zur Anpassung der Baulandreserven in der Gemeinde an den abschätzbaren Baulandbedarf nicht in Grünland rückgewidmet werden.

(4) Unter Bedachtnahme auf die Kriterien nach Abs. 3 sind vorrangig solche Grundflächen aus den Baulandreserven in der Gemeinde rückzuwidmen,
a) die größere zusammenhängende Gebiete bilden und mit deren widmungsgemäßer Bebauung bisher noch nicht begonnen worden ist,
b) deren widmungsgemäßer Verwendung wegen ungünstiger natürlicher Verhältnisse (§ 3 Abs. 1 lit. a und lit. b) oder wegen ungenügender Erschließung (§ 3 Abs. 1 lit. c) nicht oder nur mit unwirtschaftlichen Aufwendungen behebbare Hindernisse entgegenstehen,
c) deren lagemäßige Anordnung den im örtlichen Entwicklungskonzept (§ 2) festgelegten Zielen der örtlichen Raumplanung widerspricht.

(5) Der Bürgermeister hat die grundbücherlichen Eigentümer rückzuwidmender Grundflächen mindestens sechs Monate vor der beabsichtigten Rückwidmung von den Planungsabsichten der Gemeinde schriftlich zu verständigen, wenn eine Abgabestelle für die Verständigung bekannt ist oder ohne Schwierigkeiten festgestellt

werden kann. Eine Verlängerung der Frist von zwanzig Jahren nach Abs. 1 wird dadurch nicht bewirkt. Die Verständigungspflicht entfällt, wenn die beabsichtigte Rückwidmung über Anregung des betroffenen Grundeigentümers erfolgt.

ErlRV Verf-273/3/1994, 28 ff (zu § 11a Gemeindeplanungsgesetz 1982 idF LGBl 1994/105):

„1. Hinsichtlich der Bestimmung des § 11a betreffend die Rückwidmung von als Bauland festgelegten Grundflächen in Grünland zur Anpassung der Baulandreserven an den abschätzbaren Baulandbedarf ist zunächst auf die Ausführungen zu Z. 39 zu verweisen [Anm: siehe Erläuterungen zu § 15 Abs 4 idgF].

Der Verfassungsgerichtshof hat in seiner Rechtsprechung zur Notwendigkeit einer Reduzierung des Baulandes bereits wiederholt (vgl. insbesondere VfSlg. 9975/1984 und 10277/1984) ausgesprochen, daß die Verringerung eines Baulandüberhanges in Anbetracht neuer, legitimer planerischer Zielsetzungen einen an sich zulässigen Grund für eine Flächenwidmungsplanänderung bildet. Der Verfassungsgerichtshof hat im gegebenen Zusammenhang aber betont, daß diese Notwendigkeit für sich allein betrachtet noch nicht rechtfertigt, ein beliebiges Grundstück in Grünland rückzuwidmen. Auch aus dem Gleichheitssatz, an dem Planänderungen vom Verfassungsgerichtshof stets gemessen werden (vgl etwa VfSlg. 3009/1960, 4240/1962, 8163/1977, 11075/1986 und insbesondere 8259/1978), ist abzuleiten, daß die Auswahl der für die Rückwidmung in Betracht kommenden Liegenschaften nach sachlichen Kriterien zu erfolgen hat. Daraus ist abzuleiten, daß die für den jeweiligen Grundeigentümer mit einer Flächenwidmungsplanänderung einhergehende Beeinträchtigung seiner Nutzungsmöglichkeiten und (auch wirtschaftlichen) Nutzungsinteressen bei der Umwidmung nicht außer Betracht bleiben darf. Dies gilt jedenfalls dann, wenn der Gesetzgeber nicht durch besondere Regelungen die aus einer Planänderung für den Grundstückseigentümer resultierenden (vermögensrechtlichen) Nachteile ausgleicht und diesen Ausgleich die Allgemeinheit tragen läßt, in deren Interesse die wesentliche Beschränkung der Nutzungsmöglichkeiten der Liegenschaft durch deren Rückwidmung liegt.

Im Erkenntnis vom 3. Dezember 1992, V 239/91, hat der Verfassungsgerichtshof diese Auffassung bekräftigt und dahingehend konkreti-

I. Abschnitt § 20

siert, daß eine konkrete Rückwidmung trotz grundsätzlicher Zulässigkeit der Verringerung des Baulandes als neue planerische Zielsetzung dann rechtswidrig ist, „wenn ihr keine entsprechende, auf das konkrete Grundstück bezogene Grundlagenforschung vorangegangen ist oder wenn die bei der Auswahl der für eine Umwidmung in Betracht kommenden Grundstücke aus der Baulandreserve der Gemeinde [...] notwendige Interessenabwägung fehlerhaft vorgenommen wurde". Dabei seien insbesondere die Interessen der Gemeinde an einer bestmöglichen Anordnung und Gliederung des Baulandes sowie der Erhaltung des Grünlandes einerseits gegenüber dem Interesse an einer Baulandnutzung infrastrukturell entsprechend aufgeschlossener Flächen und den wirtschaftlichen Interessen der Grundstückseigentümer und Grundstücksnutzer andererseits gehörig abzuwägen. Die zuletzt genannten Interessen sind im Fall der Rückwidmung freilich nur insoweit zu berücksichtigen, als sie nicht durch raumordnungsrechtliche Entschädigungsregelungen gesondert behandelt und abgegolten werden.

2. Von den dargestellten verfassungsrechtlichen Vorgaben geht nun die Regelung des § 11a [Anm: § 20 idgF] betreffend die Rückwidmung von als Bauland festgelegten Grundflächen zur Anpassung der Baulandreserven an den abschätzbaren Baulandbedarf aus. Dies gilt insbesondere für die im Abs. 3 der Bestimmung vorgesehene Interessenabwägung und die im Abs. 4 der Bestimmung enthaltenen Kriterien für die Auswahl der vorrangig rückzuwidmenden Grundflächen aus den Baulandreserven.

Zu Abs. 4 lit. a ist anzumerken, daß der Umstand, daß ein größeres zusammenhängendes Gebiet trotz seiner Widmung als Bauland durch längere Zeit hindurch tatsächlich nicht seiner Widmung entsprechend bebaut worden ist, zeigt, daß die der seinerzeitigen Planung zugrundeliegende Entwicklungsprognose falsch gewesen ist. Die Beibehaltung einer derart als verfehlt erkannten Planung würde die Perpetuierung ihrer bisherigen Ineffizienz bedeuten. Daraus ergibt sich, daß eine die tatsächliche Entwicklung berücksichtigende Rückwidmung solcher Gebiete von Bauland in Grünland aus raumplanerischen Gesichtspunkten zweckmäßig erscheint (idS auch VfSlg. 7382/1974).

Auch hinsichtlich der im Abs. 4 lit. b aufgezählten Kriterien ist auf die Rechtsprechung des Verfassungsgerichtshofes (VfSlg. 9951/1984) zu verweisen, wonach ungünstige natürliche Verhältnisse und mangelnde Erschließbarkeit eine Rückwidmung von als Bauland festgelegten Grundflächen in Grünland nahelegen.

Zu dem im Abs. 4 lit. c angesprochenen Auswahlkriterium für die Rückwidmung ist auf die unter Punkt 1. dargestellte Rechtsprechung des Verfassungsgerichtshofes zu verweisen, wonach die Verringerung des Baulandes in Anbetracht neuer, legitimer planerischer Zielsetzungen einen an sich zulässigen Grund für eine Flächenwidmungsplanänderung bildet."

ErlRV Verf-579/15/1997, 19 (zu LGBl 1997/134):

„Zu Z 39 und 40 [Anm: im LGBl Z 37 und 38] (§ 20 Abs. 5):

Die Regelung des § 20 Abs. 5 des Gemeindeplanungsgesetzes 1995, wonach der Bürgermeister die grundbücherlichen Eigentümer rückzuwidmender Grundflächen mindestens ein Jahr vor der beabsichtigten Rückwidmung von den Planungsabsichten der Gemeinde schriftlich zu verständigen hat, hat nach übereinstimmender Beurteilung der mit den fachlichen und den rechtlichen Angelegenheiten betrauten Abteilungen des Amtes der Kärntner Landesregierung zu einem erheblichen Verwaltungsaufwand sowie zu beträchtlichen Verzögerungen vor allem bei der Neuerstellung bzw. Überarbeitung der bestehenden Flächenwidmungsplänen in den Gemeinden geführt Im Hinblick darauf soll künftig die Frist von einem Jahr auf sechs Monate verkürzt werden; überdies soll diese Verständigungspflicht überhaupt entfallen, wenn die beabsichtigte Rückwidmung über Anregung des betroffenen Grundeigentümers erfolgt, da in diesem Fall ein Bedarf nach Verständigung von vornherein nicht besteht. Eine Beeinträchtigung der Rechtspositionen des Grundeigentümers wird dadurch ebenfalls nicht bewirkt."

ErlRV -2V-LG-58/74-2001, 5 (zu LGBl 2001/69):

„Zu Z 10 bis Z 12 (§ 16 Abs. 1, § 20 Abs. 1 und § 23 Abs. 2):

Die mit Z 10 bis 12 in Aussicht genommenen Änderungen der geltenden Rechtslage bezwecken (ausschließlich) die Bereinigung von Redaktionsversehen bzw. die Anpassung von Zitaten."

§ 21 Entschädigung

(1) Wenn eine als Bauland festgelegte Grundfläche in Grünland rückgewidmet und dadurch ihre Bebauung unzulässig wird, hat die Gemeinde auf Antrag dem betroffenen Grundeigentümer für die Aufwendungen, die dieser oder mit seiner Zustimmung ein Dritter für die Baureifmachung dieser Grundfläche getätigt hat, eine angemessene Entschädigung zu leisten.

(2) Die Gemeinde hat auf Antrag dem betroffenen Grundeigentümer eine angemessene Entschädigung auch für die Minderung des Verkehrswertes einer Grundfläche zu leisten, wenn diese innerhalb von fünfundzwanzig Jahren nach ihrer Festlegung als Bauland in Grünland rückgewidmet wird und die frühere Widmung als Bauland entweder

a) bei einem der Rückwidmung vorangegangenen entgeltlichen Erwerbsvorgang bestimmend für den Wert einer Gegenleistung (wie Kaufpreis, Tauschgrundstück u. ä.) war oder

b) einem vorangegangenen unentgeltlichen Erwerbsvorgang unter Lebenden oder von Todes wegen wertmäßig zugrunde gelegt worden ist.

(3) Aufwendungen für die Baureifmachung und Erwerbsvorgänge, die nach einer Verständigung nach § 20 Abs. 5 getätigt worden sind, haben bei der Ermittlung der vermögensrechtlichen Nachteile nach Abs. 1 und Abs. 2 außer Betracht zu bleiben. Dies gilt nicht für solche Aufwendungen, die dazu geführt haben, daß danach sämtliche Voraussetzungen – ausgenommen die Abwasserentsorgung – für die Bebauung einer Grundfläche vorliegen.

(4) Liegen die seinerzeitigen Aufwendungen für die Baureifmachung oder ein Erwerbsvorgang nach Abs. 2 länger als drei Jahre vor dem Wirksamwerden der Rückwidmung zurück, so ist der Entschädigungsbetrag entsprechend der Änderung des vom Österreichischen Statistischen Zentralamt verlautbarten Verbraucherpreisindexes 1986 oder eines entsprechenden früheren Indexes aufzuwerten.

(5) Der Antrag auf Entschädigung ist vom Grundeigentümer bei sonstigem Anspruchsverlust innerhalb eines Jahres nach dem Wirksamwerden der anspruchsbegründenden Rückwidmung unter Nachweis der Höhe der getätigten Aufwendungen oder der Minde-

rung des Verkehrswertes der Grundfläche bei der Gemeinde einzubringen.

(6) Wird innerhalb eines Jahres nach der Einbringung des Antrages zwischen der Gemeinde und dem Grundeigentümer keine Einigung über die Höhe der zu leistenden Entschädigung erzielt, so hat der Grundeigentümer innerhalb von drei Monaten nach Ablauf dieser Frist das Recht, bei der Bezirksverwaltungsbehörde die Entscheidung über die Höhe der Entschädigung zu verlangen. Für die Entschädigung und das Verfahren für Eigentumsbeschränkungen nach Abs. 1 und 2 gelten, soweit in diesem Gesetz nicht anderes bestimmt wird, die Bestimmungen der §§ 46 bis 49 der Kärntner Gefahrenpolizei- und Feuerpolizeiordnung, LGBl. Nr. 67/2000, sinngemäß. Abweichend von § 47 Abs. 3 lit. a der Kärntner Gefahrenpolizei- und Feuerpolizeiordnung ist der Entschädigungsbetrag stets auf Grund der Schätzung beeideter Sachverständiger festzusetzen und zugleich eine angemessene Leistungsfrist zu bestimmen.

(7) [Anm: entfallen]

(8) Vor der Auszahlung von Entschädigungen anläßlich der Rückwidmung von als Bauland festgelegten Grundflächen, die hypothekarisch belastet sind, ist der Hypothekargläubiger davon zu verständigen.

(9) Die Entschädigung ist vom jeweiligen Eigentümer der Grundfläche an die Gemeinde zurückzuzahlen, sofern innerhalb eines Zeitraumes von zehn Jahren nach ihrer Auszahlung durch eine Änderung des Flächenwidmungsplanes die von der seinerzeitigen Rückwidmung betroffene Grundfläche neuerlich als Bauland gewidmet und dadurch ihre Bebauung wieder möglich wird. Abs. 4 gilt in diesem Fall sinngemäß.

(10) Die Entschädigung ist der Gemeinde vom Land zurückzuerstatten, sofern die Gemeinde die Rückwidmung auf Grund einer Verpflichtung durch ein überörtliches Entwicklungsprogramm oder eine sonstige überörtliche Planungsmaßnahme des Landes vorgenommen hat. Eine zurückgezahlte Entschädigung (Abs. 9) ist in diesem Fall an das Land abzuführen.

I. Abschnitt § 21

ErlRV Verf-273/3/1994, 30 f (zu § 11b Gemeindeplanungsgesetz 1982 idF LGBl 1994/105):

„1. Derzeit enthalten weder das Kärntner Raumordnungsgesetz noch das Gemeindeplanungsgesetz 1982 ausdrückliche Bestimmungen für den Fall, daß als Bauland ausgewiesene Flächen in Grünland rückgewidmet werden und dadurch die Bebauung solcher Grundstücke verhindert wird, dahingehend, daß für die dadurch verursachten vermögensrechtlichen Nachteile des betroffenen Grundstückseigentümers eine Entschädigung zu leisten wäre. Ungeachtet des Fehlens einer derartigen Regelung kann sich eine solche Entschädigungspflicht nach der Rechtsprechung des Verfassungsgerichtshofes allerdings insofern bereits von Verfassungs wegen ergeben, als aus dem verfassungsgesetzlich gewährleisteten Recht auf Unversehrtheit des Eigentums nicht bloß bei Enteignungen, sondern auch bei bestimmten Eigentumsbeschränkungen ein Gebot zur angemessenen Schadloshaltung abzuleiten ist (vgl. insbesondere VfSlg. 10354/1985, 11019/1986, 12100/1989). Bei einer Beeinträchtigung von Eigentümerbefugnissen durch raumordnende Maßnahmen (wie sie insbesondere die Rückwidmung von Bauland in Grünland zweifellos darstellt) handelt es sich nun um solche Eigentumsbeschränkungen, die iS der Rechtsprechung des Verfassungsgerichtshofes dadurch gekennzeichnet sind, daß lediglich einzelne Dispositionsbefugnisse des Liegenschaftseigentümers eingeschränkt werden (und zwar hinsichtlich der dadurch bewirkten weitgehenden Unzulässigkeit der Bebauung des Grundstückes). Auch aus dem Gleichheitssatz, an dem Planänderungen vom Verfassungsgerichtshof stets gemessen werden (vgl. insbesondere VfSlg. 8259/1978 und 11075/1986), ist abzuleiten, daß die für einen Grundstückseigentümer mit der Rückwidmung seiner Grundflächen von Bauland in Grünland einhergehenden Beeinträchtigung seiner Nutzungsmöglichkeiten und (auch wirtschaftlichen) Nutzungsinteressen bei der Umwidmung nicht außer Betracht bleiben darf (vgl. insbesondere VfGH vom 3.12.1992, V 239/91).

Es ist zwar unbestritten, daß ein Liegenschaftseigentümer – verfassungsrechtlich gedeckt – entschädigungslos gewisse Eigentumsbeschränkungen hinzunehmen hat. Nicht jede Beeinträchtigung der freien Verfügbarkeit über das Liegenschaftseigentum führt bereits zu einer Entschädigungspflicht, sondern vielmehr nur solche Beschränkungen, die über eine vorhersehbares, berechenbares und erträgliches Maß hinausgehen und dem Liegenschaftseigentümer ein über das übliche Ausmaß hinausgehendes Risiko übertragen (vgl. etwa VfSlg. 10841/1986).

2. Aus der dargestellten Verfassungsrechtslage ergibt sich demnach das Gebot, Regelungen betreffend eine Verpflichtung zur Leistung einer – wenn auch möglicherweise nicht vollen (vgl. dazu VfGH vom 3.12.1992, V 239/1991) – Entschädigung in das Gemeindeplanungsgesetz 1982 aufzunehmen, um die (unter bestimmten Voraussetzungen) aus der Rückwidmung für den Grundstückseigentümer resultierenden Nachteile (zumindest teilweise) auszugleichen. Die Entschädigungspflicht wird daran gebunden, daß eine unbebaute Baulandfläche wieder in Grünland rückgewidmet und dadurch ihre Bebauung verhindert wird. Die Gemeinde hat im Fall der Rückwidmung auf Antrag des betroffenen Grundeigentümers für bestimmte dadurch verursachte vermögensrechtliche Nachteile (Aufwendungen für die Baureifmachung nach Abs. 1 und Minderung des Verkehrswertes nach Abs. 2) eine angemessene Entschädigung zu leisten. Durch die zeitliche Begrenzung des Entschädigungsanspruches nach Abs. 2 wird sich voraussichtlich ein nicht unbeträchtlicher Mobilisierungseffekt für unbebautes Bauland ergeben.

Bei der Ermittlung der vermögensrechtlichen Nachteile haben Aufwendungen für die Baureifmachung und Erwerbsvorgänge, die nach bestimmten Zeitpunkten getätigt worden sind, außer Betracht zu bleiben; in derartigen Fällen ist nämlich ein schutzwürdiges Interesse des betroffenen Grundeigentümers nicht (mehr) gegeben (vgl. Abs. 3).

3. Das Verfahren zur Geltendmachung eines Entschädigungsanspruches wird im Interesse einer weitgehenden Einheitlichkeit dem in § 4a [Anm: § 7 idgF] für die Einlösung von Vorbehaltsflächen geregelten Verfahren nachgebildet."

ErlRV 01-VD-LG-1569/48-2013, 34 (zu LGBl 2013/85):

„Zu Z 1 und 2 (§ 7 Abs. 5 und 6 und § 21 Abs. 6):

§ 7 Abs. 5 des Entwurfs verweist in Bezug auf das Einlösungsverfahren und das Verfahren zur gerichtlichen Festsetzung der Entschädigung hinsichtlich von Vorbehaltsflächen im Unterschied zur geltenden Rechtslage aus Gründen der Rechtsvereinheitlichung auf die Kärntner Gefahren- und Feuerpolizeiordnung anstatt auf das Eisenbahnenteignungsentschädigungsgesetz (Anm. nunmehr Eisenbahn-Enteignungsentschädigungsgesetz).

Ferner sieht § 7 Abs. 6 des Entwurfs im Unterschied zur geltenden Rechtslage vor, dass der Grundeigentümer drei Monate nach Zustellung des Bescheides der Bezirksverwaltungsbehörde die Entscheidung über die Höhe des ortsüblichen Verkehrswertes beim Landesgericht Klagenfurt beantragen kann (Anm. nach der geltenden Rechtslage kann der Antrag binnen zwei Monaten nach Rechtskraft des Bescheides gestellt werden). Entsprechend der bisherigen Systematik des Gesetzes wird damit an der sog. „sukzessiven Kompetenz" der ordentlichen Gerichte festgehalten. Der zweite Satz des § 7 Abs. 6 K-GplG 1995 idgF, wonach mit der Anrufung des Landesgerichtes der Bescheid der Bezirksverwaltungsbehörde über die Höhe der zu leistenden Entschädigung einschließlich der Leistungsfrist außer Kraft tritt, kann im Hinblick auf Art. 94 Abs. 2 B-VG idF BGBl. I Nr. 51/2012 entfallen. Der dritte und vierte Satz können im Hinblick auf § 48 Abs. 1 der Kärntner Gefahren- und Feuerpolizeiordnung entfallen.

Durch die im Gesetzesentwurf auch in Bezug auf die Entschädigung jener Grundeigentümer, deren Grundflächen von Bauland in Grünland rückgewidmet werden, vorgesehene sinngemäße Anwendung der §§ 46 bis 49 der Kärntner Gefahren- und Feuerpolizeiordnung kann ferner § 21 Abs. Abs. 7 K-GplG 1995 idgF entfallen."

§ 22 Privatwirtschaftliche Maßnahmen

(1) Die Gemeinde ist berechtigt, privatwirtschaftliche Maßnahmen zur Erreichung der im örtlichen Entwicklungskonzept (§ 2) festgelegten Ziele der örtlichen Raumplanung zu setzen.

(2) Zu den privatwirtschaftlichen Maßnahmen nach Abs. 1 zählen jedenfalls auch Vereinbarungen mit Grundeigentümern, insbesondere über die Sicherstellung der Verfügbarkeit von Grundflächen zur Vorsorge für die Deckung des örtlichen Bedarfs an Baugrundstücken zu angemessenen Preisen, zur Sicherstellung einer widmungsgemäßen Verwendung von unbebauten Baugrundstücken innerhalb angemessener Fristen und über die Beteiligung der Grundeigentümer an den der Gemeinde durch die Festlegung von Grundflächen als Bauland erwachsenden Aufschließungskosten.

(3) Beim Abschluß und bei der inhaltlichen Gestaltung von Vereinbarungen ist die Gleichbehandlung der in Betracht kommenden Vertragspartner der Gemeinde zu wahren. Eine unterschiedliche Behandlung von Vertragspartnern darf ihre Grundlage ausschließ-

lich in unterschiedlichen tatsächlichen Verhältnissen, wie insbesondere der Größe oder der Lage der betroffenen Grundflächen, deren bisherigen oder künftigen Verwendung u. dgl., haben.

(4) Bei der inhaltlichen Gestaltung von Vereinbarungen sind die verfassungsgesetzlich gewährleisteten Rechte der Vertragspartner der Gemeinde zu wahren und deren wirtschaftliche Interessen den Interessen der örtlichen Raumplanung gegenüberzustellen und gegeneinander abzuwägen; bei der Festlegung der Leistungspflichten, zu deren Übernahme sich die Vertragspartner verpflichten, ist auf deren Verhältnismäßigkeit zu achten.

(5) Die Vereinbarungen sind unter der aufschiebenden Bedingung abzuschließen, daß sie erst wirksam werden dürfen, wenn die in Aussicht genommene Flächenwidmung hinsichtlich jener Grundflächen, auf die sich die Vereinbarung bezieht, rechtswirksam geworden ist. In den Vereinbarungen ist ausdrücklich festzuhalten, daß ihr Abschluß keinen Rechtsanspruch auf die Erlassung oder Änderung des Flächenwidmungsplanes begründet.

(6) In den Vereinbarungen ist die Erfüllung der Leistungspflichten, zu denen sich die Vertragspartner der Gemeinden verpflichten, durch geeignete Sicherungsmittel zu gewährleisten. Als Sicherungsmittel dürfen nur solche vorgesehen werden, die im Hinblick auf die mit der Vereinbarung verfolgten Interessen der örtlichen Raumplanung geeignet, erforderlich und verhältnismäßig sind. Insbesondere kommen als Sicherungsmittel die Vereinbarung einer Konventionalstrafe, die Bestellung einer Kaution oder Hypothek, die Einräumung eines Optionsrechtes und die Übernahme einer Bürgschaft durch einen Dritten in Betracht. Bei der Auswahl und bei der inhaltlichen Gestaltung der Sicherungsmittel gilt Abs. 4 sinngemäß.

(7) In den Vereinbarungen ist für den Fall der Weitergabe jener Grundflächen, auf die sich die Vereinbarungen beziehen, durch die Vertragspartner der Gemeinde an Dritte sicherzustellen, daß die von den Vertragspartnern übernommenen Leistungspflichten auf deren Rechtsnachfolger überbunden werden. Als Rechtsnachfolger gelten dabei insbesondere auch Dritte, die an den vereinbarungsgegenständlichen Grundflächen längerfristige Nutzungsrechte wie Bau- oder Bestandsrechte erwerben.

(8) Die Inhalte der Vereinbarungen sind schriftlich festzuhalten. Sie haben jedenfalls zu beinhalten:
a) die Bezeichnung der Vertragspartner;

b) die Bezeichnung der Grundflächen, auf die sich die Vereinbarungen beziehen, ihr Flächenausmaß und ihre gegenwärtige Widmung;
c) die in Aussicht genommene Widmung der Grundflächen, auf die sich die Vereinbarungen beziehen;
d) die Festlegung der Leistungspflichten, zu deren Übernahme sich die Vertragspartner der Gemeinden verpflichten;
e) die Fristen, innerhalb derer die vereinbarungsgemäßen Leistungspflichten zu erfüllen sind;
f) die Mittel zur Sicherstellung der Erfüllung der vereinbarungsgemäßen Leistungspflichten;
g) die Regelung der Tragung der mit dem Abschluß der Vereinbarungen verbundenen Kosten;
h) die aufschiebende Bedingung für das Wirksamwerden der Vereinbarung (Abs. 5).

(9) Die Landesregierung darf unter Bedachtnahme auf die Regelungen der Abs. 2 bis 8 mit Verordnung Richtlinien für die nähere inhaltliche Gestaltung der Vereinbarungen festlegen.

(10) Der Bürgermeister hat im Rahmen des Genehmigungsverfahrens nach § 13 Abs. 5 jeweils eine schriftliche Ausfertigung von Vereinbarungen, die sich auf Grundflächen beziehen, hinsichtlich derer der Gemeinderat eine Änderung des Flächenwidmungsplanes beschlossen hat, der Landesregierung vorzulegen; in den Erläuterungen (§ 13 Abs. 5 zweiter Satz) ist im Falle des Abschlusses von Vereinbarungen überdies darzulegen, inwieweit durch diese den Zielen der örtlichen Raumplanung Rechnung getragen wird. § 13 Abs. 5 letzter Satz gilt sinngemäß.

(11) Der Bürgermeister hat jeweils eine schriftliche Ausfertigung von abgeschlossenen Vereinbarungen den Erläuterungen zum Flächenwidmungsplan in einer gesonderten Anlage anzuschließen. In den schriftlichen Ausfertigungen sind personenbezogene Angaben zu anonymisieren, die Rückschlüsse auf die persönlichen Verhältnisse von Vertragspartnern der Gemeinden ermöglichen. In die Ausfertigungen der Vereinbarungen darf jedermann, der ein berechtigtes Interesse glaubhaft macht, Einsicht nehmen.

ErlRV Verf-273/3/1994, 32 f (zu § 11c Gemeindeplanungsgesetz 1982 idF LGBl 1994/105):

„1. Derzeit beschränkt sich die Tätigkeit der Gemeinde im Bereich der örtlichen Raumplanung weitgehend darauf, die planmäßige Gestaltung und Entwicklung des Gemeindegebietes durch hoheitliche Planungsakte, insbesondere durch die Erlassung von Flächenwidmungs- und Bebauungsplänen zu steuern. Das neue Planungsinstrument des örtlichen Entwicklungskonzeptes wird der Gemeinde in Hinkunft auch die Zuständigkeit zuweisen, die (mittelfristigen) Ziele der örtlichen Raumplanung in Eigenverantwortung selbst festzulegen und die zu ihrer Erreichung erforderlichen Maßnahmen aufzuzeigen (vgl. § 1a Abs. 3 [Anm: § 2 Abs 3 idgF]). Allein mit den bestehenden hoheitlichen Raumplanungsinstrumenten wird jedoch die Verwirklichung der im örtlichen Entwicklungskonzept festgelegten Zielvorstellungen nicht möglich sein: Es wird vielmehr erforderlich sein, daß die Gemeinde im Bereich der örtlichen Raumplanung im verstärkten Maße auch im Rahmen ihrer Privatwirtschaftsverwaltung tätig wird.

Eine den Zielen des örtlichen Entwicklungskonzeptes entsprechende Gestaltung und Entwicklung des Gemeindegebietes wird insbesondere nur dann möglich sein, wenn es gelingt, Bauland zu mobilisieren und einer widmungsgemäßen Verwendung zuzuführen. Die im örtlichen Entwicklungskonzept festzulegende Siedlungsentwicklung (§ 1a Abs. 3 lit. b und lit. d [Anm: § 2 Abs 3 lit b und d idgF]) kann nämlich nur dann verwirklicht werden, wenn die für eine Bebauung vorgesehenen (unbebauten) Baugrundstücke innerhalb bestimmter Zeiträume tatsächlich zur Verfügung stehen. Andernfalls müßten immer neue Grundflächen als Bauland ausgewiesen werden, um den bestehenden Bedarf befriedigen zu können, was längerfristig wieder ein Abgehen vom örtlichen Entwicklungskonzept bzw. zu seiner Abänderung führen müßte. Davon abgesehen würde durch eine derartige Entwicklung einer weiteren Zersiedelung der Landschaft Vorschub geleistet. Da im Hinblick auf die verfassungsrechtliche Eigentumsgarantie sowie auf die sich für den Landesgesetzgeber aus der Gesetzgebungszuständigkeit des Bundes bezüglich des Volkswohnungswesens ergebenden kompetenzrechtlichen Schranken die widmungsgemäße Verwendung von unbebauten Baugrundstücken durch hoheitliche Maßnahmen nicht unmittelbar erzwungen werden kann, erscheint es erforderlich, daß die Gemeinden in Hinkunft in verstärktem Maße privatwirtschaftliche

I. Abschnitt § 22

Maßnahmen zur Erreichung der im örtlichen Entwicklungskonzept festgelegten Ziele der örtlichen Raumplanung, insbesondere zur Verwirklichung der angestrebten Siedlungsentwicklung, setzen.

2. Nun eröffnet zwar bereits Art. 116 Abs. 2 B-VG der Gemeinde die Möglichkeit, im Rahmen ihrer Privatautonomie Akte einer aktiven Raumplanungs- und Bodenpolitik zu setzen. Nach der Rechtsprechung des Verwaltungsgerichtshofes (Zl. 91/05/0204 vom 28. April 1992) ist es jedoch Aufgabe des zuständigen Gesetzgebers, die (normativen) Grundlagen für Vereinbarungen zwischen der Gemeinde einerseits und den Grundstückseigentümern andererseits zur „Verhinderung der Bodenspekulation und zur Sicherung einer geordneten Bebauung und Aufschließung von Bauland" zu schaffen. Mit der ausdrücklichen Ermächtigung der Gemeinde im Abs. 1, durch privatrechtliche Maßnahmen zur Umsetzung der Ziele des örtlichen Entwicklungskonzeptes beizutragen, wird der dargestellten Rechtsprechung des Verwaltungsgerichtshofes Rechnung getragen und werden die gesetzlichen Voraussetzungen für eine effizientere Bodenpolitik der Gemeinde geschaffen.

Abs. 2 der Bestimmung zählt demonstrativ die möglichen Inhalte von Vereinbarungen der Gemeinden mit Grundeigentümern auf. Sie können insbesondere zur Sicherstellung einer widmungsgemäßen Verwendung von unbebauten Baugrundstücken innerhalb angemessener Fristen oder zur Beteiligung der Grundeigentümer an den der Gemeinde durch die Festlegung von Grundflächen als Bauland erwachsenden Aufschließungskosten geschlossen werden. Vereinbarungspartner der Grundstückseigentümer ist stets die Gemeinde. Zur Sicherstellung einer gleichförmigen Behandlung und im Interesse einer gewissen Vereinheitlichung wird die Erlassung von Richtlinien für den Inhalt solcher Vereinbarungen durch Verordnung der Landesregierung vorgesehen.

Zum Schutz der Grundeigentümer wird im Abs. 3 der Bestimmung ausdrücklich angeordnet, daß bei der Gestaltung der Vereinbarungen der Gemeinde nach Abs. 2 die Gleichbehandlung der in Betracht kommenden Grundeigentümer zu wahren ist."

ErlRV Verf-579/15/1997, 20 ff (zu LGBl 1997/134):

„Zu Z 41 bis 43 [Anm: im LGBl Z 39 bis 41] (§ 22 Abs. 2 und Abs. 3 bis Abs. 11):

1. Durch die Novelle LGBl. Nr. 105/1994 wurde in das Gemeindeplanungsgesetz 1982 § 11c (nunmehr: § 22 des Gemeindeplanungsgesetzes 1995) neu aufgenommen: Demnach sind die Gemeinden berechtigt, „privatwirtschaftliche Maßnahmen zur Erreichung der im örtlichen Entwicklungskonzept festgelegten Ziele der örtlichen Raumplanung zu setzen". In den Erläuterungen zur Regierungsvorlage (Verf-273/3/1994, S 32 f.) wird zu den damit verfolgten Zielsetzungen folgendes ausgeführt:

[Anm: siehe oben]

2. Nicht nur das Gemeindeplanungsgesetz 1995, sondern auch eine Reihe von Raumordnungsgesetzen anderer Länder enthalten Bestimmungen, die für die Gemeinden neben dem herkömmlichen hoheitlichen raumplanerischen Instrumentarium privatwirtschaftliche Maßnahmen zur Baulandsicherung vorsehen: Entsprechende Regelungen enthält das Salzburger Raumordnungsgesetz 1992, LGBl. Nr. 98, (§ 14: „Privatwirtschaftliche Maßnahmen zur Verwirklichung der Entwicklungsziele"), das Tiroler Raumordnungsgesetz, LGBl. Nr. 81/1993, (§ 33: „Verpflichtung der Gemeinden als Träger von Privatrechten"), das Oberösterreichische Raumordnungsgesetz, (§ 14a: „Privatwirtschaftliche Maßnahmen zur Baulandsicherung") sowie § 16b des Niederösterreichischen Raumordnungsgesetzes.

Obwohl nicht alle diese Gesetze die darin vorgesehenen privatwirtschaftlichen Maßnahmen als „Privatrechtsakte" bezeichnen, ergibt sich aus den Überschriften und aus den Erläuterungen der Wille des Gesetzgebers, daß in allen genannten Ländern jeweils die gesetzliche Grundlage zum Abschluß privatrechtlicher Vereinbarungen geschaffen werden sollte. Die Gemeinden sind nach den angeführten landesrechtlichen Vorschriften zum Abschluß derartiger Vereinbarungen nicht nur berechtigt, sondern – anders als nach der derzeitigen Kärntner Rechtslage – zum Teil auch verpflichtet. Gemeinsam ist den angeführten landesrechtlichen Bestimmungen jeweils, daß sie die unabdingbare gesetzliche Grundlage für die Zulässigkeit des Abschlusses derartiger privatrechtlicher Vereinbarungen im Bereich der örtlichen Raumordnung bilden.

3. Zu den Kompetenzrechtlichen Grundlagen privatwirtschaftlicher Vereinbarungen im Bereich der örtlichen Raumplanung wird in der Literatur (Kalss, Vereinbarungen über die Verwendung von Grundflächen, ZfV 1993, S 551 ff., hier: 562 f.) folgendes ausgeführt:

I. Abschnitt § 22

„Als verfassungsrechtliche Grundlage für landesrechtliche Regelungen, im Bereich des Zivilrechts bietet sich zunächst Art. 15 Abs. 9 B-VG an. Diese Bestimmung ermächtigt die Länder, im Bereich jener Materien, die nach der Systematik der Rechtsordnung zur Zeit des Inkrafttretens der Kompetenzverteilung des B-VG dem Zivilrecht zuzurechnen waren, zivilrechtliche Bestimmungen vorzusehen. Auch neue Regelungen die systematisch dem Bereich des Zivilrechts angehören, werden von diesem Kompetenztatbestand erfaßt. Die Bestimmungen auf dem Gebiet des Zivilrechts können nach ihrem Wortlaut dasselbe regeln wie bundesrechtliche Normen aufgrund des Kompetenztatbestands Zivilrechtswesen. Die Länder dürfen die Kompetenz gemäß Art 15 Abs. 9 B-VG nicht in Anspruch nehmen, wenn nach der bundesgesetzlichen Rechtslage – neue – Zivilrechtsnormen nicht erforderlich sind.

Die Materie der örtlichen Raumordnung ist nicht dem Zivilrecht zuzuordnen, sondern die Festlegung der Nutzung von Flächen gehört zu den behördlichen oder hoheitlichen Aufgaben des eigenen Wirkungsbereichs der Gemeinde. Dem Gesetzgeber steht es in gewissem Rahmen frei, die Handlungsform für die Aufgabenbewältigung zu wählen und das Verhältnis und Zusammenwirken der beiden Handlungsformen zu bestimmen. Insbesondere können Teilbereiche der Raumordnung privatrechtlich geregelt werden.

Die einzelnen landesrechtlichen Regelungen sehen nicht bloß die Möglichkeit des Abschlusses zivilrechtlicher Vereinbarungen vor. sondern sie regeln den Inhalt derartiger Vereinbarungen und legen die Grenzen derartiger privatrechtlicher Akte fest. Detaillierte Regelungen der Gestaltung sollen in Verordnungsform normiert werden die sich im Rahmen der angedeuteten Beschränkungen zu halten haben. Mit dieser Anordnung wird aber kein neues Zivilrecht geschaffen, sodaß die Tragweite von Art. 15 Abs. 9 B-VG wohl nicht berührt wird, sondern es wird bloß geltendes Zivilrecht für anwendbar erklärt. Die Regelung der inhaltlichen Ausgestaltung stellt sich ähnlich einem Katalog von Vertragsklauseln dar. Die Anordnung, allgemein geltende zivilrechtliche Bestimmungen bei bestimmten Sachverhalten anzuwenden, fällt in den Kompetenzbereich des Materiengesetzgebers, sodaß der Abschluß der Verträge verfassungsrechtlich einerseits auf Art. 15 Abs. 1 B-VG und andererseits auf die verfassungsrechtlich eingeräumte Befugnis, in den Formen des Privatrechts tätig zu werden, gestützt werden kann."

4. Nach der derzeit geltenden Rechtslage gemäß § 22 des Gemeindeplanungsgesetzes 1995 erfolgte die Determinierung des gemeindlichen Handelns im Bereich der privatwirtschaftlichen Vereinbarungen zur Erreichung der im örtlichen Entwicklungskonzept festgelegten Ziele der örtlichen Raumplanung nur ansatzweise auf Gesetzesstufe; im übrigen wird die Landesregierung ermächtigt, mit Verordnung Richtlinien für den Inhalt solcher Vereinbarungen festzulegen (§ 22 Abs. 2 letzter Satz des Gemeindeplanungsgesetzes 1995 in der derzeit geltenden Fassung).

In der Literatur (vgl. Kalss, aaO., S 564) wird auf den Umstand hingewiesen, daß privatrechtliche Vereinbarungen Akte der Positivplanung darstellen, die dazu dienen, die (hoheitlich vorgegebenen) Planungsziele der örtlichen Raumplanung zu verwirklichen. Von besonderer Bedeutung sei im gegebenen Zusammenhang, daß „der Staat in die Privatautonomie lediglich unter den Voraussetzungen eingreifen darf, die die Verfassungsordnung ganz allgemein für die Zulässigkeit von Eigentumseingriffen vorsieht". Zwar dürfen auch durch Verordnung Beschränkungen des Eigentums oder der Privatautonomie – sofern sie den verfassungsrechtlichen Kriterien entsprechen – vorgesehen werden, jede Beschränkung von Grundrechten darf jedoch nur auf der Grundlage einer entsprechenden Ermächtigung auf Gesetzesstufe erfolgen.

Ein Gesetz, das einen Eingriff in das verfassungsgesetzlich geleistete Recht auf Schutz des Eigentums gestattet, muß nicht nur dem Determinierungsgebot des Art. 18 B-VG entsprechen, sondern den zusätzlichen Anforderungen des Art. 5 des Staatsgrundgesetzes Rechnung tragen, wonach auch der Zweck des Eingriffes genau festzulegen ist. Demnach müssen Eigentumsbeschränkungen im öffentlichen Interesse liegen und den Kriterien der Geeignetheit, Erforderlichkeit und Verhältnismäßigkeit entsprechen.

In der Literatur (vgl. dazu näher z. B. Kalss, aaO., S 564) wird nun der Umstand kritisiert, daß in den landesrechtlichen Regelungen betreffend die Ermächtigung (Verpflichtung) der Gemeinden, im Bereich der örtlichen Raumplanung privatwirtschaftliche Vereinbarungen abzuschließen, die Determinierung des gemeindlichen Handelns durch Regelungen auf Gesetzesstufe unzureichend sei. Im Hinblick darauf, daß durch privatwirtschaftliche Vereinbarungen der in Rede stehenden Art verfassungsgesetzlich gewährleistete Rechte „berührt" werden und ein Eingriff in Grundrechte (grundsätzlich) einer ausdrücklichen gesetzlichen

Ermächtigung bedarf, erscheint es erforderlich, die wesentlichen Regelungen hinsichtlich der inhaltlichen Gestaltung derartiger Vereinbarungen unmittelbar auf Gesetzesstufe zu treffen, Diesem Anliegen trägt die Neufassung des § 22 des Gemeindeplanungsgesetzes 1995 Rechnung, wobei jedoch die Ermächtigung zur inhaltlichen Präzisierung der gesetzlichen Vorgaben für die inhaltliche Gestaltung der Vereinbarungen durch Verordnung der Landesregierung bestehen bleiben soll.

5. Die Abs. 10 und 11 des § 22 (in der Fassung des vorliegenden Gesetzesentwurfes)

treffen flankierende verfahrensrechtliche Regelungen betreffend die privatwirtschaftlichen Vereinbarungen im Bereich der örtlichen Raumplanung. Derartige Regelungen dürften – im Hinblick auf Art. 18 B-VG – ohne ausdrückliche gesetzliche Regelung auf Verordnungsstufe nicht getroffen werden."

§ 23 Befristete Bausperre

(1) Der Gemeinderat hat mit Verordnung vor der Erlassung oder Änderung eines textlichen Bebauungsplanes (§ 24 Abs. 2) für das gesamte Gemeindegebiet, vor der Erlassung oder Änderung eines Teilbebauungsplanes (§ 24 Abs. 3) für die davon betroffenen Teile desselben eine befristete Bausperre zu verfügen, wenn sonst die Durchführung der Bebauungsplanung wesentlich erschwert oder die beabsichtigte Wirkung des Bebauungsplanes beeinträchtigt würde.

(1a) Der Gemeinderat darf nach der Erstellung oder Änderung des örtlichen Entwicklungskonzeptes für einzelne Teile des Gemeindegebietes mit Verordnung eine befristete Bausperre verfügen, wenn dies unter Bedachtnahme auf die örtlichen Gegebenheiten in den davon betroffenen Teilen des Gemeindegebietes erforderlich ist, um die Umsetzung der im örtlichen Entwicklungskonzept enthaltenen Planungsabsichten der Gemeinde durch eine entsprechende Änderung des Flächenwidmungsplanes sicherzustellen.

(2) Eine befristete Bausperre ist jedenfalls zu verfügen, wenn eine der Voraussetzungen nach § 24 Abs. 3 lit. b und c vorliegt, die eine Verpflichtung zur Erlassung eines Teilbebauungsplanes begründet.

(3) Der Gemeinderat hat Verordnungen, mit denen eine befristete Bausperre verfügt worden ist, mit dem Wirksamwerden des Be-

bauungs- oder Flächenwidmungsplanes, aus Anlaß dessen sie erlassen worden sind, längstens aber nach Ablauf von zwei Jahren nach deren Erlassung, aufzuheben. Die Geltungsdauer solcher Verordnungen darf einmal um höchstens ein Jahr verlängert werden, wenn die Bebauungs- oder Flächenwidmungsplanungen aus Gründen, die nicht von der Gemeinde verschuldet worden sind, nicht rechtzeitig abgeschlossen werden konnten.

(4) Während der Geltung der befristeten Bausperre dürfen Baubewilligungen nach § 6 lit. a der Kärntner Bauordnung 1996 nicht erteilt werden, wenn dadurch die Umsetzung konkreter Planungsabsichten der Gemeinde im Rahmen der Bebauungs- oder Flächenwidmungsplanung wesentlich erschwert oder ihre beabsichtigten Wirkungen wesentlich beeinträchtigt würden.

(5) Bauvorhaben, die länger als zwei Jahre vor dem Inkrafttreten der befristeten Bausperre nach den Bestimmungen der Kärntner Bauordnung 1996 rechtskräftig bewilligt worden sind, mit deren Ausführung aber noch nicht begonnen worden ist, dürfen während der befristeten Bausperre nicht ausgeführt werden.

ErlRV Verf-273/3/1994, 33 f (zu § 12 Gemeindeplanungsgesetz 1982 idF LGBl 1994/105):

„Die Neuregelungen betreffend die Erlassung einer befristeten Bausperre bezwecken teils einen Ausbau dieses Planungsinstrumentes, teils eine Anpassung an die geänderten Vorschriften über die Bebauungsplanung (§§ 13 ff. [Anm: § 24 ff idgF]).

Hinsichtlich des räumlichen Geltungsbereiches einer befristeten Bausperre wird nunmehr ausdrücklich zwischen textlichen Bebauungsplänen (§ 13 Abs. 1a [Anm: § 24 Abs 2 idgF]) und Teilbebauungsplänen (§ 13 Abs. 1b [Anm: § 24 Abs 3 idgF]) unterschieden. Eine befristete Bausperre wird nicht nur dann zu verfügen sein, wenn die beabsichtigte Wirkung des Bebauungsplanes sonst beeinträchtigt werden würde, sondern auch dann, wenn andernfalls „die Durchführung der Bebauungsplanung wesentlich erschwert würde" (§ 12 Abs. 1 [Anm: § 23 Abs 1 idgF]). Durch diese Ergänzung soll der Anwendungsbereich dieses Planungsinstrumentes erweitert werden.

Losgelöst von den dargestellten Voraussetzungen für die Verfügung einer befristeten Bausperre wird nach Abs. 1a [Anm: Abs 2 idgF] eine

I. Abschnitt § 23

Bausperre jedenfalls dann zu verfügen sein, wenn eine der Voraussetzungen nach § 13 Abs. 1b lit. a bis c [Anm: § 24 Abs 3 lit b und c idgF] vorliegt, die eine Verpflichtung zur Erfassung eines Teilbebauungsplanes begründet.

Die Regelungen betreffend das Außerkrafttreten einer Verordnung, mit der eine befristete Bausperre verfügt worden ist, werden im Vergleich zur derzeit geltenden Rechtslage präzisiert. Die Verlängerung der Fristen für das Außerkraftsetzen ist erforderlich, um einen effizienten Planungsablauf zu gewährleisten.

Ergänzend zur Regelung des Abs. 3 [Anm: Abs 4 idgF], wonach während der befristeten Bausperre Baubewilligungen nicht erteilt werden dürfen, wird nunmehr in einem (neuen) Abs. 4 [Anm: Abs 5 idgF] zusätzlich festgelegt, daß bauliche Vorhaben, die länger als zwei Jahre vor dem Inkrafttreten der befristeten Bausperre rechtskräftig bewilligt worden sind, mit deren Ausführung aber noch nicht begonnen worden ist, während der Dauer der befristeten Bausperre nicht ausgeführt werden dürfen. Diese Ergänzung ist insofern erforderlich, als es den mit der Bebauungsplanung verfolgten Zielsetzungen widersprechen würde, wenn diese durch bereits früher bewilligte bauliche Vorhaben unterlaufen oder gleichsam vor vollendete Tatsachen gestellt werden würde."

ErlRV Verf-579/15/1997, 23 (zu LGBl 1997/134):

„Zu Z 44 und 45 [Anm: im LGBl Z 42 und 43] (§ 23 Abs. 1a und Abs. 3):

§ 23 des Gemeindeplanungsgesetzes 1995 (in der derzeit geltenden Fassung) regelt die Verfügung „befristete Bausperren" vor der Erlassung oder Änderung eines textlichen Bebauungsplanes bzw. eines Teilbebauungsplanes. Ein gleichartiges Bedürfnis danach, befristete Bausperren zu verhängen, besteht jedoch zusätzlich insofern, als nach der Erstellung (oder Änderung) des örtlichen Entwicklungskonzeptes zur Umsetzung der in diesem Konzept enthaltenen Planungsabsichten der Gemeinde eine entsprechende Änderung des Flächenwidmungsplanes erforderlich ist. Da § 23 des Gemeindeplanungsgesetzes 1995 (in der derzeit geltenden Fassung) keine Ermächtigung dafür beinhaltet, befristete Bausperren auch vor der Änderung des Flächenwidmungsplanes zu verfügen, erfolgte in der Vergangenheit häufig – gesetzwidrigerweise – die Festlegung von Aufschließungsgebieten, um dem praktischen Bedürfnis nach der Verhängung einer befristeten Bausperre zu entsprechen.

Mit den in Rede stehenden Neuregelungen soll dem beschriebenen Bedürfnis in der Praxis Rechnung getragen werden. Vergleichbare Regelungen enthalten etwa auch die Raumordnungsgesetze in Salzburg und in Niederösterreich."

ErlRV -2V-LG-58/74-2001, 5 f (zu LGBl 2001/69):

„Zu Z 10 bis Z 12 (§ 16 Abs. 1, § 20 Abs. 1 und § 23 Abs. 2):

Die mit Z 10 bis 12 in Aussicht genommenen Änderungen der geltenden Rechtslage bezwecken (ausschließlich) die Bereinigung von Redaktionsversehen bzw. die Anpassung von Zitaten.

Zu Z 13 (§ 23 Abs. 4):

Durch die Neuregelung wird der Aufhebung des § 23 Abs. 4 des Gemeindeplanungsgesetzes 1995 (in der früher geltenden Fassung) durch den Verfassungsgerichtshof (G 220/98, V 93/1998 vom 30. September 1999) Rechnung getragen.

Zu Z 14 (§ 23 Abs. 5):

Die Regelung dient (lediglich) der Anpassung eines Zitats."

II. Abschnitt

§ 24 Bebauungsplan

(1) Der Gemeinderat hat für die als Bauland gewidmeten Flächen mit Verordnung Bebauungspläne zu erlassen.

(2) Für das gesamte als Bauland gewidmete Gemeindegebiet ist ein textlicher Bebauungsplan zu erlassen, in dem jedenfalls die Bebauungsbedingungen nach § 25 Abs. 1 festzulegen sind. Im textlichen Bebauungsplan dürfen überdies für im Grünland gesondert festgelegte Grundflächen (§ 5 Abs. 2), ausgenommen Grundflächen für Erholungszwecke ohne spezifische Erholungsnutzung (§ 5 Abs. 2 lit. c), die Bebauungsbedingungen nach § 25 Abs. 1 lit. b, lit. c und lit. d sowie nach § 25 Abs. 2 lit. f und lit. h festgelegt werden.

(3) Für einzelne Grundflächen oder für zusammenhängende Teile des Baulandes kann ein Teilbebauungsplan erlassen werden, wenn

das zur Sicherstellung einer geordneten Bebauung erforderlich ist. Im Teilbebauungsplan dürfen neben den Bebauungsbedingungen nach § 25 Abs. 1 auch jene nach § 25 Abs. 2 festgelegt werden. Ein Teilbebauungsplan ist jedenfalls zu erlassen
  a) [Anm: entfallen]
  b) für unbebaute Teile des Baulandes mit einer zusammenhängenden Gesamtfläche von mehr als 10.000 m² vor dem Beginn deren Bebauung,
  c) für sonstige zusammenhängende Teile des Baulandes, in denen dies auf Grund der besonderen örtlichen Verhältnisse zur Erhaltung oder Gestaltung des Orts- oder Landschaftsbildes erforderlich ist,
  d) vor der Freigabe eines Aufschließungsgebietes oder einer Aufschließungszone mit einer zusammenhängenden Gesamtfläche von mehr als 10.000 m² (§ 4 Abs. 5).

(3a) [Anm: entfallen]

(4) Die Erlassung von Teilbebauungsplänen für die gemäß § 5 im Grünland gesondert festgelegten Flächen ist zulässig.

(5) Die Bebauungspläne dürfen dem Flächenwidmungsplan nicht widersprechen. Sie haben die Bebauung entsprechend den örtlichen Gegebenheiten nach den Grundsätzen der Wirtschaftlichkeit, der geordneten Siedlungsentwicklung, der sparsamen Verwendung von Grund und Boden und der räumlichen Verdichtung der Bebauung sowie unter Berücksichtigung der Erfordernisse des Orts- und Landschaftsbildes festzulegen. Der Bebauungsplan für das Kurgebiet hat insbesondere auch auf die Erfordernisse des Tourismus und auf die Erholungsfunktion Bedacht zu nehmen.

ErlRV Verf-273/3/1994, 34 ff (zu § 13 Gemeindeplanungsgesetz 1982 idF LGBl 1994/105):

„Zu Z. 49 (§ 13 Abs. 1a und 1b [Anm: § 24 Abs 2 und 3]):

Neben dem Flächenwidmungsplan ist der Bebauungsplan das wichtigste hoheitliche Planungsinstrument der Gemeinde im Bereich der örtlichen Raumplanung. Ungeachtet des Umstandes, daß die Kärntner Gemeinden bereits langjährig von Gesetzes wegen dazu verhalten sind, Bebauungspläne zu erlassen, ist festzustellen, daß eine große Anzahl von Gemeinden dieser Verpflichtung bis heute nicht oder nur teilweise nachgekommen ist. Ausgehend von dieser Gegebenheit soll – nicht zuletzt um den Gemeinden den Einstieg in die Bebauungsplanung zu erleichtern – künftig ein zweistufiges Verfahren der Bebauungsplanung ausdrücklich vorgesehen werden, obwohl bereits die derzeitige Rechtslage diese Form der Bebauungsplanung ermöglicht, wie Beispiele aus zahlreichen Kärntner Gemeinden belegen.

Die Neuregelung sieht nunmehr iS einer echten Zweistufigkeit der Bebauungsplanung zunächst einen textlichen Bebauungsplan für das gesamte als Bauland gewidmete Gemeindegebiet vor. Die Inhalte dieses textlichen Bebauungsplanes stimmen weitgehend mit den derzeitigen Mindestinhalten des Bebauungsplanes nach § 14 Abs. 1 [Anm: § 25 Abs 1 idgF] überein, sieht man davon ab, daß in der lit. d der Bestimmung der Begriff der „Traufenhöhe" durch den Begriff der „Bauhöhe" ersetzt wird und die Festlegung der Baulinien nach lit. f im textlichen Bebauungsplan im Interesse einer Vereinfachung des Inhaltes der ersten Planungsstufe entfällt. Die solcherart modifizierten Inhalte des textlichen Bebauungsplanes müssen noch nicht unmittelbar grundstücksbezogen sein und können auch getroffen werden, ohne daß die künftige Art der baulichen Nutzung der Baugrundstücke bereits im einzelnen feststehen.

Wenn es zur Sicherstellung einer geordneten Bebauung erforderlich ist, kann der Gemeinderat überdies für einzelne Grundflächen oder für zusammenhängende Teile des Baulandes einen Teilbebauungsplan erlassen, im <u>Teilbebauungsplan</u> dürfen neben den (bereits im textlichen Bebauungsplan festzulegenden) Bebauungsbedingungen nach § 14 Abs. 1 [Anm: § 25 Abs 1 idgF] auch jene nach § 14 Abs. 2 [Anm: § 25 Abs 2 idgF] festgelegt werden. Wird ein Teilbebauungsplan erlassen, so sind in diesen nach § 14 Abs. 2a [§ 25 Abs 3 idgF] auch die im textlichen Bebauungsplan festgelegten Bebauungsbedingungen aufzunehmen. Ungeachtet des Umstandes, daß die Bebauungsplanung der zweiten Stufe grundsätzlich auf den Festlegungen des textlichen Bebauun[g]splanes aufbauen soll, wird es auch möglich sein, im Teilbebauungsplan vom textlichen Bebauungsplan abweichende Bebauungsbedingungen festzulegen, wenn es die jeweiligen örtlichen Gegebenheiten und die Interessen einer geordneten Siedlungsentwicklung erfordern (§ 14 Abs. 2a [Anm: § 25 Abs 3 idgF]). Dadurch kommt klar zum Ausdruck, daß trotz der Zweistufigkeit im Planungsprozeß die Bebauungsplanung auch weiterhin eine Einheit bildet. Im Verhältnis zwischen genereller und Detailbebauungsplanung wird so ein aus-reichendes Maß an Flexibilität gewährleistet.

Während der Gemeinde bei der Beurteilung der Frage, ob gemäß § 13 Abs. 1b [Anm: § 24 Abs 3 idgF] ein Teilbebauungsplan „zur Sicherstellung einer geordneten Bebauung" erforderlich ist, ein gewisser Beurteilungsspielraum zukommt, wird ein Teilbebauungsplan bei Vorliegen der Voraussetzungen des § 13 Abs. 1b lit. a bis d [Anm: § 24 Abs 3 lit b bis d idgF] jedenfalls zu erlassen sein. Eine unmittelbar aufgrund des Gesetzes bestehende Verpflichtung zur Erlassung eines Teilbebauungsplanes ist [...] für größere unbebaute zusammenhängende Teile des Baulandes (lit. b), für sonstige zusammenhängende Teile des Baulandes, in denen dies aufgrund der besonderen örtlichen Verhältnisse zur Erhaltung oder Gestaltung des Orts- oder Landschaftsbildes erforderlich ist (lit. c) sowie vor der Freigabe eines Aufschließungsgebietes oder einer Aufschließungszone bestimmter Größe (lit. d; vgl. auch die Ausführungen zu Z. 14 [Anm: siehe Erläuterungen zu § 4 idgF])."

Zu Z. 51 (§ 13 Abs. 3 [Anm: § 24 Abs 5 idgF]):

Im System der örtlichen Raumplanung kommt der Bebauungsplanung schon deshalb eine zentrale Bedeutung zu, weil durch sie auf die angestrebte Siedlungsentwicklung und zeitliche Abfolge der Bebauung innerhalb des Gemeindegebietes unmittelbar Einfluß genommen werden kann. Bereits im Allgemeinen Teil [Anm: siehe Erläuterungen vor § 1] wurde auf die negativen raumordnungspolitischen sowie sonstigen volkswirtschaftlichen Auswirkungen einer ungesteuerten Siedlungsentwicklung hingewiesen. Um den dort aufgezeigten Nachteilen entgegenzuwirken, soll auch die Bebauungsplanung in verstärktem Maße in den Dienst einer geordneten Siedlungsentwicklung gestellt werden. Im Hinblick darauf werden neben den bereits derzeit bestehenden Kriterien als zusätzliche Determinanten für die Bebauungsplanung die Grundsätze der geordneten Siedlungsentwicklung, der sparsamen Verwendung von Grund und Boden und der räumlichen Verdichtung der Bebauung ausdrücklich vorgesehen."

ErlRV Verf-579/15/1997, 24 (zu LGBl 1997/134):

Zu Z 46 [Anm: im LGBl Z 44] (§ 24 Abs. 2):

Die derzeit geltende Rechtslage (§ 24 Abs. 2 in Verbindung mit § 25 Abs. 1) schließt es aus, im textlichen Bebauungsplan andere als die Bebauungsbedingungen nach § 25 Abs. 1 festzulegen. Dies hat von Seiten der Vollzugspraxis zur Anregung geführt, weitere Bebauungsbedingungen (bereits) im textlichen Bebauungsplan festlegen zu können; dieser Anregung wird nunmehr ausdrücklich Rechnung getragen (siehe dazu auch die Regelung der Z 51 [Anm: im LGBl Z 49] dieses Gesetzesentwurfes).

Zu Z 48 bis 52 [Anm: im LGBl Z 46 bis 50] (§ 24 Abs. 3 [...]):

Die Änderungen der Regelungen hinsichtlich des Bebauungsplanes bezwecken einerseits eine Anhebung der Ausmaße, ob [Anm: ab] denen verpflichtend Teilbebauungspläne zu erlassen sind; [...] Andererseits soll der zulässige Inhalt des textlichen Bebauungsplanes erweitert werden (siehe dazu die Ausführungen zu Z 46 [Anm: im LGBl Z 44] dieses Gesetzesentwurfes).

ErlRV -2V-LG-58/74-2001, 6 (zu LGBl 2001/69):

„Zu Z 15 (§ 24 Abs. 2):

Während § 24 Abs. 4 des Gemeindeplanungsgesetzes in der derzeit geltenden Fassung (zwar) die Erlassung von Teilbebauungsplänen „für die gemäß § 5 im Grünland gesondert festgelegten Flächen" für zulässig erklärt, beschränkt § 24 Abs. 2 des Gemeindeplanungsgesetz die Festlegung von Bebauungsbedingungen im textlichen Bebauungsplan auf das „als Bauland gewidmete Gemeindegebiet". Da die praktischen Erfahrungen gezeigt haben, dass in zahlreichen Kärntner Gemeinden ein Bedürfnis nach Festlegung von textlichen Bebauungsbedingungen auch für die im Grünland gesondert festgelegten Flächen (§ 5 Abs. 2) besteht, soll eine diesbezügliche Ermächtigung ausdrücklich in das Gemeindeplanungsgesetz 1995 aufgenommen werden."

§ 25 Inhalt des Bebauungsplanes

(1) Im textlichen Bebauungsplan sind festzulegen:
a) die Mindestgröße der Baugrundstücke,
b) die bauliche Ausnutzung der Baugrundstücke,
c) die Bebauungsweise,
d) die Geschoßanzahl oder die Bauhöhe,
e) das Ausmaß der Verkehrsflächen.

(1a) Wenn es im Interesse einer geordneten Siedlungsentwicklung erforderlich ist, dürfen im textlichen Bebauungsplan auch solche Bebauungsbedingungen nach Abs. 2 festgelegt werden, deren Festlegung ohne zeichnerische Darstellung möglich ist.

(2) Im Teilbebauungsplan dürfen je nach den örtlichen Erfordernissen folgende weitere Bebauungsbedingungen festgelegt werden:
a) der Verlauf der Verkehrsflächen,
b) die Begrenzung der Baugrundstücke,
c) die Baulinien, das sind die Grenzlinien auf einem Baugrundstück, innerhalb derer Gebäude errichtet werden dürfen,
d) die Erhaltung und Schaffung von Grünanlagen und Vorgaben für die Geländegestaltung,
e) die Lage von Spielplätzen und anderen Gemeinschaftseinrichtungen,
f) Vorgaben für die äußere Gestaltung baulicher Vorhaben (Firstrichtung, Dachform, Dachdeckung, Dachneigung, Farbgebung u. ä.),
g) die Höhe der Erdgeschoßfußbodenoberkante für Wohnungen, Geschäftsräume u. ä.,
h) die Art der Nutzung von Gebäuden (Wohnungen, Handelsbetriebe, Dienstleistungsbetriebe u. ä.) und der Ausschluß bestimmter Nutzungen zur Erhaltung oder Schaffung vielfältiger innerörtlicher Strukturen,
i) Vorkehrungen zur Erhaltung und Gestaltung charakteristischer Stadt- und Ortskerne, wie Festlegungen über die Dachform, Dachdeckung, Arkaden, Lauben, Balkone und Farbgebung,
j) Vorgaben für eine bestimmte zeitliche Abfolge der Bebauung (Bebauungszonen).

(3) In den Teilbebauungsplan sind die im textlichen Bebauungsplan festgelegten Bebauungsbedingungen (Abs. 1) aufzunehmen.

Wenn es die örtlichen Gegebenheiten und die Interessen einer geordneten Siedlungsentwicklung erfordern, dürfen im Teilbebauungsplan auch vom textlichen Bebauungsplan abweichende Bebauungsbedingungen festgelegt werden. Beschränkungen hinsichtlich der Teilung von Grundstücken, ausgenommen die Festlegung der Mindestgröße der Baugrundstücke (Abs. 1 lit. a), dürfen in Bebauungsplänen nicht festgelegt werden.

(4) Die bauliche Ausnutzung der Baugrundstücke ist durch die Geschoßflächenzahl oder die Baumassenzahl auszudrücken. Die Geschoßflächenzahl ist das Verhältnis der Bruttogesamtgeschoßflächen zur Fläche des Baugrundstückes. Die Baumassenzahl ist das Verhältnis der Baumasse zur Fläche des Baugrundstückes, wobei als Baumasse der oberirdisch umbaute Raum bis zu den äußeren Begrenzungen des Baukörpers gilt. Die bauliche Ausnutzung der Baugrundstücke ist so festzulegen, daß für die Aufenthaltsräume in Gebäuden ein ausreichendes Maß von Licht, Luft und Sonne gewährleistet ist.

(5) Die Bauhöhe kann als Höchsthöhe, wenn es die örtlichen Gegebenheiten und die Interessen des Ortsbildschutzes erfordern, als Höchst- und Mindesthöhe festgelegt werden. Sie ist unter Bedachtnahme auf die jeweiligen örtlichen Gegebenheiten so festzulegen, daß die Erhaltung oder Gestaltung eines charakteristischen Ortsbildes gewährleistet wird.

(6) Wenn es zur Schaffung eines einheitlichen Straßenbildes oder Platzraumes erforderlich ist, ist festzulegen, daß mit den Gebäuden an eine bestimmte Baulinie herangerückt werden muß.

(7) Werden Baulinien (Abs. 2 lit. c) nicht zugleich mit Bebauungsbedingungen nach Abs. 1 lit. b und d festgelegt oder mit Festlegungen nach Abs. 6 verbunden, so ersetzen sie nicht die Festlegung des Abstandes oberirdischer Gebäude zur Grundstücksgrenze in einem Bauverfahren nach der Kärntner Bauordnung 1996.

(8) Die Bebauungsbedingungen nach Abs. 2 lit. a bis c sind im Teilbebauungsplan jedenfalls festzulegen, wobei die Bebauungsbedingungen nach Abs. 2 lit. a und lit. b jedenfalls zeichnerisch darzustellen sind. Der Teilbebauungsplan für ein Einkaufszentrum nach § 8 Abs. 8 (§ 31a Abs. 1a) hat auch Bebauungsbedingungen nach Abs. 2 lit. d und das Höchstmaß der zulässigen wirtschaftlich zusammenhängenden Verkaufsflächen festzulegen. Die Maßstäbe der zeichnerischen Darstellungen des Teilbebauungsplanes und

die Verwendung bestimmter Planzeichen hat die Landesregierung durch Verordnung zu regeln. Die zeichnerische Darstellung der im Teilbebauungsplan festzulegenden Bebauungsbedingungen mittels automationsunterstützter Datenverarbeitung ist zulässig.

(9) Die Bebauungsbedingungen nach Abs. 2 lit. h und lit. i können in gesonderten Plänen (Gestaltungsplänen) festgelegt werden, wenn dies den örtlichen Erfordernissen besser entspricht als ihre Festlegung im Teilbebauungsplan. Die für Bebauungspläne in diesem Gesetz sonst geltenden Vorschriften gelten auch für die Gestaltungspläne.

(10) Bei der Festlegung des Höchstausmaßes der zulässigen wirtschaftlich zusammenhängenden Verkaufsfläche (§ 8 Abs. 8b und § 25 Abs. 8) ist im Einklang mit den Zielen und Grundsätzen des § 2 Kärntner Raumordnungsgesetz, den überörtlichen Entwicklungsprogrammen und dem örtlichen Entwicklungskonzept vorzugehen. Insbesondere ist auf die Erhaltung und Sicherung der in Kärnten vorgegebenen Zentrenstrukturen und die Erhaltung infrastrukturell vielfältiger Orts- und Stadtkerne ebenso wie auf die zentral-örtlichen Funktionen in den Gemeinden auf Grund ihrer Ausstattung mit Diensten und Einrichtungen überörtlicher Bedeutung sowie auf die Stärkung der typischen und gewachsenen innerörtlichen Strukturen unter Berücksichtigung der Zentrenhierarchie innerhalb des Gemeindegebietes, die Sicherung der Nahversorgung, des Lärm- und Umweltschutzes, die Vermeidung unnötiger Verkehrsbelastung und die Erreichbarkeit mit Linien des öffentlichen Personenverkehrs Bedacht zu nehmen.

ErlRV Verf-273/3/1994, 36 ff (zu § 14 Gemeindeplanungsgesetz 1982 idF LGBl 1994/105):

„Zu Z 53 bis 55 (§ 14 Abs. 1, 2 und 2a [Anm: § 25 Abs 1, 2 und 3 idgF]):

Hinsichtlich der Regelung der Z. 53 (§ 14 Abs. 1 [Anm: § 25 Abs 1 idgF]) ist zunächst auf die Ausführungen zu Z. 49 [Anm: siehe die Erläuterungen zu § 24 idgF] zu verweisen. Soweit in der lit. d der Begriff der „Traufenhöhe" durch den Begriff der „Bauhöhe" ersetzt wird, ist anzumerken, daß durch § 14 Abs. 3a [Anm: § 25 Abs 5 idgF] näher präzisiert wird, was unter der Bauhöhe im einzelnen zu verstehen ist. Die möglichen Inhalte des Teilbebauungsplanes decken sich zum Teil mit den bisher fakultativen Bebauungsbedingungen nach § 14 Abs. 2 [Anm: § 25 Abs 2 idgF]; zusätzlich wird aber auch die Möglichkeit vorgesehen, weitere Bebauungsbedingungen festzulegen: Die Bebauungsbedingungen der lit. a, b, g und i entsprechen weitgehend bereits den derzeit möglichen Bebauungsbedingungen. Die bisherigen Bebauungsbedingungen nach lit. e, f und g (Firstrichtung, Dachform und Dachfarbe) wurden zur neuen lit. f zusammengefaßt und um einzelne weitere Vorgaben für die äußere Gestaltung baulicher Vorhaben erweitert. Die bisherige lit. d (Grünanlagen nach der Kärntner Bauordnung) wurde konkretisiert und insofern ergänzt, als im Rahmen der Bebauungsplanung in Hinkunft auch Vorgaben für die Geländegestaltung festgelegt werden dürfen. Neu geschaffen wurde die Möglichkeit, im Teilbebauungsplan die Lage von Spielplätzen und anderen Gemeinschaftseinrichtungen festzulegen.

Hinsichtlich der Regelung des § 14 Abs. 2a [Anm: § 25 Abs 3 idgF] ist ebenfalls auf die Ausführungen zu Z. 49 [Anm: siehe die Erläuterungen zu § 24 idgF] zu verweisen und ergänzend anzumerken, daß durch diese Bestimmung das Verhältnis zwischen dem textlichen Bebauungsplan und den Teilbebauungsplänen geregelt werden soll: Durch das Gebot, in den Teilbebauungsplan die im textlichen Bebauungsplan festgelegten Bebauungsbedingungen aufzunehmen, wird deutlich, daß trotz der Zweistufigkeit des Verfahrens die Bebauungsplanung als Einheit erhalten bleibt. Für ein Gebiet, für das ein Teilbebauungsplan erlassen worden ist, treten die Festlegungen des textlichen Bebauungsplanes demnach in den Hintergrund. Wird der Teilbebauungsplan aufgehoben, so werden für das ursprünglich davon erfaßte Gebiet die Festlegungen des textlichen Bebauungsplanes wieder wirksam.

<u>Zu Z. 56 (§ 14 Abs. 3 [Anm: § 25 Abs 4 idgF]):</u>

In Präzisierung der Bebauungsbedingung nach § 14 Abs. 1 lit. b [Anm: § 25 Abs 1 lit b idgF] wird festgelegt, daß die bauliche Ausnutzung der Baugrundstücke im textlichen Bebauungsplan entweder durch die „Geschoßflächenzahl" oder durch die „Baumassenzahl" auszudrücken ist. Durch diese Konkretisierung soll mit der von Verfassungs wegen gebotenen Klarheit und Deutlichkeit (Art. 18 B-VG) das planende Verwaltungshandeln in einem sehr wesentlichen Bereich der Bebauungsplanung näher determiniert werden.

II. Abschnitt §25

Zu Z. 57 (§ 14 Abs. 3a [Anm: § 25 Abs 5 idgF]):

Zur Regelung des § 14 Abs. 3a [Anm: § 25 Abs 5 idgF] ist auf die Ausführungen zu Z. 49 [Anm: siehe die Erläuterungen zu § 24 idgF] und Z. 53 [Anm: siehe die Erläuterungen zu § 25 Abs 1 idgF] zu verweisen.

Zu Z. 58 (§ 14 Abs. 5 [Anm: § 25 Abs 7 idgF]):

Die Änderung des Zitates im § 14 Abs. 5 [Anm: § 25 Abs 7 idgF] trägt dem Umstand Rechnung, daß die Festlegung der Baulinien im Interesse einer Vereinfachung des Inhaltes der ersten Bebauungsplanungsstufe in Hinkunft erst im Teilbebauungsplan (vgl. § 14 Abs. 2 lit. c [Anm: § 25 Abs 2 lit c idgF]) erfolgen soll. Der Ersatz des Wortes „Angaben" durch das Wort „Bebedingungen" [Anm: Bedingungen] soll einen einheitlichen Sprachgebrauch gewährleisten.

Zu Z. 59 (§ 14 Abs. 6 [Anm: § 25 Abs 8 idgF]):

Durch diese Bestimmung wird die Verpflichtung begründet, die Bebauungsbedingungen nach Abs. 2 tit. a bis c im Teilbebauungsplan jedenfalls festzulegen und zeichnerisch darzustellen. Ebenso wie bei den zeichnerischen Darstellungen im Flächenwidmungsplan (vgl. § 1 Abs. 5) soll auch bei diesen Darstellungen im Teilbebauungsplan künftig die Verwendung automationsunterstützter Datenverarbeitung ausdrücklich gestattet werden.

Zu Z. 60 (§ 14 Abs. 7 erster Satz [Anm: § 25 Abs 9 erster Satz idgF]):

Die Möglichkeit, einzelne Bebauungsbedingungen nach § 14 Abs. 2 [Anm: § 25 Abs 2 lit c idgF] in gesonderten Gestaltungsplänen festzulegen, wenn dies den örtlichen Erfordernissen besser entspricht als ihre Festlegung im (Teil-)Bebauungsplan, soll auf die Bebauungsbedingungen nach Abs. 2 lit. h (Art der Nutzung von Gebäuden und Ausschluß bestimmter Nutzungen zur Erhaltung oder Schaffung vielfältiger innerörtlicher Strukturen) ausgedehnt werden."

ErlRV Verf-579/15/1997, 24 (zu LGBl 1997/134):

„Zu Z 48 bis 52 [Anm: im LGBl Z 46 bis 50] ([...] § 25 Abs. 1 und Abs. 2):

[...]

Die Ergänzung des § 25 Abs. 2 trägt einem Bedürfnis der Praxis Rechnung; auf die vergleichbare Regelung für die örtlichen Entwicklungskonzepte im § 2 Abs. 3 lit. d darf hingewiesen werden."

ErlRV -2V-LG-58/74-2001, 6 (zu LGBl 2001/69):

„Zu Z 16 (§ 25 Abs. 3):

Die Neuregelung trägt dem Umstand Rechnung, dass das Grundstücksteilungsgesetz 1985 detaillierte Regelungen für die Teilung von Grundstücken im Rahmen von bescheidmäßigen Genehmigungsverfahren enthält; im Hinblick darauf ist klarzustellen, dass Beschränkungen hinsichtlich der Teilung von Grundstücken in Bebauungsplänen (also auf Verordnungsstufe) nicht festgelegt werden dürfen."

ErlRV -2V-LG-544/34-2002, 9 (zu LGBl 2002/71):

„Zu Z 14 und 15 (§ 25 Abs. 1 lit. e und Abs. 2 lit. a):

Im Hinblick auf die mit dem vorliegenden Gesetzesentwurf intendierte Aufhebung des Planungsinstrumentes des Straßenplanes (vgl. Art. 1 Z 18 des Gesetzesentwurfes [Anm: im LGBl Z 17]) sollen durch die Aufhebung des Verweises auf „§ 6" in § 25 Abs. 1 lit. e und Abs. 2 lit. a des Kärntner Gemeindeplanungsgesetzes 1995 die Möglichkeiten der Straßenplanung im Rahmen der Bebauungsplanung erweitert werden: Nach § 6 des Kärntner Gemeindeplanungsgesetzes 1995 gelten nämlich als „Verkehrsflächen" im Sinne dieser Bestimmung nur solche für den fließenden oder ruhenden Verkehr bestimmten Flächen, die für die örtliche Gemeinschaft „von besonderer Verkehrsbedeutung" sind. Im Rahmen der Bebauungsplanung sollen jedoch auch andere Verkehrsflächen festgelegt werden können, denen eine solche „besondere" Verkehrsbedeutung nicht zukommt."

§ 26 Verfahren

(1) **Für die Kundmachung des Entwurfes des Bebauungsplanes und für die dagegen erhobenen Einwendungen gelten die Bestimmungen des § 13 Abs. 1 bis 3 sinngemäß mit der Maßgabe, daß die Kundmachung lediglich der Bezirkshauptmannschaft und jenen Nachbargemeinden mitzuteilen ist, die unmittelbar an das vom Bebauungsplan erfaßte Gebiet angrenzen, und der Bürgermeister von einer schriftlichen Verständigung absehen kann, wenn in einer in Kärnten erscheinenden regionalen, auflagestarken Tageszeitung ein Hinweis auf die Auflage des Entwurfes des Bebauungsplanes aufgenommen wird; der Hinweis hat bei einer Bekanntgabe nach § 13**

Abs. 2 einmal, sonst zweimal während der ersten beiden Wochen der Kundmachung an der Amtstafel zu erfolgen.

(2) Der Bebauungsplan der Gemeinden mit Ausnahme der Städte mit eigenem Statut bedarf zu seiner Rechtswirksamkeit der Genehmigung der Bezirkshauptmannschaft. Die Bürgermeister der Gemeinden haben den vom Gemeinderat beschlossenen Bebauungsplan mit Erläuterungen, aus denen hervorgeht, inwieweit auf die Erfordernisse des § 24 Abs. 5 Bedacht genommen wurde, unter Anschluß der vorgebrachten Einwendungen und der Niederschrift über die Beschlußfassung des Gemeinderates in dreifacher Ausfertigung der Bezirkshauptmannschaft vorzulegen.

(3) Für die Genehmigung der Bebauungspläne, deren überörtliche Auswirkungen sich auf Nachbargemeinden erstrecken, die im räumlichen Wirkungsbereich anderer Bezirksverwaltungsbehörden liegen, ist die Landesregierung zuständig.

(4) Die Genehmigung ist zu versagen, wenn der Bebauungsplan
a) dem Flächenwidmungsplan widerspricht,
b) überörtliche Interessen, insbesondere im Hinblick auf den Landschaftsschutz, verletzt oder
c) sonst gesetzwidrig ist.

(5) Die Genehmigung ist von der Bezirkshauptmannschaft in der Kärntner Landeszeitung kundzumachen. Der Bebauungsplan wird mit dem Ablauf des Tages der Kundmachung wirksam. Die Kundmachung und das Inkrafttreten der Bebauungspläne der Städte mit eigenem Statut richten sich nach den einschlägigen Bestimmungen der Stadtrechte.

(6) Die Bezirkshauptmannschaft hat eine Ausfertigung des genehmigten Bebauungsplanes dem Bürgermeister und der Landesregierung zu übermitteln.

(7) Die Bürgermeister in Städten mit eigenem Statut haben eine Ausfertigung des rechtswirksamen Bebauungsplanes der Landesregierung zu übermitteln.

(8) Für die Auflegung des rechtswirksamen Bebauungsplanes und für die Beratung der Gemeinden in Angelegenheiten des Bebauungsplanes gelten die Bestimmungen der §§ 13 Abs. 9 und 14 Abs. 3 sinngemäß.

§ 27 Änderung des Bebauungsplanes

Für das Verfahren bei der Änderung des Bebauungsplanes gelten die Bestimmungen des § 26.

§ 28 [Anm: entfallen]

§ 29 [Anm: entfallen]

§ 30 [Anm: entfallen]

§ 31 [Anm: entfallen]

III. Abschnitt

§ 31a Integrierte Flächenwidmungs- und Bebauungsplanung

(1) Der Gemeinderat darf mit Verordnung
a) für unbebaute Grundflächen mit einer zusammenhängenden Gesamtfläche von mehr als 5000 m² und
b) für Bauvorhaben mit einer Bruttogesamtgeschossfläche von mehr als 2500 m² oder mit einer Baumasse von mehr als 7500 m³, die auf einem oder auf mehreren zusammenhängenden Grundstücken ausgeführt werden sollen,

eine integrierte Flächenwidmungs- und Bebauungsplanung nach Maßgabe der Bestimmungen dieses Abschnittes durchführen, wenn dies im Interesse der Zweckmäßigkeit, Raschheit, Einfachheit und Kostenersparnis gelegen ist.

(1a) Der Gemeinderat hat mit Verordnung
a) für die Festlegung einer Sonderwidmung für ein Einkaufszentrum (§ 8 Abs. 8) und
b) für unbebaute Grundflächen mit einer zusammenhängenden Gesamtfläche von mehr als 10.000 m²

eine integrierte Flächenwidmungs- und Bebauungsplanung nach Maßgabe der Bestimmungen dieses Abschnittes durchzuführen.

III. Abschnitt § 31a

(2) Im Rahmen der integrierten Flächenwidmungs- und Bebauungsplanung sind in einem Verfahren sowohl die Flächenwidmungen der betroffenen Grundflächen als auch die Bebauungsbedingungen für jene Bauvorhaben festzulegen, die auf diesen Grundflächen ausgeführt werden sollen. Die Flächenwidmungen dürfen nur im Einklang mit den Bestimmungen des I. Abschnittes, die Bebauungsbedingungen dürfen nur im Einklang mit den Bestimmungen des II. Abschnittes festgelegt werden.

ErlRV Verf-579/15/1997, 8 (zu LGBl 1997/134):

„c) Integrierte Flächenwidmungs- und Bebauungsplanung:

Die praktischen Erfahrungen bei der Planung von größeren Bauvorhaben, die sowohl eine Änderung des Flächenwidmungsplanes als auch die Erlassung (Änderung) von Teilbebauungsplänen erfordern, haben in der Vergangenheit gezeigt, daß das dem Gemeindeplanungsgesetz 1995 zugrundeliegende Konzept der der Flächenwidmung sukzessiv nachfolgenden Bebauungsplanung zu erheblichen Schwierigkeiten führt: Die unterschiedlichen aufsichtsbehördlichen Zuständigkeiten zur Genehmigung beider Arten von Planungsakten sowie der Umstand, daß die Bebauungsplanung erst nach dem Abschluß Flächenwidmungsplanung erfolgen kann (vgl. § 24 Abs. 5 des Gemeindeplanungsgesetzes 1995), haben immer wieder zu langwierigen Verfahren und zu erheblichen Verzögerungen bei der Realisierung von (Groß-) Bauvorhaben geführt.

Um die aufgezeigten Probleme zu vermeiden, sieht der vorliegende Gesetzesentwurf als neues Planungsinstrument ein „integriertes Flächenwidmungs- und Bebauungsplanungsverfahren" vor, bei dem im Rahmen eines Verfahrens sowohl die Flächenwidmung der betroffenen Grundflächen als auch die Bebauungsbedingungen für die darauf auszuführenden Bauvorhaben festzulegen sind."

ErlRV -2V-LG-544/34-2002, 9 f (zu LGBl 2002/71):

„Zu Z 18 und 19 (§ 31a Abs. 1 und Abs. 1a):

§ 31a Abs. 1 des Kärntner Gemeindeplanungsgesetzes 1995 (in der derzeit geltenden Fassung) sieht vor, dass der Gemeinderat mit Verordnung für unbebaute Grundflächen mit einer zusammenhängenden Gesamtfläche von mehr als 10.000 m² sowie für Bauvorhaben mit einer Bruttogesamtgeschossfläche von mehr als 2.500 m² oder mit einer Baumaße von mehr als 7.500 m³ eine „integrierte Flächenwidmungs- und Bebauungsplanung" durchführen „darf". Die praktischen Erfahrungen mit diesem – bisher bloß fakultativen – Planungsinstrument waren derart positiv, dass der Anwendungsbereich dieses Planungsinstrumentes mit dem vorliegenden Gesetzesentwurf erheblich erweitert werden soll: Zum einen wird die integrierte Flächenwidmungs- und Bebauungsplanung für unbebaute Grundflächen bereits mit einer zusammenhängenden Gesamtfläche von 5.000 m² für zulässig erklärt; zum anderen wird in die (fakultative) integrierte Flächenwidmungs- und Bebauungsplanung die Festlegung von Sonderwidmungen für Einkaufszentren einbezogen. Schließlich wird eine Verpflichtung des Gemeinderates begründet, „für unbebaute Grundflächen mit einer zusammenhängenden Gesamtfläche von mehr als 10.000 m² eine integrierte Flächenwidmungs- und Bebauungsplanung ... durchzuführen".

Anzumerken ist abschließend, dass im Fall der Änderung von im Rahmen der integrierten Flächenwidmungs- und Bebauungsplanung erlassenen Bebauungsplänen die Zuständigkeit der Landesregierung zur aufsichtsbehördlichen Genehmigung der Planänderung bestehen bleibt (in diesem Sinn – mit näherer Begründung – auch die Erledigung der Abteilung 3 – Gemeinden des Amtes der Kärntner Landesregierung vom 25. Mai 2001, 3 Ro-ALLG-161/26-2001)."

§ 31b Verfahren

(1) Für das Verfahren der integrierten Flächenwidmungs- und Bebauungsplanung gelten die Verfahrensvorschriften für die Erlassung und Änderung von Flächenwidmungsplänen (§§ 13 und 15) sinngemäß mit der Maßgabe, daß sowohl die Festlegung von Flächenwidmungen als auch von Bebauungsbedingungen zu ihrer Rechtswirksamkeit der Genehmigung der Landesregierung bedürfen. Die Genehmigung ist zu versagen, wenn Gründe nach § 13 Abs. 7 zweiter Satz oder nach § 26 Abs. 4 vorliegen.

(2) Für die Kundmachung von Verordnungen, mit denen integrierte Flächenwidmungs- und Bebauungsplanungen durchgeführt werden, gelten § 14 und § 26 Abs. 5 bis 7.

IV. Abschnitt

ErlRV Verf-579/15/1997, 24 (zu LGBl 1997/134):

„Die Einführung der Gliederungsbezeichnung „IV. Abschnitt" erfolgt im Hinblick auf das mit dem (neueingefügten) III. Abschnitt geregelte Verfahren der integrierten Flächenwidmungs- und Bebauungsplanung."

§ 32 Eigener Wirkungsbereich

(1) Die der Gemeinde nach diesem Gesetz übertragenen Aufgaben sind solche des eigenen Wirkungsbereiches.

(2) Der örtlich zuständigen Bezirkshauptmannschaft obliegt die Aufhebung der nach diesem Gesetz mit Nichtigkeit bedrohten Bescheide aus dem eigenen Wirkungsbereich der Gemeinde.

§ 33 Strafbestimmung

(1) Wer entgegen der in einer Erklärung nach § 4 Abs. 3 übernommenen Verpflichtung schuldhaft nicht für die widmungsgemäße Bebauung der Grundfläche innerhalb von fünf Jahren nach der Freigabe sorgt, begeht eine Verwaltungsübertretung und ist von der Bezirksverwaltungsbehörde mit einer Geldstrafe von 2200 Euro bis 7200 Euro zu bestrafen.

(2) Die Geldstrafen fließen zur Hälfte der Gemeinde zu, in deren Gebiet die Verwaltungsübertretung begangen worden ist.

ErlRV Verf-273/3/1994, 38 (zu § 220 Gemeindeplanungsgesetz 1982 idF LGBl 1994/105):

„Zu Z. 64 (§ 22 [Anm: § 33 idgF]):

Hinsichtlich der Strafbestimmung des § 22 ist zunächst auf die Ausführungen zu Z. 14 [Anm: siehe die Erläuterungen zu § 4 idgF] zu verweisen. Anzumerken ist noch, daß nur ein schuldhaftes Nichtsorgetragen für eine widmungsgemäße Bebauung mit Strafe bedroht ist. War eine Bebauung innerhalb der Bebauungsfrist aus rechtlichen oder faktischen

Gründen nicht möglich, kommt eine Bestrafung des daran schuldlosen Grundeigentümers nicht in Betracht."

ErlRV -2V-LG-58/74-2001, 6 (zu LGBl 2001/69):

„Zu Z 17 (§ 33 Abs. 1):

Der Entfall der Möglichkeit zur Verhängung einer Ersatzfreiheitsstrafe im § 33 Abs. 1 trägt dem Gedanken der Entkriminalisierung des Verwaltungsstrafrechtes Rechnung; überdies wird die Umstellung von Schillingbeträgen auf Eurobeträge im Gemeindeplanungsgesetz 1995 vorgesehen (vgl. auch Art. II Abs. 12 [Anm: siehe die Übergangsbestimmungen zu LGBl 2001/69 unten])."

§ 34 Umsetzung von Gemeinschaftsrecht

(1) Mit diesem Gesetz wird die Richtlinie 96/82/EG des Rates vom 9. Dezember 1996 zur Beherrschung der Gefahren bei schweren Unfällen mit gefährlichen Stoffen, ABl Nr L 10 vom 14. Jänner 1997, S 13, umgesetzt.

(2) Mit diesem Gesetz wird die Richtlinie 2002/49/EG des Europäischen Parlaments und des Rates vom 25. Juni 2002 über die Bewertung und Bekämpfung von Umgebungslärm, ABl Nr L 189 vom 18. Juli 2002, S 12, umgesetzt.

(3) Mit diesem Gesetz wird die Richtlinie 2012/18/EU des Europäischen Parlaments und ses Rates vom 4. Juli 2012 zur Beherrschung der Gefahren schwerer Unfälle mit gefährilchen Stoffen, zur Änderung und anschließenden Aufhebung der Richtlinie 96/82/EG des Raten, Abl. Nr. L 197 vom 24.7.2012, S 1, umgesetzt.

ErlRV -2V-LG-58/74-2001, 6 (zu LGBl 2001/69):

„Zu Z 18 (§ 34):

Art. 24 Abs. 1 der Seveso II-Richtlinie begründet die Verpflichtung der Mitgliedsstaaten, in den (innerstaatlichen) Umsetzungsvorschriften selbst oder durch einen Hinweis bei der amtlichen Veröffentlichung auf diese Richtlinie Bezug zu nehmen. Dieser Vorgabe soll durch § 34 Rechnung getragen werden."

ErlRV 01-VO-LG-1729/8-2016, 3 (zu LGDL 2016/24):

„Zu Z 5 (§ 34 Abs. 3)

Es erfolgt ein Umsetzungshunweis auf die Richtlinie 2012/18/EU, welche sie Richtlinie 86/82/EG aufhebt."

§ 35 Verweise

(1) Verweise in diesem Gesetz auf andere Landesgesetze sind als Verweise auf die jeweils geltende Fassung zu verstehen.

(2) Verweise in diesem Gesetz auf Bundesgesetze sind als Verweise auf folgende Fassungen zu verstehen:
  a) Altlastensanierungsgesetz, BGBl. I Nr. 299/1989, in der Fassung des Gesetzes BGBl. I Nr. 103/2013;
  b) Bundes-Umgebungslärmschutzgesetz, BGBl. I Nr. 60/2005;
  c) Forstgesetz 1975, BGBl. I Nr. 440/1975, in der Fassung des Gesetzes BGBl. I Nr. 102/2015;
  d) Gewerbeordnung 1994, BGBl. Nr. 194/1994, in der Fassung BGBl. I Nr. 155/2015;
  e) Mineralrohstoffgesetz, BGBl. I Nr. 38/1999, in der Fassung des Gesetzes BGBl. I Nr. 80/2015;
  f) Wasserrechtsgesetz 1959, BGBl. Nr. 215/1959, in der Fassung des Gesetzes BGBl. I Nr. 54/2014.
  f) Soweit in diesem Gesetz auf die Richtlinie 2012/18/EU des Europäischen Parlaments und des Rates vom 4. Juli 2012 zur Beherrschung der Gefahren schwerer Unfälle mit gefährlichen Stoffen, zur Änderung und anschließenden Aufhebung der Richtlinie 96/82/EG des Rates, ABl. Nr. L 197 vom 24.7.2012, S 1, verwiesen wird, ist dies als Verweisung auf die Richtlinie in der Fassung ABl. Nr. L 197 vom 24.7.2012, S 1, zu verstehen.

ErlRV 01-VD-LG-1569/48-2013, 34 (zu LGBl 2013/85):

„Es erfolgt aus redaktionellen Gründen die Aufnahme einer eigenen Verweisbestimmung."

Artikel I   10. Kärntner Gemeindeplanungsgesetz 1995 – K-GplG 1995

ErlRV 01-VD-LG-1729/8-2016, 3 (zu LGBL 2016/24):

„Zu Z 6 und 7 (§ 35 Abs. 2 lit. a bis f und § 35 Abs. 3)

In § 35 Abs. 2 lit. a bis f der Gesetzesentwurfes erfolgt eine Aktualisierung der statischen Verweise auf Bundesgesetze im 25-GplG 1995. Durch die Anfügung eines neuen Abs. 3 an § 35 K-GplG 1995 wiederum erfolgt ein statischer Verweis auf die Richtlinie 2012/18/EU."

Anlage II [Anm: zu LGBl1995/23]

Artikel I

(1) Mit Artikel II Abs. 2 bis 5 des Gesetzes LGBl Nr 30/1990 wurden folgende Übergangsbestimmungen getroffen:

"(2) Soweit im Zeitpunkt des Inkrafttretens dieses Gesetzes (22. Juni 1990) Einkaufszentren im Sinne des Art. I Z 2, in denen keine Waren des täglichen Bedarfs angeboten werden, bereits bestehen, ist der Gemeinderat verpflichtet, bis spätestens 31. Dezember 1990 Sonderwidmungen für diese Einkaufszentren durch Verordnung festzulegen. Für das Verfahren bei der Festlegung dieser Sonderwidmungen ist § 7 (= § 13) nicht anzuwenden. Die Gemeinde ist verpflichtet, diese Verordnungen der Landesregierung unverzüglich zur Verlautbarung in der Kärntner Landeszeitung zu übermitteln; diese Verordnungen treten nach dem Ablauf des Tages der Kundmachung in Kraft. Vor der Wirksamkeit der Kundmachung dieser Verordnungen darf die Gemeinde keine Bewilligung nach der Kärntner Bauordnung für Vorhaben auf diesen Grundstücken erteilen.

(3) Sollen in einem Einkaufszentrum im Sinne des Art. I Z 2, in dem im Zeitpunkt des Inkrafttretens dieses Gesetzes keine Waren des täglichen Bedarfs angeboten werden, auch Waren des täglichen Bedarfs angeboten werden, hat der Gemeinderat gemäß § 5 Abs. 4 (= § 8 Abs. 4) in Verbindung mit §§ 7 und 8 (= §§ 13 und 14) eine Sonderwidmung festzulegen.

(4) Soweit auf einem Grundstück, für das eine Sonderwidmung für Einkaufszentren festgelegt wurde, noch kein Einkaufszentrum errichtet worden ist, darf eine Bewilligung nach der Kärntner Bauordnung erst erteilt werden, wenn für dieses Grundstück ein Bebauungsplan erlassen worden ist. Die Bezirksverwaltungsbehörde ist verpflichtet, vor der Entscheidung über die Genehmigung eines der-

artigen Bebauungsplanes (§ 15 Abs. 2) (=§ 26 Abs. 2) den Raumordnungsbeirat zu hören.

(5) Soweit im Zeitpunkt des Inkrafttretens dieses Gesetzes Sonderwidmungen für Einkaufszentren in einem Flächenwidmungsplan festgelegt sind, ist der Gemeinderat verpflichtet, bis spätestens 31. Dezember 1990 durch Verordnung Festlegungen über das Höchstausmaß der zulässigen wirtschaftlich zusammenhängenden Verkaufsfläche gem. § 5 Abs. 4 (= § 8 Abs. 4) zweiter Satz zu treffen. Vor Erlassung dieser Verordnung, für die §7 (= § 13) anzuwenden ist, darf die Gemeinde keine Bewilligung nach der Kärntner Bauordnung für Vorhaben auf diesen Grundstücken erteilen."

Artikel II

(1) Mit Artikel II Abs. 2 bis 5 des Gesetzes LGBl. Nr. 59/1992 wurden folgende Übergangsbestimmungen getroffen:

"(2) Das Entwicklungsprogramm gemäß § 5b (= § 9) hat auf im Zeitpunkt des Inkrafttretens dieses Gesetzes (1. Juli 1992) bestehende Sonderwidmungen für Einkaufszentren Bedacht zu nehmen; dies gilt nicht, soweit Gemeinden nicht mindestens als Unterzentren festgelegt werden dürfen.

(3) Soweit im Zeitpunkt des Inkrafttretens des Entwicklungsprogrammes in Gemeinden, die nach dem Entwicklungsprogramm keine Sonderwidmung für EKZ I festlegen dürfen, EKZ I mit einer wirtschaftlich zusammenhängenden Verkaufsfläche von mehr als 400 m² bereits bestehen, haben die Gemeinden die Flächen dieser bestehenden Verkaufsflächen unbeschadet der Regelungen des Art. I mit Sonderwidmung als Einkaufszentrum festzulegen.

(4) Gemeinden, die nach dem Entwicklungsprogramm keine Sonderwidmung für EKZ I festlegen dürfen, haben, sofern im Zeitpunkt des Inkrafttretens des Entwicklungsprogrammes auf diesen Sonderwidmungen noch keine rechtskräftige Baubewilligung für ein EKZ I erteilt worden ist, unverzüglich den gesetzmäßigen Zustand durch die Änderung des Flächenwidmungsplanes herzustellen. Vor der Herstellung des gesetzmäßigen Zustandes darf keine sonstige Änderung des Flächenwidmungsplanes genehmigt werden. Nach der Erlassung des Entwicklungsprogrammes darf auf den für Einkaufszentren mit Sonderwidmung festgelegten Flächen keine

Baubewilligung für die Errichtung eines Einkaufszentrums erteilt werden, es sei denn, daß im Zeitpunkt der Erlassung des Entwicklungsprogrammes ein Bauverfahren bereits anhängig ist.

(5) Die Landesregierung ist verpflichtet, die im Entwicklungsprogramm enthaltenen Festlegungen (§ 5b) (= § 10) nach fünf Jahren zu überprüfen."

Artikel III

(1) Mit Artikel II Abs. 2 bis 18 des Gesetzes LGBl Nr 105/1994 wurden folgende Übergangsbestimmungen getroffen:

"(2) Festlegungen in bestehenden Flächenwidmungsplänen und Bebauungsplänen, die den Bestimmungen dieses Gesetzes nicht entsprechen, sind, soweit im folgenden nicht anderes bestimmt wird, längstens bis zum 31. Dezember 1999 an die durch dieses Gesetz geänderte Rechtslage anzupassen.

(3) Im Zeitpunkt des Inkrafttretens dieses Gesetzes (31. Dezember 1994) bereits eingeleitete Verfahren zur Erlassung oder Änderung von Flächenwidmungsplänen oder Bebauungsplänen sind entsprechend dem jeweiligen Verfahrensstand nach der geänderten Rechtslage weiterzuführen, soweit im folgenden nicht anderes bestimmt wird.

(4) Verfahren zur Änderung von Flächenwidmungsplänen im vereinfachten Verfahren (§ 9a) (= § 16) dürfen erst mit dem Inkrafttreten dieses Gesetzes eingeleitet werden.

(5) Die Genehmigung von Flächenwidmungsplänen oder Bebauungsplänen, die vom Gemeinderat bereits vor dem Inkrafttreten dieses Gesetzes beschlossen worden sind, hat nach der zum Zeitpunkt dieser Beschlußfassung geltenden Rechtslage zu erfolgen.

(6) Gebiete, die in bestehenden Flächenwidmungsplänen als "gemischte Baugebiete" festgelegt sind, dürfen als solche bestehenbleiben, wenn sie im Zeitpunkt des Inkrafttretens dieses Gesetzes teilweise oder zur Gänze widmungsgemäß bebaut sind. Ist ihre Bebauung bis zu diesem Zeitpunkt nicht erfolgt, ist für solche Gebiete innerhalb von drei Jahren nach dem Inkrafttreten dieses Gesetzes eine der durch dieses Gesetz geänderten Rechtslage entsprechende Widmung festzulegen.

(7) Die Ausweisung eines spezifischen Verwendungszweckes für eine als Bauland festgelegte Grundfläche in bestehenden Flächenwidmungsplänen darf bestehenbleiben, wenn diese Ausweisung zur Vermeidung örtlich unzumutbarer Umweltbelastungen oder zur Erhaltung oder Stärkung typischer, gewachsener örtlicher Strukturen erforderlich ist. Treffen diese Voraussetzungen nicht zu, ist eine solche Ausweisung innerhalb eines Jahres nach dem Inkrafttreten dieses Gesetzes aufzuheben.

(8) Für Grundflächen, die in bestehenden Flächenwidmungsplänen für besondere Verwendungszwecke vorbehalten sind, gilt hinsichtlich der Fristen für die Einlösung dieser Grundflächen durch die Gemeinde die vor dem Inkrafttreten dieses Gesetzes bestehende Rechtslage weiter.

(9) Grundflächen, für die in bestehenden Flächenwidmungsplänen die Sonderwidmungen "Feriendorf", "Wochenendhaus" oder "Hoteldorf" festgelegt sind, gelten als "sonstige Freizeitwohnsitze" im Sinne dieses Gesetzes. Ihre Bezeichnung in den Flächenwidmungsplänen ist innerhalb eines Jahres nach dem Inkrafttreten dieses Gesetzes richtigzustellen.

(10) Die Widmung von Grundflächen, für die in bestehenden Flächenwidmungsplänen die Sonderwidmungen "Apartmenthaus" oder "sonstiger Freizeitwohnsitz" festgelegt sind und die den Anforderungen des § 5 Abs. 3a (= § 8 Abs. 4) nicht entsprechen, sind innerhalb eines Jahres nach dem Inkrafttreten dieses Gesetzes an die geänderte Rechtslage anzupassen.

(11) Grundflächen, auf denen ein Apartmenthaus, ein Wochenendhaus, ein Feriendorf oder ein Hoteldorf errichtet worden sind, sind innerhalb eines Jahres nach dem Inkrafttreten dieses Gesetzes als Sonderwidmung "Apartmenthaus" oder "sonstiger Freizeitwohnsitz" festzulegen, wenn

a) für die Errichtung dieser Gebäude vor dem 16. September 1972 eine Baubewilligung rechtskräftig erteilt worden ist,

b) die Nutzung dieser Gebäude zu Freizeit- oder Erholungszwecken im Zeitpunkt des Inkrafttretens dieses Gesetzes noch aufrecht ist und

c) für diese Grundflächen nach dem sich nach lit. a ergebenden Zeitpunkt keine entsprechende Sonderwidmung festgelegt worden ist.

(12) Die Gemeinden haben innerhalb von fünf Jahren nach dem Inkrafttreten dieses Gesetzes ein örtliches Entwicklungskonzept (§ 1a) (= § 2) zu erstellen. Besteht in einer Gemeinde im Zeitpunkt des Inkrafttretens dieses Gesetzes bereits ein örtliches Entwicklungskonzept, ist es spätestens anläßlich der nächsten Überprüfung durch den neugewählten Gemeinderat (§1a Abs. 8) (= § 2 Abs. 8) an die Bestimmungen dieses Gesetzes anzupassen. Bis dahin gilt es, selbst wenn es den Bestimmungen dieses Gesetzes nicht vollinhaltlich entspricht, als örtliches Entwicklungskonzept im Sinne dieses Gesetzes. Wird den Geboten zur Erstellung bzw. zu einer erforderlichen Anpassung des örtlichen Entwicklungskonzeptes nicht entsprochen, darf nach Ablauf dieser Fristen keine Änderung des Flächenwidmungsplanes mehr genehmigt und keine Änderung des Flächenwidmungsplanes im vereinfachten Verfahren (§ 9a) (= § 16) vorgenommen werden. Bis zum Ablauf der Frist zur Erstellung des örtlichen Entwicklungskonzeptes finden die Bestimmungen dieses Gesetzes – ausgenommen § 9a (= § 16) Abs. 1 letzter Satz – über die Wirkungen des örtlichen Entwicklungskonzeptes in Verfahren zur Erlassung oder Änderung von Flächenwidmungsplänen in Gemeinden keine Anwendung, in denen noch kein örtliches Entwicklungskonzept erstellt worden ist.

(13) Die Gemeinden haben innerhalb eines Jahres nach dem Inkrafttreten dieses Gesetzes eine Bauflächenbilanz (§ 2 Abs. 1a) (= § 3 Abs. 2) zu erstellen. Abs. 12 vierter Satz findet sinngemäß Anwendung. Bis zum Ablauf der Frist zur Erstellung der Bauflächenbilanz finden die Bestimmungen dieses Gesetzes über die Wirkung der Bauflächenbilanz in Verfahren zur Erlassung oder Änderung von Flächenwidmungsplänen in Gemeinden keine Anwendung, in denen noch keine Bauflächenbilanz erstellt worden ist.

(14) Die Gemeinden haben Grundflächen innerhalb des Baulandes, auf die die Voraussetzungen nach § 2a Abs. 1 (= § 3 Abs. 2) zutreffen, innerhalb von zwei Jahren nach erfolgter Erstellung des örtlichen Entwicklungskonzeptes (Abs. 12 erster Satz), wenn in der Gemeinde im Zeitpunkt des Inkrafttretens dieses Gesetzes bereits ein örtliches Entwicklungskonzept besteht, das als örtliches Entwicklungskonzept im Sinne dieses Gesetzes gilt (Abs. 12 dritter Satz), innerhalb von zwei Jahren nach dem Inkrafttreten dieses Gesetzes, als Aufschließungsgebiete festzulegen, wenn unter Bedachtnahme auf das örtliche Entwicklungskonzept zu erwarten ist, daß

die Gründe für die Festlegung als Aufschließungsgebiete innerhalb eines Planungszeitraumes von zehn Jahren wegfallen werden. Ist zu erwarten, daß diese Gründe erst zu einem späteren Zeitpunkt wegfallen werden, sind solche Grundflächen bis zu dem sich nach Abs. 15 ergebenden Zeitpunkt in Grünland rückzuwidmen. Abs. 12 vierter Satz findet sinngemäß Anwendung.

(15) Die Gemeinden haben die Rückwidmung von als Bauland festgelegten Grundflächen in Grünland zur Anpassung der Baulandreserven an den abschätzbaren Baulandbedarf (§ 9 Abs. 3a) (= § 15 Abs. 4) innerhalb von drei Jahren nach erfolgter Erstellung des örtlichen Entwicklungskonzeptes (Abs. 12 erster Satz), wenn in der Gemeinde im Zeitpunkt des Inkrafttretens dieses Gesetzes bereits ein örtliches Entwicklungskonzept besteht, das als örtliches Entwicklungskonzept im Sinne dieses Gesetzes gilt (Abs. 12 dritter Satz), innerhalb von drei Jahren nach dem Inkrafttreten dieses Gesetzes vorzunehmen. Abs. 12 vierter Satz findet sinngemäß Anwendung.

(16) Der Bürgermeister hat innerhalb eines Jahres nach erfolgter Erstellung des örtlichen Entwicklungskonzeptes (Abs. 12 erster Satz), wenn in der Gemeinde im Zeitpunkt des Inkrafttretens dieses Gesetzes bereits ein örtliches Entwicklungskonzept besteht, das als örtliches Entwicklungskonzept im Sinne dieses Gesetzes gilt (Abs. 12 dritter Satz), innerhalb eines Jahres nach dem Inkrafttreten dieses Gesetzes, die schriftliche Verständigung der grundbücherlichen Eigentümer rückzuwidmender Grundflächen (§ 11a Abs. 5) (= § 20 Abs. 5) vorzunehmen. Auf im Zeitpunkt des Inkrafttretens dieses Gesetzes bereits eingeleitete Verfahren zur Rückwidmung von als Bauland festgelegten Grundflächen in Grünland findet § 11a Abs. 5 (= § 20 Abs. 5) keine Anwendung.

(17) Der Lauf von Fristen wird durch das Inkrafttreten dieses Gesetzes nicht berührt.

(18) Die Landesregierung hat die Verordnungen nach § 1a Abs. 2, § 2 Abs. 10 und Abs. 11, § 3 Abs. 2b sowie § 11c Abs. 2 (= nach § 2 Abs. 2, § 3 Abs. 10 und Abs. 11, § 5 Abs. 4 sowie § 22 Abs. 2) innerhalb eines Jahres nach dem Inkrafttreten dieses Gesetzes zu erlassen. Die Verordnungen nach § 1 Abs. 4 und § 14 Abs. 6 (= § 25 Abs. 6) sind innerhalb desselben Zeitraumes an die durch dieses Gesetz geänderte Rechtslage anzupassen."

Artikel II [Anm: zu LGBl 1997/134]

(1) Dieses Gesetz tritt mit dem der Kundmachung folgenden Monatsersten in Kraft.

(2) Die Gemeinden haben innerhalb von zwei Jahren nach dem Inkrafttreten dieses Gesetzes bestehende Verordnungen, mit denen Aufschließungsgebiete festgelegt worden sind, daraufhin zu überprüfen, ob sie mit der durch das Gesetz vom 13. Oktober 1994, LGBl Nr 105, sowie mit der durch dieses Gesetz geänderten Rechtslage – ausgenommen § 4a dieses Gesetzes – im Einklang stehen. Bestehende Verordnungen, bei denen dies nicht der Fall ist, sind innerhalb derselben Frist aufzuheben.

(3) Bestehende Verordnungen, mit denen Aufschließungsgebiete festgelegt worden sind und auf die die Voraussetzungen nach Abs. 2 zweiter Satz nicht zutreffen, sind innerhalb der Frist nach Abs. 2 erster Satz mitsamt Erläuterungen nach § 4a Abs. 1 der Landesregierung zur Genehmigung vorzulegen.

(4) In Gemeinden, in denen noch kein örtliches Entwicklungskonzept besteht, entfällt die Voraussetzung für die Aufhebung der Festlegung von Bauland als Aufschließungsgebiet nach § 4 Abs. 3a lit. a; die sonstigen Bestimmungen dieses Gesetzes über die Wirkungen des örtlichen Entwicklungskonzeptes finden in Verfahren zur Erlassung oder Änderung von Flächenwidmungsplänen in solchen Gemeinden bis zum Ablauf der Frist nach Art. II Abs. 12 des Gesetzes vom 13. Oktober 1994, LGBl. Nr. 105, keine Anwendung.

(5) Im Zeitpunkt des Inkrafttretens dieses Gesetzes bereits errichtete Verkaufslokale des Einzelhandels und Großhandels nach § 8 Abs. 8 lit. b erster Satz mit einer wirtschaftlich zusammenhängenden Verkaufsfläche von mehr als 600 m² und weniger als 1000 m² sowie nach § 8 Abs. 8 lit. b zweiter Satz mit einer wirtschaftlich zusammenhängenden Verkaufsfläche von mehr als 2500 m² und weniger als 3000 m² gelten nicht als Einkaufszentren der Kategorie II. Dies gilt sinngemäß für derartige Verkaufslokale, wenn im Zeitpunkt des Inkrafttretens dieses Gesetzes bereits ein Verfahren zur Bewilligung ihrer Errichtung anhängig ist.

(6) In Gemeinden, in denen vor dem Inkrafttreten dieses Gesetzes Bescheide nach § 14 Abs. 5 der Kärntner Bauordnung 1996 erlassen worden sind, hat der Bürgermeister hinsichtlich dieser Bescheide

den Anforderungen des § 19a dieses Gesetzes innerhalb eines Jahres nach dem Inkrafttreten dieses Gesetzes zu entsprechen.

(7) Festlegungen in bestehenden Flächenwidmungsplänen und Bebauungsplänen, die den Bestimmungen dieses Gesetzes nicht entsprechen, sind innerhalb von drei Jahren nach dem Inkrafttreten dieses Gesetzes an die durch dieses Gesetz geänderte Rechtslage anzupassen.

(8) Im Zeitpunkt des Inkrafttretens dieses Gesetzes bereits eingeleitete Verfahren zur Erstellung oder Änderung von örtlichen Entwicklungskonzepten, zur Erlassung oder Änderung von Flächenwidmungsplänen und Bebauungsplänen und zur Festlegung oder Freigabe von Aufschließungsgebieten sind entsprechend dem jeweiligen Verfahrensstand nach der durch dieses Gesetz geänderten Rechtslage weiterzuführen.

(9) Die Genehmigung von Flächenwidmungsplänen oder Bebauungsplänen, die vom Gemeinderat bereits vor dem Inkrafttreten dieses Gesetzes beschlossen worden sind, hat nach der im Zeitpunkt dieser Beschlußfassung geltenden Rechtslage zu erfolgen. Auf im Zeitpunkt des Inkrafttretens dieses Gesetzes bereits anhängige Genehmigungsverfahren finden die Bestimmungen dieses Gesetzes keine Anwendung.

(10) Bauliche Anlagen zur Durchführung von Veranstaltungen, die im Zeitpunkt des Inkrafttretens dieses Gesetzes errichtet worden sind und für die entweder eine Baubewilligung rechtskräftig erteilt worden ist oder das Vorliegen einer solchen nach § 54 der Kärntner Bauordnung 1996 vermutet wird, gelten ungeachtet des Vorliegens der Voraussetzungen nach § 8 Abs. 11 dieses Gesetzes nicht als Veranstaltungszentren. Dies gilt auch für den Fall der Änderung solcher baulicher Anlagen, sofern dadurch die bestehende Geschoßfläche um nicht mehr als 15 Prozent und die bestehende Kubatur um nicht mehr als 20 Prozent vergrößert wird.

Artikel II [Anm: zu LGBl 2001/69]

ErlRV -2V-LG-58/74-2001, 6 (zu LGBl 2001/69):

„In Art. II des Gesetzentwurfes werden einerseits das Inkrafttreten, andererseits das Übergangsregime geregelt."

Artikel II 10. Kärntner Gemeindeplanungsgesetz 1995 – K-GplG 1995

(1) Dieses Gesetz tritt mit dem der Kundmachung folgenden Monatsersten in Kraft.

(2) Festlegungen in bestehenden örtlichen Entwicklungskonzepten, Flächenwidmungsplänen und Bebauungsplänen, die den Bestimmungen dieses Gesetzes nicht entsprechen, sind, soweit im Folgenden nicht anderes bestimmt wird, längstens innerhalb von drei Jahren nach dem Inkrafttreten dieses Gesetzes an die geänderte Rechtslage anzupassen.

(3) Im Zeitpunkt des Inkrafttretens dieses Gesetzes bereits eingeleitete Verfahren zur Erstellung oder Änderung von örtlichen Entwicklungskonzepten oder zur Erlassung oder Änderung von Flächenwidmungsplänen sind entsprechend dem jeweiligen Verfahrensstand nach der durch dieses Gesetz geänderten Rechtslage weiterzuführen.

(4) Die Genehmigung von Flächenwidmungsplänen und Bebauungsplänen, die vom Gemeinderat bereits vor dem Inkrafttreten dieses Gesetzes beschlossen worden sind, hat nach der im Zeitpunkt dieser Beschlussfassung geltenden Rechtslage zu erfolgen. Auf im Zeitpunkt des Inkrafttretens dieses Gesetzes bereits anhängige Genehmigungsverfahren finden die Bestimmungen dieses Gesetzes keine Anwendung.

(5) Die Gemeinden haben in den bestehenden Flächenwidmungsplänen nicht als Sondergebiete festgelegte Grundflächen, auf denen Betriebe errichtet worden sind, die in den Anwendungsbereich der Richtlinie 96/82/EG des Rates vom 9. Dezember 1996 zur Beherrschung der Gefahren bei schweren Unfällen mit gefährlichen Stoffen fallen, innerhalb eines Jahres nach dem Inkrafttreten dieses Gesetzes als Sondergebiete festzulegen und einen entsprechenden Verwendungszweck auszuweisen.

(6) Wenn in einer Gemeinde bis 31. Dezember 1999 kein örtliches Entwicklungskonzept erstellt worden ist, findet Art. II Abs. 12 vierter Satz des Gesetzes LGBl. Nr. 105/1994 keine Anwendung, wenn die Gemeinde das Verfahren zur Erstellung des örtlichen Entwicklungskonzeptes zu diesem Zeitpunkt bereits eingeleitet hat. Hat die Gemeinde das Verfahren zur Erstellung des örtlichen Entwicklungskonzeptes zu diesem Zeitpunkt noch nicht eingeleitet, findet Art. II Abs. 12 vierter Satz des Gesetzes LGBl. Nr. 105/1994 bis zur Einleitung dieses Verfahrens mit der Maßgabe Anwendung, dass Änderungen des Flächenwidmungsplanes im vereinfachten Verfahren

(§ 16) nur vorgenommen werden dürfen, wenn sie den erkennbaren grundsätzlichen Planungsabsichten der Gemeinde nicht widersprechen, und sonstige Änderungen des Flächenwidmungsplanes nur genehmigt werden dürfen, wenn zwingende öffentliche Interessen die Änderung des Flächenwidmungsplanes erfordern.

ErlRV -2V-LG-58/74-2001, 6 (zu LGBl 2001/69):

„Zu Art. II Abs. 6 ist Folgendes anzumerken:

Nach Art. II Abs. 12 erster Satz des Gesetzes LGBl. Nr. 105/1994 haben die Gemeinden innerhalb von fünf Jahren nach dem Inkrafttreten dieses Gesetzes (dh. Bis 31. Dezember 1999) ein örtliches Entwicklungskonzept zu erstellen. Für den Fall, das diesem Gebot nicht entsprochen wird, bestimmt Art. II Abs. 12 vierter Satz leg.cit, dass „... nach Ablauf dieser Frist keine Änderung des Flächenwidmungsplanes mehr genehmigt..." werden darf.

Der Bearbeitungsstand der örtlichen Entwicklungskonzepte in den Kärntner Gemeinden ergab Anfang 2000 folgendes Bild: 79 % aller Kärntner Gemeinden verfügten bereits über das Planungsinstruments [Anm: Planungsinstrument] des örtlichen Entwicklungskonzeptes; in weiteren 17 % der Kärntner Gemeinden wurde damals das örtliche Entwicklungskonzept erstellt, in 2 % der Kärntner Gemeinden war die Einleitung der Verfahren zu Erstellung des örtlichen Entwicklungskonzeptes für das Jahr 2000 in Aussicht genommen. Lediglich in (weiteren) 2 % der Kärntner Gemeinden wurden bisher Schritte zur Erstellung des örtlichen Entwicklungskonzeptes (noch) nicht gesetzt.

Vor dem Hintergrund des dargestellten Bearbeitungsstandes der örtlichen Entwicklungskonzepte in den Kärntner Gemeinden sollen mit Art. II Abs. 6 für jene Gemeinden, in denen das Verfahren zur Erstellung des örtlichen Entwicklungskonzeptes noch nicht abgeschlossen ist, abweichend vom strengen Übergangsregime des Art. II Abs. 12 des Gesetzes LGBl. Nr. 105/1984, Möglichkeiten geschaffen werden, weiterhin Maßnahmen im Rahmen der örtlichen Raumplanung zu setzten [Anm: setzen].

(7) Gemeinden mit jährlich mehr als 100.000 Übernachtungen von Urlaubs- und Feriengästen, die nach dem Orts- und Nächti-

gungstaxengesetz 1970 abgabenpflichtig sind, haben das örtliche Entwicklungskonzept, sofern darin keine grundsätzlichen Aussagen über Vorranggebiete für den Fremdenverkehr (§ 2 Abs. 3 lit. i in Verbindung mit Abs. 3a) getroffen werden, innerhalb von zwei Jahren nach dem Inkrafttreten dieses Gesetzes entsprechend zu ergänzen.

(8) Sonderwidmungen für Apartmenthäuser dürfen nach dem Inkrafttreten dieses Gesetzes erst dann neu festgelegt werden, wenn im örtlichen Entwicklungskonzept grundsätzliche Aussagen über Vorranggebiete für den Fremdenverkehr (§ 2 Abs. 3 lit. i in Verbindung mit Abs. 3a) getroffen worden sind.

(9) Die Gemeinden haben Festlegungen von Vorranggebieten für den Fremdenverkehr (§ 2 Abs. 3 lit. i in Verbindung mit Abs. 3a) in örtlichen Entwicklungskonzepten nach Ablauf von zehn Jahren seit diesen Festlegungen daraufhin zu überprüfen, ob die Voraussetzungen für die Aufrechterhaltung der Festlegungen noch gegeben sind; ist dies nicht der Fall, haben die Gemeinden solche Festlegungen innerhalb eines weiteren Jahres aufzuheben

(10) Auf unbebaute Grundflächen, für die im Zeitpunkt des Inkrafttretens dieses Gesetzes in bestehenden Flächenwidmungsplänen die Sonderwidmung Apartmenthaus festgelegt ist, findet die durch dieses Gesetz geänderte Rechtslage für Apartmenthäuser keine Anwendung.

(11) Im Zeitpunkt des Inkrafttretens dieses Gesetzes anhängige Verfahren zur Erteilung von Baubewilligungen nach § 6 lit. a der Kärntner Bauordnung 1996 in Gebieten, in denen eine befristete Bausperre verfügt worden ist, sind nach der durch Art. I Z 13 dieses Gesetzes geänderten Rechtslage fortzuführen.

(12) Bis zum Ablauf des 31. Dezember 2001 tritt in § 33 Abs. 1 in der Fassung dieses Gesetzes an die Stelle des Ausdruckes "2200 Euro bis 7200 Euro" der Ausdruck "S 30.000,– bis S 100.000,–".

Artikel II [Anm: zu LGBl 202/71]

(1) Dieses Gesetz tritt mit dem der Kundmachung folgenden Tag in Kraft.

(2) Festlegungen in bestehenden Flächenwidmungsplänen und Bebauungsplänen, die den Bestimmungen dieses Gesetzes nicht ent-

sprechen, sind, soweit im Folgenden nicht anderes bestimmt wird, innerhalb von drei Jahren nach dem In-Kraft-Treten dieses Gesetzes an die durch dieses Gesetz geänderte Rechtslage anzupassen.

(3) Im Zeitpunkt des In-Kraft-Tretens dieses Gesetzes bereits eingeleitete Verfahren zur Erlassung oder Änderung von Flächenwidmungsplänen oder Bebauungsplänen sind entsprechend dem jeweiligen Verfahrensstand nach der durch dieses Gesetz geänderten Rechtslage weiter zu führen. Die Verpflichtung nach § 31a Abs. 1a gilt für im Zeitpunkt des In-Kraft-Tretens dieses Gesetzes bereits eingeleitete Verfahren zur Änderung von Flächenwidmungsplänen nicht.

(4) Die Genehmigung von Flächenwidmungsplänen oder Bebauungsplänen, die vom Gemeinderat bereits vor dem In-Kraft-Treten dieses Gesetzes beschlossen worden sind, hat nach der im Zeitpunkt dieser Beschlussfassung geltenden Rechtslage zu erfolgen. Auf im Zeitpunkt des In-Kraft-Tretens dieses Gesetzes bereits anhängige Genehmigungsverfahren finden die Bestimmungen dieses Gesetzes keine Anwendung.

(5) Verfahren zur Festlegung der Sonderwidmungen Appartementhaus oder sonstiger Freizeitwohnsitz nach § 8 Abs. 5 des Kärntner Gemeindeplanungsgesetzes 1995, LGBl. Nr. 23, sind nach der bisher geltenden Rechtslage fortzuführen, wenn im Zeitpunkt des In-Kraft-Tretens dieses Gesetzes der Termin der öffentlichen Feilbietung (§ 8 Abs. 6 des Gemeindeplanungsgesetzes 1995, LGBl. Nr. 23) bereits kundgemacht worden ist.

(6) Auf Verkaufslokale des Einzelhandels oder des Großhandels nach § 8 Abs. 8 lit. a und lit. b, die im Zeitpunkt des In-Kraft-Tretens dieses Gesetzes bereits rechtskräftig bewilligt oder errichtet worden sind, findet § 8 Abs. 8c keine Anwendung.

(7) Für die Gemeinden, die im Entwicklungsprogramm nach § 10 als Oberzentren festgelegt sind, die Städte Klagenfurt und Villach, werden bis zu einer Festlegung durch die Gemeinden im Flächenwidmungsplan gemäß § 9a Abs. 1 nachstehende Gebiete als Orts- und Stadtkern festgelegt:
a) in Klagenfurt: jenes Gebiet, das im Osten vom Völkermarkter Ring, im Süden vom Viktringer Ring, im Westen vom Villacher Ring und im Norden vom St. Veiter Ring umfasst und begrenzt wird. Darüber hinaus jene Grundflächen, die im

Zeitpunkt des Inkrafttretens dieses Gesetzes unmittelbar an die genannten Straßenzüge angrenzen;
b) in Villach: jenes Gebiet, das im Osten von der Ossiacher Zeile, im Süden von der Pestalozzistraße und dem Ing.-Julius-Raab-Platz, im Westen von der Steinwenderstraße und im Norden von der Willroiderstraße, der Rennsteiner Straße, der Meerbothstraße und der Piccostraße umfasst und begrenzt wird. Darüber hinaus jene Grundflächen, die im Zeitpunkt des Inkrafttretens dieses Gesetzes unmittelbar an die genannten Straßenzüge angrenzen.

(8) Die Gemeinden, die im Entwicklungsprogramm nach § 10 als Oberzentren festgelegt sind, nämlich die Städte Klagenfurt und Villach, haben innerhalb von 30 Monaten nach In-Kraft-Treten dieses Gesetzes eine Festlegung innerstädtischer Gebiete als Orts- oder Stadtkerne gemäß § 9a Abs. 1 im Flächenwidmungsplan zu treffen.

(9) In Gemeinden, die nach § 9a innerörtliche oder innerstädtische Gebiete als Orts- oder Stadtkerne festgelegt haben, verringert sich das im Entwicklungsprogramm nach § 10 festgelegte Höchstausmaß der für das jeweilige Ober- oder Mittelzentrum insgesamt zulässigen Flächen für wirtschaftlich zusammenhängende Verkaufsflächen für Einkaufszentren in dem Ausmaß, in dem zu diesem Zeitpunkt innerhalb der festgelegten Orts- oder Stadtkerne bestehende Verkaufslokale des Einzelhandels nicht mehr als Einkaufszentren im Sinne dieses Gesetzes gelten. Die Landesregierung hat das Höchstausmaß der im jeweiligen Ober- oder Mittelzentrum insgesamt zulässigen Flächen für wirtschaftlich zusammenhängende Verkaufsflächen für Einkaufszentren im Entwicklungsprogramm nach § 10 längstens innerhalb von sechs Monaten nach der Festlegung eines Orts- oder Stadtkernes anzupassen.

(10) Im Zeitpunkt des In-Kraft-Tretens dieses Gesetzes bestehende Straßenpläne sind vom Gemeinderat innerhalb eines Jahres nach diesem Zeitpunkt aufzuheben.

(11) Verordnungen aufgrund dieses Gesetzes dürfen bereits ab der Kundmachung dieses Gesetzes erlassen werden; sie dürfen frühestens gleichzeitig mit dem In-Kraft-Treten dieses Gesetzes in Kraft gesetzt werden.

(12) Die Landesregierung hat die Verordnung nach § 9a Abs. 3 innerhalb von sechs Monaten nach dem In-Kraft-Treten dieses Gesetzes zu erlassen.

(13) Die Landesregierung hat die Planzeichenverordnung für Flächenwidmungspläne innerhalb von sechs Monaten nach dem In-Kraft-Treten dieses Gesetzes an die durch dieses Gesetz geänderte Rechtslage anzupassen.

Artikel II [Anm: zu LGBl Nr 59/2004]

(1) Dieses Gesetz tritt an dem der Kundmachung folgenden Monatsersten in Kraft.

(2) Festlegungen in bestehenden Bebauungsplänen sind innerhalb eines Jahres nach dem In-Kraft-Treten dieses Gesetzes zu überprüfen, ob sie den Bestimmungen dieses Gesetzes entsprechen, und gegebenenfalls an die durch dieses Gesetz geänderte Rechtslage anzupassen.

(3) Im Zeitpunkt des In-Kraft-Tretens dieses Gesetzes bereits eingeleitete Verfahren zur Erlassung oder Änderung von Flächenwidmungsplänen oder Bebauungsplänen sind entsprechend dem jeweiligen Verfahrensstand nach der durch dieses Gesetz geänderten Rechtslage weiterzuführen.

(4) Die Genehmigung von Flächenwidmungsplänen oder Bebauungsplänen, die vom Gemeinderat bereits vor dem In-Kraft-Treten dieses Gesetzes beschlossen worden sind, hat nach der im Zeitpunkt dieser Beschlussfassung geltenden Rechtslage zu erfolgen. Auf im Zeitpunkt des In-Kraft-Tretens dieses Gesetzes bereits anhängige Genehmigungsverfahren finden die Bestimmungen dieses Gesetzes keine Anwendung.

(5) Verordnungen aufgrund dieses Gesetzes dürfen bereits ab der Kundmachung dieses Gesetzes erlassen werden; sie dürfen frühestens gleichzeitig mit dem In-Kraft-Treten dieses Gesetzes in Kraft gesetzt werden.

Artikel CXV [Anm: zu LGBl 2013/85] Inkrafttreten

(1) Dieses Gesetz tritt am 1. Jänner 2014 in Kraft, soweit in Abs. 2 nicht anderes bestimmt ist.

Artikel IV [Anm: zu LGBl 2016/24]

(1) Dieses Gesetz tritt an dem der Kundmachung folgenden Tag in Kraft.

(2) Die Festlegungen in rechtswirksam erlassenen Flächenwidmungsplänen und Bebauungsplänen, einschließlich integrierter Flächenwidmungs- und Bebauungspläne, die den Bestimmungen der Artikel I und III dieses Gesetzes nicht entsprechen, sind, soweit in den Abs. 3 bis 5 nicht anderes bestimmt wird, innerhalb von zwei Jahren nach dem Inkrafttreten dieses Gesetzes (Abs. 1) an die durch dieses Gesetz geänderte Rechtslage anzupassen.

(3) Im Zeitpunkt des Inkrafttretens dieses Gesetzes (Abs. 1) bereits eingeleitete Verfahren zur Erlassung oder Änderung von Entwicklungsprogrammen, von Flächenwidmungsplänen, von Bebauungsplänen oder von integrierten Flächenwidmungs- und Bebauungsplänen sind entsprechend der durch dieses Gesetz bewirkten geänderten Rechtslage weiterzuführen.

(4) Abweichend von Abs. 3 hat die Genehmigung von Flächenwidmungsplänen, Bebauungsplänen oder integrierten Flächenwidmungs- und Bebauungsplänen, die vom Gemeinderat bereits vor dem Inkrafttreten dieses Gesetzes beschlossen worden sind, nach der im Zeitpunkt dieser Beschlussfassung geltenden Rechtslage zu erfolgen.

(5) Art. I Z 1 (§ 3 Abs. 3) und Art. I Z 2 (§ 3 Abs. 10) gelten nur für Neufestlegungen von Bauland ab dem Zeitpunkt des Inkrafttretens dieses Gesetzes (Abs. 1); im Zeitpunkt des Inkrafttretens dieses Gesetzes (Abs. 1) bereits bestehende Baulandwidmungen in rechtswirksam erlassenen Flächenwidmungsplänen bleiben von der durch dieses Gesetz geänderten Rechtslage unberührt.

10.1. Planzeichenverordnung für Flächenwidmungspläne

LGBl 1995/62, LGBl 1998/30

Inhaltsverzeichnis

§ 1 Plangrundlage
§ 2 Zeichnerische Darstellung
§ 3 Äußere Form der zeichnerischen Darstellung
§ 4 Verzeichnis der ersichtlich zu machenden Festlegungen
§ 5 Änderung von Festlegungen im Flächenwidmungsplan
§ 5a Einzelbewilligung nach § 14 Abs. 5 der Kärntner Bauordnung 1996
§ 6 Zeichnerische Darstellung mittels automationsunterstützter Datenverarbeitung
§ 7 Schlußbestimmungen

Anlage

Aufgrund des § 1 Abs. 4 des Gemeindeplanungsgesetzes 1995, LGBl Nr 23, wird verordnet:

§ 1 Plangrundlage

(1) Als Plangrundlage für die zeichnerische Darstellung der im Flächenwidmungsplan festzulegenden und ersichtlich zu machenden Flächen sind genordete Verkleinerungen der Katastermappe im Maßstab 1 : 5.000 zu verwenden. Die Gemeindegrenze sowie die Grenzen der Katastralgemeinden sind ersichtlich zu machen.

(2) Die Plangrundlage setzt sich aus den für die Darstellung des Gemeindegebietes erforderlichen Einzelblättern im Ausmaß 50 x 50 cm zusammen. Der Blattschnitt hat der Unterteilung des Triangulierungsblattes des Bundesamtes für Eich- und Vermessungswesen zu entsprechen.

(3) Flächen mit ausgeprägter Differenzierung von Festlegungen auf engem Raum können auch im Maßstab 1 : 2.000 oder 1 : 2.500 dargestellt werden, ohne daß sich für das Ausmaß der Einzelblätter

Änderungen ergeben. Derartige Bereiche sind in der Plangrundlage 1:5.000 lediglich kenntlich zu machen.

§ 2 Zeichnerische Darstellung

(1) Die zeichnerische Darstellung des Flächenwidmungsplanes hat auf reißfesten, ausreichend lichtechten Lichtpausen oder Plandrucken der Plangrundlage zu erfolgen.

(2) Die Eintragung der Planzeichen (Abs. 3) ist ausreichend lichtecht, etwa mit Druck, Tusche oder Aquarellfarbe, derart durchzuführen, daß sie nicht ohne sichtbare Spuren abgeändert werden kann und die Erkennbarkeit der Grundstücksgrenzen sowie die Lesbarkeit der Grundstücksnummern nicht wesentlich beeinträchtigt werden.

(3) Zur Darstellung der vom Gemeinderat zu treffenden Festlegungen sind die Planzeichen der Anlage 1, zur Darstellung der im Flächenwidmungsplan nach § 12 des Gemeindeplanungsgesetzes 1995 ersichtlich zu machenden Festlegungen die Planzeichen der Anlage 2 zu verwenden.

(4) Nach Durchführung der Eintragungen ist die zeichnerische Darstellung mit einem dauerhaften Oberflächenschutz (zB durchsichtige Folie) zu versehen.

§ 3 Äußere Form der zeichnerischen Darstellung

(1) Die zeichnerische Darstellung des Flächenwidmungsplanes hat aus dem Deckblatt, dem Übersichtsblatt, dem Legendenblatt, den Einzelblättern und gegebenenfalls einem gesonderten Verzeichnis (§ 4 und § 5 Abs. 2) in einheitlichem Format zu bestehen.

(2) Das Deckblatt hat zu beinhalten:
a) Die Bezeichnung der Gemeinde;
b) einen Vermerk über den Beschluß des Gemeinderates;
c) einen Vermerk über die Genehmigung der Landesregierung;
d) einen Vermerk über das Inkrafttreten;
e) die Unterschrift, das Siegel und die fortlaufende Geschäftszahl des Planverfassers, wenn der Flächenwidmungsplan nicht amtlich erstellt worden ist.

(3) Das Übersichtsblatt hat für das gesamte Gemeindegebiet in geeignetem Maßstab die Gemeindegrenze und die Grenzen der Katastralgemeinden darzustellen und darüberhinaus zu beinhalten:
a) Die Blattschnittgrenzen der Einzelblätter;
b) die Bezeichnung der Einzelblätter nach der Unterteilung des Triangulierungsblattes (Blattschnitt 50 x 50 cm);
c) die Numerierung der Einzelblätter;
d) eine Kennzeichnung der in einem anderen Maßstab als 1 : 5.000 dargestellten Gebiete;
e) die Namen der Katastralgemeinden.

(4) Das Legendenblatt hat die Legende der in der zeichnerischen Darstellung verwendeten Planzeichen sowie die verwendeten Maßstäbe zu beinhalten. Werden im Flächenwidmungsplan Festlegungen getroffen oder sind Festlegungen ersichtlich zu machen, für die in den Anlagen 1 und 2 keine Planzeichen vorgesehen sind, dürfen ergänzende Planzeichen verwendet werden, wenn diese im Legendenblatt mit ausreichender Klarheit beschrieben sind.

(5) Die Einzelblätter haben neben den der Legende entsprechenden Planzeichen die jeweilige Bezeichnung nach dem Übersichtsblatt (Abs. 3 lit. c) und – soweit nicht bereits in der Plangrundlage enthalten – Ortschafts-, Vulgarnamen sowie althergebrachte Flur- und Feldbezeichnungen zu beinhalten.

§ 4 Verzeichnis der ersichtlich zu machenden Festlegungen

Bei Flächen, die gemäß § 12 Gemeindeplanungsgesetz 1995 in der zeichnerischen Darstellung des Flächenwidmungsplanes ersichtlich zu machen und durch Verordnung oder Bescheid festgelegt worden sind, sind auf dem Deckblatt oder in einem gesonderten Verzeichnis (§ 3 Abs. 1) die Fundstelle und das Datum der jeweiligen Verordnung oder des jeweiligen Bescheides unter fortlaufender Numerierung anzugeben.

§ 5 Änderung von Festlegungen im Flächenwidmungsplan

(1) Im Verfahren zur Änderung des Flächenwidmungsplanes dürfen zur zeichnerischen Darstellung abweichend von den Bestim-

mungen der §§ 1 bis 3 genordete Auszüge der Katastermappe im Maßstab 1 : 1.000, 1 : 2.000, 1 : 2.500 oder 1 : 5.000 im Format A4 (297 mm x 210 mm) verwendet werden, in denen die von der Änderung betroffene Fläche unter Verwendung der Planzeichen der Anlage 1, erforderlichenfalls ergänzender Planzeichen (§ 3 Abs. 4), derart darzustellen ist, daß die Erkennbarkeit der Grundstücksgrenzen sowie die Lesbarkeit der Grundstücksnummern nicht wesentlich beeinträchtigt werden. Zusätzlich sind auf diesen Auszügen der Katastermappe an geeigneter Stelle

a) die Bezeichnung der Gemeinde, der Katastralgemeinde und der von der Änderung betroffenen Grundstücke,
b) die Angabe des Maßstabes der Darstellung,
c) die Angabe der bisherigen und der vom Gemeinderat angestrebten und in der Folge beschlossenen Flächenwidmung,
d) die Angabe des Ausmaßes der von der Änderung betroffenen Fläche,
e) ein Vermerk über die Auflage zur allgemeinen Einsicht während vier Wochen und
f) ein Vermerk über den Beschluß des Gemeinderates anzubringen.

(2) Nach Kundmachung des Wirksamwerdens der Änderung des Flächenwidmungsplanes in der Kärntner Landeszeitung ist die Änderung des Flächenwidmungsplanes unter fortlaufender Numerierung mit Angabe des Datums, der Zahl und unter Wiedergabe des Spruches des Genehmigungsbescheides der Landesregierung – in den Fällen des § 16 des Gemeindeplanungsgesetzes 1995 mit Angabe des Wortlautes der Änderung des Flächenwidmungsplanes und des Datums der Beschlußfassung des Gemeinderates – sowie des Tages des Wirksamwerdens auf dem Deckblatt (§ 3) oder gegebenenfalls im gesonderten Verzeichnis (§ 4) zu vermerken.

(3) In den Einzelblättern (§ 3) ist tunlichst in der Mitte der von der Änderung betroffenen Fläche die fortlaufende Nummer (Abs. 2) des Vermerkes der Änderung einzutragen. § 2 gilt sinngemäß.

(4) Für die Änderung von ersichtlich zu machenden Festlegungen gelten Abs. 3 mit der Maßgabe, daß die fortlaufende Nummer an geeigneter Stelle einzutragen ist, und § 4 sinngemäß.

§ 5a Einzelbewilligung nach § 14 Abs. 5 der Kärntner Bauordnung 1996

Flächen, für die Einzelbewilligungen aufgrund des § 14 Abs. 5 der Kärntner Bauordnung 1996 erteilt worden sind, die nach § 19a Abs. 1 des Gemeindeplanungsgesetzes 1995 in einer gesonderten Anlage den Erläuterungen zum Flächenwidmungsplan anzuschließen sind, sind unter Verwendung des Planzeichens der Anlage 3 und unter Beifügung der fortlaufenden Nummer im Verzeichnis nach § 19a Abs. 2 des Gemeindeplanungsgesetzes 1995 in der zeichnerischen Darstellung des Flächenwidmungsplanes ersichtlich zu machen.

§ 6 Zeichnerische Darstellung mittels automationsunterstützter Datenverarbeitung

(1) Bei der zeichnerischen Darstellung von Festlegungen im Flächenwidmungsplan mittels automationsunterstützter Datenverarbeitung dürfen die Planzeichen von jenen in den Anlagen 1 bis 3 festgelegten nur insofern abweichen, als dies technisch unumgänglich ist.

(2) Wird die zeichnerische Darstellung des Flächenwidmungsplanes mittels automationsunterstützter Datenverarbeitung erstellt, ist neben den Ausfertigungen der zeichnerischen Darstellung des Flächenwidmungsplanes nach § 2 nach der Genehmigung durch die Landesregierung zusätzlich ein vollständiger Datensatz der mittels automationsunterstützter Datenverarbeitung erstellten zeichnerischen Darstellung des Flächenwidmungsplanes im Format der vom Amt der Kärntner Landesregierung definierten Schnittstelle an diese auszufolgen.

§ 7 Schlußbestimmungen

(1) Diese Verordnung tritt mit dem der Kundmachung folgenden Monatsersten in Kraft.

(2) Mit dem Inkrafttreten dieser Verordnung tritt die Verordnung der Landesregierung vom 11. November 1970, Zl. Verf-84/24/1970, mit der die Form der Flächenwidmungspläne geregelt

wird (Planzeichenverordnung), LGBl. Nr. 134/1970, außer Kraft, soweit im folgenden nicht anderes bestimmt wird.

(3) Soweit nicht die zeichnerische Darstellung von Festlegungen eines Flächenwidmungsplanes zur Gänze neu erstellt wird (Abs. 5), bleibt die Planzeichenverordnung, LGBl. Nr. 134/1970, für die zeichnerische Darstellung von Festlegungen in bestehenden Flächenwidmungsplänen weiterhin in Kraft. Dies gilt sinngemäß für Änderungen von Festlegungen in bestehenden Flächenwidmungsplänen, die vom Gemeinderat vor dem 31. Dezember 1994 beschlossen worden und nach dem Inkrafttreten dieser Verordnung wirksam geworden sind, sofern sie nicht nach den Bestimmungen dieser Verordnung dargestellt werden können.

(4) Für die zeichnerische Darstellung von sonstigen Änderungen von Festlegungen in bestehenden Flächenwidmungsplänen (§ 5) sind die Planzeichen der Anlagen 1 und 2 dieser Verordnung und erforderlichenfalls ergänzende Planzeichen (§ 3 Abs. 4) mit der Maßgabe zu verwenden, daß die jeweils verwendeten Planzeichen in einer Ergänzung zur Legende zu erklären sind.

(5) Wird die zeichnerische Darstellung von Festlegungen eines Flächenwidmungsplanes zur Gänze neu erstellt, hat dies nach Maßgabe der §§ 1 bis 6 dieser Verordnung zu erfolgen.

Artikel II [Anm: zu LGBl 1998/30]

Diese Verordnung tritt mit dem der Kundmachung folgenden Monatsersten in Kraft.

10.1. Planzeichenverordnung für Flächenwidmungspläne   Anlage

Darstellung der vom Gemeinderat zu treffenden Festlegungen   Anlage 1

A. BAULAND

1. Dorfgebiet — Fläche: Englischrot dunkel (Schmincke 650)

2.1 Wohngebiet — Fläche: Permanentrot 1 (Schmincke 360)

2.2 Reines Wohngebiet — **WGR** — Fläche: Permanentrot 1 (Schmincke 360)
Randlinie: schwarz 0,5 mm
Signatur: schwarz WGR

3.1 Kurgebiet — Fläche: Chromorange (Schmincke 214)

3.2 Reines Kurgebiet — **KGR** — Fläche: Chromorange (Schmincke 214)
Randlinie: schwarz 0,5 mm
Signatur: schwarz KGR

4.1 Gewerbegebiet — Fläche: Neutraltinte (Schmincke 782)

4.2 Gemischtes Baugebiet — **GB** — Fläche: Neutraltinte (Schmincke 782)
Randlinie: schwarz 0,5 mm
Signatur: schwarz GB

5. Geschäftsgebiet — Fläche: Echtrot tief (Schmincke 345)

6. Industriegebiet — Fläche: Purpurviolett (Schmincke 493)

7. Sondergebiet — **KA** — Fläche: Ultramarinviolett (Schmincke 495)
Signatur: schwarz, z. B. ⊙ = Schießstätte
KA = Krankenanstalt
KS = Kaserne
SPL = Sprengstofflager
SPF = Sprengstoff- und Pulverfabrik
AB = Abfallbehandlungsanlage

8. Sonderwidmung — **AP** — Fläche: in Farbe der Widmung
Randlinie: schwarz 0,35 mm laut Darstellung
Signatur: schwarz, z. B. AP = Apartmenthaus
FZW = Freizeitwohnsitz
EKZ 1 = Einkaufszentrum der Kategorie I
EKZ 2 = Einkaufszentrum der Kategorie II

Anlage 10. Kärntner Gemeindeplanungsgesetz 1995 – K-GplG 1995

9. Vorbehaltsfläche

| VS |

Fläche: in Farbe der Widmung
Randlinie: schwarz 0,7 mm
Signatur: schwarz, z. B. VS → Volksschule
SWB → sozialer Wohnbau
KG → Kindergarten
A → Altersheim
KA → Krankenanstalt
G → Gemeindeamt
F → Feuerwehrrüsthaus

10. Aufschließungsgebiet

Fläche: in Farbe der Widmung
Schraffur: schwarz 0,25 mm 45° laut Darstellung

11. Mehrgeschoßige Widmung

Fläche: in Farbe der Widmung
Schraffur: schwarz 0,25 mm 135° laut Darstellung
Signatur: schwarz fortlaufende Nummer (Hinweis auf Legende/Genehmigungsbescheid)

B. GRÜNLAND

1. Für die Land- u. Forstwirtschaft bestimmte Fläche; Ödland

Fläche: Neapelgelb rötlich (Schmincke 230)

2. Hofstelle eines land- und forstwirtschaftlichen Betriebes

| H |

Fläche: Neapelgelb rötlich (Schmincke 230)
Randlinie: Permanentgrün dunkel (Schmincke 527) 0,5 mm
Signatur: schwarz H

3. Fläche für landwirtschaftlichen Betrieb mit Intensivtierhaltung; Fläche für landwirtschaftliche Produktionsstätte industrieller Prägung

| IT |

Fläche: Neapelgelb rötlich (Schmincke 230)
Randlinie: Echtrot tief (Schmincke 345) 0,5 mm
Signatur: schwarz IT, LPI

4. Erholungsfläche mit oder ohne Beifügen einer spezifischen Erholungsnutzung

| ÖGA |

Fläche: Permanentgrün hell (Schmincke 526)
Randlinie: schwarz 0,5 mm
Signatur: schwarz, z. B. ÖGA – öffentlich zugänglicher Garten
PA – Park
KSP – Kinderspielplatz
Bad – (Frei-)Bad
LW – Liegewiese
KB – Kabinenbau

5. Sportanlage, Vergnügungs- und Veranstaltungsstätte

| SP |

Fläche: Permanentgrün hell (Schmincke 526)
Randlinie: schwarz 0,5 mm
Signatur: schwarz, z. B. SP – Sportanlage allgemein
TE – Tennisplatz
GO – Golfplatz
RS – Reitsport-, Pferdesportanlage
SA – Schiabfahrt, Schipiste
LT – Lifttrasse
VG – Vergnügungsstätte, Vergnügungspark
VA – Veranstaltungsstätte

10.1. Planzeichenverordnung für Flächenwidmungspläne **Anlage**

6. Campingplatz

Fläche: Permanentgrün hell (Schmincke 526)
Randlinie: schwarz 0,5 mm
Signatur: schwarz laut Darstellung

7. Erwerbsgärtnerei u. ä.

GÄ

Fläche: Permanentgrün dunkel (Schmincke 527)
Randlinie: schwarz 0,5 mm
Signatur: schwarz, z. B. GÄ = Gärtnerei
SCHG = Schrebergarten
BS = Baumschule

8. Bienenhaus, Jagdhütte u. ä.

JA

Fläche: Permanentgrün dunkel (Schmincke 527)
Randlinie: schwarz 0,5 mm
Signatur: schwarz, z. B. JA = Jagdhütte
FI = Fischzuchtanlage
BH = Bienenhütte

9. Materialgewinnungsstätte und Materiallagerstätte

SG

Fläche: Olivengrün (Schmincke 525)
Randlinie: schwarz 0,5 mm
Signatur: schwarz, z. B. SG = Schottergrube
LG = Lehmgrube
STB = Steinbruch

10. Friedhof

† † †

Fläche: Brillant-Türkis II (Schmincke 914)
Randlinie: schwarz 0,5 mm
Signatur: schwarz laut Darstellung

11. Abfallbehandlungsanlage, Abfallagerstätte

AB

Fläche: Olivengrün (Schmincke 525)
Randlinie: schwarz 0,5 mm
Signatur: schwarz, z. B. AB = Abfallbehandlungsanlage
AL = Abfallagerstätte

12. Sprengstofflager, Schießstätte

Fläche: Umbra natur (Schmincke 667)
Randlinie: schwarz 0,5 mm
Signatur: schwarz, z. B. ◎ = Schießstätte
SPL = Sprengstofflager
SPF = Sprengstoff- und Pulverfabrik

13. Schutzstreifen als Immissionsschutz

Fläche: Permanentgrün hell (Schmincke 526)
Raster: Letraset LT 915

14. Vorbehaltsfläche

ÖGA

Fläche: in Farbe der Widmung
Randlinie: schwarz 0,7 mm
Signatur: schwarz, z. B. ÖGA = öffentlich zugänglicher Garten
PA = Park
KSP = Kinderspielplatz

15. Sonstige

AGH

Fläche: in Farbe der Widmung
Randlinie: schwarz 0,5 mm
Signatur: schwarz, z. B. AGH = Ausflugsgasthaus
SH = Schutzhütte

Anlage 10. Kärntner Gemeindeplanungsgesetz 1995 – K-GplG 1995

C. VERKEHRSFLÄCHE

Verkehrsfläche
in der Gemeinde

Fläche: Kadmiumgelb hell (Schmincke 224)
Signatur: schwarz, z. B. P   = Parkplatz
            .... = Weg nach Luftbild

Anlage 2

Darstellung der ersichtlich zu machenden Festlegungen

                    Bestand   Planung

1. Autobahn (mit Schutzzone)

   Randlinie: schwarz 0,5 mm
   Fläche: weiß
   Begrenzungslinie: schwarz strichpunktiert 0,35 mm
   Signatur: schwarz   Straßennumerierung

2. Bundesstraße

   Randlinie: schwarz 0,5 mm
   Fläche: weiß
   Signatur: schwarz   Straßennumerierung

3. Landesstraße

   Randlinie: schwarz 0,5 mm und 0,35 mm
   Fläche: weiß
   Signatur: schwarz   Straßennumerierung

4. Haupt-, Nebenbahn, Anschlußbahn, Materialbahn

   Randlinie: Ultramarinviolett (Schmincke 495) 0,5 mm
   Fläche: weiß
   Signatur: schwarz   HB, NB, AB, MB

5. Hauptseilbahn, Kleinseilbahn, Materialseilbahn usw.

   Linie: Ultramarinviolett (Schmincke 495) 0,5 mm laut Darstellung mit allfälliger Bezeichnung

6. Schlepplift

   Linie: Ultramarinviolett (Schmincke 495) 0,5 mm laut Darstellung

7. Flugplatz und Sicherheitszone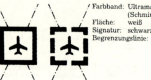

   Farbband: Ultramarinviolett (Schmincke 495) 2 mm
   Fläche: weiß
   Signatur: schwarz laut Darstellung
   Begrenzungslinie: Ultramarinviolett (Schmincke 495) strichpunktiert 0,3 mm

8. Kraft-, Umspannwerk, Funk-, Sendestation mit allfälligem Baubeschränkungsbereich

   Farbband: Ultramarinviolett (Schmincke 495) 2 mm
   Fläche: weiß
   Signatur: schwarz laut Darstellung
   Begrenzungslinie: Ultramarinviolett (Schmincke 495) strichpunktiert 0,3 mm

10.1. Planzeichenverordnung für Flächenwidmungspläne **Anlage**

9. Hochspannungsfreileitung ab 20 kV mit allfälligem Gefährdungsbereich (bei Leitungen ab 110 kV) oder Bahnstromleitung	KELAG 20 kV		Linie: schwarz 0,35 mm Begrenzungslinie: schwarz strichpunktiert 0,25 mm Signatur: schwarz Angabe der kV-Zahl und des Eigentümers
	ÖBB		Linie: Ultramarinviolett (Schmincke 495) 0,35 mm Begrenzungslinie: Ultramarinviolett (Schmincke 495) strichpunktiert 0,25 mm Signatur: schwarz ÖBB
10. Erdöl-, Erdgasleitung, wichtige verkabelte Leitungen	EÖ		Linie: schwarz strichliert 0,5 mm Signatur: schwarz EÖ, EG, P und Angabe des Eigentümers
11. Straßenbau-, -planungsgebiet; Eisenbahn-Hochleistungsstrecken-Baugebiet			Begrenzungslinie: schwarz strichliert 0,25 mm
12. Schutz-, Emissionsbereich	ÖBB		Fläche: in Farbe der Widmung Raster: Letraset LT 915 Signatur: schwarz, z. B. ÖBB
13. Kanalisationsbereich			Begrenzungslinie: Chromgelb hell (Schmincke 212) 0,7 mm laut Darstellung
14. Versorgungsleitung in der Gemeinde	W		Linie: schwarz 0,35 mm Signatur: schwarz, z. B. W = Wasserleitung K = Kanal
15. Wald			Farbband: Phthalogrün (Schmincke 519) 4 mm Fläche: in Farbe der Widmung
16. Schutzwald, Bannwald	(S)		Randlinie: schwarz 0,7 mm Farbband: Phthalogrün (Schmincke 519) 4 mm Fläche: in Farbe der Widmung Signatur: schwarz S, B
17. Nationalpark, Natur-, Landschaftsschutzgebiet, geschützter Grünbestand, Naturdenkmal	(NPA)		Randlinie: schwarz laut Darstellung Fläche: in Farbe der Widmung Signatur: schwarz, z. B. NPA = Nationalpark-Außenzone NPK = Nationalpark-Kernzone NPSG = Nationalpark-Sonderschutzgebiet NS = Naturschutzgebiet LS = Landschaftsschutzgebiet GG = geschützter Grünbestand ND = Naturdenkmal

Anlage 10. Kärntner Gemeindeplanungsgesetz 1995 – K-GplG 1995

18. Naturhöhle	—(H)—	Signatur: schwarz laut Darstellung
19. Gewässer, See	▢	Fläche: Kobaltblau hell (Schmincke 487)
20. Fluß-, Bachregulierung	– – – –	Begrenzungslinie: Kobaltblau hell (Schmincke 487) strichliert 0,5 mm
21. Festgestelltes Hochwasserabflußgebiet, Überschwemmungsgebiet	(HA)	Begrenzungslinie: Ultramarin feinst (Schmincke 494) 0,5 mm laut Darstellung Signatur: schwarz HA, Ü
22. Wasserschutzgebiet (engeres – weiteres)	(BR)	Randlinie: Cölinblau (Schmincke 481) 1,0 mm Fläche: in Farbe der Widmung Begrenzungslinie: Cölinblau (Schmincke 481) strichpunktiert 0,3 mm Signatur: schwarz, z. B. BR – weiteres, engeres Brunnenschutzgebiet QU – weiteres, engeres Quellschutzgebiet HQU – weiteres, engeres Heilquellenschutzgebiet HM – weiteres, engeres Heilmoorschutzgebiet
23. Wasserschongebiet	(K)	Randlinie: Cölinblau (Schmincke 481) laut Darstellung Fläche: in Farbe der Widmung Signatur: schwarz, z. B. K – Kernzone A – Außenzone KG – Karstgebiet
24. Verdachtsfläche, Altlast (falls bekannt mit Begrenzung)	△ ▲	Begrenzungslinie: schwarz strichliert 0,5 mm Signatur: schwarz △ – Verdachtsfläche ▲ – Altlast
25. Bergbaugebiet	▢	Randlinie: Terra pozzuoli (Schmincke 666) 0,7 mm Fläche: in Farbe der Widmung
26. Bruchgebiet	(BG)	Randlinie: Terra pozzuoli (Schmincke 666) 0,7 mm, laut Darstellung Fläche: in Farbe der Widmung Signatur: schwarz BG
27. Verscharrungsplatz	(VP)	Randlinie: Stil de grain brun (Schmincke 664) 0,7 mm, laut Darstellung Fläche: in Farbe der Widmung Signatur: schwarz VP
28. Denkmalgeschützte bauliche Anlage	⌂	Signatur: schwarz, mit Darstellung nach Erfordernis

10.1. Planzeichenverordnung für Flächenwidmungspläne — **Anlage**

29. Archäologisches Fundgebiet

Begrenzungslinie: Lichter Ocker gebrannt (Schmincke 657) strichliert 0,5 mm
Signatur: schwarz F

30. Weiterer und engerer Gefährdungsbereich von Schieß- und Sprengmittelanlagen und militärischen Munitionslagern

Erzeugungs- und Lagerfläche (Anlage 1, B. 12.): Umbra natur (Schmincke 667)
Engerer Gefährdungsbereich: schwarz strichpunktiert 0,5 mm
Weiterer Gefährdungsbereich: schwarz strichpunktiert 0,25 mm

31. Militärische Übungsflächen und Sperrgebiete

Farbband: Neutraltinte (Schmincke 782) 3,0 mm
Fläche: in Farbe der Widmung
Signatur: schwarz
z. B. TÜPL — Truppenübungsplatz
GÜPL — Garnisonsübungsplatz
WÜPL — Wasserübungsplatz
MSP — militärisches Sperrgebiet

32. Rote Gefahrenzone

Randlinie: Echtrot tief (Schmincke 345) 0,3 mm
Fläche: in Farbe der Widmung
Signatur: schwarz, z. B. WR — Wildbach
LR — Lawine
FR — Fluß

33. Gelbe Gefahrenzone

Randlinie: Chromgelb dunkel (Schmincke 213) 0,3 mm
Fläche: in Farbe der Widmung
Signatur: schwarz, z. B. WG — Wildbach
LG — Lawine
FG — Fluß

34. Blauer Vorbehaltsbereich

Randlinie: Phthaloblau (Schmincke 484) 0,3 mm
Fläche: in Farbe der Widmung
Signatur: schwarz, z. B. SS — Sicherstellung der Schutzfunktion
SV — Sicherstellung des Verbauungserfolges
TM — technische Maßnahmen
FM — forstlich biologische Maßnahmen

35. Brauner Hinweisbereich

Randlinie: Caput mortuum (Schmincke 645) 0,3 mm
Fläche: in Farbe der Widmung
Signatur: schwarz, z. B. ST — Steinschlag
RU — Rutschung
VN — Vernässung
STH — Steilhang

36. Violetter Hinweisbereich

Randlinie: Magenta (Schmincke 490) 0,3 mm
Fläche: in Farbe der Widmung
Signatur: schwarz, z. B. BB — Beschaffenheit des Bodens
BG — Beschaffenheit des Geländes

Anlage 10. Kärntner Gemeindeplanungsgesetz 1995 – K-GplG 1995

37. Sonstige

Randlinie: schwarz 0,5 mm
Fläche: in Farbe der Widmung
Signatur: schwarz, z. B. AB → Abfallbehandlungs-
anlage
ARA → Abwasserreinigungs-
anlage (Zentralklär-
anlage)
HB → Hochbehälter

38. Grenzen

•••━━••• Gemeindegrenze: schwarz 1,0 mm laut Darstellung

━•━•━•━ Katastralgemeindegrenze: schwarz punktiert 1,0 mm

Anlage 3
Darstellung ersichtlich zu machender Einzelbewilligungen (§ 14 Abs. 5 K-BO 1996 und § 19a K-GplG 1995)

Fläche, für die eine Einzelbewilligung erteilt worden ist (samt fortlaufender Nummer des Verzeichnisses nach § 19a Abs. 2 K-GplG 1995)

Fläche: in Farbe der Widmung
Signatur: schwarz lt. Darstellung

10.2. Entwicklungsprogramm Versorgungsinfrastruktur

LGBl 1993/25, LGBl 2000/9, LGBl 2004/6

Aufgrund § 3 des Kärntner Raumordnungsgesetzes, LGBl. Nr. 76/1969, i. d.F. des Gesetzes LGBl. Nr. 5/1990, und § 5b des Gemeindeplanungsgesetzes 1982, LGBl. Nr. 51, i.d.F. der Gesetze LGBl. Nr. 30/1990, 59/1992, sowie der Kundmachungen LGBl. Nr. 79/1990, 33/1991, wird verordnet:

§ 1

(1) Sonderwidmungen von Flächen für Einkaufszentren dürfen nur von Gemeinden festgelegt werden, die Oberzentren, Mittelzentren oder Unterzentren im Sinne dieser Verordnung sind.

(2) Oberzentren sind die Städte Klagenfurt und Villach.

(3) Welche Gemeinden als Mittelzentren und als Unterzentren festgelegt werden, ergibt sich aus der Anlage zu dieser Verordnung.

§ 2

Das Höchstausmaß der in den jeweiligen Oberzentren, Mittelzentren und Unterzentren insgesamt zulässigen Flächen für wirtschaftlich zusammenhängende Verkaufsflächen für EKZ I – ausgenommen EKZ I nach § 5b Abs. 5 des Gemeindeplanungsgesetzes 1982 – ergibt sich aus der Anlage zu dieser Verordnung.

§ 3

(1) Das Höchstausmaß der für ein einzelnes EKZ I zulässigen wirtschaftlich zusammenhängenden Verkaufsfläche beträgt in Oberzentren 10.000 m², in Mittelzentren mit mehr als 20.000 Einwohnern 5.000 m², in Mittelzentren bis zu 20.000 Einwohner 3.000 m² und in Unterzentren 1.000 m².

(2) Das Höchstausmaß der für ein einzelnes EKZ II des Kraftfahrzeug- und Maschinenhandels, des Baustoffhandels – ausgenommen Baumärkte – zulässigen wirtschaftlich zusammenhängenden

Verkaufsfläche beträgt in Oberzentren 15.000 m², in Mittelzentren 6.000 m² und in Unterzentren 4.000 m².

§ 4

Diese Verordnung tritt mit dem der Kundmachung folgenden Monatsersten in Kraft.

Anlage

Festlegung der zentralen Orte und des Höchstausmaßes der insgesamt zulässigen wirtschaftlich zusammenhängenden Verkaufsflächen für Einkaufszentren der Kategorie I in den jeweiligen Ober-, Mittel- und Unterzentren

Oberzentren:

Klagenfurt	100.000 m²
Villach	128.500 m²

Mittelzentren:

Wolfsberg	20.000 m²
Spittal an der Drau	20.200 m²
St. Veit an der Glan	10.500 m²
Völkermarkt	9.300 m²
Feldkirchen in Kärnten	7.000 m²
Hermagor-Pressegger See	6.000 m²

Unterzentren:

Eberndorf	5.300 m²
Ferlach	3.400 m²
Bleiburg	3.200 m²
Althofen	3.400 m²

10.2. Entwicklungsprogramm Versorgungsinfrastruktur **Anlage**

Radenthein	3.000 m²
Velden am Wörther See	3.000 m²
Friesach	2.500 m²
St. Andrä	2.000 m²
St. Paul im Lavanttal	2.000 m²
Arnoldstein	2.000 m²
Paternion	1.600 m²
Finkenstein	1.500 m²
Kötschach-Mauthen	1.500 m²
Seeboden	1.500 m²
Obervellach	1.500 m²
Greifenburg	1.100 m²
Gmünd	1.000 m²
Millstatt	1.000 m²
Bad St. Leonhard	1.000 m²
Brückl	600 m²
Winklern	600 m²
Eisenkappel-Vellach	600 m²
Straßburg	600 m²
Steinfeld	600 m²

10.3. Richtlinien-Verordnung
LGBl 1997/105

Inhaltsverzeichnis

§ 1 Grundsätze für privatwirtschaftliche Maßnahmen zur Erreichung der Ziele der örtlichen Raumplanung
§ 2 Sicherstellung der widmungsgemäßen Verwendung
§ 3 Sicherstellung der Verfügbarkeit von Grundflächen
§ 4 Beteiligung des Grundeigentümers an Aufschließungskosten

Auf Grund des § 22 Abs. 2 des Gemeindeplanungsgesetzes 1995, LGBl Nr 23, wird verordnet:

§ 1 Grundsätze für privatwirtschaftliche Maßnahmen zur Erreichung der Ziele der örtlichen Raumplanung

(1) Die Gemeinde ist berechtigt, zur Erreichung der im örtlichen Entwicklungskonzept nach § 2 des Gemeindeplanungsgesetzes 1995 festgelegten Ziele der örtlichen Raumplanung privatwirtschaftliche Maßnahmen zu setzen (§ 22 Abs. 1 des Gemeindeplanungsgesetzes 1995).

(2) In Gemeinden, in denen ein örtliches Entwicklungskonzept besteht, das nicht den Bestimmungen des § 2 des Gemeindeplanungsgesetzes 1995 vollinhaltlich entspricht, gilt das örtliche Entwicklungskonzept bis zur Anpassung an die Bestimmungen des Gemeindeplanungsgesetzes 1995 als örtliches Entwicklungskonzept im Sinne des Abs. 1.

(3) Zu den privatwirtschaftlichen Maßnahmen zählen insbesondere Vereinbarungen der Gemeinde mit Grundeigentümern anläßlich der Erlassung oder Änderung von Flächenwidmungsplänen
  a) zur Sicherstellung einer widmungsgemäßen Verwendung von unbebauten Baugrundstücken innerhalb angemessener Fristen,

b) über die Sicherstellung der Verfügbarkeit von Grundflächen zur Vorsorge für die Deckung des örtlichen Bedarfes an Baugrundstücken zu angemessenen Preisen,
c) über die Beteiligung der Grundeigentümer an den der Gemeinde durch die Festlegung von Grundflächen als Bauland erwachsenden Kosten für Aufschließungsmaßnahmen und für die Schaffung der sonstigen Bebauungsvoraussetzungen.

(4) Beim Abschluß und bei der inhaltlichen Gestaltung von Vereinbarungen ist die Gleichbehandlung der in Betracht kommenden Vertragspartner der Gemeinden zu wahren. Eine unterschiedliche Behandlung von Vertragspartnern darf ihre Grundlage ausschließlich in unterschiedlichen tatsächlichen Verhältnissen, wie insbesondere der Größe oder der Lage der betroffenen Grundflächen, deren bisherige oder künftige Verwendung u. dgl., haben.

(5) Bei der inhaltlichen Gestaltung von Vereinbarungen sind die verfassungsgesetzlich gewährleisteten Rechte der Vertragspartner der Gemeinden zu wahren und deren wirtschaftliche Interessen den Interessen der örtlichen Raumplanung gegenüberzustellen und gegeneinander abzuwägen; bei der Festlegung der Leistungspflichten, zu deren Übernahme sich die Vertragspartner verpflichten, ist auf deren Verhältnismäßigkeit zu achten.

(6) Die Vereinbarungen sind unter der aufschiebenden Bedingung abzuschließen, daß sie erst wirksam werden dürfen, wenn die in Aussicht genommene Flächenwidmung hinsichtlich jener Grundflächen, auf die sich die Vereinbarung bezieht, rechtswirksam geworden ist. In der Vereinbarung ist ausdrücklich festzuhalten, daß ihr Abschluß keinen Rechtsanspruch auf die Erlassung oder Änderung des Flächenwidmungsplanes begründet.

(7) In den Vereinbarungen ist die Erfüllung der Leistungspflichten, zu denen sich die Vertragspartner der Gemeinden verpflichten, durch geeignete Sicherungsmittel zu gewährleisten. Als Sicherungsmittel dürfen nur solche vorgesehen werden, die im Hinblick auf die mit der Vereinbarung verfolgten Interessen der örtlichen Raumplanung geeignet, erforderlich und verhältnismäßig sind. Insbesondere kommen als Sicherungsmittel die Vereinbarung einer Konventionalstrafe, die Bestellung einer Kaution oder Hypothek, die Einräumung eines Optionsrechtes oder die Übernahme einer Bürgschaft durch einen Dritten in Betracht. Bei der Auswahl und bei der inhaltlichen Gestaltung der Sicherungsmittel gilt Abs. 5 sinngemäß.

(8) In den Vereinbarungen ist für den Fall der Weitergabe jener Grundflächen, auf die sich die Vereinbarungen beziehen, durch die Vertragspartner der Gemeinden an Dritte sicherzustellen, daß die von den Vertragspartnern übernommenen Leistungspflichten auf deren Rechtsnachfolger überbunden werden. Als Rechtsnachfolger gelten dabei insbesondere auch Dritte, die an den vereinbarungsgegenständlichen Grundflächen längerfristige Nutzungsrechte, wie Bau- oder Bestandsrechte, erwerben.

(9) Die Inhalte der Vereinbarungen sind schriftlich festzuhalten. Sie haben jedenfalls zu beinhalten:
a) die Bezeichnung der Vertragspartner;
b) die Bezeichnung der Grundflächen, auf die sich die Vereinbarungen beziehen, ihr Flächenausmaß und ihre gegenwärtige Widmung;
c) die in Aussicht genommene Widmung der Grundflächen, auf die sich die Vereinbarungen beziehen;
d) die Festlegung der Leistungspflichten, zu deren Übernahme sich die Vertragspartner der Gemeinden verpflichten;
e) die Fristen, innerhalb derer die vereinbarungsgemäßen Leistungspflichten zu erbringen sind;
f) die Mittel zur Sicherstellung der Erfüllung der vereinbarungsgemäßen Leistungspflichten;
g) die Regelung der Tragung der mit dem Abschluß der Vereinbarungen verbundenen Kosten;
h) die aufschiebende Bedingung für das Wirksamwerden der Vereinbarung (Abs. 6).

§ 2 Sicherstellung der widmungsgemäßen Verwendung

(1) Die Gemeinden sind ermächtigt, vor einer Neufestlegung von Grundflächen als Bauland mit dem Grundeigentümer eine Vereinbarung nach § 1 Abs. 3 lit. a zur Sicherstellung einer widmungsgemäßen Verwendung der von der in Aussicht genommenen Widmung erfaßten Grundflächen abzuschließen, wenn dies zur Erreichung der im örtlichen Entwicklungskonzept festgelegten Ziele der örtlichen Raumplanung, insbesondere im Interesse einer geordneten Siedlungsentwicklung, oder zur Sicherstellung einer bestimmten zeitlichen Abfolge der Bebauung erforderlich ist.

(2) In einer Vereinbarung nach Abs. 1 ist vorzusehen, daß die Grundflächen, auf die sich die Vereinbarung bezieht, innerhalb einer angemessenen Frist einer widmungsgemäßen Bebauung zuzuführen sind. Diese Frist darf zehn Jahre ab Wirksamwerden der in Aussicht genommenen Widmung nicht übersteigen. Eine widmungsgemäße Bebauung ist gegeben, wenn das Bauvorhaben vollendet worden ist.

(3) Bei der Bemessung der Frist ist insbesondere auf notwendige Aufwendungen zur Baureifmachung, Art und Umfang der künftigen Bebauung sowie die Zeit zur Erwirkung der erforderlichen behördlichen Genehmigungen Bedacht zu nehmen. In der Vereinbarung ist vorzusehen, daß bei Vorliegen berücksichtigungswürdiger Gründe eine angemessene Verlängerung der Frist zur widmungsgemäßen Bebauung zu gewähren ist.

(4) Die Erfüllung der sich aus der Vereinbarung ergebenden Verpflichtung darf für den Fall, daß diese Grundflächen nicht oder nicht rechtzeitig vereinbarungsgemäß bebaut werden, im Einvernehmen mit dem Grundeigentümer sichergestellt werden durch:
a) Vereinbarung einer Konventionalstrafe;
b) Bestellung einer Kaution;
c) Bestellung einer Hypothek;
d) Einräumung eines Optionsrechtes.

(5) Neben einer Vereinbarung nach Abs. 1 ist der Abschluß einer Vereinbarung nach § 3 nicht zulässig.

§ 3 Sicherstellung der Verfügbarkeit von Grundflächen

(1) Die Gemeinde darf auf Angebot des Grundeigentümers eine Vereinbarung nach § 1 Abs. 3 lit. b abschließen, wenn
a) dies zur Deckung des im örtlichen Entwicklungskonzept unter Berücksichtigung der angestrebten Bevölkerungs-, Siedlungs- und Wirtschaftsentwicklung erhobenen Baulandbedarfes erforderlich ist,
b) geeignete Grundflächen aus den in der Bauflächenbilanz ausgewiesenen Baulandreserven zu angemessenen Preisen nicht ausreichend verfügbar sind. Bei der Gestaltung der Vereinbarung ist insbesondere bei verhältnismäßig kleinen, das Flächenausmaß von 3000 m² nicht übersteigenden Grundflä-

chen auf einen geltend gemachten Eigenbedarf des Grundeigentümers angemessen Rücksicht zu nehmen.

(2) Die Sicherstellung der Verfügbarkeit von geeigneten Grundflächen hat durch deren Erwerb durch die Gemeinde oder durch sonstige rechtsgeschäftliche Vereinbarungen der Gemeinde mit Grundeigentümern von zu sichernden Grundflächen, wie insbesondere Baurechtsverträge, Optionsverträge oder Bestandsverträge, zu erfolgen.

(3) In der Vereinbarung ist ein angemessenes Entgelt für die Zurverfügungstellung der Grundflächen festzulegen. Wird in der Vereinbarung die Veräußerung dieser Grundflächen an die Gemeinde oder einen von ihr namhaft gemachten Dritten vorgesehen, darf der zu vereinbarende Kaufpreis die Hälfte des ortsüblichen Preises von gleichwertigen Baugrundstücken in vergleichbarer Lage nicht unterschreiten. In der Vereinbarung ist vorzusehen, daß der Kaufpreis in seinem Wert gesichert wird; als Grundlage für die Feststellung von Geldwertänderungen ist der vom Österreichischen Statistischen Zentralamt verlautbarte Verbraucherpreisindex 1986 oder dessen vergleichbarer Nachfolgeindex heranzuziehen.

(4) Für den Fall der Weitergabe dieser Grundflächen innerhalb von zehn Jahren ist sicherzustellen, daß dies höchstens zum vereinbarten Entgelt (Abs. 3) einschließlich allfälliger Aufwendungen erfolgt. Die Sicherstellung hat durch eine auf die Rechtsnachfolger zu überbindende Vereinbarung einer Konventionalstrafe in der Höhe des dieses Entgelt übersteigenden Mehrerlöses zugunsten des Grundeigentümers, der diese Grundflächen zur Verfügung gestellt hat, zu erfolgen.

(5) In der Vereinbarung ist vorzusehen, daß auf Verlangen des Grundeigentümers die Vereinbarung nach Abs. 1 rückabzuwickeln ist, wenn durch die Gemeinde innerhalb von zehn Jahren nach Wirksamkeit der in Aussicht genommenen Widmung nicht mit einer widmungsgemäßen Bebauung der von der Vereinbarung erfaßten Grundflächen begonnen worden oder eine Weitergabe zum Zweck einer widmungsgemäßen Bebauung dieser Grundflächen nicht erfolgt ist.

§ 4 Beteiligung des Grundeigentümers an Aufschließungskosten

(1) Durch eine Vereinbarung nach § 1 Abs. 3 lit. c darf eine Begründung von Leistungspflichten nur hinsichtlich der Kosten für Aufschließungsmaßnahmen, wie insbesondere für die Errichtung einer der vorgesehenen Verwendung der Grundflächen entsprechenden Abwasserversorgung, Wasserversorgung oder verkehrsmäßigen Erschließung, und für die Schaffung der sonstigen Bebauungsvoraussetzungen, deren Kosten nicht bereits durch gesetzliche Beiträge und Gebühren abgedeckt sind, erfolgen.

(2) In der Vereinbarung sind jedenfalls Art und Umfang der Leistungspflichten des Grundeigentümers und der Gemeinde sowie die Fristen, innerhalb derer die vereinbarungsgemäßen Leistungspflichten zu erbringen sind, festzulegen. Dabei ist ein angemessener Ausgleich zwischen den Interessen der Gemeinde an der größtmöglichen Wirtschaftlichkeit der zu schaffenden Aufschließung von Baugrundstücken und den wirtschaftlichen Interessen des Grundeigentümers anzustreben.

(3) In der Vereinbarung ist die Erfüllung der vereinbarungsgemäßen Leistungsverpflichtungen sicherzustellen. Die Sicherstellung darf erfolgen durch
a) Bestellung einer Kaution,
b) Bestellung einer Hypothek oder
c) Übernahme einer Bürgschaft durch einen Dritten.

(4) Neben einer Vereinbarung nach Abs. 1 ist der Abschluß einer Vereinbarung nach § 3 nicht zulässig.

10.4. Planzeichenverordnung für Teilbebauungspläne

LGBl 1998/29

Inhaltsverzeichnis

§ 1 Plangrundlage
§ 2 Zeichnerische Darstellung
§ 3 Änderung eines Teilbebauungsplanes
§ 4 Schlußbestimmungen

Anlage

Aufgrund des § 25 Abs. 8 des Gemeindeplanungsgesetzes 1995, LGBl. Nr. 23, in der Fassung des Gesetzes LGBl. Nr. 134/1997, wird verordnet:

§ 1 Plangrundlage

(1) Als Plangrundlage für Teilbebauungspläne sind ausreichend lichtechte Reproduktionen der Katastermappen in den Maßstäben 1:200, 1:500 oder 1:1000 zu verwenden.

(2) Die Plangrundlage hat mindestens die Größe des Formates A4 (297 mm x 210 mm) aufzuweisen; größere Pläne müssen auf das Format A4 faltbar sein.

§ 2 Zeichnerische Darstellung

(1) Für die zeichnerische Darstellung der Teilbebauungspläne sind die in der Anlage enthaltenen Planzeichen zu verwenden. Sind Darstellungen oder Festlegungen erforderlich, für die in der Anlage keine Planzeichen vorgesehen sind, dürfen ergänzende Planzeichen verwendet werden, wenn diese in der Legende (Abs. 3 lit. e) mit ausreichender Klarheit beschrieben sind. Darüber hinaus ist ein beschreibender Wortlaut im Verordnungstext zulässig, wenn dies zum Verständnis des Norminhaltes erforderlich ist.

(2) Die Eintragung der Planzeichen in die Plangrundlage ist ausreichend lichtecht und derart durchzuführen, daß sie nicht ohne sichtbare Spuren abgeändert werden kann und die Erkennbarkeit der Grundstücksgrenzen sowie die Lesbarkeit der Grundstücksnummern nicht wesentlich beeinträchtigt werden.

(3) Die zeichnerische Darstellung hat neben den Planzeichen nach Abs. 1 folgende Angaben zu enthalten:
a) Bezeichnung der Gemeinde;
b) Kurzbezeichnung des räumlichen Geltungsbereiches;
c) Maßstab der zeichnerischen Darstellung;
d) Nordrichtung;
e) Legende der verwendeten Planzeichen;
f) Vermerk über den Beschluß des Gemeinderates;
g) Genehmigungsvermerk der zuständigen Behörde gemäß § 26 Abs. 2 und 3 des Gemeindeplanungsgesetzes 1995;
h) Unterschrift, Siegel und fortlaufende Geschäftszahl des Planverfassers, wenn der Teilbebauungsplan nicht amtlich erstellt worden ist.

(4) Bei der zeichnerischen Darstellung der im Teilbebauungsplan festzulegenden Bebauungsbedingungen mittels automationsunterstützter Datenverarbeitung dürfen die verwendeten Planzeichen von jenen in der Anlage festgelegten nur insoweit abweichen, als dies technisch unumgänglich ist.

§ 3 Änderung eines Teilbebauungsplanes

(1) Werden die in einem Teilbebauungsplan festgelegten Bebauungsbedingungen, die unter Verwendung der in der Anlage enthaltenen Planzeichen zeichnerisch dargestellt sind, geändert, ist die zeichnerische Darstellung zur Gänze neu anzufertigen. Für die Änderung des Teilbebauungsplanes gelten die Bestimmungen der §§ 1 und 2 sinngemäß.

(2) In zeichnerischen Darstellungen von rechtswirksamen Teilbebauungsplänen dürfen keine nachträglichen Veränderungen vorgenommen werden.

§ 4 Schlußbestimmungen

(1) Diese Verordnung tritt mit dem der Kundmachung folgenden Monatsersten in Kraft.

(2) Die Bestimmungen dieser Verordnung sind auf Teilbebauungspläne, die bereits vor dem Inkrafttreten dieser Verordnung erlassen worden sind, nicht anzuwenden, wenn die Legende zu den in der zeichnerischen Darstellung verwendeten Planzeichen mit hinreichender Deutlichkeit Auskunft über die festgelegten Bebauungsbedingungen gibt. Teilbebauungspläne, bei denen diese Voraussetzung nicht zutrifft, sind bis 1. Jänner 2001 an die Bestimmungen dieser Verordnung anzupassen.

(3) Im Zeitpunkt des Inkrafttretens dieser Verordnung bereits eingeleitete Verfahren zur Erlassung oder Änderung von Teilbebauungsplänen sind entsprechend dem jeweiligen Verfahrensstand nach der durch diese Verordnung geänderten Rechtslage weiterzuführen.

(4) Die Genehmigung von Teilbebauungsplänen, die vom Gemeinderat bereits vor dem Inkrafttreten dieser Verordnung beschlossen worden sind, hat nach der zum Zeitpunkt der Beschlußfassung geltenden Rechtslage zu erfolgen.

(5) Für die Änderung von Teilbebauungsplänen, auf die Abs. 2 Anwendung findet, gilt § 3 sinngemäß.

10.4. Planzeichenverordnung für Teilbebauungspläne **Anlage**

Anlage

Planzeichen für Teilbebauungspläne

1. Grenze des Planungsraumes   o o o   o o o   o o o   schwarz lt. Darstellung

2. Grenze zwischen unterschiedlichen Bebauungsbedingungen; Grenze zwischen unterschiedlichen Bebauungszonen   ①②   Linie schwarz 0,5 mm lt. Darstellung (gegebenenfalls mit Numerierung der Bebauungszonen zur Angabe der zeitlichen Abfolge der Bebauung)

3. Grundstücksgrenze   Linie schwarz 0,25 mm

4. Begrenzung der Baugrundstücke (wenn abweichend von 3.)   Linie schwarz 0,35 mm strichliert

5. Mindestgröße der Baugrundstücke   **500 m^2**   Angabe in der Nutzungsschablone in Quadratmeter

6. Baulinie   Linie schwarz 0,7 mm strichpunktiert

7. Baulinie mit Anbaupflicht   Linie schwarz 0,7 mm

8. Gestaffelte Baulinien nach Geschoßebenen   II 4.0   I 5.0   6.0 STRASSE   z. B. Erdgeschoß mit Anbauverpflichtung im Abstand von 5 Meter zur Straße, 1. Obergeschoß um 4 Meter zurückversetzt

9. Geschoßflächenzahl	**GFZ**	Angabe in der Nutzungsschablone als Dezimalzahl
	GFZ 0.3	Höchstwert
	GFZ 0.3−0.5	Mindest- und Höchstwert
10. Baumassenzahl	**BMZ**	Angabe in der Nutzungsschablone als Dezimalzahl
	BMZ 2.0	Höchstwert
	BMZ 2.0−2.5	Mindest- und Höchstwert
11. Geschoßanzahl (Anzahl der oberirdischen Vollgeschosse)		Angabe in der Nutzungsschablone in römischen Ziffern
	III	Höchstanzahl
	II−IV	Mindest- und Höchstanzahl
	(II)	Zwingende Geschoßanzahl
12. Firsthöhe	**FH**	Angabe in der Nutzungsschablone in Meter
	FH 5.0	Höchsthöhe
	FH 5.0−7.0	Mindest- und Höchsthöhe
	FH = 5.0	Zwingende Höhe
13. Traufenhöhe	**TH**	Angabe in der Nutzungsschablone in Meter
	TH 5.0	Höchsthöhe
	TH 5.0−7.0	Mindest- und Höchsthöhe
	TH = 5.0	Zwingende Höhe
14. Geländehöhe, Bezugspunkt	✦ **450.0 NN**	Symbol lt. Darstellung, Angabe der Meereshöhe in Meter
15. Erdgeschoßfußbodenoberkante	**I + 0.8**	relative Höhenangabe
	I 450.8 NN	Angabe in Meereshöhe
16. Bebauungsweise		Angabe in der Nutzungsschablone
	g	… geschlossene Bebauung
	o	… offene Bebauung
	h	… halboffene Bebauung
	b	… besondere Bebauung
	▶◀	… zwingender Zusammenschluß bei halboffener Bebauung

10.4. Planzeichenverordnung für Teilbebauungspläne — **Anlage**

17. Art der Nutzung von Gebäuden (Anteil in Prozent der Bruttogesamtgeschoßfläche)	Angabe in der Nutzungsschablone, z. B.:
W 60% – 80%	... Mindest- und Höchstanteil Wohnnutzung
T > 60%	... Mindestanteil touristische Nutzung
⊠	... Ausschluß einer gewerblichen Nutzung
D	... Dienstleistungsnutzung
18. Dachform	Angabe in der Nutzungsschablone, z. B.:
FD	... Flachdach
TD	... Tonnendach
SD	... Satteldach
WD	... Walmdach
PD	... Pultdach
19. Dachneigung (Gradangabe)	**DN 35°** Angabe in der Nutzungsschablone
	DN 35° – 45°

20. Firstrichtung mit oder ohne Angabe der Dachneigung und der Dachform

Linie schwarz 0,7 mm mit Pfeilsymbol lt. Darstellung

21. Begrenzung von Straßen mit Angabe der Breite in Meter und mit Straßenbezeichnung (beim Zusammenfallen von Straßenbegrenzungslinie und Baulinie ist die Baulinie darzustellen)

Linie schwarz 0,35 mm, Angabe der Breite lt. Darstellung, gegebenenfalls Bezeichnung als:
RW = selbständiger Radweg
FW = selbständiger Fußweg

22. Fläche für den ruhenden Verkehr mit Angabe der Stellplätze

Begrenzungslinie schwarz 0,25 mm strichliert mit Signatur lt. Darstellung, z. B.:
P = Parkplatz
G = Garage
PD = Parkdeck
TG = Tiefgarage

23. Durchfahrt, Durchgang unter Überbauung

Begrenzungslinie des Durchgangsbereiches schwarz 0,25 mm strichliert mit Punktsignatur lt. Darstellung und Angabe der lichten Höhe in Meter

1637

Anlage 10. Kärntner Gemeindeplanungsgesetz 1995 – K-GplG 1995

24. Spielplätze, Gemeinschaftseinrichtungen gegebenenfalls mit Flächenbegrenzung

Begrenzungslinie schwarz 0,35 mm punktiert mit Signatur lt. Darstellung, z. B.:
SP = Spielplatz
A = Abfallbehälter, Altstoffcontainer

25. Bepflanzungsgebot, Erhaltungsgebot von Grünbeständen (Einzelbaum, Baumgruppen)

Randlinie schwarz 0,35 mm mit Symbol lt. Darstellung

26. Einfriedungsgebot

Linie schwarz 0,35 mm mit Symbolen lt. Darstellung

27. Einfriedungsverbot

Linie schwarz 0,35 mm mit Symbolen lt. Darstellung

28. Böschung

schwarz 0,25 mm lt. Darstellung

29. Nutzungsschablone für einheitliche Bebauungsbedingungen

Mindestgröße der Baugrundstücke	Bebauungsweise
Geschoßflächenzahl oder Baumassenzahl	Geschoßanzahl oder sonstige Höhenangabe
Dachform und Dachneigung	Art der Nutzung

Rahmen schwarz 0,25 mm, Größe nach Erfordernis

30. Verweis auf den Wortlaut der Verordnung

Angabe in der Nutzungsschablone oder in der Legende zur zeichnerischen Darstellung

10.5. Orts- und Stadtkern-Verordnung – K-OSKV

LGBl 2003/44

Gemäß § 9a des Kärntner Gemeindeplanungsgesetzes 1995, LGBl. Nr. 23, zuletzt geändert durch das Gesetz LGBl. Nr. 71/2002, wird verordnet:

§ 1

(1) Die Festlegung von Orts- oder Stadtkernen hat in folgenden Schritten zu erfolgen:
a) Bestimmung des historisch gewachsenen Ortsmittelpunktes;
b) Analyse der Nutzungsstruktur sowie der städtebaulichen Gegebenheiten im Umfeld des Ortsmittelpunktes;
c) Bestimmung der äußeren Grenze des Orts- oder Stadtkernes;
d) Festlegung der Umfassungslinie des Orts- oder Stadtkernes.

(2) Der historisch gewachsene Ortsmittelpunkt ist das traditionelle Geschäftszentrum mit Marktplatzfunktion im historischen Zentrum des dicht bebauten Siedlungskernes.

(3) Die Nutzungsstruktur ist durch Kartierung der bestehenden Gebäudenutzungen – beschränkt auf die Nutzungen im Erdgeschoss – ausgehend vom Ortsmittelpunkt in sämtlichen anschließenden räumlichen Bereichen, die eine typische innerörtliche oder innerstädtische Nutzungsvielfalt und -dichte aufweisen, zu erheben. Dabei sind Wohngebäude, Gebäude für Handels- und Dienstleistungsbetriebe, Geschäfts-, Büro- und Verwaltungsgebäude, Gebäude für Gast- und Beherbergungsbetriebe, Versammlungs-, Vergnügungs- und Veranstaltungsstätten sowie sonstige Gebäude, die der Deckung örtlicher und überörtlicher wirtschaftlicher, sozialer und kultureller Bedürfnisse der Bevölkerung dienen, zu berücksichtigen.

(4) Die städtebaulichen und stadtgestalterischen Gegebenheiten sind – ausgehend vom Ortsmittelpunkt, dem Stadtgrundriss und der fußläufigen Erreichbarkeit – nach der Art und der Dichte der Bebauung sowie dem historisch gewachsenen Orts- oder Stadtbild zu beurteilen. Dabei sind vorrangig Bereiche mit zusammenhängender, mehrgeschossiger Bebauung und historischen Gebäuden, Plätzen und Ensembles sowie mit zentrentypischer Gestaltung und Nutzungsvielfalt zu berücksichtigen.

(5) Die äußere Grenze des Orts- oder Stadtkernes ergibt sich aus der deutlichen Abnahme der innerörtlichen oder innerstädtischen Nutzungsvielfalt und -dichte sowie dem Übergang zu einer aufgelockerten und für das historisch gewachsene Orts- oder Stadtbild nicht mehr charakteristischen Bebauung unter gleichzeitiger Bedachtnahme auf topographische Gegebenheiten sowie städtebauliche und natürliche Zäsuren, wie insbesondere deutliche Niveauunterschiede, breite Verkehrstrassen, Flüsse, Gewässer, Grünzonen und sonstige Gegebenheiten, die eine räumliche Trenn- oder Barrierewirkung entfalten.

(6) Die Umfassungslinie ist die äußere Begrenzung des Orts- oder Stadtkernes. Sie ist auf der Grundlage der Katastermappe parzellenscharf festzulegen. Die Umfassungslinie hat vorrangig vorhandenen Straßenzügen oder anderen räumlichen Zäsuren zu folgen. Dabei ist auf eine Vermeidung der Durchschneidung von bestehenden Gebäuden und Grundstücken Bedacht zu nehmen.

§ 2

Die Festlegung eines Orts- oder Stadtkernes im Flächenwidmungsplan bedarf der Genehmigung durch die Kärntner Landesregierung und tritt mit Ablauf des Tages der Kundmachung der Genehmigung in der „Kärntner Landeszeitung" in Kraft. Die Bestimmungen der §§ 13 bis 15 des Kärntner Gemeindeplanungsgesetzes 1995 gelten sinngemäß.

§ 3

Die Oberzentren Klagenfurt und Villach haben eine Festlegung innerstädtischer Gebiete als Orts- oder Stadtkerne bis zum 31. Mai 2005 zu treffen.

11. Kärntner Umweltplanungsgesetz – K-UPG

LGBl 2004/52, LGBl 2005/89, LGBl 2007/24, LGBl 2016/24

Inhaltsverzeichnis

1. Abschnitt – Allgemeine Bestimmungen
§ 1   Gegenstand
§ 2   Begriffsbestimmungen
§ 3   Pläne und Programme
§ 4   Örtliche Raumplanung
§ 5   Landwirtschaft, Jagd und Fischerei
§ 6   Wasserversorgung und -entsorgung
§ 6a Umgebungslärm

2. Abschnitt – Bestimmungen über das Verfahren
§ 7   Umweltbericht
§ 8   Konsultationsverfahren
§ 9   Grenzüberschreitende Konsultationen
§ 10 Entscheidungsfindung
§ 11 Bekanntgabe der Entscheidung
§ 12 Überwachung

3. Abschnitt – Schlussbestimmungen
§ 13 Eigener Wirkungsbereich der Gemeinde
§ 14 Landesgesetze
§ 15 In-Kraft-Treten
§ 16 Umsetzungshinweis

Anlage

ErlRV 01-VD-LG-1729/8-2016, 1 und 5 (zu LGBl 2016/24):

„1. Änderungsbedarf

Das Kärntner Gemeindeplanungsgesetz 1995 – K-GplG 1995, LGBl. Nr. 23/1995 idF LGBl. Nr. 85/2013, das Kärntner Raumordnungsgesetz – K-ROG, LGBl. Nr. 76/1969 idF LGBl. Nr. 136/2001, und das Kärntner Umweltplanungsgesetz – K-UPG, LGBl. Nr. 52/2004 idF LGBl. Nr. 24/2007, bedürfen aufgrund der Richtlinie 2012/18/EU des Europäischen Parlaments und des Rates vom 4. Juli 2012 zur Beherrschung der Gefahren schwerer Unfälle mit gefährlichen Stoffen, zur Änderung und anschließenden Aufhebung der Richtlinie 96/82/EG des Rates, ABl. Nr. L 197 vom 24.7.2012, S 1 („Seveso-III Richtlinie"), einer Anpassung. Die aufgrund der Richtlinie 2012/18/EU erforderlichen Anpassungen werden wegen ihrer Dringlichkeit weiteren, in Aussicht genommenen umfangreichen Änderungen des Kärntner Gemeindeplanungsgesetzes 1995 und des Kärntner Raumordnungsgesetzes vorgezogen. Die Frist für die Umsetzung der Richtlinie 2012/18/EU endete nach ihrem Art. 31 mit 31. Mai 2015. Im gegenständlichen Zusammenhang ist allerdings darauf hinzuweisen, dass die durch den vorliegenden Gesetzesentwurf intendierten Anpassungen an die Richtlinie 2012/18/EU die Umsetzung in den bezughabenden Materiengesetzen, insbesondere dem Kärntner Seveso-Betriebegesetz 2015 und der Gewerbeordnung 1994, nur aus raumordnungsrechtlicher Sicht zu ergänzen bezwecken.

2. Kompetenzrechtliche Grundlagen

Der vorliegende Gesetzesentwurf stützt sich auf Art. 15 Abs. 1 B-VG.

3. Besondere Anhörungsrechte

Vor Beschlussfassung des Gesetzesentwurfs ist die Bestimmung des § 8 Abs. 2 K-ROG zu beachten. Hiernach *ist der Raumordnungsbeirat* von der Landesregierung *in Angelegenheiten der Raumordnung*, insbesondere vor der Aufstellung von überörtlichen Entwicklungsprogrammen, *zu hören*.

4. Besonderheiten des Gesetzgebungsverfahrens

Keine.

[...]

Unionsrecht

Der vorliegende Gesetzesentwurf dient der Umsetzung der Richtlinie 2012/18/EU des Europäischen Parlaments und des Rates vom 4. Juli 2012 zur Beherrschung der Gefahren schwerer Unfälle mit gefährlichen Stoffen, zur Änderung und anschließenden Aufhebung der Richtlinie 96/82/EG des Rates, ABl. Nr. L 197 vom 24.7.2012, S 1 („Seveso-III-Richtlinie")."

1. Abschnitt – Allgemeine Bestimmungen

§ 1 Gegenstand

(1) Dieses Gesetz regelt
a) die Umweltprüfung, um bei der Ausarbeitung bestimmter Pläne und Programme, die voraussichtlich erhebliche Umweltauswirkungen haben, ein hohes Umweltschutzniveau sicherzustellen und Umwelterwägungen in die Entscheidungsfindung einzubeziehen, und
b) die Öffentlichkeitsbeteiligung im Zusammenhang mit der Ausarbeitung bestimmter umweltbezogener Pläne und Programme.

(2) Die Bedingungen zur Erzeugung von Plänen und Programmen sowie zu deren Änderung, die in den einzelnen Verwaltungsvorschriften jeweils vorgesehen sind, bleiben durch die Bestimmungen dieses Gesetzes unberührt.

§ 2 Begriffsbestimmungen

In diesem Gesetz bedeuten die Ausdrücke:
a) "Planungsbehörde": das zur Erlassung des Plans oder Programms nach den Verwaltungsvorschriften jeweils zuständige Organ;
b) "öffentliche Umweltstellen": die für fachliche Angelegenheiten des Umweltschutzes und des Naturschutzes jeweils zuständige Abteilung des Amtes der Kärntner Landesregierung und, soweit der Plan oder das Programm inhaltlich ein Europaschutzgebiet betreffen kann, der Naturschutzbeirat (§ 24a und § 61 Abs. 1 des Kärntner Naturschutzgesetzes 2002 – K-NSG 2002);

c) "UVP-Vorhaben": Vorhaben gemäß § 2 Abs. 2 und § 3 Abs. 1 in Verbindung mit Anhang 1 des Umweltverträglichkeitsprüfungsgesetzes 2000 (UVP-G 2000), BGBl. Nr. 697/1993, zuletzt geändert durch BGBl. I Nr. 14/2005;
d) "Natura-2000-Gebiet": ein Gebiet im Sinn der Richtlinie 92/43/EWG des Rates vom 21. Mai 1992 zur Erhaltung der natürlichen Lebensräume sowie der wildlebenden Tiere und Pflanzen, ABl Nr L 206 vom 22. Juli 1992, S. 7, geändert durch ABl. Nr. L 305 vom 8. November 1997, S. 42;
e) "sonstige erhebliche Umweltauswirkungen": Auswirkungen bestimmter Maßnahmen der örtlichen Raumplanung (§ 4 Abs. 1 lit. c), die im Einzelfall gemäß den Kriterien der Anlage zu diesem Gesetz zu bestimmen sind.

ErlRV -2V-LG-936/13-2005, 1 (zu LGBl 2005/89):

„Im Hinblick auf die letzte Novelle zum Umweltverträglichkeitsprüfungsgesetz 2000, BGBl. I Nr. 14/2005, wird in der Legaldefinition des § 2 lit. c des Kärntner Umweltplanungsgesetzes das Zitat der Fundstelle angepasst."

§ 3 Pläne und Programme

Dem 2. Abschnitt unterliegen Entwürfe, deren Inhalt auf die Erlassung oder Änderung eines der nachstehend bezeichneten Pläne und Programme gerichtet ist, soweit die §§ 4 bis 6a nichts anderes bestimmen:
a) überörtliches Entwicklungsprogramm nach § 3 des Kärntner Raumordnungsgesetzes (K-ROG) oder nach § 10 des Kärntner Gemeindeplanungsgesetzes 1995 (K-GplG 1995);
b) örtliches Entwicklungskonzept nach § 2 K-GplG 1995;
c) Flächenwidmungsplan nach § 1 K-GplG 1995, mit Ausnahme der Festlegung als Orts- oder Stadtkern (§ 9a K-GplG 1995);
d) Bebauungsplan nach § 24 K-GplG 1995;
e) integrierte Flächenwidmungs- und Bebauungsplanung nach § 31a K-GplG 1995;
f) Abfallwirtschaftskonzept des Landes nach § 4 der Kärntner Abfallwirtschaftsordnung 2004 (K-AWO);

1. Abschnitt – Allgemeine Bestimmungen   § 3

g) überörtliche Planung betreffend öffentliche Abfallbehandlungsanlagen nach § 36 Abs. 1 K-AWO;
h) Agrarischer Leitplan nach § 7 des Kärntner Landwirtschaftsgesetzes (K-LWG);
i) Wildökologischer Raumplan nach § 55a des Kärntner Jagdgesetzes 2000 (K-JG);
j) Verordnung über Richtlinien für die Abschussplanung (Abschussrichtlinien) sowie über Grundsätze, die bei der Erfüllung des Abschussplanes einzuhalten sind, nach § 56 K-JG;
k) Verordnung über Schonzeiten und Mindestfangmaße (Brittelmaße) nach § 34 Abs. 1 des Kärntner Fischereigesetzes (K-FG);
l) Verordnung zum Schutz der Wassertiere vor freilebenden Tieren nach § 47 Abs. 2 K-FG;
m) Verordnung über den Kanalisationsbereich nach § 2 des Gemeindekanalisationsgesetzes 1999 (K-GKG);
n) Verordnung über den Versorgungsbereich nach § 2 des Gemeindewasserversorgungsgesetzes 1997 (K-GWVG);
o) Aktionsplan gegen Straßenlärm nach § 62e Abs. 1 oder 2 des Kärntner Straßengesetzes 1991 (K-StrG);
p) Aktionsplan für Ballungsräume nach § 9a des Kärntner IPPC-Anlagengesetzes (K-IPPC-AG).

Anm: Siehe auch die Erläuterungen zu § 6a.

ErlRV -2V-LG-936/13-2005, 2 (zu LGBl 2005/89):

„Der Katalog der grundsätzlich dem Kärntner Umweltplanungsgesetz unterliegenden Pläne und Programme wird um zwei Literae erweitert. Damit werden die EU-rechtlich geforderten Aktionspläne im Zusammenhang mit der Bekämpfung von Umgebungslärm aufgenommen, deren Regelungen im Bereich der Landeszuständigkeiten im Kärntner Straßengesetz 1991 und im Kärntner IPPC-Anlagengesetz erfolgen soll. Überdies hat der Einleitungssatz des § 3 K-UPG die mit Z 3 des Entwurfes vorgesehenen Sonderregeln zum 2. Abschnitt des K-UPG zu berücksichtigen."

§ 4 Örtliche Raumplanung

(1) Der 2. Abschnitt ist auf Entwürfe für Maßnahmen der örtlichen Raumplanung gemäß § 3 lit. c bis e nur soweit anzuwenden, als der Plan
  a) Grundlage für die künftige Genehmigung eines UVP-Vorhabens sein kann, sofern nicht der Gemeinderat einen Vorbehalt nach Abs. 3 erster Satz beschließt, oder
  b) voraussichtlich Auswirkungen auf ein Natura-2000-Gebiet hat, oder
  c) voraussichtlich sonstige erhebliche Umweltauswirkungen hat (Abs. 2), sofern er betrifft:
   1. die Festlegung als Bauland, es sei denn, dass durch dessen zulässige Nutzungen eine örtlich unzumutbare Umweltbelastung nicht in Betracht kommt (§ 3 Abs. 4 bis 8 K-GplG 1995), oder
   2. die gesonderte Festlegung einer Fläche im Grünland, wie etwa Festlegungen gemäß § 5 Abs. 2 lit. b, d, e, h, j und k K-GplG 1995 sowie gemäß § 5 Abs. 2 lit. l K-GplG 1995, soweit sie angemessene Sicherheitsabstände zwischen Sondergebieten für Betriebe, die in den Anwendungsbereich der Richtlinie 2012/18/EU fallen, und anderen Grundflächen und im Grünland gesondert festgelegten Gebieten im Sinne des § 3 Abs. 3 Satz 4 K-GplG 1995 zum Inhalt haben.

(2) Die Planungsbehörde hat anlässlich der Erarbeitung eines Entwurfs gemäß Abs. 1 lit. c die öffentlichen Umweltstellen anzuhören, ob der Plan voraussichtlich erhebliche Umweltauswirkungen hat. Die öffentlichen Umweltstellen haben sich hiezu ohne unnötigen Aufschub, spätestens jedoch binnen vier Wochen, unter Berücksichtigung der Kriterien der Anlage zu diesem Gesetz zu äußern. Die Stellungnahmen, einschließlich der Gründe für die Annahme, dass die Umweltauswirkungen voraussichtlich unerheblich sind, sind durch Veröffentlichung auf der Internetseite des Amtes der Kärntner Landesregierung bekanntzugeben.

(3) Der Gemeinderat darf in einem Plan gemäß Abs. 1 lit. a vorsehen, dass für die betreffende Grundfläche die spätere Durchführung eines Verfahrens nach dem 2. Abschnitt vorbehalten wird (Vorbehalt). Der Vorbehalt hat die Wirkung, dass eine ihm unterliegende Grundfläche nach landesgesetzlichen Vorschriften nicht für

1. Abschnitt – Allgemeine Bestimmungen § 4

UVP-Vorhaben bestimmt ist. Der Beschluss eines Vorbehalts setzt voraus, dass
  a) die spätere Durchführung eines Verfahrens nach dem 2. Abschnitt im Interesse der Raschheit, Einfachheit und Zweckmäßigkeit der Gemeindeplanung gelegen ist und
  b) bei der Landesregierung ein die Grundfläche betreffender Antrag auf Genehmigung eines UVP-Vorhabens nicht eingebracht worden ist.

Eine Grundfläche, die einem Vorbehalt nach dem ersten Satz unterliegt, ist im Fall der zeichnerischen Darstellung der Pläne gemäß § 3 lit. c bis e unter Verwendung eines besonderen Planzeichens (§ 1 Abs. 4 und § 25 Abs. 8 K-GplG 1995) unter Beifügung des Vermerks "Nicht für UVP-Vorhaben gem. K-UPG" auszuweisen; im Fall der textlichen Darstellung ist der Vorbehalt ausdrücklich festzulegen. Der Gemeinderat darf einen Vorbehalt nach dem ersten Satz erst nach Durchführung des Verfahrens gemäß dem 2. Abschnitt und unter Bedachtnahme auf die Ergebnisse dieses Verfahrens aufheben; Planzeichen und Vermerke in der zeichnerischen Darstellung eines Plans gemäß § 3 lit. c bis e sind durch Änderung dieses Plans zu löschen.

ErlRV 01-VD-LG-1729/8-2016, 4 (zu LGBl 2016/24):

„Zu Z 1 (§ 4 Abs. 1 lit. c Z 2)

Es erfolgt eine Erweiterung der demonstrativen Aufzählung des § 4 Abs. 1 lit. c Z 2 des Kärntner Umweltplanungsgesetzes. Nach dieser Bestimmung unterliegt die gesonderte Festlegung einer Fläche im Grünland dem 2. Abschnitt des K-UPG, wenn durch Planungsmaßnahmen mit sonstigen erheblichen Umweltauswirkungen iSd § 4 Abs. 2 K-UPG zu rechnen ist. Von der demonstrativen Aufzählung der gesonderten Festlegung von Flächen im Grünland sind derzeit die Errichtung von Gebäuden samt dazugehörigen sonstigen baulichen Anlagen für landwirtschaftliche Betriebe mit Intensivtierhaltung oder sonstige landwirtschaftliche Produktionsstätten industrieller Prägung, Sportanlagen, Campingplätze, Materialgewinnungsstätten und Materiallagerstätten, Abfallbehandlungsanlagen und Abfalllagerstätten sowie Sprengstofflager und Schießstätten erfasst. Diese Aufzählung soll um *Festlegungen von angemessenen Sicherheitsabständen* zwischen Sondergebieten für *Betriebe*, die in den Anwendungsbereich der *Richtlinie*

2012/18/EU fallen (Art. I § 5 Abs. 2 lit. l des Gesetzesentwurfs), und anderen Grundflächen im Bauland mit Ausnahme von Sondergebieten für Betriebe, die in den Anwendungsbereich der Richtlinie 2012/18/EU fallen (Abs. 10), Gewerbe- und Industriegebieten sowie Verkehrsflächen und im Grünland gesondert festgelegten Gebieten, die jeweils erfahrungsgemäß häufig von Menschen frequentiert werden (insbesondere Hauptverkehrswege und Erholungsgebiete), und sonstigen im Grünland gesondert festgelegten Gebieten, für die aufgrund von Bundes- oder Landesgesetzen unter dem Gesichtspunkt des Umwelt- und Naturschutzes Nutzungsbeschränkungen bestehen (zB Nationalparkgebiete, Naturschutzgebiete, Landschaftsschutzgebiete, wasserrechtlich besonders geschützte Gebiete und sonstige wasserwirtschaftliche Planungsgebiete und dergleichen), erweitert werden. Eine derartige Erweiterung des § 4 Abs. 1 lit. c Z 2 K-UPG erscheint aufgrund des Art. 13 der Richtlinie 2012/18/EU erforderlich, da nach dieser Bestimmung (wie im Übrigen bereits bisher nach Art. 12 Abs. 2 der Richtlinie 96/82/EG) die Mitgliedstaaten auch dafür zu sorgen haben, dass alle zuständigen Behörden und alle für Entscheidungen in diesem Bereich zuständigen Dienststellen geeignete Konsultationsverfahren einrichten, um die Umsetzung dieser Politik zu erleichtern, wobei diese Verfahren zu gewährleisten haben, dass bei diesbezüglichen Entscheidungen unter Berücksichtigung des Einzelfalls oder nach allgemeinen Kriterien die Betreiber genügend Informationen zu den vom Betrieb ausgehenden Risiken liefern und auf fachliche Beratung über die von dem Betrieb ausgehenden Risiken zurückgegriffen werden kann.

Es wird jedoch ausdrücklich darauf hingewiesen, dass es sich bei den in § 4 Abs. 1 lit. c Z 2 des Kärntner Umweltplanungsgesetzes enthaltenen Nennungen bestimmter Planungsmaßnahmen um keine taxative Aufzählung handelt. Sofern die in § 4 Abs. 2 K-UPG iVm den in der Anlage zum K-UPG festgelegten Kriterien für die Bestimmung der sonstigen erheblichen Umweltauswirkungen erfüllt sind, unterfallen daher auch andere Maßnahmen der örtlichen Raumplanung, wie beispielsweise die ebenfalls neu in das K-GplG 1995 aufgenommenen Festlegungen nach Art. I § 5 Abs. 2 lit. m und n des Gesetzesentwurfs, dem 2. Abschnitt des K-UPG."

§ 5 Landwirtschaft, Jagd und Fischerei

Dem 2. Abschnitt unterliegen Entwürfe gemäß § 3 lit. h bis l nur insoweit, als sich der Plan oder das Programm voraussichtlich auf ein Natura-2000-Gebiet auswirken kann. Ansonsten gelten § 8 (Konsultationsverfahren) und § 10 (Entscheidungsfindung) mit der Maßgabe, dass die Bestimmungen über den Umweltbericht und über grenzüberschreitende Konsultationen nicht anzuwenden sind.

§ 6 Wasserversorgung und -entsorgung

Dem 2. Abschnitt unterliegen Entwürfe gemäß § 3 lit. m und n nur insoweit, als sich der Plan voraussichtlich auf ein Natura-2000–Gebiet auswirken kann.

§ 6a Umgebungslärm

Für Entwürfe gemäß § 3 lit. o und p gelten § 8 (Konsultationsverfahren) und § 10 (Entscheidungsfindung) mit der Maßgabe, dass die Bestimmungen über den Umweltbericht und über grenzüberschreitende Konsultationen nicht anzuwenden sind; bei Aktionsplänen im Grenzgebiet gilt jedoch § 9 Abs. 3 für den Zweck der Zusammenarbeit mit benachbarten Mitgliedstaaten der Europäischen Union.

ErlRV -2V-LG-936/13-2005, 1 f (zu LGBl 2005/89):

„Die Richtlinie 2002/49/EG über die Bewertung und Bekämpfung von Umgebungslärm, ABl. Nr. L 189 vom 18. Juli 2002, S. 12, soll im Land Kärnten durch Novellen zum Kärntner Straßengesetz 1991 (K-StrG), zum Kärntner IPPC-Anlagengesetz (K-IPPC-AG), zum Kärntner Gemeindeplanungsgesetz 1995 (K-GPlG 1995) und zum Kärntner Umweltplanungsgesetz (K-UPG) umgesetzt werden.

Der vorliegende Entwurf dient der Umsetzung des Art. 8 Abs. 6 und 7 der Richtlinie 2002/49/EG. Die genannten Richtlinienbestimmungen haben die Zusammenarbeit benachbarter EU-Mitgliedsstaaten in Bezug auf Aktionspläne für Grenzgebiete sowie das Verfahren der Mitwirkung der Öffentlichkeit zum Gegenstand. Aus systematischen

Gründen und der Einheitlichkeit halber soll die Umsetzung der genannten Bestimmungen im Kärntner Umweltplanungsgesetz erfolgen (Vermeidung einer lex fugitiva); siehe hiezu den Hinweis in Art. I Z 4 (§ 62f Abs. 1) des Entwurfes eines Gesetzes, mit dem das Kärntner Straßengesetz 1991 geändert wird, und Art. I (§ 9a Abs. 3) des Kärntner IPPC-Anlagengesetzes.

...

Als Einschränkung des Anwendungsbereiches des Kärntner Umweltplanungsgesetzes wird in § 6a vorgesehen, dass grundsätzlich bloß die Bestimmungen über das Konsultationsverfahren und über die Entscheidungsfindung (§§ 8 und 10) anwendbar sind. Wegen der für Aktionspläne im Grenzbereich geforderten Zusammenarbeit mit benachbarten EU-Mitgliedsstaaten wird überdies § 9 Abs. 3 anwendbar gemacht, um das innerstaatliche Vorgehen im Verhältnis zum Ausland zu regeln.

Die materiellen Erfordernisse an Aktionspläne sowie die Information der Öffentlichkeit einschließlich einer Zusammenfassung über den Inhalt der Aktionspläne richten sich nach den Bestimmungen des Kärntner IPPC-Anlagengesetzes.

Der vorliegende Entwurf geht von der (vorläufigen) Annahme aus, dass die Bestimmungen über die Strategische Umweltprüfung (SUP), insbesondere über den Umweltbericht, auf die genannten Aktionspläne nicht anzuwenden sind. Dies deshalb, weil die – zeitlich erst nach der SUP-Richtlinie erlassene – Richtlinie 2002/49/EG eine (eingeschränkte) spezifische Zwecksetzung, nämlich die Bewertung und Bekämpfung von Umgebungslärm, verfolgt und hiezu eigene verfahrensrechtliche Bestimmungen enthält (siehe näher in Art. 8 der Richtlinie). Darin dürfte wohl eine lex specialis zur SUP-Richtlinie zu erblicken sein. Daher wird die Frage, ob auf die Aktionspläne gemäß der Richtlinie 2002/49/EG zusätzlich die SUP-Regelungen anzuwenden wären, bis zu einer allfälligen Klärung durch den EuGH vorerst verneint. Im Übrigen sollen Aktionspläne auch im Rahmen der Erlassung von Flächenwidmungsplänen beachtet werden (vgl. Art. I Z 1 des Entwurfes eines Gesetzes, mit dem das Kärntner Gemeindeplanungsgesetz 1995 geändert wird); freilich können Flächenwidmungspläne ihrerseits unter den Voraussetzungen des Kärntner Umweltplanungsgesetzes einer Umweltprüfung unterliegen."

2. Abschnitt – Bestimmungen über das Verfahren

§ 7 Umweltbericht

(1) Vor der Beschlussfassung über einen Plan oder ein Programm hat die Planungsbehörde über jeden Entwurf gemäß § 3 – vorbehaltlich der Einschränkungen des Anwendungsbereichs nach den §§ 4 bis 6 – einen Umweltbericht zu erstellen. Darin sind die voraussichtlichen erheblichen Auswirkungen, die die Anwendung des Plans oder Programms auf die Umwelt hat, sowie vernünftige Alternativen, die die Zielsetzungen und den geographischen Anwendungsbereich des Plans oder Programms berücksichtigen, zu ermitteln, zu beschreiben und zu bewerten.

(2) Der Umweltbericht hat jedenfalls die folgenden Angaben zu enthalten:

a) eine Kurzdarstellung des Inhalts und der wichtigsten Ziele des Plans oder Programms sowie der Beziehung zu anderen relevanten Plänen und Programmen;

b) die maßgeblichen Gesichtspunkte des derzeitigen Umweltzustands und dessen voraussichtliche Entwicklung bei Nichtdurchführung des Plans oder Programms;

c) die Umweltmerkmale der Gebiete, die voraussichtlich erheblich beeinflusst werden;

d) sämtliche Umweltprobleme, die derzeit für den Plan oder das Programm relevant sind, unter besonderer Berücksichtigung der Probleme, die sich auf Gebiete mit einer speziellen Umweltrelevanz beziehen (einschließlich der Natura-2000-Gebiete);

e) die auf internationaler, gemeinschaftlicher oder nationaler Ebene festgelegten Ziele des Umweltschutzes, die für den Plan oder das Programm von Bedeutung sind, und die Art, wie diese Ziele und alle Umwelterwägungen bei der Ausarbeitung des Plans oder Programms berücksichtigt wurden;

f) die voraussichtlichen erheblichen Umweltauswirkungen, einschließlich sekundärer, kumulativer, synergetischer, kurz-, mittel- und langfristiger, ständiger und vorübergehender, positiver und negativer Auswirkungen, unter Berücksichtigung insbesondere der Gesichtspunkte biologische Vielfalt, Bevölkerung, menschliche Gesundheit, Fauna, Flora, Boden, Wasser, Luft, klimatische Faktoren, Sachwerte, kulturelles

Erbe (einschließlich der architektonisch wertvollen Bauten und der archäologischen Schätze) und Landschaft sowie die Wechselbeziehung zwischen den genannten Faktoren;
g) die Maßnahmen, die geplant sind, um erhebliche negative Umweltauswirkungen auf Grund der Anwendung des Plans oder Programms zu verhindern, zu verringern und weitestmöglich auszugleichen;
h) eine Kurzdarstellung der Gründe für die Wahl der geprüften Alternativen und eine Beschreibung, wie die Umweltprüfung vorgenommen wurde, einschließlich etwaiger Schwierigkeiten bei der Zusammenstellung der erforderlichen Informationen (wie etwa technische Lücken oder fehlende Kenntnisse);
i) eine Beschreibung der geplanten Maßnahmen nach § 12;
j) eine allgemeinverständliche Zusammenfassung der Informationen gemäß lit. a bis i.

(3) In den Umweltbericht sind Informationen aufzunehmen, die zur Ermittlung, Beschreibung und Bewertung nach Abs. 1 vernünftigerweise verlangt werden können. Zur Erstellung der Angaben gemäß Abs. 2 dürfen alle verfügbaren relevanten Informationen über Umweltauswirkungen der Pläne und Programme herangezogen werden, die auf anderen Ebenen des Entscheidungsprozesses oder auf Grund anderer Rechtsvorschriften gesammelt wurden. Bei Erstellung des Umweltberichts sind der Stand der Wissenschaft, aktuelle Prüfmethoden, Inhalt und Detaillierungsgrad des Plans oder Programms sowie dessen Stellung im Entscheidungsprozess zu berücksichtigen. Zur Vermeidung von Mehrfachprüfungen kann sich das Ausmaß der Angaben des Umweltberichts danach bestimmen, auf welcher der unterschiedlichen Ebenen einer Plan- oder Programmhierarchie bestimmte Aspekte besser geprüft werden können.

(4) Die Planungsbehörde hat die öffentlichen Umweltstellen zur Frage des Umfangs und Detaillierungsgrads der Angaben gemäß Abs. 1 und 2 zu konsultieren.

§ 8 Konsultationsverfahren

(1) Die Planungsbehörde hat in der Kärntner Landeszeitung oder auf ihrer Internetseite bekannt zu machen, dass ein bestimmt

2. Abschnitt – Bestimmungen über das Verfahren § 9

bezeichneter Entwurf gemäß § 3 und der hiezu erstellte Umweltbericht innerhalb einer mindestens vier Wochen betragenden Frist bei der Planungsbehörde während der Amtsstunden zur öffentlichen Einsichtnahme aufliegt und dass innerhalb der Frist jedermann, der ein Interesse glaubhaft macht, zum Entwurf gemäß § 3 und zum Umweltbericht Stellung nehmen kann.

(2) Zugleich sind der Entwurf gemäß § 3 und der Umweltbericht den öffentlichen Umweltstellen mit der Aufforderung zu übermitteln oder zugänglich zu machen, dass hiezu innerhalb der Frist nach Abs. 1 Stellung genommen werden kann. Liegen triftige Gründe vor, hat die Planungsbehörde die Frist zur Stellungnahme zu verlängern.

§ 9 Grenzüberschreitende Konsultationen

(1) Rechtzeitig vor der Beschlussfassung durch die Planungsbehörde sind der Entwurf gemäß § 3 und der hiezu erstellte Umweltbericht einem anderen Mitgliedstaat der Europäischen Union zu übermitteln, sofern die Anwendung eines dem Entwurf entsprechenden Plans oder Programms voraussichtlich erhebliche Auswirkungen auf die Umwelt des anderen Mitgliedstaates haben würde oder wenn ein Mitgliedstaat, der voraussichtlich erheblich betroffen sein wird, ein entsprechendes Verlangen stellt.

(2) Auf Verlangen eines gemäß Abs. 1 informierten Mitgliedstaates sind vor der Beschlussfassung über den Entwurf gemäß § 3 Konsultationen

a) über die voraussichtlichen grenzüberschreitenden Auswirkungen, die die Anwendung des Plans oder Programms auf die Umwelt hat, sowie
b) über die geplanten Maßnahmen zur Verminderung oder Vermeidung solcher Auswirkungen

binnen einer einvernehmlich bestimmten angemessenen Frist zu führen. In diesem Fall ist im Verhältnis zum anderen Mitgliedstaat sicherzustellen, dass dessen Behörden, die in ihrem umweltbezogenen Aufgabenbereich von den durch die Anwendung des Plans oder Programms verursachten Umweltauswirkungen betroffen sein könnten, sowie dessen betroffene oder interessierte Öffentlichkeit unterrichtet werden und Gelegenheit erhalten, binnen angemessener Frist Stellung zu nehmen.

(3) Bei ihrem Vorgehen gemäß Abs. 1 und 2 hat die Planungsbehörde an das Amt der Kärntner Landesregierung heranzutreten, um im Wege des für die Vertretung der Republik Österreich gegenüber ausländischen Staaten zuständigen Bundesministeriums tätig zu werden.

(4) Wenn im Rahmen eines Verfahrens gemäß der Richtlinie 2001/42/EG ein an das Land angrenzender Mitgliedstaat im Verhältnis zur Republik Österreich Unterlagen übermittelt und grenzüberschreitende Konsultationen durchführt, ist § 8 mit der Maßgabe anzuwenden, dass die Landesregierung zur Information der Öffentlichkeit und der öffentlichen Umweltstellen im Land verpflichtet ist. Besondere staatsvertragliche Regelungen bleiben unberührt.

(5) Die Abs. 1, 2 und 4 sind im Verhältnis zu den angrenzenden Ländern sinngemäß anzuwenden.

§ 10 Entscheidungsfindung

Vor der Beschlussfassung über den Plan oder das Programm hat die Planungsbehörde den Umweltbericht und die im Konsultationsverfahren abgegebenen Stellungnahmen einschließlich der Ergebnisse allfälliger grenzüberschreitender Konsultationen bei der weiteren Ausarbeitung des Entwurfs und vor Erlassung des Plans oder Programms in Erwägung zu ziehen.

§ 11 Bekanntgabe der Entscheidung

(1) Ehestmöglich nach Erlassung des Plans oder Programms, im Fall von Verordnungen der Gemeinde jedoch erst nach Erteilung einer allenfalls vorgesehenen aufsichtsbehördlichen Genehmigung, hat die Planungsbehörde
   a) den Plan oder das Programm in geeigneter Form unter Anschluss der Erklärung gemäß Abs. 2 sowie unter Hinweis auf die Überwachung gemäß § 12 den öffentlichen Umweltstel-

len und jedem konsultierten Mitgliedstaat der Europäischen Union bekanntzugeben und

b) unbeschadet der sonst vorgesehenen Kundmachungsvorschriften durch Bekanntmachung in der Kärntner Landeszeitung oder auf ihrer Internetseite folgende Informationen zu verlautbaren:
  1. den Titel und das Datum der Beschlussfassung durch die Planungsbehörde;
  2. die Art der nach den maßgeblichen Rechtsvorschriften jeweils vorgesehenen Kundmachung des betreffenden Plans oder Programms;
  3. einen Hinweis auf die Überwachung gemäß § 12 und
  4. Angaben über Ort und Zeit der Auflage der Erklärung gemäß Abs. 2.

(2) Die Planungsbehörde hat eine zusammenfassende Erklärung zu erstellen, die Angaben darüber zu enthalten hat,

a) wie Umwelterwägungen in den Plan oder das Programm einbezogen wurden,

b) wie der Umweltbericht und die im Konsultationsverfahren abgegebenen Stellungnahmen einschließlich der Ergebnisse allfälliger grenzüberschreitender Konsultationen bei der Entscheidungsfindung (§ 10) berücksichtigt wurden und

c) aus welchen Gründen der erlassene Plan oder das erlassene Programm, nach Abwägung mit den geprüften vernünftigen Alternativvarianten, gewählt wurde.

Für die Dauer der Wirksamkeit des Plans oder Programms hat die Planungsbehörde jedermann, der ein Interesse glaubhaft macht, auf Verlangen Einsicht in die zusammenfassende Erklärung zu gewähren.

§ 12 Überwachung

Die Planungsbehörde ist in ihrem Zuständigkeitsbereich verpflichtet, die tatsächlichen Auswirkungen eines Plans oder Programms auf die Umwelt in regelmäßigen Zeitabständen darauf hin zu prüfen, ob negative erhebliche Umweltauswirkungen vorliegen oder zu erwarten sind. Um unvorhergesehene Auswirkungen hintanzuhalten, ist unter den gesetzlichen Voraussetzungen (§ 1 Abs. 2) erforderlichenfalls eine Änderung des Plans oder Programms durchzuführen oder sind sonstige geeignete Abhilfemaßnahmen, allenfalls durch Anzeige bei der zuständigen Behörde, zu veranlassen.

3. Abschnitt – Schlussbestimmungen

§ 13 Eigener Wirkungsbereich der Gemeinde

Die Gemeinden haben die in den §§ 4 und 6 und im 2. Abschnitt geregelten Angelegenheiten, soweit sie sich auf die Umweltprüfung der Pläne und Programme gemäß § 3 lit. b bis e, m und n beziehen, im eigenen Wirkungsbereich wahrzunehmen.

§ 14 Landesgesetze

Soweit in diesem Gesetz auf Landesgesetze verwiesen wird, ist ihre jeweils geltende Fassung heranzuziehen.

§ 15 In-Kraft-Treten

(1) Die Bestimmungen dieses Gesetzes, ausgenommen § 5 letzter Satz, gelten für Entwürfe gemäß § 3, die nach dem 20. Juli 2004 erstellt werden. Auf Entwürfe gemäß § 3, die vor dem 21. Juli 2004 erstellt wurden, sind die Bestimmungen dieses Gesetzes, ausgenommen § 5 letzter Satz, nur dann anzuwenden, wenn sie nicht bis zum 21. Juli 2006 beschlossen werden.

(2) § 5 letzter Satz tritt mit dem Zeitpunkt des innerstaatlichen In-Kraft-Tretens des Übereinkommens über den Zugang zu Informationen, die Öffentlichkeitsbeteiligung an Entscheidungsverfahren und den Zugang zu Gerichten in Umweltangelegenheiten in Kraft.

§ 16 Umsetzungshinweis

Mit diesem Gesetz werden umgesetzt:

a) die Richtlinie 2001/42/EG des Europäischen Parlaments und des Rates vom 27. Juni 2001 über die Prüfung der Umweltauswirkungen bestimmter Pläne und Programme, ABl. Nr. L 197 vom 21. Juli 2001, S 30;
b) Art. 1 und 2 der Richtlinie 2003/35/EG des Europäischen Parlaments und des Rates vom 26. Mai 2003 über die Beteiligung der Öffentlichkeit bei der Ausarbeitung bestimmter umweltbezogener Pläne und Programme und zur Änderung der Richtlinien 85/337/EWG und 96/61/EG des Rates in Bezug auf die Öffentlichkeitsbeteiligung und den Zugang zu Gerichten, ABl. Nr. L 156 vom 25. Juni 2003, S 17;
c) Art. 8 Abs. 6 und 7 der Richtlinie 2002/49/EG des Europäischen Parlaments und des Rates vom 25. Juni 2002 über die Bewertung und Bekämpfung von Umgebungslärm, ABl. Nr. L 189 vom 18. Juli 2002, S 12;
d) Art. 13 der Richtlinie 2012/18/EU des Europäischen Parlaments und des Rates vom 4. Juli 2012 zur Beherrschung der Gefahren schwerer Unfälle mit gefährlichen Stoffen, zur Änderung und anschließenden Aufhebung der Richtlinie 96/82/EG des Rates, ABl. Nr. L 197 vom 24.7.2012, S 1.

ErlRV -2V-LG-936/13-2005, 1 (zu LGBl 2005/89):

„Der Umsetzungshinweis des § 16 wird im Hinblick auf die Richtlinie 2002/49/EG ergänzt."

ErlRV 01-VD-LG-1729/8-2016, 5 (zu LGBl 2016/24):

„Zu Z 2 (§ 16)

Der Umsetzungshinweis wird aus redaktionellen Gründen aufgegliedert und das Zitat hinsichtlich der Richtlinie 96/82/EG wird aufgrund der Richtlinie 2012/18/EU neu gefasst."

Anlage

Kriterien für die Bestimmung der sonstigen erheblichen Umweltauswirkungen (§ 2 lit. e und § 4 Abs. 1 lit. c und Abs. 2)

1. Merkmale der Pläne und Programme, insbesondere in Bezug auf

- das Ausmaß, in dem der Plan oder das Programm für Projekte und andere Tätigkeiten in Bezug auf Standort, Art, Größe und Betriebsbedingungen oder durch die Inanspruchnahme von Ressourcen einen Rahmen setzt;

- das Ausmaß, in dem der Plan oder das Programm andere Pläne und Programme – einschließlich solcher in einer Planungs- oder Programmhierarchie – beeinflusst;

- die Bedeutung des Plans oder des Programms für die Einbeziehung der Umwelterwägungen, insbesondere im Hinblick auf die Förderung der nachhaltigen Entwicklung;

- die für den Plan oder das Programm relevanten Umweltprobleme;

- die Bedeutung des Plans oder Programms für die Durchführung der Umweltvorschriften der Gemeinschaft (zB Pläne und Programme betreffend die Abfallwirtschaft oder den Gewässerschutz).

2. Merkmale der Auswirkungen und der voraussichtlich betroffenen Gebiete, insbesondere in Bezug auf

- die Wahrscheinlichkeit, Dauer, Häufigkeit und Umkehrbarkeit der Auswirkungen;

- den kumulativen Charakter der Auswirkungen;

- den grenzüberschreitenden Charakter der Auswirkungen;

- die Risiken für die menschliche Gesundheit oder die Umwelt (zB bei Unfällen);

- den Umfang und die räumliche Ausdehnung der Auswirkungen (geographisches Gebiet und Anzahl der voraussichtlich betroffenen Personen);

- die Bedeutung und die Sensibiltät des voraussichtlich betroffenen Gebiets aufgrund folgender Faktoren:

- besondere natürliche Merkmale oder kulturelles Erbe,

- Überschreitung der Umweltqualitätsnormen oder der Grenzwerte,

- intensive Bodennutzung;

– die Auswirkungen auf Gebiete oder Landschaften, deren Status als national, gemeinschaftlich oder international geschützt anerkannt ist.

Artikel IV [Anm: zu LGBl 2016/24]

(1) Dieses Gesetz tritt an dem der Kundmachung folgenden Tag in Kraft.

(2) Die Festlegungen in rechtswirksam erlassenen Flächenwidmungsplänen und Bebauungsplänen, einschließlich integrierter Flächenwidmungs- und Bebauungspläne, die den Bestimmungen der Artikel I und III dieses Gesetzes nicht entsprechen, sind, soweit in den Abs. 3 bis 5 nicht anderes bestimmt wird, innerhalb von zwei Jahren nach dem Inkrafttreten dieses Gesetzes (Abs. 1) an die durch dieses Gesetz geänderte Rechtslage anzupassen.

(3) Im Zeitpunkt des Inkrafttretens dieses Gesetzes (Abs. 1) bereits eingeleitete Verfahren zur Erlassung oder Änderung von Entwicklungsprogrammen, von Flächenwidmungsplänen, von Bebauungsplänen oder von integrierten Flächenwidmungs- und Bebauungsplänen sind entsprechend der durch dieses Gesetz bewirkten geänderten Rechtslage weiterzuführen.

(4) Abweichend von Abs. 3 hat die Genehmigung von Flächenwidmungsplänen, Bebauungsplänen oder integrierten Flächenwidmungs- und Bebauungsplänen, die vom Gemeinderat bereits vor dem Inkrafttreten dieses Gesetzes beschlossen worden sind, nach der im Zeitpunkt dieser Beschlussfassung geltenden Rechtslage zu erfolgen.

(5) Art. I Z 1 (§ 3 Abs. 3) und Art. I Z 2 (§ 3 Abs. 10) gelten nur für Neufestlegungen von Bauland ab dem Zeitpunkt des Inkrafttretens dieses Gesetzes (Abs. 1); im Zeitpunkt des Inkrafttretens dieses Gesetzes (Abs. 1) bereits bestehende Baulandwidmungen in rechtswirksam erlassenen Flächenwidmungsplänen bleiben von der durch dieses Gesetz geänderten Rechtslage unberührt.

12. Kärntner Grundstücksteilungsgesetz – K-GTG

LGBl 1985/3, LGBl 1992/14, LGBl 1992/104, LGBl 1997/93, LGBl 2010/66, LGBl 2013/85

Inhaltsverzeichnis

§ 1 Genehmigungspflicht
§ 2 Genehmigung
§ 3 Grundabtretung
§ 3a Rückübereignung
§ 4 Rechtswirkung
§ 5 Eigener Wirkungsbereich
§ 6 Verweisungen

ErlRV Verf-115/3/1969, 1 (zum Gesetz über die Aufschließung von Wohnsiedlungsgebieten idF LGBl 1969/51):

„Das Gesetz über die Aufschließung von Wohnsiedlungsgebieten verfolgt die Tendenz, die Nutzung des Bodens überall dort, wo eine starke Wohnsiedlungstätigkeit besteht oder zu erwarten ist, einer planmäßigen Ordnung zuzuführen. Dieser Zweck wird durch die Kontrolle der [...] Parzellierung von Grundstücken verfolgt."

ErlRV Verf-61/13/1975, 2 f (zum Wohnsiedlungsgesetz – WSG idF LGBl 1976/59):

„[...] Bei der Neufassung des Gesetzes nahm man die Gelegenheit wahr alle Bestimmungen des derzeit geltenden Gesetzes neu zu überdenken und den in den letzten Jahren gewonnenen Erkenntnissen anzupassen. Dadurch wird die Möglichkeit geschaffen, daß der vorliegende Entwurf ein wirksames Mittel der Kontrolle [...] der Teilung und damit auch der sogenannten Parzellierung wird.

Alle diese Änderungen zielen darauf ab, das Wohnsiedlungsgesetz zu einem wirksamen Instrument der Erhöhung der Effektivität der Raumordnungsmaßnahmen insbesondere im Hinblick auf den Flächenwidmungsplan und den Bebauungsplan zu gestalten. In diesem Zusammenhang sei darauf hingewiesen, daß das vorliegende Gesetz in Hinkunft für den gesamten Bereich des Landes Kärnten Geltung haben soll.

Auf diese Bestrebungen, auf dem Gebiet der Grundstücksordnung zur Erhöhung der Effektivität der Planung beizutragen, nehmen insbesondere die Neuordnung der genehmigungspflichtigen Vorgängen, die Reduzierung der Ausnahmen und die Neufassung der Versagungsgründe Bedacht."

ErlRV Verf-56/26/1983, 2 f (zum Grundstücksteilungsgesetz idF LGBl 1983/56):

„2. [...] Zweck der Erlassung des Wohnsiedlungsgesetzes aus dem Jahre 1976 war neben der Neuregelung der Grundabtretungsverpflichtungen auch, das bisher geltende Wohnsiedlungsgesetz den geänderten Verhältnissen auf dem Gebiet des Grundstückverkehrs anzupassen und es als ergänzendes Instrument zur Ordnung des Grundstückverkehrs neben das Grundverkehrsgesetz und das Ausländergrunderwerbsgesetz zu stellen.

Dieser Konnex einerseits und das Nahverhältnis zum Baurecht andererseits stecken den Rahmen, in dem der Landesgesetzgeber allein die Konsequenzen aus dem aufhebenden Erkenntnis des Verfassungsgerichtshofes [Anm: VfGH VfSlg 9580/1982] ziehen kann, bereits ab.

Es sollen daher im vorliegenden Gesetzentwurf diejenigen Regelungen des Wohnsiedlungsgesetz aufrecht erhalten werden, die die Teilung der Grundstücke und die damit zusammenhängenden Grundabtretung regeln. [...]

3. Die verbleibenden Bestimmungen des ursprünglichen Wohnsiedlungsgesetzes über die Grundstücksteilung und die Grundabtretung werden in unveränderter Form als Normen weitergelten, die dem Baurecht und dem Planungsrecht zuzuordnen sind (s. Anlage zu den

Erläuternden Bemerkungen). Diese verbleibenden Normen sind etwa den Bauplatzbeschaffungsgesetzen anderer Bundesländer vergleichbar. Sie sind im engen Zusammenhang mit den Bestimmungen des Baurechts und den Regelungen über die Flächenwidmungspläne und den im Raumordnungsgesetz verankerten Zielsetzungen zu sehen. Der vorliegende Gesetzentwurf enthält als ausschließlich Regelungen, die dazu dienen, das Wohnsiedlungsgesetz dem eingangs angeführten Erkenntnis des Verfassungsgerichtshofes anzugleichen und diejenigen Bestimmungen unverändert aufrecht zu erhalten, die die Grundstücksteilung betreffen.

[...]

Zu Z. 1 (Titel des Gesetzes):

Im Hinblick darauf, daß das vorliegende Gesetz ausschließlich Bestimmungen über Teilungen enthalten wird, ist der umfassende Titel nicht aufrecht zu erhalten. Entsprechend dem verbleibenden Inhalt des vorliegenden Gesetzes soll dieses in Hinkunft „Grundstücksteilungsgesetz" genannt werden."

ErlRV Verf-805/3/1992, 2 f (Grundstücksteilungsgesetz 1985 idF LGBl 1992/104):

„3. EG-Konformität der Regelung:

Da EG-rechtliche Normen für den Bereich der Grundstücksteilung nicht bestehen, ergibt sich für die vorliegende Novelle zum Grundstücksteilungsgesetz 1985 kein entsprechender Anpassungsbedarf.

[...]

5. Weiterer Regelungsbedarf:

Im Hinblick darauf, daß die Aufhebung des § 1 Abs. 1 des Grundstücksteilungsgesetzes 1985 durch den Verfassungsgerichtshof mit Ablauf des 30. Septembers 1992 in Kraft tritt und bis zu diesem Zeitpunkt eine Ersatzregelung bereits im Landesgesetzblatt kundgemacht sein muß, war es nicht möglich, sämtliche von verschiedener Seite vorgebrachten Änderungsanregungen hinsichtlich des Grundstücksteilungsgesetzes 1985 im vorliegenden Gesetzesentwurf zu berücksichtigen. Diese Änderungsvorschläge bedürfen vielmehr, zumal sie sich zum Teil gegenseitig ausschließen, der näheren Diskussion und Akkordierung. In Anbetracht des Zeitdruckes enthält der vorliegende Gesetzesentwurf daher allein jene Änderungsvorschläge, die aufgrund des aufhebenden Erkenntnisses des Verfassungsgerichtshofes jedenfalls unverzüglich vorzunehmen sind.

Nach einer umfassenden Erhebung des diesbezüglichen Anpassungsbedarfes und einer entsprechenden Abstimmung der Änderungsvorschläge mit den Interessenvertretungen der Städte und Gemeinden sowie den berührten Fachabteilungen des Amtes der Landesregierung wird binnen Jahresfrist ein entsprechender Gesetzesentwurf vorbereitet werden."

ErlRV Verf-355/7/1996, 1 f (Grundstücksteilungsgesetz 1985 idF LGBl 1997/93):

„[…] Darüber hinaus enthält der vorliegende Gesetzesentwurf Zitatberichtigungen sowie die Einführung einer Buchstabenabkürzung.

Die Zuständigkeit des Landes zur Gesetzgebung ergibt sich aus Art. 15 b-VG. Nach der Judikatur des VfGH ist die Genehmigung der Schaffung von Bauplätzen oder Bauplatzteilen eine Angelegenheit der örtlichen Baupolizei und daher in den eigenen Wirkungsbereich der Gemeinde fallend (VfSlg. 12891/1991).

[…]

Um den Zugriff auf die in elektronischen Datenbanken gespeicherte Judikatur und Literatur zu den landesgesetzlichen Bestimmungen sicherzustellen, ist es notwendig, verbindliche Buchstabenabkürzungen einzuführen."

ErlRV -2V-LG-1294/19-2012, 2:

„1. Auf Grund der mit BGBl. I Nr. 100/2008 bewirkten Novellierung des Liegenschaftsteilungsgesetzes, BGBl. Nr. 3/1930, darf ein Plan im Sinne des Liegenschaftsteilungsgesetzes nur mehr zur Gänze grundbücherlich durchgeführt werden (§ 2 Abs. 1), wobei gem. § 2 Abs. 2 leg. cit. im Grundbuchsantrag auf die Speicherung des Plans und der Bescheinigung nach § 39 des Vermessungsgesetzes – VermG, BGBl. Nr. 306/1968, zuletzt geändert durch BGBl. I Nr. 100/2008, im Geschäftsregister der Vermessungsbehörde hinzuweisen ist. Diese Urkunden sind dem Antrag nicht beizulegen und auch nicht zur Urkundensammlung nach § 1 Grundbuchsgesetz 1955 zu nehmen.

Nach dem ebenfalls neu gefassten § 39 VermG bedürfen Pläne von den in § 1 Abs. 1 Liegenschaftsteilungsgesetz genannten Personen oder Dienststellen, wozu unter anderem auch Dienststellen des Bundes oder des Landes, die über Bedienstete mit abgeschlossenen Studium für Vermessungswesen verfügen, und die Agrarbehörden zählen, zu ihrer grundbücherlichen Durchführung einer Bescheinigung des Vermessungsamtes, die innerhalb von 18 Monaten vor dem Einlangen des Antrages auf Verbücherung beim Grundbuchsgericht erteilt worden ist [...]. Nach § 39 Abs. 2 VermG sind diese Pläne beim Vermessungsamt nunmehr in automationsunterstützter Form einzubringen und mit einem elektronischen Zeitstempel gem. § 10 des Signaturgesetzes zu versehen. Pläne von Ingenieurkonsulenten für Vermessungswesen sind direkt aus dem Urkundenarchiv der Ziviltechniker gem. § 16 Abs. 8 des Ziviltechnikergesetzes 1993 zu übermitteln.

Das Grundstücksteilungsgesetz 1985 – K-GTG, LGBl. Nr. 3/1985, zuletzt geändert durch LGBl. Nr. 93/1997, sieht in § 4 Abs. 1 lit. b vor, dass eine grundbücherliche Einverleibung einer Teilung nur zulässig ist, wenn auf dem Plan im Sinne des § 39 des Vermessungsgesetzes, BGBl. Nr. 306/1968, zuletzt geändert durch BGBl. Nr. 480/1980, die Bestätigung der Behörde aufscheint, dass dieser Plan mit dem Genehmigungsbescheid übereinstimmt.

Eine Bestätigung der Behörde „auf dem Plan" gemäß § 4 Abs. 1 lit. b K-GTG wird auf Grund der automationsunterstützten Einbringung beim Vermessungsamt nicht mehr möglich sein. Daraus folgt ein Anpassungsbedarf des Grundstücksteilungsgesetzes 1985. Weiters können verschiedene redaktionelle Anpassungen (z. B.: Aktualisierung der Verweisungen) erfolgen.

2. Die Kompetenz zur Änderung des K-GTG ergibt sich aus Art. 15 Abs. 1 B-VG.

[...]

Das Grundstücksteilungsgesetz 1985 wird als „Kärntner" Rechtsvorschrift ausgewiesen."

ErlRV 01-VD-LG-1569/48-2013, 1 f (zu LGBl 2013/85):

„Mit der Verwaltungsgerichtsbarkeits-Novelle 2012, BGBl. I Nr. 51/2012, wurde die bundesverfassungsrechtliche Grundlage für die Einführung der zweistufigen Verwaltungsgerichtsbarkeit geschaffen. Mit Wirksamkeit zum 1. Jänner 2014 wird es in jedem Bundesland ein Verwaltungsgericht erster Instanz und beim Bund ein Bundesverwaltungsgericht und ein Bundesfinanzgericht geben („9+2-Modell"). Dabei ersetzen die Landesverwaltungsgerichte die Unabhängigen Verwaltungssenate und das Bundesverwaltungsgericht den Asylgerichtshof (siehe zur Verfassungsrechtslage ausführlich ErläutRV 1618 BlgNR XXIV. GP). Für das Land Kärnten wird durch das Kärntner Landesverwaltungsgerichtsgesetz – K-LvwGG, LGBl. Nr. 55/2013, ein Landesverwaltungsgericht eingerichtet.

Vor diesem Hintergrund sind in allen Rechtsvorschriften des Landes insbesondere folgende Anpassungen vorzunehmen:

– Abschaffung des administrativen Instanzenzuges (außer in Angelegenheiten des eigenen Wirkungsbereiches der Gemeinden), da an dessen Stelle – abgesehen vom eigenen Wirkungsbereich der Gemeinde – die Möglichkeit der Beschwerde an das Verwaltungsgericht des jeweiligen Landes tritt (Art. 130 B-VG idF BGBl. I Nr. 51/2012).

– Streichung von Zuständigkeiten des Unabhängigen Verwaltungssenates, da an die Stelle des Unabhängigen Verwaltungssenates das Landesverwaltungsgericht tritt.

– Aufhebung von Regelungen über Rechtsmittelausschlüsse, da die Beschwerdebefugnis an das Verwaltungsgericht verfassungsmäßig garantiert und einfachgesetzlich nicht ausgeschlossen werden darf.

– Verankerung der Beschwerdelegitimation von Formal- und Legalparteien.

– Aufhebung der in der Anlage zur Verwaltungsgerichtsbarkeits-Novelle 2012 genannten Sonderbehörden (z.B. Disziplinaroberkommissionen).

– Klarstellende Trennung zwischen ordentlicher Gerichtsbarkeit und Verwaltungsgerichtsbarkeit.

– Änderung der Anrufungsmöglichkeit des VwGH, da an die Stelle der Beschwerde an den VwGH die Revision an diesen tritt.

– Terminologische Anpassungen im Zusammenhang mit den Begriffen „Bescheid" und „rechtskräftiger Bescheid".

– Aufgrund des § 22 Abs. 1 VStG, in der Fassung des Verwaltungsgerichtsbarkeits-Anpassungsgesetzes 2013, entfällt die Doppelbestrafungsproblematik bei gerichtlich strafbaren Handlungen.

Im Entwurf wird von der Möglichkeit, den innergemeindlichen Instanzenzug auszuschließen (Art. 118 Abs. 4 vorletzter Satz B-VG idF BGBl. I Nr. 51/2012), nicht Gebrauch gemacht. Soweit der Entwurf weitergehende Änderungen enthält, wird darauf im Besonderen Teil der Erläuterungen Bezug genommen."

§ 1 Genehmigungspflicht

(1) Die Teilung eines Grundstückes bedarf der Genehmigung der Gemeinde.

(2) Den Bestimmungen dieses Gesetzes unterliegen nicht Teilungen,
   a) die im Zuge eines Enteignungsverfahrens zugunsten einer Gebietskörperschaft durchgeführt werden;
   b) die im Zuge eines Agrarverfahrens durchgeführt werden;
   c) die in einem Anmeldungsbogen über die Verbücherung von Straßen-, Wege-, Eisenbahn- und Wasserbauanlagen im Sinne der §§ 15 bis 22 LiegTeilG beurkundet werden;
   d) von Waldflächen auf Grundstücken im Sinne des § 1 Abs. 1 Kärntner Landes-Forstgesetzes 1979 – K-LFG, LGBl. Nr. 77, in der jeweils geltenden Fassung.

(3) Die Genehmigung ist vom Eigentümer des Grundstückes oder von dessen Rechtsnachfolger von Todes wegen zu beantragen.

(4) Der Antrag hat die für das zu teilende Grundstück im Flächenwidmungsplan festgelegte Widmung so wie alle sonstigen zur Beurteilung notwendigen Angaben zu enthalten; dem Antrag ist der Plan über die Grundstücksteilung, der gemäß § 39 Abs. 2 VermG beim Vermessungsamt eingebracht wurde, unter Angabe der Geschäftsfallnummer des Vermessungsamtes als Papierausdruck anzuschließen. Der Planverfasser hat auf dem Papierausdruck des Planes zu bestätigen, dass der Papierausdruck mit dem beim Vermessungsamt eingebrachten Plan übereinstimmt.

(5) Werden Belege nicht oder nicht vollständig beigebracht, so ist nach § 13 Abs. 3 AVG vorzugehen.

(6) Wird ein Plan nicht innerhalb einer Frist von drei Jahren nach Rechtskraft der Genehmigung grundbücherlich durchgeführt oder wird keine Bescheinigung des Vermessungsamtes gemäß § 39 Abs. 3 VermG erteilt, tritt die Genehmigung außer Kraft.

ErlRV Verf-115/3/1969, 4 (zu § 4 des Gesetzes über die Aufschließung von Wohnsiedlungsgebieten idF LGBl 1969/51 [Anm: § 1 Abs 2 lit b und c idgF]):

„Für die Ausnahme von der Genehmigungspflicht nach dem Wohnsiedlungsgesetz kommen nach § 4 Z. 3 (neu) [Anm: § 1 Abs 2 lit b idgF] insbesondere die Verfahren im Rahmen des Flurverfassungs-Landesgesetzes und im Rahmen des Güter- und Seilwege-Landesgesetzes in Betracht. Eine Abtretung von Grundflächen im Sinn des Güter- und Seilwege-Landesgesetzes bedarf keiner Genehmigung. Eine ähnliche Bestimmung war bisher in der Verordnung zur Ausführung des Gesetzes über die Aufschließung von Wohnsiedlungsgebieten enthalten.

Die Bestimmung des § 4 Z. 4 (neu) [Anm: § 1 Abs 2 lit c idgF] trägt den Anregungen des Bundesministeriums für Bauten und Technik zum Entwurf eines Baulandesgesetzes Rechnung. Derartige Rechtsgeschäfte im Sinne des Liegenschaftsteilungsgesetzes dienen nicht der Schaffung von Bauland. Die vorgesehene Regelung erleichtert daher lediglich das Verfahren bei der Verbücherung der diesbezüglichen Grundabtretungen und dient somit der Verwaltungsvereinfachung."

ErlRV Verf-61/13/1975, 4 ff (zu § 1 Abs 2, 3, 5 und 7 Wohnsiedlungsgesetz – WSG idF LGBl 1976/59 [Anm: § 1 Abs 2, 3, 4 und 5 idgF]):

„Durch die Regelung des Abs. 2 wird klargestellt, daß unter Unterteilung eines Grundstückes im Sinne dieses Gesetzes nicht jede Abtrennung von Teilen zu verstehen ist. Die Ausnahme bezüglich der Teilung in einem Agrarverfahren erfolgte im Hinblick auf die Komplexität derartiger Verfahren. Wenn im Zuge eines Enteignungsverfahrens Grundstreifen für öffentliche Zwecke abgetrennt werden, so liegt auch hier keine Teilung im Sinne dieses Gesetzes vor. Der Zweck dieses Gesetzes zielt auch nicht auf die Kontrolle derartiger Abtrennungen von Grundstücksteilen ab. Aus vergleichbaren Gründen wurden Teilungen, die in einem Anmeldungsbogen im Sinne der §§ 15 bis 20 des Liegenschaftsteilungsgesetzes beurkundet werden, nicht unter dem Begriff der Teilung nach diesem Gesetz einbezogen. In diesem Zusammenhang sei jedoch darauf hingewiesen, daß die Abschreibung geringwertiger Trennstücke gemäß § 13 des Liegenschaftsteilungsgesetzes sehr wohl

Genehmigungspflicht § 1

unter die Bestimmung dieses Gesetzes fällt und daher auch genehmigungspflichtig ist.

Durch die Regelung des Abs. 3 wird klar bestimmt, wer in den Fällen des Abs. 1 zur Stellung des Antrages auf Genehmigung verpflichtet ist.

[...]

Durch die Neufassung des Abs. 3 ist klargestellt, wer zur Antragstellung im Falle der Teilung eines Grundstückes in dem Falle legitimiert ist, indem etwa eine Naturalteilung auf Grund eines Testamentes etc. durchzuführen wäre. Als Beispiel hiezu sei angeführt:

In einem Testament werden einem Vermächtnisnehmer 500 m² eines größeren Grundstückes hinterlassen. Würde dem Rechtsnachfolger des Grundstückeigentümers kein Recht zur Antragstellung auf Teilung zustehen, könnte bei enger Auslegung des Gesetzes von niemanden ein Teilungsantrag gestellt werden, da nach einem Todesfall kein Grundstückseigentümer im Sinne dieses Gesetzes vorhanden ist. Als Rechtsnachfolger von Todes wegen eines Grundstückseigentümers können sowohl ein Universalerbe als auch eine Vermächtnisnehmer in Betracht kommen.

Im Zusammenhang mit Legaten zu einem Tatbestand sei noch folgendes ausgeführt:

Die Bestimmungen dieses Gesetzes kommen auch dann zum Tragen, wenn etwa einem Legatar ein Teil des Grundstückes übereignet werden soll. Auch dann ist um Teilungsgenehmigung anzusuchen. Die Teilung ist auch in diesen Fällen nur zu genehmigen, wenn die Voraussetzungen dieses Gesetzes erfüllt sind. Die Versagung der Genehmigung hat keinesfalls die Unwirksamkeit des Testamentes an sich zur Folge. Hinsichtlich des Legates ergibt sich die Konséquenz, daß dieses entweder als unerfüllbar erlischt oder das Ersatzansprüche in Gelt[d] zustehen.

[...]

Durch Abs. 5 [Anm: § 1 Abs 4 idgF] wird grundsätzlich bestimmt, daß der Antrag alle zur Beurteilung notwendigen Angaben zu enthalten hat.

[...]

Die Bestimmung des Abs. 7 [Anm: § 1 Abs 5 idgF] verweist in deklarativer Form auf die Bestimmung des AVG 1950. Gemäß § 13 Abs. 3 AVG 1950 berechtigen Formgebrechen von schriftlichen Eingaben an sich die Behörde noch nicht zur Zurückweisung. Die Behörde hat vielmehr die Behebung der Mängel von Amts wegen zu veranlassen und kann dem Antragsteller die Behebung der Formgebrechen mit der Wirkung auftragen, daß das Anbringen nach furchtlosem [Anm: fruchtlosem] Ablauf einer gleichzeitig zu bestimmenden Frist nicht berücksichtigt wird. Wird das Formgebrechen rechtzeitig behoben, so gilt die Eingabe als ursprünglich richtig eingebracht. Wird das Formgebrechen nicht oder nicht rechtzeitig behoben, so ist das Anbringen bescheidmäßig zurückzuweisen.

[…]

In Änderung der bisherigen Rechtslage wurde davon Abstand genommen, eine Ausnahme von der Bewilligungspflicht nach diesem Gesetz auch dann vorzusehen, wenn für das Grundstück oder den Grundstücksteil bereits eine Teilungsgenehmigung erteilt worden ist. Eine derartige Regelung ist sachlich nicht gerechtfertigt und führte bisher auch vielfach zu Umgehungen des Gesetzes. Die Teilung eines Grundstückes soll in jedem Fall bewilligungspflichtig bleiben, auch wenn es sich um die Teilung eines Grundstückes handelt, das bereits auf Grund einer anderen bewilligten Teilung entstanden ist. […]"

ErlRV Verf-56/26/1983, 4 (zu § 1 Grundstücksteilungsgesetz idF LGBl 1983/56):

„Zu Z. 2 (§ 1): Die Bestimmungen des § 1 entsprechen inhaltlich vollkommen den Bestimmungen des § 1 Wohnsiedlungsgesetzes, soweit sich dieser auf Teilungen bezieht.

Es wurde lediglich darauf Bedacht genommen, daß aus kompetenzrechtlichen Erwägungen die Teilung von Waldgrundstücken im Sinne des Kärntner Landes-Forstgesetzes, LGBl. Nr. 77/1979, in der Fassung der Kundmachung LGBl. Nr. 99/1979 und 86/1981, nicht unter die Bestimmungen des vorliegenden Grundstücksteilungsgesetzes fallen.

[…]

Zur Antragstellung ist der Eigentümer des Grundstückes oder dessen Rechtsnachfolger von Todes wegen legitimiert. Eigentümer des Grundstückes ist grundsätzlich der im Grundbuch angegebene Eigentümer. Ausnahmen ergeben sich insbesondere bei der Zwangsversteigerung, da der Ersteher durch den Zuschlag Eigentum erwirbt und nicht erst durch die Einverleibung. Ausnahmen ergeben sich auch hinsichtlich des Erwerbes des Eigentums durch Enteignung und des Erwerbes des

Eigentums durch Ersitzung (vgl. hiezu Klang², Kommentar zum Allgemeinen Bürgerlichen Gesetzbuch, 2. Band, S. 431 f)."

ErlRV Verf-805/3/1992, 1 ff (zu § 1 Abs 1 Grundstücksteilungsgesetz 1985 idF LGBl 1992/104 [Anm: § 1 Abs 1 idgF]):

„1. Aufhebung des § 1 Abs. 1 des Grundstücksteilungsgesetzes 1985 durch den Verfassungsgerichtshof:

Mit Erkenntnis vom 17. Oktober 1991, G 242/91, G 271/91, hob der Verfassungsgerichtshof § 1 Abs. 1 des Kärntner Grundstücksteilungsgesetzes, wiederverlautbart mit Kundmachung LGBl. Nr. 3/1985, als verfassungswidrig auf. Die Aufhebung tritt mit Ablauf des 30. Septembers 1992 in Kraft.

Die aufgehobene Gesetzesbestimmung sah vor, daß die Teilung eines Grundstückes der Genehmigung der Bezirksverwaltungsbehörde bedarf. Nach Auffassung des Verfassungsgerichtshofes stellt die Genehmigung der Schaffung von Bauplätzen oder Bauplatzteilen eine Angelegenheit der örtlichen Baupolizei dar und fällt daher in den eigenen Wirkungsbereich der Gemeinde. Die Wahrnehmung der Interessen der örtlichen Raumplanung in einer Angelegenheit, die nicht von vornherein durch andere, überörtliche Interessen bestimmt ist, liegt daher gleichfalls im ausschließlichen oder überwiegenden Interesse der in der Gemeinde verkörperten örtlichen Gemeinschaft und fällt nach Art. 118 Abs. 2 B-VG (ebenfalls) in den eigenen Wirkungsbereich der Gemeinde. Desgleichen sind die in den Bestimmungen des Grundstücksteilungsgesetzes über die Grundabtretung zutagetretenden, mit der örtlichen Baupolizei in enger Verbindung stehenden Interessen der Gemeinde als Inhaberin von Verkehrsflächen, die sie nach Art 118. Abs. 3 Z. 4 B-VG selbst verwaltet, dem eigenen Wirkungsbereich zuzuordnen.

Da demgemäß Angelegenheiten, die im ausschließlichen oder überwiegenden Interesse der örtlichen Gemeinschaft stehen, zumindest den größeren Teil der von der Behörde bei der Genehmigung der Grundstücksteilung nach dem Grundstücksteilungsgesetz 1985 wahrzunehmenden Interessen ausmachen, erwies sich der Vorwurf, daß durch die Übertragung der Zuständigkeit an die Bezirksverwaltungsbehörde Angelegenheiten des eigenen Wirkungsbereiches in unzulässiger Weise der Gemeinde entzogen würden, als stichhaltig.

2. Regelungen des vorliegenden Entwurfes und deren Motive:

Aufgrund des angeführten, aufhebenden Erkenntnisses des Verfassungsgerichtshofes ergibt sich die Notwendigkeit, das Grundstückteilungsgesetz entsprechend zu ändern und an die dargestellten verfassungsrechtlichen Vorgaben anzupassen. Der Rechtsauffassung des Verfassungsgerichtshofes Rechnung tragend ist insbesondere vorzusehen, daß in Hinkunft die Teilung eines Grundstückes der Genehmigung der Gemeinde bedarf. Im Hinblick auf die geänderte Behördenzuständigkeit hat die Parteistellung der Gemeinde (im Sinne des § 8 AVG) im Verfahren zur Genehmigung einer Grundstücksteilung zu entfallen.

[...]

Zur Entscheidung über Genehmigungsanträge ist in erster Instanz gemäß § 69 Abs. 3 der Allgemeinen Gemeindeordnung 1982 [Anm: § 69 Abs. 3 K-AGO idgF] der Bürgermeister zuständig. Über Berufungen gegen Bescheide des Bürgermeisters entscheidet gemäß § 94 Abs. 1 der Allgemeinen Gemeindeordnung [Anm: § 94 Abs. 1 K-AGO idgF] der Gemeindevorstand endgültig."

ErlRV -2V-LG-1294/19-2010, 2 f:

„2. Zu Z 2 (§ 1 Abs. 2 lit. c und d):

In lit. c wird entsprechend der §§ 15 bis 22 des Liegenschaftsteilungsgesetzes – LiegTeilG, BGBl. Nr. 3/1930, zuletzt geändert durch das Bundesgesetz BGBl. I Nr. 100/2008, auch der Begriff „Eisenbahnanlagen" aufgenommen.

In lit. d erfolgt eine Klarstellung, dass nur die Teilung von Waldflächen auf Grundstücken, die zumindest teilweise die Benützungsart Wald aufweisen (siehe § 1 Abs. 1 des Kärntner Landes-Forstgesetzes 1979 – K-LFG), ausgenommen sind. Die betreffenden Grundstücke mit Benützungsart Wald sind nach den grundbuchs- und vermessungsrechtlichen Vorschriften zu bestimmen. Die Ausnahme umfasst aber nur die auf einem solchen Grundstück nach forstrechtlicher Beurteilung vorhandene Waldfläche. Betrifft die Teilung andere Flächen des Grundstückes, ist das Kärntner Grundstücksteilungsgesetz 1985 – K-GTG anzuwenden. Zu diesem Auslegungsergebnis würde auch eine historische Interpretation der geltenden Rechtslage führen, die Änderung dient lediglich der Klarstellung.

3. Zu Z 3 (§ 1 Abs. 4):

Nach § 39 Abs. 2 Vermessungsgesetz sind Teilungspläne beim Vermessungsamt nunmehr in automationsunterstützter Form einzubringen. Um ein Verfahren gemäß K-GTG durchführen zu können, benötigen die Gemeinden allerdings weiterhin einen Papierausdruck (Lokalaugenschein). Im Geschäftsregister des Vermessungsamtes wird jeder Geschäftsfall (Teilungsplan) mit einer österreichweit eindeutigen Geschäftsfallnummer versehen. Auf dieses Register kann im Wege der automationsunterstützten Datenverarbeitung auch das Grundbuch zugreifen. Durch die Bekanntgabe der Geschäftsfallnummer im Antrag, der Bezugnahme des Genehmigungsbescheides auf diese und durch die Bestätigung des Planverfassers auf dem Papierausdruck [zur Bestätigung vgl. § 3 Abs. 2 der Richtlinien gemäß § 33b ZTKG über die Führung eines elektronischen Urkundenarchivs der Ziviltechniker (Urkundenarchiv-Verordnung) (gem. der 196. Verordnung der Bundes-Architekten- und Ingenieurkonsulentenkammer, Zl. 219/07 in der Fassung der 204. Verordnung der Bundes-Architekten- und Ingenieurkonsulentenkammer, Zl. 129/09)] wird gewährleistet, dass derselbe Plan Grundlage des Genehmigungsverfahrens und des Grundbuchsverfahrens ist.

4. Zu Z 5 (§ 1 Abs. 6):

Wird ein Plan nicht innerhalb einer Frist von drei Jahren nach Rechtskraft des Genehmigungsbescheides grundbücherlich durchgeführt oder wird keine Bescheinigung des Vermessungsamtes erteilt, tritt der Genehmigungsbescheid außer Kraft. Es ist, um nach Ablauf der Frist eine Grundteilung gem. K-GTG durchzuführen, ein neuerliches Genehmigungsverfahren erforderlich. Gleiches gilt für den Fall, dass dem Plan keine Bescheinigung des Vermessungsamtes erteilt wurde. Somit kann ein Genehmigungsbescheid, der unter Umständen vor Jahren unter anderen raumordnungsrechtlichen Vorgaben erteilt wurde, nicht Grundlage einer grundbücherlichen Eintragung werden."

§ 2 Genehmigung

Die Genehmigung der Teilung eines Grundstückes (§ 1 Abs. 1) ist nicht zu erteilen;
1. wenn aus der Größe, der Lage oder der Beschaffenheit des Grundstückes schlüssig anzunehmen ist, daß eine dem Flä-

chenwidmungsplan widersprechende Verwendung eintreten wird;
2. wenn ein Widerspruch zu einem Bebauungsplan besteht;
3. wenn bei Grundstücken, die im Flächenwidmungsplan als Bauland festgelegt sind;
   a) bei der Teilung nicht auf die künftige Erschließung und Bebauung des gesamten Grundstückes Bedacht genommen wurde,
   b) offensichtlich unbehebbare Hindernisse einer Verbindung mit einer öffentlichen Fahrstraße bestehen;
   c) kein rechtswirksamer Bebauungsplan besteht;
4. wenn im Hinblick auf die Erhöhung der Effektivität von Planungsmaßnahmen sonst öffentliche Interessen entgegenstehen wie solche
   a) der Raumordnung,
   b) der Besiedelung,
5. während der Dauer einer befristeten Bausperre (§ 23 des Kärntner Gemeindeplanungsgesetzes 1995 – K-GplG 1995, LGBl. Nr. 23, in der jeweils geltenden Fassung).

ErlRV Verf-115/3/1969, 4 f (zu § 5 des Gesetzes über die Aufschließung von Wohnsiedlungsgebieten idF LGBl 1969/51 [Anm: § 2 Z 1 idgF]):

„Die Bestimmungen des bisherigen § 6 des Wohnsiedlungsgesetzes wurden dahingehend abgeändert, daß die Kriterien, aus denen zu schließen ist, daß eine dem Flächenwidmungsplan widersprechende Verwendung beabsichtigt ist, im Gesetz selbst festgelegt wurden. Es handelt sich hier im wesentlichen um jene Faktoren (Größe, Lage oder Beschaffenheit des Grundstückes; Gründe, die in der Person des Käufers gelegen sind), die nach der ständigen Rechtsprechung des Verwaltungsgerichtshofes auch nach der bisherigen Fassung für eine Beurteilung hinsichtlich der Absicht des Käufers in bezug auf die Verwendung des Grundstückes wesentlich waren (vgl. Erk. VerwGH. Zl. 1285/1956 vom 16.1.1957; 1164/1959 vom 28.1.1960; 2738/1959 vom 7.4.1960; 1979/1954 vom 17.4.1956 u.a.m.).

Die Genehmigung nach § 5 ist also zu versagen, wenn aus der Größe, der Lage, der Beschaffenheit des Grundstückes oder aus in der Person des Käufers gelegenen Gründen (z. B. Wohnort, Beruf) schlüssig hervorgeht, daß eine dem Flächenwidmungsplan widersprechende Verwendung beabsichtigt ist. Eine widmungswidrige Verwendung wird etwa dann vorliegen, wenn auf einem an einem Badesee gelegenen Grundstück, das z. b. als Grünland – Erholung gewidmet ist, die Errichtung eines Wohnhauses oder einer Badehütte geplant ist.

Auch die Neufassung des § 5 läßt den Schluß nicht zu, daß eine bestimmte Tatsache vorliegen oder erwiesen sein müßte, sondern bestimmt nur, daß die angeführten Umstände mit einer gewissen Wahrscheinlichkeit auf den Eintritt eines bestimmten Schlußergebnisses in absehbarer Zeit schließen lassen. Diese Schlüsse dürfen nach der ständigen Rechtsprechung des Verwaltungsgerichtshofes mit den Denkgesetzen oder den Erfahrungen des täglichen Lebens nicht in Widerspruch stehen (siehe die oben zitierten Erkenntnisse)."

ErlRV Verf-805/3/1992, 2 und 4 (zu § 2 Z 3 lit c Grundstücksteilungsgesetz 1985 idF LGBl 1992/104 [Anm: § 2 Z 3 lit c idgF]):

„Die Zuweisung der Genehmigung der Teilung eines Grundstückes an die Gemeinde bedingt weiters gewisse Anpassungen der Versagungstatbestände des § 2 leg. cit.

[...]

In Hinkunft soll die Genehmigung der Teilung von Grundstücken, die im Flächenwidmungsplan als Bauland festgelegt sind, auch dann zu versagen sein, wenn für die betroffenen Grundstücke kein rechtswirksamer Bebauungsplan besteht. Dadurch soll sichergestellt werden, daß bereits zum Zeitpunkt der Teilung von Grundstücken konkrete Planungen für deren künftige Bebauung bestehen."

ErlRV Verf-355/7/1996, 2 (zu § 2 Z 5 Grundstücksteilungsgesetz 1985 idF LGBl 1997/93 [Anm: § 2 Z 5 idgF]):

„Durch diese Bestimmung werden die durch die Wiederverlautbarung des Gemeindeplanungsgesetzes 1982 als Gemeindeplanungsgesetz 1995 und des Straßengesetzes 1978 als Kärntner Straßengesetz 1991 berücksichtigt."

§ 3 Grundabtretung

(1) Die Genehmigung der Teilung eines Grundstückes darf unter der Auflage erteilt werden, daß der Grundstückseigentümer Grundflächen nach Maßgabe der Abs. 2 bis 8 an die Gemeinde übereignet. Die Übereignung hat unentgeltlich und insoweit lastenfrei zu erfolgen, als dies möglich ist und die Belastung dem Übereignungszweck (Abs. 2) entgegensteht.

(2) Die Grundabtretung darf für die Anlage neuer oder die Verbreiterung bestehender öffentlicher Straßen nur verlangt werden, wenn eine verkehrsgerechte Aufschließung von einzelnen oder von allen durch die Teilung neu zu bildenden Grundstücken nicht gegeben erscheint. Für die Anlage neuer öffentlicher Straßen darf die Grundabtretung überdies nur aufgetragen werden, wenn diese

a) in einem Flächenwidmungsplan oder
b) in einem Bebauungsplan oder
c) gemäß § 11 Kärntner Straßengesetz 1991 – K-StrG, LGBl. Nr. 72, in seiner jeweils geltenden Fassung als öffentliche Straßen festgelegt sind.

(3) Die Grundabtretung darf in einem Ausmaß bis zu höchstens 20 v. H. des zu teilenden Grundstückes aufgetragen werden.

(4) Erfaßt eine neu anzulegende Straße das zu teilende Grundstück oder Teile davon und sind auch für die auf der anderen Seite der Straße liegenden Grundstücke Aufschließungsvorteile zu erwarten, so darf die Grundabtretung höchstens bis zur Achse der Straße aufgetragen werden.

(5) Begrenzt oder erfaßt eine zu verbreiternde Straße das zu teilende Grundstück oder Teile davon und sind auch für die auf der anderen Seite der Straße liegenden Grundstücke Aufschließungsvorteile zu erwarten, so darf die Grundabtretung höchstens bis zur Hälfte des Ausmaßes der notwendigen Verbreiterung im Bereich des zu teilenden Grundstückes aufgetragen werden.

(6) Erfaßt eine neu anzulegende Straße das zu teilende Grundstück oder Teile davon und sind für die auf der anderen Seite der Straße liegenden Grundstücke keine Aufschließungsvorteile zu erwarten, so darf die Grundabtretung bis zur ganzen Breite der Straße aufgetragen werden.

(7) Begrenzt oder erfaßt eine zu verbreiternde Straße das zu teilende Grundstück oder Teile davon und sind für die auf der anderen

Seite der Straße liegenden Grundstücke keine Aufschließungsvorteile zu erwarten, so darf die Grundabtretung bis zum Gesamtausmaß der notwendigen Verbreiterung im Bereich des zu teilenden Grundstückes aufgetragen werden.

(8) Durchschneidet eine neu anzulegende Straße das zu teilende Grundstück, so darf die Grundabtretung bis zur ganzen Breite der Straße aufgetragen werden.

ErlRV Verf-115/3/1969, 5 (zu § 6 des Gesetzes über die Aufschließung von Wohnsiedlungsgebieten idF LGBl 1969/51):

„§ 6 (neu) stellt eindeutig klar, daß Grundstücke, deren Abtretung begehrt wurde, vor der Erlassung des Bescheides hoheitlich als öffentliche Straßen, Plätze oder sonstige Flächen für den öffentlichen Bedarf festgelegt sein müssen, wie dies auch der bisherigen Rechtsprechung des Verwaltungsgerichtshofes entspricht. Das Ausmaß der abzutretenden Flächen wurde den Erfahrungswerten entsprechend herabgesetzt."

ErlRV Verf-61/13/1975, 1 f und 12 (zu § 5 Wohnsiedlungsgesetz – WSG idF LGBl 1976/59):

„[...] Mit Erkenntnis Slg. 7278/1974 wurde die Bestimmung des § 6 des Gesetzes über die Aufschließung von Wohnungssiedlungsgebieten [Anm: § 3 idgF] mit Ablauf des 28. Feber 1975 aufgehoben. Die Begründung war [...], daß beide Gesetzesbestimmungen gegen den auch den Gesetzgeber bindenden Gleichheitsgrundsatz verstoßen haben. Die Verletzung des Gleichheitsgrundsatzes lag darin, daß die Grundabtretungsverpflichtung nicht in einem sachlichen Verhältnis zu den Aufschließungsvorteilen begrenz wurde. Der Verfassungsgerichtshof führt hiebei als mögliches Beispiel einer sachgemäßen Begrenzung die Bestimmung der §§ 17 und 54 Wiener Bauordnung.

Auf Grund der beiden Erkenntnisse des Verfassungsgerichtshofes wird in Hinkunft ohne entsprechende Initiative des Landesgesetzgebers eine Grundabtretung für die Aufschließung von Wohnsiedlungsgebieten nicht mehr möglich sein. Durch den vorliegenden Gesetzesentwurf soll daher die Möglichkeit der entschädigungslosen Grundabtretung wieder eröffnet werden. In Anbetracht der Ausführungen des Verfassungsgerichtshofes bestehen jedoch gegenüber den bisherigen Bestimmungen des § 6 [Anm: § 3 idgF] und des § 9 folgende Unterschiede:

a) Die Grundabtretung wird in Hinkunft nur dann möglich sein, wenn sie der verkehrsgerechten Aufschließung der durch die Teilung eines Grundstückes neu zu bildenden Grundstücke erforderlich ist.

b) Das Ausmaß der Grundabtretung wird in ein Verhältnis zu den Aufschließungsvorteilen gesetzt. So wird festgelegt, daß die Grundabtretung nicht einem Teilungswerber zur Gänze aufgetragen werden darf, wenn auch die Grundstücke, die an der anderen Seite der Verkehrsfläche liegen, durch die herzustellende Straße Aufschließungsvorteile haben werden. Dasselbe gilt für die Verbreiterung von Straßen.

c) Das Höchstausmaß der Grundabtretung wurde gegenüber der bisherigen Regelung eingeschränkt.

Durch die aufgezeigten Punkte wird dem vom Verfassungsgerichtshof aufgezeigten Bedenken betreffend die Verletzung des Gleichheitsgrundsatzes Rechnung getragen; die vorgenommene Lösung baut auf der vom Verfassungsgerichtshof aufgezeigten Lösungsmöglichkeiten (§§ 17 und 54 der Wiener Bauordnung) auf.

[...]

Durch diese Bestimmung wird die Regelung des bisherigen § 6 des geltenden Gesetzes auf eine verfassungsrechtlich einwandfreie Grundlage gestellt. [...]

Die Regelung, daß die Übereignung unentgeltlich zu erfolgen hat, bedeutet, daß die Kosten der Teilung vom Grundstückseigentümer zu tragen sind.

Der Ausdruck „lastenfrei" umfaßt die Lastenfreiheit sowohl von dinglichen als auch von obligatorischen Rechten. Die lastenfreie Übereignung wird jedoch nur insoweit gefordert, als die Belastung dem Zweck der Übereignung zuwiderlaufen würde. Ein Wegerecht auf dem abzutretenden Grundstück würde dem Zweck der Übereignung etwa nicht entgegenstehen und bräuchte daher auch nicht abgelöst zu werden."

ErlRV Verf-355/7/1996, 2 (zu § 3 Abs 2 lit c Grundstücksteilungsgesetz 1985 idF LGBl 1997/93 [Anm: § 3 Abs 2 lit c idgF]):

„Durch diese Bestimmung werden die durch die Wiederverlautbarung des Gemeindeplanungsgesetzes 1982 als Gemeindeplanungsgesetz 1995 und des Straßengesetzes 1978 als Kärntner Straßengesetz 1991 berücksichtigt."

§ 3a Rückübereignung

(1) Wird mit der Durchführung der Arbeiten, für die die Übereignung erfolgte, nicht innerhalb von fünf Jahren nach Rechtskraft der Genehmigung der Teilung des Grundstückes begonnen, ist der Übereigner oder dessen Rechtsnachfolger berechtigt, binnen fünf Jahren nach Ablauf dieser Frist die Rückübereignung von der Gemeinde zu begehren. Die Frist zur Durchführung kann durch Bescheid höchstens um weitere fünf Jahre verlängert werden, wenn die Verwendung für den Übereignungszweck unmittelbar bevorsteht oder aus Gründen, die die Gemeinde nicht zu vertreten hat, vorläufig nicht möglich ist, aber in absehbarer Zeit erfolgen wird. Die Gemeinde ist zur Rückübereignung an den Übereigner oder dessen Rechtsnachfolger auf ihre Kosten verpflichtet. Die Grundflächen sind möglichst in dem rechtlichen (§ 3 Abs. 1) und natürlichen Zustand zurückzustellen, in dem sie abgetreten wurden. Ist dies nicht möglich, so ist für wertmindernde Änderungen ein angemessener Geldersatz zu leisten. Die Herstellung des ordnungsgemäßen Grundbuchstandes ist von der Gemeinde zu veranlassen.

(2) Über Streitigkeiten wegen der Rückübereignung entscheidet die Gemeinde. Über Streitigkeiten aus allfälligen wechselseitigen vermögensrechtlichen Ansprüchen aus Anlass der Rückübereignung entscheiden die ordentlichen Gerichte.

(3) Wird die abgetretene Grundfläche nur zum Teil nicht für den Zweck, für den die Abtretung erfolgte, verwendet, gelten die Bestimmungen des Abs. 1 mit der Maßgabe, daß die Frist zur Geltendmachung des Rückübereignungsanspruches mit Fertigstellung der Arbeiten zu laufen beginnt.

ErlRV Verf-355/7/1996, 1 ff (zu § 3a Grundstücksteilungsgesetz 1985 idF LGBl 1997/93 [Anm: § 3a idgF]):

„Durch den vorliegenden Gesetzesentwurf werden in das Grundstücksteilungsgesetz Bestimmungen über die Rückübereignung abgetretener Grundstücke an den Abtretenden eingefügt, wenn der Zweck für den die Abtretung erfolgte, nicht innerhalb einer bestimmten Frist verwirklicht wird. Dies ist vor allem im Hinblick auf die Judikatur des Verfassungsgerichtshofes notwendig, wonach in der Eigentumsgarantie des Art. 5 StGG auch die Rückgängigmachung der Enteignung für den Fall grundgelegt ist, daß die enteignete Sache dem vom Gesetz als Enteignungsgrund genannten öffentlichen Zweck nicht zugeführt wird, sei es, weil der Zweck überhaupt nicht in den ursprünglich beabsichtigten Umfang verwirklicht wird. Auch eine einfachgesetzliche Regelung, die eine Enteignung für einen bestimmten öffentlichen Zweck (dem Art. 5 StGG entsprechend) für zulässig erklärt, enthalte wesensgemäß den Vorbehalt, daß es unzulässig sei, die Enteignung aufrecht zu erhalten, wenn der öffentliche Zweck vor dieser Verwirklichung wegfällt. Dieser Inhalt einer Enteignungsnorm fließe auch in den Enteignungsbescheid ein. Jeder bescheidmäßig verfügten Enteignung hafte daher in der Wurzel der Vorbehalt an, daß sie erst endgültig wirksam sei, wenn der vom Gesetz als Enteignungsgrund normierte öffentliche Zweck verwirklicht sei, daß sie aber auch rückgängig zu machen sei, wenn dieser Zweck nicht verwirklicht werde (29. September 1992, B 793/92, S. 5). Nach der Rechtsmeinung des VfGH sind Grundabtretungen nach Maßgabe der Landesplanungs- und Baugesetze Enteignungen im materiellen Sinn (VfSlg. 3475/1958).

[...]

4.1 Zuständigkeit:

Der Umstand, daß die Grundabtretung unter dem Blickwinkel des Eigentumsschutzes und für Zwecke der Kompetenzordnung als Enteignung zu qualifizieren ist, ändert nichts daran, daß diese Angelegenheit dem eigenen Wirkungsbereich der Gemeinde zuzuordnen ist. Zwar entscheidet über eine Notwendigkeit, den Gegenstand und den Umfang von Enteignungen für Gemeindestraßen, Ortschafts- und Verbindungswege – der Rechtsanschauung des VfGH entsprechend – die Bezirksverwaltungsbehörde (§ 38 Kärntner Straßengesetz), doch unterscheidet sich die Grundabtretungspflicht von solchen gestaltenden

Maßnahmen – abgesehen vom Fehlen der Notwendigkeit über eine Entschädigung zu entscheiden – dadurch, daß sie nur aus Anlaß und in (engerem oder weiterem) Zusammenhang mit einer angestrebten Grundteilung ausgelöst wird (vgl. VfSlg. 12891/1991).

Zuständig für die Aufhebung des Enteignungsbescheides ist die Behörde, der im Zeitpunkt der Aufhebung die Zuständigkeit für die Erlassung des Enteignungsbescheides zukäme (VfSlg. 8981/1980).

4.2 Fristen:

Die Rückgängigmachung des als Enteignungsgrund normierten öffentlichen Zweckes ist dem Rechtsinstitut der Enteignung immanent. Wie der Verfassungsgerichtshof in seiner Judikatur ausgesprochen hat, ist die dem Rechtsinstitut der Enteignung wesensgemäß verbundene Rückgängigmachung in verschiedenen Beziehungen einer näheren Regelung zugänglich. So ist es insbesondere zulässig zu regeln, daß der Enteignete seinen Anspruch auf Rückgängigmachung nur innerhalb einer angemessenen Frist ab dem Zeitpunkt, in dem feststeht, daß der als Enteignungsgrund normierte öffentliche Zweck nicht verwirklicht wird, geltend machen kann; eine unvertretbare kurze Frist, die dem Enteigneten zur Geltendmachung eines Rückstellungsanspruches zur Verfügung steht, erweist sich als verfassungswidrig (VfGH 2. März 1995, G 291/94).

Die angestrebte Regelung enthält zwei Fristen:

a) Die Gemeinde ist verhalten, die abgetretenen Grundstücke innerhalb von fünf Jahren im Sinne des Abtretungszweckes zu verwerten. Diese Frist wurde im Hinblick darauf gewählt, daß die Grundabtretungen auch im Interesse des Abtretenden vorgenommen werden. Die Frist des Kärntner Straßengesetzes beträgt vergleichsweise maximal drei Jahre, im Bundesstraßengesetz sind generell drei Jahre (mit Verlängerungsmöglichkeit) für die Verwirklichung vorgesehen. Die Frist für Widmungen von Vorbehaltsflächen im Gemeindeplanungsgesetz 1995 beträgt vier Jahre. Darüberhinaus ist eine Verlängerungsmöglichkeit um höchstens weitere fünf Jahre vorgesehen.

b) Die Frist zur Geltendmachung des Rückübereignungsanspruches beträgt weitere fünf Jahre. Hier ist die eingangs zitierte Judikatur des VfGH zu beachten. Diese Frist ist so zu setzen, daß die durch Art. 5 StGG vorgegebenen Grenzen der Eigentumsgarantie gewahrt bleiben. Der VfGH hat in seinem Erkenntnis vom 2. März 1995, G 291/95 ausgesprochen, daß die dem früheren Eigentümer offenstehende Frist in einem angemessenen Verhältnis zu jenen insgesamt längeren Zeiträumen stehen muß, die der Enteignungswerber zur Realisierung seines Vorhabens zur Verfügung hat. Da beide Fristen (die Gemeinde kann die ihr zur Verfügung stehende Frist allerdings verlängern) gleich lang sind und an objektive Kriterien anknüpfen, erscheint die Sachlichkeit gewahrt. Für den Beginn des Fristenlaufes für die Rückübereignung von verbleibenden Teilen des abgetretenen Grundstückes wird auf die Fertigstellung der Straße abgestellt.

4.3 Die Rückstellung soll tunlichst in jenem Zustand erfolgen, in dem die Übereignung erfolgt ist. Dies gilt sowohl für den natürlichen Zustand als auch für die Rechte Dritter. Gemäß § 3 Abs. 3 2. Satz [Anm: gemeint § 3 Abs. 1 2. Satz] hat die Übereignung insoweit lastenfrei zu erfolgen, als dies möglich ist und die Belastung dem Übereignungszweck nicht entgegensteht. In diesem Zustand hat auch die Rückübereignung stattzufinden. Die Gemeinde hat den vermögensrechtlichen Nachteil abzugelten, der dadurch entsteht, daß das Grundstück nicht in seinem ursprünglichen Zustand zurückgestellt wird. Über allfällige vermögensrechtliche Streitigkeiten entscheiden die ordentlichen Gerichte.

4.4 Im Begutachtungsverfahren sind Fragen in bezug auf die Auslegung der Begriffe des „Beginns der Arbeiten" sowie der „Absehbarkeit" der Realisierung aufgetaucht:

– Hinsichtlich der „Absehbarkeit" handelt es sich erstens um einen Begriff aus dem Bundesstraßengesetz 1971 und zweitens ist die Absehbarkeit ohnehin durch die Frist von maximal fünf Jahren begrenzt, das heißt, daß mit den Arbeiten ohnehin innerhalb von fünf Jahren begonnen werden muß, da eine weitere Verlängerung nicht zulässig ist.

– Der „Beginn" der Arbeiten ist in Verbindung mit dem Zweck der Straße auszulegen. Reine Planungsarbeiten und die Auspflockung der Trasse werden dazu sicherlich nicht ausreichen, zumal diese auch Arbeiten nicht nur der Herstellung der Straßen dienen sondern auch der Bebauung dienen z.B. wegen der Abstandsflächen. Allerdings müßte das Abschieben der Humusecke genügen, soweit die dadurch entstandene „Straße" auch tatsächlich als Straßenverbindung genutzt wird. Die Gemeinde kann kein Interesse daran haben, die Straße vor Abschluß eines großteils der Bauarbeiten an den anrainenden Grundstücken ordnungsgemäß herzustellen, zumal mit den Bauarbeiten erfahrungsgemäß ein beträchtlicher LKW-Verkehr verbunden ist."

§ 4 Rechtswirkung

Die grundbücherliche Einverleibung einer Teilung ist nur zulässig, wenn die Teilung genehmigt wurde.

ErlRV Verf-115/3/1969, 6 (zu § 7 des Gesetzes über die Aufschließung von Wohnsiedlungsgebieten idF LGBl 1969/51):

„§ 7 (neu) stellt eine zur Regelung des Gegenstandes erforderliche Bestimmung auf dem Gebiet des Zivilrechtes dar. Gemäß Art. 15 Abs. 9 B.-VG. ist dem Landesgesetzgeber die Möglichkeit zugestanden worden, bei der Regelung einer in die Zuständigkeit des Landesgesetzgebers fallenden Materie akzessorische Bestimmungen auch auf dem Gebiete des Zivil- und Strafrechtswesens zu treffen."

ErlRV Verf-61/13/1975, 13 (zu § 6 Abs 3 lit a Wohnsiedlungsgesetz – WSG idF LGBl 1976/59):

„Die Bestimmungen der Abs. 1 bis 3 über [...] die grundbücherliche Einverleibung einer den Bestimmungen dieses Gesetzes unterliegenden Maßnahme sind als Vorschriften im Sinne des Art. 15 Abs. 9 B-VG anzusehen, ohne die keine wirksame Vollziehung des Gesetzes möglich wäre.

ErlRV -2V-LG-1294/19-2010, 3 f:

„Im Grundbuchsantrag ist gem. § 2 Abs. 2 LiegTeilG auf die Speicherung des Plans und der Bescheinigung nach § 39 VermG im Geschäftsregister der Vermessungsbehörde hinzuweisen. Diese Urkunden sind dem Antrag nicht beizulegen und auch nicht zur Urkundensammlung nach § 1 Grundbuchsgesetz 1955 zu nehmen. Eine Bestätigung der Behörde „auf dem Plan" gem. § 4 Abs. 1 lit. b K-GTG wird aus diesem Grund nicht mehr möglich sein. Dementsprechend entfällt diese Bestimmung. In diesem Zusammenhang sei darauf hingewiesen, dass ein mit Rechtskraftbestätigung versehener Genehmigungsbescheid unter Auflage einer Grundabtretung gemäß § 3 K-GTG als Enteignungsbescheid zu qualifizieren ist und eine taugliche Grundlage für die grundbücherliche Einverleibung des Eigentumsrechts der Gemeinde darstellt (OGH 10.2.2009, 5 Ob 234/08k)."

§ 5 Eigener Wirkungsbereich

Die den Gemeinden nach diesem Gesetz obliegenden Aufgaben sind solche des eigenen Wirkungsbereiches.

ErlRV Verf-115/3/1969, 7 (zu § 10 des Gesetzes über die Aufschließung von Wohnsiedlungsgebieten idF LGBl 1969/51 [Anm: § 5 idgF]):

„Durch § 10 wird den Bestimmungen des Art. 118 Abs. 2 letzter Satz B.-VG. in der Fassung der Bundesverfassungsgesetz-Novelle 1962, BGBl. Nr. 205, Rechnung getragen."

ErlRV Verf-805/3/1992, 2 (zu § 5 Grundstücksteilungsgesetz 1985 idF LGBl 1992/104):

„Da das Grundstücksteilungsgesetz 1985 [...] (überwiegend) Angelegenheiten betrifft, die im ausschließlichen oder überwiegenden Interesse der örtlichen Gemeinschaft liegen, sind gemäß Art. 118 Abs. 2 letzter Satz B-VG die der Gemeinde übertragenen Aufgaben ausdrücklich als solche des eigenen Wirkungsbereiches zu bezeichnen."

§ 6 Verweisungen

Eine Verweisung in diesem Gesetz auf eines der nachstehend angeführten Bundesgesetze ist als Verweisung auf die nachstehend angeführte Fassung zu verstehen:
  a) **Liegenschaftsteilungsgesetz – LiegTeilG, BGBl. Nr. 3/1930, zuletzt in der Fassung des Bundesgesetzes BGBl. I Nr. 30/2012;**
  b) **Vermessungsgesetz – VermG, BGBl. Nr. 306/1968, zuletzt in der Fassung des Bundesgesetzes BGBl. I Nr. 129/2013.**

Artikel II

ErlRV -2V-LG-1294/19-2010, 4:

„Alle Verweisungen auf Bundesgesetze werden in § 6 zusammengefasst und aktualisiert."

Artikel II [Anm: zu LGBl Nr 1992/104]

(1) Artikel I dieses Gesetzes tritt am 1. Oktober 1992 in Kraft.

(2) Im Zeitpunkt des Inkrafttretens dieses Gesetzes bei der Bezirksverwaltungsbehörde anhängige Verfahren auf Genehmigung der Teilung eines Grundstückes sind von der Gemeinde, in der das Grundstück gelegen ist, fortzuführen.

ErlRV Verf-805/3/1992, 5 (zu Art II Grundstücksteilungsgesetz 1985 idF LGBl 1992/104):

„Da die Aufhebung des § 1 Abs. 1 des Grundstücksteilungsgesetzes 1985 durch den Verfassungsgerichtshof mit Ablauf des 30. September 1992 in Kraft tritt, wird als Zeitpunkt des Inkrafttretens der vorliegenden Novelle der 1. Oktober 1992 vorgesehen, um im Bereich der Grundstücksteilung eine regelungslosen Zustand zu vermeiden.

Im Interesse der Rechtsklarheit war weiters vorzusehen, daß im Zeitpunkt des Inkrafttretens des vorliegenden Gesetzesentwurfes bei der Bezirksverwaltungsbehörde anhängige Verfahren auf Genehmigung der Teilung eines Grundstückes von der Gemeinde, in der das Grundstück gelegen ist, fortzuführen sind."

Artikel II [Anm: zu LGBl Nr 1997/93]

(1) Dieses Gesetz tritt mit dem der Kundmachung folgenden Monatsersten in Kraft.

(2) Für alle zum Zeitpunkt des Inkrafttretens dieses Gesetzes (1.11.1997) anhängigen und für alle innerhalb von sechs Monaten nach Kundmachung dieses Gesetzes anhängig gemachten Anträge auf Rückübereignung gelten nicht die Fristen des § 3a Abs. 1 und 3."

ErlRV Verf-355/7/1996, 5 (zu Art II Grundstücksteilungsgesetz 1985 idF LGBl 1997/93):

„Durch die Bestimmung soll gewährleistet werden, daß Anträge auf Rückübereignung, für die die Fristen des § 3a bereits abgelaufen wären, innerhalb eines halben Jahres gestellt werden können. Dies ist notwendig, um verfassungswidrige Ergebnisse durch Abschneiden des Anspruches auf Rückübereignung zu verhindern."

Artikel II [Anm: zu LGBl Nr 2010/66]

(1) Dieses Gesetz tritt mit dem der Kundmachung folgenden Monatsersten in Kraft.

(2) Auf Pläne, die noch nicht im Geschäftsregister der Vermessungsbehörde gespeichert sind, und auf Verfahren, die zum Zeitpunkt des Inkrafttretens dieses Gesetzes anhängig sind, sind die §§ 1 und 4 in der vor Inkrafttreten dieses Gesetzes geltenden Fassung weiter anzuwenden.

Artikel CXV Inkrafttreten [Anm: zu LGBl 2013/85]

(1) Dieses Gesetz tritt am 1. Jänner 2014 in Kraft, soweit in Abs. 2 nicht anderes bestimmt ist.

Literaturverzeichnis

Giese, Salzburger Baurecht, 2006 (zit: *Giese*, Baurecht).

Hauer, Der Nachbar im Baurecht[6], 2008 (zit: *Hauer*, Nachbar[6]).

Hauer/Pallitsch, Kärntner Baurecht[4], 2002 (zit: *Hauer/Pallitsch*, Baurecht[4]).

Hauer/Pallitsch, Burgenländisches Baurecht[2], 2006 (zit: Bgld Baurecht[2]).

Hengstschläger/Leeb, Allgemeines Verwaltungsverfahrensgesetz I[2] 2014, II 2005, III 2007, IV 2009 (zit: *Hengstschläger/Leeb*, AVG I[2], AVG II, III, IV).

Krzizek, System des Österreichischen Baurechts I, 1972, II, 1974, III, 1976 (zit: *Krzizek*, System I, II, III).

Pallitsch/Pallitsch/Kleewein, Kärntner Baurecht[5], 2014 (zit: *Pallitsch/Pallitsch/Kleewein*, Baurecht[5]).

Potacs, Auslegung im öffentlichen Recht, 1994 (zit: *Potacs*, Auslegung).

Trippl/Schwarzbeck/Freiberger, Steiermärkisches Baurecht[5], 2013 (zit: *Trippl/Schwarzbeck/Freiberger*, Baurecht[5]).

Unkart, Kärntner Bauordnung[2], 1977 (zit: *Unkart*, Bauordnung[2]).

Rechtsprechungsverzeichnis

Verfassungsgerichtshof:

21.3.1931, K I-1/31 = VfSlg 1390/1931.
5.10.1951, K II-2/51 = VfSlg 2192/1951 (Vorarlberg).
15.12.1951, B 195/51 = VfSlg 2242/1951 (Wien).
6.10.1953, V 18/53 = VfSlg 2556/1953.
8.12.1953, G 9/53 = VfSlg 2598/1953 (Vorarlberg).
23.6.1954, K II-2/54 = VfSlg 2674/1954.
25.6.1954, B 32/54 = VfSlg 2685/1954 (Steiermark).
6.12.1955, K II-1/55 = VfSlg 2905/1955.
19.3.1956, K II-2/55 = VfSlg 2977/1956.
6.10.1956, B 88/56 = VfSlg 3078/1956 (Steiermark).
11.3.1959, K II-3/58 = VfSlg 3504/1959.
10.12.1959, B 201/59 = VfSlg 3649/1959 (Niederösterreich).
15.6.1962, K II-1/62 = VfSlg 4206/1962 (Vorarlberg).
11.1.1963, K II-3/62 = VfSlg 4349/1963 (Salzburg).
21.3.1963, K II-4/63 = VfSlg 4387/1963.
22.3.1963, B 139/62 = VfSlg 4388/1963 (Wien).
22.3.1963, B 144/62 = VfSlg 4389/1963 (Wien).
22.3.1963, B 432/62 = VfSlg 4390/1963 (Wien).
8.10.1963, B 470/62 = VfSlg 4543/1963 (Wien).
2.7.1965, B 284/64 = VfSlg 5019/1965 (Wien).
3.7.1965, G 4/65, G 5/65, G 7/65 = VfSlg 5024/1965.
17.6.1966, B 257/65 = VfSlg 5288/1966 (Tirol).
1.12.1966, B 147/66 = VfSlg 5410/1966 (Burgenland).
5.10.1967, B 60/67 = VfSlg 5578/1967 (Wien).
6.10.1967, B 54/66 = VfSlg 5579/1967 (Tirol).
15.12.1967, B 329/67 = VfSlg 5647/1967 (Burgenland).

6.3.1968, G 29/67 = VfSlg 5669/1968 (Tirol).

11.3.1968, G 25/67 = VfSlg 5672/1968.

17.10.1968, G 24/67, G 8/68, G 9/68, G 10/68, G 13/68, G 14/68, G 15/68 = VfSlg 5823/1968 (Oberösterreich).

13.3.1969, B 206/68 = VfSlg 5920/1969 (Steiermark).

15.10.1969, G 16/69 = VfSlg 6060/1969 (Tirol).

6.3.1970, B 363/69 = VfSlg 6146/1970 (Wien).

10.3.1970, G 30/69 = VfSlg 6147/1970 (Steiermark).

9.6.1970, B 319/69 = VfSlg 6186/1970 (Steiermark).

16.10.1970, G 10/70 = VfSlg 6290/1970 (Kärnten).

8.10.1971, G 13/71, G 15/71, G 30/71 = VfSlg 6550/1971 (Salzburg).

16.3.1972, G 35/71, V34/71 = VfSlg 6685/1972 (Salzburg).

29.6.1972, G 6/72 = VfSlg 6770/1972 (Wien).

27.9.1974, B 138/74 = VfSlg 7355/1974 (Burgenland).

24.6.1975, K II-1/74 = VfSlg 7582/1975.

11.3.1976, G 30/74, G 6/75 = VfSlg 7759/1976 (Wien).

27.1.1977, B 333/75 = VfSlg 7978/1977 (Kärnten).

11.3.1978, B 439/75 = VfSlg 8279/1978 (Vorarlberg).

27.6.1979, V 24/78 = VfSlg 8601/1979 (Niederösterreich).

23.10.1980, G 26/08 = VfSlg 8944/1980 (Niederösterreich).

1.7.1982, B 535/81 = VfSlg 9468/1982 (Kärnten).

11.3.1983, B 381/79 = VfSlg 9665/1983 (Kärnten).

23.9.1983, B 206/77 = VfSlg 9774/1983 (Salzburg).

6.10.1983, G 25/82 = VfSlg 9811/1983 (Vorarlberg).

29.2.1984, B 126/79 = VfSlg 9943/1984 (Kärnten).

3.12.1984, B 119/83 = VfSlg 10.288/1984 (Salzburg).

4.12.1984, G82/83; G139/84; G148/84; V61/83; V25/84; V28/84 = VfSlg 10.296/1984 (Kärnten).

22.2.1985, B 59/79 = VfSlg 10.329/1985 (Kärnten).

12.3.1985, B 44/84 = VfSlg 10.401/1985 (Wien).

8.10.1985, V 37/84 = VfSlg 10.614/1985.

2.12.1985, G 16/85 = VfSlg 10.715/1985.

21.3.1986, B179/84 = VfSlg 10.844/1986 (Salzburg).

18.3.1987, G 16/87, G 17/87, G 18/87, G 19/87, G 20/87 = VfSlg 11.307/1987 (Niederösterreich).

24.6.1988, G 1/88, G 2/88, G 74-81/88 = VfSlg 11.760/1988.

28.9.1990, B 1368/87 = VfSlg 12.468/1990 (Wien).

17.10.1991, G 242/91, G 271/91 = VfSlg 12.891/1991 (Kärnten).

7.10.1992, B 614/92, B 615/92, B 616/92, B 617/92, B 618/92, B 620/92 = VfSlg 13.210/1992 (Oberösterreich).

16.10.1992, B 942/91 = VfSlg 13.234/1992 (Steiermark).

1.12.1992, B 1057/91 (Steiermark).

12.12.1992, G 171/91, G 115/92 = VfSlg 13.299/1992.

14.12.1992, G 117/92 = VfSlg 13.304/1992.

18.12.1992, K II-1/91 = VfSlg 13.322/1992 (Salzburg).

27.9.1994, B 2089/93 (Kärnten).

28.9.1995, G 18/95 = VfSlg 14.263/1995.

14.3.1996, B 2113/94; B 2114/94; B 2126/94; B 663/95 = VfSlg 14.473/1996.

29.11.1996, G 189/96; G 190/96; G 191/96; G 192/96; G 193/96; G 277/96 = VfSlg 14.681/1996 (Tirol).

3.3.1997, B 620/96 = VfSlg 14.777/1997 (Niederöstereich).

6.3.1997, B 3509/96 = VfSlg 14.783/1997 (Tirol).

3.10.1997, B 737/96 = VfSlg 14.943/1997 (Wien).

10.12.1997, B 5012/96 = VfSlg 15.047/1997 (Wien).

5.3.1998, B 1433/95 = VfSlg 15.112/1998 (Niederösterreich).

16.6.1998, B 2896/96 = VfSlg 15.188/1998 (Kärnten).

1.10.1998, G 357/97 = VfSlg 15.267/1998 (Kärnten).

23.2.1999, B 2256/98 (Kärnten).

7.6.1999, B 891/97, V 235/97 = VfSlg 15.475/1999 (Wien).

1.10.1999, G 73/99 = VfSlg 15.581/1999 (Tirol).

15.12.1999, B 1176/99, B 1597/99, B 1598/99 = VfSlg 15.691/1999 (Steiermark).

15.3.2000, G173/99, V97/99 = VfSlg 15.774/2000 (Kärnten).

13.6.2000, B 224/98 ua = VfSlg 15.792/2000 (Tirol).

26.9.2000, B 740/98 (Kärnten).

26.9.2000, B 713/00 (Wien).

12.12.2000, G 97/00 = VfSlg 16.049/2000 (Wien).

7.3.2001, B 1579/00 ua = VfSlg 16.113/2001 (Niederösterreich).

12.6.2001, B 917/00 = VfSlg 16.176/2001.

20.9.2001, G 139/00 = VfSlg 16.285/2001.

24.9.2001, B 143/99 = VfSlg 16.250/2001 (Niederösterreich).

24.9.2001, B 1593/00 = VfSlg 16.253/2001.

12.12.2001, G269/01 ua = VfSlg 16.400/2001.

10.6.2002, B 1326/01 = VfSlg 16.504/2002.

13.6.2002, B 1542/01 = VfSlg 16.537/2002.

23.6.2003, G 11/03 = VfSlg 16.901/2003.

22.9.2003, B 863/01 = VfSlg 16.934/2003 (Niederösterreich).

27.9.2003, G 222/01 = VfSlg 16.981/2003 (Burgenland).

27.9.2003, G 18/03 ua = VfSlg 16.982/2003 (Salzburg).

27.9.2003, G 20/03 = VfSlg 16.983/2003 (Salzburg).

3.10.2003, G 49/03 ua = VfSlg 16.999/2003.

25.11.2003, B 206/03 = VfSlg 17.045/2003.

26.2.2004, G 226/03 = VfSlg 17.143/2004 (Kärnten).

16.10.2004, G 214/03 = VfSlg 17.346/2004 (Steiermark).

16.12.2004, B 834/00 = VfSlg 17.424/2004 (Kärnten).

9.3.2005, B 785/01 = VfSlg 17.493/2005 (Kärnten).

22.6.2005, G 152/04 ua = VfSlg 17.593/2005 (Oberösterreich).

2.10.2006, V 79/03 ua = VfSlg 17.941/2006.

21.6.2007, B 698/05 = VfSlg 18.161/2007 (Tirol).

21.6.2007, B 1082/06 = VfSlg 18.164/2007.

24.9.2007, B 1199/07 (Kärnten).

2.10.2007, G 4/07 = VfSlg 18.234/2007 (Wien).

25.2.2008, B 2417/07 (Steiermark).

3.3.2008, B 2412/07 (Oberösterreich).

11.3.2010, G 228/09 = VfSlg 19.031/2010.

29.11.2010, B 1507/10 (Kärnten).

7.3.2012, V 32/09 (Wien).

16.3.2012, G 126/11 = VfSlg 19.636.

20.6.2012, V 7/12 = VfSlg 19.647/2012 (Wien).

27.2.2014, G 98/2013 = VfSlg 19.846/2014 (Vorarlberg).

3.3.2014, G 106/2013 = VfSlg 19.849/2014.

16.6.2014, G 94/2013 = VfSlg 19.875/2014.

18.9.2014, B 917/2012 (Oberösterreich).

18.9.2014, B 1311/2012 (Oberösterreich).

7.10.2014, E 707/2014 (Tirol) = VfSlg 19.902/2014 = SV 2015, 31 (Attlmayr).

8.10.2014, V 53/2012 (Kärnten) = VfSlg 19.907/2014.
29.11.2014, G 30/2014 = VfSlg 19.917/2014.
11.12.2014, B 116/2012 = VfSlg 19.940/2014 (Tirol).
12.3.2015, B 1550/2012 (Tirol).
19.2.2016, E 2567/2015 (Niederösterreich).

Verwaltungsgerichtshof:

6.7.1899, 5589 = VwSlg 13.059/1899.
29.5.1947, 482/46 = VwSlg 97 A/1947 (Oberösterreich).
15.1.1948, 79/47 = VwSlg 274 A/1948 (Salzburg).
12.10.1948, 1288/47 = VwSlg 524 A/1948 (Tirol).
27.10.1950, 0326/49 = VwSlg 1718 A/1950.
8.11.1950, 1952/49 = VwSlg 1750 A/1950 (Kärnten).
5.12.1951, 2190/50 = VwSlg 2357 A/1951 (Steiermark).
30.5.1956, 3500/53 = VwSlg 4080 A/1956.
10.7.1956, 3520/54 = VwSlg 4125 A/1954 (Wien).
12.9.1962, 645/62 = VwSlg 5858 A/1962.
28.1.1963, 1154/62 = VwSlg 5951 A/1963 (Steiermark).
17.10.1963, 754/63 = VwSlg 6123 A/1963 (Wien).
28.10.1963, 1830/60.
5.10.1964, 2216/63 = VwSlg 6449 A/1964 (Wien).
16.11.1964, 1465/64 = VwSlg 6491 A/1964 (Wien).
8.2.1965, 790/64 = VwSlg 6580 A/1965 (Wien).
36.4.1965, 2342/64 = VwSlg 6670 A/1965 (Kärnten).
21.6.1965, 0041/65 = VwSlg 6726 A/1965 (Niederösterreich).
17.1.1966, 2175/64 (Wien).
18.4.1966, 157/66.
13.6.1966, 1949/65 = VwSlg 6945 A/1966 (Steiermark).
21.11.1966, 1822/65 = VwSlg 7028 A/1966 (Steiermark).
21.11.1966, 2211/65 = VwSlg 7030 A/1966 (Tirol).
20.2.1967, 0437/65 = VwSlg 7086 A/1967 (Wien).
22.5.1967, 0137/67 (Kärnten).
22.9.1967, 807/67 = VwSlg 7179 A/1967.
16.10.1967, 1492/66 (Oberösterreich).

3.11.1967, 1885/66 = VwSlg 7210 A/1967 (Oberösterreich).

28.11.1967, 323/66 = VwSlg 7227 A/1967 (Wien).

15.1.1968, 2162/65 = VwSlg 7265 A/1968 (Wien).

26.2.1968, 0092/67 = VwSlg 7295 A/1968 (Kärnten).

13.5.1968, 307/67 = VwSlg 7348 A/1968 (Vorarlberg).

11.6.1968, 1528/66 = VwSlg 7368 A/1968 (Kärnten).

28.10.1968, 867/66 = VwSlg 7432 A/1968 (Oberösterreich).

28.10.1968, 0157/68 (Kärnten).

24.3.1969, 1082/68 = VwSlg 7538 A/1969 (Salzburg).

22.9.1969, 1768/68 = VwSlg 7638 A/1969 (Tirol).

29.9.1969, 1863/68 (Wien).

29.9.1969, 0982/69 = ZVR 1970/146.

19.1.1970, 0719/69 = VwSlg 7710 A/1970 (Tirol).

4.5.1970, 0733/69 = VwSlg 7791 A/1970 (Kärnten).

11.5.1970, 1490/69 = VwSlg 7792 A/1970 (Niederösterreich).

5.10.1970, 0642/70 = VwSlg 7873 A/1970 (Kärnten).

4.1.1971, 0084/70 = VwSlg 7941 A/1971 (Wien).

26.3.1971, 1396/70 = VwSlg 8001 A/1971 (Kärnten).

7.6.1971, 2005/70 (Tirol).

13.12.1971, 1687/71 = VwSlg 8134 A/1971 (Tirol).

4.5.1972, 1697/71 = VwSlg 8227 A/1972 (Oberösterreich).

12.6.1972, 0681/72 (Kärnten).

9.10.1972, 1669/71 (Steiermark).

3.7.1973, 1963/72 = VwSlg 8440 A/1973 (Tirol).

16.10.1973, 1141/72 = VwSlg 8481 A/1973 (Kärnten).

19.3.1974, 1985/71 = VwSlg 8579 A/1974 (Kärnten).

10.9.1974, 0737/74 (Kärnten).

1.10.1974, 0639/74 (Kärnten).

11.11.1974, 1857/73 = VwSlg 8700 A/1974 (Wien).

21.1.1975, 1187/74 (Kärnten).

29.4.1975, 1339/73 (Kärnten).

23.6.1975, 0395/75 = VwSlg 8857 A/1975 (Wien).

9.12.1975, 1025/73 (Kärnten).

2.3.1976, 0518/75 = VwSlg 9007 A/1976 (Kärnten).

7.9.1976, 0613/75 = VwSlg 9107 A/1976 (Kärnten).

14.9.1976, 1299/76 (Kärnten).

1.2.1977, 0583/76 = VwSlg 9237 A/1977 (Tirol).

15.2.1977, 2091/76 (Kärnten).

29.3.1977, 2745/76 (Kärnten).

4.5.1977, 0898/75 = VwSlg 9315 A/1977.

9.11.1977, 2382/77 = VwSlg 9425 A/1977.

25.4.1978, 2496/77 (Steiermark).

19.9.1978, 2258/75 = VwSlg 9634 A/1978 (Kärnten).

17.10.1978, 0610/76 = VwSlg 9657 A/1978 (Kärnten).

17.1.1979, 2695/78 (Kärnten).

31.1.1979, 1069/77 = VwSlg 9754 A/1979 (Tirol).

21.2.1979, 2193/78 = VwSlg 9775 A/1979 (Kärnten).

24.4.1979, 835/76 = VwSlg 9823 A/1976 (Oberösterreich).

9.5.1979, 0576/78 (Kärnten).

9.5.1979, 3491/78 =VwSlg 9836 A/1979 (Kärnten).

27.6.1979, 0932/77 (Kärnten).

12.9.1979, 0575/79 (Kärnten).

18.10.1979, 0709/79 (Oberösterreich).

24.10.1979, 0637/79 (Kärnten).

18.3.1980, 193/79.

22.5.1980, 3064/78 (Salzburg).

28.10.1980, 1359/80 = VwSlg 10.275 A/1980 (Wien).

30.10.1980, 3424/78 (Kärnten).

3.12.1980, 3112/79 = VwSlg 10.317 A/1980 (Steiermark).

5.3.1981, 0840/80 (Kärnten).

21.5.1981, 3121, 3122/80 = VwSlg 10.461 A/1981 (Kärnten).

21.5.1981, 3309/80, 3310/80 = VwSlg 10.462 A/1981 (Vorarlberg).

11.6.1981, 1737/79 (Kärnten).

20.10.1981, 81/07/0112 = VwSlg 10.565 A/1981 (Tirol).

22.10.1981, 3129/79 (Kärnten).

19.11.1981, 0640/80 (Kärnten).

24.11.1981, 81/05/0106 (Niederösterreich).

10.12.1981, 81/06/0134 = VwSlg 10.614 A/1981 (Kärnten).

17.12.1981, 2631/80 = VwSlg 10.621 A/1981 (Kärnten).

18.2.1982, 1549/80 (Kärnten).

1.4.1982, 1267/80 = VwSlg 10.698 A/1982 (Salzburg).

15.4.1982, 82/06/0021 (Kärnten).

17.6.1982, 82/06/0045 (Kärnten).

16.9.1982, 82/06/0062 = VwSlg 10.815 A/1982 (Vorarlberg).

30.9.1982, 81/06/0071 (Tirol).

21.10.1982, 81/06/0045 (Kärnten).

21.10.1982, 82/06/0108 (Steiermark).

26.5.1983, 2538/80 (Kärnten).

26.5.1983, 83/06/0055 (Kärnten).

14.6.1983, 83/05/0035.

13.9.1983, 83/05/0052 (Niederösterreich).

15.9.1983, 2367/80 (Kärnten).

6.10.1983, 81/06/0119 (Kärnten).

20.10.1983, 81/06/0076 = VwSlg 11.196 A/1983 (Kärnten).

26.1.1984, 83/06/0176 (Kärnten).

26.1.1984, 83/06/0206 (Kärnten).

27.3.1984, 05/1222/80.

17.5.1984, 81/06/0143 = VwSlg 11.442 A/1984 (Tirol).

17.5.1984, 84/06/0101 (Kärnten).

15.1.1985, 84/05/0185 (Burgenland).

28.2.1985, 85/06/0001 (Kärnten).

23.4.1985, 83/04/0130 = VwSlg 11.752 A/1985.

14.5.1985, 81/05/0099 = VwSlg 11.763 A/1985 (Oberösterreich).

30.5.1985, 85/06/0009 (Kärnten).

13.6.1985, 84/06/0111 = VwSlg 11796 A/1985 (Tirol).

13.6.1985, 84/05/0240 = VwSlg 11.795 A/1985 (Wien).

19.9.1985, 84/06/0072 (Kärnten).

24.10.1985, 85/06/0100 (Kärnten).

21.11.1985, 85/06/0042 (Kärnten).

23.1.1986, 84/06/0117 (Kärnten).

23.1.1986, 85/06/0226 (Tirol).

3.4.1986, 84/06/0136 (Kärnten).

3.4.1986, 85/06/0150 (Tirol).

8.4.1986, 85/05/0183 = VwSlg 12.095 A/1986 (Niederösterreich).

15.4.1986, 86/05/0029 = VwSlg 12.106 A/1986 (Oberösterreich).

12.6.1986, 86/06/0020 = VwSlg 12.172 A/1986 (Steiermark).
19.6.1986, 86/06/0053 (Kärnten).
24.6.1986, 85/05/0174 = VwSlg 12.183 A/1986 (Oberösterreich).
3.7.1986, 85/06/0054 (Steiermark).
3.7.1986, 86/06/0035 = VwSlg 12.195 A/1986 (Steiermark).
7.7.1986, 84/10/0290 (Kärnten).
11.9.1986, 85/06/0108 = VwSlg 12.213 A/1986 (Kärnten).
11.9.1986, 85/06/0120 (Kärnten).
16.10.1986, 86/06/0165.
18.12.1986, 84/06/0109 (Kärnten).
17.3.1987, 87/05/0040 (Kärnten).
17.3.1987, 87/05/0041 (Kärnten).
17.3.1987, 87/05/0043 = VwSlg 12.422 A/1987 (Kärnten).
24.3.1987, 87/05/0045 (Kärnten).
24.3.1987, 87/05/0047 = VwSlg 12.426 A/1987 (Kärnten).
24.3.1987, 87/05/0048 (Kärnten).
14.4.1987, 87/05/0031 = VwSlg 12.448 A/1987 (Kärnten).
14.4.1987, 87/05/0049 (Kärnten).
12.5.1987, 87/05/0044 (Kärnten).
3.6.1987, 87/10/0006 (Steiermark).
15.9.1987, 86/05/0115 = VwSlg 12.531 A/1987 (Oberösterreich).
15.9.1987, 87/05/0144 = VwSlg 12.533 A/1987 (Burgenland).
15.10.1987, 84/06/0001 (Salzburg).
17.11.1987, 87/05/0143 (Niederösterreich).
24.11.1987, 87/05/0111 (Kärnten).
24.11.1987, 87/05/0126 (Kärnten).
15.12.1987, 84/05/0043 (Niederösterreich).
17.12.1987, 84/06/0102 (Kärnten).
22.12.1987, 85/05/0080 (Burgenland).
22.12.1987, 85/05/0080 (Burgenland).
22.12.1987, 87/05/0174 (Kärnten).
11.2.1988, 85/06/0138 (Steiermark).
11.2.1988, 87/06/0124.
26.4.1988, 88/05/0063 (Kärnten).
28.4.1988, 88/06/0078 (Salzburg).

20.9.1988, 88/05/0182 (Kärnten).

3.10.1988, 87/10/0133 (Kärnten).

18.10.1988, 88/05/0184 (Wien).

20.10.1988, 86/06/0169.

25.10.1988, 88/05/0131 (Kärnten).

24.11.1988, 85/06/0160 (Kärnten).

13.12.1988, 88/05/0140 (Kärnten).

15.12.1988, 85/06/0068 (Kärnten).

17.1.1989, 88/05/0164 = VwSlg 12.845 A/1989 (Kärnten).

24.1.1989, 88/04/0152.

23.2.1989, 83/06/0260 (Kärnten).

28.3.1998, 88/04/0238 = VwSlg 12.889 A/1989.

25.4.1989, 88/05/0248 (Kärnten).

4.7.1989, 89/05/0061 (Kärnten).

4.7.1989, 88/05/0218 = VwSlg 12.965 A/1989 (Burgenland).

6.7.1989, 88/06/0197 = VwSlg 12.970 A/1989 (Steiermark).

26.9.1989, 89/05/0102 = VwSlg 13.006 A/1989 (Kärnten).

9.11.1989, 87/06/0078 = VwSlg 13.056 A/1989 (Vorarlberg).

28.11.1989, 89/05/0028 (Niederösterreich).

28.11.1989, 89/05/0077 (Burgenland).

12.12.1989, 89/05/0185 = VwSlg 13.081 A/1989 (Oberösterreich).

30.1.1990, 89/05/0128 (Kärnten).

20.2.1990, 89/05/0190 (Kärnten).

6.3.1990, 89/05/0059 (Kärnten).

6.3.1990, 89/05/00191 (Kärnten).

24.4.1990, 89/05/0233 (Wien).

2.5.1990, AV 90/05/0005 (Kärnten).

15.5.1990, 90/05/0068 = VwSlg 13.199 A/1990 (Kärnten).

12.6.1990, 90/05/0007 (Kärnten).

21.6.1990, 89/06/0104 = VwSlg 13.233 A/1990 (Steiermark).

18.9.1990, 90/05/0041 (Kärnten).

18.9.1990, 90/05/0086 (Kärnten).

20.9.1990, 89/06/0165 (Steiermark).

25.9.1990, 88/05/0220 (Wien).

11.10.1990, 90/06/0147 (Tirol).

16.10.1990, 89/05/0023 = VwSlg 13.285 A/1990 (Niederösterreich).

16.10.1990, 90/05/0060 (Oberösterreich).

6.11.1990, 90/05/0062 (Kärnten).

6.11.1990, 90/05/0127 (Kärnten).

27.11.1990, 90/05/0212 (Niederösterreich).

13.12.1990, 90/06/0177 (Tirol).

22.1.1991, 90/05/0152 (Wien).

24.1.1991, 89/06/0007 = VwSlg 13.365 A/1991 (Tirol).

24.1.1991, 89/06/0197 (Steiermark).

29.1.1991, 90/07/0174 = VwSlg 13.373 A/1991.

5.2.1991, 90/05/0125 (Kärnten).

5.2.1991, 90/05/0139 (Kärnten).

13.2.1991, 91/06/0209 (Tirol).

17.5.1991, 90/06/0016 (Tirol).

17.5.1991, 91/06/0045 (Tirol).

18.6.1991, 90/05/0193 (Kärnten).

18.6.1991, 91/05/0010 (Kärnten).

17.9.1991, 91/05/0151 (Kärnten).

19.9.1991, 90/06/0115 (Steiermark).

7.11.1991, 91/06/0082 (Salzburg).

12.11.1991, 91/05/0171 (Kärnten).

26.11.1991, 91/05/0122 (Kärnten).

2.12.1991, 88/05/0230 (Oberösterreich).

10.12.1991, 91/05/0062 (Kärnten).

10.12.1991, 91/05/0149 (Oberösterreich).

12.12.1991, 88/06/0113 (Tirol).

12.12.1991, 91/06/0084 = VwSlg 13.545 A/1991 (Tirol).

12.12.1991, 91/06/0123 = VwSlg 13.546 A/1991 (Tirol).

20.12.1991, 90/17/0313.

12.3.1992, 91/06/0075 (Tirol).

24.3.1992, 88/05/0061 (Kärnten).

24.3.1992, 88/05/0135 (Kärnten).

24.3.1992, 88/05/0061 (Kärnten).

12.5.1992, 91/05/0233 (Oberösterreich).

11.6.1992, 92/06/0060 (Tirol).

16.6.1992, 88/05/0181 = VwSlg 13.658 A/1992 (Kärnten).

16.6.1992, 92/05/0040 (Oberösterreich).

17.6.1992, 87/06/0069 (Steiermark).

20.8.1992, 92/06/0149 (Steiermark).

15.9.1992, 89/05/0201 (Kärnten).

15.9.1992, 89/05/0248 (Kärnten).

15.9.1992, 92/05/0055 (Kärnten).

15.9.1992, 92/05/0056 (Kärnten).

22.9.1992, 92/05/0047 (Kärnten).

22.10.1992, 92/06/0096 (Tirol).

27.10.1992, 90/05/0110 (Kärnten).

24.11.1992, 92/05/0168 (Wien).

26.11.1992, 92/06/0152 (Steiermark).

27.1.1993, 92/03/0185.

28.1.1993, 90/06/0202 (Steiermark).

11.2.1993, 92/06/0230 (Tirol).

11.2.1993, 92/06/0232 (Steiermark).

23.2.1993, 92/05/0278 (Wien).

9.3.1993, 92/06/0226 (Tirol).

1.4.1993, 93/06/0033 (Steiermark).

13.4.1993, 92/05/0279 (Oberösterreich).

18.5.1993, 92/05/0289 (Kärnten).

26.5.1993, 92/03/0108 (Tirol).

22.6.1993, 90/05/0228 (Kärnten).

22.6.1993, 92/05/0261 (Wien).

29.9.1993, 91/03/0166 (Tirol).

21.10.1993, 91/06/0066 (Tirol).

27.10.1993, 93/05/0153 (Oberösterreich).

16.11.1993, 93/05/0083 (Oberösterreich).

14.12.1993, 93/05/0224 (Kärnten).

16.12.1993, 93/06/0211 (Tirol).

20.1.1994, 90/06/0203 (Steiermark).

20.1.1994, 92/06/0249 (Steiermark).

15.2.1994, 93/05/0225 (Kärnten).

15.2.1994, 93/05/0234 (Niederösterreich).

15.2.1994, 93/05/0294 (Kärnten).

17.2.1994, 93/06/0141 (Salzburg).

8.3.1994, 93/05/0117 (Niederösterreich).

17.3.1994, 92/06/0159 (Tirol).

26.4.1994, 93/05/0284 (Kärnten).

26.4.1994, 94/05/0017 (Kärnten).

10.5.1994, 94/05/0103 (Kärnten).

10.5.1994, 93/05/0267 (Kärnten).

10.5.1994, 93/05/0268 (Kärnten).

10.5.1994, 94/05/0074 (Wien).

9.6.1994, 91/06/0012 (Steiermark).

9.6.1994, 94/06/0105 (Steiermark).

28.6.1994, 93/05/0283 (Oberösterreich).

30.8.1994, 94/05/0067 (Wien).

30.8.1994, 94/05/0110 (Kärnten).

20.9.1994, 92/05/0232 (Niederösterreich).

20.9.1994, 94/05/0188 (Oberösterreich).

21.9.1994, 94/03/0238 (Tirol).

20.10.1994, 94/06/0141 (Steiermark).

17.11.1994, 93/06/0262 (Tirol).

29.11.1994, 94/05/0118 (Kärnten).

29.11.1994, 94/05/0205 (Kärnten).

29.11.1994, 94/05/0320 (Niederösterreich).

15.12.1994, 94/06/0022 (Tirol).

22.12.1994, 90/17/0343 = VwSlg 14.191 A/1994.

25.1.1995, 93/03/0188 = VwSlg 14.204 A/1995 (Niederösterreich).

26.1.1995, 94/06/0228 (Steiermark).

30.1.1995, 94/10/0162 (Kärnten).

31.1.1995, 92/05/0230 (Kärnten).

31.1.1995, 94/05/0197 (Kärnten).

21.2.1995, 92/05/0245 (Kärnten).

21.2.1995, 92/05/0304 (Wien).

15.3.1995, 94/01/0189 (Kärnten).

27.3.1995, 90/10/0143 (Vorarlberg).

25.4.1995, 94/05/0241 (Oberösterreich).

26.4.1995, 94/07/0134.

30.5.1995, 92/05/0198 (Oberösterreich).

30.5.1995, 94/05/0053 = VwSlg 14.265 A/1995 (Niederösterreich).

30.5.1995, 94/05/0126 (Kärnten).

30.5.1995, 95/05/0042 (Niederösterreich).

30.5.1995, 95/05/0049 (Kärnten).

20.6.1995, 93/05/0029 (Wien).

20.6.1995, 95/05/0152 (Kärnten).

3.8.1995, 94/10/0001 (Burgenland).

29.8.1995, 94/05/0336 (Niederösterreich).

29.8.1995, 94/05/0222 (Kärnten).

29.8.1995, 95/05/0168 = VwSlg 14.303 A/1995 (Niederösterreich).

14.9.1995, 92/06/0052 (Salzburg).

14.9.1995, 94/06/0206 (Salzburg).

19.9.1995, 93/05/0105 (Wien).

19.9.1995, 94/05/0302 = VwSlg 14.318 A/1995 (Niederösterreich).

19.9.1995, 95/05/0133 (Kärnten).

19.9.1995, 95/05/0140 (Kärnten).

19.9.1995, 95/05/0240 (Kärnten).

10.10.1995, 83/05/0081.

10.10.1995, 94/05/0289 (Kärnten).

10.10.1995, 94/05/0295 (Kärnten).

12.10.1995, 93/06/0182 (Salzburg).

12.10.1995, 94/06/0155 (Vorarlberg).

23.10.1995, 95/10/0005.

7.11.1995, 94/05/0343 (Kärnten).

19.12.1995, 93/05/0143 (Niederösterreich).

19.12.1995, 94/05/0346 (Oberösterreich).

19.12.1995, 95/05/0237 (Wien).

19.12.1995, 95/05/0292 (Burgenland).

23.1.1996, 95/05/0194 (Oberösterreich).

23.1.1996, 95/05/0210 (Niederösterreich).

22.2.1996, 96/06/0015 (Vorarlberg).

27.2.1996, 96/05/0022 (Wien).

28.2.1996, 94/03/0314 = VwSlg 14.414 A/1996 (Vorarlberg).

26.3.1996, 95/05/0165 (Niederösterreich).
26.3.1996, 95/05/0258 (Niederösterreich).
23.4.1996, 95/05/0104 (Oberösterreich).
25.4.1996, 92/06/0038 (Vorarlberg).
21.5.1996, 93/05/0252 (Kärnten).
25.6.1996, 96/05/0053 (Burgenland).
27.6.1996, 96/06/0027 (Tirol).
27.8.1996, 96/05/0069 (Kärnten).
27.8.1996, 96/05/0187 (Kärnten).
27.8.1996, 96/05/0204 (Kärnten).
29.8.1996, 96/06/0085.
17.9.1996, 95/05/0243 (Niederösterreich).
15.10.1996, 95/05/0284 (Niederösterreich).
29.10.1996, 95/07/0227.
7.11.1996, 95/06/0244 (Vorarlberg).
19.11.1996, 94/05/0015 (Kärnten).
19.11.1996, 95/05/0330 (Kärnten).
19.11.1996, 96/05/0169 (Kärnten).
19.11.1996, 96/05/0207 (Burgenland).
17.12.1996, 96/05/0206 (Kärnten).
17.12.1996, 96/05/0237 (Kärnten).
19.12.1996, 96/06/0002 (Steiermark).
19.12.1996, 96/06/0014 (Salzburg).
21.1.1997, 96/05/0211 (Wien).
18.2.1997, 97/05/0021 (Kärnten).
25.3.1997, 96/05/0250 (Oberösterreich).
25.3.1997, 96/05/0278 (Kärnten).
24.4.1997, 96/06/0038 (Salzburg).
24.4.1997, 96/06/0101 (Salzburg).
24.4.1997, 96/06/0284 (Salzburg).
28.4.1997, 94/10/0148 (Kärnten).
29.4.1997, 96/05/0125 (Kärnten).
29.4.1997, 96/05/0158 (Kärnten).
27.5.1997, 96/05/0274 = VwSlg 14.684 A/1997 (Kärnten).
3.6.1997, 97/06/0038 (Tirol).

3.6.1997, 97/06/0055 (Tirol).

27.6.1997, 97/05/0141 (Kärnten).

11.9.1997, 97/06/0042 (Steiermark).

11.9.1997, 97/06/0043 (Steiermark).

16.9.1997, 94/05/0230 (Kärnten).

16.9.1997, 97/05/0194 (Burgenland).

30.9.1997, 97/05/0128 (Oberösterreich).

16.10.1997, 96/06/0185 (Steiermark).

28.10.1997, 97/05/0264 = VwSlg 14.772 A/1997 (Kärnten).

20.11.1997, 96/06/0260 = VwSlg 14.790 A/1997 (Salzburg).

2.12.1997, 94/05/0165 (Kärnten).

18.12.1997, 95/06/0237 (Salzburg).

20.1.1998, 96/05/0272 (Niederösterreich).

20.1.1998, 97/05/0064 (Wien).

20.1.1998, 97/05/0231 (Kärnten).

20.1.1998, 97/05/0259 (Kärnten).

26.1.1998, 96/10/0121 (Vorarlberg).

24.2.1998, 97/05/0251 = VwSlg 14.838 A/1998 (Kärnten).

24.2.1998, 97/05/0307 (Kärnten).

27.2.1998, 96/06/0182 = VwSlg 14.847 A/1998 (Tirol).

19.3.1998, 97/06/0193 (Tirol).

24.3.1998, 96/05/0153 (Niederösterreich).

24.3.1998, 97/05/0003 (Kärnten).

24.3.1998, 97/05/0214 = VwSlg 14.863 A/1998 (Wien).

30.4.1998, 97/06/0111 (Salzburg).

19.5.1998, 97/05/0290 (Salzburg).

19.5.1998, 98/05/0031 (Kärnten).

30.6.1998, 98/05/0042 (Burgenland).

2.7.1998, 97/06/0206 (Vorarlberg).

2.7.1998, 97/07/0152 = VwSlg 14.941 A/1998.

2.7.1998, 98/06/0050 (Tirol).

2.7.1998, 98/06/0061 (Tirol).

1.9.1998, 98/05/0088 (Wien).

1.9.1998, 98/05/0106 (Oberösterreich).

2.9.1998, 97/05/0144 (Kärnten).

22.9.1998, 94/05/0371 (Kärnten).

22.9.1998, 97/05/0104 (Kärnten).

27.10.1998, 96/05/0219 = VwSlg 14.994 A/1998 (Kärnten).

27.10.1998, 97/05/0235 (Niederösterreich).

27.10.1998, 98/05/0069 = VwSlg 14.995 A/1998 = bbl 1999/124 (Wien).

27.10.1998, 98/05/0179 (Niederösterreich).

19.11.1998, 98/06/0058 = VwSlg 15.029 A/1998 (Steiermark).

19.11.1998, 98/06/0109 (Salzburg).

24.11.1998, 98/05/0203 (Kärnten).

17.12.1998, 97/06/0113 (Salzburg).

23.2.1999, 96/05/0141 (Kärnten).

23.2.1999, 97/05/0267 (Wien).

23.2.1999, 99/05/0004 (Oberösterreich).

23.2.1999, 97/05/0269 (Kärnten).

23.2.1999, 98/05/0192 (Kärnten).

4.3.1999, 98/06/0214 = bbl 1999/208 (*Giese*) (Salzburg).

23.3.1999, 95/05/0001 (Kärnten).

23.3.1999, 98/05/0204 (Niederösterreich).

27.4.1999, 98/05/0239 (Kärnten).

27.4.1999, 99/05/0006 (Kärnten).

17.5.1999, 95/05/0156 (Kärnten).

17.5.1999, 98/05/0242. (Wien).

10.6.1999, 96/07/0209.

15.6.1999, 95/05/0236 (Kärnten).

15.6.1999, 95/05/0304 (Kärnten).

15.6.1999, 98/05/0052 (Kärnten).

15.6.1999, 99/05/0048 (Kärnten).

25.6.1999, 98/06/0071 (Vorarlberg).

31.8.1999, 99/05/0054 (Niederösterreich).

31.8.1999, 99/05/0071 (Kärnten).

31.8.1999, 99/05/0088 (Wien).

31.8.1999, 99/05/0093 = VwSlg 15.211 A/1999 (Kärnten).

3.9.1999, 98/05/0063 (Kärnten).

28.9.1999, 95/05/0269 (Kärnten).

28.9.1999, 99/05/0122 (Kärnten).

28.9.1999, 99/05/0177 (Kärnten).
28.10.1999, 99/06/0137 (Tirol).
9.11.1999, 95/05/0268 (Kärnten).
9.11.1999, 99/05/0099 (Kärnten).
30.11.1999, 97/05/0330 (Kärnten).
23.12.1999, 99/06/0179 (Tirol).
25.1.2000, 99/05/0154 (Oberösterreich).
25.1.2000, 99/05/0267 (Kärnten).
3.2.2000, 99/07/0190.
7.3.2000, 96/05/0107 = VwSlg 15.360 A/2000 (Wien).
7.3.2000, 99/05/0266 (Kärnten).
28.3.2000, 99/05/0269 (Niederösterreich).
26.4.2000, 99/05/0271 (Kärnten).
26.4.2000, 99/05/0289 (Kärnten).
30.5.2000, 96/05/0212 (Kärnten).
29.6.2000, 2000/06/0043 (Tirol).
29.6.2000, 2000/06/0059 (Steiermark).
3.7.2000, 2000/10/0002 (Vorarlberg).
4.7.2000, 96/05/0293 (Kärnten).
4.7.2000, 2000/05/0007 (Kärnten).
4.7.2000, 2000/05/0058 (Kärnten).
29.8.2000, 97/05/0046 (Kärnten).
29.8.2000, 97/05/0082 (Kärnten).
29.8.2000, 97/05/0101 (Wien).
29.8.2000, 97/05/0333 (Kärnten).
29.8.2000, 97/05/0334 = VwSlg 15.480 A/2000 (Kärnten).
29.8.2000, 99/05/0169 (Niederösterreich).
29.8.2000, 2000/05/0053 (Niederösterreich).
29.8.2000, 2000/05/0061 (Kärnten).
29.8.2000, 2000/05/0087 = VwSlg 15.482 A/2000 (Wien).
19.9.2000, 2000/05/0099 (Kärnten).
21.9.2000, 95/06/0230 (Steiermark).
21.9.2000, 99/06/0057 (Salzburg).
24.10.2000, 97/05/0189 (Wien).
24.10.2000, 2000/05/0139 (Kärnten).

5.12.2000, 99/06/0204 (Salzburg).
19.12.2000, 98/05/0147 (Niederösterreich).
19.12.2000, 98/05/0220 (Kärnten).
19.12.2000, 2000/05/0270 (Kärnten).
6.3.2001, 98/05/0121 (Kärnten).
20.4.2001, 98/05/0057 (Kärnten).
20.4.2001, 98/05/0198 (Niederösterreich).
20.4.2001, 99/05/0047 (Niederösterreich).
20.4.2001, 99/05/0070 (Niederösterreich).
20.4.2001, 99/05/0211 (Oberösterreich).
20.4.2001, 99/05/0225 (Kärnten).
22.5.2001, 2001/05/0075 (Kärnten).
23.5.2001, 99/06/0181 (Salzburg).
3.7.2001, 99/05/0283 (Kärnten).
4.9.2001, 99/05/0019 (Kärnten).
4.9.2001, 2000/05/0022 (Kärnten).
4.9.2001, 2000/05/0045 (Kärnten).
20.9.2001, 99/06/0033 (Vorarlberg).
9.10.2001, 99/05/0050 (Wien).
9.10.2001, 2001/05/0123 (Kärnten).
9.10.2001, 2001/05/0314 (Kärnten).
13.11.2001, 2001/05/0036 (Niederösterreich).
22.11.2001, 2001/06/0133 (Steiermark).
11.12.2001, 99/05/0132 (Wien).
11.12.2001, 2001/05/0919 (Oberösterreich).
27.2.2002, 2001/05/0369 (Kärnten).
19.3.2002, 2001/05/0210 (Kärnten).
25.4.2002, 2000/05/0267 (Oberösterreich).
23.5.2002, 2002/05/0025 (Oberösterreich).
20.6.2002, 2000/06/0211 (Steiermark).
30.7.2002, 2002/05/0083 (Kärnten).
12.8.2002, 97/17/0332 (Steiermark).
26.9.2002, 2000/06/0075 (Steiermark).
12.11.2002, 2000/05/0247 = VwSlg 15.950 A/2002 (Kärnten).
11.11.2002, 2002/05/0756 = VwSgl 15.951 A/2002 (Wien).

16.12.2002, 2000/06/0191 (Salzburg).

20.12.2002, 2001/05/0348 (Kärnten).

18.2.2003, 2002/05/0446 (Kärnten).

20.2.2003, 2001/06/0057 = VwSlg 16.016 A/2003 (Tirol).

3.4.2003, 2001/05/0024 (Kärnten).

3.4.2003, 2001/05/0076 = VwSlg 16.053 A/2003 (Niederösterreich).

4.4.2003, 2001/06/0108 (Steiermark).

17.6.2003, 2002/05/0752 (Oberösterreich).

17.6.2003, 2002/05/1073 (Niederösterreich).

15.7.2003, 2002/05/0107 (Wien).

15.7.2003, 2002/05/0772 (Niederösterreich).

16.9.2003, 2001/05/0372 = VwSlg 16.166 A/2003 (Oberösterreich).

16.9.2003, 2002/05/0040 (Kärnten).

16.9.2003, 2002/05/0729 (Kärnten).

16.9.2003, 2002/05/0773 (Kärnten).

16.9.2003, 2003/05/0034 (Niederösterreich).

18.11.2003, 2001/05/0918 = VwSlg 16.216 A/2003 (Kärnten).

27.11.2003, 2002/06/0062 (Tirol).

16.12.2003, 2002/05/0687 (Oberösterreich).

19.12.2003, 2003/02/0090 (Wien).

27.1.2004, 2001/05/1125 (Kärnten).

27.1.2004, 2001/05/1130 = VwSlg 16.271 A/2004 (Kärnten).

27.1.2004, 2002/05/0769 (Niederösterreich).

27.1.2004, 2003/05/0214 (Burgenland).

29.1.2004, 2003/07/0121 = VwSlg 16.290 A/2004.

17.2.2004, 2002/06/0126 (Tirol).

23.2.2004, 2000/10/0173 (Oberösterreich).

24.2.2004, 2002/05/0658 (Kärnten).

24.2.2004, 2003/05/0195 (Wien).

24.2.2004, 2003/05/0234 (Burgenland).

18.3.2004, 2001/05/1102 (Kärnten).

29.3.2004, 2003/17/0303 (Kärnten).

31.3.2004, 2003/06/0060 (Steiermark).

20.4.2004, 2003/06/0067 (Tirol).

20.4.2004, 2003/06/0073 (Steiermark).

17.5.2004, 2002/06/0003 (Steiermark).
18.5.2004, 2003/05/0138 (Wien).
18.5.2004, 2003/05/0159 = VwSlg 16.362 A/2004 (Kärnten).
15.6.2004, 2003/05/0103 (Oberösterreich).
15.6.2004, 2003/05/0239 (Oberösterreich).
19.7.2004, AW 2004/05/0062 (Kärnten).
20.7.2004, 2001/05/0499 (Oberösterreich).
20.7.2004, 2001/05/1083 (Kärnten).
20.7.2004, 2002/05/0745 (Kärnten).
20.7.2004, 2003/05/0150 (Burgenland).
20.7.2004, 2004/05/0111 (Oberösterreich).
7.9.2004, 2001/05/1176 (Kärnten).
7.9.2004, 2002/05/0044 (Kärnten).
7.9.2004, 2004/05/0139 (Kärnten).
13.10.2004, 2001/10/0200 (Kärnten).
13.10.2004, 2001/10/0252 = VwSlg 16.469 A/2004 (Kärnten).
21.10.2004, 2001/06/0088 (Steiermark).
9.11.2004, 2002/05/0009 (Kärnten).
9.11.2004, 2002/05/1032 (Kärnten).
9.11.2004, 2004/05/0013 (Steiermark).
23.11.2004, 2002/06/0064 (Tirol).
14.12.2004, 2004/05/0089 = VwSlg 16.504 A/2004 (Oberösterreich).
25.2.2005, 2003/05/0088 (Kärnten).
25.2.2005, 2003/05/0095 (Niederösterreich).
25.2.2005, 2004/05/0263 (Niederösterreich).
30.3.2005, 2001/06/0015 (Salzburg).
30.3.2005, 2005/06/0051 = VwSlg 16.578 A/2005 (Tirol).
31.3.2005, 2003/05/0178 (Kärnten).
31.3.2005, 2004/05/0325 (Kärnten).
29.4.2005, 2003/05/0128 (Kärnten).
29.4.2005, 2005/05/0106 (Kärnten).
28.6.2005, 2003/05/0017 = VwSlg 16.653 A/2005 (Oberösterreich).
28.6.2005, 2003/05/0091 = VwSlg 16.654 A/2005 (Oberösterreich).
28.6.2005, 2003/05/0243 = VwSlg 16.655 A/2005 (Oberösterreich).
8.9.2005, 2005/17/0005 (Steiermark).

20.9.2005, 2003/05/0193 (Wien).
27.9.2005, 2002/06/0054 (Tirol).
27.9.2005, 2004/06/0030 (Steiermark).
27.9.2005, 2005/06/0079 (Steiermark).
27.9.2005, 2005/06/0151 (Tirol).
20.10.2005, 2002/06/0032 (Steiermark).
20.10.2005, 2005/07/0045.
22.11.2005, 2002/03/0185 (Niederösterreich).
22.11.2005, 2004/05/0212 (Kärnten).
22.11.2005, 2004/05/0242 = VwSlg 16.751 A/2005 (Kärnten).
22.11.2005, 2005/05/0255 (Oberösterreich).
20.12.2005, 2003/05/0131 (Burgenland).
31.1.2006, 2003/05/0148 = VwSlg 16.821 A/2006 (Kärnten).
31.1.2006, 2003/05/0179 = VwSlg 16.824 A/2006 (Oberösterreich).
31.1.2006, 2004/05/0076 (Oberösterreich).
31.1.2006, 2004/05/0103 (Kärnten).
27.2.2006, 2004/05/0006 (Niederösterreich).
27.2.2006, 2005/05/0068 = VwSlg 16.854 A/2006 (Niederösterreich).
27.2.2006, 2005/05/0180 (Niederösterreich).
28.3.2006, 2002/06/0165 (Vorarlberg).
28.3.2006, 2005/06/0279 (Tirol).
25.4.2006, 2002/06/0210 (Kärnten).
28.4.2006, 2005/05/0188 (Niederösterreich).
28.4.2006, 2005/05/0296 (Kärnten).
30.5.2006, 2004/06/0210 (Tirol).
27.6.2006, 2004/05/0170 (Niederösterreich).
27.6.2006, 2005/05/0293 = VwSlg 16.954 A/2006 (Burgenland).
27.6.2006, 2005/06/0013 = VwSlg 16.955 A/2006 (Steiermark).
19.9.2006, 2003/06/0098 (Steiermark).
19.9.2006, 2004/05/0196 = VwSlg 17.003 A/2006 (Wien).
19.9.2006, 2005/05/0107 (Kärnten).
19.9.2006, 2005/05/0147 (Kärnten).
19.9.2006, 2005/05/0250 (Kärnten).
19.9.2006, 2005/06/0066 (Steiermark).
19.9.2006, 2005/05/0357 (Kärnten).

19.9.2006, 2006/05/0149 = VwSlg 17.010 A/2006 (Burgenland).
10.10.2006, 2006/03/0111 = VwSlg 17.029 A/2006 (Oberösterreich).
10.10.2006, 2005/05/0254 (Niederösterreich).
24.10.2006, 2005/06/0101 = VwSlg 17.041 A/2006 (Steiermark).
14.11.2006, 2005/05/0289 (Kärnten).
14.11.2006, 2006/05/0141 (Niederösterreich).
18.12.2006, 2005/05/0301 (Kärnten).
19.12.2006, 2003/06/0005 (Tirol).
19.12.2006, 2005/06/0184 = VwSlg 17.091 A/2006 (Steiermark).
23.1.2007, 2003/06/0039 (Tirol).
30.1.2007, 2005/05/0083 = VwSlg 17.113 A/2007 (Wien).
30.1.2007, 2006/05/0247 (Kärnten).
21.2.2007, 2005/06/0128 (Salzburg).
20.3.2007, 2004/17/0098 (Tirol).
27.3.2007, 2005/06/0350 (Salzburg).
27.3.2007, 2006/06/0340 = VwSlg 17.153 A/2007 (Steiermark).
24.4.2007, 2004/05/0219 (Kärnten).
24.4.2007, 2004/05/0288 = VwSlg 17.175 A/2007 (Kärnten).
24.4.2007, 2006/05/0224 = VwSlg 17.179 A/2007 (Niederösterreich).
21.5.2007, 2004/05/0236 = VwSlg 17.196 A/2007 (Oberösterreich).
21.5.2007, 2005/05/0088 (Wien).
21.5.2007, 2006/05/0064 = VwSlg 17.198 A/2007 (Kärnten).
27.6.2007, 2004/05/0099 (Burgenland).
3.7.2007, 2005/05/0112 = VwSlg 17.235 A/2007 (Kärnten).
31.7.2007, 2006/05/0236 = VwSlg 17.251 A/2007 (Kärnten).
25.9.2007, 2006/06/0001 (Steiermark).
12.10.2007, 2005/05/0141 (Kärnten).
12.10.2007, 2006/05/0279 (Oberösterreich).
15.11.2007, 2007/03/0127.
20.11.2007, 2005/05/0064 (Kärnten).
20.11.2007, 2005/05/0161 (Kärnten).
20.11.2007, 2005/05/0251 (Kärnten).
27.11.2007, 2007/06/0229 (Steiermark).
14.12.2007, 2006/05/0135 (Kärnten).
14.12.2007, 2006/05/0152 (Niederösterreich).

14.12.2007, 2006/10/0238 (Salzburg).
18.12.2007, 2003/06/0016 = VwSlg 17.351 A/2007 (Tirol).
18.12.2007, 2007/06/0062 (Tirol).
29.1.2008, 2006/05/0282 (Wien).
29.1.2008, 2007/05/0146 (Wien).
31.1.2008, 2007/06/0197 = VwSlg 17.375 A/2008 (Salzburg).
31.1.2008, 2007/06/0243 (Steiermark).
28.2.2008, 2004/06/0027 (Steiermark).
28.2.2008, 2007/06/0265 (Vorarlberg).
28.2.2008, 2007/06/0287 = VwSlg 17.387 A/2008 (Vorarlberg).
4.3.2008, 2006/05/0139 (Oberösterreich).
27.3.2008, 2005/07/0070.
31.3.2008, 2005/05/0173 = VwSlg 17.418 A/2008 (Kärnten).
31.3.2008, 2005/05/0347 = VwSlg 17.420 A/2008 (Kärnten).
31.3.2008, 2007/05/0024 (Kärnten).
1.4.2008 2007/06/0335 = VwSlg 17.429 A/2008 (Steiermark).
1.4.2008, 2008/06/0009 (Tirol).
29.4.2008, 2007/05/0313 (Kärnten).
8.5.2008, 2004/06/0123 (Steiermark).
8.5.2008, 2006/06/0285 (Steiermark).
8.5.2008, 2007/06/0306 (Steiermark).
26.5.2008, 2005/06/0137 (Steiermark).
23.6.2008, 2007/05/0177 (Wien).
23.6.2008, 2007/05/0295 (Burgenland).
26.6.2008, 2004/06/0060 = VwSlg 17.487 A/2008 (Vorarlberg).
26.6.2008, 2006/06/0296 (Steiermark).
26.6.2008, 2006/06/0304 (Steiermark).
26.6.2008, 2008/06/0025 (Salzburg).
9.9.2008, 2005/06/0341 (Steiermark).
9.9.2008, 2007/06/0002 = VwSlg 17.516 A/2008 (Salzburg).
10.9.2008, 2006/05/0036 = VwSlg 17.520 A/2008 (Kärnten).
10.9.2008, 2006/05/0126 (Kärnten).
10.9.2008, 2007/05/0206 (Niederösterreich).
21.10.2008, 2007/05/0010 (Oberösterreich).
22.10.2008, 2008/06/0065 (Steiermark).

28.10.2008, 2007/05/0242 = VwSlg 17.559 A/2008 (Kärnten).
28.10.2008, 2008/05/0032 (Kärnten).
28.10.2008, 2008/05/0073 (Kärnten).
18.12.2008, 2007/06/0118 (Steiermark).
18.12.2008, 2008/06/0112 (Steiermark).
24.2.2009, 2008/06/0134 (Tirol).
26.2.2009, 2006/05/0283 (Kärnten).
26.2.2009, 2008/05/0249 (Wien).
2.4.2009, 2007/05/0158 (Kärnten).
17.4.2009, 2006/03/0164 (Wien).
30.4.2009, 2006/05/0264 (Wien).
30.4.2009, 2007/05/0225 (Kärnten).
19.5.2009, 2004/10/0187 (Salzburg).
20.5.2009, 2007/07/0132 = VwSlg 17.702 A/2009.
27.5.2009, 2007/05/0069 (Kärnten).
27.5.2009, 2008/05/0007 (Kärnten).
29.5.2009, 2008/03/0108 (Kärnten).
23.7.2009, 2006/05/0167 (Wien).
23.7.2009, 2008/05/0031 (Oberösterreich).
23.7.2009, 2008/05/0127 = VwSlg 17.725 A/2009 (Oberösterreich).
16.9.2009, 2006/05/0150 (Wien).
16.9.2009, 2007/05/0033 (Kärnten).
16.9.2009, 2007/05/0188 (Kärnten).
16.9.2009, 2008/05/0204 (Kärnten).
16.9.2009, 2008/05/0246 = VwSlg 17.753 A/2009 (Oberösterreich).
16.9.2009, 2008/05/0250 (Kärnten).
20.10.2009, 2008/05/0020 (Wien).
21.10.2009, 2008/06/0041 = VwSlg 17.769 A/2009 (Steiermark).
21.10.2009, 2009/06/0163 = VwSlg 17.774 A/2009 (Steiermark).
17.11.2009, 2009/06/0158 (Steiermark).
23.11.2009, 2008/05/0011 (Kärnten).
23.11.2009, 2008/05/0111 (Kärnten).
23.11.2009, 2008/05/0173 (Kärnten).
23.11.2009, 2008/05/0259 = VwSlg 17.797 A/2009 (Wien).
15.12.2009, 2007/05/0192 (Oberösterreich).

15.12.2009, 2008/05/0046 (Kärnten).
15.12.2009, 2008/05/0143 (Niederösterreich).
15.12.2009, 2009/05/0213 (Kärnten).
17.12.2009, 2008/06/0097 (Steiermark).
17.12.2009, 2009/06/0094 (Steiermark).
17.12.2009, 2009/06/0212 = VwSlg 17.808 A/2009 (Steiermark).
17.12.2009, 2009/06/0235 (Salzburg).
19.1.2010, 2008/05/0162 (Niederösterreich).
29.1.2010, 2007/10/0107 (Oberösterreich).
23.2.2010, 2007/05/0258 = VwSlg 17.837 A/2010 (Kärnten).
23.2.2010, 2007/05/0260 (Kärnten).
23.2.2010, 2009/05/0250 (Oberösterreich).
25.3.2010, 2007/05/0025 (Wien).
25.3.2010, 2007/05/0141 = VwSlg 17.864 A/2010 (Wien).
25.3.2010, 2008/05/0113 (Niederösterreich).
25.3.2010, 2009/05/0047 (Kärnten).
15.4.2010, 2006/06/0305 (Vorarlberg).
18.5.2010, 2008/06/0205 (Salzburg).
15.6.2010, 2008/05/0061 (Kärnten).
15.6.2010, 2009/05/0262 (Wien).
1.7.2010, 2008/09/0179 = VwSlg 17.932 A/2010.
6.7.2010, 2008/05/0023 (Kärnten).
6.7.2010, 2009/05/0016 (Niederösterreich).
28.9.2010, 2009/05/0316 (Kärnten).
12.10.2010, 2009/05/0229 (Kärnten).
12.10.2010, 2009/05/0317 (Wien).
16.11.2010, 2009/05/0342 (Oberösterreich).
23.11.2010, 2007/06/0163 (Tirol).
23.11.2010, 2008/06/0135 (Tirol).
23.11.2010, 2009/06/0093 (Steiermark).
21.12.2010, 2007/05/0247 (Niederösterreich).
21.12.2010, 2007/05/0248 (Niederösterreich).
21.12.2010, 2009/05/0143 (Kärnten).
22.12.2010, 2010/06/0208 (Kärnten).
22.12.2010, 2010/06/0210 (Kärnten).

27.1.2011, 2010/06/0238 = VwSlg 18.037 A/2011 (Vorarlberg).

15.3.2011, 2008/05/0095 (Wien).

27.4.2011, 2011/06/0020 (Kärnten).

3.5.2011, 2008/05/0175 (Wien).

8.6.2011, 2009/06/0208 (Steiermark).

8.6.2011, 2011/06/0019 (Kärnten).

8.6.2011, 2011/06/0028 = VwSlg 18.150 A/ 2011 (Kärnten).

8.6.2011, 2011/06/0048 = VwSlg 18.151 A/2011 (Steiermark).

15.6.2011, 2009/05/0050 (Wien).

14.7.2011, 2009/10/0192 (Kärnten).

24.8.2011, 2009/06/0273 (Tirol).

24.8.2011, 2011/06/0066 (Kärnten).

24.8.2011, 2011/06/0066 (Kärnten).

24.8.2011, 2011/06/0115 (Kärnten).

6.9.2011, 2008/05/0088 (Wien).

6.9.2011, 2009/05/0291 (Kärnten).

6.9.2011, 2011/05/0046 (Oberösterreich).

15.9.2011, 2009/04/0112 = VwSlg 18.204 A/2011.

6.10.2011, 2010/06/0008 (Steiermark).

11.10.2011, 2008/05/0154 (Kärnten).

11.10.2011, 2010/05/0152. (Wien).

9.11.2011, 2011/06/0125 (Steiermark).

15.11.2011, 2008/05/0146 (Oberösterreich).

15.11.2011, 2008/05/0227.

15.11.2011, 2011/05/0015 (Wien).

13.12.2011, 2008/05/0121 = VwSlg 18.280 A/2011 (Kärnten).

13.12.2011, 2008/05/0155 (Kärnten).

13.12.2011, 2009/05/0272 (Kärnten).

13.12.2011, 2011/05/0160 (Wien).

11.1.2012, 2010/06/0071 (Kärnten).

11.1.2012, 2011/06/0167 (Kärnten).

31.1.2012, 2009/05/0023 (Burgenland).

31.1.2012, 2009/05/0072 (Niederösterreich).

31.1.2012, 2009/05/0096 (Wien).

31.1.2012, 2009/05/0114 (Kärnten).

31.1.2012, 2009/05/0123 (Oberösterreich).
31.1.2012, 2009/05/0137 (Wien).
22.2.2012, 2010/06/0068 (Steiermark).
22.2.2012, 2010/06/0092 (Kärnten).
22.2.2012, 2011/06/0174 (Steiermark).
22.2.2012, 2011/06/0210 (Tirol).
28.2.2012, 2011/05/0022 (Wien).
15.3.2012, 2010/06/0098 (Kärnten).
16.3.2012, 2009/05/0163 (Kärnten).
16.3.2012, 2009/05/0237 (Niederösterreich).
10.4.2012, 2011/06/0005 (Kärnten).
17.4.2012, 2009/05/0054 (Kärnten).
17.4.2012, 2009/05/0313 (Wien).
3.5.2012, 2010/06/0156 (Kärnten).
3.5.2012, 2010/06/0185 (Kärnten).
15.5 2012, 2009/05/0039 (Kärnten).
15.5.2012, 2009/05/0055 (Kärnten).
15.5.2012, 2009/05/0077 (Kärnten).
15.5.2012, 2009/05/0048 (Oberösterreich).
15.5.2012, 2009/05/0083 (Oberösterreich).
15.5.2012, 2009/05/0235 (Oberösterreich).
15.5.2012, 2009/05/0305 (Wien).
15.5.2012, 2012/05/0003 (Niederösterreich).
15.5.2012, 2009/05/0297 (Burgenland).
21.5.2012, 2011/10/0119 (Oberösterreich).
31.5.2012, 2012/06/0081 (Kärnten).
12.6.2012, 2009/05/0101 (Niederösterreich).
12.6.2012, 2009/05/0105 (Oberösterreich).
13.6.2012, 2011/06/0018 (Kärnten).
26.6.2012, 2010/07/0222.
23.8.2012, 2010/05/0170 (Wien).
23.8.2012, 2011/05/0069 (Niederösterreich).
23.8.2012, 2011/05/0083 (Niederösterreich).
23.8.2012, 2012/05/0006 (Niederösterreich).
20.9.2012, 2010/06/0037 = VwSlg 18.479 A/2012 (Burgenland).

20.9.2012, 2011/06/0021 (Kärnten).
20.9.2012, 2011/06/0046 (Burgenland).
20.9.2012, 2011/06/0208 (Wien).
20.9.2012, 2011/06/0021 (Kärnten).
20.9.2012, 2012/06/0084 (Steiermark).
25.9.2012, 2010/05/0158 (Niederösterreich).
15.10.2012, AW 2012/06/0064 (Kärnten).
13.11.2012, 2010/05/0044 (Oberösterreich).
13.11.2012, 2010/05/0151 (Wien).
11.12.2012, 2009/05/0269 (Oberösterreich).
11.12.2012, 2010/05/0097 (Niederösterreich).
11.12.2012, 2011/05/0019 (Wien).
19.12.2012, 2011/06/0008 (Kärnten).
19.12.2012, 2011/06/0009 (Kärnten).
19.12.2012, 2012/06/0103 (Kärnten).
19.12.2012, 2012/10/0001 (Tirol).
23.1.2013, 2011/10/0047.
24.1.2013, 2011/06/0070 (Kärnten).
24.1.2013, 2011/06/0098 (Kärnten).
18.3.2013, 2011/05/0178 (Wien).
18.3.2013, 2012/05/0044 (Oberösterreich).
21.3.2013, 2013/06/0024 (Kärnten).
26.4.2013, 2011/07/0204 (Niederösterreich).
16.5.2013, 2010/06/0194 (Burgenland).
16.5.2013, 2011/06/0116 (Kärnten).
16.5.2013, 2011/06/0217 (Steiermark).
16.5.2013, 2012/06/0079 (Kärnten).
16.5.2013, 2013/06/0007 (Steiermark).
28.5.2013, 2012/05/0208 (Oberösterreich).
28.5.2013, 2013/05/0048 (Niederösterreich).
20.6.2013, 2012/06/0050 (Kärnten).
20.6.2013, 2012/06/0138 (Kärnten).
23.7.2013, 2010/05/0089 (Wien).
23.7.2013, 2010/05/0119 (Oberösterreich).
23.7.2013, 2013/05/0500 (Niederösterreich).

7.8.2013, 2011/06/0164.
7.8.2013, 2013/06/0036 (Steiermark).
7.8.2013, 2013/06/0075 (Steiermark).
7.8.2013, 2013/06/0076 (Kärnten).
27.8.2013, 2011/06/0089 (Steiermark).
27.8.2013, 2013/06/0095 (Salzburg).
27.8.2013, 2013/06/0126 (Salzburg).
27.8.2013, 2012/06/0148 (Kärnten).
27.8.2013, 2013/06/0128 (Steiermark).
6.11.2013, 2013/05/0100 (Oberösterreich).
7.11.2013, 2013/06/0162 (Kärnten).
10.12.2013, 2010/05/0184 (Oberösterreich).
10.12.2013, 2010/05/0207 (Wien).
10.12.2013, 2011/05/0130 (Wien).
10.12.2013, 2013/05/0162 (Oberösterreich).
11.12.2013, 2012/08/0079.
12.12.2013, 2013/06/0064 (Kärnten).
12.12.2013, 2013/06/0152 (Tirol).
19.12.2013, 2011/03/0160.
30.1.2014, 2010/05/0154 (Wien).
30.1.2014, 2011/05/0060 (Wien).
30.1.2014, 2012/05/0011 (Niederösterreich).
30.1.2014, 2012/05/0045 (Oberösterreich).
30.1.2014, 2012/05/0177 (Oberösterreich).
30.1.2014, 2013/05/0185 (Oberösterreich).
30.1.2014, 2013/05/0204 (Wien).
30.1.2014, 2013/05/0223 (Oberösterreich).
20.2.2014, Ro 2014/09/0004.
21.2.2014, 2012/06/0059 (Steiermark).
21.2.2014, 2012/06/0193 (Kärnten).
5.3.2014, 2010/05/0169 (Niederösterreich).
5.3.2014, 2013/05/0210 (Niederösterreich).
21.3.2014, 2012/06/0008 (Steiermark).
21.3.2014, 2012/06/0011 (Steiermark).
8.4.2014, 2011/05/0016 (Wien).

8.4.2014, 2012/05/0057 (Niederösterreich).
24.4.2014, 2011/06/0137 (Kärnten).
24.4.2014, 2012/06/0233 (Vorarlberg).
14.5.2014, Ro 2014/06/0011 (Kärnten).
15.5.2014, 2011/05/0020 (Niederösterreich).
15.5.2014, 2011/05/0039 (Oberösterreich).
15.5.2014, 2011/05/0125 (Niederösterreich).
15.5.2014, 2012/05/0089 (Oberösterreich).
15.5.2014, 2012/05/0098 (Niederösterreich).
15.5.2014, 2012/05/0144 (Niederösterreich).
15.5.2014, 2012/05/0148 (Niederösterreich).
15.5.2014, 2012/05/0164 (Niederösterreich).
15.5.2014, Ro 2014/05/0022 (Wien).
24.6.2014, 2012/05/0173 (Oberösterreich).
24.6.2014, 2013/05/0168 (Wien).
24.6.2014, 2013/05/0199 (Wien).
24.6.2014, Ro 2014/05/0059 (Niederösterreich).
25.6.2014, 2010/13/0119.
26.6.2014, 2013/06/0196 (Tirol).
12.8.2014, 2011/06/0063 (Kärnten).
12.8.2014, Ra 2014/06/0006 (Kärnten).
12.8.2014, Ro 2014/06/0049 (Steiermark).
27.8.2014, 2012/05/0027 (Niederösterreich).
27.8.2014, 2012/05/0183 (Niederösterreich).
27.8.2014, 2013/05/0065 (Niederösterreich).
27.8.2014, 2013/05/0191 (Wien).
27.8.2014, Ro 2014/05/0037 (Oberösterreich).
27.8.2014, Ro 2014/05/0062 (Oberösterreich).
8.9.2014, 2011/06/0185 (Steiermark).
9.10.2014, 2011/05/0159 (Niederösteneich).
10.10.2014, 2012/06/0020 (Burgenland).
16.10.2014, 2011/06/0181 (Steiermark).
21.10.2014, Ro 2014/03/0076 (Kärnten).
18.11.2014, 2013/05/0138 (Oberösterreich).
18.11.2014, 2013/05/0176 (Niederösterreich).

18.11.2014, 2013/05/0178 (Niederösterreich).
20.11.2014, 2011/07/0244.
28.11.2014, Ra 2014/06/0040 (Kärnten).
10.12.2014, Ro 2014/09/0056.
17.12.2014, 2012/03/0156 (Niederösterreich).
17.12.2014, Ro 2014/03/0066.
18.2.2015, 2013/03/0140.
24.2.2015, 2013/05/0020 (Wien).
24.2.2015, Ra 2015/05/0003 (Wien).
27.2.2015, 2012/06/0049 (Salzburg).
27.2.2015, 2012/06/0063 (Steiermark).
27.2.2015, 2013/06/0116 (Vorarlberg).
19.3.2015, 2013/06/0019 (Kärnten).
19.3.2015, 2013/06/0192 (Kärnten).
28.4.2015, Ra 2014/05/0013 (Wien).
28.4.2015, Ra 2015/05/0026 (Wien).
29.4.2015, 2013/05/0025 (Oberösterreich).
29.4.2015, 2012/06/0085 (Kärnten).
29.4.2015, 2013/06/0140 (Kärnten).
29.4.2015, 2013/06/0151 (Kärnten).
29.4.2015, 2013/06/0232 (Kärnten).
19.5.2015, 2013/05/0128 (Wien).
21.5.2015, 2013/06/0176 (Kärnten).
22.6.2015, 2015/04/0002 = RdU 2015/133 (*Goby*).
23.6.2015, 2013/05/0056 (Oberösterreich).
23.6.2015, Ra 2015/05/0041 (Niederösterreich).
30.6.2015, 2012/06/0097 (Burgenland).
30.6.2015, Ro 2014/06/0054 (Kärnten).
30.6.2015, Ro 2015/03/0021.
30.6.2015, Ra 2015/06/0056 (Steiermark).
30.6.2015, Ra 2015/06/0058 (Kärnten).
29.7.2015, Ra 2015/07/0034.
4.8.2015, 2012/06/0126 (Kärnten).
4.8.2015, 2012/06/0139 (Kärnten).
4.8.2015, Ro 2014/06/0058 (Kärnten).

9.9.2015, Ro 2015/03/0032.
29.9.2015, Ra 2015/05/0039 (Oberösterreich).
30.9.2015, 2013/06/0245 (Kärnten).
30.9.2015, 2013/06/0251 (Burgenland).
30.9.2015, 2014/06/0001 (Tirol).
30.9.2015, Ro 2014/06/0086 (Kärnten).
20.10.2015, 2013/05/0215 (Niederösterreich).
5.11.2015, 2013/06/0063 (Steiermark).
5.11.2015, 2013/06/0119 (Steiermark).
17.11.2015, Ra 2015/22/0076.
18.11.2015, Ra 2014/05/0011 (Niederösterreich).
25.11.2015, Ra 2015/06/004 7 (Steiermark).
22.12.2015, 2013/06/0034 (Kärnten).
22.12.2015, 2013/06/0147 (Kärnten).
11.3.2016, 2013/06/0071 (Kärnten).
11.3.2016, 2013/06/0154 (Kärnten).
11.3.2016, Ra 2015/06/0013 (Kärnten).
11.3.2016, Ra 2015/06/0043 (Tirol).
16.3.2016, 2013/05/0095 (Oberösterreich).
14.4.2016, 2013/06/0008 (Kärnten).
14.4.2016, Ra 2014/06/0017 (Kärnten).
14.4.2016, Ra 2014/06/0039 (Kärnten).

LVwG Kärnten:

20.11.2014, KLVwG-1638/9/2014.
12.11.2015, KLVwG-1168/2/2015.

LVwG Vorarlberg:

14.10.2015, LVwG-318-010/R1-2015.

LVwG Wien:

24.2.2015, VGW-111/026/30127/2014.

OGH:

19.3.1992, 7 Ob 542/92.
23.04.1996, 14 Os 27/96.
14.12.1999, 14 Os 149/99.
22.2.2000, 1 Ob 14/00s.
30.5.2000, 1 Ob 48/00s = SZ 73/90.
31.3.2003, 5 Ob 42/03t.
17.11.2004, 9 Ob 47/04h = SZ 2004/161.
15.10.2009, 2 Ob 277/08m = ZVB 2010/38 (*Michl*) = SV 2010,123 (*Kerschner*).
27.05.2013, 17 Os 1/13w.
6.3.2014, 17 Os 19/13t.
14.9.2015, 17 Os 11/15v.

EuGH:

15.9.2011, C-53/10 = EuZW 2011, 873 (*Hellriegel*) = IBR 2011, 666 (*Klepper*).
16.5.2015, C-570/13.

EGMR:

25.11.1994, *Ortenberg*, 12.884/87.
25.9.1996, *Buckley*, 23/1995/529/615.

Rechtsquellenverzeichnis

- Allgemeines Bürgerliches Gesetzbuch, JGS 1811/946 idF BGBl I 2015/87 (zit: ABGB).
- Forstgesetz 1852, RGBl 1852/250.
- Gesetz vom 5. März 1862, womit die grundsätzlichen Bestimmungen zur Regelung des Gemeindewesens vorgezeichnet werden, RGBl 1862/18.
- Gesetz vom 13. März 1866, womit eine Bauordnung für das Herzogthum Kärnten mit Ausschluss der Landeshauptstadt Klagenfurt erlassen wird, LGBl 1866/12 (zit: K-BO 1866).
- Staatsgrundgesetz über die allgemeinen Rechte der Staatsbürger, RGBl 1867/142 idF BGBl 1988/684 (zit: StGG).
- Gesetz vom 19. Mai 1868, über die Errichtung der politischen Verwaltungsbehörden, RGBl 1868/44.
- Gesetz vom 1. August 1895 betreffend die Einführung des Gesetzes über das gerichtliche Verfahren in bürgerlichen Rechtsstreitigkeiten (Civilprozessordnung), RGBl 1895/112 idF BGBl I 2009/30 (zit: EGZPO).
- Exekutionsordnung – EO, RGBl 1896/79 idF BGBl I 2014/69.
- Baurechtsgesetz – BauRG, RGBl 1912/86 idF BGBl I 2012/30.
- Denkmalschutzgesetz – DMSG, BGBl 1923/533 idF BGBl I 2013/92.
- Verwaltungsentlastungsgesetz, BGBl 1925/277.
- Bundes-Verfassungsgesetz – B-V6, BGBl 1930/1 idF BGBl I 2016/41.
- Bauordnung für Wien – BO für Wien, LGBl 1930/11 idF LGBl 2016/21 (zit: W-BO).
- Verordnung über die Zuständigkeiten in den Reichsgauen der Ostmark, dRGBl I 1941, 485.
- Vorläufiges Gemeindegesetz – VGemG, StGBl 1945/66.
- Verfassungsgerichtshofgesetz 1953 – VfGG, BGBl 1953/85 idF BGBl I 2016/41.
- Eisenbahn-Enteignungsentschädigungsgesetz – EisbEG, BGBl 1954/71 idF BGBl I 2010/111.
- Eisenbahngesetz 1957 – EisbG, BGBl 1957/60 idF BGBl I 2015/137.
- Luftfahrtgesetz – LFG, BGBl 1957/253 idF BGBl I 2015/61.

- Konvention zum Schutze der Menschenrechte und Grundfreiheiten, BGBl 1958/210 idF BGBl III 2010/47 (zit: EMRK).
- Wasserrechtsgesetz 1959 – WRG 1959, BGBl 1959/215 idF BGBl I 2014/54.
- Straßenverkehrsordnung 1960 – StVO 1960, BGBl 1960/159 idF BGBl I 2015/123.
- Vertrag zwischen der Republik Österreich und der Republik Slowenien über die gemeinsame Staatsgrenze, BGBl 1966/229 idF BGBl III 2011/176.
- Starkstromwegegesetz 1968, BGBl 1968/70 idF BGBl I 2003/112.
- Kärntner Elektrizitätsgesetz – K-EG, LGBl 1969/47 idF LGBl 2013/85.
- Kärntner Bauordnung, LGBl 1969/48 (zit: K-BO 1969).
- Kärntner Campingplatzgesetz – K-CPG, LGBl 1970/143 idF LGBl 2013/85.
- Kärntner Bestattungsgesetz – K-BStG, LGBl 1971/61 idF LGBl 2013/85.
- Bundesstraßengesetz 1971 – BStG 1971, BGBl 1971/286 idF BGBl I 2013/96.
- Kärntner Bergwachtgesetz – K-BWG, LGBl 1973/25 idF LGBl 2013/85.
- Kärntner Landtagswahlordnung – K-LTWO, LGBl 1974/191 idF LGBl 2013/85.
- Staatsgrenzgesetz, BGBl 1974/9 idF BGBl I 2013/161.
- Rohrleitungsgesetz, BGBl 1975/411 idF BGBl I 2011/138.
- Forstgesetz 1975, BGBl 1975/440 idF BGBl I 2015/102.
- [Salzburger] Anliegerleistungsgesetz, LGBl 1976/77 idF LGBl 2015/78 (zit: S-ALG).
- Verordnung des Bundesministers für Land- und Forstwirtschaft vom 30. Juli 1976 über die Gefahrenzonenpläne, BGBl 1976/436.
- Kärntner Aufzugsgesetzes, LGBl 1977/32.
- Kärntner Landessicherheitsgesetz – K-LSiG, LGBl 1977/74 idF LGBl 2013/85.
- Salzburger Raumordnungsgesetz 1977 – ROG 1977, LGBl 1977/26 (zit: S-ROG 1977).
- Richtlinie 78/170/EWG des Rates vom 13. Februar 1978 betreffend die Leistung von Wärmeerzeugern zur Raumheizung und Warmwasserbereitung in neuen oder bestehenden nichtindustriellen Gebäuden sowie die Isolierung des Verteilungsnetzes für Wärme und Warmwasser in nichtindustriellen Neubauten, ABl 1978 L 52/32.
- Grundbuchsumstellungsgesetz – GUG, BGBl 1980/550 idF BGBl I 2012/30.
- Gesetz vom 28. Jänner 1982 über die Organisation der Bezirkshauptmannschaften, LGBl 1982/19 idF LGBl 1997/128.
- Gemeindeplanungsgesetz 1982, LGBl 1982/51.

- Kärntner Nationalpark- und Biosphärenparkgesetz – K-NBG, LGBl 1983/55 idF LGBl 2013/85.
- Kärntner Buschenschankgesetz – K-BuG, LGBl 1984/46 idF LGBl 2013/85.
- Kärntner Grundstücksteilungsgesetz – K-GTG, LGBl 1985/3 idF LGBl 2013/85.
- Verwaltungsgerichtshofgesetz 1985 – VwGG, BGBl 1985/10 idF BGBl I 2013/122.
- Kärntner Kundmachungsgesetz – K-KMG, LGBl 1986/25 idF LGBl 2013/39.
- Kärntner Umwelt-Verfassungsgesetz, LGBl 1986/42.
- Oö. Auskunftspflicht-, Datenschutz- und Informationsweiterverwendungsgesetz, LGBl 1998/46 idF LGBl 2015/68.
- Richtlinie 89/106/EWG des Rates vom 21. Dezember 1988 zur Angleichung der Rechts- und Verwaltungsvorschriften der Mitgliedstaaten über Bauprodukte, ABl 1989 L 40/12.
- Kärntner Ortsbildpflegegesetz 1990 – K-OBG, LGBl 1990/32 idF LGBl 2015/31.
- Kärntner Prostitutionsgesetz – K-PRG, LGBl 1990/58 idF LGBl 2013/85.
- Kärntner Straßengesetz 1991 – K-StrG, LGBl 1991/72 idF LGBl 2016/5.
- Oö. Straßengesetz 1991, LGBl 1991/84 idF LGBl 2015/42.
- Allgemeines Verwaltungsverfahrensgesetz 1991 – AVG, BGBl 1991/51 idF BGBl I 2013/161.
- Verwaltungsstrafgesetz 1991 – VStG, BGBl 1991/52 idF BGBl I 2013/33.
- Vereinbarung zwischen dem Bund und den Ländern gemäß Art 15a B-VG über die Mitwirkungsrechte der Länder und Gemeinden in den Angelegenheiten der europäischen Integration, BGBl 1992/775 idF BGBl I 2008/2.
- Kärntner Bauordnung 1992 – K-BO, LGBl 1992/64 (zit: K-BO 1992).
- [Tiroler] Gesetz vom 20. November 1991 über die Bezeichnung von Verkehrsflächen und die Nummerierung von Gebäuden, LGBl 1992/4 idF LGBl 2013/130.
- Oö. Raumordnungsgesetz 1994 – Oö. ROG 1994, LGBl 1993/114 idF LGBl 2015/69.
- Vereinbarung gemäß Art. 15a B-VG über die Zusammenarbeit im Bauwesen (Umsetzung der EG-Bauproduktenrichtlinie), LGBl 1993/56.
- Arbeitsinspektionsgesetz 1993 – ArbIG, BGBl 1993/27 idF BGBl I 2015/101.
- Elektrotechnikgesetz 1992 – ETG 1992, BGBl 1993/106 idF BGBl I 2015/129.
- Umweltverträglichkeitsprüfungsgesetz 2000 – UVP-G 2000, BGBl 1993/697 idF BGBl I 2016/4.
- Fernmeldegesetz 1993, BGBl 1993/908.

- Kärntner Akkreditierungs- und Baustoffzulassungsgesetz, LGBl 1994/24.
- Kärntner Grundverkehrsgesetz 1994 – K-GVG 1994, LGBl 1994/104.
- Oö. Bauordnung 1994 – Oö. BauO 1994, LGBl 1994/66 idF LGBl 2013/90.
- Oö. Bautechnikgesetz – Oö. BauTG, LGBl 1994/67.
- Ziviltechnikergesetz 1993 – ZTG, BGBl 1994/156 idF BGBl I 2013/4.
- Gewerbeordnung 1994 – GewO 1994, BGBl 1994/194 idF BGBl I 2015/155.
- Maschinen-Sicherheitsverordnung – MSV, BGBl 1994/306.
- ArbeitnehmerInnenschutzgesetz – ASchG, BGBl 1994/450 idF BGBl I 2015/60.
- Kärntner Gemeindeplanungsgesetz 1995 – K-GplG 1995, LGBl 1995/23 idF LGBl 2016/24.
- Steiermärkisches Baugesetz – Stmk. BauG, LGBl 1995/59 idF LGBl 2015/75.
- Richtlinie 95/16/EG des Europäischen Parlaments und des Rates vom 29. Juni 1995 zur Angleichung der Rechtsvorschriften der Mitgliedstaaten über Aufzüge, ABl 1995 L 213/1.
- Kärntner Bauordnung 1996 – K-BO 1996, LGBl 1996/62 idF LGBl 2016/19.
- Kärntner Landesverfassung – K-LVG, LGBl 1996/85 idF LGBl 2016/28.
- [Vorarlberger] Raumplanungsgesetz – RPG, LGBl 1996/39 idF LGBl 2015/54 (zit: V-RPG).
- Grenzkontrollgesetz – Grekol, BGBl 1996/435 idF BGBl I 2016/25.
- Aufzüge-Sicherheitsverordnung 1996 – ASV 1996, BGBl 1996/780.
- Kärntner Schischulgesetz – K-SSchG, LGBl 1997/53 idF LGBl 2013/85.
- Kärntner Wohnbauförderungsgesetz 1997 – K-WBFG 1997, LGBl 1997/60 idF LGBl 2013/85.
- Kärntner Gemeindewasserversorgungsgesetz – K-GWVG, LGBl 1997/107 idF LGBl 2013/85.
- Verordnung des Landeshauptmannes betreffend die Fortsetzung von Höchsttarifen für das Rauchfangkehrergewerbe, LGBl 1997/85 idF LGBl 2015/50.
- [Salzburger] Baupolizeigesetz 1997 – BauPolG, LGBl 1997/40 idF LGBl 2014/76 (zit: S-BauPolG).
- Schifffahrtsgesetz – SchFG, BGBl I 1997/62 idF BGBl I 2015/61.
- Richtlinie 96/82/EG des Rates vom 9. Dezember 1996 zur Beherrschung der Gefahren bei schweren Unfällen mit gefährlichen Stoffen, ABl 1997 L 10/13.
- Güter- und Seilwege- Landesgesetz – K-GSLG, LGBl 1998/4 idF LGBl 2013/85.
- Verordnung der Kärntner Landesregierung vom 31. März 1998 über die Ausführungsplakette für Bauvorhaben, LGBl 1998/14.

- Kärntner Berg- und Schiführergesetz – K-BSFG, LGBl 1998/25 idF LGBl 2013/85.
- Kärntner Heizungsanlagengesetz – K-HeizG, LGBl 1998/63.
- Kärntner Allgemeine Gemeindeordnung – K-AGO, LGBl 1998/66 idF LGBl 2015/3.
- Villacher Stadtrecht 1998 – K-VStR 1998, LGBl 1998/69 idF LGBl 2015/3.
- Klagenfurter Stadtrecht 1998 – K-KStR 1998, LGBl 1998/70 idF LGBl 2015/3.
- Burgenländisches Baugesetz 1997 – Bgld. BauG, LGBl 1998/10 idF LGBl 2013/79.
- Oö. Aufzugsgesetz 1998, LGBl 1998/69 idF LGBl 2009/91.
- Salzburger Raumordnungsgesetz 1998 – ROG 1998, LGBl 1998/44 (zit: S-ROG 1998).
- Richtlinie 98/34/EG des Europäischen Parlaments und des Rates vom 22. Juni 1998 über ein Informationsverfahren auf dem Gebiet der Normen und technischen Vorschriften, ABl 1998 L 204/37.
- Geschäftsordnung der Kärntner Landesregierung – K-GOL, LGBl 1999/8 idF LGBl 2016/33.
- Kärntner Krankenanstaltenordnung 1999 – K-KAO, LGBl 1999/26 idF LGBl 2015/46.
- Kärntner Gemeindekanalisationsgesetz – K-GKG, LGBl 1999/62 idF LGBl 2013/85.
- Vereinbarung gemäß Art. 15a B-VG über die Regelung der Verwendbarkeit von Bauprodukten, LGBl 1999/45.
- Mineralrohstoffgesetz – MinroG, BGBl I 1999/38 idF BGBl I 2015/80.
- Kraftfahrliniengesetz – KflG, BGBl I 1999/203 idF BGBl I 2015/61.
- Kärntner Jagdgesetz 2000 – K-JG, LGBl 2000/21 idF LGBl 2013/85.
- Kärntner Aufzugsgesetz – K-AG, LGBl 2000/43 idF LGBl 2014/3.
- Kärntner Gefahrenpolizei- und Feuerpolizeiordnung – K-GFPO, LGBl 2000/67 idF LGBl 2013/85.
- Burgenländisches Luftreinhalte-, Heizungsanlagen- und Klimaanlagengesetz 2008 – Bgld. LHKG 2008, LGBl 2000/44 idF 2016/23.
- Kärntner Akkreditierungs- und Bauproduktegesetz – K-ABPG, LGBl 2001/31.
- [Vorarlberger] Baugesetz, LGBl 2001/52 idF LGBl 2015/54 (zit: V-BauG).
- Kärntner Gemeinderats- und Bürgermeisterwahlordnung 2002 – K-GBWO 2002, LGBl 2002/32 idF LGBl 2013/85.
- Kärntner IPPC-Anlagengesetz – K-IPPC-AG, LGBl 2002/52 idF LGBl 2014/2.

- Kärntner Naturschutzgesetz 2002 – K-NSG 2002, LGBl 2002/79 idF LGBl 2013/85.
- Abfallwirtschaftsgesetz 2002 – AWG 2002, BGBl I 2002/102 idF BGBl I 2015/163.
- Munitionslagergesetz 2003 – MunLG 2003, BGBl I 2003/9 idF BGBl I 2013/181.
- Telekommunikationsgesetz 2003 – TKG 2003, BGBl I 2003/70 idF BGBl I 2016/6.
- Seilbahngesetz 2003 – SeilbG 2003, BGBl I 2003/103 idF BGBl I 2012/40.
- Kärntner Grundverkehrsgesetz 2002 – K-GVG 2002, LGBl 2004/9 idF LGBl 2013/85.
- Kärntner Abfallwirtschaftsordnung 2004 – K-AWO, LGBl 2004/17 idF LGBl 2013/85.
- E-Government-Gesetz – E-GovG, BGBl I 2004/10 idF BGBl I 2013/83.
- Grundversorgungsvereinbarung – Art. 15a B-VG, BGBl I 2004/80.
- Schleppliftverordnung 2004 – SchleppVO 2004, BGBl II 2004/464 idF BGBl II 2013/364.
- Kärntner Informations- und Statistikgesetz – K-ISG, LGBl 2005/70 idF LGBl 2016/22.
- Richtlinie 2005/36/EG des Europäischen Parlaments und des Rates vom 7. September 2005 über die Anerkennung von Berufsqualifikationen, ABl 2005 L 255/22 idF Abl 2016 L 134/135.
- Kärntner Grundversorgungsgesetz – K-GvvG, LGBl 2006/43 idF LGBl 2016/14.
- Registerzählungsgesetz, BGBl I 2006/33 idF BGBl I 2009/125.
- Vertrag zwischen der Republik Österreich und der Italienischen Republik über die Instandhaltung der Grenzzeichen sowie die Vermessung und Vermarkung der gemeinsamen Staatsgrenze samt Schlussprotokoll, Notenwechsel und Anlagen, BGBl III 2006/150.
- Richtlinie 2006/42/EG des Europäischen Parlaments und des Rates vom 17. Mai 2006 über Maschinen und zur Änderung der Richtlinie 95/16/EG (Neufassung), ABl 2006 L 157/24, idF der Richtlinie 2014/33/EU, ABl 2014 L 96/251.
- Richtlinie 2006/123/EG des Europäischen Parlaments und des Rates vom 12. Dezember 2006 über Dienstleistungen im Binnenmarkt, ABl 2006 L 376/36.
- Kärntner Bienenwirtschaftsgesetz – K-BiWG, LGBl 2007/63 idF LGBl 2013/85.
- Aufzüge-Sicherheitsverordnung 2008 – ASV 2008, BGBl II 2008/274 idF BGBl II 2016/19.

- Maschinen-Sicherheitsverordnung 2010 – MSV 2010, BGBl II 2008/282 idF BGBl II 2016/48.
- Verordnung (EG) Nr 764/2008 des Europäischen Parlaments und des Rates vom 9. Juli 2008 zur Festlegung von Verfahren im Zusammenhang mit der Anwendung bestimmter nationaler technischer Vorschriften für Produkte, die in einem anderen Mitgliedstaat rechtmäßig in den Verkehr gebracht worden sind, und zur Aufhebung der Entscheidung Nr 3052/95/EG, ABl 2008 L 218/21.
- Verordnung (EG) Nr 765/2008 des Europäischen Parlaments und des Rates vom 9. Juli 2008 über die Vorschriften für die Akkreditierung und Marktüberwachung im Zusammenhang mit der Vermarktung von Produkten und zur Aufhebung der Verordnung (EWG) Nr 339/93 des Rates, ABl 2008 L 218/30.
- Kärntner Berufsqualifikationen-Anerkennungsgesetzes – K-BQAG, LGBl 2009/10 idF LGBl 2016/23.
- Salzburger Raumordnungsgesetz 2009 – ROG 2009, LGBl 2009/30 idF LGBl 2016/9 (zit: S-ROG 2009).
- Hebeanlagen-Betriebsverordnung 2009 – HBV 2009, BGBl II 2009/210 idF BGBl II 2014/228.
- Oö. Aufzugsverordnung 2010, LGBl 2010/23.
- Vereinbarung gemäß Art. 15a B-VG über die Marktüberwachung von Bauprodukten, LGBl 2010/69.
- Kärntner Veranstaltungsgesetz 2010 – K-VAG 2010, LGBl 2011/27 idF LGBl 2013/85.
- Richtlinie 2010/31/EU des Europäischen Parlaments und des Rates vom 19. Mai 2010 über die Gesamtenergieeffizienz von Gebäuden, ABl 2010 L 153/13 idF ABl 2010 L 155/61.
- Tiroler Bauordnung 2011 – TBO 2011, LGBl 2011/57 idF LGBl 2015/103.
- Gaswirtschaftsgesetz 2011 – GWG 2011, BGBl I 2011/107 idF BGBl II 2015/226.
- Verordnung (EU) Nr 305/2011 des Europäischen Parlaments und des Rates vom 9. März 2011 zur Festlegung harmonisierter Bedingungen für die Vermarktung von Bauprodukten und zur Aufhebung der Richtlinie 89/106/EWG des Rates, ABl 2011 L 88/5 idF ABl 2014 L 159/41.
- Kärntner Elektrizitätswirtschafts- und -organisationsgesetz 2011 – K-ElWOG, LGBl 2012/10 idF LGBl 2015/51.
- Kärntner Bauansuchenverordnung – K-BAV, LGBl 2012/98 idF LGBl 2012/102.
- Kärntner Spiel- und Glücksspielautomatengesetz – K-SGAG, LGBl 2012/110 idF LGBl 2015/13.
- Biosphärenpark-Nockberge-Gesetz – K-BPNG, LGBl 2012/124 idF LGBl 2013/74.

- Energieausweis-Vorlage-Gesetz 2012 – EAVG 2012, BGBl I 2012/27.
- Akkreditierungsgesetz 2012 – AkkG 2012, BGBl I 2012/28 idF BGBl I 2014/40.
- Charta der Grundrechte der Europäischen Union, ABl 2012 C 326/02.
- Vertrag über die Arbeitsweise der Europäischen Union, ABl 2012 C 326/47.
- Richtlinie 2012/18/EU des Europäischen Parlaments und des Rates vom 4. Juli 2012 zur Beherrschung der Gefahren schwerer Unfälle mit gefährlichen Stoffen, zur Änderung und anschließenden Aufhebung der Richtlinie 96/82/EG, ABl 2012 L 197/1.
- Vereinbarung gemäß Art. 15a B-VG über die Zusammenarbeit im Bauwesen und die Bereitstellung von Bauprodukten, LGBl 2013/35.
- Kärntner Bauproduktegesetz – K-BPG, LGBl 2013/46 idF LGBl 2013/85.
- Kärntner Landesverwaltungsgerichtsgesetz – K-LvwGG, LGBl 2013/55.
- Kärntner Kinder- und Jugendhilfegesetz – K-KJHG, LGBl 2013/83.
- Oö. Landesverwaltungsgerichts-Vorbereitungsgesetz, LGBl 2013/10 idF LGBl 2013/90.
- Oö. Bautechnikgesetz 2013 – Oö. BauTG 2013, LGBl 2013/35 idF LGBl 2014/89.
- Tiroler Gas-, Heizungs- und Klimaanlagengesetz 2013 – TGHKG 2013, LGBl 2013/111.
- Verwaltungsgerichtsverfahrensgesetz – VwGVG, BGBl I 2013/33 idF BGBl I 2015/82.
- Kärntner Heizungsanlagengesetz – K-HeizG, LGBl 2014/1.
- Kärntner Bau-Übertragungsverordnung, LGBl 2014/16.
- Bundes-Energieeffizienzgesetz – EEffG, BGBl I 2014/72.
- Richtlinie 2014/94/EU des Europäischen Parlaments und des Rates vom 22. Oktober 2014 über den Aufbau der Infrastruktur für alternative Kraftstoffe, ABl 2014 L 307/1.
- NÖ Bauordnung 2014 – NÖ BO 2014, LGBl 2015/1 idF LGBl 2016/37.
- Wiener Heizungs- und Klimaanlagengesetz 2015 – WHKG 2015, LGBl 2016/11.
- Bundesverfassungsgesetz über die Unterbringung von hilfs- und schutzbedürftigen Fremden, BGBl I 2015/120.
- Verordnung der Bundesregierung zur Feststellung des Bedarfs an der Bereithaltung von Plätzen zur Unterbringung von hilfs- und schutzbedürftigen Fremden durch die Gemeinden, BGBL II 2015/290.
- Energie-Infrastrukturgesetz – E-InfrastrukturG, BGBl I 2016/4.
- Windkraftstandorträume-Verordnung, LGBl 2016/46.
- Kärntner Bautechnikverordnung 2016 – K-BTV 2016, LGBl 2016/59.

Stichwortverzeichnis zur K-BO 1996

In Fettdruck gehaltene Markierungen beziehen sich auf den verwiesenen Paragrafen, in Normaldruck gehaltene Markierungen beziehen sich auf die jeweilige Randzahl des verwiesenen Paragrafen.

Abbruch
  Beseitigung **45** 3 f
  Bewilligungsfrei **7** 5
  Bewilligungspflicht **6** 11

Abfallwirtschaft
  Abfallbehandlungsanlagen **2** 20
  Eigener Wirkungsbereich der Gemeinde **1** 21
  Eigenkompostieranlagen **2** 40
  Überdachungen für kommunale Müllinseln **2** 41

Abwasserbeseitigung
  Erteilung der Baubewilligung **17** 21
  Vorprüfung **13** 8

Amtshaftung
  Aufsicht **25** 14
  Auskunft **5** 7
  Baubewilligung **17** 30

Änderung einer baulichen Anlage
  Bewilligungsfrei **7** 5, 7 f
  Bewilligungspflicht **6** 8
  Durch ein bewilligungsfreies Vorhaben **7** 32

Änderung der Verwendung 6 9 f

Anforderungen
  Bauprodukte **27** 3
  Bewilligungsfreie Vorhaben **7** 33 f
  Vorhaben **26** 3

Anrainer
  Beseitigung **45** 4
  Grundeigentümer **23** 10 f
  Ladung **16** 13 f
  Miteigentümer **23** 10 f
  Parteistellung **23** 10 ff; **47** 3
  Überwachung der Bauausführung **34** 5 f

Antrag auf Erteilung der Baubewilligung
  Änderung **9** 7 f
  Entwicklung **9** 1
  Form **9** 3 f
  Gebühren **9** 9
  Inhalt **9** 3 f
  Kundmachung **9** 14 f
  Rechtsvergleich **9** 2
  Vertretung **9** 12
  Wechsel des Antragstellers **17** 7
  Zurückweisung wegen entschiedener Sache **9** 13
  Zurückziehung **9** 6
  Zuständigkeit **9** 10

Antragsteller
  Ladung **16** 13 f
  Partei **23** 6
  Rechts- und Handlungsfähigkeit **9** 11
  Wechsel **17** 7

1731

Anschüttungen, Abgrabungen und Geländeveränderungen
Baubewilligungspflicht 6 13
Verwaltungsstrafe 50 21

Auflagen
Allgemeines 18 3 ff
Auslegung 18 6
Behinderte 18 16
Berufung und Beschwerde 18 7
Beseitigung 45 5
Bestimmtheit 18 4
Baudurchführung 18 20 f
Einwendungen der Anrainer 23 44
Elektrotankstellen 18 16
Entwicklung 18 1
Erforderlichkeit 18 5
Erteilung der Baubewilligung 17 16
Flächenwidmungsplan 18 25
Fremdenverkehr 18 20 f
Gesundheit 18 17 f, 20 f, 23
Grundschutz 18 16
Instandsetzung 44 3 ff
Kinderspielplätze 18 16
Landschaftsbild 18 15
Nachträgliche Auflagen 18 8
Ortsbild 18 15, 20 f
Projektändernde Auflagen 18 9 f
Rechtsvergleich 18 2
Reihenfolge der Durchführung 18 24
Sicherheit 18 12, 17 f
Sicherheitspolizei 18 26
Stellplätze 18 16
Umweltschutz 18 23
Verkehr 18 20 f
Verwaltungsstrafe 50 18
Wärmeisolierung des Verteiler- und Speichersystems 18 11

Aufräumung
Anrainer 38 6
Aufräumungsarbeiten 38 3 f

Entwicklung 38 1
Rechtsvergleich 38 2
Verpflichtete 38 5
Verwaltungsstrafe 50 26

Aufschiebende Wirkung
Berufung 3 10
Beschwerde 3 20, 32
Einstellung der Bauausführung 35 5
Revision 3 41

Aufsicht
Anrainer 52 4
Aufhebung 52 9 f
Aufsichtsmittel 52 3
Auskunftsrecht 52 6
Behörden 25 3 ff
Entwicklung 52 1
Ersatzvornahme 52 5, 15 f
Genehmigung Abweichung vom Flächenwidmungsplan 14 13
Nichtigkeit 25 3 ff; 52 9 f
Rechtsvergleich 52 2
Übermittlungspflicht 52 7
Verhältnismäßigkeitsgrundsatz 52 4

Augenschein
Abänderung Baubewilligung 22 4
Auspflockung und Ersichtlichmachung der Höhe 16 16
Durchführung 16 4
Entwicklung 16 1
Rechtsvergleich 16 2

Ausführungspflicht
Entwicklung 37 1
Rechtsvergleich 37 2
Verfügung 37 6 f
Verpflichtete 37 9
Verpflichtung 37 3 f

Ausführungsplakette
Anbringung 32 4

Entwicklung 32 1
Informationen 32 3
Rechtsvergleich 32 2
Übermittlung 32 3
Verordnung 32 3
Verwaltungsstrafe 50 17

Auskunftspflicht
Entwicklung 51 1
Rechtsvergleich 51 2
Verpflichtung 51 4
Verwaltungsstrafe 50 17

Auskunftspflicht der Behörde
Amtshaftung 5 7
Entwicklung 5 1
Hinweis auf weitere behördliche Verfahren 5 6
Inhalt 5 3 f
Merkblatt 5 5
Rechtsvergleich 5 2

Ausnahmen vom Anwendungsbereich
Abfallbehandlungsanlagen 2 20
Ausnahmen auf Grund der Kompetenzverteilung 2 8 ff
Ausnahmen trotz Landeskompetenz 2 23 ff
Balkon- und Loggienverglasungen 2 36
Baurechtskompetenz der Länder 2 3 ff
Bergwesen 2 17
Bildstöcke und ähnliche sakrale Bauten 2 43
Blitzschutzanlagen 2 34
Bundesstraßen 2 8
Eigenkompostieranlagen 2 39
Eisenbahnen 2 9 f
Entwicklung 2 1
Erzeugungsanlagen für Elektrizität 2 30
Fahnenstangen 2 37
Fernmeldeanlagen 2 32
Forstwesen 2 21
Grabstätten 2 44
Grillkamine 2 38
Hochstände, Hochsitze, Futterstellen und Wildzäune 2 45
Kinderspielplätze 2 39
Leitungsanlagen 2 29
Luftfahrt 2 15
Markisen 2 37
Materialseilbahnen 2 14
Militärische Anlage 2 48
Rechtsvergleich 2 2
Schifffahrt 2 16
Schlepplifte 2 13
Seilbahnen 2 12 f
Sonnenkollektoren und Photovoltaikanlagen 2 34
Springbrunnen 2 38
Statuen 2 38
Straßen im Sinne des K-StrG 2 26
Straßen im Sinne des Forstgesetzes 2 21, 26
Telefonzellen 2 33
Teppichstangen 2 37
Transformatorengebäude 2 31
Überdachungen für kommunale Müllinseln 2 41
Unterbringung von hilfs- und schutzbedürftigen Fremden 2 22
Verkaufseinrichtungen 2 28
Wartehäuschen und Haltestellenüberdachungen 2 27
Wasserbauten 2 18 f
Weidezäune 2 46
Werbe- und Ankündigungsanlagen 2 42
Wohnwägen und Mobilheime 2 47

Balkon- und Loggienverglasungen 2 35

Bauausführung
Akte unmittelbarer verwaltungsbehördlicher Befehls- und Zwangsgewalt 35 7 f
Aufräumung 38 3 f

Ausführung 37 4
Ausführungspflicht 37 3 f
Ausführungsplakette 32 3 f
Baubeginn 20 3 f
Baulärm 28 3
Benützung 40 4
Bestätigungen 39 6 f
Einstellung 35 3 f
Herstellung des rechtmäßigen Zustandes 36 3 f
Maßnahmen im Interesse der Sicherheit und Gesundheit 35 11
Meldepflicht Beginn Bauausführung 31 3 f
Meldepflicht Vollendung 39 3 f
Prüfung 40 3 f
Überprüfung der Abgasanlage 33 3 f
Überwachung 34 3 ff
Unternehmer 29 3 ff
Verwaltungstrafen 35 12; 50 19
Vollendung 37 5; 38 3; 39 4

Bauberechtigter
Aufräumung 38 5
Ausführungspflicht 37 9
Duldungspflicht Kennzeichnung 42 4
Einstellung der Bauausführung 35 4
Entwicklung 55 1
Gleichstellung mit Grundeigentümer 55 3
Orientierungsnummern 40 5 f
Rechtsvergleich 55 2
Türnummern 41a 5

Bauberufungskommission
Befangenheit 3 14
Berufungsentscheidung 3 15 f
Legalitätsprinzip 3 13
Missbrauch der Amtsgewalt 3 13
Prüfungsbefugnis 3 15
Zuständigkeit 3 12

Baubewilligung
Abänderung 22 3 ff
Amtshaftung 17 30
Anforderungen an Bauprodukte 27 3
Antrag 9 3 ff
Ausführungspflicht 37 3 f
Baubewilligungsverfahren 17 6 f
Bautechnische Anforderungen 26 3
Dingliche Wirkung 53 3 f
Erkenntnis des Landesverwaltungsgerichtes 17 29
Erlöschen 21 3
Erteilung 17 6 f
Nichtigkeit 25 3 f
Normativer Gehalt 17 22
Parteistellung 17 7; 23 3 ff
Polizeierlaubnis 17 22
Projektgenehmigungsverfahren 17 6 f
Rechtsanspruch 17 22
Rechtskraft 20 5 f
Rechtsmittelbelehrung 17 28
Schriftlicher Bescheid 17 25
Spruch 17 27
Teilbewilligung 17 23
Verbundene Verfahren 17 26
Vereinfachtes Verfahren 24 3 ff
Verlängerung 21 4
Versagung 19 3 f
Verwaltungsstrafe 50 14, 22, 24
Voraussetzungen der Erteilung 17 8 ff
Vorprüfung 13 3 ff
Wirksamkeit 21 3 f

Baubewilligungspflicht
Abbruch 6 11
Änderung 6 8
Änderung der Verwendung 6 9 f
Anschüttungen, Abgrabungen und Geländeveränderungen 6 13

Baufreiheit **6** 5 f
Bauliche Anlagen **6** 3
Entwicklung **6** 1
Errichtung **6** 7
Feuerungsanlagen **6** 12
Gebäude **6** 4
Rechtsvergleich **6** 2
Verwaltungsstrafen **6** 14; **50** 13

Baufreiheit
Auslegung **2** 25; **6** 5
Bewilligungsfreie Vorhaben **7** 3
Eingriff in das Eigentumsrecht **19** 3
Grundeigentum **10** 3, 5; **23** 7
Inhalt **6** 5 f

Bauleiter
Bestätigungen **39** 6 f
Einstellung der Bauausführung **35** 4
Entwicklung **30** 1
Ladung **16** 13 f
Meldepflicht **31** 5
Öffentlich-rechtliche Pflichten **30** 3 f
Rechtsvergleich **30** 2
Verwaltungsstrafe **50** 11, 17

Bauliche Anlagen 6 3

Bauprodukte
Anforderungen **27** 3
Auflagen **18** 26
Erteilung der Baubewilligung **17** 14
Verwaltungsstrafe **50** 16

Baurechtskompetenz der Länder
Gesetzgebung und Vollziehung **2** 3
Gesichtspunkttheorie **2** 4
Kumulationsprinzip **2** 4

Baustelleneinrichtungen 7 14

Bebauungsplan
Erteilung der Baubewilligung **17** 19
Vorprüfung **13** 5

Befangenheit
Bezirksverwaltungsbehörde **3** 27
Bürgermeister **3** 8
Gemeindevorstand **3** 14
Ortsbildpflegekommission **8** 8

Behörde
Bauberufungskommission **3** 12 ff
Bezirksverwaltungsbehörde **3** 24 ff
Bürgermeister **3** 3 ff
Entwicklung **3** 1
Gemeinderat **3** 22
Gemeindevorstand **3** 12 ff
Landeshauptmann **3** 28
Landesverwaltungsgericht **3** 29 f
Rechtsvergleich **3** 2
Stadtsenat **3** 12 ff
Stadtrat **3** 12 ff
Verfassungsgerichtshof **3** 45 f
Verwaltungsgerichtshof **3** 39 f
Zuständigkeit **3** 3, 12, 24, 29

Belege
Abänderung der Baubewilligung **22** 3
Abschluss Vorprüfung **15** 3
Andere Bewilligungen **12** 3 ff
Benützung von Gebäuden oder baulichen Anlagen **40** 4 f
Entwicklung **10** 1; **11** 1; **12** 1
Grundeigentum **10** 3 f
Instandsetzung **44** 4
Mängelbehebung **10** 14; **11** 4; **12** 10; **15** 4; **22** 7
Pläne und Beschreibungen **10** 12 f
Planverfasser **10** 13

Prüfung von Gebäuden oder baulichen Anlagen **40** 3 f
Rechtsvergleich **10** 2; **11** 2; **12** 2
Verzeichnisse **10** 10 f; **11** 3
Zustimmung **10** 5 f

Benützung von Gebäuden oder baulichen Anlagen
Belege **40** 4
Benützung **40** 5 f
Entwicklung **40** 1
Mängelbehebung **40** 7
Prüfung **40** 3
Rechtsvergleich **40** 2
Versagung **40** 8
Verwaltungsstrafe **50** 20

Beratung
Amtshaftung **5** 7
Entwicklung **5** 1
Hinweis auf weitere behördliche Verfahren **5** 6
Inhalt **5** 3 f
Merkblatt **5** 5
Rechtsvergleich **5** 2

Bergwesen 2 17

Berufung
Aufschiebende Wirkung **3** 10
Erhebung **3** 10
Berufungsentscheidung **3** 15 f
Berufungsvorentscheidung **3** 11
Herstellung des rechtmäßigen Zustandes **36** 9
Prüfungsbefugnis **3** 15

Beschwerde
Akte unmittelbarer verwaltungsbehördlicher Befehls- und Zwangsgewalt **35** 10
Aufschiebende Wirkung **3** 20, 32
Beschwerdevorentscheidung **3** 21, 27
Erhebung **3** 17 f
Herstellung des rechtmäßigen Zustandes **36** 9
Vorverfahren **3** 19

Beseitigung
Auflagen **45** 5
Bescheid **45** 4
Einwendungen **47** 3
Entwicklung **45** 1
Rechtsvergleich **45** 2
Verpflichtete **45** 4
Voraussetzungen **45** 3

Beweiswürdigung 17 5

Bewilligungsfreie Vorhaben
Allgemeines **7** 3 f
Änderung einer bestehenden baulichen Anlage **7** 32
Anforderungen **7** 33 f
Anrainerrechte **34** 5 f
Ausführungspflicht **37** 3 f
Baustelleneinrichtungen **7** 14
Einfriedungen **7** 17 f
Eintritt in das Bundesgebiet **7** 30
Einwendungen **7** 4
Entwicklung **7** 1
Errichtung, Änderung und Abbruch von Gebäuden **7** 5
Feuerungsanlagen **7** 6
Folientunnel **7** 23
Freizeitwohnsitz **7** 11
Gartengestaltung **7** 15
Herstellung des rechtmäßigen Zustandes **36** 10
Instandsetzung **7** 22
Luftwärmepumpen **7** 26
Mitteilungspflicht **7** 35 f
Parabolantennen **7** 12
Rechtsvergleich **7** 2
Sonnenkollektoren und Photovoltaikanlagen **7** 13
Stellplatz **7** 20
Stützmauern **7** 17 f
Terrassenüberdachung **7** 24

Überwachung der Bauausführung
34 3 f
Unterbringung von Personen im
Sinne des § 2 K-GrvG 7 31
Vergleichbare Vorhaben 7 27 f
Verwaltungsstrafe 7 4; 50 23
Vorhaben in Entsprechung eines
behördlichen bzw baubehördlichen Auftrages 7 29
Vorübergehender Bedarf 7 21; 14 7
Wasserbecken 7 16
Werbe- und Ankündigungsanlagen 7 25
Zulässige Abweichungen vom
Flächenwidmungsplan 14 6 f

Bezirksverwaltungsbehörde
Aufsicht 25 3 ff
Befangenheit 3 27
Beschwerde 3 27
Entscheidungspflicht 3 27
Örtliche Zuständigkeit 3 24
Sachliche Zuständigkeit 3 24

Blitzschutzanlagen 2 34

Brandschutz
Abgasanlage 33 4
Änderung der Verwendung 6 9
Anforderungen an Bauprodukte
27 3
Auflagen 18 19
Bautechnische Anforderungen 26 3
Erhaltungspflicht 43 4
Erteilung der Baubewilligung 17
10, 14

Bundespolizei
Entwicklung 4 1
Hilfeleistung 4 5 f
Mitwirkung 4 3 ff
Organe des Wachkörpers 4 4
Räumung 46 4
Rechtsvergleich 4 2
Überwachung der Bauausführung
34 3

Bundesstraßen 2 8

Bürgermeister
Aufteilung der Aufgaben 3 5
Befangenheit 3 8
Bescheiderlassung 3 9
Legalitätsprinzip 3 4
Missbrauch der Amtsgewalt 3 4
Örtliche Zuständigkeit 3 3
Sachliche Zuständigkeit 3 3
Übertragung der Aufgaben 3 7
Vertretung 3 6

**Dampfkessel- und
Kraftmaschinenwesen 2 4**

Denkmalschutz
Beleg über Bewilligung 12 3 ff
Kumulationsprinzip 2 4

Devolutionsantrag 3 9

Dingliche Wirkung
Baubewilligung 53 3 f
Entwicklung 53 1
Rechtsvergleich 53 2

Duldungspflichten
Benützung 48 3 f
Entschädigung für Benützung
49 3 f
Kennzeichnung 42 4
Verwaltungsstrafe 50 17

**Eigener Wirkungsbereich der
Gemeinde**
Abfallwirtschaft 1 21
Anderes Staats- oder Landesgebiet
1 22
Aufteilung der Aufgaben 3 5
Ausnahmen 1 11 ff
Außerhalb des Gemeindegebietes
1 14 f
Behörden 3 3 ff
Durchführungsverordnungen 1 10
Entwicklung 1 1 f

Funktionale Einheit von baulichen
Anlagen 1 17 f
Kennzeichnung der Lage von
Versorgungseinrichtungen und
Kanalisationsanlagen 1 23
Kontrollsystem für Energieausweise und Klimaanlagenüberprüfungsbefunde 1 19
Landesgrenze 1 9; 3 3, 24
Orientierungsnummern 1 23
Rechtsvergleich 1 6
Staatsgrenze 1 9; 3 3, 24
Straßenbeleuchtung 1 23
Straßenbezeichnung 1 23
Türnummern 1 23
Umweltverträglichkeitsprüfungen 1 20
Vollstreckung 1 19
Vollziehung 1 7 f

Eigentümergemeinschaft
Aufräumung 38 5
Ausführungspflicht 37 9
Berechtigte und Verpflichtete 55a 3 f
Duldungspflicht Kennzeichnung 42 4
Entwicklung 55a 1
Instandsetzung 44 6
Orientierungsnummern 40 5 f
Rechtsfähigkeit 55a 4
Rechtsvergleich 55a 2
Türnummern 41a 5
Vertretung 55a 5

Einfriedungen
Bewilligungsfrei 7 17 f
Bewilligungspflicht 6 3

Einstellung der Bauausführung
Absperren 35 7, 9
Akte unmittelbarer verwaltungsbehördlicher Befehls- und Zwangsgewalt 35 8 f
Anrainer 50 4
Aufhebung 35 6
Berufung 35 5
Bescheid 35 4
Beschwerde 35 5, 10
Entwicklung 35 1
Maßnahmen im Interesse der Sicherheit und Gesundheit 35 11
Rechtsvergleich 35 2
Verpflichtete 35 4
Versiegelung 35 7, 9
Verwaltungsstrafe 35 12; 50 15, 25
Voraussetzungen 50 3

Eintritt in das Bundesgebiet 7 30

Einwendungen
Abänderung der Baubewilligung 22 6
Abstände 23 33
Auflagen 23 44
Aufräumung 38 6
Ausnutzbarkeit des Baugrundstückes 23 31
Beachtung der Rechtsanschauung der Aufsichtsbehörde 23 46
Beachtung der Rechtsanschauung des VfGH und VwGH 23 47
Bebauungshöhe 23 34
Bebauungsweise 23 30
Begründete Einwendungen 23 25
Beschränktes Mitspracherecht 23 26
Brandsicherheit 23 35
Einwendungen gegen Instandsetzung und Beseitigung 47 3
Einwendungen der Anrainer 23 27 ff
Gebäude, die ausschließlich Wohn-, Büro-, und Ordinationszwecken dienen 23 51
Gesundheit 23 36
Heranrückende Wohnbebauung 23 23, 53 f
Immissionsschutz 23 37 ff

Information zur Rechtswahrung
23 45
Keine subjektiv-öffentlichen
Rechte 23 49 f
Konkretisierung 23 25
Lage des Vorhabens 23 32
Rechtskraft 23 45
Strittiger Grenzverlauf 23 48
Subjektiv-öffentliche Rechte 23
25 ff
Vereinfachtes Verfahren 24 6 f
Verlust der Parteistellung 23 25
Vorhaben, die auch einer gewerbebehördlichen Genehmigung bedürfen 23 52
Widmungsgemäße Verwendung des Baugrundstückes 23 28 f
Zivilrechtliche Einwendungen 23 64; 47 4
Zuständigkeit 23 44

Eisenbahnen
Heranrückende Wohnbebauung
23 20
Kompetenzrechtliche Ausnahmen
2 9 f
Parteistellung Eisenbahnunternehmen 23 20

Elektrizitätswesen
Kumulationsprinzip 2 4
Erzeugungsanlagen für Elektrizität 2 30
Transformatorengebäude 2 31

Energieersparnis
Anforderungen an Bauprodukte
27 3
Bautechnische Anforderungen
26 3
Erteilung der Baubewilligung
17 11

Enteignung
Eigener Wirkungsbereich der Gemeinde 1 19

Eigentumserwerb 10 4; 14 10; 23 10; 44 6

Entschädigung
Eigener Wirkungsbereich der Gemeinde 1 19
Entschädigung für Benützung
49 3 f

Erhaltungspflicht
Anforderungen 43 3 f
Entwicklung 43 1
Rechtsvergleich 43 2
Verpflichteter 43 3

Ermittlungsverfahren
Augenschein 16 4
Mündliche Verhandlung 16 3 ff
Sachverständige 17 4 f

Errichtung von baulichen Anlagen
Bewilligungsfrei 7 5
Bewilligungspflicht 6 7

Europäischer Gerichtshof für Menschenrechte 3 53

Fahnenstangen 2 37

Fernmeldewesen
Kumulationsprinzip 2 5
Fernmeldeanlagen 2 5, 32

Feuerungsanlagen
Bewilligungsfrei 7 6
Bewilligungspflicht 6 12

Flächenwidmungsplan
Auflagen 18 25
Erteilung der Baubewilligung
17 18
Punktwidmungen 14 4
Vorprüfung 13 4
Zulässige Abweichungen 14 3 ff

Folientunnel
Bewilligungsfrei 7 23
Bewilligungspflicht 6 4

Forstwesen
  Ausnahme **2** 21
  Beleg über forstrechtliche Bewilligung **12** 3 ff

Freizeitwohnsitz
  Abweichung vom Flächenwidmungsplan **14** 15 f
  Bewilligungsfrei **7** 11

Fremdenverkehr
  Auflagen **18** 20 f
  Beseitigung **45** 5
  Erteilung der Baubewilligung **17** 12
  Instandsetzung **44** 7

Gartengestaltung 7 15

Gebäude 6 4

Gebäudeeigentümer
  Beseitigung **45** 4
  Duldungspflicht Benützung **48** 3 f
  Duldungspflicht Kennzeichnung **42** 4
  Entschädigung für Benützung **49** 3 f
  Erhaltungspflicht **43** 3
  Instandsetzung **44** 6
  Orientierungsnummern **40** 5 f
  Türnummern **41a** 5

Gemeindevorstand
  Befangenheit **3** 14
  Berufungsentscheidung **3** 15 f
  Legalitätsprinzip **3** 13
  Missbrauch der Amtsgewalt **3** 13
  Prüfungsbefugnis **3** 15
  Zuständigkeit **3** 12

Gerichtshof der Europäischen Union 3 50 f

Gesundheit
  Anforderungen an Bauprodukte **27** 3
  Auflagen **18** 17 f, 20 f, 23
  Ausführungspflicht **37** 7
  Bautechnische Anforderungen **26** 3
  Benützung von Gebäuden oder baulichen Anlagen **40** 4
  Beseitigung **45** 5
  Einstellung der Bauausführung **35** 11
  Einwendungen **23** 36
  Erteilung der Baubewilligung **17** 10
  Instandsetzung **44** 7
  Räumung **46** 3

Gewerberecht
  Kärntner Bau-Übertragungsverordnung **1** 11
  Kumulationsprinzip **2** 4

Grabstätten 2 44

Grillkamine 2 38

Grundeigentum
  Anrainer **23** 10 f
  Aufräumung **38** 5
  Ausführungspflicht **37** 9
  Belege **10** 3 f
  Einstellung der Bauausführung **35** 4
  Herstellung des rechtmäßigen Zustandes **36** 6
  Ladung des Grundeigentümers **16** 13 f
  Parteistellung des Grundeigentümers **23** 7
  Strittiger Grenzverlauf **23** 48
  Vorfrage **10** 3; **14** 10; **23** 48
  Zustimmung **10** 5 f

Heranrückende Wohnbebauung
  Eigentümer von Betrieben **23** 16 ff
  Einwendungen **23** 23, 53 f
  Entfernung zum Vorhaben **23** 22
  Grundstücksteilung **23** 24

Inhaber von Betrieben **23** 18 f
Land- und forstwirtschaftliche
Betriebe **23** 21
Rechtsprechung **23** 17 f
Subjektiv-öffentliche Rechte **23**
23, 53 f

Herstellung des rechtmäßigen Zustandes
Entwicklung 36 1
Rechtsvergleich 36 2
Bewilligungspflichtige Vorhaben
36 3 f
Bewilligungsfreie Vorhaben 36 10

Hochstände, Hochsitze, Futterstellen und Wildzäune 2 45

Immissionsschutz
Beurteilungsmaßstab **23** 40
Einwendungen **23** 37 ff
Kinderspielplätze und Kinderbetreuungseinrichtungen **23** 41
Öffentliche Verkehrsflächen **23** 42
Subjektiv-öffentliche Rechte **23** 37 ff

Inhaber der Baubewilligung
Abänderung der Baubewilligung
22 3
Auflagen **18** 3 f
Aufräumung **38** 5 f
Ausführungspflicht **37** 8 f
Ausführungsplakette **32** 3
Auskunftspflicht **51** 3 f
Bauausführung **29** 3
Begriff **31** 3
Belege **40** 7 f
Benützung von Gebäuden oder baulichen Anlagen **40** 4 f
Bestellung des Bauleiters **30** 3 f
Einstellung der Bauausführung **35** 4, 8
Fristverlängerung **21** 4

Herstellung des rechtmäßigen Zustandes **36** 6
Meldepflicht Beginn der Bauausführung **31** 3 f
Meldepflicht Vollendung des Vorhabens **39** 3, 7
Verwaltungsstrafe **50** 4, 14, 18
Zutrittsrecht **51** 3 f

Instandsetzung
Auflagen **44** 7
Belege **44** 4
Bescheid **44** 5
Bewilligungsfrei **7** 22; **44** 7
Einwendungen **47** 3
Entwicklung **44** 1
Rechtsvergleich **44** 2
Verletzung der Erhaltungspflicht
44 3 f
Verpflichtete **44** 6

Kärntner Bau-Übertragungsverordnung
Eigener Wirkungsbereich **1** 11
Verbundene Verfahren **16** 7
Zuständigkeit **3** 26

Kennzeichnung der Lage von Versorgungseinrichtungen und Kanalisationsanlagen
Duldungspflicht **42** 3 f
Eigener Wirkungsbereich der Gemeinde **1** 19
Entwicklung **42** 1
Rechtsvergleich **42** 2
Verpflichtete **42** 4
Verwaltungsstrafe **50** 17

Kinderspielplätze
Auflagen **18** 16
Ausnahme vom Anwendungsbereich **2** 39
Einwendungen **23** 41
Immissionsschutz **23** 41
Subjektiv-öffentliche Rechte **23** 41

Kontrollsystem für Energieausweise
 Eigener Wirkungsbereich der Gemeinde **1** 19
 Entwicklung **49a** 1
 Kontrollsystem **49a** 3 f
 Rechtsvergleich **49a** 2
 Unabhängige Stelle **49a** 5

Kontrollsystem für
Klimaanlagenüberprüfungsbefunde
 Eigener Wirkungsbereich der Gemeinde **1** 19
 Entwicklung **49b** 1
 Kontrollsystem **49b** 3 f
 Rechtsvergleich **49b** 2

Kundmachung
 Antrag auf Abweichung vom Flächenwidmungsplan **14** 11, 13
 Antrag auf Erteilung einer Baubewilligung **9** 14 f
 Doppelte Kundmachung **23** 58
 Mündliche Verhandlung **16** 13

Landesverwaltungsgericht
 Aufschiebende Wirkung der Beschwerde **3** 20, 32
 Baubewilligung **17** 29
 Beschwerde **3** 17 f
 Entscheidungspflicht **3** 33
 Erkenntnis **3** 34
 Fristsetzungsantrag **3** 33
 Mündliche Verhandlung **3** 33; **16** 12
 Örtliche Zuständigkeit **3** 29
 Sachliche Zuständigkeit **3** 29
 Verfahrensrecht **3** 30
 Vorbringen neuer Tatsachen oder Beweise **3** 31

Landschaftsbild
 Auflagen **18** 15
 Aufräumung **38** 4
 Ausführungspflicht **37** 7
 Erteilung der Baubewilligung **17** 13, 20
 Vorprüfung **13** 6

Lärmschutz
 Anforderungen an Bauprodukte **27** 3
 Baulärm **28** 3
 Bautechnische Anforderungen **26** 3
 Beurteilungsmaßstab **23** 40
 Einwendungen **23** 37 ff
 Erteilung der Baubewilligung **17** 14
 Kinderspielplätze und Kinderbetreuungseinrichtungen **23** 41
 Öffentliche Verkehrsflächen **23** 42
 Subjektiv-öffentliche Rechte **23** 37 ff

Leitungsanlagen 2 29

Luftfahrt 2 15

Luftreinhaltung 2 4

Luftwärmepumpen
 Bewilligungsfrei **7** 26
 Bewilligungspflicht **6** 3

Markisen 2 37

Materialseilbahnen 2 14

Militärische Anlagen
 Ausnahme vom Anwendungsbereich **2** 48
 Kumulationsprinzip **2** 7

Miteigentümer
 Aufräumung **38** 5
 Ausführungspflicht **37** 9
 Anrainer **23** 10 f
 Duldungspflicht Kennzeichnung **42** 4
 Instandsetzung **44** 6
 Ladung **16** 13
 Orientierungsnummern **40** 5 f

Parteistellung **23** 8
Versagung der Baubewilligung
20 3
Zustimmung **10** 6; **22** 3

Mitteilungspflicht
Bauausführung **31** 3 f
Bewilligungsfreie Vorhaben **7** 33 f
Verwaltungsstrafe **50** 17
Vollendung **39** 3 f

Mündliche Verhandlung
Abänderung Baubewilligung **22** 4
Ablauf **16** 9 f
Anberaumung **16** 14
Augenschein **16** 4
Entwicklung **16** 1
Ladung **16** 13 f
Rechtsvergleich **16** 2
Verhandlungsschrift **16** 10

Naturschutz
Beleg über Bewilligung **12** 3 ff
Erteilung der Baubewilligung
17 14

Nichtigkeit
Amtshaftung **25** 14
Aufhebung **25** 12 f
Entwicklung **25** 1
Nichtigkeitsgründe **25** 7 f
Rechtsvergleich **25** 2
Öffentliche Fahrstraße
Erteilung der Baubewilligung
17 21
Vorprüfung **13** 8

Orientierungsnummern
Anbringung **41** 6
Eigener Wirkungsbereich der Gemeinde **1** 23; **41** 3
Entwicklung **41** 1
Festsetzung **41** 4 f
Rechtsvergleich **41** 2
Verpflichtete **41** 5 f

Verwaltungsstrafe **50** 17
Vollziehung **41** 3
Örtliche Baupolizei
Abfallwirtschaft **1** 21
Anderes Staats- oder Landesgebiet
1 22
Ausnahmen **1** 11 ff
Außerhalb des Gemeindegebietes
1 14 f
Behörden **3** 3 ff
Durchführungsverordnungen **1** 10
Funktionale Einheit von baulichen
Anlagen **1** 17 f
Kennzeichnung der Lage von
Versorgungseinrichtungen und
Kanalisationsanlagen **1** 23
Kontrollsystem für Energieausweise und Klimaanlagenüberprüfungsbefunde **1** 19
Landesgrenze **1** 9; **3** 3, 24
Orientierungsnummern **1** 23
Rechtsvergleich **1** 6
Staatsgrenze **1** 9; **3** 3, 24
Straßenbeleuchtung **1** 23
Straßenbezeichnung **1** 23
Türnummern **1** 23
Umweltverträglichkeitsprüfungen
1 20
Vollstreckung **1** 19
Vollziehung **1** 8 ff

Ortsbildschutz
Antrags- und Anhörungsrecht
8 3 f
Auflagen **18** 15, 20 f
Aufräumung **38** 4
Ausführungspflicht **37** 7
Beseitigung **45** 5
Entwicklung **8** 1
Erteilung der Baubewilligung **17**
13, 20
Gutachten **8** 9 f; **13** 9 f
Instandsetzung **44** 7
Örtlichen Bautradition **13** 9 f

Ortsbildpflegekommission **8** 7 f; **13** 9 f
Rechtsvergleich **8** 2
Vorprüfung **13** 6

Parabolantenne 7 12

Partei
Abänderung der Baubewilligung **22** 6
Anrainer **23** 10 ff
Antragsteller **23** 6
Aufräumung **38** 6
Beschränktes Mitspracherecht **23** 26
Eigentümer eines Superädifikates **23** 9
Eigentümer von Betrieben **23** 16 ff
Einstellung der Bauausführung **35** 4
Entwicklung **23** 1
Grundstücksteilung **23** 13
Heranrückende Wohnbebauung **23** 17 f
Im Verfahren vor dem Verfassungsgerichtshof **3** 46
Im Verfahren vor dem Verwaltungsgerichtshof **3** 40
Inhaber von Betrieben **23** 18 f
Land- und forstwirtschaftliche Betriebe **23** 21
Miteigentümer **23** 8
Parteiengehör **15** 3; **17** 4
Parteistellung **23** 3 ff
Präklusion **23** 58 f
Rechtsnachfolger **23** 4
Rechtsvergleich **23** 2
Übergangene Partei **23** 61 f
Vereinfachtes Verfahren **24** 6 f
Verfahrensrechte **23** 3
Verlust der Parteistellung **23** 25, 58 f
Wohnungseigentümer **23** 14 f

Planverfasser
Berechtigte **10** 13
Ladung **16** 3 f

Postwesen 2 4

Präklusion
Prüfungsbefugnis Berufungsbehörde **3** 15
Verlust der Parteistellung **23** 58 f

Prüfung durch die Behörde
Benützung von Gebäuden oder baulichen Anlagen **40** 4
Entwicklung **40** 1
Prüfpflicht **40** 3
Rechtsvergleich **40** 2

Räumung
Akte unmittelbarer verwaltungsbehördlicher Befehls- und Zwangsgewalt **46** 4
Bescheid **46** 4
Entwicklung **46** 1
Rechtsvergleich **46** 2
Verpflichtete **46** 4
Voraussetzung **46** 3

Rechtmäßiger Bestand
Entwicklung **54** 1
Rechtsvergleich **54** 2
Voraussetzung **54** 3 f

Rechtskraft
Abänderung Baubewilligung **22** 5
Einwendung der Anrainer **23** 45
Eintritt **20** 5 f

Rechtsnachfolger
Herstellung des rechtmäßigen Zustandes **36** 6
Parteistellung **23** 4

Sach- und Rechtslage 3 9, 34; **17** 24

Sachverständige
Amtssachverständige **17** 4
Bauleiter **30** 5

Beweiswürdigung **17** 5
Gutachten **17** 4
Nichtamtliche Sachverständige
17 4
Notwendigkeit **17** 4
Ortsbildpflegekommission **8** 7 f
Verwaltungsstrafe **50** 12

Sakrale Bauten
Ausnahme vom Anwendungsbereich **2** 43
Örtliche Bautradition **13** 9 f

Säumnisbeschwerde 3 16

Schifffahrt 2 16

Schlepplifte 2 13

Seilbahnen 2 12 f

Seveso-Betriebe 17 15; **24** 11

Sicherheit
Anforderungen an Bauprodukte
27 3
Auflagen **18** 12, **17** f, 26
Aufräumung **38** 4
Ausführungspflicht **37** 7
Bautechnische Anforderungen
26 3
Benützung von Gebäuden oder baulichen Anlagen **40** 4
Einstellung der Bauausführung
35 11
Erteilung der Baubewilligung **17** 9, 15, 20
Räumung **46** 3
Überprüfung der Abgasanlage
33 3 f
Vorprüfung **13** 7

Sonnenkollektoren und Photovoltaikanlagen
Ausnahme vom Anwendungsbereich **2** 34
Bewilligungsfrei **7** 13

Sprengmittel- und Schießwesen 2 4

Springbrunnen 2 38

Stadtrat
Befangenheit **3** 14
Berufungsentscheidung **3** 15 f
Legalitätsprinzip **3** 13
Missbrauch der Amtsgewalt **3** 13
Prüfungsbefugnis **3** 15
Zuständigkeit **3** 12

Stadtsenat
Befangenheit **3** 14
Berufungsentscheidung **3** 15 f
Legalitätsprinzip **3** 13
Missbrauch der Amtsgewalt **3** 13
Prüfungsbefugnis **3** 15
Zuständigkeit **3** 12

Starkstromwegerecht 2 6

Statuen 2 38

Stellplatz
Auflagen **18** 16
Bewilligungsfrei **7** 20

Straßen
Beleg über Bewilligung **12** 3 ff
Bundesstraßen **2** 8
Straßen im Sinne des K-StrG **2** 26
Straßen im Sinne des Forstgesetzes **2** 21, 26

Straßenbeleuchtung und Straßenbezeichnung
Duldungspflicht **42** 3 f
Eigener Wirkungsbereich der Gemeinde **1** 23
Entwicklung **42** 1
Rechtsvergleich **42** 2
Verpflichtete **42** 4
Verwaltungsstrafe **50** 17

Stützmauern
Bewilligungsfrei **7** 17 f
Bewilligungspflicht **6** 3

Subjektiv-öffentliches Recht
  Abstände 23 33
  Auflagen 23 44
  Aufräumung 38 6
  Ausnutzbarkeit des Baugrundstückes 23 31
  Beachtung der Rechtsanschauung der Aufsichtsbehörde 23 46
  Beachtung der Rechtsanschauung des VfGH und VwGH 23 47
  Bebauungshöhe 23 34
  Bebauungsweise 23 30
  Beschränktes Mitspracherecht 23 26
  Brandsicherheit 23 35
  Einwendungen 23 25 ff
  Gebäude, die ausschließlich Wohn-, Büro-, und Ordinationszwecken dienen 23 51
  Gesundheit 23 36
  Heranrückende Wohnbebauung 23 23, 53 f
  Immissionsschutz 23 37 ff
  Information zur Rechtswahrung 23 45
  Keine subjektiv-öffentlichen Rechte 23 49 f
  Lage des Vorhabens 23 32
  Parteistellung 23 12
  Rechtskraft 23 45
  Strittiger Grenzverlauf 23 48
  Vereinfachtes Verfahren 24 6 f
  Vorhaben, die auch einer gewerbebehördlichen Genehmigung bedürfen 23 52
  Widmungsgemäße Verwendung des Baugrundstückes 23 28 f
  Zivilrechtliche Einwendungen 23 64
  Zuständigkeit 23 44

Superädifikat
  Ladung des Eigentümers 16 13 f
  Parteistellung 23 9
  Zustimmung 10 7

Telefonzellen 2 33

Teppichstangen 2 37

Terrassenüberdachung
  Bewilligungsfrei 7 24
  Bewilligungspflicht 6 3

Transformatorengebäude 2 31

Türnummern
  Eigener Wirkungsbereich der Gemeinde 1 23; 41a 3
  Entwicklung 41a 1
  Rechtsvergleich 41a 2
  System 41a 5
  Verpflichtete 41a 5 f
  Verwaltungsstrafe 50 17
  Vollziehung 41a 3
  Überprüfung der Abgasanlage
  Anforderungen 33 4
  Entwicklung 33 1
  Rauchfangkehrer 33 5
  Rechtsvergleich 33 2
  Verwaltungsstrafe 50 17
  Überwachung der Bauausführung
  Anrainerrechte 34 6
  Entwicklung 34 1
  Rechtsvergleich 34 2
  Überwachungsrecht 34 4
  Überwachungspflicht 34 5

Umweltschutz
  Anforderungen an Bauprodukte 27 3
  Auflagen 18 23
  Bautechnische Anforderungen 26 3
  Erteilung der Baubewilligung 17 14

Umweltverträglichkeitsprüfung
  Eigener Wirkungsbereich der Gemeinde 1 20
  Konzentriertes Verfahren 16 8

Unterbringung von Personen im Sinne des § 2 K-GrvG 7 31

Unternehmer
Bauleiter 30 5
Befugnis 29 3 f
Bestätigungen 29 8; 39 6 f
Einstellung der Bauausführung 35 4
Entwicklung 29 1
Öffentlich-rechtliche Pflichten 29 5 f
Rechtsvergleich 29 2
Überprüfung der Abgasanlage 33 3
Verwaltungsstrafe 50 10, 17, 19

Vereinfachtes Verfahren
Anwendungsbereich 24 3 f
Entwicklung 24 1
Parteien 24 6 f
Prüfungsumfang 24 10 f
Rechtsvergleich 24 2
Verfahrensbeschleunigung 24 5

Verfassungsgerichtshof
Aufhebung 3 49
Beschwerde 3 38, 45
Parteien 3 47
Prüfungsumfang 3 48

Verkaufseinrichtungen 2 28

Verkehr
Auflagen 18 20 f
Aufräumung 38 4
Ausführungspflicht 37 7
Beseitigung 45 5
Erteilung der Baubewilligung 17 12
Instandsetzung 44 7

Verwaltungsgerichtshof
Aufschiebende Wirkung 3 41
Entscheidung über Revision 3 42 f
Parteien 3 40
Revision 3 36 f, 39

Sachverhalt 3 42

Verwaltungsstrafen
Eigener Wirkungsbereich der Gemeinde 1 13; 50 6
Entwicklung 50 1
Rechtsvergleich 50 2
Strafbarkeit 50 4 f
Straftatbestände 50 7 ff
Verwaltungsübertretung 50 3

Verweise
Dynamische Verweise 56 3
Entwicklung 56 1
Rechtsvergleich 56 2
Statische Verweise 56 3

Vollstreckung
Eigener Wirkungsbereich der Gemeinde 1 19
Herstellung des rechtmäßigen Zustandes 36 8

Vollziehung
Eigener Wirkungsbereich der Gemeinde 1 1 ff
Legalitätsprinzip 3 4, 13
Missbrauch der Amtsgewalt 3 4, 13

Vorprüfung
Abschluss 15 3 f
Entwicklung 13 1; 15 1
Rechtsvergleich 13 2; 15 2
Vorprüfungsgegenstände 13 4 f
Vorprüfungsverfahren 13 3
Zulässige Abweichungen vom Flächenwidmungsplan 14 3 ff

Wartehäuschen und Haltestellenüberdachungen 2 27

Wasserbauten 2 18 f

Wasserbecken
Bewilligungsfrei 7 16
Bewilligungspflicht 6 3

Wasserversorgung
Erteilung der Baubewilligung
17 21
Vorprüfung **13** 8

Weidezäune 2 46

Werbe- und Ankündigungsanlagen
Ausnahme vom Anwendungsbereich **2** 42
Bewilligungsfrei **7** 25

Wohnungseigentum
Aufräumung **38** 5
Parteistellung **23** 14 f
Verzeichnis **10** 11
Zustimmung **10** 6 f

Wohnwägen
Ausnahme vom Anwendungsbereich **2** 47
Bauliche Anlage **6** 3

Zurückweisung wegen entschiedener Sache 9 13

Zuständigkeit
Bauberufungskommission **3** 12
Bezirksverwaltungsbehörde **3** 24
Bürgermeister **3** 3
Einwendungen der Anrainer **23** 44
Gemeindevorstand **3** 12
Landesverwaltungsgericht **3** 29
Prüfung **9** 10
Stadtrat **3** 12
Stadtsenat **3** 12
Subjektiv-öffentliche Rechte **23** 44

Zutrittsrecht
Entwicklung **51** 1
Rechtsvergleich **51** 2
Verpflichtung **51** 3
Verwaltungsstrafe **50** 17

Fundiert kommentiert –
das neue Datenschutzrecht der EU

Feiler/Forgó
EU-DSGVO
EU-Datenschutz-Grundverordnung

Kurzkommentar
420 Seiten, gebunden
ISBN 978-3-7046-7580-4
Erscheinungsdatum: 15.12.2016

€ 79,–
Versandkostenfrei in Österreich
bei Onlinebestellung auf:
www.verlagoesterreich.at

Die im Mai 2018 in Geltung tretende Datenschutz-Grundverordnung der EU (EU-DSGVO) regelt das gesamte Datenschutzrecht in der Europäischen Union neu.

- Welche Maßnahmen sollten Sie schon jetzt ergreifen?
- Brauchen Sie einen Datenschutzbeauftragten?
- Welche Strafen drohen Ihnen?
- Wie müssen Sie Ihr Compliance-Management anpassen?

Tel: +43-1-680 14-122 order@verlagoesterreich.at
Fax: +43-1-680 14-140 www.verlagoesterreich.at

VERLAG ÖSTERREICH

Das Gesamtwerk des Klassikers zum österreichischen Vergaberecht inklusive der neuen 6. Lieferung

Schramm/Aicher/Fruhmann (Hrsg)
Bundesvergabegesetz 2006

Kommentar
5238 Seiten, Loseblatt
Gesamtwerk, inkl 6. Lieferung
ISBN 978-3-7046-5902-6
im Abo/zur Fortsetzung € 698,–*
ohne Fortsetzung € 1048,–

6. Lieferung, 260 Seiten
ISBN 978-3-7046-7266-7
Erscheinungsdatum: 22.12.2016
€ 109,–

*Mindestabnahme von zwei weiteren Lieferungen. Gilt bis auf Widerruf. Versandkostenfrei bestellen auf: **www.verlagoesterreich.at**

Die 6. Lieferung des Klassikers zum österreichischen Vergaberecht bietet den bewährt umfassenden Einblick in die wesentlichen Neuerungen im Vergaberecht.

Umfassend neu kommentiert wurden alle wichtigen Bestimmungen der BVergG-Novelle 2015 („kleine Novelle"):

- Europäisches und internationales Vergaberecht sowie Nationale Rechtsgrundlagen
- Begriffsbestimmung Subunternehmer
- § 79 Inhalt der Ausschreibungsunterlagen
- § 83 Subunternehmerleistungen
- § 236 Inhalt der Ausschreibungsunterlagen für Sektorenauftraggeber
- § 240 Subunternehmerleistungen für Sektorenauftraggeber

Tel: +43-1-680 14-122   order@verlagoesterreich.at
Fax: +43-1-680 14-140   www.verlagoesterreich.at

■■■■ VERLAG
■■ ÖSTERREICH